2022

GABRIELA XAVIER
COAUTORA **AMANDA BASTOS DE MOURA**

DIREITO
ADMINISTRATIVO

4.700 QUESTÕES RESPONDIDAS

2022 © Editora Foco
Autora: Gabriela Xavier
Coautora: Amanda Bastos de Moura
Colaboração: Suellen Ramos César de Souza, Mateus Machado Alvarenga Jesus e Luana Tainara Oliveira Dourado
Diretor Acadêmico: Leonardo Pereira
Editor: Roberta Densa
Assistente Editorial: Paula Morishita
Revisora Sênior: Georgia Renata Dias
Capa Criação: Leonardo Hermano
Diagramação: Ladislau Lima
Impressão miolo e capa: FORMA CERTA

Dados Internacionais de Catalogação na Publicação (CIP) de acordo com ISBD

X3d Xavier, Gabriela

Direito administrativo: 4.700 questões respondidas / Gabriela Xavier, Amanda Bastos de Moura. - Indaiatuba, SP : Editora Foco, 2022.

792 p. ; 20,5cm x 27,5cm.

Inclui índice e bibliografia.
ISBN: 978-65-5515-369-9

1. Direito. 2. Direito administrativo. I. Moura, Amanda Bastos de. II. Título.

2021-3350   CDD 342   CDU 342

Elaborado por Vagner Rodolfo da Silva - CRB-8/9410

Índices para Catálogo Sistemático:
1. Direito administrativo 342   2. Direito administrativo 342

DIREITOS AUTORAIS: É proibida a reprodução parcial ou total desta publicação, por qualquer forma ou meio, sem a prévia autorização da Editora FOCO, com exceção do teor das questões de concursos públicos que, por serem atos oficiais, não são protegidas como Direitos Autorais, na forma do Artigo 8º, IV, da Lei 9.610/1998. Referida vedação se estende às características gráficas da obra e sua editoração. A punição para a violação dos Direitos Autorais é crime previsto no Artigo 184 do Código Penal e as sanções civis às violações dos Direitos Autorais estão previstas nos Artigos 101 a 110 da Lei 9.610/1998. Os comentários das questões são de responsabilidade dos autores.
NOTAS DA EDITORA:
Atualizações e erratas: A presente obra é vendida como está, atualizada até a data do seu fechamento, informação que consta na página II do livro. Havendo a publicação de legislação de suma relevância, durante o ano da edição do livro, a editora, de forma discricionária, se empenhará em disponibilizar atualização futura.
Bônus ou Capítulo *On-line*: Excepcionalmente, algumas obras da editora trazem conteúdo no *on-line*, que é parte integrante do livro, cujo acesso será disponibilizado durante a vigência da edição da obra.
Erratas: A Editora se compromete a disponibilizar no site www.editorafoco.com.br, na seção Atualizações, eventuais erratas por razões de erros técnicos ou de conteúdo. Solicitamos, outrossim, que o leitor faça a gentileza de colaborar com a perfeição da obra, comunicando eventual erro encontrado por meio de mensagem para contato@editorafoco.com.br. O acesso será disponibilizado durante a vigência da edição da obra.

Impresso no Brasil (09.2021) – Data de Fechamento (09.2021)

2021
Todos os direitos reservados à
Editora Foco Jurídico Ltda.
Rua Nove de Julho, 1779 – Vila Areal
CEP 13333-070 – Indaiatuba – SP
E-mail: contato@editorafoco.com.br
www.editorafoco.com.br

Dedico esse trabalho ao meu pai que eu tanto amo, meu companheiro e meu herói.
Te amo pai, obrigado por tudo!

Olá querido aluno,

Bem vindo ao Livro de 5.000 questões respondidas, esse é um material que foi elaborado ao longo dos últimos 7 anos nos quais atuo como Professora de Direito Administrativo. Fico muito feliz em poder disponibilizar esse conteúdo para vocês!

Esse material traz uma nova (e mais dinâmica) forma de estudar. Através desse material você tem contato com a disciplina de Direito Administrativo, explicada em frases/trechos detalhados respeitando a ordem da matéria. Essa técnica permite uma compreensão ATIVA da matéria, você poderá ler e ter acesso a disciplina e, imediatamente, irá aplicar esse conhecimento.

Você deve estar se perguntando: "como vou conseguir fazer isso?". Não se preocupe, com esse livro você conhecerá os aspectos estatisticamente mais importantes da matéria, terá contato com explicações detalhadas sobre o conteúdo e poderá aplicar de imediato o seu conhecimento. Lembre-se: esse é um material que vai guiar o aluno e demonstrar o que é mais cobrados pelas principais bancas de concurso público do país.

O intuito é otimizar o seu tempo de estudo e possibilitar, em poucos dias, a resolução e o acerto de 5.000 questões de prova. Utilizando essa técnica eu garanto que você vai gabaritar as questões de Direito Administrativo na prova.

Hoje, após toda essa trajetória ao longo dos últimos 7 anos, posso falar que elaborei o melhor material que pude elaborar que reune matéria, estatísticas, questões de prova de uma forma simples, objetiva e estratégica. É com muito orgulho e felicidade que eu apresento o meu livro de "5 mil questões respondidas de Direito Administrativo".

Bons estudos!

Professora Gabriela Xavier

Sumário

1. NOÇÕES PRELIMINARES DE DIREITO ADMINISTRATIVO 1
   - Gabarito – Noções preliminares de direito administrativo 16
   - Frases poderosas – Noções preliminares de direito administrativo 17
2. PRINCÍPIOS DA ADMINISTRAÇÃO PÚBLICA 19
   - Gabarito – Princípios da administração pública 70
   - Frases poderosas – Princípios da administração pública 72
3. ORGANIZAÇÃO ADMINISTRATIVA 73
   - Gabarito – Organização administrativa 126
   - Frases poderosas – Organização administrativa 128
4. TERCEIRO SETOR 129
   - Gabarito – Terceiro setor 147
   - Frases poderosas – Terceiro setor 148
5. PODERES ADMINISTRATIVOS 149
   - Gabarito – Poderes administrativos 207
   - Frases poderosas – Poderes administrativos 209
6. ATOS ADMINISTRATIVOS 211
   - Gabarito – Atos administrativos 281
   - Frases poderosas – Atos administrativos 283
7. LICITAÇÕES 285
   - Nova Lei de Licitação 287
   - Gabarito – Licitações 376
   - Frases poderosas – Licitações 378
8. CONTRATOS ADMINISTRATIVOS 379
   - Gabarito – Contratos administrativos 452
   - Frases poderosas – Contratos administrativos 454
9. AGENTES PÚBLICOS 455
   - Gabarito – Agentes públicos 534
   - Frases poderosas – Agentes públicos 536
10. RESPONSABILIDADE CIVIL DO ESTADO 537
    - Gabarito – Responsabilidade civil do Estado 581
    - Frases poderosas – Responsabilidade civil do Estado 582
11. SERVIÇOS PÚBLICOS 583
    - Gabarito – Serviços públicos 615
    - Frases poderosas – Serviços públicos 616

12. CONTROLE ADMINISTRATIVO	617
Gabarito – Controle Administrativo	639
Frases poderosas – Controle Administrativo	640
13. IMPROBIDADE ADMINISTRATIVA	641
Gabarito – Improbidade administrativa	686
Frases poderosas – Improbidade administrativa	687
14. PROCESSO ADMINISTRATIVO NO ÂMBITO FEDERAL	689
Gabarito – Processo administrativo no âmbito federal	705
Frases poderosas – Processo administrativo no âmbito federal	706
15. BENS PÚBLICOS	707
Gabarito – Bens públicos	728
Frases poderosas – Bens públicos	729
16. INSTITUTOS DE INTERVENÇÃO DO ESTADO NO DIREITO DE PROPRIEDADE	731
Gabarito – Institutos de intervenção do Estado no direito de propriedade	779
Frases poderosas – Institutos de intervenção do Estado no direito de propriedade	781

Acesse JÁ os conteúdos ON-LINE

ATUALIZAÇÃO em PDF
para complementar seus estudos*

Acesse o link:
www.editorafoco.com.br/atualizacao

* As atualizações em PDF serão disponibilizadas sempre que houver necessidade, em caso de nova lei ou decisão jurisprudencial relevante, durante o ano da edição do livro.
* Acesso disponível durante a vigência desta edição.

1. NOÇÕES PRELIMINARES DE DIREITO ADMINISTRATIVO

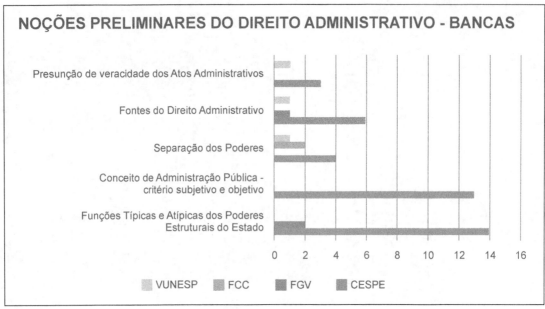

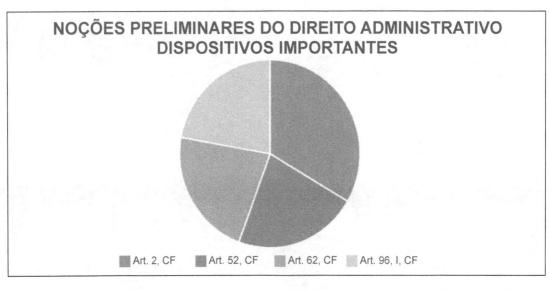

Pessoal, o **Direito Administrativo** é o ramo do direito público que tem como objeto regulamentar as **relações internas da Administração Pública** (entre os órgãos e entidades administrativas), as **relações entre a Administração e os administrados** e as **atividades da administração** (prestação de serviços públicos, atividades de fomento, intervenção etc.).

1) (2014) Banca: ACAFE – Órgão: PC-SC – Prova: Delegado de Polícia

Considere a definição de Direito Administrativo e assinale a alternativa correta.

A) É o conjunto dos princípios jurídicos de direito público que tratam da Administração Pública, suas entidades, órgãos e agentes públicos.
B) É o conjunto dos princípios jurídicos de direito público que têm como estudo o Serviço Público.
C) É o conjunto dos princípios jurídicos de direito público que regem as relações jurídicas entre órgãos do Estado.
D) É o conjunto dos princípios jurídicos de direito público e privado que tratam da Administração Pública, suas entidades, órgãos e agentes públicos.
E) É o conjunto dos princípios jurídicos de direito público e privado que têm como estudo os atos do Poder Executivo.

2) (2012) Banca: VUNESP – Órgão: SPTrans – Prova: Auditor Pleno

Considerando os preceitos disciplinares, assinale a alternativa correta sobre o Direito Administrativo.

A) É ramo do direito privado.
B) É ramo do direito público.
C) Não é ramo do direito, pois trata-se de conjunto disforme de meras regras.
D) A Constituição de 1988 exclui do seu bojo o direito administrativo, pois concedeu franca liberdade ao administrador público.
E) É estudado como área subordinada ao direito civil, pois trata exclusivamente do direito contratual ainda que público, inclusive em razão do que dispõe o novo Código Civil.

O Estado possui 3 elementos constitutivos, sendo que a falta de qualquer um deles descaracteriza a sua formação, são eles: **povo, território e governo soberano.** Um Estado soberano é sintetizado pela máxima *"Um governo, um povo, um território"*.

3) (2016) Banca: CESPE – Órgão: TRT – 8ª Região (PA e AP) – Prova: Analista Judiciário -Área Administrativa

A respeito dos elementos do Estado, assinale a opção correta

A) Povo, território e governo soberano são elementos indissociáveis do Estado.
B) O Estado é um ente despersonalizado.
C) São elementos do Estado o Poder Legislativo, o Poder Judiciário e o Poder Executivo.
D) Os elementos do Estado podem se dividir em presidencialista ou parlamentarista.
E) A União, o estado, os municípios e o Distrito Federal são elementos do Estado brasileiro.

4) (2015) – Secretaria do Patrimônio da União (SPU) – Cargo: Analista Técnico Administrativo / Questão 65 – Banca: Centro de Seleção e de Promoção de Eventos UnB (CESPE) – Nível: Superior

A respeito das noções de Estado, governo e administração pública, julgue o item a seguir. Povo, território e governo compõem os três elementos constitutivos do conceito de Estado.

A) Certo B) Errado

5) (2014) – Ministério do Turismo – Cargo: Analista Técnico Administrativo / Questão 1 – Banca: Escola de Administração Fazendária (ESAF) – Nível: Superior

O Estado é pessoa jurídica territorial soberana formada por três elementos indissociáveis e indispensáveis para a noção de um Estado independente.

Assinale a opção que contenha os três elementos essenciais para a existência do Estado.

A) Povo, Carta Constitucional e Território.
B) Autonomia, Governo e Povo.
C) Território, Povo e Governo.
D) Carta Constitucional, Povo e Governo.
E) Autonomia, Povo e Território.

Segundo o filósofo Montesquieu, o exercício do poder estatal de forma centralizada sempre leva ao seu abuso e, por essa razão, é necessária uma composição **na qual o poder possa controlar o próprio poder.** Nesse sentido, o filósofo apresenta o Princípio da Separação dos Poderes (sistema de freios e contrapesos), que estabelece ser o poder estatal **UNO E INDIVISÍVEL**, entretanto, o exercício desse poder deve ser dividido entre **3 poderes estruturais, independentes e autônomos, quais sejam**: Executivo, Legislativo e Judiciário. (**Atenção:** Prova costuma substituir o termo autônomo por soberano, e somente o Estado é soberano e não os poderes)

6) (2013) Banca: CESPE – Órgão: MS – Prova: Administrador

Considerando as disposições constitucionais a respeito dos princípios fundamentais, julgue o item a seguir.

Com a promulgação da Emenda Constitucional n.º 73/2013, são considerados Poderes da União, independentes e harmônicos entre si, o Legislativo, o Executivo, o Judiciário e o Tribunal de Contas.

A) Certo B) Errado

7) (2014) – Tribunal de Justiça – CE (TJCE/CE) – Cargo: Analista Judiciário – Área Técnico-Administrativa / Questão 42 – Banca: Centro de Seleção e de Promoção de Eventos UnB (CESPE) – Nível: Superior

No que se refere ao Estado, governo e à administração pública, assinale a opção correta.

A) O Estado liberal, surgido a partir do século XX, é marcado pela forte intervenção na sociedade e na economia.
B) No Brasil, vigora um sistema de governo em que as funções de chefe de Estado e de chefe de governo não são concentradas na pessoa do chefe do Poder Executivo.
C) A administração pública, em sentido estrito, abrange a função política e a administrativa.

D) A administração pública, em sentido subjetivo, diz respeito à atividade administrativa exercida pelas pessoas jurídicas, pelos órgãos e agentes públicos que exercem a função administrativa.
E) A existência do Estado pode ser mensurada pela forma organizada com que são exercidas as atividades executivas, legislativas e judiciais.

8) (2016) -Banca: CESPE – Órgão: DPU – Prova: Analista Técnico – Administrativo

Acerca da organização administrativa da União, da organização e da responsabilidade civil do Estado, bem como do exercício do poder de polícia administrativa, julgue o item que se segue.

"A repartição do poder estatal em funções — legislativa, executiva e jurisdicional — não descaracteriza a sua unicidade e indivisibilidade".

A) Certo   B) Errado

9) (2016) – Banca: CESPE – Órgão: PC-PE – Prova: Escrivão de Polícia Civil

Acerca de conceitos inerentes ao direito administrativo e à administração pública, assinale a opção correta.

A) O objeto do direito administrativo são as relações de natureza eminentemente privada.
B) A divisão de poderes no Estado, segundo a clássica teoria de Montesquieu, é adotada pelo ordenamento jurídico brasileiro, com divisão absoluta de funções.
C) Segundo o delineamento constitucional, os poderes do Estado são independentes e harmônicos entre si e suas funções são reciprocamente indelegáveis.
D) A jurisprudência e os costumes não são fontes do direito administrativo.
E) Pelo critério legalista, o direito administrativo compreende os direitos respectivos e as obrigações mútuas da administração e dos administrados.

10) (2014) Banca: FCC – Órgão: AL-PE – Prova: Agente Legislativo

"...Quando, na mesma pessoa ou no mesmo corpo de magistratura, o poder legislativo está reunido ao poder executivo, não existe liberdade; porque se pode temer que o mesmo monarca ou o mesmo senado crie leis tirânicas para executá-las tiranicamente. Tampouco existe liberdade se o poder de julgar não for separado do poder legislativo e do executivo. Se estivesse unido ao poder legislativo, o poder sobre a vida e a liberdade dos cidadãos seria arbitrário, pois o juiz seria legislador.

Se estivesse unido ao poder executivo, o juiz poderia ter a força de um opressor.

Tudo estaria perdido se o mesmo homem, ou o mesmo corpo dos principais, ou dos nobres, ou do povo exercesse os três poderes: o de fazer as leis, o de executar as resoluções públicas e o de julgar os crimes ou as querelas entre os particulares...."

(MONTESQUIEU. O Espírito das Leis. Livro XI, Capítulo VI)

No texto acima transcrito, o autor defende a ideia contida no princípio da

A) dignidade da pessoa humana.
B) separação de poderes.
C) prevalência dos direitos humanos.
D) igualdade.
E) soberania do Estado.

11) (2012) Banca: FCC – Órgão: TRT – 6ª Região (PE) – Prova: Técnico Judiciário – Segurança

No que concerne à organização dos Poderes da União, é correto afirmar, com base na Constituição Federal, que

A) o Judiciário é hierarquicamente superior ao Executivo e ao Legislativo, na medida em que àquele incumbe decisão final sobre a constitucionalidade das normas vigentes.
B) são independentes e harmônicos entre si, impondo-se influências e limitações recíprocas que se prestam à limitação do poder estatal.
C) o Executivo é hierarquicamente superior ao Legislativo, na medida em lhe é autorizado legislar por meio de medidas provisórias.
D) o Legislativo é hierarquicamente superior ao Executivo, na medida em que pode derrubar o veto do Chefe do Executivo a determinada lei, tornando-a vigente.
E) são independentes e harmônicos, não se relacionando entre si, devendo eventual conflito ser dirimido por organismo supranacional.

12) (2014) Banca: CEPERJ – Órgão: FSC – Prova: Advogado

Quando o Poder Judiciário estabelece, como parâmetro de controle judicial dos atos administrativos, a impossibilidade de invadir o mérito dos referidos atos está aplicando o princípio da:

A) centralização funcional
B) separação de poderes
C) república moderna
D) democracia participativa
E) governança corporativa

13) (2014) Banca: VUNESP – Órgão: TJ-PA – Prova: Auxiliar Judiciário – Reaplicação

O Legislativo, o Executivo e o Judiciário são

A) poderes governamentais.
B) órgãos da Administração Pública.
C) poderes da União.
D) órgãos executores das políticas públicas estatais.
E) órgãos soberanos do Estado.

Desse modo, compete ao **Poder Legislativo promover a edição das leis**, inovar no ordenamento jurídico e fiscalizar as contas públicas, ao **Poder Executivo realizar a administração da máquina pública** para fins de alcançar o interesse público, com fiel observância à lei, e ao **Poder Judiciário solucionar as controvérsias apresentadas em sociedade.**

14) (2007) Banca: CESPE – Órgão: TCU – Prova: Analista de Controle Externo – Comum a todos

Os atos praticados pelo Poder Legislativo e pelo Poder Judiciário devem sempre ser atribuídos à sua função típica, razão pela qual tais poderes não praticam atos administrativos.

A) Certo   b) Errado

1. NOÇÕES PRELIMINARES DE DIREITO ADMINISTRATIVO

15) (2017) – Banca: CESPE – Órgão: SEDF – Prova: Conhecimentos básicos – Cargos 27 a 35

Julgue o item subsequente, relativo à organização administrativa do Estado e aos princípios da administração pública.

"O Tribunal de Justiça do Distrito Federal e Territórios exerce atipicamente a função jurisdicional".

A) Certo B) Errado

16) (2012) Banca: FEMPERJ – Órgão: TCE-RJ – Prova: Analista de Controle Externo – Controle Externo

A Constituição da República de 1988 consagrou no seu art. 2º a teoria da "tripartição dos Poderes" exposta por Montesquieu. Contudo, o fez de forma abrandada, na medida em que essa separação não é pura e absoluta. Assim sendo, cada poder exerce funções típicas e atípicas. Sobre o tema, é correto afirmar que são funções;

A) típicas do Poder Judiciário julgar e administrar;
B) atípicas do Poder Legislativo administrar e fiscalizar;
C) típicas do Poder Executivo administrar e legislar;
D) típicas do Poder Executivo administrar e julgar;
E) típicas do Poder Legislativo fiscalizar e legislar.

17) (2014) Banca: CONSULPLAN – Órgão: MAPA – Prova: Administrador

Conforme disposto na Constituição Federal de 1988, não existe supremacia entre os Poderes Legislativo, Executivo e Judiciário, sendo cada um dotado de uma função típica, sem excluir, contudo, em certas ocasiões, o exercício, por cada um deles, de atribuições próprias dos outros. Com relação aos poderes do Estado e suas funções, é INCORRETO afirmar que o Poder

A) Judiciário tem como função típica a jurisdicional, que consiste no provimento de decisões, com base na lei.
B) Executivo tem como funções precípuas a de fiscalizar e controlar a legalidade dos atos emanados pelo Poder Legislativo.
C) Legislativo possui a atribuição de funções administrativas, como, por exemplo, quando dispõe sobre sua organização interna.
D) Legislativo, de forma típica, tem a função de legislar e fiscalizar, exercendo também os controles político-administrativo e financeiro-orçamentário.

O exercício de funções atípicas possui caráter excepcional e só é possível porque **tripartição de poderes no Estado não é absoluta**. Portanto, a separação de funções entre os 3 poderes é realizada a partir do **CRITÉRIO DE PREPONDERÂNCIA**, e não de exclusividade, isto é, os poderes desempenham preponderantemente suas respectivas funções típicas, e, em determinadas situações **admitidas na Constituição Federal**, realizam atividades atípicas. Portanto, o Poder Executivo PREPONDERANTEMENTE executa, o Poder Legislativo preponderantemente legisla e o Poder Judiciário preponderantemente julga. Cumpre ressaltar que as funções típicas dos Poderes são reciprocamente INDELEGÁVEIS – somente o texto constitucional pode estabelecer as hipóteses relacionadas às funções atípicas de cada poder.

18) (2013) – Ministério da Saúde – Cargo: Administrador / Questão 99 – Banca: Centro de Seleção e de Promoção de Eventos UnB (CESPE) Nível: Superior

No que se refere à organização administrativa e às administrações direta, indireta, centralizada e descentralizada, julgue o item a seguir.

O Poder Executivo não só exerce sua função típica, que é administrar, mas também desempenha função atípica normativa.

A) Certo B) Errado

19) (2012) Banca: CESPE – Órgão: MPOG – Prova: Analista de Infraestrutura

Com relação aos princípios do direito constitucional, julgue o item a seguir.

O princípio da separação dos Poderes adotado no Brasil pode ser caracterizado como rígido, uma vez que todos os Poderes da República exercem apenas funções típicas

A) Certo B) Errado

20) (2013) Banca: CESPE – Órgão: CNJ – Prova: Analista Judiciário – Área Judiciária

Acerca do contorno constitucional do Poder Judiciário e dos seus órgãos, julgue o item a seguir.

A função típica do Poder Judiciário é a jurisdicional, sendo-lhe vedada a prática das funções administrativa e legislativa, que são reservadas, por força do princípio da separação dos poderes, ao Poder Executivo e ao Poder Legislativo.

A) Certo b) Errado

21) (2016) Banca: CESPE – Órgão: TCE-PA – Prova: Auditor de Controle Externo

No que concerne à administração pública, julgue o item a seguir.

"Do ponto de vista subjetivo, a administração pública integra o Poder Executivo, que exerce com exclusividade as funções administrativas, em decorrência do princípio da separação dos poderes".

A) Certo b) Errado

22) (2011) Banca: CESPE – Órgão: Correios – Prova: Analista de Correios – Administrador

Acerca de administração pública, julgue o item a seguir.

A clássica teoria da tripartição dos Poderes do Estado, concebida por Montesquieu e adotada no Brasil, não é absoluta, visto que a própria Constituição Federal de 1988 autoriza o desempenho, por Poder diverso, de funções que originalmente pertencem a determinado Poder.

A) Certo B) Errado

23) (2010) – Cespe – Detran/Dft – Administrador

Acerca da administração pública e dos poderes e deveres do administrador público, julgue o próximo item.

Apesar de os poderes serem independentes entre si, a função judicante não é exclusiva do Poder Judiciário.

A) Certo b) Errado

24) (2013) Banca: CESPE – Órgão: PRF – Prova: Policial Rodoviário Federal

No que se refere aos princípios fundamentais da Constituição Federal de 1988 (CF) e à aplicabilidade das normas constitucionais, julgue o item a seguir.

Decorre do princípio constitucional fundamental da independência e harmonia entre os poderes a impossibilidade de que um poder exerça função típica de outro, não podendo, por exemplo, o Poder Judiciário exercer a função administrativa.

A) Certo   B) Errado

25) (2013) Banca: CESPE – Órgão: MI – Prova: Analista Técnico – Administrativo

Com relação a Estado, governo e administração pública, julgue o item seguintes.

Consoante as regras do direito brasileiro, as funções administrativas, legislativas e judiciais distribuem-se entre os poderes estatais — Executivo, Legislativo e Judiciário, respectivamente —, que as exercem de forma exclusiva, segundo o princípio da separação dos poderes.

A) Certo   B) Errado

26) (2013) – Departamento Penitenciário Nacional (DEPEN) – Cargo: Especialista em Assistência Penitenciária – Área Clínica Geral / Questão 28 – Banca: Centro de Seleção e de Promoção de Eventos UnB (CESPE) – Nível: Superior

Tendo em vista que o Estado desempenha três funções básicas: administrar, legislar e julgar, julgue o item seguinte, relativo à função administrativa do Estado e aos atos administrativos.

A função administrativa, ou executiva, é exercida privativamente pelo Poder Executivo.

A) Certo   b) Errado

27) (2008) – MINISTÉRIO DAS COMUNICAÇÕES – CESPE – ADMINISTRAÇÃO

No que concerne às atividades administrativas, julgue o item que se segue.

Atividades administrativas são também desempenhadas pelo Poder Judiciário e pelo Poder Legislativo.

A) Certo   B) Errado

28) (2015) – Banca: CESPE – Órgão: FUB – Prova: Assistente em Administração

Julgue o item a seguir, a respeito da Constituição Federal de 1988 (CF) e dos fundamentos da República Federativa do Brasil.

De acordo com a CF, o poder emana do povo, mas é dividido em três funções – executiva, legislativa e judiciária –, que, bem delimitadas, são impedidas de exercer competências umas das outras.

A) Certo   B) Errado

29) Tribunal de Contas Estadual – PA (TCE/PA) 2016 – Cargo: Auxiliar Técnico de Controle Externo – Área Informática / Questão 34 – Banca: Centro de Seleção e de Promoção de Eventos UnB (CESPE) – Nível: Médio

A respeito dos conceitos doutrinários relativos ao controle da administração pública, julgue o item a seguir. O tribunal de contas que executar atividades de fiscalização sobre os atos de gestão financeira da administração pública exercerá sua função jurisdicional.

A) Certo   B) Errado

30) Banca: CESPE Órgão: MC Prova: Todos os Cargos

Julgue o item a seguir, referente à separação dos poderes.

Embora a independência dos poderes seja limitada, a CF não admite que o Poder Legislativo ou o Poder Judiciário exerçam competência típica do Poder Executivo.

A) Certo   b) Errado

31) (2013) – Ministério da Saúde – Cargo: Analista Técnico Administrativo / Questão 53 – Banca: Centro de Seleção e de Promoção de Eventos UnB (CESPE) – Nível: Superior

Acerca de Estado, governo e administração, julgue o item a seguir.

Ao julgar os crimes de responsabilidade do presidente da República, o Senado Federal exerce função judicante.

A) Certo   B) Errado

32) (2015) Banca: FGV – Órgão: TJ-PI – Prova: Analista Judiciário – Analista Judicial

A Constituição da República dispõe que são Poderes da União, independentes e harmônicos entre si, o Legislativo, o Executivo e o Judiciário. Nesse contexto, destaca-se que:

A) há exclusividade no exercício das funções legislativa, administrativa e jurisdicional, respectivamente, pelos Poderes Legislativo, Executivo e Judiciário, em respeito ao princípio constitucional da separação dos Poderes;

B) há exclusividade no exercício das funções legislativa e administrativa, respectivamente, pelos Poderes Legislativo e Executivo, mas a função jurisdicional, em nível municipal, é exercida, em regra, pelo Poder Legislativo;

C) não há exclusividade no exercício das funções pelos Poderes, podendo, por exemplo, o Legislativo, afora sua função típica (normativa), praticar atos no exercício de função jurisdicional, como as decisões finais dos Tribunais de Contas que têm natureza de título executivo judicial;

D) não há exclusividade no exercício das funções pelos Poderes, podendo, por exemplo, o Judiciário, afora sua função típica (jurisdicional), praticar atos no exercício de função normativa, como a elaboração dos regimentos internos dos Tribunais;

E) não há exclusividade no exercício das funções pelos Poderes, podendo, por exemplo, o Executivo, afora sua função típica (administrativa), praticar atos no exercício de função jurisdicional, como impeachment de membro do Legislativo.

33) (2014) Banca: FGV – Órgão: Câmara Municipal do Recife-PE – Prova: Consultor Legislativo

A Constituição da República de 1988, em seu artigo 2º, dispõe que "são Poderes da União, independentes e harmônicos entre si, o Legislativo, o Executivo e o Judiciário». Nesse contexto, afirma-se que:

A) os Poderes Legislativo, Executivo e Judiciário exercem, com exclusividade, as funções legislativa, administrativa e jurisdicional, respectivamente;

B) pelo princípio da separação dos poderes, não é lícito ao Poder Executivo, Judiciário ou Legislativo interferir nas atividades de outro Poder;
C) a função administrativa é exercida, por excelência, pelo Poder Executivo, e excepcionalmente pelo Poder Legislativo, mas não poder ser praticada pelo Judiciário;
D) os Poderes Judiciário e Executivo desempenham, de forma atípica, função normativa;
E) a função jurisdicional típica é exercida, em regra, pelo Poder Judiciário e, de forma residual, pelo Poder Executivo.

Cumpre destacar que, para alguns autores, como Celso Antônio Bandeira de Mello, além das funções típicas e atípicas de cada um dos poderes, existe, ainda, a **FUNÇÃO POLÍTICA OU FUNÇÃO DE GOVERNO**. Segundo esse ilustre doutrinador, essa função refere-se aos atos políticos que são atos de **gestão superior da atividade estatal**, como a sanção e o veto de lei, a declaração de guerra ou a decretação de Estado de calamidade pública.

34) (2014) – Banca: CESPE – Órgão: ANTAQ – Prova: Técnico Administrativo
Acerca dos atos administrativos, julgue o item a seguir.
"A sanção do presidente da República é qualificada como ato administrativo em sentido estrito, ou seja, é uma manifestação de vontade da administração pública no exercício de prerrogativas públicas, cujo fim imediato é a produção de efeitos jurídicos determinados".

A) Certo   B) Errado

No Estado federal brasileiro, coexistem uma Administração Pública federal, estadual, distrital e municipal. Sendo cada ente político autônomo, possuidor de um autogoverno, autoadministração e auto-organização.

35) (2014) – Banca: CESPE – Órgão: SUFRAMA – Prova: Nível Superior
A respeito do direito administrativo, julgue o item subsecutivo.
"A inexistência de um Poder Judiciário próprio reflete a ausência de autonomia dos municípios, tendo em vista que o modelo de Estado Federal adotado pelo Brasil é embasado na autonomia da União e dos estados-membros".

A) Certo   b) Errado

A Forma de Governo refere-se à relação entre governante e governados. Portanto, no caso em que o governante seja eleito mediante **voto popular**, por um certo período de tempo (**não vitaliciedade**), temos a forma de **governo republicana**. Nessa forma de governo, o governante eleito tem a responsabilidade de prestar contas dos seus atos e medidas. Contudo, no caso em que a forma de governo for marcada pela **hereditariedade**, **vitaliciedade** e **ausência de eleições**, temos a monarquia.

36) (2016) – Banca: CESPE – Órgão: PC-GO – Prova: Agente de Polícia.
A respeito de Estado, governo e administração pública, assinale a opção correta.
A) Governo é o órgão central máximo que formula a política em determinado momento.
B) A organização da administração pública como um todo é de competência dos dirigentes de cada órgão, os quais são escolhidos pelo chefe do Poder Executivo.
C) Poder hierárquico consiste na faculdade de punir as infrações funcionais dos servidores.
D) Território e povo são elementos suficientes para a constituição de um Estado.
E) República é a forma de governo em que o povo governa no interesse do povo.

Conforme estudado, o Direito Administrativo é um ramo do **direito público** que tem como objeto as relações **internas da administração pública** (órgãos e entidades administrativas), as relações entre a **administração e os administrados** e as **atividades da administração não contenciosas voltadas para alcançar o interesse público** (prestação de serviços públicos, atividades de fomento, intervenção etc.).

Existem seis correntes que se propuseram a conceituar e definir o Direito Administrativo e devem ser estudadas, são elas:

- **Corrente legalista (Escola Exegética):** para os legalistas, o Direito Administrativo se resume no conjunto de leis administrativas. Essa corrente não prosperou ao longo dos anos em virtude de seu viés reducionista, uma vez que desconsidera o papel de outras fontes normativas importantes, como a doutrina, os costumes etc.

- **Corrente do Poder Executivo:** essa corrente define o Direito Administrativo como um complexo de leis disciplinadoras da atuação do Poder Executivo. Essa corrente também não logrou êxito, uma vez que condensa a noção de Administração Pública em um único poder. Ora, conforme já estudado, os outros poderes (Judiciário e Legislativo) também podem exercer a função administrativa de forma atípica.

- **Corrente das relações jurídicas:** essa corrente conceitua o Direito Administrativo como o ramo do Direito que regula as relações jurídicas travadas entre o **poder público e o particular**. Contudo, esse é um conceito incompleto, tendo em vista que outros ramos jurídicos (como o Direito Penal e o Direito Tributário) também regulamentam relações jurídicas entre **Estado X Particular**.

- **Corrente do serviço público:** segundo essa corrente, o Direito Administrativo seria o ramo do Direito que disciplina a **prestação de serviços públicos**, tidos como os serviços prestados pelo Estado e necessários aos cidadãos. Essa corrente surgiu com a Escola do Serviço Público francesa e seguiu as orientações de **Leon Duguit**. Entretanto, essa teoria encontra-se superada, pois, atualmente, entende-se que a Administração Pública exerce diversas outras funções além da prestação de serviços. Entre elas, destacam-se o exercício do poder de polícia, a exploração de atividade econômica, o fomento da atividade privada etc.

- **Corrente teleológica ou finalística:** segundo essa corrente, o Direito Administrativo seria formado por um sistema de princípios jurídicos que regulamentam a atividade do Estado para a persecução do **bem comum da sociedade**. Essa definição está correta, porém, é insuficiente e demasiadamente ampla para definir uma área do Direito.

- **Corrente negativista:** essa corrente traça o conceito de Direito Administrativo por **exclusão**. Desse modo, o Direito

Administrativo seria composto por toda a atuação estatal que não é objeto de nenhum outro ramo jurídico. Essa teoria, da mesma forma que as demais, também não conseguiu definir o Direito Administrativo de forma satisfatória, haja vista que utiliza um **critério negativo para estabelecer uma área do Direito, não apresentando, portanto, uma definição clara.**

O **Direito Administrativo é o ramo que tem por objeto a disciplina da FUNÇÃO administrativa necessária à realização CONCRETA, DIRETA e IMEDIATA dos direitos fundamentais da coletividade, independentemente de quem a exerça – Poder Executivo (tipicamente), Legislativo (atipicamente) ou Judiciário (atipicamente).**

37) (2015) Banca: CESPE – Órgão: STJ – Prova: Técnico Judiciário – Administrativo – Direito Administrativos Conceitos iniciais de Direito Administrativo – Histórico, Funções de Estado e Fontes

Julgue o item seguinte, acerca do direito administrativo e da prática dos atos administrativos.

Conceitualmente, é correto considerar que o direito administrativo abarca um conjunto de normas jurídicas de direito público que disciplina as atividades administrativas necessárias à realização dos direitos fundamentais da coletividade.

A) Certo   B) Errado

38) (2012) – CESPE – ANALISTA MINISTERIAL – MPE/PI – ÁREA ADMINISTRATIVA

Julgue o item subsequente, relativos ao direito administrativo.

O direito administrativo, ao reger as relações jurídicas entre as pessoas e os órgãos do Estado, visa à tutela dos interesses privados.

A) Certo   B) Errado

39) (2012) Banca: CESPE – Órgão: Câmara dos Deputados – Prova: Todos os Cargos

Julgue o item abaixo, relativo ao conceito de direito administrativo.

De acordo com o critério da administração pública, o direito administrativo é o ramo do direito público que regula a atividade jurídica contenciosa e não contenciosa do Estado, bem como a constituição de seus órgãos e meios de atuação.

A) Certo   b) Errado

40) (2011) Banca: CESPE – Órgão: PC-ES – Prova: Perito Criminal (+ provas)

O direito administrativo, por ser um dos ramos do direito público, disciplina não somente a atividade administrativa do Poder Executivo, mas também a do Poder Legislativo e do Judiciário.

A) Certo   B) Errado

41 (2012) Banca: CESPE – Órgão: TJ-RR – Prova: Administrador

Com relação às fontes e ao conceito de direito administrativo, julgue o item que se segue.

Pelo critério teleológico, define-se o direito administrativo como o sistema dos princípios que regulam a atividade do Estado para o cumprimento de seus fins.

A) Certo   B) Errado

42) (2016) Banca: CESPE – Órgão: PC-PE – Prova: Escrivão de Polícia Civil

Assinale a opção correta a respeito de direito administrativo.

A) A administração exerce atividade política e discricionária.
B) A administração pública é o objeto precípuo do direito administrativo.
C) O âmbito espacial de validade da lei administrativa não está submetido ao princípio da territorialidade.
D) As instruções normativas podem ser expedidas apenas por ministros de Estado para a execução de leis, decretos e regulamentos.
E) O regimento administrativo obriga os particulares em geral.

43) (2015) Banca: CESPE – Órgão: STJ – Prova: Técnico Judiciário – Administrativo – Direito Administrativos Conceitos iniciais de Direito Administrativo – Histórico, Funções de Estado e Fontes

Julgue o item seguinte, acerca do direito administrativo e da prática dos atos administrativos.

Conceitualmente, é correto considerar que o direito administrativo abarca um conjunto de normas jurídicas de direito público que disciplina as atividades administrativas necessárias à realização dos direitos fundamentais da coletividade.

A) Certo   b) Errado

44) (2014) Banca: ACAFE – Órgão: PC-SC – Prova: Delegado de Polícia

Considere a definição de Direito Administrativo e assinale a alternativa correta.

A) É o conjunto dos princípios jurídicos de direito público que tratam da Administração Pública, suas entidades, órgãos e agentes públicos.
B) É o conjunto dos princípios jurídicos de direito público que têm como estudo o Serviço Público.
C) É o conjunto dos princípios jurídicos de direito público que regem as relações jurídicas entre órgãos do Estado.
D) É o conjunto dos princípios jurídicos de direito público e privado que tratam da Administração Pública, suas entidades, órgãos e agentes públicos.
E) É o conjunto dos princípios jurídicos de direito público e privado que têm como estudo os atos do Poder Executivo.

O termo "fonte" refere-se à origem, lugar de onde provém algo. No caso, de onde emanam as regras do Direito Administrativo. Nesse caso, são fontes do Direito Administrativo a Lei, a Jurisprudência, a Doutrina, Costumes e os Princípios Gerais do Direito:

1. Lei em sentido amplo: constitui uma **fonte primária.** Conforme regra constante no art. 5º, II, da Constituição Federal, "ninguém será obrigado a fazer ou deixar de fazer alguma coisa senão em virtude de lei". Em seu sentido amplo, a lei abrangerá **as normas constitucionais, a legislação infraconstitucional e os regulamentos administrativos;**

2. Jurisprudência: diz respeito às reiteradas decisões judiciais que influenciam o Direito Administrativo. Trata-se de uma **fonte secundária**, haja vista que, em regra, as decisões judiciais não possuem uma aplicação geral **nem efeito vinculante**. Portanto, em regra, as decisões judiciais **não têm eficácia *"erga omnes"***, ou seja, eficácia perante sujeitos alheios ao processo. Entretanto, como exceção, temos as **súmulas vinculantes**, as decisões de mérito proferidas nas ações diretas de inconstitucionalidade e nas ações declaratórias de constitucionalidade.

Nesse contexto, o art. 103-A, da Constituição Federal dispõe que o STF pode, de ofício ou mediante provocação, por meio de decisão proferida por 2/3 dos seus membros, após reiteradas decisões sobre matéria constitucional, aprovar súmula que, a partir de sua publicação na imprensa oficial, terá efeito vinculante em relação aos demais órgãos do Poder Judiciário e à **ADMINISTRAÇÃO PÚBLICA DIRETA E INDIRETA**, nas esferas federal, estadual e municipal. Portanto, a Administração Pública e o Poder Judiciário devem seguir o entendimento exarado por meio da súmula vinculante. Desse modo, se por um lado a jurisprudência em geral só vincula as partes que integram a relação processual, influenciando o ordenamento jurídico de forma abstrata, por outro, as súmulas vinculantes vinculam necessária e imediatamente a Administração Pública, razão pela qual **não podem ser consideradas meras fontes secundárias de Direito Administrativo, mas SIM fontes principais ou diretas.**

Destaca-se que nem todas as súmulas editadas pelo Supremo Tribunal Federal são vinculantes, mas apenas aquelas que foram editadas em conformidade com o art. 103-A, da CF/88.

3. Doutrina: conjunto de teses e estudos acerca do Direito que influencia a elaboração das leis. Trata-se de uma **fonte secundária**;

4. Costumes: conjunto de **regras não escritas** adotadas pela sociedade, classificado como **fonte secundária indireta** *(secundum legem, praeter legem)*;

5. Princípios Gerais do Direito: conjunto de normas não escritas que são a base do direito, sem previsão expressa no ordenamento jurídico. Ex: ninguém pode alegar a própria torpeza em benefício próprio -> princípio geral do direito.

45) (2010) Banca: CESPE – Órgão: INSS – Prova: Perito Médico Previdenciário

A jurisprudência não é fonte de direito administrativo.

A) Certo b) Errado

46) (2016) – Banca: CESPE – Órgão: TRE–PI – Prova: Analista Judiciário.

O chefe do Poder Executivo federal expediu decreto criando uma comissão nacional para estudar se o preço de determinado serviço público delegado estaria dentro dos padrões internacionais, tendo, na ocasião, apontado os membros componentes da referida comissão e sua respectiva autoridade superior. Nesse decreto, instituiu que a comissão deveria elaborar seu regimento interno, efetuar ao menos uma consulta pública e concluir a pesquisa no prazo de cento e vinte dias e que não poderia gerar despesas extraordinárias aos órgãos de origem de cada servidor integrante da referida comissão.

A partir dessa situação hipotética, assinale a opção correta no que se refere a atos administrativos e seu controle judicial.

A) O decreto federal é uma fonte primária do direito administrativo, haja vista o seu caráter geral, abstrato e impessoal.

B) Uma vez instituído o referido decreto, não poderá o chefe do Poder Executivo revogá-lo de ofício.

C) O Poder Judiciário, em sede de controle judicial, poderá revogar o referido decreto por motivos de oportunidade e conveniência.

D) O referido ato presidencial é inconstitucional, pois é vedado instituir comissões nacionais que visem à promoção de estudo de preços públicos mediante decreto do chefe do Poder Executivo federal.

E) A expedição do decreto é ato vinculado do chefe do Poder Executivo federal.

47) (2016) – Banca: CESPE – Órgão: PC-PE – Prova: Agente de Polícia

Considerando as fontes do direito administrativo como sendo aquelas regras ou aqueles comportamentos que provocam o surgimento de uma norma posta, assinale a opção correta.

A) A lei é uma fonte primária e deve ser considerada em seu sentido amplo para abranger inclusive os regulamentos administrativos.

B) O acordo é uma importante fonte do direito administrativo por ser forma de regulamentar a convivência mediante a harmonização de pensamentos.

C) Os costumes, pela falta de norma escrita, não podem ser considerados como fonte do direito administrativo.

D) A jurisprudência é compreendida como sendo aquela emanada por estudiosos ao publicarem suas pesquisas acerca de determinada questão jurídica.

E) Uma doutrina se consolida com reiteradas decisões judiciais sobre o mesmo tema.

48) (2017) Banca: CESPE – Órgão: Prefeitura de Fortaleza – CE – Prova: Procurador do Município

Acerca do direito administrativo, julgue o item que se segue.

Conforme a doutrina, diferentemente do que ocorre no âmbito do direito privado, os costumes não constituem fonte do direito administrativo, visto que a administração pública deve obediência estrita ao princípio da legalidade.

A) Certo b) Errado

49) (2017) Banca: CESPE – Órgão: TRE-TO – Prova: Analista Judiciário – Área Administrativa

O direito administrativo consiste em um conjunto de regramentos e princípios que regem a atuação da administração pública, sendo esse ramo do direito constituído pelo seguinte conjunto de fontes:

A) lei em sentido amplo e estrito, doutrina, jurisprudência e costumes.

B) lei em sentido amplo e estrito, jurisprudência e normas.

C) costumes, jurisprudência e doutrina.

D) lei em sentido amplo, doutrina e costumes.

E) lei em sentido estrito, jurisprudência e doutrina.

50) (2017) Banca: CESPE – Órgão: TCE-PE – Prova: Analista de Gestão – Administração

No que tange a regime jurídico-administrativo, organização administrativa e teoria do direito administrativo brasileiro, julgue o item a seguir.

No Brasil, as fontes do direito administrativo são, exclusivamente, a Constituição Federal de 1988 (CF), as leis e os regulamentos.

A) Certo b) Errado

51) (2017) Banca: IDIB – Órgão: CRO-BA – Prova: Técnico Administrativo

O Direito Administrativo tem como fontes norteadoras quatro principais objetos, são eles:

I. A doutrina.
II. A jurisprudência.
III. A lei.
IV. Os poderes constituídos.

A) Apenas os itens I e II estão corretos.
B) Apenas os itens II e III estão corretos.
C) Apenas os itens I, II e III estão corretos.
D) I, II, III e IV estão corretos.

52) (2017) Banca: MS CONCURSOS – Órgão: Prefeitura de Piraúba – MG – Prova: Assistente Social

Com relação às fontes do Direito Administrativo, assinale a alternativa correta.

A) Costumes são decisões judiciais reiteradas no mesmo sentido e têm efeito secundário.
B) A lei é fonte primária e principal do Direito Administrativo.
C) A doutrina é conduta reiterada praticada pelos agentes públicos com consciência de obrigatoriedade.
D) A jurisprudência é a opinião expressa por juristas, cientistas e teóricos do direito.

53) (2014) – Banca: VUNESP – Órgão: PC¬SP – Prova: Delegado de Polícia

O conceito de Direito Administrativo é peculiar e sintetiza-se no conjunto harmônico de princípios jurídicos que regem os órgãos, os agentes e as atividades públicas tendentes a realizar concreta, direta e imediatamente os fins desejados pelo Estado.

A par disso, é fonte primária do Direito Administrativo

A) a jurisprudência.
B) os costumes.
C) os princípios gerais de direito.
D) a lei, em sentido amplo.
E) a doutrina.

54) (2014) Banca: Fundação Getúlio Vargas (FGV) – Companhia Pernambucana de Saneamento – PE – COMPESA/PE – Cargo: Analista de Gestão – Área Administrador / Questão 66 – Nível: Superior

Direito Administrativo é o conjunto harmônico de princípios jurídicos que regem os órgãos, os agentes e as atividades públicas que tendem a realizar os fins desejados pelo Estado.

Assinale a opção que indica as quatro fontes do Direito Administrativo.

A) Doutrinas, lei, regras e normas.
B) Lei, normas, regras e jurisprudência.
C) Regras, normas, jurisprudência e costumes.
D) Lei, doutrina, jurisprudência e os costumes.
E) Normas, doutrinas, jurisprudência e lei.

55) (2015) Banca: INSTITUTO CIDADES – Órgão: Prefeitura de Sobral – CE – Prova: Técnico Legislativo – Área Legislativa

O Direito Administrativo tem como fontes norteadoras quatro principais objetos. Nesse sentido, assinale a alternativa que não representa um desses objetos:

A) A lei.
B) A jurisprudência.
C) A doutrina.
D) Os poderes constituídos.

56) (2010) Banca: ACAFE – Órgão: PC-SC – Prova: Escrivão de Polícia Civil

Em relação ao Direito Administrativo é correto afirmar, exceto:

A) A jurisprudência não pode ser fonte do Direito Administrativo.
B) Pode-se conceituar Direito Administrativo como o conjunto de normas e princípios jurídicos que regem as relações entre as pessoas e órgãos do Estado e entre este e a coletividade, sempre com vistas ao interesse público.
C) O Direito Administrativo possui estreita ligação com o Direito Constitucional, podendo- se dizer que aquele é o lado dinâmico deste.
D) A interpretação do Direito Administrativo deve considerar a desigualdade jurídica entre a Administração e os administrados, a presunção de legitimidade dos atos da Administração e a necessidade da prática de atos discricionários para a Administração atender ao interesse público.

Interpretação do Direito Administrativo

Em relação à interpretação das normas, atos e contratos de Direito Administrativos, Hely Lopes Meirelles estabelece que sempre devem ser levados em conta os aspectos abaixo:

1. Desigualdade jurídica entre a Administração e os administrados, tendo em vista a Supremacia do Interesse Público frente ao interesse privado;

2. Presunção de legitimidade e veracidade dos atos da administração: trata-se de presunção relativa de legitimidade dos atos administrativos, admitindo-se prova em contrário. Ou seja, presume-se que o agente público agiu em conformidade com a lei e que os fatos alegados por ele são verídicos;

3. Necessidade de poderes discricionários para que a Administração possa atender ao interesse público, uma vez que o legislador não pode prever todas as situações possíveis de serem vivenciadas no caso concreto. Além disso, o administrador público não é mero intérprete da lei, pelo contrário, sua atuação, por vezes, depende de escolhas, sempre dentro dos limites da lei e com a finalidade de alcançar o interesse público.

1. NOÇÕES PRELIMINARES DE DIREITO ADMINISTRATIVO

57) (2014) – Banca: CESPE – Órgão: TJ-DFT – Prova: Titular de Serviços de Notas e de Registros

Em relação ao regime jurídico-administrativo e aos princípios aplicáveis à administração pública, assinale a opção correta.

A) É obrigatória a observância do princípio da publicidade nos processos administrativos, mediante a divulgação oficial dos atos administrativos, inclusive os relacionados ao direito à intimidade.
B) A presunção de legitimidade dos atos administrativos, que impõe aos particulares o ônus de provar eventuais vícios existentes em tais atos, decorre do regime jurídico- administrativo aplicável à administração pública
C) Uma das exceções ao princípio da legalidade administrativa consiste na possibilidade de o presidente da República editar decreto para criar cargos ou funções públicas.
D) A violação do princípio da moralidade administrativa não pode ser fundamento exclusivo para o controle judicial realizado por meio de ação popular.
E) Para que determinada conduta seja caracterizada como ato de improbidade administrativa violadora do princípio da impessoalidade, é necessária a comprovação do respectivo dano ao erário.

58) (2014) – Banca: CESPE – Órgão: TJ-SE – Prova: Técnico Judiciário – Área Judiciária

No tocante aos atos e aos poderes administrativos, julgue o próximo item:

"Os atos administrativos gozam da presunção de legitimidade, o que significa que são considerados válidos até que sobrevenha prova em contrário".

A) Certo b) Errado

59) (2014) – Banca: CESPE – Órgão: TEM – Prova: Contador

A respeito da organização administrativa e dos atos administrativos, julgue o item subsecutivo.

Caso seja fornecida certidão, a pedido de particular, por servidor público do quadro do MTE, é correto afirmar que tal ato administrativo possui presunção de veracidade e, caso o particular entenda ser falso o fato narrado na certidão, inverte- se o ônus da prova e cabe a ele provar, perante o Poder Judiciário, a ausência de veracidade do fato narrado na certidão".

A) Certo b) Errado

60) (2014) – Banca: VUNESP – Órgão: PC¬SP – Prova: Delegado de Polícia.

O ato administrativo

A) pode ser revogado com fundamento em razões de conveniência e oportunidade, desde que observados os efeitos dessa extinção do ato *ex tunc*.
B) tem na presunção de legitimidade a autorização para imediata execução e permanece em vigor até prova em contrário.
C) é revogável pelo Poder Judiciário que é apto a fazer o controle de legalidade, sem ingressar em seu mérito administrativo.
D) de Secretário de Segurança Pública que determina remoção *ex officio* do Delegado de Polícia, sem motivação, não se sujeita ao controle de juridicidade por conter alta carga de discricionariedade em seu teor.
E) tem como requisitos a presunção de legitimidade, a autoexecutoriedade, a imperatividade e a exigibilidade.

O termo Administração Pública pode ser compreendido levando em consideração dois sentidos: amplo e estrito. Administração Pública em sentido amplo abrange as funções administrativas desempenhadas pelos órgãos e as funções políticas, ligadas às atividades de comando superior do Governo.

A administração pública em **sentido estrito**, por sua vez, refere-se somente às atividades de cunho administrativo de execução dos programas governamentais, de forma profissional e apartidária, desempenhada pelos órgãos e pessoas administrativas.

61) (2015) – Banca: CESPE – Órgão: MPOG – Prova: Analista Técnico – Administrativo

A respeito das noções de Estado, governo e administração pública, julgue o item a seguir.

"Administração pública, em sentido amplo, abrange o exercício da função política e da função administrativa, estando ambas as atividades subordinadas à lei".

A) Certo b) Errado

62) (2014) – Banca: VUNESP – Órgão: PC-SP – Prova: Delegado de Polícia

A Administração Pública, em sentido

A) objetivo, material ou funcional, designa os entes que exercem a atividade administrativa.
B) amplo, objetivamente considerada, compreende a função política e a função administrativa.
C) estrito, subjetivamente considerada, compreende tanto os órgãos governamentais, supremos, constitucionais, como também os órgãos administrativos, subordinados e dependentes, aos quais incumbe executar os planos governamentais.
D) estrito, objetivamente considerada, compreende a função política e a função administrativa.
E) subjetivo, formal ou orgânico, compreende a própria função administrativa que incumbe, predominantemente, ao Poder Executivo.

63) (2015) Banca: OBJETIVA – Órgão: Prefeitura de Agudo – RS – Prova: Oficial Administrativo

Considerando-se o que discorrem ALEXANDRINO e PAULO sobre a Administração Pública, assinalar a alternativa que preenche as lacunas abaixo CORRETAMENTE:

A Administração Pública em sentido _____ abrange os órgãos do governo que exercem função _____, e também os órgãos e pessoas jurídicas que exercem função meramente _____.

A) amplo – administrativa – política
B) estrito – administrativa – política
C) amplo – política – administrativa
D) estrito – política – administrativa

A Administração pode ser conceituada segundo os seguintes critérios abaixo:

a) critério subjetivo/formal/orgânico: refere-se **ao conjunto de órgãos, agentes e entidades** que formam a estrutura que desempenha a função administrativa em **conformidade**

com a lei (critério formal -> quem faz parte), manifestando-se, tipicamente, por meio do Poder Executivo, mas, atipicamente, por meio dos poderes Judiciário e Legislativo. O **Brasil adota esse critério** e, por essa razão, **nenhum particular,** ainda que esteja eventualmente no exercício de função administrativa, **integra o conceito de Administração Pública em sentido subjetivo.**

b) **critério objetivo/material/funcional: trata-se da própria função ou atividade administrativa que é realizada.** Nesse sentido, as principais atividades administrativas são: prestação de serviços público, exercício do Poder de Polícia, atividades de fomento – serviços de incentivo e atividade de estímulo que a Administração realiza, intervenção no direito de propriedade do particular, intervenção no domínio social etc.

64) (2011) Banca: CESPE – Órgão: Correios – Prova: Analista de Correios – Advogado

A respeito do conceito e dos direitos e deveres dos agentes administrativos, julgue o item seguintes.

Em sentido subjetivo, a administração pública compreende o conjunto de órgãos e de pessoas jurídicas ao qual a lei confere o exercício da função administrativa do Estado.

A) Certo b) Errado

65) (2013) Banca: CESPE – Órgão: SEGER-ES – Prova: Todos os Cargos

Acerca de governo, Estado e administração pública, assinale a opção correta.

A) Atualmente, Estado e governo são considerados sinônimos, visto que, em ambos, prevalece a finalidade do interesse público

B) São poderes do Estado: o Executivo, o Legislativo, o Judiciário e o Ministério Público.

C) Com base em critério subjetivo, a administração pública confunde-se com os sujeitos que integram a estrutura administrativa do Estado.

D) O princípio da impessoalidade traduz-se no poder da administração de controlar seus próprios atos, podendo anulá-los, caso se verifique alguma irregularidade

E) Na Constituição Federal de 1988 (CF), foi adotado um modelo de separação estanque entre os poderes, de forma que não se podem atribuir funções materiais típicas de um poder a outro.

66) (2013) Banca: CESPE – Órgão: INPI – Prova: Analista de Planejamento – Direito

Acerca de princípios da administração pública, e conceitos de administração pública, órgão público e servidor, julgue o item a seguir.

A expressão administração pública, em sentido orgânico, refere-se aos agentes, aos órgãos e às entidades públicas que exercem a função administrativa.

A) Certo b) Errado

67) 2013 – Secretaria de Estado da Fazenda – ES (SEFAZ/ES) – Cargo: Auditor Fiscal da Receita Estadual / Questão 45 – Banca: Centro de Seleção e de Promoção de Eventos UnB (CESPE) – Nível: Superior

Acerca do direito administrativo, assinale a opção correta.

A) A administração pública confunde-se com o próprio Poder Executivo, haja vista que a este cabe, em vista do princípio da separação dos poderes, a exclusiva função administrativa.

B) A ausência de um código específico para o direito administrativo reflete a falta de autonomia dessa área jurídica, devendo o aplicador do direito recorrer a outras disciplinas subsidiariamente.

C) O direito administrativo visa à regulação das relações jurídicas entre servidores e entre estes e os órgãos da administração, ao passo que o direito privado regula a relação entre os órgãos e a sociedade.

D) A indisponibilidade do interesse público, princípio voltado ao administrado, traduz-se pela impossibilidade de alienação ou penhora de um bem público cuja posse detenha o particular.

E) Em sentido subjetivo, a administração pública confunde-se com os próprios sujeitos que integram a estrutura administrativa do Estado.

68) (2016) – Banca: CESPE – Órgão: DPU – Prova: Técnico em Assuntos Educacionais

Em relação à administração pública direta e indireta e às funções administrativas, julgue o item a seguir.

"A administração pública em sentido formal, orgânico ou subjetivo, compreende o conjunto de entidades, órgãos e agentes públicos no exercício da função administrativa. Em sentido objetivo, material ou funcional, abrange um conjunto de funções ou atividades que objetivam realizar o interesse público".

A) Certo B) Errado

69) (2015) Banca: CESPE – Órgão: TCE-RN – Prova: Assessor Jurídico

Acerca dos consórcios públicos e da administração pública em sentido subjetivo, julgue o item a seguir.

"As pessoas físicas que espontaneamente assumem funções públicas em situações de calamidade são consideradas particulares em colaboração com o poder público e integram a administração pública em sentido subjetivo".

A) Certo b) Errado

70) (2014) Banca: CESPE – Órgão: SUFRAMA – Prova: Nível Superior

Acerca do direito administrativo, julgue o item a seguir.

Do ponto de vista objetivo, a expressão administração pública se confunde com a própria atividade administrativa exercida pelo Estado.

A) Certo b) Errado

71) (2013) Banca: CESPE – Órgão: MI – Prova: Analista Técnico – Administrativo

Com relação a Estado, governo e administração pública, julgue o item seguinte.

Em sentido objetivo, a expressão administração pública denota a própria atividade administrativa exercida pelo Estado.

A) Certo B) Errado

72) (2011) Banca: CESPE – Órgão: PC-ES – Prova: Delegado de Polícia

No que se refere a conceitos e poderes da administração pública e à aplicação da teoria do órgão, julgue os seguintes itens.

Em sentido material ou objetivo, a administração pública compreende o conjunto de órgãos e pessoas jurídicas encarregadas, por determinação legal, do exercício da função administrativa do Estado.

A) Certo B) Errado

73) (2010) Banca: CESPE – Órgão: ABIN – Prova: Oficial Técnico de Inteligência – Área de Direito

No que concerne à administração pública, julgue o item a seguir.

A administração pública é caracterizada, do ponto de vista objetivo, pela própria atividade administrativa exercida pelo Estado, por meio de seus agentes e órgãos.

A) Certo b) Errado

74) (2015) – Banca: CESPE – Órgão: TCU – Prova: Procurador

No que se refere a administração pública, órgão público e competência administrativa, assinale a opção correta.

A) Em relação à posição ocupada na estrutura estatal, o TCU é órgão superior.
B) Considerando-se o conceito de órgão público, o TCU, embora não tenha personalidade jurídica, tem capacidade processual para defender suas prerrogativas e para atuar judicialmente em nome da pessoa jurídica que integra.
C) Mediante ato específico devidamente motivado, a competência administrativa é passível de derrogação pela vontade da administração.
D) Não se pode delegar aos presidentes de órgãos colegiados a competência administrativa atribuída a esses órgãos.
E) O poder de polícia e os serviços públicos são exemplos de atividades que integram o conceito de administração pública sob o critério material.

75) (2014) – Banca: CESPE – Órgão: TJ-SE – Prova: Titular de Serviços de Notas e de Registros

NO QUE CONCERNE À ADMINISTRAÇÃO PÚBLICA, SEUS ÓRGÃOS E AGENTES, ASSINALE A OPÇÃO CORRETA.

A) Os notários e registradores são classificados como agentes particulares em colaboração com o Estado, por vontade própria.
B) O fomento, a polícia administrativa e o serviço público são abrangidos pela administração pública em sentido objetivo.
C) A administração pública em sentido estrito restringe-se às funções políticas e administrativas exercidas pelas pessoas jurídicas, por órgãos e agentes públicos.
D) Os órgãos públicos possuem personalidade jurídica de direito público interno.
E) No direito brasileiro, adota-se a teoria da representação, formulada pelo alemão Otto Gierke, para a conceituação dos órgãos públicos.

76) (2015) – Banca: CESPE – Órgão: TRE-MT – Prova: Analista

Com relação ao direito administrativo e à administração pública, assinale a opção correta

A) A administração pública em sentido estrito abrange os órgãos governamentais, encarregados de traçar políticas públicas, bem como os órgãos administrativos, aos quais cabe executar os planos governamentais.
B) As atividades de polícia administrativa, de prestação de serviço público e de fomento são próprias da administração pública em sentido objetivo.
C) Consoante o critério do Poder Executivo, o direito administrativo pode ser conceituado como o conjunto de normas que regem as relações entre a administração pública e os administrados.
D) As principais fontes do direito administrativo brasileiro, que não foi codificado, são o costume e a jurisprudência.
E) A administração pública em sentido subjetivo não se faz presente nos Poderes Legislativo e Judiciário.

77) (ESAF/ASSISTENTE JURÍDICO/AGU/99)

A Administração Pública, em sentido objetivo, no exercício da função administrativa, engloba as seguintes atividades, exceto:

A) polícia administrativa.
B) serviço público.
C) elaboração legislativa, com caráter inovador.
D) fomento a atividades privadas de interesse público.
E) intervenção no domínio público.

78) (2015) Banca: OBJETIVA – Órgão: Prefeitura de Agudo – RS – Prova: Auxiliar Administrativo

Segundo DI PIETRO, são dois os sentidos em que se utiliza mais comumente a expressão Administração Pública. Com base nisso, analisar a sentença abaixo:

Em sentido objetivo, material ou funcional, a Administração Pública designa a natureza da atividade exercida pelos entes que exercem a atividade administrativa (pessoas jurídicas, órgãos e agentes públicos); nesse sentido, a Administração Pública é a própria função administrativa que incumbe, predominantemente, ao Poder Executivo (1ª parte). Em sentido subjetivo ou formal ou orgânico, ela designa os entes que exercem a atividade administrativa; compreende pessoas jurídicas, órgãos e agentes públicos incumbidos de exercer uma das funções em que se triparte a atividade estatal: a função administrativa (2ª parte).

A sentença está:

A) Totalmente correta.
B) Correta somente em sua 1ª parte.
C) Correta somente em sua 2ª parte.
D) Totalmente incorreta.

79) (2016) – Banca: MPE-SC – Órgão: MPE-SC – Prova: Promotor de Justiça – Matutina

A administração pública, no sentido subjetivo, designa o conjunto de órgãos e agentes estatais responsáveis por funções administrativas. No sentido objetivo, a administração pública é um complexo de atividades concretas visando o atendimento do interesse público.

A) Certo b) Errado

80) (2016) Banca: IDECAN Órgão: UERN – Prova: Analista de Sistemas

A administração pública pode ser compreendida como atividade administrativa do Estado ou como a própria estrutura organizacional estatal. Quanto às duas acepções apresentadas, é correto afirmar que

A) a prestação de serviços públicos representa o sentido orgânico da administração pública.
B) a estruturação da administração direta e indireta liga-se ao sentido objetivo de administração pública.
C) os órgãos e entidades administrativas compreendem o conceito de administração pública em sentido formal.
D) a administração pública em seu sentido funcional confunde-se com o sentido subjetivo de administração

81) (2014) Banca: FUNDATEC – Órgão: SEFAZ-RS – Prova: Técnico Tributário da Receita Estadual – Prova 2

Considerando o cenário doutrinário do Direito Administrativo, analise as seguintes assertivas sobre a noção de Administração Pública.

I. No sentido objetivo, material ou funcional, a Administração Pública designa a natureza da atividade ou função desempenhada pelo Estado, com vistas à consecução dos objetivos constitucionais.

II. No sentido subjetivo, formal ou orgânico, a expressão Administração Pública significa o conjunto de entidades e de órgãos públicos integrantes de todo o aparato estatal.

III. Em seu sentido material, a Administração Pública manifesta-se com exclusividade no âmbito do Poder Executivo.

Quais estão corretas?

A) Apenas I.
B) Apenas II
C) Apenas III.
D) Apenas I e II.
E) Apenas II e III.

82) (2011) Banca: INSTITUTO CIDADES – Órgão: DPE-AM – Prova: Defensor Público

De acordo com a doutrina nacional, os órgãos e agentes públicos estão compreendidos no sentido de Administração Pública:

A) subjetivo
B) objetivo
C) de atividade administrativa
D) de atividade política
E) de atividade política e administrativa

83) (2011) Banca: UERR – Órgão: SEJUC – RR – Prova: Agente Penitenciário

Sobre o conceito formal da Administração Pública, é correto afirmar:

A) é o conjunto de órgãos instituídos para a consecução dos objetivos do Governo;
B) o conjunto das funções necessárias aos serviços públicos em geral;
C) é o desempenho perene e sistemático, legal e técnico, dos serviços próprios do Estado ou por ele assumidos em benefício da coletividade;
D) é o conjunto de atos de governo;
E) é a condução política dos negócios públicos.

84) (2016) Banca: IDECAN – Órgão: Câmara de Aracruz – ES – Prova: Procurador Legislativo

Nos termos da doutrina do Direito Administrativo, o termo administração pública pode ser entendido em seu sentido formal e material. Quanto ao tema, assinale a afirmativa correta.

A) O sentido formal, também chamado de funcional, corresponde à atividade administrativa desempenhada pelo poder público.
B) O sentido material, também denominado objetivo, refere-se à administração pública enquanto atividade administrativa.
C) A distinção de administração pública no sentido objetivo e subjetivo reflete uma atual concepção doutrinária, surgida a partir de 1990.
D) A prestação de serviços públicos, o fomento de pesquisas e a gestão dos bens públicos compreendem à administração pública em seu sentido orgânico.

85) (2017) Banca: FUNECE – Órgão: UECE – Prova: Advogado

Atente ao seguinte excerto: "...representa o conjunto de atividades que costumam ser consideradas próprias da função administrativa. O conceito adota como referência a atividade (o que é realizado), não obrigatoriamente quem a exerce".

(Marcelo Alexandrino e Vicente Paulo, Direito Administrativo Descomplicado.)

O trecho acima remete ao conceito de Administração Pública denominado conceito

A) material.
B) formal.
C) orgânico.
D) subjetivo.

86) (2015) Banca: FUNCAB – Órgão: MPOG – Prova: Atividade Técnica – Direito, Administração, Ciências Contábeis e Economia

O oferecimento de saneamento básico, transporte coletivo e educação caracterizam atividades da denominada "administração pública». A expressão, quando reveste esse caráter, é escrita com letras minúsculas e revela sentido:

A) material.
B) subjetivo.
C) personalista.
D) formal.
E) orgânico.

O Sistema de controle administrativo refere-se ao regime de controle dos atos administrativos editados pelo Estado, cujo sistema pode ser o **sistema inglês** ou o **sistema francês**. No sistema inglês, o controle dos atos administrativos ilegais é realizado pelo Poder Judiciário **(unicidade de jurisdição)**, haja vista que esse poder é o único que possui competência para decidir as controvérsias apresentadas em sociedade com força definitiva, **formando coisa julgada**.

No sistema francês, por sua vez, tem-se o sistema de **dualidade de jurisdição**, ou seja, nesse sistema compete ao **contencioso administrativo** (tribunais administrativos) decidir/julgar as controvérsias que envolvem os atos da administração pública, de modo que não compete ao Poder Judiciário a análise dos atos da administração.

87) (2016) Banca: CESPE – Órgão: TCE-PA Prova: Auditor de Controle Externo – Direito Administrativo Controle da administração pública

Julgue o item a seguir, acerca de controle da administração pública.

O sistema de contencioso administrativo ocorre no âmbito de tribunais de competência especializada que não integram a estrutura do Poder Judiciário, cujas sentenças são dotadas de força de coisa julgada.

A) Certo b) Errado

O **Brasil adota o sistema inglês**, no qual, conforme estudado, **todos os litígios – administrativos ou privados – estão sujeitos ao controle do Poder Judiciário, ao qual compete proferir decisões com caráter definitivo.**

88) (2014) Banca: CESPE – Órgão: Câmara dos Deputados – Prova: Analista Legislativo – Direito Administrativo Controle da administração pública

A respeito do controle na administração, julgue o item subsequente.
Em razão do princípio da separação dos poderes, e diferentemente dos atos administrativos, os atos praticados no exercício da função política ou de governo não podem sofrer controle judicial.

A) Certo B) Errado

Esse sistema não implica em retirar da Administração Pública a possibilidade de controle dos seus próprios atos (autotutela administrativa), contudo, as decisões tomadas em âmbito administrativo não são dotadas de definitividade, **não geram, pois, coisa julgada** e não possuem caráter jurisdicional. Assim sendo, as decisões administrativas ficam sujeitas à revisão pelo Poder Judiciário. O princípio da autotutela estabelece que a Administração Pública possui o poder de controlar os próprios atos, anulando-os quando ilegais ou revogando-os quando inconvenientes ou inoportunos. Assim, a Administração não precisa recorrer ao Poder Judiciário para corrigir os seus atos, podendo fazê-lo diretamente.

89) (2008) Banca: CESPE – Órgão: MPE-RR – Prova: Analista de Sistemas (+ provas)

As decisões administrativas ficam sujeitas à revisão pelo Poder Judiciário.

A) Certo b) Errado

90) (2009) Banca: FCC – Órgão: TRT – 15ª Região – Prova: Analista Judiciário – Área Administrativa

O princípio da autotutela significa que a Administração Pública

A) exerce o controle sobre seus próprios atos, com a possibilidade de anular os ilegais e revogar os inconvenientes ou inoportunos, independentemente de recurso ao Poder Judiciário.
B) sujeita-se ao controle do Poder Judiciário, que pode anular ou revogar os atos administrativos que forem inconvenientes ou inoportunos.
C) Direta fiscaliza as atividades das entidades da Administração Indireta a ela vinculadas.
D) Indireta fica sujeita a controle dos órgãos de fiscalização do Ministério do Planejamento mesmo que tenham sido criadas por outro Ministério.
E) tem liberdade de atuação em matérias que lhes são atribuídas por lei.

Caso o particular opte por instaurar um processo no âmbito administrativo, em regra, o mesmo poderá, **a qualquer tempo, recorrer ao Poder Judiciário, antes ou depois de esgotada a via administrativa**. Portanto, o particular não precisa "esgotar" a instância administrativa, ou recorrer administrativamente, para que possa recorrer ao Judiciário, uma vez que no Brasil a justiça é inafastável (a qualquer tempo -> Judiciário).

91) (2015) Banca: CESPE – Órgão: TRE-GO – Prova: Analista Judiciário – Área Administrativa – Direito Administrativo Processo Administrativo – Lei 9.784/99

Durante a realização de escavações para a expansão de obra de metrô, de responsabilidade do governo federal, ocorreu acidente que resultou na abertura de imensa cratera em área residencial e consequente desmoronamento de um edifício com soterramento de veículos. Os particulares prejudicados pretendem formular pedidos de ressarcimento junto à administração pública.

Considerando essa situação hipotética e as regras contidas na Lei n.º 9.784/1999, julgue o item que se segue.

Os interessados deverão aguardar decisão administrativa referente aos seus pedidos para, então, se insatisfeitos, buscarem a via judicial para a resolução da lide.

A) Certo b) Errado

GABARITO – NOÇÕES PRELIMINARES DE DIREITO ADMINISTRATIVO

1) A	16) E	31) CERTO	46) A	61) CERTO	76) B
2) B	17) B	32) D	47) A	62) B	77) C
3) A	18) CERTO	33) D	48) ERRADO	63) C	78) A
4) CERTO	19) ERRADO	34) ERRADO	49) A	64) CERTO	79) CERTO
5) C	20) ERRADO	35) ERRADO	50) ERRADO	65) C	80) C
6) ERRADO	21) ERRADO	36) E	51) C	66) CERTO	81) D
7) E	22) CERTO	37) CERTO	52) B	67) E	82) A
8) CERTO	23) CERTO	38) ERRADO	53) D	68) CERTO	83) A
9) C	24) ERRADO	39) ERRADO	54) D	69) ERRADO	84) B
10) B	25) ERRADO	40) CERTO	55) D	70) CERTO	85) A
11) B	26) ERRADO	41) CERTO	56) A	71) CERTO	86) A
12) B	27) CERTO	42) B	57) B	72) ERRADO	87) ERRADO
13) C	28) ERRADO	43) CERTO	58) CERTO	73) CERTO	88) ERRADO
14) ERRADO	29) ERRADO	44) A	59) CERTO	74) E	89) CERTO
15) ERRADO	30) ERRADO	45) ERRADO	60) B	75) B	90) A
					91) ERRADO

FRASES PODEROSAS – NOÇÕES PRELIMINARES DE DIREITO ADMINISTRATIVO			
	% de questões	Número de acertos nesse capítulo	% de acertos
O poder estatal é UNO E INDIVISÍVEL, entretanto, o seu exercício deve ser dividido entre três poderes estruturais, quais sejam: Executivo, Legislativo e Judiciário.	13%		
A separação de funções entre os três poderes é realizada a partir do CRITÉRIO DE PREPONDERÂNCIA e não de exclusividade, isto é, os poderes desempenham preponderantemente suas respectivas funções típicas e, em determinadas situações admitidas na Constituição Federal, realizam atividades atípicas. Cumpre destacar que as funções dos Poderes são reciprocamente INDELEGÁVEIS.	18%		
A lei em sentido amplo constitui uma fonte primária. Conforme regra constante no art. 5º, II, da Constituição Federal.	4%		
São fontes do Direito Administrativo a Lei, Jurisprudência, Doutrina, Costumes e os Princípios Gerais do Direito.	3%		
Direito Administrativo é um ramo do direito público que tem como objeto as relações internas à administração pública (órgãos e entidades administrativas), as relações entre a administração e os administrados e as atividades da administração não contenciosas voltadas a alcançar o interesse público (prestação de serviços públicos, atividades de fomento, intervenção etc.).	3%		
Administração Pública em conformidade com o critério subjetivo/formal/orgânico refere-se ao conjunto de órgãos, agentes e entidades que forma a estrutura que desempenha a função administrativa em conformidade com a lei (critério formal) – manifestando-se, tipicamente, por meio do Poder Executivo, mas, atipicamente, por meio dos poderes Judiciário e Legislativo.	13%		
Administração Pública em conformidade com o critério objetivo/material/funcional: trata-se da própria função ou atividade administrativa que é realizada. Nesse sentido, as principais atividades administrativas são: prestação de serviços público; exercício do Poder de Polícia; atividades de fomento – serviços de incentivo e atividade de estímulo que a Administração realiza; intervenção no direito de propriedade do particular; intervenção no domínio social etc.	12%		
TOTAL	66%		

2. PRINCÍPIOS DA ADMINISTRAÇÃO PÚBLICA

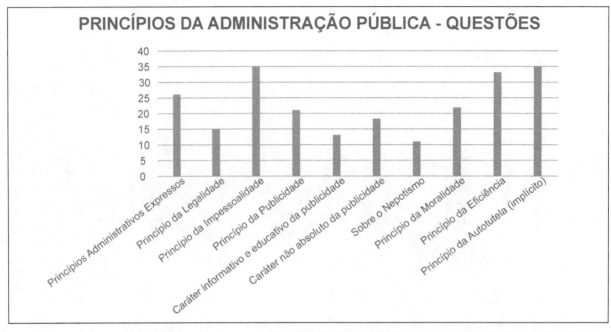

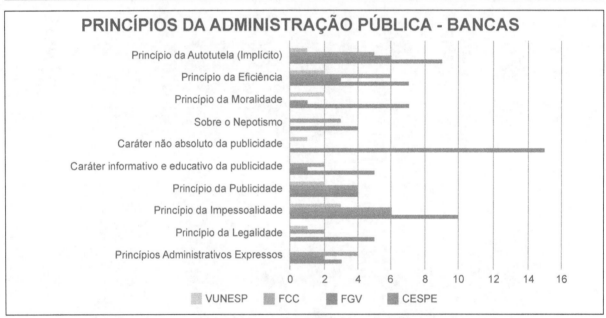

2. PRINCÍPIOS DA ADMINISTRAÇÃO PÚBLICA

O regime jurídico administrativo consiste no conjunto de princípios e regras que estruturam o Direito Administrativo e pode ser conceituado como as **orientações normativas** que propõem a interpretação e a aplicação do Direito, estabelecendo a lógica dessa disciplina (a base da matéria -> ATENÇÃO).

Os princípios são mandamentos gerais e verdadeiras diretrizes para a **atuação dos entes da Administração Direta e Indireta, no âmbito de todos os poderes** (quando estiverem no exercício da função administrativa), e para todos os **entes da Federação**. Destaca-se que todos os princípios administrativos são princípios que decorrem do **texto constitucional, sendo que alguns estão expressos na Constituição e outros implícitos**. Além disso, cabe ressaltar que NENHUM princípio é absoluto ou se sobrepõe abstratamente frente aos demais. Portanto, no momento em que houver contrariedade entre os princípios (antinomia jurídica imprópria), haverá uma ponderação de interesses no caso concreto, definindo-se uma solução que sacrifique o mínimo possível os princípios envolvidos.

92) (2014) Banca: CESPE – Órgão: TJ-CE – Prova: Técnico Judiciário – Área Administrativa

Com relação aos princípios que fundamentam a administração pública, assinale a opção correta.

A) A publicidade marca o início da produção dos efeitos do ato administrativo e, em determinados casos, obriga ao administrado seu cumprimento.
B) Pelo princípio da autotutela, a administração pode, a qualquer tempo, anular os atos eivados de vício de ilegalidade.
C) O regime jurídico-administrativo compreende o conjunto de regras e princípios que norteia a atuação do poder público e o coloca numa posição privilegiada
D) A necessidade da continuidade do serviço público é demonstrada, no texto constitucional, quando assegura ao servidor público o exercício irrestrito do direito de greve.
E) O princípio da motivação dos atos administrativos, que impõe ao administrador o dever de indicar os pressupostos de fato e de direito que determinam a prática do ato, não possui fundamento constitucional.

93) (2014) Banca: CESPE – Órgão: Câmara dos Deputados – Prova: Analista Legislativo

Acerca do direito administrativo brasileiro, julgue o item a seguir.

"Os princípios da administração explicitamente previstos na CF não se aplicam às entidades paraestatais e às sociedades de economia mista, por serem essas entidades pessoas jurídicas de direito privado que atuam em atividades do setor econômico, embora sejam criadas por lei".

A) Certo B) Errado

94) (2013) Banca: CESPE – Órgão: TRT – 10ª REGIÃO (DF e TO) – Prova: Analista Judiciário – Área Administrativa

A respeito da administração pública e seus princípios, julgue o item subsecutivo.

Os princípios constitucionais da administração pública se limitam à esfera do Poder Executivo, já que o Poder Judiciário e o Poder Legislativo não exercem função administrativa.

A) Certo B) Errado

95) (2014) Banca: CESPE – Órgão: CADE – Prova: Nível Médio

Com relação ao direito administrativo, julgue o item seguinte.

Ainda que as sociedades de economia mista sejam pessoas jurídicas de direito privado com capital composto por capital público e privado, a elas aplicam-se os princípios explícitos da administração pública.

A) Certo B) Errado

96) (2014) Banca: FCC – Órgão: TCE-RS – Prova: Auditor Público Externo – Engenharia Civil – Conhecimentos Básicos

Os princípios que regem a Administração pública

A) são aqueles que constam expressamente do texto legal, não se reconhecendo princípios implícitos, aplicando-se tanto à Administração direta quanto à indireta.
B) podem ser expressos ou implícitos, os primeiros aplicando-se prioritariamente em relação aos segundos, ambos se dirigindo apenas à Administração direta.
C) são prevalentes em relação às leis que regem a Administração pública, em razão de seu conteúdo ser mais relevante.
D) dirigem-se indistintamente à Administração direta e às autarquias, aplicando-se seja quando forem expressos, seja quando implícitos.
E) aplicam-se à Administração direta, indireta e aos contratados em regular licitação, seja quando forem expressos, seja quando implícitos.

97) (2013) Banca: CONPASS – Órgão: Prefeitura de Serra Negra do Norte – RN – Prova: Procurador Jurídico

Sobre o Direito Administrativo, marque a alternativa correta.

A) No Brasil, a Jurisdição é dual havendo previsão de que dois órgãos se manifestem de forma definitiva sobre o Direito.
B) São princípios basilares do Direito Administrativo: supremacia do interesse público sobre o particular e disponibilidade do interesse público.
C) O Direito Administrativo integra o ramo do Direito Público, cuja principal característica encontramos no fato de haver uma igualdade jurídica entre cada uma das partes envolvidas, ou seja, a Administração Pública se encontra no mesmo patamar que o particular.
D) Regime jurídico administrativo é o conjunto das regras que buscam atender aos interesses públicos.
E) É ramo do direito privado.

Convém elencar os princípios que estruturam o Regime Jurídico de Direito Público e que estabelecem as prerrogativas e limitações a que se submete o Estado. Trata-se de **supraprincípios ou princípios centrais** que norteiam a atuação da administração, são esses:

a) Supremacia do interesse público sobre o privado: esse princípio estabelece que, havendo um conflito, no caso concreto, entre o interesse privado e o interesse público, **prevalecerá o interesse público**, que reflete os anseios da coletividade. Nesse sentido, tendo em vista que o ente estatal busca atender a esse interesse, ao poder público são conferidos alguns **poderes e prerrogativas** especiais que o particular não possui, necessários para garantir a supremacia do interesse público e assegurar o alcance do objetivo estatal. Destaca-se que os referidos poderes serão desempenhados em conformidade com a lei. Ex: prerrogativa estatal de desapropriar uma propriedade privada, prerrogativas processuais da Fazenda Pública etc.

b) Indisponibilidade do interesse público: esse princípio estabelece que, conforme o nome já diz, o interesse público é indisponível, ou seja, o **agente público não pode fazer uso das prerrogativas e poderes públicos para alcançar um interesse diverso daquele relacionado ao interesse da coletividade.** Portanto, o agente não pode "abrir mão" do interesse público, esteja o Estado exercendo sua função sob o regime de direito público, regime híbrido ou regime de direito privado.

98) (2015) Banca: CESPE – Órgão: TRE-GO – Prova: Técnico Judiciário – Área Administrativa

No que se refere ao regime jurídico-administrativo brasileiro e aos princípios regentes da administração pública, julgue o próximo item.

"O regime jurídico-administrativo brasileiro está fundamentado em dois princípios dos quais todos os demais decorrem, a saber: o princípio da supremacia do interesse público sobre o privado e o princípio da indisponibilidade do interesse público".

A) Certo B) Errado

99) (2014) Banca: CESPE – Órgão: TEM – Prova: Contador

Julgue o item a seguir acerca da responsabilidade civil do Estado e do Regime Jurídico Administrativo.

'A supremacia do interesse público sobre o privado e a indisponibilidade, pela administração, dos interesses públicos, integram o conteúdo do regime jurídico-administrativo".

A) Certo b) Errado

100) (2012) Banca: CESPE – Órgão: TJ-RR – Prova: Analista – Processual

A respeito do conceito e dos princípios da administração pública, julgue o próximo item.

O princípio da supremacia do interesse público vincula a administração pública no exercício da função administrativa, assim como norteia o trabalho do legislador quando este edita normas de direito público

A) Certo B) Errado

101) (2012) Banca: CESPE – Órgão: TJ-RR – Prova: Administrador

Acerca dos princípios da impessoalidade e da supremacia do interesse público, julgue o próximo item.

Do princípio da supremacia do interesse público decorre a posição jurídica de preponderância do interesse da administração pública.

A) Certo B) Errado

102) (2014) Banca: CESPE – Órgão: TC-DF Prova: Analista Administrativo – Tecnologia da Informação

Acerca do regime jurídico administrativo, julgue o próximo item:

"O princípio da supremacia do interesse público sobre o interesse privado é um dos pilares do regime jurídico administrativo e autoriza a administração pública a impor, mesmo sem previsão no ordenamento jurídico, restrições aos direitos dos particulares em caso de conflito com os interesses de toda a coletividade".

A) Certo B) Errado

103) (2012) Banca: CESPE – Órgão: PRF – Prova: Agente Administrativo

Com relação aos princípios básicos da administração, à responsabilidade da administração e à improbidade administrativa, julgue o item a seguir. Em decorrência do princípio da indisponibilidade do interesse público, não é permitido à administração alienar qualquer bem público enquanto este bem estiver sendo utilizado para uma destinação pública específica.

A) Certo B) Errado

104) (2016) Banca: CESPE – Órgão: TCE-PA – Prova: Auditor de Controle Externo

Acerca de função administrativa e atos administrativos, julgue o item a seguir.

"Em razão do princípio da indisponibilidade do interesse público, o Estado somente poderá exercer sua função administrativa sob o regime de direito público".

A) Certo b) Errado

105) (2014) Banca: VUNESP – Órgão: IPT-SP – Prova: Advogado

Assinale a alternativa correta.

A) O regime jurídico administrativo é amparado por dois princípios basilares, a supremacia do interesse público e a indisponibilidade do interesse público.

B) O regime jurídico administrativo e o regime jurídico da Administração Pública são expressões sinônimas.

C) A supremacia do interesse público, que orienta o regime jurídico administrativo, é um princípio previsto expressamente na Constituição Federal.

D) O regime jurídico administrativo não contempla qualquer restrição à administração.

E) A Administração Pública é regida exclusivamente pelo regime jurídico administrativo

106) (2012) Banca: PUC-PR – Órgão: TJ-MS – Prova: Juiz

"Após o artigo publicado por Celso Antônio Bandeira de Mello em 1967, que efetivamente lançou de forma pioneira uma sólida proposta de fundamentação normativa ao princípio da supremacia do interesse público sobre o privado, irromperam outras manifestações doutrinárias fazendo alusão à sua existência. Em sua maior parte, salvo raríssimas exceções, tratavam-se de referências pontuais em cursos e manuais, sem maiores desenvolvimentos teóricos." (HACHEM, Daniel Wunder. Princípio constitucional da supremacia do interesse público. Belo Horizonte: Fórum, 2011. p. 68.)

Considerando o assunto desse fragmento, assinale a alternativa CORRETA:

A) O regime jurídico administrativo é pautado por um conjunto de sujeições à Administração Pública que decorrem do princípio da supremacia do interesse público.

B) Segundo o sistema jurídico-positivo atual, o princípio da supremacia do interesse público não possui afirmação

expressa no texto constitucional de 1988, apesar do seu reconhecimento como princípio constitucional implícito estruturante do regime jurídico administrativo.
C) O princípio da supremacia do interesse público não possui estatura constitucional, apenas infraconstitucional, notadamente na Lei Federal de Processo Administrativo e em algumas Constituições estaduais.
D) A indisponibilidade do interesse público não tem qualquer ligação com o princípio da supremacia do interesse público, pois se reporta apenas à atividade fiscalizatória do Estado.
E) O princípio da supremacia do interesse público não está sujeito à ponderação com outros princípios devido ao seu caráter absoluto.

107) (2012) Banca: VUNESP – Órgão: SPTrans – Prova: Auditor Pleno

Assinale a alternativa que melhor exprime o princípio básico do direito administrativo.

A) ( ) Supremacia do interesse público.
B) ( ) Todo poder sem qualquer dever.
C) ( ) Autonomia negocial.
D) ( ) Autonomia da vontade.
E) ( ) Máximo lucro das empresas públicas.

108) (2012) Banca: NC-UFPR – Órgão: TJ-PR – Prova: Juiz

Em relação ao regime jurídico administrativo, assinale a alternativa correta.

A) O princípio constitucional da supremacia do interesse público é um dos princípios gerais da Administração Pública expressos no caput do artigo 37 da Constituição Federal.
B) O princípio da supremacia do interesse público não admite ponderação com outros princípios constitucionais dado o seu caráter absoluto.
C) A supremacia do interesse público é princípio oposto ao da indisponibilidade dos interesses públicos pela Administração.
D) O princípio constitucional da supremacia do interesse público é princípio estruturante do regime jurídico administrativo brasileiro, tendo correspondência à ideia de existirem prerrogativas especiais aos atos administrativos (o que é típico do sistema da Civil Law).

109) (2015) Banca: COPESE – UFPI – Órgão: Prefeitura de Bom Jesus – PI- Prova: Procurador do Município

Sobre regime jurídico administrativo, administração pública e princípios da administração pública, marque o item INCORRETO.

A) A doutrina considera que o regime jurídico administrativo refere-se às prerrogativas e sujeições da Administração Pública, vinculadas ao princípio da legalidade, cabendo a proteção aos direitos individuais frente ao Estado e atendendo à necessidade de satisfação dos interesses coletivos.
B) Faz parte das prerrogativas da administração pública a autoexecutoriedade, a autotutela, o poder de expropriar, o de requisitar bens e serviços, o de ocupar temporariamente o imóvel alheio, o de instituir servidão, o de aplicar sanções administrativas, o de alterar e rescindir unilateralmente os contratos, o de impor medidas de polícia.

C) A disponibilidade do interesse público é a garantia de que os agentes públicos não são donos do interesse pelos mesmos administrativos, gerido. Os agentes públicos estão vinculados à lei e não lhes cabe em nome do poder discricionário desvincular-se da mesma.
D) A CF-88 enumera, no seu artigo 37, os princípios da administração pública: legalidade, impessoalidade, moralidade, publicidade e eficiência.
E) O teto da remuneração e do subsídio dos ocupantes de cargos, funções e empregos públicos da administração direta, autárquica e fundacional, dos membros de qualquer dos Poderes da União, dos Estados, do Distrito Federal e dos Municípios, dos detentores de mandato eletivo e dos demais agentes políticos e os proventos, pensões ou outra espécie remuneratória, percebidos cumulativamente ou não, incluídas as vantagens pessoais ou de qualquer outra natureza, não poderão exceder o subsídio mensal, em espécie, dos Ministros do Supremo Tribunal Federal.

110) (2012) Banca: VUNESP – Órgão: SPTrans – Prova: Advogado Pleno (+ provas)

"Os bens e interesses públicos não pertencem à Administração nem a seus agentes. Cabe-lhes apenas geri-los, conservá-los e por eles velar em prol da coletividade, esta sim a verdadeira titular dos direitos e interesses públicos." (José dos Santos Carvalho Filho in Manual de Direito Administrativo)

A conceituação acima reproduzida trata de um dos princípios do direito administrativo. Assinale a alternativa que contém um princípio que corretamente representa essa conceituação doutrinária.

A) Autotutela.
B) Eficiência.
C) Indisponibilidade.
D) Proteção à confiança.
E) Precaução.

Cumpre ressaltar que o STF entende ser possível **atenuar o princípio da indisponibilidade** do interesse público em algumas situações específicas, em particular na realização da **transação**, quando esse ato representar a melhor maneira para ultimar o **interesse coletivo**, não se mostrando, portanto, oneroso para a Administração Pública.

111) (2014) Banca: CESPE – Órgão: Câmara dos Deputados – Prova: Analista Legislativo

A respeito do regime jurídico administrativo, julgue o item a seguir.

"O princípio da indisponibilidade do interesse público não impede a administração pública de realizar acordos e transações".

A) Certo B) Errado

A **tônica/lógica do Regime Jurídico Administrativo** é estruturada por esses 2 princípios que tratam das **prerrogativas estatais** (Princípio da Supremacia do Interesse Público frente ao Privado) **e de suas limitações** (Princípio da Indisponibilidade do Interesse Público). Entretanto, cabe destacar que, a despeito do fato de esses 2 mandamentos representam a base do Regime Jurídico Administrativo, ressalta-se, NOVAMENTE, que não existe **hierarquia entre os princípios administrativos**, sendo que todos eles têm a mesma força no ordenamento jurídico, independentemente de estarem expressos ou implícitos no texto da Constituição Federal.

112) (2015) Banca: CESPE – Órgão: FUB – Prova: Assistente em Administração

A administração pública é regida por princípios fundamentais que atingem todos os entes da Federação: União, estados, municípios e o Distrito Federal. Com relação a esse assunto, julgue o item subsecutivo.

Na hierarquia dos princípios da administração pública, o mais importante é o princípio da legalidade, o primeiro a ser citado na CF.

A) Certo B) Errado

113) (2015) Banca: CESPE – Órgão: FUB – Prova: Assistente em Administração

A administração pública é regida por princípios fundamentais que atingem todos os entes da Federação: União, estados, municípios e o Distrito Federal. Com relação a esse assunto, julgue o item subsecutivo.

Na hierarquia dos princípios da administração pública, o mais importante é o princípio da legalidade, o primeiro a ser citado na CF.

A) Certo B) Errado

> *"Art. 37. A Administração Pública direta e indireta de qualquer dos poderes da União, dos estados, do Distrito Federal e dos municípios obedecerá aos princípios de legalidade, impessoalidade, moralidade, publicidade e eficiência (...)."*

114) (2013) Banca: CESPE – Órgão: IBAMA – Prova: Analista Ambiental

Considerando os princípios que regem a administração pública e sua organização, julgue o item subsequente.

O princípio da moralidade e o da eficiência estão expressamente previstos na CF, ao passo que o da proporcionalidade constitui princípio implícito, não positivado no texto constitucional.

A) Certo B) Errado

115) (2013) Banca: CESPE – Órgão: TJ-MA – Prova: Juiz

Consoante aos princípios da administração pública, assinale a opção correta.

A) De acordo com o princípio da publicidade, toda e qualquer atividade administrativa deve ser autorizada por lei.
B) Dado o princípio da legalidade, deve o administrador público pautar sua conduta por preceitos éticos.
C) A obrigação de a administração pública ser impessoal decorre do princípio da moralidade.
D) A eficiência constitui princípio administrativo previsto na CF.

116) (2012) Banca: FCC – Órgão: TST – Prova: Técnico Judiciário – Área Administrativa

Segundo a literalidade do caput do art. 37 da Constituição de 1988, a Administração pública obedecerá, entre outros, ao princípio da

A) proporcionalidade.
B) razoabilidade.
C) igualdade.
D) moralidade.
E) boa-fé.

117) (2012) Banca: FCC – Órgão: TCE-AP – Prova: Analista de Controle Externo – Controle Externo (+ provas)

De acordo com a Constituição Federal, os princípios da Administração Pública aplicam-se

A) às entidades integrantes da Administração direta e indireta de qualquer dos Poderes.
B) à Administração direta, autárquica e fundacional, exclusivamente.
C) às entidades da Administração direta e indireta, exceto às sociedades de economia mista exploradoras de atividade econômica.
D) à Administração direta, integralmente, e à indireta de todos os poderes e às entidades privadas que recebem recursos públicos, parcialmente.
E) à Administração direta, exclusivamente, sujeitando-se as entidades da Administração indireta ao controle externo exercido pelo Tribunal de Contas.

118) (2013) Banca: FCC – Órgão: TRT – 5ª Região (BA) Prova: Técnico Judiciário – Área Administrativa

O artigo 37 da Constituição Federal dispõe que a Administração pública deve obediência a uma série de princípios básicos, dentre eles o da legalidade. É correto afirmar que a legalidade, como princípio de administração, significa que o administrador público, em sua atividade funcional,

A) pode fazer tudo que a lei não proíba, porque a Constituição Federal garante que "ninguém será obrigado a fazer ou deixar de fazer alguma coisa senão em virtude de lei".
B) está vinculado à lei, não aos princípios administrativos.
C) deve atuar conforme a lei e o direito, observando, inclusive, os princípios administrativos.
D) está adstrito à lei, mas dela poderá afastar-se desde que autorizado a assim agir por norma regulamentar.
E) está adstrito à lei, mas poderá preteri-la desde que o faça autorizado por acordo de vontades, porque na Administração pública vige o princípio da autonomia da vontade.

119) (2016) Banca: FCC – Órgão: TRT – 1ª REGIÃO (RJ) – Prova: Juiz do Trabalho Substituto

São princípios previstos na Constituição Federal e que devem ser obedecidos pela Administração Pública Direta e Indireta de qualquer dos poderes da União, Estados, Distrito Federal e Municípios:

I. Pessoalidade
II. Legalidade
III. Formalidade
IV. Eficiência

Está correto o que consta em

A) I e III, apenas.
B) II e IV, apenas.
C) I, II, III e IV.
D) I e IV, apenas.

E) II e III, apenas.

120) (2017) Banca: FGV – Órgão: SEPOG – RO – Prova: Técnico em Políticas Públicas e Gestão Governamental

As opções a seguir apresentam princípios constitucionais que regem a Administração Pública, tanto a direta quanto a indireta, em todos os níveis da administração (municipal, estadual e federal), à exceção de uma. Assinale-a.

A) Legalidade.
B) Impessoalidade.
C) Moralidade.
D) Externalidade.
E) Publicidade.

121) (2016) Banca: SUGEP – UFRPE – Órgão: UFRPE- Prova: Assistente em Administração

De acordo com a Constituição Federal, em seu Art. 37, a administração pública direta e indireta de qualquer dos Poderes da União, dos Estados, do Distrito Federal e dos Municípios deverá obedecer aos princípios de:

A) transparência, respeito, legalidade, impessoalidade e moralidade.
B) legalidade, impessoalidade, moralidade, publicidade e eficiência.
C) impessoalidade, legalidade, publicidade, eficiência e respeito.
D) ética, respeito, transparência, legalidade e impessoalidade.
E) moralidade, transparência, ética, eficácia e eficiência.

122) (2017) Banca: IBEG – Órgão: IPREV – Prova: Procurador Previdenciário

Sobre os princípios da Administração Pública, assinale a correta:

A) Os princípios da ampla defesa e do contraditório são aplicados somente aos processos judiciais, sendo facultativos nos processos administrativos.
B) São princípios explícitos da Administração Pública, entre outros, os da legalidade, impessoalidade, moralidade, publicidade e eficiência.
C) A capacidade da Administração Pública de poder sanar os seus atos irregulares ou de reexaminá-los à luz da conveniência e da oportunidade está em consonância direta com o princípio da segurança jurídica.
D) O princípio que exige objetividade no atendimento do interesse público, vedando a promoção pessoal de agentes e/ou autoridades é o da publicidade.
E) O princípio da razoabilidade não é consagrado em lei, sequer implicitamente.

123) (2013) Banca: IADES – Órgão: EBSERH – Prova: Advogado

Dentre outros, são princípios constitucionais da Administração Pública, a

A) legalidade, a independência e a impessoalidade.
B) eficiência, a legalidade e a moralidade.
C) moralidade, a soberania e a eficiência.
D) publicidade, o pluralismo político e a legalidade.
E) impessoalidade, a não intervenção e a publicidade

124) (2016) Banca: IBGP – Órgão: Prefeitura de Nova Ponte – MG- Prova: Advogado

Os princípios da administração pública expressamente dispostos na CF são de observância obrigatória para:

A) Os órgãos da administração direta de todos os poderes e de todas as esferas de governo.
B) Os órgãos e as entidades da administração direta e indireta do poder executivo, apenas, de todas as esferas de governo.
C) Os órgãos e as entidades das administrações direta e indireta, do poder executivo federal.
D) A todos os órgãos e entidades das administrações direta e indireta, de todos os poderes e de todas as esferas de governo.

125) (2016) Banca: IDECAN- Órgão: UFPB – Prova: Administrador (+ provas)

Nos termos do capítulo destinado à Administração Pública na Constituição Federal, é correto afirmar que o princípio da

A) publicidade é absoluto e, portanto, não comporta exceções.
B) razoabilidade encontra-se expresso na Constituição Federal.
C) legalidade é hierarquicamente superior ao princípio da moralidade.
D) eficiência aplica-se à sociedade de economia mista e à empresa pública.

126) (2016) Banca: Quadrix – Órgão: CRO – PR – Prova: Procurador Jurídico (+ provas)

Com relação aos princípios administrativos expressos na Constituição Federal de 1988, bem como os princípios reconhecidos pelos publicistas, assinale a alternativa incorreta.

A) O administrador público, além de averiguar os critérios de conveniência, oportunidade e justiça em suas ações, deve distinguir o que é honesto do que é desonesto.
B) Um dos objetivos do princípio da eficiência é reduzir os desperdícios de dinheiro público, o que impõe a execução dos serviços públicos com presteza, perfeição e rendimento funcional.
C) De acordo com a doutrina, a ação popular, prevista na Constituição Federal de 1988, apresenta-se como um dos instrumentos de proteção à moralidade administrativa.
D) As empresas públicas, sociedades de economia mista e fundações públicas não estão sujeitas ao princípio da publicidade.
E) Todas as pessoas administrativas devem submeter-se ao princípio da publicidade, quer as que constituem as próprias pessoas estatais, quer aquelas outras que, mesmo sendo privadas, integram o quadro da Administração Pública.

127) (2014) Banca: NUCEPE – Órgão: Prefeitura de Parnarama – MA – Prova: Fiscal de Tributos

Assinale a alternativa que contém uma afirmação CORRETA.

A) A administração pública direta e indireta de qualquer dos Poderes da União, dos Estados, do Distrito Federal e dos Municípios obedecerá aos princípios de legalidade, impessoalidade, moralidade, publicidade e eficiência.
B) A administração pública direta e indireta de qualquer dos Poderes da União, dos Estados, do Distrito Federal e dos

Municípios obedecerá aos princípios de legalidade, pessoalidade, imoralidade, publicidade e eficiência.
C) A administração pública direta de qualquer dos Poderes da União, dos Estados, do Distrito Federal e dos Municípios obedecerá aos princípios de legalidade, pessoalidade, moralidade, publicidade e eficiência, mas essa regra não se aplica para administração pública indireta.
D) A administração pública direta e indireta de qualquer dos Poderes da União, dos Estados, do Distrito Federal e dos Municípios obedecerá aos princípios de legalidade, pessoalidade, moralidade, publicidade e eficácia.
E) Somente a administração pública direta de qualquer dos Poderes da União, dos Estados, do Distrito Federal e dos Municípios obedecerá aos princípios de ilegalidade, impessoalidade, imoralidade, publicidade e eficiência.

128) (2017) Banca: FEPESE – Órgão: PC-SC – Prova: Agente de Polícia Civil

Com base no texto da Constituição Federal, são princípios básicos da administração pública:
A) Legalidade, impessoalidade, moralidade, publicidade e eficiência.
B) Legalidade, pessoalidade, probidade, publicidade e eficiência.
C) Pessoalidade, probidade, sigilo, eficácia e legalidade.
D) Impessoalidade, legitimidade, moralidade, sigilo e eficiência.
E) Pessoalidade, moralidade, sigilo, eficácia e legitimidade.

129) (2016) Banca: UFMT – Órgão: TJ-MT – Prova: Analista Judiciário – Economia

Assinale a alternativa que apresenta os princípios que devem ser obedecidos pela administração pública direta e indireta de qualquer dos Poderes da União, dos Estados, do Distrito Federal e dos Municípios.
A) Reserva legal, Pessoalidade, Moralidade, Publicidade e Eficiência.
B) Reserva legal, Impessoalidade, Imoralidade, Publicidade e Eficiência.
C) Legalidade, Impessoalidade, Moralidade, Publicidade e Eficiência.
D) Legalidade, Pessoalidade, Moralidade, Publicidade e Eficiência.

130) (2016) Banca: CAIP-IMES – Órgão: CRAISA de Santo André – SP – Prova: Advogado

O artigo 37, da Constituição Federal de 1988 especifica as pessoas jurídicas que deverão obedecer aos princípios de legalidade, impessoalidade, moralidade, publicidade e eficiência que deverão ser observados por alguns entes. São eles:
A) a administração pública indireta de qualquer dos Poderes da União, dos Estados, do Distrito Federal e dos Municípios.
B) a administração pública direta de qualquer dos Poderes da União, dos Estados, do Distrito Federal e dos Municípios.
C) a administração pública direta e indireta dos Poderes da União, dos Estados, do Distrito Federal.
D) a administração pública direta e indireta de qualquer dos Poderes da União, dos Estados, do Distrito Federal e dos Municípios.

131) (2016) Banca: FAURGS – Órgão: TJ-RS – Prova: Contador

São princípios a serem obedecidos pela administração pública direta e indireta de qualquer dos Poderes da União, dos Estados, do Distrito Federal e dos Municípios:
A) soberania, cidadania, dignidade da pessoa humana e pluralismo político.
B) Legalidade, impessoalidade, moralidade, publicidade e eficiência.
C) cidadania, legalidade, legitimidade, economicidade e eficiência.
D) soberania, cidadania, legalidade e impessoalidade.
E) soberania, cidadania, dignidade da pessoa humana e legalidade.

132) (2016) Banca: FUNRIO – Órgão: IF-BA – Prova: FUNRIO – IF-BA – Auxiliar em Administração

De acordo com a Constituição Federal de 1988, a administração pública direta e indireta de qualquer dos Poderes da União, dos Estados, do Distrito Federal e dos Municípios obedecerá, dentre outros, ao princípio de
A) objetividade.
B) legalidade.
C) exclusividade.
D) conveniência
E) direcionamento.

133) (2016) Banca: FCM – Órgão: IF Farroupilha – RS – Prova: Docente – Administração – Área Administração

De acordo com Matias-Pereira (2014), é correto afirmar que:
A) Os princípios de legalidade, impessoalidade, moralidade e publicidade serão obedecidos pela Administração Pública direta e indireta, de qualquer dos poderes da União, dos Estados, do Distrito Federal, dos Municípios, das Entidades, dos Órgãos e dos Agentes.
B) Os princípios de legalidade, impessoalidade, moralidade, publicidade, eficiência, com flexibilidade nos processos, sem ferir os trâmites legais e as ações administrativas serão obedecidos pela Administração Pública direta e indireta, de qualquer dos poderes da União, unicamente.
C) Os princípios de legalidade, impessoalidade, publicidade, eficiência, com flexibilidade nos processos, sem ferir os trâmites legais e as ações administrativas serão obedecidos pela Administração Pública direta e indireta, de qualquer dos poderes da União, dos Estados, do Distrito Federal, dos Municípios, das Entidades, dos Órgãos e dos Agentes.
D) Os princípios de legalidade, impessoalidade, moralidade, publicidade, eficiência, com flexibilidade nos processos, sem ferir os trâmites legais e as ações administrativas serão obedecidos pela Administração Pública direta e indireta, de qualquer dos poderes da União, dos Estados, do Distrito Federal, dos Municípios, das Entidades, dos Órgãos e dos Agentes.
E) Os princípios de legalidade, impessoalidade, moralidade, publicidade, eficiência, com flexibilidade nos processos, sem ferir os trâmites legais e as ações administrativas serão obedecidos unicamente pela Administração Pública direta, de qualquer dos poderes da União, dos Estados, do Distrito Federal, dos Municípios, das Entidades, dos Órgãos e dos Agentes.

2. PRINCÍPIOS DA ADMINISTRAÇÃO PÚBLICA

134) (2016) Banca: COMPERVE – Órgão: UFRN – Prova: Auxiliar em Administração

Conforme a Constituição Federal de 1988, os princípios da Administração Pública direta e indireta são:

A) legalidade, eficiência, impessoalidade, publicidade e moralidade.
B) racionalidade, finalidade, moralidade, publicidade e originalidade.
C) legalidade, qualidade, objetividade moralidade e eficiência.
D) racionalidade, objetividade, publicidade, finalidade e impessoalidade.

135) (2016) Banca: FAU – Órgão: JUCEPAR – PR – Prova: Administrador

O Artigo 37 da Constituição Federal, trata de seus princípios da Administração Pública, que são:

A) Entidade, Moralidade, Eficiência, Publicidade e Impessoalidade.
B) Legalidade, Continuidade, Moralidade, Eficiência.
C) Impessoalidade, Prudência, Moralidade e Publicidade.
D) Legalidade, Impessoalidade, Moralidade, Publicidade e Eficiência.
E) Impessoalidade, Moralidade, Entidade, Eficiência e Legalidade.

136) (2016) Banca: INSTITUTO CIDADES – Órgão: CONFERE – Prova: Assistente Administrativo VII

Como se sabe, a Administração Pública é regida por certos princípios invioláveis. Dentre as alternativas a seguir, assinale aquela que NÃO está condizente com o artigo 37 da Constituição Federal:

A) Publicidade e Moralidade.
B) Legalidade e Publicidade.
C) Moralidade e Indisponibilidade.
D) Impessoalidade e Legalidade.

137) (2016) Banca: FCM – Órgão: Prefeitura de Barbacena – MG – Prova: Tecnólogo Executivo

Representa(m) princípio(s) a ser(em) observado(s) nas três esferas de governo da administração pública, conforme indicações feitas por Chiavenato (2008), com base na Emenda Constitucional nº 19, de 1998, EXCETO:

A) impessoalidade.
B) legalidade e eficiência.
C) eficiência e efetividade.
D) moralidade e publicidade.

138) (2016) Banca: FUNIVERSA – Órgão: IF-AP – Prova: Auxiliar em Administração (+ provas)

Os princípios que regem a Administração Pública podem ser divididos em dois grupos: os expressos e os implícitos ou reconhecidos. A propósito desse assunto, assinale a alternativa que apresenta apenas princípios expressamente previstos na Constituição Federal de 1988 (CF).

A) legalidade, moralidade, eficiência e continuidade dos serviços públicos
B) legalidade, moralidade, impessoalidade, eficiência e supremacia do interesse público
C) legalidade, moralidade, eficiência, continuidade dos serviços públicos e supremacia do interesse público
D) legalidade, moralidade, impessoalidade, publicidade, proporcionalidade e autotutela
E) legalidade, publicidade, moralidade, eficiência e impessoalidade

Legalidade: Esse princípio estabelece que a Administração Pública só poderá atuar quando a lei permitir. Segundo o Princípio da Legalidade, enquanto o particular é livre para fazer tudo o que não esteja proibido pela lei (art. 5º da CF/88: "ninguém será obrigado a fazer ou deixar de fazer alguma coisa senão em virtude de lei"), a Administração Pública deve agir apenas em conformidade com o ordenamento legal e todos os instrumentos jurídicos nele existentes.

Convém esclarecer que a Legalidade não elimina a existência de atos discricionários, isto é, **atos nos quais o agente público possui certa margem de liberdade para atuar e pode analisar a conveniência e a oportunidade (mérito administrativo)** do interesse público em determinada situação. Destaca-se que os atos discricionários praticados pela administração pública estão sujeitos ao controle pelo Poder Judiciário quanto à legalidade formal e substancial.

Claro, né pessoal! O legislador não poderia prever TODAS as situações que seriam evidenciadas pela Administração Pública no caso concreto e antecipar qual seria a melhor escolha para o Estado. Por essa razão, em algumas situações, a Lei confere ao administrador certa **margem de liberdade/discricionariedade para avaliar qual escolha atenderá aos objetivos perseguidos pelo ente público** (finalidade específica do ato).

139) (2015) Banca: CESPE -- Órgão: TRE-GO – Prova: Técnico Judiciário – Área Administrativa

No que se refere ao regime jurídico-administrativo brasileiro e aos princípios regentes da administração pública, julgue o próximo item.

Por força do princípio da legalidade, o administrador público tem sua atuação limitada ao que estabelece a lei, aspecto que o difere do particular, a quem tudo se permite se não houver proibição legal.

A) Certo b) Errado

140) (2015) Banca: CESPE – Órgão: FUB – Prova: Administrador

Julgue o item subsecutivo, de acordo com os princípios que compõem o direito administrativo brasileiro.

O agente público só poderá agir quando houver lei que autorize a prática de determinado ato.

A) Certo B) Errado

141) (2013) Banca: CESPE – Órgão: TRT – 10ª REGIÃO (DF e TO) – Prova: Analista Judiciário – Área Judiciária

Julgue o item a seguir, acerca dos princípios e das fontes do direito administrativo.

Em decorrência do princípio da legalidade, a lei é a mais importante de todas as fontes do direito administrativo.

A) Certo b) Errado

142) (2013) Banca: CESPE – Órgão: TRT – 10ª REGIÃO (DF e TO) – Prova: Técnico Judiciário – Administrativo

Os atos discricionários praticados pela administração pública estão sujeitos ao controle pelo Poder Judiciário quanto à legalidade formal e substancial, observada a vinculação da administração aos motivos embasadores dos atos por ela praticados, os quais conferem a eles legitimidade e validade.

A) Certo B) Errado

143) (2013) Banca: FCC – Órgão: TRT – 5ª Região (BA) Prova: Técnico Judiciário – Área Administrativa

O artigo 37 da Constituição Federal dispõe que a Administração pública deve obediência a uma série de princípios básicos, dentre eles o da legalidade. É correto afirmar que a legalidade, como princípio de administração, significa que o administrador público, em sua atividade funcional,

A) pode fazer tudo que a lei não proíba, porque a Constituição Federal garante que "ninguém será obrigado a fazer ou deixar de fazer alguma coisa senão em virtude de lei".
B) está vinculado à lei, não aos princípios administrativos.
C) deve atuar conforme a lei e o direito, observando, inclusive, os princípios administrativos.
D) está adstrito à lei, mas dela poderá afastar-se desde que autorizado a assim agir por norma regulamentar.
E) está adstrito à lei, mas poderá preteri-la desde que o faça autorizado por acordo de vontades, porque na Administração pública vige o princípio da autonomia da vontade.

144) (2012) Banca: FCC – Órgão: TRF – 5ª REGIÃO – Prova: Analista Judiciário – Área Administrativa

A atuação da Administração Pública

A) não admite discricionariedade, em face do princípio da legalidade previsto na Constituição Federal.
B) possui caráter discricionário, afastando a possibilidade de atos vinculados.
C) é pautada pelo princípio da legalidade, o que determina a prática de atos vinculados, reservada a discricionariedade apenas para o mérito de tais atos.
D) não admite discricionariedade, salvo em relação às atividades de organização e funcionamento da própria Administração.
E) admite discricionariedade quando a lei atribui à Administração a possibilidade de escolha de acordo com critérios de conveniência e oportunidade.

145) (2012) Banca: VUNESP – Órgão: SPTrans – Prova: Analista de Gestão Pleno

O princípio constitucional da legalidade impõe que o administrador público deva

A) obedecer as normas e princípios em vigor.
B) afastar a discricionariedade e o subjetivismo na condução dos procedimentos administrativos.
C) dar tratamento igual a todos os cidadãos no exercício da função pública.
D) tornar públicos todos os atos praticados no exercício da função pública.
E) observar critérios objetivos em suas decisões administrativas.

146) (2014) Banca: CONTEMAX – Órgão: COREN-PB – Prova: Advogado

A Administração tem que exercer a atividade administrativa de acordo com os objetivos legais. Aqui, estão representados os princípios:

A) da legalidade e da finalidade.
B) da moralidade e da publicidade.
C) da eficiência e da impessoalidade.
D) da finalidade e da oficialidade.

147) (2014) Banca: CONTEMAX – Órgão: COREN-PB – Prova: Advogado

"Só é permitido fazer o que a lei autoriza ou permite". Trata-se do princípio:

A) da legalidade;
B) da moralidade;
C) da impessoalidade;
D) da oficialidade;
E) da razoabilidade.

148) (2014) Banca: CONSULPLAN – Órgão: MAPA – Prova: Administrador

Os princípios que norteiam a administração pública são regras básicas que servem de interpretação das demais normas jurídicas. Em relação aos princípios que norteiam a administração pública, é correto afirmar que o

A) Princípio da Supremacia do Interesse Público sobre o Privado é considerado um subprincípio, e se refere à indisponibilidade dos bens públicos de uso comum do povo em contratos junto a particulares.
B) Princípio da Motivação e o Princípio da Publicidade podem ser mitigados, tornando-se, portanto, prescindíveis nos atos discricionários, justamente em respeito à margem de conveniência e discricionariedade do administrador.
C) Princípio da Impessoalidade, totalmente desvinculado do Princípio da Legalidade, condiciona muitas vezes a utilização de costumes políticos, ainda meramente regionais, desde que, com isso, haja uma redução dos gastos públicos.
D) Princípio da Legalidade pode ser considerado como específico do Estado de Direito, uma vez que o qualifica e dá identidade própria. Consagrando-se, assim, a ideia de que a administração pública só pode ser exercida na conformidade da lei.

149) (2015) Banca: FAFIPA – Órgão: Prefeitura de Londrina – PR Prova: Analista de Proteção de Defesa do Consumidor – Serviços de Proteção e Defesa do Consumidor

O regime jurídico administrativo é o conjunto de prerrogativas e restrições que está sujeita a Administração Pública. Este regime jurídico fundamenta-se em princípios constitucionais e infraconstitucionais da Administração. Nesse sentido:

O princípio da legalidade é um princípio constitucional pelo qual os atos administrativos não podem contrariar a lei e só podem ser praticados conforme a lei permite.

A) Certo B) Errado

2. PRINCÍPIOS DA ADMINISTRAÇÃO PÚBLICA

150) (2014) Banca: COPEVE-UFAL – Órgão: CASAL – Prova: Assistente Administrativo

A legalidade na Administração Pública implica dizer que a(o)

A) Administração Pública deve agir com honestidade.
B) Administrador não pode beneficiar parentes.
C) Administração Pública só pode fazer aquilo que lhe permite a lei.
D) Administração Pública deve tratar a todos como igualdade.
E) Administração Pública deve ser ética.

151) (2016) Banca: COMPERVE – Órgão: Câmara de Natal – RN – Prova: Guarda Legislativo

A ideia de legalidade integra o Direito Administrativo desde suas origens mais remotas. Há quem afirme que com o advento do Estado de Direito, o princípio da legalidade adentrou no universo jurídico administrativista para dele não mais sair. O princípio da legalidade, para a Administração Pública, enseja o dever de

A) realizar tudo aquilo que não seja proibido pelo direito.
B) agir independentemente de previsão legal embasando a ação.
C) agir quando existir previsão legal embasando a ação.
D) realizar o que é vedado pelo direito, desde que amparado em exemplo internacional.

152) (2014) Banca: FUNRIO – Órgão: IF-BA – Prova: Auxiliar em Administração

O princípio segundo o qual o administrador público está, em toda sua atividade funcional, sujeito aos mandamentos da lei, sob pena de praticar ato inválido e expor-se à responsabilização disciplinar, civil ou criminal, conforme o caso, é

A) especialidade.
B) legalidade.
C) publicidade.
D) legitimidade.
E) impessoalidade.

153) (2014) Banca: IMA – Órgão: Prefeitura de Paraibano – MA – Prova: Procurador

Sobre o Princípio da Legalidade Administrativa, marque a assertiva que melhor define o referido princípio:

A) Sempre é possível fazer tudo aquilo que a lei não proíbe.
B) É obrigatório indicar nos atos administrativos a sua fundamentação.
C) Tem-se como legítimo todo ato administrativo, enquanto não for revogado ou declarado nulo todo ato administrativo, se presume legítimo.
D) É permitido fazer o que a lei autoriza ou permite, assim a atividade administrativa não pode ser *contra legem* nem *praeter legem*, e sim *secundum legem*.

154) (2013) Banca: FUNCAB – Órgão: SC-CE – Prova: Analista de Desenvolvimento Urbano – Engenharia Agronômica

Segundo a "estrita legalidade", um dos princípios regentes do sistema jurídico administrativo, o administrador público:

A) não pode agir contra a lei, mas apenas segundo a lei e na omissão da lei.
B) pode fazer tudo aquilo que não lhe for vedado por lei.
C) só pode agir contra a lei nas hipóteses de edição de regulamentos autônomos.
D) só pode fazer aquilo que a lei antecipadamente o autoriza
E) não encontra limites na lei, mas apenas na Constituição Federal

155) (2016) Banca: FCM – Órgão: Prefeitura de Barbacena – MG – Prova: Agente Administrativo

Referindo-se aos princípios básicos da administração pública, conforme indicado por Carvalho Filho (2014), do ponto de vista da legalidade, toda e qualquer atividade administrativa

A) dispensa preceitos éticos.
B) deve ser autorizada por lei.
C) corresponde à conduta de direito penal.
D) é lícita perante à cultura organizacional.

IMPESSOALIDADE: Esse princípio estabelece que a atuação do gestor público deve ser **impessoal**, ou seja, o gestor público não pode atuar para fins de **beneficiar ou prejudicar o particular.** Isso porque, como já estudado, o administrador deve atuar na **busca do interesse público em conformidade com a lei**, independentemente de quem seja a pessoa atingida pelo ato administrativo.

Importante destacar que essa premissa não se refere a conferir o mesmo tratamento a todos, mas sim a **tratar os iguais igualmente e os desiguais desigualmente, na medida em que se desigualam (Princípio da Isonomia – igualdade material).**

156) (2014) Banca: CESPE – Órgão: TJ-CE – Prova: Técnico Judiciário – Área Judiciária

Assinale a opção que explicita o princípio da administração pública na situação em que um administrador público pratica ato administrativo com finalidade pública, de modo que tal finalidade é unicamente aquela que a norma de direito indica como objetivo do ato.

A) impessoalidade
B) segurança jurídica
C) eficiência
D) moralidade
E) razoabilidade

157) (2014) Banca: CESPE – Órgão: TEM – Prova: Agente Administrativo

Acerca do regime jurídico administrativo e dos atos administrativos, julgue o próximo item.

Viola o princípio da impessoalidade a edição de ato administrativo que objetive a satisfação de interesse meramente privado.

A) Certo B) Errado

158) (2014) Banca: CESPE – Órgão: TJ-CE – Prova: Técnico Judiciário – Área Administrativa

Assinale a opção que explicita o princípio da administração pública na situação em que um administrador público pratica ato administrativo com finalidade pública, de modo que tal finalidade é unicamente aquela que a norma de direito indica como objetivo do ato.

A) eficiência

B) moralidade
C) razoabilidade
D) impessoalidade
E) segurança jurídica

159) (2016) Banca: CESPE – Órgão: PC-GO – Prova: Escrivão de Polícia Civil

Sem ter sido aprovado em concurso público, um indivíduo foi contratado para exercer cargo em uma delegacia de polícia de determinado município, por ter contribuído na campanha política do agente contratante. Nessa situação hipotética, ocorreu, precipuamente, violação do princípio da

A) supremacia do interesse público.
B) impessoalidade.
C) eficiência.
D) publicidade.
E) indisponibilidade.

160) (2015) Banca: CESPE – Órgão: FUB – Prova: Administrador

Julgue o item subsecutivo, de acordo com os princípios que compõem o direito administrativo brasileiro. A ação administrativa tendente a beneficiar ou a prejudicar determinada pessoa viola o princípio da isonomia.

A) Certo b) Errado

161) (2015) Banca: CESPE – Órgão: TRE-GO – Prova: Técnico Judiciário – Área Administrativa

No que se refere ao regime jurídico-administrativo brasileiro e aos princípios regentes da administração pública, julgue o próximo item.

"Em decorrência do princípio da impessoalidade, previsto expressamente na Constituição Federal, a administração pública deve agir sem discriminações, de modo a atender a todos os administrados e não a certos membros em detrimento de outros".

A) Certo B) Errado

162) (2013) Banca: CESPE – Órgão: FUNASA – Prova: Todos os Cargos

No que se refere ao conceito, à organização e aos princípios da administração pública, julgue o item subsecutivo.

"Se uma pessoa tomar posse em cargo público em razão de aprovação em concurso público e, por ser filiado a um partido político, sofrer perseguição pessoal por parte de seu superior hierárquico, poderá representar contra seu chefe por ofensa direta ao princípio da impessoalidade".

A) Certo B) Errado

163) (2014) Banca: CESPE – Órgão: TJ-CE – Prova: Técnico Judiciário – Área Judiciária

Assinale a opção que explicita o princípio da administração pública na situação em que um administrador público pratica ato administrativo com finalidade pública, de modo que tal finalidade é unicamente aquela que a norma de direito indica como objetivo do ato.

A) impessoalidade
B) segurança jurídica
C) eficiência
D) moralidade
E) razoabilidade

164) (2012) Banca: CESPE – Órgão: MPE-PI – Prova: Técnico Ministerial – Área Administrativa

Julgue o item que se segue, acerca do ato administrativo.

O princípio da impessoalidade em relação à atuação administrativa impede que o ato administrativo seja praticado visando a interesses do agente público que o praticou ou, ainda, de terceiros, devendo ater-se, obrigatoriamente, à vontade da lei, comando geral e abstrato em essência.

A) Certo B) Errado

165) (2013) Banca: CESPE – Órgão: SERPRO – Prova: Analista – Advocacia

O princípio da isonomia pode ser invocado para a obtenção de benefício, ainda que a concessão deste a outros servidores tenha-se dado com a violação ao princípio da legalidade.

A) Certo b) Errado

166) (2017) Banca: FCC – Órgão: TRE-SP – Prova: Técnico Judiciário – Área Administrativa

Considere a lição de Maria Sylvia Zanella Di Pietro: A Administração não pode atuar com vistas a prejudicar ou beneficiar pessoas determinadas, uma vez que é sempre o interesse público que tem que nortear o seu comportamento. (Direito Administrativo, São Paulo: Atlas, 29ª edição, p. 99). Essa lição expressa o conteúdo do princípio da

A) impessoalidade, expressamente previsto na Constituição Federal, que norteia a atuação da Administração pública de forma a evitar favorecimentos e viabilizar o atingimento do interesse público, finalidade da função executiva.
B) legalidade, que determina à Administração sempre atuar de acordo com o que estiver expressamente previsto na lei, em sentido estrito, admitindo-se mitigação do cumprimento em prol do princípio da eficiência.
C) eficiência, que orienta a atuação e o controle da Administração pública pelo resultado, de forma que os demais princípios e regras podem ser relativizados.
D) supremacia do interesse público, que se coloca com primazia sobre os demais princípios e interesses, uma vez que atinente à finalidade da função executiva.
E) publicidade, tendo em vista que todos os atos da Administração pública devem ser de conhecimento dos administrados, para que possam exercer o devido controle.

167) (2012) Banca: FCC – Órgão: TJ-PE – Prova: Técnico Judiciário – Área Judiciária e Administrativa (+ provas)

Tendo em vista os princípios constitucionais que regem a Administração Pública é INCORRETO afirmar que a

A) eficiência, além de desempenhada com legalidade, exige resultados positivos para o serviço público e satisfatório atendimento das necessidades da comunidade e de seus membros.
B) lei para o particular significa pode fazer assim, e para o administrador público significa deve fazer assim.
C) moral administrativa é o conjunto de regras que, para disciplinar o exercício do poder discricionário da Administração, o superior hierárquico impõe aos seus subordinados.

D) publicidade não é elemento formativo do ato; é requisito de eficácia e moralidade

E) impessoalidade permite ao administrador público buscar objetivos ainda que sem finalidade pública e no interesse de terceiros.

168) (2016) Banca: FCC – Órgão: Copergás – PE – Prova: Analista Administrador

O Governador de determinado Estado praticou ato administrativo sem interesse público e sem conveniência para a Administração pública, visando unicamente a perseguição de Prefeito Municipal. Trata-se de violação do seguinte princípio de Direito Administrativo, dentre outros,

A) publicidade.
B) impessoalidade.
C) proporcionalidade.
D) especialidade.
E) continuidade do serviço público.

169) (2015) Banca: FCC – Órgão: TRE-RR – Prova: Analista Judiciário – Área Judiciária

O Supremo Tribunal Federal, em importante julgamento ocorrido no ano de 2011, julgou inconstitucional lei que vedava a realização de processo seletivo para o recrutamento de estagiários por órgãos e entidades do Poder Público do Distrito Federal. O aludido julgamento consolidou fiel observância, dentre outros, ao princípio da

A) motivação.
B) impessoalidade.
C) segurança jurídica.
D) publicidade.
E) presunção de legitimidade.

170) (2014) Banca: FCC – Órgão: TCE-GO – Prova: Analista de Controle Externo – Administrativa (+ provas)

Um dos princípios básicos da Administração pública, além de consagrado explicitamente na Constituição Federal, quando trata dos princípios que norteiam a atuação administrativa, também consta implicitamente ao longo do texto constitucional, como por exemplo, quando a Carta Magna exige que o ingresso em cargo, função ou emprego público dependerá de concurso público, exatamente para que todos possam disputar-lhes o acesso em plena igualdade. Do mesmo modo, ao estabelecer que os contratos com a Administração direta e indireta dependerão de licitação pública que assegure igualdade de todos os concorrentes.

Trata-se do princípio da

A) proporcionalidade.
B) publicidade.
C) eficiência.
D) motivação.
E) impessoalidade.

171) (2016) Banca: FCC – Órgão: PGE-MT – Prova: Analista – Administrador

Assinale a alternativa CORRETA quanto ao princípio da igualdade.

A) Os atos administrativos devem ser justificados expressamente, com indicação de seus fundamentos de fato e de direito.

B) Veda o estabelecimento de condições que impliquem preferência em favor de determinados licitantes em detrimento dos demais.

C) O interesse público prevalece sobre o individual, respeitadas as garantias constitucionais.

D) Nenhuma das alternativas anteriores.

172) (2015) Banca: FGV – Órgão: SSP-AM – Prova: Técnico de Nível Superior

Daniel, Policial Militar, ao realizar diligência destinada a reprimir o comércio ilícito de mercadorias receptadas, encontrou em flagrante delito seu amigo de infância Juvenal praticando crime. Por conta da longa amizade, Daniel deixou de realizar sua prisão em flagrante e liberou seu amigo, inclusive com os bens objeto do crime. No caso em tela, Daniel ofendeu mais diretamente os princípios administrativos da:

a) legalidade e pessoalidade;
B) autotutela e disciplina;
C) publicidade e eficiência;
D) hierarquia e disciplina;
E) moralidade e impessoalidade.

173) (2015) Banca: FGV – Órgão: Prefeitura de Niterói – RJ – Prova: Contador

João, ocupante do cargo efetivo municipal de contador, visando favorecer seu vizinho de longa data, valendo-se da função pública de chefe do setor, pegou o processo administrativo de seu amigo e, passando na frente de todos os outros que aguardavam ser despachados há mais tempo, providenciou o imediato andamento necessário. A conduta do servidor público no caso em tela feriu, em tese, o princípio da administração pública que, por um lado, objetiva a igualdade de tratamento que a Administração deve dispensar aos administrados que se encontrem em idêntica situação jurídica e, por outro, busca a supremacia do interesse público, e não do privado, vedando-se, em consequência, sejam favorecidos alguns indivíduos em detrimento de outros. Trata-se do princípio informativo expresso do art. 37, caput, da Constituição da República, chamado princípio da:

A) publicidade;
B) razoabilidade;
C) eficácia;
D) indisponibilidade;
E) impessoalidade.

174) (2015) Banca: FGV – Órgão: TCM-SP – Prova: Agente de Fiscalização – Ciências Contábeis

Membros da comissão permanente de licitação de determinado Município fraudaram um certame, para favorecer sociedade empresária cujo sócio administrador é amigo íntimo de um dos membros da citada comissão. No caso em tela, os agentes públicos envolvidos afrontaram diretamente o princípio administrativo expresso no art. 37, caput, da Constituição da República. Trata-se do princípio da:

A) razoabilidade;
B) competitividade;
C) economicidade;
D) isonomia;
E) impessoalidade.

175) (2015) Banca: FGV – Órgão: Câmara Municipal de Caruaru – PE – Prova: Técnico Legislativo

Os princípios da legalidade, impessoalidade, moralidade, publicidade e eficiência, segundo a Constituição Federal de 1988, condicionam toda a estrutura das organizações públicas.

Quando o agente público atua de forma imparcial, buscando somente o fim público pretendido pela lei, sem privilégios ou discriminações de qualquer natureza, seu procedimento está baseado no princípio da

A) moralidade.
B) publicidade.
C) eficiência.
D) impessoalidade.
E) legalidade.

176) (2014) Banca: FGV – Órgão: TJ-GO – Prova: Analista Judiciário (+ provas)

A Constituição da República de 1988, em seu Art. 37, *caput*, prevê princípios expressos da administração pública. Dentre eles, o princípio que objetiva, por um lado, a igualdade de tratamento que a Administração deve dispensar aos administrados que se encontrem em idêntica situação jurídica e, por outro lado, a vedação de favorecimento de alguns indivíduos em detrimento de outros, visando ao interesse público, é chamado princípio da:

A) isonomia;
B) moralidade;
C) impessoalidade;
D) finalidade;
E) eficiência.

177) (2016) Banca: FGV – Órgão: Prefeitura de Paulínia – SP – Prova: Agente de Fiscalização

A combinação de princípios expressos e não expressos na Constituição Federal/88 é a base das regras de conduta e dos critérios de avaliação da atuação do administrador. O conhecimento dos princípios figura, então, entre as capacidades básicas de um bom administrador.

As opções a seguir apresentam princípios explícitos da Constituição Federal/88, à exceção de uma. Assinale-a.

A) Legalidade
B) Moralidade
C) Impessoalidade
D) Eficiência
E) Isonomia

178) (2014) Banca: MAGNUS – Órgão: INES – Prova: Assistente em Administração

O princípio da Administração Pública que está ligado à finalidade, o qual impõe ao administrador público que só pratique o ato para o seu fim legal, vedando a prática de ato administrativo sem interesse público ou conveniência para a Administração, visando unicamente a satisfazer interesses privados, denomina-se:

A) Princípio da legalidade.
B) Princípio da publicidade.
C) Princípio da eficiência.
D) Princípio da moralidade.
E) Princípio da impessoalidade.

179) (2014) Banca: FUMARC – Órgão: PC-MG – Prova: Investigador de Polícia

O Chefe da Polícia Civil, por razões estritamente pessoais, com o objetivo de prejudicar determinado Perito Criminal, determina sua remoção ex *officio*, da Capital para localidade bem distante.

Diante da situação apresentada, é CORRETO afrmar que o ato administrativo praticado é

A) ilícito, porque ofende o princípio da impessoalidade.
B) lícito, porque atende o interesse da Administração Policial.
C) lícito, porque o servidor policial está sujeito a ser lotado em qualquer Unidade do Estado.
D) lícito, porque originário de Autoridade Administrativa competente.

180) (2015) Banca: IESES – Órgão: TRE-MA – Prova: Analista Judiciário – Administrativa

O princípio da Administração Pública que impõe ao Poder Público que toda "atividade administrativa deve ser destinada a todos os administrados, dirigida aos cidadãos em geral, sem determinação de pessoa ou discriminação de qualquer natureza", denomina-se de:

A) Princípio da legalidade.
B) Princípio da impessoalidade.
C) Princípio da razoabilidade.
D) Princípio da publicidade.

181) (2015) Banca: BIO-RIO – Órgão: IF-RJ – Prova: Contador

O princípio administrativo que objetiva a igualdade de tratamento que a administração pública deve dispensar aos administrados que se encontrem em idêntica situação jurídica, voltando-se exclusivamente para o interesse público é o princípio da:

A) Legalidade.
B) Impessoalidade.
C) Moralidade.
D) Exclusividade.
E) Legitimidade.

182) (2016) Banca: IADES – Órgão: Ceitec S.A – Prova: Analista Administrativo e Operacional – Ciências Contábeis (+ provas)

No sentido de que deveria a Administração Pública dispensar a igualdade formal de tratamento para os que se encontrem em idêntica situação jurídica, o sistema de cotas étnico-social instituído para acesso ao ensino superior público federal brasileiro poderia ser considerado, para José dos Santos Carvalho Filho, uma exceção ao seguinte princípio constitucional da Administração Pública:

A) legalidade.
B) moralidade.
C) impessoalidade.
D) publicidade.
E) eficiência.

2. PRINCÍPIOS DA ADMINISTRAÇÃO PÚBLICA

183) (2014) Banca: CETREDE – Órgão: JUCEC – Prova: Advogado

A utilização do concurso público nas seleções realizadas pela Administração Pública, além de obedecer ao princípio da moralidade, condiz, principalmente, com o princípio

A) da legalidade;
B) da publicidade;
C) da eficiência;
D) da impessoalidade;
E) da legitimidade.

184) (2014) Banca: VUNESP – Órgão: PRODEST-ES – Prova: Analista Organizacional – Ciências Jurídicas

Nele se traduz a ideia de que a Administração tem que tratar a todos os administrados sem discriminações, benéficas ou detrimentosas. Nesse caso, trata-¬se do princípio da:

A) Finalidade
B) Legalidade.
C) Impessoalidade.
D) Moralidade.
E) Eficiência.

185) (2014) Banca: IADES – Órgão: TRE-PA – Prova: Técnico Judiciário – Área Administrativa

O Direito Administrativo é bastante completo, no que se refere aos princípios que o orientam. Todo e qualquer agente administrativo, no exercício de sua função, deve observância a esses princípios, sem os quais o ato administrativo não obterá validade. A respeito do tema, assinale a alternativa correta.

A) O princípio da legalidade administrativa, orientador das condutas dos agentes públicos, deve ser interpretado de maneira restritiva, de modo que os atos administrativos somente poderão ser praticados quando a lei ordinária ou complementar autorizar.
B) Diante do princípio da publicidade dos atos administrativos, o sigilo não será admitido, em hipótese alguma.
C) É vedado à administração desapropriar um imóvel residencial, mesmo quando esse for declarado de utilidade pública.
D) O ato administrativo, uma vez praticado, não poderá ser revisto pela própria administração.
E) Uma das finalidades de qualquer ato administrativo é atender ao interesse público e, em assim sendo, o princípio da impessoalidade vem reforçar essa ideia, ao vedar o tratamento favorecido a esse ou aquele cidadão, à exceção dos casos previstos em lei.

186) (2014) Banca: VUNESP – Órgão: UNICAMP – Prova: Procurador

Princípio constitucional de direito administrativo, relacionado à finalidade pública que deve nortear toda a atividade administrativa, fazendo com que a Administração Pública não possa atuar com vistas a prejudicar ou beneficiar pessoas determinadas, é o princípio da

A) legalidade.
B) impessoalidade.
C) moralidade.
D) publicidade.
E) eficiência.

187) (2013) Banca: IMA – Órgão: Câmara Municipal de Governador Edson Lobão – MA – Prova: Assessor Jurídico Parlamentar

Princípio pelo qual a administração não pode estabelecer privilégios de tratamento entre os cidadãos:

A) Eficiência
B) Impessoalidade
C) Isonomia
D) Publicidade

188) (2013) Banca: Prefeitura do Rio de Janeiro – RJ – Órgão: SMA-RJ – Prova: Agente Administrativo

O princípio que objetiva a igualdade de tratamento que a Administração deve dispensar aos administrados que se encontram na mesma situação jurídica é o da:

A) legalidade
B) impessoalidade
C) moralidade
D) eficiência

189) (2017) Banca: VUNESP – Órgão: TJM-SP – Prova: Escrevente Técnico Judiciário

Os atos dos servidores públicos deverão estar em conformidade com o interesse público, e não próprio ou de acordo com a vontade de um grupo. Tal afirmação está de acordo com o princípio

a) do bem público.
B) da legalidade.
C) da impessoalidade.
D) do poder vinculado.
E) da hierarquia.

190) (2016) Banca: UFMT – Órgão: UFMT – Prova: Assistente em Administração

O trecho da fala do Ministro-Chefe "Queremos um ambiente corporativo íntegro em que as regras de competição sejam baseadas na qualidade e nos preços e não nas relações pessoais" corresponde à busca pelo cumprimento de qual princípio constitucional da Administração Pública?

A) Impessoalidade
B) Autonomia
C) Publicidade
D) Eficiência

Cabe destacar que, quando o agente pratica o ato, não é o servidor público que está atuando, mas sim o Estado por meio desse agente. Este pensamento traduz a Teoria da imputação volitiva, segundo a qual, a vontade do agente público é imputada ao Estado.

191) (2016) Banca: CESPE – Órgão: INSS – Prova: Técnico do Seguro Social

Julgue o item que se segue, acerca da administração pública.

"Em decorrência do princípio da impessoalidade, as realizações administrativo-governamentais são imputadas ao ente público e não ao agente político".

A) Certo b) Errado

192) (2015) Banca: CESPE – Órgão: TJ-DFT – Prova: Analista Judiciário

A respeito da organização administrativa, dos atos administrativos e dos contratos e convênios administrativos, julgue o item a seguir.

"De acordo com a teoria da imputação, atualmente adotada no ordenamento jurídico brasileiro, a manifestação de vontade de pessoa jurídica dá-se por meio dos órgãos públicos, ou seja, conforme essa teoria, quando o agente do órgão manifesta sua vontade, a atuação é atribuída ao Estado".

A) Certo b) Errado

193) (2013) Banca: CESPE – Órgão: TJ-PI – Prova: Titular de Serviços de Notas e de Registros

No que se refere à estrutura da administração pública, aos agentes públicos e às atividades administrativas, assinale a opção correta.

A) Quanto à posição hierárquica, consideram-se órgãos públicos superiores aqueles dotados de autonomia administrativa, financeira e técnica.
B) Para a aplicação, no caso concreto, da teoria do órgão, cujo fundamento é o princípio da imputação volitiva concreta, é indispensável a presença de um agente público, legitimamente investido no exercício da atividade do órgão, não se compatibilizando essa teoria com a denominada função de fato ou com o exercício de atividade por agente de fato.
C) A atividade administrativa pode ser realizada independentemente dos parâmetros estabelecidos pela lei.
D) O princípio da publicidade, que rege o exercício das atividades administrativas, não autoriza a ação administrativa a divulgar informações de ofício, ainda que estas sejam de interesse público.
E) Conforme a Teoria da imputação volitiva, a vontade do agente público é imputada ao Estado.

194) (2016) Banca: FCC – Órgão: TRT – 23ª REGIÃO (MT) – Prova: Analista Judiciário – Área Administrativa

Manoela foi irregularmente investida no cargo público de Analista do Tribunal Regional do Trabalho da 23ª Região, tendo, nessa qualidade, praticado inúmeros atos administrativos. O Tribunal, ao constatar o ocorrido, reconheceu a validade dos atos praticados, sob o fundamento de que os atos pertencem ao órgão e não ao agente público. Trata-se de aplicação específica do princípio da

A) impessoalidade.
B) eficiência.
C) motivação.
D) publicidade.
E) presunção de veracidade.

195) (2016) Banca: FCC – Órgão: PGE-MT – Prova: Analista – Administrador

Os atos e provimentos administrativos são imputáveis não ao funcionário que o pratica, mas ao órgão ou entidade administrativa em nome do qual age o funcionário. Este é um mero agente da Administração Pública, de sorte que não é ele o autor institucional do ato. Ele é apenas o órgão que formalmente manifesta a vontade estatal. (José Afonso da Silva em Comentário Contextual à Constituição)

Esse comentário refere-se ao princípio da Administração pública da

A) impessoalidade.
B) legalidade.
C) moralidade.
D) eficiência.
E) publicidade.

196) (2016) Banca: VUNESP – Órgão: Prefeitura de São Paulo – SP – Prova: Analista Fiscal de Serviços

"Esse princípio acaba completando a ideia já analisada de que o administrador é um executor do ato, que serve de veículo de manifestação da vontade estatal e, portanto, as realizações administrativo-governamentais não são do agente político, mas da entidade pública em nome da qual atuou" (José Afonso da Silva). O autor, na conceituação supra, está tratando do princípio constitucional da Administração Pública denominado de princípio da

A) eficiência
B) identidade física do administrador.
C) supremacia do interesse público.
D) moralidade
E) impessoalidade.

197) (2014) Banca: FUNCEFET – Órgão: Prefeitura de Vila Velha – ES – Prova: Especialista em Controladoria Pública

O jurista alemão Otto Gierke foi quem estabeleceu as linhas mestras da teoria do órgão e indicou como sua principal característica o princípio da imputação volitiva. A teoria do órgão:

A) Considera o agente público representante da pessoa jurídica, tal como os curadores o são dos incapazes.
B) Considera o órgão como parte da entidade e, com isso, suas manifestações de vontade são consideradas como sendo da própria entidade.
C) Não é aceita entre os administrativistas contemporâneos, pois não explica, de forma satisfatória, como atribuir a entes públicos os atos praticados por pessoas que agem em seu nome.
D) Reconhece personalidade jurídica ao órgão, sendo, por isso, sujeito direto de direitos e obrigações.
E) Não diferencia órgão de entidade, atribuindo personalidade jurídica a ambos, indistintamente, sendo sujeitos diretos de direitos e obrigações.

Em decorrência dessa teoria, é vedada a realização de promoção pessoal/publicidade da figura do agente público (prefeito, governador, presidente) nas medidas implementadas pela Administração Pública, uma vez que o **ente estatal é o RESPONSÁVEL pela medida, e não o agente público**. Desse modo, **a publicidade do ato administrativo deverá respeitar o caráter meramente informativo e educativo**.

198) (2016) Banca: CESPE – Órgão: TCE-SC – Prova: Conhecimentos Básicos – Exceto para os cargos 3 e 6 (+ provas)

O Tribunal de Contas de determinado estado da Federação, ao analisar as contas prestadas anualmente pelo governador do estado, verificou que empresa de publicidade foi contratada, mediante inexigibilidade de licitação, para divulgar ações do governo. Na campanha publicitária promovida pela empresa contratada, constavam nomes, símbolos e imagens que promoviam a figura do governador, que, em razão destes fatos, foi intimado por Whatsapp para apresentar defesa. Na data de visualização da intimação, a referida autoridade encaminhou resposta, via Whatsapp, declarando-se ciente. Ao final do procedimento, o Tribunal de Contas não acolheu a defesa do governador e julgou irregular a prestação de contas.

A partir da situação hipotética apresentada, julgue o item a seguir.

Dado o teor da campanha publicitária, é correto inferir que, na situação, se configurou ofensa aos princípios da impessoalidade e da moralidade.

A) Certo B) Errado

199) (2015) Banca: CESPE – Órgão: FUB – Prova: Assistente em Administração

A administração pública é regida por princípios fundamentais que atingem todos os entes da Federação: União, estados, municípios e o Distrito Federal. Com relação a esse assunto, julgue o item subsecutivo.

De acordo com o princípio da moralidade, os agentes públicos devem atuar de forma neutra, sendo proibida a atuação pautada pela promoção pessoal.

A) Certo b) Errado

200) (2015) Banca: CESPE – Órgão: FUB – Prova: Assistente em Administração

A administração pública é regida por princípios fundamentais que atingem todos os entes da Federação: União, estados, municípios e o Distrito Federal. Com relação a esse assunto, julgue o item subsecutivo.

Em decorrência da Teoria da Imputação Volitiva é proibida a atuação dos agentes públicos pautada na promoção pessoal.

A) Certo B) Errado

201) (2017) Banca: CESPE – Órgão: SEDF – Prova: Conhecimentos Básicos – Cargos 1, 3 a 26

A respeito dos princípios da administração pública e da organização administrativa, julgue o item a seguir.

Se uma autoridade pública, ao dar publicidade a determinado programa de governo, fizer constar seu nome de modo a caracterizar promoção pessoal, então, nesse caso, haverá, pela autoridade, violação de preceito relacionado ao princípio da impessoalidade.

A) Certo B) Errado

202) (2013) Banca: CESPE – Órgão: TRT – 10ª REGIÃO (DF e TO) – Prova: Analista Judiciário – Área Administrativa

A respeito da administração pública e seus princípios, julgue o item subsecutivo.

Considere a seguinte situação hipotética.

Determinado prefeito, que é filho do deputado federal em exercício José Faber, instituiu ação político-administrativa municipal que nomeou da seguinte forma: Programa de Alimentação Escolar José Faber.

Nessa situação hipotética, embora o prefeito tenha associado o nome do próprio pai ao referido programa, não houve violação do princípio da impessoalidade, pois não ocorreu promoção pessoal do chefe do Poder Executivo municipal.

A) Certo B) Errado

203) (2012) Banca: FCC – Órgão: MPE-AP – Prova: Técnico Ministerial – Auxiliar Administrativo

O Prefeito de determinado Município, a fim de realizar promoção pessoal, utilizou-se de símbolo e de slogan que mencionam o seu sobrenome na publicidade institucional do Município. A utilização de publicidade governamental para promoção pessoal de agente público viola o disposto no artigo 37, § 1º, da Constituição Federal, ora transcrito: "A publicidade dos atos, programas, obras, serviços e campanhas dos órgãos públicos deverá ter caráter educativo, informativo ou de orientação social, dela não podendo constar nomes, símbolos ou imagens que caracterizem promoção pessoal de autoridades ou servidores públicos".

O fato narrado constitui violação ao seguinte princípio da Administração Pública, dentre outros:

A) Eficiência.
B) Publicidade.
C) Razoabilidade.
D) Impessoalidade.
E) Supremacia do Interesse Particular sobre o Público.

204) (2015) Banca: FCC – Órgão: TRE-AP – Prova: Técnico Judiciário – Administrativa

Considere a seguinte situação hipotética: Dimas, ex-prefeito de um Município do Amapá, foi condenado pelo Tribunal de Justiça do Estado, tendo em vista que adotou na comunicação institucional da Prefeitura logotipo idêntico ao de sua campanha eleitoral. O Tribunal considerou tal fato ofensivo a um dos princípios básicos que regem a atuação administrativa. Trata-se especificamente do princípio da

A) moralidade.
B) publicidade.
C) eficiência.
D) impessoalidade.
E) motivação.

205) (2017) Banca: FGV – Órgão: ALERJ – Prova: Especialista Legislativo – Qualquer Nível Superior

Elias, prefeito municipal, informou à sua assessoria que gostaria de promover, junto à população, as realizações de sua administração. Na ocasião, foi informado que esse tipo de publicidade não poderia conter nomes e imagens, de modo que, longe de ter caráter educativo, informativo ou de orientação social, visasse à promoção pessoal de Elias.

À luz da sistemática constitucional, é correto afirmar que a orientação da assessoria está em harmonia com o denominado princípio da:

A) responsabilidade;
B) transparência;
C) avaliação popular;
D) impessoalidade;
E) eletividade.

206) (2016) Banca: COMPERVE – Órgão: Câmara de Natal – RN – Prova: Guarda Legislativo

O regime jurídico administrativo é composto por inúmeras normativas que conferem unidade ao Direito Administrativo brasileiro. Majoritariamente, a doutrina apresenta essas normativas como princípios. O art. 37, caput, da Constituição Federal de 1988 expõe que a publicidade é princípio da Administração Pública. Sobre esse princípio, a Constituição determina que

A) é proibido ao Poder Público formular publicidade de qualquer espécie, inclusive aquelas realizadas por órgãos públicos com caráter educativo, informativo ou de orientação social.
B) a publicidade dos atos, programas, obras, serviços e campanhas dos órgãos públicos deverá ter caráter educativo, informativo ou de orientação social, dela não podendo constar nomes, símbolos ou imagens que caracterizem promoção pessoal de autoridades ou servidores públicos.
C) a publicidade dos atos, programas, obras, serviços e campanhas dos órgãos públicos deverá ter caráter educativo, informativo ou de orientação social, dela podendo constar nomes, símbolos ou imagens que caracterizem promoção pessoal de autoridades ou servidores públicos.
D) é proibido ao Poder Público formular publicidade de qualquer espécie, salvo aquelas realizadas para oferecer ao público em geral explicações sobre a vida privada dos gestores.

207) (2014) Banca: FADESP – Órgão: CREA-PA – Prova: Auxiliar Técnico

O princípio básico que determina que agentes públicos, no desempenho de suas atividades, devem atender ao interesse público de forma objetiva, impedindo discriminações e privilégios indevidamente dispensados a particulares, bem como a promoção pessoal de agentes ou autoridades, denomina-se princípio da

A) eficiência.
B) legalidade.
C) moralidade.
D) impessoalidade.

208) (2014) Banca: Aroeira – Órgão: PC-TO – Prova: Delegado de Polícia

Determinado Delegado de Polícia, no intuito de fazer promoção pessoal com pretensões políticas, convoca a imprensa para comunicar a prisão de marginal procurado, ressaltando as próprias qualidades profissionais e que o êxito da operação decorre de mérito seu (da autoridade). A situação descrita revela flagrante ofensa ao princípio da:

A) moralidade
B) impessoalidade.
C) razoabilidade.
D) publicidade.

209) (2016) Banca: FUNIVERSA – Órgão: IF-AP – Prova: Assistente em Administração

Tendo em vista a necessidade de aquisição de materiais institucionais essenciais à consolidação da imagem do Instituto Federal do Amapá (Ifap), foi realizado procedimento licitatório para contratação de empresa especializada na prestação de serviços gráficos, entre eles a confecção de folders, banners e revistas. O certame foi concluído sem intercorrências e a empresa vencedora foi contratada. Conforme definido em edital, ficou a cargo do Ifap a definição e a aprovação de matriz (modelo) dos itens gráficos a serem confeccionados. A empresa entregou o serviço conforme modelo aprovado pelo Ifap. Contudo, nos produtos apresentados, foram identificados símbolos e imagens que caracterizavam promoção pessoal de servidores públicos, sendo incontestável a violação de princípio administrativo.

Considerando esse caso hipotético, o princípio administrativo infringido foi o da

A) legalidade.
B) moralidade.
C) autotutela.
D) impessoalidade.
E) publicidade.

210) (2016) Banca: FUNIVERSA – Órgão: IF-AP – Prova: Administrador (+ provas)

A Constituição Federal de 1988 (CF), no seu art. 37, § 1°, ao proibir que constem nomes, símbolos ou imagens que caracterizem a promoção pessoal de autoridades ou servidores públicos em publicidade de atos, programas, obras, serviços e campanhas dos órgãos públicos, busca atender ao princípio da

A) publicidade.
B) moralidade.
C) impessoalidade.
D) autotutela.
E) legalidade.

No que tange ao tema, a título de complementação, destaca-se que o STJ reconhece a possibilidade de homenagear servidores ou autoridades que **não mais estão em atividade. Ex: escola pública estadual construída com recursos financeiros repassados mediante convênio com a União denominada Escola Nelson Mandela (ex-presidente da África do Sul).**

211) (2014) Banca: CESPE – Órgão: PGE-BA – Prova: Procurador do Estado

Acerca do regime jurídico-administrativo e dos princípios jurídicos que amparam a administração pública, julgue o item seguinte.

"Suponha que o governador de determinado estado tenha atribuído o nome de Nelson Mandela, ex-presidente da África do Sul, a escola pública estadual construída com recursos financeiros repassados mediante convênio com a União. Nesse caso, há violação do princípio da impessoalidade, dada a existência de proibição constitucional à publicidade de obras com nomes de autoridades públicas".

A) Certo b) Errado

O nepotismo refere-se ao ato de nomeação *"de cônjuge, companheiro ou parente em linha reta, colateral ou por afinidade, até o terceiro grau, inclusive, da autoridade nomeante ou de servidor da mesma pessoa jurídica investido em cargo de direção, chefia ou assessoramento, para o exercício de cargo em comissão ou de confiança ou, ainda, de função gratificada na administração pública direta e indireta em qualquer dos poderes da União, dos estados, do Distrito*

Federal e dos municípios, compreendido o ajuste mediante designações recíprocas" (súmula vinculante nº 13). Ressalta-se também que, a vedação do nepotismo cruzado, no qual agentes públicos convencionam designações recíprocas para empregar nos órgãos públicos cônjuges, companheiros ou familiares uns dos outros.

212) (2014) Banca: CESPE – Órgão: TJ-SE – Prova: Analista Judiciário – Direito

No que se refere aos princípios que regem a administração pública, julgue os seguintes itens.

"Em consonância com os princípios constitucionais da impessoalidade e da moralidade, o STF, por meio da Súmula Vinculante 13, considerou proibida a prática de nepotismo na administração pública, inclusive a efetuada mediante designações recíprocas — nepotismo cruzado".

A) Certo b) Errado

213) (2013) Banca: MPE-SC – Órgão: MPE-SC – Prova: Promotor de Justiça

ANALISE O ENUNCIADOS DA QUESTÃO ABAIXO E ASSINALE "CERTO" – (C) OU "ERRADO" – (E)

O Supremo Tribunal Federal editou Súmula Vinculante (n. 13, atualmente vigente) que veda o nepotismo nos Poderes da União, dos Estados, do Distrito Federal e dos municípios, nada obstante tenha deixado de prever a proibição, especificamente, do chamado nepotismo cruzado, polêmico fenômeno que ocorre quando agentes públicos convencionam designações recíprocas para empregar nos órgãos públicos cônjuges, companheiros ou familiares uns dos outros.

A) Certo b) Errado

Segundo o STF, a vedação ao nepotismo decorre diretamente de **princípios constitucionais explícitos, como os princípios da impessoalidade, da moralidade administrativa e da igualdade, não se exigindo a edição de lei formal para coibir a sua prática.**

214) (2017) Banca: CESPE – Órgão: Prefeitura de Fortaleza – CE – Prova: Procurador do Município

Acerca do direito administrativo, julgue o item que se segue.

Considerando os princípios constitucionais explícitos da administração pública, o STF estendeu a vedação da prática do nepotismo às sociedades de economia mista, embora elas sejam pessoas jurídicas de direito privado.

A) Certo B) Errado

215) (2014) Banca: CESPE – Órgão: Câmara dos Deputados – Prova: Analista Legislativo

Em relação à administração pública indireta e seus temas correlatos, julgue o itm subsequente.

"A vedação ao nepotismo no ordenamento jurídico brasileiro, nos termos da súmula vinculante 13/2008, ao não se referir à administração pública indireta, excetua a incidência da norma em relação ao exercício de cargos de confiança em autarquias".

A) Certo b) Errado

216) (2012) Banca: CESPE – Órgão: DPE-ES – Prova: Defensor Público

Julgue o item a seguir, referentes aos princípios do direito administrativo.

A nomeação de cônjuge da autoridade nomeante para o exercício de cargo em comissão não afronta os princípios constitucionais.

A) Certo b) Errado

217) (2014) Banca: FCC – Órgão: TRT – 16ª REGIÃO (MA) Prova: Analista Judiciário – Oficial de Justiça Avaliador

O Diretor Jurídico de uma autarquia estadual nomeou sua companheira, Cláudia, para o exercício de cargo em comissão na mesma entidade. O Presidente da autarquia, ao descobrir o episódio, determinou a imediata demissão de Cláudia, sob pena de caracterizar grave violação a um dos princípios básicos da Administração pública. Trata-se do princípio da

A) presunção de legitimidade.
B) publicidade.
C) motivação.
D) supremacia do interesse privado sobre o público.
E) impessoalidade.

218) (2015) Banca: FCC – Órgão: TRE-AP – Prova: Técnico Judiciário – Administrativa

O Supremo Tribunal Federal, em importante julgamento, negou pedido formulado por servidor público em ação por ele ajuizada perante a Corte Suprema. O mencionado servidor sustentou, na demanda, a inexistência de nepotismo. No entanto, exercia função comissionada em Tribunal ao qual seu irmão era vinculado como juiz. Assim, a Corte Suprema negou o pedido, reconheceu a configuração do nepotismo e, por consequência, a violação a um dos princípios básicos da Administração pública. Trata-se especificamente do princípio da

A) motivação.
B) impessoalidade.
C) publicidade.
D) proporcionalidade.
E) supremacia do interesse privado.

219) (2013) Banca: FCC – Órgão: TRE-RO – Prova: Analista Judiciário – Área Judiciária

Determinado Município de Rondônia, em sua Lei Orgânica, proibiu a contratação de parentes, afins ou consanguíneos, do prefeito, do vice-prefeito, dos vereadores e dos ocupantes de cargo em comissão ou função de confiança, bem como dos servidores e empregados públicos municipais, até seis meses após o fim do exercício das respectivas funções. Referida norma atende ao seguinte princípio da Administração pública:

A) Supremacia do Interesse Privado.
B) Impessoalidade.
C) Motivação.
D) Autotutela.
E) Publicidade.

220) (2013) Banca: TJ-GO – Órgão: TJ-GO – Prova: Oficial de Justiça Avaliador

Sobre os princípios constitucionais da Administração Pública, assinale a assertiva incorreta:

A) Decorre do princípio da legalidade que todos os decretos e regulamentos, bem como os atos administrativos devem ser elaborados de acordo com as leis vigentes.
B) Em virtude do princípio da impessoalidade há a vedação de promoção pessoal de agentes públicos na publicidade de atos e serviços.
C) Os princípios da transparência e da divulgação oficial dos atos praticados pelo gestor durante o exercício de seu múnus público decorrem do princípio da publicidade.
D) A Súmula Vinculante nº 13 do STF, que prevê a vedação do nepotismo, decorre principalmente do princípio da eficiência.

221) (2015) Banca: FAUEL – Órgão: Câmara Municipal de Marialva – PR – Prova: Advogado

A proibição do preenchimento de cargos em comissão por cônjuges e parentes de servidores públicos é medida que homenageia e concretiza o princípio da moralidade administrativa, o qual deve nortear toda a Administração Pública, segundo o teor da Súmula 13 do STF, não podem ser nomeados para o exercício de cargo em comissão ou de confiança ou, ainda, de função gratificada na administração pública direta e indireta em qualquer dos Poderes:

A) o cônjuge, companheiro ou parente em linha reta, colateral ou por afinidade, até o quarto grau, inclusive, da autoridade nomeante ou de servidor da mesma pessoa jurídica investido em cargo de direção, chefia ou assessoramento.
B) o cônjuge, companheiro ou parente em linha reta, colateral ou por afinidade, até o segundo grau, inclusive, da autoridade nomeante ou de servidor da mesma pessoa jurídica investido em cargo de direção, chefia ou assessoramento.
C) o cônjuge, companheiro ou parente em linha reta, colateral ou por afinidade, até o terceiro grau, inclusive, da autoridade nomeante ou de servidor da mesma pessoa jurídica investido em cargo de direção, chefia ou assessoramento.
D) apenas o cônjuge, companheiro ou parente em linha reta, até o segundo grau, inclusive, da autoridade nomeante ou de servidor da mesma pessoa jurídica investido em cargo de direção, chefia ou assessoramento.

Destaca-se que, conforme entendimento firmado pelo próprio STF, a vedação ao nepotismo **não se aplica à nomeação para o exercício de cargos políticos, como é o caso dos cargos de Secretário ou de Ministro de Estado**.

222) (2013) Banca: CESPE – Órgão: PG-DF – Prova: Procurador

Relativamente à compreensão principiológica do direito administrativo, julgue o item subsequente.

Com fundamento no princípio da moralidade e da impessoalidade, o STF entende que, independentemente de previsão em lei formal, constitui violação à CF a nomeação de sobrinho da autoridade nomeante para o exercício de cargo em comissão, ainda que para cargo político, como o de secretário estadual.

A) Certo b) Errado

223) (2015) Banca: FMP Concursos – Órgão: MPE-AM – Prova: Promotor de Justiça Substituto

Tendo em vista precedente jurisprudencial plenário do Supremo Tribunal Federal e, inclusive, conteúdo em vigor de enunciado de súmula vinculante da Suprema Corte brasileira, considere as seguintes assertivas sobre a prática do nepotismo:

I. A vedação ao nepotismo decorre diretamente do artigo 37, caput, da Constituição da República, em especial dos princípios da impessoalidade e da moralidade, os quais informam sobremaneira a conduta retilínea e ética a ser exigida da Administração Pública nacional.
II. A aplicação da súmula vinculante pertinente ao tema coíbe a prática de nepotismo para todas as esferas federativas e igualmente para o âmbito dos três poderes, considerando-se vedada, sob a perspectiva do beneficiário conectado à autoridade nomeante, a nomeação de cônjuge, companheiro ou parente em linha reta, colateral ou por afinidade, até o segundo grau, inclusive.
III. A proibição do nepotismo consubstanciada nos precedentes do Supremo Tribunal Federal, inclusive na súmula vinculante em apreço, deve levar em observância o assento constitucional dos cargos políticos, os quais não resultam em tese abrangidos pela envergadura daquela vedação, salvo modulações casuísticas demonstráveis para efeito de se verificar nepotismo cruzado ou fraude à legislação.

Quais das assertivas acima estão corretas?

A) Apenas a II e III.
B) Apenas a II.
C) Apenas a I e III.
D) Apenas a I e II.
E) I, II e III.

224) (2013) Banca: PGR – Órgão: PGR – Prova: Procurador da República

CONSOANTE A JURISPRUDÊNCIA DOMINANTE DO SUPREMO TRIBUNAL FEDERAL, É CORRETO AFIRMAR QUE:

A) A nomeação de pessoa com vínculo de parentesco, em linha reta ou colateral, limitado ao segundo grau, inclusive, da autoridade nomeante ou de servidor da mesma pessoa jurídica, investido de cargo de direção, chefia ou assessoramento, para exercício de cargo em comissão ou de confiança, configura nepotismo, violando o art. 37, caput, da Constituição Federal.
B) O nepotismo constitui prática atentatória aos princípios da moralidade e da impessoalidade, e sua vedação no âmbito da Administração Pública imprescinde de lei formal para dar-lhe concretude.
C) Somente a vedação de nepotismo na esfera do Judiciário independe de lei formal, haja vista a autonomia administrativa desse Poder.
D) Exclui-se da vedação concernente ao nepotismo a nomeação de irmão de Governador para exercício do cargo de Secretário de Estado, por se tratar de agente político.

225) (2015) Banca: MPE-SP – Órgão: MPE-SP – Prova: Promotor de Justiça

Sobre a proibição da prática de nepotismo, é correto afirmar que:

2. PRINCÍPIOS DA ADMINISTRAÇÃO PÚBLICA

A) a competência para a iniciativa de lei sobre o nepotismo é privativa do Chefe do Poder Executivo.
B) a vedação do nepotismo exige a edição de lei formal que coíba a sua prática.
C) é necessária a prova de vínculo de amizade ou troca de favores entre o nomeante e o nomeado para a caracterização do nepotismo.
D) a Súmula Vinculante n. 13, do Supremo Tribunal Federal, esgotou todas as possibilidades de configuração de nepotismo na Administração Pública.
E) ressalvada situação de fraude à lei, a nomeação de parentes para cargos públicos de natureza política não configura nepotismo na Administração Pública.

226) (2013) Banca: MPE-GO – Órgão: MPE-GO – Prova: Promotor de Justiça

Em tema de nepotismo, é correto, consoante a jurisprudência dominante do Supremo Tribunal Federal, afirmar que:

A) resolução emitida por Chefia de Poder ou de órgão integrante do arcabouço constitucional que define hipóteses de nepotismo consubstancia ato administrativo de efeitos concretos, porquanto leva ao desligamento de servidores de seus cargos ou funções, sendo ipso facto passível de correção por intermédio de mandado de segurança.
B) levando em consideração que os princípios da moralidade e da impessoalidade contêm textura aberta e conceitos jurídicos indeterminados, necessário é que os casos de nepotismo que devam ser banidos da Administração Pública sejam disciplinados por lei em sentido formal.
C) o cargo de Secretário Municipal tem natureza essencialmente política, não sendo apanhado pelas normas jurídicas que proíbem a prática de nepotismo. Daí por que é juridicamente acertada a nomeação de irmão do Prefeito para o cargo de Secretário Municipal da Fazenda
D) não desafia as normas que proíbem a prática de nepotismo a nomeação de servidor público efetivo de Secretaria Estadual para cargo de provimento em comissão de assessoria de Tribunal Regional do Poder Judiciário da União à época em que era parente seu o vice-presidente do Tribunal.

Considerando a temática licitações públicas, o Princípio da Impessoalidade obriga a Administração a tratar todos os licitantes de forma isonômica, preservando a igualdade de condições de participação a todos eles.

227) (2015) Banca: CESPE – Órgão: STJ – Prova: Técnico Judiciário – Administrativo

Julgue o seguinte item, referente a licitações, pregão e sistema de registro de preços.

"A impessoalidade é princípio que norteia a administração e está intimamente afeta às licitações públicas".

A) Certo b) Errado

O Princípio da Moralidade trata da **moralidade jurídica, ética, lealdade, boa-fé de conduta, honestidade e probidade no trato com a coisa pública**. Esse princípio não se refere à moralidade social vigente na comunidade que procura fazer uma distinção entre o bem e o mal (o certo e o errado), e sim à **MORALIDADE OBJETIVA**. Portanto, a moral que guia esse princípio não é a moral comum, trata-se **da moral jurídica** (também chamada de moral administrativa, ou seja, aquela ligada ao interesse público), e NÃO SUBJETIVA, sendo absolutamente irrelevante investigar os fatores subjetivos e as motivações psicológicas de quem realizou o comportamento imoral.

228) (2015) Banca: CESPE – Órgão: TRE-MT – Prova: Técnico Judiciário – Administrativo

Assinale a opção correta acerca dos princípios expressos e implícitos da administração pública.

A) Para a aplicação do princípio da eficiência, exige-se expressa disposição na legislação infraconstitucional.
B) O princípio da finalidade decorre do expresso princípio constitucional da publicidade.
C) O princípio da razoabilidade diz respeito à atividade legislativa, não se aplicando à atividade administrativa.
D) O princípio da impessoalidade é conceituado como o dever de motivação dos atos administrativos.
E) Os princípios da lealdade e da boa-fé estão compreendidos no princípio da moralidade administrativa

229) (2015) Banca: CESPE – Órgão: TCU – Prova: Técnico Federal de Controle Externo – Conhecimentos Básicos (+ provas)

No que se refere aos princípios e conceitos da administração pública e aos servidores públicos, julgue o próximo item.

Ofenderá o princípio da impessoalidade a atuação administrativa que contrariar, além da lei, a moral, os bons costumes, a honestidade ou os deveres de boa administração.

A) Certo b) Errado

230) (2014) Banca: CESPE – Órgão: Câmara dos Deputados – Prova: Analista Legislativo

A respeito do regime jurídico administrativo, julgue o item a seguir.

"Postulados de natureza ética, como o princípio da boa-fé, não se aplicam às relações estabelecidas pela administração"

A) Certo B) Errado

231) (2016) Banca: CESPE – Órgão: INSS – Prova: Técnico do Seguro Social

Julgue o item que se segue, acerca da administração pública.

"Na análise da moralidade administrativa, pressuposto de validade de todo ato da administração pública, é imprescindível avaliar a intenção do agente".

A) Certo b) Errado

232) (2013) Banca: CESPE – Órgão: TJ-DFT – Prova: Analista Judiciário – Oficial de Justiça Avaliador

Em relação ao direito administrativo, julgue o item a seguir.

Haverá ofensa ao princípio da moralidade administrativa sempre que o comportamento da administração, embora em consonância com a lei, ofender a moral, os bons costumes, as regras de boa administração, os princípios de justiça e a ideia comum de honestidade.

A) Certo B) Errado

233) (2014) Banca: FGV – Órgão: Prefeitura de Osasco – SP – Prova: Agente Fiscal

Prefeito municipal veiculou por toda a cidade, com verba do erário municipal, centenas de propagandas com cunho de promoção pessoal e interesse eleitoreiro, através de publicações por via de outdoors. Nesse caso, foram violados diretamente os princípios da Administração Pública da:

A) publicidade e segurança jurídica;
B) publicidade e proporcionalidade;
C) pessoalidade e razoabilidade;
D) autotutela e impessoalidade;
E) moralidade e impessoalidade.

234) (2017) Banca: FUNDEP (Gestão de Concursos) – Órgão: CRM – MG – Prova: Agente Administrativo (+ provas)

Compete ao administrador público buscar exercer sua atividade pautando-se não apenas pela distinção entre o legal e o ilegal, o conveniente e o inconveniente, mas também entre o honesto e o desonesto.

A afirmativa põe em evidência o seguinte princípio aplicável à Administração Pública:

A) Da impessoalidade.
B) Da eficiência.
C) Da publicidade.
D) Da moralidade.

235) (2015) Banca: VUNESP – Órgão: PC-CE – Prova: Escrivão de Polícia Civil de 1ª Classe

O Escrivão de Polícia, como administrador público, deve orientar a sua conduta não somente pelos critérios da oportunidade e conveniência mas, também, verificando preceitos éticos, distinguindo o que é honesto do que é desonesto.

Tal afirmação está amparada no princípio da

A) Autotutela
B) Moralidade
C) Impessoalidade.
D) Economia.
E) Publicidade.

236) (2014) Banca: VUNESP – Órgão: TJ-PA – Prova: Auxiliar Judiciário

Não basta ao administrador o cumprimento da estrita legalidade; ele deverá respeitar os princípios éticos de razoabilidade e justiça. A afirmação se refere ao princípio constitucional da

A) publicidade.
B) efetividade.
C) impessoalidade.
D) eficiência.
E) moralidade.

237) (2015) Banca: COPESE – UFPI – Órgão: Prefeitura de Teresina – PI – Prova: Guarda Civil Municipal

É considerado pela doutrina de Antonio Cecílio Moreira Pires como princípio da administração pública que é o "enfeixamento de regras e princípios norteadores da administração que deve informar toda a atividade administrativa, sempre pautada por critérios de honestidade, de forma a atingir a consecução do interesse público:

A) Princípio da legalidade.
B) Princípio da impessoalidade.
C) Princípio da eficiência.
D) Princípio da moralidade administrativa.
E) Princípio da legitimidade.

238) (2015) Banca: UFRRJ – Órgão: UFRRJ – Prova: Auxiliar em Administração

Segundo o Decreto nº 1.171/94, «o servidor público não poderá jamais desprezar o elemento ético de sua conduta. Assim não terá que decidir somente entre o legal e o ilegal, o justo e o injusto, o conveniente e o inconveniente, o oportuno e o inoportuno, mas principalmente entre o honesto e o desonesto». Dentre os Princípios da Administração Pública, expressos no caput do art. 37 da CF/88, esta passagem é consoante ao princípio da:

A) impessoalidade.
B) moralidade.
C) razoabilidade.
D) legalidade.
E) eficiência.

239) (2016) Banca: FUNIVERSA – Órgão: IF-AP – Prova: Administrador

Os princípios que regem a Administração Pública podem ser divididos em dois grupos: os expressos e os implícitos ou reconhecidos. A propósito desse assunto, assinale a alternativa correta.

A) A CF, no caput do art. 37, estabelece, de forma expressa, alguns princípios básicos. São eles: legalidade, impessoalidade, moralidade, supremacia do interesse público, publicidade e eficiência.
B) Os princípios da proporcionalidade, da indisponibilidade, da autotutela e da eficiência são princípios implícitos ou reconhecidos.
C) Prevê-se, expressamente, que a Administração Pública seja regida pelos princípios da legalidade, moralidade, economicidade, publicidade e impessoalidade.
D) De acordo com o princípio da legalidade, os agentes públicos têm autonomia de vontade, ou seja, possuem liberdade para fazer o que for necessário, desde que não haja proibição legal.
E) O princípio da moralidade administrativa impõe ao agente administrativo a observância dos princípios éticos, da boa-fé e da lealdade, e não apenas a conformidade com a norma jurídica.

240) (2016) Banca: FUNIVERSA – Órgão: IF-AP – Prova: Assistente em Administração

Em relação aos princípios administrativos, previstos no caput do art. 37 da Constituição Federal de 1988, assinale a alternativa correta.

A) O princípio da moralidade impõe que o administrador público não dispense os preceitos éticos que devem estar presentes em sua conduta.

B) O princípio da impessoalidade permite que a Administração Pública atenda aos interesses particulares em detrimento do interesse público.
C) Segundo o princípio da legalidade é permitido ao administrador público atuar como desejar, desde que sua ação não seja proibida por lei.
D) O princípio da publicidade permite que a Administração Pública guarde sigilo de seus atos, podendo divulgá-los apenas em situações excepcionais.
E) O princípio da eficiência foi acrescentado ao caput do art. 37 da Constituição Federal no ano de 2004, mas a Administração Pública foi obrigada a seguir esse princípio apenas no ano de 2005.

241) (2017) Banca: FUNECE – Órgão: UECE – Prova: Assistente de Administração

O princípio da Administração Pública, previsto na Constituição Federal de 1988, que exige atuação segundo padrões éticos de decoro, probidade e boa-fé é o princípio da

A) eficiência.
B) legalidade.
C) publicidade.
D) moralidade.

242) (2016) Banca: MÁXIMA – Órgão: SAAE de Aimorés – MG – Prova: Assistente Administrativo (+ provas)

Princípio da Administração Pública definido na Constituição Federal que exige atuação segundo padrões éticos de probidade, decoro e boa-fé:

A) Impessoalidade;
B) Moralidade;
C) Eficiência;
D) Publicidade.

243) (2016) Banca: FUNDATEC – Órgão: Prefeitura de Porto Alegre – RS – Prova: Procurador Municipal – Bloco II e III

Em nosso sistema constitucional, o princípio da moralidade abrange as seguintes dimensões:

I. A "boa-fé", que, no direito público, traduz-se pela tutela da confiança.
II. A eficiência.
III. A probidade administrativa (deveres de honestidade e lealdade).
IV. A razoabilidade (expectativa de conduta civilizada, do homem comum, da parte do agente público).

Quais estão corretas?

A) Apenas I e III.
B) Apenas I e IV.
C) Apenas II e IV.
D) Apenas II e III.
E) Apenas I, III e IV.

244) (2014) Banca: CIEE – Órgão: AGU – Prova: Direito

Com relação ao Direito Administrativo, é correto afirmar que um dos princípios constitucionais que rege a Administração Pública é o da

A) Relevância.
B) Oportunidade.
C) Moralidade.
D) Comparabilidade.

245) (2015) Banca: Prefeitura do Rio de Janeiro – RJ – Órgão: Câmara Municipal do Rio de Janeiro – Prova: Assistente Técnico Legislativo – Inspetor de Segurança

O princípio segundo o qual o administrador público não deve dispensar os preceitos éticos, que devem estar presentes em sua conduta, é o da:

A) publicidade
B) legalidade
C) impessoalidade
D) moralidade

246) (2014) Banca: IMA – Órgão: Prefeitura de Paraibano – MA – Prova: Procurador

A administração e seus agentes devem atuar na conformidade de princípios éticos. Violá-los implicará na violação ao próprio Direito, configurando ilicitude que assujeita a conduta viciada a invalidação, porquanto tal princípio assumiu foros de pauta jurídica, na conformidade do art. 37 da Constituição Federal, assim a Administração Pública deve obedecer ao princípio da Moralidade, das assertivas abaixo, assinale aquela que melhor conceitua este princípio:

A) Pelo princípio da moralidade administrativa, não bastará ao administrador o estrito cumprimento da estrita legalidade, devendo ele, no exercício de sua função pública, respeitar os princípios éticos da razoabilidade e justiça, pois a moralidade constitui, a partir da Constituição de 1988, pressuposto de validade do ato da administração pública.
B) Todo ato administrativo, enquanto não for revogado, se presume legítimo.
C) O Princípio da Moralidade é tudo aquilo que a lei determina.
D) A disciplina depende de norma.

247) (2017) Banca: UFU-MG – Órgão: UFU-MG – Prova: Técnico em Radiologia

Conforme o Código de Ética Profissional no Serviço Público, a moralidade da Administração Pública

A) relaciona-se exclusivamente com os conceitos de legalidade e ilegalidade.
B) limita-se à distinção entre o bem e o mal.
C) consolida-se pelo equilíbrio entre a legalidade e a finalidade.
D) não necessariamente redunda na ideia de que o fim é sempre o bem comum.

Publicidade: Trata-se do dever de **clareza, de transparência dos atos administrativos,** ou seja, tudo o que acontece na esfera administrativa **deve ser publicizado.**

A transparência dos atos administrativos possibilita a realização do controle e o conhecimento, pela sociedade, dos atos editados pela administração. Nesse sentido, são funções da publicidade:

- Exteriorização de vontade da Administração;
- Requisito de **eficácia do ato administrativo,** e não de validade do ato –> a produção de efeitos dos atos administrativos ocorre a partir da publicidade;

- A publicidade do ato torna exigível o conteúdo da medida administrativa;

- **A transparência dos atos** possibilita o conhecimento e, consequentemente, o controle de legalidade das medidas da Administração pela população (controle social).

248) (2016) Banca: CESPE – Órgão: FUB – Prova: Auxiliar em Administração

Com relação à administração pública, julgue o item que se segue.

Como um dos princípios da administração pública brasileira, a publicidade destina-se a garantir a transparência dos atos dos agentes públicos

A) Certo B) Errado

249) (2016) Banca: CESPE – Órgão: TCE-PA – Prova: Auxiliar Técnico – Administração

No que se refere aos princípios da administração pública, julgue o item subsequente.

"O princípio da publicidade viabiliza o controle social da conduta dos agentes administrativos".

A) Certo b) Errado

250) (2012) Banca: CESPE – Órgão: PC-AL – Prova: Escrivão de Polícia

A CF estabeleceu regras gerais e preceitos específicos destinados à atuação dos agentes administrativos. No que se refere à administração pública, julgue o item que se segue.

O princípio da publicidade, no direito administrativo, relaciona-se à publicidade, diretamente ligada à eficácia do ato, bem como à transparência, derivada, por sua vez, do princípio da indisponibilidade do interesse público.

A) Certo B) Errado

251) (2013) Banca: CESPE – Órgão: DPE-RR – Prova: Defensor Público

Considerando os princípios aplicáveis à administração pública e a jurisprudência do STF, assinale a opção correta.

A) Se um servidor administrativo estadual tiver um pedido administrativo negado pela administração pública, a admissibilidade de recurso administrativo que vier a ser oferecido por esse servidor estará condicionada ao depósito prévio da taxa recursal.

B) O princípio da legalidade administrativa impõe que a administração pública fundamente a sua atuação no direito, razão por que, para se realizar exame psicotécnico em concurso público, é necessária prévia autorização em ato normativo do chefe do Poder Executivo.

C) Caso o presidente de autarquia estadual pretenda nomear seu sobrinho para o cargo de diretor administrativo dessa entidade, não haverá óbice jurídico para a nomeação, já que a vedação ao nepotismo depende da edição de lei formal.

D) O princípio da publicidade exige que a administração pública dê ampla divulgação dos seus atos, inclusive fornecendo, gratuitamente, certidões para a defesa de direitos e o esclarecimento de situações de interesse pessoal quando solicitadas.

E) O STF entende, com base no princípio da ampla defesa, que, em processo administrativo disciplinar, é obrigatório que a defesa técnica seja promovida por advogado.

252) (2014) Banca: FCC – Órgão: TCE-RS – Prova: Auditor Público Externo – Engenharia Civil – Conhecimentos Básicos

A necessidade de publicação dos atos administrativos no Diário Oficial e, em alguns casos, em jornais de grande circulação é forma de observância do princípio da

A) legalidade, ainda que essa obrigação não esteja prevista na legislação.

B) impessoalidade, na medida em que os atos administrativos são publicados sem identificação da autoridade que os emitiu.

C) eficiência, posto que a Administração deve fazer tudo o que estiver a seu alcance para promover uma boa gestão, ainda que não haja lastro na legislação

D) supremacia do interesse público, pois a Administração tem prioridade sobre outras publicações.

E) publicidade, na medida em que a Administração deve dar conhecimento de seus atos aos administrados.

253) (2015) Banca: FCC – Órgão: TRT – 3ª Região (MG)Prova: Técnico Judiciário – Área Administrativa

O Supremo Tribunal Federal, em importante julgamento, ocorrido no ano de 2001, entendeu não caber ao Banco "X" negar, ao Ministério Público, informações sobre nomes de beneficiários de empréstimos concedidos pela instituição, com recursos subsidiados pelo erário federal, sob invocação do sigilo bancário, em se tratando de requisição de informações e documentos para instruir procedimento administrativo instaurado em defesa do patrimônio público. Trata-se de observância ao princípio da

A) impessoalidade.
B) proporcionalidade.
C) publicidade.
D) motivação.
E) supremacia do interesse privado.

254) (2016) Banca: FCC – Órgão: TRT – 20ª REGIÃO (SE)Prova: Analista Judiciário – Administrativa

Em importante julgamento proferido pelo Supremo Tribunal Federal, considerou a Suprema Corte, em síntese, que no julgamento de impeachment do Presidente da República, todas as votações devem ser abertas, de modo a permitir maior transparência, controle dos representantes e legitimação do processo. Trata-se, especificamente, de observância ao princípio da

A) publicidade.
B) proporcionalidade restrita.
C) supremacia do interesse privado.
D) presunção de legitimidade.
E) motivação.

255) (2015) Banca: FCC – Órgão: TRE-SE – Prova: Técnico Judiciário – Área Administrativa

Determinada Lei Estadual foi objeto de ação perante o Supremo Tribunal Federal, haja vista ter sido questionada a sua constitucionalidade. Referida lei obrigou o Governo a divulgar, na imprensa oficial e na internet, dados relativos a contratos de obras públicas. O Supremo Tribunal Federal considerou absolutamente constitucional a referida lei por estar em fiel observância a um dos princípios básicos norteadores da atuação administrativa. Trata-se especificamente do princípio da

A) supremacia do interesse privado.
B) impessoalidade.
C) motivação.
D) razoabilidade.
E) publicidade.

256) (2013) Banca: FGV – Órgão: FBN – Prova: Assistente Administrativo (+ provas)

Com relação aos princípios que pautam a Administração Pública, assinale a alternativa que apresenta o princípio que dá visibilidade e transparência às ações praticadas pelos agentes públicos.

A) Moralidade.
B) Legalidade.
C) Impessoalidade.
D) Publicidade.

257) (2014) Banca: FGV – Órgão: AL-BA – Prova: Técnico de Nível Superior – Administração

Com relação aos princípios fundamentais da Administração Pública, assinale a opção que indica o princípio que dá início aos efeitos externos dos seus atos.

A) Princípio da Eficiência.
B) Princípio da Legalidade.
C) Princípio da Publicidade.
D) Princípio da Segurança jurídica.
E) Princípio da Supremacia do interesse público.

258) (2013) Banca: FGV – Órgão: SUDENE-PE – Prova: Analista Técnico Administrativo – Ciência Jurídicas

A Administração Pública é regida por uma série de princípios. Em relação ao princípio da publicidade, assinale a afirmativa correta.

A) Em um Estado Democrático como o Brasil, o princípio da publicidade é completamente irrestrito.
B) Por instrumentos, como o direito de certidão, é concretizado o princípio da publicidade.
C) O princípio da publicidade é um princípio implícito.
D) O princípio da publicidade é um princípio absoluto.
E) O princípio da publicidade permite realizar a promoção pessoal de agentes públicos.

259) (2016) Banca: FGV – Órgão: Prefeitura de Paulínia – SP – Prova: Agente de Fiscalização

Os princípios administrativos têm igual valor e importância dentro do âmbito da administração pública, o que significa que o respeito a um princípio não pode implicar desrespeito a outro. Ao revisar uma decisão tomada no âmbito institucional e não divulgar a decisão revista, o administrador incorre no erro de desrespeitar dois princípios administrativos constitucionais, um explícito e outro implícito.

Assinale a opção que indica, respectivamente, os princípios, explícito e implícito, desrespeitados pelo servidor no trecho acima.

A) Autotutela e Publicidade
B) Publicidade e Autotutela
C) Moralidade e Razoabilidade
D) Publicidade e Proporcionalidade
E) Autotutela e Proporcionalidade

260) (2014) Banca: VUNESP – Órgão: TJ-SP – Prova: Titular de Serviços de Notas e de Registros – Remoção

Em relação ao regime jurídico-administrativo, pode-se afirmar que:

A) o princípio da finalidade não é previsto expressamente no art. 37 da Constituição Federal, de tal sorte, não se pode compreendê-lo como norma jurídica que compõe o regime jurídico-administrativo.
B) o princípio da proporcionalidade pode ser definido como a exigência de que as medidas e ações do administrador público observem padrões éticos prescritos no ordenamento jurídico.
C) o princípio da publicidade, ou dever de transparência, decorre do regime republicano, pois o Brasil define-se juridicamente como uma república federativa, o que significa dizer que todo aquele que exerce função pública deve prestar contas de suas atividades à sociedade.
D) o princípio da motivação define-se por exigir que todo e qualquer ato no exercício de uma função pública contenham um motivo.

261) (2014) Banca: VUNESP – Órgão: DESENVOLVESP – Prova: Analista – Grupo 7

O Art. 37 da Constituição Federal de 1988 refere-se ao interesse público. O princípio constante desse artigo que trata mais especificamente da comunicação, porque reconhece a obrigatoriedade da transparência, é o princípio da

A) publicidade.
B) moralidade.
C) impessoalidade.
D) eficiência.
E) probidade administrativa.

262) (2014) Banca: FUNRIO – Órgão: INSS – Prova: Analista – Direito

A União Federal firmou, em 2010, pelo prazo de 2 anos, convênio com o Instituto de Assistência ao Menor Carente, pessoa jurídica de direito privado, sem fins lucrativos, reconhecido como de utilidade pública, visando à implementação de programa de educação ao menor, nas capitais brasileiras. No referido termo de convênio, a União Federal é designada como contratante e o Instituto de Assistência ao Menor Carente como contratado, constando, igualmente, como objeto a "prestação de serviços visando à implementação do ensino profissionalizante nas Capitais de Estado listadas no anexo." Em face do teor do convênio, estipula este que o seu extrato não será publicado no Diário Oficial da União. Não consta do termo de convênio contrapartida por parte do Instituto de Assistência ao Menor Carente e o preço pactuado é de R$ 3.000.000,00 (três milhões de reais), cujo desembolso se fará mensalmente, a partir do recebimento, pela União Federal, de cada etapa do convênio. Terminada a vigência e efetuado o pagamento do valor em sua totalidade e de forma pontual, o Instituto de Assistência ao Menor Carente não apresentou, até o presente momento, sua prestação de contas.

No tocante à cláusula referente à publicação no Diário Oficial, é correto afirmar que a ausência de publicação

A) não é um vício, por se tratar de convênio.

B) é um vício, uma vez que a publicação é obrigatória.

C) não é um vício, por se encontrar na esfera de discricionariedade da União Federal.

D) não é um vício, por envolver ensino profissionalizante de menor carente

E) é um vício, em face do valor pactuado, consoante determinado em Lei.

263) (2015) Banca: FAFIPA – Órgão: Prefeitura de Londrina – PR – Prova: Analista de Proteção de Defesa do Consumidor – Serviços de Proteção e Defesa do Consumidor

Para que o ato administrativo possua eficácia externa, deverá ser:

A) Publicado.

B) Legítimo.

C) Impessoal.

D) Não deverá configurar abuso de poder.

264) (2014) Banca: UESPI – Órgão: PC-PI – Prova: Escrivão de Polícia Civil

A veiculação do ato praticado pela administração pública no Diário Oficial do Estado, com o objetivo de divulgar fatos e ações ocorridos ou praticados no âmbito da Administração Pública, atende o seguinte princípio da administração pública:

A) eficiência.

B) moralidade.

C) supremacia do interesse público.

D) publicidade.

E) impessoalidade.

265) (2016) Banca: Prefeitura do Rio de Janeiro – RJ – Órgão: Prefeitura de Rio de Janeiro – RJ – Prova: Agente de Administração

O princípio de Direito que impõe a divulgação dos atos administrativos na imprensa oficial, para que surtam efeitos externos, é o da:

A) legalidade

B) publicidade

C) moralidade

D) eficiência

266) (2017) Banca: MS CONCURSOS – Órgão: Prefeitura de Piraúba – MG – Prova: Agente Administrativo e Auxiliar de Saúde

O Prefeito Municipal de Piraúba-MG, com a finalidade de preencher vaga existente na sua Administração, nomeia candidato aprovado em concurso público, para o cargo de Auxiliar Administrativo. Porém, para que esse ato de nomeação seja válido, ele deve ser publicado. Esse ato de publicação evidencia que o Prefeito atendeu ao seguinte princípio da administração pública:

A) Publicidade

B) Moralidade

C) Impessoalidade

D) Finalidade

267) (2017) Banca: PUC-PR – Órgão: TJ-MS – Prova: Analista Judiciário – Área Fim

Em 04.11.2013, o Órgão Especial do Tribunal de Justiça do Estado de Mato Grosso do Sul instituiu o Código de Ética dos Servidores do Poder Judiciário (Resolução n° 98). Sobre suas disposições, analise as assertivas abaixo e, depois, assinale a alternativa CORRETA.

I. É vedado ao servidor aceitar presentes, ainda que se trate de brindes sem valor comercial.

II. Não se considera infração ética a participação de servidor público no capital de sociedade comercial, de instituição financeira ou de empresa que negocie com o Poder Público, devendo comunicar o fato ao Setor de Pessoal do Tribunal de Justiça apenas se a participação for superior a cinco por cento do capital da sociedade.

III. É absolutamente vedado ao servidor investido em função ou cargo de gestão opinar publicamente sobre o mérito de questão que lhe for submetida, para decisão individual ou em colegiado, mesmo que sejam temas de conhecimento geral.

IV. Salvo os casos previstos em lei, a publicidade dos atos administrativos constitui requisito de eficácia e moralidade, ensejando sua omissão o comprometimento ético.

A) Apenas as assertivas II e IV estão corretas.

B) Apenas as assertivas I e IV estão corretas.

C) Apenas as assertivas I e II estão corretas.

D) Apenas as assertivas III e IV estão corretas.

E) Apenas as assertivas I, II e III estão corretas.

268) (2016) Banca: IDECAN – Órgão: UERN – Prova: Agente Técnico Administrativo

A vedação de que conste, em peças publicitárias do Estado, nomes, símbolos ou imagens que caracterizem promoção pessoal do agente público, vincula-se especificamente ao princípio constitucional expresso da

A) eficiência.

B) publicidade.

C) razoabilidade.

D) impessoalidade.

269) (2016) Banca: IADES – Órgão: Ceitec S.A – Prova: Analista Administrativo e Operacional – Jornalismo

O lançamento do instrumento denominado de chamada pública, no qual a Administração Pública ultimamente tem convocado interessados em participar, por exemplo, de credenciamento ou de apresentação de projetos, sem prejuízo de quaisquer outras ações administrativas, na medida em que torna transparente a expressão de seus objetivos, propicia a possibilidade de controlar a legitimidade da conduta dos agentes administrativos e, ainda, permite a quaisquer interessados privados, dadas as condições divulgadas, atender ao referido chamamento espelha, pela motivação apresentada, a aplicação de determinado princípio da Administração Pública.

Esse princípio é o da

A) legalidade.

B) moralidade.

C) publicidade.

D) eficiência.

E) impessoalidade.

O ordenamento jurídico consagrou diversos instrumentos aptos a exigir o cumprimento do Princípio da Publicidade pela Administração Pública, tais como: **o direito de petição ao Poder Público, o direito de receber certidões em repartições públicas para defesa de direitos e esclarecimentos de situações de interesse pessoal, mandado de segurança,** *habeas data* **etc.**

O **Princípio da Publicidade não é ABSOLUTO**, de sorte que a própria Constituição Federal estabelece exceções, como, por exemplo, **restrição à publicidade para a proteção da intimidade, honra, vida privada, relevante interesse coletivo e proteção da segurança nacional**.

270) (2013) Banca: CESPE – Órgão: DPE-RR – Prova: Defensor Público Do princípio da publicidade decorre o direito à informação, interesse que o administrado tem como garantia jurisdicional. Para garantir esse direito o administrado poderá valer-se do:

A) habeas corpus.
B) habeas data.
C) mandado de segurança.
D) mandado de injunção.

271) (2010) Banca: CESPE – Órgão: MS – Prova: Administrador

Em sua forma de organização, o Ministério da Saúde conta com núcleos em cada estado da Federação. Julgue o próximo item, relativo aos propósitos dessa forma de organização.

É uma forma de atender ao princípio da publicidade.

A) Certo B) Errado

272) (2015) Banca: CESPE – Órgão: FUB – Prova: Assistente em Administração

A administração pública é regida por princípios fundamentais que atingem todos os entes da Federação: União, estados, municípios e o Distrito Federal. Com relação a esse assunto, julgue o item subsecutivo. Apesar de o princípio da moralidade exigir que os atos da administração pública sejam de ampla divulgação, veda-se a publicidade de atos que violem a vida privada do cidadão.

A) Certo b) Errado

273) (2015) Banca: CESPE – Órgão: TCU – Prova: Técnico Federal de Controle Externo – Conhecimentos Básicos (+ provas)

No que se refere aos princípios e conceitos da administração pública e aos servidores públicos, julgue o próximo item.

Se for imprescindível à segurança da sociedade e do Estado, será permitido o sigilo dos atos administrativos.

A) Certo B) Errado

274) (2014) Banca: CESPE – Órgão: FUB – Prova: Nível Superior

Com base no que dispõem o Código de Ética da Administração Pública Federal, a Lei de Improbidade Administrativa e a Lei 8.112/1990, julgue o item a seguir.

"Considere que determinado particular tenha solicitado informação a um servidor público sobre fato contrário ao interesse de órgão da administração pública. Nesse caso, não sendo a informação objeto de segurança nacional, investigação policial ou interesse superior do Estado e da administração pública, será vedado ao servidor omitir-lhe a informação".

A) Certo b) Errado

275) (2015) Banca: CESPE – Órgão: FUB – Prova: Administrador

Julgue o item subsecutivo, de acordo com os princípios que compõem o direito administrativo brasileiro.

Os atos administrativos se aperfeiçoam pela publicidade, sendo possível, em alguns casos, que sejam praticados sob sigilo.

A) Certo b) Errado

276) (2014) Banca: CESPE – Órgão: ANTAQ – Prova: Conhecimentos Básicos – Cargos 5 e 6

Com relação à administração pública e seus princípios fundamentais, julgue o próximo item.

O princípio da publicidade está relacionado à exigência de ampla divulgação dos atos administrativos e de transparência da administração pública, condições asseguradas, sem exceção, ao cidadão.

A) Certo b) Errado

277) (2015) Banca: CESPE – Órgão: TRE-MT – Prova: Analista Judiciário – Administrativa

No que diz respeito ao regime jurídico-administrativo, aos princípios e aos poderes administrativos, assinale a opção correta.

A) Dado o atributo da autoexecutoriedade do poder de polícia, a administração pública deve pôr em execução suas decisões após determinação do Poder Judiciário.
B) A supremacia do interesse público sobre o privado e a indisponibilidade, pela administração pública, do interesse público integram o conteúdo do regime jurídico-administrativo, podendo o interesse público primário coincidir com o interesse público secundário, na medida em que ambos correspondam ao interesse do Estado como sujeito de direito.
C) A lei apresenta ressalva quanto à garantia do direito ao acesso à informação, decorrente do princípio da publicidade, no caso de informação cujo sigilo seja imprescindível à segurança da sociedade.
D) A decadência administrativa, decorrente do princípio da segurança jurídica, refere-se ao prazo fixado para a administração revogar os atos administrativos de que decorram efeitos favoráveis para os destinatários.
E) As portarias, oriundas do poder normativo da administração pública, são atos que regulamentam decretos anteriormente existentes e, por isso, inovam na ordem jurídica.

278) (2013) Banca: CESPE – Órgão: TRT – 8ª Região (PA e AP) Prova: Analista Judiciário – Tecnologia da Informação

Com relação aos princípios fundamentais da administração pública estabelecidos na Constituição Federal de 1988, assinale a opção correta.

A) De acordo com o princípio da impessoalidade, é vedado à administração, em qualquer circunstância, conceder um direito exclusivo a um particular.
B) O princípio da publicidade poderá ser restringido quando o sigilo for necessário à segurança da sociedade.

C) A moralidade administrativa se confunde com a moralidade comum, o que impede servidores públicos de se comportarem contrariamente aos padrões morais e filosóficos da sociedade.
D) De acordo com o princípio da eficiência, é considerado válido um ato praticado contrariamente à lei, desde que seja demonstrado, no caso concreto, que a prática do ato é vantajosa para a administração.
E) Em razão do princípio da legalidade, a administração poderá praticar qualquer ato, desde que não haja proibição legal.

279) (2015) Banca: CESPE – Órgão: STJ – Prova: Técnico Judiciário – Administrativo

Julgue o item que se segue à luz dos princípios do direito administrativo.

"Em um Estado democrático de direito, deve-se assegurar o acesso amplo às informações do Estado, exigindo-se, com amparo no princípio da publicidade, absoluta transparência, sem espaço para excepcionalidades no âmbito interno".

A) Certo b) Errado

280) (2013) Banca: CESPE – Órgão: PG-DF – Prova: Procurador

Relativamente à compreensão principiológica do direito administrativo, julgue o item subsequente.

Em atendimento ao princípio da publicidade, a administração pública deve proporcionar ampla divulgação dos seus atos, e a lei regular o acesso dos usuários de serviço público a registros administrativos e a informações sobre atos de governo, observadas, no entanto, as restrições estabelecidas constitucionalmente quanto ao direito à intimidade e à segurança da sociedade e do Estado.

A) Certo B) Errado

281) (2013) Banca: CESPE – Órgão: TRT – 17ª Região (ES) – Prova: Analista Judiciário – Oficial de Justiça Avaliador

Julgue o item a seguir, com relação aos serviços públicos.

"Sendo a participação dos usuários um dos novos postulados do serviço público, a eles é garantido o direito de acesso amplo aos registros administrativos e às informações sobre atos de governo que envolvam a segurança do Estado".

A) Certo b) Errado

282) (2014) Banca: VUNESP – Órgão: SAAE-SP – Prova: Procurador Jurídico

Sobre os princípios constitucionais que regem a Administração Pública, é correto afirmar que

A) os cânones da boa-¬fé e da lealdade, que devem reger as relações com a sociedade, são inerentes ao princípio da eficiência.
B) em razão do princípio da publicidade, o sigilo no âmbito da Administração somente poderá ser admitido quando imprescindível à segurança da Sociedade ou do Estado.
C) o princípio da publicidade se traduz na conduta da Administração de tratar todos os administrados sem discriminações, benéficas ou detrimentosas.
D) uma providência administrativa que não consegue passar pelo crivo da razoabilidade acaba por violar o princípio da finalidade.
E) o princípio da motivação é necessário unicamente na identificação das justificativas do ato administrativo vinculado, que deverão ser pormenorizadas.

283) (2015) Banca: COVEST-COPSET – Órgão: UFPE – Prova: Assistente em Administração

Manter plena transparência e assegurar a publicidade dos atos públicos significa:

A) publicar, obrigatoriamente, no Diário Oficial, além dos atos legislativos e normativos, portarias, pareceres, contratos, editais, avisos, extratos e quaisquer outros atos administrativos, que se refiram a servidores públicos civis e militares, sejam eles nacionais ou estrangeiros.
B) garantir o direito à informação como forma de participação e controle social dos cidadãos, tendo em vista que este procedimento na administração pública constitui a regra, e o sigilo depende do tipo de informação cujo acesso não deve ser franqueado por meio da internet.
C) restringir a publicidade dos atos processuais quando a defesa da intimidade ou o interesse social o exigirem.
D) divulgar notícias, atos administrativos e decisões de interesse público pelas mídias sociais e pela imprensa (rádio, televisão e jornais).
E) compartilhar a informação pública com um reduzido número de pessoas até que se avalie a pertinência de fazer a sua divulgação para o grande público.

284) (2015) Banca: FAPERP – Órgão: SeMAE – Prova: Analista em Tecnologia da Informação

O artigo 5º da Constituição Federal de 1988 autoriza o sigilo de atos administrativos em situações que ofereçam risco para a segurança do Estado, da sociedade ou para a intimidade de envolvidos. Essas três situações são exceções ao princípio:

A) da moralidade.
B) da eficiência.
C) da impessoalidade.
D) da publicidade.

285) (2015) Banca: UPENET/IAUPE – Órgão: Facepe – Prova: Assistente em Gestão de Ciência e Tecnologia – Administrativa

Sobre os princípios básicos da Administração Pública, analise as afirmativas abaixo e assinale a INCORRETA.

A) O princípio da publicidade é absoluto, no sentido de que todo ato administrativo, sem exceção, deve ser publicado.
B) O princípio da legalidade impõe submissão da administração às leis, incluindo os atos administrativos discricionários, cujos limites são previamente estabelecidos.
C) Na relação dos princípios expressos no artigo 37, *caput*, da Constituição da República Federativa do Brasil, não consta o princípio da probidade
D) A Emenda Constitucional no 19/98, ao acrescentar o princípio da eficiência à relação contida no art. 37 da Constituição da República, fez surgir para a Administração Pública a obrigação de ser eficiente.
E) Na atuação administrativa, não basta a legalidade formal, restrita; é preciso também a observância de princípios éticos, de lealdade, de boa-fé. A assertiva em questão refere-se ao princípio da moralidade.

2. PRINCÍPIOS DA ADMINISTRAÇÃO PÚBLICA

286) (2011) Banca: FMP Concursos – Órgão: TCE-MT – Prova: Auditor Público Externo

Sobre os princípios básicos que regem a Administração Pública, julgue o item abaixo:

O princípio da publicidade é absoluto, porquanto não admite qualquer restrição.

A) Certo B) Errado

Em conformidade com a jurisprudência do STF (ARE 652.777/SP – repercussão geral), considera-se **lícita a divulgação do nome e da remuneração dos servidores na internet. Trata-se de uma aplicação do Princípio da Publicidade,** que assegura o acesso a informações de interesse geral e coletivo. Além disso, as verbas indenizatórias para exercício da atividade parlamentar também têm natureza pública, não havendo razões de segurança ou de intimidade que justifiquem seu caráter sigiloso.

A publicidade **NÃO É ELEMENTO FORMATIVO DO ATO,** e sim requisito de eficácia. Por essa razão, os atos irregulares não se convalidam com a publicação, tampouco os atos regulares dispensam a publicação para sua exequibilidade.

287) (2015) Banca: CESPE – Órgão: TCU – Prova: Auditor Federal de Controle Externo

No que se refere a ato administrativo, agente público e princípios da administração pública, julgue o próximo item.

"De acordo com entendimento dominante, é legítima a publicação em sítio eletrônico da administração pública dos nomes de seus servidores e do valor dos vencimentos e das vantagens pecuniárias a que eles fazem jus".

A) Certo b) Errado

288) (2016) Banca: CESPE – Órgão: TCE-SC – Prova: Auditor de Controle Externo – Direito

Em relação aos consórcios públicos, aos princípios do direito administrativo e à organização da administração pública, julgue o item a seguir.

"De acordo com a jurisprudência do STF, em exceção ao princípio da publicidade, o acesso às informações referentes às verbas indenizatórias recebidas para o exercício da atividade parlamentar é permitido apenas aos órgãos fiscalizadores e aos parlamentares, dado o caráter sigiloso da natureza da verba e a necessidade de preservar dados relacionados à intimidade e à vida privada do parlamentar".

A) Certo b) Errado

289) (2013) Banca: CESPE – Órgão: STF – Prova: Técnico Judiciário – Tecnologia da Informação

Com relação à responsabilidade civil do Estado e aos princípios da administração pública, julgue o item subsequente.

"A publicidade é fator de eficácia e requisito de moralidade dos atos administrativos; entretanto, a publicação de atos irregulares não os convalida".

A) Certo b) Errado

290) (2016) Banca: FCC – Órgão: TRT – 23ª REGIÃO (MT) Prova: Técnico Judiciário – Área Administrativa

O Supremo Tribunal Federal, em importante julgamento, considerou legítima a publicação, inclusive em sítio eletrônico mantido pela Administração pública, dos nomes dos seus servidores e do valor dos correspondentes vencimentos e vantagens pecuniárias, não havendo qualquer ofensa à Constituição Federal, bem como à privacidade, intimidade e segurança dos servidores. Pelo contrário, trata-se de observância a um dos princípios básicos que regem a atuação administrativa, qual seja, o princípio específico da

A) proporcionalidade.
B) eficiência.
C) presunção de legitimidade.
D) discricionariedade.
E) publicidade.

291) (2017) Banca: COMPERVE – Órgão: MPE-RN – Prova: Técnico do Ministério Público Estadual – Área Administrativa

A Administração Pública, nos termos do art. 37 da Constituição Federal (CF), deve obedecer a certos princípios. Tendo em vista os princípios constitucionais expressos no art. 37, da CF,

A) a moralidade administrativa, embora seja observada por grande parte dos administradores, não se configura um princípio positivado no ordenamento jurídico brasileiro.
B) a publicação do nome dos servidores públicos com seus respectivos vencimentos em sítios eletrônicos, de acordo com o entendimento do Supremo Tribunal Federal, é legítima, haja vista o princípio da publicidade dos atos administrativos.
C) o princípio da legalidade determina que a Administração Pública não pode ser obrigada a fazer ou a deixar de fazer alguma coisa senão em virtude da lei.
D) o princípio da impessoalidade, de acordo com o entendimento do Supremo Tribunal Federal, possibilita a contratação de parentes de terceiro grau da autoridade nomeante para o exercício de cargo em comissão.

292) (2016) Banca: COPEVE-UFAL – Órgão: UFAL – Prova: Assistente em Administração

Considere a seguinte situação: Paulo da Silva, servidor federal, foi surpreendido com a notícia de que a Administração Federal, com vista ao princípio da publicidade, pretende divulgar em seu site na internet o valor dos correspondentes vencimentos e vantagens pecuniárias dos seus servidores. Nesse contexto e diante dos princípios que regem a Administração Pública, é corretor afirmar:

A) a publicação será legítima apenas se, em vez dos nomes dos servidores, constar somente a matrícula e a lotação.
B) a publicação será legítima apenas se a remuneração dos servidores estiver desacompanhada dos respectivos nomes.
C) a divulgação pela Administração de nomes dos seus servidores e do valor dos correspondentes vencimentos e vantagens pecuniárias é legítima.
D) embora a divulgação seja legítima, a Administração Pública tem o dever de suprimir totalmente as informações de qualquer servidor que se sinta prejudicado.
E) a situação revela conflito entre intimidade e publicidade, de modo que a Administração não pode publicar os nomes dos seus servidores e o valor dos correspondentes vencimentos.

EFICIÊNCIA: O Princípio da Eficiência Administrativa estabelece que a Administração Pública deve atender aos mandamentos legais e buscar alcançar **resultados positivos com o menor gasto possível, atingir metas.** O referido princípio foi inserido na Constituição Federal com a edição da Emenda Constitucional nº 19/98, com o objetivo de substituir a Administração Pública burocrática pela Administração Pública gerencial, no que tange aos procedimentos administrativos adotados bem como à prestação de serviços para a coletividade. Trata-se de uma norma de aplicação imediata. Ex: o servidor público está sujeito a uma avaliação especial de desempenho para fins de aquisição da estabilidade -> avaliação de eficiência. A eficiência possui como características a imparcialidade, a neutralidade, a transparência e a eficácia.

O atendimento ao Princípio da Eficiência administrativa não autoriza a atuação do servidor público em desconformidade com a regra legal.

293) (2015) Banca: CESPE – Órgão: TCU – Prova: Auditor Federal de Controle Externo – Conhecimentos Gerais (+ provas)

No que se refere a ato administrativo, agente público e princípios da administração pública, julgue o próximo item.

O princípio da eficiência, considerado um dos princípios inerentes à administração pública, não consta expressamente na CF.

A) Certo b) Errado

294) (2015) Banca: CESPE – Órgão: FUB – Prova: Assistente em Administração

A administração pública é regida por princípios fundamentais que atingem todos os entes da Federação: União, estados, municípios e o Distrito Federal. Com relação a esse assunto, julgue o item subsecutivo.

A pretexto de atuar eficientemente, é possível que a administração pratique atos não previstos na legislação.

A) Certo b) Errado

295) (2016) Banca: CESPE – Órgão: TCE-PA – Prova: Auxiliar Técnico – Administração

No que se refere aos princípios da administração pública, julgue o item subsequente.

"O princípio da eficiência norteia essencialmente a prestação de serviços públicos à coletividade, sem impactar, necessariamente, rotinas e procedimentos internos da administração".

A) Certo b) Errado

296) (2013) Banca: CESPE – Órgão: MPU – Prova: Analista – Gestão Pública

No que se refere aos princípios constitucionais da administração pública, julgue o item subsequente.

O princípio da eficiência, segundo o qual todo agente público deve realizar suas atribuições com presteza, perfeição e rendimento funcional, sobrepõe-se aos demais princípios da administração pública, inclusive ao da legalidade.

A) Certo b) Errado

297) (2015) Banca: CESPE – Órgão: TRE-GO – Prova: Técnico Judiciário – Área Administrativa

No que se refere ao regime jurídico-administrativo brasileiro e aos princípios regentes da administração pública, julgue o próximo item.

"O princípio da eficiência está previsto no texto constitucional de forma explícita".

A) Certo b) Errado

298) (2014) Banca: CESP – Órgão: PGE-BA – Prova: Procurador do Estado

Acerca do regime jurídico-administrativo e dos princípios jurídicos que amparam a administração pública, julgue o item seguinte.

"O atendimento ao princípio da eficiência administrativa autoriza a atuação de servidor público em desconformidade com a regra legal, desde que haja a comprovação do atingimento da eficácia na prestação do serviço público correspondente".

A) Certo **B)** Errado

299) (2012) Banca: FCC – Órgão: MPE-AP – Prova: Analista Ministerial – Administração

Os princípios da Administração Pública brasileira foram acrescidos de outro por ocasião de emenda constitucional. O novo princípio e seu significado para a gestão pública é:

A) Impessoalidade. Refere-se à base da Lei de Responsabilidade Fiscal, que impõe aos governantes e administradores neutralidade em suas ações, valorizando equitativamente os atores sociais e o público em geral.

B) Efetividade. Refere-se à busca de performance maximizada e constante da área pública, no sentido de obter resultados com foco nos objetivos e na utilização plena e econômica de recursos humanos e materiais.

C) Publicidade. Refere-se aos atos administrativos de levar ao conhecimento público informações e dados referentes a processos e performance das esferas de governo, independentemente de seu nível hierárquico.

D) Impessoalidade. Refere-se ao tipo de tratamento em que os agentes públicos devem pautar sua ética, tratando de forma indiscriminada cidadãos e usuários de serviços públicos de qualquer esfera de governo.

E) Eficiência. Refere-se à conduta da administração pública, que deve agir, de maneira rápida, precisa e ágil, para produzir resultados que satisfaçam as necessidades da população, sejam atuais ou futuras.

300) (2015) Banca: FCC – Órgão: TRE-PB – Prova: Técnico Judiciário – Área Administrativa

Considere o seguinte trecho extraído da obra de Diogo de Figueiredo Moreira Neto:

"... a melhor realização possível da gestão dos interesses públicos, posta em termos de plena satisfação dos administrados com os menores custos para a sociedade, ela se apresenta, simultaneamente, como um atributo técnico da administração, como uma exigência ética a ser atendida no sentido weberiano de resultados, e, coroando a relação, como uma característica jurídica exigível de boa administração dos interesses públicos."

(Curso de Direito Administrativo, 16ª edição, 2014, Rio de Janeiro: Forense, p. 116).

É correto concluir que os ensinamentos do autor se referem ao conteúdo do princípio da

A) moralidade, que serve de parâmetro de controle para revogação dos atos administrativos.
B) proporcionalidade, que possui primazia e preferência diante dos demais princípios que informam a atuação da Administração.
C) economicidade, que se aplica após a prática do ato administrativo, como ferramenta de controle do menor custo para a Administração pública.
D) impessoalidade, que impede escolhas baseadas em critérios eminentemente técnicos, pois analisa o desempenho da administração, para garantir o atingimento dos melhores resultados.
E) eficiência, que visa orientar a gestão pública ao atendimento das finalidades previstas em lei pela melhor forma possível, não bastando a análise meramente formal.

301) (2016) Banca: FCC – Órgão: PGE-MT – Prova: Analista – Administrador

A respeito dos princípios básicos da Administração pública no Brasil, é INCORRETO afirmar que o princípio

A) de impessoalidade demanda objetividade no atendimento do interesse público, vedada a promoção pessoal de agentes públicos.
B) de legalidade demanda atuação da Administração pública conforme a lei e o Direito.
C) de moralidade demanda atuação da Administração pública segundo padrões éticos de probidade, decoro e boa-fé.
D) da eficiência demanda celeridade na atuação da Administração pública, se necessário em contrariedade à lei, dada a primazia do resultado sobre a burocracia.
E) de publicidade demanda a divulgação oficial dos atos administrativos, ressalvadas as hipóteses de sigilo previstas no ordenamento jurídico.

302) (2015) Banca: FCC – Órgão: TRT – 9ª REGIÃO (PR) Prova: Técnico Judiciário – Área Administrativa

Os princípios balizadores das atividades da Administração pública ganharam importância e destaque nas diversas esferas de atuação, tal como o princípio da eficiência, que

A) permite que um ente federado execute competência constitucional de outro ente federado quando este se omitir e essa omissão estiver causando prejuízos aos destinatários da atuação.
B) autoriza que a Administração pública interprete o ordenamento jurídico de modo a não cumprir disposição legal expressa, sempre que ficar demonstrado que essa não é a melhor solução para o caso concreto.
C) deve estar presente na atuação da Administração pública para atingimento dos melhores resultados, cuidando para que seja com os menores custos, mas sem descuidar do princípio da legalidade, que não pode ser descumprido.
D) substituiu o princípio da supremacia do interesse público que antes balizava toda a atuação da Administração pública, passando a determinar que seja adotada a opção que signifique o atingimento do melhor resultado para o interesse público.
E) não possui aplicação prática, mas apenas interpretativa, tendo em vista que a Administração pública está primeiramente adstrita ao princípio da supremacia do interesse público e depois ao princípio da legalidade.

303) (2007) Banca: FCC – Órgão: TRE-SE – Prova: Analista Judiciário – Tecnologia da Informação

A exigência de que o serviço público seja eficaz e que atenda plenamente a necessidade para a qual foi criado e a exigência de que os atos administrativos, para que tenham eficácia, devam ter divulgação oficial, referem-se, respectivamente, aos princípios da

A) eficiência e impessoalidade.
B) publicidade e eficiência.
C) moralidade e publicidade.
D) eficiência e publicidade.
E) impessoalidade e publicidade.

304) (2015) Banca: FGV – Órgão: SSP-AM – Prova: Técnico de Nível Superior

A Constituição da República de 1988 dedicou um capítulo à Administração Pública e, em seu art. 37, deixou expressos os princípios a serem observados por todas as pessoas administrativas. Dentre esses princípios expressos, que revelam as diretrizes fundamentais da Administração, destaca-se o princípio da:

A) competitividade, segundo o qual agente público deve desempenhar com excelência suas atribuições para lograr resultados mais produtivos do que aqueles alcançados pela iniciativa privada;
B) legalidade, segundo o qual existe uma presunção absoluta de que os atos praticados pelos agentes administrativos estão de acordo com os ditames legais;
C) pessoalidade, segundo o qual todos os administrados que se encontrem em idêntica situação jurídica devem ser tratados da mesma forma, sem privilégios pessoais;
D) improbidade, segundo o qual o administrador público deve pautar sua conduta com preceitos éticos e agir com honestidade;
E) eficiência, segundo o qual agente público deve desempenhar da melhor forma possível suas atribuições, para lograr os melhores resultados, inclusive na prestação dos serviços públicos.

305) (2014) Banca: FGV – Órgão: COMPESA – Prova: Analista de Gestão – Administrador

A Constituição Federal, em seu artigo 37, estabelece cinco princípios básicos para a Administração Pública Direta e Indireta.

A esse respeito, o princípio que exige que a atividade administrativa seja exercida com presteza, perfeição, rendimento e economicidade para a Administração é denominado

A) Princípio da Legalidade
B) Princípio da Eficiência
C) Princípio da Impessoalidade
D) Princípio da Moralidade
E) Princípio da Publicidade

306) (2016) Banca: FGV – Órgão: Prefeitura de Paulínia – SP – Prova: Agente de Fiscalização

Na Administração Pública, cabe ao administrador zelar pelo uso adequado dos recursos públicos, bem como e o desperdício destes. Compreender o conceito de eficiência é, portanto, fundamental para o exercício correto das funções administrativas.

Assinale a opção que apresenta o conceito correto de eficiência.

A) É a capacidade de alcançar os mesmos resultados com o emprego dos mesmos recursos em um determinado período de tempo.
B) É capacidade de se adequar as metas a serem atingidas ao período de tempo disponível para alcançá-las.
C) É a capacidade de se alcançar resultados, independentemente dos recursos empregados.
D) É a capacidade de gerir os recursos disponíveis para alcançar o número máximo de metas apresentadas.
E) É a capacidade de alcançar resultados melhores com o emprego de menos recursos.

307) (2015) Banca: FEPESE – Órgão: Prefeitura de Balneário Camboriú – SC – Prova: Fiscal da Fazenda

É correto afirmar sobre os princípios da Administração Pública.

A) O princípio da eficiência impõe que a atuação administrativa deve pautar-se pela celeridade, perfeição técnica e visando a economicidade.
B) Os princípios da legalidade, da indisponibilidade, da moralidade e da razoabilidade estão expressos na Constituição Federal.
C) Os princípios do contraditório e da ampla defesa não se aplicam aos processos administrativos punitivos.
D) O princípio da moralidade afirma que a divulgação oficial de suas ações é requisito de eficácia do ato administrativo.
E) O princípio da legalidade estabelece que ao administrado só é lícito fazer o que a lei autoriza ou impõe.

308) (2014) Banca: VUNESP – Órgão: TJ-PA – Prova: Auxiliar Judiciário

_____ é o que impõe à administração pública direta e indireta e a seus agentes a persecução do bem comum, por meio do exercício de suas competências de forma imparcial, neutra, transparente, participativa, eficaz, sem burocracia e sempre em busca da qualidade, primando pela adoção dos critérios legais e morais necessários para melhor utilização possível dos recursos públicos, de maneira a evitarem-se desperdícios e garantir-se maior rentabilidade social. No tocante aos princípios constitucionais, assinale a alternativa que completa corretamente o enunciado.

A) O princípio da obrigatoriedade
B) O princípio da desburocratização
C) O princípio da eficiência
D) O princípio da impessoalidade
E) O princípio da legalidade

309) (2014) Banca: COPEVE-UFAL – Órgão: CASAL – Prova: Assistente Administrativo

Analise a seguinte afirmativa referente aos princípios da Administração Pública.

Tal princípio exige que a atividade administrativa seja exercida com presteza, perfeição e rendimento funcional. É o mais moderno princípio da função administrativa, que já não se contenta em se desempenhar apenas com uma legalidade, exigindo resultados positivos para o serviço público e satisfatório atendimento às necessidades da comunidade e de seus membros

MEIRELLES, H. L. Direito Administrativo Brasileiro. 30. Ed. São Paulo: Malheiros, 2005. A afirmativa refere-se ao Princípio da

A) Legalidade.
B) Impessoalidade.
C) Moralidade.
D) Eficiência.
E) Publicidade.

310) (2014) Banca: Aroeira – Órgão: PC-TO – Prova: Escrivão de Polícia Civil

A Administração Pública deve sempre buscar o resultado que melhor atenda ao interesse público com o menor dispêndio possível de tempo e recursos. Essa afirmação enuncia qual princípio da Administração Pública?

A) Legalidade
B) Moralidade
C) Eficiência
D) Publicidade

311) (2015) Banca: FAFIPA – Órgão: Prefeitura de Londrina – PR – Prova: Analista de Proteção de Defesa do Consumidor – Serviços de Proteção e Defesa do Consumidor

O regime jurídico administrativo é o conjunto de prerrogativas e restrições que está sujeita a Administração Pública. Este regime jurídico fundamenta-se em princípios constitucionais e infraconstitucionais da Administração. Nesse sentido:

O princípio da eficiência é relacionado ao modo de atuação do agente público e ao modo de organizar, estruturar e disciplinar a Administração Pública com o objetivo de alcançar os melhores resultados na prestação do serviço público.

A) Certo B) Errado

312) (2016) Banca: FAU – Órgão: Prefeitura de Chopinzinho – PR – Prova: Procurador Municipal

Princípio administrativo que estabelece que toda ação administrava deve ser orientada para concretização material e efetiva da finalidade posta pela lei, segundo os cânones jurídico-administrativo. Impõe à administração pública direta e indireta e a seus agentes a persecução do bem comum, por meio do exercício de suas competências de forma imparcial, neutra, transparente, participativa, eficaz, sem burocracia e sempre em busca da qualidade, rimando pela adoção dos critérios legais e morais necessários para melhor utilização possível dos recursos públicos, de maneira a evitarem-se desperdícios e garantir-se maior rentabilidade social.

O trecho acima se refere ao princípio administrativo da:

A) Motivação.
B) Eficiência.
C) Eficácia.
D) Legalidade.
E) Impessoalidade.

2. PRINCÍPIOS DA ADMINISTRAÇÃO PÚBLICA

313) (2016) Banca: Instituto Legatus – Órgão: Câmara Municipal de Bertolínia – PI – Prova: Procurador

"O princípio apresenta-se sob dois aspectos, podendo tanto ser considerado em relação à forma de atuação do agente público, do qual se espera o melhor desempenho possível de suas atuações e atribuições, para lograr os melhores resultados, como também em relação ao modo racional de se organizar, estruturar, disciplinar a administração pública, e também com o intuito de alcance de resultados na prestação do serviço público". O conceito da professora MARIA SYLVIA ZANELLA DI PIETRO refere-se ao princípio da administração pública:

A) Da Moralidade.
B) Da Legalidade.
C) A Publicidade.
D) Da Eficiência.
E) Da Impessoalidade.

314) (2015) Banca: BIO-RIO – Órgão: IF-RJ – Prova: Auditor

O princípio da administração pública, previsto na Constituição Federal, que está relacionado a procura da produtividade, da economicidade, da exigência em reduzir os desperdícios do dinheiro público, impondo a execução dos serviços públicos com presteza, perfeição e rendimento funcional é o princípio da:

A) legalidade.
B) efetividade.
C) eficiência.
D) publicidade.
E) impessoalidade

315) (2016) Banca: UFCG – Órgão: UFCG – Prova: Administrador

Ao exercício da Administração Pública cabe obedecer aos princípios de legalidade, impessoalidade, moralidade, publicidade e eficiência. Assim, pode-se dizer que:

A) O princípio da legalidade classifica atos configuradores de improbidade na administração pública, aos que importam em enriquecimento ilícito, aos que violam os princípios constitucionais, e aos que causam prejuízo ao erário.
B) O princípio da impessoalidade determina a observância do critério da divulgação oficial dos atos administrativos, ressalvadas as hipóteses de sigilo previstas na Constituição.
C) O princípio da moralidade estabelece o concurso público como requisito obrigatório para investidura em cargo ou emprego público, ressalvadas as nomeações para cargos comissionados.
D) O princípio da publicidade exige observâncias as normas legais e regulamentares, bem como aos atos praticados visando a fim proibido em lei ou regulamento.
E) O princípio da eficiência exige que a atividade administrativa seja exercida com presteza e rendimento funcional, agregando as atividades desempenhadas pela legalidade, como também resultados positivos para o serviço público.

316) (2012) Banca: IESES – Órgão: TJ-RO – Prova: Titular de Serviços de Notas e de Registros – Provimento por Ingresso

É o princípio pelo qual se espera alcançar o melhor desempenho possível, no tocante ao modo de agir dos agentes, e de angariar os melhores resultados na prestação dos serviços, no pertinente à atuação da Administração Pública:

A) Finalidade.
B) Proporcionalidade.
C) Motivação.
D) Eficiência.

317) (2016) Banca: Prefeitura de Fortaleza – CE – Órgão: Prefeitura de Fortaleza – CE – Prova: Analista de Planejamento e Gestão – Direito

Com a Constituição de 1988, a Administração Pública recebeu tratamento em capítulo próprio, estabelecendo-se alguns princípios constitucionais de observância obrigatória. É correto afirmar que o princípio da:

A) razoabilidade encontra-se expresso na Constituição Federal.
B) impessoalidade faz com que o administrador seja um executor do ato, que serve de veículo de manifestação da vontade individual. Portanto, as realizações administrativo-governamentais não são do agente político, e sim da pessoa física.
C) publicidade está contido no Decreto-Lei nº 200/1967 e consagra o dever administrativo de manter a transparência em atos administrativos.
D) eficiência requer direcionamento da atividade e dos serviços públicos à efetividade do bem comum, cujas características de imparcialidade, neutralidade, transparência e eficácia encontram-se ligadas ao conceito formal de eficiência.

318) (2016) Banca: UECE-CEV – Órgão: Prefeitura de Amontada – CE – Prova: Agente Administrativo

O princípio básico da administração pública que exige que o agente público execute os serviços com perfeição, presteza e rendimento funcional para a melhor utilização possível dos recursos públicos, de maneira a evitar desperdícios e garantir maior rentabilidade social é o princípio da

A) eficiência.
B) moralidade.
C) publicidade.
D) legalidade.

319) (2014) Banca: IADES – Órgão: METRÔ-DF – Prova: Administrador

Considerando que a Administração Pública direta e indireta deve obedecer a determinados princípios, assinale a alternativa correta.

A) De acordo com o princípio da legalidade, o administrador público deve fazer as coisas independentemente da lei.
B) O princípio da publicidade determina que o administrador deve seguir as diretrizes do marketing e fazer a própria promoção, tendo em vista o respectivo cargo.
C) O princípio da moralidade representa o elemento legal do ato administrativo, ou seja, o administrador deve trabalhar com base na lei, considerando ele justo ou não o resultado.
D) Segundo o princípio da impessoalidade, a imagem de administrador público deve ser identificada quando de sua atuação, pois ela se dá em nome do interesse público e ele é responsável por isso.
E) O princípio da eficiência está relacionado à busca de maior rapidez e presteza no atendimento ao público.

320) (2013) Banca: IESES – Órgão: SEPLAG-MG – Prova: Gestor Governamental – Contador

Qual o princípio administrativo que impõe ao agente público que realize suas atribuições com perfeição, presteza e rendimento funcional.

A) Princípio da Impessoalidade.
B) Princípio da Legalidade.
C) Princípio da Eficiência.
D) Princípio da Moralidade.

321) (2012) Banca: VUNESP – Órgão: SPTrans – Prova: Analista de Gestão Pleno

"Os agentes públicos devem agir com rapidez, presteza, perfeição, rendimento." Essa é uma definição aplicável ao princípio constitucional da

A) moralidade.
B) ética.
C) isonomia.
D) eficiência.
E) publicidade.

322) (2017) Banca: COSEAC – Órgão: UFF – Prova: Técnico de Tecnologia da Informação (+ provas)

O modelo de Administração Pública em vigência no Brasil tem por alicerce o princípio da eficiência e o controle dos resultados pretendidos. Esse modelo foi inserido na Constituição Federal de 1988 por meio de Emenda Constitucional e denomina-se:

A) administração moderna.
B) planejamento governamental.
C) administração gerencial.
D) administração globalizada.
E) planejamento institucional.

323) (2016) Banca: BIO-RIO – Órgão: SAAE de Barra Mansa – Prova: Advogado

Diferentemente dos outros ramos do direito, o Direito Administrativo brasileiro não é codificado. Sendo assim, os princípios do direito administrativo exercem as funções sistematizadora e unificadora das leis, que nos demais ramos são desempenhadas pelos códigos.

Assinale a opção CORRETA sobre os princípios do direito administrativo:

A) O princípio da eficiência passou a ter assento constitucional com a Emenda Constitucional 19/98, que implementou o modelo de administração pública gerencial, voltada para um controle de resultados na atuação estatal. A eficiência exige que a atividade administrativa seja exercida com presteza, perfeição, rendimento funcional e redução de desperdícios.

B) O princípio da legalidade não está limitado ao simples cumprimento da lei em seu sentido estrito. Assim, o administrador está obrigado a respeitar o chamado bloco de legalidade, que compreende a lei e os demais instrumentos normativos existentes na ordem jurídica. O princípio da legalidade exclui, por completo, o exercício de atuação discricionária do administrador, levando-se em consideração a conveniência e oportunidade do interesse público, o juízo de valor da autoridade e a sua liberdade.

C) O princípio da isonomia impõe o dever ao legislador e à Administração Pública de dispensar o mesmo tratamento a administrados que se encontrem em situações equivalentes. Assim, critérios discriminatórios de idade, sexo e altura, em sede de concurso público, são definitivamente vedados, para qualquer carreira pública, ainda que os referidos critérios estejam expressamente previstos na lei regulamentadora da carreira.

D) O princípio da autotutela, também conhecido como tutela administrativa, estabelece que a Administração Pública pode controlar os seus próprios atos, seja para anulá-los, quando ilegais, ou revogá-los, quando inconvenientes ou inoportunos, independentemente de revisão pelo Poder Judiciário.

324) (2015) Banca: CEFET-BA – Órgão: MPE-BA – Prova: Promotor de Justiça Substituto

Com referência aos princípios administrativos, é CORRETO afirmar:

A) O princípio da proporcionalidade, expressamente previsto na Constituição Federal de 1988, significa que as competências administrativas só podem ser validamente exercidas na extensão e intensidade correspondentes ao que seja realmente demandado para o cumprimento da finalidade de interesse público a que estão atreladas.

B) Como decorrência do princípio da motivação, todos os atos administrativos devem ser escritos.

C) O princípio da reserva legal prescreve que a Administração Pública pode fazer tudo aquilo que não é legalmente proibido.

D) A publicidade dos atos da Administração Pública é excepcionada apenas pela necessidade de proteção da intimidade dos cidadãos.

E) A Emenda Constitucional nº 19/1998, conhecida por implementar a "Reforma Administrativa", acrescentou o princípio da eficiência ao texto constitucional.

Princípio do devido Processo Legal Adminis-trativo: o direito ao devido processo legal também se encontra expresso na Constituição Federal (artigo 5º, LIV e LV, da CF/88) e integra a Teoria Geral de Processo, sendo, portanto, válido tanto para o **processo judicial quanto para o processo administrativo**, vejamos:

"Art. 5º (...) LIV – ninguém será privado da liberdade ou de seus bens sem o devido processo legal;

*LV – aos litigantes, em **processo judicial ou administrativo**, e aos acusados em geral são assegurados o contraditório e ampla defesa, com os meios recursos a ela inerentes;"*

Tal princípio consiste no direito de que seja respeitada rigorosamente no processo uma série de atos (**transparentes e impessoais**) que visam a um resultado final. Nesse sentido, no bojo do devido processo legal administrativo, deve ser assegurado o **direito ao contraditório e à ampla defesa**.

Defesa prévia: o particular terá o direito de se **manifestar antes do julgamento, mesmo que não seja representado por advogado**. Nesse sentido, destaca-se o texto da súmula vinculante nº 5, segundo o qual, *"a falta de defesa técnica por advogado no processo administrativo disciplinar não ofende a Constituição".*

2. PRINCÍPIOS DA ADMINISTRAÇÃO PÚBLICA

Duplo grau de julgamento: o duplo grau de jurisdição estabelece que a **decisão administrativa poderá ser revista,** lembrando que, conforme estabelece a súmula vinculante nº 21, *"é inconstitucional a exigência de depósito prévio, caução, garantia para a interposição de recurso administrativo"*. Ou seja, o particular não precisa pagar nenhuma quantia para interpor do recurso administrativo.

325) (2014) Banca: CESPE – Órgão: MEC – Prova: Nível Superior

Os princípios da administração pública estão previstos, de forma expressa ou implícita, na CF e, ainda, em leis ordinárias. Esses princípios, que consistem em parâmetros valorativos orientadores das atividades do Estado, são de observância obrigatória na administração direta e indireta de quaisquer dos poderes da União, dos estados, do DF e dos municípios. Acerca desses princípios e da organização administrativa do Estado, julgue o item a seguir.

"Os princípios do contraditório e da ampla defesa aplicam-se tanto aos litigantes em processo judicial quanto aos em processo administrativo".

A) Certo b) Errado

326) (2016) – Banca: CESPE – Órgão: TCE-PA – Prova: Auditor de Controle Externo – Direito

Com base no disposto nas súmulas do Supremo Tribunal Federal relativas a direito administrativo, julgue o item subsequente.

"Tratando-se de processo administrativo disciplinar, se o acusado não tiver advogado, deve ser providenciado um ad hoc para formulação da sua defesa técnica, sob pena de nulidade do procedimento, por cerceamento de defesa".

A) Certo b) Errado

327) (2014) Banca: CESPE – Órgão: ANATEL – Prova: Analista Administrativo – Direito

Um servidor, pregoeiro de determinado órgão público Federal, utilizava-se da função para favorecer indevidamente um grupo de empresas nas licitações realizadas pelo órgão. Por meio de auditoria interna, descobriu-se o esquema fraudulento, e um processo administrativo disciplinar foi instaurado para a apuração dos fatos e eventual responsabilização do servidor. Com base nessa situação hipotética, julgue o próximo item.

"Caso o servidor não constitua advogado para sua defesa no processo administrativo disciplinar, a autoridade instauradora do processo deve designar outro servidor como defensor dativo."

A) Certo B) Errado

328) (2014) Banca: CESPE – Órgão: TC-DF – Prova: Analista Administrativo – Tecnologia da Informação

Suponha que um servidor público fiscal de obras do DF, no intuito de prejudicar o governo, tenha determinado o embargo de uma obra de canalização de águas pluviais, sem que houvesse nenhuma irregularidade. Em razão da paralisação, houve atraso na conclusão da obra, o que causou muitos prejuízos à população. Com base nessa situação hipotética, julgue o item que se segue.

"A ausência de advogado para auxiliar o servidor em sua defesa não é causa de nulidade do processo administrativo disciplinar".

A) Certo b) Errado

329) (2014) Banca: CESPE – Órgão: MEC – Prova: Analista – Processual

Com base no entendimento jurisprudencial e na legislação federal que rege o processo administrativo, julgue o item: Em atenção aos princípios constitucionais da ampla defesa e do contraditório, é indispensável que o interessado seja representado, no curso de processo administrativo disciplinar, por advogado capaz de oferecer defesa técnica.

A) Certo B) Errado

330) (2013) Banca: CESPE – Órgão: STF – Prova: Analista Judiciário – Área Administrativa

No que se refere à administração pública e às normas constitucionais que disciplinam o regime jurídico dos servidores públicos, julgue o item seguinte.

"Tendo a CF assegurado o direito à ampla defesa e ao contraditório nos processos administrativos disciplinares, o STF considera que a ausência de defesa técnica realizada por advogado gera nulidade desse tipo de processo".

A) Certo b) Errado

331) (2012) Banca: CESPE – Órgão: TJ-RR – Prova: Administrador

A ausência de defesa técnica oferecida por advogado no processo administrativo disciplinar ofende a Constituição Federal, o que determina a nulidade de todo o processo.

A) Certo b) Errado

332) (2011) Banca: FCC – Órgão: TJ-PE – Prova: Juiz

Interpretando a Constituição Federal em matéria processual, o Supremo Tribunal Federal fixou entendimento no sentido de que a falta de defesa técnica por advogado no processo administrativo disciplinar

A) não ofende a Constituição.
B) ofende o princípio constitucional da ampla defesa.
C) ofende o princípio constitucional do contraditório.
D) ofende o princípio constitucional da moralidade.
E) ofende o princípio constitucional da indispensabilidade do advogado à administração da justiça.

333) (2015) Banca: FCC – Órgão: TJ-SC – Prova: Juiz Substituto

A Súmula Vinculante no 21 dispõe, em seu verbete, sobre a exigência de depósito ou arrolamento prévios de dinheiro ou bens como requisito de admissibilidade de recurso administrativo. Sua edição, em razão do efeito vinculante que emana do respectivo enunciado

A) não impõe vedação a que órgão do Poder Judiciário do Estado de Santa Catarina reconheça a constitucionalidade de diploma legal estadual que exija arrolamento prévio de bens como requisito de admissibilidade de recurso administrativo, desde que, no caso, a sentença contemple juízo fundado na inexistência de violação ao contraditório e à ampla defesa.

B) impõe vedação a que os Poderes Legislativos de Estados e Municípios aprovem novas leis que exijam depósito prévio em dinheiro como requisito de admissibilidade de recurso administrativo.

C) impõe que os órgãos do Poder Judiciário do Estado de Santa Catarina reconheçam, *incidenter tantum*, nos casos que lhe forem devidamente submetidos, a inconstitucionalidade de lei estadual que exija arrolamento prévio de bens como requisito de admissibilidade de recurso administrativo, ainda que o Supremo Tribunal Federal não tenha decidido sobre a constitucionalidade do referido diploma estadual.

D) impede que o Supremo Tribunal Federal, em sede de ação direta de inconstitucionalidade, declare a constitucionalidade de lei estadual que exija depósito prévio em dinheiro como requisito de admissibilidade de recurso administrativo.

E) não obsta que os órgãos do Poder Judiciário do Estado de Santa Catarina reconheçam, *incidenter tantum*, nos casos que lhe forem submetidos após a publicação do verbete, a constitucionalidade de lei estadual que exija arrolamento prévio de bens como requisito de admissibilidade de recurso administrativo, desde que o caso sobre o qual incidiria o diploma legal tenha ocorrido anteriormente à aprovação da Súmula Vinculante 21.

334) (2013) Banca: FGV – Órgão: TCE-BA – Prova: Agente Público

Tendo em vista o princípio da ampla defesa, aplicado no âmbito da Administração Pública, analise as afirmativas a seguir.

I. O advogado é indispensável no processo administrativo disciplinar.
II. O direito de recorrer integra o princípio da ampla defesa.
III. A defesa anterior ao ato decisório mostra-se medida inerente à ampla defesa.

Assinale:

A) se apenas a afirmativa I estiver correta.
B) se apenas a afirmativa II estiver correta
C) se apenas as afirmativas I e III estiverem corretas.
D) se apenas as afirmativas II e III estiverem corretas.
E) se todas as afirmativas estiverem corretas

335) (2015) Banca: COSEAC – Órgão: UFF – Prova: Auxiliar em Administração

De acordo com a Constituição da República, os princípios do contraditório e da ampla defesa são aplicáveis:

A) somente aos processos judiciais.
B) tanto aos processos judiciais, sejam criminais ou cíveis, e aos processos administrativos de qualquer espécie.
C) somente aos processos judiciais de natureza criminal e aos processos administrativos disciplinares.
D) somente aos processos administrativos.
E) aos processos judiciais de qualquer espécie e aos processos administrativos disciplinares.

336) (2015) Banca: FAPERP – Órgão: SeMAE – Prova: Agente Administrativo

Sobre os princípios administrativos, expressos na Constituição Federal de 1.988, assinale a alternativa incorreta.

A) A observância do princípio do contraditório obriga que as decisões administrativas sejam proferidas somente depois de ouvidos os interessados, e ainda, que as referidas decisões devem discorrer sobre as considerações arguidas.

B) Ética, probidade, lealdade, decoro, honestidade são deveres impostos aos dois polos das relações jurídico-administrativas. Tais deveres são exigências impostas, dentre outros, pelo princípio da moralidade.

C) O artigo 41 da CF/88 determina que após a posse em cargo público o servidor deve passar por um período de estágio probatório no qual será avaliado. O instituto de Direito Administrativo do estágio probatório está relacionado diretamente ao princípio da eficiência.

D) O princípio da ampla defesa assegura a todos, nos âmbitos judicial e administrativo, a razoável duração do processo e os meios que garantam celeridade na sua tramitação.

337) (2014) Banca: FUNDEP (Gestão de Concursos) – Órgão: Prefeitura de Nossa Senhora do Socorro – SE – Prova: Procurador do Município

Considerando-se os princípios norteadores da Administração Pública, assinale a alternativa CORRETA.

A) O princípio da moralidade é considerado um princípio prevalente e a ele se subordinam o princípio da legalidade e o princípio da impessoalidade.

B) O princípio da publicidade, previsto na Constituição Federal, exige a ampla divulgação dos atos emanados pelo poder público, sem exceção.

C) A aplicação dos princípios do devido processo legal e da ampla defesa na esfera administrativa estende-se aos processos administrativos, incluídos os processos disciplinares.

D) A prática de atos por razões de conveniência e oportunidade é violadora do princípio da legalidade, na medida em que o mérito do ato administrativo não possui base legal.

E) O princípio da legalidade para a Administração Pública determina que essa instância pode fazer tudo aquilo que a lei não lhe proíba.

PRINCÍPIO DA CONTINUIDADE: Trata-se da orientação acerca do fato de que a atividade pública **não pode sofrer interrupções desarrazoadas,** tendo em vista a necessidade permanente de manter a atividade pública em funcionamento, para satisfação dos cidadãos. O referido princípio abrange a prestação de serviços públicos, o exercício do poder de polícia e as atividades de fomento, porém não atinge a atuação do Estado enquanto agente econômico, a atividade política de governo, a atividade legislativa e a atividade jurisdicional.

*"Art. 6º, § 3º(...) Não se caracteriza como descontinuidade do serviço a sua interrupção em situação de emergência ou **após prévio aviso,** quando:*

I – motivada por razões de ordem técnica ou de segurança das instalações; e,

II – por inadimplemento do usuário, considerado o interesse da coletividade".

Em se **tratando de serviços que afetam diretamente o interesse da coletividade,** a interrupção do serviço por inadimplemento do usuário é inviável (Ex.: a concessionária não poderá interromper a prestação do serviço hospitalar).

Ademais, o STJ entende que a inadimplência que justifica a interrupção da prestação do serviço é a de **débitos referentes à conta atual de consumo, e não de débitos pretéritos,** como os de outras contas do antigo morador do imóvel.

338) (2013) Banca: CESPE – Órgão: TRT – 10ª REGIÃO (DF e TO) – Prova: Técnico Judiciário – Administrativo

A respeito das convergências e diferenças entre a gestão pública e a gestão privada, julgue o item que se segue.

Diferentemente das organizações privadas, as organizações públicas são regidas pela supremacia do interesse público e pela obrigação da continuidade da prestação do serviço público.

A) Certo b) Errado

339) (2014) Banca: CESPE – Órgão: TC-DF – Prova: Analista Administrativo – Tecnologia da Informação

Julgue o item a seguir, relativo à responsabilidade civil do Estado, aos serviços públicos e às organizações da sociedade civil de interesse público.

"De acordo com o princípio da continuidade, os serviços públicos, compulsórios ou facultativos, devem ser prestados de forma contínua, não podendo ser interrompidos mesmo em casos de inadimplemento do usuário".

A) Certo b) Errado

340) (2014) Banca: CESPE – Órgão: TJ-DFT – Prova: Juiz de Direito Substituto

No que diz respeito à prestação de serviço público ofertado por concessionária ou permissionária, à interrupção do serviço e ao princípio da continuidade, assinale a opção correta de acordo com a legislação de regência e a jurisprudência do STJ.

A) Não caracteriza violação ao princípio da continuidade a interrupção na prestação do serviço público por motivos de ordem técnica ou de segurança das instalações, sendo desnecessária, nesses casos, a notificação prévia do usuário.
B) É legítimo o corte no fornecimento de energia elétrica caso o débito decorra de fraude no medidor de consumo de energia, mesmo que apurada unilateralmente pela concessionária, uma vez que, pela lei, ninguém pode beneficiar-se de sua própria torpeza.
C) É possível a suspensão do fornecimento de energia elétrica e de água por falta de pagamento, ainda que a dívida se refira a consumo de usuário anterior do imóvel, visto que os débitos se sub-rogam na pessoa do adquirente.
D) O atendimento ao princípio da isonomia legitima a suspensão do fornecimento de energia elétrica por inadimplência em escolas públicas municipais, desde que precedida de notificação prévia.
E) Será ilegítimo o corte no fornecimento de serviço público essencial caso a inadimplência do usuário decorra de débitos pretéritos, isoladamente considerados, uma vez que a interrupção pressupõe o inadimplemento de conta relativa ao mês do consumo.

341) (2014) Banca: CESPE – Órgão: ANATEL – Prova: Conhecimentos Básicos – Cargos 13, 14 e 15 (+ provas)

Julgue o item subsecutivo, concernentes aos serviços públicos.

O princípio da continuidade do serviço público não impede a concessionária de energia elétrica de suspender o fornecimento de eletricidade no caso de inadimplemento do usuário.

A) Certo b) Errado

342) (2015) Banca: CESPE – Órgão: TJ-PB – Prova: Juiz Substituto

Assinale a opção correta.

A) A taxa é remuneração paga pelo usuário quando o serviço público *uti singuli* é prestado indiretamente, por delegação, nos casos de concessão e permissão, e pode ser majorada por ato administrativo do poder concedente.
B) A prestação de serviços públicos por delegação é realizada por concessionários ou permissionários, após procedimento licitatório, podendo ocorrer em relação a serviços públicos uti *singuli* e *uti universi*.
C) A União pode transferir a titularidade de serviço público a empresas públicas e a sociedades de economia mista, a exemplo do serviço postal.
D) Embora a inadimplência do usuário seja causa de interrupção da prestação de serviço, mediante aviso prévio, segundo a jurisprudência, é vedada a suspensão do fornecimento do serviço em razão de débitos pretéritos, já que o corte pressupõe o inadimplemento de conta atual, relativa ao mês do consumo.
E) Os serviços de titularidade comum entre os entes da Federação, como saúde e assistência social, são considerados, quanto à essencialidade, serviços públicos propriamente ditos, ainda que prestados por entidades privadas.

343) (2009) Banca: ESAF – Órgão: Receita Federal – Prova: Analista Tributário da Receita Federal – Prova 1

Em se tratando de permissão e concessão da prestação de serviço público, ante o disposto na Lei n. 8.987/95, marque a opção incorreta.

A) Ocorrerá a caducidade da concessão caso a concessionária não cumpra as penalidades impostas por infrações, nos devidos prazos.
B) Caracteriza-se como descontinuidade do serviço a sua interrupção em situação de emergência ou após prévio aviso quando por inadimplemento do usuário, considerado o interesse da coletividade.
C) O poder concedente poderá intervir na concessão, com o fim de assegurar a adequação na prestação do serviço.
D) Sempre que forem atendidas as condições do contrato, considera-se mantido seu equilíbrio econômico-financeiro.
E) Extinta a concessão, haverá a imediata assunção do serviço pelo poder concedente que ocupará as instalações e utilizará todos os bens reversíveis.

344) (2014) Banca: FGV – Órgão: DPE-RJ – Prova: Técnico Médio de Defensoria Pública

Os princípios administrativos são os postulados fundamentais que inspiram o modo de agir da Administração Pública. Entre os princípios da Administração Pública, destaca-se:

A) impessoalidade, que diz que a pena não passará da pessoa do condenado e que os sucessores responderão pelos débitos do falecido apenas nos limites da herança.

B) moralidade, segundo o qual, no caso de aparente colisão, se deve analisar no caso concreto qual direito fundamental deve prevalecer, através da técnica da ponderação de interesses.

C) autotutela, segundo o qual qualquer lesão ou ameaça de lesão a direito não será excluída da apreciação do Poder Judiciário, razão pela qual os atos da Administração Pública também estão sujeitos ao controle judicial.

D) publicidade, que prevê que a ampla publicidade dos atos, programas, obras, serviços e campanhas dos órgãos públicos deverá ter caráter educativo, informativo ou eleitoral.

E) continuidade dos serviços públicos, excetuado quando se permite a paralisação temporária da atividade, como no caso de necessidade de reparos técnicos.

345) (2014) Banca: COPEVE-UFAL – Órgão: CASAL – Prova: Assistente Administrativo

A legislação administrativa prevê a figura do substituto para os casos de impedimentos e afastamentos de servidores investidos em cargo em comissão ou função de confiança. Tal regra, denominada de "substituição legal", encontra seu fundamento imediato no(s) princípio(s) do(a)

A) contraditório e da ampla defesa.
B) continuidade do serviço público.
C) moralidade.
D) publicidade.
E) isonomia.

346) (2016) Banca: MPE-SC- Órgão: MPE-SC – Prova: Promotor de Justiça – Matutina

Não se caracteriza como descontinuidade do serviço público a sua interrupção em situação de emergência ou após prévio aviso, quando motivada por razões de ordem técnica ou de segurança das instalações; por inadimplemento do usuário, considerado o interesse da coletividade; e, por comprovada inviabilidade econômica.

A) Certo B) Errado

347) (2017) Banca: Quadrix – Órgão: CFO-DF – Prova: Técnico Administrativo

Com relação a serviços públicos, julgue o próximo item.

De acordo com o princípio da continuidade do serviço público, não é possível sua suspensão, mesmo nos casos de falta de pagamento.

A) Certo b) Errado

O servidor militar **não tem direito de greve e nem de sindicalização**. Os servidores públicos civis, por sua vez, possuem direito de greve, que será desempenhado nos termos de lei específica, conforme disposição constitucional.

348) (2011) – Juiz – Concurso XVII | Prova: TRT 23R (MT) – 2011 – TRT – 23ª REGIÃO (MT) – Juiz

O direito de greve dos servidores públicos ensejou desde a edição da Carta de 1988 uma série de controvérsias a respeito do seu reconhecimento. À luz das normas a respeito do tema e da atual jurisprudência do Supremo Tribunal Federal, assinale a alternativa que contém uma afirmação FALSA:

A) A Constituição Federal estabelece, em sua atual redação, que o direito de greve dos servidores públicos será exercido nos termos e nos limites definidos em lei específica.

B) O STF, considerando, dentre outros fundamentos, que a mora legislativa a respeito já havia sido, por diversas vezes, declarada por aquela Corte, reconheceu que é possível o exercício do direito de greve por parte dos servidores públicos civis.

C) O exercício do direito de greve pelos servidores públicos civis deve observar, ainda de acordo com o STF, até que sobrevenha regulamentação específica, a Lei n° 7.783/1989, com as necessárias adaptações à luz do princípio da continuidade do serviço público, considerando-se, por exemplo, que o rol de atividades essenciais previstos naquela lei seria exemplificativo para os fins de sua aplicação à greve dos servidores públicos civis.

D) O servidor militar tem direito de greve.

E) O STF asseverou que os parâmetros normativos adotados por aquela Corte para delimitar a possibilidade do exercício do direito de greve dos servidores públicos civis na ausência de regulamentação não impedem que, futuramente, o legislador infraconstitucional confira novos contornos acerca da adequada configuração da disciplina desse direito constitucional.

O corte da remuneração justifica-se em razão do fato de que o ônus da greve deve ser suportado não só pela Administração Pública, como também pelo servidor público, uma vez que, caso o servidor continuasse recebendo sua remuneração, o mesmo teria um incentivo de permanecer em greve. OBS: É ilegal demitir servidor público em estágio probatório que tenha aderido a movimento grevista.

Nesses termos, o Supremo Tribunal Federal, analisando o Recurso Extraordinário n° 693.456, decidiu que *"a administração pública deve proceder ao desconto dos dias de paralisação decorrentes do exercício do direito de greve pelos servidores públicos, em virtude da suspensão do vínculo funcional que dela decorre, permitida a compensação em caso de acordo. O desconto será, contudo, incabível se ficar demonstrado que a greve foi provocada por conduta ilícita do Poder Público."*

349) (2015) Banca: CESPE – Órgão: AGU – Prova: Advogado

Julgue o item a seguir, referente a agentes públicos.

"De acordo com o STF, embora exista a possibilidade de desconto pelos dias que não tenham sido trabalhados, será ilegal demitir servidor público em estágio probatório que tenha aderido a movimento paredista".

A) Certo B) Errado

350) (2016) Banca: CESPE – Órgão: TCE-SC – Prova: Auditor de Controle Externo – Direito

Julgue o item subsequente, relativos aos agentes públicos, à responsabilidade civil do Estado e à licitação.

"Conforme a jurisprudência do STJ, no setor público, a deflagração do movimento grevista suspende o vínculo funcional e, por conseguinte, desobriga o poder público ao pagamento referente aos dias não trabalhados, podendo haver compensação dos dias de greve".

A) Certo b) Errado

2. PRINCÍPIOS DA ADMINISTRAÇÃO PÚBLICA

351) (2014) Banca: CESPE – Órgão: PGE-PI – Prova: Procurador do Estado

Ainda acerca de servidores públicos e temas conexos, assinale a opção correta à luz da jurisprudência do STF e da doutrina pertinente.

A) Uma das formas de aposentadoria do servidor público é a compulsória, que exige, além do requisito da idade, o cumprimento de tempo mínimo tanto no serviço público quanto no cargo efetivo.

B) É legítimo o desconto, pelos dias não trabalhados, da remuneração dos servidores públicos que aderirem a movimento grevista.

C) Conforme o entendimento do STF, caso determinado servidor, que se encontre em estágio probatório, decida aderir a movimento grevista, a administração poderá demiti-lo após regular procedimento disciplinar.

D) A despeito da ressalva constitucional que possibilita a acumulação remunerada de dois cargos de professor, desde que haja compatibilidade de horários, o servidor que se encontre no exercício dessa excepcionalidade deverá, por ocasião da sua aposentadoria, optar pela remuneração de um dos dois cargos.

E) De acordo com os princípios protetivo e da universalidade, o servidor público que se aposentar por invalidez permanente, independentemente do fato que tiver motivado a invalidez, terá o benefício da aposentadoria integral.

O serviço Público não pode parar. No entanto, devido ao fato de o Estado não possui recursos infinitos para provimento de cargos, nas situações em que o servidor público adere ao movimento grevista, como forma de viabilizar a manutenção do serviço público, o Estado pode, por meio dos institutos da delegação e substituição, compor as funções vagas.

352) (2013) Banca: VUNESP – Órgão: ITESP – Prova: Advogado

Assinale a alternativa correta sobre o princípio da continuidade do serviço público.

A) Também traduz o poder que a Administração Pública tem de zelar pelos bens que integram o seu patrimônio, por meio de medidas para impedir quaisquer atos que o ponham em risco.

B) Tem como uma das consequências a necessidade de institutos como a suplência, a delegação e a substituição para preencher as funções públicas temporariamente vagas.

C) Assegura a todos o acesso à informação e o resguardo do sigilo da fonte, quando necessário ao exercício da atividade pública, a fim de resguardar a segurança da sociedade.

D) Permite a desapropriação para o fomento de atividades consideradas particularmente benéficas ao progresso material do país, assim como a possibilidade de encampação de concessão.

E) Assegura à Administração Pública a utilização de equipamentos e instalações da empresa com quem contrata, para observar a necessária adequação da indisponibilidade do interesse público.

"Admite-se a aplicação da Cláusula de Exceção de Contrato não Cumprido no contrato administrativo de concessão de serviço público?"

De acordo com o entendimento do doutrinador Marçal Justen Filho, é inviável a aplicação da mencionada cláusula nos **contratos de concessão de serviços públicos,** que, na forma do art. 39, da Lei nº 8.987/95, serão interrompidos ou paralisados somente em situações excepcionais, **AUTORIZADAS JUDICIALMENTE,** quando direitos fundamentais da concessionária estiverem ameaçados.

353) (2013) Banca: CESPE – Órgão: TRT 17ª Região (ES) – Prova: Analista Judiciário – Oficial de Justiça Avaliador

Julgue o item a seguir, com relação aos serviços públicos.

"O contrato de concessão de serviço público poderá ser rescindido por iniciativa da concessionária, sem intervenção judicial, no caso de inadimplemento contratual pelo poder concedente, por período ininterrupto de noventa dias".

A) Certo   B) Errado

PRINCÍPIO DA RAZOABILIDADE. Trata-se do princípio que estabelece que a atuação administrativa deve ser realizada em conformidade com os padrões médios de aceitabilidade da sociedade, **sendo esse princípio um dos mais importantes instrumentos de defesa dos direitos fundamentais.** Isto é, os agentes públicos devem realizar suas funções com equilíbrio, coerência e bom senso. Esse princípio encontra-se expressamente previsto na Lei nº 9.784/99.

A **proporcionalidade,** por sua vez, é um **aspecto/medida da razoabilidade** que trata da adequação da atuação da Administração Pública em conformidade com a ponderação entre **meios e fins** (relação custo-benefício da medida).

354) (2017) Banca: CESPE – Órgão: TRE-PE – Prova: Analista Judiciário – Área Administrativa

O princípio da razoabilidade

A) se evidencia nos limites do que pode, ou não, ser considerado aceitável, e sua inobservância resulta em vício do ato administrativo.

B) incide apenas sobre a função administrativa do Estado.

C) é autônomo em relação aos princípios da legalidade e da finalidade.

D) comporta significado unívoco, a despeito de sua amplitude, sendo sua observação pelo administrador algo simples.

E) pode servir de fundamento para a atuação do Poder Judiciário quanto ao mérito administrativo.

355) (2014) Banca: FCC – Órgão: TRT – 1ª REGIÃO (RJ)Prova: Analista Judiciário – Tecnologia da Informação

A Administração pública está sujeita a observância de normas e princípios, alguns expressos, outros implícitos. A instauração, instrução e decisão dos processos administrativos está sujeita a incidência de princípios, tendo a Lei nº 9784/99 elencado, de forma expressa, mais princípios do que a Constituição Federal, no que concerne à atividade administrativa. Sobre a aplicação dos princípios mencionados nesses Diplomas, tem-se que

A) o princípio da motivação não se aplica aos processos administrativos quando tratarem de atos de improbidade.

B) os princípios da razoabilidade e da proporcionalidade podem incidir no exercício, pela Administração pública, de competência discricionária.

C) os princípios do contraditório e da ampla defesa aplicam-se somente aos processos administrativos que tratem de apuração de infrações disciplinares, vez que punidas com sanções mais severas.

D) o princípio da segurança jurídica impede o exercício da competência discricionária pela Administração pública.

E) os princípios do interesse público e da eficiência admitem a derrogação de leis, quando houver meio jurídico mais ágil ao atendimento da finalidade pública.

356) (2015) Banca: CONSULPLAN – Órgão: TRE-MG – Prova: Técnico Judiciário – Edificações

"Devido a uma crise financeira por que passava determinado município, o secretário de urbanismo determinou aos fiscais municipais que aplicassem as multas pelo descumprimento da legislação em vigor sempre nos valores máximos de forma generalizada. Com base nessa situação, houve um aumento substancial das receitas advindas da aplicação das multas." De acordo com o exposto, é correto afirmar que o administrador público

A) violou o princípio da proporcionalidade, sendo o ato administrativo passível de nulidade.

B) agiu legalmente porque os meios adotados justificam os fins, ainda que estes sejam de manifesta má-fé.

C) agiu legalmente porque a crise financeira justifica as medidas excepcionais, ainda que haja visivelmente violação ao princípio da proporcionalidade.

D) agiu legalmente porque a vontade estatal está pautada numa competência administrativa discricionária que no caso concreto afasta o princípio da proporcionalidade.

357) (2015) Banca: INSTITUTO AOCP – Órgão: EBSERH – Prova: Advogado (HDT-UFT)

Assinale a alternativa correta.

A) O Direito Administrativo é um ramo do Direito Público que tem por objeto exclusivo regular as relações entre a Administração Pública e os administrados.

B) Os Princípios que regem o Direito Administrativo são unicamente os previstos no art. 37 da Constituição Federal.

C) O Princípio da Supremacia do Interesse Público sobre o Interesse Privado impede que quaisquer atos da Administração Pública sejam revistos pelo Poder Judiciário.

D) Pelo Princípio da Publicidade, todos os atos da Administração Pública devem ser públicos, sem exceção.

E) Os atos discricionários do administrador público devem estar vinculados ao Princípio da Razoabilidade.

358) (2014) Banca: FUMARC – Órgão: PC-MG – Prova: Investigador de Polícia

O elemento que funciona, atualmente, como poderoso limite à discricionariedade administrativa é o princípio

A) da inafastabilidade da jurisdição.

B) da unidade de jurisdição.

C) da razoabilidade.

D) do duplo grau de jurisdição.

359) (2016) Banca: FIOCRUZ – Órgão: FIOCRUZ – Prova: Assistente Técnico de Gestão em Saúde

Quando a Administração Pública, ao atuar no exercício de sua discrição, deve obedecer a critérios aceitáveis do ponto de vista racional, em sintonia com o senso normal de pessoas equilibradas e respeitando as finalidades que presidiram a outorga da competência exercida, ela está se submetendo a um princípio que limita os seus poderes. Trata-se do princípio do(a):

A) objetividade.

B) equilíbrio.

C) ponderação.

D) equidade.

E) razoabilidade.

No âmbito da Administração Pública, os referidos princípios têm aplicação no controle realizado pelo Judiciário dos atos discricionários editados pela Administração que ensejam restrição de direitos ou aplicação de sanções, sendo esse um **controle de legalidade, e não controle de mérito.** Nesse sentido, cabe ao Poder Judiciário analisar/controlar as medidas administrativas sob a luz desses princípios, ou seja, caso a medida discricionária seja **desarrazoada e desproporcional, a mesma deverá ser anulada pelo Judiciário -> controle de legalidade.**

360) (2011) Banca: FCC – Órgão: TRT – 23ª REGIÃO (MT) – Prova: Analista Judiciário – Área Judiciária

Sobre o controle e responsabilização da Administração Pública, é INCORRETO afirmar:

A) Ao Poder Judiciário é vedado apreciar o mérito administrativo e, ao exercer o controle judicial, está restrito ao controle da legitimidade e legalidade do ato impugnado.

B) Controle Administrativo é o poder de fiscalização e correção que a Administração Pública exerce sobre sua própria atuação, sob os aspectos de legalidade e mérito, por iniciativa própria ou mediante provocação.

C) O Controle que o Poder Legislativo exerce sobre a Administração Pública tem que se limitar às hipóteses previstas na Constituição Federal, sob pena de afronta ao princípio de separação de poderes.

D) No Controle Judicial, o Poder Judiciário exerce o poder fiscalizador sobre a atividade administrativa do Estado, alcançando, além dos atos administrativos do Executivo, atos do Legislativo e do próprio Judiciário quando realiza atividade administrativa.

E) O Controle Legislativo alcança os órgãos do Poder Executivo, as entidades da Administração Indireta, mas jamais o Poder Judiciário, mesmo quando este último executa função administrativa.

361) (2015) Banca: FUNIVERSA – Órgão: SAPeJUS – GO – Prova: Agente de Segurança Prisional

Acerca dos atos administrativos e do controle judicial dos atos da Administração, assinale a alternativa correta.

A) Em regra, o controle do Poder Judiciário sobre atos administrativos abrange a legalidade e o mérito do ato administrativo.

B) A prática de ato administrativo, ainda que desproporcional, não permite a intervenção do Poder Judiciário, pois, nesse

caso, haveria ofensa ao princípio da harmonia entre os Poderes da República.
C) Em regra, é cabível ao Poder Judiciário examinar o mérito do ato administrativo discricionário, classificação na qual se enquadra o ato que aprecia pedido de licença de servidor para tratar de interesse particular.
D) O ato administrativo discricionário está sujeito a controle judicial, sobretudo no que se refere à presença de motivação, respeitados os limites da discricionariedade conferida à Administração.
E) O ato discricionário, sujeito ao juízo de conveniência e oportunidade, é insuscetível de controle jurisdicional, mesmo que praticado com abuso de poder.

"A administração pode anular seus próprios atos, quando eivados de vícios que os tornam ilegais, porque deles não se originam direitos; ou revogá-los, por motivo de conveniência ou oportunidade, respeitados os direitos adquiridos, e ressalvada, em todos os casos, a apreciação judicial" (independência funcional – não precisa recorrer ao Poder Judiciário).

362) (2013) Banca: CESPE – Órgão: TC-DF – Prova: Procurador
Em relação à prescrição administrativa e ao processo de investigação e julgamento de contas, julgue o item subsequente.

Se, em março de 2012, o TCDF tivesse notificado determinada secretaria de Estado do DF a respeito de aposentadoria indevida, ocorrida em 2004, de um servidor público dessa secretaria, nessa situação, tal secretaria poderia, com base no princípio da autotutela da administração pública, ter anulado o ato administrativo que gerou a aposentadoria.

A) Certo b) Errado

363) (2013) Banca: CESPE – Órgão: TC-DF – Prova: Procurador
Constitui exteriorização do princípio da autotutela a súmula do STF que enuncia que "A administração pode anular seus próprios atos, quando eivados dos vícios que os tornam ilegais, porque deles não se originam direitos; ou revogá-los, por motivo de conveniência e oportunidade, respeitados os direitos adquiridos, e ressalvada, em todos os casos, a apreciação judicial".

A) Certo B) Errado

364) (2013) Banca: CESPE – Órgão: SEGER-ES – Prova: Analista Executivo – Direito
Caso se verifique, durante a realização de um concurso público, a utilização, por candidatos, de métodos fraudulentos para a obtenção das respostas corretas das provas, a administração pública poderá anular o concurso embasada diretamente no princípio da

A) segurança jurídica.
B) autotutela.
C) transparência.
D) eficiência.
E) supremacia do interesse público.

365) (2013) Banca: CESPE – Órgão: IBAMA – Prova: Analista Ambiental
Considerando os princípios que regem a administração pública e sua organização, julgue o item subsequente.

De acordo com o princípio da autotutela, o ato administrativo discricionário não é passível de controle pelo Poder Judiciário.

A) Certo b) Errado

366) (2014) Banca: CESPE – Órgão: TJ-CE – Prova: Analista Judiciário – Área Judiciária
No que se refere ao regime jurídico administrativo, assinale a opção correta.

A) A criação de órgão público deve ser feita, necessariamente, por lei; a extinção de órgão, entretanto, dado não implicar aumento de despesa, pode ser realizada mediante decreto.
B) A autotutela administrativa compreende tanto o controle de legalidade ou legitimidade quanto o controle de mérito.
C) A motivação deve ser apresentada concomitantemente à prática do ato administrativo.
D) De acordo com o princípio da publicidade, que tem origem constitucional, os atos administrativos devem ser publicados em diário oficial.
E) No Brasil, ao contrário do que ocorre nos países de origem anglo-saxã, o costume não é fonte do direito administrativo.

367) (2014) Banca: CESPE – Órgão: SUFRAMA – Prova: Nível Superior
Acerca do direito administrativo, julgue o item a seguir.

"O princípio administrativo da autotutela expressa a capacidade que a administração tem de rever seus próprios atos, desde que provocada pela parte interessada, independentemente de decisão judicial".

A) Certo B) Errado

368) (2013) Banca: CESPE – Órgão: FUB – Prova: Nível Superior (+ provas)
Com relação ao processo administrativo federal e ao estágio probatório, julgue o próximo item à luz das Leis n° 9.784/1999 e n° 8.112/1990, respectivamente.

O princípio da autotutela impõe à administração pública o dever de anular seus atos por ilegalidade ou, presentes os requisitos de conveniência e oportunidade, anulá-los quando não mais servirem ao interesse público.

A) Certo b) Errado

369) (2013) Banca: CESPE – Órgão: TC-DF – Prova: Procurador
Julgue o item a seguir, a respeito de princípios da administração pública, agências reguladoras, atos administrativos, regime disciplinar, processo administrativo-disciplinar e controle no serviço público.

Constitui exteriorização do princípio da autotutela a súmula do STF que enuncia que "A administração pode anular seus próprios atos, quando eivados dos vícios que os tornam ilegais, porque deles não se originam direitos; ou revogá-los, por motivo de conveniência e oportunidade, respeitados os direitos adquiridos, e ressalvada, em todos os casos, a apreciação judicial".

A) Certo b) Errado

370) (2016) Banca: CESPE – Órgão: PC-GO – Prova: Escrivão de Polícia Civil

A respeito da invalidação, anulação e revogação de atos administrativos, assinale a opção correta.

A) Atos administrativos, por serem discricionários, somente podem ser anulados pela própria administração pública.
B) A administração, em razão de conveniência, poderá revogar ato administrativo próprio não eivado de qualquer ilegalidade, o que produzirá efeitos *ex nunc*.
C) O ato administrativo viciado pela falta de manifestação de vontade do administrado deverá ser anulado, não podendo essa ilegalidade ser sanada por posterior manifestação de vontade do interessado.
D) São anuláveis e passíveis de convalidação os atos que violem regras fundamentais atinentes à manifestação de vontade, ao motivo, à finalidade ou à forma, havidas como de obediência indispensável pela sua natureza, pelo interesse público que as inspira ou por menção expressa da lei.
E) A anulação de ato administrativo ocorre por questões de conveniência e produz efeitos retroativos à data em que o ato foi emitido.

371) (2013) Banca: CESPE – Órgão: TRT – 10ª REGIÃO (DF e TO) Prova: Analista Judiciário – Área Administrativa

Julgue o item a seguir, referentes a atos administrativos.

Com base no princípio da autotutela administrativa, a administração pública pode revogar os seus atos discricionários, independentemente do respeito aos direitos adquiridos.

A) Certo b) Errado

372) (2013) Banca: FCC – Órgão: TRT – 9ª REGIÃO (PR) Prova: Técnico Judiciário – Área Administrativa

Diante de uma situação de irregularidade, decorrente da prática de ato pela própria Administração pública brasileira, é possível a esta restaurar a legalidade, quando for o caso, lançando mão de seu poder

A) disciplinar, que se expressa, nesse caso, por meio de medidas corretivas de atuação inadequada do servidor público que emitiu o ato.
B) de tutela disciplinar, em razão da atuação ilegal do servidor público, que faz surgir o dever da Administração de corrigir seus próprios atos.
C) de tutela, expressão de limitação de seu poder discricionário e corolário do princípio da legalidade.
D) de autotutela, que permite a revisão, de ofício, de seus atos para, sanar ilegalidade.
E) de autotutela, expressão do princípio da supremacia do interesse público, que possibilita a alteração de atos por razões de conveniência e oportunidade, sempre que o interesse público assim recomendar.

373) (2014) Banca: FCC – Órgão: PGE-RN – Prova: Procurador do Estado de Terceira Classe

Sabe-se que a Administração tem o poder de rever seus próprios atos, observadas algumas condições e requisitos. Esse poder guarda fundamento nos princípios e poderes que informam a Administração pública, destacando-se, quanto à consequência de revisão dos atos,

A) o poder de tutela, que incide sobre os atos da Administração pública em sentido amplo, permitindo a retirada, em algumas situações, de atos praticados inclusive por entes que integrem a Administração indireta.
B) o princípio ou poder de autotutela, que incide sobre os atos da Administração, como expressão de controle interno de seus atos.
C) os princípios da legalidade e da moralidade, inclusive porque estes podem servir de fundamento exclusivo para o ajuizamento de ação popular.
D) o princípio da eficiência, pois não se pode admitir que um ato eivado de vícios produza efeitos.
E) o poder de polícia, em sua faceta normativa, que admite o poder de revisão dos atos da Administração pública quando eivados de vícios ou inadequações.

374) (2014) Banca: FCC – Órgão: TJ-AP – Prova: Técnico Judiciário – Área Judiciária e Administrativa

O Supremo Tribunal Federal editou o enunciado sumular segundo o qual a Administração pública pode declarar a nulidade de seus próprios atos. Referido enunciado sumular diz respeito ao princípio ou poder de autotutela. Quanto a esse princípio, é correto afirmar que a Administração pública pode

A) declarar a nulidade de seus próprios atos, no entanto, somente o judiciário pode revogar os atos administrativos, em razão do princípio da inafastabilidade da jurisdição.
B) revogar os atos eivados de vícios insanáveis e anular os atos inoportunos e inconvenientes, desde que, nesse último caso, não sejam atingidos terceiros de boa-fé.
C) anular ou declarar a nulidade dos atos ilegais e revogar os atos inoportunos e inconvenientes, mesmo quando atingidos terceiros de boa-fé, isso em razão do princípio da eficiência.
D) anular ou declarar a nulidade dos atos ilegais e revogar os atos inoportunos e inconvenientes, de forma motivada e respeitados os limites à anulação e à revogação.
E) anular ou declarar a nulidade dos atos ilegais e revogar os atos inoportunos e inconvenientes contudo, no primeiro caso, somente pode agir por provocação, tendo em vista o princípio da inércia.

375) (2010) Banca: FCC – Órgão: DPE-SP – Prova: Defensor Público

A capacidade da Administração Pública de poder sanar os seus atos irregulares ou de reexaminá-los à luz da conveniência e oportunidade, reconhecida nas Súmulas 346 e 473 do Supremo Tribunal Federal, está em consonância direta com o princípio da

A) moralidade.
B) autoexecutoriedade.
C) indisponibilidade do interesse público.
D) segurança jurídica.
E) autotutela.

376) (2016) Banca: FGV – Órgão: MPE-RJ – Prova: Analista do Ministério Público – Administrativa

Mônica se inscreveu em concurso público, pretendendo ingressar no serviço público estadual do Rio de Janeiro, no cargo efetivo de auxiliar administrativo. Após realizar a prova e obter classificação entre os dez primeiros candidatos, Mônica foi nomeada e tomou posse. Ocorre que, seis meses após a investidura, a Administração Pública recebeu diversas representações dando conta de que houve fraude no concurso, envolvendo alguns candidatos. Assim, foram instaurados os necessários processos administrativos em face de cada candidato, sobre cuja investidura recaíam indícios de irregularidade. Ao final do processo administrativo relativo a Mônica, ficou fartamente comprovado que a candidata fraudou o concurso, eis que obteve as respostas durante a prova utilizando um aparelho de telefone celular que manteve escondido sob suas vestes. Dessa forma, a Administração Pública declarou nulo o ato de investidura de Mônica, com base na prerrogativa da:

A) imperatividade, que permite à Administração rever seus próprios atos, inclusive anulando os inoportunos;
B) autoexecutoriedade, que permite à Administração rever seus próprios atos, após autorização do Poder Judiciário;
C) discricionariedade, que permite à Administração rever seus próprios atos, inclusive revogando os ilegais;
D) autotutela, que permite à Administração rever seus próprios atos, inclusive invalidando os ilegais;
E) legalidade, que permite à Administração rever seus próprios atos, inclusive revogando os vinculados.

377) (2014) Banca: FGV – Órgão: TJ-RJ – Prova: Analista Judiciário – Especialidade Comissário de Justiça, da Infância, da Juventude e do Idoso

Maria, diretora de determinada creche municipal, recusou o pedido de matrícula do menor Caio, de 3 anos, com o argumento de que a criança não tinha idade para ser matriculada. Na semana seguinte, a direção da creche foi modificada, assumindo Fernanda. A nova diretora, argumentando que a Constituição da República estabelece que o dever do Estado com a educação será efetivado mediante a garantia de educação infantil, em creche e pré-escola, às crianças até 5 (cinco) anos de idade, declarou a invalidade do ato administrativo que indeferiu a matrícula e matriculou Caio na creche. A Administração Pública é autorizada a rever seus próprios atos, inclusive declarando a nulidade dos ilegais, pelo princípio administrativo da:

A) nulidade;
B) autotutela;
C) segurança jurídica;
D) eficiência;
E) moralidade.

378) (2014) Banca: FGV – Órgão: Prefeitura de Osasco – SP – Prova: Agente Fiscal

Princípios administrativos são postulados fundamentais que inspiram todo o modo de agir da Administração Pública, podendo ser expressos ou reconhecidos. O princípio que autoriza a Administração Pública, quando provocada ou de ofício, a rever os seus próprios atos é chamado princípio da:

A) imperatividade;
B) autoexecutoriedade;
C) indisponibilidade;
D) eficiência;
E) autotutela.

379) (2016) Banca: FGV – Órgão: Prefeitura de Paulínia – SP – Prova: Agente de Fiscalização

O administrador, ao aceitar as responsabilidades de um cargo público, deve respeitar os princípios legais que regem a Administração Pública. Parte fundamental do exercício do cargo é o conhecimento do limite entre o público e o privado, em que o interesse público deve sempre se sobrepor ao privado; da mesma forma, deve-se garantir que as decisões tomadas sejam de conhecimento geral e que os meios sejam adequados ao fim.

O trecho acima apresenta a descrição de alguns dos princípios da Administração Pública. Assinale a opção que indica, na ordem correta, os princípios apresentados.

A) Isonomia – Autotutela – Eficiência
B) Razoabilidade – Publicidade – Impessoalidade
C) Supremacia da Publicidade – Proporcionalidade – Isonomia
D) Impessoalidade – Publicidade – Razoabilidade
E) Impessoalidade – Isonomia – Eficiência

380) (2015) Banca: FGV – Órgão: CODEMIG – Prova: Advogado Societário

Além dos princípios expressos previstos no art. 37, caput, da Constituição Federal, a Administração Pública ainda se orienta por outras diretrizes que também se incluem em sua principiologia. Trata-se de regras gerais de proceder da Administração e são denominados princípios reconhecidos ou implícitos. Dentre eles, de acordo com a doutrina de Direito Administrativo, destaca-se o princípio da:

A) publicidade, segundo o qual exige-se a ampla divulgação dos atos praticados pela Administração Pública, inclusive por parte do Poder Judiciário, que não pode restringir a publicidade dos atos processuais, nem mesmo quando a defesa da intimidade o exigir;
B) pessoalidade, segundo o qual a Administração deverá levar em consideração as peculiaridades do caso concreto, como situação econômica, cultural e social do administrado, para praticar determinado ato administrativo em seu desfavor;
C) autotutela, segundo o qual a Administração exerce o controle sobre os próprios atos, com a possibilidade de anular os ilegais e revogar os inconvenientes ou inoportunos, independentemente de recurso ao Poder Judiciário;
D) improbidade administrativa, segundo o qual os atos e contratos administrativos deverão ser praticados da forma mais vantajosa para a Administração Pública, visando ao lucro e ao interesse público;
E) continuidade dos serviços públicos, segundo o qual a Administração deve prestar diretamente os serviços públicos essenciais, vedada a delegação a particulares, a fim de evitar interrupções.

381) (2015) Banca: CONSESP – Órgão: DAE-Bauru – Prova: Procurador Jurídico

O controle interno que a Administração exerce sobre os seus próprios atos consubstancia o princípio da

A) Controladoria.
B) Legalidade.
C) Autotutela.
D) Razoabilidade.
E) Interesse público

382) (2014) Banca: IF-CE – Órgão: IF-CE – Prova: Assistente em Administração

Deparando-se com erros no exercício de sua atividade administrativa, a Administração Pública possui o poder/dever de rever seus atos, para restaurar a situação de regularidade. Esse poder/dever é conferido pelo Princípio da

A) Eficiência.
B) Moralidade
C) Autotutela.
D) Publicidade.
E) Indisponibilidade

383) (2015) Banca: FAPEC – Órgão: MPE-MS – Prova: Promotor de Justiça Substituto

Assinale a assertiva correta. O princípio da autotutela da Administração Pública consiste:

A) Na necessidade da Administração Pública de recorrer ao Poder Judiciário para proteger seus interesses e direitos.
B) No poder-dever de retirada de atos administrativos por meio da anulação e da revogação.
C) No poder de tutela administrativa ou supervisão ministerial exercida pela Administração Direta sobre as entidades da Administração Indireta.
D) Na observância ao princípio da confiança legítima, eis que se exige uma previsibilidade ou calculabilidade emanadas dos atos estatais.
E) No exercício do poder de polícia administrativo.

384) (2015) Banca: VUNESP – Órgão: Prefeitura de São Paulo – SP – Prova: Auditor Municipal de Controle Interno

Existindo vícios de legalidade em concurso público da Prefeitura de São Paulo (Ex.: contratação de parentes de integrantes da comissão organizadora, descumprimento de norma editalícia etc.), é correto afirmar que o Edital do concurso

A) poderá ser anulado pelo Ministério Público, após a comprovação de vícios de legalidade.
B) poderá ser anulado pela própria Prefeitura de São Paulo, alicerçada no princípio da autotutela.
C) somente poderá ser anulado pelo Poder Judiciário, após a manifestação do Ministério Público.
D) poderá ser revogado pelo Ministério Público, alicerçado na conveniência e oportunidade do ato administrativo.
E) poderá ser revogado pelo Poder Judiciário, após a comprovação de vícios de legalidade.

385) (2015) Banca: Quadrix – Órgão: CRESS-PR – Prova: Assistente Administrativo

Em relação ao Princípio da Autotutela, pode-se afirmar que:

A) é o poder da Administração Pública de rever seus próprios atos, revogando os atos eivados de ilegalidade e anulando os atos inconvenientes.
B) a Administração Pública pode rever seus próprios atos, anulando os atos inconvenientes.
C) a Administração Pública pode anular seus próprios atos, quando eivados dos vícios que os tornem ilegais, ou revogá-los, por motivo de conveniência e oportunidade, respeitados os direitos adquiridos e ressalvada a análise judicial.
D) a Administração Pública deve rever seus próprios atos, revogando os atos eivados de ilegalidade.
E) a Administração Pública pode revogar seus próprios atos, quando eivados de ilegalidade, ou anulá-los, se inconvenientes e inoportunos, respeitados os direitos adquiridos, independentemente de posterior decisão judicial.

386) (2016) Banca: FUNCAB – Órgão: SEGEP-MA – Prova: Agente Penitenciário

O princípio que permite à Administração controlar seus próprios atos, seja no aspecto da legalidade ou de mérito, é suficiente para ter-se como atendido o princípio da:

A) autotutela.
B) motivação.
C) impessoalidade.
D) economicidade.
E) publicidade.

387) (2015) Banca: CONSESP – Órgão: Sercomtel S.A Telecomunicações – Prova: Agente

"A Administração Pública não precisa recorrer ao Poder Judiciário para anular seus atos ilegais ou revogar seus atos inconvenientes."

O enunciado acima reflete o princípio da

A) Anulabilidade e Revogabilidade.
B) Eficiência.
C) Independência de Poderes.
D) Autotutela.
E) Legalidade.

388) (2015) Banca: FAFIPA – Órgão: Prefeitura de Londrina – PR – Prova: Analista de Proteção de Defesa do Consumidor – Serviços de Proteção e Defesa do Consumidor

O regime jurídico administrativo é o conjunto de prerrogativas e restrições que está sujeita a Administração Pública. Este regime jurídico fundamenta-se em princípios constitucionais e infraconstitucionais da Administração. Nesse sentido:

Pelo princípio da autotutela a Administração deve anular seus próprios atos que contenham vícios de legalidade.

A) Certo B) Errado

389) (2016) Banca: IADES – Órgão: Ceitec S.A – Prova: Analista Administrativo e Operacional – Ciências Contábeis (+ provas)

Na Administração Pública, quanto à atuação administrativa, a revisão de ofício de atos ilegais e o reexame quanto ao mérito são integrantes do princípio da

A) legalidade.
B) indisponibilidade.
C) supremacia do interesse público sobre o privado.
D) autotutela.
E) segurança jurídica.

390) (2016) Banca: FUNIVERSA – Órgão: IF-AP – Prova: Auxiliar em Administração (+ provas)

A Administração Pública pode declarar a nulidade dos seus próprios atos. – Súmula STF 346.

A Administração pode anular seus próprios atos, quando eivados de vícios que os tornem ilegais, porque deles não se originam direitos; ou revogá-los, por motivo de conveniência ou oportunidade, respeitados os direitos adquiridos, e ressalvada, em todos os casos, a apreciação judicial. – Súmula STF 473. O princípio de que tratam as Súmulas acima é o princípio da

A) legalidade.
B) supremacia do interesse público.
C) continuidade do serviço público.
D) impessoalidade.
E) autotutela.

391) (2016) Banca: FIOCRUZ – Órgão: FIOCRUZ – Prova: Assistente Técnico de Gestão em Saúde

Os princípios fundamentais informadores da Administração Pública encontram-se, implícita ou explicitamente, na Constituição Federal. Há um princípio que autoriza o controle, pela Administração, dos atos por ela praticados, sob os aspectos da legalidade e de mérito. Há outro princípio que diz que os bens não pertencem à Administração nem a seus agentes públicos, cabendo-lhes apenas a sua gestão, em benefício da coletividade. Trata-se dos seguintes princípios:

A) presunção de legitimidade / supremacia do interesse público.
B) supremacia do interesse público / autotutela.
C) indisponibilidade / proporcionalidade.
D) autotutela / indisponibilidade.
E) supremacia do interesse público / indisponibilidade.

392) (2015) Banca: INSTITUTO AOCP – Órgão: EBSERH – Prova: Advogado (HE-UFSCAR)

Assinale a alternativa correta.

A) O Princípio da Impessoalidade previsto no art. 37 da Constituição Federal, apresenta-se exclusivamente no sentido de que os atos e provimentos administrativos são imputáveis não ao funcionário que os pratica, mas ao órgão ou entidade administrativa da Administração Pública.
B) O Poder Regulamentar da Administração Pública abrange somente o poder de regular o seu próprio funcionamento interno, não abrangendo a edição de normas complementares à lei, para sua fiel execução.
C) O Princípio da Supremacia do interesse público não prevalece sobre o Princípio da Garantia da Propriedade Privada.
D) Com o Princípio da Autotutela, a Administração Pública exerce controle sobre os seus próprios atos, com a possibilidade de anular os ilegais e revogar os inconvenientes ou inoportunos, independentemente de recurso ao Poder Judiciário.
E) Poder Disciplinar que cabe à Administração Pública permite que a eventual penalidade possa ser aplicada sem que haja o contraditório e a ampla defesa.

393) (2014) Banca: IBFC – Órgão: TJ-PR – Prova: Titular de Serviços de Notas e de Registros

A doutrina e a jurisprudência reconhecem à Administração a faculdade de anular seus próprios atos, por vício de ilegalidade, ou revogá-los por razões de mérito. Essa possibilidade é inerente ao princípio da:

A) Supremacia do interesse público sobre o particular.
B) Autoexecutoriedade.
C) Autotutela
D) Imperatividade

394) (2017) Banca: IADES – Órgão: Fundação Hemocentro de Brasília – DF – Prova: Técnico Administrativo

Com relação ao princípio que garante à administração pública a defesa da legalidade e eficiência dos respectivos atos, assinale a alternativa correta.

A) Supremacia do interesse público.
B) Legalidade.
C) Finalidade.
D) Presunção de legitimidade.
E) Autotutela.

395) (2016) Banca: Quadrix – Órgão: CRO – PR – Prova: Procurador Jurídico (+ provas)

Considere a proposição I e a razão II a seguir.

I. Ao contrário da invalidação, que pode ser efetivada pelo Judiciário ou pela própria Administração no exercício de sua prerrogativa de autotutela, a revogação do ato administrativo só pode ser processada pela Administração. PORQUE
II. Nos termos da doutrina, é vedado ao Judiciário apreciar os critérios de conveniência e oportunidade administrativa.

Assinale a alternativa correta.

A) A proposição é falsa, mas a razão é verdadeira.
B) A proposição é verdadeira, mas a razão é falsa.
C) A proposição e a razão são falsas.
D) A proposição e a razão são verdadeiras, e a razão justifica a proposição.
E) A proposição e a razão são verdadeiras, mas a razão não justifica a proposição.

Revogação do ato administrativo inconveniente e inoportuno, gerando efeitos *ex nunc* (efeitos que não retroagem à data de edição do ato), ou seja, o ato não mais gerará efeitos a partir do momento da revogação. Com a revogação, todos os efeitos gerados desde a vigência do ato serão perfeitos e válidos. **MACETE:** ex nunc, "n" de "n"unc e "n" de nuca, quando você bate na nuca, ela vai para frente, ou seja, dali para frente (após a revogação) o ato não gera mais efeitos.

Destaca-se que alguns atos não podem ser revogados, são eles: a) atos vinculados; b) atos consumados; c) atos que geram direito adquirido (obs.: mas pode ser anulado. Exemplo: aposentadoria); d) atos que integram procedimento administrativo, pois a cada novo ato ocorre a preclusão com relação ao ato anterior; e) meros atos administrativos (exemplos: atos declaratórios, atos enunciativos...)

Ademais, conforme entendimento consolidado do Supremo Tribunal Federal, a revogação de ato administrativo que já gerou efeitos concretos implica a instauração de regular processo administrativo.

396) (2015) Banca: CESPE – Órgão: Prefeitura de Salvador / BA – Prova: Procurador Municipal

Assinale a opção correta no que se refere a contrato administrativo.

A) Nos contratos celebrados pela administração, o foro competente para dirimir qualquer questão contratual é o do contratado.
B) Caso o contrato contenha vício de legalidade, como a ausência de algum dos requisitos de validade dos atos administrativos em geral, deverá ser promovida a sua invalidação, ou anulação, e não a sua revogação.
C) O contrato administrativo pode ter o seu equilíbrio quebrado em virtude de o Estado praticar ato ilícito que lhe modifique as condições, de modo a provocar prejuízo ao contratado. Nessa situação, fica caracterizado o denominado fato do príncipe.
D) O direito a revisão depende de previsão expressa no contrato, sendo insuficiente para a sua concessão a demonstração da existência de fato superveniente que tenha causado desequilíbrio econômico-financeiro no ajuste.
E) Devido à natureza personalíssima do contrato administrativo, não se admite subcontratação de partes de obra ou serviço contratado pelo poder público.

397) (2015) Banca: CESPE – Órgão: Prefeitura de Salvador / BA – Prova: Procurador Municipal

Assinale a alternativa correta:
A) Pode a Administração Pública revogar seus próprios atos por motivo de conveniência ou oportunidade.
B) Pode a Administração Pública apenas anular os atos que não estão de acordo com a Lei.
C) Pode o Poder Judiciário revogar os atos por motivo de conveniência ou oportunidade.
D) O Poder Judiciário e a Administração Pública poderão revogar e anular os atos pela ilegalidade ou pela conveniência e oportunidade.

398) (2016) Banca: CESPE – Órgão: TCE-PR – Prova: Analista de Controle

A revogação do ato administrativo é a supressão de um ato legítimo e eficaz, seja por oportunidade, seja por conveniência, seja por interesse público; entretanto, o poder de revogar da administração pública não é absoluto, pois há situações insuscetíveis de modificação por parte da administração.

Tendo as considerações apresentadas como referência inicial, assinale a opção que apresenta ato suscetível de revogação.
A) parecer emitido por órgão público consultivo
B) ato de concessão de licença para exercer determinada profissão, segundo requisitos exigidos na lei
C) ato de posse de candidato nomeado após aprovação em concurso público
D) ato administrativo praticado pelo Poder Judiciário
E) ato de concessão de licença funcional já gozada pelo servidor

399) (2015) Banca: CESPE – Órgão: TRE-GO – Prova: Analista Judiciário – Área Judiciária

Acerca dos atos administrativos e do processo administrativo sob o regime da Lei 9.784/1999, julgue o item a seguir.

"Conforme entendimento consolidado do Supremo Tribunal Federal, a revogação de ato administrativo que já gerou efeitos concretos exige regular processo administrativo".

A) Certo B) Errado

400) (2010) Banca: FCC – Órgão: AL-SP – Prova: Procurador

A revogação do ato administrativo
A) insere-se na esfera do poder discricionário da Administração Pública.
B) opera efeitos *ex tunc*, isto é, a partir da vigência do ato revogatório.
C) pode ocorrer mesmo que o ato administrativo já se tenha exaurido.
D) emanado do Poder Legislativo pode ser feita pelo Poder Judiciário, se houver provocação do interessado.
E) nunca gera direito à indenização.

Bastante controvertida é a discussão sobre a possibilidade de revogação do ato revocatório. A doutrina majoritária nega efeito repristinatório à revogação do ato de revogação. Desse modo, o ato revogador da revogação não ressuscita o primeiro ato revogado. Ou seja, a eficácia da revogação é sempre proativa, de modo que a revogação do ato revogatório só produz efeitos futuros, faltando-lhe o poder de restaurar retroativamente a eficácia do ato revogado.

401) (2015) Banca: CESPE – Órgão: Prefeitura de Salvador – BA Prova: Procurador Municipal

A respeito da revogação de ato administrativo, assinale a opção correta.
A) Revogação é instrumento jurídico utilizado pela administração pública para suspender temporariamente a validade de um ato administrativo por motivos puramente discricionários.
B) A prerrogativa de invalidar ato administrativo é da própria administração pública, ao passo que a de revogá-lo é do Poder Judiciário, em decisão referente a caso concreto que lhe seja apresentado.
C) Se ficar constatado que determinado ato administrativo contém vício de legalidade, a administração pública deverá promover a sua revogação.
D) Em geral, a revogação do ato administrativo produz efeitos *ex tunc*, mas, em determinadas situações, pode ela ter efeitos *ex nunc*.
E) Caso haja a revogação de ato administrativo revogador, não poderão ser aproveitados os efeitos produzidos no período em que vigorava o primeiro ato revogador.

Assim como o Princípio da Publicidade, o Princípio da Motivação tem o escopo de possibilitar o controle da atividade administrativa e a **verificação da consonância existente entre a conduta do agente e o interesse público.** Ademais, o § 1º do art. 50 da Lei nº 9.784/99 estabelece que a motivação deve ser explícita, clara e congruente, podendo consistir em declaração de concordância com fundamentos de anteriores pareceres (motivação aliunde), informações, decisões ou propostas, que, nesse caso, serão parte integrante do ato.

Em conformidade com a **Teoria dos Motivos Determinantes**, uma vez declarado o motivo do ato, este deve ser respeitado. Portanto, esta teoria vincula o administrador ao motivo demonstrado. Nesse sentido, caso o motivo seja viciado, o ato também restará viciado. **Vale dizer, a Teoria dos Motivos Determinantes não condiciona a existência do ato, mas sim a sua validade.**

2. PRINCÍPIOS DA ADMINISTRAÇÃO PÚBLICA

É importante lembrar que o motivo difere de motivação, uma vez que o **motivo é o fato que autoriza a realização do ato administrativo**, ao passo que a motivação é a justificativa escrita sobre as razões fáticas que levaram à pratica do ato. Ademais, segundo Bandeira de Mello, a **motivação deve ser prévia ou contemporânea à expedição do ato.**

402) (2014) Banca: CESPE – Órgão: ANATEL – Prova: Analista Administrativo – Direito

Julgue o item, a respeito de atos e processos administrativos.

"Atualmente, no âmbito federal, todo ato administrativo restritivo de direitos deve ser expressamente motivado".

A) Certo B) Errado

403) (2015) Banca: CESPE – Órgão: TRE-RS – Prova: Técnico Judiciário – Administrativo

Assinale a opção correta a respeito do processo administrativo federal.

A) As atividades de instrução durante o processo administrativo, que se destinam a comprovar os elementos necessários à formação da convicção, realizam-se apenas mediante provocação do interessado.

B) As organizações e associações representativas poderão ser legitimadas como interessadas no processo administrativo que trate de direitos e interesses individuais de seus associados.

C) A edição de atos de caráter normativo e a decisão de recursos administrativos poderão ser delegadas a outros órgãos, desde que não haja impedimento legal.

D) Os princípios da motivação, da razoabilidade e da proporcionalidade constam expressamente na lei que rege o processo administrativo federal, mas não na Constituição Federal de 1988.

E) A administração deve revogar de ofício os atos administrativos se verificar a existência de ilegalidade ou indícios de desvio de finalidade, respeitados os direitos adquiridos e ressalvada a apreciação judicial.

404) (2014) Banca: CESPE – Órgão: SUFRAMA – Prova: Técnico de Contabilidade

Considerando que uma empresa tenha solicitado à SUFRAMA a concessão de benefícios fiscais previstos em lei para as empresas da ZFM que observassem o processo produtivo básico previsto em regulamento, julgue o item abaixo.

O eventual indeferimento do referido pedido, assim como os demais atos que neguem direitos à empresa, deverá ser necessariamente motivado.

A) Certo B) Errado

405) (2014) Banca: CESPE – Órgão: ANATEL – Prova: Nível Médio

No que se refere ao processo administrativo, julgue o próximo item.

"Não se admite em processo administrativo a motivação por referência, assim entendida a que faz alusão aos fundamentos de pareceres ou de decisões anteriores".

A) Certo B) Errado

406) (2014) Banca: CESPE – Órgão: Câmara dos Deputados – Prova: Analista Legislativo

A Constituição Federal de 1988 (CF) acolheu a garantia do devido processo legal, de origem anglo-saxônica, assegurando que a atuação da administração pública seja realizada mediante "um processo formal regular para que sejam atingidas a liberdade e a propriedade de quem quer que seja e a necessidade de que a administração pública, antes de tomar as decisões gravosas a um dado sujeito, ofereça-lhe a possibilidade de contraditório e ampla defesa, no que se inclui o direito a recorrer das decisões tomadas".

De acordo com a Lei 9.784/1999, que regula o processo administrativo federal, é desnecessária a motivação dos atos administrativos discricionários, entretanto, uma vez expressa a motivação, a validade desses atos fica vinculada aos motivos indicados como seu fundamento.

A) Certo B) Errado

407) (2016) Banca: CESPE – Órgão: TCE-PA – Prova: Auxiliar Técnico – Administração

Considerando que servidor público de determinada autarquia federal tenha solicitado ao setor técnico daquela entidade a emissão de parecer para subsidiar sua tomada de decisão, julgue o item a seguir, acerca dos atos administrativos.

"Caso seja adotado como fundamento para a decisão, o referido parecer passará a integrar o ato administrativo decisório".

A) Certo b) Errado

408) (2014) Banca: CESPE – Órgão: MEC – Prova: Conhecimentos Básicos – Todos os Cargos (+ provas)

Com base na disciplina legal e na doutrina nacional acerca dos atos e processos administrativos, julgue o próximo item.

A motivação do ato administrativo deve ser explícita, clara e congruente, não sendo suficiente a declaração de concordância com fundamentos de anteriores pareceres, informações, decisões ou propostas.

A) Certo B) Errado

409) (2016) Banca: FGV Órgão: MRE Prova: Oficial de Chancelaria

O Ministro de Estado da Justiça editou portaria determinando a expulsão de estrangeiro do território nacional, em razão de sua condenação em processo criminal à pena privativa de liberdade de oito anos. Inconformado, o estrangeiro ajuizou a ação judicial cabível e comprovou que o ato expulsório baseou-se unicamente em pressuposto de fato equivocado, uma vez que, na verdade, foi absolvido naquela ação penal, por força do provimento de sua apelação criminal pelo Tribunal. Dessa forma, o estrangeiro obteve judicialmente a declaração da nulidade da portaria de sua expulsão, porque a validade do ato administrativo, ainda que discricionário, vincula-se aos motivos apresentados pela administração, ou seja, o motivo do ato administrativo deve sempre guardar compatibilidade com a situação de fato que gerou a manifestação da vontade. Com base na doutrina de Direito Administrativo, no caso em tela houve a aplicação:

A) da teoria dos motivos determinantes;

B) da teoria da vinculação da expulsão;

C) do princípio administrativo da autotutela;
D) do princípio da reciprocidade administrativa;
E) do princípio da motivação ministerial.

410) (2017) Banca: MS CONCURSOS – Órgão: Prefeitura de Piraúba – MG – Prova: Assistente Social

"A administração pública deve indicar sempre o que a levou a praticar tal ato, de fato e de direito, pois se trata de base para garantir a legalidade dos atos administrativos, ou seja, para todas as ações dos agentes públicos, deve existir um fundamento de base e direito".

Com base no enunciado acima, podemos afirmar que o princípio da administração pública que busca fundamentar as decisões tomadas pelos agentes públicos é o da:

A) Impessoalidade
B) Razoabilidade
C) Motivação
D) Eficiência

411) (2011) Banca: FUJB – Órgão: MPE-RJ – Prova: Analista Administrativo

Segundo o princípio da motivação, as decisões administrativas devem conter fundamentação clara, explícita e congruente, não podendo adotar pareceres prévios como sua motivação.

A) Certo b) Errado

412) (2014) Banca: VUNESP – Órgão: EMPLASA – Prova: Analista Jurídico

No que se refere aos Princípios Constitucionais do Direito Administrativo, é correto afirmar que:

A) a Administração Pública pode, por meio de simples ato administrativo, criar obrigações ou impor vedações, desde que a lei não as proíba.
B) a moralidade, a transparência, a razoabilidade e a eficiência necessitam de regulamentação legal para que sejam aplicáveis a casos concretos.
C) pela motivação, o administrador público justifica sua ação administrativa, indicando os fatos que ensejam o ato e os preceitos jurídicos que autorizam sua prática
D) a finalidade permite a prática de ato administrativo desprovido de interesse público ou conveniência para a Administração Pública
E) as leis administrativas são normalmente de ordem pública, porém seus preceitos podem ser relegados por acordo ou vontade conjunta de seus aplicadores ou destinatários.

413) (2013) Banca: UEG – Órgão: PC-GO – Prova: Escrivão de Polícia Civil

Pelo significado do princípio da motivação,

A) a Administração deve zelar pela legalidade de seus atos e condutas e pela adequação deles ao interesse público.
B) o administrador tem o dever de explicitar as razões que o levam a decidir, bem como os fins desejados e a fundamentação legal adotada.
C) o motivo é elemento do ato administrativo, sem o qual a decisão padece de vício.
D) os atos administrativos materializados em documentos gozam de fé pública.

414) (2017) Banca: VUNESP – Órgão: TJ-SP – Prova: Juiz Substituto

O motivo do ato administrativo pode ser conceituado como:

A) a normatividade jurídica que irá incidir sobre determinada situação de fato que lhe é antecedente.
B) a ocorrência no mundo fenomênico de certo pressuposto fático, relevante para o direito, que vai postular ou possibilitar a edição do ato administrativo.
C) a explicitação dos fundamentos de fato e de direito que levaram à edição do ato administrativo e sem a qual o ato é nulo.
D) o móvel ou intenção do agente ou, em outros termos, a representação psicológica que levou o administrador a agir, e que tem especial importância no plano dos atos discricionários.

O vício consistente na falta de motivação pode ser convalidado, de forma excepcional, mediante a exposição, em momento posterior, dos motivos idôneos e preexistentes que foram a razão para a prática do ato.

415) (2015) Banca: CESPE – Órgão: TCU – Prova: Procurador

À luz da jurisprudência do STJ, assinale a opção correta a respeito dos poderes da administração pública.

A) No exercício do poder discricionário, a administração pública pode aferir o momento oportuno para a abertura de concurso público, porém, com fundamento no mesmo poder, não pode ela cancelar certame em andamento, em razão de critérios de conveniência e oportunidade.
B) O poder-dever da administração pública de punir as faltas cometidas por servidores públicos é imprescritível e demanda prévia apuração em processo administrativo, assegurando-se o contraditório e a ampla defesa.
C) Um dos pressupostos para o exercício do poder de polícia é a ocorrência de violação individual a determinada limitação administrativa, hipótese em que a administração pública poderá valer-se de meios indiretos de coação como a imposição de multa, providência esta que não será possível nas hipóteses de violações massificadas.
D) Especificamente no que concerne aos desvios de conduta dos servidores públicos que implicam prejuízo ao erário, o poder disciplinar da administração pública não pode ser exercido com fundamento na lei que disciplina o regime jurídico único dos servidores públicos federais, já que os dispositivos correspondentes foram tacitamente revogados pela Lei de Improbidade Administrativa.
E) A administração pública, considerando o interesse público e com fundamento no poder discricionário, pode atribuir nova lotação a servidor público, hipótese em que se admite que a motivação do ato seja posterior à remoção.

416) (2014) Banca: FCC – Órgão: TRT – 18ª Região (GO) – Prova: Juiz do Trabalho

Acerca dos princípios da Administração pública, é correto afirmar:

A) O princípio da boa-fé não vigora no Direito Administrativo, eis que é atinente ao relacionamento entre sujeitos movidos pela autonomia da vontade e a ele se contrapõe o princípio da impessoalidade, que impera nas relações jurídico-administrativas.

B) Os princípios do Direito Administrativo são mandamentos de otimização; portanto, sua aplicação só é possível quando deles decorrerem consequências favoráveis ao administrado.
C) No tocante ao princípio da motivação, admite-se, excepcionalmente, a convalidação do ato imotivado, por meio da explicação a posteriori dos motivos que levaram à sua prática, desde que tal vício não acarrete lesão ao interesse público nem prejuízo a terceiros.
D) Por força do princípio da legalidade, atos praticados de forma inválida devem ser anulados, independentemente das consequências decorrentes da anulação.
E) Sendo a lei um mandamento moral e visto que, no âmbito da Administração pública, só é permitido aos agentes públicos atuarem nos estritos limites da lei, para atender à moralidade administrativa basta que o agente observe fielmente os mandamentos legais.

No âmbito federal, um prazo **DECADENCIAL de 5 anos** para que a Administração Pública exerça a autotutela e anule seus atos administrativos que **geram efeitos favoráveis a particulares**, salvo comprovada má-fé por parte do beneficiário. Ou seja, a Administração **não pode anular esses atos ilegais a qualquer tempo, tendo que respeitar o prazo de 5 anos.**

O **Princípio da Isonomia** tem o escopo de promover a igualdade de oportunidades e vedar que a Administração confira tratamento desigual a sujeitos que se encontram em condição de igualdade, de maneira impessoal. Em outras palavras, a Administração não pode conceder benefícios indevidos, mas, tão somente, visar à redução das desigualdades, primando pela denominada igualdade material.

Princípio da Segurança Jurídica. Trata-se de princípio geral do direito, base do Estado de Direito, que garante aos cidadãos não serem surpreendidos por alterações repentinas na ordem jurídica posta, de forma a assegurar a **estabilização do ordenamento jurídico e a proteção da confiança.** Nesse diapasão, as modificações **supervenientes de normas jurídicas não deverão retroagir para atingir atos jurídicos perfeitos,** sob pena de instabilidade do ordenamento e, por consequência, de instabilidade social (proteção do direito adquirido, do ato jurídico perfeito e da coisa julgada).

Entende-se que a Administração não pode anular o ato ilegal a qualquer tempo, sendo necessário respeitar o prazo decadencial de 5 anos para realizar a anulação.

417) (2015) Banca: CESPE – Órgão: FUB – Prova: Auditor

No que concerne ao regime jurídico-administrativo, julgue o item subsequente.

"O princípio da segurança jurídica não se sobrepõe ao da legalidade, devendo os atos administrativos praticados em violação à lei, em todo caso, ser anulados, a qualquer tempo".

A) Certo **B)** Errado

418) (2017) Banca: CESPE – Órgão: TJ-PR – Prova: Juiz Substituto

De acordo com o art. 54 da Lei n.º 9.784/1999, o direito da administração de anular os atos administrativos de que decorram efeitos favoráveis para os destinatários decai em cinco anos, contados da data em que foram praticados, salvo comprovada má-fé. Trata-se de hipótese em que o legislador, em detrimento da legalidade, prestigiou outros valores. Tais valores têm por fundamento o princípio administrativo da

A) presunção de legitimidade.
B) autotutela.
C) segurança jurídica.
D) continuidade do serviço público.

419) (2014) Banca: CESPE – Órgão: Câmara dos Deputados – Prova: Analista Legislativo

A respeito dos princípios administrativos, julgue o próximo item.

"O princípio da impessoalidade é corolário do princípio da isonomia".

A) Certo **B)** Errado

420) (2014) Banca: CESPE – Órgão: Polícia Federal – Prova: Nível Superior

No que se refere ao regime jurídico administrativo, aos poderes da administração pública e à organização administrativa, julgue o item subsequente.

"Em face do princípio da isonomia, que rege toda a administração pública, o regime jurídico administrativo não pode prever prerrogativas que o diferenciem do regime previsto para o direito privado".

A) Certo **b)** Errado

421) (2013) Banca: CESPE – Órgão: STF – Prova: Analista Judiciário – Área Administrativa

No que se refere à administração pública e às normas constitucionais que disciplinam o regime jurídico dos servidores públicos, julgue o item seguinte.

"Considere que determinado ente da administração indireta do qual Pedro é servidor tenha concedido, contrariamente à legislação, benefícios salariais a um grupo de servidores. Nessa situação, dados o princípio da isonomia e o respeito ao direito adquirido, Pedro fará jus aos mesmos benefícios se provar que executa função similar àquela desempenhada pelo referido grupo de servidores".

A) Certo **B)** Errado

422) (2015) Banca: CESPE – Órgão: FUB – Prova: Auditor

No que concerne ao regime jurídico-administrativo, julgue o item subsequente.

"A proteção da confiança, desdobramento do princípio da segurança jurídica, impede a administração de adotar posturas manifestamente contraditórias, ou seja, externando posicionamento em determinado sentido, para, em seguida, ignorá-lo, frustrando a expectativa dos cidadãos de boa-fé".

A) Certo **b)** Errado

423) (2016) Banca: CESPE Órgão: TRE-PI Prova: Técnico de Administração

Determinada autoridade administrativa deixou de anular ato administrativo ilegal, do qual decorriam efeitos favoráveis para seu destinatário, em razão de ter decorrido mais de cinco anos desde a prática do ato, praticado de boa-fé. Nessa situação hipotética, a atuação da autoridade administrativa está fundada no princípio administrativo da

A) tutela.
B) moralidade.
C) segurança jurídica.
D) legalidade.
E) especialidade.

424) (2013) Banca: FCC – Órgão: TRT – 1ª REGIÃO (RJ)Prova: Juiz do Trabalho Substituto

Na atuação da Administração Pública Federal, a segurança jurídica é princípio que;

A) justifica a mantença de atos administrativos inválidos, desde que ampliativos de direitos, independentemente da boa-fé dos beneficiários.
B) não impede a anulação a qualquer tempo dos atos administrativos inválidos, visto que não há prazos prescricionais ou decadenciais para o exercício de autotutela em caso de ilegalidade.
C) justifica o usucapião de imóveis públicos urbanos de até duzentos e cinquenta metros quadrados, em favor daquele que, não sendo proprietário de outro imóvel urbano ou rural, exerça a posse sobre tal imóvel por cinco anos, ininterruptamente e sem oposição, utilizando-o para sua moradia ou de sua família.
D) impede que haja aplicação retroativa de nova interpretação jurídica, em desfavor dos administrados.
E) impede que a Administração anule ou revogue atos que geraram situações favoráveis para o particular, pois tal desfazimento afetaria direitos adquiridos.

425) (2016) Banca: CONSULPLAN – Órgão: TJ-MG – Prova: Titular de Serviços de Notas e de Registros – Provimento

Com relação aos princípios que regem a Administração Pública, assinale a opção INCORRETA.

A) O princípio da eficiência administrativa revela-se quando a atividade estatal obedece à racionalização econômica.
B) Em face do princípio da razoabilidade, admite-se o controle da discricionariedade administrativa pela via judicial.
C) Não fere o princípio da publicidade, o ato processual praticado sob sigilo em preservação da segurança da sociedade, ou indispensável à defesa da intimidade.
D) O princípio da segurança jurídica apresenta-se como espécie de limitação ao princípio da legalidade, autorizando, assim, o prazo decadencial de cinco anos para convalidação de todos os atos administrativos que favoreçam o administrado, mesmo quando apresentem vício de legalidade e comprovada má-fé.

426) (2014) Banca: FGV – Órgão: AL-BA – Prova: Auditor

No que concerne ao princípio da autotutela, analise as afirmativas a seguir.

I. A autotutela poderá envolver o reexame de mérito de atos administrativos.
II. A autotutela poderá envolver a revisão de atos ilegais.
III. A autotutela tem um de seus limites no instituto da decadência.

Assinale:

A) se todas as afirmativas estiverem corretas.
B) se somente as afirmativas II e III estiverem corretas.
C) se somente as afirmativas I e III estiverem corretas.
D) se apenas a afirmativa II estiver correta.
E) se apenas a afirmativa I estiver correta.

427) (2013) Banca: IMA Órgão: Câmara Municipal de Governador Edson Lobão – MA – Prova: Assessor Jurídico Parlamentar (+ provas)

A licitação destina-se a garantir a seleção da proposta mais vantajosa para a administração e garantir a igualdade entre os licitantes com observância do princípio constitucional do(a):

A) Legalidade
B) Moralidade
C) Isonomia
D) Publicidade

428) (2017) Banca: Quadrix – Órgão: CFO-DF – Prova: Técnico Administrativo

Acerca da Administração Pública, julgue o item seguinte.

De acordo com o princípio da confiança ou da segurança jurídica, a nova intepretação da norma administrativa não deverá ter aplicação retroativa.

A) Certo b) Errado

Súmula vinculante nº 03: nos processos perante o tribunal de contas da união, asseguram-se o contraditório e a ampla defesa quando da decisão puder resultar anulação ou revogação de ato administrativo que beneficie o interessado, excetuada a apreciação da legalidade do ato de concessão inicial de aposentadoria, reforma e pensão;

Súmula vinculante nº 21: é inconstitucional a exigência de depósito ou arrolamento prévios de dinheiro ou bens para admissibilidade de recurso administrativo;

Súmula nº 683: o limite de idade para a inscrição em concurso público só se legitima em face do art. 7º, XXX, da Constituição Federal, quando possa ser justificado pela natureza das atribuições do cargo a ser preenchido.

429) (2016) Banca: CESPE – Órgão: TCE-SC – Prova: Conhecimentos Básicos – Exceto para os cargos 3 e 6 (+ provas)

A partir do disposto na Constituição Federal de 1988 (CF), julgue o item seguinte.

Conforme a CF, embora os tribunais de contas não tenham caráter judicial, devem ser observados em seus processos tanto o contraditório quanto a ampla defesa.

A) Certo b) Errado

430) (2016) Banca: FGV – Órgão: Prefeitura de Paulínia – SP – Prova: Agente de Fiscalização

A capacidade de autotutela é uma característica marcante da Administração Pública. É por meio desse princípio que o sistema público se prepara para atender às necessidades do cidadão de forma eficiente e adequada. Partindo dele, as decisões da estrutura administrativa devem atender ao público e estar aptas a constantes revisões e reformulações.

Sobre o Princípio da Autotutela, analise as afirmativas a seguir.

I. É o princípio constitucional que limita e delega a capacidade da Administração Pública de anular ou rever atos de sua própria autoria.
II. É o princípio constitucional que determina a capacidade da Administração Pública de anular ou rever atos de sua própria autoria.
III. É o princípio constitucional que determina a capacidade da Administração Pública de julgar e punir atos e comportamentos ilegais que ocorram em seu âmbito.

Está correto o que se afirma em

A) I, apenas.
B) II, apenas.
C) III, apenas.
D) I e II, apenas.
E) I e III, apenas.

431) (2016) Banca: VUNESP – Órgão: Prefeitura de Registro – S P – Prova: Advogado

Com relação ao controle externo exercido pelo Tribunal de Contas, é correto afirmar que

A) a função exercida pelo Tribunal de Contas é técnica, administrativa e jurisdicional, sendo suas decisões equiparadas àquelas oriundas do Poder Judiciário. Portanto, as decisões das Cortes de Contas são aplicadas atendendo às deliberações dos próprios Conselheiros, sem a necessidade de análise por outro Poder.
B) tanto este como o interno serão efetuados em todas as entidades da Administração Direta e somente em algumas da Indireta, pois, no tocante a estas últimas há necessidade de se comprovar a gerência ou administração de dinheiros, bens e valores públicos.
C) nos processos perante o Tribunal de Contas da União asseguram-se o contraditório e a ampla defesa quando da decisão puder resultar anulação ou revogação de ato administrativo que beneficie o interessado, excetuada a apreciação da legalidade do ato de concessão inicial de aposentadoria, reforma e pensão.
D) o Tribunal de Contas, no exercício da atribuição sancionadora, poderá aplicar, entre outras, as seguintes penalidades: multa proporcional ao débito imputado, afastamento do cargo de dirigente que obstrui a auditoria, decretação de indisponibilidade de bens por até um ano, declaração de inidoneidade para contratar com a Administração Pública por até cinco anos, mas é vedada a aplicação de declaração de inabilitação para o exercício de função de confiança.
E) o referido Tribunal é órgão subordinado ao Poder Legislativo, que o auxilia na fiscalização financeira, e orçamentária. Esta fiscalização, nos termos da Constituição Federal, será realizada quanto à legalidade, legitimidade, economicidade, aplicação de subvenções e renúncia de receitas, devendo de tudo ser informado o Poder Judiciário.

432) (2016) Banca: VUNESP – Órgão: TJ-SP – Prova: Titular de Serviços de Notas e de Registros – Remoção

De acordo com a Súmula Vinculante no 21 do Supremo Tribunal Federal, a exigência de depósito ou arrolamento prévios de dinheiro ou bens para admissibilidade de recurso administrativo é

A) inconstitucional.
B) constitucional.
C) vedada quando o devedor se encontra em comprovado estado de insolvência.
D) admitida nos casos de interesse da União.

433) (2014) Banca: FCC – Órgão: DPE-PB – Prova: Defensor Público

Segundo a Súmula Vinculante número 21 do Supremo Tribunal Federal, a exigência de depósito ou arrolamento prévios de dinheiro ou bens para admissibilidade de recurso administrativo é

A) constitucional, na medida em que também se exige o pagamento de taxas para a interposição de recursos na esfera judicial.
B) inconstitucional, por violar o direito de amplo acesso ao Poder Judiciário.
C) constitucional, ressalvados os casos que importem ônus manifestamente abusivo e desproporcional.
D) constitucional, vez que não impede o exercício do direito de amplo acesso ao Poder Judiciário.
E) inconstitucional, por violar o direito de petição e à ampla defesa.

GABARITO – PRINCÍPIOS DA ADMINISTRAÇÃO PÚBLICA

92) C	139) CERTO	186) B	233) E	280) CERTO	327) ERRADO
93) ERRADO	140) CERTO	187) B	234) D	281) ERRADO	328) CERTO
94) ERRADO	141) CERTO	188) B	235) B	282) B	329) ERRADO
95) CERTO	142) CERTO	189) C	236) E	283) C	330) ERRADO
96) D	143) C	190) A	237) D	284) D	331) ERRADO
97) D	144) E	191) CERTO	238) B	285) A	332) A
98) CERTO	145) A	192) CERTO	239) E	286) ERRADO	333) C
99) CERTO	146) A	193) E	240) A	287) CERTO	334) D
100) CERTO	147) A	194) A	241) D	288) ERRADO	335) B
101) CERTO	148) D	195) A	242) B	289) CERTO	336) D
102) ERRADO	149) CERTO	196) E	243) E	290) E	337) C
103) CERTO	150) C	197) B	244) C	291) B	338) CERTO
104) ERRADO	151) C	198) CERTO	245) D	292) C	339) ERRADO
105) A	152) B	199) ERRADO	246) A	293) ERRADO	340) E
106) B	153) D	200) CERTO	247) C	294) ERRADO	341) CERTO
107) A	154) D	201) CERTO	248) CERTO	295) ERRADO	342) D
108) D	155) B	202) ERRADO	249) CERTO	296) ERRADO	343) B
109) C	156) A	203) D	250) CERTO	297) CERTO	344) E
110) C	157) CERTO	204) D	251) D	298) ERRADO	345) B
111) CERTO	158) D	205) D	252) E	299) E	346) ERRADO
112) ERRADO	159) B	206) B	253) C	300) E	347) ERRADO
113) ERRADO	160) ERRADO	207) D	254) A	301) D	348) D
114) CERTO	161) CERTO	208) B	255) E	302) C	349) CERTO
115) D	162) CERTO	209) D	256) D	303) D	350) CERTO
116) D	163) A	210) C	257) C	304) E	351) B
117) A	164) CERTO	211) ERRADO	258) B	305) B	352) B
118) C	165) ERRADO	212) CERTO	259) D	306) E	353) ERRADO
119) B	166) A	213) ERRADO	260) C	307) A	354) A
120) D	167) E	214) CERTO	261) A	308) C	355) B
121) B	168) B	215) ERRADO	262) B	309) D	356) A
122) B	169) B	216) ERRADO	263) A	310) C	357) E
123) B	170) E	217) E	264) D	311) CERTO	358) C
124) D	171) B	218) B	265) B	312) B	359) E
125) D	172) E	219) B	266) A	313) D	360) E
126) D	173) E	220) D	267) A	314) C	361) D
127) A	174) E	221) C	268) D	315) E	362) ERRADO
128) A	175) D	222) ERRADO	269) C	316) D	363) CERTO
129) C	176) C	223) C	270) B	317) D	364) B
130) D	177) E	224) D	271) ERRADO	318) A	365) ERRADO
131) B	178) E	225) E	272) ERRADO	319) E	366) B
132) B	179) A	226) C	273) CERTO	320) C	367) ERRADO
133) D	180) B	227) CERTO	274) CERTO	321) D	368) ERRADO
134) A	181) B	228) E	275) CERTO	322) C	369) CERTO
135) D	182) C	229) ERRADO	276) ERRADO	323) A	370) B
136) C	183) D	230) ERRADO	277) C	324) E	371) ERRADO
137) C	184) C	231) ERRADO	278) B	325) CERTO	372) D
138) E	185) E	232) CERTO	279) ERRADO	326) ERRADO	373) B

2. PRINCÍPIOS DA ADMINISTRAÇÃO PÚBLICA

374) D	384) B	394) E	404) CERTO	414) B	424) D
375) E	385) C	395) D	405) ERRADO	415) E	425) D
376) D	386) A	396) B	406) ERRADO	416) C	426) A
377) B	387) D	397) A	407) CERTO	417) ERRADO	427) C
378) E	388) CERTO	398) D	408) ERRADO	418) C	428) CERTO
379) D	389) D	399) CERTO	409) A	419) CERTO	429) CERTO
380) C	390) E	400) A	410) C	420) ERRADO	430) B
381) C	391) D	401) E	411) ERRADO	421) ERRADO	431) C
382) C	392) D	402) CERTO	412) C	422) CERTO	432) A
383) B	393) C	403) D	413) B	423) C	433) E

FRASES PODEROSAS – PRINCÍPIOS DA ADMINISTRAÇÃO PÚBLICA			
	% de questões	Número de acertos nesse capítulo	% de acertos
O princípio da Impessoalidade estabelece que a atuação do gestor público deve buscar atender ao interesse público. Em decorrência da Teoria da Imputação Volitiva, é vedada a realização de promoção pessoal/publicidade da figura política (prefeito, governador, presidente) nas medidas implementadas pela Administração Pública, haja vista que o ente estatal é o RESPONSÁVEL pela medida, e não o agente público.	15%		
O nepotismo refere-se ao ato de nomeação "de cônjuge, companheiro ou parente em linha reta, colateral ou por afinidade, até o terceiro grau, inclusive, da autoridade nomeante ou de servidor da mesma pessoa jurídica investido em cargo de direção, chefia ou assessoramento, para o exercício de cargo em comissão ou de confiança ou, ainda, de função gratificada na administração pública direta e indireta em qualquer dos poderes da União, dos Estados, do Distrito Federal e dos Municípios, compreendido o ajuste mediante designações recíprocas".	4%		
O Princípio da Moralidade trata da moralidade jurídica, ética, lealdade, boa-fé de conduta no trato com a coisa pública.	7%		
A transparência dos atos administrativos possibilita a realização do controle e conhecimento, pela sociedade, dos atos editados pela Administração. O Princípio da Publicidade não é absoluto, de sorte que a própria Constituição Federal estabelece exceções: restrição à publicidade para a proteção da intimidade, honra, vida privada, relevante interesse coletivo e proteção da segurança nacional.	10%		
A Administração Pública deve atender aos mandamentos legais e buscar alcançar resultados positivos com o menor gasto possível, atingir metas.	8%		
"A Administração pode anular seus próprios atos, quando eivados de vícios que os tornam ilegais, porque deles não se originam direitos; ou revogá-los, por motivo de conveniência ou oportunidade, respeitados os direitos adquiridos, e ressalvada, em todos os casos, a apreciação judicial" (independência funcional – não precisa recorrer ao Poder Judiciário).	11%		
TOTAL	55%		

3. ORGANIZAÇÃO ADMINISTRATIVA

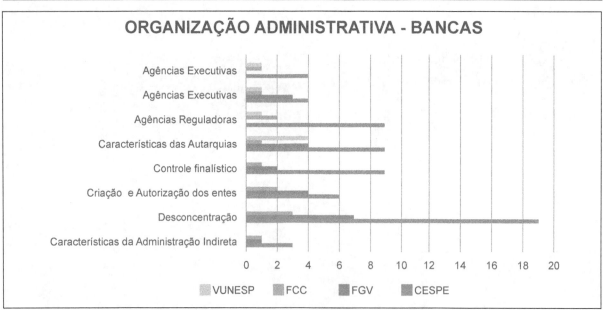

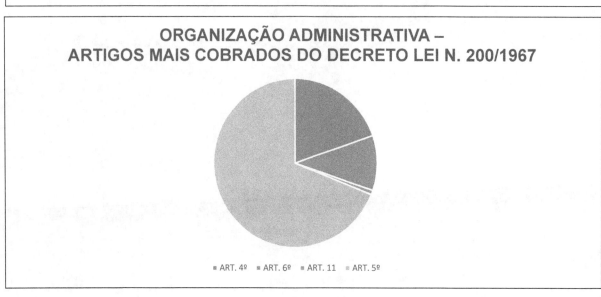

3. ORGANIZAÇÃO ADMINISTRATIVA

A Administração Pública é subdividida em direta e indireta. A administração Pública Direta (centralizada) é formada pelos entes federativos, quais sejam, União, Estados e Municípios.

434) (2016) Banca: ESAF – Órgão: ANAC – Prova: Técnico Administrativo

A Administração Pública Federal Direta compreende:

A) a estrutura administrativa da Presidência da República e Ministérios.
B) autarquias, fundações, empresas públicas e sociedades de economia mista.
C) as autarquias, fundações e a estrutura administrativa da Presidência da República e Ministérios.
D) a estrutura administrativa do núcleo da Presidência da República.
E) a estrutura administrativa da Presidência da República, Ministérios e organizações sociais.

435) (2016) Banca: BIO-RIO – Órgão: Prefeitura de Mangaratiba – RJ Prova: Agente de Fiscalização Ambiental

"A organização político-administrativa da República Federativa do Brasil compreende _____, todos autônomos, nos termos desta Constituição". (Art. 18, Constituição Federal)

A lacuna fica corretamente preenchida por:

A) a União e os Estados.
B) a União, os Estados e os Territórios.
C) a União, os Estados e os Municípios.
D) a União, os Estados, o Distrito Federal e os Municípios.
E) a União, os Estados, o Distrito Federal, os Territórios, as possessões além-mar e os Municípios.

436) (2015) Banca: INTEGRI – Órgão: Prefeitura de Salesópolis – SP – Prova: Procurador

Sobre a administração pública, é correto afirmar:

A) A administração pública indireta corresponde às pessoas jurídicas constituídas para o desempenho especializado de um serviço público.
B) A administração pública direta é composta pela União, pelos Estados federados, pelo Distrito Federal, pelos Municípios e pelas Autarquias.
C) As pessoas jurídicas que fazem parte da administração pública indireta gozam de autonomia de gestão, sendo, portanto, desvinculadas da administração pública direta.
D) As sociedades de economia mista que compõem a administração pública indireta não gozam de autonomia de gestão.

437) (2014) Banca: FUNCAB – Órgão: PRODAM-AM – Prova: Analista Administrativo

Assinale a alternativa que contenha um ente da administração pública direta:

A) Sociedade de Economia Mista.
B) Secretaria do Estado.
C) Empresa Pública.
D) Autarquia.
E) Fundação Pública.

A **Administração Pública Indireta**, por sua vez, é formada por entidades administrativas com **personalidade jurídica própria, patrimônio próprio, autonomia administrativa e cujas despesas são custeadas por meio de orçamento específico.** A criação dessas pessoas jurídicas ocorre quando a Administração Pública Direta, para fins de garantir a eficiência, decide transferir a execução de determinados serviços públicos para outras pessoas jurídicas (Administração Pública Indireta), que se especializarão na prestação (Princípio da especialidade) dessa atividade (descentralização).

As entidades **são criadas pelos entes federados mediante lei**, e encontram-se vinculadas ao ente criador, que exerce o controle/tutela/supervisão, com o intuito de verificar se a instituição está cumprindo a finalidade legal para qual foi criada. Entretanto, destaca-se que essas entidades **não se encontram hierarquicamente subordinadas à pessoa política instituidora**, há somente o controle finalístico/supervisão ministerial.

Compõem a Administração Pública Indireta: Autarquias, Fundações Públicas, Empresas Públicas e Sociedades de Economia Mista.

Atenção: criar é diferente de autorizar! A lei automaticamente cria a Autarquia e autoriza a criação das Fundações Públicas com personalidade jurídica de Direito Privado e das Empresas Estatais, que somente serão constituídas mediante registro dos seus atos constitutivos.

438) (2015) Banca: CESPE – Órgão: STJ – Prova: Analista Judiciário – Administrativa

A respeito da organização administrativa do Estado e do ato administrativo, julgue o item a seguir.

O princípio da especialidade na administração indireta impõe a necessidade de que conste, na lei de criação da entidade, a atividade a ser exercida de modo descentralizado.

A) Certo B) Errado

439) (2014) Banca: CESPE – Órgão: MTE – Prova: Agente Administrativo

O Decreto 5.063/2004 aprovou a estrutura regimental do MTE, órgão vinculado à administração federal. Compõem sua estrutura as superintendências regionais do trabalho e emprego, a Fundação Jorge Duprat Figueiredo, de Segurança e Medicina do Trabalho (FUNDACENTRO), entidade vinculada, dotada de personalidade jurídica própria.

Considerando as informações acima, julgue o próximo item acerca da organização administrativa do Estado.

A FUNDACENTRO compõe a administração indireta da União.

A) Certo B) Errado

440) (2016) Banca: CESPE – Órgão: FUB – Prova: Assistente em Administração

Acerca da estrutura da administração federal brasileira, julgue o item seguinte.

As entidades da administração indireta estão incluídas na estrutura administrativa da Presidência da República e dos ministérios, sendo a eles subordinadas independentemente do enquadramento de sua principal atividade.

A) Certo B) Errado

441) (2016) Banca: CESPE – Órgão: TCE-PA – Prova: Auditor de Controle Externo

Com fundamento nos conceitos e na legislação a respeito de controle na administração pública, julgue o item a seguir.

"O controle exercido sobre as entidades da administração indireta é de caráter essencialmente finalístico, pois elas não estão sujeitas à subordinação hierárquica, embora tenham de se enquadrar nas políticas governamentais e atuar em consonância com as disposições de seus estatutos".

A) Certo B) Errado

442) (2010) Banca: FCC – Órgão: TRE-RS – Prova: Técnico Judiciário – Área Administrativa

NÃO integram a Administração Pública Indireta:

A) Autarquia e Fundação Pública.
B) Ministério Público e Defensoria Pública.
C) Fundação Pública e Empresa Pública.
D) Sociedade de economia mista e autarquia.
E) Empresa Pública e Sociedade de economia mista.

443) (2017) Banca: FCC – Órgão: DPE-RS – Prova: Técnico – Área Administrativa

O poder de tutela exercido pela Administração direta incide sobre

A) os servidores públicos, porque submetidos a relação de hierarquia e subordinação e como tal, podem ser tutelados disciplinarmente.
B) os atos e negócios praticados pela própria Administração direta, atribuindo-lhe a capacidade de revogação ou anulação, nos casos, respectivamente, de atos discricionários e vinculados.
C) outras pessoas jurídicas integrantes da Administração indireta, podendo substituir a autoadministração das mesmas, de modo a, nos casos de atos que não atendam a oportunidade e conveniência ou a legalidade, ser possível proferir decisões substitutivas.
D) os entes que integram a Administração indireta, conforme previsto em lei, consubstanciado em controle finalístico, que verifica a adequação da atuação do ente ao seu escopo institucional.
E) os atos dos servidores, os praticados pela própria administração e pelas pessoas jurídicas de direito público integrantes da Administração indireta, para garantir a conformação da atuação tanto ao interesse público em sentido amplo, quanto em sentido estrito, constante das finalidades institucionais.

444) (2014) Banca: FGV – Órgão: FUNARTE – Prova: Contador (+ provas)

A organização administrativa do Estado Brasileiro, constituída por diversos órgãos e agentes públicos, executa as atividades administrativas que lhe são diretamente afetas, especialmente as atribuições tidas como essenciais ou indelegáveis. As atribuições do Estado consideradas não essenciais são objeto da atuação, por delegação, das entidades administrativas que compõem a administração:

A) direta descentrada;
B) direta centralizada;
C) indireta;
D) direta.
E) burocrática.

445) (2016) Banca: COPEVE-UFAL – Órgão: UFAL – Prova: Assistente de Laboratório

A organização da Administração Pública brasileira divide-se em direta e indireta. Assinale a alternativa que indica apenas entidades integrantes da Administração Pública Indireta.

A) Autarquias e Órgãos Públicos.
B) Empresas Públicas e Autarquias.
C) Fundações Públicas e Ministérios.
D) Secretarias de Estado e Ministérios.
E) Órgãos Públicos e Sociedades de Economia Mista.

446) (2017) Banca: IF-CE – Órgão: IF-CE – Prova: Assistente em Administração

Todas as entidades da Administração Indireta possuem, necessariamente,

A) ausência de personalidade jurídica própria, patrimônio próprio e vinculação a órgãos da Administração Direta.
B) personalidade jurídica própria, ausência de patrimônio próprio e subordinação a órgãos da Administração Direta.
C) personalidade jurídica própria, patrimônio próprio e vinculação a órgão da Administração Direta.
D) personalidade jurídica própria, patrimônio próprio e subordinação a órgãos da Administração Direta.
E) ausência de personalidade jurídica própria, ausência de patrimônio próprio e subordinação a órgãos da Administração Direta.

447) (2008) Banca: CESGRANRIO – Órgão: TJ-RO – Prova: Agente Judiciário – Administração

São entidades da Administração Pública Indireta:

A) autarquias e fundações públicas, apenas.
B) autarquias, fundações, empresas públicas e Municípios.
C) autarquias, fundações públicas, empresas públicas, sociedades de economia mista e consórcios públicos de direito público.
D) Estados-membros, União Federal, Distrito Federal e Municípios.
E) União Federal e suas autarquias, Estados e suas autarquias, Distrito Federal e suas autarquias e Municípios e suas autarquias.

448) (2012) Banca: FUNCAB – Órgão: MPE-RO – Prova: Analista – Administração

A Administração Federal Indireta compreende:

A) Fundações Públicas, Autarquias e Ministérios.
B) Ministérios, Organizações não Governamentais e Empresas Públicas.
C) Autarquias, Empresas Públicas, Sociedades de Economia Mista e Fundações Públicas.
D) Fundações Públicas, Organizações não Governamentais, Sociedades de Economia Mista e Autarquias.
E) Empresas Públicas, Sociedades de Economia Mista, Ministérios e Organizações não Governamentais.

3. ORGANIZAÇÃO ADMINISTRATIVA

449) (2015) Banca: INTEGRI – Órgão: Prefeitura de Salesópolis – SP – Prova: Procurador

Sobre a administração pública, é correto afirmar:

A) A administração pública indireta corresponde às pessoas jurídicas constituídas para o desempenho especializado de um serviço público.
B) A administração pública direta é composta pela União, pelos Estados federados, pelo Distrito Federal, pelos Municípios e pelas Autarquias.
C) As pessoas jurídicas que fazem parte da administração pública indireta gozam de autonomia de gestão, sendo, portanto, desvinculadas da administração pública direta.
D) As sociedades de economia mista que compõem a administração pública indireta não gozam de autonomia de gestão.

450) (2016) Banca: Prefeitura de Coqueiral – MG – Órgão: Prefeitura de Coqueiral – MG – Prova: Advogado

São características comuns às entidades da Administração Indireta, EXCETO:

A) Ter sua própria personalidade jurídica (patrimônio e sua receita própria, autonomia administrativa e financeira).
B) Na sua criação há a previsão de uma finalidade específica.
C) Não possui fins lucrativos.
D) Não está sujeita ao controle da Entidade criadora, embora à ela esteja subordinada.

451) (2017) Banca: FCM – Órgão: IF Baiano – Prova: Assistente em Administração

No processo de organização da Administração Pública Federal, as entidades compreendidas na Administração Indireta vinculam-se

A) às Autarquias enquadradas pelo Poder Executivo.
B) ao Poder Executivo e respectivos gabinetes de assessoramento.
C) às Secretarias Federativas, uma vez que o enquadramento é conferido por atividade.
D) às Fundações Públicas, considerando sua personalidade e enquadramento funcional.
E) ao Ministério em cuja área de competência estiver enquadrada sua principal atividade.

452) (2010) Banca: CETAP – Órgão: AL-RR – Prova: Assistente Legislativo

São membros da Administração Pública Indireta, EXCETO:

A) Autarquias.
B) Empresas públicas.
C) Secretarias Estaduais.
D) Sociedades de Economia Mista.
E) Fundações públicas.

453) (2017) Banca: IDECAN – Órgão: SEJUC-RN – Prova: Agente Penitenciário

NÃO é exemplo de entidade integrante da Administração Indireta:

A) Autarquia.
B) Empresa Pública.
C) Entidade Paraestatal.
D) Sociedade de Economia Mista.

454) (2017) Banca: MPT – Órgão: MPT – Prova: Procurador do Trabalho

Analise as assertivas abaixo:

I. A Administração Pública direta compreende os serviços imediatamente integrados na estrutura administrativa do chefe do Poder Executivo, a qual, no caso da esfera federal, é dirigida pelo Presidente da República, com auxílio dos Ministros de Estado, por aquele livremente escolhidos e exonerados. Na Administração Pública direta da esfera federal são ainda incluídos o Conselho da República e o Conselho de Defesa Nacional, órgãos consultivos do Presidente da República e constituídos exclusivamente por autoridades públicas.
II. A Administração Pública indireta dos entes federados pode compreender as seguintes entidades: autarquias; empresas públicas, sociedades de economia mista e fundações públicas.
III. Não integra a Administração Pública indireta da esfera federal a Ordem dos Advogados do Brasil, que é um serviço público independente, categoria ímpar no elenco das personalidades jurídicas existentes no direito brasileiro.
IV. A exploração direta de atividade econômica pelo Estado somente será permitida quando necessária aos imperativos da segurança nacional ou a relevante interesse coletivo, ressalvados casos previstos na Constituição da República. Em todos os casos, a exploração direta de atividade econômica pelo Estado será exclusivamente realizada mediante empresa pública, sociedade de economia mista e suas subsidiárias.

Assinale a alternativa CORRETA:

A) Todas as assertivas estão corretas.
B) Apenas as assertivas I e IV estão corretas.
C) Apenas as assertivas II, III e IV estão corretas.
D) Apenas as assertivas I, III e IV estão corretas.
E) Não respondida.

455) (2017) Banca: Iamspe – SP – Órgão: IAMSPE – Prova: Médico

A respeito da natureza jurídica das Autarquias:

A) São parte da Administração Pública direta.
B) Não há vínculo com a Administração Pública, pois uma Autarquia não tem qualquer ligação com o Estado.
C) São parte da Administração Pública indireta.
D) Uma Autarquia é instituída mediante a associação de pessoas sem vínculo com o Estado.
E) Autarquia é pessoa jurídica de direito privado.

456) (2016) Banca: FUNCAB – Órgão: PC-PA – Prova: Escrivão de Polícia Civil

Acerca dos direitos sociais, previstos na Constituição Federal, é correto afirmar:

A) É vedada a dispensa do empregado sindicalizado a partir do registro da candidatura a cargo de direção ou representação sindical e, se eleito, ainda que suplente, até o final do mandato.
B) É vedada à categoria dos trabalhadores domésticos o direito à remuneração do trabalho noturno superior à do diurno.
C) O limite de idade para a inscrição em concurso público só se legitima em face da vedação constitucional de diferença de critério de admissão por motivo de idade, quando possa

ser justificado pela natureza das atribuições do cargo a ser preenchido.

D) Admite-se a criação de mais de uma organização sindical, em qualquer grau, representativa de categoria profissional ou econômica, na mesma base territorial, que será definida pelos trabalhadores ou empregadores interessados, não podendo ser inferior à área de um município.

E) A lei poderá exigir autorização do Estado para a fundação de sindicato, ressalvado o registro no órgão competente, vedadas ao Poder Público a interferência e a intervenção na organização sindical.

457) (2017) Banca: Quadrix – Órgão: CFO-DF – Prova: Secretariado Executivo

Julgue o item que se segue acerca da administração direta e indireta.

Somente por decreto presidencial poderá ser criada autarquia e autorizada a instituição de empresa pública, sociedade de economia mista e fundação, cabendo à lei complementar, neste último caso, definir suas áreas de atuação.

A) Certo B) Errado

Ao lado do Estado encontra-se o denominado Terceiro Setor que, sem **integrar a Administração Pública**, colabora com o ente público ao desempenhar **atividades de interesse público não exclusivas de Estado, sem possuir qualquer finalidade lucrativa**. Desse modo, o Terceiro Setor é formado por pessoas jurídicas privadas que atuam ao lado do Estado. São as denominadas entidades paraestatais: Serviços Sociais Autônomos, Organizações Sociais, Organizações da Sociedade Civil de interesse público e Entidades de Apoio.

458) (2010) Banca: CESPE – Órgão: TRE-BA – Prova: Técnico Judiciário – Área Administrativa

As agências reguladoras são entidades que compõem a administração indireta e, por isso, são classificadas como entidades do terceiro setor.

A) Certo B) Errado

Centralização: trata da prestação de serviços públicos de forma centralizada, realizada diretamente pelos entes federados, ou seja, pela própria **Administração Pública Direta**. Destaca-se que o conjunto de órgãos integrantes de cada entidade federativa também recebe o nome de Administração Direta ou Administração centralizada.

459) (2016) Banca: CESPE – Órgão: TCE-PA – Prova: Auxiliar Técnico – Administração

A respeito da administração direta e indireta e da centralização e da descentralização administrativa, julgue o item seguinte.

"A centralização consiste na execução das tarefas administrativas pelo próprio Estado, por meio de órgãos internos integrantes da administração direta".

A) Certo B) Errado

460) (2015) Banca: CESPE – Órgão: FUB – Prova: Assistente em Administração

No que diz respeito à administração pública federal, sua estrutura, características e descrição, julgue o próximo item.

As secretarias, dentro da administração direta, executam suas tarefas de forma centralizada.

A) Certo B) Errado

461) (2015) Banca: CESPE – Órgão: STJ – Prova: Conhecimentos Básicos para o Cargo 16

A respeito da administração pública direta e indireta e de atos administrativos, julgue o item a seguir.

A atividade administrativa pode ser prestada de forma centralizada, em que um único órgão desempenha as funções administrativas do ente político.

A) Certo B) Errado

462) (2014) Banca: FGV – Órgão: Câmara Municipal do Recife-PE – Prova: Assessor Jurídico

De acordo com a doutrina de direito administrativo, o conjunto de órgãos que integram as pessoas federativas, aos quais foi atribuída a competência para o exercício, de forma centralizada, das atividades administrativas do Estado chama-se administração:

A) direta;
B) indireta;
C) direta e indireta;
D) direta, autárquica e fundacional;
E) direta e indireta, bem como concessionários de serviços públicos.

463) (2014) Banca: ACAFE – Órgão: PC-SC – Prova: Delegado de Polícia

São características da Administração Pública Direta:

A) exercício centralizado de atividades administrativas, desconcentração, ausência de personalidade jurídica própria, possuem patrimônio próprio.
B) exercício descentralizado de atividades administrativas, desconcentração, ausência de personalidade jurídica própria, possuem patrimônio próprio.
C) exercício centralizado de atividades administrativas, descentralização, personalidade jurídica própria, não possuem patrimônio próprio.
D) exercício descentralizado de atividades administrativas, descentralização, ausência de personalidade jurídica própria, não possuem patrimônio próprio.
E) exercício centralizado de atividades administrativas, desconcentração, ausência de personalidade jurídica própria, não possuem patrimônio próprio.

464) (2016) Banca: SEGPLAN-GO – Órgão: SEGPLAN-GO – Prova: Engenharia Elétrica (+ provas)

Das diversas formas de gestão, a ação da Administração é direta quando realizada por:

A) sociedades de economia mista
B) autarquias
C) órgãos públicos
D) empresa pública
E) empresa privada com corpo funcional público

3. ORGANIZAÇÃO ADMINISTRATIVA

Desconcentração: refere-se ao fenômeno de **distribuição de competências internas** entre os órgãos (repartição de competências entre os Ministérios, Secretarias e etc.) que compõem **uma mesma pessoa jurídica.** O órgão público não possui personalidade jurídica própria, isto é, não é titular de direitos e obrigações, não responde pelos seus atos, não tem pessoal nem patrimônio próprio. O órgão nada mais é do que um conjunto de competências, uma unidade administrativa **integrante de uma pessoa jurídica responsável (Administração Pública Direta ou Indireta), estando sujeito ao controle hierárquico.** Entre os órgãos de determinada pessoa há hierarquia para fins de organização/estruturação da entidade, que decorre do Poder Hierárquico.

465) (2017) Banca: CESPE – Órgão: TRE-BA – Prova: Técnico Judiciário – Área Administrativa

Em razão da grande demanda constitucional por sua atuação, o Estado, além de realizar suas atividades administrativas de maneira direta, pode desenvolvê-las de modo indireto por meio de órgãos, agentes e pessoas jurídicas. Nesse cenário da organização administrativa, podem ocorrer os processos de desconcentração e descentralização do poder.

Acerca desses processos, assinale a opção correta.

A) O processo de distribuição interna de competências decisórias, agrupadas em unidades do conjunto orgânico que compõe o Estado, é chamado de desconcentração.
B) A desconcentração administrativa pressupõe pessoas jurídicas diversas daquelas que originariamente teriam titulação sobre a atividade.
C) O Estado pode exercer diretamente as atividades administrativas ou desenvolvê-las por meio de outros agentes públicos, o que caracteriza a desconcentração.
D) A atividade administrativa exercida pelo próprio Estado ou pelo conjunto orgânico que o compõe é chamada descentralizada.
E) Na centralização, o Estado atua indiretamente por meio dos seus órgãos, isto é, do conjunto orgânico que o compõe, e dele não se distingue.

466) (2017) Banca: CESPE – Órgão: SEDF – Prova: Conhecimentos Básicos – Cargos 36 e 37 (+ provas)

Em relação aos princípios da administração pública e à organização administrativa, julgue o item que se segue.

Quando a União cria uma nova secretaria vinculada a um de seus ministérios para repassar a ela algumas de suas atribuições, o ente federal descentraliza uma atividade administrativa a um ente personalizado.

A) Certo   B) Errado

467) (2017) Banca: CESPE – Órgão: SEDF – Prova: Analista de Gestão Educacional – Direito e Legislação

O prefeito de determinado município utilizou recursos do Fundo de Manutenção e Desenvolvimento da Educação Básica e de Valorização dos Profissionais da Educação (FUNDEB) para pagamento de professores e para a compra de medicamentos e insumos hospitalares destinados à assistência médico-odontológica das crianças em idade escolar do município.

Mauro, chefe do setor de aquisições da prefeitura, propositalmente permitia que o estoque de medicamentos e insumos hospitalares chegasse a zero para justificar situação emergencial e dispensar indevidamente a licitação, adquirindo os produtos, a preços superfaturados, da empresa Y, pertencente a sua sobrinha, que desconhecia o esquema fraudulento.

A respeito da situação hipotética apresentada e de aspectos legais e doutrinários a ela relacionados, julgue o item a seguir.

A criação de um órgão denominado setor de aquisições na citada prefeitura constitui exemplo de desconcentração.

A) Certo   B) Errado

468) (2014) Banca: CESPE – Órgão: MDIC – Prova: Agente Administrativo

O fenômeno de distribuição de competências internas entre os órgãos que compõem uma mesma pessoa jurídica é chamado de desconcentração.

A) Certo   B) Errado

469) (2015) Banca: CESPE – Órgão: TRE-GO – Prova: Técnico Judiciário – Área Administrativa

Acerca dos conceitos ligados à organização administrativa, julgue o item seguinte.

Na desconcentração, há divisão de competências dentro da estrutura da entidade pública com atribuição para desempenhar determinada função.

A) Certo   B) Errado

470) (2014) Banca: CESPE – Órgão: MDIC – Prova: Agente Administrativo

Acerca da organização administrativa e dos atos administrativos, julgue o item a seguir.

"Se, em razão do grande número de contratações realizadas pela União, for criado um Ministério de Aquisições, ter-se-á, nessa situação, exemplo do fenômeno denominado desconcentração administrativa".

A) Certo   B) Errado

471) (2014) Banca: CESPE – Órgão: SUFRAM – Prova: Agente Administrativo

Com relação aos sujeitos que exercem a atividade administrativa, julgue o item abaixo.

"Desconcentração administrativa é a distribuição de competências entre órgãos de uma mesma pessoa jurídica".

A) Certo   B) Errado

472) (2014) Banca: CESPE – Órgão: ANTAQ – Prova: Técnico Administrativo

Acerca da organização da administração pública, julgue o item seguinte.

A distribuição de competências entre os órgãos de uma mesma pessoa jurídica denomina-se desconcentração, podendo ocorrer em razão da matéria, da hierarquia ou por critério territorial.

A) Certo   B) Errado

473) (2014) Banca: CESPE – Órgão: TEM – Prova: Agente Administrativo

O Decreto n.º 5.063/2004 aprovou a estrutura regimental do MTE, órgão vinculado à administração federal. Compõem sua estrutura as superintendências regionais do trabalho e emprego, a Fundação Jorge Duprat Figueiredo, de Segurança e Medicina do Trabalho (FUNDACENTRO), entidade vinculada, dotada de personalidade jurídica própria.

Considerando as informações acima, julgue o próximo item acerca da organização administrativa do Estado.

"A criação do MTE e das superintendências regionais do trabalho e emprego caracteriza a utilização da técnica denominada desconcentração administrativa"

A) Certo B) Errado

474) (2016) Banca: CESPE – Órgão: FUNPRESP-JUD – Prova: Assistente – Secretariado Executivo

Em relação à organização administrativa e às concessões e permissões do serviço público, julgue o item a seguir.

O Tribunal Regional Federal é órgão descentralizado da União que possui personalidade jurídica própria, portanto compõe a administração pública indireta.

A) Certo B) Errado

475) (2016) Banca: CESPE – Órgão: TCE-PA – Prova: Auditor de Controle Externo

Com relação à organização administrativa e às licitações, julgue o próximo item.

"Em razão da complexidade das atividades incumbidas à administração pelas normas constitucionais e infralegais, existem, nos estados, diversas secretarias de estado com competências específicas, notadamente em função da matéria. Essa distribuição de atribuições denomina-se descentralização administrativa".

A) Certo B) Errado

476) (2014) Banca: CESPE – Órgão: TC-DF – Prova: Técnico de Administração Pública

A respeito da organização administrativa, julgue o próximo item.

Configura hipótese de descentralização administrativa a criação de uma eventual Secretaria de Estado de Aquisições do DF.

A) Certo B) Errado

477) (2013) Banca: CESPE – Órgão: STF – Prova: Analista Judiciário – Área Administrativa

No que se refere à organização da administração pública, julgue o item subsecutivo.

"Em se tratando de desconcentração, as atribuições são repartidas entre órgãos públicos pertencentes a uma única pessoa jurídica, como acontece, por exemplo, com a organização do Poder Judiciário em tribunais, que são órgãos públicos desprovidos de personalidade jurídica própria".

A) Certo B) Errado

478) (2014) Banca: CESPE – Órgão: ANTAQ – Prova: Conhecimentos Básicos – Cargos 5 e 6

Com relação à administração pública e seus princípios fundamentais, julgue o próximo item.

Os órgãos administrativos são pessoas jurídicas de direito público que compõem tanto a administração pública direta quanto a indireta.

A) Certo B) Errado

479) (2015) Banca: CESPE – Órgão: TRE-MT – Prova: Analista Judiciário – Judiciária

À luz das normas que tratam da organização da administração pública, assinale a opção correta.

A) Os órgãos e entidades da administração pública, direta ou indireta, estão sujeitos à supervisão do ministro de Estado competente, salvo as agências reguladoras, que dispõem de disciplina especial.

B) A administração pública indireta abrange as autarquias, fundações públicas, empresas públicas, sociedades de economia mista e organizações sociais.

C) O capital social das sociedades de economia mista deve ser integralmente público, e a participação do Estado no capital social das empresas públicas deve ser majoritária.

D) As agências reguladoras integram a administração direta.

E) Os ministérios, órgãos integrantes da administração direta, não possuem personalidade jurídica própria.

480) 2008 Banca: FCC – Órgão: MPE-RS – Prova: Agente Administrativo

Desconcentração administrativa é

A) terceirização de execução de serviços para empresas permissionárias, com ou sem licitação.

B) atribuir a outrem poderes da Administração.

C) delegação de execução de serviços para empresas concessionárias, mediante licitação.

D) repartição das funções entre os vários órgãos de uma mesma administração.

E) descentralização das atividades públicas ou de utilidade pública.

481) (2015) Banca: FCC – Órgão: TCE-CE – Prova: Conselheiro Substituto (Auditor)

Conforme esclarece Maria Sylvia Zanella di Pietro, em sentido objetivo, a Administração Pública abrange as atividades exercidas pelas pessoas jurídicas, órgãos e agentes incumbidos de atender concretamente às necessidades coletivas; corresponde à função administrativa, atribuída preferencialmente aos órgãos do Poder Executivo (In: Direito Administrativo, Atlas, 18. ed., p. 59).

Para o exercício da função administrativa, afigura-se necessária a distribuição de competências, o que é feito mediante descentralização ou desconcentração, correspondendo esta última à

A) transferência de competências de uma pessoa jurídica para outra.

B) distribuição de competências dentro de uma mesma pessoa jurídica.

C) criação de entidade autônoma para exercício da atividade destacada.

D) delegação de competências do ente central para os entes federados.

E) fixação de competências entre diferentes entes, emanada diretamente da Constituição Federal.

482) (2016) Banca: FCC – Órgão: AL-MS – Prova: Assistente Legislativo

Conforme estabelece a Lei n° 9.784/1999, órgão é a unidade de atuação integrante da estrutura da Administração direta e da estrutura da Administração indireta

A) que detém personalidade jurídica própria, ao contrário da entidade que não é dotada de personalidade jurídica própria e distinta do ente instituidor.

B) destituído de personalidade jurídica própria, tal qual as entidades que integram a Administração pública indireta e agem em nome do ente instituidor.

C) que com elas não se confunde, a despeito de ser uma de suas partes integrantes, não possuindo personalidade jurídica própria, ao contrário das entidades que são dotadas de personalidade jurídica própria.

D) representativo do fenômeno denominado descentralização por serviço, o que o distingue da entidade que constitui unidade de atuação dotada de personalidade jurídica, característica do fenômeno da desconcentração.

E) que congrega atribuições exercidas pelos agentes públicos, razão pela qual com eles se confunde para todos os fins de direito.

483) (2014) Banca: FGV – Órgão: Prefeitura de Recife – PE – Prova: Analista de Controle Interno

A criação de órgãos dentro da própria estrutura da Administração, denominados centros de competência, é exemplo de

A) descentralização.
B) estatização.
C) contrato de gestão.
D) desconcentração.
E) termo de parceria.

484) (2015) Banca: FGV – Órgão: Prefeitura de Cuiabá – MT – Prova: Técnico de Nível Superior – Bacharel em Direito

No Município X, as atividades de turismo e lazer são exercidas pela Secretaria Municipal de Cultura, Esporte e Turismo. Procurando melhorar e intensificar essas atividades, observados todos os procedimentos e normas legais para tanto, o Prefeito e o Secretário decidiram desmembrar o órgão especializado para melhorar sua organização estrutural e desenvolver, prioritariamente, atividades esportivas nas comunidades locais. A situação hipotética apresentada configura um caso de

A) descentralização administrativa.
B) avocação administrativa.
C) desconcentração administrativa.
D) centralização administrativa.
E) concentração administrativa.

485) (2015) Banca: FGV – Órgão: TJ-PI – Prova: Analista Judiciário – Analista Administrativo

O Tribunal de Justiça de determinado Estado, com escopo de melhor organizar sua estrutura e conferir maior eficiência às atividades administrativas, procedeu ao chamado desmembramento orgânico. Assim, o antigo departamento de Recursos Humanos e Licitação se subdividiu em dois novos órgãos autônomos: Departamento de Recursos Humanos e Departamento de Licitação. A doutrina de Direito Administrativo denomina o processo eminentemente interno de substituição de um órgão por dois com o objetivo de melhorar e acelerar a prestação do serviço de:

A) descentralização;
B) desconcentração;
C) delegação;
D) execução indireta;
E) execução fracionada.

486) (2014) Banca: FGV – Órgão: TJ-RJ – Prova: Analista Judiciário – Especialidade Assistente Social (+ provas)

O povo brasileiro, nos últimos anos, demonstrou sua insatisfação com a qualidade dos serviços públicos prestados pelo Estado. Atento a essa nova demanda e com o escopo de melhorar a qualidade da educação e cultura em âmbito estadual, o Governador de determinado Estado da Federação subdividiu a então Secretaria de Educação e Cultura em dois novos órgãos: Secretaria de Educação e Secretaria de Cultura. De acordo com a doutrina clássica de Direito Administrativo, trata-se da seguinte providência:

A) desmembramento;
B) descentralização;
C) desconcentração;
D) desdobramento;
E) delegação.

487) (2015) Banca: FGV – Órgão: SSP-AM – Prova: Técnico de Nível Superior

A Administração Pública é organizada hierarquicamente e tem no ápice da pirâmide o Chefe do Poder Executivo, sendo as atribuições administrativas outorgadas a vários órgãos. Nesse contexto, de acordo com a doutrina de Direito Administrativo, quando o poder público estadual subdividiu um órgão (Secretaria de Estado de Agricultura e Pesca) em dois novos órgãos (Secretaria de Estado de Agricultura e Secretaria de Estado de Pesca), está-se diante da:

A) desconcentração administrativa;
B) concentração administrativa;
C) descentralização administrativa;
D) centralização administrativa;
E) delegação administrativa.

488) (2017) Banca: FGV – Órgão: Prefeitura de Salvador – BA – Prova: Técnico de Nível Superior II – Direito

O Governador do Estado "X" encaminhou à Assembleia Legislativa projeto de lei prevendo a criação de dois órgãos públicos: o primeiro, a Superintendência de Serviços Públicos, pertencente à estrutura da Secretaria de Estado de Governo; e o segundo, a Subsecretaria de Assuntos Turísticos, pertencente à Secretaria de Estado de Desenvolvimento Regional.

A criação dos dois órgãos é exemplo de

A) descentralização administrativa.
B) permissão de serviços públicos.
C) poder normativo.
D) delegação de serviços públicos.
E) desconcentração administrativa.

489) (2017) Banca: IDECAN – Órgão: SEJUC-RN – Prova: Agente Penitenciário

Segundo José dos Santos Carvalho Filho, a "Administração Direta é o conjunto de órgãos que integram as pessoas federativas, aos quais foi atribuída a competência para o exercício, de forma centralizada, das atividades administrativas do Estado". Em relação à desconcentração, assinale a alternativa INCORRETA.

A) O órgão apenas integra a pessoa jurídica como parte do círculo interno, sendo ente despersonalizado, incumbido de funções determinadas.
B) A repartição das funções entre os órgãos públicos pertencentes a uma única pessoa jurídica afasta a vinculação hierárquica em relação a esta.
C) A Constituição de 1988 elencou, dentre as reservas legais (Art. 48, XI), a exigência de lei formal para a criação e a extinção de órgãos e ministérios da União.
D) É dispensada a edição de lei para a transformação ou a reengenharia de órgãos públicos por ato privativo do Chefe do Executivo, quando estes fatos administrativos configurarem mero processo de organização da administração pública.

490) (2017) Banca: IESES – Órgão: GasBrasiliano – Prova: Advogado Júnior

Sobre "descentralização" e "desconcentração" pode-se afirmar:

A) Na desconcentração o Estado atua indiretamente, pois o faz através de outras pessoas, seres juridicamente distintos dele, ainda quando sejam criaturas suas e por isso mesmo se constituam, em parcelas personalizadas da totalidade do aparelho administrativo estatal.
B) A desconcentração é procedimento eminentemente interno, significando, tão somente, a substituição de um órgão por dois ou mais com o objetivo de acelerar a prestação do serviço. Na desconcentração o serviço era centralizado e continuou centralizado, pois que a substituição se processou apenas internamente.
C) Essa execução indireta, quando os serviços públicos são prestados por terceiros sob o controle e a fiscalização do ente titular, é conhecido na doutrina como descentralização.
D) Na descentralização, as atribuições administrativas são outorgadas aos vários órgãos que compões a hierarquia, criando-se uma relação de coordenação e subordinação entre um e outros. Isso é feito com o intuito de desafogar, ou seja, tirar do centro um grande volume de atribuições para permitir o seu mais adequado e racional desempenho.

491) (2017) Banca: IESES – Órgão: ALGÁS – Prova: Analista de Projetos Organizacionais – Jurídica

As atividades na administração pública podem ser prestadas da seguinte forma:

A) Forma centralizada, na qual o Ente público distribui dentro da mesma hierarquia os serviços daquele Órgão; Forma descentralizada, na qual a administração indireta delega poderes e serviços para outros órgãos subordinados.
B) Forma desconcentrada, na qual a administração direta desloca os serviços para a administração indireta ou particulares e forma descentralizada são os serviços prestados pela administração direta.
C) Forma desconcentrada, na qual o próprio Ente público dentro do mesmo CNPJ distribui ou transfere os serviços; Forma descentralizada, na qual a administração direta desloca os serviços para a administração indireta ou particulares.
D) Como exemplo de desconcentração podemos citar entidades dotadas de personalidade jurídica própria, com capacidade organizacional e patrimônio próprio, que atuam em nome próprio, sem subordinação ou hierarquia em relação aos entes públicos federados. Podem delegar serviços à particulares.

492) (2017) Banca: COMPERVE – Órgão: MPE-RN – Prova: Técnico do Ministério Público Estadual – Área Administrativa

A organização da Administração Pública permite que seja realizada a desconcentração e a descentralização, sendo correto afirmar que

A) a desconcentração pressupõe a existência de pessoas jurídicas diversas, atuando o Estado de maneira indireta.
B) a descentralização pressupõe a distribuição de competência entre os diversos órgãos da Administração Pública.
C) a desconcentração é a distribuição interna de competência administrativa e pode ocorrer de acordo com a matéria, a hierarquia ou o território.
D) a descentralização é instituto que se refere a uma só pessoa, mantendo-se o liame unificador da hierarquia.

493) (2015) Banca: COMPERVE – Órgão: UFRN – Prova: Administrador

Uma entidade da administração pública direta pode realizar a distribuição de competências e de serviços entre as unidades da mesma pessoa jurídica. Esse processo é denominado

A) descentralização.
B) desconcentração.
C) desdobramento.
D) departamentalização.

494) (2017) Banca: Quadrix – Órgão: CFO-DF – Prova: Técnico Administrativo

Com relação a serviços públicos, julgue o próximo item.

Suponha-se que a União tenha criado um órgão no âmbito de um determinado ministério de forma a melhorar a prestação de um serviço público de sua competência. Nesse caso, tem-se uma hipótese de descentralização do serviço público.

A) Certo B) Errado

495) (2015) Banca: FUNIVERSA – Órgão: PC-GO – Prova: Papiloscopista

No que se refere à diferença entre a descentralização e a desconcentração, assinale a alternativa correta.

A) A descentralização por colaboração implica a transferência de atribuições a órgão ínsito a uma entidade pública.
B) A desconcentração pode ocorrer por meio da transferência de atividades para a órbita privada mediante contratos de concessão.
C) A divisão de atribuições entre órgãos de uma mesma entidade configura desconcentração.
D) A criação de uma autarquia pública estadual para prestar serviço público é hipótese de desconcentração por delegação.

E) A descentralização por outorga implica a transferência de serviços públicos por meio de concessão ou permissão a pessoas jurídicas de direito privado.

496) (2016) Banca: IBEG – Órgão: Prefeitura de Resende – RJ – Prova: Assistente Administrativo

"Ocorre quando a entidade da Administração, encarregada de executar um ou mais serviços, distribui competências, no âmbito de sua própria estrutura, no intuito de tornar mais eficiente e ágil a prestação dos serviços". O presente conceito refere-se à:

A) Descentralização administrativa.
B) Centralização administrativa.
C) Concentração administrativa.
D) Desconcentração administrativa.
E) Nenhuma das alternativas.

497) (2016) Banca: IBGP – Órgão: Prefeitura de Nova Ponte – MG – Prova: Advogado

A repartição de funções entre órgãos de uma mesma pessoa jurídica da Administração Pública, dentro de uma estrutura hierarquizada, com relação de subordinação entre os diversos níveis, caracteriza a:

A) descentralização.
B) desconcentração.
C) descentralização por serviços.
D) delegação constitucional de competência.

498) (2017) Banca: IBADE – Órgão: PC-AC – Prova: Escrivão de Polícia Civil

Quanto aos temas órgão público, Estado, Governo e Administração Pública, é correto afirmar que:

A) governo democraticamente eleito e Estado são noções intercambiáveis para o Direito Administrativo.
B) um órgão público estadual pode ser criado por meio de Decreto do Chefe do Poder Executivo Estadual ou por meio de Portaria de Secretário de Estado, desde que editada por delegação do Governador.
C) fala-se em Administração Pública Extroversa para frisar a relação existente entre Administração Pública e seu corpo de agentes públicos.
D) a Administração Pública, sob o enfoque funcional, é representada pelos agentes públicos e seus bens.
E) o órgão público é desprovido de personalidade jurídica. Assim, eventual prejuízo causado pela Assembleia Legislativa do Estado do Acre deve ser imputado ao Estado do Acre.

499) (2014) Banca: UFBA – Órgão: UFSBA – Prova: Analista de Tecnologia da Informação (+ provas)

Marque C, se a proposição é verdadeira; E, se a proposição é falsa.

[...] o Estado realiza a função administrativa por meio de órgãos, agentes e pessoas jurídicas, adotando duas formas básicas de organização e atuação administrativas: centralização e descentralização. (JUND, 2006, p. 49).

A análise do texto e os conhecimentos sobre a função administrativa do Estado permitem afirmar:

Uma das características dos órgãos da Administração Direta é a ausência de patrimônio próprio, uma vez que não dispõem de aptidão para ter bens.

A) Certo B) Errado

500) (2015) Banca: FUNCAB – Órgão: SES-MG – Prova: Especialista em Políticas e gestão da Saúde – Gestão / Psicologia

A Administração Pública, de acordo com Meirelles (1996), em uma visão geral "é todo o aparelhamento do Estado preordenado à realização de seus serviços, visando à satisfação das necessidades coletivas». Ela pode ser classificada como direta ou indireta. Entende-se por Administração Direta aquela exercida:

A) por meio de empresas privadas que possuem contrato de prestação de serviços com a Administração Pública.
B) por órgãos centralizados, isto é, que fazem parte da mesma pessoa jurídica do Estado.
C) para o cidadão, prestando assistência e serviços àqueles que os buscam.
D) por autarquias, empresas públicas, sociedades de economia mista etc.

501) (2016) Banca: FUNCAB – Órgão: SEGEP-MA – Prova: Agente Penitenciário

Em relação à organização administrativa, assinale a opção correta.

A) A relação de hierarquia ocorre na descentralização.
B) Por meio da desconcentração criam-se órgãos públicos dotados de personalidade jurídica.
C) Se há uma distribuição interna de competência da mesma pessoa jurídica, ocorre uma desconcentração.
D) Quando é feita a transferência da execução da tarefa a uma pessoa diversa, trata-se de desconcentração.
E) A desconcentração ocorre mediante a criação de uma nova pessoa jurídica.

502) (2016) Banca: IADES – Órgão: PC-DF – Prova: Perito Criminal – Ciências Contábeis (+ provas)

No que se refere à organização administrativa e aos institutos da centralização, da descentralização e da desconcentração, assinale a alternativa correta.

A) A desconcentração administrativa efetua-se quando uma entidade administrativa transfere a outra pessoa jurídica a execução de um serviço público.
B) A descentralização administrativa acontece quando a Administração Pública reparte internamente os respectivos órgãos em órgãos menores, de modo a levar o serviço público a todos que dele precisam.
C) O serviço público prestado por concessionárias ou permissionárias é considerado centralizado.
D) A desconcentração ocorre no âmbito de uma única pessoa jurídica.
E) A descentralização envolve apenas uma pessoa jurídica.

503) (2017) Banca: CS-UFG – Órgão: TJ-GO – Prova: Juiz Leigo

Centralização, descentralização e desconcentração são técnicas de organização utilizadas pela Administração Pública. Essas técnicas

A) envolvem a distribuição de tarefas e a lotação de agentes públicos em órgãos públicos.
B) implicam necessariamente a distribuição de competências em uma mesma pessoa jurídica.
C) ligam-se obrigatoriamente às entidades da Administração Direta.
D) cuidam da execução de competências administrativas dos entes da federação, de forma direta ou indireta.
E) prescindem de lei para criação de entidades públicas, em razão de expressa previsão constitucional.

504) (2016) Banca: BIO-RIO – Órgão: Prefeitura de Barra Mansa – RJ – Prova: Advogado

Os órgãos públicos pertencem às pessoas jurídicas, mas não são pessoas jurídicas, são divisões internas, partes de uma pessoa governamental, dotados de atribuições administrativas. Supondo que o Prefeito do Município X, pretendendo fazer uma reforma administrativa, encaminhe para a Câmara Municipal projeto de lei contendo a nova estrutura administrativa do Município e que na nova estrutura ocorreu a subdivisão da Secretaria de Turismo, Lazer e Esporte em três novos órgãos, quais sejam, Secretaria Municipal de Turismo, Secretaria Municipal de Lazer e Secretaria Municipal de Esporte. Nesse caso, estaremos diante da:

A) Descentralização material
B) Delegação administrativa
C) Desconcentração administrativa
D) Descentralização desconcentrada

Descentralização: trata acerca da prestação de serviços públicos de forma descentralizada, **mediante a transferência de competências da Administração Direta para uma entidade da Administração Pública Indireta (outorga) ou para a um particular concessionário/permissionário de serviço público (delegação).**

– **descentralização por outorga/por serviços/funcional:** trata-se da transferência da **titularidade e execução** do serviço público para ente da Administração Pública Indireta, mediante **lei.** Nesse caso, a Administração Pública Direta, por meio da lei, cria e transfere para a entidade da Administração Pública Indireta determinada competência e, em conformidade com a finalidade da instituição disposta em lei, desempenha o controle finalístico/supervisão ministerial frente às atividades desempenhadas pela instituição. Ex.: criação de universidade pública federal pela União, sob a forma de Autarquia, com a finalidade de prestar serviço público de ensino superior. Nesse caso, a universidade estará sujeita ao controle finalístico/supervisão ministerial realizado pela União.

– **delegação/colaboração/descentralização contratual/descentralização negocial:** transferência da **execução do serviço público** mediante contrato **por prazo determinado para o particular (concessionário e permissionário).** Ex: assinatura de contratos de concessão e permissão de serviço público junto a pessoas jurídicas de direito privado.

A doutrina majoritária entende que a outorga somente poderá ser conferida às **pessoas jurídicas de direito público**, como as Autarquias ou Fundações Públicas de direito público, uma vez que essas, em razão da outorga, se tornariam titulares do serviço, executando-o por sua conta e risco, com permanência do controle e da supervisão ministerial realizada pelos entes federativos.

– **Descentralização territorial ou geográfica:** os Territórios não são entidades federativas, **trata-se de Autarquias territoriais que, como tal, não possuem autonomia política.**

505) (2015) Banca: CESPE – Órgão: TRE-GO – Prova: Técnico Judiciário – Área Administrativa

Acerca dos conceitos ligados à organização administrativa, julgue o item seguinte.

"A descentralização é caracterizada pela distribuição de competência de forma externa, ou seja, de uma pessoa jurídica para outra criada para esse fim específico, o que resulta em uma relação hierárquica entre elas".

A) Certo B) Errado

506) (2014) -Banca: CESPE – Órgão: Câmara dos Deputados – Prova: Analista Legislativo

Julgue o próximo item, relativo aos serviços públicos.

"A criação de uma nova pessoa jurídica, mediante a transferência de hierarquia e a manutenção do controle por quem gerou a nova pessoa jurídica, caracteriza a técnica administrativa denominada de desconcentração".

A) Certo B) Errado

507) (2014) Banca: CESPE – Órgão: CADE – Prova: Analista Técnico – Administrativo

Com base na legislação da administração pública.

A descentralização, como princípio fundamental da administração pública federal, pressupõe duas pessoas jurídicas distintas, o Estado e a entidade que executará o serviço.

A) Certo B) Errado

508) (2017) Banca: CESPE – Órgão: TCE-PE – Prova: Analista de Gestão – Julgamento

No que concerne às regras acerca da organização do poder público e à delegação de serviços públicos, julgue o item subsequente.

Significativa distinção entre a descentralização e a desconcentração está no fato de que a primeira pressupõe a transferência de atribuições entre pessoas jurídicas distintas, ao passo que a segunda se refere a uma única pessoa jurídica.

A) Certo B) Errado

509) (2017) Banca: CESPE – Órgão: TRT – 7ª Região (CE) – Prova: Técnico Judiciário – Área Administrativa

Ao transferir, por contrato, a execução de atividade administrativa para uma pessoa jurídica de direito privado, a União se utiliza do instituto da

A) desconcentração.
B) outorga.
C) descentralização.
D) concentração.

510) (2014) – Banca: CESPE – Órgão: Caixa – Prova: Nível Superior

Julgue o item a seguir, referentes a serviços públicos, concessões, permissões e autorizações públicas.

A descentralização por outorga representa a transferência da titularidade e execução do serviço público para ente da Administração Pública Indireta, mediante lei.

A) Certo B) Errado

511) (2014) Banca: CESPE – Órgão: TJ-SE – Prova: Titular de Serviços de Notas e de Registros

Com relação à descentralização e à administração indireta, assinale a opção correta.

A) A descentralização por colaboração ocorre quando se transfere a execução de um serviço público a pessoa jurídica de direito privado já existente, conservando o poder público a titularidade desse serviço.
B) Os consórcios públicos são considerados entidades da administração indireta, dotados de personalidade jurídica de direito público, integrantes de todos os entes da Federação consorciados.
C) As empresas públicas exploradoras de atividade econômica sujeitam-se ao regime jurídico próprio das empresas privadas, com exceção do que for concernente às obrigações comerciais.
D) As autarquias são entidades integrantes da administração indireta não sujeitas à tutela, tendo em vista a sua capacidade de autoadministração.
E) A descentralização pressupõe a existência de, pelo menos, dois órgãos ou pessoas jurídicas entre os quais se repartem as competências.

512) (2014) Banca: CESPE – Órgão: TJ-SE – Prova: Técnico Judiciário – Área Judiciária

Com relação à organização administrativa e à administração direta e indireta, julgue os seguintes itens.

"Verifica-se a descentralização por colaboração quando o poder público, por meio de contrato ou ato administrativo unilateral, transfere a titularidade e a execução de determinado serviço público a pessoa jurídica de direito privado".

A) Certo B) Errado

513) (2014) Banca: CESPE – Órgão: Caixa – Prova: Nível Superior

Julgue o item a seguir, referente a serviços públicos, concessões, permissões e autorizações públicas.

"Ao conceder serviço público, o poder público concedente só transfere ao concessionário a execução do serviço, continuando titular do serviço concedido, o que lhe permite dele dispor de acordo com o interesse público"

A) Certo B) Errado

514) (2015) Banca: CESPE – Órgão: FUB – Prova: Auditor

No que diz respeito ao controle da administração pública, julgue o item subsecutivo.

As autarquias territoriais não detêm autonomia política

A) Certo B) Errado

515) (2016) Banca: FCC – Órgão: AL-MS – Prova: Agente de Apoio Legislativo (+ provas)

Determinado ente federado pretende descentralizar serviço público de sua competência transferindo-o para pessoa jurídica de direito público. Para tanto,

A) deverá criar por lei específica autarquia, que passará a integrar a Administração indireta do Estado.
B) poderá instituir autarquia ou empresa pública, ambas por lei autorizativa, devendo, no entanto, motivar sua decisão.
C) deverá instituir por lei autarquia, que passará integrar a Administração direta do Estado.
D) poderá instituir autarquia, empresa pública ou sociedade de economia mista, a primeira por lei, as demais por atos próprios, após a edição de lei autorizativa da instituição.
E) deverá criar por lei geral autarquia, que passará a integrar a Administração indireta do Estado.

516) (2014) Banca: ESAF – Órgão: MTur – Prova: Analista Técnico – Administrativo

Assinale a opção que preencha adequadamente as lacunas do texto abaixo.

Ocorre a chamada _____ administrativa quando o estado desempenha algumas de suas atribuições por meio de outras pessoas e não pela sua administração direta. Por que a _____ ocorre no âmbito de uma mesma pessoa jurídica, surge relação de hierarquia, de subordinação entre os órgãos dela resultantes. Em nenhuma forma de _____ há hierarquia. A _____ ocorre exclusivamente dentro da estrutura de uma mesma pessoa jurídica.

A) Desconcentração / descentralização / descentralização/ desconcentração.
B) Descentralização / descentralização / desconcentração/ descentralização
C) Desconcentração / desconcentração / descentralização/ desconcentração.
D) Descentralização / desconcentração / desconcentração/ descentralização.
E) Descentralização / desconcentração / descentralização/ desconcentração.

517) (2014) Banca: ESAF – Órgão: Receita Federal – Prova: Auditor Fiscal da Receita Federal – Prova 01

Considere que o Poder Público conserve a titularidade de determinado serviço público a que tenha transferido a execução à pessoa jurídica de direito privado. Nessa situação, a descentralização é denominada:

A) por colaboração.
B) funcional.
C) técnica.
D) geográfica.
E) por serviços.

518) (2014) Banca: FCC – Órgão: TJ-AP – Prova: Analista Judiciário – Área Judiciária e Administrativa

A criação de pessoas jurídicas para composição e estruturação da Administração indireta é uma opção de organização administrativa de competência do Poder Executivo. Para tanto, pode se valer de propostas de edição de lei para criação de determinados entes ou para autorização da instituição na forma prevista na legislação. A efetiva criação desses entes

A) acarreta dissociação de qualquer vínculo ou relação jurídica com o Executivo, na medida em que possuem personalidade jurídica própria.
B) não afasta o vínculo hierárquico com a Administração pública central, na medida em que integram a estrutura do Poder Executivo.
C) é expressão do modelo de descentralização, mantendo a Administração pública central apenas o controle finalístico sobre aqueles, expressão do poder de tutela.
D) acarreta a derrogação do regime jurídico de direito público e aplicação do direito privado, o que confere maior celeridade à Administração pública.
E) consubstancia-se em desconcentração, na medida em que não possuem personalidade jurídica própria.

519) (2014) Banca: CS-UFG – Órgão: IF-GO – Prova: Administrador

Um dos elementos básicos da estrutura de uma organização pública é a hierarquia. Quando se rompe o vínculo hierárquico entre uma administração central e uma unidade personalizada, ocorre o processo de:

A) desconcentração.
B) desestruturação.
C) descentralização
D) desorganização.

520) (2014) Banca: FEPESE – Órgão: MPE-SC – Prova: Analista do Ministério Público (+ provas)

Assinale a alternativa correta.

A) Os órgãos da Administração Pública podem ter natureza jurídica de direito público ou privado.
B) A desconcentração administrativa provoca a criação de entidades com personalidade jurídica de direito público.
C) A Administração Pública Indireta, face à vinculação administrativa, se submete ao controle finalístico ou ministerial.
D) A Administração Pública Direta se estrutura através da descentralização administrativa, não admitindo, portanto, controle hierárquico.
E) A Administração Pública Indireta se compõe somente de entidades que podem ter natureza jurídica de direito público, como uma Autarquia, ou direito privado, como uma Sociedade de Economia Mista.

521) (2015) Banca: FUNIVERSA – Órgão: SEAP-DF – Prova: Agente de Atividades Penitenciárias

Acerca da administração pública direta e indireta, julgue o item que se segue.

A desconcentração implica a instituição de nova entidade — dotada, portanto, de personalidade jurídica própria — para realizar certas atribuições da administração pública.

A) Certo   B) Errado

522) (2017) Banca: INSTITUTO AOCP – Órgão: EBSERH – Prova: Advogado (HUJB – UFCG)

A administração pública poderá distribuir suas competências administrativas a pessoas jurídicas autônomas, para fins de garantir o cumprimento de suas obrigações constitucionais. A tal ato dá-se o nome de

A) Imposição.
B) Delegação.
C) Desconcentração.
D) Outorga.
E) Descentralização.

523) (2017) Banca: FUNDEP (Gestão de Concursos) – Órgão: CRM – MG – Prova: Agente Administrativo (+ provas)

Considere os seguintes atos e condutas relativas à atividade estatal:

I. Avocação de uma competência do subordinado pelo superior hierárquico.
II. Distribuição interna de competências no interior de uma pessoa jurídica.
III. Distribuição de competências de uma pessoa jurídica para outra pessoa física ou jurídica.

Ocorre a denominada descentralização administrativa no(s) ato(s) ou conduta(s) descrita(s) no(s) item(ns):

A) I, apenas.
B) II e III, apenas.
C) III, apenas.
D) I, II e III.

524) (2014) Banca: VUNESP – Órgão: PC-SP – Prova: Delegado de Polícia

Quando o Poder Público, conservando para si a titularidade do serviço público, transfere sua execução à pessoa jurídica de direito privado, previamente existente, ocorre o que se denomina descentralização

A) autárquica.
B) por colaboração.
C) hierárquica.
D) por subordinação.
E) heterotópica.

525) (2017) Banca: VUNESP – Órgão: Câmara de Sumaré – SP – Prova: Procurador Jurídico

A Administração deve sempre ter por objetivo adotar a melhor forma de organização de suas atividades, com vistas a otimizar o acesso dos administrados às utilidades fornecidas pelo Estado. A respeito das diversas formas de organização administrativa, assinale a alternativa correta.

A) A desconcentração administrativa resulta na criação de uma pessoa jurídica própria para o exercício de determinada competência e pode ocorrer tanto no âmbito da Administração Direta como na Administração Indireta.
B) A descentralização administrativa pode ocorrer por contrato ou por lei e a partir dela é constituída uma relação de hierarquia entre a entidade delegante da atividade e a entidade a quem foi delegada a sua execução.
C) A descentralização pode ser realizada por delegação, situação em que a Administração transfere o exercício de determinada atividade, por tempo determinado, a um outro sujeito por meio de um contrato.
D) A desconcentração administrativa consiste em mecanismo de distribuição interna de competências, normalmente atribuídas a órgãos públicos, que, em razão de sua autonomia, passam a se sujeitar a um controle finalístico ou de supervisão.

E) Os conceitos de desconcentração e descentralização administrativa são utilizados, pela doutrina, como sinônimos, uma vez que refletem um mesmo modo de organização da burocracia estatal.

526) (2017) Banca: INSTITUTO AOCP – Órgão: EBSERH – Prova: Técnico em Contabilidade (HUJB – UFCG)

Na administração pública brasileira, uma universidade integrante da administração indireta é reconhecida como autarquia, uma entidade auxiliar da administração pública estatal. Nesse contexto, assinale a alternativa correta.

A) Dentre as principais características das autarquias, está o fato de que os atos dos seus dirigentes equiparam-se aos atos financeiros, sujeitos a mandato de segurança e à ação especial. As despesas relativas a compras, serviços e obras dispensam as normas de licitação.
B) Sendo a autarquia um serviço público descentralizado, personalizado e autônomo, ela está dispensada do controle de vigilância, orientação e correção da entidade estatal a que estiver vinculada.
C) Por ser entidade com personalidade de direito público interno, a autarquia recebe a execução de serviço público por transferência, não agindo por delegação e sim por direito próprio e com autoridade pública, da competência que lhe for outorgada.
D) As autarquias adquirem privilégios tributários e estão dispensadas por lei de fornecer esclarecimentos quanto aos objetivos e fins, para adequar-se às normas regulamentares e ao plano global do Governo.
E) As autarquias integram o organismo estatal e seu orçamento é diferenciado ao das entidades estatais, conforme determinado pelo disposto na Lei 4.320/64.

I – órgão – a unidade de atuação integrante da estrutura da Administração direta e da estrutura da Administração indireta;"

Conforme estudado, a distribuição de competências entre órgãos visa garantir maior **eficiência e especialização no exercício da atividade pública**. Destaca-se que é admitida a divisão de atribuições entre os órgãos dentro dos entes da **Administração Direta e também dentro dos entes da Administração Indireta, como é o caso das Autarquias e das Fundações Públicas**.

Cumpre ressaltar que a criação e a extinção de órgãos públicos carecem de **INOVAÇÃO no ordenamento jurídico**, razão pela qual **não** podem ser feitas por meio de atos normativos infralegais **(apenas mediante lei)**.

"Art. 84. Compete privativamente ao Presidente da República:...

VI – dispor, mediante decreto, sobre: organização e funcionamento da administração federal, quando não implicar aumento de despesa nem criação ou extinção de órgãos públicos;".

527) (2016) Banca: CESPE – Órgão: TRE-PI – Prova: Analista Judiciário

Acerca do processo administrativo no âmbito da administração pública federal, regido pela Lei n.º 9.784/1999, assinale a opção correta.

A) As normas da lei em apreço não se aplicam ao Congresso Nacional, ainda que no exercício de função administrativa, em razão de esse órgão do Poder Legislativo não integrar a administração pública.
B) O administrado, no processo administrativo, deverá ser assistido por advogado para poder formular alegações e apresentar documentos.
C) Os prazos processuais podem ser suspensos, desde que o administrado apresente solicitação fundamentada nesse sentido.
D) Nos processos administrativos, deve ser observado o critério de atendimento a fins de interesse geral, sendo possível a renúncia parcial de competências, desde que autorizada por decreto.
E) Para os fins da lei em questão, é também considerada órgão aquela unidade integrante da estrutura da administração indireta.

528) (2015) Banca: CESPE – Órgão: TRE-MT – Prova: Analista Judiciário – Administrativa

Assinale a opção correta, acerca da administração direta e indireta e ao terceiro setor.

A) Conforme a CF, as empresas públicas e sociedades de economia mista exploradoras de atividade econômica estão sujeitas ao regime jurídico próprio das empresas privadas, exceto quanto aos direitos e obrigações civis e comerciais.
B) Entidades paraestatais são pessoas jurídicas de direito público, sem fins lucrativos, que exercem atividades de interesse social e coletivo e, por isso, recebem incentivos do Estado.
C) A qualificação das entidades privadas sem fins lucrativos como organizações sociais dependem de aprovação do Ministério da Justiça.
D) Os órgãos públicos não têm personalidade jurídica e podem integrar tanto a estrutura da administração direta como a da administração indireta.
E) As autarquias e as fundações públicas são subordinadas hierarquicamente a órgãos da administração direta.

529) (2014) Banca: CESPE – Órgão: ICMBIO – Prova: Técnico Administrativo

No que diz respeito à legislação administrativa, julgue o item subsecutivo.

"Existem órgãos da administração direta atuando na administração federal, estadual e municipal".

A) Certo B) Errado

530) (2015) Banca: CESPE – Órgão: MPOG – Prova: Analista Técnico – Administrativo

A Escola Nacional de Administração Pública (ENAP) é uma entidade dotada de personalidade jurídica de direito privado, vinculada ao Ministério do Planejamento, Orçamento e Gestão (MP), órgão integrante da estrutura administrativa da União. Considerando essas informações, julgue o próximo item.

"Por meio da técnica denominada desconcentração, poderá o presidente da República, utilizando-se de decreto, criar dois novos ministérios e repartir entre eles as competências do MP, desde que não haja aumento de despesa".

A) Certo B) Errado

531) (2016) Banca: CESPE – Órgão: AGU – Prova: Procurador Federal

No direito brasileiro, os órgãos são conceituados como unidades de atuação integrantes da estrutura da administração direta e da estrutura da administração indireta e possuem personalidade jurídica própria.

A) Certo B) Errado

532) (2017) Banca: FCC – Órgão: TST – Prova: Juiz do Trabalho Substituto

A respeito dos poderes da Administração pública, é correto afirmar:

A) O poder de rever atos e decisões e de decidir conflitos de competência entre subordinados são desdobramentos ou decorrências do poder disciplinar.
B) As multas decorrentes do poder de polícia devem ser executadas na via administrativa.
C) Compete privativamente ao Presidente da República dispor, mediante decreto, sobre (i) organização e funcionamento da Administração federal, quando não implicar aumento de despesa nem criação ou extinção de órgãos públicos; e (ii) extinção de funções ou cargos públicos, quando vagos.
D) Em matéria de poder de polícia, suspende-se a prescrição da ação punitiva por qualquer ato inequívoco que importe em manifestação expressa de tentativa de solução conciliatória no âmbito interno da Administração pública federal.
E) É da competência exclusiva da Câmara dos Deputados sustar os atos normativos do Poder Executivo que exorbitem do poder regulamentar ou dos limites de delegação legislativa.

533) (2017) Banca: IDECAN – Órgão: SEJUC-RN – Prova: Agente Penitenciário

Tendo em vista a organização administrativa da União, analise as disposições a seguir.

I. Não possuem personalidade jurídica.
II. São resultado da desconcentração administrativa.
III. Não têm capacidade para representar em juízo a pessoa jurídica que integram.
IV. Integram a estrutura de uma pessoa política, no caso dos órgãos da administração indireta ou de uma pessoa jurídica administrativa, no caso dos órgãos da administração direta.

São características dos órgãos públicos apenas as disposições

A) I e II.
B) I e III.
C) I, II e III.
D) II, III e IV.

534) (2014) Banca: Prefeitura do Rio de Janeiro – RJ – Órgão: Câmara Municipal do Rio de Janeiro – Prova: Analista Legislativo – Direito

Quanto à criação e extinção dos órgãos públicos, é possível afirmar que:

A) tanto a criação quanto a extinção de órgãos públicos dependem de Lei.
B) exige-se Lei para a criação dos órgãos públicos, exceto aqueles ligados à Educação e à Saúde.
C) exige-se Lei para a criação dos órgãos públicos, podendo ser extintos por ato administrativo.
D) exige-se Lei para a criação dos órgãos públicos federais, sendo certo que os órgãos públicos estaduais e municipais podem ser criados e extintos por decreto.

Conforme estudado, a Administração Pública Indireta da União, Estados, Distrito Federal e Municípios é composta **por pessoas jurídicas autônomas** e, para tornar o aprendizado mais simples, inicialmente iremos tratar acerca de algumas **regras/semelhanças** que abrangem todos os entes que compõem a Administração Pública Indireta (Autarquias, Fundações, Empresas Públicas, Sociedade de Economia Mista):

1. Personalidade Jurídica: todas as entidades da Administração Pública Indireta possuem **personalidade jurídica própria**, respondem por seus atos, são titulares de direitos e obrigações, possuem patrimônio próprio, orçamento e pessoal próprio.

2. Lei Específica: de acordo com a Constituição Federal, a Lei específica cria as Autarquias e as Fundações Públicas com personalidade jurídica de direito público e autoriza a criação das Fundações Públicas com personalidade jurídica de direito privado, Empresas Públicas e Sociedades de Economia Mista. **Portanto, com a simples publicação da Lei, a entidade autárquica já estará criada.** Por sua vez, nos casos em que a lei somente autoriza a criação da instituição, **é imprescindível o registro dos atos constitutivos da entidade no Cartório de Pessoas Jurídicas** (caso tratar-se de entidade que presta serviços públicos) **ou na Junta Comercial** (no caso das estatais que exploram atividade econômica).

3. A finalidade/atividade dos entes que compõem a Administração Pública Indireta será determinada por lei específica. A finalidade necessariamente será pública e a entidade **não deve visar o lucro.** Nesse contexto, surge a seguinte pergunta: a entidade **pode** auferir lucro? Sim, **poder pode, entretanto, a mesma não será criada com essa finalidade. A finalidade será sempre o interesse público.**

4. Controle: a Administração Pública Direta realizará o controle finalístico (supervisão ministerial/tutela administrativa) das entidades da Administração Pública Indireta, entretanto, **cumpre ressaltar que não há hierarquia e nem subordinação entre pessoas jurídicas diferentes.** Portanto, tal controle será exercido visando verificar se a entidade atende a finalidade legal pela qual foi criada. Lembrem-se: **NÃO há controle hierárquico desempenhado pela Administração Direta frente aos atos praticados pela entidade da Administração Indireta.**

Assim como os entes da Administração centralizada, os entes da Administração Indireta, por serem integrantes da estrutura do Estado e fazerem uso de **verba pública**, sujeitam-se ao **controle do Tribunal de Contas**, consoante a previsão do art. 71 da Constituição Federal, o qual terá competência para julgamento de contas, aplicação de multas e outras sanções aos agentes, realização de auditorias e emissão de pareceres, entre outras atribuições.

535) (2014) Banca: CESPE – Órgão: TC-DF – Prova: Técnico de Administração

A respeito da organização administrativa, julgue o próximo item.

"Os municípios, assim como os estados-membros, poderão ter sua administração indireta, em razão da autonomia a eles conferida pela CF".

A) Certo B) Errado

536) (2014) Banca: CESPE – Órgão: MDIC – Prova: Analista Técnico – Administrativo

A respeito de responsabilidade civil do Estado, dos serviços públicos e da organização administrativa, julgue o próximo item.

"Embora nos municípios haja apenas administração direta, nos estados, em razão da autonomia dada pela Constituição Federal de 1988 (CF), pode haver administração indireta".

A) Certo B) Errado

537) (2016) Banca: CESPE – Órgão: TCE-PA – Prova: Auxiliar Técnico – Administração

A respeito da administração direta e indireta e da centralização e da descentralização administrativa, julgue o item seguinte.

"Compõem a administração indireta os órgãos públicos internos, as autarquias, as empresas públicas, as sociedades de economia mista e as fundações públicas".

A) Certo B) Errado

538) (2014) Banca: CESPE – Órgão: TC-DF – Prova: Técnico de Administração

Com relação ao direito administrativo, julgue o item subsequente.

"Em virtude do princípio da reserva legal, a criação dos entes integrantes da administração indireta depende de lei específica".

A) Certo B) Errado

539) (2014) Banca: CESPE – Órgão: Câmara dos Deputado – Prova: Analista Legislativo

Em relação à administração pública indireta e seus temas correlatos, julgue os item subsequente.

"As autarquias só podem ser criadas por lei".

A) Certo B) Errado

540) (2014) Banca: CESPE – Órgão: PGE-BA – Prova: Procurador do Estado

Considerando a necessidade de melhorar a organização da administração pública estadual, o governador da Bahia resolveu criar autarquia para atuar no serviço público de educação e empresa pública para explorar atividade econômica.

Com base nessa situação hipotética, julgue o item que se segue.

"Desde que presentes a relevância e urgência da matéria, a criação da autarquia pode ser autorizada por medida provisória, devendo, nesse caso, ser providenciado o registro do ato constitutivo na junta comercial competente".

A) Certo B) Errado

541) (2014) Banca: CESPE – Órgão: ANTAQ – Prova: Técnico Administrativo

Acerca da organização da administração pública, julgue o item seguinte.

"Para a criação de entidades da administração indireta, como sociedades de economia mista, empresas públicas e organizações sociais, é necessária a edição de lei formal pelo Poder Legislativo".

A) Certo B) Errado

542) (2014) Banca: CESPE – Órgão: CADE – Prova: Nível Superior

No que se refere às autarquias, julgue o item abaixo.

"Para a criação de uma autarquia, é necessária lei que autorize a sua instituição, seguida do registro do ato constitutivo no órgão competente".

A) Certo B) Errado

543) (2017) Banca: CESPE – Órgão: TRT – 7ª Região (CE) – Prova: Técnico Judiciário – Área Administrativa

A União, por intermédio do Ministério do Trabalho e Emprego, pretende criar uma autarquia para a execução de determinadas atividades administrativas típicas.

Nessa situação hipotética, a autarquia deverá ser criada por

A) lei complementar.
B) portaria ministerial.
C) decreto presidencial.
D) lei ordinária específica.

544) (2014) Banca: CESPE – Órgão: ANTAQ – Prova: Técnico Administrativo

No tocante ao controle da administração pública, julgue o item subsecutivo.

"O controle administrativo exercido com base na hierarquia denomina-se supervisão ministerial".

A) Certo B) Errado

545) 2014) Banca: CESPE – Órgão: ICMBIO – Prova: Analista Administrativo

No que diz respeito à organização administrativa, julgue o item subsecutivos.

"O ICMBio, como entidade da administração pública indireta, é uma autarquia em regime especial, vinculado ao Ministério do Meio Ambiente, sem autonomia administrativa e com dever de subordinação hierárquica aos órgãos da administração pública direta".

A) Certo B) Errado

546) (2014) Banca: CESPE – Órgão: MEC – Prova: Nível Superior

Os princípios da administração pública estão previstos, de forma expressa ou implícita, na CF e, ainda, em leis ordinárias. Esses princípios, que consistem em parâmetros valorativos orientadores das atividades do Estado, são de observância obrigatória na administração direta e indireta de quaisquer dos poderes da União, dos estados, do DF e dos municípios. Acerca desses princípios e da organização administrativa do Estado, julgue o item a seguir.

No âmbito federal, as autarquias são entes da administração indireta dotados de personalidade jurídica própria e criados por lei para executar atividades típicas da administração. Essas entidades sujeitam-se à supervisão ministerial, mas não se subordinam hierarquicamente ao ministério correspondente.

A) Certo B) Errado

547) (2015) Banca: CESPE – Órgão: MPU – Prova: Técnico do MPU – Segurança Institucional e Transporte

Julgue o item a seguir, de acordo com o regime jurídico das autarquias.

Autarquia é entidade dotada de personalidade jurídica própria, com autonomia administrativa e financeira, não sendo possível que a lei institua mecanismos de controle da entidade pelo ente federativo que a criou.

A) Certo   B) Errado

548) (2015) -Banca: CESPE – Órgão: STJ – Prova: Analista Judiciário

No tocante aos poderes administrativos, julgue o seguinte item.

"A relação entre a administração direta e as entidades que integram a administração indireta pressupõe a existência do poder hierárquico entre ambas".

A) Certo   B) Errado

549) (2013) Banca: CESPE – Órgão: FUNASA – Prova: Atividade de Complexidade Intelectual

Com referência à organização da administração federal, julgue o item abaixo.

"O ministro de Estado da Saúde é responsável, perante o presidente da República, pela supervisão da FUNASA, visando, entre outros objetivos, o fortalecimento do sistema do mérito".

A) Certo   B) Errado

550) (2013) Banca: CESPE – Órgão: TRT – 17ª Região (ES) – Prova: Analista Judiciário – Oficial de Justiça Avaliador

Em relação aos poderes administrativos, à organização do Estado e aos atos administrativos, julgue o item seguinte.

"Entre as entidades da administração indireta e os entes federativos que as instituíram ou que autorizaram sua criação inexiste relação de subordinação, havendo entre eles relação de vinculação que fundamenta o exercício do controle finalístico ou tutela".

A) Certo   B) Errado

551) (2014) -Banca: CESPE – Órgão: TCE-PB – Prova: Procurador

Em relação à administração pública, assinale a opção correta.

A) Os bens do INSS têm como características gerais a inalienabilidade, a imprescritibilidade e a impenhorabilidade, por integrarem o patrimônio da administração pública direta

B) As fundações de apoio às universidades públicas federais integram a administração indireta.

C) Os Correios, integrantes da administração pública indireta, não estão subordinados à entidade política relacionada, mas sofrem controle finalístico em face da vinculação administrativa.

D) No que se refere aos sentidos do termo administração pública, o conceito de órgão público integra o aspecto funcional da administração pública no exercício da função administrativa do Estado.

E) O MP junto aos tribunais de contas é órgão da administração pública direta, decorrente do fenômeno da descentralização, em que pese não ter personalidade jurídica.

552) (2016) -Banca: CESPE – Órgão: PC-GO – Prova: Escrivão de Polícia Civil

Assinale a opção correta a respeito do controle da administração pública.

A) O ato regulamentar que extrapola os limites da lei regulamentada acaba por vulnerá-la, podendo resultar em controle judicial quanto à sua constitucionalidade por afronta aos princípios da legalidade e da reserva legal.

B) O poder de fiscalização de uma pessoa jurídica integrante da administração indireta por ente da administração direta consagra a chamada tutela administrativa, verdadeiro controle por vinculação que se dá pelas vias política, institucional, administrativa e financeira.

C) A vedação ao controle judicial do mérito dos atos administrativos não impede que o Poder Judiciário reavalie de forma ampla os critérios de correção de banca examinadora em concurso público.

D) Em razão dos princípios da continuidade do serviço público e da eficiência o controle administrativo deve ser exercido de forma prévia/preventiva ou posterior/repressiva, sendo descabida a sua realização concomitantemente com a prática do ato.

E) A discricionariedade administrativa somente é cabível na hipótese de o administrador se deparar com conceitos jurídicos indeterminados.

553) (2016) Banca: CESPE – Órgão: TCE-PR – Prova: Todos os Cargos

Com base em lei específica estadual, foi autorizada a instituição da empresa X, pessoa jurídica sob a forma de sociedade anônima, com controle acionário pertencente ao ente federativo estadual, para fins de exploração de determinada atividade econômica de interesse coletivo. Nessa situação hipotética,

A) a pessoa federativa a que estará vinculada a empresa X será solidariamente responsável pela solvência dos débitos dessa empresa.

B) a empresa X deverá ser constituída como sociedade de economia mista, com personalidade jurídica de direito privado, pertencente à administração indireta, à qual é delegada a titularidade de atividade típica do Estado.

C) por se tratar de pessoa jurídica que exercerá atividade econômica, a empresa X submeter-se-á ao regime jurídico próprio das empresas privadas, salvo em relação a obrigações trabalhistas e tributárias.

D) a empresa X submeter-se-á ao controle do tribunal de contas no que concerne aos bens, valores e dinheiros públicos provenientes diretamente do ente público controlador.

E) a empresa X não poderá realizar contratações e licitações em regime diverso daquele previsto para a administração direta.

554) (2011) Banca: FCC – Órgão: TCE-SE – Prova: Técnico de Controle Externo

Integram a Administração Indireta do Estado

A) as sociedades de economia mista, pessoas jurídicas de direito privado organizadas sob a forma de sociedades anônimas e que não contam com imunidade tributária.

B) as empresas públicas, pessoas jurídicas de direito público criadas por dois ou mais entes federativos visando à gestão associada de serviços públicos.

C) os órgãos públicos, dotados de personalidade jurídica própria e de poder de autoadministração, nos limites estabelecidos objetivamente na lei que os constituir.

D) as entidades paraestatais, pessoas jurídicas de direito privado organizadas sob a forma de sociedade limitada e que exercem atividade econômica de relevante interesse coletivo.

E) as empresas privadas concessionárias de serviços públicos, em decorrência do contrato de concessão firmado com a Administração Direta.

555) (2014) Banca: FCC – Órgão: TCE-PI – Prova: Auditor Fiscal de Controle Externo

A Administração pública pode desempenhar as atividades públicas de forma centralizada ou descentralizada. Na administração descentralizada,

A) o Estado-Administração atua por meio de seus órgãos internos e agentes públicos, ligados, entre si, por vínculo hierárquico, prestando serviços públicos típicos.

B) o Estado-Administração atua por meio de entidades ou pessoas jurídicas, que necessariamente têm natureza de direito privado.

C) parte das atividades da Administração direta são atribuídas à Administração indireta, constituída por pessoas administrativas autônomas e por isso destituídas de relação ou vínculo com a Administração direta.

D) a atuação da Administração se dá por meio de pessoas jurídicas, com natureza de direito público ou de direito privado, que compõe a denominada Administração pública indireta.

E) o Estado transfere a mera execução de suas atividades a outras entidades, nascendo o fenômeno da delegação.

556) (2014) Banca: FCC – Órgão: MPE-PA – Prova: Promotor de Justiça

A doutrina e a jurisprudência nacional reconhecem a existência de dois tipos de fundação governamental: as de direito público e as de direito privado. NÃO faz parte dos traços comuns dessas duas espécies

A) a inexigibilidade de inscrição de seus atos constitutivos no Registro Civil das Pessoas Jurídicas.

B) a imunidade tributária no que se refere ao patrimônio, à renda e aos serviços, vinculados a suas finalidades essenciais ou às delas decorrentes.

C) a vedação de acumulação de cargos e empregos públicos.

D) a submissão às normas gerais de licitação estabelecidas por lei federal.

E) o controle pelos Tribunais de Contas.

557) (2014) Banca: FCC – Órgão: TJ-AP – Prova: Técnico Judiciário – Área Judiciária e Administrativa

As autarquias, empresas públicas e sociedades de economia mista são entidades estatais. É correto afirmar quanto a referidas instituições que as

A) autarquias e empresas públicas integram a Administração pública direta, enquanto que as sociedades de economia mista, por possuírem personalidade de direito privado, integram a Administração pública indireta.

B) empresas públicas detêm personalidade de direito público e integram a Administração pública indireta, as autarquias, da mesma forma, detêm personalidade jurídica de direito público, mas integram a Administração pública direta.

C) autarquias detêm personalidade jurídica de direito público, enquanto as empresas públicas e sociedades de economia mista detêm personalidade jurídica de direito privado, integrando, todas elas, a denominada Administração pública indireta.

D) sociedades de economia mista prestadoras de serviço público integram a Administração pública direta, enquanto as exploradoras de atividade econômica integram a Administração pública indireta.

E) autarquias, empresas públicas e sociedade de economia mista detêm personalidade jurídica de direito privado, razão pela qual integram a denominada Administração pública indireta.

558) (2017) Banca: FCC – Órgão: PC-AP – Prova: Delegado de Polícia

Uma autarquia municipal criada para prestação de serviços de abastecimento de água

A) deve obrigatoriamente ter sido instituída por lei e recebido a titularidade do serviço público em questão, o que autoriza a celebração de contrato de concessão à iniciativa privada ou a contratação de consórcio público para delegação da execução do referido serviço.

B) integra a estrutura da Administração pública indireta municipal e, portanto, não se submete a todas as normas que regem a administração pública direta, sendo permitindo a flexibilização do regime publicista para fins de viabilizar a aplicação do princípio da eficiência.

C) submete-se ao regime jurídico de direito privado caso venha a celebrar contrato de concessão de serviço público com a Administração pública municipal, ficando suspensa, durante a vigência da avença, a incidência das normas de direito público, a fim de preservar a igualdade na concorrência.

D) pode ser criada por decreto, mas a delegação da prestação do serviço público prescinde de prévio ato normativo, podendo a autarquia celebrar licitação para contratação de concessão de serviço público ou prestar o serviço diretamente.

E) possui personalidade jurídica de direito público, mas quando prestadora de serviço público, seu regime jurídico equipara-se ao das empresas públicas e sociedades de economia mista.

559) (2014) Banca: FCC – Órgão: TCE-RS – Prova: Auditor Público Externo – Engenharia Civil – Conhecimentos Básicos

A Administração indireta pode ser estruturada por meio da

A) instituição de pessoas jurídicas de diversas naturezas, que não guardam vínculo hierárquico com a Administração direta.

B) instituição de pessoas jurídicas com personalidade jurídica própria, vinculadas hierarquicamente à Administração centralizada.

C) instituição de pessoas jurídicas com personalidade jurídica própria, todas criadas por meio de lei.

D) criação de órgãos integrantes de sua estrutura, vinculadas hierarquicamente à Administração centralizada.

E) criação de órgãos distintos da Administração direta, vinculados hierarquicamente à Administração central.

560) (2015) Banca: FGV – Órgão: TJ-BA – Prova: Analista Judiciário – Administração – Reaplicação

Da análise do texto constitucional, extrai-se que as empresas públicas e as sociedades de economia mista têm em comum o fato de que:

A) integram a Administração Direta e seus funcionários são chamados de estatutários;

B) suas instituições somente podem ser autorizadas por lei específica;

C) não se aplica a proibição constitucional de acumulação de cargos públicos a seu pessoal;

D) não estão subordinadas ao regime da Lei de Licitações (Lei nº 8.666/93);

E) possuem personalidade jurídica de direito público e integram a Administração Indireta.

561) (2015) Banca: FGV – Órgão: PGE-RO – Prova: Técnico da Procuradoria – Sem Especialidade

De acordo com a doutrina de Direito Administrativo, são pessoas jurídicas de direito privado, integrantes da Administração Indireta do Estado, criadas por autorização legal:

A) as autarquias e as fundações públicas;

B) as empresas públicas e as sociedades de economia mista;

C) as autarquias e as fundações privadas;

D) as fundações autárquicas e as sociedades de economia mista;

E) as autarquias e as empresas públicas.

562) (2015) Banca: FGV – Órgão: TCM-SP – Prova: Agente de Fiscalização – Ciências Jurídicas

Controle é o conjunto de meios pelos quais pode ser exercida função de natureza fiscalizatória sobre determinado órgão ou pessoa administrativa. Nesse contexto, é correto afirmar que a entidade integrante da Administração Indireta:

A) não é submetida ao chamado controle político, eis que seus dirigentes são escolhidos internamente por critérios técnicos, sem qualquer intervenção da autoridade competente da Administração Direta da pessoa política a que é vinculada;

B) está sujeita ao controle financeiro, pelo qual são fiscalizados seus setores financeiro e contábil, tão somente em seu âmbito interno, diante da autonomia da entidade, que não está sujeita ao controle externo pelo Tribunal de Contas, uma vez que não pertence à Administração Direta;

C) é submetida a controle pela Administração Direta da pessoa política a que é vinculada, normalmente por meio do Ministério ou da Secretaria que fica encarregado de fiscalizar o grupo de pessoas da administração indireta que executem atividades correlatas à sua competência;

D) está sujeita ao controle judicial, necessariamente após o esgotamento das tentativas administrativas de resolução consensual da lide por meio do controle interno da própria entidade e do controle externo da Administração Direta do ente federativo a que estiver vinculada;

E) é submetida a controle externo pelo Tribunal de Contas, órgão auxiliar do Poder Legislativo, mas não está sujeita a qualquer controle pela Administração Direta da pessoa política a que é vinculada, diante de sua autonomia administrativa, financeira e contábil.

563) (2015) Banca: INSTITUTO CIDADES – Órgão: Prefeitura de Palmeiras de Goiás – GO – Prova: Controlador Interno

A autarquia é uma pessoa jurídica de direito público e tem a executoriedade e/ou titularidade de um serviço público concedido por meio de lei. Seu patrimônio e receita são próprios, porém, tutelados pelo Estado. As autarquias são criadas por lei para executar, de forma descentralizada, atividades típicas da administração pública. Têm patrimônio formado por recursos próprios. Sua organização interna pode vir através de decretos (emanam do poder executivo). De portarias (ministérios, secretarias). Regimentos ou regulamentos internos. Nesse sentido a autarquia, na organização administrativa, faz parte da:

A) Administração Pública Direta.

B) Administração Pública Indiscreta.

C) Administração Pública Indireta.

D) Administração Pública Discreta.

564) (2015) Banca: IBEG – Órgão: Prefeitura de Duque de Caxias – RJ – Prova: Auditor Fiscal Tributário

A administração pública no Brasil consiste nos órgãos e entidades que desempenham a atividade administrativa do estado. Sobre o assunto assinale a alternativa incorreta:

A) A administração pública direta é formada por entidades de personalidade jurídica própria, criadas ou autorizadas por lei, tais como autarquias, fundações públicas, empresas públicas e sociedades de economia mista.

B) A administração pública direta do poder executivo é composta por serviços integrados a Presidência da República e ministérios, governos estaduais e prefeituras.

C) A administração pública indireta é formada por entidades de personalidade jurídica própria, criadas ou autorizadas por lei, tais como autarquias, fundações públicas, empresas públicas e sociedades de economia mista.

D) A Administração Indireta tem o objetivo de desempenhar as atividades administrativas de forma descentralizada.

E) A Administração Indireta tem como uma de suas características a autonomia administrativa.

565) (2017) Banca: Quadrix – Órgão: CFO-DF – Prova: Secretariado Executivo

Julgue o item que se segue acerca da administração direta e indireta.

A administração indireta compreende as seguintes categorias de entidades, dotadas de personalidade jurídica própria: autarquias; empresas públicas; sociedades de economia mista; e fundações públicas.

A) Certo   B) Errado

566) (2015) Banca: Quadrix – Órgão: CRESS-PR – Prova: Assistente Administrativo

No que tange à Administração Indireta, assinale a alternativa correta.

A) Empresa Pública é a entidade dotada de personalidade jurídica de direito público, com patrimônio próprio e capital exclusivo da União, criada por lei para a exploração de atividade econômica que o Governo seja levado a exercer por força de contingência ou de conveniência administrativa, devendo revestir-se da forma de Sociedade Anônima.

B) Sociedade de Economia Mista é a entidade dotada de personalidade jurídica de direito público, cuja criação é autorizada por lei, para a exploração de atividade econômica, sob qualquer das formas não vedadas em lei, cujas ações com direito a voto pertençam em sua maioria à União ou a entidade da Administração Indireta.

C) Fundação Pública é a entidade dotada de personalidade jurídica de direito privado, com fins lucrativos, criada por lei, para o desenvolvimento de atividades que não exijam execução por órgãos ou entidades de direito público, com autonomia administrativa, patrimônio próprio gerido pelos respectivos órgãos de direção, e funcionamento custeado por recursos da União e de outras fontes.

D) A Administração Indireta é integrada por pessoas jurídicas de direito público ou privado, criadas ou instituídas por lei específica.

E) Autarquia é a entidade dotada de personalidade jurídica de direito privado, criada por lei, com personalidade jurídica, patrimônio e receita próprios, para executar atividades típicas da Administração Pública, que requeiram, para seu melhor funcionamento, gestão administrativa e financeira centralizada.

567) (2015) Banca: FUNCAB – Órgão: ANS – Prova: Ativ. Tec. de Suporte – Direito

Acerca da Administração indireta, assinale a opção correta.

A) Em uma empresa estatal que explora atividade empresarial, todos são empregados, mesmo os dirigentes, com exceção dos conselhos de administração e fiscal.

B) Destaca-se que a lei é específica de criação da autarquia ou de autorização também específica para as empresas públicas e sociedades de economia mista.

C) A necessidade de autorização legislativa não se aplica à hipótese de instituição de subsidiárias das empresas públicas e das sociedades de economia mista.

D) Sujeitam-se unicamente às normas do direito privado, por não admitir normas de direito público.

E) A atuação na atividade econômica é livre para o Estado, podendo surgir empresas públicas, independentemente de situações excepcionais de segurança nacional ou relevante interesse coletivo.

568) (2016) Banca: IESES – Órgão: TJ-MA – Prova: Titular de Serviços de Notas e de Registros – Provimento

Assinale a alternativa correta:

A) Somente por lei específica poderá ser criada Autarquia e autorizada a instituição de Empresa Pública, de Sociedade de Economia Mista e de Fundação, cabendo à lei complementar, neste último caso, definir as áreas de sua atuação.

B) Empresa Pública é a entidade dotada de personalidade jurídica de direito público, criada por lei para a exploração de atividade econômica, podendo revestir-se de qualquer das formas admitidas em direito.

C) Diz-se Fundação Pública a entidade dotada de personalidade jurídica de direito privado, com fins lucrativos, criada em virtude de autorização legislativa, para o desenvolvimento de atividades que não exijam execução por órgãos ou entidades de direito público, sem autonomia administrativa nem patrimônio próprio.

D) Entende-se modernamente que o conceito de Autarquia compreende um serviço autônomo qualquer, criado por lei, com personalidade jurídica e patrimônio próprios, mas eventualmente sem receita própria, destinado a executar atividades que se intitulam "não típicas" da Administração Pública, isto é, não finalísticas, e que requeiram, para seu melhor funcionamento, gestão administrativa e financeira centralizada.

569) (2014) Banca: Prefeitura do Rio de Janeiro – RJ – Órgão: Prefeitura de Rio de Janeiro – RJ – Prova: Advogado

Uma empresa pública municipal que seja financeiramente deficitária pode ser extinta desde que isso ocorra por meio do seguinte instrumento:

A) medida provisória

B) lei autorizadora

C) lei orgânica

D) decreto

570) (2014) Banca: CETREDE – Órgão: JUCEC – Prova: Advogado

Marque a alternativa que indica somente pessoas jurídicas da Administração Indireta que tenham personalidade jurídica de direito privado:

A) Fundações públicas e sociedades de economia mista.

B) Autarquias e empresas públicas.

C) Empresas públicas e sociedades de economia mista.

D) Fundações públicas e empresas públicas.

E) Autarquias e sociedades de economia mista.

571) (2017) Banca: FAPEMS – Órgão: PC-MS – Prova: Delegado de Polícia

Leia o texto a seguir.

O direito administrativo constitui uma seção, qualificada por seu conteúdo, da ordem jurídica total, aquela seção que se refere à administração, que regula a administração. Se introduzirmos nesta acepção brevíssima do conceito de direito administrativo o conceito de administração, o que significa como função de determinados órgãos, o direito administrativo se apresenta como aquela fração da ordem jurídica que deve ser aplicada por órgãos administrativos, isto é, órgãos executivos com competência para fixar instruções ou dever de obedecê-las. Se transpusermos a definição do orgânico ao funcional, poder-se-á definir o direito administrativo como conjunto de normas jurídicas que regulam aquela atividade executiva condicionável pelas instruções, ou – aceitando, por certo, que toda a atividade executiva está composta de funções jurídicas-, o conjunto de normas jurídicas que regulam aquelas funções jurídicas determináveis mediante as instruções.

MERKL. Adolf. Teoria general dei derecho administrativo. Granada: Cornares, 2004 apud ALMEIDA, Fernando Dias Menezes de. Conceito de direito administrativo. Tomo Direito Administrativo e Constitucional. (PUC-SP), 1. ed., p. 13, 2017

Quanto à administração pública indireta, assinale a alternativa correta.

A) As fundações públicas de direito privado devem ser criadas por lei específica.

B) As fundações públicas de direito público devem ser criadas por lei específica.
C) A imunidade tributária recíproca não se estende às fundações.
D) As sociedades de economia podem revestir-se de qualquer das formas admitidas em direito.
E) As empresas públicas só podem explorar diretamente atividade econômica, se tal exploração for necessária à segurança nacional ou relevante para o interesse coletivo, na forma de lei complementar.

572) (2015) Banca: OBJETIVA – Órgão: Prefeitura de Vitorino – PR – Prova: Procurador

O ente "X" faz parte da Administração Indireta. Considerando-se sua relação com a Administração Direta, assinalar a alternativa CORRETA:

A) Não possuem qualquer tipo de vinculação.
B) É caso de desconcentração.
C) Inexiste capacidade de autoadministração.
D) Há entre ambos uma vinculação para fins de controle.
E) Nenhuma das alternativas acima está correta.

573) (2015) Banca: FUNRIO – Órgão: UFRB – Prova: Tecnólogo

A Administração Indireta, segundo o Decreto-Lei nº 200/67 compreende: as autarquias, as empresas públicas, as sociedades de economia mista e as fundações públicas. A Universidade Federal do Recôncavo da Bahia (UFRB) é exemplo de entidade autárquica, vinculada ao Ministério da Educação que submete-se a devida supervisão ministerial, assim podemos afirmar:

A) todas entidades da Administração Indireta sujeitam-se ao controle administrativo, político e judicial e respondem os dirigentes, servidores e empregados que trabalham nessas instituições por improbidade administrativa, exceto as universidades federais.
B) a autonomia universitária da Universidade Federal do Recôncavo da Bahia (UFRB), assegurada constitucionalmente a todas autarquias, não admite controle externo de qualquer órgão, exceto o de supervisão ministerial do Ministério da Educação.
C) as entidades da Administração Indireta, inclusive a Universidade Federal do Recôncavo da Bahia (UFRB) estão também sujeitas ao controle administrativo, político e judicial e também pelo Tribunal de Contas da União (TCU), para realizar a fiscalização financeira, contábil, orçamentária e patrimonial.
D) os principais mecanismos de controle interno da Administração Indireta são os recursos administrativos do autocontrole, o controle hierárquico, o controle de gestão, a inspeção, a auditoria, realizada pela Corregedoria Geral da União (CGU) e Tribunal de Contas da União (TCU).
E) o controle externo da Administração Indireta é exercido por órgão da própria Administração, inclusive a Universidade Federal do Recôncavo da Bahia (UFRB), centrado nos objetivos de avaliar o cumprimento das metas previstas e na execução dos programas e do orçamento, comprovar a legalidade e avaliar resultados quanto à eficácia da gestão orçamentária, financeira e patrimonial.

AUTARQUIA: Pode ser conceituada como **pessoa jurídica de direito público interno** que se encontra sujeita ao Regime Jurídico de Direito Público, ou seja, faz uso de todas as prerrogativas de Estado e está sujeita a todas as limitações, exercendo **atividade típica de Estado.**

Características essenciais das Autarquias: a) pessoas jurídicas de Direito Público; b) criadas e extintas por lei específica, que defina, com precisão, o seu objeto e suas atribuições; c) **possuem autonomia gerencial, orçamentária e patrimonial:** não estão subordinadas à Administração Pública Direta, mas estão sujeitas ao **controle finalístico/supervisão ministerial**; d) nunca exercem atividade econômica: desempenham atividade típica de Estado; e) são imunes a impostos (conforme preceitua o art. 150, § 2º da Constituição Federal); seus bens são públicos: impenhoráveis, alienabilidade condicionada, não onerabilidade e imprescritíveis; g) praticam atos administrativos e celebram contratos administrativos; h) o regime de seus servidores públicos é estatutário e devem observar a vedação constitucional de acumulação de cargos públicos; i) respondem objetivamente pelos danos causados por seus agentes no exercício da função pública; j) gozam de prerrogativas processuais: gozam de prazos dilatados em juízo (prazo em dobro para qualquer manifestação do poder público); a cobrança de seus débitos é realizada através da execução fiscal; execução de suas dívidas acontece em conformidade com o sistema de precatórios e etc.

A responsabilidade civil será objetiva no âmbito dos danos causados pelos agentes públicos que atuam nas autarquias, ou seja, sempre que o dano for causado por agente da autarquia, a entidade responderá objetivamente e primariamente pelo dano, restando ao ente político a **responsabilização objetiva subsidiária pelo mesmo fato.**

Ademais, por ostentarem a qualidade de pessoas jurídicas de direito público, todos os bens pertencentes às entidades autárquicas **são bens públicos** e, portanto, protegidos pelo regime próprio aplicável a esses bens.

574) (2017) Banca: CESPE – Órgão: SEDF – Prova: Conhecimentos Básicos – Cargos 1, 3 a 26 (+ provas)

A respeito dos princípios da administração pública e da organização administrativa, julgue o item a seguir.

Uma autarquia é entidade administrativa personalizada distinta do ente federado que a criou e se sujeita a regime jurídico de direito público no que diz respeito a sua criação e extinção, bem como aos seus poderes, prerrogativas e restrições.

A) Certo   B) Errado

575) (2016) Banca: CESPE – Órgão: TRT – 8ª Região (PA e AP) – Prova: Técnico Judiciário – Área Administrativa

A autarquia

A) é pessoa jurídica de direito público.
B) inicia-se com a inscrição de seu ato constitutivo em registro público.
C) subordina-se ao ente estatal que a instituir
D) é uma entidade de competência política, desprovida de caráter administrativo.
E) integra a administração pública direta.

3. ORGANIZAÇÃO ADMINISTRATIVA

576) (2016) -Banca: CESPE – Órgão: PC-PE – Prova: Escrivão de Polícia Civil

Com referência à administração pública direta e indireta, assinale a opção correta.

A) Os serviços sociais autônomos, por possuírem personalidade jurídica de direito público, são mantidos por dotações orçamentárias ou por contribuições parafiscais.
B) A fundação pública não tem capacidade de autoadministração.
C) Como pessoa jurídica de direito público, a autarquia realiza atividades típicas da administração pública.
D) A sociedade de economia mista tem personalidade jurídica de direito público e destina-se à exploração de atividade econômica.
E) A empresa pública tem personalidade jurídica de direito privado e controle acionário majoritário da União ou outra entidade da administração indireta.

577) (2016) -Banca: CESPE – Órgão: TCE-PR – Prova: Auditor

Na organização administrativa do poder público, as autarquias públicas são

A) entidades da administração indireta com personalidade jurídica, patrimônio e receita próprios.
B) sociedades de economia mista criadas por lei para a exploração de atividade econômica.
C) organizações da sociedade civil constituídas com fins filantrópicos e sociais.
D) órgãos da administração direta e estão vinculadas a algum ministério.
E) organizações sociais sem fins lucrativos com atividades dirigidas ao ensino e à pesquisa científica.

578) (2017) Banca: CESPE – Órgão: DPE-AL – Prova: Defensor Público

Assinale a opção que apresenta a entidade da administração pública indireta que deve obrigatoriamente ser constituída com personalidade jurídica de direito público.

A) sociedade de economia mista
B) serviços sociais autônomos
C) autarquia
D) fundação pública
E) empresa pública

579) (2015) Banca: CESPE – Órgão: MPU – Prova: Técnico do MPU – Segurança Institucional e Transporte

Julgue o item a seguir, de acordo com o regime jurídico das autarquias.

O instrumento adequado para a criação de autarquia é o decreto, pois o ato é de natureza administrativa e de iniciativa privativa do chefe do Poder Executivo.

A) Certo   B) Errado

580) (2016) Banca: CESPE – Órgão: DPU – Prova: Técnico em Assuntos Educacionais

Em relação à administração pública direta e indireta e às funções administrativas, julgue o item a seguir.

A criação de autarquia federal depende de edição de lei complementar.

A) Certo   B) Errado

581) (2014) Banca: CESPE – Órgão: Câmara dos Deputados – Prova: Analista Legislativo

Em relação à administração pública indireta e seus temas correlatos, julgue o item subsequente.

As autarquias só podem ser criadas por lei.

A) Certo   B) Errado

582) (2017) Banca: CESPE – Órgão: TRE-PE – Prova: Técnico Judiciário – Área Administrativa

As autarquias

A) são criadas, extintas e organizadas por atos administrativos.
B) têm sua criação e sua extinção submetidas a reserva legal, podendo ter sua organização regulada por decreto.
C) têm sua criação submetida a reserva legal, mas podem ser extintas por decreto, podendo ter sua organização regulada por atos administrativos.
D) são criadas e organizadas por decreto e podem ser extintas por essa mesma via administrativa.
E) são criadas e extintas por decreto, podendo ter sua organização regulada por atos administrativos.

583) (2017) Banca: CESPE – Órgão: TCE-PE – Prova: Analista de Gestão – Administração

No que tange a regime jurídico-administrativo, organização administrativa e teoria do direito administrativo brasileiro, julgue o item a seguir.

As autarquias e as fundações públicas incluem-se entre as entidades que integram a administração pública indireta.

A) Certo   B) Errado

584) (2009) Banca: CESPE – Órgão: ANATEL – Prova: Analista Administrativo – Biblioteconomia (+ provas)

A ANATEL tem natureza de autarquia especial e é caracterizada pela autonomia administrativa e pela ausência de autonomia financeira.

A) Certo   B) Errado

585) (2014) Banca: CESPE – Órgão: ICMBIO – Prova: Técnico Administrativo

No que diz respeito à legislação administrativa, julgue o item subsecutivo.

As autarquias integram a administração indireta e, por isso, não possuem patrimônio

A) Certo   B) Errado

586) (2016) Banca: CESPE – Órgão: TRE-PI – Prova: Técnico de Administração

Entidade administrativa, com personalidade jurídica de direito público, destinada a supervisionar e fiscalizar o ensino superior, criada mediante lei específica,

A) é regida, predominantemente, pelo regime jurídico de direito privado.

B) integra a administração direta.
C) possui autonomia e é titular de direitos e obrigações próprios.
D) tem natureza de empresa pública.
E) é exemplo de entidade resultante da desconcentração administrativa.

587) (2016) Banca: CESPE – Órgão: TCE-PA – Prova: Auditor de Controle Externo – Administração

Julgue o próximo item, relativo à legislação administrativa.

"Como é uma autarquia do tipo especial, a Agência de Regulação e Controle de Serviços Públicos do Estado do Pará (ARCON–PA), criada por lei para fiscalizar e regular a prestação dos serviços públicos concedidos, não possui autonomia financeira nem administrativa".

A) Certo B) Errado

588) (2017) Banca: CESPE – Órgão: TRT – 7ª Região (CE) – Prova: Conhecimentos Básicos – Cargo 10 (+ provas)

Para o direito administrativo brasileiro, uma característica das autarquias é a

A) autonomia equiparada à dos entes federativos que as criam.
B) natureza jurídica público-privada.
C) capacidade de autoadministração.
D) criação por portaria ministerial.

589) (2014) Banca: CESPE – Órgão: ANTAQ – Prova: Conhecimentos Básicos – Cargos 1 a 4

Em relação à organização administrativa do Estado brasileiro, julgue o item a seguir.

Embora as autarquias não estejam hierarquicamente subordinadas à administração pública direta, seus bens são impenhoráveis e seus servidores estão sujeitos à vedação de acumulação de cargos e funções públicas.

A) Certo B) Errado

590) (2016) Banca: CESPE – Órgão: DPU – Prova: Analista Técnico – Administrativo

Uma autarquia federal, desejando comprar um bem imóvel — não enquadrado nas hipóteses em que a licitação é dispensada, dispensável ou inexigível — com valor de contratação estimado em R$ 50.000,00, efetuou licitação na modalidade concorrência. Considerando a situação descrita, julgue o item a seguir, acerca da organização administrativa da União, das licitações e contratos administrativos e do disposto na Lei n.º 8.112/1990.

"É prerrogativa da referida autarquia, que certamente foi criada por meio de lei específica, a impenhorabilidade dos seus bens".

A) Certo B) Errado

591) (2015) Banca: CESPE – Órgão: TRF – 5ª REGIÃO – Prova: Juiz Federal Substituto

No que concerne ao regime jurídico do servidor estatutário e do empregado público e ao regime de previdência social para ambos, assinale a opção correta.

A) O RGPS organizado pelo INSS se aplica aos empregados das pessoas jurídicas de direito privado da administração indireta e aos empregados públicos em geral, deles excluídos os servidores ocupantes exclusivamente de cargos em comissão e os servidores temporários.
B) O RGPS é obrigatório para os servidores que ingressaram no serviço público até a data da publicação do ato de instituição desse regime, e facultativo para os que ingressaram no serviço público depois da instituição desse regime.
C) Em que pese a alteração promovida pela Emenda Constitucional n.º 19, que implementou, em 1998, a reforma da administração pública, permanece válida a norma constitucional que determina que todos os entes federativos devem instituir regime jurídico único para os servidores da administração pública direta, das autarquias e das fundações de direito público.
D) O regime de emprego público regulamentado pela Lei n.º 9.962/2000 incide sobre os servidores da administração federal direta, mas não sobre os servidores das autarquias, das empresas públicas e das sociedades de economia mista.
E) Os cargos em comissão e as funções de confiança podem ser exercidos por qualquer pessoa, servidor público ou não, cabendo à legislação ordinária estabelecer os casos, as condições e os percentuais mínimos de cargos comissionados destinados aos servidores de carreira.

592) (2017) Banca: CESPE – Órgão: TRE-PE – Prova: Conhecimentos Gerais – Cargo 6 (+ provas)

No que se refere ao Regime Jurídico dos Servidores Públicos Civis da União, assinale a opção correta.

A) A Lei n.º 8.112/1990 reúne as normas aplicáveis aos servidores públicos civis da União, das autarquias e das empresas públicas federais.
B) Tanto os servidores estatutários quanto os celetistas submetem-se ao regime jurídico único da Lei n.º 8.112/1990.
C) Os cargos públicos dos órgãos dos Poderes Legislativo e Judiciário são criados por lei, e os dos órgãos do Poder Executivo, por decreto de iniciativa do presidente da República.
D) O regime estatutário é o regime jurídico próprio das pessoas jurídicas de direito público e dos respectivos órgãos públicos.
E) Consideram-se cargos públicos apenas aqueles para os quais se prevê provimento em caráter efetivo.

593) (2013) Banca: CESPE – Órgão: TRT – 17ª Região (ES) – Prova: Analista Judiciário – Oficial de Justiça Avaliador

A respeito do procedimento administrativo, do controle judicial da administração pública e da responsabilidade civil do Estado, julgue o item seguinte.

"Caso uma empresa pública federal não tenha recursos suficientes para o adimplemento de indenização derivada da prática de ato ilícito, a União responderá subsidiariamente pela referida obrigação".

A) Certo B) Errado

594) (2016) Banca: ESAF – Órgão: FUNAI – Prova: Conhecimentos Gerais

Assinale a opção que não retrata uma característica da autarquia.

A) Os seus bens são públicos.
B) A sua criação ocorre por meio de lei complementar.

C) Em regra, suas contratações devem ser feitas mediante licitação.
D) Há necessidade de concurso público para seleção de seus trabalhadores.
E) Possui personalidade jurídica.

595) (2017) Banca: FCC – Órgão: TRT – 24ª REGIÃO (MS) – Prova: Analista Judiciário – Área Engenharia (+ provas)

Com relação à Administração indireta, no que concerne às características das autarquias, considere:

I. As autarquias só por lei podem ser criadas.
II. Apenas no caso de exaustão dos recursos da autarquia é que incidirá a responsabilidade do Estado, que é subsidiária.
III. As autarquias não são subordinadas a órgão algum do Estado, mas apenas controladas.
IV. Os bens e rendas das autarquias, não apenas quando vinculados a suas finalidades essenciais, mas em toda e qualquer circunstância, possuem imunidade tributária.

Está correto o que se afirma APENAS em

A) I, II e IV.
B) III.
C) II e IV.
D) I, II e III.
E) I e III.

596) (2015) Banca: FCC – Órgão: MANAUSPREV – Prova: Analista Previdenciário – Economia

Determinado ente federado optou por organizar sua estrutura administrativa criando pessoas jurídicas para a execução de algumas competências e atividades cuja realização direta não se mostrava mais produtiva e eficiente. Essas pessoas jurídicas podem ser de diversas naturezas, com características e regime jurídico distintos. A criação de entes de determinada natureza enseja consequências inafastáveis, podendo-se mencionar que

A) empresas estatais submetem-se a regime jurídico de direito público quando prestadoras de serviço público e ao regime jurídico de direito privado quando exploradoras de atividade econômica.
B) autarquias podem exercer poder de polícia limitado, restrito às atividades fiscalizatórias, sendo-lhes vedada a execução material de suas próprias decisões, porque desprovidas de competência sancionatória.
C) fundações sujeitam-se à regra da obrigatoriedade de concurso público, sendo o único ente que integra a Administração indireta e é desprovido de personalidade jurídica própria.
D) autarquias submetem-se à regra que obriga a realização de concurso público, bem como a obrigatoriedade de licitação.
E) sociedades de economia mista, prestadoras de serviço público e exploradoras de atividade econômica, não se submetem à obrigatoriedade de licitação para aquisição de bens e materiais de consumo, bem como para contratação de obras de construção ou reforma.

597) (2014) Banca: FCC – Órgão: TJ-AP – Prova: Técnico Judiciário – Área Judiciária e Administrativa

A Administração pública pode instituir pessoas com personalidade jurídica própria, desde que o faça por meio de lei específica, para prestar serviços públicos. O enunciado diz respeito à

A) autarquia, que tem personalidade de direito público e submete-se a regime jurídico de direito público.
B) sociedade de economia mista, que tem personalidade de direito privado e submete-se a regime de direito privado parcialmente derrogado pelo regime público.
C) empresa pública, que tem personalidade de direito público e, por isso, submete-se a regime de direito público.
D) autarquia, que tem personalidade de direito público e submete-se a regime jurídico de direito privado.
E) empresa pública, que tem personalidade de direito privado e, por isso, submete-se a regime jurídico privado.

598) (2017) Banca: FCC – Órgão: TST – Prova: Técnico Judiciário – Área Administrativa

Determinado Estado da Federação tem investido em diversos projetos de parceria com a iniciativa privada para obras de infraestrutura, a fim de associar a expertise tecnológica e operacional do mercado, com a desoneração dos cofres públicos dos investimentos necessários e para promover a criação de novos empregos. Em razão disso, a Administração pública pretende criar uma pessoa jurídica integrante de sua Administração indireta, cuja finalidade institucional seja o desenvolvimento e acompanhamento de diversos projetos, realização de estudos, estruturação de sistema de garantias, bem como outras providências específicas em matéria de parcerias. Essa solução poderia ser implementada mediante a

A) instituição de uma autarquia, cuja criação deve ser devidamente autorizada por lei e cuja gestão pode admitir o regime jurídico de direito privado conforme o escopo de sua atuação, a exemplo do caso descrito.
B) criação de uma empresa pública, pessoa jurídica de direito público, em razão da constituição de seu capital social, mas que atua no mercado em regime de paridade com a iniciativa privada, conferindo a agilidade necessária pela Administração pública.
C) instituição de uma empresa estatal, cujo regime jurídico é próprio das empresas privadas, fazendo constar da finalidade institucional as atividades pretendidas pela Administração.
D) criação, por lei, de uma autarquia que, em razão de sua natureza jurídica de direito público, terá atuação regida pelo direito público, ainda que seu escopo seja típico de atuação da iniciativa privada, como pretendido pela Administração pública.
E) instituição de uma sociedade de economia mista, pessoa jurídica de direito privado, cujo controle do capital pertence integralmente ao ente que a instituiu, sujeita ao regime de competição de mercado, independentemente de seu objeto social e finalidade institucional.

599) (2016) Banca: FCC – Órgão: SEGEP-MA – Prova: Técnico da Receita Estadual – Arrecadação e Fiscalização de Mercadorias em Trânsito – Conhecimentos Gerais

São exemplos de autarquias:

A) Banco do Brasil S.A. e Conselho de Arquitetura e Urbanismo do Brasil.
B) Caixa Econômica Federal e Instituto Nacional de Colonização e Reforma Agrária.
C) Petróleo Brasileiro S.A. e Instituto Nacional de Seguridade Social.

D) Casa da Moeda do Brasil e Serviço Federal de Processamento de Dados.
E) Instituto Nacional de Seguridade Social e Instituto de Patrimônio Histórico e Artístico Nacional.

600) (2012) Banca: FCC – Órgão: TCE-AM – Prova: Analista de Controle Externo – Auditoria de Obras Públicas (+ provas)
As autarquias

A) são pessoas jurídicas de direito público, com capacidade de autoadministração, nos limites estabelecidos pela lei, não dotadas de capacidade política.
B) sujeitam-se ao mesmo regime jurídico das pessoas públicas políticas (União, Estados e Municípios), com capacidade de autoadministração e criação do próprio direito.
C) são pessoas jurídicas de direito privado, dotadas de autonomia administrativa e orçamentária em face do princípio da especialidade.
D) sujeitam-se ao regime privado, com especialização institucional e autonomia administrativa, submetidas à tutela do ente instituidor.
E) sujeitam-se ao regime público, não se submetendo ao controle tutelar do ente instituidor em face do princípio da especialidade e da autonomia administrativa.

601) (2017) Banca: FCC – Órgão: TRE-PR – Prova: Analista Judiciário – Área Judiciária
Uma autarquia pode

A) contratar empregados celetistas sem concurso público para provimento de funções em seus quadros, hipótese em que não gozarão de estabilidade e garantia de demissão precedida de processo administrativo disciplinar.
B) alienar bens de sua propriedade, desde que de natureza comum, por meio de pregão, vedada a modalidade eletrônica quando for necessária a prestação de garantia.
C) contratar bens e serviços por meio de regime jurídico de direito privado quando se tratar de sua atividade fim e estiver sujeita a mercado concorrencial.
D) ser titular e executar serviços públicos essenciais quando assim lhe for atribuído pela lei que a criou e que disciplina sua atuação, inclusive para fins de disciplinar o exercício dos poderes típicos da Administração pública.
E) participar do capital social ou ser acionista de empresas estatais da mesma esfera de governo, independentemente do que preveja a lei que a criou, bem como de seu escopo de atuação, tendo em vista que também integram a Administração indireta e, como tal, sujeitam-se ao mesmo regime jurídico e finalidade mediata.

602) (2015) Banca: FCC – Órgão: TRT – 9ª REGIÃO (PR) – Prova: Analista Judiciário – Área Judiciária
Representa mecanismo de "descentralização por serviços" das atividades da Administração pública a criação de

A) empresa pública, em que parcela da atividade do poder central é repassado a ente despersonalizado, para que o exerça em regime de direito privado e com autonomia orçamentária financeira em relação ao poder central.
B) autarquia, em que parcela da atividade do poder central é repassada a ente personalizado, para que o exerça em regime de direito privado e, em razão desse regime, sem autonomia em relação ao poder central.
C) empresa pública, em que parcela da atividade do poder central é repassada a ente personalizado, para que o exerça em regime de direito público e, em razão da configuração empresarial, sem autonomia em relação ao poder central.
D) autarquia, em que parcela da atividade do poder central é repassada a ente despersonalizado, para que o exerça em regime de direito público e, em razão desse regime, sem autonomia em relação ao poder central.
E) autarquia, em que parcela da atividade do poder central é repassada a ente personalizado, para que o exerça em regime de direito público e com autonomia financeira e administrativa.

603) (2017) Banca: FCC – Órgão: PC-AP – Prova: Oficial de Polícia Civil
Nas dependências de uma unidade hospitalar pública, constituída sob a forma de autarquia, houve uma pane no sistema de refrigeração de ar, tendo danificando os termostatos existentes, permitindo a elevação das temperaturas a níveis não aceitáveis para preservação de medicamentos e de vacinas, bem como para realização de cirurgias. Os serviços foram parcialmente interrompidos, parte da medicação armazenada teve que ser descartada, ou seja, houve prejuízos ao Poder Público e à população. Em sede de responsabilização

A) os gestores da autarquia, servidores públicos, podem ser responsabilizados disciplinarmente, diante da demonstração de negligência na manutenção preventiva dos equipamentos, sem prejuízo da pessoa jurídica de direito público arcar com os danos causados pela deficiência de funcionamento do serviço.
B) é cabível a responsabilidade objetiva do ente federado que criou a autarquia, esta que não responde diretamente pelos danos causados em razão de sua condição de ente dependente, sem prejuízo da possibilidade de responsabilização dos gestores.
C) devem ser comprovados os danos sofridos e o nexo causal com o problema no sistema de refrigeração, excluindo-se a responsabilidade diante de caso fortuito ou força maior, que também se aplica à defesa dos gestores diante de demonstração de deficiência na manutenção dos equipamentos.
D) é possível que aqueles que tiverem sofrido danos diretos da má atuação administrativa demandem a autarquia judicialmente para pleitear indenização, incidindo a modalidade subjetiva, não cabendo, todavia, a responsabilização disciplinar dos gestores do hospital porque não integram a Administração direta.
E) não há que se falar em responsabilização de autarquia, porque não preenche o requisito de concessionária de serviço público, podendo responder subjetivamente caso demonstrada culpa dos agentes públicos na manutenção do sistema de refrigeração, além dos diretores poderem vir a arcar com os prejuízos causados pela perda de medicamentos anteriormente em bom estado para uso.

604) (2016) Banca: FCC – Órgão: TRT – 23ª REGIÃO (MT) – Prova: Analista Judiciário – Área Administrativa
Determinada autarquia do Estado do Mato Grosso foi condenada a pagar indenização a um de seus servidores. Após a con-

denação, utilizou-se do prazo em quádruplo para recorrer, e, na fase de execução da condenação, alegou a impossibilidade de arcar com a indenização por não ter patrimônio próprio. A propósito dos fatos,

A) incorreto o prazo recursal, que é em dobro para recorrer, bem como o fundamento do patrimônio, pois a autarquia tem patrimônio próprio.
B) correto tanto o prazo recursal, como o argumento relativo ao patrimônio.
C) correto o prazo recursal, mas incorreto o fundamento do patrimônio, pois a autarquia tem patrimônio próprio.
D) incorreto o prazo recursal, que, na hipótese, é prazo simples, mas correto o fundamento do patrimônio.
E) incorreto o prazo recursal, que, na hipótese, é em dobro, mas correto o fundamento do patrimônio.

605) (2015) Banca: FCC – Órgão: SEFAZ-PI – Prova: Analista do Tesouro Estadual – Conhecimentos Gerais

As autarquias foram instituídas no contexto de descentralização das atividades estatais, possuindo fundamental relevância no desempenho das competências constitucionais atribuídas às pessoas políticas. O desempenho das atividades atribuídas às autarquias

A) não pode contemplar a delegação da titularidade de serviços públicos, somente sua execução, eis que essas atividades são privativas e exclusivas das pessoas políticas indicadas nas normas constitucionais.
B) pode contemplar a execução de serviços públicos e ser prestada por empregados submetidos ao regime jurídico trabalhista, não obstante sofram inflexões do regime público, como no caso da investidura.
C) pode ser feito por servidores denominados empregados públicos quando aquelas atividades forem típicas da prestação por empresas estatais, tendo em vista que nesse caso o ente passa a se submeter ao regime jurídico privado.
D) permite a contratação de servidores estatutários, empregados públicos e de comissionados, aos quais não se aplica a vedação ao nepotismo, restrito à Administração direta.
E) exige que o regime a que se sujeitam seus servidores seja o mesmo previsto para a Administração direta, não sendo possível a submissão a regime jurídico trabalhista, em razão de se consubstanciarem em *longa manus* do Poder Público.

606) (2015) Banca: FGV – Órgão: Câmara Municipal de Caruaru – PE – Prova: Técnico Legislativo

As autarquias são pessoas jurídicas administrativas e correspondem a uma extensão da administração direta, visto que prestam serviços públicos e executam atividades típicas do Estado de forma descentralizada.

Sobre as autarquias, assinale a afirmativa correta.

A) São pluripessoais quando o capital pertencer a mais de um ente público.
B) Exploram atividade econômica na forma de sociedade anônima, sendo que a maioria das ações com direito a voto deve pertencer ao ente estatal ao qual pertencem.
C) São formadas exclusivamente por entes da Federação, com a finalidade de realizar a gestão associada dos serviços públicos.
D) São criadas para a exploração de atividade econômica que o Governo é levado a exercer por força de contingência ou de conveniência administrativa.
E) Estão sujeitas ao controle ou à tutela do Ministério a que se encontram vinculadas.

607) (2014) Banca: FGV – Órgão: TJ-GO – Prova: Analista Judiciário

São entidades integrantes da Administração Indireta, com personalidade jurídica de direito público, criadas por lei específica para desempenhar funções que, despidas de caráter econômico, são próprias e típicas do Estado, as:

A) fundações públicas;
B) empresas públicas;
C) autarquias;
D) sociedades de economia mista;
E) secretarias e ministérios.

608) (2015) Banca: FGV – Órgão: Câmara Municipal de Caruaru – PE – Prova: Técnico Legislativo

Acerca da figura jurídica das autarquias, assinale a opção que aponta corretamente suas características.

A) São pessoas jurídicas da Administração Indireta, que possuem natureza jurídica de direito público, criadas por lei específica, para a execução de atividades típicas da Administração Pública.
B) São órgãos da Administração Direta que possuem natureza jurídica de direito público, criados por lei específica, para a execução de atividades típicas da Administração Pública.
C) São pessoas jurídicas da Administração Indireta que possuem natureza jurídica de direito público, cuja criação é autorizada por lei específica, para a execução de atividades típicas da Administração Pública.
D) São órgãos da Administração Direta que possuem natureza jurídica de direito público, cuja criação é autorizada por lei específica, para a execução de atividades típicas da Administração Pública.
E) São pessoas jurídicas da Administração Indireta que possuem natureza jurídica de direito privado, cuja criação é autorizada por lei específica, para a exploração de atividade econômica que o Governo seja levado a exercer por força de contingência ou de conveniência administrativa.

609) (2017) Banca: FGV – Órgão: SEPOG – RO – Prova: Analista de Planejamento e Finanças (+ provas)

Arnaldo, após intensos estudos sobre as pessoas jurídicas que integram a Administração Pública indireta, decidiu individualizar aquelas que são criadas por lei, possuem patrimônio próprio e pertencem, em sua integralidade, ao Poder Público.

À luz da ordem jurídica vigente, os entes que apresentam essas características são as

A) autarquias.
B) sociedades de economia mista.
C) empresas públicas.
D) fundações públicas.
E) subsidiárias integrais.

610) (2014) Banca: FGV – Órgão: MPE-RJ – Prova: Estágio Forense

As autarquias desempenham funções que, despidas de caráter econômico, são próprias e típicas do Estado.

Sobre as autarquias, é correto afirmar que:

A) apesar de serem pessoas jurídicas de direito privado, exercem atividades de interesse público;

B) integram a Administração Direta e exercem atividades de interesse público;

C) são pessoas jurídicas de direito público e somente por lei específica podem ser criadas;

D) fazem parte da Administração Indireta e têm personalidade jurídica de direito privado;

E) integram a Administração Indireta e não se aplica a seu pessoal a proibição constitucional de acumulação de cargos públicos.

611) (2017) Banca: FGV – Órgão: IBGE – Prova: Analista Censitário – Gestão e Infraestrutura

Na Administração Pública brasileira, as pessoas jurídicas que correspondem a uma extensão da Administração direta, executando atividades típicas do Estado de forma descentralizada, possuindo personalidade jurídica própria de Direito Público, patrimônio e receita próprios, atribuição específica e autonomia administrativa e financeira, criadas por lei e vinculadas a um Ministério ou à Presidência da República, são denominadas:

A) órgãos da administração direta;

B) concessionárias de serviços públicos;

C) organizações sociais (OS);

D) empresas públicas;

E) autarquias.

612) (2015) Banca: FGV – Órgão: Prefeitura de Niterói – RJ – Prova: Agente Fazendário

Consoante ensina a doutrina de Direito Administrativo, as autarquias municipais integram a chamada Administração:

A) Direta, têm personalidade jurídica de direito público e são criadas por lei complementar;

B) Direta, têm personalidade jurídica de direito privado e sua criação é autorizada por lei complementar;

C) Indireta, têm personalidade jurídica de direito público e são criadas por lei específica;

D) Indireta, têm personalidade jurídica de direito privado e sua criação é autorizada por lei complementar;

E) Indireta, têm personalidade jurídica de direito público e sua criação é autorizada por lei complementar.

613) (2015) Banca: FGV – Órgão: TCM-SP – Prova: Agente de Fiscalização – Ciências Contábeis

Com base na doutrina de Direito Administrativo, é correto afirmar que as autarquias:

A) ostentam personalidade jurídica de direito privado;

B) são criadas por decreto do chefe do Poder Executivo;

C) desempenham funções atípicas do Estado de caráter econômico;

D) têm o seu pessoal regido pelo regime da CLT;

E) possuem capacidade de autoadministração.

614) (2017) Banca: FGV – Órgão: SEPOG – RO – Prova: Especialista em Gestão Pública e Gestão Governamental

Na Administração Pública federal brasileira encontra-se a existência de entidades denominadas autarquias.

Quanto às autarquias, assinale a afirmativa incorreta.

A) Devem ser criadas por lei.

B) Possuem personalidade jurídica própria.

C) Estão subordinadas hierarquicamente ao seu órgão supervisor.

D) Compõem a Administração Pública indireta.

E) Têm patrimônio próprio.

615) (2015) Banca: IESAP Órgão: EPT – Maricá – Prova: Assistente Administrativo

Sobre as autarquias não é correto afirmar:

A) Deve ser criada mediante lei específica.

B) Executa atividades típicas da administração pública, que requeiram, para seu melhor funcionamento, gestão administrativa e financeira descentralizada.

C) É uma entidade com personalidade jurídica de direito privado, criada por lei.

D) São entes de direito público com personalidade jurídica e patrimônios próprios.

616) (2016) Banca: IBF Órgão: SES-PR – Prova: Técnico Administrativo

Leia a afirmação a seguir e assinale a alternativa que preenche corretamente a lacuna. _____ é a Entidade integrante da Administração Pública indireta, criada pelo próprio governo, através de uma Lei Específica para exercer uma função típica, exclusiva do Estado.

A) Empresa pública.

B) Sociedade de economia mista.

C) Fundações Públicas.

D) Autarquias.

617) (2016) Banca: IBFC – Órgão: TCM-RJ – Prova: Técnico de Controle Externo

Autarquia, no Direito Administrativo brasileiro, indica um caso especial de descentralização por serviços. Trata-se de ente da administração indireta que, entre outras características:

A) possui personalidade jurídica de direito privado

B) adquire personalidade jurídica com o registro civil

C) realiza atividades típicas da Administração Pública

D) desempenha atividade econômica em sentido estrito

618) (2017) Banca: IBFC – Órgão: TJ-PE – Prova: Técnico Judiciário – Função Administrativa

As autarquias fazem parte da organização da Administração Federal e têm papel importante na realização de tarefas primordiais ao coerente exercício da atividade pública. Sobre o tema, assinale a alternativa que contém a definição legal de autarquia.

A) Entidade dotada de personalidade jurídica de direito privado, com patrimônio próprio e capital exclusivo da União, criado por lei para a exploração de atividade econômica que o

Governo é levado a exercer por força de contingência ou de conveniência administrativa, podendo revestir-se de qualquer das formas admitidas em direito

B) Instituição dotada de personalidade jurídica de direito privado, sem fins lucrativos, criada em virtude de autorização legislativa, para o desenvolvimento de atividades que não exijam execução por órgãos ou entidades de direito público, com autonomia administrativa, patrimônio próprio gerido pelos respectivos órgãos de direção, e funcionamento custeado por recursos da União e de outras fontes

C) Fundação dotada de personalidade jurídica de direito privado, criada por lei para a exploração de atividade econômica, sob a forma de sociedade anônima, cujas ações com direito a voto pertençam em sua maioria à União ou a entidade da Administração Indireta

D) Órgão da Administração direta que se constitui dos serviços integrados na estrutura administrativa da Presidência da República e dos Ministérios

E) Serviço autônomo, criado por lei, com personalidade jurídica, patrimônio e receita próprios, para executar atividades típicas da Administração Pública, que requeiram, para seu melhor funcionamento, gestão administrativa e financeira descentralizada

619) (2017) Banca: IBFC – Órgão: TJ-PE – Prova: Técnico Judiciário – Função Administrativa

Assinale a alternativa que não contém uma autarquia federal.

A) Instituto Nacional de Metrologia, Qualidade e Tecnologia
B) Ordem dos Músicos do Brasil
C) Universidade Federal de Pernambuco
D) Comissão de Valores Mobiliários
E) Serviço Federal de Processamento de Dados

620) (2016) Banca: COPEVE-UFAL – Órgão: UFAL – Prova: Administrador (+ provas)

A Administração Pública, para exercer as funções que lhe são próprias, estrutura-se de diferentes formas e compreende diferentes órgãos e entidades. A respeito das autarquias, é correto afirmar:

A) são órgãos da Administração Pública e sujeitam-se ao regime jurídico administrativo.
B) integram a Administração Pública Direta e sujeitam-se ao regime de direito privado.
C) integram a Administração Pública Direta e sujeitam-se ao regime jurídico administrativo.
D) integram a Administração Pública Indireta e sujeitam-se ao regime de direito privado.
E) integram a Administração Pública Indireta e sujeitam-se ao regime jurídico administrativo.

621) (2014) Banca: FUNCAB – Órgão: SEDS-TO – Prova: Analista Socioeducador – Direito

Pessoa jurídica de direito público da Administração Pública Indireta, instituída diretamente por lei específica para o desempenho de atividades típicas de Estado, gozando de todas as prerrogativas e sujeitando-se a todas as restrições estabelecidas para Administração Pública Direta é denominada:

A) autarquia.
B) organização social.
C) empresa pública.
D) serviço social autônomo.

622) (2014) Banca: FUNCAB – Órgão: PRF – Prova: Agente Administrativo – 01

Acerca das autarquias, é correto afirmar que:

A) os bens que formam o acervo patrimonial são classificados como bens privados e, portanto, estão sujeitos às regras da impenhorabilidade, imprescritibilidade, inalienabilidade e a impossibilidade de oneração, não podendo ser gravados por garantias reais, tais como a hipoteca e o penhor.
B) não estão abrangidas pela imunidade recíproca, que impede a incidência de impostos sobre os seus bens, rendas e serviços.
C) somente por lei específica poderão ser criadas.
D) integram a administração pública direta.
E) são entidades voltadas, por definição, à busca de interesses predominantemente privados.

623) (2014) Banca: FUNCAB – Órgão: PRODAM-AM – Prova: Engenharia Elétrica (+ provas)

Ente administrativo autônomo, criado por lei específica, com personalidade jurídica de Direito Público interno, patrimônio próprio e atribuições estatais específicas. Esse é o conceito de:

A) Empresa Pública.
B) Sociedade de Economia Mista.
C) Fundação.
D) Autarquia.
E) Concessionária.

624) (2015) Banca: FUNCAB – Órgão: FUNASG – Prova: Advogado

Com relação às entidades da Administração Pública Indireta, assinale a alternativa correta.

A) As agências reguladoras têm natureza jurídica de empresa pública em regime especial e são pessoas jurídicas de Direito Público com capacidade administrativa.
B) As autarquias são pessoas jurídicas de direito público, criadas por lei específica, dotadas de autonomia gerencial, orçamentária e patrimonial, e nunca podem desempenhar atividade econômica.
C) Empresas públicas são pessoas jurídicas de direito público, criadas por autorização legislativa, com totalidade de capital público e regime organizacional livre.
D) As fundações públicas não podem exercer poder de polícia administrativa.
E) A Justiça Federal é competente para julgar demandas envolvendo as sociedades de economia mista.

625) (2016) Banca: FUNCAB – Órgão: ANS – Prova: Técnico em Regulação de Saúde Suplementar

A Administração Pública indireta é composta por autarquias, fundações públicas, empresas públicas e sociedades de economia mista. No que tange às características das autarquias, assinale a assertiva correta.

A) Regime jurídico funcional celetista e personalidade jurídica de direito privado.

B) Personalidade jurídica de direito privado ou público e não sujeição ao controle administrativo.
C) Regime Jurídico Funcional estatutário e impenhorabilidade de bens.
D) Responsabilidade civil subjetiva e penhorabilidade de bens.
E) Personalidade jurídica de direito privado e prerrogativas processuais, como por exemplo, prazo dilatado em juízo.

626) (2015) Banca: CONSESP – Órgão: DAE-Bauru – Prova: Procurador Jurídico

"São pessoas jurídicas de direito público interno, pertencentes à Administração Pública indireta, criadas por lei específica para o exercício de atividades típicas da Administração Pública."

O texto acima remete ao conceito de

A) Empresa Pública.
B) Sociedade de Economia Mista.
C) Associação.
D) Autarquia.
E) Fundação.

627) (2015) Banca: NC-UFPR – Órgão: Prefeitura de Curitiba – PR – Prova: Procurador

A respeito das várias figuras que a ordem jurídica brasileira contempla na seara da Administração Pública, assinale a alternativa correta.

A) Sociedades de economia mista e empresas públicas têm, como característica comum, a personalidade jurídica de direito privado, o capital público e a imposição legal de se constituírem sob a forma de sociedades anônimas.
B) Criadas por lei, as autarquias são pessoas jurídicas com personalidade de direito público, com capacidade exclusivamente administrativa, sujeitas à tutela e submetidas ao regime jurídico-administrativo.
C) Os serviços sociais autônomos são instituídos por lei e, como entes paraestatais de colaboração com o Poder Público, detêm personalidade jurídica de direito público.
D) As organizações sociais são pessoas jurídicas com personalidade de direito privado e com fins lucrativos, pois criadas por particulares para desempenhar atividades específicas, com incentivo e fiscalização do Estado, devendo celebrar contrato de gestão.
E) Os consórcios públicos podem ter natureza pública ou privada, porém não podem promover desapropriações, pois essa prerrogativa é exclusiva das entidades da Administração Indireta, da qual são originários.

628) (2017) Banca: VUNESP – Órgão: Prefeitura de São José dos Campos – SP – Prova: Procurador

Consoante site da Prefeitura de São José dos Campos: "O Instituto de Previdência do Servidor Municipal de São José dos Campos – IPSM é uma entidade autárquica, sem fins lucrativos. É o órgão gestor do Regime Próprio de Previdência do Município. Seu compromisso é atender às necessidades do servidor municipal de São José dos Campos, concedendo benefícios, prestando serviços aos seus segurados e dependentes."

Podemos afirmar corretamente que o IPSM:

A) integra a Administração Pública Direta do Município, com personalidade jurídica de direito público.
B) integra a Administração Pública Indireta, possuindo personalidade jurídica de direito privado.
C) não integra a Administração Pública do Município, possuindo personalidade jurídica de direito privado.
D) integra a Administração Pública Indireta, possuindo personalidade jurídica de direito público.
E) sendo uma autarquia é pessoa jurídica de direito público, instituída para desempenhar atividades administrativas sob regime de direito privado.

629) (2017) Banca: VUNESP – Órgão: CRBio – 1ª Região – Prova: Analista – Advogado

Os Conselhos Federal e Regionais de Biologia constituem, em conjunto, uma autarquia federal, cujo objetivo é orientar, disciplinar, e fiscalizar o exercício da profissão de biólogo. É correto afirmar que referida autarquia tem

A) personalidade jurídica de direito privado e autonomia administrativa e financeira, uma vez que seu orçamento é composto por contribuições dos profissionais registrados.
B) personalidade jurídica de direito privado, autonomia administrativa e financeira e é sujeita à supervisão ministerial.
C) personalidade jurídica de direito público, autonomia administrativa e financeira e é sujeita à prestação de contas ao Tribunal de Contas da União.
D) personalidade jurídica de direito privado, autonomia administrativa e financeira e integra a Administração indireta.
E) personalidade jurídica de direito público, autonomia administrativa e financeira, e é sujeita a controle administrativo, integrando a Administração direta.

630) (2011) Banca: VUNESP – Órgão: SAP-SP – Prova: Analista Administrativo

As autarquias

A) possuem natureza administrativa e personalidade jurídica de direito privado.
B) não possuem dever de licitar.
C) podem ser criadas por meio de decreto do Poder Executivo.
D) estão sujeitas a controle exercido pela entidade a que se vinculam.
E) somente poderão ser criadas pela União e Estados-Membros.

631) (2016) Banca: VUNESP – Órgão: Prefeitura de Várzea Paulista – SP – Prova: Procurador Jurídico

No tocante aos órgãos públicos, é correto afirmar que

A) a criação depende de lei, mas a extinção poderá ocorrer por meio de decreto.
B) somente a estruturação deverá ocorrer por meio de decreto do Chefe do Poder Executivo.
C) atualmente, o ordenamento jurídico exige lei para criação, estruturação e atribuições.
D) após alteração constitucional, a estruturação e atribuições podem ser processadas por meio de decreto do Chefe do Executivo.
E) a extinção depende de lei, mas a criação poderá ocorrer por meio de decreto.

632) (2015) Banca: VUNESP – Órgão: Prefeitura de Caieiras – SP – Prova: Assistente Legislativo

A autarquia, órgão da administração pública indireta, tem como principais elementos caracterizadores:

A) ser criada por lei e ter patrimônio próprio.
B) possuir função econômica e patrimônio próprio.
C) ser autorizada por lei e ter personalidade de direito privado.
D) ser autorizada por lei e ter patrimônio personalizado.
E) possuir forma societária e regime estatutário.

633) (2017) Banca: MS CONCURSOS – Órgão: Prefeitura de Piraúba – MG – Prova: Assistente Administrativo (+ provas)

É entidade integrante da Administração Pública Indireta. Essa afirmação refere-se a:

A) Secretaria de Governo
B) Tribunal de Justiça
C) Autarquia
D) Ministério Público

634) (2017) Banca: FEPESE – Órgão: PC-SC – Prova: Escrivão de Polícia Civil

A respeito das entidades integrantes da administração pública indireta, as pessoas jurídicas de direito público, criadas por lei, sem caráter econômico, para desempenho de funções próprias e típicas de Estado, são denominadas:

A) Autarquias.
B) Empresas públicas.
C) Fundações públicas.
D) Organizações sociais.
E) Sociedades de economia mista.

635) (2016) Banca: RHS Consult – Órgão: Prefeitura de Paraty – RJ – Prova: Procurador

Com relação às autarquias, pode-se afirmar que:

A) Possuem personalidade física de direito público externo.
B) São formas de centralização administrativa.
C) São entes administrativos autônomos, criados por lei.
D) Agem por delegação.
E) Subordinam-se hierarquicamente às entidades estatais.

636) (2016) Banca: Quadrix – Órgão: CRO – PR – Prova: Procurador Jurídico (+ provas)

Sobre as entidades da Administração Pública indireta, assinale a alternativa correta.

A) As sociedades de economia mista são pessoas jurídicas de direito privado, instituídas por lei para exploração de atividade econômica, ou atividades típicas da administração pública.
B) As autarquias são pessoas jurídicas de direito privado, criadas por lei para exploração de atividade econômica
C) As autarquias são pessoas jurídicas de direito público, criadas por lei para exploração de atividade típica da Administração Pública.
D) As empresas públicas são pessoas jurídicas de direito público, criadas por lei para exploração de atividade típica do Estado
E) As empresas públicas são pessoas jurídicas de direito público, criadas por lei, sob a forma de sociedade anônima, para exploração de atividade econômica.

637) (2017) Banca: Quadrix – Órgão: CFO-DF – Prova: Secretariado Executivo

Julgue o item que se segue acerca da administração direta e indireta.

As autarquias são pessoas jurídicas de direito público que desenvolvem atividade típica de Estado, não estão hierarquicamente subordinadas aos entes federativos, mas se sujeitam ao controle finalístico exercido pelos entes da administração direta responsável por sua criação.

A) Certo B) Errado

638) (2015) Banca: Quadrix Órgão: CRESS-PR Prova: Assistente Administrativo

As Autarquias detêm os mesmos privilégios da entidade ou pessoa política à qual estão vinculadas, dentre os quais:

A) seus créditos não são passíveis de execução fiscal.
B) podem revogar os próprios atos administrativos quando eivados de nulidade.
C) não incidência, por isenção, apenas de impostos sobre patrimônio.
D) não estão sujeitas ao controle externo exercido pelo Poder Legislativo.
E) não incidência, por imunidade, de impostos sobre patrimônio, rendas e serviços.

639) (2017) Banca: IESES – Órgão: TJ-RO – Prova: Titular de Serviços de Notas e de Registros – Remoção

As autarquias são criadas para executar atividades típicas da Administração Pública, que requeiram, para seu melhor funcionamento, gestão administrativa e financeira descentralizada. Esta criação destas entidades se dá através de:

A) Decreto.
B) Portaria.
C) Lei.
D) Resolução.

640) (2016) Banca: PR-4 UFRJ – Órgão: UFRJ – Prova: Técnico em Enfermagem – Geral

A Administração Pública Federal, com objetivo de ampliar a rede de ensino superior, tornando mais efetivo o direito à Educação, por meio de lei específica, resolve criar várias Universidades. Com base na legislação em vigor, assinale a alternativa que apresenta a entidade da Administração Pública Indireta dotada de personalidade jurídica de direito público, criada por lei específica, para prestar serviço de ensino.

A) Agência Reguladora.
B) Sociedade de Economia Mista.
C) Autarquia Federal.
D) Órgão Público.
E) Fundação Pública de Direito Privado.

641) (2016) Banca: IBADE – Órgão: Câmara de Santa Maria Madalena – RJ – Prova: Procurador Jurídico

A descentralização administrativa ocorre quando o Estado desempenha algumas de suas atribuições por meio de outras pessoas, e não pela administração direta. Sobre as autarquias, é correto afirmar que são:

A) pessoas jurídicas de direito privado, integrantes da administração indireta, instituídas pelo Poder Público, mediante autorização específica, sob qualquer forma jurídica e com capital exclusivamente público, para a exploração de atividades econômicas ou para a prestação de serviço público.
B) a personificação de um patrimônio ao qual é atribuída uma finalidade específica não lucrativa, de cunho social.
C) pessoas jurídicas de direito privado, integrantes da administração indireta, instituídas pelo Poder Público, mediante autorização de lei específica, sob a forma de sociedade anônima, com participação obrigatória de capital privado e público, sendo da pessoa jurídica instituidora ou de entidade da respectiva administração indireta o controle acionário, para a exploração de atividades econômicas ou para a prestação de serviço público.
D) entidades administrativas autônomas, criadas por lei específica, com personalidade jurídica de direito público, patrimônio próprio e atribuições estatais determinadas.
E) pessoas jurídicas formadas exclusivamente por entes da Federação, na forma da Lei nº 11.107, de 2005, para estabelecer relações de cooperação federativa, inclusive a realização de objetivos de interesse comum.

642) (2016) Banca: COMPERVE – Órgão: UFRN – Prova: Administrador

A Administração Pública Federal está organizada em Administração Pública Direta e Administração Pública Indireta. A UFRN pertence à Administração Pública Indireta e é organizada como uma Autarquia. As Autarquias

A) são pessoas jurídicas de direito privado, integrantes da administração indireta, instituídas pelo Poder Público, com participação obrigatória de capital privado e público, sendo da pessoa política instituidora ou de entidade da respectiva administração indireta o controle acionário, para a exploração de atividades econômicas ou para a prestação de serviços públicos.
B) são definidas doutrinariamente como um patrimônio público personificado e destinado ao exercício de competências administrativas específicas.
C) são pessoas jurídicas de direito privado, integrantes da administração indireta, instituídas pelo Poder Público, mediante autorização em lei específica, sob qualquer forma jurídica e com capital exclusivamente público, para a exploração de atividades econômicas ou para a prestação de serviços públicos.
D) são pessoas jurídicas de direito público, criadas diretamente por lei específica, com patrimônio e receita próprios, para executar atividades típicas da administração pública, com gestão administrativa e financeira descentralizada.

643) (2014) Banca: ACAFE – Órgão: PC-SC – Prova: Agente de Polícia

Qual das características abaixo não se aplica às autarquias?
A) Possuem administração e receitas próprias.
B) Têm capacidade política.
C) Executam atividades típicas da Administração Pública Direta.
D) Criadas para prestar serviço autônomo.
E) São extintas por lei.

644) (2016) Banca: FAU – Órgão: Prefeitura de Chopinzinho – PR – Prova: Procurador Municipal

Sobre as Autarquias, pode-se afirmar que:
A) Possuem personalidade jurídica de direito público, são criadas por lei e possuem patrimônio e receita próprios.
B) Possuem estreita relação com a Fundação, vez que ambas possuem personalidade jurídica de direito privado.
C) Possuem personalidade jurídica de direito público, porém, não possui patrimônio e receita próprios.
D) São órgãos da Administração Pública Direta, resultado da descentralização do poder administrativo.
E) Não estão sujeitas a controle ou tutela, pois possuem patrimônio e receita próprios.

645) (2014) Banca: CIEE – Órgão: AGU – Prova: Direito

Pode-se dizer que a Administração Pública indireta é o conjunto de pessoas jurídicas, de direito público ou privado, as quais são criadas por lei para desempenhar atividades assumidas pelo Estado. Das entidades que compõem a Administração indireta, tem-se a autarquia. Sobre ela, é correto afirmar que
A) possui personalidade jurídica privada.
B) se sujeita a controle ou tutela.
C) possui capital aberto.
D) desempenha atividades de natureza exclusivamente econômica

646) (2016) Banca: Serctam – Órgão: Prefeitura de Quixadá – CE – Prova: Assistente Jurídico

Marque a alternativa INCORRETA.
A) As autarquias gozam de imunidade tributária recíproca, que veda a instituição de tributos sobre seu patrimônio, suas rendas, e sobre os serviços que elas prestem, desde que estejam vinculadas às suas finalidades essenciais ou às que destas decorram.
B) Não é mais possível a admissão concomitante de servidores públicos estatutários e de empregados públicos celetistas na administração direta, nas autarquias e nas fundações públicas de um mesmo ente federado.
C) As dívidas e direitos em favor de terceiros contra autarquias prescrevem em cinco anos.
D) São elementos essenciais no conceito de fundação: a figura do instituidor, que faz a dotação patrimonial, o objeto consistente em atividades de interesse social e a ausência de fins lucrativos.
E) As autarquias responderão pelos danos que seus agentes, nessa qualidade, causarem a terceiros, assegurado o direito ao regresso contra o responsável nos casos de dolo ou culpa.

647) (2016) Banca: BIO-RIO – Órgão: SAAE de Barra Mansa – Prova: Advogado

De acordo com a legislação vigente, qual das situações descritas abaixo NÃO se enquadra como sendo um benefício concedido às pessoas jurídicas de direito público?
A) Presença das cláusulas exorbitantes nos contratos administrativos.
B) Prescrição quinquenal para todo e qualquer direito ou ação em face da Fazendo Pública.
C) Prazo em quádruplo para contestar e em dobro para recorrer.
D) Imunidade tributária no que diz respeito ao patrimônio, renda e serviços.

648) (2016) Banca: MPE-GO – Órgão: MPE-GO – Prova: Promotor de Justiça Substituto

Por terem personalidade jurídica de direito público e designarem espécie de descentralização por serviços, as autarquias possuem todas as prerrogativas ou poderes decorrentes do regime jurídico administrativo.

Feita a afirmação acima, assinale a alternativa incorreta:

A) A autarquia possui autonomia financeira. Seus recursos, não importa se oriundos de trespasse estatal ou hauridos como produto da atividade que lhe seja afeta, configuram recursos e patrimônio próprios.

B) a autarquia, como pessoa jurídica pública, usualmente persegue objetivos públicos, sem finalidades lucrativas.

C) os bens das autarquias são inalienáveis e imprescritíveis, podendo, no entanto, ser adquiridos pela via do usucapião, conforme autoriza o artigo 191 da Constituição da República, bem como o artigo 102 do Código Civil brasileiro.

D) Os Conselhos de fiscalização profissional, por possuírem natureza jurídica de autarquia corporativa, devem se submeter aos princípios constitucionais concernentes à Administração Pública, inclusive o da exigência de realização de concurso público para contratação de pessoal.

Espécies de Autarquias: Autarquias em Regime Especial: é toda aquela autarquia que a lei instituidora confere privilégios específicos e aumenta sua autonomia comparativamente com as autarquias comuns, sem infringir os preceitos constitucionais pertinentes a essas entidades. São Autarquias em Regime Especial as Agências Reguladoras e as Universidades Públicas.

Autarquia Fundacional: fundação com personalidade jurídica de direito público criada mediante a afetação/destinação de patrimônio público a uma certa finalidade. Ex.: PROCON, FUNASA etc.;

Autarquias associativas: criada mediante a associação pública entre os entes federados formando **consórcio público com personalidade jurídica de direito público.** As mencionadas associações integram a Administração Pública Indireta de todos os entes federados consorciados;

Autarquias de controle: entidades que possuem a prerrogativa de exercer o controle e a fiscalização sobre o exercício de determinadas profissões, no âmbito do **exercício do poder de polícia**, visando assegurar o interesse público. Ex: o Conselho Regional de Medicina controla/condiciona a prática da atividade médica àqueles que possuem um registro no CRM, restringindo o direito individual do médico de exercer a sua profissão livremente em nome do interesse público (Poder de Polícia).

649) (2016) Banca: CESPE – Órgão: TCE-PA – Prova: Auditor de Controle Externo – Administração

A respeito da administração direta, indireta e fundacional, julgue o item a seguir.

"Agências reguladoras federais, como a Agência Nacional de Energia Elétrica, a Agência Nacional de Vigilância Sanitária e a Agência Nacional de Petróleo, Gás Natural e Biocombustíveis, embora possuam características especiais conferidas pelas leis que as criaram, são consideradas autarquias".

A) Certo   B) Errado

650) (2017) Banca: CESPE – Órgão: TRT – 7ª Região (CE) Prova: Técnico Judiciário – Área Administrativa

Pessoa jurídica da administração indireta criada por lei específica, com personalidade jurídica e patrimônio próprio, e que realiza apenas atividades de interesse público denomina-se

A) empresa pública.

B) sociedade de economia mista.

C) fundação pública.

D) autarquia.

651) (2016) Banca: CESPE – Órgão: TRT – 8ª Região (PA e AP) – Prova: Técnico Judiciário – Área Administrativa

Com base nas disposições constitucionais e no regime jurídico referentes à administração indireta, assinale a opção correta.

A) Os conselhos profissionais são considerados autarquias profissionais ou corporativas.

B) Conforme a Constituição Federal de 1988 (CF), a nomeação dos presidentes das entidades da administração pública indireta independe de aprovação prévia do Senado Federal.

C) As sociedades de economia mista que exploram atividade econômica não estão sujeitas à fiscalização do Tribunal de Contas da União.

D) O consórcio público integra a administração direta de todos os entes da Federação consorciados, ainda que detenha personalidade jurídica de direito público.

652) (2016) Banca: VUNESP – Órgão: IPSMI – Prova: Procurador

A respeito da estruturação da Administração Pública brasileira, assinale a alternativa correta.

A) As agências executivas possuem natureza de pessoa jurídica de direito privado, diferenciando-se, assim, das autarquias e fundações.

B) As agências reguladoras são autarquias com regime jurídico especial, dotadas de autonomia reforçada em relação ao ente estatal.

C) As empresas públicas estão necessariamente revestidas da forma jurídica de sociedade anônima.

D) Os empregados das empresas estatais estão necessariamente submetidos ao teto remuneratório.

E) As fundações públicas de direito privado, assim como as autarquias, são criadas por lei.

653) (2017) Banca: CONSULPLAN – Órgão: TJ-MG – Prova: Titular de Serviços de Notas e de Registros – Remoção

As agências reguladoras, como, por exemplo, a ANP – Agência Nacional do Petróleo e a ANATEL – Agência Nacional de Telecomunicações, vêm sendo criadas por leis esparsas e são classificadas como

A) autarquias comuns.

B) autarquias de regime especial.

C) empresas públicas.

D) entidades paraestatais.

654) (2014) Banca: IBFC – Órgão: PC-RJ – Prova: Papiloscopista Policial de 3ª Classe

Segundo o entendimento pacificado pelo Supremo Tribunal Federal, os conselhos de fiscalização profissional possuem natureza jurídica de:

A) Organização Social.
B) Empresa Pública.
C) Consórcio Público.
D) Entidade paraestatal.
E) Autarquia.

As Agências Reguladoras são **Autarquias em Regime Especial** criadas para **regulamentar e controlar a prestação dos serviços públicos realizada pelos particulares** concessionários e permissionários de serviço público.

As Agências Reguladoras ganharam força com as ondas de privatização da década de 90. Nessa fase, a iniciativa privada passou a prestar serviços de natureza pública e fez-se necessário o investimento em novos instrumentos para fiscalizar essa execução. São características dessas autarquias:

1. Forma diferenciada de escolha dos dirigentes: a escolha do dirigente será realizada pelo presidente da República mediante **aprovação do Senado**, sendo que a lei específica de criação da autarquia definirá o **prazo e a duração do mandato certo**.

O dirigente escolhido deverá demonstrar que possui capacidade técnica e cumprirá um **mandato fixo**, sendo automaticamente desligado após o encerramento do mandato. Desse modo, esse agente somente será destituído do cargo mediante **decisão judicial, processo administrativo disciplinar ou em razão renúncia**. Essa estabilidade conferida aos dirigentes garante às Agências Reguladoras maior autonomia funcional.

2. Período de quarentena: o dirigente da Agência Reguladora deverá cumprir o período denominado como *"quarentena"* após sair do cargo. Durante esse período, o ex-dirigente não poderá prestar serviço a nenhuma das empresas que estejam sujeitas à regulação pela Agência Reguladora, e continuará a receber **remuneração equivalente ao cargo de dirigente que desempenhava**. Essa previsão encontra-se no caput do art. 8º da Lei n. 9.986/00 que determina: *"O ex-dirigente fica **impedido para o exercício de atividades ou de prestar qualquer serviço no setor regulado pela respectiva agência**, por um período de quatro meses, contados da exoneração ou do término do seu mandato"*. Verifica-se no dispositivo citado o estabelecimento do prazo de 4 meses, contudo, a lei criadora de cada entidade pode estabelecer outros prazos como ocorre, por exemplo, em relação à ANEEL, ANS e ANP, cujas leis de criação estipulam prazo de quarentena superiores a 4 meses.

3. Regime estatutário: o regime jurídico dos servidores que atuam nas Agências Reguladoras é o **regime estatutário do servidor público**, ora denominado como regime jurídico único, que será estudado no Capítulo de Agentes Públicos.

4. Funções: as Agências Reguladoras exercem basicamente três funções:

Função normativa: essas Agências poderão expedir normas gerais acerca da prestação dos serviços públicos que a autarquia regulamenta. Destaca-se que tal regulamentação não se trata tecnicamente de exercício de competência regulamentar, que é privativa do presidente da República (art. 84, IV da CF/88), e sim do exercício do Poder Normativo.

Tais normas serão editadas dentro dos limites da lei (*secundum legem* e possuem caráter infralegal) e estabelecem regras acerca da prestação do serviço público que, conforme estudado, **obrigam os prestadores do serviço público, não os usuários/população em geral**. Trata-se, portanto, de atos normativos secundários.

Função Executiva: trata-se de uma manifestação do Poder de Polícia -> as Agências Reguladoras devem fiscalizar a prestação do serviço pelas concessionárias e aplicar sanções visando garantir o cumprimento da lei.

Função Judicante: poder de resolução de controvérsias no curso de procedimentos administrativos. Tal função não se confunde com a função jurisdicional exercida pelo Poder Judiciário, uma vez que a decisão administrativa não faz coisa julgada.

655) (2014) Banca: CESPE – Órgão: ANTAQ – Prova: Nível Superior

Julgue o próximo item, acerca das agências reguladoras e das teorias da regulação.

"A criação das agências reguladoras advém da política econômica adotada no Brasil na década de 90 do século XX, quando ocorreram privatizações decorrentes do Plano Nacional de Desestatização".

A) Certo   B) Errado

656) (2014) Banca: CESPE – Órgão: ANATEL – Prova: Nível Superior

Acerca das agências reguladoras no Brasil, julgue o item que se segue.

"As agências reguladoras no Brasil foram criadas no governo Collor como instrumentos do Poder Executivo para minimizarem os problemas econômicos relacionados à prestação dos serviços públicos".

A) Certo   B) Errado

657) (2014) Banca: CESPE – Órgão: TJ-DFT – Prova: Juiz de direito

Assinale a opção correta acerca da administração indireta.

A) As fundações, que consistem em agregação de pessoas públicas, são criadas para atender finalidade específica.
B) A abordagem que defende a não ingerência do Estado na economia manifesta-se a favor da extinção da administração pública indireta.
C) O Estado tem responsabilidade administrativa direta pelos atos praticados pelas autarquias.
D) As ações das empresas estatais de economia mista não podem ser comercializadas em bolsa de valores, ainda que possuam acionistas privados.
E) As agências reguladoras são consideradas autarquias.

658) (2014) Banca: CESPE – Órgão: Câmara dos Deputados – Prova: Analista Legislativo

Com relação à execução direta e indireta, à concessão, à permissão e à autorização de serviços públicos, julgue o item a seguir.

"As agências reguladoras são órgãos pertencentes à administração pública direta".
A) Certo B) Errado

659) (2017) Banca: CESPE – Órgão: TRE-PE – Prova: Analista Judiciário – Área Administrativa
As entidades autônomas integrantes da administração indireta que atuam em setores estratégicos da atividade econômica, zelando pelo desempenho das pessoas jurídicas e por sua consonância com os fins almejados pelo interesse público e pelo governo são denominadas
A) agências autárquicas executivas.
B) serviços sociais autônomos.
C) agências autárquicas reguladoras.
D) empresas públicas.
E) sociedades de economia mista.

660) (2014) Banca: CESPE – Órgão: TJ-DFT – Prova: Titular de Serviços de Notas e de Registros
Assinale a opção correta acerca da administração pública.
A) Os órgãos públicos, dotados de personalidade jurídica própria, são exemplos do instituto da descentralização administrativa.
B) De forma a tornar mais eficiente a sua atuação, o Estado pode criar, mediante lei, autarquias e fundações públicas, o que é realizado por desconcentração.
C) Embora as autarquias sejam pessoas jurídicas de direito público, elas sujeitam-se à falência e não gozam de privilégios tributários.
D) As agências reguladoras — autarquias de regime especial com estabilidade e independência em relação ao ente que as criou — são responsáveis pela regulamentação, pelo controle e pela fiscalização de serviços públicos, atividades e bens transferidos ao setor privado.
E) As empresas públicas exploradoras de atividade econômica não se sujeitam ao controle externo realizado pelo Tribunal de Contas, haja vista que se submetem às regras do setor privado.

661) (2014) Banca: CESPE – Órgão: Câmara dos Deputados – Prova: Analista Legislativo
Acerca da organização administrativa e dos agentes públicos, julgue o item seguinte.
Considere que a União tenha decidido criar uma entidade para fiscalizar e controlar a prestação de serviços públicos por particulares em eventos que envolvam a consecução dos Jogos Olímpicos de 2016. Nessa situação hipotética, a União deverá criar, mediante lei específica, uma agência executiva.
A) Certo B) Errado

662) (2014) Banca: CESPE – Órgão: CADE – Prova: Analista Técnico – Administrativo
Julgue o item seguinte, com relação ao modelo racional-legal e ao paradigma pós-burocrático na administração pública.
"A atividade regulatória do Estado é voltada à defesa do interesse público, de modo a prevenir e corrigir as falhas de mercado e atuar no domínio econômico de forma indireta por meio das agências reguladora".
A) Certo B) Errado

663) (2017) Banca: CESPE – Órgão: TRT – 7ª Região (CE) – Prova: Analista Judiciário – Área Judiciária
As características das agências reguladoras incluem
A) relações de trabalho regulamentadas pela CLT.
B) personalidade jurídica de direito privado.
C) discricionariedade técnica no exercício do poder normativo.
D) livre exoneração de seus dirigentes.

664) (2014) Banca: CESPE – Órgão: Câmara dos Deputados – Prova: Analista Legislativo
A respeito de pessoas jurídicas de direito público e de pessoas jurídicas de direito privado vinculadas à administração pública, julgue próximo item.
"Uma agência reguladora exerce funções executivas, normativas e judicantes de Estado, não desempenhando funções de governo".
A) Certo B) Errado

665) (2014) -Banca: CESPE – Órgão: ANTAQ – Prova: Nível Superior
Em relação à organização administrativa do Estado brasileiro, julgue o item a seguir.
"O poder normativo das agências reguladoras, cujo objetivo é atender à necessidade crescente de normatividade baseada em questões técnicas com mínima influência política, deve estar amparado em fundamento legal".
A) Certo B) Errado

666) (2014) Banca: CESPE – Órgão: ANTAQ – Prova: Técnico em Regulação
Julgue o item subsecutivo, com relação às agências reguladoras.
"A função normativa das agências reguladoras se equipara à função regulamentar do chefe do Poder Executivo de complementação das leis".
A) Certo B) Errado

667) (2014) Banca: CESPE – Órgão: ANTAQ – Prova: Técnico em Regulação
Julgue o item subsecutivo, com relação às agências reguladoras.
"Não caracteriza violação ao princípio da legalidade a edição, pela agência reguladora, de atos de condicionamento ou de restrição de direitos para o cumprimento de obrigação disposta em lei".
A) Certo B) Errado

668) (2014) Banca: CESPE – Órgão: ANTAQ – Prova: Técnico em Regulação
Julgue o item subsecutivo, com relação às agências reguladoras.
"As agências reguladoras exercem função normativa primária, observadas as normas hierarquicamente superiores".
A) Certo B) Errado

669) (2016) Banca: FCC – Órgão: PGE-MT – Prova: Procurador do Estado
O Estado X pretende criar estrutura administrativa destinada a zelar pelo patrimônio ambiental estadual e atuar no exercício

de fiscalização de atividades potencialmente causadoras de dano ao meio ambiente. Sabe-se que tal estrutura terá personalidade jurídica própria e será dirigida por um colegiado, com mandato fixo, sendo que suas decisões de caráter técnico não estarão sujeitas à revisão de mérito pelas autoridades da Administração Direta. Sabe-se também que os bens a ela pertencentes serão considerados bens públicos. Considerando-se as características acima mencionadas, pretende-se criar uma

A) agência reguladora, pessoa de direito público, cuja criação se dará diretamente por lei.
B) agência executiva, órgão diretamente vinculado ao Poder Executivo, cuja criação se dará diretamente por lei.
C) associação pública, pessoa de direito privado, cuja criação será autorizada por lei e se efetivará com a inscrição de seus atos constitutivos no registro competente.
D) agência executiva, entidade autárquica de regime especial, estabelecido mediante assinatura de contrato de gestão.
E) fundação pública, pessoa de direito privado, cuja criação será autorizada por lei e se efetivará com a inscrição de seus atos constitutivos no registro competente.

670) (2015) Banca: FCC – Órgão: TRT – 15ª Região – Prova: Juiz do Trabalho Substituto

De acordo com a legislação que rege a matéria, as denominadas agências executivas são

A) entidades que não integram a Administração pública, mas com esta se relacionam por vínculo de colaboração.
B) autarquias de regime especial, com prerrogativas de independência fixadas na lei instituidora.
C) órgãos colegiados instituídos no âmbito da Administração direta para atividades de coordenação de ações estratégicas.
D) pessoas jurídicas de direito privado sem fins lucrativos, que recebem tal qualificação mediante celebração de contrato de gestão.
E) entidades integrantes da Administração pública, criadas sob a forma de autarquias ou fundações, que, em decorrência de tal qualificação, passam a se submeter a regime especial.

671) (2016) Banca: FUNCAB – Órgão: ANS – Prova: Técnico em Regulação de Saúde Suplementar

No que se refere à organização administrativa do Estado brasileiro, assinale a alternativa correta.

A) As Agências Reguladoras são autarquias comuns ordinárias, não apresentando peculiaridades que as diferenciem das demais autarquias.
B) Os servidores das Agências Reguladoras são submetidos ao regime celetista, como em geral ocorre com os das demais autarquias.
C) os membros dirigentes dessas Agências são nomeados pelo Chefe do Poder Executivo, sem serem sabatinados pelo Senado Federal.
D) As funções desempenhadas pelas Agências Reguladoras têm maior ênfase na fiscalização e regulamentação de atividades econômicas que antes do processo de privatização eram executadas diretamente pelo Estado.
E) As decisões emanadas do corpo técnico das Agências geram maior segurança, uma vez que há interferência política no comando de pessoas públicas.

672) (2016) Banca: FUNCAB – Órgão: ANS – Prova: Técnico em Regulação de Saúde Suplementar

Sobre as agências reguladoras, sua natureza jurídica e suas funções, assinale a resposta correta.

A) as agências reguladoras são autarquias que têm como objetivo institucional a intervenção estatal no domínio econômico, quando necessário, para evitar abusos praticados por pessoas privadas, reservadas as funções de fiscalização e controle às agências executivas.
B) As agências reguladoras são espécies do gênero agências autárquicas, juntamente com as agências executivas, e têm por função básica o controle e a fiscalização, o que se coaduna com o regime de desestatização.
C) As agências reguladoras são organizadas sob a forma de empresas públicas e têm por função a fiscalização das pessoas privadas concessionárias ou permissionárias de serviços públicos.
D) Entre os objetivos das agências reguladoras encontram-se a fiscalização e controle das pessoas permissionárias ou concessionárias de serviços públicos, a intervenção estatal no domínio econômico, ou, ainda, a prestação direta de serviços públicos, hipótese em que a agência reguladora receberá a denominação agência reguladora executiva.
E) As agências reguladoras podem ser constituídas sob a forma de autarquias ou empresas públicas, ou, ainda, podem pertencer ao terceiro setor, de modo que ora assumem personalidade jurídica de direito público, ora de direito privado.

673) (2015) Banca: FUNCAB – Órgão: ANS – Prova: Ativ. Tec. de Suporte – Administração, Economia ou Contabilidade

A respeito das agências reguladoras, assinale a opção correta.

A) Integram a Administração indireta e são pessoas jurídicas de direito privado, atuando no domínio econômico.
B) Descabimento de independência decisória e normativa para que a regulação ocorra de forma satisfatória.
C) Seus dirigentes poderão ser destituídos a qualquer momento por não possuírem estabilidade de mandato durante um termo fixo.
D) Têm como finalidade regulamentar a execução dos serviços através do planejamento e normatização, que foram objeto de concessão de serviço público.
E) Há hierarquia e subordinação ao ente político que as instituíram.

674) (2014) Banca: FUNCAB – Órgão: PC-RO – Prova: Delegado de Polícia Civil

Quanto às Agências Reguladoras, pode-se afirmar que:

A) seus dirigentes têm forma de escolha diferenciada, mitigando o controle político realizado pelo ente federativo que as criou.
B) são formas de descentralização contratual.
C) essas entidades possuem dependência técnica para o desempenho de suas atividades.
D) o recurso interposto por seus administrados é o hierárquico impróprio.
E) seus atos administrativos normativos são insindicáveis por ter seu fundamento de validade na lei que as criou.

675) (2014) Banca: FUNCAB – Órgão: SEPLAG-MG – Prova: Gestão Pública

O ex-dirigente de Agência Reguladora, a partir de sua exoneração ou término de seu mandato, fica impedido para o exercício de atividades ou de prestar qualquer serviço no setor regulado pela respectiva agência pelo período de:

A) doze meses.
B) dezoito meses.
C) vinte e quatro meses.
D) quatro meses.

676) (2014) Banca: IADES – Órgão: SEAP-DF – Prova: Analista – Direito

Como corolário do vigente processo de desestatização brasileira, é correto citar a

A) transferência da titularidade da atividade econômica ou do serviço público.
B) privatização da execução de atividades econômicas e serviços públicos que o Estado decidiu transferir para grupos empresariais.
C) criação de agências reguladoras.
D) impossibilidade de vedação a que empresas vinculadas a ente federativo diverso adquiram ações ou cotas das empresas desestatizadas de outro ente federativo.
E) impossibilidade de ingerência do ente estatal sobre a empresa anteriormente controlada.

677) (2015) Banca: CEFET-BA – Órgão: MPE-BA – Prova: Promotor de Justiça Substituto (+ provas)

Leia atentamente as assertivas abaixo sobre as agências reguladoras e executivas, e assinale apenas a alternativa CORRETA:

A) Os dirigentes das agências reguladoras são demissíveis ad nutum pela autoridade máxima do ente da Administração Pública Direta que as instituiu.
B) As agências reguladoras têm personalidade jurídica própria em decorrência do fenômeno da "desconcentração" dos órgãos da estrutura da União, dos Estados, do Distrito Federal e dos Municípios.
C) No Brasil, as agências reguladoras surgiram no contexto do Plano Nacional de Desestatização.
D) Podem ser qualificadas como agências executivas as associações civis que celebrem contrato de gestão com o Ministério supervisor.
E) No exercício da atividade regulatória, todas as agências reguladoras limitam-se a exigir dos agentes econômicos a estrita observância das leis aprovadas pelo Poder Legislativo.

678) (2016) Banca: CAIP-IMES – Órgão: Câmara Municipal de Atibaia – SP – Prova: Advogado

Assinale a alternativa incorreta sobre as agências reguladoras,

A) Atuam nos limites estabelecidos em suas respectivas leis instituidoras.
B) Gozam de relativa independência em relação ao Poder Executivo, pois os seus atos não podem ser revistos ou alterados no âmbito do Poder Executivo.
C) Não gozam de autonomia em relação aos Poderes Judiciário e Legislativo controladores e revisores das atividades praticadas pelas agências reguladoras.
D) Instituem-se sob a forma de autarquias e pertencem, portanto, à Administração direta.

679) (2016) Banca: FAURGS – Órgão: TJ-RS – Prova: Juiz de Direito Substituto

Sobre a Administração Pública indireta, assinale a alternativa correta.

A) As agências reguladoras têm a forma de autarquia especial, regem-se pelo direito público, são dotadas de personalidade jurídica de direito público e integram a administração pública indireta.
B) As autarquias são pessoas jurídicas de direito público, com personalidade jurídica, patrimônio e receita próprios, criadas somente por lei federal para executar exclusivamente quaisquer atividades de prestação de serviços públicos da administração pública federal.
C) As empresas públicas, com a finalidade de explorar atividade econômica, são instituídas exclusivamente pela União, dotadas de personalidade jurídica de direito público e têm a forma de sociedades anônimas.
D) Os empregados das sociedades de economia mista e das empresas públicas, por serem regidos exclusivamente pela Consolidação das Leis do Trabalho, são nomeados independentemente de prévia aprovação em concurso público.
E) Todas as entidades que compõem a administração pública indireta possuem personalidade jurídica de direito público.

680) (2014) Banca: FEPESE – Órgão: MPE-SC – Prova: Analista de Contas Públicas – Administração

Analise o texto abaixo:

No Brasil, as..................................foram constituídas como autarquias de regime especial integrantes da administração indireta e estão vinculadas ao Ministério competente para tratar de determinada atividade.

Assinale a alternativa que completa corretamente a lacuna do texto.

A) licitações
B) agências reguladoras
C) organizações modernas
D) agências independentes
E) agências executivas

681) (2016) Banca: FEPESE – Órgão: Prefeitura de Lages – SC Prova: Administrador

Assinale a alternativa correta.

A) A Agência Nacional de Vigilância Sanitária (Anvisa) é um exemplo de agência executiva.
B) As agências reguladoras foram criadas para disciplinar e controlar atividades determinadas.
C) As agências reguladoras e as agências executivas caracterizam-se como pessoas jurídicas de direito privado.
D) As agências executivas e as agências reguladoras são frutos da centralização governamental.
E) Tendo em vista a independência dos poderes, nenhum ato praticado pelas agências reguladoras poderá ser apreciado pelo Poder Judiciário.

682) (2016) Banca: FEPESE – Órgão: SJC-SC – Prova: Agente de Segurança Socioeducativo

Assinale a alternativa correta sobre a autarquia

A) A sua criação constitui um exemplo de desconcentração de serviço público.
B) Possui personalidade, patrimônio e receita próprios, para executar atividades típicas da Administração Pública.
C) Quando revestida sob a forma de uma Secretaria estadual, não terá personalidade jurídica própria.
D) Somente poderá ser constituída para a execução de fins religiosos, morais, culturais ou de assistência.
E) Ao adquirir personalidade jurídica de direito privado, passa a integrar a administração indireta do ente que a criou.

683) (2010) Banca: CEPERJ – Órgão: SEFAZ-RJ – Prova: Oficial de Fazenda

As agências reguladoras são:

A) organizações da sociedade civil de interesse público
B) órgãos da administração direta
C) autarquias
D) agências executivas
E) órgãos autorreguladores de direito privado

684) (2017) Banca: VUNESP – Órgão: TJ-SP – Prova: Juiz Substituto

Sobre as agências reguladoras, é correto afirmar:

A) embora possuam natureza jurídica de autarquia, são dotadas de regime especial, consistente em alto grau de autonomia, mandado fixo e estabilidade de seus dirigentes e poder de regulação mediante a edição de normas gerais e abstratas de natureza infralegal, em matérias de suas competências, e subordinada ao princípio da legalidade.
B) possuem natureza jurídica de autarquia – o que impõe criação e extinção por lei – e desenvolvem, sob regime jurídico de direito público, atividades próprias do Estado e com certa autonomia em relação à administração central, não diferindo, portanto, de suas congêneres.
C) por sua conformação constitucional distinta, não se subordinam ao modelo das autarquias, uma vez que possuem alto grau de autonomia que se expressa no mandato fixo e estabilidade de seus dirigentes e, no poder normativo, com possibilidade de inovar na ordem jurídica com edição de normas abstratas e gerais nas matérias de suas competências.
D) são dotadas de autonomia administrativa e financeira e hierárquica em relação à Administração Direta, como os demais entes autárquicos, mas dotadas de regime especial que se expressa na previsão de mandatos fixos e estabilidade de seus dirigentes.

Autarquia Fundacional ou Fundações Públicas: Trata-se de pessoa jurídica de direito público, criada mediante lei, em razão da afetação de um patrimônio do Estado a uma finalidade pública específica.

685) (2013) Banca: CESPE – Órgão: STF – Prova: Técnico Judiciário – Tecnologia da Informação

Acerca da organização administrativa do Estado, julgue o item a seguir.

"As fundações de direito público somente podem ser criadas por lei, pois essa é a regra para o surgimento de pessoas jurídicas de direito público".

A) Certo B) Errado

686) (2016) Banca: FUNRIO – Órgão: Prefeitura de Itupeva – SP – Prova: Procurador Municipal

A Administração Pública pode criar diversas pessoas para atuar na gestão dos bens e serviços públicos, dentre as quais temos as fundações. De acordo com o espelhado na jurisprudência do Supremo Tribunal Federal tendo as fundações prerrogativas públicas são as mesmas equiparadas a:

A) sociedades de economia mista
B) pessoas do terceiro setor
C) empresas públicas
D) autarquias
E) organizações sociais

As Agências Executivas são autarquias ou fundações públicas com personalidade jurídica de direito público que, por estarem ineficientes, celebram um contrato de gestão com o Ministério supervisor por iniciativa da Administração Direta. Através desse contrato é conferida a essa Autarquia mais orçamento, mais autonomia administrativa e, em contrapartida, esta deverá cumprir um plano estratégico de reestruturação, atingir metas e resultados com vistas a alcançar a eficiência. Após a celebração do mencionado contrato de gestão (art. 37, §8º da CF/88), será elaborado um plano estratégico de reestruturação e o próprio chefe do poder executivo irá editar um Decreto qualificando essa Autarquia como Agência Executiva. Ex.: Agência executiva -> Inmetro.

687) (2015) -Banca: CESPE – Órgão: TRF – 5ª REGIÃO – Prova: Juiz federal

Considerando a disciplina legal acerca das agências reguladoras e das agências executivas, assinale a opção correta.

A) Apenas as autarquias podem, mediante iniciativa do advogado-geral da União, ser qualificadas como agências executivas, desde que possuam um plano estratégico de reestruturação e de desenvolvimento institucional que definam diretrizes, políticas e medidas voltadas para a racionalização de sua estrutura
B) A qualificação de uma entidade como agência reguladora é efetivada por meio de decreto do chefe do Poder Executivo, a partir do que deverá assinar contrato de gestão com o respectivo ministério ao qual é subordinada.
C) A agência executiva deve celebrar contrato de gestão com o respectivo ministério supervisor, com periodicidade mínima de um ano, no qual se estabelecerão os objetivos, metas e indicadores de desempenho da entidade, bem como os recursos necessários e os critérios e instrumentos para a avaliação do seu cumprimento.
D) Pela técnica da deslegalização, mediante a qual o próprio legislador retirou certas matérias do domínio da lei, as agências reguladoras podem editar atos normativos dotados de conteúdo técnico que disciplinem matérias que deveriam ser reguladas por lei ordinária e por lei complementar, desde que expressamente autorizadas pela legislação pertinente.

E) As agências reguladoras são autarquias com regime jurídico especial, dotadas de autonomia em relação ao ente central, razão pela qual não se admite a interposição de recurso hierárquico impróprio contra suas decisões nem a demissão de seus dirigentes, salvo mediante sentença transitada em julgado.

688) (2014) Banca: CESPE – Órgão: TJ-SE – Prova: Técnico Judiciário – Área Judiciária

Com relação à organização administrativa e à administração direta e indireta, julgue os seguintes itens.

"Pode ser qualificada como agência executiva a autarquia que tenha plano estratégico de reestruturação e de desenvolvimento institucional em andamento e que celebre contrato de gestão com órgão do governo federal".

A) Certo B) Errado

689) (2014) Banca: CESPE – Órgão: Câmara dos Deputados – Prova: Analista Legislativo

A respeito de pessoas jurídicas de direito público e de pessoas jurídicas de direito privado vinculadas à administração pública, julgue próximo item.

"Uma autarquia que possuir um contrato de gestão com ente da administração direta e anteriormente já tiver um plano estratégico de reestruturação e desenvolvimento institucional em andamento poderá se qualificar como uma agência executiva".

A) Certo B) Errado

690) (2014) -Banca: CESPE – Órgão: Câmara dos Deputados – Prova: Analista Legislativo

No que se refere aos contratos de gestão, julgue o item seguinte.

"Durante a execução de contrato de gestão, a organização receberá a sua contraprestação em função do atingimento da meta de desempenho fixada, e não das atividades realizadas".

A) Certo B) Errado

691) (2014) Banca: CESPE – Órgão: Câmara dos Deputados – Prova: Analista Legislativo

Acerca da organização administrativa e dos agentes públicos, julgue o item seguinte.

"Considere que a União tenha decidido criar uma entidade para fiscalizar e controlar a prestação de serviços públicos por particulares em eventos que envolvam a consecução dos Jogos Olímpicos de 2016. Nessa situação hipotética, a União deverá criar, mediante lei específica, uma agência executiva".

A) Certo B) Errado

692) (2014) Banca: FCC – Órgão: TRT – 1ª REGIÃO (RJ) – Prova: Juiz do Trabalho Substituto

A melhoria de eficiência e redução de custos constitui uma busca constante da Administração pública, com vistas a ampliar, em quantidade e qualidade, os equipamentos e serviços disponibilizados aos cidadãos. Um dos mecanismos que podem ser utilizados nessa busca é a

A) qualificação, mediante aprovação de plano de metas pelo Ministério Supervisor, de autarquias como agências reguladoras, dotadas de maior flexibilidade de gestão.

B) celebração, por autarquias e fundações, de contrato de gestão fixando metas de desempenho para a entidade, qualificada, por ato do Chefe do Executivo, como agência executiva.

C) criação, por lei específica, de organizações sociais, para gestão descentralizada e mais flexível de serviços públicos não exclusivos.

D) qualificação de fundações como organizações sociais, por ato do Chefe do Executivo, com base em plano de metas aprovado pelo Ministério Supervisor.

E) criação, por lei específica, de agências executivas, na forma de autarquias de regime especial, dotadas de autonomia orçamentária e financeira.

693) (2015) Banca: PUC-PR – Órgão: PGE-PR – Prova: Procurador do Estado

A propósito dos órgãos e entidades da Administração Pública brasileira, assinale a alternativa CORRETA.

A) As agências reguladoras são as autarquias federais autorizadas por lei e instituídas pelo Poder Executivo, com o escopo de disciplinar setores estratégicos da economia nacional que detêm independência administrativa e patrimônio próprio.

B) As agências executivas são autarquias ou fundações assim qualificadas por ato do Presidente da República, desde que possuam um plano estratégico de reestruturação e desenvolvimento institucional em desenvolvimento e tenham celebrado contrato de gestão com o respectivo Ministério supervisor.

C) As fundações públicas são entidades dotadas de personalidade jurídica de direito privado, criadas por lei e instituídas pelo Poder Executivo, que manejam prerrogativas de direito público com independência administrativa e patrimônio próprio.

D) Os consórcios públicos são pessoas jurídicas de direito privado, autorizadas por lei federal e instituídas pelo Poder Executivo, formadas a partir da conjugação de duas ou mais pessoas políticas para a gestão associada de atividades estatais.

E) As agências reguladoras podem figurar como Poder Concedente em contratos de concessão de serviço público e de parceria público-privada, nos termos do respectivo plano estratégico e contrato de gestão firmado com o Ministério supervisor.

694) (2014) Banca: BIO-RIO – Órgão: EMGEPRON – Prova: Advogado

Nos termos da Lei federal no. 9.649/98 que regulamenta a organização administrativa federal pode ser qualificada como agência executiva:

A) autarquia
B) empresa pública
C) sociedade de economia mista
D) entidade parceira

695) (2014) Banca: FUNCAB – Órgão: SEPLAG-MG – Prova: Direito

Acerca das agências executivas, é correto afirmar que:

A) a qualificação de autarquia ou fundação, como agência executiva, depende de ter sido celebrado contrato de gestão com o respectivo Ministério supervisor.

B) os contratos de gestão, celebrados pelas agências executivas, devem ter prazo mínimo de 5 anos.
C) a qualificação ou desqualificação de determinada autarquia ou fundação, como agência executiva, decorre exclusivamente de lei específica.
D) não se sujeitam a limites de valor para dispensa de licitação.

696) (2015) Banca: CEPERJ – Órgão: Prefeitura de Saquarema – RJ – Prova: Gestor Público

As Agências Executivas são autarquias ou fundações que, com esta qualificação, realizada por ato do próprio Presidente da República, ampliam o seu limite de isenção ao dever de licitar. Para obter esta qualificação é necessário que a autarquia ou fundação:

A) tenha a aprovação do Congresso Nacional.
B) constitua capital próprio no mercado de ações.
C) alcance resultados positivos, no percentual igual ou superior a 80% do programado, nos seus planos de ação, por três anos consecutivos.
D) seja beneficiada com investimentos estrangeiros autorizados constitucionalmente.
E) tenha um plano estratégico de reestruturação e de desenvolvimento e celebre contrato de gestão com o respectivo ministério supervisor.

697) (2017) Banca: IBADE – Órgão: PC-AC – Prova: Delegado de Polícia Civil

Considerando os temas da centralização e descentralização administrativa, da concentração e desconcentração administrativa, bem como dos entes da administração indireta, assinale a alternativa correta.

A) A possibilidade de nomeação, pelo chefe do Poder Executivo, dos dirigentes das autarquias públicas, empresas públicas, sociedades de economia mista e fundações é consequência da hierarquia existente entre a Administração direta e a Administração indireta.
B) As agências reguladoras são espécies de empresas públicas. Têm por finalidade a normatização técnica de serviços públicos e atividades econômicas.
C) Caso o Estado do Acre edite uma lei criando uma autarquia pública, fala-se em desconcentração administrativa, mantendo-se, assim, a hierarquia entre o novo ente da Administração indireta e a Administração direta.
D) Somente por lei específica poderá ser criada autarquia e autorizada a instituição de empresa pública, de sociedade de economia mista e de fundação, cabendo à lei complementar ou à lei ordinária, neste último caso, definir as áreas de sua atuação.
E) A agência executiva, autarquia de regime especial, tem por forte característica a operacionalidade e a eficiência. Seu qualificativo como agência executiva é temporário, pois, de ordinário, depende de instrumento firmado perante a Administração direta.

698) (2016) Banca: IBEG – Órgão: Prefeitura de Guarapari – ES – Prova: Procurador Municipal

Com relação Organização administrativa, é correto afirmar que:

A) Ressalvados os casos previstos na lei, a exploração direta de atividade econômica pelo Estado só será permitida quando necessária aos imperativos da segurança nacional ou diante de ofensa aos interesses individuais e coletivos, conforme definidos em lei.
B) As autarquias são entidades criadas pelos entes federativos para a execução atividades que requeiram gestão administrativa e financeira descentralizada, porém, o ente federativo continuará titular do serviço, sendo responsável, dessa forma, pelos atos praticados pela autarquia.
C) As organizações sociais são pessoas jurídicas de direito público que prestam serviços públicos de natureza social.
D) São consideradas agências executivas as autarquias e as fundações, que, mediante a celebração de um contrato de gestão, apresentam regime jurídico especial que lhes concede maior autonomia em relação ao ente federativo que as criou.
E) As sociedades de economia mista e as empresas públicas são entidades criadas por lei com personalidade de direito privado.

699) (2016) Banca: Serctam – Órgão: Prefeitura de Quixadá – CE – Prova: Advogado

Sobre as agências executivas marque a alternativa correta.

A) Não se trata de uma nova espécie de entidade integrante da administração pública indireta, podendo ser autarquias ou fundações públicas.
B) Trata-se de uma denominação utilizada pela doutrina e pelas leis administrativas, não sendo uma qualificação formal prevista em lei.
C) Pode ou não haver celebração de contrato de gestão com o poder público, não dependendo de tal fato a obtenção da qualificação.
D) Atuam especificamente na área de regulação
E) Uma autarquia qualificada como agência executiva é, necessariamente, uma agência reguladora.

700) (2017) Banca: VUNESP – Órgão: Prefeitura de Porto Ferreira – SP – Prova: Procurador Jurídico

Sobre as entidades da Administração Indireta, assinale a alternativa correta.

A) As agências executivas não consistem em nova espécie de entidade administrativa, tratando-se de qualificação conferida a autarquias e fundações públicas que celebram contrato de gestão com a Administração.
B) As agências reguladoras podem impor, compulsoriamente, que os conflitos entre empresas atuantes no setor regulado sejam resolvidos de forma exclusiva por elas.
C) As fundações públicas são instituídas por lei e possuem a mesma natureza jurídica das autarquias, não podendo o legislador lhes conferir personalidade jurídica de direito privado.
D) As autarquias são entidades dotadas de personalidade jurídica de direito público, integrantes da Administração Indireta, possuidoras de patrimônio público e criadas mediante autorização legal.
E) As entidades da Administração Indireta, na condição de integrantes da Administração, sujeitam-se ao controle hierárquico do Poder Executivo.

Além das prerrogativas conferidas a essas agências, no que tange ao acréscimo de orçamento e autonomia, nas licitações realizadas pelas Agências Executivas o valor de **dispensa é em dobro** (20% do valor máximo da modalidade convite), nos termos do art. 24, § 1º, da Lei 8.666 estabelece que:

"os percentuais referidos nos incisos I e II do caput deste artigo serão de 20% (vinte por cento) para compras, obras e serviços contratados por consórcios públicos, sociedade de economia mista, empresa pública e por autarquia ou fundação qualificadas, na forma da lei, como Agências Executivas".

701) (2007) Banca: TJ-DFT – Órgão: TJ-DFT – Prova: TJ-DFT – TJ-DFT – Juiz – Objetiva 2

Segundo a disciplina legal das agências executivas e reguladoras, assinale a alternativa correta:

A) as autarquias e fundações públicas da Administração Pública federal qualificadas como Agências Executivas gozam da prerrogativa de celebrar contratos com dispensa de licitação em valor superior ao fixado para as demais autarquias e fundações públicas.
B) as Agências Reguladoras são fundações públicas ou privadas de regime especial que possuem, em regra, maior autonomia e dirigentes com mandato fixo.
C) as Agências Reguladoras têm a função de regular e controlar atividades que são objeto de concessão, permissão ou autorização, mas não detêm poder de polícia para fiscalizar ou impor limitações.
D) a qualificação como Agência Executiva é feita por meio de lei de iniciativa privativa do Presidente da República.

Associações Públicas: Conforme estabelece o art. 241 da Constituição Federal, a União, os Estados, Distrito Federal e os Municípios poderão firmar contratos de **consórcios públicos autorizando a gestão associada de serviços públicos pelos entes federados.**

Os consórcios podem ser instituídos com **personalidade jurídica de direito público e personalidade jurídica de direito privado.**

As pessoas jurídicas públicas (associações públicas) e privadas, criadas no âmbito dos consórcios públicos (associação dos entes federados – União, Estados, DF e Municípios), não representam, verdadeiramente, novas entidades administrativas.

Todo consórcio, de direito público ou de direito privado, pode ser contratado diretamente, com dispensa de licitação, pela Administração direta ou indireta dos entes consorciados (Lei n. 11.107, de 6 de Abril de 2005).

Os entes da Federação consorciados respondem **subsidiariamente** pelas obrigações do consórcio público. Entretanto, destaca-se que os agentes públicos incumbidos da gestão do consórcio não responderão pessoalmente pelas obrigações contraídas pela associação pública, mas responderão pelos **atos praticados em desconformidade com a lei** ou com as disposições dos respectivos estatutos.

702) (2014) Banca: CESPE – Órgão: Câmara dos Deputados – Prova: Analista Legislativo

No que diz respeito a convênio, a consórcio público e a parceria público-privada (PPP), julgue o item que se segue.

Duas entidades federativas podem instituir uma pessoa jurídica autônoma, que materializará a criação de um consórcio.

A) Certo B) Errado

703) (2016) Banca: CESPE – Órgão: TCE-SC – Prova: Auditor de Controle Externo – Direito

Em relação aos consórcios públicos, aos princípios do direito administrativo e à organização da administração pública, julgue o item a seguir.

"Os consorciados de consórcio público respondem solidariamente pelas obrigações contraídas pelo consórcio, mas os agentes públicos incumbidos da gestão do consórcio respondem pessoalmente pelas obrigações contraídas pelo consórcio público"

A) Certo B) Errado

704) (2014) Banca: FCC – Órgão: TCE-GO – Prova: Analista de Controle Externo – Administrativa

Considere a seguinte situação hipotética: a União Federal e mais três Estados da Federação (Goiás, Minas Gerais e Espírito Santo) celebraram consórcio público para a realização de objetivos de interesse comum. No caso, o consórcio público constituiu uma associação pública. Assim, nos termos da Lei nº 11.107/2005, o aludido consórcio público tem personalidade jurídica de direito

A) privado e integra a Administração indireta da União Federal.
B) público e integra a Administração indireta de todos os entes da Federação consorciados.
C) privado e integra a Administração indireta de todos os entes da Federação consorciados.
D) público e integra a Administração indireta apenas da União Federal.
E) privado e integra a Administração direta da União Federal.

705) (2013) Banca: FCC – Órgão: MPC-MS – Prova: Analista de Contas

Municípios limítrofes, localizados dentro de um mesmo Estado brasileiro, celebraram um acordo tendo por objeto a gestão associada de serviços de saneamento em toda a área onde compreendidos seus territórios. Como desdobramento desse negócio jurídico e para consecução de seus objetivos, foi constituída uma pessoa jurídica de direito privado, que ficou responsável pela execução desses serviços, sendo-lhe autorizado, inclusive, emitir documento de cobrança pela prestação destes. Sabe-se que houve repasses públicos por parte desses entes federados em valor total superior a R$ 20 milhões. Esse caso, trata-se tipicamente de

A) uma concessão administrativa.
B) uma concessão patrocinada.
C) um consórcio público.
D) uma associação pública
E) um contrato de prestação de serviços contínuos.

706) (2015) Banca: FCC – Órgão: TCE-CE – Prova: Técnico de Controle Externo-Administração

Quanto aos Consórcios Públicos, a Lei no 11.107/2005 preceitua:

A) Todo consórcio, de direito público ou de direito privado, pode ser contratado diretamente, com dispensa de licitação, pela Administração direta ou indireta dos entes consorciados.
B) É possível, nos termos da lei, a criação de consórcio público entre Estado e Municípios de outros Estados, sem a participação destes últimos.
C) A formação de consórcio público exige a ratificação, pelos entes federativos consorciados, do protocolo de intenções, não se fazendo possível, no termos da lei, o consorciamento parcial ou condicional do ente federativo, mesmo que aceito pelos demais subscritores do protocolo de intenções.
D) O consórcio de direito público, instituído na forma de associação pública, integra a administração direta de todos os entes da federação associados.
E) Os consórcios de direito público podem ser contratados diretamente, com dispensa de licitação, pela Administração direta ou indireta dos entes consorciados, o que não se aplica aos consórcios de direito privado, que, em regra, devem ser contratados pelos entes consorciados por meio de procedimento licitatório.

707) (2014) Banca: VUNESP – Órgão: DPE-MS – Prova: Defensor Público

Considerando as várias formas de gestão de serviços públicos previstas no direito brasileiro, é correto afirmar que

A) é possível a gestão associada de serviços públicos entre entes federativos, por meio de convênios de cooperação ou consórcios públicos.
B) a execução direta de serviços públicos, prevista na Constituição Federal, é aquela realizada, tão somente, pela Administração Direta.
C) a Administração Pública é plenamente livre para escolher a forma de gestão do serviço público, se por execução direta ou delegada, por instrumento contratual.
D) atividades exclusivas do Estado, delegáveis por sua própria natureza, poderão ser objeto de concessão, permissão ou autorização de serviço público.

708) (2017) Banca: COSEAC – Órgão: UFF – Prova: Contador

As parcerias formadas por dois ou mais entes da Federação para a gestão associada de serviços públicos, bem como para a transferência total ou parcial de encargos, serviços, pessoal e bens essenciais à continuidade dos serviços transferidos, são denominadas:

A) Associações Confederativas.
B) Confederações Estatais.
C) Consórcios Públicos.
D) Convênios Intergovernamentais.
E) Associações Intergovernamentais.

709) (2015) Banca: IESES – Órgão: TRE-MA – Prova: Analista Judiciário – Judiciária

Assinale a alternativa correta:

A) Consórcios públicos são pessoas jurídicas de direito público, quando associação pública, ou de direito privado, decorrentes de contratos firmados entre entes federados, após autorização legislativa de cada um, para a gestão associada de serviços públicos e de objetivos de interesse comum dos consorciados, através de delegação e sem fins econômicos.
B) Os serviços sociais autônomos podem ser instituídos por lei, decreto ou portaria ministerial. Possuem personalidade jurídica de Direito Privado e se destinam a ministrar assistência ou ensino a certas categorias sociais ou grupos profissionais e, por isso, não possuem fins lucrativos.
C) Organizações sociais, em que pese a nomenclatura, são pessoas jurídicas de Direito Público criadas para auxiliar o Estado nas atividades de pesquisa científica, ensino e proteção do meio ambiente, possuindo dotação orçamentária própria e tratamento tributário diferenciado.
D) O objeto da sociedade de economia mista tanto pode ser um serviço público como uma atividade econômica empresarial. Em ambas as hipóteses, porém, sua liberdade operacional fica limitada aos preceitos constitucionais da subsidiariedade e da não competitividade com a iniciativa privada, sujeitando-se ao regime tributário comum.

710) (2016) Banca: Prefeitura de Fortaleza – CE – Órgão: Prefeitura de Fortaleza – CE – Prova: Analista de Planejamento e Gestão – Direito

No sistema federativo, os componentes da federação materializam o próprio Estado, dentro dos limites constitucionais existentes. Nesse sentido, marque a assertiva correta que se refere à organização administrativa brasileira.

A) As fundações criadas pelo Estado têm personalidade de direito público ou de direito privado. No entanto, independentemente de sua natureza jurídica são autorizadas por lei para sua instituição e necessitam de lei ordinária para definir sua área de atuação.
B) As associações são de direito público e se estabelecem de forma derivada, com a formação de consórcios públicos para implementar um sistema de gestão associada para a consecução de objetivos de interesse comum dos entes pactuantes.
C) As empresas públicas e as sociedades de economia mista têm personalidade de direito privado, com autonomia administrativa, financeira e orçamentária, adequada às entidades empresariais, via de regra, com capital próprio, com sujeição à vinculação estatal, exceto suas subsidiárias, pois a gestão de suas atividades é atribuída à própria empresa pública ou à sociedade de economia mista.
D) As agências reguladoras são atribuições legais dadas às autarquias e fundações, por menção honrosa em lei e exercem precipuamente o controle dos serviços e a prestá-lo com desenvoltura e efetividade.

711) (2015) Banca: CETRO – Órgão: AMAZUL – Prova: Analista em Desenvolvimento de Tecnologia Nuclear – Advogado

Com base na Lei nº 11.107/2005, que dispõe sobre normas gerais de contratação de consórcios públicos e dá outras providências, assinale a alternativa correta.

A) O consórcio público não poderá ser contratado pela administração direta ou indireta dos entes da Federação consorciados sem prévia licitação.
B) Deverá ser excluído do consórcio público o ente consorciado que não consignar, em sua lei orçamentária ou em créditos adicionais, as dotações suficientes para suportar as despesas assumidas por meio de contrato de rateio.

C) Os agentes públicos incumbidos da gestão de consórcio responderão pessoalmente pelas obrigações contraídas pelo consórcio público.
D) Poderá ser atribuído ao contratado o exercício dos poderes de planejamento e fiscalização dos serviços por ele próprio prestados.
E) O consórcio público adquirirá personalidade jurídica de direito público, no caso de constituir associação pública, mediante a vigência das leis de ratificação do protocolo de intenções.

712) (2014) Banca: FUNCEFET – Órgão: Prefeitura de Vila Velha – ES – Prova: Auditor Interno I

A respeito da estrutura, funcionamento e organização da Administração Pública, assinale a alternativa incorreta.

A) As entidades paraestatais não integram a Administração Direta nem a Indireta, mas atuam em colaboração com o Estado desempenhando atividades de interesse público.
B) As agências reguladoras são pessoas jurídicas criadas por lei e sob a forma autárquica, dotadas de regime jurídico especial que lhes assegura independência política.
C) Os consórcios públicos somente podem ser constituídos sob a forma de associação pública, dotada de personalidade jurídica de direito público e integrante da Administração Indireta de todos os entes da Federação consorciados.
D) A Constituição Federal prevê tratamento diferenciado quanto às licitações para as empresas públicas exploradoras de atividade econômica.
E) As Organizações Sociais não integram, para efeitos de supervisão, a Administração Pública Descentralizada

713) (2013) Banca: CEPERJ – Órgão: SEFAZ-RJ – Prova: Analista de Controle Interno

Nos termos da legislação geral de consórcios públicos, revela-se correto afirmar que o consórcio terá natureza de:

A) autarquia
B) associação
C) fundação
D) cooperativa
E) sociedade

714) (2010) Banca: COPEVE-UFAL – Órgão: Prefeitura de Penedo – AL – Prova: Procurador Municipal

Quanto aos consórcios públicos, assinale a opção incorreta.

A) A União somente participará de consórcios públicos em que também façam parte todos os Estados em cujos territórios estejam situados os Municípios consorciados.
B) Para o cumprimento de seus objetivos, o consórcio público poderá ser contratado pela administração direta ou indireta de qualquer dos entes da Federação, dispensada a licitação nestes casos.
C) Os entes da Federação consorciados, ou os com eles conveniados, poderão ceder servidores aos consórcios, na forma e condições da legislação de cada um.
D) O consórcio público adquirirá personalidade jurídica de direito público, no caso de constituir associação pública, mediante a vigência das leis de ratificação do protocolo de intenções.
E) Os entes consorciados somente entregarão recursos ao consórcio público mediante contrato de rateio.

Fundações Públicas: a Fundação pode ser qualificada como pessoa jurídica formada por um **patrimônio público personalizado**, destacado pelo seu instituidor para atingir uma finalidade específica e exercer uma atividade **não lucrativa** de interesse coletivo como educação, cultura, pesquisa e outros. As Fundações Públicas podem ser criadas com **personalidade jurídica de direito público**, nesse caso serão verdadeiras autarquias fundacionais, e com **personalidade jurídica de direito privado (fundação governamental).**

Características das Fundações Públicas: as Fundações Públicas, assim como as autarquias, estão sujeitas ao controle finalístico realizado pela Administração Pública – **supervisão ministerial**;

715) (2015) -Banca: CESPE – Órgão: MPOG – Prova: Técnico de Nível Superior

A respeito da administração pública indireta, julgue o item a seguir.

" As fundações governamentais de direito público, embora não tenham de ser criadas por leis específicas, devem ser instituídas, após autorização legal, por meio do registro de seus respectivos atos constitutivos no registro civil de pessoas jurídicas".

A) Certo B) Errado

716) (2015) Banca: CESPE – Órgão: FUB – Prova: Administrador

A respeito da administração direta e indireta, julgue o item a seguir.

"As fundações públicas, tanto as de direito público quanto as de direito privado, são necessariamente criadas por lei, devendo estar o patrimônio delas vinculado a um fim específico".

A) Certo B) Errado

717) (2015) Banca: CESPE – Órgão: FUB – Prova: Auditor

No que diz respeito ao controle da administração pública, julgue o item subsecutivo.

Todas as entidades da administração pública indireta submetem-se, em alguma medida, a controle estatal, interno e externo.

A) Certo B) Errado

718) (2016) Banca: FGV – Órgão: IBGE – Prova: Analista – Processos Administrativos e Disciplinares

Em matéria de Controle da Administração Pública, é correto afirmar que sobre uma fundação pública federal com personalidade jurídica de direito público:

A) incide o controle externo do Poder Judiciário, mediante a atuação do Tribunal de Contas da União;
B) incide o controle externo por parte do Ministério a que estiver vinculada, por meio da supervisão ministerial;
C) incide o controle interno por parte do Ministério a que estiver vinculada e do Tribunal de Contas da União;
D) não incide o controle externo do Poder Legislativo, mas é controlada pelo Poder Judiciário no aspecto da legalidade;

E) não incide qualquer tipo de controle externo, seja por sua autonomia, seja pelo princípio da separação dos poderes.

719) (2015) Banca: FUNIVERSA – Órgão: SEAP-DF – Prova: Agente de Atividades Penitenciárias

Acerca da administração pública direta e indireta, julgue o item que se segue.

A fundação pública de natureza pública é denominada fundação autárquica, visto que possui regime jurídico muito semelhante ao da autarquia.

A) Certo B) Errado

720) (2015) Banca: Quadrix – Órgão: CRF-RJ – Prova: Agente Administrativo

Sobre a fundação pública, assinale a alternativa que contém uma afirmação incorreta.

A) É a entidade dotada de personalidade jurídica de direito público ou privado.
B) É sem fins lucrativos.
C) Criada em virtude de lei autorizativa e registro em órgão competente.
D) Tem autonomia administrativa, patrimônio próprio e funcionamento custeado por recursos da União e de outras fontes.
E) Criada por lei para exploração de atividade econômica que o Governo seja levado a exercer por força de contingência ou conveniência administrativa.

721) (2015) Banca: MPE-SP – Órgão: MPE-SP – Prova: Promotor de Justiça

Sobre as fundações instituídas e mantidas pelo Poder Público, é correto afirmar que:

A) estão sujeitas ao controle administrativo e financeiro pelos órgãos da Administração Direta, pelo que são alcançadas pelo instituto da tutela.
B) podem ser extintas ou transformadas por meio de decreto.
C) possuem o respaldo da responsabilidade solidária do Estado em razão dos atos que pratica.
D) não se sujeitam ao controle do Tribunal de Contas e do Ministério Público.
E) por serem pessoas jurídicas de direito privado, não podem figurar como sujeito passivo de atos de improbidade administrativa.

As empresas públicas são **pessoas jurídicas de direito privado**, criadas por meio de **autorização legal**, que possuem **capital exclusivamente público, podendo ser constituídas sob qualquer modalidade empresarial**, para fins de promover a prestação de serviços públicos ou para fins de explorar atividade econômica.

A instituição da referida entidade deverá seguir as seguintes etapas: **edição de lei autorizativa, expedição de decreto de regulamentação da mencionada lei, registro dos atos constitutivos em cartório** (caso seja prestadora de serviço público) **ou na junta comercial** (caso seja exploradora de atividade econômica) (QUESTÃO 687). Portanto, ao contrário do que ocorre com a autarquia, a qual é criada diretamente pela lei, a empresa pública tem sua criação autorizada por lei e somente será efetivamente criada através do **registro de seus atos constitutivos**.

Destaca-se que, conforme estudado, as empresas públicas necessariamente possuem capital **exclusivamente público**, ou seja, o capital da empresa pública é oriundo exclusivamente de recursos da União, dos Estados, do Distrito Federal ou dos Municípios. A regra, todavia, precisa ser analisada com o texto do parágrafo único do mesmo dispositivo (art. 3º da Lei 13.303/16) que permite a participação no capital social da empresa pública de outras **pessoas jurídicas de direito público interno**, bem como de entidades da Administração Indireta dos entes federados da União, dos Estados, do Distrito Federal e dos Municípios.

722) (2014) Banca: CESPE – Órgão: MEC – Prova: Nível Superior

Os princípios da administração pública estão previstos, de forma expressa ou implícita, na CF e, ainda, em leis ordinárias. Esses princípios, que consistem em parâmetros valorativos orientadores das atividades do Estado, são de observância obrigatória na administração direta e indireta de quaisquer dos poderes da União, dos estados, do DF e dos municípios. Acerca desses princípios e da organização administrativa do Estado, julgue o item a seguir.

"A empresa pública somente pode ser criada por lei específica, com personalidade jurídica de direito público e adotando quaisquer formas societárias admitidas pelo Direito".

A) Certo B) Errado

723) (2015) Banca: CESPE – Órgão: TRE-G – Prova: Técnico Judiciário – Área Administrativa

Acerca dos conceitos ligados à organização administrativa, julgue o item seguinte.

As empresas públicas são pessoas jurídicas de direito público.

A) Certo B) Errado

724) (2016) Banca: CESPE – Órgão: TCE-PA – Prova: Auditor de Controle Externo – Administração

A respeito da administração direta, indireta e fundacional, julgue o item a seguir.

"As autarquias e as empresas públicas integram a administração indireta e assemelham-se quanto ao modo de criação e ao regime jurídico, pois a criação de ambas depende de autorização legislativa e ambas submetem-se tanto ao regime público como ao regime privado.".

A) Certo B) Errado

725) (2014) Banca: FCC Órgão: MPE-PE Prova: Promotor de Justiça

Em relação às empresas públicas, NÃO é aspecto obrigatório a ser observado em seu regime jurídico a

A) realização de licitação para contratação de obras, serviços, compras e alienações, observados os princípios da administração pública.
B) criação por meio de registro de seus atos constitutivos, na forma do Código Civil.
C) forma societária de sociedade anônima.
D) personalidade jurídica de direito privado.
E) vedação à acumulação remunerada de cargos, empregos e funções públicas.

726) (2017) Banca: CESPE – Órgão: PGE-S – Prova: Procurador do Estado

Com relação à administração indireta, assinale a opção correta.

A) O consórcio público poderá ter personalidade jurídica de direito público ou privado, sendo que, em ambas as formas, terão de ser observadas as mesmas normas de direito público para o regime de pessoal.
B) É possível criar uma empresa pública com capital minoritário de sociedade de economia mista, desde que a maioria do capital daquela pertença ao ente federativo que a instituir.
C) Na contratação de parceria público-privada, a administração pública pode assumir a titularidade da maioria do capital com direito a voto das sociedades de propósito específico.
D) Salvo os documentos e informações classificados como sigilosos pelas empresas públicas e sociedades de economia mista, os órgãos de controle externo têm direito ao acesso irrestrito aos dados mantidos por aquelas entidades.
E) As normas gerais sobre licitações e contratos administrativos devem ser aplicadas primariamente às empresas públicas e sociedades de economia mista prestadoras de serviços públicos.

727) (2015) Banca: ESAF – Órgão: ESAF – Prova: Analista de Planejamento e Orçamento – Conhecimentos Gerais

Acerca da organização administrativa do Estado, é correto afirmar que:

a) ao se criar um novo ministério, está-se promovendo uma descentralização administrativa.
B) por se subordinar ao Congresso Nacional, o Tribunal de Contas da União integra o Poder Legislativo.
C) as sociedades de economia mista podem ser constituídas mediante qualquer forma societária em direito admitidas.
D) a participação de outras pessoas jurídicas de direito público interno no capital de empresa pública pertencente à União é admissível.
E) autarquias e fundações públicas apenas podem ser criadas por meio de lei específica.

728) (2014) Banca: FGV – Órgão: AL-BA – Prova: Técnico de Nível Superior – Assessoria Legislativa

Em relação às Empresas Públicas, assinale a afirmativa correta.

A) Uma empresa pública pode ter seu capital integrado por diferentes entes federativos.
B) Uma empresa pública, apesar de poder possuir sócios privados, deve ter como sócio majoritário um ente público.
C) A empresa pública é pessoa jurídica de direito público.
D) A empresa pública não precisa realizar concurso público devido ao fato de sua natureza jurídica ser de direito privado.
E) A empresa pública não precisa realizar licitação devido ao fato de sua natureza jurídica ser de direito privado.

729) (2011) Banca: FCC – Órgão: TCE-SE – Prova: Analista de Controle Externo – Coordenadorias Técnicas

As empresas públicas

A) são pessoas jurídicas de direito público interno que desempenham atividade econômica.
B) possuem vínculo contratual com o Estado, notadamente por meio de contrato de concessão.
C) são organizadas invariavelmente sob a forma de sociedades anônimas.
D) exercem atividade de relevante interesse coletivo, embora não detenham capital público.
E) necessitam de autorização legislativa para serem criadas

730) (2014) Banca: FGV- Órgão: TJ-RJ – Prova: Técnico de Atividade Judiciária

Em relação à disciplina constitucional da empresa pública, é correto afirmar que:

A) tem personalidade jurídica de direito público e seu pessoal está sujeito à vedação constitucional de acumulação de cargos;
B) faz parte da administração direta e o ingresso de seu pessoal ocorre por meio de concurso público;
C) somente por lei específica pode ser autorizada sua instituição;
D) tem por objeto exercer atividade de caráter social, vedada a exploração de atividade econômica;
E) seu pessoal enquadra-se na categoria de servidores públicos estatutários.

731) (2014) Banca: FGV – Órgão: SEFAZ- MT – Prova: Auditor Fiscal Tributário da Receita Municipal (+ provas)

O Estado X pretende criar uma empresa pública para atuar no financiamento de projetos de desenvolvimento sustentável para pequenos produtores rurais.

Considerando a disciplina constitucional a respeito das empresas públicas, assinale a afirmativa incorreta.

A) Apesar de o seu pessoal estar sujeito ao regime trabalhista próprio das empresas privadas, não se dispensa a realização de concurso público.
B) Somente por lei complementar pode ser autorizada a criação de empresa pública
C) Empresa pública está sujeita à exigência de prévia licitação para a compra de bens e para a contratação de serviços.
D) A exploração direta de atividade econômica pelo Estado somente será permitida quando necessária aos imperativos da segurança nacional ou a relevante interesse coletivo.
E) A empresa pública que explore atividade econômica não poderá gozar de privilégios fiscais não extensivos às empresas do setor privado.

732) (2015) Banca: FGV – Órgão: TJ-SC – Prova: Técnico Judiciário Auxiliar

São pessoas jurídicas de direito privado, integrantes da Administração Indireta do Estado, criadas por autorização legal, sob qualquer forma jurídica adequada a sua natureza, para que o Governo exerça atividades gerais de caráter econômico ou, em certas situações, execute a prestação de serviços públicos, as:

A) autarquias;
B) fundações públicas;
C) fundações privadas;
D) empresas públicas;
E) agências reguladoras.

733) (2014) Banca: Prefeitura do Rio de Janeiro – RJ – Órgão: Câmara Municipal do Rio de Janeiro – Prova: Analista Legislativo – Direito

As pessoas jurídicas de direito privado, integrantes da Administração Indireta do Estado, criadas por autorização legal, sob qualquer forma jurídica adequada a sua natureza, para que o governo exerça atividades gerais de caráter econômico ou, em certas situações, execute a prestação de serviços públicos, são denominadas:

A) sociedades de economia mista
B) empresas públicas
C) agências executivas
D) autarquias especiais

734) (2016) Banca: IBFC – Órgão: EBSERH – Prova: Técnico de Contabilidade (HUAP-UFF)

Assinale a alternativa que completa corretamente a lacuna.
_____ são entidades dotadas de personalidade jurídica de direito privado, com patrimônio próprio e capital exclusivamente governamental, criação autorizada por lei, para exploração de atividade econômica ou industrial, que o governo seja levado a exercer por força de contingência ou conveniência administrativa.

A) Autarquias
B) Fundações
C) Empresas públicas
D) Serviços sociais autônomos
E) Sociedades de economia mista

735) (2017) Banca: VUNESP – Órgão: IPRESB – SP – Prova: Analista de Processos Previdenciários

De acordo com a organização administrativa da União, esse tipo de pessoa caracteriza-se por ser regida pelo direito privado, não possui privilégios tributários, desenvolve atividade atípica de Estado e está sujeita ao controle estatal. Trata-se, portanto, de

A) autarquia.
B) empresa pública.
C) ministério federal.
D) autarquia especial.
E) fundação pública.

736) (2016) Banca: INSTITUTO AOCP – Órgão: CASAN – Prova: Advogado

Quanto à Administração Pública Indireta, assinale a alternativa correta.

A) Somente por lei específica poderá ser criada autarquia, empresa pública, sociedade de economia mista e fundação, cabendo à lei complementar, neste último caso, definir as áreas de sua atuação.
B) A criação das empresas públicas necessita da edição de lei autorizativa, expedição de decreto de regulamentação da mencionada lei e registro dos atos constitutivos em cartório ou na junta comercial.
C) A fundação pública não pode ser extinta por ato do Poder Público.
D) O chefe do Poder Executivo poderá, por decreto, extinguir empresa pública ou sociedade de economia mista.
E) A sociedade de economia mista poderá ser estruturada sob qualquer das formas admitidas em direito.

737) (2006) Banca: CESGRANRIO – Órgão: Petrobras – Prova: Advogado

É correto afirmar que as empresas públicas:

A) possuem personalidade jurídica de Direito Público.
B) integram a Administração Pública Direta.
C) não se sujeitam à fiscalização do Tribunal de Contas.
D) dependem de lei autorizativa para sua criação.
E) devem, obrigatoriamente, ser constituídas sob a forma de sociedade anônima.

Sociedade de Economia Mista: As sociedades de economia mista são **pessoas jurídicas de direito privado** criadas mediante autorização legal para a **prestação de serviços públicos ou para exploração de atividade econômica**, constituídas por capital misto, público e privado (sendo que a maioria do capital votante será público), e instituída somente sob a forma empresarial de **sociedade anônima**. Ex.: Eletrobrás, Petrobras.

Diferenças:

1. Capital: a Empresa Pública é formada por capital 100% público, nesse caso não é admitido investimento privado. Na sociedade de economia mista, por sua vez, **o capital é misto**, sendo que a maioria do capital votante será público.

2. Forma jurídica: a sociedade de economia mista somente poderá ser constituída **sob a forma de Sociedade Anônima**, sendo que a empresa pública admite qualquer forma societária.

3. Deslocamento de competência: o art. 109, I CF/88 estabelece que compete à Justiça Federal o julgamento das ações judiciais em que a empresa pública figure como parte (deslocamento para a Justiça Federal). **Nas ações em que a sociedade de economia mista figure como parte, não haverá esse deslocamento, salvo quando se tratar de matéria de justiça especializada e quando a União intervém como assistente ou oponente.**

Semelhanças:

1. A empresa pública e a sociedade de economia mista possuem personalidade jurídica de direito privado.

2. As empresas estatais **não gozam de nenhuma prerrogativa pública**, seguindo o mesmo regime das empresas privadas no que diz respeito às suas obrigações, ou seja, **não possuem privilégios fiscais**, as obrigações trabalhistas são regidas pela CLT, não gozam de prerrogativas dos contratos administrativos (contratos privados), e estão sujeitas ao mesmo regime das empresas privadas no que tange aos privilégios processuais.

3. As empresas estatais não gozam das prerrogativas de Estado, entretanto, estão sujeitas às limitações de Estado, trata-se da sujeição ao **regime jurídico híbrido (parte público e parte privado).**

4. As estatais estão sujeitas ao controle realizado pelo Tribunal de Contas.

5. As empresas públicas e sociedade de economia mista exploradoras de atividade econômica, em regra, estão sujeitas as regras estabelecidas na Lei 8.666/93 acerca de licitações e contratos, estando, ainda, obrigadas a seguir as regras constantes no estatuto das empresas estatais – **Lei 13.303/2016**.

3. ORGANIZAÇÃO ADMINISTRATIVA

6. Os agentes das empresas estatais são empregados públicos selecionados por intermédio de Concurso Público, estão sujeitos ao regime celetista e **celebram contrato de emprego** com a empresa estatal. Destaca-se que os empregados públicos estão sujeitos à vedação quanto a **ACUMULAÇÃO DE CARGOS**, empregos ou funções públicas.

7. As empresas públicas e sociedades de economia mista prestadoras de serviços públicos respondem **objetivamente** pelos danos que seus agentes, nessa qualidade, causarem a terceiros, assegurado o direito de regresso contra o responsável nos casos de dolo ou culpa.

Prestação de serviços públicos: as empresas estatais prestadoras de serviço público estão sujeitas ao regime jurídico híbrido que se **aproxima de DIREITO PÚBLICO.**

Exploração de atividade econômica: As empresas estatais exploradoras de atividade econômica estão sujeitas ao regime jurídico híbrido que se aproxima do DIREITO PRIVADO (seus bens estão sujeitos à penhora, não gozam de imunidade tributária recíproca, a responsabilidade civil é subjetiva e etc.).

738) (2014) Banca: CESPE – Órgão: Polícia Federal – Prova: Nível Superior

No que se refere ao regime jurídico administrativo, aos poderes da administração pública e à organização administrativa, julgue o item subsequente.

"São características das sociedades de economia mista: criação autorizada por lei; personalidade jurídica de direito privado; sujeição ao controle estatal; estruturação sob a forma de sociedade anônima".

A) Certo B) Errado

739) (2014) Banca: CESPE – Órgão: SUFRAMA – Prova: Agente Administrativo

Com relação aos sujeitos que exercem a atividade administrativa, julgue o item abaixo.

"Empresa pública e sociedade de economia mista são entidades da administração indireta com personalidade jurídica de direito privado"

A) Certo B) Errado

740) (2014) Banca: CESPE – Órgão: TJ-SE – Prova: Analista Judiciário – Direito

No que concerne às regras e aos princípios específicos que regem a atuação da administração pública, julgue o item subsequentes.

"As empresas públicas se diferenciam das sociedades de economia mista, entre outros fatores, pela forma jurídica e de constituição de seu capital social".

A) Certo B) Errado

741) (2014) Banca: CESPE – Órgão: Câmara dos Deputados – Prova: Analista Legislativo

A respeito de pessoas jurídicas de direito público e de pessoas jurídicas de direito privado vinculadas à administração pública, julgue próximo item.

"Uma empresa pública consiste em uma entidade de direito privado em que pelo menos 51% do seu capital pertence à administração pública".

A) Certo B) Errado

742) (2016) -Banca: CESPE – Órgão: TJ-AM – Prova: Juiz de direito

No que se refere às sociedades de economia mista e às empresas públicas, assinale a opção correta.

A) A pessoa federativa a que estejam vinculadas as sociedades de economia mista possui responsabilidade solidária quanto aos atos ilícitos praticados por agentes dessas sociedades.

B) A composição do capital das sociedades de economia mista é o resultado da conjugação de recursos públicos e privados, sendo os recursos privados inadmitidos na composição do capital das empresas públicas.

C) As empresas públicas assumem obrigatoriamente a forma de sociedades anônimas, enquanto as sociedades de economia mista podem-se revestir de qualquer das formas admitidas em direito.

D) O protesto apresentado por empresa pública federal em execução que tramite na justiça estadual desloca a competência para a justiça federal.

E) A legislação relativa ao regime falimentar não se aplica às empresas públicas e às sociedades de economia mista, assim como os regimes de execução e penhora.

743) (2014) Banca: CESPE – Órgão: MDIC – Prova: Agente Administrativo

Acerca da organização administrativa e dos atos administrativos, julgue o item a seguir.

"Adotando-se o critério de composição do capital, podem-se dividir as entidades que compõem a administração indireta em dois grupos: um grupo, formado pelas autarquias e fundações públicas, cujo capital é exclusivamente público; e outro grupo, constituído pelas sociedades de economia mista e empresas públicas, cujo capital é formado pela conjugação de capital público e privado".

A) Certo B) Errado

744) (2014) Banca: CESPE – Órgão: TJ-SE – Prova: Analista Judiciário – Direito

No que concerne às regras e aos princípios específicos que regem a atuação da administração pública, julgue o item subsequente.

"As empresas públicas se diferenciam das sociedades de economia mista, entre outros fatores, pela forma jurídica e de constituição de seu capital social".

A) Certo B) Errado

745) (2016) Banca: CESPE – Órgão: FUB – Prova: Assistente em Administração

Acerca da estrutura da administração federal brasileira, julgue o item seguinte.

Empresas públicas são aquelas entidades da administração indireta que possuem personalidade jurídica de direito privado e cujo capital admite recursos da iniciativa privada, desde que, no mínimo, 51% dele consista de recursos públicos.

A) Certo B) Errado

746) (2012) Banca: CESPE – Órgão: TCU – Prova: Técnico de Controle Externo

Uma sociedade de economia mista somente poderá ser constituída sob a forma de sociedade anônima.

A) Certo B) Errado

747) (2014) Banca: CESPE – Órgão: Câmara dos Deputados – Prova: Analista Legislativo

As empresas estatais não gozam das prerrogativas de Estado, entretanto, estão sujeitas às limitações de Estado, trata-se da sujeição ao regime jurídico híbrido.

A) Certo B) Errado

748) (2015) Banca: CESPE – Órgão: TCE-RN – Prova: Inspetor – Tecnologia da Informação – Cargo 5

Acerca do regime jurídico-administrativo, da organização administrativa e dos dispositivos relacionados à licitação, julgue o item que se segue.

Situação hipotética: Foi constatado um superfaturamento para a realização de concurso público para a contratação de empregados de uma sociedade de economia mista. Assertiva: Nessa situação, ainda que possuísse personalidade jurídica de direito privado, a referida sociedade estaria sujeita ao controle pelo respectivo tribunal de contas.

A) Certo B) Errado

749) (2016) Banca: CESPE – Órgão: TCE-PR – Prova: Conhecimentos Básicos (+ provas)

As sociedades de economia mista se submetem à lei 9.888/93 em relação ao regime de licitações e contratos.

A) Certo B) Errado

750) (2015) Banca: CESPE – Órgão: FUB – Prova: Administrador

De acordo com os dispositivos legais que regulam as licitações públicas, julgue o item a seguir.

"As empresas públicas e sociedades de economia mista, que possuem personalidade jurídica de direito privado, estão desobrigadas de se submeter ao regime da Lei 8.666/1993".

A) Certo B) Errado

751) (2017) Banca: CESPE – Órgão: TRT – 7ª Região (CE) – Prova: Técnico Judiciário – Área Administrativa

A respeito do regime jurídico das empresas públicas e das sociedades de economia mista federais, assinale a opção correta.

a) As empresas públicas somente poderão adotar a forma de sociedade anônima.

b) As causas em que as empresas públicas figurarem como autoras serão processadas na justiça comum do estado da Federação onde estiverem sediadas.

c) Os empregados dessas empresas ou dessas sociedades não poderão cumular seus empregos com outros empregos, cargos e funções públicas, a não ser nas hipóteses constitucionalmente previstas.

d) Tanto as empresas públicas quanto as sociedades de economia mista sujeitam-se ao regime falimentar.

752) (2015) Banca: CESPE – Órgão: TRE-MT – Prova: Analista

A respeito dos serviços públicos e da responsabilidade civil do Estado, assinale a opção correta.

A) Segundo a teoria do risco administrativo, sendo objetiva, a responsabilidade do Estado independe de nexo causal entre o fato e o dano e é também imputável quando a culpa é da própria vítima.

B) As empresas públicas e sociedades de economia mista prestadoras de serviços públicos respondem pelos danos que seus agentes, nessa qualidade, causarem a terceiros, assegurado o direito de regresso contra o responsável nos casos de dolo ou culpa.

C) A concessão e a permissão de serviço público têm como aspecto comum a delegação, mediante licitação, da prestação de serviços públicos, feita pelo poder concedente a pessoa física ou jurídica.

D) O inadimplemento do usuário do serviço público não pode ensejar a interrupção da prestação do serviço, sob pena de caracterizar a sua descontinuidade.

E) As tarifas dos serviços públicos concedidos devem ter valor uniforme, não podendo ser diferenciadas em função das características técnicas e dos custos específicos provenientes do atendimento aos distintos segmentos de usuários.

753) (2014) Banca: FCC – Órgão: TCE-PI – Prova: Auditor Fiscal de Controle Externo

Com objetivo de implementar políticas públicas e desenvolver ações governamentais, os entes federados podem optar por criar entidades com personalidades jurídicas próprias e deles distintas. É exemplo das referidas entidades a sociedade de economia mista que

A) detém personalidade de direito privado e é criada por lei sob a forma de sociedade anônima.

B) tem a criação autorizada por lei específica, o respectivo ato constitutivo arquivado no registro próprio e personalidade de direito privado.

C) detém personalidade de direito privado, cuja criação é por lei autorizada, sob forma de sociedade limitada, para exploração de atividade econômica.

D) detém personalidade de direito público, cuja criação é por lei autorizada quando exploradora de atividade econômica.

E) é dotada de personalidade jurídica de direito privado, criada por lei, sob a forma de sociedade anônima.

754) (2015) Banca: FCC – Órgão: TCE-CE – Prova: Analista de Controle Externo-Atividade Jurídica

A sociedade de economia mista X e a empresa pública Y querem contratar bens e serviços para a realização de seus misteres. Nesse caso, a sociedade de economia mista X

A) e a empresa pública Y, se exercerem atividade econômica, estão, em regra, obrigadas a licitar, mas podem contratar diretamente nas hipóteses em que a licitação torne inviável uma atuação competitiva ao lado de empresas privadas.

B) e a empresa pública Y não são obrigadas a realizar licitação para a celebração de contratos.

C) não tem obrigação de realizar licitação para a celebração de contratos, mas a empresa pública Y é obrigada a realizar licitação para suas contratações.

D) e a empresa pública Y, independentemente da atividade que exerçam, se submetem integralmente às disposições da Lei nº 8.666/93.

E) e a empresa pública Y somente serão obrigadas a licitar se receberem recursos da União, dos Estados, do Distrito Federal ou dos Municípios para pagamento de despesas de pessoal ou de custeio em geral.

755) (2015) Banca: FCC – Órgão: TRT – 3ª Região (MG) – Prova: Técnico Judiciário – Área Administrativa

O Ministério Público ingressou com ação contra diversas empresas, dentre elas, uma empresa pública municipal prestadora de atividade econômica, pleiteando reparação por suposto dano gerado ao patrimônio público. No que concerne ao prazo para defesa da empresa pública, bem como ao tema da penhora de bens, vigora o prazo

A) em quádruplo e a impenhorabilidade dos bens.
B) em dobro e a impenhorabilidade dos bens.
C) em quádruplo e admitida a penhora dos bens.
D) simples e a impenhorabilidade dos bens.
E) simples e admitida a penhora dos bens.

756) (2017) Banca: FGV – Órgão: TRT – 12ª Região (SC) – Prova: Analista Judiciário – Área Judiciária

Em relação ao regime jurídico das empresas estatais, de acordo com o ordenamento jurídico e a doutrina de Direito Administrativo, as empresas públicas e as sociedades de economia mista:

A) integram a Administração Indireta, ostentando personalidade jurídica de direito público, e são criadas com a finalidade de prestar serviços públicos ou exploração de determinadas atividades econômicas de interesse da sociedade;
B) têm seus empregados regidos pela Consolidação das Leis do Trabalho, com vínculo empregatício por meio de relação contratual de emprego, mas se submetem a algumas restrições aplicáveis aos servidores públicos em geral;
C) remuneram seus empregados com vencimentos, proventos, pensões ou outra espécie remuneratória, incluídas as vantagens pessoais ou de qualquer outra natureza, que não podem exceder, em qualquer caso, o subsídio mensal, em espécie, dos Ministros do Supremo Tribunal Federal;
D) têm seu pessoal contratado mediante prévio concurso público de provas ou de provas e títulos, mas não se aplica a vedação constitucional de acumulação de cargos e empregos públicos a seus agentes;
E) concedem a estabilidade constitucional a seus empregados aprovados mediante concurso público após três anos de efetivo exercício, que somente poderão perder o emprego em virtude de sentença judicial transitada em julgado ou processo administrativo em que lhe seja assegurada ampla defesa.

757) (2017) Banca: IBADE – Órgão: SEJUDH – MT – Prova: Agente Penitenciário – Masculino/Feminino

Relativamente ao regime jurídico da Administração Pública indireta, assinale a alternativa correta.

A) Os atos constitutivos das autarquias são arquivados no Registro Público para que passem a existir.
B) As sociedades de economia mista só podem assumir a forma de sociedade anônima.
C) As sociedades de economia mista e as empresas públicas obrigatoriamente são criadas por lei.
D) A imunidade tributária só alcança as entidades da Administração indireta.
E) A empresa pública e a sociedade de economia mista são entidades civis sem fins lucrativos.

758) (2015) Banca: FUNIVERSA – Órgão: PC-DF – Prova: Perito Médico-Legista

Quanto às normas do direito administrativo, assinale a alternativa correta.

A) O Poder Judiciário pode revogar atos administrativos praticados pelo Poder Executivo em flagrante violação à CF ou às leis.
B) Considera-se perfeito o ato administrativo quando preenchidos os seus requisitos de validade e eficácia.
C) As sociedades de economia mista devem obrigatoriamente adotar a forma empresarial de sociedade anônima.
D) São considerados compostos os órgãos que atuam e decidem pela manifestação conjunta da vontade dos membros.
E) Considera-se complexo o ato administrativo que dependa das manifestações de vontade de dois órgãos, sendo uma delas meramente homologatória.

759) (2015) Banca: FUNIVERSA – Órgão: UEG – Prova: Analista de Gestão Administrativa – Direito

Acerca da organização da Administração Pública e entidades afins, assinale a alternativa correta.

A) A fundação pública de natureza pública tem sua criação autorizada por lei, mas só se considera instituída com o arquivamento no registro público de empresas mercantis.
B) A criação de nova entidade para prestar serviço público configura desconcentração.
C) Só se admite sociedade de economia mista na forma empresarial de sociedade anônima.
D) Por não ser servidor público, o agente de entidade paraestatal que recebe recursos públicos não poderá ser responsabilizado por ato de improbidade administrativa.
E) As agências executivas são autarquias especiais que se caracterizam por possuírem independência orçamentária, dirigentes com mandato fixo e discricionariedade técnica.

760) (2015) Banca: FUNIVERSA – Órgão: Secretaria da Criança – DF – Prova: Especialista Socioeducativo – Direito e Legislação

Considerando os atos administrativos, a organização da Administração Pública e a responsabilidade civil extracontratual do Estado, assinale a alternativa correta.

A) Porquanto motivo e motivação não se confundem, o STF entende que a dispensa unilateral de empregado por empresa pública prescinde de motivação.
B) A autarquia exemplifica o fenômeno da descentralização da administração pública e, salvo no caso das autarquias especiais — a exemplo das agências reguladoras —, trata-se de entidade subordinada ao ente político da administração pública direta.

C) Na esfera federal, as empresas públicas são formadas por capital totalmente público, admitindo-se que mais de um ente da federação participe do capital social destas.
D) A agência executiva qualifica-se como tal por meio de termo de parceria.
E) As pessoas jurídicas de direito privado prestadoras de serviços públicos respondem objetivamente pelos danos que causem, nessa condição, a usuários do serviço, exigindo-se prova da culpa do serviço para que respondam perante não usuários.

761) (2015) Banca: FUNIVERSA – Órgão: SEAP-DF – Prova: Agente de Atividades Penitenciárias

Acerca da administração pública direta e indireta, julgue o item que se segue.

As empresas públicas, diferentemente das sociedades de economia mista, devem adotar obrigatoriamente a forma empresarial Sociedade Anônima.

A) Certo   B) Errado

762) (2015) Banca: FUNIVERSA – Órgão: Secretaria da Criança – DF – Prova: Especialista Socioeducativo – Artes Plásticas (+ provas)

No que se refere à Administração Pública, assinale a alternativa correta.

A) A administração pública descentralizada ocorre quando o serviço público é delegado a outros órgãos.
B) As associações públicas são pessoas jurídicas de direito privado e integram a administração indireta dos entes públicos associados.
C) Os serviços sociais autônomos, como o Sesi e o Senai, integram a administração indireta da União e estão submetidos ao controle do Tribunal de Contas da União.
D) Empresas públicas e sociedades de economia mista, quando exploradoras de atividade econômica no regime da ampla concorrência, não poderão ter privilégios quanto aos direitos e às obrigações civis, comerciais, trabalhistas ou tributárias, que não sejam extensivos a outras empresas privadas.
E) As autarquias e as fundações instituídas e mantidas pelo poder público possuem imunidade tributária em relação a seu patrimônio, a sua renda ou a seus serviços, mesmo que não vinculados a sua finalidade essencial ou dela decorrentes.

763) (2015) Banca: FUNIVERSA – Órgão: UEG – Prova: Assistente de Gestão Administrativa – Geral

Acerca da organização da administração pública, assinale a alternativa correta.

A) As autarquias são exemplos de administração centralizada, pois detêm personalidade jurídica de direito público e são criadas por lei com autonomia administrativa e financeira.
B) Quando o poder público central, como, por exemplo, a União, cria um ministério, órgão sem personalidade jurídica, para desempenhar certa atividade específica de sua competência, tem-se um exemplo de descentralização administrativa.
C) A relação jurídica existente entre uma entidade autárquica e o poder central é de subordinação, razão pela qual os atos administrativos praticados pela autarquia estão submetidos ao controle hierárquico do poder central.
D) As empresas públicas, prestadoras de serviços públicos, integram a administração indireta, sendo que seus funcionários se submetem à regra de concurso público, mas são regidos pela Consolidação das Leis Trabalhistas (CLT).
E) As empresas públicas, quando exploram atividade econômica sem prestar serviços públicos, estão submetidas, em qualquer caso, à regra constitucional da responsabilidade civil objetiva, assim como os entes federados, suas autarquias e fundações.

764) (2014) Banca: VUNESP – Órgão: Câmara Municipal de São José dos Campos – SP – Prova: Analista Legislativo – Advogado

Pessoa jurídica de direito privado; atividades gerais "de caráter econômico" ou prestação de serviço público; lei autoriza sua instituição, a qual se dá a partir da inscrição do ato constitutivo ou do estatuto no registro civil; assume somente a forma de sociedade anônima, regida por estatuto social.

Essas são todas características das

A) autarquias.
B) empresas públicas.
C) fundações.
D) sociedades de economia mista.
E) agências reguladoras.

765) (2015) Banca: Prefeitura de Fortaleza – CE – Órgão: Prefeitura de Fortaleza – CE – Prova: Advogado

São pessoas jurídicas de direito privado, componentes da administração pública indireta, constituídas por capital público e privado:

A) autarquias.
B) fundações públicas.
C) empresas públicas
D) sociedades de economia mista.

766) (2015) Banca: Quadrix – Órgão: CRF-RJ – Prova: Agente Administrativo

A Administração Direta é aquela composta por órgãos ligados diretamente ao poder central, federal, estadual ou municipal. São os próprios organismos dirigentes, seus ministérios e secretarias. A Administração Indireta é aquela composta por entidades com personalidade jurídica própria, que foram criadas para realizar atividades de Governo de forma descentralizada. São exemplos as Autarquias, Fundações, Empresas Públicas e Sociedades de Economia Mista. São três as principais diferenças entre a empresa pública e a sociedade de economia mista:

A) a forma jurídica; a composição do capital; e o foro processual (somente para as entidades federais).
B) a forma jurídica; a gestão administrativa; e o foro processual (somente para as entidades federais)
C) a gestão administrativa; a gestão financeira; e o funcionamento corporativo.
D) a gestão administrativa; a composição do capital; e a integração organizacional.
E) a probidade administrativa; a jurisprudência; e os objetivos societários.

767) (2016) Banca: BIO-RIO – Órgão: Prefeitura de Barra Mansa – RJ – Prova: Advogado

Analise as seguintes características:

I. autarquias com regime especial, onde seus dirigentes estão protegidos contra o desligamento imotivado e possuem mandatos fixos;
II. são entidades criadas mediante autorização legislativa e com forma organizacional livre;
III. são pessoas jurídicas de direito privado criadas para integrar um grupo empresarial encabeçadas por uma empresa-matriz estatal;
IV. não integram a Administração Pública Indireta e possuem personalidade jurídica de direito privado.

Tais características referem-se, respectivamente, a:

A) agências executivas – sociedades de economia mista – fundações governamentais – agências reguladoras
B) empresas controladas – fundações públicas – agências reguladoras – empresas subsidiárias
C) fundações autárquicas – empresas públicas – empresas paraestatais – agências reguladoras
D) agências reguladoras – empresas públicas – empresas subsidiárias – empresas controladas

768) (2016) Banca: OBJETIVA – Órgão: Prefeitura de Terra de Areia – RS – Prova: Agente Administrativo Auxiliar

Segundo ALEXANDRINO e PAULO, o Banco do Brasil S/A e a Petrobras S/A são exemplos notórios de:

A) Agências reguladoras.
B) Fundações públicas.
C) Autarquias.
D) Sociedades de economia mista.
E) Empresas públicas.

769) (2014) Banca: FUNDEP (Gestão de Concursos) – Órgão: COPASA – Prova: Analista de Saneamento – Advocacia

Resolvi certo

Em relação à Administração Pública, assinale a alternativa CORRETA.

A) A Administração Direta é composta por órgãos e entidades públicas, submetidos, total ou parcialmente, a regime jurídico de direito administrativo.
B) A Administração Direta é fruto de descentralização administrativa.
C) A Administração Indireta não é composta por entidades com personalidade jurídica de direito privado.
D) É permitida a participação de entidades da Administração Indireta no capital das empresas públicas.

770) (2014) Banca: FUNCAB – Órgão: PRF – Prova: Agente Administrativo – 01

A respeito do regime jurídico e das características das sociedades de economia mistas exploradoras de atividade econômica, assinale a opção correta.

A) As estatais que subsistirem com o seu próprio recurso orçamentário, sem dependerem do dinheiro público, estarão submissas ao teto constitucional.
B) Se um veículo da sociedade de economia mista federal vier abalroar o veículo de um cidadão, este deverá ajuizar a respectiva ação de indenização perante a Justiça Federal.
C) Seus atos e contratos são de natureza privada, já que inseridos no contexto das relações privadas, razão pela qual seus dirigentes jamais praticam atos dotados de alguma parcela de autoridade própria dos atos do Poder Público.
D) No que se refere à composição do capital, o traço característico da sociedade de economia mista é a presença de capital exclusivamente público, sob a forma de sociedade anônima.
E) A sociedade de economia mista não está obrigada a adoção de procedimento licitatório para a execução da atividade fim.

771) (2015) Banca: FUNCAB – Órgão: PC-AC – Prova: Perito Criminal

Determinada empresa pública federal prestadora de serviço público vem a ser executada em face de uma decisão penal condenatória. Quanto à penhora incidente sobre os bens que integram seu patrimônio, é correto afirmar que será:

A) possível, já que tais bens, ainda que possuam natureza pública, não podem gozar de privilégios não extensíveis aos demais particulares e, portanto, penhoráveis conforme a legislação civil.
B) possível, já que os bens das empresas públicas são considerados bens particulares, aplicando-se a penhora nos termos da legislação civil.
C) possível, desde que ocorra a desafetação dos bens sobre os quais recairá a penhora.
D) possível, desde que a penhora não recaia sobre qualquer bem afeto ao serviço público, comprometendo a continuidade da prestação do serviço.
E) impossível, já que os bens das empresas públicas são considerados bens públicos e, portanto, impenhoráveis, imprescritíveis e inalienáveis.

Bens: Os bens das Empresas Estatais não ostentam a qualidade de bens públicos. No entanto, em relação aos bens das estatais que estejam atrelados à prestação de serviços públicos, aplicam-se algumas prerrogativas inerentes aos bens públicos, **como a impenhorabilidade.**

772) (2017) Banca: FCC – Órgão: DPE-RS – Prova: Técnico – Área Administrativa

Uma empresa pública é proprietária de dois galpões onde armazenava o maquinário utilizado nas obras que realizava. Esse maquinário, com o passar do tempo, foi substituído por itens mais modernos, de forma que a empresa se desfez desses bens. Os galpões, dessa forma, ficaram vazios, o que levou a direção da empresa a decidir alienar os imóveis para investimento do capital. Enquanto tramitava o processo interno para autorização da alienação, os referidos bens foram penhorados em ações judiciais que tramitavam para recebimento de dívidas não pagas. A empresa

A) pode impor ao juízo a impenhorabilidade de seus bens, tendo em vista que se trata de empresa pública integrante da Administração direta e, como tal, prestante ao desempenho de serviços públicos.

B) pode prosseguir com o processo de autorização da alienação, tendo em vista que, em razão da impenhorabilidade de seus bens, a penhora lavrada é nula e não produz efeitos.
C) não possui fundamento para alegar a impenhorabilidade de seus bens, em face de se tratar de pessoa jurídica de direito privado e dos galpões estarem sem qualquer afetação à prestação de serviços públicos.
D) tem personalidade jurídica de direito privado, mas seus bens sujeitam-se a regime jurídico de direito público, como forma de tutelar o erário público, tendo em vista que o ente público criador da empresa é seu acionista majoritário.
E) tem personalidade jurídica de direito público, mas seus bens sujeitam-se a regime jurídico híbrido, de forma que são impenhoráveis quando afetados à prestação de serviços públicos ou a alguma outra atividade de interesse público.

Agentes: Os agentes que atuam na prestação de serviços dentro da estrutura das empresas estatais são **empregados públicos que celebram com a Administração Pública contratos de emprego regidos pela Consolidação das Leis do Trabalho (CLT).**

Embora os empregados públicos não gozem de estabilidade, nos termos da Constituição Federal, existe divergência doutrinária e jurisprudencial acerca da possibilidade de dispensa imotivada desses agentes, haja vista terem sido contratados mediante concurso público. Nesse sentido, Celso Antônio Bandeira de Mello, acertadamente estabelece que *"assim como não é livre a admissão de pessoal, também **não se pode admitir que os dirigentes da pessoa tenham o poder de desligar seus empregados com a mesma liberdade com que o faria o dirigente de uma empresa particular"*.

773) (2014) Banca: CESPE – Órgão: TC-DF – Prova: Técnico de Administração

A respeito da organização administrativa, julgue o próximo item.

"Ao contrário das empresas públicas, em que o regime de pessoal é híbrido, sendo permitida a vinculação de agentes tanto sob o regime celetista quanto sob o estatutário, nas sociedades de economia mista, o vínculo jurídico que se firma é exclusivamente contratual, sob a égide da Consolidação das Leis do Trabalho".

A) Certo B) Errado

774) (2016) Banca: CESPE – Órgão: TJ-DFT – Prova: Juiz de direito

No que se refere a características e regime jurídico das entidades da administração indireta, assinale a opção correta.
A) As agências reguladoras são fundações de regime especial, cuja atividade precípua é a regulamentação de serviços e de atividades concedidas, que possuem regime jurídico de direito público, autonomia administrativa e diretores nomeados para o exercício de mandato fixo.
B) As autarquias são pessoas jurídicas de direito público com autonomia administrativa, beneficiadas pela imunidade recíproca de impostos sobre renda, patrimônio e serviços, cujos bens são passíveis de aquisição por usucapião e cujas contratações são submetidas ao dever constitucional de realização de prévia licitação.
C) As sociedades de economia mista, cuja criação e cuja extinção são autorizadas por meio de lei específica, possuem personalidade jurídica de direito privado, são constituídas sob a forma de sociedade anônima e aplica-se ao pessoal contratado o regime de direito privado, com empregados submetidos ao regime instituído pela legislação trabalhista.
D) As empresas públicas, que possuem personalidade jurídica de direito público, são organizadas sob qualquer das formas admitidas em direito, estão sujeitas à exigência constitucional de contratação mediante licitação e têm quadro de pessoal instituído pela legislação trabalhista, cuja contratação condiciona-se a prévia aprovação em concurso público.
E) As agências executivas são compostas por autarquias, fundações, empresas públicas ou sociedades de economia mista que celebram contrato de gestão com órgãos da administração direta a que estão vinculadas, com vistas ao aprimoramento de sua eficiência no exercício das atividades-fim e à diminuição de despesas

775) (2014) -Banca: CESPE – Órgão: Câmara dos Deputados – Prova: Analista Legislativo

Com relação às empresas públicas e sociedades de economia mista prestadoras de serviços públicos ou exploradoras de atividades econômicas, julgue o item que se segue.

"Os empregados de empresa pública são, necessariamente, estatutários e os de sociedade de economia mista celetistas, sendo necessária prévia aprovação em concurso público para o ingresso em ambos os regimes".

A) Certo B) Errado

776) (2014) Banca: CESPE – Órgão: Câmara dos Deputados – Prova: Analista Legislativo

Acerca da organização administrativa e dos agentes públicos, julgue o item seguinte.

"Ao contrário do que ocorre nas autarquias e fundações públicas, entidades onde podem coexistir os regimes estatutário e contratual, nas empresas públicas e nas sociedades de economia mista, o vínculo jurídico que se firma com os trabalhadores é exclusivamente contratual, sob as normas da CLT".

A) Certo B) Errado

777) (2014) Banca: CESPE – Órgão: Polícia Federal – Prova: Agente de Polícia

No que se refere a organização administrativa e a agentes públicos, julgue o item a seguir.

"O cargo de dirigente de empresa pública e de sociedade de economia mista é regido pela Consolidação das Leis do Trabalho (CLT)".

A) Certo B) Errado

778) (2014) Banca: CESPE – Órgão: Polícia Federal – Prova: Agente de Polícia

Embora os empregados públicos não gozem de estabilidade, não se pode admitir que os dirigentes da pessoa tenham o poder de desligar seus empregados com a mesma liberdade com que o faria o dirigente de uma empresa particular.

A) Certo B) Errado

Privilégios fiscais: Em se tratando de empresas públicas ou sociedades de economia mista que atuam na exploração de atividade econômica, o regime tributário aplicado é o mesmo definido para as empresas privadas, sujeitando-se a **todos os impostos e demais tributos aplicáveis às empresas privadas que executam atividades no mesmo ramo.** Cumpre ressaltar que, caso o ramo de atividade econômica que é objeto de exploração da empresa estatal gozar de isenção legal de tributo, esta isenção será estendida a tal entidade. Todavia, a entidade da Administração Pública Indireta não pode gozar de qualquer privilégio fiscal DIFERENCIADO pelo fato de ser uma empresa estatal.

Conforme estudado, a criação das empresas subsidiárias depende de autorização por lei específica. Nesse sentido, o art. 37, XX da Carta Magna dispõe que *"depende de autorização legislativa, em cada caso, a criação de subsidiárias das entidades mencionadas no inciso anterior, assim como a participação de qualquer delas em empresa privada".*

779) (2012) Banca: CESPE – Órgão: TJ-BA – Prova: Juiz

Assinale a opção correta acerca dos entes da administração indireta.

A) Exige-se autorização legislativa para a criação de subsidiárias das empresas públicas e sociedades de economia mista, sendo suficiente, para tanto, a previsão genérica na lei que as instituir, ou seja, não há necessidade de autorização legislativa específica a cada vez que uma nova subsidiária é criada.

B) Nas sociedades de economia mista, o controle acionário e a gestão administrativa podem ser transferidos pelo poder público aos sócios particulares, desde que haja acordo de acionistas nos termos do estatuto da sociedade.

C) É vedada a transformação de uma autarquia em empresa pública por meio de decreto.

D) As causas em que figure como parte sociedade de economia mista cuja sócia majoritária seja a União deverão ser julgadas perante a justiça federal.

E) As empresas públicas adquirem personalidade jurídica a partir da vigência da lei que as cri

A empresa pública e a sociedades de economia mista **não estão sujeitas à falência**, conforme determina a Lei 11.101/05, art. 2º: "Esta Lei não se aplica a: I – empresa pública e sociedade de economia mista".

780) (2013) Banca: CESPE – Órgão: SERPRO – Prova: Conhecimentos Básicos (+ provas)

No que concerne a sociedades de economia mista e empresas públicas, julgue o item seguinte.

A sociedade de economia mista não se sujeita à falência, mas seus bens são penhoráveis e executáveis, e a entidade pública que a instituiu responde, subsidiariamente, pelas suas obrigações.

a) Certo b) Errado

781) (2013) Banca: CESPE – Órgão: PG-DF – Prova: Procurador

Julgue o próximo item, relativo à administração pública direta e indireta.

As sociedades de economia mista e as empresas públicas exploradoras de atividade econômica não se sujeitam à falência nem são imunes aos impostos sobre o patrimônio, a renda e os serviços vinculados às suas finalidades essenciais ou delas decorrentes.

A) Certo B) Errado

GABARITO – ORGANIZAÇÃO ADMINISTRATIVA

434) A	479) E	524) B	569) B	614) C	659) C
435) D	480) D	525) C	570) C	615) C	660) D
436) A	481) B	526) C	571) B	616) D	661) ERRADO
437) B	482) C	527) E	572) D	617) C	662) CERTO
438) CERTO	483) D	528) D	573) C	618) E	663) C
439) CERTO	484) C	529) CERTO	574) CERTO	619) E	664) CERTO
440) ERRADO	485) B	530) ERRADO	575) A	620) E	665) CERTO
441) CERTO	486) C	531) ERRADO	576) C	621) A	666) ERRADO
442) B	487) A	532) C	577) A	622) C	667) CERTO
443) D	488) E	533) C	578) C	623) D	668) ERRADO
444) C	489) B	534) A	579) ERRADO	624) B	669) A
445) B	490) B	535) CERTO	580) ERRADO	625) C	670) E
446) C	491) C	536) ERRADO	581) CERTO	626) D	671) D
447) C	492) C	537) ERRADO	582) B	627) B	672) B
448) C	493) B	538) CERTO	583) CERTO	628) D	673) D
449) A	494) ERRADO	539) CERTO	584) ERRADO	629) C	674) A
450) D	495) C	540) ERRADO	585) ERRADO	630) D	675) D
451) E	496) D	541) ERRADO	586) C	631) D	676) C
452) C	497) B	542) ERRADO	587) ERRADO	632) A	677) C
453) C	498) E	543) D	588) C	633) C	678) D
454) C	499) CERTO	544) ERRADO	589) CERTO	634) A	679) A
455) C	500) B	545) ERRADO	590) CERTO	635) C	680) B
456) C	501) C	546) CERTO	591) C	636) C	681) B
457) ERRADO	502) D	547) ERRADO	592) D	637) CERTO	682) B
458) ERRADO	503) D	548) ERRADO	593) CERTO	638) E	683) C
459) CERTO	504) C	549) CERTO	594) B	639) C	684) A
460) CERTO	505) ERRADO	550) CERTO	595) D	640) C	685) CERTO
461) CERTO	506) ERRADO	551) C	596) D	641) D	686) D
462) A	507) CERTO	552) B	597) A	642) D	687) C
463) E	508) CERTO	553) D	598) D	643) B	688) CERTO
464) C	509) C	554) A	599) E	644) A	689) CERTO
465) A	510) CERTO	555) D	600) A	645) B	690) CERTO
466) ERRADO	511) A	556) A	601) D	646) A	691) ERRADO
467) CERTO	512) ERRADO	557) C	602) E	647) C	692) B
468) CERTO	513) CERTO	558) A	603) A	648) C	693) B
469) CERTO	514) CERTO	559) A	604) A	649) CERTO	694) A
470) CERTO	515) A	560) B	605) E	650) C	695) A
471) CERTO	516) E	561) B	606) E	651) A	696) E
472) CERTO	517) A	562) C	607) C	652) B	697) E
473) CERTO	518) C	563) C	608) A	653) B	698) D
474) ERRADO	519) C	564) A	609) A	654) E	699) A
475) ERRADO	520) C	565) CERTO	610) C	655) CERTO	700) A
476) ERRADO	521) ERRADO	566) D	611) E	656) ERRADO	701) A
477) CERTO	522) E	567) B	612) C	657) E	702) CERTO
478) ERRADO	523) C	568) A	613) E	658) ERRADO	703) ERRADO

3. ORGANIZAÇÃO ADMINISTRATIVA

704) B	717) CERTO	730) C	743) ERRADO	756) B	769) D
705) C	718) B	731) B	744) CERTO	757) B	770) E
706) A	719) CERTO	732) D	745) ERRADO	758) C	771) D
707) A	720) E	733) B	746) CERTO	759) C	772) C
708) C	721) A	734) C	747) CERTO	760) C	773) ERRADO
709) A	722) ERRADO	735) B	748) CERTO	761) ERRADO	774) C
710) B	723) ERRADO	736) B	749) CERTO	762) D	775) ERRADO
711) E	724) ERRADO	737) D	750) ERRADO	763) D	776) CERTO
712) C	725) C	738) CERTO	751) C	764) D	777) ERRADO
713) B	726) B	739) CERTO	752) B	765) D	778) CERTO
714) B	727) D	740) CERTO	753) B	766) A	779) A
715) ERRADO	728) A	741) ERRADO	754) A	767) D	780) CERTO
716) ERRADO	729) E	742) B	755) E	768) D	781) CERTO

FRASES PODEROSAS – ORGANIZAÇÃO ADMINISTRATIVA

	% de questões	Número de acertos nesse capítulo	% de acertos
Desconcentração: refere-se à distribuição de competências internas entre os órgãos que compõem uma mesma pessoa jurídica.	12%		
Descentralização: descentralização de atividades da administração direta à outras pessoas jurídicas da Administração indireta ou empresas concessionárias e permissionárias de serviço público.	16%		
A Lei especifica cria as Autarquias e autoriza a criação das Fundações Públicas, Empresas Públicas e Sociedades de Economia Mista.	4%		
A Administração Pública Direta realizará o controle finalístico das entidades da Administração Pública Indireta. Conforme estudado não há hierarquia e nem subordinação entre pessoas jurídicas diferentes.	4%		
A Autarquia pode ser conceituada como pessoa jurídica de direito público interno que se encontra sujeita ao Regime Jurídico de Direito Público, ou seja, faz uso de todas as prerrogativas de Estado e está sujeita a todas as limitações, exercendo atividade típica de Estado.	13%		
As Agências Reguladoras são Autarquias em Regime Especial, pertencentes a administração pública indireta e regidas pelo direito público, criadas para regulamentar/fiscalizar a prestação dos serviços públicos realizada pelos particulares concessionários e permissionários.	6%		
As Agências Executivas são autarquias ou fundações púbicas que, por estarem ineficientes, celebram um contrato de gestão com o Ministério supervisor por iniciativa da Administração Direta.	4%		
As Empresas Públicas são pessoas jurídicas de Direito Privado, para a prestação de serviços públicos ou para exploração de atividade econômica, criadas por meio de autorização legal e registro de seus atos constitutivos em órgão competente. Possuem capital exclusivamente público, podendo ser constituídas sob qualquer modalidade empresarial.	7%		
As Sociedades de Economia Mista são pessoas jurídicas de direito privado criadas mediante autorização legal para a prestação de serviços públicos ou para exploração de atividade econômica, constituídas por capital misto, público e privado, e instituída somente sob a forma empresarial de Sociedade Anônima.	8%		
TOTAL	**74%**		

4. TERCEIRO SETOR

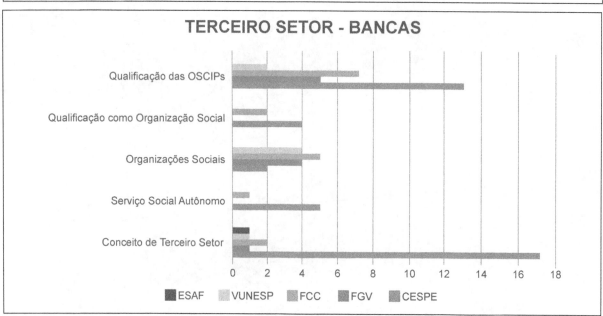

4. TERCEIRO SETOR

A expressão Terceiro Setor é utilizada pela doutrina majoritária para se referir às **pessoas jurídicas de direito privado, sem fins lucrativos**, que prestam **atividades de interesse público**, estabelecem vínculo de parceria com o Estado e encontram-se sujeitas à sua fiscalização. Nesse sentido, pode-se dizer que o terceiro setor engloba o conjunto de entidades *"públicas não estatais"*, uma vez que essas entidades desempenham atividades relacionadas ao interesse público e recebem benefícios estatais, contudo, não são propriamente estatais uma vez que **não integram a Administração Pública,** ou seja, são entidades paraestatais uma vez que não integram a administração pública direta nem indireta, porém, colaboram com a administração.

Nessa medida, as parcerias estabelecidas entre o Estado e essas entidades justifica o regime híbrido ao qual essas se sujeitam, público e privado. Terceiro setor da economia é um regime misto/hibrido, pois usa dinheiro privado (2º setor: É o mercado, é a iniciativa privada) para o benefício público (desempenham atividades de interesse coletivo. (1º setor: É o Estado)". 1º setor (Estado) + 2º setor (Mercado) = 3º setor

Em âmbito federal, as entidades que compõem esse setor são as **Organizações Sociais (OS's), Serviços Sociais Autônomos, as Organizações da Sociedade Civil de Interesse Público (OSCIP's), as Fundações de Apoio e as Sociedade Civil de Interesse Público** que serão estudadas a seguir. Contudo, destaca-se que cada ente federado, haja vista a autonomia federativa que possui, pode criar outras qualificações diversas.

782) (2015) Banca: CESPE – Órgão: TRE-GO – Prova: Analista Judiciário – Área Administrativa

Acerca das entidades paraestatais e do terceiro setor, julgue o item seguinte.

"Entidades para estatais são pessoas jurídicas de direito público ou privado que atuam ao lado do Estado, executando atividades de interesse público, porém não privativos do ente estatal".

A) Certo B) Errado

783) (2012) Banca: CESPE – Órgão: TJ-RR – Prova: Administrador

Com relação a poder discricionário, improbidade administrativa, serviço público concedido e entidades paraestatais, julgue o item que se seguem.

As entidades paraestatais, cuja criação é autorizada por lei específica, são pessoas jurídicas de direito público que realizam obras, serviços ou atividades de interesse coletivo.

A) Certo B) Errado

784) (2015) Banca: CESPE – Órgão: FUB – Prova: Administrador

A respeito da administração direta e indireta, julgue o item a seguir.

"Integram a administração federal indireta, entre outras entidades, os serviços sociais autônomos e as organizações sociais".

A) Certo B) Errado

785) (2014) Banca: CESPE – Órgão: ANTAQ – Prova: Nível Superior

Em relação à organização administrativa do Estado brasileiro, julgue o item a seguir.

"As entidades que compõem o serviço social autônomo prestam serviço público e, por isso, integram a administração pública indireta, estando sujeitas ao controle do tribunal de contas".

A) Certo B) Errado

786) (2014) Banca: CESP – Órgão: TC-DF – Prova: Técnico de Administração

A respeito da organização administrativa, julgue o próximo item.

"O Serviço Social do Comércio, exemplo de entidade de direito privado que atua em colaboração com o Estado, apesar de ter sido criado por lei, não integra a administração indireta".

A) Certo B) Errado

787) (2014) Banca: CESPE – Órgão: TJ-DFT – Prova: Titular de Serviços de Notas e de Registros

No que se refere à administração pública, assinale a opção correta.

A) Consoante o entendimento do STF, encontra fundamento constitucional a exigência legal de aprovação legislativa prévia para a exoneração de ocupante do cargo de presidente de autarquia.
B) Por não se submeterem ao regime jurídico de direito público, as sociedades de economia mista exploradoras de atividade econômica estão dispensadas da realização de concurso público para a admissão de pessoal
C) Não se aplica às empresas públicas prestadoras de serviço público a responsabilidade civil objetiva pelos danos que seus agentes, nessa qualidade, causarem a terceiros
D) A descentralização administrativa por meio de delegação de serviço público pode ocorrer por meio de contrato e pressupõe relação de hierarquia.
E) As entidades paraestatais, entes privados que não integram a administração pública direta e indireta, colaboram com o Estado no desempenho de atividades de interesse público, sem finalidade lucrativa, como os serviços sociais autônomos.

788) (2013) Banca: CESPE – Órgão: PC-BA – Prova: Delegado de Polícia

A respeito de administração pública, julgue o item seguinte.

Entidades paraestatais são pessoas jurídicas privadas que colaboram com o Estado no desempenho de atividades não lucrativas, mas não integram a estrutura da administração pública.

A) Certo B) Errado

789) (2013) Banca: CESPE – Órgão: TJ-DFT – Prova: Técnico Judiciário – Área Administrativa

A respeito da administração direta e indireta e dos conceitos de centralização e descentralização, julgue o próximo item.

Entidades paraestatais, pessoas jurídicas de direito privado que integram a administração indireta, não podem exercer atividade de natureza lucrativa.

A) Certo B) Errado

790) (2013) Banca: CESPE – Órgão: TJ-PI – Prova: Titular de Serviços de Notas e de Registros

Acerca da organização administrativa brasileira, assinale a opção correta.

A) Segundo o STF, os agentes públicos de sociedade de economia mista, por serem submetidos ao regime celetista e vinculados a uma pessoa jurídica de direito privado, não se submetem ao teto salarial constitucional.
B) O SESI e o SESC, entidades paraestatais de direito privado, apesar de terem sido criadas por lei, não integram a administração indireta, atuando em colaboração com o Estado.
C) Diferentemente das autarquias e fundações públicas, cuja composição do capital é exclusivamente pública, por exercerem funções estatais típicas, as sociedades de economia mista e as empresas públicas conjugam capital público e privado, sendo eminentemente empresarial a natureza de suas atividades.
D) As agências reguladoras e as agências executivas são autarquias criadas por lei pelo Estado, cuja finalidade precípua é o controle da atividade econômica exercida por prestadores de serviço público.
E) Ao contrário dos municípios, os estados-membros poderão ter a sua administração indireta.

791) (2012) Banca: CESPE – Órgão: PRF – Prova: Técnico de Nível Superior

Acerca da estrutura da administração pública, que abrange as administrações direta e indireta, esta composta por entidades dotadas de personalidade jurídica, julgue o item subsequente.

As organizações sociais não estão compreendidas no rol das entidades que constituem a administração pública indireta.

A) Certo   B) Errado

792) (2012) Banca: CESPE – Órgão: TCE-ES – Prova: Auditor de Controle Externo

Julgue o item seguinte, relativos à administração pública e aos atos administrativos.

Os serviços sociais autônomos, entes paraestatais, sem fim lucrativo, que prestam atividade privada de interesse público, compõem a administração indireta.

A) Certo   B) Errado

793) (2011) Banca: CESPE – Órgão: Correios – Prova: Cargos de Nível Superior

As entidades paraestatais não integram a administração direta nem a administração indireta, mas colaboram com o Estado no desempenho de atividades de interesse público, como são os casos do SENAC e do SENAI.

A) Certo   B) Errado

794) (2014) Banca: CESP – Órgão: Câmara dos Deputados – Prova: Analista Legislativo

Com referência à organização administrativa da União, julgue o item seguinte.

"É classificada como integrante dos serviços sociais autônomos uma pessoa jurídica de direito privado, sem fins lucrativos, criada por autorização legislativa, cuja finalidade principal seja a de executar serviços de utilidade pública para o benefício de grupos específicos, com custeio por contribuições compulsórias".

A) Certo   B) Errado

795) (2015) Banca: CESPE – Órgão: TCE-RN – Prova: Inspetor – Administração, Contabilidade, Direito ou Economia – Cargo 3

No que tange às organizações sociais e aos serviços sociais autônomos, julgue o item seguinte.

Embora não integrem a administração pública, os serviços sociais autônomos, ou pessoas de cooperação governamental, são pessoas jurídicas de direito público que produzem benefícios para grupos sociais ou categorias profissionais.

A) Certo   B) Errado

796) (2013) Banca: ESAF – Órgão: DNIT – Prova: Analista Administrativo

A respeito do terceiro setor, analise as afirmativas abaixo, classificando-as como verdadeiras ou falsas.

Ao final, assinale a opção que contenha a sequência correta.

( ) Integram o terceiro setor as pessoas jurídicas de direito privado, sem fins lucrativos, que exercem atividades de interesse público, não exclusivas de Estado, recebendo fomento do Poder Público.
( ) As entidades do terceiro setor integram a Administração Pública em sentido formal.
( ) O terceiro setor coexiste com o primeiro setor, que é o próprio Estado e com o segundo setor, que é o mercado.
( ) Integram o terceiro setor as organizações sociais de interesse público e as organizações sociais.

A) V, V, F, V
B) V, F, V, V
C) F, F, V, V
D) V, F, F, V
E) V, V, V, F

797) (2011) Banca: FCC – Órgão: TCM-BA – Prova: Procurador Especial de Contas

As denominadas entidades do terceiro setor caracterizam-se como pessoas jurídicas

A) privadas, sem fins lucrativos, que desempenham serviço não exclusivo do Estado e que atuam em colaboração com este, recebendo alguma espécie de incentivo do poder público.
B) privadas, que atuam em caráter subsidiário ou complementar à atuação estatal, mediante permissão ou concessão de serviço público de interesse social.
C) híbridas, constituídas na forma do direito civil, como associações ou fundações, porém com personalidade de direito público, que desempenham serviço público de forma subsidiada pelo Estado.
D) de natureza comercial, que atuam mediante delegação do Estado no desempenho de serviço público essencial.
E) públicas não integrantes da Administração indireta, que prestam serviço público mediante vínculo de colaboração, na forma de convênio ou contrato de gestão.

798) (2014) Banca: FGV Órgão: Prefeitura de Recife – PE Prova: Analista de Controle Interno

As opções a seguir apresentam exemplos de Entidade Paraestatal, à exceção de uma. Assinale-a.

A) Organizações da Sociedade Civil de Interesse Público
B) Organizações Sociais

c) Serviço Social da Indústria
d) Serviço Nacional de Aprendizagem Industrial
e) Agência Nacional de Saúde Suplementar

799) (2015) Banca: CETRO – Órgão: AMAZUL – Prova: Analista em Desenvolvimento de Tecnologia Nuclear – Advogado

Com relação ao terceiro setor, assinale a alternativa correta.

a) Refere-se a instituições não estatais sem fins lucrativos, que desenvolvem atividades de interesse público.
b) Trata-se de instituições estatais com fins lucrativos.
c) Diz respeito a instituições não estatais com fins lucrativos, que desenvolvem atividades de interesse público.
d) Caracteriza-se por representar instituições estatais e não estatais, com ou sem fins lucrativos, que visam ao desenvolvimento, tão somente, de atividades de interesse público.
e) Refere-se a instituições não estatais sem fins lucrativos, que desenvolvem atividades de interesse público e privado.

800) (2016) Banca: FUNDATEC – Órgão: Prefeitura de Porto Alegre – RS – Prova: Procurador Municipal – Bloco I

Respeitando-se o ordenamento jurídico brasileiro sobre o tema Administração Pública, assinale a alternativa INCORRETA.

a) A Administração Direta é formada por um conjunto de órgãos públicos, sem personalidade jurídica e eventual capacidade processual.
b) As autarquias, os consórcios públicos de direito público, as empresas públicas e sociedades de economia mista são entidades dotadas de personalidade jurídica e integrantes da Administração Indireta.
c) Os serviços sociais autônomos e as entidades controladas pelo Poder Público também integram a estrutura da Administração Indireta na medida em que possuem personalidade jurídica própria.
d) Não existe relação de hierarquia entre os órgãos públicos da Administração Direta e as entidades administrativas da Indireta.
e) Segundo estabelecido pela Constituição Federal, os órgãos públicos da Administração Direta e as entidades administrativas da Indireta poderão ter sua autonomia gerencial, orçamentária e financeira ampliada mediante contrato a ser firmado entre os seus administradores e o Poder Público.

801) (2014) Banca: CETRO – Órgão: Prefeitura de São Paulo – SP – Prova: Auditor Fiscal Municipal – Tecnologia da Informação (+ provas)

A respeito das entidades paraestatais, assinale a alternativa correta.

a) São pessoas jurídicas de direito público-privado com a finalidade de prestar serviço público exclusivo do Estado que possa ser explorado no modo empresarial ou de exercer atividade econômica de relevante interesse coletivo
b) São pessoas jurídicas de direito privado com a finalidade de prestar serviço público exclusivo do Estado que possa ser explorado no modo empresarial ou de exercer atividade econômica de relevante interesse coletivo.
c) São pessoas jurídicas de direito privado que, por lei, são autorizadas a prestar serviços ou realizar atividades de interesse coletivo ou público, porém não exclusivos do Estado.
d) São pessoas jurídicas de direito público ou pessoas jurídicas de direito privado, devendo a lei definir as respectivas áreas de atuação.
e) São pessoas jurídicas de direito privado que, por lei, são autorizadas a prestar serviços ou realizar atividades de interesse coletivo ou público exclusivos do Estado.

802) (2013) Banca: CESGRANRIO – Órgão: BNDES – Prova: Profissional Básico – Direito

Organizações Sociais e as Organizações da Sociedade Civil de Interesse Público, submetem-se ao regime celetista de emprego público no que tange à contratação de pessoal, a qual deve ser precedida de aprovação em concurso público de provas ou de provas e títulos.

PORQUE

O terceiro setor é composto por entidades da sociedade civil sem fins lucrativos que recebem uma qualificação do Poder Público para atuar em áreas de relevância social e, com isso, passam a integrar a Administração Indireta do respectivo ente federativo. Analisando-se as afirmações acima, conclui-se que

a) as duas afirmações são verdadeiras, e a segunda justifica a primeira.
b) as duas afirmações são verdadeiras, e a segunda não justifica a primeira.
c) a primeira afirmação é verdadeira, e a segunda é falsa.
d) a primeira afirmação é falsa, e a segunda é verdadeira.
e) as duas afirmações são falsas.

803) (2012) Banca: FUNDEP (Gestão de Concursos) Órgão: Prefeitura de Belo Horizonte – MG Prova: Auditor – Direito

Sobre as Organizações Sociais, é INCORRETO afirmar que

a) não podem ter fins lucrativos.
b) integram a Administração Indireta do ente federativo a que se vinculam.
c) atuam na prestação de serviços sociais não exclusivos do Estado.
d) formalizam seu vínculo com o ente federativo mediante contrato de gestão.

804) (2015) Banca: COSEAC – Órgão: UFF – Prova: Administrador

Com base na classificação sociológica, a organização é estruturada em três setores. O 1º setor, constituído pelo Estado; o 2º, pelas empresas privadas; e o 3º, pelas associações sem fins lucrativos, que contribuem para se chegar a locais onde o Estado não conseguiria chegar, oferecendo ações solidárias e tendo papel social. Fazem parte do 3º setor ONG e OSCIP, que são Organizações de(da):

a) Serviços Corporativos de Instância Pública.
b) Serviços Corporativos de Interesse Patrimonial.
c) Sociedade Civil de Interesse Público.
d) Serviços Civis de Importância Pública.
e) Sociedade Compartilhada de Importância Pública.

805) (2015) Banca: CETRO – Órgão: AMAZUL – Prova: Analista em Desenvolvimento de Tecnologia Nuclear – Advogado

É correto afirmar que são exemplos de instituições do terceiro setor:

A) empresas doadoras, pessoas físicas e sociedades de economia mista.
B) entidades beneficentes, autarquias especiais e organizações não governamentais.
C) entidades beneficentes e organizações não governamentais.
D) sociedades de economia mista e empresas públicas.
E) organizações não governamentais e empresas públicas.

806) (2014) Banca: VUNESP – Órgão: SP-URBANISMO – Prova: Analista Administrativo

Os denominados serviços sociais autônomos

A) fazem parte da Administração Indireta.
B) são entes paraestatais
C) são entes despersonalizados.
D) prestam serviço público delegado
E) são pessoas jurídicas de direito público

807) (2012) Banca: FUNCAB – Órgão: PC-RJ – Prova: Delegado de Polícia

Tratando da organização administrativa, é INCORRETO afirmar:

A) A expressão "descentralização social" costuma ser utilizada para designar as parcerias formalizadas pelo Estado com fundação privada ou associação civil com o objetivo de criar condições favoráveis para a execução, com alcance de metas socialmente adequadas, de atividades de relevância coletiva que podem ser cometidas a tais unidades sociais personalizadas por credenciamentos ou reconhecimentos.
B) As Organizações Sociais (OS) e as Organizações da Sociedade Civil de Interesse Público (OSCIP) são exemplos da retomada, pelo Estado, de atividades administrativas cuja execução havia sido transferida para a iniciativa privada por ocasião do advento do chamado Estado Liberal.
C) De acordo com a doutrina predominante e com a jurisprudência do Supremo Tribunal Federal (STF), a definição do regime jurídico aplicável a cada entidade administrativa não decorre exclusivamente da natureza da entidade, mas principalmente da atividade por ela desenvolvida.
D) Por serem unidades despersonalizadas, os órgãos públicos não possuem capacidade para figurar como parte nos contratos administrativos típicos, muito embora, na prática, frequentemente assim ocorra.
E) Excepcionalmente, doutrina e jurisprudência reconhecem capacidade processual a alguns órgãos públicos, para defesa em juízo de suas prerrogativas institucionais.

Serviço Social Autônomo: Trata-se de entidades cuja **criação se dá mediante autorização legal**, possuem personalidade jurídica de direito privado, sem fins lucrativos, e realizam atividades de assistência ou ensino a certas categorias profissionais. Compete ao denominado serviço social autônomo o exercício de atividades de amparo a determinadas categorias profissionais, mediante o recebimento de **contribuições sociais**. Ex.: SESI, SESC, SENAI e SENAC.

808) (2015) Banca: CESPE – Órgão: FUB – Prova: Assistente em Administração

No que diz respeito à administração pública federal, sua estrutura, características e descrição, julgue o próximo item.

Órgãos como o SESC, o SENAI e o SESI são autarquias que colaboram com o Estado no desempenho de atividades de interesse público.

A) Certo   B) Errado

809) (2015) Banca: CESPE – Órgão: DPE-RN – Prova: Defensor Público Substituto

Acerca dos serviços sociais autônomos, assinale a opção correta.

A) Segundo entendimento jurisprudencial consolidado no âmbito do STF, os serviços sociais autônomos integrantes do denominado Sistema S estão submetidos à exigência de concurso público para a contratação de pessoal, nos moldes do que prevê a CF para a investidura em cargo OU EMPREGO PÚBLICO.
B) Por serem destinatários de dinheiro público arrecadado mediante contribuições sociais de interesse corporativo, os serviços sociais autônomos estão sujeitos aos estritos procedimentos e termos estabelecidos na Lei 8.666/1993.
C) Assim como outras entidades privadas que atuam em parceria com o poder público, como as OSs e as OSCIPs, os serviços sociais autônomos necessitam da celebração de contrato de gestão com o poder público para o recebimento de subvenções públicas.
D) Serviços sociais autônomos são pessoas jurídicas de direito privado integrantes do elenco das pessoas jurídicas da administração pública indireta e têm como finalidade uma atividade social que representa a prestação de um serviço de utilidade pública em benefício de certos agrupamentos sociais ou profissionais.
E) Referidos entes de cooperação governamental, destinatários de contribuições parafiscais, estão sujeitos à fiscalização do Estado nos termos e condições estabelecidos na legislação pertinente a cada um.

810) (2015) Banca: CESPE – Órgão: TCE-RN – Prova: Inspetor – Administração, Contabilidade, Direito ou Economia – Cargo 3

No que tange às organizações sociais e aos serviços sociais autônomos, julgue o item seguinte.

Embora não integrem a administração pública, os serviços sociais autônomos, ou pessoas de cooperação governamental, são pessoas jurídicas de direito público que produzem benefícios para grupos sociais ou categorias profissionais.

A) Certo   B) Errado

811) (2009) Banca: FCC – Órgão: PGE-SP – Prova: Procurador do Estado

Serviço Social Autônomo é

A) órgão da Administração direta, criado mediante autorização legislativa, a quem se assegura autonomia administrativa e financeira.
B) pessoa jurídica de direito privado que não integra a Administração Pública, embora possa ser subsidiada diretamente por recursos orçamentários do ente que a criou.
C) entidade privada que atua em colaboração com a Administração Pública. Não integra a Administração indireta. Embora seja custeada por contribuições parafiscais, não se sujeita à fiscalização pelo Tribunal de Contas e seu pessoal

está sujeito ao teto remuneratório previsto na Constituição Federal.

D) ente paraestatal integrante da Administração indireta, organizado para consecução de fins públicos.

E) pessoa jurídica de direito público. É autarquia de regime especial com atuação predominantemente voltada para assistência ou ensino a certas categorias sociais ou grupos profissionais.

812) (2016) Banca: Quadrix – Órgão: CREMAM – Prova: Assistente Administrativo

A expressão "entidade paraestatal" é amplamente utilizada para denominar as organizações sociais autônomas. Leia as afirmativas a seguir.

I. Nos serviços sociais autônomos, surge uma entidade paraestatal, que vai funcionar paralelamente ao Estado, sem integrá-lo; realizando uma atividade de interesse público, sem se confundir com o serviço público próprio do Estado.

II. A entidade paraestatal diferencia-se por submeter-se a um regime jurídico de direito privado, mas, cumulativamente, gozando de privilégios e sofrendo restrições próprias da Administração Pública.

III. A característica principal das organizações sociais autônomas é a colaboração com o poder público. Ela não é serviço público e não é atividade inteiramente privada. Ela está numa zona intermediária.

Está correto o que se afirma em:

A) I, somente.
B) I e II, somente.
C) I e III, somente.
D) todas.
E) II e III, somente.

813) (2013) Banca: PGR – Órgão: PGR – Prova: Procurador da República

ASSINALE A ALTERNATIVA INCORRETA:

A) O SENAI, o SENAC e o SEBRAE são entes paraestatais de cooperação com o Poder Público; não prestam serviço público delegado pelo Estado, mas desempenham atividades de interesse público.

B) As entidades que desempenham serviços sociais autônomos são dotadas de personalidade jurídica de direito privado, podendo ser investidas de competências materialmente administrativas relativas ao exercício do poder de polícia da Administração.

C) As organizações sociais são entidades de direito privado sem finalidade lucrativa, integrantes do Terceiro Setor, que nascem como associação ou fundação e recebem a qualificação de OS por ato do Poder Público, habilitando-as ao desempenho de serviços públicos de cunho social, tais como ensino, pesquisa científica e desenvolvimento tecnológico.

D) A organização social difere da organização da sociedade civil de interesse público em razão da possibilidade de a primeira receber delegação para gestão de serviços públicos, ao passo que a OSCIP qualifica-se como tal para o fomento e o desempenho de atividades de interesse público, o que se dará por meio de termos de parceria com o Poder Público.

814) (2012) Banca: FADESP – Órgão: Prefeitura de Jacareacanga – PA – Prova: Auxiliar Administrativo

Serviços Sociais Autônomos são

A) sociedades de economia mista sob a forma de sociedades anônimas.
B) pessoas jurídicas de direito privado de cooperação governamental.
C) agentes públicos para os fins de improbidade administrativa.
D) subsidiárias de uma empresa prestadora de serviço exclusivo do estado.

Organizações Sociais: As organizações são pessoas jurídicas de direito privado, que não **possuem finalidade lucrativa, desempenham atividades ligadas ao interesse público, preenchem os requisitos contidos na Lei nº 9.637/98 e nascem como associação ou fundação privada e celebram contrato de gestão** com o Estado para fins de recebimento de benefícios públicos (orçamento público, isenções fiscais, repasse de bens públicos etc.), mediante o cumprimento de metas de desempenho.

Tal qualificação gera vantagens econômicas para essa entidade, contudo, a submete à fiscalização do Estado. **As áreas de atuação das OS's são: ensino, pesquisa científica, desenvolvimento tecnológico, proteção e preservação do meio ambiente, cultura e saúde.**

A outorga da qualificação dessas entidades como Organização Social se dá mediante a **assinatura do CONTRATO DE GESTÃO** junto ao ente público, instrumento este que possibilita o recebimento de fomento público para realização das atividades ligadas ao interesse coletivo, sendo este um **ATO DISCRICIONÁRIO DA ADMINISTRAÇÃO**. Nesse sentido, para fins de qualificação de uma entidade privada como organização social é necessário, além do enquadramento legal nas áreas citadas, que haja aprovação **DISCRICIONÁRIA** pelo Ministro ou titular de órgão supervisor da área de atuação da OS.

A execução do mencionado contrato será **fiscalizada pelo órgão ou entidade supervisora** e, caso verificado qualquer irregularidade, será dada ciência ao Tribunal de Contas da União. Destaca-se que as Organizações Sociais poderão receber **recursos públicos orçamentários, permissão gratuita de uso bens públicos e poderão ser agraciadas com a cessão de servidor público.** Nas OS's deve ser criado um Conselho de Administração com a participação obrigatória de representantes do Poder Público.

É importante ressaltar a **hipótese de dispensa** prevista no art. 24, inciso XXIV, da Lei 8.666/93 a qual estabelece que a Administração Pública, ao contratar serviços prestados por essas instituições, pode deixar de realizar o procedimento licitatório, desde que o serviço esteja previsto no contrato de gestão.

As entidades religiosas podem se qualificar como Organizações Sociais, desde que tenham o escopo de desenvolver atividades ou projetos de interesse público e de cunho social distintas das destinadas a fins exclusivamente religiosos.

815) (2015) Banca: CESPE – Órgão: TRE-GO – Prova: Analista Judiciário – Área Administrativa.

Acerca das entidades paraestatais e do terceiro setor, julgue o item seguinte.

"Às organizações sociais é vedada a finalidade de lucro, devendo ser suas atividades estatutárias dirigidas ao ensino, à pesquisa científica, ao desenvolvimento tecnológico, à proteção e preservação do meio ambiente, à cultura e à saúde".

A) Certo   B) Errado

816) (2016) Banca: CESPE – Órgão: TCE-PR – Prova: Analista de Controle – Contábil

Em relação à administração pública direta e indireta, assinale a opção correta.

A) O vínculo entre o poder público e as organizações da sociedade civil de interesse público é estabelecido mediante a celebração de contrato de gestão, no qual deverão estar previstos os direitos e as obrigações dos pactuantes e destinado à formação de vínculo de cooperação entre as partes para o fomento e a execução das atividades de interesse público.
B) Organizações sociais são pessoas jurídicas de direito privado, sem fins lucrativos, cujas atividades sejam dirigidas ao ensino, à pesquisa científica, ao desenvolvimento tecnológico, à proteção e preservação do meio ambiente, à cultura e à saúde.
C) Os serviços sociais autônomos, que são instituídos pelo poder público por meio de lei, integram a administração pública.
D) Não é obrigatória a participação de agentes do poder público no conselho de administração das organizações sociais, exigindo-se, contudo, que seja formado por membros representantes de entidades da sociedade civil e por membros com notória capacidade profissional e reconhecida idoneidade moral, a serem eleitos pelos integrantes do conselho.
E) A qualificação das organizações sociais será concedida pelo Ministério da Justiça por meio de ato vinculado.

817) (2015) Banca: CESPE Órgão: TCE-RN – Prova: Inspetor – Administração, Contabilidade, Direito ou Economia – Cargo 3

No que tange às organizações sociais e aos serviços sociais autônomos, julgue o item seguinte.

A qualificação de uma entidade como organização social resulta de critério discricionário do ministério competente para supervisionar ou regular a área de atividade correspondente ao objeto social.

A) Certo   B) Errado

818) (2014) Banca: CESPE – Órgão: Câmara dos Deputados – Prova: Analista Legislativo

"No que se refere aos contratos de gestão, julgue o item seguinte".

"Os contratos de gestão, celebrados para a prestação de serviços não exclusivos do Estado, são estabelecidos por intermédio de parcerias com organizações sociais, que devem ser previamente qualificadas como organizações sociais pelo ministério responsável".

A) Certo   B) Errado

819) (2015) Banca: CESPE – Órgão: TCE-RN – Prova: Inspetor – Administração, Contabilidade, Direito ou Economia – Cargo 3

No que tange às organizações sociais e aos serviços sociais autônomos, julgue o item seguinte.

A qualificação de uma entidade como organização social resulta de critério discricionário do ministério competente para supervisionar ou regular a área de atividade correspondente ao objeto social.

A) Certo   B) Errado

820) (2014) Banca: CESPE – Órgão: Câmara dos Deputados – Prova: Analista Legislativo

No que se refere aos contratos de gestão, julgue o item seguinte.

"Em contrato de gestão celebrado por organização pública, os valores entre as partes contratantes serão fixados por intermédio de processo licitatório, conforme legislação".

A) Certo   B) Errado

821) (2014) Banca: FMP Concursos – Órgão: TJ-MT – Prova: Remoção

Com relação à organização administrativa do Estado brasileiro, no final dos anos de 1990, foram instituídas as organizações sociais e as organizações da sociedade civil de interesse público. Acerca dessas entidades, é correto afirmar que

A) ambas integram a estrutura da Administração Pública Indireta.
B) ambas são pessoas jurídicas de direito privado, sem fins lucrativos, instituídas por iniciativa de particulares para desempenhar as atividades especificadas em lei.
C) qualquer uma delas pode firmar contrato de gestão com o Poder Público para desenvolver atividades dirigidas ao ensino, à pesquisa científica, ao desenvolvimento tecnológico, dentre outras áreas, conforme especificado em lei.
D) a qualificação de uma entidade como organização social ou como organização da sociedade civil de interesse público é ato vinculado do Ministro da Justiça.
E) estão obrigadas a promover concurso público para a contratação de pessoal.

822) (2010) Banca: CESPE – Órgão: MPE-ES – Prova: Promotor de Justiça

É dispensável a licitação para a celebração de contratos de prestação de serviços com as organizações sociais, qualificadas no âmbito das respectivas esferas de governo, para atividades contempladas no contrato de gestão.

A) Certo   B) Errado

823) (2011) Banca: CESPE – Órgão: TRF – 3ª REGIÃO – Prova: Juiz Federal

Assinale a opção correta, considerando a execução de serviços públicos pelas organizações sociais e OSCIPs, em regime de parceria com o poder público.

A) Os conselhos de administração das OSCIPs devem obrigatoriamente ser compostos por representantes do poder público, definidos pelos estatutos das entidades.
B) Denomina-se contrato de gestão o instrumento que, passível de ser firmado entre o poder público e as OSCIPs, seja destinado à formação de vínculo de cooperação para o fomento e a execução das atividades de interesse público.
C) O contrato de gestão representa verdadeira cooperação entre as partes no tocante ao interesse público a ser perseguido, sendo vedada, porém, a contratação direta que, feita com entidade colaboradora, implique, de algum modo, dispensa de licitação.

D) O termo de parceria é ajuste que somente se consuma após aprovação do ministro de Estado ou de autoridade supervisora da área correspondente à atividade fomentada.

E) As organizações sociais e as OSCIPs detêm personalidade jurídica de direito privado e não têm fins lucrativos.

824) (2002) Banca: FCC – Órgão: PGE-SP – Prova: Procurador do Estado

As organizações sociais

A) compõem o aparelho do Estado, podendo tanto integrar a Administração Direta quanto assumir a forma de autarquias de regime especial.

B) devem firmar contratos de gestão com o setor público e as contratações por elas realizadas submetem-se ao procedimento licitatório previsto na Lei nº 8.666/93.

C) representam forma de regulação das atividades da iniciativa privada.

D) foram criadas no direito brasileiro como integrantes do setor público não estatal, para atuação em áreas específicas apontadas pelo legislador.

E) integram a Administração Indireta do Estado.

825) (2008) Banca: FCC – Órgão: TCE-AL – Prova: Procurador

Organizações sociais, à luz da legislação federal, é qualificação atribuível a

A) pessoa jurídica de direito privado criada especificamente com esta finalidade, para a qual não podem ser transferidos recursos públicos.

B) associação civil sem fins lucrativos ou fundação, formalizando-se o vínculo com o Poder Público por meio da celebração de contrato de gestão.

C) sociedades de economia mista, em razão de sua natureza jurídica de direito privado.

D) sociedades de economia mista ou empresas públicas, formalizando-se o vínculo com Poder Público por meio da celebração de contrato de gestão.

E) modalidade societária especificamente criada para a prestação de serviço público, formalizando-se o vínculo com o Poder Público por meio da celebração de contrato de gestão.

826) (2015) Banca: FCC – Órgão: TCM-GO – Prova: Auditor Controle Externo – Jurídica

Suponha que o Estado de Goiás pretenda contar com a participação de entidades privadas na gestão dos serviços de alguns hospitais da rede pública. De acordo com a legislação federal que rege a matéria, tal participação poderá se dar mediante

A) contrato de gestão com organizações sociais, que são entidades privadas sem fins lucrativos que recebem essa qualificação do Poder Executivo.

B) consórcio com fundações públicas, que detenham experiência reconhecida na atividade de gestão hospitalar, qualificadas como OSCIPs.

C) convênio com entidades sem fins lucrativos, prevendo pagamentos do Estado pela execução dos serviços delegados.

D) contrato de programa com organizações da sociedade civil de interesse público, estabelecendo remuneração baseada em indicadores de desempenho.

E) termo de parceria com empresas privadas, que poderão receber a qualificação de organização social, sem perder sua finalidade lucrativa.

827) (2014) Banca: FCC – Órgão: PGE-RN – Prova: Procurador do Estado de Terceira Classe

Determinada empresa pública pleiteou à Administração pública a qualificação de organização social para, mediante contrato de gestão, prestar serviços na área da saúde. O pedido

A) pode ser indeferido se a empresa tiver fins lucrativos, passível de deferimento no caso de ser filantrópica e a atividade pretendida constar expressamente do objeto social.

B) deve ser indeferido, tendo em vista que essa qualificação somente se mostra possível para empresas públicas que tenham sido criadas especificamente para esse fim.

C) pode ser deferido, desde que não haja repasse de verbas públicas para essa pessoa jurídica, em razão de sua natureza jurídica ser de direito privado.

D) deve ser indeferido, tendo em vista que a qualificação pleiteada somente poderia ser deferida a pessoas jurídicas de direito privado, sem fins lucrativos, que desenvolvessem atividades no setor de saúde.

E) pode ser deferido se a empresa pública tiver sido constituída sob a forma de sociedade anônima e desde que não seja de capital aberto.

828) (2007) Banca: FCC Órgão: Prefeitura de São Paulo – SP Prova: Auditor Fiscal do Município

Uma agência reguladora e uma organização social, respectivamente,

A) integra a Administração direta e integra a Administração indireta.

B) integra a Administração indireta e integra a Administração indireta.

C) integra a Administração indireta e não integra a Administração pública.

D) não integra a Administração pública e integra a Administração indireta.

E) não integra a Administração pública e não integra a Administração pública.

829) (2013) Banca: CESPE – Órgão: TRF – 5ª REGIÃO – Prova: Juiz Federal

Assinale a opção correta, considerando a execução de serviços públicos por OSs e OSCIPs, em regime de parceria com o poder público.

A) Denomina-se contrato de gestão o instrumento passível de ser firmado entre o poder público e as OSCIPs destinado à formação de vínculo de cooperação para o fomento e a execução de atividades de interesse público.

B) As empresas que tenham interesse em obter o qualificativo de OSs devem estar em funcionamento a pelo menos dois anos e dedicar-se a uma das seguintes atividades: ensino, pesquisa científica, desenvolvimento tecnológico, proteção e preservação do meio ambiente, cultura e saúde.

C) Para se qualificarem como OSCIPs, as pessoas jurídicas interessadas devem ser regidas por estatutos cujas normas disponham expressamente sobre a observância dos princípios da legalidade, impessoalidade, moralidade, publicidade, eficiência e universalização do serviço.

D) Uma OS pode qualificar-se como OSCIP, desde que não tenha fins lucrativos, ao passo que uma OSCIP não é passível de qualificação como OS.

E) Para serem consideradas OSs ou OSCIPs, as instituições não devem ter fins lucrativos, ou seja, não podem distribuir entre os seus sócios, conselheiros, diretores, empregados ou doadores, eventuais excedentes operacionais, dividendos, bonificações, participações ou parcelas do seu patrimônio, auferidos mediante o exercício de suas atividades, os quais devem ser aplicados integralmente na consecução de seu objeto social.

830) (2015) Banca: FCC – Órgão: TCE-CE – Prova: Técnico de Controle Externo-Administração

Tem crescido em número e importância as relações do Estado com o denominado terceiro setor. As parcerias (sentido amplo) estão sujeitas a instrumentos jurídicos distintos e a diferentes regimes jurídicos. Considerando o regime jurídico aplicável às Organizações Sociais (OS) e as Organizações da Sociedade Civil de Interesse Público (OSCIP), há de se considerar que

A) as primeiras OSs são pessoas jurídicas de direito privado, sem fins lucrativos, que recebem recursos públicos para desempenhar serviços sociais exclusivos do Estado, o que se dá por meio de termo de parcerias.

B) a outorga, pela Administração pública, de qualificação como OSCIP à pessoa jurídica de direito privado, sem fins lucrativos, é ato discricionário do Poder Público, mesmo nas hipóteses em que preenchidos os requisitos legais para tanto.

C) a entidade que descumprir as regras e princípios regedores do contrato de gestão poderá ser desqualificada como OS, o que independe de processo administrativo em que seja assegurada a ampla defesa nas hipóteses em que a entidade tiver bens e valores públicos entregues à sua utilização.

D) a relação do Poder Público com as Organizações Sociais encontra disciplina no Contrato de Gestão, já a relação das OSCIPs é instrumentalizada por meio de termo de parceria; ambas as relações têm por objeto o fomento e o desempenho de serviços sociais não exclusivos do Estado.

E) a celebração de contratos de prestação de serviços do Estado com OSs para atividades contempladas no contrato de gestão depende da realização de licitação, na modalidade pregão, nas formas presencial ou eletrônica.

831) (2011) Banca: CESPE – Órgão: TRF – 5ª REGIÃO – Prova: Juiz Federal

Entre os setores do Estado, destaca-se o denominado terceiro setor — conceito surgido com a reforma do Estado brasileiro —, que compreende os serviços não exclusivos do Estado e abrange a atuação simultânea do Estado com outras organizações privadas e não estatais, como as organizações sociais (OSs) e as organizações da sociedade civil de interesse público (OSCIPs). Considerando as semelhanças e as diferenças entre essas duas entidades paraestatais, assinale a opção correta.

A) O poder público deve celebrar contrato de gestão com a OSCIP.

B) O processo de habilitação de OS deve tramitar no Ministério da Justiça.

C) As OSs são regidas pela Lei 9.790/1999.

D) As OSCIPs são regidas pela Lei 9.637/1998.

E) Nem a OS nem a OSCIP podem ter fim lucrativo ou econômico.

832) (2010) Banca: FCC – Órgão: DPE-SP – Prova: Agente de Defensoria – Administrador

Segundo a Lei 9.637/98, o Poder Público poderá firmar parcerias com entidades devidamente qualificadas como organizações sociais, mediante o instrumento

A) do termo de parceria.

B) do contrato de gestão.

C) da terceirização.

D) da delegação.

E) da permissão.

833) (2016) Banca: FGV – Órgão: Prefeitura de Cuiabá – MT – Prova: Auditor Fiscal Tributário da Receita Municipal

Sobre as normas gerais acerca da prestação de serviços públicos por Organizações Sociais – OS›s, assinale a afirmativa correta.

A) A qualificação de pessoas jurídicas de direito privado sem fins lucrativos em Organização Social depende de lei específica de iniciativa do chefe do Poder Executivo.

B) A Organização Social formada será integrante da Administração Indireta do ente federado que a criou, estando submetida aos princípios da hierarquia e do controle.

C) Não obstante a qualificação como Organização Social, a entidade de direito privado qualificada está submetida à prévia licitação para a prestação do serviço delegado.

D) A qualificação da entidade privada como Organização Social depende de licitação na modalidade de concorrência, salvo se por inviabilidade de competição a mesma for inexigível.

E) As entidades qualificadas como Organização Social não integram a estrutura da Administração Pública e não possuem fins lucrativos, mas se submetem ao controle financeiro do Poder Público, inclusive do Tribunal de Contas.

834) (2015) Banca: FGV – Órgão: Prefeitura de Niterói – RJ – Prova: Fiscal de Tributos

As pessoas qualificadas como organizações sociais (OS's) devem ostentar alguns fundamentos ou características principais, conforme exigido pela Lei n° 9.637/98, por exemplo:

A) ter personalidade jurídica de direito público e possuir em seu estatuto objeto social relacionado com as atividades que desempenhará após o contrato de gestão;

B) estar habilitada estatutariamente para prestar serviços públicos essenciais compatíveis com o termo de parceria e possuir fins lucrativos;

C) destinar-se ao ensino, à pesquisa científica, ao desenvolvimento tecnológico, à proteção e preservação do meio ambiente, à cultura e à saúde;

D) possuir autonomia em seu órgão colegiado de deliberação superior, vedada a participação de representantes do Poder Público e de membros da comunidade;

E) ser obrigatória a distribuição de bens e de parcela do patrimônio líquido advinda do lucro anual, inclusive em razão de desligamento, retirada ou falecimento de associado.

835) (2015) Banca: FGV – Órgão: Câmara Municipal de Caruaru – PE – Prova: Analista Legislativo – Administração

A sociedade brasileira vem sofrendo transformações importantes no que se refere à forma como o Estado presta serviços à população. O modelo de produção em algumas de suas instituições, outrora exclusivamente público, passa a ser oferecido por entidades privadas em nome do Estado.

Nesse sentido, as organizações sociais – OS – foram chamadas a exercer suas atividades nos setores listados a seguir, à exceção de um. Assinale-o.

A) Ensino e Pesquisa.
B) Saúde Pública.
C) Preservação do Meio Ambiente.
D) Segurança Pública.
E) Museus.

836) (2014) Banca: MPE-SC – Órgão: MPE-SC – Prova: Promotor de Justiça – Vespertina

Nos termos da Lei n. 9.637/1998, que dispõe sobre a qualificação de entidades como organizações sociais, a criação do Programa Nacional de Publicização, a extinção dos órgãos e entidades que menciona e a absorção de suas atividades por organizações sociais, e dá outras providências, o Poder Executivo poderá qualificar como organizações sociais pessoas jurídicas de direito privado, com ou sem fins lucrativos, cujas atividades sejam dirigidas ao ensino, à pesquisa científica, ao desenvolvimento tecnológico, à proteção e preservação do meio ambiente, ao lazer, à religião, à cultura e à saúde, atendidos aos requisitos previstos nessa Lei.

A) Certo B) Errado

837) (2013) Banca: MPE-SC – Órgão: MPE-SC – Prova: Promotor de Justiça

As ações e serviços de saúde, no ordenamento jurídico brasileiro, devem ser prestados diretamente pelo Poder Público, ou, de forma complementar, pela iniciativa privada, não podendo ser objeto de Termo de Parceria ou Contrato de Gestão, com Organização da Sociedade Civil de Interesse Público (OSCIP) ou Organização Social (OS).

A) Certo B) Errado

838) (2015) Banca: VUNESP – Órgão: Câmara Municipal de Itatiba – SP – Prova: Advogado

Criadas por particulares sob as formas comuns do direito civil – fundações ou associações –, elas não constituem uma nova espécie de pessoa jurídica, tratando-se de entidades privadas comuns que recebem uma qualificação especial do Poder Público, no âmbito das respectivas esferas, podendo ser contratadas para prestação de serviços por meio de contrato de gestão, com dispensa de licitação. Tais afirmações referem-se

A) às concessionárias.
B) aos consórcios públicos.
C) às organizações sociais.
D) às permissionárias.
E) às agências reguladoras.

839) (2012) Banca: VUNESP – Órgão: SPTrans – Prova: Advogado Pleno

Assinale a alternativa correta a respeito das Organizações Sociais e dos contratos de gestão.

A) As entidades qualificadas como organizações sociais não poderão ser declaradas como entidades de interesse social ou de utilidade pública.
B) É vedada ao Poder Executivo a cessão de servidor para as organizações sociais.
C) Às organizações sociais poderão ser destinados recursos orçamentários e bens públicos necessários ao cumprimento do contrato de gestão.
D) Os responsáveis pela fiscalização da execução do contrato de gestão, ao tomarem conhecimento de irregularidades na utilização de recursos públicos por organização social, dela darão ciência ao Poder Judiciário, sob pena de responsabilidade solidária. e) O contrato de gestão deve ser submetido, após aprovação pelo Conselho de Administração da entidade, ao Ministério Público ou autoridade supervisora da área correspondente à atividade fomentada.

840) (2016) Banca: VUNESP – Órgão: Prefeitura de São Paulo – SP Prova: Analista Fiscal de Serviços

Assinale a alternativa que contempla duas áreas em que a Administração Pública pode firmar um contrato de gestão com uma organização social.

A) Cultura e saúde.
B) Preservação do meio ambiente e administração da justiça.
C) Administração e gerenciamento de rodovias e pesquisa científica.
D) Ensino universitário e administração de obras públicas.
E) Desenvolvimento tecnológico e segurança pública.

841) (2015) Banca: FUNIVERSA – Órgão: SEAP-DF – Prova: Agente de Atividades Penitenciárias

A respeito da administração pública e do uso e abuso do poder, julgue o próximo item.

As organizações sociais, pessoas jurídicas de direito público, são criadas pelo Estado para o desempenho de serviço público de natureza social.

A) Certo B) Errado

842) (2012) Banca: CEPERJ – Órgão: PROCON-RJ – Prova: Analista de Proteção e Defesa do Consumidor

O moderno Direito Administrativo atua, através de colaborações com outros organismos privados, para atingir suas finalidades. Dentre os parceiros corriqueiros se incluem as Organizações Sociais, que devem atuar mediante a realização de alguns requisitos previstos em lei, dentre os quais figura:

A) personalidade jurídica de direito público
B) escopo de lucro
C) ter por objetivo a segurança privada.
D) atuação local
E) escopo relacionado à pesquisa cientifica

843) (2011) Banca: ISAE – Órgão: AL – AM – Prova: Procurador

Com relação à organização administrativa, assinale a afirmativa correta.

A) As organizações sociais celebram contrato de gestão com a Administração Pública.
B) A Administração Pública Indireta é uma forma de desconcentração da atividade administrativa.

C) As agências reguladoras não pertencem à Administração Pública Indireta.
D) Os órgãos que compõem a Administração Pública Direta possuem personalidade jurídica própria.
E) A Administração Pública Indireta é regida pela teoria do órgão.

844) (2010) AGECOM – Prova: INSTITUTO CIDADES – AGECOM – Analista de Gestão Administrativa – Advogado

Disciplina: Direito Administrativo | Assunto: Contratos Administrativos

Acerca do contrato de gestão, assinale a alternativa INCORRETA:

A) É um ajuste que só poderá ser firmado entre a Administração Direta e Administração Descentralizada.
B) É instituto ligado intimamente à noção de eficiência na administração dos recursos públicos, sendo esta um dos postulados da denominada administração gerencial.
C) Tem como objetivo conceder maior autonomia a órgãos e entidades da Administração, permitindo a consecução de metas a serem cumpridas no prazo do contrato.
D) Autarquias e fundações públicas que celebram contratos de gestão recebem a qualificação de agências executivas.
E) É possível a realização de contrato de gestão com Organização Social.

845) (2015) Banca: CEPERJ – Órgão: Prefeitura de Saquarema – RJ – Prova: Gestor Público

As Organizações Sociais, OS, são entidades privadas, qualificadas livremente pelo titular do órgão supervisor ou regulador de uma determinada área social do governo, sem fins lucrativos, contratadas para gerir atividades que vão do ensino à saúde. Uma vez qualificada, a OS pode:

A) receber bens públicos em permissão de uso, sem licitação, ser beneficiária de recursos orçamentários e até de servidores públicos que lhe serão cedidos às custas do município.
B) podem receber bens públicos para gerir, porém precedido de licitação, e todos os demais custos serão cobertos pela receita própria da OS, uma vez que se trata de entidade privada.
C) podem, em certas condições especiais, receber bens públicos, inclusive imóveis, sem licitação, mas não recursos orçamentários e servidores públicos, dado que são entidades privadas.
D) receber bens públicos, em permissão de uso, com licitação, ser beneficiárias de recursos do orçamento fiscal, porém manter seu quadro de pessoal próprio, não podendo dispor de funcionários públicos às custas do município.
E) como entidades de direito privado, as OS são constituídas e mantêm relação com o Estado nos mesmos termos de qualquer concessionária de serviço público.

Assim como ocorre com as OS's, a outorga da **qualificação da entidade como OSCIP depende do preenchimento dos requisitos legais.** Os mencionados requisitos encontram-se previstos na Lei 9.790/99, no seu artigo 3º, que dispõe os objetivos a serem perseguidos pelas instituições que pretenderem se qualificar como OSCIP. Contudo, **ao contrário do que ocorre nas OS's, a outorga da qualificação da entidade privada como OSCIP é um ato VINCULADO realizado pelo MINISTÉRIO DA JUSTIÇA**, isto é, preenchidos os requisitos legais, as entidades possuem direito adquirido à outorga deste título. Desse modo, uma vez qualificadas essas entidades poderão firmar **"termo de parceria"** com o Poder Público, podendo se falar em **DIREITO ADQUIRIDO À QUALIFICAÇÃO.**

III – as instituições religiosas ou voltadas para a disseminação de credos, cultos, práticas e visões devocionais e confessionais.

As cooperativas não são passíveis de qualificação como Organizações da Sociedade Civil de Interesse Público;

Assim como as Organizações Sociais, as OSCIP's também devem licitar no que tange às **CONTRATAÇÕES FEITAS COM RECURSOS PROVENIENTES DA UNIÃO.** A diferença é que, ao contrário da OS, quanto a essa entidade **não há previsão legal de dispensa de licitação.**

A entidade privada sem fins lucrativos, para receber a qualificação de OSCIP, deve ter sido constituída e encontrar-se em funcionamento regular a **pelo menos 3 anos.**

846) (2015) Banca: CESPE – Órgão: TCE-RN – Prova: Auditor

Determinada organização da sociedade civil de interesse público (OSCIP), escolhida pela prefeitura de certa cidade para a prestação de serviços em centro educacional, atrasou por dois meses os salários de seus empregados. Desconfiados de que as demais verbas trabalhistas não estavam sendo recolhidas, os empregados consultaram a Caixa Econômica Federal e o INSS e certificaram-se de que a organização não realizava os depósitos havia vários meses. A OSCIP, alegando que os repasses da prefeitura não estavam sendo realizados, deu aviso prévio aos empregados, mas não lhes pagou nenhuma verba trabalhista. Em decorrência, a prefeitura foi chamada a se responsabilizar pelo pagamento das verbas, visto que, segundo a defesa dos empregados, teria negligenciado sua função de fiscalização da OSCIP.

Com relação a essa situação hipotética, julgue o item que se segue, a respeito de terceirização, serviços públicos e responsabilidade da administração pública.

A qualificação de OSCIP, a exemplo da entidade em questão, é destinada a pessoas jurídicas de direito privado com fins lucrativos, habilitando-as a receberem delegação estatal para o desempenho de serviços sociais não exclusivos do Estado mediante incentivo do poder público e fiscalização deste.

A) Certo   B) Errado

847) (2015) Banca: CESPE – Órgão: TRE-GO – Prova: Analista Judiciário – Área Administrativa

Acerca das entidades paraestatais e do terceiro setor, julgue o item seguinte.

As organizações da sociedade civil de interesse público são pessoas jurídicas de direito privado que firmam contrato de gestão com o poder público, com a finalidade de firmar parceria entre as partes, objetivando o fomento e a execução de atividades de interesse social, sem fins lucrativos.

A) Certo   B) Errado

4. TERCEIRO SETOR

848) (2014) Banca: CESPE – Órgão: SUFRAMA – Prova: Analista Técnico – Administrativo

Acerca das agências reguladoras, organizações não governamentais (ONGs) e organizações da sociedade civil de interesse público (OSCIPs), julgue o item a seguir.

Entre as finalidades das OSCIPs, inclui-se a de exercer atividades de natureza privada com o apoio do Estado.

A) Certo   B) Errado

849) (2013) Banca: CESPE – Órgão: BACEN – Prova: Procurador

Em relação às OSs, às OSCIPs e aos serviços sociais autônomos, assinale a opção correta.

A) As organizações creditícias que tenham vinculação com o sistema financeiro nacional podem receber a qualificação de OSCIP.
B) O poder público deverá outorgar o título de OSCIP às entidades que preencherem os requisitos exigidos pela legislação de regência para o recebimento da qualificação, em decisão de natureza vinculada.
C) A contratação de pessoal no âmbito dos serviços sociais autônomos deve ser feita mediante a realização de concurso público.
D) Os serviços sociais autônomos, pessoas jurídicas de direito privado que executam serviços de utilidade pública, não pertencem ao Estado, razão por que não se submetem ao controle estatal ou à fiscalização pelo tribunal de contas.
E) A OS, embora receba delegação do poder público para desempenhar serviço público de natureza social, mediante contrato de gestão, não pode receber destinação de recursos orçamentários do poder público nem bens necessários ao cumprimento do contrato de gestão

850) (2014) Banca: CESPE – Órgão: TC-DF – Prova: Analista de Administração Pública – Organizações (+ provas)

Resolvi certo

Julgue o item a seguir, relativo à responsabilidade civil do Estado, aos serviços públicos e às organizações da sociedade civil de interesse público.

Compete ao Ministério da Justiça expedir certificado às entidades interessadas em obter qualificação como organização da sociedade civil de interesse público.

A) Certo   B) Errado

851) (2014) Banca: CESP – Órgão: TEM – Prova: Contador

Com relação às organizações da sociedade civil de interesse público (OSCIP), julgue o item subsequente.

"As OSCIPs podem cooperar com o poder público prestando serviços intermediários de apoio a organizações sem fins lucrativos e a órgãos da administração pública que atuem em áreas similares àquelas em que desenvolvem suas atividades, sendo-lhes vedado executar diretamente projetos, programas e planos de ação".

A) Certo   B) Errado

852) (2014) Banca: CESPE – Órgão: MTE – Prova: Agente Administrativo

Acerca das organizações da sociedade civil de interesse público (OSCIP), julgue o item a seguir.

A qualificação de uma pessoa jurídica de direito privado como OSCIP ocorre por meio de ato de ministro de Estado ou titular de órgão supervisor, ou ainda pelo regulador da área de atividade correspondente ao seu objeto social.

A) Certo   B) Errado

853) (2014) Banca: CESPE – Órgão: TJ-CE – Prova: Analista Judiciário – Área Administrativa

A propósito da organização administrativa, assinale a opção correta.

A) Compete ao Ministério da Justiça a qualificação de pessoas jurídicas de direito privado, sem fins lucrativos, como organizações da sociedade civil de interesse público.
B) Ocorrerá descentralização administrativa funcional caso haja criação de uma nova vara em um tribunal de justiça
C) São integrantes da administração indireta, entre outros, as autarquias, as fundações e os serviços sociais autônomos.
D) Exige-se lei específica para a criação de subsidiárias de empresas públicas e de sociedades de economia mista.
E) As autarquias caracterizam-se por serem dotações patrimoniais criadas por lei, sujeitas a controle ou tutela, com personalidade jurídica pública e capacidade de autoadministração.

854) (2014) Banca: CESPE – Órgão: TC-DF – Prova: Analista de Administração Pública – Sistemas de TI (+ provas)

Julgue o item a seguir, relativos à responsabilidade civil do Estado, aos serviços públicos e às organizações da sociedade civil de interesse público.

Compete ao Ministério da Justiça expedir certificado às entidades interessadas em obter qualificação como organização da sociedade civil de interesse público

A) Certo   B) Errado

855) (2012) Banca: CESPE – Órgão: AGU – Prova: Advogado da União

Julgue o item que se segue, a respeito da administração indireta e do terceiro setor.

Para que sociedades comerciais e cooperativas obtenham a qualificação de organizações da sociedade civil de interesse público, é preciso que elas não possuam fins lucrativos e que tenham em seus objetivos sociais a finalidade de promoção da assistência social.

A) Certo   B) Errado

856) (2015) Banca: CESPE – Órgão: TRF – 5ª REGIÃO – Prova: Juiz Federal

Com relação às entidades do terceiro setor e às pessoas jurídicas que integram a administração indireta, assinale a opção correta.

A) As OS formalizam o regime de cooperação com o poder público por meio da celebração de termo de parceria no qual são descritos, de modo detalhado, os direitos e as obrigações dos pactuantes.
B) São passíveis de qualificação como OSCIP, entre outras entidades, as fundações públicas e as sociedades civis ou associações de direito privado, desde que se dediquem a atividades e objetivos sociais descritos na Lei 9.790/1999, conhecida como Lei das OSCIPs
C) As fundações estatais, sejam elas de direito público ou de direito privado, somente podem ser criadas por lei específica de iniciativa do chefe do Poder Executivo.

D) As empresas públicas devem ter a forma de sociedades anônimas; as sociedades de economia mista, por sua vez, podem revestir-se de qualquer uma das formas admitidas em direito.

E) As pessoas jurídicas de direito privado que pretendem qualificar-se como OSCIPs não podem ter fins lucrativos e devem ter como objetivos, entre outros, a promoção gratuita da educação e da saúde, da segurança alimentar e nutricional e do voluntariado.

857) (2014) Banca: FCC – Órgão: TCE-GO – Prova: Analista de Controle Externo – Jurídica

As Organizações Sociais e as Organizações da Sociedade Civil de Interesse Público (OSCIP) apresentam características peculiares que as distinguem uma das outras, justamente em razão de serem entidades diversas, previstas em legislações próprias. Sobre o tema, considere as seguintes assertivas:

I. Não celebram contratos de gestão com o Poder Público, mas termos de parceria.
II. O Poder Público não participa de seus quadros diretivos.
III. Não há trespasse de servidores públicos para nelas prestar serviço.
IV. O objeto da atividade delas é muito mais amplo que o das Organizações Sociais, compreendendo, inclusive, finalidades de benemerência social.

As OSCIPs distinguem-se das Organizações Sociais, entre outros pontos relevantes, pelo descrito em

A) II, III e IV, apenas.
B) I, apenas.
C) I e IV, apenas
D) II e III, apenas.
E) I, II, III e IV.

858) (2014) Banca: FCC – Órgão: MPE-PE – Prova: Promotor de Justiça

Considere as seguintes entidades sem fins lucrativos:

I. Sindicatos e associações de classe ou de representação de categoria profissional.
II. Pessoas jurídicas com finalidade de experimentação não lucrativa de novos modelos socioprodutivos e de sistemas alternativos de produção, comércio, emprego e crédito.
III. Organizações sociais.
IV. Pessoas jurídicas de direito privado com finalidades de promoção de direitos estabelecidos, construção de novos direitos e assessoria jurídica gratuita de interesses implementares.
V. Instituições religiosas ou voltadas para a disseminação de credos ou cultos.

Podem qualificar-se como Organização da Sociedade Civil de Interesse Público – OSCIP

A) II e IV.
B) I e IV.
C) I e III.
D) III e V.
E) II e III.

859) (2012) Banca: FCC – Órgão: TCE-SP – Prova: Agente de Fiscalização Financeira – Administração

OSCIP – Organização da Sociedade Civil de Interesse Público é uma organização

A) pública voltada para a promoção de direitos estabelecidos, construção de novos direitos e assessoria jurídica gratuita de interesse suplementar.
B) social especializada exclusivamente na defesa, preservação, conservação do meio ambiente e promoção do desenvolvimento sustentável.
C) privada cuja função é única e exclusiva de atender aos interesses do seu grupo fundador, ou administrador, como os sindicatos, as cooperativas, as associações de seguro mútuo etc.
D) da sociedade civil formada espontaneamente para a execução de certo tipo de atividade de interesse público, mas que não é reconhecida em nosso ordenamento jurídico.
E) jurídica de direito privado, sem fins lucrativos, cujos objetivos sociais tenham as finalidades determinadas pelo Estado.

860) (2012) Banca: FCC – Órgão: TCE-SP – Prova: Agente de Fiscalização Financeira – Administração

O acordo de cooperação para o fomento e a execução de uma ou mais das atividades de interesse público previstas em Lei, firmado entre a entidade qualificada como OSCIP – Organização da Sociedade Civil de Interesse Público e o Poder Público denomina-se

A) licitação pública.
B) termo de parceria.
C) contrato social.
D) convênio social.
E) termo de convênio.

861) (2014) Banca: FCC – Órgão: TCE-GO – Prova: Analista de Controle Externo – Administrativa (+ provas)

Tendo em vista o preenchimento dos requisitos descritos na Lei nº 9.790/1999 (Lei das Organizações da Sociedade Civil de Interesse Público), a pessoa jurídica de direito privado sem fins lucrativos, interessada em obter a qualificação da OSCIP, deverá formular requerimento a determinado Ministério, instruído com cópias autenticadas de alguns documentos. O referido Ministério e um dos documentos exigidos pela citada lei são:

A) Ministério da Justiça e a declaração de isenção do imposto de renda.
B) Ministério do Planejamento, Orçamento e Gestão e o estatuto registrado em cartório.
C) Ministério da Ciência, Tecnologia e Inovação e a ata de eleição de sua atual diretoria.
D) Ministério do Planejamento, Orçamento e Gestão e a demonstração do resultado do exercício.
E) Ministério da Defesa e a inscrição no Cadastro Geral de Contribuintes.

862) (2008) Banca: FCC – Órgão: TCE-CE – Prova: Analista de Controle Externo – Auditoria Governamental

Um dos aspectos importantes das mudanças na implementação das políticas públicas é o da contratualização com as entidades do chamado 3º Setor. Com isso, a administração pública pode contratar uma organização para executar serviços públicos e viabilizar a atuação do particular na execução de suas atividades. Uma dessas entidades é a Oscip – Organização da Sociedade Civil de Interesse Público. O instrumento pelo qual se concretiza a contratualização entre o Poder Público e a Oscip é

A) o termo de parceria.

B) o contrato de gestão.
C) a concessão de serviço público.
D) o acordo de Programa.
E) o convênio.

863) (2009) Banca: FCC – Órgão: MPE-SE – Prova: Analista do Ministério Público – Especialidade Administração

A entidade privada sem fins lucrativos, para receber a qualificação de OSCIP, deve ter sido constituída e encontrar-se em funcionamento regular a pelo menos 3 anos.

A) Certo   B) Errado

864) (2015) Banca: FGV – Órgão: Câmara Municipal de Caruaru – PE – Prova: Analista Legislativo – Administração

Com referência às Organizações Sociais – OS e às Organizações da Sociedade Civil de Interesse Público – OSCIP, analise as afirmativas a seguir.

I. As OSCIP são qualificadas por meio de certificação emitida pelo Ministério da Justiça.
II. O instrumento de vinculação jurídica de ambas com o poder público é o contrato de gestão.
III. Ambas são organizações criadas com o propósito de substituir o Estado em algumas de suas atividades.

Assinale:
A) se somente a afirmativa I estiver correta.
B) se somente as afirmativas I e II estiverem corretas.
C) se somente as afirmativas I e III estiverem corretas.
D) se somente as afirmativas II e III estiverem corretas.
E) se todas as afirmativas estiverem corretas.

865) (2013) Banca: FGV – Órgão: AL-MT – Prova: Procurador

Acerca das entidades paraestatais, com base no Direito Administrativo brasileiro, analise as afirmativas a seguir.

I. A expressão abrange todos os entes da Administração Indireta, além das pessoas jurídicas de direito privado autorizadas a realizar atividades de interesse coletivo ou público.
II. Os serviços sociais autônomos, por arrecadarem contribuições parafiscais, estão sujeitos à jurisdição da Justiça Federal.
III. O Termo de Parceria é o instrumento passível de ser firmado entre o Poder Público e as entidades qualificadas como Organizações da Sociedade Civil de Interesse Público destinado à formação de vínculo de cooperação entre as partes. Assinale:

A) se somente a afirmativa II estiver correta.
B) se somente a afirmativa III estiver correta.
C) se as afirmativas I e II estiverem corretas.
D) se as afirmativas I e III estiverem corretas.
E) se as afirmativas II e III estiverem corretas.

866) (2013) Banca: FGV – Órgão: TCE-BA – Prova: Analista de Controle Externo

Sobre as pessoas jurídicas integrantes do Terceiro Setor, assinale a afirmativa correta.

A) As Organizações Sociais (OS's) não podem ser qualificadas como Organização da Sociedade Civil de Interesse Público (OSCIPs).
B) As organizações não governamentais (ONG'S) não se submetem a órgão ou órgãos de controle na responsabilidade fiscal, dado o seu caráter de entidade de direito privado.
C) As organizações sociais, também chamadas de OS, são criadas para execução de serviços públicos exclusivos do Estado.
D) As instituições religiosas poderão ser qualificadas como organizações da sociedade civil de interesse público (OSCIPs).
E) Os contratos de gestão entre a Administração Pública e as Organizações Sociais não caracterizam convênio administrativo, não se sujeitando à fiscalização e controle por parte do Tribunal de Contas.

867) (2014) Banca: FGV – Órgão: SEFAZ- MT – Prova: Auditor Fiscal Tributário da Receita Municipal (+ provas)

Acerca da qualificação, pela União, de uma pessoa jurídica de direito privado como organização da sociedade civil de interesse público e dos efeitos daí decorrentes, assinale a afirmativa incorreta.

A) A qualificação como organização da sociedade civil de interesse público é ato vinculado, que somente será indeferido quando não atendidos os pressupostos legais.
B) A entidade qualificada como organização da sociedade civil de interesse público pode celebrar termo de parceria com o poder público.
C) Somente pode se qualificar como organização da sociedade civil de interesse público uma pessoa jurídica de direito privado sem fins lucrativos.
D) A pessoa jurídica de direito privado sem fins lucrativos interessada em obter a qualificação deverá formular requerimento escrito ao Ministério da Justiça.
E) Uma cooperativa de trabalhadores rurais pode se qualificar como organização da sociedade civil de interesse público.

868) (2015) Banca: FGV – Órgão: TCM-SP – Prova: Agente de Fiscalização – Administração

Ao tratarmos das formas de atuação conjunta entre o ente público e organizações privadas sem fins lucrativos, observa-se que diferentes possibilidades apresentam características específicas.

Nesse sentido, é correto afirmar que uma OSCIP caracteriza-se por ser qualificada:

A) por portaria do Ministério da Justiça e ter sua relação com o poder público estabelecida na forma de fomento por meio de termo de parceria;
B) por Decreto do Chefe do Poder Executivo e ter sua relação com o poder público estabelecida na forma de fomento por meio de contrato de gestão;
C) por Lei que autoriza sua criação e ter sua relação com o poder público estabelecida na forma de termo de cooperação;
D) por Decreto do Chefe do Poder Executivo e, em sua relação com o poder público, receber contribuições parafiscais por meio de contrato de gestão;
E) como entidade civil sem fins lucrativos, com participação majoritária do poder público e da sociedade em seu órgão deliberativo superior.

869) (2016) Banca: IDECAN – Órgão: Câmara de Aracruz – ES – Prova: Procurador Legislativo

Nos termos da doutrina do Direito Administrativo, quanto às entidades que atuam paralelamente ao Estado, é correto afirmar que

A) o credenciamento de organizações não governamentais para fins de repasse de recursos públicos ocorre por meio do instrumento de consórcio público.
B) as organizações sociais firmam termos de parceria com o poder público, instrumento pelo qual assumem a gestão de determinados serviços públicos não lucrativos.
C) conforme entendimento do Supremo Tribunal Federal, a OAB e demais Conselhos de Classe são pessoas jurídicas de direito público integrantes da Administração Pública Indireta.
D) as Organizações da Sociedade Civil de Interesse Público são entidades privadas, sem fins lucrativos e, portanto, não integram o rol de entidades da Administração Pública Indireta.

870) (2015) Banca: VUNESP – Órgão: MPE-SP – Prova: Analista de Promotoria

Nos moldes da Lei n° 9.790/99, considerando atendidos os demais requisitos legais, pode-se afirmar que são passíveis de qualificação como Organizações da Sociedade Civil de Interesse Público

A) as fundações públicas cujo objeto seja a promoção da cultura, a defesa e a conservação do patrimônio histórico e artístico.
B) as pessoas jurídicas de direito privado, sem fins lucrativos, que tenham por finalidade a promoção do desenvolvimento econômico e social e o combate à pobreza.
C) as Organizações Sociais que tenham por finalidade a promoção do voluntariado.
D) os sindicatos, as associações de classe ou de representação de categoria profissional que se dediquem à promoção da assistência social.
E) as sociedades comerciais cuja finalidade seja a promoção da cultura, a defesa e a conservação do patrimônio histórico e artístico.

871) (2014) Banca: VUNESP – Órgão: TJ-SP – Prova: Juiz

Quanto ao tema das OSCIPs (Organizações da Sociedade Civil de Interesse Público), é incorreto afirmar que

A) são pessoas jurídicas de direito privado, sem fins lucrativos, instituídas por particulares para desempenhar serviços não exclusivos do Estado, com fiscalização pelo Poder Público.
B) malgrado sejam pessoas jurídicas de direito privado, suas obras, compras, serviços e alienações serão objeto de contrato realizado mediante regular processo de licitação, utilizando-se o pregão nos bens e serviços comuns.
C) têm elas a mesma natureza jurídica e a mesma finalidade das Organizações Sociais, regidas pela Lei 9.637/98, sendo instituídas por meio de contrato de gestão e exercendo atividades de interesse público, anteriormente desempenhadas pelo Estado.
D) são formalizadas por meio de termo de parceria com a Administração Pública, sendo que a outorga do título de OSCIP permite-lhes a concessão de benefícios especiais, tais como a destinação de recursos públicos.

872) (2012) Banca: UEG – Órgão: PC-GO – Prova: Delegado de Polícia

Quanto às organizações da sociedade civil de interesse público – OSCIP, é CORRETO afirmar:

A) a OSCIP exerce atividade de natureza privada.
B) a OSCIP recebe ou pode receber delegação para gestão de serviço público.
C) a OSCIP é criada por lei para desempenhar serviços sociais não exclusivos do Estado.
D) o Estado incentiva e fiscaliza os serviços desempenhados pela OSCIP, sendo indispensável o termo de convênio para prever as obrigações.

873) (2016) Banca: TRF – 3ª REGIÃO – Órgão: TRF – 3ª REGIÃO – Prova: Juiz Federal Substituto

Dadas as assertivas abaixo a respeito das OSCIPs, assinale a alternativa correta.

I. Podem qualificar-se como Organizações da Sociedade Civil de Interesse Público as pessoas jurídicas de direito privado sem fins lucrativos que tenham sido constituídas e se encontrem em funcionamento regular há, no mínimo, 1 (um) ano, desde que os respectivos objetivos sociais e normas estatutárias atendam aos requisitos instituídos pela Lei n° 9.790/1999.
II. Não são passíveis de qualificação como Organizações da Sociedade Civil de Interesse Público, as sociedades comerciais, os sindicatos, as associações de classe ou de representação de categoria profissional, nem as instituições religiosas ou voltadas para a disseminação de credos, cultos, práticas e visões devocionais e confessionais.
III. Dentre os objetos sociais possíveis para a qualificação instituída pela Lei n° 9.790/1999 está o de realização de estudos e pesquisas para o desenvolvimento, a disponibilização e a implementação de tecnologias voltadas à mobilidade de pessoas, por qualquer meio de transporte.

Estão corretas:

A) Apenas I e II.
B) I, II e III.
C) Apenas II.
D) Apenas II e III.

874) (2014) Banca: TRF – 4ª REGIÃO – Órgão: TRF – 4ª REGIÃO – Prova: Juiz Federal Substituto

Dadas as assertivas abaixo, assinale a alternativa correta.

A respeito das entidades paraestatais, entes de cooperação ou, simplesmente, terceiro setor, com base na Lei 9.637/98, na Lei 9.790/99 e no Decreto 3.100/99 (nas suas redações vigentes):

I. O Poder Executivo poderá qualificar como Organizações Sociais, por meio de contratos de gestão, pessoas jurídicas de direito privado, sem fins lucrativos, cujas atividades sejam dirigidas ao ensino, à pesquisa científica, ao desenvolvimento tecnológico, à proteção e à preservação do meio ambiente, à cultura e à saúde, desde que satisfeitos os requisitos exigidos na Lei 9.637/98.
II. O termo de parceria é o instrumento passível de ser firmado entre o Poder Público e as entidades qualificadas como Organizações da Sociedade Civil de Interesse Público (OSCIPs), destinado à formação de vínculo de cooperação entre as partes, para fomento e execução de atividades de interesse público, como, por exemplo, promoção da assistência social, da cultura, da defesa e da conservação dos patrimônios históricos e artísticos e dos estudos e pesquisas para desenvolvimento de tecnologias alternativas, atendidos os requisitos da Lei n° 9.790/99 e do Decreto 3.100/99.

III. Independentemente das atividades às quais se dediquem, nunca poderão ser qualificadas como OSCIPs, entre outras, as instituições religiosas ou voltadas à disseminação de credos, cultos, práticas e visões devocionais e confessionais, as fundações públicas e as empresas que comercializem planos de saúde.

A) Está correta apenas a assertiva I.
B) Estão corretas apenas as assertivas I e II.
C) Estão corretas apenas as assertivas I e III.
D) Estão corretas apenas as assertivas II e III.
E) Estão corretas todas as assertivas.

875) (2013) Banca: IMA – Órgão: CORE – Prova: Advogado

Analise as alternativas a seguir e assinale a incorreta:

A) Para Celso Antônio Bandeira de Mello, as denominadas Entidades Públicas Não Estatais (pós-reforma do Estado, por meio das Emendas nº 19 e 20) são pessoas privadas que colaboram com o Estado e que, entre os privilégios que recebem do Poder Público, está o conceito tributário da parafiscalidade.
B) Entende-se por Termo de Parceria o instrumento firmado entre o Poder Público e a entidade qualificada como organização social, com vistas à formação de parceria entre as partes para fomento e execução de atividades que sejam dirigidas ao ensino, à pesquisa científica, ao desenvolvimento tecnológico, à proteção e preservação do meio ambiente, à cultura e à saúde.
C) As organizações sociais são entidades colaboradoras do poder público, em atividades relacionadas a ensino, pesquisa científica, desenvolvimento tecnológico, proteção e preservação do meio ambiente, cultura, saúde, entre outros, atendidos os requisitos previstos em lei.
D) As organizações sociais equiparam-se às organizações da sociedade civil de interesse público quanto a sua natureza jurídica.

876) (2013) Banca: UEG – Órgão: PC-GO – Prova: Delegado de Polícia – 2ª prova

De acordo com a Lei n. 9.790/99, as organizações da sociedade civil de interesse público

A) possuem personalidade jurídica de direito público.
B) podem ter fins lucrativos.
C) estão dispensadas da qualificação junto ao Ministério da Justiça.
D) celebram termos de parcerias com a Administração.

877) (2012) Banca: MPT – Órgão: MPT – Prova: Procurador

Leia os itens abaixo e analise:

I. As organizações sociais são as executoras de serviços públicos em regime de parceria com o poder público, sendo pessoas jurídicas de direito privado, não podem ter fins lucrativos e dedicam-se ao ensino, à cultura, à saúde, à pesquisa científica, ao desenvolvimento tecnológico e à preservação do meio ambiente.
II. As organizações da sociedade civil de interesse público constituem o regime de parceria numa gestão por colaboração.
III. Podem ser qualificadas como sociedades civis de interesse público as organizações sociais, as cooperativas, entidades religiosas; todavia, não podem ser assim qualificadas as sociedades comerciais, organizações creditícias e instituições partidárias.

Marque a alternativa CORRETA:

A) todas as assertivas estão corretas;
B) apenas a assertiva III está incorreta;
C) apenas as assertivas I e II estão incorretas;
D) apenas as assertivas II e III estão incorretas;

878) (2016) Banca: FEPESE – Órgão: Prefeitura de Lages – SC – Prova: Administrador

Assinale a alternativa correta.

A) As instituições hospitalares privadas são Organizações da Sociedade Civil de Interesse Público devido a sua função social.
B) Sindicatos e associações de classe são um exemplo de Organizações da Sociedade Civil de Interesse Público, desde que não tenham fins lucrativos.
C) A qualificação como Organizações da Sociedade Civil de Interesse Público somente será conferida às pessoas jurídicas de direito privado, sem fins lucrativos, cujos objetivos sociais tenham como finalidade a promoção da cultura.
D) A qualificação como Organizações da Sociedade Civil de Interesse Público somente será conferida a autarquias voltadas à educação.
E) Entidades que comercializam planos de saúde não são passíveis de qualificação como Organizações da Sociedade Civil de Interesse Público.

879) (2012) Banca: PGR – Órgão: PGR – Prova: Procurador da República

No tocante às organizações do chamado «terceiro setor», é correto afirmar que:

A) As organizações da sociedade civil de interesse público são constituídas por lei de iniciativa do Executivo Federal, vinculando-se ao Ministério com o qual mantêm identidade de atribuições, mas preservando autonomia quanto à gestão administrativa e financeira.
B) Tendo recebido a qualificação de interesse público, as organizações da sociedade civil, passam a submeter-se a regramentos de direito público, submetendo-se a prestação de contas de recursos repassados pelo poder público e formando seu quadro de pessoal apenas mediante concurso de provas ou de provas e títulos.
C) As organizações sociais possuem personalidade jurídica de direito privado, habilitando-se ao recebimento de recursos públicos a partir da homologação de seus atos constitutivos pelo Ministério Público e da celebração de termo de parceria com órgãos da Administração Pública.
D) Instituições religiosas ou voltadas para a disseminação de credos, cultos, práticas e visões devocionais e confessionais não podem qualificar-se como organização da sociedade civil de interesse público, ainda que desempenhem atividades de assistência social.

880) (2016) Banca: IOBV – Órgão: Prefeitura de Chapecó – SC – Prova: Procurador Municipal

Determinado Município firmou convênio com uma Organização Social de assistência aos deficientes visuais, repassando-lhe mensalmente verbas públicas, e cedendo também uma sala em escola municipal para o desempenho das atividades. Diante da situação em epígrafe, é correto afirmar:

A) Este convênio tão somente poderá ter realizado por intermédio de uma licitação, na modalidade Concorrência, uma vez que a livre escolha feita pela Administração não se enquadra nos casos de dispensa de licitação.
B) Uma vez que recebeu verbas públicas, a referida Organização Social deverá obrigatoriamente realizar procedimentos licitatórios para a utilização destes recursos.
C) As organizações sociais, por integrarem o Terceiro Setor, não fazem parte do conceito constitucional de Administração Pública, razão pela qual não se submetem, em suas contratações ao dever de licitar, visto a ausência de determinação constitucional.
D) As organizações sociais como as entidades paraestatais se submetem aos procedimentos licitatórios, nos mesmos moldes da Administração Direta.

Fundações de apoio: Trata-se de fundações instituídas por particulares com o objetivo de **desempenhar atividades ligadas ao interesse público e atuar ao lado da Administração Pública**, mediante a celebração de vínculos que possuem a natureza jurídica de convênios.

881) (2009) Banca: CESPE – Órgão: OAB – Prova: Exame de Ordem

Assinale a opção correta acerca das fundações.

A) Tanto as fundações públicas quanto as autarquias desempenham atividades de interesse coletivo que exigem a atuação de uma entidade estatal, por intermédio da aplicação de prerrogativas próprias do direito público.
B) É possível o recebimento, pelas fundações privadas, de incentivos e subsídios oriundos dos cofres públicos, circunstância que implicará a incidência de instrumentos de controle de sua atividade.
C) Fundação pública é pessoa jurídica instituída por lei para o desempenho de atividade de natureza econômica, de interesse coletivo, mantida com recursos públicos.
D) A fundação pública decorre da conjugação de esforços entre diversos sujeitos de direito, o que lhe confere a natureza associativa.

Parcerias voluntárias: O termo Organização da Sociedade Civil pode ser definido como a **pessoa jurídica de direito privado, sem fins lucrativos, que não distribui entre os seus sócios eventuais lucros e sobras, e que desempenha atividade de interesse coletivo aplicando a mencionada verba integralmente na consecução do respectivo objeto social.**

Instrumentos de parceria: Termo de colaboração: termo de parceria firmado mediante seleção via chamamento público, para consecução de finalidades públicas **PROPOSTAS PELA ADMINISTRAÇÃO**, mediante transferências voluntárias, em regime de cooperação com o Poder Público. O Termo de colaboração é aquele que é cabível no caso de transferências voluntárias do ente público para o parceiro privado com o objetivo de execução de **planos de trabalho propostos PELO PRÓPRIO ENTE PÚBLICO.** Conforme estudado, a seleção da sociedade civil será realizada por meio de chamamento público, e não por meio de licitação.

Termo de fomento: instrumento firmado pela Administração e Organização da Sociedade Civil, em razão de **plano de trabalho proposto por essas entidades**, em regime de mútua cooperação com o poder público, para consecução de finalidades públicas PROPOSTAS pela Organização da Sociedade Civil. O termo de fomento deve ser firmado quando o objetivo da Administração for realizar transferências voluntárias visando à consecução de planos de trabalho propostos, desta vez, pela **PRÓPRIA ORGANIZAÇÃO DA SOCIEDADE CIVIL**. Como, neste caso, a iniciativa da parceria é da Organização da Sociedade Civil, esta irá se valer do Procedimento de Manifestação de Interesse para incitar o poder público a realizar o chamamento objetivando a celebração da parceria (art. 18 da Lei 13.019).

882) (2016) Banca: CESPE – Órgão: TCE-SC – Prova: Auditor Fiscal de Controle Externo – Administração

No que se refere à organização da administração pública brasileira, julgue o item que se segue.

O termo de fomento é um instrumento legal por meio do qual são formalizadas as parcerias estabelecidas pela administração pública com organizações da sociedade civil para a consecução de finalidades de interesse público e recíproco que sejam propostas pelas organizações da sociedade civil.

A) Certo   B) Errado

883) (2017) Banca: CESPE – Órgão: SEDF – Prova: Conhecimentos Básicos – Cargo 2 (+ provas)

Acerca de administração pública, organização do Estado e agentes públicos, julgue o item a seguir.

O abuso de poder pelos agentes públicos pode ocorrer tanto nos atos comissivos quanto nos omissivos.

A) Certo   B) Errado

No que se refere à necessidade de licitação nas contratações de terceiros realizadas por essas instituições, entende-se pela **desnecessidade do cumprimento das disposições da Lei 8.666/93**, contudo, destaca-se a obrigatoriedade de realização de procedimento simplificado que respeite os princípios constitucionais, mediante a edição de regulamentos próprios (art. 17 da Lei 9637/98 e art. 14 da Lei 9.790/99).

884) (2014) Banca: CESPE – Órgão: STM – Prova: Analista Judiciário – Área Judiciária

Julgue o item a seguir, referentes a compras no âmbito da administração pública e à Lei 8.666/1993.

A inexigibilidade de licitação é o instrumento de contratação utilizado entre o poder público e as organizações da sociedade civil de interesse público (OSCIPs).

A) Certo   B) Errado

GABARITO – TERCEIRO SETOR

782) ERRADO	799) A	816) B	833) E	850) CERTO	868) A
783) ERRADO	800) C	817) CERTO	834) C	851) ERRADO	869) D
784) ERRADO	801) C	818) CERTO	835) D	852) ERRADO	870) B
785) ERRADO	802) E	819) CERTO	836) ERRADO	853) A	871) C
786) CERTO	803) B	820) ERRADO	837) ERRADO	854) CERTO	872) A
787) E	804) C	821) B	838) C	855) ERRADO	873) D
788) CERTO	805) C	822) CERTO	839) C	856) E	874) E
789) ERRADO	806) B	823) E	840) A	857) E	875) B
790) B	807) B	824) D	841) ERRADO	858) A	876) D
791) CERTO	808) ERRADO	825) B	842) E	859) E	877) B
792) ERRADO	809) E	826) A	843) A	860) B	878) E
793) CERTO	810) ERRADO	827) D	844) A	861) A	879) D
794) CERTO	811) B	828) C	845) A	862) A	880) C
795) ERRADO	812) D	829) E	846) ERRADO	863) CERTO	881) B
796) B	813) B	830) D	847) ERRADO	864) A	882) CERTO
797) A	814) B	831) E	848) ERRADO	865) B	883) CERTO
798) E	815) CERTO	832) B	849) B	866) A	884) ERRADO
				867) E	

FRASES PODEROSAS – TERCEIRO SETOR			
	% de questões	Número de acertos nesse capítulo	% de acertos
A expressão Terceiro Setor é utilizada para se referir às pessoas jurídicas de direito privado, também chamadas de entidades paraestatais, que não possuem fins lucrativos, logo, não são empresas, sem fins lucrativos, que prestam de atividades de interesse público, estabelecem vínculo de parceria com o Estado. Não integram a Administração Pública.	19%		
Serviço Social Autônomo trata-se de entidades cuja criação se dá mediante autorização legal, possuem personalidade jurídica de direito privado, sem fins lucrativos, e realizam atividades de assistência ou ensino a certas categorias profissionais. Ex: SESI, SESC, SENAI e SENAC.	6%		
Organização social é a qualificação dada pela União às pessoas jurídicas de direito privado, sem finalidade lucrativa, que desempenham atividades ligadas ao interesse público, preenchem os requisitos contidos na Lei nº 9.637/98 e celebram contrato de gestão com o Estado.	10%		
A Lei 8.666/93 prevê que é dispensável a licitação para celebração de contratos de prestação de serviço pelo Estado junto às Organizações Sociais, em atividades elencadas no contrato de gestão.	4%		
Ao contrário do que ocorre nas OS's, a outorga da qualificação da entidade privada como OSCIP é um ato vinculado realizado pelo Ministério da Justiça por meio de portaria. Desse modo, uma vez qualificadas essas entidades poderão firmar "termo de parceria" com o Poder Público, podendo se falar em direito adquirido à qualificação.	25%		
TOTAL	64%		

5. PODERES ADMINISTRATIVOS

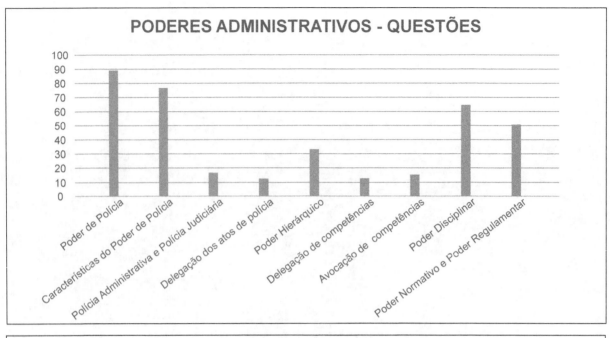
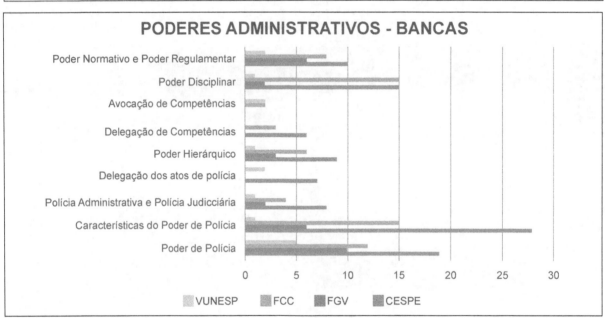
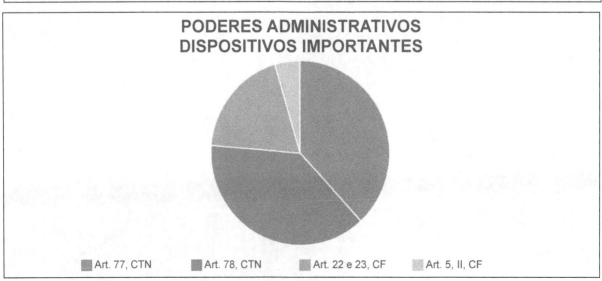

5. PODERES ADMINISTRATIVOS

Os poderes administrativos podem ser conceituados como verdadeiros **instrumentos** que a Administração Pública dispõe para **alcançar a finalidade pública**. Nesse sentido, em razão do fato de que o Estado almeja **alcançar o interesse público**, ao ente estatal são conferidas algumas prerrogativas e poderes especiais que o particular não possui. Tais prerrogativas são denominados **poderes-deveres**, haja vista que o Estado **deve** fazer uso dessas ferramentas para alcançar o bem da coletividade, são esses: **Poder Normativo, Poder de Polícia, Poder Hierárquico e Poder Disciplinar**. Os poderes administrativos (...) coletividade, são esses: Poder Normativo ou Poder Regulamentar, prerrogativa dada à Administração Pública de editar normas infralegais para garantir a execução fiel das leis; Poder de Polícia, prerrogativa que a Administração tem de limitar/restringir e condicionar o exercício de direitos e liberdade do particular, na busca do interesse público; Poder Hierárquico, prerrogativa ligada à estruturação interna das pessoas jurídicas que compõem a Administração Pública; e Poder Disciplinar, prerrogativa de aplicar sanções àqueles que se sujeitam à disciplina do Estado.

885) (2017) Banca: IBEG – Órgão: IPREV – Prova: Assistente Administrativo

Relacione a 1ª coluna com a 2ª coluna, de acordo com a definição correspondente:

1 – Poder Vinculado

2 – Poder Discricionário

3 – Poder Hierárquico

4 – Poder Disciplinar

5 – Poder Regulamentar

6 – Poder de Polícia

A – É o Poder que tem a Administração Pública de praticar certos atos "sem qualquer margem de liberdade".

B – É aquele pelo qual a Administração Pública de modo explícito ou implícito, pratica atos administrativos com liberdade de escolha de sua conveniência, oportunidade e conteúdo.

C – É aquele pelo qual a Administração distribui e escalona as funções de seus órgãos;

D – É aquele através do qual a lei permite a Administração Pública aplicar penalidades às infrações funcionais de seus servidores;

E – É aquele inerente aos Chefes dos Poderes Executivos (Presidente, Governadores e Prefeitos) para expedir decretos e regulamentos para complementar, explicitar (detalhar) a lei visando sua fiel execução.

F – A atividade da administração pública que, limitando o disciplinando direito, interesse ou liberdade, regula a prática de ato ou abstenção de fato, em razão de interesse público.

A) 1-B, 2-A, 3-D, 4-C, 5-F, 6-E

B) 1-A, 2-B, 3-C, 4-D, 5-E, 6-F

C) 1-E, 2-F, 3-C, 4-D, 5-B, 6-A

D) 1-A, 2-B, 3-D, 4-C, 5-E, 6-F

E) 1-A, 2-D, 3-B, 4-E, 5-C, 6-F

A doutrina descreve o termo **"abuso de poder"** como as situações em que o agente público atua visando uma finalidade diversa daquela ligada ao interesse público e situações nas quais a autoridade pratica um ato que extrapola sua competência legal. Portanto, o termo abuso de poder é um gênero que contempla duas espécies, quais sejam: **o desvio de finalidade e o excesso de poder**. O **excesso de poder** ocorre quando a **autoridade pratica um ato que extrapola sua competência legal**. Por sua vez, o **desvio de finalidade** ocorre quando o **agente público atua visando uma finalidade diversa daquela ligada ao interesse público.**

O abuso de poder pode decorrer de condutas comissivas ou condutas omissivas, quando o agente deixa de cumprir um dever legal.

886) (2017) Banca: CESPE – Órgão: SEDF – Prova: Analista de Gestão Educacional – Direito e Legislação

Mauro editou portaria disciplinando regras de remoção no serviço público que beneficiaram, diretamente, amigos seus. A competência para a edição do referido ato normativo seria de Pedro, superior hierárquico de Mauro. Os servidores que se sentiram prejudicados com o resultado do concurso de remoção apresentaram recurso quinze dias após a data da publicação do resultado. Nessa situação hipotética,

Mauro não agiu com abuso de poder.

A) Certo   B) Errado

887) (2017) Banca: CESPE – Órgão: SEDF – Prova: Conhecimentos Básicos – Cargo 2 (+ provas)

Acerca de administração pública, organização do Estado e agentes públicos, julgue o item a seguir.

O abuso de poder pelos agentes públicos pode ocorrer tanto nos atos comissivos quanto nos omissivos.

A) Certo   B) Errado

Trata-se do poder que a Administração possui **de restringir o exercício de liberdades individuais, o uso, gozo e a disposição da propriedade privada**, sempre na busca do interesse público.

O Código Tributário Nacional apresenta a seguinte conceituação do Poder de Polícia:

Art. 77. As taxas cobradas pela União, pelos Estados, pelo Distrito Federal ou pelos Municípios, no âmbito de suas respectivas atribuições, têm como fato gerador o exercício regular do poder de polícia, ou a utilização, efetiva ou potencial, de serviço público específico e divisível, prestado ao contribuinte ou posto à sua disposição.

"Art. 78. Considera-se Poder de Polícia atividade da administração pública que, limitando ou disciplinando direito, interesse ou liberdade, regula a prática de ato ou abstenção de fato, em razão de interesse público concernente à segurança, à higiene, à ordem, aos costumes, à disciplina da produção e do mercado, ao exercício de atividades econômicas dependentes de concessão ou autorização do Poder Público, à tranquilidade pública ou ao respeito à propriedade e aos direitos individuais ou coletivos.

888) (2016) Banca: CESPE – Órgão: PC-PE – Prova: Agente de Polícia

Após a investigação, foi localizada, no interior da residência de Paulo, farta quantidade de Cannabis sativa, vulgarmente conhecida por maconha, razão por que Paulo foi preso em flagrante pelo crime de tráfico de drogas. No momento de sua prisão, Paulo tentou resistir, motivo pelo qual os policiais, utilizando da força necessária, efetuaram sua imobilização. Nessa situação hipotética, foi exercido o poder administrativo denominado

A) poder disciplinar, o qual permite que se detenham todos quantos estejam em desconformidade com a lei.
B) poder regulamentar, que corresponde ao poder estatal de determinar quais práticas serão penalizadas no caso de o particular as cometer.
C) poder hierárquico, devido ao fato de o Estado, representado na ocasião pelos policiais, ser um ente superior ao particular.
D) poder discricionário, mas houve abuso no exercício desse poder, caracterizado pela utilização da força para proceder à prisão.
E) poder de polícia, que corresponde ao direito do Estado em limitar o exercício dos direitos individuais em benefício do interesse público.

889) (2016) Banca: CESPE – Órgão: DPU – Prova: Analista Técnico – Administrativo

Acerca da organização administrativa da União, da organização e da responsabilidade civil do Estado, bem como do exercício do poder de polícia administrativa, julgue o item que se segue.

"A edição de ato normativo constitui exemplo do exercício do poder de polícia pela administração pública".

A) Certo b) Errado

890) (2014) Banca: CESPE – Órgão: PGE-PI – Prova: Procurador do Estado

A respeito de poder de polícia, limitações administrativas, direito de propriedade e desapropriação, assinale a opção correta.

A) A desapropriação se dará por motivos de utilidade pública ou interesse social, uma vez que se restringe à transferência de bem imóvel de terceiro para o poder público.
B) A prerrogativa do poder de polícia permite à administração o condicionamento e a restrição de uso e gozo de bens, atividades e direitos individuais e é exercida, no âmbito de cada estado-membro, pelos órgãos de controle interno e pela polícia civil do estado.
C) No exercício da atividade de polícia, a administração pode atuar tanto por meio de atos normativos dotados de alcance geral, quanto por meio de atos concretos, a exemplo dos atos sancionatórios.
D) Se, em determinado município, nas obras de implantação de rede elétrica, em certo trecho, for necessário passar o cabeamento por baixo de um imóvel de propriedade do estado, o município poderá instituir servidão administrativa sobre esse imóvel, em razão do interesse público envolvido.
E) Caso um imóvel antigo, de propriedade de um cidadão, se situe no centro histórico de um município e retrate a arquitetura de determinada época do país, a anuência desse cidadão será condição de procedibilidade de eventual processo de tombamento do citado imóvel, tendo em vista que o direito constitucional de propriedade impede que se processe ao tombamento de forma compulsória.

891) (2014) Banca: CESPE – Órgão: TJ-CE – Prova: Técnico Judiciário – Área Administrativa

A respeito dos poderes da administração, assinale a opção correta.

A) Em respeito ao princípio da separação dos poderes, o Congresso Nacional não pode sustar ato normativo do Poder Executivo.
B) Um dos meios pelo quais a administração exerce seu poder de polícia é a edição de atos normativos de caráter geral e abstrato.
C) A delegação de atribuições de um órgão público para outra pessoa jurídica configura exemplo de desconcentração administrativa.
D) Ao tomar conhecimento da ocorrência de infração disciplinar, a administração deve, em um primeiro momento, avaliar a conveniência e oportunidade da instauração de processo administrativo.
E) O poder regulamentar é prerrogativa conferida à administração pública para expedir normas de caráter geral, em razão de eventuais lacunas, com a finalidade de complementar ou modificar a lei.

892) (2012) Banca: FCC – Órgão: TRT – 20ª REGIÃO (SE) – Prova: Juiz do Trabalho

A respeito dos poderes da Administração, é correto afirmar que o poder

A) de polícia constitui atividade da administração pública que, limitando ou disciplinando direito, interesse ou liberdade, regule a prática de ato ou abstenção de fato, em razão de interesse público concernente, entre outros, à segurança e à tranquilidade pública.
B) hierárquico fundamenta a avocação, pela Administração direta, de matérias inseridas na competência das autarquias a ela vinculadas.
C) regulamentar autoriza a edição, pelo Chefe do Executivo, de normas complementares à lei, admitindo-se o regulamento autônomo para matéria de organização administrativa, incluindo a criação de órgãos e de cargos públicos.
D) de polícia é exercido pelo Poder Executivo, por intermédio da autoridade competente, mediante a edição de normas gerais criando obrigações para toda a coletividade, disciplinadoras de atividades individuais, concernentes, entre outros, à segurança, à higiene, à ordem e aos costumes.
E) hierárquico, também denominado disciplinar, corresponde ao poder conferido aos agentes públicos para emitir ordens a seus subordinados e aplicar as sanções disciplinares não expressamente previstas em lei.

893) (2016) Banca: CESPE – Órgão: TRE-PI – Prova: Técnico Judiciário – Administrativa

Determinada autoridade sanitária, após apuração da infração, em processo administrativo próprio, aplicou a determinada farmácia a pena de apreensão e inutilização de medicamentos que haviam sido colocados à venda, sem licença do órgão sanitário competente, por violação do disposto nas normas legais e regulamentares pertinentes.

Nessa situação hipotética, a autoridade sanitária exerceu o poder

A) hierárquico, em sua acepção de fiscalização de atividades.
B) hierárquico, em sua acepção de imposição de ordens.
C) disciplinar, em razão de ter apurado infração e aplicado penalidade.
D) regulamentar, em razão de ter constatado violação das normas regulamentares pertinentes.
E) de polícia, em razão de ter limitado o exercício de direito individual em benefício do interesse público.

894) (2014) Banca: CESPE – Órgão: SUFRAMA – Prova: Agente Administrativo

A legislação concede à administração poderes extraordinários, necessários para que o Estado alcance os seus fins. Em relação aos poderes da administração pública, julgue o item seguinte.

Em decorrência do poder de polícia, a administração pode condicionar ou restringir os direitos de terceiros, em prol do interesse da coletividade.

A) Certo   B) Errado

895) (2013) Banca: CESPE – Órgão: TJ-ES – Prova: Titular de Serviços de Notas e de Registros

Com base na interpretação doutrinária do direito administrativo, assinale a opção correta no que diz respeito ao poder de polícia.

A) A discricionariedade, um dos atributos do poder de polícia, apresenta-se em maior ou menor grau em todos os atos administrativos que externam o exercício desse poder.
B) A limitação administrativa, mesmo que advinda de normas gerais e abstratas, decorre do poder de polícia propriamente dito.
C) Uma das formas de extinção da servidão administrativa é a prescrição, incorrida em decorrência da não utilização.
D) O tombamento é ato administrativo de poder de polícia que, se incidido sobre imóveis, deve ser averbado ao lado da transcrição do domínio no registro de imóveis.
E) Em sentido restrito, o poder de polícia constitui-se de atos do Poder Legislativo e do Executivo bem como consiste na atividade estatal que visa a condicionar a liberdade e a propriedade, ajustando-as aos interesses coletivos.

896) (2013) Banca: CESPE – Órgão: DEPEN – Prova: Técnico de Apoio

No que diz respeito à organização e aos poderes da administração pública, julgue o item a seguir.

O poder de polícia refere-se ao poder da administração de vigiar e aplicar penalidades às pessoas que cometem crimes ou contravenções penais.

A) Certo   B) Errado

897) (2012) Banca: CESPE – Órgão: TRE-RJ Prova: Técnico Judiciário – Área Administrativa

O poder de polícia deriva do poder hierárquico. Os chefes de repartição, por exemplo, utilizam-se do poder de polícia para fiscalizar os seus subordinados.

A) Certo   B) Errado

898) (2014) Banca: CESPE – Órgão: Câmara dos Deputados – Prova: Analista Legislativo

Há exigibilidade de taxas em razão do efetivo exercício do poder de polícia.

A) Certo   B) Errado

899) (2013) Banca: CESPE – Órgão: DPE-ES – Prova: Defensor Público – Estagiário

Assinale a opção correta referente ao poder de polícia.

A) O poder de polícia da administração pública visa solucionar a tensão entre liberdade individual e defesa do interesse público.
B) O exercício do poder de polícia pela administração pública é exemplo de serviço público em sentido estrito.
C) O poder de polícia, em sentido amplo, não pode ser exercido por meio de regulamentos administrativos.
D) O poder de polícia é sempre repressivo.
E) Em sentido estrito, o exercício do poder de polícia corresponde sempre a um ato administrativo propriamente dito.

900) (2013) Banca: CESPE – Órgão: ANP – Prova: Especialista em Regulação

O poder de polícia tem, por base conceitual, a atividade da administração pública que, limitando ou disciplinando direito, interesse ou liberdade, regula a prática de ato ou a abstenção de fato, em razão de interesse público.

A) Certo   B) Errado

901) (2013) Banca: CESPE – Órgão: TRF – 1ª REGIÃO – Prova: Juiz Federal

No que diz respeito ao poder de polícia administrativa, assinale a opção correta.

A) No Código Tributário Nacional, é apresentada a definição legal de poder de polícia, cujo exercício constitui um dos fatos geradores da taxa.
B) O poder público não tem interesse de agir para a propositura de ações cominatórias que objetivem impor ao particular atos de poder de polícia.
C) A discricionariedade, um dos atributos do poder de polícia, jamais se caracteriza como ato vinculado.
D) Evidencia-se o atributo da autoexecutoriedade na execução das multas impostas em decorrência do poder de polícia.
E) O poder de polícia pode ser originário ou delegado, caracterizando-se este último por atos de execução que admitem a imposição de taxas.

902) (2017) Banca: CESPE – Órgão: TRT – 7ª Região (CE) – Prova: Conhecimentos Básicos – Cargos 3 a 6 (+ provas)

Para garantir maior segurança à coletividade, foi determinada restrição do acesso a certa área pública, que era utilizada livremente por todos.

Nessa situação, com base nos poderes administrativos, essa determinação é

A) irregular, porque extrapola o poder hierárquico exercido pela administração pública em desfavor do particular.

B) irregular, tendo em vista que a administração não pode restringir o acesso a bens públicos por configurar isso abuso de poder.
C) válida, em decorrência do poder regulamentar conferido ao ente público.
D) válida, em decorrência do poder de polícia que visa ao interesse da coletividade.

903) (2017) Banca: CESPE – Órgão: PJC-MT – Prova: Delegado de Polícia Substituto

A administração pública de determinado município brasileiro constatou o funcionamento irregular de um estabelecimento que comercializava refeições. Nessa hipótese,

I. se houver tentativa do proprietário para impedir o fechamento do estabelecimento, a administração poderá utilizar-se da força pública, independentemente de decisão liminar.
II. a administração, com a utilização de seus próprios meios, poderá impedir o funcionamento do estabelecimento.
III. a administração estará impedida de utilizar o critério da discricionariedade para impedir o funcionamento do estabelecimento.
IV. a administração deverá utilizar a polícia judiciária para executar o ato de impedir o funcionamento do estabelecimento.

Estão certos apenas os itens
A) I e II.
B) I e III.
C) III e IV
D) I, II e IV.
E) II, III e IV.

904) (2017) Banca: CESPE – Órgão: TCE-PE – Prova: Auditor de Controle Externo – Auditoria de Contas Públicas

Com relação a agentes públicos, atos administrativos, poderes da administração pública e responsabilidade civil do Estado, julgue o item subsequente.

Ainda que a lei ofereça ao agente público mais de uma alternativa para o exercício do poder de polícia, a autoridade terá limitações quanto ao meio de ação.

A) Certo   B) Errado

905) (2015) Banca: CESPE – Órgão: MPU – Prova: Analista do Ministério Público

Com relação ao controle da administração e ao poder de polícia administrativa, julgue o item seguinte.

"O poder de polícia administrativa, que incide sobre as atividades, os bens e os próprios indivíduos, tem caráter eminentemente repressivo".

A) Certo   B) Errado

906) (2016) Banca: FCC – Órgão: Prefeitura de Teresina – PI – Prova: Técnico de Nível Superior – Analista Administrativo

Os poderes da Administração pública lhe foram atribuídos para possibilitar o exercício de suas funções, que sempre devem ser norteadas em benefício da coletividade. Conferem, portanto, prerrogativas à Administração pública, que não são ilimitadas. É exemplo disso

A) o poder normativo conferido à Administração, por meio da edição de decreto autônomo, que somente pode ter lugar sempre que houver lacunas ou ausência de lei.
B) o poder hierárquico, que atribui dever de subordinação dos servidores aos seus superiores, cabendo a estes a apuração de infrações e aplicação de penalidades disciplinares.
C) o exercício do poder disciplinar, que se estende aos particulares e empresas contratados pelo poder público para prestação de serviços em repartições públicas.
D) o exercício do poder de polícia, que pode limitar os direitos individuais com algum grau de discricionariedade, mas sempre deve ter previsão legal.
E) o exercício do poder normativo-disciplinar, que se exterioriza na edição de normas de conduta disciplinar, com elenco de infrações e sanções.

907) (2015) Banca: FCC – Órgão: MANAUSPREV – Prova: Técnico Previdenciário – Administrativa

De acordo com a definição de José dos Santos Carvalho Filho, a prerrogativa de direito público que, calcada na lei, autoriza a Administração Pública a restringir o uso e o gozo da liberdade e da propriedade em favor do interesse da coletividade (Manual de Direito Administrativo, São Paulo, Atlas 25. ed. p. 75) refere-se ao poder

A) de polícia judiciária, que autoriza a Administração pública a restringir a liberdade dos administrados.
B) de império, que qualifica todos os atos praticados pela Administração pública.
C) discricionário, que permite à Administração pública atuar nas lacunas da lei.
D) de polícia, que não se restringe às atividades normativas e preventivas, alcançando também atuação repressiva.
E) vinculado, que exige que a Administração pública faça tudo aquilo que estiver expressamente previsto na lei.

908) (2013) Banca: FCC – Órgão: TRE-RO – Prova: Técnico Judiciário – Área Administrativa

Considere as seguintes atividades:
I. Limita direitos.
II. Disciplina direitos.
III. Regula a prática de ato.
IV. Regula a abstenção de fato.

Considera-se poder de polícia, desde que preenchidos os demais requisitos legais, as atividades da Administração pública descritas em

A) III e IV, apenas.
B) I, II, III e IV.
C) I e III, apenas.
D) II, III e IV, apenas.
E) II e IV, apenas.

909) (2013) Banca: FCC – Órgão: MPE-SE – Prova: Técnico Administrativo

O Município de Aracajú, no exercício de sua competência de controle do uso e ocupação do solo urbano, determina que os estabelecimentos empresariais sujeitem-se ao procedimento de obtenção de alvará de localização e funcionamento, em conformidade ao Código Municipal de Posturas. O juízo exercido pela autoridade municipal que obriga os estabelecimentos à obtenção do alvará é relacionado ao

A) poder disciplinar, em razão da aplicação do princípio da superioridade do interesse público sobre o interesse privado, que subordina as atividades empresariais ao prévio controle de legalidade e adequação, com cominação de penalidades para os usos desconformes.
B) poder de polícia, exercido por meio de autorização, de juízo vinculado da autoridade, pois se consubstancia em atividade de fiscalização preventiva que limita o exercício dos direitos individuais em benefício da segurança e do interesse público.
C) poder disciplinar, em razão do controle prévio de orientação à ordenação do uso e do solo urbano segundo as regras prévias estabelecidas no zoneamento municipal.
D) poder regulamentar, exercido por meio de autorização, de juízo discricionário da autoridade, pois se materializa em atividade de aplicação de preceitos legais ao caso concreto, visando a limitação de direitos individuais em benefício da segurança e do interesse público.
E) poder de polícia, exercido por meio de licença, de juízo vinculado da autoridade, pois se concretiza em atividade de fiscalização preventiva que limita o exercício dos direitos individuais em benefício da segurança e do interesse público.

910) (2012) Banca: FCC – Órgão: TRT – 6ª Região (PE) – Prova: Analista Judiciário – Área Administrativa

A interdição de estabelecimento comercial privado por autoridade administrativa constitui exemplo do exercício do poder

A) disciplinar.
B) regulamentar.
C) normativo.
D) hierárquico.
E) de polícia.

911) (2012) Banca: FCC – Órgão: INSS – Prova: Perito Médico Previdenciário

Quando a Administração Pública limita direitos ou atividades de particulares sem qualquer vínculo com a Administração, com base na lei, está atuando como expressão de seu poder

A) hierárquico.
B) de polícia.
C) normativo.
D) regulamentar.
E) disciplinar.

912) (2011) Banca: FCC – Órgão: TCE-SE – Prova: Analista de Controle Externo – Coordenadoria Jurídica

Agente da Prefeitura do Município de Aracaju, tendo constatado que um bar na cidade funcionava sem alvará nem habite-se, e em claro desacordo com determinadas normas exigidas pela municipalidade no tocante a tratamento acústico e acessibilidade do estabelecimento, resolve aplicar multa. Trata-se, no presente caso, de modo de manifestação de poder da Administração conhecido na doutrina como poder

A) hierárquico.
B) regulamentar.
C) disciplinar.
D) de polícia.
E) de autoridade.

913) (2016) Banca: FCC – Órgão: SEGEP-MA – Prova: Auditor Fiscal da Receita Estadual – Administração Tributária

O poder de polícia caracteriza-se como atividade da Administração pública que impõe limites ao exercício de direitos e liberdades, tendo em vista finalidades de interesse público. Considere os atos ou contratos administrativos a seguir:

I. concessão de serviços públicos.
II. autorização para vendas de material de fogos de artifícios.
III. permissão de serviços públicos.
IV. concessão de licença ambiental para construção.

Caracterizam-se como manifestação do poder de polícia APENAS os constantes em

A) I e II.
B) II e III.
C) III e IV.
D) II e IV.
E) I e III.

914) (2017) Banca: FCC – Órgão: TST – Prova: Analista Judiciário – Área Administrativa

Suponha que determinada entidade integrante da Administração federal pretenda majorar os valores cobrados dos cidadãos para o licenciamento ambiental de empreendimentos, cuja análise e concessão encontram-se em sua esfera de competência legal. A atuação da referida entidade corresponde à expressão de

A) poder regulamentar, passível de cobrança por preço público que reflita os custos efetivamente incorridos.
B) poder normativo, dependendo a majoração da edição de decreto do Chefe do Executivo.
C) discricionariedade administrativa, representada por ato da autoridade competente, mediante resolução.
D) regulação da atividade econômica, própria de agências reguladoras, que atuam mediante decisões fundadas na discricionariedade técnica.
E) poder de polícia, custeado mediante cobrança de taxa instituída, obrigatoriamente, por lei.

915) (2017) Banca: FCC – Órgão: TST – Prova: Técnico Judiciário – Área Administrativa

Dentre os princípios que regem a atuação da Administração pública nos processos administrativos em geral e sua relação com os poderes da Administração pública,

A) os princípios do contraditório e da ampla defesa podem ser mitigados pelo poder de polícia, permitindo que a Administração restrinja o acesso do administrado interessado aos atos administrativos constantes dos autos como medida de melhor atendimento do interesse público.
B) o poder regulamentar permite que a Administração edite decretos instituindo sanções mais adequadas para determinadas infrações administrativas, de modo a garantir que nos processos administrativos seja priorizado o princípio da finalidade, impondo-se a decisão que melhor atenda o interesse público.

C) o poder disciplinar dispensa a exposição dos motivos de fato e de direito que ensejaram a decisão exarada no processo administrativo, tendo em vista que o conjunto probatório deste constante é suficiente para o atingimento da conclusão.
D) o exercício do poder de polícia pela Administração pública, que pode limitar os direitos dos administrados em geral, com base na legislação vigente, não pode cercear o direito ao contraditório e à ampla defesa a que têm direito quando no âmbito do processo administrativo.
E) o poder regulamentar também se presta à edição de normas que permitam a instituição de direitos e garantias aos administrados quando estes figurem como interessados nos processos administrativos, de forma a que os princípios que regem esse instituto sejam preservados.

916) (2017) Banca: FCC – Órgão: DPE-RS – Prova: Técnico – Área Administrativa

Considera-se exemplo da atuação da Administração pública quando expressa seu poder de polícia a

A) notificação ao permissionário de imóvel público para desocupação ao término do prazo de vigência do ato autorizativo ou diante de descumprimento das condições do termo.
B) imposição de multa ao contratado no caso de descumprimento de determinada cláusula de um contrato administrativo.
C) ordem para que o concessionário de serviço público expeça carteirinha de isenção para determinados usuários de transportes coletivos.
D) exigência de carteira de habilitação especial para conduzir determinados veículos motorizados, em razão do porte ou de alguma outra especificidade.
E) determinação de fornecimento de informações ao requerente, em instância superior, quando a autoridade à qual foram solicitadas tenha indeferido o pedido imotivadamente.

917) (2017) Banca: FCC – Órgão: TRE-PR – Prova: Técnico Judiciário – Área Administrativa

Para a consecução de seus atos a Administração pública pode lançar mão de algumas prerrogativas diferenciadas em relação às atividades da iniciativa privada. Pode, inclusive, atuar limitando o exercício de direitos individuais, desde que com a finalidade de atender o interesse público. Essa atuação

A) contempla atos materiais concretos, tais como o cumprimento de medidas de apreensão de mercadorias previstas em lei, como também pode abranger medidas preventivas, como fiscalização, vistorias, dentre outras, nos termos da lei.
B) pode, inclusive, ser delegada a terceiros, sem restrições, desde que haja previsão legal e que o delegatário edite e exerça todos os atos e medidas de polícia que a Administração adotaria.
C) denomina-se poder de polícia, de natureza discricionária, pois não seria possível prever as hipóteses de situações em que uma atuação vinculada seria cabível, competindo, portanto, à autoridade decidir a medida adequada a tomar.
D) abrange apenas medidas repressivas, taxativamente previstas em lei, como interdição de estabelecimentos, embargos de obras, dentre outras, tendo em vista que a atuação preventiva se insere no campo do poder normativo, não podendo se qualificar como atuação de polícia administrativa.
E) possui atributos próprios, como a autoexecutoriedade, presente em todos os atos administrativos, que permite à Administração executar seus próprios atos sem demandar decisão judicial.

918) (2017) Banca: FGV – Órgão: ALERJ – Prova: Procurador

A Assembleia Legislativa do Estado do Rio de Janeiro recebeu dezenas de reclamações de consumidores a respeito da precariedade no serviço público de fornecimento de energia elétrica em determinado bairro da Zona Oeste, consistente em constantes interrupções e quedas de energia. Tais denúncias foram encaminhadas ao PROCON Estadual que, após processo administrativo, aplicou multa à concessionária do serviço público. Em tema de poderes da Administração Pública, de acordo com a doutrina e a jurisprudência do Superior Tribunal de Justiça, a providência adotada pelo PROCON está:

A) errada, eis que a sanção de multa decorre do poder normativo do órgão superior do Sistema Nacional de Defesa do Consumidor e da ANEEL;
B) errada, eis que a sanção de multa decorre do poder regulamentar da ANEEL em relação à transgressão dos preceitos do Código de Defesa do Consumidor;
C) correta, eis que a sanção de multa decorre do poder de polícia do órgão que integra o Sistema Nacional de Defesa do Consumidor;
D) correta, eis que a sanção de multa decorre do poder hierárquico do órgão que integra o Sistema Nacional de Defesa do Consumidor;
E) correta, eis que a sanção de multa decorre do poder disciplinar do PROCON em relação à transgressão dos preceitos do Código de Defesa do Consumidor.

919) (2015) Banca: FGV – Órgão: Prefeitura de Niterói – RJ – Prova: Fiscal de Posturas

Consoante ensina a doutrina de Direito Administrativo, o poder administrativo que autoriza a atuação de um Fiscal de Posturas municipal de, verificada violação a dispositivo do Código de Posturas, lavrar um auto de infração com regular aplicação de multa e apreensão é o poder:

A) disciplinar, que é a prerrogativa de direito público que, calcada na lei, autoriza a Administração Pública a aplicar penalidades disciplinares aos particulares que infringirem a lei;
B) regulamentar, que é a prerrogativa de direito público que, calcada na lei, autoriza a Administração Pública a regulamentar a vida em sociedade, fazendo valer os dispositivos legais;
C) sancionatório, que é a prerrogativa de direito público que, calcada na lei, autoriza a Administração Pública a aplicar sanções administrativas e disciplinares aos particulares que causarem danos ao interesse público;
D) de polícia, que é a prerrogativa de direito público que, calcada na lei, autoriza a Administração Pública a restringir o uso e o gozo da liberdade e da propriedade em favor do interesse da coletividade;
E) de Estado, que é a prerrogativa de direito público que, limitando ou disciplinando direito, interesse ou liberdade, regula a prática de ato ou a abstenção de fato, em razão da supremacia do interesse privado.

5. PODERES ADMINISTRATIVOS

920) (2015) Banca: FGV – Órgão: Prefeitura de Niterói – RJ – Prova: Contador

Dos princípios que estão na base de toda função administrativa do Estado decorrem os chamados poderes administrativos que viabilizam às autoridades públicas fazer sobrepor a vontade da lei à vontade individual, o interesse público ao interesse privado.

Com base na doutrina de Direito Administrativo, dentre os poderes administrativos, destaca-se:

A) o discricionário, que autoriza o Poder Executivo a editar atos gerais de forma abstrata para complementar as leis e permitir a sua efetiva aplicação visando ao interesse público;

B) o regulamentar, que é a prerrogativa concedida aos agentes administrativos de elegerem, entre várias condutas possíveis, a que traduz maior conveniência e oportunidade para o interesse público;

C) o hierárquico, que concede à Administração Pública o dever-poder de apurar infrações e aplicar penalidades aos servidores públicos e demais pessoas sujeitas à disciplina administrativa;

D) o de disciplina, que permite ao Poder Executivo elaborar regras gerais, por meio de decretos, para reger a vida em sociedade, no regular exercício da chamada função atípica legiferante;

E) o de polícia, que é a prerrogativa de direito público que, calcada na lei, autoriza a Administração Pública a restringir o uso e o gozo da liberdade e da propriedade em favor do interesse da coletividade.

921) (2015) Banca: FGV – Órgão: Prefeitura de Paulínia – SP – Prova: Guarda Municipal

Quando um Guarda Municipal exerce suas funções com o uso da prerrogativa de direito público que, com base na lei, autoriza a Administração Pública a restringir o uso e o gozo da liberdade e da propriedade individual em favor do interesse da coletividade, o agente está empregando o poder de:

A) disciplina;
B) polícia;
C) regulação;
D) disponibilidade;
E) sanção.

922) (2014) Banca: FGV – Órgão: TJ-RJ Prova: Analista Judiciário – Especialidade Comissário de Justiça, da Infância, da Juventude e do Idoso

A Lei nº 8.069/90 conferiu ao Juízo da Infância e da Juventude atribuições atípicas de natureza administrativa, como conceder autorização para entrada, permanência ou participação de crianças e adolescentes em eventos, mediante alvará (Art. 149, do ECA). Tal atribuição decorre da prerrogativa de direito público que, calcada na lei, autoriza a Administração Pública a restringir o uso e o gozo da liberdade individual em favor do interesse público. Trata-se do poder administrativo:

A) hierárquico;
B) disciplinar;
C) regulamentar;
D) de polícia;
E) de jurisdição.

923) (2014) Banca: FGV – Órgão: Prefeitura de Florianópolis – SC – Prova: Fiscal de Serviços Públicos

Francisco possui imóvel localizado em zona urbana e resolveu transformar seu quintal em um canil, para receber cachorros abandonados. Por ter recebido diversas reclamações, a fiscalização municipal realizou vistoria no local, verificando a existência de centenas de animais em condições inadequadas, com grave risco à saúde pública e ao meio ambiente. Após regular processo administrativo, o Município expediu notificação ao proprietário, determinando a remoção dos animais, enquanto não forem obtidas todas as licenças e autorizações legais necessárias. A conduta do Município está:

A) errada, pois houve flagrante abuso de poder por parte da municipalidade, eis que os animais também integram o meio ambiente e são protegidos por lei;

B) errada, pois houve flagrante abuso de poder por parte da municipalidade, por ofensa ao direito de propriedade;

C) correta, pois o Município possui prerrogativa de limitar o direito de propriedade, em razão de seu poder de polícia, independentemente do atendimento ao interesse público;

D) correta, pois o Município agiu no regular exercício de seu poder de polícia, diante da supremacia do interesse público sobre o privado;

E) correta, desde que o Município tenha recorrido previamente ao Poder Judiciário para poder limitar o uso da propriedade privada.

924) (2014) Banca: FGV – Órgão: TJ-GO – Prova: Analista Judiciário

De acordo com a moderna doutrina de direito administrativo, a atividade do Estado consistente em limitar o exercício dos direitos individuais em benefício do interesse público é chamada de poder:

A) regulamentar;
B) hierárquico;
C) disciplinar;
D) de polícia;
E) de império.

925) (2014) Banca: FGV – Órgão: MPE-RJ – Prova: Estágio Forense

Francisco iniciou construção clandestina e ilegal de um imóvel, sem requerer ou obter qualquer licença municipal, inclusive ocupando parte de área pública. Exercendo seu dever constitucional de promover o adequado ordenamento territorial, mediante controle do uso e da ocupação do solo urbano, após regular fiscalização e processo administrativo, o Município determinou a demolição da construção irregular. O poder administrativo que fundamentou a postura da municipalidade é chamado de poder:

A) regulamentar;
B) sancionador;
C) hierárquico;
D) de gestão;
E) de polícia.

926) (2016) Banca: FGV – Órgão: IBGE – Prova: Analista – Processos Administrativos e Disciplinares

Agentes municipais de combate às endemias realizam, dentro da legalidade, vistorias em imóveis urbanos, com escopo de eliminar focos dos mosquitos Aedes aegypti que transmitem doenças como dengue, zika e chikungunya. Em matéria de poderes administrativos, a prerrogativa de direito público que flexibiliza o uso e o gozo da propriedade privada em favor do interesse da coletividade, permitindo a diligência em tela é chamada de poder:

A) regulamentar;
B) sancionador;
C) disciplinar;
D) de polícia;
E) de hierarquia.

927) (2015) Banca: FGV – Órgão: TJ-PI – Prova: Analista Judiciário – Analista Judicial

Agentes do órgão estadual ambiental, no exercício de suas funções, realizaram diligência em posto distribuidor de combustível e constataram diversas irregularidades, como ausência de licença ambiental e ocorrência de danos ambientais consistentes em contaminação do solo. Após regular tramitação de processo administrativo, foram aplicadas sanções legais de natureza administrativa ao infrator, como multa e interdição. No caso em tela, a atuação do órgão estadual ambiental foi baseada no chamado pela doutrina de poder administrativo:

A) discricionário;
B) sancionatório;
C) de polícia;
D) disciplinar;
E) de hierarquia.

928) (2011) Banca: IESES – Órgão: TJ-MA – Prova: Titular de Serviços de Notas e de Registros – Provimento por ingresso

Para bem atender ao interesse público, a Administração é dotada de poderes administrativos, que são instrumentos de trabalho adequados à realização das tarefas administrativas. Esses poderes se apresentam diversificados segundo as exigências do serviço público, o interesse da coletividade e os objetivos a que se dirigem. Dentre eles está o poder de polícia. Assinale a opção abaixo que corresponde ao correto conceito desse poder de polícia:

A) É a faculdade de que dispõe o Executivo para distribuir e escalonar as funções de seus órgãos, ordenar e rever a atuação de seus agentes, estabelecendo a relação de subordinação entre os servidores do seu quadro de pessoal.
B) É a faculdade e que dispõem os Chefes de Executivo (Presidente da República, Governadores e Prefeitos) de explicar a lei para sua correta execução, ou de expedir decretos autônomos sobre matéria de sua competência ainda não disciplinada por lei.
C) É a faculdade de que dispõe a Administração Pública para condicionar e restringir o uso e gozo de bens, atividades e direitos individuais, em benefício da coletividade ou do próprio Estado.
D) É a faculdade de punir internamente as infrações funcionais dos servidores e demais pessoas sujeitas à disciplina dos órgãos e serviços da Administração.

929) (2017) Banca: Quadrix – Órgão: CFO-DF – Prova: Técnico Administrativo

No que se refere a poderes administrativos, julgue o item a seguir.

Uma das características do poder de polícia é a coercibilidade, segundo a qual a Administração pode tomar, por vontade própria, providências que modifiquem imediatamente a ordem jurídica, impondo desde logo obrigações aos particulares, com vistas ao interesse coletivo.

A) Certo   B) Errado

930) (2013) Banca: Quadrix – Órgão: CRBio-5ª REGIÃO – Prova: Agente Fiscal

Assinale o correto conceito de «poder de polícia».

A) Atividade da administração pública que, limitando ou disciplinando direito, interesse ou liberdade, regula a prática de ato ou abstenção de fato, em razão de interesse público concernente à segurança, à higiene, à ordem, aos costumes, à disciplina da produção e do mercado, ao exercício de atividades econômicas dependentes de concessão ou autorização do Poder Público, à tranquilidade pública ou ao respeito à propriedade e aos direitos individuais ou coletivos.
B) Atribuição conferida pela Constituição aos Chefes do Poder Executivo para produzir regulamentos e decretos sem a participação ordinária ou regular do Poder Legislativo. Tem sua origem e razão de ser no interesse e na necessidade de aperfeiçoamento progressivo do serviço público.
C) É o de que dispõe o Executivo para organizar e distribuir as funções de seus órgãos, estabelecendo a relação de subordinação entre os servidores do seu quadro de pessoal. Tem como objetivo ordenar, coordenar, controlar e corrigir as atividades administrativas, no âmbito interno da Administração Pública.
D) Faculdade de punir internamente as infrações funcionais dos servidores.
E) É aquele em que o administrador se encontra inteiramente preso ao enunciado da lei que estabelece previamente um único comportamento possível a ser adotado em situações concretas, não existindo um espaço para juízo de conveniência e oportunidade.

931) (2012) Banca: Quadrix – Órgão: CRBio-6ª REGIÃO – Prova: Assistente Administrativo

"Atividade administrativa pública que, limitando ou disciplinando direito, interesse ou liberdade, regula a prática de ato ou abstenção de fato, em razão de interesse público concernente à segurança, à higiene, à ordem, aos costumes, à disciplina da produção e do mercado, ao exercício de atividades econômicas dependentes de concessão ou autorização do Poder Público, à tranquilidade pública ou ao respeito à propriedade e aos direitos individuais ou coletivos". O conceito corresponde a:

A) Poder vinculado.
B) Poder discricionário.
C) Poder disciplinar.
D) Poder de polícia.
E) Poder regulamentar.

932) (2017) Banca: IBADE – Órgão: SEJUDH – MT – Prova: Assistente Social

"Há uma prerrogativa de direito público que calçada na lei, autoriza a Administração Pública a restringir o uso e o gozo da liberdade e da propriedade em favor do interesse da coletividade" (CARVALHO, Filho José dos Santos. Manual de Direito Administrativo. São Paulo: Atlas, 25§ edição 2012, p. 75).

A definição acima refere-se ao poder:

A) disciplinar.
B) hierárquico.
C) regulamentar.
D) de polícia.
E) discricionário.

933) (2016) Banca: COPEVE-UFAL – Órgão: UFAL – Prova: Técnico em Eletrotécnica (Edital nº 59)

O poder de polícia se baseia numa relação

A) entre o direito administrativo e o direito penal.
B) de supremacia geral da Administração sobre os administrados.
C) de supremacia especial da Administração sobre os administrados.
D) de cunho obrigacional, de direito privado, entre o poder público e o administrado.
E) jurídica específica previamente existente entre a Administração e o administrado.

934) (2016) Banca: NUCEPE – Órgão: SEJUS-PI – Prova: Agente Penitenciário

Quando a Administração Pública restringe direitos individuais em benefício do interesse público, sua atuação revela o exercício do poder:

A) Regulamentar.
B) Discricionário.
C) De Polícia.
D) Disciplinar.
E) Hierárquico.

935) (2016) Banca: FEPESE – Órgão: SJC-SC – Prova: Agente de Segurança Socioeducativo

Assinale a alternativa que indica corretamente o poder de que dispõe a administração pública para conter abusos do direito individual.

A) poder de polícia
B) poder hierárquico
C) poder regulamentar
D) poder discricionário
E) poder de autotutela

936) (2016) Banca: IBEG – Órgão: Prefeitura de Rio Bonito – RJ Prova: Assistente Administrativo

Quanto aos atos administrativos e o poder de polícia da administração pública, assinale a alternativa correta:

A) Poder de polícia é o mecanismo de frenagem de que dispõe a Administração Pública para conter os abusos do direito individual.
B) O poder de polícia estatal tem como fundamento punir a prática de atos ilícitos.
C) O exercício do poder de polícia tem como um de seus atributos a vinculação da ação do administrador à situação verificada, razão pela qual se diz que o poder de polícia jamais é discricionário.
D) Atos administrativos externos assim são denominados em razão jamais interferirem na esfera jurídica dos administrados.
E) Atos administrativos decorrem da combinação direta e bilateral da vontade da Administração com os interesses dos particulares tutelados.

937) (2016) Banca: FUNRIO – Órgão: IF-BA – Prova: Auxiliar em Administração

A faculdade de que dispõe a Administração Pública para condicionar ou restringir o uso e gozo de bens, atividades e direitos individuais, em benefício da coletividade ou do próprio Estado, denomina-se

A) controle material.
B) sujeição passiva.
C) direcionamento operacional.
D) objetividade administrativa.
E) poder de polícia.

938) (2016) Banca: BIO-RIO – Órgão: Prefeitura de Mangaratiba – RJ Prova: Agente de Fiscalização Ambiental

"Considera-se poder de polícia atividade da administração pública que, _____ direito, interesse ou liberdade, regula a prática de ato ou abstenção de fato, em razão de interesse ____ concernente à segurança, à higiene, à ordem, aos costumes, à disciplina da produção e do mercado, ao exercício de atividades econômicas dependentes de concessão ou autorização do Poder Público, à tranquilidade pública ou ao respeito à propriedade e aos direitos individuais ou coletivos." (Art. 78, Lei 5.172/66)

As lacunas ficam corretamente preenchidas por:

A) desregulando / público.
B) libertando / privado.
C) limitando ou disciplinando / público.
D) libertando / público.
E) limitando ou disciplinando / privado.

939) (2016) Banca: UECE-CEV – Órgão: DER-CE – Prova: Procurador Autárquico

Marque a alternativa que completa corretamente a lacuna do seguinte dispositivo legal:

"Considera-se poder _____ atividade da administração pública que, limitando ou disciplinando direito, interesse ou liberdade, regula a prática de ato ou abstenção de fato, em razão de interesse público concernente à segurança, à higiene, à ordem, aos costumes, à disciplina da produção e do mercado, ao exercício de atividades econômicas dependentes de concessão ou autorização do Poder Público, à tranquilidade pública ou ao respeito à propriedade e aos direitos individuais ou coletivos."

A) hierárquico
B) de polícia
C) regulamentar
D) vinculado

940) (2015) Banca: UNIOESTE – Órgão: UNIOESTE – Prova: Advogado

O poder administrativo dos quais requisitos ou pressupostos de exercício regular têm previsão legal específica, inclusive quando exercitado em atividade que a lei tenha como discricionária, é o

A) poder regulamentador.
B) poder vinculado
C) poder disciplinar.
D) poder de polícia.
E) poder hierárquico

941) (2015) Banca: VUNESP – Órgão: CRO-SP – Prova: Advogado Junior

Dentista anuncia clareamento dentário em site de compras coletivas na internet ofertando preço que afirma ser 50% mais barato do que aquele praticado pelos dentistas em geral. Diante da proibição legal, que veda a dentistas anunciar preços e modalidades de pagamento, o Conselho Regional de Odontologia do Estado de São Paulo impõe-lhe uma multa. No âmbito do direito administrativo, essa conduta pode ser considerada, face à natureza jurídica dos Conselhos Profissionais, uma forma de exercício do poder

A) vinculado, pois o agente público avalia a conveniência e a oportunidade do ato que vai praticar na qualidade de administrador dos interesses coletivos.
B) regulamentar, face à prerrogativa conferida à Administração Pública de editar atos gerais para complementar as leis e permitir a sua efetiva aplicação.
C) hierárquico, devido ao escalonamento em plano vertical dos órgãos e agentes da Administração em relação aos particulares, que tem como objetivo a organização da função administrativa.
D) disciplinar, pois aos agentes superiores é dado o poder de fiscalizar as atividades dos de nível inferior, defluindo daí o efeito de poderem eles exigir que a conduta destes seja adequada aos mandamentos legais.
E) de polícia, pelo qual a autoridade administrativa intervém no exercício das atividades individuais suscetíveis de fazer perigar interesses gerais.

942) (2014) Banca: VUNESP – Órgão: TJ-SP – Prova: Juiz

A "faculdade de que dispõe a Administração Pública para condicionar e restringir o uso e gozo de bens, atividades e direitos individuais, em benefício da coletividade ou do próprio Estado", como a conceitua Hely Lopes Meirelles, é conhecida tecnicamente como:

A) poder de polícia.
B) poder regulamentar.
C) poder disciplinar.
D) poder hierárquico.

943) (2014) Banca: VUNESP – Órgão: DPE-MS – Prova: Defensor Público

Sobre os poderes inerentes à Administração Pública, é correto afirmar que

A) o poder normativo ou regulamentar atribuído à Administração Pública permite a edição de atos normativos originários, por competência própria, outorgada pela Constituição.
B) o exercício do poder disciplinar visa apurar infrações e aplicar penalidades aos servidores públicos, não sendo aplicado o contraditório e a ampla defesa no âmbito do processo administrativo.
C) a organização hierárquica é atribuição exclusiva do Poder Executivo, havendo, portanto, somente nesse âmbito, incidência do poder hierárquico.
D) o poder de polícia é a atividade do Estado consistente em limitar o exercício dos direitos individuais em benefício do interesse público.

944) (2013) Banca: VUNESP – Órgão: MPE-ES – Prova: Agente de Promotoria – Assessoria

Determinado Município, com o intuito de diminuir a poluição causada pelos veículos automotores, impõe, mediante lei, restrição de sua circulação. Assinale a alternativa correta quanto a este ato administrativo.

A) Esta restrição de trânsito insere-se na conceituação de poder de polícia, com vistas a coibir ou limitar o exercício de direitos.
B) Trata-se de exercício do ato discricionário da administração pública, mas sem poder vinculativo.
C) Por ser a normatização de trânsito um serviço público, trata-se de mera regulamentação administrativa em sua prestação.
D) Visando assegurar a fruição dos direitos fundamentais, em maior alcance o da saúde, trata-se de regulamentação do setor automobilístico.
E) Por não poder ofender o direito adquirido, gerado sob a vigência de disciplina normativa anterior, será possível impugnar o ato.

945) (2017) Banca: VUNESP – Órgão: IPRESB – SP – Prova: Agente Previdenciário

Em defesa dos consumidores locais, a Prefeitura Municipal de Barueri, por meio de seus órgãos, impõe multa e interdita um supermercado em que havia disparidade de preços, já que estes, registrados no caixa, eram muito maiores do que aqueles que constavam das gôndolas. A atuação da Prefeitura Municipal, nesse caso, é decorrente do poder

A) intrínseco.
B) de polícia.
C) hierárquico.
D) disciplinar.
E) regulamentar.

946) (2015) Banca: COTEC – Órgão: Prefeitura de Unaí – MG – Prova: Procurador Jurídico I

Quanto ao poder de polícia e procedimento licitatório, marque a alternativa INCORRETA.

A) Nem todos os atos de polícia ostentam os atributos da autoexecutoriedade e da coercibilidade.
B) A anulação de procedimento licitatório por motivo de ilegalidade não gera o dever de indenizar.
C) O poder de polícia é a faculdade da Administração Pública para condicionar e restringir o uso e gozo de bens e atividades coletivas, não adentrando na esfera individual.

D) Depois de assinado o contrato não se pode mais revogar a licitação. No entanto, a anulação da licitação pode ser feita mesmo depois de assinado o contrato, sendo que a nulidade da licitação implica a nulidade do contrato dela decorrente.

947) (2015) Banca: NC-UFPR – Órgão: Prefeitura de Curitiba – PR – Prova: Procurador

Sobre o poder de polícia, é correto afirmar:

A) Um dos fundamentos do poder de polícia é o princípio da supremacia do interesse público sobre o particular.
B) O poder de polícia é uma das manifestações subjetivas da Administração Pública.
C) O princípio da proporcionalidade é um dos limites impostos ao exercício do poder de polícia, porém a ele (poder da polícia) não se aplica o princípio da motivação, por ser uma atividade de cunho discricionário.
D) São características do poder de polícia a coercibilidade, a autoexecutoriedade e a eficácia, esta considerada como a relação entre o direito individual e o dano a ser prevenido.
E) A competência do agente, por se situar no plano da eficácia da medida de polícia, deve ser observada, sob pena de ilegalidade da atuação administrativa.

948) (2015) Banca: CONSULPLAN – Órgão: TRE-MG – Prova: Técnico Judiciário – Programação de Sistemas

O poder de polícia deve ser exercido pela Administração Pública de acordo com o interesse público. Por tal razão é chamado de poder-dever. A esse respeito, é correto afirmar que o poder de polícia

A) é amplo e permite a edição de regulamentos autônomos e executórios à margem da lei.
B) impõe que a Administração Pública apure infrações e aplique penalidades, mesmo que não haja legislação prévia.
C) é discricionário e confere ao administrador a liberdade subjetiva de aplicar sanções ainda que em desacordo com os princípios da proporcionalidade e razoabilidade.
D) é uma competência estatal que autoriza o agente público a restringir a liberdade e a propriedade em nome do interesse público, desde que sejam observados os princípios da proporcionalidade e razoabilidade.

949) (2017) Banca: CONSULPLAN – Órgão: TJ-MG – Prova: Titular de Serviços de Notas e de Registros – Provimento – 2017

As hipóteses a seguir revelam exemplos de ato administrativo perpetrado pela Administração Pública, no exercício do poder de polícia, em que se evidencia o atributo da autoexecutoriedade, EXCETO:

A) Execução de multa aplicada pelo PROCON Estadual à empresa fornecedora, por ela não adimplida, em razão de infração consumerista.
B) Apreensão de alimentos impróprios para o consumo feita pela vigilância sanitária municipal em um estabelecimento comercial que funciona em imóvel locado pelo poder público municipal.
C) Demolição de galpão construído para fins comerciais, edificado em área de risco, sujeita a desabamento.
D) Interdição de estabelecimento fabril, localizado em distrito industrial, mas instalado sem o devido licenciamento.

950) (2017) Banca: CONSULPLAN – Órgão: TJ-MG – Prova: Titular de Serviços de Notas e de Registros – Remoção – 2017

Quanto ao poder de polícia, é correto afirmar que

A) seu exercício não pode configurar fato gerador para cobrança de tributo.
B) seu exercício se dá a partir da ocorrência de um ilícito penal.
C) a coercibilidade é considerada pela doutrina como sendo um de seus atributos.
D) é caracterizado pela imprescritibilidade das sanções dele decorrentes.

951) (2014) Banca: FUNCAB – Órgão: SUPEL-RO – Prova: Engenharia Civil

O condicionamento do uso, gozo e disposição da propriedade, bem como do exercício da liberdade individual, justificados pelo benefício do interesse público ou social, exteriorizam a atuação de um dos poderes da Administração Pública.

A afirmação refere-se ao Poder:

A) vinculante.
B) de polícia.
C) centralizador.
D) regulamentar.
E) disciplinar.

952) (2013) Banca: FUNCAB – Órgão: ANS – Prova: Ativ. Téc. de Complexidade Intelectual – Administração (+ provas)

A atividade da Administração Pública, que impõe limites ao exercício de direitos e liberdades em razão de interesse público ou ao respeito à propriedade e aos direitos individuais ou coletivos, corresponde ao exercício do poder:

A) disciplinar.
B) de polícia.
C) hierárquico.
D) vinculado.
E) regulamentar autônomo.

953) (2013) Banca: FUNCAB – Órgão: Prefeitura de Vassouras – RJ Prova: Fiscal de Posturas

O poder administrativo em que a administração limita a liberdade individual em prol do interesse coletivo é denominado poder:

A) de polícia.
B) normativo.
C) punitivo.
D) disciplinar.
E) da maioria.

954) (2013) Banca: FUNCAB – Órgão: DETRAN-PB – Prova: Advogado (+ provas)

Qual denominação é utilizada para conceituar a atribuição de que a Administração Pública dispõe para condicionar e restringir o uso e gozo de bens, atividades e direitos individuais, em benefício da coletividade e do próprio Estado?

A) Poder vinculado.
B) Poder de Polícia.
C) Poder regulamentar.

D) Poder hierárquico.
E) Poder disciplinar.

955) (2014) Banca: ACAFE – Órgão: PC-SC – Prova: Agente de Polícia

Quando o Poder Público interfere na órbita do interesse privado para salvaguardar o interesse público, restringindo direitos individuais, atua no exercício do poder:

A) hierárquico.
B) disciplinar.
C) de polícia.
D) regulamentar.
E) vinculado.

956) (2014) Banca: FUNDEP (Gestão de Concursos) – Órgão: TJ-MG – Prova: Juiz

A expressão "Poder de Polícia da Administração Pública" comporta dois sentidos, um amplo, outro estrito. Em sentido amplo, poder de polícia significa toda e qualquer ação restritiva do Estado em relação aos direitos individuais.

Assinale a alternativa que define CORRETAMENTE o "Poder de Polícia da Administração Pública" em sentido estrito.

A) É o exercido, observado o bom-senso do administrador, independente de previsão legal, no interesse da coletividade.
B) É a prerrogativa de direito público que, calcada na lei, autoriza a administração pública a restringir o uso e o gozo da liberdade e da propriedade em favor do interesse da coletividade.
C) É aquele exercido, observadas as regras estabelecidas pelo administrador, restringindo direitos individuais no interesse coletivo.
D) É o exercido com o objetivo de preservar o interesse da coletividade, independentemente de qualquer norma de ordem constitucional ou infraconstitucional.

957) (2014) Banca: IBFC – Órgão: TJ-PR – Prova: Titular de Serviços de Notas e de Registros

O balizamento ou a limitação dos direitos e liberdades individuais pela Administração Pública, em prol do interesse público, fundamenta-se no poder:

A) Disciplinar
B) Regulamentar.
C) De Polícia.
D) Hierárquico.

958) (2013) Banca: UPENET/IAUPE – Órgão: FUNAPE – Prova: Analista Previdenciário

A interdição de estabelecimento comercial por agentes da vigilância sanitária é exemplo do poder

A) de polícia.
B) regulamentar.
C) discricionário.
D) disciplinar.
E) hierárquico.

959) (2013) Banca: INSTITUTO CIDADES – Órgão: MinC – Prova: Técnico de Nível Superior

Júlio, desejando montar uma loja de material de construção na cidade em que mora, procurou o Poder Público para se certificar dos documentos que seriam necessários para iniciar o funcionamento da sua loja de acordo com as exigências legais. Nesse contexto, foi informado a Júlio que deveria dar entrada nos documentos para obtenção de Alvará de funcionamento a ser expedido pelo órgão competente. De acordo com o caso citado, assinale a opção que correspondente ao poder administrativo descrito na questão:

A) Poder Discricionário.
B) Poder Hierárquico.
C) Poder Vinculado.
D) Poder Disciplinar.
E) Poder de Polícia.

960) (2013) Banca: CONSULTEC – Órgão: IPAC-BA – Prova: Técnico Nível Superior

Pelo poder de polícia conferido à Administração Pública, pode-se concluir que

A) dispõe que o executivo poderá distribuir e escalonar as funções de seus órgãos, a fim de ordenar e rever a sua atuação
B) limita o exercício dos direitos individuais e coletivos com o objetivo de assegurar a ordem pública, estabelecendo um nível aceitável de convivência social.
C) dispõe que o executivo poderá dispor de seus agentes, estabelecendo a relação de subordinação entre os servidores do seu quadro de pessoal.
D) limita o exercício dos direitos individuais em benefício do interesse particular da administração.
E) limita o exercício dos direitos, apenas coletivos, à vontade do príncipe, à vontade do estado através de seus agentes, por não se vincular às leis.

961) (2013) Banca: UEG – Órgão: PC-GO – Prova: Agente de Polícia

A interferência do Poder Público nas relações sociais, de modo a limitar, condicionar e restringir os direitos individuais para salvaguardar o interesse público, decorre do

A) poder de polícia
B) princípio da motivação
C) poder discricionário
D) poder regulamentar

962) (2012) Banca: CS-UFG – Órgão: TJ-GO – Prova: Escrevente Judiciário

Para a Administração Pública, o poder de polícia

A) consiste no ato legal que dá respaldo à prisão em flagrante daqueles que cometem crimes.
B) é exercido contra aqueles que perturbam a ordem pública ou privada.
C) consiste na atividade de limitar ou disciplinar direito, interesse ou liberdade.
D) é exclusivo das instituições policiais como um todo.

963) (2016) Banca: IOBV – Órgão: Câmara de Barra Velha – SC – Prova: Advogado

Sobre o Poder de Polícia Administrativa é correto afirmar:

A) O Poder Público não poderá ajuizar ações judiciais, ainda que dentro de suas competências, para obrigar um particular

ao cumprimento de atos baseados tão somente no poder de polícia.
B) Uma de suas qualidades é a fiscalização e a autoexecução, na cobrança das sanções que vir a aplicar.
C) Caracteriza-se por um exercício não vinculado e com margem de discricionariedade.
D) O poder de polícia tem seu conceito expresso no código tributário nacional, e constitui um dos fatos geradores das taxas, e pode ser originário ou delegado.

964) (2014) Banca: CEPERJ – Órgão: Rioprevidência – Prova: Assistente Previdenciário

Nos termos das normas constitucionais federais sobre tributação, as taxas podem decorrer:
A) de melhorias relacionadas a obras públicas
B) da mesma base de cálculo própria dos impostos
C) do poder de polícia estatal
D) de critérios pessoais de fixação
E) da tributação de renda das pessoas

965) (2013) Banca: IBFC – Órgão: SEAP-DF – Prova: Professor – Sociologia (+ provas)

A edição, pela Administração Pública, de ato visando condicionar e restringir o uso e gozo de bens, atividades e direitos individuais em benefício da coletividade, exemplifica a prática do poder_____. Assinale a alternativa que completa corretamente a lacuna
A) Sancionador
B) De polícia.
C) Regulamentar
D) Hierárquico.

966) (2012) Banca: CONSESP – Órgão: Prefeitura de São José do Rio Preto – SP – Prova: Agente legislativo

O Tributo instituído com base no poder de polícia ou pela utilização potencial de serviços públicos específicos e divisíveis, denomina-se
A) Imposto.
B) Taxa.
C) Contribuição de melhoria.
D) Emolumento.
E) Tarifa.

967) (2012) Banca: TRT 24R (MS) – Órgão: TRT – 24ª REGIÃO (MS) – Prova: Juiz do Trabalho

É INCORRETO afirmar:
A) Agência Executiva é a qualificação dada à autarquia ou fundação que celebre contrato de gestão com o órgão da Administração Direta a que se acha vinculada, para a melhoria da eficiência e redução de custos.
B) Agências reguladoras são as que exercem, com base em lei, típico poder de polícia, com a imposição de limitações administrativas, previstas em lei, fiscalização, repressão e as que regulam e controlam as atividades que constituem objeto de concessão, permissão ou autorização de serviço público ou de concessão para exploração de bem público.
C) Poder de polícia é a atividade estatal que limita o exercício dos direitos individuais em benefício da segurança.
D) Autarquias são pessoas jurídicas de direito público, criada por lei, com capacidade de autoadministração, para o desempenho de serviço público descentralizado, mediante controle administrativo exercido nos limites da lei. Sociedade de economia mista é pessoa jurídica de direito privado, em que há conjugação de capital público privado, participação no poder público na gestão e organização sob forma de sociedade anônima, com as derrogações estabelecidas pelo direito público e pela própria Lei das Sociedades por Ações.
E) São características dos bens públicos a inalienabilidade, a imprescritibilidade, a impenhorabilidade e a impossibilidade de oneração.

968) (2016) Banca: IDECAN – Órgão: Câmara de Aracruz – ES – Prova: Procurador Legislativo

Assinale a alternativa que apresenta um poder de polícia municipal.
A) Expedição de instrução normativa.
B) Concessão de alvará de localização.
C) Demissão de servidor público em abandono de cargo
D) Aplicação de advertência a contratado administrativo.

969) (2016) Banca: AOCP – Órgão: Prefeitura de Juiz de Fora – MG – Prova: Auditor Fiscal

O exercício do poder de polícia administrativa, por meio de sua modalidade repressiva, caracteriza- se através da
A) emissão de alvará de construção.
B) emissão de carteira de motorista.
C) autorização de uso de bem público.
D) expedição do alvará do corpo de bombeiros.
E) imposição de multa.

970) (2016) Banca: FUNIVERSA – Órgão: IF-AP – Prova: Assistente em Administração (+ provas)

O Poder Público, preenchidas todas as exigências legais, ao conceder a particular licença para construção de imóvel (alvará), está no exercício do poder
A) vinculado.
B) discricionário.
C) de polícia.
D) da continuidade do serviço público.
E) normativo.

971) (2017) Banca: FMP Concursos – Órgão: MPE-RO – Prova: Promotor de Justiça Substituto

Assinale a alternativa INCORRETA quanto ao poder de polícia.
A) É constitucional a atribuição às guardas municipais do exercício do poder de polícia de trânsito, inclusive para a imposição de sanções administrativas previstas em lei.
B) As atribuições da guarda municipal previstas na Constituição da República são definidas em sentido exemplificativo, e não exaustivo.
C) O poder de polícia se manifesta exclusivamente por intermédio de deveres de abstenção ou obrigações de não fazer acometidas aos particulares.

D) O poder de polícia não se limita à atuação do Estado no concernente à prestação de segurança pública direcionada à coletividade.

E) Até mesmo instituições policiais podem cumular funções típicas de segurança pública com exercício de poder de polícia.

972) (2017) Banca: IBFC – Órgão: TJ-PE – Prova: Técnico Judiciário – Função Administrativa

É cediço que a Administração Pública goza de poder de polícia quando do desempenho de suas atividades em prol do bem comum. Sobre o tema, assinale a alternativa que contenha proposição acertada sobre o conceito de poder de polícia.

A) Atividade que se expressa em atos normativos ou concretos, com fundamento na supremacia geral e na forma da lei, condicionando a liberdade e a propriedade dos indivíduos mediante ações fiscalizadoras, repressivas ou preventivas

B) Ato de característica estritamente discricionária, que tem por objetivo limitar a atuação do particular que se mostre prejudicial ao convívio social

C) Atuação inerente ao Estado que impõe coercitivamente aos particulares o dever de fazer algo, a fim de que seus atos se mostrem como comportamentos alinhados aos interesses sociais, mesmo na inexistência de lei

D) Característica inerente da Administração Pública de atuar de modo preordenado à responsabilização dos violadores da ordem jurídica, em conformidade com a legislação processual penal

E) Poder de caráter unicamente positivo, em que a Administração exige um ato de *facere*, ou seja, ativo, em nítida consonância com o conceito de serviço público

973) (2017) Banca: IF-CE – Órgão: IF-CE – Prova: Assistente em Administração

Poder _____ é o conjunto de poderes coercitivos exercidos in concreto pelo Estado sobre as atividades dos administrados, através de medidas impostas a essas atividades." (José Cretella Jr.) Preenche corretamente o espaço:

A) Discricionário.
B) de Polícia.
C) Hierárquico.
D) Disciplinar.
E) Regulamentar.

O conceito do Poder de Polícia reúne os seguintes aspectos, são eles: a) atividade desempenhada pela Administração Pública que estabelece limitações à liberdade individual e à propriedade privada dos particulares em prol do interesse coletivo; b) regula a prática de ato ou a abstenção de fato, contudo, em regra manifesta-se por intermédio de deveres negativos, criando obrigações de não fazer; c) manifesta-se por meio de atos normativos gerais e abstratos (ex.: regras municipais acerca do direito de construir) e atos individuais (ex: licença e autorização); d) baseado na lei: a expedição de atos administrativos no exercício do Poder de Polícia deve encontrar-se em conformidade com a lei.

974) (2016) Banca: CESPE – Órgão: DPU – Prova: Conhecimentos Básicos – Cargos 3 e 8 (+ provas)

Tendo como referência as normas do direito administrativo, julgue o próximo item.

A interdição de restaurante por autoridade administrativa de vigilância sanitária constitui exemplo de manifestação do exercício do poder de polícia.

A) Certo   B) Errado

975) (2016) Banca: CESPE – Órgão: DPU – Prova: Técnico em Assuntos Educacionais

No que se refere aos poderes da administração pública e aos serviços públicos, julgue o item subsecutivo.

O poder de polícia, decorrente da supremacia geral do interesse público, permite que a administração pública condicione ou restrinja o exercício de atividades, o uso e gozo de bens e direitos pelos particulares, em nome do interesse público.

A) Certo   B) Errado

976) (2013) Banca: CESPE – Órgão: ANS – Prova: Técnico Administrativo

Acerca da criação de carreiras e organização de cargos efetivos nas autarquias especiais, denominadas agências reguladoras, julgue o item seguinte.

A interdição de estabelecimentos, instalações ou equipamentos é vedada aos ocupantes de cargos com atribuições de natureza fiscal ou decorrentes do poder de polícia.

A) Certo   B) Errado

977) (2015) Banca: FCC – Órgão: TRE-AP – Prova: Técnico Judiciário – Administrativa

A autorização e a licença constituem exemplos clássicos do exercício do poder de polícia e são medidas consideradas

A) repressivas.
B) preventivas.
C) judiciárias.
D) normativas.
E) normativas e punitivas.

978) (2015) Banca: IESES – Órgão: TRE-MA – Prova: Técnico Judiciário – Administrativo

Quando a administração pública promove fiscalização administrativa sobre a atividade particular, bem como restrições ao exercício da liberdade ou propriedade dos particulares, com a aplicação de multas e outras sanções no caso de infrações, isso caracteriza o exercício do poder:

A) Regulamentar.
B) De polícia.
C) Disciplinar.
D) Hierárquico.

979) (2015) Banca: FUNCAB – Órgão: CRC-RO – Prova: Contador

Leia o texto a seguir.

"O Tribunal Regional do Trabalho (TRT) da 14ª Região, que atende aos Estados de Rondônia e Acre, garantiu que os auditores do trabalho podem interromper o andamento de obras da construção civil quando considerarem, em fiscalização, que sua continuidade representa risco aos funcionários do empreendimento. A decisão abrange todo o país."

(Disponível em http://reporterbrasil. org.br/2014/02/justica-garante-a-auditores-do-trabalhoempoder-de-interdicao-e-embargo-em-obras/, acesso em 17.05.2015).

A decisão confere aos auditores a possibilidade de exercício de um dos poderes da Administração Pública. A hipótese trata do exercício do poder:

A) regulamentar.
B) revocatório.
C) disciplinar.
D) de polícia.
E) hierárquico.

Características do Poder de Polícia:

a) Trata-se de atividade restritiva e preventiva – poder negativo;

b) Possui, em regra, **natureza discricionária.** Contudo, alguns atos que decorrem do Poder de Polícia estão vinculados aos termos da lei, como o ato de concessão de licença;

c) Possui **caráter liberatório: o Poder de Polícia autoriza o exercício de uma atividade. Ex: autorização para dirigir;**

d) O Poder de Polícia é geral: destinado à generalidade dos indivíduos;

e) Cria, em regra, **obrigações de não fazer;**

f) **Em regra, tem natureza preventiva (ex: norma geral e abstrata que proíbe desmatar área de proteção ambiental) e, excepcionalmente, repressiva (ex: dissolver passeata tumultuosa).**

g) Indelegável: trata-se de **poder de império do Estado** que só pode ser delegado a **pessoas jurídicas de direito público.** Entretanto, cumpre ressaltar que o exercício de atividades **meramente materiais e de fiscalização poderão ser delegadas a particulares;**

h) **Não gera indenização;**

O Poder de Polícia apresenta os seguintes atributos:

a) **Discricionariedade:** nos casos de atividade de fiscalização desempenhada no exercício do Poder de Polícia, a lei confere à Administração Pública certa margem de **liberdade entre agir ou não agir**, agir agora ou depois, atender um, dois ou três condicionamentos, **produzir este ou aquele efeito jurídico**. Essas situações exigem da autoridade administrativa um juízo de conveniência e oportunidade denominado **mérito administrativo**. Entretanto, destaca-se que existe a previsão legal de edição de **atos vinculados** decorrentes do exercício do poder de polícia. Ex.: Licença – ato administrativo vinculado.

b) **Presunção de legitimidade:** presumem-se **legítimas** as condutas da Administração Pública, ou seja, presume-se que essas condutas se encontram em conformidade com o ordenamento jurídico. Trata-se de presunção **relativa**, ou seja, admitindo prova em contrário.

c) **Imperatividade:** trata-se de atributo do ato administrativo que **impõe a obrigatória submissão ao ato a todos que se encontrem em seu círculo de incidência.** Ou seja, é o poder do Estado de impor **obrigações ao particular unilateralmente,** ainda que o particular não concorde. Ex: limitação administrativa que estabelece um limite de altura aos prédios localizados a beira mar.

d) **Exigibilidade/Coercibilidade:** poder que a Administração Pública possui de estabelecer obrigações ao particular, **independentemente da autorização prévia do Poder Judiciário**, mediante a imposição do cumprimento da medida através de **meios indiretos de coerção**, como a multa. A coercibilidade torna o ato obrigatório.

Conforme entendimento do STJ, o Poder Público, pode, inclusive, condicionar a liberação de veículo apreendido à quitação de multas de trânsito vencidas, como forma de constranger o condutor a pagá-las. Quanto a essa hipótese em específico, merece relevância a Súmula 510 do STJ, que estabelece: *"A liberação de veículo retido apenas por* **transporte irregular de passageiros** *não está condicionada ao pagamento de multas e despesa".*

e) **Autoexecutoriedade/Executoriedade:** trata-se da possibilidade em que a própria Administração **executa suas medidas.** Esse atributo é mais específico e se exterioriza nos atos decorrentes do Poder de Polícia em que é determinado a **interdição de atividades, demolição de prédios prestes a ruir, apreensão e destruição de produtos deteriorados.** O atributo da autoexecutoriedade decorre de **previsão legal ou de uma situação de urgência.** Ex.: reboque de veículo estacionado no meio da avenida. Nesse caso, tendo em vista que o automóvel está bloqueando toda a via, não cabe ao poder público apenas multar o motorista, essa não seria uma medida eficaz.

980) (2015) Banca: CESPE – Órgão: MPU – Prova: Analista do MPU – Conhecimentos Básicos (+ provas)

Com relação ao controle da administração e ao poder de polícia administrativa, julgue o item seguinte.

O poder de polícia administrativa, que incide sobre as atividades, os bens e os próprios indivíduos, tem caráter eminentemente repressivo.

A) Certo B) Errado

981) (2011) Banca: CESPE – Órgão: DPE-MA – Prova: Defensor Público

O conjunto de atos normativos e concretos da administração pública com o objetivo de impedir ou paralisar atividades privadas contrárias ao interesse público corresponde ao poder

A) disciplinar.
B) regulatório.
C) de polícia.
D) de fiscalização.
E) hierárquico.

982) (2013) Banca: CESPE – Órgão: ANTT – Prova: Conhecimentos Básicos – Nível Intermediário (+ provas)

No que concerne aos poderes administrativos, julgue o item que se segue.

As multas de trânsito são um exemplo de sanções aplicadas no exercício do poder de polícia do Estado.

A) Certo B) Errado

983) (2013) Banca: CESPE – Órgão: ANP – Prova: Especialista em Regulação

O poder de polícia pode ser exercido apenas de forma repressiva, já que se refere a atos de fiscalização e à aplicação de sanções administrativas.

A) Certo B) Errado

984) (2012) Banca: CESPE – Órgão: TJ-RR – Prova: Técnico Judiciário

Acerca dos poderes administrativos e do uso e abuso do poder, julgue o item subsecutivo.

No exercício do poder de polícia, a administração age apenas de forma repressiva, aplicando sanções a condutas que infrinjam leis e regulamentos, uma vez que tal poder não se coaduna com medidas preventivas, inseridas, em regra, no âmbito do poder regulamentar.

A) Certo B) Errado

985) (2009) Banca: CESPE – Órgão: TRT – 17ª Região (ES) – Prova: Analista Judiciário – Área Judiciária – Execução de Mandados

Se, no exercício do poder de polícia, determinada prefeitura demolir um imóvel construído clandestinamente em logradouro público, o invasor de má-fé não terá direito nem à retenção nem à indenização relativas a eventuais benfeitorias que tenha feito.

A) Certo B) Errado

986) (2015) Banca: CESPE – Órgão: STJ – Prova: Analista Judiciário

No tocante aos poderes administrativos, julgue o seguinte item.

"O poder de polícia dispõe de certa discricionariedade, haja vista o poder público ter liberdade para escolher, por exemplo, quais atividades devem ser fiscalizadas para que se proteja o interesse público".

A) Certo B) Errado

987) (2014) Banca: CESPE – Órgão: Polícia Federal – Prova: Nível Superior

Julgue o item a seguir, no que concerne aos atos administrativos e ao controle da administração pública.

"Mérito administrativo é a margem de liberdade conferida por lei aos agentes públicos para escolherem, diante da situação concreta, a melhor maneira de atender ao interesse público".

A) Certo B) Errado

988) (2014) Banca: CESPE – Órgão: TJ-CE – Prova: Técnico Judiciário – Área Judiciária

Considere que a prefeitura de determinado município tenha concedido licença para reforma de estabelecimento comercial. Nessa situação hipotética, assinale a opção em que se explicita o poder da administração correspondente ao ato administrativo praticado, além das classificações que podem caracterizá-lo.

A) poder de polícia, ato unilateral e vinculado
B) poder hierárquico, ato unilateral e vinculado
C) poder disciplinar, ato bilateral e discricionário
D) poder de polícia, ato bilateral e discricionário
E) poder disciplinar, ato unilateral e discricionário

989) (2015) Banca: CESPE – Órgão: TRE-MT – Prova: Analista Judiciário – Judiciária

Com relação aos poderes da administração pública, assinale a opção correta.

A) O exercício do poder disciplinar na administração pública permite à administração impor medidas cautelares, tais como o afastamento de servidor de suas funções ou, em situações específicas, a prisão administrativa para a investigação.
B) O cumprimento de mandados judiciais por policiais civis pode ser classificado como ato decorrente do exercício do poder de polícia administrativa.
C) Configura excesso de poder a prática, por servidor público, de ato administrativo que vise finalidade diversa da finalidade prevista em lei, mesmo que o servidor não extrapole os limites de sua competência.
D) A simples omissão da administração quanto à prática de um ato administrativo de interesse do administrado não configura abuso de poder, salvo se inobservado prazo especificado em lei.
E) Exerce o poder de polícia o ente da administração pública que, no desempenho de suas funções institucionais, realiza fiscalização em estabelecimento comercial, lavrando auto de infração e impondo multa por descumprimento de normas administrativas.

990) (2013) Banca: CESPE – Órgão: ANP – Prova: Especialista em Regulação

Suponha que fiscais da ANP tenham comparecido a um posto de combustível a fim de fiscalizar a qualidade da gasolina vendida e que tenham constatado que havia gasolina adulterada sendo oferecida ao consumidor. Diante disso, os fiscais lacraram as bombas e multaram o dono do posto. Nessa situação, houve exercício do poder regulatório do Estado.

A) Certo B) Errado

991) (2012) Banca: CESPE – Órgão: MPE-PI – Prova: Analista Ministerial – Área Processual

Julgue o item abaixo, relativo aos poderes da administração pública.

O atributo da exigibilidade, presente no exercício do poder de polícia, ocorre quando a administração pública se vale de meios indiretos de coação para que o particular exerça seu direito individual em benefício do interesse público, tal como a não concessão de licenciamento do veículo enquanto não forem pagas as multas de trânsito.

A) Certo B) Errado

992) (2011) Banca: CESPE – Órgão: PC-ES – Prova: Escrivão de Polícia

Todas as medidas de polícia administrativa são autoexecutórias, o que permite à administração pública promover, por si mesma, as suas decisões, sem necessidade de recorrer previamente ao Poder Judiciário.

A) Certo B) Errado

993) (2017) Banca: CESPE – Órgão: SEDF – Prova: Conhecimentos Básicos – Cargo 2 (+ provas)

Com relação aos poderes e atos administrativos, julgue o próximo item.

A coercibilidade, uma característica do poder de polícia, evidencia-se no fato de a administração não depender da intervenção de outro poder para torná-lo efetivo.

A) Certo B) Errado

994) (2015) Banca: CESPE – Órgão: DPE-PE – Prova: Defensor Público

Com base na jurisprudência do STJ, julgue o item seguinte.

"Segundo entendimento já consolidado no âmbito no STJ, a quitação de multas de trânsito vencidas não pode ser condição para a liberação de veículo regularmente apreendido, haja vista que a multa não constitui punição autoexecutória".

A) Certo B) Errado

995) (2014) Banca: CESPE – Órgão: TJ-SE – Prova: Titular de Serviços de Notas e de Registros

A respeito dos poderes da administração, assinale a opção correta.

A) No que diz respeito ao poder de polícia, entende o STJ que, na hipótese de determinado veículo ser retido apenas por transporte irregular de passageiro, a sua liberação não está condicionada ao pagamento de multas e despesas.
B) Configura hipótese de desvio de poder a atuação do agente público que extrapole os limites de suas atribuições, previstas em lei.
C) De acordo com o STJ, fica caracterizado o poder discricionário da administração pública no ato administrativo de indeferimento de pleito de servidor para gozar de licença para tratar de interesse particular, sendo lícito o controle pelo Poder Judiciário na hipótese de manifesta ilegalidade, mas não na de motivação inidônea.
D) Decorrente do poder hierárquico, a avocação temporária de competências pelo superior hierárquico é permitida sempre que ele entender ser ela conveniente.
E) No que tange ao poder disciplinar, entende o STJ ser obrigatória a intimação do interessado para apresentar alegações finais após o relatório final de processo administrativo disciplinar apresentado pela comissão processante, em respeito à ampla defesa e ao contraditório.

996) (2015) Banca: CESPE – Órgão: DPU – Prova: Defensor Público

Julgue o item a seguir, que tratam da hierarquia e dos poderes da administração pública.

"A multa, como sanção resultante do exercício do poder de polícia administrativa, não possui a característica da autoexecutoriedade".

A) Certo B) Errado

997) (2013) Banca: CESPE – Órgão: TRE-MS – Prova: Técnico Judiciário – Área Administrativa

Um agente de trânsito, ao realizar fiscalização em uma rua, verificou que determinado indivíduo estaria conduzindo um veículo em mau estado de conservação, comprometendo, assim, a segurança do trânsito e, consequentemente, a da população. Diante dessa situação, o agente de trânsito resolveu reter o veículo e multar o proprietário.

Considerando essa situação hipotética, assinale a opção que explicita, correta e respectivamente, o poder da administração correspondente aos atos praticados pelo agente, e os atributos verificados nos atos administrativos que caracterizam a retenção do veículo e a aplicação de multa.

A) poder disciplinar – exigibilidade e discricionariedade
B) poder de polícia – autoexecutoriedade e exigibilidade
C) poder hierárquico — exigibilidade e autoexecutoriedade
D) poder disciplinar — autoexecutoriedade e exigibilidade
E) poder de polícia — exigibilidade e discricionariedade

998) (2015) Banca: CESPE – Órgão: TRF – 5ª REGIÃO – Prova: Juiz federal

Assinale a opção correta com relação ao poder regulamentar e ao poder de polícia administrativa.

A) O poder de polícia administrativa tem como uma de suas características a autoexecutoriedade, entendida como sendo a prerrogativa de que dispõe a administração para praticar atos e colocá-los em imediata execução sem depender de autorização judicial.
B) O exercício do poder de polícia administrativa é sempre discricionário, caracterizando-se por conferir ao administrador liberdade para escolher o melhor momento de sua atuação ou a sanção mais adequada no caso concreto, por exemplo, quando houver previsão legal de duas ou mais sanções para determinada infração
C) No exercício da atividade de polícia, a administração atua por meio de atos concretos e impositivos que geram deveres e obrigações aos indivíduos, não sendo possível considerar que a edição de atos normativos caracterize atuação de polícia administrativa.
D) O poder regulamentar é prerrogativa concedida textualmente pela CF ao chefe do Poder Executivo federal que não se estende aos governadores e aos prefeitos.
E) No exercício do poder regulamentar, o presidente da República pode dispor, mediante decreto, sobre a organização e o funcionamento da administração federal, quando tal ato administrativo não implicar aumento de despesa; sobre a criação e extinção de órgãos públicos; sobre a extinção de funções ou cargos públicos, quando estes estiverem vagos.

999) (2013) Banca: CESPE – Órgão: MC – Prova: Atividade Técnica de Suporte – Direito

Julgue o item a seguir, relativos aos poderes da administração.

O poder de polícia somente poderá ser exercido mediante prévia autorização judicial.

A) Certo B) Errado

1000) (2013) Banca: CESPE – Órgão: STF – Prova: Técnico Judiciário – Área Administrativa

Em relação aos poderes administrativos, julgue o item subsequente.

A autoexecutoriedade é atributo do poder de polícia e consiste em dizer que a administração pública pode promover a sua execução por si mesma, sem necessidade de remetê-la previamente ao Poder Judiciário.

A) Certo B) Errado

1001) (2013) Banca: CESPE – Órgão: ANS – Prova: Técnico Administrativo

A respeito dos poderes administrativos, julgue o item seguinte.

Para que a administração pública execute a demolição de uma construção irregular, é necessária autorização judicial prévia.

A) Certo b) Errado

1002) (2013) Banca: CESPE – Órgão: MS – Prova: Analista Administrativo

O fechamento de casas noturnas é um exemplo do atributo da autoexecutoriedade em matéria de polícia administrativa.

A) Certo B) Errado

1003) (2013) Banca: CESPE – Órgão: TJ-DFT – Prova: Analista Judiciário – Área Judiciária

No que se refere ao exercício do poder de polícia, denomina-se exigibilidade a prerrogativa da administração de praticar atos e colocá-los em imediata execução, sem depender de prévia manifestação judicial.

A) Certo B) Errado

1004) (2017) Banca: CESPE – Órgão: TRT – 7ª Região (CE) – Prova: Conhecimentos Básicos – Cargos 3 a 6 (+ provas)

A administração pública pode executar diretamente seus atos administrativos, até mesmo pelo uso da força, sem a necessidade da intervenção do Poder Judiciário. Essa prerrogativa corresponde ao atributo da

A) autoexecutoriedade.
B) tipicidade.
C) presunção de legitimidade.
D) discricionariedade.

1005) (2013) Banca: FCC – Órgão: TRT – 5ª Região (BA) – Prova: Analista Judiciário – Contabilidade

Propaganda irregular foi fixada em locais públicos da cidade, em desatendimento à legislação que disciplina o setor. Em reação, as autoridades competentes promoveram a remoção do material de propaganda, autuando e multando os responsáveis pela conduta. Esses, irresignados, questionaram a atuação, que foi

A) regular, expressão do poder disciplinar, na medida em que a fiscalização e a punição dos responsáveis autoriza o diferimento do contraditório e da ampla defesa.
B) irregular, expressão do poder regulamentar, na medida em que seria necessária a edição de ato normativo específico para a apreensão e imposição das sanções.
C) regular, expressão do poder de polícia, estando a conduta embasada na legislação que disciplina o setor
D) regular, expressão do poder vinculado, cabendo, assim, à Administração apenas o juízo de oportunidade e conveniência sobre a conduta.
E) irregular, expressão do poder discricionário, na medida em que a atuação da Administração deve ser sempre vinculada.

1006) (2012) Banca: FCC – Órgão: TRT – 18ª Região (GO) – Prova: Juiz do Trabalho

A Constituição Federal estabelece, entre os direitos individuais, que ninguém será obrigado a fazer ou deixar de fazer alguma coisa senão em virtude de lei. Entre os poderes conferidos à Administração, insere-se o poder de polícia, o qual, aplicado de maneira consentânea com o referido mandamento constitucional

A) possibilita a atuação coercitiva da Administração, apenas em caráter repressivo, a cargo da polícia administrativa.
B) autoriza a Administração a atuar preventiva e repressivamente, nos limites da lei, limitando o exercício de direitos individuais em benefício do interesse público.
C) autoriza a atuação da Administração, nos limites da lei, limitando o exercício de direitos individuais para garantir a segurança e a ordem pública, não podendo atingir o exercício de atividades econômicas.
D) autoriza a imposição de restrições ao exercício de atividades econômicas, nos limites da lei, em prol do interesse público, não podendo importar limitação ao exercício de direitos individuais.
E) possibilita a atuação coercitiva da Administração, utilizando meios diretos e indiretos de execução, apenas nas hipóteses de ocorrência de conduta ilícita do particular.

1007) (2012) Banca: FCC – Órgão: TRE-SP – Prova: Analista Judiciário – Área Judiciária

A atividade da Administração consistente na limitação de direitos e atividades individuais em benefício do interesse público caracteriza o exercício do poder

A) regulamentar, exercido mediante a edição de atos normativos para fiel execução da lei e com a prática de atos concretos, dotados de autoexecutoriedade.
B) de polícia, exercido apenas repressivamente, em caráter vinculado e com atributos de coercibilidade e autoexecutoriedade.
C) disciplinar, exercido com vistas à aplicação da lei ao caso concreto, dotado de coercibilidade e autoexecutoriedade.
D) de polícia, exercido por meio de ações preventivas e repressivas dotadas de coercibilidade e autoexecutoriedade.
E) disciplinar, consistente na avaliação de conveniência e oportunidade para aplicação das restrições legais ao caso concreto, o que corresponde à denominada autoexecutoriedade.

1008) (2011) Banca: FCC – Órgão: TRT – 1ª REGIÃO (RJ) – Prova: Juiz do Trabalho

O poder de polícia é caracterizado como a atividade estatal que limita o exercício de direitos individuais em benefício do interesse público e

A) compreende atos administrativos de conteúdo constitutivo, como licenças e autorizações, e de conteúdo repressivo, como interdição e multa, exigindo-se previsão legal apenas para estes últimos.
B) se manifesta somente por atos do poder legislativo, concretizados na forma de limitações administrativas estabelecidas em lei.
C) é materializado por atos administrativos do Poder Executivo, que atua tanto preventiva como repressivamente, nos limites da lei aplicável.
D) divide-se entre polícia administrativa e judiciária, cabendo a primeira ao Poder Executivo, no âmbito da discricionariedade administrativa, e a segunda ao Poder Judiciário.

E) manifesta-se por atos materiais do Poder Executivo, dotados de coercibilidade e autoexecutoriedade, sem margem para discricionariedade administrativa.

1009) (2011) Banca: FCC – Órgão: TCE-PR – Prova: Analista de Controle

Os meios de atuação da Administração no exercício do poder de polícia compreendem

A) as atuações repressivas, apenas, dotadas de coercibilidade, nos limites da lei, relativamente a ilícitos penais e administrativos.
B) os atos preventivos e fiscalizadores, apenas, cabendo exclusivamente à polícia judiciária a prática de atos repressivos dotados de coercibilidade.
C) as medidas de caráter geral, restritivas de direitos individuais, editadas por meio de atos administrativos, e as medidas de caráter repressivo operacionalizadas por meio de atos normativos.
D) as atividades dotadas de autoexecutoriedade e coercibilidade, que impõe aos administrados limitações ao exercício de direitos e as atividades econômicas, prescindindo de previsão legal.
E) os atos normativos que estabelecem limitações ao exercício de direitos e atividades individuais e os atos administrativos consubstanciados em medidas preventivas e repressivas, dotados de coercibilidade.

1010) (2017) Banca: FCC – Órgão: DPE-RS – Prova: Técnico – Área Administrativa

A atuação da Administração pública pauta-se na legalidade, mas dentro desse conceito lhe é dado agir com certa margem de liberdade de escolha em determinadas situações, quando a ausência de disposição expressa ou a indeterminação dos termos legais conferem mais de uma opção de decisão. Essa atuação é qualificada como

A) vinculada em sentido amplo, pois ainda que se extraiam da lei diversas opções de decisão, ao optar por uma delas, a atuação da Administração fica adstrita à legislação que a fundamentou.
B) discricionária, pois quando não há previsão expressa da conduta que a Administração deve adotar em determinada situação, o exercício de interpretação para aplicação da norma pode permitir a identificação de mais de uma opção possível e válida de decisão.
C) discricionária técnica, pois em verdade inexistem opções para o administrador, que sempre conseguirá identificar a solução válida com base na oitiva de órgãos especializados no assunto.
D) poder de polícia, tendo em vista que esse dispensa previsão normativa das medidas e sanções a serem adotadas, cabendo à autoridade competente identificar, quando da situação, a verificação da melhor conduta a tomar.
E) poder vinculado, tendo em vista que esse confere à Administração a atribuição de escolher uma opção válida dentre as possíveis de serem extraídas da interpretação legal.

1011) (2013) Banca: FCC – Órgão: MPE-AM – Prova: Agente Técnico – Jurídico

A concessão de licença para funcionamento de estabelecimento comercial constitui exemplo de atuação administrativa fundada no poder

A) regulamentar.
B) disciplinar.
C) de polícia.
D) normativo.
E) hierárquico.

1012) (2013) Banca: FCC – Órgão: TRT – 18ª Região (GO) – Prova: Analista Judiciário – Área Judiciária

A Administração pública, em regular fiscalização a estabelecimentos comerciais, autuou e impôs multa aos infratores das normas que disciplinavam o segmento. Essa atuação da Administração é expressão do poder

A) de polícia, sendo o ato de imposição de multa dotado do atributo da discricionariedade.
B) de polícia, sendo o ato de imposição de multa dotado de exigibilidade e coercibilidade.
C) disciplinar, dotado do atributo de autoexecutoriedade.
D) regulamentar, que permite que a Administração institua e aplique multas pecuniárias aos administrados.
E) regulamentar, em sua faceta de poder de polícia, que permite que a Administração institua multas pecuniárias aos administrados.

1013) (2013) Banca: FCC – Órgão: TRT – 1ª REGIÃO (RJ) – Prova: Analista Judiciário – Área Judiciária

Durante regular fiscalização, fiscais de determinada municipalidade identificaram que um estabelecimento comercial do setor de bares e restaurantes estava utilizando indevidamente a calçada para instalação de mesas e cadeiras. Os agentes municipais, considerando que estavam devidamente autorizados pela lei, no correto desempenho de suas funções,

A) apreenderam as mesas e cadeiras e multaram o estabelecimento, no exercício de seu poder disciplinar.
B) interditaram o estabelecimento, no exercício de seu poder de tutela administrativa.
C) apreenderam as mesas e cadeiras irregulares e multaram o estabelecimento, no exercício do poder de polícia.
D) multaram o estabelecimento e determinaram a instauração de processo de interdição do estabelecimento, como expressão de seu poder hierárquico.
E) interditaram o estabelecimento e apreenderam todo o mobiliário da calçada, como expressão de seu poder de autotutela.

1014) (2015) Banca: FCC – Órgão: MANAUSPREV – Prova: Analista Previdenciário – Administrativa

De acordo com as lições trazidas por Maria Sylvia Zanella Di Pietro:

"... a possibilidade que tem a Administração de, com os próprios meios, pôr em execução as suas decisões, sem precisar recorrer previamente ao Poder Judiciário.

(...)

A decisão administrativa impõe-se ao particular ainda contra sua concordância; se este quiser se opor, terá que ir a juízo." (Direito Administrativo, São Paulo: Atlas, 25. ed., p. 126)

A descrição trazida pela autora é condizente com uma das formas de atuação da Administração pública, mais precisamente com

A) o poder de polícia em seu ciclo normativo originário, vedada a execução material direta pela Administração pública
B) o poder de polícia, que permite que a Administração execute materialmente seus atos, quando dotados do atributo da autoexecutoriedade.
C) o poder de polícia em seu espectro preventivo, na medida em que compreende a edição de atos normativos infra legais.
D) a atuação de polícia em seu caráter discricionário, visto que permite a edição de atos normativos originários, para imposição de limitação aos direitos e liberdades individuais dos administrados.
E) o atributo da exigibilidade, típico da atuação de polícia vinculada, vedada a execução material direta por parte da Administração pública.

1015) (2015) Banca: FCC – Órgão: TRE-RR – Prova: Analista Judiciário – Administrativa

Claudio, fiscal do Procon de Roraima, ao receber denúncia anônima acerca de irregularidades em restaurante, comparece ao local e apreende gêneros alimentícios impróprios para o consumo, por estarem deteriorados. A postura adotada concerne a uma das características do poder de polícia, qual seja,

A) discricionariedade.
B) inexigibilidade.
C) consensualidade.
D) normatividade.
E) autoexecutoriedade.

1016) (2015) Banca: FCC – Órgão: TRT – 6ª Região (PE) – Prova: Juiz do Trabalho Substituto

Na lição de Hely Lopes Meirelles, os poderes administrativos nascem com a Administração e se apresentam diversificados segundo as exigências do serviço público, o interesse da coletividade e os objetivos a que se dirigem. Esclarece o renomado administrativista que, diferentemente dos poderes políticos, que são estruturais e orgânicos, os poderes administrativos são instrumentais.

Uma adequada correlação entre o poder administrativo citado e sua utilização pela Administração é:

A) o poder disciplinar possibilita às autoridades administrativas a práticas de atos restritivos de direitos individuais dos cidadãos, nos limites previstos em lei.
B) o poder normativo autoriza a Administração a estabelecer condutas e as correspondentes punições aos servidores públicos, para ordenar a atuação administrativa.
C) o poder de polícia comporta atos preventivos e repressivos, exercidos pela Administração para condicionar ou restringir atividades ou direitos individuais, no interesse da coletividade.
D) o poder regulamentar atribuído, pela Constituição Federal, ao Chefe do Executivo, o autoriza a editar normas autônomas em relação a toda e qualquer matéria de organização administrativa e complementares à lei em relação às demais matérias.
E) o poder hierárquico autoriza a aplicação de penalidades aos servidores públicos e demais pessoas sujeitas à disciplina administrativa em razão de vínculo contratual estabelecido com a Administração.

1017) (2013) Banca: FCC – Órgão: DPE-RS – Prova: Técnico de Apoio Especializado

Pelo atributo da autoexecutoriedade, a administração pública, no regular exercício de seu poder de polícia,

A) edita atos normativos de limitações genéricas aos direitos individuais dos administrados, indistintamente.
B) edita atos normativos estabelecendo atos materiais concretos passíveis de serem aplicados preventiva e repressivamente.
C) impõe limitações ao exercício dos direitos individuais em benefício do interesse público, podendo se expressar por meio de medidas gerais ou específicas.
D) exerce margem de apreciação quanto a determinados elementos do ato, tornando discricionária a atuação de polícia em alguns casos.
E) pode executar, por seus próprios meios, suas decisões, prescindindo de autorização judicial.

1018) (2006) Banca: FCC – Órgão: BACEN – Prova: Procurador

É consequência da autoexecutoriedade dos atos administrativos a

A) impossibilidade de sua anulação pelo Poder Judiciário.
B) impossibilidade de sua revogação pela própria Administração.
C) sua exequibilidade por agentes administrativos, independentemente da aquiescência de outro Poder.
D) configuração da coisa julgada administrativa.
E) possibilidade de seu controle pela própria Administração.

1019) (2014) Banca: FGV – Órgão: TJ-RJ Prova: Técnico de Atividade Judiciária

Agentes da vigilância sanitária realizaram fiscalização em supermercado e constataram que produtos alimentícios impróprios para o consumo estavam expostos à venda. Os produtos foram apreendidos e periciados. Após processo administrativo, os alimentos foram destruídos e aplicadas sanções administrativas ao supermercado. Na situação narrada, o poder público agiu:

A) no regular uso do poder de polícia, não havendo necessidade de prévia intervenção judicial, pela característica da autoexecutoriedade do ato administrativo;
B) no regular uso do poder de polícia, desde que na diligência estivesse presente alguma autoridade representante da área criminal da secretaria de segurança pública;
C) com abuso de poder, eis que a operação de fiscalização somente poderia ocorrer com mandado judicial de busca e apreensão;
D) com abuso de poder, eis que para destruição de alimentos seria imprescindível ordem judicial para tal;
E) com abuso de poder, eis que a aplicação de sanções administrativas somente poderia ocorrer após regular processo judicial, assegurados o contraditório e ampla defesa.

1020) (2014) Banca: FGV – Órgão: Prefeitura de Recife – PE – Prova: Auditor do Tesouro Municipal

Um dos atributos do poder de polícia permite que haja a atuação direta da Administração, sem prévia intervenção do Poder Judiciário diretamente ou mediante autorização.

Assinale a opção que o indica.

A) Autoexecutoriedade
B) Imperatividade
C) Discricionariedade
D) Coercitividade
E) Oficialidade

1021) (2014) Banca: FGV – Órgão: Prefeitura de Osasco – SP – Prova: Fiscal Tributário

Sobre o poder de polícia, é lícito afirmar que:

A) é remunerado por meio de tarifa, ou seja, preço público que é exigível pelo poder público ao particular sobre o qual recai a atuação do administrador;
B) se restringe à atuação das forças de segurança pública, com escopo de prevenir e reprimir a criminalidade;
C) se trata de direito absoluto da Administração Pública limitar a atuação do particular em prol do interesse público;
D) tem como característica a autoexecutoriedade, segundo a qual a Administração não depende da intervenção de outro poder para tornar o ato efetivo;
E) tem por fundamento a supremacia do interesse privado sobre o público, respeitados os limites legais.

1022) (2014) Banca: FGV – Órgão: DPE-RJ Prova: Técnico Superior Jurídico

Rodrigo é proprietário de um mercado de bairro de pequeno porte. O comércio recebeu fiscalização de agentes da vigilância sanitária, que encontraram produtos com prazos de validade vencidos. Foi lavrado auto de infração, aplicada multa e Rodrigo foi encaminhado para a delegacia. Toda a mercadoria vencida (alimentos nocivos ao consumo público) foi apreendida e destruída (preservado um exemplar de cada, que foi encaminhado à perícia). Rodrigo não se conforma com a apreensão e a inutilização dos produtos. Ao buscar orientação jurídica, foi-lhe esclarecido que o ato administrativo de destruição dos alimentos nocivos ao consumo público foi:

A) correto, em razão do regular uso do poder de polícia, cuja prerrogativa ou característica da autoexecutoriedade permitiu a imediata execução do ato, sem necessidade de prévia manifestação judicial.
B) correto, em razão do regular uso do poder de polícia, cuja prerrogativa ou característica da discricionariedade permitiu a imediata execução do ato, sem necessidade de prévia manifestação judicial.
C) errado, porque houve abuso no uso do poder de polícia, uma vez que a destruição de alimentos nocivos ao consumo público deveria ser precedida de autorização judicial pelo princípio da inafastabilidade do controle jurisdicional.
D) errado, porque houve abuso no uso do poder de polícia, uma vez que a destruição de alimentos nocivos ao consumo público deveria ser precedida de regular processo administrativo, observados o contraditório e ampla defesa.
E) errado, porque, embora a fiscalização fosse legítima pelo uso do poder de polícia, a apreensão de mercadorias deveria ter sido precedida de autorização judicial.

1023) (2013) Banca: FGV – Órgão: TJ-AM – Prova: Analista Judiciário-Oficial de Justiça Avaliador e Leiloeiro

A Administração Pública para atender às suas finalidades faz uso de uma série de poderes.

Com relação a esses poderes, assinale a afirmativa correta.

A) Os atos de polícia gozam da característica da autoexecutoriedade.
B) O poder regulamentar em regra poderá ser exercido de forma autônoma em relação às leis, prescindindo dessas, pois retira sua validade da própria Constituição.
C) O poder hierárquico tem como característica a possibilidade de transferir a titularidade da competência para a prática de atos administrativos.
D) Os atos de polícia não podem sofrer controle judicial no que tange a sua legalidade pois são atos discricionários.
E) O poder hierárquico e poder disciplinar sempre são compreendidos como sinônimos.

1024) (2013) Banca: FGV – Órgão: MPE-MS – Prova: Analista – Direito

Sobre o Poder de Polícia, avalie as afirmativas a seguir.

I. São características do poder de polícia a autoexecutoriedade e a coercibilidade.
II. O poder de polícia somente pode ser exercido por pessoa jurídica integrante da Administração Pública.
III. A Polícia Administrativa incide sobre pessoas, enquanto a Polícia Judiciária sobre atividades.

Assinale:

A) se somente a afirmativa I estiver correta.
B) se somente a afirmativa II estiver correta.
C) se somente a afirmativa III estiver correta.
D) se somente as afirmativas I e II estiverem corretas.
E) se todas as afirmativas estiverem corretas.

1025) (2014) Banca: CETREDE – Órgão: JUCEC – Prova: Advogado

A restrição de direitos do administrado em prol do bem comum, preventiva ou repressivamente, mormente em casos concretos, caracteriza o Poder:

A) hierárquico;
B) de polícia;
C) regulamentar;
D) vinculado;
E) discricionário.

1026) (2013) Banca: IADES – Órgão: EBSERH – Prova: Advogado

O poder que se refere ao controle estatal dos interesses e das atividades dos particulares, limitando ou disciplinando direitos, interesses ou liberdades individuais, em razão do interesse público é o

A) arbitrário.
B) regulamentar.
C) hierárquico.
D) de Polícia.
E) disciplinar.

1027) (2012) Banca: CEPERJ – Órgão: SEPLAG-RJ Prova: Especialista em Políticas Públicas e Gestão Governamental

O movimento contra a corrupção programa manifestação com vassouras em frente ao Congresso Nacional. Alguns militantes do referido movimento, com o ânimo mais acirrado, tentam invadir o recinto da Câmara dos Deputados com palavras de ordem, afirmando que a Casa Legislativa seria do povo e não poderia exigir identificação dos manifestantes, nem proceder a qualquer outro ato de controle. Foram todos impedidos de ingressar dessa forma pelos agentes competentes da Câmara. O ato dos referidos agentes vincula-se ao:

A) Poder Legislativo
B) Poder Executivo
C) Poder Regulamentar
D) Poder de Polícia.
E) Poder de Fiscalização

1028) (2011) Banca: TJ-SC Órgão: TJ-SC – Prova: Analista Jurídico

No Direito Administrativo, a faculdade que dispõe a Administração Pública de restringir o uso e o gozo de direitos individuais em benefício da coletividade, denomina-se:

A) Poder de polícia
B) Poder disciplinar
C) Poder regulador
D) Poder hierárquico
E) Poder discricionário

1029) (2014) Banca: IBFC – Órgão: PC-RJ Prova: Papiloscopista Policial de 3ª Classe

Assinale a alternativa que corresponde às exatas características do exercício do poder de polícia administrativo:

A) A generalidade do comando não gera direito de indenização em favor do particular.
B) Deve-se recorrer ao Judiciário previamente à prática do ato.
C) Visa a repressão de ilícitos penais.
D) Incide somente sobre pessoas.
E) É custeado por impostos.

1030) (2017) Banca: FUNDEP (Gestão de Concursos) – Órgão: CRM – MG – Prova: Agente Administrativo (+ provas)

Trata-se de elemento ou atributo presente apenas nos atos administrativos discricionários:

A) o objeto.
B) a presunção de legitimidade.
C) o mérito.
D) a motivação.

1031) (2015) Banca: CESGRANRIO – Órgão: Petrobras – Prova: Advogado Júnior

Um agente público, no exercício regular da sua atividade de fiscalização, autua e interdita posto de gasolina situado no município XX, vinculado ao Estado W.

Esse ato é inerente ao denominado

A) poder de polícia
B) dever administrativo
C) ato discricionário
D) decreto regulamentar
E) alvará de agência

1032) (2015) Banca: FUNRIO – Órgão: UFRB – Prova: Tecnólogo

A Lei nº 11.705, de 19 de junho de 2008, também conhecida como Lei Seca, modificou o Código de Trânsito Brasileiro e proibiu o consumo de álcool por condutores de veículos. Levantamento de 2011 mostra que uma em cada cinco vítimas de acidente de trânsito atendidas nos prontos-socorros do país havia ingerido bebida alcoólica na hora do acidente. A pesquisa aponta ainda, que as pessoas alcoolizadas estão mais sujeitas à hospitalização e a morte em decorrência do acidente. O motorista que é pego na Lei Seca fica sujeito a multa, suspensão da habilitação e até mesmo detenção. Além disso, o motorista que se negar a fazer o teste pode ser enquadrado e punido a partir de depoimento de testemunhas, vídeos ou imagens. Um dos pontos polêmico da lei trata da obrigatoriedade do motorista em fazer testes de dosagem alcoólica (bafômetro), por estar usando a rodovia que é de uso comum do povo ou se pode se recusar a fazer qualquer teste, já que, ninguém é obrigado a produzir uma prova contra si. Desta forma, como se denomina o atributo do poder de polícia da Administração Pública, por meio do seu agente policial, de exigir documentos e vistoria do veículo, como também de aplicação de multa?

A) Atributo de ordem pública.
B) Atributo da previsibilidade legal.
C) Atributo da ilegitimidade.
D) Atributo da imperatividade ou coercibilidade.
E) Atributo da autoexecutoriedade judicial.

1033) (2011) Banca: FUJB – Órgão: MPE-RJ – Prova: Técnico

O poder de polícia:

A) envolve atos de natureza estritamente política;
B) pode ser exercido por particulares, mesmo quanto a atos de império;
C) não restringe a liberdade ou a propriedade;
D) envolve atos de fiscalização e aplicação de sanções
E) não se sujeita a controle judicial.

1034) (2011) Banca: UERR – Órgão: SEJUC – RR – Prova: Agente Penitenciário

Observando o interesse público, o poder de polícia:

A) possibilita a cobrança, como contrapartida, de preço público.
B) sempre se instrumentaliza por meio de alvará de autorização.
C) para atingir os seus objetivos maiores, em prol da predominância do interesse público pode afastar a razoabilidade.
D) confere ao Estado a possibilidade de limitar o exercício da liberdade ou das faculdades de determinado proprietário.
E) não precisa, necessariamente, ser exercido nos limites da lei, gerando a possibilidade de cobrança de taxa.

1035) (2014) Banca: FUNCAB – Órgão: PRODAM-AM – Prova: Analista Administrativo

Assinale a alternativa que contém um dos atributos do Poder de polícia.

A) Exigibilidade.
B) Suspensividade.
C) Devolutividade.
D) Coercibilidade.
E) Vinculatividade.

1036) (2013) Banca: IBFC – Órgão: PC-RJ – Prova: Oficial de Cartório

Conforme tradicional classificação doutrinária, consideram-se atributos do poder de polícia:

A) Legalidade, moralidade e impessoalidade.
B) Presunção da legitimidade, autoexecutoriedade e imperatividade.
C) Discricionariedade, autoexecutoriedade e coercibilidade.
D) Necessidade, proporcionalidade e adequação.
E) Presunção de legitimidade, discricionariedade e imperatividade.

1037) (2013) Banca: FAFIPA – Órgão: Câmara Municipal de Guairáça – PR – Prova: Advogado

No que se refere aos atributos do Poder de Polícia, assinale a alternativa CORRETA:

A) Discricionariedade, autoexecutoriedade e coercibilidade
B) Autoritarismo, arbitrariedade e nepotismo.
C) Severidade, altivez e sujeição.
D) Exigibilidade, permissividade e parcialidade.

1038) (2012) Banca: NUCEPE – Órgão: PC-PI – Prova: Agente de Polícia

Considerando os caracteres dos poderes administrativos, assinale a alternativa incorreta.

A) O poder de polícia administrativa dota-se do atributo da autoexecutoriedade, de tal sorte que, no geral, não necessita de prévia ordem judicial para materializar-se.
B) Por sua característica eminentemente administrativa, os atos decorrentes do poder de polícia da Administração Pública somente podem ser executados mediante prévia ordem judicial.
C) O poder hierárquico não se confunde com o poder disciplinar da Administração Pública.
D) O poder regulamentar não confere à Administração Pública a prerrogativa de instituir direitos e obrigações, ainda que mediante Decreto do Poder Executivo.
E) O exercício do poder disciplinar da Administração Pública necessita observar o devido processo legal.

1039) (2012) Banca: FUNDAÇÃO SOUSÂNDRADE – Órgão: EMAP – Prova: Guarda Portuário

No exercício de suas atribuições, o Guarda Portuário dispõe de Poder de Polícia. Os atributos específicos desse Poder de Polícia são a:

A) discricionariedade, a competência e a finalidade.
B) discricionariedade, a competência e o objeto.
C) discricionariedade, a autoexecutoriedade e a coercibilidade.
D) discricionariedade, a autoexecutoriedade e a competência.
E) discricionariedade, a coercibilidade e a competência.

1040) (2016) Banca: EXATUS – Órgão: Ceron – RO – Prova: Direito

Hely Lopes Meirelles conceitua Poder de Polícia como a faculdade de que dispõe a Administração Pública para condicionar e restringir o uso e gozo de bens, atividades e direitos individuais, em benefício da coletividade ou do próprio Estado. De acordo com o citado autor, são atributos específicos e peculiares ao exercício do poder de polícia:

A) A discricionariedade, a autoexecutoriedade e a coercibilidade.
B) A legalidade, a autoexecutoriedade e a imperatividade.
C) A vinculação, a proporcionalidade e a coercibilidade.
D) A legalidade, a executoriedade e a imperatividade.

1041) (2016) Banca: FUNRIO – Órgão: IF-BA – Prova: Assistente em Administração

O poder de polícia tem atributos específicos e peculiares ao seu exercício, sendo eles:

A) discricionariedade, autoexecutoriedade e coercibilidade.
B) imperatividade, direção e coercibilidade.
C) objetividade, imperatividade e autoexecutoriedade.
D) exclusividade, coercibilidade e objetividade.
E) discricionariedade, tempestividade e direção.

1042) (2015) Banca: CAIP-IMES – Órgão: Prefeitura de Rio Grande da Serra – SP – Prova: Procurador

São características inerentes ao poder de polícia da Administração Pública:

A) legalidade, impessoalidade e facultatividade.
B) moralidade, coatividade e proporcionalidade.
C) autoexecutoriedade, discricionariedade e coercibilidade.
D) eficiência, imperatividade e derrogabilidade.

1043) (2015) Banca: VUNESP – Órgão: MPE-SP – Prova: Analista de Promotoria

Assinale a alternativa correta a respeito da polícia administrativa.

A) A concessão de licença é exemplo de ato discricionário decorrente do seu exercício.
B) Não pode acarretar limitações ao exercício de direitos individuais do cidadão.
C) A autoexecutoriedade e a coercibilidade são dois de seus atributos.
D) É atividade típica do Poder Executivo, não sendo exercida pelos demais Poderes.
E) Impõe suas sanções sobre atividades individuais que caracterizem ilícitos penais e administrativos.

1044) (2015) Banca: FUNIVERSA – Órgão: SAPeJUS – GO – Prova: Agente de Segurança Prisional

Considere que a Administração Pública determinou a demolição de edificação erigida em área pública, cujo ocupante não detinha autorização para a sua ocupação e construção. A situação narrada descreve o exercício do poder

A) discricionário.
B) de polícia.
C) regulamentar.
D) hierárquico.
E) disciplinar.

1045) (2014) Banca: MPE-SC – Órgão: MPE-SC – Prova: Promotor de Justiça – Matutina

É atributo do poder de polícia a autoexecutoriedade, fazendo possível à Administração executar suas próprias decisões, sem necessidade de recorrer ao Poder Judiciário.

A) Certo b) Errado

1046) (2013) Banca: TRF – 3ª REGIÃO – Órgão: TRF – 3ª REGIÃO – Prova: Juiz Federal

Assinale a alternativa correta:

A) Atos de polícia administrativa, dotados que são de presunção de legalidade e imperatividade, comportam sempre execução forçada, pela própria Administração Pública, sem necessidade de propositura de ação judicial.

B) Atos de polícia administrativa, expedidos que são, todos eles, no exercício de competência discricionária, se suficientemente motivados não comportam invalidação;

C) Atos de polícia administrativa, expedidos que são, todos eles, no exercício de competência vinculada, não comportam qualquer juízo de conveniência e oportunidade para sua expedição;

D) Atos de polícia administrativa, tendo presunção de validade, podem ser expedidos com fundamento em regulamento autônomo quando não houver lei disciplinando a matéria.

E) Atos de polícia administrativa comportam autoexecutoriedade, se necessário, pela própria Administração, desde que haja lei que a determine ou autorize, nos casos de urgência, ou quando não houver outro meio legal que possa assegurar a realização de interesse público impostergável.

1047) (2013) Banca: FMP Concursos – Órgão: MPE-AC – Prova: Analista – Processual

Com relação ao Poder de Polícia e à organização administrativa, assinale a afirmativa correta.

A) Não existe definição legal para o Poder de Polícia, e as empresas públicas são criadas por lei.

B) O ato administrativo editado em sede de Poder de Polícia, em regra, possui o atributo da autoexecutoriedade e se aplica o regime jurídico de direito privado à sociedade de economia mista.

C) O regular exercício do Poder de Polícia prescinde do conteúdo jurídico da proporcionalidade, e a autarquia é criada por lei específica.

D) O ato administrativo editado em sede de Poder de Polícia necessita de motivação, e é possível a extinção e criação de autarquias em uma mesma lei.

E) O exercício do Poder de Polícia pode ser contratualizado, e as empresas públicas e sociedades de economia mista possuem regime jurídico de direito público.

1048) (2017) Banca: Instituto Excelência – Órgão: SAAE de Barra Bonita – SP – Prova: Procurador Jurídico

Carvalho (2012) afirma: Os atos administrativos emanam de agentes dotados de parcela do Poder Público. Basta essa razão para que precisem estar revestidos de certas características que os tornem distintos dos atos privados em geral. Para o autor a característica da Autoexecutoriedade significa:

A) Que os atos administrativos são cogentes, obrigando a todos quantos se encontrem em seu círculo de incidência (ainda que o objetivo a ser por ele alcançado contrarie interesses privados), na verdade, o único alvo da Administração Pública é o interesse público.

B) Não depende de lei expressa, mas deflui da própria natureza do ato administrativo, como ato emanado de agente integrante da estrutura do Estado. O fundamento precípuo, no entanto, reside na circunstância de que se cuida de atos emanados de agentes detentores de parcela do Poder Público, imbuídos, como é natural, do objetivo de alcançar o interesse público que lhes compete proteger.

C) Que o ato administrativo, tão logo praticado, pode ser imediatamente executado e seu objeto imediatamente alcançado. Tem como fundamento jurídico a necessidade de salvaguardar com rapidez e eficiência o interesse público, o que não ocorreria se a cada momento tivesse que submeter suas decisões ao crivo do Judiciário.

D) Nenhuma das alternativas.

No que se refere ao Poder de Polícia, cumpre destacar a diferenciação entre polícia administrativa e polícia judiciária. **Polícia administrativa** relaciona-se à restrição de direitos individuais, uso e gozo da propriedade privada para fins de alcançar o interesse público, **incidindo, portanto, sobre atividades, bens e direitos das pessoas.** A seu turno, a **polícia judiciária** é preparatória para a função jurisdicional penal, **incidindo sobre aqueles que praticam ilícitos penais. A polícia administrativa atua preponderantemente de forma preventiva e a polícia judiciária é eminentemente repressiva.**

O mesmo órgão que exerce o poder de polícia administrativa também poderá exercer o poder de polícia judiciária.

1049) (2014) Banca: CESPE – Órgão: Câmara dos Deputados – Prova: Analista Legislativo

Com relação aos poderes administrativos e os serviços públicos, julgue o item que se segue.

"O poder de polícia, prerrogativa da administração que permite, independentemente de decisão judicial, o condicionamento e a restrição do uso e do gozo de bens, atividades e direitos individuais, é exercido pela polícia civil, no âmbito dos estados e do Distrito Federal, e pela polícia federal, na tutela de interesses da União".

A) Certo   B) Errado

1050) (2011) Banca: CESPE – Órgão: TJ-ES – Prova: Analista Judiciário – Área Administrativa

A fiscalização realizada em locais proibidos para menores retrata o exercício de polícia administrativa.

A) Certo   B) Errado

1051) (2017) Banca: CESPE – Órgão: PC-GO – Prova: Delegado de Polícia Substituto

De acordo com a legislação e a doutrina pertinentes, o poder de polícia administrativa

A) pode manifestar-se com a edição de atos normativos como decretos do chefe do Poder Executivo para a fiel regulamentação de leis.

B) é poder de natureza vinculada, uma vez que o administrador não pode valorar a oportunidade e conveniência de sua prática, estabelecer o motivo e escolher seu conteúdo.

C) pode ser exercido por órgão que também exerça o poder de polícia judiciária.

D) é de natureza preventiva, não se prestando o seu exercício, portanto, à esfera repressiva.

E) é poder administrativo que consiste na possibilidade de a administração aplicar punições a agentes públicos que cometam infrações funcionais.

1052) (2013) Banca: CESPE – Órgão: PC-DF – Prova: Escrivão de Polícia

Considerando que os poderes administrativos são os conjuntos de prerrogativas de direito público que a ordem jurídica confere aos agentes administrativos para o fim de permitir que o Estado alcance seus fins, julgue o item seguinte.

Tanto a polícia administrativa quanto a polícia judiciária, embora tratem de atividades diversas, enquadram-se no âmbito da função administrativa do Estado, uma vez que representam atividades de gestão de interesse público.

A) Certo B) Errado

1053) (2012) Banca: CESPE – Órgão: FNDE – Prova: Técnico em Financiamento e Execução de Programas e Projetos Educacionais

No exercício do poder de polícia administrativa, o Estado utiliza tanto medidas preventivas, como a de fiscalização e vistoria, quanto repressivas, a exemplo da dissolução de reunião e interdição de atividade.

A) Certo B) Errado

1054) (2012) Banca: CESPE – Órgão: PC-AL – Prova: Agente de Polícia

Na comparação entre a polícia administrativa e a polícia judiciária, tem-se que a natureza preventiva e repressiva se aplica igualmente às duas.

A) Certo B) Errado

1055) (2012) Banca: CESPE – Órgão: TJ-AL – Prova: Analista Judiciário – Área Judiciária

No que se refere ao poder de polícia e às polícias administrativas e judiciárias, assinale a opção correta.

A) Tratando-se do exercício do poder de polícia, prescreve em cinco anos, contados da data da prática do ato, a pretensão punitiva da administração pública para apurar infração permanente.
B) O conceito de poder de polícia tem sede doutrinária e jurisprudencial, mas não está positivado no ordenamento jurídico brasileiro.
C) A polícia administrativa atua sobre bens, direitos ou atividades, enquanto a polícia judiciária atua sobre pessoas.
D) A discricionariedade, a autoexecutoriedade e a coercibilidade são atributos do poder de polícia, que compete exclusivamente ao Poder Executivo.
E) O poder de polícia não é exercido mediante atos administrativos normativos, mas apenas mediante atos individuais de efeitos concretos.

1056) (2016) Banca: FCC – Órgão: Prefeitura de São Luiz – MA – Prova: Procurador do Município

Determinada lei municipal, promulgada no início deste ano, estabelece que compete à Guarda Municipal, concomitantemente às suas demais atribuições, atuar na fiscalização, no controle e na orientação do trânsito, podendo para esse fim, inclusive, autuar condutores e aplicar multas previstas na legislação federal pertinente. À luz da disciplina constitucional e da jurisprudência do Supremo Tribunal Federal sobre a matéria, referida lei municipal é

A) compatível com a Constituição da República, podendo a Guarda Municipal, inclusive, autuar condutores e aplicar multas previstas na legislação federal, por se tratar de legítimo exercício de poder de polícia, não exclusivo das entidades policiais.
B) compatível com a Constituição da República apenas no que se refere à orientação do trânsito, atividade inerente às funções constitucionalmente atribuídas ao Município, em matéria de segurança viária.
C) incompatível com a Constituição da República, por atribuir à Guarda Municipal funções de segurança pública, privativas das polícias militares estaduais.
D) incompatível com a Constituição da República, por atribuir à Guarda Municipal funções estranhas à proteção de bens, serviços e instalações municipais.
E) incompatível com a Constituição da República, por implicar invasão da competência privativa da União para legislar sobre trânsito e transporte.

1057) (2014) Banca: FCC – Órgão: TJ-AP – Prova: Técnico Judiciário – Área Judiciária e Administrativa

A vigilância sanitária interditou, após regular processo administrativo, estabelecimento comercial no Município de Serra do Navio que funcionava regularmente há anos. A interdição decorreu do fato de o estabelecimento não manter as condições sanitárias de higiene estabelecidas em lei e em regulamento nas instalações físicas e no processamento dos alimentos. A atividade exercida pela vigilância sanitária é manifestação do poder

A) de polícia administrativa que após a Constituição Federal é conferido somente à polícia judiciária, em razão do princípio democrático que retirou do ato administrativo o atributo da coercitividade.
B) disciplinar-normativo da Administração, que expede atos gerais e abstratos para limitar ou disciplinar direitos, interesses ou a liberdade dos administrados, em razão de interesse público concernente à segurança e à higiene.
C) de polícia administrativa, que na hipótese não envolveu o atributo da executoriedade, porque a medida foi imposta após regular processo administrativo.
D) de polícia administrativa, que possui os atributos da autoexecutoriedade e coercibilidade e deve obediência às regras de competência, forma e finalidade dos atos administrativos.
E) disciplinar, também denominado de extroverso, cujos atributos da autoexecutoriedade e da coercibilidade não dispensam a observância do devido processo legal.

1058) (2014) Banca: FCC – Órgão: TRT – 18ª Região (GO) – Prova: Juiz do Trabalho

É tradicional a distinção entre polícia judiciária e polícia administrativa. Dentre os critérios que permitem distinguir as duas modalidades de exercício do poder estatal por agentes públicos, é correto afirmar que a polícia judiciária

A) age somente repressivamente e a polícia administrativa age somente preventivamente.
B) age sempre de maneira vinculada e a polícia administrativa atua sempre de maneira discricionária.
C) é privativa de corporações especializadas e a polícia administrativa é exercida por vários órgãos administrativos.

D) é exercida com autoexecutoriedade e a polícia administrativa é exercida com coercibilidade.

E) atua exclusivamente com base no princípio da tipicidade e a polícia administrativa atua exclusivamente com base no princípio da atipicidade.

1059) (2013) Banca: FCC – Órgão: TCE-AM – Prova: Analista Técnico de Controle Externo – Ministério Público

Em regular fiscalização, autoridades municipais autuaram e multaram determinados estabelecimentos comerciais que estavam funcionando além do horário previsto na legislação que disciplina a atividade. Essa atuação configura

A) poder regulamentar no que concerne à autuação e exercício de poder de polícia no que se refere à imposição de multa.

B) expressão do poder regulamentar, uma vez que consiste na mera aplicação de legislação específica.

C) exacerbação do poder regulamentar, na medida em que esse não contempla a execução de atos materiais.

D) exercício do poder de polícia, com exceção da aplicação de multa, visto que os atos materiais repressivos não são abrangidos pelo instituto.

E) exercício do poder de polícia pela administração, que autoriza a adoção de medidas materiais repressivas da atuação desconforme à lei.

1060) (2013) Banca: FCC – Órgão: MPE-MA – Prova: Técnico Ministerial – Administrativo

Considere a seguinte assertiva: "Prefeitura interdita casa noturna por não possuir alvará de funcionamento". A atividade narrada corresponde

A) à atividade típica do poder hierárquico da Administração Pública.

B) à atividade típica do poder disciplinar da Administração Pública.

C) ao exercício do poder de polícia judiciária, que não se confunde com a atividade da polícia administrativa.

D) ao exercício do poder de polícia administrativa.

E) à atividade típica do poder regulamentar da Administração Pública.

1061) (2016) Banca: FGV – Órgão: COMPESA – Prova: Analista de Gestão – Advogado

Sobre o tema do poder de polícia, analise as afirmativas a seguir.

I. A polícia administrativa tem caráter predominantemente preventivo, enquanto a polícia judiciária tem caráter predominantemente repressivo.

II. O poder de polícia é indelegável, somente podendo ser exercido pela Administração Pública direta.

IIII. O poder de polícia sempre será exercido em caráter vinculado, nos estritos termos da lei que autoriza o seu exercício.

Está correto o que se afirma em

A) I, apenas.
B) II, apenas.
C) III, apenas.
D) II e III, apenas.
E) I, II e III.

1062) (2014) Banca: FGV – Órgão: AL-BA – Prova: Auditor

Sobre o poder de polícia, analise as afirmativas a seguir.

I. A polícia administrativa tem sua atuação voltada predominantemente para pessoas, e não para atividades das pessoas.

II. A polícia administrativa tem caráter eminentemente preventivo.

III. Uma das funções primordiais da polícia administrativa, ao contrário da polícia judiciária, é a de subsidiar a atuação do Ministério Público.

Assinale:

A) se somente a afirmativa II estiver correta.
B) se somente a afirmativa III estiver correta.
C) se somente as afirmativas I e II estiverem corretas.
D) se somente as afirmativas II e III estiverem corretas.
E) se todas as afirmativas estiverem corretas.

1063) (2012) Banca: FUNDEP (Gestão de Concursos) – Órgão: Prefeitura de Belo Horizonte – MG – Prova: Auditor – Direito

Constitui ato de polícia administrativa:

A) a exigência dirigida a servidor público no sentido de utilizar uniforme no ambiente de trabalho.

B) a suspensão de servidor público como punição pela prática de falta funcional.

C) a fiscalização, pelo Poder Público, das condições do veículo utilizado como táxi, bem como a aferição do taxímetro.

D) a aplicação de multa a contratado administrativo que descumpre cláusulas contratuais.

1064) (2014) Banca: VUNESP – Órgão: TJ-PA – Prova: Auxiliar Judiciário – Reaplicação

A_____ é essencialmente preventiva, embora algumas vezes seus agentes ajam repressivamente.

A _____ é notadamente_____.

No tocante ao poder de polícia, assinale a alternativa que completa, correta e respectivamente, o enunciado.

A) polícia judiciária ... polícia administrativa ... repressiva
B) polícia judiciária ... polícia administrativa ... preventiva
C) polícia judiciária ... polícia administrativa ... punitiva
D) polícia administrativa ... polícia judiciária ... judicante
E) polícia administrativa ... polícia judiciária ... repressiva

1065) (2013) Banca: MPE-RS – Órgão: MPE-RS – Prova: Agente Administrativo

Considere as seguintes afirmações sobre o Poder de Polícia.

I. O Poder de Polícia não é ilimitado, estando sujeito a limites jurídicos de competência, de forma e de finalidade, bem como aos direitos e prerrogativas asseguradas aos indivíduos pelas leis e pela Constituição.

II. Enquanto a Polícia Administrativa atua na área do ilícito puramente administrativo, a Polícia Judiciária age quando o ilícito penal é praticado.

III. A Polícia Administrativa deve obedecer às regras da necessidade, da proporcionalidade e da eficácia para garantir a efetiva proteção do interesse público.

IV. O Poder de Polícia é coercitivo, porém não é autoexecutável, pois depende da autorização judiciária para produção de seus efeitos específicos.

Quais estão corretas?
A) Apenas I e II.
B) Apenas III e IV.
C) Apenas I, II e III.
D) Apenas II, III e IV.
E) I, II, III e IV.

Delegação dos Atos de Polícia: O exercício do Poder de Polícia é considerado atividade típica de Estado e, portanto, somente poderá ser exercido por pessoas jurídicas de direito público que compõem a Administração Direta ou a Administração Indireta, ou seja, não se admite a delegação do Poder de Polícia a pessoa jurídica de direito privado.

Entretanto, destaca-se a possibilidade de delegação de **atividades meramente materiais** de execução do Poder de Polícia ao particular, **não se transferindo qualquer prerrogativa para emissão de atos decisórios ou atos que gozem de fé pública**, mas tão somente a possibilidade de **execução das ordens postas pelo ente público**. Ex: a definição da velocidade máxima de uma determinada via é estipulada mediante o exercício do Poder de Polícia desempenhado por pessoas jurídicas de direito público, contudo, a simples colocação de radar de velocidade na via é ato material de mera execução que admite delegação a particulares.

1066) (2017) Banca: CESPE – Órgão: SEDF – Prova: Conhecimentos Básicos – Cargos 1, 3 a 26 (+ provas)

No que se refere aos poderes administrativos, aos atos administrativos e ao controle da administração, julgue o item seguinte.

O poder de polícia administrativo é uma atividade que se manifesta por meio de atos concretos em benefício do interesse público. Por conta disso, a administração pode delegar esse poder a pessoas da iniciativa privada não integrantes da administração pública.

A) Certo B) Errado

1067) (2015) Banca: CESPE – Órgão: FUB – Prova: Auditor

Acerca dos poderes administrativos, julgue o item que se segue.

O exercício do poder de polícia é delegável a pessoas jurídicas de direito privado.

A) Certo B) Errado

1068) (2011) Banca: CESPE – Órgão: TRE-ES – Prova: Analista Judiciário – Área Judiciária

Ainda que não lhe seja permitido delegar o poder de polícia a particulares, em determinadas situações, faculta-se ao Estado a possibilidade de, mediante contrato celebrado, atribuir a pessoas da iniciativa privada o exercício do poder de polícia fiscalizatório para constatação de infrações administrativas estipuladas pelo próprio Estado.

A) Certo B) Errado

1069) (2017) Banca: CESPE – Órgão: TRE-PE – Prova: Técnico Judiciário – Área Administrativa

O poder de polícia

A) é indelegável.

B) é delegável no âmbito da própria administração pública, em todas as suas dimensões, a pessoas jurídicas de direito privado e, também, a particulares.

C) é suscetível de delegação no âmbito da própria administração pública, desde que o delegatário não seja pessoa jurídica de direito privado.

D) pode ser delegado em sua dimensão fiscalizatória a pessoa jurídica de direito privado integrante da administração pública.

E) pode ser delegado em suas dimensões legislativa e sancionadora a pessoa jurídica de direito privado integrante da administração pública.

1070) (2013) Banca: CESPE – Órgão: PG-DF – Prova: Procurador

Acerca dos atos de improbidade administrativa e dos poderes administrativos, julgue o item que se segue.

O DF não pode delegar o poder de polícia administrativa a pessoas jurídicas de direito privado, a exemplo das sociedades de economia mista, mesmo que embasado no princípio da eficiência e limitado à competência para a aplicação de multas.

A) Certo B) Errado

1071) (2012) Banca: CESPE – Órgão: DPE-SE – Prova: Defensor Público

A respeito dos poderes da administração pública, assinale a opção correta.

A) A autoexecutoriedade, característica do poder de polícia, possibilita ao administrador a sua atuação de forma imediata, mas sempre dependente da atuação conjunta de outro poder.

B) O poder de polícia consiste em atividade administrativa que, limitando ou extinguindo direito, interesse ou liberdade, regula a prática de ato ou abstenção de fato, em razão do interesse público.

C) O poder regulamentar permite que a administração pública crie os mecanismos de complementação legal indispensáveis à efetiva aplicabilidade da lei, sendo ilegítima a fixação, realizada pelo poder regulamentar, que crie obrigações subsidiárias (ou derivadas) — diversas das obrigações primárias (ou originárias) contidas na própria lei.

D) Segundo a doutrina majoritária, são atributos do poder de polícia a autoexecutoriedade, a presunção de legitimidade e a imperatividade.

E) Consoante a doutrina majoritária, a atribuição do poder de polícia não pode ser delegada a particulares, sendo esse poder exclusivo do Estado e expressão do próprio *ius imperii*, ou seja, do poder de império, que é próprio e privativo do poder público.

1072) (2015) Banca: FUNIVERSA – Órgão: SEAP-DF – Prova: Agente de Atividades Penitenciárias

Em relação aos atos e aos poderes administrativos, julgue o item seguinte.

Conforme entendimento do STF, admite-se a delegação de poder de polícia a pessoas jurídicas de direito privado.

A) Certo B) Errado

1073) (2014) Banca: CONSULPLAN – Órgão: TERRACAP – Prova: Advogado

O poder de polícia é normalmente conceituado pela doutrina administrativista como a prerrogativa de direito público que, calcada na lei, autoriza a Administração Pública a restringir o uso e o gozo da liberdade e da propriedade em favor do interesse da coletividade (In CARVALHO FILHO, José dos Santos. Manual de Direito Administrativo. 21. ed. Rio de Janeiro: Lumen Juris, 2009, p. 73.). Nesta linha de ideias, NÃO se pode afirmar sobre o poder de polícia:

A) De regra, admite- se a delegação do poder de polícia.
B) O princípio da proporcionalidade é um limite ao poder de polícia
C) Coercibilidade é uma característica, o que o torna obrigatório, independentemente da vontade do administrado.
D) Discricionariedade é uma característica, podendo também ser vinculado, quando todos os elementos da atuação estatal estiverem previstos na lei.
E) Autoexecutoriedade é uma característica, o que significa que a Administração pode promover a execução por si mesma, independentemente de manifestação judicial.

1074) (2014) Banca: VUNESP – Órgão: TJ-PA – Prova: Juiz de Direito Substituto

No âmbito do exercício do poder de polícia, é correto afirmar que os meios diretos de coação

A) não podem ser exemplificados pela interdição de uma obra.
B) decorrem da necessidade da Administração sempre precisar se valer de provimentos do Poder Judiciário.
C) não se aplicam à abstenção de fatos por particulares.
D) serão válidos mesmo quando desproporcionais ou excessivos em relação ao interesse tutelado pela lei.
E) podem ser delegados a pessoas jurídicas de direito público, como autarquias da Administração Indireta.

1075) (2014) Banca: VUNESP – Órgão: PC-SP – Prova: Delegado de Polícia

Ao exercício do poder de polícia são inerentes certas atividades que podem ser sumariamente divididas em quatro grupos: I – legislação; II – consentimento; III – fiscalização; e IV – sanção. Nessa ordem de ideias, é correto afirmar que o particular

A) pode exercer apenas as atividades de consentimento e de sanção, por não serem típicas de Estado.
B) somente pode exercer, por delegação, a atividade de fiscalização, por não ser típica de Estado.
C) pode exercer, por delegação, as atividades de consentimento e fiscalização, por não serem típicas de Estado.
D) pode exercer, por delegação, quaisquer das atividades inerentes ao poder de polícia, pois não se traduzem em funções típicas de Estado.
E) pode exercer, por delegação, o direito de impor, por exemplo, uma multa por infração de trânsito e cobrá-la, inclusive, judicialmente.

1076) (2011) Banca: TRT 2R (SP) – Órgão: TRT – 2ª REGIÃO (SP) – Prova: Juiz do Trabalho

Em relação ao poder de polícia, aponte a alternativa incorreta

A) Não há limitações administrativas ao direito de liberdade e ao direito de propriedade, e sim limitações à liberdade e à propriedade.
B) A atividade estatal de condicionar a liberdade e a propriedade, ajustando-as aos interesses coletivos, designa-se «poder de polícia», abrangendo, em sentido amplo, tanto os atos do Legislativo quanto os do Executivo.
C) Caracterizar o poder de polícia como positivo ou negativo depende apenas do ângulo através do qual se encara a questão. Na verdade, tanto faz dizer que através dele a Administração evita um dano, quanto que por seu intermédio ela constrói uma utilidade coletiva.
D) Há uma separação conceitual entre polícia administrativa e polícia judiciária; a atuação administrativa marca-se pela repressão a uma atuação antissocial, como a dissolução de um comício ou de uma passeata, ao passo que a judiciária se preordena à responsabilização dos violadores da ordem jurídica.
E) Para bem exercer a administração pública, pode o governo delegar aos particulares atos próprios de polícia administrativa, como na fiscalização e cumprimento de normas de trânsito mediante equipamentos fotossensores, pertencentes e operados por empresas privadas contratadas pelo Poder Público.

Em regra, o exercício do Poder de Polícia incumbe ao ente federado ao qual a Constituição outorgou a competência para legislar sobre determinada matéria. Assim, por exemplo, se compete privativamente à União legislar sobre serviço postal (art. 22, V, CF/88), a ela caberá a competência para exercer o Poder de Polícia sobre essa atividade. Contudo, quando o texto constitucional atribuir competência concorrente entre os entes federados para legislar determinado tema, também o fará em relação ao exercício do Poder de Polícia. Exemplificando, nos termos do art. 23, VII, CF/88 *"é competência comum da União, dos Estados, do Distrito Federal e dos Municípios preservar as florestas, a fauna e a flora".*

1077) (2014) Banca: CESPE – Órgão: Câmara dos Deputados – Prova: Analista Legislativo

Como regra, tem competência exclusiva para exercer o poder de polícia a entidade que dispõe de poder para regular a matéria; excepcionalmente, pode haver competências concorrentes na regulação e no policiamento.

A) Certo   B) Errado

1078) (2014) Banca: CESPE – Órgão: Câmara dos Deputados – Prova: Analista Legislativo

Acerca do poder de polícia, julgue o item seguinte.

"A competência para o exercício do poder de polícia é do ente federativo competente para regular a matéria. Como determinadas competências constitucionais são concorrentes, o exercício concorrente do poder de polícia por diferentes entes federativos melhor observará o princípio da eficiência se a gestão for associada, na esteira do moderno federalismo de cooperação".

A) Certo   B) Errado

Conforme estudado acima, o Poder de Polícia é parcialmente delegável e, segundo parcela da doutrina, esse poder se divide em quatro ciclos de atividades: 1 – ordem de polícia,

2 – consentimento de polícia; 3 – fiscalização e 4 – sanção de polícia.

No que tange à delegação das atividades que decorrem do Poder de Polícia, os ciclos 2ª e 3ª seriam delegáveis, tratam-se de atividades de execução do Poder de Polícia. Contudo, os 1ª e 4ª ciclos seriam indelegáveis em razão do fato de que decorrem do poder de império do Estado.

Nos termos do art. 1º da Lei 9.873/1999:

Art. 1º Prescreve em cinco anos a ação punitiva da Administração Pública Federal, direta e indireta, no exercício do poder de polícia, objetivando apurar infração à legislação em vigor, contados da data da prática do ato ou, no caso de infração permanente ou continuada, do dia em que tiver cessado.

§ 1º Incide a prescrição no procedimento administrativo paralisado por mais de três anos, pendente de julgamento ou despacho, cujos autos serão arquivados de ofício ou mediante requerimento da parte interessada, sem prejuízo da apuração da responsabilidade funcional decorrente da paralisação, se for o caso.

§ 2º Quando o fato objeto da ação punitiva da Administração também constituir crime, a prescrição reger-se-á pelo prazo previsto na lei penal.

§ 2 do art. 1, 9873/99.

(...) exceto se a conduta a ser sancionada constituir crime, aplicando-se nesse caso a prescrição da legislação penal".

1079) (2013) Banca: CESPE – Órgão: TRT – 17ª Região (ES) – Prova: Técnico Judiciário – Área Administrativa

Com relação ao poder hierárquico e ao poder de polícia no âmbito federal, julgue o item que se segue.

"As sanções de polícia, por serem aplicadas pela própria administração pública com base em previsão legal, não têm prazo prescricional nem exigem a observância do princípio da ampla defesa e do contraditório".

A) Certo B) Errado

1080) (2013) Banca: FCC – Órgão: TRT – 1ª REGIÃO (RJ) – Prova: Juiz do Trabalho Substituto

O exercício do poder de polícia administrativo, no âmbito da Administração Pública Federal,

A) no que tange à aplicação de punições, está sujeito a prazo prescricional de 5 anos, exceto se a conduta a ser sancionada constituir crime, aplicando-se nesse caso a prescrição da legislação penal.
B) independe de previsão legal, haja vista a existência do poder regulamentar autônomo da Administração nesta matéria.
C) pode ser delegado a entidade privada sem fins lucrativos instituída por particulares, desde que seja celebrado instrumento convenial, após prévia autorização legislativa.
D) é atributo exclusivo de órgãos do Poder Executivo.
E) é sempre dotado dos atributos de imperatividade, discricionariedade e autoexecutoriedade.

1081) (2012) Banca: IESES – Órgão: TJ-RN – Prova: Titular de Serviços de Notas e de Registros

A ação punitiva do Estado deve ocorrer em um certo lapso temporal, sob pena de estar abarcada pelo instituto da prescrição. A respeito do tema, assinale a alternativa INCORRETA:

A) A ação punitiva da Administração Pública Federal, direta e indireta, no exercício do poder de polícia, objetivando apurar infração à legislação em vigor, em regra, prescreve em cinco anos, contados da data em que tomou conhecimento da prática do ato.
B) Em casos de infração permanente ou continuada, a prescrição somente começará a contar da data em que o ato tiver cessado.
C) Se o ato administrativo constituir crime, o prazo prescricional será o mesmo da lei penal.
D) Prescrevem em período superior a três anos os procedimentos administrativos paralisados que estão aguardando despacho ou julgamento da autoridade administrativa.

Poder Hierárquico: Trata-se de poder ligado à estruturação e organização interna da Administração Pública. A hierarquia pode ser representada pelo símbolo da pirâmide no que se refere à estrutura das pessoas jurídicas da Administração Pública Direta e Indireta, sendo que no cume estaria o Chefe do Executivo (Presidente da República, Governador do Estado e Prefeito municipal). Destaca-se que, a hierarquia pode manifestar-se verticalmente, através das relações de subordinação; e horizontalmente, mediante atividades de coordenação.

Importante ressaltar que não há hierarquia entre os poderes Executivo, Legislativo e Judiciário, há apenas a manifestação da hierarquia no âmbito interno de cada um desses poderes.

Algumas **prerrogativas** decorrem do Poder Hierárquico, são elas:

a) ordens: expedição de ordens a serem cumpridas pelos subordinados, desde que não se mostrem manifestamente ilegais;

b) fiscalização/controle: análise do cumprimento pelos subordinados das ordens e normas vigentes;

c) alteração de competências: possibilidade de ampliação temporária da competência, nos termos da lei, por meio dos institutos da delegação e avocação;

d) revisional: **revisão de atos praticados pelos subordinados anulando-os, no caso de vício de legalidade; ou revogando-os, por razões de conveniência e oportunidade;**

e) resolução de conflito de atribuições: resolver, na seara administrativa, conflitos negativos e positivos acerca de atribuições e órgãos e agentes subordinados;

f) disciplinar: prerrogativa de verificação de irregularidades na atuação do subordinado, com aplicação de sanções disciplinares após devido processo legal administrativo.

Sendo a hierarquia uma característica exclusiva do exercício da função administrativa, só se verifica sua manifestação na esfera dos Poderes Legislativo e Judiciário no que concerne às suas funções atípicas de natureza administrativa.

Sendo a hierarquia uma característica exclusiva do exercício da função administrativa, só se verifica sua manifestação na esfera dos Poderes Legislativo e Judiciário no que concerne às suas funções atípicas de natureza administrativa.

1082) (2015) Banca: CESPE – Órgão: MPOG – Prova: Técnico de Nível Superior

Considerando os poderes regulamentar, disciplinar e hierárquico da administração pública, julgue o seguinte item.

"A hierarquia existe tanto no âmbito do Poder Executivo quanto no dos Poderes Legislativo e Judiciário com relação às suas funções de natureza administrativa".
A) Certo   B) Errado

1083) Banca: CESPE – Órgão: TRE-GO – Prova: Técnico Judiciário – Área Administrativa
Julgue o item que se segue, referentes aos poderes da administração pública.
"O poder hierárquico é aquele que confere à administração pública a capacidade de aplicar penalidades".
A) Certo   B) Errado

1084) (2014) Banca: CESPE – Órgão: TCE-PB – Prova: Procurador
Assinale a opção correta acerca dos atos administrativos e da delegação.
A) A medida provisória e o decreto regulamentar são atos administrativos normativos de competência exclusiva do chefe do Poder Executivo
B) Servidor de tribunal de contas estadual está impedido de atuar em processo administrativo em trâmite naquele órgão quando o interessado for seu primo, e a não abstenção em atuar nesse feito gerará nulidade processual
C) A delegação, instituto relacionado com o poder hierárquico, não pode ser usada para transferir a competência para a edição de atos normativos.
D) O ato de delegação importa transferência de competência, em que pese ser esta irrenunciável
E) O ato administrativo será válido quando completar todas as suas fases de elaboração e existência, estando pronto a produzir efeitos.

1085) (2013) Banca: CESPE – Órgão: MJ – Prova: Analista Técnico – Administrativo
Com referência aos princípios do direito administrativo e aos poderes da administração, julgue o próximo item.
Decorre da hierarquia administrativa o poder de dar ordens aos subordinados, que implica o dever de obediência aos superiores, mesmo para ordens consideradas manifestamente ilegais
A) Certo   B) Errado

1086) (2017) Banca: CESPE – Órgão: TCE-PE – Prova: Analista de Gestão – Julgamento
No que concerne aos poderes e deveres da administração pública e aos princípios que regem o regime jurídico-administrativo, julgue o item que se segue.
O poder hierárquico está relacionado à apuração de infrações e à aplicação de penalidades aos servidores públicos, ao passo que o poder disciplinar se vincula às sanções impostas a particulares.
A) Certo   B) Errado

1087) (2016) Banca: FCC – Órgão: PGE-MT – Prova: Técnico – Técnico Administrativo
Os poderes hierárquicos do Chefe do Poder Executivo compreendem a possibilidade de

A) dar ordens aos gestores que lhe estejam hierarquicamente subordinados, desde que compatíveis com o Direito.
B) dar ordens aos gestores públicos, inclusive àqueles que pertençam à Administração pública indireta.
C) avocar competências de seus subordinados, a exemplo, invariavelmente, das de caráter normativo.
D) dar ordens aos gestores que lhe estejam hierarquicamente subordinados, ainda que contrárias ao Direito.
E) demitir, a seu exclusivo critério, gestores que lhe sejam subordinados, inclusive os estáveis.

1088) (2016) Banca: FCC – Órgão: AL-MS – Prova: Auxiliar de Enfermagem
Rafael, servidor público estadual e chefe de determinada repartição, no exercício de seu poder hierárquico, editou ato normativo, qual seja, resolução, a fim de ordenar a atuação de seus subordinados. A propósito do tema, a conduta de Rafael está
A) correta, pois o poder hierárquico é mais abrangente e sempre engloba o poder normativo da Administração pública, também denominado de poder regulamentar.
B) correta, pois insere-se dentro das atribuições próprias do poder hierárquico.
C) incorreta, pois não se insere no âmbito de atribuições próprias do poder hierárquico, mas sim, do poder disciplinar.
D) incorreta, pois não se insere no âmbito de atribuições próprias do poder hierárquico, mas sim, do poder de polícia, que também vigora entre os servidores e órgãos públicos.
E) incorreta, pois não se insere no âmbito de atribuições próprias do poder hierárquico, mas sim, do poder normativo.

1089) (2015) Banca: FCC – Órgão: TRT – 15ª REGIÃO – Prova: Juiz do Trabalho Substituto
Quando se fala sobre a coordenação e subordinação de entes, órgãos e agentes entre si e se alude à uma distribuição de funções, para que seja promovida uma sequência de autoridade progressiva, estrutura que viabilizará a ordenação harmônica de atuações, agregada a possibilidade de fiscalização e correção de eventuais irregularidades, trata-se da descrição do poder
A) discricionário da administração, que tem a função de gestão, com esfera de decisão fundada exclusivamente em critérios de conveniência e oportunidade para organização administrativa.
B) disciplinar, que se aplica às relações jurídicas ou não jurídicas travadas pela Administração pública, com vistas ao incremento de controle.
C) de polícia, cujo conteúdo contemporâneo não traz mais o sentido de limitação a direitos e garantias individuais.
D) hierárquico, intrínseco à organização administrativa e que se consubstancia em importante ferramenta para viabilizar a execução das funções administrativas.
E) regulamentar, que constitui verdadeira competência normativa originária para organização da administração, possibilitando não só a estruturação das atividades, mas também a reestruturação de pessoal, com criação e extinção de cargos e empregos visando ganho de eficiência e economicidade.

1090) (2014) Banca: FCC – Órgão: TRT – 2ª REGIÃO (SP) – Prova: Analista Judiciário – Oficial de Justiça Avaliador

Quando a Administração pública edita atos normativos que se prestam a orientar e disciplinar a atuação de seus órgãos subordinados, diz-se que atuação é expressão de seu poder;

A) hierárquico, traduzindo a competência de ordenar a atuação dos órgãos que integram sua estrutura.
B) disciplinar, atingindo eventuais terceiros que não integram a estrutura da Administração.
C) de polícia interna, que tem lugar quando os destinatários integram a própria estrutura da Administração.
D) normativo, que tem lugar quando os destinatários integram a própria estrutura da Administração.
E) de polícia normativa, embora não atinjam os administrados em geral, sujeitos apenas ao poder regulamentar.

1091) (2013) Banca: FCC – Órgão: TRT – 18ª Região (GO) – Prova: Técnico Judiciário – Área Administrativa

O poder hierárquico encontra-se presente:

A) nas relações entre a Administração pública e as empresas regularmente contratadas por meio de licitação.
B) na relação funcional entre servidores estatutários e seus superiores.
C) nas relações de limitação de direitos que se trava entre administrados e autoridades públicas.
D) entre servidores estatutários de mesmo nível funcional.
E) somente entre servidores e superiores militares.

1092) (2015) Banca: FGV – Órgão: Câmara Municipal de Caruaru – PE – Prova: Analista Legislativo – Direito

A Administração Pública escalona, em plano vertical, seus órgãos e agentes com o objetivo de organizar a função administrativa, por meio do poder

A) disciplinar.
B) de polícia.
C) regulamentar.
D) hierárquico.
E) vinculado.

1093) (2013) Banca: FGV – Órgão: TJ-AM – Prova: Analista Judiciário – Administração

Os poderes instrumentais são conferidos à Administração e devem ser empregados apenas para o atendimento do interesse público. O poder administrativo é conferido à autoridade para remover interesses particulares que se opõem ao interesse público.

Com relação ao Poder Hierárquico, assinale V para a afirmativa verdadeira e F para a falsa.

( ) Juntamente com o poder disciplinar, o poder hierárquico sustenta a ordem administrativa.
( ) O poder hierárquico tem por objetivo coordenar, controlar e definir as atividades administrativas, no âmbito interno da Administração.
( ) Graças ao poder hierárquico, a Administração escalona a função de seus órgãos, revê a atuação de seus agentes e estabelece a relação de subordinação entre seus servidores.

As afirmativas são respectivamente:

A) F, V e F.
B) F, F e V.
C) V, F e V.
D) V, V e V.
E) F, F e V.

1094) (2016) Banca: FGV – Órgão: IBGE – Prova: Analista – Auditoria

Em tema de poderes administrativos, o vínculo que coordena e subordina uns aos outros os órgãos da Administração Pública, graduando a autoridade de cada um, decorre do chamado pela doutrina de poder:

A) vinculado;
B) normativo;
C) hierárquico;
D) disciplinar;
E) regulamentar.

1095) (2015) Banca: VUNESP – Órgão: PC-CE – Prova: Escrivão de Polícia Civil de 1ª Classe

O Delegado Geral da Polícia Civil, ao organizar e distribuir as funções de seus órgãos, estabelecendo a relação de subordinação entre os servidores do seu quadro de pessoal, estará exercendo o seu

A) poder de polícia.
B) poder disciplinar.
C) poder hierárquico.
D) poder normativo.
E) poder regulamentar.

1096) (2014) Banca: COPEVE-UFAL – Órgão: UFAL – Prova: Auxiliar em Administração (+ provas)

A aplicação, pela chefia, de pena de suspensão ao servidor em razão do cometimento de falta administrativa é considerada, ao mesmo tempo, manifestação de quais poderes administrativos?

A) Hierárquico e de polícia.
B) Hierárquico e disciplinar.
C) Disciplinar e de polícia.
D) Vinculado e regulamentar.
E) Discricionário e regulamentar.

1097) (2014) Banca: COPEVE-UFAL – Órgão: UFAL – Prova: Administrador

O ato de um chefe de uma repartição que delega atribuições que não representem o poder decisório e nem a edição de atos de conteúdo normativo a um subordinado seu decorre do poder

A) disciplinar.
B) regulamentar.
C) de polícia.
D) hierárquico.
E) normativo.

1098) (2014) Banca: IADES – Órgão: TRE-PA – Prova: Analista Judiciário – Área Judiciária

A esfera administrativa é ordenada em razão dos poderes distribuídos entre os agentes administrativos. A respeito dos poderes administrativos, assinale a alternativa correta.

A) Os servidores públicos têm o dever de acatar e cumprir as ordens de seus superiores hierárquicos, salvo quando essas forem manifestamente ilegais.
B) Pelo poder de polícia, a Administração poderá punir particular com o qual mantém contrato administrativo, na hipótese em que não execute o objeto contratado.
C) A omissão, pelo agente público, diante de uma lei que determina a prática de um ato, constitui-se nítido caso de desvio de poder.
D) Poder de polícia originário é aquele executado pelas pessoas administrativas integrantes da Administração direta e indireta.
E) Desvio de poder e excesso de poder possuem a mesma definição no âmbito administrativo.

1099) (2016) Banca: IBFC – Órgão: TCM-RJ Prova: Técnico de Controle Externo

Da hierarquia decorrem os seguintes poderes, exceto:

A) ordenar ao subordinado atividades ou atos a praticar e a conduta a seguir em cada caso
B) condicionar e restringir o exercício dos direitos individuais, tais como a propriedade e a liberdade, em benefício do interesse público
C) fiscalizar as atividades dos órgãos ou agentes que lhes são subordinados, para zelar pela legitimidade dos atos praticados
D) rever as decisões dos inferiores, o que exprime a capacidade da administração de reapreciar os próprios atos

1100) (2016) Banca: FUNRIO – Órgão: IF-BA – Prova: Assistente em Administração

Dentre os Poderes Administrativos, aquele que tem natureza organizacional e revisora, pois representa a competência da Administração Pública para distribuir e afunilar atribuições aos seus órgãos, de ordenar, fiscalizar e rever a atuação de seus agentes, firmando clara e exigível subordinação entre os que a compõem, é o poder

A) gerencial.
B) de polícia.
C) hierárquico.
D) de administração suplementar.
E) estratégico.

1101) (2015) Banca: Cursiva – Órgão: CIS – AMOSC – SC – Prova: Técnico administrativo

Na questão dos princípios básicos da Administração Pública, os Poderes Administrativos são verdadeiros instrumentos de trabalho para a realização das atividades administrativas (poder-dever). Deles são exemplos: Que poder é aquele que o Executivo dispõe para distribuir e escalonar as funções de seus órgãos, ordenar e rever a atuação de seus agentes, estabelecendo a relação de subordinação entre os servidores do seu quadro pessoal.

A) Poder Normativo
B) Poder Disciplinar
C) Poder Hierárquico
D) nenhuma alternativa correta

1102) (2015) Banca: FUNIVERSA – Órgão: SEAP-DF – Prova: Agente de Atividades Penitenciárias

Com relação aos poderes administrativos, julgue o item subsequente.

Consoante a doutrina majoritária, considera-se exercício do poder hierárquico a atividade do Estado que condiciona a liberdade e a propriedade do indivíduo aos interesses coletivos.

A) Certo   B) Errado

1103) (2014) Banca: FEPESE – Órgão: MPE-SC – Prova: Procurador do Estado

Assinale a alternativa incorreta.

A) Pelo poder hierárquico os agentes públicos podem delegar e avocar competências.
B) Uma entidade estatal não pode exercer o poder hierárquico sobre uma entidade autárquica, pois não há relação de subordinação entre elas, mas, tão somente, um vínculo administrativo.
C) O poder hierárquico é aquele que confere à Administração Pública a capacidade de ordenar, coordenar, controlar e corrigir as atividades administrativas no âmbito interno da Administração.
D) É por meio do poder hierárquico que a Administração Pública ordena funções administrativas, escalonando-as entre seus órgãos e agentes públicos. Essa relação de subordinação implica o dever de obediência às ordens superiores, ainda que ilegais.
E) Um órgão administrativo e seu titular poderão, se não houver impedimento legal, delegar parte da sua competência a outros órgãos ou titulares, ainda que estes não lhe sejam hierarquicamente subordinados, em razão de circunstâncias de índole técnica, social, econômica, jurídica ou territorial.

1104) (2014) Banca: FUNCAB – Órgão: PRODAM-AM – Prova: Assistente Social (+ provas)

Para distribuir e escalonar as funções de seus órgãos, ordenar e rever a atuação de seus agentes, estabelecendo a relação de subordinação entre os servidores do seu quadro de pessoal, a Administração se utiliza do Poder:

A) disciplinar.
B) hierárquico.
C) de polícia.
D) regulamentar.
E) discricionário.

1105) (2013) Banca: FUNCAB – Órgão: PC-ES – Prova: Escrivão de Polícia

A Administração Pública é a atividade desenvolvida pelo Estado ou pelos seus delegados, sob o regime de direito público. Quanto aos poderes da administração, marque a única alternativa INCORRETA.

A) Vinculado: quando a lei confere à Administração Pública poder para a prática de determinado ato, estipulando todos os requisitos e elementos necessários à sua validade.
B) Discricionário: quando o Direito concede à Administração, de modo explícito ou implícito, poder para prática de determinado ato com liberdade de escolha de sua conveniência e oportunidade.

C) Hierárquico: é a atividade da Administração Pública que, limitando ou disciplinando direitos, interesses ou liberdades individuais, regula a prática do ato ou abstenção de fato, em razão do interesse público. É aplicado aos particulares.

D) Disciplinar: é conferido à Administração para apurar infrações e aplicar penalidades funcionais a seus agentes e demais pessoas sujeitas à disciplina administrativa, como é o caso das que por ela são contratadas.

E) Normativo: embora a atividade normativa caiba predominantemente ao Legislativo, nele não se exaure, cabendo ao Executivo expedir regulamentos e outros atos normativos de caráter geral e de efeitos externos.

1106) (2014) Banca: MPE-SC – Órgão: MPE-SC – Prova: Promotor de Justiça – Matutina

A Administração Pública brasileira baseia-se no princípio da hierarquia, que estabelece uma relação de subordinação entre seus órgãos e agentes. Presta-se como instrumento de organização do serviço e meio de responsabilização dos agentes administrativos, impondo ao subalterno o dever de obediência às determinações superiores.

A) Certo   B) Errado

Anulação: possibilidade de **anulação/invalidação** do ato administrativo pelo superior hierárquico. Ou seja, quando verificada a prática de **conduta ilegal** por parte do subordinado, compete ao superior hierárquico anular o ato administrativo. Nesse sentido, a súmula nº. 473 do Supremo Tribunal Federal enuncia que:

"A administração pode anular seus próprios atos, quando eivados de vícios que os tornam ilegais, porque deles não se originam direitos; ou revogá-los, por motivo de conveniência ou oportunidade, respeitados os direitos adquiridos, e ressalvada, em todos os casos, a apreciação judicial." A anulação opera efeitos retroativos (*ex tunc*), como se o ato nunca houvesse existido; e a revogação gera efeitos proativos (ex nunc), que não retroagem à data de edição do ato.

1107) (2016) Banca: CESPE – Órgão: PC-GO – Prova: Agente de Polícia Substituto

Com relação aos poderes administrativos e ao uso e abuso desses poderes, assinale a opção correta.

A) O poder de polícia refere-se às relações jurídicas especiais, decorrentes de vínculos jurídicos específicos existentes entre o Estado e o particular.

B) O poder disciplinar, mediante o qual a administração pública está autorizada a apurar e aplicar penalidades, alcança tão somente os servidores que compõem o seu quadro de pessoal.

C) A invalidação, por motivos de ilegalidade, de conduta abusiva praticada por administradores públicos ocorre no âmbito judicial, mas não na esfera administrativa.

D) Poder regulamentar é a competência atribuída às entidades administrativas para a edição de normas técnicas de caráter normativo, executivo e judicante.

E) Insere-se no âmbito do poder hierárquico a prerrogativa que os agentes públicos possuem de rever os atos praticados pelos subordinados para anulá-los, quando estes forem considerados ilegais, ou revogá-los por conveniência e oportunidade, nos termos da legislação respectiva.

1108) (2017) Banca: CESPE – Órgão: TCE-PE – Prova: Auditor de Controle Externo – Auditoria de Contas Públicas

Com relação a agentes públicos, atos administrativos, poderes da administração pública e responsabilidade civil do Estado, julgue o item subsequente.

Caso se verificasse a promoção indevida de servidor do TCE/PE, o ato administrativo pertinente deveria ser anulado, e o servidor teria de restituir os valores percebidos a mais.

A) Certo b) Errado

1109) (2017) Banca: FGV – Órgão: SEPOG – RO – Prova: Técnico em Políticas Públicas e Gestão Governamental

A anulação de atos administrativos decorre de sua ilegalidade e pode ser originada de dois modos distintos: a própria Administração Pública uma vez que tome ciência do vício de legalidade do ato, deverá anulá-lo, (é o chamado controle interno) e, ainda, a possibilidade de se recorrer ao Judiciário para que determinado ato administrativo, eivado de vício de legalidade, seja anulado.

Sobre a anulação de um ato administrativo, analise as afirmativas a seguir, assinalando V para a afirmativa verdadeira e F para a falsa.

( ) A anulação de um ato administrativo, em tese, deve implicar o desfazimento de todas as relações que dele resultaram.

( ) A anulação de um ato opera efeitos que não retroagem à sua origem – efeitos ex tunc.

( ) Os efeitos *ex tunc* podem ser flexibilizados.

As afirmativas são, respectivamente,

A) V – V – V.
B) F – V – V.
C) V – F – V.
D) F – F – F.
E) F – F – V.

1110) (2017) Banca: FCC – Órgão: TST – Prova: Juiz do Trabalho Substituto

Sobre o ato administrativo, é correto afirmar:

A) Os atos que apresentarem defeitos sanáveis, em decisão na qual se evidencie não acarretarem lesão ao interesse público nem prejuízo a terceiros, serão convalidados pela própria Administração com efeitos *ex nunc*.

B) O órgão competente para decidir o recurso administrativo poderá confirmar, modificar, anular ou revogar, total ou parcialmente, a decisão recorrida, se a matéria for de sua competência, dispensando-se a oitiva do recorrente na hipótese de reformatio in pejus.

C) O direito da Administração de anular os atos administrativos de que decorram efeitos favoráveis para os destinatários decai em cinco anos, contados da data em que foram praticados, salvo comprovada má-fé, sendo certo que, no caso de efeitos patrimoniais contínuos, o prazo decadencial contar-se-á da percepção do primeiro pagamento.

D) O poder de revogar atos administrativos fundamenta-se juridicamente na normal competência de agir da autoridade administrativa e tem como características nucleares a renunciabilidade, a transmissibilidade e a prescritibilidade.

E) Pode haver revogação de ato administrativo vinculado, a exemplo da licença.

Revogação: ocorre quando a conduta realizada pelo subordinado é lícita, contudo, a escolha feita pelo agente, dentro das margens de discricionariedade, não foi a mais interessante para fins de alcançar o interesse público. Nesse caso, a medida poderá ser revogada pelo superior hierárquico, gerando efeitos ex nunc (efeitos que não retroagem à data de edição do ato). Pode ocorrer a anulação tanto dos atos discricionários quanto dos atos vinculados. Já a revogação, só acontece se for ato discricionário, pelo fato da conveniência e oportunidade que a administração vai observar (discricionariedade).

1111) (2017) Banca: CESPE – Órgão: TCE-PE – Prova: Analista de Gestão – Administração

Com referência a atos administrativos e improbidade administrativa, julgue o item subsequente.

Na revogação, o ato é extinto por oportunidade e conveniência, ao passo que, na anulação, ele é desfeito por motivo(s) de ilegalidade.

A) Certo   B) Errado

1112) (2009) Banca: FCC – Órgão: TRT – 7ª Região (CE) – Prova: Técnico Judiciário – Área Administrativa

A revogação do ato administrativo ocorre quando

A) a Administração extingue um ato válido, por razões de conveniência e oportunidade.
B) foi praticado com desvio de finalidade ou abuso de poder.
C) contiver vício relativo ao sujeito.
D) o ato alcançou plenamente a sua finalidade.
E) o ato é praticado de forma diversa da prevista em lei.

1113) (2017) Banca: FGV – Órgão: SEPOG – RO – Prova: Técnico em Políticas Públicas e Gestão Governamental

A respeito da revogação de atos administrativos que no entendimento da Administração Pública, embora não apresentem ilegalidade, não são mais convenientes ao interesse público, ou seja, tornaram-se inconvenientes e inoportunos.

A partir do fragmento acima, assinale V para a afirmativa verdadeira e F para a afirmativa falsa.

( ) Tal revogação tem por base o poder discricionário do administrador e só pode ser aplicada sobre atos discricionários.
( ) Já que não houve ilegalidade no ato administrativo, os eventuais direitos adquiridos, que dele se originaram, serão mantidos.
( ) A revogação de um ato opera efeitos que não retroagem à sua origem – efeitos ex nunc.

As afirmativas são, respectivamente,

A) V – F – V.
B) F – F – V.
C) F – V – V.
D) V – V – V.
E) V – V – F.

1114) (2013) Banca: FCC – Órgão: TRT – 15ª REGIÃO – Prova: Técnico Judiciário – Área Administrativa

A possibilidade de autoridade superior de órgão da Administração direta revogar ou anular atos praticados por seus subordinados, nos termos da lei, é exteriorização do poder.

A) de Tutela.
B) Hierárquico.
C) Disciplinar.
D) Regulamentar.
E) Normativo.

1115) (2016) Banca: FCC – Órgão: Copergás – PE – Prova: Auxiliar Administrativo

A revogação do ato administrativo

A) relaciona-se ao princípio da vinculação.
B) pode ser decretada se houver vício de finalidade do ato.
C) não é decretada pelo Judiciário.
D) se dá com efeitos ex tunc.
E) pode ser decretada se houver vício de forma do ato.

Delegação: Trata-se da **transferência/ampliação do exercício das atribuições** de um órgão ou agente para outro órgão ou agente de **mesma hierarquia (delegação horizontal)** ou de **hierarquia inferior (delegação vertical)**. A delegação deve ser temporária e pode ser revogada a qualquer tempo pelo **delegante (caráter precário)**, devendo o ato de delegação especificar as matérias e os poderes transferidos, os limites da atuação, a duração e os objetivos.

Avocação: Trata-se do **chamamento temporário, por autoridade ou órgão superior, das atribuições originariamente determinadas pela lei ao agente ou órgão que se encontra em posição inferior** (avocação horizontal). Nesse caso, as atribuições não podem ser de competência exclusiva do agente ou órgão subordinado.

Avocação: refere-se à **tomada de competência de um órgão hierarquicamente inferior por um órgão hierarquicamente superior temporariamente**, diante de motivos devidamente justificados. Portanto, trata-se de situação em que um órgão superior chama para a si a responsabilidade de execução de uma atividade de competência do órgão que se encontra em posição inferior (avocação horizontal). Nesse caso, as atribuições não podem ser de competência exclusiva do órgão.

1116) (2013) Banca: CESPE – Órgão: SEGER-ES – Prova: Analista Executivo – Direito

Acerca dos poderes da administração pública, assinale a opção correta.

A) O poder de polícia é prerrogativa conferida à administração, que pode condicionar e restringir o uso e o gozo de bens, atividades e direitos individuais, em benefício do interesse público, sendo exercido pela polícia civil no âmbito estadual e pela Polícia Federal no âmbito da União.
B) O poder hierárquico é o poder de que dispõe a administração para organizar e distribuir as funções de seus órgãos, estabelecendo a relação de subordinação entre os servidores do seu quadro de pessoal.
C) O poder discricionário somente poderá ser exercido, em respeito ao princípio do direito adquirido, no momento em que o ato for praticado.
D) O poder disciplinar, necessário à manutenção e à organização da estrutura interna da administração, é exercido por meio de atos normativos que regulam o funcionamento dos órgãos.

E) O poder regulamentar confere à administração a prerrogativa de editar atos gerais para complementar ou alterar as leis.

1117) (2012) Banca: CESPE – Órgão: PRF – Prova: Agente Administrativo

No âmbito interno da administração direta do Poder Executivo, há manifestação do poder hierárquico entre órgãos e agentes.

A) Certo   B) Errado

1118) (2012) Banca: CESPE – Órgão: PC-AL – Prova: Agente de Polícia

A aplicação de pena a um servidor público constitui exemplo de exercício de poder hierárquico.

A) Certo   B) Errado

1119) (2012) Banca: CESPE – Órgão: Câmara dos Deputados – Prova: Analista

Em decorrência da aplicação do poder hierárquico, uma autoridade pública pode delegar atribuições que não lhe sejam privativas a subordinado.

A) Certo   B) Errado

1120) (2011) Banca: CESPE – Órgão: TJ-ES – Prova: Analista Judiciário

O poder disciplinar consiste em distribuir e escalonar as funções, ordenar e rever as atuações e estabelecer as relações de subordinação entre os órgãos públicos, inclusive seus agentes.

A) Certo   B) Errado

1121) (2011) Banca: CESPE – Órgão: IFB – Prova: Assistente de Administração

Decorre do poder hierárquico o dever dos servidores públicos civis federais de cumprir as ordens, mesmo que manifestamente ilegais, de seus superiores hierárquicos.

A) Certo   B) Errado

1122) (2011) Banca: CESPE – Órgão: PC-ES – Prova: Auxiliar de Perícia Médico-legal

O poder conferido à administração pública de interditar determinado estabelecimento comercial, sem a necessidade de obtenção de prévia autorização judicial, denomina-se poder hierárquico.

A) Certo   B) Errado

1123) (2014) Banca: FCC – Órgão: TRT – 19ª Região (AL) – Prova: Técnico Judiciário – Área Administrativa

Carlos Eduardo, servidor público estadual e chefe de determinada repartição pública, adoeceu e, em razão de tal fato, ficou impossibilitado de comparecer ao serviço público. No entanto, justamente no dia em que o mencionado servidor faltou ao serviço, fazia-se necessária a prática de importante ato administrativo. Em razão do episódio, Joaquim, servidor público subordinado de Carlos Eduardo, praticou o ato, vez que a lei autorizava a delegação. O fato narrado corresponde a típico exemplo do poder

A) disciplinar.
B) de polícia.
C) regulamentar.
D) hierárquico.
E) normativo-disjuntivo.

1124) (2011) Banca: FCC – Órgão: TRE-AP – Prova: Analista Judiciário – Área Administrativa

NÃO constitui objetivo do poder hierárquico o ato (ou a conduta) de

A) ordenar.
B) sancionar.
C) controlar.
D) coordenar.
E) corrigir.

1125) (2013) Banca: FCC – Órgão: MPE-MA – Prova: Técnico Ministerial – Execução de Mandados

A avocação é atribuição própria do poder

A) de polícia.
B) disciplinar.
C) regulamentar.
D) hierárquico.
E) jurídico-normativo.

1126) (2013) Banca: FUNCAB – Órgão: PC-ES – Prova: Perito em Telecomunicação

O poder interno que permite à Administração Pública estruturar de forma graduada as funções de seus órgãos e agentes, estabelecendo relação de subordinação entre os diferentes servidores da estrutura administrativa é denominado poder:

A) discricionário.
B) disciplinar.
C) constituinte.
D) hierárquico.
E) regulamentar.

1127) (2011) Banca: IADES – Órgão: PG-DF – Prova: Analista Jurídico – Direito e Legislação

Sabe-se que os poderes administrativos são instrumentos que permitem à Administração cumprir suas finalidades. Segundo o Prof. José dos Santos Carvalho Filho, podemos conceituá-los como "o conjunto de prerrogativas de direito público que a ordem jurídica confere aos agentes administrativos para o fim de permitir que o Estado alcance seus fins". Sobre os poderes administrativos, assinale a alternativa correta.

A) No poder discricionário, a Administração dispõe de uma razoável liberdade de atuação, podendo valorar a oportunidade e conveniência da prática do ato, estabelecendo o motivo e escolhendo, dentro dos limites, seu conteúdo. O ato discricionário ilegal poderá ser anulado pela própria Administração ou até mesmo no âmbito do Poder Judiciário. Segundo a maioria da doutrina, o Poder Judiciário poderá reapreciar o mérito administrativo do ato, exigindo-se, para tanto, fundamentação da decisão judicial.

B) O poder de polícia é a faculdade de que dispõe a Administração Pública para condicionar e restringir o uso e o gozo de bens, atividades e direitos individuais, em benefício da coletividade ou do próprio Estado. Recente decisão do STF

estabelece que o exercício do Poder de Polícia não poderá sofrer qualquer espécie de controle por parte do Judiciário. A decisão do pretório excelso foi fundamentada no sentido de que o referido controle pelo judiciário causaria um descrédito da Administração junto aos seus administrados.
C) Segundo a doutrina tradicional, o poder hierárquico é aquele em que o agente fica inteiramente restrito ao enunciado da lei, que, de resto, estabelece o único comportamento a ser adotado em situações concretas, não deixando nenhuma margem de liberdade para uma apreciação subjetiva pelo administrador.
D) É correto afirmar que os institutos de delegação e o de avocação decorrem do chamado poder hierárquico. Outro fruto deste poder é a possibilidade de a Administração emanar atos, disciplinando a atuação e o funcionamento de órgãos inferiores.
E) Não poderá ser atribuída a característica da autoexecutoriedade ao poder de polícia da Administração Pública.

1128) (2013) Banca: VUNESP – Órgão: Câmara Municipal de São Carlos – SP – Prova: Advogado

Em relação aos poderes administrativos, é correto afirmar que

A) o Governador, ao nomear o respectivo Secretário da Segurança Pública ao seu nuto, demonstra um exemplo do exercício do poder administrativo regulamentar
B) o Prefeito que expediu decreto para o fiel cumprimento de determinada lei municipal exerceu o respectivo poder administrativo disciplinar.
C) o Secretário Municipal que, após apuração devida e regular, decide por sentença administrativa disciplinar contra subordinado transgressor demonstra exemplo do exercício do poder administrativo regulamentar.
D) a Presidenta da República quando sanciona uma lei dá exemplo da prática do poder administrativo vinculado.
E) o Comandante da Guarda Municipal, quando avoca para si a decisão de procedimento administrativo disciplinar, que era da competência originária do Subcomandante da Guarda Municipal, dá exemplo do exercício do poder hierárquico.

1129) (2014) Banca: COPEVE-UFAL – Órgão: CASAL – Prova: Assistente Administrativo

As prerrogativas de avocação, comando (dar ordens) e revisão decorrem diretamente de qual poder administrativo?

A) Poder vinculado
B) Poder normativo ou regulamentar
C) Poder de polícia
D) Poder hierárquico
E) Poder discricionário

1130) (2014) Banca: FUNCAB – Órgão: SEPLAG-MG – Prova: Direito

A avocação e a delegação de competências na Administração Pública são manifestações típicas do poder:

A) de polícia.
B) regulamentar.
C) disciplinar.
D) hierárquico.

1131) (2012) Banca: CEPERJ – Órgão: PROCON-RJ Prova: Advogado

A Administração Pública organiza-se de forma escalonada. Quando determinado órgão detém a possibilidade de avocação de processos administrativos, encontra-se diante do poder:

A) eficiente
B) moralizador
C) hierárquico
D) razoável
E) regulamentar

1132) (2011) Banca: Prefeitura do Rio de Janeiro – RJ – Órgão: TCM-RJ Prova: Técnico de Controle Externo

É com base no Poder Hierárquico que:

A) um guarda de trânsito pode aplicar multas e ordenar o trânsito
B) a União pode intervir nas atividades administrativas de Entes menores, assegurando sua hierarquia sobre eles
C) a autoridade policial pode cumprir mandados de busca e apreensão e de prisão
D) o superior pode avocar atribuições ou atividades de seus subordinados
E) as autoridades têm sempre a faculdade de delegar suas funções aos subordinados

1133) (2017) Banca: UFMT – Órgão: UFSBA – Prova: Administrador (+ provas)

Considerando as normas previstas na Lei nº 9.784/1999 em matéria de competência, analise as assertivas.

I. Um órgão administrativo e seu titular poderão, se não houver impedimento legal, delegar parte da sua competência a outros órgãos ou titulares, desde que sejam hierarquicamente subordinados a eles.
II. O ato de delegação é revogável a qualquer tempo pela autoridade delegante.
III. Não pode ser objeto de delegação a edição de atos de caráter normativo.
IV. A avocação temporária de competência por órgão hierarquicamente superior ao qual ela foi atribuída é permitida em caráter excepcional e por motivos relevantes devidamente justificados.

Estão corretas as assertivas

A) I, II e IV, apenas.
B) II, III e IV, apenas.
C) I, III e IV, apenas.
D) II e III, apenas.

1134) (2017) Banca: IF-PE – Órgão: IF-PE – Prova: Administrador

Sobre o processo administrativo no âmbito da Administração Pública Federal, conforme disposto na Lei nº 9.784, de 29 de janeiro de 1999, é CORRETO afirmar:

A) O desatendimento da intimação não importa o reconhecimento da verdade dos fatos, nem a renúncia a direito da corregedoria.
B) A procuradoria geral da união é o órgão competente perante o qual tramita o processo administrativo, que intimará o interessado para ciência de decisão ou a efetivação de diligências.

C) Os atos do processo podem realizar-se em qualquer dia e horário, independente do funcionamento da repartição na qual tramitar o processo.

D) Devem ser objeto de intimação os atos do processo que resultem para o interessado em imposição de direitos ao exercício da função e atividades e os atos de outra natureza, de seu interesse.

E) A avocação é a tomada de competência de um órgão hierarquicamente inferior por um órgão hierarquicamente superior temporariamente.

1135) (2016) Banca: FUNCAB – Órgão: ANS – Prova: Técnico em Regulação de Saúde Suplementar

No tocante aos poderes administrativos pode-se afirmar que a delegação e avocação decorrem do poder:

A) hierárquico.
B) discricionário.
C) disciplinar.
D) regulamentar.
E) de polícia.

Cumpre salientar que a lei, expressamente, proíbe a delegação de competência e consequentemente, a avocação, nas três situações a seguir descritas:

Competência exclusiva definida em lei;

Decisão de recurso hierárquico;

Edição de atos normativos;

1136) (2017) Banca: VUNESP – Órgão: CRBio – 1º Região Prova: Analista – Advogado

A competência é irrenunciável e se exerce pelos órgãos administrativos a que foi atribuída como própria, salvo os casos de delegação e avocação legalmente admitidos, observando-se que

A) não pode ser objeto de delegação a decisão de recursos administrativos.
B) a delegação só pode ser feita a outros órgãos ou titulares hierarquicamente subordinados.
C) o ato de delegação é revogável pela autoridade delegante, desde que decorrido o prazo mínimo de um mês.
D) podem ser objeto de delegação os atos de caráter normativo expressamente constantes do ato, que deverá ser motivado.
E) as decisões adotadas por delegação considerar-se-ão editadas pelo delegante.

1137) (2016) Banca: COPEVE-UFAL – Órgão: UFAL – Prova: Administrador (+ provas)

O poder administrativo que compreende, dentre outras, a prerrogativa de avocar competência é denominado de poder

a) de polícia.
b) normativo.
c) disciplinar.
d) hierárquico.
e) regulamentar.

Não há hierarquia entre os poderes Executivo, Legislativo e Judiciário. Contudo, há a manifestação do Poder Hierárquico no âmbito interno de cada uma desses poderes, haja vista a distribuição interna de competências entre órgãos nessas entidades e o fato que esses poderes exercem função administrativa ainda que atipicamente.

1138) (2013) Banca: CESPE – Órgão: TRT – 17ª Região (ES) – Prova: Técnico Judiciário – Área Administrativa

Com relação ao poder hierárquico e ao poder de polícia no âmbito federal, julgue o item que se segue.

"Não há relação de hierarquia entre os parlamentares nem entre os juízes no exercício de suas funções institucionais. Pode-se considerar, portanto, que o poder hierárquico existe apenas no âmbito do Poder Executivo, não no âmbito dos Poderes Legislativo e Judiciário".

A) Certo   B) Errado

1139) (2015) Banca: CESPE – Órgão: DPU – Prova: Defensor Público

Julgue o item a seguir, que tratam da hierarquia e dos poderes da administração pública.

"A hierarquia é uma característica encontrada exclusivamente no exercício da função administrativa, que inexiste, portanto, nas funções legislativa e jurisdicional típicas".

A) Certo   B) Errado

Poder Disciplinar: Trata-se do poder que a Administração Pública utiliza para fins de **aplicar sanções a todos àqueles que possuem vínculo de natureza especial com o Estado, como os servidores públicos e os particulares que celebraram contratos com o Poder Público.** Trata-se, como próprio nome já diz, de poder **punitivo/sancionatório** -> disciplinar.

O Poder Disciplinar consiste em um sistema punitivo interno, **não permanente**, que irá se manifestar somente quando o servidor come ter uma falta funcional ou quando particular descumprir as obrigações contratuais e, por isso, **não se pode confundir este poder com o sistema punitivo exercido pela justiça penal, muito menos com o exercício do Poder de Polícia.**

1140) (2016) Banca: CESPE – Órgão: PC-PE – Prova: Delegado de Polícia

Acerca dos poderes e deveres da administração pública, assinale a opção correta.

A) A autoexecutoriedade é considerada exemplo de abuso de poder: o agente público poderá impor medidas coativas a terceiros somente se autorizado pelo Poder Judiciário.
B) À administração pública cabe o poder disciplinar para apurar infrações e aplicar penalidades a pessoas sujeitas à disciplina administrativa, mesmo que não sejam servidores públicos.
C) Poder vinculado é a prerrogativa do poder público para escolher aspectos do ato administrativo com base em critérios de conveniência e oportunidade; não é um poder autônomo, devendo estar associado ao exercício de outro poder.
D) Faz parte do poder regulamentar estabelecer uma relação de coordenação e subordinação entre os vários órgãos, incluindo o poder de delegar e avocar atribuições.
E) O dever de prestar contas aos tribunais de contas é específico dos servidores públicos; não é aplicável a dirigente de entidade privada que receba recursos públicos por convênio

1141) (2014) Banca: CESPE – Órgão: Polícia Federal – Prova: Agente Administrativo

Julgue o item que se segue, relativos aos atos administrativos e poderes da administração.

"O poder para a instauração de processo administrativo disciplinar e aplicação da respectiva penalidade decorre do poder de polícia da administração".

A) Certo   B) Errado

1142) (2014) Banca: CESPE – Órgão: TC-DF – Prova: Analista Administrativo – Tecnologia da Informação

Considere que, durante uma fiscalização, fiscais do DF tenham encontrado alimentos com prazo de validade expirado na geladeira de um restaurante. Diante da ocorrência, lavraram auto de infração, aplicaram multa e apreenderam esses alimentos. Com base na situação hipotética apresentada, julgue o item subsecutivo.

"A aplicação de multa ao estabelecimento comercial decorre do poder disciplinar da administração pública".

A) Certo   B) Errado

1143) (2014) Banca: CESPE – Órgão: TC-DF – Prova: Técnico de Administração

Suponha que a Secretaria de Saúde do DF tenha celebrado contrato de prestação de serviços de limpeza e conservação do prédio da sede do órgão. Suponha, ainda, que a empresa contratada não esteja fornecendo o material necessário à execução dos serviços e que alguns dos funcionários da empresa reiteradamente se ausentem do trabalho sem justificativa adequada. Com base nessa situação hipotética, julgue os seguintes itens.

"A inexecução do contrato pela empresa contratada pode ensejar penalidades, cuja aplicação dependerá da discricionariedade da administração".

A) Certo   B) Errado

1144) (2014) Banca: CESPE – Órgão: TC-DF – Prova: Analista Administrativo – Tecnologia da Informação

Suponha que um servidor público fiscal de obras do DF, no intuito de prejudicar o governo, tenha determinado o embargo de uma obra de canalização de águas pluviais, sem que houvesse nenhuma irregularidade. Em razão da paralisação, houve atraso na conclusão da obra, o que causou muitos prejuízos à população. Com base nessa situação hipotética, julgue o item que se segue.

"A autoridade competente do órgão de fiscalização tem a prerrogativa discricionária de instaurar processo administrativo para apurar a infração cometida pelo servidor".

A) Certo   B) Errado

1145) (2017) Banca: CESPE – Órgão: SEDF – Prova: Conhecimentos Básicos – Cargos 36 e 37 (+ provas)

No que se refere aos poderes administrativos, aos atos administrativos e ao controle da administração, julgue o item seguinte.

O fato de a administração pública internamente aplicar uma sanção a um servidor público que tenha praticado uma infração funcional caracteriza o exercício do poder de polícia administrativo.

A) Certo   B) Errado

1146) (2013) Banca: CESPE – Órgão: STF – Prova: Técnico Judiciário – Área Administrativa

Em relação aos poderes administrativos, julgue o item subsequente.

O poder disciplinar da administração pública decorre da relação de hierarquia, razão por que não se admite a aplicação de penalidade ao particular sem relação contratual com a administração.

A) Certo   B) Errado

1147) (2013) Banca: CESPE – Órgão: MPU – Prova: Técnico – Tecnologia da Informação e Comunicação (+ provas)

Considere que Daniel, funcionário público, tenha sido suspenso por decisão da autoridade competente após regular processo administrativo disciplinar que apurou denúncia de que ele havia praticado irregularidades no exercício do cargo. Nessa situação, a autoridade competente agiu no exercício do poder de polícia da administração, a qual pode impor sanções a seus servidores, independentemente de decisão judicial.

A) Certo   B) Errado

1148) (2013) Banca: CESPE – Órgão: PRF – Prova: Policial Rodoviário Federal

A administração não pode estabelecer, unilateralmente, obrigações aos particulares, mas apenas aos seus servidores e aos concessionários, permissionários e delegatários de serviços públicos.

A) Certo   B) Errado

1149) (2013) Banca: CESPE – Órgão: MI – Prova: Analista Técnico – Administrativo

Considere que um servidor público, após regular processo administrativo disciplinar, seja suspenso por decisão da autoridade competente, por praticar irregularidades no exercício do cargo. Nessa situação, a imposição pela administração pública da sanção ao servidor, independentemente de decisão judicial, decorre do poder hierárquico.

A) Certo   B) Errado

1150) (2013) Banca: CESPE – Órgão: SEGER-ES – Prova: Todos os Cargos

Considere que, após o regular procedimento administrativo específico, um servidor público, tenha sido suspenso por ter praticado atos irregulares no exercício do cargo. A sanção a ele imposta decorreu diretamente da prerrogativa da administração pública de exercer o poder

A) regulamentar.
B) vinculado.
C) hierárquico.
D) disciplinar.
E) discricionário.

1151) (2013) Banca: CESPE – Órgão: ANP – Prova: Especialista em Regulação

Considere que o diretor de determinada agência reguladora tenha prolatado ato administrativo contra um servidor efetivo, cuja culpa foi aferida em processo regular, cominando-lhe pena de suspensão. Nessa situação, verifica-se evidente manifestação do poder hierárquico da administração pública.

A) Certo B) Errado

1152) (2012) Banca: CESPE – Órgão: ANAC – Prova: Técnico Administrativo (+ provas)

As sanções impostas pela administração a servidores públicos ou a pessoas que se sujeitem à disciplina interna da administração derivam do poder disciplinar. Diversamente, as sanções aplicadas a pessoas que não se sujeitem à disciplina interna da administração decorrem do poder de polícia.

A) Certo B) Errado

1153) (2017) Banca: CESPE – Órgão: TRT – 7ª Região (CE) – Prova: Conhecimentos Básicos – Cargo 10 (+ provas)

Para cumprir suas funções e finalidades, a administração pública pode, à luz do princípio da supremacia do interesse público, exercer alguns poderes previstos na doutrina. Uma das espécies de poder administrativo é o poder

A) disciplinar.
B) de ordem jurídica.
C) negocial.
D) enunciativo.

1154) (2016) Banca: FCC – Órgão: AL-MS – Prova: Agente de Apoio Legislativo (+ provas)

A Administração pública, após regular processo administrativo, penalizou servidor seu lotado junto à Secretaria dos Transportes, por ter deixado de praticar ato de sua competência, sem justificativa juridicamente aceitável. A hipótese trata do exercício do poder

A) de polícia administrativa, fundamentado na hierarquia e na sujeição geral que liga os servidores à Administração contratante.
B) disciplinar, que encontra fundamento de validade na lei e é decorrência do princípio hierárquico.
C) poder regulamentar, uma vez que a punição caracteriza-se como ato geral e abstrato, exceto no que concerne ao interessado sancionado.
D) de polícia, que encontra fundamento na lei e no princípio da supremacia do interesse público sobre o privado.
E) disciplinar, que não decorre da hierarquia, mas do fato de o particular estar sujeito à disciplina administrativa.

1155) (2017) Banca: FCC – Órgão: TJ-SC – Prova: Juiz Substituto

Sobre o exercício do poder disciplinar da Administração Pública, é correto afirmar que tal poder

A) é exercido somente em face de servidores regidos pelas normas estatutárias, não se aplicando aos empregados públicos, regidos pela Consolidação das Leis do Trabalho.
B) admite a aplicação de sanções de maneira imediata, desde que tenha havido prova inconteste da conduta ou que ela tenha sido presenciada pela autoridade superior do servidor apenado.
C) é aplicável aos particulares, sempre que estes descumpram normas regulamentares legalmente embasadas, tais como as normas ambientais, sanitárias ou de trânsito.
D) é extensível a sujeitos que tenham um vínculo de natureza especial com a Administração, sejam ou não servidores públicos.
E) não contempla, em seu exercício, a possibilidade de afastamentos cautelares de servidores antes que haja o prévio exercício de ampla defesa e contraditório.

1156) (2017) Banca: FCC – Órgão: TRE-SP – Prova: Técnico Judiciário – Área Administrativa

Os servidores públicos estão sujeitos à hierarquia no exercício de suas atividades funcionais. Considerando esse aspecto,

A) o poder disciplinar a que estão sujeitos é decorrente dessa hierarquia, visto que guarda relação com o vínculo funcional existente e observa a estrutura organizacional da Administração pública para identificação da autoridade competente para apuração e punição por infrações disciplinares.
B) submetem-se ao poder de tutela da Administração, que projeta efeitos internos, sobre órgãos e servidores, e externos, atingindo relações jurídicas contratuais travadas com terceiros.
C) conclui-se que o poder hierárquico é premissa para o poder disciplinar, ou seja, este somente tem lugar onde se identificam relações jurídicas hierarquizadas, funcional ou contratualmente, neste caso, em relação à prestação de serviços terceirizados.
D) o poder hierárquico autoriza a edição de atos normativos de caráter autônomo, com força de lei, no que se refere à disciplina jurídica dos direitos e deveres dos servidores públicos.
E) somente o poder hierárquico e o poder disciplinar produzem efeitos internos na Administração pública, tendo em vista que o poder de polícia e o poder regulamentar visam à produção de efeitos na esfera jurídica de direito privado, não podendo atingir a atuação de servidores públicos.

1157) (2016) Banca: FCC – Órgão: SEGEP-MA – Prova: Auditor Fiscal da Receita Estadual – Administração Tributária

O processo disciplinar é derivado dos poderes:

A) hierárquico e disciplinar.
B) regulamentar e de polícia.
C) disciplinar e de polícia.
D) de polícia e hierárquico.
E) hierárquico e regulamentar.

1158) (2015) Banca: FCC – Órgão: TCM-RJ Prova: Auditor-Substituto de Conselheiro

Considere que uma empresa contratada pela Administração pública para a prestação de serviços de limpeza tenha cometido diversos descumprimentos de suas obrigações contratuais e a ela tenham sido aplicadas, pela Administração, proibição de participar de licitações. No caso citado, a atuação da Administração é expressão de seu poder

A) disciplinar, que permite aplicar penalidades não apenas aos servidores públicos mas também às demais pessoas sujeitas à disciplina administrativa.
B) regulamentar, exercido nos limites da legislação que rege a matéria.
C) hierárquico, decorrente da supremacia do interesse público sobre o privado.

D) discricionário, que permite à Administração a escolha da conduta que melhor atenda ao interesse público no caso concreto.

E) normativo, que permite impor obrigações aos administrados em prol do interesse público.

1159) (2014) Banca: FCC – Órgão: TCE-PI – Prova: Assessor Jurídico

O poder disciplinar atribuído à Administração pública, considerando o disposto na Lei nº 8.112/90,

A) é incompatível com a discricionariedade, devendo ser aplicado nos estritos termos da lei.

B) abrange discricionariedade onde não houver disposição expressa de lei, tal como considerar a natureza e a gravidade da infração na aplicação da pena.

C) abrange discricionariedade para instaurar o procedimento disciplinar e punir o acusado, mas não para definição da pena cabível, que se submete à legalidade estrita.

D) submete-se ao princípio da eficiência, o que concede discricionariedade para instauração do procedimento disciplinar, prescindindo de previsão legal.

E) constitui-se poder essencialmente vinculado, posto que em razão da possibilidade de imposição de punição, a lei não deixa qualquer margem de escolha ao administrador.

1160) (2013) Banca: FCC – Órgão: TRT – 5ª Região (BA) Prova: Técnico Judiciário – Área Administrativa

São Poderes inerentes à Administração pública o poder normativo, o poder disciplinar e o poder de polícia. Quanto a estes dois últimos, é correto afirmar que o

A) poder disciplinar alcança as sanções impostas aos servidores públicos, mas não abrange as sanções impostas às demais pessoas sujeitas à disciplina interna administrativa, como, por exemplo, os estudantes de uma escola pública.

B) poder de polícia é o que cabe à Administração para apurar infrações e aplicar penalidades às pessoas sujeitas a sua disciplina interna.

C) poder disciplinar é discricionário, por essa razão a Administração, pautada em juízo de conveniência e oportunidade, pode decidir entre instaurar ou não procedimento adequado para apurar falta cuja prática é imputada a servidor público.

D) poder disciplinar é o que cabe à Administração para apurar infrações e aplicar penalidades às pessoas sujeitas a sua disciplina interna.

E) fundamento do poder de polícia é a hierarquia, por essa razão, referido poder abrange as sanções impostas a particulares que não integram a estrutura interna administrativa.

1161) (2013) Banca: FCC – Órgão: AL-RN – Prova: Assessor Técnico de Controle Interno

O poder disciplinar se caracteriza

A) pelo poder que detém o superior hierárquico para dar ordens aos administrados.

B) pela existência de níveis de subordinação entre os órgãos e agentes públicos da mesma pessoa jurídica.

C) pelo dever de obediência dos servidores públicos e seus superiores hierárquicos.

D) pela faculdade da Administração pública para aplicar sanção disciplinar aos seus servidores.

E) pelo dever da Administração pública em apurar infrações e aplicar penalidades aos seus servidores e demais pessoas sujeitas à disciplina administrativa.

1162) (2013) Banca: FCC – Órgão: MPE-AM – Prova: Agente de Apoio – Administrativo

Constitui exemplo do exercício de poder disciplinar, pela Administração pública, a

A) interdição de estabelecimento comercial.

B) concessão de licença para portar arma de fogo.

C) edição de decreto disciplinando o cumprimento de lei.

D) edição de portaria disciplinando o exercício de atividade administrativa.

E) aplicação de pena de inidoneidade a contratado que fraudou o prévio procedimento licitatório.

1163) (2013) Banca: FCC – Órgão: MPE-CE – Prova: Técnico Ministerial

O poder que cabe à Administração Pública para apurar infrações e aplicar penalidades aos servidores públicos e demais pessoas sujeitas à disciplina administrativa denomina-se poder

A) regulamentar.

B) de polícia.

C) disciplinar.

D) jurídico-normativo.

E) hierárquico.

1164) (2013) Banca: FCC – Órgão: MPE-MA – Prova: Técnico Ministerial – Administrativo

Considere:

I. apurar infrações;

II. aplicar penalidades;

III. instaurar procedimento administrativo-disciplinar;

IV. editar atos normativos de efeitos internos.

NÃO é atividade típica do poder disciplinar o que consta em

A) I e II, apenas.

B) IV, apenas.

C) III e IV, apenas.

D) I, III e IV, apenas.

E) I, II, III e IV.

1165) (2013) Banca: FCC – Órgão: DPE-RS – Prova: Técnico de Apoio Especializado

O poder disciplinar

A) sujeita todos os administrados, em especial aqueles detentores de especial vínculo com a administração pública.

B) se destina exclusivamente à apuração de infração e imposição de sanções aos servidores públicos ocupantes de cargo público, não abrangendo outros vínculos com a administração.

C) se aplica às pessoas sujeitas à disciplina interna da administração pública, tais como servidores públicos integrantes da administração direta, indireta, membros do ministério público e da defensoria pública.

D) se expressa para aplicação de penalidades às pessoas sujeitas à disciplina interna da administração pública, sendo, no caso de servidores públicos, decorrente da hierarquia.

E) se traduz, dentre outras situações, pelo poder de auto-organização, por meio da edição de decreto autônomo, para estabelecimento de condutas e penalidades pelo respectivo descumprimento.

1166) (2013) Banca: FCC – Órgão: DPE-RS – Prova: Analista – Administração

Direito Administrativo

Determinada empresa prestadora de serviços foi declarada inidônea para contratar com a Administração pública, em decorrência da prática de ato ilícito com o objetivo de frustrar procedimento licitatório. A situação narrada corresponde ao exercício, pela Administração, do poder

A) discricionário.
B) de polícia.
C) regulamentar.
D) hierárquico.
E) disciplinar.

1167) (2017) Banca: FCC – Órgão: TRE-PR – Prova: Técnico Judiciário – Área Administrativa

A Administração pública direta organiza-se em órgãos, cuja atuação é informada por princípios e regras. A estrutura funcional pressupõe organização hierarquizada, que confere à Administração pública alguns poderes e prerrogativas, tais como a

A) possibilidade da autoridade superior avocar competência para realizar as funções e atribuições de seus subordinados, independentemente de se tratar de competências privativas ou exclusivas, bem como de previsão normativa expressa.

B) competência para editar atos normativos autônomos, de caráter funcional e disciplinar, instituindo regras de atuação da Administração e infrações disciplinares com suas respectivas sanções.

C) possibilidade de determinados servidores aplicarem sanções aos seus subordinados hierarquicamente, em caso de infrações disciplinares, na forma legalmente prevista.

D) possibilidade de delegar competências exclusivas por critério subjetivo, quando a organização administrativa entender que uma determinada autoridade ou órgão poderia melhor desempenhar determinadas funções.

E) competência para instituir sanções, aplicá-las ou perdoá-las, em análise discricionária feita pela autoridade competente, sempre que entender que a decisão melhor atenderá o interesse público.

1168) (2015) Banca: FGV – Órgão: Prefeitura de Paulínia – SP – Prova: Guarda Municipal

Poderes administrativos são o conjunto de prerrogativas que o ordenamento jurídico confere aos agentes administrativos com a finalidade de permitir que o Estado alcance seus objetivos para atender ao bem comum. É hipótese de emprego do poder disciplinar a

A) aplicação de uma multa por agente público municipal ao particular que cortou árvore em área de preservação ambiental permanente;

B) interdição de um supermercado que vendia produtos impróprios ao consumo pela equipe de fiscalização sanitária municipal;

C) fiscalização do trânsito de veículos automotores por agentes municipais com o objetivo de manter a regularidade do tráfego nas vias municipais;

D) edição de um decreto pelo Prefeito contendo normas genéricas e abstratas para complementar determinada lei municipal e permitir a sua efetiva aplicação;

E) demissão de um agente público municipal, após processo administrativo disciplinar em que foram assegurados o contraditório e a ampla defesa, pela prática de infração funcional.

1169) (2013) Banca: FGV – Órgão: FUNDAÇÃO PRÓ-SANGUE – Prova: Advogado

Dentre as prerrogativas da Administração Pública encontram-se os poderes administrativos. Assinale a alternativa que indica um exemplo de exercício do poder disciplinar.

A) Aplicação de multa a uma empresa concessionária de serviço público decorrente do contrato.
B) Aplicação de multa a um motorista que avança o sinal.
C) Aplicação de multa, em inspeção da ANVISA, a uma farmácia
D) Proibição de funcionamento de estabelecimento de shows devido a não satisfação de condições de segurança.
E) Aplicação de multa por violação da legislação ambiental por particular sem vínculo com a administração.

1170) (2017) Banca: COMPERVE – Órgão: MPE-RN – Prova: Técnico do Ministério Público Estadual – Área Administrativa

Os poderes inerentes à Administração Pública são necessários para que ela sobreponha a vontade da lei à vontade individual, o interesse público ao privado. Nessa perspectiva,

A) no exercício do poder disciplinar, são apuradas infrações e aplicadas penalidades aos servidores públicos sempre por meio de procedimento em que sejam asseguradas a ampla defesa e o contraditório.

B) no exercício do poder normativo, são editados decretos regulamentares estabelecendo normas *ultra legem*, inovando na ordem jurídica para criar direitos e obrigações.

C) o poder de polícia, apesar de possuir o atributo da coercibilidade, carece do atributo da autoexecutoriedade, de modo que a Administração Pública deve sempre recorrer ao judiciário para executar suas decisões.

D) o poder conferido à Administração Pública é uma faculdade que a Constituição e a lei colocam à disposição do administrador, que o exercerá de acordo com sua livre convicção.

1171) (2016) Banca: IDECAN – Órgão: Câmara de Aracruz – ES – Prova: Procurador Legislativo

Considere que, em uma escola pública do município de Aracruz/ES, um estudante tenha sido apenado com cinco dias de suspensão por desrespeito às normas de conduta escolar. Na hipótese, a sanção apresentada representa exercício do poder administrativo

A) de polícia.
B) disciplinar.
C) normativo.
D) hierárquico.

1172) (2016) Banca: COPEVE-UFAL – Órgão: UFAL – Prova: Assistente em Administração (+ provas)

A aplicação de penalidade de advertência ao servidor refere-se ao exercício de quais poderes administrativos?

A) Hierárquico e disciplinar.
B) De autotutela e de polícia.
C) De Polícia e discricionário.
D) Disciplinar e de autotutela.
E) De avocação e discricionário.

1173) (2014) Banca: COPEVE-UFAL – Órgão: UFAL – Prova: Administrador

A aplicação de punição a estudantes de uma Universidade Federal por descumprirem as normas internas da instituição é manifestação típica do poder

A) regulamentar.
B) disciplinar.
C) hierárquico.
D) de polícia.
E) normativo.

1174) (2016) Banca: COPEVE-UFAL – Órgão: UFAL – Prova: Técnico em Assuntos Educacionais (+ provas)

De acordo com a Lei nº 8.112/90, a aplicação da penalidade de demissão a agente público que tenha cometido inassiduidade habitual representa exemplo de

A) abuso de poder.
B) excesso de poder.
C) exercício do poder de polícia.
D) exercício do poder disciplinar.
E) exercício do poder regulamentar.

1175) (2016) Banca: COMPERVE – Órgão: Câmara de Natal – RN – Prova: Guarda Legislativo

A Administração Pública, segundo entendimento consolidado historicamente na doutrina jurídica brasileira, é dotada de "poderes-deveres" que a permitem concretizar os seus fins. Em tal contexto, limitando e condicionando a liberdade e a propriedade dos sujeitos, a Administração atua para viabilizar a concretização do interesse público. São poderes-deveres da Administração Pública tradicionalmente apresentados pelos juristas brasileiros, o poder

A) de polícia e o poder disciplinar.
B) da inércia e o poder da ação.
C) fictício e o poder real.
D) de responsabilidade e o poder de irresponsabilidade.

1176) (2016) Banca: IDECAN – Órgão: UERN – Prova: Agente Técnico Administrativo

Quanto aos poderes administrativos, assinale a afirmativa correta.

A) As entidades da administração indireta subordinam-se ao Estado por força do poder hierárquico.
B) O poder disciplinar alcança a aplicação de sanções ao particular que celebra um contrato administrativo.
C) O poder disciplinar aplica-se nos casos em que a administração pública aplica multa de trânsito ao cidadão.
D) A edição de uma instrução normativa sobre direitos do agente militar decorre do Poder de Polícia do Estado.

1177) (2016) Banca: FUNRIO – Órgão: IF-PA – Prova: Assistente em Administração

Dentre os poderes administrativos, aquele que decorre da atribuição constitucional conferida ao chefe do Poder Executivo Federal para expedir atos normativos com finalidade de cumprimento das leis, e aquele que compreende a competência atribuída a autoridades administrativas para que possam impor penas disciplinares a funcionários sob sua subordinação, são, respectivamente, o poder

A) de polícia e o poder regulamentar.
B) regulamentar e o poder disciplinar.
C) disciplinar e o poder hierárquico.
D) hierárquico e o poder fiscalizatório.
E) fiscalizatório e o poder de polícia.

1178) (2016) Banca: FUNRIO – Órgão: IF-BA – Prova: Auxiliar em Administração

A Administração Pública, para o bom desempenho de sua função de executar leis, é dotada pelo ordenamento jurídico de poderes instrumentais para a sua atuação. Dentre tais poderes, aquele que compreende a competência que é regularmente atribuída às autoridades administrativas, de hierarquia superior, para que possam impor penas disciplinares aos funcionários sob sua direção pelas faltas cometidas é o poder

A) de polícia.
B) regulamentar.
C) gerencial.
D) disciplinar.
E) de controle.

1179) (2015) Banca: CS-UFG – Órgão: AL-GO – Prova: Procurador

Ao Estado são conferidos inúmeros poderes e prerrogativas para alcançar suas finalidades. Dessa forma, no que diz respeito aos Poderes Administrativos,

A) a licença é um ato administrativo vinculado, praticado no exercício do poder de polícia do Estado, e que pode ser revogado a qualquer tempo.
B) o poder disciplinar possibilita à administração pública punir infrações administrativas cometidas por particulares a ela ligados por um vínculo jurídico específico.
C) a apreensão de mercadorias irregularmente entradas no território nacional corresponde ao exercício preventivo do poder de polícia do Estado.
D) o poder hierárquico ocorre pela existência de subordinação entre órgãos estatais e agentes públicos no âmbito de diferentes pessoas jurídicas, ou perante a mesma pessoa jurídica.

1180) (2014) Banca: CETREDE – Órgão: JUCEC – Prova: Advogado

A faculdade de aplicação de penalidades administrativas aos servidores da Administração Pública, quando preenchidos os requisitos legais, caracteriza o Poder:

A) hierárquico;
B) de polícia;

C) regulamentar;
D) vinculado;
E) disciplinar.

1181) (2016) Banca: FUNIVERSA – Órgão: IF-AP – Prova: Auxiliar em Administração (+ provas)

Quando a Administração pune infrações administrativas cometidas por particulares, como, por exemplo, quando há descumprimento de um contrato administrativo assinado com o Poder Público, tem-se a aplicação do poder

A) disciplinar.
B) hierárquico.
C) da continuidade do serviço público.
D) normativo.
E) de polícia.

1182) (2016) Banca: FUNIVERSA – Órgão: IF-AP – Prova: Secretário Executivo

Tício, servidor público federal, praticou infração administrativa em decorrência de suas atribuições em cargo público e a Administração Pública tomou conhecimento do fato.

Considerando esse caso hipotético e os poderes da Administração, assinale a alternativa correta.

A) A autoridade competente da Administração Pública, tomando conhecimento do fato, pode, pessoalmente, escolher se vai punir ou não o agente infrator.
B) No caso descrito, será utilizado o poder de polícia para aplicação das sanções previstas em lei.
C) A autoridade administrativa competente não poderá, dentro dos limites legais, definir a intensidade da penalidade a ser aplicada de acordo com a gravidade da infração cometida.
D) A Administração Pública utilizará o poder disciplinar para aplicar sanções ao servidor Tício.
E) Por se tratar de infração administrativa, não é garantido à Tício o direito de contraditório e ampla defesa.

1183) (2015) Banca: IBFC – Órgão: SAEB-BA – Prova: Técnico de Registro de Comércio

Considerando a doutrina brasileira sobre os poderes da Administração, assinale a alternativa correta sobre o que corresponde ao que cabe à Administração Pública para apurar infrações e aplicar penalidades aos servidores públicos e demais pessoas sujeitas à disciplina administrativa

A) Poder normativo.
B) Poder regulamentar.
C) Atos normativos originários e derivados.
D) Poder disciplinar.
E) Poder decorrente.

1184) (2015) Banca: FUNCAB – Órgão: CRC-RO – Prova: Assistente Administrativo

Se o estado de Rondônia pune um agente público que cometeu ato infracional é correto afirmar que tal punição é manifestação direta de seu poder:

A) desconstitutivo.
B) disciplinar.
C) de polícia.
D) regulamentar.
E) hierárquico.

1185) (2015) Banca: FUNCAB – Órgão: FUNASG – Prova: Agente Apoio Técnico

O poder administrativo que possibilita a Administração Pública punir internamente as infrações funcionais de seus servidores e demais pessoas sujeitas à disciplina dos órgãos e serviços da Administração é conhecido como:

A) competente.
B) de polícia.
C) especial.
D) regulamentar.
E) disciplinar.

1186) (2014) Banca: FUNCAB – Órgão: SEDS-TO – Prova: Analista Socioeducador – Direito

A atividade pela qual a Administração Pública, mediante regular processo administrativo em que sejam observados os princípios do contraditório e da ampla defesa, apura os ilícitos imputados contra seus agentes e os particulares que com ela mantenham um vínculo específico é denominada poder:

A) regulamentar.
B) disciplinar.
C) de polícia.
D) discricionário.

1187) (2014) Banca: FUNCAB – Órgão: PRODAM-AM – Prova: Assistente Social (+ provas)

No Direito Administrativo, a faculdade que possui a administração pública de punir internamente as infrações funcionais dos servidores e demais pessoas sujeitas à disciplina dos órgãos e serviços da Administração denomina-se:

A) Poder de polícia.
B) Poder hierárquico.
C) Poder disciplinar.
D) Poder regulamentar.
E) Poder vinculado.

1188) (2013) Banca: FUNCAB – Órgão: ANS – Prova: Atividade Téc. de Suporte – Direito

Um superior hierárquico aplica uma pena de suspensão ao servidor público que cometeu uma infração. Isso é a expressão do poder:

A) vinculado
B) de polícia.
C) discricionário.
D) regulamentar.
E) disciplinar.

1189) (2013) Banca: FUNCAB – Órgão: PC-ES – Prova: Assistente Social

Não configura exemplo típico de manifestação do Poder de Polícia da Administração Pública a seguinte hipótese:

A) concessão de licença para construir em imóveis.
B) fiscalização sanitária em estabelecimentos.

C) controle do trânsito de veículos automotores.
D) concessão de alvarás de funcionamento.
E) punição de agente público por falta funcional.

1190) (2015) Banca: IOBV – Órgão: Prefeitura de Apiúna – SC – Prova: Auxiliar Desenvolvimento Educação Infantil

Acerca do Poder Disciplinar, é correto afirmar que:

A) A Administração Pública pode punir o particular e servidores públicos que agirem de má-fé contra o Poder Público.
B) O servidor público somente pode ser responsabilizado por uma má conduta no âmbito de suas funções após o devido processo legal.
C) O Poder Disciplinar confere à Administração Pública a prerrogativa de punir internamente as infrações funcionais cometidas por servidores.
D) No Poder Público, a submissão é decorrente do Poder Disciplinar.

1191) (2014) Banca: VUNESP – Órgão: TJ-PA – Prova: Auxiliar Judiciário

O _____ é o de que dispõe o Executivo para organizar e distribuir as funções de seus órgãos, estabelecendo a relação de subordinação entre os servidores do seu quadro de pessoal, enquanto que o _____ é a faculdade de punir internamente as infrações funcionais dos servidores.

No tocante aos poderes administrativos, assinale a alternativa que completa, correta e respectivamente, o enunciado.

A) Poder vinculado ... Poder regulamentar
B) Poder punitivo ... Poder hierárquico
C) Poder hierárquico ... Poder disciplinar
D) Poder regulamentar ... Poder punitivo
E) Poder disciplinar ... Poder regulamentar

1192) (2014) Banca: UESPI – Órgão: PC-PI – Prova: Escrivão de Polícia Civil

A faculdade de que dispõe a administração pública de aplicar sanções relativas a infrações funcionais de seus servidores é características do

A) poder jurisdicional.
B) poder hierárquico.
C) poder disciplinar.
D) poder regulamentar.
E) poder gerencial.

1193) (2014) Banca: Aroeira – Órgão: PC-TO – Prova: Escrivão de Polícia Civil

Determinado servidor público se apresentava rotineiramente atrasado para o serviço. Diante disso, seu superior instaurou processo administrativo para apurar a situação e, comprovada a impontualidade, após o exercício do contraditório e ampla defesa, aplicou-lhe uma sanção administrativa. A situação descrita constitui manifestação do poder

A) disciplinar
B) discricionário.
C) revisor.
D) regulamentar.

1194) (2013) Banca: IBFC – Órgão: PC-RJ Prova: Oficial de Cartório

Um particular celebrou contrato administrativo com o Estado para a prestação de determinado serviço público, porém, vem descumprindo reiteradamente as obrigações contratuais que assumiu com a Administração Pública. No caso em tela, a Administração poderá punir as infrações administrativas cometidas pelo particular com fundamento no denominado:

A) Poder de Polícia.
B) Poder de Império.
C) Poder Hierárquico.
D) Poder Disciplinar.
E) Poder Discricionário.

1195) (2013) Banca: IBFC – Órgão: SEPLAG-MG – Prova: Direito

Com relação aos Poderes da Administração Pública, analise as assertivas abaixo.

I. Poder Hierárquico tem por objetivo ordenar, coordenar, controlar e corrigir as atividades administrativas, no âmbito interno da Administração Pública.
II. Poder Disciplinar é aquele de que dispõe a Administração Pública para controlar o desempenho das funções e das condutas internas de seus servidores, responsabilizando-os pelas infrações que cometer.
III. Poder Regulamentar é a faculdade que permite ao Chefe do Executivo de aclarar a lei para sua correta execução.
IV. Poder de Polícia é a faculdade de que dispõe a Administração Pública para condicionar e restringir o uso e gozo de bens, atividades e direitos individuais, em benefício da coletividade ou do próprio Estado.

Está correto o que se afirma em:

A) I, II, III e IV
B) I, II e IV, apenas
C) II e III, apenas.
D) I, III e IV, apenas

1196) (2013) Banca: TJ-RS – Órgão: TJ-RS – Prova: Titular de Serviços de Notas e de Registros

Assinale a alternativa correta.

A) Pelo poder de polícia, a Administração Pública limita direitos individuais em benefício do Estado.
B) Pelo poder regulamentar, a Administração Pública complementa a disciplina da lei, editando atos legislativos e regulamentos.
C) Pelo poder de polícia, a Administração Pública está autorizada a agir com discricionariedade e mitigar o princípio da legalidade.
D) Pelo poder disciplinar, a Administração Pública apura infrações e aplica penalidades aos servidores públicos e a terceiros sujeitos à disciplina administrativa.

1197) (2013) Banca: TRT 14R – Órgão: TRT – 14ª Região (RO e AC) – Prova: Juiz do Trabalho

Assinale a alternativa correta, após a análise das proposições:

I. No exercício do poder regulamentar ou normativo, é franqueado ao Presidente da República criar ou extinguir ministérios e órgãos da administração pública federal.

II. O poder disciplinar permite à administração apurar infrações e aplicar penalidades a servidores públicos e a particulares, ainda que não estejam sujeitos à disciplina interna da administração.
III. O poder hierárquico confere o poder de avocar atribuições de competência exclusiva do órgão subordinado.

A) Apenas as proposições I e II são falsas.
B) Apenas as proposições I e III são falsas.
C) Apenas as proposições II e III são falsas.
D) Todas as proposições são verdadeiras.
E) Todas as proposições são falsas.

1198) (2013) Banca: UEG – Órgão: PC-GO – Prova: Escrivão de Polícia Civil

No contexto do poder disciplinar, a Administração

A) pode deixar de aplicar o contraditório e de proporcionar ampla defesa nas situações em que a penalidade prevista para a falta disciplinar for de natureza leve.
B) se utiliza das sanções de avocação e delegação para correicionar servidores.
C) tem a discricionariedade para decidir entre punir e não punir o servidor que faltou com o dever funcional.
D) aplica penalidades às pessoas que com ela contratam.

1199) (2017) Banca: Quadrix – Órgão: CRF – MT – Prova: Agente Administrativo

Os poderes administrativos surgem com a Administração e se apresentam conforme as demandas dos serviços públicos, o interesse público e os fins os quais devem atingir. São classificados em poder vinculado e poder discricionário, segundo a necessidade de prática de atos, poder hierárquico e poder disciplinar, de acordo com a necessidade de se organizar a Administração ou aplicar sanções a seus servidores, poder regulamentar para criar normas para certas situações e poder de polícia, quando necessário se faz a contenção de direitos individuais em prol da coletividade. O Poder Disciplinar trata da atribuição pública de aplicação de sanções àqueles que estejam sujeitos à disciplina do ente estatal. Sobre ele, analise as afirmativas.

I. É o poder de aplicar sanções e penalidades, apurando infrações dos servidores ou outros que são submetidos à disciplina da Administração, ou seja, a todos aqueles que tenham vínculo de natureza especial com o Estado, como é o exemplo daqueles particulares que celebraram contratos com o Poder Público. A função deste poder é sempre aprimorar a prestação do serviço público punindo malversação do dinheiro público ou atuação em desconformidade com a lei.
II. A doutrina costuma apontar que o Poder Disciplinar pode decorrer do Poder Hierárquico, haja vista tratar-se a hierarquia de uma espécie de vinculação especial, mas também pode decorrer dos contratos celebrados pela Administração Pública, sejam regidos pelo direito público ou pelo direito privado.
III. O Poder Disciplinar consiste em um sistema punitivo interno e por isso não se pode confundir com o sistema punitivo exercido pela justiça penal, muito menos com o exercício do Poder de Polícia. As pessoas que são atingidas por esse Poder possuem uma sujeição especial, um vínculo com a Administração Pública.

Pode-se afirmar que:

A) somente I está correta.
B) somente II está correta.
C) somente III está correta.
D) há apenas duas afirmativas corretas.
E) todas estão corretas.

1200) (2016) Banca: IADES – Órgão: PC-DF – Prova: Perito Criminal – Ciências Contábeis (+ provas)

Considere hipoteticamente que a Secretaria de Segurança Pública do Distrito Federal celebrou contrato administrativo com determinada empresa de terceirização, cujo objeto é a prestação de serviços de limpeza e conservação. Após a constatação de falhas na execução do objeto contratado, a autoridade administrativa competente, observado o devido processo legal, aplicou sanção de multa à empresa.

Com base nesse caso, é correto afirmar que a aplicação de tal sanção por parte do administrador público decorre do poder

A) disciplinar.
B) hierárquico.
C) discricionário.
D) de polícia.
E) regulamentar.

Poder Disciplinar: Trata-se de um **dever vinculado**, ou seja, caso verificada a ocorrência de uma infração, a Administração será obrigada a punir o agente. Deve-se destacar que, antes da aplicação de qualquer penalidade decorrente desse poder, há **SEMPRE** a necessidade de instauração do devido processo legal administrativo no qual seja assegurado o direito ao contraditório e a ampla defesa.

Entretanto, é importante asseverar que parte da doutrina entende que esse poder tem como característica a discricionariedade, que se encontra **limitada à extensão da sanção.** Nesse sentido, a autoridade administrativa poderá definir, segundo a margem de liberdade conferida pela lei, a intensidade da sanção a ser aplicada em conformidade com **a gravidade da infração.** Ex: a penalidade de suspensão ao servidor deve ser aplicada por até 90 dias.

Convém destacar que o exercício do poder punitivo decorrente do Poder Disciplinar não está limitado pela rígida tipicidade fechada, como ocorre no Direito Penal. Em outras palavras, o Direito Administrativo admite tipos abertos, ou seja, a descrição da conduta infracional pode se valer de elementos genéricos.

1201) (2012) Banca: CESPE – Órgão: PRF – Prova: Agente Administrativo

Ao aplicar penalidade a servidor público, em processo administrativo, o Estado exerce seu poder regulamentar.

A) Certo   B) Errado

1202) (2012) Banca: CESPE – Órgão: PRF – Prova: Agente Administrativo

Suponha que um particular vinculado à administração pública por meio de um contrato descumpra as obrigações contratuais que assumiu. Nesse caso, a administração pode, no exercício do poder disciplinar, punir o particular.

A) Certo   B) Errado

1203) (2012) Banca: CESPE – Órgão: FNDE – Prova: Especialista em Financiamento e Execução de Programas e Projetos Educacionais

O poder disciplinar da administração pública abrange a prerrogativa conferida para apurar infrações e aplicar penalidades aos particulares que celebrem contratos administrativos com a administração pública e incorram em irregularidades na execução desse contrato.

A) Certo   B) Errado

1204) (2012) Banca: CESPE – Órgão: TJ-AL – Prova: Auxiliar Judiciário

No tocante aos poderes da administração e ao uso e abuso do poder, assinale a opção correta.

A) O poder regulamentar da administração pública manifesta-se por meio de atos de natureza normativa, instituidores de direito novo de forma ampla e genérica, com efeitos gerais e abstratos, expedidos em virtude de competência própria dos órgãos estatais.

B) Decorrem do poder de polícia da administração pública os atos que se destinam à limitação dos interesses individuais em favor do interesse público, sendo a autoexecutoriedade a principal característica de todas as medidas de polícia.

C) Segundo a doutrina, o abuso de poder, que pode assumir duas formas, comissiva ou omissiva, efetiva-se quando a autoridade competente, ao praticar ou omitir ato administrativo, ultrapassa os limites de suas atribuições ou se desvia das finalidades administrativas, circunstâncias em que o ato do agente somente poderá ser revisto pelo Poder Judiciário.

D) A prerrogativa de que dispõe a administração pública para não só ordenar e coordenar, mas também para corrigir as atividades de seus órgãos e agentes resulta do poder hierárquico, cujo exercício limita-se ao controle de legalidade.

E) A administração, no exercício do poder disciplinar, apura infrações e aplica penalidades aos servidores e particulares sujeitos à disciplina administrativa, por meio do procedimento legal, assegurados o contraditório e a ampla defesa.

1205) (2014) Banca: CESPE – Órgão: Câmara dos Deputados – Prova: Analista Legislativo

No âmbito do poder disciplinar, não se aplica o princípio da inexistência da infração sem prévia lei que a defina e apene".

A) Certo   B) Errado

1206) (2004) Banca: ESAF – Órgão: MPU – Prova: Analista – Arquitetura

Sobre as penalidades aplicáveis aos servidores públicos federais por infração disciplinar, é correto afirmar que

A) variam de acordo com a gravidade da infração
B) preveem a imposição de multa.
C) incluem a suspensão de direitos políticos.
D) não guardam relação com a gravidade da falta praticada.
E) dispensam, em certas hipóteses, a garantia da ampla defesa.

1207) (2008) Banca: FGV – Órgão: Senado Federal – Prova: Policial Legislativo Federal

Analise as afirmativas abaixo:

I. O poder regulamentar se caracteriza pelas restrições que impõe à liberdade e à propriedade, impedindo a fruição de alguns direitos.
II. No regime punitivo dos servidores públicos é fundamental que o administrador aplique sanção proporcional à gravidade da infração.
III. A penalidade de demissão do serviço público não pode ser aplicada ao servidor antes que este tenha sido punido previamente com sanção menos grave. Assinale:

A) se nenhuma afirmativa estiver correta.
B) se somente a afirmativa III estiver correta.
C) se somente a afirmativa II estiver correta.
D) se somente as afirmativas II e III estiverem corretas.
E) se todas as afirmativas estiverem corretas.

A punição administrativa pelo ilícito praticado pelo agente público não impede que haja responsabilização, pelo mesmo fato, **na esfera penal e na esfera civil.** Ou seja, aquela mesma infração administrativa pode ensejar um dano, desencadeando a responsabilização civil, e pode ser enquadrada como um crime, ensejando a responsabilização penal. Em regra, as referidas instâncias são independentes. Entretanto, o ordenamento jurídico, seguido pela jurisprudência dos tribunais superiores, **estabelece que a absolvição criminal que decorra da inexistência do fato ou negativa de autoria enseja a absolvição do agente nas demais esferas.** Além disso, a condenação na esfera penal implica na responsabilização nas outras esferas.

O poder disciplinar pode incidir sobre o servidor aposentado – aplicação da penalidade de cassação aposentadoria – sanção aplicada aos servidores públicos que encontram-se aposentados ou em disponibilidade e que tenham cometido, em atividade, infrações puníveis com demissão.

O **Poder Hierárquico é um poder interno da Administração,** assim como o Poder Disciplinar. Contudo, cabe diferenciar que o Poder Hierárquico é exercido **permanentemente** pela Administração Pública e o Poder Disciplinar, por sua vez, é exercido somente em **situações episódicas quando for evidenciado irregularidade/descumprimento do servidor público ou pelo particular contratado.**

A aplicação de penalidade de advertência ao servidor refere-se ao exercício dos poderes hierárquico e disciplinar. Destaca-se que a aplicação de penalidades implica na instauração prévia de processo administrativo disciplinar prévio no qual será assegurado o contraditório e a ampla defesa.

1208) (2013) Banca: CESPE – Órgão: STF – Prova: Analista Judiciário – Área Administrativa

Com relação ao regime jurídico dos servidores públicos civis da União, julgue o item a seguir.

"De acordo com a Lei 8.112/1990, a aplicação das penalidades disciplinares advertência, suspensão, demissão, cassação de aposentadoria e disponibilidade deve ser precedida da garantia, ao servidor público, do direito ao exercício do contraditório e da ampla defesa, não se aplicando tal garantia aos casos de penalidades de destituição de cargo em comissão e destituição de função comissionada, por serem de livre nomeação e exoneração".

A) Certo   B) Errado

5. PODERES ADMINISTRATIVOS

1209) (2012) Banca: FCC – Órgão: TRT – 6ª Região (PE) – Prova: Analista Judiciário – Área Judiciária

Constitui exemplo do poder disciplinar da Administração pública

A) a imposição de restrições a atividades dos cidadãos, nos limites estabelecidos pela lei.
B) a imposição de sanção a particulares que contratam com a Administração.
C) a edição de atos normativos para ordenar a atuação de agentes e órgãos administrativos.
D) a edição de regulamentos para a fiel execução da lei.
E) o poder conferido às autoridades de dar ordens a seus subordinados e rever seus atos.

1210) (2012) Banca: FCC – Órgão: TRE-SP – Prova: Analista Judiciário – Área Administrativa

O poder disciplinar, na administração pública, se aplica

A) a todos os que cometerem atos de indisciplina nas vias públicas ou em prédios públicos.
B) aos servidores públicos e demais pessoas que possuem um vínculo especial com o poder público.
C) aos crimes cometidos por qualquer cidadão que receba recursos públicos.
D) apenas aos casos de quebra de hierarquia entre as autoridades políticas.
E) sem necessidade de prévia apuração por meio de procedimento legal.

1211) (2012) Banca: FCC – Órgão: TRE-PR – Prova: Analista Judiciário – Área Judiciária

O poder disciplinar é a faculdade

A) que detém o agente público de demitir todo aquele que se opõe à execução do poder discricionário dos agentes públicos.
B) que deve exercer o agente político contra todo servidor que comete ato criminoso.
C) do agente público de punir faltas funcionais ou violação de deveres funcionais por outros agentes públicos
D) de um agente público orientar a ação administrativa de servidores hierarquicamente subordinados
E) que exerce todo administrador sobre os seus administrados.

1212) (2012) Banca: FCC – Órgão: TRT – 1ª REGIÃO (RJ) – Prova: Juiz do Trabalho

A respeito dos poderes da Administração, é correto afirmar que o poder

A) regulamentar fundamenta a edição, pelo Chefe do Executivo, de normas gerais destinadas à coletividade, disciplinadoras de atividades individuais.
B) hierárquico autoriza a avocação, pelo Ministério supervisor, de matérias inseridas na competência das autarquias a ele vinculadas.
C) disciplinar autoriza a Administração a apurar infrações e aplicar penalidades aos servidores públicos, não alcançando as sanções impostas a particulares não sujeitos à disciplina interna da Administração.
D) normativo autoriza a edição, pelo Chefe do Poder Executivo, de decretos em matéria de organização administrativa, tais como a criação de órgãos e cargos públicos.
E) hierárquico é aquele conferido aos agentes públicos para proferir ordens e aplicar sanções a seus subordinados, com vistas ao bom desempenho do serviço público.

1213) (2012) Banca: FCC – Órgão: TRF – 5ª REGIÃO – Prova: Analista Judiciário – Área Administrativa

Contempla situação concreta que traduz o exercício do poder disciplinar conferido à Administração Pública:

A) interdição de estabelecimento comercial em função de descumprimento de normas de segurança.
B) aplicação de penalidade a particular que celebre contrato com a Administração Pública, em face do descumprimento de obrigação decorrente do referido vínculo.
C) edição de resoluções, portarias, instruções e outros atos normativos para ordenar a atuação de órgãos subordinados.
D) avocação de atribuições, desde que não sejam de competência exclusiva de órgãos subordinados.
E) edição de regulamentos administrativos ou de organização, para disciplinar a fiel execução da lei.

1214) (2011) Banca: FCC – Órgão: TCE-SP – Prova: Procurador

Em relação aos poderes da Administração Pública, é correto afirmar que o poder

A) normativo é decorrência do poder vinculado da Administração, na medida em que só admite a prática de atos expressamente previstos em lei.
B) normativo é reflexo do poder discricionário nos casos em que é dado à Administração Pública o poder de substituir a lei em determinada matéria.
C) disciplinar é decorrente do poder de polícia administrativo, na medida em que admite a aplicação de sanções a todos os particulares.
D) disciplinar, no que diz respeito aos servidores públicos, é decorrente do poder hierárquico, na medida em que se traduz no poder da Administração de apurar infrações e aplicar penalidades aos servidores públicos sujeitos à sua disciplina.
E) regulamentar, quando decorrente do poder hierárquico, é discricionário, porque não encontra estabelecidos em lei as hipóteses taxativas de sua incidência.

1215) (2012) Banca: FCC – Órgão: TST – Prova: Analista Judiciário – Área Administrativa

Exemplifica adequadamente o exercício de poder disciplinar por agente da administração a

A) interdição de restaurante por razão de saúde pública.
B) prisão de criminoso efetuada por policial, mediante o devido mandado judicial.
C) aplicação de penalidade administrativa a servidor público que descumpre seus deveres funcionais.
D) aplicação de multa de trânsito.
E) emissão de ordem a ser cumprida pelos agentes subordinados.

1216) (2012) Banca: CONSULPLAN – Órgão: TSE – Prova: Técnico Judiciário – Área Administrativa

Sobre o tema poderes administrativos, marque a alternativa correta.

A) É pacífico o entendimento de que os poderes administrativos são renunciáveis.
B) Regulamento autônomo é aquele que complementa a lei, permitindo a sua fiel execução.
C) Hierarquia é o escalonamento em plano horizontal dos órgãos e agentes da Administração, estabelecendo uma relação de coordenação.
D) O poder disciplinar permite a aplicação de sanções dos servidores da Administração Pública por infração funcional.

Poder Normativo e Poder Regulamentar: Trata-se do poder que a Administração Pública possui para expedir atos normativos gerais e abstratos que valem para uma série de pessoas indeterminadas, gerando efeitos erga omnes. O Poder Normativo não se refere à inovação no ordenamento jurídico, uma vez que a competência para inovar no ordenamento jurídico pertence ao Poder Legislativo, refere-se tão somente a possibilidade de edição de atos normativos com caráter infralegal.

"Art. 5º (...) II – ninguém será obrigado a fazer ou deixar de fazer alguma coisa senão em virtude de lei;"

Portanto, o Poder Normativo será exercido para fins de edição de normas complementares à lei, *elaborados secundum legem*, ou seja, seus atos são inferiores a lei, minudenciando e clarificando os seus termos.

1217) (2013) Banca: CESPE – Órgão: TRE-MS – Prova: Técnico Judiciário – Área Administrativa

Acerca dos poderes administrativos, assinale a opção correta.

A) O poder hierárquico que exerce a administração pública é amplo, estendendo-se da administração direta para as entidades componentes da administração indireta.
B) A delegação de competência administrativa, que consiste na transferência definitiva de competência de seu titular para outro órgão ou agente público, decorre do exercício do poder hierárquico.
C) O poder de polícia tem como característica a ampla abrangência, não existindo critério territorial para a fixação da sua competência, razão por que a autoridade pública de um município tem competência para atuar em outro ente da Federação.
D) O poder regulamentar consiste na possibilidade de o chefe do Poder Executivo editar atos administrativos gerais e abstratos, expedidos para dar fiel execução da lei.
E) Caso determinada autoridade pública presencie a prática de um ilícito administrativo por um subordinado, a aplicação da penalidade ao autor do ilícito não dependerá de processo administrativo, incidindo o princípio da autotutela administrativa.

1218) (2016) Banca: CESPE – Órgão: TCE-PA – Prova: Auxiliar Técnico – Administração

Julgue o item subsequente, acerca dos atos e dos poderes administrativos.

"Os atos decorrentes do poder regulamentar têm natureza originária e visam ao preenchimento de lacunas legais e à complementação da lei".

A) Certo B) Errado

1219) (2016) Banca: CESPE – Órgão: TJ-AM – Prova: Juiz de direito

Os poderes administrativos são prerrogativas outorgadas aos agentes públicos para a consecução dos interesses da coletividade. A respeito desses poderes, assinale a opção correta.

A) O pagamento de multa aplicada em decorrência do poder de polícia não pode configurar condição para que a administração pratique outro ato em favor do interessado.
B) O poder restritivo da administração, consubstanciado no poder de polícia, não se limita pelos direitos individuais.
C) O poder vinculado refere-se à faculdade de agir atribuída ao administrador.
D) Entre os poderes administrativos incluem-se o poder disciplinar, o poder regulamentar e o poder jurídico.
E) Poder regulamentar é a prerrogativa concedida à administração pública de editar atos gerais para complementar as leis e permitir a sua efetiva aplicação.

1220) (2017) Banca: CESPE – Órgão: SEDF – Prova: Conhecimentos Básicos – Cargos 1, 3 a 26 (+ provas)

No que se refere aos poderes administrativos, aos atos administrativos e ao controle da administração, julgue o item seguinte.

A administração, ao editar atos normativos, como resoluções e portarias, que criam normas estabelecedoras de limitações administrativas gerais, exerce o denominado poder regulamentar.

A) Certo B) Errado

1221) (2017) Banca: CESPE – Órgão: SEDF – Prova: Conhecimentos Básicos – Cargos 27 a 35 (+ provas)

José, chefe do setor de recursos humanos de determinado órgão público, editou ato disciplinando as regras para a participação de servidores em concurso de promoção.

A respeito dessa situação hipotética, julgue o item seguinte.

A edição do referido ato é exemplo de exercício do poder regulamentar.

A) Certo B) Errado

1222) (2015) Banca: FCC – Órgão: TRE-PB – Prova: Técnico Judiciário – Área Administrativa

Dentre os poderes atribuídos à Administração pública, é inerente ao poder

A) regulamentar a possibilidade de criar direitos e obrigações aos administrados sempre que houver lacuna na lei disciplinando determinado tema.
B) regulamentar a competência do executivo para editar ato normativo explicitando os deveres e direitos que tiverem sido instituídos por meio de lei, admitindo-se, inclusive, a delegação dessa atribuição.
C) disciplinar a restrição de seu alcance para atingir apenas servidores e desde que possuam vínculo funcional adquirido mediante concurso com a Administração pública.

D) hierárquico a possibilidade de imposição de penalidades aos servidores e administrados, sempre que agirem em desconformidade às normas ou aos princípios que regem a atuação dos entes públicos.

E) disciplinar a precedência de relação de hierarquia para fundamentar e delimitar o âmbito de aplicação de medidas punitivas.

1223) (2015) Banca: FCC – Órgão: TRT – 15ª REGIÃO – Prova: Juiz do Trabalho Substituto

A Administração estadual editou um decreto delimitando como deveriam ser apresentados e instruídos os requerimentos dos administrados para obtenção de certidões e manifestações dos órgãos competentes quanto ao reconhecimento de limites de imóveis quando confrontantes com bens públicos. A manifestação dos confrontantes é exigida em lei federal para fins de obtenção de retificação de área. Esse decreto configura

A) exacerbação do poder de polícia, tendo em vista que decreto estadual não pode disciplinar as condições formais de apresentação de requerimento cujo objeto é o reconhecimento de direito previsto em lei federal.

B) manifestação do poder de polícia, vez que limita os direitos individuais dos administrados, passando a condicionar o exercício do direito de retificação da área de seus imóveis.

C) exemplo de poder disciplinar, porque possui caráter geral e impessoal, dissociado de vínculo jurídico específico, aplicável isonomicamente a todos os proprietários de bens que confrontem com bens públicos.

D) exteriorização do poder normativo autônomo, tendo em vista que inexiste lei estadual disciplinando a matéria, apenas lei federal, de forma que o decreto é a única norma a tratar do tema na esfera do ente federado em questão.

E) regular exercício do poder regulamentar, tendo em vista que cuida de explicitar as condições para aplicação da lei federal na esfera estadual, no que concerne às confrontações com bens imóveis de titularidade estadual.

1224) (2017) Banca: FCC – Órgão: TST – Prova: Técnico Judiciário – Área Administrativa

O poder normativo da Administração pública

A) pode ter aplicação preventiva ou repressiva, tal qual o poder de polícia exercido pela Administração pública, sendo, no primeiro caso, restrito às matérias de organização administrativa e de competência suplementar, ou seja, para disciplinar situações sobre as quais inexista lei pertinente.

B) permite à Administração pública a edição de atos normativos para fixação de parâmetros e diretrizes de gradação de penas disciplinares, quando relacionado ao poder disciplinar, bem como para instituição de novas penas mais adequadas para situações atuais.

C) fica restrito às situações em que estejam presentes relações hierarquizadas, em que a competência para definição de normas tenha caráter originário.

D) pode ter natureza originária nas situações expressamente previstas constitucionalmente, fora das quais fica restrito a hipóteses de prévia existência de leis que demandem a disciplina e explicitação da forma de aplicação das mesmas às situações concretas.

E) consubstancia-se, quando aplicado a situações concretas, em exercício de poder de polícia, diretamente incidente sobre a esfera de direitos dos administrados, devendo estar previamente previsto na legislação vigente.

1225) (2017) Banca: FCC – Órgão: TRE-PR – Prova: Analista Judiciário – Área Judiciária

Nos autos do Recurso Especial nº 1.655.947 – RN (2017/0038911-4), o Relator (Min. HERMAN BENJAMIN), ao apreciar determinada Portaria do Distrito Federal que vedava aos servidores da polícia o uso de determinadas vestimentas no local de trabalho, tais como shorts, chinelos, dentre outros, entendeu que esse ato delimitava alguns conceitos constantes de legislação que tratava da adequada apresentação daqueles servidores públicos.

Com base nestas informações, o relator qualificou a edição da portaria como

A) expressão do poder disciplinar, tendo em vista que se tratava de categoria policial, na qual o rigor na imposição de regras é superior às demais.

B) extrapolação do poder hierárquico, tendo em vista que a matéria objeto da portaria não possuía relação direta com a atuação funcional dos mesmos.

C) manifestação do poder regulamentar, pois a portaria explicitou os conceitos já constantes da legislação, permitindo a aplicação em concreto dos mesmos.

D) manifestação irregular do poder normativo do Poder Executivo, que não pode restringir a liberdade de seus servidores públicos por meio de portaria, uma vez que se trata de matéria reservada à lei.

E) expressão regular do poder hierárquico, que admite a imposição de comportamentos vedados para os servidores públicos por meio de ato normativo infralegal, bem como a instituição das respectivas sanções disciplinares, o que configura manifestação do poder disciplinar.

1226) (2016) Banca: FCC – Órgão: TRT – 20ª REGIÃO (SE) – Prova: Analista Judiciário – Administrativa

Considere as seguintes assertivas concernentes ao poder regulamentar:

I. O regulamento de execução é hierarquicamente subordinado a uma lei prévia, além de ser ato de competência privativa do Chefe do Poder Executivo.

II. O poder regulamentar da Administração pública, também denominado de poder normativo, não abrange, exclusivamente, os regulamentos; ele também se expressa por outros atos, tais como por meio de instruções, dentre outros.

III. Os atos pelos quais a Administração pública exerce o seu poder regulamentar, assim como a lei, também emanam atos com efeitos gerais e abstratos.

IV. O ato normativo, em hipóteses excepcionais, poderá criar direitos não previstos em lei, sem implicar em ofensa ao princípio da legalidade.

Está correto o que se afirma em

A) I e IV, apenas.
B) I, II, III e IV.
C) I e III, apenas.
D) II e IV, apenas.
E) I, II e III, apenas.

1227) (2013) Banca: FCC – Órgão: TRT – 9ª REGIÃO (PR) – Prova: Analista Judiciário – Área Administrativa

Considere a atuação da Administração pública:

I. suspensão temporária de particular contratado pela admissão para participar de licitação.
II. interdição de restaurante em face de risco à saúde pública.
III. edição de decreto contendo normas complementares para execução de lei.

A relação correta entre a atuação da Administração e o poder que a autoriza é

A) I II III
disciplinar de polícia regulamentar
B) I II III
de polícia de polícia regulamentar
C) I II III
regulamentar de polícia disciplinar
D) I II III
disciplinar disciplinar hierárquico
E) I II III
disciplinar regulamentar hierárquico

1228) (2013) Banca: FCC – Órgão: TRT – 1ª REGIÃO (RJ) – Prova: Analista Judiciário – Área Administrativa

O poder regulamentar da Administração pública consiste em

A) impor restrições à atuação de particulares, em benefício da coletividade, nos limites da lei.
B) controlar a atividade de órgãos inferiores, dando ordem a subordinados e verificando a legalidade dos atos praticados.
C) editar normas complementares à lei, para a sua fiel execução.
D) organizar a atividade administrativa, inclusive com a avocação de competências e criação de órgãos.
E) apurar infrações e aplicar penalidades aos servidores públicos e particulares que contratam com a Administração.

1229) (2015) Banca: FGV – Órgão: SSP-AM – Prova: Técnico de Nível Superior

Hipótese 1: Governador do Amazonas editou decreto contendo atos gerais para complementar determinada lei estadual e permitir a sua efetiva aplicação.

Hipótese 2: Agentes da equipe de fiscalização de postura municipal de Manaus interditaram um mercado que funcionava sem alvará e apreenderam mercadorias impróprias para o consumo.

Nos casos apresentados, as providências administrativas adotadas pelos agentes públicos foram calcadas, respectivamente, nos poderes:

A) hierárquico e punitivo;
B) legislativo e disciplinar;
C) hierárquico e disciplinar;
D) legislativo e de fiscalização;
E) regulamentar e de polícia.

1230) (2015) Banca: FGV – Órgão: TJ-SC – Prova: Odontólogo (+ provas)

Os agentes administrativos gozam de uma série de prerrogativas de direito público que permitem ao Estado alcançar os fins a que se destina. Nesse contexto de poderes administrativos, é correto afirmar que o poder:

A) discricionário possibilita ao administrador adotar qualquer postura com base em seu interesse particular, desde que alegue atender à finalidade pública;
B) regulamentar está relacionado à prerrogativa da Administração de editar atos gerais para complementar as leis e permitir a sua efetiva aplicação;
C) de polícia é exclusivamente exercido pelas forças de segurança pública, tais como as polícias militar e civil na esfera estadual;
D) soberano é titularizado temporariamente pelo Chefe do Poder Executivo, enquanto estiver no efetivo exercício do mandato eletivo;
E) jurisdicional é exercido pelo Chefe do Poder Executivo, nos casos que envolvam questões administrativas afetas à sua esfera de poder.

1231) (2015) Banca: FGV – Órgão: PGE-RO – Prova: Técnico da Procuradoria – Sem Especialidade

Em matéria de poderes administrativos, de acordo com a doutrina de Direito Administrativo, é exemplo de emprego do poder regulamentar a hipótese de o Governador do Estado:

A) instaurar processo administrativo disciplinar para apurar falta funcional de servidor público que lhe é diretamente subordinado;
B) editar um decreto, contendo normas genéricas e abstratas para complementar determinada lei e permitir a sua efetiva aplicação;
C) determinar a realização de vistoria na sede de sociedade empresária para apurar a ocorrência de dano ambiental;
D) realizar mudança na titularidade das secretarias estaduais, nomeando nova equipe de governo tecnicamente mais qualificada;
E) delegar a prestação de determinado serviço público à sociedade empresária vencedora da respectiva licitação.

1232) (2015) Banca: FGV – Órgão: TJ-RO – Prova: Técnico Judiciário

Poderes administrativos consistem no conjunto de prerrogativas de direito público que a ordem jurídica confere aos agentes administrativos para viabilizar a sobreposição do interesse público ao interesse privado e permitir que o Estado alcance seus fins. Nesse sentido, é hipótese de poder regulamentar quando um:

A) governador de Estado edita um decreto contendo atos gerais para complementar determinada lei e permitir a sua efetiva aplicação;
B) guarda de trânsito, no exercício de suas funções, coordena o tráfego de veículos para evitar engarrafamento em uma movimentada via pública;
C) fiscal de posturas realiza fiscalização nas instalações de um mercado e flagra uma série de irregularidades que levam à sua interdição;
D) chefe de cartório, a pedido da parte interessada, emite uma certidão contendo informações específicas sobre determinado processo;

E) agente do Procon, após regular processo administrativo, multa determinada agência bancária, por ofensa reiterada aos direitos do consumidor.

1233) (2016) Banca: Prefeitura do Rio de Janeiro – RJ – Órgão: Prefeitura de Rio de Janeiro – RJ Prova: Assistente Administrativo

Ao elaborar leis, o Poder Legislativo nem sempre possibilita que sejam executadas. Cabe, então, ao Poder Executivo, criar mecanismos para a complementação das leis, a fim de que as mesmas sejam aplicáveis. Essa é a base do seguinte poder:

A) hierárquico
B) regulamentar
C) disciplinar
D) de polícia administrativa

1234) (2016) Banca: FUNCAB – Órgão: SEGEP-MA – Prova: Agente Penitenciário

Assinale a opção correta quanto aos poderes e deveres dos administradores públicos.

A) Na delegação, agente hierarquicamente superior chama, temporariamente, para seu campo de atribuições e responsabilidades, matéria que pertenceria a um subordinado.
B) O poder de polícia originário é aquele desempenhado por pessoas que integram a Administração indireta e tal poder é exercido por pessoas que mantêm uma relação de vinculação com o ente da federação.
C) O poder regulamentar insere-se como uma das formas pelas quais se expressa a função normativa do Poder Executivo.
D) Se a Agência Nacional de Saúde apreende remédios com data vencida, este ato constitui exercício do poder disciplinar.
E) Justifica-se a invocação típica do poder de polícia para prender em flagrante o indivíduo vendendo substâncias psicotrópicas.

1235) (2016) Banca: FUNCAB – Órgão: PC-PA – Prova: Escrivão de Polícia Civil

No que se refere aos poderes da Administração Pública, é correto afirmar que:

A) praticado o ato por autoridade, no exercício de competência delegada, contra a autoridade delegante caberá mandado de segurança, ou outra medida judicial, por ser detentora da competência originária.
B) o Poder regulamentar deverá ser exercido nos limites legais, sem inovar no ordenamento jurídico, expedindo normas gerais e abstratas, permitindo a fiel execução das leis, minudenciando seus termos.
C) o Poder Hierárquico é o escalonamento vertical típico da administração direta. Desta forma, a aplicação de uma penalidade pelo poder executivo da União a uma concessionária de serviço público é uma forma de manifestação deste Poder.
D) tanto a posição da doutrina, quanto da jurisprudência são pacíficas sobre a possibilidade de edição dos regulamentos autônomos, mesmo quando importarem em aumento de despesas.

E) decorre do Poder Hierárquico a punição de um aluno de uma universidade pública pelo seu reitor, uma vez que este é o chefe da autarquia educacional, sendo competência dele a punição dos alunos faltosos.

1236) (2015) Banca: FUNCAB – Órgão: CRF-RO – Prova: Advogado

Por meio da Portaria nº 15 de 30.06.2015, o Presidente do Conselho Federal de Farmácia aprovou o calendário eleitoral para a função pública de diretor de Conselho Regional de Farmácia de vários Estados, inclusive o de Rondônia. A portaria estabelece a adoção de diversas providências que viabilizam o cumprimento prático das disposições legais acerca do processo eleitoral. A edição de tal portaria está fundada em um dos poderes da Administração Pública denominado:

A) regulamentar.
B) hierárquico.
C) de polícia.
D) disciplinar.
E) legislativo.

1237) (2013) Banca: FUNCAB – Órgão: DETRAN-PB – Prova: Agente de Trânsito

Assinale a alternativa que corresponde a uma característica do poder regulamentar.

A) autonomia com relação às leis.
B) função legislativa.
C) não sujeição ao controle do Poder Judiciário.
D) natureza derivada ou secundária
E) conteúdo contrário à lei.

1238) (2016) Banca: VUNESP – Órgão: TJ-SP – Prova: Titular de Serviços de Notas e de Registros – Provimento

Em razão da impossibilidade de que as leis prevejam todas as contingências que possam surgir na sua execução, em especial nas diversas situações em que a Administração tiver que executar suas tarefas, devendo optar pela melhor solução, é necessária a utilização do poder administrativo denominado

A) poder hierárquico.
B) poder regulamentar.
C) poder de polícia.
D) poder disciplinar.

1239) (2014) Banca: VUNESP – Órgão: TJ-PA – Prova: Auxiliar Judiciário – Reaplicação

Certos agentes públicos têm competência para editar atos normativos compatíveis com a lei e visando desenvolvê-la.

O enunciado se refere ao exercício do Poder

a) Vinculado.
b) Disciplinar.
c) Discricionário.
d) Hierárquico.
e) Regulamentar.

1240) (2016) Banca: INSTITUTO AOCP – Órgão: CASAN – Prova: Advogado

Sobre os Poderes Administrativos, assinale a alternativa correta.

A) O poder de polícia administrativa, exercido pelo Estado, consiste unicamente na prevenção e repressão a infração da lei penal.
B) O Poder Judiciário não pode intervir nos atos administrativos discricionários, nem mesmo quando o administrador se afasta dos motivos que o levou a praticar o ato.
C) O poder regulamentar da administração pública pode ser expresso por meio de resoluções, portarias, deliberações e instruções.
D) O poder vinculado implica liberdade a ser exercida pelo administrador nos limites fixados na lei.
E) O poder disciplinar da Administração Pública consiste na obrigação que a Administração tem em proporcionar treinamentos e educação aos servidores, para sempre manter a eficiência e a disciplina na administração.

1241) (2014) Banca: FUNDEP (Gestão de Concursos) – Órgão: Prefeitura de Nossa Senhora do Socorro – SE – Prova: Procurador do Município

O Poder Legislativo aprova lei cujo texto prevê o seu detalhamento por ato do Poder Executivo, e proíbe os bares de utilizarem espaços públicos para a distribuição de mesas. Logo após sancionar o projeto de Lei, o Chefe do Executivo edita decreto detalhando a aplicação da norma, dentro dos limites definidos na lei.

Ao praticar tal ato, o Chefe do Poder Executivo está exercendo o:

A) poder disciplinar.
B) poder regulamentar
C) poder hierárquico.
D) poder normativo.
E) poder de polícia.

1242) (2017) Banca: Quadrix – Órgão: CFO-DF – Prova: Técnico Administrativo

No que se refere a poderes administrativos, julgue o item a seguir.

O poder regulamentar possui, em regra, natureza derivada (ou secundária), ou seja, somente pode dispor em conformidade com a lei, sendo formalizado por meio de decretos e regulamentos.

A) Certo   B) Errado

1243) (2017) Banca: Quadrix – Órgão: SEDF – Prova: Professor – Direito

Acerca do Direito Administrativo, julgue o item a seguir.

O exercício do poder regulamentar, em regra, materializa-se na edição de decretos e regulamentos destinados a dar fiel execução às leis.

A) Certo   B) Errado

1244) (2016) Banca: COPEVE-UFAL – Órgão: UFAL – Prova: Técnico em Assuntos Educacionais (+ provas)

As competências atribuídas aos três poderes da república – Executivo, Legislativo e Judiciário – incluem funções típicas e atípicas. A esse respeito, assinale a alternativa que indica caso de exercício do poder regulamentar por parte da Administração Pública Federal.

A) Edição de decreto de nomeação de Ministro da Saúde.
B) Apresentação de projeto de lei para reajuste da remuneração dos servidores públicos federais.
C) Aposição de veto, por interesse público, em relação a projeto de lei que ameace as finanças públicas.
D) Promulgação e publicação de lei que majore Imposto de Renda e Proventos de Qualquer Natureza.
E) Edição de decreto para disciplinar a aplicação da Lei de Acesso à Informação à Administração Pública Federal.

1245) (2016) Banca: OBJETIVA – Órgão: Prefeitura de Herveiras – RS – Prova: Agente Administrativo Auxiliar

De acordo com DI PIETRO, são Poderes da Administração, entre outros:

I. Poder Regulamentar.
II. Poder Disciplinar.

A) Os itens I e II estão corretos.
B) Somente o item I está correto.
C) Somente o item II está correto.
D) Os itens I e II estão incorretos.

1246) (2016) Banca: Prefeitura do Rio de Janeiro – RJ – Órgão: Prefeitura de Rio de Janeiro – RJ Prova: Administrador

Ao editar leis, o Poder Legislativo nem sempre possibilita que elas sejam executadas. Cumpre, então, à Administração criar os mecanismos de complementação das leis indispensáveis a sua efetiva aplicabilidade. Essa atividade é definida pela doutrina como base do exercício do poder:

A) regulamentar
B) hierárquico
C) disciplinar
D) vinculado

1247) (2015) Banca: BIO-RIO – Órgão: IF-RJ Prova: Contador

Após a aprovação e publicação da Lei Orçamentária, o Poder Executivo baixou decreto estabelecendo medidas para a execução do orçamento. Este ato constitui exemplo de aplicação de Poder Administrativo denominado:

A) Poder Discricionário.
B) Poder Regulamentar.
C) Poder de Polícia.
D) Poder Vinculado.
E) Poder Hierárquico.

1248) (2012) Banca: IESES – Órgão: TJ-RO – Prova: Titular de Serviços de Notas e de Registros – Provimento por Remoção

Quando o chefe do Poder Executivo expede um Decreto especificando o conteúdo de uma lei, está a administração pública exercendo o Poder:

A) Regulamentar.
B) Hierárquico.
C) De Polícia.
D) Disciplinar.

5. PODERES ADMINISTRATIVOS

1249) (2010) Banca: FUNIVERSA – Órgão: SEJUS-DF – Prova: Especialista em Assistência Social – Direito e Legislação

Poderes administrativos são o conjunto de prerrogativas que tem a administração pública para alcançar os fins almejados pelo Estado. Nesse aspecto, o poder de editar decretos do governador do Distrito Federal é exercício do poder

A) discricionário.
B) disciplinar.
C) hierárquico.
D) policial.
E) regulamentar.

A expressão regulamentar tradicionalmente era entendida como sinônimo de Poder Normativo, contudo, modernamente a doutrina estabelece que não se tratam de sinônimos uma vez que o Poder Normativo refere-se à edição de diversos atos (Decreto, Portaria, Resolução) e o Poder Regulamentar, por sua vez, seria o poder de editar regulamento cuja forma é o Decreto (veículo do regulamento), sendo este ato privativo do chefe do Executivo. Portanto, para a doutrina moderna, o Poder Regulamentar (espécie do Poder Normativo) encontra-se inserido em uma categoria ampla denominada Poder Normativo. Este último inclui a edição de regimentos, deliberações, portarias etc. Contudo, para fins de Concurso Público, vocês verão que diversas vezes os termos ainda são usados como sinônimos.

1250) (2013) Banca: CESPE – Órgão: TRT – 8ª Região (PA e AP) – Prova: Analista Judiciário – Área Administrativa

A respeito dos princípios que norteiam a atuação administrativa e dos poderes da administração pública, assinale a opção correta.

A) O sigilo quanto ao resultado do exame de capacidade física do candidato, em sede de concurso público, não afronta o princípio da impessoalidade.
B) No âmbito da administração pública federal direta ou indireta, a ação punitiva decorrente do exercício do poder de polícia é imprescritível.
C) Considere que determinado candidato aprovado em concurso público tenha sido nomeado, mediante a exclusiva publicação no diário oficial, após três anos da data de homologação do certame. Nesse caso, segundo entendimento do STJ, independentemente do lapso temporal transcorrido entre a data da homologação e a da nomeação, é presumida a ciência do candidato, visto que a comunicação por meio de diário oficial é suficiente para atender às exigências do princípio da publicidade.
D) O exercício do poder regulamentar pela administração pública não se restringe à atuação do chefe do Poder Executivo, por meio de decreto regulamentar, visto que outras autoridades podem expedir atos normativos, com fundamento no exercício do mesmo poder.
E) O denominado poder hierárquico é inerente à atividade administrativa, razão por que não se admite a distribuição de competências na organização administrativa sem que a relação hierárquica esteja presente no desempenho das atividades.

1251) (2013) Banca: CESPE – Órgão: TCE-RO – Prova: Contador

Por meio do poder regulamentar, a administração pública poderá complementar e alterar a lei a fim de permitir a sua efetiva aplicação.

A) Certo B) Errado

1252) (2013) Banca: CESPE – Órgão: PC-BA – Prova: Investigador de Polícia (+ provas)

A respeito dos poderes da administração, julgue o item subsequente.

Em razão do poder regulamentar da administração pública, é possível estabelecer normas relativas ao cumprimento de leis e criar direitos, obrigações, proibições e medidas punitivas.

A) Certo B) Errado

1253) (2013) Banca: CESPE – Órgão: MPU – Prova: Técnico Administrativo

No que se refere aos poderes administrativos, julgue o item a seguir.

É denominado regulamento executivo o decreto editado pelo chefe do Poder Executivo federal para regulamentar leis.

A) Certo B) Errado

1254) (2014) Banca: FCC – Órgão: Prefeitura de Cuiabá – MT – Prova: Procurador Municipal

Acerca do poder normativo da Administração Pública, é correto afirmar:

A) Os chamados regulamentos executivos não existem no Direito Brasileiro, que somente admite os chamados regulamentos autorizados ou delegados.
B) É exercido por meio de decretos regulamentares, resoluções, portarias e outros atos dotados de natureza normativa primária.
C) Não se confunde com o poder regulamentar, pois ambos têm natureza jurídica distinta.
D) Compete ao Congresso Nacional sustar atos normativos dos demais Poderes que exorbitem do poder regulamentar ou dos limites de delegação legislativa.
E) Nem toda lei depende de regulamento para ser executada, mas toda e qualquer lei pode ser regulamentada se o Executivo julgar conveniente fazê-lo.

1255) (2013) Banca: FCC – Órgão: TRT – 6ª Região (PE) – Prova: Juiz do Trabalho

Considere (i) imposição de restrição ao exercício de atividade que enseje risco à saúde pública;(ii) aplicação de pena de suspensão do direito de contratar com a Administração a particular que descumpriu obrigações decorrentes de contrato administrativo; (iii) edição de regimento disciplinando o funcionamento de órgão público colegiado. Referidos atos caracterizam, respectivamente, representação do exercício, pela Administração, de poder.

A) de polícia; hierárquico e disciplinar
B) normativo; hierárquico e disciplinar.
C) regulamentar; de polícia e hierárquico.
D) de polícia, disciplinar e normativo.

E) disciplinar; hierárquico e regulamentar.

1256) (2013) Banca: FCC – Órgão: AL-PB – Prova: Procurador

O chamado poder regulamentar autônomo, trata-se de

A) exercício de atividade normativa pelo Executivo, disciplinando matéria não regulada em lei, de controversa existência no direito nacional.
B) poder conferido aos entes federados para legislar em matéria administrativa de seu próprio interesse.
C) atividade normativa exercida pelas agências reguladoras, nos setores sob sua responsabilidade.
D) prerrogativa conferida a todos os Poderes para disciplinar seus assuntos *interna corporis*.
E) atividade normativa excepcional, conferida ao Conselho de Defesa Nacional, na vigência de estado de defesa ou estado de sítio.

1257) QUESTÃO 1274 (2012) Banca: FCC – Órgão: TRE-PR – Prova: Analista Judiciário – Área Judiciária

De acordo com Maria Sylvia Zanella di Pietro, o poder regulamentar é uma das formas de expressão da competência normativa da Administração Pública. Referido poder regulamentar, de acordo com a Constituição Federal,

A) é competência exclusiva do Chefe do Poder Executivo, que também pode editar decretos autônomos, nos casos previstos.
B) admite apenas a edição de decretos executivos, complementares à lei.
C) compreende a edição de decretos regulamentares autônomos sempre que houver lacuna na lei.
D) admite a delegação da competência originária em caráter geral e definitivo.
E) compreende a edição de decretos autônomos e regulamentares, quando houver lacuna na lei.

1258) (2014) Banca: FGV – Órgão: Câmara Municipal do Recife-PE – Prova: Assessor Jurídico

O Prefeito do Município do Recife editou decreto regulamentando a concessão dos benefícios fiscais outorgados pela lei municipal que instituiu o programa de parceria visando estimular a prática desportiva e a inclusão social junto às comunidades carentes, à rede pública municipal de ensino e à política municipal de esporte e lazer. A prerrogativa conferida ao administrador de editar atos gerais para complementar as leis e permitir a sua efetiva aplicação, como é o caso do decreto em tela, chama-se:

A) processo legislativo;
B) poder de polícia;
C) poder regulamentar;
D) poder discricionário;
E) poder hierárquico.

1259) (2014) Banca: FGV – Órgão: Prefeitura de Osasco – SP – Prova: Agente Fiscal

A prerrogativa de direito público, conferida à Administração Pública, de editar atos gerais (como decretos e regulamentos) para complementar as leis e permitir a sua efetiva aplicabilidade é chamada de:

A) processo legislativo;
B) processo suplementar;
C) poder de polícia;
D) poder complementar;
E) poder regulamentar.

1260) (2014) Banca: IESES – Órgão: TRT – 14ª Região (RO e AC) – Prova: Analista Judiciário

Quando o Presidente da República edita um Decreto, esclarecendo como deverá ser cumprida uma lei produzida pelo Congresso Nacional:

A) A Administração exerce seu poder regulamentar.
B) A Administração exerce seu poder disciplinar.
C) Não há exercício de poder da Administração.
D) A Administração exerce seu poder Legislativo.
E) A Administração exerce seu poder hierárquico.

1261) (2014) Banca: IESES – Órgão: IGP-SC – Prova: Auxiliar Pericial – Criminalístico

Considerando a legislação vigente, o poder inerente aos Chefes dos Poderes Executivos (Presidente, Governadores e Prefeitos) para expedir decretos e regulamentos para complementar, explicitar a lei visando sua fiel execução, é corretamente chamado de:

A) Poder Disciplinar.
B) Poder Regulamentar.
C) Poder Vinculado.
D) Poder Discricionário.

1262) (2014) Banca: FUNCAB – Órgão: PRODAM-AM – Prova: Analista Administrativo

No Direito Administrativo, a faculdade de que dispõem os Chefes de Executivo (Presidente da República, Governadores e Prefeitos) de explicar a lei para sua correta execução denomina-se:

A) Poder de polícia.
B) Poder hierárquico.
C) Poder regulamentar.
D) Poder disciplinar.
E) Poder vinculado.

1263) (2014) Banca: FUNCAB – Órgão: EMDAGRO-SE – Prova: Advogado

Tem o administrador a faculdade de clarificar as leis, detalhando e explicitando seus meandros, para dar executoriedade àquelas que não são autoexecutáveis, denominando-se esta competência de poder:

A) regulamentar.
B) disciplinar
C) hierárquico.
D) de polícia
E) vinculado

5. PODERES ADMINISTRATIVOS

1264) (2014) Banca: FEPESE – Órgão: Prefeitura de Florianópolis – SC – Prova: Auditor Fiscal de Tributos Municipais

A expedição de decreto pelo Chefe do Poder Executivo decorre do poder:

A) vinculado.
B) de polícia.
C) regulamentar.
D) hierárquico.
E) disciplinar.

1265) (2014) Banca: COPEVE-UFAL – Órgão: CASAL – Prova: Assistente Administrativo

É exemplo de exercício de poder regulamentar da Administração Pública:

A) Realização de licitação para aquisição de bens.
B) Exoneração do servidor público.
C) Prática de ato administrativo de qualquer natureza pública.
D) Delegação de poderes, nas hipóteses legais.
E) Edição de decreto regulamentando lei pelo Chefe do Executivo.

1266) (2013) Banca: UPENET/IAUPE – Órgão: FUNAPE – Prova: Analista Previdenciário

Sobre os Poderes da Administração Pública, assinale a alternativa CORRETA.

A) O poder disciplinar é interno e permanente quando exercido sobre os agentes públicos.
B) O poder hierárquico é exercido pelos chefes de órgãos públicos sobre seus agentes subordinados e particulares, consistentes nas atribuições de comando, chefia e direção.
C) Regimentos, instruções, deliberações e portarias enquadram-se no poder regulamentar do poder público, para editarem atos administrativos gerais e abstratos, ou gerais e concretos, expedidos para dar fiel execução à lei.
D) O poder de polícia se reduz à atuação estatal do oferecimento da segurança pública.
E) O poder discricionário impõe ao agente público a restrição rigorosa aos preceitos legais, sem qualquer liberdade de ação.

Em razão do princípio da separação dos poderes, o Congresso Nacional pode sustar os atos do Poder Executivo que exorbitem o poder regulamentar conforme estabelece o artigo 49, V da CR/88. Além disso, o Poder Judiciário, quando provocado, pode exercer o controle de legalidade das medidas administrativas, o que abrange os atos normativos.

1267) (2015) Banca: CESPE – Órgão: AGU – Prova: Advogado.

Foi editada portaria ministerial que regulamentou, com fundamento direto no princípio constitucional da eficiência, a concessão de gratificação de desempenho aos servidores de determinado ministério. Com referência a essa situação hipotética e ao poder regulamentar, julgue o próximo item.

"A portaria em questão poderá vir a ser sustada pelo Congresso Nacional, se essa casa entender que o ministro exorbitou de seu poder regulamentar".

A) Certo   B) Errado

1268) (2014) Banca: CESPE – Órgão: TJ-CE – Prova: Analista Judiciário – Área Administrativa

No tocante aos poderes da administração pública, assinale a opção correta.

A) O poder disciplinar é aquele exercido pela administração pública para apurar infrações e aplicar penalidades aos servidores públicos e aos empregados terceirizados que lhe sejam subordinados.
B) O poder de polícia, em sentido amplo, estende-se à atividade do Estado de condicionar a liberdade e a propriedade, ajustando-as aos interesses coletivos, o que abrange os atos do Judiciário, do Legislativo e do Executivo.
C) Na hipótese de o presidente da República editar decreto que exorbite do poder regulamentar, é possível a sustação do referido ato normativo do Poder Executivo pelo Congresso Nacional.
D) Caso um agente público atue fora dos limites de sua competência, ficarão caracterizados tanto o excesso quanto o desvio de poder.
E) Decorre do poder hierárquico a possibilidade de delegação da edição de atos de caráter normativo, devendo o ato de delegação ser publicado em meio oficial.

Conforme estabelece o artigo 84 da Constituição Federal:

"Art. 84. Compete privativamente ao presidente da República: (...) VI – dispor, mediante decreto, sobre: organização e funcionamento da administração federal quando não implicar aumento de despesa nem criação ou extinção de órgãos públicos."

Conforme estudado, o Poder Executivo poderá editar decretos para a fiel execução da lei, haja vista que compete ao Poder Legislativo inovar no ordenamento jurídico. Entretanto, segundo preceito constitucional transcrito, o chefe do Poder Executivo poderá, nessa hipótese específica descrita no artigo acima, editar decretos que dispõem sobre a **organização e funcionamento da administração federal em SUBSTITUIÇÃO À LEI.** Trata-se de Decreto substituto da lei, tendo em vista que são editados sem contemplar lei anterior.

1269) (2014) Banca: CESPE – Órgão: TJ-CE – Prova: Analista Judiciário – Execução de Mandados

Em relação aos poderes administrativos, assinale a opção correta.

A) As prerrogativas do Poder Legislativo incluem a sustação dos atos normativos do Poder Executivo que exorbitem do poder regulamentar.
B) O poder discricionário não é passível de controle pelo Poder Judiciário.
C) O desvio de poder configura-se quando o agente atua fora dos limites de sua competência administrativa.
D) Nenhum ato inerente ao poder de polícia pode ser delegado, dado ser expressão do poder de império do Estado.
E) O poder hierárquico restringe-se ao Poder Executivo, uma vez que não há hierarquia nas funções desempenhadas no âmbito dos Poderes Legislativo e Judiciário.

1270) (2013) Banca: CESPE – Órgão: TJ-BA – Prova: Titular de Serviços de Notas e de Registros – Provimento

No que se refere aos poderes administrativos, assinale a opção correta.

A) O poder regulamentar do Poder Executivo está sujeito a controle do Legislativo e do Judiciário.
B) O poder de polícia administrativa é discricionário, não sendo, por isso, passível de controle judicial o quantum da multa aplicada no exercício do poder de polícia.
C) O poder de polícia administrativa é autoexecutório quando houver proporcionalidade entre o ato ilícito praticado e a penalidade a ser aplicada.
D) O poder do superior hierárquico de decidir sobre os conflitos de competência entre os órgãos subordinados assim como os demais poderes administrativos deve ser expressamente previsto em lei.
E) O STF considera que o poder de polícia administrativa possa ser delegado a entidades privadas, desde que submetidas ao controle do poder concedente.

1271) (2013) Banca: CESPE – Órgão: TCU – Prova: Auditor Federal de Controle Externo

Se, ao editar um decreto de natureza regulamentar, a Presidência da República invadir a esfera de competência do Poder Legislativo, este poderá sustar o decreto presidencial sob a justificativa de que o decreto extrapolou os limites do poder de regulamentação.

A) Certo B) Errado

1272) (2011) Banca: UERR – Órgão: SEJUC – RR – Prova: Agente Penitenciário

Embora o vocábulo "poder" dê a impressão de que trata de faculdade da Administração, na realidade trata-se de poder-dever, já que reconhecido ao Poder Público para que o exerça em benefício da coletividade, pois os poderes são irrenunciáveis. Este "poder" têm em comum com a lei o fato de emanarem normas, ou seja, atos com efeitos gerais e abstratos. Este "poder" é uma das formas pelas quais se expressa a função do Poder Executivo, cabendo ao Chefe do Executivo da União, dos Estados, dos Distrito Federal e dos Municípios, a edição de atos complementares à lei, para sua fiel execução. Esta afirmação refere-se ao:

A) Poder Disciplinar;
B) Poder Decorrente da Hierarquia;
C) Poder de Polícia;
D) Poder Regulamentar.
E) Poder Hierárquico

1273) (2013) Banca: IBFC – Órgão: MPE-SP – Prova: Analista de Promotoria II

O Chefe do Poder Executivo Federal editou decreto que exorbitou o poder regulamentar. Nessa hipótese, caberá:

A) À Câmara dos Deputados revogar o decreto.
B) Ao Senado Federal revogar o decreto.
C) Ao Congresso Nacional sustar o decreto.
D) Ao Senado Federal sustar o decreto.
E) Ao Congresso Nacional anular o decreto.

GABARITO – PODERES ADMINISTRATIVOS

885) B	931) D	977) B	1023) A	1069) D	1115) C
886) ERRADO	932) D	978) B	1024) A	1070) CERTO	1116) B
887) CERTO	933) B	979) D	1025) B	1071) E	1117) CERTO
888) E	934) C	980) ERRADO	1026) D	1072) ERRADO	1118) ERRADO
889) CERTO	935) A	981) C	1027) D	1073) A	1119) CERTO
890) C	936) A	982) CERTO	1028) A	1074) E	1120) ERRADO
891) B	937) E	983) ERRADO	1029) A	1075) C	1121) ERRADO
892) A	938) C	984) ERRADO	1030) C	1076) E	1122) ERRADO
893) E	939) B	985) CERTO	1031) A	1077) CERTO	1123) D
894) CERTO	940) D	986) CERTO	1032) D	1078) CERTO	1124) B
895) B	941) E	987) CERTO	1033) D	1079) ERRADO	1125) D
896) ERRADO	942) A	988) A	1034) D	1080) A	1126) D
897) ERRADO	943) D	989) E	1035) D	1081) A	1127) D
898) CERTO	944) A	990) ERRADO	1036) C	1082) CERTO	1128) E
899) A	945) B	991) CERTO	1037) A	1083) ERRADO	1129) D
900) CERTO	946) C	992) ERRADO	1038) B	1084) C	1130) D
901) A	947) A	993) ERRADO	1039) C	1085) ERRADO	1131) C
902) D	948) D	994) ERRADO	1040) A	1086) ERRADO	1132) D
903) A	949) A	995) A	1041) A	1087) A	1133) B
904) CERTO	950) C	996) CERTO	1042) C	1088) B	1134) E
905) ERRADO	951) B	997) B	1043) C	1089) D	1135) A
906) D	952) B	998) A	1044) B	1090) A	1136) A
907) D	953) A	999) ERRADO	1045) CERTO	1091) B	1137) D
908) B	954) B	1000) CERTO	1046) E	1092) D	1138) ERRADO
909) E	955) C	1001) ERRADO	1047) B	1093) C	1139) CERTO
910) E	956) B	1002) CERTO	1048) C	1094) C	1140) B
911) B	957) C	1003) ERRADO	1049) ERRADO	1095) C	1141) ERRADO
912) D	958) A	1004) A	1050) CERTO	1096) B	1142) ERRADO
913) D	959) E	1005) C	1051) C	1097) D	1143) ERRADO
914) E	960) B	1006) B	1052) CERTO	1098) A	1144) ERRADO
915) D	961) A	1007) D	1053) CERTO	1099) B	1145) ERRADO
916) D	962) C	1008) C	1054) CERTO	1100) C	1146) CERTO
917) A	963) D	1009) E	1055) C	1101) C	1147) ERRADO
918) C	964) C	1010) B	1056) A	1102) ERRADO	1148) ERRADO
919) D	965) B	1011) C	1057) D	1103) D	1149) ERRADO
920) E	966) B	1012) B	1058) C	1104) B	1150) D
921) B	967) C	1013) C	1059) E	1105) C	1151) ERRADO
922) D	968) B	1014) B	1060) D	1106) CERTO	1152) CERTO
923) D	969) E	1015) E	1061) A	1107) E	1153) A
924) D	970) C	1016) C	1062) A	1108) ERRADO	1154) B
925) E	971) C	1017) E	1063) C	1109) C	1155) D
926) D	972) A	1018) C	1064) E	1110) C	1156) A
927) C	973) B	1019) A	1065) C	1111) CERTO	1157) A
928) C	974) CERTO	1020) A	1066) ERRADO	1112) A	1158) A
929) ERRADO	975) CERTO	1021) D	1067) ERRADO	1113) D	1159) B
930) A	976) ERRADO	1022) A	1068) CERTO	1114) B	1160) D

1161) E	1180) E	1199) E	1218) ERRADO	1237) D	1256) A
1162) E	1181) A	1200) A	1219) E	1238) B	1257) A
1163) C	1182) D	1201) ERRADO	1220) ERRADO	1239) E	1258) C
1164) B	1183) D	1202) CERTO	1221) CERTO	1240) C	1259) E
1165) D	1184) B	1203) CERTO	1222) B	1241) B	1260) A
1166) E	1185) E	1204) E	1223) E	1242) CERTO	1261) B
1167) C	1186) B	1205) CERTO	1224) D	1243) CERTO	1262) C
1168) E	1187) C	1206) A	1225) C	1244) E	1263) A
1169) A	1188) E	1207) C	1226) E	1245) A	1264) C
1170) A	1189) E	1208) ERRADO	1227) A	1246) A	1265) E
1171) B	1190) C	1209) B	1228) C	1247) B	1266) C
1172) A	1191) C	1210) B	1229) E	1248) A	1267) CERTO
1173) B	1192) C	1211) C	1230) B	1249) E	1268) C
1174) D	1193) A	1212) C	1231) B	1250) D	1269) A
1175) A	1194) D	1213) B	1232) A	1251) CERTO	1270) A
1176) B	1195) A	1214) D	1233) B	1252) ERRADO	1271) CERTO
1177) B	1196) D	1215) C	1234) C	1253) CERTO	1272) D
1178) D	1197) E	1216) D	1235) B	1254) E	1273) C
1179) B	1198) D	1217) D	1236) A	1255) D	

FRASES PODEROSAS – PODERES ADMINISTRATIVOS			
	% de questões	Número de acertos nesse capítulo	% de acertos
O Poder de Polícia estabelece limitações à liberdade individual e à propriedade privada dos particulares em prol do interesse coletivo. Em regra, manifesta-se através de deveres negativos, criando obrigações de não fazer; O Poder de Polícia tem natureza preventiva e, excepcionalmente, repressiva.	17%		
O exercício do Poder de Polícia é considerado atividade típica de Estado e, portanto, somente poderá ser exercido por pessoas jurídicas de direito público, salvo no que diz respeito às atividades meramente materiais que podem ser delegadas a pessoas jurídicas de direito privado.	6%		
Exigibilidade/Coercibilidade é o atributo que a Administração Pública possui de estabelecer obrigações ao particular, por meio de meios indiretos de coerção.	5%		
Autoexecutoriedade/Executoriedade: Consiste na possibilidade em que a própria Administração executa suas próprias medidas, impondo aos particulares, de forma coativa (situações de urgência e conforme previsão legal).	7%		
Poder Hierárquico representa a relação de coordenação e subordinação entre órgãos dentro da mesma pessoa jurídica. Tem como características: revisão de atos, delegação e avocação competências, edição de atos normativos de efeitos internos e distribuição competências internas.	9%		
O Poder Disciplinar trata do poder que a Administração Pública possui para aplicar punições a todos àqueles que possuem vínculo de natureza especial com o Estado.	15%		
O Poder Normativo trata-se do poder que a Administração Pública possui para expedir atos normativos gerais e abstratos (*secundum legem*) que valem para uma série de pessoas indeterminadas, gerando efeitos erga omnes. Clarificar/facilitar a fiel execução da lei. O Poder Regulamentar é o poder de editar regulamento, cuja forma é o Decreto, sendo este ato privativo do Chefe do Executivo.	14%		
Em razão do princípio da separação dos poderes, o Congresso Nacional pode sustar atos do Poder Executivo que exorbitem o poder regulamentar segundo o artigo 49, V da CR/88.	2%		
TOTAL	74%		

6. ATOS ADMINISTRATIVOS

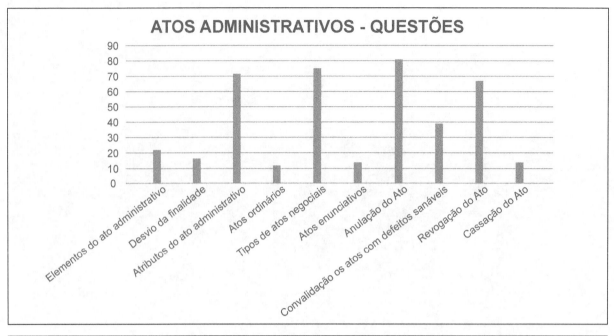

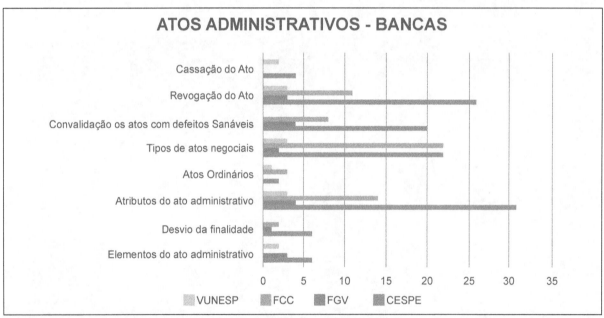

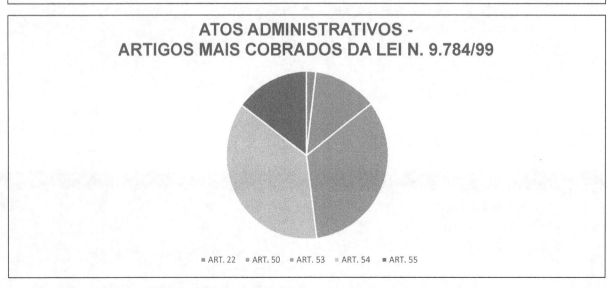

ATO ADMINISTRATIVO: Como a *"declaração do Estado, ou de quem lhe faça as vezes, no exercício das prerrogativas públicas, manifestada e diante providências jurídicas complementares da lei a título de lhe dar cumprimento e sujeitas a controle de legitimidade por órgãos jurisdicionais."*

1274) (2008) Banca: FCC – Órgão: TRT – 18ª Região (GO) – Prova: Técnico Judiciário – Área Administrativa

Sobre o conceito de ato administrativo, é correto afirmar:

A) Mesmo quando o Estado pratica ato jurídico regulado pelo direito Civil ou Comercial, ele pratica ato administrativo.
B) Ato administrativo é a realização material da Administração em cumprimento de alguma decisão administrativa.
C) O ato administrativo é sempre bilateral.
D) O ato administrativo pode pertencer ao direito público ou ao direito privado.
E) É considerado ato administrativo aquele praticado por entidade de direito privado no exercício de função delegada do Poder Público e em razão dela.

1275) (2013) Banca: FGV – Órgão: TJ-AM – Prova: Analista Judiciário – Qualquer Área de Formação

Sobre o conceito de ato administrativo, assinale a afirmativa correta.

A) O ato administrativo é uma manifestação bilateral de vontade.
B) O ato administrativo produz um efeito jurídico intencionado pela administração pública.
C) O ato administrativo produz efeitos, ainda que não haja intenção da administração na produção desses efeitos, como por exemplo a morte de um servidor.
D) O ato administrativo é regido pelo regime jurídico de direito privado.
E) O ato administrativo e o fato administrativo são sinônimos.

1276) (2014) Banca: FUNDEP (Gestão de Concursos) – Órgão: TJ-MG – Prova: Juiz

Assinale a alternativa que apresenta CORRETAMENTE o conceito de atos administrativos.

A) É a manifestação de vontade do Estado, por seus representantes, no exercício regular de suas funções, ou por qualquer pessoa que detenha fração de poder reconhecido pelo Estado, tendo como finalidade imediata, criar, reconhecer, modificar ou extinguir situações jurídicas subjetivas em matéria administrativa.
B) Ato administrativo é o que resulta da manifestação que o administrador público imprime na exteriorização da sua administração, com a expedição de regulamentos para o cumprimento da lei.
C) Ato administrativo é aquele praticado no exercício da função administrativa, seja ele editado pelos órgãos administrativos do poder executivo, seja do legislativo ou do judiciário.
D) Ato administrativo é manifestação exteriorizada do administrador público visando materializar a vontade estatal.

1277) (2016) Banca: IADES – Órgão: CRESS-MG – Prova: Auxiliar Administrativo

Acerca do conceito de ato administrativo, assinale a alterativa correta.

A) Decorre de acontecimentos naturais que independem do homem ou que dele dependem apenas indiretamente.
B) Ocorre quando o fato corresponde à descrição contida na norma legal.
C) Ocorre quando o fato descrito na norma legal produz efeitos no campo do direito administrativo.
D) É a declaração do Estado ou de quem o represente, que produz efeitos jurídicos imediatos, com observância da lei, sob regime jurídico de direito público e sujeita a controle pelo Poder Judiciário.
E) É todo ato praticado no exercício da função administrativa.

1278) (2017) Banca: IESES – Órgão: ALGÁS – Prova: Analista de Projetos Organizacionais – Jurídica

Podemos conceituar ato administrativo:

A) É toda manifestação bilateral da Administração Pública que, agindo nessa qualidade, tenha por fim imediato readquirir, resguardar, manter, preservar, extinguir e declarar deveres, ou impor obrigações aos administrados ou a si própria.
B) É toda manifestação unilateral da Administração Pública que, agindo nessa qualidade, tenha por fim imediato adquirir, resguardar, transferir, modificar, extinguir e declarar direitos, ou impor obrigações aos administrados ou a si própria.
C) Ato administrativo é a atividade interna da administração pública que visa o interesse privado nas relações com particulares.
D) Ato administrativo é o ato jurídico prestado por terceiros à administração pública.

Atos Políticos: São atos praticados no exercício da função política de alta gestão do Estado, nos quais o poder público goza de uma margem ampla de discricionariedade. Ex.: anistia presidencial, o veto de lei ou a declaração de guerra. Podem exercer atos políticos os membros do Legislativo, Judiciário e Executivo.

1279) (2012) Banca: CESPE – Órgão: MCT – Prova: Todos os Cargos (+ provas)

A respeito do ato administrativo, julgue o item que se segue.

Nem todo ato praticado pelo Poder Executivo é ato administrativo, podendo, por exemplo, ser ato político.

A) Certo B) Errado

Os atos privados são os atos editados pela Administração Pública que serão **regidos pelo regime de direito privado**, ou seja, atos nos quais a Administração Pública atua sem as prerrogativas públicas, **em pé de igualdade com o particular.** A título exemplificativo podemos citar os atos ligados à exploração de atividade econômica por empresas públicas e sociedades de economia mista, os atos de doação sem encargo, entre outros.

1280) (2014) Banca: CESPE – Órgão: SUFRAMA – Prova: Nível Superior.

Acerca do direito administrativo, julgue o item a seguir.

"Caso a SUFRAMA pretenda alugar uma nova sala para nela realizar curso de formação de novos servidores, o contrato de locação, nessa hipótese, em razão do interesse público, apesar de ser regido pelo direito privado, será considerado tecnicamente como ato administrativo".

A) Certo B) Errado

Os atos administrativos poderão ser editados pelo Poder Executivo, Poder Legislativo, Poder Judiciário e pelas concessionárias e permissionárias de serviço público quando estiverem no exercício da função administrativa. Em regra, o ato administrativo deve ser escrito, registrado e publicado. Contudo, excepcionalmente, são admitidas formas alternativas de manifestação de vontade (Ex.: semáforo, ordem de parada de um guarda de trânsito etc.)

Cumpre ressaltar que o **silêncio pode desencadear a manifestação de vontade da Administração nos casos em que houver expressa previsão legal.**

1281) (2014) Banca: CESPE – Órgão: ANATEL – Prova: Analista Administrativo – Direito

Julgue o item, a respeito de atos e processos administrativos.

"Os atos administrativos são praticados por servidores e empregados públicos, bem como por determinados particulares, a exemplo dos concessionários e permissionários de serviços públicos e oficiais de cartórios".

A) Certo B) Errado

1282) (2015) Banca: CESPE – Órgão: DPE-PE – Prova: Defensor Público

Julgue o item que se segue, a respeito de atos administrativos.

" Em obediência ao princípio da solenidade das formas, o ato administrativo deve ser escrito, registrado e publicado, não se admitindo no direito público o silêncio como forma de manifestação de vontade da administração".

A) Certo B) Errado

1283) (2010) Banca: CESPE – Órgão: DETRAN-ES – Prova: Advogado

Em obediência ao princípio da solenidade das formas, que rege o direito público, os atos administrativos devem ser sempre escritos, registrados e publicados, sob pena de nulidade.

A) Certo B) Errado

1284) (2017) Banca: CESPE – Órgão: Prefeitura de Fortaleza – CE – Prova: Procurador do Município

Em cada um do item a seguir é apresentada uma situação hipotética seguida de uma assertiva a ser julgada, a respeito da organização administrativa e dos atos administrativos.

A prefeitura de determinado município brasileiro, suscitada por particulares a se manifestar acerca da construção de um condomínio privado em área de proteção ambiental, absteve-se de emitir parecer. Nessa situação, a obra poderá ser iniciada, pois o silêncio da administração é considerado ato administrativo e produz efeitos jurídicos, independentemente de lei ou decisão judicial.

A) Certo B) Errado

Elementos ou requisitos do ato administrativo e seus vícios: A edição dos atos administrativos deve respeitar os seguintes requisitos, quais sejam: competência, finalidade, forma, motivo e objeto.

1285) (2016) Banca: CESPE – Órgão: TRT – 8ª Região (PA e AP) – Prova: Técnico Judiciário – Área Administrativa.

A respeito dos atos administrativos, assinale a opção correta.

A) São elementos dos atos administrativos a competência, a finalidade, a forma, o motivo e o objeto.
B) Apenas o Poder Executivo, no exercício de suas funções, pode praticar atos administrativos.
C) Mesmo quando atua no âmbito do domínio econômico, a administração pública reveste-se da qualidade de poder público.
D) Para a formação do ato administrativo simples, é necessária a manifestação de dois ou mais diferentes órgãos ou autoridades.
E) Define-se ato nulo como ato em desconformidade com a lei ou com os princípios jurídicos, passível de convalidação.

1286) (2012) Banca: CESPE – Órgão: ANATEL – Prova: Analista Administrativo

Com relação aos atos administrativos, julgue o item seguinte.

Competência, finalidade, forma, motivo e objeto são requisitos de validade de um ato administrativo.

A) Certo B) Errado

1287- (2013) Banca: CESPE – Órgão: TRT – 10ª REGIÃO (DF e TO) – Prova: Analista Judiciário – Área Administrativa

Julgue o item a seguir, referente a atos administrativos.

Consoante a doutrina, são requisitos ou elementos do ato administrativo a competência, o objeto, a forma, o motivo e a finalidade.

A) Certo B) Errado

1288) 2016) Banca: CESPE – Órgão: TCE-PA – Prova: Auditor de Controle Externo – Administração.

Julgue o próximo item, relativo à legislação administrativa.

"São três os requisitos para que um ato administrativo seja dito perfeito: competência, finalidade e objeto".

A) Certo B) Errado

1289) (2015) Banca: CESPE – Órgão: FUB – Prova: Administrador

Julgue o item subsequente, no que se refere a atos administrativos.

Competência, finalidade, forma, motivo e objeto são requisitos fundamentais do ato administrativo, sem os quais este se torna nulo.

A) Certo B) Errado

1290) (2017) Banca: CESPE – Órgão: SEDF – Prova: Analista de Gestão Educacional – Administração

À luz da legislação que rege os atos administrativos, a requisição dos servidores distritais e a ética no serviço público, julgue o seguinte item.

A competência — ou sujeito —, a finalidade, a forma, o motivo e o objeto – ou conteúdo – são elementos que integram os atos administrativos.

A) Certo B) Errado

1291) (2014) Banca: IBFC – Órgão: TRE-AM – Prova: Técnico Judiciário – Área Administrativa

Com relação ao "ato administrativo", assinale a alternativa CORRETA:

6. ATOS ADMINISTRATIVOS

A) É praticado, apenas, pelas autoridades do Poder Executivo.
B) A competência, a finalidade, a forma, o motivo e o objeto são requisitos necessários à formação do ato administrativo.
C) A presunção de legitimidade do ato administrativo não isenta o administrador de comprovar a sua validade e sua conformidade com a lei.
D) Atos administrativos vinculados são aqueles que o administrador pode praticar com liberdade de escolha de seu conteúdo, de seu destinatário e de sua conveniência.

1292) (2015) Banca: VUNESP – Órgão: PC-CE – Prova: Inspetor de Polícia Civil de 1ª Classe

Pode-se apontar como um dos requisitos, dentre outros, dos atos administrativos,
A) a vinculação.
B) a discricionariedade
C) o motivo.
D) a faculdade
E) o caráter normativo.

1293) (2016) Banca: VUNESP – Órgão: TJ-SP – Prova: Titular de Serviços de Notas e de Registros – Provimento

Assinale a alternativa correta sobre o ato administrativo.
A) Competência, forma, finalidade, motivo e imperatividade são requisitos de validade do ato administrativo.
B) Presunção de legitimidade, autoexecutoriedade, motivo e objeto são atributos do ato administrativo.
C) Competência, forma, finalidade, motivo e objeto são requisitos de validade do ato administrativo.
D) Competência, forma, finalidade, motivo e objeto são atributos do ato administrativo.

1294) (2016) Banca: Planejar Consultoria – Órgão: Prefeitura de Lauro de Freitas – BA – Prova: Procurador Municipal

São requisitos dos Atos Administrativos, exceto:
A) mérito.
B) objeto.
C) competência.
D) finalidade.
E) informalidade.

1295) (2012) Banca: FUMARC – Órgão: TJ-MG – Prova: Titular de Serviços de Notas e de Registros – Critério Remoção

O ato administrativo, espécie do ato jurídico, possui os seguintes elementos
A) Competência, finalidade, forma, motivo e objeto.
B) Competência, qualidade, forma, motivo e objeto.
C) Competência, finalidade, resultado, motivo e objeto.
D) Competência, qualidade, resultado, motivo e objeto.

1296) (2012) Banca: COPESE – UFT – Órgão: DPE-TO – Prova: Assistente de Defensoria Pública (+ provas)

São requisitos para a validade do ato administrativo:
A) Competência, objeto, forma, motivo e finalidade.
B) Motivo, objeto, forma, finalidade e discricionariedade.
C) Motivo, forma, objeto, finalidade e precariedade.
D) Competência, objeto, forma, finalidade e imperatividade.

1297) (2012) Banca: AOCP – Órgão: TCE-PA – Prova: Analista de Controle Externo (+ provas)

São requisitos do ato administrativo:
A) competência, finalidade, motivo e objeto.
B) competência, finalidade, motivo e legalidade.
C) finalidade, motivo, impessoalidade e objeto.
D) motivo, legalidade e objeto.
E) competência, finalidade, motivo e publicidade.

1298) (2014) Banca: COPESE – UFT – Órgão: Prefeitura de Araguaína – TO – Prova: Procurador

São elementos do ato administrativo, EXCETO.
A) Competência
B) Objeto
C) Imperatividade
D) Forma

1299) (2013) Banca: IADES – Órgão: EBSERH – Prova: Advogado

Sobre os requisitos dos atos administrativos e de acordo com a doutrina dominante, assinale a alternativa correta.
A) Exigibilidade, imperatividade, discricionariedade, competência e forma.
B) Autoexecutoriedade, exigibilidade, discricionariedade, competência e objeto.
C) Competência, forma, finalidade, motivo e objeto.
D) Irrenunciabilidade, continuidade, discricionários, competência e informalismo.
E) Imperatividade, oficialidade, informalismo, publicidade e forma

1300) (2013) Banca: Quadrix – Órgão: CREF – 3ª Região (SC) – Prova: Advogado

A respeito do regramento jurídico doutrinário dos atos administrativos, assinale a alternativa incorreta:
A) Grande parte da doutrina apresenta como elementos do ato administrativo presunção de legitimidade e veracidade, a imperatividade e a autoexecutoriedade.
B) Motivo é o pressuposto de fato e de direito que serve de fundamento ao ato administrativo.
C) Atos administrativos complexos são os que resultam da manifestação de dois ou mais órgãos, sejam eles singulares ou colegiados, cuja vontade se funde para formar um ato único.
D) Ato administrativo composto é o que resulta da manifestação de dois ou mais órgãos, em que a vontade de um é instrumental em relação a de outro, que edita o ato principal.
E) Homologação é o ato unilateral e vinculado pelo qual a Administração Pública reconhece a legalidade de um ato jurídico. Ela se realiza sempre o posterior e examina apenas o aspecto de legalidade, no que se distingue da aprovação.

1301) (2013) Banca: FGV – Órgão: TJ-AM – Prova: Auxiliar Judiciário

Assinale a alternativa que contém apenas elementos ou requisitos do ato administrativo.

A) Sujeito, objeto, forma e coercibilidade.
B) Sujeito, objeto, forma e finalidade.
C) Motivo, tipicidade, presunção de legalidade e imperatividade.
D) Motivo, imperatividade, coercibilidade e tipicidade.
E) Objeto, tipicidade, coercibilidade e imperatividade

1302) (2014) Banca: FGV – Órgão: DPE-RJ – Prova: Técnico Superior Especializado – Administração (+ provas)
De acordo com a doutrina de Direito Administrativo, são elementos ou requisitos do ato administrativo;
A) agente, conteúdo, forma, prazo e objetivo.
B) agente, motivação, conteúdo, prazo e finalidade.
C) competência, objeto, forma, motivo e finalidade.
D) competência, objetivo, publicação, forma e motivação.
E) parte, objeto, forma, fundamentação e publicação.

1303) (2013) Banca: FGV – Órgão: AL-MT – Prova: Técnico Legislativo
O ato administrativo é composto por uma série de elementos, também chamados pela doutrina de requisitos do ato administrativo. Tendo em vista essa concepção doutrinária, assinale a alternativa que contém apenas requisitos do ato administrativo.
A) Imperatividade, competência e objeto.
B) Autoexecutoriedade, imperatividade e presunção de veracidade.
C) Imperatividade, finalidade e objeto.
D) Forma, motivo e finalidade.
E) Imperatividade, autoexecutoriedade e sujeito.

1304) (2016) Banca: IADHED – Órgão: Prefeitura de Araguari – MG – Prova: Procurador Municipal
No que diz respeito aos elementos (ou requisitos) essenciais do ato administrativo válido, marque a questão que não corresponde a um deles:
A) Capacidade;
B) Forma;
C) Objeto;
D) Finalidade.

1305) (2016) Banca: IDECAN – Órgão: Câmara de Aracruz – ES – Prova: Analista Administrativo e Legislativo
São requisitos de validade ou elementos dos atos administrativos:
A) Completude, finalização, forma, motivo e objeto.
B) Competência, finalidade, forma, motivo e objeto.
C) Competência, finalidade, forma, motivo e objetividade.
D) Complementariedade, finalidade, formação, motivo e objeto.

1306) (2010) Banca: TJ-SC Órgão: TJ-SC – Prova: Técnico Judiciário
Dentre as alternativas abaixo, assinale a que NÃO contém um dos requisitos necessários à formação dos atos administrativos:
A) Finalidade.
B) Objeto.
C) Competência.
D) Vantagem.
E) Motivo.

1307) (2016) Banca: FUNRIO – Órgão: IF-PA – Prova: Auxiliar em Administração
São requisitos para a formação do ato administrativo, dentre outros, os seguintes:
A) competência, finalidade e forma.
B) forma, objeto e técnica.
C) obrigatoriedade, objeto e forma.
D) motivo, clareza e diretriz.
E) técnica, diretriz e finalidade

1308) (2016) Banca: UFCG – Órgão: UFCG – Prova: Assistente de Tecnologia da Informação
São requisitos de validade do ato administrativo:
A) Competência, conveniência, finalidade, motivo e objetivo
B) Forma, competência, finalidade, motivo e objeto.
C) Imperatividade, competência, legitimidade, motivo e objeto.
D) Forma, competência, finalidade, oportunidade e objeto.
E) Oportunidade, objetivo, finalidade, imperatividade e motivo.

1309) 4953) (2016) Banca: CAIP-IMES – Órgão: CRAISA de Santo André – SP – Prova: Advogado
São elementos essenciais à formação do ato administrativo e reconhecidos como requisitos de validade a:
A) competência, finalidade, forma, motivo e objeto.
B) finalidade, forma, motivo e objeto.
C) competência, forma, motivo e objeto.
D) competência, finalidade, motivo e objeto.

O elemento competência refere-se às atribuições, deveres, poderes do agente público definidos em lei. Cada carreira pública possui uma competência específica, logo, quando o servidor exercer qualquer atividade em desconformidade com a lei/estatuto da carreira, o ato administrativo será ilegal em relação ao elemento competência.

Portanto, o elemento em exame será definido em **Lei ou em atos administrativos gerais**, bem como, em algumas situações, **na própria Constituição Federal. Desse modo, esse elemento não pode ser alterado por vontade das partes ou do administrador público, haja vista** que a competência é elemento do ato administrativo sempre VINCULADO, ou seja, mesmo diante de atos em que é conferido ao agente certa margem de discricionariedade estabelecida em lei, a competência para a edição do ato será **vinculada.** Dessa maneira, não há margem de escolha ao agente público no que tange à legitimidade para a prática da conduta, devendo esta encontrar-se definida em lei.

Além disso, a competência administrativa para a pratica do ato administrativo é irrenunciável e intransferível pelo agente público, em razão do princípio da indisponibilidade do interesse público, e é também **imprescritível**. Portanto, **a competência não se extingue com a inércia do agente público no decorrer do tempo.** Assim, ainda que o agente não pratique as condutas a ele atribuídas, seja pela não ocorrência dos pressupostos legais ou seja pela simples inércia e descumprimento do dever de atuar, **este não será penalizado com a perda de sua competência.**

6. ATOS ADMINISTRATIVOS

1310) (2013) Banca: CESPE – Órgão: STF – Prova: Técnico Judiciário – Área Administrativa

Julgue o item subsecutivo, referentes a atos administrativos.

A competência para a prática de atos administrativos pode ser presumida ou advir de previsão legal.

A) Certo B) Errado

1311) (2013) Banca: CESPE – Órgão: STF – Prova: Técnico Judiciário – Área Administrativa

A competência administrativa para a prática do ato administrativo é irrenunciável, intransferível e imprescritível.

A) Certo B) Errado

1312) (2010) Banca: ESAF – Órgão: MTE- Prova: Auditor Fiscal do Trabalho – Prova 2

Relativamente à vinculação e à discricionariedade da atuação administrativa, assinale a opção que contenha elementos do ato administrativo que são sempre vinculados.

A) Competência e objeto.
B) Finalidade e motivo.
C) Competência e finalidade.
D) Finalidade e objeto.
E) Motivo e objeto.

1313) (2014) Banca: FGV – Órgão: PROCEMPA – Prova: Analista Administrativo – Analista de Logística

Assinale a opção que indica os elementos vinculados dos atos administrativos.

A) Competência, motivação e finalidade.
B) Tempo, forma e objeto
C) Competência, forma e finalidade.
D) Motivo e objeto.
E) Objeto e resultado.

1314) (2013) Banca: VUNESP – Órgão: TJ-SP – Prova: Advogado

A competência administrativa.

A) poderá ser prorrogada por interesse das partes.
B) decorre da lei e é por ela delimitada.
C) não poderá ser avocada.
D) é imprescritível, porém, renunciável.
E) não é requisito do ato.

No que se refere a esse último aspecto, cabe asseverar a possibilidade de **delegação de competências** para a prática do ato. Conforme estudado, a delegação é um ato **temporário** de ampliação de competências, por meio da qual um indivíduo concede ao outro a competência para **editar uma medida**, que pode ser revogada a qualquer tempo e não implica em renúncia de competências.

1315) (2011) Banca: CESPE – Órgão: TJ-ES – Prova: Analista Judiciário – Área Administrativa

A delegação da competência para a realização de um ato administrativo configura a renúncia da competência do agente delegante.

A) Certo B) Errado

1316) (2011) Banca: CESPE – Órgão: PC-ES – Prova: Perito Papiloscópico

Pelo instituto da delegação ocorre a transferência do requisito da competência.

A) Certo B) Errado

Vícios relativos à competência:

- **Excesso de poder:** situação em que o servidor público excede os limites de sua competência.
- **Funcionário de fato/Função de fato:** ocorre quando o servidor público encontra-se irregularmente investido no cargo, emprego ou função pública, mas age com a aparência de legalidade.

1317) (2016) Banca: CESPE – Órgão: TCE-SC – Prova: Auditor

Com base na doutrina e nas normas de direito administrativo, julgue o item que se segue.

"Situação hipotética: Diante da ausência de Maria, servidora pública ocupante de cargo de nível superior, João, servidor público ocupante de cargo de nível médio, recém-formado em Economia, elaborou determinado expediente de competência exclusiva do cargo de nível superior ocupado por Maria. Assertiva: Nessa situação, o servidor agiu com abuso de poder na modalidade excesso de poder".

A) Certo B) Errado

1318) (2012) Banca: CESPE – Órgão: PC-AL – Prova: Escrivão de Polícia

O abuso de poder caracteriza-se pelo excesso de poder e pelo desvio de finalidade. A esse respeito, julgue o item subsequente.

O excesso de poder relaciona-se à competência, uma vez que resta configurado quando o agente público extrapola os limites de sua atuação ou pratica ato que é atributo legal de outra pessoa.

A) Certo B) Errado

1319) (2012) Banca: CESPE – Órgão: TJ-AL – Prova: Auxiliar Judiciário

Ainda com relação aos atos administrativos, assinale a opção correta.

A) É prevalecente o entendimento de que o Poder Judiciário não detém competência para aferir o mérito dos atos administrativos, dado o poder conferido ao administrador para praticar, com base no que dispõe a lei e segundo os critérios de conveniência e oportunidade, não só atos discricionários, mas também atos vinculados.
B) São atributos de todos os atos administrativos a imperatividade e a autoexecutoriedade.
C) Segundo a doutrina, o excesso de poder decorre de vício de competência exercido além do que a lei permite e o desvio de poder resulta da violação da finalidade.
D) Dado o princípio da legalidade, o motivo para a prática dos atos administrativos deve necessariamente estar expresso em lei.
E) Segundo a teoria dos motivos determinantes, a motivação expressa – declaração pela administração pública das razões para a prática do ato – é exigível apenas para os atos vinculados.

1320) (2016) Banca: CESPE – Órgão: DPU – Prova: Técnico em Assuntos Educacionais.

Quando o servidor público excede os limites da sua competência resta configurado o excesso de poder.

A) Certo   B) Errado

1321) (2014) Banca: CESPE – Órgão: Câmara dos Deputados – Prova: Analista Legislativo.

O funcionário de fato é aquele que está irregularmente investido no exercício de função pública.

A) Certo   B) Errado

1322) (2013) Banca: TJ-RS – Órgão: TJ-RS – Prova: Titular de Serviços de Notas e de Registros

Assinale a alternativa correta.

A) O ato administrativo padece de vício quanto ao sujeito, se o agente público excede os limites de sua competência, agindo em excesso de poder.

B) O ato administrativo padece de vício quanto ao motivo, quando o resultado alcançado viola o ordenamento jurídico.

C) O ato administrativo padece de vício quanto ao objeto, quando a causa jurídica eleita pelo agente público é inexistente ou inadequada.

D) O ato administrativo padece de vício de forma, quando o fim atingido é diverso daquele previsto no ordenamento jurídico.

1323) (2012) Banca: VUNESP – Órgão: TJ-SP – Prova: Titular de Serviços de Notas e de Registros – Remoção

Sobre o ato administrativo, pode-se afirmar que

A) ato de competência exclusiva, avocado e praticado por autoridade superior, caracteriza situação de excesso de poder.

B) a presunção de exigibilidade do ato administrativo autoriza fechar-se estabelecimento inadimplente com o fisco.

C) a concessão de licença para construir pode ser condicionada à emissão de certidão negativa de débito relativa ao imóvel.

D) a revogação de ato administrativo complexo pode ser realizada, bastando que um dos órgãos envolvidos manifeste sua aquiescência.

Finalidade: A finalidade pública refere-se ao objetivo que se pretende alcançar com a prática do ato administrativo. Tal como todos os outros elementos, sua definição é sempre legal, portanto, a violação ao elemento finalidade ocorre sempre que a finalidade buscada pelo ato não traduzir aquela definida em lei.

Ressalta-se que em determinadas situações o ato é praticado em conformidade com o interesse público, mas com desvio de finalidade específica da medida, como ocorre na situação em que o servidor público é exonerado pelo seu superior que possui a intenção de puni-lo. Nesse caso, mesmo que o servidor tenha cometido alguma infração administrativa grave e que a punição seja devida, o ato foi praticado de forma viciada, uma vez que a exoneração se refere à hipótese de perda do cargo que não possui qualquer caráter punitivo, diferentemente do ato de demissão. Nessa situação, o vício de finalidade é um vício de legalidade que irá ensejar a anulação do ato.

1324) (2016) Banca: CESPE – Órgão: TJ-AM – Prova: Juiz de direito

Assinale a opção correta com referência aos atos administrativos.

A) A finalidade reflete o fim mediato dos atos administrativos, enquanto o objeto, o fim imediato, ou seja, o resultado prático que deve ser alcançado.

B) O silêncio administrativo consubstancia ato administrativo, ainda que não expresse uma manifestação formal de vontade.

C) Autorização é o ato pelo qual a administração concorda com um ato jurídico já praticado por particular em interesse próprio.

D) O objeto dos atos administrativos normativos é equivalente ao dos atos administrativos enunciativos.

E) Motivação e motivo são juridicamente equivalentes.

1325) (2014) Banca: CESPE – Órgão: Câmara dos Deputados – Prova: Analista Legislativo

Os princípios da legalidade e da finalidade, que norteiam os processos administrativos federais, estão intimamente ligados, uma vez que a finalidade de qualquer ato deve estar prevista explícita ou implicitamente na lei.

A) Certo   B) Errado

1326) (2014) Banca: CESPE – Órgão: MDIC – Prova: Agente Administrativo

No que se refere aos agentes públicos e aos poderes administrativos, julgue o item que se segue.

"Nesse sentido, considere que a sigla CF, sempre que empregada, refere-se à Constituição Federal de 1988. Suponha que, após uma breve discussão por questões partidárias, determinado servidor, que sofria constantes perseguições de sua chefia por motivos ideológicos, tenha sido removido, por seu superior hierárquico, que desejava puni-lo, para uma localidade inóspita. Nessa situação, houve abuso de poder, na modalidade excesso de poder".

A) Certo   B) Errado

1327) (2013) Banca: CESPE – Órgão: BACEN – Prova: Técnico (+ provas)

No que diz respeito a atos administrativos, julgue o item seguinte.

O desrespeito ao elemento finalidade conduz ao vício conhecido como abuso de poder.

A) Certo   B) Errado

1328) (2013) Banca: CESPE – Órgão: TJ-MA – Prova: Juiz

Ainda acerca dos atos administrativos, assinale a opção correta.

A) A imperatividade implica na presunção que os atos administrativos são verdadeiros e estão conformes ao direito, até que se prove o contrário.

B) Ocorre desvio de poder, e, portanto, invalidade do ato administrativo, quando o agente público se vale de um ato para satisfazer finalidade alheia à natureza desse ato.

C) Presunção de legitimidade, imperatividade, exigibilidade e autoexecutoriedade são pressupostos dos atos administrativos.

D) A exigibilidade, qualidade do ato administrativo, autoriza a administração pública a compelir materialmente o administrado, sem necessidade de intervenção do Poder Judiciário, ao cumprimento da obrigação a ele imposta.

1329) (2016) Banca: CESPE – Órgão: PC-PE – Prova: Escrivão de Polícia Civil

Assinale a opção correta a respeito dos atos administrativos.

A) A competência administrativa pode ser transferida e prorrogada pela vontade dos interessados.
B) A alteração da finalidade expressa na norma legal ou implícita no ordenamento da administração caracteriza desvio de poder que dá causa à invalidação do ato.
C) O princípio da presunção de legitimidade do ato administrativo impede que haja a transferência do ônus da prova de sua invalidade para quem a invoca.
D) O ato administrativo típico é uma manifestação volitiva do administrado frente ao poder público.
E) O motivo constitui requisito dispensável na formação do ato administrativo.

1330) (2015) Banca: CESPE – Órgão: TJ-DFT – Prova: Técnico de Administração

Julgue o item que se segue, a respeito dos atos administrativos.

"Configura-se abuso de poder por desvio de poder no caso de vício de finalidade do ato administrativo, e abuso de poder por excesso de poder quando o ato administrativo é praticado por agente que exorbita a sua competência".

A) Certo   B) Errado

1331) (2014) Banca: CESPE – Órgão: Câmara dos Deputados – Prova: Analista Legislativo

Com relação aos poderes administrativos e os serviços públicos, julgue o item que se segue.

"Considere que o presidente de determinada autarquia, com a intenção de punir um servidor a ele subordinado, com quem se desentendera por questões de ideologia partidária, tenha decidido remover o referido servidor para uma unidade no interior do país. Nesse caso, está configurado o abuso de poder, na modalidade excesso de poder".

A) Certo   B) Errado

1332) (2016) Banca: FCC – Órgão: TRT – 20ª REGIÃO (SE) – Prova: Técnico Judiciário – Tecnologia da Informação (+ provas)

Mateus, servidor público federal, removeu o servidor Pedro para localidade extremamente distante e de difícil acesso, no intuito de castigá-lo. Ocorre que Pedro merecia penalidade administrativa por ter cometido infração funcional mas não remoção. No caso narrado, a remoção, por não ser ato de categoria punitiva, apresenta vício de

A) motivo.
B) finalidade.
C) objeto.
D) forma.
E) competência.

1333) (2013) Banca: FCC – Órgão: MPE-MA – Prova: Técnico Ministerial – Administrativo

O ato administrativo ao distanciar-se do fim público

A) apresenta vício em um dos atributos do ato.
B) pode ser convalidado.
C) não comporta anulação.
D) deve ser revogado.
E) detém vício em um de seus requisitos.

1334) (2015) Banca: FGV – Órgão: TJ-PI – Prova: Analista Judiciário – Oficial de Justiça e Avaliador

Marcela, servidora pública estadual, foi removida da Capital do Estado para outro órgão estadual da mesma Secretaria no interior do Estado. A autoridade que determinou a remoção era a competente para o ato, mas não o motivou de forma específica. Marcela ajuizou ação judicial pleiteando a nulidade do ato de remoção, alegando e comprovando que a remoção, em verdade, ocorreu por retaliação, já que a autoridade que praticou o ato é seu antigo desafeto. No caso em tela, a pretensão de Marcela:

A) merece prosperar, porque a remoção é ato administrativo vinculado e a autoridade competente não motivou o ato de forma específica, dando causa a vício de legalidade que leva à nulidade absoluta do ato;
B) merece prosperar, porque, apesar de a remoção ser ato administrativo discricionário, ocorreu abuso de poder por desvio de poder, afastando-se a autoridade da finalidade pública do ato;
C) merece prosperar, porque, apesar de a remoção ser ato administrativo vinculado, ocorreu abuso de poder por excesso de poder, uma vez que a autoridade não motivou corretamente o ato;
D) não merece prosperar, porque a remoção é ato administrativo vinculado e a autoridade competente não precisa motivar de forma específica o ato, que já traz implícita a cláusula geral de cometimento para atender ao interesse público;
E) não merece prosperar, porque a remoção é ato administrativo discricionário e, por tal razão, a autoridade competente não precisa expor motivação específica para o ato, tendo liberdade para decidir de acordo com critérios de oportunidade e conveniência.

1335) (2012) Banca: INSTITUTO CIDADES – Órgão: TCM-GO – Prova: Auditor de Controle Externo – Informática (+ provas)

Entre os requisitos ou elementos essenciais à validade dos atos administrativos, o que mais condiz, com o atendimento da observância do princípio fundamental da impessoalidade, é o relativo

A) à competência.
B) à forma.
C) à finalidade.
D) à motivação.
E) ao objeto lícito.

1336) (2014) Banca: CIEE – Órgão: AGU – Prova: Direito

Acerca dos elementos do ato administrativo, aquele que se caracteriza como o resultado que a Administração quer alcançar com a prática do ato denomina-se

A) Objeto.

B) Forma.
C) Motivo.
D) Finalidade.

1337) (2013) Banca: Prefeitura do Rio de Janeiro – RJ – Órgão: PGM – RJ – Prova: Auxiliar de Procuradoria

O elemento do ato administrativo segundo o qual todo ato deve ser praticado visando o interesse público é:

A) forma
B) competência
C) finalidade
D) objeto

1338) (2016) Banca: FUNIVERSA – Órgão: IF-AP – Prova: Assistente em Administração

No que se refere aos requisitos dos atos administrativos, assinale a alternativa que apresenta a finalidade de um ato.

A) É válido, mesmo se o agente que o realiza não está investido de poder legal para assiná-lo.
B) A característica exterior mais normal dos atos administrativos é a escrita, embora existam atos consubstanciados em ordens verbais e até mesmo em sinais convencionais.
C) É o resultado que a Administração quer alcançar com a prática do ato.
D) É a situação de fato e de direito que determina ou autoriza a emissão do ato administrativo.
E) Todo ato administrativo tem por diretriz a criação, modificação ou comprovação de situações jurídicas concernentes a pessoas, coisas ou atividades sujeitas à ação do Poder Público.

1339) (2013) Banca: IPAD – Órgão: PGE-PE – Prova: Direito

Quanto aos atos administrativos, é INCORRETO asseverar que:

A) a anulação do ato administrativo retroage à data de seu surgimento.
B) o desvio de poder macula o elemento competência do ato administrativo.
C) ato administrativo complexo é o que resulta da vontade de dois (ou mais) órgãos para a formação de um único ato.
D) a revogação de um ato administrativo decorre de um juízo de conveniência e oportunidade.
E) ato administrativo vinculado é aquele cujos elementos competência, forma, finalidade, motivo e objeto são determinados em lei.

1340) (2017) Banca: FMP Concursos – Órgão: PGE-AC – Prova: Procurador do Estado

Para a configuração dos casos de nulidade de atos administrativos que traduzam lesão aos bens jurídicos tutelados pelo direito pátrio, serão observadas as seguintes normas, EXCETO:

A) O desvio de finalidade se verifica quando o agente pratica o ato visando a fim diverso daquele explicitamente previsto na regra de competência.
B) A ilegalidade do objeto ocorre quando o resultado do ato importa em violação da legislação em vigor.
C) A inexistência dos motivos se verifica quando a matéria de fato ou de direito, em que se fundamenta o ato, é materialmente inexistente ou juridicamente inadequada frente ao resultado obtido.
D) A incompetência fica caracterizada quando o ato não se incluir nas atribuições legais do agente que o praticou.
E) O vício de forma consiste na omissão ou na inobservância incompleta ou irregular de formalidades indispensáveis à existência ou seriedade do ato administrativo

1341) (2016) Banca: IBFC – Órgão: TCM-RJ – Prova: Técnico de Controle Externo

Considere a seguinte situação hipotética:

Autoridade municipal fixou as linhas e os itinerários de ônibus da cidade, de modo a beneficiar determinada empresa, que disputa a concessão de serviço público de transporte coletivo.

Desse modo, o ato da autoridade municipal poderá ser:

A) anulado, por desvio de finalidade
B) revogado, desde que seja caracterizado o desvio de poder
C) revogado, desde que se trate de ato administrativo vinculado
D) convalidado, desde que a autoridade municipal tenha poder discricionário para a fixação das linhas e dos itinerários

1342) (2015) Banca: CS-UFG – Órgão: Prefeitura de Goiânia – GO – Prova: Procurador do Município

No tocante aos atos administrativos (elementos, atributos, espécies) e à delegação de competências, considerando o arcabouço doutrinário e legislativo,

A) o excesso de poder é um vício do elemento competência, e somente admite convalidação na hipótese de competência em razão da matéria.
B) o desvio de poder é um vício do elemento finalidade, verificado, por exemplo, na hipótese em que o agente procura uma finalidade alheia ou contrária ao interesse público, e não admite convalidação.
C) o ato de delegação é revogável a qualquer tempo pela autoridade delegante e delegada.
D) as decisões adotadas por delegação devem mencionar explicitamente esta qualidade e considerar-se-ão editadas pela autoridade delegante.

1343) (2017) Banca: IADES – Órgão: Fundação Hemocentro de Brasília – DF – Prova: Direito e Legislação

Considerando a concepção quíntupla dos elementos constitutivos dos atos administrativos, assinale a alternativa correta.

A) A competência pode variar tanto em grau quanto em natureza, sendo decorrente daquele, enquanto especialização funcional, e desta, em face da hierarquia administrativa.
B) Diferentemente do que ocorre na expressão da vontade privada, não é admitida outra finalidade aos atos do poder público senão o atendimento a uma finalidade pública, a qual necessariamente estará contida na ordem jurídica.
C) A forma, uma vez que passível de eventual convalidação, apresenta-se como de conteúdo discricionário, salvo nos casos em que a norma estipulá-la como formalidade essencial.
D) O motivo enquanto elemento constitutivo dos atos administrativos, deverá ser necessariamente a exposição fática que justifique a prática do ato administrativo.

E) O objeto do ato administrativo tem sempre um conteúdo jurídico discricionário e determinável, podendo, explícita ou implicitamente, ficar à escolha do agente público.

FORMA: A forma é o **aspecto exterior que reveste o ato administrativo e a exigência de tal requisito reside no fato de que os atos administrativos decorrem de procedimento administrativo prévio.**

Cumpre ressaltar a **forma escrita** prevalece na maioria dos atos administrativos, uma vez que esta forma prestigia o princípio da publicidade e permite o **controle/transparência** das medidas da Administração. Entretanto, da mesma forma que se exige a formalização para garantir a regular prática dos atos administrativos, deve-se ter em mente que **a forma não configura a essência do ato**, ou seja, trata-se tão somente de um **mero instrumento** necessário para que a conduta administrativa alcance os seus objetivos. Nesse sentido, a doutrina costuma apontar o princípio da instrumentalidade das formas, dispondo que a forma não é essencial à prática do ato, **mas tão somente o meio, definido em lei, pelo qual o poder público irá alcançar seus objetivos.**

1344) (2014) Banca: CESPE – Órgão: PGE-BA – Prova: Procurador do Estado

A forma não configura a essência do ato administrativo.

A) Certo B) Errado

1345) (2014) Banca: CESPE – Órgão: PGE-BA – Prova: Procurador do Estado

Incorre em vício de forma a edição, pelo chefe do Executivo, de portaria por meio da qual se declare de utilidade pública um imóvel, para fins de desapropriação, quando a lei exigir decreto.

A) Certo B) Errado

1346) (2014) Banca: CESPE – Órgão: ANATEL – Prova: Analista Administrativo – Direito

Julgue o item, a respeito de atos e processos administrativos.

"Os atos administrativos devem ser praticados, necessariamente, por escrito, em atendimento ao princípio do formalismo".

A) Certo B) Errado

1347) (2014) Banca: FCC – Órgão: TRT – 19ª Região (AL) – Prova: Técnico Judiciário – Área Administrativa

Lúcio, servidor público federal, praticou ato administrativo desrespeitando a forma do mesmo, essencial à sua validade. O ato em questão

A) admite convalidação.
B) não comporta anulação.
C) é necessariamente legal.
D) comporta revogação.
E) é ilegal.

1348) (2014) Banca: UESPI – Órgão: PC-PI – Prova: Delegado de Polícia

Na hipótese de uma autarquia realizar um contrato verbal com uma empresa prestadora de serviços de vigilância, pode- se dizer que foi ferido o seguinte requisito do ato administrativo:

A) competência.
B) finalidade
C) forma.
D) motivo.
E) objeto.

Silêncio administrativo: conforme estudado, o silêncio não produz qualquer efeito, salvo as hipóteses em que a lei estabelece que a ausência de manifestação do Estado implica em aceitação tácita de determinado fato ou até mesmo negativa em razão do decurso de tempo.

1349) (2015) Banca: CESPE – Órgão: STJ – Prova: Conhecimentos Básicos para o Cargo 16 (+ provas)

A respeito da administração pública direta e indireta e de atos administrativos, julgue o item a seguir.

Em regra, o silêncio da administração pública, na seara do direito público, não é um ato, mas um fato administrativo.

A) Certo B) Errado

1350) (2014) – Banca: CESPE – Órgão: TJ-CE – Prova: Analista Judiciário – Área Administrativa

Acerca dos atos administrativos, assinale a opção correta.

A) O silêncio pode significar forma de manifestação de vontade da administração, desde que a lei assim o preveja
B) Os atos administrativos abrangem os denominados atos de direito privado praticados pela administração, tais como a compra e venda e a locação.
C) O objeto do ato administrativo corresponde ao conteúdo mediato que o ato produz, ainda que seja incerto quanto aos seus destinatários.
D) É possível a convalidação de ato administrativo praticado por sujeito incompetente em razão da matéria; nesse caso, a convalidação admitida recebe o nome de ratificação
E) A administração possui o prazo decadencial de cinco anos para revogar os atos administrativos de que decorram efeitos favoráveis para os destinatários, contados da data em que foram praticados, no caso de efeitos patrimoniais contínuos.

1351) (2013) Banca: CESPE – Órgão: TRT – 8ª Região (PA e AP) – Prova: Técnico Judiciário – Área Administrativa

Com referência aos requisitos dos atos administrativos, assinale a opção correta.

A) A finalidade, em sentido estrito, corresponde à consecução de um resultado de interesse público.
B) Motivo é o pressuposto de direito que serve de fundamento ao ato administrativo, sendo possível a invalidação do ato na hipótese de ter ele sido indicado um motivo falso.
C) O silêncio da administração pública pode significar forma de manifestação de vontade, quando a lei assim o prevê.
D) A competência é indelegável e se exerce pelos órgãos administrativos a que foi atribuída como própria.
E) O objeto é o efeito jurídico mediato que o ato produz.

1352) (2015) Banca: CESPE – Órgão: TRE-MT – Prova: Técnico Judiciário – Administrativa

Assinale a opção correta, no que diz respeito aos atos administrativos.

A) Motivo e motivação equivalem-se juridicamente.

B) Ordem de serviço é o ato por meio do qual um órgão consultivo manifesta opinião.
C) Licença é o ato pelo qual a administração concorda com um ato jurídico já praticado.
D) A lei pode atribuir efeitos ao silêncio administrativo, inclusive para deferir pretensão ao administrado.
E) Se um ato administrativo for perfeito e eficaz, será também válido.

1353) (2013) Banca: CESPE – Órgão: MI – Prova: Analista Técnico – Administrativo

O silêncio administrativo, que consiste na ausência de manifestação da administração pública em situações em que ela deveria se pronunciar, somente produzirá efeitos jurídicos se a lei os prever.

A) Certo B) Errado

1354) (2013) Banca: TRT 2R (SP) – Órgão: TRT – 2ª REGIÃO (SP) – Prova: Juiz do Trabalho

No que se refere ao "silêncio administrativo" pode-se afirmar. Aponte a alternativa correta:

A) Não pode ser declarado por lei porque tal declaração equivale à imposição de prática de ato negativo.
B) É ato jurídico com natureza de ato administrativo quando decorre do cumprimento de obrigação do agente público.
C) O silêncio, como ato omissivo da Administração, é um fato jurídico, no caso, administrativo, porque o silêncio, como abstenção de declaração, não induz a prática de ato administrativo algum.
D) É ato ilícito.
E) Trata-se de declaração que produz efeitos jurídicos, dependendo de ação voluntária do agente público.

O motivo é elemento importantíssimo e deve encabeçar todo ato administrativo, uma vez que refere-se ao fundamento jurídico que autoriza a prática do ato. Trata-se, portanto, de um elemento discricionário que confere certa margem de escolha ao agente público.

Cumpre ressaltar que a Teoria dos Motivos Determinantes define que os **motivos apresentados como justificadores da prática do ato administrativo vinculam este ato** e, caso as razões apresentadas estejam viciadas, o ato será nulo. Ou seja, os motivos alegados pela Administração passam a integrar a conduta praticada e, caso esses sejam ilegais, o ato restará viciado. Neste sentido, dispõe o art. 50, §1°, da lei 9.784/99, que *"A motivação deve ser explícita, clara e congruente, podendo consistir em declaração de concordância com fundamentos de anteriores pareceres, informações, decisões ou propostas, que, neste caso, serão parte integrante do ato".*

O ato administrativo editado, sem expor fundamentos de fato e de direito que justifique a negativa do pedido, é um ato viciado -> vício no elemento forma. O ato foi emanado sem o devido motivo, ou seja, não seguiu os requisitos/forma legal prevista.

No que se refere ao tema, em relação a concursos públicos, a súmula 684 do Supremo Tribunal Federal dispõe que *"É inconstitucional o veto não motivado à participação de candidato a concurso público."*

1355) (2013) Banca: CESPE – Órgão: STF – Prova: Técnico Judiciário – Área Administrativa

Julgue o item subsecutivo, referentes a atos administrativos.

De acordo com a corrente dominante na literatura, o motivo é requisito de validade do ato administrativo, denominado pressuposto objetivo de validade.

A) Certo B) Errado

1356) (2013) Banca: CESPE – Órgão: TRT – 17ª Região (ES) – Prova: Analista Judiciário – Oficial de Justiça Avaliador (+ provas)

Em relação aos poderes administrativos, à organização do Estado e aos atos administrativos, julgue o item seguinte.

Considere que, no exercício do poder discricionário, determinada autoridade indique os motivos fáticos que justifiquem a realização do ato. Nessa situação, verificando-se posteriormente que tais motivos não existiram, o ato administrativo deverá ser invalidado.

A) Certo B) Errado

1357) (2013) Banca: CESPE – Órgão: TJ-DFT – Prova: Analista Judiciário

Julgue o item seguinte, relacionados aos atos administrativos.

Considere a seguinte situação hipotética.

Um oficial de justiça requereu concessão de férias para o mês de julho e o chefe da repartição indeferiu o pleito sob a alegação de falta de pessoal. Na semana seguinte, outro servidor da mesma repartição requereu o gozo de férias também para o mês de julho, pleito deferido pelo mesmo chefe.

Nessa situação hipotética, o ato que deferiu as férias ao servidor está viciado, aplicando-se ao caso a teoria dos motivos determinantes.

A) Certo B) Errado

1358) (2011) Banca: FCC – Órgão: TRF – 1ª REGIÃO – Prova: Técnico Judiciário – Segurança e Transporte

O motivo do ato administrativo

A) é sempre vinculado.
B) trata-se de elemento discricionário, que confere o poder de escolha ao agente público.
C) sucede à prática do ato administrativo.
D) corresponde ao efeito jurídico imediato que o ato administrativo produz.
E) não implica a anulação do ato, quando falso o aludido motivo.

1359) (2013) Banca: FCC – Órgão: DPE-RS – Prova: Analista – Administração

Servidor público integrante do Poder Executivo estadual editou ato administrativo concedendo a entidade privada sem fins lucrativos permissão de uso de bem público, em caráter precário. Subsequentemente, veio a saber que seu superior hierárquico era desafeto do dirigente da entidade permissionária e, temendo represálias, revogou o ato concessório, apresentando como fundamento da revogação o motivo – falso – de que a Administração necessitava do imóvel para outra finalidade pública. Considerando a situação fática apresentada, o ato de revogação

A) padece de vício quanto ao motivo, em face da falsidade do pressuposto de fato para a edição do ato.
B) padece de vício quanto à competência, eis que somente o superior hierárquico poderia revogar o ato vinculado.
C) é legal, eis que, em se tratando de ato vinculado, é passível a revogação a critério da Administração.
D) é legal, eis que atos discricionários não estão sujeitos a controle quanto ao motivo ou finalidade.
E) é ilegal, eis que os atos discricionários não são passíveis de revogação.

1360) (2014) Banca: VUNESP – Órgão: TJ-PA – Prova: Auxiliar Judiciário
Assinale a alternativa que contém apenas requisitos do ato administrativo.
A) Finalidade, competência e motivo.
B) Motivo, competência e perfeição.
C) Efeito, motivo e conteúdo.
D) Perfeição, finalidade e conteúdo.
E) Forma, finalidade e efeito.

1361) (2014) Banca: VUNESP – Órgão: SAP-SP – Prova: Executivo Público
São todos elementos do ato administrativo:
A) autoexecutoriedade, imperatividade e coercibilidade.
B) presunção de legitimidade, presunção de veracidade e finalidade.
C) motivação, validade e eficácia.
D) legalidade, eficiência, publicidade e moralidade.
E) competência, finalidade, forma, motivo e objeto.

1362) (2012) Banca: VUNESP – Órgão: TJ-SP – Prova: Titular de Serviços de Notas e de Registros – Provimento
O ato administrativo, ainda que discricionário, quando tiver sua prática motivada, fica vinculado aos motivos expostos, para todos os efeitos jurídicos. Se tais motivos são falsos ou inexistentes, o ato praticado é nulo.
Assinale a alternativa correta.
A) Trata-se da teoria dos motivos determinantes.
B) O ato administrativo discricionário não pode ser motivado.
C) Os motivos dos atos administrativos decorrem da lei.
D) Trata-se do princípio da legalidade.

1363) (2016) Banca: Prefeitura do Rio de Janeiro – RJ – Órgão: Prefeitura de Rio de Janeiro – RJ – Prova: Assistente Administrativo
A situação ou razão de fato ou de direito que gera a vontade do agente quando pratica o ato administrativo corresponde ao seguinte elemento do ato:
A) competência
B) finalidade
C) motivo
D) objeto

1364) (2013) Banca: UEG – Órgão: PC-GO – Prova: Delegado de Polícia – 1ª prova
Quanto à formação e aos efeitos do ato administrativo,

A) a eficácia é a situação jurídica gerada pelo ato administrativo editado com juridicidade.
B) a presunção de legitimidade do ato administrativo é absoluta.
C) o motivo resulta das razões de fato ou de direito que conduziram à edição do ato administrativo.
D) a exequibilidade e a eficácia do ato administrativo possuem o mesmo significado.

1365) (2012) Banca: FMP Concursos – Órgão: PROCEMPA – Prova: Analista de Negócio
Assinale a alternativa CORRETA.
A) O ato administrativo, sempre que emanado da autoridade competente, não está sujeito a controle jurisdicional, o que importaria em violação à independência dos poderes.
B) O ato administrativo exercido por um particular, expressa interesse público, tendo como finalidade criar, extinguir, modificar ou declarar direitos.
C) Só pode ser considerado ato administrativo aquele que é perfeito, válido e eficaz, caso contrário ele é um ato-fato.
D) O ato administrativo tem como característica o seu caráter geral, impondo uma norma em sentido material.
E) O ato administrativo deve ter um motivo, que é o pressuposto fático que justifica o fundamento jurídico para a sua elaboração.

1366) (2011) Banca: FUMARC – Órgão: Prefeitura de Nova Lima – MG – Prova: Procurador Municipal
Segundo o entendimento do STF sobre o acesso a cargos, empregos e funções públicas, é CORRETO afirmar que:
A) É inconstitucional o veto não motivado à participação de candidato a concurso público.
B) Não é admissível, por ato administrativo, restringir, em razão da idade, inscrição em concurso para cargo público, salvo se o limite de idade para a inscrição em concurso público for justificado pela natureza das atribuições do cargo a ser preenchido.
C) A exigência de experiência profissional prevista apenas em edital não importa em ofensa constitucional. Contudo, a habilitação legal para o exercício do cargo deve ser exigida no momento da posse.
D) É legal o edital de concurso que prevê, para cumprir determinação administrativa, a obrigatoriedade de sujeição de candidato a exame psicotécnico como requisito de habilitação para que seja empossado em cargo público, sendo inconstitucional o veto não motivado à participação de candidato a concurso público.

Todo ato administrativo quando praticado gera um **efeito jurídico**, que chamamos de objeto. **O objeto é o efeito causado pelo ato administrativo, a conduta estatal, o resultado da prática do ato.**

Vícios relativos ao objeto:

a) **Objeto materialmente impossível:** ato que prevê o impossível. Ex.: Decreto proibindo a morte;

b) **Objeto juridicamente impossível:** o resultado do ato viola a lei, defeito este que torna nulo o ato. Ex.: o ato que autoriza a pratica de crime.

1367) (2015) Banca: CESPE – Órgão: STJ – Prova: Técnico Judiciário – Administrativa

Quanto aos atos administrativos, julgue o próximo item.

O objeto do ato administrativo deve guardar estrita conformação com o que a lei determina.

A) Certo B) Errado

1368) (2013) Banca: FCC – Órgão: MPE-MA – Prova: Técnico Ministerial – Administrativo

O efeito jurídico imediato que o ato administrativo produz é

A) a forma do ato.
B) a finalidade do ato.
C) o motivo do ato.
D) o objeto do ato.
E) a motivação do ato.

1369) (2015) Banca: FCC – Órgão: TRT – 3ª Região (MG) – Prova: Técnico Judiciário – Área Administrativa

Marlon, chefe de determinada repartição pública, ao aplicar penalidade ao servidor Milton, equivocou-se, e aplicou pena de advertência, ao invés da pena de suspensão. No caso narrado, há

A) mera irregularidade, inexistindo qualquer vício no ato administrativo.
B) vício relativo ao objeto do ato administrativo.
C) vício de finalidade do ato administrativo.
D) vício de motivo do ato administrativo.
E) vício relativo à forma do ato administrativo.

1370) (2012) Banca: FUJB – Órgão: MPE-RJ – Prova: Promotor de Justiça

Autoridade estadual de trânsito decide emitir autorizações para que menores de dezesseis anos possam dirigir veículos, desde que com o consentimento dos responsáveis legais. Considerando a proibição legal relativa à idade, pode-se afirmar que tais atos administrativos contêm vício no elemento:

A) competência;
B) finalidade;
C) forma;
D) motivo;
E) objeto.

Atributos do Ato Administrativo

1. Presunção de Legitimidade (validade do ato em conformidade com a lei) e de Veracidade (verdade dos fatos): presume-se que os atos administrativos são verídicos e foram praticados em conformidade com a ordem jurídica. Desse modo, o ato possui capacidade de produção de efeitos enquanto não for decretada a sua invalidade pela própria Administração ou pelo Judiciário. Destaca-se que se trata de uma **presunção relativa**, podendo ser afastada diante de **prova da ilegalidade do ato**. Em decorrência desse atributo, presume-se, até que se prove em contrário, que os atos administrativos foram emitidos com observância da lei.

2. Imperatividade: prerrogativa de que goza o ato administrativo para **impor obrigações ao particular dentro dos limites da lei**, independentemente da vontade do administrado.

Também denominado poder extroverso do Estado, trata-se da capacidade de vincular terceiros a deveres jurídicos impostos pela Administração. Destaca-se que apenas os atos que impõem obrigações gozam de imperatividade. Os atos enunciativos e negociais não são revestidos de imperatividade.

4. Autoexecutoriedade ou executoriedade: trata-se da prerrogativa na qual a Administração, em uma determinada **situação de emergência ou em razão de expressa previsão legal**, executa diretamente uma medida fazendo uso de meios diretos, compelindo materialmente o particular a cumpri-la (independentemente da intervenção do Poder Judiciário). Ex.: reboque de veículo estacionado na calçada; apreensão de mercadorias contrabandeadas (execução material).

5. Tipicidade (Maria Sylvia Zanella di Pietro): trata-se do atributo que estabelece que para cada finalidade a ser alcançada, a **lei prevê a figura/espécie de ato administrativo determinado.** Ou seja, esse atributo está ligado ao respeito a cada espécie de ato administrativo. Trata-se de limitação ao agente público, para fins de coibir a prática de atos não previamente estipulados por lei. Ex: a desapropriação será declarada mediante Decreto -> o ato do tipo "Decreto" deve ser respeitado.

1371) (2013) Banca: CESPE – Órgão: MPU – Prova: Técnico Administrativo

Acerca do ato administrativo, julgue o item seguinte.

Dada a imperatividade, atributo do ato administrativo, devem-se presumir verdadeiros os fatos declarados em certidão solicitada por servidor do MPU e emitida por técnico do órgão.

A) Certo B) Errado

1372) (2013) Banca: CESPE – Órgão: SEGER-ES – Prova: Todos os Cargos

No que concerne a atos administrativos, assinale a opção correta.

A) Atos declaratórios são aqueles que criam, modificam ou extinguem direitos.
B) Um ato administrativo com vício de finalidade poderá ser convalidado pela mesma autoridade de que emanou ou pelo seu superior hierárquico.
C) Mesmo em casos de ilegalidade, os atos administrativos não podem ser invalidados pelo Poder Judiciário, como postulado no princípio da separação dos poderes.
D) São requisitos do ato administrativo: competência, objeto, forma, validade e finalidade.
E) Um ato emanado do administrador goza de presunção de legitimidade, independentemente de lei que expresse atributo.

1373) (2013) Banca: CESPE – Órgão: ANS – Prova: Técnico Administrativo

Com relação aos atos administrativos, julgue o item que se segue.

Enquanto não for decretada a invalidade de um ato administrativo pela administração pública ou pelo Poder Judiciário, o referido ato produzirá normalmente seus efeitos, ainda que apresente vícios aparentes.

A) Certo B) Errado

1374) (2013) Banca: CESPE – Órgão: MS – Prova: Analista Técnico – Administrativo

Com relação aos atos administrativos, julgue o item seguinte.

A presunção de legitimidade não é atributo típico do ato administrativo, já que esse ato poderá ser questionado judicialmente.

A) Certo B) Errado

1375) (2013) Banca: CESPE – Órgão: MJ – Prova: Analista Técnico – Administrativo

Com relação a atos administrativos, julgue o item a seguir.

Há presunção imediata de legalidade de todo ato administrativo editado por autoridade pública competente.

A) Certo B) Errado

1376) (2014) Banca: CESPE – Órgão: TC-DF – Prova: Auditor de Controle Externo

Acerca da convalidação e atributos dos atos administrativos e da responsabilidade civil do Estado, julgue o item subsequente.

A presunção de legitimidade é atributo de todos os atos da administração, inclusive os de direito privado, dada a prerrogativa inerente aos atos praticados pelos agentes integrantes da estrutura do Estado.

A) Certo B) Errado

1377) (2013) Banca: CESPE – Órgão: TRE-MS – Prova: Analista Judiciário – Área Administrativa

Assinale a opção correta acerca dos atos administrativos e dos poderes da administração pública.

A) Decorre do poder disciplinar o ato da autoridade superior de avocar para a sua esfera decisória ato da competência de agente a ele subordinado.
B) O ato administrativo ilegal praticado por agente administrativo corrupto produz efeitos normalmente, pois traz em si o atributo da presunção, ainda que relativa, de legitimidade.
C) Configura excesso de poder o ato do administrador público que remove um servidor de ofício com o fim de puni-lo.
D) A admissão é ato administrativo discricionário pelo qual a administração faculta ao interessado a inclusão em estabelecimento do governo para a utilização de um serviço público.
E) O poder regulamentar é prerrogativa de direito público conferida à administração pública de exercer função normativa para complementar as leis criadas pelo Poder Legislativo, podendo inclusive alterá-las de forma a permitir a sua efetiva aplicação.

1378) (2013) Banca: CESPE – Órgão: MPU – Prova: Conhecimentos Básicos para os Cargos 1 a 10 e 27 a 32

No que se refere aos atos administrativos, julgue o item subsecutivo.

O ato administrativo é dotado de presunção de legitimidade, independentemente de previsão legal específica.

A) Certo B) Errado

1379) (2015) Banca: CESPE – Órgão: FUB – Prova: Auditor

No que concerne ao regime jurídico-administrativo, julgue o item subsequente.

A presunção de legitimidade ou de veracidade de determinado ato administrativo produz a inversão do ônus da prova, ou seja, a atuação da administração é presumidamente fundada em fatos verdadeiros e em observância à lei, até prova em contrário.

A) Certo B) Errado

1380) (2016) Banca: CESPE – Órgão: TJ-DFT – Prova: Juiz de direito

André recebeu auto de infração de trânsito, lavrado presencialmente por policial militar, em razão de conduzir o seu veículo sem cinto de segurança. No prazo legal, apresentou defesa prévia, alegando que houve equívoco na abordagem policial. Considerando essa situação hipotética, assinale a opção correta.

A) A administração pública deve notificar o policial militar que lavrou o auto de infração para justificar o ato, demonstrando sua condição funcional, seus motivos e aspectos formais, sem os quais a infração será anulada de ofício.
B) O consentimento expresso do condutor autuado não é exigível, mas há impossibilidade da administração pública impor obrigações ao condutor sem a intervenção do Poder Judiciário. c) A penalidade de trânsito deve ser afastada pela autoridade competente, uma vez que a multa aplicada somente poderia ser exigível após ação judicial de cobrança julgada procedente.
D) Se o condutor não apresentar elementos probatórios convincentes, demonstrando que usava o cinto de segurança na ocasião da abordagem, deve prevalecer o auto de infração lavrado pelo agente público.
E) A aplicação de multa de trânsito dispensa a existência de lei tipificando-a, razão pela qual é possível que o agente público lavre auto de infração para a conduta que considerar nociva ao tráfego ou à segurança da via.

1381) (2014) Banca: CESPE – Órgão: TJ-SE – Prova: Técnico Judiciário – Área Judiciária

No tocante aos atos e aos poderes administrativos, julgue o próximo item.

Os atos administrativos gozam da presunção de legitimidade, o que significa que são considerados válidos até que sobrevenha prova em contrário.

A) Certo B) Errado

1382) (2014) Banca: CESPE – Órgão: Polícia Federal – Prova: Agente Administrativo

Julgue o item que se segue, relativo aos atos administrativos e poderes da administração.

"Há presunção de legitimidade e veracidade nos atos praticados pela administração durante processo de licitação".

A) Certo B) Errado

1383) (2015) Banca: CESPE – Órgão: MPU – Prova: Técnico do MPU – Segurança Institucional e Transporte

Acerca do regime jurídico dos servidores públicos federais, julgue o item subsequente.

Os atos praticados pelos servidores do MPU possuem presunção de legitimidade, não sendo possível, por isso, questionar-

-se, administrativamente, a veracidade dos fatos expostos em declaração por eles exarada.

A) Certo   B) Errado

1384) (2016) Banca: CESPE – Órgão: TCE-PA – Prova: Auxiliar Técnico – Administração

Julgue o item subsecutivo, a respeito dos atributos dos atos administrativos.

"A presunção de legitimidade dos atos administrativos está relacionada à sujeição da administração ao princípio da legalidade".

A) Certo   B) Errado

1385) (2014) Banca: CESPE – Órgão: MTE- Prova: Contador

A respeito da organização administrativa e dos atos administrativos, julgue o item subsecutivo.

Caso seja fornecida certidão, a pedido de particular, por servidor público do quadro do MTE, é correto afirmar que tal ato administrativo possui presunção de veracidade e, caso o particular entenda ser falso o fato narrado na certidão, inverte- se o ônus da prova e cabe a ele provar, perante o Poder Judiciário, a ausência de veracidade do fato narrado na certidão

A) Certo   B) Errado

1386) (2014) Banca: CESPE – Órgão: Polícia Federal – Prova: Administrador.

No que diz respeito à legislação administrativa e licitação pública, julgue o item subsecutivo.

"Em decorrência do princípio de legalidade aplicado à administração pública, os atos administrativos possuem presunção de legitimidade".

A) Certo   B) Errado

1387) (2013) Banca: CESPE – Órgão: MS – Prova: Analista Técnico – Administrativo

Com relação aos atos administrativos, julgue o item seguinte.

A imperatividade, atributo decorrente do poder extroverso, é a qualidade pela qual os atos administrativos se impõem a terceiros, independentemente de sua aquiescência.

A) Certo   B) Errado

1388) (2013) Banca: CESPE – Órgão: CPRM – Prova: Analista em Geociências – Direito

A respeito de atos administrativos, julgue o item subsequente.

Imperatividade é o atributo pelo qual os atos administrativos se impõem a terceiros, independentemente de sua concordância.

A) Certo   B) Errado

1389) (2013) Banca: CESPE – Órgão: ANTT – Prova: Conhecimentos Básicos – Cargos 1,2,3,4,5,7 e 8 (+ provas)

Em razão de falhas na prestação do serviço de conservação e operação de rodovia federal, a ANTT aplicou multa à concessionária exploradora do serviço, a qual, contudo, permaneceu prestando o serviço de forma inadequada, descumprindo diversas obrigações estabelecidas no contrato de concessão.

Considerando a situação hipotética acima apresentada, julgue o item seguinte.

A multa aplicada à empresa concessionária é um exemplo de ato administrativo imperativo com presunção de legitimidade e veracidade.

A) Certo   B) Errado

1390) (2014) Banca: CESPE – Órgão: ANATEL – Prova: Analista Administrativo – Direito

Julgue o item, a respeito de atos e processos administrativos.

"Imperatividade é o atributo com base no qual o ato administrativo pode ser praticado pela própria administração sem a necessidade de intervenção do Poder Judiciário"

A) Certo   B) Errado

1391) (2012) Banca: CESPE – Órgão: MCT – Prova: Técnico

Com relação aos fundamentos de direito administrativo, julgue o item seguinte.

O ato administrativo goza do atributo da exigibilidade, ou seja, só se pode exigir o seu cumprimento por meio de ação judicial

A) Certo   B) Errado

1392) (2013) Banca: CESPE – Órgão: DEPEN – Prova: Agente Penitenciário

Com relação aos atos administrativos, julgue o item a seguir.

A cobrança de multas, em caso de resistência do particular, é um ato administrativo autoexecutório.

A) Certo   B) Errado

1393) (2012) Banca: CESPE – Órgão: Câmara dos Deputados – Prova: Todos os Cargos

A respeito dos atos administrativos, julgue o item subsequente.

Em decorrência da autoexecutoriedade, atributo dos atos administrativos, a administração pública pode, sem a necessidade de autorização judicial, interditar determinado estabelecimento comercial.

A) Certo   B) Errado

1394) (2013) Banca: CESPE – Órgão: TRT – 8ª Região (PA e AP) – Prova: Analista Judiciário – Área Administrativa

No que se refere aos atos administrativos, assinale a opção correta.

A) A convalidação, que ocorre quando o ato administrativo está eivado de vício sanável, produz efeitos *ex nunc*, sem retroagir, portanto, para atingir o momento em que tenha sido praticado o ato originário.

B) O princípio da presunção de veracidade, atributo do ato administrativo, não impede que o Poder Judiciário aprecie de ofício a nulidade de ato administrativo.

C) Em decorrência do atributo da autoexecutoriedade dos atos administrativos, a administração pública pode interditar estabelecimento comercial irregular independentemente de autorização prévia do Poder Judiciário.

D) O motivo, requisito do ato administrativo, é definido como a exposição escrita das razões que justificam a prática do ato pela administração.

E) A revogação pode atingir os atos administrativos discricionários ou vinculados e deverá ser emanada da mesma autoridade competente para a prática do ato originário, objeto da revogação.

1395) (2012) Banca: CESPE – Órgão: PRF – Prova: Agente Administrativo

A respeito do ato administrativo, julgue o item a seguir.

É o atributo da autoexecutoriedade o que permite à administração pública aplicar multas de trânsito ao condutor de um veículo particular.

A) Certo B) Errado

1396) (2013) Banca: CESPE – Órgão: BACEN – Prova: Técnico (+ provas)

No que diz respeito a atos administrativos, julgue o item seguinte.

A autoexecutoriedade é um atributo presente em todos os atos administrativos.

A) Certo B) Errado

1397) (2013) Banca: CESPE – Órgão: ANCINE – Prova: Todos os Cargos

No que se refere a atos administrativos, poderes administrativos e agentes públicos, julgue o item a seguir.

A demolição de obra acabada ou em andamento, a destruição de bens impróprios ao consumo e a cobrança de multas são exemplos de atos autoexecutáveis.

A) Certo B) Errado

1398) (2016) Banca: CESPE – Órgão: INSS – Prova: Técnico do Seguro Social

Julgue o próximo item, a respeito dos atos administrativos.

"A autoexecutoriedade é atributo restrito aos atos administrativos praticados no exercício do poder de polícia".

A) Certo B) Errado

1399) (2014) Banca: CESPE – Órgão: TJ-CE – Prova: Analista Judiciário – Contabilidade

O ato administrativo deve corresponder a figuras previamente definidas pela lei como aptas a produzir determinados efeitos. (Essa característica do ato administrativo decorre do atributo da

A) tipicidade.
B) imperatividade
C) causualidade.
D) legalidade.
E) autoexecutoriedade.

1400) (2015) Banca: CESPE – Órgão: STJ – Prova: Analista Judiciário – Administrativa

A respeito da organização administrativa do Estado e do ato administrativo, julgue o item a seguir.

O atributo da tipicidade do ato administrativo impede que a administração pratique atos sem previsão legal.

A) Certo B) Errado

1401) (2016) Banca: CESPE – Órgão: TCE-PA – Prova: Auxiliar Técnico – Administração

Julgue o item subsecutivo, a respeito dos atributos dos atos administrativos.

"Em decorrência do atributo da tipicidade, quando da prática de ato administrativo, devem-se observar figuras definidas previamente pela lei, o que garante aos administrados maior segurança jurídica".

A) Certo B) Errado

1402) (2013) Banca: FCC – Órgão: TRT – 18ª Região (GO) – Prova: Analista Judiciário – Área Judiciária

Pode-se conceituar os atos administrativos como manifestações de vontade do Estado, as quais são dotadas de alguns atributos. Dentre eles, destaca-se a presunção de legitimidade e veracidade, que

A) significa a presunção absoluta de conformidade com a lei, dependendo de decisão judicial para eventual desfazimento.
B) consiste na presunção de que o ato praticado está conforme a lei e de que os fatos atestados pela Administração são verdadeiros, admitindo, no entanto, prova em contrário.
C) significa uma derivação do princípio da legalidade, na medida em que os atos praticados pela Administração possuem força de lei, podendo instituir direitos e obrigações aos administrados.
D) consiste na necessidade de que sejam confirmados pelo poder judiciário quando veicularem a produção de efeitos limitadores de direitos dos administrados.
E) significa que os atos administrativos se impõem a terceiros, mesmo que esses não concordem, podendo a Administração adotar medidas coercitivas diretas e concretas para fazer valer sua decisão.

1403) (2013) Banca: FCC – Órgão: TRT – 5ª Região (BA) Prova: Técnico Judiciário – Área Administrativa

A presunção de legitimidade ou de veracidade é um dos atributos do ato administrativo. Desta presunção decorrem alguns efeitos, dentre eles a

A) impossibilidade do Judiciário decretar a nulidade do ato administrativo.
B) capacidade de imposição do ato administrativo a terceiros, independentemente de sua concordância.
C) capacidade da Administração criar obrigações para o particular sem a necessidade de intervenção judicial.
D) capacidade da Administração empregar meios diretos de coerção, compelindo materialmente o administrado a fazer alguma coisa, utilizando-se inclusive da força.
E) capacidade de produção de efeitos do ato administrativo enquanto não decretada a sua invalidade pela própria Administração ou pelo Judiciário.

1404) (2014) Banca: FCC – Órgão: TJ-AP – Prova: Técnico Judiciário – Área Judiciária e Administrativa

Sabe-se que, depois de editado, um ato administrativo, produz efeitos como se válido fosse até sua impugnação administrativa ou judicial. Esse atributo dos atos administrativo é denominado

A) imperatividade ou poder extroverso, que diferencia um ato administrativo de um contrato e é corolário do princípio da supremacia do interesse público sobre o particular.

B) presunção de legitimidade, estabelecido para que a Administração pública cumpra de forma célere suas funções, tratando-se, no entanto, de presunção que admite prova em contrário.

C) presunção de legitimidade, estabelecido para que a Administração pública cumpra de forma eficiente suas funções, tratando-se, no entanto, de presunção que não admite prova em contrário, em razão do princípio da legalidade.

D) autoexecutoriedade, que se divide em exigibilidade e executoriedade e encontra fundamento na necessidade da administração fazer cumprir suas decisões, desde que haja com proporcionalidade, ou seja, sem cometer excessos.

E) presunção de veracidade, que diz respeito à conformidade dos atos com os dispositivos legais e não admite prova em contrário.

1405) (2013) Banca: FCC – Órgão: TRT – 15ª REGIÃO – Prova: Analista Judiciário – Área Administrativa

Os atos administrativos gozam de atributos específicos, dos quais não dispõem os atos praticados sob a égide do regime jurídico de direito privado. Dentre eles, a:

A) presunção de exigibilidade, que possibilita a coação material dos atos administrativos mediante autorização superior.

B) presunção de validade entre as partes, somente podendo haver descumprimento mediante desconstituição do ato no âmbito judicial.

C) presunção de validade, que se consubstancia na consideração de que os atos administrativos, enquanto existentes, são válidos e gozam de autoexecutoriedade.

D) exigibilidade, que garante a execução material dos atos administrativos, independentemente de intervenção judicial.

E) imperatividade, que atribui aos atos administrativos a capacidade de imposição a terceiros, com ou sem sua concordância.

1406) (2013) Banca: FCC – Órgão: MPE-SE – Prova: Técnico Administrativo

O poder extroverso do ato administrativo, também conhecido como atributo da imperatividade, gera a

A) presunção de legalidade ao ato administrativo, até prova em sentido contrário.

B) vinculação do conteúdo do ato administrativo a terceiros, independentemente de concordância

C) capacidade de exigir o cumprimento do conteúdo obrigacional do ato administrativo independentemente de intervenção do Poder Judiciário.

D) necessidade de correspondência do ato administrativo aos figurinos legais existentes à época de sua elaboração.

E) afastabilidade de apreciação do ato administrativo pelo Poder Judiciário, em função do poder de império da Administração Pública.

1407) (2004) Banca: FCC – Órgão: TRF – 4ª REGIÃO – Prova: Técnico Judiciário – Área Administrativa

A imperatividade corresponde ao

A) atributo pertinente ao objeto ou conteúdo que proporciona a produção de efeito jurídico imediato do ato administrativo.

B) requisito ou elemento mediante o qual o ato administrativo pode ser posto em execução pela Administração

C) elemento pelo qual o ato administrativo se amolda à situação de fato que impõe a sua prática.

D) requisito pelo qual o ato administrativo deve corresponder a figuras definidas previamente pela lei.

E) atributo pelo qual os atos administrativos se impõem a terceiros, independentemente de sua concordância.

1408) (2013) Banca: FCC – Órgão: TRE-RO – Prova: Técnico Judiciário – Área Administrativa

A imperatividade dos atos administrativos

A) é característica pela qual os atos administrativos impõem-se a terceiros independentemente de sua concordância.

B) é característica presente também nos atos de direito privado

C) significa o poder de executar os atos administrativos de forma autônoma pela Administração pública, isto é, sem necessidade de intervenção do Judiciário.

D) não é considerada atributo de tais atos.

E) existe em todos os atos administrativos.

1409) (2015) Banca: FCC – Órgão: TRT – 9ª REGIÃO (PR) – Prova: Analista Judiciário – Área Judiciária

Os atos emanados no exercício da função administrativa possuem atributos que os distinguem dos demais atos jurídicos. Nesse sentido, a Administração edita atos que constituem terceiros em obrigações, independentemente da vontade destes. Referido atributo é chamado de

A) imperatividade, que após a constitucionalização do direito administrativo, que mitigou o poder extroverso da Administração, exige para produção de efeitos a participação do Poder Judiciário.

B) imperatividade, que não está presente em todos os atos emanados pela Administração, mas apenas naqueles que impõem obrigações.

C) autoexecutoriedade que está presente em todos os atos emanados pela Administração, em razão do princípio da supremacia do interesse público sobre o privado.

D) autoexecutoriedade, que não está presente em todos os atos emanados pela Administração, mas apenas nos que conferem direitos aos administrados, como, por exemplo, as licenças e autorizações.

E) presunção de legitimidade ou de veracidade, que encontra seu fundamento último na submissão da Administração ao princípio da legalidade, o qual autoriza a produção de efeitos sem a participação do Poder Judiciário.

1410) (2012) Banca: FCC – Órgão: MPE-AL – Prova: Promotor de Justiça

No Direito Administrativo, o atributo da executoriedade consiste na possibilidade que tem a Administração de

A) coagir materialmente o particular a adimplir obrigação que lhe é imposta, nos termos da lei.

B) coagir indiretamente o particular a adimplir obrigação que lhe é imposta, nos termos da lei.

C) executar de ofício medida imposta por lei ao particular, debitando-lhe os custos decorrentes de tal execução.

D) impor obrigações aos particulares, de maneira unilateral, nos termos da lei.

E) promover a inscrição em dívida ativa de obrigação legal não adimplida pelo particular.

1411) (2012) Banca: FCC – Órgão: TST – Prova: Analista Judiciário – Área Administrativa

Pelo atributo de auto executoriedade do ato administrativo,

A) o destinatário do ato administrativo pode executá-lo, independentemente da intervenção do agente administrativo ou do Poder Judiciário.
B) as normas legais de Direito administrativo são consideradas de aplicabilidade imediata.
C) o mérito dos atos administrativos discricionários não pode ser apreciado pelo Poder Judiciário.
D) o ato impõe-se ao seu destinatário, independentemente de sua concordância.
E) cabe à Administração pô-lo em execução, independentemente de intervenção do Poder Judiciário.

1412) (2012) Banca: FCC – Órgão: TRF – 4ª REGIÃO – Prova: Analista Judiciário – Engenharia Elétrica

Considere a seguinte situação: A Administração interditou estabelecimento comercial que realizou obras sem obediência das normas técnicas aplicáveis e sem as autorizações necessárias. O proprietário descumpriu o ato de interdição e manteve o estabelecimento funcionando. A Administração, considerando que o prédio apresentava risco de desabamento, procedeu à demolição do mesmo. O atributo do ato administrativo que fundamenta a atuação descrita é a

A) vinculação.
B) supremacia do interesse público.
C) motivação.
D) finalidade.
E) executoriedade.

1413) (2013) Banca: FCC – Órgão: MPE-SE – Prova: Técnico Administrativo

Diante de auto de infração que autua determinado restaurante e aplica-lhe a penalidade de interdição sanitária, os agentes públicos responsáveis resolvem, concomitantemente ao ato, lacrar o imóvel mediante a construção de um pequeno muro que garanta a inviolabilidade do estabelecimento enquanto perdurar a pena, sem que, para tanto, tenham a autorização do Poder Judiciário. Quanto aos atributos do ato administrativo, a atitude adotada pelos agentes em reforço à autuação administrativa evidencia a

A) imperatividade, que obriga a terceiros acatar as decisões da autoridade administrativa.
B) ilegalidade, na medida que o muro é obrigação de fazer a ser constituída por decisão judicial.
C) autoexecutoriedade, que busca a salvaguarda do interesse público almejado pelo ato administrativo.
D) presunção de veracidade, pois mostra que o ato encontra-se consoante às posturas municipais.
E) vinculação, pois os agentes poderiam optar pela lacração do imóvel com fitas adesivas ao invés de erguer um muro de contenção.

1414) (2014) Banca: FCC – Órgão: DPE-RS – Prova: Defensor Público

Sobre atos administrativos, é correto afirmar:

A) A autoexecutoriedade é um atributo de alguns atos administrativos que autoriza a execução coercitiva, independente da concorrência da função jurisdicional.
B) A autoexecutoriedade constitui atributo dos atos administrativos negociais, que, como contratos, dependem da concorrência de vontade do administrado.
C) A arguição de invalidade de ato administrativo por vícios ou defeitos impede a imediata execução e afasta a imperatividade.
D) Todos os atos administrativos possuem como atributos a presunção de legitimidade, a imperatividade e a autoexecutoriedade.
E) A administração deverá fazer prova da legalidade do ato administrativo quando sobrevier impugnação pelo destinatário.

1415) (2015) Banca: FCC – Órgão: TRT – 9ª REGIÃO (PR) – Prova: Técnico Judiciário – Área Administrativa

O atributo do ato administrativo que permite que ele seja "posto em execução pela própria Administração pública, sem necessidade de intervenção do Poder Judiciário» (PIETRO, Maria Sylvia Zanella Di. Direito Administrativo. 28. ed., São Paulo: Atlas, p. 243), é a:

A) imperatividade, porque cria obrigações e se impõe independentemente da concordância do destinatário do ato ou de terceiros.
B) autoexecutoriedade, que deve estar prevista em lei, como a autorização para apreensão de mercadorias e interdição de estabelecimentos.
C) autoexecutoriedade, sempre que a discricionariedade administrativa entender mais útil ou pertinente agir desde logo, sem aguardar a conclusão das diligências em curso.
D) imperatividade, que autoriza o emprego de meios próprios de execução dos próprios atos, indiretamente, como a imposição de multas, ou diretamente, com a demolição de construções.
E) exigibilidade, que trata apenas de meios diretos de coercibilidade, inclusive materiais, como interdição de estabelecimentos, apreensão de mercadorias e demolição de construções.

1416) (2014) Banca: FGV – Órgão: TJ-RJ – Prova: Analista Judiciário – Especialidade Assistente Social (+ provas)

Mariana, ocupante de cargo efetivo de analista judiciário, especialidade Assistente Social do Tribunal de Justiça do Estado do Rio de Janeiro, presenciou determinada situação no corredor do fórum, em frente à sala de audiências da Vara de Família, envolvendo as partes que aguardavam a próxima audiência. Por ordem do meritíssimo juiz, Mariana lavrou termo de informação circunstanciada narrando o que presenciou. Esse ato administrativo de cunho declaratório é revestido de presunção relativa de que os fatos ali constantes são verdadeiros e de que tal ato foi praticado de acordo com a lei. Tal atributo ou característica do ato administrativo é chamado pela doutrina de Direito Administrativo como presunção de:

A) veracidade e legitimidade;
B) imperatividade e legalidade;
C) autoexecutoriedade e legitimidade;

D) tipicidade e imperatividade;
E) coercibilidade e legalidade.

1417) (2012) Banca: FGV – Órgão: PC-MA – Prova: Escrivão de Polícia (+ provas)

Dias antes das eleições municipais, fiscais da Justiça Eleitoral, com o apoio da Polícia Civil, fizeram operação em comunidade carente em razão de denúncia de que determinado candidato a vereador teria colocado inúmeros outdoors com sua foto e número na região, fato que, de acordo com a legislação eleitoral, é vedado. Comprovado o fato que deu origem à denúncia, imediatamente os fiscais eleitorais retiraram os referidos outdoors irregulares.

A partir dos fatos narrados, é correto afirmar que a retirada pelos fiscais da propaganda eleitoral irregular encontra fundamenta na:

A) teoria dos motivos determinantes.
B) poder-dever da autotutela.
C) poder discricionário.
D) poder hierárquico.
E) autoexecutoriedade dos atos administrativos.

1418) (2013) Banca: FGV – Órgão: TJ-AM – Prova: Analista Judiciário – Administração

O atributo do ato administrativo, considerado uma garantia para o particular porque impede a Administração de agir de forma discricionária, é denominado

A) Presunção de legitimidade e veracidade.
B) Autoexecutoriedade.
C) Discricionariedade.
D) Imperatividade.
E) Tipicidade.

1419) (2013) Banca: FGV – Órgão: TJ-AM – Prova: Assistente Técnico Judiciário

O ato administrativo reveste-se de vários atributos, que os diferencia dos demais atos da administração.

Assinale a alternativa que indica a descrição correta de um atributo do ato administrativo.

A) Imperatividade – permite à Administração Pública executar o ato administrativo sem acessar o Poder Judiciário.
B) Tipicidade – indica que esse ato encontra-se previsto em lei.
C) Presunção de legalidade e veracidade – tem presunção de absoluta de que o ato administrativo encontra-se de acordo com a lei.
D) Autoexecutoriedade – consiste na presunção de que o ato administrativo é verdadeiro.
E) Coercibilidade – indica que o ato administrativo é previsto em lei.

1420) (2017) Banca: Quadrix – Órgão: CRF – MT – Prova: Agente Administrativo

Ato Administrativo é ato da administração praticado por órgãos e/ou pessoas vinculadas à administração. Tem finalidade pública; é uma espécie de ato jurídico. Via de regra, são atributos ou características do próprio ato do poder público que os distinguem do ato do direito privado, exceto:

A) intervencionismo.
B) imperatividade.
C) presunção de legitimidade ou veracidade.
D) autoexecutoriedade.
E) tipicidade.

1421) (2017) Banca: INAZ do Pará – Órgão: DPE-PR – Prova: Administrador

Como é cediço no âmbito jurídico, os Atos Administrativos são manifestações de vontades do Estado traduzidas na execução de ações por meios de seus agentes. Tais ações têm como objetivo criar, resguardar, transferir, retirar direitos ou obrigações a si ou a terceiros. Diante desta colocação, assinale a alternativa que corresponde ao regramento doutrinário majoritários acerca dos Atos Administrativos:

A) Atos Administrativos e Atos da Administração se revelam comportamentos idênticos praticados pela Administração, sendo apenas sinônimos utilizados de forma didática.
B) Para a doutrina majoritária os atos administrativos possuem cinco elementos, sendo eles: competência, forma, finalidade, motivação e adequação.
C) Os Atos Administrativos possuem atributos especiais, como é o caso da imperatividade que significa que os Atos Administrativos são cogentes, obrigando todos quantos se encontrem em seu círculo de incidência; presunção de legitimidade no qual há presunção de que os Atos nasceram em conformidade com as devidas normas legais; e autoexecutoriedade, significa que o ato não depende da anuência do poder judiciário para que seja efetivamente colocado em eficácia.
D) Os Atos Administrativos podem ser classificados quanto aos seus efeitos em: Atos Constitutivos, cuja característica é a de indicarem juízos de valor, dependendo, portanto de outros Atos de caráter decisório; Atos Declaratórios, são aqueles que alteram uma relação jurídica, criando, modificando ou extinguindo direitos.
E) Os Atos Administrativos podem ser discricionários ou vinculados, deste modo o mérito Administrativo é o juízo de conveniência e oportunidade que alguns atos possuem, neste sentido permite-se ao Poder Judiciário o ingresso no Mérito Administrativo em razão do controle da jurisdição.

1422) (2013) Banca: UPENET/IAUPE – Órgão: FUNAPE – Prova: Analista Previdenciário

Sobre o tema Atos Administrativos, assinale a alternativa CORRETA.

A) Qualquer manifestação de vontade ou declaração da Administração Pública configura ato administrativo.
B) Os atos administrativos são revestidos de propriedades jurídicas especiais, como o atributo da presunção de legitimidade que significa que o ato administrativo, até que prova em contrário, é considerado válido para o Direito.
C) O ato administrativo não pode criar unilateralmente obrigações aos particulares.
D) O guinchamento de veículo parado em local proibido depende de autorização judicial, por se tratar de ato vinculado.
E) Os atos praticados em situações emergenciais cuja execução imediata é indispensável para a preservação do interesse público são exemplo do atributo do ato denominado de imperatividade.

6. ATOS ADMINISTRATIVOS

1423) (2013) Banca: FUNCAB – Órgão: PC-ES – Prova: Perito em Telecomunicação

A presunção de legitimidade dos atos administrativos:

A) é relativa, podendo ser afastada em hipóteses de existência de vício.
B) recobre apenas algumas categorias de atos administrativos.
C) impõe ao agente público a prova de que o ato praticado é válido.
D) impede que o Poder Judiciário possa apreciar a validade do ato.
E) só opera nas hipóteses em que haja previsão legal específica.

1424) (2015) Banca: FUNCAB – Órgão: PC-AC – Prova: Perito Criminal

Quanto aos atributos dos atos administrativos, assinale a alternativa correta.

A) A Administração pode executar os atos administrativos dela emanados de modo direto e imediato, mas com necessidade de provocar previamente o Poder Judiciário.
B) O ato praticado em desconformidade com a lei produz todos os efeitos, como válido fosse, até que se prove o contrário.
C) Na presunção de veracidade, é incabível a inversão do ônus da prova.
D) A autoexecutoriedade pode levar a ausência do contraditório e da ampla defesa.
E) Atos enunciativos e negociais são dotados de imperatividade.

1425) (2012) Banca: FUNCAB – Órgão: MPE-RO – Prova: Analista

"É a qualidade pela qual os atos administrativos se impõem a terceiros, independentemente de sua concordância." Apresente assertiva reflete o conceito de qual atributo dos atos administrativos?

A) Presunção de legitimidade.
B) Perempção.
C) Imperatividade.
D) Executoriedade.
E) Caducidade.

1426) (2013) Banca: FUNCAB – Órgão: ANS – Prova: Ativ. Téc. de Complexidade Intelectual – Administração (+ provas)

Assinale a alternativa correta no que diz respeito aos atributos dos atos administrativos.

A) A presunção de legalidade do ato administrativo somente pode ser contestada perante o Poder Judiciário.
B) A autoexecutoriedade do ato administrativo aplica-se à cobrança de multas e tributos.
C) A exigibilidade dos atos administrativos perante os administrados depende de prévia decisão judicial.
D) Ao editar ato administrativo, cabe à Administração comprovar sua conformidade legal, sob pena de invalidade do ato.
E) A imperatividade é atributo segundo o qual o ato administrativo pode se impor mesmo contra a vontade do destinatário.

1427) (2013) Banca: FUNCAB – Órgão: DETRAN-PB – Prova: Agente de Trânsito

A característica segundo a qual o ato administrativo, tão logo praticado, pode ser imediatamente executado e seu objeto imediatamente alcançado denomina-se:

A) imperatividade.
B) presunção de legitimidade.
C) autoexecutoriedade.
D) vinculação
E) retratabilidade.

1428) (2014) Banca: MPE-SC – Órgão: MPE-SC – Prova: Promotor de Justiça – Matutina

Analise o enunciado da questão abaixo e assinale se ele é Certo ou Errado.

É atributo do ato administrativo a presunção de legalidade. Não se exige da Administração, ao editá-lo, a comprovação de que está conforme a lei. A presunção, contudo, é relativa, podendo ser contestada, perante a própria Administração, o Tribunal de Contas, o Poder Judiciário ou o órgão de controle competente.

A) Certo B) Errado

1429) (2014) Banca: VUNESP – Órgão: EMPLASA – Prova: Analista Jurídico

A presunção de legitimidade, a imperatividade e a autoexecutoriedade são atributos dos atos administrativos. Nesse sentido, assinale a alternativa correta.

A) A imperatividade autoriza a imediata execução ou operatividade dos atos administrativos.
B) A legitimidade impõe a coercibilidade para cumprimento e execução dos atos administrativos.
C) A presunção de legitimidade é a transferência do ônus da prova de invalidade do ato administrativo a quem o invoca.
D) O reconhecimento da autoexecutoriedade tornou-se mais amplo em razão da ampla defesa.
E) A presunção de legitimidade é condição de operatividade do ato perfeito.

1430) (2014) Banca: VUNESP – Órgão: TJ-PA – Prova: Auxiliar Judiciário

O ato administrativo praticado pelo Auxiliar de Justiça, em regra, será tido sempre como verdadeiro e conforme o Direito. Assinale a qualidade do ato que se refere ao enunciado.

A) Presunção de imperatividade.
B) Obrigatoriedade.
C) Presunção de autoexecutoriedade.
D) Exigibilidade.
E) Presunção de legitimidade.

1431) (2014) Banca: VUNESP – Órgão: PC-SP – Prova: Delegado de Polícia

O ato administrativo

A) pode ser revogado com fundamento em razões de conveniência e oportunidade, desde que observados os efeitos *ex tunc* dessa extinção do ato.
B) tem na presunção de legitimidade a autorização para imediata execução e permanece em vigor até prova em contrário.
C) é revogável pelo Poder Judiciário que é apto a fazer o controle de legalidade, sem ingressar em seu mérito administrativo.
D) de Secretário de Segurança Pública que determina remoção *ex officio* do Delegado de Polícia, sem motivação, não se

sujeita ao controle de juridicidade por conter alta carga de discricionariedade em seu teor.
E) tem como requisitos a presunção de legitimidade, a autoexecutoriedade, a imperatividade e a exigibilidade.

1432) (2016) Banca: IADES – Órgão: CRESS-MG – Prova: Auxiliar Administrativo
Quanto aos atributos dos atos administrativos, assinale a alternativa correta.
A) A autoexecutoriedade é o atributo pelo qual os atos administrativos se impõem a terceiros, independentemente de concordância.
B) A imperatividade é o atributo pelo qual o ato administrativo pode ser posto em execução pela própria Administração Pública, sem necessidade de intervenção do Poder Judiciário.
C) A presunção de legitimidade é o atributo pelo qual o ato administrativo deve corresponder a figuras definidas previamente pela lei como aptas a produzir determinados resultados.
D) A presunção de legitimidade diz respeito à conformidade do ato com a lei. Em decorrência desse atributo, presumem-se, até prova em contrário, que os atos administrativos foram emitidos com observância da lei.
E) A imperatividade é o atributo pelo qual o ato administrativo deve corresponder a figuras definidas previamente pela lei como aptas a produzir determinados resultados.

1433) (2014) Banca: IADES – Órgão: CAU-RJ – Prova: Agente de Fiscalização (+ provas)
É correto afirmar que, doutrinariamente, se constitui como elemento do ato administrativo a
A) imperatividade.
B) tipicidade.
C) finalidade.
D) nulidade.
E) autoexecutoriedade.

1434) (2014) Banca: IADES – Órgão: CAU-RJ – Prova: Assistente Técnico
Assinale a alternativa que apresenta um dos atributos do ato administrativo.
A) A competência.
B) A tipicidade.
C) A finalidade.
D) A forma.
E) O objetivo.

1435) (2016) Banca: TRF – 4ª REGIÃO – Órgão: TRF – 4ª REGIÃO – Prova: Juiz Federal Substituto
Assinale a alternativa correta.
A) A imperatividade dos atos administrativos admite arbitrariedade da Administração em situações em que a atuação punitiva se imponha.
B) A presunção de legitimidade dos atos administrativos admite prova em contrário, mas o ônus de provar a ilegitimidade é do particular.

C) As penas da Lei de Improbidade Administrativa possuem independência das esferas penais, civis e administrativas, mas não podem ser aplicadas cumulativamente.
D) Na fixação das penas previstas na Lei de Improbidade Administrativa, o juiz levará em conta somente a extensão do dano causado ao Poder Público.
E) Não estão sujeitos às penalidades da Lei de Improbidade Administrativa os atos de improbidade praticados contra o patrimônio de entidade particular que receba subvenção, benefício ou incentivo fiscal de órgão público.

1436) (2017) Banca: CS-UFG – Órgão: TJ-GO – Prova: Juiz Leigo
Uma das características dos atos administrativos é:
A) a sujeição ao regime jurídico de direito privado, de conformidade com ao Código Civil.
B) a possibilidade de sua revogação, quando praticados com vícios que os tornem ilegais.
C) a presunção de legitimidade.
D) a possibilidade de anulação, quando inconvenientes ou inoportunos em relação ao interese público.
E) o mérito, demandando sempre avaliação subjetiva do agente público.

1437) (2012) Banca: CS-UFG – Órgão: TJ-GO – Prova: Escrevente Judiciário
O atributo no qual se reveste a Administração Pública em relação a terceiros, mesmo que contrariamente à sua concordância, denomina-se
A) imperatividade.
B) autoexecutoriedade.
C) competência.
D) vinculação.

1438) (2012) Banca: FEPESE – Órgão: FATMA – Prova: Analista Técnico de Gestão Ambiental – Classe III
O atributo do ato administrativo que lhe confere o poder de imposição unilateral em relação aos administrados, independentemente de concordância, chama-se:
A) Tipicidade.
B) Formalidade.
C) Imperatividade.
D) Autoexecutoriedade.
E) Presunção de veracidade.

1439) (2013) Banca: FUNIVERSA – Órgão: MinC – Prova: Técnicas de Suporte (+ provas)
Os atos administrativos, como manifestação do poder público, possuem características que os diferenciam dos atos privados, qualidades inerentes que asseguram à conduta administrativa a eficácia necessária para a consecução do bem público. No que se refere à imperatividade do ato administrativo, é correto afirmar que
A) consiste na possibilidade de imediata e direta execução pela própria Administração, independentemente de ordem judicial.
B) é característica presente em todos os atos administrativos.

C) está presente nos atos administrativos que visam conferir direitos solicitados pelos administrados.
D) independe de previsão legal.
E) é a prerrogativa do poder público de impor a obediência de seus atos aos particulares, independentemente de sua concordância.

1440) (2017) Banca: INSTITUTO AOCP – Órgão: EBSERH – Prova: Advogado (HUJB – UFCG)
Em relação aos atos administrativos e às licitações, assinale a alternativa correta.
A) O ato administrativo discricionário não está sujeito à apreciação do Poder Judiciário.
B) A imperatividade é atributo do ato administrativo contido no denominado poder extroverso do Estado.
C) As entidades que não são controladas pela União, Estados, Municípios ou Distrito Federal não estão sujeitas às imposições da Lei n. 8.666/1993.
D) A homologação é o ato que atribui ao vencedor o objeto da licitação, encerrando o certame.
E) É faculdade da administração pública e dos participantes, com base no princípio da vinculação ao instrumento convocatório, a observância das normas e das condições do edital.

1441) (2012) Banca: SIGMA ASSESSORIA Órgão: Prefeitura de Iracemápolis – SP – Prova: Advogado
Quanto aos atos administrativos é INCORRETO dizer que:
A) a concessão de aposentadoria compulsória é ato administrativo vinculado;
B) o ato administrativo é nulo quando os motivos indicados como seu fundamento são falsos ou inexistentes;
C) um dos atributos do ato administrativo é a presunção de legitimidade e veracidade;
D) todos os atos administrativos têm por atributo a autoexecutoriedade.

1442) (2013) Banca: Prefeitura do Rio de Janeiro – RJ – Órgão: Prefeitura de Rio de Janeiro – RJ – Prova: Guarda Municipal
A Administração Pública não necessita de recorrer aos Tribunais para obter uma sentença favorável para sua atuação cotidiana em virtude da seguinte característica do ato administrativo:
A) imperatividade
B) autoexecutoriedade
C) eficiência
D) economicidade

1443) (2014) Banca: Aroeira – Órgão: PC-TO – Prova: Agente de Polícia
A efetivação material de determinados atos administrativos prescinde da intervenção do Poder Judiciário. Isso se explica pelo atributo da:
A) presunção de legitimidade
B) imperatividade.
C) autoexecutoriedade.
D) tipicidade.

1444) (2014) Banca: SHDIAS – Órgão: CEASA-CAMPINAS – Prova: Advogado
É o atributo pelo qual o ato administrativo deve corresponder a figuras definidas previamente pela lei como aptas a produzir determinados resultados. Trata-se de:
A) Autoexecutoriedade.
B) Imperatividade.
C) Presunção da legitimidade e veracidade.
D) Tipicidade.

Eficácia: trata-se da **aptidão do ato para produzir os efeitos desejados.** Contudo, algumas situações condicionam a geração dos efeitos do ato,

1445) (2013) Banca: CESPE – Órgão: TCE-RO – Prova: Agente Administrativo
Os atos administrativos internos produzem efeitos no órgão a que se destinam e dispensam a publicação na imprensa oficial como condição de eficácia.
A) Certo B) Errado

O Poder Judiciário exercerá tão somente o controle quanto à legalidade do ato administrativo e não analisará o mérito administrativo (competência do Poder Executivo), em respeito ao Princípio da Separação dos Poderes.

1446) (2012) Banca: CESPE – Órgão: ANATEL – Prova: Analista Administrativo
Embora tenha competência para analisar a legalidade dos atos administrativos, o Poder Judiciário não a tem relativamente ao mérito administrativo desses atos.
A) Certo B) Errado

1447) (2013) Banca: CESPE – Órgão: FUNASA – Prova: Atividade de Complexidade Intelectual
No que concerne ao controle jurisdicional da administração pública no direito brasileiro, julgue o item que se segue.
Os atos administrativos comuns estão sujeitos a controle jurisdicional, devendo ser julgados com base nos critérios de legalidade e mérito administrativo.
A) Certo B) Errado

1448) (2015) Banca: FUNIVERSA – Órgão: SAPeJUS – GO – Prova: Agente de Segurança Prisional. Em regra, é cabível ao Poder Judiciário examinar o mérito do ato administrativo discricionário, classificação na qual se enquadra o ato que aprecia pedido de licença de servidor para tratar de interesse particular.
A) Certo B) Errado

1449) (2015) Banca: FUNCAB – Órgão: FUNASG – Prova: Advogado
Sobre os atos administrativos, assinale a opção correta.
A) A presunção de legitimidade e de veracidade dos atos administrativos possui caráter absoluto.
B) A presunção de legitimidade impede o questionamento do ato administrativo perante o Poder Judiciário.
C) Os atos administrativos estão sujeitos ao controle jurisdicional para a análise de sua legalidade.

D) A Administração não pode anular seus próprios atos, quando eivados de vícios que os tornam ilegais, nem revogá-los por motivo de conveniência e oportunidade.
E) A revogação de um ato administrativo pelo Poder Judiciário pode ocorrer apenas em razão de ilegalidade do objeto.

1. Atos gerais ou normativos: os atos normativos são aqueles que contêm um **comando geral do Poder Executivo**, visando à correta aplicação da lei. O objetivo imediato de tais atos é explicitar/clarificar o conteúdo legal a ser observado pela Administração e pelos administrados. Ex: Decretos; Regulamentos; Instruções Normativas; Regimentos; Resoluções; Deliberações.

Regulamento: ato normativo privativo do chefe do Poder Executivo – expedição de Decreto;

Instrução normativa: trata-se de atos expedidos para fins de execução de decretos e regulamentos;

Resolução: ato normativo dos órgãos colegiados que disciplina matéria de sua competência específica;

1450) (2013) Banca: FCC – Órgão: MPC-MS – Prova: Analista de Contas

No direito brasileiro, os regulamentos são atos essencialmente

A) enunciativos, dotados de generalidade, abstração e imutabilidade.
B) negociais, de efeitos concretos e uso específico no campo do exercício do poder de polícia.
C) legislativos, de competência exclusiva do chefe do Poder Executivo.
D) autônomos e de mesmo nível hierárquico que as leis, dispondo sobre organização administrativa, criação ou extinção de órgãos públicos.
E) normativos, que especificam ou complementam a lei para sua fiel execução, sem contudo inovar no mundo jurídico.

1451) (2013) Banca: FCC – Órgão: MPE-CE – Prova: Técnico Ministerial

Constitui exemplo de ato administrativo geral:

A) certidão.
B) licença.
C) regulamento.
D) homologação.
E) autorização.

1452) (2014) Banca: FGV – Órgão: SUSAM – Prova: Administrador

Com relação às espécies de atos administrativos, pode-se afirmar que os atos normativos são aqueles que possuem um comando geral do Poder Executivo.

Nesse sentido, as opções a seguir apresentam exemplos de atos normativos, à exceção de uma. Assinale-a.

A) Decretos
B) Deliberações
C) Instruções
D) Regimentos
E) Resoluções

1453) (2014) Banca: INSTITUTO AOCP – Órgão: UFES – Prova: Advogado

O ato administrativo que contém determinações gerais e abstratas, que não tem destinatários determinados e que incide sobre todos os fatos ou situações que se enquadrem nas hipóteses que abstratamente preveem, denomina-se

A) atos ordinatórios.
B) atos negociais.
C) atos típicos.
D) atos normativos.
E) atos precários.

1454) (2013) Banca: FAPEC – Órgão: Prefeitura de Água Branca – AL – Prova: Agente Administrativo

Os atos administrativos normativos emanados de autoridades outras que não os Chefes do Poder Executivo, órgãos legislativos e colegiados administrativos, para disciplinar matéria de suas competências específicas, denominam-se:

A) deliberações.
B) resoluções.
C) decretos.
D) regimentos.

1455) (2017) Banca: VUNESP – Órgão: CRBio – 1º Região Prova: Analista – Advogado

Resolução do Conselho Federal de Biologia, subscrita por seu presidente, e que estabelece requisitos mínimos para o biólogo atuar em pesquisas, projetos, perícias e outras atividades, é ato administrativo

A) complexo, porque resulta da conjugação de vontade de órgãos diferentes.
B) composto, porque espelha a vontade dos Conselhos Regionais ratificada pela autoridade competente.
C) concreto, porque regula a atuação dos Conselhos Regionais.
D) ordinatório, porque disciplina a conduta dos seus agentes.
E) normativo, porque expedido por alta autoridade para regulamentar competência exclusiva.

1456) (2015) Banca: VUNESP – Órgão: PC-CE – Prova: Inspetor de Polícia Civil

de 1ª Classe Instrução é a forma mediante a qual os superiores expedem norma gerais, de caráter interno, que prescrevem o modo de atuação dos subordinados em relação a certo serviço.

A) Certo   B) Errado

1457) (2014) Banca: VUNESP – Órgão: TJ-PA – Prova: Auxiliar Judiciário.

As resoluções são atos administrativos, normativos ou individuais, editados por Ministros de Estado ou outras autoridades de elevada hierarquia, com a finalidade de complementar as disposições contidas em decretos regulamentares e regimentos.

A) Certo   B) Errado

1458) (2017) Banca: VUNESP – Órgão: Prefeitura de Andradina – SP – Prova: Assistente Jurídico e Procurador Jurídico

Formas de que se revestem os atos, gerais ou individuais, emanados de autoridades outras que não o Chefe do Executivo, denominam-se

A) resolução e portaria.
B) portaria e decreto.
C) circular e parecer.
D) alvará e circular.
E) decreto e resolução.

1459) (2014) Banca: CS-UFG – Órgão: UEAP – Prova: Assistente Administrativo

Existem atos administrativos expedidos sem destinatário determinado, que têm finalidade normativa e alcançam todos os sujeitos que se encontram na mesma situação abrangida por seus preceitos. Como exemplo desse tipo de ato tem-se:

A) o decreto de desapropriação.
B) o regulamento.
C) a outorga de licença.
D) a nomeação.

1460) (2013) Banca: Prefeitura do Rio de Janeiro – RJ – Órgão: SMA-RJ – Prova: Administrador (+ provas)

Segundo a classificação dos atos administrativos, pelo critério dos destinatários, os regulamentos são considerados atos:

A) de gestão
B) discricionários
C) complexos
D) gerais

1461) (2013) Banca: CETRO – Órgão: Ministério das Cidades – Prova: Agente Administrativo

"É o ato administrativo editado por superior hierárquico com a finalidade de fixar diretrizes aos subordinados no tocante ao modo de realização de serviços ou atividades". Assim pode ser definido(a) o(a)

A) instrução.
B) circular.
C) portaria.
D) ordem de serviço.
E) despacho.

1462) (2013) Banca: IBFC – Órgão: SEAP-DF – Prova: Professor – Atividades

Com relação aos atos administrativos, está CORRETO o que se afirma em:

A) Resoluções são atos, normativos ou individuais, emanados de autoridades de elevado escalão administrativo, como, por exemplo, Ministros e Secretários de Estado ou de Município.
B) Deliberações são atos administrativos que consubstanciam opiniões, pontos de vista de alguns agentes administrativos sobre matéria submetida à sua apreciação.
C) Ordens de serviço são atos administrativos formais, de intensa utilização na rotina administrativa, através dos quais as autoridades administrativas se comunicam entre si ou com terceiros.
D) Pareceres são atos ordinatórios que auxiliam a Administração a definir melhor sua organização interna.

2. Atos Ordinatórios: são os atos que visam disciplinar o **funcionamento/organização da Administração** e a conduta funcional de seus agentes. Dentre os atos ordinatórios merecem exame: as Instruções; Circulares; Avisos; Portarias; Ordens de Serviço; Ofícios; Despachos.

Portaria: trata-se de ato administrativo que estabelece ordens e determinações internas a indivíduos específicos;

Circular: normas uniformes a todos os servidores subordinados a um determinado órgão.

Ordem de Serviço: ato de ordenação de determinado serviço;

1463) (2012) Banca: CESPE – Órgão: TCE-ES – Prova: Auditor de Controle Externo

Os atos administrativos ordinatórios obrigam os particulares.

A) Certo B) Errado

1464) (2014) Banca: CESPE – Órgão: MDIC – Prova: Analista Técnico – Administrativo

Julgue o item que se segue, referente à legislação administrativa e à licitação pública.

"Um aviso é uma forma de ato administrativo classificado como ato punitivo, ou seja, que certifica ou atesta um fato administrativo".

a) Certo b) Errado

1465) (2012) Banca: ESAF – Órgão: PGFN – Prova: Procurador da Fazenda Nacional

À luz da tradicional doutrina administrativista, é possível identificar, como espécie de ato administrativo, o chamado ato ordinatório, que tem, como um de seus exemplos,

A) os decretos regulamentares.
B) os alvarás.
C) as circulares.
D) as multas.
E) as homologações.

1466) (2013) Banca: FCC – Órgão: MPE-MA – Prova: Analista Ministerial – Direito

Considere as seguintes assertivas:

I. Atos administrativos normativos são aqueles que contêm um comando geral do Executivo visando ao cumprimento de uma lei. Exemplo: regimento.
II. Atos administrativos ordinatórios são os que visam a disciplinar o funcionamento da Administração e a conduta funcional de seus agentes. São exemplos os avisos.
III. Atos administrativos enunciativos são aqueles em que a Administração se limita a certificar ou a atestar um fato, ou emitir uma opinião sobre determinado assunto, constantes de registros, processos e arquivos públicos.

Sobre atos administrativos está correto o que se afirma em

A) I e II, apenas.
B) I e III, apenas.
C) II, apenas.
D) II e III, apenas.
E) I, II e III.

1467) (2010) Banca: FCC – Órgão: TRE-AM – Prova: Técnico Judiciário – Área Administrativa

Atos administrativos internos, endereçados aos servidores públicos, que veiculam determinações referentes ao adequado desempenho de suas funções são atos

A) punitivos.
B) determinativos.
C) normativos.
D) enunciativos.
E) ordinatórios.

1468) (2015) Banca: FCC – Órgão: TRE-RR – Prova: Analista Judiciário – Área Judiciária

Henrique, servidor público e chefe de determinada repartição pública, publicou portaria na qual foram expedidas determinações especiais a seus subordinados. No que concerne à classificação dos atos administrativos, a portaria constitui ato administrativo

A) ordinatório.
B) negocial.
C) punitivo.
D) normativo.
E) enunciativo

1469) (2015) Banca: FCC – TRT Atos Administrativos, Espécies de Ato Administrativo, Classificação dos Atos Administrativos

José, servidor público federal e chefe de determinado setor, emitiu ofício aos seus subordinados, em caráter oficial, contendo matéria administrativa pertinente à organização dos trabalhos. O ato administrativo em questão classifica-se como

A) Negocial
B) Punitivo
C) Ordinatório
D) Enunciativo
E) Normativo

1470) (2014) Banca: IESES – Órgão: IFC-SC – Prova: Auditor

Ofícios Circulares expedidos pela Corregedoria-Geral do Ministério Público são exemplos atos administrativos negociais.

A) Certo B) Errado

1471) (2014) Banca: IESES – Órgão: IFC-SC – Prova: Auditor

Quanto a espécies de atos administrativos temos: "São aqueles que visam a disciplinar o funcionamento da Administração e a conduta de seus agentes no desempenho de suas atribuições. Encontra fundamento no Poder Hierárquico." Estamos falando dos:

A) Atos Normativos.
B) Atos ordinatórios.
C) Atos Negociais.
D) Atos Punitivos.

1472) (2014) Banca: UESPI – Órgão: PC-PI – Prova: Delegado de Polícia

Quanto as espécies de atos administrativo, marque a alternativa CORRETA.

A) Atos normativos são os que contem um comando geral do Poder Judiciário visando à correta aplicação da lei.
B) Atos ordinatórios são os que visam a disciplinar o funcionamento da Administração e a conduta de seus agentes no desempenho de suas atribuições.
C) Atos negociais são os que contêm uma declaração de vontade da Administração com o objetivo de concretizar negócios jurídicos, conferindo ao particular poder de gerenciar, é ato bilateral
D) Atos enunciativos são os que contêm o julgamento da Administração nos processos administrativos, contendo relatório, fundamentação e dispositivo.
E) Atos punitivos são aqueles que infringirem disposições legais, que contêm uma sanção imposta pela administração podendo ser multa e pena restritiva de direitos.

1473) (2015) Banca: VUNESP – Órgão: PC-CE – Prova: Delegado de Polícia Civil de 1ª Classe

São atos administrativos ordinatórios, entre outros,

A) os Decretos, os Despachos, os Regimentos e as Resoluções.
B) os Despachos, os Avisos, as Portarias e as Ordens de Serviço.
C) os Decretos, as Instruções, os Provimentos e os Regimentos.
D) as Instruções, as Deliberações, as Portarias e os Regulamentos.
E) os Regulamentos, as Instruções, os Regimentos e as Deliberações.

1474) (2017) Banca: Quadrix – Órgão: SEDF – Prova: Professor – Direito

Acerca do Direito Administrativo, julgue o item a seguir.

São espécies de atos administrativos ordinatórios as portarias, as ordens de serviço, as licenças e os memorandos.

A) Certo B) Errado

1475) (2017) Banca: IADES – Órgão: Fundação Hemocentro de Brasília – DF – Prova: Técnico Administrativo (+ provas)

Quanto à classificação dos atos administrativos, é correto afirmar que os avisos, as admissões e os pareceres são, respectivamente, atos

A) negocial, ordinatório e normativo.
B) enunciativo, ordinatório e punitivo.
C) ordinatório, negocial e enunciativo.
D) punitivo, normativo e jurídico.
E) normativo, enunciativo e ordinatório.

1476) (2012) Banca: CEPERJ – Órgão: PROCON-RJ – Prova: Agente Administrativo

O ato pelo qual a autoridade competente determina providências de caráter administrativo, visando definir situações funcionais e medidas de ordem disciplinar, denomina-se:

A) portaria
B) resolução
C) mensagem
D) lei complementar
E) circular

1477) (2015) Banca: Prefeitura do Rio de Janeiro – RJ – Órgão: Câmara Municipal do Rio de Janeiro – Prova: Assistente Técnico Legislativo – Inspetor de Segurança

Segundo o critério da forma de exteriorização, o ato que serve para que a Administração organize sua atividade e seus órgãos é espécie do seguinte ato administrativo:

A) atestado
B) alvará
C) decreto
D) ordem de serviço

3. Atos negociais: são todos aqueles atos que contêm uma **declaração de vontade da Administração Pública** apta a concretizar determinado negócio jurídico ou a deferir certa faculdade ao particular, nas condições impostas ou consentidas pelo poder público. São eles:

Licença: ato administrativo **vinculado** que concede determinado benefício ao particular, caso seja verificado que o mesmo atende a todas as exigências legais naquela determinada situação. Ex.: licença para o exercício de uma profissão, licença para construção de um edifício em terreno próprio etc. Trata-se de ato vinculado e será concedido desde que **cumpridos os requisitos objetivamente definidos em lei.** Ou seja, caso o particular preencha todos os requisitos legais, o mesmo adquire o direito subjetivo à concessão da licença.

Cabe destacar a polêmica que envolve a possibilidade de revogação da licença. Tal polêmica deve-se ao fato que parte da doutrina se posiciona no sentido de que não é possível a revogação de atos vinculados, contudo, doutrina e a jurisprudência recente vem se firmando no sentido de que nesse caso é possível a sua revogação, desde que justificada por razões e interesse público.

Autorização: ato administrativo **discricionário e precário** mediante o qual o Poder Público torna possível ao indivíduo a realização de certa atividade, serviço ou a utilização de determinado bem público de forma exclusiva ou no **seu predominante interesse particular.** Ex.: autorização para funcionamento de uma escola privada atividades materiais que dependem de fiscalização do Poder Público (autorização de polícia); autorização de uso de bem público de forma anormal e privativa – festa de casamento na praia (situações transitórias).

Permissão: ato administrativo negocial, **discricionário e precário**, pelo qual o poder público faculta ao particular a execução de serviços de interesse coletivo, ou o uso especial de bens públicos em conformidade com o **interesse da coletividade**, a título gratuito ou remunerado, nas condições estabelecidas pela Administração. Ex.: banca de revista colocada na calçada; uso de determinado bem público de forma anormal, no interesse da coletividade, para realização de feira de artesanato em praça pública que beneficie a comunidade como um todo.

Aprovação: ato administrativo **discricionário** pelo qual o Poder Público verifica a **legalidade e o mérito de outro ato** ou de situações e realizações materiais de seus próprios órgãos, de outras entidades ou de particulares, dependentes de seu controle.

Admissão: ato administrativo unilateral e vinculado que verifica a satisfação de todos os requisitos legais, defere ao particular determinada **situação jurídica de seu exclusivo ou predominante interesse**, como ocorre no ingresso de alunos aos estabelecimentos de ensino público.

Visto: ato administrativo unilateral e vinculado pelo qual o Poder Público controla outro ato da própria Administração ou ato do particular, **aferindo sua legitimidade para dar-lhe exequibilidade.**

Homologação: ato unilateral e vinculado de controle pelo qual a autoridade superior examina a legalidade e a conveniência de outro ato da própria Administração para dar-lhe eficácia.

Renúncia: ato pelo qual o Poder Público extingue unilateralmente um direito, liberando definitivamente a pessoa obrigada perante a Administração Pública.

Dispensa: ato discricionário que exime o particular quanto ao cumprimento de determinada obrigação.

A autorização de uso é concedida, no interesse do particular, enquanto a permissão é sempre concedida no interesse público. Destaca-se que em determinadas situações a permissão de uso será concedida por prazo determinado.

1478) (2016) Banca: CESPE – Órgão: TRT – 8ª Região (PA e AP) – Prova: Analista Judiciário – Área Administrativa

Licença é ato unilateral e vinculado por meio do qual a administração reconhece ao particular o direito à prestação de um serviço público.

A) Certo   B) Errado

1479) (2014) Banca: CESPE – Órgão: TJ-CE – Prova: Analista Judiciário – Área Administrativa

O ato administrativo unilateral, precário e discricionário utilizado pela administração pública para facultar a alguém a prática de uma atividade ou o uso de um bem é

A) a admissão.
B) a licença.
C) a autorização.
D) o visto.
E) a aprovação.

1480) (2013) Banca: CESPE – Órgão: MPU – Prova: Analista – Direito

Julgue o item a seguir, relativo aos atos administrativos.

A autorização é ato administrativo discricionário mediante o qual a administração pública outorga a alguém o direito de realizar determinada atividade material.

A) Certo   B) Errado

1481) (2013) Banca: CESPE – Órgão: DPE-DF – Prova: Defensor Público

Acerca dos bens públicos, julgue o item a seguir.

A autorização de uso de bem público por particular caracteriza-se como ato administrativo unilateral, discricionário e precário, para o atendimento de interesse predominantemente do próprio particular.

A) Certo   B) Errado

1482) (2013) Banca: CESPE – Órgão: ANTT – Prova: Conhecimentos Básicos – Cargos 9 a 15 (+ provas)

O Diretor-geral da ANTT concedeu a uma entidade privada de filantropia autorização para a utilização do auditório da sede do órgão, com vistas à realização de um evento de capacitação de catadores de materiais recicláveis. Alguns dias após ter sido dada a autorização, entretanto, surgiu a necessidade de se utilizar o auditório da entidade, no mesmo período, como sede do Seminário Nacional de Infraestrutura de Transportes Rodoviários, realizado pela ANTT, em conjunto com o DNIT e com o Ministério dos Transportes.

Considerando a situação hipotética apresentada acima, julgue o item a seguir.

A autorização é espécie de ato administrativo discricionário e precário.

A) Certo B) Errado

1483) (2013) Banca: CESPE – Órgão: ANP – Prova: Todos os Cargos (+ provas)

Acerca de ato administrativo e poderes administrativos, julgue o item que se segue.

A autorização em que a administração reconhece que um particular é detentor de um direito subjetivo configura um ato administrativo vinculado.

A) Certo B) Errado

1484) (2013) Banca: CESPE – Órgão: SEGER-ES – Prova: Analista Executivo – Direito

Caso determinada comunidade, desejando comemorar o aniversário de seu bairro, decida solicitar o fechamento de uma rua para realizar uma festa comunitária, ela deve obter do poder público

A) autorização.
B) permissão.
C) delegação.
D) convênio.
E) concessão.

1485) 2016 Banca: CESPE – Órgão: TRT – 8ª Região (PA e AP) – Prova: Analista Judiciário – Área Administrativa

Assinale a opção correta acerca das espécies de ato administrativo.

A) Permissão é ato unilateral e discricionário por meio do qual a administração faculta ao particular a execução do serviço público ou a utilização privativa de bem público.
B) Autorização é ato unilateral e vinculado por meio do qual a administração faculta ao particular o exercício de uma atividade.
C) Aprovação é ato unilateral e vinculado por meio do qual a administração pública reconhece a legalidade de um ato jurídico apenas a posteriori.
D) Homologação é ato unilateral e discricionário por meio do qual a administração pública exerce o controle a priori do ato administrativo.
E) Licença é ato unilateral e vinculado por meio do qual a administração reconhece ao particular o direito à prestação de um serviço público.

1486) (2016) Banca: CESPE – Órgão: TRT – 8ª Região (PA e AP) – Prova: Técnico Judiciário – Área Administrativa

No que diz respeito às espécies de ato administrativo, assinale a opção correta.

A) A homologação é ato unilateral e vinculado pelo qual a administração pública reconhece a legalidade de um ato jurídico.
B) Decreto é ato exclusivamente geral emanado do chefe do Poder Executivo.
C) Licença é o ato administrativo bilateral e vinculado por meio do qual a administração pública faculta ao particular o exercício de determinada atividade.
D) A admissão é o ato discricionário e unilateral pelo qual a administração reconhece ao particular que preencha os requisitos legais o direito à prestação de um serviço público.
E) Parecer é ato opinativo e vinculante pelo qual os órgãos consultivos da administração pública emitem opinião sobre assuntos técnicos ou jurídicos de sua competência.

1487) (2015) Banca: CESPE – Órgão: STJ – Prova: Técnico Judiciário – Administrativa

Julgue o item seguinte, acerca do direito administrativo e da prática dos atos administrativos.

A homologação de um certame licitatório, seguida da adjudicação do objeto licitado ao futuro contratado, não é classificada como um ato administrativo, por ter caráter meramente cogente.

A) Certo B) Errado

1488) (2005) Banca: CESPE – Órgão: ANS – Prova: Técnico Administrativo

As resoluções são classificadas como atos administrativos negociais.

A) Certo B) Errado

1489) (2012) Banca: CESPE – Órgão: PC-AL – Prova: Escrivão de Polícia

A coercibilidade e a imperatividade não permeiam os atos negociais.

A) Certo B) Errado

1490) (2006) Banca: CESPE – Órgão: TJ-SE – Prova: Titular de Serviços de Notas e de Registros

A licença, a autorização, a permissão, a aprovação e a homologação são exemplos de atos administrativos negociais.

A) Certo B) Errado

1491) (2013) Banca: CESPE – Órgão: MC – Prova: Todos os Cargos

Julgue o item seguinte, acerca do ato administrativo.

As licenças e as autorizações, exemplos de atos negociais, não perdem sua característica de atos ordinatórios, já que também ordenam a atividade administrativa.

A) Certo B) Errado

1492) (2009) Banca: CESPE – Órgão: FUB – Prova: Administrador

O alvará de funcionamento de um estabelecimento é um exemplo de licença.

A) Certo b) Errado

1493) (2017) Banca: CESPE – Órgão: SERES-PE – Prova: Agente de Segurança Penitenciária

Assinale a opção que apresenta o ato administrativo mediante o qual a administração pública faculta, de forma unilateral e vinculada, a um cidadão exercer determinada atividade para a qual preencha os requisitos legais.

A) homologação
B) autorização
C) permissão
D) licença
E) aprovação

1494) (2012) Banca: CESPE – Órgão: PC-AL – Prova: Agente de Polícia

Em se tratando das espécies dos atos administrativos, a renúncia à função pública deve ser entendida como tipo de ato enunciativo.

A) Certo B) Errado

1495) (2013) Banca: CESPE – Órgão: INPI – Prova: Analista de Planejamento – Administração

Com relação aos atos administrativos, julgue o próximo item.

O porte de arma configura-se como exemplo de autorização, pois, tendo preenchido todos os requisitos legais, o ato administrativo é vinculado, devendo a administração conceder a referida autorização.

A) Certo B) Errado

1496) (2015) Banca: CESPE – Órgão: TCU – Prova: Procurador do Ministério Público

A Permissão é ato administrativo discricionário e precário mediante o qual o Poder Público torna possível ao indivíduo a realização de certa atividade, serviço ou a utilização de determinado bem público de forma exclusiva ou no seu predominante interesse particular.

A) Certo B) Errado

1497) (2017) Banca: CESPE – Órgão: Prefeitura de Belo Horizonte – MG – Prova: Procurador Municipal

No que tange a conceitos, requisitos, atributos e classificação dos atos administrativos, assinale a opção correta.

A) Licença e autorização são atos administrativos que representam o consentimento da administração ao permitir determinada atividade; o alvará é o instrumento que formaliza esses atos.
B) O ato que decreta o estado de sítio, previsto na CF, é ato de natureza administrativa de competência do presidente da República.
C) Ainda que submetido ao regime de direito público, nenhum ato praticado por concessionária de serviços públicos pode ser considerado ato administrativo.
D) O atributo da autoexecutoriedade não impede que o ato administrativo seja apreciado judicialmente e julgado ilegal, com determinação da anulação de seus efeitos; porém, nesses casos, a administração somente responderá caso fique comprovada a culpa.

1498) (2015) Banca: CESPE – Órgão: TCU – Prova: Procurador do Ministério Público

A autorização de uso é concedida, no interesse do particular, enquanto a permissão é sempre concedida no interesse público.

A) Certo B) Errado

1499) (2017) Banca: CESPE – Órgão: TRE-TO – Prova: Analista Judiciário – Área Administrativa

O ato administrativo pelo qual a administração pública consente que o particular, com atendimento exclusivo ao seu próprio interesse, utilize bem público de modo privativo denomina-se

A) permissão de uso.
B) concessão de uso.
C) autorização de uso.
D) permissão de uso especial.
E) concessão de direito real.

1500) (2006) Banca: ESAF – Órgão: CGU – Prova: Analista de Finanças e Controle – Tecnologia da Informação (+ provas)

O ato administrativo conceituado como "ato unilateral, discricionário, pelo qual a Administração faculta o exercício de alguma atividade material, em caráter precário", denomina-se

A) licença.
B) permissão.
C) autorização.
D) concessão.
E) aprovação.

1501) (2012) Banca: FCC – Órgão: MPE-AP – Prova: Técnico Ministerial – Auxiliar Administrativo

NÃO constitui exemplo de ato administrativo negocial:

A) Autorização.
B) Licença.
C) Certidão.
D) Permissão.
E) Aprovação.

1502) (2011) Banca: FCC – Órgão: TRE-RN – Prova: Analista Judiciário – Área Administrativa

Quanto às espécies de atos administrativos, é correto afirmar:

A) Certidões e Atestados são atos administrativos classificados como constitutivos, pois seu conteúdo constitui determinado fato jurídico.
B) Autorização é ato declaratório de direito preexistente, enquanto licença é ato constitutivo.
C) Admissão é ato unilateral e discricionário pelo qual a Administração reconhece ao particular o direito à prestação de um serviço público.
D) Licença é ato administrativo unilateral e vinculado, enquanto autorização é ato administrativo unilateral e discricionário.

E) Permissão, em sentido amplo, designa ato administrativo discricionário e precário, pelo qual a Administração, sempre de forma onerosa, faculta ao particular a execução de serviço público ou a utilização privativa de bem público.

1503) (2012) Banca: FCC – Órgão: TRF – 5ª REGIÃO – Prova: Analista Judiciário – Área Administrativa

O ato administrativo unilateral, precário e discricionário pelo qual a Administração faculta o desempenho de atividade material que, sem esse consentimento, seria legalmente proibido, é denominado

A) Licença.
B) Autorização.
C) Admissão.
D) Homologação.
E) Decreto.

1504) (2014) Banca: FCC – Órgão: TRT – 24ª REGIÃO (MS) – Prova: Juiz do Trabalho Substituto

Jonas é jornaleiro de profissão e obteve da Prefeitura Municipal uma "permissão não qualificada e incondicionada de uso de bem público", para fins de instalação de banca de jornais e revistas, em logradouro urbano. Tal ato é

A) enunciativo, composto e homologatório.
B) discricionário, unilateral e precário.
C) declaratório, discricionário e ablativo.
D) imperativo, bilateral e constitutivo.
E) contratual, complexo e ampliativo.

1505) (2012) Banca: FCC – Órgão: TRE-CE – Prova: Analista Judiciário – Área Administrativa

Os atos administrativos denominados "negociais".

A) embora unilaterais, encerram conteúdo tipicamente negocial, de interesse recíproco da Administração e do administrado.
B) encerram um mandamento geral da Administração Pública.
C) são sempre discricionários por serem de interesse único da Administração.
D) operam efeitos jurídicos entre as partes (Administração e administrado), passando, portanto, à categoria de contratos administrativos.
E) não produzem efeitos à Administração Pública que os expede, tendo em vista a supremacia do ente público.

1506) (2010) Banca: FCC – Órgão: TRF – 4ª REGIÃO – Prova: Analista Judiciário – Área Administrativa (+ provas)

Em relação aos atos administrativos negociais, é certo que

A) podem ser discricionários ou precários, dependendo de sua espécie, mas nunca vinculados ou definitivos.
B) podem ser considerados desta espécie as autorizações, as apostilas e os atestados.
C) não produzem quaisquer efeitos concretos e individuais para os administrados.
D) não são contratos, mas sim manifestações unilaterais de vontade da Administração coincidentes com a pretensão do particular.
E) são dotados, como os demais atos, de imperatividade ou coercitividade.

1507) (2010) Banca: FCC – Órgão: TRF – 4ª REGIÃO – Prova: Analista Judiciário – Tecnologia da Informação (+ provas)

Em relação aos atos administrativos negociais, é certo que

A) podem ser considerados desta espécie as autorizações, as apostilas e os atestados.
B) não produzem quaisquer efeitos concretos e individuais para os administrados.
C) não são contratos, mas sim manifestações unilaterais de vontade da Administração coincidentes com a pretensão do particular.
D) são dotados, como os demais atos, de imperatividade ou coercitividade.
E) podem ser discricionários ou precários, dependendo de sua espécie, mas nunca vinculados ou definitivos

1508) (2010) Banca: FCC – Órgão: TRF – 4ª REGIÃO – Prova: Analista Judiciário – Contabilidade (+ provas)

Em relação aos atos administrativos negociais, é certo que

A) não produzem quaisquer efeitos concretos e individuais para os administrados.
B) não são contratos, mas sim manifestações unilaterais de vontade da Administração coincidentes com a pretensão do particular.
C) são dotados, como os demais atos, de imperatividade ou coercitividade.
D) podem ser discricionários ou precários, dependendo de sua espécie, mas nunca vinculados ou definitivos.
E) podem ser considerados desta espécie as autorizações, as apostilas e os atestados.

1509) (2008) Banca: FCC – Órgão: TRT – 18ª Região (GO) – Prova: Analista Judiciário – Área Judiciária – Execução de Mandados

Sobre as espécies de atos administrativos, analise:

I. Atos que contêm uma declaração de vontade da Administração apta a concretizar determinado negócio jurídico ou a deferir certa faculdade ao particular.
II. Atos que visam a disciplinar o funcionamento da Administração e a conduta funcional de seus agentes.
III. Atos que contêm um comando geral do Executivo, visando à correta aplicação da lei. Essas afirmações referem-se, respectivamente, aos atos administrativos

A) negociais, ordinatórios e normativos.
B) ordinatórios, normativos e negociais.
C) normativos, negociais e ordinatórios.
D) negociais, normativos e ordinatórios.
E) ordinatórios, negociais e normativos.

1510) (2009) Banca: FCC – Órgão: MRE – Prova: Oficial de Chancelaria

As portarias, as autorizações e as resoluções são consideradas, respectivamente, espécies de atos administrativos

A) normativos, ordinatórios e negociais.
B) punitivos, ordinatórios e normativos.
C) normativos, negociais e ordinatórios.
D) ordinatórios, negociais e normativos.
E) ordinatórios, normativos e negociais.

1511) (2006) Banca: FCC – Órgão: TRT – 24ª REGIÃO (MS) – Prova: Analista Judiciário – Área Judiciária – Execução de Mandados (+ provas)

A licença caracteriza-se como o ato administrativo

A) bilateral e discricionário, que proporciona ao particular que preencha os requisitos legais a fruição de certo bem público.
B) unilateral, discricionário e precário, segundo o qual a Administração faculta ao particular o uso privativo de determinado bem público.
C) unilateral e vinculado pelo qual a Administração Pública faculta àquele que preencha os requisitos legais o exercício de uma atividade.
D) unilateral, discricionário, precário e gratuito, pelo qual a Administração Pública faculta ao particular a execução de serviço público.
E) unilateral e vinculado, segundo o qual a Administração Pública reconhece a legalidade de um ato jurídico.

1512) (2006) Banca: FCC – Órgão: TRT – 4ª REGIÃO (RS) – Prova: Analista Judiciário – Área Judiciária – Execução de Mandados

A licença é um ato administrativo

A) unilateral e vinculado, pelo qual a Administração Pública faculta àquele que preencha os requisitos legais o exercício de uma atividade.
B) unilateral e discricionário, por meio do qual a Administração faculta ao particular o uso privativo de bem público, a título precário.
C) bilateral e discricionário, pelo qual o órgão competente exerce o controle a posteriori desse ato complexo.
D) unilateral, vinculado e precário, pelo qual os órgãos consultivos da Administração emitem opinião sobre assuntos técnicos ou jurídicos.
E) bilateral e vinculado, por meio do qual a Administração Pública reconhece a legalidade desse ato jurídico.

1513) (2006) Banca: FCC – Órgão: TRE-SP – Prova: Técnico Judiciário – Área Administrativa

A licença é o ato administrativo

A) unilateral e vinculado através do qual a Administração Pública reconhece a legalidade de um ato jurídico.
B) bilateral, discricionário e precário, por meio do qual o Poder Público faculta ao administrado o uso de bem público ou a prestação de determinado serviço público.
C) unilateral e vinculado pelo qual a Administração Pública faculta àquele que preencha os requisitos legais o exercício de uma atividade.
D) que confere aos órgãos consultivos da Administração a possibilidade de emitirem opinião sobre assuntos técnicos ou jurídicos de sua competência.
E) da competência exclusiva dos Chefes do Executivo, destinado a prover situações gerais ou individuais, abstratamente previstas de modo expresso, explícito ou implícito, pela legislação.

1514) (2009) Banca: FCC – Órgão: MPE-AP – Prova: Técnico Administrativo

Quanto às espécies do ato administrativo, considere:

I. Ato discricionário pelo qual a Administração consente que o particular exerça atividade ou utilize bem público no seu próprio interesse.
II. Ato vinculado pelo qual a Administração consente que o particular desempenhe certa atividade.
III. Ato vinculado pelo qual a Administração reconhece ao particular, que preenche os requisitos legais, o direito a um serviço público.

Os conceitos acima se referem, respectivamente, às espécies de ato administrativo denominadas

A) consentimento, admissão e licença.
B) permissão, concessão e licença.
C) autorização, permissão e aprovação.
D) consentimento, licença e permissão.
E) autorização, licença e admissão.

1515) (2008) Banca: FCC – Órgão: TCE-AL – Prova: Procurador

Em relação à concessão, permissão e autorização de uso de bem público, é correto afirmar:

A) Concessão constitui ato administrativo precário, de natureza contratual, vez que veicula acordo de vontades entre administração pública e particular.
B) Permissão constitui ato administrativo precário, de natureza contratual, vez que veicula acordo de vontades entre administração pública e particular.
C) Autorização constitui ato administrativo unilateral e discricionário, concedido em favor do particular a título precário.
D) Permissão constitui ato administrativo vinculado, que deve ser concedido em favor do particular por prazo determinado.
E) Concessão constitui ato administrativo unilateral e vinculado, concedido em favor do particular a título precário.

1516) (2011) Banca: FCC – Órgão: TRF – 1ª REGIÃO – Prova: Técnico Judiciário – Segurança e Transporte

NÃO constitui exemplo, dentre outros, de ato administrativo enunciativo:

A) o atestado.
B) o parecer.
C) a certidão.
D) a homologação.
E) a apostila.

1517) (2011) Banca: FCC – Órgão: TRE-PE – Prova: Analista Judiciário – Área Administrativa

A "aprovação" é exemplo de ato administrativo

A) ordinatório.
B) normativo.
C) negocial.
D) enunciativo.
E) geral.

1518) (2014) Banca: FCC – Órgão: Prefeitura de Cuiabá – MT – Prova: Procurador Municipal

Trata-se de ato administrativo unilateral de natureza discricionária, pelo qual se exerce o controle a priori ou a posteriori de outro ato administrativo. Estamos nos referindo à

A) licença.

B) homologação.
C) autorização.
D) aprovação.
E) admissão

1519) (2003) Banca: FCC – Órgão: TRT – 21ª Região (RN) – Prova: Analista Judiciário – Área Administrativa

Considere os seguintes atos administrativos:

I. O Secretário de Estado aprova o procedimento licitatório.
II. O Senado Federal decide a respeito da destituição do Procurador Geral da República.
III. A Administração Municipal faculta a proprietário de terreno a construção de edifício.

Esses atos referem-se, respectivamente, à

A) aprovação, homologação e concessão.
B) homologação, aprovação e licença.
C) admissão, dispensa e permissão.
D) dispensa, homologação e autorização.
E) licença, dispensa e aprovação.

1520) (2010) Banca: FCC – Órgão: SJCDH-BA – Prova: Agente Penitenciário

Considere:
I. Renúncia administrativa.
II. Portaria.

I E II CONFIGURAM, RESPECTIVAMENTE, ATOS ADMINISTRATIVOS

A) normativo e ordinatório.
B) ordinatório e punitivo.
C) negocial e ordinatório.
D) ordinatório e normativo.
E) negocial e punitivo.

1521) (2012) Banca: FCC – Órgão: TJ-PE – Prova: Técnico Judiciário – Área Judiciária e Administrativa (+ provas)

No que diz respeito às espécies de atos administrativos, é correto afirmar que

A) os atos negociais, embora unilaterais, encerram um conteúdo negocial, de interesse recíproco da Administração e do administrado, mas não adentram a esfera contratual.
B) não há distinção entre o ato punitivo da Administração, apenando o ilícito administrativo e o ato punitivo do Estado, que apena o ilícito criminal, visto que ambos têm a natureza de ilicitude.
C) os atos negociais são genéricos, abstratos e de efeitos gerais, que não se limitam entre as partes – Administração e administrado requerente.
D) os atos ordinatórios atuam também no âmbito interno das repartições, alcançando funcionários subordinados a outra chefia, assim como obrigam os particulares.
E) nos atos ordinatórios, além de sua função ordinatória, observa-se que eles criam, normalmente, direitos e obrigações para os administrados, mas não geram deveres para os agentes administrativos a que se dirigem.

1522) (2009) Banca: FCC – Órgão: TJ-PA – Prova: Auxiliar Judiciário

Com referência às espécies do ato administrativo, considere:

I. Atos ordinatórios são atos administrativos internos, que visam a disciplinar o funcionamento da Administração e a conduta funcional dos seus agentes.
II. As circulares internas, os avisos e as ordens de serviço são exemplos de atos normativos.
III. Nos atos negociais encontra-se presente o atributo da imperatividade.

É correto o que se afirma APENAS em

A) I.
B) I e II.
C) II e III.
D) II.
E) III.

1523) (2010) Banca: FGV – Órgão: SEAD-AP – Prova: Fiscal da Receita Estadual

A licença é um ato administrativo da espécie:

A) normativa.
B) negocial.
C) ordinatória.
D) enunciativa.
E) punitiva.

1524) (2010) Banca: FGV – Órgão: FIOCRUZ – Prova: Tecnologista em Saúde – Engenharia de Produção

O ato pelo qual a comissão de licitação de um órgão público declara o licitante vencedor é denominado:

A) adjudicação.
B) contratação.
C) habilitação.
D) homologação.
E) julgamento.

1525) (2010) Banca: FGV – Órgão: FIOCRUZ – Prova: Tecnologista em Saúde – Engenharia Eletrônica

O ato pelo qual a comissão de licitação de um órgão público declara o licitante vencedor é denominado:

A) adjudicação.
B) contratação.
C) habilitação.
D) homologação.
E) julgamento.

1526) (2015) Banca: FUNCAB – Órgão: FUNASG – Prova: Agente Apoio Técnico

É o ato administrativo unilateral e vinculado pelo qual a Administração, verificando que o interessado atendeu todas as exigências legais, faculta-lhe o exercício de uma atividade. A definição refere-se á(ao):

a) nomeação.
b) parecer.
c) permissão.
d) licença.
e) delegação.

6. ATOS ADMINISTRATIVOS

1527) (2014) Banca: FUNCAB – Órgão: SEPLAG-MG – Prova: Direito

O ato administrativo, unilateral, discricionário e precário, pelo qual o Poder Público consente que determinado indivíduo utilize bem público de modo privativo e atendendo, primordialmente, ao seu interesse particular, denomina-se:

A) concessão de uso
B) autorização de uso
C) permissão de uso.
D) concessão de direito real de uso.

1528) (2016) Banca: FUNCAB – Órgão: EMSERH Prova: Agente de Portaria

Existem atos administrativos que são editados em situações nas quais uma determinada pretensão do particular coincide com a manifestação de vontade da administração, ainda que o interesse desta última na situação em questão seja apenas indireto. Existe um ato administrativo, considerado dos mais precários, em que predomina o interesse do particular, cuja característica é ser discricionário e precário. Assinale a alternativa que contém o ato descrito.

A) Autorização
B) Certidão
C) Licença
D) Parecer
E) Atestado

1529) (2016) Banca: UFMT – Órgão: TJ-MT – Prova: Técnico Judiciário

Considerando a definição de ato administrativo: "Como a declaração do Estado ou de quem o represente, que produz efeito jurídico de direito público e sujeita a controle pelo Poder Judiciário"

(DI PIETRO, M. S. Z. Direito Administrativo. São Paulo: Atlas, 2015.), analise as afirmativas.

I. Licença é o ato administrativo unilateral e vinculado pelo qual a administração faculta àquele que preencher os requisitos legais o exercício de uma atividade.
II. Aprovação é ato unilateral e discricionário pelo qual se exerce o controle a priori ou a posteriori do ato administrativo.
III. Homologação é ato bilateral e discricionário pelo qual a administração pública reconhece a legalidade de um ato jurídico.
IV. Portarias são formas de que se revestem os atos, gerais ou individuais, emanados do Chefe do Executivo.

Estão corretas as afirmativas

A) I, III e IV, apenas.
B) II e IV, apenas.
C) I e II, apenas.
D) II, III e IV, apenas.

1530) (2017) Banca: CONSULPLAN – Órgão: TJ-MG – Prova: Outorga de Delegações de Notas e de Registro – Provimento

O ato administrativo que, ao apreciar requerimento de particular para porte de arma, o defere é

A) licença.
B) permissão.
C) autorização.
D) alvará.

1531) (2012) Banca: TRT 2R (SP) – Órgão: TRT – 2ª REGIÃO (SP) – Prova: Juiz do Trabalho

Analise as assertivas e marque a alternativa correta:

A) Os atos administrativos enunciativos imperativos decorrem do exercício do poder extroverso pelo Poder Público.
B) O encargo é elemento acessório do ato administrativo vinculado.
C) Pela teoria dos motivos determinantes, quando a Administração motiva o ato, este somente será válido se os motivos forem verdadeiros, a menos que a lei não exija a motivação.
D) O prazo prescricional para impugnar, administrativa ou judicialmente, o ato administrativo imperfeito conta-se da ciência inequívoca da lesão.
E) A autorização, que abrange todas as hipóteses em que o exercício de atividade ou a prática de ato são vedados por lei ao particular, é ato administrativo unilateral e discricionário.

1532) (2012) Banca: FUNDATEC – Órgão: Prefeitura de Flores da Cunha – RS – Prova: Procurador Municipal

Maria Sylvia Di Pietro, em sua obra Direito Administrativo (2011), ao tratar da atuação administrativa, apresenta a seguinte definição: "Ato administrativo unilateral, discricionário e precário pelo qual a Administração faculta ao particular o uso de bem público, ou o desempenho de atividade material, ou a prática de ato que, sem esse consentimento, seria legalmente proibido". Esta definição se refere à

A) Autorização.
B) Licença.
C) Requisição.
D) Permissão.
E) Concessão.

1533) (2012) Banca: UFF – Órgão: Prefeitura de São Gonçalo – RJ – Prova: Fiscal de Posturas Municipal

Existe um ato administrativo pelo qual o Poder Público faculta ao particular a execução de serviços de interesse coletivo, ou o uso especial de bens públicos, a título gratuito ou remunerado, nas condições estabelecidas pela administração. Sobre este ato administrativo é correto afirmar que:

A) é uma instrução não remunerada.
B) deve ser precedido de autorização legislativa outorgada.
C) vai ser objeto de precedência na Lei Orçamentária.
D) é uma instrução de caráter precário.
E) trata-se da permissão que é um ato precário.

1534) (2013) Banca: CEPERJ – Órgão: SEPLAG-RJ – Prova: Especialista em Políticas Públicas e Gestão Governamental (+ provas)

Pedro é gerente de logística do Departamento Y vinculado à Secretaria de Transportes do Estado W e pretende realizar um ato negocial pelo qual o Poder Público faculta ao particular a execução de serviços de interesse coletivo. Esse caso configura exemplo de:

A) licença
B) aprovação
C) permissão

D) autorização
E) homologação

1535) (2013) Banca: IBFC – Órgão: EBSERH – Prova: Advogado
Com relação às espécies de atos administrativos, pode-se afirmar que a homologação:
A) É o ato unilateral pelo qual a autoridade competente atesta a legitimidade de outro ato jurídico.
B) É o ato unilateral, discricionário e precário, pelo qual a Administração Pública faculta ao particular a execução de serviço público ou a utilização privativa de bem público.
C) É o ato unilateral e discricionário pelo qual se exerce o controle prévio ou posterior do ato administrativo.
D) É o ato unilateral e vinculado pelo qual a Administração Pública reconhece a legalidade de um ato jurídico.

1536) (2015) Banca: BIO-RIO – Órgão: IF-RJ – Prova: Contador
São exemplos de atos negociais os a seguir indicados:
A) licenças, autorizações, permissões.
B) instruções, portarias, circulares.
C) decretos, regulamentos, resoluções.
D) demissão, multa, interdição de atividade.
E) certidões, atestado, pareceres.

1537) (2016) Banca: BIO-RIO – Órgão: Prefeitura de Mangaratiba – RJ – Prova: Agente de Fiscalização Ambiental
Em relação às espécies de atos administrativos na esfera pública, avalie se as afirmativas a seguir são falsas (F) ou verdadeiras (V):

Atos normativos são os que emanam atos gerais e abstratos visando a correta aplicação da lei.

Atos ordinatórios são os que visam a disciplinar o funcionamento da Administração e a conduta de seus agentes.

Atos negociais são os que fazem a declaração de vontade da Administração coincidir com os interesses do particular.

As afirmativas são respectivamente:
A) V, V e V.
B) V, V e F.
C) V, F e V.
D) F, V e F.
E) F, F e V.

1538) (2014) Banca: VUNESP – Órgão: PGM – SP – Prova: Procurador do Município
A licença
A) pode ser considerada um ato discricionário.
B) pode ser negada por motivo de inconveniência ou oportunidade.
C) destina-se à utilização privativa de bem público.
D) é um ato bilateral e constitutivo.
E) difere da autorização por ser um ato declaratório.

1539) (2010) Banca: VUNESP – Órgão: CEAGESP – Prova: Advogado
Analise as seguintes definições:
I. Ato administrativo vinculado por meio do qual a Administração Pública outorga a alguém, que para isso se interesse, o direito de realizar certa atividade material que sem ela lhe seria vedado, desde que satisfeitas as exigências legais.
II. Ato administrativo discricionário mediante o qual a Administração Pública faculta a prática de certo ato jurídico ou concorda com o já praticado para lhe dar eficácia, se conveniente e oportuno.
III. Ato administrativo, vinculado ou discricionário, segundo o qual a Administração Pública outorga a alguém, que para isso se interesse, o direito de prestar um serviço público ou de usar, em caráter privativo, um bem público.

Essas definições correspondem, respectivamente, às seguintes espécies de atos administrativos:
A) admissão, licença e concessão.
B) licença, aprovação e permissão.
C) autorização, concessão e licença.
D) licença, alvará e concessão.
E) aprovação, homologação e alvará.

1540) (2016) Banca: VUNESP – Órgão: Prefeitura de Rosana – SP – Prova: Procurador do Município
O ato administrativo unilateral, discricionário e precário, gratuito ou oneroso, pelo qual a Administração Pública faculta a utilização privativa de bem público, para fins de interesse público, é a definição de
A) autorização.
B) concessão.
C) retrocessão.
D) permissão.
E) tredestinação.

1541) (2010) Banca: UPENET/IAUPE – Órgão: Grande Recife – Prova: Advogado
Com relação ao Direito Administrativo, "Licença" é um ato
A) enunciativo.
B) negocial.
C) ordinário.
D) normativo.
E) discricionário.

1542) (2013) Banca: Prefeitura do Rio de Janeiro – RJ – Órgão: SMA-RJ – Prova: Administrador
Na prática de atos concretos de polícia administrativa, são exemplos de atos de consentimento aqueles que se consubstanciam em:
A) multas
B) resoluções
C) interdições
D) licenças

1543) (2016) Banca: UFMT – Órgão: DPE-MT – Prova: Defensor Público
No que concerne aos atos administrativos negociais em espécie, analise as assertivas.
I. É o ato administrativo vinculado e unilateral, por meio do qual a Administração faculta ao interessado o desempenho de certa atividade, desde que atendidos os requisitos legais exigidos.

II. É o ato administrativo discricionário e unilateral, por meio do qual a Administração consente na prática de determinada atividade material, tendo, como regra, caráter precário.
III. É o ato unilateral e precário, pelo qual a Administração faculta ao particular a prestação de um serviço público ou defere a utilização especial de determinado bem público.
IV. É o ato administrativo unilateral e vinculado de exame de legalidade de outro ato jurídico já praticado, a fim de conferir exequibilidade ao ato controlado.

As assertivas I, II, III e IV definem respectivamente:
A) Permissão, concessão, admissão, aprovação.
B) Licença, autorização, permissão, homologação.
C) Licença, dispensa, permissão, aprovação.
D) Admissão, permissão, autorização, homologação.
E) Concessão, autorização, permissão, ratificação.

1544) (2014) Banca: FUNRIO – Órgão: IF-BA – Prova: Auxiliar em Administração

O ato administrativo unilateral e vinculado pelo qual a Administração concede ao particular o exercício de determinada atividade, uma vez preenchidos os requisitos necessários para tanto, denomina-se
A) autorização.
B) aprovação.
C) admissão.
D) licença.
E) permissão.

1545) (2014) Banca: FUNRIO – Órgão: IF-PI – Prova: Assistente em Administração

O ato administrativo unilateral, vinculado e de controle, realizado a posteriori, no qual a Administração Pública reconhece a legalidade do procedimento licitatório, denomina-se
A) licença.
B) parecer.
C) decreto.
D) permissão.
E) homologação.

1546) (2014) Banca: FUNRIO – Órgão: IF-BA – Prova: Assistente em Administração

O ato pelo qual se atribui ao vencedor o objeto da licitação para a subsequente efetivação do contrato com a Administração Pública, e o ato administrativo declaratório de que todos os atos praticados durante o certame são válidos, são definidos, respectivamente, como
A) revisão e adjudicação.
B) adjudicação e homologação.
C) homologação e declaração.
D) homologação e adjudicação.
E) aprovação e permissão.

1547) (2016) Banca: FUNRIO – Órgão: IF-BA – Prova: Auxiliar em Administração

Considerando-se as espécies de atos administrativos e sua classificação quanto ao conteúdo e quanto à forma, é correto afirmar que representa ato administrativo, quanto ao conteúdo, o seguinte:
A) decreto.
B) autorização.
C) portaria.
D) alvará.
E) resolução

1548) (2016) Banca: COPEVE-UFAL – Órgão: UFAL – Prova: Auxiliar em Administração (Edital nº 60)

Considere a situação: um docente, em regime de dedicação exclusiva, solicita a um reitor executar determinada atividade esporádica fora da instituição, em prazo determinado e sem prejuízo das atividades que ele desempenha. O ato administrativo, quanto ao conteúdo, referente à ação do reitor, é denominado de
A) homologação.
B) autorização.
C) aprovação.
D) permissão.
E) admissão.

1549) (2017) Banca: Quadrix – Órgão: CRF – MT – Prova: Agente Administrativo

A classificação dos atos administrativos sofre variação em virtude da diversidade dos critérios adotados. Quanto à liberdade de ação, podem ser vinculados e discricionários. É um ato unilateral e discricionário pelo qual a Administração faculta a prática de ato jurídico ou manifesta sua concordância com ato jurídico já praticado:
A) autorização.
B) aprovação.
C) licença
D) homologação.
E) permissão.

1550) (2016) Banca: INSTITUTO CIDADES – Órgão: CONFERE – Prova: Assistente Administrativo VII

Os atos administrativos se classificam de acordo com o conteúdo que eles trazem, resultante do interessado imediato na expedição dos mesmos. Quando a autoridade superior de um determinado órgão público deseja ratificar o resultado de um concurso público, o ato específico para este fim é:
A) Decreto
B) Portaria
C) Admissão
D) Homologação

1551) (2010) Banca: CESGRANRIO – Órgão: Petrobras – Prova: Advogado

Considerando as classificações adotadas pela doutrina para os atos administrativos, afirma-se que a autorização, a licença, a admissão e a permissão de uso de bem público, respectivamente, são atos:
A) vinculado, discricionário, vinculado e vinculado.
B) discricionário, vinculado, vinculado e vinculado.
C) discricionário, vinculado, vinculado e discricionário.

D) discricionário, vinculado, discricionário e discricionário.
E) discricionário, discricionário, vinculado e discricionário.

1552) (2015) Banca: CETRO – Órgão: AMAZUL – Prova: Analista em Desenvolvimento de Tecnologia Nuclear – Advogado

Apesar de se saber que a classificação dos atos administrativos não é uniforme entre os publicistas, haja vista que os atos administrativos podem ser objeto de múltiplas classificações, conforme o critério em função do qual sejam agrupados, ela é útil para sistematizar o estudo e facilitar a compreensão. Sobre os atos administrativos negociais (classificação usada por Hely L. Meirelles) ou *in specie* (classificação usada por Celso A. B. de Mello), assinale a alternativa correta.

A) A Licença é o ato administrativo discricionário, pelo qual a Administração faculta a alguém o exercício de uma atividade.
B) A autorização é ato unilateral, discricionário e precário, pelo qual o Poder Público possibilita ao pretendente a realização de certa atividade, serviço ou utilização de determinados bens particulares ou públicos.
C) A licença para edificar, por meio de alvará, por exemplo, constitui-se como ato vinculado conhecido por Autorização.
D) A Homologação envolve apreciação discricionária.
E) Aprovação é ato plenamente vinculado, não admitindo discricionariedade, pelo qual a Administração Pública aprova a realização de certa atividade ao particular, uma vez demonstrado por este o preenchimento dos requisitos legais exigidos.

1553) (2015) Banca: FUNDEP (Gestão de Concursos) – Órgão: CORECON – MG – Prova: Advogado

Analise as seguintes afirmativas:

I. Embora o ato administrativo se constitua de manifestação de vontade unilateral do poder público, a doutrina, tradicionalmente, indica a categoria de atos administrativos negociais, de que é exemplo a autorização, e que, a rigor, não são negócios jurídicos.
II. O ato administrativo negocial é assim denominado porque contém uma manifestação do poder público que vai ao encontro da pretensão dos destinatários do ato.
III. O ato administrativo negocial é assim denominado porque seu objeto resulta de uma valoração feita pelo agente público segundo critérios de oportunidade e conveniência, isto é, mediante uso de discricionariedade.

A partir dessa análise, é CORRETO afirmar que

A) a afirmativa I não é verdadeira.
B) a afirmativa I é verdadeira e é corretamente explicada apenas pela afirmativa II.
C) afirmativa I é verdadeira e é corretamente explicada apenas pela afirmativa III.
D) a afirmativa I é verdadeira, mas não é corretamente explicada nem pela afirmativa II e nem pela afirmativa III.

1554) (2017) Banca: FUNDEP (Gestão de Concursos) – Órgão: CRM – MG – Prova: Agente de Fiscalização

Assinale a alternativa que apresenta apenas atos administrativos discricionários.

A) Anulação, aprovação e decreto
B) Autorização, aprovação e revogação
C) Homologação, revogação e anulação
D) Despacho, homologação e demissão

1555) (2017) Banca: COMPERVE – Órgão: MPE-RN – Prova: Técnico do Ministério Público Estadual – Área Administrativa

Os atos administrativos realizados pela Administração Pública no exercício de suas funções podem ser de diversas espécies. Nesse contexto, analise as afirmativas a seguir:

I. A permissão é ato bilateral e vinculado, gratuito, pelo qual a Administração Pública faculta ao particular a execução de serviço público.
II. A autorização é ato unilateral e discricionário pelo qual o Poder Público faculta ao particular o uso privativo de bem público, a título precário.
III. Admissão é ato unilateral e discricionário pelo qual a Administração reconhece ao particular o direito a prestar serviço público.
IV. Homologação é ato unilateral e vinculado pelo qual a Administração Pública reconhece a legalidade de um ato jurídico.

Dentre as afirmativas, estão corretas

A) I e IV.
B) I e III.
C) II e IV.
D) II e III.

Atos enunciativos: são todos aqueles atos em que a Administração se limita **a certificar ou a atestar um fato**, ou emitir uma opinião sobre determinado assunto, razão pela qual não se sujeitam à discricionariedade do administrador. São espécies de atos enunciativos:

Certidões (administrativas): cópias ou fotocópias fiéis e autenticadas de atos ou fatos constantes no processo, livro ou documento que se encontre nas repartições públicas. Ex: certidão de casamento.

Pareceres: manifestação de órgão técnico sobre assuntos submetidos a sua consideração. Há situações em que a ausência de parecer enseja a nulidade do ato por vício na regularidade. Ex.: parecer jurídico acerca de hipótese de inexigibilidade de licitação.

Destaca-se que o agente público não está vinculado às conclusões do parecer, razão pela qual o parecerista só é responsabilizado por ato administrativo no caso de culpa ou dolo. Lembre-se, contudo, que no caso do parecer obrigatório, não sendo ele emitido, o processo administrativo não terá seguimento até a sua apresentação.

1556) (2014) Banca: CESPE – Órgão: PGE-BA – Prova: Procurador do Estado

No que se refere aos atos administrativos, julgue o item subsequente:

"Os atos enunciativos, como as certidões, por adquirirem os seus efeitos por lei, e não pela atuação administrativa, não são passíveis de revogação, ainda que por razões de conveniência e oportunidade".

A) Certo   B) Errado

1557) (2013) Banca: CESPE – Órgão: TRT – 17ª Região (ES) – Prova: Técnico Judiciário – Área Administrativa

Acerca da competência e das espécies de ato administrativo, julgue o item a seguir.

Atos enunciativos, como as certidões, os atestados e os pareceres, são aqueles que atestam ou reconhecem uma situação de fato ou de direito, sem manifestação de vontade produtora de efeitos por parte da administração pública.

A) Certo B) Errado

1558) (2016) Banca: CESPE – Órgão: TRE-PI – Prova: Analista Judiciário

Um parecer exarado por servidor público integrante do departamento jurídico de determinado órgão da administração direta, que depende de homologação ainda pendente, de autoridade superior para ser validado, é um ato administrativo classificado, quanto

A) à formação da vontade, como complexo.
B) à exequibilidade, como pendente.
C) à função da administração, como de gestão.
D) aos efeitos, como enunciativo.
E) à função da vontade, como propriamente dito.

1559) (2016) Banca: CESPE – Órgão: TCE-PA – Prova: Auxiliar Técnico – Administração

Considerando que servidor público de determinada autarquia federal tenha solicitado ao setor técnico daquela entidade a emissão de parecer para subsidiar sua tomada de decisão, julgue o item a seguir, acerca dos atos administrativos.

"Quanto aos seus efeitos, tal parecer classifica-se como ato administrativo enunciativo".

A) Certo B) Errado

1560) (2013) Banca: CESPE – Órgão: TRT – 17ª Região (ES) – Prova: Técnico Judiciário – Área Administrativa

Acerca da competência e das espécies de ato administrativo, julgue o item a seguir.

"Atos enunciativos, como as certidões, os atestados e os pareceres, são aqueles que atestam ou reconhecem uma situação de fato ou de direito, sem manifestação de vontade produtora de efeitos por parte da administração pública".

A) Certo B) Errado

1561) (2015) Banca: CESPE – Órgão: TCE-RN – Prova: Assessor Técnico Jurídico – Cargo 2

A respeito dos atos administrativos em espécie e da intervenção do Estado na propriedade privada, julgue o item seguinte.

O parecer é ato administrativo em espécie que, quando obrigatório, vincula a decisão a ser proferida pela autoridade competente.

A) Certo B) Errado

1562) (2016) Banca: CESPE – Órgão: TCE-PA – Prova: Auxiliar Técnico – Administração.

Considerando que servidor público de determinada autarquia federal tenha solicitado ao setor técnico daquela entidade a emissão de parecer para subsidiar sua tomada de decisão, julgue o item a seguir, acerca dos atos administrativos.

"Considerando-se a prerrogativa com que atua a administração, o parecer solicitado é classificado como ato de gestão".

A) Certo B) Errado

1563) (2015) Banca: FCC – Órgão: TRT – 15ª REGIÃO – Prova: Juiz do Trabalho Substituto

Vários critérios e abordagens são utilizados pela doutrina para a classificação dos atos administrativos, ensejando classificações em função das prerrogativas com as quais atua a Administração; de acordo com a formação de vontade para a prática do ato; de acordo com os destinatários; quanto aos efeitos, entre outros. Considerando tais acepções, a certidão expedida por uma autoridade administrativa constitui exemplo de ato administrativo

A) enunciativo, que atesta ou reconhece determinada situação de fato ou de direito.
B) constitutivo, que confere ao administrado condição específica perante a Administração.
C) de império, sendo expressão do poder extroverso da Administração.
D) discricionário, configurando manifestação de conveniência e oportunidade da Administração.
E) normativo, com base nas competências ou atribuições conferidas pelo ordenamento jurídico à autoridade que o expediu.

1564) (2007) Banca: FCC – Órgão: TRF – 2ª REGIÃO – Prova: Técnico Judiciário – Área Administrativa

Dentre os vários critérios de classificação e espécies dos atos administrativos, considere

I. aqueles que contêm um comando geral visando a correta aplicação da lei;
II. os que certificam, atestam ou declaram um fato.

Esses conceitos referem-se, respectivamente,

A) aos atos normativos e aos atos negociais.
B) aos atos enunciativos e aos atos normativos.
C) às inscrições e aos atos enunciativos.
D) aos atos normativos e aos atos enunciativos.
E) às portarias e aos atos enunciativos.

1565) (2014) Banca: FGV – Órgão: Câmara Municipal do Recife-PE – Prova: Assessor Jurídico

Assessor jurídico da Câmara Municipal do Recife emite um parecer jurídico sobre determinada matéria, no bojo de um processo administrativo, a pedido do Presidente da Câmara. Em relação à classificação dos atos administrativos quanto ao critério dos efeitos, o parecer do Assessor Jurídico é considerado um ato:

A) coercitivo, pois a autoridade solicitante ficará vinculada ao conteúdo jurídico do parecer;
B) discricionário, porque a vontade final da Câmara exige a intervenção da autoridade solicitante, que ficará vinculada ao conteúdo jurídico do parecer;
C) declaratório, o qual declara uma situação preexistente ou altera uma relação jurídica, criando, modificando ou extinguindo direitos;
D) constitutivo, a partir do qual a Câmara declara uma situação jurídica que surgirá a partir da decisão do órgão solicitante;
E) enunciativo, que indica juízo de valor, dependendo de outro ato de caráter decisório.

1566) (2014) Banca: IDECAN – Órgão: CRA-MA – Prova: Auxiliar Administrativo

NÃO é um ato administrativo enunciativo:

A) Parecer.
B) Certidão.
C) Atestado
D) Apostilas.
E) Autorização.

1567) (2013) Banca: MPE-RS – Órgão: MPE-RS – Prova: Agente Administrativo

Considerando as categorias dos atos administrativos, é correto afirmar que os atestados, certidões e declarações emitidos por órgãos da administração consistem em

A) Atos materiais.
B) Atos de direito privado.
C) Atos enunciativos.
D) Atos políticos.
E) Atos normativos.

1568) (2014) Banca: CETREDE – Órgão: JUCEC – Prova: Advogado

Um parecer elaborado por um advogado público é exemplo de ato administrativo:

A) normativo;
B) negocial;
C) ordinário;
D) enunciativo;
E) punitivo

1569) (2016) Banca: Instituto Legatus – Órgão: Câmara Municipal de Bertolínia – PI – Prova: Técnico Legislativo

"Os atos _____ são atos opinativos, que esclarecem os assuntos, visando fundamentar uma solução, como por exemplo, pareceres e relatórios.". A alternativa que preenche corretamente a lacuna em branco é:

A) normativos
B) de assentamento
C) revisionais
D) enunciativos
E) de correspondência

1570) (2015) Banca: Prefeitura do Rio de Janeiro – RJ – Órgão: Câmara Municipal do Rio de Janeiro – Prova: Assistente Técnico Legislativo – Inspetor de Segurança

É exemplo de ato classificado como declaratório, quanto à forma de exteriorização, o seguinte:

A) ofício
B) certidão
C) circular
D) resolução

1571) (2015) Banca: FUNCAB – Órgão: CRC-RO – Prova: Assistente Administrativo

A expedição de certidão de regularidade profissional pelo CRC-RO caracteriza a prática de ato administrativo:

A) normativo.
B) enunciativo.
C) ordinatório.
D) negocial.
E) complementar.

1572) (2014) Banca: FUNRIO – Órgão: IF-BA – Prova: Assistente em Administração

O ato administrativo pelo qual os órgãos consultivos da Administração emitem opinião sobre assuntos técnicos ou jurídicos de sua competência é

A) a homologação.
B) o visto.
C) o parecer.
D) o relatório.
E) a declaração.

1573) (2014) Banca: VUNESP – Órgão: Câmara Municipal de São José dos Campos – SP – Prova: Analista Legislativo – Advogado

Assinale a alternativa que contempla um exemplo de ato administrativo da espécie de atos enunciativos.

A) Autorização.
B) Licença.
C) Aprovação.
D) Permissão.
E) Parecer.

1574) (2016) Banca: Planejar Consultoria – Órgão: Prefeitura de Lauro de Freitas – BA – Prova: Procurador Municipal.

A ausência de parecer não pode ensejar a nulidade do ato por vício na regularidade.

A) Certo   B) Errado

5. Atos Punitivos: são os atos que contêm uma sanção imposta pela Administração àqueles que infringem disposições legais ou regulamentares.

1575) (2016) Banca: Aprender – SC – Órgão: SIMAE – SC – Prova: Advogado

Conforme Hely Lopes Meirelles, multa, interdição de atividade e destruição de coisas são exemplos de atos administrativos punitivos.

A) Certo   B) Errado

I – Atos internos: ato destinado a produzir **efeitos internos na repartição administrativa** e, por essa razão, incide unicamente sobre os órgãos e agentes da Administração que os expediu.

II – Atos externos: alcançam os administrados, os contratantes e, em certos casos, os próprios servidores.

1576) (2016) Banca: FUNRIO – Órgão: IF-PA – Prova: Auxiliar em Administração

Os atos administrativos podem ser classificados como atos internos e atos externos, de acordo com o critério de

A) sua interação.
B) seu alcance.

C) sua formação.
D) seu objeto.
E) seu regramento.

I – Atos de império ou de autoridade: atos praticados pela Administração usando de sua supremacia sobre o administrado, impondo o seu obrigatório atendimento. Ex.: desapropriação.

II – Atos de gestão: atos que a Administração pratica sem usar de sua supremacia sobre os destinatários. Tal situação ocorre nas medidas de administração dos bens e serviços públicos e nos atos negociais que não exigem o cumprimento de obrigações pelos interessados. Ex.: locação de imóvel; alienação de bem público. Trata-se de condutas que não impõem restrições ao particular.

III – Atos de mero expediente: destinam-se a dar andamento aos processos e papéis que tramitam pelas repartições públicas.

1577) (2013) Banca: IESES – Órgão: SEPLAG-MG – Prova: Gestor Governamental – Contador

Referente à classificação dos atos administrativos, quanto ao objeto, quando o Poder Público atua com supremacia sobre o administrado, coercitivamente e unilateralmente, temos descrito o ato de:

A) Gestão.
B) Expediente.
C) Vinculação.
D) Império.

1578) (2015) Banca: MPE-RS – Órgão: MPE-RS – Prova: Assessor – Administração

Prefeito desapropria terreno para a construção de uma escola, atendendo às formalidades legais. Esse ato administrativo é classificado como ato de

A) Gestão.
B) Expediente.
C) Constitutivo.
D) Império.
E) Complexo.

1579) (2014) Banca: CESGRANRIO – Órgão: CEFET-RJ – Prova: Auditor

Os atos administrativos podem ser classificados de diversas formas. Assim, quando se indica que o ato administrativo de desapropriação representa a onipotência do Estado e o seu poder de coerção, está-se fazendo referência ao ato de:

A) gestão
B) expediente
C) império
D) internalização
E) alienação

1580) (2016) Banca: Planejar Consultoria – Órgão: Prefeitura de Lauro de Freitas – BA – Prova: Procurador Municipal

Acerca dos Atos da Administração Pública, assinale a alternativa correta.

SILVA, Lauri Romário. Direito Administrativo 1. Caxias do Sul, RS: Educs, 2013. p. 56, 57.

A) Atos de império: é o comando da administração com carga de ordem ou decisão coativa, não passível de contestação, senão no plano da legalidade, expropriações, interdição de atividades, requisição de bens etc.
B) Atos de expediente: são aqueles que conduzem e ordenam os atos internos da Administração e de seus agentes, criando, ainda, direitos e obrigações entre o Poder Público e os administrados, despachos, permissões, contratos públicos, nomeação de servidores etc.
C) Atos de gestão: situa-se no âmbito dos expedientes de preparo de papéis e impulsos processuais, tal como recebimento e expedições de papéis e despachos de rotina, sem envolver o mérito da matéria.
D) Atos de império: são aqueles que conduzem e ordenam os atos internos da Administração e de seus agentes, criando, ainda, direitos e obrigações entre o Poder Público e os administrados, despachos, permissões, contratos públicos, nomeação de servidores etc.
E) Atos de império: situa-se no âmbito dos expedientes de preparo de papéis e impulsos processuais, tal como recebimento e expedições de papéis e despachos de rotina, sem envolver o mérito da matéria.

1581) (2014) Banca: SHDIAS – Órgão: CEASA-CAMPINAS – Prova: Advogado

São atos praticados pela Administração em situação de igualdade com os particulares, para a conservação e desenvolvimento do patrimônio público e para a gestão de seus serviços. Trata-se de:

A) Atos de império.
B) Atos gerais.
C) Atos de gestão
D) Ato perfeito.

1582) (2015) Banca: FAPEC – Órgão: MPE-MS – Prova: Promotor de Justiça Substituto

Em relação aos atos da Administração, é correto afirmar:

A) Ao praticar atos de gestão, a Administração Pública utiliza a sua supremacia sobre os destinatários.
B) Não constitui ato político o praticado por Tribunal de Justiça que seleciona, na lista sêxtupla enviada pelo órgão de representação de classe, integrantes da lista tríplice para compor o quinto constitucional.
C) É suficiente a alegação de que se trata de ato político para se tolher o controle judicial, posto que é vedado ao Poder Judiciário adentrar no exame do mérito do ato administrativo.
D) O ato praticado por concessionário de serviço público, ainda que no exercício de prerrogativas públicas, não caracteriza ato administrativo.
E) Os atos administrativos de gestão são os que a Administração Pública pratica sem usar da sua supremacia sobre os destinatários.

1583) (2015) Banca: CS-UFG – Órgão: AL-GO – Prova: Procurador

Com referência à classificação dos atos administrativos, pode-se afirmar que

A) o ato de gestão é praticado pela administração, sem exercício de supremacia sobre particulares.

B) o ato composto consiste de um único ato, integrado por manifestações homogêneas de vontades de órgãos diversos.

C) o ato imperfeito é um ato que teve seu processo de formação concluído, mas ainda não está apto a produzir efeitos, por não haver implementado termo ou condição.

D) o ato nulo é aquele que nasce com vício insanável e não produz qualquer tipo de efeito.

1584) (2017) Banca: IMA – Órgão: Prefeitura de Penalva – MA – Prova: Procurador Municipal

Os atos administrativos que se destinam a dar andamento aos processos e papéis que tramitam pelas repartições públicas, preparando para a decisão de mérito a ser proferida pela autoridade competente, são classificados como:

A) Atos de império.
B) Atos de gestão.
C) Atos de expediente.
D) Atos normativos.

I – Atos vinculados ou regrados: aqueles para os quais a lei estabelece os requisitos e condições de sua realização. Nesse caso, as imposições legais absorvem a liberdade do administrador e sua ação fica adstrita aos pressupostos estabelecidos pela norma legal.

II – Atos discricionários: atos nos quais a Administração possui certa margem de escolha quanto ao seu conteúdo, motivo, destinatário, conveniência, oportunidade e modo de realização.

1585) (2017) Banca: IESES – Órgão: ALGÁS – Prova: Analista de Projetos Organizacionais – Jurídica

Os atos administrativos classificam-se:

A) Quanto ao objeto: Simples, composto e complexo. Exemplos: Despacho e dispensa de licitação.
B) Quanto ao alcance: Gerais e Individuais. Exemplos: Edital, regulamentos e instruções.
C) Quanto ao regramento: Vinculado (ex: licença; pedido de aposentadoria) e Discricionário (pedido de autorização).
D) Quanto aos destinatários: Externos e Internos. Exemplos: Circulares, portarias e instruções.

1586) (2017) Banca: COMPERVE – Órgão: MPE-RN – Prova: Técnico do Ministério Público Estadual – Área Administrativa

No desempenho das suas funções, a Administração Pública realiza atos administrativos. Com relação a tais atos, analise as seguintes afirmativas:

I. Em respeito à competência, a lei permite que sejam delegados os atos de caráter normativo.
II. O ato é vinculado quando a lei não deixa opções de atuação ao administrador público.
III. O ato discricionário pressupõe uma margem de liberdade de decisão perante o caso concreto.
IV. A avocação temporária de competência atribuída a órgão hierarquicamente inferior é vedada pela lei.

Em relação aos atos administrativos, estão corretas as afirmativas

A) I e III.
B) I e IV.
C) II e III.
D) II e IV.

I – Ato simples: atos que resultam da manifestação de vontade de um único órgão, unipessoal ou colegiado.

II – Ato complexo: ato que se forma pela **conjugação de vontades independentes de mais de um órgão administrativo.** No ato complexo, integram-se as vontades de órgãos distintos para a formação de um mesmo ato. **O ato complexo só se aperfeiçoa com a integração das vontades e, a partir desse momento, torna-se atacável por via administrativa ou judicial.** O ato complexo é formado pelo somatório de vontades de órgãos públicos independentes, de mesmo nível hierárquico.

III – Ato composto: ato que resulta da manifestação de vontade de um único órgão, **mas depende da verificação por parte de outro para se tornar exequível.** Ex.: uma autorização que dependa do visto de autoridade superior. Esse ato é composto por dois atos, sendo um ato principal e o outro acessório.

Nos atos complexos e compostos, temos um fenômeno conhecido como **efeito atípico prodrômico**, que é a situação de pendência de alguma formalidade para que o ato conclua seu ciclo de formação. Desse modo, quando a primeira autoridade já se manifesta surge a obrigação de uma segunda autoridade a também fazê-lo. Essa obrigação traduz o efeito prodrômico, que surge antes do ato concluir seu ciclo de formação. Trata-se de situação de pendência de alguma formalidade para fins de aperfeiçoamento do ato.

1587) (2016) Banca: CESPE – Órgão: PC-GO – Prova: Agente de Polícia

O ato que concede aposentadoria a servidor público classifica-se como ato

A) simples.
B) discricionário.
C) composto.
D) Importante destacar que as penalidades de demissão e de destituição de cargo em comissão, por infringência do art. 117, incisos IX e XI, incompatibilizam o ex-servidor para nova investidura em cargo público federal pelo prazo de cinco anos.
E) complexo

1588) (2016) Banca: CESPE – Órgão: PC-GO – Prova: Agente de Polícia Substituto

O ato que concede aposentadoria a servidor público classifica-se como ato

A) simples.
B) discricionário.
C) composto.
D) declaratório.
E) complexo.

1589) (2013) Banca: CESPE – Órgão: TRT – 5ª Região (BA) Prova: Juiz do Trabalho

Em relação aos atos e princípios administrativos, assinale a opção correta à luz da CF, da jurisprudência dos tribunais superiores e da doutrina.

A) Segundo o STF, é imprescindível a existência de norma legal específica com vistas a coibir a prática do nepotismo, haja vista que a vedação a essa prática decorre diretamente das normas constitucionais aplicáveis à administração pública, em especial do princípio da moralidade.
B) É do princípio constitucional da eficiência que decorre o dever estatal de neutralidade, objetividade e imparcialidade do comportamento dos agentes públicos.
C) O STF admite a aplicação do princípio da isonomia com vistas a elevar a remuneração de servidores públicos.
D) O princípio da razoabilidade é expressamente previsto na CF.
E) O ato administrativo complexo deve ser formado pela junção de manifestações de vontade de órgãos diferentes, sendo, portanto, derivado da conjugação de vontades de órgãos diversos.

1590) (2012) Banca: CESPE – Órgão: MPOG – Prova: Analista de Infraestrutura

Acerca da classificação dos atos administrativos, julgue o item abaixo.

Os atos administrativos classificam-se, quanto à formação da vontade administrativa, em atos simples, compostos e complexos, constituindo a aposentadoria de servidor público exemplo de ato administrativo complexo.

A) Certo B) Errado

1591) (2013) Banca: CESPE – Órgão: MC – Prova: Atividade Técnica de Suporte – Direito

No que se refere aos atos administrativos, julgue o item seguinte.

Ato complexo é aquele cujo conteúdo resulta da manifestação de um só órgão, mas a produção de seus efeitos depende de outro ato que o aprove.

A) Certo B) Errado

1592) (2012) Banca: CESPE – Órgão: TCE-ES – Prova: Auditor de Controle Externo

A respeito de ato administrativo, julgue o item a seguir.

Para a formação do ato administrativo composto, é necessária mais de uma manifestação de vontade, devendo as manifestações ser equivalentes entre si, ou seja, são necessárias manifestações de vontade de mesmo valor.

A) Certo B) Errado

1593) (2016) Banca: CESPE – Órgão: PC-PE – Prova: Delegado de Polícia

Acerca dos atos do poder público, assinale a opção correta.

A) A convalidação implica o refazimento de ato, de modo válido. Em se tratando de atos nulos, os efeitos da convalidação serão retroativos; para atos anuláveis ou inexistentes tais efeitos não poderão retroagir.
B) A teoria dos motivos determinantes não se aplica aos atos vinculados, mesmo que o gestor tenha adotado como fundamento um fato inexistente.
C) Atos complexos resultam da manifestação de um único órgão colegiado, em que a vontade de seus membros é heterogênea. Nesse caso, não há identidade de conteúdo nem de fins.
D) Atos gerais de caráter normativo não são passíveis de revogação, eles podem ser somente anulados.
E) Atos compostos resultam da manifestação de dois ou mais órgãos, quando a vontade de um é instrumental em relação à do outro. Nesse caso, praticam-se dois atos: um principal e outro acessório.

1594) (2013) Banca: CESPE – Órgão: TRE-MS – Prova: Analista Judiciário – Área Judiciária

Efeito padrômico dos atos administrativos são efeitos secundários do ato administrativo que dependem de duas manifestações de vontade. Ex: nomeação de dirigente da agência reguladora.

A) Certo B) Errado

1595) (2012) Banca: FCC – Órgão: TRF – 2ª REGIÃO – Prova: Analista Judiciário – Área Administrativa

Sob o tema da classificação dos atos administrativos, apesar de serem todos resultantes da manifestação unilateral da vontade da Administração Pública, o denominado "ato administrativo composto" difere dos demais, por ser

A) o que necessita, para a sua formação, da manifestação de vontade de dois ou mais diferentes órgãos ou autoridades para gerar efeitos.
B) aquele cujo conteúdo resulta da manifestação de um só órgão, mas a sua edição ou a produção de seus efeitos depende de outro ato que o aprove.
C) o ato que decorre da manifestação de vontade de apenas um órgão, unipessoal ou colegiado, não dependendo de manifestação de outro órgão para produzir efeitos.
D) o que tem a sua origem na manifestação de vontade de pelo menos dois órgãos, porém, para produzir os seus efeitos, deve ter a aprovação por órgão hierarquicamente superior.
E) originário da manifestação de vontade de pelo menos duas autoridades superiores da Administração Pública, mas seus efeitos ficam condicionados à aprovação por decreto de execução ou regulamentar.

1596) (2012) Banca: FCC – Órgão: SPPREV – Prova: Técnico em Gestão Previdenciária

Uma autorização que dependa do visto de uma autoridade superior para produzir efeitos, é exemplo de ato administrativo

A) Geral.
B) Complexo.
C) Simples.
D) Composto.
E) Enunciativo.

1597) (2007) Banca: FCC – Órgão: TRE-MS – Prova: Analista Judiciário – Área Administrativa

Dentre os critérios de classificação dos atos administrativos, considere os seguintes conceitos: aqueles que contêm um comando geral visando a correta aplicação da lei; os que certificam, atentam ou declaram um fato; os que decorrem da vontade de um só órgão, mas a sua exequibilidade depende da confirmação de outro órgão superior; aqueles que decorrem da vontade de mais de um órgão. Esses conceitos referem-se, respectivamente, aos atos

A) ordinatórios, normativos, complexos e compostos.

B) enunciativos, normativos, compostos e complexos.
C) normativos, enunciativos, complexos e compostos.
D) ordinatórios, enunciativos, compostos e complexos.
E) normativos, enunciativos, compostos e complexos.

1598) (2010) Banca: FCC – Órgão: TRE-AL – Prova: Técnico Judiciário – Área Administrativa

Sobre atos administrativos, considere:

I. Ato que resulta da manifestação de um órgão, mas cuja edição ou produção de efeitos depende de outro ato, acessório.
II. Ato que resulta da manifestação de dois ou mais órgãos, singulares ou colegiados, cuja vontade se funde para formar um único ato.
III. Atos que a Administração impõe coercitivamente aos administrados, criando para eles, obrigações ou restrições, de forma unilateral.

Esses conceitos referem-se, respectivamente, aos atos

A) compostos, complexos e de império.
B) de império, coletivos e externos.
C) complexos, compostos e de gestão.
D) complexos, coletivos e individuais.
E) compostos, externos e individuais.

1599) (2005) Banca: FCC – Órgão: TRT – 13ª Região (PB) – Prova: Técnico Judiciário – Área Administrativa

É INCORRETO afirmar que os atos administrativos

A) de gestão são os que a Administração Pública pratica sem usar de sua supremacia sobre os destinatários.
B) compostos são os que resultam da manifestação de dois ou mais órgãos, cujas vontades se fundem para formar um ato único.
C) de expediente são os de rotina interna do órgão público, sem caráter vinculante e sem forma especial.
D) simples decorrem da declaração de vontade de um único órgão, seja ele singular ou colegiado.
E) de império são os que a Administração Pública pratica valendo-se de sua supremacia sobre o particular e lhes impõem obrigatório atendimento.

1600) (2010) Banca: FGV – Órgão: PC-AP – Prova: Delegado de Polícia

Os atos administrativos, quanto à intervenção da vontade administrativa, podem ser classificados como atos:

A) simples.
B) perfeitos.
C) consumados.
D) constitutivos.
E) gerais.

1601) (2015) Banca: Prefeitura do Rio de Janeiro – RJ – Órgão: Câmara Municipal do Rio de Janeiro – Prova: Analista Legislativo – Orçamento e Finanças

De acordo com o entendimento doutrinário, o ato administrativo simples é conceituado como:

A) ato que emana da vontade de um só órgão ou agente administrativo
B) ato que altera uma relação jurídica, criando, modificando ou extinguindo direitos
C) ato que apenas declara situação preexistente
D) ato que apenas indica juízo de valor

1602) (2012) Banca: AOCP – Órgão: TCE-PA – Prova: Assessor Técnico de Informática (+ provas)

O ato administrativo que necessita para a sua formação da manifestação de vontade de dois ou mais diferentes órgãos denomina-se

A) simples.
B) complexo.
C) composto.
D) decorrente.
E) residual.

1603) (2014) Banca: FUNDEP (Gestão de Concursos) – Órgão: TJ-MG – Prova: Juiz

Quanto à formação de vontade, os atos administrativos podem ser simples, complexos e compostos.

Assinale a alternativa que revela CORRETAMENTE o ato administrativo composto.

A) É o que resulta da manifestação de dois ou mais órgãos, sejam eles singulares ou colegiados, cuja vontade se funde para formar um ato único.
B) É o que resulta da manifestação de um órgão colegiado.
C) É o que resulta da manifestação de dois ou mais órgãos, em que a vontade de um é instrumental em relação ao outro que edita o ato principal.
D) É o que resulta de manifestação de vontades homogêneas, ainda que de entidades públicas distintas.

III – **Ato declaratório:** ato que visa preservar direitos, reconhecer situações preexistentes ou até mesmo possibilitar seu exercício. Ex.: apostila de títulos de nomeação, expedição de certidões etc.

1604) (2017) Banca: CESPE – Órgão: SEDF – Prova: Conhecimentos Básicos – Cargo 2 (+ provas)

Com relação aos poderes e atos administrativos, julgue o próximo item.

Ato administrativo declaratório é aquele que implanta uma nova situação jurídica ou modifica ou extingue uma situação existente.

A) Certo   B) Errado

Anulação: Trata-se da retirada do ato administrativo ilegal do mundo jurídico, apagando todos os efeitos por ele produzidos, como se esse ato não tivesse sido praticado. A competência para anular o ato administrativo ilegal pertence à própria Administração e ao Poder Judiciário.

A anulação do ato produz efeitos EX TUNC, ou seja, efeitos que retroagem à data da origem do ato, aniquilando todos os efeitos até então produzido.

Destaca-se que a anulação dos atos administrativos que decorram efeitos favoráveis para os destinatários deve ser realizada no prazo de 5 anos (prazo decadencial), nos termos do Art. 54 da Lei nº 9784/99. Salvo, claro, se comprovada má-fé.

A anulação do ato administrativo viciado é um dever VIN-CULADO da Administração, ou seja, caso verificado o vício de legalidade o Poder Público DEVE anular a medida.

1605) (2013) Banca: CESPE – Órgão: AGU – Prova: Procurador Federal

Julgue o item subsequente, relativo aos atos administrativos.

O ato anulatório, por meio do qual se anula um ato administrativo ilegal vinculado ou discricionário, tem natureza meramente declaratória e não constitutiva.

A) Certo B) Errado

1606) (2013) Banca: CESPE – Órgão: TRT – 10ª REGIÃO (DF e TO) – Prova: Técnico Judiciário – Administrativo

Julgue o item seguinte, relativo a poderes administrativos, licitação e controle e responsabilidade da administração pública.

Os atos administrativos só podem ser anulados mediante ordem judicial.

A) Certo B) Errado

1607) (2012) Banca: CESPE – Órgão: ANATEL – Prova: Analista Administrativo

Com relação aos atos administrativos, julgue o item seguinte.

A anulação de ato administrativo será aplicada ao ato que, mesmo válido, legítimo, perfeito, venha a se tornar inconveniente, inoportuno ou desnecessário.

A) Certo B) Errado

1608) (2014) Banca: CESPE – Órgão: TJ-CE – Prova: Técnico Judiciário – Área Administrativa

A respeito de alguns aspectos do ato administrativo, assinale a opção correta.

A) Os atos de gestão da administração pública são regidos pelo direito público.
B) Agente incompetente, vício de forma e desvio de finalidade são fundamentos que podem resultar em anulação do ato administrativo.
C) A administração tem o poder de revogar todos os atos administrativos, desde que observadas a conveniência e a oportunidade.
D) O ato discricionário é editado com base em um juízo de conveniência e oportunidade do administrador e com a devida demonstração do interesse público, o que dispensa o controle de legalidade pelo Poder Judiciário.
E) Por meio da convalidação, os atos administrativos que apresentam vícios são confirmados no todo ou em parte pela administração, e, em caso de vício insanável, ao processo de convalidação dá-se o nome de reforma.

1609) (2013) Banca: CESPE – Órgão: INPI – Prova: Analista de Planejamento – Direito

Ao contrário da revogação, a anulação do ato administrativo pode ser feita tanto pela administração como pelo Poder Judiciário. O efeito da anulação opera *ex tunc* e, via de regra, não gera dever de indenizar o particular prejudicado.

A) Certo B) Errado

1610) (2010) Banca: CESPE – Órgão: INSS – Prova: Engenheiro Civil (+ provas)

A administração pública pode anular os próprios atos, quando eivados de vícios que os tornem ilegais, hipótese em que a anulação produz efeitos retroativos à data em que tais atos foram praticados.

A) Certo B) Errado

1611) (2012) Banca: CESPE – Órgão: ANATEL – Prova: Técnico Administrativo

Josué, servidor público de um órgão da administração direta federal, ao determinar a remoção de ofício de Pedro, servidor do mesmo órgão e seu inimigo pessoal, apresentou como motivação do ato o interesse da administração para suprir carência de pessoal. Embora fosse competente para a prática do ato, Josué, posteriormente, informou aos demais servidores do órgão que a remoção foi, na verdade, uma forma de nunca mais se deparar com Pedro, e que o caso serviria de exemplo para todos. A afirmação,

porém, foi gravada em vídeo por um dos presentes e acabou se tornando pública e notória no âmbito da administração. À luz dos preceitos que regulamentam os atos administrativos e o controle da administração pública, julgue o item seguinte, acerca da situação hipotética acima. Pedro não poderá ingressar em juízo visando a anulação do ato administrativo, visto que é proibido, em qualquer hipótese, o exame pelo Poder Judiciário da conveniência e oportunidade de atos administrativos.

A) Certo B) Errado

1612) (2012) Banca: CESPE – Órgão: PRF – Prova: Agente Administrativo

A anulação de um ato administrativo depende de determinação do Poder Judiciário. A revogação, por outro lado, pode se dar por meio de processo administrativo.

A) Certo B) Errado

1613) (2013) Banca: CESPE – Órgão: Telebras – Prova: Nível Superior (+ provas)

A ilegalidade ou ilegitimidade do ato administrativo que determina a sua anulação deve decorrer expressamente de violação da lei.

A) Certo B) Errado

1614) (2017) Banca: CESPE – Órgão: TRT – 7ª Região (CE) – Prova: Técnico Judiciário – Área Administrativa

A anulação de um ato administrativo, seja pela própria administração pública, seja pelo Poder Judiciário, se dá por motivos de legitimidade ou

A) interesse.
B) conveniência.
C) legalidade.
D) oportunidade.

1615) (2012) Banca: CESPE – Órgão: MPE-PI – Prova: Analista Ministerial – Área Processual

Com referência à disciplina dos atos administrativos, julgue o item que se segue.

A anulação de ato administrativo pela administração pública independe de provocação e produz efeitos *ex tunc*.
A) Certo   B) Errado

1616) (2012) Banca: CESPE – Órgão: Banco da Amazônia – Prova: Técnico Científico – Direito

Os efeitos da anulação de um ato administrativo operam *ex nunc*.
A) Certo   B) Errado

1617) (2012) Banca: CESPE – Órgão: PC-AL – Prova: Escrivão de Polícia

A respeito de ato administrativo, julgue o item seguinte.
A declaração de nulidade do ato administrativo produzirá efeitos *ex nunc*.
A) Certo   B) Errado

1618) (2012) Banca: CESPE – Órgão: MPE-PI – Prova: Analista Ministerial – Área Processual

A anulação de ato administrativo pela administração pública independe de provocação e produz efeitos *ex tunc*.
A) Certo   B) Errado

1619) (2009) Banca: CESPE – Órgão: TRT – 17ª Região (ES) – Prova: Analista Judiciário – Área Administrativa

O ato administrativo nulo, por ter vício insanável, opera sempre efeitos ex tunc, isto é, desde então. Dessa forma, mesmo terceiros de boa-fé são alcançados pelo desfazimento de todas as relações jurídicas que se originaram desse ato.
A) Certo   B) Errado

1620) (2017) Banca: CESPE – Órgão: SEDF – Prova: Conhecimentos Básicos – Cargos 36 e 37 (+ provas)

No que se refere aos poderes administrativos, aos atos administrativos e ao controle da administração, julgue o item seguinte.
Situação hipotética: Antônio, servidor que ingressou no serviço público mediante um ato nulo, emitiu uma certidão negativa de tributos para João. Na semana seguinte, Antônio foi exonerado em função da nulidade do ato que o vinculou à administração. Assertiva: Nessa situação, a certidão emitida por Antônio continuará válida.
A) Certo   B) Errado

1621) (2015) Banca: CESPE – Órgão: STJ – Prova: Analista Judiciário – Administrativa

A respeito da organização administrativa do Estado e do ato administrativo, julgue o item a seguir.
O prazo para anulação dos atos administrativos é de cinco anos, independentemente da boa-fé do administrado que se tenha beneficiado com tais atos.
A) Certo   B) Errado

1622) (2016) Banca: CESPE – Órgão: TRE-PI – Prova: Técnico Judiciário

A respeito das normas insertas na Lei 9.784/1999, que disciplina o processo administrativo no âmbito da administração pública federal, assinale a opção correta.

A) O direito da administração de anular os atos administrativos de que decorram efeitos favoráveis para os destinatários decai em cinco anos, contados da data em que forem praticados, salvo comprovada má-fé.
B) Quem é ouvido na qualidade de testemunha acerca de faltas disciplinares pode ser membro da comissão formada para apurá-las, se não for apresentada impugnação a tempo e modo.
C) A participação de membro de comissão disciplinar na apuração de fatos que resultarem na pena de suspensão do servidor impedirá que esse membro integre nova comissão disciplinar em processo para apuração de outros fatos que possam resultar em nova apenação ao mesmo servidor.
D) O ato administrativo de remoção de servidor público independe de motivação, pois envolve juízo de conveniência e oportunidade.
E) As normas da lei em apreço não podem ser aplicadas de forma subsidiária no âmbito dos estados-membros, porque disciplinam o processo administrativo apenas no âmbito da administração pública federal.

1623) (2013) Banca: CESPE – Órgão: DPE-DF – Prova: Defensor Público

Julgue o item a seguir, concernentes aos atos administrativos.
O direito da administração de anular os atos administrativos dos quais decorram efeitos favoráveis para os destinatários decai em cinco anos, contados da data em que tenham sido praticados, salvo comprovada má-fé. Segundo o STF, tal entendimento aplica-se às hipóteses de auditorias realizadas pelo TCU em âmbito de controle de legalidade administrativa.
A) Certo   B) Errado

1624) (2012) Banca: CESPE – Órgão: MPE-PI – Prova: Analista Ministerial – Área Administrativa

Com relação ao direito administrativo, julgue o item a seguir.
O ato administrativo com vício de legalidade somente pode ser invalidado por decisão judicial.
A) Certo   B) Errado

1625) (2012) Banca: CESPE – Órgão: TRE-RJ – Prova: Técnico Judiciário – Área Administrativa

Com relação aos atos administrativos, julgue o próximo item.
Para que possa declarar a nulidade de seus próprios atos, a administração deve ingressar com ação específica no Poder Judiciário.
A) Certo   B) Errado

1626) (2005) Banca: ESAF – Órgão: Receita Federal – Prova: Auditor Fiscal da Receita Federal – Área Tecnologia da Informação – Prova 2 (+ provas)

Em relação à invalidação dos atos administrativos, é incorreto afirmar:

A) a anulação pode se dar mediante provocação do interessado ao Poder Judiciário.
B) a revogação tem os seus efeitos *ex nunc*.
C) tratando-se de motivo de conveniência ou oportunidade, a invalidação dar-se-á por revogação.

D) anulação e revogação podem incidir sobre todos os tipos de ato administrativo.
E) diante do ato viciado, a anulação é obrigatória para a Administração.

1627) (2004) Banca: ESAF – Órgão: CGU – Prova: Analista de Finanças e Controle – Comum a todos

Um determinado ato administrativo, tido por ilegal, não chega a causar dano ou lesão ao direito de alguém ou ao patrimônio público, mas a sua vigência e eficácia, por ter caráter normativo continuado, pode vir a prejudicar o bom e regular funcionamento dos serviços de certo setor da Administração, razão pela qual, para a sua invalidação, torna-se particularmente cabível e/ou necessário

A) aplicar o instituto da revogação.
B) aplicar o instituto da anulação.
C) aguardar reclamação ou recurso cabível.
D) o uso da ação popular.
E) o uso do mandado de segurança.

1628) (2012) Banca: ESAF – Órgão: MPOG – Prova: Analista Técnico de Políticas Sociais – Conhecimentos Básicos

Considerando: invalidação, anulação e revogação dos atos administrativos, assinale a opção correta.

A) O direito da Administração de anular os atos administrativos de que decorram efeitos favoráveis para os destinatários prescreve em dez anos, salvo comprovada má fé.
B) O direito da Administração de anular os atos administrativos de que decorram efeitos favoráveis para os destinatários decai em cinco anos, salvo comprovada má-fé.
C) É vedado à administração convalidar seus próprios atos.
D) Processos administrativos são imprescritíveis quando tratam de parcelas de trato sucessivo.
E) No caso de efeitos patrimoniais contínuos, o prazo de decadência contar-se-á da percepção do último pagamento.

1629) (2012) Banca: FCC – Órgão: MPE-AP – Prova: Técnico Ministerial – Auxiliar Administrativo

A Administração Pública, ao promover avaliação de desempenho de determinado servidor público civil efetivo, assim o fez motivadamente. Dessa forma, constatou-se através da pontuação conferida ao servidor, por ocasião da avaliação, que os quesitos produtividade e assiduidade foram afetados por licenças, que não ultrapassaram o prazo de vinte e quatro meses, para tratamento da própria saúde utilizadas pelo servidor. No entanto, faz-se necessário esclarecer que a lei aplicável considera o afastamento do servidor civil em virtude de licença para tratamento da própria saúde como sendo de efetivo exercício.

O ato administrativo de avaliação de desempenho, narrado na hipótese, é

A) nulo, por conter vício de forma.
B) válido, por decorrer de poder discricionário da Administração Pública.
C) nulo, por conter vício de objeto.
D) válido, por decorrer do princípio da supremacia do interesse público.
E) nulo, por conter vício de motivo.

1630) (2013) Banca: FCC – Órgão: MPE-CE – Prova: Analista Ministerial – Direito

A Administração Pública pretende revogar ato administrativo sob o fundamento de que apresenta ilegalidade em seu objeto. Nesse caso,

A) a postura da Administração está incorreta, vez que pode, por razões de conveniência e oportunidade, manter ato administrativo ilegal.
B) a postura da Administração está correta, vez que a revogação pode se dar na hipótese narrada.
C) o ato em questão não comporta revogação e sim, anulação.
D) o ato em questão deve permanecer no mundo jurídico, pois o vício no objeto do ato administrativo é sempre passível de convalidação.
E) o ato administrativo em questão deve ser extirpado do mundo jurídico através do instituto da convalidação e não de revogação.

1631) (2004) Banca: FCC – Órgão: TRT – 22ª Região (PI) – Prova: Técnico Judiciário – Área Administrativa

A anulação e a revogação dos atos administrativos decorrem, respectivamente,

A) da ilegalidade e da conveniência e oportunidade, sendo da competência exclusiva da Administração Pública a revogação.
B) da conveniência e da oportunidade, sendo de competências exclusivas do Poder Judiciário anular e a Administração Pública revogar.
C) de vícios por arbitrariedade e de discricionariedade da autoridade competente, devendo o Poder Judiciário anular e a Administração Pública revogar.
D) da convalidação e dos motivos determinantes, podendo o Poder Judiciário e a Administração Pública revogar e anular.
E) da invalidação e do desfazimento, sendo da competência da Administração Pública apenas revogar e do Poder Judiciário anular.

1632) (2015) Banca: FCC – Órgão: TRE-AP – Prova: Analista Judiciário – Judiciária

Joelma, servidora pública do Tribunal Regional Eleitoral do Amapá, praticou ato administrativo com vício de motivo. Francisco, particular e atingido pelo ato, pleiteou sua anulação perante o Poder Judiciário. No caso narrado, é

A) cabível a convalidação do ato, que pode ser feita pela própria Administração pública ou pelo Poder Judiciário.
B) vedada a anulação pelo Judiciário, vez que o motivo circunda-se na esfera da discricionariedade do ato, cabendo apenas à Administração pública anulá-lo.
C) vedada a anulação, já que o vício de motivo comporta a revogação do ato administrativo, por se tratar de mérito do ato (razões de conveniência e oportunidade).
D) cabível a anulação, que pode ser feita pelo Poder Judiciário, ou pela própria Administração pública.
E) cabível a convalidação do ato, que pode ser feita apenas pela Administração pública.

1633) (2015) Banca: FCC – Órgão: TCM-GO – Prova: Auditor Conselheiro Substituto

É certo que a Administração se manifesta por meio de atos administrativos. No que concerne ao desfazimento dos atos administrativos e seus efeitos, é correto afirmar que:

A) Em razão do princípio da inafastabilidade da jurisdição, o Poder Judiciário pode anular os atos administrativos ilegais e revogar, a qualquer tempo, os atos administrativos inoportunos, operando, nesse último caso, automático retorno da situação jurídica ao status quo ante.
B) A Administração pode revogar os atos administrativos por razão de conveniência e oportunidade e anular os atos eivados de vício de legalidade, no entanto, no primeiro caso, deve recorrer ao judiciário, porque não incide, na espécie, a autotutela.
C) Pode ocorrer por atuação da própria Administração, na hipótese de estar presente vício de legalidade, não sendo possível à Administração, no entanto, desfazer seus próprios atos por motivos de conveniência e oportunidade, em razão do princípio da segurança jurídica.
D) Pode ocorrer por atuação da própria administração, a qualquer tempo, por motivo de legalidade, independentemente de terem, os atos, produzido efeitos favoráveis aos destinatários, sendo que a invalidação, nesse caso, produzirá efeitos *ex tunc*.
E) Quando presente vício de legalidade, a Administração tem o dever de anular o ato administrativo, dever este que encontra limite, sempre que, nos termos da lei, tenha transcorrido prazo razoável e dos atos decorram efeitos favoráveis para destinatários de boa-fé.

1634) (2010) Banca: FCC – Órgão: TCE-RO – Prova: Auditor

Distingue-se a anulação do ato administrativo da revogação do ato administrativo porque, dentre outros fundamentos, a anulação

A) só pode ser promovida por ação judicial, enquanto a revogação pode se dar por meio de processo administrativo.
B) dispensa, tanto quanto a revogação, a instauração de processo administrativo, ainda que se trate de ato constitutivo de direito.
C) funda-se em critérios de oportunidade e conveniência, exigindo a instauração de processo administrativo, enquanto a revogação ocorre por vícios de ilegalidade.
D) destina-se à retirada de atos administrativos discricionários, enquanto a revogação aplica-se exclusivamente a atos administrativos vinculados.
E) deve ser promovida em caso de vício de ilegalidade, enquanto a revogação pode se dar por critérios de oportunidade e conveniência.

1635) (2010) Banca: FCC – Órgão: TRE-AC – Prova: Técnico Judiciário – Área Administrativa

Sobre a anulação do ato administrativo, considere:

I. A anulação é a declaração de invalidação de um ato administrativo ilegítimo ou ilegal, feita pela própria Administração ou pelo Poder Judiciário.
II. Em regra, a anulação dos atos administrativos vigora a partir da data da anulação, isto é, não tem efeito retroativo.
III. A anulação feita pela Administração depende de provocação do interessado.

Está correto o que se afirma APENAS em

A) I.
B) I e II.
C) II.
D) II e III.
E) III.

1636) (2007) Banca: FCC – Órgão: TRE-MS – Prova: Técnico Judiciário – Área Administrativa

Dentre as formas de extinção do ato administrativo, estão a revogação e a anulação. Sobre esse tema, está INCORRETO o que se afirma apenas em:

A) A revogação tem como fundamento o juízo de valor da conveniência e oportunidade do ato administrativo e só pode ser declarada pela Administração Pública.
B) A anulação tem como fundamento vícios de ilegalidade do ato administrativo e pode ser declarada pela própria Administração, em decorrência do princípio da autotutela.
C) A anulação tem como fundamento a ilegalidade do ato administrativo e por vezes sua conveniência, pode ser declarada pela própria Administração, assim como pelo Poder Judiciário e produz efeitos ex nunc.
D) A revogação e a anulação podem ser declaradas pela Administração, sendo que, na primeira, não produz efeitos retroativos, enquanto que, na segunda, ocorre a retroatividade.
E) A revogação pressupõe a validade do ato administrativo e não pode ser declarada pelo Poder Judiciário.

1637) (2016) Banca: FCC – Órgão: TRT – 14ª Região (RO e AC) – Prova: Analista Judiciário – Oficial de Justiça Avaliador Federal

Sobre o ato administrativo, considere:

I. O ato administrativo nulo não comporta revogação.
II. O ato administrativo com vício de competência poderá, em determinadas hipóteses, ser convalidado.
III. Em regra, a anulação do ato administrativo ocorre com efeito ex nunc.
IV. A anulação do ato administrativo, quando feita pela Administração pública, independe de provocação do interessado.

Está correto o que se afirma em

A) I, II e IV, apenas.
B) I, II, III e IV.
C) I e IV, apenas.
D) III, apenas.
E) II, apenas.

1638) (2006) Banca: FCC – Órgão: TRT – 20ª REGIÃO (SE) – Prova: Analista Judiciário – Área Judiciária

Em matéria de anulação e revogação dos atos administrativos, considere:

I. Os efeitos da anulação de um ato administrativo sempre geram efeitos *ex tunc*, ou sejam, retroagem, às suas origens, vedado o reconhecimento de eventual efeito *ex nunc*, ou seja, a partir da anulação.
II. A anulação do ato administrativo funda-se no poder discricionário da Administração para rever sua atividade interna

e encaminhá-la adequadamente à realização de seus fins específicos.

III. A revogação do ato administrativo é privativa da Administração, considerada esta quando exercida pelo Executivo e também pelos Poderes Judiciário e Legislativo em suas funções atípicas de Administração.

IV. A anulação do ato administrativo pode ocorrer pela própria Administração, e também pelo Poder Judiciário, em sua função típica, desde que o ato seja levado a apreciação destes pelos meios processuais cabíveis que possibilitem o pronunciamento anulatório.

Nesses casos, é correto APENAS o que se afirma em:

A) I e II.
B) I, II e IV.
C) I, III e IV.
D) II e III.
E) III e IV.

1639) (2013) Banca: FCC – Órgão: MPE-MA – Prova: Técnico Ministerial – Execução de Mandados

Considere as assertivas a seguir:

I. O ato administrativo ilegal que já produziu efeitos comporta, em regra, anulação.
II. O ato administrativo ilegal que já produziu efeitos comporta revogação.
III. O atestado pode ser objeto de revogação.

Está correto o que se afirma em

A) I e II, apenas.
B) I, apenas.
C) II e III, apenas.
D) I e III, apenas.
E) I, II e III.

1640) (2010) Banca: FCC – Órgão: TRF – 4ª REGIÃO – Prova: Técnico Judiciário – Área Administrativa

No que se refere a efeitos decorrentes dos atos administrativos, é correto afirmar que

A) todos os efeitos produzidos pela anulação do ato, de regra, devem ser desfeitos.
B) a revogação e a anulação do ato produzem efeitos iguais tanto no tempo, como no espaço.
C) a anulação somente produz efeitos prospectivos, para a frente (ex nunc).
D) a revogação do ato faz retroagir seus efeitos (ex tunc) ao momento da prática do ato.
E) a anulação do ato desfaz, de forma absoluta, os efeitos, mesmo quanto aos terceiros de boa-fé.

1641) (2008) Banca: FCC – Órgão: MPE-RS – Prova: Assessor – Área Administração

No que diz respeito à anulação e à revogação do ato administrativo, é correto afirmar:

A) Anulação é a declaração de invalidação de um ato administrativo ilegítimo ou ilegal, feita pela própria Administração ou pelo Poder Judiciário.
B) Em regra, a anulação do ato jurídico produz efeitos a partir da sua declaração, não retroagindo os seus efeitos.
C) O prazo para a Administração invalidar seus próprios atos, salvo se expressamente previsto em norma legal, é de três anos.
D) A Administração não pode revogar ato administrativo por conveniência ou oportunidade.
E) A revogação do ato administrativo opera efeitos ex tunc.

1642) (2016) Banca: FCC – Órgão: Copergás – PE – Prova: Analista Administrador

Antônio, servidor público estadual, praticou ato administrativo com vício em um de seus elementos, pois o resultado do ato administrativo praticado importou em violação da lei. Em razão do vício narrado, decidiu anular o citado ato. De acordo com os fatos narrados, trata-se de vício de

A) competência e a anulação produz efeitos ex nunc.
B) finalidade, não sendo cabível a anulação mas sim a revogação.
C) motivo e a anulação produz efeitos ex nunc.
D) forma, não sendo cabível a anulação mas sim a revogação.
E) objeto e a anulação produz efeitos ex tunc.

1643) (2003) Banca: FCC – Órgão: TRT – 21ª Região (RN) – Prova: Técnico Judiciário – Área Administrativa

Tendo em vista a invalidação do ato administrativo, é correto afirmar que a

A) anulação é ato privativo do Judiciário enquanto que a Administração só pode revogar o ato administrativo.
B) anulação pode ser feita pela própria Administração, mediante provocação, e pelo Judiciário independente de provocação.
C) revogação do ato administrativo é obrigatória pela própria Administração, e pelo Judiciário quando houver razões de ilegalidade.
D) revogação do ato administrativo é facultativa tanto pela Administração quanto pelo Judiciário, seja por ilegalidade ou por interesse público.
E) anulação pode ser feita pelo Judiciário, mediante provocação, e pela própria Administração independente de provocação.

1644) (2010) Banca: FCC – Órgão: TRF – 4ª REGIÃO – Prova: Técnico Judiciário – Segurança e Transporte (+ provas)

A anulação do ato administrativo

A) pode ser feita pelo Judiciário, mas de forma discricionária, oportuna ou conveniente.
B) não poderá ser feita pelo Judiciário, porque a titularidade é da Administração Pública.
C) é prerrogativa do Poder Judiciário, não podendo ser feita pela Administração Pública.
D) pode ser feita pela Administração Pública, de ofício ou mediante provocação.
E) não pode ser feita pela Administração Pública, salvo em casos urgência e interesses.

1645) (2009) Banca: FCC – Órgão: TRT – 15ª REGIÃO – Prova: Analista Judiciário – Área Administrativa

A anulação do ato administrativo

A) pode ser feita por conveniência e oportunidade.

B) pode se feita tanto pela Administração quanto pelo Poder Judiciário.
C) não pode ser feita pelo Poder Judiciário, mesmo que provocado pelo interessado.
D) vale a partir da decisão anulatória, não retroagindo os seus efeitos.
E) é privativa da autoridade no exercício de função administrativa.

1646) (2010) Banca: FCC – Órgão: TRE-RS – Prova: Técnico Judiciário – Área Administrativa
A anulação do ato administrativo emanado da Administração
A) deve ocorrer quando não for mais conveniente e oportuna a sua manutenção.
B) ocorre quando há vício no ato, relativo à legalidade ou legitimidade.
C) nunca pode ser feita pela própria Administração.
D) pode ser feita pelo Poder Judiciário, de ofício.
E) produz efeitos a partir da data da revogação.

1647) (2002) Banca: FCC – Órgão: TRE-PI – Prova: Analista Judiciário – Área Administrativa
É INCORRETO afirmar que a anulação do ato administrativo
A) produz efeitos *ex tunc*, ou seja, retroativos.
B) está relacionada a critérios de conveniência e oportunidade.
C) é de competência tanto do Judiciário como da Administração Pública.
D) é cabível em relação aos beneficiários do ato ou terceiros, se ambos de boa-fé.
E) pressupõe que ele (ato) seja ilegal e eficaz, de natureza abstrata ou concreta.

1648) (2013) Banca: FCC – Órgão: AL-RN – Prova: Analista Legislativo
Considere a seguinte assertiva: o ato administrativo válido, isto é, legal, pode ser anulado pela própria Administração pública. A assertiva em questão está
A) incorreta, porque, no enunciado narrado, a anulação somente pode ser feita pelo Poder Judiciário.
B) correta, pois a Administração pública pode, de ofício, anular atos administrativos válidos.
C) incorreta, pois a anulação pressupõe sempre ato administrativo ilegal.
D) correta, porque a anulação é cabível, excepcionalmente, para atos administrativos válidos.
E) incorreta, pois a Administração pública não pode anular seus próprios atos.

1649) (2013) Banca: FCC – Órgão: TCE-SP – Prova: Auditor do Tribunal de Contas
Fundação instituída e mantida pelo Poder Público concedeu vantagem remuneratória aos integrantes de seu conselho curador em desacordo com a legislação aplicável, extrapolando o limite máximo ("teto") estabelecido na Constituição Federal. O órgão responsável pelo controle interno do Poder Executivo constatou a referida irregularidade, notificando o dirigente da Fundação para a adoção das providências cabíveis. Nesse caso,

A) o dirigente deverá promover a anulação do ato ilegal, com efeito *ex tunc*.
B) a autoridade poderá revogar o ato e, não o fazendo, caberá ao controle interno representar ao Tribunal de Contas para sustar os efeitos do ato.
C) a autoridade deverá anular o ato, sem efeito retroativo, este que somente poderá ser obtido pela via judicial.
D) o controle interno deverá representar à Procuradoria Geral do Estado para promover a anulação do ato, que somente é possível pelo Poder Judiciário.
E) a autoridade deverá revogar o ato, mediante procedimento administrativo que assegure a participação dos beneficiários.

1650) (2013) Banca: FCC – Órgão: TRE-RO – Prova: Técnico Judiciário – Área Administrativa
Eduardo Henrique, servidor público estadual, praticou ato administrativo com vício de competência, isto é, praticou ato que, por atribuição legal, competia a outro servidor público, em caráter exclusivo. O ato em questão
A) deve obrigatoriamente ser convalidado.
B) deve obrigatoriamente ser reconhecido como válido, haja vista os efeitos dele emanados.
C) não comporta revogação, haja vista tratar-se de vício passível de convalidação.
D) deve ser anulado seja pela própria Administração, seja pelo Poder Judiciário.
E) deve ser revogado.

1651) (2012) Banca: FCC – Órgão: MPE-PE – Prova: Técnico Ministerial – Contabilidade
A anulação dos atos administrativos
A) acarreta efeitos *ex tunc*.
B) é cabível diante de um ato administrativo válido.
C) é possível por razões de conveniência e oportunidade.
D) é privativa da Administração Pública.
E) não se destina a atos administrativos discricionários.

1652) (2012) Banca: FCC – Órgão: Prefeitura de São Paulo – SP – Prova: Auditor Fiscal do Município
O Município constatou, após transcorrido grande lapso temporal, que concedera subsídio a empresa que não preenchia os requisitos legais para a obtenção do benefício. Diante de tal constatação, a autoridade
A) poderá revogar o ato concessório, utilizando a prerrogativa de rever os próprios atos de acordo com critérios de conveniência e oportunidade.
B) deverá anular o ato, desde que não transcorrido o prazo decadencial, com efeitos retroativos à data em que o ato foi emitido.
C) poderá anular o ato, com base em seu poder de autotutela, com efeitos a partir da anulação.
D) não poderá revogar ou anular o ato, em face da preclusão administrativa, devendo buscar a invalidade pela via judicial, desde que não decorrido o prazo decadencial.
E) deverá convalidar o ato, por razões de interesse público e para preservação do direito adquirido, exceto se decorrido o prazo decadencial.

1653) (2009) Banca: FCC – Órgão: TRT – 7ª Região (CE) – Prova: Analista Judiciário – Área Administrativa

A anulação do ato administrativo

A) se feita pela Administração, depende de provocação.
B) pode ser feita por conveniência e oportunidade.
C) só pode ser feita pela própria Administração.
D) só pode se feita pelo Poder Judiciário.
E) produz efeitos retroativos à data em que foi emitido.

1654) (2013) Banca: FCC – Órgão: SEFAZ-SP – Prova: Agente Fiscal de Rendas – Gestão Tributária (+ provas)

Simão, comerciante estabelecido na capital do Estado, requereu, perante a autoridade competente, licença para funcionamento de um novo estabelecimento. Embora o interessado não preenchesse os requisitos fixados na normatização aplicável, a Administração, levada a erro por falha cometida por funcionário no procedimento correspondente, concedeu a licença. Posteriormente, constatado o equívoco, a Administração

A) somente poderá desfazer o ato judicialmente, em face da preclusão administrativa.
B) poderá revogar o ato, com base em razões de conveniência e oportunidade, sem prejuízo da apreciação judicial.
C) deverá anular o ato, não podendo a anulação operar efeito retroativo, salvo comprovada má-fé do beneficiário.
D) deverá revogar o ato, preservando os efeitos até então produzidos, desde que não haja prejuízo à Administração.
E) deverá anular o ato, produzindo a anulação efeitos retroativos à data em que foi emitido o ato eivado de vício não passível de convalidação.

1655) (2014) Banca: FCC – Órgão: TCE-GO – Prova: Analista de Controle Externo – Jurídica

O ato administrativo que já exauriu seus efeitos, mas contém vício de legalidade em um de seus requisitos,

A) deve obrigatoriamente ser mantido no mundo jurídico.
B) deve ser extirpado do mundo jurídico exclusivamente pelo Poder Judiciário, tendo em vista que já produziu seus efeitos.
C) comporta revogação.
D) comporta anulação.
E) não comporta revogação, pelo fato único de já ter produzido efeitos.

1656) (2006) Banca: FCC – Órgão: TRF – 1ª REGIÃO – Prova: Analista Judiciário – Área Administrativa

Com relação à anulação dos atos administrativos, é correto afirmar que

A) opera efeitos ex nunc e não alcança os atos que geram direitos adquiridos e os que exauriram seus efeitos.
B) apenas os atos vinculados emitidos em desacordo com os preceitos legais serão invalidados pela própria Administração, com efeitos ex nunc.
C) o Poder Judiciário deverá anular os atos discricionários por motivo de conveniência e oportunidade.
D) o Poder Judiciário não poderá declarar a nulidade dos atos administrativos discricionários eivados de vícios quanto ao sujeito.
E) o desfazimento do ato que apresente vício quanto aos motivos produz efeitos retroativos à data em que foi emitido.

1657) (2013) Banca: FCC – Órgão: PGE-BA – Prova: Analista de Procuradoria – Área de Apoio Calculista

Acerca dos atos administrativos, é correto afirmar:

A) Revogação é o ato administrativo praticado por autoridade superior com vistas a corrigir defeito sanável em ato administrativo emanado por pessoa hierarquicamente inferior a esta.
B) Cassação é o ato administrativo que suspende os efeitos de ato administrativo anterior, em razão da existência da ilegalidade neste.
C) Conversão é a retomada automática de vigência de ato administrativo inicialmente retirado do mundo jurídico por ato subsequente, tão logo este seja revogado pela Administração.
D) A ratificação visa a suprimir ato anterior por razões de conveniência e oportunidade, produzindo efeitos que se projetam do passado para o presente.
E) Anulação é o desfazimento de ato administrativo por motivo de ilegalidade, podendo ser realizada de ofício ou por provocação de interessado, produzindo efeitos *ex tunc*

1658) (2012) Banca: FCC – Órgão: TCE-AP – Prova: Analista de Controle Externo – Controle Externo (+ provas)

A Administração promoveu determinado servidor, constando, a posteriori, que não estavam presentes, no caso concreto, os requisitos legais para a promoção. Diante desse cenário, o ato

A) somente poderá ser anulado pela via judicial, em face do ato jurídico perfeito e do direito adquirido do servidor.
B) poderá ser anulado ou convalidado, de acordo com os critérios de conveniência e oportunidade, avaliando o interesse público envolvido.
C) não poderá ser anulado ou revogado, uma vez que operada a preclusão, exceto se comprovar má-fé do servidor, que tenha concorrido para a prática do ato.
D) deve ser anulado, desde que não decorrido o prazo decadencial previsto em lei.
E) poderá ser revogado, se ficar entendido que a promoção não atende o interesse público, vedada, contudo, a cobrança retroativa de diferenças salariais percebidas pelo servidor.

1659) (2008) Banca: FCC – Órgão: TRT – 2ª REGIÃO (SP) – Prova: Analista Judiciário – Área Administrativa

Sobre a anulação do ato administrativo, é correto afirmar:

A) A Administração não pode anular os seus próprios atos.
B) Os atos vinculados não são passíveis de anulação.
C) A anulação nunca produz efeitos retroativos à data em que foi decretada a nulidade.
D) A anulação é um dever vinculado da administração.
E) O Poder Judiciário, no exercício da função jurisdicional, não pode anular ato administrativo, só pode revogá-lo.

1660) (2013) Banca: FGV – Órgão: TJ-AM – Prova: Juiz

Assinale a alternativa que indica as situações que representam caso de extinção dos atos administrativos.

A) Prescrição e decadência
B) Conversão e sanatória

C) Reversão e reintegração.
D) Revogação e anulação
E) Encampação e rescisão

1661) (2010) Banca: FGV – Órgão: CODESP-SP – Prova: Advogado

Nas alternativas a seguir, as afirmações são verdadeiras e a segunda é decorrente da primeira, À EXCEÇÃO DE UMA.

Assinale-a.

A) A anulação pode se dar por medida da Administração Pública, no exercício de seu poder de vigilância.
B) A anulação pode se dar pelo Poder Judiciário, mediante provocação do interessado.
C) A anulação tem como fundamento a ilegitimidade do ato administrativo, quando o ato apresenta vícios que configuram sua desconformidade explícita com o ordenamento jurídico ou desvio de poder.
D) A anulação é ato privativo da Administração Pública, observadas as regras de competência e as relações de hierarquia e subordinação.
E) A anulação é ato declaratório do vício de legalidade ou até mesmo de inexistência do ato administrativo anteriormente editado, apontando esse defeito, sempre preexistente à anulação.

1662) (2013) Banca: FGV – Órgão: TJ-AM – Prova: Analista Judiciário – Administração

Assinale a alternativa que indica como o Estado atua contra um ato ilegal.

A) pela renúncia.
B) pela anulação.
C) pela revogação.
D) pela contraposição.
E) pela extinção objetiva.

1663) (2013) Banca: FGV – Órgão: MPE-MS – Prova: Técnico Administrativo

Com relação aos temas revogação e anulação dos atos administrativos, assinale a afirmativa correta.

A) Os efeitos da anulação retroagem à data do ato
B) A revogação não pode ser anulada.
C) O Judiciário têm o dever de revogar os atos administrativos ilegais
D) Um ato administrativo que já exauriu seus efeitos pode ser revogado.
E) Somente os atos administrativos vinculados podem ser anulados.

1664) (2012) Banca: FUNDEP (Gestão de Concursos) – Órgão: Prefeitura de Belo Horizonte – MG – Prova: Auditor – Ciências da Computação (+ provas)

No que se refere à invalidação do ato administrativo, é CORRETO afirmar

A) que a anulação é de competência privativa da Administração Pública.
B) que a anulação só pode ser feita pelo Poder Judiciário.
C) que, tanto a Administração Pública, quanto o Poder Judiciário podem proceder à anulação.
D) que a Administração Pública, só pode proceder à anulação, quando autorizada pelo Poder Judiciário

1665) (2016) Banca: CS-UFG – Órgão: Prefeitura de Goiânia – GO – Prova: Auditor de Tributos

Os atos administrativos, segundo lição de Marcelo Alexandrino e Vicente Paulo, podem ser definidos como "manifestação ou declaração de vontade da administração pública, nessa qualidade, ou de particulares no exercício de prerrogativas públicas, que tenha por fim imediato a produção de efeitos jurídicos determinados, em conformidade com interesse público e sob regime predominante de direito público (2015, p. 480/481). Diante disso, no tocante à extinção dos atos administrativos, conclui-se que

A) a caducidade, que na maioria das vezes funciona como uma sanção, é a forma de extinção decorrente da desobediência pelo beneficiário dos requisitos outrora impostos.
B) a revogação é a extinção do ato quando, no âmbito da discricionariedade administrativa, tenha se tornado inoportuno e inconveniente. São suscetíveis de revogação, por exemplo, os atos consumados.
C) a cassação ocorre quando surge novo diploma legislativo, com requisitos diferentes daqueles que fundamentaram a edição do ato, obstando, desse modo, a permanência dele no mundo jurídico.
D) a anulação é a retirada do ato, do mundo jurídico, pela constatação de um vício, sanável ou não, relativo à legalidade e legitimidade. Sendo o vício insanável, a anulação é obrigatória.

1666) (2016) Banca: VUNESP – Órgão: Prefeitura de São Paulo – SP – Prova: Analista Fiscal de Serviços

Considerando o que dispõe a legislação brasileira, na hipótese de a Administração Pública constatar a ilegalidade de um ato administrativo praticado por um servidor público, é correto firmar que o ato

A) deve ser revogado pela administração, e o servidor deve responder pelos danos causados.
B) é passível de ser anulado pela própria administração.
C) pode ser anulado pela própria administração, desde que tenha causado danos materiais a terceiros.
D) deve ser revogado pela Administração, e o poder público responderá pelos danos causados, podendo cobrar os prejuízos do servidor em ação regressiva.
E) somente pode ser anulado pelo Poder Judiciário, mas a Administração e o servidor responderão pelos danos causados a terceiros.

1667) (2014) Banca: VUNESP – Órgão: Fundacentro Prova: Assistente em Ciência e Tecnologia

A propósito da revogação e da anulação dos atos administrativos, é correto afirmar que

A) a Administração pode revogar seus atos, mas a anulação somente o Poder Judiciário pode fazê-lo.
B) tanto a Administração quanto o Poder Judiciário podem revogar e anular os atos administrativos.

C) o Poder Judiciário tem a competência para revogar os atos administrativos.
D) a Administração pode revogar e anular seus próprios atos
E) a Administração pode anular seus próprios atos, mas não pode fazê-lo o Poder Judiciário.

1668) (2011) Banca: VUNESP – Órgão: TJ-SP – Prova: Titular de Serviços de Notas e de Registros

A anulação dos atos administrativos pela própria administração pública representa a forma normal de invalidação de atividade ilegítima do poder público. Em que se funda essa faculdade?

A) Em razão de conveniência e oportunidade.
B) No poder de autotutela do Estado.
C) No poder arbitrário da administração.
D) No poder de fiscalização hierárquica.

1669) (2015) Banca: VUNESP – Órgão: Prefeitura de Caieiras – SP – Prova: Assistente Legislativo

Quanto à possibilidade de anulação do ato administrativo, assinale a alternativa correta.

A) A Administração pode anular seus próprios atos, quando eivados de vícios que os tornem ilegais.
B) Tratando-se de vício ou ilegalidade, os atos administrativos somente podem ser anulados pelo Poder Judiciário.
C) O conceito de ilegalidade ou ilegitimidade, para fins de anulação do ato administrativo, restringe-se somente à violação frontal da lei.
D) O ato nulo vincula as partes, não produzindo efeitos válidos em relação a terceiros de boa-fé.
E) Os atos nulos devem ser revogados por motivo de conveniência ou oportunidade.

1670) (2013) Banca: VUNESP – Órgão: TJ-RJ – Prova: Juiz

A Administração Pública

A) pode anular seus próprios atos, quando eivados de vícios que os tornam ilegais, porque deles não se originam direitos, ressalvada a apreciação judicial.
B) pode anular seus próprios atos, por motivo de conveniência ou oportunidade, respeitados os direitos adquiridos.
C) não pode declarar, em hipótese alguma, a nulidade dos seus próprios atos.
D) não pode anular seus atos; somente é autorizada a revogação por motivo de conveniência ou oportunidade, respeitados os direitos adquiridos, ressalvada a apreciação judicial.

1671) (2012) Banca: VUNESP – Órgão: SPTrans – Prova: Advogado Pleno

Sobre a convalidação dos atos administrativos eivados de vícios, é correto afirmar que

A) não é admitida no direito brasileiro, vez que os atos viciados não geram qualquer direito e, portanto, não podem ser convalidados.
B) tem efeitos ex tunc, retroagindo em seus efeitos ao momento em que foi praticado o ato originário.
C) não são convalidáveis os atos com vício de competência ou de forma.
D) a ocorrência da prescrição não impede a convalidação.
E) a existência de vícios intrínsecos do ato quanto ao conteúdo e à finalidade, por exemplo, em regra, autorizam a convalidação.

1672) (2014) Banca: VUNESP – Órgão: TJ-PA – Prova: Auxiliar Judiciário – Reaplicação

A anulação do ato administrativo

A) deverá ser decretada pelo Poder Judiciário.
B) produzirá efeitos retroativos à data em que foi emitido.
C) jamais poderá ser declarada pela Administração Pública.
D) é sinônimo de revogação.
E) deverá ser homologada pelo Ministério Público.

1673) (2013) Banca: FUNCAB – Órgão: PC-ES – Prova: Escrivão de Polícia

A supressão do ato administrativo, com efeito retroativo, por motivo de ilegalidade e ilegitimidade, denomina-se:

A) revogação
B) anulação.
C) convalidação.
D) cassação.
E) conversão.

1674) (2014) Banca: FUNCAB – Órgão: PRF – Prova: Agente Administrativo – 02

Quanto à anulação e/ou revogação de atos administrativos cujos efeitos reflitam em interesses individuais, é correto afirmar:

A) Ao Estado é facultada a revogação de atos que repute ilegalmente praticados, e mesmo que de tais atos já tenham decorrido efeitos concretos, seu desfazimento não deve ser precedido de regular processo administrativo.
B) A jurisprudência do STF assentou que a alteração de ato administrativo cuja edição reflita em interesses individuais deve ser precedida de oitiva do interessado, em respeito aos princípios do contraditório e da ampla defesa.
C) O ato administrativo somente pode ser revogado por autoridade que tenha competência prevista em lei para tal, sob pena de nulidade da revogação por vício de finalidade.
D) A revogação do ato administrativo somente abrange os atos discricionários, enquanto a anulação do ato administrativo abrange somente os atos vinculados.
E) O ato administrativo precário, quando revogado, depende de processo administrativo para garantir ampla defesa e contraditório.

1675) (2013) Banca: FUNCAB – Órgão: IPEM-RO – Prova: Agente de Atividades Administrativas

Quanto às hipóteses de extinção do ato administrativo decorrente de manifestação expressa da Administração, assinale a que se caracteriza como sendo o desfazimento do ato em virtude de ilegalidade nele existente desde a sua formação.

A) Prescrição.
B) Contraposição.
C) Cassação.
D) Anulação.
E) Revogação.

1676) (2016) Banca: FAURGS – Órgão: TJ-RS – Prova: Juiz de Direito Substituto

No que se refere aos atos administrativos, assinale a alternativa correta.

A) Em face de sua competência para apreciar a legalidade de quaisquer atos administrativos para fins de registro, a declaração de invalidade ou anulação por vícios legais desses atos é exclusiva do Poder Legislativo respectivo.

B) O direito da Administração de anular seus próprios atos de que decorram efeitos favoráveis aos destinatários prescreve em 3 (três) anos, contados da data em que foram praticados, salvo comprovada má-fé.

C) A Administração deve anular seus próprios atos, quando eivados de vício de legalidade, e pode revogá-los por motivos de conveniência ou oportunidade, respeitados os direitos adquiridos.

D) Têm natureza política e são excluídos de apreciação pelo Poder Judiciário os atos administrativos dotados de vinculação resultantes do exercício do poder de polícia administrativa que limitam ou disciplinam direito, interesse ou liberdade dos administrados.

E) Os atos administrativos eivados de vício que os tornem ilegais somente podem ser declarados inválidos ou revogados pelo Poder Judiciário.

1677) (2014) Banca: Prefeitura do Rio de Janeiro – RJ – Órgão: Câmara Municipal do Rio de Janeiro – Prova: Analista Legislativo – Direito

A invalidação ou anulação do ato administrativo pode ser conceituada como:

A) a forma de desfazimento do ato administrativo, por razões de conveniência e oportunidade, e que pode ser realizada tanto pelo Poder Judiciário como pela Administração Pública

B) a forma de desfazimento do ato administrativo, por razões de conveniência e oportunidade, e que apenas pode ser realizada pela Administração Pública

C) a forma de desfazimento do ato administrativo, em virtude da existência de vício de legalidade, e que pode ser realizada tanto pelo Poder Judiciário como pela Administração Pública

D) a forma de desfazimento do ato administrativo, em virtude da existência de vício de legalidade, e que apenas pode ser realizada pelo Poder Judiciário

1678) (2017) Banca: LEGALLE Concursos – Órgão: Câmara de Vereadores de Guaíba – RS – Prova: Procurador

Acerca da anulação dos atos administrativos, assinale a opção INCORRETA:

A) A anulação pode ser feita pela Administração Pública, com base no seu poder de autotutela sobre os próprios atos.

B) A anulação pode também ser feita pelo Poder Judiciário, mediante provocação dos interessados.

C) Como a desconformidade com a lei atinge o ato em suas origens, a anulação produz efeitos retroativos à data em que foi emitido.

D) Anulação é o desfazimento do ato administrativo por razões de legalidade.

E) A anulação do ato administrativo, quando afete interesses ou direitos de terceiros, deve ser precedida do contraditório.

1679) (2010) Banca: COPS-UEL – Órgão: Câmara de Londrina – PR – Prova: Técnico Legislativo

Assinale a alternativa que se refere corretamente à anulação do ato administrativo.

A) Consiste no desfazimento do ato administrativo, por motivo de ilegalidade efetuada pelo próprio Poder que o editou ou determinada pelo Poder Judiciário.

B) É ato que suprime ato administrativo anterior, por razões de mérito.

C) Seu fundamento reside no descumprimento posterior, por parte do interessado, de exigências legais, relativas à situação objeto do ato.

D) É ato que extingue ato administrativo anterior, por razão de conveniência e oportunidade de atendimento do interesse público.

E) Consiste na supressão de ato administrativo, por razões derivadas da vontade daquele que se sente prejudicado pelo ato.

1680) (2008) Banca: ACAFE – Órgão: PC-SC – Prova: Delegado de Polícia

Complete as lacunas na frase a seguir e assinale a alternativa correta.

A _____ é a supressão de um ato administrativo legítimo e eficaz realizado pelo (a) _____. O ato ilegal ou ilegítimo ensejará a _____.

A) revogação – Administração Pública – anulação

B) anulação – Judiciário – revogação

C) revogação – Judiciário – anulação

D) anulação – Administração Pública – revogação

1681) (2012) Banca: OBJETIVA – Órgão: EPTC – Prova: Auxiliar de Administração I

De acordo com DI PIETRO, a modalidade de extinção de um ato administrativo em que há o desfazimento do ato administrativo por razões de ilegalidade chama-se:

A) Cassação.

B) Anulação.

C) Caducidade.

D) Contraposição.

1682) (2013) Banca: PUC-PR – Órgão: TCE-MS – Prova: Auditor de Controle Externo

Acerca da anulação do ato administrativo, no exercício do controle da Administração Pública, é CORRETO afirmar que

A) possui efeitos ex nunc.

B) o Judiciário possui competência exclusiva para anulação do ato administrativo.

C) possui efeitos ex tunc.

D) a Administração Pública possui competência exclusiva para anulação do ato administrativo

E) é um ato preponderantemente discricionário.

1683) (2016) Banca: IDECAN – Órgão: UERN – Prova: Agente Técnico Administrativo

Acerca da anulação e revogação dos atos administrativos, assinale a afirmativa correta.

A) A anulação judicial tem efeitos não retroativos no tempo.

B) O ato de revogação deve ser praticado no prazo de 180 dias.
C) O Poder Judiciário pode revogar atos da administração pública.
D) A administração pode anular seus próprios atos administrativos.

1684) (2010) Banca: COPS-UEL – Órgão: Câmara de Londrina – PR – Prova: Técnico Legislativo

Assinale a alternativa que se refere corretamente à anulação do ato administrativo.

A) Consiste no desfazimento do ato administrativo, por motivo de ilegalidade efetuada pelo próprio Poder que o editou ou determinada pelo Poder Judiciário.
B) É ato que suprime ato administrativo anterior, por razões de mérito.
C) Seu fundamento reside no descumprimento posterior, por parte do interessado, de exigências legais, relativas à situação objeto do ato.
D) É ato que extingue ato administrativo anterior, por razão de conveniência e oportunidade de atendimento do interesse público.
E) Consiste na supressão de ato administrativo, por razões derivadas da vontade daquele que se sente prejudicado pelo ato.

1685) (2013) Banca: PUC-PR – Órgão: TCE-MS – Prova: Auditor de Controle Externo

Acerca da anulação do ato administrativo, no exercício do controle da Administração Pública, é CORRETO afirmar que

A) possui efeitos ex nunc.
B) o Judiciário possui competência exclusiva para anulação do ato administrativo.
C) possui efeitos ex tunc.
D) a Administração Pública possui competência exclusiva para anulação do ato administrativo
E) é um ato preponderantemente discricionário.

1686) (2013) Banca: CETRO – Órgão: Ministério das Cidades – Prova: Agente Administrativo

No direito brasileiro, firmou-se o entendimento de que são dois os principais meios de desfazer um ato administrativo: a anulação e a revogação. Sobre esse assunto, analise as assertivas abaixo.

I. A anulação ocorre por razões de ilegalidade, enquanto a revogação se baseia em motivos de mérito e, portanto, à conveniência e oportunidade.
II. A anulação é o desfazimento do ato administrativo efetuado pela própria Administração, enquanto a revogação consiste na supressão do ato administrativo ou pela própria Administração ou determinada pelo Poder Judiciário.
III. A anulação, em regra, elimina o ato administrativo com efeitos ex tunc, ou seja, com efeitos pretéritos, e a revogação produz efeitos ex nunc, ou seja, efeitos futuros.

É correto o que se afirma em

A) I, apenas.
B) I e II, apenas.
C) I e III, apenas.
D) II e III, apenas.
E) III, apenas.

1687) (2012) Banca: PaqTcPB – Órgão: UEPB – Prova: Técnico de Enfermagem (+ provas)

A declaração de invalidade de um ato administrativo ilegítimo ou ilegal feita pela própria administração ou pelo Poder Judiciário, chama-se:

A) Revogação.
B) Invalidação.
C) Suspensão.
D) Anulação.
E) Supressão.

1688) (2009) Banca: FUNDATEC – Órgão: DETRAN-RS – Prova: Auxiliar Técnico – Administração

A invalidação dos atos administrativos inconvenientes, inoportunos ou ilegítimos constitui tema de alto interesse para Administração.

A Administração pode desfazer seus próprios atos por considerações de mérito e de ilegalidade, ao passo que o Judiciário só pode invalidar quando ilegais.

A declaração de invalidação de uma licitação ilegítima ou ilegal, feita pela própria Administração ou pelo Poder Judiciário, denomina-se:

A) Rescisão
B) Revogação
C) Cassação.
D) Evocação
E) Anulação.

1689) (2017) Banca: IBADE – Órgão: SEJUDH – MT – Prova: Psicólogo

O desfazimento de um ato administrativo, ilegal ou ilegítimo pela Administração ou pelo judiciário, denomina-se:

A) revogação.
B) caducidade
C) cassação.
D) anulação.
E) suspensão

1690) (2010) Banca: MS Concursos – Órgão: CIENTEC-RS – Prova: Advogado

Considerando as distintas peculiaridades entre a anulação e a revogação de atos administrativos, correlacione a coluna da direita com a coluna da esquerda, e assinale a alternativa correspondente:

(1) anulação
(2) revogação

( ) pressupõe um ato legal e perfeito, mas inconveniente ao interesse público.
( ) visa a restabelecer a legalidade administrativa, diante da prática de um ato contrário ao Direito vigente.
( ) os defeitos de sua declaração opera *ex tunc*, retroagindo às suas origens, atingindo as consequências passadas, presentes e futuras do ato.
( ) poderá se dar pela própria Administração, como também, pelo Poder Judiciário, desde que levada à sua apreciação.

A) 1, 2, 1 e 2.
B) 2, 1, 2 e 1.

C) 1, 2, 2 e 1.
D) 2, 1, 1 e 1.
E) 1, 1, 2 e 2.

1691) (2013) Banca: Prefeitura do Rio de Janeiro – RJ – Órgão: SMA-RJ – Prova: Administrador

A forma extintiva de desfazimento do ato administrativo que inobserva forma fixada em lei, sem possibilidade de convalidação, é conhecida como:

A) revogação
B) cassação
C) anulação
D) caducidade

1692) (2010) Banca: FESMIP-BA – Órgão: MPE-BA – Prova: Promotor de Justiça

Anulação do ato administrativo:

A) É o ato que elimina o vício existente no ato ilegal, e cujos efeitos retroagem à data em que o primeiro foi praticado.
B) É a postura de desmanchar o ato administrativo válido ou eivado de ilegalidade.
C) É o desfazimento do ato administrativo eivado de ilegalidade.
D) É o desfazimento do ato administrativo válido, mas inoportuno ou inconveniente.
E) É o desfazimento do ato válido pelo Poder Judiciário.

1693) (2012) Banca: FUJB – Órgão: MPE-RJ – Prova: Promotor de Justiça

Ato administrativo foi praticado com vício de legalidade há sete anos. Nesse caso, a Administração Pública:

A) pode anular o ato, mas deve recorrer ao Poder Judiciário para promover a ação anulatória;
B) é obrigada a manter o ato como se fosse válido, tendo em vista ter ocorrido a prescrição de sua pretensão;
C) pode legitimamente anular o ato, sem recorrer ao Poder Judiciário, por ser dotada da prerrogativa de autotutela;
D) tem que manter o ato com sua eficácia normal, porque foi extinto o direito do administrado;
E) está impedida de anular o ato em virtude da decadência, desde que não tenha havido comprovada má-fé.

1694) (2017) Banca: IESES – Órgão: TJ-RO – Prova: Titular de Serviços de Notas e de Registros – Remoção

O direito da Administração de anular os atos administrativos de que decorram efeitos favoráveis para os destinatários decai em _____, contados da data em que foram praticados, salvo comprovada má-fé.

A) 3 (três) anos.
B) 5 (cinco) anos.
C) 1 (um) ano.
D) 2 (dois) anos.

1695) (2016) Banca: INSTITUTO CIDADES – Órgão: CONFERE – Prova: Assistente Administrativo VII

A anulação do ato administrativo:

A) Pode ser decretada à revelia pelo administrador público.
B) Pode ser decretada somente pelo poder judiciário, desde que exista base legal para isso.
C) Pode ser decretada tanto pelo poder judiciário como pela administração pública competente.
D) Não pode ser decretada em hipótese alguma, pois o ato administrativo tem força de lei.

Convalidação: Desde que não cause prejuízo a terceiros, havendo nulidade relativa (vício sanável), o ato praticado poderá ser convalidado. Neste sentido, são requisitos de convalidação (correção ou ratificação dos vícios ou defeitos de um ato):

a) a convalidação não deve desencadear lesão ao interesse público e nem a terceiros;

b) o ato deve possuir defeitos sanáveis (passíveis de convalidação – vícios relativos nos elementos forma e competência).

Destaca-se que são passíveis de convalidação os atos com defeitos SANÁVEIS nos elementos competência e na forma, os defeitos no objeto, motivo e finalidade são insanáveis. Ademais, a convalidação gera efeitos *ex tunc*.

1696) (2016) Banca: CESPE – Órgão: PC-PE – Prova: Escrivão de Polícia Civil

Ainda a respeito dos atos administrativos, assinale a opção correta.

A) A convalidação é o suprimento da invalidade de um ato com efeitos retroativos.
B) O controle judicial dos atos administrativos é de legalidade e mérito.
C) A revogação pressupõe um ato administrativo ilegal ou imperfeito.
D) Os atos administrativos normativos são leis em sentido formal
E) O ato anulável e o ato nulo produzem efeitos, independentemente do trânsito em julgado de sentença constitutiva negativa.

1697) (2012) Banca: CESPE – Órgão: MPE-PI – Prova: Analista Ministerial – Área Processual

Com referência à disciplina dos atos administrativos, julgue o item que se segue.

Quando o vício do ato administrativo atinge o motivo e a finalidade, não é possível a sua convalidação.

A) Certo B) Errado

1698) (2012) Banca: CESPE – Órgão: TJ-PI – Prova: Juiz

Com relação ao ato administrativo, assinale a opção correta.

A) Considerando a relação entre a validade e a eficácia do ato administrativo, é correto afirmar que um ato pode ser válido e eficaz ou, ainda, inválido e ineficaz, mas não inválido e eficaz, pois não é possível considerar que, tendo sido editado em desconformidade com a lei, um ato esteja apto a produzir efeitos.
B) O ato de convalidação, pelo qual é suprido vício existente em ato ilegal, opera efeitos ex tunc, retroagindo em seus efeitos ao momento em que foi praticado o ato originário.
C) Atos compostos são aqueles cuja vontade final exige a intervenção de agentes ou órgãos diversos e apresenta conteúdo próprio em cada uma das manifestações.

D) A autorização para exploração de jazida é exemplo de ato declaratório, já que expressa aquiescência da administração para o particular desenvolver determinada atividade.

E) Os atos administrativos que neguem, limitem ou afetem direitos ou interesses devem ser motivados, assim como os que importem anulação, suspensão ou convalidação de ato administrativo, não sendo essencial a motivação para os atos que os revoguem, pois a revogação ocorre por motivo de conveniência e oportunidade da administração.

1699) (2012) Banca: CESPE – Órgão: DPE-ES – Prova: Defensor Público

No que se refere aos atos administrativos, julgue o item subsequente.

A convalidação, ato administrativo por meio do qual se supre o vício existente em um ato eivado de ilegalidade, tem efeitos retroativos, mas o ato originário não pode ter causado lesão a terceiros.

A) Certo B) Errado

1700) (2013) Banca: CESPE – Órgão: PC-DF – Prova: Escrivão de Polícia

No que se refere à anulação e revogação dos atos administrativos, julgue o item a seguir.

O vício de forma do ato administrativo que não cause lesão ao interesse público nem prejuízo a terceiros, em regra, poderá ser convalidado pela administração pública.

A) Certo B) Errado

1701) (2014) Banca: CESPE – Órgão: TC-DF – Prova: Auditor de Controle Externo

Acerca da convalidação e atributos dos atos administrativos e da responsabilidade civil do Estado, julgue o item subsequente.

A convalidação supre o vício existente na competência ou na forma de um ato administrativo, com efeitos retroativos ao momento em que este foi originariamente praticado.

A) Certo B) Errado

1702) (2016) Banca: CESPE – Órgão: TRT – 8ª Região (PA e AP) – Prova: Analista Judiciário – Área Judiciária.

Acerca dos atos administrativos e do processo administrativo, assinale a opção correta conforme a Lei 9.784/1999.

A) O direito da administração de anular os seus próprios atos decai em cinco anos, ainda que constatada a má-fé do destinatário do ato.

B) A convalidação dos atos administrativos que apresentem defeitos sanáveis pode ser feita pela administração, desde que esses atos não acarretem lesão ao interesse público ou prejuízo a terceiros.

C) O ato de exoneração do servidor público ocupante de cargo em comissão e os atos administrativos que decidam recursos administrativos dispensam motivação.

D) A competência para a edição de atos normativos poderá ser delegada

E) A revogação do ato administrativo ocorre nas hipóteses de ilegalidade, devendo retroagir com efeitos *ex tunc* para desconstituir as relações jurídicas criadas com base no ato revogado.

1703) (2014) Banca: CESPE – Órgão: TJ-SE – Prova: Analista Judiciário – Direito

No que concerne às regras e aos princípios específicos que regem a atuação da administração pública, julgue o item subsequente.

"Os atos com vício de forma ou finalidade são convalidáveis".

A) Certo B) Errado

1704) (2014) Banca: CESPE – Órgão: MDIC – Prova: Analista Técnico – Administrativo

Julgue o item seguinte, relativos à administração pública e aos atos administrativos.

"Caso um ministro de Estado delegue algumas competências ao secretário executivo de seu gabinete e este, no exercício das funções delegadas, edite um ato com vícios de finalidade e, em seguida, saia de férias, tal ato poderá ser convalidado pelo ministro de Estado".

A) Certo B) Errado

1705) (2014) Banca: CESPE – Órgão: CADE – Prova: Nível Médio

Acerca de organização administrativa e ato administrativo, julgue o item a seguir.

"Considere que, após a realização de uma correição, tenha sido detectado vício de finalidade em ato administrativo editado pelo diretor de departamento de uma agência reguladora, situação que foi, então, comunicada ao presidente da entidade. Nessa situação, tendo avocado para si a competência, o presidente poderá convalidar o referido ato administrativo".

A) Certo B) Errado

1706) (2014) Banca: CESPE – Órgão: TC-DF – Prova: Auditor de Controle Externo

Acerca da convalidação e atributos dos atos administrativos e da responsabilidade civil do Estado, julgue o item subsequente.

"A convalidação supre o vício existente na competência ou na forma de um ato administrativo, com efeitos retroativos ao momento em que este foi originariamente praticado".

A) Certo B) Errado

1707) (2014) Banca: CESPE – Órgão: TJ-CE – Prova: Analista Judiciário – Área Judiciária

No que se refere aos atos administrativos, assinale a opção correta.

A) São convalidáveis tanto os atos administrativos vinculados quanto os discricionários.

B) A autoexecutoriedade é um atributo presente em todos os atos administrativos.

C) A autorização configura-se como ato discricionário e gratuito.

D) As formas de extinção do ato administrativo incluem a cassação, a anulação e a reintegração.

E) Os atos administrativos distinguem-se dos atos legislativos, entre outros fatores, por serem individuais, enquanto os atos legislativos são atos gerais.

1708) (2013) Banca: CESPE – Órgão: INPI – Prova: Analista de Planejamento – Administração

Com relação aos atos administrativos, julgue o próximo item.

O ato administrativo que não respeita a forma prevista será nulo, sendo inviável a sua convalidação.

A) Certo B) Errado

1709) (2013) Banca: CESPE – Órgão: TJ-DFT – Prova: Técnico Judiciário – Área Administrativa

Com relação aos atos administrativos, julgue o item subsecutivo.

O ato administrativo eivado de vício de forma é passível de convalidação, mesmo que a lei estabeleça forma específica essencial à validade do ato.

A) Certo B) Errado

1710) (2013) Banca: CESPE – Órgão: TJ-DFT – Prova: Analista Judiciário – Área Judiciária

No que concerne aos atos administrativos, julgue o item abaixo.

São sempre convalidáveis os atos administrativos com vícios de competência, forma e motivo, mas não os atos com vícios de finalidade e objeto.

A) Certo B) Errado

1711) (2016) Banca: CESPE – Órgão: TRT – 8ª Região (PA e AP) – Prova: Analista judiciário – Oficial de Justiça Avaliador Federal

Acerca dos atos administrativos e do processo administrativo, assinale a opção correta conforme a Lei 9.784/1999.

A) A competência para a edição de atos normativos poderá ser delegada.
B) A revogação do ato administrativo ocorre nas hipóteses de ilegalidade, devendo retroagir com efeitos *ex tunc* para desconstituir as relações jurídicas criadas com base no ato revogado.
C) O direito da administração de anular os seus próprios atos decai em cinco anos, ainda que constatada a má-fé do destinatário do ato.
D) A convalidação dos atos administrativos que apresentem defeitos sanáveis pode ser feita pela administração, desde que esses atos não acarretem lesão ao interesse público ou prejuízo a terceiros.
E) O ato de exoneração do servidor público ocupante de cargo em comissão e os atos administrativos que decidam recursos administrativos dispensam motivação.

1712) (2016) Banca: CESPE – Órgão: TRE-PI – Prova: Técnico Judiciário – Administrativa

Um técnico judiciário do TRE/PI assinou e encaminhou para publicação uma portaria de concessão de licença para capacitação de um analista judiciário pertencente ao quadro de servidores do tribunal. O ato de concessão da licença é de competência não exclusiva do presidente do tribunal.

A partir dessa situação hipotética, assinale a opção correta.

A) O ato deve ser cassado, pois os requisitos para a sua prática não foram atendidos.
B) Dado o vício insanável de competência, o ato deve ser revogado.
C) O ato não possui vícios, razão por que não há providências a serem tomadas.
D) O ato deve ser anulado com efeitos ex-nunc, por vício insanável de forma.
E) Caso não seja verificada lesão ao interesse público nem prejuízo a terceiros, o ato deverá ser convalidado.

1713) (2014) Banca: CESPE – Órgão: TJ-SE – Prova: Analista Judiciário – Direito

No que concerne às regras e aos princípios específicos que regem a atuação da administração pública, julgue o item subsequente.

Os atos com vício de forma ou finalidade são convalidáveis.

A) Certo B) Errado

1714) (2015) Banca: CESPE – Órgão: TCE-RN – Prova: Inspetor – Administração, Contabilidade, Direito ou Economia – Cargo 3

Com relação aos atos administrativos, julgue o item subsecutivo.

Um ato administrativo praticado por pessoa que não tenha competência para tal não poderá ser convalidado, pois, assim como os vícios de motivo e objeto, o vício de competência é insanável.

A) Certo B) Errado

1715) (2017) Banca: CESPE – Órgão: Prefeitura de Belo Horizonte – MG – Prova: Procurador Municipal

No que concerne a revogação, anulação e convalidação de ato administrativo, assinale a opção correta.

A) Assim como ocorre nos negócios jurídicos de direito privado, cabe unicamente à esfera judicial a anulação de ato administrativo.
B) Independentemente de comprovada má-fé, após o prazo de cinco anos da prática de ato ilegal, operar-se-á a decadência, o que impedirá a sua anulação.
C) O prazo de decadência do direito de anular ato administrativo de que decorram efeitos patrimoniais será contado a partir da ciência da ilegalidade pela administração.
D) Um ato administrativo que apresente defeitos sanáveis poderá ser convalidado quando não lesionar o interesse público, não sendo necessário que a administração pública o anule.

1716) (2017) Banca: CESPE – Órgão: TCE-PE – Prova: Analista de Gestão – Julgamento

Com relação aos atos administrativos, julgue o item seguinte.

Um exemplo de convalidação de um ato administrativo é o saneamento do vício de competência por meio da ratificação do ato pela autoridade competente.

A) Certo B) Errado

1717) (2012) Banca: ESAF – Órgão: MF – Prova: Assistente Técnico Administrativo

A correção ou regularização de determinado ato, desde a origem, de tal sorte que os efeitos já produzidos passem a ser considerados efeitos válidos, não passíveis de desconstituição e esse ato permaneça no mundo jurídico como ato válido, apto a produzir efeitos regulares, denomina-se

A) Contraposição.
B) Convalidação.
C) Revogação.
D) Cassação.
E) Anulação.

1718) (2013) Banca: FCC – Órgão: TJ-PE – Prova: Titular de Serviços de Notas e de Registros

Como consequência decorrente dos vícios, os atos administrativos podem ser

A) nulos, sendo, no entanto, passíveis de convalidação, com base na discricionariedade da Administração.
B) anuláveis, passíveis de convalidação diante de vício de forma.
C) anuláveis, passíveis de convalidação por vício quanto ao motivo declarado.
D) nulos, passíveis de convalidação quando se tratar de vício de competência, ainda que exclusiva.
E) anuláveis, quando se tratar vício de finalidade, desde que a finalidade praticada também tenha sido pública

1719) (2012) Banca: FCC – Órgão: TRT – 6ª Região (PE) – Prova: Analista Judiciário – Área Administrativa

No que diz respeito a convalidação dos atos administrativos, é correto afirmar que

A) é sempre possível, por razões de interesse público, independentemente da natureza do vício.
B) alcança atos que apresentem defeitos sanáveis, desde que não acarrete lesão ao interesse público nem prejuízo a terceiros.
C) é obrigatório quando se trata de vício sanável, não podendo, contudo, retroagir seus efeitos à edição do ato convalidado.
D) é facultativa nos casos de vício de forma e de finalidade, retroagindo seus efeitos à data do ato convalidado.
E) somente é possível nas hipóteses de vícios de forma, retroagindo seus efeitos à data de edição do ato convalidado.

1720) (2009) Banca: FCC – Órgão: TJ-SE – Prova: Analista Judiciário – Área Judiciária

A convalidação do ato administrativo

A) é sempre possível quando o vício diz respeito à forma.
B) não é possível se o vício decorre de incompetência do agente que o praticou.
C) pode ocorrer se o vício recair sobre o motivo e à finalidade.
D) é admitida nas hipóteses de incompetência em razão da matéria.
E) é a supressão do vício existente em ato ilegal, com efeitos retroativos à data em que este foi praticado.

1721) (2015) Banca: FCC – Órgão: TRE-SE – Prova: Técnico Judiciário – Área Administrativa

Considere as seguintes assertivas concernentes ao instituto da convalidação:

I. Na convalidação é suprido vício existente em um ato ilegal, com efeitos retroativos à data em que este foi praticado.
II. Não se admite, ainda que excepcionalmente, que a convalidação seja feita pelo administrado.
III. Em situações excepcionais, admite-se a convalidação de ato administrativo com vício de motivo.

Está correto o que se afirma em

A) II e III, apenas.
B) I e II, apenas.
C) II, apenas.
D) I, apenas.
E) I, II e III.

1722) (2012) Banca: FCC – Órgão: SPPREV – Prova: Técnico em Gestão Previdenciária

A convalidação de ato administrativo

A) não é possível para atos administrativos com vício de finalidade.
B) é sempre obrigatória, ou seja, ato administrativo vinculado.
C) não produz efeitos retroativos.
D) é possível para atos administrativos com vício de motivo.
E) não supre vício existente em ato administrativo ilegal.

1723) (2013) Banca: FCC – Órgão: AL-PB – Prova: Analista Legislativo (+ provas)

Sobre o tema da convalidação do ato administrativo, é INCORRETO afirmar:

A) A convalidação se dá pela edição de um segundo ato administrativo, com o fito de corrigir o primeiro praticado com vício.
B) O ato administrativo com vício de finalidade pode, em regra, ser convalidado; assim, é possível corrigir um resultado que estava na intenção do agente que praticou o ato.
C) A convalidação produzirá efeitos *ex tunc*.
D) Não se pode convalidar um ato quando a sua repetição importe na reprodução do vício anterior.
E) A Administração não poderá convalidar seus atos administrativos se estes já tiverem sido impugnados pelo particular, exceto se tratar de irrelevante formalidade, pois neste caso os atos são sempre convalidáveis.

1724) (2012) Banca: FCC – Órgão: TRT – 11ª Região (AM e RR) – Prova: Técnico Judiciário – Área Administrativa

Determinado administrador público desapropriou certo imóvel residencial com o propósito de perseguir o expropriado, seu inimigo político. Não obstante o vício narrado, a Administração Pública decide convalidar o ato administrativo praticado (desapropriação) com efeitos retroativos. Sobre o fato, é correto afirmar que:

A) Será possível a convalidação, a fim de ser aproveitado o ato administrativo praticado, sanando-se, assim, o vício existente.
B) Não será possível a convalidação, sendo ilegal o ato praticado, por conter vício de finalidade.
C) Não será possível a convalidação, sendo ilegal o ato praticado, por conter vício de forma.
D) Será possível a convalidação, no entanto, ela deverá ter efeitos *ex nunc* e, não, *ex tunc*.
E) Não será possível a convalidação, sendo ilegal o ato praticado, por conter vício de objeto.

1725) (2013) Banca: FCC – Órgão: TCE-AM – Prova: Analista Técnico de Controle Externo – Auditoria Governamental

Considere a seguinte situação hipotética: ato administrativo praticado com vício de incompetência relativo à pessoa jurídica. Exemplo: a competência para a prática do ato administrativo era da União e o Município praticou o ato. Nesse caso,

A) o vício comporta ratificação apenas pela União.
B) o ato administrativo é absolutamente válido.
C) o vício gera nulidade absoluta, não sendo passível de convalidação.
D) o vício gera nulidade relativa, porém, não cabe convalidação.
E) é possível a convalidação.

1726) (2013) Banca: FGV – Órgão: TJ-AM – Prova: Analista Judiciário – Qualquer Área de Formação

O ato administrativo pode muitas vezes ser acometido de vícios. Todavia é possível que esse ato não seja necessariamente anulado. Tendo em vista a anulação e a convalidação do ato administrativo assinale a alternativa correta.

A) a convalidação gera efeito retroativo ao contrário do que ocorre, em regra, com a anulação.
B) tanto a convalidação quanto a anulação produzem efeitos retroativos, em regra.
C) tanto a convalidação quanto a anulação, em regra, não produzem efeitos retroativos.
D) a anulação, em regra, produz efeito retroativo ao contrário da convalidação.
E) a convalidação poderá ser feita pela própria administração ao contrário da anulação que necessita de intervenção judicial.

1727) (2015) Banca: FGV – Órgão: Prefeitura de Niterói – RJ – Prova: Fiscal de Tributos

De acordo com a doutrina de Direito Administrativo, a convalidação do ato administrativo é o processo de que se vale a Administração Pública para:

A) anular atos administrativos praticados com vício de legalidade, com base na prerrogativa da autotutela, que possibilita ao agente público rever seus próprios atos, para atender ao ordenamento jurídico;
B) revogar atos administrativos praticados com vício em seu mérito, por questões de oportunidade e conveniência, com base na prerrogativa da discricionariedade, que possibilita ao agente público rever seus próprios atos;
C) retificar atos administrativos que, embora praticados sem quaisquer vícios, devem ser modificados para melhor atender aos fins públicos a que se destinam, com base no princípio da eficiência;
D) aperfeiçoar atos administrativos com qualquer tipo de vício, de forma a ratificá-los em sua totalidade, com efeitos ex nunc, isto é, contados a partir do momento da ratificação;
E) aproveitar atos administrativos com vícios superáveis, de forma a confirmá-los no todo ou em parte, com efeitos ex tunc, ou seja, retroage ao momento em que foi praticado o ato originário.

1728) (2015) Banca: FGV – Órgão: TJ-BA – Prova: Analista Judiciário – Administração – Reaplicação

Em matéria de ato administrativo, é correto afirmar que a convalidação do ato:

A) produz efeitos apenas ex nunc, ou seja, a partir do momento em que o vício foi sanado, não podendo retroagir em seus efeitos ao momento em que foi praticado o ato originariamente;
B) é o processo de que se vale a Administração para aproveitar atos administrativos com vícios superáveis ou sanáveis, de forma a confirmá-los no todo ou em parte;
C) ocorre quando a autoridade competente ratifica um ato praticado indevidamente por agente administrativo sem poderes para tal, aproveitando necessariamente todo o ato;
D) pressupõe a retificação de vícios sanáveis e necessariamente ocorre sobre todo o ato, não podendo ocorrer convalidação parcial, hipótese em que somente caberia a invalidação do ato e edição de um novo;
E) pode recair sobre todo e qualquer vício do ato, desde que seja realizada por autoridade competente, no regular exercício de seu poder discricionário.

1729) (2017) Banca: FGV – Órgão: TRT – 12ª Região (SC) – Prova: Técnico Judiciário – Área Administrativa

José, Técnico Judiciário do Tribunal Regional do Trabalho de Santa Catarina, ocupante do cargo em comissão de supervisor do departamento de recursos humanos do Tribunal, praticou ato administrativo que era de competência do diretor daquele departamento.

De acordo com a doutrina de Direito Administrativo e a Lei nº 9.784/99, o ato praticado por José:

A) deve ser anulado pela autoridade competente, eis que vícios de competência são insanáveis, com efeitos ex tunc, pelo princípio da segurança jurídica e para evitar prejuízos a terceiros;
B) deve ser anulado pela autoridade competente, pois se trata de ato vinculado em razão do vício de competência, que não admite retificação, devendo atender ao princípio da legalidade e observar o interesse público;
C) deve ser anulado pela autoridade competente, pois se trata de matéria de ordem pública, regida por normas cogentes que não admitem a retificação do ato por parte do agente que deveria originalmente tê-lo praticado;
D) pode ser convalidado pela autoridade competente, por meio da ratificação do ato, caso entenda conveniente e oportuno, desde que sanável o vício e não haja prejuízos a terceiros, bem como seja atendido o interesse público;
E) pode ser convalidado pela autoridade competente, por meio da prática de novo ato que substitua o anterior, com efeitos ex nunc, sendo tal aproveitamento um ato vinculado, cuja prática é obrigatória pelo agente superior.

1730) (2012) Banca: KLC – Órgão: Prefeitura de Alto Piquiri – PR – Prova: Advogado

Convalidação é o ato administrativo pelo qual é suprido o vício sanável de um ato ilegal, com efeitos retroativos. Dentre as alternativas abaixo, assinale aquela em que se admite a convalidação:

A) quanto ao motivo;

B) quanto à finalidade;
C) quanto à forma, se ela for essencial à validade do ato;
D) quando não se tratar de competência exclusiva;
E) quando o objeto for ilegal.

1731) (2012) Banca: CESGRANRIO – Órgão: Chesf – Prova: Profissional de Nível Superior

Um ato administrativo – ato jurídico que decorre do exercício da função administrativa, sob um regime jurídico de direito público – pode ser invalidado mediante anulação, revogação e convalidação.

Nesse sentido, verifica-se que a convalidação de um ato administrativo consiste em

A) ato produzido pela Administração Pública, para suprir vícios sanáveis em um ato ilegal, com efeitos retroativos ao momento de sua expedição, em decisão na qual se evidencie não acarretar lesão ao interesse público nem prejuízo a terceiros.
B) extinção do ato administrativo discricionário, por questão de mérito, feita pela Administração Pública, preservando os efeitos produzidos no passado (efeitos ex nunc).
C) extinção do ato administrativo por motivo de ilegalidade, feita pela Administração Pública ou pelo Poder Judiciário, produzindo uma eficácia retroativa (efeitos ex tunc).
D) submissão a um regime jurídico de direito público de presunção de legitimidade (conformidade do ato com o ordenamento), veracidade (presumem-se verdadeiros os fatos alegados pela Administração), imperatividade e autoexecutoriedade.
E) vinculação, quando a lei estabelece que, perante certas condições, a Administração deve agir sem liberdade de escolha e na discricionariedade, quando a lei deixa certa margem de liberdade de decisão de modo que a autoridade poderá escolher, segundo critérios de conveniência e oportunidade, qual o melhor caminho para o interesse público.

1732) (2015) Banca: IESES – Órgão: TRE-MA – Prova: Analista Judiciário – Administrativo

Ato administrativo pelo qual é suprido o vício existente em um ato ilegal, com efeitos retroativos à data em que este foi praticado, denomina-se de:

A) Conversão.
B) Permissão.
C) Convalidação.
D) Suspeição.

1733) (2015) Banca: TRT 2R (SP) – Órgão: TRT – 2ª REGIÃO (SP) – Prova: Juiz do Trabalho Substituto

Sobre a invalidação do ato administrativo, aponte a alternativa CORRETA.

A) O exercício do poder-dever da Administração de invalidar atos administrativos ilegais prescinde de assegurar o contraditório e a ampla defesa aos interessados, que terão sua situação modificada em qualquer hipótese.
B) Diante de um ato administrativo ilegal, a Administração pode modular os efeitos da invalidação, de forma a prestigiar a segurança jurídica, ao invés declarar a nulidade com efeito *ex tunc*.
C) Há possibilidade expressa de convalidação de atos administrativos que apresentem defeitos sanáveis, desde que não acarretem lesão ao interesse público, nem prejuízo a terceiros.
D) O poder de autotutela da Administração Pública, orientado pelo interesse público, permite a revogação de atos administrativos vinculados, por motivo de conveniência e oportunidade.
E) A regra da motivação dos atos administrativos, com a indicação de fatos e fundamentos jurídicos, a exceção dos atos vinculados, também é dispensada no reexame de ofício.

1734) (2016) Banca: CONSULPLAN – Órgão: TJ-MG – Prova: Titular de Serviços de Notas e de Registros – Provimento

Acerca do ato administrativo, assinale a opção correta.

A) A presunção de legitimidade implica reconhecer como absolutamente verdadeiros os fundamentos fáticos motivadores do ato.
B) O ato administrativo coletivo se verifica quando há manifestação da vontade de mais de um órgão da Administração Pública.
C) O silêncio da Administração Pública, em face da presunção de legalidade, exigibilidade e imperatividade, não gera efeitos jurídicos.
D) É nulo e de impossível convalidação o ato administrativo com objeto ilícito, ainda que praticado de boa-fé e sem desvio de poder.

Revogação: Trata-se de forma de extinção do ato administrativo, cabível quando o ato é lícito, contudo, é inconveniente ou inoportuno. Na revogação, o ato é legal, contudo, não foi a melhor escolha dentro daquela pequena margem de liberdade que a lei conferiu ao administrador público. A revogação gera efeitos ex nunc, ou seja, os efeitos jurídicos até então gerados pelo ato revogado devem ser preservados.

A competência para revogar pertence à Administração Pública (princípio da autotutela), sendo que o Poder Judiciário não possui tal competência. Destaca-se que não é possível a revogação dos seguintes atos: atos consumados (aqueles que já produziram seus efeitos); atos irrevogáveis nos termos da lei; atos que geram direitos adquiridos; atos vinculados; atos enunciativos (atestam situações ou emitem mera opinião da Administração); atos que geram direitos adquiridos; atos de controle; atos já exauridos; atos enunciativos; um simples ato do procedimento licitatório (notem, é possível a anulação de um único ato do processo licitatório, contudo, caso haja revogação, esta deve contemplar a Licitação integralmente).

A doutrina majoritária nega o EFEITO REPRISTINATÓRIO DO ATO ADMINISTRATIVO, ou seja, a revogação do ato revocatório não ressuscita o primeiro ato revogado.

1735) (2008) Banca: CESPE – Órgão: TRT – 5ª Região (BA) Prova: Analista Judiciário – Área Judiciária

A revogação do ato administrativo ocorre por motivo de conveniência e oportunidade e opera efeitos *ex nunc*.

A) Certo B) Errado

1736) (2012) Banca: CESPE – Órgão: STJ – Prova: Técnico Judiciário – Telecomunicações e Eletricidade – Conhecimentos Básicos

Com base na Lei 9.784/1999, que regula o processo administrativo no âmbito da administração pública federal, julgue o item subsecutivo.

A administração pode anular seus próprios atos por motivo de conveniência ou oportunidade.

A) Certo   B) Errado

1737) (2012) Banca: CESPE – Órgão: TC-DF – Prova: Auditor de Controle Externo

A respeito dos atos administrativos, julgue o item seguinte.

A extinção de ato administrativo perfeito por motivo de conveniência e oportunidade é denominada anulação.

A) Certo   B) Errado

1738) (2012) Banca: CESPE – Órgão: TRE-RJ – Prova: Técnico Judiciário – Área Administrativa

Com relação aos atos administrativos, julgue o próximo item.

Atos administrativos podem ser revogados por determinação tanto da administração quanto do Poder Judiciário.

A) Certo   B) Errado

1739) (2013) Banca: CESPE – Órgão: TRT – 10ª REGIÃO (DF e TO) – Prova: Analista Judiciário – Área Judiciária

No que concerne aos atos administrativos e à prescrição, julgue o item que se segue.

Sendo a revogação a extinção de um ato administrativo por motivos de conveniência e oportunidade, é ela, por essência, discricionária.

A) Certo   B) Errado

1740) (2012) Banca: CESPE – Órgão: DPE-ES – Prova: Defensor Público

No que se refere aos atos administrativos, julgue o item subsequente.

Por meio da revogação, a administração extingue, com efeitos *ex tunc*, um ato válido, por motivos de conveniência e oportunidade, ainda que esse ato seja vinculado.

A) Certo   B) Errado

1741) (2012) Banca: CESPE – Órgão: AGU – Prova: Advogado da União

Acerca dos atos administrativos e do poder de polícia, julgue o item subsequente.

Embora a revogação seja ato administrativo discricionário da administração, são insuscetíveis de revogação, entre outros, os atos vinculados, os que exaurirem os seus efeitos, os que gerarem direitos adquiridos e os chamados meros atos administrativos, como certidões e atestados.

A) Certo   B) Errado

1742) (2013) Banca: CESPE – Órgão: PRF – Prova: Policial Rodoviário Federal

A respeito da organização do Departamento de Polícia Rodoviária Federal e da natureza dos atos praticados por seus agentes, julgue o item que se segue.

Praticado ato ilegal por agente da PRF, deve a administração revogá-lo.

A) Certo   B) Errado

1743) (2013) Banca: CESPE – Órgão: CPRM – Prova: Analista em Geociências – Direito

Com relação aos poderes da administração pública e ao controle administrativo, julgue o próximo item.

A administração pública não pode revogar os atos administrativos inconvenientes ou inoportunos, unilateralmente, só podendo fazê-lo com o aval do Poder Judiciário.

A) Certo   B) Errado

1744) (2013) Banca: CESPE – Órgão: TJ-MA – Prova: Juiz

Acerca dos atos administrativos, assinale a opção correta.

A) A administração pública pode revogar os atos por ela praticados por motivo de conveniência e oportunidade.
B) Os atos praticados por concessionários de serviço público, no exercício da concessão, não podem ser considerados atos administrativos, dado que foram produzidos por entes que não integram a estrutura da administração pública.
C) O silêncio da administração pública importa consentimento tácito.
D) É vedado o controle da legalidade dos atos administrativos pelo Poder Judiciário.

1745) (2013) Banca: CESPE – Órgão: TCE-RO – Prova: Todos os Cargos (+ provas)

Julgue o próximo item, que dizem respeito aos atos administrativos.

A revogação de ato administrativo ocorre nos casos em que se constata ilegalidade no próprio ato.

A) Certo   B) Errado

1746) (2013) Banca: CESPE – Órgão: MJ – Prova: Analista Técnico – Administrativo

Julgue o item subsequente, referentes aos atos administrativos.

O poder de revogação de ato administrativo por parte da administração pública não é ilimitado, pois existem situações jurídicas que não rendem ensejo à revogação.

A) Certo   B) Errado

1747) (2013) Banca: CESPE – Órgão: ANTT – Prova: Conhecimentos Básicos – Nível Intermediário (+ provas)

Em relação ao ato administrativo e aos agentes públicos, julgue o item a seguir.

Tanto os atos discricionários quanto os atos vinculados são passíveis de revogação pela administração pública.

A) Certo   B) Errado

1748) (2013) Banca: CESPE – Órgão: TJ-RR – Prova: Titular de Serviços de Notas e de Registros

Assinale a opção correta no que se refere aos atos administrativos.

A) O Poder Judiciário, após o início de procedimento licitatório seu, destinado à aquisição de computadores, poderá revogar

os atos administrativos praticados, se entender ser conveniente e oportuno, no momento, não comprar tais bens.
B) O Poder Judiciário pode convalidar atos administrativos do Poder Executivo eivados de vício, desde que o vício seja sanável.
C) Os atos administrativos praticados sob o regime de direito privado gozam de presunção de legitimidade.
D) Dado o princípio da simetria, os atos administrativos discricionários praticados pelo Poder Executivo somente podem ser anulados pelo próprio Poder Executivo.
E) Dado o atributo da autoexecutoriedade do ato administrativo, permite-se ao poder público, em caso de descumprimento, impor a terceiros meios indiretos de coerção que induzam à obediência ao ato.

1749) (2013) Banca: CESPE – Órgão: DPE-DF – Prova: Defensor Público

Julgue o item a seguir, concernentes aos atos administrativos.

Caso verifique que determinado ato administrativo se tornou inoportuno ao atual interesse público e, ao mesmo tempo, ilegal, a administração pública terá, como regra, a faculdade de decidir pela revogação ou anulação do ato.

A) Certo B) Errado

1750) (2013) Banca: CESPE – Órgão: MTE- Prova: Auditor Fiscal do Trabalho – Prova 2

No que se refere aos atos administrativos e aos direitos e deveres do servidor público, julgue o item seguinte.

A revogação de um ato administrativo produz efeitos retroativos à data em que ele tiver sido praticado.

A) Certo B) Errado

1751) (2013) Banca: CESPE – Órgão: BACEN – Prova: Analista – Gestão e Análise Processual

Acerca de revogação, anulação e convalidação do ato administrativo, julgue o item subsequente.

O Poder Judiciário poderá revogar um ato administrativo editado pelo Poder Executivo, se o ato for considerado ilegal.

A) Certo B) Errado

1752) (2014) Banca: CESPE – Órgão: MEC – Prova: Conhecimentos Básicos – Todos os Cargos

Com base na disciplina legal e na doutrina nacional acerca dos atos e processos administrativos, julgue o próximo item.

A revogação do ato administrativo por motivo de conveniência e(ou) de oportunidade, casos em que se manifesta a discricionariedade administrativa, produz efeitos ex nunc a partir da revogação.

A) Certo B) Errado

1753) (2014) Banca: CESPE – Órgão: Câmara dos Deputados – Prova: Analista Legislativo

Julgue o item seguinte, acerca dos atos administrativos.

"Ao extinguir por meio de revogação, um ato administrativo discricionário válido, a administração pública tem de fazê-lo em razão de oportunidade e conveniência, respeitando os efeitos já produzidos pelo ato até o momento".

A) Certo B) Errado

1754) (2014) Banca: CESPE – Órgão: PGE-BA – Prova: Procurador do Estado

No que se refere aos atos administrativos, julgue o item subsequente.

Os atos enunciativos, como as certidões, por adquirirem os seus efeitos por lei, e não pela atuação administrativa, não são passíveis de revogação, ainda que por razões de conveniência e oportunidade.

A) Certo B) Errado

1755) (2014) Banca: CESPE – Órgão: ANTAQ – Prova: Conhecimentos Básicos – Cargos 1 a 4 (+ provas)

Em relação aos atos administrativos, aos agentes públicos, aos poderes administrativos e à responsabilidade do Estado, julgue o item que se segue.

Consideram-se válidos os efeitos produzidos pelo ato administrativo até o momento de sua eventual revogação pela administração pública, quer no que diz respeito às partes interessadas, quer em relação a terceiros sujeitos aos seus efeitos reflexos.

A) Certo B) Errado

1756) (2016) Banca: CESPE – Órgão: DPU – Prova: Agente Administrativo (+ provas)

Acerca de ato administrativo e de procedimento de licitação, julgue o item seguinte.

Caso seja necessário, a administração pública poderá revogar ato administrativo válido e legítimo.

A) Certo B) Errado

1757) (2014) Banca: CESPE – Órgão: ANATEL – Prova: Analista Administrativo – Direito

Julgue o item, a respeito de atos e processos administrativos.

"A revogação importa em juízo de oportunidade e conveniência, razão por que os atos administrativos somente podem ser revogados pela autoridade que os tenha exarado".

A) Certo B) Errado

1758) (2014) Banca: CESPE – Órgão: MEC – Prova: Nível Superior

Com base na disciplina legal e na doutrina nacional acerca dos atos e processos administrativos, julgue o próximo item.

"A revogação do ato administrativo por motivo de conveniência e(ou) de oportunidade, casos em que se manifesta a discricionariedade administrativa, produz efeitos ex nunc a partir da revogação".

A) Certo B) Errado

1759) (2011) Banca: CESPE – Órgão: TCU – Prova: Auditor Federal de Controle Externo – Auditoria de Obras Públicas (+ provas)

É possível o efeito repristinatório à revogação da revogação do ato administrativo.

A) Certo B) Errado

1760) (2010) Banca: CESPE – Órgão: ABIN – Prova: Oficial Técnico de Inteligência – Área de Direito (+ provas)

A revogação de um ato revogador não restaura, automaticamente, a validade do primeiro ato revogado.

A) Certo B) Errado

1761) (2013) Banca: ESAF – Órgão: DNIT – Prova: Analista Administrativo

São hipóteses de atos administrativos irrevogáveis, exceto:

A) Atos vinculados.
B) Atos que geraram direitos adquiridos.
C) Atos consumados.
D) Atos administrativos praticados pelo Poder Judiciário.
E) Atos, já preclusos, que integrem procedimento.

1762) (2010) Banca: ESAF – Órgão: MTE- Prova: Auditor Fiscal do Trabalho – Prova 2

Assinale a opção que contemple ato administrativo passível de revogação.

A) Atestado de óbito.
B) Homologação de procedimento licitatório.
C) Licença para edificar.
D) Certidão de nascimento.
E) Autorização de uso de bem público.

1763) (2012) Banca: FCC – Órgão: TCE-AP – Prova: Analista de Controle Externo – Meio Ambiente (+ provas)

A Administração estadual implementou programa de incentivos a atividades culturais, mediante concessão de patrocínios a projetos selecionados em procedimento competitivo. Após as eleições, o novo Governo decidiu cancelar o programa, por considerá-lo muito oneroso. Considerando a natureza discricionária dos atos de concessão de incentivo, o novo Governo poderá

A) revogá-los ou anulá-los, por razões de conveniência administrativa ou por vícios de legalidade, observado o prazo prescricional de 2 (dois) anos.
B) revogá-los, desde que identificada ilegalidade ou desvio de finalidade.
C) anulá-los, por razões de conveniência e oportunidade, considerando as atuais prioridades da Administração.
D) revogá-los, de acordo com critérios de conveniência e oportunidade, ressalvados os direitos adquiridos.
E) ingressar com ação judicial para a revogação do programa, na qual deverá comprovar que o mesmo não atende o interesse público.

1764) (2012) Banca: FCC – Órgão: TRE-SP – Prova: Analista Judiciário – Área Administrativa

A revogação de um ato administrativo

A) é prerrogativa da Administração, de caráter discricionário, consistente na extinção de um ato válido por razões de conveniência e oportunidade.
B) constitui atuação vinculada da Administração, na medida em que, em face da indisponibilidade do interesse público, a Administração está obrigada a revogar atos maculados por vício de oportunidade.
C) pode ser declarada tanto pela Administração como pelo Poder Judiciário, quando identificado que o ato se tornou inconveniente ou inoportuno do ponto de vista do interesse público.
D) somente pode ser procedida por autoridade hierarquicamente superior àquela que praticou o ato, de ofício ou por provocação do interessado, vedada a sua prática pelo Poder Judiciário.
E) constitui prerrogativa da Administração, quando fundada em razões de conveniência e oportunidade, e do Poder Judiciário, quando identificado vício relativo à motivação, competência ou forma.

1765) (2012) Banca: FCC – Órgão: TRT – 6ª Região (PE) – Prova: Analista Judiciário – Área Judiciária

A revogação de um ato administrativo válido e eficaz é

A) inconstitucional, em face do princípio da segurança jurídica e do ato jurídico perfeito.
B) possível apenas por decisão judicial e desde que não decorrido o prazo decadencial.
C) possível, por ato motivado da Administração ou por decisão judicial, ressalvados os direitos adquiridos.
D) lícita, apenas se comprovada a superveniência de circunstância de fato ou de direito que enseje vício de legalidade.
E) prerrogativa da Administração, fundada em razões de conveniência e oportunidade, respeitados os direitos adquiridos.

1766) (2012) Banca: FCC – Órgão: SPPREV – Prova: Analista em Gestão Previdenciária

A retirada de um ato administrativo, por razão de oportunidade e conveniência, ocorre pela

A) invalidação.
B) revogação.
C) cassação.
D) caducidade.
E) contraposição.

1767) (2006) Banca: FCC – Órgão: TRT – 24ª REGIÃO (MS) – Prova: Analista Judiciário – Área Administrativa

No que se refere à revogação dos atos administrativos,

A) os atos vinculados podem ser revogados com efeitos *ex tunc*, de acordo com a conveniência e oportunidade.
B) a revogação opera efeitos ex nunc e não alcança os atos administrativos que exauriram os seus efeitos.
C) o Judiciário sempre pode revogar os atos discricionários que se verificaram inconvenientes e inoportunos, com efeitos *ex nunc*.
D) é prerrogativa exclusiva da Administração Pública revogar, com efeitos retroativos, os atos administrativos vinculados eivados de vícios ou defeitos.
E) os atos discricionários podem ser revogados pela própria Administração Pública com base em seu poder de autotutela, por razões de ilegalidade.

1768) (2013) Banca: FCC – Órgão: MPE-CE – Prova: Técnico Ministerial

No que concerne ao instituto da revogação do ato administrativo, é correto afirmar que

A) a revogação pelo Judiciário só é possível se o vício for na finalidade ou no motivo do ato administrativo.
B) é possível o Judiciário revogar ato administrativo viciado, seja qual for o vício.

c) a revogação pelo Judiciário só é possível se o vício for na finalidade do ato administrativo.
D) o Judiciário somente pode revogar ato administrativo se estiver diante de um ato válido, isto é, absolutamente legal.
E) a revogação de ato administrativo só pode ser feita pela Administração Pública.

1769) (2017) Banca: FCC – Órgão: TRT – 24ª REGIÃO (MS) – Prova: Analista Judiciário – Área Judiciária

Fabio, servidor público federal e chefe de determinada repartição, concedeu licença a seu subordinado Gilmar, pelo período de um mês, para tratar de interesses particulares. No último dia da licença em curso, Fabio decide revogá-la por razões de conveniência e oportunidade. A propósito dos fatos, é correto afirmar que a revogação

A) não é possível, pois o ato já exauriu seus efeitos.
B) não é possível, pois apenas o superior de Fabio poderia assim o fazer.
C) é possível, em razão da discricionariedade administrativa e da possibilidade de ocorrer com efeitos *ex tunc*.
D) não é possível, pois somente caberia o instituto da revogação se houvesse algum vício no ato administrativo.
E) é possível, desde que haja a concordância expressa de Gilmar.

1770) (2014) Banca: FCC – Órgão: TRF – 4ª REGIÃO – Prova: Técnico Judiciário – Tecnologia da Informação (+ provas)

Pedro, servidor público, emitiu três atos administrativos distintos. O primeiro deles foi praticado com vício relativo ao objeto (aplicada pena de advertência quando o correto seria a pena de suspensão). O segundo é válido, sendo totalmente vinculado. Por fim, o terceiro ato administrativo corresponde a um atestado, emitido ao respectivo interessado. A propósito do instituto da revogação,

A) aplica-se apenas ao segundo e terceiro atos administrativos.
B) aplica-se a todos os atos administrativos.
C) aplica-se apenas ao primeiro ato administrativo.
D) aplica-se apenas ao segundo ato administrativo.
E) não se aplica a quaisquer dos atos administrativos.

1771) (2014) Banca: FCC – Órgão: TCE-GO – Prova: Analista de Controle Externo – Administrativa

Considere a seguinte hipótese: "O ato administrativo X será revogado pelo servidor público Joel". Nesse caso, o ato em questão

A) poderá, após a revogação, ser posteriormente anulado.
B) deverá conter vício em um de seus requisitos.
C) será revogado pelo servidor, podendo, concomitantemente, ser revogado pelo Judiciário.
D) produzirá efeitos até a data da revogação.
E) será revogado com efeitos retroativos.

1772) (2015) Banca: FCC – Órgão: TRE-SE – Prova: Analista Judiciário – Área Judiciária

A revogação dos atos administrativos

A) destina-se a atos válidos.
B) atinge atos discricionários e vinculados.
C) compete ao administrador público e ao Judiciário.
D) é ato discricionário, podendo, excepcionalmente, classificar-se como ato vinculado.
E) tem efeitos retroativos.

1773) (2017) Banca: FCC – Órgão: TRT – 11ª Região (AM e RR) – Prova: Analista Judiciário – Oficial de Justiça Avaliador Federal

Considere a seguinte situação hipotética: o Prefeito de determinado Município de Roraima concedeu autorização para atividade de extração de areia de importante lago situado no Município. Cumpre salientar que o ato administrativo preencheu todos os requisitos legais, bem como foi praticado quando estavam presentes condições fáticas que não violavam o interesse público. Ocorre que, posteriormente, a atividade consentida veio a criar malefícios à natureza. No caso narrado, o ato administrativo emanado pelo Prefeito poderá ser

A) mantido incólume no mundo jurídico, haja vista que a nova circunstância fática não gera consequências ao ato já praticado.
B) anulado pela Administração pública ou pelo Judiciário, com efeitos *ex tunc*.
C) anulado apenas pelo Poder Judiciário e com efeitos *ex nunc*.
D) convalidado, com efeitos *ex tunc*.
E) revogado, com efeitos *ex nunc*.

1774) (2014) Banca: FGV – Órgão: AL-BA – Prova: Auditor

No que concerne à doutrina dos atos administrativos, assinale a afirmativa correta.

A) A invalidação em regra gera efeitos *ex nunc*.
B) A convalidação em regra gera efeito *ex nunc*.
C) A revogação sempre gera efeito *ex nunc*.
D) A invalidação sempre gera efeito *ex tunc*.
E) A invalidação nunca gera efeito *ex nunc*.

1775) (2014) Banca: FGV – Órgão: Prefeitura de Florianópolis – SC – Prova: Fiscal de Serviços Públicos

O ato administrativo discricionário, em regra, pode ser revogado:

A) pela própria Administração, por motivo de conveniência e oportunidade, observado o interesse público;
B) pela própria Administração ou pelo Poder Judiciário, por motivo de conveniência e oportunidade, observado o interesse público;
C) pela própria Administração, por vício de legalidade;
D) pela própria Administração ou pelo Poder Judiciário, por vício de legalidade;
E) pela própria Administração ou pelo Poder Judiciário, por motivo de conveniência e oportunidade, ou por vício de legalidade, sempre observado o interesse público.

1776) (2015) Banca: FGV – Órgão: DPE-RO – Prova: Analista da Defensoria Pública – Analista Jurídico

Fernando, servidor público estadual ocupante de cargo efetivo, requereu sua remoção para outro departamento no dia 01/02/15. A autoridade competente deferiu seu pleito, com efeitos a partir do dia 01/05/15. Ocorre que, no dia 01/04/15, com base em estudos estratégicos complementares, a mesma autoridade revogou tal ato, alegando excesso de pessoal no departamento de destino e carência no órgão de origem. Inconformado, Fernando impetrou mandado de segurança, pretendendo concretizar sua remoção. No caso em tela, ao servidor Fernando:

A) assiste razão, porque o Judiciário pode, em regra, revogar os atos administrativos inoportunos, mediante o controle de seu mérito;

B) assiste razão, porque a revogação da remoção é um ato administrativo vinculado que somente pode ser anulado pelo Poder Judiciário;

C) não assiste razão, porque a revogação da remoção é um ato administrativo vinculado que somente pode ser anulado pelo próprio Administrador;

D) não assiste razão, porque, pelo atributo da discricionariedade, o Administrador e o Poder Judiciário podem rever o ato administrativo e anulá-lo caso seja inoportuno;

E) não assiste razão, porque, pelo atributo da autotutela, o Administrador pode rever seu próprio ato discricionário e revogá-lo caso seja inoportuno.

1777) (2013) Banca: Prefeitura do Rio de Janeiro – RJ – Órgão: SMA-RJ – Prova: Agente Administrativo (+ provas)

A forma extintiva de desfazimento do ato administrativo por razões de conveniência e oportunidade é conhecida como:

A) anulação
B) cassação
C) caducidade
D) revogação

1778) (2012) Banca: CESGRANRIO – Órgão: Innova – Prova: Advogado Júnior

Como é do conhecimento convencional, a revogação de um ato administrativo decorre de uma apreciação pautada por critérios de conveniência e oportunidade.

A esse respeito, tem-se que

A) tanto os atos administrativos discricionários, como os vinculados, são passíveis de revogação.
B) a revogação de um ato administrativo deve ser precedida de processo administrativo disciplinar e pressupõe prévia indenização aos destinatários.
C) a revogação de um ato administrativo submete-se a prazo prescricional de cinco anos, findos os quais se considera o ato perfeito e acabado.
D) somente à própria Administração Pública reconhece-se competência para revogar os atos administrativos por ela editados.
E) o ato de revogação tem natureza meramente declaratória e, como tal, produz efeitos ex tunc.

1779) (2012) Banca: FEPESE – Órgão: FATMA – Prova: Analista Técnico de Gestão Ambiental – Classe IV

A faculdade de que dispõe a Administração Pública para rever os seus próprios atos por motivos de conveniência ou oportunidade denomina-se:

A) Anulação.
B) Revogação.
C) Invalidação.
D) Convalidação.
E) Encampação.

1780) (2012) Banca: FEMPERJ – Órgão: TCE-RJ – Prova: Analista de Controle Externo – Direito (+ provas)

Conhecendo as peculiaridades que distinguem o ato administrativo vinculado do ato administrativo discricionário, afirma-se que:

A) o ato vinculado pode ser invalidado por vício de legalidade pela administração pública ou pelo poder judiciário, mas não pode ser revogado nem pela administração nem pelo judiciário;

B) o ato discricionário pode ser invalidado e revogado, tanto pela administração pública como pelo poder judiciário;

C) no ato vinculado, os elementos ou requisitos chamados competência, forma e finalidade estão previamente estabelecidos em lei, tendo o administrador liberdade apenas no que concerne ao motivo e objeto, mas sempre observado o interesse público;

D) no ato discricionário, o administrador tem liberdade para agir de acordo com a conveniência e oportunidade em todos os elementos ou requisitos do ato administrativo, isto é, na competência, forma, finalidade, motivo e objeto;

E) o ato discricionário pode ser convalidado quando houver um vício superável, não ocorrendo o mesmo com o ato vinculado, que deve ser invalidado quando se constatar algum vício sanável de legalidade.

1781) (2013) Banca: Makiyama – Órgão: Prefeitura de Piracicaba – SP – Prova: Auxiliar Administrativo

"É aquele que a Administração, e somente ela, pode invalidar por motivos de conveniência, oportunidade ou justiça (mérito administrativo)" (...)

O trecho acima se refere a um ato do Direito Administrativo, identificado na alternativa

A) Ato pendente.
B) Ato imperfeito.
C) Ato revogável.
D) Ato suspensivo.
E) Ato nulo.

1782) (2012) Banca: CESGRANRIO – Órgão: Chesf – Prova: Profissional de Nível Superior

A administração pública utiliza os atos administrativos para exprimir a sua vontade, visando à produção dos efeitos jurídicos, de modo a atender ao fim público. Os atos administrativos podem ser classificados, entre outros, quanto aos atributos, à forma de exteriorização e à extinção.

Nesse sentido, a forma de extinção do ato por razões de oportunidade e conveniência, com efeitos ex nunc, é denominada

A) anulação
B) caducidade
C) cassação
D) revogação
E) extinção subjetiva

6. ATOS ADMINISTRATIVOS

1783) (2013) Banca: FEPESE – Órgão: JUCESC – Prova: Analista Técnico em Gestão de Registro Mercantil – Analista Técnico Administrativo

Assinale a alternativa correta a respeito dos Atos Administrativos:

A) São convalidáveis todos os atos administrativos.
B) Atos constitutivos são aqueles que se limitam a declarar uma situação preexistente
C) Toda pessoa tem competência para praticar atos administrativos.
D) A imperatividade ou coercibilidade significa que o ato administrativo, tão logo praticado, pode ser imediatamente executado.
E) A Administração pode revogar seus próprios atos, por motivo de conveniência ou oportunidade.

1784) (2013) Banca: FUNCAB – Órgão: ANS – Prova: Atividade Téc. de Suporte – Direito

Segundo os atos administrativos, assinale a alternativa correta.

A) São elementos do ato administrativo a competência, finalidade, modalidade, formação e objeto.
B) Os atos administrativos vinculados não admitem revogação.
C) Administração Pública não pode declarar a nulidade de seus próprios atos, mas tão somente revogá-los. A declaração de nulidade somente pode ser feita pelo Poder Judiciário.
D) São atributos do ato administrativo a irretroatividade, indisponibilidade e imprescritibilidade.
E) A teoria dos motivos determinantes não é aceita pelo direito brasileiro

1785) (2013) Banca: IBFC – Órgão: SEPLAG-MG – Prova: Direito

Com relação à revogação do ato administrativo, assinale a alternativa CORRETA:

A) Pressupõe um ato ilegal, mas que atende o interesse público.
B) Pressupõe um ato ilegal e inconveniente ao interesse público.
C) Pressupõe um ato legal, mas inconveniente ao interesse público.
D) Pressupõe apenas a ilegalidade do ato

1786) (2015) Banca: Prefeitura do Rio de Janeiro – RJ – Órgão: Câmara Municipal do Rio de Janeiro – Prova: Assistente Técnico Legislativo – Inspetor de Segurança

O instrumento jurídico por meio do qual a Administração Pública promove a retirada de um ato administrativo por razões de conveniência e oportunidade é o da:

A) revogação
B) anulação
C) convalidação
D) caducidade

1787) (2014) Banca: IADES – Órgão: SEAP-DF – Prova: Analista – Direito

São passíveis de revogação pela Administração Pública os (as)

A) atos que não sejam integrativos de um procedimento administrativo.
B) certidões.
C) atos vinculados.
D) pareceres.
E) atestados.

1788) (2014) Banca: FEPESE – Órgão: Prefeitura de Florianópolis – SC – Prova: Auditor Fiscal de Tributos Municipais

Acerca da teoria dos atos administrativos, assinale a alternativa correta.

A) Atos administrativos ilegais são convalidados com a sua publicação regular.
B) A anulação do ato administrativo é prerrogativa exclusiva do Poder Judiciário.
C) Os atos administrativos discricionários praticados por agentes incompetentes podem ser revogados.
D) A moralidade, como elemento integrante do mérito administrativo, não pode ser aferida pelo Poder Judiciário em sede de controle dos atos da Administração Pública.
E) A Administração pode revogar seus próprios atos por motivo de conveniência ou oportunidade, respeitados os direitos adquiridos. A revogação, a propósito, é atribuição exclusiva da Administração Pública e tem efeitos *ex nunc*.

1789) (2014) Banca: VUNESP – Órgão: TJ-PA – Prova: Auxiliar Judiciário – Reaplicação

A revogação do ato administrativo

A) deve estar alicerçada na conveniência e oportunidade.
B) não é considerada forma de extinção do ato administrativo.
C) depende de homologação do Ministério Público.
D) constitui uma espécie de anulação.
E) somente poderá ser declarada pelo Poder Judiciário.

1790) (2014) Banca: VUNESP – Órgão: TJ-PA – Prova: Analista Judiciário – Direito

A supressão de um ato administrativo legítimo e eficaz realizada pela Administração – e somente por ela – por não mais lhe convir sua existência é denominada

A) revogação.
B) caducidade.
C) anulação.
D) cassação.
E) convalidação.

1791) (2016) Banca: VUNESP – Órgão: Câmara Municipal de Poá – SP – Prova: Procurador Jurídico

No tocante à anulação ou revogação do ato administrativo, assinale a alternativa correta.

A) A anulação do ato administrativo poderá ser realizada pelo Poder Judiciário ou pela própria Administração, operando efeitos ex tunc e alicerçada na oportunidade e conveniência.
B) A revogação do ato administrativo poderá ser realizada pela própria Administração, operando efeitos ex tunc e alicerçada na oportunidade e conveniência.
C) A anulação do ato administrativo poderá ser realizada pelo Poder Judiciário ou pela própria Administração, operando efeitos ex nunc, alicerçada em vício de legalidade.

D) A revogação do ato administrativo poderá ser realizada pela própria Administração, operando efeitos ex nunc e alicerçada na oportunidade e conveniência.

E) A anulação do ato administrativo poderá ser realizada somente pelo Poder Judiciário, operando efeitos ex tunc e alicerçada em vício de legalidade.

1792) (2014) Banca: IOBV – Órgão: Prefeitura de Ituporanga – SC – Prova: Advogado

Em face do Direito Administrativo Brasileiro é correto afirmar:

A) Na anulação do ato administrativo, por se tratar de vício de legalidade, não há espaço para observância do contraditório mesmo quando forem afetados interesses individuais.

B) A anulação ou a revogação do ato administrativo não são prerrogativas exclusivas da administração que os editou, admitindo-se a declaração de ambas no âmbito judicial.

C) Há casos em que os atos administrativos são insuscetíveis de revogação, dentre eles, os vinculados.

D) Regra geral, a anulação do ato administrativo opera efeitos ex nunc.

1793) (2014) Banca: FEPESE – Órgão: MPE-SC – Prova: Analista do Ministério Público (+ provas)

O ato administrativo:

A) Deve ser sempre vinculado.

B) Inválido não comporta convalidação.

C) Discricionário não admite controle externo.

D) Tem a autoexecutoriedade como elemento essencial.

E) Pode ser revogado por ter se tornado inconveniente ou inoportuno

1794) (2014) Banca: IADES – Órgão: METRÔ-DF – Prova: Advogado

Quanto aos poderes administrativos, à organização do Estado e aos atos administrativos, assinale a alternativa correta.

A) Se o ato já exauriu seus efeitos, não pode ser revogado.

B) De acordo com o posicionamento do Superior Tribunal de Justiça, o prazo decadencial de cinco anos, previsto na legislação de regência, para que a Administração Pública promova o exercício da autotutela, é aplicável apenas aos atos anuláveis, não aos atos nulos.

C) A Administração Pública não pode declarar a nulidade de seus próprios atos, mas tão somente revogá-los. A declaração de nulidade somente pode ser feita pelo Poder Judiciário.

D) Quanto às prerrogativas com que atua a Administração, os atos administrativos podem ser classificados como simples, complexos e compostos.

E) A revogação pode atingir os atos administrativos discricionários ou vinculados e deverá ser emanada da mesma autoridade competente para a prática do ato originário, objeto da revogação.

1795) (2015) Banca: INSTITUTO CIDADES – Órgão: Prefeitura de Sobral – CE – Prova: Técnico Legislativo – Área Legislativa

O desfazimento de um ato administrativo, cujo teor seja legal, válido e eficaz, porém a sua mantença não interesse mais ao poder público, pode ser descrito como sendo:

A) Anulação

B) Exclusão

C) Revogação

D) Adição

1796) (2016) Banca: Quadrix – Órgão: CRO – PR – Prova: Procurador Jurídico (+ provas)

No campo do Direito Administrativo, no capítulo referente à revogação do ato administrativo, assinale a alternativa correta quanto ao que a doutrina e jurisprudência tem entendido.

A) Opera-se a revogação do ato administrativo por ocasião do advento de nova legislação que impede a permanência da situação anteriormente consentida.

B) De acordo com a doutrina majoritária, para se processar a revogação do ato é imprescindível a presença do vício da legalidade.

C) Um ato de licença para exercer profissão regulamentada em lei, por exemplo, pode ser retirado do mundo jurídico, por razões de conveniência e oportunidade, notadamente através da revogação.

D) Os denominados meros atos administrativos, como pareceres, certidões e atestados, também são suscetíveis de revogação.

E) Como a revogação produz efeitos ex nunc, os efeitos produzidos pelo ato revogado devem ser inteiramente respeitados.

1797) (2017) Banca: NUCEPE – Órgão: SEJUS-PI – Prova: Agente Penitenciário (Reaplicação)

Sobre a revogação dos atos administrativos, assinale a alternativa INCORRETA.

A) Nem todos os atos administrativos podem ser revogados.

B) A revogação de ato administrativo é realizada, ordinariamente, pelo Poder Judiciário, cabendo-lhe ainda examinar os aspectos de validade do ato revogador.

C) Considerando que a revogação atinge um ato que foi praticado em conformidade com a lei, seus efeitos são ex nunc.

D) Pode a Administração Pública se arrepender da revogação de determinado ato.

E) O fundamento jurídico da revogação reside no poder discricionário da Administração Pública.

1798) (2016) Banca: TRT 2R (SP) – Órgão: TRT – 2ª REGIÃO (SP) – Prova: Juiz do Trabalho Substituto

Em relação ao regime jurídico dos atos administrativos é INCORRETO afirmar que:

A) A Administração pode revogar seus próprios atos, quando eivados de vício de legalidade, ou por motivo de conveniência ou oportunidade, respeitados os direitos adquiridos.

B) O direito da Administração de anular os atos administrativos de que decorram efeitos favoráveis para os destinatários decai, em regra, em cinco anos, contados da data em que foram praticados, salvo comprovada má-fé.

C) Os atos administrativos, quando importem anulação, revogação, suspensão ou convalidação de ato administrativo, deverão ser motivados, com indicação dos fatos e dos fundamentos jurídicos.

D) Os atos administrativos, quando decidam processos administrativos de concurso ou seleção pública, deverão ser motivados, com indicação dos fatos e dos fundamentos jurídicos.

E) Segundo a "teoria dos motivos determinantes", os motivos que determinaram a vontade do agente, ou seja, os fatos que serviram de suporte à sua decisão, integram a validade do ato administrativo, de forma que, uma vez enunciados pelo agente os motivos que o fundam, ainda quando a lei não haja expressamente imposto a obrigação de enunciá-los, o ato administrativo editado no exercício de competência discricionária só será válido se tais motivos realmente ocorreram e o justificavam.

1799) (2016) Banca: FUNDATEC – Órgão: Prefeitura de Porto Alegre – RS – Prova: Procurador Municipal – Bloco I

Diferentes são as hipóteses de extinção de um ato administrativo, para além do mero cumprimento dos seus efeitos, a forma mais natural. Circunstâncias diversas, atos vinculados ou discricionários da autoridade pública podem também produzir essa realidade. Sendo assim, a revogação, a anulação, a caducidade e a cassação surgem com exemplos consolidados de extinção dos atos administrativos. A respeito desses institutos do Direito Administrativo, NÃO é adequado afirmar que:

A) A revogação é um ato discricionário que incide apenas sobre atos discricionários.
B) A anulação implica na extinção de ato insanável com efeitos retroativos.
C) A caducidade decorre da superveniência de norma jurídica que tornou inadmissível situação jurídico-administrativa anteriormente permitida, tendo significado totalmente distinto da caducidade aplicada para os contratos de concessão de serviços públicos.
D) A cassação é um exemplo de ato vinculado e sancionatório praticado em virtude do destinatário do ato ter desatendido condições que garantiam a sua continuidade.
E) A revogação pode ser utilizada para atingir ato administrativo viciado, pois o seu motivo é a inconveniência à luz do juízo da discricionariedade.

1800) (2017) Banca: IESES – Órgão: ALGÁS – Prova: Analista de Projetos Organizacionais – Jurídica

Sobre a revogação dos atos administrativos, podemos afirmar:

A) O ato revogatório retroage para atingir efeitos passados do ato revogado, não impedindo que este continue a surtir efeitos (efeitos *ex tunc*).
B) A revogação de um ato administrativo poderá ser feita pela Poder Judiciário desde que atenda a interesse público.
C) A revogação é modalidade de extinção de ato administrativo que ocorre por razões de oportunidade e conveniência. A Administração Pública pode revogar um ato quando entender que, embora se trate de um ato válido, que atenda a todas as prescrições legais, não está de acordo com, ou não atende adequadamente ao interesse público no caso concreto.
D) A competência jamais poderá se fixar como um limite à revogação, desde que o ato seja legítimo mesmo não expresso em lei, a competência é elemento de validade do ato revogatório.

1801) (2017) Banca: IDIB – Órgão: CRO-BA – Prova: Técnico Administrativo

O desfazimento de um ato administrativo, cujo teor seja legal, válido e eficaz, porém a sua mantença não interesse mais ao poder público, pode ser descrito como sendo:

A) Revogação
B) Anulação
C) Convalidação
D) Exclusão

1802) (2017) Banca: IBFC – Órgão: TJ-PE – Prova: Técnico Judiciário – Função Administrativa

Sobre os processos administrativos no âmbito da Administração Pública Federal, analise o item abaixo.

I. É vedada a participação no processo administrativo de servidor que esteja litigando judicialmente com o cônjuge do interessado.
II. Concluída a instrução no processo administrativo, a autoridade terá o prazo de 90 (noventa) dias para decidir sobre o caso.
III. A desistência do interessado sempre obstará a tramitação do procedimento administrativo.
IV. A administração pode revogar seus próprios atos por motivos de conveniência ou oportunidade, respeitando os direitos adquiridos.

Assinale a alternativa correta.

A) Apenas I e III são corretas
B) Apenas II e IV são correta
C) Apenas I e IV são corretas
D) Apenas II e III são corretas
E) I, II, III e IV são corretas

Cassação: Ocorre quando o particular beneficiado pelo ato deixa de cumprir os requisitos para permanência da vantagem conferida pela Administração. Ex.: cassação da carteira de habilitação veicular em decorrência do excesso de multas.

1803) (2014) Banca: CESPE – Órgão: TJ-DFT – Prova: Titular de Serviços de Notas e de Registros

No que concerne aos atos administrativos, assinale a opção correta.

A) É possível a revogação de ato administrativo enunciativo, como uma certidão, caso o ato seja conveniente e oportuno para a administração pública.
B) Caso o particular obtenha licença para construir e deixe de cumprir as condições que a lei exige para tanto, deve a administração extinguir o referido ato administrativo por meio de cassação.
C) Incorre no vício de desvio de poder o agente público que exceda os limites de sua competência ao aplicar a subordinado penalidade além dos limites de sua alçada.
D) A imposição e a execução de multa estabelecida pela administração pública a particular independem de decisão judicial, dado o atributo da autoexecutoriedade dos atos administrativos.
E) A falta de motivação do ato administrativo configura vício insanável, visto que atinge o elemento motivo, indispensável às ações da administração pública.

1804) (2013) Banca: CESPE – Órgão: TJ-BA – Prova: Titular de Serviços de Notas e de Registros – Provimento

Em relação aos atos administrativos, assinale a opção correta.

A) São atributos de todos os atos administrativos a imperatividade e a presunção de legitimidade.

B) Considera-se cassação do ato administrativo a sua extinção mediante ato vinculado e sancionatório quando o destinatário tenha descumprido as condições para desfrutar de determinada posição jurídica.

C) Os atos administrativos perfeitos e inválidos não podem ser eficazes.

D) A proporcionalidade e a razoabilidade são elementos integrantes do mérito do ato administrativo, por isso se inserem no juízo de oportunidade e conveniência do administrador.

E) A revogação do ato administrativo é ato discricionário, sendo, portanto, desnecessária, em regra, a sua motivação expressa.

1805) (2013) Banca: CESPE – Órgão: TCE-RO – Prova: Todos os Cargos (+ provas)

Julgue o próximo item, que dizem respeito aos atos administrativos.

Se um particular descumprir as condições impostas pela administração para efetuar uma construção, deve-se cassar a licença que tiver sido concedida para tal construção.

A) Certo   B) Errado

1806) (2017) Banca: CESPE – Órgão: DPE-AL – Prova: Defensor Público

A prefeitura de determinado município concedeu licença a um comerciante para que o restaurante dele funcionasse em determinado imóvel. Alguns meses após a concessão da licença, o comerciante decidiu transformar seu restaurante em uma boate.

Considerando-se essa situação hipotética, a administração municipal deverá proceder à

A) revogação da licença.
B) cassação da licença.
C) rescisão unilateral da licença.
D) invalidação da licença.
E) anulação da licença.

1807) (2017) Banca: IBADE – Órgão: SEJUDH – MT – Prova: Agente Penitenciário – Masculino/Feminino

Considere a seguinte situação hipotética.

Determinada pessoa obteve licença para o funcionamento de um hotel e, tempo mais tarde, modifica a finalidade do empreendimento que passa ser um motel, sem ciência do Poder Público.

O desfazimento do ato ocorreu por:

A) cassação
B) revogação.
C) resilição.
D) anulação.
E) extinção subjetiva

1808) (2016) Banca: UFMT – Órgão: DPE-MT – Prova: Defensor Público

É a forma de extinção do ato administrativo que ocorre quando o administrado deixa de cumprir condição necessária para dar continuidade à determinada situação jurídica:

A) Cassação.
B) Contraposição.
C) Caducidade
D) Revogação.
E) Suspensão.

1809) (2013) Banca: Prefeitura do Rio de Janeiro – RJ – Órgão: SMA-RJ – Prova: Assessor Jurídico

A forma extintiva de desfazimento volitivo do ato administrativo que se aplica quando o beneficiário de determinado ato descumpre condições que permitem a manutenção do ato e de seus efeitos é a:

A) caducidade
B) cassação
C) revogação
D) anulação

1810) (2012) Banca: AOCP – Órgão: TCE-PA – Prova: Auditor

No que se refere à extinção dos Atos Administrativos, a retirada pelo Poder Público do ato administrativo porque o destinatário descumpriu as condições inicialmente impostas, é denominada de

A) Tredestinação.
B) Caducidade.
C) Efeito Prodrômico.
D) Cassação.
E) Contraposição.

1811) (2011) Banca: Prefeitura do Rio de Janeiro – RJ – Órgão: Prefeitura de Rio de Janeiro – RJ – Prova: Agente Administrativo

Quando o beneficiário de determinado ato descumpre condições que permitem a sua manutenção e a de seus efeitos, o desfazimento do ato se dá através da seguinte espécie de extinção:

A) anulação
B) cassação
C) revogação
D) caducidade

1812) (2016) Banca: VUNESP – Órgão: IPSMI – Prova: Procurador

Com base na teoria do ato administrativo, assinale a alternativa correta.

A) Atos perfeitos são atos que estão em conformidade com o direito e que já exauriram os seus efeitos, tornando-se irretratáveis.

B) Atos complexos são formados pela manifestação de dois órgãos, sendo o conteúdo do ato definido por um, cabendo ao segundo a verificação de sua legitimidade.

C) A cassação consiste na extinção do ato administrativo em razão do descumprimento das razões impostas pela Administração ou ilegalidade superveniente imputável ao beneficiário do ato.

D) A caducidade é a extinção do ato administrativo em virtude da sua incompatibilidade com o seu fundamento de validade no momento da edição.

E) A revogação é a extinção do ato administrativo quando a situação nele contemplada não mais é tolerada pela nova legislação.

1813) (2013) Banca: VUNESP – Órgão: COREN-SP – Prova: Advogado

A respeito dos atos administrativos, é correto afirmar que

A) todos os atos administrativos gozam da prerrogativa de serem autoexecutórios.
B) a retirada do ato em razão do advento de nova legislação contrária à situação anterior configura a sub-rogação.
C) não há atos administrativos irrevogáveis.
D) a extinção do ato, na hipótese de o beneficiário do ato descumprir as condições que permitiam a sua manutenção, se perfaz pela cassação.
E) a retirada do ato contrário à lei por iniciativa da própria Administração caracteriza a revogação.

1814) (2016) Banca: MPE-SC – Órgão: MPE-SC – Prova: Promotor de Justiça – Matutina

A retirada é uma das formas de extinção dos atos administrativos e pode dar-se por anulação, revogação, cassação e caducidade. A caducidade ocorre quando o beneficiado do ato administrativo deixa de cumprir os requisitos de quando teve o ato deferido.

A) Certo B) Errado

1815) (2016) Banca: FUNCAB – Órgão: ANS – Prova: Técnico Administrativo

Considere a situação em que a Administração Pública concede licença para funcionamento de hotel. Posteriormente, transformou-se em casa de prostituição. Como a doutrina chama tal forma de extinção do ato administrativo?

A) Extinção Natural do ato
B) Cassação
C) Caducidade
D) Extinção Subjetiva
E) Anulação

1816) (2017) Banca: OBJETIVA – Órgão: SAMAE de Caxias do Sul – RS – Prova: Assistente de Planejamento

A extinção do ato administrativo quando o seu beneficiário deixa de cumprir os requisitos que deveria permanecer atendendo, como exigência para a manutenção do ato e de seus efeitos, funcionando, no mais das vezes, como uma sanção para aquele particular que deixou de cumprir as condições exigidas para a manutenção de um determinado ato, denomina-se:

A) Revogação.
B) Cassação.
C) Caducidade.
D) Convalidação.
E) Anulação.

Caducidade: Extinção do ato administrativo em razão de lei superveniente que impede a manutenção do ato inicialmente editado. Ex.: perda do direito de utilizar o imóvel com fins comerciais, haja vista a edição de nova lei que transforma a área em zona residencial.

1817) (2014) Banca: FCC – Órgão: TRT – 18ª Região (GO) – Prova: Juiz do Trabalho

No que tange à validade dos atos administrativos

A) é possível convalidar ato administrativo praticado com vício de finalidade, desde que se evidencie que tal decisão não acarrete prejuízo a terceiros.
B) todos os atos administrativos praticados com vício de competência devem ser anulados, pois se trata de elemento essencial à validade dos atos administrativos.
C) o descumprimento, pelo administrado, dos requisitos referentes ao desfrute de uma dada situação jurídica, justifica a anulação do ato administrativo que gerou referida situação.
D) a caducidade é a extinção de ato administrativo em razão da superveniência de legislação que tornou inadmissível situação anteriormente consentida, com base na legislação então aplicável.
E) os atos praticados por agente incompetente estão sujeitos à revogação pela autoridade que detém a competência legal para sua prática.

1818) (2016) Banca: FUNCAB – Órgão: PC-PA – Prova: Escrivão de Polícia Civil

Considere a situação em que a Administração Pública municipal edite um ato administrativo de permissão para que o administrado em certo local explore um parque de diversões. Posteriormente, surge a nova lei de zoneamento que se mostra incompatível com a permissão anteriormente concedida. Assinale a opção correta, no tocante à forma de extinção do ato administrativo.

A) Cassação
B) Caducidade
C) Anulação
D) Extinção Natural do ato
E) Extinção Subjetiva

1819) (2013) Banca: FUNCAB – Órgão: ANS – Prova: Atividade Téc. de Suporte – Direito

Sobre a extinção dos atos administrativos, qual a alternativa correta?

A) A cassação é a extinção de um ato administrativo pela edição de outro ato seguinte.
B) A anulação é a extinção do ato administrativo por vontade do beneficiário.
C) A caducidade é a extinção do ato administrativo por invalidade ou ilegalidade superveniente.
D) Só quem pode revogar ato administrativo por motivo de ilegalidade é o Poder Judiciário.
E) Os atos administrativos discricionários não são passíveis de controle pelo Poder Judiciário.

1820) (2014) Banca: IESES – Órgão: IFC-SC – Prova: Auditor

Com relação as formas de extinção de um ato administrativo temos: "a retirada do ato administrativo por ter sobrevindo norma superior que torna incompatível a manutenção do ato. O ato estava de acordo com a lei, mas sobreveio uma nova e ele ficou incompatível." Estamos falando da(o):

A) Caducidade.
B) Renúncia.
C) Cassação.
D) Revogação.

1821) (2012) Banca: VUNESP – Órgão: SPTrans – Prova: Advogado Pleno

A retirada de um ato administrativo fundada no advento de nova legislação que impede a permanência da situação anteriormente consentida é um conceito de

A) revogação.
B) invalidação.
C) anulação.
D) cassação.
E) caducidade.

1822) (2015) Banca: VUNESP – Órgão: MPE-SP – Prova: Analista de Promotoria

Na hipótese de concessão de permissão para exploração de uma atividade, que depois venha a ser incompatível com nova lei de zoneamento, é correto afirmar que o referido ato administrativo será extinto por meio da

A) renúncia.
B) cassação.
C) revogação.
D) invalidação.
E) caducidade.

GABARITO – ATOS ADMINISTRATIVOS

1274) E	1319) C	1364) C	1409) B	1454) B	1499) C
1275) B	1320) CERTO	1365) E	1410) A	1455) E	1500) C
1276) A	1321) CERTO	1366) A	1411) E	1456) CERTO	1501) C
1277) D	1322) A	1367) CERTO	1412) E	1457) CERTO	1502) D
1278) B	1323) A	1368) D	1413) C	1458) A	1503) B
1279) CERTO	1324) A	1369) B	1414) A	1459) B	1504) B
1280) ERRADO	1325) CERTO	1370) E	1415) B	1460) D	1505) A
1281) CERTO	1326) ERRADO	1371) ERRADO	1416) A	1461) A	1506) D
1282) CERTO	1327) CERTO	1372) E	1417) E	1462) A	1507) C
1283) ERRADO	1328) B	1373) CERTO	1418) E	1463) ERRADO	1508) B
1284) ERRADO	1329) B	1374) ERRADO	1419) B	1464) ERRADO	1509) A
1285) A	1330) CERTO	1375) CERTO	1420) A	1465) C	1510) D
1286) CERTO	1331) ERRADO	1376) CERTO	1421) C	1466) E	1511) C
1287) CERTO	1332) B	1377) B	1422) B	1467) E	1512) A
1288) ERRADO	1333) E	1378) CERTO	1423) A	1468) A	1513) C
1289) CERTO	1334) B	1379) CERTO	1424) B	1469) C	1514) E
1290) CERTO	1335) C	1380) D	1425) C	1470) ERRADO	1515) C
1291) B	1336) D	1381) CERTO	1426) E	1471) B	1516) D
1292) C	1337) C	1382) CERTO	1427) C	1472) B	1517) C
1293) C	1338) C	1383) ERRADO	1428) CERTO	1473) B	1518) D
1294) E	1339) B	1384) CERTO	1429) C	1474) ERRADO	1519) B
1295) A	1340) A	1385) CERTO	1430) E	1475) C	1520) C
1296) A	1341) A	1386) ERRADO	1431) B	1476) A	1521) A
1297) A	1342) B	1387) CERTO	1432) D	1477) D	1522) A
1298) C	1343) B	1388) CERTO	1433) B	1478) ERRADO	1523) B
1299) C	1344) CERTO	1389) CERTO	1434) B	1479) C	1524) D
1300) A	1345) CERTO	1390) ERRADO	1435) B	1480) CERTO	1525) D
1301) B	1346) ERRADO	1391) ERRADO	1436) C	1481) CERTO	1526) D
1302) C	1347) E	1392) ERRADO	1437) A	1482) CERTO	1527) B
1303) D	1348) C	1393) CERTO	1438) C	1483) ERRADO	1528) A
1304) A	1349) CERTO	1394) C	1439) E	1484) A	1529) C
1305) B	1350) A	1395) ERRADO	1440) B	1485) A	1530) C
1306) D	1351) C	1396) ERRADO	1441) D	1486) A	1531) E
1307) A	1352) D	1397) ERRADO	1442) B	1487) ERRADO	1532) A
1308) B	1353) CERTO	1398) ERRADO	1443) C	1488) ERRADO	1533) E
1309) A	1354) C	1399) A	1444) D	1489) CERTO	1534) C
1310) ERRADO	1355) CERTO	1400) CERTO	1445) CERTO	1490) CERTO	1535) E
1311) CERTO	1356) CERTO	1401) CERTO	1446) CERTO	1491) CERTO	1536) A
1312) C	1357) CERTO	1402) B	1447) ERRADO	1492) CERTO	1537) A
1313) C	1358) B	1403) E	1448) ERRADO	1493) D	1538) E
1314) B	1359) A	1404) B	1449) C	1494) ERRADO	1539) B
1315) ERRADO	1360) A	1405) E	1450) E	1495) ERRADO	1540) D
1316) ERRADO	1361) E	1406) B	1451) C	1496) ERRADO	1541) B
1317) CERTO	1362) A	1407) E	1452) C	1497) A	1542) D
1318) CERTO	1363) C	1408) A	1453) D	1498) CERTO	1543) B

1544) D
1545) E
1546) B
1547) B
1548) B
1549) B
1550) D
1551) C
1552) B
1553) B
1554) B
1555) C
1556) CERTO
1557) CERTO
1558) D
1559) CERTO
1560) CERTO
1561) ERRADO
1562) ERRADO
1563) A
1564) D
1565) E
1566) E
1567) C
1568) D
1569) D
1570) B
1571) B
1572) C
1573) E
1574) ERRADO
1575) CERTO
1576) B
1577) D
1578) D
1579) C
1580) A
1581) C
1582) E
1583) A
1584) C
1585) C
1586) C
1587) E
1588) E
1589) E

1590) CERTO
1591) ERRADO
1592) ERRADO
1593) E
1594) CERTO
1595) B
1596) D
1597) E
1598) A
1599) B
1600) A
1601) A
1602) B
1603) C
1604) ERRADO
1605) ERRADO
1606) ERRADO
1607) ERRADO
1608) B
1609) CERTO
1610) CERTO
1611) ERRADO
1612) ERRADO
1613) ERRADO
1614) C
1615) CERTO
1616) ERRADO
1617) ERRADO
1618) CERTO
1619) ERRADO
1620) CERTO
1621) ERRADO
1622) A
1623) CERTO
1624) ERRADO
1625) ERRADO
1626) D
1627) B
1628) B
1629) E
1630) C
1631) A
1632) D
1633) E
1634) E
1635) A

1636) C
1637) A
1638) E
1639) B
1640) A
1641) A
1642) E
1643) E
1644) D
1645) B
1646) B
1647) B
1648) C
1649) A
1650) D
1651) A
1652) B
1653) E
1654) E
1655) D
1656) E
1657) E
1658) D
1659) D
1660) D
1661) D
1662) B
1663) A
1664) C
1665) D
1666) B
1667) D
1668) B
1669) A
1670) A
1671) B
1672) B
1673) B
1674) B
1675) D
1676) C
1677) C
1678) D
1679) A
1680) A
1681) B

1682) C
1683) D
1684) A
1685) C
1686) C
1687) D
1688) E
1689) D
1690) D
1691) C
1692) C
1693) E
1694) B
1695) C
1696) A
1697) CERTO
1698) B
1699) ERRADO
1700) CERTO
1701) CERTO
1702) B
1703) ERRADO
1704) ERRADO
1705) ERRADO
1706) CERTO
1707) A
1708) ERRADO
1709) ERRADO
1710) ERRADO
1711) D
1712) E
1713) ERRADO
1714) ERRADO
1715) D
1716) CERTO
1717) B
1718) B
1719) B
1720) E
1721) D
1722) A
1723) B
1724) B
1725) C
1726) B
1727) E
1728) B

1729) D
1730) D
1731) A
1732) C
1733) C
1734) D
1735) CERTO
1736) ERRADO
1737) ERRADO
1738) ERRADO
1739) CERTO
1740) ERRADO
1741) CERTO
1742) ERRADO
1743) ERRADO
1744) A
1745) ERRADO
1746) CERTO
1747) ERRADO
1748) A
1749) ERRADO
1750) ERRADO
1751) ERRADO
1752) CERTO
1753) CERTO
1754) CERTO
1755) CERTO
1756) CERTO
1757) ERRADO
1758) CERTO
1759) ERRADO
1760) CERTO
1761) D
1762) E
1763) D
1764) A
1765) E
1766) B
1767) B
1768) E
1769) A
1770) E
1771) D
1772) A
1773) E
1774) C
1775) A

1776) E
1777) D
1778) D
1779) B
1780) A
1781) C
1782) D
1783) E
1784) B
1785) C
1786) A
1787) A
1788) E
1789) A
1790) A
1791) D
1792) C
1793) E
1794) A
1795) C
1796) E
1797) B
1798) A
1799) E
1800) C
1801) A
1802) C
1803) B
1804) B
1805) CERTO
1806) B
1807) A
1808) A
1809) B
1810) D
1811) B
1812) C
1813) D
1814) ERRADO
1815) B
1816) B
1817) D
1818) B
1819) C
1820) A
1821) E
1822) E

FRASES PODEROSAS – ATOS ADMINISTRATIVOS			
	% de questões	Número de acertos nesse capítulo	% de acertos
Os atos administrativos devem observar os requisitos: competência, finalidade ou fim, forma, motivo e objeto.	4%		
Presume-se que os atos administrativos são verídicos e foram praticados em conformidade com a ordem jurídica. Destaca-se que trata-se de uma presunção relativa, podendo ser afastada diante de prova da ilegalidade do ato. Em razão dessa presunção, o ato produzirá efeitos enquanto não for declarada sua invalidade (incumbe ao particular provar a existência do vício).	7%		
Imperatividade: prerrogativa de que goza o ato administrativo de impor obrigações ao particular dentro dos limites da lei, independentemente da vontade do administrado.	4%		
Autoexecutoriedade: trata-se da possibilidade na qual a Administração, em uma determinada situação de emergência ou em razão de expressa previsão legal, executa diretamente uma medida fazendo uso de meios diretos de coerção, compelindo materialmente o particular a cumpri-la.	4%		
Anulação do ato refere-se à retirada do ato administrativo ilegal do mundo jurídico, apagando todos os efeitos por ele produzidos, como se esse ato não tivesse sido praticado. A competência para anular o ato administrativo ilegal pertence à própria Administração e ao Poder Judiciário. A anulação do ato produz efeitos ex tunc, ou seja, que retroagem à data da origem do ato, aniquilando todos os efeitos até então produzidos. Destaca-se que a anulação dos atos administrativos que decorram efeitos favoráveis para os destinatários deve ser realizada no prazo de 5 anos (prazo decadencial).	10%		
Desde que não cause prejuízo a terceiros, havendo vício sanável, o ato poderá ser convalidado. Destaca-se que são passíveis de convalidação os atos com defeitos sanáveis nos elementos competência e na forma, os defeitos no objeto, motivo e finalidade são insanáveis.	7%		
Revogação trata da forma de extinção do ato administrativo, cabível quando o ato é lícito, contudo, é inconveniente ou inoportuno. Na revogação o ato é legal, contudo, não foi a melhor escolha dentro daquela pequena margem de liberdade que a lei conferiu ao administrador público. A revogação gera efeitos ex nunc, ou seja, os efeitos jurídicos gerados pelo ato revogado devem ser preservados.	12%		
TOTAL	48%		

7. LICITAÇÕES

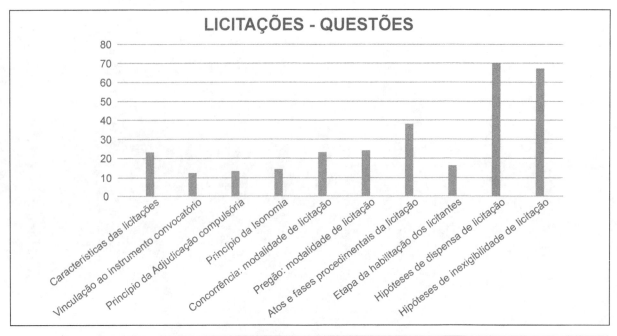

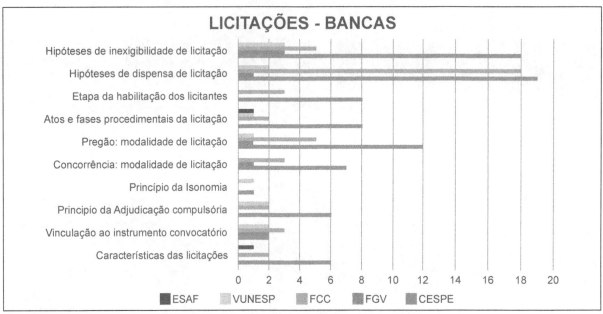

NOVA LEI DE LICITAÇÃO

A **Lei 14.133 substituiu o texto da Lei 8.666/1993** criando um novo marco para as contratações públicas ao unificar as leis do Pregão (Lei 10.520/2002), a Lei das licitações (Lei 8.666/1993) e do Regime Diferenciado de Contratações Públicas (RDC – Lei 12.462/11) e mais de 20 instruções normativas.

A nova legislação entra em vigor **imediatamente**, sendo assim, não haverá o que chamamos de *vacatio legis*. Porém, cumpre ressaltar que a revogação completa das previsões legais da norma anterior ocorrerá no **prazo de 2 anos**. Nesse período, tanto as normas antigas quanto a Nova Lei continuarão produzindo efeitos jurídicos. Nessa medida, ambas poderão ser cobradas em **provas de concurso público**, exceto quanto às disposições penais da Lei 8.666/1993 que foram revogadas de imediato. Mas ATENÇÃO: após o decurso de dois anos, as normas antigas serão revogadas.

A nova Lei estabelece as normas gerais sobre licitação e contratos administrativos que serão aplicadas a toda **Administração Pública direta, Autárquica e Fundacional de todos os entes da Federação (União, Estados, DF e Municípios)**, incluindo os Fundos Especiais e as Entidades Controladas. Contudo, a mesma **não** se aplica às licitações e aos contratos administrativos envolvendo as Empresas estatais – Empresas Públicas e Sociedades de Economia Mista – que continuam a ser regidos pela Lei 13.303/2016, com exceção às disposições penais, questões atinentes a critérios de desempate e quando o próprio estatuto das estatais prevê aplicação das regras relativas ao Pregão. Ademais, também não serão regidos pela nova norma os contratos que tenham como objeto **operações de crédito e gestão da dívida pública**, uma vez que possuem regulamentação própria.

NOVOS PRINCÍPIOS DO PROCEDIMENTO LICITATÓRIO

A nova Lei de Licitações traz diversos novos princípios para reger o procedimento licitatório e os contratos administrativos. Vejamos a previsão do art. 5º:

*Art. 5º Na aplicação desta Lei, serão observados os **princípios da legalidade, da impessoalidade, da moralidade, da publicidade, da eficiência, do interesse público, da probidade administrativa, da igualdade, do planejamento, da transparência, da eficácia, da segregação de funções, da motivação, da vinculação ao edital, do julgamento objetivo, da segurança jurídica, da razoabilidade, da competitividade, da proporcionalidade, da celeridade, da economicidade e do desenvolvimento nacional sustentável**, assim como as disposições do Decreto-Lei 4.657, de 4 de setembro de 1942 (Lei de Introdução às Normas do Direito Brasileiro).*

OBJETO

Conforme prevê a Lei 8.666/93: Art. 1º Esta Lei estabelece normas gerais sobre licitações e contratos administrativos pertinentes a obras, serviços, inclusive de publicidade, compras, alienações e locações no âmbito dos Poderes da União, dos Estados, do Distrito Federal e dos Municípios. A nova Lei, por sua vez, prevê *"**Art. 2º Esta Lei aplica-se a: I – alienação e concessão de direito real de uso de bens; II – compra, inclusive por encomenda; III – locação; IV – concessão e permissão de uso de bens públicos; V – prestação de serviços, inclusive os técnico-profissionais especializados; VI – obras e serviços de arquitetura e engenharia; VII – contratações de tecnologia da informação e de comunicação.**"*

Destaca-se que não se subordinam ao regime desta Lei: *"I – contratos que tenham por objeto operação de crédito, interno ou externo, e gestão de dívida pública, incluídas as contratações de agente financeiro e a concessão de garantia relacionada a esses contratos; II – contratações sujeitas a normas previstas em legislação própria."*

Objeto
- I – alienação e concessão de direito real de uso de bens;
- II – compra, inclusive por encomenda;
- III – locação;
- IV – concessão e permissão de uso de bens públicos;
- V – prestação de serviços, inclusive os técnico-profissionais especializados;
- VI – obras e serviços de arquitetura e engenharia; VII – contratações de tecnologia da informação e de comunicação."

Aplicação subsidiária
- Concessão e Permissão de serviço público
- PPP
- Serviços de Publicidade e Propaganda

Não se aplica
- "I – contratos que tenham por objeto operação de crédito, interno ou externo, e gestão de dívida pública, incluídas as contratações de agente financeiro e a concessão de garantia relacionada a esses contratos;
- II – contratações sujeitas a normas previstas em legislação própria."

CONCEITOS IMPORTANTES

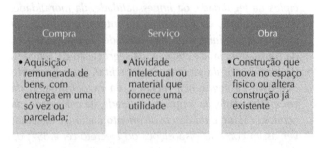

NOVA FINALIDADE DA LICITAÇÃO

O processo licitatório tem como objetivo/finalidade:

– assegurar a seleção da proposta apta a gerar o resultado de contratação mais vantajosa para a Administração Pública, inclusive no que se refere ao ciclo de vida do objeto;

– assegurar tratamento isonômico entre os licitantes;

– **justa competição (NOVO)**;

– **evitar contratações com sobrepreço ou com preços manifestamente inexequíveis e superfaturamento na execução dos contratos (NOVO)**;

– incentivar a inovação e o desenvolvimento nacional sustentável.

NOVAS MODALIDADES DE LICITAÇÃO

Além das modalidades já existentes de licitação, quais sejam, Concorrência, Pregão, Concurso, e Leilão, a Lei 14.133 trouxe uma nova modalidade: o diálogo competitivo. Outrossim, cumpre destacarmos que a nova norma extinguiu a modalidade de convite, Tomada de Preço e RDC.

ANTES DA LEI 14.133	COM A LEI 14.133
Concorrência	Concorrência
Pregão	Pregão
Concurso	Concurso
Leilão	Leilão
Convite	Diálogo Competitivo
Tomada de Preços	
RDC	

Interessante observar, que o Art. 78 da Lei 14.133/21 prevê procedimentos auxiliares das licitações:

I – credenciamento;

II – pré-qualificação;

III – procedimento de manifestação de interesse;

IV – sistema de registro de preços;

V – registro cadastral.

Ressalta-se ainda que a Lei 8.666 tinha previsão de que a modalidade de licitação era definida ou pelo valor estimado da contratação ou pela natureza do objeto. Porém, a partir de agora, o que define a modalidade de licitação que será utilizada é apenas a natureza do objeto.

Concorrência

Trata-se da modalidade de licitação para contratação de bens e serviços especiais e de obras e serviços comuns e especiais de engenharia, cujo critério de julgamento poderá ser:

a) menor preço;

b) melhor técnica ou conteúdo artístico;

c) técnica e preço;

d) maior retorno econômico;

e) maior desconto

Concurso

É a modalidade de licitação para escolha de trabalho técnico, científico ou artístico, cujo critério de julgamento será o de melhor técnica ou conteúdo artístico, para fins de concessão de prêmio ou remuneração.

Critério de julgamento: o concurso passa a ter como critério de julgamento a **melhor técnica e melhor conteúdo artístico**.

Leilão

Trata-se da modalidade de licitação para fins **alienação de qualquer bem pertencente à Administração Pública**. Além disso, não há mais o limite máximo de valor para a realização do leilão de bens móveis, que atualmente é o mesmo valor da tomada de preços – R$1.430.000,00. Cabe destacar que pelo artigo 76, II, qualquer alienação de bens móveis deveria ocorrer mediante leilão, exceto os casos em que a licitação é dispensada.

Pregão

O Pregão é a modalidade de licitação obrigatória para aquisição de bens e serviços comuns, cujo critério de julgamento poderá ser o de menor preço ou o de maior desconto.

Critério de julgamento: menor preço e maior desconto.

Diálogo competitivo

Trata-se de nova modalidade de licitação que será utilizada para contratação de obras, serviços e compras em que a Administração Pública realiza diálogos com licitantes previamente selecionados mediante critérios objetivos, com o intuito de desenvolver uma ou mais alternativas capazes de atender às suas necessidades, devendo os licitantes **apresentar proposta final após o encerramento dos diálogos.**

A modalidade diálogo competitivo, conforme previsto no Art. 32 da Lei, é restrita a contratações em que a Administração:

I – vise contratar objeto que envolva as seguintes características:

a) inovação tecnológica ou técnica;

b) impossibilidade de o órgão ou entidade ter sua necessidade satisfeita sem a adaptação de soluções disponíveis no mercado; e

c) impossibilidade de as especificações técnicas serem definidas com precisão suficiente pela Administração;

II – verifique a necessidade de definir e identificar os meios e as alternativas que possam satisfazer suas necessidades, com destaque para os seguintes aspectos:

a) a solução técnica mais adequada;

b) os requisitos técnicos aptos a concretizar a solução já definida;

c) a estrutura jurídica ou financeira do contrato;

PROCEDIMENTO

Art. 17. O processo de licitação observará as seguintes fases, em sequência: I – preparatória; II – de divulgação do edital de licitação; III – de apresentação de propostas e lances, quando for o caso; IV – de julgamento; V – de habilitação; VI – recursal; VII – de homologação.

Em regra, a habilitação será **realizada APÓS o julgamento**, envolvendo apenas o licitante vencedor. Nesse caso, haverá também uma fase recursal única, após a habilitação. Contudo, a administração poderá realizar a inversão de fases mediante ato devidamente motivado. Nesse caso, todos os licitantes participarão da fase de habilitação. Assim, temos uma nova "lógica" ao que ocorria em relação à Lei 8.666/1993 e ao pregão.

NOVOS CONCEITOS – AGENTES PÚBLICOS

O termo Agentes Públicos refere-se ao indivíduo que, em virtude de eleição, nomeação, designação, contratação ou qualquer outra forma de investidura ou vínculo, exerce mandato, cargo, emprego ou função em pessoa jurídica integrante da Administração Pública. A nova trouxe novos conceitos relacionados aos agentes públicos que serão parte do processo de licitação e contratações públicas, quais sejam os detalhados abaixo.

A) Agente de contratação:

Trata-se da pessoa designada pela autoridade competente, entre servidores efetivos ou empregados públicos dos quadros permanentes da Administração Pública, para tomar decisões, acompanhar o trâmite da licitação, dar impulso ao procedimento licitatório e executar quaisquer outras atividades necessárias ao bom andamento do certame até a homologação.

A nova Lei estipulou que o agente de licitação terá uma equipe de apoio que irá exercer o assessoramento aos trabalhos, não tendo, entretanto, poder decisório. Entretanto, cabe destacar que *"em licitação que envolva bens ou serviços especiais, desde que observados os requisitos estabelecidos no art. 7º desta Lei, o agente de contratação poderá ser substituído por comissão de contratação formada por, no mínimo, 3 (três) membros, que responderão solidariamente por todos os atos praticados pela comissão, ressalvado o membro que expressar posição individual divergente fundamentada e registrada em ata lavrada na reunião em que houver sido tomada a decisão."*

B) Comissão de Contratação

Quando se tratar da contratação de bens e serviços especiais, é possível (mas não obrigatório) o estabelecimento de uma comissão de no mínimo três membros. Por sua vez, quando a modalidade licitatória for o diálogo competitivo, será obrigatória a formação de comissão de licitação com pelo menos três membros.

A comissão de licitação deverá atender aos critérios do art. 7º. Logo, serão *"preferencialmente"* servidores efetivos ou empregados do quadro permanente. Contudo, no caso da modalidade diálogo competitivo os membros da comissão deverão ser servidores efetivos ou empregados do quadro permanente.

VEDAÇÕES – Agente de Contratação

Art. 9º É vedado ao agente público designado para atuar na área de licitações e contratos, ressalvados os casos previstos em lei:

I – admitir, prever, incluir ou tolerar, nos atos que praticar, situações que:

a) comprometam, restrinjam ou frustrem o caráter competitivo do processo licitatório, inclusive nos casos de participação de sociedades cooperativas;

b) estabeleçam preferências ou distinções em razão da naturalidade, da sede ou do domicílio dos licitantes;

c) sejam impertinentes ou irrelevantes para o objeto específico do contrato; 37 243 II – estabelecer tratamento diferenciado de natureza comercial, legal, trabalhista, previdenciária ou qualquer outra entre empresas brasileiras e estrangeiras, inclusive no que se refere a moeda, moda-

lidade e local de pagamento, mesmo quando envolvido financiamento de agência internacional;

III – opor resistência injustificada ao andamento dos processos e, indevidamente, retardar ou deixar de praticar ato de ofício, ou praticá-lo contra disposição expressa em lei.

§ 1º Não poderá participar, direta ou indiretamente, da licitação ou da execução do contrato agente público de órgão ou entidade licitante ou contratante, devendo ser observadas as situações que possam configurar conflito de interesses no exercício ou após o exercício do cargo ou emprego, nos termos da legislação que disciplina a matéria.

Em resumo, o processo licitatório será conduzido pelos atores abaixo identificados:

	RESPONSÁVEL
Regra Geral	Agente de Contratação
Dialogo Competitivo	Comissão de Contratação
Bens e serviços especiais	Comissão de Contratação
Nota Proposta Técnica	Banca
Leilão	Leiloeiro ou Servidor Oficial

Critérios de Julgamento

O que na antiga norma era denominado de "tipo de licitação", na nova Lei é chamado de critério de julgamento. Os critérios de julgamentos que já existiam e continuam existindo, conforme previsão da Nova Lei, são os seguintes:

Menor preço;

Técnica e preço -> O julgamento por técnica e preço considerará a maior pontuação obtida a partir da ponderação, segundo fatores objetivos previstos no edital, das notas atribuídas aos aspectos de técnica e de preço da proposta.

Maior lance, no caso de leilão (não é mais possível para a concorrência);

E as novidades são:

Maior desconto -> O julgamento por maior desconto terá como referência o preço global fixado no edital de licitação, e o desconto será estendido aos eventuais termos aditivos.

Melhor técnica ou conteúdo artístico -> O julgamento por melhor técnica ou conteúdo artístico considerará exclusivamente as propostas técnicas ou artísticas apresentadas pelos licitantes, e o edital deverá definir o prêmio ou a remuneração que será atribuída aos vencedores.

Maior retorno econômico -> O julgamento por maior retorno econômico, utilizado exclusivamente para a celebração de contrato de eficiência, considerará a maior economia para a Administração, e a remuneração deverá ser fixada em percentual que incidirá de forma proporcional à economia efetivamente obtida na execução do contrato.

REFERÊNCIAS:

BRASIL, 2021. **Nova Lei de Licitações**. Disponível em: <https://www.in.gov.br/en/web/dou/-/lei-n-14.133-de-1-de-abril-de-2021-311876884>. Acesso em 01 de abril de 2021.

CARVALHO, Matheus. Manual de Direito Administrativo. Bahia: editora JusPODIVM.

CARVALHO FILHO, José dos Santos. Manual de direito administrativo. São Paulo: Atlas.

MODELO INICIAL. Nova lei de licitações é publicada, veja o que muda! Disponível em: < https://modeloinicial.com.br/artigos/nova-lei-licitacoes>. Acesso em 05 de abril de 2021.

MAZZA, Alexandre. Manual de Direito Administrativo. São Paulo: Saraiva.

A obrigatoriedade de licitar encontra-se registrada no art. 37, XXI, da Constituição Federal de 1988, que fixou **esse procedimento como compulsório para a contratação de obras, serviços, compras e alienações, ressalvados os casos especificados na legislação.**

1823) (2016) Banca: CESPE – Órgão: TCE-PA – Prova: Auxiliar Técnico – Informática.

Com base no disposto nas Leis n.º 8.666/1993 e n.º 10.520/2002, julgue o item que se segue. A administração deve realizar procedimento licitatório para a contratação, com terceiros, de compras, serviços, obras, alienações e permissões, entre outros objetos.

A) Certo   B) Errado

1824) (2014) Banca: CESPE Órgão: TCE-PA – Prova: Analista – Assistência Judiciária

A Constituição prevê que a Administração Pública, sempre que for contratar obras, serviços, compras e alienações, deve realizar procedimento licitatório para escolha do contratado.

A) Certo   B) Errado

1825) (2016) Banca: FUNIVERSA – Órgão: IF-AP – Prova: Assistente em Administração

A licitação destina-se a garantir a observância do princípio constitucional da isonomia, a seleção da proposta mais vantajosa para a administração e a promoção do desenvolvimento nacional sustentável. A respeito da licitação, de acordo com a Lei 8.666/1993, assinale a alternativa correta.

A) Nos casos em que couber convite, a Administração não poderá utilizar a tomada de preços.
B) São modalidades de licitação: a de menor preço, a de melhor técnica, a de técnica e preço e a de maior lance ou oferta.
C) As autarquias federais não se sujeitam a Lei 8.666/1993, podendo realizar qualquer tipo de compra da forma que melhor entenderem.
D) As obras, serviços, inclusive de publicidade, compras, alienações, concessões, permissões e locações da Administração Pública, quando contratadas com terceiros, serão necessariamente precedidas de licitação, ressalvadas as hipóteses previstas em Lei.
E) Não é dispensável a licitação nos casos de guerra ou de grave perturbação da ordem.

1826) (2014) Banca: VUNESP – Órgão: PRODEST-ES – Prova: Assistente Organizacional – Área Administrativa

A propósito da licitação, considerando o disposto na Lei n.º 8.666/93, é correto afirmar que

A) deve ser utilizada para todas as compras do setor público, exceto quando realizadas pelas fundações e autarquias.
B) é exigida dos entes públicos para contratação de obras e serviços quando contratados com terceiros, mas pode ser dispensada em algumas hipóteses previstas em lei
C) não será exigida, em regra, mas se o administrador entender conveniente e oportuna, deve ser feita pela Administração para as suas compras.
D) não será exigida, em regra, mas se o administrador entender conveniente e oportuna, deve ser feita pela Administração para contratação de serviços.
E) quem decide sobre a sua necessidade ou a sua dispensa é a autoridade responsável pelo setor de compras e serviços da respectiva repartição pública.

1827) (2014) Banca: FUNCAB – Órgão: PRODAM-AM – Prova: Assistente Social

As obras, serviços, inclusive de publicidade, compras, alienações, concessões, permissões e locações da administração pública, quando contratadas com terceiros, serão, via de regra, precedidas de:

A) aprovação pelo Poder Legislativo.
B) parecer favorável do Ministério Público.
C) licitação.
D) aprovação do Tribunal de Contas da União.
E) análise do Poder Judiciário.

Em conformidade com o artigo 3° da Lei n° 8.666/93 Lei Geral de Licitações e Contratos "a licitação destina-se a garantir a observância do princípio constitucional da isonomia, a seleção da proposta mais vantajosa para a administração e a promoção do desenvolvimento nacional sustentável e será processada e julgada em estrita conformidade com os princípios básicos da legalidade, da impessoalidade, da moralidade, da igualdade, da publicidade, da probidade administrativa, da vinculação ao instrumento *convocatório, do julgamento objetivo e dos que lhes são correlatos.*" Em suma, são três as finalidades da licitação.

1828) (2016) Banca: CESPE – Órgão: DPU – Prova: Todos os Cargos

Tendo como referência as normas do direito administrativo, julgue o próximo item. A garantia do princípio da isonomia, a seleção da proposta mais vantajosa para a administração pública e a promoção do desenvolvimento nacional sustentável são objetivos da licitação.

A) Certo   B) Errado

1829) (2015) Banca: CESPE – Órgão: STJ – Prova: Técnico Judiciário

Julgue o item a seguir, referente a institutos diversos do direito administrativo. O objetivo da licitação pública é escolher a proposta mais vantajosa para o futuro contrato e fazer prevalecer o princípio da isonomia, visando à promoção do desenvolvimento nacional sustentável.

A) Certo   B) Errado

1830) (2014) Banca: CESPE – Órgão: Polícia Federal – Prova: Administrador

A utilização da licitação pública para a aquisição de produtos e serviços atende ao princípio da isonomia para a contratação, assegurando igualdade de condições aos interessados em fornecer ao Estado.

A) Certo   B) Errado

1831) (2015) Banca: CESPE – Órgão: STJ – Prova: Técnico Judiciário – Tecnologia da Informação

Com relação ao desenvolvimento sustentável no âmbito das licitações e contratações da administração pública, julgue o item que se segue. Embora vise garantir a observância do princípio constitucional da isonomia, o processo licitatório poderá, excepcionalmente, priorizar a proposta que promova em maior grau o desenvolvimento sustentável, em detrimento da proposta mais vantajosa.

A) Certo B) Errado

1832) (2008) Banca: CESPE – Órgão: HEMOBRÁS – Prova: Técnico em Almoxarife

A licitação destina-se a garantir a observância do princípio constitucional da isonomia e a selecionar a proposta mais vantajosa para a empresa que executará a obra ou o serviço para a administração.

A) Certo B) Errado

1833) (2013) Banca: CESPE – Órgão: TRT – 10ª REGIÃO (DF e TO) – Prova: Analista Judiciário – Tecnologia da Informação (+ provas)

A licitação objetiva garantir o princípio constitucional da isonomia, selecionar a proposta mais vantajosa para a administração e promover o desenvolvimento nacional sustentável.

A) Certo B) Errado

1834) (2005) Banca: ESAF – Órgão: SET-RN – Prova: Auditor Fiscal do Tesouro Estadual

A licitação, conforme previsão expressa na Lei nº 8.666/93, destina-se à observância do princípio constitucional da isonomia e, em relação à Administração Pública, a selecionar a proposta que lhe

A) ofereça melhores condições.
B) seja mais conveniente.
C) seja mais vantajosa.
D) proporcione melhor preço.
E) atenda nas suas necessidades.

1835) (2015) Banca: FCC – Órgão: DPE-RR – Prova: Administrador

As contratações de obras, serviços, compras e alienações levadas a efeito pela Administração pública, conforme determina a Constituição Federal, devem, como regra, ser precedidas de processo de licitação pública. Nos termos do que estabelece a Lei Geral de Licitações, o procedimento licitatório destina-se a garantir a

A) melhor contratação para a Administração, considerada aquela de menor preço, independentemente da observância do princípio constitucional da isonomia, isso em razão da positivação dos princípios da eficiência e da economicidade.
B) melhor contratação para a Administração, considerada aquela de menor custo e melhor técnica, independentemente da observância do princípio constitucional da isonomia, isso em razão da positivação do princípio da promoção do desenvolvimento nacional sustentável.
C) seleção da proposta mais vantajosa para a Administração e a promoção do desenvolvimento nacional sustentável, com a observância do princípio constitucional da isonomia, devendo, ainda, ser processada e julgada em estrita conformidade com os princípios constitucionais básicos regedores do agir administrativo e com os princípios da vinculação ao instrumento convocatório e do julgamento objetivo.
D) seleção da proposta mais vantajosa para a Administração e a promoção do desenvolvimento nacional sustentável, o que pode implicar a não observância do princípio constitucional da isonomia, bem como a desobrigação de seu processamento em conformidade com os princípios da vinculação ao instrumento convocatório e do julgamento objetivo.
E) melhor contratação para a Administração, considerada aquela de menor preço, independentemente da qualidade dos produtos e serviços, isso em razão do princípio que veda a preferência de marcas.

1836) (2015) Banca: VUNESP – Órgão: Prefeitura de São José do Rio Preto – SP – Prova: Agente Administrativo

A Licitação, em regra geral, é um procedimento obrigatório para as contratações feitas pelo Poder Público, que tem por objetivo assegurar

A) a seleção das propostas mais vantajosas para o Governo Federal e para o Estadual, bem como para as empresas privadas e empresas públicas.
B) a seleção das propostas mais atrativas e dentro da disponibilidade financeira de todos os órgãos públicos.
C) a seleção das propostas das melhores e mais conceituadas empresas no mercado por intermédio do Diário Oficial.
D) a melhor proposta para a Administração, salvaguardando, também, o direito à concorrência igualitária entre todos os participantes.
E) a seleção das propostas vantajosas também para empresas privadas, salvaguardando o interesse de empresas dentro e fora do país.

1837) (2015) Banca: INSTITUTO AOCP – Órgão: UFPEL – Prova: Advogado

Assinale a alternativa correta.

A) As empresas públicas, por serem constituídas por capital privado, não se subordinam ao regime da lei sobre licitações e contratos, Lei nº 8.666/93.
B) Toda contratação pública será precedida de licitação, sem exceção, na forma da Lei nº 8.666/93.
C) Em regra, toda a licitação será sigilosa, preservando os direitos autorais e criatividade de cada concorrente.
D) Mesmo nas concorrências nacionais, é possível que as licitações tenham como expressão monetária moeda internacional.
E) A licitação destina-se a garantir a observância do princípio constitucional da isonomia e a selecionar a proposta mais vantajosa para a Administração.

1838) (2015) Banca: CEPERJ – Órgão: Prefeitura de Saquarema – RJ – Prova: Gestor Público

A licitação pública é um certame que órgãos e entes do governo realizam para firmar determinadas relações de conteúdo patrimonial. Essencialmente, a licitação, do ponto de vista da administração pública, visa:

A) realizar a aquisição de menor custo.
B) escolher a proposta mais vantajosa às conveniências públicas.

C) viabilizar um serviço necessário à sociedade e impraticável pelo Estado.
D) firmar contratos de exclusividade com fornecedores.
E) efetivar atividades que não podem ou não devem ser geridas diretamente pelo Estado.

1839) (2014) Banca: FUNCAB – Órgão: SUPEL-RO – Prova: Engenharia Civil

Conforme a Lei n° 8.666/1993, a licitação é um procedimento administrativo e destina-se à observância de princípios constitucionais e próprios e, em relação à Administração Pública, a selecionar a proposta que:

A) ofereça as melhores condições de aceitação.
B) seja mais conveniente para a sociedade.
C) seja mais vantajosa.
D) atenda todas as suas necessidades.
E) proporcione melhor preço.

1840) (2013) Banca: FUNCAB – Órgão: SESACRE – Prova: Técnico em Enfermagem

São finalidades da licitação:

A) buscar proposta desestimulando a competitividade entre potenciais contratados.
B) promover o desenvolvimento nacional sustentável.
C) tratar de forma privilegiada potenciais contratados com melhor posição patrimonial.
D) aplicar critérios de ordem subjetiva definidos pelos agentes públicos para a seleção da proposta mais vantajosa.
E) escolher a proposta mais vantajosa às conveniências dos particulares envolvidos.

1841) (2017) Banca: IESES – Órgão: ALGÁS – Prova: Analista de Projetos Organizacionais – Jurídica

Assinale a alternativa INCORRETA:

a) A licitação como procedimento, desenvolve-se através de uma sucessão ordenada de atos vinculantes para a Administração e para os licitantes, o que propicia igual oportunidade a todos os interessados e atua como fator de eficiência e moralidade nos negócios administrativos.
b) A licitação o procedimento administrativo pelo qual um ente público, no exercício da função administrativa, abre a todos os interessados, que se sujeitem às condições fixadas no instrumento convocatório, a possibilidade de formularem propostas dentre as quais selecionará e aceitará a mais conveniente para celebração do contrato.
c) A finalidade da licitação deve ser sempre atender o interesse público, buscar a proposta sempre de menor preço, sem a necessidade de observar o princípio da isonomia.
d) A finalidade da licitação deve ser sempre atender o interesse público, buscar a proposta mais vantajosa, existindo igualdade de condições, bem como os demais princípios resguardados pela constituição.

1842) (2017) Banca: FCC – Órgão: DPE-PR – Prova: Defensor Público – Direito Administrativo – Disciplina – Assunto Conceito, competência legislativa, sujeitos e finalidades das licitações, Licitações e Lei 8.666 de 1993

Sobre o tema licitações, é correto afirmar:

A) O sistema de registro de preços e a chamada "licitação carona" são institutos que não decorrem expressamente da previsão na Lei de Licitações, mas derivam do princípio administrativo explícito da publicidade.
B) As microempresas e empresas de pequeno porte poderão participar do procedimento licitatório sem necessitar comprovar previamente a qualificação técnica, por força da finalidade relacionada ao desenvolvimento nacional, entretanto uma vez declarada vencedora, deverá apresentar comprovar sua qualificação em até 48 horas.
C) As microempresas e empresas de pequeno porte poderão participar do procedimento licitatórios sem necessitar comprovar previamente a qualificação técnica, por força da finalidade relacionada ao desenvolvimento nacional, entretanto uma vez declarada vencedora, deverá comprovar sua qualificação em até 5 dias úteis.
D) É compatível com as finalidades licitatórias a preferência para aquisição de produtos manufaturados e serviços nacionais que obedeçam às normas técnicas brasileiras em detrimento de produtos e serviços estrangeiros, desde que obedecidos os limites legais definidos pelo Poder Executivo Federal.
E) Conforme a Lei de Licitações, sempre que os candidatos forem inabilitados ou desclassificados – instituto da licitação fracassada – se autorizará a imediata contratação direta.

1843) (2016) Banca: FCM – Órgão: IFF – Prova: Administrador

"Devem ser observados principalmente os princípios básicos norteadores dos procedimentos licitatórios públicos."

"A Administração deve observar nas decisões critérios objetivos previamente estabelecidos, afastando a discricionariedade e o subjetivismo na condução dos procedimentos de licitação."

Os trechos acima descrevem o princípio de

A) Isonomia.
B) Legalidade.
C) Competição.
D) Impessoalidade.
E) Julgamento objetivo.

1844) (2016) Banca: FCM – Órgão: IF Farroupilha – RS – Prova: Assistente em Administração

São princípios referentes à licitação, expressamente previstos no art. 3° da Lei 8.666/93:

A) moralidade, legalidade e culpabilidade.
B) legalidade, impessoalidade e discricionariedade.
C) igualdade, julgamento objetivo e discricionariedade.
D) devido processo legal, culpabilidade e probidade administrativa.
E) vinculação ao instrumento convocatório, publicidade e probidade administrativa.

1845) (2016) Banca: FCM – Órgão: Prefeitura de Barbacena – MG – Prova: Agente Administrativo

São princípios previstos de forma expressa na Lei de Licitações n.° 8.666/93:

A) Moralidade, juiz natural, julgamento objetivo, intervenção mínima.
B) Legalidade, intervenção mínima, primazia da realidade e julgamento objetivo.

C) Igualdade, vinculação ao instrumento convocatório, primazia da realidade, juiz natural.
D) Publicidade, probidade administrativa, vinculação ao instrumento convocatório e julgamento objetivo.

1846) (2017) Banca: AOCP – Órgão: CODEM – PA – Prova: Analista Fundiário – Advogado

Conforme dispõe o art. 3°, da Lei Federal n° 8.666/93, a licitação é destinada a garantir a observância do princípio constitucional da isonomia, de forma a selecionar a proposta mais vantajosa para a Administração e a promoção do desenvolvimento nacional. O mesmo artigo legal ainda determina que sejam observados os seguintes princípios:

A) legalidade, morosidade, igualdade e liberdade.
B) impessoalidade, liberdade, legalidade e moralidade.
C) liberdade, legalidade, impessoalidade, morosidade.
D) moralidade, legalidade, impessoalidade e igualdade.
E) legalidade, fraternidade, moralidade e igualdade.

1847) (2016) Banca: FUMARC – Órgão: Câmara de Conceição do Mato Dentro – Prova: Advogado

São princípios inerentes às licitações públicas, expressos na Lei 8.666, de 23 de junho de 1993, EXCETO:

A) Finalidade e motivação.
B) Legalidade e impessoalidade.
C) Publicidade e probidade administrativa.
D) Vinculação ao instrumento convocatório e julgamento objetivo.

1848) (2016) Banca: UFCG – Órgão: UFCG – Prova: Analista de Tecnologia da Informação – Desenvolvimento de Sistemas

Não integra o rol dos princípios que norteiam o procedimento licitatório:

A) Julgamento objetivo.
B) Vinculação ao instrumento convocatório.
C) Probidade administrativa.
D) Igualdade de condições a todos os concorrentes.
E) Dispensa e exigibilidade.

A licitação é um PROCEDIMENTO, ou seja, refere-se à uma sequência ordenada de atos administrativos, ADMINISTRATIVO, pertencente à órbita do Direito Administrativo, OBRIGATÓRIO, trata-se de um dever do Estado, COMPETITIVO, a licitação é aberta a todos que queiram concorrer à celebração do acordo com o Estado, ISONÔMICO, a licitação visa promover uma disputa justa e isonômica entre os interessados e com vistas à celebração de CONTRATO ADMINISTRATIVO entre o vencedor do certame e a Administração Pública.

1849) (2016) Banca: FGV – Órgão: IBGE – Prova: Analista – Auditoria

A licitação busca a proposta mais vantajosa para a Administração Pública, motivo pelo qual a Lei n° 8.666/93 dispõe que é vedado aos agentes públicos admitir, prever, incluir ou tolerar, nos atos de convocação, cláusulas ou condições que comprometam, restrinjam ou frustrem o seu caráter competitivo. Trata-se especificamente do princípio:

A) da isonomia;
B) do julgamento objetivo;
C) da desvinculação ao instrumento convocatório;
D) da competitividade;
E) da impessoalidade.

1850) (2014) Banca: FUNCAB – Órgão: SEFAZ-BA – Prova: Auditor Interno

Conforme a Lei 8.666/1993, a licitação é um procedimento administrativo que objetiva a seleção da melhor proposta entre as apresentadas, seguindo regras objetivas, respeitada a isonomia dos participantes. Sobre licitação, assinale a opção correta.

A) Licitação é o procedimento que serve para legitimar um contrato administrativo.
B) Licitação fracassada caracteriza-se pelo desinteresse dos participantes, justificando a contratação direta.
C) Nos casos em que couber a modalidade "convite", não caberá a modalidade concorrência.
D) O edital de licitação deve ser combinado previamente com os participantes, a fim de garantir o princípio da publicidade e da isonomia e proporcionar o melhor preço.
E) A licitação é um contrato administrativo que busca a proposta mais vantajosa para a Administração.

Legislação: Em conformidade com os termos do art. 22 da Constituição Federal, a competência para legislar sobre normas gerais acerca de Licitações e Contratos é da União, *in verbis*:

"*Art. 22. Compete privativamente à União legislar sobre:*

"*Art. 22 Compete privativamente à União legislar sobre:*

(...) XXVII – normas gerais de licitação e contratação, em todas as modalidades, para as administrações públicas diretas, autárquicas e fundacionais da União, estados, Distrito Federal e municípios (...)"

1851) (2009) Banca: CESPE – Órgão: MMA – Prova: Agente Administrativo

As normas gerais sobre licitações estabelecidas na Lei 8.666/1993 restringem-se à União, aos estados e ao Distrito Federal.

A) Certo B) Errado

1852) (2014) Banca: CESPE – Órgão: TJ-SE – Prova: Técnico Judiciário – Área Judiciária

Julgue o item subsecutivo, no que diz respeito à licitação administrativa. Para a realização de contratações administrativas, o TJSE deve observar, subsidiariamente, a legislação federal acerca das normas gerais de licitação, já que cada estado da Federação deve editar e seguir prioritariamente suas próprias normas gerais sobre licitação.

A) Certo B) Errado

1853) (2007) Banca: CESPE – Órgão: TCU – Prova: Técnico de Controle Externo

As normas gerais acerca de licitação e contratação pública podem ser estabelecidas por meio de ato legislativo da União, dos estados, do Distrito Federal e dos municípios, de acordo com o âmbito de aplicação dessas normas.

A) Certo B) Errado

7. LICITAÇÕES

1854) (2016) Banca: FUNIVERSA – Órgão: IF-AP – Prova: Auxiliar em Administração

Um município resolveu legislar sobre normas gerais a respeito de contratos administrativos sem obedecer às regras estipuladas na legislação federal.

Considerando essa situação hipotética e as demais regras a respeito de contratos administrativos previstas na CF e na Lei n.º 8.666/1993, assinale a alternativa correta.

A) O município agiu corretamente, visto que possui autonomia para legislar sobre normas gerais sem observar regras estipuladas na legislação federal.
B) O município não possui competência para editar normas suplementares a respeito de contratos administrativos.
C) O município agiu incorretamente, uma vez que cabe à União Federal editar as leis que tratem das regras gerais, cabendo aos estados e municípios a edição de normas suplementares em obediência às regras estipuladas na legislação federal.
D) Cabe à União Federal editar normas suplementares e ao município editar normas gerais.
E) Cabe ao estado da federação editar normas gerais e ao município editar normas suplementares.

1855) (2016) Banca: COPEVE-UFAL – Órgão: UFAL – Prova: Técnico em Assuntos Educacionais (+ provas)

A obrigatoriedade de realização de licitação é um princípio da administração pública expressamente previsto no art. 37 da Constituição Federal, como forma de preservar a moralidade, a impessoalidade e a isonomia nas contratações públicas. No que diz respeito à licitação pública, é correto afirmar:

A) a obrigatoriedade de realização de licitação não comporta ressalvas, exceto nos casos em que a concorrência é impossível.
B) as modalidades de licitação são de livre escolha do gestor público, desde que assegurem a igualdade de condições entre todos os interessados.
C) as empresas estatais não estão obrigadas a realizar licitação para contratações de qualquer espécie, visto que são pessoas jurídicas de direito privado.
D) as autarquias, como é o caso das universidades federais, não precisam realizar licitação para contratação de serviços, uma vez que integram a administração indireta.
E) cabe à União editar normas gerais de licitação, sendo tais disposições aplicáveis às administrações públicas diretas, autárquicas e fundacionais da União, dos Estados, do Distrito Federal e dos Municípios.

Devem obrigatoriamente licitar:
Administração Pública Direta: União Federal, Estados-membros, Distrito Federal e Municípios.
Administração Pública Indireta: Autarquias, Fundações Públicas, Empresas Públicas e Sociedade de Economia Mista. Destaca-se que a partir de 2016 as Empresas Públicas e as Sociedades de Economia Mista devem observar regulamento próprio que versa sobre as contratações das estatais (estudado abaixo).

1856) (2011) Banca: CESPE – Órgão: FUB – Prova: Bibliotecário Documentalista

Com relação à obrigatoriedade de licitação e suas normas gerais, julgue o item que se segue.

Um órgão do Ministério Público estadual, ao realizar determinado certame licitatório, subordina-se, no que couber, às normas gerais de licitação previstas na Lei 8.666/1993.
A) Certo B) Errado

1857) (2009) Banca: CESPE – Órgão: TCE-RN – Prova: Assessor Técnico Jurídico

As casas legislativas, o Poder Judiciário e os TCs estão obrigados a licitar, visto que são tidos como administração pública direta.
A) Certo B) Errado

1858) (2014) Banca: CESPE – Órgão: SUFRAMA – Prova: Agente Administrativo

Considerando que a SUFRAMA, autarquia vinculada ao Ministério do Desenvolvimento, Indústria e Comércio Exterior, pretenda contratar serviços de consultoria para auxiliar na elaboração do Plano Diretor Plurianual da ZFM, julgue o item a seguir. Sendo uma autarquia, a SUFRAMA não é obrigada a realizar prévio procedimento de licitação para contratar o serviço.
A) Certo B) Errado

1859) (2007) Banca: FCC – Órgão: TRE-PB – Prova: Técnico Judiciário – Área Administrativa

As normas gerais relativas à licitação aplicam-se aos
A) órgãos da Administração Direta e às entidades da Administração Indireta.
B) órgãos da Administração Direta e às empresas públicas, tão somente.
C) órgãos da Administração Direta e às fundações públicas, tão somente.
D) Estados, Distrito Federal e Municípios, tão somente.
E) Estados, Distrito Federal e Municípios e às entidades prestadoras de serviço público, tão somente.

1860) (2017) Banca: FCC – Órgão: TRE-SP – Prova: Técnico Judiciário – Enfermagem (+ provas)

Atenção: A questão, refere-se ao conteúdo de Noções de Direito Administrativo.

Dentre os entes que integram a Administração pública e a obrigatoriedade de submissão ao princípio licitatório e ao regime da Lei nº 8.666/93,

A) as autarquias e fundações, porque integrantes da Administração pública indireta, submetem-se a licitações apenas para a contratação de aquisição de bens e serviços, não para alienação de bens que integram seu patrimônio.
B) as autarquias e fundações submetem-se ao regime de licitações para a celebração de contratação de aquisição de bens e serviços, bem como para alienação de seus bens.
C) a Administração direta e indireta subordina-se à lei de licitações para contratação de serviços e alienação de bens, estando a aquisição de bens elencada dentre as hipóteses de dispensa de licitação, razão pela qual prescinde de certame.
D) empresas estatais e fundações integrantes da Administração indireta não se submetem ao regime licitatório quando da celebração de contratos, tendo em vista que observam as mesmas regras e parâmetros aplicáveis aos contratos firmados pela iniciativa privada, a fim de preservar a competitividade.

E) a Administração direta submete-se ao regime licitatório para celebração de contratos em sentido estrito, ou seja, contratos administrativos, não se aplicando a obrigação de realização de certame para outros instrumentos.

1861) (2017) Banca: FEPESE – Órgão: JUCESC – Prova: Técnico em Atividades Administrativas

A Lei 8.666/1993 estabelece que:

A) A licitação será sempre sigilosa.
B) O procedimento licitatório previsto nesta Lei caracteriza ato administrativo informal.
C) O contratado pela Administração Pública deverá ser sempre pessoa física.
D) Poderá participar diretamente da licitação servidor ou dirigente do órgão contratante ou responsável pela licitação.
E) Os Poderes da União, dos Estados, do Distrito Federal e dos municípios deverão observar esta Lei, que estabelece as normas gerais sobre licitações e contratos administrativos.

1862) (2016) Banca: MPE-PR – Órgão: MPE-PR – Prova: Promotor Substituto

Sobre licitação e contratos administrativos é correto afirmar:

A) A Lei n. 8.666/1993 considera Administração Pública a administração direta e indireta da União, dos Estados, do Distrito Federal e dos Municípios, abrangendo as entidades com personalidade jurídica de direito privado sob controle do poder público e das fundações por ele instituídas ou mantidas;
B) Não se exige licitação para contratação realizada por empresa pública ou sociedade de economia mista com suas subsidiárias e controladas, para a aquisição ou alienação de bens, prestação ou obtenção de serviços, desde que o preço contratado seja compatível com o praticado no mercado;
C) O instrumento de contrato somente é obrigatório nos casos de concorrência, de tomada de preços e convite, bem como nas dispensas e inexigibilidades cujos preços estejam compreendidos nos limites destas duas modalidades de licitação, e facultativo nos demais em que a Administração puder substituí-lo por outros instrumentos hábeis, tais como carta-contrato, nota de empenho de despesa, autorização de compra ou ordem de execução de serviço;
D) A critério da autoridade competente, em cada caso, e desde que prevista no instrumento convocatório, poderá ser exigida prestação de garantia nas contratações de obras, serviços e compras, cabendo ao contratante optar por uma das seguintes modalidades: caução em dinheiro ou em títulos da dívida pública, devendo estes ter sido emitidos sob a forma escritural, mediante registro em sistema centralizado de liquidação e de custódia autorizado pelo Banco Central do Brasil e avaliados pelos seus valores econômicos, conforme definido pelo Ministério da Fazenda, seguro-garantia ou fiança bancária;
E) Para aquisição de bens e serviços comuns, ou seja, aqueles cujos padrões de desempenho e qualidade possam ser objetivamente definidos pelo edital, por meio de especificações usuais no mercado, deverá ser adotada a licitação na modalidade de pregão.

Em conformidade com o entendimento do TCU, as empresas estatais devem licitar, mas são admitidas exceções a esse dever quando tratar-se de empresa estatal exploradora de atividade econômica em contratações relativas à sua atividade fim, quando a utilização do procedimento licitatório esteja inviabilizando o regime de competição da estatal com as demais empresas privadas. Nesse caso, conforme decisão do TCU, admite-se a contratação direta.

Fundos especiais: na prática esses fundos são criados sob a forma de **Autarquias e Fundações** o que, consequentemente, as fazem integrar a estrutura da Administração Direta ou Indireta. Ex.: Fundo de Combate à Pobreza.

Entidades controladas direta ou indiretamente pelo Poder Público: essas empresas não são Empresas Públicas e nem tampouco Sociedade de Economia Mista e NÃO integram a Administração Pública Direta e nem indireta. Tratam-se de entidades privadas, cujo controle acionário (ou seja, maioria do capital votante) pertence ao Estado, logo, existe interesse público diretamente aplicado a essas, ou porque são empresas ligadas a uma área estratégica do governo, ou porque existe dinheiro público investido ali etc.

Terceiro setor: o Terceiro Setor é formado por **entidades paraestatais vocacionadas à prestação de serviços de natureza social não exclusivos de Estado**. Apesar das leis que estruturam tais entidades não exigirem a realização do procedimento licitatório em todas as contratações, o entendimento majoritário da doutrina é de que essas organizações são obrigadas a realizar procedimento **simplificado de licitação**, caso tratar-se de contratação realizada com **recursos públicos.**

Conselhos de classe: os conselhos de classe possuem a natureza de **autarquias profissionais, razão pela qual encontram-se sujeitos ao dever de licitar.** Entretanto, encontra-se ressalvada a hipótese relativa à Ordem dos Advogados do Brasil que não possui natureza jurídica de autarquia e que, conforme entendimento do Supremo Tribunal Federal, trata-se de um serviço independente.

1863) (2013) Banca: CESPE Órgão: MME – Prova: Analista de Licitação

As entidades paraestatais que apresentam personalidade jurídica de direito privado não se sujeitam às normas gerais da Lei 8.666/1993.

A) Certo B) Errado

1864) (2016) Banca: CESPE – Órgão: TRT – 8ª Região (PA e AP) Prova: Técnico Judiciário – Área Administrativa

Com base nas disposições constitucionais e no regime jurídico referentes à administração indireta, assinale a opção correta.

A) Os conselhos profissionais são considerados autarquias profissionais ou corporativas, razão pela qual encontram-se sujeitos ao dever de licitar.
B) Conforme a Constituição Federal de 1988 (CF), a nomeação dos presidentes das entidades da administração pública indireta independe de aprovação prévia do Senado Federal.
C) As sociedades de economia mista que exploram atividade econômica não estão sujeitas à fiscalização do Tribunal de Contas da União.

D) O consórcio público integra a administração direta de todos os entes da Federação consorciados, ainda que detenha personalidade jurídica de direito público.
E) Existe relação de hierarquia entre a autarquia e o ministério que a supervisiona.

1865) (2015) Banca: FGV – Órgão: TJ-PI – Prova: Analista Judiciário – Analista Administrativo

Subordinam-se aos ditames normativos da Lei nº 8.666/93, que institui normas para licitações e contratos da Administração Pública, os órgãos elencados naquele diploma legal. A alternativa mais completa, que contempla todos que estão sujeitos a tal regime jurídico é:

A) os órgãos da administração direta, as autarquias, as fundações públicas, as empresas públicas, as sociedades de economia mista e as concessionárias e permissionárias de serviços públicos da União, Estados, Distrito Federal e Municípios;
B) as entidades que ostentem personalidade jurídica de direito público, ou seja, da administração direta, das autarquias e das fundações públicas da União, Estados, Distrito Federal e Municípios;
C) as entidades que ostentem personalidade jurídica de direito público, ou seja, da administração direta e da administração indireta (autarquias, fundações públicas, empresas públicas e sociedades de economia mista) da União, Estados, Distrito Federal e Municípios;
D) os órgãos da administração direta, os fundos especiais, as autarquias, as fundações públicas, as empresas públicas, as sociedades de economia mista e demais entidades controladas direta ou indiretamente pela União, Estados, Distrito Federal e Municípios;
E) os órgãos da administração direta, as autarquias, as fundações públicas, as empresas públicas, as sociedades de economia mista, as concessionárias e permissionárias de serviços públicos e demais entidades controladas direta ou indiretamente pela União, Estados, Distrito Federal e Municípios.

1866) (2014) Banca: CAIP-IMES – Órgão: FURP-SP – Prova: Comprador Pleno

Com base na Lei 8.666/93, e suas alterações, complete a lacuna abaixo assinalado a alternativa correta de acordo com a Lei.

Subordinam-se ao regime da Lei 8.666/93, além dos órgãos da administração direta, _____ e demais entidades controladas direta ou indiretamente pela União, Estados, Distrito Federal e Municípios.

A) as autarquias, empresas públicas
B) os fundos especiais, as autarquias, as fundações públicas, as empresas públicas, as sociedades de economia mista
C) os fundos especiais, as autarquias, as fundações públicas
D) as fundações públicas, as empresas públicas, as sociedades de economia mista

1867) (2015) Banca: OBJETIVA – Órgão: Prefeitura de Carlos Barbosa – RS – Prova: Agente Administrativo

Atenção! Em toda a questão de legislação desta prova, serão consideradas a lei e suas alterações até a data do início das inscrições deste certame.

Em conformidade com a Lei nº 8.666/93, assinalar a alternativa que preenche as lacunas abaixo CORRETAMENTE:

Subordinam-se ao regime desta Lei, além dos órgãos da Administração Direta, os fundos _____, as autarquias, as fundações públicas, empresas _____, as sociedades de economia _____ e demais entidades controladas direta ou indiretamente pela União, Estados, Distrito Federal e Municípios.

A) de financiamento – privadas – mista
B) especiais – públicas – mista
C) de financiamento – públicas – estatal
D) especiais – privadas – estatal

1868) (2017) Banca: CONSULPLAN – Órgão: TRF – 2ª REGIÃO- Prova: Técnico Judiciário – Sem Especialidade

Dentre as entidades mencionadas a seguir, assinale aquela que NÃO tem o dever de licitar para aquisição de bens e serviços.

A) Ordem dos Advogados do Brasil.
B) Consórcios Públicos.
C) Agências Executivas.
D) Sociedade de Economia Mista exploradora de serviço público.

1869) (2016) Banca: FAPEC – Órgão: Prefeitura de Ouro Branco – AL – Prova: Agente Administrativo

A Lei 8.666/93 estabelece normas gerais sobre licitações e contratos administrativos, portanto subordinam-se ao seu regime:

A) Os fundos especiais, as autarquias, as fundações públicas e as empresas públicas, apenas.
B) Além dos órgãos da administração direta, os fundos especiais, as autarquias, as fundações públicas, as empresas públicas, as sociedades de economia mista e demais entidades controladas direta ou indiretamente pela União, Estados, Distrito Federal e Municípios.
C) As fundações públicas, os fundos especiais, as sociedades de economia mista e as demais entidades controladas apenas diretamente pela União, Estado, Distrito Federal e Municípios.
D) As autarquias, as fundações públicas, as empresas de caráter público, e as entidades controladas apenas diretamente pela União, Estado, Distrito Federal e Municípios.

1870) (2015) Banca: CONSULPLAN – Órgão: TJ-MG – Prova: Titular de Serviços de Notas e de Registros – Remoção

Assinale a alternativa INCORRETA:

A) Não se subordinam ao regime da lei de licitações os fundos especiais.
B) A licitação será processada e julgada em estrita conformidade com os princípios básicos da legalidade, da impessoalidade, da moralidade, da igualdade, da publicidade, da probidade administrativa, da vinculação ao instrumento convocatório, do julgamento objetivo e dos que lhe são correlatos.
C) As compras, sempre que possível, deverão submeter-se às condições de aquisição e pagamento semelhantes às do setor privado.
D) Nas compras deverá ser observada, ainda, a especificação completa do bem a ser adquirido sem indicação de marca.

1871) (2015) Banca: CETRO – Órgão: MDS – Prova: Atividades Técnicas de Complexidade Intelectual – Nível IV

Licitação consiste no conjunto de procedimentos administrativos para aquisições e contratações de serviços pela administração de todos os entes federativos. Nesse sentido, subordinam-se à Lei nº 8.666/1993

A) empresas com capital apenas privado, que mantenham contratos com a Administração Pública.
B) órgãos da administração direta, fundos especiais, autarquias, fundações públicas e privadas, que atuem no território nacional, as empresas públicas, as sociedades de economia mista, e demais entidades controladas direta ou indiretamente pela União, Estados Distrito Federal e Municípios.
C) órgãos da administração direta, fundos especiais, autarquias, fundações públicas, empresas públicas as empresas públicas, as sociedades de economia mista, e demais entidades controladas direta ou indiretamente pela União, Estados Distrito Federal e Municípios.
D) órgãos da administração direta, fundos especiais, autarquias, fundações públicas, as empresas públicas, as sociedades de economia mista, os Serviços Sociais Autônomos, tais como SEBRAE, SESC, SENAI, mesmo com regimento licitatório próprio, e demais entidades controladas direta ou indiretamente pela União, Estados Distrito Federal e Municípios.
E) igrejas, templos e organizações sem fins lucrativos que se mantenham com dinheiro da sociedade.

1872) (2015) Banca: UFES – Órgão: UFES – Prova: Técnico em Contabilidade

De acordo com a Lei nº 8.666/1993, é CORRETO afirmar:

A) A Lei estabelece normas gerais sobre licitações e contratos administrativos pertinentes apenas a obras, serviços e compras.
B) Os fundos especiais, as autarquias, as fundações públicas, as empresas públicas, as sociedades de economia mista e demais entidades controladas direta ou indiretamente pela União, Estados, Distrito Federal e Municípios, além dos órgãos da administração direta, subordinam-se ao regime da Lei nº 8.666/1993.
C) A inclusão, por agentes públicos, de cláusulas que restrinjam o seu caráter competitivo nos casos de sociedades cooperativas de pequenos produtores rurais é permitida.
D) A licitação não será sigilosa, sendo públicos e acessíveis ao público os atos de seu procedimento, inclusive quanto ao conteúdo das propostas, antes da respectiva abertura destas.
E) Os valores, preços e custos utilizados nas licitações terão como expressão monetária a moeda corrente nacional.

1873) (2016) Banca: UFCG – Órgão: UFCG – Prova: Assistente em Administração

Sobre a lei 8.666/1993 que regulamenta o art. 37, inciso XXI, da Constituição Federal, institui normas para licitações e contratos da Administração Pública e dá outras providências é correto afirmar que:

A) Subordinam-se ao regime desta Lei, além dos órgãos da administração direta, os fundos especiais, as autarquias, as fundações públicas, as empresas públicas, as sociedades de economia mista e demais entidades controladas direta ou indiretamente pela União, Estados, Distrito Federal e Municípios.
B) Esta Lei estabelece normas gerais sobre licitações e contratos administrativos pertinentes a obras, serviços, inclusive de publicidade, compras, alienações e locações, apenas no âmbito dos Poderes da União e dos Estados;
C) As obras, compras, alienações, concessões, permissões, locações e serviços, exceto de publicidade, da Administração Pública, quando contratadas com terceiros, serão necessariamente precedidas de licitação, ressalvadas as hipóteses previstas nesta Lei.
D) Para os fins desta Lei, considera-se contrato todo e qualquer ajuste entre órgãos ou entidades da Administração Pública e particulares, em que haja um acordo de vontades para a formação de vínculo e a estipulação de obrigações recíprocas, desde que, seja esta a denominação utilizada.
E) A licitação destina-se a garantir a observância do princípio constitucional da isonomia, a seleção da proposta mais barata para a administração e a promoção do desenvolvimento nacional sustentável e será processada e julgada em estrita conformidade com os princípios básicos da legalidade, da impessoalidade, da moralidade, da igualdade, da publicidade, da improbidade administrativa, da vinculação ao instrumento convocatório, do julgamento objetivo e dos que lhes são correlatos.

A Lei 8.666/93, no seu art. 3º, estabelece os princípios específicos que incidem sobre o processo licitatório, são eles: **legalidade, impessoalidade, igualdade, publicidade, probidade administrativa, vinculação ao instrumento convocatório e julgamento objetivo.** Há, porém, aceitação majoritária da doutrina dos seguintes princípios:

Procedimento formal: o referido princípio trata acerca da necessária obediência pela Administração Pública ao **rito e as fases estabelecidas na licitação**, ou seja, a fiel observância da lei no procedimento licitatório. A violação ao rito procedimental pode importar em anulação do certame e, consequentemente, do contrato administrativo. Entretanto, em observância ao princípio da instrumentalidade das formas, destaca-se que não se cogita a possibilidade de anulação do procedimento por **mera imperfeição formal.**

Vinculação ao instrumento convocatório – artigo 41, *caput* da Lei 8.666/93: trata-se de instrumento que convoca as empresas a participar da licitação, o instrumento convocatório será o **edital ou a carta convite** – dependendo da modalidade licitatória adotada. **O instrumento convocatório estabelece todas as normas que serão respeitadas durante o procedimento.** Esse instrumento estabelecerá os **critérios objetivos** definidos pela Administração Pública para fins de realização da escolha do licitante vencedor.

1874) (2017) Banca: CESPE – Órgão: SEDF – Prova: Analista de Gestão Educacional – Administração

Acerca de licitações, contratos e convênios na administração pública, julgue o item que se segue.

A estrita observância ao edital constitui princípio básico de toda licitação. Assim, o descumprimento desse requisito enseja nulidade do certame.

A) Certo   B) Errado

1875) (2012) Banca: FCC – Órgão: TRE-CE – Prova: Técnico Judiciário – Área Administrativa

O princípio da vinculação ao instrumento convocatório

A) aplica-se somente aos licitantes, vez que estes não podem deixar de atender os requisitos do instrumento convocatório.

B) é princípio básico das licitações, no entanto, sua inobservância não enseja a nulidade do procedimento licitatório.

C) tem por objetivo evitar que a Administração Pública descumpra as normas e condições do edital, ao qual se acha estritamente vinculada.

D) permite à Administração Pública, excepcionalmente, aceitar proposta com eventual inobservância às condições estabelecidas no edital, desde que mais favorável ao interesse público.

E) não está expressamente previsto na Lei de Licitações (Lei no 8.666/1993), porém caracteriza-se como um dos mais importantes princípios das licitações.

1876) (2010) Banca: FCC – Órgão: TRE-AL – Prova: Técnico Judiciário – Área Administrativa

A regra prevista na Lei de Licitações (Lei nº 8.666/93) segundo a qual a Administração não pode descumprir as normas e condições do edital, ao qual se acha estritamente vinculada, traduz o princípio da

A) legalidade.
B) vinculação ao instrumento convocatório.
C) impessoalidade.
D) moralidade.
E) igualdade.

1877) (2016) Banca: FCC – Órgão: PGE-MT – Prova: Técnico – Técnico Administrativo

O princípio da vinculação ao instrumento convocatório, nas licitações públicas, significa que as normas previstas no edital vinculam a todos os licitantes,

A) independentemente do que disponha a lei.
B) e à Administração pública, ainda que eivadas de algum vício de legalidade.
C) e à própria Administração pública, prevalecendo, inclusive, sobre a lei.
D) e à própria Administração pública, prevalecendo, inclusive, sobre a lei, mas não sobre a Constituição.
E) e à própria Administração pública, desde que não sejam contrárias à lei.

1878) (2016) Banca: FGV – Órgão: IBGE – Prova: Analista – Ciências Contábeis

Dentre os princípios básicos norteadores do procedimento licitatório, a Lei nº 8.666/93 destaca o princípio:

A) da publicidade, segundo o qual além da publicação de aviso contendo o resumo do edital do certame na imprensa, toda licitação deve ser iniciada, obrigatoriamente, com uma audiência pública;

B) da vinculação ao instrumento convocatório, segundo o qual as regras traçadas para a licitação devem ser fielmente observadas por todos, evitando a alteração de critérios de julgamento;

C) do julgamento subjetivo, segundo o qual critérios e fatores seletivos previstos no edital devem ser adotados inafastavelmente para o julgamento;

D) da oferta de vantagens, segundo o qual deve ser considerada qualquer oferta de vantagem, ainda que não prevista no edital ou no convite, como financiamentos subsidiados;

E) da alterabilidade do edital, segundo o qual a Administração Pública pode alterar o edital até a fase de julgamento, desde que haja anuência expressa de pelo menos dois licitantes.

1879) (2015) Banca: FGV – Órgão: TJ-RO – Prova: Oficial de Justiça

A Lei nº 8.666/93 estabelece que a licitação destina-se a garantir a observância do princípio constitucional da isonomia, a seleção da proposta mais vantajosa para a administração e a promoção do desenvolvimento nacional sustentável e será processada e julgada em estrita conformidade com alguns princípios específicos. Dentre tais princípios, aquele que informa ser o edital ou a carta convite a lei interna da licitação que deve ser respeitada pelo poder público e pelos licitantes, sob pena de invalidade do certame, é o princípio da:

A) competitividade;
B) impessoalidade;
C) autotutela;
D) vinculação ao instrumento convocatório;
E) supremacia do interesse público.

1880) (2015) Banca: VUNESP – Órgão: Prefeitura de Caieiras – SP – Prova: Assessor Jurídico/Procurador Geral

A Administração não pode descumprir as normas e condições previstas no edital de uma licitação, estando estritamente vinculada a ele. Essa afirmação corresponde a um dos princípios que regem as licitações, a saber, o princípio

A) da vinculação ao instrumento convocatório.
B) do julgamento objetivo.
C) da adjudicação compulsória.
D) da impessoalidade.
E) da legalidade.

1881) (2014) Banca: FEPESE – Órgão: MPE-SC – Prova: Técnico do Ministério Público

De acordo com a Lei nº 8.666, de 21 de junho de 1993, assinale a alternativa correta.

A) É vedado incluir no objeto da licitação a obtenção de recursos financeiros para sua execução.

B) O autor do projeto executivo, desde que pessoa jurídica, poderá participar indiretamente da execução da obra.

C) O procedimento licitatório caracteriza ato administrativo formal, seja ele praticado em qualquer esfera da Administração Pública.

D) A licitação não será sigilosa, sendo públicos e acessíveis ao público os atos de seu procedimento, salvo quanto ao conteúdo das propostas.

E) Face ao princípio do julgamento objetivo, nos processos licitatórios não pode ser estabelecida margem de preferência para produtos e serviços nacionais.

1882) (2016) Banca: MÁXIMA – Órgão: SAAE de Aimorés – MG – Prova: Assistente Administrativo (+ provas)

Assinale a alternativa INCORRETA:

A) A licitação não será sigilosa, sendo públicos e acessíveis ao público os atos de seu procedimento, salvo quanto ao conteúdo das propostas, até a respectiva abertura.

B) O procedimento licitatório previsto na lei 8.666/93 caracteriza ato administrativo informal, seja ele praticado em qualquer esfera da Administração Pública.

C) As normas de licitações e contratos devem privilegiar o tratamento diferenciado e favorecido às microempresas e empresas de pequeno porte na forma da lei.

D) Nenhuma compra será feita sem a adequada caracterização de seu objeto e indicação dos recursos orçamentários para seu pagamento, sob pena de nulidade do ato e responsabilidade de quem lhe tiver dado causa.

1883) (2016) Banca: MS CONCURSOS – Órgão: Prefeitura de Itapema – SC – Prova: Advogado CREAS/SUAS

A Lei nº 8.666, de 21 de junho de 1993, estabelece normas gerais sobre licitações e contratos administrativos pertinentes a obras, serviços, inclusive de publicidade, compras, alienações e locações no âmbito dos Poderes da União, dos Estados, do Distrito Federal e dos Municípios. O procedimento licitatório previsto nesta Lei, de acordo com o parágrafo único do art. 4º, caracteriza:

A) Ato Administrativo Normativo
B) Ato Administrativo Ordinário
C) Ato Administrativo Formal
D) Ato Administrativo Informal

1884) (2014) Banca: MS CONCURSOS – Órgão: UFAC – Prova: Administrador

É princípio expressamente previsto na Lei nº 8.666/93, norteando assim, o procedimento licitatório. Trata-se do:

A) Princípio da especialidade.
B) Princípio do orçamento bruto.
C) Princípio da vinculação ao instrumento convocatório.
D) Princípio da adjudicação objetiva.
E) Princípio da objetividade.

1885) (2015) Banca: FUNDEP (Gestão de Concursos) – Órgão: HRTN – MG – Prova: Comprador

Segundo Meireles (2015), licitação é um procedimento administrativo mediante o qual a Administração Pública seleciona a proposta mais vantajosa para o contrato do seu interesse.

Considerando a licitação como procedimento administrativo, assinale a alternativa CORRETA.

A) A licitação desenvolve-se por meio de uma sucessão ordenada de atos vinculantes para a Administração e para os licitantes, estabelecidos no instrumento convocatório.

B) A licitação propicia oportunidade a todos os interessados.

C) A licitação é um procedimento uniforme.

D) A licitação é um procedimento de caráter privado.

1886) (2017) Banca: INSTITUTO AOCP – Órgão: EBSERH – Prova: Assistente Administrativo (HUAC – UFCG)

Como um dos princípios das licitações, tem-se a vinculação tanto dos licitantes quanto da Administração aos termos do instrumento convocatório. Tal instrumento é denominado

A) avocação.
B) edital.
C) contrato.
D) petição.
E) requisição.

1887) (2014) Banca: FUNRIO – Órgão: IF-BA – Prova: Assistente em Administração

Dentre os princípios básicos da licitação, aquele em que, uma vez estabelecidas as regras do certame, nem licitante, nem Administração Pública delas podem se afastar é

A) subjetividade.
B) conservadorismo.
C) vinculação ao instrumento convocatório.
D) adjudicação compulsória.
E) julgamento básico.

1888) (2016) Banca: FCM – Órgão: Prefeitura de Barbacena – MG – Prova: Advogado

Durante um processo licitatório, modalidade tomada de preços, o presidente da comissão permanente de licitação verifica que não fez constar no edital a exigência de um determinado atestado de capacidade técnica, indispensável para comprovar que o licitante possui qualificação técnica para executar o objeto daquele certame. Como forma de corrigir este equívoco, o servidor habilitou somente os licitantes que apresentaram de forma espontânea esse atestado. Inconformados, os inabilitados que não apresentaram o documento em questão interpuseram recurso.

Diante dos fatos narrados, observa-se que nessa licitação foi violado, principalmente, o princípio do(a)

A) padronização.
B) competitividade.
C) julgamento objetivo.
D) vinculação ao instrumento convocatório.

A Administração Pública não pode fazer exigências desarrazoadas, **desproporcionais ou em desconformidade** com o objeto do futuro contrato, no sentido de restringir ou limitar a competição, uma vez que é melhor um **grande número de participantes na licitação**, haja vista que haverá um número maior de propostas a serem julgadas, havendo, pois, uma maior probabilidade de a proposta vencedora realmente atender ao interesse público. Por isso, como regra geral, **o Poder Público não pode exigir uma determinada marca de produto**, não pode limitar a participação tendo em vista o local da sede da empresa etc.

1889) (2016) Banca: CESPE – Órgão: TCE-PA – Prova: Auditor de Controle Externo – Área Fiscalização – Engenharia Elétrica

No termo de referência, é permitida a indicação de marca quando da especificação do objeto que se deseja adquirir.

A) Certo B) Errado

1890) (2013) Banca: CESPE – Órgão: ANTT – Prova: Analista Administrativo – Direito

É nulo o edital de licitação para a compra de produtos de marca determinada, uma vez que é proibida a indicação da marca do bem a ser adquirido pela administração por meio de licitação.

A) Certo B) Errado

1891) (2011) Banca: CESPE – Órgão: Correios – Prova: Analista de Correios – Contador (+ provas)

Se a administração pública iniciar procedimento licitatório cujo objeto seja bem sem similaridade ou bem de marca, características ou especificações exclusivas, a licitação será inválida, considerando-se que a lei veda, em caráter absoluto, a inclusão, no objeto da licitação, de bens e serviços sem similaridade ou de marcas e especificações exclusivas.

A) Certo B) Errado

1892) (2015) Banca: CESPE – Órgão: FUB – Prova: Administrador

Com base nos princípios afetos à licitação pública, e nas disposições da Lei 8.666/1990, julgue o item que se segue. No âmbito das licitações públicas, é permitido os editais estabelecerem normas que restrinjam a participação de concorrentes, de modo que se consiga a contratação de empresa específica.

A) Certo B) Errado

1893) (2016) Banca: Quadrix – Órgão: CRA-AC – Prova: Administrador – Geral

A Lei de Licitações e Contratos veda a indicação arbitrária ou subjetiva da marca do bem a ser adquirido. Analise as afirmativas a seguir:

I. A indicação de marca é permitida como parâmetro de qualidade (critérios de comparação).
II. Pode-se indicar a marca apenas quando ela for de reconhecida qualidade para o público em geral. Por exemplo: Petrobrás, Sony e outros.
III. Não se pode citar marca na licitação, mesmo que para atender ao princípio da padronização. Ou seja, é vedado indicar, mesmo amparado em estudo técnico, que apenas determinado produto, de marca específica, atende aos interesses da administração.

Pode-se afirmar que:

A) todas estão corretas.
B) apenas uma está correta.
C) apenas duas estão corretas, sendo uma delas a afirmativa I.
D) somente II e III estão corretas.
E) nenhuma está correta.

1894) (2016) Banca: MÁXIMA – Órgão: Prefeitura de Fronteira – MG – Prova: Contador Auxiliar

Com relação à Lei 8.666/93 podemos afirmar, EXCETO:

A) A lei 8.666/93 estabelece normas gerais sobre licitações e contratos administrativos pertinentes a obras, serviços, inclusive de publicidade, compras, alienações e locações no âmbito dos Poderes da União, dos Estados, do Distrito Federal e dos Municípios.
B) As obras, serviços, inclusive de publicidade, compras, alienações, concessões, permissões e locações da Administração Pública, quando contratadas com terceiros, serão necessariamente precedidas de licitação, ressalvadas as hipóteses previstas na lei 8.666/93.
C) A licitação destina-se a garantir a observância do princípio constitucional da isonomia e a selecionar a proposta mais vantajosa para a administração, e será processada e julgada em estrita conformidade com os princípios básicos da legalidade, da impessoalidade, da moralidade, da igualdade, da publicidade, da probidade administrativa, da vinculação ao instrumento convocatório, do julgamento objetivo e dos que lhes são correlatos.
D) É permitido aos agentes públicos admitir nos atos de convocação, cláusulas ou condições que estabeleçam preferências ou distinções em razão da naturalidade, da sede ou domicílio dos licitantes ou de qualquer outra circunstância irrelevante para o específico objeto do contrato.

Julgamento objetivo (art. 45 da Lei 8666/93): esse princípio estabelece que serão especificados no edital os critérios objetivos que serão utilizados no processo de julgamento das propostas, denominados de tipos de licitação, quais sejam:

- **menor preço:** escolha do licitante vencedor conforme classificação pela ordem crescente de preços;
- **melhor técnica:** nesse caso, há uma **avaliação da técnica** empregada na elaboração da proposta. Então, primeiramente é realizada uma avaliação técnica e classificação das propostas e, posteriormente, passa-se à abertura das propostas de preços tendo como limite a proposta de menor preço entre os licitantes que obtiveram a valorização mínima;
- **técnica e preço: média ponderada** entre critérios relativos à técnica e ao preço;
- **maior lance:** maior preço pago pelo licitante (alienação de bens -> leilão).

1895) (2015) Banca: CESPE – Órgão: FUB – Prova: Administrador

De acordo com os dispositivos legais que regulam as licitações públicas, julgue o item a seguir. São considerados tipos de licitação: a de menor preço, a de melhor técnica, a de técnica e preço e a de maior lance ou oferta.

A) Certo B) Errado

1896) (2017) Banca: CESPE – Órgão: TCE-PE – Prova: Auditor de Controle Externo – Auditoria de Obras Públicas

Com relação a essa situação hipotética, julgue o item que se segue, considerando a legislação aplicável a licitações de obras e serviços de engenharia. Como se trata de serviço de natureza predominantemente intelectual, a consultoria poderá ser contratada mediante licitação do tipo técnica e preço.

A) Certo B) Errado

1897) (2011) Banca: FCC – Órgão: TRE-RN – Prova: Técnico Judiciário – Área Administrativa

O princípio segundo o qual os critérios e fatores seletivos previstos no edital devem ser adotados inafastavelmente para o julgamento, evitando-se, assim, qualquer surpresa para os participantes da licitação, denomina-se:

A) Adjudicação Compulsória.

B) Publicidade.
C) Julgamento Objetivo.
D) Impessoalidade.
E) Probidade Administrativa.

1898) (2016) Banca: FCC – Órgão: PGE-MT – Prova: Técnico – Técnico Administrativo

O princípio do julgamento objetivo, nas licitações públicas, significa que o julgamento do certame deve realizar-se

A) segundo o melhor entendimento da comissão julgadora, ainda que dissociado do instrumento convocatório.
B) segundo as melhores práticas do mercado, independentemente do instrumento convocatório.
C) segundo critérios objetivos, previstos no instrumento convocatório.
D) segundo razões de conveniência e oportunidade do gestor.
E) em função dos objetivos da contratação.

1899) (2003) Banca: FCC – Órgão: TRE-AC – Prova: Técnico Judiciário – Área Administrativa

Em matéria de licitação, quando se fala em princípio do julgamento objetivo, têm-se em mente que o julgamento será feito

A) sempre pelo critério do menor preço oferecido.
B) segundo os critérios fixados no edital.
C) pela Comissão de Licitações designada previamente.
D) com justificação sobre a proposta vencedora.
E) de modo transparente, com admissão de recurso aos perdedores insatisfeitos.

1900) (2008) Banca: FCC – Órgão: MPE-RS – Prova: Secretário de Diligências

Ao dispor que a Comissão de licitação ou o responsável pelo convite deve realizá-lo em conformidade com os tipos de licitação, os critérios previamente estabelecidos no ato convocatório e de acordo com os fatores exclusivamente nele referidos, de maneira a possibilitar sua aferição pelos licitantes e pelos órgãos de controle, a Lei de Licitações está se referindo ao princípio

A) da legalidade.
B) da moralidade.
C) da igualdade.
D) do julgamento objetivo.
E) da impessoalidade.

1901) (2015) Banca: FGV – Órgão: PGE-RO – Prova: Técnico da Procuradoria – Sem Especialidade

Dentre os princípios básicos da licitação, norteadores fundamentais do procedimento licitatório, expressamente previstos na Lei nº 8.666/93, destaca-se o princípio:

A) da legalidade, segundo o qual todo processo licitatório deverá ser precedido de edital previamente aprovado por lei em sentido formal, com todas as especificações dos serviços ou compras a serem contratados;
B) da pessoalidade, segundo o qual somente o chefe do Poder Executivo é competente para expedir os editais de licitações, bem como os respectivos atos de homologação e adjudicação do objeto da licitação;
C) da igualdade ou isonomia, segundo o qual toda e qualquer pessoa natural ou jurídica tem o direito de participar de qualquer licitação, vedado ao Administrador estabelecer no edital condições de habilitação e qualificação aos licitantes;
D) do julgamento objetivo, segundo o qual os critérios, que não podem ser subjetivos, e os fatores seletivos previstos no edital devem ser adotados inafastavelmente para o julgamento, evitando-se, assim, qualquer surpresa para os participantes da competição;
E) da improbidade administrativa, segundo o qual o administrador público deve atuar com honestidade para com os licitantes e a própria Administração, e concorrer para que a licitação esteja voltada para seu interesse pessoal.

1902) (2016) Banca: IF-TO – Órgão: IF-TO – Prova: Auditor (+ provas)

No que se refere aos princípios orientadores das licitações públicas, marque a alternativa incorreta:

A) O princípio da isonomia tem como objetivo vedar as discriminações injustificadas entre os concorrentes.
B) Fere o princípio da competitividade a realização de licitação com indicações de marcas e especificações exclusivas do objeto, salvo nos casos em que for tecnicamente justificável.
C) O princípio do julgamento objetivo permite que, em algumas oportunidades, a Administração utilize critérios não previstos no ato convocatório a fim de beneficiamento próprio.
D) Segundo o princípio da vinculação ao instrumento convocatório, o edital é a lei interna da licitação, devendo a Administração que o expediu, bem como os licitantes, vincularem-se aos seus termos.
E) Enquanto válida a adjudicação anterior, não é permitido abertura de nova licitação com o mesmo objeto.

1903) (2014) Banca: COPEVE-UFAL – Órgão: CASAL – Prova: Administrador

O princípio das licitações que consiste em que os critérios e fatores seletivos previstos no edital devem ser adotados inafastavelmente para o julgamento, evitando-se qualquer surpresa para os participantes da competição, é nominado de

A) igualdade.
B) publicidade.
C) moralidade administrativa
D) julgamento objetivo.
E) competitividade.

1904) (2016) Banca: IBFC – Órgão: TCM-RJ – Prova: Técnico de Controle Externo

Com relação aos princípios da licitação, analise as afirmativas abaixo e assinale a alternativa correta:

I. O edital (ou convite) constitui a lei interna da licitação e, por isso, vincula aos seus termos tanto a Administração como os particulares. Nesse contexto, trata-se de princípio básico de toda licitação, cuja inobservância enseja nulidade do procedimento.
II. Por esse princípio, obriga-se a Administração a se ater ao critério fixado no ato de convocação, evitando o subjetivismo no julgamento. O que se deseja é impossibilitar que a licitação seja decidida sob a influência do subjetivismo,

de sentimentos, impressões ou propósitos pessoais dos membros da comissão julgadora.

As afirmativas acima correspondem, respectivamente, aos princípios licitatórios da:

A) legalidade e da impessoalidade
B) legalidade e da moralidade administrativa
C) adjudicação compulsória e do julgamento objetivo
D) vinculação ao instrumento convocatório e do julgamento objetivo

1905) (2016) Banca: IBFC – Órgão: EBSERH – Prova: Engenheiro Clínico (HUPEST-UFSC)

A Constituição Federal, em seu Art. 37 afirma que a administração pública direta e indireta de qualquer dos Poderes da União, dos Estados, do Distrito Federal e dos Municípios obedecerá a princípios para a realização de uma licitação. Esses princípios também são citados na Lei nº 8.666/93, em seu Art. 3º que afirma que a licitação se destina a garantir a observância do princípio constitucional da isonomia e a selecionar a proposta mais vantajosa para a Administração e será processada e julgada em estrita conformidade com vários princípios básicos. Dessa forma, podemos afirmar que todos os princípios citados abaixo são verdadeiros, exceto:

A) do julgamento coercitivo e da improbidade administrativa
B) da legalidade e do julgamento objetivo
C) da impessoalidade e da vinculação ao instrumento convocatório
D) da moralidade e da eficiência
E) da publicidade e da igualdade

Adjudicação compulsória: o referido princípio estabelece que a Administração deverá celebrar o contrato com o licitante classificado em primeiro lugar no procedimento licitatório (adjudicar refere-se à declaração do licitante vencedor).

Portanto, a Administração Pública, ao contratar, deverá fazê-lo com o vencedor do certame. Deve-se ressaltar que não se trata de direito à contratação, uma vez que o poder público pode decidir não contratar mesmo após a realização do procedimento licitatório, ou seja, poderá haver a revogação do procedimento, em razão de um interesse público superveniente, alterações na política pública, restrições orçamentárias etc. Entretanto, SE a administração vier a contratar, DEVERÁ firmar o acordo com o vencedor do certame.

1906) (2015) Banca: CESPE – Órgão: TCU – Prova: Técnico de Controle Externo

A respeito de licitações, julgue o item que se segue. Dado o princípio da adjudicação compulsória, a administração não pode, concluída a licitação, atribuir o objeto desse procedimento a outrem que não o vencedor.

A) Certo B) Errado

1907) (2014) Banca: CESPE – Órgão: ANATEL Prova: Administrador

Julgue o item subsecutivo, relativos ao processo licitatório. A adjudicação ao vencedor é obrigatória, salvo se ele desistir expressamente do contrato ou não o firmar no prazo prefixado, a menos que comprove justo motivo.

A) Certo B) Errado

1908) (2013) Banca: CESPE – Órgão: FUNASA – Prova: Atividade de Complexidade Intelectual

A respeito de licitações, julgue o item seguinte. A adjudicação obrigatória ao vencedor da licitação gera, como consequência, a celebração do contrato.

A) Certo B) Errado

1909) (2007) Banca: CESPE – Órgão: TCU – Prova: Analista de Controle Externo – Comum a todos

A adjudicação compulsória ao vencedor da licitação corresponde à celebração do contrato.

A) Certo B) Errado

1910) (2014) Banca: CESPE – Órgão: ANATEL Prova: Administrador

Acerca de licitações e contratos, julgue o seguinte item. Após a homologação ou a adjudicação da licitação, a administração pública não mais poderá, no âmbito de seu poder discricionário, anular ou revogar o procedimento licitatório, nem mesmo por razões de interesse público superveniente.

A) Certo B) Errado

1911) (2016) Banca: CESPE – Órgão: TCE-SC – Prova: Auditor de Controle Externo – Direito

Julgue o próximo item, a respeito de atos administrativos e poderes administrativos. Realizado o procedimento licitatório e celebrado o contrato administrativo, é admissível que a administração revogue o ato de adjudicação do objeto ao vencedor.

A) Certo B) Errado

1912) (2006) Banca: FCC – Órgão: TRF – 1ª REGIÃO – Prova: Analista Judiciário – Área Administrativa

Com relação à licitação, considere:

I. A Administração não pode, concluído o procedimento, atribuir o objeto da licitação a outrem que não o vencedor.
II. O julgamento das propostas há de ser feito de acordo com os critérios fixados no edital.

As proposições citadas correspondem, respectivamente,

aos princípios licitatórios da

A) isonomia e julgamento objetivo.
B) impessoalidade e vinculação ao instrumento convocatório.
C) moralidade e legalidade.
D) adjudicação compulsória e julgamento objetivo.
E) adjudicação compulsória e publicidade.

1913) (2013) Banca: FCC – Órgão: DPE-RS – Prova: Técnico de Apoio Especializado

O princípio da adjudicação compulsória que instrui o procedimento de licitação, expressa-se como

A) a proibição à administração de revogar o certame por razões de conveniência e oportunidade, sendo-lhe possível, apenas, a anulação do procedimento por vício de ilegalidade.
B) o direito do vencedor à homologação do certame e à adjudicação do objeto em seu favor, sob pena de responsabilização da administração.
C) a proibição da administração de cancelar o certame e o direito subjetivo do vencedor à celebração do contrato.

D) o direito subjetivo do vencedor do certame à adjudicação do objeto em seu favor e à lavratura do contrato no prazo máximo de 90 dias.

E) a proibição à administração de adjudicar o objeto da licitação a outrem que não o vencedor do certame, inexistindo para esse, no entanto, direito subjetivo a celebração do contrato.

1914) (2017) Banca: COMPERVE – Órgão: MPE-RN – Prova: Técnico do Ministério Público Estadual – Área Administrativa

Entre os princípios informadores da licitação, estão o procedimento formal, a publicidade, a igualdade entre os licitantes, a vinculação aos termos do instrumento convocatório e a adjudicação compulsória. Nesse contexto, o princípio da

A) adjudicação compulsória não impede que a Administração Pública possa adiar a contratação quando haja motivo para tal.

B) publicidade impede que o conteúdo das propostas seja mantido em sigilo em qualquer momento do procedimento licitatório.

C) vinculação ao instrumento convocatório não se aplica no julgamento das propostas, aplicando-se na etapa inicial da licitação.

D) igualdade entre os licitantes impede que a lei de licitações preveja qualquer critério de desempate.

1915) (2015) Banca: IMA – Órgão: Prefeitura de Canavieira – PI – Prova: Auxiliar Administrativo

Assinale a alternativa que não indica corretamente um princípio que rege as licitações.

A) Adjudicação discricionária.
B) Vinculação ao instrumento convocatório.
C) Julgamento objetivo.
D) Publicidade.

1916) (2014) Banca: VUNESP – Órgão: SAP-SP – Prova: Executivo Público

Nas licitações, a adjudicação compulsória significa que

A) a Administração deve assinar de imediato o contrato administrativo com o vencedor do procedimento licitatório.

B) não pode a Administração, concluído o procedimento licitatório, atribuir o objeto da licitação a quem não seja o vencedor.

C) a Administração, depois de concluído o procedimento, está impedida de invalidar a licitação, mesmo que tenha ocorrido alguma ilegalidade

D) houve um único licitante e a Administração deve atribuir-lhe de imediato o objeto da licitação.

E) o procedimento licitatório deve ser submetido, obrigatoriamente, ao crivo do Poder Judiciário para ter validade.

1917) (2015) Banca: VUNESP – Órgão: Câmara Municipal de Itatiba – SP – Prova: Auxiliar Administrativo

O conceito do princípio da adjudicação compulsória indica que

A) o julgamento das propostas há de ser feito de acordo com os critérios fixados no edital.

B) a Administração não pode, concluído o procedimento licitatório, atribuir o objeto da licitação a outrem que não o vencedor

C) o julgamento das propostas será objetivo, devendo a Comissão de licitação realizá-lo em conformidade com os tipos de licitação.

D) há, para a Administração, a exigência de ser lícita, justa e honesta.

E) deve a Administração abrir mão de benefícios pessoais e subjetivos.

1918) (2014) Banca: FUNCAB – Órgão: SUPEL-RO – Prova: Engenharia Civil

São princípios exclusivos da licitação pública:

A) legalidade, impessoalidade, moralidade, publicidade e eficiência.

B) publicidade, competitividade, vinculação ao edital e adjudicação compulsória.

C) legalidade, publicidade, vinculação ao edital e adjudicação compulsória.

D) vinculação ao edital, adjudicação compulsória, julgamento objetivo e competitividade.

E) isonomia, impessoalidade, competitividade, julgamento objetivo e vinculação ao edital.

Sigilo na apresentação das propostas (art. 3°, §3 da Lei 8666/93: o referido princípio trata do fato de que o teor das propostas somente poderá ser conhecido após a abertura formal dos envelopes, sob pena de responsabilização penal e administrativa. O sigilo assegura a competitividade e licitude do certame entre os licitantes. Inclusive a violação da proposta antes da data de abertura dos envelopes é crime previsto expressamente na Lei de Licitações. Desse modo, os envelopes somente serão abertos em sessão pública (Lei n. 8.666/93, art. 43).

1919) (2016) Banca: CESPE – Órgão: FUNPRESP-EXE – Prova: Analista

Com base no que dispõe a Lei n.º 8.666/1993 e suas alterações, julgue o item que se segue. Dado o princípio da transparência dos atos administrativos, o conteúdo das propostas apresentadas na licitação deve ficar disponível à consulta pública até a data de sua abertura.

A) Certo   B) Errado

1920) (2013) Banca: CESPE – Órgão: TRT – 17ª Região (ES) – Prova: Técnico Judiciário – Área Administrativa

Com relação aos princípios e à inexigibilidade de licitação, julgue o próximo item. Em atenção ao princípio da publicidade, as licitações não podem ser sigilosas, sendo públicos e acessíveis os atos de seu procedimento, com exceção do conteúdo das propostas, que devem permanecer em sigilo até a respectiva abertura.

A) Certo   B) Errado

1921) (2017) Banca: IBFC – Órgão: AGERBA – Prova: Técnico em Regulação

Considerando as disposições da lei federal nº 8.666 de 21/06/1993, assinale a alternativa correta sobre o sigilo na licitação.

A) A licitação será sigilosa, sendo públicos e acessíveis ao público apenas os atos de seu procedimento, salvo quanto ao conteúdo das propostas, até a respectiva abertura
B) A licitação não será sigilosa, sendo sigilosos os atos de seu procedimento, salvo quanto ao conteúdo das propostas, até a respectiva abertura
C) A licitação não será sigilosa, sendo públicos e acessíveis ao público os atos de seu procedimento, inclusive quanto ao conteúdo das propostas, até a respectiva abertura
D) A licitação não será sigilosa, sendo públicos e acessíveis ao público os atos de seu procedimento, salvo quanto ao conteúdo das propostas, até a respectiva abertura
E) A licitação não será sigilosa, sendo sigilosos os atos de seu procedimento, inclusive quanto ao conteúdo das propostas, até a respectiva abertura

1922) (2016) Banca: IF-TO – Órgão: IF-TO – Prova: Assistente em Administração

Acerca dos princípios orientadores das licitações públicas, marque a alternativa incorreta.

A) O princípio da isonomia tem como objetivo vedar as discriminações injustificadas entre os concorrentes.
B) É vedado o sigilo na apresentação das propostas, em qualquer tempo, atendendo-se ao princípio da publicidade das licitações.
C) Fere o princípio da competitividade a realização de licitação com indicações de marcas e especificações exclusivas do objeto, exceto nos casos em que for tecnicamente justificável.
D) O edital é a lei interna da licitação, devendo a administração que o expediu, bem como os licitantes vincularem-se aos seus termos.
E) Enquanto válida a adjudicação anterior, não é permitida a abertura de nova licitação para o mesmo objeto.

Isonomia: A licitação pública deverá ser realizada primando pela **igualdade de condições de participação a todos os licitantes.** A referida isonomia é assegurada pelo não estabelecimento de privilégios ou discriminações aos licitantes. Isso não quer dizer que a Administração não possa exigir o atendimento de requisitos mínimos pelos licitantes, desde que previstos no instrumento convocatório e necessários para a boa execução do contrato.

Contudo, a isonomia tratada refere-se à isonomia material, que traduz a ideia de **tratar os iguais igualmente e os desiguais desigualmente, na medida em que se desigualam.** Nessa medida, no bojo do procedimento licitatório é conferido um tratamento diferenciado às microempresas e empresas de pequeno porte e outras preferências para aquisição de produtos manufaturados e serviços nacionais (art. 3º da Lei 8.666/93).

1923) (2012) Banca: COMPERVE – Órgão: Câmara Municipal de Mossoró-RN – Prova: Contador

A licitação, conforme estabelece a Lei nº 8.666/1993, destina-se a garantir a observância do princípio constitucional da

A) economicidade.
B) isonomia.
C) universalidade.
D) impessoalidade.

1924) (2014) Banca: Makiyama – Órgão: SESCOOP – Prova: Analista de Compras e Licitações

Para estar de acordo com os princípios básicos da legalidade, da impessoalidade, da moralidade, da igualdade, da publicidade, da probidade administrativa, da vinculação ao instrumento convocatório, do julgamento objetivo e dos que lhes são correlatos, o processo licitatório deve garantir a observância do princípio constitucional do(a):

a) Eventualidade.
b) Contraditório.
c) Consunção.
d) Isonomia.
e) Dispositivo.

1925) (2017) Banca: IADES – Órgão: CRF – DF – Prova: Analista I – Administrador

O artigo 3º, parágrafo 1º, inciso I da Lei nº 8.666/1993 afirma que é vedado aos agentes públicos admitir, prever, incluir ou tolerar, nos atos de convocação, cláusulas ou condições que comprometam, restrinjam ou frustrem o caráter competitivo da licitação, inclusive nos casos de sociedades cooperativas, e estabeleçam preferências ou distinções em razão da naturalidade, da sede ou do domicílio dos licitantes ou de qualquer outra circunstância impertinente ou irrelevante para o específico objeto do contrato. O dispositivo legal apresentado é corolário do princípio do(a)

A) julgamento objetivo.
B) eficácia administrativa.
C) obrigatoriedade.
D) adjudicação compulsória.
E) igualdade.

1926) (2014) Banca: VUNESP – Órgão: PRODEST-ES – Prova: Técnico Organizacional – Área Administrativa

Segundo a Lei 8.666/93, art. 3º, a licitação destina-se a garantir a observância do princípio constitucional da

A) impessoalidade.
B) legalidade.
C) isonomia.
D) moralidade.
E) publicidade.

1927) (2014) Banca: MS CONCURSOS – Órgão: UFAC – Prova: Técnico em Contabilidade

De acordo com o artigo 3º da Lei 8.666/93, a licitação destina-se a garantir a observância do princípio constitucional da:

A) Totalidade.
B) Anualidade.
C) Exclusividade.
D) Isonomia.
E) Não vinculação.

1928) (2014) Banca: COPEVE-UFAL – Órgão: Prefeitura de Feira Grande – AL – Prova: Assistente Administrativo

Nos procedimentos de licitação, o Princípio da Isonomia

A) propugna que seja dado tratamento igual a todos os interessados.

B) visa vincular os licitantes e a Administração Pública às regras estabelecidas nas normas e princípios em vigor.
C) obriga a Administração Pública observar, nas suas decisões, critérios e objetivos previamente estabelecidos, afastando a discricionariedade e subjetivismo na condução dos procedimentos da licitação.
D) estabelece que a conduta dos licitantes e dos agentes públicos deve ser, além de lícita, compatível com a moral, ética, os bons costumes e as regras da boa administração.
E) estabelece que qualquer interessado deve ter acesso às licitações públicas e seu controle, mediante divulgação dos atos praticados pelos administradores em todas as fases da licitação.

1929) (2014) Banca: CONSULPAM – Órgão: SURG – Prova: Agente de Controle interno

Princípio da Licitação Pública que visa permitir à Administração a escolha da melhor proposta além de assegurar a igualdade de direitos a todos os interessados em contratar.

A) Princípio da ampla defesa.
B) Princípio da Publicidade.
C) Princípio da Moralidade.
D) Princípio da Igualdade.

1930) (2014) Banca: FUNRIO – Órgão: IF-PI – Prova: Assistente em Administração

O princípio da licitação que impede a discriminação entre os participantes, seja por meio de cláusulas que favoreçam uns em detrimento de outros, seja mediante julgamento tendencioso, denomina-se

A) sigilo nas propostas.
B) publicidade dos atos.
C) igualdade entre os licitantes.
D) objetividade do certame.
E) vinculação ao edital.

1931) (2017) Banca: Quadrix – Órgão: CRMV-DF – Prova: Agente Administrativo – Direito Administrativo Disciplina – Assunto Conceito, competência legislativa, sujeitos e finalidades das licitações, Princípios das Licitações, Licitações e Lei 8.666 de 1993

Com base na Lei 8.666/1993, julgue o item subsequente com relação a licitações e contratos.

A licitação destina-se a garantir a observância do princípio constitucional da isonomia, a seleção da proposta mais vantajosa para a Administração e a promoção do desenvolvimento nacional sustentável, o que permite aos agentes públicos estabelecer tratamento diferenciado de natureza comercial, legal, trabalhista, previdenciária ou qualquer outra, entre empresas brasileiras e estrangeiras, ressalvados os serviços de informática e dando-se preferência a serviços com tecnologia desenvolvida no estrangeiro.

A) Certo   B) Errado

1932) (2016) Banca: INSTITUTO AOCP – Órgão: EBSERH – Prova: Assistente Administrativo (CH-UFPA)

Além de selecionar a proposta mais vantajosa para a administração, a licitação visa garantir a observância de qual princípio constitucional?

A) Transparência.
B) Isonomia.
C) Impessoalidade.
D) Legalidade.
E) Responsabilidade.

1933) (2016) Banca: Quadrix – Órgão: CRQ 18° Região – PI – Prova: Técnico em Contabilidade

A Lei nº 8.666/93 trata dos aspectos e normas aplicados aos processos de licitação, dentre os quais estão os Princípios que devem ser observados e respeitados.

Relacione os Princípios à sua descrição.

1. Princípio da Legalidade.
2. Princípio da Isonomia.
3. Princípio da Impessoalidade.
4. Princípio da Celeridade.

(...) Obriga a Administração a observar nas suas decisões critérios objetivos previamente estabelecidos, afastando a discricionariedade e o subjetivismo na condução dos procedimentos das licitações.

(...) Busca simplificar procedimentos, de rigorismos excessivos e de formalidades desnecessárias. As decisões, sempre que possível, devem ser tomadas no momento da sessão.

(...) Objetiva garantir a observância do princípio constitucional da Isonomia e selecionar a proposta mais vantajosa para a Administração, de maneira a assegurar oportunidade igual a todos os interessados e possibilitar o comparecimento ao certame do maior número possível de concorrentes.

(...) Significa dar tratamento igual a todos os interessados na licitação. É condição essencial para garantir competição em todos os procedimentos licitatórios.

Assinale a alternativa que apresenta a sequência correta.

A) 1, 4, 3, 2.
B) 3, 4, 2, 1.
C) 2, 1, 4, 3.
D) 3, 4, 1, 2.
E) 4, 3, 1, 2.

1934) (2015) Banca: FUNCAB – Órgão: Faceli – Prova: Procurador

Nos contratos administrativos, um dos objetivos de se realizar as licitações é o de garantir o seguinte princípio constitucional:

A) isonomia.
B) garantia do desenvolvimento nacional.
C) impessoalidade.
D) dignidade da pessoa humana.
E) soberania.

1935) (2015) Banca: INSTITUTO AOCP – Órgão: EBSERH – Prova: Engenheiro Civil (HE-UFPEL)

O princípio básico da licitação em que é proibida a discriminação entre os participantes do processo, é o princípio da

A) impessoalidade.
B) igualdade.
C) moralidade.

D) publicidade.
E) legalidade.

Na situação em que se verifique um empate entre licitantes, serão utilizados os seguintes critérios sucessivos de desempate que favoreçam os bens e serviços na seguinte ordem:

1. Produzidos no país;
2. Produzidos por empresas brasileiras;
3. Produzidos ou prestados por empresas que invistam em pesquisa e desenvolvimento de tecnologia no País;
4. Produzidos ou prestados por empresas que comprovem o cumprimento de reserva de cargos prevista em lei para pessoa com deficiência ou para reabilitado da Previdência Social e que atendam às regras de acessibilidade previstas na legislação;

1936) (2016) Banca: CESPE – Órgão: TCE-PA – Prova: Auditor de Controle Externo – Engenharia

O primeiro critério de desempate de licitação conduzida em igualdade de condições aos participantes é a exigência de os bens e serviços, objetos da licitação, serem produzidos no país.

A) Certo   B) Errado

1937) (2015) Banca: CESPE – Órgão: FUB – Prova: Nível Superior

Com base na Lei de Licitações e Contratos e no Estatuto e Regimento Geral da Universidade de Brasília, julgue o item que se segue. Se, em determinado processo licitatório, houver empate e igualdade de condições entre concorrentes, deverá ser dada preferência à concorrente que produzir bens e serviços no Brasil em detrimento da empresa que o fizer em país estrangeiro.

A) Certo   B) Errado

1938) (2017) Banca: CESPE – Órgão: TRT – 7ª Região (CE) Prova: Conhecimentos Básicos – Cargos 3 a 6 (+ provas)

Em processo licitatório promovido pela administração pública para adquirir novos equipamentos, constatou-se, entre os concorrentes, o empate entre duas empresas brasileiras que fabricam os equipamentos no Brasil.

Conforme o disposto na Lei 8.666/1993, entre as duas que empataram, a empresa vencedora será escolhida

A) pela apresentação da proposta em primeiro lugar.
B) após novo processo licitatório do qual participarão somente as empresas que empataram.
C) por sorteio.
D) pelo critério da experiência.

1939) (2017) Banca: INSTITUTO AOCP – Órgão: EBSERH – Prova: Analista Administrativo – Administração (HUJB – UFCG)

Informe se é Verdadeiro (V) ou Falso (F) o que se afirma a seguir e assinale a alternativa com a sequência correta.

( ) Em igualdade de condições, como critério de desempate no processo licitatório, será assegurada preferência aos bens e serviços produzidos no país.
( ) São princípios da licitação, dentre outros, a publicidade, o procedimento formal e a vinculação ao instrumento convocatório.
( ) É dispensável a licitação nos casos de emergência ou de calamidade pública.

A) F – F – F
B) F – V – F.
C) F – V – V.
D) V – F – F.
E) V – V – V.

1940) (2017) Banca: FCC – Órgão: TRE-SP – Prova: Técnico Judiciário – Enfermagem (+ provas)

Atenção: A questão, refere-se ao conteúdo de Noções de Direito Administrativo.

A realização de licitação visa, precipuamente, ao estabelecimento de condições de competitividade em caráter isonômico, de forma a ser apurada a melhor proposta para a Administração pública. É vedado, assim, o estabelecimento de preferência em relação aos competidores, salvo,

A) entre empresas brasileiras e estrangeiras, vez que as primeiras possuem primazia em relação às segundas, como forma de proteger a indústria nacional.
B) na preferência de contratação de cooperativas perante sociedades com intuito lucrativo, tendo em vista o caráter social com que atuam e como forma de reduzir a desigualdade econômica entre aqueles atores.
C) como critério de desempate, primeiro em favor de bens produzidos no país ou, se não houver, produzidos ou prestados por empresas brasileiras.
D) como critério de desempate, em favor de empresa brasileira e para aquela que tenha o maior número de empregados permanentes.
E) em favor da empresa que garanta a criação do maior número de empregos no país, desde que a diferença em relação à proposta mais vantajosa seja no máximo de 5%(cinco por cento) e que aceite assumir essas condições para formalização do contrato.

1941) (2014) Banca: FGV Órgão: Prefeitura de Florianópolis – SC Prova: Engenheiro Civil

Segundo a Lei 8.666/1993, a licitação destina-se a garantir a observância do princípio constitucional da isonomia. Entretanto esse instrumento legal prevê que, em igualdade de condições, como critério de desempate será assegurada preferência aos bens e serviços:

A) produzidos no País;
B) produzidos ou prestados por empresas que invistam em pesquisa e no desenvolvimento de tecnologia no País;
C) produzidos ou prestados por empresas brasileiras;
D) produzidos ou prestados por empresas que contraíram empréstimos junto ao BNDES;
E) produzidos ou prestados por empresas estrangeiras.

1942) (2015) Banca: CESPE – Órgão: TCU – Prova: Auditor Federal de Controle Externo – Administrativo Licitações e Lei 8.666 de 1993

Com base nas normas que regulam as licitações e os contratos administrativos, julgue o item seguinte. Dado o princípio da isonomia, é vedado atribuir preferências para bens e serviços produzidos e prestados no Brasil, ou por empresas brasileiras, mesmo que se trate de critério de desempate em procedimentos licitatórios, situação que deverá ser resolvida por sorteio.

A) Certo B) Errado

1943) (2014) Banca: FGV – Órgão: COMPESA – Prova: Assistente de Saneamento – Técnico de Contabilidade

De acordo com a Lei 8.666/1993 e suas alterações, em um processo de licitação de bens e serviços produzidos ou prestados, em igualdade de condições, deverá ser usado como critério desempate

A) a empresa que paga seus tributos em dia.
B) a empresa que utiliza mão de obra nacional.
C) a empresa localizada na área mais carente do país.
D) a empresa que desenvolve projetos sociais.
E) a empresa que investe em pesquisa e no desenvolvimento de tecnologia no país.

1944) (2017) Banca: FGV – Órgão: SEPOG – RO – Prova: Técnico em Tecnologia da Informação e Comunicação (+ provas)

Com relação aos processos de licitação pública, analise as afirmativas a seguir.

I. Não se admite tratamento diferenciado entre empresas brasileiras e estrangeiras, salvo quando envolverem financiamentos por agências internacionais.
II. Constitui critério de desempate, em licitações públicas, serem os bens ou serviços produzidos ou prestados por empresas que invistam em pesquisa e no desenvolvimento de tecnologia no País.
III. O processo licitatório será público, em todas as suas fases, para que desta forma se atenda ao princípio da transparência na Administração Pública.
IV. É possível se estabelecer margem de preferência para produtos manufaturados e para serviços nacionais que atendam às normas técnicas brasileiras.

Assinale a opção que contempla apenas afirmativas corretas.

A) II e III.
B) I e IV.
C) II e IV.
D) I e III.
E) I e II.

1945) (2017) Banca: FGV – Órgão: Prefeitura de Salvador – BA – Prova: Técnico de Nível Superior I – Suporte Administrativo Operacional

Em igualdade de condições licitatórias, como critério de desempate, será assegurada a preferência, sucessivamente,

1. aos bens e serviços produzidos ou prestados por empresas que invistam em pesquisa e no desenvolvimento tecnológico do país.
2. aos bens e serviços produzidos ou prestados por empresas brasileiras.
3. aos bens e serviços produzidos no país.

( ) Primeiro critério.
( ) Segundo critério.
( ) Terceiro critério.

Assinale a opção que indica a ordem de preferência de aquisição.

A) 3, 1 e 2.
B) 3, 2 e 1.
C) 1, 2 e 3.
D) 2, 1 e 3.
E) 2, 3 e 1.

1946) (2017) Banca: FGV – Órgão: Prefeitura de Salvador – BA – Prova: Técnico de Nível Superior II – Direito

A União pretende licitar a compra de um helicóptero. Para tanto, publicou, na imprensa oficial, edital de concorrência para a aquisição daquele bem, prevendo, dentre suas cláusulas, que, no caso de empate entre as propostas, será assegurada preferência, sucessivamente, (1) aos bens produzidos por empresas brasileiras e (2) aos bens produzidos no país.

Considerando o que dispõe a legislação federal, assinale a afirmativa correta.

A) A cláusula editalícia é inválida, porque não se admite, em edital de licitação, o estabelecimento de qualquer preferência aos licitantes em razão da origem. Em razão disso, o edital pode ser impugnado por qualquer cidadão.
B) A cláusula editalícia é inválida, porque não se admite, em edital de licitação, o estabelecimento de qualquer preferência aos licitantes em razão da origem, mas apenas os licitantes podem impugnar o edital.
C) A cláusula editalícia é inválida, porque, no caso de empate entre as propostas, deve ser assegurada preferência, primeiramente, aos bens produzidos no país. Em razão disso, o edital pode ser impugnado por qualquer cidadão.
D) A cláusula editalícia é inválida, porque, no caso de empate entre as propostas, deve ser assegurada preferência, primeiramente, aos bens produzidos no país, mas apenas os licitantes podem impugnar o edital.
E) A cláusula editalícia é inválida, porque, no caso de empate entre as propostas, a única preferência admitida pela legislação é em relação aos bens produzidos por empresas brasileiras, e apenas os licitantes podem impugnar o edital.

1947) (2014) Banca: FUMARC – Órgão: Prefeitura de Belo Horizonte – MG – Prova: Assistente Técnico – Agrimensura

A licitação pode ser conceituada como o "procedimento administrativo pelo qual um ente público, no exercício da função administrativa, abre a todos os interessados, que se sujeitem às condições fixadas no instrumento convocatório, a possibilidade de formularem propostas dentre as quais selecionará e aceitará a mais conveniente para a celebração de contrato." (DI PIETRO). A Lei 8.666/1993 que institui normas para licitações e contratos da Administração Pública, prevê, dentre outros, como critério de desempate, que será assegurada preferência, sucessivamente, aos bens e serviços produzidos ou prestados por empresas

A) brasileiras.
B) com maioria de capital nacional.
C) que invistam em tecnologia ambiental.
D) cuja sede se encontre em território nacional.

1948) (2016) Banca: UFTM – Órgão: UFTM – Prova: Técnico de Laboratório – Biologia (+ provas)

Considere:

I. produzidos no País;

II. produzidos ou prestados por empresas que comprovem cumprimento de reserva de cargos prevista em lei para pessoa com deficiência, ou para reabilitado da Previdência Social e que atendam às regras de acessibilidade previstas na legislação.
III. produzidos ou prestados por empresas brasileiras.
IV. produzidos ou prestados por empresas que invistam em pesquisa e no desenvolvimento de tecnologia no País.

Em igualdade de condições, como critério de desempate, será assegurada preferência, sucessivamente, à seguinte ordem de itens:

A) I, III, IV e II
B) II, I, III e IV
C) II, IV, I e III
D) IV, III, II e I

1949) (2017) Banca: IBFC – Órgão: AGERBA – Prova: IBFC AGERBA – Especialista em Regulação

Considerando as disposições da lei federal nº 8.666, de 21/06/1993, assinale a alternativa correta sobre os critérios aplicáveis às licitações, em caso de empate.

A) Em igualdade de condições, como critério de desempate, será assegurada preferência, sucessivamente, aos bens e serviços I – produzidos no País, II – produzidos ou prestados por empresas que comprovem cumprimento de reserva de cargos prevista em lei para pessoa com deficiência ou para reabilitado da Previdência Social e que atendam às regras de acessibilidade previstas na legislação, III — produzidos ou prestados por empresas que invistam em pesquisa e no desenvolvimento de tecnologia no País, IV – produzidos ou prestados por empresas brasileiras

B) Em igualdade de condições, como critério de desempate, será assegurada preferência, sucessivamente, aos bens e serviços I – produzidos no País, II – produzidos ou prestados por empresas brasileiras, III – produzidos ou prestados por empresas que invistam em pesquisa e no desenvolvimento de tecnologia no País, IV – produzidos ou prestados por empresas que comprovem cumprimento de reserva de cargos prevista em lei para pessoa com deficiência ou para reabilitado da Previdência Social e que atendam às regras de acessibilidade previstas na legislação

C) Em igualdade de condições, como critério de desempate, será assegurada preferência, sucessivamente, aos bens e serviços I – produzidos no País, II – produzidos ou prestados por empresas brasileiras, III – produzidos ou prestados por empresas que comprovem cumprimento de reserva de cargos prevista em lei para pessoa com deficiência ou para reabilitado da Previdência Social e que atendam às regras de acessibilidade previstas na legislação, IV – produzidos ou prestados por empresas que invistam em pesquisa e no desenvolvimento de tecnologia no País

D) Em igualdade de condições, como critério de desempate, será assegurada preferência, sucessivamente, aos bens e serviços I – produzidos ou prestados por empresas brasileiras de capital nacional, II – produzidos ou prestados por empresas brasileiras, III – produzidos ou prestados por empresas que invistam em pesquisa e no desenvolvimento de tecnologia no País, IV – produzidos ou prestados por empresas que comprovem cumprimento de reserva de cargos prevista em lei para pessoa com deficiência ou para reabilitado da Previdência Social e que atendam às regras de acessibilidade previstas na legislação

E) Em igualdade de condições, como critério de desempate, será assegurada preferência, sucessivamente, aos bens e serviços I – produzidos no País, II – produzidos ou prestados por empresas que invistam em pesquisa e no desenvolvimento de tecnologia no País, III – produzidos ou prestados por empresas brasileiras, IV – produzidos ou prestados por empresas que comprovem cumprimento de reserva de cargos prevista em lei para pessoa com deficiência ou para reabilitado da Previdência Social e que atendam às regras de acessibilidade previstas na legislação

1950) (2017) Banca: IBFC – Órgão: TJ-PE – Prova: Técnico Judiciário – Função Administrativa (+ provas)

As licitações têm por objetivo garantir a observância de preceitos constitucionalmente estabelecidos, em especial, o da isonomia, delimitando a seleção de proposta mais vantajosa para a administração e promovendo o desenvolvimento nacional sustentável. Neste contexto, de acordo com a Lei nº 8.666/1993, nos processos de licitação não poderá ser estabelecida margem de preferência para:

A) Serviços nacionais que atendam aos requisitos delimitados por normas técnicas nacionais
B) Bens produzidos por pessoas jurídicas que atestem o cumprimento de regras de acessibilidade previstas na legislação brasileira
C) Produtos manufaturados tecnicamente aptos de acordo com as normas brasileiras
D) Bens fabricados por subsidiária brasileira de empresa sediada no exterior que atendam às normas ambientais e cujo conteúdo apresente 75 % (setenta e cinco por cento) de componentes brasileiros
E) Serviços prestados por empresas que comprovem reserva de cargo para pessoas com deficiência

1951) (2017) Banca: COPESE – UFPI – Órgão: UFPI – Prova: Assistente em Administração

Analise com atenção as sentenças abaixo sobre a Lei 8.666 de 21 de junho de 1993.

I. No processo licitatório, é permitido estabelecer margem de preferência a produtos manufaturados e para serviços nacionais que atendam a normas técnicas brasileiras ou ainda a bens e serviços produzidos ou prestados por empresas que comprovem cumprimento de reserva de cargos prevista em lei para pessoa com deficiência ou para reabilitado da Previdência Social e que atendam às regras de acessibilidade previstas na legislação;
II. As margens de preferência por produto, serviço, grupo de produtos ou grupo de serviços, a que se referem os §§ 5º e 7º, da Lei 8666/93, serão definidas pelo poder executivo federal, não podendo a soma delas ultrapassar o montante de 25% (vinte e cinco por cento) sobre o preço dos produtos manufaturados e serviços estrangeiros;
III. A margem de preferência a que se refere o § 5º poderá ser estendida apenas parcialmente aos bens e serviços originários dos Estados Partes do Mercado Comum do Sul – Mercosul.

Marque a opção CORRETA.

A) Apenas o item I está correto.
B) Apenas o item II está incorreto.
C) Os itens I e III estão corretos.
D) Os itens II e III estão incorretos.
E) O item III está incorreto.

Publicidade: o mencionado princípio refere-se ao fato de que todos os atos do procedimento licitatório deverão ser públicos (desde a abertura das propostas até a contratação). Decorre desse princípio o direito de que **qualquer cidadão pode impugnar o edital** (Lei 8.666/93, art. 41) e apresentar representação perante o Tribunal de Contas denunciando irregularidades (Lei 8.666, art. 113).

1952) (2012) Banca: FCC – Órgão: MPE-RN – Prova: Analista – Engenharia Civil

Considerando o processo de licitação, há que se respeitar os princípios licitatórios, dentre os quais consta aquele que permite o amplo acesso dos interessados ao certame, facultando a verificação da regularidade dos atos praticados no processo e que é requisito absolutamente essencial à regularidade de qualquer licitação. Referimo-nos aqui ao princípio da

A) moralidade.
B) isonomia.
C) legalidade.
D) publicidade.
E) impessoalidade.

1953) (2017) Banca: FGV – Órgão: Prefeitura de Salvador – BA – Prova: Técnico de Nível Superior I – Suporte Administrativo Operacional

A respeito da transparência nos processos licitatórios, analise as afirmativas a seguir.

I. Qualquer cidadão pode acompanhar o desenvolvimento de licitação em curso na prefeitura do seu município.
II. Qualquer cidadão poderá requerer à administração pública os quantitativos das obras e preços unitários de determinada obra executada.
III. Qualquer cidadão pode obter cópia do processo da licitação e do conteúdo dos contratos celebrados pela Administração Pública.

Está correto o que se afirma em:

A) I, somente.
B) II, somente.
C) III, somente.
D) I e II, somente.
E) I, II e III.

1954) (2016) Banca: FCM – Órgão: IF Sudeste – MG – Prova: Tecnólogo Gestão Pública

Conforme as diretrizes da Lei 8.666, de 21 de junho de 1993, no processo licitatório em igualdade de condições, como critério de desempate, será assegurada preferência, sucessivamente, aos bens e serviços:

I. Produzidos no país.
II. Produzidos ou prestados por empresas brasileiras.
III. Produzidos ou prestados por empresas que invistam em pesquisa e no desenvolvimento de tecnologia no país.
IV. Produzidos ou prestados por empresas que comprovem cumprimento de reserva de cargos prevista em lei para pessoa com deficiência ou para reabilitado da previdência social e que atendam às regras legais de acessibilidade.

Está(ão) correta(s) a(s) afirmativa(s)

A) III.
B) I e II.
C) I e IV.
D) II, III e IV.
E) I, II, III e IV.

1955) (2016) Banca: FEPESE – Órgão: Prefeitura de Lages – SC – Prova: Procurador (+ provas)

Sobre o procedimento de licitações é correto afirmar.

A) A licitação não será sigilosa, sendo públicos e acessíveis ao público os atos de seu procedimento, salvo quanto ao conteúdo das propostas, até a respectiva abertura.
B) A licitação destina-se a garantir a observância do princípio constitucional da isonomia, e a seleção da proposta menos onerosa para a administração.
C) À exceção dos serviços de publicidade, todas as obras, serviços, compras, alienações, concessões, permissões e locações da Administração Pública, quando contratadas com terceiros, deverão ser necessariamente precedidas de licitação.
D) As empresas públicas e as sociedades de economia mista, por não integrarem a administração direta, estão dispensadas do procedimento licitatório.
E) O procedimento licitatório tem como característica ser um ato administrativo informal em conformidade com os princípios da publicidade, da probidade administrativa, da vinculação ao instrumento convocatório e do julgamento objetivo.

1956) (2016) Banca: IESES – Órgão: BAHIAGÁS – Prova: Técnico de Processos Tecnológicos – Tecnologia da Informação – Sistemas

A Lei 8.666 de 1993, que regulamenta o artigo 37, inciso XXI, da Constituição Federal, estabelece normas gerais sobre licitações e contratos administrativos pertinentes a obras, serviços, inclusive de publicidade, compras, alienações e locações no âmbito dos Poderes da União, dos Estados, do Distrito Federal e dos Municípios. Tendo como pressuposto esse conceito é INCORRETO afirmar:

A) O parágrafo único do art. 1º da Lei 8666/93 estabelece que são obrigados a lançar mão desse instituto os órgãos da administração direta, os fundos especiais, as Autarquias, as fundações públicas, as empresas públicas, as sociedades de economia mista e demais entidades controladas direta ou indiretamente pela União, Estados, Distrito Federal e Municípios.
B) A comissão de licitação é criada pela Administração e tem a função de receber, examinar e julgar todos os documentos e procedimentos relativos ao cadastramento de licitantes e às licitações nas modalidades de concorrência, tomadas de preços e convite.
C) Definido o objeto que se quer contratar, é necessário estimar o valor total da obra, do serviço ou do bem a ser licitado, mediante realização de pesquisa de mercado ou de índice oficial. É indispensável, verificar se há previsão de recursos orçamentários para o pagamento da despesa e se esta se

encontra em conformidade com a Lei de Responsabilidade Fiscal.
D) O processo licitatório deve transcorrer em segredo, até a homologação da decisão final, quando deverá haver publicação, em obediência ao princípio da publicidade, sob pena de nulidade.
E) O objeto da licitação são compras, os serviços, as obras, alienações e permissões da Administração Pública.

1957) (2014) Banca: UFBA – Órgão: UFBA – Prova: Técnico em Contabilidade (+ provas)

Segundo a Lei 8666/93, um dos princípios que regem os processos licitatórios é o de sigilo nos procedimentos adotados, de forma a garantir a imparcialidade na tomada de decisão.

A) Certo B) Errado

1958) (2016) Banca: IESES – Órgão: BAHIAGÁS – Prova: Técnico de Processos Tecnológicos – Edificações

A Lei nº 8.666 de 1993, que regulamenta o artigo 37, inciso XXI, da Constituição Federal, estabelece normas gerais sobre licitações e contratos administrativos pertinentes a obras, serviços, inclusive de publicidade, compras, alienações e locações no âmbito dos Poderes da União, dos Estados, do Distrito Federal e dos Municípios. Tendo como pressuposto esse conceito é INCORRETO afirmar:

A) Definido o objeto que se quer contratar, é necessário estimar o valor total da obra, do serviço ou do bem a ser licitado, mediante realização de pesquisa de mercado ou de índice oficial. É indispensável, verificar se há previsão de recursos orçamentários para o pagamento da despesa e se esta se encontra em conformidade com a Lei de Responsabilidade Fiscal.
B) O parágrafo único do art. 1.º da Lei 8666/93 estabelece que são obrigados a lançar mão desse instituto os órgãos da administração direta, os fundos especiais, as Autarquias, as fundações públicas, as empresas públicas, as sociedades de economia mista e demais entidades controladas direta ou indiretamente pela União, Estados, Distrito Federal e Municípios.
C) O objeto da licitação são compras, os serviços, as obras, alienações e permissões da Administração Pública.
D) A comissão de licitação é criada pela Administração e tem a função de receber, examinar e julgar todos os documentos e procedimentos relativos ao cadastramento de licitantes e às licitações nas modalidades de concorrência, tomadas de preços e convite.
E) O processo licitatório deve transcorrer em segredo, até a homologação da decisão final, quando deverá haver publicação, em obediência ao princípio da publicidade, sob pena de nulidade.

Modalidades de Licitação: A legislação infraconstitucional (Lei 8.666/93, a Lei 10.520/02 e a Lei 12.462/11) prevê seis modalidades de licitação. São elas: **concorrência, a tomada de preços, o convite, o concurso, o leilão e o pregão**. No Brasil, é **vedada a criação de nova modalidade licitatória ou a combinação delas.**

a) **Critério qualitativo:** a modalidade deverá ser definida em função das **características** do objeto licitado, independentemente do valor -> pregão, leilão e concurso.

b) **Critério quantitativo:** a modalidade será definida em função do **valor estimado para a contratação**, se não houver dispositivo que obrigue a utilização do critério qualitativo -> concorrência, tomada de preços e convite.

1959) (2016) Banca: CESPE – Órgão: FUNPRESP-EXE – Prova: Analista

Com base no que dispõe a Lei 8.666/1993 e suas alterações, julgue o item que se segue. A alienação é uma modalidade especial de licitação. Ante interesse público devidamente justificado e avaliação prévia, os bens da administração pública podem, se submetidos à alienação, assumir destinação econômica.

A) Certo B) Errado

1960) (2014) Banca: CESPE – Órgão: ANATEL – Prova: Analista Administrativo – Direito

Considerando o disposto na Lei n.º 8.666/1993, julgue o item subsequente. Ao Poder Legislativo estadual é permitida a criação de novas modalidades de licitação, conforme as peculiaridades locais existentes.

A) Certo B) Errado

1961) (2014) Banca: CESPE – Órgão: Câmara dos Deputados – Prova: Analista Legislativo

Julgue o item que segue, referente a licitações, contratos, concessões e permissões. A Lei de Licitações instituiu como modalidades de licitação a concorrência, a tomada de preços, o convite, o concurso e o leilão, tendo vedado a criação de outras modalidades ou a combinação das existentes, embora o pregão tenha sido legalmente instituído, mais tarde, como nova modalidade de licitação.

A) Certo B) Errado

1962) (2015) Banca: CESPE – Órgão: TRE-GO – Prova: Técnico Judiciário – Área Administrativa

Com relação a licitações, julgue o item que se segue. A modalidade de licitação adequada deve ser definida de acordo com o objeto a ser adquirido ou obra a ser contratada, decisão que pode ser seguida pela apuração do valor total do objeto a ser licitado.

A) Certo B) Errado

1963) (2010) Banca: FCC – Órgão: SERGAS – Prova: Assistente Administrativo

São modalidades de licitação:

A) concorrência, tomada de preços, convite, pregão presencial e leilão.
B) receita, despesa, custo, variação e resultado.
C) convite, edital, reunião, serviços e concurso.
D) tomada de preços, leilão, receita e despesa.
E) reunião, edital, concorrência e resultado.

1964) (2016) Banca: IBFC – Órgão: EBSERH – Prova: Engenheiro Clínico (HUAP-UFF)

As modalidades de licitação devem ser escolhidas em função de critérios. As características do objeto, independentemente do valor estimado para contratação, o valor estimado para a contratação, se não houver dispositivo que obrigue a utilização de outro critério, nos levam a considerar válidos os critérios:

A) qualitativo e financeiro
B) qualitativo e quantitativo
C) quantitativo e financeiro
D) financeiro e casos especiais
E) qualitativo, quantitativo e casos especiais

Concorrência: Trata-se da modalidade de licitação em que **qualquer interessado** que comprove possuir os requisitos mínimos de qualificação exigidos no Edital para execução de seu objeto poderá participar. Essa modalidade será utilizada pela Administração Pública nas contratações de grande valor, entretanto, **também poderá ser utilizada em contratações de valor mais baixo.**

Desse modo, **essa modalidade será obrigatória para aquisição de bens e serviços de valor acima de R$ 1.430.000,00 e obras e serviços de engenharia acima de R$ 3.300.000,00.** Destaca-se que, por ser a modalidade mais ampla, ela poderá ser adotada para licitações cujo objeto contratado tenha valor mais baixo **(quem pode o mais, pode o menos).**

Cumpre ressaltar que a Lei 8.666/93 estabelece algumas hipóteses em que a Administração Pública deverá realizar a licitação **na modalidade concorrência independentemente do valor**, são elas:

1. **Concessões de serviço público comum;**
2. **Concessão de direito real de uso;**
3. **Aquisição e alienação de imóvel.**
4. **Empreitada integral.**
5. **Licitação internacional.**

1965) (2015) Banca: CESPE – Órgão: STJ – Prova: Analista Judiciário
No que se refere aos contratos e licitações e à responsabilidade civil, julgue o item subsequente. A aquisição de bens imóveis pela administração pública, em regra, somente pode ser realizada pela modalidade de licitação tomada de preços, independentemente do valor do imóvel.
A) Certo   B) Errado

1966) (2014) Banca: CESPE – Órgão: ICMBIO – Prova: Técnico Administrativo
Com relação às licitações públicas, julgue o item subsecutivo. Concorrência é a modalidade de licitação recomendada para compras que importem valores elevados.
A) Certo   B) Errado

1967) (2016) Banca: CESPE – Órgão: POLÍCIA CIENTÍFICA – PE – Prova: Engenheiro civil
A reforma de um prédio público foi orçada pela administração em um milhão de reais. Para licitar a reforma, de acordo com o tipo de obra e valor orçado, a comissão de licitações poderá
A) exigir garantia contratual de 20% do valor orçado.
B) inabilitar empresas cujo capital social seja inferior ao valor orçado.
C) dispensar a contratação por licitação.
D) adotar a concorrência como modalidade de licitação.
E) aceitar no certame empresas não registradas no CREA ou CAU.

1968) (2013) Banca: CESPE – Órgão: SERPRO – Prova: Técnico – Suporte Administrativo
Uma licitação internacional para aquisição de material a ser utilizado em uma construção deverá ser realizada, nos termos da lei, de acordo com a modalidade de licitação denominada concorrência, independentemente do valor da contratação.
A) Certo   B) Errado

1969) (2017) Banca: CESPE – Órgão: TCE-PE – Prova: Auditor de Controle Externo – Auditoria de Obras Públicas
O setor de engenharia de um órgão público está elaborando as especificações técnicas de um projeto básico para licitação tanto de serviço de consultoria quanto de obras e serviços de engenharia, todos relativos à construção de instalações do Sistema Único de Saúde (SUS). Para tanto, o setor consultou o presidente da comissão de licitações, solicitando, entre outras, informações referentes às modalidades, tipos e regimes de licitação mais adequados para a consecução dos serviços a seguir.

I. Consultoria de empresa de engenharia para a elaboração de projeto de estruturas de concreto pretendido para o prédio administrativo, com valor estimado de R$ 200 mil e prazo de contrato previsto para 18 meses.
II. Construção de prédio administrativo, com orçamento estimado de R$ 2 milhões e prazo de 12 meses para a execução da obra.
III. Pintura de prédio administrativo, com orçamento estimado em R$ 20 mil e prazo de 1 mês para a conclusão do serviço.

Com relação a essa situação hipotética, julgue o item que se segue, considerando a legislação aplicável a licitações de obras e serviços de engenharia.

Para as obras de construção do edifício, poderá ser adotada a modalidade de licitação classificada como concorrência.
A) Certo   B) Errado

1970) (2008) Banca: FCC – Órgão: TRF – 5ª REGIÃO – Prova: Técnico Judiciário – Área Administrativa
Concorrência é a modalidade de licitação entre
A) interessados do ramo pertinente ao seu objeto, cadastrados ou não, escolhidos e convidados em número mínimo de 3 (três) pela unidade administrativa.
B) interessados devidamente cadastrados ou que atenderem a todas as condições exigidas para cadastramento até o terceiro dia anterior à data do recebimento das propostas, observada a necessária qualificação.
C) quaisquer interessados para escolha de trabalho técnico, científico ou artístico, mediante a instituição de prêmios ou remuneração aos vencedores.
D) quaisquer interessados que, na fase inicial de habilitação preliminar, comprovem possuir os requisitos mínimos de qualificação exigidos no edital para execução de seu objeto.
E) fornecedores especializados para aquisição de bens e serviços comuns, qualquer que seja o valor estimado da contratação, na qual a disputa pelo fornecimento é feita por meio de propostas e lances em sessão pública.

1971) (2009) Banca: FCC – Órgão: TJ-PI – Prova: Analista Judiciário – Contabilidade

Concorrência é a modalidade de licitação entre

A) quaisquer interessados para escolha de trabalho técnico, científico ou artístico, mediante a instituição de prêmios ou remuneração aos vencedores, conforme critérios constantes de edital publicado na imprensa oficial com antecedência mínima de 45 (quarenta e cinco) dias.
B) quaisquer interessados para a venda de bens móveis inservíveis para a administração ou de produtos legalmente apreendidos ou penhorados, ou para a alienação de bens imóveis, a quem oferecer o maior lance, igual ou superior ao valor da avaliação.
C) quaisquer interessados que, na fase inicial de habilitação preliminar, comprovem possuir os requisitos mínimos de qualificação exigidos no edital para execução de seu objeto.
D) interessados devidamente cadastrados ou que atenderem a todas as condições exigidas para cadastramento até o terceiro dia anterior à data do recebimento das propostas, observada a necessária qualificação.
E) interessados do ramo pertinente ao seu objeto, cadastrados ou não, escolhidos e convidados em número mínimo de 3 (três) pela unidade administrativa, a qual afixará, em local apropriado, cópia do instrumento convocatório e o estenderá aos demais cadastrados na correspondente especialidade que manifestarem seu interesse com antecedência de até 24 (vinte e quatro) horas da apresentação das propostas.

1972) (2016) Banca: Prefeitura de Coqueiral – MG – Órgão: Prefeitura de Coqueiral – MG – Prova: Advogado

São hipóteses de obrigatoriedade da licitação na modalidade concorrência, EXCETO:

A) Contratos de empreitada integral.
B) Concessões de serviços públicos.
C) Compras e alienações de bens móveis.
D) Concessões de direito de uso

1973) (2016) Banca: Serctam – Órgão: Prefeitura de Quixadá – CE – Prova: Assistente Jurídico

Marque a alternativa INCORRETA.

A) A concorrência é a modalidade de licitação cabível, qualquer que seja o valor de seu objeto, tanto na compra ou alienação de bens imóveis, ressalvado o disposto no art. 19 da Lei nº 8.666/93, como nas concessões de direito real de uso e nas licitações internacionais, admitindo-se neste último caso, observados os limites deste artigo, a tomada de preços, quando o órgão ou entidade dispuser de cadastro internacional de fornecedores ou o convite, quando não houver fornecedor do bem ou serviço no País.
B) Consideram-se bens e serviços comuns aqueles cujos padrões de desempenho e qualidade possam ser objetivamente definidos pelo edital, por meio de especificações usuais no mercado, tais como peças de reposição de equipamentos, mobiliário padronizado, bens de consumo, combustíveis e material de escritório, bem assim serviços de limpeza, vigilância, conservação, locação e manutenção de equipamentos, agenciamento de viagem, vale-refeição, digitação, transporte, seguro-saúde, entre outros.
C) Diversamente das demais modalidades de licitação, o pregão pode ser aplicado a qualquer valor estimado de contratação, de forma que constitui alternativa a todas as modalidades. Outra peculiaridade é que o Pregão admite como critério de julgamento da proposta somente o menor preço.
D) Na compra de bens de natureza divisível e desde que não haja prejuízo para o conjunto ou complexo, é permitida a cotação de quantidade inferior à demandada na licitação, com vistas à ampliação da competitividade, podendo o edital fixar quantitativo mínimo para preservar a economia de escala.
E) A concorrência é a modalidade de licitação cabível para obras e serviços de engenharia abaixo de R$ 650.000,00 (seiscentos e cinquenta mil Reais).

1974) (2012) Banca: COPEVE-UFAL – Órgão: MPE-AL – Prova: Analista do Ministério Público – Área Jurídica

A modalidade de licitação concorrência é caracterizada por qual das opções abaixo?

A) É a modalidade de licitação entre quaisquer interessados que, na fase inicial de habilitação preliminar, comprovem possuir os requisitos mínimos de qualificação exigidos no edital para execução de seu objeto.
B) É a modalidade de licitação entre interessados do ramo pertinente ao seu objeto, cadastrados ou não, escolhidos e convidados em número mínimo de 3 (três) pela unidade administrativa, a qual afixará, em local apropriado, cópia do instrumento convocatório e o estenderá aos demais cadastrados na correspondente especialidade que manifestarem seu interesse com antecedência de até 24 (vinte e quatro) horas da apresentação das propostas.
C) É a modalidade de licitação entre quaisquer interessados para a venda de bens móveis inservíveis para a administração ou de produtos legalmente apreendidos ou penhorados, ou para a alienação de bens imóveis prevista no art. 19, a quem oferecer o maior lance, igual ou superior ao valor da avaliação.
D) É a modalidade de licitação entre interessados devidamente cadastrados ou que atenderem a todas as condições exigidas para cadastramento até o terceiro dia anterior à data do recebimento das propostas, observada a necessária qualificação.
E) É a modalidade de licitação entre quaisquer interessados para escolha de trabalho técnico, científico ou artístico, mediante a instituição de prêmios ou remuneração aos vencedores, conforme critérios constantes de edital publicado na imprensa oficial com antecedência mínima de 45 (quarenta e cinco) dias.

1975) (2016) Banca: REIS & REIS – Órgão: Prefeitura de Cipotânea – MG – Prova: Auxiliar Administrativo

Sobre a Lei nº 8.666/93, podemos afirmar, exceto:

A) Nenhuma compra será feita sem a adequada caracterização de seu objeto e indicação dos recursos orçamentários para seu pagamento, sob pena de nulidade do ato e responsabilidade de quem lhe tiver dado causa.
B) As licitações serão efetuadas no local onde se situar a repartição interessada, salvo por motivo de interesse público, devidamente justificado.

C) Concorrência é a modalidade de licitação entre interessados devidamente cadastrados ou que atenderem a todas as condições exigidas para cadastramento até o terceiro dia anterior à data do recebimento das propostas, observada a necessária qualificação.

D) Nas licitações para a execução de obras e serviços, quando for adotada a modalidade de execução de empreitada por preço global, a Administração deverá fornecer obrigatoriamente, junto com o edital, todos os elementos e informações necessários para que os licitantes possam elaborar suas propostas de preços com total e completo conhecimento do objeto da licitação.

1976) (2014) Banca: VUNESP – Órgão: TJ-PA – Prova: Analista Judiciário – Direito

Assinale a alternativa que está de acordo com o disposto na Lei n.º 8.666/93.

A) Considera-se licitação todo e qualquer ajuste entre órgãos ou entidades da Administração Pública e particulares, em que haja um acordo de vontades para a formação de vínculo e a estipulação de obrigações recíprocas.

B) Os contratos para a prestação de serviços técnicos profissionais especializados deverão, preferencialmente, ser celebrados mediante a realização de leilão, com estipulação prévia de prêmio ou remuneração.

C) Concorrência é a modalidade de licitação entre quaisquer interessados que, na fase inicial de habilitação preliminar, comprovem possuir os requisitos mínimos de qualificação exigidos no edital para execução de seu objeto.

D) A alienação de bens da Administração Pública, desde que subordinada à existência de interesse público, será feita sem a necessidade de avaliação.

E) As licitações serão efetuadas no local onde se situar a repartição interessada, limitando-se a participação no certame aos interessados residentes ou sediados no mesmo Município onde se localiza a repartição.

1977) (2015) Banca: CESPE – Órgão: FUB – Prova: Administrador – Direito Administrativo Licitações e Lei 8.666 de 1993

De acordo com os dispositivos legais que regulam as licitações públicas, julgue o item a seguir. A concorrência pública é a modalidade de licitação que deve ser utilizada para a venda de bens móveis inservíveis para a administração ou de produtos legalmente apreendidos ou penhorados, ou para a alienação de bens imóveis.

A) Certo B) Errado

1978) (2008) Banca: COPS-UEL – Órgão: SANEPAR – Prova: Advogado

Em relação às licitações para concessões de serviço público, é correto afirmar:

A) Não se admite a concessão de serviço público com exclusividade para o concessionário.

B) A licitação para outorga de serviço público em concessão não depende de lei que a autorize, bastando que se faça o procedimento licitatório adequado.

C) Os autores ou economicamente responsáveis pelo projeto básico ou executivo não podem participar, direta ou indiretamente, do certame.

D) A autorização legislativa pode liberar a administração para escolher o concessionário que deseje, desde que o faça por ato devidamente justificado.

E) A concorrência é a modalidade licitatória adequada, ressalvados os serviços de telecomunicações onde existe a possibilidade de leilão quando se pretenda deslocar o serviço de empresas estatais.

1979) (2017) Banca: FEPESE – Órgão: JUCESC – Prova: Analista de Informática (+ provas)

A modalidade de licitação entre quaisquer interessados que, na fase inicial de habilitação preliminar, comprovem possuir os requisitos mínimos de qualificação exigidos em edital para a execução do seu objeto, é chamada:

A) Concorrência.
B) Tomada de preços.
C) Concurso.
D) Convite.
E) Leilão.

1980) (2017) Banca: UFBA – Órgão: UFBA – Prova: Técnico em Segurança do Trabalho

A UFBA é uma Autarquia Federal, nos termos do parágrafo único do art. 1º da Lei nº 8.666/1993, e está sujeita ao regime das licitações estabelecido por essa Lei. Referente às modalidades e aos tipos de licitações, considerando as disposições apresentadas na Lei nº 8.666/1993, julgue, como CERTO ou ERRADO, o item a seguir.

Caso seja necessário, é possível que seja utilizada a modalidade de licitação concorrência para obras e serviços de engenharia com valor estimado de contratação de R$ 50.000,00 (cinquenta mil reais).

A) Certo B) Errado

1981) (2017) Banca: IBFC – Órgão: EBSERH – Prova: Analista Administrativo – Administração

Na Administração Pública há vários tipos de modalidades de licitação. Assinale a alternativa que apresenta a modalidade que é apropriada para os contratos de grande vulto, grande valor, não se exigindo registro prévio ou cadastro dos interessados no órgão promotor da licitação, contanto que satisfaçam as condições prescritas em edital, que deve ser publicado com, no mínimo, trinta dias de intervalo entre a publicação e o recebimento das propostas:

A) Concorrência
B) Tomada de preços
C) Convite
D) Pregão
E) Leilão

1982) (2016) Banca: UFCG – Órgão: UFCG – Prova: Administrador

Os procedimentos licitatórios para a aquisição de bens e serviços por órgãos públicos podem ser conduzidos por diferentes modalidades, de acordo com os critérios definidos em lei. São modalidades da licitação definidas no Art. 22 da Lei nº 8.666/1993:

A) Concorrência, pesquisa de preço e leilão.

B) Concorrência, concurso e leilão.
C) Concorrência, consignação e convite.
D) Concorrência, pesquisa de preço e convite.
E) Concorrência, concurso e pregão.

Intervalo mínimo: A legislação estabelece, para cada modalidade licitatória, um **prazo de intervalo mínimo** que deverá ser respeitado pelo gestor público. Esse prazo refere-se ao **intervalo de dias entre a publicação do edital e a data marcada para a abertura dos envelopes** de documentação e proposta (início do certame). Essa regra é necessária uma vez que o poder público deve garantir que haja tempo suficiente para que todos os proponentes participem do certame licitatório e elaborem as propostas. O prazo de intervalo mínimo na concorrência varia de acordo com o tipo de licitação.

Técnica ou técnica e preço – **45 dias**

Menor preço – **30 dias**

Destaca-se que se o regime de contratação for de empreitada integral o intervalo mínimo será de **45 dias**, independente do critério de escolha do fornecedor (técnica e/ou preço). O regime de contratação por empreitada integral é aquele em que se contrata o empreendimento em sua integralidade, **sob inteira responsabilidade da contratada**, compreendendo todas as etapas das obras, serviços e instalações necessárias.

1983) (2014) Banca: FUNCAB – Órgão: MDA – Prova: Complexidade Intelectual – Nível Superior

Os prazos mínimos de recebimento das propostas ou da realização do evento de licitação, estabelecidos para cada modalidade de licitação, serão contados a partir:

A) do último recurso de impugnação do edital resumido ou da expedição do convite, ou ainda da efetiva disponibilidade do edital ou do convite e respectivos anexos.
B) do recurso de impugnação do edital resumido ou da expedição do convite, ou ainda da efetiva disponibilidade do edital ou do convite e respectivos anexos, do último licitante a se apresentar.
C) da última publicação do edital resumido ou da expedição do convite, ou ainda da efetiva disponibilidade do edital ou do convite e respectivos anexos, prevalecendo a data que ocorrer primeiro.
D) da última publicação do edital resumido ou da expedição do convite, ou ainda da efetiva disponibilidade do edital ou do convite e respectivos anexos, prevalecendo a data que ocorrer mais tarde.
E) da primeira publicação do edital resumido ou da expedição do convite, ou ainda da efetiva disponibilidade do edital ou do convite e respectivos anexos, prevalecendo a data que ocorrer mais tarde.

1984) (2013) Banca: Quadrix – Órgão: COREN-DF – Prova: Advogado

De acordo com a Lei 5 8.666, "quando se contrata um empreendimento em sua integralidade, compreendendo todas as etapas das obras, serviços e instalações necessárias, sob inteira responsabilidade da contratada até a sua entrega ao contratante em condições de entrada em operação, atendidos os requisitos técnicos e legais para sua utilização em condições de segurança estrutural e operacional e com as características adequadas às finalidades para que foi contratada", está estabelecido o regime de:

A) Empreitada integral
B) Empreitada por preço global.
C) Empreitada por preço unitário
D) Empreitada por tarefa
E) Empreitada parcial.

Comissão de Licitação: O procedimento licitatório será conduzido por uma **Comissão de Licitação** designada para realizar essas atividades. A comissão será formada por no **mínimo três membros**, sendo que pelo menos dois deles devem ser **servidores efetivos** (concursados, mas não precisam ser estáveis, isto é, podem estar no período do estágio probatório). Todos os membros da comissão respondem **solidariamente** pelos atos praticados pela comissão, exceto se o servidor deixar consignado em ata a sua discordância da decisão tomada pela maioria.

No que se refere à comissão de licitação, cabe destacar que a comissão do órgão poderá ser especial, **instituída para uma licitação específica**, ou permanente, ou seja, comissão responsável por todas as licitações do **órgão durante 01 ano**.

1985) (2016) Banca: FUNDEP (Gestão de Concursos) – Órgão: Prefeitura de São Lourenço – MG – Prova: Auxiliar de Compras

A Lei 8.666/93 prevê que a habilitação preliminar, a inscrição em registro cadastral, sua alteração ou cancelamento, e as propostas serão processadas por comissão permanente ou especial. Com relação a composição de comissão permanente ou especial de licitação, assinale a alternativa CORRETA.

A) A comissão deve ser composta no mínimo por três membros, sendo pelo menos dois deles servidores qualificados pertencentes aos quadros permanentes dos órgãos da Administração responsáveis pela licitação.
B) A comissão deve ser composta no mínimo por três membros, sendo todos eles servidores qualificados pertencentes aos quadros permanentes dos órgãos da Administração responsáveis pela licitação.
C) A comissão deve ser composta no mínimo por três membros, sendo pelo menos um deles servidor qualificado pertencente aos quadros permanentes dos órgãos da Administração responsáveis pela licitação.
D) A comissão deve ser composta por três membros, sendo todos eles servidores qualificados pertencentes aos quadros permanentes dos órgãos da Administração responsáveis pela licitação.

1986) (2015) Banca: FUNDEP (Gestão de Concursos) – Órgão: HRTN – MG – Prova: Comprador

A habilitação preliminar, a inscrição em registro cadastral, a sua alteração ou cancelamento, e as propostas serão processadas por comissão permanente ou especial, nos termos da Lei 8.666/93.

Com relação à composição da comissão permanente ou especial de licitação, assinale a alternativa CORRETA.

A) A comissão deve ser composta de, no mínimo, 3 membros, sendo todos eles servidores qualificados pertencentes aos quadros permanentes dos órgãos da Administração responsáveis pela licitação.

B) A comissão deve ser composta de, no mínimo, 3 membros, sendo pelo menos 2 deles servidores qualificados pertencentes aos quadros permanentes dos órgãos da Administração responsáveis pela licitação.
C) A comissão deve ser composta de, no mínimo, 3 membros, sendo pelo menos 1 deles servidor qualificado pertencente aos quadros permanentes dos órgãos da Administração responsáveis pela licitação.
D) A comissão deve ser composta de 4 membros, sendo todos eles servidores qualificados pertencentes aos quadros permanentes dos órgãos da Administração responsáveis pela licitação.

1987) (2014) Banca: IF-SUL – Órgão: IF-SUL – Prova: Assistente em Administração

Com base na Lei n.º 8.666, de 1993, na seção que trata das definições, assinale a afirmativa correta.

A) Comissão – comissão, permanente ou especial, criada pela Administração com a função de receber, examinar e julgar todos os documentos e procedimentos relativos às licitações e ao cadastramento de licitantes.
B) Contratado – o órgão ou entidade signatária do instrumento contratual.
C) Contratante – pessoa física ou jurídica signatária de contrato com a Administração Pública.
D) Sistemas de tecnologia de informação e comunicação estratégicos – veículo oficial de divulgação da Administração Pública, sendo para a União o Diário Oficial da União e, para os Estados, o Distrito Federal e os Municípios, o que for definido nas respectivas leis.

Tomada de preço: Trata-se da modalidade licitatória na qual participam **os licitantes previamente cadastrados no órgão (habilitação prévia) ou aqueles que cumprirem os requisitos do cadastro até três dias antes da data abertura dos envelopes contendo as propostas** (art. 22 da Lei 8.666/93). Caso o pedido de cadastramento seja negado, cabe recurso no prazo de cinco dias. A utilização dessa modalidade é possível nas contratações de valor médio, para obras e serviços de engenharia de até R$ 3.300.000,00 e bens e serviços de até R$ 1.430.000,00 (objetos de vulto intermediário).

Na modalidade tomada de preços, participam os particulares que possuem uma certidão especial expedida pela Administração Pública denominada **Certidão de Registro Cadastral – CRC**. O Registro Cadastral é um **procedimento administrativo prévio às contratações públicas** em que o particular encaminha a documentação que comprova que a empresa está habilitada a contratar com a Administração Pública. Trata-se de uma garantia ao particular de que ele se encontra idôneo para contratar com o poder público.

1988) (2015) Banca: CESPE – Órgão: CGE-PI – Prova: Auditor

A respeito da contratação de bens e serviços de TI, julgue o item a seguir, de acordo com a Lei 8.666/1993. A modalidade de licitação por leilão pode ocorrer entre os interessados, previamente cadastrados, que atendam aos requisitos exigidos para o cadastramento até o terceiro dia anterior à data de recebimento das propostas.

A) Certo   B) Errado

1989) (2015) Banca: CESPE – Órgão: FUB – Prova: Administrador

Com base nos princípios afetos à licitação pública, e nas disposições da Lei 8.666/1990, julgue o item que se segue. Para participar de uma tomada de preços, a empresa deverá estar cadastrada junto ao órgão ou atender às condições exigidas para o cadastramento.

A) Certo   B) Errado

1990) (2013) Banca: Quadrix – Órgão: CRO-GO – Prova: Assistente Administrativo Financeiro

Tomada de Preços é:

A) uma concorrência.
B) uma modalidade de licitação.
C) uma prestação de contas.
D) um tipo de inventário patrimonial.
E) uma forma de cobrança de dívida.

1991) (2014) Banca: FEPESE – Órgão: MPE-SC – Prova: Procurador do Estado

Acerca da Lei nº 8.666/93, assinale a alternativa incorreta.

A) As licitações serão efetuadas no local onde se situar a repartição interessada.
B) Para fins da Lei nº 8.666/93, consideram-se serviços técnicos profissionais especializados as assessorias ou consultorias técnicas e auditorias financeiras ou tributárias
C) A modalidade licitatória convite é utilizada nas contratações de pequeno valor, sendo possível a participação de não convidados desde que manifestem seu interesse em até 24 horas da apresentação das propostas.
D) A modalidade licitatória tomada de preços é utilizada nas contratações de pequeno valor, sendo possível a participação de não convidados desde que manifestem seu interesse em até 48 horas da apresentação das propostas.
E) As hipóteses em que a licitação é dispensável estão previstas de forma taxativa no art. 24 da Lei nº 8.666/93. Tais incisos podem ser divididos em razão do valor, da situação, do objeto e da pessoa.

1992) (2017) Banca: UFES – Órgão: UFES – Prova: Assistente em Administração

Sobre as modalidades de licitação previstas na Lei nº. 8.666/1993, é CORRETO afirmar:

A) A concorrência é a modalidade de licitação entre quaisquer interessados para escolha de trabalho técnico, científico ou artístico, mediante a instituição de prêmios ou remuneração aos vencedores, conforme critérios constantes de edital publicado, com antecedência mínima de 45 (quarenta e cinco) dias, na imprensa oficial.
B) O concurso é a modalidade de licitação entre quaisquer interessados que, na fase inicial de habilitação preliminar, comprovem possuir os requisitos mínimos de qualificação exigidos no edital para a execução do objeto da licitação.
C) A tomada de preços é a modalidade de licitação entre interessados devidamente cadastrados ou que atenderem a todas as condições exigidas para cadastramento até o terceiro dia anterior à data do recebimento das propostas, observada a necessária qualificação.

D) A modalidade de concorrência é obrigatória para obras e serviços com valores superiores a R$ 100 mil.
E) A licitação na modalidade de convite é facultada para compras e serviços que não sejam destinados a obras e serviços de engenharia com valores até R$ 100 mil.

1993) (2017) Banca: AOCP – Órgão: CODEM – PA – Prova: Analista Fundiário – Advogado

No que tange às modalidades licitatórias, assinale a alternativa INCORRETA.

A) A modalidade da qual participam interessados de ramo relacionado ao objeto do futuro contrato, podendo estar cadastrado ou não, escolhidos e convidados pela unidade administrativa em número mínimo de três, a qual deverá afixar, em local apropriado, cópia do instrumento convocatório e o estenderá aos demais cadastrados na correspondente especialidade, que manifestarem seu interesse com antecedência de até 24 (vinte e quatro) horas da apresentação das propostas, é denominada convite.
B) A modalidade licitatória entre quaisquer interessados para a venda de bens móveis inservíveis para a administração ou de produtos legalmente apreendidos ou penhorados, ou para a alienação de bens imóveis a quem oferecer o maior lance, igual ou superior ao valor da avaliação, é chamada de tomada de preços.
C) Quando a Administração abre a possibilidade a quaisquer interessados para escolha de trabalho técnico, científico ou artístico, mediante a instituição de prêmios ou remuneração aos vencedores, conforme critérios constantes de edital publicado na imprensa oficial com antecedência mínima de 45 (quarenta e cinco) dias, tem-se a modalidade licitatória legalmente nominada como concurso.
D) Concorrência é a modalidade de licitação entre quaisquer interessados que, na fase inicial de habilitação preliminar, comprovem possuir os requisitos mínimos de qualificação exigidos no edital para execução de seu objeto.
E) O pregão, modalidade licitatória criada após as demais existentes, destina-se à aquisição, por quaisquer interessados, de bens e serviços comuns, sem limite de valor, em que a disputa é feita por meio de propostas e lances em sessão pública.

1994) (2017) Banca: IBADE – Órgão: Prefeitura de Rio Branco – AC – Prova: Nutricionista

A modalidade de licitação entre interessados devidamente cadastrados ou que atenderem a todas as condições exigidas para cadastramento até o terceiro dia anterior à data do recebimento das propostas, observada a necessária qualificação, consiste em:

A) concorrência.
B) convite.
C) tomada de preços.
D) leilão.
E) pregão.

Convite: Trata-se de modalidade licitatória mais simples, mais restrita, que será implementada de forma mais simplificada. Participarão do convite no mínimo **três convidados**, cadastrados ou não, **salvo comprovada restrição de mercado**, quando então o convite será realizado com apenas 2 convidados. Destaca-se que aquele que não é convidado e quiser participar deve estar cadastrado no órgão e **demonstrar o interesse em participar do certame com antecedência mínima de 24h da data de abertura das propostas** e poderá participar da licitação desde que comprove estar cadastrado no órgão.

Destaca-se que no convite os particulares convidados podem ter ou não Certidão de Registro Cadastral – CRC. Desse modo, aquele que não foi convidado e deseja participar do procedimento licitatório, tem que ser **cadastrado no órgão**, e deve demonstrar o interesse de **participar do procedimento licitatório com até 24h de antecedência da data para abertura das propostas**. Além disso, ressalta-se que no convite se pode dispensar a comissão de licitação, por motivo excepcional e de interesse público (Ex.: escassez de pessoal), podendo ser o processo licitatório conduzido por apenas um servidor efetivo. **Intervalo mínimo:** 5 dias úteis

O intervalo mínimo conta-se da data de **recebimento da carta convite** ou a data em que foi **afixada a carta convite na repartição** – o ato que tiver acontecido por último.

1995) (2015) Banca: CESPE – Órgão: TRE-GO – Prova: Técnico Judiciário – Área Administrativa

Com relação a licitações, julgue o item que se segue. Na modalidade convite, empresas que não tenham sido convidadas pela administração não poderão participar da licitação.

A) Certo B) Errado

1996) (2015) Banca: CESPE – Órgão: FUB – Prova: Engenheiro civil

Em relação às disposições da Lei de Licitações e Contratos, julgue o item subsecutivo. Cinco dias úteis são estabelecidos legalmente como o prazo mínimo para o recebimento de propostas para a licitação na modalidade convite.

A) Certo B) Errado

1997) (2011) Banca: FCC – Órgão: INFRAERO – Prova: Analista de Sistemas – Desenvolvimento e Manutenção (+ provas)

De acordo com a Lei 8.666/1993, a licitação, na modalidade Convite,

A) terá no mínimo três participantes escolhidos e convidados pela unidade administrativa dentre interessados, cadastrados ou não.
B) ocorre entre interessados devidamente cadastrados ou que atenderem a todas as condições exigidas para cadastramento até o terceiro dia anterior à data do recebimento das propostas, observada a necessária qualificação.
C) poderá ter o convite estendido a participantes cadastrados ou não que manifestarem seu interesse com antecedência de até doze horas da apresentação das propostas.
D) terá no mínimo cinco participantes escolhidos e convidados pela unidade administrativa dentre interessados, cadastrados ou não.
E) ocorre entre quaisquer interessados que, na fase inicial de habilitação preliminar, comprovem possuir os requisitos mínimos de qualificação exigidos no edital para execução de seu objeto.

1998) (2014) Banca: VUNESP – Órgão: DESENVOLVESP – Prova: Advogado

O número mínimo de convidados para participar em licitação pela modalidade convite é

A) 15
B) 10
C) 5
D) 3
E) 2

1999) (2014) Banca: CESPE – Órgão: ICMBIO – Prova: Técnico Administrativo – Administrativo Licitações e Lei 8.666 de 1993

Com relação às licitações públicas, julgue o item subsecutivo. Convite e tomada de preços são modalidades de licitação que podem ser adotadas pela administração pública para a contratação de obras.

A) Certo   B) Errado

2000) (2017) Banca: MS CONCURSOS – Órgão: SAP-SP – Prova: Agente de Segurança Penitenciária

A Lei nº 8.666, de 21 de Junho de 1993, normatiza de modo geral as licitações e contratos administrativos referentes a obras, serviços, incluindo os de publicidade, compras, alienações e locações no âmbito dos Poderes da União, dos Estados, do Distrito Federal e dos Municípios. Subordinam-se ao regime desta Lei, além dos órgãos da administração direta, os fundos especiais, as autarquias, as fundações públicas, as empresas públicas, as sociedades de economia mista e demais entidades controladas direta ou indiretamente pela União, Estados, Distrito Federal e Municípios.

Acerca disso, assinale a alternativa que contém o conceito correto da modalidade de licitação "Convite".

A) Modalidade de licitação entre interessados devidamente cadastrados ou que atenderem a todas as condições exigidas para cadastramento, observada a necessária qualificação.
B) Modalidade de licitação entre interessados do ramo pertinente ao seu objeto, cadastrados ou não, escolhidos e convidados em número mínimo de 3 (três) pela unidade administrativa, a qual afixará, em local apropriado, cópia do instrumento convocatório e o estenderá aos demais cadastrados na correspondente especialidade que manifestarem seu interesse com antecedência de até 24 (vinte e quatro) horas da apresentação das propostas.
C) Modalidade de licitação entre quaisquer interessados para escolha de trabalho técnico, científico ou artístico, mediante a instituição de prêmios ou remuneração aos vencedores, conforme critérios constantes de edital publicado na imprensa oficial com antecedência mínima de 45 (quarenta e cinco) dias.
D) Modalidade de licitação entre quaisquer interessados para a venda de bens móveis inservíveis para a administração ou de produtos legalmente apreendidos ou penhorados, ou para a alienação de bens imóveis prevista no art. 19, a quem oferecer o maior lance, igual ou superior ao valor da avaliação.

2001) (2017) Banca: INSTITUTO AOCP – Órgão: Câmara de Maringá- PR – Prova: Assistente Legislativo

Em relação às licitações, assinale a alternativa INCORRETA.

A) Concorrência é a modalidade de licitação entre quaisquer interessados que, na fase inicial de habilitação preliminar, comprovem possuir os requisitos mínimos de qualificação exigidos no edital para execução de seu objeto.
B) Tomada de preços é a modalidade de licitação entre interessados devidamente cadastrados ou que atenderem a todas as condições exigidas para cadastramento até o terceiro dia anterior à data do recebimento das propostas, observada a necessária qualificação.
C) Convite é a modalidade de licitação entre interessados devidamente cadastrados ou que atenderem a todas as condições exigidas para cadastramento até o terceiro dia anterior à data do recebimento das propostas, observada a necessária qualificação.
D) Concurso é a modalidade de licitação entre quaisquer interessados para escolha de trabalho técnico, científico ou artístico, mediante a instituição de prêmios ou remuneração aos vencedores, conforme critérios constantes de edital publicado na imprensa oficial com antecedência mínima de 45 dias.
E) Leilão é a modalidade de licitação entre quaisquer interessados para a venda de bens móveis inservíveis para a administração ou de produtos legalmente apreendidos ou penhorados, ou para a alienação de bens imóveis prevista no art. 19, a quem oferecer o maior lance, igual ou superior ao valor da avaliação.

2002) (2009) Banca: VUNESP – Órgão: TJ-MS – Prova: Titular de Serviços de Notas e de Registros

Na modalidade licitatória convite, é possível a participação de não convidados, desde que manifestem seu interesse

A) com antecedência de 24 horas da apresentação das propostas.
B) até o terceiro dia anterior à data do recebimento das propostas.
C) com antecedência de 24 horas da data do recebimento das propostas.
D) até o terceiro dia anterior à data da apresentação das propostas.
E) com antecedência de 48 horas da apresentação das propostas.

Concurso: Trata-se de modalidade licitatória na qual o poder público realiza a escolha de um trabalho **técnico, científico ou artístico** para promover o desenvolvimento cultural, mediante o pagamento de prêmio ou remuneração (valor fixo definido em edital) ao vencedor. O procedimento do concurso será definido em regulamento próprio, inclusive o critério de escolha do vencedor. A comissão será composta por no mínimo **três membros, pessoas idôneas com conhecimento na área técnica objeto do concurso. Portanto, a comissão não será formada necessariamente por servidores públicos.**

Destaca-se que a modalidade licitatória concurso não se confunde com o concurso para provimento de cargo, o qual não possui natureza licitatória.

Intervalo mínimo: 45 dias corridos entre a publicação do edital e o início do certame.

7. LICITAÇÕES

2003) (2010) Banca: FCC – Órgão: MPE-RN – Prova: Analista de Tecnologia da Informação – Redes-Segurança-Conectividade

Para modalidade de licitação concurso, o prazo mínimo até o recebimento das propostas ou da realização do evento, contado a partir da última publicação do edital resumido ou da efetiva disponibilidade do edital e respectivos anexos, prevalecendo a data que ocorrer mais tarde, será de

A) 15 dias.
B) 30 dias.
C) 35 dias.
D) 40 dias.
E) 45 dias.

2004) (2016) Banca: CESPE – Órgão: TCE-PA – Prova: Auditor de Controle Externo – Administração – Direito Administrativo Licitações e Lei 8.666 de 1993

Com relação à licitação pública, julgue o item seguinte. Concurso é a modalidade de licitação indicada para a escolha de trabalho técnico ou científico, mediante a instituição aos vencedores de prêmios em dinheiro, conforme critérios constantes de edital publicado na imprensa oficial com antecedência mínima de trinta dias.

A) Certo   B) Errado

2005) (2011) Banca: COMPERVE – Órgão: IF-RN – Prova: Contador

A modalidade de licitação Concurso destina-se

A) à contratação de pequeno valor, com a convocação de, no mínimo, seis empresas.
B) à contratação de serviços que serão prestados por pessoas físicas com direito à estabilidade.
C) a contratos de trabalho técnico ou artístico, predominantemente de criação intelectual.
D) a contratos de valor estimado imediatamente inferior ao estabelecido para a concorrência.

2006) (2017) Banca: COSEAC – Órgão: UFF – Prova: Técnico de Tecnologia da Informação (+ provas)

A modalidade de licitação, entre quaisquer interessados, para escolha de trabalho técnico, científico ou artístico, mediante a instituição de prêmio ou remuneração aos vencedores, segundo critérios constantes de edital publicado na imprensa oficial, é:

A) concorrência.
B) leilão.
C) competição.
D) pregão.
E) concurso.

Leilão: Trata-se de modalidade licitatória para a VENDA de **bens móveis inservíveis, produtos apreendidos e penhorados ou imóveis adquiridos mediante decisão judicial ou dação em pagamento,** a quem oferecer o maior valor, igual ou superior ao valor da avaliação.

Essa modalidade licitatória será conduzida por um leiloeiro oficial ou por servidor público designado. Além disso, o critério de escolha do fornecedor vai ser sempre do tipo maior lance, que deverá ser maior ou igual ao valor da avaliação.

Intervalo mínimo – 15 dias corridos.

2007) (2014) Banca: CESPE Órgão: TJ-CE Prova: Técnico Judiciário – Área Judiciária Acerca do procedimento licitatório, assinale a opção correta

A) Determinado bem imóvel adquirido pela União em decorrência de dação em pagamento pode ser alienado por meio de concorrência ou leilão, independentemente de seu valor.
B) Sendo a adjudicação compulsória ato declaratório e vinculado, obriga-se a administração a celebrar contrato com o vencedor do certame.
C) Nos casos em que couber leilão, a administração poderá utilizar a modalidade convite e, em qualquer caso, a modalidade concorrência.
D) A empresa líder de um consórcio é responsável pelos atos praticados em consórcio tanto na fase de licitação quanto na de execução do contrato, de modo que as demais consorciadas respondem subsidiariamente.
E) No âmbito da União, deve ser utilizada a licitação na modalidade pregão se o objeto da contratação for bens ou serviços comuns, desde que seja respeitado o valor estimado da contratação de R$ 1.500.000.

2008) (2017) Banca: CESPE – Órgão: TRT – 7ª Região (CE) – Prova: Técnico Judiciário – Área Administrativa

Bem imóvel da União, que tiver sido adquirido por meio de procedimento judicial e em relação ao qual não houver destinação pública, poderá ser alienado unicamente por meio de

A) pregão ou leilão.
B) pregão ou concorrência.
C) leilão ou concorrência.
D) pregão.

2009) (2010) Banca: FCC – Órgão: TCM-CE – Prova: Analista de Controle Externo – Inspeção de Obras Públicas (+ provas)

Leilão é modalidade licitatória aplicável para

A) alienação de bens móveis de qualquer valor.
B) aquisição de bens de natureza comum.
C) alienação de obras de arte e produtos penhorados, desde que em valor inferior a R$ 150.000,00.
D) alienação de bens móveis inservíveis e imóveis adquiridos em procedimento judicial.
E) alienação de bens móveis avaliados em até R$ 80.000,00 (oitenta mil reais) e imóveis avaliados em até R$ 150.000,00 (cento e cinquenta mil reais).

2010) (2007) Banca: FCC – Órgão: TRE-SE – Prova: Analista Judiciário – Área Judiciária

O leilão é uma modalidade de licitação

A) adequada para a venda de bens móveis inservíveis para a administração ou de produtos legalmente apreendidos ou penhorados, a quem oferecer o maior lance, independentemente do valor da avaliação.
B) adequada somente para a alienação de bens imóveis, a quem oferecer o maior lance, igual ou superior ao valor da avaliação.
C) que a Administração Pública pode utilizar para a alienação de qualquer bem imóvel, a quem oferecer o maior lance, igual ou superior ao valor da avaliação.

D) que a Administração Pública pode utilizar para a alienação de bem imóvel, a quem oferecer o maior lance, independentemente do valor da avaliação.

E) adequada para a venda de bens móveis inservíveis para a administração ou de produtos legalmente apreendidos ou penhorados, a quem oferecer o maior lance, igual ou superior ao valor da avaliação.

2011) (2017) Banca: FCC – Órgão: DPE-RS – Prova: Técnico – Logística

Suponha que a Secretaria de Fazenda do Estado pretenda alienar produtos apreendidos em uma operação da fiscalização. Para tanto, de acordo com a Lei nº 8.666/1993 e legislação federal correlata,

A) poderá dispensar o procedimento licitatório, realizando a venda direta a potenciais interessados previamente cadastrados.

B) somente poderá alienar os bens se forem declarados inservíveis, adotando, para tanto, a modalidade licitatória convite.

C) deverá instaurar procedimento licitatório para alienação, na modalidade leilão, precedido de avaliação para fixação do preço mínimo de venda.

D) poderá alienar os bens apreendidos, mediante licitação na modalidade pregão, precedido de ata de registro de preços.

E) deverá, obrigatoriamente, alienar os bens mediante licitação na modalidade concorrência, salvo os de pequeno valor, que poderão ser alienados em bloco, mediante leilão.

2012) (2014) Banca: CESPE – Órgão: CADE – Prova: Nível Médio – Administrativo Licitações e Lei 8.666 de 1993

Com relação ao direito administrativo, julgue o item seguinte. Considere que, em operação da polícia federal, tenha sido apreendida grande quantidade de veículos introduzidos ilegalmente no território brasileiro. Nesse caso, a administração poderá realizar leilão para a venda desses veículos.

A) Certo B) Errado

2013) (2017) Banca: NC-UFPR – Órgão: UFPR – Prova: Auxiliar em Administração

Considerando a legislação pertinente às licitações e contratos, qual é a modalidade correta de procedimento licitatório que deve o Poder Púbico adotar para a alienação de bem imóvel que foi adquirido em um processo de execução fiscal?

A) Tomada de preços, exclusivamente.
B) Concorrência, exclusivamente.
C) Leilão, exclusivamente.
D) Tomada de preços ou leilão.
E) Concorrência ou leilão.

2014) (2017) Banca: FUNDATEC – Órgão: IGP-RS – Prova: Técnico em Perícias (+ provas)

O Estado do Rio Grande do Sul pretende alienar bem imóvel cuja aquisição tenha derivado de dação em pagamento. Considerando que a Administração não tenha dado qualquer utilização ao referido imóvel, a modalidade licitatória a ser adotada na referida hipótese:

A) Será de concorrência ou leilão.
B) Será de concorrência ou pregão.
C) Será unicamente de concorrência.
D) Será unicamente de leilão.
E) Poderá admitir qualquer modalidade, desde que atenda ao interesse público.

Pregão: Criado pela Lei 10.520/2002, trata-se de modalidade licitatória utilizada para aquisição de bens e serviços comuns, aqueles que podem ser designados no edital objetivamente com expressões usuais de mercado pela Administração Pública de todas as esferas federativas. A modalidade pregão será sempre do tipo menor preço, ou seja, necessariamente o vencedor do certame será aquele que oferecer o menor preço.

Entretanto, o participante do pregão que oferecer a menor proposta não necessariamente será aquele a quem o pregoeiro atribuirá o objeto da licitação.

Art. 4. Lei 10520/02

XI – examinada a proposta classificada em primeiro lugar, quanto ao objeto e valor, caberá ao pregoeiro decidir motivadamente a respeito da sua aceitabilidade;

XII – encerrada a etapa competitiva e ordenadas as ofertas, o pregoeiro procederá à abertura do invólucro contendo os documentos de habilitação do licitante que apresentou a melhor proposta, para verificação do atendimento das condições fixadas no edital;

O responsável pela condução desse processo licitatório é o pregoeiro, servidor público designado que possui capacitação para exercício do cargo.

Cumpre ressaltar que, inicialmente, o uso do pregão seria opcional, porém, o Decreto nº 4.450/2005 tornou obrigatório a utilização do pregão para aquisição de bens e serviços comuns no âmbito federal, sendo preferencial a utilização da sua forma eletrônica.

Aplicam-se subsidiariamente, para a modalidade de pregão, as normas da Lei nº 8.666/93.

A doutrina aponta a impossibilidade de utilização do pregão para celebração de contratos de locação de imóveis, alienação de bens e execução de obras públicas.

Não há limite de valor para as contratações realizadas através do pregão, sendo essa modalidade utilizada para contratações de valor superior a R$650.000,00.

O procedimento do pregão possui algumas peculiaridades no que tange à inversão das fases. Nessa modalidade a classificação das propostas antecede a habilitação dos licitantes e a homologação é realizada após a adjudicação. Assim, após a fase de lances verbais, a Administração deverá analisar a documentação de habilitação somente do licitante classificado em 1º lugar (menor preço). A referida inversão de fases visa assegurar economia de tempo e de recursos públicos, haja vista que no pregão há uma fase de negociação denominada lances verbais na qual existe a possibilidade de redução dos preços. **Intervalo mínimo 8 dias ÚTEIS.**

2015) (2016) Banca: CESPE Órgão: TCE-PR Prova: Analista de Controle – Direito Administrativo

A prefeitura de determinado município pretende contratar empresa para prestar serviço continuado de desenvolvimento e manutenção de software (fábrica de software). O referido serviço está orçado em R$ 5 milhões anuais e será mensurado mediante o emprego da análise de pontos de função, que facilita a aferição do padrão de desempenho e qualidade do serviço por meio de especificações usuais. Nessa situação hipotética, a modalidade de licitação correta a ser adotada será o(a)

A) leilão.
B) pregão.
C) convite.
D) concorrência.
E) tomada de preço.

2016) (2015) Banca: CESPE – Órgão: STJ – Prova: Técnico Judiciário – Administrativo – Direito Administrativo Licitações e Lei 8.666 de 1993

Julgue o seguinte item, referente a licitações, pregão e sistema de registro de preços. Devido ao fato de o pregão ser utilizado para a contratação de bens e serviços comuns, o critério empregado para a escolha do vencedor poderá ser o de menor preço ou técnica e preço.

A) Certo B) Errado

2017) (2015) Banca: CESPE – Órgão: TCU – Prova: Auditor Federal de Controle Externo – Direito Administrativo Licitações e Lei 8.666 de 1993

Com base nas normas que regulam as licitações e os contratos administrativos, julgue o item seguinte. É possível a licitação na modalidade pregão pelo critério técnica e preço, desde que o bem ou serviço seja considerado comum.

A) Certo B) Errado

2018) (2016) Banca: CESPE Órgão: TRE-PI Prova: Técnico de Administração – Direito Administrativo

A modalidade de licitação denominada pregão

A) é utilizada, entre quaisquer interessados, para a venda de bens móveis, produtos penhorados e bens imóveis a quem oferecer maior lance, igual ou superior ao da avaliação
B) é utilizada entre os interessados do ramo pertinente ao objeto, cadastrados ou não, em um número mínimo de três, e seu edital deve ser publicado com antecedência mínima de vinte e quatro horas da apresentação das propostas.
C) é utilizada entre interessados devidamente cadastrados para a celebração de contratos relativos a obras, serviços e compras de pequeno vulto.
D) é sempre do tipo menor preço, destinada à aquisição de bens e serviços comuns, qualquer que seja o valor estimado da contratação.
E) é utilizada para escolha de trabalho técnico, científico ou artístico, mediante a instituição de prêmio ou remuneração ao vencedor, conforme critérios constantes em edital, que deve ser publicado com quarenta e cinco dias de antecedência.

2019) (2014) Banca: CESPE Órgão: TJ-CE Prova: Analista Judiciário – Execução de Mandados – Direito Administrativo

Assinale a opção correta referente às contratações públicas.

A) É dispensada a licitação para a aquisição de produtos manufaturados nacionais que atendam ao processo produtivo básico.
B) A indicação de dotação orçamentária deve ser realizada para a abertura de licitação feita mediante o sistema de registro de preços.
C) A licitação na modalidade pregão não se aplica à alienação de bens, ainda que estes possuam padrões de desempenho e qualidade que possam ser objetivamente definidos no edital.
D) Tratando-se de regime diferenciado de contratações públicas, é possível realizar licitação com orçamento sigiloso, que se tornará público somente após a execução integral do contrato.
E) A administração não é obrigada a contratar o licitante vencedor e, caso celebre o contrato com este, poderá, unilateralmente, a qualquer momento, suprimir o objeto do contrato em até 100%, desde que justificado por fato superveniente devidamente comprovado.

2020) (2014) Banca: CESPE – Órgão: ANATEL – Prova: Analista Administrativo – Direito Administrativo Licitações e Lei 8.666 de 1993

A respeito do pregão, julgue o item a seguir. Os contratos celebrados pelas agências reguladoras federais para a aquisição de bens e serviços comuns devem ser precedidos de pregão, a ser realizado, preferencialmente, na forma eletrônica.

A) Certo B) Errado

2021) (2014) Banca: CESPE – Órgão: ANATEL – Prova: Administrador – Direito Administrativo Licitações e Lei 8.666 de 1993

Acerca das transferências de recursos da União para órgãos e entidades públicas ou privadas sem fins lucrativos para a execução de programas de interesse recíproco, julgue o seguinte item. A aquisição de bens e serviços comuns por entidades públicas que receberem recursos da União deverá ser feita mediante pregão, preferencialmente na forma eletrônica.

A) Certo B) Errado

2022) (2016) Banca: CESPE – Órgão: FUNPRESP-EXE – Prova: Analista – Administrativo Licitações e Lei 8.666 de 1993

Com relação ao pregão, julgue o item subsequente. O pregão é uma modalidade de licitação destinada à aquisição de bens e serviços comuns pelos entes públicos, sem qualquer restrição em relação ao valor estimado da contratação.

A) Certo B) Errado

2023) (2015) Banca: CESPE – Órgão: STJ – Prova: Analista Judiciário – Engenharia – Administrativo Licitações e Lei 8.666 de 1993

A respeito de pregão, julgue o item que se segue com base na Lei 10.520/2002. As compras e as contratações de bens e serviços comuns, no âmbito da União, dos estados, do Distrito Federal e dos municípios, poderão ser implementadas com base na modalidade de licitação denominada pregão.

A) Certo B) Errado

2024) (2014) Banca: CESPE – Órgão: FUB – Prova: Técnico de Contabilidade – Direito Administrativo Licitações e Lei 8.666 de 1993

Com base no Decreto 5.450/2005, que regulamenta a modalidade de licitação pregão eletrônico, julgue o item a seguir.

Os órgãos e as entidades controladas direta ou indiretamente pela União devem, obrigatoriamente, utilizar o pregão para aquisição de bens e serviços comuns, de preferência o pregão eletrônico.

A) Certo B) Errado

2025) (2015) Banca: CESPE – Órgão: STJ – Prova: Técnico Judiciário – Administrativo – Direito Administrativo Licitações e Lei 8.666 de 1993

Julgue o seguinte item, referente a licitações, pregão e sistema de registro de preços. Diferentemente dos demais procedimentos licitatórios, o procedimento do pregão implica, inicialmente, a disputa de lances para a ulterior análise dos requisitos necessários à habilitação da empresa licitante, procedendo-se à análise conforme a ordem de classificação.

A) Certo B) Errado

2026) (2015) Banca: CESPE – Órgão: FUB – Prova: Administrador – Administrativo Licitações e Lei 8.666 de 1993

De acordo com os dispositivos legais que regulam as licitações públicas, julgue o item a seguir. Na administração pública, pode ser adotada a modalidade de licitação pregão para a aquisição de bens e serviços comuns ou especiais e diferenciados.

A) Certo B) Errado

2027) (2017) Banca: FCC – Órgão: PC-AP – Prova: Oficial de Polícia Civil

Diante da necessidade de pronta aquisição de canetas esferográficas, determinada repartição pública publicou edital de pregão presencial para aquisição dos referidos bens. Essa escolha apresenta vantagens para a Administração pública e, com isso, para o atingimento do interesse público, porque

A) o pregão presencial tem procedimento simplificado e abreviado, não admitindo, por exemplo, a interposição de recurso por parte dos licitantes, que devem demandar o Judiciário para eventual impugnação.
B) a fase de habilitação é restrita à apresentação de documentação oficial das licitantes, não sendo necessário o preenchimento de outros requisitos, já que a execução do objeto se dá em uma única parcela.
C) permite a apresentação de rol exemplificativo de marcas, evitando que o material entregue esteja em desacordo com a finalidade da licitação.
D) possibilita disputa entre todos os licitantes e diretamente entre aquele que apresentar o menor valor como proposta e aqueles que propuserem valor até 10% por cento mais alto.
E) permite disputa direta entre todos os licitantes, em lances verbais e sucessivos, até o atingimento da melhor proposta para o Poder Público.

2028) (2009) Banca: FCC – Órgão: TRT – 3ª Região (MG) – Prova: Analista Judiciário – Área Administrativa

Pregão é a modalidade licitatória aplicável para

A) aquisição de bens e serviços comuns e para contratação de obras de pouca complexidade.
B) alienação de bens adquiridos por adjudicação judicial.
C) aquisição de bens e serviços com valor inferior a R$ 80.000,00.
D) aquisição de bens e serviços comuns, independentemente do valor.
E) alienação de bens inservíveis e aquisição de obras de arte.

2029) (2011) Banca: FCC – Órgão: INFRAERO – Prova: Administrador

A modalidade licitatória pregão

A) aplica-se à aquisição ou alienação de bens e serviços comuns, excluídas obras e serviços de engenharia.
B) admite a apresentação de lances, após a abertura dos envelopes de preços, por todos os licitantes que apresentaram propostas.
C) faculta a inversão de fases, com a abertura dos envelopes contendo as propostas de preços preliminarmente ao exame da documentação de habilitação, a critério do pregoeiro.
D) aplica-se à aquisição de bens e serviços comuns, independentemente do valor estimado para a contratação.
E) não se aplica à aquisição de bens e serviços de grande valor, assim entendidos aqueles com preço de referência acima de R$ 1.500.000,00 (um milhão e quinhentos mil reais).

2030) (2011) Banca: FCC – Órgão: TRT – 23ª REGIÃO (MT) – Prova: Analista Judiciário – Área Administrativa

No que concerne ao pregão, é INCORRETO afirmar:

A) Admite, como uma de suas modalidades, o pregão eletrônico, que se processa, em ambiente virtual, por meio da internet.
B) Destina-se à aquisição de bens e serviços comuns.
C) Os lances ocorrem em sessão pública no pregão denominado presencial.
D) Poderá dar-se no âmbito da União, Estados, Distrito Federal e Municípios.
E) Existe, em regra, limitação de valor para a contratação.

2031) (2017) Banca: FCC – Órgão: TSTProva: Técnico Judiciário – Área Administrativa

No procedimento de pregão para aquisição de cadeiras de escritório para as novas instalações de uma repartição pública, a Administração pública

A) deve observar a obrigatoriedade da inversão de fases, tendo em vista que a classificação dá-se antes da habilitação.
B) pode observar a inversão de fases, quando a natureza do objeto da aquisição assim recomendar, a fim de reduzir litígio na fase de habilitação.
C) tal qual nos demais procedimentos de licitação, está obrigada a realizar a inversão de fases, com a homologação do resultado antes da habilitação.
D) pode colher a concordância dos licitantes cadastrados antes do início do pregão para que seja feita a inversão de fases.
E) não pode realizar inversão de fases, tendo em vista que a celeridade do procedimento não admite que, após a os lances e declaração do vencedor, haja o risco do mesmo ser inabilitado.

2032) (2017) Banca: FGV – Órgão: SEPOG – RO – Prova: Analista de Planejamento e Finanças (+ provas)

A autoridade competente de determinado ente da Administração Pública indireta, após justificar a necessidade de aquisição de certo bem comum, adotou todas as medidas exigidas pela Lei nº 10.520/2002, que disciplina a licitação na modalidade pregão, dentre elas,

I. a definição das exigências de habilitação;
II. a indicação dos critérios de aceitação das propostas;
III. a convocação dos interessados, com a indicação da forma de obtenção do edital; e
IV. a realização de sessão pública para recebimento das propostas.

À luz da narrativa acima, sobre as fases externas do pregão, está correto o que se afirma em

A) I, II e III, apenas.
B) I, III e IV, apenas.
C) I e IV, apenas.
D) III e IV, apenas.
E) II e IV, apenas.

2033) (2016) Banca: CRO – SC – Órgão: CRO – SC – Prova: Administrador

Quando nos referimos ao pregão eletrônico, podemos dizer que o mesmo é:

A) Modalidade de licitação do tipo técnica e preço.
B) Tipo de licitação na modalidade de técnica e preço.
C) Modalidade de licitação do tipo menor preço.
D) Tipo de licitação na modalidade de menor preço.

2034) (2014) Banca: IADES – Órgão: UFBA – Prova: Analista Administrativo – Contabilidade (+ provas)

O tipo de licitação adotado na modalidade pregão é

A) tomada de preço.
B) técnica e preço.
C) melhor técnica.
D) menor lance.
E) menor preço.

2035) (2010) Banca: FUNIVERSA – Órgão: MTur – Prova: Agente Administrativo

No que se refere ao pregão, assinale a alternativa correta.

A) Devido a seu rito célere, uma vez publicado o aviso do pregão, a colheita de propostas pode ocorrer 48 horas depois.
B) Na sessão designada pelo pregoeiro, os participantes devem, de início, apresentar sua documentação, a qual será rapidamente conferida pelos presentes, e, em seguida, haverá a apresentação das propostas.
C) Uma vez apresentadas as propostas pelos interessados e relacionadas elas pela equipe de apoio do pregoeiro, todos os licitantes podem passar à fase de disputa pelo objeto do contrato, por meio de lances verbais.
D) Em cada pregão de que participem, os interessados devem apresentar cópia de todos os documentos necessários a comprovar os requisitos de habilitação.
E) O participante do pregão que oferecer a menor proposta não necessariamente será aquele a quem o pregoeiro atribuirá o objeto da licitação.

2036) (2013) Banca: FUNCAB – Órgão: IF-RR – Prova: Assistente de Administração

Com relação à modalidade de licitação denominada, uma das vantagens do pregão presencial em relação ao pregão eletrônico é a:

A) simplificação das atividades do pregoeiro
B) ampliação considerável da competitividade
C) intervenção ativa do pregoeiro nas licitações difíceis de serem realizadas.
D) redução das formalidades burocráticas.
E) abertura de lances de vários itens de modo concomitante.

2037) (2017) Banca: VUNESP – Órgão: Câmara de Sumaré – SP – Prova: Procurador Jurídico

A respeito do pregão, assinale a alternativa correta.

A) O pregão é modalidade de licitação destinada à aquisição de bens e serviços comuns cujo valor não ultrapasse R$ 650.000,00.
B) No pregão, a fase de habilitação é sempre anterior à fase de julgamento das propostas.
C) A Administração poderá realizar pregão utilizando o tipo "menor preço" ou "técnica e preço".
D) É admitida a exigência de garantia de proposta como condição para participação de licitação.
E) O pregoeiro pode negociar diretamente com o licitante classificado em primeiro lugar para que seja obtido preço melhor.

2038) (2016) Banca: IF-MG – Órgão: IF-MG – Prova: Auxiliar em Administração

De acordo com a Lei nº 10.520/02, para a aquisição de bens e serviços comuns, as instituições públicas utilizarão qual modalidade de licitação?

A) Concorrência.
B) Concurso.
C) Convite.
D) Pregão.

2039) (2012) Banca: INSTITUTO CIDADES – Órgão: TCM-GO – Prova: Auditor de Controle Externo – Informática

A modalidade pregão:

A) Para ser realizada, exige obrigatoriamente a utilização de recursos de tecnologia da informação, nos termos de regulamentação específica.
B) Exige a aquisição do edital pelos licitantes, como condição para participação no certame.
C) Sugere que a equipe de apoio para a sua realização deverá ser integrada em sua maioria por representantes da sociedade.
D) Apregoa que o prazo de validade das propostas será de trinta dias, se outro não estiver fixado no edital.
E) Em sua fase externa, o prazo fixado para a apresentação das propostas, contado a partir da publicação do aviso, não será inferior a oito dias úteis.

2040) (2017) Banca: IF-ES – Órgão: IF-ES – Prova: Administrador

A Lei 10.520/2002, determina regras para a fase externa do pregão, iniciada com a convocação dos interessados. Com base no disposto no art. 4°, é INCORRETO afirmar que:

A) o prazo fixado para a apresentação das propostas, contado a partir da publicação do aviso, não será inferior a 5 (cinco) dias úteis.

B) no dia, hora e local designados, será realizada sessão pública para recebimento das propostas, devendo o interessado, ou seu representante, identificar-se e, se for o caso, comprovar a existência dos necessários poderes para formulação de propostas e para a prática de todos os demais atos inerentes ao certame.

C) aberta a sessão, os interessados ou seus representantes, apresentarão declaração dando ciência de que cumprem plenamente os requisitos de habilitação e entregarão os envelopes contendo a indicação do objeto e do preço oferecidos, procedendo-se à sua imediata abertura e à verificação da conformidade das propostas com os requisitos estabelecidos no instrumento convocatório.

D) no curso da sessão, o autor da oferta de valor mais baixo e os das ofertas com preços até 10% (dez por cento) superiores àquela poderão fazer novos lances verbais e sucessivos, até a proclamação do vencedor.

E) examinada a proposta classificada em primeiro lugar, quanto ao objeto e valor, caberá ao pregoeiro decidir motivadamente a respeito da sua aceitabilidade

Fracionamento de despesa: Em conformidade com o critério quantitativo, a escolha pela Administração Pública quanto à modalidade licitatória utilizada deverá ser feita em função do **valor estimado da contratação,** considerando a integralidade do objeto a ser contratado, sendo vedado o fracionamento de despesa.

O termo fracionamento de despesa consiste em dividir o objeto em contratações menores, nas quais não é utilizada a modalidade cabível para a compra do objeto integral ou fracionamento para fins de contratar diretamente, sem licitação (dispensa), nos casos em que o procedimento é obrigatório. Essa última hipótese refere-se à **vedação da fragmentação de compras** no intuito de manter o valor de cada **lote adquirido dentro do limite estabelecido pela lei para fins de viabilizar a dispensa de licitação.** Portanto, sempre que for possível a contratação deve ser feita por inteiro e não parcelas.

2041) (2014) Banca: CESPE – Órgão: ANATEL Prova: Analista Administrativo – Administrativo Licitações e Lei 8.666 de 1993

Direito Considerando o disposto na Lei 8.666/1993, julgue o item subsequente. É recomendável que o administrador público fracione ou desmembre obra, compra ou serviço, para o devido enquadramento do valor dentro dos limites de dispensa previstos nessa lei.

A) Certo **B) Errado**

2042) (2014) Banca: CESPE – Órgão: MEC – Prova: Nível Superior

A administração deve dividir as obras, os serviços e as compras que pretende realizar em quantas etapas julgar viáveis técnica e economicamente e deve realizar uma licitação única que contemple todas as etapas.

A) Certo **B) Errado**

2043) (2015) Banca: CESPE – Órgão: Telebras – Prova: Engenheiro civil – Administrativo Licitações e Lei 8.666 de 1993

A administração pública decidiu licitar determinada obra, orçada em R$ 1.800.000,00, em dois processos licitatórios distintos: o primeiro de R$ 800.000,00 e o segundo de R$ 1.000.000,00. Como faltavam apenas dois meses para o fim do exercício financeiro, as duas etapas foram licitadas simultaneamente. A proximidade do fim do exercício financeiro é justificativa aceitável para dividir a obra em duas parcelas, o que permite adotar a modalidade "tomada de preços" para as duas licitações.

A) Certo **b) Errado**

Registro de Preços: O registro de preços, **não é modalidade de licitação,** é um procedimento realizado na modalidade **concorrência ou pregão** para fins de registro da proposta vencedora para compras, obras e serviços rotineiros, que será utilizado em momento futuro quando houver necessidade de contratação. Nesse caso, o poder público realiza o procedimento licitatório, contudo, não é obrigado a contratar, o ofertante registrado terá tão somente **preferência na contratação futura.** Nos termos do artigo 3° do **Decreto 7.892/2013:**

"Art. 3° O Sistema de Registro de Preços poderá ser adotado nas seguintes hipóteses:

*I – quando, pelas características do bem ou serviço, houver necessidade de **contratações frequentes;***

*II – quando for conveniente a aquisição de bens com **previsão de entregas parceladas** ou contratação de serviços **remunerados por unidade de medida** ou em regime de tarefa;*

*III – quando for conveniente a aquisição de bens ou a contratação de serviços para atendimento **a mais de um órgão ou entidade,** ou a programas de governo; ou*

*IV – quando, pela natureza do objeto, **não for possível definir previamente o quantitativo a ser demandado** pela Administração".*

2044) (2016) Banca: CESPE Órgão: TRT – 8ª Região (PA e AP) – Prova: Analista Judiciário – Área Judiciária

O órgão X, integrante da administração pública federal, lançou um edital de licitação do tipo técnica e preço, para a formação de regime de preços e a compra de 350 unidades de determinado equipamento para serem usadas em sua finalidade institucional. Compareceram ao certame as duas únicas empresas fabricantes desse tipo de equipamento. Embora a primeira empresa tenha apresentado à melhor proposta de preço, no valor unitário de R$ 45.000, a segunda empresa saiu-se vencedora, considerando-se que os equipamentos comercializados por essa empresa, no valor unitário de R$ 46.000, a despeito de serem importados, seriam mais apropriados ao objeto do contrato, já que teriam qualidade bem superior e um valor pouco acima do da concorrente. Por sua vez, uma autarquia do estado Y, com finalidade institucional semelhante à do órgão X, também demonstrou interesse nesse tipo de equipamento e resolveu usar o regime de preços daquele órgão e comprar 100 unidades do mesmo fabricante. Foi firmado o contrato de compra e venda, e os equipamentos foram montados e colocados no almoxarifado da autarquia estadual. Antes do recebimento do objeto do contrato, porém, o governador do estado, ciente do fato pela mídia, determinou a suspensão da licitação, em razão do não esclarecimento da necessidade de aquisição de um produto mais caro em detrimento de um mais barato. Acerca dessa situação hipotética e do que estabelece a legislação relativamente a licitações e contratos e ao exercício do poder de polícia, assinale a opção correta.

A) A modalidade de licitação no sistema de registro de preços deverá ser a concorrência, haja vista a adoção do julgamento por técnica e preço.
B) Em vista dos fatos na situação hipotética em apreço, há direito subjetivo da autarquia estadual de rescindir unilateralmente o contrato, ao verificar que a aquisição dos equipamentos não é conveniente ou oportuna para a administração pública.
C) No caso do estado Y, se for comprovada a ilegalidade no procedimento licitatório, sem culpa da contratada, o governador poderá anular o contrato e, consequentemente, a licitação, sem necessidade de indenizar o contratante pela montagem e pela entrega dos equipamentos.
D) Se a finalidade institucional do órgão X fosse a atividade de policiamento de rodovias, seria correto relacioná-la com o conceito subjetivo de administração pública.
E) A especificação de marcas de produtos em editais de licitação é permitida para compras pela administração pública, quando a licitação for do tipo técnica e preço.

2045) (2016) Banca: CESPE Órgão: TRT – 8ª Região (PA e AP) – Prova: Analista Judiciário – Direito Administrativo

O órgão X, integrante da administração pública federal, lançou um edital de licitação do tipo técnica e preço, para a formação de regime de preços e a compra de 350 unidades de determinado equipamento para serem usadas em sua finalidade institucional. Compareceram ao certame as duas únicas empresas fabricantes desse tipo de equipamento. Embora a primeira empresa tenha apresentado a melhor proposta de preço, no valor unitário de R$ 45.000, a segunda empresa saiu-se vencedora, considerando-se que os equipamentos comercializados por essa empresa, no valor unitário de R$ 46.000, a despeito de serem importados, seriam mais apropriados ao objeto do contrato, já que teriam qualidade bem superior e um valor pouco acima do da concorrente. Por sua vez, uma autarquia do estado Y, com finalidade institucional semelhante à do órgão X, também demonstrou interesse nesse tipo de equipamento e resolveu usar o regime de preços daquele órgão e comprar 100 unidades do mesmo fabricante. Foi firmado o contrato de compra e venda, e os equipamentos foram montados e colocados no almoxarifado da autarquia estadual. Antes do recebimento do objeto do contrato, porém, o governador do estado, ciente do fato pela mídia, determinou a suspensão da licitação, em razão do não esclarecimento da necessidade de aquisição de um produto mais caro em detrimento de um mais barato. Acerca dessa situação hipotética e do que estabelece a legislação relativamente a licitações e contratos e ao exercício do poder de polícia, assinale a opção correta.

A) Em vista dos fatos na situação hipotética em apreço, há direito subjetivo da autarquia estadual de rescindir unilateralmente o contrato, ao verificar que a aquisição dos equipamentos não é conveniente ou oportuna para a administração pública.
B) No caso do estado Y, se for comprovada a ilegalidade no procedimento licitatório, sem culpa da contratada, o governador poderá anular o contrato e, consequentemente, a licitação, sem necessidade de indenizar o contratante pela montagem e pela entrega dos equipamentos.
C) Se a finalidade institucional do órgão X fosse a atividade de policiamento de rodovias, seria correto relacioná-la com o conceito subjetivo de administração pública.
D) A especificação de marcas de produtos em editais de licitação é permitida para compras pela administração pública, quando a licitação for do tipo técnica e preço.
E) A modalidade de licitação no sistema de registro de preços deverá ser a concorrência, haja vista a adoção do julgamento por técnica e preço.

2046) (2015) Banca: CESPE – Órgão: TRF – 5ª REGIÃO – Prova: Juiz federal – Direito Administrativo

Assinale a opção correta a respeito de licitações e registro de preços.

A) Representa hipótese de licitação dispensada, com previsão na Lei n.º 8.666/1993, a locação de imóvel destinado ao atendimento das finalidades precípuas da administração cuja necessidade de instalação e localização condicione a sua escolha.
B) Quando, no decorrer de uma licitação, os licitantes apresentarem propostas com preços manifestamente superiores aos praticados no mercado nacional ou incompatíveis com os fixados pelos órgãos oficiais competentes, se estará diante, então, da chamada licitação deserta.
C) Em todas as modalidades licitatórias, faz-se imprescindível a constituição de comissão permanente ou especial de, no mínimo, três membros, servidores qualificados pertencentes aos quadros permanentes dos órgãos da administração responsável pela licitação, a qual será responsável por receber, examinar e julgar todos os documentos e procedimentos relativos às licitações e ao cadastramento dos licitantes.
D) O sistema de registro de preços é o procedimento administrativo por meio do qual a administração pública seleciona as propostas mais vantajosas, que ficarão registradas para futuras contratações de prestação de serviços e aquisição de bens mediante concorrência ou pregão.
E) Se a administração pública pretender contratar serviços ou adquirir materiais, equipamentos ou gêneros que só possam ser fornecidos por produtor, empresa ou representante comercial exclusivo, poderá fazê-lo mediante dispensa de licitação.

2047) (2016) Banca: CESPE – Órgão: TCE-PA – Prova: Auxiliar Técnico – Informática – Administrativo Licitações e Lei 8.666 de 1993

Em relação ao sistema de registro de preços, julgue o item seguinte. Esse sistema consiste em um conjunto de procedimentos para o registro formal de preços relativos à prestação de serviços e aquisição de bens, para contratações futuras, em que as empresas, concordando em fornecer nas mesmas condições do primeiro colocado, disponibilizam os bens e serviços a preços e prazos registrados em ata específica.

A) Certo B) Errado

2048) (2015) Banca: CESPE – Órgão: MPOG – Prova: Analista Técnico – Administrativo – Administrativo Licitações e Lei 8.666 de 1993.

De acordo com a Lei de Licitações, julgue o item que se segue. O registro de preços é a modalidade de licitação utilizada para as compras efetuadas pela administração pública.

A) Certo B) Errado

2049) (2015) Banca: CESPE – Órgão: MEC – Prova: Nível Superior – Administrativo Licitações e Lei 8.666 de 1993

De acordo com as Leis 8.666/1993 e 10.520/2002 e com o Decreto 7.892/2013, julgue o item que se segue. A licitação para registro de preços pode ser realizada na modalidade de pregão e na modalidade de concorrência.

A) Certo B) Errado

2050) (2014) Banca: CESPE – Órgão: ANTAQ – Prova: Nível Superior – Administrativo Licitações e Lei 8.666 de 1993

Acerca de licitação e contratação pública, julgue o item que se segue. É legalmente admissível a realização de licitação na modalidade pregão para o registro de preços.

A) Certo B) Errado

2051) (2016) Banca: CESPE Órgão: TRE-PI Prova: Analista Judiciário

Assinale a opção correta acerca do Sistema de Registro de Preços.

A) A licitação para registro de preços de equipamentos eletrônicos essenciais à atividade finalística de determinada instituição, deve ser feita na modalidade tomada de preços, com julgamento do tipo técnica e preço.
B) É admissível que um órgão ou entidade da administração pública, direta ou indireta, utilize o mesmo registro de preços para adquirir o dobro do quantitativo total publicado no edital, independentemente de anuência do órgão gerenciador.
C) A ata de registro de preços deve ser assinada com validade de doze meses, prorrogável por igual período.
D) Por se tratar de ato discricionário da autoridade competente, a adoção do Sistema de Registro de Preços deverá ser decidida unilateralmente pela administração pública, não havendo restrições legais que impeçam sua admissão.
E) A existência de preços registrados não obriga a administração pública a contratar, devendo-se, no entanto, no caso de o objeto ser novamente licitado, dar-se preferência ao fornecedor registrado em igualdade de condições.

2052) (2014) Banca: CESPE – Órgão: ANATEL Prova: Administrador – Administrativo Licitações e Lei 8.666 de 1993

Julgue o item subsequente com relação ao Sistema de Registro de Preços (SRP). Uma das hipóteses para a adoção do SRP na prestação de serviços a uma entidade da Administração é a impossibilidade de se determinar, previamente, com que frequência ou abrangência esses serviços serão demandados.

A) Certo B) Errado

2053) (2008) Banca: CESPE – Órgão: HEMOBRÁS – Prova: Auxiliar Administrativo

Será adotado, preferencialmente, o SRP quando, pelas características do bem ou serviço, houver necessidade de contratações frequentes.

A) Certo B) Errado

2054) (2010) Banca: ESAF – Órgão: CVM – Prova: Analista – Planejamento e Execução Financeira (+ provas)

Segundo a legislação vigente, o Sistema de Registro de Preços (SRP) deve ser preferencialmente adotado nas seguintes situações, exceto:

A) quando, pelas características do bem ou serviço, houver necessidade de contratações frequentes.
B) quando for mais conveniente a aquisição de bens com previsão de entregas parceladas.
C) quando houver inviabilidade de competição, tornando a licitação inexigível.
D) quando for conveniente a aquisição de bens ou a contratação de serviços para atendimento a mais de um órgão ou entidade.
E) quando, pela natureza do objeto, não for possível definir previamente o quantitativo a ser demandado pela Administração.

2055) (2017) Banca: FCC – Órgão: TRE-SP – Prova: Analista Judiciário – Análise de Sistemas (+ provas)

Atenção: A questão, refere-se ao conteúdo de Noções de Direito Administrativo.

O sistema de registro de preços, passível de utilização para aquisição de bens, de acordo com a Lei n° 8.666/1993,

A) é obrigatório para a Administração pública, independentemente do valor e do objeto do contrato, sempre que se mostrar mais vantajoso economicamente.
B) deve ser utilizado, preferencialmente e sempre que possível, pois permite que a Administração pública garanta as aquisições pelo menor preço, dimensionando as reais necessidades e as respectivas periodicidades, sem perder a economia de escala.
C) enseja a apuração de ata com os menores preços apresentados nas propostas à Administração, tornando-se obrigatória a contratação com os fornecedores constantes do quadro geral.
D) admite a prorrogação da vigência da ata de registro de preços, por prazo superior ao originalmente contratado, sempre que demonstrada não alteração nos valores praticados.
E) exige a divisão das compras em tantas parcelas quantos objetos forem, para garantir o menor preço para as contratações futuras, vedada aquisição de bens conjuntamente, para evitar favorecimento.

2056) (2013) Banca: FCC – Órgão: SERGAS – Prova: Administrador

A legislação aplicável estabelece a obrigatoriedade de adoção preferencial do Sistema de Registro de Preços:

I. quando, pelas características do bem ou serviço, houver necessidade de contratações frequentes.
II. quando se tratar de bens ou serviços de natureza comum.

III. quando, pela natureza do objeto, não for possível definir previamente o quantitativo a ser demandado pela Administração.

Está correto o que consta em

A) I, apenas.
B) II, apenas.
C) I e III.
D) I e II.
E) III, apenas.

2057) (2017) Banca: FCC – Órgão: DPE-RS – Prova: Técnico – Área Administrativa

Dentre as vantagens da utilização do Sistema de Registro de Preços está a

A) prescindibilidade da realização de procedimento licitatório para formalização da ata de registro de preços, tendo em vista que ela não enseja a formalização de contrato.
B) possibilidade do poder público efetivar a indicação de recursos orçamentários como requisito à lavratura do contrato, e não para abertura da licitação, além de permitir a uniformização das aquisições.
C) possibilidade de revalidação da ata de registro de preços, mediante atualização, por período superior ao máximo estipulado para os contratos administrativos, que é de cinco anos.
D) necessidade de que cada aquisição realizada após a ata de registro de preços se refira a um item da lista e este a apenas um bem, independentemente da quantidade a ser adquirida.
E) obrigatoriedade das aquisições serem feitas pela ata de registro de preços após esta ser formalizada, impedindo variações de valores e de padronagem.

2058) (2016) Banca: UFMT – Órgão: UFMT – Prova: Assistente em Administração

Um dos grandes desafios da gestão de materiais no setor público é garantir a disponibilidade de insumos para a prestação de serviços com qualidade e rapidez, atendendo às necessidades da população, devendo conciliar esse processo com o complexo sistema de aquisições de materiais. Considerando essa situação, assinale a opção que apresenta uma alternativa legal, que possibilita maior eficiência na aquisição e gestão de materiais comuns no âmbito da Administração Pública.

A) Leilão
B) Concurso Público
C) Codificação de Materiais
D) Sistema de Registro de Preços

2059) (2015) Banca: SHDIAS – Órgão: IMA – Prova: Analista Administrativo Jr.

O Sistema de Registro de Preços poderá ser adotado nas seguintes hipóteses, exceto:

A) Quando for conveniente a aquisição de bens ou a contratação de serviços para atendimento a mais de um órgão ou entidade, ou a programas de governo.
B) Quando, pela natureza do objeto, for possível definir previamente o quantitativo a ser demandado pela administração.
C) Quando, pelas características do bem ou serviço, houver necessidade de contratações frequentes.
D) Quando for conveniente a aquisição de bens com previsão de entregas parceladas ou contratação de serviços remunerados por unidade de medida ou em regime de tarefa.

2060) (2016) Banca: AOCP – Órgão: Prefeitura de Juiz de Fora – MG – Prova: Contador

Sobre a utilização do sistema de registro de preço pela administração pública, analise as assertivas e assinale a alternativa que aponta as corretas. O sistema de Registro de Preço poderá ser adotado nas seguintes hipóteses:

I. quando, pelas características do bem ou serviço, houver necessidade de contratações frequentes;
II. quando for conveniente a aquisição de bens com previsão de entregas parceladas ou contratação de serviços remunerados por unidade de medida ou em regime de tarefa;
III. quando for conveniente a aquisição de bens ou a contratação de serviços para atendimento a mais de um órgão ou entidade, ou a programas de governo;
IV. quando, pela natureza do objeto, não for possível definir previamente o quantitativo a ser demandado pela Administração.

A) Apenas I e II.
B) Apenas I e III.
C) Apenas II e IV.
D) Apenas I, II e IV.
E) I, II, III e IV.

2061) (2016) Banca: MPE-SC – Órgão: MPE-SC – Prova: Promotor de Justiça – Matutina

O Sistema de Registro de Preços (SRP) está definido como o conjunto de procedimentos para registro formal de preços relativos à prestação de serviços e aquisição de bens, para contratações futuras. Uma das hipóteses possíveis de sua adoção ocorre quando pelas características do bem ou serviço, houver necessidade de contratações frequentes.

A) Certo   B) Errado

O registro de preços admite que outra pessoa jurídica ou outro órgão público utilize o registro como "carona", isto é, outra entidade distinta daquela que conduziu o procedimento de registro de preços. Contudo, o art. 22 do Decreto nº 7.892/2013 estabelece que *§ 3º As aquisições ou as contratações adicionais de que trata este artigo não poderão exceder, por órgão ou entidade, a cinquenta por cento dos quantitativos dos itens do instrumento convocatório e registrados na ata de registro de preços para o órgão gerenciador e para os órgãos participantes. (Redação dada pelo Decreto nº 9.488, de 2018)*

Nesse caso, o instrumento convocatório deverá **estabelecer o limite de adesões ao registro, que não poderá exceder ao quíntuplo do quantitativo de cada item registrado.** Além disso, o órgão gerenciador do registro de preços deve se manifestar favoravelmente, ou não, à adesão de outro órgão/entidades ao registro. Ademais, a soma das aquisições dos órgãos que estão aderindo à ata não poderá superar o quíntuplo da quantidade total da licitação.

2062) (2013) Banca: CESPE – Órgão: ANCINE – Prova: Analista Administrativo – Área 1

Com base no disposto no Decreto n.º 7.892/2013, que regulamenta o Sistema de Registro de Preços no ordenamento jurídico brasileiro, julgue o item subsequente.

No Sistema de Registro de Preços, a licitação será realizada na modalidade concorrência, do tipo menor preço, ou na modalidade pregão, e sua finalidade deverá ser elaborar cadastro de potenciais fornecedores para agilizar futuras contratações por outros órgãos, chamados de carona.

A) Certo B) Errado

2063) (2015) Banca: CESPE – Órgão: MPOG – Prova: Administrador – Administrativo Licitações e Lei 8.666 de 1993

Julgue: O órgão gerenciador do registro de preços deve se manifestar favoravelmente, ou não, à adesão de outro órgão ao registro.

A) Certo B) Errado

2064) (2013) Banca: FGV – Órgão: TJ-AM – Prova: Juiz

A respeito do Sistema de Registro de Preços, previsto na Lei n. 8.666/93, analise as afirmativas a seguir.

I. Registro de preços é a modalidade de licitação entre interessados previamente cadastrados nos registros dos órgãos públicos ou que atendam a todas as exigências para o cadastramento até o terceiro dia anterior à data do recebimento das propostas.

II. O efeito carona do sistema de registro de preços consiste na possibilidade de qualquer órgão ou entidade da administração de determinando ente aderir posteriormente a uma ata de Registro de Preços, ainda que não tenha participado da licitação que deu origem a mesma.

III. Dentre as vantagens do sistema de registro de preços está a desnecessidade de aquisição da totalidade dos bens/serviços estimados na licitação, além de que a contratação ocorrerá apenas quando surgir a necessidade da aquisição dos referidos bens e serviços.

Assinale:

A) se somente a afirmativa I estiver correta.
B) se somente a afirmativa III estiver correta.
C) se somente as afirmativas I e II estiverem corretas.
D) se somente as afirmativas II e III estiverem corretas.
E) se todas as afirmativas estiverem corretas

2065) (2012) Banca: VUNESP – Órgão: TJ-MG – Prova: Juiz

Com relação ao Sistema de Registro de Preços, assinale a alternativa correta.

A) É uma modalidade de licitação que a Administração pode adotar para compras rotineiras de bens padronizados.
B) Admite-se o chamado "efeito carona", segundo o qual a Ata de Registro de Preços, durante sua vigência, pode ser utilizada por qualquer órgão ou entidade da Administração que não tenha participado do certame licitatório.
C) Os preços registrados serão sempre selecionados por meio da modalidade concorrência, não se admitindo a modalidade pregão nessa hipótese.
D) A existência de preços registrados obriga a Administração a contratar, sob pena de o beneficiário do preço fazer jus à indenização.

Conforme estudado, a licitação é o procedimento administrativo isonômico no qual a Administração seleciona a proposta mais vantajosa, para fins de contratação de obra, serviço, compra de um produto, locação ou alienação. Desse modo, a lei de licitações prevê uma série concatenada de atos que estabelecem fases e etapas desse procedimento que devem ser estudados. De forma resumida as fases da licitação, na modalidade concorrência, descritas na legislação e doutrina são: **realização de audiência pública (contratações vultuosas e complexas); publicação do edital ou convite; recebimento da documentação de habilitação e propostas; habilitação dos licitantes; julgamento das propostas; adjudicação e homologação.**

Destaca-se que nem todos os tipos de licitação apresentam todas as fases citadas.

O art. 38 da Lei 8.666/93 determina que:

Art. 38. O procedimento da licitação será iniciado com a abertura de processo administrativo, devidamente autuado, protocolado e numerado, contendo a autorização respectiva, a indicação sucinta de seu objeto e do recurso próprio para a despesa, e ao qual serão juntados oportunamente:

I – edital ou convite e respectivos anexos, quando for o caso;

II – comprovante das publicações do edital resumido, na forma do art. 21 desta Lei, ou da entrega do convite;

III – ato de designação da comissão de licitação, do leiloeiro administrativo ou oficial, ou do responsável pelo convite;

IV – original das propostas e dos documentos que as instruírem;

V – atas, relatórios e deliberações da Comissão Julgadora;

VI – pareceres técnicos ou jurídicos emitidos sobre a licitação, dispensa ou inexigibilidade;

VII – atos de adjudicação do objeto da licitação e da sua homologação;

VIII – recursos eventualmente apresentados pelos licitantes e respectivas manifestações e decisões;

IX – despacho de anulação ou de revogação da licitação, quando for o caso, fundamentado circunstanciadamente;

X – termo de contrato ou instrumento equivalente, conforme o caso;

XI – outros comprovantes de publicações;

XII – demais documentos relativos à licitação.

Como consta no art. 38 da Lei 8.666/93, o procedimento licitatório tem seu início na **fase interna**, na qual haverá a abertura do processo dentro do órgão que vai conduzir a licitação, definição do objeto, justificativa acerca da contratação e a indicação dos recursos para pagamento da despesa. A fase externa, por sua vez, inicia-se quando a licitação se torna pública/conhecida mediante a publicação do edital ou envio da carta convite.

Portanto, são fases do procedimento licitatório:

Fase Interna/planejamento ou preparatória: nessa fase a Administração deve providenciar a exposição dos motivos da contratação, declaração de disponibilidade orçamentária (o poder público deve demonstrar que possui orçamento para cumprir o contrato), designação da comissão de licitação. Nessa etapa, a Administração delimita e determina os termos e condições do ato convocatório antes de trazê-las ao conhecimento público;

Fase Externa ou executória: inicia-se com a publicação do edital ou com a entrega da carta convite e termina com a contratação do fornecimento do bem, execução da obra ou prestação do serviço.

2066) (2014) Banca: CESPE – Órgão: ANATEL – Prova: Administrador – Administrativo Licitações e Lei 8.666 de 1993

No que se refere ao disposto na Lei n.º 8.666/1993, julgue o próximo item. Na fase interna da licitação, a autoridade competente determina a realização do processo licitatório, define seu objeto e indica o recurso orçamentário; na fase externa, a mesma autoridade convoca os interessados, por edital ou carta-convite, analisa as condições dos interessados que afluem à licitação (habilitação), julga as propostas e homologa e adjudica o objeto da licitação.

A) Certo B) Errado

2067) (2015) Banca: CESPE – Órgão: Telebras – Prova: Engenheiro – Direito Administrativo Licitações e Lei 8.666 de 1993

A respeito das licitações públicas e dos contratos administrativos, julgue o item a seguir à luz da legislação pertinente. A fase externa da licitação, conforme previsão legal, tem início com a divulgação do edital.

A) Certo B) Errado

2068) (2006) Banca: CESPE – Órgão: ANCINE – Prova: Analista Administrativo

A Licitação tem por objetivo a seleção da proposta mais vantajosa.

A) Certo B) Errado

2069) (2015) Banca: CESPE – Órgão: MPOG – Prova: Administrador – Administrativo Licitações e Lei 8.666 de 1993

Julgue o item a seguir, a respeito da Lei de Licitações

A fase externa do procedimento licitatório tem início com a publicação do edital.

A) Certo B) Errado

2070) (2008) Banca: CESPE – Órgão: STJ – Prova: Técnico Judiciário – Área Administrativa

Quanto aos processos licitatórios, julgue os seguintes itens.

O procedimento da licitação é iniciado com a abertura de processo, que, por excepcionalidade, não será autuado, protocolado nem numerado.

A) Certo B) Errado

2071) (2010) Banca: CESPE – Órgão: DETRAN-ES – Prova: Administrador

Considere que, para a concessão de direito real de uso, a administração necessite realizar licitação e, para isso, escolheu o tipo melhor técnica e preço, elaborou instrumento convocatório e o enviou para a análise e parecer da assessoria jurídica. A partir dessa situação hipotética e considerando os múltiplos aspectos por ela suscitados, julgue o item que se segue.

O processo licitatório descrito encontra-se em fase interna.

A) Certo B) Errado

2072) (2009) Banca: CESPE – Órgão: CEHAP-PB – Prova: Administrador

A realização de uma licitação deve desenvolver-se em uma sequência lógica, em que pode-se distinguir uma fase interna e uma fase externa. Assinale a opção que apresenta uma das etapas da fase interna.

A) habilitação dos licitantes.
B) publicação do edital.
C) definição da modalidade e tipo de licitação.
D) homologação e adjudicação.

2073) (2004) Banca: ESAF – Órgão: CGU – Prova: Analista de Finanças e Controle – Área – Correição

Tratando-se do procedimento de licitação, assinale a afirmativa falsa.

A) Após a fase de habilitação, não cabe desistência de propostas, salvo por motivo justo decorrente de fato superveniente e aceito pela Comissão.
B) O tipo de licitação de maior lance ou oferta destina-se exclusivamente para os casos de alienação de bens ou concessão de direito real de uso.
C) A fase final do procedimento será a deliberação da autoridade competente quanto, sucessivamente, à adjudicação e à homologação do objeto da licitação.
D) A inabilitação do licitante importa preclusão do seu direito de participar das fases subsequentes.
E) A administração não poderá celebrar o contrato com preterição da ordem de classificação das propostas ou com terceiros estranhos ao procedimento licitatório sob pena de nulidade.

2074) (2001) Banca: FCC – Órgão: TRF – 1ª REGIÃO – Prova: Técnico Judiciário – Área Administrativa

Quanto à noção geral de licitação, pode-se dizer que

A) deverá atender exclusivamente aos princípios da vinculação ao edital, da publicidade e da probidade administrativa dos licitantes.
B) suas modalidades se restringem à concorrência, tomada de preços e convite.
C) é obrigatória para a administração direta e facultativa para a indireta, sendo incabível para os particulares.
D) em razão do peculiar interesse público não pode ser dispensada ou considerada inexigível.
E) deverá seguir as fases de abertura, habilitação, classificação, julgamento, homologação e adjudicação.

2075) (2017) Banca: FCC – Órgão: TRT – 24ª REGIÃO (MS) – Prova: Analista Judiciário – Área Judiciária

O procedimento da licitação será iniciado com a abertura de processo administrativo, devidamente autuado, protocolado e numerado, contendo a autorização respectiva, a indicação sucinta de seu objeto e do recurso próprio para a despesa.

A) Certo B) Errado

2076) (2015) Banca: INSTITUTO CIDADES – Órgão: Prefeitura de Sobral – CE – Prova: Técnico Legislativo – Área Legislativa

Na modalidade de licitação denominada concorrência, as fases do processo são, respectivamente:

A) Edital; Habilitação; Classificação; Homologação; Adjudicação.
B) Habilitação; Edital; Classificação; Homologação; Adjudicação.
C) Edital; Classificação; Homologação; Adjudicação.
D) Classificação; Edital; Homologação; Adjudicação.

2077) (2015) Banca: CAIP-IMES – Órgão: Consórcio Intermunicipal Grande ABC – Prova: Gestor de Políticas Públicas Regionais

São fases da licitação:
I. publicação do edital.
II. apuração da idoneidade.
III. julgamento das propostas.
IV. adjudicação.

Está correto afirmar que:

A) apenas as afirmativas I, II e III estão corretas.
B) apenas as afirmativas I e III estão corretas.
C) apenas as afirmativas II e IV estão corretas.
D) todas as afirmativas estão corretas.

2078) (2011) Banca: COMPERVE – Órgão: IF-RN – Prova: Contador

Respeitando-se a ordem de ocorrência, os atos vinculadores da licitação são:

A) Edital ou convite, habilitação do contratante, adjudicação ao vencedor.
B) Edital ou convite, julgamento objetivo das propostas, adjudicação ao vencedor.
C) Julgamento objetivo das propostas, contratação do vencedor, homologação da adjudicação.
D) Julgamento objetivo das propostas, contratação do vencedor, habilitação dos licitantes.

2079) (2017) Banca: INSTITUTO AOCP – Órgão: EBSERH – Prova: Advogado (HUJB – UFCG)

Os seguintes atos sempre irão compor a fase externa da licitação, EXCETO

A) realização de audiência pública, a ser realizada 15 dias úteis antes da publicação do edital.
B) publicação do edital ou envio da carta-convite.
C) verificação da conformidade de cada proposta com os requisitos do edital, promovendo-se a desclassificação das propostas desconformes e incompatíveis.
D) deliberação da autoridade competente quanto à homologação e adjudicação do objeto da licitação.
E) abertura dos envelopes contendo a documentação relativa à habilitação dos concorrentes e sua apreciação.

2080) (2014) Banca: Makiyama – Órgão: SESCOOP – Prova: Analista de Compras e Licitações

Analise as afirmativas a seguir.
São fases internas de uma licitação:
I. Abertura do processo administrativo.
II. Pesquisa de mercado.
III. Elaboração do edital ou convite.
IV. Homologação.

Está CORRETO o que se afirma em:

A) I e II, apenas.
B) II e III, apenas.
C) I, II e III, apenas.
D) I, III e IV, apenas.
E) II, III e IV, apenas.

2081) (2010) Banca: EXATUS-PR – Órgão: Prefeitura de Arapongas – PR – Prova: Fiscal de Tributos

Segundo a Lei de Licitações, o procedimento licitatório é:

A) Ato informal
B) Ato administrativo formal que se inicia com a abertura do processo administrativo
C) Ato solene a ser praticado por autoridade administrativa e particulares
D) Nenhuma das alternativas anteriores

2082) (2012) Banca: UPENET/IAUPE – Órgão: JUCEPE – Prova: Contador

O procedimento da licitação será iniciado com a abertura de processo administrativo.

A) Certo B) Errado

2083) (2013) Banca: Prefeitura do Rio de Janeiro – RJ – Órgão: SMA-RJ – Prova: Agente de Fazenda

Conforma determina a Lei 8.666/93, o procedimento da licitação será iniciado com a:

A) abertura de processo administrativo
B) aprovação da autoridade competente
C) publicação do edital de licitação
D) abertura do envelope de habilitação

2084) (2017) Banca: FEPESE – Órgão: JUCESC – Prova: Analista de Informática (+ provas)

O procedimento da licitação será iniciado com:

A) A abertura do processo administrativo.
B) O ato de designação da comissão de licitação.
C) As atas, os relatórios e as deliberações da Comissão Julgadora.
D) O Termo de Contrato ou documento equivalente.
E) O edital.

2085) (2017) Banca: LEGALLE CONCURSOS – Órgão: Câmara de Vereadores de Guaíba – RS – Prova: Procurador

O procedimento da licitação será iniciado com a abertura de processo administrativo, devidamente autuado, protocolado e numerado, contendo a autorização respectiva, a indicação sucinta de seu objeto e do recurso próprio para a despesa, e ao qual serão juntados oportunamente, dentre outros:

I. Pareceres técnicos ou jurídicos emitidos sobre a licitação, dispensa ou inexigibilidade.
II. Atos de adjudicação do objeto da licitação e da sua homologação.

III. Ato de designação da comissão de licitação, do leiloeiro administrativo ou oficial, ou do responsável pelo convite.

Está(ão) correta(s):

A) Apenas I.
B) Apenas III.
C) Apenas I e II.
D) Apenas II e III.
E) I, II e III.

2086) (2010) Banca: FADESP – Órgão: CREA-PA – Prova: Técnico em Tecnologia da Informação e Comunicação – Web Designer

No que concerne ao procedimento da licitação em sua fase externa, assinale a alternativa que estabelece a ordem dos eventos do certame, consoante a Lei 8.666/1993.

A) habilitação, edital, classificação, adjudicação e homologação.
B) habilitação, classificação, homologação, adjudicação e edital.
C) edital, habilitação, classificação, homologação e adjudicação.
D) edital, classificação, habilitação, adjudicação e homologação.

2087) (2017) Banca: IBFC – Órgão: EMBASA – Prova: Agente Administrativo

Assinale a alternativa correta sobre a fase do pregão em que a autoridade competente justificará a necessidade de contratação e definirá o objeto do certame, as exigências de habilitação, os critérios de aceitação das propostas, as sanções por inadimplemento e as cláusulas do contrato, inclusive com fixação dos prazos para fornecimento nos termos exatos da Lei Federal nº 10.520, de 17 de julho de 2002.

A) Fase externa
B) Fase licitatória
C) Fase preparatória
D) Fase descritiva

2088) (2015) Banca: VUNESP – Órgão: Prefeitura de São José do Rio Preto – SP – Prova: Agente Administrativo

O processo de licitação é dividido em duas fases. São elas as fases

A) de consulta e de análise.
B) de abertura e de encerramento.
C) interna e externa.
D) de abertura externa e confidencial.
E) de abertura interna e ampla.

2089) (2016) Banca: IADES – Órgão: PC-DF – Prova: Perito Criminal – Ciências Contábeis

A modalidade de licitação denominada Pregão (Lei 10.520/2002) compreende duas fases: a interna e a externa. O início da fase externa ocorre com a

A) designação do pregoeiro.
B) definição do objeto do certame.
C) convocação dos interessados por meio de publicação de aviso.
D) realização da seção pública para o recebimento das propostas.
E) emissão da nota de empenho no SIAFI.

O procedimento concorrência tem início na fase interna, em que são realizados os **atos preparatórios da licitação que irá culminar na publicação do edital**. Nesta fase, a Administração Pública está se organizando e estruturando o início do processo. Dentre os atos preparatórios, destaca-se **a exposição de motivos da contratação, a justificativa da necessidade de contratação, designação da comissão licitante, abertura de processo administrativo licitatório, elaboração da minuta do Edital e do contrato e declaração orçamentária**. Ressalta-se que, caso o órgão já tenha uma comissão de licitação permanente, basta o mesmo juntar ao procedimento a portaria do órgão que instituiu esta comissão.

2090) (2011) Banca: CESPE – Órgão: EBC – Prova: Analista – Administração

No procedimento da Concorrência, a justificativa da necessidade de contratação e a declaração orçamentária são atos preparatórios que culminam a publicação do edital.

A) Certo B) Errado

2091) (2016) Banca: CESPE – Órgão: TRE-PI – Prova: Técnico Judiciário – Administrativa

A respeito do procedimento de licitação na modalidade concorrência, é correto afirmar que

A) tem início na fase interna.
B) a etapa da habilitação ocorre após o julgamento das propostas e diz respeito à verificação da documentação relativa à habilitação jurídica e à qualificação econômico-financeira do licitante vencedor.
C) será assegurada, na etapa de julgamento das propostas, como critério de desempate, preferência à primeira proposta que tiver sido protocolada.
D) a autoridade competente pode deixar de homologar a licitação bem como revogá-la por motivo de conveniência ou oportunidade.
E) deve ser designada comissão especial de licitação, a qual deverá ser composta por, no mínimo, três servidores públicos pertencentes ao quadro permanente do órgão responsável pela licitação.

2092) (2012) Banca: CESPE – Órgão: TJ-AL – Prova: Analista Judiciário – Engenharia

O procedimento concorrência tem início na fase externa.

A) Certo B) Errado

Em **contratações de grande valor**, a Administração Pública deverá realizar uma audiência pública, que na prática é uma verdadeira forma de unir possíveis interessados e cidadãos para que todos possam opinar acerca do certame que será realizado. A referida audiência será obrigatória para licitações cujo valor seja superior a 100 vezes o limite mínimo definido para a concorrência.

2093) (2014) Banca: FUNCAB – Órgão: SUPEL-RO – Prova: Engenharia Civil

Na forma do art. 39 da Lei de Licitações, sempre que o valor estimado para uma licitação ou para um conjunto de licitações simultâneas ou sucessivas for superior a 100 (cem) vezes o limite previsto do valor para obras / serviços de engenharia na modalidade Concorrência (art. 23, inciso I, alínea "c", da Lei nº 8.666/1993), o processo licitatório será iniciado, obrigatoriamente, com uma:

A) consulta.
B) audiência pública.
C) análise de impacto econômico.
D) estimativa de preços.
E) carta-convite.

Edital (art. 40 da Lei n. 8666/93): É o **instrumento convocatório da licitação** e a sua principal função é estabelecer as regras e os critérios objetivos de escolha que serão utilizados no procedimento de escolha, os quais são de observância obrigatória, tanto pela Administração, quanto pelos licitantes. Destaca-se que o **aviso contendo o resumo do Edital deverá ser publicado no Diário Oficial e em jornal de grande circulação**, descrevendo as principais informações relativas à licitação, possibilitando a identificação do objeto licitado, do órgão contratante e as datas e prazos previstos.

Ressalta-se que qualquer cidadão pode impugnar o edital caso verifique irregularidade no instrumento, devendo protocolar o pedido em até cinco dias úteis antes da data fixada para a abertura dos envelopes de habilitação. Nesse caso, a Administração deverá julgar e responder à impugnação em até três dias úteis. Entretanto, para o licitante o prazo para impugnação é superior, ele terá até o 2º dia útil antes da abertura dos envelopes. Destaca-se que a Administração Pública poderá, caso verificado irregularidade, determinar a alteração do edital de ofício.

2094) (2012) Banca: CESPE – Órgão: TJ-RR – Prova: Auxiliar Administrativo
O aviso contendo o resumo do Edital deverá ser publicado no Diário Oficial e em jornal de grande circulação.
A) Certo B) Errado

2095) (2013) Banca: CESPE – Órgão: STF – Prova: Técnico Judiciário – Tecnologia da Informação -Administrativo Licitações e Lei 8.666 de 1993
Julgue o item que se segue acerca de licitação. Em caso de irregularidade no edital de licitação, é assegurado a qualquer cidadão impugná-lo até cinco dias úteis antes da data fixada para a abertura dos envelopes de habilitação.
A) Certo B) Errado

2096) (2014) Banca: FCC – Órgão: AL-PE – Prova: Analista Legislativo
A Prefeitura do Município de Águas Brancas, intentando utilizar-se do poder de compra da Administração para implementar política pública consistente no fomento à atividade pesqueira, editou Decreto determinando que nos seus procedimentos licitatórios para aquisição de produtos fosse incluída cláusula estabelecendo margem de preferência para bens manufaturados pesqueiros advindos do referido Município. Considerando o caso hipotético, é correto afirmar que:
A) a previsão editalícia não conflita com os princípios regedores do agir administrativo, porque encontra fundamento na exceção à regra da isonomia, consubstanciada no princípio da licitação sustentável, que, para os fins a que se destina, independe da forma de manejo.
B) a cláusula encontra fundamento no artigo 3º da Lei nº 8.666/1993, porque estabelece restrição pertinente e relevante para o atingimento da finalidade de interesse público buscada.
C) em razão do princípio da vinculação ao instrumento convocatório referida cláusula, porque fundamentada em ato regulamentar, é lícita.
D) a Lei nº 8.666/1993 passou a agasalhar a possibilidade de inclusão de cláusulas restritivas que tais, especialmente quando fundamentadas na garantia do desenvolvimento local e no incentivo ao mercado interno.
E) a cláusula conflita com os princípios da isonomia, da competitividade e da legalidade, que são alicerces da licitação, razão pela qual qualquer interessado que se sinta lesado poderá impugnar o edital.

2097) (2015) Banca: FCC – Órgão: TCE-CE – Prova: Técnico de Controle Externo-Auditoria de Tecnologia da Informação
Um cidadão que avaliava o quadro geral de preços de um edital de licitação identificou que esses preços estavam em desconformidade com os praticados no mercado e pediu a impugnação. Segundo a Lei no 8.666/1983,
A) cabe somente a um agente da entidade licitadora a impugnação de licitações.
B) cabe somente a um agente da Administração pública a impugnação de licitações.
C) um cidadão pode solicitar a impugnação em razão de o preço geral está em desacordo com o mercado.
D) só poderá haver impugnação nas compras para entrega imediata.
E) só poderá haver impugnação nas compras com entrega até trinta dias após a ata da proposta.

2098) (2015) Banca: FCC – Órgão: TCE-SP – Prova: Auxiliar da Fiscalização Financeira II
O Estado de São Paulo publicou edital para a realização de certame na modalidade concorrência. Joaquim é cidadão e está acompanhando o mencionado certame. Nos termos da Lei nº 8.666/93, caso Joaquim constate irregularidade na aplicação da referida Lei,
A) poderá impugnar o edital até vinte e quarto horas antes da data fixada para a abertura dos envelopes de habilitação.
B) não poderá impugnar o edital, pois apenas as empresas licitantes podem assim o fazer.
C) poderá impugnar o edital até cinco dias úteis antes da data fixada para a abertura dos envelopes de habilitação.
D) poderá impugnar o edital obrigatoriamente dois dias após a publicação do edital.
E) poderá impugnar o edital até dois dias úteis antes da data fixada para a abertura dos envelopes de habilitação.

2099) (2015) Banca: CETRO – Órgão: MDS – Prova: Atividades Técnicas de Suporte – Nível III
De acordo com a Lei nº 8.666/1993, os avisos contendo os resumos dos editais das concorrências, das tomadas de preços, dos concursos e dos leilões, embora realizados no local da

repartição interessada, deverão ser publicados com antecedência, no mínimo, por uma vez,

A) em revista especializada voltada para as publicações nas quais se referem os bens a serem comprados.
B) em qualquer revista, independentemente da circulação.
C) em jornal especializado em concursos e licitações.
D) no Diário Oficial da União, do Estado, ou do Distrito Federal, dependendo do caso, e em jornal de grande circulação, de preferência que abranja o município no qual será realizada a obra, prestado o serviço ou alienado o bem, quando for o caso.
E) via correspondência direta aos participantes.

2100) (2016) Banca: FUNRIO – Órgão: IF-PA – Prova: Auxiliar em Administração

O instrumento que estabelece as regras do certame, vinculando a seus termos tanto os licitantes quanto a Administração é

A) o orçamento inicial.
B) o edital.
C) a carta proposta.
D) a regularidade fiscal.
E) o registro cadastral.

2101) (2016) Banca: IDECAN – Órgão: UFPB – Prova: Técnico em Secretariado

"Ato oficial de autoridade competente utilizado pela administração para dar conhecimento a interessados sobre diversos assuntos, como abertura de licitação, convocação de servidores, abertura de concurso público, provimento de cargo, intimações, dentre outros." O documento descrito anteriormente denomina-se:

A) Edital.
B) Alvará.
C) Procuração.
D) Regulamento.

2102) (2016) Banca: Prefeitura do Rio de Janeiro – RJ – Órgão: Prefeitura de Rio de Janeiro – RJ – Prova: Administrador

"A Prefeitura do Rio, por meio da Secretaria Municipal de Transportes e da Coordenadoria Especial de Transporte Complementar, abriu processo de licitação, na modalidade concorrência pública, para preenchimento das 671 vagas do Sistema de Transporte Público Local (STPL) [...] O STPL terá permissionários individuais (pessoas físicas) que deverão firmar, para cada linha licitada, acordo operacional para cumprir as exigências do Poder Público. Além dos permissionários, auxiliares do sistema, também, poderão concorrer às vagas. Ao todo, serão licitadas 46 linhas para atender as zonas Norte e Oeste da cidade. A previsão de conclusão do processo licitatório é de 90 dias." (Fonte: Disponível em http://www.rio.rj.gov.br/web/guest/exibeconteudo?id=4409255. Acesso em 22/12/2015).

Tomando como base a Lei 8666/93 e o texto da notícia anterior, pode-se afirmar que o resumo do edital de licitação deve ser publicado:

A) no Diário Oficial do Estado do Rio de Janeiro, com o prazo mínimo de trinta dias para o recebimento das propostas, independente de cadastramento prévio para a participação do certame
B) no Diário Oficial do Município do Rio de Janeiro, com o prazo mínimo de até trinta dias para a abertura das propostas, sem a necessidade de cadastramento prévio antes da realização do certame
C) em jornal de grande circulação no município e no portal da SMTR, com o prazo máximo de quinze dias para o início do certame e cadastramento três dias antes do recebimento das propostas
D) em Diário Oficial do Estado do Rio de Janeiro e do Município, e jornal de grande circulação no estado, com prazo de mínimo de quarenta e cinco dias para abertura de propostas, sem cadastro prévio

2103) (2017) Banca: IBFC – Órgão: EBSERH – Prova: Advogado (HUGG-UNIRIO)

Tomando por base as disposições da lei federal n° 8.666, de 21/06/1993, assinale a alternativa correta sobre as regras de impugnação.

A) Apenas os concorrentes são partes legítimas para impugnar edital de licitação por irregularidade na aplicação da referida lei, devendo protocolar o pedido até 5 (cinco) dias úteis antes da data fixada para a abertura dos envelopes de habilitação, devendo a Administração julgar e responder à impugnação em até 3 (três) dias úteis
B) Qualquer cidadão é parte legítima para impugnar edital de licitação por irregularidade na aplicação da referida lei, devendo protocolar o pedido até 15 (quinze) dias úteis antes da data fixada para a abertura dos envelopes de habilitação, devendo a Administração julgar e responder à impugnação em até 10 (dez) dias úteis
C) Apenas os concorrentes são partes legítimas para impugnar edital de licitação por irregularidade na aplicação da referida lei, devendo protocolar o pedido até 15 (quinze) dias úteis antes da data fixada para a abertura dos envelopes de habilitação, devendo a Administração julgar e responder à impugnação em até 5 (cinco) dias úteis
D) Qualquer cidadão é parte legítima para impugnar edital de licitação por irregularidade na aplicação da referida lei, devendo protocolar o pedido até 3 (três) dias úteis antes da data fixada para a abertura dos envelopes de habilitação, devendo a Administração julgar e responder à impugnação em até 3 (três) dias úteis
E) Qualquer cidadão é parte legítima para impugnar edital de licitação por irregularidade na aplicação da referida lei, devendo protocolar o pedido até 5 (cinco) dias úteis antes da data fixada para a abertura dos envelopes de habilitação, devendo a Administração julgar e responder à impugnação em até 3 (três) dias úteis

2104) (2015) Banca: IBFC – Órgão: Docas – PB – Prova: Advogado

Considere as disposições da Lei Federal n° 8.666, de 21/06/1993 que regulamenta o art. 37, inciso XXI, da Constituição Federal, institui normas para licitações e contratos da Administração Pública e dá outras providências e assinale a alternativa correta.

A) Qualquer cidadão é parte legítima para impugnar preço constante do quadro geral em razão de incompatibilidade desse com o preço vigente no mercado.

B) As compras sempre deverão ser processadas através de sistema de registro de preços.
C) A existência de preços registrados obriga a Administração a firmar as contratações que deles poderão advir.
D) As compras deverão se dar mediante especificação completa do bem a ser adquirido com indicação de marca.

Habilitação (art. 27 da Lei n. 8666/93): A habilitação é a etapa em que o licitante apresenta à Administração as documentações que demonstram que o mesmo atende aos **requisitos necessários para a participação na licitação e execução do contrato que será assinado.** Nesse sentido, o licitante deve demonstrar: **a)** Habilitação jurídica; **b)** Habilitação técnica (qualificação técnica): demonstrar que tecnicamente é capaz de executar o objeto, seja por meio de certidões acerca da realização de objetos anteriores similares, seja mediante a declaração de que possui equipe técnica preparada para realizar o objeto. **c)** Qualificação econômica financeira: o licitante deve provar para o Poder Público que possui boas condições financeiras para executar o objeto do Contrato, haja vista que o poder público somente realiza o pagamento após a execução do objeto pelo contratado (balanço patrimonial, demonstrações contábeis do último exercício social, certidão negativa de falência e/ou recuperação judicial e garantias). **d)** O licitante deve comprovar que se adequa às normas do art. 7, XXXIII da CF/88, ou seja, que não explora trabalho infantil. **e)** Comprovar regularidade fiscal: o licitante deve demonstrar que não possui débito junto à Fazenda Pública ou, se caso exista um débito, que a sua exigibilidade está suspensa. Nesse sentido, vale a pena citar a Súmula 283 do TCU – "para fins de habitação, a administração pública não deve exigir dos licitantes a apresentação da certidão de quitação de obrigações fiscais, e sim a prova de sua regularidade". **f)** Demonstrar a regularidade trabalhista comprovada por meio da certidão negativa de débitos trabalhistas. **g)** cumprimento do disposto no inciso XXXIII do art. 7° da Constituição Federal.

2105) (2015) Banca: CESPE – Órgão: FUB – Prova: Administrador – Administrativo Licitações e Lei 8.666 de 1993

A respeito das diretrizes dos procedimentos licitatórios, julgue o item subsequente. Para a verificação da qualificação técnica, é dispensável a apresentação dos respectivos atestados de capacidade fornecidos por pessoas de direito público ou privado.

A) Certo B) Errado

2106) (2014) Banca: CESPE – Órgão: ANTAQ – Prova: Analista Administrativo

Considere que a administração pública federal necessite adquirir, junto ao mercado, papel A4 para impressão, para uso de determinado ente público. Nessa situação, pode a administração exigir no edital, como condição para a habilitação da empresa interessada no certame, a entrega de amostras do bem a ser adquirido pelo ente público.

A) Certo B) Errado

2107) (2014) Banca: CESPE – Órgão: ANATEL Prova: Nível Médio – Administrativo Licitações e Lei 8.666 de 1993

No que diz respeito a licitações públicas, julgue o item abaixo. Não ofende o princípio da igualdade ou da ampla competitividade a cláusula editalícia que exija, em licitação destinada à contratação de serviço, para fins de qualificação técnica, comprovada experiência.

A) Certo B) Errado

2108) (2015) Banca: CESPE – Órgão: TCU – Prova: Auditor Federal de Controle Externo – Tecnologia da Informação – Contratos Administrativos

Com base no que dispõe a Lei 8.666/1993, julgue o item subsequente, acerca de licitação e contratos administrativos. A documentação necessária para a qualificação econômico-financeira de pessoa jurídica limita-se ao balanço patrimonial e às demonstrações contábeis do último exercício social.

A) Certo B) Errado

2109) (2015) Banca: CESPE Órgão: Prefeitura de Salvador – BA Prova: Procurador Municipal

Com base no disposto na Lei de Licitações, assinale a opção correta.

A) Para os fins da lei em apreço, considera-se execução indireta aquela que é promovida por órgãos da administração pública indireta.
B) Ressalvados os casos de inexigibilidade de licitação, os contratos para a prestação de serviços técnicos profissionais especializados deverão, preferencialmente, ser celebrados mediante a realização de concorrência.
C) É dispensável a licitação para aquisição de equipamentos que só possam ser fornecidos por representante comercial exclusivo, mediante comprovação de exclusividade feita nos termos legais.
D) No tocante à documentação relativa a qualificação técnica, deve ser sempre admitida a comprovação de aptidão mediante certidões ou atestados de obras ou serviços similares de complexidade tecnológica e operacional equivalente ou superior.
E) É criminosa a conduta adotada para facilitar, injustamente, a inscrição de qualquer interessado nos registros cadastrais ou promover indevidamente a alteração, a suspensão ou o cancelamento de registro do inscrito.

2110) (2014) Banca: CESPE – Órgão: TJ-SE – Prova: Analista Judiciário – Direito – Administrativo Licitações e Lei 8.666 de 1993

Acerca das licitações públicas, julgue o item subsequente. É vedado exigir aos licitantes a comprovação de capital mínimo ou de patrimônio líquido mínimo ou qualquer outra condição que comprometa, restrinja ou frustre a isonomia entre os licitantes ou o caráter competitivo do certame.

A) Certo B) Errado

2111) (2015) Banca: CESPE – Órgão: STJ – Prova: Analista Judiciário – Administrativo Licitações e Lei 8.666 de 1993

A respeito da licitação e dos contratos administrativos, julgue o item subsecutivo. A exigência de prévia experiência em serviços de natureza similar como requisito para demonstração de qualificação técnica, na fase de habilitação em procedimento de licitação, vulnera a isonomia, a impessoalidade e o julgamento objetivo, elementos basilares do certame.

A) Certo B) Errado

2112) (2017) Banca: CESPE – Órgão: TRT – 7ª Região (CE) – Prova: Analista Judiciário – Área Administrativa

De acordo com a Lei 8.666/1993, os documentos exigidos para habilitação jurídica nas licitações incluem

A) a inscrição ou o registro na entidade profissional competente.
B) a cédula de identidade.
C) o CPF ou o CGC, conforme o caso.
D) o comprovante de inexistência de débitos inadimplidos perante a justiça do trabalho.

2113) (2012) Banca: FCC – Órgão: TRF – 2ª REGIÃO – Prova: Analista Judiciário – Execução de Mandados

Na fase de habilitação de um processo licitatório, exigir-se-á dos interessados exclusivamente a documentação relativa

A) à habilitação jurídica, qualificação técnica, qualificação econômico-financeira e regularidade fiscal.
B) à habilitação jurídica, qualificações técnica e econômico-financeira, regularidade fiscal e às limitações constitucionais de trabalho aos menores de 18 anos de idade.
C) a qualificações técnica e econômico-financeira, regularidade fiscal e às limitações constitucionais de trabalho aos menores de 18 anos de idade.
D) à habilitação jurídica, regularidade fiscal e qualificação econômico-financeira e às limitações constitucionais de trabalho aos menores de 18 anos de idade.
E) a qualificações técnicas, regularidade fiscal, qualificação econômico-financeira e à capacidade eleitoral ativa.

2114) (2012) Banca: FCC – Órgão: MPE-AL – Prova: Promotor de Justiça

NÃO se pode exigir, na fase de habilitação das licitações, nos termos da Lei Federal 8.666/93,

A) o balanço patrimonial e as demonstrações contábeis do último exercício social, já exigíveis e apresentados na forma da lei, que comprovem a boa situação financeira da empresa.
B) a comprovação, fornecida pelo órgão licitante, de que recebeu os documentos, e, quando exigido, de que tomou conhecimento de todas as informações e das condições locais para o cumprimento das obrigações objeto da licitação.
C) a certidão emitida pelo Ministério do Trabalho, como prova de situação regular no cumprimento das normas relativas à segurança e saúde do trabalhador.
D) a prova de regularidade relativa à Seguridade Social e ao Fundo de Garantia por Tempo de Serviço (FGTS), demonstrando situação regular no cumprimento dos encargos sociais instituídos por lei.
E) a prova de inexistência de débitos inadimplidos perante a Justiça do Trabalho, mediante a apresentação de certidão negativa.

2115) (2017) Banca: FCC – Órgão: DPE-RS – Prova: Técnico – Área Administrativa

A aplicação do princípio da igualdade nas licitações dá-se nas diversas fases e incide sob diferentes aspectos em relação aos envolvidos no certame, em razão do que

A) não se admite restrição de interessados ou a imposição de condições à participação nos procedimentos de licitação, que devem concorrer em igualdade de condições para apresentação de propostas.
B) o princípio da competividade deve ser compatibilizado com a finalidade do certame, sendo admitido estabelecer condições de habilitação técnica que guardem pertinência com o objeto a ser contratado.
C) é vedado estabelecer qualquer distinção ou discriminação em razão da natureza, porte ou tipo de empresa habilitada a participar da licitação, seja para escolha do vencedor, seja como critério de desempate.
D) é vedado estabelecer qualquer especificação de produtos, seja ela em razão de marca ou origem de produção, ou ainda em razão de alguma condição relativa aos licitantes.
E) sua aplicação pode ser sistemática, em conjunto com os demais princípios que informam a licitação, de forma que em sendo necessário que sejam estabelecidas restrições para maior eficiência, o administrador pode justificar a não aplicação de algumas das vedações legais.

2116) (2017) Banca: TRF – 2ª Região – Órgão: TRF – 2ª REGIÃO – Prova: Juiz Federal Substituto

Sociedade empresária pretende participar de licitação de obra pública (sob a égide da Lei n° 8.666/93) e ingressa em juízo alegando violação aos princípios da legalidade e da competitividade, questionando as seguintes cláusulas do edital:

I. exigência, na fase de habilitação, no item relativo à qualificação técnica, de que o vínculo profissional do responsável técnico que integra o quadro permanente do licitante seja exclusivamente celetista;
II. exigência, na fase de habilitação, no item relativo à qualificação econômico-financeira, que a garantia da proposta, no valor de 5% (cinco por cento) do valor estimado do objeto da contratação, seja apresentada em data anterior à realização da licitação;
III. exigência, na fase de habilitação, no item relativo à qualificação técnica, da comprovação da propriedade das máquinas e equipamentos essenciais para a execução do objeto.

Procedem os questionamentos em relação:

A) A todos os itens.
B) Apenas ao item I.
C) Apenas aos itens I e II.
D) Apenas aos itens II e III.
E) Apenas ao item III.

2117) (2015) Banca: CETRO – Órgão: MDS – Prova: Atividades Técnicas Especializada de Complexidade Gerencial – Nível V

Acerca das documentações exigidas no processo de habilitação nas licitações, assinale a alternativa correta.

A) Para a habilitação nas licitações, exigir-se-á dos interessados, exclusivamente, documentação relativa à habilitação jurídica, qualificação técnica, qualificação econômico-financeira, regularidade fiscal e trabalhista, além do cumprimento do disposto no inciso XXXIII do artigo 7° da Constituição Federal.
B) A habilitação jurídica consiste na comprovação da regularidade fiscal da empresa.

C) Constitui documentação para a habilitação jurídica o registro no Cadastro de Pessoas Físicas (CPF).
D) A qualificação técnica consiste na comprovação da regularidade da empresa com o órgão fiscalizador do exercício da função contratada.
E) Nas licitações para fornecimento de bens, a comprovação de aptidão deverá ser realizada por meio de atestado fornecido por pessoa jurídica de direito público exclusivamente.

2118) (2011) Banca: ISAE – Órgão: AL-AM – Prova: Procurador
Na fase de habilitação, a Administração Pública não poderá exigir dos licitantes documentação relativa:
A) à quitação fiscal.
B) à qualificação econômico-financeira.
C) à qualificação técnica.
D) à habilitação jurídica.
E) ao cumprimento do disposto no inciso XXXIII do art. 7º da Constituição da República.

2119) (2016) Banca: IBEG – Órgão: Prefeitura de Resende – RJ – Prova: Administrador
Acerca dos procedimentos da licitação, são documentos relativos à habilitação jurídica, exceto:
A) Registro comercial no caso de empresa individual.
B) Cédula de identidade.
C) Inscrição do ato constitutivo, no caso de sociedades civis.
D) Estatuto ou Contrato Social.
E) Registro ou inscrição na entidade profissional competente.

2120) (2016) Banca: FAU – Órgão: JUCEPAR – PR – Prova: Administrador
O processo licitatório é obrigatório no Poder Público. Para isso, seguem-se os seguintes passos: Edital, Habilitação, Julgamento e Finalização. Assim, o INCISO XXXIII, do Artigo 7º da CF de 1988 aborda determinados aspectos do seguinte passo obrigatório:
A) Julgamento.
B) Pregão.
C) Edital.
D) Finalização.
E) Habilitação.

Caso a licitação seja realizada na modalidade Pregão, a documentação exigida para atender a habilitação jurídica, qualificação econômico-financeira e regularidade fiscal poderá ser substituída pelo registro cadastral do SICAF (Sistema Unificado de Cadastramento de Fornecedores) ou, em se tratando de órgão ou entidade não abrangido pelo referido Sistema, por certificado de registro cadastral.

Caso nenhum licitante seja habilitado, deve-se abrir o prazo de 8 dias úteis para complementação da documentação dos licitantes e diligências.

As Microempresas e Empresas de Pequeno Porte, em conformidade com a Lei Complementar 123/06 poderão participar do procedimento licitatório ainda que não possuam regularidade fiscal ou trabalhista. Entretanto, caso sejam vencedoras do procedimento, as mesmas terão o prazo de 5 dias úteis, prorrogável por igual período, para regularização da documentação.

2121) (2013) Banca: CESPE – Órgão: SERPRO – Prova: Técnico – Suporte Administrativo
No pregão, não é necessário que uma empresa licitante apresente os documentos de habilitação que já constam no Sistema de Cadastramento Unificado de Fornecedores (SICAF).
A) Certo B) Errado

2122) (2013) Banca: CESPE – Órgão: ANCINE – Prova: Analista Administrativo – Área
A respeito do Decreto 6.204/2007, que regulamenta o tratamento favorecido, diferenciado e simplificado para as microempresas e empresas de pequeno porte nas contratações públicas de bens, serviços e obras, julgue o item abaixo.
Microempresas e empresas de pequeno porte poderão participar do certame, é condição necessária a comprovação de sua regularidade fiscal.
A) Certo B) Errado

2123) (2016) Banca: CESPE – Órgão: TCE-PA – Prova: Auditor de Controle Externo – Administração – Administrativo Licitações e Lei 8.666 de 1993
Acerca das normas para licitações e contratos da administração pública, julgue o item subsequente. As normas de licitação e contratos não devem prever tratamento diferenciado para favorecer microempresas e empresas de pequeno porte.
A) Certo B) Errado

2124) (2016) Banca: FCC – Órgão: Prefeitura de Teresina – PI – Prova: Técnico de Nível Superior – Administrador – Arsete
Na licitação na modalidade de pregão para aquisição de bens e serviços comuns, as microempresas e empresas de pequeno porte
A) devem comprovar a regularidade fiscal assim que encerrada a etapa competitiva, uma vez que o procedimento internalizou a inversão de fases.
B) estão desobrigadas de apresentar a documentação exigida das demais licitantes para efeito de comprovação da regularidade fiscal, em razão do benefício instituído pela Lei nº 123/2006.
C) podem ser contratadas mesmo que não preencham as condições de habilitação e contratação estabelecidas no edital, desde que apresentem a proposta de menor valor, isso em razão do princípio da economicidade e do tratamento favorecido e diferenciado para microempresas e empresas de pequeno porte.
D) estão autorizadas, mediante justificativa, a deixar de apresentar a documentação exigida para efeito de comprovação de regularidade fiscal, mesmo que esta apresente alguma restrição.
E) estão autorizadas a comprovar a regularidade fiscal tão somente para efeito de assinatura do contrato.

2125) (2013) Banca: FCC – Órgão: SERGAS – Prova: Administrador
O tratamento diferenciado para microempresas e empresas de pequeno porte, no que diz respeito às licitações públicas, na forma prevista pela Lei Complementar no 123/2006,

A) dispensa as microempresas e empresas de pequeno porte da apresentação da documentação relativa à regularidade fiscal.
B) estabelece que a comprovação da regularidade fiscal somente será exigida das microempresas e empresas de pequeno porte para efeito de assinatura do contrato.
C) estabelece a preferência para contratação de microempresa ou empresa de pequeno porte, em relação aos demais licitantes, desde que apresente proposta igual ou até 15% acima da melhor classificada.
D) estabelece a obrigatoriedade de contratação de microempresa ou empresa de pequeno porte em licitações na modalidade pregão, desde que apresente proposta igual ou até 10% acima da melhor classificada.
E) determina que as licitações para contratações com valor estimado de até R$ 150.000,00 (cento e cinquenta mil reais) deverão ser destinadas apenas à participação de microempresas e empresas de pequeno porte.

2126) (2017) Banca: COPESE – UFT – Órgão: UFT – Prova: Assistente em Administração

Quanto aos princípios contidos na Lei n° 8.666/1993 (Lei de Licitações), assinale a alternativa CORRETA.

A) As sociedades de economia mista, assim como os entes que integram a administração indireta, não se subordinam ao regime da Lei 8.666/93.
B) O procedimento licitatório previsto nesta lei caracteriza ato administrativo informal.
C) As normas de licitações e contratos devem privilegiar o tratamento diferenciado e favorecido às microempresas e empresas de pequeno porte na forma da lei.
D) Pelo princípio da indisponibilidade do interesse público, todas as obras e serviços, sem exceção, serão precedidos de licitação.

2127) (2016) Banca: IF Sertão – PE – Órgão: IF Sertão – PE – Prova: Técnico em Laboratório de Informática (+ provas)

As Microempresas e Empresas de Pequeno Porte poderão participar do procedimento licitatório ainda que não possuam regularidade fiscal ou trabalhista.

A) Certo B) Errado

2128) (2014) Banca: VUNESP – Órgão: SP-URBANISMO – Prova: Analista Administrativo

Segundo o que estabelece, expressamente, a Lei 8.666/93, as normas de licitações e contratos devem, na forma da lei, privilegiar o tratamento diferenciado e favorecido às

A) empresas brasileiras com sede no país.
B) empresas brasileiras ou estrangeiras que empreguem em seus quadros ao menos cinco por cento de trabalhadores portadores de deficiência.
C) microempresas e empresas de pequeno porte.
D) empresas que utilzem sistemas de tecnologia de informação e comunicação, considerados estratégicos para o país.
E) empresas públicas e sociedades de economia mista.

Classificação Julgamento das propostas: Após a habilitação, aqueles que apresentaram a documentação em conformidade com os requisitos acima, passarão para a fase seguinte. Nessa fase, a Administração **classifica as propostas**, em conformidade com o tipo da licitação (critério usado para fins de julgamento) e especificações do edital. Nesse momento, não se fala em **subjetivismo**, a Administração classificará a proposta em conformidade com os requisitos objetivos estipulados no edital.

Os envelopes serão abertos em sessão pública e os licitantes devem verificar se os envelopes foram violados, haja vista que no caso de violação o procedimento deverá ser anulado. A comissão pode **desclassificar as propostas entendidas como inexequíveis**, contrárias às cláusulas do edital e aquelas que não apresentam um valor exato.

2129) (2012) Banca: FCC – Órgão: TRE-PR – Prova: Técnico Judiciário – Área Administrativa

O julgamento das propostas apresentadas em regular procedimento de concorrência deve ser feito

A) de acordo com os critérios, subjetivos e objetivos, constantes do edital publicado.
B) objetivamente, sendo possível a desconsideração parcial dos critérios constantes no edital caso necessário para contratação da proposta de menor preço.
C) preliminarmente de acordo com os requisitos constantes do edital, facultando-se aos competidores, antes do julgamento definitivo, a redução de sua proposta.
D) observando-se os critérios objetivos constantes do edital e de seus anexos, ainda que publicados após o prazo para apresentação das propostas.
E) objetivamente, observando-se os critérios fixados no edital, que não poderá ser alterado para adequação das propostas.

2130) (2014) Banca: MAGNUS – Órgão: INES – Prova: Assistente em Administração

De acordo com a Lei n° 8.666/93: A comissão pode desclassificar as propostas entendidas como inexequíveis, contrárias às cláusulas do edital e aquelas que não apresentam um valor exato.

A) Certo B) Errado

A homologação é o ato administrativo pelo qual a autoridade responsável reconhece a **licitude do procedimento licitatório**. Tal etapa é de fundamental importância no universo jurídico, pois é nesse instante que a responsabilidade pelos fatos ocorridos no decorrer do procedimento passa a ser compartilhada com o gestor do órgão. Caso a homologação não seja implementada, quando a autoridade determinar a anulação ou revogação, deve-se abrir **prazo para interposição de recurso** administrativo, **sem efeito suspensivo**, podendo a autoridade competente, motivadamente e presentes razões de interesse público, atribuir ao recurso interposto eficácia suspensiva.

Cumpre ressaltar que é possível a anulação do procedimento licitatório, caso tiver sido demonstrado um **vício de legalidade no procedimento**, ou a **revogação por razões de interesse público** superveniente. A revogação exige a apresentação de justificativa superveniente, haja vista que na exposição de motivos (na fase interna) **a Administração Pública demonstrou a necessidade da contratação**, devendo relatar os motivos que fizeram com que a demanda deixasse de existir.

No que se refere especificamente à anulação do procedimento, destaca-se que em regra não cabe indenização ao licitante, salvo nas situações em que o contrato já foi assinado e desde que seja comprovado o dano. Em caso de revogação, por sua vez, a lei exige a emissão de parecer pela autoridade competente justificando os critérios de oportunidade e conveniência.

2131) (2015) Banca: CESPE – Órgão: DEPENProva: Agente Penitenciário Federal – Área 1

Com relação aos processos licitatórios na administração pública, julgue o próximo item.

A homologação do certame é o ato administrativo pelo qual se atribui ao vencedor o objeto da licitação, outorgando-lhe a titularidade jurídica do resultado alcançado.

A) Certo   B) Errado

2132) (2010) Banca: FCC – Órgão: MPE-SE – Prova: Analista – Direito

A respeito da revogação e da anulação da licitação, é INCORRETO afirmar:

A) Tanto na revogação quanto na anulação da licitação devem ser assegurados o contraditório e a ampla defesa.
B) A revogação depende de ocorrência de fato superveniente, devidamente comprovado.
C) A anulação do procedimento licitatório por motivo de ilegalidade, em regra, não gera obrigação de indenizar
D) O edital que não fornece as informações necessárias para que os interessados tomem conhecimento acerca da existência e da finalidade concreta da licitação é viciado, o que leva à anulação do certame.
E) Verificado vício durante o procedimento licitatório, a autoridade competente deve promover a sua revogação independentemente de provocação.

2133) (2017) Banca: FCC – Órgão: DPE-RS – Prova: Técnico – Área Administrativa

A Administração pública licitou a aquisição de determinados medicamentos para entrega a pacientes inscritos em programa de fornecimento gratuito regular. O certame estava regularmente instruído com pesquisa de preços, a fim de apurar o preço máximo que a Administração poderia pagar. Não obstante, a Administração pública atualizou a pesquisa no curso do procedimento e identificou que em relação a vários medicamentos teria havido relevante redução de preço, o que diminuiria em muito o custo de aquisição e permitiria a alocação dos recursos que sobejassem para outros programas na área da saúde. Nesse caso a Administração

A) deve anular o procedimento por vício de legalidade, tendo em vista que a lista de preços estava irregular.
B) pode alterar a pesquisa de preços constante do procedimento de licitação, independentemente da fase, prosseguindo os licitantes que tiverem feito propostas que ainda estiverem interessados, a fim de não atrasar a aquisição dos medicamentos, com fundamento na supremacia do interesse público.
C) deve revogar a licitação, tendo em vista que o procedimento se tornou ilegal em razão da alteração dos valores dos medicamentos, não havendo fundamento legal para prosseguimento.
D) pode revogar a licitação, demonstradas as supervenientes razões de interesse público que motivam a decisão e providenciar novo certame com a pesquisa de preços atualizada.
E) deve prosseguir regularmente com a licitação, tendo em vista que quando do início do procedimento a pesquisa de preços era legal e válida, não havendo, portanto, fundamento para anular ou revogar o certame.

2134) (2016) Banca: FEPESE – Órgão: CELESC – Prova: Assistente Administrativo

O ato, em um processo licitatório, que ocorre quando a autoridade responsável pela gestão verifica o completo cumprimento das regras legais do edital pelo vencedor é conhecido como:

A) Homologação.
B) Traslado.
C) Partilha.
D) Pendências.
E) Participação.

2135) (2015) Banca: VUNESP – Órgão: Câmara Municipal de Itatiba – SP – Prova: Auxiliar Administrativo

O processo que equivale à aprovação do procedimento licitatório é denominado

A) homologação.
B) adjudicação.
C) tomada de preços.
D) classificação.
E) habilitação.

2136) (2017) Banca: VUNESP – Órgão: Câmara de Sumaré – SP – Prova: Procurador Jurídico

A respeito da revogação e da anulação de procedimentos licitatórios e de contratos administrativos, com base na Lei n° 8.666/1993, assinale a alternativa correta.

A) A anulação do procedimento licitatório por motivo de ilegalidade não gera obrigação de indenizar quando não iniciada a execução do contrato.
B) A nulidade do procedimento licitatório não induz à do contrato quando esse, em si, estiver de acordo com a legislação.
C) A autoridade competente para a aprovação do procedimento somente poderá anular a licitação por razões de interesse público decorrente de fato superveniente devidamente comprovado.
D) Quando há rescisão por culpa do contratado, a Administração deverá ajuizar ação própria para reter os créditos decorrentes do contrato até o limite do prejuízo causado.
E) No caso de desfazimento do processo licitatório, a Administração poderá assegurar o contraditório e a ampla defesa.

A **adjudicação**, por sua vez, é o ato pelo qual a Administração atribui ao **vencedor do certame o objeto da licitação**. A adjudicação atribui o direito ao vencedor de **não preterição e liberação dos demais licitantes**. Destaca-se que caso a administração não respeite a ordem classificatória, o adjudicatário passará a ter o direito adquirido de figurar no contrato.

Vale ressaltar que, ao contrário do que ocorre com a Administração, que **não é obrigada a contratar**, o licitante que apresentou a melhor proposta é obrigado a assinar o contrato, sob pena de aplicação de penalidades previstas na Lei 8.666/93, desde que seja convocado para assinatura do contrato no prazo de **60 dias contados da data de abertura da proposta.** Portanto, o licitante fica vinculado à proposta apresentada pelo prazo de 60 (sessenta) dias.

2137) (2012) Banca: FCC – Órgão: TRF – 5ª REGIÃO – Prova: Analista Judiciário – Área Administrativa

O art. 6º da Lei no 10.520/2002 afirma que, apresentadas as propostas, estas terão um prazo de validade, estipulado pela lei em vigor, igual a

A) 120 (cento e vinte) dias, no mínimo.
B) 90 (noventa) dias, se outro não estiver fixado no edital.
C) 60 (sessenta) dias, se outro não estiver fixado no edital.
D) 45 (quarenta e cinco) dias, a menos que outro esteja fixado com prazo maior.
E) 30 (trinta) dias, a menos que outro esteja fixado com prazo maior.

2138) (2017) Banca: FGV – Órgão: ALERJ – Prova: Especialista Legislativo -Engenharia Civil

A Administração Pública é responsável por convocar a empresa vencedora do processo de licitação para assinatura do contrato. Caso a convocação não seja feita em determinado prazo, os licitantes ficam liberados dos compromissos assumidos.

A partir da data de entrega da proposta da licitante, esse prazo é de:

A) 15 dias;
B) 30 dias;
C) 45 dias;
D) 60 dias;
E) 75 dias.

2139) (2016) Banca: FCC – Órgão: AL-MS – Prova: Assistente Social (+ provas)

Em determinada licitação promovida pela União Federal, o citado ente licitante, findo o procedimento licitatório, decidiu, imotivadamente, não adjudicar o objeto da licitação ao vencedor, revogando o certame e abrindo nova licitação. A propósito desses fatos,

A) houve violação ao princípio da adjudicação compulsória, que somente inexistiria caso houvesse justo motivo para a revogação do certame.
B) é lícita a conduta do ente licitante, pois a revogação do certame pode ocorrer em qualquer momento, independentemente de motivação.
C) houve violação tanto ao princípio do julgamento objetivo quanto ao princípio da adjudicação compulsória.
D) é lícita a conduta do ente licitante, no entanto, caso tivesse adjudicado o objeto ao vencedor, estaria o ente público obrigado a celebrar o respectivo contrato administrativo.
E) houve violação ao princípio da contratação compulsória.

2140) (2016) Banca: UFMT – Órgão: TJ-MT – Prova: Distribuidor, Contador e Partidor

O último ato do sistema licitatório é denominado:

A) Contratação.
B) Homologação.
C) Julgamento.
D) Adjudicação.

2141) (2016) Banca: VUNESP – Órgão: Prefeitura de Registro – SP – Prova: Advogado

Considerando que a licitação prevista na Lei no 8.666/93 é um procedimento administrativo, anterior ao próprio contrato, que permite que várias pessoas ofertem suas propostas, e, consequentemente, permite à Administração escolher a mais vantajosa, no que concerne à formalização deste procedimento, é correto afirmar que

A) a habilitação situa-se no âmbito do poder de controle hierárquico da autoridade superior e tem natureza jurídica de ato administrativo de confirmação.
B) o Edital é a única espécie de instrumento convocatório, sendo utilizado em todas as modalidades de licitação.
C) a Lei exige disponibilidade financeira integral ao momento do início da execução do contrato.
D) o Tribunal de Contas poderá exercer o controle prévio sobre qualquer Edital de licitação.
E) a Adjudicação é o ato pelo qual a Administração, através da autoridade competente, atribui ao vencedor do certame a atividade (obra, serviço ou compra) que constitui o objeto da futura contratação.

2142) (2012) Banca: VUNESP – Órgão: SPTransProva: Analista de Gestão Pleno

Assinale a alternativa que preenche, corretamente, a lacuna da frase a seguir, correspondente ao texto do art. 6º da Lei 10.520/02. "O prazo de validade das propostas será de_____ dias, se outro não estiver fixado no edital."

A) 15 (quinze)
B) 30 (trinta)
C) 60 (sessenta)
D) 90 (noventa)
E) 120 (cento e vinte)

2143) (2014) Banca: FUNCAB – Órgão: MDA – Prova: Complexidade Gerencial – Nível Superior

Os licitantes ficam liberados dos compromissos assumidos, se não forem convocados pela administração, após a data da entrega das propostas, decorrido o prazo de:

A) 60 dias.
B) 45 dias.
C) 30 dias.
D) 15 dias.
E) 05 dias.

2144) (2015) Banca: CAIP-IMES – Órgão: DAE de São Caetano do Sul – SP – Prova: Agente Técnico em Segurança do Trabalho

Conforme Lei 10.520 de 17 de julho de 2002, o prazo de validade das propostas será de:

A) 60 dias, se outro não estiver fixado no edital.
B) 45 dias, se outro não estiver fixado no edital.
C) 30 dias, se outro não estiver fixado no edital.
D) 90 dias, se outro não estiver fixado no edital.

A licitação realizada utilizando a modalidade Tomada de Preços, o procedimento é o mesmo estudado para a modalidade concorrência, contudo, **NÃO HÁ FASE DE HABILITAÇÃO**, uma vez que os licitantes já se encontram previamente cadastrados. Desse modo, haverá tão somente a abertura dos envelopes de propostas, após a análise dos **Certificados de Registros Cadastrais** apresentados pelos licitantes.

2145) (2014) Banca: CESPE – Órgão: ANATEL Prova: Administrador

Assim como na Concorrência, há fase de habilitação na modalidade Tomada de Preço.

A) Certo   B) Errado

2146) (2009) Banca: FCC – Órgão: TRT – 15ª Região (SP) – Prova: Analista Judiciário – Área Administrativa

Tomada de preços é modalidade de licitação

A) que não pode ser substituída por concorrência.
B) exigível para obras e serviços de engenharia até 2.000.000,00.
C) empregada apenas para obras e serviços de engenharia.
D) entre interessados devidamente cadastrados ou que atenderem a todas as condições exigidas para cadastramento até o quinto dia anterior à data do recebimento das propostas, observada a necessária qualificação.
E) entre interessados devidamente cadastrados ou que atenderem a todas as condições exigidas para cadastramento até o terceiro dia anterior à data do recebimento das propostas, observada a necessária qualificação.

2147) (2011) Banca: FCC – Órgão: TRF – 1ª REGIÃO – Prova: Analista Judiciário – Área Administrativa

A modalidade de tomada de preços

A) aplica-se aos interessados do ramo pertinente ao seu objeto, cadastrados ou não, escolhidos e convidados em número mínimo de três pela unidade administrativa.
B) é indicada para a escolha de trabalho técnico, científico ou artístico, mediante a instituição de prêmios ou remuneração aos vencedores.
C) exige que os interessados estejam devidamente cadastrados ou atendam a todas as condições exigidas para cadastramento até o terceiro dia anterior à data do recebimento das propostas, observada a necessária qualificação.
D) compreende uma fase inicial de habilitação preliminar, para que os interessados comprovem possuir os requisitos mínimos de qualificação exigidos no edital para execução de seu objeto.
E) é utilizada para a venda de bens móveis inservíveis para a administração ou de produtos legalmente apreendidos ou penhorados.

2148) (2014) Banca: IMA – Órgão: Prefeitura de Paraibano – MA – Prova: Procurador

No procedimento licitatório, o tipo de licitação que segue o mesmo procedimento da concorrência, porém sem a fase de habilitação é o:

A) Tomada de Preços.
B) Menor Preço.
C) Concorrência.
D) Melhor Técnica.

2149) (2015) Banca: CRF-TO – Órgão: CRF-TO – Prova: Assistente Administrativo

Os Órgãos e Entidades da Administração Pública que realizam licitações devem manter Registros Cadastrais de fornecedores ou prestadores de serviço. O registro cadastro serve para efeito de habilitação.

A) Certo   B) Errado

O procedimento licitatório convite é um procedimento mais rápido e simplificado, também segue um procedimento similar ao da concorrência, contudo, algumas peculiaridades devem ser apontadas: **a)** não há publicação de edital, a publicidade do convite se dá através do **envio da carta-convite e afixação do mesmo na repartição pública em local visível ao público; b)** caso todos os licitantes sejam inabilitados ou se todas as propostas forem desclassificadas, o prazo para diligências definido no art. 48, §3° da lei 8.666/93 **poderá ser reduzido de 8 (oito) dias úteis para 3 (três) dias úteis** para que os licitantes se adequem ao edital **c)** o prazo para recursos no convite é de 2 (dois) dias úteis; **d)** em relação à comissão licitante, se ficar comprovada a escassez de pessoal no órgão, o procedimento licitatório poderá ser realizado por um único servidor público, desde que efetivo; **e)** assim como na **tomada de preços**, não há fase de habilitação, haverá tão somente a abertura dos envelopes de propostas; **f)** intervalo mínimo de **cinco dias úteis.**

2150) (2011) Banca: CESPE – Órgão: PC-ES – Prova: Delegado de Polícia

O procedimento do convite é simplificado e pode ser realizado por servidor designado pela autoridade competente, dispensando-se a comissão de licitação.

A) Certo   B) Errado

2151) (2008) Banca: CESPE – Órgão: STF – Prova: Analista Judiciário – Área Administrativa

A única modalidade de licitação para a qual não se exige edital é o convite.

A) Certo   B) Errado

2152) (2009) Banca: FCC – Órgão: TJ-PI – Prova: Técnico Judiciário – Contabilidade

O convite é a modalidade de licitação entre

A) quaisquer interessados que, na fase inicial de habilitação preliminar, comprovem possuir os requisitos mínimos de qualificação exigidos no edital para execução de seu objeto.
B) interessados devidamente cadastrados ou que atenderem a todas as condições exigidas para cadastramento até o terceiro dia anterior à data do recebimento das propostas, observada a necessária qualificação.
C) interessados do ramo pertinente ao seu objeto, cadastrados ou não, escolhidos em número mínimo de três pela unidade administrativa, a qual afixará, em local apropriado, cópia do instrumento convocatório e o estenderá aos demais cadastrados na correspondente especialidade que manifestarem seu interesse com antecedência de até vinte e quatro horas da apresentação das propostas.
D) quaisquer interessados para escolha de trabalho técnico, científico ou artístico, mediante a instituição de prêmios ou remuneração aos vencedores, conforme critérios constantes

de edital publicado na imprensa oficial com antecedência mínima de 45 (quarenta e cinco) dias.

E) quaisquer interessados para a venda de bens móveis inservíveis para a administração ou de produtos legalmente apreendidos ou penhorados, ou para a alienação de bens imóveis, a quem oferecer o maior lance, igual ou superior ao valor da avaliação.

2153) (2015) Banca: CESGRANRIO – Órgão: Petrobras – Prova: Profissional Júnior – Engenharia Mecânica

A modalidade de licitação com procedimento mais simplificado é o(a)

A) convite
B) leilão
C) pregão
D) concurso
E) tomada de preço

2154) (2011) Banca: CESGRANRIO – Órgão: TranspetRO – Prova: Técnico de Administração e Controle Júnior

O Decreto no 2.745/98 prevê a possibilidade da promoção da pré-qualificação de empresas para verificação prévia da habilitação jurídica, capacidade técnica, qualificação econômico-financeira e regularidade fiscal, com vista à participação dessas empresas em certames futuros e específicos.

De acordo com esse decreto, uma vez pré-qualificadas as empresas interessadas, sua convocação será feita de forma simplificada, mediante

A) mensagem eletrônica
B) carta-convite
C) telefonema
D) e-mail
E) fax

2155) (2010) Banca: COPEVE-UFAL – Órgão: CASAL – Prova: Administrador

As organizações públicas devem realizar licitações para execução de obras, prestação de serviço, alienações, locações e o fornecimento de bens para atendimento de necessidades públicas. São previstas diferentes modalidades de licitação, a partir de critérios definidos por lei. Em relação às diferentes modalidades de licitação, pode-se afirmar:

A) o convite é a modalidade mais simples de licitação.
B) na concorrência são escolhidos e convidados um número mínimo de três fornecedores.
C) o pregão não é obrigatório nem prioritário.
D) a tomada de preços é aplicável para obras de engenharia acima de R$ 150.000,00.
E) A característica do fornecedor potencial é o fator para escolha da modalidade.

Conforme já previamente explicitado, o concurso terá o seu procedimento definido em regulamento específico. Destaca-se que o intervalo mínimo no concurso será de **45 dias**, por definição legal, e que a Comissão Licitante do concurso é diferenciada e denominada **comissão especial de concurso**. A lei determina que esta comissão seja composta por pessoas idôneas e que tenham conhecimento na área do trabalho que será apresentado (não precisa ser composta por servidores públicos.

2156) (2015) Banca: COMPERVE – Órgão: UFRN – Prova: Administrador

O aviso do edital de licitação, feito por órgão ou entidade da administração pública estadual, municipal ou do distrito federal, deve ser publicado em jornal diário de grande circulação no Estado e, se houver, em jornal de circulação no município ou na região onde será realizada a licitação. Para o concurso, o tempo que deve ser observado desde a publicação até o dia da abertura das propostas é de

A) 60 dias.
B) 30 dias.
C) 15 dias.
D) 45 dias.

2157) (2016) Banca: COPEVE-UFAL – Órgão: UFAL – Prova: Músico (Pianista Correpetidor)

A modalidade de licitação Concurso ocorre entre

A) quaisquer interessados que, na fase inicial de habilitação preliminar, comprovem possuir os requisitos mínimos de qualificação exigidos no edital para execução de seu objeto.
B) interessados devidamente cadastrados ou que atenderem a todas as condições exigidas para cadastramento até o terceiro dia anterior à data do recebimento das propostas, observada a necessária qualificação.
C) quaisquer interessados para escolha de trabalho técnico, científico ou artístico, mediante a instituição de prêmios ou remuneração aos vencedores, conforme critérios constantes de edital publicado na imprensa oficial com antecedência mínima de 45 (quarenta e cinco) dias.
D) quaisquer interessados para a venda de bens móveis inservíveis para a administração ou de produtos legalmente apreendidos ou penhorados, ou para a alienação de bens imóveis prevista no art. 19, a quem oferecer o maior lance, igual ou superior ao valor da avaliação.
E) interessados do ramo pertinente ao seu objeto, cadastrados ou não, escolhidos e convidados em número mínimo de 3 (três) pela unidade administrativa, a qual afixará, em local apropriado, cópia do instrumento convocatório e o estenderá aos demais cadastrados na correspondente especialidade que manifestarem seu interesse com antecedência de até 24 (vinte e quatro) horas da apresentação das propostas.

2158) (2017) Banca: OBJETIVA – Órgão: SAMAE de Caxias do Sul – RS – Prova: Assistente de Planejamento

Considerar a Lei nº 8.666/1993 – Lei das Licitações para responder a questão.

Assinalar a alternativa que preenche a lacuna abaixo CORRETAMENTE:

_____ é a modalidade de licitação entre quaisquer interessados para escolha de trabalho técnico, científico ou artístico, mediante a instituição de prêmios ou remuneração aos vencedores, conforme critérios constantes de edital publicado na imprensa oficial com antecedência mínima de 45 dias.

A) Tomada de preços
B) Concurso

C) Convite
D) Leilão
E) Concorrência

2159) (2017) Banca: LEGALLE CONCURSOS – Órgão: Câmara de Vereadores de Guaíba – RS – Prova: Procurador

As licitações podem ser realizadas através de diversas modalidades, definidas por lei. Qual é a modalidade na qual os interessados desejam escolher trabalho técnico, científico ou artístico, mediante a instituição de prêmios ou remuneração aos vencedores, conforme critérios constantes de edital publicado na imprensa oficial com antecedência mínima de 45 (quarenta e cinco) dias?

A) Concorrência.
B) Tomada de preços.
C) Convite.
D) Concurso.
E) Leilão.

Conforme estudado, a modalidade licitatória Leilão será conduzida pelo leiloeiro, sendo que o **intervalo mínimo** entre a publicação do edital e a realização do procedimento será de **15 dias.**

2160) (2013) Banca: CESPE – Órgão: TRT – 8ª Região (PA e AP) – Prova: Técnico Judiciário – Área Administrativa

A propósito das modalidades de licitação convite, concurso e leilão:

O leilão pode ser cometido a leiloeiro indicado pelos interessados ou a servidor designado pela administração, procedendo-se na forma da legislação pertinente.

A) Certo B) Errado

2161) (2009) Banca: CESPE – Órgão: CEHAP-PB – Prova: Administrador

A modalidade de licitação é a forma específica de conduzir o procedimento licitatório, a partir de critérios definidos em lei. A modalidade em que o tipo de licitação é o maior lance ou oferta e o intervalo mínimo entre a publicação do edital e a realização do procedimento é de 15 dias é a(o)

A) concorrência.
B) pregão.
C) tomada de preços.
D) leilão.

2162) (2010) Banca: FCC – Órgão: TRT – 12ª Região (SC) – Prova: Técnico Judiciário – Área Administrativa

No que concerne à modalidade de licitação leilão, é correto afirmar:

A) O vencedor será o que oferecer o maior lance, que deve ser sempre superior ao valor da avaliação.
B) Os interessados devem estar previamente cadastrados.
C) Destina-se, dentre outras hipóteses, à venda de produtos ilegalmente apreendidos.
D) Não é destinada à alienação de bens imóveis da Administração, cuja aquisição haja derivado de dação em pagamento.
E) Será conduzida por um leiloeiro.

2163) (2010) Banca: FGR – Órgão: Prefeitura de Belo Horizonte – MG – Prova: Assistente Administrativo

Dentre as modalidades de licitação destacadas a seguir, assinale aquela em que o intervalo mínimo entre a publicação do edital e a realização do procedimento será de 15 dias:

A) Concurso.
B) Concorrência.
C) Leilão.
D) Convite.

2164) (2012) Banca: CONSULPLAN – Órgão: TSE – Prova: Técnico Judiciário – Programação de Sistemas

Na modalidade Leilão, o prazo mínimo para o recebimento de propostas ou para a realização do evento pelos órgãos, será igual a:

A) 5 dias.
B) 15 dias.
C) 30 dias.
D) 45 dias.

O pregão é a modalidade licitatória realizada pelo Poder Público para **aquisição de bens e serviços comuns**, que são definidos em lei como aqueles cujos padrões de desempenho e qualidade possam ser **objetivamente definidos pelo edital**, por meio de especificações usuais no mercado. Essa modalidade será realizada tendo como critério de escolha do vencedor o *"menor preço"*, não se admitindo qualquer outro tipo definido no edital.

Nessa modalidade de licitação, com o intuito de garantir maior celeridade ao procedimento, temos a **"inversão de fases"** de habilitação e apresentação das propostas comerciais, no qual primeiramente são classificadas as propostas e, posteriormente, será implementada a fase de habilitação. Além disso, **a fase de adjudicação ocorre em momento anterior à homologação do certame pela autoridade competente.**

Conforme Súmula do TCU nº 257, "o uso do pregão nas contratações de serviços comuns de engenharia encontra amparo na Lei nº 10.520/2002.

2165) (2014) Banca: CESPE – Órgão: ANATEL – Prova: Analista Administrativo – Direito – Administrativo Licitações e Lei 8.666 de 1993

A Lei Complementar n.º 73/1993 estabelece a competência da Advocacia-Geral da União (AGU) para fixar a interpretação da Constituição Federal, das leis, dos tratados e demais atos normativos, a ser uniformemente seguida pelos órgãos e entidades da administração federal. À luz das orientações normativas editadas pela AGU no ano de 2014 acerca de licitações e contratos administrativos, julgue o item a seguir. Em se tratando de licitação na modalidade pregão, cabe ao agente ou ao setor técnico da administração declarar a natureza comum do objeto a ser licitado, bem como definir se o objeto da contratação pretendida corresponde a obra ou serviço de engenharia.

A) Certo B) Errado

2166) (2014) Banca: CESPE – Órgão: ANATEL Prova: Analista Administrativo – Direito – Administrativo Licitações e Lei 8.666 de 1993.

A respeito do pregão, julgue o item a seguir. Dada a tendência atual de ampliação da utilização do pregão, os serviços de engenharia, desde que caracterizáveis como serviços comuns, podem ser licitados por meio do pregão na forma eletrônica.

A) Certo B) Errado

2167) (2015) Banca: CESPE – Órgão: STJ – Prova: Analista Judiciário – Engenharia – Administrativo Licitações e Lei 8.666 de 1993

A respeito de pregão, julgue o item que se segue com base na Lei n. 10.520/2002. As compras e as contratações de bens e serviços comuns de engenharia, no âmbito da União, dos estados, do Distrito Federal e dos municípios, poderão ser implementadas com base na modalidade de licitação denominada pregão.

A) Certo B) Errado

2168) (2014) Banca: CESPE – Órgão: MDIC – Prova: Agente Administrativo – Administrativo Licitações e Lei 8.666 de 1993

No que concerne à licitação, ao controle da administração pública e ao regime jurídico-administrativo, julgue o item a seguir. A administração pública pode utilizar-se da modalidade pregão para vender equipamentos eletrônicos oriundos de contrabando apreendidos em uma operação de fiscalização deflagrada pela Receita Federal do Brasil.

A) Certo B) Errado

2169) (2014) Banca: VUNESP – Órgão: PGM – SP – Prova: Procurador do Município

Caracteriza o pregão:

A) objeto comum, disponível no mercado a qualquer tempo, cuja configuração e características são padronizadas pela própria atividade empresarial.
B) podem participar somente os sujeitos previamente inscritos em cadastro público, o que torna a licitação sumária e mais rápida.
C) os proponentes ficam vinculados por sua proposta até que outra, mais elevada, seja formulada.
D) modalidade de licitação mais simplificada para aquisição de bens e serviços cujo valor é limitado, nos termos da lei.
E) utilização de recursos eletrônicos de informação para aceitação de propostas e lances em sessão presencial apenas para candidatos previamente cadastrados.

2170) (2013) Banca: COPS-UEL – Órgão: AFPR – Prova: Advogado

A inversão de fases, realizando-se a classificação e depois a habilitação, é característica

A) do concurso.
B) do pregão eletrônico.
C) do convite.
D) da tomada de preços.
E) da concorrência.

2171) (2016) Banca: UECE-CEV – Órgão: Prefeitura de Amontada – CE – Prova: Técnico em Contabilidade

Na realização de um certame licitatório, as propostas de preços apresentadas pelos participantes só são lidas depois de encerrada a fase de habilitação. Essa é a regra, cuja EXCEÇÃO ocorre nas licitações na modalidade

A) convite.
B) concorrência.
C) pregão.
D) tomada de preços.

2172) (2013) Banca: NC-UFPR – Órgão: TJ-PR – Prova: Juiz

Acerca do Pregão, é correto afirmar:

A) É necessária a exigência de garantia da proposta.
B) O prazo de validade das propostas será de 30 (trinta) dias, se outro não estiver fixado no edital.
C) A definição do objeto deverá ser precisa, suficiente e clara, vedadas especificações que, por excessivas, irrelevantes ou desnecessárias, limitem a competição.
D) É obrigatória a aquisição do edital pelos licitantes, como condição para participação no certame.

Fase interna: Trata-se da fase na qual o ente público está se preparando para a realização do procedimento licitatório. Nessa fase, serão observados alguns requisitos legais. Vejamos: definição do objeto a ser licitado; elaboração do Termo de Referência (TR) pelo órgão requisitante, com indicação precisa do objeto a ser licitado (orçamento detalhado), de forma suficiente e clara; apresentação da **justificativa da necessidade da contratação;** elaboração do edital, estabelecendo critérios de aceitação das propostas; definição acerca das exigências de habilitação, elaboração da minuta do contrato; designação, mediante portaria expedida pela autoridade do órgão, do pregoeiro e sua equipe de apoio; emissão de parecer jurídico etc.

2173) (2016) Banca: CESPE – Órgão: TCE-PA – Prova: Auditor de Controle Externo – Engenharia – Licitações e Lei 8.666 de 1993

Na modalidade pregão, instituída pela Lei 10.520/2002, o termo de referência corresponde a um instrumento a ser utilizado. A respeito desse assunto, julgue o item subsequente. Demonstrar as necessidades da administração é uma das funções do termo de referência.

A) Certo B) Errado

2174) (2016) Banca: CESPE – Órgão: TCE-PA – Prova: Auditor de Controle Externo – Engenharia – Administrativo Licitações e Lei 8.666 de 1993

O orçamento detalhado do objeto da licitação não deve constar do termo de referência.

A) Certo B) Errado

2175) (2015) Banca: CESPE – Órgão: STJ – Prova: Analista Judiciário – Engenharia – Administrativos

A respeito da elaboração de termo de referência e do projeto básico no âmbito da administração pública, julgue o item a seguir. A fim de cumprir suas funções legais e administrativas, o projeto básico e o TR devem conter, entre outros elementos, as responsabilidades das partes, o prazo de execução da obra e as sanções.

A) Certo B) Errado

2176) (2016) Banca: CESPE – Órgão: TCE-PA – Prova: Auditor de Controle Externo – Engenharia – Administrativo Licitações e Lei 8.666 de 1993

O termo de referência é um instrumento usado na modalidade pregão tanto na forma presencial quanto na eletrônica.

A) Certo B) Errado

2177) (2015) Banca: CESPE – Órgão: STJ – Prova: Analista Judiciário – Engenharia – Administrativo Licitações e Lei 8.666 de 1993

A respeito da elaboração de termo de referência e do projeto básico no âmbito da administração pública, julgue o item a seguir. O termo de referência (TR) deve constar de todo processo, caso o referido processo esteja relacionado à aquisição de materiais na modalidade pregão, realizado na forma presencial. Nas situações em que é realizado pregão eletrônico, o TR é facultativo, devendo ser apresentado quando o licitante precisar detalhar melhor as especificações do seu produto.

A) Certo B) Errado

Fase externa: A fase externa tem início com a convocação dos interessados por meio de publicação de aviso do edital que, de acordo com o art. 2º da Lei 10.520/02, será efetuada mediante **publicação em diário oficial** do respectivo ente federado ou, não existindo, **em jornal de circulação local** e, facultativamente, por **meios eletrônicos e conforme o vulto da licitação**, em jornal de grande circulação.

A Administração Pública não poderá comercializar o edital, podendo cobrar somente o valor da reprodução gráfica do instrumento convocatório.

O intervalo fixado para a apresentação das propostas, será contado a partir da publicação do aviso, sendo o prazo mínimo de oito dias úteis.

A princípio, passam para a fase de lances verbais **o licitante que apresentou a melhor proposta (menor preço) e todas as outras propostas que não ultrapassarem 10% em relação ao valor da primeira classificada.** Entretanto, caso não tenham sido apresentadas 03 propostas dentro dessa margem de 10%, passam para a fase de lances verbais a melhor proposta e mais 2 (duas) propostas mais bem classificadas, para completar o mínimo de 3 (três) licitantes. Destaca-se que o **prazo de validade das propostas será de 60 (sessenta) dias, se outro prazo não estiver fixado no edital.**

2178) (2017) Banca: CESPE – Órgão: TRT – 7ª Região (CE) – Prova: Analista Judiciário – Área Administrativa

A respeito do pregão, disciplinado na Lei n.º 10.520/2002, assinale a opção correta.

A) Essa modalidade de licitação não poderá ser utilizada para registro de preços destinados à aquisição de bens e serviços comuns da área da saúde.
B) A referida modalidade de licitação é destinada à aquisição de bens comuns para utilização única e exclusivamente pela União.
C) Da decisão que proclamar o vencedor, qualquer licitante poderá manifestar imediata e motivadamente a intenção de recorrer, tendo o prazo de quinze dias para a apresentação do recurso.
D) O prazo para a apresentação das propostas, contado a partir da data de publicação de aviso do edital, não será inferior a oito dias úteis.

2179) (2016) Banca: CESPE – Órgão: TCE-SC – Prova: Auditor de Controle Externo – Tecnologia da Informação – Administrativo Licitações e Lei 8.666 de 1993

Com base na Lei 10.520/2002, julgue o item a seguir, relativo à contratação de bens e serviços de TI. Caso não esteja especificado no edital, o prazo de validade das propostas será de sessenta dias.

A) Certo B) Errado

2180) (2015) Banca: CESPE – Órgão: TCU – Prova: Técnico de Controle Externo – Administrativo Licitações e Lei 8.666 de 1993

A respeito de licitações, julgue o item que se segue. O prazo de validade das propostas no pregão será de sessenta dias, se outro não estiver fixado no edital pertinente.

A) Certo B) Errado

2181) (2015) Banca: CESPE – Órgão: CGE-PI – Prova: Auditor – Administrativo Licitações e Lei 8.666 de 1993

No que se refere à contratação de bens e serviços de TI, julgue o item subsecutivo, com base na Lei 10.520/2002. Caso o prazo de validade das propostas não esteja previsto no edital, as propostas terão validade de noventa dias.

A) Certo B) Errado

2182) (2017) Banca: CESPE – Órgão: TRE-TO – Prova: Analista Judiciário – Área Administrativa

Caso um tribunal lance edital de licitação, na modalidade de pregão, nos termos da lei, observada a proposta de menor valor, somente poderão participar da sessão de lances aqueles que apresentarem ofertas com preços superiores ao menor valor observado nas propostas em até

A) 10%
B) 15%
C) 2%
D) 3%
E) 5%

2183) (2009) Banca: ESAF – Órgão: ANA – Prova: Analista Administrativo

No Pregão, o prazo de validade das propostas, se outro não estiver fixado no edital, será de:

A) 30 (trinta) dias.
B) 45 (quarenta e cinco) dias.
C) 60 (sessenta) dias.
D) 90 (noventa) dias.
E) 120 (cento e vinte) dias.

2184) (2012) Banca: FCC – Órgão: MPE-AP – Prova: Analista Ministerial – Direito

A Administração Pública do Estado do Amapá, ao realizar determinado pregão, exigiu dos licitantes o pagamento de emolumentos referentes ao fornecimento do edital. Além disso, também exigiu garantia das propostas.

Nos termos da Lei no 10.520/2002, quanto às duas exigências narradas, é correto afirmar que

A) apenas é possível a primeira, podendo os emolumentos serem superiores ao custo da reprodução gráfica do edital.
B) ambas são vedadas pela Lei no 10.520/2002.
C) apenas é possível a segunda, relacionada à garantia das propostas.
D) apenas é possível a primeira, desde que os emolumentos não sejam superiores ao custo da reprodução gráfica do edital.
E) ambas são possíveis, sendo que, no primeiro caso, os emolumentos podem ser superiores ao custo da reprodução gráfica do edital.

2185) (2013) Banca: FCC – Órgão: MPE-MA – Prova: Analista Ministerial – Administrativo

Considere a seguinte situação hipotética: o Estado do Maranhão realizou licitação na modalidade pregão e exigiu dos interessados o pagamento de taxa para o fornecimento de cópia do edital, sendo o valor cobrado inferior ao custo de sua reprodução gráfica. A propósito do tema, é correto afirmar que a postura do Estado

A) foi correta, pois é possível cobrar pelo fornecimento do edital, desde que o valor seja inferior ao custo de sua reprodução gráfica.
B) foi correta, pois é possível cobrar pelo fornecimento do edital, independentemente do custo de sua reprodução gráfica.
C) não foi correta, pois no pregão é vedada a cobrança de quaisquer taxas e emolumentos.
D) não foi correta, pois no pregão não se admite apenas a cobrança de taxa para o fornecimento do edital, independentemente de seu valor.
E) não foi correta, pois em qualquer licitação é vedada a cobrança de valores para o fornecimento de cópia do edital.

2186) (2011) Banca: Prefeitura do Rio de Janeiro – RJ – Órgão: TCM-RJ – Prova: Técnico de Controle Externo

A Lei 10.250 determina que o pregão se inicia com:

A) o chamamento dos inscritos em registro cadastral próprio por meio de aviso publicado no Diário Oficial local, ou, não havendo, no Diário Oficial do Estado e, facultativamente, divulgação em jornal local ou por meios eletrônicos
B) a convocação dos interessados por meio de aviso publicado no Diário Oficial, ou, em sua falta no local, em jornal de circulação local e, facultativamente, por divulgação em meios eletrônicos e, conforme a magnitude da licitação, em jornal de grande circulação
C) a afixação nas dependências da repartição municipal do instrumento convocatório, e, facultativamente, divulgação no Diário Oficial, em meio eletrônico ou jornal local
D) o chamamento dos inscritos no registro geral de licitações por meio de afixação na Prefeitura do instrumento convocatório, ou, dependendo da magnitude da contratação, por meio de publicação no Diário Oficial e até mesmo em jornal de circulação local ou grande circulação
E) a convocação de quaisquer interessados por meio eletrônico, carta, afixação de edital, publicação no Diário Oficial local e, dependendo do vulto da contratação, por publicação no rádio e na imprensa

2187) (2013) Banca: USP – Órgão: USP – Prova: Contador

Considerando as providências necessárias para a publicidade de um edital na modalidade de Pregão, cujo valor estimado é de R$ 710.000,00, indique qual é a alternativa correta:

A) Publicação no Diário Oficial do Estado e Divulgação na Internet.
B) Publicação no Diário Oficial do Estado, Divulgação na Internet e Fixação no Quadro de Avisos da Seção de Compras da Unidade Pública.
C) Publicação no Diário Oficial do Estado e Fixação da Convocação no Quadro de Avisos da Seção de Compras da Unidade Pública.
D) Todas as alternativas estão incorretas.

2188) (2010) Banca: CESGRANRIO – Órgão: EPE – Prova: Analista de Gestão Corporativa – Administração Geral

Uma empresa pública federal irá realizar pregão eletrônico para contratar serviços de valor estimado de R$ 500.000,00, sem que o certame se destine ao sistema de registro de preços.

De acordo com as normas de regência do pregão eletrônico, essa empresa deverá iniciar a fase externa da licitação com a convocação dos interessados por meio de publicação de aviso no(s) seguinte(s) meio(s) de divulgação:

A) Diário Oficial do estado de sua sede e jornal de circulação local.
B) edital afixado ao público no órgão licitante e meio eletrônico, na Internet.
C) Diário Oficial da União e meio eletrônico, na Internet.
D) jornal de grande circulação regional e meio eletrônico, na Internet.
E) jornal de grande circulação nacional, apenas.

2189) (2012) Banca: INSTITUTO CIDADES – Órgão: TCM-GO – Prova: Auditor

A modalidade pregão:

A) Em sua fase externa, o prazo fixado para a apresentação das propostas, contado a partir da publicação do aviso, não será inferior a oito dias úteis.
B) Exige a aquisição do edital pelos licitantes, como condição para participação no certame.
C) Sugere que a equipe de apoio para a sua realização deverá ser integrada em sua maioria por representantes da sociedade.
D) Apregoa que o prazo de validade das propostas será de trinta dias, se outro não estiver fixado no edital.
E) Para ser realizada, exige obrigatoriamente a utilização de recursos de tecnologia da informação, nos termos de regulamentação específica.

2190) (2014) Banca: VUNESP – Órgão: IPT-SP – Prova: Comprador

O prazo de validade das propostas da modalidade pregão será de

A) 15 dias úteis.
B) 30 dias corridos.
C) 40 dias corridos.
D) 60 dias, se outro não estiver fixado no edital.
E) 90 dias, se outro não estiver fixado no edital.

Após a seleção das propostas, o pregoeiro deverá analisar se a proposta selecionada atende aos requisitos definidos no edital e decidirá, em ato motivado, acerca da sua **aceitabilidade ou não (habilitação)**. Em seguida, o pregoeiro fara a análise da documentação de habilitação e, caso o licitante seja habilitado, o licitante será declarado vencedor da licitação. Caso não seja admitida a proposta vencedora, **os demais licitantes serão convocados, em ordem de classificação, para análise da documentação e negociação do preço**, ou seja, ocorrendo a inabilitação do licitante que apresentou a melhor proposta, o pregoeiro passa a examinar a proposta do segundo colocado e assim sucessivamente, sendo sempre admitida a negociação do preço ofertado.

Após a declaração oficial do vencedor da licitação, **os licitantes podem manifestar o interesse em interpor recurso frente a decisão**. Na modalidade pregão, o prazo para interposição de recurso é imediato, não possui efeito suspensivo e ocorre **após a declaração do vencedor, ou seja, somente ao final da licitação. Portanto, o licitante deve manifestar imediatamente, ao final da licitação, a intenção de interpor recurso e a lei concede o prazo de 3 (três) dias para apresentação das razões do recurso, ficando os demais licitantes desde logo intimados para apresentar contrarrazões. Caso não houver interposição de recurso, será realizada a adjudicação do objeto ao vencedor da licitação.**

Lei 10.520/02 *"Art. 5º É vedada a exigência de: I – garantia de proposta; II – aquisição do edital pelos licitantes, como condição para participação no certame; III – pagamento de taxas e emolumentos, salvo os referentes a fornecimento do edital, que não serão superiores ao custo de sua reprodução gráfica, e aos custos de utilização de recursos de tecnologia da informação, quando for o caso".*

2191) (2014) Banca: CESPE – Órgão: ANATEL Prova: Analista Administrativo – Direito

A respeito do pregão, julgue o item a seguir. Na fase externa do pregão, a manifestação do licitante de interpor recurso contra a decisão do pregoeiro deve ser feita no final da sessão pública do pregão, tendo esse recurso efeito suspensivo.

A) Certo B) Errado

2192) (2016) Banca: CESPE – Órgão: TCE-PA – Prova: Auditor de Controle Externo – Administração – Administrativo Licitações e Lei 8.666 de 1993

Com relação à licitação pública, julgue o item seguinte. Declarado o vencedor da licitação, na modalidade pregão qualquer licitante poderá manifestar, imediata e motivadamente, a intenção de recorrer, sendo-lhe concedido o prazo de três dias para apresentar as razões do recurso.

A) Certo B) Errado

2193) (2016) Banca: CESPE – Órgão: TCE-PA – Prova: Auditor de Controle Externo. Administrativo Licitações e Lei 8.666 de 1993.

Que concerne às licitações públicas, julgue o item subsecutivo. No pregão, uma vez declarado o licitante vencedor, qualquer pessoa, ainda que não tenha participado da licitação, tem o direito de manifestar motivadamente a intenção de recorrer por motivo de nulidade procedimental.·

A) Certo B) Errado

2194) (2013) Banca: CESPE – Órgão: SERPRO – Prova: Analista – Gestão Logística

Com base na Lei 10.520/2002, que instituiu a modalidade de licitação denominada pregão, julgue o item subsequente.

O acolhimento do recurso implicará a invalidação do pregão realizado.

A) Certo B) Errado

2195) (2013) Banca: CESPE – Órgão: MME – Prova: Analista de Licitação

Assinale a opção correta acerca da fase preparatória e da fase externa do pregão.

A) O prazo para apresentação da proposta será de cinco dias úteis, contados a partir da publicação do aviso.
B) O acolhimento de recurso ao pregão importará a invalidação apenas dos atos insuscetíveis de aproveitamento.
C) A cópia do edital deverá ser disponibilizada apenas para a equipe de apoio do pregão e aos concorrentes do certame que forem efetivamente habilitados.
D) A equipe de apoio será constituída exclusivamente por servidores civis concursados e estáveis.
E) A definição do objeto deverá ser extensa e detalhada, abarcando inclusive aqueles aspectos que em um primeiro momento possam ser julgados desnecessários, de modo a evitar possíveis recursos futuros.

2196) (2015) Banca: FCC – Órgão: DPE-SP – Prova: Administrador

Acerca da modalidade pregão, a Lei 10.520/2002 dispõe que

A) As licitações serão processadas e julgadas por comissão permanente ou especial de, no mínimo, 3 membros, sendo pelo menos 2 deles servidores qualificados pertencentes ao quadro permanente do órgão da Administração pública responsável pela licitação.
B) É vedada a utilização do pregão para contratação de bens e serviços de informática, visto que para esse objeto é obrigatória a adoção do tipo de licitação "técnica e preço", incompatível com a modalidade em questão.
C) Se o licitante vencedor, convocado dentro do prazo de validade da sua proposta, não celebrar o contrato, devem ser examinadas as ofertas subsequentes e a qualificação dos licitantes, na ordem de classificação, até a apuração de uma que atenda ao edital, sendo celebrado o contrato com o respectivo licitante.
D) Somente serão adquiridos por pregão os bens e serviços considerados comuns, cujo valor global não ultrapasse o limite de valores da modalidade tomada de preço.
E) Na modalidade eletrônica, é dispensada a publicação de aviso em diário oficial, devendo a divulgação ocorrer exclusivamente por meio eletrônico, na internet.

2197) (2015) Banca: FCC – Órgão: TRE-SE – Prova: Analista Judiciário – Área Administrativa

No pregão, se o licitante desatender às exigências habilitatórias, o pregoeiro examinará as ofertas subsequentes e a qualificação dos licitantes, na ordem de classificação, e assim sucessivamente, até a apuração de uma que atenda ao edital, sendo o respectivo licitante declarado vencedor. Nessa hipótese, o pregoeiro

A) proferirá sua decisão imotivadamente.
B) não poderá negociar diretamente com o proponente.
C) poderá negociar diretamente com o proponente para que seja obtido preço maior.
D) poderá negociar diretamente com o proponente para que seja obtido preço melhor.
E) decidirá motivadamente, sendo, no entanto, tal decisão irrecorrível.

2198) (2016) Banca: FCC – Órgão: AL-MS – Prova: Assistente Social (+ provas)

Considere os dois itens a seguir, a fim de responder adequadamente a questão:

I. Examinada a proposta classificada em primeiro lugar, quanto ao objeto e valor, caberá ao pregoeiro decidir motivadamente a respeito da sua aceitabilidade.
II. Se a oferta não for aceitável ou se o licitante desatender às exigências habilitatórias, o pregoeiro examinará as ofertas subsequentes e a qualificação dos licitantes, na ordem de classificação, e assim sucessivamente, até a apuração de uma que atenda ao edital, sendo o respectivo licitante declarado vencedor.

Em determinado pregão, o pregoeiro passou a negociar diretamente com o proponente para obter melhor preço. Nos termos da Lei nº 10.520/2002, tal prática

A) é vedada no pregão, pois embora não haja proibição expressa, tal prática contraria o princípio da indisponibilidade do interesse público.
B) é vedada no pregão, haja vista proibição legal expressa nesse sentido.
C) somente será possível na hipótese narrada no item I.
D) somente será possível na hipótese narrada no item II.
E) é admissível nas hipóteses narradas nos itens I e II.

2199) (2013) Banca: FCC – Órgão: TRT – 1ª REGIÃO (RJ) – Prova: Técnico Judiciário – Área Administrativa

Em procedimento licitatório na modalidade pregão, declarado o vencedor,

A) qualquer licitante poderá manifestar, imediata e motivadamente a intenção de recorrer, sendo-lhe concedido o prazo de três dias para apresentação do recurso.
B) os licitantes terão o prazo de três dias para apresentação de recurso, concedido o mesmo prazo ao licitante vencedor para apresentação de contrarrazões.
C) não caberá recurso, salvo por razões relativas ao desatendimento das condições de habilitação do licitante declarado vencedor.
D) não caberá recurso em relação ao atendimento às condições de habilitação pelo licitante vencedor, mas apenas no que diz respeito aos atos de condução do procedimento, praticados pelo pregoeiro.
E) apenas os licitantes habilitados poderão apresentar recurso, no prazo de oito dias, concedido o mesmo prazo ao licitante vencedor para apresentação de contrarrazões.

2200) (2017) Banca: FCC – Órgão: DPE-RS – Prova: Técnico – Área Administrativa

Quando a Administração pública decide realizar um pregão presencial, deve observar não só as regras procedimentais, mas também os direitos e deveres dos licitantes, estes podem exigir a

A) celebração do contrato na mesma sessão em que adjudicado o objeto ao vencedor do certame.
B) inversão de fases, para que a licitação seja iniciada com a habilitação, a fim de excluir os licitantes que sabidamente não preencheriam os requisitos para prosseguir no certame.
C) adoção do critério de técnica e preço para julgamento das propostas quando os serviços a serem contratados, embora de natureza comum, envolvam também atividades de engenharia.
D) participação de todos os licitantes da fase de disputa de lances, se assim for solicitado antes do início da sessão, mediante requerimento escrito.
E) concessão de prazo de três dias para interposição de recurso após a declaração do vencedor.

2201) (2014) Banca: FCC – Órgão: TRT – 13ª Região (PB) Prova: Técnico Judiciário – Tecnologia da Informação

De acordo com as disposições da Lei n° 10.520/2002, na modalidade licitatória pregão, é VEDADO:

A) negociação do pregoeiro diretamente com o proponente.
B) pagamento de taxas ou emolumentos referentes a aquisição do edital.
C) participação de empresas estrangeiras.
D) exigência de garantia de proposta.
E) exigência de qualificação econômico-financeira.

2202) (2014) Banca: VUNESP – Órgão: PRODEST-ES – Prova: Analista Organizacional – Área Administrativa

Nos moldes da Lei n.º 10.520/02, considerando-se a fase externa do pregão, se a oferta do licitante vencedor não for aceitável ou se o licitante desatender às exigências habilitatórias, o pregoeiro

A) examinará as ofertas subsequentes e a qualificação dos licitantes, na ordem de classificação, e, automaticamente, declarará vencedor o segundo classificado.
B) examinará as ofertas subsequentes e a qualificação dos licitantes, na ordem de classificação, e assim sucessivamente, até a apuração de uma que atenda ao edital, sendo o respectivo licitante declarado vencedor.
C) deverá anular a licitação e, aproveitando a mesma sessão, convocará todos os demais licitantes a apresentar novas propostas em uma nova sessão a ser designada em até trinta dias.
D) declarará a licitação fracassada e deverá publicar novo edital convocando todos os licitantes, e outros eventuais interessados, para uma nova licitação, mantidas as condições da licitação anterior.
E) abrirá a oportunidade a todos os demais licitantes, e a outros interessados que estejam na mesma sessão, a apresentar novas propostas que sejam iguais ou melhores que aquela do licitante vencedor.

2203) (2016) Banca: VUNESP – Órgão: Prefeitura de Rosana – SP – Prova: Procurador do Município

A fase externa do pregão será iniciada com a convocação dos interessados e observará as regras estabelecidas pela Lei 10.520/02. Acerca do assunto, é correto afirmar que

A) o prazo fixado para a apresentação das propostas, contado a partir da publicação do aviso, não será inferior a 5 dias úteis.
B) no curso da sessão, o autor da oferta de valor mais baixo e os das ofertas com preços até 10% superiores àquela serão imediatamente desclassificados em razão das ofertas serem consideradas inexequíveis.
C) se a oferta não for aceitável ou se o licitante desatender às exigências habilitatórias, o pregoeiro examinará as ofertas subsequentes e a qualificação dos licitantes, na ordem de classificação, e assim, sucessivamente, até a apuração de uma que atenda ao edital, sendo o respectivo licitante declarado vencedor, caso em que o pregoeiro poderá negociar diretamente com o proponente para que seja obtido preço melhor.
D) examinada a proposta classificada em primeiro lugar, quanto ao objeto e valor, caberá ao pregoeiro declará-la como vencedora independentemente de motivação a respeito de sua aceitabilidade, posto que atingida a finalidade do pregão.
E) declarado o vencedor, qualquer licitante poderá manifestar imediata e motivadamente a intenção de recorrer, quando lhe será concedido o prazo de 8 dias para apresentação das razões do recurso, ficando os demais licitantes intimados para, em igual número de dias, apresentar contrarrazões.

2204) (2016) Banca: VUNESP – Órgão: Prefeitura de Mogi das Cruzes – SP – Prova: Procurador Jurídico

A Lei Federal 10.520/02, que disciplina a modalidade licitatória do pregão, veda a exigência de

A) qualificação jurídica.
B) aquisição do edital pelos licitantes, como condição para participação no certame.
C) qualificação fiscal.
D) garantia de contrato.
E) pagamento de quaisquer taxas ou emolumentos.

2205) (2014) Banca: FUNCAB – Órgão: SEPLAG-MG – Prova: Gestão Pública

O pregão é uma modalidade de licitação que tem como características a:

A) habilitação dos licitantes anteceder a classificação das propostas.
B) possibilidade de negociação direta com o vencedor para que seja obtido o preço melhor.
C) aplicação do critério de julgamento do tipo técnica e preço.
D) exigência de garantia das propostas.

2206) (2015) Banca: Prefeitura do Rio de Janeiro – RJ – Órgão: Câmara Municipal do Rio de Janeiro – Prova: Consultor Legislativo – Indústria, Comércio e Turismo (Manhã)

De acordo com a Lei 10.520/2002 (lei do pregão), é possível afirmar que:

A) declarado o vencedor, qualquer licitante poderá manifestar imediata e motivadamente a intenção de recorrer, quando lhe será concedido o prazo de 8 (oito) dias úteis para a apresentação das razões do recurso, devendo os demais licitantes ser intimados a apresentar contrarrazões em igual número de dias, que começarão a correr do término do prazo do recorrente, sendo-lhes assegurada vista imediata dos autos
B) declarado o vencedor, qualquer licitante poderá manifestar imediata e motivadamente a intenção de recorrer, quando lhe será concedido o prazo de 48 (quarenta e oito) horas para a apresentação das razões do recurso, devendo os demais licitantes ser intimados a apresentar contrarrazões em igual número de horas, que começarão a correr do término do prazo do recorrente, sendo-lhes assegurada vista imediata dos autos
C) declarado o vencedor, qualquer licitante poderá manifestar imediata e motivadamente a intenção de recorrer, quando lhe será concedido o prazo de 5 (cinco) dias úteis para a apresentação das razões do recurso, ficando os demais licitantes desde logo intimados a apresentar contrarrazões em igual número de dias, que começarão a correr do término do prazo do recorrente, sendo-lhes assegurada vista imediata dos autos
D) declarado o vencedor, qualquer licitante poderá manifestar imediata e motivadamente a intenção de recorrer, quando lhe será concedido o prazo de 3 (três) dias para a apresentação das razões do recurso, ficando os demais licitantes desde logo intimados a apresentar contrarrazões em igual número de dias, que começarão a correr do término do prazo do recorrente, sendo-lhes assegurada vista imediata dos autos

2207) (2016) Banca: UFCG – Órgão: UFCG – Prova: Analista de Tecnologia da Informação – Planejamento e Governança de TI

Ainda sobre a Lei10.520/2002, de acordo com o Art. 5°, é vedada a exigência de:

I. Garantia de proposta;
II. As funções de pregoeiro e de membro da equipe de apoio sejam desempenhadas por militares;
III. Aquisição do edital pelos licitantes, como condição para participação no certame;
IV. Pagamento de taxas e emolumentos, salvo os referentes a fornecimento do edital, que não serão superiores ao custo de sua reprodução gráfica, e aos custos de utilização de recursos de tecnologia da informação, quando for o caso.

Estão de acordo as afirmativas:

A) Somente I.
B) Somente I e II.
C) Somente III e IV.
D) Somente I, III e IV.
E) I, II III e IV.

2208) (2014) Banca: CAIP-IMES – Órgão: FURP-SP – Prova: Comprador Pleno

Considerando (V) para verdadeira ou (F) para falsa nas afirmações abaixo, assinale a alternativa que apresenta a ordem correta.

De acordo com a Lei 10.520/02, e suas alterações, no pregão é vedada a exigência de:

( ) Garantia de proposta.

( ) Aquisição do edital pelos licitantes, como condição para participação no certame.

( ) Pagamento de taxas e emolumentos de qualquer espécie, mesmo os referentes a fornecimento do edital, quando solicitado pelo licitante. Ficando os custos de reprodução gráfica, e os custos de utilização de recursos de tecnologia da informação para confecção do edital a cargo do Órgão ou Entidade Pública responsável pela licitação.

A) F – V – V.
B) F – F – F.
C) V – V – F.
D) V – F – V.

Especificidades do Pregão Eletrônico: pregão eletrônico é realizado em **sessão pública**, sem a presença física dos licitantes que se comunicam com a Administração Pública através da internet. Para fins de realização desse procedimento, será exigido o credenciamento no sistema eletrônico dos licitantes que pretendem participar do certame, da autoridade responsável do órgão que irá promover a licitação, do pregoeiro e de sua equipe de apoio.

O procedimento do pregão eletrônico compreende, assim como as demais modalidades licitatórias, uma fase interna e fase externa. A fase interna, conforme estudado, corresponde aos atos preparatórios do procedimento e a fase externa, por sua vez, inicia-se com a convocação dos licitantes mediante publicação de aviso de edital.

Cumpre ressaltar que qualquer cidadão poderá impugnar administrativamente o edital em **até 2 dias antes da data fixada para abertura das propostas**, o pregoeiro e equipe de apoio deverão decidir sobre a impugnação no prazo de até vinte e quatro horas.

Após a publicação do edital, os licitantes devem encaminhar eletronicamente as propostas. Destaca-se que os licitantes deverão, assim como ocorre no pregão presencial, declarar que cumprem os requisitos de habilitação e que suas propostas encontram-se de acordo com o edital. A partir do horário previsto no instrumento convocatório, a sessão pública, na internet, será aberta.

O Decreto Federal nº 5.450, de 31 de maio de 2005, estabelece que o credenciamento dos licitantes será feito mediante atribuição de chave de identificação e de senha, pessoal e intransferível, para acesso ao sistema eletrônico. Desse modo, o uso da senha de acesso pelo licitante é de responsabilidade exclusiva do licitante, não cabe ao provedor do sistema ou ao órgão promotor da licitação responsabilidade por eventuais danos decorrentes de mau uso da senha, ainda que por terceiros.

Destaca-se que a legislação federal supracitada dispõe que o licitante somente poderá oferecer lance inferior ao último por ele ofertado e registrado pelo sistema e não serão aceitos dois ou mais lances iguais. A etapa de lances é realizada publicamente e, durante a sessão, todos os licitantes serão informados, em tempo real, do valor do menor lance registrado. Após encerrada a etapa de lances, o pregoeiro poderá encaminhar, pelo sistema eletrônico, contraproposta ao licitante que tenha apresentado a melhor proposta, para fins de negociar o preço.

Encerrada a etapa de lances, o pregoeiro irá examinar a proposta classificada em primeiro lugar e a documentação de habilitação do licitante. Feita essa análise, caso o licitante classificado seja inabilitado, o pregoeiro irá analisar a proposta classificada em segundo lugar e assim sucessivamente.

2209) (2009) Banca: CESPE – Órgão: MI – Prova: Assistente Técnico Administrativo

Julgue o item seguinte, acerca da modalidade de licitação pregão, na forma eletrônica.

No pregão eletrônico as propostas devem ser encaminhadas eletronicamente, logo após a publicação do edital.

A) Certo B) Errado

2210) (2009) Banca: CESPE – Órgão: MI – Prova: Assistente Técnico Administrativo

Julgue o item seguinte, acerca da modalidade de licitação pregão, na forma eletrônica.

A qualquer interessado é permitido acompanhar em tempo real o pregão eletrônico pela Internet, sendo que. o credenciamento dos licitantes será feito mediante atribuição de chave de identificação e de senha, pessoal e intransferível.

A) Certo B) Errado

2211) (2013) Banca: CESPE – Órgão: MME – Prova: Analista de Licitação

A respeito da senha no pregão eletrônico, assinale a opção correta.

A) Ela só poderá ser utilizada nos pregões que envolvam valores superiores a R$ 80.000,00.
B) Seu uso é de responsabilidade exclusiva do licitante, não cabendo ao provedor do sistema responsabilidade por eventuais danos decorrentes de uso indevido, ainda que por terceiros.
C) Sua perda importa em comunicação à chefia imediata.
D) Sua perda demandará a imediata substituição por outra com um nível de acesso mais restrito até a autorização do provedor do sistema.
E) Ela poderá ser utilizada pelos envolvidos diretamente no pregão ou ser transferida para as chefias imediatas.

2212) (2008) Banca: CESPE – Órgão: HEMOBRÁS – Prova: Auxiliar Administrativo

O Decreto 5.450/2005, apesar de ter como objeto a regulamentação do pregão eletrônico, estabeleceu normas aplicáveis ao pregão em geral, em âmbito federal. Entre essas normas, dispõe que o licitante somente poderá oferecer lance inferior ao último por ele ofertado e registrado pelo sistema.

A) Certo B) Errado

2213) (2015) Banca: FCC – Órgão: TCE-CE – Prova: Técnico de Controle Externo-Administração

O pregão eletrônico é uma modalidade de licitação sancionada pela Lei 10.520/2002. De acordo com essa lei, é correto afirmar:

A) O pregão eletrônico diferencia-se da licitação somente pela forma de convocação dos interessados, que deve ser feita por meio de uma publicação por meios eletrônicos.
B) A lei não permite a aquisição de bens e serviços comuns por meio do pregão eletrônico.

C) Caso o licitante classificado seja inabilitado, o pregoeiro irá analisar a proposta classificada em segundo lugar e assim sucessivamente.
D) Nessa modalidade, a autoridade competente deve especificar excessivamente a definição do objeto com o objetivo de diminuir a competição e, portanto, o número de concorrentes.
E) Apesar do nome dessa modalidade ser pregão eletrônico, ele não pode ser realizado por meio da utilização de recursos de tecnologia da informação.

2214) (2013) Banca: IF-PR – Órgão: IF-PR – Prova: Assistente de Administração

Com base no Decreto Federal 5.450/2005, que regulamentou o pregão na forma eletrônica, assinale a alternativa correta.

A) O pregão eletrônico deverá ser utilizado somente quando não for possível a realização do pregão presencial.
B) A íntegra do edital deve ser publicada em meio eletrônico, ficando disponível no Portal de Compras do Governo Federal (COMPRASFED, sítio www.comprasfed.com).
C) O prazo fixado para a apresentação das propostas dos licitantes, contado a partir da publicação do aviso, não será inferior a dezoito dias úteis.
D) Todos os horários estabelecidos no edital, no aviso e durante a sessão pública observarão, para todos os efeitos, o horário local de cada licitante, de forma a não prejudicar aqueles que se encontrarem em estados com fuso horário diverso do de Brasília.
E) Os licitantes deverão encaminhar as propostas eletronicamente depois da publicação do edital.

2215) (2010) Banca: CESGRANRIO – Órgão: EPE – Prova: Analista de Gestão Corporativa – Administração Geral

Uma das características do pregão eletrônico é:

A) prever ordem determinada para a formulação de lances.
B) ser adequado a licitações do tipo "técnica e preço".
C) vedar a participação de empresas estrangeiras.
D) restringir a participação, na fase de lances, dos licitantes que formularam proposta até 10% acima da menor proposta.
E) permitir que o pregoeiro analise a proposta classificada em segundo lugar, em caso de inabilitação da primeira proposta.

2216) (2017) Banca: IBFC – Órgão: EBSERH – Prova: Analista Administrativo – Contabilidade (HUGG-UNIRIO)

"A autoridade competente designará, dentre os servidores do órgão ou entidade promotora da licitação, o pregoeiro e respectiva equipe de apoio, cuja atribuição inclui, dentre outras, o recebimento das propostas e lances, a análise de sua aceitabilidade e sua classificação, bem como a habilitação e a adjudicação do objeto do certame ao licitante vencedor". (Lei 10.520/2002) Analise as atribuições que devem ser tomadas pelo pregoeiro discriminadas abaixo e assinale a alternativa correta:

I. Examinada a proposta classificada em primeiro lugar, quanto ao objeto e valor, caberá ao pregoeiro decidir desmotivadamente a respeito da sua aceitabilidade.
II. Encerrada a etapa competitiva e ordenadas as ofertas, o pregoeiro procederá à abertura do invólucro contendo os documentos de habilitação do licitante que apresentou a melhor proposta, para verificação do atendimento das condições fixadas no edital.
III. Se a oferta não for aceitável ou se o licitante desatender às exigências habilitatórias, o pregoeiro examinará as ofertas subsequentes e a qualificação dos licitantes, na ordem de classificação, e assim sucessivamente, até a apuração de uma que atenda ao edital, sendo o respectivo licitante declarado vencedor.
IV. Nas situações previstas nos tópicos I e III acima, o pregoeiro poderá negociar diretamente com o proponente para que seja obtido preço melhor.
V. A falta de manifestação imediata e motivada do licitante importará a decadência do direito de recurso e a adjudicação do objeto da licitação pelo pregoeiro ao vencedor

A) Apenas a atribuição III está incorreta
B) Apenas a atribuição IV está incorreta
C) Apenas a atribuição I está incorreta
D) Apenas a atribuição II está incorreta
E) Apenas a atribuição V está incorreta

Regime Diferenciado de Contratação: a Lei nº 12.462 de 04/08/2011 criou o denominado Regime Diferenciado de Contratação – RDC que, **inicialmente, tinha aplicação exclusiva nas licitações e Contratos relacionados à realização dos Jogos Olímpicos e Paraolímpicos de 2016, da Copa das Confederações da FIFA de 2013 e da Copa do Mundo da FIFA de 2014.** Contudo, atualmente, o referido regime pode ser utilizada para as contratações: obras e serviços de engenharia no âmbito do PAC (Programa de Aceleração do Crescimento); **obras e serviços de engenharia no âmbito do SUS (Sistema Único de Saúde);** obras e serviços de engenharia no âmbito dos sistemas públicos de ensino; **obras e serviços de engenharia para construção, ampliação e reforma e administração de estabelecimentos penais e de unidades de atendimento socioeducativo;** obras e serviços de engenharia, relacionadas a melhorias na mobilidade urbana ou ampliação de infraestrutura logística;

Atenção: RDC poderá ser utilizado para **obras e serviços de engenharia no âmbito do SUS (Sistema Único de Saúde).**

2217) (2013) Banca: CESPE – Órgão: PG-DF – Prova: Procurador

Dada a necessidade de aumento da rede pública de ensino do estado Y, o secretário de educação, com o intuito de construir uma nova escola pública, resolveu consultar a procuradoria do estado para que esta esclarecesse algumas dúvidas relacionadas ao modelo licitatório e às normas contratuais aplicáveis à espécie.

Com referência a essa situação hipotética, julgue o item a seguir.

Na hipótese descrita, é possível utilizar o regime diferenciado de contratações como modalidade licitatória, sendo aplicável o regime de contratação integrada, desde que técnica e economicamente justificada.

A) Certo B) Errado

2218) (2017) Banca: CESPE – Órgão: TCE-PE – Prova: Analista de Controle Externo – Auditoria de Contas Públicas

Com relação ao regime diferenciado de contratações, a licitações e contratos administrativos, a responsabilidade do

Estado, ao controle da administração pública e à organização administrativa, julgue o item subsequente.

A construção de unidades de atendimento socioeducativo poderá ser realizada mediante atos regidos pelo regime diferenciado de contratações, utilizando-se a contratação integrada, se necessária inovação técnica.

A) Certo B) Errado

2219) (2017) Banca: CESPE – Órgão: TCE-PE – Prova: Auditor de Controle Externo – Auditoria de Obras Públicas

O setor de engenharia de um órgão público está elaborando as especificações técnicas de um projeto básico para licitação tanto de serviço de consultoria quanto de obras e serviços de engenharia, todos relativos à construção de instalações do Sistema Único de Saúde (SUS). Para tanto, o setor consultou o presidente da comissão de licitações, solicitando, entre outras, informações referentes às modalidades, tipos e regimes de licitação mais adequados para a consecução dos serviços a seguir.

I. Consultoria de empresa de engenharia para a elaboração de projeto de estruturas de concreto pretendido para o prédio administrativo, com valor estimado de R$ 200 mil e prazo de contrato previsto para 18 meses.

II. Construção de prédio administrativo, com orçamento estimado de R$ 2 milhões e prazo de 12 meses para a execução da obra.

III. Pintura de prédio administrativo, com orçamento estimado em R$ 20 mil e prazo de 1 mês para a conclusão do serviço. Com relação a essa situação hipotética, julgue o item que se segue, considerando a legislação aplicável a licitações de obras e serviços de engenharia.

O regime diferenciado de contratações públicas (RDC) não se aplica à situação hipotética descrita, relativa a obras e serviços de engenharia no âmbito do SUS.

A) Certo B) Errado

2220) (2017) Banca: CESPE – Órgão: TRF – 1ª REGIÃO – Prova: Analista Judiciário – Área Administrativa (+ provas)

Com relação a licitações e contratos administrativos, organização administrativa, controle da administração pública e processo administrativo, julgue o próximo item.

O procedimento licitatório para a construção de hospitais universitários integrantes do SUS poderá seguir as regras do regime diferenciado de contratação.

A) Certo B) Errado

2221) (2014) Banca: FCC – Órgão: MPE-PE – Prova: Promotor de Justiça

O Regime Diferenciado de Contratação é procedimento prévio à celebração de contratos pela Administração Pública e se aplica

A) às contratações realizadas mediante financiamento pelo Banco Interamericano de Desenvolvimento – BID, por força de tratado celebrado no âmbito da Organização dos Estados Americanos – OEA.

B) somente às contratações realizadas pela União Federal, para execução das ações integrantes do Programa de Aceleração do Crescimento – PAC.

C) a todas as contratações de bens e serviços considerados comuns, desde que o valor do contrato supere R$ 1 milhão.

D) às obras e serviços de engenharia no âmbito do Sistema Único de Saúde – SUS.

E) quando for dispensada a realização de procedimento licitatório, em face da urgência da contratação a ser realizada.

2222) (2016) Banca: FCC – Órgão: PGE-MT – Prova: Analista – Bacharel em Direito

O Regime Diferenciado de Contratações Públicas – RDC aplica-se

A) obrigatoriamente sempre que estiverem em pauta, por exemplo, obras e serviços de engenharia no âmbito do Sistema Único de Saúde – SUS, independentemente de previsão, ou não, da opção pelo RDC no instrumento convocatório do certame.

B) exclusivamente a hipóteses legalmente previstas, devendo ser adotado independentemente de previsão, ou não, da opção pelo RDC no instrumento convocatório do certame.

C) exclusivamente às obras de infraestrutura relacionadas aos grandes eventos esportivos sediados pela República Federativa do Brasil, a exemplo, recentemente, da Copa do Mundo Fifa e dos Jogos Olímpicos e Paraolímpicos.

D) exclusivamente a hipóteses legalmente previstas, desde que prevista a opção pelo RDC, de forma expressa, no instrumento convocatório do certame.

E) exclusivamente às obras de infraestrutura relacionadas aos grandes eventos esportivos sediados pela República Federativa do Brasil, às obras e serviços de engenharia no âmbito do Sistema Único de Saúde – SUS e às ações integrantes do Programa de Aceleração do Crescimento – PAC.

2223) (2014) Banca: FCC – Órgão: AL-PE – Prova: Analista Legislativo

É correto afirmar que a contratação integrada, disciplinada pela Lei 12.462/2011, denominada Regime Diferenciado de Contratações Públicas – RDC

A) aplica-se indistintamente a todas as contratações, de obras ou de serviços, voltadas aos eventos esportivos que proximamente serão realizados no Brasil – Copa do Mundo e Olimpíadas, desde que não compreendam a elaboração de projeto básico e executivo.

B) não se aparta das demais modalidades de empreitada de que cuida a Lei nº 8.666/1993, exceto por ser, a contratação integrada, voltada às obras dos eventos esportivos que proximamente serão realizados no Brasil – Copa do Mundo e Olimpíadas.

C) não se distingue da modalidade de empreitada integral de que cuida a Lei nº 8.666/1993, dado que ambas situam-se na categoria denominada *turn key*, exceto por ser, a contratação integrada, voltada às obras dos eventos esportivos que proximamente serão realizados no Brasil – Copa do Mundo e Olimpíadas.

D) é um regime de execução contratual em que há transferência do risco de elaboração dos projetos básico e executivo ao contratado, havendo, ainda, vedação à celebração de aditivos.

E) é um regime de execução contratual em que a Lei de regência veda a recomposição do equilíbrio econômico-financeiro do contrato, constituindo-se em exceção ao disposto no artigo 37, XXI, da Constituição Federal, mesmo nas hipóteses de caso fortuito ou força maior ou de determinação unilateral da Administração.

2224) (2017) Banca: FCC – Órgão: DPE-RS – Prova: Analista – Processual

Considere que o Estado intente licitar a contratação para construção de novos estabelecimentos penais, em função da grave crise de segurança pública instalada recentemente. Para tanto, pretende utilizar o Regime Diferenciado de Contratações Públicas – RDC, disciplinado pela Lei n° 12.462/2011 e suas alterações. Considerando as disposições legais aplicáveis, a intenção do Estado afigura-se

A) cabível, eis que se trata de um dos objetos previstos legalmente, podendo, inclusive, ser fixada remuneração variável para o contratado, vinculada ao prazo de entrega estabelecido contratualmente.
B) cabível apenas se caracterizada, em despacho fundamentado da autoridade competente, situação emergencial ou necessidade de atendimento inadiável a relevante interesse público.
C) cabível apenas se a obra em questão estiver inserida no Programa de Aceleração do Crescimento – PAC, podendo, neste caso, ser licitada sob a modalidade contratação integrada.
D) incabível, eis que o objeto em questão não se insere no rol taxativo fixado pela legislação, podendo o Estado, todavia, valer-se do cadastro integrado previsto na referida lei para fins de verificação dos requisitos de habilitação no âmbito da licitação regida pela Lei n° 8.666/1993.
E) incabível, salvo se as obras forem financiadas com recursos de bancos ou instituições de fomento públicas e estiverem correlacionadas a algum dos eventos descritos na legislação citada.

2225) (2013) Banca: FGV – Órgão: CONDER – Prova: Advogado

A Lei n. 12.462/11 instituiu o regime diferenciado de contratação pública, o chamado RDC. Tendo em vista o previsto na referida legislação, assinale a alternativa em que o referido regime não será aplicado.

A) Ações integrantes do programa de aceleração do crescimento.
B) Serviços de engenharia no âmbito do Sistema Único de Saúde.
C) Contratações relacionadas aos jogos paraolímpicos de 2016.
D) Contratações relacionadas a realização da Copa do Mundo de 2014.
E) Obras de infraestrutura em todos os aeroportos da Federação.

2226) (2014) Banca: IBFC – Órgão: TRE-AM – Prova: Analista Judiciário – Área Administrativa

Com relação à Lei Federal n° 12.462/2011, que institui o Regime Diferenciado de Contratação, assinale a alternativa CORRETA:

A) O procedimento de licitação, em razão da celeridade que a contratação, sob regime diferenciado, exige, observará, apenas, as seguintes fases: publicação do instrumento convocatório; apresentação de propostas ou lances e julgamento.
B) O Regime Diferenciado de Contratações Públicas é aplicável às licitações e contratos necessários à realização das ações integrantes do Programa de Aceleração do Crescimento (PAC).
C) O Regime Diferenciado de Contratações Públicas não é aplicável às licitações e contratos necessários à realização das obras e serviços de engenharia no âmbito do Sistema Único de Saúde – SUS.
D) O objeto da licitação deverá ser definido de forma clara e precisa no instrumento convocatório, apresentando especificações excessivas, ainda que possam parecer irrelevantes ou desnecessárias.

2227) (2016) Banca: IADES – Órgão: PC-DF – Prova: Perito Criminal – Ciências Contábeis

De acordo com a legislação vigente, as licitações e os contratos necessários à realização dos Jogos Olímpicos e Paraolímpicos de 2016 poderão ser feitos

A) por inexigibilidade de licitação.
B) exclusivamente na modalidade Concorrência.
C) na modalidade Pregão Eletrônico.
D) a critério da Autoridade Pública Olímpica, pelo Regime Diferenciado de Contratação.
E) com dispensa de licitação.

2228) (2016) Banca: VUNESP – Órgão: Prefeitura de Rosana – SP – Prova: Procurador do Município

O Regime Diferenciado de Contratações Públicas (RDC), instituído pela Lei Federal n° 12.462/11, poderia ser utilizado pela Prefeitura Municipal de Rosana para licitar

A) obras e serviços de engenharia necessários à construção de uma Unidade Básica de Saúde e de uma Unidade de Pronto Atendimento, no Município de Rosana e que integrarão o Sistema Único de Saúde – SUS.
B) obras de infraestrutura e de contratação de serviços para o Aeroporto Usina Porto Primavera, pois o Município de Rosana está localizado a menos de 350 quilômetros da cidade de São Paulo, que será sede de jogos de futebol nas Olimpíadas 2016.
C) obras de infraestrutura de pavimentação de vias e microdrenagem, de iluminação pública ou de melhoria da mobilidade urbana, integrantes ou não do Programa de Aceleração do Crescimento – PAC.
D) obras e serviços de engenharia para construção, ampliação e reforma de unidades de atendimento socioeducativo e de unidades de acolhimento institucional de crianças e adolescentes em situação de risco.
E) aquisição de uniformes e armamentos para a Guarda Municipal de Rosana, como ações de segurança pública, desde que, no entanto, os recursos utilizados sejam federais, repassados pela Secretaria Nacional de Segurança Pública – SENASP.

2229) (2017) Banca: COPESE – UFPI – Órgão: UFPI – Prova: Assistente em Administração

Sobre o Regime Diferenciado de Contratações (RDC – Lei n° 12.462/11) e seus objetivos, é INCORRETO afirmar:

A) Tem por objetivo ampliar a eficiência nas contratações públicas.
B) Favorecer o aumento da competitividade entre os licitantes.
C) Promover a troca de experiências e tecnologias em busca da melhor relação entre custos e benefícios para o licitante.
D) Incentivar a inovação tecnológica.
E) Assegurar tratamento isonômico entre os licitantes e a seleção da proposta mais vantajosa para a administração pública.

Conforme previsão constante na Lei n. 8666/93 no art. 3º, § 14, será conferido às Microempresas e Empresas de Pequeno Porte tratamento favorecido e diferenciado para fins de alcançar o desenvolvimento nacional sustentável. Nesse sentido, são conferidas à essas instituições uma série de prerrogativas no procedimento licitatório.

2230) (2017) Banca: Nosso Rumo – Órgão: CREA-SP – Prova: Analista Advogado

De acordo com os princípios assegurados na Lei de Licitações (Lei nº 8.666/93), é INCORRETO afirmar que

A) o princípio da vinculação ao instrumento convocatório vincula a Administração, bem como os administrados, às regras nele estipuladas.

B) o princípio da publicidade trata da divulgação de todos os atos praticados pela administração em todas as fases do procedimento.

C) nas licitações e contratos, à luz do princípio da isonomia, é vedado privilegiar o tratamento diferenciado e favorecido às microempresas e empresas de pequeno porte na forma da lei.

D) segundo o princípio do julgamento objetivo, o julgamento das propostas deve ser feito de acordo com os critérios fixados no instrumento convocatório.

E) a licitação se destina a garantir a observância do princípio constitucional da isonomia, a seleção da proposta mais vantajosa para a administração e a promoção do desenvolvimento nacional sustentável.

O ordenamento jurídico impõe a realização do procedimento licitatório prévio à celebração de contratos administrativos. Entretanto, excepcionalmente o direito brasileiro prevê situações em que a licitação não será realizada, ocorrendo a **contratação direta** mediante **dispensa ou inexigibilidade**. Nessas situações deverá ser aberto um processo no qual a Administração deverá motivar e fundamentar a dispensa e inexigibilidade.

2231) (2012) Banca: CESPE – Órgão: TJ-RR – Prova: Auxiliar Administrativo

Haverá licitação dispensada, também chamada de licitação dispensável, quando houver a possibilidade de licitação, porém o administrador público não julgar conveniente a sua realização.

A) Certo   B) Errado

2232) (2013) Banca: CESPE – Órgão: Telebras – Prova: Especialista em Gestão de Telecomunicações – Administrativo

Em caso de inexigibilidade de licitação, deve-se realizar necessariamente a contratação direta.

A) Certo   B) Errado

2233) (2015) Banca: CESPE – Órgão: STJ – Prova: Analista Judiciário

No que se refere aos contratos e licitações e à responsabilidade civil, julgue o item subsequente. As hipóteses de dispensa de licitação estão previstas em rol exemplificativo, cabendo ao agente público justificar a necessidade de contratação direta.

A) Certo   B) Errado

2234) (2002) Banca: ESAF – Órgão: MRE – Prova: Assistente de Chancelaria

A contratação de obra pública, no âmbito da Administração Federal Direta,

A) depende sempre de licitação.

B) depende sempre de concorrência.

C) não admite dispensa de licitação.

D) não admite inexigibilidade de licitação.

E) admite dispensa ou inexigibilidade de licitação.

2235) (2008) Banca: IBFC – Órgão: ABDI – Prova: Especialista – Administrativo e Financeiro

Na Lei Federal nº 8666/1993 são modalidades de contratação direta:

I. Dispensa de licitação;

II. Inexigibilidade de licitação;

III. Vedação.

A) Todas as afirmativas estão corretas.

B) Somente I e II são corretas.

C) Somente I e III são corretas.

D) Nenhuma das afirmativas está correta.

A dispensa de licitação refere-se às hipóteses em que os Contratos administrativos são **celebrados diretamente pela Administração Pública, sem a realização da licitação prévia.** Na dispensa, verifica-se a possibilidade de competição que justifique a realização da licitação, contudo, a legislação admite a dispensa. Portanto, a dispensa de licitação caracteriza-se pela circunstância em que, em tese, o procedimento poderia ser realizado, contudo, em razão da particularidade do caso, o legislador decidiu não tornar obrigatório. A Lei nº 8.666/93 estabeleceu, nos artigos 17 (dispensada) e 24 (dispensável), **de forma exaustiva**, as hipóteses de dispensa de licitação.

Nesse material não iremos detalhar cada uma das hipóteses de dispensa de licitação, por essa razão é imprescindível a leitura dos artigos acima. Contudo, cabe destacar algumas situações:

Art. 24, I e II: Não há necessidade de licitar em contratações que não ultrapassem 10% do valor máximo utilizado para a modalidade convite -> obras e serviços de engenharia de até R$ 33.000,00, compra de bens por até R$ 17.600,00;

Art. 24, III: Dispensa de licitação nos casos de guerra e grave perturbação da ordem;

Art. 24, IV: Dispensa de licitação nos casos de emergência e calamidade pública;

Art. 24, V: quando não acudirem interessados na licitação anterior e esta não puder ser repetida sem prejuízo para a Administração;

Art. 24, VII: quando as propostas consignarem preços manifestamente superiores aos praticados no mercado nacional (...) -> trata-se de licitação fracassada, na qual todas as propostas são desclassificadas;

Art. 24, XII: nas compras de hortifrutigranjeiros, pão e outros gêneros perecíveis (...) -> contratação de instituição que irá fornecer esses bens com frequência para a Administração;

As hipóteses de dispensa de licitação não se aplicam aos contratos de concessões e permissões de serviço público.

2236) (2008) Banca: CESPE – Órgão: HEMOBRÁS – Prova: Auxiliar Administrativo

A licitação é inexigível em caso de guerra ou grave perturbação da ordem.

A) Certo B) Errado

2237) (2008) Banca: CESPE – Órgão: MPE-RR – Prova: Promotor de Justiça

Em razão de situações excepcionais, a dispensa de licitação é possível nos casos de guerra ou de grave perturbação da ordem.

A) Certo B) Errado

2238) (2016) Banca: CESPE – Órgão: TCE-PA – Prova: Auditor de Controle Externo – Engenharia – Direito Administrativo Licitações e Lei 8.666 de 1993

Com base na Lei 8.666/1993, que estabelece normas gerais acerca de licitações e contratos administrativos pertinentes a obras, serviços, publicidade, compras, alienações e locações, julgue o item a seguir, acerca de obras e serviços. A licitação será dispensável se o valor para obras e serviços de engenharia corresponder a até 20% do valor limite da licitação na modalidade convite.

A) Certo B) Errado

2239) (2014) Banca: CESPE – Órgão: ICMBIO – Prova: Analista Administrativo – Administrativo Licitações e Lei 8.666 de 1993

Julgue o próximo item relativo à licitação pública, aos contratos e às compras do governo. Quando a União tiver que intervir no domínio econômico para regular preços ou normalizar o abastecimento ou quando houver guerra ou grave perturbação da ordem, a licitação será dispensável.

A) Certo B) Errado

2240) (2014) Banca: CESPE – Órgão: MDIC – Prova: Agente Administrativo. Administrativo Licitações e Lei 8.666 de 1993

No que concerne à licitação, ao controle da administração pública e ao regime jurídico-administrativo, julgue o item a seguir. Considere que o governo de determinado município onde houve desabamentos em decorrência de fortes chuvas tenha, em razão disso, decretado estado de calamidade pública. Nesse caso, haja vista a urgência da situação, poderá haver a dispensa de licitação para a realização de obras necessárias à contenção de novos desabamentos

A) Certo B) Errado

2241) (2015) Banca: CESPE – Órgão: FUB – Prova: Engenheiro civil. Direito Administrativo Licitações e Lei 8.666 de 1993

Em relação às disposições da Lei de Licitações e Contratos, julgue o item subsecutivo. As situações de emergência ou de calamidade pública justificam a inexigibilidade da licitação.

A) Certo B) Errado

2242) (2014) Banca: CESPE – Órgão: SUFRAMA – Prova: Nível Superior. Administrativo Licitações e Lei 8.666 de 1993

Com relação a organização administrativa e licitação, julgue o item a seguir. Caso, em razão de fortes chuvas em determinado município, uma represa se rompa e ocasione alagamento em alguns bairros, e, em razão desse fato, o governo local decrete estado de calamidade pública, poderá o município valer-se da inexigibilidade de licitação para realizar obras de reparo da represa e evitar novos alagamentos.

A) Certo B) Errado

2243) (2014) Banca: CESPE – Órgão: TJ-CE – Prova: Técnico Judiciário – Área Administrativa

Assinale a opção em que se apresenta a ordem que caracteriza, respectivamente, as hipóteses de contratação direta quando 1) há discricionariedade da administração para que se decida realizar a contratação direta; 2) há hipóteses exemplificativas de contratação direta; e 3) a contratação direta decorre da inviabilidade de competição.

A) licitação inexigível; inexigível; e dispensável
B) licitação dispensável; inexigível; dispensável
C) licitação inexigível; dispensável; e dispensável
D) licitação dispensável; dispensável; e inexigível
E) licitação dispensável; inexigível; e inexigível

2244) (2015) Banca: CESPE Órgão: TRE-MT Prova: Técnico Judiciário – Administrativo Com base no disposto na Lei n.º 8.666/1993, o TRE/MT poderá praticar a dispensa de licitação – Direito Administrativo

A) quando não houver interessados à licitação anterior e esta não puder ser repetida sem prejuízo para o tribunal, reajustando-se as condições anteriores.
B) nos casos em que houver inviabilidade de competição.
C) para contratação de profissional de qualquer setor artístico, diretamente ou mediante empresário exclusivo, desde que consagrado pela crítica especializada ou pela opinião pública.
D) para locação de imóvel destinado ao atendimento das finalidades precípuas do tribunal, cuja necessidade de instalação e localização condicionem a sua escolha, desde que o preço seja compatível com o valor de mercado.
E) para alienar bens públicos a outro órgão ou entidade da administração pública, de qualquer esfera de governo.

2245) (2013) Banca: CESPE – Órgão: TRT – 17ª Região (ES) Prova: Técnico Judiciário – Área Administrativa – Administrativo Licitações e Lei 8.666 de 1993

Com relação aos princípios e à inexigibilidade de licitação, julgue o próximo item. Caso determinada prefeitura pretenda adquirir, em caráter emergencial, hortifrutigranjeiros e gêneros perecíveis para atender a escolas e creches sob sua responsabilidade, ela poderá comprar esses itens sem a realização de licitação, pois essa hipótese constitui licitação inexigível.

A) Certo B) Errado

2246) (2016) Banca: CESPE – Órgão: FUNPRESP-EXE – Prova: Analista – Administrativo Licitações e Lei 8.666 de 1993

Com relação às hipóteses de dispensa e inexigibilidade de licitação previstas na Lei 8.666/1993, julgue o item a seguir. A licitação é dispensável para a aquisição ou restauração de obras de arte e de objetos históricos com autenticidade certificada, desde que compatíveis ou inerentes às finalidades do órgão ou da entidade.

A) Certo B) Errado

2247) (2014) Banca: CESPE – Órgão: MTE – Prova: Contador – Administrativo Licitações e Lei 8.666 de 1993

Acerca das licitações e do controle da administração pública, julgue o item subsequente. Caso o MTE pretenda celebrar contrato de prestação de serviços com organização social devidamente qualificada para atividade contemplada no contrato de gestão, a licitação será dispensável

A) Certo   B) Errado

2248) (2014) Banca: CESPE – Órgão: MTE – Prova: Agente Administrativo – Administrativo Licitações e Lei 8.666 de 1993

Considere que um município tenha interesse em celebrar contrato de programa com outro ente da Federação, ou com entidade de sua administração indireta, para a prestação de serviços públicos de forma associada nos termos do autorizado em contrato de consórcio público. Nessa situação, a licitação será dispensável.

A) Certo   B) Errado

2249) (2004) Banca: CESPE – Órgão: AGU – Prova: Advogado da União

É dispensável a licitação sempre que a União tiver de intervir no domínio econômico.

A) Certo   B) Errado

2250) (2016) Banca: CESPE – Órgão: ANVISA – Prova: Técnico Administrativo

O teto de um imóvel pertencente à União desabou em decorrência de fortes chuvas, as quais levaram o poder público a decretar estado de calamidade na região. Maria, servidora pública responsável por conduzir o processo licitatório para a contratação dos serviços de reparo pertinentes, diante da situação de calamidade pública, decidiu contratar mediante dispensa de licitação. Findo o processo de licitação, foi escolhida a Empresa Y, que apresentou preços superiores ao preço de mercado, mas, reservadamente, prometeu, caso fosse contratada pela União, realizar, com generoso desconto, uma grande reforma no banheiro da residência de Maria. Ao final, em razão da urgência, foi firmado contrato verbal entre a União e a Empresa Y e executados tanto os reparos contratados quanto a reforma prometida.

Com referência a essa situação hipotética, julgue o item que se segue.

Maria equivocou-se ao enquadrar a situação como típica de dispensa de licitação, tendo em vista que, nos casos de calamidade, é possível a contratação por inexigibilidade.

A) Certo   B) Errado

2251) (2016) Banca: CESPE – Órgão: TCE-PR – Prova: Analista de Controle – Contábil

À luz da norma de regência, a licitação é dispensável

A) para a celebração com as organizações sociais, qualificadas no âmbito das respectivas esferas de governo, de contratos de prestação de serviços para atividades contempladas no contrato de gestão.
B) para aquisição de materiais, equipamentos ou gêneros que só possam ser fornecidos por produtor, empresa ou representante comercial exclusivo, vedada a preferência de marca.
C) para a contratação de profissional de qualquer setor artístico, diretamente ou por meio de empresário exclusivo, se tal artista for consagrado pela crítica especializada ou pela opinião pública.
D) para a celebração de qualquer tipo de contrato se, mesmo sendo possível a realização da licitação, não tenham surgido interessados em licitação realizada para tal fim e a repetição da licitação cause prejuízo.
E) para as compras, pelas Forças Armadas, de material de uso pessoal e administrativo, se houver necessidade de manter a padronização requerida pela estrutura de apoio logístico dos meios navais, aéreos e terrestres.

2252) (2014) Banca: CESPE – Órgão: Câmara dos Deputados – Prova: Analista Legislativo – Consultor de Orçamento e Fiscalização Financeira

Julgue o item que segue, referente a licitações, contratos, concessões e permissões.

As concessões de serviços públicos precedidas de obras públicas terão de ser objeto de prévia licitação, mas as que não forem precedidas das referidas obras se enquadrarão nas modalidades de dispensa de licitação.

A) Certo   B) Errado

2253) (2013) Banca: CESPE – Órgão: TJ-BA – Prova: Titular de Serviços de Notas e de Registros – Remoção

É dispensável a licitação na hipótese de

A) venda de bens móveis produzidos ou comercializados por órgãos ou entidades da administração pública, em virtude de suas finalidades.
B) emergência ou de calamidade pública, desde que caracterizada urgência de atendimento de situação que possa ocasionar prejuízo ou comprometer a segurança de pessoas, obras, serviços, equipamentos e outros bens, públicos ou particulares.
C) contratação de serviços de natureza singular prestados por profissionais ou empresas de notória especialização.
D) contratação direta de profissional de qualquer setor artístico, desde que consagrado pela crítica especializada ou pela opinião pública.
E) dação em pagamento para a disposição de bens imóveis pela administração, desde que prevista ou autorizada em lei.

2254) (2013) Banca: FCC – Órgão: TRT – 9ª REGIÃO (PR) – Prova: Técnico Judiciário – Área Administrativa

De acordo com a Lei 8.666/93, é dispensável a licitação

A) para contratação de serviços comuns, de natureza contínua.
B) nos casos de guerra ou grave perturbação da ordem.
C) para aquisição de bens para necessidade contínua, pelo sistema de registro de preços.
D) para alienação de imóvel, desde que desafetado do serviço público.
E) para compra de produto de marca preferencial da Administração.

2255) (2014) Banca: FCC – Órgão: DPE-CE Prova: Defensor Público de Entrância Inicial

NÃO é hipótese de contratação direta por dispensa de licitação contemplada na Lei Federal 8.666/93 a

A) contratação de instituição ou organização, pública ou privada, com ou sem fins lucrativos, para a prestação de serviços de assistência técnica e extensão rural no âmbito do Programa Nacional de Assistência Técnica e Extensão Rural na Agricultura Familiar e na Reforma Agrária, instituído por lei federal.

B) alienação gratuita ou onerosa, aforamento, concessão de direito real de uso, locação ou permissão de uso de bens imóveis residenciais construídos, destinados ou efetivamente utilizados no âmbito de programas habitacionais ou de regularização fundiária de interesse social desenvolvidos por órgãos ou entidades da administração pública.

C) celebração de termo de parceria com organização da sociedade civil de interesse público, para execução de atividades destinadas à promoção da segurança alimentar e nutricional.

D) contratação da coleta, processamento e comercialização de resíduos sólidos urbanos recicláveis ou reutilizáveis, em áreas com sistema de coleta seletiva de lixo, efetuados por associações ou cooperativas formadas exclusivamente por pessoas físicas de baixa renda reconhecidas pelo poder público como catadores de materiais recicláveis, com o uso de equipamentos compatíveis com as normas técnicas, ambientais e de saúde pública.

E) contratação de entidades privadas sem fins lucrativos, para a implementação de cisternas ou outras tecnologias sociais de acesso à água para consumo humano e produção de alimentos, para beneficiar as famílias rurais de baixa renda atingidas pela seca ou falta regular de água.

2256) (2013) Banca: FCC – Órgão: TRT – 9ª REGIÃO (PR) – Prova: Técnico Judiciário – Enfermagem (+ provas)

De acordo com a Lei no 8.666/93, é dispensável a licitação

A) para aquisição de bens para necessidade contínua, pelo sistema de registro de preços.
B) para alienação de imóvel, desde que desafetado do serviço público.
C) para compra de produto de marca preferencial da Administração.
D) para contratação de serviços comuns, de natureza contínua.
E) nos casos de guerra ou grave perturbação da ordem.

2257) (2013) Banca: FCC – Órgão: MPE-MA – Prova: Analista Ministerial – Direito

Nos termos da Lei no 8.666/93, para a compra ou locação de imóvel destinado ao atendimento das finalidades precípuas da Administração Pública, cujas necessidades de instalação e localização condicionem a sua escolha, desde que o preço seja compatível com o valor de mercado, segundo avaliação prévia, é

A) inexigível a licitação.
B) obrigatória a licitação na modalidade leilão.
C) dispensável a licitação.
D) obrigatória a licitação na modalidade convite.
E) obrigatória a licitação na modalidade pregão.

2258) (2010) Banca: FCC – Órgão: AL-SP – Prova: Procurador

A dispensa de licitação

A) incide nas hipóteses em que houver impossibilidade de competição.
B) caracteriza-se pela circunstância de que, em tese, poderia ser realizado o procedimento, mas que, dadas as peculiaridades do caso, o legislador decidiu não torná-lo obrigatório.
C) pode ocorrer fora das hipóteses previstas na lei, desde que a autoridade competente fundamente a sua decisão.
D) é possível, dentre outras hipóteses, para a aquisição de materiais, equipamentos ou gêneros que só possam ser fornecidos por produtor, empresa ou representante comercial exclusivo.
E) para a contratação de artista exige que ele seja consagrado pela crítica especializada ou pela opinião pública.

2259) (2010) Banca: FCC – Órgão: SEFAZ-SP – Prova: Analista em Planejamento, Orçamento e Finanças Públicas

De acordo com a Lei Federal nº 8.666/93, a Administração está autorizada a dispensar o prévio procedimento licitatório nos casos de

A) guerra ou grave perturbação da ordem.
B) contratação de serviços de publicidade e propaganda.
C) aquisição de bens produzidos por um único fabricante, facultada a escolha de marca de preferência da Administração.
D) compras ou serviços com valor máximo de R$ 15.000,00 (quinze mil reais).
E) alienação de bens móveis, de qualquer valor, e imóveis de até R$ 80.000,00 (oitenta mil reais).

2260) (2013) Banca: FCC – Órgão: TRE-RO – Prova: Técnico Judiciário – Área Administrativa

Nos termos da Lei 8.666/1993, para a contratação de instituição ou organização, pública ou privada, com ou sem fins lucrativos, para a prestação de serviços de assistência técnica e extensão rural no âmbito do Programa Nacional de Assistência Técnica e Extensão Rural na Agricultura Familiar e na Reforma Agrária, instituído por lei federal, é

A) inexigível a licitação
B) obrigatória a licitação na modalidade concorrência.
C) obrigatória a licitação na modalidade convite.
D) dispensável a licitação.
E) obrigatória a licitação na modalidade concurso.

2261) (2010) Banca: FCC – Órgão: TRT – 22ª Região (PI) – Prova: Analista Judiciário – Área Administrativa

É dispensável a licitação

A) para a aquisição de materiais, equipamentos, ou gêneros que só possam ser fornecidos por produtor, empresa ou representante comercial exclusivo.
B) para a contratação de serviços técnicos de restauração de obras de arte e bens de valor histórico, de natureza singular, com profissionais ou empresas de notória especialização.
C) na contratação de instituição brasileira incumbida regimental ou estatutariamente da pesquisa, do ensino ou do desenvolvimento institucional, ou de instituição dedicada à recuperação social do preso, desde que a contratada detenha inquestionável reputação éticoprofissional, e não tenha fins lucrativos.
D) para a contratação de profissional de qualquer setor artístico, diretamente ou através de empresário exclusivo, desde que consagrado pela crítica especializada ou pela opinião pública.

E) para a aquisição, por pessoa jurídica de direito público interno, de bens produzidos ou serviços prestados por órgão ou entidade que integre a Administração Pública e que tenha sido criado para esse fim específico em data anterior à vigência desta Lei nº 8.666/93, ainda que o preço contratado não seja compatível com o praticado no mercado.

2262) (2017) Banca: FCC – Órgão: TRT – 24ª REGIÃO (MS) – Prova: Analista Judiciário – Área Administrativa

A União Federal pretende contratar instituição brasileira que exerce atividade de recuperação social do preso. Cumpre salientar que a instituição não tem fins lucrativos, sendo seu objetivo de caráter exclusivamente social. Além disso, é detentora de indubitável reputação ético-profissional. Nesse caso, conforme preceitua a Lei nº 8.666/1993, a licitação é

A) dispensável.
B) obrigatória na modalidade convite.
C) obrigatória na modalidade concurso.
D) inexigível.
E) obrigatória na modalidade tomada de preços.

2263) (2007) Banca: FCC – Órgão: MPU – Prova: Analista – Processual

A licitação será dispensável, dentre outras hipóteses, no caso de

A) aquisição de componentes necessários à manutenção de programas de informática, desde que fora do período de garantia técnica, vedada a compra junto ao fornecedor original.
B) compra de materiais de uso pessoal e administrativo para as Forças Armadas.
C) impossibilidade jurídica de competição entre os contratantes, quer pela natureza específica do negócio, quer pelos objetivos sociais visados pela administração.
D) contratação de instituição transnacional de pesquisa ou ensino, com ou sem fins lucrativos, salvo para a restauração de obras de arte e objetos históricos.
E) aquisição de energia elétrica fornecida por concessionário, permissionário ou autorizado, de acordo com a legislação específica.

2264) (2006) Banca: FCC – Órgão: TRT – 4ª REGIÃO Prova(RS) – Prova: Técnico Judiciário – Área Administrativa

Em conformidade com a Lei no 8.666/93, a licitação será dispensável quando

A) o órgão responsável pelo certame, de forma vinculada, decide adjudicar o objeto licitado a qualquer interessado, independente de previsão legal específica.
B) a União tiver que intervir no domínio econômico para regular preços ou normalizar o abastecimento, na hipótese de inviabilidade jurídica de competição.
C) não for possível a competição, desde que observada uma das hipóteses exemplificativamente estabelecidas em lei.
D) a Administração Pública objetivar a contratação de profissional de qualquer setor artístico, diretamente, ou por meio de empresário exclusivo, desde que consagrado pela crítica especializada ou pela opinião pública.

E) a Administração Pública verificar a viabilidade de competição, mas, discricionariamente, opta por não realizá-la em virtude, dentre outros casos, de grave perturbação da ordem.

2265) (2016) Banca: FCC – Órgão: TRT – 20ª REGIÃO (SE) – Prova: Técnico Judiciário – Tecnologia da Informação (+ provas)

O Estado de Sergipe está realizando licitação para a compra de hortifrutigranjeiros e pães em grande quantidade. No tempo necessário para a realização do procedimento licitatório correspondente, o Estado decidiu comprar tais produtos, com base no preço do dia. Nesse caso e nos termos da Lei no 8.666/1993, a licitação é

A) inexigível.
B) dispensável.
C) obrigatória na modalidade convite.
D) obrigatória na modalidade pregão
E) obrigatória na modalidade tomada de preços.

2266) (2006) Banca: FCC – Órgão: BACEN – Prova: Procurador

Configura hipótese de dispensa de licitação

A) o fato de não acudirem interessados à licitação, caso em que, havendo interesse público, podem ser alteradas as condições do edital que tenham se mostrado impróprias, procedendo-se à contratação direta.
B) a contratação de associação ou empresa de portadores de deficiência física, de comprovada idoneidade, por órgãos ou entidades da Administração Pública, para a prestação de serviços ou fornecimento de mão-de-obra, desde que o preço contratado seja compatível com o praticado no mercado.
C) a aquisição, por pessoa jurídica de direito público interno, de bens produzidos ou serviços prestados por órgão ou entidade que integre a Administração Pública, que venha a ser criado para esse fim específico.
D) a contratação de remanescente de obra, serviço ou fornecimento, em consequência de rescisão contratual, caso em que pode a Administração escolher livremente o novo contratado, desde que aceitas as mesmas condições do contrato rescindido.
E) a necessidade de a União intervir no domínio econômico para regular preços ou normalizar o abastecimento.

2267) (2007) Banca: FCC – Órgão: MPU – Prova: Analista – Orçamento

Segundo a Lei nº 8.666/1993, é DISPENSÁVEL a licitação

A) para obras e serviços de engenharia de valor até R$ 50.000,00, desde que não se refiram a parcelas de uma mesma obra ou serviço.
B) para outros serviços e compras de valor até R$ 250.000,00, desde que não se refiram a parcelas de uma mesma obra ou serviço.
C) para compra ou locação de imóvel para atendimento das finalidades precípuas da Administração, cujas necessidades de localização condicionem a escolha, mesmo que o preço não seja compatível com o valor de mercado.
D) na contratação realizada por agência de fomento para a transferência de tecnologia e para o licenciamento de direito de uso ou de exploração de criação protegida.
E) para as compras de materiais de uso pessoal e administrativo pelas Forças Armadas.

2268) (2007) Banca: FCC – Órgão: Prefeitura de São Paulo – SP – Prova: Auditor Fiscal do Município

É dispensável a licitação, nos termos da Lei nº 8.666/93,

A) quando não acudirem interessados à licitação, a critério da Administração.
B) para a aquisição, por pessoa jurídica de direito público interno, de bens produzidos ou serviços prestados por órgão ou entidade que integre a Administração Pública e que tenha sido criado para esse fim específico ante a decisão de contratação.
C) na contratação de instituição brasileira incumbida regimental ou estatutariamente da pesquisa, do ensino ou do desenvolvimento institucional, ou de instituição dedicada à recuperação social do preso, desde que a contratada detenha inquestionável reputação ético-profissional e não tenha fins lucrativos.
D) na contratação de remanescente de obra, serviço ou fornecimento, em consequência de rescisão contratual, desde que atendida a ordem de classificação da licitação anterior e respeitado o valor oferecido pelo licitante a ser contratado.
E) na contratação de associação de portadores de deficiência física, com ou sem fins lucrativos e de comprovada idoneidade, por órgãos ou entidades da Administração Pública, para a prestação de serviços ou fornecimento de mão-de-obra, desde que o preço contratado seja compatível com o praticado no mercado.

2269) (2008) Banca: FCC – Órgão: TRT – 18ª Região (GO) – Prova: Analista Judiciário – Área Administrativa

Sobre dispensa e inexigibilidade de licitação, considere as hipóteses abaixo, previstas na Lei de Licitações:

I. Casos de guerra ou grave perturbação da ordem.
II. Quando não acudirem interessados à licitação anterior e esta, justificadamente, não puder ser repetida sem prejuízo para a Administração, mantidas, neste caso, todas as condições preestabelecidas.
III. Contratação de profissional de qualquer setor artístico, diretamente ou através de empresário exclusivo, desde que consagrado pela crítica especializada ou pela opinião pública.

Estas hipóteses correspondem, respectivamente, a casos de

A) inexigibilidade, dispensa e dispensa.
B) dispensa, inexigibilidade e dispensa.
C) dispensa, dispensa e dispensa.
D) inexigibilidade, inexigibilidade e dispensa.
E) dispensa, dispensa e inexigibilidade.

2270) (2011) Banca: FCC – Órgão: TCE-PR – Prova: Analista de Controle

As hipóteses de dispensa de licitação não se aplicam aos contratos de concessões e permissões de serviço público.

A) Certo B) Errado

2271) (2016) Banca: FCC – Órgão: SEGEP-MA – Prova: Técnico da Receita Estadual – Tecnologia da Informação – Conhecimentos Gerais

Segundo previsão da Lei nº 8.666 de 1993, são hipóteses de dispensa de licitação, EXCETO:

A) A contratação de obras e serviços de engenharia de valor até quinze mil reais.
B) Aquisição de materiais, equipamentos, ou gêneros que só possam ser fornecidos por produtor, empresa ou representante comercial exclusivo, vedada a preferência de marca, devendo a comprovação de exclusividade ser feita através de atestado fornecido pelo órgão de registro do comércio do local em que se realizaria a licitação ou a obra ou o serviço, pelo Sindicato, Federação ou Confederação Patronal, ou, ainda, pelas entidades equivalentes.
C) Nos casos de emergência ou de calamidade pública, quando caracterizada urgência de atendimento de situação que possa ocasionar prejuízo ou comprometer a segurança de pessoas.
D) A compra ou locação de imóvel destinado ao atendimento das finalidades precípuas da administração, cujas necessidades de instalação e localização condicionem a sua escolha, desde que o preço seja compatível com o valor de mercado, segundo avaliação prévia.
E) As compras de valor até oito mil reais.

2272) (2011) Banca: FGV – Órgão: TRE-PA – Prova: Analista Judiciário

A licitação é dispensável nos seguintes casos:

I. em casos de guerra ou grave perturbação da ordem;
II. quando não acudirem interessados à licitação anterior e esta, justificadamente, não puder ser repetida sem prejuízo para a Administração;
III. para aquisição de materiais que só possam ser fornecidos por produtor exclusivo, devendo a comprovação de exclusividade ser feita por meio de atestado;
IV. quando a União tiver que intervir no domínio econômico para regular preços ou normalizar o abastecimento.

Analisando-se os itens acima, estão corretos somente

A) II e III.
B) I, II e IV.
C) II, III e IV.
D) I e IV.
E) I, III e IV.

2273) (2014) Banca: VUNESP – Órgão: EMPLASA – Prova: Analista Administrativo

Nos casos de guerra ou grave perturbação da ordem, o processo licitatório

A) deve acontecer, seguindo regras específicas.
B) torna-se inexigível.
C) torna-se dispensável.
D) é suspenso e retomado quando se voltar à normalidade.
E) deve ser retardado.

2274) (2013) Banca: VUNESP – Órgão: TJ-SP – Prova: Contador

É dispensável a licitação

A) para contratação de qualquer profissional desde que consagrado pela crítica especializada ou pela opinião pública.
B) para a contratação de serviços técnicos de natureza singular, com profissionais ou empresas de notória especialização.
C) para contratação de profissional de qualquer setor artístico, diretamente ou por meio de empresário exclusivo.

D) quando houver inviabilidade de competição.
E) nos casos de guerra ou grave perturbação da ordem.

2275) (2015) Banca: Prefeitura do Rio de Janeiro – RJ – Órgão: CGM – RJ – Prova: Auxiliar de Controladoria

Resolvi errado

De acordo com o expressamente disposto na Lei de Licitações (Lei nº 8.666/93), nos casos de guerra ou grave perturbação da ordem, a licitação é:

A) dispensável
B) inexigível
C) anulável
D) revogável

2276) (2006) Banca: UFBA – Órgão: UFBA – Prova: Assistente Administrativo

Nos casos de guerra ou de grave perturbação da ordem e nos casos de emergência ou de calamidade pública, é dispensável a licitação.

A) Certo   B) Errado

2277) (2013) Banca: ESPP – Órgão: COBRA Tecnologia S/A (BB) – Prova: Técnico Administrativo

Assinale a alternativa correta:

I. É dispensável a licitação nos casos de guerra ou grave perturbação da ordem.
II. É indispensável a licitação quando a União tiver que intervir no domínio econômico para regular preços ou normalizar o abastecimento.

A) Somente a I está correta.
B) Somente a II está correta.
C) Nenhuma está correta.
D) Todas estão corretas.

2278) (2012) Banca: FUMARC – Órgão: TJ-MG – Prova: Técnico Judiciário – Administrador de Banco de Dados (+ provas)

Poderá ser dispensada a licitação:

A) para obras e serviços de engenharia de valor equivalente a R$35.000,00, no máximo
B) para outros serviços e compras de valor equivalente a R$20.000,00, no máximo
C) nos casos de guerra ou grave perturbação da ordem
D) no caso de o Administrador Público identificar a importância da contração mais célere

2279) (2014) Banca: FUMARC – Órgão: Câmara Municipal de Mariana – MG – Prova: Advogado

É dispensável a licitação:

A) para a contratação de profissional de qualquer setor artístico, diretamente ou através de empresário exclusivo, desde que consagrado pela crítica especializada ou pela opinião pública.
B) para a contratação de serviços técnicos enumerados no art. 13 da Lei, de natureza singular, com profissionais ou empresas de notória especialização, vedada a inexigibilidade para serviços de publicidade e divulgação.
C) para aquisição de materiais, equipamentos, ou gêneros que só possam ser fornecidos por produtor, empresa ou representante comercial exclusivo, vedada a preferência de marca, devendo a comprovação de exclusividade ser feita através de atestado fornecido pelo órgão de registro do comércio do local em que se realizaria a licitação ou a obra ou o serviço, pelo Sindicato, Federação ou Confederação Patronal, ou, ainda, pelas entidades equivalentes.
D) quando não acudirem interessados à licitação anterior e esta, justificadamente, não puder ser repetida sem prejuízo para a Administração, mantidas, neste caso, todas as condições pré-estabelecidas.

2280) (2016) Banca: FUMARC – Órgão: CEMIG-TELECOM-Prova: Analista de Vendas JR

A assertiva que contém uma hipótese de dispensa de licitação é:

A) Quando houver inviabilidade de competição.
B) Inviabilidade de competição para contratação de profissional de qualquer setor artístico, diretamente ou através de empresário exclusivo, desde que consagrado pela crítica especializada ou pela opinião pública.
C) Contratação de instituição brasileira incumbida regimental ou estatutariamente da pesquisa, do ensino ou do desenvolvimento institucional, ou de instituição dedicada à recuperação social do preso, desde que a contratada detenha inquestionável reputação ético-profissional e não tenha fins lucrativos.
D) Alienação de bens imóveis.

2281) (2017) Banca: UFMT – Órgão: UFSBA – Prova: Administrador (+ provas)

De acordo com a Lei nº 8.666/1993, a compra ou locação de imóvel destinado ao atendimento das finalidades precípuas da Administração, cujas necessidades de instalação e localização condicionem a sua escolha, desde que o preço seja compatível com o valor de mercado, segundo avaliação prévia, é uma das hipóteses de

A) dispensa de licitação.
B) inexigibilidade de licitação.
C) vedação de licitação.
D) obrigatoriedade de licitação.

2282) (2017) Banca: COMPERVE – Órgão: MPE-RN – Prova: Técnico do Ministério Público Estadual – Área Administrativa

Nos termos do art. 37, XXI da Constituição Federal, a realização do procedimento licitatório é a regra para a contratação pela Administração Pública ressalvando, entretanto, a possibilidade de a legislação especificar casos em que a licitação não será realizada. A lei 8.666/93 prevê hipóteses em que haverá dispensa ou inexigibilidade da licitação. Com base nas hipóteses legalmente previstas,

A) a inviabilidade de competição é a principal característica dos casos de dispensa de licitação, enquanto as hipóteses de inexigibilidade tratam de situações em que a concorrência é possível.
B) é vedada a dispensa de licitação de obra ou serviço de engenharia, seja qual for o valor da contratação, dada a incompatibilidade da dispensa com a modalidade de licitação.
C) a licitação é inexigível quando a União tiver que intervir no domínio econômico para regular preços ou normalizar

o abastecimento, de modo a viabilizar o atendimento da supremacia do interesse público.

D) é dispensável a licitação para a aquisição ou restauração de obras de arte e objetos históricos, de autenticidade certificada, desde que compatíveis ou inerentes às finalidades do órgão ou entidade.

2283) (2014) Banca: CAIP-IMES – Órgão: Câmara Municipal de São Caetano do Sul – SP – Prova: Procurador

É dispensável a licitação:

A) na contratação de instituição privada, com fins lucrativos, para a prestação de serviços de assistência técnica e extensão rural no âmbito do Programa Nacional de Assistência Técnica e Extensão Rural na Agricultura Familiar e na Reforma Agrária, instituído por lei federal.
B) na aquisição de materiais que só possam ser fornecidos por representante comercial exclusivo, devendo a comprovação de exclusividade ser feita através de atestado fornecido pelo órgão de registro do comércio do local em que se realizaria a obra pelo Sindicato.
C) nas compras de material de uso pelas Guardas Municipais, quando houver necessidade de manter a padronização requerida pelo apoio logístico, mediante parecer de comissão específica.
D) na contratação de serviços técnicos de natureza singular, com profissionais ou empresas de notória especialização, vedada a inexigibilidade para serviços de publicidade e divulgação.

2284) (2017) Banca: IDECAN – Órgão: MS – Prova: Contador

No processo de compras de hortifrutigranjeiros, pão e outros gêneros perecíveis, a licitação será:

A) Convite.
B) Suspensa.
C) Dispensada.
D) Por concorrência.
E) Por tomada de preços.

2285) (2015) Banca: CETRO – Órgão: MDS – Prova: Atividades Técnicas de Complexidade Intelectual – Nível IV

De acordo com a Lei nº 8.666/1993, é dispensável a licitação quando

A) o bem a ser comprado não for fabricado no Brasil
B) nos casos de guerra ou grave perturbação da ordem.
C) para a compra ou locação de imóvel, para qualquer tipo de finalidade de uso da administração.
D) a autoridade superior do órgão decidir por conveniência e oportunidade, e quando o bem a ser comprado estiver com o preço consideravelmente menor do que o praticado no mercado.
E) para aquisições de materiais de consumo e não ultrapassar o valor de R$20.000,00.

2286) (2010) Banca: IADES – Órgão: CFAProva: Assistente Administrativo

Dentre as alternativas a seguir, qual não apresenta hipótese para a dispensa de licitação, de acordo com o art. 24 da Lei N° 8.666/93?

A) Quando a União tiver que intervir no domínio econômico para regular preços ou normalizar o abastecimento.
B) Nos casos de guerra ou grave perturbação da ordem.
C) Para a compra ou locação de imóvel destinado ao atendimento das finalidades precípuas da administração.
D) Para a contratação de serviços com as organizações sociais e empresas do segmento de informática, qualificadas no âmbito das respectivas esferas de governo, para atividades contempladas no contrato de gestão.

2287) (2017) Banca: INSTITUTO AOCP – Órgão: EBSERH – Prova: Assistente Administrativo (HUJB – UFCG)

Assinale a alternativa que apresenta uma situação em que a licitação é dispensável para compras na administração pública.

A) Quando acudirem interessados à licitação anterior e esta, justificadamente, não puder ser repetida sem prejuízo para a Administração, mantidas, nesse caso, todas as condições preestabelecidas
B) Para a aquisição ou restauração de obras de arte e objetos históricos, de autenticidade certificada, desde que compatíveis ou inerentes às finalidades do órgão ou entidade.
C) Quando houver possibilidade de comprometimento da segurança nacional, nos casos estabelecidos em lei especial aprovada no Congresso Nacional por maioria absoluta dos membros de cada casa.
D) Para a celebração de contratos de prestação de serviços com organizações sociais, qualificadas no âmbito das respectivas esferas de governo, para atividades não contempladas no contrato de gestão.
E) Na contratação de fornecimento ou suprimento de energia elétrica e gás natural com concessionário, permissionário ou autorizado, segundo as normas estabelecidas no agente.

2288) (2017) Banca: FCM – Órgão: IF-RJ – Prova: Enfermeiro (+ provas)

Em virtude de uma grave enchente, ocorrida em um município do interior do estado do Rio de Janeiro, uma histórica ponte, essencial para o tráfego no centro da cidade, está sob o risco de ruir. Após um estudo técnico, verificou-se a necessidade da execução de uma obra reparadora com valor em cinquenta mil reais e duração de sessenta dias. Considerando a comprovação inequívoca da situação de emergência, no presente caso, e que os serviços contratados serão destinados exclusivamente à solução dos problemas causados pela circunstância emergencial, a forma de contratação mais apropriada pela administração pública é a

A) dispensa de licitação.
B) inexigibilidade de licitação.
C) licitação pela modalidade pregão.
D) licitação pela modalidade concorrência.
E) licitação pela modalidade tomada de preços.

2289) (2016) Banca: FCM – Órgão: IFF – Prova: Administrador

Na compra ou locação de imóvel, com suporte no art. 24, inciso V, da Lei no 8.666/1993,

A) a Concorrência é a modalidade de licitação adequada para compra ou locação de imóvel desde que, na fase de habilitação preliminar, os interessados comprovem possuir os requisitos mínimos de qualificação exigidos no edital.

B) a Concorrência é a modalidade de licitação adequada para a compra ou locação de imóvel, desde que os interessados do ramo, na fase de habilitação preliminar, comprovem possuir os requisitos mínimos de qualificação exigidos no edital.

C) Convite é a modalidade de licitação mais simples, adequada para compra ou locação de imóvel, realizada entre interessados do ramo de que trata o objeto da licitação, escolhidos e convidados em número mínimo de três pela Administração.

D) é dispensável a licitação para a compra ou locação de imóvel, destinado ao atendimento das finalidades precípuas da Administração, cujas necessidades de instalação e localização condicionem a escolha, desde que o preço seja compatível com o valor de mercado, segundo avaliação prévia.

E) Tomada de Preços é a modalidade de licitação adequada para compra ou locação de imóvel, desde que os interessados possuam as condições exigidas para cadastramento até o terceiro dia anterior à data do recebimento das propostas, que comprovem possuir os requisitos mínimos de qualificação, exigidos no edital.

2290) (2016) Banca: FCM – Órgão: IF Farroupilha – RS – Prova: Docente – Administração/Gestão de Pessoas (+ provas)

Uma instituição pública verificou a necessidade de aquisição de equipamentos cuja soma equivale, aproximadamente, a cinco mil reais no intuito de aprimorar as atividades dos servidores de um determinado setor. Considerando que existem várias empresas no mercado capazes de ofertar esses equipamentos, e que os mesmos serão adquiridos em uma única parcela até o término do presente exercício, a forma mais célere para essa aquisição, dentro dos parâmetros da legalidade, é o(a)

A) concurso.
B) concorrência.
C) tomada de preços.
D) dispensa de licitação.
E) inexigibilidade de licitação.

2291) (2016) Banca: FCM – Órgão: IF Farroupilha – RS – Prova: Assistente em Administração

De acordo com a Lei 8.666/93, é dispensável a licitação para:

I. casos de guerra ou grave perturbação da ordem.
II. contratação de profissional de qualquer setor artístico.
III. contratação de fornecimento de energia elétrica com concessionário.
IV. Intervenção da União, no domínio econômico, para normalizar o abastecimento.
V. aquisição de material que só possa ser fornecido por produtor comercial exclusivo.

Estão corretas apenas as afirmativas

A) II, III e IV
B) I, IV e V.
C) I, II e V
D) II, III e V
E) I, III e IV.

2292) (2017) Banca: Quadrix – Órgão: SEDF – Prova: Professor – Direito

Acerca do Direito Administrativo, julgue o item a seguir.

Segundo a lei de licitações, para contratação de profissional de qualquer setor artístico, diretamente ou por intermédio de empresário exclusivo, desde que consagrado pela crítica especializada ou pela opinião pública, é dispensável a licitação.

A) Certo   B) Errado

2293) (2013) Banca: IF-PB – Órgão: IF-PB – Prova: Auditor

Sobre a dispensa e inexigibilidade de licitação, considere as hipóteses abaixo, previstas na Lei nº 8.666/1993:

I. Quando a União tiver que intervir no domínio econômico para regular preços ou normatizar o abastecimento.
II. Contratação de profissional de qualquer setor artístico, diretamente ou através de empresário exclusivo, desde que consagrado pela crítica especializada ou pela opinião pública.
III. Nos casos de guerra ou grave perturbação da ordem.

Essas hipóteses correspondem, respectivamente, aos casos de:

A) Inexigibilidade, inexigibilidade e dispensa.
B) Dispensa, inexigibilidade e dispensa.
C) Dispensa, dispensa e dispensa.
D) Inexigibilidade, dispensa e dispensa.
E) Dispensa, dispensa e inexigibilidade.

2294) (2016) Banca: IBFC – Órgão: EBSERH – Prova: Advogado (HUPEST-UFSC)

A Lei nº 8.666, de 21 de junho de 1993, que institui normas para licitações e contratos da Administração Pública, apresenta, expressamente, as hipóteses em que é dispensável a licitação. Assinale abaixo a alternativa que NÃO contempla uma das possibilidades de dispensa.

A) Para aquisição de materiais, equipamentos, ou gêneros que só possam ser fornecidos por produtor, empresa ou representante comercial exclusivo, vedada a preferência de marca, devendo a comprovação de exclusividade ser feita através de atestado fornecido pelo órgão de registro do comércio do local em que se realizaria a licitação ou a obra ou o serviço, pelo Sindicato, Federação ou Confederação Patronal, ou, ainda, pelas entidades equivalentes

B) Nos casos de emergência ou de calamidade pública, quando caracterizada urgência de atendimento de situação que possa ocasionar prejuízo ou comprometer a segurança de pessoas, obras, serviços, equipamentos e outros bens, públicos ou particulares, e somente para os bens necessários ao atendimento da situação emergencial ou calamitosa e para as parcelas de obras e serviços que possam ser concluídas no prazo máximo de 180 (cento e oitenta) dias consecutivos e ininterruptos, contados da ocorrência da emergência ou calamidade, vedada a prorrogação dos respectivos contratos

C) Nos casos de guerra ou grave perturbação da ordem

D) Para a aquisição, por pessoa jurídica de direito público interno, de bens produzidos ou serviços prestados por órgão ou entidade que integre a Administração Pública e que tenha sido criado para esse fim específico em data anterior à vigência da Lei 8.666, de 21 de junho de 1993, desde que o preço contratado seja compatível com o praticado no mercado

E) Para a compra ou locação de imóvel destinado ao atendimento das finalidades precípuas da administração, cujas necessidades de instalação e localização condicionem a sua escolha, desde que o preço seja compatível com o valor de mercado, segundo avaliação prévia

2295) (2016) Banca: FAFIPA – Órgão: APPA – PR – Prova: Analista Portuário – Economista

A lei 8.666 prevê, em alguns casos, a dispensa de licitação. Há no referido diploma legal o artigo 24, que trata da questão. Nesse sentido, assinale a alternativa INCORRETA. É dispensável a licitação:

A) Nos casos de guerra ou grave perturbação da ordem.
B) Quando a União tiver que intervir no domínio econômico para regular preços ou normalizar o abastecimento.
C) Quando houver possibilidade de comprometimento da segurança nacional, nos casos estabelecidos em decreto do Presidente da República, ouvido o Conselho de Defesa Nacional.
D) Nas compras e serviços que totalizem no máximo de R$ 100.000,00 (cem mil reais) ao ano.

2296) (2014) Banca: Prefeitura do Rio de Janeiro – RJ – Órgão: Câmara Municipal do Rio de Janeiro – Prova: Analista Legislativo – Direito

É dispensável a licitação na hipótese de:

A) contratação de profissional de qualquer setor artístico, diretamente ou através de empresário exclusivo, desde que consagrado pela crítica especializada ou pela opinião pública
B) contratação de entidades privadas sem fins lucrativos, para a implementação de cisternas ou outras tecnologias sociais de acesso à água para consumo humano e produção de alimentos, para beneficiar as famílias rurais de baixa renda atingidas pela seca ou falta regular de água
C) fornecimento de bens e serviços produzidos ou prestados no exterior, que envolvam, cumulativamente, alta complexidade tecnológica e defesa nacional, mediante parecer de comissão especialmente designada pela autoridade máxima do órgão
D) aquisição de materiais, equipamentos ou gêneros que só possam ser fornecidos por produtor, empresa ou representante comercial exclusivo, vedada a preferência de marca, devendo a comprovação de exclusividade ser feita por meio de atestado fornecido pelo órgão de registro do comércio do local em que se realizaria a licitação ou a obra ou o serviço, pelo Sindicato, Federação ou Confederação Patronal, ou, ainda, pelas entidades equivalentes

2297) (2016) Banca: UFTM – Órgão: UFTM – Prova: Tecnólogo – Química (+ provas)

De acordo com a Lei n. 8.666/93 e suas alterações, é dispensável a licitação, EXCETO:

A) Quando não acudirem interessados à licitação anterior e essa, justificadamente, não puder ser repetida sem prejuízo para a Administração, mantidas, neste caso, todas as condições preestabelecidas.
B) Para contratação de profissional de qualquer setor artístico, diretamente ou através de empresário exclusivo, desde que consagrado pela crítica especializada ou pela opinião pública.
C) Para o fornecimento de bens e serviços, produzidos ou prestados no País, que envolvam, cumulativamente, alta complexidade tecnológica e defesa nacional, mediante parecer de comissão especialmente designada pela autoridade máxima do órgão.
D) Para a aquisição ou contratação de produto para pesquisa e desenvolvimento, limitada, no caso de obras e serviços de engenharia, a 20% (vinte por cento) de R$ 1.500.000,00 (um milhão e quinhentos mil reais).

2298) (2016) Banca: IF-MS – Órgão: IF-MS – Prova: Secretário Executivo

Analise as proposições abaixo e relacione a segunda coluna de acordo com a primeira:

(1) Licitação dispensada
(2) Licitação dispensável
(3) Licitação inexigível

( ) O agente público pode escolher entre licitar ou não licitar. Nesse caso, a lei autoriza que a administração deixe de realizar licitação com base na discricionariedade;
( ) O administrador não realiza a licitação por impossibilidade jurídica de competição entre licitantes;
( ) A própria lei traz os casos que não haverá licitação, não deixa qualquer margem de liberdade para o agente público.

Com base nas colunas propostas, marque a alternativa que mostra a sequência correta:

A) 3, 2 e 1;
B) 2, 3 e 1;
C) 3, 1 e 2;
D) 1, 2 e 3;
E) 2, 1 e 3.

2299) (2016) Banca: IFB – Órgão: IFB – Prova: Tecnólogo – Gestão Pública

Os artigos 24 e 25 da Lei nº 8.666/93 relacionam situações nas quais o processo licitatório pode ser dispensado ou ser inexigível. Analise as afirmativas abaixo, referentes à dispensa e inexigibilidade licitação.

I. Nos casos de guerra ou grave perturbação da ordem, o processo licitatório é inexigível.
II. Nos casos de emergência ou de calamidade pública, quando caracterizada urgência de atendimento de situação que possa ocasionar prejuízo ou comprometer a segurança de pessoas, obras, serviços, equipamentos e outros bens, públicos ou particulares, e somente para os bens necessários ao atendimento da situação emergencial ou calamitosa e para as parcelas de obras e serviços que possam ser concluídas no prazo máximo de 180 (cento e oitenta) dias consecutivos e ininterruptos, contados da ocorrência da emergência ou calamidade, vedada a prorrogação dos respectivos contratos, o processo licitatório é dispensado.
III. Quando não acudirem interessados à licitação anterior, e esta, justificadamente, não puder ser repetida sem prejuízo para a Administração, mantidas, neste caso, todas as condições preestabelecidas, o processo licitatório é inexigível.
IV. Para contratação de profissional de qualquer setor artístico, diretamente ou através de empresário exclusivo, desde que consagrado pela crítica especializada ou pela opinião pública, o processo licitatório é inexigível.

Estão CORRETAS as afirmativas:

A) I, II, III, IV
B) I, II e III apenas
C) I e III apenas

D) II e IV apenas
E) I e IV apenas

2300) (2014) Banca: Quadrix – Órgão: CRM-PR – Prova: Advogado

Não é causa de dispensa de licitação:

A) a aquisição de bens e insumos destinados exclusivamente à pesquisa científica e tecnológica com recursos concedidos pela Capes, pela Finep, pelo CNPq ou por outras instituições de fomento à pesquisa credenciadas pelo CNPq para esse fim específico.
B) a aquisição ou restauração de obras de arte e objetos históricos, de autenticidade certificada, desde que compatíveis ou inerentes às finalidades do órgão ou entidade.
C) a aquisição de materiais, equipamentos ou gêneros que só possam ser fornecidos por produtor, empresa ou representante comercial exclusivo.
D) as compras de hortifrutigranjeiros, pão e outros gêneros perecíveis, no tempo necessário para a realização dos processos licitatórios correspondentes, realizadas diretamente com base no preço do dia.
E) a contratação de remanescente de obra, serviço ou fornecimento, em consequência de rescisão contratual, desde que atendida a ordem de classificação da licitação anterior e aceitas as mesmas condições oferecidas pelo licitante vencedor, inclusive quanto ao preço, devidamente corrigido.

2301) (2016) Banca: IDECAN – Órgão: Câmara de Aracruz – ES – Prova: Contador

De acordo com o Art. 24 da Lei nº 8.666/93 e alterações posteriores, torna-se dispensável a licitação para os seguintes casos, EXCETO:

A) Para a compra ou locação de imóvel destinado ao atendimento das finalidades precípuas da administração, cujas necessidades de instalação e localização condicionem a sua escolha, desde que o preço seja compatível com o valor de mercado, segundo avaliação prévia.
B) Para as compras de material de uso pelas Forças Armadas, materiais de uso pessoal e administrativo, quando houver necessidade de manter a padronização requerida pela estrutura de apoio logístico dos meios navais, aéreos e terrestres, mediante parecer de comissão instituída por decreto.
C) Na contratação de instituição ou organização, pública ou privada, com ou sem fins lucrativos, para a prestação de serviços de assistência técnica e extensão rural no âmbito do Programa Nacional de Assistência Técnica e Extensão Rural na Agricultura Familiar e na Reforma Agrária, instituído por lei federal.
D) Nos casos de emergência ou de calamidade pública, quando caracterizada urgência de atendimento de situação que possa ocasionar prejuízo ou comprometer a segurança de pessoas, obras, serviços, equipamentos e outros bens, públicos ou particulares, e somente para os bens necessários ao atendimento da situação emergencial ou calamitosa e para as parcelas de obras e serviços que possam ser concluídas no prazo máximo de cento e oitenta dias consecutivos e ininterruptos, contados da ocorrência da emergência ou calamidade, vedada a prorrogação dos respectivos contratos.

2302) (2009) Banca: FUNDATEC – Órgão: DETRAN-RS – Prova: Auxiliar Técnico – Administração

Na Lei de Licitações & Contratos Administrativos, foram enumeradas vinte e nove, situações em que é dispensável a licitação. Dentre- essas situações em que é dispensável a licitação, segundo o artigo 24 da Lei 8.666/93, estão:

I. Nos casos, de guerra ou grave perturbação da ordem.
II. Quando a União tiver que intervir no domínio econômico para regular preço ou normalizar o abastecimento.
III. Quando houver possibilidade de comprometimento da segurança nacional.
IV. Para aquisição ou restauração de obras de arte e objetos históricos, de autenticidade certificada.
V. Nos casos de calamidade pública.

Quais estão corretas?

A) Apenas II e III
B) Apenas II e IV.
C) Apenas III e IV.
D) Apenas IV e V.
E) Apenas I, II, III, IV e V.

2303) (2017) Banca: Nosso Rumo – Órgão: CREA-SP – Prova: Analista Advogado

Conforme o artigo 24 da Lei Nº 8.666/93, é dispensável a licitação

A) quando a operação envolver exclusivamente pessoas jurídicas de direito público interno, exceto se houver empresas privadas ou de economia mista que possam prestar ou fornecer os mesmos bens ou serviços, hipótese em que ficarão sujeitas à licitação.
B) na contratação de instituição nacional sem fins lucrativos, incumbida regimental ou estatutariamente da pesquisa, do ensino ou do desenvolvimento institucional, científico ou tecnológico, desde que a pretensa contratada detenha inquestionável reputação ético-profissional.
C) para a aquisição de bens ou serviços por intermédio de organização internacional, desde que o Brasil seja membro e nos termos de acordo específico, quando as condições ofertadas forem manifestamente vantajosas para o Poder Público.
D) para a aquisição ou restauração de obras de arte e objetos históricos, de autenticidade certificada, desde que compatíveis ou inerentes às finalidades do órgão ou entidade.
E) para obras e serviços de engenharia de valor até 12% (doze por cento) do limite previsto pela lei, desde que não se refiram a parcelas de uma mesma obra ou serviço ou ainda para obras e serviços da mesma natureza e no mesmo local que possam ser realizadas conjunta e concomitantemente.

2304) (2017) Banca: UFES – Órgão: UFES – Prova: Assistente em Administração

Sobre a dispensa da licitação, de acordo com a Lei 8.666/1993, analise as seguintes afirmativas:

I. É dispensada a licitação na contratação de remanescente de obra, serviço ou fornecimento, em consequência de rescisão contratual, desde que atendida a ordem de classificação da licitação anterior e aceitas as mesmas condições oferecidas pelo licitante vencedor, inclusive quanto ao preço, devidamente corrigido.

II. A licitação não pode ser dispensada na contratação de fornecimento ou suprimento de energia elétrica e gás natural com concessionário, permissionário ou autorizado.

III. Dispensa-se a licitação para a celebração de contratos de prestação de serviços com as organizações sociais, qualificadas no âmbito das respectivas esferas de governo, para as atividades contempladas no contrato de gestão.

É CORRETO o que se afirma em

A) I, apenas.
B) I e II, apenas.
C) I e III, apenas.
D) II e III, apenas.
E) I, II e III.

2305) (2016) Banca: IF-CE – Órgão: IF-CE – Prova: Administrador

Sobre a Lei nº 10.520/2002, que institui a modalidade de licitação denominada pregão, é correto dizer-se que

A) é vedada a exigência de pagamento de taxas e emolumentos, salvo os referentes a fornecimento do edital, que não serão superiores ao custo de sua reprodução gráfica, e aos custos de utilização de recursos de tecnologia da informação, quando for o caso.
B) a equipe de apoio poderá ser complementada em sua minoria por funcionários ocupantes de emprego na administração, subsidiariamente pertencentes ao quadro temporário do órgão e da instituição promotora do evento.
C) o prazo fixado para a apresentação das propostas, contado a partir da publicação do aviso, será inferior a 7 (sete) dias.
D) não é vedada a exigência de garantia de proposta.
E) o prazo de validade das propostas será de 120 (cento e vinte) dias, se outro não estiver fixado no edital.

A **inexigibilidade de licitação** refere-se às situações em que a **concorrência é inviável**, ou seja, situações em que é inviável a competição entre os licitantes. O art. 25, da Lei 8.666/93, descreve algumas hipóteses (rol exemplificativo) de inexigibilidade de licitação. São eles:

1. Aquisição de materiais, equipamentos ou gêneros que somente possam ser fornecidos por **produtor, empresa ou representante comercial exclusivo** (a comprovação de exclusividade será feita através de atestado do órgão de registro do comércio local).

2. Contratação de serviço técnico de natureza **singular**, com profissionais ou empresa de notória especialização.

3. Contratação de profissional do setor artístico, diretamente ou através de empresário exclusivo, consagrado pela crítica ou pela opinião pública.

Cabe ressaltar **que é vedada a inexigibilidade para contratações de serviços de publicidade e divulgação**, ainda que sejam considerados singulares e especializados. Ademais, ao contrário dos casos de dispensa de licitação em que a lei definiu taxativamente as situações possíveis, **as situações de inexigibilidade citados na referida norma são EXEMPLIFICATIVAS. Portanto**, outras contratações, além daquelas previstas na lei, em que esteja caracterizada a **inviabilidade de competição** ou **inexistência de mercado concorrencial**, podem ser realizadas diretamente através da inexigibilidade de licitação.

2306) (2014) Banca: CESPE – Órgão: SUFRAMA – Prova: Técnico de Contabilidade – Administrativo Licitações e Lei 8.666 de 1993

Considerando que a SUFRAMA, autarquia vinculada ao Ministério do Desenvolvimento, Indústria e Comércio Exterior, pretenda contratar serviços de consultoria para auxiliar na elaboração do Plano Diretor Plurianual da ZFM, julgue o item a seguir. Caso o objeto da contratação seja serviço técnico profissional especializado, será inexigível a licitação, desde que a empresa contratada possua notória especialização e o objeto seja singular.

A) Certo B) Errado

2307) (2016) Banca: CESPE Órgão: TRE-PI Prova: Técnico de Administração – Direito Administrativo

Caso determinado órgão público pretenda contratar serviço técnico de treinamento e aperfeiçoamento de pessoal, de natureza singular, a ser prestado por pessoa jurídica de notória especialização, a licitação

A) será dispensada.
B) será inexigível.
C) será dispensável, devido ao fato de se referir a serviço técnico específico.
D) deverá ser do tipo melhor técnica.
E) deverá ser realizada na modalidade convite.

2308) (2014) Banca: CESPE Órgão: TJ-C E Prova: Analista Judiciário – Contabilidade – Direito Administrativo

Considere que uma organização pública pretenda adquirir um hardware específico para ajudar na segurança das fronteiras do Brasil em razão dos grandes eventos que ocorrerão no país nos próximos anos. Considere, ainda, que a única empresa nacional que comercializa o equipamento seja a empresa que tenha criado o produto. Nessa situação hipotética, a licitação para compra do produto será

A) dispensada.
B) deserta.
C) inexigível.
D) dispensável.
E) fracassada.

2309) (2016) Banca: CESPE – Órgão: TCE-PA – Prova: Auditor de Controle Externo – Administrativo Licitações e Lei 8.666 de 1993

Com relação à organização administrativa e às licitações, julgue o próximo item. Situação hipotética: Determinado tribunal de contas, para comemorar o aniversário de sua criação, realizará um evento no qual está prevista a apresentação de renomado músico nacional. Assertiva: Nessa situação, a contratação do referido músico configura hipótese de inexigibilidade de licitação, por se tratar de profissional do setor artístico consagrado pela opinião pública.

A) Certo B) Errado

2310) (2016) Banca: CESPE – Órgão: FUNPRESP-EXE – Prova: Analista – Administrativo Licitações e Lei 8.666 de 1993

Com relação às hipóteses de dispensa e inexigibilidade de licitação previstas na Lei n.º 8.666/1993, julgue o item a seguir. Será inexigível a licitação quando houver inviabilidade de competição para contratação de profissional de qualquer setor artístico, diretamente ou por intermédio de empresário exclusivo, se o profissional for consagrado pela crítica especializada ou pela opinião pública.

A) Certo B) Errado

2311) (2015) Banca: CESPE – Órgão: FUB – Prova: Administrador – Administrativo Licitações e Lei 8.666 de 1993

De acordo com os dispositivos legais que regulam as licitações públicas, julgue o item a seguir. Nos casos de inviabilidade de competição, como a contratação de profissional de qualquer setor artístico, desde que consagrado pela crítica especializada ou pela opinião pública, aplica-se a contratação direta, pois se caracteriza a inexigibilidade de licitação.

A) Certo B) Errado

2312) (2014) Banca: CESPE – Órgão: ANATEL Prova: Administrador – Administrativo Licitações e Lei 8.666 de 1993

No que se refere ao disposto na Lei 8.666/1993, julgue o próximo item. É inexigível a licitação para a contratação de profissional de qualquer setor artístico, diretamente ou por intermédio de empresário exclusivo, desde que o referido profissional seja consagrado pela crítica especializada ou pela opinião pública.

A) Certo B) Errado

2313) (2014) Banca: CESPE – Órgão: ICMBIO – Prova: Técnico Administrativo – Administrativo Licitações e Lei 8.666 de 1993.

Com relação às licitações públicas, julgue o item subsecutivo. Ausência de mercado concorrencial e impossibilidade de julgamento objetivo caracterizam inviabilidade de competição, casos em que ocorre a inexigibilidade de licitação.

A) Certo B) Errado

2314) (2014) Banca: CESPE – Órgão: SUFRAMA – Prova: Nível Superior – Administrativo Licitações e Lei 8.666 de 1993.

No que concerne aos serviços públicos, ao controle administrativo e a licitação, julgue o item subsequente. Se determinado município, para realizar festividade em razão do aniversário da cidade, decidir pela contratação de bandas compostas por renomados artistas nacionais, a contratação desses artistas poderá dar-se mediante inexigibilidade de licitação.

A) Certo B) Errado

2315) (2016) Banca: CESPE – Órgão: TJ-DFT – Prova: Juiz de direito A licitação é inexigível

A) para a contratação de fornecimento ou suprimento de energia elétrica e gás natural com concessionário, permissionário ou autorizado.
B) quando a União tiver de intervir no domínio econômico para regular preços ou normalizar o abastecimento.
C) se houver possibilidade de comprometimento da segurança nacional, nos casos estabelecidos em decreto do presidente da República, ouvido o Conselho de Defesa Nacional.
D) para a contratação de profissional de qualquer setor artístico, diretamente ou mediante empresário exclusivo, desde que o profissional seja consagrado pela crítica especializada ou pela opinião pública.
E) para a aquisição ou a restauração de obras de arte e objetos históricos, de autenticidade certificada, compatíveis ou inerentes às finalidades do órgão ou da entidade.

2316) (2015) Banca: CESPE – Órgão: TJ-DFT – Prova: Juiz de direito – Direito Administrativo

Com base no que dispõe a Lei n.º 8.666/1993, a licitação será inexigível no caso de

A) fornecimento de bens e serviços, produzidos ou prestados no país, que envolvam, cumulativamente, alta complexidade tecnológica e defesa nacional, mediante parecer de comissão especialmente designada pela autoridade máxima do órgão.
B) compras diretas de hortifrutigranjeiros, pães e outros gêneros perecíveis – no tempo necessário para a realização dos processos licitatórios correspondentes –, desde que tais compras sejam feitas com base no preço do dia.
C) contratação de profissional de qualquer setor artístico, diretamente ou com a intermediação de empresário exclusivo, desde que se trate de profissional consagrado pela crítica especializada ou pela opinião pública.
D) aquisição ou restauração de obras de arte e objetos históricos de autenticidade certificada, desde que sejam compatíveis com as finalidades do órgão ou entidade ou que lhes sejam inerentes.
E) guerra ou grave perturbação da ordem, condicionando-se a opção pela inexigibilidade a prévia autorização do Poder Legislativo.

2317) (2014) Banca: CESPE – Órgão: ICMBIO – Prova: Técnico Administrativo – Administrativo Licitações e Lei 8.666 de 1993

Com relação às licitações públicas, julgue o item subsecutivo. A contratação de assessorias técnicas não admite inexigibilidade de licitação.

A) Certo B) Errado

2318) (2014) Banca: CESPE – Órgão: Câmara dos Deputados – Prova: Analista Legislativo – Administrativo Licitações e Lei 8.666 de 1993

Julgue o item que se segue, referente a licitação. A relação das hipóteses de inexigibilidade elencada na Lei de Licitações não é exaustiva. Assim, poderá haver outras hipóteses de inviabilidade de competição, que não estejam arroladas nos dispositivos da referida lei e possam configurar a inexigibilidade.

A) Certo B) Errado

2319) (2016) Banca: CESPE – Órgão: FUNPRESP-JUD – Prova: Conhecimentos Básicos – Cargos de Assistente (+ provas)

A fim de comemorar o aniversário de um órgão público, a direção desse órgão celebrou um contrato administrativo, no valor de R$ 18.000,00, com um músico consagrado pela opinião pública.

A partir dessa situação hipotética, julgue o próximo item com base na Lei de Licitações e Contratos — Lei n.º 8.666/1993.

Na referida contratação, o processo licitatório será inexigível por causa do valor do contrato.

A) Certo B) Errado

2320) (2015) Banca: CESPE – Órgão: TCE-RN – Prova: Inspetor – Tecnologia da Informação – Cargo 5

Acerca do regime jurídico-administrativo, da organização administrativa e dos dispositivos relacionados à licitação, julgue o item que se segue.

A existência de mais de uma alternativa para a contratação de determinado serviço, por si só, não descaracteriza a inviabilidade de competição para efeitos de contratação direta por inexigibilidade de licitação.

A) Certo B) Errado

2321) (2017) Banca: CESPE – Órgão: DPE-AC – Prova: Defensor Público

É hipótese de inexigibilidade de licitação

A) a contratação de profissional do setor artístico, consagrado pela crítica especializada ou pela opinião pública, diretamente ou mediante empresário exclusivo.
B) a venda direta de imóveis residenciais construídos, destinados ou efetivamente utilizados no âmbito de programas habitacionais ou de regularização fundiária de interesse social desenvolvidos por entidade da administração pública.
C) a contratação, para obras e serviços de engenharia, de valor até 10% da importância limitadora da modalidade licitatória convite.
D) a contratação de coleta, processamento e comercialização de resíduos sólidos urbanos recicláveis ou reutilizáveis, em áreas com sistema de coleta seletiva de lixo, efetuados por associações formadas por pessoas de baixa renda.
E) o não atendimento, por parte de interessados, à licitação anterior, quando o procedimento não puder ser repetido sem prejuízo da administração pública.

2322) (2017) Banca: CESPE – Órgão: PGE-SE – Prova: Procurador do Estado

Acerca do regime de licitações e contratações na administração pública, assinale a opção correta.

A) Se o TJ/SE adquirir computadores por meio de ata de registro de preços, com bons preços de mercado, o estado de Sergipe poderá fazer aquisição semelhante, mediante adesão à referida ata. Nesse caso, em atenção aos princípios da eficiência e economicidade, será desnecessária a anuência do TJ/SE.
B) Caso opte pelo regime diferenciado de contratação para a contratação de determinado serviço de engenharia, a administração pública poderá, mediante a devida justificativa formal, selecionar licitantes pela marca dos produtos a serem utilizados no serviço, mas não poderá exigir requisitos de sustentabilidade ambiental.
C) Se o estado de Sergipe e o governo federal pretenderem firmar um contrato de programa para a gestão associada de serviço de saúde nas regiões carentes desse estado, ter-se-á, nesse caso, uma hipótese de inexigibilidade de licitação.
D) Caso um estado da Federação realize um pregão para a aquisição de material de expediente, a classificação das propostas, nesse caso, poderá ser feita pelo critério de melhor técnica.
E) É hipótese de inexigibilidade de licitação a contratação de serviço técnico especializado, de natureza singular, executado por profissional de notória especialização, sendo imprescindível a justificativa dos preços contratados.

2323) (2011) Banca: FCC – Órgão: TRE-RN – Prova: Analista Judiciário – Área Judiciária

É inexigível a licitação para

A) contratação de serviço de gerenciamento de obra, de natureza singular, com empresa de notória especialização.
B) contratação de instituição brasileira incumbida estatutariamente de pesquisa, com inquestionável reputação ético-profissional e sem fins lucrativos.
C) aquisição ou restauração de obras de arte e objetos históricos, de autenticidade certificada, desde que compatíveis ou inerentes às finalidades do órgão ou entidade.
D) aquisição de bens destinados exclusivamente a pesquisa científica e tecnológica com recursos concedidos por instituição de fomento à pesquisa credenciada pelo CNPq para esse fim específico.
E) aquisição de bens e contratação de serviços para atender aos contingentes militares das Forças Singulares brasileiras empregadas em operações de paz no exterior, necessariamente justificadas quanto ao preço e à escolha do fornecedor ou executante e ratificadas pelo Comandante da Força.

2324) (2009) Banca: FCC – Órgão: TRT – 15ª REGIÃO – Prova: Analista Judiciário – Área Administrativa

É inexigível a licitação

A) quando a União tiver que intervir no domínio econômico para regular preços ou normalizar o abastecimento.
B) nos casos de guerra ou grave perturbação da ordem.
C) para contratação de profissional de qualquer setor artístico, diretamente ou através de empresário exclusivo, desde que consagrado pela crítica especializada ou pela opinião pública.
D) nas compras de hortifrutigranjeiros, pão e outros gêneros perecíveis, no tempo necessário para a realização dos processos licitatórios correspondentes, realizadas diretamente com base no preço do dia.
E) para a aquisição de componentes ou peças de origem nacional ou estrangeira, necessários à manutenção de equipamentos durante o período de garantia técnica, junto ao fornecedor original desses equipamentos, quando tal condição de exclusividade for indispensável para a vigência da garantia.

2325) (2010) Banca: FCC – Órgão: TJ-PI – Prova: Assessor Jurídico

É inexigível a licitação

A) para contratação de serviços técnicos, tais como, assessorias ou consultorias técnicas e auditorias financeiras ou tributárias, de natureza singular, com profissionais ou empresas de notória especialização.
B) para compra ou locação de imóvel destinado ao atendimento das finalidades precípuas da Administração, cujas necessidades de instalação e localização condicionem sua escolha, desde que o preço seja compatível com o valor de mercado, segundo avaliação prévia.
C) quando não acudirem interessados à licitação anterior e esta, justificadamente, não puder ser repetida sem prejuízo para a Administração, mantidas, neste caso, todas as condições preestabelecidas.

D) para contratação de instituição brasileira incumbida regimental ou estatutariamente da pesquisa, do ensino ou do desenvolvimento institucional, desde que a contratada detenha inquestionável reputação ético-profissional e não tenha fins lucrativos.

E) para fornecimento de bens e serviços, produzidos ou prestados no País, que envolvam, cumulativamente, alta complexidade tecnológica e defesa nacional, mediante parecer de comissão especialmente designada pela autoridade máxima do órgão.

2326) (2015) Banca: FCC – Órgão: DPE-RR – Prova: Administrador

A Administração pública, para atender necessidade específica de museu administrado pela Secretaria da Cultura, precisa contratar determinado pintor modernista, de renome, consagrado pela crítica especializada e também pela opinião pública, para execução de painel que passará a compor o acervo do respectivo equipamento público. Considerando os princípios que disciplinam o agir administrativo e o disposto na Lei no 8.666/1993, para a referida contratação, a Administração

A) deverá realizar previamente procedimento licitatório, na modalidade concorrência, sendo obrigatório que da comissão de licitação participe crítico de arte, considerando que o critério de adjudicação necessariamente será o de melhor técnica.

B) poderá contratar o profissional diretamente ou por meio de empresário exclusivo, sem a necessidade de realizar prévia licitação, por se tratar de hipótese de inexigibilidade de licitação, admitida por lei, devendo, no entanto, necessariamente, justificar a situação à autoridade superior para ratificação no prazo de 3 dias.

C) deverá realizar procedimento licitatório, na modalidade concurso, sendo obrigatório que da comissão de licitação participe crítico de arte, considerando que o critério de adjudicação necessariamente será o de melhor conteúdo artístico, para que seja selecionada a melhor proposta para a futura execução.

D) poderá contratar o profissional diretamente ou por meio de empresário exclusivo, sem a necessidade de realizar prévia licitação, por se tratar de hipótese de dispensa de licitação, admitida por lei.

E) poderá contratar o profissional diretamente ou por meio de empresário exclusivo, sem a necessidade de realizar prévia licitação, por se tratar de hipótese de inexigibilidade de licitação, admitida por lei, não havendo necessidade de justificar a situação à autoridade superior, por se tratar de juízo de conveniência e oportunidade, não sujeito a controle interno, fundamentado na hierarquia.

2327) (2015) Banca: FCC – Órgão: TCE-SP – Prova: Auxiliar da Fiscalização Financeira II

Considere os seguintes serviços:

I. Treinamento e aperfeiçoamento de pessoal.
II. Auditorias financeiras ou tributárias.
III. Estudos técnicos, planejamentos e projetos básicos ou executivos.
IV. Restauração de obras de arte e bens de valor histórico.

Nos termos da Lei nº 8.666/93, é inexigível a licitação, quando houver inviabilidade de competição, em especial, para a contratação de serviços técnicos, de natureza singular, com profissionais ou empresas de notória especialização, constantes em

A) I, II e III, apenas.
B) II e IV, apenas.
C) I e II, apenas.
D) III e IV, apenas.
E) I, II, III e IV.

2328) (2011) Banca: FGV – Órgão: SEFAZ-RJ – Prova: Analista de Controle Interno – Prova 1

Há inexigibilidade de licitação quando

A) a contratação tiver por objeto bens e serviços comuns.
B) não acudirem interessados à licitação anterior e não houver tempo hábil para a abertura de novo procedimento.
C) a lei dispensar o administrador de realizar o procedimento licitatório, embora a competição seja juridicamente viável.
D) as propostas apresentadas consignarem preços manifestamente superiores aos praticados no mercado nacional.
E) for inviável a competição.

2329) (2016) Banca: FGV – Órgão: CODEBA – Prova: Analista Portuário – Gestão Portuária

Flexibilizar a ação governamental é um dos desafios da administração pública, dado que sua estrutura rígida é uma das suas principais características. Para tornar mais flexível a atuação governamental pode-se adotar a licitação, forma de contratação que permite transferir a prestação de serviços do Estado para a iniciativa privada.

A fim de garantir que a licitação não vá contra os interesses da sociedade ou que o próprio processo licitatório não se torne ineficiente e prejudicial ao Estado, a licitação está sujeita a regimes e princípios que orientam sua execução.

Assinale a opção que apresenta a combinação correta entre um princípio da licitação e sua justificativa.

A) Inexigibilidade; torna-se inexigível o processo licitatório de um bem ou serviço quando não é viável a competição.
B) Dispensa; torna-se dispensável o processo licitatório de um bem ou serviço quando não é viável a competição.
C) Convite; torna-se possível o convite para um processo licitatório quando o valor a ser contratado não supera R$ 1.500.000,00 em serviços de engenharia.
D) Inexigibilidade; torna-se inexigível o processo licitatório em casos previstos pela lei, independentemente da viabilidade da competição.
E) Dispensa; torna-se dispensável o processo licitatório quando o valor a ser contratado não supera R$ 1.500.000,00 em serviços de engenharia.

2330) (2016) Banca: FGV – Órgão: IBGE – Prova: Analista – Auditoria

De acordo com a Lei nº 8.666/93, aplica-se a inexigibilidade de licitação na seguinte hipótese:

A) contratação em que a União tiver que intervir no domínio econômico para regular preços ou normalizar o abastecimento;
B) contratação de serviços técnicos de auditorias financeiras ou tributárias de natureza singular, com profissionais ou empresas de notória especialização;

C) compra ou locação de imóvel destinado ao atendimento das finalidades precípuas da administração, cujas necessidades de instalação e localização condicionem a sua escolha;

D) contratação de instituição para a impressão dos diários oficiais, de formulários padronizados de uso da administração e de edições técnicas oficiais;

E) fornecimento ou suprimento de energia elétrica e gás natural com concessionário, permissionário ou autorizado, segundo as normas da legislação específica.

2331) (2015) Banca: FGV – Órgão: Prefeitura de Niterói – RJ – Prova: Contador

Consoante dispõe a Lei nº 8.666/93, é inexigível a licitação quando houver inviabilidade de competição, em especial:

A) quando não acudirem interessados à licitação anterior e esta, justificadamente, não puder ser repetida sem prejuízo para a Administração, mantidas, neste caso, todas as condições preestabelecidas;

B) para a contratação de serviços técnicos de estudos técnicos, planejamentos e projetos básicos ou executivos, de natureza singular, com profissionais ou empresas de notória especialização, vedada a inexigibilidade para serviços de publicidade e divulgação;

C) para a compra ou locação de imóvel destinado ao atendimento das finalidades precípuas da administração, cujas necessidades de instalação e localização condicionem a sua escolha, independentemente do valor de mercado, segundo avaliação prévia;

D) na contratação de remanescente de obra, serviço ou fornecimento, em consequência de rescisão contratual, desde que atendida a ordem de classificação da licitação anterior e aceitas as mesmas condições oferecidas pelo licitante vencedor, inclusive quanto ao preço, devidamente corrigido;

E) nas compras de hortifrutigranjeiros, pão e outros gêneros perecíveis, no tempo necessário para a realização dos processos licitatórios correspondentes, realizadas diretamente com base no preço do dia.

2332) (2017) Banca: Quadrix – Órgão: CRMV-DF – Prova: Agente Administrativo

Com base na Lei 8.666/1993, julgue o item subsequente com relação a licitações e contratos.

Considere-se que o CFMV necessite de contratar profissional para realizar serviços de publicidade e divulgação. Nessa situação, será inexigível a licitação.

A) Certo B) Errado

2333) (2016) Banca: Quadrix – Órgão: CRQ 18º Região – PI – Prova: Advogado

Na Administração Pública há processo licitatório para contratação de serviços, instituído para garantir o melhor atendimento ao interesse público. Com relação ao tema, assinale a alternativa incorreta.

A) A licitação será dispensável quando a União tiver que intervir no domínio econômico para regular preço ou normalizar o abastecimento.

B) No campo das licitações, o princípio da legalidade impõe que o administrador observe as regras que a lei traçou para o respectivo procedimento licitatório.

C) Para aquisição ou restauração de obras de arte e objetos históricos, desde que compatíveis ou inerentes às finalidades do órgão ou entidade, a licitação será inexigível.

D) O princípio básico da publicidade informa que a licitação deve ser amplamente divulgada, possibilitando o conhecimento de suas regras a um maior número possível de pessoas.

E) O princípio da vinculação ao instrumento convocatório evita a alteração de critérios de julgamento, além de dar a certeza aos interessados do que pretende a Administração.

2334) (2016) Banca: Quadrix – Órgão: CRA-AC – Prova: Assistente Administrativo

A lei determina observância ao princípio da obrigatoriedade da licitação para a contratação de serviços na Administração Pública, ressaltando algumas hipóteses que, por sua particularidade, não se compatibilizariam com o processo licitatório. Sobre o assunto, considerando o previsto na Lei nº 8.666/1993, assinale a alternativa que indica hipótese em que a licitação será inexigível.

A) Para a aquisição de componentes ou peças de origem nacional ou estrangeira, necessários à manutenção de equipamentos durante o período de garantia técnica, junto ao fornecedor original desses equipamentos, quando tal condição de exclusividade for indispensável para a vigência da garantia.

B) Para a impressão dos diários oficiais, de formulários padronizados de uso da administração, e de edições técnicas oficiais, bem como para prestação de serviços de informática a pessoa jurídica de direito público interno, por órgãos ou entidades que integrem a Administração Pública, criados para esse fim específico.

C) Para aquisição de materiais, equipamentos, ou gêneros que só possam ser fornecidos por produtor, empresa ou representante comercial exclusivo, vedada a preferência de marca, devendo a comprovação de exclusividade ser feita através de atestado fornecido pelo órgão de registro do comércio do local em que se realizaria a licitação ou a obra ou o serviço, pelo Sindicato, Federação ou Confederação Patronal, ou, ainda, pelas entidades equivalentes.

D) Na celebração de contrato de programa com ente da Federação ou com entidade de sua administração indireta, para a prestação de serviços públicos de forma associada nos termos do autorizado em contrato de consórcio público ou em convênio de cooperação.

E) Para o fornecimento de bens e serviços, produzidos ou prestados no País, que envolvam, cumulativamente, alta complexidade tecnológica e defesa nacional, mediante parecer de comissão especialmente designada pela autoridade máxima do órgão.

2335) (2016) Banca: Quadrix – Órgão: CRA-AC – Prova: Administrador – Geral

A Lei nº 8.666/93 (e suas atualizações) prevê que é inexigível a licitação quando houver inviabilidade de competição. Nesse contexto, para a contratação de serviços técnicos profissionais especializados a inexigibilidade inclui, exceto:

A) pareceres, perícias e avaliações em geral.

B) treinamento e aperfeiçoamento de pessoal.

C) fiscalização, supervisão ou gerenciamento de obras ou serviços.
D) serviços de publicidade e divulgação.
E) assessorias ou consultorias técnicas e auditorias financeiras ou tributárias.

2336) (2016) Banca: Quadrix – Órgão: CRO – PR – Prova: Procurador Jurídico (+ provas)

Não obstante a previsão constitucional de processo licitatório para contratação de serviços, há situações em que a licitação é inexigível, a saber:

A) quando a União tiver que intervir no domínio econômico para regular preço ou normalizar o abastecimento.
B) para contratação de profissional de qualquer setor artístico, diretamente ou através de empresário exclusivo, desde que consagrado pela crítica especializada ou pela opinião pública.
C) para aquisição ou restauração de obras de arte e objetos históricos, desde que compatíveis ou inerentes às finalidades do órgão ou de entidade
D) na contratação de fornecimento ou suprimento de energia elétrica e gás natural com concessionário, permissionário ou autorizado, segundo as normas da legislação específica.
E) nos casos de guerra ou grave perturbação da ordem.

2337) (2017) Banca: IADES – Órgão: CRF – DF – Prova: Analista I – Administrador

Em relação à inexigibilidade de licitação, assinale a alternativa correta.

A) Ocorrendo uma hipótese de inexigibilidade, a administração pública goza da liberdade de deliberar pela realização ou não do processo licitatório.
B) Enquadra-se na hipótese de inexigibilidade a contratação de serviços de publicidade de empresas de notória especialização.
C) A contratação de profissional do setor artístico configura-se como hipótese de inexigibilidade desde que este seja consagrado pela crítica especializada ou pela opinião pública.
D) É inexigível a licitação para aquisição de materiais que só possam ser fornecidos por representante comercial exclusivo, podendo ocorrer a preferência de marca.
E) Nos casos de guerra declarada, é configurada a inexigibilidade de licitação para contratação de armamento

2338) (2017) Banca: IADES – Órgão: Fundação Hemocentro de Brasília – DF – Prova: Técnico Administrativo

Quanto ao caso que enseja a inexigibilidade do processo licitatório, assinale a alternativa correta.

A) Compra de hortifrutigranjeiros, pão e outros perecíveis.
B) Necessidade de a União intervir no domínio econômico para regular preços.
C) Contratação de serviços técnicos com empresa de notória especialização.
D) Aquisição ou restauração de obras de arte e objetos históricos.
E) Compra de material de uso das Forças Armadas, com exceção de materiais de uso pessoal e administrativo.

2339) (2017) Banca: TRF – 2ª Região – Órgão: TRF – 2ª REGIÃO – Prova: Juiz Federal Substituto

Dispensa e inexigibilidade de licitação são figuras distintas. Assinale a opção na qual, no sistema da Lei 8.666/93, as hipóteses caracterizam inexigibilidade de licitação:

A) Contratação de artista consagrado pela crítica especializada e pela opinião pública e contratação de equipamento que só possa ser fornecido por produtor exclusivo.
B) Casos de intervenção da União no domínio econômico, para regular preços e casos de calamidade pública qualificados pela urgência e necessidade de atendimento da situação
C) Casos de guerra ou de grave perturbação da ordem e casos de calamidade pública qualificados pela urgência e necessidade de atendimento da situação.
D) Casos de compras de gêneros perecíveis, no tempo necessário para a realização de licitação, com base no preço do dia e casos de intervenção da União no domínio econômico, para regular preços.
E) Contratação de artista consagrado pela crítica especializada e pela opinião pública e contratação em momento de grave perturbação da ordem pública.

2340) (2017) Banca: IESES – Órgão: CEGÁS – Prova: Analista de Gestão – Contador

Na Lei 8666/93 a notória especialização o profissional ou empresa cujo conceito no campo de sua especialidade, decorrente de desempenho anterior, estudos, experiências, publicações, organização, aparelhamento, equipe técnica, ou de outros requisitos relacionados com suas atividades, permita inferir que o seu trabalho é essencial e indiscutivelmente o mais adequado à plena satisfação do objeto do contrato. Devem ter sua contratação no meio público por meio de um processo e:

A) Dispensa de licitação.
B) Suprimento de fundos.
C) Contratação direta.
D) Inexigibilidade.

2341) (2017) Banca: UFMT – Órgão: UFSBA – Prova: Assistente em Administração (+ provas)

Segundo a Lei nº 8.666/1993, é vedada a contratação direta, com fundamento em inexigibilidade de licitação, dos seguintes serviços:

A) Treinamento e aperfeiçoamento de pessoal.
B) Restauração de obras de arte e bens de valor histórico.
C) Publicidade e divulgação.
D) Patrocínio ou defesa de causas judiciais.

2342) (2017) Banca: IF-PE – Órgão: IF-PE – Prova: Administrador

A Inexigibilidade de Licitação pode ocorrer no seguinte caso:

A) Na contratação do fornecimento ou suprimento de energia elétrica, com concessionário ou permissionário do serviço público de distribuição ou com produtor independente ou autoprodutor, segundo as normas da legislação específica.
B) Para a contratação de profissional de qualquer setor artístico, diretamente ou através de empresário exclusivo, desde que, consagrado pela crítica especializada ou pela opinião pública.

C) Para as compras de materiais de uso pelas Forças Armadas, com exceção de materiais de uso pessoal e administrativo, quando houver necessidade de manter a padronização requerida pela estrutura de apoio logístico dos meios navais, aéreos e terrestres, mediante parecer de comissão instituída por Decreto.

D) Na contratação de associação de portadores de deficiência física, sem fins lucrativos e de comprovada idoneidade, por órgãos ou entidades da Administração Pública, para a prestação de serviços ou fornecimento de mão de obra, desde que o preço contratado seja compatível com o praticado no mercado.

E) Para a aquisição ou restauração de obras de arte e objetos históricos, de autenticidade certificada, desde que compatíveis ou inerentes às finalidades do órgão ou entidade.

2343) (2016) Banca: INTEGRI – Órgão: Câmara de Suzano – SP – Prova: Assistente Jurídico

Licitação é o procedimento prévio à celebração dos contratos administrativos, que tem por objeto selecionar a proposta mais vantajosa para a Administração, promover o desenvolvimento nacional e garantir a isonomia entre os licitantes. A respeito desse assunto, pode-se afirmar:

I. Estão obrigados à licitação todos os órgãos da Administração Pública direta, os fundos especiais, as autarquias, as fundações públicas, as empresas públicas, as sociedades de economia mista e demais entidades controladas direta ou indiretamente pela União, Estados, Distrito Federal e Municípios.

II. Na dispensa de licitação, há possibilidade de competição que justifique a licitação, de modo que a lei faculta a dispensa, que fica inserida na competência discricionária da Administração. Nos casos de inexigibilidade de licitação, não há possibilidade de competição, porque só existe um objeto ou uma pessoa que atenda às necessidades da Administração, portanto, nesse caso, a licitação é inviável.

III. Há dispensa de licitação para contratação de profissional de qualquer setor artístico, diretamente ou através de empresário exclusivo, desde que consagrado pela crítica especializada ou pela opinião pública.

IV. É inexigível a licitação na contratação de remanescente de obra, serviço ou fornecimento, em consequência de rescisão contratual, desde que atendida a ordem de classificação da licitação anterior e aceitas as mesmas condições oferecidas pelo licitante vencedor, inclusive quanto ao preço, devidamente corrigido.

V. É inexigível licitação para a aquisição ou restauração de obras de arte e objetos históricos, de autenticidade certificada, desde que compatíveis ou inerentes às finalidades do órgão ou entidade.

A) estão incorretas as afirmativas I, II e III.
B) estão incorretas as afirmativas I, III e IV.
C) estão incorretas as afirmativas II, III e V.
D) estão incorretas as afirmativas III, IV e V.

2344) (2016) Banca: PR-4 UFRJ – Órgão: UFRJ – Prova: Técnico em Laboratório – Herbário (+ provas)

Vânia é servidora pública federal há dez anos, investida no cargo de Administradora na UFRJ. Com vasta experiência em processos de licitação e contratos, Vânia, representante da Administração Pública, precisa contratar profissional especializado a fim de restaurar as obras de arte e os bens de valor histórico do Museu Nacional da Universidade. Trata-se de um trabalho de natureza singular, com profissional de notória especialização. De acordo com a Lei nº 8.666/93, para essa contratação, a licitação:

A) é exigível, na modalidade de tomada de preços.
B) é exigível, na modalidade de convite.
C) é dispensável.
D) é inexigível, se não houver possibilidade de competição.
E) é inexigível, mesmo se houver possibilidade de competição.

2345) (2016) Banca: OBJETIVA – Órgão: Prefeitura de Terra de Areia – RS – Prova: Agente Administrativo Auxiliar

De acordo com ALEXANDRINO e PAULO, a regra geral é que a contratação de serviços técnicos profissionais especializados seja precedida de licitação na modalidade concurso. Só quando for um serviço singular, prestado por profissional ou empresa de notória especialização, é que a licitação para contratação de serviços técnicos profissionais especializados será:

A) Deserta.
B) Dispensável.
C) Indispensável.
D) Exigível.
E) Inexigível.

2346) (2016) Banca: AOCP – Órgão: Prefeitura de Juiz de Fora – MG – Prova: Contador

A Lei 8.666/93, sobre o processo de licitação e contratos com a administração pública, menciona que alguns Serviços Técnicos Profissionais Especializados podem ser dispensados do processo de licitação. Diante dessa afirmação, assinale a alternativa que apresenta esse ato de dispensa de licitação por parte da administração pública.

A) Licitações especiais.
B) Exigência de comprovação de especialidades.
C) Licitações Comuns.
D) Exigibilidade.
E) Inexigibilidade.

2347) (2016) Banca: FCM – Órgão: IF Farroupilha – RS – Prova: Administrador

O prefeito de uma cidade X vai contratar, para as festividades de aniversário do município, um cantor consagrado pela crítica especializada e pela opinião pública, diretamente ou por meio de empresário exclusivo, em conformidade com o Art. 25 da Lei 8666/93.

Para esta contratação, a legislação prevê

A) a modalidade pregão eletrônico.
B) a modalidade concurso para a escolha do artista.
C) o leilão entre os empresários na escolha da melhor oferta.
D) a inexigibilidade de licitação, porque é uma situação em que é inviável a competição.
E) a modalidade concorrência entre os empresários para a escolha da melhor oferta.

2348) (2016) Banca: INSTITUTO AOCP – Órgão: EBSERH – Prova: Analista Administrativo – Contabilidade (CH-UFPA)

Quando houver a inviabilidade de competição em determinadas aquisições ou contratações de serviços pelo órgão público, a licitação é denominada

A) nula, pois não pode existir tal situação.
B) especial.
C) inexigível.
D) inexistente.
E) judicial.

2349) (2016) Banca: COPEVE-UFAL – Órgão: UFAL – Prova: Administrador (Edital n. 30)

Uma Universidade Federal necessita, em algumas situações, usar da prerrogativa de inexigibilidade para aquisição de bens ou contratação de serviços. Dadas as situações que possibilitam o uso da inexigibilidade,

I. Inscrição de um servidor da Universidade para participar de um Congresso Brasileiro de Pregoeiros.
II. Contratação de um cantor de renome nacional para abertura do Festival de Música da Universidade.
III. Aquisição de software para laboratório de curso de graduação em Ciências da Computação, fornecido por empresa com exclusividade no Brasil.

Verifica-se que está(ão) correta(s)

A) I, apenas.
B) II, apenas.
C) I e III, apenas.
D) II e III, apenas.
E) I, II e III.

2350) (2016) Banca: Serctam – Órgão: Prefeitura de Quixadá – CE – Prova: Advogado

Marque a alternativa correta. É inexigível a licitação:

A) Para outros serviços e compras de valor até 10% (dez por cento) do limite previsto na alínea «a», do inciso II do artigo 23 da Lei 8.666/93 e para alienações, nos casos previstos na citada Lei, desde que não se refiram a parcelas de um mesmo serviço, compra ou alienação de maior vulto que possa ser realizada de uma só vez
B) Nos casos de guerra ou grave perturbação da ordem.
C) Quando as propostas apresentadas consignarem preços manifestamente superiores aos praticados no mercado nacional, ou forem incompatíveis com os fixados pelos órgãos oficiais competentes, casos em que, observado o parágrafo único do art. 48 da Lei n° 8.666/93 e, persistindo a situação, será admitida a adjudicação direta dos bens ou serviços, por valor não superior ao constante do registro de preços, ou dos serviços.
D) Nos casos de emergência ou de calamidade pública, quando caracterizada urgência de atendimento de situação que possa ocasionar prejuízo ou comprometer a segurança de pessoas, obras, serviços, equipamentos e outros bens, públicos ou particulares, e somente para os bens necessários ao atendimento da situação emergencial ou calamitosa e para as parcelas de obras e serviços que possam ser concluídas no prazo máximo de 180 (cento e oitenta) dias consecutivos e ininterruptos, contados da ocorrência da emergência ou calamidade, vedada a prorrogação dos respectivos contratos.
E) Para aquisição de materiais, equipamentos, ou gêneros que só possam ser fornecidos por produtor, empresa ou representante comercial exclusivo, vedada a preferência de marca, devendo a comprovação de exclusividade ser feita através de atestado fornecido pelo órgão de registro do comércio do local em que se realizaria a licitação ou a obra ou o serviço, pelo Sindicato, Federação ou Confederação Patronal, ou, ainda, pelas entidades equivalentes.

2351) (2016) Banca: VUNESP – Órgão: Prefeitura de Alumínio – SP – Prova: Procurador Jurídico

Nos termos da Lei nº 8.666/93, é inexigível a licitação

A) quando houver possibilidade de comprometimento da segurança nacional, nos casos estabelecidos em decreto do Presidente da República, ouvido o Conselho de Defesa Nacional.
B) na contratação de remanescente de obra, serviço ou fornecimento, em consequência de rescisão contratual, desde que atendida a ordem de classificação da licitação anterior e aceitas as mesmas condições oferecidas pelo licitante vencedor, inclusive quanto ao preço, devidamente corrigido.
C) nas compras de hortifrutigranjeiros, pão e outros gêneros perecíveis, no tempo necessário para a realização dos processos licitatórios correspondentes, realizadas diretamente com base no preço do dia.
D) para contratação de profissional de qualquer setor artístico, diretamente ou através de empresário exclusivo, desde que consagrado pela crítica especializada ou pela opinião pública.
E) para a aquisição ou restauração de obras de arte e objetos históricos, de autenticidade certificada, desde que compatíveis ou inerentes às finalidades do órgão ou entidade.

2352) (2016) Banca: VUNESP – Órgão: Prefeitura de Rosana – SP – Prova: Procurador do Município

A Prefeitura Municipal de Rosana pretende contratar artistas para a realização de um espetáculo no aniversário da cidade. Para realizar tal contratação, os agentes públicos responsáveis pela organização do show

A) devem realizar a licitação, pelo princípio da obrigatoriedade da licitação, que impõe que todos façam realizar o procedimento antes de contratarem obras e serviços, não estando a contratação de artistas dentre as hipóteses que não se compatibilizam com o rito do processo licitatório.
B) podem realizar a contratação direta, por caracterizar-se pela circunstância de que, em tese, poderia o procedimento ser realizado, mas que, pela particularidade do caso, decidiu o legislador não torná-lo obrigatório em relação aos artistas.
C) devem realizar a licitação, pela modalidade de pregão, já que os serviços artísticos são comuns, com exceção daqueles serviços prestados por artistas que possuam notória fama nacional, para os quais a licitação é dispensada.
D) podem realizar a contratação direta, por dispensa de licitação, por previsão expressa da Lei Federal n° 8.666/93, que considera que a arte é personalíssima, não se podendo sujeitar a fatores objetivos de avaliação, requisito dos procedimentos licitatórios.

E) podem realizar a contratação direta, por inexigibilidade de licitação, por previsão expressa da Lei Federal n° 8.666/93, que impõe apenas como requisito que o artista contratado seja consagrado pela crítica ou pelo público.

2353) (2015) Banca: VUNESP – Órgão: Prefeitura de Suzano – SP – Prova: Procurador Jurídico

A Prefeitura de Suzano pretende contratar os seguintes serviços de terceiros: publicidade e divulgação dos atos da administração de interesse da coletividade; e defesa profissional de uma complexa causa jurídica de interesse do Município. Assim sendo, nos moldes do disposto na Lei n° 8.666/93, é correto afirmar que

A) o primeiro serviço pode ser contratado diretamente, por dispensa de licitação, enquanto que o segundo exige a licitação na modalidade concorrência.
B) ambos os serviços podem ser contratados diretamente, por inexigibilidade de licitação.
C) ambos os serviços podem ser contratados diretamente, por dispensa de licitação.
D) o primeiro deve ser contratado por licitação, e o segundo pode ser contratado diretamente, por inexigibilidade de licitação, desde que de natureza singular, com profissionais ou empresas de notória especialização.
E) o primeiro pode ser contratado diretamente, por inexigibilidade de licitação, desde que de natureza singular, com profissionais ou empresas de notória especialização, enquanto que o segundo exige licitação.

2354) (2016) Banca: FUNRIO – Órgão: IF-PA – Prova: Auditor

É inexigível a licitação quando houver inviabilidade de competição, em especial:

A) na contratação de fornecimento ou suprimento de energia elétrica e gás natural com concessionário, permissionário ou autorizado, segundo as normas da legislação específica.
B) para contratação de profissional de qualquer setor artístico, diretamente ou através de empresário exclusivo, desde que consagrado pela crítica especializada ou pela opinião pública.
C) na celebração de contrato de programa com ente da Federação ou com entidade de sua administração indireta, para a prestação de serviços públicos de forma associada nos termos do autorizado em contrato de consórcio público ou em convênio de cooperação.
D) na aquisição de bens e contratação de serviços para atender aos contingentes militares das Forças Singulares brasileiras empregadas em operações de paz no exterior, necessariamente justificadas quanto ao preço e à escolha do fornecedor ou executante e ratificadas pelo Comandante da Força.
E) na contratação de entidades privadas sem fins lucrativos, para a implementação de cisternas ou outras tecnologias sociais de acesso à água para consumo humano e produção de alimentos, para beneficiar as famílias rurais de baixa renda atingidas pela seca ou falta regular de água.

2355) (2016) Banca: IBFC – Órgão: Câmara de Franca – SP – Prova: Advogado

É inexigível a licitação quando houver inviabilidade de competição, em especial na contratação:

A) de profissional de qualquer setor artístico, diretamente ou através de empresário exclusivo, desde que consagrado pela crítica especializada ou pela opinião pública.
B) de entidades privadas sem fins lucrativos, para a implementação de cisternas ou outras tecnologias sociais de acesso à água para consumo humano e produção de alimentos, para beneficiaras famílias rurais de baixa renda atingidas pela seca ou falta regular de água.
C) de instituição ou organização, pública ou privada, com ou sem fins lucrativos, para a prestação de serviços de assistência técnica e extensão rural no âmbito do Programa Nacional de Assistência Técnica e Extensão Rural na Agricultura Familiar e na Reforma Agrária, instituído por lei federal.
D) realizada por Instituição Científica e Tecnológica – ICT ou por agência de fomento para a transferência de tecnologia e para o licenciamento de direito de uso ou de exploração de criação protegida.

2356) (2016) Banca: IBEG – Órgão: Prefeitura de Resende – RJ – Prova: Assistente Administrativo

«Se verifica sempre que houver impossibilidade jurídica de competição". O presente conceito refere-se à:

A) Inexigibilidade de licitação.
B) Dispensa de licitação.
C) Licitação dispensável.
D) Licitação dispensada.
E) Nenhuma das alternativas.

2357) (2016) Banca: IBADE – Órgão: Prefeitura de Rio Branco – AC – Prova: Administrador (+ provas)

É inexigível a licitação quando houver inviabilidade de competição, em especial:

A) na contratação em que houver transferência de tecnologia de produtos estratégicos para o Sistema Único de Saúde – SUS.
B) quando a União tiver que intervir no domínio econômico para regular preços ou normalizar o abastecimento.
C) quando não acudirem interessados à licitação anterior e esta, justificadamente, não puder ser repetida sem prejuízo para a Administração, mantidas, neste caso, todas as condições preestabelecidas.
D) nos casos de guerra ou grave perturbação da ordem.
E) para contratação de profissional de qualquer setor artístico, diretamente ou através de empresário exclusivo, desde que consagrado pela crítica especializada ou pela opinião pública.

2358) (2016) Banca: MPE-SC – Órgão: MPE-SC – Prova: Promotor de Justiça – Matutina

É inexigível licitação para a celebração de contratos de prestação de serviços com as organizações sociais, qualificadas no âmbito das respectivas esferas de governo, para atividades contempladas no contrato de gestão.

A) Certo B) Errado

2359) (2016) Banca: FUMARC – Órgão: Prefeitura de Matozinhos – MG – Prova: Advogado

A contratação de profissional de qualquer setor artístico, diretamente ou através de empresário exclusivo, desde que consagrado pela crítica especializada ou pela opinião pública, constitui hipótese de:

A) Inexigibilidade de licitação.
B) Licitação dispensada.
C) Licitação dispensável.
D) Licitação obrigatória.

2360) (2016) Banca: FAUEL – Órgão: CISMEPAR – PR – Prova: Advogado

Aponte, abaixo, uma hipótese que NÃO representa caso de inexigibilidade de licitação:

A) Aquisição de materiais, equipamentos, ou gêneros que só possam ser fornecidos por produtor, empresa ou representante comercial exclusivo.
B) Nos casos de guerra ou grave perturbação da ordem.
C) Contratação de serviço técnico de restauração de obras de arte, com profissionais ou empresas de notória especialização.
D) Contratação de profissional de qualquer setor artístico, diretamente ou através de empresário exclusivo, desde que consagrado pela crítica especializada ou pela opinião pública.

2361) (2016) Banca: FCM – Órgão: Prefeitura de Barbacena – MG – Prova: Advogado (+ provas)

A Prefeitura de um município de Minas Gerais, no intuito de comemorar o aniversário de 100 anos da cidade e, em razão das festividades programadas, resolve contratar uma dupla sertaneja de renome nacional, consagrada pela opinião pública, para fazer uma apresentação. Essa dupla de artistas possui enorme identificação com a população local por fazer menção ao referido município em seu repertório de canções. Segundo o Estatuto de Licitações e Contratos (Lei 8.666/93), essa contratação

A) será firmada por meio de dispensa de licitação.
B) será firmada pela modalidade de licitação convite.
C) será firmada por meio de inexigibilidade de licitação.
D) será firmada pela modalidade de licitação concorrência.

2362) (2014) Banca: FADESP – Órgão: CREA-PA – Prova: Analista Técnico

É caso de inexigibilidade de licitação

A) contratação realizada por empresa pública ou sociedade de economia mista com suas subsidiárias e controladas, para a aquisição ou alienação de bens, prestação ou obtenção de serviços, desde que o preço contratado seja compatível com o praticado no mercado.
B) contratação realizada por Instituição Científica e Tecnológica – ICT ou por agência de fomento para a transferência de tecnologia e para o licenciamento de direito de uso ou de exploração de criação protegida.
C) as compras de material de uso pelas Forças Armadas, com exceção de materiais de uso pessoal e administrativo, quando houver necessidade de manter a padronização requerida pela estrutura de apoio logístico dos meios navais, aéreos e terrestres, mediante parecer de comissão instituída por decreto.
D) aquisição de materiais, equipamentos, ou gêneros que só possam ser fornecidos por produtor, empresa ou representante comercial exclusivo, vedada a preferência de marca, devendo a comprovação de exclusividade ser feita através de atestado fornecido pelo órgão de registro do comércio do local em que se realizaria a licitação ou a obra ou o serviço, pelo Sindicato, Federação ou Confederação Patronal, ou, ainda, pelas entidades equivalentes.

2363) (2016) Banca: FUNCAB – Órgão: Prefeitura de Santa Maria de Jetibá – ES – Prova: Arquiteto Urbanista

Sendo o fornecedor de um produto o único a produzi-lo, haveria impossibilidade de competição. Tal situação, em relação ao procedimento licitatório e segundo a Lei nº 8.666/1993, tipifica caso de:

A) inexigibilidade.
B) dispensa.
C) vedação.
D) pregão.
E) registro de preços.

2364) (2016) Banca: FUNCAB – Órgão: ANS – Prova: Técnico em Regulação de Saúde Suplementar

Para contratação de profissional de qualquer setor artístico, diretamente ou através de empresário exclusivo, desde que consagrado pela crítica especializada ou pela opinião pública, a licitação é:

A) obrigatória.
B) inexigível.
C) dispensável.
D) dispensada.
E) facultativa.

2365) (2016) Banca: FUNRIO – Órgão: IF-BA – Prova: Auxiliar em Administração

A Lei Federal nº 8.666, de 21 de junho de 1993 e alterações, estabelece que a licitação é inexigível

A) para contratação de profissional de qualquer setor artístico, diretamente ou através de empresário exclusivo, desde que consagrado pela crítica especializada, e para aquisição de materiais que só possam ser fornecidos por produtor exclusivo, vedada a preferência de marca, com a comprovação de exclusividade feita através de atestado fornecido pelo órgão de registro do comércio do local em que se realizaria a licitação.
B) para as compras de material de uso pelas Forças Armadas, com exceção de materiais de uso pessoal e administrativo, quando houver necessidade de manter a padronização requerida pela estrutura de apoio logístico dos meios navais, aéreos e terrestres, mediante parecer de comissão instituída por decreto, e para a aquisição ou restauração de obras de arte e objetos históricos, de autenticidade certificada, desde que compatíveis ou inerentes às finalidades do órgão ou entidade
C) quando a União tiver que intervir no domínio econômico para regular preços ou normalizar o abastecimento, e quando houver possibilidade de comprometimento da segurança nacional, nos casos estabelecidos em decreto do Presidente da República, ouvido o Conselho de Defesa Nacional.

D) para a aquisição ou restauração de obras de arte e objetos históricos, de autenticidade certificada, desde que compatíveis ou inerentes às finalidades do órgão ou entidade, e para contratação de profissional de qualquer setor artístico, diretamente ou através de empresário exclusivo, desde que consagrado pela crítica especializada.

E) na contratação de entidades privadas sem fins lucrativos, para a implementação de cisternas ou outras tecnologias sociais de acesso à água para consumo humano e produção de alimentos, para beneficiar as famílias rurais de baixa renda atingidas pela seca, e para aquisição de materiais que só possam ser fornecidos por produtor exclusivo, vedada a preferência de marca, com a comprovação de exclusividade feita através de atestado fornecido pelo órgão de registro do comércio do local em que se realizaria a licitação.

2366) (2016) Banca: FAU – Órgão: Prefeitura de Chopinzinho – PR – Prova: Procurador Municipal

Assinale a alternativa que corresponde a uma hipótese de inexigibilidade de licitação:

A) Nos casos de guerra ou grave perturbação da ordem.

B) Quando a União tiver que intervir no domínio econômico para regular preços ou normalizar o abastecimento.

C) Nas compras de hortifrutigranjeiros, pão e outros gêneros perecíveis, no tempo necessário para a realização dos processos licitatórios correspondentes, realizadas diretamente com base no preço do dia.

D) Para as compras de material de uso pelas Forças Armadas, com exceção de materiais de uso pessoal e administrativo, quando houver necessidade de manter a padronização requerida pela estrutura de apoio logístico dos meios navais, aéreos e terrestres, mediante parecer de comissão instituída por decreto.

E) Para contratação de profissional de qualquer setor artístico, diretamente ou através de empresário exclusivo, desde que consagrado pela crítica especializada ou pela opinião pública.

2367) (2015) Banca: BIO-RIO – Órgão: IF-RJ – Prova: Engenheiro Civil

O processo de licitação é regra prévia a toda contratação no âmbito do Poder Público. Entretanto, podem ser emitidos pareceres técnicos e jurídicos que tornem a licitação não necessária. Neste caso, diz-se que a licitação não ocorre por um caso de:

A) improbidade ou dispensa.

B) dispensa ou inexigibilidade.

C) licença ou inexigibilidade.

D) dispensa ou licença.

E) inexigibilidade ou improbidade.

2368) (2011) Banca: FUJB – Órgão: MPE-RJ – Prova: Técnico Administrativo

A inexigibilidade de licitação:

A) não existe no direito brasileiro;

B) reduz-se às hipóteses taxativamente previstas em lei;

C) não exige justificativa e ratificação da autoridade superior;

D) decorre da inviabilidade de competição verificada no caso concreto;

E) não encontra previsão na Lei n° 8.666/93.

2369) (2017) Banca: LEGALLE CONCURSOS – Órgão: Câmara de Vereadores de Guaíba – RS – Prova: Procurador

A inexigibilidade ocorre quando houver inviabilidade de competição, nesse sentido, assinale a opção que representa um caso de inexigibilidade de licitação:

A) Em celebrações de contratos de prestação de serviços com as organizações sociais, qualificadas no âmbito das respectivas esferas de governo, para atividades contempladas no contrato de gestão.

B) No fornecimento de bens e serviços, produzidos ou prestados no País, que envolvam, cumulativamente, alta complexidade tecnológica e defesa nacional, mediante parecer de comissão especialmente designada pela autoridade máxima do órgão.

C) Para contratação de profissional de qualquer setor artístico, diretamente ou através de empresário exclusivo, desde que consagrado pela crítica especializada ou pela opinião pública.

D) Na contratação realizada por Instituição Científica e Tecnológica – ICT ou por agência de fomento para a transferência de tecnologia e para o licenciamento de direito de uso ou de exploração de criação protegida.

E) Em compras de material de uso das Forças Armadas, com exceção de materiais de uso pessoal e administrativo, quando houver necessidade de manter a padronização requerida pela estrutura de apoio logístico dos meios navais, aéreos e terrestres, mediante parecer de comissão instituída por decreto.

2370) (2016) Banca: CCV-UFC – Órgão: UFC – Prova: Assistente em Administração

Para a aquisição ou restauração de obras de arte e objetos históricos, de autenticidade certificada, desde que compatíveis ou inerentes às finalidades do órgão ou entidade, utiliza-se a seguinte modalidade de licitação:

A) Leilão.

B) Concurso.

C) Concorrência.

D) Tomada de preço.

E) É dispensável o processo de licitação.

2371) (2013) Banca: MPE-SP – Órgão: MPE-SP – Prova: Promotor de Justiça Substituto

Em quais hipóteses NÃO há dispensa e inexigibilidade de licitação?

A) Inviabilidade de competição para a contratação de serviços técnicos de natureza singular, desde que comprovada a notória especialização do contratado, e compra de materiais fornecidos exclusivamente por uma única empresa.

B) Contratação de empresa diversa da vencedora do certame original em consequência de rescisão contratual, atendida a ordem e condições aceitas da licitação anterior, e contratação de escritório de arquitetura reconhecido internacionalmente por sua excelência nos projetos de estádios de futebol.

C) Dação em pagamento de bem imóvel com prévia avaliação e autorização legislativa e contratação de professor universitário, ex-ministro da Suprema Corte, para elaboração de parecer jurídico na sua área específica do Direito.

D) Contratação de serviços de publicidade e concessão da coleta do lixo escolar.

E) Concessão de direito real de uso de imóvel para outro órgão da administração pública e contratação de profissional do setor artístico consagrado pela opinião pública.

O termo Licitação deserta refere-se à situação em que nenhum interessado apresentou proposta. Nesse caso, a administração poderá realizar a contratação direta por dispensa de licitação, caso a licitação não puder ser repetida sem prejuízo ao poder público. A licitação fracassada, por sua vez, refere-se à situação em que comparecem interessados, contudo, nenhum desses atende às especificações do Edital e as necessidades da Administração. Nesse caso, será aberto o prazo de 08 dias úteis para apresentação de documentação complementar ou, se for o caso, de outras propostas.

2372) (2011) Banca: CESPE – Órgão: DPE-MA – Prova: Defensor Público

Configurar-se-á licitação deserta quando

A) todos os licitantes forem inabilitados.
B) nenhum dos licitantes adjudicar o objeto do certame.
C) verificar-se conluio entre os licitantes, caracterizando-se ausência de concorrência.
D) não aparecerem interessados e a licitação não puder ser repetida sem prejuízo para a administração.
E) nenhum dos licitantes atender aos requisitos do edital.

2373) (2017) Banca: CESPE – Órgão: TRE-BA – Prova: Conhecimentos Gerais – Nível Superior (+ provas)

Em caso de inabilitação de todos os candidatos será aberto o prazo de 05 dias úteis para apresentação de documentação complementar ou, se for o caso, de outras. Propostas

A) Certo B) Errado

2374) (2013) Banca: VUNESP – Órgão: ITESP – Prova: Advogado

Tratando-se de licitação denominada deserta, é correto afirmar:

A) trata-se de licitação em que aparecem interessados, mas nenhum é selecionado em decorrência da inabilitação ou da desclassificação.
B) ocorrendo, a Administração Pública não está dispensada de realizar nova licitação, para não causar pre- juízo público.
C) é aquela em que houve dispensa de licitação, quando o contrato tenha por objetivo atender uma situação extrema.
D) tem como um dos requisitos que nenhum interessado tenha apresentado a documentação exigida na proposta.
E) deve ser reconhecida quando é caso de aquisição de bens ou serviços e a licitação é dispensada por seu valor.

2375) (2014) Banca: VUNESP – Órgão: SP-URBANISMO – Prova: Analista Administrativo

Determinada licitação foi aberta e apareceram interessados, mas nenhum é selecionado, em decorrência de inabilitação ou de desclassificação das propostas. Essa situação caracteriza o que a doutrina denomina de licitação

A) fracassada.
B) nula.
C) deserta.
D) inútil.
E) tentada.

2376) (2014) Banca: VUNESP – Órgão: Câmara Municipal de São José dos Campos – SP – Prova: Analista Legislativo – Advogado

Em uma licitação não apareceu nenhum interessado no certame. Um novo processo licitatório, nesse caso, seria prejudicial para a Administração Pública. Assim, a Lei de Licitações permite a contratação direta, sem nova licitação, desde que mantidas as condições constantes do instrumento convocatório. Essa situação caracteriza a denominada licitação

A) fracassada.
B) anormal.
C) justificada.
D) excepcional.
E) deserta.

2377) (2014) Banca: VUNESP – Órgão: IPT-SP – Prova: Comprador

Considere o enunciado a seguir para responder à questão.

Uma fundação pública promoveu a realização de uma licitação para a aquisição de serviços de manutenção predial. A licitação foi aberta e não apareceram interessados.

A situação descrita no enunciado é também chamada de

A) fracassada.
B) inóspita.
C) deserta.
D) inócua.
E) mutável.

2378) (2012) Banca: CEPERJ – Órgão: Rioprevidência – Prova: Assistente Previdenciário

Tendo a Administração Pública realizado licitação e não tendo acorrido licitantes, está-se diante de uma licitação considerada:

A) perfeita
B) acabada
C) inexigível
D) dispensada
E) deserta

2379) (2015) Banca: SHDIAS – Órgão: IMA – Prova: Analista Administrativo Jr.

Se houver inabilitação de todos os concorrentes, em decorrência de licitação deserta ou fracassada, a Administração poderá fixar aos licitantes, para apresentação de nova documentação, o prazo de:

A) Dois dias úteis.
B) Três dias úteis.
C) Cinco dias úteis.
D) Oito dias úteis.

2380) (2016) Banca: Aprender – SC – Órgão: SIMAE – SC – Prova: Advogado

Segundo a Lei 8.666/93, quando todos os licitantes forem inabilitados ou todas as propostas forem desclassificadas, a administração poderá fixar aos licitantes qual prazo para a apresentação de nova documentação ou de outras propostas escoimadas nas causas casos previstos em lei?

A) 3 (três) dias úteis.
B) 5 (cinco) dias úteis.
C) 8 (oito) dias úteis.
D) 10 (dez) dias úteis.

GABARITO – LICITAÇÕES

1823) CERTO	1870) A	1917) B	1964) B	2011) C	2058) D
1824) CERTO	1871) C	1918) C	1965) ERRADO	2012) CERTO	2059) B
1825) D	1872) B	1919) ERRADO	1966) CERTO	2013) E	2060) E
1826) B	1873) A	1920) CERTO	1967) D	2014) A	2061) CERTO
1827) C	1874) CERTO	1921) D	1968) CERTO	2015) B	2062) CERTO
1828) CERTO	1875) C	1922) B	1969) CERTO	2016) ERRADO	2063) CERTO
1829) CERTO	1876) B	1923) B	1970) D	2017) ERRADO	2064) D
1830) CERTO	1877) E	1924) D	1971) C	2018) D	2065) B
1831) ERRADO	1878) B	1925) E	1972) C	2019) C	2066) CERTO
1832) ERRADO	1879) D	1926) C	1973) E	2020) CERTO	2067) CERTO
1833) CERTO	1880) A	1927) D	1974) A	2021) CERTO	2068) CERTO
1834) C	1881) C	1928) A	1975) C	2022) CERTO	2069) CERTO
1835) C	1882) B	1929) D	1976) C	2023) CERTO	2070) ERRADO
1836) D	1883) C	1930) C	1977) ERRADO	2024) CERTO	2071) CERTO
1837) E	1884) C	1931) ERRADO	1978) E	2025) CERTO	2072) C
1838) B	1885) A	1932) B	1979) A	2026) ERRADO	2073) C
1839) C	1886) B	1933) D	1980) CERTO	2027) D	2074) E
1840) B	1887) C	1934) A	1981) A	2028) D	2075) CERTO
1841) C	1888) D	1935) B	1982) B*	2029) D	2076) A
1842) D	1889) ERRADO	1936) CERTO	1983) D	2030) E	2077) D
1843) D	1890) ERRADO	1937) CERTO	1984) A	2031) A	2078) B
1844) E	1891) ERRADO	1938) C	1985) A	2032) D	2079) A
1845) D	1892) ERRADO	1939) E	1986) B	2033) C	2080) C
1846) D	1893) B	1940) C	1987) A	2034) E	2081) B
1847) A	1894) D	1941) A	1988) ERRADO	2035) E	2082) CERTO
1848) E	1895) CERTO	1942) ERRADO	1989) CERTO	2036) C	2083) A
1849) D	1896) CERTO	1943) E	1990) B	2037) E	2084) A
1850) A	1897) C	1944) C	1991) D	2038) D	2085) E
1851) ERRADO	1898) C	1945) B	1992) C	2039) E	2086) C
1852) ERRADO	1899) B	1946) C	1993) B	2040) A	2087) C
1853) ERRADO	1900) D	1947) A	1994) C	2041) ERRADO	2088) C
1854) C	1901) D	1948) A	1995) ERRADO	2042) ERRADO	2089) C
1855) E	1902) C	1949) B	1996) CERTO	2043) ERRADO	2090) CERTO
1856) CERTO	1903) D	1950) D	1997) A	2044) A	2091) A
1857) CERTO	1904) D	1951) E	1998) D	2045) E	2092) ERRADO
1858) ERRADO	1905) A	1952) D	1999) CERTO	2046) D	2093) B
1859) A	1906) CERTO	1953) E	2000) B	2047) CERTO	2094) CERTO
1860) B	1907) CERTO	1954) E	2001) C	2048) ERRADO	2095) CERTO
1861) E	1908) CERTO	1955) A	2002) A	2049) CERTO	2096) E
1862) A	1909) ERRADO	1956) D	2003) E	2050) CERTO	2097) C
1863) ERRADO	1910) ERRADO	1957) ERRADO	2004) ERRADO	2051) E	2098) C
1864) A	1911) ERRADO	1958) E	2005) C	2052) CERTO	2099) D
1865) D	1912) D	1959) ERRADO	2006) E	2053) CERTO	2100) B
1866) B	1913) E	1960) ERRADO	2007) A	2054) C	2101) A
1867) B	1914) A	1961) CERTO	2008) C	2055) B	2102) A
1868) A	1915) A	1962) ERRADO	2009) D	2056) C	2103) E
1869) B	1916) B	1963) A	2010) E	2057) B	2104) A

7. LICITAÇÕES

2105) ERRADO	2151) CERTO	2197) D	2243) E	2289) D	2335) D
2106) ERRADO	2152) C	2198) E	2244) D	2290) D	2336) B
2107) CERTO	2153) A	2199) A	2245) ERRADO	2291) E	2337) C
2108) ERRADO	2154) B	2200) E	2246) CERTO	2292) ERRADO	2338) C
2109) D	2155) A	2201) D	2247) CERTO	2293) B	2339) A
2110) ERRADO	2156) D	2202) B	2248) CERTO	2294) A	2340) D
2111) ERRADO	2157) C	2203) C	2249) ERRADO	2295) D	2341) C
2112) B	2158) B	2204) B	2250) ERRADO	2296) B	2342) B
2113) B	2159) D	2205) B	2251) A	2297) B	2343) D
2114) C	2160) ERRADO	2206) D	2252) ERRADO	2298) B	2344) D
2115) B	2161) D	2207) D	2253) B	2299) D	2345) E
2116) A	2162) E	2208) C	2254) B	2300) C	2346) E
2117) A	2163) C	2209) CERTO	2255) C	2301) B	2347) D
2118) A	2164) B	2210) CERTO	2256) E	2302) E	2348) C
2119) E	2165) CERTO	2211) B	2257) C	2303) D	2349) E
2120) E	2166) CERTO	2212) CERTO	2258) B	2304) C	2350) E
2121) CERTO	2167) CERTO	2213) C	2259) A	2305) A	2351) D
2122) ERRADO	2168) ERRADO	2214) E	2260) D	2306) CERTO	2352) E
2123) ERRADO	2169) A	2215) E	2261) C	2307) B	2353) D
2124) E	2170) B	2216) C	2262) A	2308) C	2354) B
2125) B	2171) C	2217) CERTO	2263) E	2309) CERTO	2355) A
2126) C	2172) C	2218) CERTO	2264) E	2310) CERTO	2356) A
2127) CERTO	2173) CERTO	2219) ERRADO	2265) B	2311) CERTO	2357) E
2128) C	2174) ERRADO	2220) CERTO	2266) E	2312) CERTO	2358) ERRADO
2129) E	2175) CERTO	2221) D	2267) D	2313) CERTO	2359) A
2130) CERTO	2176) CERTO	2222) D	2268) C	2314) CERTO	2360) B
2131) ERRADO	2177) ERRADO	2223) D	2269) E	2315) D	2361) C
2132) E	2178) D	2224) A	2270) CERTO	2316) C	2362) D
2133) D	2179) CERTO	2225) E	2271) B	2317) ERRADO	2363) A
2134) A	2180) CERTO	2226) B	2272) B	2318) CERTO	2364) B
2135) A	2181) ERRADO	2227) D	2273) C	2319) ERRADO	2365) A
2136) A	2182) A	2228) A	2274) E	2320) CERTO	2366) E
2137) C	2183) C	2229) C	2275) A	2321) A	2367) B
2138) D	2184) D	2230) C	2276) CERTO	2322) E	2368) D
2139) A	2185) A	2231) ERRADO	2277) A	2323) A	2369) C
2140) D	2186) B	2232) CERTO	2278) C	2324) C	2370) E
2141) E	2187) D	2233) ERRADO	2279) D	2325) A	2371) D
2142) C	2188) C	2234) E	2280) C	2326) B	2372) D
2143) A	2189) A	2235) B	2281) A	2327) E	2373) ERRADO
2144) A	2190) D	2236) ERRADO	2282) D	2328) E	2374) D
2145) ERRADO	2191) ERRADO	2237) CERTO	2283) A	2329) A	2375) A
2146) E	2192) CERTO	2238) ERRADO	2284) C	2330) B	2376) E
2147) C	2193) ERRADO	2239) CERTO	2285) B	2331) B	2377) C
2148) A	2194) ERRADO	2240) CERTO	2286) D	2332) ERRADO	2378) E
2149) CERTO	2195) B	2241) ERRADO	2287) B	2333) C	2379) D
2150) CERTO	2196) C	2242) ERRADO	2288) A	2334) C	2380) C

FRASES PODEROSAS – LICITAÇÕES			
	% de questões	Número de acertos nesse capítulo	% de acertos
A licitação destina-se a garantir a observância do princípio constitucional da isonomia, a seleção da proposta mais vantajosa para a administração e a promoção do desenvolvimento nacional sustentável. O procedimento será processado e julgado em estrita conformidade com os princípios básicos da legalidade, da impessoalidade, da moralidade, da igualdade, da publicidade, da probidade administrativa, da vinculação ao instrumento convocatório, do julgamento objetivo e dos que lhes são correlatos.	9%		
Na situação em que se verifique um empate entre licitantes, serão utilizados os seguintes critérios de desempate que favoreçam bens e serviços na seguinte ordem: produzidos no País; produzidos por empresas brasileiras; produzidos ou prestados por empresas que invistam em pesquisa e desenvolvimento de tecnologia no País e produzidos ou prestados por empresas que comprovem cumprimento de reserva de cargos prevista em lei para pessoa com deficiência ou para reabilitado da Previdência Social e que atendam às regras de acessibilidade previstas na legislação.	4%		
A dispensa de licitação refere-se às hipóteses em que os Contratos administrativos são celebrados diretamente pela Administração Pública sem a realização da licitação prévia. Na dispensa, verifica-se a possibilidade de competição que justifique a realização da licitação, contudo, a legislação admite a dispensa. A Lei nº 8.666/93 estabeleceu, nos artigos 17 (dispensada) e 24 (dispensável), de forma exaustiva, as hipóteses de dispensa de licitação.	21%		
O art. 25, da Lei 8.666/93, descreve algumas hipóteses (rol exemplificativo) de inexigibilidade de licitação. São eles: 1. Aquisição de materiais, equipamentos ou gêneros que somente possam ser fornecidos por produtor, empresa ou representante comercial exclusivo 2. Contratação de serviço técnico de natureza singular, com profissionais ou empresa de notória especialização. 3. Contratação de profissional do setor artístico consagrado pela crítica ou pela opinião pública.	14%		
TOTAL	48%		

8. CONTRATOS ADMINISTRATIVOS

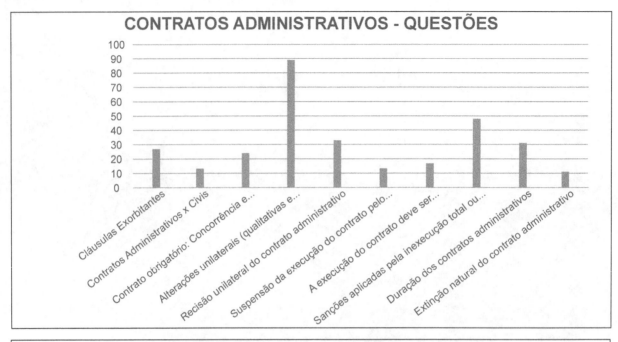

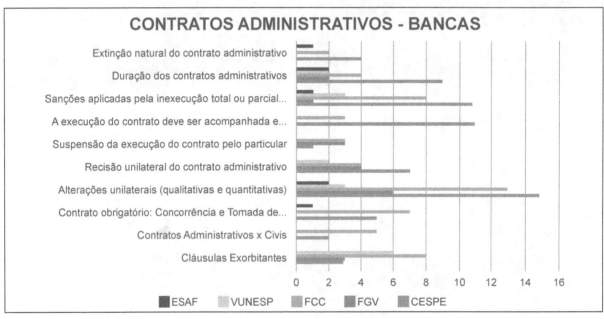

8. CONTRATOS ADMINISTRATIVOS

O art. 2°, parágrafo único, da Lei 8.666/1993, define o contrato administrativo como *"todo e qualquer ajuste entre órgãos ou entidades da Administração Pública e particulares, em que haja um acordo de vontades para a formação de vínculo e a estipulação de obrigações recíprocas, seja qual for a denominação utilizada"*. Portanto, o contrato administrativo é o ajuste que a Administração Pública celebra com pessoas físicas ou jurídicas, públicas ou privadas, para fins de alcançar o interesse público em conformidade com as regras estabelecidas pelo Regime Jurídico de **Direito Público**. Uma vez celebrado o contrato a administração poderá promover a alteração das cláusulas contratadas ou promover a rescisão do contrato, inclusive se o contratado não fez nada de errado, somente por razões de interesse público. Destaca-se que, conforme o art. 4° da Lei 8112/90, **"é proibida a prestação de serviços gratuitos, salvo os casos previstos em lei"**.

2381) (2015) Banca: FCC – Órgão: TJ-SC – Prova: Juiz Substituto

Existe no direito brasileiro, especialmente no âmbito da doutrina, imprecisão na compreensão conceitual do dito "contrato administrativo". Com efeito, o direito positivo brasileiro não é expresso ao cuidar da matéria, nem mesmo o faz de modo nacionalmente unificado. Quando muito, encontram-se exemplos de tratamento da noção de contrato, no direito positivo, com o sentido pragmático de fixação de entendimento necessário para a aplicação de determinada Lei. É o que se passa, por exemplo, com a Lei 8.666/93:

"Para os fins desta Lei, considera-se contrato todo e qualquer ajuste entre órgãos ou entidades da Administração Pública e particulares, em que haja um acordo de vontades para a formação de vínculo e a estipulação de obrigações recíprocas, ..."

Conhecendo o espírito da Lei n° 8.666/93, assim se completa corretamente a definição de contrato apresentada acima:

A) ... observados estritamente os tipos contratuais fixados por esta Lei".
B) ... não sendo admissível contrato celebrado pela Administração e predominantemente regido pelo direito privado".
C) ... devendo tais contratos, salvo exceções legalmente previstas, ser regidos pelos princípios gerais aplicáveis aos contratos privados"
D) ... seja qual for a denominação utilizada".
E) ...excluídas as relações jurídicas em que as partes possuam interesses convergentes".

2382) (2017) Banca: FEPESE – Órgão: JUCESC – Prova: Técnico em Atividades Administrativas

Para fins da Lei 8.666/1993, o ajuste entre órgãos ou entidades da Administração Pública e particulares em que haja acordo de vontades para a formação de vínculo e a estipulação de obrigações recíprocas considera-se:

A) Licitação.
B) Contrato.
C) Alienação.
D) Empreitada integral.
E) Empreitada por preço global.

2383) (2017) Banca: IBFC – Órgão: POLÍCIA CIENTÍFICA-PR – Prova: Perito Criminal – Área 7

Assinale a alternativa que completa corretamente a lacuna.

"Para os fins desta Lei, considera-se _____ todo e qualquer ajuste entre órgãos ou entidades da Administração Pública e particulares, em que haja um acordo de vontades para a formação de vínculo e a estipulação de obrigações recíprocas, seja qual for a denominação utilizada".

A) convênio
B) acordo
C) formado
D) contrato
E) distrato

2384) (2016) Banca: FAEPESUL – Órgão: Prefeitura de Araranguá – SC – Prova: Auxiliar Administrativo

Sobre o conceito de contrato para a Administração Pública, marque V para as alternativas verdadeiras e F para as alternativas F, e em seguida assinale a alternativa correta.

( ) Contrato administrativo, de acordo com a Lei no 8.666/1993, é todo e qualquer ajuste celebrado entre órgãos ou entidades da Administração Pública, por meio do qual se estabelece acordo de vontades, para formação de vínculo e estipulação de obrigações recíprocas.
( ) Regulam-se os contratos pelas respectivas cláusulas, pelas normas da Lei de Licitações e pelos preceitos de direito público. Na falta desses dispositivos, regem-se pelos princípios da teoria geral dos contratos e pelas disposições de direito privado.
( ) Após concluído o processo licitatório ou os procedimentos de dispensa ou inexigibilidade de licitação, a Administração adotará as providências necessárias para celebração do contrato correspondente.
( ) No contrato devem estar estabelecidas com clareza e precisão cláusulas que definam direitos, obrigações e responsabilidade entre os órgãos ou entidades da Administração Pública.
( ) Essas disposições devem estar em harmonia com os termos da proposta vencedora, com o ato convocatório da licitação ou com a autorização para contratação direta por dispensa ou inexigibilidade de licitação.

A) F, F, V, F, V.
B) V, F, F, V, F.
C) F, V, F, V, F.
D) V, V, F, V, F.
E) F, V, V, F, V

2385) (2016) Banca: OBJETIVA – Órgão: Prefeitura de Herveiras – RS – Prova: Agente Administrativo Auxiliar

De acordo com a Lei 8.666/93, analisar a sentença abaixo:

Considera-se contrato somente os ajustes entre Prefeituras e particulares (1ª parte). Somente quando houver um acordo de vontades para a formação de vínculo e a estipulação de obrigações do licitante, seja qual for a denominação utilizada, é feito o contrato (2ª parte).

A sentença está:

A) Correta somente em sua 2ª parte.
B) Totalmente incorreta.

C) Correta somente em sua 1ª parte.
D) Totalmente correta.

2386) (2015) Banca: OBJETIVA – Órgão: Prefeitura de Agudo – RS – Prova: Oficial Administrativo
Com base em ALEXANDRINO e PAULO, no que dispõem sobre contratos administrativos, analisar a sentença abaixo:

Contrato administrativo pode ser definido como o ajuste firmado pela Administração Pública, agindo nesta qualidade, como particulares, ou como outras entidades administrativas, nos termos estipulados pela própria Administração Pública contratante, em conformidade com o interesse público, sob regência predominante do Direito Público (1ª parte). O objeto dos contratos administrativos consiste em uma relação jurídica (ou diversas relações jurídicas) concernente a qualquer bem, direito ou serviço que seja do interesse da Administração Pública, ou necessária ao desempenho de suas atividades – obras, compras, fornecimentos, locações, alienações, serviços e concessões (2ª parte).

A sentença está:
A) Totalmente correta.
B) Correta somente em sua 1ª parte.
C) Correta somente em sua 2ª parte.
D) Totalmente incorreta.

2387) (2015) Banca: CRF-TO – Órgão: CRF-TO – Prova: Assistente Administrativo
Analise as afirmações abaixo.
I. Contrato é o instrumento que expressa o ajuste entre órgãos ou entidades da Administração Pública e particulares, para a formação de vínculo e a estipulação de obrigações recíprocas.
II. Na Constituição conta a obrigatoriedade de licitação para os contratos de obras, serviços, compras e alienações, bem como para a concessão e a permissão de serviços públicos.
III. Estão sujeitas ao ordenamento jurídico das licitações: os órgãos da administração direta, as autarquias, as fundações públicas, as empresas de caráter público, e as entidades controladas diretamente pela União, Estado, Distrito Federal e Municípios. Marque a alternativa que contém o(s) item(ns) correto(s).
A) I
B) I e II
C) II e III
D) I, II e III

2388) (2014) Banca: IBFC – Órgão: SEPLAG-MG – Prova: Gestor de Transportes e Obras – Administração
De acordo com as definições estabelecidas, pertinentes ao processo licitatório na Administração Pública, leia a sentença e preencha a lacuna corretamente: "_____ é todo e qualquer ajuste entre órgãos ou entidades da Administração Pública e particulares, em que haja um acordo de vontades para a formação de vínculo e a estipulação de obrigações recíprocas, seja qual for a denominação utilizada."

Assinale a alternativa que completa corretamente a lacuna.
A) Compra.
B) Alienação.
C) Obra.
D) Contrato.

No âmbito dos contratos administrativos, o poder público poderá fazer uso das denominadas **cláusulas exorbitantes** que conferem ao Estado prerrogativas anômalas, poderes que o particular não possui. São exemplos de cláusulas exorbitantes a possibilidade de:

Alteração unilateral do contrato pela Administração, de modo a adequá-lo ao interesse público;

Rescisão unilateral do contrato pela Administração em virtude do inadimplemento do particular contratado ou em razão de interesse público superveniente;

Aplicação de penalidades ao contratado em razão do descumprimento contratual, desde que expressamente previstas em lei;

Fiscalização e controle da execução do contrato;

Ocupação temporária dos bens do contratado, com o fito de evitar a descontinuidade do serviço prestado. As Cláusulas Exorbitantes, não precisam estar expressamente previstas no Instrumento Convocatório para que possam produzir efeitos durante a execução do Contrato Administrativo.

A Administração Pública não poderá renunciar aos benefícios das Cláusulas Exorbitantes, em razão do Princípio da Indisponibilidade do Interesse Público.

Os contratos administrativos regulam-se pelas suas cláusulas e pelos preceitos de DIREITO PÚBLICO, aplicando-se lhes, supletivamente, os princípios da teoria geral dos contratos e as disposições de direito privado.

2389) (2015) Banca: CESPE – Órgão: Telebras – Prova: Engenheiro
A respeito das licitações públicas e dos contratos administrativos, julgue o item a seguir à luz da legislação pertinente. As cláusulas classificadas como acessórias, tipicamente presentes no contrato administrativo, garantem a supremacia do interesse público ao concederem várias prerrogativas à administração pública.
A) Certo B) Errado

2390) (2015) Banca: CESPE – Órgão: Telebras – Prova: Analista
A respeito das licitações públicas e dos contratos administrativos, julgue o item a seguir à luz da legislação pertinente. As cláusulas classificadas como exorbitantes, tipicamente presentes no contrato administrativo, garantem a supremacia do interesse público ao concederem várias prerrogativas à administração pública.
A) Certo B) Errado

2391) (2017) Banca: CESPE – Órgão: DPE-AC – Prova: Defensor Público
A respeito do princípio da supremacia do interesse público no que tange a contratos administrativos, constitui prerrogativa da administração pública
A) fiscalizar a execução do contrato e impor sanções motivadas, desde que previstas no instrumento contratual, pela inexecução total ou parcial do ajuste.

B) obrigar o contratado a aceitar, nas mesmas condições contratuais, o acréscimo que se fizer em obras, serviços ou compras, até 50% do valor inicial atualizado do contrato.

C) exigir o cumprimento do contrato administrativo pelos preços inicialmente contratados, ainda que posterior criação ou aumento de tributos venha a repercutir no equilíbrio econômico-financeiro do pactuado.

D) modificar, unilateralmente, por imposição de circunstâncias supervenientes, a forma de pagamento ou a garantia de execução contratual.

E) rescindir, unilateralmente, o contrato, por razões de interesse público de alta relevância e amplo conhecimento, hipótese na qual será o contratado reparado de prejuízos regularmente comprovados.

2392) (2014) Banca: CESPE – Órgão: TC-DF – Prova: Técnico de Administração

Com relação aos contratos administrativos, julgue o item subsequente. Aos contratos administrativos aplicam-se, supletivamente, as disposições de direito privado. •

A) Certo B) Errado

2393) (2016) Banca: CESPE – Órgão: FUB – Prova: Auxiliar em Administração

Ainda com base na Lei 8.666/1993, julgue o próximo item, acerca de licitações e contratos da administração pública.

Aplicam-se de forma supletiva os princípios da teoria geral dos contratos e das disposições de direito privado aos contratos administrativos.

A) Certo B) Errado

2394) (2014) Banca: FUNDATEC – Órgão: SEFAZ-RS – Prova: Auditor Fiscal da Receita Estadual

Os contratos administrativos, regulados pela Lei 8.666/93, regem-se pelas suas cláusulas e pelos preceitos de direito público, com aplicação supletiva dos princípios e da teoria geral dos contratos e das disposições de direito privado. Analise as seguintes assertivas sobre esse tema:

I. Os contratos administrativos têm como principal característica o fato de serem firmados entre a Administração Pública e terceiros, particulares ou não, sendo atribuída ao Ente Público uma série de prerrogativas, as quais o contratado deve submeter-se, denominadas cláusulas exorbitantes.

II. As cláusulas exorbitantes devem, necessariamente, constarem de forma expressa no texto do contrato administrativo, proporcionando, assim, segurança negocial.

III. A Administração Pública poderá renunciar aos benefícios das cláusulas exorbitantes, mediante previsão expressa constante do contrato administrativo.

Quais estão corretas?

A) Apenas I.
B) Apenas II.
C) Apenas III.
D) Apenas I e II.
E) Apenas II e III.

2395) (2016) Banca: FCC – Órgão: AL-MS – Prova: Agente de Apoio Legislativo

Sobre os contratos, considere:

Presença de cláusulas exorbitantes, instrumentais à consecução do interesse público autorizador da contratação.

A) Certo B) Errado

2396) (2010) Banca: FCC – Órgão: TRE-RS – Prova: Técnico Judiciário – Área Administrativa

Em função da sua característica principal, consubstanciada na participação da Administração com supremacia de poder, os contratos administrativos são dotados de certas peculiaridades, as quais constituem as chamadas cláusulas

A) de retrocessão.
B) de validade.
C) exorbitantes.
D) de horizontalidade
E) indiretas.

2397) (2008) Banca: FCC – Órgão: METRÔ-SP – Prova: Advogado

No contrato administrativo, cláusulas exorbitantes são as

A) que exigem garantia contratual e seguros por dano material e moral.
B) colocadas no contrato que extrapolam do seu objeto.
C) que estabelecem obrigações para as partes, não previstas em lei.
D) que fixam a duração do contrato além da vigência dos respectivos créditos orçamentários e estabelecem o foro do domicílio do contratado como competente para dirimir qualquer questão sobre o contrato.
E) que conferem determinadas prerrogativas à Administração Pública, colocando-a em situação de superioridade em relação ao particular contratado.

2398) (2006) Banca: FCC – Órgão: SEFAZ-SP – Prova: Agente Fiscal de Tributos Estaduais

Consideram-se cláusulas exorbitantes em um contrato administrativo as

A) reconhecidas como abusivas, devendo ser anuladas judicial ou administrativamente.
B) que configurem matéria típica de direito privado, compatível, no entanto, com o regime administrativo
C) que disponham, nos termos da lei, sobre prerrogativas especiais da Administração, não extensíveis à outra parte contratante.
D) que disponham sobre matéria estranha ao objeto contratual, ainda que não contenham vício de legalidade
E) impostas unilateralmente pela Administração à outra parte contratante.

2399) (2014) Banca: FCC – Órgão: PGE-RN – Prova: Procurador do Estado de Terceira Classe

Considere as afirmações abaixo que se prestam a descrever as prerrogativas da Administração pública, quanto atua na condição de contratante para aquisição de bens ou serviços e execução de obras, consubstanciadas nas denominadas cláusulas exorbitantes do contrato administrativo, derrogatórias do regime contratual de direito privado.

I. Possibilidade de rescisão unilateral, pela Administração, por razões de interesse público, de alta relevância e amplo conhecimento, justificadas e exaradas, no processo correspondente, pela autoridade máxima da esfera administrativa a que se encontra subordinado o contratante.
II. Possibilidade de modificação unilateral pela Administração, para alteração da equação econômico-financeira original.
III. Proibição da suspensão, pelo contratado, do cumprimento de suas obrigações contratuais, mesmo na hipótese de atraso nos pagamentos devidos pela Administração contratante, salvo se o atraso for superior a 90 dias e não seja verificada situação de guerra, grave perturbação da ordem interna ou calamidade pública.

Está correto o que se afirma APENAS em

A) II.
B) I e III.
C) I.
D) III.
E) I e II.

2400) (2007) Banca: FCC – Órgão: Prefeitura de São Paulo – SP – Prova: Auditor Fiscal do Município

Em matéria de contratos administrativos, NÃO é uma das chamadas cláusulas exorbitantes a que preveja a

A) exclusão da regra do equilíbrio econômico-financeiro.
B) revogação unilateral do contrato pela Administração.
C) alteração unilateral do contrato pela Administração.
D) aplicação de sanções ao contratado diretamente pela Administração.
E) ocupação provisória, em certos casos, de bens, pessoal e serviços vinculados ao objeto do contrato.

2401) (2017) Banca: FCC – Órgão: TRE-PR – Prova: Analista Judiciário – Área Judiciária

A Administração pública contratou, mediante regular licitação, a construção de um muro de contenção numa encosta ao longo de um trecho de uma rodovia, de forma a evitar deslizamentos de terras, especialmente nos períodos de chuvas. Aproximando-se o verão e estando em mora comprovada a contratada, inclusive já lhe tendo sido imposta multa moratória, o administrador

A) deve optar entre a cobrança da multa moratória e a rescisão do contrato, tendo em vista que a imposição e exigência da penalidade depende da vigência do contrato.
B) pode rescindir o contrato, independentemente da imposição das sanções contratualmente previstas, tal como a multa moratória, cujo valor pode ser deduzido da garantia ofertada pela contratada.
C) deve rescindir o contrato e em razão do rompimento da avença, impor todas as sanções legalmente previstas, independentemente de sua natureza, cumulativamente.
D) pode prosseguir com a execução do contrato, desde que prorrogue o prazo de vigência e de entrega da obra, a fim de afastar a mora que obriga a imposição das sanções contratuais originalmente previstas.
E) deve providenciar a execução da obra por contratação emergencial, rescindindo o contrato em vigência, cuja contratada arcará com as sanções contratuais e prejuízos causados, desde que demonstrados, não lhe cabendo remuneração ou indenização.

2402) (2011) Banca: FCC – Órgão: TRF – 1ª REGIÃO – Prova: Analista Judiciário – Contadoria

As cláusulas exorbitantes, previstas na Lei no 8.666 de 1993, NÃO incluem a

A) possibilidade de quebra do princípio do equilíbrio econômico-financeiro dos contratos administrativos.
B) alteração unilateral dos contratos administrativos.
C) aplicação de penalidades em casos de não cumprimento justificado do contrato.
D) ocupação provisória de bens móveis, imóveis, pessoal e serviços vinculados ao objeto do contrato nos casos de serviços essenciais.
E) fiscalização da execução do contrato sem a prévia anuência do contratante.

2403) (2017) Banca: FCC – Órgão: DPE-RS – Prova: Técnico – Logística

Os contratos administrativos possuem peculiaridades em relação aos contratos regidos exclusivamente pelo Direito Privado, entre os quais as denominadas cláusulas exorbitantes, tais como

A) aquelas que conferem à Administração contratante a prerrogativa de rescindir unilateralmente o contrato, descabendo, em qualquer hipótese, indenização ao contratado.
B) a possibilidade do contratado interromper a execução do objeto contratual na hipótese de ocorrência de desequilíbrio econômico-financeiro.
C) a prerrogativa conferida à Administração de alterar o objeto contratual para melhor atendimento do interesse público, assegurada a manutenção do equilíbrio econômico-financeiro.
D) a impossibilidade de alterações quantitativas ao objeto, em atenção ao princípio da vinculação ao instrumento convocatório.
E) a possibilidade de retenção, pela Administração, de créditos decorrentes do contrato até o limite dos prejuízos a esta causados.

2404) (2010) Banca: FCC – Órgão: TRE-RS – Prova: Técnico Judiciário – Área Administrativa

Os poderes especiais que a Administração Pública goza em matéria de Contratos Administrativos são denominados de cláusulas:

A) de retrocessão.
B) de validade.
C) exorbitantes.
D) de horizontalidade
E) indiretas.

2405) (2006) Banca: FCC – Órgão: TRT – 20ª REGIÃO (SE) – Prova: Analista Judiciário – Área Judiciária

Em relação aos contratos administrativos, as cláusulas

A) essenciais são fixadas por meio de acordo celebrado entre as partes.
B) que fixam sua imutabilidade podem ser impostas pelo contratante, desde que com isso concorde a Administração.

C) exorbitantes se exteriorizam como poderes especiais conferidos a Administração Pública.
D) econômico-financeiras podem ser alteradas unilateralmente pelo particular, para melhor adequar o ajuste às finalidades públicas.
E) que estipulam a fiscalização pela administração, não possuem incidência se não previstas expressamente nos contratos.

2406) (2014) Banca: FGV – Órgão: AL-BA – Prova: Técnico de Nível Superior – Administração

Em relação aos contratos administrativos, é aceitável que a Administração Pública obtenha vantagens que extrapolam o direito comum, a fim de se atingir o perfeito atendimento do interesse público. Assinale a opção que indica o nome dessa característica dos contratos administrativos.

A) Cláusulas exorbitantes.
B) Comutativa.
C) Finalidade pública.
D) *Intuitu personae*.
E) Natureza de contrato de adesão.

2407) (2017) Banca: FGV – Órgão: SEPOG – RO – Prova: Técnico em Políticas Públicas e Gestão Governamental

Os contratos administrativos estão disciplinados na Lei nº 8.666/93, e podem ser considerados os ajustes firmados entre a administração pública, agindo nesta qualidade, e outras partes, desde que em conformidade com o interesse público, sob a regência do direito público e nos termos estabelecidos pela própria contratante.

Sobre as características dos contratos administrativos, assinale a afirmativa incorreta.

A) Devem ter licitação prévia, salvo nos casos de dispensa, dispensável ou inexigível, conforme previstos em lei.
B) Devem ser consensuais, por surgirem do consentimento mútuo entre as partes.
C) Devem ser executados pelo contratado, não admitindo a livre subcontratação.
D) Devem ser informais, não admitindo a existência de cláusulas exorbitantes.
E) Devem ser formais e onerosos, porque remunerados na forma convencionada.

2408) (2017) Banca: FGV – Órgão: MPE-BA – Prova: Assistente Técnico – Administrativo

Contratos administrativos podem ser definidos como as manifestações de vontade de duas ou mais pessoas para a celebração de um negócio jurídico, com a participação do poder público, que atua com as cláusulas exorbitantes, com o escopo de atender ao interesse público.

Nesse contexto, conforme ensina a doutrina de Direito Administrativo, tais cláusulas exorbitantes:

A) decorrem do princípio constitucional da isonomia, colocando o Estado e o particular em igualdade jurídica na avença;
B) são implícitas em todos os contratos administrativos, não dependendo de expressa previsão no acordo;
C) viabilizam o direito potestativo do Estado de alterar o objeto do contrato, a qualquer momento;
D) permitem à Administração Pública promover a alteração unilateral quantitativa, em regra, de até 10% do valor inicial;
E) concedem à Administração Pública o poder de alterar unilateralmente a margem de lucro inicialmente contratada.

2409) (2014) Banca: IADES – Órgão: CAU-RJ – Prova: Assistente de Fiscalização (+ provas)

A respeito dos contratos administrativos e das denominadas cláusulas exorbitantes, assinale a alternativa correta.

A) Ainda que haja interesse público, não será possível a rescisão unilateral do contrato, por estar subjacente o empenho de determinada quantia de dinheiro para satisfazer a obrigação assumida pela Administração Pública.
B) A aplicação de penalidade direta ao contratado pelo órgão contratante é vedada.
C) O contrato administrativo poderá ser alterado unilateralmente pela Administração Pública.
D) Os contratos administrativos, para serem formados, precedem a oitiva análise das ponderações feitas pelo particular que será contratado.
E) No momento da contratação administrativa, é obrigatória a exigência de garantia do contratado.

2410) (2015) Banca: CS-UFG – Órgão: AL-GO – Prova: Procurador

O regime jurídico dos contratos administrativos, instituído pela Lei n. 8.666/1993, confere à Administração, em relação a eles, a prerrogativa das denominadas cláusulas exorbitantes, tais como a de

A) ocupar definitivamente bens móveis, imóveis e serviços vinculados ao objeto do contrato, na hipótese da necessidade de acautelar apuração administrativa de faltas contratuais pelo contratado, bem como na hipótese de rescisão do contrato administrativo, nos casos de serviços essenciais.
B) modificar o contrato, unilateralmente, para melhor adequação às finalidades de interesse público, respeitados os direitos do contratado.
C) alterar, independente da prévia concordância do contratado, cláusulas econômico-financeiras e monetárias dos contratos administrativos.
D) rescindir o contrato, unilateralmente, em razão de interesse público, de alta relevância e amplo conheci- mento, justificada e determinada pela autoridade designada para acompanhar e fiscalizar a sua execução, e exarada no processo administrativo a que se refere o contrato.

2411) (2012) Banca: CEPERJ – Órgão: Rioprevidência – Prova: Assistente Previdenciário

Nos contratos administrativos, as cláusulas que reconhecem as prerrogativas especiais conferidas à Administração Pública são conhecidas como:

A) usuais
B) naturais
C) rescisórias
D) exorbitantes
E) extras

2412) (2015) Banca: AOCP – Órgão: FUNDASUS – Prova: Assistente Administrativo

Um tipo de avença travada entre a Administração e terceiros na qual, por força de lei, de cláusulas pactuadas ou do tipo de objeto, a permanência do vínculo e as condições preestabelecidas assujeitam-se a cambiáveis imposições de interesse público, ressalvados os interesses patrimoniais do contratante privado, é o conceito de

A) processo administrativo.
B) vinculação administrativa.
C) concessão pública.
D) permissão pública.
E) contrato administrativo.

2413) (2015) Banca: CONSULPAM – Órgão: Prefeitura de Tarrafas – CE – Prova: Agente Administrativo

Analise as assertivas:
I. Considera-se contrato todo e qualquer ajuste entre órgãos ou entidades da Administração Pública e Particulares, em que haja um acordo de vontades para a formação de vínculo e a estipulação de obrigações recíprocas, seja qual for a denominação utilizada.
II. As cláusulas econômico-financeiras e monetárias dos contratos administrativos não poderão ser alteradas sem prévia concordância do contratado.

A) I é verdadeiro
B) II é verdadeiro
C) I é falso
D) I e II são verdadeiros

2414) (2015) Banca: NC-UFPR – Órgão: Prefeitura de Curitiba – PR – Prova: Procurador

Sobre os contratos administrativos, assinale a alternativa correta.

A) Caso fortuito e força maior não são causas suficientes à rescisão do contrato administrativo, que somente ocorre unilateralmente ou por decisão jurisdicional.
B) O contrato administrativo ilegal pode ser revogado pela Administração Pública ao ser constatada evidente nulidade.
C) O "fato da Administração", aspecto relacionado à álea econômica e que pode resultar no desequilíbrio econômico-financeiro do contrato administrativo, relaciona-se diretamente com ato praticado pela autoridade pública e incide reflexamente na relação contratual.
D) As cláusulas exorbitantes são algumas das características dos contratos administrativos.
E) O contrato administrativo pode ser celebrado por prazo indeterminado, pois é regido, dentre outros, pelo princípio da continuidade do serviço público.

2415) (2014) Banca: VUNESP – Órgão: EMPLASA – Prova: Analista Jurídico

São cláusulas exorbitantes no contrato administrativo aquelas que:

A) exigem seguros por dano material e moral, bem como garantia contratual.
B) colocadas no contrato, extrapolam seu objeto e prazo de execução.
C) estabelecem obrigações para as partes, não previstas em lei.
D) fixam a duração do contrato além da vigência dos respectivos créditos orçamentários e estabelecem o foro do domicílio do contratado como competente para dirimir qualquer questão sobre o contrato.
E) conferem determinadas prerrogativas à Administração Pública, colocando-a em situação de superioridade em relação ao particular contratado

2416) (2011) Banca: VUNESP – Órgão: TJ-SP – Prova: Titular de Serviços de Notas e de Registros

Em matéria de contrato administrativo, o que se entende por cláusulas exorbitantes?

A) As que conferem certas vantagens ao particular, como o uso especial de bem público.
B) As que estabelecem uma prerrogativa em favor do contratado particular, sem atender ao interesse público.
C) As que extrapolam a vontade das partes.
D) As que excedem do direito comum, para consignarem uma vantagem ou uma restrição à administração ou ao contratado.

2417) (2015) Banca: VUNESP – Órgão: Prefeitura de São Paulo – SP – Prova: Analista de Políticas Públicas e Gestão Governamental – Conhecimentos Gerais

Nos contratos administrativos, alguns privilégios que facultam à Administração Pública alterar, rescindir e aplicar penalidades, de forma unilateral, entre outros, aos contratados, são chamados de

A) prerrogativas contratuais.
B) cláusulas contratuais.
C) vantagens de permissão.
D) vantagens de concessão.
E) cláusulas exorbitantes.

2418) (2015) Banca: VUNESP – Órgão: CRO-SP – Prova: Advogado Junior

Acerca dos contratos administrativos, é correto afirmar que

A) não são permitidos contratos verbais para pequenas compras de pronto pagamento, assim entendidas as compras feitas em regime de adiantamento.
B) nenhuma cláusula poderá ser acrescentada ao contrato, contendo disposição não prevista na licitação, sob pena de nulidade, exceto a cláusula de reajustamento de valores.
C) os contratos para os quais a lei exige licitação não devem ser firmados *intuitu personae*, ou seja, em razão de condições pessoais do contratado.
D) as cláusulas exorbitantes são as que seriam ilícitas em contrato celebrado entre particulares, por conferirem privilégios a uma das partes, no caso, a Administração.
E) os contratos relativos a direitos reais sobre imóveis serão lavrados nas repartições interessadas, as quais manterão arquivo cronológico de seus autógrafos e registro sistemático de seu extrato.

8. CONTRATOS ADMINISTRATIVOS

2419) (2014) Banca: VUNESP – Órgão: TJ-PA – Prova: Analista Judiciário – Direito

Em um determinado contrato administrativo constou cláusula que autoriza a Administração Pública rescindir o contrato, unilateralmente, na hipótese de ocorrer a paralisação da obra contratada sem justa causa e prévia comunicação à Administração. De acordo com a legislação que rege os contratos administrativos, essa cláusula

A) é leonina.
B) é ilegal.
C) é o que se denomina de cláusula abusiva.
D) é denominada de cláusula exorbitante.
E) é legal, mas sua eficácia fica condicionada à concordância do contratado.

2420) (2015) Banca: VUNESP – Órgão: Prefeitura de Caieiras – SP – Prova: Assessor Jurídico/Procurador Geral

Considerando que, no âmbito dos contratos firmados com a Administração, deve prevalecer a supremacia do interesse público, admite(m)-se, como cláusula exorbitante,

A) a faculdade de exigir garantia nos contratos de obras, serviços e compras, cuja modalidade será escolhida pela Administração Pública contratante, dentre aquelas previstas em lei.
B) a modificação dos contratos pela Administração Pública, unilateralmente, para melhor adequação às finalidades de interesse público, respeitados os direitos do contratado.
C) a rescisão unilateral por inadimplemento, por culpa comprovada do contratado ou da Administração Pública, que derem causa ao cumprimento irregular das cláusulas contratuais
D) o acompanhamento e a fiscalização por um representante da Administração, servidor público especialmente designado, que não poderá ser terceiro contratado.
E) a aplicação da exceção de contrato não cumprido, pelo contratado que poderá interromper a execução dos serviços se a Administração Pública contratante restar inadimplente.

2421) (2016) Banca: CESGRANRIO – Órgão: Transpetro – Prova: Auditor Junior

No campo dos contratos administrativos, existem várias cláusulas que são peculiares à atividade estatal. Uma delas está vinculada ao poder de fiscalizar a correta execução do contrato. Tal cláusula, como outras, é denominada

A) potestativa
B) exorbitante
C) perfeita
D) pessoal
E) instrumental

2422) (2016) Banca: FUMARC – Órgão: Prefeitura de Matozinhos – MG – Prova: Advogado

Pode-se corretamente afirmar acerca dos contratos administrativos que

A) a presença das denominadas cláusulas exorbitantes expressa poder de Estado na relação contratual e impõe, por consequência, a desigualdade entre as partes.
B) a tais contratos se aplica plenamente a exceção do contrato não cumprido, tal como consta da teoria geral dos contratos formulados no âmbito do direito privado.
C) dada a bilateralidade que caracteriza a relação, somente por consenso entre as partes pode ser o contrato alterado ou rescindido antes do fim de sua vigência.
D) no curso da relação contratual, está a Administração contratante proibida de praticar atos administrativos que imponham penalidades ao contratado, estando obrigada a buscar tutela jurisdicional para tal fim.

2423) (2015) Banca: REIS & REIS – Órgão: Prefeitura de Santana do Jacaré – MG – Prova: Procurador Municipal

Marque a opção incorreta referente aos contratos administrativos:

A) O contrato administrativo tem as seguintes características: formal, oneroso, comutativo e *intuitu personae*. É formal porque deve ser formulado por escrito e nos termos previstos em lei. Oneroso porque há remuneração relativa contraprestação do objeto do contrato. Comutativo porque são as partes do contrato compensadas reciprocamente. *Intuitu personae* consiste na exigência para execução do objeto pelo próprio contratado;
B) o que distingue o contrato administrativo do privado é a supremacia do interesse público sobre o particular, que permite ao Estado certos benefícios sobre o particular que não existe no contrato privado. Estes benefícios ou peculiaridades são denominados pela doutrina de cláusulas exordiais e devem estar previstas nos contratos administrativos de forma explícita, sob pena de nulidade do mesmo;
C) O contratado fica obrigado a aceitar, nas mesmas condições contratuais, os acréscimos ou supressões que se fizeram nas obras, serviços ou compras, até 25% (vinte e cinco por cento) do valor inicial atualizado do contrato, e, no caso particular de reforma de edifício ou de equipamento, até o limite de 50% (cinquenta por cento) para os seus acréscimos (artigo 65, § 1º e § 2º). Nenhum acréscimo ou supressão poderá exceder estes limites, sob pena de nulidade do ato administrativo;
D) O reajustamento de preços decorre de hipótese de fatos imprevisíveis, ou previsíveis, porém de consequências incalculáveis, como, por exemplo, a desvalorização da moeda ou o aumento real dos custos.

2424) (2016) Banca: RHS Consult – Órgão: Prefeitura de Paraty – RJ – Prova: Procurador

Dentre as várias prerrogativas consignadas pelas cláusulas exorbitantes, tem-se aquelas que se exteriorizam nos expostos a seguir, EXCETO:

A) Equilíbrio econômico e financeiro.
B) Revisão de preços e tarifas.
C) Inoponibilidade da exceção de contrato não cumprido.
D) Controle do contrato.
E) Impossibilidade de alteração e rescisão unilateral do contrato.

2425) (2016) Banca: IDIB – Órgão: Prefeitura de Limoeiro do Norte – CE – Prova: Agente Administrativo

O artigo 58 da Lei 8.666//93 prevê nos incisos I a V a existência de cláusulas exorbitantes nos contratos administrativos. Assinale a alternativa que NÃO contém essa prerrogativa de acordo coma lei:

A) Modificação bilateral do contrato.

B) Fiscalização da execução.
C) Aplicação de penalidade por inexecução.
D) Ocupação provisória de bens imóveis.

2426) (2014) Banca: Prefeitura do Rio de Janeiro – RJ – Órgão: Prefeitura de Rio de Janeiro – RJ – Prova: Técnico em Segurança do Trabalho

Aplicam-se aos contratos administrativos:

A) os preceitos fundamentais relativos aos direitos sociais
B) as regras estipuladas pelas autarquias em seus atos
C) os princípios da teoria geral dos contratos privados
D) as normas oriundas dos manuais de boas práticas

2427) (2016) Banca: IBFC – Órgão: EBSERH – Prova: Analista Administrativo – Contabilidade (HUAP-UFF)

Aplicam-se aos contratos administrativos, supletivamente, os princípios da teoria geral dos contratos e as disposições de direito privado.

A) Certo B) errado

2428) (2014) Banca: Makiyama – Órgão: DOCAS-RJ – Prova: Especialista Portuário – Contratos, Compras e Licitações

NÃO configura característica dos contratos administrativos:

A) Presença da Administração Pública como Poder Público.
B) Finalidade pública.
C) Contrato de adesão.
D) Formalismo.
E) Regime de Direito Privado.

2429) (2015) Banca: IBFC – Órgão: Docas – PB – Prova: Advogado

Assinale a alternativa correta com base nas disposições da Lei Federal n° 8.666, de 21/06/1993 que regulamenta o art. 37, inciso XXI, da Constituição Federal, institui normas para licitações e contratos da Administração Pública e dá outras providências.

A) Nos termos da referida lei, é vedado à Administração Pública celebrar contrato com pessoas jurídicas domiciliadas no estrangeiro.
B) Os contratos administrativos de que trata a referida lei regulam-se pelas suas cláusulas e pelos preceitos de direito público, aplicando-se-lhes, supletivamente, os princípios da teoria geral dos contratos e as disposições de direito privado.
C) A duração dos contratos regidos pela referida lei ficará adstrita à vigência dos respectivos créditos orçamentários, sem exceções.
D) A declaração de nulidade do contrato administrativo não se dá retroativamente, permanecendo válidos os efeitos jurídicos que ele, ordinariamente, deveria produzir.

Contratos Administrativos: referem-se aos contratos regidos pelo Direito Público, nos quais a Administração irá gozar de suas prerrogativas públicas e poderes excepcionais (cláusulas exorbitantes).

Contratos Civis: referem-se aos ajustes celebrados pelo poder público em que a Administração Pública e o particular encontram-se em pé de igualdade. Portanto, esses contratos são regidos predominantemente pelo direito privado.

Contudo, frise-se que o art. 62, § 3°, I, da Lei 8.666/1993 admite a aplicação das cláusulas exorbitantes, *"no que couber"*, aos contratos privados celebrados Administração. Além disso, cumpre destacar que mesmo nos contratos administrativos, a aplicação subsidiária do Direito Privado se faz necessária, uma vez que é na teoria geral dos contratos que os ajustes administrativos encontram seus elementos essenciais. Como exemplo disso, pode-se citar a bilateralidade dos contratos e a comutatividade.

FICA A DICA: Todos os contratos celebrados pela Administração Pública estão sujeitos ao controle pelo Tribunal de Contas, sejam contratos regidos pelo direito público ou pelo direito privado, haja vista que envolvem gasto de verba pública.

2430) (2007) Banca: CESPE – Órgão: MPE-AM – Prova: Promotor de Justiça

O contrato administrativo sujeita-se integralmente ao regime dos contratos privados.

A) Certo B) Errado

2431) (2009) Banca: CESPE – Órgão: ANATEL – Prova: Analista Administrativo – Direito

Julgue o item seguinte, relativos às licitações e aos contratos administrativos.

Os contratos administrativos regulam-se pelas cláusulas e preceitos de direito público.

A) Certo B) Errado

2432) (2009) Banca: FCC – Órgão: TJ-AP – Prova: Analista Judiciário – Administração

Os contratos administrativos

A) proíbem, em qualquer hipótese, a subcontratação total ou parcial do seu objeto.
B) possuem prerrogativas públicas e poderes especiais que gozam a Administração
C) não podem, em qualquer hipótese, ser modificados unilateralmente.
D) não incluem cláusulas de respeito ao equilíbrio econômico-financeiro em virtude da predominância, em qualquer caso, do interesse público.
E) são regidos pela Lei 8.987/95, Capítulo III.

2433) (2009) Banca: FCC – Órgão: TRT – 15ª REGIÃO – Prova: Analista Judiciário – Área Judiciária – Execução de Mandados

Os contratos administrativos

A) não podem ser rescindidos em razão da inexecução parcial, cabendo, nesse caso, apenas a aplicação de sanções pecuniárias ao contratado.
B) podem ser escritos ou verbais, sendo estes reservados apenas para compras até o valor de R$ 10.000,00.
C) de valor inferior a R$ 50.000,00 não precisam ser publicados na imprensa oficial.
D) não podem conter cláusulas exorbitantes.
E) são ajustes que a Administração, agindo nessa qualidade, firma com particular ou com outra entidade administrativa para a consecução de objetivos de interesse público, nas condições estabelecidas pela própria Administração.

8. CONTRATOS ADMINISTRATIVOS

2434) (2017) Banca: IESES – Órgão: ALGÁS – Prova: Analista de Projetos Organizacionais – Jurídica

Sobre o conceito de contrato administrativo:

A) Contrato administrativo deve ser executado pelo próprio contratado, permitindo-se a sua substituição por outrem, a transferência de ajuste ou sub-rogação de poderes.

B) Contrato Administrativo é o ajuste que a Administração, agindo nessa qualidade, firma com o particular ou outra entidade administrativa para a consecução de objetivos de interesse público, nas condições estabelecidas pela própria Administração. Suas características são: Consensual, Formal, Oneroso, Comutativo, *Intuitu personae*.

C) Contrato administrativo é um ato unilateral da Administração pública, na qual estabelece parâmetros e cláusulas de acordo com o interesse público. Suas características são: Consensual, Judicial, Oneroso e ou gratuito.

D) Contrato administrativo permite o acordo entre as partes, porém não cria obrigações nem direitos recíprocos, priorizando sempre a supremacia do interesse público.

2435) (2014) Banca: Quadrix – Órgão: SERPRO – Prova: Técnico – Suporte Administrativo

Contrato Administrativo é o ajuste firmado entre a Administração Pública e um particular, regulado basicamente pelo direito público, e tendo por objeto uma atividade que traduza interesse público.

A) Certo   B) Errado

2436) (2014) Banca: Quadrix – Órgão: SERPRO – Prova: Técnico – Suporte Administrativo

O contrato firmado entre o particular (pessoa física ou jurídica de Direito Privado) e o poder público (pessoa jurídica de Direito Público) a fim de assegurar o funcionamento de um serviço público ou de um negócio público, quando tal contrato está subordinado às regras especiais do Direito Público, recebe a denominação de:

A) Contrato Judicial.
B) Contrato de Trabalho.
C) Contrato Acessório.
D) Contrato Administrativo.
E) Contrato Coletivo.

2437) (2013) Banca: IBFC – Órgão: SEPLAG-MG – Prova: Direito

Nos termos da Lei de Licitações e Contratos (Lei Federal n° 8.666/1993), os contratos administrativos são regulados:

A) Pelas cláusulas contratuais e pelos princípios da teoria geral dos contratos e disposições de direito privado, aplicando-se-lhes, supletivamente, os preceitos de direito público.

B) Pelas cláusulas contratuais e pelos preceitos de direito público, vedada a aplicação de preceitos de direito privado.

C) Pelas suas cláusulas, apenas.

D) Pelas cláusulas contratuais e pelos preceitos de direito público, aplicando-se-lhes, supletivamente, os princípios da teoria geral dos contratos e as disposições de direito privado.

2438) (2015) Banca: CONSULPLAN – Órgão: TJ-MG – Prova: Titular de Serviços de Notas e de Registros – Provimento

Quanto aos contratos administrativos, é INCORRETO afirmar:

A) Os contratos administrativos regulam-se pelas cláusulas e pelos preceitos de direito público, sendo vedada a aplicação supletiva dos princípios da teoria geral dos contratos e as disposições de direito privado.

B) É cláusula necessária em todo contrato a vinculação ao edital de licitação.

C) A critério da autoridade competente, em cada caso, e desde que prevista no instrumento convocatório, poderá ser exigida prestação de garantia nas contratações de obras, serviços e compras.

D) A publicação resumida do instrumento de contrato ou de seus aditamentos na imprensa oficial é condição indispensável para sua eficácia.

Ao estudarmos o tema contratos administrativos, mostra-se oportuno destacar a diferenciação existente entre contratos e convênios. Conforme estudado, os contratos são ajustes celebrados entre partes que possuem interesses contrapostos, como o contrato de compra e venda celebrado pela Administração no qual o poder público almeja receber determinada mercadoria e o particular contratado, por sua vez, almeja o lucro. **Os convênios, em outra medida, referem-se aos acordos firmados pela Administração nos quais ambas as partes do ajuste possuem interesses congruentes, ou seja, nesse caso não há contraposição de interesses.**

2439) (2014) Banca: CESPE – Órgão: Câmara dos Deputados – Prova: Analista Legislativo

Com referência à cooperação na administração pública, julgue o próximo item.

Convênio administrativo é uma espécie de contrato celebrado entre pessoas administrativas ou entre estas e entidades particulares, objetivando a consecução de fim de interesse público. •

A) Certo   B) Errado

2440) (2013) Banca: VUNESP – Órgão: MPE-ES – Prova: Agente de Apoio – Administrativo

O convênio administrativo

A) é sinônimo de contrato administrativo.
B) somente poderá ser firmado pela União.
C) é espécie do gênero contrato administrativo.
D) é firmado visando atingir interesses comuns.
E) deverá ser precedido de licitação.

2441) (2015) Banca: VUNESP – Órgão: Prefeitura de São Paulo – SP – Prova: Analista de Políticas Públicas e Gestão Governamental – Conhecimentos Gerais

Em um contrato, sabe-se que as partes têm objetos almejados diferentes; fazem, portanto, um acordo de obrigações recíprocas. Mas, quando, em um acordo de vontade, os participantes têm interesses comuns e coincidentes, e há cooperação entre eles, chama-se isso de

A) convênio.
B) conciliação.
C) pacto.

D) resolução conjunta.
E) convenção.

2442) (2014) Banca: CESGRANRIO – Órgão: EPE – Prova: Advogado

O acordo entre partícipes com finalidade pública no qual ambas as partes possuem interesses congruentes é considerado como sendo um(a):

A) convênio
B) contrato
C) consórcio
D) convenção
E) concessão

O instrumento de contrato é **obrigatório** nos casos de contratações que exigem a utilização das modalidades licitatórias **concorrência e tomada de preços**, bem como nas dispensas e inexigibilidades cujos valores contratuais estejam compreendidos dentro desses limites. Nas demais modalidades, o contrato é facultativo e a Administração pode substituí-lo por outros instrumentos hábeis como uma **carta contrato, nota de empenho, autorização de compra ou ordem de execução de serviço**.

A obrigatoriedade do instrumento de contrato decorre do **valor do contrato**, razão pela qual esse instrumento é exigido mesmo quando não tenha sido realizado procedimento de concorrência ou tomada de preços, nos casos de contratação direta por dispensa ou inexigibilidade. Ou seja, se o valor do contrato estiver dentro dos limites para os quais é exigida uma destas duas modalidades de licitação, o instrumento de contrato será imprescindível.

São instrumentos de formalização do contrato administrativo, dentre outros, a nota de empenho de despesa, a autorização de compra e a ordem de execução de serviço.

O contrato administrativo tem como regra a forma **escrita**, entretanto, há uma exceção a essa regra que autoriza a celebração de um **contrato verbal para pequenas compras de pronto pagamento, feitas em regime de adiantamento no valor de até R$ 4.000,00**.

Cumpre destacar, ainda, que o instrumento de contrato deve conter:

O nome das partes e de seus representantes;

A finalidade do contrato;

O ato que autorizou a sua lavratura;

O número do processo da licitação, da dispensa ou da inexigibilidade;

A menção à sujeição dos contratantes às normas legais e contratuais etc.

2443) (2014) Banca: CESPE – Órgão: TJ-SE – Prova: Analista Judiciário – Direito

Acerca das licitações públicas, julgue o item subsequente. Os contratos administrativos submetem-se ao princípio do formalismo, razão pela qual é obrigatório que sejam formalizados mediante instrumento de contrato, sendo vedada a formalização por meio de qualquer outro instrumento.

A) Certo B) Errado

2444) (2014) Banca: CESPE – Órgão: TC-DF – Prova: Técnico de Administração Pública

Com relação aos contratos administrativos, julgue o item subsequente.

Em decorrência do princípio do formalismo, todas as contratações celebradas pela administração pública devem ser formalizadas por meio de instrumento de contrato, não sendo possível a sua substituição por outros instrumentos, como a nota de empenho de despesa.

A) Certo B) Errado

2445) (2011) Banca: CESPE – Órgão: STM – Prova: Analista Judiciário – Área Administrativa

As cartas-contrato, notas de empenho de despesa, autorizações de compra e ordens de execução de serviço podem substituir os termos do contrato desde que não se refiram a: licitações realizadas nas modalidades concorrência, tomada de preços e pregão; dispensa ou inexigibilidade de licitação, cujo valor esteja compreendido nos limites das modalidades concorrência e tomada de preços; contratações de qualquer valor das quais resultem obrigações futuras.

A) Certo B) Errado

2446) (2012) Banca: CESPE – Órgão: MPE-PI – Prova: Analista Ministerial – Área Processual

No que se refere à formalização do contrato administrativo, o denominado termo de contrato é dispensável nos casos de concorrência e de tomada de preços.

A) Certo B) Errado

2447) (2013) Banca: CESPE – Órgão: TRT – 8ª Região (PA e AP) – Prova: Técnico Judiciário – Área Administrativa

Assinale a opção correta com referência à formalização dos contratos administrativos.

A) Para que o contrato administrativo tenha eficácia, é indispensável a publicação resumida do instrumento de contrato na imprensa oficial, sendo dispensável a adoção da mesma formalidade para os aditamentos contratuais.
B) O instrumento de contrato não será obrigatório nas hipóteses em que a administração puder substituí-lo pela ordem de execução de serviço.
C) É permitido a quaisquer licitantes ou interessados obter cópia autenticada gratuita do contrato administrativo.
D) A administração deve convocar regularmente o interessado para assinar o termo de contrato, dentro do prazo e das condições estabelecidos, sem direito a prorrogação.
E) A formalização adequada para os contratos administrativos relativos a direitos reais sobre imóveis se dá mediante a lavratura de instrumento na repartição interessada.

2448) (2004) Banca: ESAF – Órgão: MPU – Prova: Técnico Administrativo

No que concerne à formalização dos contratos administrativos, é correto afirmar que, como regra geral, ressalvados os casos especiais previstos em lei,

A) os contratos podem ter prazo indeterminado.
B) os contratos podem ser verbais.

C) é obrigatório o instrumento do contrato, nos casos de concorrência.
D) é dispensável o instrumento do contrato, quando for de alto custo mas por inexigibilidade de licitação.
E) é facultado o instrumento do contrato, quando for de alto custo mas por dispensa de licitação.

2449) (2014) Banca: FCC – Órgão: TCE-PI – Prova: Assessor Jurídico

Acerca dos contratos administrativos, considere:

I. Admite-se contrato verbal com a Administração para compras em regime de adiantamento, com valor limitado a R$ 4.000,00.
II. O instrumento de contrato é obrigatório nos casos de concorrência e tomada de preços, sendo dispensado nos casos de contratação com inexigibilidade de licitação.
III. O instrumento de contato poderá, sempre que conveniente para a Administração, ser substituído por carta-contrato ou nota de empenho.

Está correto o que se afirma APENAS em

A) I e III.
B) I e II.
C) I
D) II
E) III

2450) (2013) Banca: FCC – Órgão: MPE-MA – Prova: Analista Ministerial – Administrativo

É facultativo o instrumento de contrato, podendo ser substituído por outros instrumentos hábeis, tais como carta-contrato, nota de empenho de despesa, autorização de compra ou ordem de execução de serviço,

A) nas inexigibilidades cujos preços estejam compreendidos nos limites de licitação na modalidade concorrência.
B) nos casos de concorrência.
C) nos casos de tomada de preços.
D) nas dispensas cujos preços estejam compreendidos nos limites de licitação na modalidade tomada de preços.
E) nos casos de compra com entrega imediata e integral dos bens adquiridos, dos quais não resultem obrigações futuras, inclusive assistência técnica.

2451) (2010) Banca: FCC – Órgão: TRE-AL – Prova: Técnico Judiciário – Área Administrativa

Sobre a formalização dos contratos administrativos é correto afirmar:

A) Quando não for obrigatório, o instrumento do contrato pode ser substituído, dentre outros documentos, pela nota de empenho de despesa.
B) A minuta do futuro contrato não precisa integrar o edital ou ato convocatório da licitação na modalidade tomada de preços.
C) O contrato verbal com a Administração é permitido na modalidade convite, desde que devidamente justificado pela autoridade competente.
D) A eficácia do contrato administrativo independe da sua publicação na imprensa oficial.
E) A ordem de execução de serviço não é instrumento hábil a substituir o instrumento do contrato, mesmo quando este não seja obrigatório.

2452) (2006) Banca: FCC – Órgão: TRT – 4ª REGIÃO (RS) – Prova: Técnico Judiciário – Área Administrativa

Tendo em vista a formalização dos contratos administrativos, assinale a alternativa correta.

A) Os licitantes ficam liberados dos compromissos assumidos se, decorridos 30 (trinta) dias da data da entrega das propostas, não forem convocados para a contratação.
B) São instrumentos de formalização do contrato administrativo, dentre outros, a nota de empenho de despesa, a autorização de compra e a ordem de execução de serviço.
C) Nos casos de dispensa e inexigibilidade de licitação, o termo de contrato é facultativo, podendo ser substituído por contrato verbal e informal.
D) Os aditamentos relativos a direitos reais sobre imóveis serão lavrados nas repartições interessadas.
E) É indispensável o termo do contrato ou a ordem de execução de serviço nos casos de compra com entrega imediata e integral dos bens adquiridos, dos quais não resultem obrigações futuras.

2453) (2010) Banca: FCC – Órgão: TRF – 4ª REGIÃO – Prova: Analista Judiciário – Área Administrativa

De acordo com a Lei, analise:

I. O instrumento de contrato não é obrigatório nos casos de concorrência e de tomada de preços, bem como nas dispensas e inexigibilidades cujos preços estejam compreendidos nos limites dessas duas modalidades de licitação.
II. O instrumento de contrato é facultativo nos casos em que a Administração puder substituí-lo por outros instrumentos hábeis, tais como carta-contrato, nota de empenho de despesa, autorização de compra ou ordem de execução de serviço.
III. O instrumento de contrato deve estabelecer com clareza e precisão as condições para sua execução, expressas em cláusulas que definam os direitos, obrigações e responsabilidade das partes, com conformidade com os termos da licitação e da proposta a que se vinculam.
IV. A duração dos contratos ficará adstrita à vigência dos respectivos créditos orçamentários, exceto quanto aos relativos aos projetos contemplados nas metas do Plano Plurianual; à prestação de serviço de forma contínua; ao aluguel de equipamentos e à utilização de programas de informática.
V. Os contratos decorrentes de dispensa ou de inexigibilidade de licitação não precisam atender aos termos do ato que os autorizou e da respectiva proposta.

É correto o que consta APENAS em

A) II e V.
B) I e IV.
C) I, II e III.
D) III, IV e V.
E) II, III e IV.

2454) (2008) Banca: FCC – Órgão: METRÔ-SP – Prova: Advogado

O instrumento do contrato é obrigatório

A) apenas nos casos de concorrência pública e pregão.
B) em todos os casos de contratação com o Poder Público.
C) apenas nos casos em que o contrato é precedido de licitação.
D) nos casos de concorrência e de tomada de preços e nos casos de dispensa e inexigibilidade de licitação cujos valores estejam compreendidos nos limites destas duas modalidades de licitação.
E) nas contratações de obras de qualquer valor.

2455) (2006) Banca: FCC – Órgão: TRT – 24ª REGIÃO (MS) – Prova: Técnico Judiciário – Área Administrativa

Sobre a formalização dos contratos administrativos, é INCORRETO afirmar:

A) É condição indispensável para a eficácia do contrato administrativo a publicação resumida de seu respectivo instrumento na imprensa oficial.
B) É permitido a qualquer licitante o conhecimento dos termos do contrato e do respectivo processo licitatório.
C) A minuta do futuro contrato integrará sempre o edital ou ato convocatório da licitação.
D) A carta-contrato é obrigatória nos casos de concorrência ou de tomada de preços, e facultativa em se tratando de convite.
E) Mediante o pagamento dos emolumentos devidos, qualquer interessado poderá obter cópia autenticada dos termos do contrato.

2456) (2014) Banca: CEPERJ – Órgão: Rioprevidência – Prova: Assistente Previdenciário

Nos termos da lei federal (Lei 8.666, de 1993) que estabelece regras gerais sobre contratos administrativos, quando o instrumento de contrato não for obrigatório pode ser substituído por:

A) nota promissória
B) duplicata
C) cheque
D) conhecimento de ato
E) nota de empenho de despesa

2457) (2010) Banca: IPAD – Órgão: COREN-PE – Prova: Auxiliar Administrativo

Leia com atenção e complete a oração com as palavras corretas.

O instrumento de contrato é _____ nos casos de concorrência e de tomada de preços, bem como nas dispensas e inexigibilidade cujos preços estejam compreendidos nos limites destas duas modalidades de licitação, e _____ nos demais em que a Administração puder substituí-lo por outros instrumentos hábeis, tais como carta-contrato, _____, autorização de compra ou ordem de execução de serviço.

A alternativa que apresenta a sequência de palavras que completa corretamente a oração acima é:

A) facultativo, facultativo e nota de empenho de despesa.
B) facultativo, obrigatório e nota de empenho de despesa.
C) facultativo, dispensável e termos de especificação técnica.
D) obrigatório, facultativo e nota de empenho de despesa.
E) facultativo, obrigatório e termos de especificação técnica.

2458) (2014) Banca: COPESE – UFPI – Órgão: UFPI – Prova: Assistente em Administração

É permitido à administração pública dispensar, em alguns casos, o termo de contrato formal. Se for o caso, devem ser utilizados outros meios hábeis, EXCETO:

A) Autorização de Compra.
B) Carta Contrato.
C) Carta Convite.
D) Nota de Empenho.
E) Ordem de Execução de Serviço.

2459) (2012) Banca: Quadrix – Órgão: DATAPREV – Prova: Analista de Tecnologia da Informação – Processos Administrativos

A Enciclopédia Jurídica Eletrônica Leib Soiberman diz que contrato é o "documento destinado desde o início a servir de prova de um ato". A Lei Federal de Licitações e contratos da Administração Pública apresenta exemplos de instrumentos de formalização de contratos. Considere os seguintes documentos.

I. Termo de contrato.
II. Carta-contrato.
III. Nota de empenho.
IV. Autorização de compra.
V. Ordem de execução de serviço.

Aponte a alternativa que contém o(s) documento(s) que melhor formaliza(m) a existência de contrato com a Administração Pública.

A) Apenas I
B) Apenas I e II.
C) Apenas I, II e III.
D) Apenas I, II, III e IV.
E) Todos.

2460) (2017) Banca: Quadrix – Órgão: CFO-DF – Prova: Analista de Compras e Licitação

Com relação à gestão de contratos, julgue o item a seguir com base no disposto na Lei 6.360/1976, na Instrução Normativa 02/2008-MPOG e em suas alterações.

Conforme a Lei 8.666/1993, o instrumento de contrato é facultativo, a critério da Administração e independentemente de seu valor, nos casos de compra com entrega imediata e integral dos bens adquiridos, dos quais não resultem obrigações futuras, inclusive assistência técnica, e, ainda, quando puder ser substituído por outros instrumentos hábeis, tais como carta-contrato, nota de empenho de despesa, autorização de compra ou ordem de execução de serviço.

A) Certo   B) Errado

2461) (2012) Banca: AOCP – Órgão: TCE-PA – Prova: Assessor Técnico de Procuradoria

De acordo com a Lei 8.666/93, no que se refere à formalização dos contratos, assinale a alternativa correta.

A) O instrumento de contrato é obrigatório nos casos de concorrência e de tomada de preços, bem como nas dispensas e inexigibilidades cujos preços estejam compreendidos nos limites destas duas modalidades de licitação.
B) O instrumento de contrato é obrigatório somente para os casos em que a licitação é dispensada.

C) O instrumento de contrato é obrigatório para os casos em que a licitação é inexigível, sendo facultativo para todos os demais casos, podendo ser substituído por nota de empenho, autorização de compra ou ordem de serviço.

D) O instrumento de contrato é sempre obrigatório.

E) O instrumento de contrato é sempre facultativo, tendo em vista o princípio da menor onerosidade, celeridade e informalidade dos atos que regem os procedimentos de licitação e contratos.

2462) (2016) Banca: FUNCAB – Órgão: EMSERH Prova: Agente de Portaria

Um contrato administrativo consiste em ajuste que a Administração Pública, agindo nessa qualidade, firma com um particular para a consecução de objetivos de interesse público, nas condições estabelecidas pela própria administração. Um contrato administrativo deve mencionar o nome das partes e os de seus representantes, a finalidade, o ato que autorizou a sua celebração, o número do processo de licitação e a publicação na imprensa oficial. Trata-se da seguinte característica dos contratos administrativos:

A) cautela documental.
B) legalidade.
C) detalhamento.
D) pessoalidade.
E) formalismo.

2463) (2016) Banca: FUNCAB – Órgão: EMSERH Prova: Auxiliar de Farmácia

Um contrato administrativo consiste em ajuste que a Administração Pública, agindo nessa qualidade, firma com um particular para a consecução de objetivos de interesse público, nas condições estabelecidas pela própria administração. Um contrato administrativo deve mencionar o nome das partes e os de seus representantes, a finalidade, o ato que autorizou a sua celebração, o número do processo de licitação e a publicação na imprensa oficial. Trata-se da seguinte característica dos contratos administrativos:

A) cautela documental.
B) formalismo.
C) legalidade.
D) pessoalidade.
E) detalhamento.

2464) (2014) Banca: FEPESE – Órgão: Prefeitura de Florianópolis – SC – Prova: Auditor Fiscal de Tributos Municipais

Em atenção à teoria dos contratos administrativos, assinale a alternativa correta de acordo com a Lei Federal nº 8.666/93, em sua redação atual.

A) Os contratos administrativos podem ser formalizados com prazo de vigência indeterminado.

B) É nulo e de nenhum efeito o contrato verbal com a Administração, salvo o de pequenas compras de pronto pagamento, assim entendidas aquelas de valor não superior a R$ 4.000,00, feitas em regime de adiantamento.

C) Os contratos administrativos serão, necessariamente, formalizados por instrumento lavrado nos cartórios competentes, devendo, ainda, constar a assinatura de duas testemunhas, como condição indispensável para a sua eficácia.

D) As cláusulas econômico-financeiras dos contratos administrativos poderão ser alteradas unilateralmente pela Administração Pública, sem prévia concordância do contratado

E) A declaração de nulidade do contrato administrativo exonera a Administração Pública do dever de indenizar o contratado pelo que este houver executado até a data em que ela for declarada.

2465) (2014) Banca: IDECAN – Órgão: HC-UFPE – Prova: Advogado

Sobre os contratos administrativos e sua regulamentação pela Lei nº 8.666/93, assinale a afirmativa INCORRETA.

A) Serão sempre nulos os contratos verbais com a Administração.

B) O objeto e seus elementos característicos é uma cláusula necessária.

C) Admitem a alteração unilateral pela Administração em algumas situações.

D) Os contratos administrativos de que trata a referida lei regulam-se pelas cláusulas e pelos preceitos de direito público, aplicando-se-lhes, supletivamente, os princípios da teoria geral dos contratos e as disposições de direito privado.

E) Todo contrato deve mencionar os nomes das partes e os de seus representantes, a finalidade, o ato que autorizou a sua lavratura, o número do processo da licitação, da dispensa ou da inexigibilidade, a sujeição dos contratantes às normas da Lei nº 8.666 e às cláusulas contratuais.

Ao estudar esse tema, é importante ressaltar as características e peculiaridades dos contratos, são elas:

Comutativo: o contrato administrativo é um ajuste comutativo, ou seja, a prestação e a contraprestação das partes são previamente determinadas, recíprocas e equivalentes. Portanto, ao contrário do que ocorre em alguns contratos regidos pelo Direito Civil, os contratos administrativos não poderão prever uma obrigação indeterminada para uma das partes há uma **equivalência de obrigações.**

Consensual: no contrato consensual, o simples ajustamento de vontade das partes é apto a gerar **os efeitos próprios ao negócio jurídico.** Ao contrário *sensu*, o contrato de compra e venda de bem móvel, por exemplo, torna-se perfeito com a tradição (entrega do bem para a outra parte).

Contrato de Adesão: o contrato administrativo é, em regra, um **contrato de adesão que não admite a discussão de cláusulas contratuais entre as partes.** Nos contratos administrativos, em regra, as cláusulas são predeterminadas pelo Poder Público, cabendo ao particular aderir ou não à integralidade do ajuste.

Oneroso: o ônus do contrato administrativo é repartido entre as partes contratantes, de forma que seja estabelecido um razoável **equilíbrio entre prestação e contraprestação correspondente.** Em regra, não são admitidos contratos gratuitos firmados com o poder público.

Sinalagmático ou bilateral: o contrato impõe obrigações recíprocas e simultâneas às partes contratantes. Assim, o adimplemento de uma prestação implica, necessariamente, em uma contraprestação pela Administração Pública.

Personalíssimo: os contratos são personalíssimos, ou seja, somente a pessoa jurídica ou física selecionada poderá prestar o serviço/fornecer a mercadoria contratada. Portanto, o contrato será celebrado com o particular vencedor do procedimento licitatório e, por essa razão, **a possibilidade de subcontratação está adstrita à subcontratação parcial (contratação de outra empresa pela empresa contratada para executar parte do objeto do contrato) e essa possibilidade deverá estar prevista no edital, no contrato e deve ser autorizado pelo Poder Público**. Ademais, haja vista que o contrato administrativo é um vínculo personalíssimo, a falência, a insolvência civil e o falecimento do contratado são formas de extinção contratual.

Formal: a formalidade contratual refere-se à utilização da forma do contrato determinada em lei, indispensável à validade do contrato. O contrato administrativo não possui forma livre, deve seguir a forma estabelecida em lei e em regulamento e, EM REGRA, será escrito. Entretanto, no caso de pequenas compras de pronto pagamento, feitas em regime de adiantamento, admite-se o **contrato administrativo verbal, sendo este considerado para compras de até R$ 4.000,00** (5% do valor máximo para a licitação na modalidade convite). Trata-se de contrato que não gera nenhuma obrigação futura.

2466) (2009) Banca: CESPE – Órgão: DPE-ES – Prova: Defensor Público

Nos contratos administrativos, é admitida a subcontratação, total ou parcial, de seu objeto, ainda que não prevista no edital de licitação.

A) Certo B) Errado

2467) (2011) Banca: FCC – Órgão: TRE-AP – Prova: Analista Judiciário – Área Administrativa

Uma das características dos contratos administrativos denomina-se comutatividade, que consiste em

A) presença de cláusulas exorbitantes.
B) equivalência entre as obrigações ajustadas pelas partes.
C) sinônimo de bilateralidade, isto é, o contrato sempre há de traduzir obrigações para ambas as partes.
D) obrigação *intuitu personae*, ou seja, que deve ser executada pelo próprio contratado.
E) sinônimo de consensualidade, pois o contrato administrativo consubstancia um acordo de vontades e não um ato impositivo da Administração.

2468) (2015) Banca: FCC – Órgão: TRE-RR – Prova: Técnico Judiciário – Área Administrativa

Uma das características dos contratos administrativos denomina-se comutatividade, segundo a qual o contrato administrativo

A) se reveste de obrigações recíprocas e equivalentes para as partes.
B) deve ser executado pelo próprio contratado.
C) se expressa por escrito e com requisitos especiais.
D) é remunerado na forma convencionada.
E) pressupõe anterior licitação.

2469) (2011) Banca: FCC – Órgão: TRE-TO – Prova: Técnico Judiciário – Área Administrativa

Dentre outras, são características dos contratos administrativos:

A) comutatividade e formalidade.
B) informalidade e natureza *intuitu personae*.
C) onerosidade e inexistência de obrigações recíprocas para as partes.
D) presença de cláusulas exorbitantes e unilateralidade.
E) consensualidade e informalidade.

2470) (2015) Banca: FCC – Órgão: TRE-SE – Prova: Técnico Judiciário – Área Administrativa

O Tribunal Regional Eleitoral de Sergipe decidiu realizar procedimento licitatório para a construção de relevante obra pública. Assim, no instrumento convocatório, fixou as condições em que pretende contratar, estabelecendo previamente as cláusulas do contrato administrativo.

Trata-se especificamente da seguinte característica inerente aos contratos administrativos:

A) natureza *intuitu personae*.
B) bilateralidade.
C) mutabilidade.
D) contrato de adesão.
E) comutatividade.

2471) (2009) Banca: FCC – Órgão: PGE-RJ – Prova: Técnico Assistente de Procuradoria

É peculiaridade do contrato administrativo a

A) alteração do objeto por consenso.
B) rescisão por onerosidade excessiva.
C) ser oneroso.
D) rescisão por desinteresse de quaisquer das partes.
E) incidência de sanções mútuas por descumprimento das obrigações.

2472) (2015) Banca: Prefeitura do Rio de Janeiro – RJ – Órgão: CGM – RJ – Prova: Auxiliar de Controladoria

De acordo com o entendimento doutrinário, os contratos administrativos possuem as seguintes características, dentre outras:

A) comutatividade e informalismo
B) formalismo e aleatoriedade
C) comutatividade e confiança recíproca
D) unilateralidade e aleatoriedade

2473) (2015) Banca: Cursiva – Órgão: CIS – AMOSC – SC – Prova: Auxiliar Administrativo

Em regra, são admitidos contratos gratuitos firmados com o Poder Público.

a) Certo b) Errado

2474) (2014) Banca: VUNESP – Órgão: IPT-SP – Prova: Comprador

A empresa DEF realizou um contrato verbal com uma determinada Fundação Pública em março de 2014, para pequenas compras de pronto pagamento, feitas em regime de adiantamento, no valor de R$ 15.000,00. A empresa contratada propõe, em junho de 2014, alteração a esse contrato.

Considerando essas informações, é correto afirmar que o contrato

A) poderá ser alterado, se for necessária a modificação do valor contratual em decorrência de acréscimo quantitativo de seu objeto, nos limites permitidos por lei.
B) poderá ser alterado, se for necessária a modificação do valor contratual em decorrência de diminuição quantitativa de seu objeto, nos limites permitidos por lei.
C) não poderá ser alterado, uma vez que não é conveniente a substituição da garantia de execução.
D) não poderá ser alterado, uma vez que não é possível a modificação do regime de execução do serviço.
E) é nulo e de nenhum efeito.

*"A publicação resumida do instrumento de contrato ou de seus aditamentos na imprensa oficial, que é condição indispensável para sua eficácia, será providenciada pela Administração até o **quinto dia útil do mês seguinte ao de sua assinatura, para ocorrer no prazo de vinte dias daquela data, qualquer que seja o seu valor, ainda que sem ônus, ressalvado o disposto no art. 26 desta Lei.**"*

2475) (2017) Banca: FUNDEP (Gestão de Concursos) – Órgão: MPE-MG – Prova: Promotor de Justiça Substituto

Analise as seguintes assertivas quanto aos contratos administrativos e assinale a alternativa INCORRETA:

A) A publicação do contrato administrativo em órgão oficial de imprensa da entidade pública contratante é formalidade dispensável, bastando para sua eficácia o registro e o arquivamento na repartição administrativa pertinente.
B) O direito à revisão e o reajuste do preço são formas de reequilíbrio contratual; a primeira independe de previsão contratual e tem origem em fato superveniente ao contrato, enquanto o segundo é pactuado entre as partes já no momento do contrato, com a finalidade de preservar o poder aquisitivo da moeda.
C) São características do contrato administrativo, entre outras: o formalismo, a comutatividade, a confiança recíproca e a bilateralidade.
D) A Administração Pública poderá alterar unilateralmente os contratos regidos pela Lei 8.666/93, quando houver modificação do projeto ou das especificações, para melhor adequação técnica aos seus objetivos.

2476) (2015) Banca: INSTITUTO AOCP – Órgão: EBSERH – Prova: Advogado (HE-UFPEL)

Assinale a alternativa correta.

A) Os contratos administrativos regem-se pelos princípios da teoria geral dos contratos e supletivamente pelos preceitos de direito público.
B) Em nenhuma hipótese é possível o contrato verbal com a Administração.
C) O contrato administrativo ou seus aditamentos devem ser publicados na imprensa oficial para ter eficácia.
D) Os contratos administrativos não podem ser alterados unilateralmente pela Administração, nem mesmo mediante justificativas.
E) Os contratos administrativos podem ser alterados por acordo das partes, sem qualquer justificativa.

2477) (2015) Banca: FGV – Órgão: DPE-MT – Prova: Administrador

A Lei nº 8.666/93 estabelece normas gerais sobre licitações e contratos administrativos no âmbito dos Poderes da União, dos Estados, do Distrito Federal e dos Municípios.

A esse respeito, assinale V para a afirmativa verdadeira e F para a falsa.

( ) A rescisão do contrato poderá ser determinada por ato unilateral e escrito da Administração quando for detectado o não cumprimento de cláusulas contratuais, especificações, projetos e prazos.
( ) A publicação resumida do instrumento de contrato ou de seus aditamentos na imprensa oficial é condição indispensável para sua eficácia.
( ) A licitação não será sigilosa, sendo públicos e acessíveis ao público os atos de seu procedimento, salvo quanto ao conteúdo das propostas, até a respectiva abertura.

As afirmativas são, respectivamente,

A) F, V e V.
B) V, V e V.
C) V, V e F.
D) V, F e V.
E) F, F e V.

Os contratos administrativos encontram-se sujeitos ao Regime Jurídico de Direito Administrativo, contudo, aplicam-se a esses, subsidiariamente, as regras de Direito Privado, haja vista que ambos os regimes se complementam.

Desigualdade entre as partes: no contrato administrativo, as partes não se encontram em posição de igualdade, haja vista que a Administração Pública ocupa uma posição de superioridade ao fazer uso das **cláusulas exorbitantes que conferem poderes especiais ao ente estatal.**

Mutabilidade nos contratos administrativos: nos contratos administrativos, existe a possibilidade de modificação unilateral das cláusulas do contrato pelo poder público. Entretanto, destaca-se que a **remuneração do particular (margem de lucro inicialmente pactuada) nunca pode estar sujeita a essa alteração unilateral.**

Cláusulas exorbitantes: os contratos administrativos contam com as denominadas **cláusulas exorbitantes** que conferem poderes especiais para a Administração.

2478) (2015) Banca: CESPE Órgão: TRF – 5ª REGIÃO Prova: Juiz federal

Assinale a opção correta no que se refere aos contratos administrativos

A) As cláusulas exorbitantes de que a administração pública pode lançar mão nos contratos administrativos não precisam constar dos instrumentos contratuais, mas deverão, necessariamente, estar previstas no edital da licitação.
B) Caso ocorra desequilíbrio do contrato devido a aumento da alíquota de tributo que incida sobre o objeto contratual, o particular contratado será beneficiado com a revisão contratual; entretanto, a administração não poderá reduzir o valor devido no ajuste na hipótese de haver diminuição da alíquota de tributo.

C) Os contratos e seus aditamentos serão lavrados nas repartições interessadas, as quais manterão arquivo cronológico dos seus autógrafos e registro sistemático do seu extrato, sendo integralmente vedados, sob pena de nulidade, contratos verbais com a administração.

D) O fato da administração é um fato genérico e extracontratual imputável à administração pública que acarreta o aumento dos custos do contrato administrativo.

E) O contrato administrativo tem como uma de suas características a alteração unilateral; entretanto, apenas as cláusulas regulamentares (ou de serviço) podem ser alteradas unilateralmente, possibilidade essa que não alcança as cláusulas econômico-financeiras e monetárias.

2479) (2015) Banca: CESPE – Órgão: STJ – Prova: Técnico Judiciário – Administrativo

Julgue o item subsecutivo, que tratam das características dos contratos administrativos. Nos contratos administrativos, dada a prevalência do interesse público sobre o privado, a administração pública ocupa posição privilegiada em relação ao particular, gozando de algumas prerrogativas que lhe são atribuídas por lei, denominadas de cláusulas exorbitantes. •

A) Certo B) Errado

2480) (2014) Banca: CESPE – Órgão: ICMBIO – Prova: Analista Administrativo

Julgue o próximo item relativo à licitação pública, aos contratos e às compras do governo. O contrato administrativo exige licitação em qualquer situação, cabendo à administração pública determinar as cláusulas exorbitantes, que conferem poderes ao contratado, a fim de eliminar as desvantagens do contrato.

A) Certo B) Errado

2481) (2011) Banca: FCC – Órgão: TCE-SP – Prova: Procurador

A mutabilidade do contrato administrativo é

A) prerrogativa inerente a qualquer das partes, desde que vise ao restabelecimento do equilíbrio econômico-financeiro.
B) passível de ser invocada pelo particular contratado, nos casos de álea empresarial que resulte no desequilíbrio econômico financeiro do contrato.
C) dever da Administração Pública de rescindir unilateralmente o contrato nos casos de álea econômica, fato da Administração ou força maior.
D) faculdade atribuída às partes para, nos casos de fato da administração, imprevisível, possibilitar a alteração unilateral do contrato.
E) característica que permite à Administração Pública a alteração unilateral e limitada do contrato.

2482) (2016) Banca: Prefeitura de Coqueiral – MG – Órgão: Prefeitura de Coqueiral – MG – Prova: Advogado

São características do contrato administrativo, EXCETO:

A) Obediência à forma prescrita em lei.
B) Natureza de contrato de adesão.
C) Presença de cláusulas exorbitantes.
D) Imutabilidade.

2483) (2006) Banca: FCC – Órgão: BACEN – Prova: Procurador

As ditas "cláusulas exorbitantes" de um contrato administrativo são aquelas que estabelecem

A) poderes especiais para a Administração Pública, estabelecidos no contrato, em cada caso, a partir de previsão do edital de licitação, ainda que não previstas na lei que rege a matéria.
B) prerrogativas à Administração Pública, como parte contratante, não previstas, de regra, nos contratos regidos pelo Direito privado.
C) a possibilidade de a Administração Pública promover unilateralmente alterações no contrato, como exceção à regra do equilíbrio econômico-financeiro.
D) poderes abusivos à Administração Pública, sendo passíveis de revisão pelo Poder Judiciário.
E) regras próprias do Direito privado, excepcionalmente integradas em um contrato regido pelo Direito público.

Analisando as características dos contratos administrativos, verifica-se que os mesmos se diferem dos contratos privados em vários aspectos, são eles:

1. Nos contratos administrativos há uma **desigualdade entre as partes**, que decorre do **Princípio da Supremacia do Interesse Público frente ao Privado**, sendo que a máxima buscada pelo Poder Público ao assinar o contrato é o interesse da coletividade. Além disso, as cláusulas contratuais gozam de presunção relativa de legitimidade, ou seja, presumem-se legítimas até que se prove o contrário.

2. Nos contratos administrativos as regras que decorrem do Regime Jurídico de Direito Público são aplicáveis **ainda que não estejam escritas no instrumento contratual.** Tais regras têm previsão legal na Lei 8.666/93 e não podem ser consideradas abusivas, visto que nos contratos administrativos as regras são **fixadas unilateralmente pela administração (contrato de adesão).**

2484) (2015) Banca: CESPE – Órgão: FUB – Prova: Nível Médio

No que se refere às características dos contratos administrativos, julgue o item que se segue. Nos contratos administrativos, a administração pública terá situação privilegiada, legalmente estabelecida, em relação ao particular, dada a prevalência do interesse público sobre o privado.

A) Certo B) Errado

2485) (2010) Banca: CESPE – Órgão: ABIN – Prova: Oficial Técnico de Inteligência – Área de Administração

No contrato de adesão, todas as cláusulas são fixadas unilateralmente pela administração.

A) Certo B) Errado

2486) (2016) Banca: CESPE Órgão: TRT – 8ª Região (PA e AP) – Prova: Analista Judiciário – Área Administrativa

Com relação aos contratos administrativos, assinale a opção correta.

A) Os contratos administrativos enquadram-se na categoria dos contratos de adesão.
B) Dado o princípio do pacta sunt servanda, é vedada, durante a execução do contrato, a alteração unilateral das cláusulas contratuais pela administração pública.

C) A aplicação de sanções administrativas pela administração pública depende de manifestação do Poder Judiciário.
D) É vedado à administração pública exigir garantia para assegurar o adimplemento dos contratos.
E) São nulos os contratos verbais firmados com a administração pública.

Alteração unilateral do objeto: conforme estudado, a Administração pode realizar a modificação unilateral do contrato para melhor adequação às finalidades de interesse público. As modificações podem se dar em razão de **alterações do projeto ou em razão de acréscimo ou diminuição da quantidade inicialmente comprada.**

Portanto, a alteração qualitativa refere-se às **modificações do projeto ou das suas especificações** para melhor adequação técnica aos seus objetivos desde que não haja total descaracterização do objeto.

FICA A DICA: A Administração NÃO pode alterar o OBJETO do contrato.

Além disso, as alterações quantitativas são aquelas realizadas em razão do **acréscimo ou diminuição da quantidade do objeto** que deve observar o limite de **até 25%, para mais e para menos, para compras de produtos e serviços,** e até **50% de acréscimo para o caso de contratos de reforma** (nesse último caso as supressões contratuais continuam respeitando o limite de 25%). Entretanto, destaca-se que se admite a diminuição do quantitativo inicialmente comprado além desses limites caso houver consenso entre as partes contratantes, mas o acréscimo além dos limites, por sua vez, está proibido em qualquer hipótese. Devemos ressaltar que qualquer alteração deve respeitar o **reequilíbrio econômico-financeiro** do contrato.

Em suma:

– **Alteração qualitativa (art. 65, I):** a Administração Pública poderá alterar unilateralmente o contrato no que tange às CARACTERÍSTICAS do projeto, no sentido de promover adequações técnicas necessárias. Nesse caso, a alteração qualitativa será justificada sempre que, por razões de interesse público, o projeto original não atender mais aos fins desejados pela Administração.

Contudo, não é possível que a Administração altere o objeto inicialmente contratado, pois tal fato consistiria em fraude ao procedimento licitatório (**vinculação ao instrumento convocatório**).

– **Alteração unilateral quantitativa (art. 65, II):** refere-se à prerrogativa quanto à alteração do quantitativo do objeto inicialmente contratado (estudado acima). Destaca-se que as alterações unilaterais realizadas pela Administração Pública decorrem de interesse público superveniente que deverá ser devidamente justificado.

2487) (2014) Banca: CESPE – Órgão: MEC – Prova: Nível Superior

O contrato administrativo poderá ser modificado unilateralmente pela administração caso haja modificação do projeto ou das especificações para adequação técnica aos objetivos do contrato ou caso se julgue necessário modificar o valor contratual em decorrência de acréscimo ou diminuição quantitativa do objeto do contrato.

A) Certo B) Errado

2488) (2013) Banca: CESPE – Órgão: MPU – Prova: Analista – Engenharia Civil

Acerca de licitações e contratos, julgue o item subsequente.

O limite máximo para acréscimos de serviços em um contrato administrativo cujo objeto seja a reforma de um edifício é de 25% do valor inicial atualizado do contrato.

A) Certo B) Errado

2489) (2014) Banca: CESPE – Órgão: ANATEL – Prova: Analista Administrativo – Administração

Acerca de licitações e contratos, julgue o seguinte item.

A previsão de alteração unilateral do contrato administrativo, seja quantitativa, seja qualitativa, realizada pela administração pública, constitui exemplo de cláusula exorbitante.

A) Certo B) Errado

2490) (2010) Banca: CESPE – Órgão: DETRAN-ES – Prova: Administrador

A Administração não pode alterar o objeto do contrato.

A) Certo B) Errado

2491) (2013) Banca: CESPE – Órgão: MPU – Prova: Analista – Planejamento e Orçamento

Com relação às alterações do objeto dos contratos administrativos e à prorrogação dos seus prazos de vigência e de execução, julgue o item a seguir.

As alterações unilaterais qualitativas do contrato administrativo que tenha por objeto a compra de bens não estão adstritas ao limite de 25% do valor inicial atualizado do contrato.

A) Certo B) Errado

2492) (2015) Banca: CESPE – Órgão: MPOG – Prova: Arquiteto

De acordo com a Lei 8.666/1993, referente a licitações e contratos administrativos, julgue o item que segue. A lei em questão permite a alteração unilateral por parte da administração em apenas uma hipótese, atinente à alteração quantitativa.

A) Certo B) Errado

2493) (2014) Banca: CESPE – Órgão: TC-DF – Prova: Técnico de Administração

Com relação aos contratos administrativos, julgue o item subsequente. A administração pública possui a prerrogativa de alterar unilateralmente o objeto do contrato, desde que a alteração seja apenas quantitativa, mantendo-se a qualidade do objeto.

A) Certo B) Errado

2494) (2015) Banca: CESPE – Órgão: MPOG – Prova: Arquiteto

De acordo com a Lei 8.666/1993, referente a licitações e contratos administrativos, julgue o item que segue. Os limites para alteração quantitativa do contrato do valor de incremento podem exceder 25% do valor inicial.

A) Certo B) Errado

2495) (2009) Banca: CESPE – Órgão: ANAC – Prova: Técnico Administrativo

Os contratos administrativos poderão ser alterados, unilateralmente, pela administração, para acrescer ou diminuir, quantitativamente, no caso de obras, serviços e compras, até 25% do valor inicial atualizado do contrato.

A) Certo B) Errado

2496) (2014) Banca: CESPE – Órgão: ANTAQ – Prova: Analista Administrativo

Com base na Lei 8.666/1993, julgue o seguinte item, no que concerne à contratação de serviços de natureza continuada pela administração pública. O aumento quantitativo dos serviços no momento da prorrogação do prazo contratual não está limitado aos 25% do valor atualizado do contrato, desde que configurada a obtenção de preços e condições mais vantajosas para a administração. •

A) Certo B) Errado

2497) (2015) Banca: CESPE – Órgão: Telebras – Prova: Engenheiro

Um órgão da administração pública contratou uma empresa para realizar a reforma da instalação elétrica de seu edifício sede. Para isso, celebrou com a empresa contrato administrativo válido por 12 meses, no valor de R$ 150.000,00. Acerca dessa situação hipotética, julgue o item que se segue. No caso apresentado, o percentual máximo permitido em lei para aumento no valor do contrato será de 25% sobre R$ 150.000,00.

A) Certo B) Errado

2498) (2016) Banca: CESPE – Órgão: FUNPRESP-JUD – Prova: Conhecimentos Básicos – Cargo: 4 (+ provas)

A respeito de contratos administrativos, julgue o item que se segue.

O contratado fica obrigado a aceitar alterações unilaterais promovidas pela administração, desde que estas não excedam 70% do valor do objeto original.

A) Certo B) Errado

2499) (2015) Banca: CESPE – Órgão: Telebras – Prova: Analista Superior – Administrativo

Com o decorrer do tempo, a frota de veículos de passeio da empresa estatal Beta alcançou a vida útil de cinco anos de uso em média. Assim, a autoridade superior designou equipe de avaliação para averiguar se seria mais vantajoso manter os atuais veículos, com os gastos de manutenção, ou efetuar nova contratação, e, ainda, se, no caso de nova contratação, seria mais vantajoso alugar ou adquirir veículos. Por último, a autoridade recomendou que se verificasse, junto aos setores que não tinham veículos exclusivamente à sua disposição, se haveria necessidade, a partir de então, de se lhes atribuir tal prerrogativa.

Com referência a essa situação hipotética, julgue o item a seguir.

Independentemente da opção que for adotada pela autoridade superior no caso de nova contratação – aluguel de veículos ou compra de novos –, depois de firmado o contrato, a administração terá a prerrogativa de acrescer unilateralmente o quantitativo adquirido ou alugado em até 55% do valor total atualizado do contrato, respeitados os índices setoriais estabelecidos no respectivo edital de licitação.

A) Certo B) Errado

2500) (2015) Banca: CESPE – Órgão: MPOG – Prova: Arquiteto – Cargo 7

De acordo com a Lei 8.666/1993, referente a licitações e contratos administrativos, julgue o item que segue.

Os limites para alteração quantitativa do contrato do valor de supressão poderá exceder 25% do valor inicial caso haja acordo entre as partes.

A) Certo B) Errado

2501) (2004) Banca: ESAF – Órgão: MRE – Prova: Assistente de Chancelaria

Os contratos administrativos, regidos pela Lei nº 8.666/93, podem ser alterados, unilateralmente, pela própria Administração, quando for necessário modificar o seu valor, em decorrência de acréscimos quantitativos do seu objeto, no caso particular de reforma de edifício, até o limite máximo de

A) 10%
B) 20%
C) 25%
D) 30%
E) 50%

2502) (2004) Banca: ESAF – Órgão: CGU – Prova: Analista de Finanças e Controle – Área – Correição

Os contratos administrativos regidos pela Lei nº 8.666/93 podem ser alterados, unilateralmente, pela própria Administração, quando for

A) conveniente a substituição da garantia de sua execução.
B) necessária a modificação do valor contratado, em decorrência de acréscimo ou diminuição quantitativa do seu objeto, nos limites legalmente permitidos.
C) necessária a modificação do regime de execução da obra ou serviço.
D) necessária a modificação da forma de pagamento, por imposição de circunstâncias supervenientes.
E) necessário restabelecer a relação pactuada, objetivando manter o equilíbrio econômico-financeiro inicial do contrato.

2503) (2015) Banca: FCC – Órgão: TRE-PB – Prova: Técnico Judiciário – Área Administrativa

Os contratos administrativos diferem dos demais contratos firmados pela Administração pública, pois

A) os contratos administrativos, em razão da incidência do regime legal, submetem-se ao regime jurídico de direito privado, com exceção do que diz respeito às cláusulas exorbitantes, que são de direito público e permitem a alteração unilateral quantitativa.
B) a Administração pública, para a celebração dos contratos administrativos, é obrigada a licitar; para os demais contratos e ajustes, não há essa obrigação.
C) os contratos administrativos sempre dispõem sobre serviços públicos, enquanto os demais contratos podem tratar de objetos de outras naturezas, como contratações de serviços de fornecimento.
D) os contratos administrativos podem ser verbais, a critério do administrador, não importando a forma sob a qual estão revestidos, mas sempre estabelecem prerrogativas

em favor do Poder Público para que prepondere o interesse público.
E) os contratos administrativos permitem à Administração pública a alteração unilateral, ainda que, para isso, dependa de fundamentos e justificativas e se submeta a limites, a fim de afastar qualquer possibilidade de arbitrariedade.

2504) (2015) Banca: FCC – Órgão: MANAUSPREV – Prova: Analista Previdenciário – Administrativa

Quando se fala das características dos contratos administrativos normalmente há alguma referência à mutabilidade da avença, o que consiste, dentre outras hipóteses,

A) na faculdade de o Poder Público impor alterações unilaterais quantitativas e qualitativas, independentemente do valor, desde que mantido o equilíbrio econômico-financeiro da avença e que haja previsão orçamentária para tanto.
B) na possibilidade de alteração do objeto, garantia e valor dos contratos administrativos, irrestritamente, desde que haja interesse público para tanto.
C) na possibilidade de, nos limites da lei, alteração unilateral pelo Poder Público contratante, para adaptação à superveniente necessidade de adequação ao interesse público, mantido o equilíbrio econômico-financeiro.
D) em admitir alterações unilaterais pelas partes, de acordo com os fundamentos legais existentes e desde que mantido o equilíbrio econômico-financeiro da avença.
E) na possibilidade de aditamento para substituição da contratada diante de inadimplência contumaz por parte da vencedora da licitação

2505) (2015) Banca: FCC – Órgão: MANAUSPREV – Prova: Técnico Previdenciário – Administrativa

O regime jurídico de direito público confere à Administração pública um conjunto de prerrogativas que se expressam nas atividades por ela desenvolvidas. No âmbito dos contratos administrativos, pode-se identificar algumas cláusulas exorbitantes que representam essas prerrogativas da Administração pública, tal como

A) a possibilidade de interromper o pagamento pelos serviços executados, por motivos de interesse público, por tempo indeterminado, sem que à contratada assista direito à rescisão.
B) a faculdade de editar decreto para enquadramento do contrato em hipótese de dispensa ou inexigibilidade de licitação.
C) o poder de decidir quando determinado contrato deve se submeter à prévia licitação.
D) a possibilidade de substituir o contratado para a prestação de determinado serviço por outro licitante, caso comprove que a medida será mais econômica para a Administração.
E) a faculdade de promover alterações unilaterais no contrato, independentemente de anuência da contratada, assegurado o equilíbrio econômico-financeiro do contrato.

2506) (2015) Banca: FCC – Órgão: TCM-GO – Prova: Auditor Conselheiro Substituto

Os contratos administrativos e os de direito privado se distinguem entre si, a despeito de ambos integrarem a categoria dos negócios jurídicos. Contudo, apenas os contratos administrativos

A) podem ser unilateralmente modificados ou rescindidos pelo Poder Público, para atendimento de um fim de interesse público, respeitado o seu equilíbrio econômico-financeiro.
B) são mutáveis, possibilitando a instabilização da relação jurídica, desde que tenham sido firmados por meio de procedimento licitatório, o que se denomina comutatividade.
C) são regidos predominantemente por normas de direito privado, em razão do princípio da autonomia da vontade.
D) obrigam terceiros estranhos à relação jurídica, o que se denomina força obrigatória do vínculo.
E) podem ser ajustados de forma verbal e por prazo indeterminado, em razão do princípio da indisponibilidade do interesse público sobre o privado.

2507) (2015) Banca: FCC – Órgão: TRT – 9ª REGIÃO (PR) – Prova: Técnico Judiciário – Área Apoio Especializado – Tecnologia da Informação (+ provas)

A Administração pública, para consecução da finalidade pública que autoriza e legitima sua atuação, está autorizada a firmar contratos, que se distinguem dos contratos privados em razão de características que lhes são próprias, dentre elas,

A) a desnecessidade de obediência à forma prescrita em lei, em razão da posição de supremacia que exerce a Administração em referidos atos negociais, o que faz prescindir, como regra, da forma escrita, prevalecendo a verbal.
B) a necessidade de prévia licitação, regra que por decorrer de norma constitucional não admite exceção, sendo exemplo de aplicação dos princípios da legalidade, isonomia e economicidade.
C) a presença de cláusulas que conferem prerrogativas a uma das partes em relação à outra, como, por exemplo, a possibilidade conferida ao particular de rescindir unilateralmente o contrato firmado com a Administração.
D) o poder conferido à Administração de alteração unilateral do ajuste e correlato direito do contratado de ver mantido o equilíbrio econômico-financeiro inicial do contrato.
E) a imutabilidade do contrato administrativo, que impede a alteração das cláusulas econômicas e regulamentares, em razão dos princípios licitatórios e da vinculação ao instrumento convocatório.

2508) (2003) Banca: FCC – Órgão: TRT – 21ª Região (RN) – Prova: Técnico Judiciário – Área Administrativa

Nos contratos administrativos podem ocorrer, entre outras situações:

I. supressões dos serviços e compras;
II. acréscimos no caso particular de reforma de edifícios.

O contratado sujeita-se-á às supressões, considerando o valor inicial atualizado do contrato, e aos acréscimos, nas mesmas condições contratuais, respeitados os limites de até

A) 15% e 30%
B) 20% e 40%
C) 25% e 50%
D) 30% e 15%
E) 50% e 25%

2509) (2016) Banca: FCC – Órgão: Prefeitura de Teresina – PI – Prova: Técnico de Nível Superior – Administrador – Arsete

Suponha que o Município de Teresina tenha contratado, mediante prévios procedimentos licitatórios, a reforma de diversas Unidades Básicas de Saúde, visando a modernização da estrutura para atendimento de média complexidade. Ocorre que, no curso da execução dos contratos firmados com os vencedores dos respectivos certames, identificou, para algumas unidades, a necessidade de ampliação das obras indicadas nos correspondentes editais e, para outras, a necessidade de redução em relação ao objeto licitado, tudo em função de informações supervenientes, mais detalhadas, a respeito da efetiva demanda de cada região. Diante de tal situação fática, considerando as disposições da Lei nº 8.666/1993, o Município

A) não pode alterar os quantitativos originalmente contratados, o que somente seria viável, mediante compensação, na hipótese de a situação narrada estar albergada em um único contrato.

B) somente pode alterar quantitativamente os objetos contratuais mediante concordância dos contratados, observado o limite de 25% do valor original atualizado.

C) pode alterar unilateralmente os contratos, observado o limite de 50% para os acréscimos e 25% para as supressões, tomando por base os valores originais atualizados.

D) não pode reduzir quantitativamente o valor do contrato, porém pode efetuar acréscimos, observado o limite de 25% do valor original atualizado.

E) pode alterar unilateralmente os contratos, observado o limite de 25%, tanto para acréscimos como para supressões, tomando por base os valores originais atualizados.

2510) (2015) Banca: FCC – Órgão: SEFAZ-PE – Prova: Julgador Administrativo Tributário do Tesouro Estadual – Conhecimentos Específicos

Considere que a Secretaria de Estado da Saúde tenha contratado a reforma de diversas unidades básicas de atendimento e, em face de superveniente contingenciamento de recursos orçamentários, se veja impossibilitada de dar seguimento à integralidade do objeto contratual. Diante dessa situação e, com base no regramento estabelecido na Lei n o 8.666/1993, a Administração contratante

A) poderá reduzir unilateralmente o contrato, no limite de 25% do valor inicial atualizado, não estando a contratada obrigada a aceitar supressões acima deste limite.

B) estará obrigada a rescindir o contrato, não fazendo a contratante jus a indenização, mas apenas ao pagamento das parcelas já executadas e custos de mobilização devidamente comprovados.

C) somente poderá reduzir o objeto contratual de forma unilateral mediante comprovação da ocorrência de fato do príncipe, e observado o limite de 50% do valor original do contrato.

D) deverá alterar unilateralmente o objeto do contrato para adequá-lo aos recursos orçamentários disponíveis, não havendo limites quantitativos para tal redução.

E) poderá alterar o contrato apenas se contar com a concordância da contratada, que não está obrigada a aceitar quaisquer alterações quantitativas que importem redução no objeto.

2511) (2012) Banca: FCC – Órgão: TRE-SP – Prova: Analista Judiciário – Área Judiciária

O Estado contratou, mediante prévio procedimento licitatório, a construção de um conjunto de unidades escolares em diferentes localidades. No curso da execução do contrato, identificou decréscimo na demanda escolar em Município no qual seria construída uma das unidades. Diante dessa situação, decidiu reduzir, unilateralmente, o objeto inicialmente contratado, não contando, contudo, com a concordância da empresa contratada. De acordo com a Lei nº 8.666/1993, a contratada

A) está obrigada a aceitar a supressão quantitativa determinada pela Administração, desde que não ultrapasse 25% do valor inicial atualizado do contrato.

B) não está obrigada a aceitar a supressão, em face do princípio da vinculação ao edital, exceto quando decorrente de contingenciamento de recursos orçamentários.

C) está obrigada a aceitar a supressão quantitativa determinada pela Administração, desde que não ultrapasse 50% do valor do contrato, assegurado o direito ao recebimento por materiais já adquiridos e eventuais prejuízos devidamente comprovados.

D) não está obrigada, em nenhuma hipótese, a aceitar a supressão do objeto do contrato, que somente poderá ser implementada por acordo entre as partes e observado o limite de 50% do valor inicial atualizado do contrato.

E) poderá rescindir o contrato, unilateralmente, desde que comprove que a sua execução tornou-se economicamente desequilibrada, fazendo jus à indenização por prejuízos comprovados e lucros cessantes.

2512) (2015) Banca: FCC – Órgão: TCE-CE – Prova: Analista de Controle Externo-Atividade Jurídica

A empresa Construção de sonhos, após sagrar-se vencedora em certame licitatório, celebrou contrato com o Município Z, para reforma de casas populares. Durante a execução contratual, a Administração pública municipal resolve alterar unilateralmente o contrato firmado. O contratado pode se recusar a aceitar a alteração unilateral quando se tratar de

A) quaisquer modificações técnicas para melhor adequação do projeto.

B) restabelecimento do equilíbrio econômico financeiro do contrato.

C) supressão até 25% do valor inicial atualizado do contrato.

D) majoração acima de 50% do valor inicial atualizado do contrato.

E) quaisquer modificações no regime de execução da obra.

2513) (2017) Banca: FCC – Órgão: TRF – 5ª REGIÃO – Prova: Analista Judiciário – Oficial de Justiça Avaliador Federal

A Administração pública necessita, para atendimento do interesse público, reduzir quantitativamente contrato de prestação de serviço de limpeza e conservação, regido pela Lei nº 8.666/1993, cujo objeto contratual é a área a ser limpa. A Administração está autorizada a

A) realizar supressão dos serviços até o limite de 50% do valor inicial atualizado do contrato, independentemente da concordância do contratado.

B) realizar supressão dos serviços de até 25% do valor inicial atualizado do contrato, desde que haja concordância do contratado, quer dizer, desde que a alteração seja consensual.

C) realizar supressão dos serviços de até 25% do valor inicial atualizado do contrato, independentemente da concordância do contratado, que, na hipótese, fica obrigado a aceitá-la.

D) realizar supressão dos serviços, que não está sujeita à limites, podendo ser feita de forma consensual ou unilateral.

E) rescindir o contrato, realizando, posteriormente, nova licitação, pois os contratos, após licitados, não podem ser alterados, mesmo que para reduzir ou aumentar seu objeto, isso em razão do princípio da vinculação ao instrumento licitatório.

2514) (2014) Banca: FCC – Órgão: AL-PE – Prova: Analista Legislativo

Determinada construtora foi contratada, mediante prévio procedimento licitatório, para realizar obras de reforma em um hospital estadual. No curso da execução do contrato, em face de requisitos para certificação do referido hospital perante o Ministério da Saúde para recebimento de recursos do Sistema Único de Saúde, a Administração contratante se viu obrigada a alterar as especificações do projeto apresentado aos concorrentes na fase de licitação para a contratação das obras. De acordo com as disposições da Lei nº 8.666/1993,

A) é admissível a alteração do contrato de forma unilateral pela Administração contratante, para melhor adequação técnica aos seus objetivos, assegurada a manutenção do equilíbrio econômico-financeiro do contrato.

B) será necessária a reabertura do procedimento licitatório, para que todos os concorrentes habilitados possam apresentar novas propostas.

C) não é possível a alteração do contrato para contemplar as novas especificações, haja vista o princípio da vinculação ao instrumento convocatório, sendo necessária a instauração de novo procedimento licitatório.

D) é possível o aproveitamento do mesmo contrato, que poderá ser aditado para as referidas adequações, com a concordância da contratada, até o limite de 50% do seu valor original.

E) a contratada somente é obrigada a aceitar, nas mesmas condições do contrato, acréscimos que não ultrapassem 25% do valor original do contrato corrigido monetariamente.

2515) (2017) Banca: FCC – Órgão: DPE-RS – Prova: Analista – Processual

A Administração contratou, mediante prévio procedimento licitatório, a construção de um hospital com capacidade para 200 leitos. No curso da execução do contrato, o consórcio contratado, em função de dificuldades financeiras supervenientes, pleiteou a alteração quantitativa do objeto, propondo-se a construir uma unidade com capacidade menor, com a correspondente redução do valor originalmente contratado. De acordo com as disposições aplicáveis da Lei nº 8.666/1993, o pleito da contratada

A) não é juridicamente viável, pois alterações quantitativas somente podem ser feitas unilateralmente pela Administração.

B) é expressamente vedado, por importar violação ao princípio da intangibilidade do objeto e de vinculação ao instrumento convocatório.

C) é viável, se contar com a anuência da Administração, operando-se mediante alteração consensual, estando adstrita ao limite de 25% do valor original atualizado se imposta unilateralmente pela administração.

D) é legítimo, obrigando-se a Administração a aceitar alteração unilateral por parte da contratada até o limite de 25% do valor original.

E) somente é viável se decorrer de alteração de projeto para melhor adequação ao interesse da Administração e observado o limite de 25% do valor original atualizado.

2516) (2008) Banca: FGV – Órgão: Senado Federal – Prova: Técnico Legislativo – Administração (+ provas)

Em relação aos contratos administrativos é correto afirmar que:

A) podem sofrer alteração unilateral de natureza quantitativa ou qualitativa.

B) não podem ser celebrados por empresas públicas e sociedades de economia mista.

C) só podem ser rescindidos se houver inadimplemento de obrigações por parte do contratado.

D) são formalizados por instrumento escrito, salvo quando se tratar de compra de bens móveis.

E) nulos não conferem ao particular o direito à indenização pelo que já tiver executado anteriormente à declaração de nulidade.

2517) (2010) Banca: FGV – Órgão: FIOCRUZ – Prova: Tecnologista em Saúde – Urbanismo

Os contratos regidos pela Lei n. 8666 de 21/06/1993 poderão ser alterados, com as devidas justificativas em determinados casos. O contratado fica obrigado a aceitar, nas mesmas condições contratuais, os acréscimos ou supressões que se fizerem nas obras, serviços ou compras, até 25% (vinte e cinco por cento) do valor inicial atualizado do contrato, sendo que no caso específico de reforma de edifício ou de equipamento, os seus acréscimos serão aceitos até o limite de:

A) 10% (dez por cento).
B) 20% (vinte por cento).
C) 50% (cinquenta por cento).
D) 60% (sessenta por cento).
E) 75% (setenta e cinco por cento).

2518) (2010) Banca: FGV – Órgão: SEAD-AP – Prova: Fiscal da Receita Estadual

Os contratos regidos pela Lei 8.666/93 podem ser alterados unilateralmente pela administração pública no caso de:

A) modificação do projeto ou de suas especificações.
B) conveniência na substituição da garantia de execução do contrato.
C) necessidade de modificação do regime de execução da obra ou serviço.
D) não cumprimento de cláusulas contratuais, especificações, projetos ou prazos.
E) ocorrência de caso fortuito ou de força maior, regularmente comprovada, impeditiva da execução do contrato.

2519) (2014) Banca: FGV – Órgão: SEFAZ- MT – Prova: Auditor Fiscal Tributário da Receita Municipal (+ provas)

A União celebrou contrato de obra pública com a construtora XYZ, vencedora de certame licitatório para a construção de uma rodovia federal que fará a ligação entre três Estados da Federação. No curso da obra, a Administração pretendeu acrescentar ao projeto duas alças de acesso a rodovias estaduais já existentes, o que implicaria aumento de 15% do custo original do contrato, além da prorrogação do prazo de entrega da obra.

A esse respeito, assinale a afirmativa correta.

A) O acréscimo pretendido é possível, assim como a prorrogação do contrato, devido à alteração do projeto pela Administração.

B) O acréscimo pretendido é possível, mas não a prorrogação, que somente é admitida nas hipóteses de superveniência de fato excepcional ou imprevisível, estranho à vontade das partes

C) Não é possível, após a celebração do contrato, alteração no projeto para o acréscimo de itens não previstos na fase de licitação e que impliquem acréscimo no valor contratual.

D) O acréscimo pretendido supera o limite permitido às alterações nos contratos administrativos, não sendo, portanto, válida a alteração contratual.

E) Após a celebração do contrato, não se admite, em nenhuma hipótese, a prorrogação dos prazos contratuais.

2520) (2016) Banca: FGV – Órgão: CODEBA – Prova: Analista Portuário – Engenheiro Civil

Uma determinada empresa venceu um processo licitatório para realização de obra de reforma de um prédio público com uma proposta de R$ 500.000,00.

De acordo com a Lei nº 8.666/93 e desconsiderando-se a atualização do valor inicial do contrato, a empresa contratada é obrigada a aceitar, nas mesmas condições contratuais, uma supressão máxima de serviços na obra no valor de

A) R$ 25.000,00.
B) R$ 50.000,00.
C) R$ 100.000,00.
D) R$ 125.000,00.
E) R$ 250.000,00.

2521) (2017) Banca: FGV – Órgão: TRT – 12ª Região (SC) – Prova: Analista Judiciário – Área Judiciária

O Tribunal Regional do Trabalho de Santa Catarina contratou sociedade empresária para reforma do edifício sede do TRT. No curso do contrato, com base em critérios discricionários que atendem ao interesse público, a Administração Pública contratante deseja promover acréscimo quantitativo do objeto do contrato.

De acordo com as disposições da Lei nº 8.666/93, a alteração contratual pretendida no caso em tela:

A) pode ser imposta unilateralmente pela Administração ao contratado até o limite de cinquenta por cento do valor do contrato, em razão de cláusula exorbitante implicitamente constante no contrato por força de lei, pela supremacia do interesse público sobre o privado, respeitado o equilíbrio econômico-financeiro do contrato;

B) pode ser imposta unilateralmente pela Administração e o contratado fica obrigado a aceitar, nas mesmas condições contratuais, os acréscimos que se fizerem nas obras, até o limite de quinze por cento do valor inicial atualizado do contrato, em razão da supremacia do interesse público sobre o privado;

C) não pode ser imposta unilateralmente pela Administração, eis que não constou no contrato cláusula sobre alteração quantitativa de seu objeto, mas pode ser convencionada pelas partes, de forma consensual, desde que respeitada a economicidade e o valor de mercado, até o limite de vinte e cinco por cento do valor inicial atualizado do contrato;

D) não pode ser imposta unilateralmente pela Administração, nem pode ser objeto de acordo entre as partes, devendo ser realizado novo procedimento licitatório para escolha de nova sociedade empresária interessada em prestar o serviço com valor mais vantajoso para a Administração Pública;

E) não pode ser imposta unilateralmente pela Administração, eis que não constou no contrato cláusula sobre alteração quantitativa de seu objeto, mas pode ser convencionada pelas partes, de forma consensual, desde que haja parecer prévio do Tribunal de Contas, até o limite de trinta por cento do valor inicial atualizado do contrato.

2522) (2009) Banca: MPDFT – Órgão: MPDFT – Prova: Promotor de Justiça

Em relação a licitação e contratos, assinale a alternativa incorreta.

A) São exemplos de cláusulas exorbitantes dos contratos administrativos aquelas que permitem alteração unilateral do contrato, rescisão unilateral, fiscalização da execução do contrato, aplicação de sanções, ocupação provisória de bens móveis, imóveis, aproveitamento de pessoal e de serviços vinculados ao objeto do contrato, quando o ajuste visa à prestação de serviços essenciais.

B) A administração pode obrigar o contratado a aceitar, nas mesmas condições, acréscimos ou supressões em obras, serviços ou compras até 25% do valor originário do contrato, ou até 50% no caso de reforma de edifício ou equipamento. Nenhum acréscimo ou supressão pode estender os referidos limites legais, nem mesmo em caso de acordo entre as partes.

C) Aplica-se aos contratos administrativos a resolução por onerosidade excessiva, prevista no art. 478 do Novo Código Civil.

D) É dispensável a licitação quando a União tiver que intervir no domínio econômico para regular os preços ou para normalizar o abastecimento.

E) Na tomada de preços, os órgãos manterão registros cadastrais para efeito de habilitação dos participantes, válidos por, no máximo, 1 (um) ano, e que deverão ser amplamente divulgados e estar permanentemente aberto aos interessados. As Unidades administrativas podem utilizar os registros cadastrais de outros órgãos ou entidades da Administração Pública.

2523) (2016) Banca: FUMARC – Órgão: CEMIG-TELECOM – Prova: Analista de Vendas JR

Sobre a alteração unilateral do contrato administrativo, é INCORRETO afirmar:

A) A alteração unilateral do contrato que aumente os encargos do contratado à administração é causa legítima do

restabelecimento do equilíbrio econômico-financeiro inicial.
B) A variação do valor contratual para fazer face ao reajuste de preços previsto no próprio contrato não caracteriza alteração do mesmo, podendo ser registrado por simples apostila.
C) O contratado fica obrigado a aceitar, nas mesmas condições contratuais, os acréscimos ou supressões que se fizerem nas obras, serviços ou compras, até 25% (vinte e cinco por cento) do valor inicial atualizado do contrato, e, no caso particular de reforma de edifício ou de equipamento, até o limite de 50% (cinquenta por cento) para os seus acréscimos.
D) O contrato pode ser alterado apenas no que se refere ao preço devido pela Administração ao contratado, mediante revisão, independentemente da alteração do objeto.

2524) (2016) Banca: INSTITUTO AOCP – Órgão: EBSERH – Prova: Advogado (CH-UFPA)
De acordo com a Lei nº 8.666/1993 (Lei de Licitações), o contrato administrativo firmado entre a Administração Pública e o vencedor da licitação pode ser alterado unilateralmente pela administração pública
A) quando for necessária a modificação do regime de execução da obra ou serviço, em face de verificação técnica da inaplicabilidade dos termos contratuais originários.
B) quando for necessária a modificação da forma de pagamento por circunstâncias supervenientes.
C) para restabelecer a relação que as partes pactuaram, objetivando a manutenção do equilíbrio econômico, a fim de se evitar a oneração do Estado.
D) quando houver modificação do projeto ou das especificações, para melhor adequação técnica aos seus objetivos.
E) quando for conveniente a substituição da garantia de execução.

2525) (2014) Banca: Makiyama – Órgão: DOCAS-RJ – Prova: Especialista Portuário – Contratos, Compras e Licitações
Os contratos administrativos regidos pela Lei 8.666 de 1993 poderão ser alterados, com as devidas justificativas, unilateralmente, no seguinte caso:
A) Quando conveniente a substituição da garantia de execução.
B) Para restabelecer a relação que as partes pactuaram inicialmente entre os encargos do contratado e a retribuição da administração para a justa remuneração da obra, serviço ou fornecimento, objetivando a manutenção do equilíbrio econômico-financeiro inicial do contrato, na hipótese de sobrevirem fatos imprevisíveis.
C) Quando necessária a modificação da forma de pagamento, por imposição de circunstâncias supervenientes, mantido o valor inicial atualizado, vedada a antecipação do pagamento, com relação ao cronograma financeiro fixado, sem a correspondente contraprestação de fornecimento de bens ou execução de obra ou serviço.
D) Quando houver modificação do projeto ou das especificações, para melhor adequação técnica aos seus objetivos.
E) Quando necessária a modificação do regime de execução da obra ou serviço, bem como do modo de fornecimento, em face de verificação técnica da inaplicabilidade dos termos contratuais originários.

2526) (2016) Banca: IDECAN – Órgão: UFPB – Prova: Administrador (+ provas)
Quanto às contratações públicas, é considerada característica geral dos "contratos administrativos típicos»:
A) Possibilidade de alteração unilateral da avença.
B) Impossibilidade de rescisão unilateral do ajuste.
C) Precedência dos interesses privados sobre o público.
D) Proibição de revisão do equilíbrio econômico financeiro.

2527) (2016) Banca: IESES – Órgão: BAHIAGÁS – Prova: Analista de Processos Organizacionais – Direito
Fato do príncipe é medida de ordem geral, praticada pela autoridade máxima da Administração Pública, não relacionada diretamente com os contratos, mas que neles repercute, provocando desequilíbrio econômico-financeiro em detrimento do contratado. A expressão "fato do príncipe" é comumente utilizada no Direito Administrativo, ao tratar dos contratos administrativos e da possibilidade jurídica de sua alteração. A teoria da imprevisão tem aplicabilidade quando uma situação nova e extraordinária surja no curso do contrato, colocando uma das partes em extrema dificuldade. A partir dessa conceituação assinale a alternativa INCORRETA.
A) Um dos pilares do Direito Contratual é a força obrigatória do contrato, em especial o administrativo, de sorte que, uma vez firmado se incorpora ao ordenamento jurídico, fazendo lei entre as partes. É decorrência do princípio tradicional pacta sunt servanda e não pode sofrer alteração, em hipótese alguma.
B) A CF/88 acerca do contrato administrativo tem como nuclear no regime do vínculo, a proteção do equilíbrio econômico-financeiro do negócio jurídico de direito público, assertiva que se infere do disposto na legislação infralegal específica (arts. 57, § 1º, 58, §§ 1º e 2º, 65, II, d, 88 § 5º e 6º, da Lei 8.666 /93. A Constituição Federal ao insculpir os princípios intransponíveis do art. 37 que protege a atividade da administração à luz da cláusula da moralidade, torna clara a necessidade de manter-se esse equilíbrio, ao realçar as condições efetivas da proposta.
C) A lei 8666/93 trata da alteração dos contratos administrativos pela administração pública e a necessidade da aplicação da já existente e consagrada teoria da imprevisão aos contratos administrativos em face de eventuais, imprevisíveis e supervenientes mudanças que possam ocorrer no contexto sócio político e econômicos em que foi realizado o contrato administrativo acima de tudo alheio a atuação das partes pactuantes.
D) A força obrigatória dos contratos não é um princípio absoluto, mas relativo.
E) Para que as Teorias do Fato do Príncipe e da Imprevisão se legitimem, amenizando o rigorismo contratual, se faz necessária a ocorrência de acontecimentos extraordinários e imprevistos, que tornem a prestação de uma das partes sumamente onerosa.

2528) (2011) Banca: CESGRANRIO – Órgão: Petrobras – Prova: Advogado
O regime jurídico dos contratos administrativos instituído pela Lei nº 8.666/1993 veda que a Administração Pública imponha

ao contratado alterações unilaterais decorrentes de modificações de projeto ou de suas especificações.

PORQUE

A equação econômico-financeira dos contratos administrativos deve ser mantida durante toda a vigência contratual.

Analisando-se as afirmações acima, conclui-se que

A) as duas afirmações são verdadeiras, e a segunda justifica a primeira.
B) as duas afirmações são verdadeiras, e a segunda não justifica a primeira.
C) a primeira afirmação é verdadeira, e a segunda é falsa.
D) a primeira afirmação é falsa, e a segunda é verdadeira.
E) as duas afirmações são falsas.

2529) (2015) Banca: UNIOESTE – Órgão: UNIOESTE – Prova: Advogado

Considerando a Lei de Licitação (8.666/93), esta confere à Administração

A) o dever de indenizar o contratado inadimplente com entrega no o prazo pactuado.
B) a possibilidade de modificá-los, unilateralmente, para melhor adequação às finalidades de interesse público.
C) a possibilidade de declaração de nulidade do contrato administrativo porém de forma não retroativa.
D) a possibilidade de contratação verbal com empresas do setor público
E) a vedação de firmar o contrato com prazo determinado.

2530) (2015) Banca: Prefeitura do Rio de Janeiro – RJ – Órgão: Prefeitura de Rio de Janeiro – RJ – Prova: Assistente Administrativo

Os contratos regidos pela Lei de Improbidade Administrativa (Lei 8.429/92) poderão ser alterados unilateralmente pela Administração, com as devidas justificativas, no seguinte caso:

A) quando conveniente a substituição da garantia de execução, desde que mantido o valor inicial atualizado
B) quando necessária a modificação da forma de pagamento, por imposição de circunstâncias supervenientes
C) quando necessária a modificação do regime de execução da obra ou serviço, bem como do modo de fornecimento
D) quando houver modificação do projeto ou das especificações, para melhor adequação técnica aos seus objetivos

2531) (2015) Banca: COPEVE-UFMS – Órgão: UFMS – Prova: Assistente em Administração

Os contratos regidos pela Lei Federal n. 8.666/93 poderão ser alterados unilateralmente pela Administração, com as devidas justificativas, quando:

a) For conveniente a substituição da garantia de execução.
B) For necessária a modificação da forma de pagamento, por imposição de circunstâncias supervenientes, mantido o valor inicial atualizado, vedada a antecipação do pagamento, com relação ao cronograma financeiro fixado, sem a correspondente contraprestação de fornecimento de bens ou execução de obra ou serviço.
C) Houver modificação do projeto ou das especificações, para melhor adequação técnica aos seus objetivos.
D) For necessária a modificação do regime de execução da obra ou serviço, bem como do modo de fornecimento, em face de verificação técnica da inaplicabilidade dos termos contratuais originários.
E) For necessário restabelecer a relação que as partes pactuaram inicialmente entre os encargos do contratado e a retribuição da administração para a justa remuneração da obra, serviço ou fornecimento, objetivando a manutenção do equilíbrio econômico-financeiro inicial do contrato, na hipótese de sobrevirem fatos imprevisíveis, ou previsíveis, porém de consequências incalculáveis, retardadores ou impeditivos da execução do ajustado, ou, ainda, em caso de força maior, caso fortuito ou fato do príncipe, configurando álea econômica extraordinária e extracontratual.

2532) (2014) Banca: FUNCAB – Órgão: IF-AM – Prova: Bibliotecário (+ provas)

A alternativa que aponta característica dos contratos administrativos é:

A) o desequilíbrio econômico-financeiro:
B) a possibilidade de alteração unilateral do objeto do contrato.
C) a liberdade de forma.
D) a ausência de sinalagma.
E) o caráter personalíssimo absoluto.

2533) (2014) Banca: INSTITUTO AOCP – Órgão: UFES – Prova: Advogado

De acordo com a Lei de Licitações, em relação aos contratos administrativos, assinale a alternativa correta.

A) O contratado fica obrigado a aceitar, nas mesmas condições contratuais, os acréscimos ou supressões que se fizerem nas obras, serviços ou compras, até 30% (trinta por cento) do valor inicial atualizado do contrato, e, no caso particular de reforma de edifício ou de equipamento, até o limite de 50% (cinquenta por cento) para os seus acréscimos.
B) O contratado fica obrigado a aceitar, nas mesmas condições contratuais, os acréscimos ou supressões que se fizerem nas obras, serviços ou compras, até 25% (vinte e cinco por cento) do valor inicial atualizado do contrato, e, no caso particular de reforma de edifício ou de equipamento, até o limite de 50% (cinquenta por cento) para os seus acréscimos.
C) O contratado fica obrigado a aceitar, nas mesmas condições contratuais, os acréscimos ou supressões que se fizerem nas obras, serviços ou compras, até 50% (cinquenta por cento) do valor inicial atualizado do contrato, e, no caso, particular de reforma de edifício ou de equipamento, até o limite de 25% (vinte e cinco por cento) para os seus acréscimos.
D) O contratado fica obrigado a aceitar, nas mesmas condições contratuais, os acréscimos ou supressões que se fizerem nas obras, serviços ou compras, até do valor inicial de 50% (cinquenta por cento) atualizado do contrato, e, no caso particular de reforma de edifício ou de equipamento, até o limite de 50% (cinquenta por cento) para os seus acréscimos.
E) O contratado não fica obrigado a aceitar os acréscimos ou supressões que se fizerem nas obras, serviços ou compras.

2534) (2013) Banca: VUNESP – Órgão: ITESP – Prova: Advogado

Nos termos da Lei 8.666/93, o contratado fica obrigado a aceitar, nas mesmas condições contratuais, os acréscimos ou supressões que se fizerem nas obras, serviços ou compras, até:

A) 25% do valor inicial atualizado do contrato, e, no caso particular de reforma de edifício ou de equipamento, até o limite de 50% para os seus acréscimos.
B) 30% do valor inicial atualizado do contrato, e, no caso particular de reforma de edifício ou de equipamento, até o limite de 50% para os seus acréscimos.
C) 30% do valor inicial atualizado do contrato, e, no caso particular de reforma de edifício ou de equipamento, até o limite de 25% para os seus acréscimos.
D) 25% do valor inicial atualizado do contrato, e, no caso particular de reforma de edifício ou de equipamento, até o limite de 30% para os seus acréscimos
E) 25% do valor inicial atualizado do contrato, e, no caso particular de reforma de edifício ou de equipamento, até o limite de 75% para os seus acréscimos

2535) (2009) Banca: VUNESP – Órgão: TJ-MS – Prova: Titular de Serviços de Notas e de Registros

Em razão da supremacia do interesse público sobre o particular, é possível à Administração Pública realizar alteração unilateral nos contratos administrativos. Com relação à alteração quantitativa, o limite a ser respeitado para as supressões que se fizerem necessárias no caso de reforma de edifício ou equipamento é de

A) 50%.
B) 25%.
C) 30%.
D) 40%.
E) 10%.

2536) (2014) Banca: VUNESP – Órgão: PRODEST-ES – Prova: Assistente de Tecnologia da Informação – Operação (+ provas)

A propósito dos contratos administrativos regidos pela Lei 8.666/93, é correto afirmar:

A) não podem exigir garantia do contratado.
B) podem ser alterados unilateralmente pela Administração nas hipóteses legais.
C) as partes contratantes, a Administração e o particular devem estar sempre no mesmo patamar de igualdade na relação contratual.
D) o contrato administrativo deverá ter prazo de vigência indeterminado.
E) a declaração de nulidade do contrato administrativo não pode operar efeitos retroativos

2537) (2014) Banca: IADES – Órgão: UFBA – Prova: Assistente Administrativo (+ provas)

Considerando a Lei nº 8.666/1993, assinale a alternativa correta acerca dos contratos administrativos.

A) Os contratos administrativos não podem, em nenhuma hipótese, ser alterados por acordo entre as partes.
B) É nulo e sem nenhum efeito qualquer contrato verbal com a Administração, não sendo admitida qualquer exceção.
C) O regime jurídico dos contratos administrativos confere à Administração a prerrogativa de modificá-los, unilateralmente, para melhor adequação às finalidades de interesse público, respeitados os direitos do contratado.
D) As cláusulas que estabelecem o preço e as condições de pagamento do contrato não são necessárias em todo contrato administrativo.
E) Os contratos administrativos previstos na Lei de Licitação e Contratos são regidos pelos preceitos do direito privado, aplicando-lhes, supletivamente, as disposições do direito público.

2538) (2013) Banca: USP – Órgão: USP – Prova: Contador

O Contratado fica obrigado a aceitar, nas mesmas condições contratuais, os acréscimos ou supressões que se fizerem nas obras, serviços ou compras, até:

A) 25% do valor inicial atualizado do contrato, e, no caso particular de reforma de edifício ou de equipamento, até o limite de 50% para os seus acréscimos.
B) 50% do valor inicial atualizado do contrato, e, no caso particular de reforma de edifício ou de equipamento, até o limite de 25% para os seus acréscimos.
C) 25% do valor inicial atualizado do contrato, e, no caso particular de reforma de edifício ou de equipamento, até o limite de 10% para os seus acréscimos.
D) 25% do valor inicial atualizado do contrato, e, no caso particular de reforma de edifício ou de equipamento, até o limite de 30% para os seus acréscimos.

2539) (2016) Banca: FCM – Órgão: IF Sudeste – MG – Prova: Auditor (+ provas)

Acerca dos contratos administrativos, o Estatuto de Licitações (Lei 8.666/93) determina que

A) é vedada a exigência de prestação de garantia na modalidade concorrência.
B) o instrumento de contrato formalizado por escrito é facultativo na modalidade tomada de preços.
C) é admitido o contrato com prazo de vigência indeterminado, desde que comprovado o interesse público.
D) a Lei de Licitações confere ao contratado a prerrogativa de rescindir unilateralmente os contratos, firmados com a administração, para melhor adequação às finalidades de seu interesse.
E) o contratado é obrigado a aceitar, nas mesmas condições contratuais, os acréscimos ou as supressões que se fizerem nas obras, serviços ou compras, até 25% (vinte e cinco por cento) do valor inicial atualizado do contrato.

2540) (2016) Banca: Quadrix – Órgão: CRMV-RR – Prova: Assistente Administrativo

Os contratos regidos pela Lei nº 8.666/93 poderão ser alterados, com as devidas justificativas, nos seguintes casos: I – unilateralmente pela Administração; II – por acordo das partes.

O contratado fica obrigado a aceitar, nas mesmas condições contratuais, os acréscimos ou supressões que se fizerem nas obras, serviços ou compras, até _____ do valor inicial atualizado do contrato, e, no caso particular de reforma de edifício ou de equipamento, até o limite de _____ para os seus acréscimos.

As lacunas são, correta e respectivamente, preenchidas por:
A) 10% (dez por cento); 15% (quinze por cento)
B) 15% (quinze por cento); 50% (cinquenta por cento)
C) 10% (dez por cento); 25% (vinte e cinco por cento)
D) 25% (vinte e cinco por cento); 50% (cinquenta por cento)
E) 20% (vinte por cento); 25% (vinte e cinco por cento)

2541) (2015) Banca: PUC-PR – Órgão: Prefeitura de Maringá – PR – Prova: Procurador Municipal

Acerca dos contratos administrativos, analise as assertivas abaixo e responda ao que se segue:

I. Por acordo entre as partes, admitem-se reduções superiores aos limites de 25% (vinte e cinco por cento) do valor atualizado do contrato – e 50% (cinquenta por cento) para os casos de reforma – do valor atualizado do contrato administrativo.
II. No que se refere às garantias relativas à execução do contrato, cabe à Administração determinar que o particular contratado as apresente numa das seguintes modalidades: caução em dinheiro ou títulos da dívida pública; seguro-garantia ou fiança bancária, sem que o seu montante possa ultrapassar 5% (cinco por cento) do valor da contratação para os contratos comuns e 10% (dez por cento) para contratos de grande vulto ou complexos.
III. A decisão de anular o certame licitatório permite ao particular recorrer dessa decisão para a autoridade competente, sendo que o recurso será dotado de efeito suspensivo por força da lei.
IV. O contrato administrativo não comporta a exceção do contrato não cumprido, estando o particular obrigado a cumprir com suas obrigações independentemente da extensão do inadimplemento da Administração Pública.
V. O particular inabilitado na licitação na modalidade de carta convite poderá apresentar recursos dessa decisão em até 2 (dois) dias úteis contados da sua intimação.

Quanto às assertivas indicadas acima (I a V), é CORRETO afirmar:
A) Apenas as assertivas I e V estão corretas.
B) Apenas as assertivas I, III e V estão corretas.
C) Apenas as assertivas II e V estão corretas.
D) Apenas as assertivas I e III estão corretas.
E) Apenas as assertivas I, IV e V estão corretas.

2542) (2015) Banca: INAZ do Pará – Órgão: Prefeitura de Terra Alta – PA – Prova: Advogado

Nos termos da Lei nº 8.666/93 que dispõe sobre a licitação e contratos administrativos assinale a alternativa correta

A) Tomada de preços é a modalidade de licitação entre interessados devidamente cadastrados ou que atenderem a todas as condições exigidas para cadastramento até o terceiro dia anterior à data do recebimento das propostas, observada a necessária qualificação, sendo que o prazo mínimo para a entrega das propostas será de 45 dias em qualquer caso.
B) A licitação será considerada inexigível quando houver possibilidade de comprometimento da segurança nacional, nos casos estabelecidos em decreto do Presidente da República, ouvido o Conselho de Defesa Nacional.
C) No que toca à fase de habilitação será exigido os documentos referentes à habilitação jurídica, dentre outros prova de inscrição no cadastro de contribuintes estadual ou municipal, se houver, relativo ao domicílio ou sede do licitante, pertinente ao seu ramo de atividade e compatível com o objeto contratual.
D) Os contratos regidos pela Lei 8.666/03 poderão ser alterados, unilateralmente pela Administração quando conveniente a substituição da garantia de execução.
E) O contratado fica obrigado a aceitar, nas mesmas condições contratuais, os acréscimos ou supressões que se fizerem nas obras, serviços ou compras, até 25% (vinte e cinco por cento) do valor inicial atualizado do contrato, e, no caso particular de reforma de edifício ou de equipamento, até o limite de 50% (cinquenta por cento) para os seus acréscimos.

2543) (2010) Banca: IADES – Órgão: CFA – Prova: Analista Jurídico

Assinale a alternativa correta em relação ao tema contratos administrativos.

A) São alteráveis qualitativa e quantitativamente pelo poder público, dentro de limites estabelecidos pela lei.
B) Tem como sujeito ativo do contrato o vencedor da licitação.
C) São celebrados pela administração pública com base em normas de direito público e privado conforme o interesse das partes.
D) Por força da obrigatoriedade da lei, são sempre precedidos de licitação.

2544) (2015) Banca: FAUEL – Órgão: FMSFI – Prova: Advogado

A principal diferença entre atos e contratos administrativos é que estes são bilaterais, ou seja, dependem da manifestação da vontade dos contratantes, assim como ocorre nos contratos firmados entre os particulares. Apesar desta semelhança com o direito privado, os contratos administrativos, regidos pelo direito público, são caracterizados pela existência das chamadas "cláusulas exorbitantes", que conferem prerrogativas especiais à administração pública. A respeito dos contratos administrativos, é correto afirmar:

A) É nulo o contrato verbal realizado com a administração pública, salvo o de pequenas compras de pronto pagamento e de obras e serviços de engenharia licitados pela modalidade convite.
B) A administração pública poderá alterar unilateralmente o contrato administrativo para acrescentar ou suprimir até 25% (vinte e cinco) por cento do valor inicial atualizado do contrato nas aquisições de obras, serviços ou compras.
C) É vedada a alteração unilateral do contrato, pela administração pública, que possua a finalidade de melhor adequação técnica do projeto ou de suas especificações.
D) A administração pública poderá alterar unilateralmente o contrato quando for conveniente a modificação do regime de execução da obra, tal como a modificação do regime de empreitada global para empreitada unitária.

2545) (2015) Banca: CEFET-BA – Órgão: MPE-BA – Prova: Promotor de Justiça Substituto (+ provas)

Acerca dos contratos administrativos, é CORRETO afirmar:
A) O contratado é obrigado a aceitar, nas mesmas condições contratuais, os acréscimos que se fizerem no caso particular de reforma de edifício ou de equipamento, até o limite de

50% (cinquenta por cento) do valor inicial atualizado do contrato.

B) Nos contratos privados da Administração Pública, dos quais são exemplos o contrato de seguro, de financiamento e de locação, não há a incidência de cláusulas de privilégio.

C) As cláusulas de reajuste dos contratos administrativos podem ser unilateralmente alteradas pela Administração Pública, desde que demonstrado o interesse público.

D) No exercício do controle externo, o Tribunal de Contas da União poderá determinar a imediata sustação de contrato administrativo ante suspeitas fundadas de irregularidades, comunicando, posteriormente, sua decisão ao Congresso Nacional.

E) No contrato de concessão de serviço público, a concessionária poderá interromper os serviços contratados, independentemente de autorização judicial, após 90 (noventa) dias de atraso dos pagamentos devidos pelo ente concedente.

2546) (2017) Banca: FAURGS – Órgão: TJ-RS – Prova: Analista Judiciário – (Ciências Jurídicas e Sociais)

Sobre os contratos administrativos, assinale a alternativa correta.

A) Em relação à garantia a ser prestada, o contratado poderá optar por caução em dinheiro ou título da dívida pública, seguro-garantia, fiança bancária ou hipoteca sobre imóvel.

B) A declaração de nulidade do contrato administrativo opera efeitos ex nunc, ou seja, a partir da data da anulação, vedado qualquer efeito retroativo.

C) O contrato verbal com a Administração Pública é viável, desde que decorrente de procedimento licitatório de convite, tomada de preços ou pregão e preços compatíveis com o valor de mercado.

D) Em havendo alteração unilateral do contrato, as cláusulas econômico-financeiras deverão ser revistas, para que se mantenha o equilíbrio contratual.

E) O contrato poderá ser alterado unilateralmente pela Administração quando conveniente a substituição da garantia da execução.

A Administração poderá exigir que o particular contratado ofereça garantia referente à execução do contrato, desde que tal exigência conste do instrumento convocatório, não podendo ser superior a 5% do valor do contrato, salvo na hipótese de contratações de grande vulto, com alta complexidade técnica e riscos financeiros consideráveis, quando a garantia pode ser de até 10% do valor do contrato.

As garantias podem ser prestadas da seguinte forma:

Caução em dinheiro;

Títulos da dívida pública;

Seguro-garantia;

Fiança bancária.

Destaca-se que quem define a FORMA da prestação da garantia **é o particular contratado**, em respeito às modalidades descritas acima, lembrando que a referida garantia prestada pelo contratado será **restituída ou *"liberada"* após a execução do contrato** (art. 56 e parágrafos da Lei 8.666/1993). Contudo, o valor da garantia será definido pela Administração Pública, no **limite máximo de 5% do valor do contrato (salvo contratos de grande vulto)**, sendo que, em observância a esse limite, o Poder Público deve, discricionariamente, dispor acerca do percentual a ser exigido em cada contratação específica.

2547) (2016) Banca: CESPE – Órgão: POLÍCIA CIENTÍFICA – PE Prova: Engenheiro civil

Após a homologação da licitação de uma obra pública de grande vulto e alta complexidade, regida pela Lei 8.666/1993, a adjudicatária foi convocada para assinar o contrato. Entretanto, no momento da convocação, a futura contratada apresentou uma carta de fiança, no valor de cinco por cento de sua proposta. Como o edital previa a adoção obrigatória da caução em dinheiro como modalidade de garantia, no percentual de dez por cento sobre o valor contratado, a garantia não foi aceita. Foi então dado um prazo de quarenta e oito horas para a empresa apresentar nova garantia. A respeito da situação hipotética apresentada, assinale a opção correta.

A) A administração pública deveria definir como obrigatório o seguro garantia, por se tratar de obra de grande vulto e alta complexidade.

B) A administração pública pode adotar qualquer modalidade de garantia contratual existente no mercado.

C) Cabe à contratada optar por uma das modalidades de garantia contratual previstas em lei.

D) O percentual de dez por cento sobre o valor da proposta foi abusivo.

E) A caução em dinheiro não tem previsão legal.

2548) (2016) Banca: ESAF – Órgão: FUNAI – Prova: Engenheiro Civil

Analise o texto abaixo e assinale a opção que contém a sequência correta para o preenchimento das lacunas.

Na Lei 8666/93, no Art. 56. A critério da autoridade competente, em cada caso, e desde que prevista no instrumento convocatório, poderá ser exigida _____ nas contratações de obras, serviços e compras.

§ 1º Caberá ao contratado optar por uma das seguintes modalidades _____

I. caução em dinheiro ou em títulos da dívida pública, devendo estes ter sido emitidos sob a forma escritural, mediante registro em sistema centralizado de liquidação e de custódia autorizado pelo Banco Central do Brasil e avaliados pelos seus valores econômicos, conforme definido pelo Ministério da Fazenda;

II. _____;

III. fiança bancária

A) prestação de garantia / de garantia / seguro-garantia

B) seguro / de garantia / seguro-garantia

C) garantias e os seguros / prestação de garantia/ seguro

D) garantias e os seguros / da garantia / seguro

E) prestação de garantia / seguro / garantias e os seguros

2549) (2015) Banca: CAIP-IMES – Órgão: Consórcio Intermunicipal Grande ABC – Prova: Procurador

Nos contratos administrativos, cabe ao contratado optar por uma das seguintes modalidades de garantia:

A) aval fiduciário.

B) títulos da dívida pública, devendo estes terem sido emitidos sob a forma escritural, mediante registro em sistema descentralizado de liquidação.
C) títulos da dívida agrária, resgatáveis em até 10 (dez) anos.
D) seguro-garantia.

2550) (2016) Banca: FUNIVERSA – Órgão: IF-AP – Prova: Auxiliar em Administração

A critério da autoridade competente, em cada caso, e desde que prevista no instrumento convocatório, poderá ser exigida prestação de garantia nas contratações de obras, serviços e compras. Acerca da prestação de garantia, assinale a alternativa correta com base nas regras estabelecidas no art. 56 da Lei 8.666/1993.

A) Caberá ao contratante optar por uma das modalidades de garantia previstas na Lei 8.666/1993.
B) É admitida a fiança bancária como garantia.
C) A garantia prestada não será liberada ou restituída após a execução do contrato.
D) A garantia poderá exceder a 40% do valor do contrato.
E) A Administração Pública não poderá exigir prestação de garantia nos contratos administrativos.

2551) (2015) Banca: FUNDEP (Gestão de Concursos) – Órgão: HRTN – MG – Prova: Comprador

Segundo a Lei 8.666/93, caberá ao contratado, optar por uma modalidade de garantia por ocasião da elaboração do seu contrato com a Administração.

Em consonância com essa Lei, são garantias que podem ser apresentadas pelo contratado, EXCETO:

A) Caução em dinheiro ou em títulos da dívida pública.
B) Ações comercializadas no mercado de capitais.
C) Seguro-garantia.
D) Fiança bancária.

2552) (2010) Banca: INSTITUTO CIDADES – Órgão: AGECOM – Prova: Analista de Gestão Administrativa – Advogado

São espécies de garantias que poderão ser exigidas nas contratações de obras, serviços e compras, EXCETO:

A) Caução em dinheiro.
B) Penhor em instituição bancária.
C) Seguro-garantia.
D) Caução em títulos da dívida pública.
E) Fiança bancária.

2553) (2015) Banca: INSTITUTO AOCP – Órgão: EBSERH – Prova: Advogado (HC-UFG)

Sobre os contratos da Administração Pública normatizados pela Lei nº 8.666/93, é correto afirmar que

A) a prestação de garantia nas contratações de obras, quando exigida, não excederá a cinco por cento do valor do contrato, ressalvado para obras, serviços e fornecimento de grande vulto envolvendo alta complexidade e riscos financeiros consideráveis.
B) é permitido o contrato com prazo de vigência indeterminado em casos de serviços essenciais sem concorrência.
C) a declaração de nulidade do contrato administrativo não retroagirá.
D) os contratos poderão ser alterados por acordo das partes, com as devidas justificativas, quando houver modificação do projeto ou das especificações, para melhor adequação técnica aos objetivos da Administração Pública.
E) não é permitida a subcontratação de partes da obra.

A Administração Pública possui a prerrogativa de rescindir unilateralmente o contrato administrativo, sem a necessidade de propositura de ação judicial (art. 58, II, da Lei 8.666/1993), nas seguintes situações descritas abaixo:

Interesse público superveniente devidamente justificado;

Inadimplemento do particular contratado.

Destaca-se que, no caso de rescisão unilateral motivada por razões de interesse público superveniente, a Administração deverá indenizar o particular caso este houver sofrido o dano comprovado. Nesse caso, além do ressarcimento dos prejuízos comprovados, o particular contratado terá direito à devolução da garantia prestada, aos pagamentos devidos pela execução do contrato até a rescisão e ao pagamento do custo da desmobilização das atividades realizadas.

No que se refere ao pagamento dos lucros cessantes, a doutrina é divergente. Todavia, prevalece o entendimento de que tais verbas também são devidas no caso de rescisão contratual por razões interesse público superveniente.

Por fim, no que tange à segunda hipótese de rescisão unilateral de inadimplemento do contratado, entende-se que **caberá indenização à Administração Pública pelos danos causados pelo contratado em virtude do inadimplemento.** Salienta-se ainda que, a rescisão do contrato administrativo também pode se dar de forma consensual, ou seja, resultante de acordo entre as partes, desde que preserve o interesse público (rescisão consensual). E, ainda, de forma judicial, quando resulta do descumprimento das obrigações contratuais, porém, aqui, o descumprimento é por parte do poder público (rescisão judicial).

2554) (2013) Banca: CESPE – Órgão: MPU – Prova: Analista – Engenharia Civil

Acerca de licitações e contratos, julgue o item subsequente.

O atraso injustificado para iniciar a execução de um serviço de engenharia, previsto em contrato administrativo, é motivo para rescisão unilateral do contrato.

A) Certo   B) Errado

2555) (2009) Banca: CESPE – Órgão: ANTAQ – Prova: Técnico Administrativo

É cabível a rescisão unilateral do contrato, por meio de ato escrito da administração, pelo cometimento reiterado de faltas na execução do contrato, anotadas em registro próprio pelo representante da administração.

A) Certo   B) Errado

2556) (2014) Banca: CESPE – Órgão: Câmara dos Deputados – Prova: Analista Legislativo

Determinada entidade pública realizou licitação para a contratação de serviços de limpeza e conservação predial. Durante a execução do contrato, o dono da empresa contratada ofereceu ao fiscal responsável pelo contrato o pagamento de 10% sobre o valor mensal dos serviços, para que o servidor não anotasse as falhas ocorridas na prestação do serviço. O fiscal aceitou a oferta e, durante a execução do contrato, atestou o adimplemento de diversos serviços não executados ou executados irregularmente. Entretanto, antes da efetivação do pagamento prometido pelo empresário ao servidor, a autoridade superior do órgão descobriu a irregularidade. Com base nessa situação hipotética, julgue o item a seguir. Em razão do inadimplemento das obrigações contratuais pela empresa contratada, a administração pública poderá, unilateralmente, rescindir o contrato e aplicar à empresa contratada a penalidade de multa prevista no edital e no contrato.

A) Certo B) Errado

2557) (2008) Banca: CESPE – Órgão: FUB – Prova: Administrador

Uma empresa foi vencedora de licitação para a construção de um novo prédio no Campus da UnB. Após algum tempo, durante a realização da obra, o contrato foi rescindido unilateralmente pela UnB. Sabe-se que essa possibilidade de rescisão estava prevista no contrato celebrado entre as partes.

A partir dessa situação hipotética, julgue o item a respeito dos contratos administrativos.

Essa rescisão unilateral da UnB é ilegal em virtude de se basear em cláusula exorbitante.

A) Certo B) Errado

2558) (2008) Banca: CESPE – Órgão: FUB – Prova: Administrador

Uma empresa foi vencedora de licitação para a construção de um novo prédio no Campus da UnB. Após algum tempo, durante a realização da obra, o contrato foi rescindido unilateralmente pela UnB. Sabe-se que essa possibilidade de rescisão estava prevista no contrato celebrado entre as partes.

A partir dessa situação hipotética, julgue o item a respeito dos contratos administrativos.

Existe a possibilidade de a empresa ser ressarcida em caso de rescisão unilateral.

A) Certo B) Errado

2559) (2013) Banca: CESPE – Órgão: ANP – Prova: Especialista em Regulação

Só se justifica a rescisão unilateral por inadimplemento com culpa a subcontratação total.

A) Certo B) Errado

2560) (2014) Banca: CESPE – Órgão: Polícia Federal – Prova: Agente Administrativo

A rescisão unilateral do contrato poderá ocorrer tanto por inadimplência do contratado quanto por interesse público, exigindo-se, em ambos os casos, da administração justa motivação para a rescisão.

A) Certo B) Errado

2561) (2007) Banca: FCC – Órgão: Prefeitura de São Paulo – SP – Prova: Auditor Fiscal do Município

NÃO constitui motivo para a rescisão unilateral de um contrato administrativo pela Administração

A) o não cumprimento de cláusulas contratuais, especificações, projetos ou prazos, pela empresa contratada.
B) a lentidão do seu cumprimento, levando a Administração a comprovar a impossibilidade da conclusão da obra, do serviço ou do fornecimento, nos prazos estipulados.
C) a paralisação da obra, do serviço ou do fornecimento, sem justa causa e prévia comunicação à Administração.
D) a alteração social ou a modificação da finalidade ou da estrutura da empresa contratada, que prejudique a execução do contrato.
E) a supressão, por parte da Administração, de obras, serviços ou compras, acarretando modificação do valor inicial do contrato além do limite legalmente permitido.

2562) (2005) Banca: FCC – Órgão: PGE-SE – Prova: Procurador do Estado

NÃO constitui motivo para a rescisão unilateral de um contrato administrativo pela Administração Pública

A) a subcontratação parcial do objeto contratual, não prevista no edital de licitação.
B) a incorporação da empresa contratada por outra, não prevista no contrato.
C) a decretação de falência da empresa contratada.
D) o atraso injustificado no início da execução do contrato pela empresa contratada.
E) a supressão, por ato da Administração, de parte do objeto contratual, acarretando mudança no valor do contrato, desrespeitados os limites legais.

2563) (2009) Banca: FCC – Órgão: TCE-GO – Prova: Analista de Controle Externo – Direito

No caso de rescisão de contrato administrativo por ato unilateral da Administração, em decorrência de razões de interesse público que justifiquem a cessação da contratação, o contratado

A) terá direito à indenização, se não houver agido com culpa.
B) terá direito à indenização, mesmo se houver agido com culpa.
C) terá direito à indenização, se o contrato assim o estabelecer.
D) não terá direito à indenização, mas poderá pleitear o ressarcimento por lucros cessantes.
E) não terá direito à indenização, mas poderá pleitear o recebimento dos valores devidos até o fim do contrato.

2564) (2017) Banca: FCC – Órgão: ARTESP – Prova: Especialista em Regulação de Transporte I – Direito

Determinada empresa foi contratada pela Administração pública para construção de um viaduto em uma rodovia estadual. Por ocasião da correspondente licitação, foram exigidos atestados que comprovassem a qualificação técnica para a realização da obra, bem como a capacidade econômico-financeira dos licitantes. No curso da execução da obra, o controle acionário da empresa foi alterado, em face da aquisição por um grupo estrangeiro. De acordo com as disposições da Lei n° 8.666/1993,

A) o contrato deverá ser rescindido, obrigatoriamente, sob pena de burla ao procedimento licitatório.

B) o contrato deverá ser rescindido, dado que é vedada a celebração de contratos administrativos com empresas sob controle estrangeiro.
C) o contrato deverá ser rescindido se não forem mantidas as condições técnicas para execução do objeto contratual.
D) somente caberá a rescisão contratual se a transferência do controle acionário não tiver sido previamente comunicada à contratante.
E) o contrato poderá ser rescindido, a critério da contratante, se vislumbrar risco de insolvência da empresa contratada.

2565) (2016) Banca: FGV – Órgão: IBGE – Prova: Analista – Processos Administrativos e Disciplinares

Consoante estabelece a Lei de Licitações, em tese, constitui motivo para rescisão do contrato:

A) o atraso justificado no início da obra, serviço ou fornecimento ou o não cumprimento de cláusulas contratuais, especificações, projetos ou prazos;
B) a paralisação da obra, do serviço ou do fornecimento, independentemente de justa causa e prévia comunicação à Administração;
C) a lentidão do seu cumprimento, levando a Administração a comprovar a impossibilidade da conclusão da obra, do serviço ou do fornecimento, nos prazos estipulados;
D) a suspensão de sua execução, por ordem escrita da Administração que atenda ao interesse público, por prazo superior a 30 (trinta) dias;
E) o atraso superior a 30 (trinta) dias dos pagamentos devidos pela Administração decorrentes de obras, serviços ou fornecimento, ou parcelas destes, já recebidos ou executados.

2566) (2016) Banca: FGV – Órgão: Prefeitura de Cuiabá – MT – Prova: Auditor Fiscal Tributário da Receita Municipal

Após sagrar-se vencedor em procedimento licitatório e assinar contrato administrativo para a o recapeamento de rua no município de Cuiabá, a sociedade empresária XYZ Ltda. atrasa injustificadamente o início da obra.

Nesse caso, a Administração Pública

A) não pode rescindir o contrato, salvo se configurado ter havido subcontratação total ou parcial do objeto da obra.
B) não pode rescindir o contrato, salvo se o atraso for decorrente de falência ou dissolução da sociedade contratada.
C) não pode rescindir o contrato, salvo se tiver havido reiteração de faltas no cumprimento de cláusulas contratuais.
D) pode rescindir o contrato por meio de ato unilateral e escrito da Administração.
E) pode rescindir o contrato por meio de autorização judicial, sob pena de frustação do procedimento licitatório.

2567) (2015) Banca: FGV – Órgão: Câmara Municipal de Caruaru – PE – Prova: Técnico Legislativo

A Lei nº 8.666/93 dispõe sobre características dos contratos administrativos, inclusive sobre os motivos que ensejam a rescisão de tais contratos.

Acerca do tema, analise as situações descritas a seguir.

I. Não cumprimento de cláusulas contratuais, especificações, projetos e prazos.
II. Cumprimento irregular de cláusulas contratuais, especificações, projetos e prazos.
III. Não liberação, por parte da Administração, de área, local ou objeto para execução de obra, serviço ou fornecimento, nos prazos contratuais, bem como das fontes de materiais naturais especificadas no projeto.

Considerando o texto da Lei nº 8.666/93, assinale a opção correta acerca das situações que constituem motivo para rescisão do contrato administrativo.

A) Apenas os motivos descritos nos itens I e II podem ensejar a rescisão do contrato administrativo.
B) Apenas os motivos descritos nos itens I e III podem ensejar a rescisão do contrato administrativo.
C) Apenas os motivos descritos nos itens II e III podem ensejar a rescisão do contrato administrativo.
D) Todos os itens descrevem motivos que podem ensejar a rescisão do contrato administrativo.
E) Apenas os motivos descritos no item II podem ensejar a rescisão do contrato administrativo.

2568) (2014) Banca: FGV – Órgão: CGE-MA – Prova: Auditor

Após regular processo administrativo, com observância do contraditório e da ampla defesa, a União concluiu que a sociedade empresária Construtec, contratada para a construção de uma ferrovia, além dos atrasos, utilizou materiais de qualidade inferior, alterou o projeto e fraudou as notas fiscais apresentadas.

Com base nisso, a União aplicou as penalidades de declaração de inidoneidade e multa, além de ter rescindido o contrato com a referida sociedade empresária.

Tendo em vista o cenário descrito, assinale a afirmativa correta.

A) Não se admite a aplicação de mais de uma sanção administrativa pelo mesmo fato apurado.
B) Somente se admite a cumulação das penas de advertência e multa.
C) A rescisão unilateral do contrato autoriza a retenção dos créditos decorrentes do contrato até o limite dos prejuízos causados à Administração.
D) A inexecução parcial ou total do contrato dá ensejo à aplicação de advertência, multa, declaração de inidoneidade e desconstituição da pessoa jurídica.
E) A União não pode, concomitantemente, rescindir o contrato e aplicar as referidas sanções administrativas.

2569) (2016) Banca: FUMARC – Órgão: CEMIG-TELECOM – Prova: Analista de Vendas JR

A rescisão unilateral do contrato administrativo pela Administração Pública gera o direito do contratado à indenização na seguinte hipótese:

A) Quando ocorrer razões de interesse público, de alta relevância e amplo conhecimento, justificadas e determinadas pela máxima autoridade da esfera administrativa a que está subordinado o contratante e exaradas no processo administrativo a que se refere o contrato.
B) Quando fundada no atraso injustificado no início da obra, serviço ou fornecimento.
C) Quando fundada na dissolução da sociedade ou no falecimento do contratado.

D) Quando a causa da rescisão for reputada a ato do contratado, mas não for caracterizada culpa.

2570) (2009) Banca: NC-UFPR – Órgão: UEGA – Prova: Advogado Júnior

No que diz respeito a contratos administrativos, a rescisão contratual:

A) impede o exame de legalidade por parte do Poder Judiciário.
B) nunca pode se dar por discricionariedade da Administração.
C) configura direito subjetivo do contratado quando a Administração atrasa o pagamento por prazo superior a 30 (trinta) dias.
D) exige sempre a homologação judicial.
E) pode ser determinada por ato unilateral e escrito da Administração.

2571) (2016) Banca: IBFC – Órgão: EBSERH – Prova: Advogado (HUPEST-UFSC)

A Lei 8.666 de 21 de junho de 1993, especifica, expressamente, os motivos para rescisão contratual. Analise os itens abaixo e selecione a alternativa CORRETA.

I. Subcontratação total ou parcial do seu objeto, a associação do contratado com outrem, a cessão ou transferência, total ou parcial, bem como a fusão, cisão ou incorporação, não admitidas no edital e no contrato.
II. Razões de interesse público, de alta relevância e amplo conhecimento, justificadas e determinadas pela máxima autoridade da esfera administrativa a que está subordinado o contratante e exaradas no processo administrativo a que se refere o contrato.
III. A suspensão de sua execução, por ordem escrita da Administração, por prazo superior a 150 (cento e cinquenta) dias, salvo em caso de calamidade pública, grave perturbação da ordem interna ou guerra, ou ainda por repetidas suspensões que totalizem o mesmo prazo, independentemente do pagamento obrigatório de indenizações pelas sucessivas e contratualmente imprevistas desmobilizações e mobilizações e outras previstas, assegurado ao contratado, nesses casos, o direito de optar pela suspensão do cumprimento das obrigações assumidas até que seja normalizada a situação.
IV. O atraso superior a 90 (noventa) dias dos pagamentos devidos pela Administração decorrentes de obras, serviços ou fornecimento, ou parcelas destes, já recebidos ou executados, salvo em caso de calamidade pública, grave perturbação da ordem interna ou guerra, assegurado ao contratado o direito de optar pela interrupção do cumprimento de suas obrigações.

A) Somente as afrmativas III e IV estão corretas
B) Somente as afrmativas II, III e IV estão corretas
C) Somente as afrmativas I e IV estão corretas
D) Somente as afrmativas I e II estão corretas
E) Somente as afrmativas II e IV estão corretas

2572) (2014) Banca: VUNESP – Órgão: SAP-SP – Prova: Executivo Público

Segundo a Lei de Licitações e Contratos administrativos, a dissolução da sociedade ou o falecimento do contratado

A) não impede a continuidade do contrato.
B) exige que seja feita nova licitação.
C) constitui motivo para rescisão do contrato.
D) exige que os novos sócios ou herdeiros sejam chamados a assinar novo contrato.
E) em nada altera o respectivo contrato.

2573) (2014) Banca: VUNESP – Órgão: Câmara Municipal de São José dos Campos – SP – Prova: Analista Legislativo – Advogado

Conforme prescreve a Lei 8.666/93, vários são os motivos ensejadores da rescisão unilateral do contrato administrativo por parte do Poder Público. Em qual hipótese será o contratado ressarcido dos prejuízos que houver sofrido?

A) Dissolução da sociedade civil.
B) Decretação da falência do contratado ou instauração de insolvência civil.
C) Atraso imotivado na entrega da obra.
D) Inadimplemento de cláusulas contratuais.
E) Razões de interesse público, de alta relevância e amplo conhecimento.

2574) (2015) Banca: BIO-RIO – Órgão: IF-RJ – Prova: Auditor

Avalie se, de acordo com a Lei n° 8666/93, constituem motivo para rescisão dos contratos os casos a seguir:

I. O não cumprimento de cláusulas contratuais, especificações, projetos ou prazos.
II. O cumprimento irregular de cláusulas contratuais, especificações, projetos e prazos.
III. A lentidão do seu cumprimento, levando a Administração a comprovar a impossibilidade da conclusão da obra, do serviço ou do fornecimento, nos prazos estipulados.
IV. O atraso justificado no início da obra, serviço ou fornecimento.

Estão corretos:

A) I, II e IV, apenas.
B) I, III e IV, apenas.
C) III e IV, apenas.
D) I, II e III, apenas.
E) I, II, III e IV.

2575) (2016) Banca: Quadrix – Órgão: CRM – PI – Prova: Assistente Administrativo

A inexecução total ou parcial do contrato administrativo enseja sua rescisão, com as consequências contratuais e as previstas em lei ou regulamento. Constituem motivo para rescisão do contrato, exceto:

A) a lentidão de seu cumprimento, levando a Administração a comprovar a impossibilidade da conclusão da obra, do serviço ou do fornecimento, nos prazos estipulados.
B) a subcontratação, se parcial de seu objeto, a associação do contratado com outrem, a cessão ou transferência, também apenas se parcial, bem como a fusão, cisão ou incorporação.
C) a paralisação da obra, do serviço ou do fornecimento, sem justa causa e prévia comunicação à Administração.
D) a alteração social ou a modificação da finalidade ou da estrutura da empresa, que prejudique a execução do contrato.
E) razões de interesse público, de alta relevância e amplo conhecimento, justificadas e determinadas pela máxima autoridade da esfera administrativa a que está subordinado o contratante e exaradas no processo administrativo a que se refere o contrato.

2576) (2014) Banca: COPEVE-UFAL – Órgão: CASAL – Prova: Administrador

O atraso injustificado no início de uma obra pública é hipótese de que medida administrativa?

A) Revogação do contrato.
B) Nulidade do contrato.
C) Reequilíbrio econômico-financeiro.
D) Devolução da garantia contratual.
E) Rescisão unilateral do contrato.

2577) (2014) Banca: CESGRANRIO – Órgão: EPE – Prova: Analista de Gestão Corporativa – Administração Geral

Um servidor deseja regularizar os contratos administrativos existentes no órgão público que administra. Consultando a assessoria jurídica, verifica a possibilidade de rescisão unilateral dos contratos, consoante regramento da Lei geral de licitação e contratos.

A rescisão unilateral pode ocorrer quando for:

A) modificado o projeto ou as suas especificações, para melhor adequação técnica aos objetivos do contrato.
B) conveniente a substituição da garantia de execução
C) necessária a modificação do regime de execução da obra, em face de verificação técnica da inaplicabilidade dos termos contratuais originários.
D) necessária a modificação da forma de pagamento, por imposição de circunstâncias supervenientes, mantido o valor inicial atualizado, vedada a antecipação do pagamento, com relação ao cronograma financeiro fixado, sem a correspondente contraprestação de fornecimento de bens ou execução de obra ou serviço.
E) restabelecida a relação que as partes pactuaram inicialmente entre os encargos do contratado e a retribuição da administração para a justa remuneração da obra.

2578) (2015) Banca: Quadrix – Órgão: CRF-RJ – Prova: Agente Administrativo

A inexecução total ou parcial do contrato administrativo enseja a sua rescisão, com as consequências contratuais e as previstas em lei ou regulamento. Constitui motivo para rescisão do contrato, exceto:

A) o desatendimento das determinações regulares da autoridade designada para acompanhar e fiscalizar a sua execução, assim como as de seus superiores.
B) a paralisação da obra, do serviço ou do fornecimento, ainda que com justa causa, pois os prejuízos à Administração são imensuráveis.
C) a subcontratação total ou parcial do seu objeto, a associação do contratado com outrem, a cessão ou transferência, total ou parcial, bem como a fusão, cisão ou incorporação, não admitidas no edital e no contrato.
D) a lentidão do seu cumprimento, levando a Administração a comprovar a impossibilidade da conclusão da obra, do serviço ou do fornecimento, nos prazos estipulados.
E) a alteração social ou a modificação da finalidade ou da estrutura da empresa, que prejudique a execução do contrato.

2579) (2015) Banca: FMP Concursos – Órgão: CGE-MT – Prova: Auditor do Estado do Mato Grosso

Em relação aos contratos administrativos, considere as seguintes assertivas:

I. Considerando o objetivo de garantir a proposta mais vantajosa para a Administração Pública, as cláusulas econômico-financeiras e monetárias dos contratos administrativos poderão ser alteradas sem prévia concordância do contratado.
II. A inexecução total ou parcial do contrato administrativo enseja a sua rescisão, com as consequências contratuais e as previstas em lei ou regulamento.
III. Os contratos administrativos regidos pela Lei 8.666/93 poderão ser alterados, desde que haja acordo das partes, quando houver modificação do projeto ou das especificações, para melhor adequação técnica aos seus objetivos.

Quais estão CORRETAS:

A) Apenas I.
B) Apenas II.
C) Apenas III.
D) Apenas I e III.
E) Apenas II e III.

2580) (2015) Banca: IDHTEC – Órgão: CRQ – 1ª Região (PE) – Prova: Assistente Administrativo

De acordo com a Lei n° 8.666/93 são motivos para rescisão dos contratos, EXCETO:

A) Lentidão do seu cumprimento, levando a Administração a comprovar a impossibilidade da conclusão da obra, do serviço ou do fornecimento, nos prazos estipulados.
B) Subcontratação total ou parcial do seu objeto, a associação do contratado com outrem, a cessão ou transferência, total ou parcial, bem como a fusão, cisão ou incorporação, não admitidas no edital e no contrato.
C) Desatendimento das determinações regulares da autoridade designada para acompanhar e fiscalizar a sua execução, assim como as de seus superiores.
D) Descumprimento da legislação com relação à proibição de trabalho noturno, perigoso ou insalubre a menores de dezoito e de qualquer trabalho a menores de dezesseis anos, sem ressalvas.
E) Supressão, por parte da Administração, de obras, serviços ou compras, acarretando modificação do valor inicial do contrato além dos limites permitidos pela Lei 8.666/93.

2581) (2010) Banca: FDC – Órgão: MAPA – Prova: Administrador

A falência, a insolvência civil, a dissolução da sociedade ou falecimento do contratado e, ainda, a alteração social que prejudique a execução de um contrato administrativo permitem que a Administração Pública pratique a:

A) extinção do contrato;
B) inexecução;
C) rescisão unilateral;
D) revisão;
E) impugnação.

2582) (2015) Banca: FUNIVERSA – Órgão: UEG – Prova: Analista de Gestão Administrativa – Geral

Os contratos administrativos geram prerrogativas excepcionais à administração, que se constituem em cláusulas exorbitantes. Assinale a alternativa que apresenta uma dessas prerrogativas.

A) Aplicação de sanções no caso de antecipação injustificada da conclusão da obra.
B) Extinção unilateral quando a lentidão no seu cumprimento levar à conclusão de que o serviço não poderá ser concluído no prazo contratado.
C) Extinção unilateral do contrato por cometimento eventual de faltas na sua execução.
D) Fiscalização da execução, o que isenta o contratado de sua responsabilidade.
E) Modificação unilateral do contrato, independentemente de se evidenciar que a providência seja necessária a uma melhor adequação ao interese público.

2583) (2014) Banca: IESES – Órgão: TJ-PB – Prova: Titular de Serviços de Notas e de Registros

Constituem motivos para rescisão do contrato administrativo:

I. A paralisação da obra, do serviço ou do fornecimento, sem justa causa e prévia comunicação à administração.
II. O não cumprimento de cláusulas contratuais, especificações, projetos ou prazos.
III. O cumprimento irregular de cláusulas contratuais, especificações, projetos e prazos.
IV. A lentidão do seu cumprimento, levando a administração a comprovar a impossibilidade da conclusão da obra, do serviço ou do fornecimento, nos prazos estipulados.

A sequência correta é:

A) Apenas a assertiva II está correta.
B) Apenas as assertivas I, III e IV estão corretas.
C) As assertivas I, II, III e IV estão corretas.
D) Apenas as assertivas II e IV estão corretas.

2584) (2018) Banca: IBGP – Órgão: Prefeitura de Sarzedo – MG Prova: Prefeitura de Sarzedo – MG – Engenheiro Civil

A inexecução total ou parcial do contrato enseja a sua rescisão, com as consequências contratuais e as previstas em lei, nesse sentido, constituem motivo para rescisão do contrato:

I. O cumprimento irregular de cláusulas contratuais;
II. A lentidão do seu cumprimento, levando a Administração a comprovar a impossibilidade da conclusão do serviço nos prazos estipulados;
III. O atraso injustificado no início do serviço;
IV. A decretação de falência do contratado.

Assinale a opção correta:

A) Nenhuma assertiva está correta.
B) Apenas o que se afirma em I e II podem ser considerados corretos.
C) Somente IV está incorreto.
D) Todas as assertivas estão corretas.
E) O que se afirma em II está correto ao passo que o que se afirma em IV está incorreto.

2585) (2017) Banca: FEPESE – Órgão: PC-SC – Prova: Escrivão de Polícia Civil

Sobre a rescisão dos contratos administrativos, analise as afirmativas abaixo:

1. É inadmissível a rescisão contratual amigável, por acordo entre as partes.
2. A rescisão do contrato administrativo poderá ser judicial, nos termos da legislação.
3. No caso de rescisão administrativa, deverá ser precedida de autorização escrita e fundamentada da autoridade competente.
4. Em caso de cumprimento irregular de cláusulas contratuais, especificações, projetos e prazos, a rescisão poderá ser determinada por ato unilateral e escrito da Administração.

Assinale a alternativa que indica todas as afirmativas corretas.

A) São corretas apenas as afirmativas 1 e 4.
B) São corretas apenas as afirmativas 2 e 3.
C) São corretas apenas as afirmativas 1, 2 e 3.
D) São corretas apenas as afirmativas 2, 3 e 4.
E) São corretas as afirmativas 1, 2, 3 e 4.

A rescisão unilateral é cláusula exorbitante e só se aplica à Administração Pública. Ademais, os casos de rescisão contratual **serão formalmente motivados nos autos do processo e será assegurado o contraditório e a ampla defesa ao particular contratado.** Em outra medida, na situação em que a Administração é inadimplente o contratado terá que suportar essa situação por até 90 dias, sem que isso justifique a paralisação do contrato. Extrapolado esse prazo, é lícita a suspensão da execução do contrato.

Portanto, **caso o ente estatal encontrar-se inadimplente por mais de 90 dias, o particular poderá SUSPENDER A EXECUÇÃO do contrato, conforme disposição do art. 78, XV da Lei 8666/93:**

"Art. 78, XV. O atraso superior a 90 (noventa) dias dos pagamentos devidos pela Administração decorrentes de obras, serviços ou fornecimento, ou parcelas destes já recebidos ou executados, salvo em caso de calamidade pública, grave perturbação da ordem interna ou guerra, assegurado ao contratado o direito de optar pela suspensão do cumprimento de suas obrigações até que seja normalizada a situação;".

2586) (2015) Banca: CESPE – Órgão: TJ-DFT – Prova: Analista Judiciário

No que diz respeito à rescisão de contrato administrativo, ao tombamento e à responsabilidade do Estado, julgue o próximo item. Situação hipotética: Determinado órgão público contratou uma prestadora de serviços para executar uma atividade em seu edifício sede. Durante a execução do contrato, o órgão atrasou por cem dias o pagamento dos serviços executados. Não houve culpa da contratada. Assertiva: Nessa situação, o atraso poderá ensejar a rescisão do contrato, devendo a contratada ser ressarcida dos prejuízos regularmente comprovados que houver sofrido.

A) Certo B) Errado

2587) (2015) Banca: FCC – Órgão: TRE-AP – Prova: Analista Judiciário – Judiciária

O Estado do Amapá celebrou contrato administrativo com a empresa "Construir S.A.» para a execução de vultosa obra pública. Executado o contrato, a obra foi recebida, definitivamente, por Comissão designada pela autoridade competente para tanto, mediante termo circunstanciado, assinado pelas partes, após o decurso do prazo de vistoria que comprovou a adequação do objeto aos termos contratuais. Nos termos da Lei no 8.666/1993, o prazo a que se refere o enunciado

A) é de 120 dias, não comportando prorrogação.
B) não poderá ser superior a 90 dias, salvo em casos excepcionais, devidamente justificados e previstos no edital.
C) é de 90 dias, não comportando prorrogação.
D) não poderá ser superior a 120 dias, salvo em casos excepcionais, devidamente justificados e previstos no edital.
E) é de 60 dias, não comportando prorrogação.

2588) (2014) Banca: FCC – Órgão: AL-PE – Prova: Analista Legislativo

A Administração estadual contratou, com inexigibilidade de licitação, uma empresa de consultoria econômico-financeira, de notória especialização, para estruturar um programa de redução de despesas e otimização de recursos humanos. Iniciada a execução do contrato, a consultoria deparou-se com diversas dificuldades para a obtenção dos dados necessários e, mais adiante, a contratante sustou os pagamentos devidos à contratada, sob a alegação de que estaria reavaliando a pertinência da contratação. De acordo com as disposições da Lei n° 8.666/1993,

A) somente por acordo entre as partes poderá ser rescindido o contrato, assegurada à contratada o pagamento pelas etapas executadas e custos de mobilização, vedado o pagamento de lucros cessantes.
B) a consultoria poderá rescindir o contrato, exercendo direito de arrependimento, eis que contratada com inexigibilidade de licitação.
C) caso constatado atraso superior a 90 dias dos pagamentos devidos por parcelas já executadas, a contratada poderá optar pela suspensão do cumprimento de suas obrigações.
D) a contratada somente poderá suspender os serviços prestados mediante decisão judicial, sob pena de declaração de inidoneidade.
E) a Administração somente poderá rescindir o contrato na hipótese de comprovado descumprimento por parte da contratada.

2589) (2017) Banca: FCC – Órgão: FUNAPE – Prova: Analista em Gestão Previdenciária

A contratação de serviços de pavimentação de estradas municipais está sob responsabilidade de empresa selecionada mediante procedimento de licitação. Diante da crise financeira, no entanto, o Município pagou algumas parcelas do contrato, ainda que com atraso, mas há mais de 120 dias suspendeu os pagamentos. A contratada,

A) considerando que se trata de contrato de prestação de serviço público, não é permitida a rescisão unilateral do contrato, cabendo pleitear a medida judicialmente.
B) diante do princípio da continuidade do serviço público, não pode interromper a prestação dos serviços, não obstante possa cobrar posteriormente a diferença de valores.
C) pode interromper a prestação dos serviços, diante do tempo de inadimplência sucessiva, sem prejuízo de lhe ser facultado demandar judicialmente o pagamento dos valores em aberto.
D) depende de autorização do Judiciário para suspender a prestação dos serviços, mas a rescisão contratual somente pode ser efetivada mediante concordância do poder público contratante.
E) deve rescindir unilateralmente o contrato, não lhe sendo permitido, entretanto, cobrar os atrasados nessa hipótese, cabível somente em caso de suspensão.

2590) (2014) Banca: FGV – Órgão: Câmara Municipal do Recife-PE – Prova: Consultor Legislativo

Município contratou, após regular licitação, uma empresa para prestar determinado serviço de realização de obras públicas. O município contratante, contudo, já estava há mais de 90 dias atrasado no pagamento decorrente dos serviços já executados pela empresa. Nesse caso, de acordo com a Lei nº 8.666/93, é correto afirmar que:

A) inexiste motivo para rescisão do contrato por parte da empresa, diante da supremacia do interesse público sobre o particular;
B) inexiste motivo para rescisão do contrato por parte da empresa, diante do princípio da continuidade dos serviços públicos, cabendo tão somente indenização ao contratado por perdas e danos;
C) inexiste motivo para rescisão do contrato por parte da empresa, diante da impossibilidade de aplicação do princípio da exceção do contrato não cumprido aos contratos administrativos, cabendo indenização ao contratado por perdas e danos;
D) existe motivo para rescisão do contrato por parte da empresa, salvo em caso de calamidade pública, grave perturbação da ordem interna ou guerra;
E) existe motivo para rescisão do contrato por qualquer descumprimento de cláusulas contratuais ou atraso no pagamento superior a 30 dias, seja por parte do contratante, seja pelo contratado.

2591) (2015) Banca: FGV – Órgão: DPE-MT – Prova: Advogado

Em relação aos contratos administrativos, assinale a afirmativa incorreta.

A) Os contratos referentes à prestação de serviços a serem executados de forma contínua admitem prorrogação, até o limite de 60 (sessenta) meses.
B) O atraso superior a 90 (noventa) dias dos pagamentos devidos pela Administração, decorrentes de obras ou serviços, já recebidos ou executados, confere ao particular o direito à rescisão unilateral do contrato.
C) O regime jurídico dos contratos administrativos confere à Administração, em relação a eles, a prerrogativa de modificá-los, unilateralmente, para melhor adequação às finalidades de interesse público.
D) Os contratos administrativos poderão ser alterados unilateralmente pela Administração, quando houver modificação

do projeto ou das especificações, para melhor adequação técnica aos seus objetivos.

E) A rescisão unilateral do contrato pela Administração, em razão da inexecução do contrato por parte do particular, garante à Administração a assunção imediata do objeto do contrato.

2592) (2013) Banca: FGV – Órgão: TJ-AM – Prova: Analista Judiciário – Administração

Analise a fragmento a seguir.

"O atraso de pagamentos devidos pela Administração, decorrentes de obras, serviços ou fornecimento, ou parcelas destes, já recebidos ou executados, salvo em caso de calamidade pública, grave perturbação da ordem interna ou guerra, assegura ao contratado o direito de optar pela suspensão do cumprimento de suas obrigações até que seja normalizada a situação."

O prazo, previsto em lei específica, em relação aos dias de atraso que constituem motivo para rescisão do contrato, é

A) inferior a sessenta dias.
B) superior a noventa dias.
C) inferior a noventa dias.
D) superior a trinta dias.
E) inferior a trinta dias.

2593) (2014) Banca: FUNCAB – Órgão: INCA – Prova: Analista – Engenharia de Infraestrutura – Engenharia Civil (+ provas)

A suspensão do cumprimento dos contratos administrativos:

A) é possível a qualquer tempo, desde que ocorra atraso no cumprimento das obrigações do contratante ou atraso no pagamento devido pela Administração.
B) é possível, podendo ocorrer apenas na hipótese de atraso no cumprimento das obrigações pelo contratante e em favor da Administração Pública.
C) não é possível porque, gozando a Administração Pública de prerrogativas, cabe a ela unicamente promover a rescisão contratual.
D) não é possível porque é vedado ao contratado, em qualquer hipótese, paralisar o cumprimento do serviço contratado, cabendo-lhe o direito de cobrar valores devidos.
E) é possível para o contratado desde que, ausente justa causa, a Administração Pública atrase o pagamento em prazo superior a noventa dias.

2594) (2016) Banca: VUNESP – Órgão: Prefeitura de São Paulo – SP – Prova: Analista Fiscal de Serviços

A Administração Pública atrasou os pagamentos devidos por serviços prestados, contratados por meio de processo licitatório. A Lei 8.666/93 estabelece, nessa hipótese, que

A) o contratado poderá rescindir unilateralmente o contrato a qualquer tempo, pelo princípio do contrato não cumprido, independentemente do tempo de atraso dos pagamentos.
B) o contratado deverá continuar prestando o serviço até o final do contrato, uma vez que o princípio da continuidade do serviço público impede que haja interrupção do contrato.
C) o contratado deverá continuar prestando o serviço até o prazo máximo de 120 dias, sem interrupção, mas a Administração deverá ressarcir todos os eventuais prejuízos que o contratado possa ter tido com o atraso no recebimento.
D) o contrato poderá ser rescindido, caso o atraso seja superior a 60 dias, assegurado ao contratado o direito de optar pela suspensão do cumprimento de suas obrigações até que seja normalizada a situação.
E) se o atraso for superior a 90 dias, o contrato poderá ser rescindido, assegurado ao contratado o direito de optar pela suspensão do cumprimento de suas obrigações até que seja normalizada a situação.

2595) (2016) Banca: CAIP-IMES – Órgão: Câmara Municipal de Atibaia – SP – Prova: Advogado

Nos termos da Lei 8.666/93, não justifica a rescisão do contrato administrativo,

A) o atraso superior a 60 (sessenta) dias dos pagamentos devidos pela Administração decorrentes de obras, serviços ou fornecimento, ou parcelas destes, já recebidos ou executados, salvo em caso de calamidade pública, grave perturbação da ordem interna ou guerra, assegurado ao contratado o direito de optar pela suspensão do cumprimento de suas obrigações até que seja normalizada a situação.
B) o não cumprimento de cláusulas contratuais, especificações, projetos ou prazos.
C) o cumprimento irregular de cláusulas contratuais, especificações, projetos e prazos.
D) a subcontratação total ou parcial do seu objeto, a associação do contratado com outrem, a cessão ou transferência, total ou parcial, bem como a fusão, cisão ou incorporação, não admitidas no edital e no contrato.

2596) (2015) Banca: FAPEC – Órgão: MPE-MS – Prova: Promotor de Justiça Substituto

Em relação aos contratos administrativos é incorreto afirmar:

A) Em situação de normalidade, se a Administração não pagar a parcela vencida em determinado mês, após trinta dias da data, está o contratado autorizado a paralisar o serviço objeto do contrato, alegando em seu favor a exceção de contrato não cumprido.
B) O instituto previsto na legislação sobre contrato administrativo, referente à formalização da variação do valor contratual, decorrente de reajuste de preços previstos no contrato, que não caracteriza sua alteração, denomina-se "apostila".
C) De acordo com a legislação pertinente, há situações em que os contratos administrativos podem ser rescindidos unilateralmente, mesmo que o contratado esteja cumprido fielmente as suas obrigações.
D) Na hipótese de inexecução de contrato administrativo, a suspensão provisória ou temporária do direito de participar de licitação e impedimento de contratar é aplicada se o contratado prejudicar a execução do contrato dolosamente.
E) Em caso de se verificar atraso nos pagamentos devidos pela Administração, somente se este superar o prazo de noventa dias, em situação de normalidade, poderá o contratado optar pela suspensão da execução do contrato ou pela sua rescisão.

2597) (2015) Banca: RBO – Órgão: CIJUN – Prova: Analista Administrativo Compras e Licitações (Pleno)

Os contratos administrativos podem ser rescindidos pelos contratantes nas hipóteses abaixo, exceto:

A) Por interesse público.
B) Por supressão do contrato além do limite legal.
C) Por subcontratação total ou parcial do seu objeto, desde que inadmitidas no edital e no contrato.
D) Pela ocorrência de caso fortuito ou de força maior, desde que impeditiva da execução do contrato.
E) Por atraso superior a 30 (trinta) dias nos pagamentos devidos pela Administração.

2598) (2017) Banca: LEGALLE Concursos – Órgão: Câmara de Vereadores de Guaíba – RS – Prova: Procurador

Constitui motivo para rescisão do contrato o atraso superior a quantos dias dos pagamentos devidos pela Administração decorrentes de obras, serviços ou fornecimento, ou parcelas destes, já recebidos ou executados, salvo em caso de calamidade pública, grave perturbação da ordem interna ou guerra, assegurado ao contratado o direito de optar pela suspensão do cumprimento de suas obrigações até que seja normalizada a situação?

A) 45 (quarenta e cinco) dias.
B) 60 (sessenta) dias.
C) 75 (setenta e cinco) dias.
D) 90 (noventa) dias.
E) 120 (cento e vinte) dias.

Na forma do art. 67 da Lei 8.666/1993, a execução do contrato deve ser:

"acompanhada e fiscalizada por um representante da Administração especialmente designado, permitida a contratação de terceiros para assisti-lo e subsidiá-lo de informações pertinentes a essa atribuição".

A Administração designará representante a quem incumbirá a função de realizar anotações, em registro próprio, **de todas as ocorrências relacionadas à execução do contrato e, em caso de eventuais faltas ou defeitos na prestação do serviço, determinar o que for preciso para fins de regularização.**

Ademais, o contratado deverá **manter preposto, aceito pela Administração, no local da obra ou serviço**, que irá representá-lo. Convém destacar que **a fiscalização da execução do contrato pela Administração não exime o particular contratado de sua responsabilidade** em face de eventuais danos causados dolosa ou culposamente à Administração ou a terceiros.

2599) (2015) Banca: CESPE Órgão: TRE-MT Prova: Analista

Em um contrato administrativo, contratante e contratado possuem direitos e obrigações. Acerca desse assunto, assinale a opção correta.

A) O contrato administrativo é regido pelo equilíbrio entre as partes envolvidas.
B) A administração tem a prerrogativa de realizar a fiscalização e controlar a execução do contrato, com vistas a evitar prejuízos ao interesse público.
C) É um direito do contratado exercer as prerrogativas previstas nas cláusulas exorbitantes.
D) É um direito do contratante a manutenção do equilíbrio econômico-financeiro.
E) Em um contrato de construção de edificação é obrigação do contratado a liberação do local da obra.

2600) (2013) Banca: CESPE – Órgão: TRT – 10ª REGIÃO (DF e TO) – Prova: Analista Judiciário – Engenharia

Com base na Lei de Licitações e Contratos e na interpretação doutrinária e jurisprudencial sobre o planejamento e a orçamentação pública, julgue o item subsequente.

A execução de contrato deve ser acompanhada e fiscalizada por representante da administração designado especialmente para tal, não sendo permitida a contratação de terceiros para subsidiá-lo de informações pertinentes a essa atribuição, por se tratar de atividade típica do Estado.

A) Certo B) Errado

2601) (2009) Banca: CESPE – Órgão: ANATEL – Prova: Analista Administrativo – Administração

Para efeitos de fiscalização dos contratos, a lei em apreço prevê a possibilidade de contratação de terceiros pela administração para se desincumbir de tal mister.

A) Certo B) Errado

2602) (2014) Banca: CESPE – Órgão: TC-DF – Prova: Técnico de Administração

Suponha que a Secretaria de Saúde do DF tenha celebrado contrato de prestação de serviços de limpeza e conservação do prédio da sede do órgão. Suponha, ainda, que a empresa contratada não esteja fornecendo o material necessário à execução dos serviços e que alguns dos funcionários da empresa reiteradamente se ausentem do trabalho sem justificativa adequada. Com base nessa situação hipotética, julgue o seguinte item. Caso a administração não possua servidor com qualificação necessária para exercer as atividades de fiscal do contrato, é possível a contratação de terceiros para auxiliarem o servidor designado para fiscal.

A) Certo B) Errado

2603) (2014) Banca: CESPE – Órgão: Caixa – Prova: Nível Superior

Em relação às licitações, aos contratos administrativos e aos instrumentos congêneres, julgue o item a seguir. A administração pública poderá designar empregado de empresa terceirizada como seu representante no acompanhamento e na fiscalização de contratos administrativos em curso.

A) Certo B) Errado

2604) (2009) Banca: CESPE – Órgão: ANTAQ – Prova: Técnico Administrativo

A execução do contrato deverá ser acompanhada e fiscalizada por representante da administração, especialmente designado para tanto, permitida a contratação de terceiros para substituí-lo.

A) Certo B) Errado

2605) (2010) Banca: CESPE – Órgão: TCU – Prova: Auditor Federal de Controle Externo – Tecnologia da Informação

A contratação por determinado órgão público de empresa para realizar os serviços de execução e de fiscalização referentes ao mesmo objeto será legítima por atender ao interesse público com maior eficiência.

A) Certo B) Errado

2606) (2010) Banca: CESPE – Órgão: TCU – Prova: Auditor Federal de Controle Externo – Tecnologia da Informação

A fiscalização ou o acompanhamento pelo órgão público interessado reduzirá a responsabilidade da empresa contratada pelo poder público quando esta, por dolo ou culpa na execução do contrato, causar prejuízo a terceiros.

A) Certo B) Errado

2607) (2010) Banca: CESPE – Órgão: ABIN – Prova: Oficial Técnico de Inteligência – Área de Administração

A administração deve indicar um gestor do contrato, que será responsável pelo acompanhamento e fiscalização da sua execução, cabendo à autoridade máxima do órgão ou da entidade o registro das ocorrências e a adoção das providências necessárias ao cumprimento do contrato, tendo por parâmetro os resultados nele previstos.

A) Certo B) Errado

2608) (2008) Banca: CESPE – Órgão: SEBRAE-BA – Prova: Analista Técnico – Auditoria

No que concerne a convênios e contratos administrativos, julgue o seguinte item.

O acompanhamento e a fiscalização da execução do contrato deverá ser realizada por um representante da administração especialmente designado, que anotará em registro próprio todas as ocorrências relacionadas com a execução do contrato.

A) Certo B) Errado

2609) (2014) Banca: CESPE – Órgão: ANTAQ – Prova: Analista Administrativo

Determinado órgão da administração indireta celebrou contrato administrativo cujo objeto era o fornecimento de serviços terceirizados de mão de obra para limpeza e conservação do seu edifício-sede. Considerando essa situação hipotética, julgue o item a seguir, a respeito da fiscalização da execução do objeto contratual. O contratado deve manter um preposto no local dos serviços para representá-lo na execução do contrato, contudo a administração pode aceitar ou rejeitar a pessoa indicada. •

A) Certo B) Errado

2610) (2016) Banca: FCC – Órgão: Prefeitura de Teresina – PI – Prova: Técnico de Nível Superior – Administrador – Arsete

O contrato administrativo é subordinado ao regime jurídico administrativo, que se caracteriza por um misto de prerrogativas e sujeições, dentre elas, a

A) aplicabilidade da teoria do contrato não cumprido pelo particular, que está autorizado a deixar de cumprir as obrigações assumidas contratualmente na hipótese de a Administração não observar o que foi pactuado.
B) competência atribuída à Administração de sancionar e fiscalizar a execução do contrato.
C) inspeção, controle e direção do contrato atribuída ao particular e à Administração, em razão do princípio da obrigatoriedade do cumprimento do ajuste pelas partes.
D) competência de instabilizar o vínculo atribuído às partes contratantes, em razão do princípio da consensualidade.
E) competência atribuída à Administração contratante de suspender a execução do contrato, por prazo superior a 120 dias, bem como o pagamento pelos serviços já executados, pelo mesmo prazo, sem que o particular possa pleitear a rescisão do ajuste, em razão do princípio da continuidade da prestação do serviço público.

2611) (2015) Banca: FCC – Órgão: TRE-SE – Prova: Analista Judiciário – Área Judiciária

O Estado de Sergipe, após o respectivo procedimento licitatório, contratou a empresa vencedora do certame para a execução de vultosa obra pública. A propósito da fase de execução contratual, considere:

I. A execução é acompanhada e fiscalizada por um representante da Administração especialmente designado para essa finalidade.
II. Admite-se a contratação de terceiros para assistir o representante da Administração e subsidiá-lo de informações pertinentes à atribuição de acompanhar e fiscalizar a execução do contrato.
III. As decisões e providências que ultrapassarem a competência do representante deverão ser solicitadas a seus superiores em tempo hábil para a adoção das medidas convenientes.

Nos termos da Lei no 8.666/1993, está correto o que se afirma em

A) II, apenas.
B) I, apenas.
C) I, II e III.
D) III, apenas.
E) II e III, apenas.

2612) (2013) Banca: FCC – Órgão: MPE-CE – Prova: Analista Ministerial – Ciências da Computação

A Administração Pública, após regular procedimento licitatório, celebra contrato administrativo para a execução de obra pública com a Empresa XY. Na fase de execução contratual, foram causados danos diretamente à Administração, decorrentes de conduta culposa da empresa contratada. Cumpre salientar que houve fiscalização e acompanhamento da execução pelo órgão interessado. Nos termos da Lei no 8.666/93, a contratada

A) responde apenas subsidiariamente, isto é, se o órgão fiscalizatório não reparar os danos, será acionada a empresa para ressarcir os prejuízos causados à Administração.
B) não é responsável, haja vista que a fiscalização do órgão interessado exclui sua responsabilidade.
C) é responsável pelos danos causados.
D) não é responsável, vez que inexistiu conduta dolosa, mas sim, culposa.
E) é responsável apenas parcialmente pelos danos, pois a fiscalização pelo órgão competente reduz sua responsabilidade.

2613) (2014) Banca: FUNDEP (Gestão de Concursos) – Órgão: CAU-MG – Prova: Advogado

Quanto às licitações e aos contratos da administração pública, assinale a alternativa INCORRETA.

A) O edital é a lei interna da licitação, vinculando tanto o administrado, como a administração.
B) É preciso de cláusula expressa em contrato, para que a administração tenha o poder de fiscalizar sua execução.

C) As licitações destinam-se a garantir a observância do princípio constitucional da isonomia e de assegurar a proposta mais vantajosa para a administração.

D) A administração pode aplicar multa ao contratante, diretamente, sem precisar recorrer à via judicial

2614) (2013) Banca: CEPERJ – Órgão: SEPLAG-RJ – Prova: Especialista em Políticas Públicas e Gestão Governamental

Em relação ao acompanhamento e fiscalização de contratos, o representante legal da contratada junto ao contratante é denominado:

A) gestor

B) fiscal

C) supervisor

D) administrador

E) preposto

2615) (2016) Banca: FUNIVERSA – Órgão: IF-AP – Prova: Auxiliar em Administração (+ provas)

No que diz respeito às licitações e aos contratos administrativos, assinale a alternativa correta.

A) A execução do contrato deverá ser acompanhada e fiscalizada por um representante da Administração especialmente designado para essa atribuição.

B) Nos contratos administrativos, predomina o interesse do particular.

C) Não é obrigatória a publicação resumida do instrumento de contrato na imprensa oficial.

D) É proibida a aplicação de sanções por parte do Poder Público, mesmo que haja descumprimento das cláusulas contratuais pelo contratado.

E) É permitido contrato administrativo por tempo indeterminado.

Art. 71. O contratado é responsável pelos encargos trabalhistas, previdenciários, fiscais e comerciais resultantes da execução do contrato.

§ 1º A inadimplência do contratado, com referência aos encargos trabalhistas, fiscais e comerciais não transfere à Administração Pública a responsabilidade por seu pagamento, nem poderá onerar o objeto do contrato ou restringir a regularização e o uso das obras e edificações, inclusive perante o Registro de Imóveis.

§ 2º A Administração Pública responde solidariamente com o contratado pelos encargos previdenciários resultantes da execução do contrato, nos termos do art. 31 da Lei 8.212, de 24 de julho de 1991. (Redação dada pela Lei nº 9.032, de 1995)

No entanto, em 2011 o STF, em sede de controle concentrado, declarou constitucional o artigo art. 71, § 1º da Lei de Licitações, estabelecendo que a responsabilidade subsidiária da Administração pelo débito trabalhista só seria pago se fosse demonstrado que **houve culpa ou omissão no dever de fiscalização do Estado.**

2616) (2014) Banca: CESPE – Órgão: ANATEL – Prova: Analista Administrativo – Direito

Uma empresa prestadora de serviço de terceirização de mão de obra para a administração pública fechará as portas por problemas de caixa. A decisão afetará milhares de empregados da prestadora lotados em diversos órgãos do governo federal, entre ministérios, agências reguladoras, autarquias e fundações. Conforme denúncia veiculada em jornal de grande circulação, empregados da empresa lotados em vários órgãos da administração direta e indireta não receberam o salário no mês passado. Com base nas informações acima, julgue o item a seguir. Somente se verificada a omissão da administração pública em fiscalizar o cumprimento das cláusulas contratuais pela empresa prestadora do serviço, poderá ser a administração pública responsabilizada subsidiariamente pelo pagamento das obrigações trabalhistas da referida empresa.

A) Certo   B) Errado

2617) (2014) Banca: CESPE – Órgão: TJ-SE – Prova: Analista Judiciário – Direito

Acerca das licitações públicas, julgue o item subsequente. Considere que determinada autarquia tenha contratado empresa prestadora de serviços terceirizados de faxina e tenha sido comprovado, em juízo, que não foram adotadas as medidas cabíveis para se fiscalizar a execução do contrato. Considere, ainda, que a empresa que terceiriza os serviços tenha deixado de honrar seus compromissos trabalhistas com os empregados. Nesse caso, a autarquia deve responder, subsidiariamente, pelo pagamento das verbas laborais.

A) Certo   B) Errado

2618) (2014) Banca: CESPE – Órgão: ANATEL – Prova: Analista Administrativo – Direito

Julgue o item subsequente, com base no entendimento sumulado do Tribunal Superior do Trabalho a respeito do contrato de prestação de serviços. Caso ocorra o inadimplemento do empregador no que se refere às obrigações trabalhistas, haverá responsabilidade subsidiária do ente público tomador do serviço, independentemente de culpa, desde que este tenha participado da relação processual desde o início e seu nome conste também do título executivo judicial

A) Certo   B) Errado

2619) (2005) Banca: FCC – Órgão: TRT – 3ª Região (MG) – Prova: Técnico Administrativo

Em um contrato administrativo, a responsabilidade por encargos comerciais, trabalhistas e fiscais é

A) do contratado.

B) da Administração.

C) compartilhada entre a Administração e o contratado.

D) do contratado nos dois primeiros casos e compartilhada, no último.

E) do contratado no primeiro caso e compartilhada, nos dois últimos.

2620) (2017) Banca: FGV – Órgão: ALERJ – Prova: Procurador

No julgamento da Ação Declaratória de Constitucionalidade 16, o Supremo Tribunal Federal declarou a constitucionalidade do § 1º, do artigo 71, da Lei 8.666/93, cujo teor é o seguinte: A inadimplência do contratado com referência aos encargos trabalhistas, fiscais e comerciais não transfere à Administração Pública a responsabilidade por seu pagamento, nem poderá onerar o objeto do contrato ou restringir a regularização e o uso das obras e edificações, inclusive perante o registro de imóveis. Considerando a orientação fixada na decisão do Supremo Tribunal Federal e a sua repercussão no âmbito do Tribunal Superior do Trabalho, deve a Administração Pública em relação aos encargos trabalhistas dos empregados das empresas terceirizadas:

A) responder subsidiariamente pelos encargos trabalhistas resultantes da execução do contrato, independentemente do cumprimento da sua obrigação legal e contratual de fiscalização;
B) responder solidariamente pelos encargos trabalhistas dos contratados, a fim de evitar prejuízos aos seus empregados;
C) responder subsidiariamente pelos encargos trabalhistas do contratado, ainda que não tenha participado da relação processual ou constado do título executivo;
D) responder subsidiariamente pelos encargos trabalhistas do contratado, caso evidenciada a sua conduta culposa no cumprimento da sua obrigação legal e contratual de fiscalização;
E) reter obrigatoriamente os pagamentos devidos ao contratado no caso de inadimplemento dos encargos trabalhistas dos seus empregados.

Em atendimento ao princípio da continuidade do serviço público, nas hipóteses de necessidade de apuração administrativa de faltas contratuais cometidas pelo particular contratado ou de rescisão unilateral, o Estado pode/deve ocupar temporariamente os bens da empresa contratada com o fito de evitar a cessação daquela atividade. A referida ocupação será precedida de processo administrativo no qual serão assegurados a ampla defesa e o contraditório ao contratado.

2621) (2011) Banca: CESPE – Órgão: TCU – Prova: Auditor Federal de Controle Externo – Auditoria Governamental

Em casos de necessidade de apuração administrativa de faltas contratuais cometidas pelo particular contratado, o Estado pode ocupar temporariamente os bens da empresa contratada com o fito de evitar a cessação daquela atividade.

A) Certo B) Errado

A Administração pode, ainda, **aplicar penalidades aos particulares contratados em decorrência de descumprimento do contrato**, independentemente da intervenção do Poder Judiciário. Contudo, a aplicação de qualquer sanção deve ser precedida de processo administrativo, no qual será assegurado o direito ao contraditório e a ampla defesa.

> "Art. 87. Pela inexecução total ou parcial do contrato a Administração poderá, garantida a prévia defesa, aplicar ao contratado as seguintes sanções:
>
> I – advertência;
>
> II – multa, na forma prevista no instrumento convocatório ou no contrato;
>
> III – suspensão temporária de participação em licitação e impedimento de contratar com a Administração, por prazo não superior a 2 (dois) anos;
>
> IV – declaração de inidoneidade para licitar ou contratar com a Administração Pública enquanto perdurarem os motivos determinantes da punição ou até que seja promovida a reabilitação perante a própria autoridade que aplicou a penalidade, que será concedida sempre que o contratado ressarcir a Administração pelos prejuízos resultantes e após decorrido o prazo da sanção aplicada com base no inciso anterior."

2622) (2015) Banca: CESPE – Órgão: TCU – Prova: Auditor Federal de Controle Externo – Tecnologia da Informação

Com base nos dispositivos da Lei 8.666/1993 relativos ao acompanhamento da execução contratual, julgue o seguinte item. Nas hipóteses de inexecução total ou parcial do contrato, a administração pode, entre outras formas de sanção, suspender temporariamente a participação do contratado em licitação e impedi-lo de contratar com a administração, por prazo não superior a dois anos.

A) Certo B) Errado

2623) (2015) Banca: CESPE Órgão: TCU Prova: Procurador

Considerando a legislação de regência e o entendimento jurisprudencial, assinale a opção correta acerca dos contratos administrativos

A) A cessão parcial do objeto do contrato pelo contratado vencedor do procedimento licitatório constitui conduta não admitida pela Lei de Licitações e implica, por si só, desrespeito à natureza *intuitu personae* dos contratos administrativos.
B) Na hipótese de rescisão contratual, independentemente da culpa atribuída ao contratado, é necessário autorização judicial para que a garantia exigida possa ser retida pela administração pública.
C) Na hipótese de inexecução parcial do contrato, é admitida a aplicação concomitante da penalidade de multa e de impedimento temporário para participar de licitação e contratar com a administração pública.
D) Caso a administração pública celebre contrato verbal em hipótese cuja contratação deva obedecer à forma escrita, não será possível a indenização do contratado pelo que este houver executado até a declaração de nulidade do ajuste.
E) O não atendimento de determinações regulares da autoridade designada para fiscalizar a execução do contrato não configura hipótese de inadimplemento com culpa capaz de ensejar a rescisão unilateral do contrato.

2624) (2015) Banca: CESPE Órgão: TRE-RS Prova: Analista Judiciário

No que concerne a licitação, registro de preços e contratos administrativos, assinale a opção correta

A) Como o disposto na Lei de Licitações e Contratos não se aplica às licitações instauradas e aos contratos assinados anteriormente à sua vigência, a rescisão legal dos contratos administrativos rege-se, nessas situações, pela lei em vigor na data em que o contrato tiver sido firmado.
B) Caso a administração pública tenha celebrado contrato verbal em situação que não se enquadre nas hipóteses admitidas pela legislação de regência, o ajuste feito será nulo e não produzirá efeitos, razão pela qual entende o STJ ser vedado à administração pública efetuar pagamento a qualquer título ao contratado, ainda que o serviço tenha sido efetivamente prestado.

C) No âmbito dos estados e municípios, a regulamentação do sistema de registro de preços, previsto na Lei de Licitações e Contratos, sujeita-se à reserva legal, de modo que, atendidas as peculiaridades regionais, deve ser objeto de lei estadual e municipal, respectivamente.
D) A administração pública pode aplicar, cumulativamente, ao contratado a sanção de multa e a de impedimento temporário de licitar e contratar com a administração, ainda que se trate de inexecução parcial do contrato.
E) Para a realização da tomada de preços, modalidade de licitação realizada entre interessados cadastrados, o órgão licitante pode utilizar os registros cadastrais de outros órgãos ou entidades da administração pública direta da União, dos estados e dos municípios, mas não das entidades com personalidade de direito privado, ainda que sob controle do poder público.

2625) (2015) Banca: CESPE – Órgão: MPOG – Prova: Engenheiro

Acerca dos contratos de obras públicas, julgue o item subsequente. O atraso injustificado no início da obra gera como penalidade a aplicação de multa de mora ao contratado, o que impede a rescisão unilateral do contrato e a aplicação de outras sanções por parte da administração. •

A) Certo   B) Errado

2626) (2011) Banca: CESPE – Órgão: Correios – Prova: Analista de Correios – Administrador

Segundo o grau de reprovabilidade da conduta do contratado, serão aplicadas as penalidades de advertência, multa e suspensão temporária de participação em licitação, previstas para o inadimplemento de contratos administrativos.

A) Certo   B) Errado

2627) (2015) Banca: CESPE – Órgão: TCU – Prova: Auditor Federal de Controle Externo – Tecnologia da Informação

Acerca da elaboração e da fiscalização de contratos, julgue o item que se segue. Devem estar definidos no edital e no contrato os procedimentos para a aplicação de sanções e glosas, bem como da rescisão contratual, e as justificativas para sua aplicação em caso de descumprimento das obrigações estabelecidas. Cada sanção ou penalidade tem de ser proporcional ao dano, sendo vedado o uso das garantias contratuais para a aplicação de penalidades.•

A) Certo   B) Errado

2628) (2015) Banca: CESPE Órgão: TRE-MT Prova: Analista

Durante a execução de contrato administrativo celebrado pelo TRE/MT com uma empresa privada, para a aquisição, instalação e manutenção de aparelhos de ar condicionado, o gestor constatou algumas falhas operacionais, que configuraram inexecução do contrato, tendo então notificado a empresa para apresentar defesa. A respeito dessa situação hipotética, assinale a opção correta.

A) Constitui motivo para rescisão do contrato a alteração social ou a modificação da finalidade ou da estrutura da empresa, ainda que isso não prejudique a execução do contrato.
B) O particular responderá apenas em caso de inexecução total do contrato, não cabendo a aplicação de penalidade antes de findo seu prazo de execução.
C) É vedada a contratação de terceiros para a realização de acompanhamento e fiscalização do referido contrato.
D) O contratado será obrigado a reparar, no total ou em parte, o objeto do contrato em relação ao qual se verificaram as falhas, e será, por isso, remunerado mediante termo aditivo.
E) Pela inexecução total ou parcial do contrato cabe a aplicação, ao contratado, das penalidades de advertência e multa concomitantemente.

2629) (2016) Banca: CESPE – Órgão: FUNPRESP-JUD – Prova: Conhecimentos Básicos – Cargo: 4 (+ provas)

A respeito de contratos administrativos, julgue o item que se segue.

A inexecução total do objeto licitatório pelo contratado pode acarretar o impedimento definitivo de estabelecer contratos com a administração.

A) Certo   B) Errado

2630) (2016) Banca: CESPE – Órgão: FUNPRESP-JUD – Prova: Conhecimentos Básicos – Cargos de Assistente (+ provas)

A fim de comemorar o aniversário de um órgão público, a direção desse órgão celebrou um contrato administrativo, no valor de R$ 18.000,00, com um músico consagrado pela opinião pública.

A partir dessa situação hipotética, julgue o próximo item com base na Lei de Licitações e Contratos – Lei 8.666/1993.

Se, no dia do show, o músico não comparecer nem apresentar justificativa de sua ausência, poderá o contratante aplicar-lhe, garantida a prévia defesa, as sanções de advertência e multa, na forma prevista no contrato.

A) Certo   B) Errado

2631) (2015) Banca: CESPE – Órgão: Telebras – Prova: Analista Superior – Administrativo

Com o decorrer do tempo, a frota de veículos de passeio da empresa estatal Beta alcançou a vida útil de cinco anos de uso em média. Assim, a autoridade superior designou equipe de avaliação para averiguar se seria mais vantajoso manter os atuais veículos, com os gastos de manutenção, ou efetuar nova contratação, e, ainda, se, no caso de nova contratação, seria mais vantajoso alugar ou adquirir veículos. Por último, a autoridade recomendou que se verificasse, junto aos setores que não tinham veículos exclusivamente à sua disposição, se haveria necessidade, a partir de então, de se lhes atribuir tal prerrogativa.

Com referência a essa situação hipotética, julgue o item a seguir.

Na hipótese de a empresa Beta optar pela aquisição de novos veículos, se a contratada atrasar a entrega dos bens, sem apresentar a devida justificativa, estará sujeita à multa de mora, independentemente de haver previsão no edital ou no contrato, e à emissão de declaração de inidoneidade.

A) Certo   B) Errado

2632) (2009) Banca: ESAF – Órgão: ANA – Prova: Analista Administrativo – Administração

De acordo com a Lei n. 8.666/1993, a Administração pode, pela inexecução total ou parcial do contrato e após garantida a prévia defesa, aplicar ao contratado as seguintes sanções administrativas, exceto:

A) advertência.
B) declaração de inidoneidade para licitar ou contratar com a Administração Pública.
C) execução da garantia.
D) multa.
E) suspensão temporária de participação em licitação.

2633) (2007) Banca: FCC – Órgão: TRF – 2ª REGIÃO – Prova: Analista Judiciário – Área Administrativa

Se houver inexecução total ou parcial do contrato, é INCORRETO afirmar que a Administração poderá, garantida a prévia defesa, aplicar ao contratado a sanção de

A) multa, na forma prevista no instrumento convocatório ou no contrato.
B) suspensão temporária de participação em licitação e impedimento de contratar com a Administração, por prazo não superior a três anos.
C) advertência.
D) declaração de inidoneidade para licitar ou contratar com a Administração Pública enquanto perdurarem os motivos determinantes da punição.
E) advertência, cumulada com multa, na forma prevista no instrumento convocatório ou no contrato.

2634) (2012) Banca: FCC – Órgão: TRF – 4ª REGIÃO – Prova: Analista Judiciário – Engenharia Elétrica

Constitui sanção passível de aplicação pela Administração ao contratado, em face da inexecução total ou parcial do contrato, garantida prévia defesa:

A) multa, que não poderá extrapolar o valor da garantia prestada pelo contratado.
B) advertência, desde que não aplicada multa.
C) suspensão temporária de participação em licitação e impedimento de contratar com a Administração, por prazo não superior a 2 (dois) anos.
D) declaração de inidoneidade para licitar ou contratar com a Administração, vedada a reabilitação.
E) multa, que poderá substituir, a critério da Administração, a suspensão temporária de contratar com a Administração.

2635) (2016) Banca: FCC – Órgão: Prefeitura de Teresina – PI – Prova: Técnico de Nível Superior – Administrador

Determinado Município constatou, de forma inequívoca, que um grupo de empresas da região atuava em conluio para fraudar procedimentos licitatórios instaurados para o fornecimento de material escolar para a rede pública. Diante de tal situação, a sanção mais severa passível de ser aplicada às referidas empresas, na forma prevista pela Lei nº 8.666/93, consiste em

A) cassação da licença de funcionamento ou inscrição municipal, acrescida de indenização pelos prejuízos causados à Administração.
B) proibição do direito de participar de licitações, pelo prazo máximo de 5 anos, cabível a reabilitação mediante ressarcimento da Administração.
C) multa, no limite de até 10 vezes o valor do objeto da licitação ou da soma dos objetos das licitações onde ficou constatada a fraude.
D) suspensão do direito de contratar com a Administração, pelo prazo máximo de 3 anos.
E) declaração de inidoneidade para licitar ou contratar com a Administração pública enquanto perdurarem os motivos determinantes da punição ou até que seja promovida a reabilitação perante a própria autoridade que aplicou a penalidade.

2636) (2010) Banca: FCC – Órgão: TRT – 9ª REGIÃO (PR) – Prova: Analista Judiciário – Área Administrativa

Sobre as sanções administrativas previstas na Lei nº 8.666/1993, considere:

I. Pela inexecução total ou parcial do contrato, a Administração poderá aplicar ao contratado, dentre outras penalidades, suspensão temporária de participação em licitação e impedimento de contratar com a Administração, por prazo não superior a dois anos.
II. A aplicação de multa de mora por atraso injustificado na execução do contrato impede a Administração de rescindir unilateralmente o contrato.
III. A multa de mora por atraso injustificado na execução do contrato, aplicada após regular processo administrativo, não pode ser descontada da garantia contratual.
IV. As sanções de advertência, suspensão temporária de participação de licitação e declaração de inidoneidade para licitar ou contratar com a Administração Pública impostas pela inexecução total ou parcial do contrato, podem ser aplicadas juntamente com a multa prevista no instrumento convocatório ou no contrato.
V. A sanção de declaração de inidoneidade para licitar ou contratar com a Administração Pública é de competência do gestor do contrato.

Está correto o que consta APENAS em

A) III, IV e V.
B) I, II e V.
C) II e III.
D) I e IV.
E) IV e V.

2637) (2014) Banca: FCC – Órgão: DPE-PB – Prova: Defensor Público

A Defensoria Pública do Estado da Paraíba adquiriu equipamentos de informática por meio de licitação, na modalidade concorrência a que se refere o artigo 22 da Lei 8.666/93, os quais deveriam ser entregues no prazo de 30 dias após a assinatura do contrato. Transcorrido o prazo definido no ajuste para execução do objeto, a contratada não adimpliu a obrigação. Nessa situação, a Administração está autorizada a

A) iniciar procedimento para aplicação de multa, sanção que, pela natureza, prescinde, para sua incidência, de estar prevista no instrumento convocatório ou no contrato.
B) iniciar procedimento para rescindir unilateralmente o contrato, hipótese em que ficará impedida de aplicar multa e

demais sanções previstas em lei; no entanto, permitirá que a Administração contrate diretamente o mesmo objeto, por meio de dispensa de licitação fundamentada na situação de emergência.
C) iniciar procedimento sancionatório para aplicação de multa, na forma prevista no contrato, o que não a impedirá de rescindir unilateralmente o ajuste e aplicar outras sanções previstas em lei.
D) realizar nova contratação do mesmo objeto, situação em que não há exigência de que o contrato vigente seja rescindido.
E) aplicar ao contratado, garantida a defesa prévia, a sanção de suspensão temporária de participação em licitação e impedimento de contratar com a Administração, por prazo de 5 anos.

2638) (2013) Banca: FCC – Órgão: MPE-MA – Prova: Analista Ministerial – Administrativo

Considere as seguintes sanções administrativas previstas na Lei 8.666/93:

I. Advertência.
II. Multa, na forma prevista no instrumento convocatório ou no contrato.
III. Suspensão temporária de participação em licitação e impedimento de contratar com a Administração, por prazo não superior a dois anos.
IV. Declaração de inidoneidade para licitar ou contratar com a Administração Pública enquanto perdurarem os motivos determinantes da punição ou até que seja promovida a reabilitação perante a própria autoridade que aplicou a penalidade, que será concedida sempre que o contratado ressarcir a Administração pelos prejuízos resultantes e após decorrido o prazo da sanção de suspensão prevista no item acima. (item III)

Pela inexecução do contrato administrativo a Administração poderá, desde que garantida a prévia defesa, aplicar ao contratado algumas sanções administrativas. Se a inexecução for PARCIAL são cabíveis as sanções previstas nos itens

A) I e II, apenas.
B) I, III e IV, apenas.
C) II, apenas.
D) II e III, apenas.
E) I, II e III e IV.

2639) (2015) Banca: FCC – Órgão: TRT – 4ª REGIÃO (RS) – Prova: Analista Judiciário – Administrativa

Suponha que determinada empresa privada, que costuma participar de licitações e contratar com a Administração pública tenha sofrido condenação definitiva em processo judicial. De acordo com as disposições da Lei 8.666/93, referida condenação

A) poderá ensejar declaração de inidoneidade para participar de licitações e contratar com a Administração, em se tratando de prática dolosa de fraude fiscal.
B) somente poderá ensejar a suspensão ou proibição do direito de contratar com a Administração se ocorrer por prática de ilícito visando frustrar procedimento licitatório.
C) não poderá constituir fundamento para a imputação de sanção administrativa, a qual somente pode se dar no bojo da execução dos contratos celebrados com a Administração pública.
D) autoriza os responsáveis pelos procedimentos licitatórios instaurados a inabilitarem a referida empresa, independentemente de declaração específica de suspensão ou inidoneidade.
E) enseja a automática inidoneidade da empresa para contratar com a Administração e a suspensão dos contratos em curso, se envolver a prática de ato de improbidade administrativa.

2640) (2009) Banca: FGV – Órgão: SEFAZ-RJ – Prova: Fiscal de Rendas

A respeito da aplicação de sanções administrativas pela Administração Pública, assinale a alternativa correta.

A) O processo administrativo sancionador é sigiloso.
B) Não são admissíveis no processo administrativo sancionador as provas ilícitas e as provas colhidas em processo penal.
C) O contrato administrativo deve necessariamente estabelecer as penalidades cabíveis pelo descumprimento de obrigação contratual.
D) A instauração de processo administrativo sancionador depende de prévia denúncia.
E) De acordo com o atributo da autoexecutoriedade, a Administração Pública pode executar as multas por ela aplicadas.

2641) (2016) Banca: Prefeitura do Rio de Janeiro – RJ – Órgão: Prefeitura de Rio de Janeiro – RJ – Prova: Agente de Administração

Um servidor da Secretaria Municipal de Transportes (SMTR) convocou dentro do prazo estabelecido, o adjudicatário para a assinatura do contrato, entretanto, ele não compareceu ou retirou termo, se recusando a assinar. Diante disso, o procedimento que o servidor, que considerou injustificada a recusa, deve tomar em relação ao adjudicatário é:

A) advertir verbalmente e publicamente o adjudicatário pelo descumprimento total da obrigação assumida
B) caracterizar o descumprimento total da obrigação assumida, sujeitando-o às penalidades legalmente estabelecidas
C) enviar à autoridade competente do órgão, que o convocará ex-officio para o cumprimento total da obrigação assumida
D) solicitá-lo no prazo de 05 (cinco) dias úteis sua defesa prévia, quanto ao descumprimento da obrigação assumida

2642) (2012) Banca: FUMARC – Órgão: TJ-MG – Prova: Técnico Judiciário – Administrador de Banco de Dados (+ provas)

Pela inexecução total ou parcial do contrato, a Administração poderá, garantida a prévia defesa, aplicar ao contratado as seguintes sanções, EXCETO:

A) suspensão dos direitos civis e políticos
B) advertência
C) declaração de inidoneidade para contratar com a Administração Pública
D) multa

2643) (2013) Banca: UEG – Órgão: PC-GO – Prova: Delegado de Polícia – 1ª prova

De acordo com a Lei nº 8.666/93, que prevê sanções administrativas pela inexecução total ou parcial do contrato,

A) a suspensão temporária de participação em licitação e impedimento para contratar com a Administração poderão durar até 3 (três) anos.

B) as sanções de advertência, impedimento de contratar e a sanção de declaração de inidoneidade poderão ser aplicadas juntamente com a multa.

C) a sanção da multa poderá ser instituída pela Administração, e o valor será livremente estipulado pelo administrador tão logo ocorra a prática lesiva ao ajuste.

D) a aplicação da sanção de advertência poderá ser realizada independentemente da abertura de oportunidade para apresentação de defesa prévia.

2644) (2015) Banca: CONSULPLAN – Órgão: TRE-MG – Prova: Técnico Judiciário – Administrativa

Dentre as peculiaridades do contrato administrativo consta sanção que extrapola os limites contratuais e que, consoante à Lei Federal 8.666/1993, consiste na

A) interdição do local da obra.
B) declaração de inidoneidade.
C) rescisão unilateral da avença.
D) multa de 100% do valor da prestação.

2645) (2016) Banca: FCM – Órgão: IF Farroupilha – RS – Prova: Docente – Administração/Gestão de Pessoas (+ provas)

NÃO é uma sanção prevista ao contratado pela inexecução total ou parcial do contrato com a Administração a

A) advertência.
B) cassação do registro no cadastro nacional de pessoas jurídicas.
C) multa na forma prevista no instrumento convocatório ou no contrato.
D) suspensão temporária de participação em licitação e impedimento de contratar com a Administração, por prazo não superior a 2 (dois) anos.
E) declaração de inidoneidade para licitar ou contratar com a Administração Pública enquanto perdurarem os motivos determinantes da punição.

2646) (2016) Banca: VUNESP – Órgão: Prefeitura de Mogi das Cruzes – SP – Prova: Procurador Jurídico

O regime jurídico dos contratos administrativos instituído pela Lei Federal nº 8.666/93 confere à Administração, em relação a eles, a prerrogativa de

A) rescindi-los, unilateralmente, em caso de atraso superior a 90 (noventa) dias dos pagamentos devidos pela própria Administração.
B) modificá-los, unilateralmente, para melhor adequação às finalidades de interesse do Contratado.
C) aplicar sanções motivadas pela inexecução total ou parcial do ajuste.
D) ocupar provisoriamente bens móveis, imóveis, pessoal e serviços vinculados ao objeto do contrato de quaisquer serviços que tenham sido contratados.
E) fiscalizar-lhes a execução, o que não implica acesso à obra que estiver sendo executada.

2647) (2014) Banca: VUNESP – Órgão: DESENVOLVESP – Prova: Advogado

Pela inexecução total ou parcial do contrato, a Administração poderá, garantida a prévia defesa, aplicar sanções ao contratado, dentre elas:

A) suspensão temporária de participação em licitação e impedimento de contratar com a Administração pelo prazo não superior a dois anos.
B) impedimento de contratar com a Administração e multa de 30% do valor contratado.
C) declaração de inidoneidade para licitar ou contratar com a Administração Pública pelo prazo de cinco anos.
D) a perda da garantia e multa correspondente a 25% do valor contratado, se a inadimplência for parcial.
E) pagamento em dobro do valor da garantia e suspensão temporária de participação em licitação até seu efetivo pagamento.

2648) (2014) Banca: VUNESP – Órgão: DESENVOLVESP – Prova: Auditor

Em virtude das chamadas cláusulas exorbitantes, a Administração Pública

A) pode rescindir unilateralmente o contrato por motivos de interesse público, não sendo devida indenização ao contratado.
B) tem a faculdade de realizar alteração unilateral do contrato para modificar sua natureza, especialmente quanto ao objeto, razão pela qual pode transformar um contrato de compra e venda em um contrato de doação
C) tem o poder de reter a garantia exigida do contratado, após a execução integral e adequada do objeto do contrato.
D) pode aplicar ao contratado sanções de natureza administrativa, na hipótese de inexecução total ou parcial do contrato
E) tem o poder de penhorar, exclusivamente, imóveis, sem ordem judicial, até o montante integral do valor do contrato, após a execução integral e adequada do objeto do contrato.

2649) (2015) Banca: BIO-RIO – Órgão: IF-RJ – Prova: Tecnólogo – Gestão Pública (+ provas)

O regime jurídico dos contratos administrativos confere à Administração, em relação a eles, a prerrogativa de:

A) rescindi-los, unilateralmente, em qualquer caso.
B) aplicar sanções motivadas pela inexecução total ou parcial do ajuste.
C) alterar as cláusulas econômico-financeiras e monetárias, desde que com prévio conhecimento do contratado.
D) modificá-los, unilateralmente, para melhor adequação às finalidades de interesse público, que se sobrepõe aos direitos do contratado.
E) em qualquer caso, ocupar provisoriamente bens móveis, imóveis, pessoal e serviços vinculados ao objeto do contrato, na hipótese da necessidade de acautelar apuração administrativa de faltas contratuais pelo contratado.

2650) (2014) Banca: Makiyama – Órgão: SESCOOP – Prova: Analista de Compras e Licitações

Considerando o previsto pela lei 8666/93, a respeito das sanções administrativas no âmbito da licitação e do contrato administrativo, pode-se afirmar que:

A) A penalidade de advertência não é aplicável para o caso de inexecução parcial ou total do contrato.
B) No caso de aplicação da penalidade de multa, a Administração fica impedida de rescindir unilateralmente o contrato pelo mesmo motivo.

C) A pena de suspensão temporária de participação em licitação e impedimento de contratar com a Administração será superior a 4 (quatro) anos.

D) O atraso injustificado na execução do contrato sujeitará o contratado à multa de mora, na forma prevista no instrumento convocatório ou no contrato.

E) A aplicação da penalidade de multa pode ser aplicada de forma discricionária pelo contratante, visto que não depende de processo administrativo.

2651) (2017) Banca: Quadrix – Órgão: CFO-DF – Prova: Analista de Compras e Licitação

Uma empresa XY tinha um contrato de prestação de serviços com a Administração Pública, porém praticou atos ou condutas em desacordo com a contratante, cometendo infração na execução do contrato.

Considerando essa situação hipotética, julgue o item a seguir com base na aplicação de penalidades e sanções administrativas.

Devido à inexecução total ou parcial do contrato, a Administração poderá, garantida a prévia defesa, aplicar à contratada as seguintes sanções: advertências; multa, na forma prevista no instrumento convocatório ou no contrato; e rescisão unilateral.

A) Certo   B) Errado

2652) (2017) Banca: Quadrix – Órgão: CFO-DF – Prova: Analista de Compras e Licitação

Uma empresa XY tinha um contrato de prestação de serviços com a Administração Pública, porém praticou atos ou condutas em desacordo com a contratante, cometendo infração na execução do contrato.

Considerando essa situação hipotética, julgue o item a seguir com base na aplicação de penalidades e sanções administrativas.

A inexecução total ou parcial do contrato possibilita que a Administração, garantida a prévia defesa, aplique à contratada a sanção de suspensão temporária para participar de licitação e impedimento de contratar com a Administração por prazo não superior a três anos.

A) Certo   B) Errado

2653) (2017) Banca: Quadrix – Órgão: CFO-DF – Prova: Analista de Compras e Licitação

Uma empresa XY tinha um contrato de prestação de serviços com a Administração Pública, porém praticou atos ou condutas em desacordo com a contratante, cometendo infração na execução do contrato.

Considerando essa situação hipotética, julgue o item a seguir com base na aplicação de penalidades e sanções administrativas.

A penalidade de advertência, por ser a mais simples e menos danosa à contratada, é de competência do próprio gestor do contrato. As demais, no entanto, dependem de processo administrativo e maior formalidade e competem às instâncias superiores.

A) Certo   B) Errado

2654) (2016) Banca: FAFIPA – Órgão: APPA – PR – Prova: Analista Portuário – Economista

De acordo com informação oficial, a Administração dos Portos de Paranaguá e Antonina (APPA) é uma empresa pública estadual, subordinada à Secretaria de Estado de Infraestrutura e Logística, que administra os portos D. Pedro II, em Paranaguá, e Barão de Teffé, em Antonina. O contrato de concessão dos portos paranaenses, entre Estado e União, teve início em fevereiro de 1949. Em dezembro de 2001, foi substituído pelo Convênio de Delegação 037/2001, entre Estado e União, que vigora até 2027, podendo ser prorrogado. Deste modo, sabe-se a importância que possui a lei 8.666 para os servidores. Sobre ela, nos termos do artigo 87, no que toca as sanções administrativas, pela inexecução total ou parcial do contrato a Administração poderá, garantida a prévia defesa, aplicar ao contratado as seguintes sanções, EXCETO:

A) Advertência

B) Multa, na forma prevista no instrumento convocatório ou no contrato.

C) Suspensão definitiva de participação em licitação e impedimento de contratar com a Administração, por prazo não superior a 10 (dez) anos

D) Declaração de inidoneidade para licitar ou contratar com a Administração Pública enquanto perdurarem os motivos determinantes da punição ou até que seja promovida a reabilitação perante a própria autoridade que aplicou a penalidade, que será concedida sempre que o contratado ressarcir a Administração pelos prejuízos resultantes e após decorrido o prazo da sanção aplicada com base no artigo 87, inciso III da Lei 8.666.

2655) (2016) Banca: IDIB – Órgão: Prefeitura de Limoeiro do Norte – CE – Prova: Agente Administrativo

A aplicação das penalidades administrativas pela Administração Pública é prerrogativa resultante do princípio da autoexecutoriedade dos atos administrativos, afastando a necessidade de evocar o poder judiciário. Na ocorrência de adjudicação faltosa, NÃO consiste em uma penalidade prevista em lei:

A) Suspensão temporária

B) Multa prevista em edital

C) Declaração de inidoneidade

D) Multa compensatória

2656) (2016) Banca: FUNCAB – Órgão: EMSERH Prova: Administrador Hospitalar

A Lei 8.666/1993, também conhecida como Lei das Licitações, estabelece sanções administrativas nos casos de inadimplemento contratual. Marque a alternativa que contém somente as sanções previstas na Lei.

A) Suspensão do CNPJ, multa e advertência.

B) Inscrição no SICADF, negativação no CADIM e multa.

C) Multa, advertência e suspensão do direito de licitar e contratar com a Administração.

D) Declaração de idoneidade para licitar e contratar com a Administração Pública, Cassação do registro dos sócios e negativação no CADIM.

E) Impedimento de contratar com o setor privado suspensão do direito de licitar e contratar com a Administração e inscrição no SICAF.

2657) (2016) Banca: Prefeitura do Rio de Janeiro – RJ – Órgão: Prefeitura de Rio de Janeiro – RJ – Prova: Agente de Administração

Um servidor enviou para o Secretário Municipal de Transportes deliberar sobre um tipo de sanção de sua exclusiva competência, onde é facultada a defesa do interessado no respectivo processo, no prazo de 10 (dez) dias da abertura de vista, podendo a reabilitação ser requerida após 2 (dois) anos de sua aplicação. Chama-se esse tipo de sanção de:

A) multa, na forma prevista no instrumento convocatório, contrato ou instrumento equivalente
B) declaração de inidoneidade para licitar ou contratar com a Administração Pública
C) suspensão temporária de participação em licitação e impedimento de contratar com a Administração
D) inabilitação, na forma prevista no instrumento convocatório, contrato ou instrumento equivalente

2658) (2016) Banca: FUNDEP (Gestão de Concursos) – Órgão: Prefeitura de Uberaba – MG – Prova: Procurador do Município

Sobre os contratos administrativos, assinale a alternativa CORRETA.

A) A rescisão legal dos contratos administrativos será sempre regida pela lei em vigor na data do acontecimento que a ensejou, e não na data em que o contrato foi firmado.
B) A declaração de inidoneidade para contratar com a Administração Pública, prevista na Lei de Licitações, como sanção por descumprimento do contrato administrativo, vale perante qualquer órgão público do país.
C) Nos contratos administrativos, a prescrição em favor do Estado deve ser contada a partir da data em que foi estipulada contratualmente a data de entrega da obra.
D) Admite-se, excepcionalmente, a incidência do Código de Defesa do Consumidor nos contratos administrativos quando a Administração está em situação de vulnerabilidade técnica, científica, fática ou econômica perante o fornecedor.

2659) (2015) Banca: Cursiva – Órgão: CIS – AMOSC – SC – Prova: Técnico administrativo

Na Fiscalização ao contratar uma empresa, exige-se neste ponto, que a execução do contrato administrativo seja acompanhada e fiscalizada por um representante da administração especialmente designado, permitida a contratação de terceiros para assisti-lo e subsidiá-lo de informações pertinentes a essa atribuição. A inexecução total ou parcial do contrato dá à administração a prerrogativa de aplicar sanções de natureza administrativa, que são:

A) advertência, multa, suspensão temporária de participação em licitação, declaração de inidoneidade;
B) Anulação, multa, inidoneidade, suspensão temporária de participação em licitação;
C) Anulação, multa, suspensão temporária de participação em licitação, declaração de inidoneidade;
D) nenhuma alternativa correta

2660) (2015) Banca: RBO – Órgão: CIJUN – Prova: Analista Administrativo Compras e Licitações (Pleno)

De acordo com o artigo 87 da Lei Federal nº 8.666/93 (Lei de Licitações), não é espécie de sanção administrativa aplicável àqueles que cometem conduta infracional no decorrer de procedimento de licitação ou na contratação com a Administração:

A) A anulação do contrato.
B) A advertência.
C) A multa.
D) A suspensão temporária de participação em licitação e impedimento de contratar com a Administração.
E) A declaração de inidoneidade para licitar ou contratar com a Administração Pública.

2661) (2015) Banca: FAUEL – Órgão: FMSFI – Prova: Advogado

A execução irregular do contrato administrativo permite a aplicação de sanções administrativas, pela Administração Pública, independentemente de autorização prévia do Poder Judiciário. As sanções administrativas para os casos de irregularidades na execução contratual, previstas no artigo 87 da Lei 8.666/93, são:

A) Advertência; multa; suspensão temporária da possibilidade de participação em licitação e impedimento de contratar com a administração pública, por prazo não superior a 02 (dois) anos; e declaração de inidoneidade para licitar ou contratar com a administração pública enquanto perdurarem os motivos determinantes da punição ou até que seja promovida a reabilitação perante a própria autoridade que aplicou a penalidade.
B) Advertência; multa; suspensão temporária da possibilidade de participação em licitação e impedimento de contratar com a administração pública, por prazo não superior a 04 (quatro) anos; e declaração de inidoneidade para licitar ou contratar com a administração pública por prazo não superior a 04 (quatro) anos.
C) Advertência; multa; suspensão temporária da possibilidade de participação em licitação e impedimento de contratar com a administração pública, por prazo não superior a 08 (oito) anos; e declaração de inidoneidade para licitar ou contratar com a administração pública por prazo não superior a 08 (oito) anos.
D) Advertência; multa; suspensão temporária da possibilidade de participação em licitação e impedimento de contratar com a administração pública, por prazo não superior a 01 (um) ano; e declaração de inidoneidade para licitar ou contratar com a administração pública por prazo não superior a 01 (um) ano.

2662) (2015) Banca: Prefeitura do Rio de Janeiro – RJ – Órgão: Prefeitura de Rio de Janeiro – RJ – Prova: Assistente Social (+ provas)

Segundo a Lei de Licitações e Contratos da Administração Pública (Lei 8.666/93), pela inexecução total ou parcial do contrato, a Administração poderá, garantida a prévia defesa, aplicar ao contratado as seguintes sanções, dentre outras:

A) multa e declaração de inidoneidade para licitar ou contratar com a Administração Pública, por prazo não superior a 2 (dois) anos
B) advertência e suspensão temporária de participação em licitação e impedimento de contratar com a Administração, por prazo não superior a 2 (dois) anos

c) advertência e suspensão temporária de participação em licitação e impedimento de contratar com a Administração, por prazo não superior a 5 (cinco) anos
d) multa e declaração de inidoneidade para licitar ou contratar com a Administração Pública, por prazo não superior a 5 (cinco) anos

2663) (2014) Banca: INSTITUTO PRÓ-MUNICÍPIO – Órgão: Prefeitura de São Gonçalo do Amarante – CE – Prova: Procurador

Pela inexecução total ou parcial do contrato a Administração não poderá aplicar ao contratado as seguintes sanções:

A) Declaração de inidoneidade para licitar ou contratar com a Administração Pública enquanto perdurarem os motivos determinantes da punição ou até que seja promovida a reabilitação perante a própria autoridade que aplicou a penalidade;
B) Multa, na forma prevista no instrumento convocatório ou no contrato;
C) Suspensão temporária de participação em licitação e impedimento de contratar com a Administração, por prazo não superior a 2 (dois) anos;
D) Inscrição na dívida ativa e emissão de certidão positiva de débito;
E) Advertência.

2664) (2017) Banca: UFMT – Órgão: UFSBA – Prova: Administrador (+ provas)

Entre as sanções impostas pela Lei nº 8.666/1993 para os casos de inadimplemento das obrigações, é prevista suspensão temporária de participação em licitação e impedimento de contratar com a Administração, por prazo não superior a

A) 5 (cinco) anos.
B) 2 (dois) anos.
C) 10 (dez) anos.
D) 1 (um) ano.

Nos termos do art. 141, II, da Lei 8.112/90:

Art. 141. As penalidades disciplinares serão aplicadas:

I – pelo presidente da República, pelos presidentes das casas do Poder Legislativo e dos Tribunais Federais e pelo Procurador-Geral da República, quando se tratar de demissão e cassação de aposentadoria ou disponibilidade de servidor vinculado ao respectivo Poder, órgão, ou entidade;

*II – **pelas autoridades administrativas de hierarquia imediatamente inferior àquelas mencionadas no inciso anterior quando se tratar de suspensão superior a 30 (trinta) dias;***

III – pelo chefe da repartição e outras autoridades na forma dos respectivos regimentos ou regulamentos, nos casos de advertência ou de suspensão de até 30 (trinta) dias;

IV – pela autoridade que houver feito a nomeação, quando se tratar de destituição de cargo em comissão.

As punições serão aplicadas em consonância com o princípio da proporcionalidade, de sorte que é vedada a imposição de penalidade mais intensa do que a necessária. Ademais, a aplicação das sanções previstas deve ser precedida de processo administrativo, no qual sejam assegurados o contraditório e a ampla defesa.

2665) (2014) Banca: CESPE – Órgão: TC-DF – Prova: Analista de Administração Pública – Serviços (+ provas)

A aplicação das sanções previstas em decorrência da inexecução total ou parcial dos contratos administrativos deve ser precedida de processo administrativo.

A) Certo B) Errado

2666) (2016) Banca: FGV – Órgão: MPE-RJ – Prova: Analista do Ministério Público – Administrativa

As penalidades disciplinares podem ser aplicadas pelas autoridades administrativas de hierarquia imediatamente inferior ao Presidente da República quando se tratar de suspensão superior a 30 dias.

A) Certo B) Errado

2667) (2011) Banca: COPEVE-UFAL – Órgão: IF-AL – Prova: Assistente de Alunos

O processo administrativo para a aplicação das sanções em matéria de contrato administrativo não precisa ser norteado pelo contraditório e ampla defesa.

A) Certo B) Errado

2668) (2016) Banca: IF Sertão – PE – Órgão: IF Sertão – PE – Prova: Administrador (+ provas).

Segundo a Lei 8.666/93, é correto afirmar:

A) A inadimplência do contratado, com referência aos encargos trabalhistas, fiscais e comerciais não transfere à Administração Pública a responsabilidade por seu pagamento, nem poderá onerar o objeto do contrato ou restringir a regularização e o uso das obras e edificações, inclusive perante o Registro de Imóveis.
B) A Administração Pública responde solidariamente com o contratado pelos encargos trabalhistas resultantes da execução do contrato.
C) A execução do contrato deverá ser acompanhada e fiscalizada por um representante da Administração especialmente designado, vedada a contratação de terceiros para assisti-lo.
D) O contratado é responsável pelos danos causados diretamente à Administração ou a terceiros, independente de dolo ou culpa, não excluindo ou reduzindo essa responsabilidade a fiscalização ou o acompanhamento pelo órgão interessado.
E) É facultada a substituição do instrumento de contrato por outros instrumentos hábeis nas dispensas e inexigibilidades cujos preços estejam compreendidos nos limites das modalidades de concorrência e tomada de preços.

"Não se afigura legítima, todavia, por falta de previsão legal, a retenção do pagamento do serviço prestado, pela circunstância de a empresa contratada não atender a notificação para comprovar sua regularidade fiscal, situação que poderia dar ensejo à suspensão ou rescisão contratual" (AMS 1999.38.00.014985-8 /MG, Rel. Desembargador Federal Daniel Paes Ribeiro, Sexta Turma, DJ 10/03/2003.

Cabe ressaltar que a multa tem caráter de sanção e, portanto, não se confunde com o ressarcimento por prejuízo sofrido. **Destaca-se que a sanção pecuniária pode ser apli-**

cada isolada ou cumulativamente com outras penalidades. Lembrando que:

A suspensão do direito de participar de licitações e de contratar com o Poder Público tem validade apenas em relação ao **ente federativo que aplicou a penalidade**.

A declaração de inidoneidade, por sua vez, implica a proibição de licitar ou contratar com a Administração Pública em geral (atinge todos os entes da federação), enquanto perdurarem os motivos determinantes da punição ou até que seja promovida a reabilitação do licitante. Portanto, só haverá reabilitação caso o particular declarado inidôneo ressarcir a Administração pelos prejuízos resultantes.

2669) (2011) Banca: CESPE – Órgão: MMA – Prova: Analista Ambiental (+ provas)

É vedado à administração pública aplicar cumulativamente multa e suspensão temporária de participação em licitação e impedimento de contratar com a administração pública por prazo de até dois anos.

A) Certo B) Errado

2670) (2010) Banca: CESPE – Órgão: TCU – Prova: Auditor Federal de Controle Externo – Tecnologia da Informação

A declaração de inidoneidade para licitar ou contratar com a administração pública constitui sanção, aplicável ao contratado, que não admite reabilitação.

A) Certo B) Errado

2671) (2009) Banca: CESPE – Órgão: TCU – Prova: Analista de Controle Externo – Auditoria de Obras Públicas

Conforme entendimento do Superior Tribunal de Justiça (STJ), caso uma autoridade municipal competente declare inidônea determinada empresa, essa declaração de inidoneidade será vinculante para se rescindirem os contratos já firmados com outros entes federativos ou pessoas jurídicas de direito público.

A) Certo B) Errado

2672) (2013) Banca: FCC – Órgão: TRT – 18ª Região (GO) – Prova: Analista Judiciário – Área Administrativa

De acordo com o previsto na Lei 8.666/93, a inadequada execução do contrato administrativo dá lugar à imposição de sanções, dentre elas, a

A) declaração de inidoneidade para licitar ou contratar com a Administração, penalidade que, dada a gravidade de sua natureza, absorve as demais sanções, excluindo a possibilidade de cumulação.

B) suspensão temporária de participar de licitação, que deve se limitar a prazo não superior a 3 (três) anos, sob pena de ser obrigatória a imposição da penalidade de declaração de inidoneidade para licitar.

C) multa pecuniária, que se presta a converter em pecúnia todos os prejuízos apurados pela Administração pública, não podendo, portanto, ser cumulada com outras sanções, com exceção da declaração de inidoneidade para contratar.

D) declaração de inidoneidade para licitar ou contratar com a Administração, que poderá cessar, mediante reabilitação, no caso de ressarcimento pelo contratado pelos prejuízos resultantes da inadequada execução.

E) advertência, que se impõe no caso de infrações leves e não gravosas, e, portanto, dispensa prévia observância do direito de defesa do contratado.

2673) (2014) Banca: FGV – Órgão: PROCEMPA – Prova: Analista Administrativo – Analista de Logística

De acordo com os Tribunais Superiores, não se afigura legítima, todavia, por falta de previsão legal, a retenção do pagamento do serviço prestado, pela circunstância de a empresa contratada não atender a notificação para comprovar sua regularidade fiscal, situação que poderia dar ensejo à suspensão ou rescisão contratual.

A) Certo B) Errado

2674) (2017) Banca: Quadrix – Órgão: CFO-DF – Prova: Analista de Compras e Licitação

Uma empresa XY tinha um contrato de prestação de serviços com a Administração Pública, porém praticou atos ou condutas em desacordo com a contratante, cometendo infração na execução do contrato.

Considerando essa situação hipotética, julgue o item a seguir com base na aplicação de penalidades e sanções administrativas.

No que tange à aplicação de penalidades e sanções administrativas, o contrato que não foi executado permite que a Administração, garantida a prévia defesa, aplique à contratada a sanção de declaração de inidoneidade para licitar ou contratar com a Administração Pública enquanto perdurarem os motivos determinantes da punição ou até que seja promovida a reabilitação perante a própria autoridade que aplicou a penalidade, sendo que essas sanções não podem ser aplicadas juntamente com a multa.

A) Certo B) Errado

2675) (2011) Banca: MPE-SP – Órgão: MPE-SP – Prova: Promotor de Justiça

A pena de suspensão temporária de participação em licitação e impedimento de contratar com a Administração, por prazo não superior a 2 (dois) anos, pela inexecução total ou parcial do contrato:

A) é restrita ao órgão licitante, que impôs a penalidade.

B) estende-se à pessoa jurídica de direito público a que pertence o órgão licitante.

C) abrange toda a Administração, em qualquer unidade da Federação.

D) pode ser aumentada, para prazo superior a 2 (dois) anos, dependendo da extensão do dano causado pelo particular.

E) só pode ser aplicada em ação judicial, de rito ordinário.

2676) (2016) Banca: FUNRIO – Órgão: IF-PA – Prova: Assistente em Administração

A Lei Federal nº 8.666, de 21 de junho de 1993 e alterações, estabelece que, pela inexecução total ou parcial do contrato a Administração poderá, garantida a prévia defesa, aplicar ao contratado, dentre outras, a sanção de suspensão temporária de participação em licitação e impedimento de contratar com a Administração, por prazo não superior a

A) sessenta dias válidos apenas em relação ao ente federativo que aplicou a penalidade.
B) noventa dias válidos por todos os entes da federação.
C) cento e oitenta dias válidos por todos os entes da federação.
D) um ano válidos por todos os entes da federação.
E) dois anos válidos apenas em relação ao ente federativo que aplicou a penalidade.

2677) (2010) Banca: FUNRIO – Órgão: SEBRAE-PA – Prova: Analista Técnico

A Administração Pública pode punir o contratado pelas faltas cometidas durante a execução do contrato, por inexecução total ou parcial do contrato, que poderá aplicar as seguintes sanções:

A) suspensão definitiva de participação em licitação ou a critério da Administração o impedimento para contratar somente após cinco anos.
B) declaração de inidoneidade para licitar ou contratar com a Administração Pública enquanto perdurarem os motivos determinantes da punição ou até que seja promovida a reabilitação perante a própria autoridade que aplicou a penalidade. A reabilitação somente pode ser requerida após dois anos da aplicação desta sanção e será concedida sempre que o contratado ressarcir a Administração pelos prejuízos resultantes da inexecução total ou parcial do contrato.
C) prisão administrativa para o agente responsável pelo empenho ou recebimento.
D) multa em moeda estrangeira, a critério da Administração, juntamente com a Advertência, sem prévia defesa processual.
E) multa de mora, por atraso na execução: esta sanção, aplicável cumulativamente com as demais, inclusive com a rescisão unilateral do contrato, representa uma das poucas situações em que à Administração necessita de autorização judicial, isso ocorre porque a Lei não prevê esse específico processo administrativo.

2678) (2011) Banca: Prefeitura do Rio de Janeiro – RJ – Órgão: TCM-RJ – Prova: Técnico de Controle Externo

No que se refere aos contratos firmados entre particulares e o Poder Público, há previsões legais de sanções administrativas pela inexecução total ou parcial do contrato. Nesse contexto, verifica-se que:

A) no caso de declaração de inidoneidade para contratar com a Administração, é possível ao sancionado que promova sua reabilitação, que dependerá sempre de concordância da Administração
B) uma dessas sanções se constitui na declaração de inidoneidade para licitar ou contratar com a Administração, que tem incidência por prazo indeterminado
C) na sanção de advertência, em regra, não é necessária a oportunização de defesa ao sancionado, já que não gera a este danos patrimoniais
D) as sanções de suspensão temporária e impedimento para contratar com a Administração, têm, respectivamente, os prazos máximos de 1 ano e 3 anos
E) a sanção de suspensão temporária não pode ser aplicada em conjunto com a pena de multa e exige o devido processo legal antes de sua aplicação, devendo o direito de defesa ser exercido, segundo a Lei 8.666/93, em 15 dias úteis

2679) (2010) Banca: INSTITUTO CIDADES – Órgão: DPE-GO – Prova: Defensor Público

A declaração de inidoneidade para licitar

A) pode retroagir, atingindo contratos e licitações em andamento do particular atingido pela penalidade.
B) é uma espécie de sanção administrativa que atinge todos os entes da federação.
C) atinge somente os órgãos e entes da Administração com os quais esteja ligado o particular atingido no contrato e ou na licitação.
D) esta disposta em regulamento federal.
E) é ato administrativo ampliativo da situação jurídica do particular.

A equação econômico-financeira dos contratos é definida no momento da apresentação da proposta do contrato e não de sua assinatura (ou seja, no momento do ajuste), e leva em consideração os encargos do contratado e o valor a ser pago pela Administração. Ou seja, **refere-se à margem de lucro do particular contratado**, devendo esta ser preservada durante toda a execução do ajuste. Portanto, na hipótese de aumento de custos contratuais, em virtude de situações não imputadas ao contratado, o Poder Público deverá majorar o valor a ser pago ao contratado em observância à **manutenção do equilíbrio econômico-financeiro**. Ou seja, o particular não pode sofrer prejuízos devido a fatos não causados pela conduta dele.

2680) (2016) Banca: CESPE – Órgão: FUNPRESP-JUD – Prova: Conhecimentos Básicos – Cargo: 4 (+ provas)

Julgue o item seguinte, acerca de contratos administrativos.

A manutenção do reequilíbrio econômico-financeiro é assegurada ao contratado permissionário de serviço de transporte público, ainda que o contrato tenha sido celebrado sem licitação prévia.

A) Certo B) Errado

2681) (2014) Banca: FCC – Órgão: AL-PE – Prova: Analista Legislativo (+ provas)

Sobre os contratos administrativos, é correto afirmar:

A) os acréscimos ou supressões que se fizerem nas obras, serviços ou compras são admitidos, desde que não superem 30% do valor inicial atualizado do contrato.
B) é exigência legal o estabelecimento de garantia contratual, em valor correspondente a, no mínimo, 5% do valor do contrato.
C) o equilíbrio econômico-financeiro é cláusula contratual que garante estabilidade ao contratado, na medida em que veda aumento dos encargos deste ao longo da execução do contrato.
D) o equilíbrio econômico-financeiro é equação que se estabelece no momento em que celebrado o contrato, relacionando os encargos que serão assumidos pelo contratado e a contraprestação a ser assegurada pela Administração.
E) a rescisão unilateral é admitida em Lei em caráter excepcional e libera a Administração pública de ressarcir o contratado de eventuais prejuízos que este venha a alegar.

2682) (2011) Banca: FUJB – Órgão: MPE-RJ – Prova: Técnico Administrativo

Sobre o princípio do equilíbrio econômico-financeiro dos contratos administrativos, assinale a opção correta:

A) não se aplica em caso de alteração quantitativa que importe redução dos encargos do contratado;

B) aplica-se em caso de fato do príncipe, desde que o ato tenha partido da própria Administração Pública contratante;

C) não tem previsão constitucional ou legal explícita, decorrendo de construção jurisprudencial;

D) em caso de acréscimo dos encargos do contratado, importa o dever administrativo de concomitante manutenção da equação original;

E) em caso de acréscimo dos encargos do contratado, admite restabelecimento da equação mediante pagamento de indenização ao final do contrato.

2683) (2016) Banca: IESES – Órgão: TJ-PA – Prova: Titular de Serviços de Notas e de Registros – Provimento

Assinale a alternativa correta:

A) É nulo e de nenhum efeito todo e qualquer contrato verbal firmado entre o particular e a Administração Pública, pois só se admite, em quaisquer hipóteses, em homenagem aos princípios da legalidade e impessoalidade, contrato escrito.

B) Um dos mais importantes princípios constitucionais aplicáveis ao serviço público é o relativo à liberdade de contratar com a Administração Pública, ressalvadas as hipóteses de impedimento decorrentes da declaração anterior de inidoneidade.

C) Equilíbrio econômico-financeiro (ou equação econômico-financeira) é a relação de igualdade formada, de um lado, pelas obrigações assumidas pelo contratante no momento do ajuste e, de outro lado, pela compensação econômica que lhe corresponderá.

D) De acordo com o moderno Direito Administrativo, de feição social e solidária, tem-se entendido que inaplicável a desafetação de bens públicos quando patente o prejuízo às comunidades carentes atingidas pelo ato, devendo daí intervir, obrigatoriamente, o Ministério Público e a Defensoria Pública.

O reajuste refere-se à alteração, previamente definida no contrato administrativo, dos preços inicialmente fixados em virtude de variação ordinária, regular e previsível do custo dos insumos necessários ao cumprimento do acordo (aumento normal dos custos do contrato).

O reajuste possui **periodicidade anual** e deve ser estipulado por *"índices de preços gerais, setoriais ou que reflitam a variação dos custos de produção ou dos insumos utilizados nos contratos"* (art. 2º, § 1º, da Lei 10.192/2001).

A atualização monetária tem o objetivo de preservar o valor do contrato em razão das **variações da moeda (inflação)**. De acordo com o art. 40, XIV, "c", da Lei 8.666/1993, a atualização financeira dos valores contratados incide: *"desde a data final do período de adimplemento de cada parcela até a data do efetivo pagamento.*

2684) (2013) Banca: CESPE – Órgão: ANCINE – Prova: Analista Administrativo – Área 1

O reajuste deve ser estipulado por índices de preços gerais, setoriais ou que reflitam a variação dos custos de produção ou dos insumos utilizados nos contratos.

A) Certo B) Errado

2685) (2013) Banca: CESPE – Órgão: SERPRO – Prova: Analista – Advocacia

A atualização financeira dos valores contratados incide desde a data final do período de adimplemento de cada parcela até a data do efetivo pagamento.

A) Certo B) Errado

2686) (2013) Banca: CESPE – Órgão: SERPRO – Prova: Analista – Advocacia

A atualização monetária é devida a partir do vencimento da respectiva obrigação, ainda que não exista no contrato administrativo cláusula expressa nesse sentido.

A) Certo B) Errado

2687) (2014) Banca: FCC – Órgão: TRT – 13ª Região (PB) – Prova: Técnico Judiciário – Tecnologia da Informação

O Tribunal contratou, mediante prévio procedimento licitatório, serviço de fornecimento de refeição a seus funcionários. No curso do contrato, a empresa contratada solicitou o reajustamento dos preços praticados, em função do aumento dos insumos e da sua folha de pessoal em razão de dissídio coletivo da categoria. De acordo com as disposições aplicáveis da Lei 8.666/93,

A) o reajuste será devido, independentemente de previsão contratual, de acordo com o índice de inflação aplicável ao setor.

B) é vedada a previsão contratual de reajuste de preço, em face do princípio da vinculação ao instrumento convocatório.

C) admite-se a alteração do preço contratado, observado o limite de 25% (vinte e cinco por cento) do valor nominal original.

D) o reequilíbrio do contrato com reajuste do preço somente é possível se decorridos no mínimo 12 meses do termo inicial do contrato.

E) admite-se o reajustamento do preço, de acordo com índice e periodicidade previstos no contrato, bem como reequilíbrio econômico-financeiro desde que configurada álea econômica extraordinária e extracontratual.

A recomposição refere-se a fatos supervenientes e imprevisíveis (ex.: caso fortuito e força maior) ou previsíveis, mas que desequilibram a equação econômica do contrato (arts. 58, § 2º, 65, II, "d" e §§ 5º e 6º, da Lei 8.666/1993).

Para que ocorra esse reequilíbrio, haverá de ser celebrado o termo aditivo para recomposição das condições iniciais ofertadas.

A necessidade de recomposição contratual pode decorrer de alterações do contrato, determinadas unilateralmente pela Administração (como no caso de modificações no projeto previamente estabelecido) ou de forma bilateral (modificação no regime de execução da obra ou serviço).

2688) (2015) Banca: CESPE – Órgão: MPOG – Prova: Arquiteto

Com relação aos regimes de empreitada adotados em obras públicas, julgue o item seguinte. No regime de empreitada as inexatidões do projeto básico ensejam a sua alteração, para a adequação econômica do contrato administrativo que deve ser reequilibrado para a justa remuneração do contratado. Para que ocorra esse reequilíbrio, haverá de ser celebrado o termo aditivo para recomposição das condições iniciais ofertadas.

A) Certo B) Errado

2689) (2004) Banca: CESPE – Órgão: STJ – Prova: Analista Judiciário – Área Administrativa (+ provas)

Nos contratos administrativos, o reajuste ocorre nos casos de existência de situações novas que coloquem em xeque o equilíbrio econômico-financeiro do ajuste, enquanto a recomposição de preço significa a alteração do valor a ser pago em função da variabilidade do valor determinante da composição do preço.

A) Certo B) Errado

2690) (2013) Banca: CESPE – Órgão: TCE-RO – Prova: Auditor de Controle Externo – Direito

A recomposição ou revisão de preços visa à manutenção do equilíbrio econômico-financeiro do contrato, garantida constitucionalmente, aplica-se no caso de ocorrência de fatos imprevisíveis ou previsíveis, mas de consequências incalculáveis, retardadores ou impeditivos da execução do ajustado, ou, ainda, em caso de força maior, caso fortuito ou fato do príncipe, configurando-se álea econômica extraordinária e extracontratual.

A) Certo B) Errado

2691) (2016) Banca: FCM – Órgão: IF-MG – Prova: Assistente em Administração (+ provas)

No que se refere aos contratos administrativos, a Lei 8.666/93 determina que

A) é vedada a exigência de prestação de garantia nas contratações de obras, serviços e compras.
B) o contratado tem a prerrogativa de modificar unilateralmente os contratos firmados com a administração para melhor execução do objeto.
C) havendo fatos supervenientes e imprevisíveis, deverá ser estabelecido o equilíbrio econômico-financeiro.
D) a administração pública é responsável pelos encargos trabalhistas, previdenciários, fiscais e comerciais resultantes da execução do contrato.
E) o contratado poderá subcontratar a execução da obra, serviço ou fornecimento, caso se mostre incapaz de dar continuidade no cumprimento do objeto.

2692) (2010) Banca: CESPE – Órgão: INCA – Prova: Analista em C&T Júnior – Direito – Legislação Pública em Saúde

Na análise de pedidos de recomposição do equilíbrio econômico-financeiro de contratos, fundamentados álea extraordinária, deve a administração observar se estão presentes a elevação dos encargos do particular, a ocorrência de evento posterior à assinatura do contrato, o vínculo de causalidade entre o evento ocorrido e a majoração dos encargos da empresa, e a imprevisibilidade da ocorrência do evento.

A) Certo B) Errado

2693) (2009) Banca: FCC – Órgão: PGE-SP – Prova: Procurador do Estado

É devida a recomposição do equilíbrio econômico-financeiro da concessão patrocinada sempre que ocorra

A) inadimplemento de obrigação contratual pelo poder concedente.
B) alteração significativa nas condições macroeconômicas com impacto no custo do capital, ainda quando o financiamento do projeto seja de responsabilidade exclusiva do concessionário.
C) redução da taxa interna de retorno do projeto em relação ao previsto no plano de negócios do concessionário.
D) caso fortuito cujo risco não seja imputável contratualmente ao concessionário e implique redução do valor presente líquido do projeto.
E) situação de fluxo de caixa insuficiente para amortizar os investimentos realizados pelo concessionário até o final do prazo contratual.

No Direito Administrativo, a Teoria da Imprevisão pode se manifestar em virtude de situações de caso fortuito, força maior, interferências imprevistas, fato da administração e fato do príncipe, que serão analisadas no tópico seguinte.

Teoria da Imprevisão: Segundo essa teoria, autoriza-se a revisão do contrato as circunstâncias: **supervenientes; imprevisíveis para as partes no momento da apresentação da proposta, não imputáveis ao particular, que impactam diretamente a execução do contrato.**

Em decorrência desses fatos, é possível que os limites percentuais estabelecidos pela referida lei sejam ultrapassados.

O fundamento da teoria da imprevisão é a álea econômica. E seus efeitos podem ser: a) rescisão contratual sem atribuição de culpa; ou b) revisão do preço para a restauração do equilíbrio do contrato administrativo.

A Teoria da Imprevisão tem como fundamento a cláusula *rebus sic stantibus* (em tradução livre: "estando assim as coisas"), segundo a qual deve ser levado em conta a conjuntura de fato existente no momento em que as partes celebraram o contrato "para fins de garantia a manutenção da margem de lucro inicialmente contratada".

2694) (2014) Banca: CESPE – Órgão: ANATEL – Prova: Administrador

Acerca de licitações e contratos, julgue o seguinte item. A majoração da folha de pagamento da empresa contratante, por força de acordo ou convenção coletiva de trabalho, constitui fato imprevisível que autoriza a revisão do contrato administrativo com base na teoria da imprevisão.

A) Certo B) Errado

2695) (2017) Banca: CESPE – Órgão: DPE-AC – Prova: Defensor Público

Entre outros aspectos, é motivo capaz de ensejar revisão ou rescisão contratual, com base na teoria da imprevisão,

A) o dolo do contratante que obtém vantagem excessivamente onerosa.
B) a onerosidade do contrato de natureza continuada ou diferida.

C) a dificuldade financeira do devedor, proveniente de desempregado involuntário.
D) o fato de o contrato ser de execução instantânea.
E) a previsibilidade de acontecimentos futuros.

2696) (2010) Banca: CESPE – Órgão: PGM – RR – Prova: Procurador Municipal

Aplica-se a teoria da imprevisão quando, nos contratos administrativos, a administração pode rever as cláusulas financeiras, para permitir sua continuidade, caso seja conveniente para o interesse público.

A) Certo B) Errado

2697) (2004) Banca: CESPE – Órgão: AGU – Prova: Advogado da União

O fundamento da teoria da imprevisão é a álea econômica, decorrendo da aplicação dessa teoria um de dois efeitos: a rescisão contratual sem atribuição de culpa ou a revisão do preço para a restauração do equilíbrio do contrato administrativo.

A) Certo B) Errado

2698) (2015) Banca: CESPE Órgão: TRE-MT Prova: Analista

Com base no disposto na Lei 8.666/1993 sobre alterações nos contratos administrativos, assinale a opção correta.

A) Segundo o entendimento do TCU, é possível que os limites percentuais estabelecidos pela referida lei sejam ultrapassados, excepcionalmente, em caso de haver fatos supervenientes que impliquem em dificuldades não previstas ou imprevisíveis por ocasião da contratação inicial.
B) Tanto as alterações qualitativas quanto quantitativas podem extrapolar os limites estabelecidos na referida lei.
C) Alterações qualitativas são as que envolvem o uso de insumos ou o fornecimento de bens de melhor qualidade, mantendo-se inalteradas as quantidades contratadas.
D) A modificação contratual unilateral aplica-se em caso de necessidade de modificação do regime de fornecimento do bem, de execução da obra ou de prestação do serviço.
E) As alterações qualitativas, quaisquer que sejam os impactos financeiros no contrato, apenas podem ser feitas de forma consensual.

2699) (2013) Banca: FCC – Órgão: MPE-AM – Prova: Agente Técnico – Jurídico

A respeito da teoria da imprevisão, aplicável à execução dos contratos administrativos, é correto afirmar que

A) se verifica quando o preço ofertado pelo contratado no processo licitatório se mostra insuficiente para fazer frente à execução do objeto contratado, autorizando a sua revisão.
B) decorre, exclusivamente, de eventos de força maior ou caso fortuito que impeçam a execução do objeto contratual ou o tornem economicamente inviável.
C) corresponde ao conceito de álea econômica extraordinária, também denominada fato do príncipe, que autoriza a rescisão do contrato para recomposição de seu equilíbrio econômico-financeiro.
D) se verifica quando ocorre fato do príncipe, fato da administração ou eventos de força maior que tornam excessivamente onerosa a execução do contrato, autorizando a sua rescisão, vedada a revisão do preço contratado.
E) se aplica na ocorrência de eventos supervenientes, imprevisíveis e não imputáveis às partes, que repercutam excessivamente sobre a economia ou a execução do contrato, autorizando a sua revisão para recomposição do equilíbrio econômico-financeiro.

2700) (2009) Banca: FCC – Órgão: DPE-MT – Prova: Defensor Público

É exemplo de aplicação da teoria da imprevisão o seguinte trecho extraído de dispositivos da Lei 8.666/93:

"Os contratos regidos por esta Lei poderão ser alterados, com as devidas justificativas, nos seguintes casos: (...)

A) por acordo das partes, (...) objetivando a manutenção do equilíbrio econômico-financeiro inicial do contrato, na hipótese de sobrevirem fatos imprevisíveis, ou previsíveis porém de consequências incalculáveis, retardadores ou impeditivos da execução do ajustado".
B) unilateralmente pela Administração, quando houver modificação do projeto ou das especificações, para melhor adequação técnica aos seus objetivos".
C) unilateralmente pela Administração, quando necessária a modificação do valor contratual em decorrência de acréscimo ou diminuição quantitativa de seu objeto, nos limites permitidos por esta Lei".
D) por acordo das partes, quando conveniente a substituição da garantia de execução».
E) por acordo das partes, quando necessária a modificação do regime de execução da obra ou serviço, bem como do modo de fornecimento, em face de verificação técnica da inaplicabilidade dos termos contratuais originários».

2701) (2008) Banca: CESGRANRIO – Órgão: CAPES – Prova: Assistente em Ciência e Tecnologia

Nos contratos administrativos, a acentuada elevação dos preços de matérias-primas empregadas na consecução do objeto contratual, causada por desequilíbrios econômicos, autoriza a revisão do preço do contrato, para manutenção do seu equilíbrio econômico-financeiro, com base no(a):

A) direito adquirido.
B) teoria da imprevisão.
C) exceção de contrato não cumprido.
D) prerrogativa de rescisão unilateral do contrato.
E) prerrogativa de alteração unilateral do contrato.

2702) (2011) Banca: TRT 23R (MT) – Órgão: TRT – 23ª REGIÃO (MT) – Prova: Juiz do Trabalho Substituto

Constitui uma característica da cláusula rebus sic stantibus, ou teoria da imprevisão:

A) a alteração radical no ambiente objetivo existente ao tempo da formação do contrato, decorrente de circunstâncias previstas ou previsíveis;
B) a onerosidade excessiva para o devedor, porém compensada por outras vantagens auferidas anteriormente;
C) o inadimplemento, pelo credor, de sua obrigação contratual;
D) o enriquecimento inesperado e injusto para o credor, como consequência direta da superveniência imprevista;
E) o enriquecimento excessivo do credor, embora esperado pelas partes no momento da celebração do contrato.

Caso Fortuito e Força Maior: trata-se de situações imprevisíveis ou inevitáveis que alteram a relação contratual. Tais situações podem decorrer de fatos humanos, desde que não sejam provocados por nenhuma das partes do acordo, ou podem ser causados por fatos da natureza.

Interferências Imprevistas (sujeições imprevistas): trata-se de situações preexistentes à celebração do contrato, que só vêm à tona durante sua execução, não prevista pelas partes do momento da contratação e que ensejam um aumento ou a diminuição de despesas para a execução do contrato.

Fato da Administração: nesse caso, o desequilíbrio contratual é causado por uma atuação específica da Administração que impacta diretamente a execução do contrato e impede a sua execução. Portanto, trata-se da situação em que o Poder Público atua, no bojo da relação contratual, causando desequilíbrio. Ex: situação em que a Administração contrata uma empresa para realização de uma obra e, por sua culpa, o poder público não expede as ordens de serviços para início das atividades. O retardamento na entrega do local para executar a obra pode onerar o cumprimento da obrigação pelo contratado, tornando impossível a manutenção dos termos de sua proposta.

Fato do príncipe: nesse caso, há uma **atuação extracontratual (geral e abstrata)** do ente estatal que atinge diretamente a relação contratual. Como exemplo, cabe citar o impacto da majoração da alíquota de combustível em um contrato de prestação de serviço de transporte coletivo. Neste ponto, a Lei nº 8.666/93 dispõe em seu art. 65, § 5º que:

"Art. 65, § 5. Quaisquer tributos ou encargos legais criados, alterados ou extintos, bem como a superveniência de disposições legais, quando ocorridas após a data da apresentação da proposta, de comprovada repercussão nos preços contratados, implicarão a revisão destes para mais ou para menos, conforme o caso".

2703) (2013) Banca: CESPE – Órgão: INPI – Prova: Analista de Planejamento – Direito

Constitui motivo para rescisão do contrato administrativo a ocorrência de caso fortuito ou de força maior, regularmente comprovada, impeditiva da execução do contrato.

A) Certo   B) Errado

2704) (2012) Banca: CESPE – Órgão: PRF – Prova: Técnico de Nível Superior

A administração pública pode rescindir o contrato com o particular por ato unilateral e escrito na ocorrência de caso fortuito ou de força maior, regularmente comprovada e impeditiva da execução do contrato.

A) Certo   B) Errado

2705) (2009) Banca: CESPE – Órgão: TCU – Prova: Analista de Controle Externo – Auditoria de Obras Públicas

A ocorrência de caso fortuito ou de força maior que, regularmente comprovada, seja impeditiva da execução do contrato autoriza a rescisão do contrato, por parte da administração, por ato unilateral e escrito.

A) Certo   B) Errado

2706) (2008) Banca: CESPE – Órgão: PGE-PB – Prova: Procurador do Estado

Interferências imprevistas consistem em elementos materiais que surgem durante a execução do contrato, dificultando extremamente a sua execução e tornando-a insuportavelmente onerosa.

A) Certo   B) Errado

2707) (2016) Banca: CESPE Órgão: TRE-PI Prova: Técnico de Administração

O TRE/PI firmou um contrato administrativo com um particular para o fornecimento de determinados bens. Durante a execução do contrato, foi publicada uma lei que aumentou impostos sobre esses bens. A revisão do contrato foi, então, proposta com base em causas que justificassem a inexecução contratual para a manutenção do equilíbrio econômico-financeiro. Nessa situação hipotética, a revisão baseia-se na ocorrência

A) do fato do príncipe.
B) de caso fortuito.
C) de força maior.
D) do fato da administração.
E) de interferência imprevista.

2708) (2015) Banca: CESPE – Órgão: Telebras – Prova: Advogado

No que se refere a licitações e contratos administrativos no âmbito da administração pública federal, julgue o item que se segue.

A teoria do fato do príncipe, que tem como pressuposto a álea administrativa, é aplicável quando o Estado contratante, mediante ato ilícito, modifica as condições do contrato, provocando prejuízo ao contratado.

A) Certo   B) Errado

2709) (2015) Banca: CESPE – Órgão: Telebras – Prova: Advogado

No que se refere a licitações e contratos administrativos no âmbito da administração pública federal, julgue o item que se segue.

O efeito da aplicação da teoria do fato do príncipe assemelha-se ao da aplicação da teoria da imprevisão quando o ato estatal dificulta e onera o particular para o cumprimento de suas obrigações; em ambos os casos, o particular terá direito à revisão do preço para restaurar o equilíbrio.

A) Certo   B) Errado

2710) (2017) Banca: CESPE – Órgão: TRT – 7ª Região (CE) – Prova: Analista Judiciário – Oficial de Justiça Avaliador Federal

Determinada empresa vencedora em processo licitatório, assinou contrato com a administração pública para a execução de obra pública. No decorrer do prazo contratual, o Estado aumentou sensivelmente a alíquota de imposto que impactava no custo para a contratada, tornando a execução do objeto contratual mais onerosa.

Assinale a opção correta, a respeito das consequências do aumento de imposto para o referido contrato.

A) Como o aumento da alíquota do imposto é considerado força maior, fica afastada a possibilidade de revisão do preço.

B) A contratada faz jus à revisão do preço contratual, em atenção à teoria do fato do príncipe.
C) Como o contrato tornou-se excessivamente oneroso em razão de uma sujeição imprevista, cabe a revisão do preço.
D) O contrato deve ser rescindido unilateralmente pela contratada, em atenção à teoria da imprevisão.

2711) (2004) Banca: ESAF – Órgão: CGU – Prova: Analista de Finanças e Controle – Área – Correição

Conforme a doutrina majoritária em relação à alteração dos contratos administrativos, a modificação das condições contratuais promovida pelo Poder Público contratante, unilateralmente, incidindo diretamente sobre o objeto contratado e provocando o seu desequilíbrio econômico, denomina-se

A) teoria da imprevisão.
B) fato do príncipe.
C) força maior.
D) fato da administração.
E) caso fortuito.

2712) (2011) Banca: FCC – Órgão: TRE-AP – Prova: Técnico Judiciário – Área Administrativa

A ação ou omissão do Poder Público que, incidindo direta e especificamente sobre o contrato, retarda ou impede sua execução, como por exemplo, quando a Administração deixa de entregar o local da obra ou serviço, denomina-se

A) estado de perigo.
B) fato do príncipe.
C) caso fortuito.
D) força maior.
E) fato da Administração.

2713) (2004) Banca: FCC – Órgão: TRT – 22ª Região (PI) – Prova: Analista Judiciário – Área Administrativa

A autarquia federal celebrou contrato administrativo com a empresa Y, após regular processo licitatório, objetivando a aquisição de um gerador de energia, cujo rotor e enrolamentos eram fabricados no exterior. Ocorre que, quando da importação de referidos componentes pela empresa Y, o governo federal elevou substancialmente o imposto de importação, o que afetou o equilíbrio econômico-financeiro inicialmente pactuado. Tal fato deu causa a uma álea administrativa extraordinária e extracontratual, intolerável e impeditiva da execução do ajuste, que culminou com a revisão contratual. A situação narrada corresponde à causa justificadora da inexecução do contrato denominada

A) força maior.
B) fato da administração.
C) interferências imprevistas.
D) caso fortuito.
E) fato do príncipe.

2714) (2010) Banca: FCC – Órgão: TRE-AM – Prova: Analista Judiciário – Área Judiciária

O fato do príncipe, como causa justificadora da inexecução do contrato,

A) constitui álea econômica, razão porque, em regra, a Administração Pública responde pela recomposição do equilíbrio econômico-financeiro.
B) distingue-se do fato da Administração, pois, este se relaciona diretamente com o contrato, enquanto aquele só reflexamente repercute sobre o contrato.
C) trata-se de responsabilidade contratual.
D) aplica-se mesmo que a autoridade responsável por ele seja de outra esfera de Governo.
E) não existe no Direito Brasileiro porquanto aqui prevalece o regime democrático e a forma presidencialista de Governo.

2715) (2014) Banca: FGV – Órgão: Prefeitura de Recife – PE – Prova: Auditor do Tesouro Municipal

Determinado contrato de obra pública foi celebrado entre a Administração licitante e o vencedor. Ocorre que a Administração, sem justificativa, não entregou ao contratado o local da obra em condições aptas à execução do objeto contratual.

A causa da inexecução do contrato em questão pode ser tida por

A) fortuito interno.
B) fato do príncipe.
C) fortuito externo.
D) força maior.
E) fato da Administração.

2716) (2008) Banca: FGV – Órgão: TCM-RJ – Prova: Auditor

Quando o Poder Público não providencia as desapropriações necessárias para a execução de serviço público contratado com o particular, dando ensejo a este do desprovimento do contrato, resta configurado:

A) fato da administração.
B) fato do príncipe.
C) caso fortuito.
D) força maior.
E) lesão grave.

2717) (2016) Banca: FGV – Órgão: Prefeitura de Paulínia – SP – Prova: Procurador

A inexecução involuntária do contrato administrativo, decorrente da quebra do equilíbrio econômico-financeiro por força de aumento de carga tributária pelo próprio ente contratante, incidente sobre o serviço a ser prestado pela pessoa jurídica contratada, pode ser caracterizada como

A) caso fortuito.
B) força maior.
C) fato do príncipe.
D) teoria do risco.
E) teoria da imprevisão.

2718) (2016) Banca: IBADE – Órgão: Câmara de Santa Maria Madalena – RJ – Prova: Agente Administrativo

De acordo com o art. 65 da Lei nº 8.666/1993, é possível ocorrer revisão de contratos com a Administração Pública. Neste dispositivo, faz-se menção aos elementos materiais que surgem durante a execução do contrato, dificultando extremamente o seu desenvolvimento e tornando a sua execução extremamente onerosa. A afirmação refere-se ao seguinte aspecto doutrinário:

A) diligência restrita.
B) interferências imprevistas.
C) fato da administração.
D) imprevidência.
E) fato do príncipe.

2719) (2014) Banca: FEPESE – Órgão: MPE-SC – Prova: Analista em Tecnologia da Informação

Assinale a alternativa correta.

A) A multa de mora não pode ser cumulada com a multa prevista para o caso de inexecução contratual.
B) A rescisão unilateral, em decorrência do contraditório e da ampla defesa, depende de provocação ao Judiciário.
C) Os contratos administrativos caracterizam contratos formais, em regra pessoais e tipicamente paritários.
D) Em um contrato administrativo, as interferências imprevistas surgem durante sua execução, tornando o cumprimento da obrigação contratual extremamente onerosa.
E) As cláusulas de execução, regulamentares, de serviços, assim como as econômico-financeiras do contrato administrativo, em decorrência da supremacia do interesse público, podem ser alteradas unilateralmente pela Administração.

2720) (2016) Banca: CESGRANRIO – Órgão: Transpetro – Prova: Auditor Junior

Um Estado realiza a contratação de uma obra que, para ser realizada, exigirá a intervenção na propriedade privada, vez que inúmeros terrenos particulares deverão ser utilizados no empreendimento. Caso o Estado não se desincumba dessas intervenções, estará caracterizada a existência de

A) fato da administração
B) circunstância prevista
C) ato do principado
D) evento real
E) cláusula frustrada

2721) (2015) Banca: UPENET/IAUPE – Órgão: FacEPE – Prova: Analista de Gestão de Ciência e Tecnologia – Geral

Em situação específica da Administração, que, como parte contratual, torna impossível a execução do contrato administrativo celebrado como, por exemplo, a não desapropriação de imóvel do local destinado à obra para que o contratado possa executar o contrato administrativo, denomina-se

A) fato da administração.
B) teoria da imprevisão.
C) fato príncipe.
D) caso fortuito.
E) força maior.

2722) (2014) Banca: IESES – Órgão: TJ-PB – Prova: Titular de Serviços de Notas e de Registros

Quando a Administração Pública pratica qualquer ação ou se omite impedindo, com isso, os trabalhos a cargo da parte contratada, vencedora da licitação como ocorre, por exemplo, quando não providencia as desapropriações necessárias, está-se diante de típico:

A) Estado de perigo.
B) Fato do Príncipe.
C) Fato da Administração
D) Contrato administrativo nulo de pleno direito.

2723) (2013) Banca: MPE-SC – Órgão: MPE-SC – Prova: Promotor de Justiça – Manhã

As disposições expressas na Lei n. 8.666/93, de que quaisquer tributos ou encargos legais criados, alterados ou extintos, bem como a superveniência de disposições legais, quando ocorridas após a data da apresentação da proposta, de comprovada repercussão nos preços contratados, implicarão a revisão destes para mais ou para menos, conforme o caso, correspondem à teoria do fato do príncipe.

A) Certo   B) Errado

2724) (2014) Banca: INSTITUTO AOCP – Órgão: UFS – Prova: Advogado

Em relação aos contratos administrativos, toda determinação estatal geral, imprevisível ou inevitável, que impeça ou onere substancialmente a execução do contrato, autorizando sua revisão, ou mesmo sua rescisão, na hipótese de tornar-se impossível seu cumprimento, denomina-se

A) fato do príncipe
B) fato da administração.
C) fato geral.
D) fato do estado
E) fato consumado

2725) (2014) Banca: VUNESP – Órgão: SP-URBANISMO – Prova: Analista Administrativo

A pessoa jurídica FOODS Ltda. foi vencedora de uma licitação para fornecer alimentos para escolas municipais. Durante a execução do contrato, vários produtos fornecidos tiveram altos reajustes de preços em razão da suspensão de isenção de tributos federais, tornando o contrato excessivamente oneroso para o fornecedor. Nessa situação, portanto, a empresa FOODS

A) poderá pedir a rescisão do contrato com fundamento na teoria do fato da administração.
B) poderá pedir a revisão do contrato com base na teoria do fato do príncipe.
C) terá a excludente do caso fortuito como motivo justo para pedir a rescisão judicial do contrato.
D) nada poderá fazer em razão da imutabilidade do contrato administrativo.
E) ficará automaticamente livre para deixar de cumprir com sua obrigação contratual.

2726) (2017) Banca: IBADE – Órgão: SEJUDH – MT – Prova: Advogado

Determinado município abre licitação, cuja execução exige a compra de remédios. Ocorre que, após a assinatura do contrato, o licitante-vencedor é surpreendido pela majoração de tributos incidentes sobre determinada matéria-prima essencial à execução do contrato, determinada pela União. A situação retratada exemplifica uma hipótese de:

A) fato do príncipe.
B) caso de anulação do contrato.
C) fato da administração.
D) caso fortuito.
E) teoria da imprevisão

2727) (2017) Banca: IESES – Órgão: ALGÁS – Prova: Analista de Projetos Organizacionais – Jurídica

A "teoria do fato do príncipe" é uma expressão utilizada nos contratos regulados pelo direito administrativo e no direito do trabalho, podemos afirmar:

A) No Direito Administrativo, então, a ocorrência do chamado "fato do príncipe" jamais poderá ensejar alteração do contrato administrativo, ou mesmo sua rescisão, apesar de sofrer agravo econômico.
B) No Direito do Trabalho há a existência de apenas 02(dois) requisitos: previsibilidade do evento e a existência de concurso direto ou indireto do empregador no evento.
C) No Direito Administrativo, então, a ocorrência do chamado "fato do príncipe" pode ensejar alteração do contrato administrativo, ou mesmo sua rescisão. Trata-se de "agravo econômico resultante de medida tomada sob titulação diversa da contratual, isto é, no exercício de outra competência, cujo desempenho vem a ter repercussão direta na econômica contratual estabelecida na avença".
D) No Direito do Trabalho há a existência de 04(quatro) requisitos: 1) previsibilidade do evento; 2) existência de concurso direto ou indireto do empregador no evento; 3) necessidade de que o evento afete, ou seja, suscetível de afetar substancialmente a situação econômico-financeira da empresa; 4) acessibilidade do evento.

Conforme estudado, o contrato administrativo é personalíssimo (*intuitu personae*) e será celebrado com o licitante que apresentou a melhor proposta. A escolha impessoal do contratado através do procedimento licitatório faz com que o contrato tenha que ser executado pelo licitante vencedor, sob pena de violação aos princípios da impessoalidade e da moralidade. No entanto, a Lei 8.666/93 admite subcontratação parcial do objeto. Nesse sentido, o art. 72 da referida lei estabelece que:

"Art. 72. O contratado, na execução do contrato, sem prejuízo das responsabilidades contratuais e legais, poderá subcontratar PARTES da obra, serviço ou fornecimento, até o limite admitido, em cada caso, pela Administração."

– "Art. 78. Constituem motivo para rescisão do contrato:

(...) VI – a subcontratação total ou parcial do seu objeto, a associação do contratado com outrem, a cessão ou transferência, total ou parcial, bem· como a fusão, cisão ou incorporação, NÃO ADMITIDAS NO EDITAL E NO CONTRATO; desde que a Administração autorize." "Art. 72. O contratado, na execução do contrato, sem prejuízo das responsabilidades contratuais e legais, poderá subcontratar PARTES da obra, serviço ou fornecimento, até o limite admitido, em cada caso, pela Administração."

2728) (2014) Banca: CESPE – Órgão: TEM – Prova: Agente Administrativo

Todos os contratos para os quais a lei exige licitação são firmados *intuitu personae*, ou seja, em razão de condições pessoais do contratado, apuradas no procedimento da licitação.•

A) Certo B) Errado

2729) (2009) Banca: CESPE – Órgão: TCU – Prova: Analista de Controle Externo – Tecnologia da Informação

Todos os contratos para os quais a lei exige licitação são firmados *intuitu personae*.

A) Certo B) Errado

2730) (2009) Banca: CESPE – Órgão: TCE-RN – Prova: Assessor Técnico Jurídico

O contrato administrativo é sempre consensual e, em regra, formal, comutativo e realizado intuitus personae.

A) Certo B) Errado

2731) (2014) Banca: FCC – Órgão: TCE-GO – Prova: Analista de Controle Externo – Jurídica

Nos termos da Lei 8.666/1993, o contratado, na execução do contrato administrativo, sem prejuízo das responsabilidades contratuais e legais,

A) poderá subcontratar apenas partes de serviço ou de fornecimento, mas não de obra, desde que respeite o limite estabelecido mediante acordo entre as partes.
B) não poderá subcontratar partes de obra, serviço ou fornecimento, sob pena de burla ao procedimento licitatório.
C) poderá subcontratar apenas partes da obra, mas não de serviço ou de fornecimento, desde que respeite o limite estabelecido mediante acordo entre as partes.
D) poderá subcontratar apenas partes da obra, mas não de serviço ou de fornecimento, desde que respeite o limite imposto pela Administração.
E) poderá subcontratar partes da obra, serviço ou fornecimento, até o limite admitido, em cada caso, pela Administração.

2732) (2017) Banca: FGV – Órgão: Prefeitura de Salvador – BA – Prova: Técnico de Nível Superior I – Suporte Administrativo Operacional

Sobre a fiscalização dos contratos administrativos, analise as afirmativas a seguir.

I. Constitui motivo para avaliação acerca de rescisão do contrato administrativo, a fusão, cisão ou incorporação da empresa contratada, mesmo que admitidas no edital e no contrato.
II. É permitida a participação do autor do projeto (ou do termo de referência para licitação de obra ou serviço) como consultor ou técnico nas funções de fiscalização, supervisão ou gerenciamento, exclusivamente a serviço da Administração interessada.
III. A pessoa jurídica que participar de consórcio responsável pela elaboração do projeto básico ou do executivo poderá participar indiretamente da execução da obra contratada, exclusivamente no interesse da Administração Pública.

Está correto o que se afirma em:

A) I, somente.
B) II, somente.

C) III, somente.
D) I e II, somente.
E) I, II e III.

2733) (2016) Banca: Instituto IBDO – Órgão: Prefeitura de Maria da Fé – MG – Prova: Agente Administrativo IV
Resolvi errado
No que diz respeito a execução dos contratos administrativos, assinale a alternativa INCORRETA.
A) A execução do contrato deverá ser acompanhada e fiscalizada por um representante da Administração especialmente designado, permitida a contratação de terceiros para assisti-lo e subsidiá-lo de informações pertinentes a essa atribuição.
B) O contratado é obrigado a reparar, corrigir, remover, reconstruir ou substituir, às suas expensas, no total ou em parte, o objeto do contrato em que se verificarem vícios, defeitos ou incorreções resultantes da execução ou de materiais empregados.
C) O contratado é responsável pelos encargos trabalhistas, previdenciários, fiscais e comerciais resultantes da execução do contrato.
D) Ao contratado, na execução do contrato, é vedado subcontratar partes da obra, serviço ou fornecimento, até o limite admitido, em cada caso, pela Administração.
E) A Administração rejeitará, no todo ou em parte, obra, serviço ou fornecimento executado em desacordo com o contrato.

2734) (2016) Banca: UECE-CEV – Órgão: DER-CE – Prova: Procurador Autárquico
No que tange aos contratos administrativos, o contratado, na execução do contrato, sem prejuízo das responsabilidades contratuais e legais
A) poderá subcontratar partes da obra, serviço ou fornecimento, até o limite admitido, em cada caso, pela Administração.
B) poderá subcontratar partes da obra, serviço ou fornecimento, de forma ilimitada, uma vez que responde civilmente pelo prejuízo que advir.
C) não poderá subcontratar partes de obra, contudo poderá do serviço ou fornecimento.
D) não poderá subcontratar partes da obra, serviço ou fornecimento, diante da proibição legal existente.

2735) (2015) Banca: BIO-RIO – Órgão: IF-RJ – Prova: Tecnólogo – Gestão Pública
Quanto à execução dos contratos administrativos, é correto afirmar que:
A) contratado, a critério da contratante, é obrigado a reparar, corrigir, remover, reconstruir ou substituir, às suas expensas, no total ou em parte, o objeto do contrato.
B) a execução do contrato deverá ser acompanhada e fiscalizada por um representante da contratada especialmente designado, permitida a contratação de terceiros para assisti-lo e subsidiá-lo de informações pertinentes a essa atribuição.
C) salvo disposições em contrário constantes do edital, do convite ou de ato normativo, os ensaios, testes e demais provas exigidos por normas técnicas oficiais para a boa execução do objeto do contrato correm por conta da contratante que o exigir.
D) executado o contrato, em se tratando de obras e serviços, o seu objeto será recebido definitivamente, pelo responsável por seu acompanhamento e fiscalização, mediante termo circunstanciado, assinado pelas partes em até 15 (quinze) dias da comunicação escrita do contratado.
E) o contratado, na execução do contrato, sem prejuízo das responsabilidades contratuais e legais, poderá subcontratar partes da obra, serviço ou fornecimento, até o limite admitido, em cada caso, pela Administração.

2736) (2015) Banca: BIO-RIO – Órgão: IF-RJ – Prova: Administrador
Quanto à execução dos contratos administrativos, é correto afirmar que:
A) contratado, a critério da contratante, é obrigado a reparar, corrigir, remover, reconstruir ou substituir, às suas expensas, no total ou em parte, o objeto do contrato.
B) o contratado, na execução do contrato, sem prejuízo das responsabilidades contratuais e legais, poderá subcontratar partes da obra, serviço ou fornecimento, até o limite admitido, em cada caso, pela Administração.
C) a execução do contrato deverá ser acompanhada e fiscalizada por um representante da contratada especialmente designado, permitida a contratação de terceiros para assisti-lo e subsidiá-lo de informações pertinentes a essa atribuição.
D) salvo disposições em contrário constantes do edital, do convite ou de ato normativo, os ensaios, testes e demais provas exigidos por normas técnicas oficiais para a boa execução do objeto do contrato correm por conta da contratante que o exigir.
E) executado o contrato, em se tratando de obras e serviços, o seu objeto será recebido definitivamente, pelo responsável por seu acompanhamento e fiscalização, mediante termo circunstanciado, assinado pelas partes em até 15 (quinze) dias da comunicação escrita do contratado.

2737) (2015) Banca: Itame Órgão: Prefeitura de Inhumas – GO – Prova: Procurador Jurídico
Assinale a opção correta no que se refere aos contratos administrativos.
A) Devido à natureza personalíssima do contrato administrativo, não se admite subcontratação de partes de obra ou serviço contratado pelo poder público.
B) O contratado, na execução do contrato, sem prejuízo das responsabilidades contratuais e legais, poderá subcontratar partes da obra, serviço ou fornecimento, até o limite admitido, em cada caso, pela Administração.
C) Decorridos 60 (sessenta) dias da data da entrega das propostas, sem convocação para a contratação, ficam os licitantes liberados dos compromissos assumidos.
D) A declaração de nulidade do contrato administrativo opera retroativamente impedindo os efeitos jurídicos que ele, ordinariamente, deveria produzir, além de desconstituir os já produzidos.

8. CONTRATOS ADMINISTRATIVOS

2738) (2015) Banca: NC-UFPR – Órgão: ITAIPU BINACIONAL – Prova: Direito

De acordo com Carlos Ari Sundfeld, na "Administração Pública atual, administrar é, sobretudo, contratar". Sobre os contratos administrativos brasileiros, é correto afirmar:

A) Por sua especificidade, os contratos administrativos regulam-se pelas suas cláusulas e pelos preceitos de direito público, sendo aplicáveis a eles, supletivamente, os princípios da teoria geral dos contratos e sendo vedada a incidência subsidiária das disposições de direito privado.

B) De acordo com alteração legislativa recente, a Administração Pública não é mais responsável solidária com o contratado pelos encargos previdenciários resultantes da execução do contrato.

C) O contratado, na execução do contrato, sem prejuízo das responsabilidades contratuais e legais, poderá subcontratar partes da obra, serviço ou fornecimento, até o limite admitido, em cada caso, pela Administração.

D) Quando houver previsão contratual de garantia bancária da obra, o contratado fica dispensado de reparar, corrigir, remover, reconstruir ou substituir, às suas expensas, o objeto do contrato em que se verificarem vícios, defeitos ou incorreções resultantes da execução ou de materiais empregados.

E) O contratado é obrigado a aceitar, nas mesmas condições contratuais, isto é, pelo mesmo preço unitário, os acréscimos ou supressões que se fizerem nas obras, serviços ou compras, até o limite de 50% (cinquenta por cento) para os seus acréscimos e de 25% (vinte e cinco por cento) para as reduções.

A duração dos contratos está ligada a vigência do crédito orçamentário que é anual (Lei Orçamentária Anual).Contudo, em algumas hipóteses, o contrato administrativo poderá extrapolar o período de um ano, vejamos:

A Lei n. 13.249/2016 estabelece, de forma regionalizada, as diretrizes, objetivos e metas da Administração Pública dentro do período de quatro anos não coincidentes com a legislatura. Nesse sentido, **o contrato que envolve um Programa previsto no PPA também poderá ter duração de até quatro anos.**

Portanto, contratos que envolvam a execução de projetos previstos no Plano Plurianual (ex.: construção de um grande hospital ou de uma rodovia) podem ultrapassar o limite anual de vigência da lei orçamentária e poderão ser prorrogados no interesse da Administração.

Serviços contínuos: trata-se de contratos que se referem à serviços contínuos nos quais é admitida a **prorrogação por iguais e sucessivos períodos com a finalidade de obter condições mais vantajosas para a Administração.** Para tanto, é necessário o preenchimento dos seguintes requisitos: **existência de previsão de prorrogação no edital e no contrato**; objeto e escopo do contrato inalterados pela prorrogação; interesse da Administração e do contratado declarados expressamente; vantagem na prorrogação devidamente justificada nos autos do processo administrativo; manutenção das condições de habilitação pelo contratado; preço contratado compatível com o mercado fornecedor do objeto.

A duração desses contratos está limitada ao prazo de **60 meses** (ex.: serviços de limpeza, de conservação, de vigilância, de manutenção), conforme o § 4º do art. 157 da Lei 8666:

"§ 4º. Em caráter excepcional, devidamente justificado e mediante autorização da autoridade superior, o prazo de que trata o inciso II do caput deste artigo poderá ser prorrogado por até doze meses."

A doutrina entende que os serviços continuados não têm que ser, necessariamente, essenciais à coletividade. Pelo contrário, podem ser quaisquer **atividades prestadas continuamente para o regular funcionamento da estrutura administrativa**, tais como serviços de vigilância e limpeza de uma repartição pública. Os referidos ajustes serão celebrados pelo prazo máximo de um ano, admitindo-se prorrogações até o limite estipulado.

Aluguel de equipamentos e utilização de programas de informática: nessas hipóteses, a duração do contrato administrativo pode chegar a 48 meses, ou seja, quatro anos (ex.: aluguel de computadores).

2739) (2014) Banca: CESPE – Órgão: ANTAQ – Prova: Analista Administrativo

Com base na Lei 8.666/1993, julgue o seguinte item, no que concerne à contratação de serviços de natureza continuada pela administração pública. A duração do contrato administrativo ficará adstrita à vigência dos respectivos créditos orçamentários, sendo exceção a contratação de serviços a serem executados de forma contínua. •

A) Certo   B) Errado

2740) (2015) Banca: CESPE Órgão: TRE-RS Prova: Técnico Judiciário Administrativo

Com relação à responsabilidade contratual e extracontratual do Estado, assinale a opção correta

A) Em caso de nulidade do contrato administrativo, fica excluída a responsabilidade da administração de indenizar o contratado pelo que este houver executado e por outros prejuízos regularmente comprovados, até a data em que ela for declarada, desde que não lhe seja imputável.

B) A fiscalização do contrato administrativo exercida pela administração poderá minimizar a responsabilidade do contratado pelos danos causados a terceiros decorrentes de culpa ou dolo na execução do contrato.

C) Na responsabilização civil do Estado em caso de conduta omissiva, que consiste no descumprimento do dever de impedir o evento danoso, haverá direito de regresso apenas se for configurado dolo.

D) A duração ordinária dos contratos administrativos relativos à prestação de serviços continuados poderá ser prorrogada por iguais e sucessivos períodos, limitada a, no máximo, sessenta meses, sob pena de nulidade e consequente responsabilidade da administração.

E) O caso fortuito, o evento de força maior e o risco administrativo que não possam ser evitados ou cujos efeitos não possam ser minorados excluem a responsabilidade civil do Estado.

2741) (2015) Banca: CESPE Órgão: TRE-MT Prova: Analista

Com relação à duração dos contratos administrativos, assinale a opção correta

A) Um contrato de serviço de copeiragem, firmado inicialmente com prazo de vigência de doze meses, pode ser prorrogado por, no máximo, trinta e seis meses.

B) Um contrato de fornecimento de produtos de informática – como, por exemplo, computadores e impressoras – firmado inicialmente pelo período de doze meses pode ser prorrogado por iguais e sucessivos períodos até o limite de sessenta meses.

C) Um contrato de manutenção de elevadores com vigência inicial de oito meses pode ser prorrogado, a partir da primeira prorrogação, por períodos sucessivos de doze meses, até o limite de sessenta meses, por ser considerado serviço de natureza continuada.

D) Um contrato referente a obra de construção de edificação deve ser prorrogado automaticamente quantas vezes forem necessárias até sua conclusão.

E) Os contratos de natureza continuada constituem exceções quanto à duração dos contratos administrativos, cuja vigência, em geral, deve coincidir com os créditos orçamentários correspondentes.

2742) (2016) Banca: CESPE – Órgão: FUNPRESP-JUD – Prova: Conhecimentos Básicos – Cargo: 4 (+ provas)

Julgue o próximo item, relativo a licitações e contratos.

A duração da prestação de serviços executados de forma contínua, prorrogada por sucessivos períodos, não fica adstrita à vigência dos respectivos créditos orçamentários.

A) Certo B) Errado

2743) (2016) Banca: CESPE – Órgão: FUNPRESP-JUD – Prova: Conhecimentos Básicos – Cargos de Assistente (+ provas)

A FUNPRESP–JUD planeja utilizar o critério do menor preço a fim de realizar um processo licitatório para a contratação de serviço de natureza continuada de vigilância.

Considerando essa situação hipotética, julgue o seguinte item de acordo com a Lei de Licitações e Contratos.

O referido contrato de serviço, a ser executado de forma contínua, poderá ser prorrogado por iguais e sucessivos períodos, até o limite de quarenta e oito meses.

A) Certo B) Errado

2744) (2014) Banca: CESPE – Órgão: ANTAQ – Prova: Analista Administrativo

Com base na Lei 8.666/1993, julgue o seguinte item, no que concerne à contratação de serviços de natureza continuada pela administração pública. Nos casos de prestação de serviços a serem executados de forma contínua, a duração dos contratos poderá ser prorrogada ordinariamente por períodos iguais e sucessivos, até o prazo máximo de 60 meses. •

A) Certo B) Errado

2745) (2010) Banca: CESPE – Órgão: DETRAN-ES – Prova: Advogado

Como regra, os prazos de validade dos contratos administrativos não podem ultrapassar os limites de vigência dos respectivos créditos orçamentários.

A) Certo B) Errado

2746) (2015) Banca: CESPE – Órgão: Telebras – Prova: Analista

Acerca dessa situação hipotética, julgue o item que se segue. Por ser o serviço de natureza contínua, o contrato poderia ser prorrogado por iguais períodos de tempo até o limite de 60 meses. •

A) Certo B) Errado

2747) (2014) Banca: CESPE – Órgão: TC-DF – Prova: Analista Administrativo

No que se refere à elaboração e fiscalização de contratos, julgue o item subsecutivo. A regra de prorrogabilidade dos contratos poderá ser usada para assegurar compras de bens de uso contínuo destinados a atender a necessidades públicas permanentes. •

A) Certo B) Errado

2748) (2006) Banca: ESAF – Órgão: CGU – Prova: Analista de Finanças e Controle – Tecnologia da Informação (+ provas)

A regra básica relativa à vigência dos contratos administrativos é:

A) duração adstrita aos respectivos créditos orçamentários.

B) duração de até 60 meses.

C) duração definida em cada edital de licitação.

D) duração de um ano.

E) duração de até 24 meses.

2749) (2016) Banca: ESAF – Órgão: FUNAI – Prova: Conhecimentos Gerais

Sobre os contratos administrativos regulados pela Lei n. 8.666, de 1993, assinale a opção incorreta.

A) O regime de execução ou a forma de fornecimento é cláusula necessária em todo contrato administrativo.

B) O contrato administrativo cujo objeto seja a prestação de serviços de forma contínua poderá ter a sua duração prorrogada, limitada a oitenta meses.

C) É vedado contrato administrativo com prazo de vigência indeterminado.

D) A prerrogativa de fiscalizar a execução dos contratos administrativos é conferida à Administração.

E) Os contratos decorrentes de dispensa ou de inexigibilidade de licitação devem atender aos termos do ato que os autorizou e da respectiva proposta.

2750) (2015) Banca: FCC – Órgão: MPE-PB – Prova: Analista Ministerial – Auditor de Contas Públicas

Em relação aos contratos decorrentes de procedimentos licitatórios é correto afirmar que

a) aqueles que abrangem serviços executados de forma continuada são exceção legal à regra de que a duração dos contratos deve ficar adstrita à vigência dos respectivos créditos orçamentários.

b) podem ter prazo de vigência indeterminado os contratos relacionados a serviços que não possuam limitação de tempo, a exemplo de manutenção de hospitais.

c) em hipótese alguma a vigência dos contratos de execução continuada pode ser superior a 60 meses.

D) a designação do foro da sede da Administração para a solução de questões contratuais só é obrigatória se firmado com pessoa física ou jurídica domiciliada no território nacional.
E) a exigência de prestação de garantia na contratação de obras, serviços e compras é prerrogativa da administração, independentemente de previsão no instrumento convocatório da licitação.

2751) (2014) Banca: FCC – Órgão: TCE-PI – Prova: Assessor Jurídico

A Administração estadual contratou aluguel de equipamentos e utilização de programas de informática para a implantação de um amplo programa de inclusão digital voltado à população carente. A duração estimada do referido programa é de 4 anos, coincidente com o mandato recém iniciado do Governador. De acordo com as disposições da Lei 8.666/93, o contrato em questão

A) deverá ter sua duração limitada ao referido mandato, eis que se trata de serviços de natureza contínua.
B) tem sua duração adstrita à vigência dos respectivos créditos orçamentários, não admitindo prorrogação.
C) admite prorrogação por até 60 (sessenta) meses, desde que o projeto esteja contemplado nas metas estabelecidas no Plano Plurianual.
D) poderá, em razão do objeto, ter sua duração estendida pelo prazo de até 48 (quarenta e oito) meses após o início da sua vigência.
E) poderá ser prorrogado uma única vez, em caráter excepcional, pelo prazo de até 12 (doze) meses, mediante autorização da autoridade superior.

2752) (2012) Banca: FCC – Órgão: TRE-SP – Prova: Técnico Judiciário – Área Administrativa

Os contratos administrativos, de acordo com a Lei no 8.666/1993, possuem vigência adstrita aos respectivos créditos orçamentários, constituindo EXCEÇÃO

A) os contratos de obras, que poderão ser prorrogados por até 24 meses, caso comprovada a ocorrência de condições supervenientes que determinem a alteração do projeto.
B) os contratos para entrega futura e parcelada de bens, que poderão ser prorrogados até o limite de 24 meses, para atender necessidade contínua da Administração.
C) os contratos de prestação de serviços a serem executados de forma contínua, que poderão ser prorrogados, por iguais e sucessivos períodos, até o limite de 60 meses.
D) os contratos por escopo, até limite de 12 meses, e desde que o objeto esteja contido nas metas estabelecidas no Plano Plurianual.
E) o aluguel de equipamentos e a utilização de programas de informática, até o limite de 60 meses e por mais 12 meses, em caráter excepcional.

2753) (2015) Banca: FCC – Órgão: SEFAZ-PI Prova: Analista do Tesouro Estadual – Conhecimentos Gerais

Sabe-se que os contratos administrativos diferem dos contratos regidos pelo direito privado. São muitas as peculiaridades e derrogações, podendo ser destacada, como característica privativa daqueles contratos em face dos contratos regidos pelo direito privado, a

a) possibilidade de prorrogação do prazo de vigência, independentemente da natureza do objeto, a fim de atender o interesse público.
B) necessidade de autorização legislativa específica para celebração de contratos de fornecimento e de prestação de serviços.
C) inexecução dos contratos, que enseja imediata suspensão dos pagamentos devidos pela Administração pública, independentemente da natureza jurídica do objeto da avença.
D) necessidade de indenização do contratado por danos concretos e lucros cessantes no caso de rescisão do contrato, ainda que se esteja diante de hipótese de culpa do contratado, como caducidade ou encampação.
E) duração de grande parte dos contratos administrativos adstrita à vigência dos créditos orçamentários a eles relativos.

2754) (2017) Banca: FGV – Órgão: ALERJ – Prova: Especialista Legislativo – Engenharia Elétrica

Em relação à duração dos contratos administrativos, a Lei 8.666/93 dispõe que os contratos:

A) em geral devem conter cláusula específica com seu prazo de duração, que pode ser de no máximo vinte e quatro meses, permitida uma única prorrogação por período de até mais vinte e quatro meses;
B) referentes a projetos, cujos produtos estejam contemplados nas metas estabelecidas no Plano Plurianual, podem ser prorrogados se houver interesse da Administração e independentemente de que isso tenha sido previsto no ato convocatório;
C) cujos serviços são executados de forma contínua podem ter a sua duração prorrogada por iguais e sucessivos períodos com vistas à obtenção de preços e condições mais vantajosas para a Administração, limitada a sessenta meses;
D) relativos ao aluguel de equipamentos e à utilização de programas de informática podem estender-se pelo prazo de até doze meses após o final do termo inicial de vigência do contrato, desde que mantido o mesmo valor unitário previsto no contrato inicial;
E) consistentes em serviços de engenharia não admitem, em qualquer hipótese, prorrogação dos prazos de início de etapas de execução, de conclusão e de entrega da obra, devendo o contratado responder por perdas e danos caso não cumpra os prazos contratuais.

2755) (2014) Banca: FGV – Órgão: AL-BA – Prova: Auditor

A respeito dos contratos administrativos, analise as afirmativas a seguir.

I. Os contratos poderão ser alterados, unilateralmente, com as devidas justificativas, pela administração, quando conveniente a substituição da garantia de execução.
II. A prorrogação de prazo de contrato deverá ser justificada por escrito e previamente autorizada pela autoridade competente, exceto nos casos emergenciais.
III. A duração dos contratos pode ser superior à vigência dos créditos orçamentários, quando relativos a projetos que estiverem contemplados no plano plurianual.

Assinale:

A) se apenas a afirmativa I estiver correta.
B) se apenas a afirmativa II estiver correta.

C) se apenas a afirmativa III estiver correta.
D) se somente as afirmativas I e II estiverem corretas.
E) se somente as afirmativas II e III estiverem corretas.

2756) (2017) Banca: CONSULPLAN – Órgão: TRF – 2ª REGIÃO – Prova: Analista Judiciário – Oficial de Justiça Avaliador Federal

Determinado órgão da Administração Pública Federal deseja contratar empresa privada, tendo como objeto o serviço de vigilância de sua sede. Com relação ao prazo do aludido contrato, assinale a alternativa correta.

A) O contrato poderá ser prorrogado apenas até o limite de quarenta e oito meses, caso o objeto esteja previsto no plano plurianual.
B) O contrato não poderá ser prorrogado além do limite de doze meses, ficando adstrito à vigência dos respectivos créditos orçamentários.
C) O contrato poderá ser celebrado por prazo indeterminado, tendo em vista a natureza contínua da prestação, desde que se demonstrada anualmente a economicidade da contratação.
D) O contrato poderá ser prorrogado até o limite de sessenta meses, e em caráter excepcional, por mais doze meses, devidamente justificado e mediante autorização da autoridade superior.

2757) (2014) Banca: FUNCEFET – Órgão: Prefeitura de Vila Velha – ES – Prova: Auditor Interno II

A duração do contrato administrativo, que tem como objeto a prestação de serviços a serem executados de forma contínua, poderá ser prorrogado por iguais e sucessivos períodos com vistas à obtenção de preços e condições mais vantajosas para a Administração, segundo o artigo 57, inciso II da Lei no 8.666/1993. Qual é o limite de meses estabelecido no referido artigo?

A) 24 meses
B) 60 meses
C) 36 meses
D) 12 meses
E) 48 meses

2758) (2012) Banca: CONSESP – Órgão: Prefeitura de Quedas do Iguaçu – PR – Prova: Técnico em contabilidade

De acordo com a Lei 8.666/63 qual o prazo de vigência de um Contrato?

A) Ficará adstrita à vigência dos respectivos créditos orçamentários.
B) Prazo de vigência de 5(cinco) anos.
C) Prazo de vigência indeterminado.
D) Prazo de vigência de 6(seis) meses.

2759) (2016) Banca: FUNRIO – Órgão: IF-BA – Prova: Assistente em Administração

A duração dos contratos regidos pela Lei Federal nº 8.666, de 21 de junho de 1993 e alterações, é adstrita à vigência dos respectivos créditos orçamentários, entretanto, os serviços executados de forma contínua poderão ter a sua duração prorrogada por iguais e sucessivos períodos, com vistas à obtenção de preços e condições mais vantajosas para a administração, sendo limitada a

A) vinte e quatro meses.
B) trinta meses.
C) trinta e seis meses.
D) quarenta e oito meses.
E) sessenta meses.

2760) (2016) Banca: Prefeitura do Rio de Janeiro – RJ – Órgão: Prefeitura de Rio de Janeiro – RJ – Prova: Administrador

A Secretaria Municipal de Transportes (SMTR) alugou 100 (cem) notebooks, incluindo a garantia técnica e manutenção corretiva, para atendimento de necessidades institucionais. A duração deste contrato admitida pela Lei 8.666/1993 pode estender-se pelo prazo de até:

A) 60 (sessenta) meses, após o início da vigência do contrato
B) 12 (doze) meses, após o início da vigência do contrato
C) 48 (quarenta e oito) meses, após o início da vigência do contrato
D) 120 (cento e vinte) meses, após o início da vigência do contrato

2761) (2015) Banca: VUNESP – Órgão: HCFMUSP – Prova: Direito na Área da Saúde Pública

A vigência dos contratos regidos pela Lei 8.666, de 21 de junho de 1993, relativo à prestação de serviços a serem executados de forma contínua, poderão ter a sua duração prorrogada por iguais e sucessivos períodos, limitada a

A) quarenta e seis meses.
B) doze meses.
C) vinte e quatro meses.
D) sessenta meses.
E) cento e oitenta dias.

2762) (2016) Banca: VUNESP – Órgão: IPSMI – Prova: Procurador

Sobre os contratos administrativos, assinale a alternativa correta.

A) Em regra, a vigência dos contratos ficará restrita à vigência dos respectivos créditos orçamentários.
B) Por se tratar de garantia do contratado, a invocação do equilíbrio econômico-financeiro não pode ser realizada pela Administração para revisar o contrato administrativo.
C) O fato do príncipe é o fato praticado pela Administração que repercute direta e exclusivamente sobre o contrato administrativo.
D) É permitido a qualquer licitante o conhecimento dos termos do contrato e do respectivo processo licitatório e, a qualquer interessado, a obtenção de cópia autenticada de forma gratuita.
E) O Supremo Tribunal Federal considerou inconstitucional o dispositivo da Lei no 8.666/93 que veda a responsabilização da Administração em caso de inadimplemento pelo contratado de encargos trabalhistas.

2763) (2015) Banca: FUNCAB – Órgão: FUNASG – Prova: Agente Apoio Técnico

Com relação à vigência dos contratos, nos casos prestação de serviços a serem executados de forma continua, poderão ser até:

A) quarenta e oito meses improrrogáveis.
B) doze meses improrrogáveis.
C) sessenta meses improrrogáveis.
D) cento e vinte meses, prorrogáveis por mais doze meses em caráter excepcional.
E) sessenta meses, prorrogáveis por mais doze meses em caráter excepcional.

2764) (2014) Banca: MPE-PR – Órgão: MPE-PR – Prova: Promotor

Em matéria de licitações de que trata a Lei nº 8.666/93, analise as assertivas abaixo e indique a alternativa:

I. Segundo a Lei nº 8.666/93, são tipos de licitação: concorrência, tomada de preços, convite, concurso e leilão;
II. A duração dos contratos regidos pela Lei nº 8.666/93 ficará adstrita à vigência dos respectivos créditos orçamentários, exceto quanto aos relativos, dentre outros, aos projetos cujos produtos estejam contemplados nas metas estabelecidas no Plano Plurianual, os quais poderão ser prorrogados se houver interesse da Administração e desde que isso tenha sido previsto no ato convocatório;
III. Os casos de contratação direta, em regra, dispensam a exigência de procedimento administrativo prévio, no qual contida a motivação do correspondente ato decisório da Administração Pública;
IV. São cláusulas necessárias em todo contrato, dentre outras, as que estabeleçam o objeto e seus elementos característicos e as garantias oferecidas para assegurar sua plena execução, quando exigidas.

A) Todas as assertivas são corretas;
B) Somente as assertivas I, II e IV são corretas;
C) Apenas as assertivas I, III e IV são corretas;
D) Somente as assertivas II e IV são corretas;
E) Apenas as assertivas I e II são corretas.

2765) (2014) Banca: FEPESE – Órgão: MPE-SC – Prova: Analista de Contas Públicas – Direito

Assinale a alternativa que corresponde corretamente à duração do contrato administrativo cujo objeto seja o aluguel de equipamentos e a utilização de programas de informática.

A) 120 dias
B) 12 meses
C) 48 meses
D) 60 meses
E) 60 meses, podendo ser prorrogado em caráter excepcional por até doze meses

2766) (2014) Banca: Prefeitura do Rio de Janeiro – RJ – Órgão: Prefeitura de Rio de Janeiro – RJ – Prova: Agente de Administração

A prorrogação dos contratos administrativos de prestação de serviços continuados fica limitada a:

A) 60 meses
B) 48 meses
C) 36 meses
D) 24 meses

2767) (2014) Banca: COPEVE-UFAL – Órgão: UFAL – Prova: Programador Visual (+ provas)

O gestor público pretende renovar um contrato de utilização de programas de informática. De acordo com a Lei 8.666, de 21 de junho de 1993, a duração desse contrato poderá estender-se, após o início de sua vigência, até o prazo máximo de

A) 12 meses.
B) 48 meses.
C) 60 meses.
D) 60 meses, prorrogáveis por mais 12 meses, desde que em caráter excepcional, devidamente justificado, e mediante autorização da autoridade superior.
E) 120 meses.

2768) (2014) Banca: FUNRIO – Órgão: IF-BA – Prova: Administrador

Considerando-se a duração dos contratos administrativos regidos pela Lei Federal 8666/93 e alterações, é correto afirmar que

A) os contratos possuirão prazo de vigência indeterminado sempre que houver interesse da administração pública.
B) as prorrogações de prazo ocorrerão independentemente de justificativa e prévia autorização competente.
C) os serviços executados de forma contínua podem ter sua duração prorrogada por iguais períodos, limitados a trinta meses.
D) a duração dos contratos ficará adstrita à vigência dos respectivos créditos orçamentários, exceto nos casos previstos na lei de licitações.
E) os serviços executados de forma contínua não possuem permissão legal para serem prorrogados.

2769) (2014) Banca: CESGRANRIO – Órgão: EPE – Prova: Analista de Gestão Corporativa – Conhecimentos Básicos (+ provas)

Como regra geral, nos termos da Lei Geral que regula os contratos administrativos, fica estabelecido que a duração desses contratos está vinculada à

A) eficácia do ajuste
B) economicidade da execução
C) periodização do contrato
D) vigência do crédito orçamentário
E) autorização da autoridade competente

Em todas essas hipóteses, o particular precisará fazer investimento grande para contratar com a Administração, razão pela qual um prazo estendido necessário para garantir a amortização dos valores aportados. Note que **nenhum investimento cuja execução ultrapasse um exercício financeiro poderá ser iniciada sem prévia inclusão no plano plurianual**, ou sem lei que autorize a inclusão, sob pena de crime de responsabilidade.

Por fim, é importante ressaltar que a regra do prazo anual dos contratos aplica-se exclusivamente aos casos em que a Administração tenha a obrigação de pagar o contratado com recursos públicos. Portanto, a regra do prazo anual é inaplicável às contratações que não dependem de recursos orçamentários, bem como às hipóteses ressalvadas por leis específicas. Como exemplo, podemos citar:

i. Concessão de serviço público (Lei 8.987/1995): a remuneração do concessionário é efetivada, em regra, por meio de tarifa a ser paga pelo usuário;

ii. Contrato de concessão de uso de bem público e demais contratos em que o Poder Público é credor dos valores a serem pagos pelo contratado.

Destaca-se que não há contrato administrativo por prazo indeterminado, tão somente hipóteses de ajustes que extrapolam a vigência de um ano. O prazo estará expressamente regulamentado no edital.

2770) (2014) Banca: CESPE – Órgão: TC-DF – Prova: Analista Administrativo

No que se refere à elaboração e fiscalização de contratos, julgue o item subsecutivo. É imprescindível que haja previsão orçamentária no plano plurianual para que sejam realizados contratos de longo prazo, ou seja, contratos com prazo superior ao prazo de vigência do crédito orçamentário. •

A) Certo B) Errado

2771) (2011) Banca: CESPE – Órgão: STM – Prova: Analista Judiciário – Área Administrativa

Nos casos de emergência ou de calamidade pública, é permitido o contrato com prazo de vigência indeterminado.

A) Certo B) Errado

2772) (2017) Banca: VUNESP – Órgão: Prefeitura de São José dos Campos – SP – Prova: Procurador

Quanto aos contratos administrativos, nos termos da Lei n° 8.666/1993, assinale a afirmação correta.

A) É vedado o contrato administrativo com prazo de vigência indeterminado.
B) Não é permitido conferir tratamento diferenciado e favorecimento às microempresas e empresas de pequeno porte, por ferir o princípio da isonomia.
C) O gestor deve sempre exigir prestação de garantia nas contratações de obras, serviços e compras.
D) As cláusulas econômico-financeiras dos contratos administrativos podem ser alteradas unilateralmente pela Administração Pública.
E) É nulo e de nenhum efeito todo e qualquer contrato verbal com a Administração Pública.

No que tange às responsabilidades decorrentes do contrato, cabe destacar que é responsabilidade do particular reparar, corrigir, remover, reconstruir ou substituir, às suas expensas, no total ou em parte, o objeto do contrato em que se verificarem vícios, defeitos ou incorreções resultantes da execução. Em resumo, o particular responde diretamente pelo serviço prestado ou bem entregue à Administração, ou ainda pela obra por ele executada.

Cabe destacar que o particular deve arcar com todos os encargos trabalhistas, previdenciários e fiscais do contrato, contudo, a Administração Pública responde SOLIDARIAMENTE com o particular contratado pelos encargos previdenciários.

2773) (2017) Banca: FCC – Órgão: DPE-RS – Prova: Analista – Administração

Próximo do início do ano letivo, determinada administração municipal identificou que o material didático encomendado, já impresso e apresentado, continha erros formais e materiais que impediam sua utilização pelos alunos da rede pública. O administrador, diante dessa situação

A) deve licitar uma contratação emergencial, abreviando o rito procedimental para que a conclusão, homologação e adjudicação do objeto aconteçam antes do início do ano letivo.
B) deve rescindir o contrato de fornecimento anteriormente firmado, somente após o que poderá dar início a novo certame para produção do material didático necessário.
C) poderá realizar contratação emergencial para confecção do novo material necessário para fornecimento durante o ano letivo que se aproxima.
D) deve recusar o recebimento do material, em se tratando de contrato por escopo, e exigir a entrega do objeto contratual nos moldes como contratado, sob pena de incidência das sanções contratuais.
E) deve rescindir o contrato firmado e promover a contratação emergencial para fornecimento do material didático, a fim de garantir que no início do ano letivo todas as unidades de ensino tenham os livros necessários para as aulas regulares.

2774) (2017) Banca: FMP Concursos – Órgão: PGE-AC – Prova: Procurador do Estado

Considerando a problemática da responsabilidade da Administração Pública por encargos de natureza diversa gerados pelo inadimplemento de empresa terceirizada, tomem-se os seguintes aspectos:

I. É vedada a responsabilização automática da Administração Pública pelos encargos trabalhistas, só cabendo a sua condenação se houver prova inequívoca de sua conduta omissiva ou comissiva na fiscalização dos contratos.
II. A Administração Pública responde solidariamente com o contratado pelos encargos previdenciários resultantes da execução do contrato.
III. O inadimplemento dos encargos trabalhistas dos empregados do contratado não transfere automaticamente ao poder público contratante a responsabilidade pelo seu pagamento, seja em caráter solidário ou subsidiário.

Das assertivas acima, estão corretas

A) apenas a I e a II.
B) apenas a III.
C) apenas a I e a III.
D) apenas a II e a III.
E) a I, a II e a III.

O contrato administrativo pode ser extinto em decorrência da conclusão do objeto; do término do prazo; anulação motivada por vício; e rescisão.

Portanto, o contrato administrativo pode se encerrar por inúmeras razões. A primeira delas é a conclusão do objeto (Ex.: entrega da obra depois de finalizada) ou advento do termo do contrato (fim do prazo estipulado em contrato), sem que haja prorrogação. Trata-se da chamada "extinção natural".

A extinção também pode decorrer de irregularidade na celebração do contrato, ou seja, vício que enseja a anulação do contrato. Esse tipo de extinção é provocado por ilegalidade no contrato ou no procedimento licitatório que deu causa à celebração do contrato. Assim, o vício na licitação induz o vício do contrato administrativo que dela resultar.

Conforme art. 59, parágrafo único, da Lei nº 8.666/93:

*"Art. 59. Parágrafo único. **A nulidade não exonera a Administração do dever de indenizar o contratado pelo que este houver executado até a data em que ela for declarada e por outros prejuízos regularmente comprovados**, contanto que não lhe seja imputável, promovendo-se a responsabilidade de quem lhe deu causa."*

Assim, só haverá dever de indenizar o particular contratado se restar demonstrado que, previamente à declaração de nulidade do acordo, o particular prestou serviços ao Poder Público ou constituiu despesas com o fito de cumprimento do objeto. A boa-fé do contratado é indispensável para que este receba o pagamento de indenização.

2775) (2015) Banca: CESPE – Órgão: STJ – Prova: Analista Judiciário

A respeito da licitação e dos contratos administrativos, julgue o item. A nulidade de contrato administrativo por ausência prévia de licitação gera, para o contratado de boa-fé, direito a indenização pelos serviços por ele prestados. •

A) Certo   B) Errado

2776) (2005) Banca: CESPE – Órgão: TRT – 16ª REGIÃO (MA) – Prova: Analista Judiciário – Área Judiciária

A declaração de nulidade do contrato administrativo opera retroativamente, impedindo os efeitos jurídicos que ele, ordinariamente, deveria produzir, além de desconstituir os já produzidos, exonerando a administração do dever de indenizar o contratado pelo que este houver executado até a data em que a nulidade for declarada.

A) Certo   B) Errado

2777) (2013) Banca: CESPE – Órgão: ANCINE – Prova: Analista Administrativo – Área 1

A respeito do procedimento licitatório e de seus atos de anulação e revogação, julgue o item subsecutivo.

A nulidade da licitação, se devidamente fundamentada, não exonera a administração pública do dever de indenizar o contratado, desde que este não tenha dado causa à nulidade.

A) Certo   B) Errado

2778) (2013) Banca: CESPE – Órgão: Telebras – Prova: Especialista em Gestão de Telecomunicações – Advogado

A conclusão do objeto contratual determina a extinção do contrato pela cessação do vínculo obrigacional entre as partes, dado o integral cumprimento de suas cláusulas.

A) Certo   B) Errado

2779) (2006) Banca: ESAF – Órgão: SUSEP – Prova: Analista Técnico – Controle e Fiscalização (+ provas)

A nulidade do procedimento licitatório, por motivo de ilegalidade insanável, induz também à do contrato dele decorrente, o que opera retroativamente, impedindo os efeitos jurídicos que ele deveria produzir, além de desconstituir os já produzidos, exonerando a Administração de indenizar o que porventura haja sido executado.

A) Correta esta assertiva
B) Incorreta a assertiva, porque a nulidade da licitação não acarreta a do contrato.
C) Incorreta a assertiva, porque a celebração do contrato supera eventual nulidade ocorrida na licitação
D) Incorreta a assertiva, porque o pactuado no contrato tem que ser inteiramente cumprido.
E) Incorreta a assertiva, porque a nulidade da licitação e a do contrato dela decorrente, não exonera a Administração de indenizar o que foi efetivamente executado.

2780) (2009) Banca: FCC – Órgão: TJ-GO – Prova: Juiz

Considere as seguintes afirmações:

I. A anulação do procedimento licitatório por motivo de ilegalidade não gera obrigação de indenizar.
II. A nulidade do procedimento licitatório induz à do contrato.
III. A nulidade do contrato administrativo não exonera a Administração do dever de indenizar o contratado pelo que este houver executado até a data em que ela for declarada e por outros prejuízos regularmente comprovados, contanto que não lhe seja imputável, promovendo-se a responsabilidade de quem lhe deu causa.

Corresponde a regras contidas na Lei federal nº 8.666/93, em matéria de normas gerais sobre licitações e contratos administrativos, o que se afirma em

A) I, II e III.
B) I, apenas.
C) I e III, apenas.
D) II e III, apenas.
E) I e II, apenas.

2781) (2012) Banca: FCC – Órgão: PGE-SP – Prova: Procurador do Estado

Servidor contratado com base na Lei Complementar Estadual no 1.093, de 16/07/09, para atender a necessidade temporária de excepcional interesse público, tendo em vista a consecução de projetos de informatização nas Escolas Públicas Estaduais, foi dispensado antes do fim do prazo fixado no contrato, tendo em vista que o projeto foi totalmente executado antes do tempo previsto. O ato da Administração é

A) legal, porque a conclusão do objeto, no caso, é causa de extinção do contrato antes do término de sua vigência, não fazendo o servidor jus a qualquer indenização.
B) legal, porque a conclusão do objeto, no caso, é causa de extinção do contrato antes do término de sua vigência, fazendo o servidor jus a uma indenização, a ser calculada de acordo com os parâmetros legalmente fixados.
C) ilegal. Se concluído o objeto antes do prazo, a Administração deverá utilizar a força de trabalho do servidor em outras atividades.
D) ilegal, porque o servidor tem direito público subjetivo à observância do prazo fixado, devendo, no caso, ser indenizado nos termos da lei e do contrato.

E) ilegal, porque o servidor foi contratado para desenvolver função no âmbito de unidade escolar e, nesse caso, os contratos devem vigorar até o final do ano letivo.

2782) (2011) Banca: FUJB – Órgão: MPE-RJ – Prova: Técnico Administrativo

A declaração de nulidade do contrato administrativo:

A) prescinde de prévia observância do contraditório e da ampla defesa;

B) opera efeitos retroativos, quando houver boa-fé do contratado;

C) não exonera a Administração do dever de indenizar o particular pelas prestações por ele realizadas, independentemente de quem tenha dado causa à nulidade;

D) não gera para a Administração o dever de indenizar o contratado, caso a nulidade seja a ele imputável;

E) envolve uma escolha discricionária do Poder Judiciário.

2783) (2012) Banca: FUNCAB – Órgão: MPE-RO – Prova: Analista – Contabilidade

Com respeito à declaração de nulidade de um contrato, é correto afirmar, segundo a Lei 8.666/93, que esse ato administrativo:

A) é capaz de impedir os efeitos jurídicos que o contrato, ordinariamente, deveria produzir, mas é incapaz de desconstruir os efeitos jurídicos que já tenham sido produzidos até a data na qual tenha sido declarado nulo.

B) é incapaz de impedir os efeitos jurídicos que o contrato declarado nulo venha a produzir ou tenha produzido até a data de sua nulidade.

C) não pode ser induzido pela nulidade do procedimento licitatório.

D) exonera a Administração de qualquer dever de indenizar o contratado pelo que este houver comprovadamente executado, até a data em que a nulidade tenha sido declarada, mesmo que não lhe seja imputável.

E) não exonera a Administração do dever de indenizar o contratado pelo que este houver comprovadamente executado até a data em que a nulidade tenha sido declarada, contanto que não lhe seja imputável.

2784) (2012) Banca: FMP Concursos – Órgão: PGE-AC – Prova: Procurador do Estado

Conforme a Lei 8.666, de 21 de junho de 1993, no tocante à nulidade do contrato administrativo, assinale a alternativa CORRETA.

A) A declaração de nulidade do contrato administrativo admite indenização por serviços executados e prejuízos não imputáveis ao contratado.

B) A declaração de nulidade do contrato administrativo opera efeitos ex nunc, prevalecendo os atos já praticados.

C) A declaração de nulidade exonera a Administração de indenizar o contratado, ainda que já tenha executado parcialmente o contrato.

D) A declaração de nulidade do contrato administrativo opera efeitos ex tunc, facultando a responsabilização.

2785) (2014) Banca: IBFC – Órgão: TJ-PR – Prova: Titular de Serviços de Notas e de Registros

A nulidade não exonera a Administração do dever de indenizar o contratado pelo que este houver executado até a data em que ela for declarada e por outros prejuízos regularmente comprovados, contanto que não lhe seja imputável, promovendo-se a responsabilidade de quem lhe deu causa.

A) Certo B) Errado

O contrato poderá ser extinto, ainda, em razão do desaparecimento (falência da pessoa jurídica ou morte da pessoa física) do contratado, uma vez que, conforme já exposto, o contrato administrativo possui caráter personalíssimo.

Por fim, a legislação prevê as possibilidades de rescisão contratual em virtude da vontade unilateral do Poder Público, **do distrato (acordo das partes)**, em razão de decisão judicial e de situação alheia à vontade das partes (caso fortuito ou força maior).

Rescisão unilateral: a Administração Pública possui a prerrogativa de rescindir unilateralmente o contrato administrativo, sem a necessidade de propositura de ação judicial (art. 58, II, da Lei 8.666/1993) nas seguintes situações: interesse público superveniente devidamente justificado; e inadimplemento do particular (não cumprimento ou cumprimento irregular do contrato).

Rescisão amigável acordo entre as partes: distrato -> rescisão amigável por ambas as partes;

Rescisão judicial: rescisão que ocorre por iniciativa do particular, nas situações de inadimplemento do Poder Público contratante. Nesse caso, o particular terá que recorrer ao Poder Judiciário para pleitear a rescisão;

2786) (2014) Banca: CESPE Órgão: TJ-CE Prova: Técnico Judiciário – Área Administrativa

Em relação à rescisão de contrato, assinale a opção correta.

A) A rescisão decretada pelo Poder Judiciário consiste em uma rescisão administrativa.

B) Em um contrato, o falecimento do contratado caracteriza uma rescisão judicial.

C) A rescisão de pleno direito configura-se em caso de incapacidade da administração pública de cumprir com suas obrigações e de consequente inocorrência de inadimplência.

D) A rescisão amigável é possível na administração pública mediante a celebração de distrato com mútua quitação.

E) A rescisão de contrato por ato unilateral da administração pública denomina-se rescisão direta.

2787) (2013) Banca: CESPE – Órgão: TJ-DFT – Prova: Analista Judiciário – Oficial de Justiça Avaliador

Segundo a Lei 8.666/1993, a rescisão dos contratos administrativos pode ser judicial, amigável ou determinada por ato unilateral da administração, não sendo cabível a rescisão unilateral apenas no caso de o inadimplemento contratual ser da administração pública, ou seja, nas hipóteses de rescisão decorrente de culpa da administração.

A) Certo B) Errado

2788) (2014) Banca: FUNCAB – Órgão: MDA – Prova: Técnico de Suporte – Administração

A ocorrência de caso fortuito ou força maior que impeça a execução de um contrato, pode gerar um caso de rescisão:

A) unilateral.

B) administrativa.

C) judicial.

D) amigável.
E) obrigatória

2789) (2012) Banca: CONSULPLAN – Órgão: TSE – Prova: Analista Judiciário – Análise de Sistemas (+ provas)
No que tange à rescisão dos contratos administrativos é correto afirmar que
A) é possível a rescisão sem acesso ao judiciário e sem a concordância da administração.
B) não é possível a rescisão amigável do contrato, pois o interesse público é indisponível.
C) a rescisão sempre será judicial quando não houver concordância da administração.
D) a rescisão sempre será judicial quando não houver concordância do contratado e da administração.

Além do contrato administrativo com o objetivo de realizar serviços públicos, também existe a possibilidade de assinar um contrato administrativo com o objetivo de realizar obras públicas. Trata-se de contrato firmado pela Administração Pública para fins de contratação de uma empresa que será responsável por realizar a construção, reforma ou ampliação de imóvel em conformidade com o interesse público. É importante destacar que, ao contrário do serviço público, as obras públicas podem ser remuneradas mediante a **cobrança de contribuição de melhoria (natureza tributária).** Os contratos de obra podem ter dois regimes de execução:

1. Regime de empreitada: no qual a Administração atribui a execução da obra ao contratado, por sua conta e risco, mediante pagamento por **preço global** (quando se contrata a execução da obra ou do serviço por preço certo e total) **ou preço unitário** (quando se contrata a execução) da obra ou do serviço por preço certo de unidades determinadas.

2. Regime de tarefa: execução de obra de pequeno porte com pagamento periódico de cada tarefa executada, após verificação do fiscal.

3. Empreitada integral: contratação do empreendimento em sua integralidade, incluindo todas as etapas da obra, serviços necessários que encontram-se sobre a responsabilidade da empresa contratada.

As obras e os serviços somente poderão ser licitados caso existir orçamento detalhado em planilhas que expressem a composição de todos os seus custos unitários. No contrato de obra pública, é necessária a realização de licitação para contratação dos projetos da obra **(básico e executivo).**Nos termos do art. 12 da Lei 8.666, primeiramente se elabora o projeto básico (projeto arquitetônico e planilha orçamentária). Este projeto básico é encaminhado para nova licitação (contratação do projeto executivo) com o cronograma econômico financeiro da execução da obra, bem como o prazo de conclusão. Depois, é feita uma nova licitação para a contratação da obra propriamente dita. A lei permite que o projeto executivo seja licitado e elaborado em conjunto com a obra.

2790) (2015) Banca: CESPE – Órgão: MPOG – Prova: Arquiteto
Contrato firmado pela Administração Pública para fins de contratação de uma empresa que será responsável por realizar a construção, reforma ou ampliação de imóvel em conformidade com o interesse público, denomina-se Contrato de Obra Pública.
A) Certo B) Errado

2791) (2012) Banca: CESPE – Órgão: TRE-RJ – Prova: Analista Judiciário – Engenharia Civil
Os tipos de contratação podem ser classificados em: empreitadas por preço global, integral empreitada, empreitada por preço unitário e tarefa.
A) Certo B) Errado

2792) (2015) Banca: CESPE – Órgão: MPOG – Prova: Arquiteto
Com relação aos regimes de empreitada adotados em obras públicas, julgue o item seguinte. Caso a administração contrate a execução da obra ou do serviço por preço certo de unidades determinadas, caracteriza-se a empreitada por preço global.•
A) Certo B) Errado

2793) (2010) Banca: CESPE – Órgão: EMBASA – Prova: Analista de Saneamento – Advogado (+ provas)
Na execução indireta de obras ou serviços pelo poder público, ocorre o regime de empreitada por preço unitário, quando se contrata a execução da obra ou do serviço por preço certo de unidades determinadas.
A) Certo B) Errado

2794) (2015) Banca: CESPE – Órgão: STJ – Prova: Analista Judiciário – Engenharia
A contratação do empreendimento em sua integralidade, incluindo todas as etapas da obra, denomina-se empreitada integral.
A) Certo B) Errado

2795) (2015) Banca: CESPE – Órgão: STJ – Prova: Analista Judiciário – Engenharia
A contratação parcial de determinado empreendimento, denomina-se empreitada integral.
A) Certo B) Errado

2796) (2015) Banca: CESPE – Órgão: STJ – Prova: Analista Judiciário – Engenharia
Empreitada integral é cabível em obras e serviços de maior complexidade, com integração entre determinados equipamentos de modo que à Administração interesse seu funcionamento, não a sua mera construção e entrega.
A) Certo B) Errado

2797) (2015) Banca: CESPE – Órgão: STJ – Prova: Analista Judiciário – Engenharia
À luz da Lei 8.666/1993, julgue o item a seguir, relativo às condições que devem ser atendidas para a execução de obras e para a prestação de serviços. A inexistência de projeto básico aprovado pela autoridade competente inviabiliza a realização de licitação para a prestação de serviços.•
A) Certo B) Errado

2798) (2016) Banca: CESPE – Órgão: TCE-PA – Prova: Auditor de Controle Externo – Engenharia
A respeito de licitações de obras e serviços de engenharia, julgue o item a seguir com base na Lei 8.666/1993. Obras e serviços somente poderão ser licitados se dispuserem de projeto básico aprovado por autoridade competente.
A) Certo B) Errado

2799) (2012) Banca: CESPE – Órgão: MPE-PI – Prova: Analista Ministerial – Área Administrativa

Com relação a aspectos diversos de licitações públicas, contratos, convênios e patrimônio público, julgue o item seguinte.

A execução de uma obra que tenha sido objeto de licitação pública pode ser iniciada antes mesmo da conclusão do respectivo projeto executivo.

A) Certo B) Errado

2800) (2014) Banca: VUNESP – Órgão: PRODEST-ES – Prova: Analista Organizacional – Ciências Contábeis

Conforme o art. 10 da Lei 8.666/93 e suas alterações posteriores, as obras e serviços poderão ser executados nas formas direta e indireta. A execução indireta, por sua vez, apresenta os seguintes regimes:

A) empreitada por preço global e por fase; divisão; tarefa; empreitada integral.
B) empreitada por preço global; empreitada por preço unitário; tarefa; empreitada integral.
C) empreitada por preço unitário; tarefa; atividade; empreitadas integral e parcial.
D) empreitada por preço global e por fase; integral ou parcial, incluindo tarefas; atividades; divisões.
E) empreitada por preço global e por fase; integral ou parcial, incluindo tarefas; atividades; divisões, bem como processos e sub-processos.

2801) (2014) Banca: COPEVE-UFAL – Órgão: UFAL – Prova: Programador Visual (+ provas)

Segundo a Lei 8.666, de 21 de junho de 1993, quando se contrata um empreendimento em sua integralidade, compreendendo todas as etapas das obras, serviços e instalações necessárias, sob inteira responsabilidade da contratada até a sua entrega ao contratante em condições de entrada em operação, atendidos os requisitos técnicos e legais para sua utilização em condições de segurança estrutural e operacional e com as características adequadas às finalidades para que foi contratada, está a se contratar um(a)

A) empreitada integral.
B) empreitada por preço global.
C) empreitada por preço unitário.
D) tarefa.
E) projeto executivo.

2802) (2017) Banca: IDECAN – Órgão: MS – Prova: Analista Técnico de Políticas Sociais

Nos processos de licitação, nos termos da Lei nº 8.666/93, para a execução de obras e para a prestação de serviços deve-se obedecer a seguinte sequência:

A) Execução das obras e serviços, projeto básico e projeto executivo.
B) Projeto executivo, projeto básico e execução das obras e serviços.
C) Projeto básico, projeto executivo e execução das obras e serviços.
D) Projeto básico, execução das obras e serviços e projeto executivo.
E) Projeto executivo, execução das obras e serviços e projeto básico.

2803) (2015) Banca: FAPERPÓrgão: SeMAE – Prova: Agente Administrativo

Assinale a alternativa que contempla corretamente, nos termos do artigo 7º da Lei 8.666/93, a sequência que deverá ser obedecida nas licitações para a execução de obras e para a prestação de serviços.

A) projeto executivo; projeto básico; execução das obras e serviços.
B) projeto básico; projeto executivo; execução das obras e serviços.
C) termo de referência; projeto básico; projeto executivo; execução das obras e serviços.
D) projeto básico; termo de referência; projeto executivo; execução das obras e serviços.

A prestação do serviço público pode se dar de forma direta, quando o serviço for prestado pelo próprio ente estatal, ou indireta quando o serviço for prestado pelo particular concessionário e permissionário de serviço público. Nesse sentido, **o contrato de concessão e permissão de serviço público é contrato por adesão, bilateral**, por meio do qual o Poder Público transfere a prestação de um serviço público mediante delegação ao particular contratado, em conformidade com o artigo 175 da Constituição Federal. Destaca-se que nesse caso se transfere a execução do serviço público ao particular, sem nunca transferir a titularidade do serviço.

2804) (2016) Banca: CESPE Órgão: TJ-DFT Prova: Juiz de direito

Acerca das formas de delegação de serviços públicos, assinale a opção correta.

A) As parcerias público-privadas poderão ser celebradas nas modalidades contratuais de concessão patrocinada, de concessão administrativa e de permissão administrativa, sendo que a concessão patrocinada visa delegar serviço público ou obra pública, ao passo que as demais só poderão delegar serviço público.
B) A concessão de serviço público será realizada mediante contrato administrativo, submetido à licitação pública, na modalidade de concorrência, devendo essa ser precedida de audiência pública, dependendo do valor do certame.
C) A permissão de serviço público é o contrato administrativo para exploração de serviço público, precedido de licitação, para pessoa jurídica que demonstre capacidade para o seu desempenho, por sua própria conta e risco, gerando direitos ao permissionário quanto ao período de exploração.
D) A contraprestação da administração pública nos contratos de parceria público-privada poderá ser realizada por ordem bancária, cessão de créditos tributários e outorga de direitos sobre bens públicos dominiais, entre outros meios previstos em lei.
E) A contratação de parceria público-privada deverá ser precedida de licitação nas modalidades concorrência ou tomada de preços, estando a abertura do processo licitatório condicionada a, entre outros requisitos, autorização da autoridade competente lastreada em estudo técnico acerca da conveniência e da oportunidade da licitação, observância de limites de responsabilidade fiscal e ausência de vulneração às metas de resultados fiscais.

2805) (2014) Banca: CESPE – Órgão: ANTAQ – Prova: Especialista em Regulação – Economia

O contrato de concessão e permissão de serviço público é contrato por adesão, bilateral, por meio do qual o Poder Público transfere a prestação de um serviço público mediante delegação ao particular contratado.

A) Certo B) Errado

2806) (2016) Banca: CESPE Órgão: TCE-PR Prova: Auditor

A concessão de serviço público deve ser precedida de realização da licitação na modalidade concorrência.

A) Certo B) Errado

2807) (2017) Banca: CESPE – Órgão: TCE-PE – Prova: Analista de Gestão – Julgamento

No que concerne às regras acerca da organização do poder público e à delegação de serviços públicos, julgue o item subsequente.

Na concessão de serviço público, o poder concedente pode outorgar à concessionária poderes para promover as desapropriações necessárias, cabendo à concessionária, nesse caso, o pagamento de eventuais indenizações devidas.

A) Certo B) Errado

2808) (2010) Banca: FCC – Órgão: TRT – 9ª REGIÃO (PR) – Prova: Técnico Judiciário – Área Administrativa

O contrato administrativo pelo qual o Estado transfere ao particular a exploração de um serviço público é denominado

A) permissão
B) agenciamento.
C) autorização.
D) licitação.
E) concessão.

2809) (2007) Banca: FCC – Órgão: Prefeitura de São Paulo – SP – Prova: Auditor Fiscal do Município

Nos termos do tratamento legal da matéria, a

A) concessão e a permissão de serviços públicos são contratos.
B) concessão de serviços públicos é contrato, mas a permissão é ato unilateral.
C) permissão de serviços públicos é contrato, mas a concessão é ato unilateral.
D) concessão e a permissão de serviços públicos são atos unilaterais.
E) concessão de serviços públicos é contrato e a permissão de serviços não mais existe.

2810) (2010) Banca: FCC – Órgão: TCE-AP – Prova: Procurador

A concessão de serviço público é o contrato por meio do qual

A) o poder concedente, se autorizado por lei específica, transfere a execução de um determinado serviço público a um ente privado, que passa a responder solidariamente com o Poder Público pelos danos causados em decorrência da execução do contrato.
B) o Estado transfere a um terceiro a execução de serviço público de sua titularidade ou cuja titularidade lhe tenha sido transferida por outro ente federado.
C) o poder concedente transfere a execução de determinado serviço público a um concessionário, remanescendo na titularidade do mesmo e responsabilizando-se subsidiariamente por prejuízos decorrentes daquela execução.
D) o Estado concede delegação de serviço público a uma pessoa jurídica de direito privado, que passa a executá-lo e cobrar remuneração em nome do Poder Público.
E) o particular adquire o direito de executar uma determinada atividade econômica em nome do Poder Público, passando-a ao status de serviço público, o que lhe imputa responsabilidade civil objetiva pelos danos causados.

2811) (2014) Banca: FGV – Órgão: MPE-RJ – Prova: Estágio Forense

Quando o poder público delega a prestação de determinado serviço público, mediante licitação, na modalidade de concorrência, à pessoa jurídica ou consórcio de empresas que demonstre capacidade para seu desempenho, por sua conta e risco e por prazo determinado, o instrumento jurídico utilizado é o contrato administrativo de:

A) licitação de serviço público;
B) autorização de serviço público;
C) desconcentração de serviço público;
D) gestão de serviço público;
E) concessão de serviço público.

2812) (2013) Banca: UEG – Órgão: PC-GO – Prova: Agente de Polícia

A concessão de serviço público é:

A) ato administrativo discricionário e precário.
B) contrato administrativo que pode ser alterado unilateralmente pela Administração.
C) contrato administrativo exclusivamente remunerado pela Administração.
D) ato administrativo que não depende de prévia licitação.

2813) (2009) Banca: TJ-RS – Órgão: TJ-RS – Prova: Juiz

A concessão, como delegação da prestação de um serviço público,

A) não admite lucro ao concessionário.
B) dispensa contrato.
C) deve ser precedida de licitação.
D) tem como característica a perenidade.
E) estabelece relaçâo entre o concessionário e a administração concedente, regendo-se pelo direito privado.

2814) (2010) Banca: FESMIP-BA – Órgão: MPE-BA – Prova: Promotor de Justiça

Concessão de serviço público:

A) É ato administrativo unilateral, discricionário, qualificado ou precário, pelo qual a autoridade pública competente transfere a terceiros a execução, no seu próprio nome, e por sua conta e risco, de determinado serviço público, remunerado por meio de tarifa paga pelo usuário do serviço.
B) É modalidade de contrato administrativo mediante o qual a Administração transfere a terceiros a execução de obra e/ou serviço, para que os efetue por sua própria conta e risco,

recebendo, como contrapartida, remuneração prefixada em cláusula contratual.

C) É modalidade de contrato administrativo mediante o qual a Administração delega a terceiros o desempenho de determinado serviço público, para que o execute em seu próprio nome, assumindo os riscos próprios do negócio, remunerando-o por meio de tarifa cobrada do usuário.

D) É modalidade de contrato administrativo mediante o qual a Administração utiliza serviços de terceiros para a execução de trabalhos de baixo valor, com ou sem fornecimento de material, geralmente com dispensa de licitação, empregando a formula de ordem de execução de serviço.

E) É modalidade de contrato administrativo mediante o qual a Administração transfere a terceiros a gestão de determinado empreendimento (obra ou serviço público), que recebe da Administração remuneração previamente estabelecida no contrato, fixada de forma proporcional ao custo total do empreendimento.

O contrato administrativo descrito transfere a pessoa jurídica privada ou consórcio de empresas a prestação do serviço público, mediante delegação, sendo a empresa remunerada diretamente pelo usuário mediante o pagamento de tarifa. A tarifa não tem natureza de tributo, mas sim de preço público ou contraprestação pela utilização do serviço. O contrato de permissão de serviço pú**blico, por sua vez, admite qualquer modalidade licitatória.**

2815) (2016) Banca: CESPE Órgão: TCE-PR Prova: Auditor

O contrato de permissão de serviço público admite qualquer modalidade licitatória.

A) Certo B) Errado

A intervenção refere-se à possibilidade que, visando assegurar a prestação do serviço público de forma adequada, o fiel cumprimento da lei e das normas contratuais, o poder concedente poderá **DECRETAR** intervenção da concessionária assumindo temporariamente a gestão da empresa até a normalização. O referido decreto estabelece o interventor, os objetivos e os limites da medida.

2816) (2015) Banca: CESPE – Órgão: TJ-DFT – Prova: Analista Judiciário

O poder concedente poderá decretar intervenção da concessionária assumindo temporariamente a gestão da empresa até a normalização.

A) Certo B) Errado

São formas de extinção da concessão:

1. Advento do termo contratual: encerramento do prazo de vigência do contrato;

2. **Encampação: situação em que o poder público, mediante Lei autorizativa e prévia indenização, rescinde o contrato por razões de interesse público superveniente.** Nesse caso, é devida a indenização ao particular contratado referente aos danos oriundos da extinção contratual antecipada. **A encampação decorre da aplicação do Princípio da continuidade do serviço público.**

3. **Caducidade** trata-se da forma de extinção do contrato em razão a inexecução, total ou parcial, das obrigações pelo particular. A caducidade deverá ser declarada pelo Poder Público após a devida apuração da inadimplência cometido pelo particular em processo administrativo no qual seja assegurado o contraditório e a ampla defesa.

No caso de contrato de concessão, a transferência de concessão ou do controle societário da concessionária sem prévia anuência do poder concedente também enseja a caducidade.

Trata-se de instrumento capaz de promover a delegação da prestação de serviço público ao particular. Nesse sentido, são diferenças entre concessão e permissão: o contrato de concessão será firmado junto à pessoas jurídicas ou consórcio de empresas, a permissão poderá ser firmada junto à **pessoas jurídicas ou pessoas físicas**; a concessão envolve grande aporte de capital pelo particular, a permissão exige menor investimento; o contrato de concessão será firmado mediante licitação prévia na modalidade concorrência e a permissão pode ser outorgada mediante realização de qualquer modalidade de licitação.

2817) (2006) Banca: CESPE – Órgão: ANATEL – Prova: Analista Administrativo – Biblioteconomia

A respeito dos contratos administrativos, julgue o item a seguir.

Denomina-se encampação a retomada do serviço pelo poder concedente, logo após a extinção do contrato de concessão, por motivo de interesse público e realizada mediante lei autorizativa específica, após prévio pagamento de indenização.

A) Certo B) Errado

2818) (2016) Banca: CESPE Órgão: TRT – 8ª Região (PA e AP) – Prova: Técnico Judiciário – Área Administrativa

Assinale a opção correta acerca do controle legislativo dos atos administrativos.

A) A celebração de convênio entre estado e município exige autorização prévia do Poder Legislativo estadual e municipal.

B) Exige-se autorização legislativa para a desapropriação, pelos estados, dos bens de domínio da União.

C) Compete privativamente ao Senado Federal apreciar atos de concessão de emissoras de televisão.

D) Depende de autorização legislativa apenas a alienação de bens imóveis das pessoas jurídicas da administração direta.

E) Encampação refere-se à retomada do serviço pelo poder concedente durante o prazo da concessão.

2819) (2014) Banca: CESPE Órgão: TJ-CE Prova: Analista Judiciário – Área Administrativa

No que concerne aos serviços públicos, assinale a opção correta.

A) Considera-se centralizada a forma de prestação de serviços públicos por meio de empresas permissionárias.

B) Serviço público *uti singuli* é aquele prestado pela administração para atender à coletividade em geral, sem destinatários individuais.

C) Considera-se concessão de serviço público a delegação de sua prestação feita pelo poder concedente, mediante licitação, à pessoa física ou jurídica que demonstre capacidade para seu desempenho, por sua conta e risco.

D) A possibilidade de encampação da concessão do serviço público decorre da aplicação do princípio da continuidade do serviço público.

E) Entre os elementos constitutivos do serviço público, há o elemento material, que diz respeito ao regime jurídico aplicável ao serviço público.

2820) (2016) Banca: CESPE Órgão: PC-PE Prova: Agente de Polícia

Em relação à prestação de serviços públicos e à organização da administração pública, assinale a opção correta.

A) As sociedades de economia mista são entidades de direito privado constituídas exclusivamente para prestar serviços públicos, de modo que não podem explorar qualquer atividade econômica.

B) Em decorrência do princípio da continuidade do serviço público, admite-se que o poder concedente tenha prerrogativas contratuais em relação ao concessionário. Uma dessas prerrogativas é a possibilidade de encampação do serviço, quando necessária à sua continuidade.

C) A concessão de serviço público pode prever a delegação do serviço a um consórcio de empresas, caso em que o contrato de concessão terá prazo indeterminado.

D) Os serviços públicos serão gratuitos, ainda que prestados por meio de agentes delegados.

E) O poder público poderá criar uma autarquia para centralizar determinados serviços públicos autônomos. Nessa hipótese, esses serviços passam a integrar a administração direta, com gestão administrativa e financeira centralizadas no respectivo ente federativo.

2821) (2014) Banca: CESPE – Órgão: ANTAQ – Prova: Especialista em Regulação – Economia

No que diz respeito à delegação, licitação, contrato de concessão e serviço público adequado, julgue o item que se segue. Caso um serviço não seja prestado de forma adequada, segundo critérios e indicadores de qualidade definidos, poderá ser declarada a caducidade da concessão pelo poder concedente.

A) Certo   B) Errado

2822) (2009) Banca: CESPE – Órgão: TCE-TO – Prova: Analista de Controle Externo – Direito (+ provas)

A respeito da licitação e dos contratos administrativos, assinale a opção correta.

A) No pregão, as garantias deverão constar do edital, podendo o contratado escolher uma entre as seguintes: caução em dinheiro ou em títulos da dívida pública; seguro-garantia; ou fiança bancária.

B) A venda de bens públicos imóveis será realizada, obrigatoriamente, por meio de concorrência, não se admitindo o leilão.

C) A caducidade da concessão poderá ser declarada pelo poder concedente quando a concessionária for condenada em sentença transitada em julgado por sonegação de tributos, inclusive contribuições sociais.

D) A verificação da existência de crime nos autos de um processo de licitação ou de contrato administrativo é uma atribuição do Ministério Público e da polícia, não sendo obrigatória a remessa, *ex officio*, por parte de autoridades administrativas, de cópias e documentos necessários ao oferecimento da denúncia.

E) É dispensável a licitação na contratação de profissional de qualquer setor artístico, diretamente ou por meio de empresário exclusivo, desde que consagrado pela crítica especializada ou pela opinião pública.

2823) (2014) Banca: CESPE – Órgão: Câmara dos Deputados – Prova: Analista Legislativo

Julgue o item que segue, referente a licitações, contratos, concessões e permissões. Caso determinada empresa concessionária de serviços públicos preste serviços de forma deficiente, e essa deficiência seja identificada pelo poder público por meio da análise de indicadores de qualidade previamente definidos em contrato, o referido poder poderá declarar a caducidade como forma de extinção da concessão.

A) Certo   B) Errado

2824) (2016) Banca: CESPE Órgão: TRT – 8ª Região (PA e AP) – Prova: Analista Judiciário – Área Judiciária

A modalidade de extinção da concessão fundada na perda, pela concessionária de serviços públicos, das condições econômicas, técnicas ou operacionais para manter a adequada prestação do serviço concedido denomina-se

A) encampação.
B) caducidade.
C) anulação.
D) revogação.
E) rescisão.

2825) (2014) Banca: CESPE – Órgão: ANTAQ – Prova: Especialista em Regulação – Economia

No que diz respeito à delegação, licitação, contrato de concessão e serviço público adequado, julgue o item que se segue. A transferência de concessão, de uma concessionária para outra, pode ocorrer sem prévia anuência do poder concedente, sem implicar na caducidade da concessão.•

A) Certo   B) Errado

2826) (2017) Banca: CESPE – Órgão: TRT – 7ª Região (CE) – Prova: Analista Judiciário – Área Judiciária

A extinção do contrato de concessão de serviço público, por razão de interesse público, durante o prazo de concessão e sem que o concessionário esteja inadimplente, com a consequente retomada do serviço pelo poder concedente, denomina-se

A) encampação.
B) reversão.
C) anulação.
D) caducidade.

2827) (2007) Banca: CESPE – Órgão: TJ-PI – Prova: Juiz

A extinção do contrato administrativo de concessão pela retomada do serviço pelo poder concedente durante o prazo da concessão, por motivo de interesse público, mediante lei autorizativa específica e após prévio pagamento da indenização, denomina-se apropriadamente

A) caducidade
B) rescisão.
C) anulação.
D) encampação.
E) reversão.

2828) (2012) Banca: CESPE – Órgão: PRF – Prova: Técnico de Nível Superior

A permissão é a delegação, a título precário, mediante licitação, da prestação de serviços públicos, feita pelo poder concedente à pessoa física ou jurídica que demonstre capacidade para seu desempenho, por sua conta e risco.

A) Certo B) Errado

2829) (2012) Banca: FCC – Órgão: TRE-CE – Prova: Analista Judiciário – Área Judiciária

Na concessão de serviço público, a rescisão unilateral por motivo de inadimplemento contratual denomina-se

A) retrocessão.
B) encampação.
C) reversão.
D) caducidade.
E) adjudicação.

2830) (2011) Banca: FCC – Órgão: TCE-SE – Prova: Analista de Controle Externo – Coordenadoria Jurídica

À retomada do serviço público pelo poder concedente durante o prazo da concessão por motivo de interesse público dá-se doutrinariamente o nome de

A) reversão.
B) encampação.
C) assunção.
D) caducidade.
E) desconstituição.

2831) (2010) Banca: CESGRANRIO – Órgão: EPE – Prova: Advogado

A modalidade de extinção de concessão de serviço público que se caracteriza pela retomada do serviço pelo Poder Concedente durante o prazo da concessão, por motivo de interesse público, mediante lei autorizativa específica e após prévio pagamento de indenização denomina-se

A) adjudicação.
B) caducidade.
C) encampação.
D) reversão.
E) intervenção.

2832) (2006) Banca: CESGRANRIO – Órgão: Petrobras – Prova: Advogado

A hipótese de extinção da concessão através da retomada, pelo poder concedente, dos serviços públicos delegados à iniciativa privada, antes do vencimento do contrato e por motivo de interesse público, através da promulgação de lei autorizativa específica e mediante o prévio pagamento de indenização, consiste, nos termos da legislação vigente, em:

A) encampação.
B) caducidade.
C) revogação.
D) anulação.
E) rescisão.

Trata-se do contrato administrativo firmado entre entidades federativas para realização de objetivos de interesse comum. Em conformidade com o artigo 241 da CF/88 a União, os Estados, o Distrito Federal e os municípios poderão instituir consórcios para fins de garantir a gestão associada de serviços públicos.

Dessa forma, destaca-se que os consórcios públicos são acordos de vontade celebrados entre as diversas esferas de governo para a execução de serviços e obras públicas de interesse comum. Não envolve a iniciativa privada

O consórcio público envolve a instituição de uma nova pessoa jurídica com personalidade distinta da personalidade das entidades consorciadas. O referido consórcio poderá adquirir personalidade jurídica de direito público, no caso em que será qualificado como associação pública de direito público, ou personalidade jurídica de direito privado, que será regida pela legislação civil, não integrando a administração indireta dos entes consorciados.

Ao adquirir personalidade jurídica autônoma, o consórcio poderá firmar convênios, receber auxílios, promover desapropriações e instituir servidões, ser contratado pela Administração direta e indireta, emitir documentos de cobrança, exercer atividade de arrecadação, outorgar concessão, permissão e autorização de obras ou serviços públicos.

2833) (2014) Banca: CESPE – Órgão: MEC – Prova: Nível Superior

Ao consórcio público — é vedado firmar convênios, contratos e acordos de qualquer natureza, receber auxílios, contribuições e subvenções sociais ou econômicas de outras entidades e órgãos do governo.

A) Certo B) Errado

2834) (2007) Banca: FCC – Órgão: MPU – Prova: Analista Administrativo

O ajuste celebrado entre entes federados, precedido de protocolo de intenções e aprovação legislativa, no qual delegam a gestão associada de serviços públicos e a realização de objetivos de interesse comuns, de conformidade com as normas legais, as cláusulas do protocolo e as do próprio contrato, inclusive as cláusulas que definem a sua personalidade jurídica, como associação pública de direito público ou como pessoa jurídica de direito privado, sem fins econômicos, é denominado.

A) convênio público.
B) contrato de gestão.
C) contrato de gerenciamento.
D) concessão de serviço, de obra pública ou de uso de bem público.
E) consórcio público.

2835) (2013) Banca: VUNESP – Órgão: MPE-ES – Prova: Agente de Apoio – Administrativo

O consórcio público

A) integra a Administração Pública Direta.
B) somente será firmado pela União.
C) é constituído por contrato.
D) é espécie do gênero convênio administrativo.
E) independe de prévia subscrição de protocolo de intenções

1º PASSO: Subscrição do protocolo de intenções pelo ente federado; 2º PASSO: Ratificação do protocolo mediante lei (lei editada por cada ente federado consorciado); 3º PASSO: Celebração do contrato de consórcio; 4º PASSO: Personificação do Consórcio; 5º PASSO: celebração do contrato de rateio e contrato de Programa.

A celebração do consórcio envolve, inicialmente, a elaboração de um protocolo de intenções que trata a respeito da finalidade do consórcio, identificação dos entes consorciados, previsão da personalidade do consórcio, normas de funcionamento da assembleia geral etc.

O referido protocolo deverá ser publicado na imprensa oficial e então o contrato de consórcio será celebrado com a ratificação do protocolo de intenções por meio de lei específica aprovada no âmbito de cada ente federado. Nos termos da Lei 11.107/05:

"Art. 3º O consórcio público será constituído por contrato cuja celebração dependerá da prévia subscrição de protocolo de intenções.

Art. 5º O contrato de consórcio público será celebrado com a ratificação, mediante lei, do protocolo de intenções. [...]

§ 4º É dispensado da ratificação prevista no caput deste artigo o ente da Federação que, antes de subscrever o protocolo de intenções, disciplinar por lei a sua participação no consórcio público."

2836) (2014) Banca: CESPE – Órgão: MTE – Prova: Contador
Considerando as disposições da Lei 11.107/2005 e da Lei 8.666/1993, julgue o item subsecutivo. Os consórcios públicos são constituídos por meio de ato editado pelo chefe do Poder Executivo dos entes federativos consorciados.
A) Certo   B) Errado

2837) (2014) Banca: CESPE – Órgão: MTE – Prova: Agente Administrativo
Com base nas disposições da Lei 11.107/2005, que disciplina o consórcio público, julgue o próximo item. Caso um estado-membro da Federação pretenda participar de consórcio público, ele deverá subscrever um protocolo de intenções, o qual deverá ser ratificado por lei, salvo se o ente federativo, no momento do protocolo, já tiver editado lei disciplinadora sobre sua participação no consórcio.
A) Certo   B) Errado

2838) (2016) Banca: FUNRIO – Órgão: Prefeitura de Itupeva – SP – Prova: Procurador Municipal
A Lei 11.107/2005 dispõe sobre normas gerais de contratação de consórcios públicos estabelecendo que ele será constituído por contrato cuja celebração dependerá da prévia subscrição de:
A) ações ordinárias
B) debêntures conversíveis
C) cotas sociais
D) partes beneficiárias
E) protocolo de intenções

2839) (2013) Banca: VUNESP – Órgão: TJ-SP – Prova: Advogado
Nos termos da Lei 11.107/2005, o Consórcio Público.
A) será constituído por contrato cuja celebração dependerá da prévia subscrição de protocolo de intenções.
B) não poderá firmar convênio nem receber subvenções sociais ou econômicas de outras entidades e órgãos do governo.
C) não poderá constituir pessoa jurídica de direito privado, sendo seus objetivos determinados pelos entes da Federação que se consorciarem.
D) não poderá constituir associação pública, mas se autoriza a emissão de documentos de cobrança e a arrecadação de tarifas.
E) será constituído por meio de termo de cooperação, celebrado previamente ao contrato, contendo os objetivos de todos os cooperados.

Convênio: Trata-se de acordo, ajuste que discipline a transferência de recursos financeiros públicos e tenha como partícipe, de um lado, órgão ou entidade da Administração Pública federal, direta ou indireta, e, de outro lado, órgão ou entidade da Administração Pública estadual, distrital ou municipal, direta ou indireta ou ainda, entidades privadas sem fins lucrativos, para fins de execução de programa de governo, envolvendo a realização de projeto, atividade, serviço, aquisição de bens ou evento de interesse recíproco, em regime de mútua cooperação.

2840) (2016) Banca: CESPE Órgão: TCE-PR Prova: Analista de Controle
Convênio é um acordo ou pacto celebrado entre órgãos públicos, ou entre eles e instituições privadas, visando ao trato ou disciplinamento de interesses comuns.
A) Certo   B) Errado

Contrato de repasse: instrumento administrativo, de interesse recíproco, por meio do qual a transferência dos recursos financeiros se processa por intermédio de instituição ou agente financeiro público federal, que atua como mandatário da União.

2841) (2014) Banca: CESPE – Órgão: Câmara dos Deputados – Prova: Analista Legislativo
Com referência à cooperação na administração pública, julgue o próximo item. O contrato de repasse, instrumento administrativo que autoriza a transferência de recursos financeiros intermediada por instituição financeira pública, pode ser celebrado entre entidades da administração pública federal.
A) Certo   B) Errado

2842) (2014) Banca: CESPE – Órgão: TEM – Prova: Agente Administrativo
Contrato de repasse é um instrumento administrativo, de interesse recíproco, no qual a transferência dos recursos financeiros se processa por intermédio de instituição ou agente financeiro público federal que atua como mandatário da União.
A) Certo   B) Errado

GABARITO – CONTRATOS ADMINISTRATIVOS

2381) D	2427) CERTO	2473) ERRADO	2519) A	2565) C	2611) C
2382) B	2428) E	2474) E	2520) D	2566) D	2612) C
2383) D	2429) B	2475) A	2521) A	2567) D	2613) B
2384) E	2430) ERRADO	2476) C	2522) B	2568) C	2614) E
2385) B	2431) CERTO	2477) B	2523) D	2569) A	2615) A
2386) C	2432) B	2478) E	2524) D	2570) E	2616) CERTO
2387) D	2433) E	2479) CERTO	2525) D	2571) D	2617) CERTO
2388) D	2434) B	2480) ERRADO	2526) A	2572) C	2618) ERRADO
2389) ERRADO	2435) CERTO	2481) E	2527) A	2573) E	2619) A
2390) CERTO	2436) D	2482) D	2528) D	2574) D	2620) D
2391) E	2437) D	2483) B	2529) B	2575) B	2621) CERTO
2392) CERTO	2438) A	2484) CERTO	2530) D	2576) E	2622) CERTO
2393) CERTO	2439) ERRADO	2485) CERTO	2531) C	2577) A	2623) C
2394) A	2440) D	2486) A	2532) B	2578) B	2624) D
2395) CERTO	2441) A	2487) CERTO	2533) B	2579) B	2625) ERRADO
2396) C	2442) A	2488) ERRADO	2534) A	2580) D	2626) CERTO
2397) E	2443) ERRADO	2489) CERTO	2535) B	2581) C	2627) ERRADO
2398) C	2444) ERRADO	2490) CERTO	2536) B	2582) B	2628) E
2399) B	2445) ERRADO	2491) ERRADO	2537) C	2583) C	2629) ERRADO
2400) A	2446) ERRADO	2492) ERRADO	2538) A	2584) D	2630) CERTO
2401) B	2447) B	2493) ERRADO	2539) E	2585) D	2631) ERRADO
2402) A	2448) C	2494) CERTO	2540) D	2586) CERTO	2632) C
2403) E	2449) C	2495) CERTO	2541) A	2587) B	2633) B
2404) C	2450) E	2496) ERRADO	2542) E	2588) C	2634) C
2405) C	2451) A	2497) ERRADO	2543) A	2589) C	2635) E
2406) A	2452) B	2498) ERRADO	2544) B	2590) D	2636) D
2407) D	2453) E	2499) ERRADO	2545) A	2591) B	2637) C
2408) B	2454) D	2500) CERTO	2546) D	2592) B	2638) E
2409) C	2455) D	2501) E	2547) C	2593) E	2639) A
2410) B	2456) E	2502) B	2548) A	2594) E	2640) C
2411) D	2457) D	2503) E	2549) D	2595) A	2641) B
2412) E	2458) C	2504) C	2550) B	2596) A	2642) A
2413) D	2459) E	2505) E	2551) B	2597) E	2643) B
2414) D	2460) CERTO	2506) A	2552) B	2598) D	2644) B
2415) E	2461) A	2507) D	2553) A	2599) B	2645) B
2416) D	2462) E	2508) C	2554) CERTO	2600) ERRADO	2646) C
2417) E	2463) B	2509) C	2555) CERTO	2601) ERRADO	2647) A
2418) D	2464) B	2510) A	2556) CERTO	2602) CERTO	2648) D
2419) D	2465) A	2511) A	2557) ERRADO	2603) ERRADO	2649) B
2420) B	2466) ERRADO	2512) D	2558) CERTO	2604) ERRADO	2650) D
2421) B	2467) B	2513) C	2559) ERRADO	2605) ERRADO	2651) ERRADO
2422) A	2468) A	2514) A	2560) CERTO	2606) ERRADO	2652) ERRADO
2423) B	2469) A	2515) C	2561) E	2607) ERRADO	2653) CERTO
2424) E	2470) D	2516) A	2562) E	2608) CERTO	2654) C
2425) A	2471) C	2517) C	2563) A	2609) CERTO	2655) D
2426) C	2472) C	2518) A	2564) C	2610) B	2656) C

8. CONTRATOS ADMINISTRATIVOS

2657) B	2688) CERTO	2719) D	2750) A	2781) A	2812) B
2658) B	2689) ERRADO	2720) A	2751) D	2782) D	2813) C
2659) A	2690) CERTO	2721) A	2752) C	2783) E	2814) C
2660) A	2691) C	2722) C	2753) E	2784) A	2815) CERTO
2661) A	2692) CERTO	2723) CERTO	2754) C	2785) CERTO	2816) CERTO
2662) B	2693) D	2724) A	2755) C	2786) D	2817) ERRADO
2663) D	2694) ERRADO	2725) B	2756) D	2787) CERTO	2818) E
2664) B	2695) B	2726) A	2757) B	2788) A	2819) D
2665) CERTO	2696) CERTO	2727) C	2758) A	2789) C	2820) B
2666) CERTO	2697) CERTO	2728) CERTO	2759) E	2790) CERTO	2821) CERTO
2667) ERRADO	2698) A	2729) CERTO	2760) C	2791) ERRADO	2822) C
2668) A	2699) E	2730) CERTO	2761) D	2792) ERRADO	2823) CERTO
2669) ERRADO	2700) A	2731) E	2762) A	2793) CERTO	2824) B
2670) ERRADO	2701) B	2732) D	2763) E	2794) CERTO	2825) ERRADO
2671) ERRADO	2702) D	2733) D	2764) D	2795) ERRADO	2826) A
2672) D	2703) CERTO	2734) A	2765) C	2796) CERTO	2827) D
2673) CERTO	2704) CERTO	2735) E	2766) A	2797) CERTO	2828) CERTO
2674) ERRADO	2705) CERTO	2736) B	2767) B	2798) CERTO	2829) D
2675) A	2706) CERTO	2737) B	2768) D	2799) CERTO	2830) B
2676) E	2707) A	2738) C	2769) D	2800) B	2831) C
2677) B	2708) ERRADO	2739) CERTO	2770) CERTO	2801) A	2832) A
2678) B	2709) CERTO	2740) D	2771) ERRADO	2802) C	2833) ERRADO
2679) B	2710) B	2741) E	2772) A	2803) B	2834) E
2680) ERRADO	2711) D	2742) CERTO	2773) D	2804) B	2835) C
2681) D	2712) E	2743) ERRADO	2774) E	2805) CERTO	2836) ERRADO
2682) D	2713) E	2744) CERTO	2775) CERTO	2806) CERTO	2837) CERTO
2683) C	2714) B	2745) CERTO	2776) ERRADO	2807) CERTO	2838) E
2684) CERTO	2715) E	2746) ERRADO	2777) CERTO	2808) E	2839) A
2685) CERTO	2716) A	2747) CERTO	2778) CERTO	2809) A	2840) CERTO
2686) CERTO	2717) C	2748) A	2779) E	2810) C	2841) ERRADO
2687) E	2718) B	2749) B	2780) A	2811) E	2842) CERTO

FRASES PODEROSAS – CONTRATOS ADMINISTRATIVOS			
	% de questões	Número de acertos nesse capítulo	% de acertos
A Administração pode realizar a modificação unilateral do objeto do contrato para melhor adequação às finalidades de interesse público. As modificações podem se dar em razão do projeto (qualitativa) ou em razão de acréscimo ou diminuição da quantidade comprada (quantitativa).	16%		
A alteração quantitativa é possível em razão do acréscimo ou diminuição da quantidade do objeto. A modificação deve observar o limite de até 25% (para + e para -), e até 50% (para +) no caso de reforma Edifício equipamento.	14%		
A Administração Pública possui a prerrogativa de rescindir unilateralmente o contrato administrativo, em casos de: não cumprimento de cláusulas contratuais pelo particular contratado, e por razões de interesse público, de alta relevância e amplo conhecimento.	14%		
Pela inexecução total ou parcial do contrato a Administração poderá, garantida a prévia defesa, aplicar ao contratado as seguintes sanções: advertência; multa; suspensão temporária de participação em licitação; declaração de inidoneidade para licitar ou contratar com a Administração Pública.	21%		
TOTAL	65%		

9. AGENTES PÚBLICOS

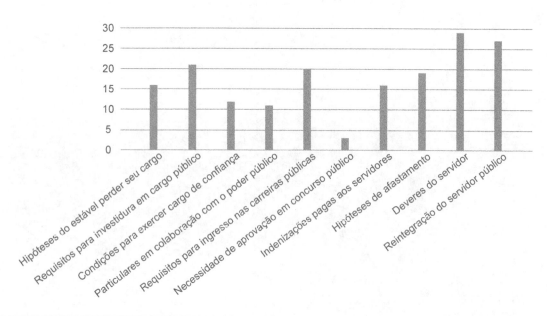

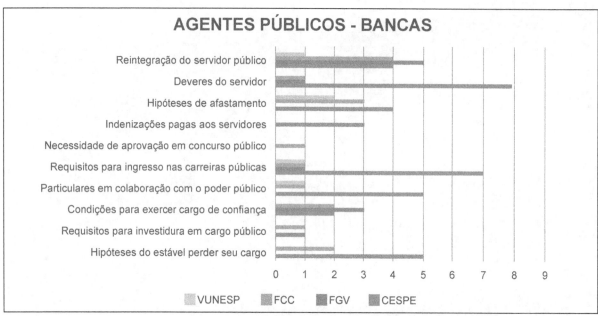

O termo agente público é uma designação genérica que abrange todas as pessoas que desempenham funções públicas, mandato, cargo ou emprego estatal, de forma definitiva ou transitória, remunerada ou gratuita. Nesse sentido, o art. 2º da Lei 8.429/1992 define:

"Art. 2º Reputa-se agente público, para os efeitos desta lei, todo aquele que exerce, ainda que transitoriamente ou sem remuneração, por eleição, nomeação, designação, contratação ou qualquer outra forma de investidura ou vínculo, mandato, cargo, emprego ou função nas entidades mencionadas no artigo anterior."

2843) (2014) Banca: CESPE – Órgão: Câmara dos Deputados – Prova: Analista Legislativo

Acerca da organização administrativa e dos agentes públicos, julgue o item seguinte.

Os agentes particulares colaboradores, como, por exemplo, os concessionários e permissionários de serviços públicos, embora atuem em funções públicas delegadas pelo Estado, não são agentes públicos, ante a ausência de vínculo estatutário, celetista ou eletivo com a administração.

A) Certo   B) Errado

2844) (2010) Banca: CESPE – Órgão: TRE-MT – Prova: Técnico Judiciário – Área Administrativa

Acerca da classificação de agentes públicos, e tendo em vista os cargos, os empregos e as funções na administração pública, assinale a opção correta.

A) Não podem ser considerados agentes públicos os detentores de mandatos eletivos, pois, além de serem investidos nos cargos mediante eleição, e não por nomeação, eles desempenham funções por prazo determinado.

B) Os servidores contratados por tempo determinado para atender a necessidade temporária de excepcional interesse público, precisamente por exercerem atividades temporárias, estarão vinculados a emprego público, e não a cargo público.

C) Os particulares em colaboração com o poder público são considerados agentes públicos, mesmo que prestem serviços ao Estado sem vínculo empregatício e sem remuneração.

D) Os servidores das fundações públicas, empresas públicas e sociedades de economia mista são contratados sob o regime da legislação trabalhista e ocupam emprego público.

E) Nos termos da CF, a investidura em cargo, emprego ou função pública depende de aprovação prévia em concurso público de provas ou de provas e títulos, de acordo com a natureza e a complexidade do cargo, emprego ou função.

2845) (2016) Banca: FCC – Órgão: TRF – 3ª REGIÃO – Prova: Analista Judiciário – Biblioteconomia (+ provas)

Ricardo, servidor público do Tribunal Regional Federal da 3ª Região, foi condenado administrativamente à penalidade de demissão. Já seu colega Bernardo, também servidor público do Tribunal Regional Federal da 3ª Região e ocupante de cargo em comissão, foi condenado administrativamente à penalidade de destituição do cargo em comissão. Nos termos da Lei nº 8.112/1990, as mencionadas penalidades disciplinares foram aplicadas

A) pelo Presidente do Tribunal Regional Federal da 3ª Região e pela autoridade que nomeou Bernardo para o cargo em comissão, respectivamente.

B) pelo Presidente do Tribunal Regional Federal da 3ª Região em ambos os casos, não importando, na segunda hipótese, qual autoridade nomeou Bernardo para o cargo em comissão.

C) pela autoridade administrativa de hierarquia imediatamente inferior à do Presidente do Tribunal Regional Federal da 3ª Região em ambos os casos, não importando, na segunda hipótese, qual autoridade nomeou Bernardo para o cargo em comissão.

D) pela autoridade administrativa de hierarquia imediatamente inferior à do Presidente do Tribunal Regional Federal da 3ª Região e pela autoridade que nomeou Bernardo para o cargo em comissão, respectivamente.

E) pela autoridade administrativa de hierarquia imediatamente inferior à do Presidente do Tribunal Regional Federal da 3ª Região e pelo Presidente do Tribunal Regional Federal da 3ª Região, respectivamente.

2846) (2016) Banca: FUNIVERSA – Órgão: IF-AP – Prova: Auxiliar em Administração

A respeito dos agentes públicos e da função pública, assinale a alternativa correta.

A) Para ser considerado como agente público, é necessário que exista vínculo jurídico entre o Estado e a pessoa.

B) Necessariamente, deve existir remuneração para ser considerado como agente público.

C) O agente público é qualquer pessoa que aja em nome do Estado.

D) Não será considerado como agente público aquele que agir transitoriamente em nome do Estado.

E) Apenas as pessoas que forem aprovadas em concurso público para cargo efetivo serão consideradas agentes públicos.

2847) (2014) Banca: FUNDEP (Gestão de Concursos) – Órgão: TJ-MG – Prova: Juiz

Os agentes públicos exercem uma função pública como preposto do Estado.

Sobre o conceito de agente público, assinale a alternativa CORRETA.

A) Agentes públicos são aqueles que, em decorrência de um vínculo funcional, exercem o poder do Estado.

B) Agentes públicos são aqueles que, por meio de um mandato eletivo, representam o Estado no exercício da administração pública.

C) Agentes públicos são todos os que, ainda que transitoriamente, com ou sem remuneração, por eleição, nomeação, designação, contratação ou qualquer forma de investidura ou vínculo, exercem mandato, cargo, emprego ou função nas entidades de direito público.

D) Agentes públicos são aqueles que, em decorrência de ingresso no serviço público por meio de concurso, detêm função pública que os legitimam na representação do Estado para a prática dos atos da administração.

2848) (2016) Banca: FUNRIO – Órgão: IF-BA – Prova: Auxiliar em Administração

As pessoas físicas incumbidas, definitiva ou transitoriamente, do exercício de alguma função estatal, denominam-se

A) credores nacionais.
B) agentes públicos.
C) agentes particulares.
D) empresas contratadas.
E) fundações públicas.

2849) (2011) Banca: PUC-PR – Órgão: TJ-RO – Prova: Juiz

Considere as assertivas abaixo:

Reputa-se agente público, para os efeitos da Lei 8.429/92, todo aquele que exerce, ainda que transitoriamente ou sem remuneração, por eleição, nomeação, designação, contratação ou qualquer outra forma de investidura ou vínculo, mandato, cargo, emprego ou função nas entidades mencionadas no artigo 1º da referida Lei.

A) Certo B) Errado

2850) (2015) Banca: BIO-RIO – Órgão: IF-RJ – Prova: Contador

São classificados como agentes públicos os a seguir relacionados, EXCETO:

A) servidores concursados.
B) servidores que exercem cargos comissionados.
C) contratados para serviços temporários para hospitais públicos.
D) funcionários de empresas contratadas para execução de obras.
E) prefeitos, vereadores e secretários municipais.

2851) (2007) Banca: EJEF – Órgão: TJ-MG – Prova: Juiz

NÃO se enquadra no conceito de agente público:

A) a sociedade empresária privada em colaboração com o poder público.
B) o militar.
C) o jurado.
D) o servidor público.

2852) (2010) Banca: CETAP – Órgão: AL-RR – Prova: Assistente Legislativo

Analise os conceitos apresentados nas alternativas seguintes e marque a alternativa CORRETA:

A) São denominadas de servidores públicos todas as pessoas jurídicas que trabalham nos entes estatais de qualquer poder.
B) São denominadas de Funcionários públicos as pessoas legalmente investidas em funções públicas.
C) A denominação Agentes públicos abrange todos aqueles que mantêm vínculo de trabalho com os entes estatais, de qualquer poder.
D) A denominação Agentes políticos designa aqueles contratados pela Consolidação das Leis do Trabalho, figurando o poder público como empregador.
E) A denominação Empregados públicos todos aqueles que mantêm vínculo com o estado.

2853) (2012) Banca: CESPE – Órgão: FNDE – Prova: Técnico em Financiamento e Execução de Programas e Projetos Educacionais

Considera-se agente público a pessoa física que presta serviços ao Estado, excluídos desse conceito os que prestam serviços às pessoas jurídicas de direito privado que integram a administração indireta.

A) Certo B) Errado

Os agentes políticos são aqueles que exercem a função pública de alta direção do Estado e compõem a cúpula diretiva do Governo. A vinculação desses agentes com o Poder Público é uma vinculação estatutária, estabelecida mediante o ingresso desses à máquina estatal, em regra, por meio das eleições. Ex: Presidente da República, Parlamentares, Governadores, Prefeitos, Ministros, Secretários, etc. Destaca-se que os cargos de Ministro de Estado e Secretário são cargos políticos, haja vista que são cargos ligados à alta gestão, a despeito do fato de que o ingresso desses agentes à máquina estatal não ocorre através das eleições.

2854) (2017) Banca: CESPE – Órgão: SEDF – Prova: Conhecimentos Básicos – Cargo 2 (+ provas)

Acerca de administração pública, organização do Estado e agentes públicos, julgue o item a seguir.

O governador e os secretários de Estado do Distrito Federal são considerados agentes políticos.

A) Certo B) Errado

2855) (2015) Banca: FCC – Órgão: CNMP – Prova: Técnico do CNMP – Administração

Corresponde à espécie agente político:

A) Agentes Comunitários de Saúde.
B) Mesário da Justiça Eleitoral.
C) Dirigentes de empresas estatais.
D) Membros do Conselho Tutelar.
E) Membros do Ministério Público.

2856) (2015) Banca: FCC – Órgão: TRT – 6ª Região (PE) – Prova: Juiz do Trabalho Substituto

O conceito de agente público NÃO é coincidente com o de agente político, cabendo destacar que

A) os particulares que atuam em colaboração com a Administração, embora no exercício de função estatal, não são considerados agentes públicos.
B) todos aqueles que exercem função estatal em caráter transitório, sem vínculo com a Administração, não são considerados agentes públicos e sim agentes políticos.
C) apenas os ocupantes de cargos, empregos e funções na Administração pública podem ser considerados agentes públicos
D) são exemplos de agentes políticos os Chefes do Executivo e seus auxiliares imediatos, assim entendidos Ministros e Secretários de Estado.
E) os detentores de mandato eletivo são os únicos que se caracterizam como agentes políticos.

2857) (2015) Banca: FCC – Órgão: TRT – 15ª REGIÃO – Prova: Juiz do Trabalho Substituto

O conceito de agente político

A) alcança apenas os detentores de mandato eletivo, inclusive os membros do Poder Executivo.
B) corresponde àqueles que não detêm vínculo jurídico com a Administração, mas exercem atividade pública.
C) compreende as pessoas que exercem atividades típicas de governo, entre as quais os Chefes do Poderes Executivo, os Ministros e Secretários de Estado.
D) diz respeito apenas aos detentores de mandato eletivo no âmbito do Poder Legislativo.
E) é espécie do gênero agente público, diferenciando-se do conceito de servidor público em face apenas do caráter temporário da investidura perante a Administração.

2858) (2010) Banca: FCC – Órgão: TRE-AL – Prova: Analista Judiciário – Área Judiciária

Considerando as espécies de Agentes Públicos previstos na doutrina, com base nas funções a estes atribuídas, Ministros e Secretários de Estados são classificados como Agentes

A) Delegados.
B) Honoríficos.
C) Políticos.
D) Administrativos.
E) Comissionados.

2859) (2015) Banca: CETAP – Órgão: MPCM – Prova: Analista – Direito

A respeito dos agentes públicos, e correto afirmar:

A) O Presidente da República, os Governadores, os Prefeitos, Ministros e Secretários, na condição de agentes políticos, são considerados agentes públicos.
B) Apenas os servidores públicos estatutários são considerados agentes públicos.
C) Os servidores públicos estatutários são considerados agentes públicos, mas os empregados públicos não.
D) Os militares, sujeitos a regime jurídico próprio, não são considerados agentes públicos.
E) Os prestadores de serviços notariais e de registro, particulares em colaboração com o Poder Público, por delegação, não são considerados agentes públicos.

2860) (2014) Banca: CESGRANRIO – Órgão: EPE – Prova: Analista de Gestão Corporativa – Finanças e Orçamento

A elaboração da proposta orçamentária e a execução do orçamento aprovado cabem a pessoas especificamente designadas e chamadas de agentes públicos. Existem diferentes categorias de agentes públicos, de acordo com a extensão e as peculiaridades das funções que desempenham.

Aqueles que são investidos em cargos, funções, mandatos ou comissões, por nomeação, eleição, designação ou delegação para o exercício de atribuições constitucionais são os agentes

A) políticos
B) delegados
C) honoríficos
D) comissionados
E) administrativos

2861) (2017) Banca: FEPESE – Órgão: PC-SC – Prova: Escrivão de Polícia Civil

A respeito da classificação dos agentes públicos, aqueles que se caracterizam por exercerem funções de direção e orientação estabelecidas na Constituição, sendo normalmente transitório o exercício de tais funções, são chamados:

A) Agentes políticos.
B) Agentes particulares.
C) Funcionários públicos.
D) Servidores de carreira.
E) Servidores públicos.

2862) (2014) Banca: FUNRIO – Órgão: IF-BA – Prova: Auxiliar em Administração

Os agentes públicos investidos por eleição, que integram a mais alta hierarquia do Estado estabelecida pela Carta Magna, cujos vínculos não têm natureza permanente e que, com base no seu poder, traçam e implementam políticas públicas constitucionais e de governo, são denominados agentes

A) honoríficos.
B) credenciados.
C) delegados.
D) designados.
E) políticos.

A palavra "efetivo" transmite a noção de continuidade, permanência, manutenção do agente na prestação daquela atividade. De fato, os cargos de provimento efetivo serão ocupados, em caráter definitivo, por agentes admitidos por meio de Concurso Público. Esses agentes, após aprovação no Concurso, estabelecem um vínculo estatutário (não contratual – o Estatuto é a Lei da carreira) com o ente estatal e poderão adquirir a tão sonhada estabilidade. Esse regime garante a estabilidade/permanência do servidor público no exercício de suas funções, protegendo-o contra influências políticas e partidárias.

O regime estatutário desses agentes é o regime adotado para fins de provimento de cargos públicos pelos entes da Administração Pública Direta, Autarquias, Fundações e Associações Públicas, ou seja, pelas entidades que possuem personalidade jurídica de direito público. Portanto, os servidores efetivos desempenham suas funções nessas entidades.

2863) (2008) Banca: CESPE – Órgão: MPE-RR – Prova: Analista de Sistemas (+ provas)

O cargo de secretário de estado é classificado como cargo de provimento efetivo.

A) Certo   B) Errado

2864) (2005) Banca: CESPE – Órgão: TRT – 16ª REGIÃO (MA) – Prova: Auxiliar Judiciário – Serviços Gerais

Os cargos públicos são criados por lei para provimento em caráter efetivo ou em comissão.

A) Certo   B) Errado

Art. 41. São estáveis após três anos de efetivo exercício os servidores nomeados para cargo de provimento efetivo em virtude de concurso público.

2865) (2009) Banca: CESPE – Órgão: MDS – Prova: Agente Administrativo

Considerando um servidor público concursado, titular de cargo efetivo do DF, que tomou posse há exatos dois anos, julgue o item a seguir.

O servidor citado é considerado estável, já que transcorreram dois anos de efetivo exercício.

A) Certo B) Errado

2866) (2016) Banca: Jota Consultoria – Órgão: Câmara de Mesópolis – SP – Prova: Assessor Jurídico

De acordo com a Lei 8.429, de 2 de Junho de 1992- Analise as afirmativas:

I. Art. 2° Reputa-se agente público, para os efeitos desta lei, todo aquele que exerce, ainda que transitoriamente ou sem remuneração, por eleição, nomeação, designação, contratação ou qualquer outra forma de investidura ou vínculo, mandato, cargo, emprego ou função nas entidades mencionadas no artigo anterior.

II. Art. 3° As disposições desta lei são aplicáveis, no que couber, àquele que, mesmo não sendo agente público, induza ou concorra para a prática do ato de improbidade ou dele se beneficie sob qualquer forma direta ou indireta.

III. Art. 4° Os agentes públicos de qualquer nível ou hierarquia são obrigados a velar pela estrita observância dos princípios de legalidade, impessoalidade, moralidade e publicidade no trato dos assuntos que lhe são afetos.

IV. Art. 5° Ocorrendo lesão ao patrimônio público por ação ou omissão, dolosa ou culposa, do agente ou de terceiro, dar-se-á o integral ressarcimento do dano.

Está correto o que se afirma em:

A) Apenas I
B) Apenas II
C) Apenas III
D) Apenas IV
E) Todas as afirmativas

Em razão do fato de não se tratar de vínculo de natureza contratual, o ente público poderá promover alteração unilateral no regime aplicável aos servidores estatutários, desde que sejam respeitados os direitos adquiridos.

Portanto, o servidor público não tem direito adquirido à imutabilidade de seu regime jurídico, de sorte que não há violação a direito quando se altera, por exemplo, a jornada de trabalho ou escalonamento hierárquico da carreira.

Destaca-se que durante o período de três anos iniciais de exercício, denominado período probatório, o agente será submetido a uma avaliação especial de desempenho e a aquisição da estabilidade estará condicionada a um resultado satisfatório nessa avaliação.

2867) (2014) Banca: CESPE – Órgão: FUB – Prova: Psicólogo Organizacional

Com base na Lei 8.112/1990 e em outros dispositivos que tratem dos direitos, dos deveres e das responsabilidades dos servidores Públicos civis, julgue o item que se segue. O direito adquirido garante a imutabilidade de regime jurídico e busca proteger os direitos dos cidadãos contra as alterações que o Estado realiza nas leis que regem o serviço público

A) Certo B) Errado

2868) (2014) Banca: CESPE – Órgão: FUB – Prova: Psicólogo Organizacional O servidor público não tem direito adquirido à imutabilidade de seu regime jurídico.

A) Certo B) Errado

2869) (2007) Banca: FCC – Órgão: TRF – 3ª REGIÃO – Prova: Técnico Judiciário – Área Administrativa (+ provas)

Os servidores nomeados para cargo de provimento efetivo em virtude de concurso público serão submetidos à avaliação especial de desempenho por comissão instituída para essa finalidade e somente serão estáveis após

A) 01 ano de efetivo exercício.
B) 02 anos de efetivo exercício.
C) 03 anos de efetivo exercício.
D) 04 anos de efetivo exercício.
E) 05 anos de efetivo exercício.

2870) (2014) Banca: CESPE – Órgão: FUB – Prova: Psicólogo Organizacional

Fábio, servidor público, teve sua jornada de trabalho alterada. Nesse caso, o mesmo tem direito adquirido à imutabilidade do seu regime jurídico.

A) Certo B) Errado

2871) (2015) Banca: COPESE – UFPI – Órgão: UFPI – Prova: Técnico em Segurança do Trabalho

Com base na Lei 8.112/1990 é possível afirmar que o direito adquirido não garante a imutabilidade de regime jurídico.

A) Certo B) Errado

Adquirida a estabilidade, o servidor somente poderá perder o cargo nas hipóteses previstas no § 1° do art. 41 da CF/88:

Art. 41, § 1° O servidor público estável só perderá o cargo:

I – em virtude de sentença judicial transitada em julgado;

II – mediante processo administrativo em que lhe seja assegurada ampla defesa;

III – mediante procedimento de avaliação periódica de desempenho, na forma de lei complementar, assegurada ampla defesa.

2872) (2016) Banca: CESPE – Órgão: DPU – Prova: Agente Administrativo

Com base nas disposições da Lei 8.112/1990, que trata do regime jurídico dos servidores públicos federais, julgue o item a seguir. Em face da garantia da estabilidade, o servidor público estável só perderá o cargo por força de decisão judicial

A) Certo B) Errado

2873) (2013) Banca: CESPE – Órgão: FUB – Prova: Assistente em Administração

Acerca da administração pública e seus agentes, julgue o próximo item.

Para os servidores públicos estáveis, uma das hipóteses de perda do cargo é a extinção deste.

A) Certo B) Errado

2874) (2015) Banca: CESPE – Órgão: MPU – Prova: Técnico do Ministério Público

Acerca do regime jurídico dos servidores públicos federais, julgue o item subsequente. O servidor público federal estável, habilitado em concurso público e empossado em cargo de provimento efetivo, só perderá o cargo em virtude de sentença judicial transitada em julgado

A) Certo B) Errado

2875) (2014) Banca: CESPE – Órgão: TJ-SE – Prova: Técnico Judiciário – Área Judiciária

A respeito de agentes públicos, responsabilidade civil do Estado e improbidade administrativa, julgue o item que se segue. À exceção dos magistrados, os servidores públicos efetivos estatutários do Poder Judiciário, após aquisição de estabilidade, apenas podem perder seus cargos por decisão em sentença judicial transitada em julgado ou em processo administrativo disciplinar, ou por decorrência de avaliação de desempenho insatisfatória ou por necessidade de redução de despesas com pessoal

A) Certo B) Errado

2876) (2014) Banca: CESPE – Órgão: ICMBIO – Prova: Nível Médio

Com base na Lei 8.112/1990 e na Lei 9.784/1999, julgue o item subsecutivo. Um técnico do ICMBio aprovado no estágio probatório somente perderá o cargo em virtude de sentença judicial transitada em julgado ou de processo administrativo disciplinar em que lhe sejam assegurados a ampla defesa e o contraditório

A) Certo B) Errado

2877) (2016) Banca: FCC – Órgão: PGE-MT – Prova: Técnico – Técnico Administrativo

A estabilidade é um direito dos servidores públicos garantido na Constituição Federal. O objetivo é evitar que sejam demitidos sempre que um novo governante é eleito, protegê-los de represálias em casos que afetem interesses e garantir que a máquina do Estado funcione de maneira constante. Os servidores que já adquiriram estabilidade,

A) podem perder o cargo em virtude de sentença judicial transitada em julgado.
B) podem perder o cargo em virtude de sentença judicial de primeira instância, dependendo da gravidade da infração cometida.
C) podem perder o cargo mediante processo administrativo com ou sem apresentação de defesa.
D) podem perder o cargo mediante procedimento de avaliação de desempenho, a critério da chefia imediata.
E) não podem perder o cargo.

2878) (2012) Banca: FCC – Órgão: TST – Prova: Analista Judiciário – Taquigrafia

A estabilidade do servidor público

A) não impede que sentença judicial transitada em julgado decrete a perda do cargo.
B) confere ao servidor público o direito de permanecer no cargo até o falecimento.
C) confere ao servidor público vitaliciedade.
D) impede a instauração de processo administrativo disciplinar.
E) impede o controle do poder judiciário e afasta a possibilidade de ajuizamento de ação para perda do cargo.

2879) (2017) Banca: COPESE – UFJF – Órgão: UFJF – Prova: Técnico de Tecnologia da Informação (+ provas)

Marque a alternativa INCORRETA com relação à estabilidade do servidor público, prevista constitucionalmente:

A) São estáveis, após três anos de efetivo exercício, os servidores nomeados para cargo de provimento efetivo, em virtude de concurso público.
B) Extinto o cargo ou declarada a sua desnecessidade, o servidor estável ficará em disponibilidade, com remuneração proporcional ao tempo de serviço, até o seu adequado aproveitamento em outro cargo.
C) Como condição para a aquisição da estabilidade, é obrigatória a avaliação especial de desempenho por comissão instituída para esta finalidade.
D) O servidor público só perderá o cargo em virtude de sentença judicial transitada em julgado.
E) Invalidada por sentença judicial a demissão do servidor estável, será ele reintegrado, e o eventual ocupante da vaga, se estável, reconduzido ao cargo de origem, sem direito à indenização, aproveitado em outro cargo ou posto em disponibilidade com remuneração proporcional ao tempo de serviço.

2880) (2015) Banca: MGA – Órgão: TCE-CE – Prova: Direito

O que se refere aos servidores públicos, é CORRETO afirmar:

A) A Constituição Federal estipula que o servidor público estável só perderá o cargo: em virtude de sentença judicial transitada em julgado; mediante processo administrativo em que lhe seja assegurada ampla defesa e mediante procedimento de avaliação periódica de desempenho, na forma de lei complementar, assegurada ampla defesa.
B) São estáveis após dois anos de efetivo exercício os servidores nomeados para cargo de provimento efetivo em virtude de concurso público.
C) Como condição para a aquisição da estabilidade, não é obrigatória a avaliação especial de desempenho por comissão instituída para essa finalidade.
D) Extinto o cargo ou declarada a sua desnecessidade, o servidor estável será aposentado compulsoriamente.

2881) (2015) Banca: IESES – Órgão: TRE-MA – Prova: Analista Judiciário – Administrativa

O servidor público estável só perderá o cargo, EXCETO:

A) Mediante decisão unilateral de sua chefia imediata.
B) Mediante procedimento de avaliação periódica de desempenho, na forma de lei complementar, assegurada ampla defesa.
C) Em virtude de sentença judicial transitada em julgado.
D) Mediante processo administrativo em que lhe seja assegurada ampla defesa.

2882) (2017) Banca: CONSULPLAN – Órgão: TRF – 2ª REGIÃO – Prova: Analista Judiciário – Contadoria (+ provas)

Encerrado o estágio probatório de servidores públicos federais, estes possuem direito à permanência no cargo, adquirindo, assim, estabilidade. Assinale qual das alternativas a seguir NÃO autoriza a perda de cargo de servidores estáveis:

A) Procedimento de avaliação periódica de desempenho.
B) Decisão contrária em processo administrativo disciplinar.
C) Decisão judicial pendente de recurso em ação popular ou ação civil pública.
D) Redução de despesas, após a redução de pelo menos 20% das despesas com cargos em comissão e funções de confiança e exoneração dos servidores não estáveis.

2883) (2016) Banca: CESGRANRIO – Órgão: UNIRIO – Prova: Assistente em Administração (+ provas)

Um servidor que tenha adquirido a estabilidade no serviço público somente poderá vir a perder o seu cargo, nos termos da Lei 8.112/1990, e suas alterações, no caso de ocorrer

A) decisão arbitral irrecorrível.
B) sentença judicial transitada em julgado.
C) ato vinculado do Chefe imediato.
D) ato de conciliação realizado por comissão.
E) ato discricionário da autoridade competente.

2884) (2015) Banca: FUNCAB – Órgão: MPOG – Prova: Atividade Técnica – Direito, Administração, Ciências Contábeis e Economia

Após estágio probatório, a perda do cargo do servidor não poderá ser determinada por:

A) sentença judicial transitada em julgado.
B) processo administrativo disciplinar.
C) avaliação de desempenho.
D) redução de despesas com pessoal.
E) sindicância disciplinar investigativa.

2885) (2007) Banca: TJ-DFT – Órgão: TJ-DFT – Prova: Juiz

De acordo com o tratamento constitucional conferido ao tema da estabilidade dos servidores públicos, é incorreto afirmar:

A) Os servidores nomeados para a cargo de provimento efetivo em virtude de concurso público são estáveis após três anos de efetivo exercício;
B) O servidor público estável só poderá perder o cargo em virtude de sentença penal transitada em julgado, mediante processo administrativo em que lhe seja assegurada ampla defesa, e, finalmente, mediante procedimento de avaliação periódica de desempenho, na forma de lei complementar;
C) Como condição para a aquisição da estabilidade, é obrigatória a avaliação especial de desempenho por comissão constituída para essa finalidade;
D) Invalidada por sentença judicial a demissão do servidor estável, será ele reintegrado, e o eventual ocupante da vaga, se estável, reconduzido ao cargo de origem, sem direito à indenização, aproveitado em outro cargo ou posto em disponibilidade com remuneração proporcional ao tempo de serviço.

2886) (2016) Banca: IBFC – Órgão: TCM-RJ – Prova: Técnico de Controle Externo

A respeito das disposições da Constituição da República concernentes aos servidores públicos, leia as afirmativas a seguir e assinale a alternativa correta:

I. São estáveis após três anos de efetivo exercício os servidores nomeados para cargo de provimento efetivo em virtude de concurso público.
II. Como condição para a aquisição da estabilidade, é obrigatória a avaliação especial de desempenho por comissão instituída para essa finalidade.
III. Extinto o cargo ou declarada a sua desnecessidade, o servidor estável ficará em readaptação, com remuneração integral ao tempo de serviço, até seu adequado aproveitamento em outra função.

Estão corretas as afirmativas:

A) I e II, apenas
B) II e III, apenas
C) I e III, apenas
D) I, II e III

2887) (2016) Banca: PR-4 UFRJ – Órgão: UFRJ – Prova: Médico – Intensivista Neonatal (+ provas)

Para o autor José dos Santos Carvalho Filho, "estabilidade é o direito outorgado ao servidor estatutário, nomeado em virtude de concurso público, de permanecer no serviço público após um período de efetivo exercício". Joana é servidora pública federal, investida no cargo de Arquivista há cinco anos. Após passar pelo estágio probatório, Joana adquiriu a estabilidade. Considerando o dispositivo constitucional, que trata da estabilidade no serviço público, Joana, servidora estável, só perderá o cargo:

I. em virtude de sentença judicial transitada em julgado;
II. mediante processo administrativo em que lhe seja assegurada ampla defesa;
III. mediante procedimento de avaliação periódica de desempenho, na forma da lei complementar, assegurada ampla defesa.

Está(ão) harmônico(s) com as regras da Constituição o(s) item(ns):

A) I, somente.
B) II, somente.
C) II e III, somente.
D) I e III, somente.
E) I, II e III.

Para além das hipóteses elencadas acima, de forma excepcional, o § 4º do art. 169 da Constituição Federal de 1988 admite a exoneração de servidores estáveis quando esta for imprescindível para o cumprimento do limite de despesa com pessoal estabelecido em Lei Complementar.

2888) (2014) Banca: CESPE – Órgão: ANTAQ – Prova: Nível Superior

Com relação aos agentes públicos, julgue o item a seguir. É prevista, no texto constitucional, a hipótese de exoneração de servidor estável por excesso de despesa com pessoal

A) Certo   B) Errado

2889) (2008) Banca: CESPE – Órgão: FUB – Prova: Administrador

É possível a exoneração de servidor estável por excesso de despesa com pessoal.

A) Certo   B) Errado

Art. 169, § 6º. O cargo objeto da redução prevista nos parágrafos anteriores será considerado extinto, vedada a criação de cargo, emprego ou função com atribuições iguais ou assemelhadas pelo prazo de quatro anos.

2890) (2015) Banca: CESPE – Órgão: TRE-MT – Prova: Analista

Na hipótese de exoneração do servidor estável para fins de cumprimento dos limites de gastos com despesas de pessoal, não será possível que a lei crie novo cargo, emprego ou função para suprir as mesmas atividades desempenhadas pelo servidor que foi exonerado durante o prazo de quatro anos.

A) Certo   B) Errado

Destaca-se que, no caso de servidores efetivos que ainda não são estáveis, a demissão deverá ser precedida de um processo que o Supremo Tribunal Federal denomina como processo administrativo simplificado. Afinal, ainda que o servidor não tenha adquirido a estabilidade, deve lhe ser assegurado o direito ao contraditório e à ampla defesa, haja vista que a demissão, no Direito Administrativo, é uma PENALIDADE aplicada ao servidor público, seja ele estável ou não, aplicada em razão do cometimento de ilegalidade grave, como será visto adiante.

Nesse sentido, devemos lembrar que, caso verificado algum vício de legalidade ligado à aplicação da penalidade de demissão do servidor público, esse ato deverá ser anulado e, conforme determina o §2º do art. 41 da CF/88, o servidor que tiver seu ato de demissão anulado pela via judicial deverá ser reintegrado aos quadros do Poder Público:

"Art. 41, § 2º. Invalidada por sentença judicial a demissão do servidor estável, será ele reintegrado, e o eventual ocupante da vaga, se estável, reconduzido ao cargo de origem, sem direito a indenização, aproveitado em outro cargo ou posto em disponibilidade com remuneração proporcional ao tempo de serviço."

2891) (2015) Banca: CESPE Órgão: TRE-MT Prova: Analista

No que se refere ao disposto na Lei 8.112/1990 e ao processo administrativo disciplinar, assinale a opção correta.

A) A fase do julgamento do processo administrativo disciplinar compreende a elaboração do relatório final pela comissão processante e a aplicação de penalidade disciplinar pela autoridade competente.
B) Em se tratando de sindicância punitiva, não é necessário observar o devido processo legal e a ampla defesa, ao contrário do que ocorre em caso de processo administrativo disciplinar.
C) Na hipótese de invalidação, por decisão judicial, da demissão de servidor público estável, deverá o servidor ser reintegrado no cargo por ele ocupado anteriormente ou no cargo resultante de sua transformação.
D) A violação, pelo servidor, do dever de manter conduta compatível com a moralidade administrativa pode resultar na aplicação da penalidade de demissão.
E) O inativo, ainda que tenha praticado infração disciplinar na atividade, não pode ser submetido a processo administrativo disciplinar.

2892) (2008) Banca: CESPE – Órgão: STF – Prova: Analista Judiciário – Contabilidade

Antes da aplicação de uma penalidade deve ser sempre assegurado ao servidor o direito ao contraditório e à ampla defesa.

A) Certo   B) Errado

2893) (2008) Banca: CESPE – Órgão: TRT – 5ª Região (BA) Prova: Analista Judiciário – Área Judiciária – Execução de Mandados

Não se aplica aos processos administrativos disciplinares o direito constitucional ao contraditório e à ampla defesa, visto que, segundo a CF, esses direitos são destinados aos acusados em processos judiciais.

A) Certo   B) Errado

2894) (2006) Banca: FCC – Órgão: TRT – 24ª REGIÃO (MS) – Prova: Analista Judiciário – Área Judiciária – Execução de Mandados

Invalidada por sentença judicial a demissão do servidor estável, será ele reintegrado, e o eventual ocupante da vaga, se estável,

A) transposto a qualquer outro cargo de atribuições afins, respeitada a habilitação exigida e a equivalência de vencimentos.
B) também reintegrado ao cargo de origem, sem direito a indenização, ou posto em disponibilidade com remuneração integral.
C) readaptado ao cargo anterior, com direito a indenização, ou posto em disponibilidade, com vencimento proporcional ao tempo de serviço.
D) reconduzido ao cargo de origem, sem direito a indenização ou aproveitado em outro cargo, ou, ainda, posto em disponibilidade.
E) promovido a outro cargo, ou posto em disponibilidade, desde que indenizado e com remuneração proporcional ao tempo de serviço.

2895) (2011) Banca: FGV – Órgão: TRE-PA – Prova: Analista Judiciário

O retorno de servidor à atividade, quando invalidada sua demissão, corresponde à

A) reversão.
B) readaptação.
C) reintegração.
D) recondução.
E) recapacitação.

2896) (2015) Banca: IESES – Órgão: TRE-MA – Prova: Técnico Judiciário – Administrativo

Constatadas irregularidades em um órgão do Poder Executivo, determinado servidor público em estágio probatório passa a sofrer processo disciplinar, assegurados o contraditório e a ampla defesa, sendo ao final considerado culpado, aplicada penalidade que acarreta o seu desligamento do serviço público. A esta punição dá-se o nome de:

A) Aposentadoria compulsória.
B) Ascensão.
C) Demissão.
D) Exoneração.

2897) (2016) Banca: VUNESP – Órgão: TJ-SP – Prova: Titular de Serviços de Notas e de Registros – Remoção

Invalidada por sentença judicial a demissão do servidor estável, será ele

A) indenizado, e o eventual ocupante da vaga será vitaliciado no cargo.
B) reintegrado, e o eventual ocupante da vaga, se estável, reconduzido ao cargo de origem, sem direito a indenização, aproveitado em outro cargo ou posto em disponibilidade com remuneração proporcional ao tempo de serviço.
C) reintegrado, e o eventual ocupante da vaga, se estável, reconduzido ao cargo de origem, com direito a indenização, aproveitado em outro cargo ou posto em disponibilidade com remuneração proporcional ao tempo de serviço.
D) indenizado, e o eventual ocupante da vaga, se estável, reconduzido ao cargo de origem, sem direito a indenização, aproveitado em outro cargo ou posto em disponibilidade com remuneração proporcional ao tempo de serviço.

2898) (2016) Banca: PR-4 UFRJ – Órgão: UFRJ – Prova: Técnico em Radiologia Geral

Carla, servidora pública federal da UFRJ, cometeu ato de improbidade administrativa, razão pela qual foi demitida, por meio de um processo administrativo disciplinar no qual foi assegurada a sua ampla defesa. Por ser estável, pois já era servidora há mais de cinco anos, Carla, inconformada, alegou que só poderia ser demitida por meio de decisão judicial transitada em julgado. Com relação à estabilidade é correto afirmar que:

A) a UFRJ tem razão, pois embora Carla seja estável, isto não impede que ela perca o cargo, em virtude de sentença judicial transitada em julgado ou de processo administrativo disciplinar, no qual lhe seja assegurada ampla defesa.
B) Carla tem razão, pois a demissão de um servidor estável só poderá ocorrer por meio de decisão judicial transitada em julgado, sendo assegurada a ampla defesa.
C) a UFRJ tem razão, pois a perda do cargo do servidor estável poderá ocorrer, apenas, por meio de processo administrativo disciplinar, independente da ampla defesa.
D) Carla tem razão, pois a perda do cargo do servidor estável só poderá ocorrer por decisão definitiva do judiciário, mesmo que não seja assegurada a ampla defesa.
E) a UFRJ tem razão, pois embora Carla seja estável, isto não impede que ela venha a perder o cargo, mesmo que não haja sentença judicial transitada em julgado ou processo administrativo disciplinar, pois a demissão está na esfera de discricionariedade da administração pública.

§ 3º Extinto o cargo ou declarada a sua desnecessidade, o servidor estável ficará em disponibilidade, com remuneração proporcional ao tempo de serviço, até seu adequado aproveitamento em outro cargo.

2899) (2006) Banca: ESAF – Órgão: SUSEP – Prova: Agente Executivo

No caso da extinção de órgão público, em que fiquem extintos cargos ou declarada sua desnecessidade, os servidores efetivos seus ocupantes, quando forem estáveis, devem ficar

A) aposentados
B) exonerados.
C) em disponibilidade.
D) em licença.
E) readaptados.

A Lei 8.112/90 dispõe sobre o regime jurídico dos servidores públicos civis da União, das autarquias e das fundações públicas de direito público federais. Essa norma estabelece em seu art. 5º que:

Art. 5º. São requisitos básicos para investidura em cargo público:

I – a nacionalidade brasileira; – estrangeiros na forma da lei
II – o gozo dos direitos políticos;
III – a quitação com as obrigações militares e eleitorais;
IV – o nível de escolaridade exigido para o exercício do cargo;
V – a idade mínima de dezoito anos;
VI – aptidão física e mental.

2900) (2016) Banca: CESPE – Órgão: FUB – Prova: Auxiliar em Administração

Em conformidade com a Lei 8.112/1990 e suas alterações, julgue o item que se segue.

Para a investidura em cargo público, exige-se, entre outros requisitos, a nacionalidade brasileira originária ou nata.

A) Certo B) Errado

2901) (2006) Banca: ESAF – Órgão: CGU – Prova: Analista de Finanças e Controle – Tecnologia da Informação (+ provas)

Não integra o rol de requisitos básicos para investidura em cargo público:

A) comprovação de ausência de condenação penal.
B) nível de escolaridade exigido para o exercício do cargo.
C) aptidão física e mental.
D) gozo dos direitos políticos.
E) idade mínima de dezoito anos.

2902) (2016) Banca: ESAF – Órgão: ANAC – Prova: Analista Administrativo

De acordo com a Lei 8.112, de 11 de dezembro de 1990, são requisitos básicos para investidura em cargo público, exceto:

A) a nacionalidade brasileira.
B) o gozo dos direitos políticos.
C) a quitação com as obrigações militares e eleitorais
D) o nível de escolaridade exigido para o exercício do cargo.
E) idade mínima de 21 anos.

2903) (2009) Banca: FCC – Órgão: TRT – 4ª REGIÃO (RS) – Prova: Analista Judiciário – Comunicação Social (+ provas)

É elemento estranho aos requisitos básicos para investidura em cargo público

A) o status de brasileiro nato.
B) a quitação com as obrigações militares e eleitorais.
C) nível de escolaridade exigido para o exercício do cargo.
D) a idade mínima de dezoito anos.
E) aptidão física e mental.

2904) (2017) Banca: UFPA – Órgão: UFPA – Prova: Técnico de Tecnologia da Informação (+ provas)

Estabelece a Lei 8.112, de 11 de dezembro de 1990 e suas alterações, que dispõem sobre o regime jurídico dos servidores públicos civis da União, das autarquias e das fundações públicas federais, os requisitos básicos para investidura em cargo público. Além de ter a nacionalidade brasileira e aptidão física e mental, os outros requisitos básicos são:

A) A quitação com as obrigações militares e eleitorais e o nível de escolaridade exigido para o exercício do cargo, somente.
B) O nível de escolaridade exigido para o exercício do cargo e a idade mínima de dezoito anos, somente.
C) O gozo dos direitos políticos e a quitação com as obrigações militares e eleitorais, somente.
D) A idade mínima de dezoito anos; o nível de escolaridade exigido para o exercício do cargo e o gozo dos direitos políticos, somente.
E) O gozo dos direitos políticos; a quitação com as obrigações militares e eleitorais; o nível de escolaridade exigido para o exercício do cargo e a idade mínima de dezoito anos.

2905) (2015) Banca: COMPERVE – Órgão: UFRN – Prova: Assistente em Administração (+ provas)

O regime jurídico dos servidores públicos civis da União (Lei 8.112/90) estabelece os requisitos básicos para investidura em cargo público. Dentre esses requisitos, estão:

A) idade mínima de dezoito anos e nacionalidade brasileira ou estrangeira.
B) nacionalidade brasileira e idade mínima de dezesseis anos.
C) quitação com as obrigações militares ou eleitorais e gozo dos direitos trabalhistas.
D) gozo dos direitos políticos e aptidão física e mental.

2906) (2015) Banca: FUNCERN – Órgão: IF-RN – Prova: Auxiliar de Biblioteca

A Lei 8.112/1990, que dispõe sobre o regime jurídico dos servidores públicos civis da União, das autarquias e das fundações públicas federais, prevê

A) como formas de provimento de cargo público, a nomeação, a promoção, a ascensão, a reversão, a recondução e a transferência.
B) que as instituições de pesquisa científica e tecnológica federais proverão seus cargos com professores, técnicos e cientistas estrangeiros, desde que esses profissionais sejam oriundos de países cujo idioma oficial seja o português.
C) como requisitos básicos para investidura em cargo público, dentre outros, a nacionalidade brasileira e a idade mínima de dezoito anos.
D) que a nomeação para cargo de carreira de provimento efetivo independe de prévia habilitação em concurso público de provas e títulos, obedecidos, entretanto, quando o certame ocorrer, a ordem de classificação e o prazo de sua validade.

2907) (2015) Banca: FAFIPA – Órgão: CISLIPA – Prova: Assistente Administrativo

São requisitos básicos para a investidura em cargo público, segundo a Lei 8.112, de 1990, EXCETO:

A) Nacionalidade brasileira.
B) Ser brasileiro nato, independentemente da natureza do cargo.
C) O gozo dos direitos políticos.
D) A idade mínima de dezoito anos.

2908) (2014) Banca: FAFIPA – Órgão: UFFS – Prova: Analista de Tecnologia da Informação (+ provas)

À luz da Lei nº 8.112/90 que dispõe sobre o regime jurídico dos servidores públicos civis da União, das autarquias e das fundações públicas federais, assinale a alternativa que NÃO apresenta um requisito básico para investidura em cargo público:

A) O gozo dos direitos políticos.
B) A quitação com as obrigações militares e eleitorais.
C) O nível de escolaridade exigido para o exercício do cargo.
D) A comprovação de filiação em partido político.
E) A aptidão física e mental.

2909) (2017) Banca: NC-UFPR – Órgão: UFPR – Prova: Técnico em Mecânica (+ provas)

São requisitos básicos para investidura em cargo público previstos na Lei 8.112/90, EXCETO:

A) gozo dos direitos políticos.
B) idade mínima de dezoito anos.
C) quitação com as obrigações perante o Fisco.
D) aptidão física e mental.
E) nacionalidade brasileira.

2910) (2016) Banca: FCM – Órgão: IF Sudeste – MG – Prova: Auxiliar de Biblioteca (+ provas)

De acordo com o Regime Jurídico dos Servidores Públicos Federais, NÃO é um requisito básico para investidura em cargo público,

A) o gozo dos direitos políticos.
B) a idade mínima de dezoito anos.
C) a quitação com as obrigações militares e eleitorais.
D) atestado de ausência de condenação na esfera criminal.
E) o nível de escolaridade exigido para o exercício do cargo.

2911) (2016) Banca: IF-TO – Órgão: IF-TO – Prova: Secretário Executivo

Conforme a Lei 8.112/90, para que seja possível o provimento em cargos públicos, faz-se necessário que os cidadãos que pleiteiem essas vagas cumpram alguns requisitos básicos para a investidura no cargo. Qual das alternativas abaixo não corresponde a um desses requisitos:

A) Estar quite com as obrigações militares e eleitorais
B) Gozar dos seus direitos políticos
C) Ter a idade mínima de 18 anos.
D) Ser brasileiro nato
E) Estar apto física e mentalmente

2912) (2016) Banca: COMVEST UFAM – Órgão: UFAM – Prova: Auxiliar em Administração

Para a Lei 8.112/1990 são requisitos básicos para investidura em cargo público, EXCETO:

A) idade mínima de dezoito anos.

B) o gozo dos direitos políticos.
C) a quitação com as obrigações militares e eleitorais.
D) o nível de escolaridade exigido para o exercício do cargo.
E) ser brasileiro nato, não se admitindo os brasileiros naturalizados.

2913) (2014) Banca: IESES – Órgão: IFC-SC – Prova: Assistente em Administração

Assinale a alternativa INCORRETA. São requisitos básicos para investidura em cargo público:
A) A idade mínima de dezesseis anos.
B) Aptidão física e mental.
C) A nacionalidade brasileira.
D) A quitação com as obrigações militares e eleitorais.

2914) (2016) Banca: UFCG – Órgão: UFCG – Prova: Auxiliar em Administração

São considerados requisitos básicos para a investidura em cargo público de acordo com a Lei 8.112/90, com EXCEÇÃO de:
A) a nacionalidade brasileira.
B) a quitação com as obrigações militares e eleitorais.
C) a idade mínima de 16 anos.
D) aptidão física e mental.
E) o nível de escolaridade exigido para o cargo.

2915) (2016) Banca: UFCG – Órgão: UFCG – Prova: Assistente em Administração

De acordo com o que dispõe o artigo 5º da lei 8.112/1990, São requisitos básicos para investidura em cargo público, EXCETO:
A) a nacionalidade brasileira.
B) o nível de escolaridade acima do exigido para o exercício do cargo.
C) o gozo dos direitos políticos.
D) a quitação com as obrigações militares e eleitorais.
E) a idade mínima de dezoito anos e aptidão física e mental.

2916) (2013) Banca: FUNCAB – Órgão: IF-RR – Prova: Auxiliar de Administração (+ provas)

Assinale a alternativa que contenha um dos requisitos básicos para a investidura em cargo público.
A) Ser brasileiro nato.
B) Estar quite com as obrigações militares e eleitorais.
C) Aptidão mental, mas não física, exceto nos casos em que o cargo exigir.
D) Idade mínima de 21 (vinte e um) anos.
E) Idade mínima de 16 (dezesseis) anos.

2917) (2014) Banca: IESES – Órgão: IFC-SC – Prova: Técnico em Segurança do Trabalho (+ provas)

Assinale a alternativa INCORRETA. São requisitos básicos para investidura em cargo público:
A) A nacionalidade brasileira.
B) A quitação com as obrigações militares e eleitorais.
C) A idade mínima de dezesseis anos.
D) Aptidão física e mental.

2918) (2016) Banca: PR-4 UFRJ – Órgão: UFRJ – Prova: Administrador – Geral (+ provas)

João, servidor público federal, investido no cargo de médico desde 2006, teve instaurado contra si Processo Administrativo Disciplinar, em que lhe foi negada a ampla defesa e o contraditório. Mesmo assim, após a conclusão do referido processo, João foi demitido. Inconformado, recorreu ao Judiciário, a fim de requerer seus direitos. O juiz decidiu tornar inválida a demissão de João, pois entendeu que não lhe foi concedido o direito ao contraditório, nem a ampla defesa. Se a demissão de João for invalidada por sentença judicial, ele será:
A) reintegrado, e o eventual ocupante da vaga, se estável, será reconduzido ao cargo de origem, com direito à indenização, aproveitado em outro cargo ou posto em disponibilidade, com remuneração proporcional ao tempo de serviço.
B) reintegrado, e o eventual ocupante da vaga, se estável, será reconduzido ao cargo de origem, sem direito à indenização, aproveitado em outro cargo ou posto em disponibilidade, sem remuneração.
C) reintegrado, e o eventual ocupante da vaga, se estável, será reconduzido ao cargo de origem, com direito à indenização, aproveitado em outro cargo ou posto em disponibilidade, com remuneração integral.
D) reintegrado, e o eventual ocupante da vaga, se estável, ocupará qualquer outro cargo, com direito à indenização, visto que não poderá ser colocado em disponibilidade, em hipótese alguma.
E) reintegrado, e o eventual ocupante da vaga, se estável, será reconduzido ao cargo de origem, sem direito à indenização, aproveitado em outro cargo ou posto em disponibilidade, com remuneração proporcional ao tempo de serviço.

2919) (2016) Banca: IFPI – Órgão: IF-PI – Prova: Professor – Administração (+ provas)

Sobre os requisitos básicos para investidura em cargo público, conforme a Lei 8.112/90 e suas alterações, marque a única alternativa que NÃO se aplica:
A) O gozo dos direitos políticos é um requisito básico para a investidura em cargo público.
B) Aptidão física e mental.
C) Capacidade de Iniciativa e produtividade.
D) A quitação com as obrigações militares e eleitorais.
E) A nacionalidade brasileira.

2920) (2016) Banca: Quadrix – Órgão: CRO – PR – Prova: Analista de Recursos Humanos

Dos requisitos enumerados a seguir, qual é impeditivo para investidura em cargos públicos?
A) Ter nacionalidade brasileira.
B) Estar em perfeito gozo dos direitos políticos.
C) Ser maior de 14 e menor de 18 anos.
D) Estar quite com as obrigações militares e eleitorais.
E) Ter o nível de escolaridade exigido para o exercício do cargo.

Por fim, destaca-se que aos servidores públicos estatutários são garantidos alguns direitos trabalhistas, são eles: salário mínimo; garantia de salário, nunca inferior ao mínimo, para os que percebem remuneração variável; décimo terceiro salário com base na remuneração integral ou no valor da aposentadoria; remuneração do trabalho noturno superior à do diurno; salário-família pago em razão do dependente do trabalhador de baixa renda nos termos da lei; duração do trabalho normal não superior a oito horas diárias e quarenta e quatro semanais, facultada a compensação de horários e a redução da jornada, mediante acordo ou convenção coletiva de trabalho; repouso semanal remunerado, preferencialmente aos domingos; remuneração do serviço extraordinário superior, no mínimo, em cinquenta por cento a do normal; gozo de férias anuais remuneradas com, pelo menos, um terço a mais do que o salário normal.

2921) (2014) Banca: CESPE – Órgão: Câmara dos Deputados – Prova: Analista Legislativo

Julgue o item que se segue, a respeito da remuneração dos agentes públicos, consoante entendimento do Supremo Tribunal Federal (STF). O art. 7º, inciso XVI, da CF, que trata do direito dos trabalhadores urbanos e rurais à remuneração pelo serviço extraordinário acrescida de, no mínimo, 50%, sobre o valor do serviço normal, aplica-se imediatamente aos servidores públicos, por constituir norma autoaplicável

A) Certo   B) Errado

2922) (2009) Banca: ESAF – Órgão: ANA – Prova: Analista Administrativo – Administração

A Lei n. 8.112/1990, além de vencimento e vantagens, também defere aos servidores públicos federais alguns adicionais, retribuições e gratificações. Neste conjunto não se inclui:

A) A gratificação natalina.
B) O adicional por tempo de serviço.
C) A gratificação por encargo de curso ou concurso.
D) O adicional pela prestação de serviço extraordinário.
E) A retribuição pelo exercício de função de direção, chefia e assessoramento

2923) (2016) Banca: FUNIVERSA – Órgão: IF-AP – Prova: Auxiliar em Administração

A respeito do adicional pela prestação de serviço extraordinário previsto na Lei 8.112/1990, assinale a alternativa correta.

A) O serviço extraordinário será remunerado com acréscimo de 50% em relação à hora normal de trabalho.
B) O servidor público federal não tem direito ao adicional por serviço extraordinário.
C) O serviço extraordinário será permitido para atender a situações comuns e não temporárias.
D) Não existe limite máximo de horas, por jornada de trabalho, para realização de serviço extraordinário.
E) O serviço extraordinário será concedido apenas ao servidor público que trabalhar no período compreendido entre 22 horas de um dia e cinco horas do dia seguinte.

2924) (2017) Banca: UFPA – Órgão: UFPA – Prova: Assistente em Administração

Um dos aspectos tratados pela Lei 8.112/1990 refere-se à seguridade social do servidor. Representam APENAS benefícios assegurados à pessoa do servidor pela referida Lei:

A) Aposentadoria, auxílio-natalidade e auxílio-reclusão.
B) Salário-família, licença para tratamento de saúde e garantia de condições individuais e ambientais de trabalho satisfatórias.
C) Aposentadoria, licença para tratamento de saúde e auxílio-funeral.
D) Auxílio-natalidade, licença à gestante, à adotante, licença-paternidade e pensão vitalícia e temporária.
E) Licença por acidente em serviço, salário-família e auxílio-reclusão.

Conforme determinação da Lei nº 8.112/90 (art. 7º), "a investidura em cargo público ocorrerá com a posse."

2925) (2010) Banca: UFMG – Órgão: UFMG – Prova: Assistente de Administração

INSTRUÇÃO: A questão deve ser respondida com base na Lei 8.112, de 11/12/1990 e suas alterações.

A investidura em cargo público ocorrerá com a

A) nomeação.
B) posse.
C) aprovação.
D) certidão.

Os cargos de provimento vitalício são aqueles que conferem ao ocupante a garantia de que somente poderá ser demitido diante do reconhecimento da prática de infração para a qual seja cominada a penalidade de demissão por meio de sentença judicial com trânsito em julgado.

Ademais, nos cargos vitalícios o estágio probatório é reduzido, tendo a duração de dois anos, após o qual o agente adquire a vitaliciedade. São detentores de cargo vitalício os Magistrados, membros do Ministério Público e membros do Tribunal de Contas.

2926) (2008) Banca: CESPE – Órgão: MPE-RR – Prova: Analista de Sistemas (+ provas)

Um servidor público, ocupante de cargo vitalício, somente poderá ser demitido diante do reconhecimento da prática de infração para a qual seja cominada a penalidade de demissão por meio de sentença judicial com trânsito em julgado.

A) Certo   B) Errado

2927) (2015) Banca: CESPE – Órgão: MPU – Prova: Analista do MPU – Conhecimentos Básicos (+ provas)

A respeito dos cargos e funções públicas, julgue o item que se segue.

O ocupante de cargo vitalício só perde o cargo mediante regular processo judicial com sentença transitada em julgado.

A) Certo   B) Errado

2928) (2008) Banca: CESPE – Órgão: MPE-RR – Prova: Analista de Sistemas (+ provas)

Na administração pública, os cargos públicos podem ser classificados como cargo em comissão, cargo efetivo e cargo vitalício. São exemplos de cargos vitalícios os de juiz e de promotor de justiça.

A) Certo   B) Errado

2929) (2015) Banca: FUNCAB – Órgão: ANS – Prova: Ativ. Tec. de Complexidade – Direito

A organização funcional da Administração Pública de qualquer dos Poderes é integrada por cargos em comissão, efetivos e vitalícios. Sobre a vitaliciedade, assinale a opção correta.

A) A Constituição da República federativa do brasil garante a quatro categorias profissionais o cargo vitalício, quais sejam: membros da Magistratura, Delegados de Polícia, Oficiais de Justiça e membros do Ministério Público.

B) A vitaliciedade é prorrogativa exclusiva dos membros da Magistratura, Ministério Público e dos Tribunais de Contas.

C) A vitaliciedade consiste em garantir aos membros da Magistratura, do Ministério Público e dos Tribunais de Contas a não remoção compulsória de um órgão judicial, singular ou colegiado, para outro, salvo por motivo de interesse público.

D) Os Juízes gozam de vitaliciedade logo no início de seu exercício, razão pela qual só perderão a prerrogativa por sentença judicial transitada em julgado.

E) Os juízes gozam de vitaliciedade, que, no primeiro grau, só será adquirida após 6 (seis) meses de exercício, dependendo a perda do cargo, nesse período, de deliberação do tribunal a que o juiz estiver vinculado.

Estágio probatório de 3 anos.

2930) (2016) Banca: CEPS-UFPA – Órgão: UFRA – Prova: Assistente em Administração

A Lei 8.112, de 11 de dezembro de 1990 e suas alterações, dispõe sobre o regime jurídico dos servidores públicos civis da União, das autarquias e das fundações públicas federais. O servidor habilitado em concurso público e empossado em cargo de provimento efetivo adquirirá estabilidade no serviço público ao completar

A) 2 (dois) anos de efetivo exercício.
B) 4 (quatro) anos de efetivo exercício.
C) 3 (três) anos de efetivo exercício.
D) 1 (um) ano de efetivo exercício.
E) 5 (cinco) anos de efetivo exercício.

Art. 40. Aos servidores titulares de cargos efetivos da União, dos estados, do Distrito Federal e dos municípios, incluídas suas autarquias e fundações, é assegurado regime de previdência de caráter contributivo e solidário, mediante contribuição do respectivo ente público, dos servidores ativos e inativos e dos pensionistas, observados critérios que preservem o equilíbrio financeiro e atuarial e o disposto neste artigo.

2931) (2014) Banca: CESPE – Órgão: Câmara dos Deputados – Prova: Analista Legislativo

Acerca dos regimes de previdência dos servidores públicos, julgue o item subsequente. Caso um servidor público titular de cargo efetivo do DF, filiado a regime próprio de previdência social, seja cedido a autarquia federal, com ônus para o cessionário, ele permanecerá vinculado ao regime de origem.

A) Certo B) Errado

O cargo de provimento em comissão, conhecido como cargo de confiança, é aquele cujo ocupante pode ser livremente nomeado e exonerado, independentemente da aprovação em concurso público. Esse tipo de cargo encontra respaldo no art. 37, V da Constituição Federal:

Art. 37, V As funções de confiança, exercidas exclusivamente por servidores ocupantes de cargo efetivo, e os cargos em comissão, a serem preenchidos por servidores de carreira nos casos, condições e percentuais mínimos previstos em lei, destinam-se apenas às atribuições de direção, chefia e assessoramento.

Destaca-se que esses cargos são acessíveis a todos, sendo de livre nomeação ou exoneração, podendo esse agente ser desligado do cargo imotivadamente (exceção ao Princípio da Motivação), sem instauração de processo administrativo e sem direito ao contraditório e a ampla defesa. Contudo, convém destacar que, a despeito da exoneração tratar-se de uma exceção à obrigatoriedade de motivação dos atos administrativos, caso a autoridade pública apresente motivo para exoneração e tal motivo for falso, em conformidade com a Teoria dos Motivos Determinantes, o ato de exoneração será nulo, haja vista que o vício no motivo enseja o vício de legalidade no ato.

2932) (2016) Banca: CESPE – Órgão: TCE-SC – Prova: Conhecimentos Básicos – Exceto para os cargos 3 e 6 (+ provas)

Com base na doutrina e nas normas de direito administrativo, julgue o item que se segue.

O servidor público ocupante exclusivamente de cargo em comissão adquire a estabilidade após três anos de efetivo exercício.

A) Certo B) Errado

2933) (2013) Banca: CESPE – Órgão: TRT – 17ª Região (ES) – Prova: Técnico Judiciário – Área Administrativa

Acerca dos agentes e cargos públicos, julgue o item seguinte. As funções de confiança não se confundem com os cargos em comissão, visto que estes são ocupados transitoriamente, sem a necessidade de concurso, e aquelas só podem ser titularizadas por servidores públicos ocupantes de cargos efetivos.

A) Certo B) Errado

2934) (2015) Banca: CESPE – Órgão: MPOG – Prova: Técnico de Nível Superior – Cargo 22

Julgue o item subsequente, relativo a agente público.

Os cargos em comissão e as funções de confiança relacionam-se exclusivamente às atribuições de direção, chefia e assessoramento.

A) Certo B) Errado

2935) (2015) Banca: CESPE – Órgão: FUB – Prova: Administrador

Julgue o próximo item, relativo ao regime dos servidores públicos federais. É obrigatória a aprovação prévia em concurso para provimento de quaisquer cargos ou empregos na administração direta ou indireta, ressalvadas as nomeações para cargos em confiança, declarados em lei como de livre nomeação e exoneração

A) Certo B) Errado

2936) (2014) Banca: FCC – Órgão: TJ-AP – Prova: Analista Judiciário – Área Judiciária – Execução de Mandados

O ingresso no serviço público se dá mediante a aprovação prévia em concurso público de provas ou de provas e títulos.

Essa regra constitucional encontra exceção nas hipóteses autorizadas pela própria Constituição Federal. No que pertine ao acesso ao serviço público é correto afirmar que

A) é exceção à regra do concurso público as nomeações para cargo em comissão declarados em lei de livre nomeação e exoneração.

B) a investidura em cargos em comissão declarados em lei de livre nomeação e exoneração deixou de ser juridicamente viável após a Constituição Federal de 1988 em razão do princípio do concurso público

C) a investidura em cargo público efetivo se dá mediante concurso público, o que não ocorre com a investidura em emprego público, que independe da prévia aprovação em concurso público, isso em razão do regime jurídico ser o da CLT.

D) a investidura em cargo ou emprego público independe da prévia aprovação em concurso público desde que, para tanto, haja excepcional interesse público e necessidade inadiável consubstanciada no risco iminente à continuidade da prestação do serviço público.

E) a investidura em cargo público efetivo é acessível apenas aos brasileiros e não depende da prévia aprovação em concurso público.

2937) (2015) Banca: FCC – Órgão: TCE-CE – Prova: Procurador de Contas

Depois de anos de trabalho na iniciativa privada no setor de tecnologia, Marinaldo foi convidado pelo Prefeito recém-eleito no último pleito, para assumir a direção do órgão responsável pelos contratos de informática, em uma fundação instituída pelo Município para atuar nessa área. Diante de sua notória experiência, Marinaldo foi contratado sem concurso público e passou a perceber, além dos regulares vencimentos, gratificação de responsabilidade, atribuída a todos os cargos e funções de direção no Município. Finda a gestão do prefeito que nomeou Marinaldo, a nova gestão entendeu por bem por em prática política de enxugamento das despesas públicas, determinando o corte de 20% dos cargos em comissão na Administração direta e de 30% na Administração indireta. Planeja, ainda, extinguir alguns entes integrantes da Administração indireta, em especial fundações municipais que desempenhem atividades passíveis de serem contratadas na iniciativa privada a menores custos. Diante desse cenário,

A) a Administração pública não poderá demitir Marinaldo sem justa causa, posto que, após três anos no cargo, ele adquiriu estabilidade e, um ano depois, vitaliciedade, sem prejuízo de poder ser submetido a processo administrativo para extinção do vínculo com a Administração Indireta.

B) o cargo de Marinaldo poderá ser colocado em disponibilidade, com percebimento integral de seus vencimentos e gratificações, vedada sua demissão antes do decurso de processo administrativo com observância do contraditório e ampla defesa.

C) considerando que Marinaldo ocupava cargo em comissão, o que não enseja estabilidade ou vitaliciedade, poderá ser livremente exonerado, ainda que a fundação na qual exerça suas funções não seja extinta pela Administração central.

D) poderá Marinaldo ser exonerado caso a fundação onde ocupa cargo em comissão seja regularmente extinta, posto que, nesse caso, não incide a vitaliciedade que protege o servidor no caso de cortes orçamentários e de pessoal.

E) como Marinaldo possui vínculo de empregado público, posto que contratado sem concurso público, somente poderá ser exonerado ou demitido após a Administração ter desocupado todos os cargos em comissão e de assessoramento, que são de livre provimento.

2938) (2017) Banca: FGV – Órgão: ALERJ – Prova: Especialista Legislativo – Tecnologia da Informação (+ provas)

Augusto foi convidado, pelo Prefeito do Município em que vive, para ingressar no serviço público. Logo após a conversa, consultou a legislação municipal e constatou que o Município dispunha de cargos de provimento efetivo, cargos em comissão e funções de confiança.

Por desconhecer as características gerais dessas figuras, procurou um advogado, que o informou que o seu ingresso no serviço público:

A) somente seria possível, sem a prévia realização de concurso público, com a nomeação direta para um cargo em comissão;

B) somente seria possível com a nomeação direta para um cargo de provimento efetivo ou para um cargo em comissão;

C) somente seria possível, sem a prévia realização de concurso público, com a nomeação para uma função de confiança;

D) exigiria a prévia aprovação em concurso público para a nomeação para um cargo de provimento efetivo, um cargo em comissão ou uma função de confiança;

E) seria possível com a nomeação direta para um cargo de provimento efetivo, um cargo em comissão ou uma função de confiança.

2939) (2014) Banca: FUNCAB – Órgão: SUPEL-RO – Prova: Engenharia Civil

Os agentes públicos cujos cargos são providos por nomeação política, sem concurso público, com atribuições de direção, chefia e assessoramento e que são passíveis de exoneração imotivada são os:

A) ocupantes de cargo comissionado.
B) contratados temporários.
C) empregados públicos.
D) agentes honoríficos.
E) agentes políticos.

2940) (2014) Banca: IADES – Órgão: TRE-PA – Prova: Analista Judiciário – Área Administrativa (+ provas)

De acordo com a Lei 8.112/1990, no que se refere às disposições preliminares e ao provimento de cargos públicos, assinale a alternativa correta.

A) Não é possível o provimento de cargos públicos senão em decorrência de prévia aprovação e classificação em concurso público.

B) A referida lei veda o provimento de cargos públicos a estrangeiros, excepcionando tão somente no caso de professores de universidades e de instituições de pesquisa científica e tecnológica federais.

C) São requisitos para nomeação em cargo público a nacionalidade brasileira; o gozo de direitos políticos; a quitação com as obrigações militares e eleitorais; o nível de escolaridade exigido para o exercício do cargo; a idade mínima de dezoito anos e a aptidão física e mental, sem prejuízo de outros requisitos que possam ser justificados conforme as atribuições do cargo, mas desde que estabelecidos em lei.

D) Os ocupantes de cargos em comissão são considerados servidores públicos.

E) Ainda que previstas outras formas de provimento no seu texto originário, a referida lei foi alterada para que somente por meio da nomeação sejam providos os cargos públicos.

2941) (2015) Banca: VUNESP – Órgão: SAP-SP – Prova: Agente de Segurança Penitenciária de Classe I

A Constituição Federal de 1988 prevê que os cargos em comissão, declarados em lei de livre nomeação e exoneração, destinam-se

A) exclusivamente às atividades de assessoramento
B) aos titulares de cargos efetivos, que tenham cumprido o estágio probatório
C) apenas às atribuições de direção, chefia e assessoramento.
D) aos serviços de menor complexidade, que não exijam nível superior.
E) aos serviços de maior complexidade, que exijam nível superior.

A função pública de confiança encontra previsão no art. 37, V da CR/88:

"Art. 37, V. As funções de confiança, exercidas exclusivamente por servidores ocupantes de cargo efetivo, exercidas exclusivamente por servidores ocupantes de cargo efetivo, e os cargos em comissão, a serem preenchidos por servidores de carreira nos casos, condições e percentuais mínimos previstos em lei, destinam-se apenas às atribuições de direção, chefia e assessoramento; [...]".

Portanto, conforme descrito acima, tanto no cargo público de provimento em comissão quanto na função de confiança deve haver uma relação de confiança entre aquele que nomeia e quem é nomeado, sendo que ambos são de livre nomeação e de livre exoneração e destinam-se às atividades de direção, chefia ou assessoramento.

2942) (2016) Banca: CESPE Órgão: TRT – 8ª Região (PA e AP) – Prova: Técnico Judiciário – Área Administrativa No que diz respeito aos agentes públicos, assinale a opção correta

A) Permite-se que os gestores locais do Sistema Único de Saúde admitam agentes comunitários de saúde e agentes de combate às endemias por meio de contratação direta.
B) Não se permite o acesso de estrangeiros não naturalizados a cargos, empregos e funções públicas.
C) O prazo de validade de qualquer concurso público é de dois anos, prorrogável por igual período.
D) As funções de confiança somente podem ser exercidas pelos servidores ocupantes de cargo efetivo.
E) Como os cargos em comissão destinam-se à atribuição de confiança, não há previsão de percentual mínimo de preenchimento desses cargos por servidores efetivos.

2943) (2007) Banca: CESPE – Órgão: TSE – Prova: Técnico Judiciário – Área Administrativa (+ provas)

Considerando que Aderbal desempenhe licitamente função de confiança no TRE-BA, é correto afirmar que ele

A) ocupa cargo comissionado.
B) ocupa cargo de provimento efetivo.
C) não está investido em cargo público.
D) ocupa emprego público.

2944) (2010) Banca: FCC – Órgão: TRT – 8ª Região (PA e AP) – Prova: Técnico Judiciário – Área Administrativa

As funções de confiança serão exercidas

A) por servidor designado mesmo que não ocupe cargo na Administração Pública.
B) preferencialmente por servidores ocupantes de cargo efetivo.
C) alternadamente por ocupantes de cargo efetivo e de cargo em comissão.
D) exclusivamente por servidores ocupantes de cargo efetivo.
E) por servidor aposentado que retorna ao serviço público, sem ocupar cargo.

2945) (2009) Banca: FCC – Órgão: TJ-AP – Prova: Analista Judiciário – Área Judiciária – Execução de Mandados

Segundo a Constituição Federal, as funções de confiança

A) não podem mais ser criadas, devendo as existentes ser extintas quando de sua vacância.
B) são exercidas exclusivamente por servidores ocupantes de cargo em comissão.
C) são exercidas exclusivamente por servidores ocupantes de cargo efetivo.
D) não podem mais ser criadas, tendo sido as existentes extintas em 5 de outubro de 1988.
E) são exercidas exclusivamente por pessoas que não possuem vínculo com a Administração Pública.

2946) (2014) Banca: FGV – Órgão: TJ-GO – Prova: Analista Judiciário

Ao tratar dos temas concurso público e acesso a cargos públicos, a Constituição da República de 1988 dispõe que:

A) as funções de confiança são exercidas exclusivamente por servidores ocupantes de cargo efetivo e destinam-se apenas às atribuições de direção, chefia e assessoramento;
B) a investidura em cargo ou emprego público depende de aprovação prévia em concurso público de provas ou títulos, de acordo com a natureza e a complexidade do cargo ou emprego;
C) constituem exceções à regra geral da exigência de concurso público, as nomeações para cargo em comissão e funções de confiança, ambos declarados em lei de livre nomeação e exoneração;
D) o prazo de validade do concurso público será de dois anos, prorrogável uma vez, por igual período, a critério da autoridade que preside a banca do concurso;
E) os cargos em comissão são exercidos exclusivamente por servidores não concursados, pois seu provimento ocorre por livre nomeação e exoneração, e destinam-se às atribuições de direção, chefia e assessoramento.

2947) (2014) Banca: FGV – Órgão: DPE-RJ – Prova: Técnico Superior Jurídico

A Constituição prevê a necessidade de concurso público para provimento dos cargos, seja para atender ao princípio da eficiência (selecionando os candidatos mais capacitados), seja para observar o princípio da igualdade (todos os interessados devem ter as mesmas condições de concorrer às vagas). Levando-se em conta a atual jurisprudência do STF e a disciplina legal sobre o tema, é correto afirmar que:

A) a regra do concurso público não admite exceções, em respeito aos princípios da moralidade, legalidade, isonomia, eficiência e probidade administrativa, e as provas levarão em conta a natureza e a complexidade do cargo ou emprego, devendo ser respeitada a ordem de classificação no momento da convocação.

B) pode ocorrer ingresso no serviço público sem concurso público, como nas hipóteses do quinto constitucional, com o ingresso no Poder Judiciário de membros do Ministério Público, com mais de quinze anos de carreira, e de membros da advocacia pública ou privada de notório saber jurídico e de reputação ilibada, com mais de quinze anos de efetiva atividade profissional, indicados em lista sêxtupla pelos órgãos de representação das respectivas classes.

C) o candidato aprovado em concurso público tem mera expectativa de direito, não sendo viável litigar judicialmente para conseguir nomeação dentro do número de vagas oferecidas no edital do concurso, caso a administração pública se recuse a nomeá-lo.

D) pode ocorrer ingresso no serviço público sem concurso público, como nas hipóteses de contratação por tempo determinado, para atender à necessidade temporária de excepcional interesse público, que exige análise comparativa curricular de pelos menos três candidatos para uma vaga e tem prazo máximo de até dois anos, prorrogável uma vez, por igual período.

E) tanto a função de confiança como o cargo em comissão destinam-se apenas às atribuições de direção, chefia e assessoramento, sendo as funções de confiança exercidas exclusivamente por servidores ocupantes de cargo efetivo, enquanto os cargos em comissão podem ser preenchidos por pessoas não concursadas, e alguns devem ser preenchidos por servidores de carreira nos casos, condições e percentuais mínimos previstos em lei.

2948) (2014) Banca: FGV – Órgão: PROCEM – PA – Prova: Analista Administrativo – Analista de Logística

Nos termos da Constituição Federal de 1988, são de exercício exclusivo para os servidores ocupantes de cargos efetivos

A) os cargos em comissão.
B) os empregos provisórios.
C) as designações permanentes.
D) os trabalhos preferenciais.
E) as funções de confiança.

2949) (2016) Banca: TRF – 3ª REGIÃO – Órgão: TRF – 3ª REGIÃO – Prova: Juiz Federal Substituto

Dadas as assertivas abaixo, assinale a alternativa correta.

A) Os vencimentos dos cargos do Poder Executivo e do Poder Judiciário não poderão ser superiores aos pagos pelo Poder Legislativo.

B) As funções de confiança, exercidas exclusivamente por servidores ocupantes de cargo efetivo, e os cargos em comissão, a serem preenchidos por servidores de carreira nos casos, condições e percentuais mínimos previstos em lei, destinam-se apenas às atribuições de direção, chefia e assessoramento.

C) O regime de emprego público regulamentado pela Lei nº 9.962/2000 incide apenas sobre os servidores da administração pública federal.

D) Embora afaste-se o reconhecimento de direito adquirido a regime jurídico, o servidor público tem direito à aplicação irrestrita da norma que prevê a irredutibilidade de seus vencimentos.

2950) (2014) Banca: MPE-SC – Órgão: MPE-SC – Prova: Promotor de Justiça – Matutina

Analise o enunciado da questão abaixo e assinale se ele é Certo ou Errado.

As funções de confiança, exercidas exclusivamente por servidores ocupantes de cargos efetivos, e os cargos em comissão, a serem preenchidos por servidores de carreira nos casos, condições e percentuais mínimos previstos em lei, destinam-se apenas às atribuições de direção, chefia e assessoramento.

A) Certo B) Errado

2951) (2017) Banca: Quadrix – Órgão: CFO-DF – Prova: Técnico Administrativo

A respeito dos agentes públicos, julgue o item que se segue.

As funções de confiança, ao contrário do que ocorre com os cargos públicos em comissão, são acessíveis exclusivamente aos servidores titulares de cargos efetivos.

A) Certo B) Errado

2952) (2017) Banca: CONSULPLAN – Órgão: TJ-MG – Prova: Outorga de Delegações de Notas e de Registro – Provimento

Quanto à criação, transformação e extinção de cargos públicos, é correto afirmar:

A) As funções de confiança são reservadas exclusivamente aos servidores ocupantes de cargo efetivo enquanto os cargos em comissão podem ser ocupados por pessoas que não pertencem aos quadros funcionais da Administração.

B) É constitucional a lei de iniciativa parlamentar que prevê a modificação da estrutura organizacional do quadro de cargos de apoio administrativo do Tribunal de Contas Estadual.

C) Lei municipal pode autorizar o Prefeito a, por meio de decreto, criar cargos em comissão.

D) Os empregos públicos da Administração Direta, autarquias, fundações de direito público, empresas públicas e sociedades de economia mista exigem a criação por meio de lei de iniciativa do Chefe do Poder Executivo.

2953) (2014) Banca: FEPESE – Órgão: Prefeitura de Florianópolis – SC – Prova: Auditor Fiscal de Tributos Municipais

Em atenção à disciplina dos servidores públicos, assinale a alternativa correta de acordo com a Constituição da República.

A) É vedado ao servidor público civil o direito à livre associação sindical.

B) Regra geral, o prazo de validade do concurso público será de até 4 anos, prorrogável uma vez, por igual período.

C) São estáveis após 2 anos de efetivo exercício os servidores nomeados para o cargo de provimento efetivo em virtude de concurso público.

D) As funções de confiança e os cargos em comissão destinam-se apenas às atribuições de direção, chefia e assessoramento.

E) A remuneração e o subsídio dos servidores públicos poderão ser alterados por decreto legislativo, assegurada a revisão geral anual, sempre na mesma data e sem distinção de índices.

É importante não confundir os conceitos função de confiança e cargo em comissão. A função de confiança somente pode ser exercida por servidores públicos de carreira, exclusivamente no exercício das atribuições de direção, chefia e assessoramento. Portanto, ao contrário do cargo de comissão que é de livre nomeação e exoneração a qualquer pessoa, a função de confiança depende de vinculação estatutária prévia com o serviço público. Ex.: um agente que ocupa o cargo de Procurador (vinculação estatutária prévia) e exerce a função de confiança de chefe da procuradoria.

2954) (2011) Banca: IESES – Órgão: TJ-MA – Prova: Titular de Serviços de Notas e de Registros – Provimento por remoção

Cargo público é o lugar instituído na organização do serviço público, com denominação própria, atribuições e responsabilidades específicas e estipêndio correspondente, para ser provido e exercido por um titular, na forma estabelecida em lei. Assinale dentre as opções abaixo aquela referente ao tipo de cargo que só admite provimento em caráter provisório, que é declarado em lei como tal e é de livre nomeação e exoneração, destinando-se às atribuições de direção, chefia e assessoramento:

A) Cargo de carreira
B) Cargo técnico
C) Cargo isolado
D) Cargo em comissão

2955) (2014) Banca: MS CONCURSOS – Órgão: UFAC – Prova: Auxiliar em Administração

Em relação às funções de confiança, a Constituição Federal de 1988 estabelece regras relativas aos cargos em comissão e funções de confiança. Portanto, estas deverão ser exercidas:

A) Somente por servidores que ocupem cargos em comissão.
B) Exclusivamente por servidores ocupantes de cargo efetivo.
C) Por um percentual mínimo, previsto em lei, de servidores comissionados.
D) Dando preferência aos servidores que ocupam cargo efetivo.
E) Por um percentual máximo, previsto em lei específica dos servidores de carreira.

Nesse sentido, a lei de cada ente federado deverá trazer um rol taxativo de hipóteses urgentes ou excepcionais, com caráter temporário, em que a Administração direta, as Autarquias e as Fundações Públicas poderão realizar contratações temporárias e excepcional, tendo em vista o relevante interesse público.

A Lei 8.745/93 regulamenta a contratação temporária no âmbito dos órgãos da administração federal direta, bem como das Autarquias e Fundações Públicas.

2956) (2015) Banca: CESPE – Órgão: MPOG – Prova: Técnico de Nível Superior – Cargo 22

Julgue o item subsequente, relativo a agente público.

Se tiver de contratar pessoal por tempo determinado para prestar assistência em situações de calamidade pública, a administração pública federal, estadual, distrital ou municipal poderá fazê-lo mediante processo seletivo simplificado, pois estará caracterizada a necessidade temporária de excepcional interesse público.

A) Certo B) Errado

2957) (2014) Banca: CESPE – Órgão: MEC – Prova: Conhecimentos Básicos – Todos os Cargos (+ provas)

No que se refere à contratação de pessoal por tempo determinado para o atendimento de necessidade temporária de excepcional interesse público, julgue o item seguinte, com base na legislação de regência.

Na referida forma de contratação, o recrutamento de pessoal prescinde de concurso público.

A) Certo B) Errado

Art. 2º Considera-se necessidade temporária de excepcional interesse público:

I – assistência a situações de calamidade pública;

II – assistência a emergências em saúde pública;

III – realização de recenseamentos e outras pesquisas de natureza estatística efetuadas pela Fundação Instituto Brasileiro de Geografia e Estatística – IBGE;

IV — admissão de professor substituto e professor visitante;

V – admissão de professor e pesquisador visitante estrangeiro;

VI – atividades (...)

VII – admissão de professor, pesquisador e tecnólogo substitutos para suprir a falta de professor, pesquisador ou tecnólogo ocupante de cargo efetivo, decorrente de licença para exercer atividade empresarial relativa à inovação.

VIII – admissão de pesquisador, de técnico com formação em área tecnológica de nível intermediário ou de tecnólogo, nacionais ou estrangeiros, para projeto de pesquisa com prazo determinado, em instituição destinada à pesquisa, ao desenvolvimento e à inovação;

IX – combate a emergências ambientais, na hipótese de declaração, pelo ministro de Estado do Meio Ambiente, da existência de emergência ambiental na região específica (...).

2958) (2010) Banca: CESPE – Órgão: INCA – Prova: Analista em C&T Júnior – Direito – Legislação Pública em Saúde

O recrutamento do pessoal a ser contratado temporariamente para atender a necessidade temporária de excepcional interesse público será feito mediante concurso público. Nos casos de contratação para atender às necessidades decorrentes de calamidade pública ou de emergência ambiental, será dispensado o processo seletivo.

A) Certo B) Errado

2959) (2012) Banca: ESAF – Órgão: CGU – Prova: Analista de Finanças e Controle

A respeito da contratação, por tempo determinado, para atender à necessidade temporária de excepcional interesse público, de que trata a Lei n. 8.745/93, é correto afirmar que

A) a contratação, para atender às necessidades decorrentes de calamidade pública, de emergência ambiental e de emergências em saúde pública, prescindirá de processo seletivo.
B) considera-se necessidade temporária de excepcional interesse público a atividade didático-pedagógica em escolas de governo e em fundações de apoio das Universidades públicas.
C) contratados por tempo determinado podem ser considerados estatutários de regime próprio.
D) o recrutamento do pessoal será feito mediante processo seletivo simplificado que dispensa publicidade em Diário Oficial da União, prescindindo concurso público.
E) o pessoal contratado nos termos desta Lei poderá ser nomeado, na qualidade de substituto, para o exercício de cargo em comissão ou função de confiança.

2960) (2014) Banca: IBFC – Órgão: TRE-AM – Prova: Técnico Judiciário – Área Administrativa

Sobre a classificação dos agentes públicos, assinale a alternativa INCORRETA:

A) Os agentes políticos podem ocupar cargos vitalícios ou cargos em comissão.
B) Os servidores públicos são aqueles que possuem regime jurídico estatutário geral e ocupam cargos públicos efetivos ou em comissão.
C) A contratação de agentes públicos por tempo determinado depende de juízo de oportunidade e conveniência da Administração Pública.
D) Empregados públicos são aqueles sujeitos ao regime jurídico da Consolidação das Leis do Trabalho (CLT) e não ocupam cargo público.

2961) (2009) Banca: FUNRIO – Órgão: INSS – Prova: Analista – Serviço Social

Constitui necessidade temporária de excepcional interesse público, para fins de contratação temporária pela Administração Pública Federal,

A) a realização de recenseamentos excetuadas as pesquisas de natureza estatística efetuadas pela Fundação Instituto Brasileiro de Geografia e Estatística – IBGE
B) as atividades especiais nas organizações do Exército para atender a área rural ou a encargos temporários de obras e serviços de engenharia civil e mecânica.
C) a admissão de pesquisador estrangeiro para projeto de pesquisa, em autarquia integrante da Carreira de Ciência e Tecnologia e do Instituto Nacional da Propriedade Industrial.
D) a admissão de professor e pesquisador visitante estrangeiro
E) o combate a emergências ambientais, independentemente de declaração, pelo Ministro de Estado do Meio Ambiente, da existência de emergência ambiental na região específica.

Empregado público é o agente público que firma um vínculo contratual de emprego com a Administração Pública, regido pela CLT (Consolidação das Leis Trabalhistas). O referido vínculo celetista é menos protetivo do que o regime estatutário (os empregados públicos não podem adquirir estabilidade) e será estabelecido junto às pessoas jurídicas de direito privado que compõem a Administração Pública Indireta (Empresas Públicas, Sociedade de Economia Mista e Fundações Públicas de Direito Privado).

2962) (2012) Banca: CESPE – Órgão: FNDE – Prova: Técnico em Financiamento e Execução de Programas e Projetos Educacionais

Diferentemente do ocupante de cargo público efetivo, que possui vínculo estatutário com a administração pública, o ocupante de emprego público tem com a administração um vínculo contratual, sob a regência da Consolidação das Leis do Trabalho (CLT).

A) Certo B) Errado

2963) (2015) Banca: FCC – Órgão: TCE-CE – Prova: Procurador de Contas

Para efeitos penais, o conceito de funcionário público é diverso do que lhe empresta o Direito Administrativo. Define-se o emprego público como aquele

A) que mantém vínculo estatutário, regido pelo Estatuto dos Funcionários Públicos.
B) ocupante com vínculo contratual, sob a regência da CLT.
C) regido pelo conjunto de atribuições às quais não corresponda a um cargo público, não se exigindo concurso público.
D) que não mantém vínculo com fundações ou sociedades de economia mista.
E) ocupa cargo sob a égide da lei orgânica das carreiras de Estado.

2964) (2002) Banca: FCC – Órgão: PGE-SP – Prova: Procurador do Estado

A contratação de servidores públicos pelo regime da CLT

A) é inconstitucional porque implica terceirização de mão-de-obra.
B) é inconstitucional porque pelo regime jurídico único todos os servidores públicos submetem-se ao regime estatutário.
C) é possível para preenchimento de empregos públicos.
D) é constitucional forma de flexibilização da mão de obra no setor público, podendo a Administração Pública prover o preenchimento de cargos públicos com servidores contratados nesse regime.
E) admite a derrogação das normas da CLT pela legislação estadual e municipal.

2965) (2014) Banca: VUNESP – Órgão: SAP-SP – Prova: Executivo Público

Assinale a alternativa que contém um tipo de agente público cujo regime jurídico que o vincula ao serviço público é o da legislação trabalhista.

A) Defensor público.
B) Policial civil.
C) Empregado público.
D) Servidor militar
E) Servidor estatutário.

2966) (2015) Banca: OBJETIVA – Órgão: Prefeitura de Tramandaí – RS – Prova: Auxiliar Legislativo

Assinalar a alternativa que preenche a lacuna abaixo CORRETAMENTE:

Os _____ são contratados sob o regime da legislação trabalhista e são ocupantes de empregos públicos.

A) servidores estatutários
B) agentes políticos
C) empregados públicos
D) servidores temporários

Contudo, tal fato não significa dizer que esses agentes possam ser demitidos a qualquer tempo. A doutrina majoritária entende que os empregados públicos estão sujeitos à demissão devidamente motivada. Tal assertiva está fundamentada no fato de que o regime jurídico aplicado ao empregado público é predominantemente privado, mas não exclusivamente privado, sofrendo grande influência do regime jurídico de direito público.

2967) (2012) Banca: CESPE – Órgão: FNDE – Prova: Técnico em Financiamento e Execução de Programas e Projetos Educacionais

Os empregados públicos não estão sujeitos à demissão devidamente motivada.

A) Certo B) Errado

2968) (2012) Banca: CESPE – Órgão: FNDE – Prova: Técnico em Financiamento e Execução de Programas e Projetos Educacionais

Os empregados públicos podem ser demitidos a qualquer tempo.

A) Certo B) Errado

Trata-se dos particulares que não foram aprovados em Concurso Público e nem integram os quadros administrativos, ou seja, não possuem vinculação permanente e remunerada com o Estado. Contudo, exercem funções estatais.

As principais categorias de particulares que atuam em colaboração com o poder público são as seguintes:

Agentes delegados ou delegatórios: são particulares que exercem determinada atividade, obra ou serviço público, em regime de concessão, permissão ou autorização. Esses agentes exercem tais funções em nome próprio, por sua conta e risco e sob a fiscalização do ente delegante. Ex.: concessionárias prestadoras de serviço de transporte público.

Agentes honoríficos, convocados, nomeados, requisitados, designados: são agentes convocados ou nomeados para a prestação de um serviço público relevante (munus público), de caráter transitório e, em via de regra, sem remuneração. Ex.: jurados do Tribunal do Júri e mesários nas eleições.

2969) (2015) Banca: CESPE – Órgão: TRE-RS – Prova: Técnico Judiciário – Administrativo

Qualquer pessoa que age em nome do Estado, ainda que de maneira transitória ou sem remuneração, é considerada agente público. Assim, surge na doutrina a classificação composta de agentes políticos, de particulares em colaboração com o poder público e de servidores estatais. A respeito desse assunto, assinale a opção correta.

A) Servidores contratados em caráter temporário podem substituir servidores efetivos contratados por tempo indeterminado.
B) Há direito adquirido do servidor em relação a prerrogativas anteriores à posse que venham a ser alteradas por lei.
C) Os membros dos tribunais de contas estaduais são considerados agentes políticos.
D) Consideram-se agentes honoríficos os particulares em colaboração com o poder público, os quais, nessa colaboração, caracterizam-se como agentes públicos.
E) Considera-se agente público mediante delegação a pessoa física convocada para participar das eleições como mesário.

2970) (2015) Banca: CESPE – Órgão: TRE-MT – Prova: Técnico Judiciário – Administrativa

Relativamente aos agentes públicos, assinale a opção correta.

A) Assegurada a vitaliciedade, a perda do cargo pode se dar mediante processo administrativo ou judicial em que seja assegurada a ampla defesa.
B) Os membros de mesa receptora ou apuradora de votos nas eleições são considerados agentes públicos, da espécie particulares em colaboração com a administração.
C) O ato de provimento perde o efeito se o servidor deixar de tomar posse em até dois anos da respectiva publicação.
D) É ilícita a exigência de prévia inspeção médica oficial, por violação a preceitos legais, para a posse do servidor em cargo público.
E) Servidores ocupantes de cargos de provimento efetivo podem adquirir estabilidade ordinária após favorável avaliação de desempenho de comissão competente, independentemente do decurso de tempo.

2971) (2014) Banca: CESPE – Órgão: MDIC – Prova: Analista Técnico – Administrativo

Com relação aos agentes públicos e aos poderes da administração pública, julgue o item subsecutivo.

Os particulares, ao colaborarem com o poder público, ainda que em caráter episódico, como os jurados do tribunal do júri e os mesários durante as eleições, são considerados agentes públicos.

A) Certo B) Errado

2972) (2014) Banca: CESPE Órgão: PGE-PI Prova: Procurador do Estado

A respeito de concurso público, função pública, improbidade administrativa e responsabilidade civil do Estado, assinale a opção correta

A) Se um servidor público for preso em flagrante, em uma operação da Polícia Federal, por desvio de verba pública, então, nesse caso, nos termos da Lei de Improbidade Administrativa, o afastamento desse servidor do cargo que ocupa dependerá de sentença condenatória em primeira instância.
B) A invasão, por particular, de área de preservação ambiental na qual monte ele um empreendimento que cause danos ao meio ambiente não acarretará responsabilidade do Estado, tendo em vista que se trata de culpa exclusiva de terceiros.
C) Segundo o entendimento STJ, os agentes públicos respondem objetivamente pelos atos de improbidade administrativa.
D) O prazo de validade de dois anos para um concurso público poderá ser prorrogado, a critério da administração, sucessivas vezes, inclusive com prorrogação por período inferior a dois anos.

E) A convocação de um cidadão, pela justiça estadual, para compor o corpo de jurados de determinado julgamento, mesmo que em caráter transitório, faz que esse cidadão seja considerado agente público enquanto exercer a função que lhe foi designada pelo Estado.

2973) (2014) Banca: CESPE – Órgão: TC-DF – Prova: Técnico de Administração Pública

No que se refere aos agentes públicos e aos dispositivos da Lei Complementar 840/2011, julgue o seguinte item.

Empresário convocado pela justiça eleitoral para ser mesário durante as eleições será considerado agente público, mesmo que em caráter transitório, enquanto exercer a função a ele designada pelo Estado

A) Certo B) Errado

2974) (2011) Banca: FCC – Órgão: TRE-PE – Prova: Analista Judiciário – Área Administrativa

Os denominados "gestores de negócio", ou seja, aqueles que espontaneamente, assumem determinada função pública em momento de emergência, como epidemia, incêndio, enchente etc., são considerados

A) agentes honoríficos.
B) agentes políticos.
C) servidores públicos temporários.
D) particulares em colaboração com o Poder Público.
E) agentes delegados.

2975) (2016) Banca: FUNIVERSA – Órgão: IF-AP – Prova: Assistente em Administração

Reputa-se agente público todo aquele que exerce, ainda que transitoriamente ou sem remuneração, por eleição, nomeação, designação, contratação ou qualquer outra forma de investidura ou vínculo, mandato, cargo, emprego ou função como prepostos do Estado. Considerando o conceito de agentes públicos e as funções que podem desempenhar, assinale a alternativa correta.

A) Os agentes políticos, por exercerem funções de direção, normalmente de caráter transitório, não podem ser considerados uma espécie de agentes públicos.
B) As pessoas convocadas para serviços eleitorais, como os mesários, são exemplos de agentes públicos.
C) Para ser considerado agente público é necessário que haja uma contratação formal e escrita pelo Estado.
D) A remuneração, por menor que seja, é necessária estar presente na relação entre o Estado e a pessoa para que esta seja considerada agente público.
E) Os brasileiros natos não podem desempenhar funções como agentes públicos.

2976) (2015) Banca: CESGRANRIO – Órgão: LIQUIGÁS – Prova: Profissional Júnior – Direito

Determinadas pessoas são convocadas pelo Estado para prestar um serviço que é, em regra, transitório, como o cidadão que exerce a função de jurado.

Nesse caso, ele é considerado um agente público

A) delegado
B) credenciado
C) político
D) honorífico
E) administrativo

2977) (2015) Banca: CAIP-IMES – Órgão: IPREM – Prova: Procurador Jurídico

Pessoas naturais que prestam serviços para a Administração Pública, com ou sem remuneração, sem vínculo empregatício, são denominadas:

A) agentes públicos contratados por tempo determinado.
B) agentes prestadores de serviços autônomos.
C) particulares em colaboração com o Poder Público.
D) agentes públicos temporários.

2978) (2014) Banca: VUNESP – Órgão: TJ-PA – Prova: Juiz de Direito Substituto

Mesário convocado para as eleições gerais de 2014 pode ser classificado como

A) empregado público.
B) agente público.
C) particular em colaboração com a Administração Pública.
D) agente político.
E) servidor público lato sensu

2979) (2013) Banca: FUNCAB – Órgão: SEMAD – Prova: Engenharia Agronômica – Agronomia (+ provas)

Segundo a classificação dos agentes públicos, pode-se afirmar, que jurados e pessoas convocadas para serviços eleitorais – como os mesários – incluem-se na categoria dos:

A) agentes políticos.
B) servidores temporários.
C) particulares colaboradores.
D) cargos comissionados.

A Constituição Federal permite o ingresso nas carreiras públicas, desde que cumpridos os demais requisitos de lei, aos brasileiros natos, aos naturalizados e também aos portugueses equiparados (art. 12, §1°, da Constituição Federal). Em caráter excepcional Constituição da República define alguns cargos que somente podem ser preenchidos por brasileiros natos. Ex: Presidente; Vice-Presidente da República; Presidente da Câmara dos Deputados; Presidente do Senado Federal e etc. Nesse sentido, o art. 37, I da CF/88 determina que:

"Art. 37. I os cargos, empregos e funções públicas são acessíveis aos brasileiros que preencham os requisitos estabelecidos em lei, assim como aos estrangeiros, na forma da lei;"

Destaca-se que, em conformidade com o dispositivo transcrito, via de regra, a nacionalidade brasileira (nata ou naturalizada) é um requisito para a ocupação de cargos, empregos e funções públicas. Contudo, excepcionalmente, os estrangeiros podem ocupar cargos públicos, desde que haja previsão legal.

2980) (2004) Banca: CESPE – Órgão: STJ – Prova: Técnico Judiciário – Telecomunicações e Eletricidade (+ provas)

Considerando que a nacionalidade brasileira é requisito básico para a investidura em cargo público, às universidades não é permitido prover seus cargos com professores estrangeiros.

A) Certo B) Errado

2981) (2012) Banca: CESPE – Órgão: TRE-RJ – Prova: Cargos de Nível Superior (+ provas)

Tendo em vista que a nacionalidade é um dos requisitos para investidura em cargos públicos, é correto afirmar que estrangeiro não pode exercer qualquer atividade de natureza pública.

A) Certo B) Errado

2982) (2013) Banca: CESPE – Órgão: MI – Prova: Analista Técnico – Administrativo

A ausência de previsão de acesso de estrangeiros a cargos públicos coaduna-se com a política de soberania do Estado brasileiro, que restringe as funções públicas aos brasileiros que gozam de direitos políticos.

A) Certo B) Errado

2983) (2013) Banca: CESPE – Órgão: MPU – Prova: Técnico – Tecnologia da Informação e Comunicação (+ provas)

A Constituição Federal de 1988 (CF) não restringe o acesso aos cargos públicos a brasileiros que gozam de direitos políticos, admitindo que cargos, empregos e funções públicas sejam preenchidos por estrangeiros, na forma da lei.

A) Certo B) Errado

2984) (2013) Banca: CESPE – Órgão: FUB – Prova: Assistente em Administração

Acerca da administração pública e seus agentes, julgue o próximo item.

Por questão de soberania nacional, os estrangeiros não poderão ter acesso a cargos públicos de caráter efetivo, mas poderão exercer funções públicas para atender a necessidade temporária de excepcional interesse público.

A) Certo B) Errado

2985) (2013) Banca: CESPE – Órgão: TCE-RS – Prova: Oficial de Controle Externo

No que diz respeito ao provimento de cargo público, aos direitos e vantagens dos servidores públicos civis e ao processo administrativo disciplinar, julgue o item a seguir.

Professor estrangeiro que resida no Brasil e pretenda ocupar cargo público em universidade federal somente poderá atuar como professor visitante, visto que a investidura em cargo público é restrita a brasileiros natos ou naturalizados.

A) Certo B) Errado

2986) (2015) Banca: CESPE – Órgão: FUB – Prova: Conhecimentos Básicos (+ provas)

Com base no que dispõem as Leis 8.112/1990 e 9.784/1999, julgue o item que se segue.

Considere que Joana, servidora pública da Universidade de Brasília (UnB), tenha recebido documentação para a instrução do processo administrativo de posse de um professor estrangeiro em um cargo público da universidade. Nessa situação, Joana deve desconsiderar a não apresentação, pelo professor, do documento comprobatório de nacionalidade brasileira, devendo dar prosseguimento ao referido processo.

A) Certo B) Errado

2987) (2013) Banca: CESPE – Órgão: TRE-MS – Prova: Técnico Judiciário – Programação de Sistemas

Acerca dos requisitos para a investidura em cargo público, assinale a opção correta.

A) As universidades podem prover seus cargos com professores estrangeiros.

B) A idade mínima para a investidura em cargo público é dezesseis anos.

C) A investidura em o cargo público é concretizada com a publicação da nomeação no Diário Oficial.

D) Vinte por cento das vagas de todos os concursos públicos devem ser reservadas aos portadores de deficiência, vedada qualquer alegação de incompatibilidade entre a deficiência e o cargo.

E) Para ser investido em cargo público, o candidato deve ter, ao menos, o ensino fundamental completo.

2988) (2007) Banca: FCC – Órgão: TRF – 1ª REGIÃO – Prova: Técnico Judiciário – Área Administrativa

As instituições de pesquisa científica e tecnológica federais poderão prover seus cargos com

A) técnicos e cientistas estrangeiros, de acordo com as normas e procedimentos legais.

B) técnicos e cientistas, desde que brasileiros e quites com as obrigações militares.

C) professores brasileiros e estrangeiros, estando, ou não, no gozo dos direitos políticos.

D) professores, desde que brasileiros natos ou naturalizados, excluída a quitação das obrigações militares.

E) professores, técnicos e cientistas, brasileiros ou estrangeiros, dispensado o gozo dos direitos políticos.

2989) (2014) Banca: FGV – Órgão: Prefeitura de Florianópolis – SC – Prova: Administrador (+ provas)

Moacir é servidor público municipal ocupante de cargo efetivo e foi eleito Vereador. De acordo com a disciplina constitucional da matéria, Moacir:

A) poderá acumular seu cargo efetivo com o mandato eletivo, caso haja compatibilidade de horários, percebendo as vantagens de seu cargo efetivo, sem prejuízo da remuneração do cargo eletivo;

B) poderá acumular seu cargo efetivo com o mandato eletivo, caso haja compatibilidade de horários, escolhendo apenas uma remuneração;

C) não poderá acumular seu cargo efetivo com o mandato eletivo, mesmo que haja compatibilidade de horários, recebendo necessariamente a remuneração pelo exercício do mandato eletivo;

D) será necessariamente afastado do cargo efetivo, sendo-lhe facultado optar pela remuneração do mandato eletivo ou cargo efetivo;

E) será necessariamente afastado do cargo efetivo, recebendo dupla remuneração: pelo mandato eletivo e pelo cargo efetivo.

9. AGENTES PÚBLICOS

2990) (2012) Banca: UFPB – Órgão: UFPB – Prova: Assistente em Administração

A Constituição Federal, em seu Título III, Capítulo VII, regulamenta a organização da administração pública. Considerando o atual texto constitucional a esse respeito, julgue a assertiva abaixo:

Os cargos, empregos e funções públicas são acessíveis apenas aos brasileiros que preencham os requisitos estabelecidos em lei.

A) Certo   B) Errado

2991) (2014) Banca: COPEVE-UFAL – Órgão: CASAL – Prova: Assistente Administrativo

De acordo com o princípio constitucional da acessibilidade aos cargos, empregos e funções públicas,

A) a investidura em cargo público depende de aprovação prévia em concurso público de provas ou de títulos, de acordo com a natureza e a complexidade do cargo ou emprego, ressalvadas as nomeações para cargo em comissão e emprego público declarado em lei de livre nomeação e exoneração.
B) os cargos, empregos e funções públicas são acessíveis aos brasileiros que preencham os requisitos estabelecidos em lei, assim como aos estrangeiros, na forma da lei.
C) à lei é facultado reservar percentual dos cargos públicos para as pessoas portadoras de deficiência e de doenças graves, podendo definir os critérios de sua admissão.
D) as funções de confiança e os cargos em comissão, a serem preenchidos por servidores de carreira nos casos, condições e percentuais mínimos previstos em lei, destinam-se às atribuições de direção e chefia.
E) é vedada a contração por tempo determinado no âmbito da Administração Pública.

2992) (2014) Banca: CONSULPLAN – Órgão: CBTU – Prova: Analista de Gestão – Contador

Acerca das regras constitucionais aplicáveis à Administração Pública direta e indireta de qualquer dos Poderes da União, dos Estados, do Distrito Federal e dos Municípios, assinale a alternativa correta.

A) O direito de greve será exercido nos termos e nos limites definidos em lei complementar.
B) Os cargos, empregos e funções públicas são acessíveis aos brasileiros que preencham os requisitos estabelecidos em lei, assim como aos estrangeiros, na forma da lei.
C) Os cargos em comissão e as funções de confiança serão exercidos, preferencialmente, por servidores ocupantes de cargo de carreira, nos casos e condições previstos em lei.
D) Durante o prazo improrrogável previsto no edital de convocação, aquele aprovado em concurso público de provas ou de provas e títulos será convocado para assumir cargo ou emprego na carreira, exceto se houver novos concursados para o mesmo cargo ou emprego.

2993) (2015) Banca: PR-4 UFRJ – Órgão: UFRJ – Prova: Auxiliar de Enfermagem

Pablo é um jovem argentino de 19 anos de idade. Ele prestou concurso para o cargo de Técnico de Laboratório na UFRJ e obteve aprovação. No ato da investidura, verificou-se que ele possuía todos os requisitos estabelecidos em lei, exceto a nacionalidade brasileira. Nesse caso, Pablo:

A) poderá assumir as atribuições do cargo para o qual foi aprovado, mesmo não possuindo nacionalidade brasileira.
B) não poderá assumir as atribuições do cargo para o qual foi aprovado, pois não possui nacionalidade brasileira.
C) poderá assumir as atribuições do cargo para o qual foi aprovado, desde que o governo argentino celebre acordo de emprego com o governo brasileiro no âmbito do Mercosul.
D) não poderá assumir as atribuições do cargo para o qual foi aprovado, mesmo que o governo argentino celebre acordo de emprego com o governo brasileiro no âmbito do Mercosul.
E) poderá assumir as atribuições do cargo para o qual foi aprovado, desde que comprove ser casado com alguém que possui nacionalidade brasileira.

2994) (2016) Banca: VUNESP – Órgão: TJ-SP – Prova: Titular de Serviços de Notas e de Registros – Remoção

Os cargos, empregos e funções públicas são acessíveis aos

A) brasileiros natos e naturalizados.
B) brasileiros e aos estrangeiros, na forma da lei.
C) brasileiros natos, apenas.
D) brasileiros e aos estrangeiros com visto de permanência.

2995) (2014) Banca: VUNESP – Órgão: DPE-MS – Prova: Defensor Público

Os cargos, empregos e funções públicas são acessíveis

A) aos brasileiros que preencham os requisitos estabelecidos em lei, assim como aos estrangeiros, na forma da lei.
B) aos brasileiros e aos estrangeiros, igualmente, nos termos específicos previstos nas leis de cada ente federativo.
C) aos brasileiros que preencham os requisitos previstos em lei, excluindo-se qualquer forma de acesso por estrangeiros.
D) aos brasileiros que preencham os requisitos legais e aos estrangeiros, se houver reciprocidade em favor dos brasileiros no exterior.

2996) (2014) Banca: FEPESE – Órgão: MPE-SC – Prova: Procurador do Estado

Assinale a alternativa correta.

A) Os cargos em comissão destinam-se apenas às atribuições de chefia e assessoramento.
B) O prazo de validade do concurso público será de até três anos, prorrogável uma vez, por igual período.
C) Somente os Estados e Municípios poderão estabelecer os casos de contratação por tempo determinado.
D) Os cargos, empregos e funções públicas são acessíveis aos brasileiros que preencham os requisitos estabelecidos em lei, assim como aos estrangeiros, na forma da lei.
E) A investidura em cargo, emprego ou função pública depende de aprovação prévia em concurso público de provas ou de provas e títulos, de acordo com a natureza e a complexidade do cargo ou emprego, na forma prevista em lei.

2997) (2015) Banca: Quadrix – Órgão: CRESS-PR – Prova: Assistente Administrativo

Em relação à Administração Pública, pode-se afirmar que:

A) cargos, empregos e funções públicos são acessíveis aos brasileiros natos que preencham os requisitos estabelecidos em lei.
B) cargos, empregos e funções públicos são acessíveis aos brasileiros que preencham os requisitos estabelecidos em lei, assim como aos estrangeiros, na forma da lei.
C) os conceitos de cargo, emprego e função são coincidentes.
D) é vedada, em qualquer circunstância, a acumulação remunerada de cargos públicos, ainda que haja compatibilidade de horários.
E) cargos, empregos e funções públicos são acessíveis somente aos brasileiros, natos ou naturalizados, que preencham os requisitos estabelecidos em lei.

2998) (2014) Banca: FAFIPA – Órgão: UFFS – Prova: Técnico de Tecnologia da Informação (+ provas)
Considerando o artigo 37 da Constituição Federal de 1988, analise as afirmativas abaixo e assinale a alternativa CORRETA:
I. Os cargos, empregos e funções públicas são acessíveis aos brasileiros que preencham os requisitos estabelecidos em lei, assim como aos estrangeiros, na forma da lei.
II. É garantido ao servidor público civil o direito à livre associação sindical.
III. A lei reservará percentual dos cargos e empregos públicos para as pessoas portadoras de deficiência e definirá os critérios de sua admissão.
IV. As funções de confiança, exercidas exclusivamente por servidores ocupantes de cargo efetivo, e os cargos em comissão, a serem preenchidos por servidores de carreira nos casos, condições e percentuais mínimos previstos em lei, destinam-se apenas às atribuições de direção, chefia e assessoramento.
V. Os vencimentos dos cargos do Poder Legislativo e do Poder Judiciário não poderão ser superiores aos pagos pelo Poder Executivo.
A) Apenas as afirmativas I e II estão corretas.
B) Apenas as afirmativas II e IV estão corretas.
C) Apenas as afirmativas III e V estão corretas.
D) Apenas a afirmativa IV está correta.
E) Todas as afirmativas estão corretas.

2999) (2015) Banca: PR-4 UFRJ – Órgão: UFRJ – Prova: Nutricionista – Clínica
Lorenzo é um jovem arquiteto chileno que se formou pela Universidad de Chile. Durante sua graduação, ele participou de um intercâmbio acadêmico na UFRJ e se apaixonou pelo Brasil. Após terminar sua graduação, Lorenzo estava no Brasil a passeio e soube que a UFRJ estava realizando concurso para contratação de arquitetos para o seu quadro de servidores efetivos. Lorenzo se inscreveu, prestou o concurso e obteve a aprovação. No momento da posse foi constatado que ele não possuía a nacionalidade brasileira, muito embora cumprisse todos os demais requisitos estabelecidos em lei. Diante dessa situação, a UFRJ:
A) não poderá dar posse a Lorenzo, pois aos estrangeiros é permitida apenas a posse em cargos em comissão.
B) poderá dar posse a Lorenzo desde que exista acordo prévio de cooperação técnica celebrado entre a Universidad de Chile e o governo federal brasileiro.
C) não poderá dar posse a Lorenzo, pois os cargos de provimento efetivo são exclusivos para portadores da nacionalidade brasileira.
D) poderá dar posse a Lorenzo, desde que ele comprove ser casado com alguém que possui nacionalidade brasileira.
E) poderá dar posse a Lorenzo, pois às universidades federais é concedido o direito de prover seus cargos com servidores estrangeiros.

3000) (2009) Banca: FUNRIO – Órgão: MPOG – Prova: Analista Administrativo
Em relação aos servidores públicos civis da União, consta na Lei 8112/90, que
I. os cargos públicos são acessíveis a todos brasileiros e estrangeiros residentes no País, que preencham os requisitos estabelecidos em lei, para provimento em cargo efetivo e, em comissão, respectivamente, de natureza transitória e permanente.
II. são formas de provimento de cargo público: promoção, readaptação, reversão, aproveitamento, recondução, reintegração e nomeação.
III. as universidades federais poderão prover seus cargos com professores estrangeiros, de acordo com as normas e os procedimentos desta lei.
IV. o servidor, ao entrar em exercício em cargo efetivo, ficará sujeito a estágio probatório e pode ser dispensado por conveniência da Administração, ou por avaliação de desempenho para apuração de sua aptidão e capacidade de iniciativa, inclusive com a demissão do cargo.
V. os vencimentos dos servidores não serão objeto de arresto, sequestro ou penhora, exceto nos casos de prestação de alimentos resultantes de sentença judicial.
Pode-se dizer que
A) apenas as afirmativas I e III são corretas.
B) apenas as afirmativas I, II e III são corretas.
C) apenas as afirmativas I, II, III e V são corretas.
D) apenas as afirmativas II, III e V são corretas.
E) apenas as afirmativas II, IV e V são corretas.

3001) (2011) Banca: FUJB – Órgão: MPE-RJ – Prova: Técnico Administrativo
O acesso a cargos e empregos públicos:
A) exige sempre aprovação em concurso público de provas ou provas e títulos;
B) é privativo de brasileiros natos ou naturalizados há mais de dez anos;
C) é aberto a estrangeiros, na forma e casos definidos em lei;
D) pode decorrer de ascensão funcional;
E) não admite livre nomeação, por relação de confiança, em nenhum caso.

Lado outro, o inciso II do art. 37 da CF/88, determina a obrigatoriedade, em regra, da realização de concurso público para se tornar servidor público:
"Art. 37, Art. 37. A administração pública direta e indireta de qualquer dos Poderes da União, dos Estados, do Distrito Federal e dos Municípios obedecerá aos princípios de legalidade, impessoalidade, moralidade, publicidade e eficiência e, também, ao seguinte:

II. A investidura em cargo ou emprego público depende de aprovação prévia em concurso público de provas ou de provas e títulos, de acordo com a natureza e a complexidade do cargo ou emprego, na forma prevista em lei, ressalvadas as nomeações para cargo em comissão declarado em lei de livre nomeação e exoneração;"

3002) (2003) Banca: FCC – Órgão: TRE-AC – Prova: Analista Judiciário – Área Judiciária

A aprovação prévia em concurso público de provas ou de provas e títulos é conditio *sine qua non* para investidura em qualquer

A) cargo público.
B) função pública.
C) emprego público.
D) emprego público ou função pública.
E) cargo ou função pública.

3003) (2013) Banca: FUMARC – Órgão: TJM-MG – Prova: Oficial Judiciário – Oficial de Justiça

A Constituição da República Federativa do Brasil disciplina, de forma principiológica e específica, a acessibilidade a cargos, empregos e funções públicas. Segundo a Carta Magna, a investidura em cargo ou emprego público depende de aprovação prévia em concurso público de provas ou de provas e títulos, de acordo com a natureza e a complexidade do cargo ou emprego, na forma prevista em lei,

A) inclusive as nomeações para cargo em comissão.
B) ressalvadas as contratações de pessoas portadoras de deficiência.
C) ressalvadas as nomeações para cargo em comissão declarado em lei de livre nomeação e exoneração.
D) exceto as nomeações para cargos em comissão cuja exoneração obedecerá ao processo disciplinar comum a todos.

3004) (2016) Banca: FUNIVERSA – Órgão: IF-AP – Prova: Assistente em Administração

A respeito da investidura em cargo ou emprego público e ao concurso público, assinale a alternativa correta.

A) A investidura em cargo ou emprego público depende de aprovação prévia em concurso público de provas e títulos, o que torna ilegal a realização de um concurso público apenas de provas.
B) É possível a investidura em cargo público sem a realização de concurso público, neste caso, para cargo em comissão declarado em lei de livre nomeação e exoneração.
C) A exoneração de um servidor público que ocupe cargo em comissão deverá obrigatoriamente, ser motivada pela Administração Pública.
D) O concurso público terá o prazo de validade de no mínimo 2 anos, podendo ser prorrogado a critério da Administração Pública.
E) Após a Constituição Federal de 1988, é juridicamente possível a realização de concurso público apenas de títulos.

Conforme estabelece a súmula 266 STJ, "o diploma ou habilitação legal para o exercício do cargo deve ser exigido na posse e não na inscrição para o concurso público".

3005) (2015) Banca: CESPE – Órgão: STJ – Prova: Analista Judiciário

Em relação aos agentes públicos, julgue o próximo item. O diploma ou habilitação legal exigido para o exercício do cargo deve ser apresentado pelo candidato no ato de inscrição do concurso público pleiteado.

A) Certo B) Errado

Art. 37, III. O prazo de validade do concurso público será de até dois anos, prorrogável uma vez, por igual período;

3006) (2016) Banca: FUNRIO – Órgão: IF-BA – Prova: Assistente em Administração

Quanto ao prazo de validade do concurso público, a Constituição da República dispõe que será de

A) até dois anos, prorrogável uma vez, por igual período.
B) três anos improrrogáveis.
C) um ano, prorrogável uma vez, por igual período.
D) dois anos, prorrogável somente em casos excepcionais.
E) três anos, prorrogável uma vez, por igual período.

O referido prazo será contado da data de homologação do concurso. Destaca-se que o edital poderá estabelecer prazo menor de validade do que 2 anos. Entretanto, o prazo estabelecido vincula o prazo de prorrogação. Desse modo, caso tenha sido instaurado concurso público com a validade de 6 meses, o mesmo poderá ser prorrogado por mais 6 meses. Caso a validade do concurso público seja de 2 anos, o mesmo poderá ser prorrogado por mais 2 anos (QUESTÕES 2866 a 2868).

3007) (2015) Banca: CESPE – Órgão: TCU – Prova: Técnico Federal de Controle Externo – Conhecimentos Básicos (+ provas)

No que se refere aos princípios e conceitos da administração pública e aos servidores públicos, julgue o próximo item.

O prazo de validade de concurso público é de até dois anos, podendo ele ser prorrogado enquanto houver candidatos aprovados no cadastro de reserva.

A) Certo B) Errado

3008) (2015) Banca: CESPE – Órgão: TCU – Prova: Técnico de Controle Externo

No que se refere aos princípios e conceitos da administração pública e aos servidores públicos, julgue o próximo item. O prazo de validade de concurso público é de até dois anos, podendo ele ser prorrogado enquanto houver candidatos aprovados no cadastro de reserva.

A) Certo B) Errado

3009) (2015) Banca: IESES – Órgão: TRE-MA – Prova: Técnico Judiciário – Administrativo

Sobre o regime jurídico dos servidores públicos, é correto afirmar:

A) A Constituição garante a livre associação sindical aos servidores públicos em geral, exceto no caso dos servidores militares e aos ocupantes de cargos em comissão.
B) Conforme assegurado pela Constituição, o servidor público estável somente perderá o cargo público em virtude de sen-

tença judicial transitada em julgado, desde que assegurada a ampla defesa.

C) A Constituição prevê que o prazo de validade do concurso público será de até dois anos, prorrogável uma vez, por igual período.

D) Na sindicância, a comissão poderá decidir pelo seu arquivamento, pela abertura de processo disciplinar ou pela aplicação das penalidades de advertência, suspensão e demissão.

Súmula vinculante 44: "Só por lei se pode sujeitar a exame psicotécnico a habilitação de candidato a cargo público".

3010) (2016) Banca: CESPE – Órgão: DPU – Prova: Técnico em Assuntos Educacionais

Em relação ao regime jurídico dos cargos, empregos e funções públicas e às disposições da Lei 8.112/1990, julgue o item que se segue. De acordo com a jurisprudência do Supremo Tribunal Federal, é válida a exigência de exame psicotécnico em concursos públicos desde que esteja a exigência prevista no edital do certame

A) Certo B) Errado

3011) (2011) Banca: CESPE – Órgão: TJ-ES – Prova: Analista Judiciário – Área Administrativa

Visando suprir necessidade urgente, a administração poderá realizar concurso público para provimento de cargo efetivo com base em entrevistas, análise curricular e testes psicotécnicos.

A) Certo B) Errado

3012) (2014) Banca: CESPE – Órgão: ANATEL – Prova: Nível Médio

Julgue o item seguinte, referente a agentes públicos e poder de polícia. Para que seja admitida a realização de exame psicotécnico em concurso público, basta que haja previsão no edital, com a definição de critérios objetivos e a possibilidade de recurso.

A) Certo B) Errado

3013) (2016) Banca: CESPE – Órgão: TCE-PA – Prova: Auditor de Controle Externo – Área Administrativa – Direito

Com base no disposto nas súmulas do Supremo Tribunal Federal relativas a direito administrativo, julgue o item subsequente.

Insere-se na esfera de poder discricionário da administração pública a decisão de incluir o exame psicotécnico como fase de concurso para provimento de cargos públicos, o que pode ser feito mediante previsão em edital.

A) Certo B) Errado

3014) (2015) Banca: FCC – Órgão: DPE-SP – Prova: Defensor Público

O Supremo Tribunal Federal sumulou entendimento segundo o qual

A) a ausência de defesa técnica por profissional habilitado no processo administrativo causa a nulidade absoluta do feito, por ferimento à Constituição Federal de 1988.

B) o funcionário público em estágio probatório poderá ser demitido ou exonerado, a depender do caso, mediante procedimento administrativo abreviado, garantida a ampla defesa.

C) somente por lei poderá ser exigido, para habilitação do candidato a cargo público, o exame psicotécnico.

D) a Constituição Estadual poderá criar órgão de controle administrativo do Poder Judiciário do qual participem representantes de outros poderes e entidades.

E) o titular do cargo de Defensor Público está dispensado de apresentar procuração para atuar em juízo.

3015) (2015) Banca: FCC – Órgão: TJ-SC – Prova: Juiz Substituto

Considere as seguintes afirmações:

I. Só por lei se pode sujeitar a exame psicotécnico a habilitação de candidato a cargo público.

II. É inconstitucional a vinculação do reajuste de vencimentos de servidores estaduais ou municipais a índices federais de correção monetária.

III. É inconstitucional toda modalidade de provimento que propicie ao servidor investir-se, sem prévia aprovação em concurso público destinado ao seu provimento, em cargo que não integra a carreira na qual anteriormente investido.

Conforme jurisprudência do Supremo Tribunal Federal, está correto o que se afirma em

A) I e III, apenas.
B) III, apenas.
C) I, II e III.
D) I e II, apenas.
E) II e III, apenas.

3016) (2016) Banca: COMPERVE – Órgão: UFRN – Prova: Administrador (+ provas)

O regime jurídico dos servidores públicos civis da União (Lei 8.112/90) estabelece os requisitos básicos para investidura em cargo público, dentre os quais,

A) a aptidão mental e a idade mínima de dezesseis anos.
B) o gozo dos direitos políticos e o nível de escolaridade exigido para o exercício do cargo.
C) o gozo dos direitos eleitorais e a aptidão física.
D) a idade mínima de dezesseis anos e a nacionalidade brasileira.

Conforme entendimento do STF, a legalidade dos exames psicotécnicos em prova de concurso público está condicionada ao preenchimento de três requisitos: previsão legal (é insuficiente a mera exigência no edital); adoção de critérios objetivos e científicos; possibilidade de revisão do resultado pelas vias recursais.

3017) (2014) Banca: CESPE – Órgão: ANATEL – Prova: Conhecimentos Básicos – Cargos 13, 14 e 15 (+ provas)

Julgue o item seguinte, referente a agentes públicos e poder de polícia.

Para que seja admitida a realização de exame psicotécnico em concurso público, basta que haja previsão no edital, com a definição de critérios objetivos e a possibilidade de recurso.

A) Certo B) Errado

3018) (2015) Banca: CESPE – Órgão: STJ – Prova: Analista Judiciário – Administrativa

Em relação aos agentes públicos, julgue o próximo item.

No que se refere ao exame psicotécnico, além de previsão legal, são exigidos mais três requisitos para que seja válida a sua exigência em certames públicos: ser pautado em critérios objetivos e científicos, ser compatível com as atribuições normais do cargo e ser ofertado direito de recurso na via administrativa.

A) Certo B) Errado

São exceções à regra do Concurso Público para provimento de cargos: cargos em comissão de livre nomeação e livre exoneração; cargos eletivos; servidores temporários contratados em razão de excepcional interesse público; ex-combatentes, agentes comunitários de saúde e agentes de combate às endemias (nesse caso a lei 11.350/06 prevê a realização de um processo seletivo público diferenciado).

3019) (2010) Banca: CESPE – Órgão: Caixa – Prova: Advogado

No que concerne às disposições constitucionais relativas à administração pública, assinale a opção correta.

A) A contratação de advogados para o exercício da função de defensor público estadual só é admissível se devidamente justificada a excepcionalidade por ato motivado da autoridade competente e desde que por tempo determinado.

B) Por se submeterem a regime jurídico tipicamente privado, os empregados das empresas públicas e das sociedades de economia mista não estão submetidos ao teto salarial determinado pela CF aos servidores públicos estatutários.

C) O STF fixou jurisprudência no sentido de que não há direito adquirido a regime jurídico-funcional pertinente à composição dos vencimentos ou à permanência do regime legal de reajuste de vantagem, ainda que eventual modificação introduzida por ato legislativo superveniente acarrete decréscimo de caráter pecuniário.

D) A CF autoriza a acumulação de dois cargos de médico, sendo compatível, de acordo com a jurisprudência do STF, interpretação ampliativa para abrigar no conceito o cargo de perito criminal com especialidade em medicina veterinária.

E) A regra é a admissão de servidor público mediante concurso público. As duas exceções à regra são para os cargos em comissão e a contratação de pessoal por tempo determinado para atender a necessidade temporária de excepcional interesse público. Nessa segunda hipótese, deverão ser atendidas as seguintes condições: previsão em lei dos cargos; tempo determinado; necessidade temporária de interesse público; e interesse público excepcional.

3020) (2014) Banca: FCC – Órgão: AL-PE – Prova: Analista Legislativo

Considerando a condição de ingresso no serviço público, é correto afirmar:

A) é exceção à regra do concurso público as nomeações para os cargos em comissão declarados em lei de livre nomeação e exoneração, havendo outras exceções à referida forma de ingresso previstas na Constituição Federal.

B) a investidura em cargo efetivo dá-se mediante concurso público de provas ou de provas e títulos, restrito aos brasileiros natos.

C) os estrangeiros podem ser investidos em cargos em comissão declarados em lei de livre nomeação e exoneração, sendo-lhes vedada, no entanto, a investidura em cargos efetivos ou empregos públicos, restritos que são aos brasileiros natos.

D) a admissão no serviço público pode se dar independentemente de concurso público para os cargos em comissão declarados em lei de livre nomeação e exoneração, sendo inteiramente livre, aos administradores, a escolha dos seus ocupantes.

E) são exceção à regra do concurso público as formas de provimento denominadas de ascensão ou transposição, que legitimam os denominados concursos públicos internos.

3021) (2014) Banca: FCC – Órgão: TJ-AP – Prova: Analista Judiciário – Área Judiciária – Execução de Mandados

O ingresso no serviço público se dá mediante a aprovação prévia em concurso público de provas ou de provas e títulos. Essa regra constitucional encontra exceção nas hipóteses autorizadas pela própria Constituição Federal. No que pertine ao acesso ao serviço público é correto afirmar que

A) é exceção à regra do concurso público as nomeações para cargo em comissão declarados em lei de livre nomeação e exoneração.

B) a investidura em cargos em comissão declarados em lei de livre nomeação e exoneração deixou de ser juridicamente viável após a Constituição Federal de 1988 em razão do princípio do concurso público

C) a investidura em cargo público efetivo se dá mediante concurso público, o que não ocorre com a investidura em emprego público, que independe da prévia aprovação em concurso público, isso em razão do regime jurídico ser o da CLT.

D) a investidura em cargo ou emprego público independe da prévia aprovação em concurso público desde que, para tanto, haja excepcional interesse público e necessidade inadiável consubstanciada no risco iminente à continuidade da prestação do serviço público.

E) a investidura em cargo público efetivo é acessível apenas aos brasileiros e não depende da prévia aprovação em concurso público.

3022) (2015) Banca: FCC – Órgão: TCM-GO – Prova: Auditor Conselheiro Substituto

A Constituição Federal estabeleceu o concurso público como exigência ao ingresso na Administração pública objetivando igualar, da melhor forma possível, as oportunidades de acesso às vagas disponíveis no serviço público. A partir dessa afirmativa, é correto afirmar:

A) A regra do concurso público incide no acesso aos cargos de provimento efetivo, não alcançando o procedimento de contratação pela CLT levado a efeito pela Administração pública, que, neste caso, está obrigada a realizar processo de seleção simplificado.

B) O servidor que tenha originalmente ingressado na Administração pública por concurso público pode ser alçado a cargo de outra carreira sem que, com isso, haja ofensa ao princípio do concurso público, o que se denomina provimento por derivação.

C) É exceção à regra do concurso público a nomeação para cargo em comissão declarado em lei de livre nomeação e exoneração, bem como os casos de contratação por tempo determinado para atender necessidade temporária de excepcional interesse público.

D) É exceção à regra da prévia aprovação em concurso público de provas e de provas e títulos o provimento de emprego público em autarquias, porquanto estas integram a Administração pública indireta, que realiza concurso baseado unicamente em títulos.

E) A exigência constitucional do concurso público aplica-se inclusive ao provimento de cargos em comissão, razão porque os servidores comissionados, a partir da Constituição Federal de 1988, são dotados de estabilidade.

Caso verificado alguma irregularidade no concurso público, a invalidação do certame enseja à invalidação da nomeação realizada. Contudo, cabe destacar que os atos praticados por este agente irregularmente investido, em razão da Teoria da Imputação Volitiva e por ter sido editados com aparência de legalidade, devem ser mantidos.

3023) (2005) Banca: CESPE – Órgão: TRT – 16ª REGIÃO (MA) – Prova: Auxiliar Judiciário – Serviços Gerais

A invalidação do concurso público enseja à invalidação da nomeação realizada.

A) Certo B) Errado

3024) (2007) Banca: CESPE – Órgão: TSE – Prova: Analista Judiciário – Área Judiciária

Os atos praticados por um agente público irregularmente investido no cargo, são anulados.

A) Certo B) Errado

3025) (2007) Banca: CESPE – Órgão: TSE – Prova: Analista Judiciário – Área Judiciária

Acerca da matéria de agentes e atos administrativos, responda:

Mesmo que praticado por agente irregularmente investido no cargo, os atos administrativos devem ser mantidos, vez que são dotados com aparência de legalidade.

A) Certo B) Errado

A aprovação em concurso público gera direito subjetivo à nomeação do candidato aprovado dentro do número de vagas (RE 598099). Portanto, a Administração encontra-se vinculada ao número de vagas prevista no edital. No entanto, o STF entendeu que deve ser levado em conta situações excepcionalíssimas. Desse modo, a Administração pode deixar de nomear até mesmo os candidatos aprovados dentro do número de vagas disponibilizadas no edital em virtude de fato grave, imprevisível e superveniente. Ou seja, em situações excepcionais devidamente justificadas, a Administração poderá deixar de nomear candidatos aprovados em concurso público.

3026) (2014) Banca: CESPE – Órgão: ANATEL – Prova: Analista Administrativo – Direito

Acerca das regras para a realização de concurso público, julgue o item subsequente.

De acordo com o entendimento mais recente do STF, a administração não é obrigada a nomear os candidatos aprovados no número de vagas definidas no edital de concurso, desde que haja razão de interesse público decorrente de circunstâncias extraordinárias, imprevisíveis e supervenientes.

A) Certo B) Errado

3027) (2014) Banca: CESPE – Órgão: PGE-BA – Prova: Procurador do Estado

De acordo com a jurisprudência do Supremo Tribunal Federal (STF), a administração pública está obrigada a nomear candidato aprovado em concurso público dentro do número de vagas previsto no edital do certame, ressalvadas situações excepcionais dotadas das características de superveniência, imprevisibilidade e necessidade.

A) Certo B) Errado

3028) (2006) Banca: UFBA – Órgão: UFBA – Prova: Assistente Administrativo

Mesmo havendo número de vagas disponibilizadas, a Administração pode deixar de nomear alguns candidatos em decorrência de fatos imprevisíveis e supervenientes.

A) Certo B) Errado

Destaca-se que a jurisprudência e a doutrina vêm firmando entendimento de que algumas situações em que candidatos aprovados em concurso público adquirem o direito de serem nomeados, quais sejam:

Quando a aprovação ocorrer dentro do número de vagas estabelecido no edital;

Hipótese de nomeação em preterição a ordem classificatória, ocorre quando a Administração Pública nomeia o 3° colocado e não o 1° colocado. Nessa situação, a mera expectativa de nomeação transforma-se em direito adquirido líquido e certo imediato à posse (amparado por mandado de segurança), uma vez que outro candidato foi nomeado em flagrante desrespeito à ordem classificatória;

Hipótese de contratação temporária para cargo cujo provimento poderia ser realizado por candidato aprovado em concurso público;

Hipótese em que ocorre a requisição de servidores para o exercício de cargo cuja função poderia ser realizada por candidato aprovado em concurso público;

Hipótese de desistência do candidato aprovado na posição imediatamente anterior;

Hipótese que importe na prática de ato inequívoco da Administração que torne incontestável a necessidade do preenchimento de novas vagas.

3029) (2013) Banca: CESPE – Órgão: TRE-MS – Prova: Analista Judiciário

Assinale a opção correta quanto ao provimento de cargos públicos.

A) Entre as formas de provimento de cargo público, inclui-se a ascensão que ocorre quando o servidor muda de classe ou categoria, dentro da mesma carreira, em razão de merecimento ou antiguidade.

B) O servidor nomeado para cargo efetivo terá o prazo de trinta dias para entrar em exercício.

C) De acordo com a jurisprudência majoritária, a aprovação em concurso público, dentro do número de vagas oferecidas pelo edital, gera direito subjetivo à nomeação.
D) A promoção não é considerada forma de provimento de cargo público, visto que, nesse caso, o servidor já foi investido no cargo por meio da nomeação.
E) A reintegração é forma de provimento originário de cargo público.

3030) (2011) Banca: CESPE – Órgão: IFBProva: Assistente de Administração

A abertura de novo concurso indicando a necessidade de mais vagas, quando ainda não terminado o prazo do certame anterior, transfere a questão da nomeação do campo da discricionariedade para o da vinculação, uma vez que deve ser observado o direito subjetivo do candidato aprovado à nomeação.

A) Certo B) Errado

3031) (2016) Banca: FCC – Órgão: Prefeitura de São Luiz – MA – Prova: Procurador do Município

Considere as assertivas abaixo sobre a submissão a concurso público de provas e títulos e as consequências dele em relação ao candidato e ao ente da Administração pública que o realizou.

I. A nomeação de candidato aprovado em concurso público insere-se na discricionariedade da Administração pública, mas pode vir a constituir direito subjetivo do candidato, mesmo no caso de cadastro reserva, quando a Administração decidir pela realização de novo concurso para a mesma finalidade quando o anterior ainda estiver no prazo de validade.
II. A aprovação em concurso público gera direito subjetivo à nomeação no mesmo exercício orçamentário para o qual foi comprovada a existência de recursos financeiros para a realização do certame, devendo ser observado o prazo máximo de 30 dias pela Administração pública, mesmo período concedido ao aprovado para a posse.
III. A aprovação em concurso público não gera direito subjetivo à nomeação, constituindo mera expectativa de direito, sendo a única exceção reconhecida pelo Supremo Tribunal Federal os casos de preterição da ordem de classificação.

Está correto o que se afirma em

A) III, apenas.
B) II e III, apenas.
C) I, apenas.
D) I e II, apenas.
E) I, II e III.

3032) (2017) Banca: FGV – Órgão: ALERJ – Prova: Procurador

Ricardo foi aprovado em 12º lugar no último concurso público para determinado cargo efetivo da Assembleia Legislativa do Estado do Rio de Janeiro, sendo que, para tal cargo, foram oferecidas no edital apenas 10 vagas. Os 10 primeiros classificados foram convocados, nomeados e empossados. Ricardo obteve documentação que comprovou que a Casa Legislativa, após a homologação do resultado final do concurso público, contratou precariamente, como ocupantes de cargos em comissão, cinco servidores não concursados que, de fato, vêm exercendo as mesmas funções afetas ao cargo efetivo para o qual foi aprovado.

Instado a se manifestar pelo Presidente do Parlamento Estadual em processo administrativo iniciado por requerimento de Ricardo que pleiteia sua imediata nomeação, Procurador da ALERJ emite parecer, baseado na jurisprudência do Superior Tribunal de Justiça, no sentido do:

A) deferimento parcial do pleito de Ricardo, pois o candidato aprovado em concurso público, ainda que fora do número de vagas, ostenta o direito público subjetivo de ser nomeado nos mesmos moldes daqueles que lhe preteriram, de maneira que Ricardo deve ser nomeado para cargo em comissão;
B) deferimento do pleito de Ricardo com a nomeação para o cargo efetivo, pois a mera expectativa de nomeação de candidato aprovado fora do número de vagas convolou-se em direito líquido e certo diante da contratação de pessoal de forma precária, dentro do prazo de validade do certame;
C) indeferimento do pleito de Ricardo, pois não tem direito público subjetivo à nomeação o candidato aprovado fora do número de vagas, que mantém a mera expectativa de direito, ainda que haja contratação de pessoal sem concurso público no período;
D) indeferimento do pleito de Ricardo, pois não tem direito líquido e certo à nomeação o candidato aprovado fora do número de vagas, ainda que haja a contratação de servidores temporários mediante processo seletivo especial;
E) indeferimento do pleito de Ricardo, pois não tem direito líquido e certo à nomeação o candidato aprovado fora do número de vagas oferecidas no edital, ainda que novas vagas sejam posteriormente criadas.

3033) (2017) Banca: FGV – Órgão: TRT – 12ª Região (SC) – Prova: Analista Judiciário – Oficial de Justiça Avaliador Federal

Alex é Oficial de Justiça do Tribunal Regional do Trabalho de Santa Catarina, lotado na Vara do Trabalho de Navegantes, cidade onde mora com sua esposa Francisca. Francisca também é servidora pública federal e acabou de ser deslocada, no interesse da Administração, de Navegantes para Chapecó. Assim sendo, Alex requereu sua remoção para acompanhar sua cônjuge, independentemente do interesse da Administração.

No caso em tela, de acordo com a Lei nº 8.112/90, Alex:

A) tem mera expectativa de direito à remoção pleiteada, que irá se concretizar de acordo com critério discricionário da Administração;
B) tem direito subjetivo à remoção pleiteada, que constitui ato administrativo vinculado;
C) tem direito público subjetivo de ser reintegrado no primeiro cargo que vagar em comarca próxima a Chapecó;
D) não tem direito subjetivo à remoção pleiteada, eis que a Administração Pública deve aferir no caso concreto o melhor atendimento ao interesse público;
E) não tem direito subjetivo à remoção pleiteada, mas tem direito a ser aproveitado em cargo de atribuições compatíveis com o anteriormente ocupado.

3034) (2016) Banca: TRF – 4ª REGIÃO – Órgão: TRF – 4ª REGIÃO – Prova: Juiz Federal Substituto

O candidato aprovado fora das vagas previstas no edital tem direito subjetivo à nomeação se, após serem preenchidas todas as vagas, surgirem novas vagas durante o prazo de validade do certame.

A) Certo B) Errado

3035) (2006) Banca: FJPF – Órgão: CONAB – Prova: Procurador

Candidato aprovado em 1º lugar em concurso público para uma autarquia federal:

A) tem direito a ser nomeado;
B) pode exigir, caso não seja logo nomeado, que o Poder Judiciário ordene à autarquia que o faça;
C) tem direito, unicamente, a que seja rigorosamente observada, para o fim de nomeação, a ordem de classificação dos candidatos aprovados;
D) pode exigir, caso não seja nomeado, que o Poder Judiciário condene a autarquia a indenizá-lo por perdas e danos morais e materiais;
E) pode exigir, caso não seja nomeado, que a autarquia realize novo concurso público para o cargo para o qual concorreu.

"Art. 5º, §2º Às pessoas portadoras de deficiência é assegurado o direito de se inscrever em concurso público para provimento de cargo cujas atribuições sejam compatíveis com a deficiência de que são portadoras; para tais pessoas serão reservadas até 20% (vinte por cento) das vagas oferecidas no concurso".

3036) (2010) Banca: CESPE – Órgão: MPU – Prova: Técnico Administrativo (+ provas)

As pessoas com qualquer tipo de deficiência física têm garantido o direito de se inscrever em concurso público para provimento de cargo cujas atribuições sejam compatíveis com a deficiência de que são portadoras, além da reserva de, pelo menos, 25% das vagas oferecidas no concurso.

A) Certo B) Errado

3037) (2016) Banca: CESPE – Órgão: DPU – Prova: Técnico em Assuntos Educacionais

Em relação ao regime jurídico dos cargos, empregos e funções públicas e às disposições da Lei 8.112/1990, julgue o item que se segue. De acordo com a jurisprudência do Supremo Tribunal Federal, é válida a exigência de exame psicotécnico em concursos públicos desde que esteja a exigência prevista no edital do certame

A) Certo B) Errado

3038) (2010) Banca: AOCP – Órgão: Colégio Pedro II – Prova: Assistente de Administração

De acordo com a Lei Federal n. 8112/90, às pessoas portadoras de deficiência é assegurado o direito de se inscrever em concurso público para provimento de cargo cujas atribuições sejam compatíveis com a deficiência de que são portadoras, para tais pessoas serão reservadas até:

A) 5% (cinco por cento) das vagas oferecidas no concurso.
B) 10% (dez por cento) das vagas oferecidas no concurso.
C) 15% (quinze por cento) das vagas oferecidas no concurso.
D) 20% (vinte por cento) das vagas oferecidas no concurso.
E) 25% (vinte e cinco por cento) das vagas oferecidas no concurso.

3039) (2013) Banca: UFBA – Órgão: UFBA – Prova: Auxiliar Administrativo

É assegurado o direito de inscrição em concurso público a pessoas portadoras de deficiência, para provimento de cargo cujas atribuições não sejam inviabilizadas pela deficiência de que são portadoras.

A) Certo B) Errado

3040) (2010) Banca: FEC – Órgão: MPA – Prova: Engenheiro (+ provas)

Nuno, portador de deficiência, se inscreveu para concorrer a uma vaga de engenheiro para o Ministério da Pesca e Aquicultura. É correto afirmar que, às pessoas portadoras de deficiência, conforme a lei que dispõe sobre o regime jurídico dos servidores públicos civis da União, das autarquias e das fundações públicas federais, é assegurado o direito de se inscrever em concurso público para provimento de cargo:

A) cujas atribuições serão adaptadas às deficiências de que são portadoras; para tais pessoas serão reservadas até 10% (dez por cento) das vagas oferecidas no concurso.
B) não sendo exigidos os mesmos requisitos básicos para a investidura das pessoas não portadoras de deficiência.
C) cujas atribuições serão adaptadas às deficiências de que são portadoras; para tais pessoas serão reservadas até 20% (vinte por cento) das vagas oferecidas no concurso.
D) cujas atribuições sejam compatíveis com a deficiência de que são portadoras; para tais pessoas serão reservadas até 20% (vinte por cento) das vagas oferecidas no concurso.
E) cujas atribuições sejam compatíveis com a deficiência de que são portadoras; para tais pessoas serão reservadas até 10% (dez por cento) das vagas oferecidas no concurso.

3041) (2016) Banca: COMPERVE – Órgão: UFRN – Prova: Administrador (+ provas)

Com base nas disposições expressas no regime jurídico dos servidores públicos civis da União (Lei 8.112/90), para as pessoas portadoras de deficiência, serão reservadas até

A) cinco por cento das vagas oferecidas no concurso.
B) vinte por cento das vagas oferecidas no concurso.
C) dez por cento das vagas oferecidas no concurso.
D) quinze por cento das vagas oferecidas no concurso.

"Art. 3º, caput. Cargo público é o conjunto de atribuições e responsabilidades previstas na estrutura organizacional que devem ser cometidas a um servidor".

3042) (2015) Banca: UFRRJ – Órgão: UFRRJ – Prova: Auxiliar em Administração (+ provas)

Segundo o artigo 3º da Lei 8.112/1990, o conjunto de "atribuições e responsabilidades previstas na estrutura organizacional que devem ser acometidas a um servidor" denomina-se:

A) provimento.
B) cargo público.
C) munus público.
D) exercício.
E) nomeação.

3043) (2014) Banca: IF-CE – Órgão: IF-CE – Prova: Auxiliar em Administração

Observe a seguinte definição: "é o conjunto de atribuições e responsabilidades previstas na estrutura organizacional da administração que devem ser cometidas a um servidor". Esta definição refere-se à(ao):

A) Cargo público.
B) Função Pública.
C) Posse.
D) Nomeação.
E) Vacância

3044) (2016) Banca: COMVEST UFAM – Órgão: UFAM – Prova: Assistente em Administração

A inclusão social das pessoas com deficiência é um dos pontos considerados na Lei 8.112/90. Nesse sentido, às pessoas com deficiência é assegurado o direito de se inscrever em concurso público para provimento de cargo cujas atribuições sejam compatíveis com a sua deficiência. Para essas pessoas, qual o percentual mínimo e máximo de vagas a serem oferecidas em concurso público, de acordo com a legislação vigente?

A) 5% a 10%
B) 5 % a 20%
C) 10% a 15%
D) 10% a 20%
E) 10% a 25%

Posse: ocorre com a assinatura do termo de posse, na qual irão constar as atribuições, deveres, responsabilidades e direitos inerentes ao cargo. O prazo para a posse é de 30 dias contados da publicação do ato de provimento, podendo se dar mediante procuração específica.

3045) (2010) Banca: FCC – Órgão: TRF – 4ª REGIÃO – Prova: Técnico Judiciário – Área Administrativa

A posse em cargo público ocorrerá no prazo de

A) 15 (quinze) dias contados do ato de proclamação da aprovação no concurso público.
B) 30 (trinta) dias contados da apresentação à inspeção médica obrigatória, no caso de cargo de provimento efetivo.
C) 30 (trinta) dias contados da publicação do ato de provimento.
D) 15 (quinze) dias contados do ato de nomeação, no caso de cargo em comissão.
E) 30 (trinta) dias contados do início de exercício no cargo nomeado.

3046) (2015) Banca: UFMT – Órgão: IF-MT – Prova: Secretário Executivo

Sobre os prazos para tomar posse e entrar em exercício no serviço público, quando aprovado em concurso, como previsto na Lei 8.112/1990, pode-se afirmar:

A) Tanto para a posse como para entrar em exercício, o prazo previsto é de 30 dias contados da publicação do ato de provimento.
B) O prazo legal para a posse é de um ano, podendo ser prorrogado para mais um, e 30 dias, contados da data da posse, para entrar em exercício.
C) A posse deverá acontecer em 45 dias contados da publicação do ato de provimento e 30 dias, contados da data da posse, para entrar em exercício.
D) Para posse, o prazo legal é de 30 dias contados da publicação do ato de provimento e 15 dias, contados da data da posse, para entrar em exercício.

3047) (2016) Banca: SUGEP – UFRPE – Órgão: UFRPE – Prova: Auxiliar em Administração

Joaquim, candidato nomeado para assumir cargo público, diante dos prazos estabelecidos pela Lei 8.112/90, deverá:

A) tomar posse em até 20 dias contados da publicação do ato de provimento.
B) tomar posse em até 30 dias contados da publicação do ato de convocação.
C) tomar posse em até 30 dias contados da publicação do ato de provimento.
D) tomar posse em até 15 dias contados da publicação do ato de convocação.
E) tomar posse em até 30 dias úteis contados da publicação do ato de provimento.

O prazo para posse será contado do término do impedimento se o servidor estiver em uma das seguintes situações na data de publicação do ato de provimento: Férias;

3048) (2016) Banca: UFCG – Órgão: UFCG – Prova: Analista de Tecnologia da Informação – Desenvolvimento de Sistemas

O servidor público José Luiz encontra-se afastado por motivo de férias, na data da publicação do ato de provimento. Neste caso, o prazo para a posse será contado do

A) término das férias;
B) início das férias;
C) início das férias, descontado o tempo decorrido desta;
D) término das férias, porém reduzido pela metade;
E) quinto dia do mês subsequente ao do término das férias.

O prazo para posse será contado do término do impedimento se o servidor estiver em uma das seguintes situações na data de publicação do ato de provimento:

Deslocamento para a nova sede de que trata o art. 18;

3049) (2010) Banca: CESPE – Órgão: MS – Prova: Analista Técnico – Administrativo

O servidor que irá exercer sua atividade em outro município, por motivo de ter sido removido, redistribuído, requisitado, cedido ou posto em exercício provisório, terá, no mínimo, dez e, no máximo, trinta dias de prazo, contados da publicação do ato, para a retomada do efetivo desempenho das atribuições do cargo, incluído nesse prazo o tempo necessário para o deslocamento para a nova sede.

A) Certo B) Errado

Exercício: após a assinatura do termo de posse o servidor deverá entrar em exercício, ou seja, atuar no efetivo desempenho das atribuições do cargo ou função. O servidor tem o prazo de 15 dias para entrar em exercício, contados da data da posse, sob pena de exoneração da função de confiança;

3050) (2017) Banca: NC-UFPR – Órgão: UFPR – Prova: Administrador (+ provas)

De acordo com a Lei 8.112/90, o exercício efetivo no cargo público dar-se-á:

A) obrigatoriamente no ato de assinatura do termo de posse.
B) no máximo até 5 (cinco) dias contados da data da posse.
C) no máximo até 15 (quinze) dias contados da data da posse.
D) no máximo até 30 (trinta) dias contados da data da posse.
E) no máximo até 45 (quarenta de cinco) dias contados da data da posse.

Estágio Probatório: período de avaliação durante o qual se deve demonstrar capacidade e aptidão para o exercício do cargo, função ou emprego. Desse modo, o servidor deve demonstrar: assiduidade, disciplina, capacidade de iniciativa, produtividade e responsabilidade.

3051) (2016) Banca: CESPE – Órgão: DPU – Prova: Técnico em Assuntos Educacionais

Ainda com base no disposto na Lei 8.112/1990 e na Constituição Federal de 1988 (CF), julgue o próximo item. O servidor que for nomeado para cargo de provimento efetivo será submetido, após entrar em exercício, a estágio probatório de três anos, no qual será avaliado com base na assiduidade, disciplina, capacidade de iniciativa, produtividade e responsabilidade.

A) Certo   B) Errado

3052) (2016) Banca: IF-MG – Órgão: IF-MG – Prova: Auxiliar em Administração

Ao entrar em exercício, o servidor nomeado para cargo de provimento efetivo ficará sujeito a estágio probatório, durante o qual a sua aptidão e capacidade serão objeto de avaliação para o desempenho do cargo, observados alguns fatores. Qual fator não está previsto no art. 20, da Lei 8.112/90?

A) Responsabilidade.
B) Assiduidade.
C) Criatividade.
D) Disciplina.

3053) (2015) Banca: IESES – Órgão: TRE-MA – Prova: Analista Judiciário – Medicina

De acordo com a Lei 8.112/1990, ao entrar em exercício, o servidor nomeado para cargo de provimento efetivo ficará sujeito a estágio probatório por período de 24 meses, durante o qual a sua aptidão e capacidade serão objeto de avaliação para o desempenho do cargo, observados, dentre outros, os seguintes fatores:

I. ASSIDUIDADE, PONTUALIDADE E ASSEIO.
II. DISCIPLINA E HIERARQUIA.
III. PRODUTIVIDADE.
IV. RESPONSABILIDADE.

Analisando as afirmativas, assinale a alternativa correta:

A) Apenas II e IV estão corretas.
B) Todas estão corretas.
C) Apenas III e IV estão corretas.
D) Apenas I, II e III estão corretas.

O prazo de duração do estágio probatório é de 3 anos, com exceção do estágio probatório relativo a cargos vitalícios cuja duração é de 2 anos. Além disso, durante o estágio probatório, o servidor terá direito somente às seguintes licenças e afastamentos: licença por motivo de doença na família; licença por afastamento do cônjuge ou companheiro; licença para serviço militar; licença para atividade política; afastamento para exercício de mandato eletivo; afastamento para estudo ou missão no exterior; afastamento para servir e organismo internacional no qual o Brasil participe; afastamento para participar de curso de formação decorrente de aprovação em concurso para outro cargo na Administração Pública Federal.

3054) (2012) Banca: CESPE – Órgão: Câmara dos Deputados – Prova: Técnico Legislativo

Durante o estágio probatório, Paulo não poderá requerer licença para tratar de assuntos particulares.

A) Certo   B) Errado

3055) (2015) Banca: CESPE – Órgão: FUB – Prova: Assistente em Administração

Com referência às disposições do regime jurídico dos servidores públicos civis da União (Lei 8.112/1990), julgue o item que se segue.

Mesmo em estágio probatório, o servidor público tem direito a licença para tratar de interesses particulares, desde que sem remuneração.

A) Certo   B) Errado

3056) (2003) Banca: FCC – Órgão: TRE-BA – Prova: Técnico Judiciário – Área Administrativa

Ao servidor em estágio probatório é vedada a licença

A) para o serviço militar.
B) por motivo de doença em pessoa da família.
C) para desempenho de mandato classista.
D) por motivo de afastamento do cônjuge ou companheiro.
E) para atividade política.

3057) (2008) Banca: CONSULPLAN – Órgão: TRE-RS – Prova: Analista Judiciário – Administrativa – Prova Anulada (+ provas)

Conceder-se-á ao servidor licença, EXCETO:

A) Por motivo de afastamento do cônjuge ou companheiro.
B) Para atividade política.
C) Prêmio por assiduidade.
D) Para tratar de interesses particulares.
E) Para desempenho de mandato classista.

3058) (2015) Banca: FUNCAB – Órgão: SES-MG – Prova: Vigilância em Saúde – Médico Veterinário

Assinale a alternativa que apresenta informação correta, no que concerne aos agentes públicos.

A) É permitida a vinculação ou equiparação de quaisquer espécies remuneratórias para efeito de remuneração de pessoal do serviço público.
B) Mesmo em estágio probatório, havendo podido do servidor, a Administração Pública é obrigada a conceder licença remunerada desde o registro da candidatura para cargo eletivo.

C) A proibição de acumular não se estendo a empregos e funções nas sociedades controladas indiretamente pelo poder público.
D) Para efeito de aposentadoria especial de professores, computa-se o tempo de serviço prestado fora da sala de aula.

3059) (2012) Banca: UFU-MG – Órgão: UFU-MG – Prova: Assistente em Administração

Conceder-se-á licença ao servidor, EXCETO para

A) atividade política.
B) mudança de sede por remoção no âmbito da Instituição em que se encontra exercendo suas funções.
C) desempenho de mandato classista.
D) serviço militar.

O servidor em estágio probatório poderá exercer quaisquer cargos de provimento em comissão ou funções de direção, chefia ou assessoramento no órgão ou entidade de lotação.

Súmula 22, STF: "o estágio probatório não protege o funcionário contra a extinção do cargo".

3060) (2009) Banca: CESPE – Órgão: ANTAQ – Prova: Técnico Administrativo

Durante o estágio probatório, o servidor está protegido contra a extinção do cargo.

A) Certo   B) Errado

3061) (2012) Banca: CESPE – Órgão: Câmara dos Deputados – Prova: Técnico Legislativo

Durante o estágio probatório, Paulo não terá a proteção contra a extinção do cargo.

A) Certo   B) Errado

3062) (2007) Banca: FCC – Órgão: TRF – 3ª REGIÃO – Prova: Técnico Judiciário – Área Administrativa (+ provas)

De acordo com a Lei 8.112/90, com relação ao estágio probatório é correto afirmar que

A) o servidor em estágio probatório não poderá exercer quaisquer funções de direção, chefia ou assessoramento no órgão ou entidade de lotação.
B) o servidor em estágio probatório não poderá exercer quaisquer cargos de provimento em comissão, por expressa vedação legal.
C) a avaliação do desempenho do servidor, seis meses antes de findo o período do estágio probatório, será submetida à homologação da autoridade competente.
D) em regra, o estágio probatório não protege o funcionário contra a extinção do cargo.
E) o estágio probatório não ficará suspenso na hipótese de participação em curso de formação, por expressa determinação legal.

3063) (2002) Banca: FCC – Órgão: TRE-PI – Prova: Técnico Judiciário – Área Administrativa

É INCORRETO afirmar que o servidor em estágio probatório

A) terá direito, dentre outros, às licenças por motivo de afastamento do companheiro e para atividade política.
B) terá direito, a proteção contra a extinção do cargo.
C) será exonerado se não satisfizer as condições exigíveis para o referido estágio.
D) será exonerado, ou se estável, reconduzido ao cargo anteriormente ocupado, caso não seja aprovado no referido estágio.
E) poderá exercer qualquer cargo de provimento em comissão na entidade de lotação.

3064) (2016) Banca: FUNIVERSA – Órgão: IF-AP – Prova: Assistente em Administração

Ao entrar em exercício, o servidor nomeado para cargo de provimento efetivo ficará sujeito a estágio probatório, durante o qual a sua aptidão e capacidade serão objeto de avaliação para o desempenho do cargo. Acerca do estágio probatório, assinale a alternativa correta.

A) O servidor não aprovado em estágio probatório será demitido.
B) O servidor não aprovado em estágio probatório será, se estável, redistribuído ao cargo anteriormente ocupado.
C) Ao servidor em estágio probatório não poderá ser concedido afastamento para participar de curso de formação decorrente de aprovação em concurso para outro cargo na Administração Pública Federal.
D) Durante o estágio probatório, não será avaliada assiduidade do servidor.
E) O servidor em estágio probatório poderá exercer quaisquer cargos de provimento em comissão ou funções de direção, chefia ou assessoramento no órgão ou entidade de lotação, porém não terá direito a proteção contra a extinção do cargo.

Súmula 21, STF: "funcionário em estágio probatório não pode ser exonerado nem demitido sem inquérito ou sem as formalidades legais de apuração de sua capacidade".

3065) (2014) Banca: CESPE – Órgão: MEC – Prova: Analista – Processual

Embora a Constituição Federal não assegure o direito à estabilidade no serviço público ao servidor em estágio probatório, a demissão ou a exoneração desse servidor não prescinde de processo administrativo no qual se apure a sua capacidade para o exercício do cargo.

A) Certo   B) Errado

Avaliação especial de desempenho: avaliação ao qual o servidor está sujeito que, nos termos que a lei dispuser, será realizada quatro meses antes de encerrado o período de estágio probatório. Desse modo, sendo a avaliação favorável o servidor será efetivado, caso a avaliação seja desfavorável o servidor será exonerado (mediante processo administrativo simplificado, assegurado o direito ao contraditório e à ampla defesa);

3066) (2014) Banca: FGV – Órgão: DPE-RJ – Prova: Técnico Médio de Defensoria Pública

Sobre o tratamento constitucional dado aos servidores públicos, sob o prisma do instituto da estabilidade, é correto afirmar que

A) são estáveis, após três anos de efetivo exercício, os servidores nomeados para cargo efetivo ou cargo em comissão.

B) os servidores estáveis podem perder o cargo mediante regular sindicância administrativa em que lhes sejam assegurados o contraditório e a ampla defesa.
C) como condição para a aquisição da estabilidade, a lei prevê a avaliação especial de desempenho que será realizada quatro meses antes de ser encerrado o estágio probatório.
D) como condição para a aquisição da estabilidade, a lei prevê a avaliação especial de desempenho por comissão instituída para essa finalidade, que pode ser substituída por relatório circunstanciado da chefia imediata.
E) extinto o cargo ou declarada a sua desnecessidade, o servidor estável ficará em disponibilidade, com remuneração proporcional ao tempo de contribuição, até sua adequada reintegração em outro cargo.

3067) (2014) Banca: VUNESP – Órgão: Câmara Municipal de São José dos Campos – SP – Prova: Técnico Legislativo

A Constituição Federal estabelece que o servidor público

A) perde o cargo caso este seja extinto ou declarada a sua desnecessidade.
B) pode perder o cargo mediante procedimento de avaliação periódica de desempenho, na forma de lei complementar, assegurada ampla defesa.
C) pode perder o cargo mediante sindicância devidamente instaurada para a apuração de fatos ocorridos no exercício do cargo.
D) pode perder o cargo mediante decisão motivada de seu superior hierárquico.
E) não está sujeito à perda do cargo.

Vencimento: parcela fixa definida em lei para remunerar uma determinada carreira de servidores estatutários – valor fixado em lei. O vencimento acrescido das vantagens de caráter permanente é irredutível, podendo haver redução em algumas situações, como nos casos de redução de valores do teto constitucional.

Vencimentos (no plural): é sinônimo de remuneração e significa o conjunto de todas as parcelas remuneratórias, permanentes ou não, recebidas pelo servidor estatutário. Assim, os vencimentos são compostos pela soma do vencimento-básico mais todas as vantagens pecuniárias (adicionais, gratificações e verbas indenizatórias). O vencimento do servidor somadas as vantagens permanentes é irredutível (respeitado o valor do teto constitucional), sendo vedado o recebimento de remuneração inferior a um salário mínimo. LEMBREM-SE: O VENCIMENTO PODE SER INFERIOR ao salário mínimo, os vencimentos NÃO. Destaca-se que somente mediante lei poderá haver alteração na remuneração dos servidores públicos.

3068) (2017) Banca: CESPE – Órgão: TRE-PE – Prova: Técnico Judiciário – Área Administrativa

Assinale a opção correta acerca dos vencimentos e das remunerações dos servidores públicos.

A) Os acréscimos pecuniários recebidos por servidor público tornam-se vinculativos para o futuro.
B) De regra, é permitida a acumulação remunerada de cargos públicos, ressalvadas as exceções constitucionais.
C) É possível a concessão de equiparação de remuneração de servidores públicos.
D) Os vencimentos dos cargos do Poder Judiciário poderão ser superiores aos pagos pelo Poder Executivo.
E) Como regra, o subsídio e os vencimentos dos ocupantes de cargos e empregos públicos são irredutíveis.

3069) (2015) Banca: CESPE – Órgão: TRE-GO – Prova: Analista Judiciário

Acerca do regime jurídico dos servidores públicos civis da União, cada um do próximo item apresenta uma situação hipotética, seguida de uma assertiva a ser julgada. Pablo, técnico judiciário do TRE/GO, recebe mensalmente adicional de qualificação por ter concluído curso de mestrado na sua área de atuação. Nessa situação, os valores recebidos por Pablo pela referida qualificação incorporam-se ao seu vencimento.

A) Certo   B) Errado

3070) (2014) Banca: FCC – Órgão: TRT – 2ª REGIÃO (SP) – Prova: Técnico Judiciário – Tecnologia da Informação (+ provas)

A remuneração dos servidores públicos, nos termos da Lei no 8.112/1990,

A) é a soma de todos os pagamentos feitos aos servidores mensalmente, independentemente da natureza da verba, aplicando-se eventual teto somente aos vencimentos recebidos.
B) é composta, exclusivamente, pelo valor dos vencimentos e proventos dos servidores, não integrando o conceito de remuneração eventuais vantagens pecuniárias reconhecidas àqueles.
C) compõe-se dos vencimentos e de eventuais vantagens pecuniárias cuja instituição tenha se dado por lei.
D) não pode ser reduzida nem sofrer desconto, limitando-se a redução por faltas injustificadas a incidir sobre o valor dos vencimentos, não da remuneração.
E) é impenhorável, em razão de sua natureza alimentar, característica que não se estende aos vencimentos, que podem ser sequestrados, arrestados ou penhorados, mediante decisão judicial.

3071) (2005) Banca: FCC – Órgão: TRT – 13ª Região (PB) – Prova: Técnico Judiciário – Área Administrativa

Com relação ao vencimento e à remuneração dos servidores públicos, é certo que

A) o vencimento do cargo efetivo, acrescido das vantagens de caráter permanente, é irredutível.
B) a remuneração, em nenhuma hipótese, será objeto de arresto, sequestro ou penhora.
C) vencimento é a remuneração do cargo efetivo, acrescido das vantagens pecuniárias permanentes estabelecidas em lei.
D) a remuneração é a retribuição pecuniária pelo exercício de cargo público, com valor fixado em lei.
E) o servidor perderá a remuneração do dia em que faltar ao serviço, mesmo que justifique sua ausência.

3072) (2015) Banca: Quadrix – Órgão: CRP – MG – Prova: Assistente Administrativo

Assinale a alternativa correta sobre vencimentos e remuneração do servidor público.

A) Vencimento é a retribuição pecuniária pelo exercício de cargo público, com valor fixado em regimento interno.
B) Remuneração é o vencimento do cargo efetivo, sem qualquer acréscimo, estabelecida em lei.
C) Dependendo do cargo, a remuneração do servidor poderá ser inferior a um salário-mínimo.
D) Em qualquer situação, é assegurada a isonomia de vencimentos para cargos de atribuições iguais ou assemelhadas do mesmo Poder.
E) O vencimento do cargo efetivo, acrescido das vantagens de caráter permanente, é irredutível.

3073) (2013) Banca: NCE-UFRJ – Órgão: UFRJ – Prova: Técnico em Enfermagem

Quanto a Vencimentos e Remuneração, nos termos do que estabelece o RJU, é correto afirmar que:

A) O vencimento do cargo efetivo, acrescido das vantagens de caráter permanente, é redutível conforme o estabelecido em lei.
B) Remuneração é o vencimento do cargo efetivo, acrescido das vantagens pecuniárias permanentes estabelecidas em lei. Vencimento é a retribuição pecuniária pelo exercício de cargo público, com valor fixado em lei.
C) O servidor perderá, em dobro, a remuneração do dia em que faltar ao serviço, sem motivo justificado;
D) Nenhum servidor receberá remuneração superior à do Ministro de Estado da pasta à qual estiver vinculado seu órgão de lotação.
E) Excluem-se no teto de remuneração as vantagens obtidas por meio de decisão judicial conquistada por ação movida por órgão de representação sindical.

3074) (2013) Banca: FUNCAB – Órgão: DETRAN-PB – Prova: Agente de Trânsito

A retribuição pecuniária fixada em lei pelo exercício de cargo público denomina-se:

A) gratificação
B) vencimento
C) indenização.
D) auxílio.
E) adicional.

"Art. 39, § 8° A remuneração dos servidores públicos organizados em carreira poderá ser fixada nos termos do § 4°.
Art. 39, § 4° O membro de Poder, o detentor de mandato eletivo, os ministros de Estado e os secretários estaduais e municipais serão remunerados exclusivamente por subsídio fixado em parcela única, vedado o acréscimo de qualquer gratificação adicional, abono, prêmio, verba de representação ou outra espécie remuneratória, obedecido, em qualquer caso, o disposto no art. 37, X e XI."

3075) (2009) Banca: FCC – Órgão: MPE-SE – Prova: Técnico do Ministério Público – Área Administrativa

A remuneração por meio de subsídio em parcela única é obrigatória para

A) os Ministros dos Tribunais Superiores, os Desembargadores do Tribunal de Justiça e os juízes equivalentes em nível Municipal.
B) o chefe do Poder Executivo e respectivos auxiliares, bem como os dirigentes superiores das entidades da administração indireta.
C) os detentores de mandato eletivo, os Ministros de Estado e os Secretários Estaduais e Municipais.
D) o membro de Poder, os detentores de mandato eletivo e os ocupantes de cargo de chefia ou comissão.
E) o Presidente da República, os Governadores de Estado e os Prefeitos Municipais, apenas.

3076) (2006) Banca: FCC – Órgão: SEFAZ-PB – Prova: Auditor Fiscal de Tributos Estaduais

A remuneração de servidores públicos estaduais por meio de subsídio tem como característica a

A) irredutibilidade e a impossibilidade de majoração, salvo por lei específica.
B) limitação ao equivalente a 90,25% (noventa vírgula vinte e cinco por cento) do subsídio recebido pelo Governador do Estado.
C) aplicação do respectivo regime a todos os servidores detentores de cargo público de provimento efetivo.
D) vedação ao acréscimo de abonos, gratificações ou adicionais.
E) limitação ao equivalente a 90,25% (noventa vírgula vinte e cinco por cento) do subsídio recebido pelos Ministros do Supremo Tribunal Federal.

3077) (2010) Banca: FUNIVERSA – Órgão: SEJUS-DF – Prova: Especialista em Assistência Social – Ciências Contábeis (+ provas)

Pedro é agente público e recebe estipêndio fixado em parcela única, vedado o acréscimo de qualquer gratificação, adicional, abono, prêmio, verba de representação ou outra espécie remuneratória. Diante dessa informação, é possível afirmar que Pedro não é

A) vereador.
B) ministro de Estado.
C) diretor de secretaria em tribunal superior.
D) juiz federal.
E) secretário municipal.

Indenizações: trata-se das gratificações ou adicionais que não são incorporados ao vencimento. Ex: ajuda de custo por mudanças, ajuda de custo por falecimento, diárias por deslocamento, indenização de transporte, auxílio-moradia. No caso de recebimento de diárias, se o agente não se afastar da sede por algum motivo de força maior, o servidor público ficará obrigado a restituir integralmente o valor recebido, no prazo de cinco dias;

3078) (2016) Banca: CESPE – Órgão: FUB – Prova: Auxiliar em Administração

Em conformidade com a Lei 8.112/1990 e suas alterações, julgue o item que se segue.

O valor referente ao pagamento de ajuda de custo, diárias, transporte e auxílio-moradia incorpora-se ao vencimento do servidor público para todos os efeitos.

A) Certo B) Errado

3079) (2016) Banca: CESPE – Órgão: DPU – Prova: Agente Administrativo – Conhecimentos Básicos (+ provas)

Com base nas disposições da Lei 8.112/1990, que trata do regime jurídico dos servidores públicos federais, julgue o item a seguir.

Além do vencimento, poderão ser pagos ao servidor indenizações, gratificações e adicionais, vantagens que serão incorporadas ao seu vencimento.

A) Certo B) Errado

3080) (2016) Banca: CESPE – Órgão: FUB – Prova: Conhecimentos Básicos – Somente para os cargos 10 e 13 (+ provas)

Com base nas disposições da Lei 8.112/1990, julgue o item seguinte, a respeito de provimento de vagas no serviço público e direitos e vantagens do servidor público.

Ajuda de custo, diárias, transporte e auxílio-moradia constituem indenizações ao servidor.

A) Certo B) Errado

3081) (2014) Banca: IESES – Órgão: TRT – 14ª Região (RO e AC) – Prova: Analista Judiciário

Constituem indenizações ao servidor, EXCETO:

A) Ajuda de custo.
B) Auxílio-moradia.
C) Adicional noturno.
D) Transporte.
E) Diárias.

3082) (2014) Banca: IESES – Órgão: IFC-SC – Prova: Auditor

Constituem indenizações ao servidor:

I. Ajuda de custo.
II. Diárias.
III. Transporte.
IV. Auxílio-moradia.

Assinale a alternativa correta:

A) As assertivas I, II, III e IV estão corretas.
B) Apenas as assertivas I, II e IV estão corretas.
C) Apenas as assertivas I e II estão corretas.
D) Apenas as assertivas I, II e III estão corretas.

3083) (2014) Banca: COPEVE-UFAL – Órgão: UFAL – Prova: Administrador

Em muitas ocasiões, os Servidores de uma IFES (Instituição Federal de Ensino Superior), lotados em uma determinada cidade, necessitam realizar deslocamento a serviço da instituição. O Servidor, quando lotado em uma cidade do interior, poderá ser convocado para uma reunião ou uma capacitação na Capital. Para isso, será emitida diária em nome do Servidor, correspondendo a cada dia de afastamento do Servidor do seu local de origem. Assinale a alternativa correta quanto ao conceito de diária.

A) A diária é uma ajuda de custo.
B) A diária é uma gratificação.
C) A diária é um adicional.
D) A diária é uma indenização.
E) A diária é uma indenização de transporte.

3084) (2017) Banca: IF-PE – Órgão: IF-PE – Prova: Administrador

Além do vencimento, poderão ser pagas ao servidor indenizações. É CORRETO afirmar que a indenização é para

A) auxílio de retribuição de assessoria.
B) auxílio de atividade penosa.
C) auxílio noturno.
D) auxílio moradia.
E) auxílio por encargo de curso.

3085) (2014) Banca: COPESE – UFT – Órgão: UFT – Prova: Assistente em Administração

De acordo com o estabelecido na Lei 8.112/1990, além do vencimento, poderão ser pagas as seguintes vantagens:

I. Indenizações
II. Gratificações
III. Adicionais

Em relação a essas vantagens, NÃO se incorpora ao vencimento ou provento para qualquer efeito

A) III, apenas.
B) I, apenas.
C) II e III, apenas
D) I, II e III.

3086) (2016) Banca: COMVEST UFAM – Órgão: UFAM – Prova: Auxiliar em Administração

De acordo com a Lei 8.112/1990, constituem indenizações ao servidor, EXCETO:

A) ajuda de custo
B) diárias
C) transporte
D) auxílio-vestimenta
E) auxílio-moradia

3087) (2014) Banca: FAFIPA – Órgão: UFFS – Prova: Assistente em Administração

Para efeitos da Lei 8.112, de 11 de dezembro de 1990, que dispõe sobre o regime jurídico dos servidores públicos civis da União, das autarquias e das fundações públicas federais, constituem indenizações ao servidor:

A) Ajuda de custo, diárias, transporte e auxílio-moradia.
B) Ajuda vestuário, diárias, transporte e auxílio-moradia.
C) Ajuda de custo, diárias, transporte e auxílio-leitura.
D) Ajuda de custo, diárias, segurança pessoal e auxílio-moradia.
E) Ajuda de custo, diárias, transporte e auxílio-lazer.

3088) (2015) Banca: CONSULPLAN – Órgão: TJ-MG – Prova: Titular de Serviços de Notas e de Registro

Em relação à remuneração dos servidores públicos, é correto afirmar, EXCETO:

A) Somente poderá ser fixada ou alterada por lei específica, observada a iniciativa privativa em cada caso.
B) É assegurada a revisão geral e anual, sempre na mesma data e sem distinção de índices.
C) No âmbito do Poder Legislativo dos Estados e Distrito Federal, aplica-se como limite o subsídio dos Deputados Estaduais e Distritais.

D) As parcelas de caráter indenizatório previstas em lei serão computadas no teto remuneratório.

3089) (2016) Banca: SUGEP – UFRPE – Órgão: UFRPE – Prova: Auxiliar em Administração

Constituem indenizações ao servidor:

A) ajuda de custo, diárias, transporte e auxílio-moradia.
B) diárias, transporte e auxílio-moradia, apenas.
C) ajuda de custo, diárias e transporte, apenas.
D) diárias e transportes, apenas.
E) ajuda de custo, apenas.

3090) (2016) Banca: IF-PE – Órgão: IF-PE – Prova: Tecnólogo – Gestão em Recursos Humanos

Além do vencimento do servidor, de acordo com a Lei 8.112/90, poderão ser pagas as seguintes vantagens:

A) Gratificações que, de acordo com a lei, nunca devem ser incorporadas ao vencimento ou provento.
B) Indenizações que se incorporam ao vencimento ou provento para qualquer efeito.
C) Férias que podem ser gozadas em até 5 etapas, desde que requeridas pelo servidor.
D) Indenizações que não se incorporam ao vencimento ou provento para qualquer efeito.
E) Adicionais que, de acordo com a lei, nunca devem ser incorporados ao vencimento ou provento.

3091) (2016) Banca: COMPERVE – Órgão: UFRN – Prova: Auxiliar em Administração

A remuneração do servidor é composta pelo vencimento do cargo efetivo e pelas vantagens pecuniárias permanentes estabelecidas em lei. À luz dos preceitos da Lei 8.112/90, a ajuda de custo é

A) um adicional.
B) uma indenização.
C) uma gratificação.
D) um benefício.

3092) (2016) Banca: SUGEP – UFRPE – Órgão: UFRPE – Prova: Auxiliar em Administração

Josué, servidor público recém-empossado, poderá, além do vencimento, receber as vantagens de indenização, gratificação e adicional. De acordo com a Lei 8.112/1990, é correto afirmar que:

A) as indenizações, as gratificações e os adicionais incorporam-se ao vencimento ou provento para qualquer efeito.
B) as vantagens pecuniárias serão computadas e acumuladas, para efeito de concessão de quaisquer outros acréscimos pecuniários ulteriores.
C) as indenizações não se incorporam ao vencimento ou provento para qualquer efeito e as gratificações e os adicionais incorporam-se ao vencimento ou provento, nos casos e condições indicados em lei.
D) as indenizações, as gratificações e os adicionais não se incorporam ao vencimento ou provento, sendo somente computados e acumulados para efeito de concessão de acréscimos pecuniários ulteriores.
E) as vantagens pecuniárias serão computadas e acumuladas, para efeito de concessão de quaisquer outros acréscimos pecuniários anteriores.

3093) (2016) Banca: FUNRIO – Órgão: IF-PA – Prova: Auxiliar em Administração (+ provas)

Segundo a Lei Federal 8.112, de 11 de dezembro de 1990 e alterações, constituem indenizações ao servidor

A) gratificações e transporte.
B) auxílio moradia e ajuda de custo.
C) férias e adicionais.
D) transporte e férias.
E) adicionais e gratificações.

Férias: o servidor tem direito a 30 dias de férias, que podem ser acumuladas em até 02 períodos. O servidor deve completar o período de 12 meses de exercício para ter direito a usufruir das férias.

3094) (2004) Banca: ESAF – Órgão: MPU – Prova: Técnico Administrativo

De acordo com a Lei 8.112/90, as férias dos servidores públicos

A) exigem 12 meses de exercício, para o primeiro e demais períodos aquisitivos.
B) não podem ser parceladas.
C) podem ser acumuladas, até o máximo de dois períodos, ressalvadas as hipóteses em que haja legislação específica.
D) não são indenizáveis em caso de exoneração do cargo.
E) somente podem ser interrompidas por necessidade do serviço.

3095) (2011) Banca: FCC – Órgão: TRF – 1ª REGIÃO – Prova: Técnico Judiciário – Área Administrativa

Sobre as férias dos servidores públicos federais, é correto afirmar:

A) O servidor fará jus a trinta dias de férias, que podem ser acumuladas até o máximo de dois períodos, no caso de necessidade do serviço, ressalvadas as hipóteses em que haja legislação específica.
B) Não é vedado ao servidor levar à conta de férias alguma falta ao serviço.
C) As férias poderão ser parceladas em até duas etapas, desde que assim requeridas pelo servidor, e no interesse da Administração Pública.
D) O servidor exonerado do cargo efetivo perceberá indenização, relativa ao período das férias a que tiver direito, calculada com base na remuneração do mês anterior ao da publicação do ato exoneratório.
E) O servidor que opera direta e permanentemente com raios X ou substâncias radioativas gozará trinta dias consecutivos de férias, por semestre de atividade profissional, proibida em qualquer hipótese a acumulação.

3096) (2013) Banca: FCC – Órgão: TRT – 5ª Região (BA) Prova: Técnico Judiciário – Área Administrativa (+ provas)

O TRT/BA elaborou a escala de férias de seus servidores. É regra atinente às férias, nos termos do Regime Jurídico dos Servidores Públicos Civis da União, que

A) não podem ser acumuladas.
B) para o primeiro período aquisitivo são exigidos 12 meses de exercício.
C) só podem ser levadas à conta de férias, as faltas justificadas.
D) podem ser parceladas em até 2 etapas.
E) o pagamento da remuneração das férias será efetuado até 5 dias antes do início do respectivo período.

3097) (2009) Banca: FCC – Órgão: TRT – 7ª Região (CE) – Prova: Técnico Judiciário – Área Administrativa

No que se refere às férias do servidor público civil, previstas na Lei n o 8.112/90, é INCORRETO que

A) a indenização por férias do servidor exonerado do cargo efetivo, ou em comissão, será calculada com base na remuneração do mês em que for publicado o ato exoneratório.
B) para o primeiro período aquisitivo de férias não serão exigidos, em qualquer hipótese, 12 meses de exercício.
C) é vedado levar à conta de férias qualquer falta ao serviço.
D) as férias poderão ser acumuladas, até o máximo de dois períodos, no caso de necessidade do serviço, ressalvadas as exceções legais e específicas.
E) as férias poderão ser parceladas em até três etapas, desde que assim requeridas pelo servidor, e no interesse da administração pública.

3098) (2014) Banca: IESES – Órgão: TRT – 14ª Região (RO e AC) – Prova: Analista Judiciário

Para o primeiro período aquisitivo de férias serão exigidos:

A) 2 (dois) anos de contribuição.
B) 18 (dezoito) meses de exercício.
C) 1 (um) mês de contribuição.
D) 24 (vinte e quatro) meses de exercício
E) 12 (doze) meses de exercício.

3099) (2014) Banca: IESES – Órgão: IFC-SC – Prova: Técnico em Segurança do Trabalho

Assinale a alternativa correta. Para o primeiro período aquisitivo de férias serão exigidos:

A) 12 (doze) meses de exercício.
B) 6 (seis) meses de exercício.
C) 13 (treze) meses de exercício.
D) 24 (vinte e quatro) meses de exercício.

3100) (2016) Banca: FUNIVERSA – Órgão: IF-AP – Prova: Auxiliar em Administração

Acerca das férias do servidor público federal, assinale a alternativa correta conforme a Lei 8.112/1990.

A) O servidor público federal terá direito a trinta dias de férias a cada seis meses trabalhados.
B) As férias não poderão ser interrompidas por necessidade do serviço, ainda que a necessidade seja declarada pela autoridade máxima do órgão ou da entidade.
C) As férias poderão ser parceladas em até cinco etapas, desde que assim requeira o servidor e seja interesse da Administração Pública.
D) É permitido considerar-se como férias qualquer falta ao serviço.
E) Para o primeiro período aquisitivo de férias, serão exigidos doze meses de exercício.

As férias do servidor somente poderão ser interrompidas por motivo de calamidade pública, comoção interna, convocação para júri, serviço militar ou eleitoral, ou por necessidade do serviço declarada pela autoridade máxima do órgão ou entidade.

3101) (2013) Banca: CESPE – Órgão: TRT – 17ª Região (ES) – Prova: Técnico Judiciário – Área Administrativa

Considerando o regime jurídico dos servidores públicos federais e o Código de Ética Profissional do Servidor Público Civil do Poder Executivo Federal, julgue o item a seguir. A convocação para júri constitui hipótese de interrupção das férias de servidor público.

A) Certo   B) Errado

Conforme entendimento do STJ, "quando a Administração Pública interpreta erroneamente uma lei, resultando em pagamento indevido ao servidor, cria-se uma falsa expectativa de que os valores recebidos são legais e definitivos, impedindo, assim, que ocorra desconto dos mesmos, ante a boa-fé do servidor público." (Resp. 1244182/PB, Rel. Min. Benedito Gonçalves, Primeira Seção, julgado em 10/10/2012).

3102) (2015) Banca: CESPE – Órgão: DPE-PE – Prova: Defensor Público

A respeito dos servidores públicos, julgue o item subsequente. Conforme entendimento atual do STJ, quando a Administração Pública interpreta erroneamente uma lei, resultando em pagamento indevido ao servidor, cria-se uma falsa expectativa de que os valores recebidos são legais e definitivos, impedindo, assim, que ocorra desconto dos mesmos, ante a boa-fé do servidor público.

A) Certo   B) Errado

A corte superior também já se posicionou acerca do auxílio-transporte, definindo que ele tem o escopo de custear as despesas com o deslocamento dos servidores do local de trabalho para a residência (e vice-versa), independentemente de o mesmo ser realizado por meio de veículo próprio ou coletivo municipal, intermunicipal ou interestadual.

3103) (2014) Banca: CESPE – Órgão: Câmara dos Deputados – Prova: Analista Legislativo

Julgue o item que se segue, relativo à remuneração dos agentes públicos, conforme entendimento do STJ. Ao servidor público federal que utilizar o veículo próprio no deslocamento para o trabalho não será devido o pagamento do auxílio-transporte

A) Certo   B) Errado

A jurisprudência vem entendendo que se excluem do teto remuneratório as verbas indenizatórias, benefícios previdenciários, remuneração decorrente de cargos públicos de magistério acumuláveis, e o exercício de função cumulativa.

3104) (2010) Banca: ESAF – Órgão: CVM – Prova: Analista – Recursos Humanos

Acerca do teto remuneratório dos agentes públicos, previsto na Constituição da República, é correto afirmar:

A) a remuneração e o subsídio dos ocupantes de cargos, funções e empregos públicos da administração direta, autárquica e fundacional, dos membros de qualquer dos Poderes da União, dos Estados, do Distrito Federal e dos Municípios, não poderão exceder o subsídio mensal, em espécie, dos Ministros do Supremo Tribunal Federal, não se aplicando essa regra aos subsídios dos detentores de mandato eletivo.

B) são excluídos do teto remuneratório as verbas indenizatórias, benefícios previdenciários, remuneração decorrente de cargos públicos de magistério acumuláveis, e o exercício de função cumulativa.

C) estão sujeitas ao redutor do teto remuneratório as parcelas de caráter indenizatório previstas em lei.

D) o teto remuneratório não se aplica aos empregados de sociedade de economia mista que recebe recursos da União para pagamento de despesas de pessoal e de custeio em geral.

E) o teto remuneratório não se aplica ao montante resultante da adição de proventos de inatividade com remuneração de cargo em comissão declarado em lei de livre nomeação e exoneração, e de cargo eletivo.

O servidor público dispõe de modalidades de afastamentos e de licenças que estão previstas por legislação específica e relacionadas pela necessidade do servidor e da administração pública.

Em relação às modalidades e às suas especificidades, seguem os diferentes tipos de afastamentos e licenças previstos pela legislação brasileira.

a) Por motivo de doença de familiar (art.83): será concedida sem prejuízo dos vencimentos. Trata-se de uma decisão vinculada da Administração Pública, contudo, a licença será deferida apenas se a assistência direta do servidor for indispensável e não puder ser prestada simultaneamente com o exercício do cargo ou mediante compensação de horário. Ademais, é vedado o exercício de atividade remunerada durante o período da licença por motivo de doença de familiar.

b) Por motivo de afastamento do cônjuge ou companheiro (art. 84): concedida por prazo indeterminado (e sem remuneração) para o servidor acompanhar o cônjuge que foi deslocado dentro do território nacional, para o exterior ou para o exercício de mandato eletivo dos poderes Executivo e Legislativo.

c) Para o serviço militar (art. 85): concedida com remuneração;

d) Para exercício de atividade política (art. 86): concedida sem remuneração para servidor eleito;

e) Para capacitação profissional (art. 87): a cada quinquênio (05 anos) de efetivo exercício, o servidor poderá afastar-se do exercício do cargo efetivo para participar de curso de capacitação profissional, no interesse da Administração, sem prejuízo da remuneração, por até três meses. Caso o servidor não usufrua desse benefício, não haverá cumulação, ou seja, a lei não permite a acumulação de dois períodos de licença-capacitação;

f) Para tratar de interesses particulares (art. 91): será concedida a critério da Administração para ocupante de cargo efetivo, pelo prazo de 3 anos sem remuneração. A licença poderá ser interrompida, a qualquer tempo, a pedido do servidor ou no interesse do serviço público;

g) Para o desempenho do mandato classista (art. 92).

3105) (2015) Banca: FCC – Órgão: TRE-RR – Prova: Analista Judiciário – Área Judiciária

Dentre os direitos previstos no Regime Jurídico dos Servidores Públicos Civis da União, Autarquias e das Fundações Públicas Federais está o gozo de licenças. É vedado o exercício de atividade remunerada durante o período de licença

A) por motivo de doença em pessoa da família.
B) para atividade política
C) para tratar de interesses particulares
D) para capacitação.
E) por motivo de afastamento do cônjuge ou companheiro.

3106) (2015) Banca: FCC – Órgão: TRT – 15ª REGIÃO – Prova: Técnico Judiciário – Tecnologia da Informação

Magda é servidora pública efetiva do Tribunal Regional do Trabalho da 15ª Região há dez anos. Sua mãe, Glória, foi diagnosticada com Alzheimer e Magda terá que se afastar do seu serviço para tratar deste assunto particular. Neste caso, considerando que Glória não é dependente de Magda, de acordo com a Lei 8.112/1990,

A) não poderá ser concedida licença, uma vez que não está prevista na referida lei a hipótese de licença para tratamento de assuntos particulares.
B) a critério da Administração, poderá ser concedida a Magda licença pelo prazo de até dois anos consecutivos, sem remuneração.
C) a critério da Administração, poderá ser concedida a Magda licença pelo prazo de até três anos consecutivos, sem remuneração.
D) deverá ser concedida a Magda licença pelo prazo de até um ano consecutivo, com remuneração, havendo expresso dispositivo legal neste sentido.

3107) (2016) Banca: IF-CE – Órgão: IF-CE – Prova: Administrador

A Lei 8.112, de 11 de dezembro de 1990, em seu artigo 87, revela que, após cada quinquênio de efetivo exercício, o servidor poderá, no interesse da Administração, afastar-se do exercício do cargo efetivo, com a respectiva remuneração, para participar de curso de capacitação profissional, por até

A) dois meses.
B) um mês.
C) cinco meses.
D) quatro meses.
E) três meses.

3108) (2014) Banca: IESES – Órgão: IFC-SC – Prova: Auxiliar em Administração

A Licença para Capacitação, poderá ser concedida ao servidor por um período de até:

A) Um mês.
B) Três meses.
C) Quatro meses.
D) Dois meses.

3109) (2014) Banca: IESES – Órgão: TRT – 14ª Região (RO e AC) – Prova: Analista Judiciário

Segundo a norma legal vigente, conceder-se-á licença ao servidor público federal para, EXCETO:

A) Para o serviço militar.
B) Para atividade política.
C) Prêmio por assiduidade.
D) Por motivo de afastamento do cônjuge ou companheiro.
E) Para tratar de interesses particulares.

3110) (2014) Banca: IESES – Órgão: IFC-SC – Prova: Técnico em Segurança do Trabalho (+ provas)

Conceder-se-á ao servidor licença:

I. Por motivo de afastamento do cônjuge ou companheiro.
II. Para atividade política.
III. Para tratar de interesses particulares.
IV. Por motivo de doença em pessoa da família.
Assinale a alternativa correta

A) Apenas as assertivas I e II estão corretas.
B) Apenas as assertivas I, II e III estão corretas.
C) Apenas as assertivas I, II e IV estão corretas.
D) As assertivas I, II, III e IV estão corretas.

A Lei 8.112/90 prevê hipóteses de afastamento, são elas:
Para servir a outro órgão ou entidade (art. 93);
Para o exercício de mandato eletivo (art. 94);
Para estudo ou missão no exterior (art. 95);
Para participação de programa de pós-graduação stricto sensu no país (art. 96-A).
O servidor público pode, ainda, ausentar-se, sem prejuízo da remuneração:
Por um dia para doação de sangue;
Por dois dias, para se alistar como eleitor;
Por oito dias em razão de casamento, falecimento do cônjuge, companheiro, pais, madrasta ou padrasto, filhos, enteados (...)

3111) (2009) Banca: CESPE – Órgão: ANAC – Prova: Técnico Administrativo

O servidor poderá ausentar-se do serviço por um dia, para doação de sangue, sem qualquer prejuízo.

A) Certo B) Errado

3112) (2014) Banca: CESPE – Órgão: Câmara dos Deputados – Prova: Analista Legislativo

Acerca da capacitação de pessoal, julgue o próximo item. O programa de pós-graduação lato sensu no país é considerado evento de capacitação, sendo o tempo de afastamento do servidor público em virtude de participação no mencionado programa considerado tempo de efetivo exercício.

A) Certo B) Errado

3113) (2016) Banca: CESPE – Órgão: INSS – Prova: Técnico do Seguro Social

Julgue o item subsecutivo conforme o disposto na Lei 8.112/1990.

Em conformidade com a Lei 8.112/1990, o servidor público poderá ser afastado do Brasil para missão oficial por tempo indeterminado.

A) Certo B) Errado

3114) (2014) Banca: CESPE – Órgão: Câmara dos Deputados – Prova: Analista Legislativo

Acerca da capacitação de pessoal, julgue o próximo item. O servidor titular de cargo efetivo em seu órgão de lotação há cinco anos poderá, no interesse da administração, afastar-se para realizar programa de pós-doutorado no exterior, desde que não se tenha afastado por licença para tratar de assuntos particulares ou para participar de programa de pós-graduação stricto sensu, nos quatro anos anteriores à data da solicitação de afastamento

A) Certo B) Errado

3115) (2012) Banca: ESAF – Órgão: CGU – Prova: Analista de Finanças e Controle

São ausências admitidas ao servidor público da União, sem qualquer prejuízo, exceto

A) por 8 (oito) dias consecutivos em razão de casamento.
B) por 1 (um) dia para doação de sangue.
C) por 2 (dois) dias para se alistar como eleitor.
D) por 5 (cinco) dias, ao servidor estudante, por período letivo, para cumprimento de atividades acadêmicas obrigatórias.
E) por 8 (oito) dias consecutivos em razão de falecimento de irmãos.

3116) (2003) Banca: FCC – Órgão: TRE-BA – Prova: Técnico Judiciário – Área Administrativa

José, servidor público federal, ausentou-se por um dia do serviço para doação de sangue, depois por 8 dias consecutivos em razão de seu casamento e finalmente por mais 8 dias consecutivos em razão da morte de um irmão. Assim sendo,

A) nenhuma das ausências será considerada como de efetivo exercício.
B) apenas a ausência em razão do casamento será considerada como de efetivo exercício.
C) apenas a ausência para doação de sangue será considerada de efetivo exercício.
D) apenas a ausência em razão da morte do irmão será considerada como de efetivo exercício.
E) todas essas ausências serão consideradas como de efetivo exercício.

3117) (2017) Banca: FCC – Órgão: TRT – 24ª REGIÃO (MS) – Prova: Analista Judiciário – Área Engenharia

Considere a seguinte situação hipotética: Julia, servidora pública federal, pretende afastar-se de seu cargo para servir em organismo internacional de que o Brasil participa. Nos termos da Lei 8.112/1990, o aludido afastamento

A) permitirá à Julia optar entre ficar ou não com sua remuneração, e, escolhendo a primeira hipótese, deverá declinar de qualquer montante remuneratório oferecido pelo organismo internacional.
B) dar-se-á com perda total da remuneração.
C) dar-se-á obrigatoriamente sem prejuízo da remuneração.
D) não está previsto na referida Lei.
E) dar-se-á com perda parcial da remuneração.

9. AGENTES PÚBLICOS

3118) (2017) Banca: FCC – Órgão: TRT – 11ª Região (AM e RR) – Prova: Analista Judiciário – Área Administrativa

Zeus é servidor público titular de cargo efetivo no Tribunal há cinco anos, incluído, nesse lapso temporal, o período de estágio probatório. Zeus pretende afastar-se de seu cargo para a realização de programa de pós-doutorado. Hércules é servidor público titular de cargo efetivo no mesmo Tribunal há três anos e meio, incluído, nesse lapso temporal, o período de estágio probatório e pretende afastar-se de seu cargo para a realização de programa de doutorado. Nos termos da Lei 8.112/1990 e, desde que preenchidos os demais requisitos legais, poderão afastar-se, com a respectiva remuneração,

A) ambos os servidores.
B) apenas Zeus, pois o afastamento pretendido por Hércules exige que o servidor seja titular de cargo efetivo há pelo menos quatro anos, incluído o período de estágio probatório.
C) apenas Hércules, pois o afastamento pretendido por Zeus exige que o servidor seja titular de cargo efetivo há pelo menos seis anos, incluído o período de estágio probatório.
D) nenhum dos servidores.
E) apenas Zeus, pois o afastamento pretendido por Hércules exige que o servidor seja titular de cargo efetivo há pelo menos cinco anos, incluído o período de estágio probatório.

3119) (2013) Banca: CETRO – Órgão: ANVISA – Prova: Analista Administrativo – Área 7

Leia o texto abaixo para responder às questões 116 e 117. A Lei 8.112/190 institui o regime jurídico dos servidores públicos civis da União, das autarquias, inclusive as em regime especial, e das fundações públicas federais.

Segundo o artigo 97 dessa lei, é correto afirmar que, sem qualquer prejuízo, poderá o servidor ausentar-se do serviço:

A) por 1 dia, para se alistar como eleitor.
B) por 2 dias, para resolver problemas pessoais.
C) por 2 dias, para a doação de sangue.
D) por 8 dias consecutivos, em razão de falecimento da madrasta ou padrasto.
E) por 4 dias consecutivos, em razão de casamento.

3120) (2009) Banca: UFRRJ – Órgão: UFRRJ – Prova: Assistente Administrativo

De acordo com o regime jurídico estatutário da União, o servidor poderá, sem qualquer prejuízo, ausentar-se do serviço, por:

A) 1 (um) dia, em razão do casamento.
B) 5 (cinco) dias, em razão de falecimento do pai.
C) 6 (seis) dias, em razão de falecimento da mãe.
D) 7 (sete) dias, para se alistar como eleitor.
E) 1 (um) dia, para doação de sangue

3121) (2017) Banca: Quadrix – Órgão: CRMV-DF – Prova: Agente Administrativo

Acerca da Lei 8.112/1990, julgue o item seguinte.

Os afastamentos para realização de programas de pós-doutorado somente serão concedidos aos servidores titulares de cargo efetivo no respectivo órgão ou entidade há pelo menos seis meses.

A) Certo B) Errado

3122) (2016) Banca: CRO – SC – Órgão: CRO – SC – Prova: Advogado

Ao servidor público da administração direta, autárquica e fundacional, no exercício de mandato eletivo, aplicam-se as seguintes disposições:

A) Para efeito de benefício previdenciário, no caso de afastamento, os valores serão determinados tendo como base o salário mínimo vigente, entretanto como se não permanecesse no exercício do cargo.
B) Investido no mandato de Prefeito, será afastado do cargo, emprego ou função, percebendo as duas remunerações simultaneamente e do retorno aos quadros da administração pública, lhe será facultado optar pela sua remuneração.
C) Tratando-se de mandato eletivo federal, estadual ou distrital, ficará afastado de seu cargo, emprego ou função.
D) Investido no mandato de Vereador, será afastado do cargo, emprego ou função, percebendo somente a remuneração do mandato eletivo, mesmo havendo compatibilidade de horários ao exercício dos dois cargos.

3123) (2014) Banca: VUNESP – Órgão: Câmara Municipal de São José dos Campos – SP – Prova: Analista Legislativo – Advogado

Berlamino Fontes, servidor público, exerce suas funções numa autarquia estadual e foi eleito para o cargo de vereador. Nessa situação, ao entrar em exercício no mandato eletivo, é correto afirmar que Berlamino

A) perderá, obrigatoriamente, as vantagens de seu cargo.
B) poderá manter as vantagens do seu cargo, mas com prejuízo da remuneração do cargo eletivo, independentemente se há ou não compatibilidade de horários.
C) poderá manter as vantagens do seu cargo, sem prejuízo da remuneração do cargo eletivo, independentemente se há ou não compatibilidade de horários.
D) será afastado do cargo se não houver compatibilidade de horários, sendo-lhe facultado optar pela sua remuneração.
E) não poderá manter o seu cargo, mesmo havendo compatibilidade de horários, em razão de ser funcionário da administração indireta estadual.

3124) (2016) Banca: VUNESP – Órgão: UNESP – Prova: Assistente Administrativo I

João é Assistente Administrativo I da Faculdade de Ciências e Letras da Unesp, no campus de Araraquara, e foi eleito Vereador no Município de São Carlos. Nesse caso, João deverá

A) cumprir suas funções nos dois cargos.
B) optar pela remuneração mais vantajosa, pois não poderá receber dois salários.
C) afastar-se do cargo na Unesp, por incompatibilidade de horário, sendo-lhe facultado optar pela sua remuneração.
D) afastar-se do cargo na Unesp, e seu tempo de serviço no mandato eletivo será apenas contado para promoção por merecimento.
E) renunciar ao mandato eletivo por ser incompatível com o cargo que ocupa na Unesp.

3125) (2014) Banca: IESES – Órgão: TJ-PB – Prova: Titular de Serviços de Notas e de Registros

Ao servidor público da administração direta, autárquica e fundacional, no exercício de mandato eletivo, aplicam-se as seguintes disposições, EXCETO:

A) Tratando-se de mandato eletivo federal, estadual ou distrital, ficará afastado de seu cargo, emprego ou função.
B) Investido no mandato de Prefeito, será afastado do cargo, emprego ou função e remuneração.
C) Investido no mandato de Vereador, havendo compatibilidade de horários, perceberá as vantagens de seu cargo, emprego ou função, sem prejuízo da remuneração do cargo eletivo.
D) Para efeito de benefício previdenciário, no caso de afastamento, os valores serão determinados como se no exercício estivesse.

3126) (2014) Banca: MPE-MG – Órgão: MPE-MG – Prova: Promotor de Justiça

Assinale a alternativa CORRETA:

Ao servidor público da administração direta, autárquica e fundacional, no exercício de mandato eletivo, aplicam-se as seguintes disposições, a saber:

A) Em qualquer caso que exija o afastamento para o exercício de mandato eletivo, seu tempo de serviço será contado para todos os efeitos legais, exceto para promoção por merecimento.
B) Investido no mandato de Vereador, não havendo compatibilidade, perceberá as vantagens de seu cargo, emprego ou função, sem prejuízo da remuneração do cargo eletivo.
C) Investido no mandato de Prefeito, será afastado do cargo, emprego ou função, sendo-lhe obrigado optar pela sua remuneração.
D) Tratando-se de mandato eletivo federal, estadual ou distrital, facultar-se-á ao servidor o afastamento de seu cargo, emprego ou função.

3127) (2014) Banca: MS CONCURSOS – Órgão: CRM-MS – Prova: Assessor Jurídico

Ao servidor público da administração direta, autárquica e fundacional, no exercício de mandato eletivo, aplicam-se as seguintes disposições:

I. Em se tratando de mandato eletivo federal, estadual ou distrital, ficará afastado de seu cargo, emprego ou função.
II. Investido no mandato de Prefeito, será afastado do cargo, emprego ou função, sendo-lhe facultado optar pela sua remuneração.
III. Investido no mandato de Vereador, havendo compatibilidade de horários, perceberá as vantagens de seu cargo, emprego ou função, sem prejuízo da remuneração do cargo eletivo, e, não havendo compatibilidade, será afastado do cargo, emprego ou função, sendo-lhe facultado optar pela sua remuneração.

É correto o que se afirma somente em:
A) I.
B) I e II.
C) II e III.
D) I, II e III.

3128) (2016) Banca: FEPESE – Órgão: Prefeitura de Lages – SC – Prova: Administrador

Joaquim da Silva, servidor público da administração direta federal, concorreu em disputa eleitoral e acabou investido no mandato de Prefeito do Município X.

Diante dessa situação, Joaquim da Silva será:

A) afastado do cargo, sendo-lhe facultado optar pela sua remuneração.
B) mantido do cargo, sendo-lhe assegurado a percepção de sua remuneração
C) afastado do cargo, sendo-lhe vedado optar pela sua remuneração.
D) afastado do cargo, acumulando as duas remunerações.
E) mantido do cargo, acumulando as duas remunerações.

3129) (2014) Banca: FUNDEP (Gestão de Concursos) – Órgão: DPE-MG – Prova: Defensor Público

João Marcelo, Defensor Público estadual, estável, pretende candidatar-se nas próximas eleições municipais. Nessa hipótese, o Defensor Público João Marcelo:

A) Não poderá candidatar-se, pois é defeso ao Defensor Público, em qualquer hipótese, exercer atividade político-partidária.
B) Poderá candidatar-se ao cargo de vereador, mas, se eleito, deverá afastar-se do cargo de Defensor Público, pois não pode exercer cumulativamente as atribuições do cargo eletivo e do cargo público, mesmo em caso de compatibilidade de horários.
C) Poderá candidatar-se ao cargo de prefeito e, se eleito, não obstante obrigado a afastar-se do cargo de Defensor Público, poderá optar por receber a remuneração do cargo efetivo.
D) Poderá candidatar-se ao cargo de prefeito e, se eleito, poderá contar seu tempo de serviço para todos os efeitos legais, inclusive para promoção por merecimento no cargo de Defensor Público.

§ 1º A ausência não excederá a 4 (quatro) anos, e finda a missão ou estudo, somente decorrido igual período, será permitida nova ausência.

3130) (2015) Banca: CETRO – Órgão: AMAZUL – Prova: Analista em Desenvolvimento de Tecnologia Nuclear – Advogado

Conforme o disposto no artigo 95, da Lei 8.112/1990, é correto afirmar que o servidor não poderá ausentar-se do País para estudo ou missão oficial, sem autorização do

A) ministro das Relações Exteriores.
B) chefe imediato.
C) diretor do Órgão, Autarquia, Empresa Pública ou Fundação a que o servidor esteja vinculado.
D) presidente da República, presidente dos Órgãos do Poder Legislativo e presidente do Supremo Tribunal Federal.
E) ministro da Casa Civil.

Ademais, o servidor terá que permanecer no exercício de suas funções após o seu retorno por um período igual ao período do afastamento concedido. Caso esse servidor solicitar exoneração do cargo ou aposentadoria antes do cumprimento desse período de permanência, será obrigado e ressarcir o órgão ou entidade pelos gastos em seu aperfeiçoamento.

3131) (2013) Banca: COMPERVE – Órgão: UFERSA – Prova: Administrador (+ provas)

Considere as afirmativas a seguir, relativas ao Afastamento para Estudo ou Missão no Exterior, conforme expressamente previsto na Lei 8.112/90.

I. A ausência não excederá a três anos, não sendo permitida nova ausência.

II. O afastamento de servidor para servir em organismo internacional do qual o Brasil participe ou com o qual coopere, dar-se-á com perda total da remuneração.

III. Ao servidor, não será concedida exoneração ou licença para tratar de interesse particular antes de decorrido período igual ao do afastamento, ressalvada a hipótese de ressarcimento da despesa havida com seu afastamento.

IV. O servidor do Poder Executivo poderá ausentar-se do País para estudo ou missão oficial, sem autorização do Presidente da República.

Dentre as afirmativas, estão corretas

A) II e IV.
B) I e III.
C) II e III.
D) I e IV.

"Art. 38. Ao servidor público da Administração Direta, Autárquica e Fundacional, no exercício de mandato eletivo, aplicam-se as seguintes disposições:

I – tratando-se de mandato eletivo federal, estadual ou distrital, ficará afastado de seu cargo, emprego ou função;

II – investido no mandato de Prefeito, será afastado do cargo, emprego ou função, sendo-lhe facultado optar pela sua remuneração;"

3132) (2014) Banca: CESPE – Órgão: SUFRAMA – Prova: Técnico de Contabilidade

Considere que um servidor da SUFRAMA tenha sido eleito deputado federal pelo estado do Acre. Nessa hipótese, enquanto estiver no exercício do mandato eletivo, o servidor deverá ficar afastado de seu cargo, sendo-lhe facultado optar pela remuneração deste último.

A) Certo   B) Errado

3133) (2014) Banca: FGV – Órgão: Prefeitura de Florianópolis – SC – Prova: Administrador (+ provas)

Moacir é servidor público municipal ocupante de cargo efetivo e foi eleito Vereador. De acordo com a disciplina constitucional da matéria, Moacir:

A) poderá acumular seu cargo efetivo com o mandato eletivo, caso haja compatibilidade de horários, percebendo as vantagens de seu cargo efetivo, sem prejuízo da remuneração do cargo eletivo;
B) poderá acumular seu cargo efetivo com o mandato eletivo, caso haja compatibilidade de horários, escolhendo apenas uma remuneração;
C) não poderá acumular seu cargo efetivo com o mandato eletivo, mesmo que haja compatibilidade de horários, recebendo necessariamente a remuneração pelo exercício do mandato eletivo;
D) será necessariamente afastado do cargo efetivo, sendo-lhe facultado optar pela remuneração do mandato eletivo ou cargo efetivo;
E) será necessariamente afastado do cargo efetivo, recebendo dupla remuneração: pelo mandato eletivo e pelo cargo efetivo.

3134) (2016) Banca: FGV – Órgão: IBGE – Prova: Analista – Processos Administrativos e Disciplinares

Ricardo, servidor estável de fundação pública federal, valendo-se de sua excelente fama como administrador na cidade onde nasceu, conseguiu eleger-se Prefeito nas últimas eleições municipais. De acordo com os ditames da Lei 8.112/90, Ricardo:

A) poderá acumular o exercício do cargo efetivo com o cargo eletivo, se houver compatibilidade de horário, auferindo ambas as remunerações;
B) poderá acumular o exercício do cargo efetivo com o cargo eletivo, se houver compatibilidade de horário, mas optará por uma das remunerações;
C) não poderá acumular o exercício de ambos os cargos, se não houver compatibilidade de horário, e receberá o subsídio do Prefeito somadas as vantagens pessoais do cargo efetivo;
D) será afastado do cargo efetivo, sendo-lhe facultado optar pela sua remuneração do cargo efetivo ou do cargo eletivo;
E) será afastado do cargo efetivo, sendo-lhe obrigatório auferir o subsídio e as respectivas vantagens do cargo eletivo.

3135) (2016) Banca: FGV – Órgão: IBGE – Prova: Analista – Recursos Materiais e Logística

Marina, servidora estável de fundação pública federal, foi eleita Vereadora nas últimas eleições municipais. De acordo com o regime jurídico sobre a matéria previsto na Lei 8.112/90, Marina:

A) poderá acumular as funções de seu cargo efetivo com as do mandato eletivo, se houver compatibilidade de horário, percebendo as vantagens de seu cargo efetivo, sem prejuízo da remuneração do cargo eletivo;
B) poderá acumular as funções de seu cargo efetivo com as do mandato eletivo, se houver compatibilidade de horário, mas terá que escolher a remuneração de um dos dois cargos públicos;
C) será afastada do seu cargo efetivo, independentemente de haver compatibilidade de horário para acumulação dos cargos, sendo-lhe facultado optar por uma das duas remunerações;
D) será afastada do seu cargo efetivo, se não houver compatibilidade de horário para acumulação dos cargos, sendo-lhe obrigatório auferir a remuneração referente ao cargo eletivo;
E) será afastada do seu cargo efetivo, se não houver compatibilidade de horário para acumulação dos cargos, sendo-lhe obrigatório auferir a remuneração referente ao seu cargo efetivo.

3136) (2016) Banca: COMPERVE – Órgão: UFRN – Prova: Técnico em Contabilidade (+ provas)

Um servidor público federal foi investido em mandato de Deputado Distrital. Considerando as disposições expressas no regime jurídico dos servidores públicos civis da União (Lei 8.112/90), esse servidor

A) ficará afastado do cargo, podendo optar pela sua remuneração.
B) não será afastado do cargo se houver compatibilidade de horário.
C) ficará afastado do cargo enquanto durar o mandato eletivo.
D) não será afastado do cargo, independentemente de compatibilidade de horário.

3137) (2016) Banca: IBADE – Órgão: Câmara de Santa Maria Madalena – RJ – Prova: Procurador Jurídico

Ao servidor investido em mandato eletivo, aplica-se a seguinte disposição:

A) investido no mandato de Prefeito, será afastado do cargo, sendo-lhe vedado optar pela sua remuneração.

B) o servidor investido em mandato eletivo ou classista poderá ser removido ou redistribuído de ofício para localidade diversa daquela onde exerce o mandato.

C) investido no mandato de vereador, havendo compatibilidade de horário, perceberá as vantagens de seu cargo, sem prejuízo da remuneração do cargo eletivo.

D) no caso de afastamento do cargo, o servidor não contribuirá para a seguridade social como se em exercício estivesse.

E) tratando-se de mandato federal, estadual ou distrital, não ficará afastado do cargo.

3138) (2015) Banca: CS-UFG – Órgão: Prefeitura de Goiânia – GO – Prova: Procurador do Município

No que diz respeito às normas constitucionais acerca da acumulação de cargos, remuneração e fixação dos padrões de vencimento,

A) aplica-se aos militares, na forma da lei e sem prevalência da atividade militar, a permissão de acumulação remunerada, em havendo compatibilidade de horários, e observado o disposto no inciso XI do artigo 37 da CRFB/1988, a de dois cargos ou empregos privativos de profissionais de saúde, com profissões regulamentadas.

B) o servidor investido no mandato de Vereador será afastado do cargo, emprego ou função, caso não haja compatibilidade de horários, sendo-lhe vedado optar pela sua remuneração.

C) na fixação dos padrões de vencimento e dos demais componentes do sistema remuneratório, será observada a natureza, o grau de responsabilidade, a complexidade dos cargos componentes de cada carreira, e as peculiaridades dos cargos, não sendo relevante ponderar os requisitos para investidura.

D) o servidor investido no mandato de Deputado Federal ficará afastado do seu cargo, emprego ou função, não lhe sendo facultado optar pela remuneração.

"Art. 38, III – investido no mandato de Vereador, havendo compatibilidade de horários, perceberá as vantagens de seu cargo, emprego ou função, sem prejuízo da remuneração do cargo eletivo, e, não havendo compatibilidade, será aplicada a norma do inciso anterior."

3139) (2006) Banca: CESGRANRIO – Órgão: DNPM – Prova: Técnico Administrativo – Informática

Será permitido ao Servidor de uma Autarquia Federal exercer mandato eletivo e, havendo compatibilidade de horário, perceber as vantagens de seu cargo, sem prejuízo da remuneração do cargo eletivo, se for investido no mandato de:

A) Prefeito.
B) Vereador.
C) Deputado Estadual.
D) Deputado Federal.
E) Senador.

"Art. 116. São deveres do servidor:

I – exercer com zelo e dedicação as atribuições do cargo;

II – ser leal às instituições a que servir;

III – observar as normas legais e regulamentares;

IV – cumprir as ordens superiores, exceto quando manifestamente ilegais;

V – atender com presteza:

a) ao público em geral, prestando as informações requeridas, ressalvadas as protegidas por sigilo;

b) à expedição de certidões requeridas para defesa de direito ou esclarecimento de situações de interesse pessoal;

c) às requisições para a defesa da Fazenda Pública.

VI – levar as irregularidades de que tiver ciência em razão do cargo ao conhecimento da autoridade superior ou, quando houver suspeita de envolvimento desta, ao conhecimento de outra autoridade competente para apuração;

VII – zelar pela economia do material e a conservação do patrimônio público;

VIII – guardar sigilo sobre assunto da repartição;

IX – manter conduta compatível com a moralidade administrativa;

X – ser assíduo e pontual ao serviço;

XI – tratar com urbanidade as pessoas;

XII – representar contra ilegalidade, omissão ou abuso de poder.

Parágrafo único. A representação de que trata o inciso XII será encaminhada pela via hierárquica e apreciada pela autoridade superior àquela contra a qual é formulada, assegurando-se ao representando ampla defesa.

Art. 117. Ao servidor é proibido:

I – ausentar-se do serviço durante o expediente, sem prévia autorização do chefe imediato;

II – retirar, sem prévia anuência da autoridade competente, qualquer documento ou objeto da repartição;

III – recusar fé a documentos públicos;

IV – opor resistência injustificada ao andamento de documento e processo ou execução de serviço;

V – promover manifestação de apreço ou desapreço no recinto da repartição;

VI – cometer a pessoa estranha à repartição, fora dos casos previstos em lei, o desempenho de atribuição que seja de sua responsabilidade ou de seu subordinado;

VII – coagir ou aliciar subordinados no sentido de filiarem-se a associação profissional ou sindical, ou a partido político;

VIII – manter sob sua chefia imediata, em cargo ou função de confiança, cônjuge, companheiro ou parente até o segundo grau civil;

IX – valer-se do cargo para lograr proveito pessoal ou de outrem, em detrimento da dignidade da função pública;

X – participar de gerência ou administração de sociedade privada, personificada ou não personificada, exercer o comércio, exceto na qualidade de acionista, cotista ou comanditário;

XI – atuar, como procurador ou intermediário, junto a repartições públicas, salvo quando se tratar de benefícios *previdenciários ou assistenciais de parentes até o segundo grau, e de cônjuge ou companheiro;*

XII – receber propina, comissão, presente ou vantagem de qualquer espécie, em razão de suas atribuições;

XIII – aceitar comissão, emprego ou pensão de estado estrangeiro;

XIV – praticar usura sob qualquer de suas formas;

XV – proceder de forma desidiosa;

XVI – utilizar pessoal ou recursos materiais da repartição em serviços ou atividades particulares;

XVII – cometer a outro servidor atribuições estranhas ao cargo que ocupa, exceto em situações de emergência e transitórias;

XVIII – exercer quaisquer atividades que sejam incompatíveis com o exercício do cargo ou função e com o horário de trabalho;

XIX – recusar-se a atualizar seus dados cadastrais quando solicitado."

3140) (2016) Banca: CESPE – Órgão: DPU – Prova: Técnico em Assuntos Educacionais

Ainda com base no disposto na Lei 8.112/1990 e na Constituição Federal de 1988 (CF), julgue o próximo item. Servidor do Instituto Nacional do Seguro Social que agir como procurador de seu cônjuge na obtenção de benefício previdenciário violará proibição estabelecida no regime disciplinar dos servidores públicos federais

A) Certo B) Errado

3141) (2015) Banca: CESPE – Órgão: MPU – Prova: Analista do Ministério Público

No próximo item, é apresentada uma situação hipotética, seguida de uma assertiva a ser julgada com base no que dispõe a Lei 8.112/1990. João, servidor público federal, atuou, junto à repartição pública competente, como intermediário da concessão de determinado benefício previdenciário do qual o seu pai figura como titular. Nessa situação, conforme o disposto na Lei 8.112/1990, João praticou conduta vedada pela norma regente.

A) Certo B) Errado

3142) (2016) Banca: CESPE – Órgão: INSS – Prova: Analista do Seguro Social

Com base no disposto no Decreto 6.029/2007 e na Lei 8.112/1990, julgue o item subsequente, que versam sobre direitos e deveres de servidores públicos. É proibido ao servidor público atuar como intermediário junto a repartições públicas, salvo quando se tratar de benefícios previdenciários ou assistenciais de parentes até o segundo grau e de cônjuge ou companheiro.

A) Certo B) Errado

3143) (2016) Banca: CESPE – Órgão: TCE-PA – Prova: Auditor de Controle Externo – Administração

A respeito de reparação de danos, sindicância e processo administrativo, e controle interno da administração pública, julgue o item seguinte. Uma das razões para que o servidor público sofra processo administrativo é o recebimento, em razão de suas atribuições, de propina, comissão, presente ou vantagem de qualquer espécie.

A) Certo B) Errado

3144) (2014) Banca: CESPE – Órgão: SUFRAMA – Prova: Nível Superior

Com base nas disposições da Lei 8.112/1990, julgue o item a seguir. Considere a seguinte situação hipotética. Um servidor da SUFRAMA, visando contribuir para a realização de maiores investimentos em Manaus, aceitou que empresa estrangeira patrocinasse viagem sua Nessa situação hipotética, apesar de bem-intencionada, a atitude do servidor configurou falta funcional, uma vez que é vedado o recebimento de vantagem em virtude das atribuições funcionais, incluído o pagamento de viagens

A) Certo B) Errado

3145) (2014) Banca: CESPE – Órgão: FUB – Prova: Nível Superior

Com base no que dispõem o Código de Ética da Administração Pública Federal, a Lei de Improbidade Administrativa e a Lei 8.112/1990, julgue o item a seguir. Suponha que, em razão da extrema necessidade do serviço público, devidamente comprovada, um candidato aprovado para o cargo de técnico em contabilidade tenha sido lotado no cargo de revisor de texto. Nesse caso, ele não poderá insurgir-se contra o referido ato administrativo, uma vez que é dever do servidor cumprir as ordens superiores e observar o interesse público.

A) Certo B) Errado

3146) (2014) Banca: CESPE – Órgão: FUB – Prova: Psicólogo Organizacional

Com base na Lei 8.112/1990 e em outros dispositivos que tratem dos direitos, dos deveres e das responsabilidades dos servidores públicos civis, julgue o item que se segue. É dever do servidor público obedecer às ordens superiores, exceto quando contaminadas de algum vício ilegal. Nessa situação, o servidor tem por obrigação descumprir a ordem e representar contra seu superior hierárquico.

A) Certo B) Errado

3147) (2015) Banca: CESPE – Órgão: TJ-DFT – Prova: Técnico Judiciário

De acordo com a lei que dispõe sobre o Regime Jurídico dos Servidores Públicos Civis da União, das autarquias e das fundações públicas federais, em especial o regime disciplinar, os deveres e as proibições, julgue o item subsequente. A conduta de atender ao público com presteza, embora não esteja expressamente inserida no rol dos deveres do servidor, é uma imposição ética e moral a qualquer servidor público.

A) Certo B) Errado

3148) (2015) Banca: CESPE – Órgão: FUB – Prova: Tecnólogo

A respeito de direitos, deveres e responsabilidades dos servidores públicos civis, julgue o item seguinte. É dever do servidor público civil da União zelar pela economia do material e pela conservação do patrimônio público.

A) Certo B) Errado

3149) (2016) Banca: CESPE – Órgão: DPU – Prova: Conhecimentos Básicos – Cargo 9 (+ provas)

Com base nas disposições da Lei 8.112/1990, julgue o seguinte item.

O cargo público, definido como o conjunto de atribuições e responsabilidades incumbidas ao servidor, é criado por lei para provimento em caráter efetivo ou em comissão.

A) Certo B) Errado

3150) (2016) Banca: ESAF – Órgão: ANAC – Prova: Técnico Administrativo

Segundo a Lei n. 8.112/1990, caracterizam-se como proibições ao servidor, exceto:

A) cometer a pessoa estranha à repartição, fora dos casos previstos em lei, o desempenho de atribuição que seja de sua responsabilidade ou de seu subordinado.

B) levar as irregularidades de que tiver ciência em razão do cargo ao conhecimento da autoridade superior ou, quando houver suspeita de envolvimento desta, ao conhecimento de outra autoridade competente para apuração.

C) recusar-se a atualizar seus dados cadastrais quando solicitado.

D) cometer a pessoa estranha à repartição, fora dos casos previstos em lei, o desempenho de atribuição que seja de sua responsabilidade ou de seu subordinado.

E) recusar fé a documentos públicos.

3151) (2008) Banca: FCC – Órgão: TRT – 2ª REGIÃO (SP) – Prova: Técnico Judiciário – Área Administrativa

O servidor público da União NÃO é proibido de

A) atuar, em qualquer caso, como procurador junto a repartições públicas.

B) recusar fé a documento público.

C) promover manifestação de apreço ou desapreço no recinto da repartição.

D) aliciar subordinados no sentido de se filiarem a sindicato da categoria.

E) exercer o comércio na qualidade de acionista ou cotista.

3152) (2016) Banca: FGV – Órgão: IBGE – Prova: Analista – Processos Administrativos e Disciplinares

Em matéria de regime disciplinar, a Lei 8.112/90 estabelece que ao servidor é proibido:

A) manter sob sua chefia imediata, em cargo ou função de confiança, parente de terceiro grau civil;

B) participar, na qualidade de acionista, cotista ou comanditário, de sociedade privada;

C) cometer a outro servidor atribuições estranhas ao cargo que ocupa, exceto em situações de emergência e transitórias;

D) atuar, como procurador ou intermediário, junto a repartições públicas, para tratar de benefícios previdenciários ou assistenciais de seu cônjuge;

E) retirar, independentemente de prévia anuência da autoridade competente, qualquer documento ou objeto da repartição.

3153) (2016) Banca: FCM – Órgão: IF-MG – Prova: Assistente em Administração (+ provas)

NÃO se enquadra, nas proibições previstas aos servidores públicos federais na Lei 8.112/90,

A) proceder de forma diligente.

B) recusar fé a documentos públicos.

C) aceitar comissão, emprego ou pensão de estado estrangeiro.

D) promover manifestação de apreço ou desapreço no recinto da repartição.

E) manter, sob sua chefia imediata, em cargo ou função de confiança, parente até o segundo grau civil.

3154) (2016) Banca: FCM – Órgão: IFF – Prova: Assistente de Administração (+ provas)

O Regime Jurídico dos Servidores Públicos Federais aduz que se recusar a dar fé a um documento público é

A) dever do servidor.

B) proibido ao servidor.

C) facultado ao servidor.

D) direito subjetivo do servidor.

E) garantia constitucional do servidor.

3155) (2016) Banca: FUNIVERSA – Órgão: IF-AP – Prova: Assistente em Administração

Em relação às proibições ao servidor, previstas na Lei 8.112/1990, assinale a alternativa correta.

A) É proibido ao servidor ausentar-se do serviço durante o expediente, com prévia autorização do chefe imediato.

B) É proibido ao servidor dar fé a documentos públicos.

C) É permitido ao servidor manter sob sua chefia imediata, em cargo ou função de confiança, cônjuge, companheiro ou parente até o segundo grau civil.

D) É permitido ao servidor valer-se do cargo para lograr proveito pessoal ou de outrem, em detrimento da dignidade da função pública.

E) É proibido ao servidor retirar, sem prévia anuência da autoridade competente, qualquer documento ou objeto da repartição.

3156) (2015) Banca: FUNCAB – Órgão: PC-AC – Prova: Perito Criminal – Contabilidade (+ provas)

Com relação ao regime disciplinar dos servidores públicos, e de acordo com os termos da Lei 8.112/1990, assinale a alternativa correta.

A) É admissível uma segunda punição de servidor público, com base no mesmo processo em que se fundou a primeira.

B) A destituição de cargo em comissão exercido por não ocupante de cargo efetivo será aplicada nos casos de infração sujeita às penalidades de advertência e de demissão.

C) Ao servidor público é proibido atuar, como procurador ou intermediário, junto a repartições públicas, salvo quando se tratar de benefícios previdenciários ou assistenciais de parentes até o segundo grau, e de cônjuge ou companheiro.

D) A pena de suspensão será aplicada em caso de reincidência das faltas punidas com advertência e poderá exceder o prazo de 90 (noventa) dias.

E) A responsabilidade civil do servidor público decorre de ato omissivo culposo, que resulte em prejuízo ao erário ou a terceiros.

9. AGENTES PÚBLICOS

3157) (2016) Banca: UFTM – Órgão: UFTM – Prova: Técnico de Laboratório – Biologia (+ provas)

São deveres do servidor, conforme art. 116 da Lei 8.112/90, EXCETO:

A) proceder de forma desidiosa.
B) observar as normas legais e regulamentares.
C) cumprir as ordens superiores, exceto quando manifestamente ilegais.
D) manter conduta compatível com a moralidade administrativa.

3158) (2013) Banca: Prefeitura do Rio de Janeiro – RJ – Órgão: PGM – RJ – Prova: Auxiliar de Procuradoria

Atender prontamente às requisições para defesa da fazenda pública figura como previsão legal e corresponde ao seguinte conceito:

A) direito do servidor
B) dever do servidor
C) responsabilidade do servidor
D) função do servidor

3159) (2014) Banca: IESES – Órgão: TRT – 14ª Região (RO e AC) – Prova: Analista Judiciário

São deveres do servidor, EXCETO:

A) Guardar sigilo sobre assunto da repartição.
B) Cumprir as ordens superiores, mesmo quando manifestamente ilegais.
C) Ser leal às instituições a que servir.
D) Zelar pela economia do material e a conservação do patrimônio público.
E) Manter conduta compatível com a moralidade administrativa.

3160) (2016) Banca: Quadrix – Órgão: CRM – ES – Prova: Agente Administrativo

Analise as seguintes afirmativas, quanto aos deveres do servidor estabelecidos na Lei 8.112/90, e assinale a incorreta.

A) Cumprir as ordens superiores, exceto quando manifestamente ilegais.
B) Levar as irregularidades de que tiver ciência em razão do cargo ao conhecimento da autoridade superior ou, quando houver suspeita de envolvimento desta, ao conhecimento de outra autoridade competente para apuração.
C) Tratar com urbanidade as pessoas.
D) Atender com presteza à expedição de certidões requeridas para defesa de direito ou esclarecimento de situações, desde que não sejam de interesse pessoal.
E) Representar contra ilegalidade, omissão ou abuso de poder.

3161) (2014) Banca: IDECAN – Órgão: AGU – Prova: Agente Administrativo

Segundo a Lei nº 8.112/90, são deveres do servidor:

I. cumprir as ordens superiores, ainda que manifestamente ilegais;
II. atender com presteza ao público em geral, prestando as informações requeridas, ainda que protegidas por sigilo;
III. levar as irregularidades de que tiver ciência em razão do cargo ao conhecimento da autoridade superior ou, quando houver suspeita de envolvimento desta, ao conhecimento de outra autoridade competente para apuração.

Está(ão) correta(s) apenas a(s) afirmativa(s)

A) I.
B) II.
C) III.
D) I e II.
E) I e III.

3162) (2016) Banca: FUNRIO – Órgão: IF-BA – Prova: Secretário Executivo

O regime jurídico dos servidores públicos civis da União, das autarquias e das fundações públicas federais, estabelece que constituem deveres do servidor, dentre outros, os seguintes:

A) ser leal às instituições a que servir e promover manifestação de apreço ou desapreço no recinto da repartição.
B) proceder de forma desidiosa e praticar usura sob qualquer de suas formas.
C) utilizar recursos materiais da repartição em serviços ou atividades particulares e zelar pela economia do material e a conservação do patrimônio público.
D) manter conduta compatível com a moralidade administrativa e representar contra ilegalidade, omissão ou abuso de poder.
E) exercer com zelo e dedicação as atribuições do cargo e opor resistência injustificada ao andamento de documento e processo ou execução de serviço.

3163) (2017) Banca: UFPA – Órgão: UFPA – Prova: Psicólogo – Área: Organizacional e do Trabalho (+ provas)

Determina a Lei 8.112, de 11 de dezembro de 1990, e suas alterações, que dispõem sobre o regime jurídico dos servidores públicos civis da União, das autarquias e das fundações públicas federais, que guardar sigilo sobre assunto da repartição, manter conduta compatível com a moralidade administrativa e ser assíduo e pontual ao serviço são deveres do servidor. Outros deveres do servidor que estão contemplados nesta Lei são

A) tratar com urbanidade as pessoas, zelar pela economia do material e a conservação do patrimônio público, cumprir as ordens superiores, exceto quando manifestamente ilegais, e exercer com zelo e dedicação as atribuições do cargo, dentre outros.
B) promover manifestação de apreço ou desapreço no recinto da repartição, utilizar pessoal ou recursos materiais da repartição em serviços ou atividades particulares e exercer quaisquer atividades que sejam incompatíveis com o exercício do cargo ou função e com o horário de trabalho, dentre outros.
C) ser leal às instituições a que servir, observar as normas legais e regulamentares e representar contra ilegalidade, omissão ou abuso de poder, somente.
D) retirar, sem prévia anuência da autoridade competente, qualquer documento ou objeto da repartição, ausentar-se do serviço durante o expediente, sem prévia autorização do chefe imediato, e opor resistência injustificada ao andamento de documento e processo ou execução de serviço, dentre outros.
E) levar as irregularidades de que tiver ciência em razão do cargo ao conhecimento da autoridade superior ou, quando houver suspeita de envolvimento desta, ao conhecimento

de outra autoridade competente para apuração, atender com presteza, exercer com zelo e dedicação as atribuições do cargo e observar as normas legais e regulamentares, somente.

3164) (2016) Banca: COMVEST UFAM – Órgão: UFAM – Prova: Auxiliar em Administração

Sobre os deveres dos servidores públicos civis da União, das autarquias e das fundações públicas federais, e de acordo com a Lei n.º 8.112/1990, assinale a alternativa INCORRETA.

A) exercer com zelo e dedicação as atribuições do cargo
B) atender com presteza às requisições para a defesa da Fazenda Pública
C) observar as normas legais e regulamentares
D) cumprir as ordens superiores, exceto quando manifestamente ilegais
E) guardar sigilo sobre assunto da repartição, exceto quando inquirido por seus superiores

3165) (2016) Banca: CCV-UFC – Órgão: UFC – Prova: Auxiliar em Administração

Todo servidor público deve observar o estabelecido pela Lei nº 8.112/90. É dever do servidor:

A) Zelar pela guarda e economia do material e conservação do patrimônio público e particular.
B) Cumprir sem questionamentos todas as ordens emanadas dos superiores mesmo que manifestadamente sejam ilegais.
C) Atender com subserviência ao público em geral, prestando as informações requeridas, ressalvadas as protegidas por sigilo.
D) Atender com presteza à expedição de certidões requeridas para defesa de direito ou esclarecimento de situações de interesse pessoal.
E) Levar ao conhecimento da autoridade superior apenas as irregularidades de que tiver certeza em razão do cargo, e não quando houver suspeita de envolvimento desta, ao conhecimento de outra autoridade competente.
F) guardar sigilo sobre assunto da repartição, exceto quando inquirido por seus superiores

3166) (2017) Banca: IF-CE – Órgão: IF-CE – Prova: Assistente em Administração

Sobre os deveres e as proibições aos servidores federais previstos na Lei n. 8.112/90, quanto às condutas que respeitam esses deveres e proibições, é certo declarar-se que

A) Francisco, gestor do IFCE, alertou seus servidores que é proibido promover manifestações de repúdio ao Presidente da República em exercício dentro das instalações do IFCE.
B) Bruno, servidor do IFCE, pode atuar como procurador de seu primo José em processo seletivo de que este último participa no Campus Acaratí.
C) Breno, docente do Campus Crato, solicitou a um colega professor da UNIFOR que fosse substituí-lo nas suas aulas do dia 16/11/2016, pois tinha compromisso agendado e não queria deixar seus alunos sem aula.
D) Carlos, servidor do IFCE, sempre que pode, imprime, com recursos da instituição, algumas poucas folhas para trabalhos acadêmicos de seu curso de graduação oferecido pelo seu órgão de lotação.
E) Vanessa, servidora efetiva do IFCE, é Diretora de Administração no Campus Juazeiro, onde seu pai Cláudio, também servidor efetivo, é o Diretor Geral.

3167) (2016) Banca: SUGEP – UFRPE – Órgão: UFRPE – Prova: Assistente em Administração (+ provas)

Com fundamento nos deveres e proibições aplicáveis aos servidores regidos pela Lei no 8.112/90, analise as afirmações abaixo.

1) É defeso ao servidor cumprir as ordens superiores, exceto quando manifestamente ilegais.
2) É dever do servidor guardar sigilo sobre assuntos da instituição.
3) É dever do servidor recusar fé a documentos públicos.
4) É dever do servidor representar contra ilegalidade, omissão ou abuso de poder.

ESTÃO CORRETAS:

A) 2, 3 e 4, apenas.
B) 1, 2 e 4, apenas.
C) 2 e 4, apenas
D) 1 e 3, apenas.
E) 1, 2, 3 e 4.

3168) (2016) Banca: FUNRIO – Órgão: IF-BA – Prova: Assistente de Alunos

Segundo o regime jurídico dos servidores públicos civis da União, das autarquias e das fundações públicas federais, ao servidor é proibido

A) observar as normas legais e regulamentares.
B) guardar sigilo sobre assuntos da repartição.
C) representar contra ilegalidade, omissão ou abuso de poder.
D) tratar com urbanidade as pessoas.
E) recusar fé a documentos públicos.

Trata-se da única hipótese de provimento ORIGINÁRIO, dependendo de prévia aprovação em concurso público, no caso de servidor ocupante de cargo efetivo, ou na situação de ocupação de cargo de comissão de livre nomeação e exoneração que independe da aprovação em Concurso. Nos termos do art. 9 da Lei 8.112/90:

"Art. 9º A nomeação far-se-á:

I – em caráter efetivo, quando se tratar de cargo isolado de provimento efetivo ou de carreira;

II – em comissão, inclusive na condição de interino, para cargos de /confiança vagos.

Parágrafo único. O servidor ocupante de cargo em comissão ou de natureza especial poderá ser nomeado para ter exercício, interinamente, em outro cargo de confiança, sem prejuízo das atribuições do que atualmente ocupa, hipótese em que deverá optar pela remuneração de um deles durante o período da interinidade."

3169) (2008) Banca: CESPE – Órgão: ABIN – Prova: Agente de Inteligência

A nomeação é forma originária de provimento de cargo público.

A) Certo   B) Errado

3170) (2014) Banca: FCC – Órgão: TRT – 1ª REGIÃO (RJ) – Prova: Analista Judiciário – Tecnologia da Informação

De acordo com a Lei 8.112/90, a nomeação é uma das formas de provimento de cargo público, aplicável para ocupação de

A) função pública de confiança, cargo em comissão efetivo e emprego público.
B) cargo em comissão, desde que derivado de readaptação.
C) cargo público efetivo, não aplicado para os comissionados, exceto os reintegrados.
D) cargo público efetivo e para cargos de confiança.
E) cargo ou emprego público efetivos.

3171) (2006) Banca: FCC – Órgão: TRT – 24ª REGIÃO (MS) – Prova: Auxiliar Judiciário – Serviços Gerais

A nomeação far-se-á em caráter efetivo

A) quando se tratar de cargo de confiança na condição de interino.
B) apenas quando se tratar de cargo de carreira.
C) apenas quando se tratar de cargo de confiança.
D) quando se tratar de cargo de carreira ou de confiança.
E) quando se tratar de cargo isolado de provimento efetivo ou de carreira.

3172) (2010) Banca: FCC – Órgão: TRE-AM – Prova: Técnico Judiciário – Área Administrativa

Quanto à nomeação é INCORRETO afirmar que

A) se dará em comissão, salvo na condição de interino, para cargos de confiança ou efetivos, ainda que não vagos.
B) far-se-á em caráter efetivo, quando se tratar de cargo isolado de provimento efetivo ou de carreira.
C) para cargo de carreira ou cargo isolado de provimento efetivo depende de prévia habilitação em concurso público de provas ou de provas e títulos.
D) o servidor ocupante de cargo em comissão poderá ser nomeado para ter exercício, interinamente, em outro cargo de confiança, sem prejuízo das atribuições do que atualmente ocupa.
E) os demais requisitos para o ingresso e o desenvolvimento do servidor na carreira, mediante promoção, serão estabelecidos pela lei que fixar as diretrizes do sistema de carreira na Administração Pública Federal e seus regulamentos.

3173) (2014) Banca: Aroeira – Órgão: PC-TO – Prova: Escrivão de Polícia Civil

O provimento do cargo se dá pela

A) aprovação em concurso.
B) entrada em exercício.
C) convocação pelo departamento de pessoal.
D) nomeação por autoridade competente.

3174) (2016) Banca: FUNRIO – Órgão: IF-BA – Prova: Auxiliar em Administração (+ provas)

De acordo com o regime jurídico dos servidores públicos civis da União, das autarquias e das fundações públicas federais, constitui forma de provimento de cargo público a

A) nomeação.
B) chamada.
C) indicação.
D) ascensão
E) transferência.

3175) (2014) Banca: FUNRIO – Órgão: IF-PI – Prova: Assistente em Administração

O provimento, como ato de preenchimento de cargo público, pode ser originário ou derivado. Constitui forma de provimento originário

A) a promoção.
B) a transferência.
C) a remoção.
D) a nomeação.
E) a reintegração.

3176) (2016) Banca: FUNRIO – Órgão: IF-BA – Prova: Assistente em Administração

O regime jurídico dos servidores públicos civis da União, das autarquias e das fundações públicas federais, estabelece que somente haverá posse nos casos de provimento de cargo por

A) seleção simples.
B) convocação.
C) nomeação.
D) reversão.
E) alocação

3177) (2017) Banca: COMPERVE – Órgão: MPE-RN – Prova: Técnico do Ministério Público Estadual – Área Administrativa

O regime jurídico do servidor público civil da União, previsto na lei 8.112/90, impõe deveres e proibições ao servidor. Tendo como referência o texto legal, analise as afirmativas a seguir:

I. É dever do servidor cumprir as ordens superiores, exceto quando manifestamente ilegais.
II. O servidor deverá guardar sigilo sobre assunto da repartição e zelar pela economia do material.
III. É permitido ao servidor manter sob sua chefia imediata, em cargo ou função de confiança, cônjuge, companheiro ou parente até o segundo grau civil.
IV. A vedação de acumulação remunerada de cargos públicos não se estende a funções em sociedade de economia mista da União.

Dentre as afirmativas, estão corretas

A) III e IV.
B) II e III.
C) I e IV.
D) I e II.

3178) (2015) Banca: AOCP – Órgão: TRE-AC – Prova: Técnico Judiciário – Área Administrativa

É forma de provimento de cargo público prevista na Lei 8.112/90,

A) portaria.
B) despacho.
C) decreto.
D) promoção.
E) resolução.

A promoção, por sua vez, refere-se à forma de provimento derivado que decorre do desenvolvimento de um servidor efetivo, que já possui vínculo estatutário com a Administração Pública em sua própria carreira. Ex.: servidor que sai do Nível 1ª de sua carreira e, após concluir o mestrado e atingir determinada pontuação na carreira, alcança o Nível 2B.

3179) (2015) Banca: CESPE – Órgão: TRE-RS – Prova: Analista Judiciário

Conforme as Leis 8.112/1990 e 11.416/2006, a movimentação do servidor de um padrão para o seguinte, dentro de uma mesma classe e a movimentação do servidor do último padrão de uma classe para o primeiro padrão da classe seguinte são denominadas, respectivamente,

A) promoção e progressão funcional.
B) remoção e redistribuição.
C) progressão funcional e promoção.
D) relotação e remoção.
E) redistribuição e promoção.

3180) (2015) Banca: CESPE – Órgão: MPOG – Prova: Técnico de Nível Superior

Com relação aos institutos da promoção e da substituição e à responsabilização do servidor, julgue o item que se segue.
A promoção representa o deslocamento do servidor de uma classe inferior para outra classe superior dentro da mesma carreira, razão por que não pode ser considerada forma de provimento

A) Certo B) Errado

3181) (2015) Banca: FCC – Órgão: TRE-AP – Prova: Técnico Judiciário – Operação de Computadores

Sobre o provimento, nos termos da Lei n° 8.112/90, é correto afirmar que

A) a investidura no cargo se dá com a entrada em exercício.
B) a nomeação é ato feito exclusivamente no caso de cargos de confiança vagos.
C) a posse ocorrerá no prazo de trinta dias contados da realização da inspeção médica.
D) o servidor estável só perderá o cargo em virtude de processo administrativo disciplinar no qual lhe seja assegurado a ampla defesa.
E) a promoção não interrompe o tempo de exercício.

Trata-se, assim como a promoção, de forma de provimento derivado que consiste no provimento de servidor em cargo cujas atribuições sejam compatíveis com a limitação que tenha sofrido em sua capacidade física ou mental, conforme atestado da perícia médica.

3182) (2015) Banca: CESPE – Órgão: FUB – Prova: Assistente em Administração

Com referência às disposições do regime jurídico dos servidores públicos civis da União (Lei 8.112/1990), julgue o item que se segue.
Considere que determinado servidor público tenha sido investido em novo cargo, compatível com as suas limitações decorrentes de acidente de trânsito. Nessa situação, é correto afirmar que o referido servidor está em provimento originário.

A) Certo B) Errado

3183) (2016) Banca: CESPE – Órgão: FUNPRESP-EXE – Prova: Especialista – Área Jurídica

Com relação aos convênios administrativos, aos agentes públicos e à responsabilidade civil do Estado, julgue o item a seguir.
De acordo com a Lei 8.112/1990, tendo sofrido limitação em sua capacidade física ou mental, verificada em inspeção médica, o servidor público estará sujeito a readaptação, que consiste na investidura em outro cargo de atribuições e responsabilidades compatíveis com as do cargo por ele anteriormente ocupado.

A) Certo B) Errado

3184) (2014) Banca: CESPE – Órgão: Câmara dos Deputados Prova: Analista Legislativo

Com referência aos agentes públicos e ao regime jurídico que regulamenta as relações entre os servidores públicos e a administração, julgue o item que segue. Considere a seguinte situação hipotética. Um servidor público federal efetivo, destro, cuja principal tarefa estava relacionada à montagem manual de documentação em processos de compras públicas, após se envolver em acidente, sofreu amputação da mão direita, e isso inviabilizou a prática da atividade até então exercida por ele. Nessa situação hipotética, em seu retorno ao trabalho, o referido servidor deverá ser redistribuído.

A) Certo B) Errado

3185) (2014) Banca: FCC – Órgão: TRT – 1ª REGIÃO (RJ) – Prova: Juiz do Trabalho Substituto

Determinado servidor público federal, ocupante de cargo efetivo, foi acometido de doença degenerativa que lhe impôs limitações físicas, impossibilitando-o de exercer as atribuições inerentes ao cargo que ocupa, que demandam, não apenas funções cognitivas mas também relativo esforço físico. Tal situação foi identificada em inspeção médica, que concluiu não estar configurada hipótese de aposentadoria por invalidez permanente. Diante da situação narrada, à luz das disposições da Lei federal no 8.112/90, o servidor poderá ser

A) submetido a processo de recondução, com avaliação por junta médica, na hipótese de haver indícios de que não subsistem as limitações para o exercício das atribuições de seu cargo.
B) submetido a processo de readaptação, mediante processo seletivo interno para verificar a sua aptidão para o exercício das atribuições de cargo diverso do que ocupa, que, se resultar inviável, determina a colocação do servidor em disponibilidade.
C) afastado do serviço público por invalidez temporária, afastamento esse passível de reversão se considerados insubsistentes os motivos que o determinaram.
D) colocado em disponibilidade, com obrigatoriedade de aproveitamento em cargo ou função com requisitos de aptidão intelectual e remuneração equivalentes ao de origem, caso identificada capacidade para o exercício.
E) readaptado, em cargo de atribuições e responsabilidades compatíveis com a limitação que tenha sofrido, observados os requisitos legais, entre os quais a equivalência de vencimentos.

9. AGENTES PÚBLICOS

3186) (2016) Banca: FGV – Órgão: IBGE – Prova: Analista – Auditoria

Leandro, servidor estável de fundação pública federal, durante suas férias, ao realizar um voo radical de parapente, sofreu um acidente que causou limitação em sua capacidade física, conforme verificado em inspeção médica oficial. De acordo com a Lei nº 8.112/90, Leandro será:

A) exonerado, pois não existe nexo de causalidade entre o acidente que lhe causou as limitações e o exercício das funções afetas ao cargo público de que é titular;

B) reintegrado ao cargo anteriormente ocupado, ou no cargo resultante de sua transformação, e exercerá suas funções, respeitada sua nova condição, com vencimentos não inferiores aos anteriormente auferidos;

C) reconduzido em cargo de atribuições e vencimentos compatíveis com o anteriormente ocupado, com redução da jornada de trabalho, de acordo com a natureza das limitações que sofreu;

D) readaptado em cargo de atribuições e responsabilidades compatíveis com a limitação que sofreu, respeitada a habilitação exigida, o nível de escolaridade e a equivalência de vencimentos;

E) aproveitado em vaga que vier a ocorrer nos órgãos ou entidades da Administração Pública Federal, com redução proporcional da jornada de trabalho e de seus vencimentos, respeitada a limitação que sofreu.

3187) (2014) Banca: IF-CE – Órgão: IF-CE – Prova: Administrador

A lei 8112/90 refere-se à vacância como as hipóteses em que o servidor desocupa o seu cargo, tornando-o passível de ser preenchido por outra pessoa. A vacância pode acarretar rompimento definitivo do vínculo jurídico entre o servidor e a Administração, como ocorre nas hipóteses enumeradas na Lei 8112/1990 em seu art. 33. Dentre as opções a seguir, marque aquela que apresenta forma de vacância de cargo público.

A) Ascensão.
B) Transferência.
C) Readaptação.
D) Reversão.
E) Reintegração.

3188) (2017) Banca: UFPA – Órgão: UFPA – Prova: Assistente em Administração (+ provas)

Além dos quesitos exoneração, demissão e promoção, conforme determina a Lei nº 8.112, de 11 de dezembro de 1990 e suas alterações, que dispõem sobre o regime jurídico dos servidores públicos civis da União, das autarquias e das fundações públicas federais, os outros quesitos em que decorrerá a vacância do cargo público são:

A) Readaptação, aposentadoria e falecimento, somente.
B) Aposentadoria e posse em outro cargo inacumulável, somente.
C) Posse em outro cargo inacumulável e falecimento, somente.
D) Readaptação; aposentadoria; posse em outro cargo inacumulável e falecimento.
E) Falecimento, aposentadoria e posse em outro cargo inacumulável, somente.

3189) (2016) Banca: COMVEST UFAM – Órgão: UFAM – Prova: Auxiliar em Administração

De acordo com a Lei 8.112/1990, _____ é a investidura do servidor em cargo de atribuições e responsabilidades compatíveis com a limitação que tenha sofrido em sua capacidade física ou mental verificada em inspeção médica. Assinale a alternativa que preenche CORRETAMENTE a lacuna:

A) a reversão
B) a readaptação
C) a nomeação
D) a estabilidade
E) a transferência

3190) (2016) Banca: COPEVE-UFAL – Órgão: UFAL – Prova: Assistente em Administração

Em uma situação hipotética, um servidor público federal é acometido por uma doença grave que reduz significativamente a sua visão de maneira permanente, comprometendo, assim, o desempenho de suas funções no trabalho. Após perícia médica, constata-se que o servidor pode continuar trabalhando, mas deve trocar de cargo. Dessa forma, é transferido para outro cargo com atribuições e responsabilidades semelhantes ao que exercia anteriormente. Segundo o Regimento Jurídico Único do Servidor Público Federal, esse procedimento é chamado de

A) reversão.
B) exercício.
C) recondução.
D) readaptação.
E) aproveitamento.

3191) (2014) Banca: IESES – Órgão: IFC-SC – Prova: Contador

Referente a Lei 8112/90. _____, é a investidura do servidor em cargo de atribuições e responsabilidades compatíveis com a limitação que tenha sofrido em sua capacidade física ou mental verificada em inspeção médica.

A) Reintegração
B) Readaptação
C) Reversão
D) Recondução

3192) (2014) Banca: FUNCAB – Órgão: IF-AM – Prova: Administrador

O art. 8º da Lei 8.112, de 11 de dezembro de 1990, trata sobre o provimento e o art. 33 dispõe sobre a vacância. Assinale a alternativa que apresenta o instituto que se configura nesses dois dispositivos.

A) Reversão
B) Exoneração
C) Recondução
D) Readaptação
E) Aproveitamento

3193) (2014) Banca: CEPERJ – Órgão: FSC – Prova: Assistente Técnico Administrativo (+ provas)

A investidura do servidor público, *ex officio* ou a pedido, em função mais compatível, por motivo de saúde ou incapacidade física é a:

A) reintegração
B) recondução
C) readaptação
D) reversão
E) remoção

3194) (2016) Banca: SUGEP – UFRPE – Órgão: UFRPE – Prova: Auxiliar em Administração

Segundo a Lei nº 8.112/1990, uma das formas de provimento de cargo público é a readaptação. A readaptação significa:

A) o retorno à atividade de servidor aposentado.
B) a passagem do servidor estável de cargo efetivo para outro de igual denominação, em virtude da extinção do cargo atual.
C) o retorno à atividade de servidor que se encontrava em disponibilidade.
D) a reinvestidura do servidor estável no cargo, quando invalidada a sua demissão por decisão administrativa ou judicial.
E) a investidura do servidor em cargo de atribuições e responsabilidades compatíveis com as da limitação que tenha sofrido.

3195) (2016) Banca: FCM – Órgão: Prefeitura de Barbacena – MG – Prova: Advogado (+ provas)

Um servidor investido no cargo de motorista, após a realização de uma inspeção médica, foi diagnosticado com um problema de visão, o qual o impedia de dirigir com segurança. Diante disso, este servidor passou a ocupar um novo cargo na repartição, cujas atribuições e responsabilidades fossem compatíveis com sua limitação física.

O caso descrito trata-se de uma

A) recondução.
B) transferência.
C) readaptação.
D) reintegração.

3196) (2015) Banca: FGV – Órgão: TJ-PI – Prova: Analista Judiciário -Escrivão Judicial (+ provas)

Determinado servidor público sofreu grave acidente de trabalho e foi afastado do serviço público. Após um período de recuperação, foi sensível a redução de sua capacidade laborativa. Apesar disso, era plenamente possível que viesse a exercer atribuição diversa, compatível com suas atuais condições físicas. Nesse caso, o referido servidor:

A) será readaptado e, caso inexista cargo vago, exercerá suas atribuições como excedente até a ocorrência de vaga;
B) quando retornar ao serviço público, deve exercer, necessariamente, as mesmas atribuições que exercia quando do acidente;
C) não pode retornar ao serviço público, devendo ser necessariamente aposentado por invalidez;
D) pode ocupar qualquer outro cargo público compatível com suas condições físicas, independentemente do nível de escolaridade exigido;
E) somente poderá ser reintegrado quando criado um cargo público semelhante ao que ocupava, de modo que possa prové-lo.

3197) (2016) Banca: FGV – Órgão: IBGE – Prova: Analista – Recursos Humanos – Administração de Pessoal

Glauco, servidor de entidade pública federal, ocupante de cargo efetivo de nível médio há 6 anos, sofreu lesão fora do seu ambiente de trabalho. Contatou-se em inspeção médica que o servidor não poderia mais exercer a ocupação em que foi investido. Passado o período de licença médica o servidor voltou a atuar no serviço público em cargo com vencimento e requisitos de provimento equivalentes ao seu cargo anterior, porém respeitadas suas limitações físicas. A alternativa que contempla a possível situação do servidor é:

A) o servidor passou por Reversão, visto que houve interesse da Administração Pública;
B) o servidor passou por Readaptação e está exercendo suas atribuições como excedente até a ocorrência de vaga;
C) o servidor passou por Reintegração por decisão judicial;
D) o servidor passou por Recondução, uma vez constatada sua inabilitação;
E) o servidor passou por Redistribuição, por interesse de ofício.

3198) (2013) Banca: INSTITUTO AOCP – Órgão: Colégio Pedro II – Prova: Auxiliar de Biblioteca

De acordo com a Lei 8.112/90, denomina-se "Readaptação"

A) o retorno à atividade de servidor aposentado por invalidez, quando, por junta médica oficial, forem declarados insubsistentes os motivos da aposentadoria.
B) a reinvestidura do servidor estável no cargo anteriormente ocupado, ou no cargo resultante de sua transformação, quando invalidada a sua demissão por decisão administrativa ou judicial, com ressarcimento de todas as vantagens.
C) a investidura do servidor em cargo de atribuições e responsabilidades compatíveis com a limitação que tenha sofrido em sua capacidade física ou mental verificada em inspeção médica.
D) o retorno do servidor estável ao cargo anteriormente ocupado em decorrência de inabilitação em estágio probatório relativo a outro cargo.
E) o retorno do servidor estável ao cargo anteriormente ocupado em decorrência de reintegração do anterior ocupante.

3199) (2017) Banca: CONSULPLAN – Órgão: TRE-RJ – Prova: Técnico Judiciário – Área Administrativa (+ provas)

"José é servidor do Tribunal Regional Eleitoral e foi nomeado para exercer um cargo em comissão que envolvia administração de recursos públicos. Uma certa quantia destes recursos desapareceu e o órgão abriu sindicância para apurar responsabilidades." Nos termos das normas aplicáveis aos servidores federais, assinale a alternativa correta quanto à situação apresentada.

A) A sindicância deve ser conduzida por três servidores ocupantes de cargo efetivo já estáveis.
B) A nomeação de José para o cargo em comissão independe de aprovação em concurso público.
C) Confirmada a participação de José no desvio da verba, será o mesmo exonerado do cargo em comissão.
D) Se José pegou o dinheiro público, terá praticado ato de improbidade administrativa do tipo prejuízo ao erário.

3200) (2017) Banca: Quadrix – Órgão: CRMV-DF – Prova: Agente Administrativo

Acerca da Lei 8.112/1990, julgue o item seguinte.

Readaptação, reversão e reintegração são formas de provimento de cargo público, sendo a readaptação a investidura do servidor em cargo de atribuições e responsabilidades compatíveis com a limitação que tenha sofrido em sua capacidade física ou mental verificada em inspeção médica; a reversão o retorno à atividade de servidor aposentado; e a reintegração a reinvestidura do servidor estável no cargo anteriormente ocupado, ou no cargo resultante de sua transformação, quando invalidada a sua demissão por decisão administrativa ou judicial, com ressarcimento de todas as vantagens.

A) Certo   B) Errado

Retorno do servidor aposentado por invalidez aos quadros da Administração Pública. Nesse caso, a junta médica deverá declarar que são insubsistentes os motivos da invalidez.

Retorno de servidor aposentado voluntariamente no interesse da Administração. Nesse caso é necessário que:
- o servidor tenha solicitado a reversão;
- a aposentadoria tenha sido voluntária;
- o servidor fosse estável quando estava na atividade;
- a aposentadoria tenha ocorrido nos cinco anos anteriores à solicitação;
- existência de cargo vago.

3201) (2015) Banca: FCC – Órgão: TRE-PB – Prova: Técnico Judiciário – Área Administrativa (+ provas)

Marina é servidora federal estatutária e aposentou-se há cerca de 9 meses. Não tendo se acostumado à inatividade, apresentou requerimento à Administração pública que integrava, externando intenção de voltar à ativa. O pedido, de acordo com o que prevê a Lei nº 8.112/1990:

A) não é passível de ser acolhido, pois a readaptação somente pode ser deferida no caso de anulação do ato de concessão de aposentadoria.
B) é direito subjetivo da servidora, tendo em vista que ainda não decorridos cinco anos desde a concessão da aposentadoria.
C) deve ser deferido imediatamente após a próxima aposentadoria ocorrida no mesmo órgão onde estava classificada a servidora.
D) pode ser deferido, considerando o prazo decorrido, desde que a reversão se dê no interesse da Administração e que haja cargo vago para ser ocupado.
E) pode ser deferido se a recondução for feita dentro do prazo prescricional para revisão do ato de aposentadoria e desde que haja interesse público no atendimento.

3202) (2016) Banca: FCM – Órgão: IFFProva: Assistente de Administração (+ provas)

A vacância de um cargo público NÃO decorrerá de

A) reversão.
B) falecimento.
C) exoneração.
D) readaptação.
E) aposentadoria.

3203) (2016) Banca: IF-ES – Órgão: IF-ES – Prova: Auxiliar em Administração (+ provas)

É possível afirmar, com base na Lei nº 8112/90, que:

A) A investidura do servidor em cargo de atribuições e responsabilidades compatíveis com a limitação que tenha sofrido em sua capacidade física ou mental é um provimento de recondução
B) Reversão é o retorno à atividade de servidor aposentado por invalidez, quando junta médica oficial declarar insubsistentes os motivos da aposentadoria.
C) Aproveitamento é o retorno do servidor reprovado em estágio probatório.
D) O servidor aposentado que retornar à atividade por interesse da administração não terá alteração nos vencimentos.
E) A recondução é a investidura do servidor estável no cargo anteriormente ocupado quando invalidada a sua demissão por decisão administrativa ou judicial.

3204) (2015) Banca: IESES – Órgão: TRE-MA – Prova: Analista Judiciário – Administrativa

O reingresso do aposentado para o serviço ativo, por não subsistirem, ou não mais subsistirem, as razões que lhe determinaram a aposentação, denomina-se de:

A) Reversão.
B) Recondução.
C) Readaptação.
D) Promoção.

3205) (2015) Banca: IESES – Órgão: TRE-MA – Prova: Técnico Judiciário – Administrativo

Sobre o provimento dos cargos públicos previsto na Lei Federal n. 8.112/90, é correto afirmar:

A) A readaptação caracteriza o retorno à atividade do servidor estável posto em disponibilidade, que é aproveitado no mesmo cargo ou em cargo com correspondência de atribuições e vencimentos.
B) A reversão é o retorno à atividade do servidor público aposentado, cabível quando insubsistentes os motivos da aposentadoria por invalidez, assim declarado por junta médica oficial, ou no interesse da administração, desde que cumpridos os requisitos legais.
C) No aproveitamento há investidura do servidor em cargo compatível com a sua superveniente limitação física ou psicológica, vedado qualquer aumento ou decesso remuneratório.
D) A reintegração é o retorno do servidor para o cargo anteriormente ocupado, no caso de inabilitação no estágio probatório relativo a outro cargo.

3206) (2014) Banca: FUNRIO – Órgão: IF-PI – Prova: Técnico em Segurança do Trabalho (+ provas)

O servidor aposentado por invalidez, depois que uma junta médica oficial declarar insubsistentes os motivos da aposentadoria, retornará à atividade por meio de

A) reversão.
B) reintegração.
C) readaptação.
D) ascensão.
E) recondução.

3207) (2016) Banca: UFCG – Órgão: UFCG – Prova: Analista de Tecnologia da Informação – Desenvolvimento de Sistemas

Maria Claúdia, servidora pública aposentada por invalidez, após passagem prévia por junta médica oficial que considerou insubsistentes os motivos de sua aposentadoria, retornou à atividade. Neste caso, ocorreu especificamente a:

A) Readaptação;
B) Reversão;
C) Exoneração
D) Reintegração
E) Recondução.

3208) (2013) Banca: FUNCAB – Órgão: IF-RR – Prova: Assistente de Administração

Roberto, servidor público do Instituto Federal de Educação, Ciência e Tecnologia de Roraima, foi aposentado por invalidez, em 20/05/2012. Após a realização de nova perícia, no dia 30/11/2012, por junta médica oficial, ele foi declarado apto para retornar as suas atividades normais, uma vez que não subsistiam os motivos da sua aposentadoria. Roberto retornou às suas atividades no dia 05/12/2012. Qual o nome que se dá ao provimento de cargo público ocorrido com Roberto, após o retorno às suas atividades?

A) Reversão.
B) Recondução.
C) Reintegração
D) Readaptação.
E) Remoção.

3209) (2014) Banca: FEPESE – Órgão: MPE-SC – Prova: Procurador do Estado

O retorno ao serviço público do servidor aposentado por invalidez, quando insubsistentes os motivos da aposentadoria, caracteriza:

A) reversão.
B) recondução.
C) reintegração.
D) transferência.
E) aproveitamento.

3210) (2016) Banca: UFCG – Órgão: UFCG – Prova: Auxiliar em Administração

O retorno do servidor público aposentado aos serviços denomina-se:

A) Reingresso.
B) Readmissão.
C) Reintegração.
D) Reversão.
E) Exoneração.

3211) (2017) Banca: FCM – Órgão: IF Baiano – Prova: Analista de Tecnologia da Informação (+ provas)

De acordo com o Regime Jurídico dos Servidores Públicos Civis da União, associe as colunas, relacionando os termos com suas respectivas definições. Termos

1. Readaptação
2. Reversão
3. Reintegração
4. Recondução

Definições

( ) É a investidura do servidor em cargo de atribuições e de responsabilidades compatíveis com a limitação que tenha sofrido em sua capacidade física ou mental, verificada em inspeção médica.
( ) É a reinvestidura do servidor estável no cargo anteriormente ocupado ou no cargo resultante de sua transformação, quando invalidada a sua demissão por decisão administrativa ou judicial, com ressarcimento de todas as vantagens.
( ) É o retorno à atividade de servidor aposentado.
( ) É o retorno do servidor estável ao cargo anteriormente ocupado.

A sequência correta dessa associação é

A) 1, 3, 2, 4.
B) 1, 4, 3, 2.
C) 2, 3, 4, 1.
D) 3, 1, 2, 4.
E) 4, 2, 1, 3.

3212) (2016) Banca: IF-ES – Órgão: IF-ES – Prova: Técnico em Enfermagem

É possível afirmar, com base na Lei nº 8112/90, que:

A) A investidura do servidor em cargo de atribuições e responsabilidades compatíveis com a limitação que tenha sofrido em sua capacidade física ou mental é um provimento de recondução
B) Reversão é o retorno à atividade de servidor aposentado por invalidez, quando junta médica oficial declarar insubsistentes os motivos da aposentadoria.
C) Aproveitamento é o retorno do servidor reprovado em estágio probatório.
D) O servidor aposentado que retornar à atividade por interesse da administração não terá alteração nos vencimentos.
E) A recondução é a investidura do servidor estável no cargo anteriormente ocupado quando invalidada a sua demissão por decisão administrativa ou judicial.

Trata-se de provimento derivado que traduz o retorno à atividade pública de servidor que estava em disponibilidade a cargo de vencimento e atribuições compatíveis com o cargo anterior. Nesse caso, o servidor não entre em exercício no prazo legal, será tornado sem efeito o aproveitamento, e cassada a sua disponibilidade, salvo no caso de doença comprovada por junta médica.

3213) (2008) Banca: CESPE – Órgão: TRT – 5ª Região (BA) Prova: Analista Judiciário – Área Judiciária – Execução de Mandados

O aproveitamento é forma de provimento de cargo público.

A) Certo   B) Errado

3214) (2014) Banca: CESPE – Órgão: PGE-PI – Prova: Procurador do Estado Substituto

Acerca da responsabilidade civil do Estado e de servidores públicos, assinale a opção correta.

A) De acordo com a Lei 8.112/1990, compete ao presidente da República prover os cargos públicos de todos os poderes da República.
B) Se, em razão de reforma administrativa realizada pelo governo federal, uma autarquia for extinta e seus servidores forem colocados em disponibilidade, e, após negociações com entidades de classe, esses servidores reingressarem no serviço público em cargos de atribuições e vencimentos compatíveis, esse reingresso se dará por aproveitamento.
C) Um indivíduo que, aprovado em concurso público, for nomeado para o cargo e, dias antes da posse coletiva com os demais nomeados, for acometido por dengue deverá apresentar atestado médico e solicitar o adiamento do ato de sua posse, tendo em vista que tal ato só se efetiva mediante o comparecimento pessoal do interessado.
D) De acordo com o entendimento do STF, empresa concessionária de serviço público de transporte coletivo responderá apenas subjetivamente pelos danos que forem gerados à família de vítima de atropelamento causado por motorista de veículo dessa empresa.
E) A ausência de previsão de acesso a cargo público de caráter efetivo por estrangeiros se coaduna com a política de soberania do Estado brasileiro, razão por que eles só poderão ocupar função pública de caráter transitório, e sem vínculo estatutário.

3215) (2014) Banca: CESPE – Órgão: SUFRAMA – Prova: Nível Superior

Acerca de agentes administrativos, poderes administrativos, improbidade administrativa e serviços públicos, julgue o item seguinte. Considere a seguinte situação hipotética. Em razão de uma reforma administrativa realizada pelo governo, determinados servidores estáveis tiveram seus cargos extintos por lei e foram colocados em disponibilidade. Após intensa negociação, meses depois, eles reingressaram no serviço público em cargos de atribuições e vencimentos compatíveis. Nessa situação hipotética, o reingresso desses servidores se deu por recondução

A) Certo B) Errado

3216) (2015) Banca: FCC – Órgão: TRT – 9ª REGIÃO (PR) – Prova: Técnico Judiciário – Área Administrativa

Entende-se como forma de provimento em cargos públicos por servidores públicos, na forma da Lei nº 8.112/90:

A) Readaptação, que consiste na investidura em cargo público de provimento efetivo, por servidor público concursado, quando não tiver obtido aprovação integral no estágio probatório, mas tiver recebido recomendação de ocupação de cargo com atribuições e exigências de nível imediatamente inferior.
B) Reversão, que se presta a prover em cargo público servidor público que tenha revertido sua demissão judicialmente, mediante anulação do ato que ilegalmente lhe imputou conduta tipificada e punida com aquela penalidade.
C) Reintegração, que consiste no retorno à ativa de servidor público aposentado por invalidez, quando a aposentadoria tenha sido anulada por reconhecimento de ausência de requisitos autorizadores da concessão inicial.
D) Recondução, que se presta a ensejar o retorno do servidor público ao cargo que anteriormente ocupava por qualquer razão ou fundamento em direito admitido, tenha o funcionário obtido a decisão por ato administrativo ou judicial, discricionário ou vinculado.
E) Aproveitamento, que consiste no provimento em cargo por servidor anteriormente colocado em disponibilidade, observada a compatibilidade de atribuições e vencimentos com o cargo anteriormente ocupado.

3217) (2014) Banca: FCC – Órgão: TRF – 3ª REGIÃO – Prova: Analista Judiciário – Informática (+ provas)

Claudio, servidor público federal ocupante de cargo efetivo, foi colocado em disponibilidade em face da extinção do órgão no qual estava lotado. Posteriormente, o Órgão Central do Sistema de Pessoal Civil determinou o imediato provimento, por Cláudio, de vaga aberta junto a outro órgão da Administração pública federal. De acordo com as disposições da Lei 8.112/90, referida situação caracteriza

A) aproveitamento, cabível desde que se trate de cargo com vencimentos e atribuições compatíveis com o anteriormente ocupado pelo servidor.
B) recondução, obrigatória apenas se o servidor estiver em disponibilidade há menos de 5 (cinco) anos.
C) reintegração, somente obrigatória em se tratando de órgão sucessor do extinto nas respectivas atribuições.
D) reversão, facultativa para o servidor, que poderá optar por permanecer em disponibilidade, recebendo 50% (cinquenta por cento) de seus vencimentos.
E) redistribuição, obrigatória para o servidor, independentemente dos vencimentos do novo cargo.

3218) (2016) Banca: COMPERVE – Órgão: UFRN – Prova: Assistente em Administração – 05

Um servidor público que estava em disponibilidade retornou à atividade em um cargo de atribuições e vencimentos compatíveis com o anteriormente ocupado. Com base nas normas da Lei 8.112, esse servidor foi

A) transferido.
B) reconduzido.
C) reintegrado.
D) aproveitado.

3219) (2015) Banca: CONSULPLAN – Órgão: TJ-MG – Prova: Titular de Serviços de Notas e de Registro

Em caso de extinção de cargo público, assinale a alternativa correta:

A) O servidor estável deve ser aproveitado, de forma adequada, em outro cargo.
B) O servidor estável deve ser reintegrado, de forma adequada, em outro cargo.
C) Deve haver reversão do cargo do servidor estável.
D) O servidor estável deve ser reconduzido, de forma adequada, a outro cargo.

3220) (2015) Banca: COPESE – UFPI – Órgão: UFPI – Prova: Técnico em Segurança do Trabalho

O provimento dos cargos públicos far-se-á mediante ato da autoridade competente de cada Poder e a investidura em cargo público ocorrerá com a posse. Com relação as formas de provimento do cargo público, é INCORRETO afirmar que:

A) são formas de provimento de cargo público a nomeação, a promoção, a readaptação; a reversão, o aproveitamento, a reintegração, a recondução.

B) a nomeação far-se-á em caráter efetivo, quando se tratar de cargo isolado de provimento efetivo ou de carreira.

C) a readaptação é a investidura do servidor em cargo de atribuições e responsabilidades compatíveis com a limitação que tenha sofrido em sua capacidade física ou mental verificada em inspeção médica.

D) a reversão é o retorno à atividade de servidor aposentado.

E) o aproveitamento é a reinvestidura do servidor estável no cargo anteriormente ocupado, ou no cargo resultante de sua transformação, quando invalidada a sua demissão por decisão administrativa ou judicial, com ressarcimento de todas as vantagens.

3221) (2015) Banca: CS-UFG – Órgão: AL-GO – Prova: Procurador

Relativamente às formas de provimento de cargo público contidas na Lei 8.112/1990,

A) reversão é o retorno à atividade de servidor aposentado ou no interesse da administração, atendidos os requisitos legais, e trata-se de forma de provimento originário de cargo público.

B) aproveitamento é o retorno à atividade de servidor em disponibilidade obrigatoriamente em cargo de atribuições e vencimentos compatíveis com o anteriormente ocupado, tratando-se de forma de provimento derivado.

C) reintegração, forma de provimento derivado, é o retorno do servidor estável ao cargo anteriormente ocupado e decorrerá de inabilitação em estágio probatório relativo a outro cargo ou recondução do anterior ocupante.

D) recondução é a reinvestidura do servidor no cargo anteriormente ocupado, ou no cargo resultante de sua transformação, quando invalidada a sua demissão por decisão judicial, com ressarcimento de todas as vantagens, como provimento originário.

A reintegração é a modalidade de provimento derivado que ocorre nos casos em que é invalidada a demissão de servidor por decisão administrativa ou judicial, implicando retorno à atividade pública e o ressarcimento de todas as vantagens (art. 28 da Lei 8.112/1190). Ressalta-se que, se o cargo do mencionado servidor tiver sido extinto, este permanecerá em disponibilidade, podendo ser aproveitado em outro cargo. Caso o cargo esteja ocupado por outro servidor, o ocupante será reconduzido ao cargo de origem (aproveitado em outro cargo ou posto em disponibilidade), sem direito à indenização.

3222) (2016) Banca: CESPE – Órgão: DPU – Prova: Conhecimentos Básicos – Cargo 9 (+ provas)

Com base nas disposições da Lei 8.112/1990, julgue o seguinte item.

Situação hipotética: Cláudio, servidor público federal, foi demitido após ter respondido a processo administrativo pela suposta prática de ato de improbidade administrativa. Inconformado, Cláudio ingressou com ação judicial e conseguiu anular a demissão, tendo sido reinvestido no cargo. Assertiva: Nesse caso, a reinvestidura de Cláudio no cargo público se dará por meio da reversão.

A) Certo B) Errado

3223) (2014) Banca: CESPE – Órgão: ANTAQ – Prova: Nível Superior

Com relação aos agentes públicos, julgue o item a seguir. Reintegração é o retorno do servidor aposentado à atividade, no mesmo cargo em que tenha sido aposentado ou em cargo equivalente

A) Certo B) Errado

3224) (2014) Banca: CESPE – Órgão: CADE – Prova: Nível Médio

No que se refere aos agentes públicos, aos poderes administrativos e ao controle da administração pública, julgue o item subsecutivo. Considere que determinado servidor estável demitido, após regular processo administrativo disciplinar, por desvio de verbas públicas, comprove sua inocência por meio de ação judicial. Nesse caso, tendo sido a pena de demissão anulada no âmbito judicial, o servidor deverá ser reintegrado ao cargo por ele anteriormente ocupado.

A) Certo B) Errado

3225) (2016) Banca: CESPE – Órgão: FUNPRESP-JUD – Prova: Analista – Direito

Rafael, médico de um tribunal de justiça, foi submetido a processo administrativo disciplinar devido a denúncias de que ele estaria acumulando mais de dois cargos públicos. Na ocasião, foi-lhe dada a oportunidade de optar por duas de três ocupações médicas e, como não se manifestou, o servidor foi demitido. Rafael recorreu do processo administrativo que resultou em sua demissão e solicitou o seu retorno ao serviço público, com base no argumento de que não era razoável a aplicação da referida penalidade. Em sua defesa, alegou, ainda, que atuava como médico nas três instituições e havia compatibilidade de horários, pois a carga horária combinada não ultrapassava sessenta horas semanais; que ocupava apenas dois cargos públicos, no tribunal e em hospital municipal; e que o exercício da sua terceira atividade, em uma fundação pública de saúde, era legítimo, uma vez que o vínculo com a fundação de saúde era celetista e a vedação legal estaria restrita à acumulação de cargos públicos estatutários.

Considerando essa situação hipotética e as regras relativas ao processo administrativo e aos agentes públicos, julgue o item que se segue.

Caso a demissão seja invalidada por decisão administrativa ou judicial, o retorno ao serviço público solicitado por Rafael corresponderá à recondução do servidor efetivo ao cargo anteriormente ocupado.

A) Certo B) Errado

3226) (2017) Banca: FCC – Órgão: TRT – 11ª Região (AM e RR) – Prova: Analista Judiciário – Oficial de Justiça Avaliador Federal

Maria, servidora estável, sofreu penalidade de demissão em janeiro de 2013. A pena foi invalidada por decisão judicial transitada em julgado em janeiro de 2016. Ocorre que o cargo de Maria, que é servidora pública federal, encontra-se provido pela servidora Joaquina. Nesse caso, conforme preceitua a Lei no 8.112/1990, Maria será

A) reintegrada ao seu cargo, sendo ressarcida de todas as vantagens referentes ao período em que ficou fora do serviço público.
B) aproveitada em outro cargo com atribuições e vencimentos compatíveis com o anterior.
C) colocada em disponibilidade, com direito de receber todos os vencimentos e vantagens inerentes ao cargo, até que seja providenciada a recolocação de Joaquina.
D) reintegrada ao seu cargo, sendo ressarcida apenas dos vencimentos referentes ao período em que ficou fora do serviço público.
E) redistribuída, sendo observados os requisitos legais de tal instituto, como por exemplo, a equivalência de vencimentos.

3227) (2010) Banca: FCC – Órgão: TRF – 4ª REGIÃO – Prova: Técnico Judiciário – Área Administrativa

A reintegração é

A) a investidura do servidor em cargo de atribuições e responsabilidades compatíveis com a limitação que tenha sofrido em sua capacidade física ou mental verificada em inspeção médica.
B) o retorno à atividade de servidor em disponibilidade, mediante aproveitamento obrigatório em cargo de atribuições e vencimentos compatíveis com o anteriormente ocupado
C) o retorno do servidor estável ao cargo anteriormente ocupado em razão de inabilitação em estágio probatório relativo a outro cargo.
D) a reinvestidura do servidor estável no cargo anteriormente ocupado, ou no cargo resultante de sua transformação, quando invalidada a sua demissão por decisão administrativa ou judicial, com ressarcimento de todas as vantagens.
E) o retorno à atividade de servidor aposentado por invalidez, quando junta médica oficial declarar insubsistentes os motivos da aposentadoria.

3228) (2016) Banca: FCC – Órgão: Prefeitura de Teresina – PI – Prova: Técnico de Nível Superior – Analista Administrativo

O ingresso no serviço público, é sabido, depende da realização de concurso público de provas e títulos, como forma de expressão do princípio da isonomia. Dentre as formas de provimento de cargo público, a

A) readaptação é a determinação judicial da investidura do servidor afastado por invalidez, em razão da cessação das condições que o incapacitavam.
B) reversão garante ao servidor que sofreu limitações físicas a classificação em outro cargo cujas funções sejam compatíveis com sua capacidade.
C) reintegração é a reinvestidura do servidor no cargo que ocupava anteriormente, por decisão judicial ou administrativa, sendo-lhe assegurada o ressarcimento de todas as vantagens cabíveis.
D) recondução é a classificação do servidor em outra unidade integrante do mesmo órgão, a pedido ou por decisão administrativa, na forma da lei.
E) readaptação é a classificação do servidor em outra unidade integrante do mesmo órgão, para garantir a adaptação de suas condições físicas e psicológicas ao novo cargo.

3229) (2015) Banca: FCC – Órgão: TRE-PB – Prova: Analista Judiciário – Área Administrativa

Gilson é servidor público federal há cerca de dez anos, classificado na capital de um Estado da Federação. É casado com Juliana, também servidora federal, que tem a mesma formação universitária que ele. Juliana foi posteriormente aprovada em concurso estadual para provimento de cargo de médico na capital de outro Estado da Federação. Diante desses fatos e tendo tomado ciência de que Juliana pretende tomar posse no novo cargo, seu superior instaurou processo administrativo que, após tramitar, culminou com a demissão da servidora. Esse cenário,

A) dá direito aos servidores requererem remoção, de ofício, para garantir que fiquem classificados no mesmo município.
B) permite que a servidora pleiteie judicialmente a anulação da decisão e a reintegração ao cargo, tendo em vista que inexistia fundamento válido para a demissão.
C) impede que os servidores possam continuar classificados no mesmo município, tendo em vista que o novo cargo da servidora é vinculado a ente de outra esfera da federação.
D) admite pedido de readaptação por parte do servidor ou da servidora, a fim de garantir que possam continuar exercendo suas funções na mesma localidade.
E) implica, necessariamente, em exoneração a pedido, tendo em vista que é incompatível a manutenção das funções federais com alteração da classificação.

3230) (2017) Banca: FGV – Órgão: ALERJ – Prova: Procurador

Antônio, servidor público estável ocupante de cargo efetivo da Assembleia Legislativa do Estado do Rio de Janeiro, foi demitido após processo administrativo disciplinar. Passados seis meses da aplicação da sanção disciplinar, Antônio reuniu novas provas que firmaram de forma incontestável sua inocência em relação aos fatos que deram azo à sua condenação e levaram à invalidação de sua demissão, administrativamente.

Instado a exarar parecer sobre a reintegração do servidor, o Procurador da ALERJ opina, de acordo com a jurisprudência do Superior Tribunal de Justiça, pelo:

A) indeferimento da reintegração, pois tal forma de provimento derivado de cargo público somente pode ser determinada por meio de decisão judicial;
B) indeferimento da reintegração, diante da formação da coisa julgada material administrativa no momento em que o processo administrativo disciplinar originário transitou em julgado para as partes;
C) deferimento da reintegração do servidor, mediante sua reinvestidura no cargo anteriormente ocupado, com ressarcimento de todas as vantagens;
D) deferimento da reintegração do servidor, mediante sua reinvestidura no cargo anteriormente ocupado, com efeitos ex nunc, ou seja, sem ressarcimento de vantagens pretéritas;
E) deferimento da reintegração do servidor, mediante sua colocação em disponibilidade para ser aproveitado no primeiro cargo que vagar com atribuições e remuneração compatíveis com seu cargo originário, sem ressarcimento de vantagens pretéritas.

3231) (2016) Banca: FGV – Órgão: IBGE – Prova: Analista – Recursos Humanos – Administração de Pessoal

José Maurício, servidor público federal, foi demitido de seu cargo sob alegação de ofensa física, em serviço, a outro servidor. Inconformado, José Maurício ajuíza ação visando retornar aos quadros da administração, vindo a obter êxito em decisão que transita em julgado.

Nesses termos, José Maurício será investido por:

A) nomeação, pela autoridade competente, para exercício do seu cargo anterior;
B) readaptação, desde que reavaliadas em perícia médica suas condições físicas e mentais para o exercício do cargo;
C) reintegração, no cargo anteriormente ocupado, com ressarcimento de todas as vantagens;
D) reintegração, no cargo anteriormente ocupado, sem ressarcimento de qualquer vantagem;
E) reversão, no interesse da Administração, desde que haja cargo vago.

3232) (2014) Banca: FGV – Órgão: DPE-RJ – Prova: Técnico Superior Especializado – Administração (+ provas)

Pedro, servidor público estadual do Poder Executivo, foi injustamente demitido por falta grave, após processo administrativo disciplinar, sendo acusado de receber propina. Pedro buscou assistência jurídica na Defensoria Pública e, após longo processo judicial, que durou quatro anos, o Poder Judiciário reconheceu que Pedro não praticara o ato que lhe fora imputado, determinando seu retorno ao serviço, com ressarcimento dos vencimentos e vantagens, bem como reconhecimento dos direitos ligados ao cargo. O nome dado à forma de provimento de cargo determinada na decisão judicial é:

A) nomeação.
B) retorno.
C) aproveitamento.
D) reintegração.
E) readaptação

3233) (2015) Banca: FGV – Órgão: TJ-PI – Prova: Analista Judiciário – Analista Judicial

José, servidor público estadual estável ocupante de cargo efetivo, foi demitido após processo administrativo disciplinar. Após sua demissão, passou a ocupar sua vaga o igualmente servidor estável Moacir. Inconformado, José manejou ação judicial em face do Estado e comprovou que o processo administrativo que culminou com sua demissão estava eivado de graves vícios de legalidade. De acordo com o texto constitucional, invalidada por sentença judicial a demissão de José, ele será:

A) readaptado, e Moacir será reintegrado ao cargo de origem, com direito a indenização, aproveitado em outro cargo ou posto em disponibilidade com remuneração proporcional ao tempo de contribuição;
B) reconduzido a seu cargo de origem, e Moacir será reintegrado ao cargo inicial, sem direito a indenização e, caso o cargo inicial esteja ocupado, será posto em disponibilidade com remuneração proporcional ao tempo de contribuição;
C) posto em disponibilidade com remuneração integral, até que Moacir seja promovido e libere o cargo originariamente de José, contado seu afastamento integralmente para todos os efeitos legais;
D) reintegrado, e Moacir será reconduzido ao cargo de origem, sem direito a indenização, aproveitado em outro cargo ou posto em disponibilidade com remuneração proporcional ao tempo de serviço;
E) aproveitado em outro cargo com funções e remuneração compatíveis, e Moacir terá a opção de permanecer em seu atual cargo ou voltar ao cargo de origem, mantidas as vantagens mais benéficas de ambos os cargos.

3234) (2015) Banca: FGV – Órgão: TJ-BA – Prova: Analista Judiciário – Contabilidade – Reaplicação (+ provas)

Rafael, servidor público estadual ocupante de cargo efetivo, foi demitido. Inconformado, ajuizou ação judicial e obteve a anulação de sua demissão, porque não foram observados o contraditório e a ampla defesa no curso do processo administrativo disciplinar. O retorno de Rafael ao cargo efetivo de origem, por força de decisão judicial transitada em julgado, é conhecido como:

A) aproveitamento;
B) reintegração;
C) recondução;
D) readaptação;
E) recolocação.

3235) (2016) Banca: SUGEP – UFRPE – Órgão: UFRPE – Prova: Auxiliar em Administração

A reinvestidura do servidor estável no cargo anteriormente ocupado, ou no cargo resultante de sua transformação, quando invalidada a sua demissão por decisão administrativa ou judicial, com ressarcimento de todas as vantagens, é denominada:

A) reversão.
B) recondução.
C) readaptação.
D) reintegração.
E) aproveitamento.

3236) (2014) Banca: NC-UFPR – Órgão: DPE-PR – Prova: Defensor Público

Assinale a alternativa correta.

A) O ato administrativo discricionário permite ao agente público competente decidir, livre de qualquer limitação, sobre a realização do interesse público.
B) Processo administrativo no qual se decide aplicar sanção disciplinar, ao arrepio do devido processo legal, poderá ter o ato sancionador convalidado, pois se trata de ato administrativo anulável e, por isso, sanável.
C) Os serviços de publicidade poderão ser contratados diretamente por inexigibilidade de licitação, por se tratar de serviços técnicos especializados de notória especialização.
D) A reintegração é uma forma de provimento derivado que ocorre quando o ato administrativo de desligamento de servidor público é anulado. O efeito é o retorno do vínculo.
E) Concorrência é a modalidade de licitação mais abrangente, deve ser adotada quando o serviço for de natureza comum e depende de habilitação dos licitantes anteriormente à sessão pública de apresentação das propostas.

3237) (2015) Banca: VUNESP – Órgão: PC-CE – Prova: Delegado de Polícia Civil de 1ª Classe

Considerando o regime jurídico dos servidores públicos civis, a que alude a Lei 8.112/1990, assinale a alternativa correta.

A) A reintegração é a reinvestidura do servidor estável no cargo anteriormente ocupado, ou no cargo resultante de sua transformação, quando invalidada a sua demissão por decisão administrativa ou judicial, com ressarcimento de todas as vantagens.

B) O servidor que deva ter exercício em outro município em razão de ter sido removido, redistribuído, requisitado, cedido ou posto em exercício provisório terá, no mínimo, 15 e, no máximo, 30 dias de prazo, contados da publicação do ato, para a retomada do efetivo desempenho das atribuições do cargo, incluído nesse prazo o tempo necessário para o deslocamento à nova sede.

C) É possível a remoção para acompanhar pai ou filho também servidor público civil ou militar, de qualquer dos Poderes da União, dos Estados, do Distrito Federal e dos Municípios, que foi deslocado no interesse da Administração.

D) É de 30 dias o prazo para o servidor empossado em cargo público entrar em exercício, contados da data da posse.

E) O servidor em débito com o erário, que for demitido, exonerado ou que tiver sua aposentadoria ou disponibilidade cassada, terá o prazo de 90 dias para quitar o débito.

3238) (2010) Banca: AGU – Órgão: TJ-MG – Prova: Técnico Judiciário (+ provas)

Considere a seguinte situação:

Demissão do servidor estável invalidada por sentença judicial.

Nesse caso, é CORRETO afirmar que

A) o servidor será aproveitado imediatamente.
B) o cargo que o servidor ocupou será extinto.
C) o servidor será reintegrado ao cargo.
D) o servidor terá direito à aposentadoria proporcional.

3239) (2014) Banca: FUNDEP (Gestão de Concursos) – Órgão: IFN-MG – Prova: Analista de Tecnologia da Informação (+ provas)

Servidor público da União, efetivo e estável, Jorge foi demitido do cargo mediante condenação em processo administrativo pela prática de falta grave. Inconformado, Jorge ajuíza ação judicial e obtém decisão definitiva do Poder Judiciário que anula a demissão e determina o seu retorno ao cargo anteriormente ocupado.

Na hipótese, o retorno de Jorge ao referido cargo dar-se-á por:

A) nomeação.
B) reintegração
C) recondução
D) aproveitamento.

3240) (2015) Banca: EXATUS – Órgão: TRE-SC – Prova: Analista Judiciário – Arquitetura

De acordo ao disposto na Lei 8.112/90, a reintegração é:

A) o retorno do servidor estável ao cargo anteriormente ocupado depois de finda a pena de indisponibilidade.

B) a reinvestidura do servidor estável no cargo anteriormente ocupado, ou no cargo resultante de sua transformação, quando invalidada a sua demissão por decisão administrativa ou judicial, com ressarcimento de todas as vantagens.

C) a investidura do servidor em cargo de atribuições e responsabilidades compatíveis com a limitação que tenha sofrido em sua capacidade física ou mental verificada em inspeção médica.

D) o deslocamento do servidor, a pedido ou de ofício, no âmbito do mesmo quadro, com ou sem mudança de sede.

3241) (2016) Banca: IF-RS – Órgão: IF-RS – Prova: Auxiliar em Administração

A _____ é a reinvestidura do servidor estável no cargo anteriormente ocupado, ou no cargo resultante de sua transformação, quando invalidada a sua demissão por decisão administrativa ou judicial, com ressarcimento de todas as vantagens.

Assinale a alternativa que preenche CORRETAMENTE a lacuna.

A) movimentação
B) vacância
C) substituição
D) reintegração
E) reversão

3242) (2014) Banca: FUNRIO – Órgão: IF-PI – Prova: Assistente em Administração

A reinvestidura do servidor estável no cargo anteriormente ocupado, ou no cargo resultante de sua transformação, quando invalidada a sua demissão por decisão administrativa ou judicial, com ressarcimento de todas as vantagens, denomina-se

A) aproveitamento.
B) reintegração.
C) reversão.
D) readaptação.
E) condução.

3243) (2017) Banca: NC-UFPR – Órgão: UFPR – Prova: Técnico em Mecânica (+ provas)

Considere a hipótese de servidor público estável que é demitido, após procedimento administrativo, e tem a demissão anulada por decisão judicial. Qual é a forma de provimento do cargo público nesse caso?

A) Aproveitamento.
B) Reintegração.
C) Readaptação.
D) Reversão.
E) Recondução.

3244) (2015) Banca: OBJETIVA – Órgão: Prefeitura de Tramandaí – RS – Prova: Auxiliar Legislativo

Conforme a Constituição Federal, em relação aos servidores públicos, assinalar a alternativa que preenche a lacuna abaixo CORRETAMENTE:

Invalidada por sentença judicial a demissão do servidor estável, será ele _____, e o eventual ocupante da vaga, se estável, reconduzido ao cargo de origem, sem direito a indenização, aproveitado em outro cargo ou posto em disponibilidade com remuneração proporcional ao tempo de serviço

A) reintegrado
B) exonerado
C) reaproveitado
D) reconduzido

3245) (2016) Banca: COMPERVE – Órgão: UFRN – Prova: Técnico de Laboratório – Patologia

Um servidor público estável foi reinvestido no cargo anteriormente ocupado, por força de uma decisão judicial que invalidou a sua demissão.

Com base nas normas da Lei nº 8.112/90, esse servidor foi

A) aproveitado.
B) reintegrado.
C) reconduzido.
D) readaptado.

3246) (2016) Banca: INSTITUTO AOCP – Órgão: UFFS – Prova: Engenheiro de Segurança do Trabalho

De acordo com o que estabelece a Lei 8.112/1990, a forma de provimento de cargo público que consiste na reinvestidura do servidor estável no cargo anteriormente ocupado, ou no cargo resultante de sua transformação, quando invalidada a sua demissão por decisão administrativa ou judicial, com ressarcimento de todas as vantagens, denomina-se

A) readaptação.
B) reintegração.
C) reversão.
D) aproveitamento.
E) recondução.

3247) (2016) Banca: CCV-UFC – Órgão: UFC – Prova: Auxiliar em Administração

Nos termos da Lei 8.112/90, assinale a afirmativa correta.

A) A recondução é o retorno do servidor estável ao cargo de origem decorrente da extinção do cargo atual.
B) O servidor poderá reverter a aposentadoria em qualquer época independente de prazo, idade e tempo de serviço.
C) A recondução é o retorno do servidor estável ao cargo anteriormente ocupado e decorrerá exclusivamente da inabilidade em estágio probatório relativo a outro cargo.
D) A reintegração é a reinvestidura do servidor estável no cargo anteriormente ocupado, ou no cargo resultante de sua transformação, quando invalidada a sua demissão por decisão administrativa ou judicial, com ressarcimento de todas as vantagens.
E) A readaptação é a investidura do servidor em cargo de atribuições e responsabilidades compatíveis com a limitação que tenha sofrido em sua capacidade física ou mental mediante apresentação de atestado médico.

3248) (2014) Banca: IF-CE – Órgão: IF-CE – Prova: Auxiliar em Administração

A forma de provimento caracterizada pela reinvestidura do servidor estável em cargo anteriormente ocupado, quando invalidada a sua demissão por decisão administrativa é:

A) A readaptação.
B) A reintegração.

C) A recondução.
D) A reversão.
E) A promoção.

Trata-se de modalidade de provimento derivado que decorre das situações abaixo:

• retorno do servidor estável ao cargo anteriormente ocupado, no caso de inabilitação em estágio probatório relativo a outro cargo. Ex: servidor público efetivo foi aprovado em Concurso Público, contudo, não recebeu uma avaliação de desempenho satisfatória. Nesse caso, ele será reconduzido para o seu cargo anterior; em razão da reintegração de servidor demitido ilegalmente. Ex: o servidor que estava ocupando o cargo daquele que foi demitido injustamente será reconduzido a sua antiga função;

3249) (2015) Banca: CESPE – Órgão: STJ – Prova: Conhecimentos Básicos para o Cargo 17 (+ provas)

Julgue o item a seguir, referente a institutos diversos do direito administrativo.

A recondução é o retorno do servidor estável ao cargo anteriormente ocupado em decorrência de inabilitação em estágio probatório relativo a outro cargo.

A) Certo B) Errado

3250) (2014) Banca: CESPE – Órgão: Câmara dos Deputados – Prova: Analista Legislativo

A respeito do regime jurídico estatutário dos servidores públicos, julgue o item a seguir, de acordo com o entendimento dos tribunais superiores. Servidor público federal estável submetido a estágio probatório em novo cargo público estadual tem o direito de ser reconduzido ao cargo ocupado anteriormente, ainda que os mencionados cargos sejam submetidos a regimes jurídicos diversos.

A) Certo B) Errado

3251) (2016) Banca: CESPE Órgão: TRE-PI Prova: Técnico de Administração

Teobaldo, servidor público do estado do Piauí, adquiriu sua estabilidade em 27/1/2012. Em novembro de 2012, ele foi nomeado para o cargo de técnico judiciário no TRE/PI. Dentro do prazo legal, Teobaldo tomou posse e entrou em exercício em seu novo cargo, após solicitar vacância por posse em outro cargo inacumulável. Na avaliação de seu estágio probatório, no tribunal, Teobaldo foi reprovado, ou seja, foi considerado inapto para o exercício do cargo ocupado no TRE/PI. Nessa situação hipotética, a administração deve aplicar, em relação a Teobaldo, o instituto Denominado

A) recondução.
B) aproveitamento.
C) exoneração.
D) demissão.
E) readaptação.

3252) (2012) Banca: CESPE – Órgão: ANAC – Prova: Analista Administrativo – Área 1

Recondução consiste no retorno do servidor estável ao cargo anteriormente ocupado.

A) Certo B) Errado

3253) (2004) Banca: CESPE – Órgão: Polícia Federal – Prova: Escrivão da Polícia Federal

Seria lícito o deferimento do pedido de recondução de Mário ao cargo de analista judiciário que ele anteriormente ocupava.

A) Certo   B) Errado

3254) (2015) Banca: FGV – Órgão: TJ-PI – Prova: Analista Judiciário -Escrivão Judicial (+ provas)

Um ex-servidor público estadual procurou a Administração Pública e afirmou que desejava ser reconduzido ao cargo.

É possível que tal ocorra no caso de:

A) servidor público inativo, quando cessarem os motivos da aposentadoria por invalidez;
B) servidor estável, quando inabilitado em estágio probatório relativo a outro cargo;
C) ocupante de cargo em comissão, que é nomeado para outro cargo;
D) servidor público inativo, quando a sua aposentadoria for anulada por decisão judicial transitada em julgado;
E) servidor estável, quando invalidada a decisão administrativa que aplicou a sanção de demissão.

3255) (2016) Banca: IF-CE – Órgão: IF-CE – Prova: Auxiliar em Administração

O retorno do servidor estável ao cargo anteriormente ocupado, decorrente, por exemplo, de inabilitação em estágio probatório relativo a outro cargo, é uma forma de provimento de cargo público denominada de

A) Readaptação.
B) Aproveitamento.
C) Reintegração.
D) Reversão.
E) Recondução.

3256) (2016) Banca: COMVEST UFAM – Órgão: UFAM – Prova: Auxiliar em Administração

De acordo com a Lei 8.112/1990, _____ é o retorno do servidor estável ao cargo anteriormente ocupado e decorrerá de inabilitação em estágio probatório relativo a outro cargo ou reintegração do anterior ocupante. Assinale a alternativa que preenche CORRETAMENTE a lacuna:

A) reversão
B) redistribuição
C) reintegração
D) recondução
E) remoção

3257) (2015) Banca: CONSULPLAN – Órgão: TRE-MG – Prova: Técnico Judiciário – Administrativa

Ao longo do exercício do cargo poderá o servidor passar por determinadas circunstâncias que impliquem em alterações em sua rotina laboral, trazendo como consequência situações de readaptação, de reintegração, de recondução, entre outros institutos legalmente reconhecidos. Sobre as definições de tais institutos, é correto afirmar que

A) recondução é o retorno do servidor estável ao cargo anteriormente ocupado e decorrerá da inabilitação em estágio probatório relativo a outro cargo ou da reintegração do anterior ocupante.
B) reintegração é a investidura do servidor em cargo de atribuições e responsabilidades compatíveis com a limitação que tenha sofrido em sua capacidade física ou mental verificada em inspeção médica.
C) reversão é o retorno à atividade de servidor exonerado do serviço público, em decorrência de recurso administrativo, quando a autoridade decidir serem insubsistentes os motivos alegados para a exoneração.
D) readaptação é a reinvestidura do servidor estável no cargo anteriormente ocupado, ou no cargo resultante de sua transformação, quando invalidada a sua demissão por decisão administrativa ou judicial, com ressarcimento de todas as vantagens.

3258) (2016) Banca: IOBV – Órgão: Prefeitura de Chapecó – SC – Prova: Procurador Municipal

A recondução consiste:

A) Na permuta de cargos públicos por servidores da mesma esfera do governo.
B) Em encaminhar o servidor público em estágio probatório para outra atividade que apresente mais aptidão para trabalhar.
C) No retorno do servidor público estável ao cargo anteriormente ocupado por ele.
D) Na possibilidade de, durante o estágio probatório, exercer um cargo público com gratificação.

3259) (2014) Banca: FUNDEP (Gestão de Concursos) – Órgão: IF-SP – Prova: Administrador (+ provas)

Nos termos da Lei nº 8.112/90, o provimento por recondução ocorre na seguinte hipótese:

A) O servidor aposentado por invalidez retorna à atividade em face da declaração, por junta médica oficial, da insubsistência dos motivos da aposentadoria.
B) O servidor é investido em cargo de atribuições e responsabilidades compatíveis com limitação que tenha sofrido em sua capacidade física.
C) O servidor é investido no cargo anteriormente ocupado quando invalidada sua demissão por decisão administrativa ou judicial.
D) O servidor estável retorna ao cargo anteriormente ocupado em razão de ter sido inabilitado em estágio probatório relativo a outro cargo.

3260) (2010) Banca: Unifei – Órgão: UNIFEI – Prova: Nível Superior – Conhecimentos Básicos

A espécie de provimento de cargo público que consiste no retorno do servidor estável ao cargo anteriormente ocupado em decorrência de inabilitação em estágio probatório relativo a outro cargo, denomina-se:

A) Recondução.
B) Reversão.
C) Reintegração.
D) Aproveitamento.

3261) (2015) Banca: FUNCAB – Órgão: MPOG – Prova: Atividade Técnica – Direito, Administração, Ciências Contábeis e Economia

Um servidor público migrou de um cargo para outro. O cargo que passou a ocupar estava vacante em razão de demissão por decisão administrativa de outro agente público. O demitido, porém, conseguiu invalidar judicialmente a penalidade que lhe fora aplicada. Neste caso, o servidor que migrou de cargo retornará ao que ocupava anteriormente por meio de provimento derivado, denominado:

A) readaptação.
B) reversão.
C) recondução.
D) reintegração.
E) aproveitamento.

3262) (2015) Banca: COMPERVE – Órgão: UFRN – Prova: Assistente de Laboratório

Um servidor público federal retornou ao cargo que ocupava anteriormente, em razão de ter sido considerado inabilitado em estágio probatório relativo a outro cargo. Considerando-se os preceitos da Lei nº 8.112/90, é correto afirmar que esse servidor foi

A) promovido.
B) reintegrado.
C) reconduzido.
D) readaptado.

3263) (2016) Banca: FUNIVERSA – Órgão: IF-AP – Prova: Administrador (+ provas)

João, servidor público federal já estável, mediante aprovação em concurso público, foi nomeado para cargo de provimento efetivo do Ifap. Por tratar-se de aprovação em concurso público para outro cargo, João foi submetido a estágio probatório. Após regular avaliação de desempenho, a comissão, constituída para essa finalidade, decidiu pela inabilitação de João para o exercício do novo cargo. Dessa forma, João retornou ao cargo anteriormente ocupado.

Nos termos da Lei n.º 8.112/1990, a situação hipotética descrita refere-se a

A) readaptação.
B) reversão.
C) recondução.
D) reintegração.
E) aproveitamento.

3264) (2016) Banca: FUNRIO – Órgão: IF-BA – Prova: Assistente em Administração (+ provas)

De acordo com o regime jurídico dos servidores públicos civis da União, das autarquias e das fundações públicas federais, o retorno do servidor estável ao cargo anteriormente ocupado é definido como

A) recondução.
B) reversão.
C) readaptação.
D) promoção.
E) transferência.

3265) (2015) Banca: IF-PB Órgão: IF-PB – Prova: Assistente em Administração (+ provas)

Nos termos do artigo 16 da Lei 8.112/1990, o início, a suspensão, a interrupção e o reinício do exercício serão registrados no assentamento individual do servidor. Acerca do tema que trata sobre o provimento dos cargos públicos nos artigos 24 a 30 da mesma Lei, é CORRETO afirmar que:

A) Reintegração é a investidura do servidor em cargo de atribuições e responsabilidades compatíveis com a limitação que tenha sofrido em sua capacidade física ou mental verificada em inspeção médica.
B) A readaptação poderá ocorrer tanto por invalidez como por interesse da Administração.
C) Reversão é a reinvestidura do servidor estável no cargo anteriormente ocupado quando invalidada a sua demissão por decisão administrativa ou judicial.
D) Ocorre a recondução quando um servidor estável retorna ao cargo anteriormente ocupado em decorrência da reintegração do anterior ocupante.
E) O retorno à atividade de servidor em disponibilidade far-se-á mediante aproveitamento facultativo em cargo de atribuições e vencimentos compatíveis com o anteriormente ocupado.

3266) (2016) Banca: UFTM – Órgão: UFTM Prova: Técnico de Laboratório – Biologia (+ provas)

Preencha as lacunas abaixo relacionando a forma de provimento do cargo público ao seu conceito, segundo a Lei n. 8.112/90:

_____ é a investidura do servidor em cargo de atribuições e responsabilidades compatíveis com a limitação que tenha sofrido em sua capacidade física ou mental, verificada em inspeção médica.

_____ é o retorno do servidor estável ao cargo anteriormente ocupado.

_____ é a reinvestidura do servidor estável no cargo anteriormente ocupado, ou no cargo resultante de sua transformação, quando invalidada a sua demissão por decisão administrativa ou judicial, com ressarcimento de todas as vantagens.

_____ é o retorno à atividade de servidor aposentado.

A sequência CORRETA é:

A) Recondução, readaptação, reintegração e reversão.
B) Recondução, readaptação, reversão e reintegração.
C) Readaptação, recondução, reintegração e reversão.
D) Reversão, readaptação, reintegração e recondução.

3267) (2012) Banca: IF-RJ – Órgão: IF-RJ – Prova: Assistente em Administração

O nome que a Lei 8.112/90 atribui ao instituto jurídico pelo qual o servidor público, estável, retorna ao seu cargo anteriormente ocupado, por ter sido inabilitado em estágio probatório, relativo a outro cargo, é

A) reversão.
B) recondução.
C) aproveitamento.
D) readaptação.

3268) (2017) Banca: PUC-PR – Órgão: TJ-MS – Prova: Analista Judiciário – Área Fim

Determinado servidor público do Poder Judiciário do Estado de Mato Grosso do Sul foi aposentado por invalidez em 15.05.2017. Posteriormente, uma Junta Médica Oficial declarou insubsistentes os motivos determinantes da aposentadoria e, por conta disso, o servidor retornou às suas atividades. Essa situação hipotética se enquadra na seguinte forma de provimento de cargo público, segundo o Estatuto dos Servidores Públicos do Poder Judiciário do Estado de Mato Grosso do Sul:

A) Nomeação.
B) Reintegração.
C) Recondução.
D) Reversão.
E) Readaptação.

Disponibilidade: direito do servidor estável de ser posto em disponibilidade e ficar sem trabalhar, mas com remuneração proporcional ao tempo de serviço, nas hipóteses de extinção do cargo ou declaração de desnecessidade e reintegração do servidor que anteriormente ocupava o cargo. A disponibilidade não possui caráter sancionatório. ATENÇÃO: No caso de servidores que ainda se encontram em estágio probatório, essa proteção não existe. Portanto, extinto o cargo o mesmo será exonerado.

3269) (2002) Banca: FCC – Órgão: MPE-PE – Prova: Promotor de Justiça

A disponibilidade do servidor público

A) dar-se-á somente quando o cargo for extinto ou declarada a sua desnecessidade, caso em que receberá a remuneração integral.
B) ocorre nos casos em que for extinto o cargo, declarada sua desnecessidade, ou for invalidada por sentença judicial a demissão de servidor estável, mas tendo direito a remuneração proporcional.
C) acarreta seu desligamento definitivo do cargo, vedado seu reaproveitamento, devendo receber a mesma remuneração percebida na atividade.
D) é considerada uma forma inespecífica de aposentadoria, e em certos casos, um gênero de penalidade, mas sempre com remuneração integral.
E) dar-se-á somente quando for invalidada por sentença judicial a demissão de servidor estável, mas com remuneração proporcional.

3270) (2015) Banca: FGV – Órgão: SSP-AM – Prova: Técnico de Nível Superior

Fabrício é servidor público estadual estável, mas, por força de nova lei, seu cargo efetivo acaba de ser extinto. De acordo com o regime jurídico previsto no texto constitucional sobre o tema, Fabrício:

A) ficará em disponibilidade, com remuneração proporcional ao tempo de contribuição, até sua adequada reintegração em outro cargo, de carreira diversa;
B) será imediatamente reintegrado em outro cargo de similar natureza e remuneração;
C) ficará em disponibilidade, com remuneração proporcional ao tempo de serviço, até seu adequado aproveitamento em outro cargo;
D) será imediatamente readaptado em outro cargo de similar natureza e remuneração;
E) será imediatamente exonerado, sem prejuízo aos cofres públicos, pelo princípio da supremacia do interesse público.

3271) (2015) Banca: MGA Órgão: TCE-CE – Prova: Direito

Existindo a extinção de cargo ou declarada a sua desnecessidade, o servidor público já efetivado no seu cargo:

A) será aposentado compulsoriamente.
B) ficará em disponibilidade, com remuneração proporcional ao tempo de serviço.
C) ficará em disponibilidade, com remuneração prefixada.
D) ficará em disponibilidade, com remuneração integral ao tempo de serviço.

3272) (2016) Banca: UFMT – Órgão: DPE-MT – Prova: Defensor Público

Quanto ao servidor público, extinto o cargo ou declarada a sua desnecessidade, após a estabilidade,

A) ficará em disponibilidade, com remuneração proporcional ao tempo de serviço, sendo vedado seu aproveitamento em outro cargo público.
B) será exonerado *ad nutum*, sem direito à remuneração.
C) será obrigatoriamente exonerado, sendo-lhe garantidos os direitos inerentes ao cargo.
D) será obrigatoriamente demitido, sendo-lhe garantidos os direitos inerentes ao cargo.
E) ficará em disponibilidade, com remuneração proporcional ao tempo de serviço, até seu adequado aproveitamento em outro cargo público.

3273) (2016) Banca: CESGRANRIO – Órgão: UNIRIO – Prova: Assistente em Administração (+ provas)

Uma servidora pública foi reintegrada por decisão administrativa.

Como o cargo que ela ocupava foi extinto, nos termos da Lei no 8.112/1990, e suas alterações, essa servidora deverá ficar na seguinte situação:

A) removida
B) transferida
C) cedida
D) emprestada
E) em disponibilidade

3274) (2014) Banca: IBFC – Órgão: SEPLAG-MG – Prova: Gestor de Transportes e Obras – Direito

Extinto o cargo ou declarada a sua desnecessidade, o servidor estável:

A) Será demitido.
B) Ficará em disponibilidade
C) Será promovido à classe imediatamente superior
D) Será aposentado, com remuneração proporcional ao tempo de serviço.

3275) (2015) Banca: FUNCAB – Órgão: PC-AC – Prova: Perito Criminal

No que concerne às formas de provimento derivado do servidor público, assinale a alternativa correta.

A) A promoção do servidor público se materializa via decreto, não podendo ocorrer mediante lei
B) Extinto o cargo, o servidor estável será colocado em disponibilidade com proventos proporcionais
C) A reintegração é o restabelecimento, por laudo médico, de servidor aposentado por invalidez ou vício de legalidade no ato que concedeu a aposentadoria
D) A readaptação é o provimento derivado pelo qual se opera o retorno do servidor posto em disponibilidade, tendo em vista sua extinção ou declaração desnecessária, em cargo de natureza e nível de remuneração compatíveis com o anteriormente ocupado
E) A reversão é a investidura do servidor, estável ou não, em cargo de atribuições e responsabilidades, compatíveis com a limitação que tenha sofrido em sua capacidade física ou mental, verificada em inspeção médica

3276) (2016) Banca: IOBV – Órgão: Prefeitura de Chapecó – SC – Prova: Procurador Municipal

Extinto o cargo ou declarada a sua desnecessidade, o servidor público estável:

A) Ficará em disponibilidade, com remuneração proporcional ao tempo de serviço até o seu aproveitamento em outro cargo.
B) Será exonerado, mediante justa e certa indenização.
C) Ficará em disponibilidade aguardando seu aproveitamento em outro cargo, com a sua remuneração suspensa.
D) Deverá ser reconduzido imediatamente a outro cargo público.

Exoneração: é a saída do servidor dos quadros da Administração sem qualquer caráter punitivo. A exoneração pode se dar: 1) a pedido do servidor; 2) quando o servidor recebe uma avaliação de desempenho desfavorável no final do estágio probatório; 3) quando o servidor não tomar posse ou entrar em exercício no prazo estabelecido. No que se refere aos cargos de comissão, a exoneração pode se dar a pedido do servidor ou da autoridade competente (sem necessidade de qualquer motivação).

3277) (2012) Banca: VUNESP – Órgão: TJ-SP – Prova: Titular de Serviços de Notas e de Registros – Provimento

Com relação à exoneração do servidor público, é correto afirmar que

A) ocorre apenas a pedido do interessado, desde que não esteja sendo processado judicial ou administrativamente.
B) deve ser motivada nas seguintes hipóteses: de servidor não estável, durante o estágio probatório; e do servidor estável, por insuficiência de desempenho.
C) não se aplica ao servidor estável.
D) trata-se de desinvestidura do cargo, de ofício.

3278) (2015) Banca: CAIP-IMES – Órgão: IPREM – Prova: Procurador Jurídico

A exoneração de cargo efetivo dar-se-á:

A) a pedido do servidor, desde que conveniente à Administração Pública.
B) a juízo da autoridade competente.
C) após a instauração de processo administrativo disciplinar, assegurado a ampla defesa e o contraditório.
D) de ofício quando não satisfeitas as condições do estágio probatório.

3279) (2017) Banca: CONSULPLAN – Órgão: TJ-MG – Prova: Titular de Serviços de Notas e de Registros – Remoção

A respeito dos servidores públicos, assinale a afirmativa correta:

A) É garantido aos servidores públicos civis e militares o direito à associação sindical.
B) A adesão de servidor público em estagiário probatório à greve, por mais de 30 (trinta) dias, constitui falta grave ou fato desabonador da conduta no serviço público a ensejar a sua imediata exoneração, após regular processo administrativo.
C) O ato de exoneração do servidor é meramente declaratório, podendo ocorrer após o prazo de três anos fixados para o estágio probatório, desde que as avaliações de desempenho sejam realizadas dentro do prazo constitucional.
D) A obrigatoriedade da realização de concurso público prevista na Constituição da República não se aplica para o provimento de cargos nas autarquias e sociedade de economia mista destinada a explorar atividade econômica.

Demissão: ato punitivo decorrente de decisão administrativa ou judicial. Só pode ser demitido o servidor legalmente investido no cargo público.

Aposentadoria: Aposentadoria compulsória aos 70 anos ou 75 anos, com proventos proporcionais ao tempo de contribuição. A regra não se aplica aos servidores titulares exclusivamente de cargo público de provimento em comissão.

3280) (2012) Banca: ESAF – Órgão: CGU – Prova: Analista de Finanças e Controle

Quanto à aposentadoria do servidor público, pode-se afirmar corretamente que

A) a aposentadoria por invalidez permanente dar-se-á com proventos integrais.
B) aos oitenta anos de idade, o servidor será aposentado compulsoriamente com proventos proporcionais.
C) ao servidor aposentado não é devida a gratificação natalina.
D) a aposentadoria voluntária ou por invalidez vigorará a partir da data do pedido feito pelo servidor.
E) a aposentadoria compulsória é automática e tem vigência a partir do dia imediato àquele em que o servidor atingir a idade-limite de permanência no serviço ativo.

3281) (2017) Banca: REIS & REIS – Órgão: SPDM – Prova: Assistente Administrativo

A aposentadoria compulsória dos servidores públicos ocorre aos:

A) 60 ou 65 anos;
B) 65 ou 70 anos;
C) 70 ou 75 anos;
D) 75 ou 80 anos.

3282) (2014) Banca: TRT 23R (MT) – Órgão: TRT – 23ª REGIÃO (MT) – Prova: Juiz do Trabalho Substituto

Acerca da aposentadoria dos servidores públicos, assinale a alternativa INCORRETA:

A) Quando o servidor público completa 70 (setenta) anos de idade ocorre sua aposentadoria 'expulsória' ou compulsória, com proventos proporcionais ao tempo de contribuição, o que já não ocorre na aposentadoria por invalidez permanente, a qual se dá apenas com proventos integrais;

B) São requisitos da aposentadoria voluntária o tempo mínimo de dez anos de efetivo exercício no serviço e cinco anos no cargo efetivo em que se dará a aposentadoria, devendo ainda contar com 60 (sessenta) anos de idade e 35 (trinta e cinco) anos de contribuição se homem e 55 (cinquenta e cinco) anos de idade e 30 (trinta) de contribuição, se mulher;

C) Os proventos de aposentadoria e as pensões, quando da concessão, não poderão exceder a remuneração do respectivo servidor no cargo efetivo que serviu de base de cálculo;

D) Os requisitos de idade e tempo de contribuição serão reduzidos em cinco anos para o professor que comprove exclusivamente tempo de efetivo exercício nas funções de magistério na educação infantil, ensino fundamental e médio;

E) O tempo de contribuição federal, estadual ou municipal será contado para efeito de aposentadoria e o tempo de serviço correspondente para efeito de disponibilidade.

Conforme estabelece o art. 33 da Lei 8.112/90, são hipóteses de vacância (cargo vago ou desocupado): a) Exoneração; b) Demissão; c) Promoção; d) Readaptação; e) Aposentadoria; f) Posse e outro cargo inacumulável; g) Falecimento.

3283) (2017) Banca: CESPE – Órgão: TRE-BA – Prova: Conhecimentos Gerais – Nível Superior (+ provas)

Renata, servidora pública do Tribunal de Justiça da Bahia (TJ/BA), pediu vacância para tomar posse no cargo de técnico judiciário do TRE/BA. Ao final do período de avaliação, Renata foi inabilitada no estágio probatório referente ao novo cargo. O cargo por ela ocupado anteriormente no TJ/BA não havia sido provido. Nessa situação hipotética, seu retorno ao cargo anterior se dará por meio de

A) redistribuição.
B) reintegração.
C) recondução.
D) aproveitamento.
E) reversão.

3284) (2009) Banca: FCC – Órgão: TRT – 4ª REGIÃO (RS) – Prova: Analista Judiciário – Comunicação Social (+ provas)

NÃO é causa de vacância do cargo público a

A) exoneração.
B) demissão.
C) promoção.
D) aposentadoria.
E) nomeação.

3285) (2014) Banca: FUNCAB – Órgão: PJC-MT – Prova: Investigador

Em uma situação fática administrativo-funcional um determinado cargo público não está provido, isto é, está sem titular. Nessa hipótese, está configurado caso de:

A) nomeação.
B) reingresso.
C) readaptação.
D) investidura
E) vacância.

3286) (2013) Banca: UFMG – Órgão: UFMG – Prova: Assistente de Laboratório

Analise e responda a questão a seguir de acordo com Lei 8.112, de 11/12/1990 e suas alterações.

A vacância do cargo público decorrerá, dentre outros, da

A) redistribuição.
B) remoção.
C) aposentadoria.
D) transferência.

3287) (2017) Banca: NC-UFPR – Órgão: UFPR – Prova: Auxiliar em Administração

São hipóteses de vacância do cargo público na Lei 8.112/90, EXCETO:

A) falecimento.
B) demissão.
C) exoneração.
D) licença sem vencimentos.
E) aposentadoria.

3288) (2016) Banca: FUNRIO – Órgão: IF-BA – Prova: Auxiliar em Administração

Segundo o regime jurídico dos servidores públicos civis da União, das autarquias e das fundações públicas federais, a vacância do cargo público decorrerá, dentre outros motivos, por

A) nomeação e promoção.
B) transferência e demissão.
C) promoção e ascensão.
D) aposentadoria e nomeação.
E) exoneração e demissão.

3289) (2014) Banca: UFMT – Órgão: UFMT – Prova: Assistente em Administração (+ provas)

Com fulcro na Lei 8.112/1990, a vacância do cargo público NÃO decorrerá de

A) Ascensão.
B) Exoneração.
C) Demissão.
D) Aposentadoria.

3290) (2012) Banca: EXATUS – Órgão: IF-TO – Prova: Auxiliar em Administração

A vacância do cargo público decorrerá de, EXCETO:

A) Ascensão.

B) Exoneração.
C) Falecimento.
D) Aposentadoria.

3291) (2016) Banca: FUNIVERSA – Órgão: IF-AP – Prova: Administrador

A vacância do cargo público decorrerá de

A) ascensão.
B) transferência.
C) nomeação.
D) promoção.
E) reversão.

3292) (2012) Banca: CONSULPLAN – Órgão: TSE – Prova: Técnico Judiciário – Programação de Sistemas

São hipóteses de vacância, EXCETO:

A) Morte.
B) Promoção.
C) Licença.
D) Exoneração.

3293) (2015) Banca: CONSULPAM – Órgão: Prefeitura de Serrita – PE – Prova: Auxiliar de Biblioteca Escolar

_____ é o ato administrativo pelo qual o servidor é destituído do cargo, emprego ou função. São as hipóteses do art. 33 da Lei 8112/90, demissão, aposentadoria, promoção e falecimento, e também prever a ascensão, a transferência, a readaptação e posse em outro cargo inacumulável.

A) Vacância
B) Exoneração
C) Demissão
D) Promoção

A remoção refere-se ao deslocamento do servidor a pedido (a critério do Poder Público) ou de ofício no interesse da Administração, no âmbito do mesmo quadro, com ou sem mudança de sede. A remoção a pedido pode se dar nas seguintes situações de fato:

Para acompanhar cônjuge ou companheiro, também servidor civil ou militar, de qualquer das esferas federativas, que foi deslocado no interesse da Administração;

Por motivo de saúde do agente, cônjuge ou companheiro ou dependente;

Em virtude de processo seletivo, na hipótese em que o número de interessados for superior ao número de vagas (concurso de remoção). Nesta hipótese, a Administração Pública deve efetivar as remoções homologadas antes de qualquer ato de nomeação dos novos candidatos aprovados em concurso público.

Em caso de remoção por interesse da Administração, o servidor poderá receber ajuda de custo, com o fito de compensar suas despesas com a mudança de domicílio, sendo vedado o duplo pagamento de indenização no caso de o cônjuge ou companheiro que detenha também a condição de servidor, e vier a exercer o cargo na mesmo cargo.

3294) (2014) Banca: CESPE – Órgão: SUFRAMA – Prova: Agente Administrativo

Considerando que, no interesse da administração, um servidor efetivo da SUFRAMA tenha sido removido de ofício para outra localidade, julgue o item a seguir, considerando que CF corresponde à Constituição Federal de 1988.

Com a remoção, o cargo que o servidor ocupava anteriormente será considerado vago.

A) Certo B) Errado

3295) (2012) Banca: CESPE – Órgão: PC-CE – Prova: Inspetor de Polícia

A remoção é uma forma de provimento.

A) Certo B) Errado

3296) (2008) Banca: CESPE – Órgão: TJ-DFT – Prova: Analista Judiciário – Área Administrativa

Considere as seguintes situações, identificadas em numeração sucessiva.

Fábio prestou concurso público e foi aprovado (1). Após ser nomeado (2), tomou posse (3) no cargo e entrou em exercício (4). Contudo, Fábio prestara também um outro concurso público e foi chamado a assumir o novo cargo público. Após meditar, Fábio resolveu pedir exoneração (5) do cargo que exercia para assumir o novo cargo, inacumulável, em outro órgão (6).

Tendo por base a narrativa acima, julgue o item subsequente.

As situações identificadas pelos números 5 e 6 configuram remoção.

A) Certo B) Errado

3297) (2012) Banca: ESAF – Órgão: MF – Prova: Assistente Técnico Administrativo

Assinale a opção incorreta acerca da remoção.

A) Pode implicar, ou não, mudança na cidade de exercício.
B) Pode ocorrer de ofício, ou a pedido.
C) Não existe remoção de ofício independentemente do interesse da administração para o acompanhamento de cônjuge sem mudança de sede.
D) Trata-se de uma das formas de provimento derivado.
E) Em algumas hipóteses a administração pode vir a ser obrigada a conceder remoção ao servidor que a requeira.

3298) (2010) Banca: FCC – Órgão: TRF – 4ª REGIÃO – Prova: Analista Judiciário – Área Judiciária – Execução de Mandados

Analise:

I. O retorno do servidor estável ao cargo anteriormente ocupado e decorrente de inabilitação em estágio probatório relativo a outro cargo ou reintegração do anterior ocupante.

II. O deslocamento do servidor a pedido, no âmbito do mesmo quadro, com mudança de sede.

Tais situações configuram, respectivamente,

A) recondução e remoção.
B) reversão e ascensão.
C) transferência e recondução.
D) remoção e transferência.
E) ascensão e reintegração.

3299) (2013) Banca: COPESE – UFT – Órgão: Prefeitura de Palmas – TO – Prova: Técnico Administrativo Educacional

NÃO é forma de provimento de cargo público:

A) nomeação
B) readaptação
C) aproveitamento
D) remoção

3300) (2014) Banca: IADES – Órgão: TRE-PA – Prova: Técnico Judiciário – Área Administrativa (+ provas)

O deslocamento do servidor, a pedido ou de ofício, no âmbito do mesmo quadro, com ou sem mudança de sede (1) e o deslocamento de cargo de provimento efetivo, ocupado ou vago no âmbito do quadro geral de pessoal, para outro órgão ou entidade do mesmo Poder, com prévia apreciação do órgão central do Sistema de Pessoal Civil da Administração Federal (SIPEC) (2), correspondem, respectivamente, sem prejuízo dos demais requisitos legais, a quais institutos previstos na Lei no 8.112/1990?

A) (1) Redistribuição e (2) remoção.
B) (1) Transferência e (2) transposição.
C) (1) Remoção e (2) redistribuição.
D) (1) Transferência e (2) aproveitamento.
E) (1) Permuta e (2) transposição.

3301) (2014) Banca: CETRO – Órgão: IF-PR – Prova: Auxiliar de Biblioteca (+ provas)

De acordo com a Lei n° 8.112/1990, quando o servidor, a pedido, desloca-se para outra localidade por motivo de saúde, condicionada à comprovação por junta médica oficial, é correto afirmar que se trata de

A) remoção.
B) redistribuição.
C) readaptação.
D) recondução.
E) nomeação.

3302) Ano: 2017 Banca: PUC-PR Órgão: TJ-MS Provas: PUC-PR – 2017 – TJ-MS – Técnico de Nível Superior – Engenheiro Eletricista

Nos termos do Estatuto dos Servidores Públicos do Poder Judiciário do Estado de Mato Grosso do Sul, NÃO é causa de vacância do cargo público

A) afastamento para tratamento de doença grave, comprovada por laudo médico.
B) demissão.
C) readaptação.
D) exoneração a pedido ou de ofício.
E) aposentadoria.

Trata-se do deslocamento de um cargo de provimento efetivo para outro órgão ou entidade no interesse da Administração, assegurado a equivalência de vencimentos, manutenção da essência das atribuições, vinculação entre os graus de responsabilidade e complexidade, mesmo nível de escolaridade e compatibilidade de funções. Ex: a Secretaria de Estado de Desenvolvimento fora recém-criada e, haja vista que não há uma carreira específica para Analista de Desenvolvimento, o Governo do Estado redistribui os cargos de Especialista em Políticas Públicas (lotados na Secretaria de Planejamento e Gestão) para fins de compor os quadros da nova Secretaria. A redistribuição é dos CARGOS.

3303) (2016) Banca: CESPE Órgão: TRT – 8ª Região (PA e AP) – Prova: Analista Judiciário – Psicologia

Conforme a Lei 8.112/1990, o deslocamento de cargo de provimento efetivo, ocupado ou vago, no âmbito do quadro geral de pessoal para outro órgão ou entidade do mesmo poder denomina-se

A) remoção.
B) reintegração.
C) transferência.
D) substituição.
E) redistribuição

3304) (2017) Banca: FCC – Órgão: TRT – 11ª Região (AM e RR) – Prova: Analista Judiciário – Área Judiciária

Joana, servidora pública federal, detentora de cargo efetivo em determinado órgão do Poder Judiciário, será redistribuída para outro órgão, de acordo com as disposições previstas na Lei no 8.112/1990. Nesse caso, a redistribuição

A) seria admissível ainda que Joana não fosse detentora de cargo efetivo, mas sim de cargo em comissão, dada a paridade aplicável às modalidades de cargos.
B) não exige a manutenção da essência das atribuições do cargo.
C) exige apreciação do órgão central do SIPEC, que será prévia à redistribuição ou posterior, dependendo da urgência.
D) deverá ocorrer obrigatoriamente para outro órgão do Poder Judiciário.
E) dar-se-á no interesse da Administração ou do servidor, conforme os demais requisitos aplicáveis ao caso concreto.

3305) (2006) Banca: FCC – Órgão: TRT – 4ª REGIÃO (RS) – Prova: Técnico Judiciário – Área Administrativa

NÃO é considerado um dos preceitos para a redistribuição de cargos

A) o mesmo nível, dentre outros, de escolaridade.
B) o interesse da administração pública.
C) o equilíbrio de vencimentos.
D) a manutenção da essência das atribuições do cargo.
E) o pedido por servidor de cargo em comissão.

3306) (2013) Banca: FUNCAB – Órgão: IF-RR – Prova: Assistente de Administração

Assinale a alternativa que NÃO se caracteriza como uma forma de provimento de cargo público.

A) Redistribuição
B) Readaptação
C) Reintegração
D) Aproveitamento
E) Recondução

Conforme o art. 18 da Lei 8112/90, "o servidor que deva ter exercício em outro município em razão de ter sido removido, redistribuído, requisitado, cedido ou posto em exercício provisório terá, no mínimo, dez e, no máximo, trinta dias de prazo.

3307) (2012) Banca: UNIRIO – Órgão: UNIRIO – Prova: Técnico em Tecnologia da Informação – Rede de Computadores (+ provas)

Nos termos da Lei 8.112/1990 e suas alterações, o servidor que deva ter exercício em outro município em razão de ter sido removido, redistribuído, requisitado, cedido ou posto em exercício provisório terá, no mínimo,

A) Dez e, no máximo, trinta dias de prazo, contados da publicação do ato, para a retomada do efetivo desempenho das atribuições do cargo.

B) Sete e, no máximo, dez dias de prazo, contados da publicação do ato, para a retomada do efetivo desempenho das atribuições do cargo.

C) Quinze e, no máximo, vinte dias de prazo, contados da publicação do ato, para a retomada do efetivo desempenho das atribuições do cargo.

D) Vinte e, no máximo, trinta dias de prazo, contados da publicação do ato, para a retomada do efetivo desempenho das atribuições do cargo.

E) Trinta e, no máximo, quarenta e cinco dias de prazo, contados da publicação do ato, para a retomada do efetivo desempenho das atribuições do cargo.

"Art. 37, XVI. É vedada a acumulação remunerada de cargos públicos, exceto, quando houver compatibilidade de horários, observado em qualquer caso o disposto no inciso XI.

a) a de dois cargos de professor;

b) a de um cargo de professor com outro técnico ou científico;

c) a de dois cargos ou empregos privativos de profissionais de saúde, com profissões regulamentadas;"

3308) (2015) Banca: CESPE – Órgão: TJ-DFT – Prova: Técnico de Administração

Com base no disposto na Lei 8.112/1990, julgue o item a seguir. Indivíduo aposentado em emprego público pelo regime oficial da previdência social pode tanto exercer função pública em caráter temporário quanto ocupar cargo em comissão de livre nomeação, por não se configurar, nesses casos, acumulação de cargos públicos

A) Certo   B) Errado

3309) (2016) Banca: CESPE – Órgão: FUB – Prova: Auxiliar em Administração

Ainda de acordo com a Lei 8.112/1990 e suas alterações, julgue o item subsequente.

É vedada a acumulação remunerada de cargos públicos, salvo os casos previstos na Constituição Federal de 1988, condicionados à comprovação de compatibilidade de horários.

A) Certo   B) Errado

3310) (2014) Banca: FUNDEP (Gestão de Concursos) – Órgão: DPE-MG – Prova: Defensor Público

Sobre os servidores públicos, assinale a alternativa INCORRETA.

A) A declaração de nulidade do contrato de trabalho em razão da ocupação de cargo público sem concurso público assegura ao contratado o direito ao levantamento do FGTS (Fundo de Garantia por Tempo de Serviço).

B) Em concurso público, o portador de visão monocular tem direito de disputar as vagas reservadas aos deficientes.

C) Dá-se o nome de reversão para o reingresso do servidor aposentado por invalidez, por não mais subsistirem as razões que determinaram a aposentação.

D) É vedada a percepção de mais de uma aposentadoria com base no regime próprio de previdência, mesmo no caso de cargos acumuláveis, hipótese em que o servidor deverá escolher entre as remunerações.

3311) (2012) Banca: MPE-SP – Órgão: MPE-SP – Prova: Promotor de Justiça

É vedada a acumulação remunerada de cargos públicos, exceto, quando houver compatibilidade de horários, observado, em qualquer caso, o teto remuneratório do funcionalismo público, nas hipóteses de acumulação de dois cargos de

A) professor; a de um cargo de professor com outro, técnico ou científico, e a de dois cargos ou empregos privativos de médicos.

B) professor; a de um cargo de professor com outro, técnico ou científico; a de dois cargos ou empregos privativos de profissionais de saúde, com profissões regulamentadas.

C) professor; a de um cargo de professor com outro, cargo ou emprego privativo de profissionais de saúde, com profissões regulamentadas; e a de dois cargos ou empregos privativos de médicos.

D) professor do ensino médio ou fundamental; a de um cargo de professor com outro, técnico ou científico; e a de dois cargos ou empregos privativos de profissionais de saúde, com profissões regulamentadas.

E) professor; a de dois cargos de professor com outro, técnico ou científico; e a de dois cargos ou empregos privativos de profissionais de saúde, com profissões regulamentadas.

3312) (2014) Banca: MPE-SC – Órgão: MPE-SC – Prova: Promotor de Justiça – Matutina

Analise o enunciado da questão abaixo e assinale se ele é Certo ou Errado.

Ao servidor público é vedado o exercício cumulativo e remunerado de cargos públicos, exceto, quando houver compatibilidade de horários, o de dois cargos de professor; o de um cargo de professor com outro, técnico ou científico; e o de dois cargos privativos de profissionais da saúde. A proibição de acumular é extensiva a empregos e funções e se limita à Administração Direta, às autarquias e às fundações.

A) Certo   B) Errado

3313) (2014) Banca: UESPI – Órgão: PC-PI – Prova: Escrivão de Polícia Civil

É CORRETO afirmar que

A) o prazo de validade do concurso público será de até 3 anos, prorrogável uma vez, por igual período.

B) a acumulação remuneratória de qualquer cargo público, EXCETO quando houver compatibilidade de horários, é vedada.

C) os vencimentos dos cargos do Poder Legislativo podem ser superiores aos pagos pelo Executivo, em virtude da importância dos cargos.

D) é vedada a acumulação remuneratória de cargos públicos, salvo quando houver compatibilidade de horários, no caso de um cargo de professor e outro de técnico ou científico.

E) é obrigatória a equiparação remuneratória dos cargos públicos do Poder Legislativo, Judiciário e Executivo em razão da harmonia e dependência entre os poderes.

3314) (2016) Banca: FCM – Órgão: IF Farroupilha – RS – Prova: Docente – Administração/Gestão de Pessoas (+ provas)

No que se refere à acumulação remunerada de cargos públicos, prevista na Constituição da República,

A) quando houver compatibilidade de horários, é admitida a acumulação remunerada de três cargos de professor.

B) é vedada a acumulação remunerada de cargos públicos, independentemente da compatibilidade de horários e dos cargos.

C) é admitida a acumulação remunerada de cargos públicos, independentemente da compatibilidade de horários e dos cargos.

D) quando houver compatibilidade de horários, é admitida a acumulação remunerada de um cargo científico com outro técnico.

E) quando houver compatibilidade de horários, é admitida a acumulação remunerada de um cargo de professor com outro técnico ou científico.

3315) (2016) Banca: LEGALLE – CONCURSOS – Órgão: Prefeitura de Turuçu – RS – Prova: Assistente Social

É vedada a acumulação remunerada de cargos públicos, exceto quando houver compatibilidade de horários:

I. De dois cargos de profissionais da saúde.
II. De dois cargos de professor com outro, técnico ou científico.
III. De dois cargos ou empregos privativos de profissionais de saúde, com profissões regulamentadas.

Está(ão) correta(s):

A) Apenas I.
B) Apenas II.
C) Apenas III.
D) Apenas II e III.
E) I, II e III.

Caso o servidor acumule licitamente dois cargos efetivos (Ex.: um servidor é promotor de justiça e professor universitário) e venha a ser investido em cargo de provimento em comissão, ele ficará afastado de ambos os cargos efetivos e exercerá apenas o cargo de provimento em comissão. Contudo, ele poderá cumular o cargo de comissão com um dos cargos efetivos se houver compatibilidade de horário declarada pelas autoridades máximas dos órgãos ou entidades envolvidas.

3316) (2013) Banca: CESPE – Órgão: TRT – 10ª REGIÃO (DF e TO) – Prova: Técnico Judiciário (+ provas)

A acumulação lícita de cargos públicos por parte do servidor é condicionada à demonstração de compatibilidade de horários.

A) Certo B) Errado

3317) (2012) Banca: FADESP – Órgão: MPE-PA – Prova: Analista Jurídico

É possível a acumulação remunerada, quando houver compatibilidade de horários, de;

A) dois cargos técnicos ou científicos.
B) dois cargos ou empregos privativos de profissionais de saúde, com profissão regulamentada.
C) dois cargos de nível médio.
D) um cargo de nível médio e um cargo de professor.

3318) (2012) Banca: FUNCAB – Órgão: MPE-RO – Prova: Analista – Administração

Entre as opções apresentadas, é vedada a acumulação remunerada de cargos públicos, EXCETO quando houver compatibilidade de horários de:

A) dois cargos de técnico.
B) dois cargos de engenheiro.
C) um cargo de administrador com outro técnico.
D) um cargo de professor com outro técnico ou científico.
E) um cargo de auxiliar administrativo com outro técnico ou científico.

Destaca-se que, em regra, o ocupante de cargo em comissão ou função de confiança submete-se a regime de integral dedicação ao serviço.

3319) (2010) Banca: CESPE – Órgão: MS – Prova: Analista Técnico – Administrativo

O ocupante de cargo em comissão ou função de confiança submete-se ao regime de integral dedicação ao serviço e pode ser convocado sempre que houver interesse da administração.

A) Certo B) Errado

"Art. 37, § 10. É vedada a percepção simultânea de proventos de aposentadoria decorrentes do art. 40 ou dos arts. 42 e 142 com a remuneração de cargo, emprego ou função pública, ressalvados os cargos acumuláveis na forma desta Constituição, os cargos eletivos e os cargos em comissão declarados em lei de livre nomeação e exoneração."

Importante destacar que o STJ já manifestou entendimento favorável à possibilidade de acumulação de proventos de aposentadoria de emprego público com remuneração de cargo público temporário:

3320) (2009) Banca: CESPE – Órgão: TRE-MG – Prova: Técnico Judiciário – Área Administrativa

Conforme entendimento do STJ é possível a acumulação de proventos de aposentadoria de emprego público com remuneração de cargo público temporário.

A) Certo B) Errado

3321) (2015) Banca: CESPE – Órgão: DPE-PE – Prova: Defensor Público

A respeito dos servidores públicos, julgue o item subsequente.

Não é possível a acumulação de um cargo de professor com outro de caráter técnico ou científico se a soma da carga horária ultrapassar o limite de sessenta horas semanais, pois não há,

nessa situação, o requisito constitucional da compatibilidade de horários.
A) Certo B) Errado

3322) (2014) Banca: CESPE – Órgão: Câmara dos Deputados – Prova: Analista Legislativo

A respeito do regime jurídico estatutário dos servidores públicos, julgue o item a seguir, de acordo com o entendimento dos tribunais superiores.

É possível a acumulação de dois cargos privativos de profissionais de saúde, desde que haja compatibilidade de horários e que, sob esse aspecto, a soma da carga horária referente aos dois cargos não ultrapasse o limite máximo de sessenta horas semanais.
A) Certo B) Errado

3323) (2015) Banca: FCC – Órgão: TCE-AM – Prova: Auditor

Quanto ao regime próprio da previdência social do servidor público federal, conforme normas constitucionais, é correto afirmar:

A) A aposentadoria por invalidez permanente ocorrerá com pagamento de proventos proporcionais ao tempo de contribuição ainda que decorrente de moléstia profissional.
B) A aposentadoria compulsória ocorrerá aos setenta e cinco anos de idade em qualquer cargo ou função pública e será com percepção de proventos integrais.
C) Os servidores que exerçam atividades de risco estão incluídos na regra que veda a adoção de requisitos e critérios diferenciados para concessão de aposentadoria, visto que a norma excepciona apenas os portadores de deficiência.
D) Ressalvadas as aposentadorias decorrentes dos cargos acumuláveis previstos na Constituição, é vedada a percepção de mais de uma aposentadoria à conta do Regime Próprio de Previdência Social.
E) O benefício de pensão por morte será igual a 80% do valor dos proventos do servidor falecido, sem vinculação ao limite máximo estabelecido pelo Regime Geral da Previdência Social.

3324) (2015) Banca: COSEAC – Órgão: UFF – Prova: Psicólogo (+ provas)

A Constituição da República permite, em algumas hipóteses, a acumulação de proventos de aposentadoria com remuneração de outro cargo, emprego ou função, EXCETO a acumulação de:
A) um cargo técnico e um cargo eletivo.
B) dois cargos de professor.
C) um cargo técnico e um cargo em comissão de livre nomeação e exoneração.
D) dois cargos técnicos.
E) dois cargos de profissionais de saúde, com profissões regulamentadas.

"Art. 133. Detectada a qualquer tempo a acumulação ilegal de cargos, empregos ou funções públicas, a autoridade a que se refere o art. 143 notificará o servidor, por intermédio de sua chefia imediata, para apresentar opção no prazo improrrogável de dez dias, contados da data da ciência e, na hipótese de omissão, adotará procedimento sumário para a sua apuração e regularização imediata, cujo processo administrativo disciplinar se desenvolverá nas seguintes fases."

3325) (2005) Banca: CESPE – Órgão: TRT – 16ª REGIÃO (MA) – Prova: Técnico Judiciário – Enfermagem

Após o preenchimento de todas as formalidades exigidas por lei, João tomou posse em um cargo público federal efetivo que não é abrangido pelas hipóteses de acumulação previstas na Constituição Federal. Um mês após a sua entrada em efetivo exercício, a administração recebeu denúncia de que João ainda mantinha contrato de trabalho com uma empresa pública instituída por estado-membro da Federação.

Considerando a situação hipotética acima e os dispositivos da Lei 8.112/1990 – Regime Jurídico dos Servidores Públicos Civis da União – vigentes, julgue o item seguinte.

De acordo com a lei, a autoridade administrativa competente deverá notificar João, por intermédio de sua chefia imediata, para apresentar sua defesa no prazo improrrogável de dez dias, contados da ciência, sob pena de ser invalidada a sua nomeação.
A) Certo B) Errado

3326) (2013) Banca: FCC – Órgão: MPE-MA – Prova: Analista Ministerial – Direito

Nos termos da Lei 8.112/90, detectada a qualquer tempo a acumulação ilegal de cargos, empregos ou funções públicas, a autoridade competente notificará o servidor, por intermédio de sua chefia imediata, para apresentar opção em determinado prazo, contado da data da ciência e, na hipótese de omissão, adotará procedimento sumário para a sua apuração e regularização imediata. O prazo a que se refere o enunciado é improrrogável de
A) dez dias.
B) quinze dias.
C) vinte dias.
D) trinta dias.
E) cinco dias.

"Art. 40. Aos servidores titulares de cargos efetivos da União, dos estados, do Distrito Federal e dos municípios, incluídas suas autarquias e fundações, é assegurado regime de previdência de caráter contributivo e solidário, mediante contribuição do respectivo ente público, dos servidores ativos e inativos e dos pensionistas, observados critérios que preservem o equilíbrio financeiro e atuarial e o disposto neste artigo [...]

3327) (2010) Banca: CESPE – Órgão: TRE-BA – Prova: Analista Judiciário – Área Administrativa

Com relação às disposições da CF acerca da administração pública e dos servidores públicos, julgue o próximo item.

Aos servidores titulares de cargos efetivos da União, dos estados, do Distrito Federal e dos municípios, incluídas suas autarquias e fundações, é assegurado regime de previdência de caráter contributivo e solidário, mediante contribuição do respectivo ente público, dos servidores ativos e inativos e dos pensionistas.
A) Certo B) Errado

3328) (2015) Banca: IBFC – Órgão: EMBASA – Prova: Analista de Saneamento – Enfermeiro do Trabalho (+ provas)

Assinale a alternativa correta considerando as previsões da Constituição Federal sobre os servidores públicos.

A) Aos servidores titulares de cargos efetivos da União, dos Estados, do Distrito Federal e dos Municípios, incluídas suas autarquias e fundações, é assegurado regime de previdência de caráter contributivo e solidário, mediante contribuição do respectivo ente público, dos servidores ativos e inativos e dos pensionistas, observados critérios que preservem o equilíbrio financeiro e atuarial.

B) Aos servidores titulares de cargos efetivos da União, dos Estados, do Distrito Federal e dos Municípios, excluídas suas autarquias e fundações, é assegurado regime de previdência de caráter contributivo e solidário, mediante contribuição do respectivo ente público, dos servidores ativos e inativos e dos pensionistas, observados critérios que preservem o equilíbrio financeiro e atuarial.

C) Aos servidores titulares de cargos eletivos da União, dos Estados, do Distrito Federal e dos Municípios, excluídas suas autarquias e fundações, é assegurado regime de previdência de caráter contributivo e solidário, mediante contribuição do respectivo ente público, dos servidores ativos e inativos e dos pensionistas, observados critérios que preservem o equilíbrio financeiro e atuarial.

D) Aos servidores titulares de cargos efetivos da União, dos Estados, do Distrito Federal e dos Municípios, incluídas suas autarquias e fundações, é assegurado regime de previdência de caráter contributivo e solidário, mediante contribuição exclusiva do beneficiário, dos servidores ativos e inativos e dos pensionistas, observados critérios que preservem o equilíbrio financeiro e atuarial.

3329) (2013) Banca: TJ-RS – Órgão: TJ-RS – Prova: Titular de Serviços de Notas e de Registros

Assinale a alternativa correta.

A) É vedada a instituição de regime de previdência complementar aos servidores titulares de cargos efetivos.

B) O regime previdenciário dos servidores titulares de cargos efetivos tem caráter contributivo, observando critérios que preservem o equilíbrio financeiro e atuarial.

C) O servidor aposentado por invalidez permanente terá proventos proporcionais ao tempo de contribuição, ainda que em decorrência de acidente em serviço.

D) Ao ocupante exclusivamente de cargo em comissão, declarado em lei de livre nomeação e exoneração, é garantido o direito de inclusão no regime de previdência dos servidores públicos titulares de cargos efetivos.

3330) (2013) Banca: VUNESP – Órgão: FUNDAÇÃO CASA – Prova: Analista Administrativo

O regime previdenciário dos servidores titulares de cargos efetivos da União, dos Estados, do Distrito Federal e dos Municípios, incluídas suas autarquias e fundações, é de caráter.

A) contributivo, mediante contribuição do respectivo ente público, dos servidores ativos e inativos e dos pensionistas, observados critérios que preservem o equilíbrio financeiro e atuarial.

B) contributivo e solidário, mediante contribuição do respectivo ente público, dos servidores ativos e inativos e dos pensionistas, observados critérios que preservem o equilíbrio financeiro e atuarial.

C) contributivo e solidário, mediante contribuição do respectivo ente público, dos servidores ativos e inativos e dos pensionistas, observados critérios que preservem o equilíbrio financeiro.

D) contributivo e solidário, mediante contribuição do respectivo ente público, dos servidores ativos e inativos, observados critérios que preservem o equilíbrio atuarial.

E) contributivo e solidário, mediante contribuição do respectivo ente público, dos servidores ativos e inativos e dos pensionistas, observados critérios que preservem o equilíbrio financeiro e atuarial.

Conforme determinação do art. 40, § 2º da CF/88, "os proventos de aposentadoria e as pensões, por ocasião de sua concessão, não poderão exceder a remuneração do respectivo servidor, no cargo efetivo em que se deu a aposentadoria ou que serviu de referência para a concessão da pensão".

3331) (2014) Banca: CESPE – Órgão: TC-DF – Prova: Analista de Administração Pública – Orçamento, Gestão Financeira e Controle

Como regra, os proventos de pensões, por ocasião de sua concessão, poderão exceder a remuneração do servidor aposentado compulsoriamente.

A) Certo B) Errado

Sindicância: trata-se de um procedimento mais simples, que objetiva apurar faltas leves, com pena máxima de advertência ou suspensão por até 30 dias. Como resultado da sindicância (caso esta não seja arquivada) poderá haver a aplicação da penalidade de advertência, suspensão ou instauração do PAD.

Processo Administrativo Disciplinar (PAD): Inicialmente, importante ressaltar que o órgão poderá instaurar o PAD sem que tenha instaurado previamente uma sindicância. Dito isto, temos que o PAD é um procedimento que visa apurar e punir falta grave, isso é, fato que não enseja mera advertência ou suspensão por até 30 dias. O PAD será iniciado com a publicação do ato que constituir a comissão processante, se desenvolverá no Inquérito Administrativo (que abarca a instrução, a defesa e o relatório) e terá fim com o julgamento. O ato que inicia o PAD é a portaria de instauração.

3332) (2016) Banca: FGV – Órgão: IBGE – Prova: Analista – Processos Administrativos e Disciplinares

A autoridade que tiver ciência de irregularidade no serviço público é obrigada a promover a sua apuração imediata. Consoante dispõe a Lei nº 8.112/90, a sindicância:

A) pode resultar em aplicação de penalidade de advertência ou suspensão de até 30 (trinta) dias;

B) é procedimento sumário que apura falta funcional leve e prescinde da ampla defesa ao investigado;

C) pode ensejar aplicação direta de penalidade de demissão, desde que observados o contraditório e a ampla defesa;

D) tem prazo para conclusão de até 60 (sessenta) dias, podendo ser prorrogado por igual período, a critério da autoridade superior;

E) segue procedimento sumário, suprimindo a fase de instauração e passando direto para alegações finais quando o fato narrado não configurar evidente infração disciplinar.

3333) (2015) Banca: FGV – Órgão: SSP-AM – Prova: Técnico de Nível Superior

Leandro, servidor público estadual estável ocupante de cargo efetivo, praticou grave falta funcional punível com pena de demissão. De acordo com a Constituição da República de 1988, Leandro poderá perder o cargo em virtude de:

A) sentença judicial contra a qual caiba recurso com efeitos devolutivo e suspensivo;
B) processo administrativo em que lhe seja assegurada ampla defesa;
C) sindicância sumária em que lhe sejam assegurados contraditório e ampla defesa;
D) decisão da autoridade administrativa devidamente fundamentada, independentemente de prévio processo administrativo;
E) decisão da autoridade judicial devidamente fundamentada, independentemente de prévio processo judicial ou administrativo.

3334) (2015) Banca: INSTITUTO CIDADES – Órgão: Prefeitura de Sobral – CE – Prova: Técnico Legislativo – Área Legislativa

Segundo o artigo 143 da lei 8.112, de 11 de dezembro de 1990, a autoridade que tiver ciência de irregularidade no serviço público é obrigada a promover a sua apuração imediata, mediante:

A) Sindicância
B) Investigação criminal
C) Investigação militar
D) Investigação judicial

3335) (2014) Banca: NC-UFPR – Órgão: DPE-PR – Prova: Defensor Público

Assinale a alternativa correta.

A) O controle externo das finanças públicas é incumbido ao Poder Legislativo, o qual é auxiliado pelo Ministério Público de cada ente da Federação.
B) O processo administrativo disciplinar depende umbilicalmente da sindicância. Todo e qualquer processo disciplinar deverá ser declarado nulo se não for precedido de sindicância.
C) A sindicância é peça investigativa dispensável e instrumental. No entanto, diante de sua natureza preparatória ao processo disciplinar, o contraditório e a ampla defesa não são essenciais a garantir sua legitimidade.
D) Os cargos e empregos públicos poderão ser ocupados somente por brasileiros natos, pois se trata de questão de soberania nacional a garantia do acesso aos cargos e empregos aos brasileiros que nasceram no Brasil.
E) A ocupação temporária prevista na Lei nº 8.666 confere à Administração Pública o direito de retomar o objeto contratual a qualquer tempo e sem qualquer motivação.

3336) (2015) Banca: BIO-RIO – Órgão: IF-RJ – Prova: Tecnólogo – Gestão de Recursos Humanos

Uma irregularidade no serviço público pode resultar em sindicância e desta poderá resultar arquivamento do processo, aplicação de penalidade de advertência, instauração de processo disciplinar ou suspensão de até:

A) 15 dias.
B) 30 dias.
C) 60 dias.
D) 90 dias.
E) 120 dias.

3337) (2008) Banca: UEG – Órgão: TJ-GO – Prova: Escrivão Judiciário

Quando estiver prevista a pena de demissão para a falta imputada, será instaurado:

A) Processo disciplinar
B) Sindicância
C) Investigação
D) Processo administrativo

3338) (2016) Banca: FUNIVERSA – Órgão: IF-AP – Prova: Assistente em Administração

Em relação ao processo administrativo disciplinar, previsto na Lei 8.112/1990, assinale a alternativa correta.

A) É opcional à autoridade, que tiver ciência de irregularidade no serviço público, a promoção de apuração imediata, mediante sindicância ou processo administrativo disciplinar.
B) No caso de abertura de sindicância, não é garantido ao servidor acusado, a ampla defesa.
C) Como medida cautelar e a fim de que o servidor não venha a influir na apuração da irregularidade, a autoridade instauradora do processo disciplinar poderá determinar o seu afastamento do exercício do cargo, pelo prazo de até sessenta dias, com prejuízo da remuneração.
D) Da sindicância poderá resultar aplicação de penalidade de advertência ou suspensão de até trinta dias.
E) O prazo para conclusão da sindicância não excederá 360 dias, podendo ser prorrogado por igual período, a critério da autoridade competente.

3339) (2017) Banca: IDIB – Órgão: CRO-BA – Prova: Técnico Administrativo

De acordo com a Lei nº 8.112/90, a autoridade que tiver ciência de irregularidade no serviço público é obrigada a promover a sua apuração imediata, mediante:

A) Sindicância
B) Investigação criminal
C) Investigação militar
D) Investigação judicial

3340) (2017) Banca: UFPA – Órgão: UFPA – Prova: Psicólogo – Área: Organizacional e do Trabalho (+ provas)

A autoridade que tiver ciência de irregularidade no serviço público é obrigada a promover a sua apuração imediata, mediante sindicância ou processo administrativo disciplinar, assegurada ao acusado ampla defesa. É o que contempla a Lei nº 8.112, de 11 de dezembro de 1990, e suas alterações, que dispõem sobre o regime jurídico dos servidores públicos civis da União, das autarquias e das fundações públicas federais. A sindicância poderá resultar em

A) arquivamento do processo, aplicação de penalidade de advertência ou suspensão de até 60 (sessenta) dias e instauração de processo disciplinar.
B) arquivamento do processo, aplicação de penalidade de advertência ou suspensão de até 45 (quarenta e cinco) dias e instauração de processo disciplinar.

C) arquivamento do processo, aplicação de penalidade de advertência ou suspensão de até 30 (trinta) dias e instauração de processo disciplinar.
D) aplicação de penalidade de advertência ou suspensão de até 90 (noventa) dias e instauração de processo disciplinar, somente.
E) aplicação de penalidade de advertência ou suspensão de até 15 (quinze) dias e instauração de processo disciplinar, somente.

3341) (2014) Banca: IADES – Órgão: TRE-PA – Prova: Técnico Judiciário – Área Administrativa (+ provas)

Assinale a alternativa que apresenta a ordem cronológica das fases e subfases do procedimento sumário de apuração administrativo disciplinar, objeto do Estatuto dos Servidores Públicos Federais.

A) Instauração, inquérito sumário (citação, defesa e relatório) e julgamento.
B) Instauração, inquérito (instrução, defesa e relatório) e julgamento.
C) Atos preparatórios, probatória (oitiva de testemunhas, perícias, interrogatório, indiciação e defesa) e relatório final.
D) Instauração, instrução sumária (indiciação, defesa e relatório) e julgamento.
E) Preliminar, probatória (indiciação, defesa, oitiva de testemunhas, perícias, interrogatório e relatório) e julgamento.

O processo disciplinar se desenvolve em três fases: instauração; inquérito administrativo e julgamento (será estudado nos próximos capítulos). Importante salientar que a decisão final do PAD não é determinada pela comissão processante, mas sim pela autoridade competente que baseará seu julgamento no relatório apresentado pela comissão. Segundo o STJ, apresentado este relatório, não é obrigatório intimar o interessado para alegações finais (STJ. 1ª Seção. MS 18.090-DF, Rel. Min. Humberto Martins, julgado em 8/5/2013. Info 523).

3342) (2014) Banca: CESPE – Órgão: MPE-AC – Prova: Promotor de Justiça

Acerca do entendimento do STJ sobre o processo administrativo disciplinar, assinale a opção correta.

A) Não é obrigatória a intimação do interessado para apresentar alegações finais após o relatório final de processo administrativo disciplinar.
B) Não é possível a utilização, em processo administrativo disciplinar, de prova emprestada produzida validamente em processo criminal, enquanto não houver o trânsito em julgado da sentença penal condenatória.
C) No processo administrativo disciplinar, quando o relatório da comissão processante for contrário às provas dos autos, não se admite que a autoridade julgadora decida em sentido diverso do indicado nas conclusões da referida comissão, mesmo que o faça motivadamente
D) Considere que se constate que servidor não ocupante de cargo efetivo tenha-se valido do cargo comissionado para indicar o irmão para contratação por empresa recebedora de verbas públicas. Nessa situação, a penalidade de destituição do servidor do cargo em comissão só será cabível caso se comprove dano ao erário ou proveito pecuniário.
E) Caso seja ajuizada ação penal destinada a apurar criminalmente os mesmos fatos investigados administrativamente, deve haver a imediata paralisação do curso do processo administrativo disciplinar.

"Art. 168 O julgamento acatará o relatório da comissão, salvo quando contrário às provas dos autos.

Parágrafo único. Quando o relatório da comissão contrariar as provas dos autos, a autoridade julgadora poderá, motivadamente, agravar a penalidade proposta, abrandá-la ou isentar o servidor de responsabilidade."

3343) (2014) Banca: CESPE – Órgão: Câmara dos Deputados – Prova: Analista Legislativo

Acerca do regime disciplinar dos agentes públicos, julgue o item a seguir. A autoridade julgadora competente para proferir decisão em processo disciplinar está parcialmente vinculada à apreciação opinativa da comissão processante, podendo aplicar pena mais branda que a sugerida, mas não mais gravosa

A) Certo B) Errado

Provas utilizadas no PAD: não são admitidas provas ilícitas no procedimento disciplinar.

3344) (2016) Banca: CESPE Órgão: TRE-PI Prova: Analista Judiciário

Com base na legislação que rege o processo administrativo disciplinar (PAD), assinale a opção correta.

A) No PAD, não se admitem provas contra os agentes públicos investigados obtidas por meios ilícitos.
B) O comparecimento e ciência do agente público investigado em PAD não supre a falta de sua intimação, haja vista o seu direito de ser citado pelo menos três dias antes da data para cumprimento do objeto da intimação.
C) É obrigatória a cobrança de custas processuais dos agentes públicos apontados como responsáveis pela infração investigada, além da exigência de depósito em garantia aos cofres públicos, em montante a ser estipulado pela autoridade superior, compatível com o valor do objeto investigado.
D) Não representa prejuízo para o PAD o fato de servidor nomeado para apurar o ocorrido litigar em juízo contra o agente público investigado, se não houver sentença transitada em julgado.
E) Em razão do princípio da solenidade, o PAD deverá obedecer à forma, aos requisitos e aos demais ritos processuais, inclusive quanto à correta invocação das peças utilizadas em suas manifestações, sob pena de não serem conhecidas em juízo de admissibilidade.

Advertência: nos termos do art. 129 da Lei 8112/90, a advertência será aplicada por escrito, nos casos de violação de proibição constante do art. 117, incisos I a VIII e XIX, e de inobservância de dever funcional previsto em lei em regulamentação ou norma interna, que não justifique imposição de penalidade mais grave.

Suspensão: nos termos do art. 130 da lei nº 8112/90, a suspensão será aplicada em caso de reincidência de faltas punidas com advertência e violação das demais proibições que não tipifiquem infração sujeita a penalidade de demissão.

Demissão: a penalidade de demissão somente poderá ser aplicada em uma das hipóteses taxativamente previstas no art. 132 da lei nº 8112/90:

"Art. 132. A demissão será aplicada nos seguintes casos:

I – crime contra a administração pública;

II – abandono de cargo;

III – inassiduidade habitual;

IV – improbidade administrativa;

V – incontinência pública e conduta escandalosa, na repartição;

VI – insubordinação grave em serviço;

VII – ofensa física, em serviço, a servidor ou a particular, salvo em legítima defesa própria ou de outrem;

VIII – aplicação irregular de dinheiros públicos;

IX – revelação de segredo do qual se apropriou em razão do cargo;

X – lesão aos cofres públicos e dilapidação do patrimônio nacional;

XI – corrupção;

XII – acumulação ilegal de cargos, empregos ou funções públicas;

XIII – transgressão dos incisos IX a XVI do art. 117."

3345) (2016) Banca: CESPE – Órgão: DPU – Prova: Todos os Cargos

Ainda com base no disposto na Lei 8.112/1990 e na Constituição Federal de 1988 (CF), julgue o próximo item. A inassiduidade habitual será apurada mediante procedimento sumário, cabendo, nesse caso, a penalidade de remoção ou de advertência

A) Certo B) Errado

3346) (2016) Banca: CESPE – Órgão: FUB – Prova: Conhecimentos Básicos – Cargo 20 (+ provas)

Cláudio, servidor público federal lotado na capital federal, pediu remoção para o estado de São Paulo. O pedido foi deferido pelo órgão ao qual ele pertence. Imediatamente, Cíntia, sua esposa, também servidora pública federal lotada em Brasília, solicitou remoção para acompanhar o cônjuge. O pedido de Cíntia foi negado. Quinze dias depois da data de ciência da decisão, Cíntia apresentou recurso, que não foi conhecido, por ter sido apresentado fora do prazo. Diante disso, Cíntia, sem prévia autorização do chefe imediato, se ausentou do serviço durante o expediente para auxiliar na mudança de Cláudio.

Considerando essa situação hipotética, julgue o item que se segue com fundamento na Lei 8.112/1990 – Regime Jurídico dos Servidores Públicos Civis da União – e na Lei 9.784/1999, que dispõe sobre o processo administrativo na administração pública federal.

Por ter se ausentado do serviço durante o expediente e sem prévia autorização do chefe imediato, Cíntia está sujeita à penalidade de demissão.

A) Certo B) Errado

3347) (2015) Banca: CESPE – Órgão: FUB – Prova: Nível Superior

Maria, servidora pública federal estável, integrante de comissão de licitação de determinado órgão público do Poder Executivo federal, recebeu diretamente, no exercício do cargo, vantagem econômica indevida para que favorecesse determinada empresa em um procedimento licitatório. Após o curso regular do processo administrativo disciplinar, confirmada a responsabilidade de Maria na prática delituosa, foi aplicada a pena de demissão. Considerando essa situação hipotética, julgue o item a seguir, com base na legislação aplicável ao caso. Caso Maria, notoriamente, possuísse boa conduta no ambiente de trabalho e não houvesse registros negativos em seus assentamentos funcionais, a administração poderia, com fundamento em tais atenuantes, ter optado pela imposição de penalidade menos gravosa

A) Certo B) Errado

3348) (2016) Banca: CESPE Órgão: POLÍCIA CIENTÍFICA – PE Prova: Auxiliar de Perito

De acordo com a Lei 8.429/1992, o agente público que, sem justo motivo, se recusar a prestar declaração dos bens que possui dentro do prazo determinado, além de outras sanções cabíveis, estará sujeito à pena de

A) suspensão por até trinta dias.

B) suspensão por até quinze dias.

C) advertência.

D) repreensão.

E) demissão.

3349) (2014) Banca: CESPE – Órgão: Câmara dos Deputados – Prova: Analista Legislativo

Com referência aos agentes públicos e ao regime jurídico que regulamenta as relações entre os servidores públicos e a administração, julgue o item que segue. O agente público está obrigado a declarar bens e valores que componham o seu patrimônio privado – requisito que condiciona a sua posse em cargo ou função pública –, e poderá ser demitido a bem do serviço público caso apresente falsa declaração

A) Certo B) Errado

3350) (2005) Banca: CESPE – Órgão: TRT – 16ª REGIÃO (MA) – Prova: Técnico Judiciário – Área Serviços Gerais

A pena de demissão, aplicável somente ao servidor ocupante de cargo de provimento efetivo com mais de dois anos de exercício, será aplicada nos seguintes casos, entre outros: crime contra a administração pública, corrupção, aplicação irregular de dinheiros públicos e insubordinação grave em serviço.

A) Certo B) Errado

3351) (2005) Banca: CESPE – Órgão: TRT – 16ª REGIÃO (MA) – Prova: Auxiliar Judiciário – Serviços Gerais

A demissão do servidor público é penalidade aplicada em casos especificados por lei, como a corrupção e o abandono de cargo.

A) Certo B) Errado

3352) (2017) Banca: CESPE – Órgão: TRT – 7ª Região (CE) – Prova: Técnico Judiciário – Área Administrativa

Na hipótese de acumular ilegalmente cargos, empregos, ou funções públicas, o funcionário público estará sujeito à penalidade disciplinar de

A) destituição de cargo em comissão.

B) suspensão.

C) demissão.

D) advertência.

3353) (2012) Banca: FCC – Órgão: TRF – 2ª REGIÃO – Prova: Analista Judiciário – Taquigrafia

Ricardo, servidor público civil da União, faltou ao serviço, sem causa justificada, por sessenta dias, interpoladamente, durante o período de doze meses. Cecília, também servidora pública civil da União, ausentou-se intencionalmente do serviço por mais de trinta dias consecutivos. Nos termos da Lei no 8.112/1990, ser-lhes-ão aplicadas as seguintes penalidades, respectivamente:

A) suspensão por noventa dias e suspensão por noventa dias.
B) demissão e suspensão por noventa dias.
C) advertência e suspensão por noventa dias.
D) suspensão por sessenta dias e demissão.
E) demissão e demissão.

3354) (2010) Banca: UFMG – Órgão: UFMG – Prova: Assistente de Administração

A demissão NÃO será aplicada no seguinte caso:

A) Oposição de resistência injustificada ao andamento de documento e processo ou execução de serviço.
B) Inassiduidade habitual.
C) Insubordinação grave em serviço.
D) Revelação de segredo do qual se apropriou em razão do cargo.

3355) (2017) Banca: FCM – Órgão: IF-RJ – Prova: Enfermeiro (+ provas)

Tendo em vista o Regime Jurídico dos Servidores Públicos Federais, é um caso cuja penalidade de demissão será aplicada como regra geral:

A) Insubordinação grave em serviço.
B) Promover manifestação de apreço ou desapreço no recinto da repartição.
C) Retirar, sem prévia anuência da autoridade competente, qualquer documento ou objeto da repartição.
D) Coagir ou aliciar subordinados no sentido de filiarem-se a associação profissional ou sindical, ou a partido político.
E) Cometer a pessoa estranha à repartição, fora dos casos previstos em lei, o desempenho de atribuição que seja de sua responsabilidade ou de seu subordinado.

3356) (2014) Banca: – Prova: Técnico de Tecnologia da Informação (+ provas)

A pena de demissão é aplicada ao servidor público que:

A) tiver coagido subordinado para filiação a partido político
B) tiver promovido manifestação de desapreço aos superiores
C) houver recusado fé a documentos públicos
D) se encontrar em conduta escandalosa

3357) (2017) Banca: CONSULPLAN – Órgão: TRE-RJ – Prova: Técnico Judiciário – Área Administrativa (+ provas)

"João e Maria, casados, são Técnicos Judiciários do Tribunal Regional Eleitoral, lotados na capital do Rio de Janeiro. Maria fez concurso para Analista Judiciário do Tribunal Superior Eleitoral e foi aprovada, devendo, agora, residir em Brasília." Quanto à remoção, nos termos da Lei nº 8.112/90, é correto afirmar que:

A) A remoção de João, nesse caso, será de ofício, não havendo necessidade de solicitação.
B) João será transferido para um cargo de Técnico Judiciário no Tribunal Superior Eleitoral.
C) João pode pedir a remoção para acompanhar Maria, mas a Administração não é obrigada a conceder.
D) Se João não for removido, Maria pode pedir para ficar no Rio de Janeiro em disponibilidade remunerada.

3358) (2010) Banca: IF-SE – Órgão: IF-SE – Prova: Professor – Pedagogia

Considerando a Lei nº 8.112/90, a demissão será aplicada nos casos a seguir expostos, exceto:

A) Inassiduidade habitual.
B) Probidade administrativa.
C) Crime contra a administração pública.
D) Incontinência pública.
E) Abandono de cargo.

3359) (2017) Banca: CONSULPLAN – Órgão: TRE-RJ – Prova: Técnico Judiciário – Área Administrativa (+ provas)

"Um servidor efetivo do Tribunal Regional Eleitoral retirou um processo da repartição sem autorização da chefia imediata." Nos termos da Lei 8.112/90, é correto afirmar que

A) a conduta impõe a suspensão dos direitos políticos do servidor.
B) se o servidor estiver em estágio probatório, será exonerado do cargo.
C) o servidor praticou infração punível com a penalidade de advertência.
D) em caso de reincidência, aplica-se, em regra, a penalidade de demissão.

3360) (2017) Banca: COPESE – UFT – Órgão: UFT – Prova: Administrador (+ provas)

Assinale a alternativa CORRETA. Nos termos da Lei 8.112/1990 (Estatuto do Servidor Público Federal), a demissão será aplicada pela prática da seguinte falta funcional:

A) retirar, sem prévia anuência da autoridade competente, qualquer documento ou objeto da repartição.
B) opor resistência injustificada ao andamento de documento e processo ou execução de serviço.
C) cometer a pessoa estranha à repartição, fora dos casos previstos em lei, o desempenho de atribuição que seja de sua responsabilidade ou de seu subordinado.
D) participar de gerência ou administração de sociedade privada, personificada ou não personificada, exercer o comércio, exceto na qualidade de acionista, cotista ou comanditário.

3361) (2015) Banca: IF-TO – Órgão: IF-TO – Prova: Auxiliar em Administração

Segundo a Lei 8.112/90, as situações em que a pena de demissão é aplicada são as seguintes, exceto:

A) Recusar fé a documentos públicos.
B) Abandono de cargo.
C) Improbidade administrativa.
D) Ofensa física, em serviço, a servidor ou a particular, salvo em legítima defesa própria ou de outrem.
E) Lesão aos cofres públicos e dilapidação do patrimônio nacional.

3362) (2013) Banca: UFMG – Órgão: UFMG – Prova: Administrador

A demissão será aplicada nos seguintes casos, EXCETO:

A) Promover manifestação de apreço ou desapreço no recinto da repartição.
B) Insubordinação grave em serviço.
C) Improbidade administrativa.
D) Abandono de cargo.

"Art. 13 A posse e o exercício de agente público ficam condicionados à apresentação de declaração dos bens e valores que compõem o seu patrimônio privado, a fim de ser arquivada no serviço de pessoal competente.
§ 2º A declaração de bens será anualmente atualizada e na data em que o agente público deixar o exercício do mandato, cargo, emprego ou função.
§ 3º Será punido com a pena de demissão, a bem do serviço público, sem prejuízo de outras sanções cabíveis, o agente público que se recusar a prestar declaração dos bens, dentro do prazo determinado, ou que a prestar falsa.
§ 4.º O declarante, a seu critério, poderá entregar cópia da declaração anual de bens apresentada à Delegacia da Receita Federal na conformidade da legislação do Imposto sobre a Renda e proventos de qualquer natureza, com as necessárias atualizações, para suprir a exigência contida no caput e no § 2.º deste artigo."

3363) (2013) Banca: CESPE – Órgão: STF – Prova: Analista Judiciário – Área Judiciária

No que tange às disposições da Lei 8.429/1992, julgue o item subsequente. Considere que, alegando direito à privacidade, determinado servidor, ao tomar posse em cargo público, tenha negado entregar a devida declaração dos bens e valores que compõem o seu patrimônio privado. Nessa situação, persistindo a recusa, o servidor poderá ser demitido a bem do serviço público

A) Certo B) Errado

3364) (2016) Banca: CESPE – Órgão: TCE-PA – Prova: Auditor de Controle Externo

A respeito dos conceitos doutrinários relativos ao controle da administração pública, julgue o item a seguir. Agente público que se recusar a prestar a declaração de bens dentro do prazo determinado em lei deverá ser punido com a pena de demissão a bem do serviço público

A) Certo B) Errado

3365) (2015) Banca: CESPE – Órgão: MEC – Prova: Nível Superior

Com base nas Leis 8.112/1990 e 8.429/1992, julgue o item a seguir. O servidor deve atualizar sua declaração de bens anualmente, bem como na data em que deixar o cargo

A) Certo B) Errado

3366) (2008) Banca: CESPE – Órgão: SERPRO – Prova: Analista – Advocacia

Para os empregados públicos das empresas públicas, é opcional a apresentação, no ato da posse, da declaração de bens e valores que compõem o seu patrimônio privado.

A) Certo B) Errado

3367) (2000) Banca: CESPE – Órgão: Polícia Federal – Prova: Agente Federal da Polícia Federal

Caso Orlando viesse a ser aprovado no referido concurso, sua posse seria condicionada à apresentação de declaração de bens e valores que compusessem tanto o seu patrimônio privado quanto o patrimônio do seu cônjuge ou da sua companheira e das demais pessoas que vivessem sob sua dependência econômica.

A) Certo B) Errado

3368) (2004) Banca: CESPE – Órgão: TJ-AP – Prova: Analista Judiciário – Área Administrativa

Considerando a legislação administrativa e o regime dos servidores públicos federais, julgue o item abaixo.

A posse e o exercício de qualquer funcionário público estão condicionados à apresentação de declaração dos bens e valores de seu patrimônio privado, a ser arquivada no serviço de pessoal competente

A) Certo B) Errado

3369) (2010) Banca: CESPE – Órgão: UERN – Prova: Técnico de Nível Superior

Ao servidor público é proibido

A) opor resistência justificada ao cumprimento de ordem.
B) retirar da repartição qualquer documento, ainda que mediante autorização da autoridade competente e no interesse do serviço.
C) exercer o comércio em sociedade na qualidade de acionista ou cotista.
D) dar posse a servidor sem lhe exigir a declaração de bens e valores.
E) atuar como procurador ou intermediário junto a repartições públicas para tratar de benefícios previdenciários ou assistenciais de cônjuge.

3370) (2003) Banca: FCC – Órgão: TRE-AM – Prova: Técnico Judiciário – Área Administrativa

A não-apresentação da declaração de bens, com indicação das fontes de renda, por parte das autoridades e servidores públicos obrigados ao atendimento dessa obrigação, por ocasião da posse

A) implicará a não-realização daquele ato, ou sua nulidade, se celebrado sem esse requisito essencial.
B) não impede a realização desse ato nem implica nulidade, visto ser mera irregularidade que pode ser sanada a qualquer tempo.
C) causará o adiamento do ato, sendo que o obrigado terá três dias para apresentá-la, não implicando nulidade se celebrado sem esse requisito.
D) não obsta a realização desse ato, porém, suspende o exercício do cargo, emprego ou função até que o obrigado apresente a referida declaração.
E) implicará falta grave, sujeitando o obrigado a processo administrativo disciplinar, cuja pena será a de exoneração em face da desídia funcional.

3371) (2014) Banca: PR-4 UFRJ – Órgão: UFRJ – Prova: Assistente em Administração

Ainda que já se faça necessária uma ampla atualização do Regime Jurídico dos Servidores Públicos Civis da União, das

Autarquias e das Fundações Públicas Federais, é inegável sua contribuição para a reorganização relativamente democrática da administração pública federal.

Dentre os dispositivos da Lei Federal n° 8.112/1990 relacionados nas alternativas, assinale aquele que pode ser diretamente relacionado com o conceito de controle social mencionado:

A) Só poderá ser empossado aquele que for julgado apto física e mentalmente para o exercício do cargo
B) A posse poderá dar-se mediante procuração específica.
C) É de quinze dias o prazo para o servidor empossado em cargo público entrar em exercício, contados da data da posse
D) No ato da posse, o servidor apresentará declaração de bens e valores que constituem seu patrimônio e declaração quanto ao exercício ou não de outro cargo, emprego ou função pública
E) À autoridade competente do órgão ou entidade para onde for nomeado ou designado o servidor compete dar-lhe exercício.

3372) (2014) Banca: PR-4 UFRJ – Órgão: UFRJ – Prova: Técnico em Química

Felizmente, o desejo e os mecanismos de participação e controle da sociedade sobre o Estado e suas instituições são crescentes. Esse processo é imprescindível para a consolidação e o aperfeiçoamento de nossa frágil democracia.

Ainda que já se faça necessária uma ampla atualização do Regime Jurídico dos Servidores Públicos Civis da União, das Autarquias e das Fundações Públicas Federais, é inegável sua contribuição para a reorganização relativamente democrática da administração pública federal.

Dentre os dispositivos da Lei Federal 8.112/1990 relacionados nas alternativas, assinale aquele que pode ser diretamente relacionado com o conceito de controle social mencionado:

A) Só poderá ser empossado aquele que for julgado apto física e mentalmente para o exercício do cargo
B) A posse poderá dar-se mediante procuração específica.
C) No ato da posse, o servidor apresentará declaração de bens e valores que constituem seu patrimônio e declaração quanto ao exercício ou não de outro cargo, emprego ou função pública.
D) É de quinze dias o prazo para o servidor empossado em cargo público entrar em exercício, contados da data da posse.
E) À autoridade competente do órgão ou entidade para onde for nomeado ou designado o servidor compete dar-lhe exercício

3373) (2015) Banca: CRF-TO – Órgão: CRF-TO – Prova: Assistente Administrativo

Marque a alternativa correta.

A) A posse e o exercício de agente público somente podem ocorrer após a apresentação de declaração dos bens e valores que compõem o seu patrimônio PRIVADO.
B) O agente público será demitido, a bem do serviço público, em caso de recusa a prestar a declaração dos bens anualmente.
C) O chefe imediato, somente, poderá representar à autoridade competente para que seja instaurada investigação destinada a apurar a prática de ato de improbidade do agente público.
D) Encerrado o procedimento administrativo a comissão processante comunicará, apenas, ao Ministério Público as decisões.

3374) (2014) Banca: IF-CE – Órgão: IF-CE – Prova: Auxiliar em Administração

No que se refere à Lei n° 8.112/90 e suas alterações posteriores, assinale a opção correta.

A) Na redistribuição o servidor é deslocado, a pedido ou de ofício, no âmbito do mesmo quadro, com ou sem mudança de sede.
B) A promoção interrompe o tempo de exercício, que é contado no novo posicionamento na carreira a partir da data de publicação do ato que promover o servidor.
C) O concurso público terá validade de até dois anos, logo, não se abrirá novo concurso enquanto houver candidato aprovado em concurso anterior com prazo de validade expirado.
D) A ajuda de custo destina-se a compensar as despesas de instalação do servidor que, em razão de posse em concurso público, passar a ter exercício em nova sede.
E) No ato da posse, o servidor apresentará declaração de bens e valores que constituem seu patrimônio e declaração quanto ao exercício ou não de outro cargo, emprego ou função pública.

Cassação de aposentadoria ou disponibilidade: nos termos do art. 134 da Lei 8112/90, será cassada a aposentadoria ou a disponibilidade do inativo que houver praticado, quando em atividade, falta punível com a demissão.

3375) (2009) Banca: CESPE – Órgão: TRT – 17ª Região (ES) – Prova: Analista Judiciário – Arquivologia (+ provas)

Será cassada a aposentadoria ou a disponibilidade do inativo que houver praticado, na atividade, falta punível com a demissão.

A) Certo B) Errado

Destituição de cargo em comissão: a aplicação dessa penalidade, nos termos do art. 135 da Lei 8112/90, depende da constatação.

3376) (2014) Banca: CESPE Órgão: PGE-PI Prova: Procurador do Estado

Um servidor, vinculado à administração pública unicamente por cargo em comissão, cometeu infração administrativa e, após regular processo administrativo disciplinar, a autoridade julgadora, concordando com o relatório final da comissão processante, entendeu que a falta se enquadrava nas hipóteses de suspensão. Nesse caso, nos termos da Lei 8.112/1990, a penalidade a ser aplicada ao servidor será

A) a exoneração de ofício.
B) a destituição do cargo em comissão.
C) a demissão.
D) a suspensão.

Nesse caso, a exoneração será convertida em destituição do cargo em comissão. Isso porque a exoneração não é uma penalidade, mas uma mera faculdade e a destituição do cargo possui caráter punitivo.

3377) (2012) Banca: CESPE – Órgão: PC-CE – Prova: Inspetor de Polícia

A exoneração de servidor público não configura punição.

A) Certo B) Errado

3378) (2008) Banca: CESPE – Órgão: HEMOBRÁS – Prova: Analista de Gestão Administrativa – Administrador

O servidor público que incorrer em falta poderá ter como punição a sua exoneração, após a instauração de processo administrativo que lhe garanta o contraditório e ampla defesa.

A) Certo B) Errado

3379) (2010) Banca: CESPE – Órgão: MPS – Prova: Técnico em Comunicação Social (+ provas)

A exoneração não possui caráter punitivo.

A) Certo B) Errado

3380) (2012) Banca: FCC – Órgão: TRE-SP – Prova: Técnico Judiciário – Artes Gráficas (+ provas)

Gilmar, não ocupante de cargo efetivo, exerce cargo em comissão na Administração Pública Federal. Tendo praticado infração disciplinar, Gilmar foi exonerado a juízo da autoridade competente. Porém, constatou-se que a referida infração estava sujeita à penalidade de suspensão. Nesse caso, a exoneração de Gilmar

A) ficará mantida por ter ocorrido sua consumação administrativa.
B) será convertida em destituição de cargo em comissão.
C) será convertida em pena de demissão, a bem do serviço público.
D) tornar-se-á insubsistente para que, previamente, cumpra a pena de suspensão.
E) o impedirá de prestar serviços na Administração Pública pelo prazo de 1(um) ano.

Destituição de função comissionada: a Destituição do cargo em comissão será aplicada nos casos de infrações sujeitas às penalidades de SUSPENSÃO E DE DEMISSÃO. A aplicação dessa penalidade é de competência da autoridade que fez a nomeação.

3381) (2017) Banca: COMPERVE – Órgão: MPE-RN – Prova: Técnico do Ministério Público Estadual – Área Administrativa

A destituição de função em comissão será aplicada nos casos de infrações sujeitas às penalidades de suspensão e de demissão.

A) Certo B) Errado

> "Art. 126. A responsabilidade administrativa do servidor será afastada no caso de absolvição criminal que negue a existência do fato ou sua autoria."-

3382) (2008) Banca: CESPE – Órgão: TJ-SE – Prova: Juiz

A absolvição criminal só afastará a persecução no âmbito da administração no caso de

A) ficar provada na ação penal a inexistência do fato ou a negativa de autoria.
B) insuficiência de provas para demonstração da participação do servidor no ilícito.
C) ocorrer prescrição da pretensão punitiva.
D) ocorrer prescrição da pretensão executória.
E) o Ministério Público propor a suspensão do processo no rito do juizado especial criminal.

3383) (2013) Banca: CESPE – Órgão: STF – Prova: Analista Judiciário – Área Judiciária

Com relação a dispositivos da Lei 8.112/1990, julgue o item a seguir.

A responsabilidade do servidor público pode se dar na esfera civil, penal e administrativa, sendo afastada esta última no caso de absolvição criminal que negue a existência do fato ou de sua autoria.

A) Certo B) Errado

3384) (2013) Banca: CESPE – Órgão: MS – Prova: Todos os Cargos

Considere que a administração pública tenha afastado um servidor público do exercício de função pública, a despeito de este ter sido absolvido criminalmente por ausência de provas. Nessa situação, configura-se ofensa à legislação de regência, visto que a responsabilidade administrativa do servidor deve ser afastada em caso de absolvição criminal.

A) Certo B) Errado

3385) (2016) Banca: CESPE – Órgão: DPU – Prova: Conhecimentos Básicos – Cargo 9 (+ provas)

Ainda com base no disposto na Lei 8.112/1990 e na Constituição Federal de 1988 (CF), julgue o próximo item.

Com referência ao servidor público federal, a responsabilidade administrativa e a penal são independentes entre si, podendo cumular-se, salvo no caso de absolvição criminal que negue a ocorrência do fato ou a sua autoria.

A) Certo B) Errado

3386) (2007) Banca: FCC – Órgão: TRF – 1ª REGIÃO – Prova: Técnico Judiciário – Segurança e Transporte

A responsabilidade administrativa do servidor público

A) será afastada também no caso de absolvição criminal por insuficiência de provas.
B) não será afastada no caso de absolvição criminal que negue a existência de sua autoria.
C) será afastada também no caso de absolvição criminal que negue a existência do fato.
D) não será afastada em nenhuma hipótese, face a inexistência de relação com a absolvição criminal
E) será sempre afastada no caso de absolvição criminal por qualquer fundamento ou motivo.

3387) (2012) Banca: FCC – Órgão: TRF – 2ª REGIÃO – Prova: Analista Judiciário – Área Administrativa

O servidor responde civil, penal e administrativamente pelo exercício irregular de suas atribuições, sendo a responsabilidade

A) civil, penal e administrativa autônomas, e a absolvição em uma dessas áreas não exclui a responsabilidade em qualquer outra.
B) civil e administrativa afastadas, dependendo da amplitude da absolvição criminal decorrente de insuficiência de provas.
C) civil afastada na hipótese de ocorrer a absolvição administrativa em face da inexistência do fato e de sua autoria.
D) criminal afastada no caso de absolvição civil e administrativa decorrente de insuficiência de provas.
E) administrativa afastada no caso de absolvição criminal que negue a existência do fato ou sua autoria.

3388) (2012) Banca: FCC – Órgão: TRF – 5ª REGIÃO – Prova: Analista Judiciário – Execução de Mandados

De acordo com a Lei 8.112/1990, o servidor público responde pelo exercício irregular de suas atribuições, podendo, pela prática de um determinado ato, ser responsabilizado

A) civil, penal e administrativamente, afastando-se a responsabilidade administrativa no caso de absolvição criminal que negue a existência do fato ou sua autoria.
B) civil, penal e administrativamente, não cabendo cumulação das sanções.
C) civil, penal e administrativamente, sendo as sanções independentes entre si, salvo no caso de condenação criminal, que absorve as demais penalidades.
D) civil e administrativamente, aplicando-se a responsabilidade civil como decorrência da constatação da falta administrativa.
E) penal e administrativamente, afastando-se a responsabilidade administrativa no caso de absolvição criminal por insuficiência de provas.

3389) (2013) Banca: IF-MG – Órgão: IF-MG – Prova: Técnico em Assuntos Educacionais

Considere as seguintes assertivas a respeito das responsabilidades:

I. A responsabilidade administrativa do servidor será afastada no caso de absolvição criminal que negue a existência do fato ou sua autoria.
II. Não há responsabilidade civil decorrente de ato omissivo culposo, inclusive se resultar em prejuízo ao erário ou a terceiros.
III. Tratando-se de dano causado a terceiros, responderá o servidor perante a Fazenda Pública, em ação regressiva.
IV. As sanções civis, penais e administrativas poderão cumular-se, sendo independentes entre si.

De acordo com a Lei no 8.112/90, está correto o que consta APENAS em:

A) I e II
B) I e III
C) I, II e IV
D) II, III e IV
E) I, III e IV

3390) (2010) Banca: CESGRANRIO – Órgão: BACEN – Prova: Técnico do Banco Central (+ provas)

Joana, servidora pública federal, foi demitida do seu cargo após processo administrativo disciplinar que constatou seu envolvimento em ilícito administrativo. Em decorrência do mesmo ilícito, Joana também foi processada criminalmente, vindo a ser absolvida. Nesse caso, a absolvição na instância criminal repercute sobre a penalidade disciplinar de demissão que já lhe havia sido aplicada?

A) Não, porque o processo disciplinar já estava concluído quando da absolvição criminal, não podendo a decisão judicial retroagir.
B) Não, porque as instâncias penal e administrativa são independentes, não havendo qualquer intercomunicação entre elas.
C) Sim, desde que a demissão ressalve, expressamente, a decisão da instância criminal.
D) Sim, desde que a absolvição criminal tenha negado a existência do fato ou sua autoria.
E) Sim, desde que a absolvição criminal tenha ocorrido por suficiência probatória.

3391) (2016) Banca: FUNIVERSA – Órgão: IF-AP – Prova: Assistente em Administração

Acerca da responsabilidade dos servidores públicos federais, assinale a alternativa correta.

A) A responsabilidade civil decorre de ato omissivo, mas não de ato comissivo que resulte em prejuízo ao erário ou a terceiros.
B) O servidor não poderá ser responsabilizado civilmente em atos culposos, uma vez que só será responsável nos atos dolosos.
C) Não é possível cumular sanções penais, civis e administrativas ao servidor.
D) O servidor responde civil, penal e administrativamente pelo exercício irregular de suas atribuições.
E) A responsabilidade administrativa do servidor não será afastada no caso de absolvição criminal que negue a existência do fato ou sua autoria.

3392) A responsabilidade administrativa do servidor será afastada diante da seguinte ocorrência descrita em lei:

A) absolvição civil que comprove coautoria
B) absolvição criminal que negue a existência do fato
C) parecer do Ministério Público que o inocente da acusação
D) parecer da assessoria jurídica do Conselho Nacional de Justiça que negue a autoria

3393) (2012) Banca: IF-RJ – Órgão: IF-RJ – Prova: Assistente em Administração

O servidor público civil federal, regido pelo Regime Jurídico da Lei 8.112/90, responde civil, penal e administrativamente pelo exercício irregular das suas atribuições, sendo certo que

A) no caso de danos causados a terceiros, ele não responde regressivamente.
B) a responsabilidade administrativa não se afasta, mesmo se houver absolvição por negativa de autoria.
C) no caso de dano ao erário, a obrigação de reparar extingue-se com a sua morte e não se transmite a terceiros.
D) a responsabilidade administrativa fica afastada, se houver absolvição criminal, por inexistência do fato, insuficiência de provas e negativa de autoria.

GABARITO – AGENTES PÚBLICOS

2843) ERRADO
2844) C
2845) A
2846) C
2847) C
2848) B
2849) CERTO
2850) D
2851) A
2852) C
2853) ERRADO
2854) CERTO
2855) E
2856) D
2857) C
2858) C
2859) A
2860) A
2861) A
2862) E
2863) ERRADO
2864) CERTO
2865) ERRADO
2866) E
2867) ERRADO
2868) CERTO
2869) C
2870) ERRADO
2871) CERTO
2872) ERRADO
2873) ERRADO
2874) ERRADO
2875) CERTO
2876) CERTO
2877) A
2878) A
2879) D
2880) A
2881) A
2882) C
2883) B
2884) E
2885) B
2886) A
2887) E
2888) CERTO
2889) CERTO

2890) CERTO
2891) C
2892) CERTO
2893) ERRADO
2894) D
2895) C
2896) C
2897) B
2898) A
2899) C
2900) ERRADO
2901) A
2902) E
2903) A
2904) E
2905) D
2906) C
2907) B
2908) D
2909) C
2910) D
2911) D
2912) E
2913) A
2914) C
2915) B
2916) B
2917) C
2918) E
2919) C
2920) C
2921) CERTO
2922) B
2923) A
2924) B
2925) B
2926) CERTO
2927) CERTO
2928) CERTO
2929) B
2930) C
2931) CERTO
2932) ERRADO
2933) CERTO
2934) CERTO
2935) ERRADO
2936) A

2937) C
2938) A
2939) A
2940) D
2941) C
2942) D
2943) B
2944) D
2945) C
2946) A
2947) E
2948) E
2949) B
2950) CERTO
2951) CERTO
2951) A
2953) D
2954) D
2955) B
2956) CERTO
2957) CERTO
2958) ERRADO
2959) A
2960) C
2961) D
2962) CERTO
2963) B
2964) C
2965) C
2966) C
2967) ERRADO
2968) ERRADO
2969) D
2970) B
2971) CERTO
2972) E
2973) CERTO
2974) D
2975) B
2976) D
2977) C
2978) C
2979) C
2980) ERRADO
2981) ERRADO
2982) ERRADO
2983) CERTO

2984) ERRADO
2985) ERRADO
2986) CERTO
2987) A
2988) A
2989) A
2990) ERRADO
2991) B
2992) B
2993) A
2994) B
2995) A
2996) D
2997) B
2998) E
2999) E
3000) D
3001) C
3002) C
3003) C
3004) B
3005) ERRADO
3006) A
3007) ERRADO
3008) ERRADO
3009) C
3010) ERRADO
3011) ERRADO
3012) CERTO
3013) ERRADO
3014) C
3015) C
3016) B
3017) ERRADO
3018) CERTO
3019) E
3020) A
3021) A
3022) C
3023) CERTO
3024) ERRADO
3025) CERTO
3026) CERTO
3027) CERTO
3028) CERTO
3029) C
3030) CERTO

3031) C
3032) B
3033) B
3034) ERRADO
3035) C
3036) ERRADO
3037) ERRADO
3038) D
3039) CERTO
3040) D
3041) B
3042) B
3043) A
3044) B
3045) C
3046) D
3047) C
3048) A
3049) CERTO
3050) C
3051) CERTO
3052) C
3053) C
3054) CERTO
3055) ERRADO
3056) C
3057) C
3058) B
3059) B
3060) ERRADO
3061) CERTO
3062) D
3063) B
3064) E
3065) CERTO
3066) C
3067) B
3068) E
3069) CERTO
3070) C
3071) A
3072) E
3073) B
3074) B
3075) C
3076) D
3077) C

3078) ERRADO
3079) ERRADO
3080) CERTO
3081) C
3082) A
3083) D
3084) D
3085) B
3086) D
3087) A
3088) D
3089) A
3090) D
3091) B
3092) C
3093) B
3094) C
3095) A
3096) B
3097) B
3098) E
3099) A
3100) E
3101) CERTO
3102) CERTO
3103) ERRADO
3104) B
3105) A
3106) C
3107) E
3108) B
3109) C
3110) D
3111) CERTO
3112) ERRADO
3113) ERRADO
3114) CERTO
3115) D
3116) E
3117) B
3118) B
3119) D
3120) E
3121) ERRADO
3122) C
3123) D
3124) C

9. AGENTES PÚBLICOS

3125) B	3170) D	3215) ERRADO	3260) A	3305) E	3350) ERRADO
3126) A	3171) E	3216) E	3261) C	3306) A	3351) CERTO
3127) D	3172) A	3217) A	3262) C	3307) A	3352) C
3128) A	3173) D	3218) D	3263) C	3308) CERTO	3353) E
3129) C	3174) A	3219) A	3264) A	3309) CERTO	3354) A
3130) D	3175) D	3220) E	3265) D	3310) D	3355) A
3131) C	3176) C	3221) B	3266) C	3311) B	3356) D
3132) ERRADO	3177) D	3222) ERRADO	3267) B	3312) ERRADO	3357) C
3133) A	3178) D	3223) ERRADO	3268) D	3313) D	3358) B
3134) D	3179) C	3224) CERTO	3269) B	3314) E	3359) C
3135) A	3180) ERRADO	3225) ERRADO	3270) C	3315) C	3360) D
3136) C	3181) E	3226) A	3271) B	3316) CERTO	3361) A
3137) C	3182) ERRADO	3227) D	3272) E	3317) B	3362) A
3138) D	3183) CERTO	3228) C	3273) E	3318) D	3363) CERTO
3139) B	3184) ERRADO	3229) B	3274) B	3319) CERTO	3364) CERTO
3140) ERRADO	3185) E	3230) C	3275) B	3320) CERTO	3365) CERTO
3141) ERRADO	3186) D	3231) C	3276) A	3321) ERRADO	3366) ERRADO
3142) CERTO	3187) C	3232) D	3277) B	3322) ERRADO	3367) CERTO
3143) CERTO	3188) D	3233) D	3278) D	3323) D	3368) CERTO
3144) CERTO	3189) B	3234) B	3279) C	3324) D	3369) D
3145) ERRADO	3190) D	3235) D	3280) E	3325) ERRADO	3370) A
3146) CERTO	3191) B	3236) D	3281) C	3326) A	3371) D
3147) ERRADO	3192) D	3237) A	3282) A	3327) CERTO	3372) C
3148) CERTO	3193) C	3238) C	3283) C	3328) A	3373) A
3149) CERTO	3194) E	3239) B	3284) E	3329) B	3374) E
3150) B	3195) C	3240) B	3285) E	3330) E	3375) CERTO
3151) E	3196) A	3241) D	3286) C	3331) ERRADO	3376) B
3152) C	3197) B	3242) B	3287) D	3332) A	3377) CERTO
3153) A	3198) C	3243) B	3288) E	3333) B	3378) ERRADO
3154) B	3199) B	3244) A	3289) A	3334) A	3379) CERTO
3155) E	3200) CERTO	3245) B	3290) A	3335) C	3380) B
3156) C	3201) D	3246) B	3291) D	3336) B	3381) CERTO
3157) A	3202) A	3247) D	3292) C	3337) D	3382) A
3158) B	3203) B	3248) B	3293) A	3338) D	3383) CERTO
3159) C	3204) A	3249) CERTO	3294) ERRADO	3339) A	3384) ERRADO
3160) D	3205) B	3250) CERTO	3295) ERRADO	3340) C	3385) CERTO
3161) C	3206) A	3251) A	3296) ERRADO	3341) D	3386) C
3162) D	3207) B	3252) CERTO	3297) D	3342) A	3387) E
3163) A	3208) A	3253) CERTO	3298) A	3343) ERRADO	3388) A
3164) E	3209) A	3254) B	3299) D	3344) A	3389) E
3165) D	3210) D	3255) E	3300) C	3345) ERRADO	3390) D
3166) A	3211) A	3256) D	3301) A	3346) ERRADO	3391) D
3167) C	3212) B	3257) A	3302) A	3347) ERRADO	3392) B
3168) E	3213) CERTO	3258) C	3303) E	3348) E	3393) D
3169) CERTO	3214) B	3259) D	3304) D	3349) CERTO	

FRASES PODEROSAS – AGENTES PÚBLICOS			
	% de questões	Número de acertos nesse capítulo	% de acertos
Posse é a investidura no cargo público, e ocorre com a assinatura do termo de posse, na qual irão constar as atribuições, deveres, responsabilidades e direitos inerentes ao cargo. O prazo para a posse é de 30 dias contados da publicação do ato de provimento (nomeação).	4%		
Estágio Probatório é o período de avaliação durante qual o servidor deve demonstrar capacidade e aptidão para o exercício do cargo, função ou emprego. Desse modo, o servidor deve demonstrar: assiduidade, disciplina, capacidade de iniciativa, produtividade e responsabilidade. Quando não satisfeitas às condições do estágio probatório, dar-se de ofício, a exoneração.	7%		
A reintegração é a modalidade de provimento derivado que ocorre nos casos em que é invalidada a demissão de servidor por decisão administrativa ou judicial, implicando retorno à atividade pública e o ressarcimento de todas as vantagens.	5%		
A remoção refere-se ao deslocamento do servidor a pedido, a critério do poder público, ou de ofício no interesse da Administração, no âmbito do mesmo quadro, com ou sem mudança de sede.	6%		
"Art. 37. I – os cargos, empregos e funções públicas são acessíveis aos brasileiros que preencham os requisitos estabelecidos em lei, assim como aos estrangeiros, na forma da lei;" "Art. 37, Art. 37. A administração pública direta e indireta de qualquer dos Poderes da União, dos Estados, do Distrito Federal e dos Municípios obedecerá aos princípios de legalidade, impessoalidade, moralidade, publicidade e eficiência e, também, ao seguinte: II. A investidura em cargo ou emprego público depende de aprovação prévia em concurso público de provas ou de provas e títulos, de acordo com a natureza e a complexidade do cargo ou emprego, na forma prevista em lei, ressalvadas as nomeações para cargo em comissão declarado em lei de livre nomeação e exoneração;"	9%		
Art. 117. Ao servidor é proibido: III – recusar fé a documentos públicos; IX – valer-se do cargo para lograr proveito pessoal ou de outrem, em detrimento da dignidade da função pública; X – participar de gerência ou administração de sociedade privada, personificada ou não personificada, exercer o comércio, exceto na qualidade de acionista, cotista ou comanditário; XV – proceder de forma desidiosa; XVI – utilizar pessoal ou recursos materiais da repartição em serviços ou atividades particulares;	7%		
TOTAL	38%		

10. RESPONSABILIDADE CIVIL DO ESTADO

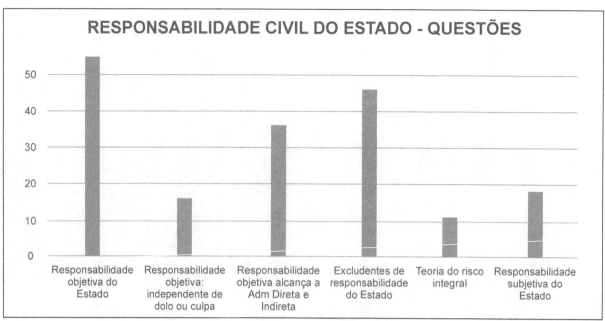

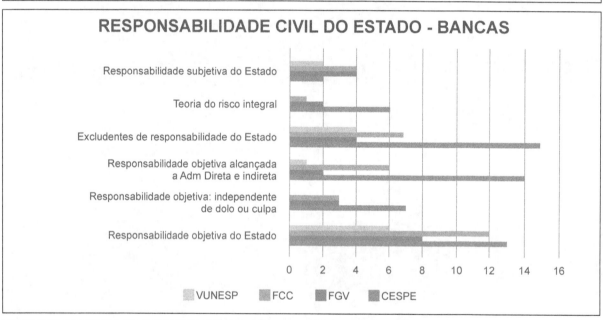

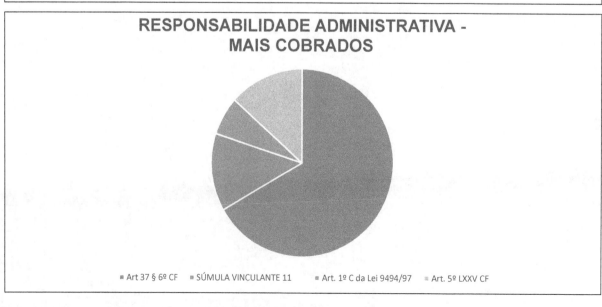

RESPONSABILIDADE CIVIL EXTRACONTRATUAL DO ESTADO: A responsabilidade do Estado diante dos danos praticados por seus agentes é OBJETIVA, de forma que só resta comprovar o nexo de causalidade entre a conduta do agente e o dano sofrido. Ao AGENTE é conferido a responsabilidade SUBJETIVA, pois se deve comprovar o dolo e a culpa em AÇÃO DE REGRESSO, da qual apenas o Estado é parte legitima para ajuizar. O agente não responde objetivamente perante o particular. A responsabilidade OBJETIVA atinge as pessoas jurídicas de direito público e privado, desde que sejam PRESTADORAS DE SERVIÇO PÚBLICO. Conforme art. 37 § 6º da CF.

"Art. 37, § 6º As pessoas jurídicas de direito público e as de direito privado prestadoras de serviços públicos responderão pelos danos que seus agentes, nessa qualidade, causarem a terceiros, assegurado o direito de regresso contra o responsável nos casos de dolo ou culpa."

3394) (2015) Banca: CESPE – Órgão: FUB – Prova: Administrador

Considerando a responsabilidade civil do Estado, julgue o item seguinte.

Pela responsabilidade civil, o Estado deve indenizar terceiros por perdas e danos materiais e morais sofridos em decorrência de ação ou omissão antijurídica imputável ao Estado.

A) Certo B) Errado

3395) (2015) Banca: CESPE – Órgão: MPU – Prova: Técnico do MPU – Segurança Institucional e Transporte

Julgue o item a seguir, de acordo com o regime jurídico das autarquias.

As autarquias responderão objetivamente pelos danos provocados por seus agentes a terceiros, ainda que se comprove que esses agentes tenham agido com prudência, perícia e cuidados exigidos.

A) Certo B) Errado

3396) (2015) Banca: CESPE – Órgão: TRE-GO – Prova: Analista Judiciário – Área Judiciária

Em decorrência do lançamento indevido de condenação criminal em seu registro eleitoral, efetuado por servidor do TRE/GO, um cidadão que não havia cometido nenhum crime, ficou impedido de votar na eleição presidencial, razão por que ajuizou contra o Estado ação pleiteando indenização por danos morais. Apurou-se que o erro havia ocorrido em virtude de homonímia e que tal cidadão, instado pelo TRE/GO em determinado momento, havia se recusado a fornecer ao tribunal o número de seu CPF.

Considerando a situação hipotética apresentada, julgue o item seguinte, referentes à responsabilidade civil do Estado.

Na referida ação, fundamentada na responsabilidade objetiva do Estado, constarão como corréus o servidor responsável pelo erro e o poder público

A) Certo B) Errado

3397) (2014) Banca: CESPE – Órgão: Câmara dos Deputados – Prova: Analista Legislativo

No que se refere ao processo administrativo e à responsabilidade civil do Estado, julgue o próximo item.

Considere que um motorista de ônibus de determinada empresa privada concessionária de serviço público de transporte tenha atropelado uma pessoa que atravessava determinada via na faixa de pedestres. Nesse caso, a empresa responderá objetivamente pelos danos causados à vítima.

A) Certo B) Errado

3398) (2014) Banca: CESPE – Órgão: SUFRAMA – Prova: Técnico em Contabilidade

Um veículo da SUFRAMA, conduzido por um servidor do órgão, derrapou, invadiu a pista contrária e colidiu com o veículo de um particular. O acidente resultou em danos a ambos os veículos e lesões graves no motorista do veículo particular.

Com referência a essa situação hipotética, julgue o item que se segue.

Provado que o motorista da SUFRAMA não agiu com dolo ou culpa, a superintendência não estará obrigada a indenizar todos os danos sofridos pelo condutor do veículo particular.

A) Certo B) Errado

3399) (2014) Banca: CESPE – Órgão: TCE-PB – Prova: Procurador

A respeito da responsabilidade do Estado por atos da administração pública, assinale a opção correta.

A) As teorias subjetivas e objetivas da responsabilidade patrimonial do Estado sempre caminharam paralelamente e, no Brasil, a partir da Constituição de 1937, prevalecem as teorias objetivas.
B) A Constituição Imperial do Brasil de 1824 trouxe expressamente hipóteses de responsabilidade da administração pública por atos praticados na esfera do Poder Moderador.
C) A CF rompeu completamente com a Constituição anterior quanto à forma de tratar a responsabilidade patrimonial do Estado por atos da administração pública no direito brasileiro.
D) A CF inovou em relação às constituições anteriores ao prever a possibilidade de responsabilização de forma objetiva das pessoas jurídicas de direito privado que prestem serviço público.
E) As teorias acerca da responsabilidade patrimonial do Estado sempre estiveram pautadas na necessidade de a administração pública rever seus atos e se responsabilizar por eles.

3400) (2010) Banca: CESPE – Órgão: DPU – Prova: Técnico em Assuntos Educacionais

No Brasil, a responsabilidade civil do Estado, em relação aos danos causados a terceiros, é

A) dependente de culpa do agente do estado.
B) subjetiva, passível de regresso.
C) objetiva, insuscetível de regresso.
D) objetiva, passível de regresso.
E) subjetiva, insuscetível de regresso.

3401) (2017) Banca: CESPE – Órgão: TRF – 1ª REGIÃO – Prova: Analista Judiciário – Área Judiciária

Julgue o próximo item, relativo ao tombamento administrativo e à responsabilidade civil do Estado.

De acordo com a teoria da culpa do serviço, a responsabilidade do Estado depende da demonstração de culpa do agente público, aspecto esse que a distingue da teoria do risco administrativo.

A) Certo B) Errado

3402) (2017) Banca: CESPE – Órgão: TRE-BA – Prova: Técnico Judiciário – Área Administrativa

João, servidor público federal, no exercício do cargo de motorista, colidiu com veículo de Pedro, particular, causando a este grave abalo pessoal e danos materiais. Após a investigação do ocorrido, foi verificada a culpa de João, que dirigia em alta velocidade no momento do evento.

Nessa situação hipotética,

A) o Estado deverá indenizar o particular pelos danos materiais, e o servidor deverá arcar com os danos morais.

B) o servidor responderá objetivamente pela reparação dos danos materiais e morais.

C) o Estado, caso seja condenado judicialmente ao pagamento de indenização, poderá, mediante ação de regresso, reaver do servidor o quanto tiver de pagar ao particular.

D) o direito do particular à reparação dos prejuízos sofridos será imprescritível.

E) a reparação dos danos sofridos pelo particular só poderá ser realizada por via judicial.

3403) (2017) Banca: CESPE – Órgão: DPU – Prova: Defensor Público Federal

Com referência à organização administrativa, ao controle dos atos da administração pública e ao entendimento jurisprudencial acerca da responsabilidade civil do Estado, julgue o item a seguir.

É objetiva a responsabilidade das pessoas jurídicas de direito privado prestadoras de serviços públicos em relação a terceiros, usuários ou não do serviço, podendo, ainda, o poder concedente responder subsidiariamente quando o concessionário causar prejuízos e não possuir meios de arcar com indenizações.

A) Certo B) Errado

3404) (2017) Banca: CESPE – Órgão: TCE-PE – Prova: Analista de Gestão – Administração

Acerca da responsabilidade civil do Estado, julgue o item subsequente.

Na hipótese de responsabilidade do Estado por dano causado por agente público, apenas nos casos de atos dolosos será assegurado ao poder público o direito de regresso.

A) Certo B) Errado

3405) (2010) Banca: CESPE – Órgão: TRE-BA – Prova: Analista Judiciário – Área Judiciária

Julgue o item subsequente, relativo à responsabilidade civil do Estado e aos serviços públicos.

As entidades da administração indireta que executem atividade econômica de natureza privada não estão sujeitas à incidência da regra da responsabilidade objetiva do Estado.

A) Certo B) Errado

3406) (2016) Banca: FCC – Órgão: SEGEP-MA – Prova: Técnico da Receita Estadual – Arrecadação e Fiscalização de Mercadorias em Trânsito – Conhecimentos Gerais

Maria, cidadã brasileira, estava andando na calçada quando foi atropelada por um ônibus da concessionária X. Diante disso, é correto afirmar que o Estado responde pelo dano causado à Maria de forma

A) subjetiva, na medida da culpabilidade de Maria.

B) acessória, uma vez que se trata de pessoa jurídica de direito privado.

C) objetiva, sendo assegurado o direito de regresso contra o responsável pelos danos.

D) objetiva, mas apenas acessória, uma vez que quem praticou o ato foi a concessionária.

E) subjetiva, sendo assegurado o direito de regresso contra o responsável pelos danos.

3407) (2015) Banca: FCC – Órgão: TJ-GO – Prova: Juiz Substituto

Suponha que um servidor público tenha cometido erro na alimentação do sistema informatizado de distribuição de ações judiciais, o que levou a constar, equivocadamente, a existência de antecedente criminal para determinado cidadão. Essa situação gerou prejuízos concretos para o cidadão, que foi preterido em processo de seleção para emprego de vigilante e também obrigado a desocupar o quarto na pensão onde residia. Diante dessa situação, referido cidadão

A) possui direito de obter indenização do servidor pelos prejuízos suportados, independentemente de comprovação de dolo ou culpa, em caráter subsidiário à responsabilidade objetiva do Estado.

B) possui direito de obter do Estado a indenização pelos danos materiais e morais sofridos, condicionado à comprovação da culpa in elegendo ou in vigilando da Administração.

C) poderá acionar judicial ou administrativamente o servidor que cometeu a falha, o qual possui responsabilidade objetiva pelos prejuízos comprovados.

D) possui direito de ser indenizado pelo Estado pelos prejuízos decorrentes da conduta do servidor público, independentemente da comprovação de dolo ou culpa deste.

E) poderá demandar, administrativa ou judicialmente, o Estado e o servidor, que possuem responsabilidade pelos danos causados por ação ou omissão, respondendo o Estado em caráter subsidiário em relação ao servidor.

3408) (2014) Banca: FCC – Órgão: DPE-RS – Prova: Defensor Público

Acerca da responsabilidade civil do Estado, é correto afirmar:

A) Na liquidação dos danos sofridos pelo particular por ato da administração ou de seus agentes, não serão aplicáveis as regras do Código Civil.

B) O Estado é solidariamente responsável pelos danos causados a particulares por pessoas jurídicas de sua administração indireta quando prestadoras de serviço público, ou por concessionários e permissionários de serviços públicos.

C) Não há responsabilidade civil do Estado pelos danos causados por atos legislativos ou leis declaradas inconstitucionais.

D) Há responsabilidade civil do Estado pelos danos causados a particular por seus agentes no exercício de suas funções ou a pretexto de exercê-las.

E) Os danos causados pelo poder público somente podem ser reparados através da via judicial, sendo defeso acordo administrativo com o lesado.

3409) (2014) Banca: FCC – Órgão: TRT – 16ª REGIÃO (MA) – Prova: Técnico Judiciário – Administrativa

Francisco é servidor de sociedade de economia mista, prestadora de serviço público. Em determinada data, Francisco, no exercício de sua função, intencionalmente, causou danos a particulares. Nesse caso, a responsabilidade da sociedade de economia mista pelos danos ocasionados é

A) objetiva.
B) subjetiva.
C) subsidiária.
D) inexistente.
E) disjuntiva.

3410) (2014) Banca: FCC – Órgão: TRF – 3ª REGIÃO – Prova: Técnico Judiciário – Área Administrativa

As pessoas jurídicas de direito público e as de direito privado prestadoras de serviços públicos, quanto à responsabilidade por danos causados a terceiro,

A) apenas responderão pelos danos que seus agentes causarem se houver prova de dolo.
B) responderão pelos danos que seus agentes, nessa qualidade, causarem, independentemente de dolo ou culpa.
C) apenas responderão pelos danos que seus agentes causarem em caso de culpa.
D) não responderão pelos danos causados por seus agentes.
E) responderão pelos danos causados, desde que seus agentes tenham sido condenados em ação anterior ao ressarcimento.

3411) (2014) Banca: FCC – Órgão: Prefeitura de Recife – PE – Prova: Procurador

Um motorista de ônibus de uma empresa privada de transporte coletivo municipal, ao fazer uma curva mais acentuada em determinado ponto de seu itinerário, colidiu com veículo estacionado na via pública em local e horário permitidos, ocasionando perda total neste veículo. No presente caso, consoante o mais recente posicionamento do STF,

A) não responderão objetivamente o Município, nem a empresa privada, pois se trata de exercício de atividade econômica lucrativa, situação não albergada pelo tratamento especial da responsabilidade civil do Estado.
B) responderá o município primária e objetivamente pelos danos causados no veículo estacionado, em razão do serviço público prestado ser de titularidade do Município.
C) responderá a empresa privada, direta e objetivamente, seja por se tratar de concessionária de serviço público, seja em razão do risco inerente à sua atividade.
D) responderá a empresa privada objetivamente, com direito de regresso contra o Município, titular do serviço público prestado.
E) não responderão objetivamente o Município, nem a empresa privada, pois o proprietário do veículo estacionado não é usuário direto do serviço público prestado.

3412) (2017) Banca: FCC – Órgão: DPE-RS – Prova: Técnico – Área Administrativa

A responsabilidade extracontratual do Estado é estabelecida diante do preenchimento de alguns requisitos e pode ser imposta

A) às pessoas jurídicas integrantes da Administração indireta, que respondem objetivamente pelos danos que seus agentes causarem a terceiros, independentemente das atividades que desenvolvem e de se tratar de atos comissivos ou omissivos.
B) às pessoas jurídicas de direito público, respondendo subjetivamente nos casos de atos comissivos lícitos e nos casos de atos omissivos lícitos.
C) aos entes públicos e concessionários de serviço público, não abrangendo as permissionárias de serviço público em razão do vínculo de delegação ter natureza de ato, não de contrato.
D) às pessoas jurídicas de direito privado prestadoras de serviço público, que respondem sob a modalidade objetiva diante da demonstração de nexo de causalidade entre a atuação de seus agentes e os danos causados a terceiros, que também demandam comprovação.
E) aos entes públicos e aos privados que mantenham vínculo funcional ou contratual com a Administração pública e, em razão dele, recebam repasse de dinheiro público, o que lhes obriga a reparar eventuais danos causados a terceiro, sob a modalidade objetiva.

3413) (2010) Banca: FCC – Órgão: TRE-AL – Prova: Analista Judiciário – Área Administrativa

A responsabilidade objetiva do Estado

A) existe em qualquer hipótese de dano, inclusive decorrente de força maior e caso fortuito.
B) implica reparação do dano mesmo que a lesão decorra de culpa exclusiva da vítima
C) resta caracterizada desde que presentes o fato administrativo, o dano e o nexo causal.
D) somente se caracteriza se o agente público agiu com dolo ou culpa.
E) não impede a ação regressiva contra o agente responsável pelo dano, qualquer que tenha sido a conduta deste.

3414) (2017) Banca: FCC – Órgão: TST – Prova: Juiz do Trabalho Substituto

Em matéria de responsabilidade civil extracontratual do Estado, é correto afirmar:

A) O caso fortuito, a força maior e a culpa concorrente da vítima rompem o nexo causal e, por conseguinte, afastam a responsabilidade civil objetiva do Estado.
B) No âmbito do Superior Tribunal de Justiça, prevalece o entendimento de que o prazo prescricional para a propositura da ação indenizatória é de três anos contados da ocorrência do evento danoso.
C) A responsabilidade dos concessionários de serviços públicos, de acordo com a jurisprudência mais recente do Supremo Tribunal Federal, não se sujeita à aplicação da teoria objetiva quanto a danos causados a terceiros não usuários.
D) A expressão "nessa qualidade", prevista no art. 37, § 6º, da CF/88, significa que somente podem ser atribuídos à pessoa jurídica os comportamentos do agente público levados a

efeito durante o exercício da função pública, em razão do que os danos causados por servidor público em seu período de férias, em princípio, não implicam responsabilização objetiva do Estado.

E) A imunidade relativa a opiniões, palavras e votos, em sede de atos legislativos, prevista no texto constitucional de 1988, não afasta o direito de regresso do Estado contra o parlamentar.

3415) (2017) Banca: FCC – Órgão: TRE-PR – Prova: Analista Judiciário – Área Judiciária

Uma viatura policial envolveu-se em acidente de trânsito que resultou em danos patrimoniais bem como danos físicos em alguns dos envolvidos. A viatura, na ocasião, foi recolhida e submetida à vistoria e perícia. Também foi aberto procedimento administrativo para apuração dos fatos. O condutor da viatura, servidor público, teve contato com o laudo pericial e, não satisfeito com o resultado, decidiu ocultá-lo, impedindo sua juntada aos autos do procedimento administrativo. A conduta do servidor

A) pode lhe ensejar responsabilidade disciplinar, repercutindo na esfera civil onde se procederá à indenização pelos danos decorrentes do acidente de trânsito, cuja responsabilidade somente será apurada após a conclusão do procedimento administrativo disciplinar.

B) pode ensejar responsabilidade civil do Estado sob a modalidade objetiva caso dela decorram danos comprovados, tendo em vista que o servidor agiu ilicitamente, sem prejuízo da responsabilidade disciplinar do mesmo.

C) enseja comprovação de culpa por parte do Estado, este que, em razão da omissão na conclusão das provas necessárias à elucidação dos fatos, deverá ser responsabilizado sob a modalidade subjetiva.

D) acarreta responsabilidade objetiva do Estado em razão da omissão de seu agente público, que ocultou as provas que elucidariam os fatos, permitindo identificar os responsáveis pelo acidente.

E) enseja responsabilidade disciplinar pelo ato de ocultação de provas, bem como pelo acidente de trânsito, pelo qual fica presumida sua culpa, na medida em que o servidor impediu a correta e adequada apuração dos fatos.

3416) (2017) Banca: FCC – Órgão: FUNAPE – Prova: Analista em Gestão Previdenciária

Uma fundação responsável pela aplicação de medidas socioeducativas e reinserção social de jovens menores de idade constatou, em vistoria realizada após denúncia anônima recebida, que estava havendo ingresso de substâncias entorpecentes em suas dependências, o que já teria permitido que alguns internos estivessem fazendo uso com regularidade e dependência.

As famílias desses internos pretendem responsabilizar judicialmente a fundação pelo ocorrido, afirmando que os jovens não utilizavam tais substâncias anteriormente.

A pretensão

A) pode ensejar a responsabilização da fundação tanto pela omissão dos agentes na fiscalização da entrada, que não obstaram o acesso das substâncias ao universo dos jovens, quanto pelo dever de garantir a incolumidade dos custodiados.

B) depende da demonstração de dolo dos agentes públicos, tendo em vista que a modalidade omissiva demanda comprovação da intenção dos agentes públicos.

C) procede, tendo em vista a responsabilidade dos entes públicos é objetiva, sequer demandando prova dos danos ocorridos.

D) não encontra acolhida no Judiciário, tendo em vista que não se trata de ato praticado por agente público, mas sim por terceiros, também internos.

E) depende de prévia apuração de responsabilidade para constatação da forma e dos responsáveis pelas condutas ensejadoras dos resultados indesejados descritos.

3417) (2015) Banca: FGV – Órgão: Câmara Municipal de Caruaru – PE – Prova: Analista Legislativo – Direito

Sobre a Responsabilidade Civil do Estado, assinale a afirmativa correta.

A) As pessoas jurídicas de direito público e as de direito privado prestadoras de serviços públicos responderão pelos danos que seus agentes, nessa qualidade, causarem a terceiros.

B) A característica fundamental da responsabilidade objetiva é a necessidade de restar comprovada, pelo lesado, a culpa do agente ou do serviço pelo fato administrativo.

C) O fato de ser o Estado sujeito à teoria da responsabilidade objetiva significa que o ente estatal será responsável por tudo o que acontece no meio social.

D) O Estado somente poderá causar danos a particulares por atos comissivos.

E) O direito de regresso é assegurado ao lesado no sentido de dirigir sua pretensão indenizatória contra o agente responsável pelo dano.

3418) (2014) Banca: FGV – Órgão: Câmara Municipal do Recife-PE – Prova: Consultor Legislativo

Antônio, funcionário de empresa concessionária prestadora do serviço público de fornecimento de energia elétrica, foi acionado para consertar um transformador cujo defeito deixou toda a comunidade local sem luz. Ao chegar no local dos fatos com o caminhão próprio da empresa, subiu as escadas e acessou o equipamento que ficava na parte de cima do poste. De repente, Antônio deixou cair uma peça, que atingiu um veículo regularmente estacionado em via pública, causando danos a seu proprietário. De acordo com a Constituição da República, no caso em tela, a responsabilidade civil é:

A) objetiva da empresa concessionária, que responde pelos danos que seu agente, nessa qualidade, causou a terceiros, assegurado o direito de regresso contra o funcionário nos casos de dolo ou culpa;

B) objetiva do Estado que concedeu o serviço, o qual responde pelos danos que a concessionária contratada causou a terceiros, assegurado o direito de regresso contra a concessionária, nos casos de dolo ou culpa;

C) subjetiva da empresa concessionária, que responde pelos danos que seu agente, nessa qualidade, causou a terceiros, independentemente do dolo ou culpa com que agiu seu funcionário;

D) subjetiva do Estado que concedeu o serviço, o qual responde pelos danos que a concessionária contratada causou a terceiros, por ter elegido mal a empresa contratada;

E) subjetiva do funcionário Antônio, que responde pelos danos que causou a terceiros, independentemente do dolo ou culpa.

3419) (2014) Banca: FGV – Órgão: AL-BA – Prova: Auditor

Dentre as pessoas jurídicas listadas a seguir, assinale aquela que não se enquadra na disciplina da responsabilidade civil veiculada no artigo 37, § 6º, da CRFB/88.

A) Empresa pública não prestadora de serviço público
B) Autarquia
C) Corporação pública
D) Agência reguladora
E) Concessionária de serviço público

3420) (2015) Banca: FGV – Órgão: TJ-PI – Prova: Analista Judiciário – Analista Judicial

Maria José, servidora pública estadual ocupante do cargo de merendeira, preparou para o almoço dos alunos uma deliciosa galinha ao molho pardo. Ao servir aos alunos, Maria José informou-lhes que havia retirado todos os ossos da ave e que eles poderiam saborear a iguaria tranquilamente. Ocorre que o aluno Davidson, ao comer galinha, se engasgou com um pedaço de osso de oito centímetros, sofrendo grave lesão em órgãos do sistema digestivo superior. Em razão das lesões, Davidson ajuizou ação indenizatória por danos materiais e morais em face:

A) de Maria José, com base em sua responsabilidade civil objetiva, sendo necessária a comprovação do elemento subjetivo, ou seja, de ter agido com dolo ou culpa;
B) de Maria José e do Estado, de forma solidária, sendo necessária a comprovação de ter agido o agente público com dolo ou culpa;
C) do Estado, que responde pelos danos causados por Maria José ao aluno de forma subjetiva, ou seja, com a necessidade de comprovação do elemento subjetivo na conduta do agente público;
D) do Estado, que responde pelos danos causados por Maria José ao aluno de forma objetiva, ou seja, sem necessidade de comprovação do elemento subjetivo na conduta do agente público;
E) do Estado, com base em sua responsabilidade civil subjetiva, sendo necessária a comprovação da conduta ilícita, dano, nexo causal e dolo ou culpa, com base na teoria do risco administrativo.

3421) (2014) Banca: FGV – Órgão: DPE-RJ – Prova: Técnico Superior Especializado – Desenvolvimento de Sistemas

O tratamento constitucional dado em matéria de responsabilidade civil do Estado é no sentido de que:

A) as pessoas jurídicas de direito público e as de direito privado prestadoras de serviços públicos responderão pelos danos que seus agentes, nessa qualidade, causarem a terceiros, sendo prescindível a demonstração do dolo ou culpa.
B) as pessoas jurídicas de direito público e as de direito privado prestadoras de serviços públicos responderão pelos danos que seus agentes, nessa qualidade, causarem a terceiros, sendo imprescindível a demonstração do dolo ou culpa.
C) apenas as pessoas jurídicas de direito público responderão pelos danos que seus agentes, nessa qualidade, causarem a terceiros, sendo imprescindível a demonstração do dolo ou culpa.
D) apenas as pessoas jurídicas de direito público responderão pelos danos que seus agentes, nessa qualidade, causarem a terceiros, havendo o direito de regresso contra o agente nos casos de dolo ou culpa.
E) apenas as pessoas jurídicas da administração direta e indireta responderão pelos danos que seus agentes, nessa qualidade, causarem a terceiros, havendo o direito de regresso contra o agente nos casos de dolo ou culpa.

3422) (2013) Banca: FGV – Órgão: DETRAN-MA – Prova: Analista de Trânsito

Marcio é motorista da Agência Estadual Reguladora dos Transportes do Estado K, autarquia, e, por imprudência, colide com o veículo conduzido por Aderbal, servidor público, que utilizava condução privada de sua propriedade. Após os trâmites administrativos, a Agência não reconheceu a culpa do servidor, em regular processo administrativo e decidiu não compensar os danos causados a Aderbal.

No caso deve ser considerada a responsabilidade da Agência de forma

A) subjetiva.
B) objetiva.
C) secundária.
D) concreta.
E) alternativa.

3423) (2013) Banca: FGV – Órgão: TJ-AM – Prova: Analista Judiciário-Oficial de Justiça Avaliador e Leiloeiro

João foi atropelado por um ônibus pertencente a uma concessionária de serviço de transporte público.

A partir do caso descrito, sobre a responsabilidade civil da Administração Pública e da concessionária de serviço público, assinale a afirmativa correta.

A) Há responsabilidade subjetiva da empresa.
B) Há responsabilidade direta e objetiva do poder concedente.
C) Há responsabilidade apenas do motorista do veículo e será objetiva.
D) Há responsabilidade objetiva da concessionária
E) Há responsabilidade apenas do motorista do veículo e será subjetiva.

3424) (2017) Banca: VUNESP – Órgão: CRBio – 1ª Região Prova: Analista – Advogado

A condenação dos Estados ao pagamento de indenização às famílias de detentos, ainda que mortos por outros presos, encontra fundamento na

A) teoria do risco integral.
B) expressa previsão legal da existência de responsabilidade solidária.
C) responsabilidade solidária, que independe da culpa dos agentes públicos na fiscalização.
D) responsabilidade objetiva, prevista na Constituição Federal.
E) teoria do risco integral, cujo reconhecimento independe da comprovação de nexo causal

3425) (2014) Banca: VUNESP – Órgão: TJ-PA – Prova: Analista Judiciário – Direito

O poder público faz uma concessão de um serviço público a uma empresa privada. Esta, durante a execução do contrato, por uma ação do seu empregado, vem a causar prejuízo a um usuário do serviço concedido. Nesse caso, a responsabilidade pela indenização dos prejuízos causados será

A) objetiva da concessionária.
B) subjetiva e solidária entre a concessionária e o poder concedente.
C) subjetiva da concessionária e o poder concedente não poderá ser responsabilizado.
D) objetiva do empregado da concessionária.
E) subjetiva da concessionária e subsidiária do seu empregado.

3426) (2014) Banca: VUNESP – Órgão: TJ-PA – Prova: Auxiliar Judiciário

Josué trabalha no serviço funerário municipal de sua cidade. Certo dia, dirigia o veículo pertencente ao município, transportando uma pessoa recém-falecida ao cemitério da cidade. Por imprudência sua, colidiu o veículo contra outro automóvel, de propriedade de Fernando, causando prejuízos a este. Neste cenário, é correto afirmar que

A) Fernando poderá exigir indenização tão somente da família do falecido, considerando que estava utilizando o serviço público municipal.
B) Fernando poderá exigir indenização do Município que, por sua vez, poderá exigir indenização de Josué.
C) O Município não tem o dever de indenizar Fernando, considerando que houve culpa exclusiva de Josué.
D) Fernando poderá exigir indenização do Município e da família do falecido, considerando que estava utilizando o serviço público municipal
E) Fernando poderá exigir indenização do Município, mas este não poderá exigir indenização de Josué, ressalvada a possibilidade de apuração da conduta do funcionário e aplicação da sanção devida.

3427) (2008) Banca: VUNESP – Órgão: TJ-MT – Prova: Técnico Judiciário (+ provas)

Pelos danos causados por seus agentes a terceiros, a responsabilidade civil do Estado é, hoje, tida como

A) objetiva passível de regresso.
B) objetiva não passível de regresso.
C) subjetiva passível de regresso.
D) subjetiva não passível de regresso.
E) dependente de culpa do agente.

3428) (2013) Banca: VUNESP – Órgão: MPE-ES – Prova: Promotor de Justiça

Considerando a responsabilidade objetiva do Estado prevista no art. 37, § 6.º da Constituição Federal, assinale a alternativa correta.

A) É aplicável aos casos de danos causados pela ação ou omissão do Estado, em responsabilidade extracontratual
B) Atinge os atos praticados pelo agente público dentro e fora do exercício de suas funções.
C) É atenuada pela ocorrência de caso fortuito, força maior, ou se caracterizada culpa exclusiva da vítima.
D) As pessoas jurídicas de direito público responderão pelos danos que seus agentes, nessa qualidade, causarem a terceiros, assegurado o direito de regresso contra o responsável nos casos de dolo ou culpa.
E) Não se aplica às pessoas jurídicas de direito privado prestadoras de serviços públicos, como fundações governamentais de direito privado.

3429) (2014) Banca: Aroeira – Órgão: PC-TO – Prova: Agente de Polícia

Determinado Policial Civil, conduzindo uma viatura oficial para a investigação de um crime, avança o sinal vermelho e atropela um cidadão. Nesse caso, a responsabilidade do Estado é do tipo:

A) subjetiva
B) objetiva
C) universal
D) contratual

3430) (2014) Banca: FEPESE – Órgão: MPE-SC – Prova: Analista do Ministério Público (+ provas)

A Responsabilidade Civil do Estado quanto aos atos comissivos:

A) Toma por base a culpa presumida.
B) Não admite excludentes de imputação e nem de causalidade
C) Faculta o direito de regresso por parte do Estado.
D) Toma por base a teoria da responsabilidade objetiva.
E) Prescinde da comprovação do nexo causal já que tem por base a teoria do risco integral.

3431) (2014) Banca: FEPESE – Órgão: Prefeitura de Palhoça – SC – Prova: Procurador do Município

Assinale a alternativa correta em matéria de direito administrativo.

A) O Estado possui direito de regresso contra o agente causador do dano, quando este tenha agido com dolo ou culpa.
B) Em decorrência das prerrogativas originárias dos princípios da supremacia e da indisponibilidade do interesse público, o Estado não poderá responder civilmente por atos de seus prepostos.
C) O risco assumido pelo Estado no desenvolvimento de suas atividades, típicas e atípicas, torna a sua responsabilidade civil sempre objetiva.
D) A falta do serviço, o mau funcionamento ou o seu retardamento são elementos necessários para o reconhecimento da culpa a ensejar a responsabilidade civil do Estado.
E) Na ação de regresso, a responsabilidade do agente responsável pelo dano é objetiva, devendo apenas o Estado comprovar a relação de causalidade entre a conduta, dolosa ou culposa, e o dano perpetrado.

3432) (2014) Banca: IDECAN – Órgão: CNEN – Prova: Engenheiro Civil

"Determinado agente de uma pessoa jurídica de direito público, nessa qualidade, causa danos a terceiros." A pessoa jurídica poderá ser demandada a partir da aplicação da teoria do(a)

A) risco integral.

B) irresponsabilidade.
C) responsabilidade subjetiva.
D) risco administrativo (objetiva).
E) culpa administrativa (subjetiva).

3433) (2016) Banca: Prefeitura de Fortaleza – CE – Órgão: Prefeitura de Fortaleza – CE – Prova: Analista de Planejamento e Gestão – Direito

A Constituição Federal estabelece a responsabilidade objetiva e pode ser observada no Art. 37, § 6º. Dentro dessa responsabilidade, podemos afirmar que:

A) a responsabilidade do servidor é objetiva.
B) a responsabilidade objetiva exclui o pressuposto elementar da comprovação do dano.
C) a responsabilidade objetiva é aplicada somente para atos advindos do Poder Executivo, de forma que os atos do Legislativo ou do Judiciário não se sujeitam à responsabilidade objetiva.
D) no preceito constitucional há dois tipos de responsabilidade civil: a do Estado, sujeito à responsabilidade objetiva; e a do agente estatal, sob o qual incide a responsabilidade subjetiva ou com culpa.

3434) (2016) Banca: LEGALLE Concursos – Órgão: Prefeitura de Portão – RS – Prova: Agente Administrativo

No caso de um servidor da Administração Pública que cause dano a terceiros, no exercício de suas atribuições, o servidor estará submetido ao regime de responsabilidade civil:

A) Subjetiva, e a repartição a que o servidor pertence estará sujeita ao regime da responsabilidade civil objetiva.
B) Objetiva, tanto para o funcionário quanto para a repartição a que pertence.
C) Subjetiva, tanto para o funcionário quanto para a repartição a que pertence.
D) Objetiva ou subjetiva, de acordo com o serviço prestado pela repartição, valendo a mesma regra para a definição do regime da responsabilidade civil da repartição.
E) Objetiva, enquanto a repartição a que pertence, estará sujeita ao regime da responsabilidade civil subjetiva.

3435) (2015) Banca: FAURGS – Órgão: TJ-RS – Prova: Titular de Serviços de Notas e de Registros – Remoção

No que se refere à responsabilidade civil do Estado, assinale a alternativa que contém afirmativa correta.

A) As pessoas jurídicas de direito público e as de direito privado prestadoras de serviços públicos responderão pelos danos que seus agentes, nessa qualidade, causarem a terceiros, assegurado o direito de regresso contra o responsável nos casos de dolo ou culpa.
B) O servidor público não será responsabilizado, em nenhuma hipótese, pelos danos causados a terceiros.
C) Somente as pessoas jurídicas de direito público poderão ser responsabilizadas pelos danos causados por seus agentes, nessa qualidade, a terceiros.
D) Exclusivamente os danos patrimoniais comprovados serão objeto de indenização pelas pessoas jurídicas de direito público.

3436) (2015) Banca: TRT 21R (RN) – Órgão: TRT – 21ª Região (RN) – Prova: Juiz do Trabalho Substituto

No que se refere à Responsabilidade Civil do Estado, é correto afirmar:

A) A responsabilidade, em caso de dano causado por seus agentes a terceiros, prescinde da demonstração de nexo causal e da ausência de causa excludente de responsabilidade.
B) A Constituição Federal consagrou o princípio do risco administrativo integral em relação às empresas que prestem serviços públicos, quanto aos danos causados por seus agentes e prepostos.
C) As pessoas jurídicas de direito público somente responderão pelos danos dos seus agentes nos casos em que houver comprovação de dolo ou culpa dos mesmos.
D) A responsabilidade civil das entidades da administração indireta que executem atividade econômica de natureza privada é objetiva.
E) A Constituição Federal prevê que quem responde perante o prejudicado é a pessoa jurídica causadora do dano, que pode ingressar com ação regressiva contra o seu agente, desde que este tenha agido com dolo ou culpa.

3437) (2015) Banca: AOCP – Órgão: TRE-AC – Prova: Técnico Judiciário – Área Administrativa

Em relação à responsabilidade Civil do Estado, assinale a alternativa correta.

A) A União é responsabilizada por danos nucleares somente quando for culpada pelo dano.
B) As pessoas jurídicas de direito público e as de direito privado prestadoras de serviços públicos responderão pelos danos que seus agentes, nessa qualidade, causarem a terceiros.
C) Para a configuração de responsabilidade civil do Estado, não é necessário que haja nexo de causalidade.
D) As sociedades de economia mista que exploram atividade econômica não respondem pelos danos que seus agentes causarem a terceiros.
E) No ordenamento jurídico brasileiro, vige o sistema da irresponsabilidade estatal, baseada no primado "the king can do no wrong".

3438) (2017) Banca: IESES – Órgão: IGP-SC – Prova: Perito Criminal em Informática

Sobre a Administração Pública na Constituição Federal, é correto afirmar:

A) É garantido a todos os servidores públicos o direito à livre associação sindical, sendo que o seu direito de greve será exercido nos termos e limites definidos em lei específica.
B) Os cargos, empregos e funções públicas são acessíveis aos brasileiros que preencham os requisitos estabelecidos em lei, vedado o acesso aos estrangeiros, ressalvados os casos previstos em tratados internacionais, casos em que fica dispensada a regulamentação em lei específica.
C) As pessoas jurídicas de direito público e as de direito privado prestadoras de serviços públicos responderão pelos danos que seus agentes, nessa qualidade, causarem a terceiros, assegurado o direito de regresso contra o responsável nos casos de dolo ou culpa.
D) A vedação à acumulação remunerada de cargos públicos, ressalvadas as exceções constitucionais e a situação da compatibilidade de horários, não se estende aos empregos e funções públicas.

3439) (2015) Banca: Prefeitura de Fortaleza – CE – Órgão: Prefeitura de Fortaleza – CE – Prova: Advogado

Quanto à responsabilidade civil da administração pública, indique o item que se coaduna com a previsão constitucional.

A) Somente as pessoas jurídicas de direito público responderão pelos danos que seus agentes, nessa qualidade, causarem a terceiros, assegurado o direito de regresso contra o responsável nos casos de dolo ou culpa.

B) As pessoas jurídicas de direito público e as de direito privado prestadoras de serviços públicos responderão pelos danos que seus agentes, nessa qualidade, causarem a terceiros, assegurado o direito de regresso contra o responsável nos casos de dolo ou culpa.

C) As pessoas jurídicas de direito público e as de direito privado que exercem atividade econômica responderão pelos danos que seus agentes, nessa qualidade, causarem a terceiros, assegurado o direito de regresso contra o responsável nos casos de dolo ou culpa.

D) Somente as pessoas jurídicas de direito privado prestadoras de serviços públicos responderão pelos danos que seus agentes, nessa qualidade, causarem a terceiros, assegurado o direito de regresso contra o responsável nos casos de dolo ou culpa.

3440) (2014) Banca: CONTEMAX – Órgão: COREN-PB – Prova: Agente Administrativo

É correto afirmar que as pessoas jurídicas de direito público respondem pelos danos que seus empregados e/ou prepostos causarem a terceiros, observando-se o seguinte:

A) responde integralmente pelos danos, não cabendo ação regressiva contra o empregado/preposto causador do dano;

B) responde integralmente pelos danos, inclusive se o empregado/preposto foi o culpado pelos danos;

C) responde integralmente pelos danos se ficar provada a culpa de seu empregado/preposto.

D) responde integralmente pelos danos, mesmo se o empregado/preposto não for(em) o(s) culpado(s) pelo evento;

E) responde integralmente pelos danos quando provado que seu empregado/preposto agiu de forma dolosa.

3441) (2014) Banca: FUNDEP (Gestão de Concursos) – Órgão: DPE-MG – Prova: Defensor Público

Sobre a responsabilidade civil do Estado, assinale a alternativa INCORRETA.

A) A administração responde pelos danos causados, ainda que advindos de comportamentos lícitos, hipótese em que a responsabilidade se fundamenta no princípio da igualdade.

B) Por ser uma exceção à imputação de responsabilidades, a responsabilidade objetiva do Estado aplica-se somente aos órgãos e entidades da Administração Pública direta e indireta.

C) Consoante à jurisprudência do Superior Tribunal de Justiça, a administração pública responde objetivamente no caso de morte por suicídio de detento ocorrido dentro de estabelecimento prisional mantido pelo Estado.

D) Em caso de conduta estatal omissiva, aplica-se a responsabilidade subjetiva, devendo ser demonstrada a culpa ou dolo do agente público.

3442) (2014) Banca: COSEAC – Órgão: Prefeitura de Niterói – RJ – Prova: Guarda Civil Municipal

Acerca da responsabilidade civil do Estado, é correto afirmar que:

A) o agente causador do dano responde objetivamente pelo dano causado.

B) somente as pessoas jurídicas de direito público possuem direito de regresso em face do agente causador do dano.

C) de acordo com a Constituição da República, a responsabilidade civil é objetiva, tanto para as pessoas jurídicas de direito público quanto para as de direito privado prestadoras de serviço público.

D) as pessoas jurídicas de direito privado prestadoras de serviço são responsabilizadas na forma culposa, portanto podem denunciar a lide para que a responsabilidade do agente seja aferida.

E) a responsabilidade civil objetiva prevista na Constituição não exclui a responsabilização das pessoas jurídicas nas hipóteses de caso fortuito e de culpa exclusiva da vítima.

3443) (2014) Banca: IADES – Órgão: TRE-PA – Prova: Técnico Judiciário – Área Administrativa

Em relação à responsabilidade civil do Estado, assinale a alternativa correta.

A) Os atos jurisdicionais são isentos de responsabilidade civil.

B) A responsabilidade objetiva do Estado, por danos causados a terceiros, tem por fundamento a teoria da culpa administrativa.

C) Com a edição da CF/1988, o ordenamento jurídico brasileiro passou a adotar a teoria da irresponsabilidade do Estado.

D) Assim como ocorre no direito privado, para que se configure a responsabilidade civil do Estado, faz-se necessária a existência de um dano, moral ou material, de uma ação ou omissão antijurídica por parte do Estado, e de um nexo causal entre o dano e a ação ou omissão estatal.

E) Caso fortuito ou força maior não são causas excludentes da responsabilidade do Estado.

3444) (2014) Banca: IBFC – Órgão: TRE-AM – Prova: Técnico Judiciário – Área Administrativa

Com relação à responsabilidade civil do Estado, assinale a alternativa CORRETA:

A) As pessoas jurídicas de direito privado prestadoras de serviços responderão pelos danos que seus agentes, nessa qualidade, causarem a terceiros.

B) As pessoas jurídicas de direito público apenas responderão pelos danos que causarem a terceiros, se o responsável agiu com dolo ou culpa.

C) As pessoas jurídicas de direito privado terão direito de regresso contra o responsável pelo dano, apenas, se este agiu com dolo.

D) As pessoas jurídicas de direito público responderão pelos danos causados a terceiros, se prestadoras de serviços públicos.

3445) (2014) Banca: FUNCAB – Órgão: EMDAGRO-SE – Prova: Advogado

Roberval Pereira e sua mulher, estavam em sua moto transitando na Rodovia Federal BR 235, em Sergipe, com destino a Itabaiana, quando foram surpreendidos com um cavalo morto na pista, que provocou um acidente fatal para sua esposa. Diante do episódio, Roberval entra com ação de indenização por danos morais em face do Departamento Nacional de Infraestrutura e Transportes – DNIT – autarquia federal e da União, visando a responsabilização do Estado. Com base neste fato, marque a resposta correta com relação à responsabilidade civil do Estado.

A) A responsabilidade civil do Estado, por omissão, é reconhecida, com lastro na teoria objetiva com base em julgados do STF com relação ao tema de acidentes de trânsito em estradas envolvendo animais.
B) Segundo STF, a questão deve ser analisada com base na responsabilidade objetiva ou subjetiva, nos casos de omissão, já que é matéria de legislação constitucional – o que leva à conclusão de que o tribunal estaria entendendo, majoritariamente, ser a omissão do Poder Público atingida pelo art. 37, §6º, da CF/88.
C) A responsabilidade civil da Administração por omissão é subjetiva, impondo-se a comprovação da culpa.
D) A delegatária do serviço público de estradas onde ocorreu o acidente, por força de animal morto na pista, não estabelece relação de consumo com seus usuários, e por isso não está subordinada ao Código de Defesa do Consumidor.
E) A responsabilidade civil do Estado é objetiva por danos causados por colisão de veículo com animal na pista, com fundamento na ausência de cuidado e vigilância ou pelas mesmas serem insuficientes e, por isso, a prestação do serviço se apresenta inadequada e insegura.

3446) (2017) Banca: Quadrix – Órgão: CFO-DF – Prova: Técnico Administrativo

Acerca da responsabilidade civil do Estado, julgue o item subsecutivo.

Suponha-se que o servidor de uma autarquia tenha causado, no exercício de suas atribuições legais, dano material a terceiro. Nesse caso, essa responsabilidade do servidor será objetiva.

A) Certo   B) Errado

3447) (2012) Banca: UFMT – Órgão: TJ-MT – Prova: Oficial de Justiça

A responsabilidade do Estado pelos danos causados por atos comissivos de seus agentes é:

A) subjetiva.
B) objetiva ou subjetiva, dependendo do caso.
C) inexistente.
D) objetiva.

3448) (2008) Banca: FUNDAÇÃO SOUSÂNDRADE – Órgão: CREA-MA – Prova: Advogado

A responsabilidade civil do Estado é

A) aquiliana.
B) subjetiva.
C) objetiva, sem direito a regresso em relação ao Funcionário Público.
D) objetiva, permitindo-se o regresso em relação ao Funcionário Público.
E) objetiva ou subjetiva, dependendo do caso.

3449) (2010) Banca: CETAP – Órgão: AL-RR – Prova: Assistente Legislativo

No que consiste a responsabilidade objetiva do Estado?

A) Consiste na objetividade em que o Estado responde os questionamentos que lhe são apresentados, independentemente de haver responsabilidade.
B) Consiste na obrigação do Estado em indenizar alguém em razão da prática de um procedimento lícito ou ilícito que produziu uma lesão na esfera juridicamente protegida de outrem, bastando a mera relação causal entre o comportamento e o dano para configurar a responsabilidade.
C) Consiste na obrigação do Estado indenizar alguém em razão da prática de um procedimento somente ilícito que produziu uma lesão na esfera juridicamente protegida de outrem, bastando a mera relação causal entre o comportamento e o dano para configurá-la.
D) Consiste na obrigação do Estado indenizar alguém em razão da prática de um procedimento lícito ou ilícito que produziu uma lesão na esfera protegida do próprio Estado, não bastando a mera relação causal entre o comportamento e o dano para configurá-la.
E) Consiste na obrigação do Estado em não indenizar alguém em razão da prática de um procedimento lícito ou ilícito que produziu uma lesão na esfera juridicamente protegida de outrem, não sendo suficiente apenas a relação causal entre o comportamento e o dano para configurar a responsabilidade.

3450) (2017) Banca: FEPESE – Órgão: PC-SC – Prova: Escrivão de Polícia Civil

A responsabilidade civil da administração pública, em relação aos danos que causar a terceiros, é do tipo:

A) Objetiva, dependendo da culpa de seus agentes.
B) Objetiva, não dependendo da perquirição de culpa.
C) Subjetiva, não dependendo da perquirição de culpa.
D) Subjetiva, dependendo da culpa de seus agentes.
E) Inexistente.

3451) (2017) Banca: CONSULPLAN – Órgão: TRE-RJ – Prova: Analista Judiciário – Área Administrativa (+ provas)

"Considere que Marvim, servidor efetivo do Tribunal Regional Eleitoral, no exercício de suas funções na 1ª Zona Eleitoral do Município do Rio de Janeiro, tenha agredido fisicamente um eleitor." Baseado na teoria da responsabilidade civil do estado, o advogado do eleitor deverá propor ação de indenização contra

A) a União, somente.
B) o Estado do Rio de Janeiro, somente.
C) o Tribunal Regional Eleitoral e a Zona Eleitoral.
D) o Município do Rio de Janeiro e a Zona Eleitoral.

3452) (2014) Banca: CONSULPLAN – Órgão: CBTU – Prova: Técnico de Enfermagem do Trabalho

"Quando da elaboração da Constituição Federal de 1988, o constituinte estabeleceu para todas as entidades estatais e seus desmembramentos administrativos a obrigação de indenizar o dano causado a terceiros por seus servidores, independentemente da prova de culpa no cometimento da lesão, assegurado o direito de regresso contra o responsável nos casos de dolo ou culpa." Considerando tais informações, é correto afirmar que as pessoas jurídicas de direito público

A) e as pessoas jurídicas de direito privado prestadoras de serviços públicos são responsáveis por tudo o que acontece com o cidadão. Trata-se do respeito ao Princípio da Eficiência.

B) e as pessoas jurídicas de direito privado prestadoras de serviços públicos responderão pelos danos que qualquer cidadão causar a terceiros. Trata-se do respeito ao Princípio da Legalidade.

C) e as de direito privado prestadoras de serviços públicos responderão pelos danos que seus agentes, nessa qualidade, causarem a terceiros, assegurado o direito de regresso contra o responsável nos casos de dolo ou culpa. Trata-se da responsabilidade civil da Administração.

D) e as de direito privado prestadoras de serviços públicos responderão pelos danos que seus agentes, nessa qualidade, causarem a terceiros, assegurado o direito de regresso contra o responsável nos casos de dolo. Trata-se da responsabilidade administrativa e

3453) (2015) Banca: CAIP-IMES – Órgão: Consórcio Intermunicipal Grande ABC – Prova: Gestor de Políticas Públicas Regionais

Complete as lacunas abaixo com a alternativa correta.

As pessoas _____ de direito público e as de direito privado prestadoras de serviços _____ responderão pelos danos que seus agentes, nessa qualidade, causarem a terceiros, assegurado o direito de _____ contra o responsável nos casos de dolo ou culpa.

A) jurídicas / privados / progresso
B) físicas / públicos/ regresso
C) jurídicas / públicos/ regresso
D) físicas / privados / regresso

Conforme estabelece o texto constitucional, a responsabilidade civil do Estado é objetiva, ou seja, **a responsabilidade pelo dano prescinde da comprovação de dolo ou culpa do agente.** Tal dispositivo refere-se ao dever estatal de ressarcir os particulares por prejuízos extracontratuais que decorram de ações ou omissões, **lícitas ou ilícitas**, dos agentes públicos no exercício da função pública.

3454) (2013) Banca: CESPE – Órgão: ANS – Prova: Técnico em Regulação de Saúde Suplementar

A respeito dos agentes públicos, julgue o item que se segue.

O leiloeiro, no exercício da atividade que lhe é delegada pelo Estado, está sujeito à responsabilidade civil objetiva e ao mandado de segurança.

A) Certo B) Errado

3455) (2013) Banca: CESPE – Órgão: BACEN – Prova: Analista (+ provas)

Julgue o item a seguir, acerca da responsabilidade civil do Estado.

Para que se configure a responsabilidade objetiva do Estado, é necessário que o ato praticado seja ilícito.

A) Certo B) Errado

3456) (2013) Banca: CESPE – Órgão: DEPEN – Prova: Agente Penitenciário

A respeito de controle e responsabilização da administração, julgue o item seguinte.

Para que fique configurada a responsabilidade civil objetiva do Estado, é necessário que o ato praticado pelo agente público seja ilícito.

A) Certo B) Errado

3457) (2008) Banca: CESPE – Órgão: MPE-RR – Prova: Analista de Sistemas (+ provas)

Determinada autarquia do Estado, cuja finalidade é recuperar estradas em más condições de uso, realizava obras em trecho movimentado da rodovia, sendo obrigada a interditar uma das pistas. Em razão da má sinalização existente nas proximidades da obra, um motorista alegou que o acidente com seu veículo foi causado pela imprudência dos responsáveis pela obra e decidiu ingressar com ação de reparação de danos junto ao Poder Judiciário.

Com base nessa situação hipotética, julgue o item a seguir, sobre a responsabilidade civil do Estado.

No caso descrito, o condutor deverá, obrigatoriamente, demonstrar que o acidente ocorreu por culpa ou dolo da autarquia.

A) Certo B) Errado

3458) (2006) Banca: CESPE – Órgão: TJ-SE – Prova: Titular de Serviços de Notas e de Registros

De acordo com a Constituição Federal, julgue os seguintes itens.

As pessoas jurídicas de direito privado prestadoras de serviços públicos respondem pelos danos que seus agentes, nessa qualidade, causarem a terceiros, desde que haja, qualquer que seja a hipótese, dolo ou culpa.

A) Certo B) Errado

3459) (2016) Banca: CESPE – Órgão: DPU – Prova: Técnico em Assuntos Educacionais

A respeito da responsabilidade civil do Estado e das licitações, julgue o item subsequente.

Para a configuração da responsabilidade objetiva do Estado, é necessária a demonstração de culpa ou dolo do agente público.

A) Certo B) Errado

3460) (2013) Banca: CESPE – Órgão: DEPEN – Prova: Técnico de Apoio

Com relação ao controle e à responsabilidade da administração pública, julgue o item que se segue.

A administração pública responde por dano causado a terceiro, independentemente de comprovação do dolo ou da culpa do servidor que praticou o ato.

A) Certo B) Errado

3461) (2006) Banca: ESAF – Órgão: SUSEP – Prova: Agente Executivo

A responsabilidade objetiva do Estado, como pessoa jurídica de direito público interno, compreende os danos causados a terceiros, até mesmo quando.

A) haja culpa do paciente (quem sofreu o dano).

B) não haja culpa do agente (quem causou o dano).
C) não haja nexo causal (entre o fato e o dano)
D) o fato danoso não seja atribuído ao Estado
E) o fato danoso seja causado, por ato doloso ou fraudulento do juiz, no exercício de sua função.

3462) (2014) Banca: FCC – Órgão: TRT – 2ª REGIÃO (SP) – Prova: Analista Judiciário – Oficial de Justiça Avaliador

CELSO ANTONIO BANDEIRA DE MELLO, ao tratar de determinada modalidade de responsabilidade civil do Estado, ensina que o fundamento da responsabilidade estatal é garantir uma equânime repartição dos ônus provenientes de atos ou efeitos lesivos, evitando que alguns suportem prejuízos ocorridos por ocasião ou por causa de atividades desempenhadas no interesse de todos. De conseguinte, seu fundamento é o princípio da igualdade, noção básica do Estado de Direito. (Curso de Direito Administrativo. São Paulo, Malheiros, 27ª ed., 2010. p. 1007).

As lições trazidas são pertinentes à modalidade de responsabilidade civil.

A) objetiva, em decorrência de atos comissivos lícitos, que prescindem da demonstração de culpa do agente estatal.
B) subjetiva, que demanda a demonstração de culpa do agente causador do dano.
C) subjetiva imprópria, que prescinde da demonstração de culpa do agente causador do dano.
D) objetiva, em decorrência de atos comissivos ilícitos, que prescindem de demonstração de culpa do agente causador do dano.
E) objetiva, em decorrência de atos omissivos ilícitos ou lícitos, que podem ou não demandar a demonstração de culpa do agente causador do dano.

3463) (2009) Banca: FCC – Órgão: INFRAERO – Prova: Advogado

A responsabilidade civil do Estado na Constituição Federal brasileira de 1988, sendo objetiva,

A) existe, em regra, na função legislativa, mesmo que o dano seja apenas potencial.
B) caracteriza-se mesmo que o fato tenha ocorrido por culpa exclusiva do lesado, sendo devida a indenização pelo Poder Público.
C) independe de ser dolosa ou culposa a conduta lesiva praticada pelo agente do Estado.
D) permite o direito de regresso contra o agente público causador da lesão mesmo se este agiu sem dolo ou culpa.
E) é primária em relação aos danos causados por pessoa jurídica de direito privado prestadora de serviços públicos, podendo ser acionado diretamente o Estado e não esta.

3464) (2013) Banca: FCC – Órgão: TRT – 5ª Região (BA) Prova: Analista Judiciário – Área Judiciária

A propósito da responsabilidade civil do Estado, distinguem-se as modalidades subjetiva e objetiva porque a modalidade

A) objetiva prescinde da comprovação do elemento culpa do agente, que pode ser presumida, mas depende da demonstração do nexo causal entre a ação estatal e os danos incorridos.
B) subjetiva não admite a demonstração, pelo Estado, de nenhuma das excludentes de responsabilidade, que afastam a culpa do agente.
C) objetiva não admite a demonstração, pelo Estado, de nenhuma das excludentes de responsabilidade, que se prestam a afastar a culpa do agente.
D) subjetiva depende de comprovação do nexo causal dos danos causados pelo agente estatal, embora não seja imprescindível a demonstração de culpa do mesmo.
E) subjetiva depende da demonstração de culpa do agente público, mas não exige a demonstração de nexo de causalidade entre a ação daquele e os danos incorridos, o que é inafastável na modalidade objetiva.

3465) (2015) Banca: FGV – Órgão: Prefeitura de Niterói – RJ – Prova: Agente Fazendário

Marcelo, servidor público municipal ocupante do cargo efetivo de agente fazendário, atendia a um contribuinte no balcão da repartição onde exerce suas funções, prestando-lhe informações. Por descuido, o agente público esbarrou no notebook do particular que estava regularmente sobre o balcão, derrubando-o no chão. A conduta culposa de Marcelo foi a causa eficiente do acidente e ocasionou danos materiais ao particular. No caso em tela, aplica-se a responsabilidade civil:

A) objetiva do Município, que responderá pelos danos causados por Marcelo ao particular, sendo imprescindível a comprovação do dolo ou culpa do agente público;
B) objetiva do Município, que responderá pelos danos causados por Marcelo ao particular, independentemente da comprovação do dolo ou culpa do agente público;
C) subjetiva do Município, que responderá pelos danos causados por Marcelo ao particular, independentemente da comprovação do dolo ou culpa do agente público;
D) subjetiva do Município, que responderá pelos danos causados por Marcelo ao particular, sendo imprescindível a comprovação do dolo ou culpa do agente público;
E) subjetiva do Marcelo, que responderá pelos danos causados ao particular, independentemente da comprovação de seu dolo ou culpa.

3466) (2015) Banca: FGV – Órgão: PGE-RO – Prova: Técnico da Procuradoria – Sem Especialidade

Funcionários da sociedade empresária concessionária do serviço público estadual de fornecimento de energia elétrica realizavam conserto na rede elétrica, em cima do poste, e ocasionaram um curto-circuito, seguido de grave explosão. Em razão do acidente, os fios, que ainda conduziam eletricidade, atingiram o imóvel de Dona Gerusa, causando incêndio em sua casa e lhe acarretando diversos danos materiais. No caso em tela, aplica-se a responsabilidade civil:

A) objetiva e primária do Estado membro que, na qualidade de poder concedente, responde diretamente pelos danos causados pelos agentes da concessionária, independentemente da comprovação do dolo ou da culpa;
B) objetiva da sociedade empresária concessionária, que responde pelos danos causados por seus agentes, independentemente da comprovação do dolo ou da culpa;
C) subjetiva e primária do Estado membro que, na qualidade de poder concedente, responde diretamente pelos danos

causados pelos agentes da concessionária, independentemente da comprovação do dolo ou da culpa;

D) subjetiva da sociedade empresária concessionária, que responde pelos danos causados por seus agentes, desde que comprovados o dolo ou a culpa;

E) subjetiva e solidária da concessionária e do Estado membro, este na qualidade de poder concedente, que respondem pelos danos causados por seus agentes, desde que comprovados o dolo ou a culpa, o ato ilícito, os danos e o nexo causal.

3467) (2015) Banca: FGV – Órgão: TJ-BA – Prova: Analista Judiciário – Administração – Reaplicação

Aderbal, idoso de 70 anos, iniciou o embarque em ônibus de sociedade empresária concessionária do serviço público de transporte coletivo municipal. Apressado por conta do horário em que deveria chegar ao ponto final, o motorista do coletivo acelerou ônibus sem atentar para o passageiro idoso que nele ainda não concluíra o embarque, causando a queda e a consequente invalidez de Aderbal. No caso em tela, aplica-se a responsabilidade civil:

A) subjetiva da concessionária, que deverá indenizar a vítima, independentemente de comprovação do dolo ou culpa do motorista;

B) subjetiva e solidária do Município, que, na qualidade de poder concedente, elegeu mal a empresa contratada;

C) subjetiva do Município, que deverá indenizar a vítima, independentemente de comprovação do dolo ou culpa do motorista;

D) objetiva da concessionária, que deverá indenizar a vítima, independentemente de comprovação do dolo ou culpa do motorista;

E) objetiva e direta do motorista, que deverá indenizar a vítima, desde que haja comprovação de que agiu com dolo ou culpa.

3468) (2014) Banca: IPAD – Órgão: IPEM-PE – Prova: Analista – Gestão em Metrologia e Qualidade Industrial – Direito

Não exclui a responsabilidade objetiva do Estado:

A) Dano causado por terceiro.

B) Dano causado pela natureza.

C) Danos causados por pessoas jurídicas de direito privado que explorem atividade econômica.

D) Danos decorrentes de culpa da vítima.

E) Danos provocados por agente público de serviço na forma culposa.

3469) (2012) Banca: FUNCAB – Órgão: MPE-RO – Prova: Técnico Administrativo

A responsabilidade civil objetiva da Administração Pública compreende os danos causados aos particulares, até mesmo:

A) quando o agente não agiu com culpa ou dolo pelo ato lesivo.

B) quando o agente não agiu no exercício de sua função.

C) quanto aos atos predatórios de terceiros e fenômenos naturais.

D) quando houver culpa do lesado no evento danoso.

E) quando não houver comprovação da relação de causalidade entre a atuação estatal e o dano dela decorrente.

A responsabilidade subjetiva tem como fundamento a culpa ou o dolo do agente. Trata-se de hipótese em que o Estado se responsabiliza sem a necessidade de expressa previsão legal, desde que estejam presentes os elementos: a conduta do Estado; o dano; o nexo de causalidade e o elemento subjetivo, qual seja, a culpa ou o dolo do agente.

Com o objetivo de se ampliar a proteção à vítima, foi desenvolvida a Teoria da Culpa do Serviço, segundo a qual a responsabilidade do Estado estaria fundamentada na culpa decorrente da **má prestação do serviço público.**

3470) (2017) Banca: CESPE – Órgão: SERES-PE – Prova: Agente de Segurança Penitenciária

A respeito da responsabilidade civil do Estado, julgue o item que se segue.

I. A responsabilidade objetiva do Estado está prevista na Constituição Federal de 1988.

II. Caso o Estado não repare administrativamente o dano causado a terceiro, o prejudicado terá o direito de propor ação de indenização.

III. A culpa da vítima e a culpa de terceiros são causas atenuantes da responsabilidade civil do Estado.

IV. A culpa concorrente da vítima é causa excludente da responsabilidade civil do Estado.

Estão certos apenas os itens

A) I e II.

B) I e III.

C) II e IV.

D) III e IV.

E) II, III e IV.

3471) (2015) Banca: Prefeitura do Rio de Janeiro – RJ – Órgão: Câmara Municipal do Rio de Janeiro – Prova: Consultor Legislativo – Indústria, Comércio e Turismo (Manhã)

A teoria consagrada pela clássica doutrina de Paul Duez, segundo a qual o lesado não precisaria identificar o agente estatal causador do dano, bastando comprovar o mau funcionamento do serviço público, ainda que, sem a indicação do agente que o provocou, recebe o nome de:

A) teoria da responsabilidade com culpa

B) teoria da responsabilidade objetiva

C) teoria da culpa administrativa

D) teoria do risco administrativo

Vê-se que os elementos subjetivos não são relevantes para que seja configurada a responsabilidade objetiva, inclusive o elemento ilicitude não é sequer considerado. Ou seja, a responsabilidade civil do Estado poderá decorrer de uma conduta lícita ou conduta ilícita do agente público e está fundamentada no dever de indenizar em conformidade com a Teoria do RISCO ADMINISTRATIVO. Assim, aquele que presta o serviço assume o risco do dano que eventualmente causar, independentemente da existência de **culpa ou dolo.**

A responsabilidade civil objetiva do Estado transferiu a discussão acerca do dolo ou culpa do agente público para a ação regressiva, a ser ajuizada pelo ente público contra o agente posteriormente.

10. RESPONSABILIDADE CIVIL DO ESTADO

3472) (2017) Banca: CESPE – Órgão: TRE-BA – Prova: Técnico Judiciário – Área Administrativa

Assinale a opção correta a respeito da responsabilidade objetiva do Estado.

A) A responsabilidade objetiva, como qualquer outra modalidade de responsabilização, demanda investigação sobre a existência do elemento culpa na conduta administrativa.
B) A compensação de culpas não é admitida na responsabilização estatal, mesmo na hipótese de ficar demonstrada a culpa concorrente entre um terceiro e o poder público.
C) Ao prestarem serviços públicos, as pessoas jurídicas de direito privado não se sujeitam à responsabilidade objetiva por atos comissivos.
D) A responsabilidade objetiva do Estado se fundamenta na teoria do risco administrativo.
E) Caso o agente estatal pratique conduta lesiva a terceiros fora de suas funções, mas a pretexto de exercê-las, não se caracterizará a responsabilidade civil.

3473) (2012) Banca: ESAF – Órgão: MI – Prova: Nível Superior

A teoria do risco administrativo costuma ser associada pela doutrina pátria à seguinte teoria de responsabilidade civil do Estado:

A) teoria da irresponsabilidade do Estado.
B) teoria da culpa anônima.
C) teoria da culpa administrativa.
D) teoria da responsabilidade subjetiva.
E) teoria da responsabilidade objetiva.

3474) (2002) Banca: FCC – Órgão: TRE-CE – Prova: Analista Judiciário – Área Administrativa

Caso o Estado seja responsabilizado a indenizar um terceiro, em razão de dano causado por servidor público, poderá cobrar do servidor esse prejuízo via ação regressiva,

A) em qualquer caso, exceto em se tratando de caso de força maior, dada a responsabilidade objetiva do servidor público.
B) em qualquer caso, dada a responsabilidade objetiva do servidor público.
C) apenas nos casos em que o servidor tiver agido com culpa ou dolo, dada a responsabilidade subjetiva do servidor público.
D) apenas nos casos em que o servidor tiver agido intencionalmente, dada a responsabilidade subjetiva estrita do servidor público.
E) em qualquer caso, exceto em se tratando de caso fortuito, dada a responsabilidade objetiva do servidor público.

3475) (2007) Banca: FCC – Órgão: TRF – 1ª REGIÃO – Prova: Técnico Judiciário – Área Administrativa

Atenção: As questões de números 26 a 36 referem-se à Lei 8.112 de 11/12/1990.

Eros, em razão de seu cargo de técnico judiciário – área administrativa, e por ato de omissão culposa, causou danos patrimoniais à empresa "Atenas Ltda.", no valor de R$ 20.000,00 (vinte mil reais). Nesse caso, Eros

A) está sujeito à perda do cargo, se requerida pela empresa "Atenas Ltda.".
B) responderá perante a empresa "Atenas Ltda.", em ação regressiva.
C) não tem qualquer responsabilidade civil ou administrativa.
D) deverá responder apenas criminalmente perante o Estado.
E) responderá perante a Fazenda Pública, em ação regressiva.

3476) (2013) Banca: FGV – Órgão: TJ-AM – Prova: Analista Judiciário – Qualquer Área de Formação

No Brasil, pode-se afirmar que as ações dos agentes públicos geram o dever de indenizar. O Art. 37, parágrafo 6º da CF fez uma opção por determinada teoria.

Assinale a alternativa que indica a teoria adotada pelo dispositivo constitucional supramencionado.

A) Teoria do Risco Integral.
B) Teoria do Risco Proveito.
C) Teoria do Risco Administrativo.
D) Teoria da Culpa Anônima.
E) Teoria da Culpa Civil.

3477) (2013) Banca: FGV – Órgão: TJ-AM – Prova: Analista Judiciário – Qualquer Área de Formação

No Brasil, pode-se afirmar que as ações dos agentes públicos geram o dever de indenizar. O Art. 37, parágrafo 6º da CF fez uma opção por determinada teoria.

Assinale a alternativa que indica a teoria adotada pelo dispositivo constitucional supramencionado.

A) Teoria do Risco Integral.
B) Teoria do Risco Proveito.
C) Teoria do Risco Administrativo.
D) Teoria da Culpa Anônima.
E) Teoria da Culpa Civil.

3478) (2013) Banca: FGV – Órgão: TJ-AM – Prova: Analista Judiciário – Administração

Leia o fragmento a seguir.

"a ocorrência de lesão injusta independentemente de culpa por parte da Administração Pública, que em respeito à teoria do risco administrativo, traz em seu bojo a obrigação de indenizar o terceiro lesado".

O fragmento refere-se à

A) Teoria da Responsabilidade por Ação.
B) Teoria do Risco Integral.
C) Teoria da Culpa Administrativa.
D) Teoria do Risco Administrativo.
E) Teoria da Responsabilidade por Omissão.

3479) (2014) Banca: BIO-RIO – Órgão: EMGEPRON – Prova: Advogado

A denominada teoria do risco integral aplicável à Administração Pública está incluída na responsabilidade:

A) objetiva
B) subjetiva
C) culpável
D) conexa

3480) (2013) Banca: FUNCAB – Órgão: ANS – Prova: Complexidade Intelectual – Direito

A teoria adotada pela Constituição Federal para regular a responsabilidade civil do Estado chama-se:

A) teoria da culpa anônima.
B) teoria do risco integral.
C) teoria civilista da culpa administrativa.
D) teoria do risco administrativo.
E) teoria mitigada da culpa administrativa.

3481) (2013) Banca: FCC – Órgão: TJ-PE – Prova: Juiz

Considere este dispositivo constitucional:

Art. 37, § 6º: As pessoas jurídicas de direito público e as de direito privado prestadoras de serviços públicos responderão pelos danos que seus agentes, nessa qualidade, causarem a terceiros, assegurado o direito de regresso contra o responsável nos casos de dolo ou culpa.

Analise a seguinte sentença que contém duas asserções:

Caso um agente público, nessa qualidade, cause dolosamente dano a terceiro, o Estado responderá, mas o fundamento da responsabilidade civil do Estado não será o art. 37, § 6º, da Constituição Federal,

PORQUE

o art. 37, § 6º, da Constituição Federal, trata da responsabilidade objetiva do Estado.

É correto afirmar que

A) a primeira asserção está correta e a segunda está incorreta.
B) a primeira asserção está incorreta e a segunda está correta.
C) as duas asserções estão incorretas.
D) as duas asserções estão corretas e a segunda justifica a primeira.
E) as duas asserções estão corretas e a segunda não justifica a primeira.

3482) (2017) Banca: IBFC – Órgão: TJ-PE – Prova: Técnico Judiciário – Função Administrativa

Sobre a responsabilidade do Estado, analise os itens abaixo.

I. Entende-se por responsabilidade patrimonial extracontratual do Estado a obrigação que lhe incumbe de reparar economicamente os danos lesivos à esfera juridicamente garantida de outrem e que lhe sejam imputáveis em decorrência de comportamentos unilaterais, lícitos ou ilícitos, comissos ou omissivos, materiais ou jurídicos.
II. Historicamente houve uma evolução na compreensão de responsabilidade do Estado, iniciando-se pela implicação jurídica do princípio da irresponsabilidade estatal, entendido como a inadmissibilidade do processamento do Estado por conduta lesiva praticada.
III. É permitida a responsabilidade objetiva do Estado, ao passo que, em razão de um expediente licito ou ilícito, produz uma lesão na esfera juridicamente protegida de outrem, sem que pra isso seja essencial uma análise do dolo ou da culpa, tão simplesmente a configuração da relação causal entre o comportamento e o dano.
IV. A culpa do lesado não é uma causa excludente de responsabilidade do Estado, haja vista a inexistência de nexo causal.

Assinale a alternativa correta

A) Apenas I e II estão corretos
B) Apenas II, III e IV estão incorretos
C) Apenas I e III estão incorretos
D) Apenas o III está correto
E) I, II, III e IV estão corretos

3483) (2012) Banca: CONSULPLAN – Órgão: TSE – Prova: Técnico Judiciário – Área Administrativa

Em relação a responsabilidade por atos de concessionárias de serviços públicos que causem dano a terceiros, o Brasil adota a teoria do(a)

A) risco integral.
B) risco administrativo.
C) culpa anônima.
D) responsabilidade com culpa civil.

3484) (2017) Banca: COMPERVE – Órgão: MPE-RN – Prova: Técnico do Ministério Público Estadual – Área Administrativa

A reparação por danos ao erário público causados pelo servidor é persecução fundamental para a manutenção da saúde financeira do ente público e vinculada ao cumprimento dos princípios da Administração Pública. Dessa maneira, a reparação deve ser prioridade da Administração. Nesse contexto,

A) em se tratando de prejuízo resultante de dolo, a indenização é liquidada pelo desconto de parcelas mensais não superiores à vigésima parte da remuneração.
B) no caso de ato comissivo, desde que doloso, praticado no desempenho do cargo, função ou emprego, que cause prejuízo ao erário público, haverá responsabilidade civil.
C) em se tratando dano causado a terceiro, o servidor responde perante a Fazenda Pública em ação regressiva.
D) no caso de obrigação de indenizar, esta estende-se aos sucessores e contra eles é executada até o adimplemento integral do prejuízo ao erário público.

3485) (2014) Banca: CESPE Órgão: TJ-CE Prova: Técnico Judiciário – Área Judiciária

Acerca da responsabilidade civil do Estado, assinale a opção correta.

A) A responsabilidade do agente público, causador do dano a particular, é subjetiva, devendo o Estado, ao ingressar com ação regressiva, comprovar a culpa do agente.
B) O Estado é civilmente responsável pelos danos que seus agentes, nessa qualidade, venham a causar a terceiros, excetuados os casos dos agentes sem vínculo típico de trabalho e dos agentes colaboradores sem remuneração.
C) Entidade integrante da administração indireta, dotada de personalidade jurídica de direito privado e exploradora de atividade econômica, responderá objetivamente pela reparação de danos a terceiros, com fundamento na teoria do risco administrativo.
D) A demonstração da ocorrência do fato administrativo e do dano causado é suficiente para gerar ao Estado a obrigação de indenizar.
E) Os casos de ilícito omissivo impróprio são equiparáveis aos atos comissivos para efeito de responsabilidade civil do Estado.

10. RESPONSABILIDADE CIVIL DO ESTADO

Ainda que o servidor não esteja em seu horário de trabalho, caso ele se aproveite da qualidade de agente público para praticar à medida que ensejou o dano, estará configurada hipótese de responsabilização do ente estatal.

O Superior Tribunal de Justiça pacificou o entendimento de que o Estado responde inclusive por **atos cometidos por agentes terceirizados** (REsp904127/2008).

3486) (2014) Banca: CESPE – Órgão: Câmara dos Deputados – Prova: Analista Legislativo

A administração não responde pelo dano causado a terceiros em razão da conduta do servidor, uma vez que o ato foi praticado após o horário de expediente. •

A) Certo   B) Errado

3487) (2015) Banca: CESPE – Órgão: TCE-RN – Prova: Auditor

A respeito de responsabilidade civil do Estado por danos, abuso de poder e má gestão de serviços públicos, julgue o item a seguir.

Haverá responsabilidade objetiva do Estado quando seus agentes, ainda que fora do expediente do trabalho, praticarem atos com excesso, utilizando-se de sua condição funcional.

A) Certo   B) Errado

3488) (2012) Banca: CONSULPLAN – Órgão: TSE – Prova: Técnico Judiciário – Área Administrativa

O Estado responderá pelos danos que os seus agentes causarem

A) somente quando estiverem no exercício de suas funções.
B) quando estiverem no exercício de suas funções ou quando se utilizarem de suas funções para causar o dano.
C) no exercício de suas funções ou fora de suas funções ainda que o dano seja causado em uma atividade particular.
D) somente quando o agente atuar com dolo ou culpa.

A responsabilidade abarca, além dos entes da Administração Pública Direta (União, estados, DF, municípios), da Administração Indireta (**Autarquias, Fundações, Associações Públicas, Empresas Públicas e Sociedades de Economia Mista prestadoras de serviço público**) e os particulares que **prestam serviço público** (concessionárias e permissionárias). Nesse caso, a empresa particular prestadora do serviço público responderá pelo dano causado (**ao usuário do serviço ou a terceiros**) de forma primária e objetiva, sendo que o Estado responderá subsidiariamente apenas no caso em que a empresa não cumprir o dever de indenização.

Contudo, cabe destacar que a Empresa Pública e a Sociedade de Economia Mista que **exploram atividade econômica**, dada a atividade que desempenham e o regime jurídico de Direito Privado ao qual se encontram sujeitas, respondem SUBJETIVAMENTE pelos danos causados por seus agentes. Ou seja, nessa situação mostra-se imprescindível a comprovação dos elementos: conduta do agente, dano, DOLO OU CULPA e nexo de causalidade.

3489) (2013) Banca: CESPE – Órgão: MS – Prova: Analista Técnico – Administrativo

A respeito da responsabilidade civil da administração pública, julgue o item que se segue.

A responsabilidade civil das pessoas jurídicas de direito privado prestadoras de serviço público é objetiva relativamente a terceiros usuários e não usuários do serviço prestado.

A) Certo   B) Errado

3490) (2012) Banca: CESPE – Órgão: TC-DF – Prova: Auditor de Controle Externo

Considerando as disposições constitucionais sobre a administração pública, julgue os seguintes itens.

As pessoas jurídicas prestadoras de serviços públicos estão sujeitas à responsabilidade civil objetiva pelos danos que seus agentes causarem a terceiros, mas, no que diz respeito às pessoas de direito privado que prestem tais serviços, a responsabilidade só existirá se o agente causador do dano agir de forma dolosa.

A) Certo   B) Errado

3491) (2012) Banca: CESPE – Órgão: PC-CE – Prova: Inspetor de Polícia

Acerca da responsabilidade civil do Estado, julgue o próximo item.

As empresas públicas e as sociedades de economia mista que exploram atividade econômica respondem pelos danos que seus agentes causarem a terceiros conforme as mesmas regras aplicadas à demais pessoas jurídicas de direito privado.

A) Certo   B) Errado

3492) (2010) Banca: CESPE – Órgão: AGU – Prova: Contador (+ provas)

A respeito do direito administrativo, julgue o item seguinte.

A responsabilidade civil objetiva do Estado abrange as pessoas jurídicas de direito privado prestadoras de serviços públicos, sendo excluídas as empresas públicas e sociedades de economia mista exploradoras de atividade econômica.

A) Certo   B) Errado

3493) (2013) Banca: CESPE – Órgão: TRT – 17ª Região (ES) – Prova: Analista Judiciário – Área Administrativa

Julgue o próximo item, no que se refere à responsabilidade civil da administração pública.

As sociedades de economia mista exploradoras de atividade econômica respondem pelos danos causados por seus agentes da mesma forma que respondem as demais pessoas privadas

A) Certo   B) Errado

3494) (2015) Banca: CESPE – Órgão: TRF – 5ª REGIÃO – Prova: Juiz Federal Substituto

Acerca da responsabilidade civil do Estado e da responsabilidade administrativa, civil e penal do servidor, assinale a opção correta.

A) Se um servidor público federal que responda a processo por crime de corrupção passiva for absolvido por insuficiência de provas quanto à autoria desse crime, ele não poderá ser processado e punido por esse crime na esfera administrativa.
B) A administração pública não pode aplicar ao servidor a pena de demissão em processo disciplinar se ainda estiver em curso a ação penal a que ele responda pelo mesmo fato.

C) Como regra, as pessoas jurídicas de direito privado que desenvolvam atividades econômicas não se submetem à responsabilidade civil objetiva, exceção feita apenas às empresas públicas, sejam elas prestadoras de serviços ou promotoras de atividades econômicas.
D) A responsabilidade das concessionárias e permissionárias de serviços públicos será objetiva, independentemente de a vítima ser usuário ou terceiro.
E) A ação de ressarcimento proposta pelo Estado contra o agente que, agindo com culpa ou dolo, for responsável por dano causado a terceiro prescreve em três anos, conforme dispõe o Código Civil para toda e qualquer pretensão de reparação civil.

3495) (2013) Banca: CESPE – Órgão: BACEN – Prova: Analista – Gestão e Análise Processual

Julgue o item a seguir, relativos à responsabilidade civil do Estado.

A responsabilidade civil objetiva do Estado não abrange as empresas públicas e sociedades de economia mista exploradoras de atividade econômica.

A) Certo B) Errado

3496) (2009) Banca: CESPE – Órgão: DPE-AL – Prova: Defensor Público

Com relação à regra da responsabilidade objetiva do Estado, julgue o próximo item.

Essa regra não se aplica às entidades da administração indireta que executem atividade econômica de natureza privada.

A) Certo B) Errado

3497) (2016) Banca: CESPE Órgão: TRE-PI Prova: Analista Judiciário

Acerca da responsabilidade civil do Estado, assinale a opção correta.

A) Se ato danoso for praticado por agente público fora do período de expediente e do desempenho de suas funções, a responsabilidade do Estado será afastada.
B) Os danos oriundos de ato jurisdicional ensejam a responsabilização direta e objetiva do juiz prolator da decisão.
C) Em razão do princípio da supremacia do interesse público, são vedados o reconhecimento da responsabilidade e a reparação de dano extrajudicial pela administração.
D) A responsabilidade objetiva de empresa concessionária de serviço público alcança usuários e não usuários do serviço público.
E) A responsabilidade objetiva do Estado não alcança atos que produzam danos aos seus próprios agentes, hipótese em que sua responsabilidade será subjetiva.

3498) (2012) Banca: CESPE – Órgão: TCE-ES – Prova: Auditor de Controle Externo

Julgue o item abaixo, no que se refere ao poder de polícia e à responsabilidade civil do Estado.

Conforme entendimento do STF, com base na teoria do risco administrativo, a responsabilidade civil das pessoas jurídicas de direito privado prestadoras de serviço público é objetiva relativamente a terceiros usuários e não usuários do serviço.

A) Certo B) Errado

3499) (2012) Banca: CESPE – Órgão: ANCINE – Prova: Técnico em Regulação

A respeito do poder de polícia, da licitação e da responsabilidade civil, julgue o item subsequente.

A responsabilidade civil das pessoas jurídicas de direito privado prestadoras de serviço público é subjetiva relativamente a terceiros usuários e não usuários do serviço.

A) Certo B) Errado

3500) (2016) Banca: CESPE – Órgão: TRT – 8ª Região (PA e AP) – Prova: Técnico Judiciário – Área Administrativa

A respeito da responsabilidade civil do Estado, assinale a opção correta.

A) A responsabilidade civil objetiva das concessionárias e permissionárias de serviços públicos abrange somente as relações jurídicas entre elas e os usuários dos serviços públicos.
B) A responsabilidade civil objetiva aplica-se a todas as pessoas jurídicas de direito público.
C) O princípio da pessoalidade é o que orienta a responsabilidade civil do Estado.
D) As pessoas jurídicas de direito público não se responsabilizam pelos danos causados por seus agentes.
E) A responsabilidade da administração pública será sempre objetiva.

3501) (2012) Banca: CESPE – Órgão: TJ-RR – Prova: Técnico Judiciário

No que tange à responsabilidade civil do Estado, julgue o item que se segue.

As pessoas jurídicas de direito público e as de direito privado prestadoras de serviços públicos respondem objetivamente pelos eventuais danos que seus agentes causarem a terceiros ao prestarem tais serviços.

A) Certo B) Errado

3502) (2013) Banca: CESPE – Órgão: MJ – Prova: Analista Técnico – Administrativo

A respeito da responsabilidade civil do Estado, julgue o item que se segue.

Por ostentarem natureza pública, apenas as pessoas jurídicas de direito público responderão objetivamente pelos danos que seus agentes causarem a terceiros.

A) Certo B) Errado

3503) (2010) Banca: ESAF – Órgão: SMF-RJ – Prova: Fiscal de Rendas

No tocante à Responsabilidade Civil do Estado, assinale a opção correta, conforme o entendimento mais recente do Supremo Tribunal Federal sobre a matéria.

A) Os atos jurisdicionais típicos podem ensejar responsabilidade civil objetiva do Estado, sem maiores distinções em relação aos atos administrativos comuns.
B) É viável ajuizar ação de responsabilidade diretamente em face do agente público causador do dano, ao invés de ser proposta contra a pessoa jurídica de direito público.
C) O Estado não é passível de responsabilização civil objetiva por atos praticados por notários.

D) A responsabilidade civil do Estado é objetiva, inclusive por atos cometidos por agentes terceirizados.

E) Só haverá responsabilidade objetiva do Estado se o ato causador do dano for ilícito.

3504) (2013) Banca: FCC – Órgão: MPE-AM – Prova: Agente Técnico – Jurídico

As pessoas jurídicas de direito público interno, dentre as quais os Municípios e

A) as autarquias, exceto as associações públicas, são subjetivamente responsáveis pelos atos comissivos que seus agentes, no exercício da função pública que lhes compete, causarem a terceiros, ressalvado direito de regresso contra os causadores do dano.

B) os partidos políticos e as associações públicas são objetivamente responsáveis pelos atos comissivos que seus agentes, no exercício da função pública que lhes compete, causarem a terceiros, ressalvado direito de regresso contra os causadores do dano, caso haja prova de dolo ou culpa por parte destes.

C) as autarquias e os partidos políticos são objetivamente responsáveis pelos atos comissivos que seus agentes, no exercício da função pública que lhes compete, ou fora dela, causarem a terceiros, ressalvado direito de regresso contra os causadores do dano, caso haja prova de dolo ou culpa por parte destes.

D) as autarquias e os partidos políticos são subjetivamente responsáveis pelos atos comissivos que seus agentes, no exercício da função pública que lhes compete, causarem a terceiros, ressalvado direito de regresso contra os causadores do dano, mesmo em caso de força maior.

E) as autarquias e as associações públicas são objetivamente responsáveis pelos atos comissivos que seus agentes, no exercício da função pública que lhes compete, causarem a terceiros, ressalvado direito de regresso contra os causadores do dano, caso haja prova de dolo ou culpa por parte destes.

3505) (2007) Banca: FCC – Órgão: Prefeitura de São Paulo – SP – Prova: Auditor Fiscal do Município

A responsabilidade objetiva, incidente quanto às pessoas de direito público, estende-se, entre outros casos, nos termos da Constituição Federal,

A) a uma empresa privada concessionária de serviços públicos.

B) ao agente público causador do dano.

C) a uma sociedade de economia mista que explore atividade econômica.

D) a uma empresa pública que explore atividade econômica.

E) a uma empresa privada contratada para a realização de uma obra pública.

3506) (2012) Banca: FCC – Órgão: TRT – 20ª REGIÃO (SE) – Prova: Juiz do Trabalho

Segundo tendência jurisprudencial mais recente no Supremo Tribunal Federal, a responsabilidade civil das pessoas jurídicas de direito privado prestadoras de serviço público é

A) objetiva relativamente a terceiros usuários, e não existe em relação a não usuários do serviço.

B) subjetiva relativamente a terceiros usuários, e não existe em relação a não usuários do serviço.

C) subjetiva relativamente a terceiros usuários, e objetiva em relação a não usuários do serviço.

D) objetiva relativamente a terceiros usuários, e subjetiva em relação a não usuários do serviço.

E) objetiva relativamente a terceiros usuários e não usuários do serviço.

3507) (2012) Banca: FCC – Órgão: TRT – 6ª Região (PE) – Prova: Técnico Judiciário – Área Administrativa

Durante a execução de serviços de reparo e manutenção nas instalações de gás, por empresa pública responsável pela prestação do serviço público de fornecimento, houve pequena explosão, ocasionando o arremesso de peças e materiais pesados a distância significativa, causando danos materiais a particulares que estavam próximos ao local. Nesse caso, a empresa

A) responde subjetivamente pelos danos causados, cabendo aos particulares a prova de culpa dos agentes que executavam o serviço para fazer jus à indenização.

B) responde objetivamente pelos danos materiais causados aos particulares, desde que demonstrado o nexo de causalidade, não sendo necessária a comprovação de culpa dos agentes.

C) responde subjetivamente pelos danos causados, independentemente de prova de culpa dos agentes que executavam o serviço no momento da explosão.

D) não responde pelos danos causados, devendo os danos serem cobrados diretamente dos agentes responsáveis pela execução dos serviços.

E) responde objetivamente pelos danos materiais causados aos particulares, desde que demonstrada a culpa dos agentes responsáveis pela execução do serviço, não sendo necessária demonstração do nexo de causalidade.

3508) (2014) Banca: FCC – Órgão: SEFAZ-RJ – Prova: Auditor Fiscal da Receita Estadual

Em matéria de responsabilidade civil das pessoas jurídicas de direito privado prestadoras de serviço público, nos termos do art. 37, § 6º, da Constituição Federal, a jurisprudência mais recente do Supremo Tribunal Federal alterou entendimento anterior, de modo a considerar que se trate de responsabilidade

A) objetiva relativamente a terceiros usuários e a terceiros não usuários do serviço.

B) subjetiva relativamente a terceiros usuários e a terceiros não usuários do serviço.

C) objetiva relativamente a terceiros usuários, e subjetiva em relação a terceiros não usuários do serviço.

D) subjetiva relativamente a terceiros usuários, e objetiva em relação a terceiros não usuários do serviço.

E) subjetiva, porém decorrente de contrato, relativamente a terceiros usuários, e objetiva em relação a terceiros não usuários do serviço.

3509) (2013) Banca: FGV – Órgão: CONDER – Prova: Advogado

Segundo a disposição constitucional que rege a responsabilidade civil da administração, não estão incluídos na responsabilização objetiva do ente a que pertencem, os danos causados pelos seguintes agentes:

A) empregados de concessionárias de serviço público.

B) servidores públicos da administração direta.

C) empregados de uma empresa pública que desenvolve atividade econômica em regime de concorrência.

D) servidores de uma autarquia.
E) empregados de uma sociedade de economia mista que presta serviços públicos.

3510) (2013) Banca: FGV – Órgão: TJ-AM – Prova: Analista Judiciário – Direito

A responsabilidade civil da Administração Pública tem como fundamento jurídico o Art. 37, § 6º da CF, que consagra a teoria do risco administrativo.

Assinale a alternativa que indica as pessoas que são sujeitas à responsabilização pelo mencionado dispositivo.

A) Toda a administração direta e indireta.
B) Apenas a administração indireta.
C) Apenas as pessoas jurídicas prestadoras de serviço público.
D) Apenas a administração direta.
E) Apenas a administração direta, as pessoas jurídicas de direito público e as pessoas jurídicas privadas prestadoras de serviço público.

3511) (2011) Banca: UPENET/IAUPE – Órgão: Prefeitura de Olinda – PE – Prova: Procurador Municipal

As pessoas jurídicas de direito privado prestadoras de serviços públicos respondem pelos danos que os seus agentes causarem a terceiros, assegurado o direito de regresso contra o responsável nos casos de dolo ou culpa. Diante do exposto, assinale a alternativa CORRETA.

A) Incorreta a assertiva, pois pessoas jurídicas de direito privado não respondem por danos causados por seus agentes, responsabilidade objetiva restrita a pessoas jurídicas de direito público.
B) Incorreta a assertiva, posto que não cabe direito de regresso.
C) Correta a assertiva, visto que a responsabilidade objetiva do estado é devida para as pessoas jurídicas de direito privado.
D) Correta, visto que a responsabilidade objetiva do estado é devida para as pessoas jurídicas de direito privado prestadoras de serviço público.
E) Incorreta a assertiva, visto que a responsabilidade objetiva do estado é devida para as pessoas jurídicas de direito privado que explorem atividade econômica.

3512) (2016) Banca: MPE-SC – Órgão: MPE-SC – Prova: Promotor de Justiça – Matutina

A responsabilidade civil das pessoas jurídicas de direito privado prestadora de serviço público é objetiva relativamente a terceiros usuários e não usuários do serviço público

A) Certo B) Errado

3513) (2015) Banca: FUNIVERSA – Órgão: SEAP-DF – Prova: Agente de Atividades Penitenciárias

No que se refere à responsabilidade civil do Estado, julgue o item a seguir.

De acordo com o atual entendimento do STF, a responsabilidade civil das pessoas jurídicas de direito privado prestadoras de serviço público de transporte é objetiva relativamente aos usuários do serviço, não se estendendo a pessoas que não ostentem a condição de usuário.

A) Certo B) Errado

3514) (2010) Banca: COPEVE-UFAL – Órgão: Prefeitura de Rio Largo – AL – Prova: Procurador Municipal

No que concerne à responsabilidade do Estado, assinale a opção incorreta.

A) A responsabilidade civil das pessoas jurídicas de direito privado, prestadoras de serviço público, pelos danos que seus agentes causarem, é subjetiva em relação a terceiros não usuários do serviço.
B) A força maior e a culpa exclusiva da vítima excluem a responsabilidade do Estado quando o nexo causal entre a atividade administrativa e o dano dela resultante não fica evidenciado.
C) A responsabilidade civil do Estado é objetiva e segue a variante do risco administrativo, na forma em que exposta no art. 37, § 6º, da Constituição Federal. Contudo, existem precedentes jurisprudenciais e posicionamentos doutrinários que têm admitido a responsabilidade subjetiva quando o dano for decorrente de omissões do Poder Público.
D) As empresas públicas e as sociedades de economia mista, quando exploradoras de atividades econômicas, estão excluídas do regime de responsabilização estatal do art. 37, § 6º, da Constituição Federal, uma vez que responderão de acordo com o regime previsto para a iniciativa privada.
E) As pessoas jurídicas de direito privado, prestadoras de serviço público, respondem objetivamente pelos danos que seus agentes causarem a terceiros, competindo a responsabilização do Estado, em tais casos, somente de forma subsidiária.

3515) (2016) Banca: IDECAN – Órgão: UFPB – Prova: Administrador (+ provas)

Nos termos definidos no Art. 37, §6º da Constituição Federal, a teoria da responsabilidade civil do estado alcança:

A) Partidos políticos e sindicatos.
B) Qualquer sociedade de economia mista.
C) Todas as pessoas jurídicas de direito público.
D) Empresa pública que explora atividade econômica.

3516) (2016) Banca: IADES – Órgão: Ceitec S.A – Prova: Analista Administrativo e Operacional – Advogado

No ordenamento jurídico vigente, a responsabilidade civil desdobra-se, no âmbito privado, com base na teoria da responsabilidade subjetiva e, no âmbito público, com amparo na responsabilidade objetiva. Segundo entendimento de José dos Santos Carvalho Filho, no que se refere à aplicação desses âmbitos no contexto das empresas públicas e das sociedades de economia mista, e considerando a relação da responsabilidade delas com a pessoa federativa a que estão vinculadas, assinale a alternativa correta.

A) As empresas públicas e as sociedades de economia mista, por serem integrantes da administração pública indireta, submetem-se à responsabilidade civil objetiva, sem exceções.
B) A Constituição Federal expressamente exclui as empresas públicas e sociedades de economia mista do âmbito da responsabilidade civil objetiva.
C) É preciso definir se a atividade exercida pela empresa pública ou sociedade de economia mista é relativa à exploração econômica em sentido estrito ou à prestação de serviços públicos típicos.

D) As empresas públicas e as sociedades de economia mista, por serem regidas pelo direito privado nas respectivas relações com terceiros, ainda que integrantes da administração pública indireta, submetem-se à responsabilidade civil subjetiva, sem exceções.
E) Em se tratando de empresa pública ou de sociedade de economia mista que explore atividade econômica, não fica caracterizada a responsabilidade subsidiária da pessoa federativa a que estão vinculadas; já, em se tratando de empresa pública ou de sociedade de economia mista que preste serviços públicos típicos, há a incidência da responsabilização subsidiária, mas nunca solidária, daquela pessoa federativa.

3517) (2011) Banca: UPENET/IAUPE – Órgão: Prefeitura de Olinda – PE – Prova: Procurador Municipal

As pessoas jurídicas de direito privado prestadoras de serviços públicos respondem pelos danos que os seus agentes causarem a terceiros, assegurado o direito de regresso contra o responsável nos casos de dolo ou culpa. Diante do exposto, assinale a alternativa CORRETA.

A) Incorreta a assertiva, pois pessoas jurídicas de direito privado não respondem por danos causados por seus agentes, responsabilidade objetiva restrita a pessoas jurídicas de direito público.
B) Incorreta a assertiva, posto que não cabe direito de regresso.
C) Correta a assertiva, visto que a responsabilidade objetiva do estado é devida para as pessoas jurídicas de direito privado.
D) Correta, visto que a responsabilidade objetiva do estado é devida para as pessoas jurídicas de direito privado prestadoras de serviço público.
E) Incorreta a assertiva, visto que a responsabilidade objetiva do estado é devida para as pessoas jurídicas de direito privado que explorem atividade econômica.

3518) (2015) Banca: CS-UFG – Órgão: AL-GO – Prova: Procurador

À luz do regramento da doutrina, e da interpretação constitucional jurisprudencial em relação à responsabilidade civil do Estado,

A) os atos das empresas públicas e das sociedades de economia mista exploradoras de atividade econômica estão abrangidos pela responsabilidade objetiva do Estado.
B) a responsabilidade civil objetiva da administração pública e a de seus agentes, na modalidade risco administrativo, pelos danos causados por ação ou omissão do Estado, é consagrada no Brasil.
C) o fato de a vítima do dano causado por prestador de serviço público ser, ou não, usuária do serviço é irrelevante, bastando que o dano seja produzido pelo sujeito na qualidade de prestador de serviço público.
D) as pessoas jurídicas de direito privado prestadoras de serviços públicos responderão pelos danos que causarem a terceiros, nos casos restritos a dolo ou culpa.

3519) (2008) Banca: PC-MG – Órgão: PC-MG – Prova: Delegado de Polícia

No tocante à responsabilidade do Estado caso haja dano a indenizar, é INCORRETO afirmar que

A) o agente pode ser pessoa jurídica de direito público ou de direito privado prestadora de serviços públicos.
B) as entidades de administração indireta que executem atividade econômica de natureza privada não se submetem à regra objetiva.
C) às empresas públicas é aplicada a regra objetiva quando não desempenharem serviço público.
D) o agente causador do dano deverá estar no exercício de função pública.

3520) (2013) Banca: VUNESP – Órgão: DETRAN-SP – Prova: Agente de Trânsito

Sobre a responsabilidade civil extracontratual do Estado, assinale a alternativa correta.

A) Na discussão judicial a respeito da responsabilidade objetiva do Estado por danos causados a terceiros, é compulsória a denunciação à lide do servidor que causou os respectivos prejuízos.
B) No direito brasileiro, vige a teoria do risco integral.
C) Para terceiro obter ressarcimento de danos em face do Estado, é imprescindível que haja comprovação de culpa ou dolo do agente público que causou os danos.
D) O Estado não pode alegar culpa de terceiros na causação dos danos como causa excludente ou atenuante da sua responsabilidade objetiva.
E) A responsabilidade estatal objetiva exclui os atos praticados pelas entidades da administração indireta que executem atividade econômica de natureza privada que não prestam serviço público.

3521) (2006) Banca: FAPEC – Órgão: PC-MS – Prova: Delegado de Polícia

A responsabilidade civil da Administração ou do Estado firma-se no propósito de reparação de dano e indenização. De acordo com a afirmativa, que modalidades de pessoas responderão pelos danos que seus agentes, nessa qualidade, causarem a terceiros, assegurando o direito de regresso contra o responsável, nos casos de dolo ou culpa:

A) As pessoas de direito público, desde que prestadoras de serviços comerciais e industriais do Estado.
B) As pessoas de direito privado prestadoras de serviços públicos.
C) As pessoas jurídicas, de direito público ou de direito privado, desde que prestadoras de serviços públicos.
D) As pessoas de direito público, desde que prestadoras de serviços.
E) As pessoas jurídicas de direito público, sem exceção.

3522) (2016) Banca: UECE-CEV – Órgão: DER-CE – Prova: Procurador Autárquico

No que diz respeito à previsão constitucional da responsabilidade civil da Administração Pública, assinale a afirmação correta.

A) Somente as pessoas jurídicas de direito público responderão pelos danos que seus agentes, nessa qualidade, causarem a terceiros, assegurado o direito de regresso contra o responsável nos casos de dolo ou culpa.

B) Somente as pessoas jurídicas de direito privado prestadoras de serviços públicos responderão pelos danos que seus agentes, nessa qualidade, causarem a terceiros, assegurado o direito de regresso contra o responsável nos casos de dolo ou culpa.

C) As pessoas jurídicas de direito público e as de direito privado prestadoras de serviços públicos responderão pelos danos que seus agentes, nessa qualidade, causarem a terceiros, assegurado o direito de regresso contra o responsável nos casos de dolo ou culpa.

D) As pessoas jurídicas de direito público e as de direito privado responderão pelos danos que seus agentes, nessa qualidade, causarem a terceiros, assegurado o direito de regresso contra o responsável nos casos de dolo ou culpa.

Nesse caso, **o Estado responderá objetivamente e poderá ajuizar ação de regresso contra o agente público, cuja responsabilidade é subjetiva, ou seja, carece da comprovação de dolo ou culpa para se configurar.**

3523) (2009) Banca: CESPE – Órgão: Instituto Rio Branco – Prova: Diplomata

Com relação à responsabilidade civil do Estado no direito brasileiro, julgue (C ou E) o item a seguir.

A responsabilidade do agente público causador de dano em face do Estado é subjetiva, sendo cabível ação de regresso apenas se o agente responsável tiver agido com culpa ou dolo.

A) Certo   B) Errado

3524) (2014) Banca: FUNCAB – Órgão: PC-RO – Prova: Delegado de Polícia Civil

A legitimidade passiva nas ações judiciais em razão de atos praticados por agentes públicos que prestam serviços públicos, se fundamenta na titularidade do dano provocado a terceiros em razão de suas atividades. Com isso, tal legitimidade se refere:

A) ao órgão que é a unidade de concentração da atividade desempenhada pelo agente público.
B) ao agente público que diretamente atendeu o administrado em sua demanda.
C) à procuradoria jurídica do órgão, tendo em vista ser ela a representação judicial do ente político a que pertence o agente público.
D) à pessoa jurídica de direito público ou de direito privado que presta serviço público a que pertence o órgão.
E) somente à pessoa jurídica de direito público integrante da Administração Pública indireta, mesmo tendo sido praticado o ato por uma autarquia, considerando a subordinação que existe entre Administração Pública direta e indireta.

3525) (2015) Banca: VUNESP – Órgão: Prefeitura de Caieiras – SP – Prova: Assistente Legislativo

A responsabilidade dos agentes públicos, quando, nesta qualidade, causam danos a terceiros, é:

A) cumulativa e objetiva.
B) individual e objetiva.
C) concorrente e objetiva.
D) regressiva e subjetiva.
E) subsidiária e subjetiva.

3526) (2015) Banca: FUNCAB – Órgão: CRC-RO – Prova: Assistente Administrativo

Responde subjetivamente por danos causados a terceiros:

A) a permissionária prestadora de serviço público.
B) a autarquia.
C) a concessionária prestadora de serviço público.
D) o ente da administração direta.
E) o servidor público.

3527) (2017) Banca: PUC-PR – Órgão: TJ-MS – Prova: Analista Judiciário – Área Meio (+ provas)

Marcos Repolho, servidor público do Estado de Mato Grosso do Sul, dirigindo o carro oficial, envolve-se em um acidente de trânsito, colidindo com o veículo que era conduzido e de propriedade de Zé das Couves. Infelizmente Marcos Repolho não viu que o sinaleiro estava vermelho e avançou no cruzamento, acertando a lateral do veículo de Zé das Couves. Diante dos conhecimentos de responsabilidade do Estado, assinale a alternativa CORRETA.

A) Se a ação de indenização for ajuizada por Zé das Couves diretamente contra Marcos Repolho, o conteúdo da demanda estará vinculado à responsabilidade objetiva.
B) Se a ação de indenização for ajuizada por Zé das Couves contra o Estado de Mato Grosso do Sul, o conteúdo da demanda estará vinculado à responsabilidade objetiva.
C) Se a ação ajuizada por Zé das Couves contra o Estado de Mato Grosso do Sul for procedente, ele poderá ajuizar ação de regresso contra o servidor Marcos Repolho e o conteúdo dessa demanda estará vinculado à responsabilidade objetiva.
D) Se a ação de indenização for ajuizada por Zé das Couves contra o Estado de Mato Grosso do Sul, o conteúdo da demanda estará vinculado à responsabilidade subjetiva.
E) O prazo para que Zé das Couves ajuíze ação de indenização contra o Estado de Mato Grosso do Sul é de 04 (quatro) anos.

O dano sofrido pelo particular deverá demonstrar um **prejuízo específico** (destinatários específicos) **e anormal** (ultrapassar os inconvenientes naturais da vida em sociedade – risco social), que não pode ser suportado sozinho pela vítima.

O dano será uma lesão a algum bem jurídico material, **ainda que seja um DANO MORAL** (danos experimentados na esfera íntima do indivíduo, atacando diretamente sua honra e sua reputação perante o corpo social).

3528) (2010) Banca: CESPE – Órgão: SERPRO – Prova: Analista – Advocacia

Se a promulgação de uma lei de efeitos concretos provocar danos a determinado indivíduo, a doutrina majoritária entende que ficará configurada a responsabilidade civil da pessoa federativa da qual emanou a lei, que deverá responder à reparação dos prejuízos.

A) Certo   B) Errado

3529) (2012) Banca: CESPE – Órgão: PC-AL – Prova: Agente de Polícia

Um agente público que produza dano ao particular obriga o Estado a indenizar o particular, desde que a vítima comprove que a omissão é a causa do prejuízo.

A) Certo   B) Errado

3530) (2011) Banca: CESPE – Órgão: STM – Prova: Analista Judiciário – Área Judiciária

Com referência à responsabilidade civil do Estado e supondo que um aluno de escola pública tenha gerado lesões corporais em um colega de sala, com uma arma de fogo, no decorrer de uma aula, julgue o item abaixo.

No caso considerado, existe a obrigação do Estado em indenizar o dano causado ao aluno ferido.

A) Certo B) Errado

3531) (2006) Banca: FCC – Órgão: SEFAZ-PB – Prova: Auditor Fiscal de Tributos Estaduais

Um servidor público de determinado Estado da federação, responsável pela solução de consultas tributárias, recebeu consulta formal de uma empresa sobre a interpretação de determinado dispositivo da legislação estadual sobre o Imposto sobre Circulação de Mercadorias e Serviços – ICMS. O servidor público, competente para a tarefa, respondeu a consulta e submeteu-a a seu superior hierárquico, que a ratificou. Posteriormente, verificou-se que a resposta dada pelo servidor público estava equivocada, porque ignorava a existência de dispositivo legal expressamente contrário ao entendimento ali defendido. Assim, a solução da consulta foi invalidada e a empresa foi autuada pelo recolhimento a menor do tributo, arcando com as penalidades previstas na legislação.

Os prejuízos causados à empresa em decorrência da atuação equivocada do servidor público

A) podem ensejar a responsabilidade civil do Estado.
B) apenas podem ensejar a responsabilidade civil do Estado se for comprovado que o servidor público agiu com dolo ou culpa grave.
C) apenas podem ensejar a responsabilidade civil do Estado se for comprovado o conluio do servidor público com a empresa.
D) não podem ensejar a responsabilidade civil do Estado, mas o servidor público poderá responder civilmente, se comprovado que agiu com dolo ou culpa grave.
E) não podem ensejar a responsabilidade civil do Estado, nem do servidor público.

O nexo de causalidade refere-se ao fato de que a conduta do agente deve ter sido **responsável pelo dano sofrido**, ou seja, significa dizer que a vítima terá que demonstrar que o dano sofrido resultou da prestação de um serviço público/atuação do poder público.

A ação de indenização será ajuizada contra o Estado e não diretamente contra a pessoa física do agente;

Caso o dano tenha sido causado pelo agente público fora do exercício da função pública o Estado não será responsabilizado.

3532) (2015) Banca: CESPE – Órgão: FUB – Prova: Administrador

Considerando a responsabilidade civil do Estado, julgue o item seguinte. A constatação do dano moral ou material é um dos elementos necessários à configuração da responsabilidade civil do Estado.

A) Certo B) Errado

3533) (2013) Banca: CESPE – Órgão: MJ – Prova: Analista Técnico – Administrativo

A respeito da responsabilidade civil do Estado, julgue o item que se segue.

Para configurar a responsabilidade civil do Estado, é irrelevante que o agente público causador do dano atue no exercício da função pública. Estando o agente, no momento em que tenha realizado a ação ensejadora do prejuízo, dentro ou fora do exercício da função pública, seu comportamento acarretará responsabilidade ao Estado.

A) Certo B) Errado

3534) (2017) Banca: PUC-PR – Órgão: TJ-MS – Prova: Analista Judiciário – Área Fim

Segundo Yussef Said Cahali, "entende-se a responsabilidade civil do Estado como sendo a obrigação legal, que lhe é imposta, de ressarcir os danos causados a terceiros por suas atividades."

(CAHALI, Yussef Said. Responsabilidade Civil do Estado. 5. Ed. São Paulo: RT, 2014, p. 11).

Sobre o tema de responsabilidade civil do Estado, analise as assertivas abaixo e assinale a alternativa CORRETA.

I. A responsabilidade civil do Estado é objetiva, o que significa dizer que, além da culpa ou do dolo, é indispensável, como pressuposto da pretensão ressarcitória, que se comprove o nexo de causalidade e os danos decorrentes da ação ou omissão estatal.
II. A Constituição Federal de 1988 prescreve que a responsabilidade civil por danos nucleares independe da existência de culpa.
III. Em caso de ação de regresso, o agente público, na condição de réu, terá que comprovar a inexistência de sua culpa ou de seu dolo para evitar possível condenação para ressarcir o dispêndio ocorrido pelo Estado.
IV. Caso o dano tenha sido cometido por um agente público, independentemente se estava na qualidade, o Estado deverá ser responsabilizado.
V. Ocorrida a condenação do Poder Público para reparar um dano causado a terceiro, decorrente de conduta negligente de um agente público, é dever do Poder Público requerer o regresso contra esse agente causador do dano.

A) Apenas as assertivas I e IV estão corretas.
B) Apenas as assertivas I, II e V estão corretas.
C) Apenas as assertivas III e IV estão corretas
D) Apenas as assertivas II, III e IV estão corretas.
E) Apenas as assertivas II e V estão corretas.

Conforme estudado, as restrições gerais impostas a todos os cidadãos não ensejarão responsabilidade do Estado e/ou indenização. Com isso, a **responsabilidade que decorre de atos lícitos depende da demonstração de que o indivíduo sofreu um dano anormal e específico.** Contudo, segundo a teoria do duplo efeito administrativo, em algumas situações o mesmo ato gera efeitos distintos para os administrados.

3535) (2013) Banca: CESPE – Órgão: CNJ – Prova: Analista Judiciário – Área Judiciária

O Município X fechou determinada rodovia por onde a Empresa Y realizava o transporte das suas mercadorias. Em decorrência da dificuldade no transporte, a empresa foi obrigada a fechar as suas portas. Nesse caso, haverá obrigação do Estado de indenizar a empresa porque o dano suportado foi além da margem de normalidade.

A) Certo B) Errado

3536) (2016) Banca: FEPESE – Órgão: SJC-SC – Prova: Agente de Segurança Socioeducativo

Assinale a alternativa correta sobre a responsabilidade civil do Estado.

A) A demonstração da culpa exclusiva da vítima para a ocorrência do evento danoso não exclui a responsabilidade civil do Estado.
B) A responsabilidade civil do Estado somente restará caracterizada quando a vítima demonstrar que o dano é decorrente da omissão ou da falta de prestação de um serviço público.
C) Independentemente de culpa ou dolo, o Estado deverá propor ação regressiva contra o agente público causador do dano a terceiro.
D) O servidor público não poderá ser responsabilizado pessoalmente pela prática de atos que causem danos a terceiros.
E) O Estado não será responsabilizado civilmente quando um agente público praticar ato ilícito contra terceiro fora do exercício de suas atribuições.

Esta teoria responsabiliza o ente público, objetivamente (logo, independente de demonstração de dolo ou culpa), pelos danos que seus agentes causarem a terceiros, excluindo-se sua responsabilidade apenas nas situações em que houver o rompimento do **nexo de causalidade como, por exemplo, nas hipóteses de dano que decorre da culpa de terceiro (prejuízo atribuído a pessoa estranha ao quadro da Administração), força maior (quando o dano decorre de acontecimentos involuntários, imprevisíveis e incontroláveis) ou culpa exclusiva da vítima (intenção deliberada do próprio prejudicado em causar o dano).**

Cumpre destacar que, na hipótese de culpa concorrente, na qual há culpa do agente público e do particular prejudicado, **será necessária a produção de provas periciais para determinar o grau de culpa da Administração para fins de fixação do valor da indenização.** Ou seja, trata-se de situação atenuante, sendo **a culpa concorrente o fator de mitigação da responsabilidade.**

3537) (2014) Banca: CESPE – Órgão: PGE-BA – Prova: Procurador do Estado

Suponha que viatura da polícia civil colida com veículo particular que tenha ultrapassado cruzamento no sinal vermelho e o fato ocasione sérios danos à saúde do condutor do veículo particular.

Considerando essa situação hipotética e a responsabilidade civil da administração pública, julgue o item subsequente.

Sendo a culpa exclusiva da vítima, não se configura a responsabilidade civil do Estado, que é objetiva e embasada na teoria do risco administrativo.

A) Certo B) Errado

3538) (2015) Banca: CESPE – Órgão: FUB – Prova: Administrador

Considerando a responsabilidade civil do Estado, julgue o item seguinte. De acordo com a teoria do risco administrativo, é vedado considerar a culpa exclusiva da vítima como hipótese de exclusão da responsabilidade civil do Estado.

A) Certo B) Errado

3539) (2015) Banca: CESPE – Órgão: FUB – Prova: Administrador

Considerando a responsabilidade civil do Estado, julgue o item seguinte. A responsabilidade civil do Estado deve ser excluída em situações inevitáveis, isto é, em caso fortuito ou em evento de força maior cujos efeitos não possam ser minorados.

A) Certo B) Errado

3540) (2007) Banca: CESPE – Órgão: DPU – Prova: Defensor Público Federal

Quanto à responsabilidade civil do Estado e do particular, julgue o item que se segue.

Como a responsabilidade civil do Estado por ato danoso de seus prepostos é objetiva, surge o dever de indenizar se restarem provados o dano ao patrimônio de outrem e o nexo de causalidade entre este e o comportamento do preposto. No entanto, o Estado poderá afastar a responsabilidade objetiva quando provar que o evento danoso resultou de caso fortuito ou de força maior, ou ocorreu por culpa exclusiva da vítima.

A) Certo B) Errado

3541) (2015) Banca: CESPE – Órgão: FUB – Prova: Administrador

Considerando a responsabilidade civil do Estado, julgue o item seguinte.

De acordo com a teoria do risco administrativo, é vedado considerar a culpa exclusiva da vítima como hipótese de exclusão da responsabilidade civil do Estado.

A) Certo B) Errado

3542) (2014) Banca: CESPE – Órgão: SUFRAMA – Prova: Nível Superior

Julgue o item que se segue, relativos aos agentes públicos, aos poderes administrativos e à responsabilidade civil do Estado.

O direito pátrio adotou a responsabilidade objetiva do Estado, sob a modalidade "risco administrativo". Assim, a culpa exclusiva da vítima é capaz de excluir a responsabilidade do Estado, e a culpa concorrente atenua o valor da indenização devida.

A) Certo B) Errado

3543) (2015) Banca: CESPE – Órgão: TRE-GO – Prova: Analista Judiciário – Área Administrativa

Rafael, agente público, chocou o veículo que dirigia, de propriedade do ente ao qual é vinculado, com veículo particular dirigido por Paulo, causando-lhe danos materiais.

Acerca dessa situação hipotética, julgue o seguinte item.

A responsabilidade da administração pode ser afastada caso fique comprovada a culpa exclusiva de Paulo e pode ser atenuada em caso de culpa concorrente.

A) Certo B) Errado

3544) (2014) Banca: CESPE – Órgão: Câmara dos Deputados – Prova: Analista Legislativo

No que se refere ao processo administrativo e à responsabilidade civil do Estado, julgue o próximo item.

Considere que um particular que dirigia seu veículo em alta velocidade e sob efeito de álcool tenha falecido depois de colidir com um veículo oficial da Câmara dos Deputados que se encontrava estacionado em local permitido. Nessa situação, o Estado não será responsabilizado, uma vez que a colisão resultou de culpa exclusiva da vítima.

A) Certo B) Errado

3545) (2014) Banca: CESPE – Órgão: SUFRAMA – Prova: Nível Superior

Julgue o item que se segue, relativos aos agentes públicos, aos poderes administrativos e à responsabilidade civil do Estado.

O direito pátrio adotou a responsabilidade objetiva do Estado, sob a modalidade "risco administrativo". Assim, a culpa exclusiva da vítima é capaz de excluir a responsabilidade do Estado, e a culpa concorrente atenua o valor da indenização devida.

A) Certo B) Errado

3546) (2016) Banca: CESPE – Órgão: PGE-AM – Prova: Procurador do Estado

Um motorista alcoolizado abalroou por trás viatura da polícia militar que estava regularmente estacionada. Do acidente resultaram lesões em cidadão que estava retido dentro do compartimento traseiro do veículo. Esse cidadão então ajuizou ação de indenização por danos materiais contra o Estado, alegando responsabilidade objetiva. O procurador responsável pela contestação deixou de alegar culpa exclusiva de terceiro e não solicitou denunciação da lide. O corregedor determinou a apuração da responsabilidade do procurador, por entender que houve negligência na elaboração da defesa, por acreditar que seria útil à defesa do poder público alegar culpa exclusiva de terceiro na geração do acidente.

Considerando essa situação hipotética, julgue o próximo item.

Foi correto o corregedor quanto ao entendimento de que seria útil à defesa do poder público alegar culpa exclusiva de terceiro na geração do acidente, uma vez que, provada, ela pode excluir ou atenuar o valor da indenização.

A) Certo B) Errado

3547) (2017) Banca: CESPE – Órgão: TRE-BA – Prova: Analista Judiciário – Área Administrativa

Em caso de acidente de trânsito que envolva automóvel particular e veículo pertencente à administração pública, a comprovação de culpa exclusiva do particular pelos danos causados caracteriza

A) causa excludente da responsabilidade civil do Estado.
B) motivo para a responsabilização do Estado pelos prejuízos, em decorrência das teorias civilistas.
C) causa atenuante da responsabilidade civil do Estado.
D) motivo para que nenhuma das partes envolvidas seja responsabilizada, por se tratar de caso fortuito.
E) motivo para a responsabilização do Estado pelos prejuízos, em decorrência da responsabilidade objetiva.

3548) (2017) Banca: CESPE – Órgão: PJC-MT – Prova: Delegado de Polícia Substituto

Um delegado de polícia, ao tentar evitar ato de violência contra um idoso, disparou, contra o ofensor, vários tiros com revólver de propriedade da polícia. Por erro de mira, o delegado causou a morte de um transeunte. Nessa situação hipotética, a responsabilidade civil do Estado

A) dependerá da prova de culpa in eligendo.
B) dependerá de o delegado estar, no momento da ocorrência, de serviço.
C) dependerá da prova de ter havido excesso por parte do delegado.
D) existirá se ficar provado o nexo de causalidade entre o dano e a ação.
E) será excluída se o idoso tiver dado causa ao crime.

3549) (2017) Banca: CESPE – Órgão: DPE-AC – Prova: Defensor Público

Após falecimento de Pedro, vítima de atropelamento em linha férrea, seus herdeiros compareceram à DP para que fosse ajuizada ação indenizatória por danos morais contra a empresa concessionária responsável pela ferrovia onde havia acontecido o acidente, localizada em área urbana. Na ocasião, seus parentes informaram que, apesar de Pedro ter atravessado a ferrovia em local inadequado, inexistia cerca na linha férrea ou sinalização adequada.

Com base nessa situação hipotética e no entendimento dos tribunais superiores acerca da responsabilidade civil do Estado, assinale a opção correta.

A) O poder público concedente tem responsabilidade solidária para reparar os danos decorrentes do acidente, devendo vir a figurar no polo passivo da ação indenizatória.
B) A responsabilização do agente responsável pela falha ao deixar de cercar ou sinalizar o local do acidente exigirá a denunciação da lide nos autos da ação indenizatória.
C) A responsabilização civil da empresa concessionária independerá da demonstração da falha na prestação do serviço pela empresa, ante o risco inerente à atividade econômica desenvolvida.
D) A conduta de Pedro, que atravessou a ferrovia em local inadequado, afastará a responsabilização civil da empresa concessionária, ainda que fique demonstrada a falha no isolamento por cerca ou na sinalização do local do acidente.
E) A demonstração da omissão no isolamento por cerca ou na sinalização do local do acidente acarretará a responsabilização civil da empresa concessionária, embora possa haver redução da indenização dada a conduta imprudente de Pedro.

3550) (2017) Banca: CESPE – Órgão: TRT – 7ª Região (CE) – Prova: Conhecimentos Básicos – Cargos 3 a 6 (+ provas)

Após colisão entre dois automóveis – um, da administração pública, dirigido por servidor público efetivo; e outro, particular –, ficou comprovada a culpa exclusiva do particular. Nessa situação hipotética, arcará com o dano causado

A) cada um dos envolvidos com seu respectivo prejuízo.
B) o servidor público subsidiariamente à administração pública.
C) o particular, por ser essa situação uma hipótese de causa excludente da responsabilidade do ente público.
D) a administração pública, em decorrência da responsabilidade objetiva.

3551) (2010) Banca: FCC – Órgão: PGM – TERESINA – PI – Prova: Procurador Municipal

Na responsabilidade civil do Estado,

A) embora se aplique a teoria objetiva, excluem-se de seu âmbito as relações de consumo e, portanto, a aplicação do Código de Defesa do Consumidor.
B) não há excludentes possíveis, por se aplicar como regra a teoria do risco integral.
C) aplicada a teoria do risco administrativo, exige para a responsabilização do Estado a ocorrência de ação ou omissão voluntária, nexo causal, culpa e dano.
D) são excludentes possíveis a culpa exclusiva da vítima e o caso fortuito ou força maior, por aplicação da teoria do risco administrativo.
E) aplica-se a teoria subjetiva, invertendo-se apenas o ônus probatório, que passa a ser do Estado nas ações indenizatórias contra ele propostas.

3552) (2007) Banca: FCC – Órgão: TRE-SE – Prova: Analista Judiciário – Área Judiciária

A respeito da responsabilidade civil do Estado é correto afirmar:

A) em razão da adoção da responsabilidade objetiva do Estado, a culpa exclusiva da vítima não afasta a responsabilidade civil do Estado.
B) a responsabilidade civil do Estado decorre dos danos causados a terceiros por seus agentes, ainda que não estejam atuando no exercício de suas funções.
C) o Estado não será responsável pela reparação do dano decorrente exclusivamente de força maior.
D) em razão da adoção da responsabilidade objetiva do Estado, a Administração Pública não tem direito de regresso em relação ao agente público que agiu com culpa.
E) a entidade de Administração Pública Indireta, que desempenha qualquer atividade, nunca responderá pelos danos causados a terceiros por seus agentes.

3553) (2017) Banca: FCC – Órgão: TRE-SP – Prova: Analista Judiciário – Área Judiciária

Suponha que tenha ocorrido o rompimento de uma adutora de empresa prestadora de serviço público de saneamento básico, causando prejuízos materiais a diversas famílias que residem na localidade, as quais buscaram a responsabilização civil da empresa objetivando a reparação dos danos sofridos. De acordo com o regramento constitucional aplicável, referida empresa

A) será responsável pelos danos sofridos pelos moradores desde que comprovada culpa dos agentes encarregados pela operação ou falha na prestação do serviço.
B) sujeita-se, sendo pública ou privada, à responsabilização subjetiva, baseada na teoria da culpa administrativa.
C) não poderá ser responsabilizada pelos prejuízos causados, eis que, em se tratando de responsabilidade subjetiva, o caso fortuito seria excludente da responsabilidade.
D) sujeita-se, ainda que concessionária privada de serviço público, à responsabilização objetiva, que admite, em certas hipóteses, algumas causas excludentes de responsabilidade, como força maior.
E) somente estará sujeita à responsabilização objetiva se for uma empresa pública, aplicando-se a teoria do risco administrativo.

3554) (2011) Banca: FCC – Órgão: INFRAERO – Prova: Auditor

A responsabilidade civil da Administração por danos causados por seus agentes, nessa qualidade, a terceiros

A) depende de comprovação de dolo ou culpa do agente.
B) é afastada quando não comprovado o nexo de causalidade, bem como quando comprovada culpa exclusiva da vítima.
C) não se aplica às entidades de direito privado prestadoras de serviço público.
D) assegura direito de regresso contra o agente público, sempre que a Administração seja condenada judicialmente.
E) é de natureza objetiva, o que significa que não admite causas excludentes ou atenuantes.

3555) (2007) Banca: FCC – Órgão: TRF – 2ª REGIÃO – Prova: Analista Judiciário – Área Judiciária – Execução de Mandados

Sobre a responsabilidade civil do Estado, está correto APENAS o que se afirma em:

A) A indenização por qualquer prejuízo causado a terceiros, em razão da teoria da responsabilidade objetiva do Estado, é obrigatória e impede que se alegue excludentes.
B) A responsabilização do Estado independe se o agente público agiu no exercício de suas funções.
C) O Estado não será responsável pela reparação do dano, quando este decorrer exclusivamente de força maior.
D) A Administração Pública somente responderá pelo dano, se o servidor culpado, uma vez executado e condenado, não tiver meios para arcar com a indenização.
E) A Administração Pública somente responderá pela reparação do dano se ficar comprovado o dolo ou a culpa do servidor.

3556) (2015) Banca: FCC – Órgão: TRT – 3ª Região (MG) – Prova: Analista Judiciário – Oficial de Justiça Avaliador Federal

Uma empresa estatal, delegatária de serviço de transporte urbano intermunicipal, foi acionada judicialmente por sucessores de um suposto passageiro que, no trajeto entre duas estações, juntou-se a um grupo de clandestinos para a prática de "surf ferroviário", mas acabou se acidentando fatalmente. O resultado da ação é de provável

A) procedência, tendo em vista que a responsabilidade das estatais é regida pela teoria do risco integral, de modo que é prescindível a demonstração de culpa do passageiro.
B) improcedência, tendo em vista que as concessionárias de serviço público não respondem objetivamente, mas sim subjetivamente, tendo em vista que são submetidas a regime jurídico de direito privado.
C) improcedência, pois a modalidade objetiva de responsabilidade a que se sujeitam as pessoas jurídicas de direito privado prestadoras de serviço público não afasta a incidência das excludentes de responsabilidade, tais como a culpa exclusiva da vítima.
D) procedência, mas como não foi comprovada a condição de passageiro da vítima, a ação deve se processar como responsabilidade subjetiva, cabendo aos sucessores do falecido comprovar que houve culpa dos agentes da delegatária de serviço público.
E) improcedência, tendo em vista que as pessoas jurídicas de direito privado prestadoras de serviço público respondem objetivamente por danos causados às vítimas, mas, como se trata de norma excepcional, no caso de falecimento, esse

direito não se transfere aos sucessores, que podem apenas deduzir pleito de responsabilidade subjetiva em face da delegatária.

3557) (2011) Banca: FCC – Órgão: TCE-PR – Prova: Analista de Controle (+ provas)

Determinada empresa privada, concessionária de serviço público, está sendo acionada por usuários que pleiteiam indenização por prejuízos comprovadamente sofridos em razão de falha na prestação dos serviços. A propósito da pretensão dos usuários, é correto concluir que

A) depende de comprovação de dolo ou culpa do agente, eis que as permissionárias e concessionárias de serviço público não estão sujeitas à responsabilização objetiva por danos causados a terceiros na prestação do serviço público.

B) atinge a empresa concessionária, independentemente de comprovação de dolo ou culpa, porém é afastada quando não comprovado o nexo de causalidade, bem como quando comprovada culpa exclusiva da vítima.

C) atinge apenas o concedente do serviço, o qual possui responsabilidade extracontratual de natureza objetiva por danos causados a terceiros na prestação do serviço concedido.

D) atinge a concessionária apenas se comprovada conduta dolosa ou culposa, a qual, uma vez condenada, possui o direito de regresso em face do poder concedente.

E) atinge apenas o concedente do serviço, que somente será condenado em caso de comprovação de dolo ou culpa da empresa concessionária e terá contra a mesma o correspondente direito de regresso.

3558) (2015) Banca: FGV – Órgão: Prefeitura de Niterói – RJ – Prova: Contador

Fernando conduzia seu veículo na contramão da direção e colidiu com um ônibus de sociedade empresária concessionária do serviço público de transporte coletivo de passageiros. Inconformado com os danos materiais que sofreu, Fernando ajuizou ação pleiteando indenização, sendo certo que, no curso da instrução probatória, restou comprovada a sua culpa exclusiva. No caso em tela, o pedido feito por Fernando na ação deverá ser julgado:

A) procedente, porque se trata, em tese, de responsabilidade civil objetiva, na qual não há necessidade de se demonstrar o nexo causal entre a conduta e o resultado danoso;

B) procedente, porque se trata, em tese, de responsabilidade civil subjetiva, na qual não há necessidade de se demonstrar o elemento subjetivo do condutor do coletivo da concessionária;

C) improcedente, porque se trata, em tese, de responsabilidade civil subjetiva e Fernando deveria ter comprovado o elemento subjetivo do condutor do coletivo da concessionária;

D) improcedente, porque, apesar de se tratar, em tese, de responsabilidade civil subjetiva, Fernando não comprovou que o resultado danoso adveio de conduta ilícita do motorista do ônibus;

E) improcedente, porque, apesar de se tratar, em tese, de responsabilidade civil objetiva, o nexo causal foi rompido em razão da culpa exclusiva da vítima, Fernando.

3559) (2015) Banca: FGV – Órgão: TJ-RO – Prova: Oficial de Justiça

Márcia atravessou movimentada via pública, fora da faixa de pedestre e, quando estava na pista central exclusiva para ônibus, foi atropelada pelo coletivo de sociedade empresária concessionária de serviço público de transporte coletivo. O motorista conduzia o ônibus com velocidade compatível com a permitida para o local e observando o dever de cautela ordinário que lhe era exigível. Em decorrência do atropelamento, Márcia faleceu e seus genitores ajuizaram ação indenizatória em face da sociedade empresária. Analisando as circunstâncias fáticas descritas, é correto afirmar que:

A) seria caso de aplicação da responsabilidade civil objetiva, pela teoria do risco administrativo, mas, em razão da evidente culpa exclusiva da vítima, exclui-se a responsabilidade da concessionária, pela ausência do elemento do nexo causal;

B) seria caso de aplicação da responsabilidade civil subjetiva, porque o dano foi causado por empresa privada e não pelo poder público, mas, em razão da evidente culpa exclusiva da vítima, exclui-se a responsabilidade da concessionária;

C) não obstante a evidente culpa exclusiva da vítima, como se trata de responsabilidade civil objetiva, mantém-se o dever de indenizar por parte da concessionária, independentemente da comprovação da culpa ou dolo do agente;

D) não obstante a evidente culpa exclusiva da vítima, como se trata de responsabilidade civil subjetiva, mantém-se o dever de indenizar por parte da concessionária, independentemente da comprovação da culpa ou dolo do agente;

E) aplica-se a responsabilidade civil subjetiva da concessionária de serviço público, levando-se em consideração a natureza do contrato de transporte, mas o valor da indenização deverá ser reduzido porque a vítima concorreu para o resultado danoso.

3560) (2015) Banca: FGV – Órgão: TJ-SC – Prova: Técnico Judiciário Auxiliar

Maurício conduzia sua motocicleta de forma imprudente e sem cautela, com velocidade superior à permitida no local, em via pública municipal calçada com paralelepípedo e molhada em noite chuvosa. Ao passar por tampa de bueiro existente na pista, com insignificante desnível em relação ao leito, Maurício perdeu o controle de sua moto e sofreu acidente fatal. Seus genitores ajuizaram ação em face do Município, pleiteando indenização pelos danos materiais e morais. Na hipótese em tela, é correto concluir que:

A) não obstante ser caso, em tese, de responsabilidade civil subjetiva do Município, o acidente ocorreu por culpa exclusiva da vítima, fato que exclui a responsabilidade do poder público;

B) não obstante ser caso, em tese, de responsabilidade civil objetiva do Município, o acidente ocorreu por culpa exclusiva da vítima, fato que exclui a responsabilidade do poder público;

C) não obstante ser caso, em tese, de responsabilidade civil subjetiva do Município, o acidente ocorreu por caso fortuito ou força maior, fato que exclui a responsabilidade do poder público;

D) aplica-se a responsabilidade civil subjetiva do Município, que tem o dever de indenizar os autores em razão de sua omissão específica, pela teoria do risco administrativo;

E) aplica-se a responsabilidade civil objetiva do Município, que tem o dever de indenizar desde que reste comprovado que seus funcionários responsáveis pela instalação da tampa do bueiro agiram com dolo ou culpa.

3561) (2014) Banca: FGV – Órgão: SEFAZ- MT – Prova: Auditor Fiscal Tributário da Receita Municipal (+ provas)

Uma ambulância do Município, ao transportar um paciente de emergência, com os avisos luminosos e sonoros ligados, atropelou um pedestre que atravessava a rua fora da faixa, distraído com o seu telefone celular.

Considerando o tema da responsabilidade civil da Administração Pública, assinale a afirmativa correta.

A) Está configurada a responsabilidade civil do Município, com suporte na teoria do risco integral, que afasta a necessidade de demonstração de culpa.

B) A responsabilidade civil do Município está afastada, mas o motorista da ambulância responde pelos danos causados, se agiu com culpa.

C) A responsabilidade do Município, no caso, depende da presença dos seguintes elementos: ação do agente estatal, dano, nexo de causalidade e culpa.

D) Não se configura, no caso descrito, a responsabilidade do Município, uma vez que as pessoas jurídicas de direito público somente respondem por atos ilícitos.

E) A responsabilidade do Município independe da demonstração de culpa do agente público, mas pode ser mitigada ou mesmo excluída caso seja demonstrada a culpa concorrente ou exclusiva da vítima.

3562) (2006) Banca: FJPF – Órgão: CONAB – Prova: Procurador

Na hipótese de responsabilidade extracontratual do Estado, a culpa exclusiva da vítima:

A) atenua a responsabilidade do Estado;
B) exclui a responsabilidade do Estado e a do servidor público;
C) não afasta a responsabilidade do Estado;
D) exclui a responsabilidade do servidor público;
E) atenua a responsabilidade do servidor público.

3563) (2013) Banca: FEPESE – Órgão: IPREV – Prova: Advogado

Assinale a alternativa correta em matéria de Direito Administrativo.

A) O Estado não poderá ser responsabilizado civilmente por casos de omissão.

B) É objetiva a responsabilidade do Estado por atos praticados por seus agentes mediante dolo, culpa ou omissão.

C) A ação regressiva é o procedimento administrativo pelo qual a vítima do dano busca o ressarcimento do agente público causador do dano.

D) O ordenamento jurídico brasileiro adota a Teoria do Risco Integral, sendo objetiva a responsabilidade em relação ao terceiro usuário do serviço, e subjetiva a responsabilidade ao não usuário.

E) O caso fortuito, a força maior ou culpa exclusiva da vítima afastam a responsabilização civil das pessoas jurídicas de direito público e as de direito privado prestadoras de serviços públicos

3564) (2016) Banca: CONSULPLAN – Órgão: TJ-MG – Prova: Titular de Serviços de Notas e de Registros – Remoção

Com relação à responsabilidade civil do Estado, é correto afirmar que

A) não responde a Administração pela prática de ato ilícito, motivado e em estrita observância do princípio da legalidade.

B) a teoria do risco administrativo implica o reconhecimento da responsabilidade objetiva da Administração, ainda que em face de ato ilícito.

C) a culpa exclusiva da vítima, devidamente comprovada pelos meios admitidos, afasta a responsabilidade da Administração.

D) não cabe responsabilização do Estado por prejuízos causados em face da edição de lei, ainda que de efeitos concretos.

3565) (2014) Banca: VUNESP – Órgão: DESENVOLVESP – Prova: Advogado

No caso de responsabilidade civil da administração pública e a culpa de terceiro, assinale a alternativa correta.

A) Por se tratar de responsabilidade objetiva, a administração é responsável em todos os casos por ato danoso por culpa de terceiro.

B) Fato de terceiro não rompe o nexo causal, no caso de responsabilidade objetiva por omissão.

C) Por se tratar do rompimento do nexo causal, a responsabilidade é elidida por culpa de terceiro.

D) Com exceção da culpa exclusiva da vítima, não há excludente de culpa de terceiro para a responsabilidade civil objetiva.

E) Inexiste o direito de regresso para a administração, se o dano foi causado por terceiro.

3566) (2016) Banca: VUNESP – Órgão: IPSMI – Prova: Procurador

A respeito da responsabilidade civil do Estado, é correto afirmar que

A) a responsabilidade civil das concessionárias por danos causados a terceiros na execução de serviços públicos é subjetiva, ante a inexistência de relação contratual entre as partes.

B) a prescrição da pretensão de responsabilidade civil por danos extracontratuais em face do Estado prescreve no prazo de 3 (três) anos, conforme entendimento consolidado pelo Superior Tribunal de Justiça.

C) são pressupostos para a responsabilização extracontratual do Estado a existência de conduta culposa ou dolosa de agente público, dano e nexo causal.

D) a responsabilidade civil objetiva para o Estado, prevista na Constituição Federal, aplica-se indistintamente às suas relações contratuais e extracontratuais.

E) são causas excludentes do nexo de causalidade o fato exclusivo da vítima, o fato de terceiro e o caso fortuito e força maior.

3567) (2015) Banca: VUNESP – Órgão: Prefeitura de São José dos Campos – SP – Prova: Auditor Tributário Municipal – Gestão Tributária

Assinale a alternativa que corretamente disserta sobre aspectos da responsabilidade civil do Estado.

A) Quando se trata de ato de terceiros, como é o caso de danos causados por multidão, o Estado responderá objetivamente, independentemente da comprovação da omissão estatal.

B) Os cidadãos podem responsabilizar o Estado por atos de parlamentares, ainda que eles tenham sido eleitos pelos próprios cidadãos.

C) A responsabilidade por leis inconstitucionais independe da prévia declaração do vício formal ou material pelo Supremo Tribunal Federal.

D) Sendo a existência do nexo de causalidade o fundamento da responsabilidade civil do Estado, esta deixará de existir quando houver culpa exclusiva da vítima.

E) Em relação às leis de efeitos concretos, não incide a responsabilidade do Estado, porque elas fogem às características da generalidade e abstração dos atos normativos.

3568) (2014) Banca: VUNESP – Órgão: DESENVOLVESP – Prova: Advogado

No caso de responsabilidade civil da administração pública e a culpa de terceiro, assinale a alternativa correta.

A) Por se tratar de responsabilidade objetiva, a administração é responsável em todos os casos por ato danoso por culpa de terceiro.

B) Fato de terceiro não rompe o nexo causal, no caso de responsabilidade objetiva por omissão.

C) Por se tratar do rompimento do nexo causal, a responsabilidade é elidida por culpa de terceiro.

D) Com exceção da culpa exclusiva da vítima, não há excludente de culpa de terceiro para a responsabilidade civil objetiva.

E) Inexiste o direito de regresso para a administração, se o dano foi causado por terceiro.

3569) (2011) Banca: INSTITUTO CIDADES – Órgão: DPE-AM – Prova: Defensor Público

Sobre responsabilidade extracontratual do Estado, é possível afirmar:

A) a culpa exclusiva da vítima afasta, para a doutrina majoritária, o nexo de causalidade e, consequentemente, o dever de indenizar.

B) para sua configuração dependerá de prova de dolo ou culpa do agente.

C) o caso fortuito e a força maior não podem ser utilizados para afastar o dever de indenizar, pois a Administração Pública deve se esforçar para prevê-los.

D) culpa parcial da vítima não influencia na dimensão da responsabilidade

E) a Administração Pública, segundo a teoria do órgão, não pode ajuizar ação regressiva em face do agente público que deu causa ao dano suportado pela vítima.

3570) (2010) Banca: NUCEPE – Órgão: SEJUS-PI – Prova: Agente Penitenciário

Sobre responsabilidade civil do Estado assinale a alternativa CORRETA.

A) São apontadas como causas excludentes da responsabilidade: a força maior, a culpa da vítima e a culpa de terceiros.

B) A culpa concorrente da vítima não é apontada como causa atenuante.

C) Caso fortuito é acontecimento imprevisível, inevitável e estranho à vontade das partes.

D) Força maior ocorre nos casos em que o dano seja decorrente de ato humano ou de falha da Administração.

E) A Constituição Federal faz referência somente à responsabilidade objetiva do Estado.

3571) (2012) Banca: IMAM – Órgão: Prefeitura de Lavras – MG – Prova: Advogado

Sobre a responsabilidade civil do Estado, é INCORRETO afirmar que:

A) São requisitos configuradores da responsabilidade civil do Estado: ocorrência do dano; nexo causal entre o evento danoso e a ação ou omissão do agente público ou do prestador de serviço público; a oficialidade da conduta lesiva; inexistência de causa excludente da responsabilidade civil do Estado.

B) A responsabilidade do Estado pode ser afastada no caso culpa exclusiva da vítima, entretanto não pode ser afastada no caso de força maior, ou caso fortuito.

C) A responsabilidade civil do Estado é objetiva, com base no risco administrativo.

D) As pessoas jurídicas de direito público e as de direito privado prestadoras de serviços públicos responderão pelos danos que seus agentes, nessa condição, causarem a terceiros, assegurado o direito de regresso contra o responsável nos casos de dolo ou culpa.

3572) (2016) Banca: FUNCAB – Órgão: PC-PA – Prova: Escrivão de Polícia Civil

Com relação à responsabilidade civil do Estado e abuso do poder, bem como ao enriquecimento ilícito, julgue o item a seguir, marcando apenas a opção correta.

A) A teoria do risco administrativo responsabiliza o ente público de forma objetiva pelos danos causados por seus agentes a terceiros de forma comissiva. Esta teoria admite causas de exclusão da responsabilidade, entre elas a culpa exclusiva da vítima.

B) A teoria do risco integral foi adotada pela Constituição Federal de 1988, porém em casos específicos, como os danos decorrentes de atividade nuclear ou danos ao meio ambiente. Tal posição é pacífica na doutrina, havendo causas de exclusão da responsabilidade estatal, como o caso fortuito e a força maior.

C) A teoria adotada na Constituição Federal Brasileira, notadamente no artigo 37, §6°, é a teoria do risco suscitado ou risco criado, em que o Estado por seus atos comissivos cria o risco de dano com suas atividades, não admitindo causa de exclusão desta responsabilidade.

D) A responsabilidade civil do Estado será subjetiva em casos de omissão, adotando o ordenamento jurídico, nestes casos, a teoria civilista, restando necessário a comprovação de dolo ou culpa do servidor que se omitiu no caso específico.

E) A responsabilidade civil do Estado é sempre de natureza contratual, uma vez que há entre o Estado e o cidadão um verdadeiro contrato social, pacto este implícito que deve ser cumprido por ambas as partes.

3573) (2016) Banca: FUNCAB – Órgão: PC-PA – Prova: Papiloscopista

Com relação à responsabilidade civil do Estado e abuso do poder, bem como ao enriquecimento ilícito, julgue o item a seguir, marcando apenas a opção correta.

A) A teoria do risco integral foi adotada pela Constituição Federal de 1988, porém em casos específicos, como os danos decorrentes de atividade nuclear ou danos ao meio ambiente. Tal posição é pacífica na doutrina, havendo causas de exclusão da responsabilidade estatal, como o caso fortuito e a força maior.

B) A teoria do risco administrativo responsabiliza o ente público de forma objetiva pelos danos causados por seus agentes a terceiros de forma comissiva. Esta teoria admite causas de exclusão da responsabilidade, entre elas a culpa exclusiva da vítima.

C) A teoria adotada na Constituição Federal Brasileira, notadamente no artigo 37, §6°, é a teoria do risco suscitado ou risco criado, em que o Estado por seus atos comissivos cria o risco de dano com suas atividades, não admitindo causa de exclusão desta responsabilidade.

D) A responsabilidade civil do Estado é sempre de natureza contratual, uma vez que há entre o Estado e o cidadão um verdadeiro contrato social, pacto este implícito que deve ser cumprido por ambas as partes.

E) A responsabilidade civil do Estado será subjetiva em casos de omissão, adotando o ordenamento jurídico, nestes casos, a teoria civilista, restando necessário a comprovação de dolo ou culpa do servidor que se omitiu no caso específico.

3574) (2014) Banca: FUNCAB – Órgão: INCA – Prova: Técnico de Radioterapia (+ provas)

A responsabilidade objetiva do Estado não tem caráter absoluto em razão da adoção da teoria do risco administrativo. Assim sendo, a responsabilidade civil do Estado existirá se o dano decorrer de:

A) fato de terceiro.
B) força maior.
C) fato exclusivo da vítima.
D) evento natural inevitável.
E) omissão específica.

3575) (2012) Banca: AOCP – Órgão: BRDE – Prova: Analista de Projetos – Jurídica

A respeito da responsabilidade Civil do Estado, assinale a alternativa correta.

A) O Estado não possui personalidade jurídica e, portanto, a responsabilidade civil deve recair, exclusivamente, sobre seus agentes.

B) No Brasil, a Responsabilidade Civil do Estado é, como regra, subjetiva.

C) De acordo com a Teoria do Risco Administrativo, a culpa exclusiva da vítima exclui a responsabilidade do Estado.

D) A Teoria do Risco Integral não tem aplicabilidade no Brasil.

E) As pessoas jurídicas de direito público e as de direito privado prestadoras de serviços públicos não responderão pelos danos que seus agentes, nessa qualidade, causarem a terceiros.

3576) (2014) Banca: TJ-AC Órgão: TJ-AC – Prova: Juiz Leigo (+ provas)

Igor, servidor público estatutário e regularmente investido no cargo de motorista da Secretária de Saúde do Estado do Acre, ao dirigir alcoolizado carro oficial em serviço, atropelou particular que atravessava, com prudência, uma faixa de pedestres no centro de Rio Branco/AC, ferindo-o gravemente. Tomando por base essa situação hipotética, os preceitos, a doutrina e a jurisprudência da responsabilidade civil, assinale a alternativa CORRETA:

A) é caso de aplicação da teoria do risco integral;

B) a vítima não pode ingressar com ação de ressarcimento do dano contra o Estado, apenas contra Igor;

C) no âmbito da ação indenizatória pertinente e após o trânsito em julgado, Igor não poderá ser responsabilizado, regressivamente, caso receba menos de dois salários mínimos;

D) na teoria do risco administrativo, há hipóteses em que, mesmo com a responsabilização objetiva, o Estado não será passível de responsabilização.

3577) (2014) Banca: IPAD – Órgão: IPEM-PE – Prova: Analista – Gestão em Metrologia e Qualidade Industrial – Direito

Não exclui a responsabilidade objetiva do Estado:

A) Dano causado por terceiro.
B) Dano causado pela natureza.
C) Danos causados por pessoas jurídicas de direito privado que explorem atividade econômica.
D) Danos decorrentes de culpa da vítima.
E) Danos provocados por agente público de serviço na forma culposa.

3578) (2016) Banca: FUNCAB – Órgão: PC-PA – Prova: Investigador de Polícia Civil

Com relação à responsabilidade civil do Estado e abuso do poder, bem como ao enriquecimento ilícito, julgue o item a seguir, marcando apenas a opção correta.

A) A responsabilidade civil do Estado é sempre de natureza contratual, uma vez que há entre o Estado e o cidadão um verdadeiro contrato social, pacto este implícito que deve ser cumprido por ambas as partes.

B) A teoria do risco administrativo responsabiliza o ente público de forma objetiva pelos danos causados por seus agentes a terceiros de forma comissiva. Esta teoria admite causas de exclusão da responsabilidade, entre elas a culpa exclusiva da vítima.

C) A responsabilidade civil do Estado será subjetiva em casos de omissão, adotando o ordenamento jurídico, nestes casos, a teoria civilista, restando necessário a comprovação de dolo ou culpa do servidor que se omitiu no caso específico.

D) A teoria do risco integral foi adotada pela Constituição Federal de 1988, porém em casos específicos, como os danos decorrentes de atividade nuclear ou danos ao meio ambiente. Tal posição é pacífica na doutrina, havendo causas de exclusão da responsabilidade estatal, como o caso fortuito e a força maior.

E) A teoria adotada na Constituição Federal Brasileira, notadamente no artigo 37, §6°, é a teoria do risco suscitado ou risco criado, em que o Estado por seus atos comissivos cria o risco de dano com suas atividades, não admitindo causa de exclusão desta responsabilidade.

3579) (2011) Banca: FUNIVERSA – Órgão: SEPLAG-DF – Prova: Auditor Fiscal de Atividades Urbanas – Controle Ambiental

No tocante à evolução das teorias que tratam da responsabilidade civil da administração pública, assinale a alternativa incorreta.

A) A teoria do risco administrativo faz surgir a obrigação de indenização do dano, exigindo-se, apenas, o fato do serviço.

B) Na teoria da responsabilidade objetiva, ou do risco integral, a Administração responderá pelos danos que seus agentes, nessa qualidade, causarem a terceiros, salvo se ficar comprovada a ocorrência de alguma causa excludente daquela responsabilidade estatal.

C) Na teoria da responsabilidade subjetiva, a Administração é responsável pelos atos de seus agentes, desde que se demonstre a culpa destes.

D) Na teoria da culpa administrativa, além da lesão sofrida injustamente, fica a vítima no dever de comprovar a falta do serviço para obter a indenização.

E) A teoria do risco integral constitui-se na obrigação de a Administração indenizar todo e qualquer dano suportado por terceiros, ainda que resultante de culpa ou dolo da vítima.

3580) (2015) Banca: NC-UFPR – Órgão: Prefeitura de Curitiba – PR – Prova: Procurador

"ACIDENTE DE TRÂNSITO – Responsabilidade civil do Estado – Bicicleta colhida por veículo oficial – Culpa da vítima não demonstrada – Aplicação da teoria do risco integral – Indenização devida".

Analise a ementa acima transcrita e assinale a alternativa correta.

a) No Brasil, aplica-se a teoria do risco integral.

B) No processo evolutivo da responsabilização extracontratual do Estado, foi admitida, na sua origem, a irresponsabilidade estatal, porém mitigada pela responsabilidade pessoal do soberano.

C) A responsabilidade objetiva contempla a falta do serviço ("faute du service") e admite hipóteses de atenuantes e excludentes.

D) A culpa de vítima e o caso fortuito são circunstâncias que atenuam ou excluem a responsabilidade estatal, porém haverá necessariamente a denunciação à lide do funcionário envolvido no dano.

E) A responsabilidade objetiva depende da caracterização do nexo de causalidade entre o fato e o dano.

A teoria do risco integral parte da premissa de que o ente público é o garantidor universal e, portanto, segundo essa teoria a Administração ficaria obrigada a indenizar todo e qualquer dano suportado por terceiros, ainda que resultante de culpa ou dolo da vítima. **Essa teoria não admite nenhuma das excludentes de responsabilidade e nunca foi adotada integralmente pelo país.** A teoria do risco integral parte da premissa de que o ente público é garantidor universal. Portanto, a existência do dano e do nexo causal é suficiente para que surja a obrigação de indenizar, pois essa teoria não admite nenhuma das excludentes de responsabilidade.

Entretanto, no Brasil, essa teoria é utilizada somente em algumas situações expressamente previstas pelo legislador, são elas:

Dano decorrente de atentados terroristas e crimes ocorridos em aeronave que esteja sobrevoando o espaço aéreo brasileiro;

Dano ambiental;

Dano nuclear: destaca-se que a Lei 6.653/77 prevê uma série de excludentes que afastam o dever do Estado de reparar o dano nuclear, tais como: conflito armado, atos de hostilidade, guerra civil, insurreição e excepcional fato da natureza.

3581) (2015) Banca: CESPE – Órgão: CGE-PI – Prova: Auditor

Julgue o item a seguir, acerca dos atos administrativos e da responsabilidade civil do Estado. De acordo com a teoria do risco integral, é suficiente a existência de um evento danoso e do nexo de causalidade entre a conduta administrativa e o dano para que seja obrigatória a indenização por parte do Estado, afastada a possibilidade de ser invocada alguma excludente da responsabilidade.

A) Certo   B) Errado

3582) (2015) Banca: CESPE – Órgão: CGE-PI – Prova: Auditor

Julgue o item a seguir, acerca dos atos administrativos e da responsabilidade civil do Estado. De acordo com a teoria do risco integral, é suficiente a existência de um evento danoso e do nexo de causalidade entre a conduta administrativa e o dano para que seja obrigatória a indenização por parte do Estado, afastada a possibilidade de ser invocada alguma excludente da responsabilidade.

A) Certo   B) Errado

3583) (2008) Banca: CESPE – Órgão: SERPRO – Prova: Analista – Advocacia

Julgue o item a seguir, acerca da responsabilidade civil do Estado.

Pela teoria do risco integral, a ambulância de um hospital público que venha a atropelar um ciclista não será civilmente responsável pelo fato se houver culpa exclusiva do ciclista.

A) Certo   B) Errado

3584) (2013) Banca: CESPE – Órgão: TRT – 10ª REGIÃO (DF e TO) – Prova: Analista Judiciário – Área Judiciária

No tocante à responsabilidade civil da administração, julgue o item subsequente.

A teoria do risco integral obriga o Estado a reparar todo e qualquer dano, independentemente de a vítima ter concorrido para o seu aperfeiçoamento.

A) Certo B) Errado

3585) (2013) Banca: CESPE – Órgão: MJ – Prova: Analista Técnico – Administrativo

A respeito da responsabilidade civil do Estado, julgue o item que se segue.

A teoria que impera atualmente no direito administrativo para a responsabilidade civil do Estado é a do risco integral, segundo a qual a comprovação do ato, do dano e do nexo causal é suficiente para determinar a condenação do Estado. Entretanto, tal teoria reconhece a existência de excludentes ao dever de indenizar.

A) Certo B) Errado

3586) (2012) Banca: CESPE – Órgão: MCT – Prova: Técnico

Com relação a licitação e controle e responsabilização da administração, julgue o item subsequente.

Verifica-se a adoção da teoria do risco integral na situação em que o Estado, por dolo ou culpa, indeniza um particular que sofreu acidente em via pública em função das condições precárias do asfalto, devendo o Estado apenas comprovar o nexo causal, salvo se a vítima for culpada.

A) Certo B) Errado

3587) (2006) Banca: FCC – Órgão: SEFAZ-PB – Prova: Auditor Fiscal de Tributos Estaduais

Em matéria de responsabilidade civil do Estado, a adoção da chamada teoria do risco integral implica que a Administração

A) não responde pelos danos causados em virtude de atividades exercidas por particulares, quando estas atividades por si só sejam consideradas arriscadas.
B) tem sua responsabilidade excluída por eventos de força maior e caso fortuito, bem assim por aqueles oriundos de culpa exclusiva da vítima.
C) responda civilmente por danos causados a terceiros, apenas nas situações em que estiver presente a culpa do serviço público.
D) está impossibilitada de voltar-se regressivamente contra o causador do dano, devendo arcar integralmente com o ônus do ressarcimento.
E) não pode beneficiar-se de excludentes de responsabilidade como a ocorrência de força maior e caso fortuito.

3588) (2013) Banca: FGV – Órgão: TJ-AM – Prova: Analista Judiciário – Direito

A responsabilidade civil do Estado atualmente é regida pela teoria do risco administrativo. Embora a questão seja controvertida, parte da doutrina aceita aplicar, em alguns casos, a teoria do risco integral.

A respeito dessa teoria, assinale a afirmativa correta.

A) O Estado apenas deixaria de indenizar provando-se culpa exclusiva da vítima.
B) Não há excludentes de responsabilização; havendo relação entre o dano e a atividade desenvolvida a indenização se impõe.
C) Havendo fortuito ou força maior, o Estado deixaria de indenizar.
D) As mesmas excludentes do risco administrativo são aplicáveis ao risco integral, mas nesse caso não se exige a prova de dolo ou culpa ao contrário do primeiro.
E) O risco integral é uma teoria objetiva, ao contrário do risco administrativo de índole subjetiva.

3589) (2015) Banca: FUNIVERSA – Órgão: SEAP-DF – Prova: Agente de Atividades Penitenciárias

No que se refere à responsabilidade civil do Estado, julgue o item a seguir.

Nos casos de responsabilidade objetiva por risco integral, não se admitem, em regra, excludentes de responsabilidade, ao contrário do que ocorre nos casos de responsabilidade objetiva por risco administrativo.

A) Certo B) Errado

3590) (2013) Banca: FUNCAB – Órgão: SEMAD – Prova: Engenharia Agronômica – Agronomia (+ provas)

No âmbito da responsabilidade civil extracontratual do Estado, a variação da teoria do risco, afastada no direito brasileiro pela inconveniência de transformar o Estado em indenizador universal é a do risco:

A) integral.
B) inexistente.
C) administrativo.
D) anormal.

3591) (2011) Banca: FUNIVERSA – Órgão: SEPLAG-DF – Prova: Auditor Fiscal de Atividades Urbanas – Controle Ambiental

No tocante à evolução das teorias que tratam da responsabilidade civil da administração pública, assinale a alternativa incorreta.

A) A teoria do risco administrativo faz surgir a obrigação de indenização do dano, exigindo-se, apenas, o fato do serviço.
B) Na teoria da responsabilidade objetiva, ou do risco integral, a Administração responderá pelos danos que seus agentes, nessa qualidade, causarem a terceiros, salvo se ficar comprovada a ocorrência de alguma causa excludente daquela responsabilidade estatal.
C) Na teoria da responsabilidade subjetiva, a Administração é responsável pelos atos de seus agentes, desde que se demonstre a culpa destes.
D) Na teoria da culpa administrativa, além da lesão sofrida injustamente, fica a vítima no dever de comprovar a falta do serviço para obter a indenização.
E) A teoria do risco integral constitui-se na obrigação de a Administração indenizar todo e qualquer dano suportado por terceiros, ainda que resultante de culpa ou dolo da vítima.

O entendimento majoritário é de que a responsabilização do Estado em virtude de sua omissão terá natureza subjetiva (culpa pela má prestação do serviço). Nessas situações, o dano sofrido pela vítima decorre de uma falta do Estado, quando a legislação considerava obrigatória a prática de conduta da qual o Estado se absteve de praticar. Ou seja, **trata-se de uma omissão ou culpa na má prestação do serviço (violação de um dever de agir).**

"Como assim prof.?" Fulaninho verifica que está acontecendo um assalto em sua residência, liga para a polícia e a polícia não o socorre. Nesse caso, o dano sofrido deve ser reparado pelo Estado em razão do descumprimento, pela polícia, do dever legal.

3592) (2015) Banca: CESPE – Órgão: AGU – Prova: Advogado

No tocante à responsabilidade civil, julgue o item que se segue. Conforme jurisprudência pacificada no STJ, em caso de conduta omissiva, a responsabilidade do Estado enseja a presença da culpa, consistente no descumprimento do dever de impedir o evento danoso.

A) Certo   B) Errado

3593) (2015) Banca: CESPE – Órgão: STJ – Prova: Analista Judiciário

Julgue o item seguinte, acerca do controle exercido e sofrido pela administração pública.

A responsabilidade da administração pública decorrente de omissão resulta de seu dever de agir e da capacidade de essa ação evitar o dano.

A) Certo   B) Errado

3594) (2014) Banca: FCC – Órgão: PGE-RN – Prova: Procurador do Estado de Terceira Classe

Uma determinada concessionária de serviços públicos ferroviários experimentou relevantes e significativos prejuízos em razão de grave deslizamento de parte de um morro próximo à malha ferroviária, em razão das fortes chuvas ocorridas na região. Além dos prejuízos pela destruição de bens da concessionária e de particulares, houve interrupção dos serviços por período superior a 30 (trinta) dias. Em razão desse incidente

A) o poder público será responsabilizado pelos prejuízos experimentados pela concessionária, tendo em vista que em se tratando de força-maior, aplica-se a responsabilidade civil na modalidade objetiva pura.
B) a concessionária pode demandar o poder público em juízo, para ressarcimento dos prejuízos causados e pelos lucros cessantes, desde que comprove a culpa dos agentes responsáveis pelas obras de contenção de encostas, tendo em vista que em se tratando de hipótese de força-maior, aplica-se a responsabilidade civil na modalidade subjetiva.
C) o poder público não pode ser responsabilizado, tendo em vista que a ocorrência de força-maior supera eventual ocorrência de negligência nas obras e atividades de prevenção de acidentes.
D) a concessionária poderá demandar o poder público para fins de responsabilidade civil na modalidade objetiva, em razão da natureza da atividade prestada, relevante e essencial.
E) o poder público poderá ser responsabilizado a indenizar os bens dos particulares caso se demonstre a ocorrência de culpa do serviço, ou seja, de que o acidente poderia ter sido evitado caso tivessem sido adotadas as prevenções cabíveis.

3595) (2015) Banca: FCC – Órgão: TCE-CE – Prova: Analista de Controle Externo-Atividade Jurídica

Emengardo sofre acidente de veículo e é levado ao hospital público local. No hospital, após aguardar 5 horas por atendimento médico sem recebê-lo, Emengardo vem a falecer. Neste caso, pela morte de Emengardo, o Estado

A) tem responsabilidade solidária.
B) tem responsabilidade integral.
C) não tem responsabilidade.
D) tem responsabilidade subsidiária.
E) tem responsabilidade subjetiva.

3596) (2016) Banca: FCC – Órgão: TRT – 23ª REGIÃO (MT) – Prova: Analista Judiciário – Área Administrativa

Considere a seguinte situação hipotética: em determinado Município do Estado do Mato Grosso houve grandes deslizamentos de terras provocados por fortes chuvas na região, causando o soterramento de casas e pessoas. O ente público foi condenado a indenizar as vítimas, em razão da ausência de sistema de captação de águas pluviais que, caso existisse, teria evitado o ocorrido. Nesse caso, a condenação está

A) correta, tratando-se de típico exemplo da responsabilidade disjuntiva do Estado.
B) incorreta, por ser hipótese de exclusão da responsabilidade em decorrência de fator da natureza.
C) correta, haja vista a omissão estatal, aplicando-se a teoria da culpa do serviço público.
D) correta, no entanto, a responsabilidade estatal, no caso, deve ser repartida com a da vítima.
E) incorreta, haja vista que o Estado somente responde objetivamente, e, no caso narrado, não se aplica tal modalidade de responsabilidade.

3597) (2014) Banca: FCC – Órgão: SABESP – Prova: Advogado

Analise a seguinte assertiva: Desastres ocasionados por chuvas, tais como, enchentes, inundações e destruições, excluem a responsabilidade estatal.

A assertiva em questão:

A) não está correta, pois inexiste excludente da responsabilidade estatal, sendo hipótese de responsabilidade subjetiva.
B) está correta, não comportando exceção.
C) não está correta, pois, em regra, o Estado responde diante de fatos decorrentes da natureza.
D) está correta, mas se for comprovado que o Estado omitiu-se no dever de realizar certos serviços, ele responderá pelos danos.
E) não está correta, pois o Estado sempre responde objetivamente.

3598) (2015) Banca: FGV – Órgão: TJ-PI – Prova: Analista Judiciário – Analista Administrativo

Apesar das sucessivas solicitações formuladas pelos moradores de uma determinada localidade, o Estado deixou de reforçar a segurança no local. Em razão dessa omissão, foi praticado novo ilícito em detrimento de um morador, o que lhe causou danos patrimoniais. Nesse caso, é correto afirmar que eventual responsabilidade do Estado será de natureza:

A) objetiva, desde que demonstrado que o dano decorreu da omissão dos seus agentes;
B) subjetiva, o que exige a prévia condenação do agente público omisso;

C) objetiva, o que pressupõe a demonstração da culpa do agente público e o nexo de causalidade;

D) subjetiva, sendo necessário demonstrar o elemento subjetivo do agir;

E) objetiva, o que significa dizer que deve ser analisada, apenas, possível culpa da vítima.

3599) (2015) Banca: FGV – Órgão: SSP-AM – Prova: Técnico de Nível Superior

José, vendedor ambulante legalmente estabelecido nas proximidades de uma Delegacia de Polícia, foi vítima da ação de criminosos armados, que levaram todas as suas mercadorias. Insatisfeito com a insegurança da localidade, pensou em processar o Estado. À luz da sistemática constitucional, é correto afirmar que:

A) o Estado sempre será responsabilizado objetivamente pelas falhas na segurança pública;

B) a conduta omissiva, com a infração do direito social à segurança pública, enseja a responsabilidade subjetiva do Estado;

C) a inobservância do dever genérico e universal de proteção da propriedade privada sempre enseja a responsabilidade objetiva do Estado;

D) tanto as condutas comissivas como as omissivas dos agentes do Estado sempre atrairão a responsabilidade objetiva deste ente;

E) o Estado, a exemplo do particular, somente pode ser responsabilizado, em qualquer situação, caso seja demonstrado o dolo ou a culpa dos seus agentes.

3600) (2014) Banca: FGV – Órgão: PGM – Niterói – Prova: Procurador do Município, 3ª Categoria (P3) (+ provas)

Maria caiu abruptamente em buraco existente na calçada da Rua Sem Número, o que pôde ser provado por meio de boletim de atendimento médico feito no hospital Municipal de Niterói, além de fotos do local e do depoimento de testemunha que presenciou o fato. O acidente resultou em lesões no tornozelo esquerdo compatíveis com o acidente, tendo as provas documental e pericial comprovado a precariedade da conservação pública do local.

Diante do caso concreto, assinale a afirmativa correta.

A) A responsabilidade pela conservação das calçadas é dos proprietários dos imóveis em frente e não do Município, o que afasta a responsabilidade objetiva do ente público pelo acidente.

B) A ocorrência de omissão é específica do Município, pois a causa do evento que provocou o dano foi a falta de cumprimento pelo ente público do dever de conservação e fiscalização das calçadas, para propiciar segurança à circulação dos pedestres.

C) A responsabilidade perseguida do ente público é subjetiva, razão pela qual não basta a demonstração do fato, do dano e do nexo causal.

D) Não tendo a municipalidade comprovado nenhuma das causas excludentes de sua responsabilidade, como fato exclusivo da vítima ou de terceiro, ou de caso fortuito ou força maior, não responde objetivamente pelos danos causados à pedestre.

E) A responsabilidade civil das pessoas jurídicas de direito público é regulada no Art. 37, § 6º, da Constituição da República, a prever somente a responsabilidade subjetiva.

3601) (2014) Banca: TRF – 4ª REGIÃO – Órgão: TRF – 4ª REGIÃO – Prova: Juiz Federal Substituto

Assinale a alternativa correta.

Sobre a reparação do dano ambiental:

A) Conforme orientação dominante do Superior Tribunal de Justiça, a responsabilidade por dano ambiental é objetiva, informada pela teoria do risco integral, sendo descabida a invocação, pela empresa responsável pelo dano ambiental, de excludentes de responsabilidade civil para afastar a sua obrigação de indenizar.

B) A responsabilidade por dano ambiental pressupõe, além da demonstração de dolo ou culpa, a existência de uma atividade econômica que implique riscos para a saúde e para o meio ambiente, impondo-se ao empreendedor a obrigação de prevenir tais riscos (princípio da prevenção) e de internalizá-los em seu processo produtivo (princípio do poluidor-pagador).

C) A orientação dominante do Superior Tribunal de Justiça é no sentido de não ser possível, em ação civil pública, que a sentença condenatória imponha ao responsável, cumulativamente, as obrigações de recompor o meio ambiente degradado e de pagar quantia em dinheiro a título de compensação por dano moral coletivo.

D) Conforme orientação do Superior Tribunal de Justiça, os atos de polícia podem ser executados pela própria autoridade ambiental, independentemente de ordem judicial, mesmo quando tiverem por objeto a demolição de casa habitada.

E) Em nosso sistema jurídico, o princípio da reparação integral do dano ambiental, que permite a responsabilização mediante a cumulação de obrigações de fazer, de não fazer e de indenizar, tem sua aplicação restrita aos danos que atinjam os recursos hídricos, considerados essenciais à vida.

3602) (2015) Banca: VUNESP – Órgão: CRO-SP – Prova: Advogado Junior

Assinale a alternativa que corretamente disserta sobre a responsabilidade civil do Estado no direito administrativo brasileiro, sob a égide da Constituição Federal de 1988.

A) Quando houver culpa da vítima, há que se distinguir se é sua culpa exclusiva ou concorrente com a do poder público; no último caso, o Estado não responde.

B) Basta que aquele que causar o dano tenha a qualidade de agente público para acarretar responsabilidade estatal se, ao causar o dano, mesmo fora do exercício de suas funções.

C) No caso de danos causados por multidão, o Estado responderá se ficar caracterizada a sua omissão, a sua inércia, a falha na prestação do serviço público.

D) Em relação às sociedades de economia mista e empresas públicas, deve ser aplicada a regra constitucional da responsabilidade objetiva.

E) Às pessoas jurídicas de direito privado prestadoras de serviços públicos não se aplicará a regra constitucional, mas a responsabilidade disciplinada pelo direito privado.

3603) (2014) Banca: NC-UFPR – Órgão: DPE-PR – Prova: Defensor Público

Assinale a alternativa correta.

A) A teoria do Risco Integral admite a culpa concorrente da vítima como cláusula excludente de responsabilidade. No entanto, deverá ser investigada a culpa da vítima nos termos da teoria da responsabilidade subjetiva.
B) As praças são bens públicos de uso especial, pois nelas somente se pode contemplar a natureza. Sua utilização depende de autorização do Poder Público municipal.
C) A permissão de serviço público deve ser precedida de licitação, enquanto que a concessão de serviço público, ato administrativo precário, pode ser concedida independentemente de licitação, desde que devidamente motivada em excepcional interesse público primário.
D) Ocorre a culpa do serviço (faute du service) quando o serviço público não funcionou (omissão), sua prestação se deu de maneira atrasada ou apresentou mau funcionamento. Poderá se configurar quando a concessionária de serviço público de transporte aéreo cancela voo sem prévia comunicação e sem qualquer motivação.
E) Respeita o princípio da impessoalidade a nomeação de parente em primeiro grau do Prefeito para ocupar cargo de assessor de gabinete na Administração Direta.

3604) (2015) Banca: IESES – Órgão: TRE-MA – Prova: Analista Judiciário – Judiciária

Assinale a alternativa correta

A) Ordinariamente, a responsabilidade civil do Estado, por omissão, é classificada como subjetiva ou por culpa.
B) No que diz respeito à responsabilidade civil do Estado, adota-se no Brasil a "teoria do risco integral", albergada pela Constituição Federal (artigo 37, §6º) com vistas a indenizar integralmente as vítimas dos danos causados pelos agentes públicos, independentemente da discussão acerca da culpa.
C) "Cessão de uso" é o contrato administrativo pelo qual o Poder Público atribui a utilização exclusiva de um bem de seu domínio a particular, para que o explore segundo sua destinação específica.
D) Denomina-se "concessão especial de uso" a transferência gratuita da posse de um bem público de uma entidade ou órgão para outro, a fim de que o cessionário o utilize nas condições estabelecidas no respectivo termo, por tempo certo ou indeterminado. Destina-se, precipuamente, a regularizar a ocupação ilegal de terrenos públicos pela população de baixa renda sem moradia.

3605) (2016) Banca: VUNESP – Órgão: Câmara de Marília – SP – Prova: Procurador Jurídico

Considere a seguinte situação hipotética. Professor da rede municipal de ensino de Marília é assaltado dentro da escola em que trabalha, sendo levadas sua bicicleta e sua mochila e, em razão disso, pleiteia da Municipalidade indenização por danos materiais e morais sofridos. A Municipalidade alega que disponibilizou vigilante para a guarda do estabelecimento educacional no qual ocorreu o assalto, tendo sido este rendido pelos criminosos, o que descaracterizaria a falta de segurança local e, portanto, eventual responsabilização. Nesse caso, considerando os contornos da responsabilidade civil do Estado no ordenamento pátrio, é correto afirmar que

A) resta devidamente caracterizada a responsabilidade civil do Estado, já que presentes os elementos constitucionalmente previstos, pois as pessoas jurídicas de direito público responderão pelos danos que seus agentes, nessa qualidade, causarem a terceiro.
B) não resta configurada a responsabilidade civil do Município, pois segundo a jurisprudência consolidada do Superior Tribunal de Justiça, a responsabilidade decorrente de conduta omissiva é subjetiva e no caso não restou comprovada a culpa por existir a vigilância na unidade escolar.
C) há dever de indenizar por parte da Municipalidade, já que a responsabilidade civil do Estado é objetiva, prescindindo da comprovação de dolo ou culpa por parte dos órgãos públicos que deveriam zelar pela segurança dos frequentadores da escola.
D) não há dever de indenizar por parte da Municipalidade, pois a responsabilidade civil do Estado, conforme jurisprudência do Superior Tribunal de Justiça, não se estende a fatos independentes de terceiros, porque é, em regra, uma responsabilidade subjetiva, por expressa previsão constitucional.
E) resta caracterizada a responsabilidade civil do Estado, com dever de indenizar por parte da Municipalidade, em razão da qualidade de agente público do professor, que gera a obrigação de zelo por conta deste estar no exercício de atividade pública.

3606) (2014) Banca: Prefeitura do Rio de Janeiro – RJ – Órgão: Câmara Municipal do Rio de JANEIRO – Prova: Analista Legislativo – Direito

Algumas manifestações populares terminam em atos de vandalismo, como por exemplo, a destruição de vitrines de lojas. Supondo que os órgãos de segurança tenham sido avisados a tempo e, ainda assim, não tenham comparecido os seus agentes, com base na doutrina, é possível afirmar que:

A) os danos causados a particulares em decorrência de atos de multidão jamais acarretam a responsabilidade civil do Estado
B) a conduta estatal estará qualificada omissiva culposa, ensejando a responsabilidade civil do Estado, devendo reparar os danos causados pelos atos de multidão
C) a conduta estatal estará qualificada omissiva dolosa, ensejando a responsabilidade subjetiva Estado, devendo reparar os danos causados pelos atos de terceiros
D) o Estado assumiu o risco, logo deve ser responsabilizado por dolo eventual

3607) (2014) Banca: FUNCAB – Órgão: SSP-SE – Prova: Papiloscopista

Quanto à responsabilidade civil do Estado, é correto afirmar:

A) A falta do serviço dispensa o requisito da causalidade, vale dizer, do nexo de causalidade entre a ação omissiva atribuída ao poder público e o dano causado a terceiro.
B) Tratando-se de ato omissivo do poder público, a responsabilidade civil por tal ato é subjetiva, pelo que exige dolo ou culpa, esta numa de suas três vertentes – a negligência, a imperícia ou a imprudência –, não sendo, entretanto,

necessário individualizá-la, dado que pode ser atribuída ao serviço público, de forma genérica, a falta do serviço.

C) A responsabilidade civil do Estado é subjetiva, dispensando, assim, indagação sobre a culpa ou dolo daquele que, em seu nome, haja atuado.

D) Em se tratando de ato omissivo do Estado, não precisa o prejudicado demonstrar a culpa ou o dolo, pois o Estado incide na responsabilidade subjetiva.

E) A responsabilidade civil dos servidores públicos dos Estados independe da existência de dolo ou culpa.

3608) (2013) Banca: FUNCAB – Órgão: IPEM-RO – Prova: Assistente Jurídico

A responsabilidade do Estado de indenizar por danos decorrentes de sua omissão é:

A) objetiva e não depende de culpa.
B) subjetiva e depende de culpa ou dolo.
C) objetiva e depende de dolo.
D) objetiva e depende de culpa ou dolo.
E) subjetiva e depende de dolo.

3609) (2013) Banca: TRT 2R (SP) – Órgão: TRT – 2ª REGIÃO (SP) – Prova: Juiz do Trabalho

Autorizada doutrina entende que, quando o dano foi possível em decorrência de uma omissão do Estado (o serviço que não funcionou, funcionou tardia ou ineficientemente), é de se aplicar a teoria da responsabilidade subjetiva. Com fundamento nesta afirmação, no que se refere à responsabilidade do Estado, quanto aos danos por omissão, qual alternativa está correta:

A) A responsabilidade do Estado por ato omissivo decorre às vezes de comportamento ilícito que se liga de forma estreita à responsabilidade objetiva.
B) A responsabilidade do Estado se configura só pela relação entre a omissão estatal e o dano sofrido, sem que seja necessária a averiguação de negligência, imprudência ou imperícia no serviço.
C) A aplicação da teoria da responsabilidade subjetiva, como consta do enunciado desta questão, pressupõe, na análise dos danos por omissão do Estado, a existência de culpa ou dolo, e que o Estado tenha incorrido em ilicitude, por não ter impedido ou haver sido insuficiente neste mister.
D) O Estado não está obrigado a impedir evento danoso não havendo razão para que suporte as consequências da lesão.
E) Aplica-se a teoria da responsabilidade subjetiva, se o Estado agiu de forma ineficiente, comportando-se abaixo dos padrões legais que deveriam nortear seu procedimento, sem que haja necessidade de se lhe imputar a prática de ato ilícito, culpa ou dolo.

Em algumas circunstâncias, o Estado cria situações de sujeição especial (relações de custódia) da qual decorre uma situação de risco que enseja à ocorrência do dano. Nesses casos, o Estado responde objetivamente pelo dano, ainda que **não se demonstre conduta direta de um agente público** devido ao fato de que nessas situações o ente público tem o dever de garantir a integridade das pessoas e dos bens custodiados. Por essa razão, a responsabilidade do Estado, nesses casos, será OBJETIVA inclusive quanto aos atos praticados por terceiros.

As situações que exemplificam as relações de custódia decorrem da guarda de pessoas ou de coisas, **como é o caso dos detentos em um presídio**, criança em uma escola pública etc. Ex.: o preso é morto na cadeia por outro detento; criança vítima de briga dentro da escola pública etc. Nesses casos, o Estado responde pelo dano em razão do dever de custódia.

"Como assim prof.?": No meio de uma rebelião de presos (fortuito interno) um refém morre. Nesse caso, o Estado será responsabilizado e não poderá alegar a excludente de responsabilidade caso fortuito, haja vista o dever de custódia. A ocorrência de uma rebelião em um presídio demonstra uma omissão do Estado em manter a segurança nesse local de risco (fortuito interno – que decorre da situação de custódia).

3610) (2014) Banca: CESPE Órgão: TJ-DFT Prova: Juiz de direito

Ênio foi condenado a dezessete anos de prisão por meio de sentença penal condenatória transitada em julgado. Sob a custódia do Estado, deparou-se com um sistema prisional inepto para tutelar os direitos fundamentais previstos no texto constitucional: celas superlotadas, falta de preparo dos agentes carcerários, rebeliões, péssimas condições de higiene, doenças, violências das mais diversas. Agregaram-se a isso problemas pessoais: além de ter contraído doenças, sua esposa pediu-lhe o divórcio e seus filhos e amigos não quiseram mais contato algum com ele. Após um ano de prisão, Ênio entrou em depressão e se suicidou dentro da cela, durante a noite. Em razão desse fato, seus herdeiros ajuizaram ação de indenização por danos materiais e morais contra o Estado. Considerando essa situação hipotética, assinale a opção correta acerca da responsabilidade extracontratual, ou aquiliana, do Estado, com base no entendimento jurisprudencial do STF e do STJ.

A) O Estado não pode ser responsabilizado pelo suicídio de Ênio, uma vez que não tem o dever de guardião universal das pessoas sob sua custódia. No caso narrado, não há sequer nexo de causalidade entre omissão e dano, visto que concorreram para o suicídio fatores da vida pessoal de Ênio; afinal, todo o seu sofrimento originou-se de sua conduta criminosa. Assim, com base no princípio da razoabilidade, o Estado não tinha como evitar o evento danoso e não deve indenizar.
B) Trata-se de hipótese de responsabilidade subjetiva do Estado por omissão, cabendo aos autores da demanda demonstrar em juízo a falha estatal e o dano, o nexo causal entre eles, bem como a culpa da administração pública.
C) Não é necessário demonstrar a culpa da administração pública, visto que a responsabilidade civil estatal pela integridade dos presidiários é objetiva em face dos riscos inerentes ao meio em que eles estão inseridos por conduta do próprio Estado.
D) Em que pese não haver, nessa hipótese, nexo de causalidade, visto que concorreram para o suicídio circunstâncias pessoais da vida do preso, subsiste a obrigação do Estado de indenizar, haja vista tratar-se de responsabilidade objetiva.
E) É necessário demonstrar a culpa da administração pública, mas não o nexo de causalidade, uma vez que tal nexo é presumido quando o lesado está sob custódia do Estado.

3611) (2013) Banca: CESPE – Órgão: TRF – 2ª REGIÃO – Prova: Juiz Federal

Assinale a opção correta em relação à responsabilidade civil do Estado.

A) No caso de danos decorrentes de acidentes nucleares, o Estado só responderá civilmente caso seja demonstrada a falha na prestação de serviço, podendo, inclusive, alegar caso fortuito e força maior.
B) Segundo entendimento mais recente firmado pelo STJ, configura hipótese de responsabilidade civil subjetiva situação em que carro de transporte de encomendas dos Correios seja tomado de assalto e dele sejam subtraídas as encomendas dos clientes.
C) Segundo jurisprudência do STJ, não incidirá responsabilidade civil objetiva do Estado no caso de uma professora de rede pública de ensino sofrer agressões físicas perpetradas por aluno, mesmo que essa professora tenha avisado ao diretor da escola sobre as ameaças e este se tenha quedado inerte, pois tal hipótese caracteriza caso fortuito.
D) Conforme jurisprudência do STF, no caso de suicídio de detento que esteja sob a custódia do sistema prisional, configurar-se-á a responsabilidade do Estado na modalidade objetiva, devido a conduta omissiva estatal.
E) Segundo precedentes existentes no STF, não haverá responsabilidade objetiva do Estado, nem direito de regresso, quando atuação de tabelião vier a causar dano a terceiro, tendo em vista se tratar de atividade delegada a pessoa alheia ao serviço público.

3612) (2011) Banca: CESPE – Órgão: TRE-ES – Prova: Analista Judiciário – Área Administrativa

Com referência à responsabilidade civil do Estado, julgue o item que se segue.

A responsabilidade civil do Estado no caso de morte de pessoa custodiada é subjetiva.

A) Certo B) Errado

3613) (2014) Banca: CESPE – Órgão: TJ-DFT – Prova: Juiz de Direito Substituto

Ênio foi condenado a dezessete anos de prisão por meio de sentença penal condenatória transitada em julgado. Sob a custódia do Estado, deparou-se com um sistema prisional inepto para tutelar os direitos fundamentais previstos no texto constitucional: celas superlotadas, falta de preparo dos agentes carcerários, rebeliões, péssimas condições de higiene, doenças, violências das mais diversas. Agregaram-se a isso problemas pessoais: além de ter contraído doenças, sua esposa pediu-lhe o divórcio e seus filhos e amigos não quiseram mais contato algum com ele. Após um ano de prisão, Ênio entrou em depressão e se suicidou dentro da cela, durante a noite. Em razão desse fato, seus herdeiros ajuizaram ação de indenização por danos materiais e morais contra o Estado.

Considerando essa situação hipotética, assinale a opção correta acerca da responsabilidade extracontratual, ou aquiliana, do Estado, com base no entendimento jurisprudencial do STF e do STJ.

A) O Estado não pode ser responsabilizado pelo suicídio de Ênio, uma vez que não tem o dever de guardião universal das pessoas sob sua custódia. No caso narrado, não há sequer nexo de causalidade entre omissão e dano, visto que concorreram para o suicídio fatores da vida pessoal de Ênio; afinal, todo o seu sofrimento originou-se de sua conduta criminosa. Assim, com base no princípio da razoabilidade, o Estado não tinha como evitar o evento danoso e não deve indenizar.
B) Trata-se de hipótese de responsabilidade subjetiva do Estado por omissão, cabendo aos autores da demanda demonstrar em juízo a falha estatal e o dano, o nexo causal entre eles, bem como a culpa da administração pública.
C) Não é necessário demonstrar a culpa da administração pública, visto que a responsabilidade civil estatal pela integridade dos presidiários é objetiva em face dos riscos inerentes ao meio em que eles estão inseridos por conduta do próprio Estado.
D) Em que pese não haver, nessa hipótese, nexo de causalidade, visto que concorreram para o suicídio circunstâncias pessoais da vida do preso, subsiste a obrigação do Estado de indenizar, haja vista tratar-se de responsabilidade objetiva.
E) É necessário demonstrar a culpa da administração pública, mas não o nexo de causalidade, uma vez que tal nexo é presumido quando o lesado está sob custódia do Estado.

3614) (2011) Banca: CESPE – Órgão: AL-ES – Prova: Procurador

Um indivíduo se encontrava preso em penitenciária estadual, quando foi assassinado por um colega de cela. Nessa situação hipotética, o estado

A) não poderá ser condenado a reparar os danos à família da vítima, pois o Estado não se responsabiliza por atos individuais de terceiros.
B) não poderá ser condenado a reparar os danos à família da vítima, porque o dano não foi causado por agente estatal.
C) poderá ser responsabilizado pelos danos à família da vítima, desde que seja provada culpa dos agentes penitenciários na fiscalização dos detentos.
D) não poderá ser condenado a reparar os danos à família da vítima, porque não houve vínculo causal entre o evento danoso e o comportamento estatal.
E) poderá ser condenado a reparar os danos à família da vítima, ante sua responsabilidade objetiva.

3615) (2017) Banca: CESPE – Órgão: DPE-AL – Prova: Defensor Público

Caio, detento em unidade prisional do estado de Alagoas, cometeu suicídio no interior de uma das celas, tendo se enforcado com um lençol. Os companheiros de cela de Caio declararam que, mesmo diante de seus apelos, nada foi feito pelos agentes penitenciários em serviço para evitar o ato. A família de Caio procurou a Defensoria Pública a fim de obter esclarecimentos quanto à possibilidade de receber indenização do Estado.

Nessa situação hipotética, à luz da jurisprudência do Supremo Tribunal Federal, o defensor público responsável pelo atendimento deverá informar a família de Caio de que

A) será necessário, para o ajuizamento de ação de reparação de danos morais, provar que as condições de cumprimento de pena eram desumanas.

B) é cabível o ajuizamento de ação de reparação de danos morais em face do estado de Alagoas.
C) não houve omissão estatal, pois o suicídio configura ato exclusivo da vítima.
D) houve fato exclusivo de terceiro, pois o dever de evitar o ato cabia aos agentes penitenciários em serviço no momento.
E) não cabe direito a reparação de qualquer natureza, por não ser possível comprovar nexo causal entre a morte do detento e a conduta estatal.

3616) Analista Judiciário – Área Administrativa

A respeito da responsabilidade do Estado, assinale a opção correta.

A) Caso fortuito consiste em acontecimento imprevisível, inevitável e estranho à vontade das partes, excludente da responsabilidade do Estado.
B) O Estado pode ser responsabilizado pela morte do detento que cometeu suicídio.
C) Ação por dano causado por agente público deve ser proposta, em litisconsórcio, contra a pessoa jurídica de direito público e o agente público.
D) Na época dos Estados absolutos, reinava a doutrina denominada teoria da irresponsabilidade: quem, irresponsavelmente, fosse ensejador de dano a terceiro, por ação ou omissão, seria obrigado a reparar o dano, inclusive o Estado.

3617) (2008) Banca: CESPE – Órgão: DPE-CE Prova: Defensor Público

Considere que as seguintes situações hipotéticas tenham ocorrido
em determinada unidade da Federação.

I. Em junho de 2007, durante rebelião em um presídio, Antônio, José e Pedro, presos condenados por homicídio, fugiram por um túnel cavado sob a cama de um deles em um dos pavilhões de detenção. Um mês após a rebelião, um detento de nome Francisco foi assassinado por Otávio, outro preso, por vingança, em decorrência de luta pelo controle do tráfico de entorpecentes no referido prédio. Um ano após a rebelião, José cometeu latrocínio nas proximidades do tribunal de justiça do estado, ocasião em que foi preso e reconduzido ao presídio. A vítima do latrocínio deixou viúva e dois filhos.

II. Em 2007, na madrugada de um dia em que deveria ter retornado para dormir no presídio, um preso submetido ao regime semiaberto cometeu um estupro. Tal fato atraiu a atenção do Poder Judiciário porque, comprovadamente, o preso, frequentemente, deixava de retornar ao final do dia para recolhimento, situação essa que era de conhecimento da direção do presídio.

Com referência aos fatos hipotéticos acima narrados e ao atual entendimento jurisprudencial o Supremo Tribunal Federal (STF), julgue o item subsequente.

Na situação II, não há responsabilização civil do Estado no estupro praticado pelo preso durante o descumprimento do regime semiaberto, uma vez que não há conexão entre a conduta estatal e o dano eventualmente acontecido.

A) Certo B) Errado

3618) (2011) Banca: FCC – Órgão: TRE-PE – Prova: Técnico Judiciário – Área Administrativa

José, preso provisório, atualmente detido em uma Cadeia Pública na cidade de Recife mata a golpes de arma branca um de seus oito companheiros de cela. Neste caso, o Estado de Pernambuco, em ação civil indenizatória movida pela viúva do falecido detento,

A) será responsabilizado com fundamento na responsabilidade subjetiva do Estado.
B) será responsabilizado apenas se houver comprovação da omissão dolosa dos agentes carcerários.
C) não será responsabilizado, uma vez que o dano foi causado por pessoa física que não faz parte dos quadros funcionais do Estado.
D) não será responsabilizado, na medida em que inexiste prova do nexo de causalidade entre a ação estatal e o evento danoso.
E) será responsabilizado, independentemente da comprovação de sua culpa, com base na responsabilidade objetiva do Estado.

3619) (2015) Banca: FGV – Órgão: TCE-RJ – Prova: Auditor Substituto

Um dos grandes desafios do administrador público, na atualidade, tem sido a administração do sistema prisional, abrindo o debate acerca da possibilidade de participação do setor privado na administração do sistema penitenciário. Acerca do tema, e considerando a jurisprudência do Supremo Tribunal Federal e do Superior Tribunal de Justiça, é correto afirmar que:

A) é viável a realização de parceria público-privada para a construção e gestão de estabelecimento prisional, na modalidade patrocinada, pois a administração pública deverá arcar com a totalidade das despesas envolvidas na atividade;
B) o contrato de parceria público-privada deve prever, dentre as suas cláusulas, a delegação do poder de polícia ao particular, para que haja efetiva fiscalização no interior do presídio;
C) a morte de um detento no interior do estabelecimento prisional, seja por ato de terceiro ou por suicídio, enseja a responsabilidade objetiva do Estado, sendo prescindível a demonstração da culpa;
D) se um detento, alguns meses após fugir do estabelecimento prisional, subtrair bem de terceira pessoa, será o Estado obrigado a reparar o dano;
E) não cabe ao Tribunal de Contas do respectivo Estado fiscalizar a execução de um contrato de parceria público-privada, eis que se trata de atividade desenvolvida por particular.

3620) (2017) Banca: FGV – Órgão: SEPOG – RO – Prova: Analista de Planejamento e Finanças (+ provas)

Determinado ente federativo passou a figurar no polo passivo de uma ação civil de reparação de danos, sob o argumento de que Pedro, servidor público do referido ente, no exercício da função, ao conduzir o veículo de um órgão estadual, atropelara e dera causa à morte de Maria. Apesar disso, existiam provas robustas de que Pedro cumprira integralmente as normas de trânsito e o acidente decorrera do comportamento inadequado de Maria.

À luz da narrativa acima, na seara afeta à responsabilidade civil do Estado por atos comissivos, mais especificamente em relação à possibilidade de o comportamento de Maria afastar o dever de indenizar, a teoria adotada pela Constituição da República é a

A) do risco integral, não sendo o dever de indenizar afastado pela culpa exclusiva da vítima.
B) do risco administrativo, sendo o dever de indenizar afastado pela culpa exclusiva da vítima.
C) da culpa, sendo o dever de indenizar influenciado pela culpa, tanto do agente público como da vítima.
D) da falta administrativa, não sendo o dever de indenizar afastado pela culpa exclusiva da vítima.
E) do risco social baseada na culpa do agente, sendo o dever de indenizar afastado pela culpa exclusiva da vítima.

3621) (2012) Banca: VUNESP – Órgão: DPE-MS – Prova: Defensor Público

A omissão na prestação do serviço tem levado à aplicação da teoria da culpa do serviço público, por uma culpa anônima, não individualizada, e por um dano que decorreu da omissão do poder público. Assinale a alternativa que traduz uma hipótese de culpa do serviço, que gera responsabilidade civil do Estado.

A) Danos causados pela aplicação, por parte do Poder Executivo, de norma declarada inconstitucional.
B) Danos causados, em parte, pela própria vítima, que dirigia em alta velocidade em via pública com irregularidades na pavimentação.
C) Danos causados por enchentes, demonstrando-se que os serviços de limpeza dos rios ou dos bueiros teriam sido suficientes para impedir a enchente.
D) Danos causados por multidão ou por delinquentes, demonstrando-se a ocorrência do fato e do resultado danoso.

3622) (2015) Banca: FUNIVERSA – Órgão: SAPeJUS – GO – Prova: Agente de Segurança Prisional

Acerca da responsabilidade civil do Estado, assinale a alternativa correta.

A) O Estado possui responsabilidade objetiva nos casos de morte de preso sob a sua custódia, independentemente da culpa dos agentes públicos.
B) Em caso de suicídio de um detento, a responsabilidade do Estado é subjetiva.
C) O Estado possui responsabilidade objetiva nos casos de morte de preso sob a sua custódia, mas o fato de tratar-se de responsabilidade objetiva do Estado não dispensa a prova da culpa nesses casos.
D) Em caso de suicídio de um detento, inexiste responsabilidade do Estado, pois este não tem a obrigação de proteger os detentos contra si mesmos.
E) O Estado possui responsabilidade subjetiva nos casos de homicídio de preso sob a sua custódia.

3623) (2015) Banca: FUNCAB – Órgão: Faceli – Prova: Procurador

Assinale a alternativa correta sobre o tema da responsabilidade civil do Estado.

A) O direito brasileiro adota a teoria que responsabiliza o Estado pelos danos que seus agentes causarem a terceiros sem admitir qualquer excludente de responsabilidade.
B) O direito brasileiro adota a teoria do risco integral em todas as situações de responsabilidade civil do Estado.
C) Culpa exclusiva da vítima, força maior e culpa de terceiros não são excludentes da responsabilidade estatal.
D) Apenas os danos causados por servidores públicos, sejam eles estatutários ou celetistas, dão ensejo à responsabilidade civil do Estado.
E) Conforme jurisprudência do STJ, no caso de suicídio de detento ocorrido dentro de estabelecimento prisional a responsabilidade civil do Estado pela integridade dos presidiários é objetiva.

3624) (2017) Banca: IBADE – Órgão: PC-AC – Prova: Delegado de Polícia Civil

Considerando os entendimentos jurisprudenciais do Superior Tribunal de Justiça e do Supremo Tribunal Federal relativos à responsabilidade civil do Estado, assinale a alternativa correta.

A) Para a jurisprudência do Superior Tribunal de Justiça, o Estado não responde civilmente por atos ilícitos praticados por foragidos do sistema penitenciário, salvo quando os danos decorrem direta ou imediatamente do ato de fuga. Também entende o Superior Tribunal de Justiça que o Estado pode responder civilmente pelos danos causados por seus agentes, ainda que estes estejam amparados por causa excludente de ilicitude penal.
B) Segundo o Supremo Tribunal Federal, é obrigação do Estado ressarcir os danos, inclusive morais, comprovadamente causados aos detentos em decorrência da falta ou insuficiência das condições legais de encarceramento. Para fundamentar esta tese, a Corte Excelsa invocou a teoria do risco administrativo do tipo integral.
C) Conforme a jurisprudência do Supremo Tribunal Federal, o Estado não deve ser condenado a indenizar servidores na hipótese de posse em cargo público determinada por decisão judicial, sob fundamento de que deveria ter sido investido em momento anterior, ainda que seja comprovada situação de arbitrariedade flagrante. Para o Supremo Tribunal Federal, nas hipóteses de arbitrariedade flagrante, a indenização deve ser substituída pelo reconhecimento do tempo de serviço.
D) Segundo o Supremo Tribunal Federal, caso um detento seja encontrado morto nas dependências de estabelecimento penitenciário e seja comprovado que se tratou de um suicídio, à luz da teoria do risco administrativo entende-se que não há como se imputar qualquer responsabilidade ao Estado.
E) O Superior Tribunal de Justiça, em conflito com a jurisprudência do Supremo Tribunal Federal, firmou entendimento no sentido de que o Estado deve ser responsabilizado civilmente caso o inquérito policial instaurado por delegado de polícia seja arquivado judicialmente após pedido do Ministério Público.

3625) (2013) Banca: MPE-SP – Órgão: MPE-SP – Prova: Promotor de Justiça Substituto

O ingresso da Polícia Militar em um presídio, em face de motim de presos ali existente, faz com que os detentos se desarmem e a retornem para suas celas. A posterior subida de policiais até as celas onde os presos já se encontravam pacificados para executá-los por meio de rajadas aleatórias de metralhadora provoca a

A) responsabilização objetiva do Estado, desde que o abuso de cada agente público seja comprovado.
B) não responsabilização do Estado porque houve concorrência de culpa das vítimas e os atos dos agentes decorreram do denominado poder extroverso da Administração.
C) responsabilização objetiva do Estado em face da chamada teoria do risco.
D) responsabilização subjetiva do Estado com necessidade de comprovação da culpa do comando da Polícia Militar e responsabilidade subjetiva de cada policial envolvido.
E) responsabilização subjetiva do Estado, caso haja norma específica do Regimento Interno Padrão das Unidades Prisionais de São Paulo que tenha sido desrespeitada.

3626) (2013) Banca: UEG – Órgão: PC-GO – Prova: Escrivão de Polícia Civil – Reaplicação

No que diz respeito à doutrina da responsabilidade civil do Estado, a responsabilidade objetiva é ligada à teoria

A) da irresponsabilidade
B) do risco
C) da culpa
D) civilista da culpa

Conforme entendimento pacificado no Supremo Tribunal Federal, não é possível a propositura de ação diretamente em face do agente público causador do dano. Isso porque no momento em que o texto constitucional, em seu art. 37, § 6°, estabeleceu a responsabilidade estatal, garantiu **o direito ao particular lesado de ser indenizado pelo Estado (1° garantia), e também concedeu ao agente público a garantia de ser cobrado somente pelo Estado (2° garantia)**. Trata-se do que se convencionou chamar de teoria da dupla garantia – garantia à vítima e também ao agente.

Contudo, tal matéria, atualmente, é controversa, devendo o candidato se atentar para a forma como a banca se porta diante do questionamento feito. Assim, há de se franquear que parte da doutrina minoritária entende que o particular **tem a possibilidade de ajuizar a ação diretamente contra o servidor, suposto causador do dano, contra o Estado ou contra ambos**, se assim desejar (posição esta da 4° Turma do STJ).

3627) (2015) Banca: CESPE – Órgão: TRE-GO – Prova: Analista Judiciário – Área Judiciária

Em decorrência do lançamento indevido de condenação criminal em seu registro eleitoral, efetuado por servidor do TRE/GO, um cidadão que não havia cometido nenhum crime, ficou impedido de votar na eleição presidencial, razão por que ajuizou contra o Estado ação pleiteando indenização por danos morais. Apurou-se que o erro havia ocorrido em virtude de homonímia e que tal cidadão, instado pelo TRE/GO em determinado momento, havia se recusado a fornecer ao tribunal o número de seu CPF.

Considerando a situação hipotética apresentada, julgue o item seguinte, referentes à responsabilidade civil do Estado.

Na referida ação, fundamentada na responsabilidade objetiva do Estado, constarão como corréus o servidor responsável pelo erro e o poder público.

A) Certo   B) Errado

3628) (2006) Banca: CESPE – Órgão: IPAJM – Prova: Advogado

Bernardo, advogado do IPAJM, atrasado para a realização de uma audiência, atravessou um cruzamento com o semáforo vermelho e colidiu com seu veículo pessoal na traseira de um veículo do IPAJM que trafegava na via, provocando avarias em ambos os veículos. Na semana seguinte, Bernardo ajuizou ação indenizatória contra o estado do Espírito Santo, pedindo ressarcimento dos danos causados pelo acidente.

Considerando a situação hipotética apresentada acima e a doutrina do direito administrativo acerca da responsabilidade civil do Estado, além dos princípios e das normas referentes à administração direta e indireta, julgue o item que se segue.

Caso seja comprovado que o condutor da viatura do IPAJM também tenha agido com imprudência, ele poderá ser responsabilizado em ação de regresso.

A) Certo   B) Errado

3629) (2017) Banca: CESPE – Órgão: SEDF – Prova: Conhecimentos Básicos – Cargos 27 a 35 (+ provas)

João, servidor público ocupante do cargo de motorista de determinada autarquia do DF, estava conduzindo o veículo oficial durante o expediente quando avistou sua esposa no carro de um homem. Imediatamente, João dolosamente acelerou em direção ao veículo do homem, provocando uma batida e, por consequência, dano aos veículos. O homem, então, ingressou com ação judicial contra a autarquia requerendo a reparação dos danos materiais sofridos. A autarquia instaurou procedimento administrativo disciplinar contra João para apurar suposta violação de dever funcional.

No que se refere à situação hipotética apresentada, julgue o item a seguir.

A autarquia tem direito de regresso contra João.

A) Certo   B) Errado

3630) (2008) Banca: CESPE – Órgão: MPE-RR – Prova: Analista de Sistemas (+ provas)

Determinada autarquia do Estado, cuja finalidade é recuperar estradas em más condições de uso, realizava obras em trecho movimentado da rodovia, sendo obrigada a interditar uma das pistas. Em razão da má sinalização existente nas proximidades da obra, um motorista alegou que o acidente com seu veículo foi causado pela imprudência dos responsáveis pela obra e decidiu ingressar com ação de reparação de danos junto ao Poder Judiciário.

Com base nessa situação hipotética, julgue o item a seguir, sobre a responsabilidade civil do Estado.

Caso o Estado venha a ser condenado pelos danos causados ao motorista, terá direito de regresso contra os servidores responsáveis, se restar demonstrado que eles agiram com dolo ou culpa.

A) Certo   B) Errado

3631) (2008) Banca: CESPE – Órgão: HEMOBRÁS – Prova: Analista de Gestão Administrativa – Administrador

A respeito da responsabilidade civil da administração pública, julgue o próximo item.

Se o agente público agiu com dolo ou culpa, dando causa ao dano indenizável, fica assegurado o direito de regresso da administração contra o funcionário causador do dano.

A) Certo   B) Errado

10. RESPONSABILIDADE CIVIL DO ESTADO

3632) (2012) Banca: FCC – Órgão: Prefeitura de São Paulo – SP – Prova: Auditor Fiscal do Município

O Município foi condenado a indenizar particular por danos sofridos em razão da omissão de socorro em hospital da rede pública municipal. Poderá exercer direito de regresso em face do servidor envolvido no incidente

A) com base na responsabilidade objetiva do mesmo, bastando a comprovação do nexo de causalidade entre a atuação do servidor e o dano.

B) apenas se comprovar a inexistência de causas excludentes de responsabilidade, situação em que estará configurada a responsabilidade objetiva do servidor.

C) independentemente da comprovação de dolo ou culpa, desde que constatado descumprimento de dever funcional.

D) com base na responsabilidade subjetiva do servidor, condicionada à comprovação de dolo ou culpa.

E) desde que comprove conduta omissiva ou comissiva dolosa, afastada a responsabilidade no caso de culpa decorrente do exercício de sua atividade profissional.

3633) (2012) Banca: CONSULPLAN – Órgão: TSE – Prova: Analista Judiciário – Área Judiciária

No que tange à responsabilidade civil do Estado, o STF (Supremo Tribunal Federal) afirma que o art. 37, parágrafo 6º da CF consagra uma dupla garantia. Essa dupla garantia consiste em

A) o particular poder mover ação indenizatória contra o agente causador do dano e a pessoa jurídica à qual o causador do dano se vincula em litisconsórcio.

B) o agente causador do dano apenas responder à ação de regresso após a pessoa jurídica ter sido condenada a indenizar o lesado.

C) ser possível debater em uma mesma ação judicial a responsabilidade objetiva da pessoa jurídica e a subjetiva do agente causador do dano.

D) ser possível ao particular escolher contra quem moverá a ação indenizatória, contra a pessoa jurídica ou contra o agente causador do dano.

3634) (2013) Banca: FUNCAB – Órgão: SEMAD – Prova: Administração Pública

A responsabilidade das pessoas jurídicas de direito público e as de direito privado, prestadoras de serviços públicos pelos danos que seus agentes, nessa qualidade, causarem a terceiros é:

A) subjetiva, assegurado o direito de regresso contra o responsável nos casos de dolo ou culpa.

B) subjetiva, não assegurado o direito de regresso contra o responsável.

C) objetiva, assegurado o direito de regresso contra o responsável nos casos de dolo ou culpa.

D) objetiva, não assegurado o direito de regresso contra o responsável.

3635) (2016) Banca: FAU – Órgão: Prefeitura de Chopinzinho – PR – Prova: Procurador Municipal

Assinale a alternativa que corretamente retrata a responsabilidade do Estado:

A) A responsabilidade do Estado é sempre objetiva; todavia, não há que se falar em ação de regresso.

B) O Estado responde independentemente de culpa, isto é, possui uma responsabilidade subjetiva, com direito ressalvado de ação de regresso.

C) O Estado não pode ser responsabilizado na esfera cível, devendo o autor, nesse caso, propor ação diretamente contra o servido público.

D) A responsabilidade do Estado é objetiva, ou seja, independe de comprovação de culpa/dolo. Ainda, é ressalvado seu direito de ação de regresso, quando então deverá comprovar a culpa/dolo do agente.

E) A ação de regresso não pode ser proposta na esfera civil.

3636) (2008) Banca: CESGRANRIO – Órgão: TJ-RO – Prova: Oficial de Justiça

Um servidor público, no exercício de sua função, deixa de praticar um ato, e sua omissão causa prejuízos materiais a um particular. A ação de indenização, para haver os danos patrimoniais sofridos, deve ser movida pelo particular contra o(a)

A) servidor diretamente, porque a responsabilidade é subjetiva e exclusiva do causador direto do dano.

B) servidor e contra a Administração Pública, porque a responsabilidade neste caso presume-se solidária.

C) Administração Pública, pois a responsabilidade civil do ente de direito público neste caso é objetiva.

D) Administração Pública em primeiro lugar, cabendo a esta denunciar à lide o servidor que causou o dano.

E) Administração Pública, como responsável subsidiário, se o patrimônio do servidor for inferior ao valor da indenização pleiteada.

"Art. 125. É admissível a denunciação da lide, promovida por qualquer das partes:

II – àquele que estiver obrigado, por lei ou pelo contrato, a indenizar, em ação regressiva, o prejuízo de quem for vencido no processo."

No entanto, o Superior Tribunal de Justiça vem admitindo a denunciação à lide do agente público, deixando claro somente que, nesses casos, **o Estado não está obrigado a fazê-lo, sendo mantido o direito de regresso autônomo.** Este entendimento se baseia na garantia de economia processual e eficiência. Ressalte-se, ainda, que não foram proferidas decisões recentes acerca do tema e que a doutrina mantém o posicionamento de que a denunciação à lide não é admitida. Fiquem atentos para essa divergência!

3637) (2008) Banca: CESPE – Órgão: STJ – Prova: Analista Judiciário – Área Judiciária

Cada um do próximo item contém uma situação hipotética, seguida de uma assertiva a ser julgada com base nos preceitos legais acerca do controle da administração pública e da responsabilidade civil do Estado.

João ingressou com ação de indenização contra determinado estado da Federação, fundada na responsabilidade objetiva do estado, diante do dano a ele causado pelo servidor público Mário, que teria agido com culpa. Nessa situação, se o juízo não aceitar a denunciação à lide do servidor que causou o dano, o estado não perderá, por esse motivo, o direito de ingressar posteriormente com ação de regresso contra Mário.

A) Certo B) Errado

3638) (2008) Banca: CESPE – Órgão: PGE-PB – Prova: Procurador do Estado

Em se tratando de responsabilidade civil, o Estado não está obrigado a fazer a denunciação da lide do agente público, podendo manter o direito de egresso autônomo.

A) Certo B) Errado

3639) (2015) Banca: CESPE – Órgão: TRE-GO – Prova: Analista Judiciário – Área Judiciária

Em decorrência do lançamento indevido de condenação criminal em seu registro eleitoral, efetuado por servidor do TRE/GO, um cidadão que não havia cometido nenhum crime, ficou impedido de votar na eleição presidencial, razão por que ajuizou contra o Estado ação pleiteando indenização por danos morais. Apurou-se que o erro havia ocorrido em virtude de homonímia e que tal cidadão, instado pelo TRE/GO em determinado momento, havia se recusado a fornecer ao tribunal o número de seu CPF.

Considerando a situação hipotética apresentada, julgue o item seguinte, referentes à responsabilidade civil do Estado.

Para garantir o seu direito de regresso, o poder público, ao responder à ação de indenização, deverá promover a denunciação da lide ao servidor causador ao suposto dano.

A) Certo B) Errado

3640) (2015) Banca: CESPE – Órgão: TCU – Prova: Procurador do Ministério Público

Com base na jurisprudência referente à responsabilidade civil do Estado, assinale a opção correta.

A) Quando se trata de ação fundada na responsabilidade objetiva do Estado, com arguição de culpa do agente, é admitida a denunciação da lide, mas não o litisconsórcio entre a pessoa jurídica e o agente causador do dano.

B) Na hipótese de ocorrência de responsabilidade extracontratual do Estado, os juros moratórios incidem a partir da data do ajuizamento da ação.

C) A teoria da responsabilidade subjetiva do Estado também é denominada de teoria do risco, já que parte do pressuposto de que o risco de dano é inerente à atividade exercida pelo agente causador do prejuízo.

D) Em ações de indenização fundadas na responsabilidade objetiva do Estado, não é obrigatória a denunciação à lide de empresa contratada pela administração para prestar serviço de conservação de rodovias, ainda que o dano tenha sido causado em decorrência de má conservação da via.

E) Constitui pressuposto para a incidência da responsabilidade objetiva do Estado o fato de o agente público ter praticado ato ilícito.

3641) (2016) Banca: CESPE – Órgão: TRT – 8ª Região (PA e AP) – Prova: Analista Judiciário – Área Judiciária

Marcos, motorista de um ônibus de transporte público de passageiros de determinado município, ao conduzir o veículo, por sua culpa, atropelou e matou João. A família da vítima ingressou com uma ação de indenização contra o município e a concessionária de transporte público municipal, que administra o serviço. Citada, a concessionária municipal denunciou à lide Marcos, por entender que ele deveria ser responsabilizado, já que fora o causador do dano. O município alegou ilegitimidade passiva e ausência de responsabilidade no caso.

A respeito dessa situação hipotética, assinale a opção correta conforme o entendimento doutrinário e jurisprudencial relativamente à responsabilidade civil do Estado.

A) A denunciação à lide, no caso, não será obrigatória para se garantir o direito de regresso da concessionária contra Marcos.

B) A culpa exclusiva ou concorrente da vítima afasta a responsabilidade civil objetiva da concessionária.

C) A reparação civil do dano pelo município sujeita-se ao prazo prescricional de vinte anos.

D) A responsabilidade civil da concessionária, na hipótese, será subjetiva, pois João não era usuário do serviço público de transporte coletivo.

E) A responsabilidade civil do município, no caso, será objetiva, primária e solidária.

3642) (2014) Banca: FCC – Órgão: TJ-AP – Prova: Analista Judiciário – Área Judiciária – Execução de Mandados

João é funcionário público da União e, nessa qualidade, por ato comissivo, causou danos a um particular. A União

A) não possui responsabilidade pelo ato de João, que responde diretamente pelo ato.

B) é diretamente responsável pelo ato de João, que responderá em ação de regresso em caso de dolo ou culpa.

C) é diretamente responsável pelo ato de João, que responderá em ação de regresso independentemente de dolo ou culpa.

D) é subsidiariamente responsável pelo ato de João, que responderá em ação de regresso em caso de dolo ou culpa.

E) é subsidiariamente responsável pelo ato de João, que responderá em ação de regresso independentemente de dolo ou culpa.

Tradicionalmente, a prescrição para interposição de ações de reparação civil contra o Estado ocorre em **5 anos**, conforme o disposto no art. 1º do Decreto 20.910/32 e art. 1º C da Lei 9494/97.

*"Art. 1º-C. Prescreverá em cinco anos o direito de obter indenização dos danos causados por agentes de pessoas jurídicas de direito público e de pessoas jurídicas **de direito privado prestadoras de serviços públicos."***

Cumpre salientar que é imprescritível a pretensão de recebimento de indenização por dano moral decorrente de atos de tortura ocorridos durante o regime militar de exceção. Destaca-se que a ação de ressarcimento por danos causados por agente ao patrimônio público é imprescritível quando estivermos tratando de atos de improbidade administrativa. Contudo, no que tange ao dano causado pelo agente que enseja responsabilidade objetiva, a ação de regresso em face desse sujeito **prescreve em 3 anos**, nos moldes do Código Civil ora vigente.

10. RESPONSABILIDADE CIVIL DO ESTADO

3643) (2013) Banca: CESPE – Órgão: SERPRO – Prova: Analista – Advocacia

Julgue o item subsequente, relativos à responsabilidade da administração pública.

Caso o poder público seja condenado em ação de responsabilidade civil pelos danos causados por seu servidor a terceiro, caberá ação regressiva do Estado contra o servidor, ação esta cujo prazo prescricional será de três anos.

A) Certo B) Errado

3644) (2014) Banca: CESPE – Órgão: ANATEL – Prova: Nível Médio

Acerca da responsabilidade civil do Estado, julgue o item a seguir.

Tal qual o ressarcimento pelo particular por prejuízo ao erário, é imprescritível a pretensão do administrado quanto à reparação de dano perpetrado pelo Estado.

A) Certo B) Errado

3645) (2015) Banca: CESPE – Órgão: TJ-DFT – Prova: Técnico de Administração

Julgue o item subsequente, a respeito da responsabilidade civil do Estado.

A prescrição quinquenal da pretensão de reparação de danos contra a administração não se estende a pessoas jurídicas de direito privado que dela façam parte, como concessionárias de serviço público, por exemplo.

A) Certo B) Errado

3646) (2010) Banca: CESPE – Órgão: AGU – Prova: Procurador Federal

Julgue os seguintes itens, que versam sobre responsabilidade civil do Estado.

As ações de reparação de dano ajuizadas contra o Estado em decorrência de perseguição, tortura e prisão, por motivos políticos, durante o Regime Militar não se sujeitam a qualquer prazo prescricional.

A) Certo B) Errado

3647) (2010) Banca: FCC – Órgão: TRE-AM – Prova: Analista Judiciário – Área Judiciária

Sobre a reparação do dano decorrente da responsabilidade civil do Estado, é correto afirmar que

A) não pode ser feita no âmbito administrativo em razão do direito de regresso que o Estado tem contra o seu agente.
B) o prazo de prescrição do direito de obter indenização dos danos causados por agentes de pessoas jurídicas de direito privado prestadoras de serviços públicos é de dez anos.
C) prescreve em cinco anos o direito de obter indenização dos danos causados por agentes de pessoas jurídicas de direito público.
D) a Constituição Federal determina que seja formado litisconsórcio necessário entre o Estado e o seu agente causador do dano.
E) a ação deve, necessariamente, ser proposta contra o Estado e o agente causador do dano, a fim de ser apurada a responsabilidade deste.

3648) (2009) Banca: FCC – Órgão: MPE-CE – Prova: Promotor de Justiça

"A", servidor público do Estado, praticou ilícito penal, causando prejuízo ao erário. A Administração promoveu a respectiva ação de ressarcimento quando o prazo de prescrição, estabelecido em lei para o ilícito penal, havia decorrido sem o exercício da pretensão penal contra ele. Em contestação, o servidor alegou a prescrição do direito ao ressarcimento e pediu a extinção do processo com resolução do mérito. Neste caso,

A) o prazo da ação de ressarcimento de ato ilícito que cause prejuízo ao erário é de decadência e corre juntamente com o de prescrição do ato ilícito, podendo ser declarada de ofício.
B) a ação de ressarcimento não está prescrita.
C) a ação de ressarcimento está prescrita, porque o prazo de prescrição para o ilícito praticado já decorreu, mas a prescrição não pode ser declarada de ofício.
D) a ação de ressarcimento está prescrita, porque o prazo de prescrição para ilícito praticado já decorreu e a prescrição da ação pode ser declarada de ofício.
E) a ação de ressarcimento somente fica sujeita à decadência que não foi alegada nem pode ser decretada de ofício.

3649) (2016) Banca: FUNRIO – Órgão: Prefeitura de Itupeva – SP – Prova: Procurador Municipal

Paulo é condutor de veículo de propriedade do município X tendo colidido com outro veículo de propriedade particular. O evento gerou danos ao patrimônio municipal correspondente a dez mil reais. Após decorridos dez anos o município ajuizou ação de ressarcimento do referido prejuízo diante da constatação de culpa do condutor. De acordo com a jurisprudência assente no Supremo Tribunal Federal a ação de cobrança dos danos causados, no caso em tela:

A) seria imprescritível
B) teria prazo de três anos para o seu exercício
C) deveria ser proposta no prazo de até vinte anos
D) seria proposta após o final do processo penal
E) deveria ocorrer após a aposentadoria do condutor

3650) (2010) Banca: CS-UFG – Órgão: Prefeitura de Aparecida de Goiânia – GO – Prova: Procurador do Município

São imprescritíveis

A) as ações por ato de improbidade administrativa.
B) os ilícitos praticados por qualquer agente, servidor ou não, que causem prejuízo ao erário.
C) as ações de ressarcimento dos prejuízos causados ao erário por ilícitos praticados por qualquer agente, servidor ou não
D) as ações de responsabilidade civil contra o Município.

Perfil da Responsabilidade do Estado: Possibilidade 1 – Risco Administrativo – O Estado responde objetivamente pelo dano anormal e específico que resulta da conduta (lícita ou ilícita) do agente público, no exercício da função pública (conduta, dano e nexo de causalidade).

3651) (2015) Banca: CESPE – Órgão: TJ-DFT – Prova: Analista Judiciário – Oficial de Justiça Avaliador Federal

No que diz respeito à rescisão de contrato administrativo, ao tombamento e à responsabilidade do Estado, julgue o próximo item.

A teoria do risco administrativo se apresenta como fundamento da responsabilidade objetiva do Estado.

A) Certo   B) Errado

3652) (2014) Banca: IDECAN – Órgão: CNEN – Prova: Analista de Tecnologia da Informação/ Governança e Gestão (+ provas)

"Determinado agente de uma pessoa jurídica de direito público, nessa qualidade, causa danos a terceiros." A pessoa jurídica poderá ser demandada a partir da aplicação da teoria do(a)

A) risco integral.
B) irresponsabilidade.
C) responsabilidade subjetiva.
D) risco administrativo (objetiva).
E) culpa administrativa (subjetiva).

3653) (2013) Banca: FUNCAB – Órgão: PC-ES – Prova: Escrivão de Polícia

Um policial, de folga, efetuou disparos com uma arma de fogo pertencente à sua corporação, objetivando a prisão de um elemento que acabava de furtar uma mulher. Entretanto, por erro, acabou causando a morte de uma pessoa inocente, que passava naquele momento. Assim:

A) a responsabilidade civil do Estado é objetiva, em face do risco integral.
B) a responsabilidade civil do Estado é subjetiva, em face do risco administrativo.
C) a responsabilidade civil do Estado é objetiva, em face do risco administrativo.
D) a responsabilidade civil do Estado é subjetiva, em face do risco integral.
E) não haverá responsabilidade civil do Estado, uma vez que o policial estava de folga.

Responsabilidade por atos judiciais: O Estado responde por danos resultantes de decisões judiciais? Em regra não, contudo, destaca-se que o ente público responde pelos danos resultantes dessas decisões SOMENTE nos casos em que o indivíduo for condenado injustamente. Ademais, o art. 5º, LXXV, da CF/88 estabelece **que o Estado indenizará o indivíduo que ficar preso além do tempo fixado na sentença**, entre outras hipóteses.

3654) (2012) Banca: CESPE – Órgão: DPE-ES – Prova: Defensor Público

Julgue o item subsecutivo, relativos à responsabilidade civil do Estado.

De acordo com a jurisprudência consolidada do STF, a responsabilidade objetiva do Estado aplica-se a todos os atos do Poder Judiciário.

A) Certo   B) Errado

3655) (2015) Banca: CESPE – Órgão: FUB – Prova: Assistente em Administração

Julgue o próximo item, acerca da responsabilidade do Estado perante a CF. O erro judiciário consistente na prisão por prazo superior ao da condenação atrai a responsabilidade civil do Estado.

A) Certo   B) Errado

3656) (2006) Banca: MPE-SP – Órgão: MPE-SP – Prova: Promotor de Justiça

No Brasil, adotou-se a responsabilidade objetiva do Estado, na modalidade "teoria do risco administrativo". Assim, é correto dizer que:

A) a vítima deve comprovar a culpa ou o dolo do agente público no evento lesivo.
B) a vítima terá direito de regresso em relação ao agente público causador do dano.
C) em nenhuma hipótese será perquirida a culpa ou dolo da vítima.
D) a indenização será devida independentemente da comprovação do dano.
E) deve ser comprovado o nexo causal entre o dano e a conduta do agente público.

3657) (2014) Banca: IBFC – Órgão: TRE-AM – Prova: Analista Judiciário – Área Judiciária

Fulano da Silva foi preso e condenado pela prática de crime. Posteriormente, foi comprovada a sua inocência. A sentença criminal havia sido proferida de modo negligente, pois o juiz não apreciou devidamente as provas produzidas no processo. Nessa hipótese:

A) Caberá ao Estado indenizar o condenado, pois a sentença foi decorrente de erro judiciário.
B) Somente o juiz poderá ser responsabilizado pelas perdas e danos em virtude dos prejuízos causados.
C) O condenado terá a alternativa de propor a ação indenizatória contra o Estado ou contra o próprio juiz responsável pelos danos, cabendo ao autor provar que a conduta judicial foi consumada de forma dolosa.
D) Não há que se falar em responsabilidade do juiz ou do Estado, pois os atos judiciais traduzem uma das funções estruturais do Estado, refletindo o exercício da própria soberania.

GABARITO – RESPONSABILIDADE CIVIL DO ESTADO

3394) CERTO	3438) C	3482) E	3526) E	3570) A	3614) E
3395) CERTO	3439) B	3483) B	4527) B	3571) B	3615) B
3396) ERRADO	3440) D	3484) C	3528) CERTO	3572) A	3616) B
3397) CERTO	3441) B	3485) A	3529) ERRADO	3573) B	3617) ERRADO
3398) ERRADO	3442) C	3486) ERRADO	3530) CERTO	3574) E	3618) E
3399) D	3443) D	3487) CERTO	3531) A	3575) C	3619) C
3400) D	3444) A	3488) B	3532) CERTO	3576) D	3620) B
3401) ERRADO	3445) E	3489) CERTO	3533) ERRADO	3577) E	3621) C
3402) C	3446) ERRADO	3490) ERRADO	3534) E	3578) B	3622) A
3403) CERTO	3447) D	3491) CERTO	3535) CERTO	3579) B	3623) E
3404) ERRADO	3448) D	3492) CERTO	3536) E	3580) E	3624) A
3405) CERTO	3449) B	3493) CERTO	3537) CERTO	3581) CERTO	3625) C
3406) C	3450) B	3494) D	3538) ERRADO	3582) CERTO	3626) B
3407) D	3451) A	3495) CERTO	3539) CERTO	3583) ERRADO	3627) ERRADO
3408) D	3452) C	3496) CERTO	3540) CERTO	3584) CERTO	3628 3455) CERTO
3409) A	3453) C	3497) D	3541) ERRADO	3585) ERRADO	3629) CERTO
3410) B	3454) CERTO	3498) CERTO	3542) CERTO	3586) ERRADO	3630) CERTO
3411) C	3455) ERRADO	3499) CERTO	3543) CERTO	3587) E	3631) CERTO
3412) D	3456) ERRADO	3500) B	3544) CERTO	3588) B	3632) D
3413) C	3457) ERRADO	3501) CERTO	3545) CERTO	3589) CERTO	3633) B
3414) D	3458) ERRADO	3502) ERRADO	3546) CERTO	3590) A	3634) C
3415) B	3459) ERRADO	3503) D	3547) A	3591) B	3635) D
3416) A	3460) CERTO	3504) E	3548) D	3592) CERTO	3636) C
3417) A	3461) B	3505) A	3549) E	3593) CERTO	3637) CERTO
3418) A	3462) A	3506) E	3550) C	3594) E	3638) CERTO
3419) A	3463) C	3507) B	3551) D	3595) E	3639) ERRADO
3420) D	3464) A	3508) A	3552) C	3596) C	3640) D
3421) A	3465) B	3509) C	3553) D	3597) D	3641) A
3422) B	3466) B	3510) E	3554) B	3598) D	3642) B
3423) D	3467) D	3511) D	3555) C	3599) B	3643) ERRADO
3424) D	3468) E	3512) CERTO	3556) C	3600) B	3644) ERRADO
3425) A	3469) A	3513) ERRADO	3557) B	3601) A	3645) ERRADO
3426) B	3470) A	3514) A	3558) E	3602) C	3646) CERTO
3427) A	3471) C	3515) C	3559) A	3603) D	3647) C
3428) D	3472) D	3516) C	3560) B	3604) A	3648) B
3429) B	3473) E	3517) D	3561) E	3605) B	3649) B
3430) D	3474) C	3518) C	3562) B	3606) B	3650) C
3431) A	3475) E	3519) C	3563) E	3607) B	3651) CERTO
3432) D	3476) C	3520) E	3564) C	3608) B	3652) D
3433) D	3477) C	3521) C	3565) C	3609) C	3653) C
3434) E	3478) D	3522) C	3566) E	3610) C	3654) ERRADO
3435) A	3479) A	3523) CERTO	3567) D	3611) A	3655) CERTO
3436) E	3480) D	3524) D	3568) C	3612) ERRADO	3656) E
3437) B	3481) B	3525) D	3569) A	3613) C	3657) A

FRASES PODEROSAS – RESPONSABILIDADE CIVIL DO ESTADO			
	% de questões	Número de acertos nesse capítulo	% de acertos
As pessoas jurídicas de direito público e as de direito privado prestadoras de serviços públicos responderão pelos danos que seus agentes, nessa qualidade, causarem a terceiros, assegurado o direito de regresso contra o responsável nos casos de dolo ou culpa.	20%		
Para caracterizar a responsabilidade objetiva, faz-se mister comprovar o fato, o dano e o nexo de causalidade, independente de culpa ou dolo do agente.	14%		
A responsabilidade objetiva será aplicável em casos de vítimas usuárias e também no caso de danos causados a vítima não usuária do serviço prestado.	3%		
A teoria do risco administrativo responsabiliza o ente público, objetivamente pelos danos que seus agentes causarem a terceiros, nessa qualidade, excluindo-se sua responsabilidade apenas nas situações em que houver o rompimento do nexo de causalidade como, por exemplo, nas hipóteses de culpa de terceiro, força maior ou culpa exclusiva da vítima.	16%		
A Empresa Pública e a Sociedade de Economia Mista que exploram atividade econômica, dada a atividade que desempenham e o regime jurídico ao qual se encontram sujeitas, respondem SUBJETIVAMENTE pelos danos causados por seus agentes. Ou seja, nessa situação mostra-se imprescindível a comprovação dos elementos: conduta do agente, dano, DOLO OU CULPA e nexo de causalidade.	9%		
TOTAL	62%		

11. SERVIÇOS PÚBLICOS

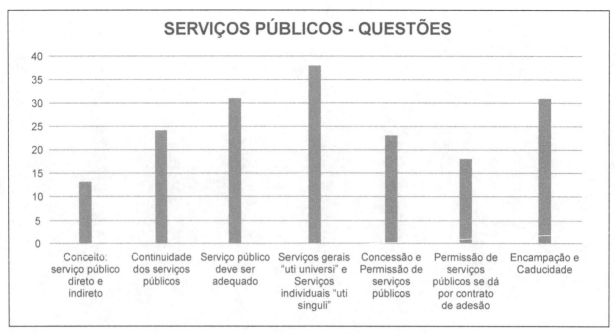

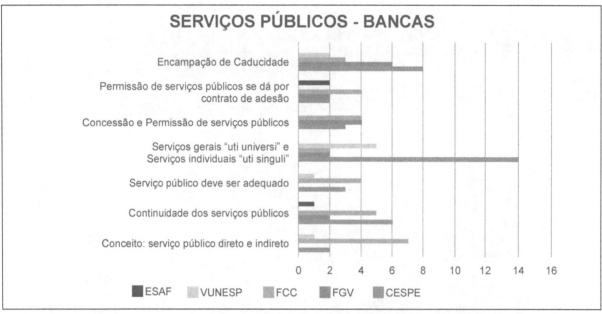

SERVIÇOS PÚBLICOS: *"serviço público é todo aquele prestado pela Administração ou por seus delegados, sob normas e controles estatais, para satisfazer necessidades sociais essenciais ou secundárias da coletividade ou simples conveniência do Estado como por exemplo, educação, saúde e segurança."*

Os serviços públicos podem ser prestados pelo Estado direta ou indiretamente, conforme previsão do artigo 175 da CR/88:

"Art. 175. Incumbe ao Poder Público, na forma da lei, diretamente ou sob regime de concessão ou permissão, sempre através de licitação, a prestação de serviços públicos.

Parágrafo único. A lei disporá sobre:

I – o regime das empresas concessionárias e permissionárias de serviços públicos, o caráter especial de seu contrato e de sua prorrogação, bem como as condições de caducidade, fiscalização e rescisão da concessão ou permissão;

II – os direitos dos usuários;

III – política tarifária;

IV – a obrigação de manter serviço adequado."

3658) (2013) Banca: CESPE – Órgão: MI – Prova: Assistente Técnico Administrativo

Acerca dos serviços públicos, julgue o item que se segue.

A regulamentação e o controle dos serviços públicos e de utilidade pública competem sempre ao poder público

A) Certo B) Errado

3659) (2016) Banca: CESPE – Órgão: TCE-PR – Prova: Analista de Controle – Contábil

Com relação aos serviços públicos, assinale a opção correta.

A) É subjetiva a responsabilidade referente aos serviços públicos.

B) O serviço público é incumbência do Estado, conforme previsão expressa na Constituição Federal de 1988, podendo ser prestado diretamente pelo poder público ou sob o regime de concessão ou permissão.

C) O elemento material do serviço público refere-se ao regime jurídico ao qual será submetido.

D) Há quatro elementos constitutivos dos serviços públicos: subjetivo, formal, legal e material.

E) Para os chamados serviços públicos comerciais ou industriais, o regime jurídico aplicável é o de direito público.

3660) (2012) Banca: FCC – Órgão: TRT – 1ª REGIÃO (RJ) – Prova: Juiz do Trabalho

A caracterização de determinada atividade como serviço público,

A) ocorre apenas naquelas atividades de natureza essencial, assim declaradas por lei, e prestadas, diretamente, pelo poder público.

B) decorre de previsão legal ou constitucional, impondo ao poder público a obrigação de prestá-la à coletividade, ainda que por meio de concessão ou permissão.

C) independe de previsão legal ou constitucional, decorrendo da própria circunstância da sua disponibilização à coletividade pelo poder público.

D) depende de previsão legal específica, podendo ser prestada diretamente pelo Poder Público, ou por particulares, mediante autorização, sempre precedida de licitação.

E) prescinde de previsão legal ou constitucional quando prestada diretamente pelo Poder Público, a qual somente é exigida quando a titularidade é transferida ao particular mediante regime de concessão ou permissão.

3661) (2014) Banca: FCC – Órgão: TRT – 2ª REGIÃO (SP) – Prova: Analista Judiciário – Área Judiciária

A prestação de serviços públicos de natureza essencial

A) pode ser prestada direta ou indiretamente pelo poder público, admitindo-se mais de uma forma de negócio jurídico prestante a essa finalidade, quaisquer delas submetidas aos princípios que regem os serviços públicos

B) submete-se integralmente ao princípio da continuidade do serviço público, quando prestado diretamente pelo poder público ou por terceiros, afastando-se, contudo, o princípio da igualdade dos usuários, na medida em que é inerente à mutabilidade do regime permitir que se estabeleça distinção entre os administrados.

C) pode ser prestada indiretamente, por meio de instrumento jurídico de outorga legalmente previsto, hipótese em que ficam afastados os princípios que informam a Administração pública e a execução dos serviços públicos, na medida em que o regime jurídico transmuta-se para privado, para maior competitividade.

D) submete-se ao princípio da continuidade do serviço público quando executado diretamente pela Administração pública, tendo em vista que não se pode impor ao privado prejuízos decorrentes dessa obrigação.

E) quando desempenhada pelos privados, com base em regular outorga por meio de ato unilateral legalmente previsto, submete-se ao princípio da continuidade do serviço público, afastando-se, contudo, o princípio da igualdade dos usuários, na medida em que a mutabilidade do regime permite estabelecer distinção entre os administrados, para otimização de receita.

3662) (2010) Banca: FCC – Órgão: SEFAZ-SP – Prova: Analista em Planejamento, Orçamento e Finanças Públicas

Determinada atividade, quando caracterizada como serviço público,

A) deve, obrigatoriamente, ser prestada pelo Estado, não sendo passível de exploração pelo particular.

B) constitui obrigação do Estado, que pode prestá-la diretamente ou sob o regime de concessão ou permissão.

C) deve ser prestada exclusivamente pelo Estado, quando possuir natureza essencial, podendo ser delegada ao particular apenas quando sujeita ao regime de direito privado.

D) é passível de exploração pelo particular, independentemente de autorização do Estado, observada a regulação setorial pertinente.

E) somente pode ser explorada pelo particular, sob o regime de concessão ou permissão, mediante autorização legal específica.

3663) (2016) Banca: FCC – Órgão: PGE-MT – Prova: Analista – Psicólogo (+ provas)

Incumbe ao Poder Público a prestação de serviços públicos

A) cuja prestação seja indelegável à iniciativa privada, com exclusão de quaisquer outros.
B) que sejam como tais reconhecidos pelo ordenamento jurídico, podendo ser prestados direta ou indiretamente pelo Estado, nesse último caso mediante instrumentos de delegação à iniciativa privada.
C) de saúde, educação e assistência social, fundamentais e exclusivos de Estado, apenas.
D) de importância maior para a coletividade, desde que notoriamente reconhecida, independentemente de reconhecimento pelo ordenamento jurídico.
E) cuja prestação seja delegável à iniciativa privada, o que deve ser feito preferencialmente em caráter de exclusividade, para facilitar a amortização de investimentos e a lucratividade.

3664) (2015) Banca: FCC – Órgão: TRT – 23ª REGIÃO (MT) – Prova: Juiz do Trabalho Substituto

O conceito de serviço público sofreu sucessivas atualizações em seu conteúdo ao longo do tempo, sendo essa expressão citada em inúmeros artigos na Constituição Federal, tal como no artigo 175, que assim dispõe "incumbe ao Poder Público, na forma da lei, diretamente ou sob regime de concessão ou permissão, sempre através de licitação, a prestação de serviços públicos". Não obstante os variados conceitos e entendimentos doutrinários,

A) o critério subjetivo não define serviço público, mas é imprescindível que o Poder Público remanesça prestando diretamente alguma parcela de determinada atividade assim definida, característica que não se mostra presente naquele conceito no caso de delegação da totalidade da prestação para a iniciativa privada.
B) o critério material é insuficiente para definir serviço público, pois se limita a identificar os destinatários finais da atividade para analisar se há fruição coletiva, condição para enquadramento naquele conceito.
C) o conceito de serviço público sofreu alteração em seu conteúdo para que passasse a ser identificado não pela legislação, mas também pelo critério formal, tendo em vista que somente podem ser prestados pelo regime jurídico de direito público, vedada inferência do direito comum.
D) o conteúdo de serviço público é contemporaneamente definido pela presença do viés social, na medida em que o serviço de interesse econômico geral afastou-se daquele conceito quando se tornou possível delegá-lo à iniciativa privada.
E) remanescem abrangidas pelo conceito de serviço público as atividades previstas em lei que tenham interesse econômico, podendo se tornar atrativas para o mercado privado, tal como nas concessões e permissões previstas no dispositivo supra indicado, critério subjetivo que não altera o conteúdo da definição.

3665) (2014) Banca: FCC – Órgão: TCE-PI – Prova: Auditor Fiscal de Controle Externo

Quanto aos serviços públicos é correto afirmar que

A) sua prestação incumbe exclusivamente ao Poder Público, sendo vedada a atuação da iniciativa privada no setor.
B) a atuação da iniciativa privada no setor pode se dar, na forma da lei, sob o regime de concessão ou permissão, hipótese em que o particular tem o dever de manter a prestação adequada dos serviços que, no entanto, não titulariza.
C) sua prestação incumbe ao Poder Público, sendo possível a prestação indireta do serviço, por meio da atuação da iniciativa privada, necessariamente sob o regime de exclusividade.
D) a atuação da iniciativa privada no setor pode se dar, na forma da lei, sob o regime de concessão ou permissão, hipótese em que o particular tem o dever de manter a prestação adequada dos serviços, que passa a titularizar.
E) sua prestação pode se dar diretamente pelo Estado ou, na forma da lei, indiretamente, por meio de concessão ou permissão, hipótese em que o particular está sujeito apenas às regras gerais de polícia administrativa que disciplinam todas as demais atividades econômicas.

3666) (2014) Banca: SHDIAS – Órgão: CEASA-CAMPINAS – Prova: Advogado

Hely Lopes Meirelles define o serviço público como:

A) Todo aquele prestado pela Administração, sob normas e controles estatais, para satisfazer necessidades essenciais ou secundárias da coletividade.
B) Todo aquele prestado pela Administração ou por seus delegados, sob normas e controles estatais, para satisfazer necessidades essenciais ou simples conveniências do Estado.
C) Todo aquele prestado pela Administração, sob normas e controles estatais, para satisfazer necessidades essenciais ou secundárias da coletividade, ou simples conveniências do Estado.
D) Todo aquele prestado pela Administração ou por seus delegados, sob normas e controles estatais, para satisfazer necessidades essenciais ou secundárias da coletividade, ou simples conveniências do Estado.

3667) (2013) Banca: Quadrix – Órgão: CRO-GO – Prova: Fiscal Regional

No que concerne à administração pública, Educação, Saúde e Segurança são consideradas:

A) Serviços Públicos.
B) Serviços de Utilidade Pública.
C) Serviços Próprios do Estado.
D) Serviços Administrativos.
E) Serviços Sociais.

3668) (2016) Banca: OBJETIVA – Órgão: Prefeitura de Herveiras – RS – Prova: Agente Administrativo Auxiliar

Em conformidade com ALEXANDRINO e PAULO, analisar a sentença abaixo:

As atividades objeto de serviços públicos são de titularidade exclusiva do Estado, isto é, são livres à iniciativa privada (1ª parte). Os serviços públicos podem ser prestados por particulares, mediante delegação do Poder Público (2ª parte). A sentença está:

A) Totalmente correta.
B) Correta somente em sua 1ª parte.
C) Correta somente em sua 2ª parte.
D) Totalmente incorreta.

11. SERVIÇOS PÚBLICOS

3669) (2013) Banca: VUNESP – Órgão: Câmara Municipal de São Carlos – SP – Prova: Advogado

No que se refere aos serviços públicos, é correto afirmar que

A) as sociedades de economia mista são pessoas jurídicas de direito público, com participação de particulares no seu capital e na sua administração e que integram a Administração Pública Indireta.
B) as fundações poderão ser criadas por meio de decretos ou leis específicas
C) incumbe ao Poder Público, na forma da lei, diretamente ou em regime de concessão ou permissão, sempre por meio de licitação, a prestação de serviços públicos.
D) a atividade do concessionário é de natureza pública, e assim, para todos os fins, equiparamse os concessionários a autoridades públicas.
E) o contrato de permissão é o documento escrito, decorrente de carta-convite, tomada de preços, concorrência ou leilão, que encerra a delegação do poder concedente, estabelece direitos e deveres das partes e dos usuários do serviço.

Continuidade do Serviço Público: em conformidade com as orientações que decorrem desse princípio, os serviços públicos não podem sofrer interrupções desarrazoadas em sua prestação. Contudo, existem algumas exceções em que a paralisação dos serviços públicos é possível, são elas: situações de emergência, situações em que sejam evidenciados problemas de ordem técnica ou de segurança das instalações e paralisação decorrente da falta de pagamento pelo usuário, mediante prévio aviso.

3670) (2014) Banca: CESPE – Órgão: ANATEL – Prova: Conhecimentos Básicos – Cargos 13, 14 e 15 (+ provas)

Julgue o item subsecutivo, concernentes aos serviços públicos.

O princípio da continuidade do serviço público não impede a concessionária de energia elétrica de suspender o fornecimento de eletricidade no caso de inadimplemento do usuário.

A) Certo B) Errado

3671) (2014) Banca: CESPE – Órgão: TC-DF – Prova: Analista de Administração Pública – Sistemas de TI (+ provas)

Julgue o item a seguir, relativo à responsabilidade civil do Estado, aos serviços públicos e às organizações da sociedade civil de interesse público.

De acordo com o princípio da continuidade, os serviços públicos, compulsórios ou facultativos, devem ser prestados de forma contínua, não podendo ser interrompidos mesmo em casos de inadimplemento do usuário.

A) Certo B) Errado

3672) (2014) Banca: CESPE – Órgão: Câmara dos Deputados – Prova: Analista Legislativo

Considerando que um usuário do serviço de energia elétrica fornecido por empresa privada concessionária deixe de pagar as contas referentes aos três últimos meses, e tendo em vista aspectos diversos relacionados a essa situação hipotética, julgue o item a seguir.

Na hipótese considerada, em razão do inadimplemento por parte do usuário, a concessionária está autorizada a suspender o fornecimento de energia elétrica para a preservação do equilíbrio econômico-financeiro do contrato de concessão, sem que isso vulnere o princípio da continuidade dos serviços públicos.

A) Certo B) Errado

3673) (2014) Banca: CESPE – Órgão: MEC – Prova: Especialista em Regulação da Educação Superior

Com relação à prestação de serviços públicos e dos direitos de seus usuários na delegação por concessão, julgue o item a seguir.

Não caracteriza descontinuidade do serviço a interrupção de sua prestação motivada por inadimplemento do usuário, independentemente de aviso prévio.

A) Certo B) Errado

3674) (2008) Banca: CESPE – Órgão: STJ – Prova: Analista Judiciário – Área Administrativa

Uma concessionária de serviços telefônicos, empresa privada, suspendeu o fornecimento do sinal de telefone da residência de Paulo, após notificá-lo da falta de pagamento das faturas referentes aos meses de abril e maio de 2008. Paulo alegou, perante a concessionária, que, nesse período, estava viajando, não promovendo qualquer ligação, fato esse constatado pela concessionária, já que lhe foi cobrado somente o valor mínimo.

Com referência a esse caso hipotético e aos serviços públicos, julgue o item que se segue.

Conforme a lei de regência, essa suspensão do sinal de telecomunicação foi indevida, diante do princípio da continuidade do serviço público.

A) Certo B) Errado

3675) (2007) Banca: CESPE – Órgão: TRT – 9ª REGIÃO (PR) – Prova: Técnico Judiciário – Área Administrativa

Considerando-se os atos administrativos e os serviços públicos, julgue o item seguinte.

Em regra, não viola o princípio da continuidade do serviço público a suspensão de um serviço, após aviso prévio, decorrente de falta ou atraso de pagamento.

A) Certo B) Errado

3676) (2012) Banca: ESAF – Órgão: CGU – Prova: Analista de Finanças e Controle

A impossibilidade de o particular prestador de serviço público por delegação interromper sua prestação é restrição que decorre do seguinte princípio:

A) Legalidade.
B) Autotutela.
C) Proporcionalidade.
D) Continuidade do Serviço Público.
E) Moralidade.

3677) (2016) Banca: FCC – Órgão: PGE-MT – Prova: Técnico – Técnico Administrativo

O princípio da continuidade dos serviços públicos implica, essencialmente, para

A) a Administração pública, o dever de prestá-los a todos, sem interrompê-los até mesmo em relação aos administrados que deixem de pagar a devida contraprestação em dinheiro, visto serem considerados serviços essenciais.

B) os administrados, o direito de usufruí-los gratuitamente, inclusive quando sejam tais serviços remunerados e não gratuitos, visto serem sempre essenciais.

C) os administrados, o direito de não presenciarem quaisquer greves de trabalhadores responsáveis pela prestação de serviços públicos.

D) a Administração pública, o dever de não interromper a sua prestação injustificadamente, somente podendo fazê-lo com fundamento no ordenamento jurídico.

E) a Administração pública, o dever de zelar pela celeridade na prestação dos serviços públicos.

3678) (2015) Banca: FCC – Órgão: TRT – 4ª REGIÃO (RS) – Prova: Analista Judiciário – Área Judiciária

A prestação adequada de serviços públicos aos usuários é dever do Poder Público que se transfere ao privado quando este recebe delegação para essa atividade. Para além das disposições contratuais que regem a relação jurídica entre privado e poder público, há princípios específicos aplicáveis àquelas atividades, que

A) restringem as atividades do privado, tais como o princípio da igualdade dos usuários perante o serviço público, que exige igual tratamento a todos, inclusive no que concerne a cobranças e tarifas.

B) permitem alterações no regime jurídico que rege a prestação de serviço, inclusive de forma unilateral, seja por parte da concessionária, seja por parte do poder concedente.

C) garantem a disponibilidade do serviço aos usuários, como forma de expressão do princípio da continuidade dos serviços públicos, mesmo diante de inadimplência do Poder Público no pagamento do privado responsável pela prestação dos serviços públicos.

D) se aplicam às hipóteses de permissão de serviço público, mas não atingem os contratos de concessão, em razão da natureza e do vultoso investimento exigido do privado, que deve ter garantias de retorno e amortização desse montante.

E) independem da forma de delegação ao privado, mas sim do tamanho do investimento financeiro promovido de forma que a depender do montante aportado, fica autorizada a suspensão da prestação dos serviços no caso de inadimplência do poder público.

3679) (2014) Banca: FCC – Órgão: TRT – 16ª REGIÃO (MA) – Prova: Analista Judiciário – Oficial de Justiça Avaliador

Determinada empresa privada, concessionária de serviços públicos, torna-se inadimplente, deixando de prestar o serviço de administração de uma estrada do Estado do Maranhão, descumprindo o contrato firmado e prejudicando os usuários. Neste caso, a retomada do serviço público concedido ainda no prazo de concessão pelo Governo do Estado do Maranhão tem por escopo assegurar o princípio do serviço público da

A) cortesia.
B) continuidade.
C) modicidade.
D) impessoalidade.
E) atualidade.

3680) (2011) Banca: FCC – Órgão: TRT – 20ª REGIÃO (SE) – Prova: Técnico Judiciário – Área Administrativa

O serviço público não é passível de interrupção ou suspensão afetando o direito de seus usuários, pela própria importância que ele se apresenta, devendo ser colocado à disposição do usuário com qualidade e regularidade, assim como com eficiência e oportunidade. Trata-se do princípio fundamental dos serviços públicos denominado

A) impessoalidade.
B) mutabilidade.
C) continuidade.
D) igualdade.
E) universalidade.

3681) (2013) Banca: FCC – Órgão: MPE-SE – Prova: Técnico Administrativo

O princípio da continuidade do serviço público aplicado aos contratos de concessão regidos pela Lei Federal n° 8.987/95 impede

A) o reconhecimento de algumas prerrogativas para a Administração pública, como a retomada do serviço concedido por interesse público, conhecida como encampação, quando se mostrar necessário que o poder concedente assuma a execução do serviço.

B) a recomposição do equilíbrio econômico-financeiro do contrato diante de superveniências imprevistas que afetem a sua execução.

C) a estipulação de prazo para o cumprimento das obrigações assumidas contratualmente.

D) a aplicação do princípio da exceção do contrato não cumprido, pelo qual o concessionário poderia deixar de cumprir obrigação contratual quando houvesse inadimplemento do contrato pelo Poder Concedente.

E) a mutabilidade de cláusulas regulamentares previstas nos contratos de concessão para tornar o serviço atualizado, mediante a renovação da frota de ônibus periodicamente, por exemplo.

3682) (2016) Banca: FGV – Órgão: IBGE – Prova: Analista – Processos Administrativos e Disciplinares

Os serviços públicos a cargo do Estado ou de seus delegados são voltados aos membros da coletividade e devem obedecer a certas normas compatíveis com o prestador, os destinatários e o regime a que se sujeitam. Nesse contexto, como princípio dos serviços públicos, destaca-se o da:

A) competitividade, segundo o qual determinado delegatário de serviço público não tem direito de prestar o serviço até o final do contrato, eis que a Administração, a qualquer tempo, pode trocar de delegatário, caso surja outro particular com melhor preço;

B) eficiência, segundo o qual os serviços públicos devem ser prestados com a maior eficiência possível, com qualidade superior à da iniciativa privada, razão pela qual a Administração está obrigada a realizar avaliação mensal sobre o proveito do serviço prestado;

C) modicidade, segundo o qual os serviços públicos devem ser remunerados a preços que viabilizem margem razoável de lucro ao poder público, independentemente da avaliação do poder aquisitivo do usuário;

D) especialidade, segundo o qual os serviços públicos devem ser prestados com amplitude limitada, para beneficiar uma coletividade específica que deles necessite e tenha condições financeiras para arcar com as despesas;

E) continuidade, segundo o qual os serviços públicos não devem sofrer interrupção, ou seja, sua prestação deve ser contínua para evitar que a paralisação provoque, como às vezes ocorre, colapso nas múltiplas atividades particulares.

3683) (2015) Banca: FGV – Órgão: TJ-PI – Prova: Analista Judiciário – Analista Judicial

Serviço público é toda atividade material que a lei atribui ao Estado para que a exerça diretamente ou por meio de seus delegados, com o objetivo de satisfazer concretamente às necessidades coletivas, sob regime jurídico total ou parcialmente de direito público. Nesse contexto, de acordo com a doutrina de Direito Administrativo, destaca-se o princípio regedor dos serviços públicos da:

A) especificidade, segundo o qual o serviço público é prestado para determinada parcela da sociedade que tenha condições específicas para arcar com seus custos e gozar de seus benefícios;

B) continuidade, segundo o qual o serviço público não deve, em regra, sofrer interrupção, ou seja, sua prestação deve ser contínua para evitar que a paralisação provoque prejuízo à população;

C) supremacia do interesse privado, segundo o qual o serviço público deve visar ao bem-estar do cidadão, individualmente considerado, pois é o destinatário final dos compromissos legais do Estado;

D) modicidade, segundo o qual o serviço público deve ser prestado de forma eficiente, mas visando ao lucro máximo, a fim de que a atividade seja rentável a seu executor e atenda ao interesse público;

E) economicidade, segundo o qual o serviço público deve ser remunerado a preços públicos mínimos, de maneira que a tarifa seja acessível a toda população e gratuita para os comprovadamente hipossuficientes.

3684) (2017) Banca: Quadrix – Órgão: CFO-DF – Prova: Técnico Administrativo

Com relação a serviços públicos, julgue o próximo item.

De acordo com o princípio da continuidade do serviço público, não é possível sua suspensão, mesmo nos casos de falta de pagamento.

A) Certo B) Errado

3685) (2012) Banca: Quadrix – Órgão: DATAPREV – Prova: Analista de Tecnologia da Informação – Processos Administrativos

Nos dizeres de Hely Lopes Meirelles, "Direito Administrativo Brasileiro é o conjunto harmônico de princípios jurídicos que regem os órgãos, os agentes e as atividades públicas tendentes a realizar concreta, direta e imediatamente os fins desejados pelo Estado". A Constituição Brasileira estabelece princípios que devem nortear o Direito Administrativo. Uma das regras fundamentais é aquela que estabelece que os serviços públicos não podem parar, porque não param os desejos da coletividade. A atividade da administração pública deve ser ininterrupta.

Como exemplo, não é admissível a paralisação dos serviços de saúde, segurança pública, de distribuição de justiça, de transporte, de combate a incêndios. Eis o princípio da:

A) Legalidade.
B) Impessoalidade.
C) Moralidade.
D) Finalidade.
E) Continuidade

3686) (2015) Banca: CS-UFG – Órgão: AL-GO – Prova: Analista Legislativo – Analista de Redes e Comunicação de Dados (+ provas)

O direito administrativo, por intermédio da doutrina e jurisprudência, ensina que, aos serviços públicos, aplica-se prioritária e especificamente o princípio da

A) modicidade, pelo qual os serviços públicos devem ser remunerados a preços módicos, devendo o Poder Público calcular o valor das tarifas com vistas à eficiência e lucros máximos

B) continuidade, o qual indica que os serviços públicos não devem sofrer interrupção, ou seja, sua prestação deve ser contínua para evitar que a paralisação provoque colapso nas múltiplas atividades particulares

C) supremacia do interesse público, pelo qual as atividades administrativas e os serviços públicos são prestados pelo Estado para benefício da coletividade ou de particular, em detrimento da primeira.

D) autotutela, o qual indica que a Administração Pública, ao prestar serviços públicos, goza de liberdade de gestão, podendo revogar ou aumentar unilateralmente as tarifas para manter a lucratividade da atividade

3687) (2016) Banca: MPE-SC – Órgão: MPE-SC – Prova: Promotor de Justiça – Matutina

Não se caracteriza como descontinuidade do serviço público a sua interrupção em situação de emergência ou após prévio aviso, quando motivada por razões de ordem técnica ou de segurança das instalações; por inadimplemento do usuário, considerado o interesse da coletividade; e, por comprovada inviabilidade econômica.

A) Certo B) Errado

3688) (2016) Banca: IADES – Órgão: Ceitec S.A – Prova: Analista Administrativo e Operacional – Ciências Contábeis (+ provas)

A respeito do princípio da continuidade dos serviços públicos, assinale a alternativa correta.

A) A descontinuidade não é caracterizada quando, ainda que sem prévio aviso ou em situação de emergência, houver razões de ordem técnica ou de segurança das instalações.

B) A Lei nº 8.987/1995, que dispõe sobre o regime de concessão e permissão da prestação de serviços públicos, não prevê causas expressas a fim de caracterizar a descontinuidade, sendo tais causas dispostas pela doutrina e pela jurisprudência pátrias.

C) Considerados os interesses dos usuários, o inadimplemento ou, ainda, razões de segurança das instalações não caracterizam a descontinuidade, mas, em ambos os casos, é prevista somente a exigência do prévio aviso.

D) Somente razões de ordem técnica ou o inadimplemento do usuário, desde que em situação de emergência ou após prévio aviso, não caracterizam a descontinuidade.

E) O inadimplemento do usuário, considerado o interesse da coletividade, exige, para não se caracterizar a descontinuidade, a situação de emergência ou o prévio aviso.

3689) (2014) Banca: COPEVE-UFAL – Órgão: UFAL – Prova: Técnico de Laboratório – Anatomia e Necropsia (+ provas)

De acordo com a Lei nº 8.987, de 13 de fevereiro de 1995, não atenta contra o princípio da continuidade do serviço público a sua interrupção em situação de emergência ou após prévio aviso, nas seguintes hipóteses:

A) por razões de ordem técnica ou de segurança das instalações e por inadimplemento do usuário, considerado o interesse da coletividade.

B) por inadimplemento do usuário e em razão de greve no serviço público.

C) por caso fortuito ou força maior e em razão de greve no serviço público, desde que esta seja considerada legal pelo Judiciário.

D) por razões de segurança das instalações e em decorrência de obras públicas ou privadas que impeçam a execução do serviço.

E) por caso fortuito e em razão de calamidades públicas.

3690) (2012) Banca: FUNCAB – Órgão: MPE-RO – Prova: Analista

Resolvi certo

"Consiste na impossibilidade de interrupção do serviço público bem como no pleno direito dos administrados que o serviço não seja suspenso ou interrompido." A assertiva em questão reflete o conceito de qual princípio atinente ao serviço público?

A) Da universalidade.
B) Da transparência.
C) Da continuidade.
D) Da motivação.
E) Da modicidade das tarifas.

3691) (2012) Banca: TRT 23R (MT) – Órgão: TRT – 23ª REGIÃO (MT) – Prova: Juiz do Trabalho

Assinale a alternativa que contém proposição incorreta.

A) São consequências da aplicação do princípio da continuidade do serviço público, nos contratos administrativos, os privilégios para a Administração de encampação e de uso compulsório de recursos humanos e materiais da contratada, quando necessário para garantir a continuidade da execução do serviço.

B) O princípio da flexibilidade dos meios ao fim autoriza mudanças no regime de execução do serviço público para adaptá-lo ao interesse público.

C) serviço público adequado é definido por lei como o que satisfaz as condições de regularidade, continuidade, eficiência, segurança, atualidade, generalidade, cortesia na sua prestação e modicidade das tarifas.

D) nos termos da lei, caracteriza-se como descontinuidade do serviço público, também, a sua interrupção em situação de emergência ou após prévio aviso, quando motivada por razões de ordem técnica ou de segurança das instalações, nem por inadimplemento do usuário, considerado o interesse da coletividade.

E) pelo princípio da igualdade dos usuários perante o serviço público, desde que a pessoa satisfaça às condições legais, faz Jus à prestação do serviço público, sem qualquer distinção de caráter pessoal.

Ressalte-se que decorre do Princípio da Continuidade do Serviço Público a possibilidade de preenchimento, mediante institutos como a delegação e substituição, das funções públicas temporariamente vagas.

Modicidade das tarifas: o Princípio da Modicidade das Tarifas estabelece a orientação de que o valor exigido do usuário, a título de contraprestação pelo serviço prestado, a administração não tem legitimidade para cobrar do usuário valor que quiser pela utilização do serviço, dessa forma, esse valor deverá ser acessível ao usuário comum. Entretanto, cabe ressaltar que, podem existir valores diferenciados a determinados usuários, sempre com o objetivo de atingir o maior número de usuários.

3692) (2016) Banca: CESPE – Órgão: TRT – 8ª Região (PA e AP) – Prova: Analista Judiciário – Área Administrativa

A respeito dos princípios da administração pública, assinale a opção correta.

A) Decorre do princípio da hierarquia uma série de prerrogativas para a administração, aplicando-se esse princípio, inclusive, às funções legislativa e judicial.

B) Decorre do princípio da continuidade do serviço público a possibilidade de preencher, mediante institutos como a delegação e a substituição, as funções públicas temporariamente vagas.

C) O princípio do controle ou tutela autoriza a administração a realizar controle dos seus atos, podendo anular os ilegais e revogar os inconvenientes ou inoportunos, independentemente de decisão do Poder Judiciário.

D) Dado o princípio da autotutela, a administração exerce controle sobre pessoa jurídica por ela instituída, com o objetivo de garantir a observância de suas finalidades institucionais.

E) Em decorrência do princípio da publicidade, a administração pública deve indicar os fundamentos de fato e de direito de suas decisões.

3693) (2011) Banca: CESPE Órgão: TJ-PA – Prova: Juiz

Disciplina: Direito Administrativo | Assunto: Serviços Públicos Princípios dos Serviços Públicos

No que se refere ao regime jurídico-administrativo, assinale a opção correta.

A) Os institutos da suplência, da delegação e da substituição para o preenchimento de funções públicas temporariamente vagas no âmbito da administração pública decorrem da aplicação do princípio da continuidade do serviço público.

B) Em atenção ao princípio da motivação, a administração pública deve indicar os fundamentos de fato e de direito de suas decisões, sendo vedada a indicação por órgão diverso daquele que profira a decisão.

C) Embora o princípio da segurança jurídica não conste expressamente na CF como um dos princípios da administração pública, esta pode basear sua atuação nesse princípio orientador, que pode ser invocado para impedi-la de anular atos praticados sem a observância da lei.

D) Dadas as prerrogativas que integram o regime jurídico administrativo, a administração pública pode, por simples ato administrativo, conceder direito de qualquer espécie, criar obrigações ou impor vedações aos administrados.

E) A possibilidade de encampação da concessão de serviço público decorre da aplicação do denominado princípio da especialidade.

3694) (2014) Banca: CESPE – Órgão: ANATEL – Prova: Nível Médio

Julgue o item subsecutivo, concernentes aos serviços públicos. O princípio da modicidade afasta a possibilidade de adoção de serviços públicos prestados gratuitamente.

A) Certo   B) Errado

3695) (2012) Banca: FCC – Órgão: TRT – 11ª Região (AM e RR) – Prova: Analista Judiciário – Execução de Mandados

O Município de Manaus, ao prestar determinado serviço público aos seus munícipes, estabelece tarifas diferenciadas aos respectivos usuários do serviço. Tal conduta

A) é possível em algumas hipóteses como, por exemplo, o estabelecimento de tarifas reduzidas para usuários de menor poder aquisitivo.

B) não é possível, pois a adoção de tarifas diferenciadas sempre implicará em distinção de caráter pessoal.

C) é possível, sendo vedada, no entanto, a isenção de tarifas, sob pena de implicar em afronta ao princípio da razoabilidade.

D) não é possível, por violar o princípio da modicidade.

E) é possível, ainda que os usuários tenham as mesmas condições técnicas e jurídicas para a fruição do serviço público.

3696) (2015) Banca: FGV – Órgão: PGE-RO – Prova: Analista da Procuradoria – Processual

Serviço público é toda atividade material que a lei atribui ao Estado para que a exerça diretamente ou por meio de seus delegados, com o objetivo de satisfazer concretamente às necessidades coletivas, sob regime jurídico total ou parcialmente público. Dentre os princípios que se aplicam ao serviço público, destaca-se:

A) generalidade, segundo o qual o serviço deve ser prestado a todos os usuários, de forma impessoal e gratuita;

B) continuidade, segundo o qual o serviço não pode ser paralisado em qualquer hipótese;

C) modicidade, segundo o qual o serviço público deve ser remunerado a preços módicos;

D) eficiência, segundo o qual o serviço público deve ser prestado com qualidade superior a serviço equivalente oferecido pela iniciativa privada;

E) economicidade, segundo o qual o serviço público deve ser subsidiado pelo poder público, a fim de que a tarifa seja acessível a todos.

O ordenamento jurídico prevê três formas de remuneração quanto à prestação de serviços públicos, são elas:

Taxa: contrapartida tributária paga em virtude de um serviço OBRIGATÓRIO, específico e divisível, prestado diretamente pelo Estado (Administração Pública Direta ou Indireta). **Em razão do fato de tratar-se de contrapartida que possui natureza tributária, as taxas serão criadas por lei.**

Tarifa: remuneração paga pelo usuário referente à contraprestação de serviços *uti singuli* prestados por particulares, concessionárias e permissionárias de serviço público. **Trata-se de contraprestação que não possui natureza tributária e é também denominada preço público: Ex.: serviço de telefonia;**

Imposto: receita tributária utilizada para custear a prestação de serviços *uti universi*. Ex.: serviço de limpeza pública.

Destaca-se, ainda, a possibilidade na qual a concessionária de serviço público, conforme previsão contratual, apresente outras formas alternativas de receita atreladas a prestação do serviço. Ex.: as Empresas concessionárias do serviço público de transporte público podem utilizar o espaço da traseira do veículo para inserir propagandas/banners, auferindo renda mediante a comercialização desses espaços publicitários. **Essas fontes alternativas de receita garantem a modicidade das tarifas que serão cobradas ao usuário e tal previsão de utilização desses espaços deve estar constante no Edital de Licitação.**

Princípio da cortesia: esse princípio prescreve o dever de cortesia e urbanidade do prestador do serviço em relação ao usuário. Portanto, o serviço público deve ser prestado sempre com polidez e educação.

Igualdade entre os usuários: esse princípio estabelece que todos os cidadãos possuem o mesmo direito de usufruir do serviço público em igualdade de condições, sendo vedado tratamento discriminatório. **Nesse diapasão, deve-se tratar igualmente os iguais e desigualmente os desiguais na medida em que se desigualam.** Portanto, os serviços devem ser prestados sem privilégios ou discriminações em relação aos usuários.

3697) (2014) Banca: CESPE – Órgão: Câmara dos Deputados – Prova: Analista Legislativo.

Considerando que um usuário do serviço de energia elétrica fornecido por empresa privada concessionária deixe de pagar as contas referentes aos três últimos meses, e tendo em vista aspectos diversos relacionados a essa situação hipotética, julgue o item a seguir. A remuneração do fornecimento de energia pela empresa privada concessionária do serviço se dá por taxa, que possui natureza tributária.

A) Certo   B) Errado

3698) (2014) Banca: CESPE – Órgão: Câmara dos Deputados – Prova: Analista Legislativo

Com relação à execução direta e indireta, à concessão, à permissão e à autorização de serviços públicos, julgue o item a seguir. O concessionário de um serviço público é remunerado mediante o sistema de tarifas pagas pelos usuários, as quais configuram remuneração pelo serviço prestado e concedido pelo concedente em contrato.

A) Certo   B) Errado

3699) (2014) Banca: CESPE – Órgão: Câmara dos Deputados – Prova: Analista Legislativo

Julgue o seguinte item, relativo à prestação de serviço público. Os serviços públicos podem ser prestados diretamente pelo Estado ou mediante delegação a particulares, entretanto, somente na segunda hipótese, pode-se cobrar pela utilização do serviço.

A) Certo   B) Errado

3700) (2014) Banca: CESPE – Órgão: TJ-SE – Prova: Analista Judiciário – Direito

No que concerne às regras e aos princípios específicos que regem a atuação da administração pública, julgue o item subsequente.

Os serviços públicos podem ser remunerados mediante taxa ou tarifa.

A) Certo B) Errado

3701) (2016) Banca: CESPE – Órgão: FUNPRESP-EXE – Prova: Especialista

Com base na jurisprudência majoritária e atual do STJ concernente à concessão de serviços públicos, ao poder disciplinar e aos bens públicos, julgue o item a seguir. Poderá o poder concedente prever no edital de licitação a possibilidade de a concessionária obter outras fontes de receita complementares à tarifa, com vistas a favorecer a modicidade tarifária.

A) Certo B) Errado

3702) (2014) Banca: CESPE – Órgão: Câmara dos Deputados – Prova: Analista Legislativo.

Acerca de conceitos relacionados aos serviços públicos, julgue o item a seguir. O princípio da igualdade, que pressupõe a não diferenciação entre usuários na prestação de serviço público, é inaplicável à determinação legal de isenção de tarifas para idosos e deficientes.

A) Certo B) Errado

3703) (2010) Banca: CESPE – Órgão: MPU – Prova: Analista – Processual

Considerando que o direito administrativo regule a função administrativa do Estado, o serviço público e os sujeitos neles envolvidos, julgue o item a seguir.

Com base no princípio da igualdade de usuários, não cabe a aplicação de tarifas diferenciadas entre os usuários de serviços públicos.

A) Certo B) Errado

3704) (2013) Banca: CESPE – Órgão: DPE-RR – Prova: Defensor Público

Com relação aos serviços públicos, assinale a opção correta.
A) A participação do usuário é um dos novos postulados do serviço público, razão por que se instituiu o direito de acesso dos usuários a registros administrativos e a informações sobre atos de governo, inclusos aqueles relativos à segurança do Estado.
B) A gestão associada de serviços públicos pode ser instituída por meio de convênio de cooperação entre os entes federativos, vedada a transferência total de encargos, serviços, pessoal e bens essenciais à continuidade dos serviços transferidos.
C) A concessão de serviço público apresenta natureza contratual e sua outorga independe da realização de procedimento licitatório.
D) Se um estado-membro pretender autorizar a prestação de determinado serviço público a particular, tal autorização será, necessariamente, discricionária e onerosa e deverá ser feita por meio de contrato administrativo.
E) A continuidade, a igualdade dos usuários e a mutabilidade são princípios do regime jurídico aplicável aos serviços públicos.

3705) (2010) Banca: FCC – Órgão: TRT – 22ª Região (PI) Prova: Analista Judiciário – Área Judiciária

Sobre a concessão de serviços públicos:
A) Incumbe à concessionária a execução do serviço concedido, cabendo-lhe responder pelos prejuízos causados ao poder concedente, aos usuários ou a terceiros, mas a fiscalização exercida pelo órgão competente exclui essa responsabilidade.
B) É possível concessão de serviço público, ainda que se trate de serviço cuja titularidade não pertença ao Estado.
C) Poderá o poder concedente prever, em favor da concessionária, no edital de licitação, a possibilidade de outras fontes provenientes de receitas alternativas, complementares, acessórias ou de projetos associados, com vistas a favorecer a modicidade das tarifas.
D) O poder concedente, no exercício da fiscalização, não poderá acessar dados relativos à administração, contabilidade e recursos financeiros da concessionária.
E) A responsabilidade da concessionária – por se tratar de pessoa jurídica de direito privado –, pelos prejuízos causados aos usuários do serviço público é subjetiva.

3706) (2015) Banca: FCC – Órgão: TRT – 3ª Região (MG) – Prova: Técnico Judiciário – Área Administrativa

O estabelecimento de tarifas reduzidas para usuários de serviços públicos, que possuem menor poder aquisitivo,
A) é legítimo e corresponde à aplicação do princípio da modicidade das tarifas.
B) viola o princípio da legalidade.
C) viola o princípio da igualdade dos usuários de serviços públicos, devendo o Estado promover outros meios para privilegiar tais pessoas.
D) viola o princípio da flexibilidade dos meios aos fins.
E) é legítimo e corresponde à aplicação do princípio da razoabilidade e da igualdade dos usuários.

3707) (2015) Banca: FUNCAB – Órgão: MPOG – Prova: Atividade Técnica – Direito, Administração, Ciências Contábeis e Economia

Na prestação indireta do serviço público, por delegação, a remuneração paga pela fruição do serviço tem natureza jurídica de:
A) imposto.
B) contribuição social.
C) tarifa.
D) taxa.
E) contribuição de melhoria.

3708) (2017) Banca: Quadrix – Órgão: CFO-DF – Prova: Técnico Administrativo

Com relação a serviços públicos, julgue o próximo item.

Como forma de se atingir a modicidade tarifária, é possível que o edital e o contrato de concessão prevejam outras fontes provenientes de receitas alternativas ou complementares, como, por exemplo, nas concessões de aeroportos, as lojas que ali se estabeleçam.

A) Certo B) Errado

Adequação do serviço público: a Lei Geral de Serviço Público – Lei 8.987/95 traz no seu artigo 6º a exigência de que o serviço seja prestado de forma adequada. O referido diploma legal define:

§ 1º Serviço adequado é o que satisfaz as condições de regularidade, continuidade, eficiência, segurança, atualidade, generalidade, cortesia na sua prestação e modicidade das tarifas.

Note que, dessa maneira, a adequação se reveste de cláusula geral que regulamenta a prestação de serviço público, sendo que a Administração terá o dever de prestar o serviço observando o que a lei impõe.

3709) (2013) Banca: CESPE – Órgão: MI – Prova: Assistente Técnico Administrativo

Acerca dos serviços públicos, julgue o item que se segue.

Constitui obrigação do poder público, ou de seus delegados, fornecer serviços adequados, eficientes, seguros e contínuos.

A) Certo B) Errado

3710) (2013) Banca: CESPE – Órgão: ANTT – Prova: Conhecimentos Básicos – Cargos 1,2,3,4,5,7 e 8 (+ provas)

Em razão de falhas na prestação do serviço de conservação e operação de rodovia federal, a ANTT aplicou multa à concessionária exploradora do serviço, a qual, contudo, permaneceu prestando o serviço de forma inadequada, descumprindo diversas obrigações estabelecidas no contrato de concessão.

Considerando a situação hipotética acima apresentada, julgue o item seguinte.

A concessionária tem o dever de prestar aos usuários o serviço adequado, entendido como aquele que satisfaz as condições de segurança, generalidade, cortesia na sua prestação e modicidade das tarifas, estando de acordo com as condições estabelecidas em legislação.

A) Certo B) Errado

3711) (2012) Banca: CESPE – Órgão: DPE-SE – Prova: Defensor Público

Com relação a serviços públicos, contratos administrativos, licitações e bens públicos, assinale a opção correta.

A) Na modalidade de licitação denominada convite, não há edital, sendo o instrumento convocatório chamado carta-convite, que deve ser enviada apenas aos interessados cadastrados, únicos com direito de participar da licitação.
B) A competência para legislar sobre a delegação de serviço público, modalidade de contrato administrativo, é de todos os entes da Federação.
C) Em matéria de concessões, considera-se adequado o serviço público que satisfaça as condições de regularidade, continuidade, eficiência, segurança, atualidade, generalidade, prestação do serviço com cortesia e modicidade das tarifas.
D) No que tange aos direitos e responsabilidades das partes nos contratos administrativos, é imprescindível a inclusão de cláusula contratual que estabeleça a faculdade de modificação unilateral do contrato por parte da administração pública.
E) Por meio do contrato de concessão de uso de bem público, a administração trespassa ao contratado o uso do bem público sempre de forma remunerada, podendo rescindi-lo, por motivos de interesse público, antes do prazo estipulado e sem necessidade de indenizar o contratado.

3712) (2014) Banca: FCC – Órgão: TJ-AP – Prova: Técnico Judiciário – Área Judiciária e Administrativa

Sabe-se que a Administração pública tem, dentre suas funções a obrigação legal de prestar Serviços Públicos à população. Os Serviços Públicos são atividades

A) que devem ser prestadas em caráter contínuo, em razão dos princípios da indisponibilidade e da supremacia do interesse público.
B) que, pela sua essencialidade, somente podem ser prestadas pelo Poder Público.
C) que, pela sua essencialidade, obedecem a diversos princípios, dentre eles o da autonomia da vontade e da indisponibilidade do interesse público.
D) prestadas pelo Poder Público ou por particular, sendo que na hipótese de serem prestadas por particular não devem obediência ao princípio da modicidade tarifária, isso em razão do princípio da eficiência.
E) prestadas pelo Poder Público ou por Particular, e, em razão de sua essencialidade, obedecem a diversos princípios, dentre eles o da continuidade e modicidade tarifária.

3713) (2013) Banca: FCC – Órgão: TRT – 15ª Região – Prova: Analista Judiciário – Área Judiciária

A propósito da prestação dos serviços públicos, ocorre mencionar algumas características, sejam necessárias ou eventuais, tais como

A) indelegabilidade da titularidade e da execução; essencialidade; e acessoriedade.
B) indelegabilidade da execução quando essenciais, e acessoriedade.
C) relevância; prestação de uma utilidade ou comodidade aos administrados; indelegabilidade da execução.
D) continuidade; indelegabilidade da titularidade; e acessoriedade.
E) indelegabilidade da titularidade; continuidade; e relevância.

3714) (2015) Banca: FCC – Órgão: TRT – 15ª Região – Prova: Juiz do Trabalho Substituto

Uma empresa privada, concessionária de serviço público de transporte de passageiros, deixou de realizar os investimentos previstos no contrato de concessão para a modernização dos sistemas de bilhetagem eletrônica, alegando frustração da demanda em relação às estimativas iniciais e consequente perda de receita tarifária. A conduta da concessionária

A) viola a obrigação de manutenção do serviço adequado, no que concerne à atualidade, que compreende a modernidade de equipamentos e instalações, bem como a melhoria e expansão do serviço.
B) está de acordo com o regime jurídico aplicável na hipótese de concessão de serviço público, onde a exploração se dá por conta e risco da concessionária, a qual detém, portanto,

a prerrogativa de compatibilizar os níveis de adequação do serviço à receita obtida.
C) pode configurar violação ao princípio da continuidade do serviço público, em seu sentido amplo, facultando à concessionária a redução da oferta dos serviços apenas para adequar os custos à perda de receita suportada.
D) é decorrência do princípio da modicidade tarifária, que se sobrepõe aos demais, ensejando, em muitos casos, a redução dos níveis de adequação do serviço e dos critérios de universalidade.
E) configura violação ao princípio da eficiência, aplicável apenas em se tratando de prestação de serviço sob regime de concessão, que pressupõe a aplicação de índices de qualidade comparáveis aos praticados pela iniciativa privada.

3715) (2011) Banca: FCC – Órgão: DPE-RS – Prova: Defensor Público

Considere as seguintes afirmações com relação ao regime de concessão e permissão da prestação dos serviços públicos, tendo em vista a Lei no 8.987/95:

I. O poder concedente publicará, simultaneamente ao edital de licitação, ato justificando a conveniência da outorga de concessão ou permissão do serviço público, caracterizando seu objeto, área e prazo.
II. O serviço adequado é aquele que satisfaz as condições de regularidade, continuidade, eficiência, segurança, atualidade, generalidade, cortesia na sua prestação e modicidade das tarifas.
III. A permissão de serviço público é a delegação, a título precário, feita pelo poder concedente apenas à pessoa jurídica que demonstre capacidade para seu desempenho, precedida ou não de licitação, formalizada mediante contrato de adesão.

A) I.
B) II.
C) III.
D) I e III.
E) II e III.

3716) (2015) Banca: Prefeitura do Rio de Janeiro – RJ – Órgão: Câmara Municipal do Rio de Janeiro – Prova: Analista Legislativo – Orçamento e Finanças

De acordo com o entendimento doutrinário, são princípios que regem o serviço público, entre outros:

A) princípio da generalidade e princípio da modicidade
B) princípio da continuidade e princípio da celeridade
C) princípio da generalidade e princípio da execução direta
D) princípio da eficiência e princípio da adequação

3717) (2016) Banca: CS-UFG – Órgão: Prefeitura de Goiânia – GO – Prova: Auditor de Tributos

Segundo o artigo 175 da CRFB/1988, "incumbe ao Poder Público, na forma da lei, diretamente ou sob regime de concessão ou permissão, sempre através de licitação, a prestação de serviços públicos". Extrai-se, desse modo, que a prestação indireta se dá mediante concessão ou permissão. Nesse contexto,

A) trata-se, a concessão de serviço público, de delegação de sua prestação, feita pelo poder concedente, mediante licitação, na modalidade de tomada de preços, à pessoa jurídica ou ao consórcio de empresas que demonstre capacidade para seu desempenho, por sua conta e risco e por prazo indeterminado.
B) caracteriza-se como descontinuidade do serviço a sua interrupção em situação de emergência ou após aviso prévio, quando motivada por razões de ordem técnica ou de segurança das instalações.
C) permite-se a revisão dos contratos de concessão com o objetivo de manter o equilíbrio econômico financeiro, salvo nas hipóteses em que foram previstas fontes alternativas de receitas.
D) considera-se serviço adequado o que satisfaz as condições de regularidade, continuidade, eficiência, segurança, atualidade, generalidade, cortesia na sua prestação e modicidade das tarifas.

3718) (2017) Banca: IBFC – Órgão: AGERBA – Prova: Técnico em Regulação

Assinale a alternativa correta sobre a noção legal e específica de serviço adequado nos termos da Lei federal 8.987, de 13/02/1995 que dispõe sobre o regime de concessão e permissão da prestação de serviços públicos previstos no art. 175 da Constituição Federal e dá outras providências.

A) Serviço adequado é o aquele assim considerado pelas regras do mercado
B) Serviço adequado é o que satisfaz as condições de preço e regularidade do edital em combinação com as normas estabelecidas pelo prestador contratado
C) Serviço adequado é o que pode ser prestado de acordo com os critérios do prestador contratado por meio de licitação
D) Serviço adequado é o que satisfaz as condições de regularidade, continuidade, eficiência, segurança, atualidade, generalidade, cortesia na sua prestação e modicidade das tarifas
E) Serviço adequado é o aquele que se presta a resolver os problemas do Administrador Público e que esteja de acordo com suas convicções pessoais

3719) (2014) Banca: BIO-RIO – Órgão: EMGEPRON – Prova: Advogado

Nos termos da lei geral que regulamenta as concessões e permissões serviço que satisfaz as condições de regularidade, continuidade, eficiência, segurança, atualidade, generalidade, cortesia na sua prestação e modicidade das tarifas é considerado:

A) extraordinário
B) licito
C) competente
D) adequado

3720) (2016) Banca: IDECAN – Órgão: UFPB – Prova: Técnico em Segurança do Trabalho (+ provas)

Sobre as noções de serviços públicos, nos termos da legislação específica, serviço adequado é aquele que atenda aos seguintes princípios, EXCETO:

A) Segurança.
B) Atualidade.
C) Efetividade.
D) Regularidade.

3721) (2015) Banca: Prefeitura do Rio de Janeiro – RJ – Órgão: Prefeitura de Rio de Janeiro – RJ – Prova: Assistente Administrativo

Segundo as disposições expressas da Lei de Concessão e Permissão de Serviços Públicos (Lei nº 8.987/95), é adequado o serviço que satisfaz:

A) as condições de continuidade, celeridade, eficiência, segurança, atualidade, especialidade, cortesia na sua prestação e modicidade das tarifas

B) as condições de regularidade, continuidade, eficiência, segurança, atualidade, generalidade, cortesia na sua prestação e modicidade das tarifas

C) as condições de regularidade, continuidade, eficiência, segurança, atualidade, generalidade, cortesia na sua prestação e proporcionalidade das tarifas

D) as condições de continuidade, celeridade, eficiência, segurança, atualidade, especialidade, cortesia na sua prestação e proporcionalidade das tarifas

3722) (2013) Banca: FEPESE – Órgão: IPREV – Prova: Advogado

Assinale a alternativa correta em matéria de Direito Administrativo.

A) Não se caracteriza como descontinuidade do serviço a sua interrupção, quando fundamentada a decisão em oportunidade e conveniência do poder concedente.

B) Serviço adequado é o que satisfaz as condições de regularidade, continuidade, eficiência, segurança, atualidade, generalidade, cortesia na sua prestação e modicidade das tarifas.

C) A precariedade da delegação do serviço público por meio de permissão afasta a necessidade da utilização do procedimento licitatório para a escolha do permissionário.

D) Apenas a concessão precedida da execução de obra pública será formalizada por meio de contrato.

E) Na concessão de serviço público ocorre a delegação de sua prestação, feita pelo poder concedente, mediante licitação, à pessoa jurídica ou consórcio de empresas que demonstre capacidade para seu desempenho, por sua conta e risco e por prazo indeterminado.

3723) (2014) Banca: IPAD – Órgão: IPEM-PE – Prova: Analista – Gestão em Metrologia e Qualidade Industrial – Direito

Assinale a alternativa correta (atinente à concessão e permissão de serviço público):

A) As concessionárias de serviços públicos, de direito público e privado, nos Estados e no Distrito Federal, são obrigadas a oferecer ao consumidor e ao usuário, dentro do mês de vencimento, o mínimo de três datas opcionais para escolherem os dias de vencimento de seus débitos.

B) Em relação à concessão de serviço público, não cabe ao poder concedente estimular a formação de associações de usuários para defesa de interesses relativos ao serviço.

C) As contratações, inclusive de mão-de-obra, feitas pela concessionária serão regidas pelas disposições de direito privado e pela legislação trabalhista, não se estabelecendo, em regra, qualquer relação entre os terceiros contratados pela concessionária e o poder concedente, uma vez que este subsidiariamente poderá ser responsabilizado.

D) Toda concessão de serviço público, precedida ou não da execução de obra pública, será objeto de prévia licitação, nos termos da legislação própria e com observância dos princípios da legalidade, moralidade, publicidade, igualdade, do julgamento por critérios subjetivos e da vinculação ao instrumento convocatório.

E) Toda concessão ou permissão pressupõe a prestação de serviço adequado ao pleno atendimento dos usuários, entendendo-se como serviço adequado o que satisfaz as condições de regularidade, continuidade, eficiência, segurança, atualidade, generalidade, cortesia na sua prestação e modicidade das tarifas.

3724) (2015) Banca: FUNCAB – Órgão: CRC-RO – Prova: Assistente Administrativo

Dentre os princípios a seguir mencionados o único que NÃO se relaciona com a prestação do serviço público é o da:

A) lucratividade.
B) atualidade.
C) continuidade.
D) transparência.
E) cortesia.

3725) (2016) Banca: IADES – Órgão: Ceitec S.A – Prova: Analista Administrativo e Operacional – Jornalismo

Princípio que, no âmbito dos serviços públicos, é fator importante para que a Administração, necessária e periodicamente, faça avaliação quanto ao proveito do serviço prestado.

Princípio que obriga o Poder Público a avaliar o poder aquisitivo dos seus usuários para que não sejam os mesmos alijados do universo de beneficiários, em face de dificuldades financeiras.

As informações apresentadas correspondem, respectivamente, aos princípios da

A) eficiência e da continuidade.
B) eficiência e da modicidade.
C) atualidade e da generalidade.
D) regularidade e da generalidade.
E) atualidade e da modicidade.

3726) (2016) Banca: FUNRIO – Órgão: IF-BA – Prova: Assistente em Administração

Segundo Hely Lopes Meirelles, constituem princípios aplicáveis ao serviço público, dentre outros, os seguintes:

A) anualidade e modicidade.
B) generalidade e exclusividade.
C) universalidade e unidade.
D) permanência e clareza.
E) eficiência e generalidade.

3727) (2016) Banca: CAIP-IMES – Órgão: Câmara Municipal de Atibaia – SP – Prova: Advogado

Os serviços públicos observam os princípios gerais do direito administrativo. Os princípios de natureza específica elencados no artigo 6º, da Lei 8.987/95 (legislação que dispõe sobre o regime de concessão e permissão da prestação de serviços públicos previsto no artigo 175, da Constituição Federal, e dá outras providências define a prestação de serviço adequado), também são aplicáveis aos serviços públicos. São eles:

A) os princípios republicano, democrático; da cidadania; da dignidade da pessoa humana; da participação e da segurança jurídica,

B) os princípios da regularidade; da eficiência; da segurança; o democrático; da cidadania; da dignidade da pessoa humana; da participação; da impessoalidade; da publicidade e da eficiência

C) os princípios da regularidade; da eficiência; da continuidade: da generalidade; da atualidade; da segurança; da modicidade e da cortesia.

D) os princípios da legalidade; impessoalidade; moralidade administrativa; publicidade e da eficiência.

3728) (2014) Banca: FAFIPA – Órgão: UFFS – Prova: Analista de Tecnologia da Informação (+ provas)

É princípio dos serviços públicos, EXCETO:

A) O princípio da exorbitância.
B) O princípio da permanência.
C) O princípio da generalidade.
D) O princípio da modicidade.
E) O princípio da cortesia.

3729) (2011) Banca: CONSULPLAN – Órgão: CREA-RJ – Prova: Engenheiro Civil

Serviço Público adequado é o que satisfaz as condições de:

A) Legalidade, impessoalidade, publicidade e eficiência.
B) Regularidade, continuidade, eficiência, segurança, atualidade, generalidade, cortesia na sua prestação e modicidade das tarifas.
C) Continuidade, reserva, conveniência e outorga.
D) Proporcionalidade, adequação e exigibilidade.
E) Probidade, proporcionalidade, legalidade e publicidade.

3730) (2008) Banca: VUNESP – Órgão: TJ-MT – Prova: Técnico Judiciário (+ provas)

A noção de serviço adequado não abrange o seguinte requisito comum a todos os serviços públicos:

A) cortesia na prestação.
B) atualidade.
C) modicidade das tarifas.
D) continuidade.
E) gerenciamento participativo.

3731) (2007) Banca: NCE-UFRJ – Órgão: MPE-RJ – Prova: Analista Administrativo

Toda permissão de serviço público pressupõe a prestação de serviço adequado ao pleno atendimento dos usuários, conforme estabelecido nas normas pertinentes e no respectivo contrato. Nos termos da norma regedora das concessões e permissões de serviços públicos, serviço adequado se caracteriza por:

A) compreender a modernidade das técnicas, dos equipamentos e das instalações e a sua conservação, bem como a melhoria e a expansão do serviço;
B) representar um número suficiente de obras e equipamentos para a prestação do serviço público, bem como a necessária prestação de contas à sociedade;
C) satisfazer as condições de regularidade, continuidade, eficiência, segurança, atualidade, generalidade, cortesia na sua prestação e modicidade das tarifas;
D) agilizar o atendimento dos usuários, prestando todas as informações necessárias à utilização adequada dos serviços permitidos;
E) garantir a adequação dos meios aos fins necessários à prestação dos serviços públicos permitidos.

3732) (2017) Banca: IBFC – Órgão: AGERBA – Prova: Especialista em Regulação

Considerando que nos termos da Lei federal nº 8.987, de 13/02/1995, toda concessão ou permissão pressupõe a prestação de serviço adequado ao pleno atendimento dos usuários, assinale a alternativa correta.

A) O serviço adequado ao pleno atendimento dos usuários, conforme estabelecido na referida lei, independe do respectivo contrato
B) Serviço adequado é o que satisfaz, inclusive, as condições de atualidade, assim compreendida a modernidade das técnicas, do equipamento e das instalações e a sua conservação, bem como a melhoria e expansão do serviço
C) Caracteriza descontinuidade do serviço a sua interrupção em situação de emergência
D) Ocorre descontinuidade do serviço diante de sua interrupção por inadimplemento do usuário, considerado o interesse da coletividade
E) Não se caracteriza como descontinuidade do serviço a sua interrupção apenas no caso de ser motivada por razões de ordem técnica ou de segurança das instalações

3733) (2012) Banca: TJ-DFT – Órgão: TJ-DFT – Prova: Juiz

Sobre serviços públicos, é correto afirmar:

A) A Lei nº 8.987/95 menciona, formalmente, a continuidade e a regularidade entre as condições do serviço adequado;
B) No regime da Lei nº 8.987/95, a caducidade é modalidade de extinção da concessão e significa a retomada do serviço pelo poder concedente durante o prazo da concessão, por motivo de interesse público, mediante lei autorizativa específica e após prévio pagamento da indenização;
C) De acordo com a Lei 11.107/05, o consórcio público adquirirá personalidade jurídica de direito público ou de direito privado. No segundo caso, mesmo integrando a administração indireta, o consórcio está dispensado de observar as normas de direito público relativas a licitação, celebração de contratos, prestação de contas e admissão de pessoal;
D) Em consonância com a Lei nº 11.079/04, a parceria público-privada é o contrato administrativo de concessão, na modalidade patrocinada ou administrativa. A concessão administrativa envolve adicionalmente à tarifa cobrada dos usuários contraprestação pecuniária do parceiro público ao parceiro privado. A concessão patrocinada, de sua vez, é o contrato de prestação de serviços de que a Administração Pública seja a usuária direta ou indireta, ainda que envolva execução de obra ou fornecimento e instalação de bens.

11. SERVIÇOS PÚBLICOS

3734) (2011) Banca: NC-UFPR – Órgão: ITAIPU BINACIONAL – Prova: Advogado

Sobre as concessões de serviço público de eletricidade no Brasil, é correto afirmar:

A) Serviço adequado é o que satisfaz as condições de regularidade, continuidade, eficiência, segurança, atualidade, generalidade, cortesia na sua prestação e modicidade das tarifas, sendo o significado de atualidade o que compreende a modernidade das técnicas, do equipamento e das instalações e a sua conservação, bem como a melhoria e expansão do serviço.

B) As concessões de geração de energia elétrica terão o prazo necessário à amortização dos investimentos, limitado a 35 (trinta e cinco) anos, contado da data de assinatura do imprescindível contrato, podendo ser prorrogado por até 35 (trinta e cinco) anos, a critério do Poder Concedente.

C) As concessões de transmissão e de distribuição de energia elétrica terão o prazo necessário à amortização dos investimentos, limitado a 35 (trinta e cinco) anos, contado da data de assinatura do imprescindível contrato, podendo ser prorrogado no máximo por igual período, a critério do Poder Concedente.

D) As concessionárias, as permissionárias e as autorizadas de serviço público de distribuição de energia elétrica que atuem no Sistema Interligado Nacional (SIN) poderão desenvolver atividades de geração e de transmissão de energia elétrica.

E) Os aproveitamentos hidroelétricos poderão ser licitados sem a definição do "aproveitamento ótimo" pelo poder concedente, podendo ser atribuída ao licitante vencedor a responsabilidade pelo desenvolvimento dos projetos básico e executivo, considerando-se "aproveitamento ótimo" todo potencial definido em sua concepção global pelo melhor eixo do barramento, arranjo físico geral, níveis d'água operativos, reservatório e potência, integrante da alternativa escolhida para divisão de quedas de uma bacia hidrográfica.

3735) (2011) Banca: FUNIVERSA – Órgão: SEPLAG-DF – Prova: Auditor Fiscal de Atividades Urbanas – Transportes

Considerando a Lei de Concessões e Permissões, assinale a alternativa correta.

A) As concessionárias de serviços públicos, de direito público e privado, nos estados e no Distrito Federal, são obrigadas a oferecer ao consumidor e ao usuário, dentro do mês de vencimento, o máximo de três datas opcionais para escolherem os dias de vencimento de seus débitos.

B) Toda concessão ou permissão pressupõe a prestação de serviço adequado que deve ser entendido como o que satisfaz às condições de regularidade, continuidade, eficiência, segurança, atualidade, generalidade, cortesia na sua prestação e modicidade das tarifas.

C) Em relação à política tarifária, sempre que forem atendidas as condições do contrato, considera-se necessária a readequação do seu equilíbrio econômico-financeiro.

D) É obrigação do usuário levar ao conhecimento do poder público e da concessionária as irregularidades de que tenha conhecimento, referentes ao serviço prestado, sob pena de ser multado e ter seu serviço interrompido.

E) O poder concedente não poderá prever, em favor da concessionária, no edital de licitação, a possibilidade de outras fontes provenientes de receitas alternativas, complementares, acessórias ou de projetos associados, com ou sem exclusividade, ainda que com vistas a favorecer a modicidade das tarifas.

3736) (2010) Banca: NUCEPE – Órgão: SEJUS-PI – Prova: Agente Penitenciário

São princípios dos serviços públicos, EXCETO:

A) continuidade do serviço público;
B) especialidade;
C) mutabilidade do regime jurídico;
D) igualdade dos usuários;
E) cortesia na sua prestação.

3737) (2014) Banca: COPEVE-UFAL – Órgão: CASAL – Prova: Assistente Administrativo

É princípio específico do serviço público:

A) Presunção de inocência.
B) Publicidade.
C) Modicidade.
D) Legalidade.
E) Liberdade.

3738) (2012) Banca: FAURGS – Órgão: TJ-RS – Prova: Analista Judiciário – Ciências Jurídicas e Sociais

Nas concessões de serviços públicos, a adequação do serviço exige, entre outras condições, a da

A) atualidade.
B) individualidade.
C) exclusividade.
D) durabilidade.
E) sustentabilidade.

CLASSIFICAÇÃO dos Serviços Públicos: Levando-se em conta o critério da essencialidade, podemos classificar os serviços públicos em:

Serviços públicos propriamente ditos – serviços que a Administração presta diretamente à comunidade, por reconhecer sua essencialidade, sendo esses privativos do Poder Público. Ex.: serviços de defesa nacional, os de polícia, etc.

Serviços de utilidade pública – serviços que não são indispensáveis para a sociedade (serviços convenientes e oportunos), os quais a Administração pode prestar diretamente ou indiretamente (mediante concessionárias, permissionárias ou autorizatárias de serviço público), nas condições regulamentadas, mas por conta e risco dos prestadores, mediante cobrança de tarifa paga pelos usuários. Ex.: transporte coletivo, energia elétrica.

3739) (2013) Banca: CESPE – Órgão: MI – Prova: Assistente Técnico Administrativo

Acerca dos serviços públicos, julgue o item que se segue.

Os serviços de utilidade pública, a exemplo dos serviços de transporte coletivo, visam proporcionar aos seus usuários mais conforto e bem-estar.

A) Certo B) Errado

3740) (2013) Banca: FGV – Órgão: CONDER – Prova: Técnico de Administração

Assinale a alternativa que apresenta exemplos de serviços de utilidade pública.

A) Segurança e saúde pública.
B) Transporte coletivo e energia elétrica.
C) Telefonia e educação pública
D) Defesa nacional e esporte
E) Polícia e fornecimento de gás

3741) (2016) Banca: FUNRIO – Órgão: IF-BA – Prova: Assistente em Administração

Os serviços que a Administração Pública, reconhecendo sua conveniência para os membros da coletividade, presta-os diretamente ou permite que sejam prestados por terceiros, nas condições regulamentares e sob seu controle, mas por conta e risco dos prestadores, mediante remuneração dos usuários, como por exemplo, o transporte coletivo, denominam-se serviços

A) industriais.
B) patrimoniais.
C) de utilidade pública.
D) complementares.
E) administrativos.

3742) (2014) Banca: MPE-RS – Órgão: MPE-RS – Prova: Assistente Social

Os serviços de transporte coletivo e de energia elétrica, dentre outros, reconhecidos pela sua conveniência para os membros da coletividade, são denominados serviços

A) públicos propriamente ditos.
B) próprios do Estado.
C) industriais.
D) de utilidade pública.
E) de fruição geral.

3743) (2014) Banca: VUNESP – Órgão: EMPLASA – Prova: Analista Jurídico

Levando-se em conta a essencialidade, adequação, finalidade e os destinatários dos serviços públicos, é possível classificar como serviços de utilidade pública os que

A) a Administração presta diretamente à comunidade, por reconhecer sua essencialidade e necessidade de sobrevivência de um grupo social e do próprio Estado.
B) se relacionam intimamente com as atribuições do Poder Público e para a execução dos quais a Administração usa da sua supremacia sobre os administrados.
C) satisfazem interesses de parte da coletividade e, por isso, a Administração os presta remuneradamente, por seus próprios órgãos ou entidades descentralizadas.
D) a Administração, reconhecendo sua conveniência para os membros da coletividade, presta-os diretamente ou aquiesce que sejam prestados por terceiros, nas condições regulamentadas e sob seu controle, mas por conta e risco dos prestadores, mediante remuneração dos usuários.
E) a Administração presta sem ter usuários determinados, para atender indiscriminadamente à coletividade.

Serviço próprios do Estado – serviços relacionados intimamente com as atribuições essenciais do Poder Público, prestado em regra gratuitamente (Ex: saúde pública etc.) e, para sua execução, a Administração usa de sua supremacia sobre os administrados.

Serviços impróprios do Estado – serviços que não afetam substancialmente as necessidades da comunidade, mas que satisfazem interesses comuns e, por isso, a Administração os presta remuneradamente, através de seus órgãos e entidades descentralizadas ou delega sua prestação. Ex.: serviço de telefonia fixa.

3744) (2013) Banca: CESPE – Órgão: SERPRO – Prova: Conhecimentos Básicos (+ provas)

Com relação a serviços públicos, julgue o item a seguir.

Os serviços públicos classificados como próprios do Estado, geralmente oferecidos gratuitamente ou por baixo custo, podem ser prestados somente por órgãos ou entidades públicas, não podendo ser delegados a particulares.

A) Certo B) Errado

3745) (2014) Banca: CESPE – Órgão: Câmara dos Deputados – Prova: Analista Legislativo – Consultor de Orçamento e Fiscalização Financeira

Acerca de conceitos relacionados aos serviços públicos, julgue o item a seguir. O serviço prestado por um taxista é classificado como serviço público impróprio, porque atende às necessidades coletivas, mas não é executado pelo Estado.

A) Certo B) Errado

3746) (2012) Banca: FCC – Órgão: TJ-PE – Prova: Técnico Judiciário – Área Judiciária e Administrativa (+ provas)

Os serviços de preservação da saúde pública e os de polícia, dentre outros, são considerados serviços

A) públicos ou impróprios do Estado e também administrativos.
B) de utilidade pública, assim como impróprios do Estado ou *uti singuli*.
C) públicos, assim como, próprios do Estado ou *uti universi*.
D) públicos ou semicomerciais e também administrativos.
E) de utilidade pública, e também próprios do Estado ou *uti singuli*.

3747) (2009) Banca: FCC – Órgão: PGE-RJ – Prova: Técnico Superior de Procuradoria

Os serviços públicos podem ser classificados como

A) concedidos, quando outorgados por lei a outrem, que deve executá-los em nome do Estado que mantém a sua titularidade.
B) impróprios, quando o Estado os assume como seus e os executa indiretamente.
C) outorgados, quando o Estado transfere, por contrato ou ato unilateral, unicamente a execução dos serviços.
D) delegados, quando o Estado os transfere por lei, criando uma entidade para executá-los.
E) próprios, quando o Estado os assume como seus e os executa, direta ou indiretamente.

3748) (2016) Banca: FUNCAB – Órgão: EMSERH Prova: Auxiliar Administrativo

Serviço público é todo aquele prestado pela administração ou por seus delegados, sob normas e controles estatais, para satisfazer necessidades essenciais ou secundárias da coletividade ou simples conveniências do Estado. Os serviços públicos em cuja prestação o Estado atua no exercício de sua soberania, de forma indelegável, são denominados:

A) parafiscais.
B) de legitimidade ordinária.
C) propriamente estatais.
D) essenciais ao interesse público
E) de legalidade ordinária.

3749) (2015) Banca: VUNESP – Órgão: PC-CE – Prova: Delegado de Polícia Civil de 1ª Classe

Quanto à classificação dos serviços públicos, é correto conceituar como serviços próprios do Estado aqueles que

A) se relacionam intimamente com as atribuições do Poder Público e para a execução dos quais a Administração usa sua supremacia sobre os administrados.
B) a Administração os presta remuneradamente, por seus órgãos ou entidades descentralizadas, ou delega sua prestação a concessionários, permissionários ou autorizatários.
C) a Administração presta sem ter usuários determinados, vale dizer, atendem à coletividade no seu todo.
D) a Administração prepara para serem prestados ao público.
E) se consubstanciam em atividade econômica que só pode ser explorada diretamente pelo Poder Público.

Serviços *uti universi* ou gerais ou coletivos – são aqueles serviços que a Administração presta para atender à coletividade como um todo. Ex: os serviços de polícia, iluminação pública, calçamento e outros dessa espécie. Estes serviços **são, em regra, indivisíveis, ou seja, não é possível mensurar o quantum de utilização do serviço por cada cidadão,** haja vista que essa atividade não cria vantagens particularizadas para cada usuário. **Por essa razão, essas atividades são mantidas pela receita geral de impostos (art. 145, I, CF), e não mediante a cobrança de taxa ou tarifa. Esses serviços são prestados compulsoriamente, independente da anuência do usuário.**

Serviços uti singuli ou individuais: refere-se aos serviços que **possuem usuários determinados, e que criam benefícios individuais.** Portanto, **sua utilização é particular e mensurável para cada destinatário, como ocorre com o serviço de telefone, água e energia elétrica domiciliares.** Esses serviços devem ser remunerados mediante a cobrança de taxa (tributo) ou tarifa (preço público).

3750) (2014) Banca: CESPE – Órgão: Câmara dos Deputados – Prova: Analista Legislativo

Com relação aos poderes administrativos e os serviços públicos, julgue o item que se segue. Uma campanha de vacinação contra a gripe que se destine a imunizar determinadas comunidades carentes classifica-se como serviço público coletivo, pois se destina a um número indeterminado de pessoas.

A) Certo B) Errado

3751) (2014) Banca: CESPE – Órgão: Câmara dos Deputados – Prova: Analista Legislativo

Julgue o seguinte item, relativo à prestação de serviço público. A prestação de serviços públicos é espontânea, não podendo o serviço ser prestado compulsoriamente ao particular.

A) Certo B) Errado

3752) (2015) Banca: CESPE – Órgão: MPOG – Prova: Técnico de Nível Superior

Julgue o próximo item, referente ao serviço público. Os serviços de fornecimento domiciliar de água e de energia elétrica, assim como os de telefonia, são exemplos de serviços públicos *uti universi* (gerais ou coletivos), pois são prestados de maneira igualitária a todos os particulares que satisfaçam as condições técnicas e jurídicas exigidas, sem distinção de caráter pessoal.

A) Certo B) Errado

3753) (2016) Banca: CESPE – Órgão: DPU – Prova: Técnico em Assuntos Educacionais

No que se refere aos poderes da administração pública e aos serviços públicos, julgue o item subsecutivo.

Os serviços públicos gerais são indivisíveis, sendo prestados a toda a coletividade, sem destinatários determinados ou individualizados.

A) Certo B) Errado

3754) (2013) Banca: CESPE – Órgão: TCE-ES – Prova: Analista Administrativo – Direito

Assinale a opção correta acerca dos serviços públicos.

A) Os denominados serviços públicos *uti universi* não podem ser objeto nem de concessão nem de remuneração mediante a cobrança de taxa.
B) Na concessão de serviço público, o serviço é atribuído à pessoa física ou jurídica, que o executará por sua conta e risco.
C) As concessões de serviço público demandam a obediência irrestrita ao princípio da obrigatoriedade de licitação, razão pela qual a legislação de regência veda a incidência das hipóteses de dispensa e de inexigibilidade de licitação sobre as licitações para a concessão de serviço público.
D) Quando o serviço público é prestado por empresa pública ou por sociedade de economia mista, tais entidades, integrantes da administração indireta, passam a ser detentoras da titularidade do serviço público.
E) Uma das formas de prestação de serviços públicos é a denominada prestação direta, por meio da qual o próprio Estado presta o serviço público, hipótese em que é vedada a cobrança de contrapartida remuneratória pela prestação do serviço.

3755) (2013) Banca: CESPE – Órgão: MPU – Prova: Analista – Gestão Pública

Acerca dos serviços públicos, julgue o item a seguir.

Os serviços gerais atingem indiscriminadamente a coletividade, não sendo prestados a um usuário determinado, e não podem ser medidos.

A) Certo B) Errado

3756) (2012) Banca: CESPE – Órgão: PRF – Prova: Agente Administrativo

No que concerne a serviços públicos, julgue o item que se segue.

O serviço de iluminação pública pode ser considerado *uti universi*, assim como o serviço de policiamento público.

A) Certo B) Errado

3757) (2014) Banca: CESPE – Órgão: MDIC – Prova: Analista Técnico – Administrativo

A respeito de responsabilidade civil do Estado, dos serviços públicos e da organização administrativa, julgue o próximo item. O serviço de uso de linha telefônica é um típico exemplo de serviço singular, visto que sua utilização é mensurável por cada usuário, embora sua prestação se destine à coletividade.

A) Certo B) Errado

3758) (2016) Banca: CESPE – Órgão: DPU – Prova: Analista Técnico – Administrativo

Em relação aos serviços públicos e ao disposto na Lei 8.112/1990, julgue o item seguinte. A classificação de determinado serviço público como singular pressupõe a individualização de seus destinatários, propiciando a medição da utilização individual direta do serviço público prestado.

A) Certo B) Errado

3759) (2011) Banca: CESPE – Órgão: PREVIC – Prova: Técnico Administrativo

Os serviços de iluminação pública podem ser classificados como serviços singulares ou *uti singuli*, já que os indivíduos possuem direito subjetivo próprio para sua obtenção.

A) Certo B) Errado

3760) (2014) Banca: FCC – Órgão: TRT – 18ª Região (GO) – Prova: Juiz do Trabalho

Serviço público de natureza exclusiva e, no tocante ao regime de prestação, deve ser classificado como *uti universi*. Refere-se ao serviço

A) educacional.
B) de fornecimento de energia.
C) postal.
D) de limpeza dos logradouros públicos.
E) de atendimento à saúde.

3761) (2014) Banca: FCC – Órgão: Prefeitura de Cuiabá – MT – Prova: Procurador Municipal

Determinado Município, visando promover prestação mais eficiente de serviço municipal de coleta de lixo domiciliar, edita lei específica, por meio da qual cria empresa pública dedicada ao referido serviço, antes praticado por órgão municipal. No caso, houve

A) concentração de um serviço uti possidetis.
B) desconcentração de um serviço *uti universi*.
C) descentralização de um serviço *uti universi*
D) descentralização de um serviço *uti singuli*.
E) desconcentração de um serviço *uti singuli*.

3762) (2015) Banca: FGV – Órgão: DPE-RO – Prova: Analista da Defensoria Pública – Analista Jurídico

Em matéria de classificação dos serviços públicos, de acordo com a doutrina de Direito Administrativo, é correto afirmar que serviços:

A) econômicos são aqueles que o Estado executa para atender aos reclamos sociais básicos e representam serviços assistenciais e protetivos, como serviço de assistência médica e hospitalar;
B) singulares (*uti singuli*) são aqueles cujos destinatários não podem ser individualizados, sendo imensurável a utilização por cada um dos indivíduos, como a coleta de lixo;
C) administrativos são aqueles que o Estado executa para compor melhor a organização dos interesses particulares, fomentando a iniciativa privada para maior arrecadação tributária e oferta de empregos;
D) coletivos (*uti universi*) são aqueles prestados a grupamentos indeterminados de indivíduos, de acordo com as opções e prioridades da Administração, e em conformidade com os recursos de que disponha, como a iluminação pública;
E) delegáveis são aqueles que, por sua natureza ou pelo fato de assim dispor o ordenamento jurídico, somente podem ser executados diretamente pelo poder público, como os serviços de defesa nacional.

3763) (2016) Banca: FGV – Órgão: IBGE – Prova: Analista – Processos Administrativos e Disciplinares

De acordo com a doutrina de direito administrativo, os serviços públicos, quanto à maneira como concorrem para satisfazer ao interesse geral, podem ser classificados como singulares (*uti singuli*), que são aqueles que:

A) são prestados a grupamentos indeterminados de indivíduos, como pavimentação de determinada rua;
B) são prestados à sociedade como um todo, mas gozados indiretamente pelos indivíduos, como saneamento básico;
C) podem ser prestados apenas pelo Estado diretamente, sendo vedada a delação a terceiros, como os serviços de defesa nacional;
D) são prestados à coletividade, mas usufruídos apenas indiretamente pelos indivíduos, como serviço de iluminação pública;
E) têm por finalidade a satisfação individual e direta das necessidades dos cidadãos, como o fornecimento de energia elétrica domiciliar.

3764) (2016) Banca: VUNESP – Órgão: Prefeitura de Alumínio – SP – Prova: Procurador Jurídico

Com relação aos Serviços Públicos, é correto afirmar que serviço

A) *uti singuli* é aquele prestado à coletividade, mas usufruído apenas indiretamente pelos indivíduos.
B) *uti universi* é aquele prestado à coletividade e usufruído diretamente pelos indivíduos.
C) *uti universi* é aquele prestado à coletividade, mas usufruído apenas indiretamente pelos indivíduos.
D) *uti singuli* é aquele que tem por finalidade a satisfação individual ou coletiva, porém sempre usufruído diretamente pelos indivíduos.

E) *uti universi* é aquele que tem por finalidade a satisfação individual ou coletiva, porém sempre usufruído indiretamente pelos indivíduos.

3765) (2017) Banca: VUNESP – Órgão: IPRESB – SP – Prova: Analista de Processos Previdenciários

É um exemplo de serviço público denominado de *uti singuli*:

A) iluminação pública.
B) policiamento.
C) asfaltamento de ruas.
D) fornecimento de água.
E) limpeza pública.

3766) (2015) Banca: VUNESP – Órgão: Prefeitura de Suzano – SP – Prova: Procurador Jurídico

São exemplos de serviços públicos *uti singuli*:

A) iluminação pública, calçamento e fornecimento de gás.
B) energia elétrica, iluminação pública e saúde.
C) telefonia, energia elétrica e fornecimento de água.
D) educação, saúde e policiamento.
E) transporte coletivo, defesa civil e educação.

3767) (2014) Banca: VUNESP – Órgão: SP-URBANISMO – Prova: Analista Administrativo

Depois de algum tempo de divergência doutrinária e jurisprudencial, o Supremo Tribunal Federal consagrou o entendimento de que a coleta, a remoção e o tratamento ou a destinação de lixo ou resíduos provenientes de imóveis

A) são serviços *uti singuli* e por isso as taxas podem ser calculadas individualizadamente.
B) devem ser cobrados por meio de taxa por serem um tipo de serviço *uti universi*.
C) devem ser cobrados por meio de imposto do respectivo município.
D) são serviços *uti universi* e devem ser cobrados por meio de contribuição de melhoria.
E) não podem ser cobrados por meio de taxa, devendo sua cobrança ser embutida no valor do IPTU do respectivo imóvel.

3768) (2016) Banca: FUNCAB – Órgão: SEGEP-MA – Prova: Agente Penitenciário

Os serviços públicos que a Administração Pública presta sem ter usuários determinados, para atender à coletividade no seu todo, e normalmente são mantidos por impostos, são denominados:

A) de utilidade pública.
B) gerais ou "uti universi".
C) delegados.
D) administrativos.
E) industriais.

3769) (2015) Banca: FUNCAB – Órgão: MPOG – Prova: Atividade Técnica – Direito, Administração, Ciências Contábeis e Economia

Os serviços públicos gerais (*uti universi*):

A) podem ser remunerados por tarifa.
B) são prestados indiretamente por meio de particulares.
C) são remunerados por contribuições paraestatais.
D) não podem ser concedidos.
E) têm titularidade delegada a pessoas jurídicas privadas.

3770) (2015) Banca: FUNCAB – Órgão: CRC-RO – Prova: Contador

Serviços públicos classificados como "*uti universi*" ou gerais:

A) são prestados a usuários determinados.
B) são custeados pela receita de impostos.
C) podem ser dados em concessão.
D) são prestados por entes privados.
E) podem ser remunerados por taxas.

3771) (2014) Banca: FUNCAB – Órgão: PJC-MT – Prova: Investigador

Sobre os serviços públicos *uti universi* é correto afirmar que:

A) são divisíveis e custeados por preço público.
B) são divisíveis e não podem ser dados em concessão.
C) são divisíveis e mantidos por tarifa.
D) são indivisíveis e podem ser dados em concessão.
E) são indivisíveis e mantidos por impostos.

3772) (2014) Banca: IBFC – Órgão: TRE-AM – Prova: Analista Judiciário – Área Judiciária

São exemplos de serviços públicos "uti universi", EXCETO:

A) Pavimentação de ruas.
B) Iluminação pública.
C) Uso de linha telefônica.
D) Prevenção de doenças

3773) (2013) Banca: CONPASS – Órgão: Prefeitura de Serra Negra do Norte – RN – Prova: Procurador Jurídico

No tocante aos serviços públicos, não se pode afirmar:

A) Na Constituição, encontram-se exemplos de serviços públicos exclusivos, como o serviço postal e o correio aéreo nacional (art. 21, X), os serviços de telecomunicações (art. 21, XI), dentre outros.
B) As pessoas jurídicas de direito público e as de direito privado prestadoras de serviços públicos têm responsabilidade civil objetiva pelos danos que seus agentes, nessa qualidade, causarem a terceiros.
C) Os serviços públicos *uti universi* são aqueles prestados à coletividade, que têm por finalidade a satisfação direta das necessidades dos cidadãos, tais como os serviços de iluminação pública, de saneamento e de segurança nacional, sendo viável, portanto, a quantificação do uso individual.
D) Os serviços públicos podem ter natureza comercial ou industrial, que são aqueles que atendem às necessidades coletivas de ordem econômica, tais como telecomunicações, transporte etc.
E) A autorização de serviço público é ato administrativo unilateral, discricionário e precário.

3774) (2016) Banca: FIOCRUZ – Órgão: FIOCRUZ – Prova: Assistente Técnico de Gestão em Saúde

Existe uma classificação de serviços públicos, que é bastante consensual na doutrina do Direito Administrativo. Trata-se daquela que adota como critérios os destinatários do serviço público. Com relação aos denominados serviços públicos gerais ou *uti universi*, é correto afirmar que:

A) eles apenas podem ser custeados por impostos.
B) são serviços públicos não essenciais e podem ser custeados por preço público.
C) são prestados para um número determinado de pessoas e podem ser custeados por taxas.
D) são aqueles essenciais ao interesse público e podem ser custeados por tarifas.
E) denominam-se também por serviços não essenciais e podem ser custeados por taxas.

3775) (2011) Banca: TRT 23R (MT) – Órgão: TRT – 23ª REGIÃO (MT) – Prova: Juiz do Trabalho

Assinale a falsa. Os serviços públicos *uti universi*:

A) a administração presta sem ter usuários determinados.
B) são os que têm usuários determinados e utilização particular.
C) são indivisíveis.
D) também é conhecido como serviços gerais.
E) devem ser mantidos por imposto e não por taxa ou tarifa.

3776) (2008) Banca: UFCG – Órgão: TJ-PB – Prova: Analista Judiciário

Assinale a alternativa correta na questão seguinte:

Quanto à maneira como concorrem para satisfazer ao interesse geral, os serviços públicos podem ser classificados em *uti singuli* e *uti universi*. São serviços públicos uti universi

A) aqueles que a administração presta sem ter usuários determinados, atendendo a coletividade de forma integral.
B) os que têm usuários determinados e utilização particular e mensurável para cada destinatário.
C) os que não afetam substancialmente as necessidades da comunidade, mas satisfazem interesses comuns de seus membros.
D) aqueles divisíveis e mantidos mediante remuneração mensurável e proporcional ao uso individual do serviço.
E) os que têm por finalidade a satisfação individual e direta das necessidades dos cidadãos, a exemplo dos serviços comerciais e industriais do Estado (energia elétrica, gás, transportes) e de serviços sociais (saúde, ensino, assistência e previdência social).

3777) (2014) Banca: CAIP-IMES – Órgão: Câmara Municipal de São Caetano do Sul – SP – Prova: Procurador

Serviços públicos "uti singuli" são aqueles:

A) que a Administração presta sem ter usuários determinados, para atender à coletividade no seu todo.
B) que se relacionam intimamente com as atribuições do Poder Público e para a execução dos quais a Administração usa da sua supremacia sobre os administrados, vedada a sua delegação a particulares.
C) que têm usuários determinados e utilização particular e mensurável para cada destinatário.
D) que a Administração, reconhecendo sua conveniência para os membros da coletividade, presta-os diretamente ou aquiesce em que sejam prestados por terceiros, nas condições regulamentadas e sob seu controle, mas por conta e risco dos prestadores, mediante remuneração dos usuários.

3778) (2014) Banca: CETRO – Órgão: Prefeitura de São Paulo – SP – Prova: Auditor Fiscal Municipal – Tecnologia da Informação (+ provas)

Os serviços públicos podem ser públicos e de utilidade pública; próprios e impróprios do Estado; administrativos e industriais; e *uti universi* e *uti singuli*. Acerca dos tipos de serviços públicos, assinale a alternativa correta.

A) Os serviços de utilidade pública visam a satisfazer necessidades gerais e essenciais da sociedade, como serviços de energia elétrica, de transporte coletivo e de polícia.
B) Higiene, saúde pública e serviços notariais são serviços impróprios do Estado.
C) Serviços uti singuli são os que possuem usuários determinados e utilização particular e mensurável para cada destinatário, devendo esses serviços serem remunerados por taxa ou tarifa.
D) Serviços de iluminação pública são serviços *uti singuli*.
E) Serviços uti universi são aqueles mantidos por impostos, já que se tratam de serviços mensuráveis na sua utilização.

3779) (2014) Banca: IBFC – Órgão: SEPLAG-MG – Prova: Gestor de Transportes e Obras – Direito

Indique a alternativa que apresenta um exemplo de serviço público "uti singuli":

A) Energia domiciliar
B) Pavimentação asfáltica.
C) Prevenção de doenças.
D) Iluminação pública

3780) (2016) Banca: IBFC – Órgão: Câmara de Franca – SP – Prova: Advogado

Assinale a alternativa que corresponde ao conceito de serviços públicos "uti singuli":

A) são aqueles em cuja prestação o Estado atua no exercício de sua soberania, razão pela qual são indelegáveis e remunerados por taxa.
B) são aqueles prestados a um número determinado ou determinável de indivíduos, razão pela qual admitem mensuração personalizada.
C) são aqueles prestados para toda a coletividade, indistintamente, ou seja, seus usuários são indeterminados e indetermináveis.
D) são aqueles prestados no interesse direto da coletividade, razão pela qual são delegáveis e podem ser remunerados por imposto ou preço público.

Serviços públicos exclusivos indelegáveis: serviços públicos que o Estado deve prestar exclusivamente e são indelegáveis. Esses serviços só podem ser prestados pelo Estado. Ex.: serviço de segurança pública, serviço postal.

Serviços públicos exclusivos de delegação obrigatória: serviços que o Estado presta, mas não pode desempenhar em regime de monopólio. Ou seja, o Estado executa diretamente, mas também tem o dever de delegar essas atividades (serviços que não podem ser prestadas somente pelo ente público). Ex.: televisão e rádio.

Serviços públicos delegáveis: o Estado pode prestar esse serviço diretamente ou de forma indireta mediante delegação a particulares. **Ex.: fornecimento de gás canalizado.**

Serviços públicos não exclusivos de Estado (serviço de utilidade pública): nesse caso, o Estado tem o dever de prestar diretamente o serviço sem, contudo, deter a titularidade exclusiva desse serviço. Portanto, o particular também pode prestar esse serviço, em seu próprio nome, independentemente de delegação estatal. Diante disso, o particular executa o serviço por sua conta e risco, enquanto o Estado irá apenas autorizar, regulamentar e fiscalizar, por meio do exercício do Poder de Polícia, essa atividade. Ex.: **o fato de existir um sistema público de saúde, não impede que os particulares também exerçam essa atividade e construam um hospital privado.**

3781) (2015) Banca: CESPE – Órgão: TCE-RN – Prova: Inspetor – Administração, Contabilidade, Direito ou Economia – Cargo 3

Relativamente aos serviços públicos e à concessão e permissão de serviço público, julgue o item subsecutivo.

Classificam-se como indelegáveis aqueles serviços que só podem ser prestados diretamente pelo estado, de que são exemplos os serviços de defesa nacional e segurança pública.

A) Certo B) Errado

3782) (2010) Banca: CESPE – Órgão: TCU – Prova: Auditor Federal de Controle Externo – Tecnologia da Informação

O serviço público de fornecimento de gás canalizado pode ser delegável.

A) Certo B) Errado

3783) (2014) Banca: Quadrix – Órgão: SERPRO – Prova: Analista – Medicina do Trabalho (+ provas)

Em alguns casos, de acordo com seu tipo, os serviços públicos podem ter sua responsabilidade transferida do Estado para instituições privadas colaboradoras, que ficam encarregadas da sua execução. Esses seriam os serviços públicos:

A) jurídicos.
B) transferíveis.
C) privados.
D) secundários.
E) delegáveis.

Em conformidade com o art. 22, XXVII, compete à União editar normas gerais sobre licitações e contratos administrativos, normas essas que devem ser observadas por todos os demais entes da federação. Nesse diapasão, a União editou a Lei nº 8.987/95 que trata acerca das normas gerais sobre os regimes de concessão e permissão de serviços públicos. Os incisos II e IV do art. 2 da Lei 8.987/95, assim definem essas modalidades de concessão.

Concessão de serviço público: delegação da prestação do serviço público realizada pelo poder público, mediante licitação na modalidade concorrência, à PESSOA JURÍDICA OU CONSÓRCIO DE EMPRESAS que demonstre capacidade para o seu desempenho, por tempo determinado.

Permissão de serviço público: delegação da prestação de serviço público, mediante licitação em qualquer modalidade, feita pelo poder concedente à PESSOA FÍSICA OU JURÍDICA que demonstre capacidade no seu desempenho, por sua conta e risco.

3784) (2013) Banca: CESPE – Órgão: ANTT – Prova: Técnico Administrativo

Julgue o item a seguir a respeito do regime de concessão e permissão da prestação de serviços públicos.

O poder concedente somente poderá delegar a uma pessoa jurídica a concessão de serviço público mediante prévia licitação na modalidade concorrência.

A) Certo B) Errado

3785) (2017) Banca: CESPE – Órgão: SERES-PE – Prova: Agente de Segurança Penitenciária

É permitida aos governos estaduais a delegação da prestação de serviço público por

A) permissão, mediante licitação, sendo vedada, nesse caso, a delegação a pessoa física.
B) concessão, sem licitação, sendo vedada, nesse caso, a delegação a pessoa física.
C) permissão, sem licitação, a título precário, a pessoa física.
D) permissão, sem licitação, a título precário, a pessoa jurídica.
E) concessão, mediante licitação, a pessoa jurídica.

3786) (2009) Banca: FCC – Órgão: TCE-GO – Prova: Analista de Controle Externo – Engenharia Civil

A concessão de serviço público é a delegação

A) de serviços, originalmente de competência do poder público à pessoa jurídica ou ao consórcio de empresas que demonstre capacidade para seu desempenho, mediante licitação, na modalidade de convite e com prazo indeterminado
B) de atribuições e serviços, originalmente de competência do poder público à pessoa jurídica ou ao consórcio de empresas que demonstre capacidade para seu desempenho, mediante licitação, na modalidade de concorrência e com prazo determinado.
C) a título precário, de atribuições, originalmente de competência do poder público à pessoa física ou jurídica que demonstre capacidade para seu desempenho, mediante leilão, na modalidade de tomada de preços e com prazo indeterminado.
D) de serviços, originalmente de competência do poder público à pessoa física ou jurídica que demonstre capacidade para seu desempenho, mediante licitação, na modalidade de concurso e com prazo determinado.
E) serviços, a título precário, originalmente de competência do poder público ao consórcio de empresas que demonstre capacidade para seu desempenho, mediante convite, na modalidade de tomada de preços e com prazo determinado

3787) (2016) Banca: FCC – Órgão: SEGEP-MA – Prova: Técnico da Receita Estadual – Arrecadação e Fiscalização de Mercadorias em Trânsito – Conhecimentos Gerais

Delegação de sua prestação, feita pelo poder concedente, mediante licitação, na modalidade de concorrência, à pessoa jurídica ou consórcio de empresas que demonstre capacidade para seu desempenho, por sua conta e risco e por prazo determinado. Essa é a definição legal do regime de descentralização de serviço mediante

A) permissão.
B) autorização.
C) concessão.
D) parceria público privada.
E) licença.

3788) (2011) Banca: FCC – Órgão: TRT – 4ª REGIÃO (RS) – Prova: Analista Judiciário – Área Judiciária (+ provas)

Entende-se por permissão de serviço público a

A) expedição de ato unilateral, discricionário e precário, em favor de pessoa jurídica ou física que comprove formalmente perante o poder concedente, a sua plena capacidade para a prestação do serviço.
B) transferência através de contrato por prazo determinado e prévia licitação, na modalidade concorrência, celebrado pelo poder concedente com a pessoa jurídica ou consórcio de empresas, que tenha demonstrado capacidade para a sua prestação, por sua conta e risco.
C) outorga mediante ato unilateral e precário, expedido pelo poder público à pessoa física ou jurídica que tenha demonstrado no decorrer do procedimento licitatório, capacidade para a prestação do serviço, por sua conta e risco.
D) contratação mediante ato administrativo discricionário e precário, sem necessidade de realização do certame licitatório, de pessoa jurídica que comprove plena capacidade para a execução do serviço.
E) delegação a título precário, mediante contrato de adesão e prévia licitação, objetivando a prestação de serviço público, formalizado entre o poder público e a pessoa física ou jurídica que tenha demonstrado, no procedimento licitatório, capacidade para a sua prestação.

3789) (2015) Banca: FCC – Órgão: TCE-CE – Prova: Técnico de Controle Externo-Administração

Conceituar serviço público é matéria das mais árduas. Não há consenso doutrinário na questão. Nada obstante, a Constituição Federal dispõe no seu artigo 175 quanto às formas de prestação de referida atividade, estabelecendo, ainda, que a lei disporá quanto aos direitos dos usuários, a política tarifária e a obrigação de manter serviço adequado. A partir de referido microssistema constitucional, são formas de delegação da prestação de serviços públicos a particulares:

A) os contratos de empreitada de obra pública precedidos de licitação na modalidade concorrência pública.
B) os convênios administrativos celebrados por órgãos ou entidades da Administração pública com particulares, submetidos ao regime da Lei no 8.666/1993.
C) a concessão de serviço público feita pelo Poder Concedente à pessoa jurídica, por meio de licitação na modalidade concorrência, bem como a permissão de serviço público feita pelo Poder Concedente, mediante licitação, à pessoa física ou jurídica.
D) a concessão feita pelo Poder Concedente à pessoa física ou jurídica, por meio de licitação, em qualquer modalidade, bem como a permissão de serviço público feita pelo Poder Concedente à pessoa física ou jurídica, independentemente de procedimento licitatório prévio, que não é exigível dada a natureza precária do vínculo formado entre o particular e o Poder Público.
E) a contratação integrada que contempla a possibilidade de um único interessado ter aos seus cuidados não só a elaboração dos projetos básicos e executivos, mas, igualmente, a execução de obras públicas.

3790) (2014) Banca: FGV – Órgão: MPE-RJ – Prova: Estágio Forense

Quando o poder público delega a prestação de determinado serviço público, mediante licitação, na modalidade de concorrência, à pessoa jurídica ou consórcio de empresas que demonstre capacidade para seu desempenho, por sua conta e risco e por prazo determinado, o instrumento jurídico utilizado é o contrato administrativo de:

A) licitação de serviço público;
B) autorização de serviço público;
C) desconcentração de serviço público;
D) gestão de serviço público;
E) concessão de serviço público.

3791) (2014) Banca: FGV – Órgão: Prefeitura de Recife – PE – Prova: Auditor do Tesouro Municipal

Serviço público é todo aquele definido como sendo de responsabilidade do Estado, ainda que não seja por este diretamente prestado.

Assinale a opção que expõe um conceito correto de concessão do serviço público.

A) É a delegação de sua prestação, feita pelo poder concedente, mediante licitação, na modalidade de concorrência, à pessoa jurídica ou consórcio de empresas que demonstre capacidade para seu desempenho, por sua conta e risco e por prazo determinado.
B) É a delegação, a título precário, mediante licitação, da prestação de serviços públicos, feita pelo poder concedente à pessoa física ou jurídica que demonstre capacidade para seu desempenho, por sua conta e risco.
C) É a delegação de sua prestação, feita pelo concessionário, mediante licitação, na modalidade de concorrência, à pessoa jurídica ou consórcio de empresas que demonstre capacidade para seu desempenho, por sua conta e risco e por prazo determinado.
D) É a delegação, a título precário, mediante licitação, da prestação de serviços públicos, feita pelo concessionário à pessoa física ou jurídica que demonstre capacidade para seu desempenho, por sua conta e risco.
E) É a delegação de sua prestação, feita pelo poder concedente, mediante licitação, na modalidade de concorrência, à pessoa física que demonstre capacidade para seu desempenho, por sua conta e risco e por prazo determinado.

3792) (2011) Banca: FGV – Órgão: TRE-PA – Prova: Analista Judiciário

A delegação de prestação de serviço público mediante concorrência e o ato de delegação precária de serviço público correspondem, respectivamente, a

A) desconcentração e permissão.
B) permissão e desconcentração.
C) permissão e concessão.
D) concessão e permissão.
E) concessão e autorização.

3793) (2015) Banca: FGV – Órgão: TJ-BA – Prova: Analista Judiciário – Subescrivão – Direito

O Art. 175 da Constituição da República dispõe que "incumbe ao Poder Público, na forma da lei, diretamente ou sob regime de concessão ou permissão, sempre através de licitação, a prestação de serviços públicos". Assim, quanto à figura de quem os presta, existem dois tipos de serviços: os centralizados (prestados em execução direta pelo próprio Estado) e os descentralizados (prestados por outras pessoas). Nesse contexto, é correto afirmar que a:

A) concessão de serviço público é a delegação de sua prestação, feita pelo poder concedente, mediante licitação, na modalidade de concorrência, tomada de preços ou convite, de acordo com o valor do contrato, à pessoa jurídica ou consórcio de empresas que demonstre capacidade para seu desempenho, por sua conta e risco e por prazo determinado;
B) permissão de serviço público é a delegação de sua prestação, feita pelo poder concedente, mediante licitação, na modalidade de concorrência, à pessoa jurídica ou consórcio de empresas que demonstre capacidade para seu desempenho, por sua conta e risco e por prazo indeterminado;
C) permissão de serviço público é a delegação, a título precário, mediante licitação, da prestação de serviços públicos, feita pelo poder concedente à pessoa física ou jurídica que demonstre capacidade para seu desempenho, por sua conta e risco;
D) concessão de serviço público é a delegação, a título precário, mediante licitação, da prestação de serviços públicos, feita pelo poder concedente à pessoa física ou jurídica que demonstre capacidade para seu desempenho, por sua conta e risco;
E) autorização de serviço público é a delegação de sua prestação, feita pelo poder concedente, mediante licitação, na modalidade de concorrência, tomada de preços ou convite, de acordo com o valor do contrato, à pessoa jurídica ou consórcio de empresas que demonstre capacidade para seu desempenho, por sua conta e risco e por prazo determinado.

3794) (2016) Banca: FUNIVERSA – Órgão: IF-AP – Prova: Auxiliar em Administração

Um município resolveu legislar sobre normas gerais a respeito de contratos administrativos sem obedecer às regras estipuladas na legislação federal.

Considerando essa situação hipotética e as demais regras a respeito de contratos administrativos previstas na CF e na Lei 8.666/1993, assinale a alternativa correta.

A) O município agiu corretamente, visto que possui autonomia para legislar sobre normas gerais sem observar regras estipuladas na legislação federal.
B) O município não possui competência para editar normas suplementares a respeito de contratos administrativos.
C) O município agiu incorretamente, uma vez que cabe à União Federal editar as leis que tratem das regras gerais, cabendo aos estados e municípios a edição de normas suplementares em obediência às regras estipuladas na legislação federal.
D) Cabe à União Federal editar normas suplementares e ao município editar normas gerais.
E) Cabe ao estado da federação editar normas gerais e ao município editar normas suplementares.

3795) (2015) Banca: AMEOSC – Órgão: Prefeitura de São Miguel D`Oeste – SC – Prova: Advogado

A concessão de serviço público é:

A) A delegação de sua prestação, feita pelo poder concedente, mediante licitação, na modalidade de leilão, à pessoa jurídica ou consórcio de empresas que demonstre capacidade para seu desempenho, por sua conta e risco e por prazo indeterminado.
B) A delegação de sua prestação, feita pelo poder concedente, mediante licitação, na modalidade de pregão, à pessoa jurídica ou consórcio de empresas que demonstre capacidade para seu desempenho, por sua conta e risco e por prazo determinado.
C) A delegação de sua prestação, feita pelo poder concedente, mediante licitação, na modalidade de concorrência, à pessoa jurídica ou consórcio de empresas que demonstre capacidade para seu desempenho, por sua conta e risco e por prazo determinado.
D) A delegação de sua prestação, feita pelo poder concedente, mediante licitação, na modalidade de leilão e/ou convite, à pessoa jurídica ou consórcio de empresas que demonstre capacidade para seu desempenho, por sua conta e risco e por prazo indeterminado.

3796) (2013) Banca: IBFC – Órgão: PC-RJ – Prova: Oficial de Cartório

No que diz respeito ao regime de delegação de prestação de serviços públicos, podemos conceituar corretamente a permissão de serviços como sendo:

A) A delegação, a título precário, mediante licitação, na modalidade concorrência, da prestação de serviços públicos, feita pelo poder concedente exclusivamente à pessoa jurídica ou consórcio de empresas que demonstre capacidade para seu desempenho, por sua conta e risco.
B) A delegação, a título precário, mediante licitação, da prestação de serviços públicos, feita pelo poder concedente à pessoa física ou jurídica que demonstre capacidade para seu desempenho, por sua conta e risco.
C) A delegação, mediante licitação, da prestação de serviços públicos, feita pelo poder concedente à pessoa jurídica ou consórcio de empresas que demonstre capacidade para seu desempenho, por sua conta e risco, ou por conta do poder público, e por prazo determinado.
D) A delegação, mediante licitação, levada a efeito sempre na modalidade concorrência, da prestação de serviços públi-

cos, feita pelo poder concedente à pessoa física ou jurídica que demonstre capacidade para seu desempenho, por sua conta e risco e por prazo determinado.

E) A delegação, a título precário, mediante licitação, da prestação de serviços públicos, feita pelo poder concedente exclusivamente à pessoa jurídica ou consórcio de empresas que demonstre capacidade para seu desempenho, por sua conta e risco.

3797) (2015) Banca: EXATUS-PR – Órgão: Prefeitura de Nova Friburgo – RJ – Prova: Agente Fazendário

Nos termos da legislação brasileira vigente, a delegação da prestação de serviços públicos realizada por um Ente da Federação, mediante licitação na modalidade concorrência, à pessoa jurídica ou consórcio de empresas que demonstre capacidade para o desempenho, por sua conta e risco e por prazo determinado, é denominada:

A) Terceirização.
B) Permissão.
C) Descentralização.
D) Concessão.

3798) (2011) Banca: CESGRANRIO – Órgão: Petrobras – Prova: Advogado

A modalidade de delegação de serviço público que se opera mediante licitação, na forma de concorrência, à pessoa jurídica ou consórcio de empresas que demonstre capacidade para seu desempenho, por sua conta e risco e por prazo determinado, é denominada

A) concessão de serviço público
B) permissão de serviço público
C) consórcio público
D) parceria público-privada, na modalidade administrativa
E) parceria público-privada, na modalidade patrocinada

3799) (2013) Banca: UEG – Órgão: PC-GO – Prova: Escrivão de Polícia Civil – Reaplicação

A delegação do serviço público por meio da concessão pressupõe processo de licitação na modalidade

A) registro de preços
B) convite
C) pregão
D) concorrência

3800) (2016) Banca: EXATUS – Órgão: Ceron – RO – Prova: Direito

No que concerne ao serviço público, é correto afirmar:

A) Concessão de serviço público é a delegação de sua prestação, feita pelo poder concedente, mediante licitação, na modalidade de concorrência, à pessoa jurídica ou consórcio de empresas que demonstre capacidade para seu desempenho, por sua conta e risco e por prazo indeterminado.
B) Permissão de serviço público é a delegação, a título precário, mediante licitação, da prestação de serviços públicos, feita pelo poder concedente à pessoa física ou jurídica que demonstre capacidade para seu desempenho, por sua conta e risco.
C) A concessão de serviço público constitui contrato administrativo por meio do qual o Poder Público transfere à pessoa jurídica distinta a titularidade de determinado serviço público, para executá-lo por sua conta e risco.
D) O contrato de concessão de serviço público não poderá prever o emprego de mecanismos privados para resolução de disputas decorrentes ou relacionadas ao contrato, por ser regido pelas normas de Direito Público.

3801) (2011) Banca: IADES – Órgão: PG-DF – Prova: Técnico Jurídico – Apoio Administrativo

A delegação dos serviços públicos, regulada pelo art. 175 da Constituição Federal e pela Lei n° 8.987/95, pode ser operada aos particulares, mediante a utilização dos institutos da concessão, permissão ou autorização. Assinale a alternativa correta em relação ao tema.

A) A concessão de serviço público constitui a delegação de sua prestação, feita pelo poder concedente, mediante licitação, na modalidade de concorrência, à pessoa jurídica ou ao consórcio de empresas que demonstre capacidade para seu desempenho, por sua conta e risco e por prazo determinado.
B) A permissão de serviço público constitui a delegação, à título precário, mediante licitação, da prestação de serviços públicos, feita pelo poder concessionário à pessoa física ou jurídica que demonstre capacidade para seu desempenho, por sua conta e risco.
C) A concessão de serviço público constitui a delegação de sua prestação, feita pelo poder concedente, mediante licitação, na modalidade de tomada de preço, à pessoa física ou jurídica que demonstre capacidade para seu desempenho, por sua conta e risco e por prazo determinado.
D) A permissão de serviço público constitui a delegação, à título precário, mediante licitação, sempre na modalidade de concorrência, da prestação de serviços públicos, feita pelo poder concedente, exclusivamente à pessoa física que demonstre capacidade para seu desempenho, por sua conta e risco.
E) As concessões e as permissões sujeitar-se-ão à fiscalização pelo poder concedente responsável pela delegação, independente da cooperação dos usuários, não sendo necessária a justificação da conveniência da outorga desta delegação pelo poder concedente.

3802) (2015) Banca: FUNCAB – Órgão: ANS – Prova: Ativ. Tec. de Suporte – Direito

Marque a opção correta, a respeito do serviço público.

A) Sobre as concessões de serviços público e de obras públicas e as permissões de serviços públicos reger-se-ão, exclusivamente, nos termos da lei que trata das licitações e contratos administrativos.
B) Sobre a concessão de serviço público precedida da execução de obra pública, a construção, total ou parcial, conservação, reforma, ampliação ou melhoramento de quaisquer obras de interesse público, delegada pelo poder concedente, mediante licitação, na modalidade de concorrência e tomada de preço, à pessoa física e jurídica ou consórcio de empresas que demonstre capacidade para a sua realização, por sua conta e risco, de forma que o investimento da concessionária seja remunerado e amortizado mediante a exploração do serviço ou da obra por prazo determinado.

C) Sobre a concessão de serviço público, a delegação de sua prestação, feita pelo poder concedente, mediante licitação, na modalidade de concorrência, à pessoa física ou jurídica, ou consórcio de empresas que demonstre capacidade para seu desempenho, por sua conta e risco e por prazo determinado.
D) Sobre o poder concedente, são eles a União, o Estado, o Distrito Federal, o Município ou o território, em cuja competência se encontre o serviço público, precedido ou não da execução de obra pública e licitação, objeto de concessão ou permissão.
E) Sobre a permissão de serviço público, a sua delegação, a título precário, mediante licitação, da prestação de serviços públicos, feita pelo poder concedente à pessoa física ou jurídica que demonstre capacidade para seu desempenho, por sua conta e risco.

3803) (2008) Banca: CONSULPLAN – Órgão: TRE-RS – Prova: Técnico Administrativo – Prova Anulada

Sobre o tema concessão e permissão no serviço público, marque a alternativa INCORRETA:

A) Considera-se encampação a retomada do serviço pelo poder concedente durante o prazo da concessão, por motivo de interesse público, mediante lei autorizativa específica e após prévio pagamento da indenização, na forma da lei.
B) Segundo a lei, a permissão de serviço público será formalizada mediante contrato de adesão.
C) Concessão de serviço público caracteriza-se como a delegação de sua prestação, feita pelo poder concedente, mediante licitação, na modalidade de concorrência, à pessoa jurídica ou a consórcio de empresas que demonstre capacidade para seu desempenho, por sua conta e risco e por prazo determinado.
D) A permissão de serviço público não poderá ser feita à pessoa física.
E) As concessões e permissões sujeitar-se-ão à fiscalização pelo poder concedente responsável pela delegação, com a cooperação dos usuários.

3804) (2010) Banca: UPENET/IAUPE – Órgão: SUAPE – Prova: Advogado

O contrato administrativo através do qual o Poder Público faculta ao particular, mediante licitação na modalidade concorrência, a utilização exclusiva de bem público, para que o explore conforme sua destinação específica, é denominado de

A) permissão de uso.
B) autorização de uso.
C) cessão de uso.
D) concessão de uso.
E) servidão de uso.

3805) (2008) Banca: TJ-DFT – Órgão: TJ-DFT – Prova: Juiz

Para os fins do disposto na Lei nº 8987/1995, a delegação, a título precário, mediante licitação, da prestação de serviços públicos, feita pelo poder concedente à pessoa física ou jurídica que demonstre capacidade para seu desempenho, por sua conta e risco, denomina-se:

A) Autorização;
B) Licença;
C) Permissão de serviço público;
D) Concessão de serviço público.

Na subconcessão, ao contrário do que ocorre nos contratos privados celebrados pela empresa concessionária (descrito no parágrafo acima), o próprio poder público que outorga a subconcessão e não a empresa concessionária. Nos termos do art. 26 da Lei 8.987/95, admite-se a subconcessão do serviço público concedido à empresa concessionária, nos termos do contrato de concessão, mediante **autorização pelo poder concedente e licitação na modalidade concorrência**. Portanto, a concessionária irá solicitar ao Poder Público que promova a subconcessão parcial do objeto do contrato nos termos da lei e, nesse caso, diferentemente do que ocorre nos casos de subcontratação, **não há relação jurídica entre a concessionária e a subconcessionária, há relação contratual entre a subconcessionária e o poder público que irá conduzir o procedimento licitatório de subconcessão**.

3806) (2008) Banca: CESPE – Órgão: SERPRO – Prova: Analista – Advocacia

A respeito dos bens públicos e do serviço público, julgue o item a seguir.

No contrato de concessão, é permitida a subconcessão, desde que prevista no contrato, autorizada pelo poder concedente e precedida de concorrência.

A) Certo   B) Errado

3807) (2014) Banca: VUNESP – Órgão: SP-URBANISMO – Prova: Analista Administrativo

Nos termos da lei que rege a concessão de serviços públicos (Lei 8.987/95), a subconcessão do serviço concedido

A) é expressamente vedada.
B) é permitida livremente, dispensada a anuência do poder concedente ou sua previsão contratual.
C) é admitida, mesmo sem previsão no contrato, desde que expressamente autorizada pelo poder concedente
D) legal e contratualmente autorizada, será sempre precedida de concorrência.
E) pode ser realizada, sem anuência do poder concedente, desde que prevista no contrato

3808) (2013) Banca: FUNCAB – Órgão: ANS – Prova: Complexidade Intelectual – Direito

Em tema de concessões de serviços públicos é correto afirmar que:

A) concessão de serviço público precedida de execução de obra pública será objeto de prévia licitação para a delegação do serviço público a título precário.
B) o contrato de concessão poderá prever o emprego de mecanismos privados para a resolução de disputas decorrentes ou relacionadas ao contrato, exceto a arbitragem.
C) a intervenção não tem prazo determinado, devendo perdurar enquanto persistirem os motivos que a justificaram.
D) desde que expressamente autorizada pelo poder concedente, é admitida a subconcessão, nos termos previstos no contrato de concessão. Contudo, a outorga da subconcessão será sempre precedida de concorrência.
E) as cláusulas relativas aos bens reversíveis são facultativas nos contratos de concessão.

Intervenção na concessão: Decretada a intervenção, o Poder Público terá o prazo de trinta dias para instaurar o procedimento administrativo para fins de apurar as responsabilidades. Tal procedimento administrativo deverá ser concluído no prazo de cento e vinte dias, sob pena de ser considerada inválida a intervenção.

3809) (2010) Banca: CESPE – Órgão: ANEEL – Prova: Analista Administrativo

Julgue o item seguinte, relativo ao regime de concessão e permissão da prestação de serviços públicos. Entre as peculiaridades da concessão, está a possibilidade de o poder concedente decretar a intervenção na empresa concessionária, medida de natureza investigatória, e não punitiva.

A) Certo B) Errado

3810) (2017) Banca: IBFC – Órgão: AGERBA – Prova: Técnico em Regulação

Considerando as normas da Lei federal nº 8.987, de 13/02/1995 que dispõe sobre o regime de concessão e permissão da prestação de serviços públicos previstos no art. 175 da Constituição Federal e dá outras providências assinale a alternativa correta.

A) Declarada a intervenção, o poder concedente deverá, no prazo de vinte dias, instaurar procedimento administrativo para comprovar as causas determinantes da medida e apurar responsabilidades, assegurado o direito de ampla defesa

B) Declarada a intervenção, o poder concedente deverá, no prazo de quinze dias, instaurar procedimento administrativo para comprovar as causas determinantes da medida e apurar responsabilidades, assegurado o direito de ampla defesa

C) Declarada a intervenção, o poder concedente deverá, no prazo de trinta dias, instaurar procedimento administrativo para comprovar as causas determinantes da medida e apurar responsabilidades, assegurado o direito de ampla defesa

D) Declarada a intervenção, o poder concedente deverá, no prazo de noventa dias, instaurar procedimento administrativo para comprovar as causas determinantes da medida e apurar responsabilidades, assegurado o direito de ampla defesa

E) Declarada a intervenção, o poder concedente deverá, no prazo de cento e oitenta dias, instaurar procedimento administrativo para comprovar as causas determinantes da medida e apurar responsabilidades, assegurado o direito de ampla defesa

A encampação refere-se à rescisão unilateral e retomada do serviço pelo **poder público em razão do interesse público superveniente**. Nesse sentido, são requisitos para encampação: interesse público superveniente, lei autorizativa específica e pagamento prévio de indenização à empresa.

3811) (2015) Banca: CESPE – Órgão: TJ-DFT – Prova: Analista Judiciário – Oficial de Justiça Avaliador Federal

A respeito das sociedades de economia mista, da convalidação de atos administrativos, da concessão de serviços públicos e da desapropriação, julgue o item a seguir.

Admite-se que a União, no prazo da concessão de determinado serviço público, retome o serviço por encampação, mediante lei autorizativa específica, após prévio pagamento de indenização e por motivo de interesse público.

A) Certo B) Errado

3812) (2014) Banca: CESPE – Órgão: MEC – Prova: Especialista em Regulação da Educação Superior

No que se refere aos contratos de concessão de serviços públicos, julgue o item que se segue.

Na extinção da concessão de serviço público por encampação, a retomada do serviço pelo poder concedente se dá por motivo de interesse público, necessariamente mediante lei autorizativa específica.

A) Certo B) Errado

3813) (2009) Banca: CESPE – Órgão: TCE-ES – Prova: Procurador Especial de Contas

Ocorre encampação quando

A) o serviço está sendo prestado de forma inadequada ou deficiente, tendo por base as normas, critérios, indicadores e parâmetros definidores da qualidade desse serviço.

B) a concessionária descumpre cláusulas contratuais ou disposições legais ou regulamentares concernentes à concessão.

C) a concessionária é condenada em sentença transitada em julgado por sonegação de tributos, inclusive contribuições sociais.

D) há a retomada do serviço pelo poder concedente durante o prazo da concessão, por motivo de interesse público, mediante lei autorizativa específica e após prévio pagamento da indenização.

E) há rescisão do contrato de concessão, por iniciativa da concessionária, no caso de descumprimento das normas contratuais pelo poder concedente, mediante ação judicial especialmente intentada para esse fim.

3814) (2015) Banca: FGV – Órgão: Prefeitura de Niterói – RJ – Prova: Fiscal de Tributos

Após regular processo licitatório, determinada sociedade empresária firmou contrato de concessão com o Município para prestação do serviço público de transporte coletivo de passageiros. No curso do contrato, durante o prazo da concessão, o poder concedente retomou a prestação do serviço, por motivo de interesse público, mediante lei autorizativa específica. No caso em tela, com base na Lei nº 8.987/95, ocorreu a extinção da concessão mediante:

A) encampação, após o prévio pagamento de indenização;
B) caducidade, com o ulterior pagamento de indenização;
C) rescisão, com o ulterior pagamento de indenização;
D) revogação, após o prévio pagamento de indenização;
E) anulação, com o ulterior pagamento de indenização.

3815) (2015) Banca: FGV – Órgão: TCM-SP – Prova: Agente de Fiscalização – Ciências Contábeis

A Lei nº 8.987/95 dispõe sobre o regime de concessão e permissão da prestação de serviços públicos previsto no art. 175, da Constituição da República. Com base no que dispõe tal lei, é hipótese de extinção da concessão a:

A) encampação, que é a retomada do serviço pelo poder concedente durante o prazo da concessão, por motivo de interesse público, mediante lei autorizativa específica e após prévio pagamento da indenização;

B) caducidade, que acontece por iniciativa da concessionária, no caso de descumprimento das normas contratuais pelo poder concedente, mediante ação judicial especialmente intentada para esse fim;

C) rescisão, que somente pode ocorrer nos primeiros 90 (noventa) dias do contrato, quando a concessionária descumprir cláusulas contratuais ou disposições legais concernentes à instalação e início do serviço concedido;

D) anulação, que ocorre quando a concessionária estiver prestando serviço de forma inadequada ou deficiente, tendo por base as normas, critérios, indicadores e parâmetros definidores da qualidade do serviço;

E) revogação tácita, que se dá por ato unilateral devidamente fundamentado quando a concessionária descumprir cláusulas contratuais ou disposições legais ou regulamentares concernentes à concessão.

3816) (2014) Banca: FGV – Órgão: TJ-RJ – Prova: Analista Judiciário – Especialidade Execução de Mandados

Prefeito municipal decidiu extinguir contrato de concessão de serviço público de abastecimento de água potável, a fim de retomar a prestação direta de tal serviço, por motivo de interesse público, durante o prazo da concessão. Para tal, obteve na Câmara Municipal a aprovação de lei autorizativa específica e procedeu ao prévio pagamento de indenização à concessionária. De acordo com a Lei nº 8.987/95, o prefeito se valeu da seguinte forma de extinção do contrato de concessão:

A) caducidade;
B) encampação;
C) rescisão;
D) anulação;
E) revisão.

3817) (2014) Banca: FUNCAB – Órgão: SEDS-TO – Prova: Analista Socioeducador – Direito

A retomada do serviço público pelo poder concedente durante o prazo da concessão, por motivo de interesse público, mediante lei autorizativa específica e após prévio pagamento de indenização, denomina-se:

A) permissão.
B) retrocessão.
C) encampação.
D) tredestinação.

3818) (2014) Banca: FUNCAB – Órgão: SEPLAG-MG – Prova: Direito

À retomada do serviço pelo poder concedente durante o prazo da concessão, por motivo de interesse público, mediante lei autorizativa específica e após prévio pagamento da indenização, dá-se o nome de:

A) rescisão.
B) encampação.
C) caducidade.
D) advento do termo contratual.

3819) (2015) Banca: VUNESP – Órgão: MPE-SP – Prova: Analista de Promotoria

A respeito da encampação nos contratos de concessão de serviço público, é correto afirmar que

A) é medida facultativa da concessionária.
B) deve ser precedida de lei autorizativa específica e de pagamento da indenização.
C) não é permitida por lei.
D) é medida impositiva do poder concedente após o término da concessão.
E) ocorre durante a concessão, por motivo de interesse público, sem direito à indenização.

3820) (2016) Banca: OBJETIVA – Órgão: SAMAE de Jaguariaíva – PR – Prova: Advogado

De acordo com DI PIETRO, acerca da concessão, assinalar a alternativa INCORRETA:

A) O concessionário executa o serviço em seu próprio nome e corre os riscos normais do empreendimento, fazendo jus ao recebimento da remuneração, ao equilíbrio econômico da concessão e à inalterabilidade do objeto.
B) Só existe concessão de serviço público quando se trata de serviço de titularidade do Estado.
C) A rescisão unilateral por motivo de inadimplemento contratual é denominada encampação.
D) O poder concedente só transfere ao concessionário a execução do serviço, continuando titular do mesmo, o que lhe permite dele dispor de acordo com o interesse público.

3821) (2016) Banca: NUCEPE – Órgão: SEJUS-PI – Prova: Agente Penitenciário

A retomada do serviço público pelo poder concedente durante o prazo da concessão, por motivos de interesse público, é conhecida como:

A) Encampação.
B) Caducidade.
C) Anulação.
D) Reversão.
E) Intervenção.

3822) (2015) Banca: Prefeitura do Rio de Janeiro – RJ – Órgão: CGM – RJ – Prova: Contador – Conhecimentos Gerais (+ provas)

De acordo com o expressamente disposto na Lei de Concessões e Permissões de Serviços Públicos (Lei nº 8.987/95), a retomada do serviço pelo poder concedente durante o prazo da concessão, por motivo de interesse público, mediante lei autorizativa específica e após prévio pagamento da indenização, denomina-se:

A) reversão
B) encampação
C) tredestinação
D) caducidade

3823) (2008) Banca: IESES – Órgão: TJ-MA – Prova: Titular de Serviços de Notas e de Registros

Assinale a alternativa correta:

A retomada do serviço pelo poder concedente durante o prazo da concessão, por motivo de interesse público, mediante lei autorizativa específica e após prévio pagamento da indenização é, nos termos da Lei Federal n. 8987/95, o instituto da:

A) Intervenção.
B) Encampação.
C) Investidura.
D) Caducidade.

3824) (2014) Banca: IDECAN – Órgão: Câmara Municipal de Serra – ES – Prova: Procurador

"Considera-se _____ a retomada do serviço público pelo poder concedente durante o prazo da concessão, por motivo de interesse público, mediante lei autorizativa específica e após prévio pagamento da indenização, na forma da lei." Assinale a alternativa que completa corretamente a afirmativa anterior.

A) rescisão
B) reversão
C) anulação
D) encampação

3825) (2014) Banca: IADES – Órgão: METRÔ-DF – Prova: Advogado

No que se refere a serviços públicos, assinale a alternativa correta.

A) Dado o princípio da igualdade, os serviços públicos devem ser prestados de modo isonômico a todos os usuários, vedando-se, em qualquer caso, o estabelecimento de tarifas diferenciadas.
B) Os contratos de concessão de serviço público são precedidos de licitação, ressalvadas as hipóteses de contratação direta em razão de dispensa ou inexigibilidade de licitação.
C) A concessão pode ser rescindida por meio da encampação, que é a retomada do serviço público pelo concedente, durante o prazo da concessão, por motivos de interesse público, desde que haja lei autorizativa e após prévio pagamento de indenização ao concessionário.
D) A permissão de serviço público não exige prévia licitação, sendo formalizada por meio de contrato de adesão.
E) A subconcessão do serviço público é expressamente vedada pelo ordenamento jurídico.

A caducidade refere-se à modalidade de rescisão unilateral em razão da **inexecução total ou parcial do contrato por parte da concessionária.** Nessa situação, haverá necessidade de instauração de um procedimento administrativo no qual será averiguado os descumprimentos contratuais. Caso verificada a inadimplência do contratado no processo, a caducidade será imposta por decreto do poder concedente.

Destaca-se que a **transferência de concessão ou do controle societário da concessionária, sem prévia anuência do Poder concedente, enseja a caducidade da concessão.** Na caducidade, a indenização não é prévia, inclusive a Administração Pública poderá cobrar indenização em razão dos prejuízos sofridos pelo poder público, podendo descontar da garantia apresentada no momento da assinatura do contrato.

3826) (2014) Banca: CESPE – Órgão: Câmara dos Deputados – Prova: Analista Legislativo – Consultor de Orçamento e Fiscalização Financeira

Julgue o item que segue, referente a licitações, contratos, concessões e permissões.

Caso determinada empresa concessionária de serviços públicos, preste serviços de forma deficiente, e essa deficiência seja identificada pelo poder público por meio da análise de indicadores de qualidade previamente definidos em contrato, o referido poder poderá declarar a caducidade como forma de extinção da concessão.

A) Certo   B) Errado

3827) (2014) Banca: CESPE – Órgão: ANTAQ – Prova: Especialista em Regulação – Econômico-Financeiro (+ provas)

No que diz respeito à delegação, licitação, contrato de concessão e serviço público adequado, julgue o item que se segue.

A transferência de concessão, de uma concessionária para outra, pode ocorrer sem prévia anuência do poder concedente, sem implicar na caducidade da concessão.

A) Certo   B) Errado

3828) (2016) Banca: CESPE – Órgão: DPU – Prova: Agente Administrativo – Conhecimentos Específicos

As modalidades de licitação previstas em lei incluem a concorrência, a tomada de preços, o convite, o concurso, o leilão, o pregão e o regime diferenciado de contratação. A legislação prevê também situações de dispensa e de inexigibilidade de licitação. A respeito desse assunto, julgue o item seguinte.

Situação hipotética: O poder público, por meio de análises de indicadores de qualidade definidos em contrato com determinada concessionária de serviços públicos, identificou má gestão e deficiência na prestação de serviços para os quais a referida empresa foi contratada. Assertiva: Nessa situação, o poder concedente poderá declarar a caducidade como forma de extinção da concessão.

A) Certo   B) Errado

3829) (2014) Banca: CESPE – Órgão: ANTAQ – Prova: Especialista em Regulação – Econômico-Financeiro (+ provas)

No que diz respeito à delegação, licitação, contrato de concessão e serviço público adequado, julgue o item que se segue.

Caso um serviço não seja prestado de forma adequada, segundo critérios e indicadores de qualidade definidos, poderá ser declarada a caducidade da concessão pelo poder concedente.

A) Certo   B) Errado

3830) (2014) Banca: CESPE – Órgão: ANATEL – Prova: Conhecimentos Básicos – Cargos 13, 14 e 15 (+ provas)

Julgue o item subsecutivo, concernentes aos serviços públicos.

O inadimplemento do concessionário, que deixa de executar total ou parcialmente serviço público concedido, acarreta a extinção do contrato de concessão por rescisão promovida pelo poder concedente.

A) Certo   B) Errado

3831) (2010) Banca: FCC – Órgão: PGE-AM – Prova: Procurador do Estado

Caducidade, na concessão de serviços públicos, é a

A) sanção aplicada ao concessionário, consistente na perda da garantia contratual e obrigatoriedade de prestação de garantia de valor equivalente.

B) transferência dos bens do concessionário para o poder concedente, ao final do contrato de concessão.

C) medida acautelatória adotada pela Administração Pública, assumindo o objeto do contrato de concessão, com o fim de assegurar a adequação na prestação do serviço.

D) retomada do serviço pelo poder concedente durante o prazo da concessão, por motivo de interesse público, mediante lei autorizativa específica e após prévio pagamento da indenização.

E) rescisão unilateral do contrato de concessão de serviço público, em razão do inadimplemento do concessionário.

3832) (2011) Banca: FCC – Órgão: INFRAERO – Prova: Auditor

A caducidade, uma das formas de extinção do contrato de concessão de serviços públicos,

A) poderá ser decretada, mediante prévia indenização, quando o poder concedente decidir retomar o serviço por razões de interesse público.

B) ocorre, obrigatoriamente, com o advento do termo contratual, exceto nas hipóteses legais em que o contrato seja passível de prorrogação

C) constitui sanção aplicável para os descumprimentos reiterados de obrigações contratuais e má prestação dos serviços, dependendo, contudo, de decisão judicial.

D) poderá ser decretada judicialmente, a pedido do poder concedente, na hipótese de superveniência de razões de interesse público que recomendem a retomada dos serviços.

E) poderá ser decretada pelo poder concedente, quando o serviço estiver sendo prestado de forma inadequada ou deficiente, tendo por base as normas, critérios, indicadores e parâmetros definidores da qualidade do serviço.

3833) (2012) Banca: FCC – Órgão: TCE-AM – Prova: Analista de Controle Externo – Auditoria de Obras Públicas (+ provas)

A extinção do contrato de concessão de serviços públicos, por caducidade,

A) quando decretada em função de reiterado descumprimento de obrigações contratuais, com multas já aplicadas, prescinde de prévio procedimento administrativo.

B) é declarada por decreto do Poder Executivo, precedido, necessariamente, de intervenção, durante a qual será concedido à concessionária prazo para regularização da prestação dos serviços.

C) depende de prévia autorização legislativa, com base nas razões de interesse público para retomada dos serviços.

D) opera-se, automaticamente, com o advento do prazo contratual, salvo na hipótese de prorrogação para assegurar a continuidade do serviço até a assunção pelo poder público ou nova concessionária.

E) deve ser precedida da comunicação à concessionária dos descumprimentos contratuais, dando-lhe prazo para correção das falhas e transgressões apontadas e para o enquadramento nos termos contratuais.

3834) (2016) Banca: FGV – Órgão: CODEBA – Prova: Analista Portuário – Advogado

O Município XYZ celebrou contrato de concessão de serviço público de transporte municipal de passageiros por ônibus com ar condicionado com a empresa "Vá de Bus". O contrato foi celebrado com prazo de 10 (dez) anos. No entanto, passados menos de 2 (dois) anos, o serviço já havia sido interrompido em diversas ocasiões, por falta de veículos, além de serem constantes as reclamações por defeitos no funcionamento do ar condicionado e desvios de rota. Nesse caso, é cabível

A) a encampação do serviço, tendo em vista a prestação deficiente do serviço, após processo administrativo em que seja assegurada a ampla defesa.

B) a declaração de caducidade da concessão, por razões de interesse público, mediante ação judicial intentada para este fim.

C) a declaração da caducidade da concessão, após verificação da inadimplência da concessionária em processo administrativo, assegurada a ampla defesa.

D) a encampação do serviço, por razões de interesse público, em razão da inadimplência da concessionária, garantida à empresa ampla defesa posterior ao ato

E) a rescisão do contrato de concessão, por descumprimento das normas legais e contratuais de prestação do serviço, mediante ação judicial intentada para este fim.

3835) (2014) Banca: FGV – Órgão: DPE-DF – Prova: Analista – Assistência Judiciária

O contrato de concessão de serviço público pode ser extinto em razão do descumprimento das obrigações assumidas pela concessionária. Tal forma de extinção, prevista no ordenamento jurídico, denomina-se:

A) reversão.
B) caducidade.
C) encampação.
D) rescisão.
E) retomada.

3836) (2014) Banca: FGV – Órgão: DPE-RJ – Prova: Técnico Superior Jurídico

A empresa de ônibus ROTA XXX LTDA. prestava o serviço público de transporte coletivo municipal de passageiros em cidade do interior do Estado, após sair vencedora em licitação e celebrar com o poder público municipal contrato de concessão. Ocorre que, após um ano, a municipalidade verificou a inadequação na prestação do serviço, com ineficiência e falta de condições técnicas operacionais, haja vista que os ônibus, em sua maioria, estavam quebrados, superlotados, além de não cumprirem com todas as rotas previstas no contrato, não respeitarem as gratuidades legais e outras violações do contrato e da lei. Após intensas manifestações populares, o Município finalmente instaurou processo administrativo, reuniu todas as provas cabíveis, tudo com o devido processo legal, contraditório e ampla defesa, culminando por extinguir a concessão por:

A) rescisão.
B) anulação.
C) revogação.
D) caducidade.
E) encampação.

3837) (2009) Banca: VUNESP – Órgão: TJ-MS – Prova: Titular de Serviços de Notas e de Registros

Caducidade é a extinção da concessão do serviço público em decorrência

A) de interesse público superveniente à concessão.
B) do inadimplemento ou adimplemento defeituoso por parte da concessionária.
C) da falência ou extinção da empresa concessionária.
D) do surgimento de norma jurídica que tornou inadmissível a concessão antes permitida.
E) da emissão de ato com fundamento em competência diversa.

3838) (2015) Banca: FUNCAB – Órgão: ANS – Prova: Ativ. Tec. de Complexidade – Direito

Relativamente às normas de concessão de serviços públicos, a caducidade, entendida como:

A) extinção natural do contrato pelo término do prazo pactuado.
B) descumprimento das normas contratuais por culpa recíproca entre o concedente e o concessionário.
C) extinção do contrato decorrente por culpa exclusiva do contratado.
D) decorre da extinção do contrato na hipótese de falência.
E) retomada do serviço público pelo poder concedente por razões de interesse público.

3839) (2016) Banca: FIOCRUZ – Órgão: FIOCRUZ – Prova: Assistente Técnico de Gestão em Saúde

Uma concessão de serviço público compreende a delegação de sua prestação, feita pelo poder concedente, mediante licitação, na modalidade de concorrência, à pessoa jurídica ou consórcio de empresas que demonstre capacidade para seu desempenho, por sua conta e risco e por prazo determinado. A forma de extinção de uma concessão que decorre de inadimplemento ou adimplemento defeituoso por parte da concessionária, recebe a seguinte denominação:

A) rescisão.
B) caducidade.
C) anulação.
D) encampação.
E) reversão.

3840) (2015) Banca: IESAP – Órgão: EPT – Maricá – Prova: Técnico em Regulação

Dispõe o Art. 27, da Lei 8.997/1995, que a transferência de concessão ou do controle societário da concessionária sem prévia anuência do poder concedente implicará a _____ da concessão.

Complete corretamente a lacuna:

A) revogação
B) caducidade
C) encampação
D) falência

A rescisão da concessão por iniciativa da concessionária será sempre judicial. Destaca-se que os serviços prestados pela concessionária não poderão ser interrompidos ou paralisados até a decisão judicial com transitado em julgado. Portanto, nos contratos de concessão não se aplica a cláusula de exceção do contrato não cumprido diferida, que se aplica nos demais contratos administrativos, nos quais o contratado é obrigado a suportar 90 dias de inadimplência da Administração Pública para paralisar o serviço. Nesse caso, a paralisação ocorre somente em razão de sentença judicial definitiva.

3841) (2011) Banca: CESPE – Órgão: TCU – Prova: Auditor Federal de Controle Externo – Auditoria de Obras Públicas

Julgue o item seguinte, relativo às licitações e aos contratos administrativos.

A rescisão de um contrato administrativo por culpa da administração pública somente pode ser feita na esfera judicial ou por acordo entre as partes.

A) Certo   B) Errado

3842) (2014) Banca: FUNCEFET – Órgão: Prefeitura de Vila Velha – ES – Prova: Auditor Interno I

Analise o item a seguir sobre serviços públicos e assinale a alternativa incorreta.

A) A execução dos serviços públicos pode se dar de forma indireta mediante delegação negocial – ou simplesmente delegação –, que consiste na transferência da responsabilidade pela prestação do serviço por força de ato ou contrato administrativo.
B) A execução de serviços públicos pode se dar de forma indireta mediante outorga – que alguns doutrinadores chamam de delegação legal –, na qual a lei cria ou autoriza a criação de uma entidade que titularizará a prestação do serviço.
C) Pode-se afirmar que a natureza intuito personae das concessões de serviços públicos é mitigada pela legislação, sendo possível a realização de subconcessões (subcontratações).
D) Denomina-se caducidade a extinção da concessão por culpa da concessionária.
E) Denomina-se rescisão a extinção da concessão de serviços públicos sem culpa da concessionária, ou seja, por critérios de oportunidade e conveniência da Administração Pública.

3843) (2016) Banca: Crescer Consultorias – Órgão: CRF – PI – Prova: Procurador Jurídico

Determinado ente público atrasou o pagamento durante 100 (cem) dias decorrente de serviço prestado por concessionária de serviço público. Nesse caso, de acordo com a legislação vigente, é correto afirmar que poderá a concessionária:

A) Rescindir unilateralmente o contrato.
B) Suspender a execução do contrato.
C) Rescindir judicialmente o contrato.
D) Impedir a ocupação temporária da Administração.

3844) (2012) Banca: CONSULPLAN – Órgão: TSE – Prova: Analista Judiciário – Análise de Sistemas

No que tange à rescisão dos contratos administrativos é correto afirmar que

A) é possível a rescisão sem acesso ao judiciário e sem a concordância da administração.
B) não é possível a rescisão amigável do contrato, pois o interesse público é indisponível.

C) a rescisão sempre será judicial quando não houver concordância da administração.
D) a rescisão sempre será judicial quando não houver concordância do contratado e da administração.

Concessão administrativa: o contrato de prestação de serviço público no qual a Administração Pública é a usuária direta ou indireta do serviço. Ex: contrato firmado com uma determinada empresa para que ela execute a construção de um presídio ficando responsável pela prestação do serviço penitenciário.

- o prazo de vigência do contrato não será inferior a 5 (cinco) nem superior a 35 (trinta e cinco) anos e no bojo desse contrato haverá uma repartição de riscos e ganhos entre as partes;
- o compartilhamento com Administração Pública de ganhos econômicos efetivos do parceiro privado;
- mecanismos para a preservação da atualidade da prestação dos serviços, evitando-se a prestação de serviços obsoletos, o que comprometeria diretamente sua eficiência e adequação;
- a realização de vistoria dos bens reversíveis pelo poder público.
- os fatos que caracterizem a inadimplência pecuniária do parceiro público, os modos e o prazo de regularização e, quando houver, a forma de acionamento da garantia prestada pela Administração;

A Parceria Público-Privada deve ser gerida por uma sociedade de propósito específico, criada previamente à celebração do contrato, ficando responsável pela implantação da parceria.

3845) (2017) Banca: CESPE – Órgão: TRT – 7ª Região (CE) – Prova: Analista Judiciário – Área Judiciária

Define-se concessão administrativa como

A) parceria público-privada em que a remuneração do parceiro privado é realizada pelo Estado e por tarifa paga pelos usuários do serviço.
B) concessão de serviço público essencial.
C) parceria público-privada que tem a administração pública como usuária direta ou indireta, sem pagamento de tarifas pelos usuários particulares.
D) concessão de serviço público a entidade da administração pública indireta.

A permissão de serviços públicos também encontra-se prevista no texto constitucional e regulamentada, na lei 8.987/95, como forma de delegação de serviço público a particulares que executarão a atividade por sua conta e risco. Confira:

"Art. 40. A permissão de serviço público será formalizada mediante contrato de adesão, que observará os termos desta Lei, das demais normas pertinentes e do edital de licitação, inclusive quanto à precariedade e à revogabilidade unilateral do contrato pelo poder concedente."

O Supremo Tribunal Federal já se manifestou acerca da matéria na ADI 1.491, que não há qualquer distinção entre concessão e permissão de serviço público, no que tange à sua natureza, podendo ambos serem considerados contratos administrativos.

3846) (2004) Banca: CESPE – Órgão: Polícia Federal – Prova: Delegado de Polícia – Regional

A permissão de serviço público, formalizada mediante celebração de contrato de adesão entre o poder concedente e a pessoa física ou jurídica que demonstre capacidade para o seu desempenho, por sua conta e risco, tem como características a precariedade e a possibilidade de revogação unilateral do contrato pelo poder concedente

A) Certo B) Errado

3847) (2006) Banca: ESAF – Órgão: CGU – Prova: Analista de Finanças e Controle – Tecnologia da Informação (+ provas)

Não integra a natureza legal do instituto da permissão de serviço público:

A) precedida de licitação pública.
B) objeto limitado à prestação de serviços públicos não complexos.
C) precariedade de seu objeto.
D) revogabilidade unilateral do contrato pelo poder concedente.
E) formalizada mediante contrato de adesão.

3848) (2003) Banca: ESAF – Órgão: PGFN – Prova: Procurador da Fazenda Nacional

A permissão de serviço público, nos termos da legislação federal, deverá ser formalizada mediante:

A) termo de permissão
B) contrato administrativo
C) contrato de permissão
D) contrato de adesão
E) termo de compromisso

3849) (2011) Banca: FCC – Órgão: TRT – 14ª Região (RO e AC) – Prova: Analista Judiciário – Área Judiciária

A permissão de serviço público

A) tem por objeto a execução de serviço público, razão pela qual a titularidade do serviço fica com o permissionário.
B) é formalizada mediante contrato de adesão, precário e revogável unilateralmente pelo poder concedente.
C) pressupõe que o serviço seja executado pelo permissionário, todavia, a responsabilidade por sua execução pertence a ele e ao poder concedente.
D) não pode ser alterada a qualquer momento pela Administração.
E) independe de licitação, ao contrário do que ocorre na concessão de serviço público.

3850) (2012) Banca: FCC – Órgão: TRT – 4ª REGIÃO (RS) – Prova: Juiz do Trabalho

A prestação de serviço público mediante regime de permissão

A) caracteriza a prestação do serviço público em regime precário, nas situações em que o regime de concessão não seja viável em face da ausência de sustentabilidade financeira da exploração mediante cobrança de tarifa.
B) é possível apenas em relação a serviços públicos não exclusivos de Estado, também denominados impróprios, cuja exploração econômica é facultada ao particular mediante autorização do poder público.

C) independe de prévio procedimento licitatório, dado o seu caráter precário e limita-se ao prazo máximo de 5 (cinco) anos.
D) somente é permitida para serviços de natureza não essencial, sendo obrigatória, nos demais casos, a prestação direta pelo poder público.
E) constitui delegação feita pelo poder concedente, a título precário, mediante licitação, a pessoa física ou jurídica que demonstre capacidade para seu desempenho, por sua conta e risco.

3851) (2007) Banca: FCC – Órgão: Prefeitura de São Paulo – SP – Prova: Auditor Fiscal do Município

Nos termos do tratamento legal da matéria, a
A) concessão e a permissão de serviços públicos são contratos.
B) concessão de serviços públicos é contrato, mas a permissão é ato unilateral.
C) permissão de serviços públicos é contrato, mas a concessão é ato unilateral.
D) concessão e a permissão de serviços públicos são atos unilaterais.
E) concessão de serviços públicos é contrato e a permissão de serviços não mais existe.

3852) (2008) Banca: FGV – Órgão: TCM-RJ – Prova: Procurador

A respeito da natureza jurídica dos institutos, é correto afirmar que a concessão de serviço público, a concessão de serviço precedido da execução de obra pública e a permissão de serviço público são:
A) contrato administrativo, procedimento administrativo complexo e ato administrativo, respectivamente.
B) procedimento administrativo, contrato administrativo e ato administrativo, respectivamente.
C) todas contratos administrativos.
D) todas atos administrativos discricionários.
E) todas atos administrativos vinculados.

3853) (2016) Banca: RHS Consult – Órgão: Prefeitura de Paraty – RJ – Prova: Procurador

Quanto à permissão, pode-se afirmar que:
A) Os atos dos permissionários são de sua exclusiva responsabilidade, sem afetar a Administração.
B) Sempre gera privilégio, pois assegura exclusividade ao permissionário.
C) Sendo um contrato administrativo, dispensa a concorrência.
D) Estendem-se aos permissionários as mesmas prerrogativas concedidas aos concessionários.
E) Admite a substituição do permissionário, além de possibilitar o traspasse do serviço ou do uso permitido a terceiros.

3854) (2016) Banca: FUNRIO – Órgão: IF-BA – Prova: Assistente em Administração

Representa característica da permissão de serviço público
A) constituir ato bilateral e discricionário.
B) não depender de licitação.
C) constituir ato unilateral, discricionário e precário.
D) não poder ser alterada ou revogada.
E) impedir o Poder Público de fiscalizar o permissionário.

3855) (2015) Banca: Prefeitura do Rio de Janeiro – RJ – Órgão: Prefeitura de Rio de Janeiro – RJ – Prova: Assistente Administrativo

O tipo de serviço concedido pelo Poder Público, em caráter precário, a uma pessoa de direito privado, para exploração de um serviço público, a título gratuito ou oneroso, é denominado:
A) utilidade mista
B) por permissão
C) por concessão
D) exclusivos do estado

3856) (2015) Banca: Prefeitura do Rio de Janeiro – RJ – Órgão: Câmara Municipal do Rio de Janeiro – Prova: Consultor Legislativo – Indústria, Comércio e Turismo (Manhã)

De acordo com a Lei 8.987/95 (Lei de concessão e permissão de serviço público), a permissão de serviço público será formalizada mediante:
A) contrato de gestão, que observará os termos da Lei 8.987/95, das demais normas pertinentes e do edital de licitação, inclusive quanto à vinculação e à revogabilidade unilateral do contrato pelo poder concedente
B) parceria público-privada, que observará os termos da Lei 8.987/95, das demais normas pertinentes e do edital de licitação, inclusive quanto à vinculação e à revogabilidade unilateral do contrato pelo poder concedente
C) contrato de adesão, que observará os termos da Lei 8.987/95, das demais normas pertinentes e do edital de licitação, inclusive quanto à precariedade e à revogabilidade unilateral do contrato pelo poder concedente
D) contrato de rateio, que observará os termos da Lei 8.987/95, das demais normas pertinentes e do edital de licitação, inclusive quanto à precariedade e à revogabilidade unilateral do contrato pelo poder concedente

GABARITO – SERVIÇOS PÚBLICOS

3658) CERTO
3659) B
3660) B
3661) A
3662) B
3663) B
3664) E
3665) B
3666) D
3667) A
3668) C
3669) C
3670) CERTO
3671) ERRADO
3672) CERTO
3673) ERRADO
3674) ERRADO
3675) CERTO
3676) D
3677) D
3678) C
3679) B
3680) C
3681) D
3682) E
3683) B
3684) ERRADO
3685) E
3686) B
3687) ERRADO
3688) E
3689) A
3690) C
3691) D
3692) B
3693) A
3694) ERRADO
3695) A
3696) C
3697) ERRADO
3698) CERTO
3699) ERRADO
3700) CERTO
3701) CERTO
3702) ERRADO
3703) ERRADO
3704) E
3705) C
3706) E
3707) C
3708) CERTO
3709) CERTO
3710) CERTO
3711) C
3712) E
3713) E
3714) A
3715) B
3716) A
3717) D
3718) D
3719) D
3720) C
3721) B
3722) B
3723) E
3724) A
3725) B
3726) E
3727) C
3728) A
3729) B
3730) E
3731) C
3732) B
3733) A
3734) A
3735) B
3736) B
3737) C
3738) A
3739) CERTO
3740) B
3741) C
3742) D
3743) D
3744) CERTO
3745) CERTO
3746) C
3747) E
3748) C
3749) A
3750) CERTO
3751) ERRADO
3752) ERRADO
3753) CERTO
3754) A
3755) CERTO
3756) CERTO
3757) CERTO
3758) CERTO
3759) ERRADO
3760 3591) D
3761) D
3762) D
3763) E
3764) C
3765) D
3766) C
3767) A
3768) B
3769) D
3770) B
3771) E
3772) C
3773) C
3774) A
3775) B
3776) A
3777) C
3778) C
3779) A
3780) B
3781) CERTO
3782) CERTO
3783) E
3784) CERTO
3785) E
3786) B
3787) C
3788) E
3789) C
3790) E
3791) A
3792) D
3793) C
3794) C
3795) C
3796) B
3797) D
3798) A
3799) D
3800) B
3801) A
3802) E
3803) D
3804) D
3805) C
3806) CERTO
3807) D
3808) D
3809) CERTO
3810) C
3811) CERTO
3812) CERTO
3813) D
3814) A
3815) A
3816) B
3817) C
3818) B
3819) B
3820) C
3821) A
3822) B
3823) B
3824) D
3825) C
3826) CERTO
3827) ERRADO
3828) CERTO
3829) CERTO
3830) ERRADO
3831) E
3832) E
3833) E
3834) C
3835) B
3836) D
3837) B
3838) C
3839) B
3840) B
3841) CERTO
3842) E
3843) C
3844) C
3845) C
3846) CERTO
3847) B
3848) D
3849) B
3850) E
3851) A
3852) C
3853) A
3854) C
3855) B
3856) C

FRASES PODEROSAS – SERVIÇOS PÚBLICOS			
	% de questões	Número de acertos nesse capítulo	% de acertos
Serviço adequado é o que satisfaz as condições de regularidade, continuidade, eficiência, segurança, atualidade, generalidade, cortesia na sua prestação e modicidade das tarifas. A atualidade compreende a modernidade das técnicas, do equipamento e das instalações e a sua conservação, bem como a melhoria e expansão do serviço.	13%		
Não se caracteriza como descontinuidade do serviço a sua interrupção em situação de emergência, por razões de ordem técnica ou de segurança das instalações; e, por inadimplemento do usuário.	12%		
Serviços "uti universi" ou gerais ou coletivos são aqueles serviços que a Administração presta para atender à coletividade no seu todo. Estes serviços são, em regra, indivisíveis, isto é, não é possível mensurar a utilização do serviço por cada cidadão, não criam vantagens particularizadas para cada usuário. Por essa razão esses serviços são mantidos pela receita geral de impostos.	7%		
A assinatura do contrato de concessão exige a realização de licitação na modalidade concorrência, enquanto no contrato de permissão, por sua vez, qualquer modalidade pode ser utilizada.	15%		
A encampação refere-se à rescisão unilateral do contrato de concessão pelo poder público em razão do interesse público superveniente.	6%		
A caducidade refere-se à modalidade de rescisão unilateral em razão da inexecução total ou parcial do contrato por parte da concessionária.	6%		
TOTAL	**62%**		

12. CONTROLE ADMINISTRATIVO

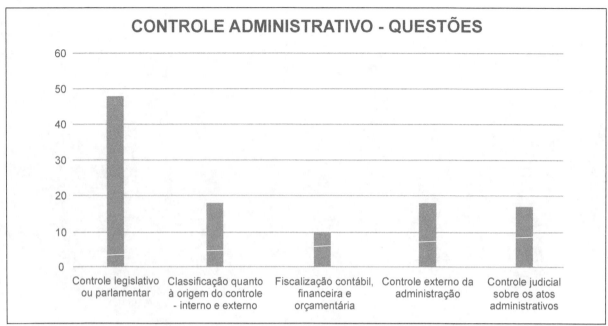

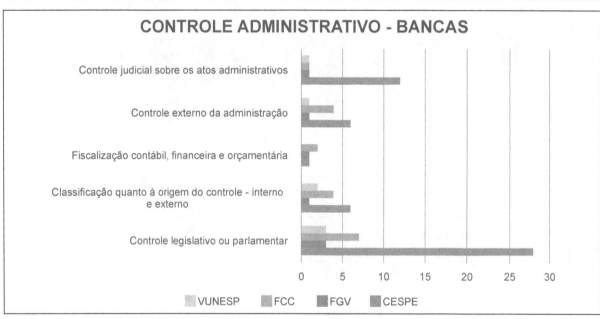

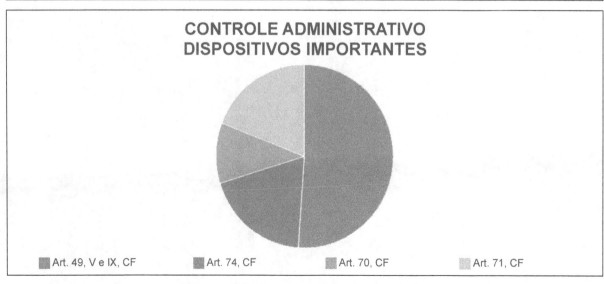

O "Controle da Administração" não se confunde com "Controle Administrativo". O termo "Controle da Administração" refere-se aos meios de controle dos atos e entidades administrativas e contempla o controle interno, externo e popular. Controle externo é aquele promovido pelo judiciário ou pelo legislativo (este auxiliado pelo TCU). Só é um controle de legalidade devido a repartição dos poderes. Pode ser feita de forma prévia ou repressiva. Já o termo **"Controle Administrativo "refere-se apenas ao controle interno realizado pela própria Administração que deriva do poder hierárquico e princípio da autotutela.**

3857) (2014) Banca: CESPE – Órgão: ANTAQ – Prova: Técnico Administrativo

No tocante ao controle da administração pública, julgue o item subsecutivo. A análise da prestação de contas de uma autarquia federal pelo Tribunal de Contas da União é exemplo de controle posterior e externo.

A) Certo   B) Errado

3858) (2011) Banca: CESPE – Órgão: FUB – Prova: Secretário Executivo

O controle interno da administração pública é realizado pelo Poder Judiciário, com o apoio do Poder Legislativo; o controle externo está a cargo da Controladoria Geral da República.

A) Certo   B) Errado

3859) (2013) Banca: CESPE – Órgão: DPE-ES – Prova: Defensor Público – Estagiário

Em relação ao controle da administração pública, assinale a opção correta.

A) Dada a inafastabilidade do controle externo da administração pública pelo Poder Judiciário e pelo Poder Legislativo, admite-se a renúncia pontual do controle interno pelos órgãos de controle do Poder Executivo.
B) A autotutela não se inclui entre os tipos de controle da administração pública.
C) O controle da administração pública pode ser interno e externo.
D) O controle da administração pública restringe-se ao mérito da atividade administrativa sujeita a controle.
E) Não podem os administrados participar das ações de controle da administração pública, uma vez que constituem prerrogativas exclusivas dos agentes públicos provocar o procedimento de controle, bem como realizá-lo.

3860) (2015) Banca: FCC – Órgão: TRE-RR – Prova: Analista Judiciário – Administrativa

O controle sobre os órgãos da Administração Direta é um controle interno e decorre do poder de

A) tutela que permite à Administração rever os próprios atos quando ilegais, apenas.
B) tutela que permite à Administração rever os próprios atos quando ilegais, inoportunos ou inconvenientes.
C) autotutela que permite à Administração rever os próprios atos quando ilegais ou inoportunos, apenas.
D) autotutela que permite à Administração rever os próprios atos quando ilegais, inoportunos ou inconvenientes.
E) autotutela e tutela, sendo possível a análise legal e de mérito dos atos.

3861) (2016) Banca: FCC – Órgão: SEGEP-MA – Prova: Técnico da Receita Estadual – Tecnologia da Informação – Conhecimentos Gerais

O Poder Judiciário exerce o controle

A) interno da Administração pública, podendo controlar tanto o mérito do ato administrativo, quanto a sua forma.
B) externo da Administração pública, podendo decidir sobre o mérito do ato administrativo, mas não sobre sua legalidade.
C) administrativo da Administração pública, podendo controlar tanto o mérito do ato administrativo, quanto a sua forma.
D) externo da Administração pública, podendo decidir sobre a legalidade do ato administrativo, mas não sobre o seu mérito.
E) interno da Administração pública, podendo decidir sobre a legalidade do ato administrativo, mas não sobre o seu mérito.

3862) (2017) Banca: FCC – Órgão: FUNAPE – Prova: Analista em Gestão Previdenciária

A Administração pública está sujeita a controle interno e externo. O poder da Administração pública rever seus próprios atos também se insere em medida de controle interno. O controle externo por sua vez,

A) exerce-se com mais intensidade sobre os órgãos da Administração direta, tendo em vista que os entes que integram a Administração indireta possuem fontes próprias de receita.
B) é exercido pelo Poder Judiciário em face de todos os entes da Administração pública, restrita a atuação do Tribunal de Contas aos entes e órgãos da Administração direta, que gerem exclusivamente recursos públicos.
C) pode ser feito tanto pelo Poder Legislativo, quanto pelo Poder Judiciário, este que também pode verificar a ocorrência de desvio de finalidade dos atos administrativos.
D) quando exercido pelo Tribunal de Contas, permite incidência também sobre o mérito dos atos dos entes que integram a Administração indireta, porque são dotados de natureza jurídica de direito público.
E) diferencia a natureza jurídica do ente sobre o qual incide a verificação, de forma que os atos das pessoas jurídicas dotadas de personalidade jurídica de direito privado somente são sindicáveis pelo Judiciário.

3863) (2015) Banca: FGV – Órgão: CODEMIG – Prova: Advogado Societário

Em matéria de controle da Administração Pública, é correto afirmar que as empresas públicas:

A) se sujeitam ao controle externo do Poder Legislativo, que o faz com o auxílio do Tribunal de Contas;
B) se sujeitam ao controle externo do Poder Judiciário, apenas após o esgotamento da via administrativa;
C) se sujeitam ao controle externo do Poder Executivo a que estiverem vinculadas, mas não ao dos Poderes Legislativo ou Judiciário, pelo princípio da separação dos poderes;
D) não estão sujeitas a qualquer controle externo, eis que não integram a Administração Direta e possuem personalidade jurídica de direito privado;
E) não estão sujeitas a qualquer controle externo dos Poderes Executivo ou Legislativo, mas são controladas pelo Poder Judiciário, pelo princípio do acesso à justiça.

3864) (2014) Banca: VUNESP – Órgão: EMPLASA – Prova: Analista Jurídico

No que se refere ao controle da Administração, é correto afirmar que;

A) o controle interno é todo aquele realizado pela entidade ou órgão responsável pela atividade controlada, no âmbito da própria Administração

B) o controle hierárquico é o que se realiza por um Poder ou órgão constitucional independente funcionalmente sobre a atividade administrativa de outro Poder estranho à Administração

C) o controle externo é o teleológico.

D) o controle externo popular é aquele em que as contas do Executivo ficam durante 90 dias, a cada biênio, à disposição de qualquer contribuinte.

E) o controle hierárquico é aquele que a norma legal estabelece para as entidades autônomas, indicando a autoridade controladora.

3865) (2016) Banca: FUNIVERSA – Órgão: IF-AP – Prova: Auxiliar em Administração

No que se refere a controle interno e a controle externo na Administração Pública, assinale a alternativa correta.

A) O controle interno é exercido por um Poder em relação aos atos administrativos praticados por outro Poder do Estado.

B) A supervisão ministerial é um exemplo de controle externo da Administração Pública.

C) O controle externo não permite harmonia entre os Poderes Legislativo, Executivo e Judiciário.

D) O controle interno é feito por pessoas ou órgãos da Administração Pública.

E) Existe hierarquia entre pessoas jurídicas distintas, por exemplo, uma autarquia federal é subordinada à União.

Classificação quanto ao momento do exercício

Controle Prévio: pode ser definido como aquele controle que é desempenhado **antes da prática do ato administrativo**, ou seja, antes mesmo de sua edição. O ato administrativo poderá se sujeitar a esse controle quanto ao preenchimento dos seus requisitos formais, bem como de seu mérito, de forma que sua **eficácia poderá ficar suspensa** até a aprovação pelo órgão controlador. Um exemplo desse tipo de controle encontra-se no art. 49, II, da Constituição Federal:

"Art. 49. É da competência exclusiva do Congresso Nacional:

II – autorizar o presidente da República a declarar guerra, a celebrar a paz, a permitir que forças estrangeiras transitem pelo território nacional ou nele permaneçam temporariamente, ressalvados os casos previstos em lei complementar;".

3866) (2012) Banca: CESPE – Órgão: MCT – Prova: Analista em Ciência e Tecnologia Pleno

Julgue o item a seguir, a respeito dos princípios básicos da administração e do controle e responsabilização da administração.

O dispositivo constitucional que confere ao Congresso Nacional a competência exclusiva para autorizar o presidente da República a declarar guerras é um exemplo de controle prévio.

A) Certo   B) Errado

Controle Posterior: ocorre após a edição do ato administrativo, o órgão de controle irá analisar o ato administrativo, podendo corrigi-lo, desfazê-lo ou confirmá-lo. Conforme estudado, o ato administrativo está sujeito à declaração de nulidade, caso verificado vício de legalidade, e à revogação, caso o mesmo não seja conveniente e oportuno. Destaca-se que o ato está sujeito **até mesmo ao controle para fins de conferir eficácia ao ato administrativo como ocorre na homologação de um determinado procedimento licitatório.**

Controle prévio ou preventivo (a priori): é exercido antes do início ou da conclusão do ato administrativo, sendo um requisito para sua eficácia e validade. Controle concomitante: é exercido durante o ato, acompanhando a sua realização, com o intento de verificar a regularidade de sua formação. Controle subsequente ou corretivo (a posteriori): é exercido após a conclusão do ato, tendo como intenção, corrigir eventuais defeitos, declarar sua nulidade ou dar-lhe eficácia, a exemplo da homologação na licitação. O controle judicial dos atos administrativos, por via de regra é um controle subsequente.

3867) (2014) Banca: CESPE – Órgão: ANTAQ – Prova: Técnico em Regulação

Em relação ao controle na administração pública, julgue o próximo item. O gestor público, ao revogar um ato administrativo praticado por um agente não competente, exerce o controle corretivo; ao passo que, ao homologar um ato válido, ele pratica o controle concomitante

A) Certo   B) Errado

3868) (2013) Banca: CESPE – Órgão: FUNASA – Prova: Atividade de Complexidade Intelectual

Julgue o item a seguir, relativos ao conceito, tipos e formas de controle da administração pública. O controle a posteriori incide exclusivamente sobre decisões já executadas visto que seu objetivo é rever atos praticados a fim de corrigi-los.

A) Certo   B) Errado

3869) (2016) Banca: IDECAN – Órgão: UFPB – Prova: Técnico em Segurança do Trabalho (+ provas)

Em relação ao controle da administração pública, a anulação de um ato administrativo após provocação do interessado ao Poder Judiciário constitui exemplo de controle:

A) Prévio.

B) Posterior.

C) Concomitante.

D) Administrativo.

3870) (2015) Banca: IESES – Órgão: MSGás – Prova: Advogado

Assinale a alternativa correta:

A) Segundo a teoria dos motivos determinantes, os atos administrativos que tiverem sua prática motivada, ficam vinculados aos motivos expostos, para todos os efeitos jurídicos. Não se aplica a teoria, entretanto, aos atos discricionários, mesmo que motivados, pois tais atos (discricionários), como sabido, prescindem de motivação.

B) Autarquias são entes administrativos autônomos, criados por lei específica, com personalidade jurídica de Direito Público interno, patrimônio próprio e atribuições estatais específicas. Age a autarquia, portanto, por delegação e não por direito próprio.

C) O atributo da autoexecutoriedade relativo aos poderes administrativos não possui mais aplicação no atual estágio em que se encontra o Estado Democrático de Direito (também chamado por alguns de Estado Social Constitucional), pois tal princípio ou atributo significava a punição sumária do administrado e, portanto, ofensiva à ampla defesa constitucionalmente garantida ao cidadão.

D) O controle judiciário ou judicial é exercido privativamente pelos órgãos do Poder Judiciário sobre os atos administrativos praticados pelo Poder Executivo, pelo Legislativo e pelo próprio Judiciário quando realiza atividade administrativa. É, como sabido, um controle "a posteriori".

Classificação quanto à origem:

Controle interno: refere-se ao controle exercido dentro do **âmbito de um mesmo poder**, ou seja, controle que é exercido pelo próprio poder que editou aquela medida. Esse controle será desempenhado pelo **próprio órgão que editou a medida administrativa, por órgãos que estejam hierarquicamente superiores àquele e se manifesta, ainda, no controle que é realizado pela administração direta frente aos entes da administração indireta.**

"Art. 74. Os Poderes Legislativo, Executivo e Judiciário manterão, de forma integrada, sistema de controle interno com a finalidade de:

I – avaliar o cumprimento das metas previstas no plano plurianual, a execução dos programas de governo e dos orçamentos da União;

II – comprovar a legalidade e avaliar os resultados, quanto à eficácia e eficiência, da gestão orçamentária, financeira e patrimonial nos órgãos e entidades da administração federal, bem como da aplicação de recursos públicos por entidades de direito privado;

III – exercer o controle das operações de crédito, avais e garantias, bem como dos direitos e haveres da União;

IV – apoiar o controle externo no exercício de sua missão institucional.

§ 1º Os responsáveis pelo controle interno, ao tomarem conhecimento de qualquer irregularidade ou ilegalidade, dela darão ciência ao Tribunal de Contas da União, sob pena de responsabilidade solidária. [...]"

Controle Externo: refere-se ao controle realizado por **entidade alheia ao poder que editou o ato administrativo**, ou seja, trata-se do controle exercido por um poder sobre as medidas editadas por outro poder. Ex.: o Poder Judiciário poderá anular o ato administrativo ilegal expedido pelo Poder Executivo.

3871) (2016) Banca: CESPE – Órgão: PGE-AM – Prova: Procurador do Estado

Acerca do controle administrativo interno e externo, julgue o item a seguir.

O controle administrativo interno é cabível apenas em relação a atividades de natureza administrativa, mesmo quando exercido no âmbito dos Poderes Legislativo e Judiciário.

A) Certo B) Errado

3872) (2014) Banca: CESPE – Órgão: MDIC – Prova: Agente Administrativo

No que concerne à licitação, ao controle da administração pública e ao regime jurídico-administrativo, julgue o item a seguir.

As formas de controle interno na administração pública incluem o controle ministerial, exercido pelos ministérios sobre os órgãos de sua estrutura interna, e a supervisão ministerial, exercida por determinado ministério sobre as entidades da administração indireta a ele vinculadas

A) Certo B) Errado

3873) (2014) Banca: CESPE – Órgão: Câmara dos Deputados – Prova: Analista Legislativo

A respeito do controle na administração, julgue o item subsequente. O controle exercido pela corregedoria do tribunal de justiça de um estado sobre os atos praticados por serventuários da justiça é classificado, quanto à natureza do controlador e à extensão, como controle administrativo e interno

A) Certo B) Errado

3874) (2017) Banca: CESPE – Órgão: SEDF – Prova: Conhecimentos Básicos – Cargos 1, 3 a 26 (+ provas)

No que se refere aos poderes administrativos, aos atos administrativos e ao controle da administração, julgue o item seguinte.

O poder de fiscalização que a Secretaria de Estado de Educação do DF exerce sobre fundação a ela vinculada configura controle administrativo por subordinação.

A) Certo B) Errado

3875) (2016) Banca: CESPE – Órgão: TCE-P A – Prova: Auditor de Controle Externo

Com fundamento nos conceitos e na legislação a respeito de controle na administração pública, julgue o item a seguir. O controle interno situa-se no âmbito do controle administrativo e é exercido, em cada Poder, sobre seus próprios órgãos e entidades. Qualquer irregularidade que seja detectada e não comunicada ao respectivo tribunal de contas acarreta pena de responsabilidade solidária.

A) Certo B) Errado

3876) (2013) Banca: CESPE – Órgão: FUNASA – Prova: Atividade de Complexidade Intelectual

A respeito do controle externo e interno da administração pública, julgue o item subsequente. O controle pode ser interno ou externo, conforme o órgão seja integrante, ou não, da estrutura em que se insere o órgão controlado.

A) Certo B) Errado

3877) (2009) Banca: FCC – Órgão: TRT – 3ª Região (MG) – Prova: Analista Judiciário – Área Judiciária

O sistema de controle interno da Administração Pública

A) deve ser exercido de forma independente em relação ao controle externo a cargo do Poder Legislativo, não cabendo integração entre as duas modalidades de controle.

B) visa a assegurar a legalidade da atividade administrativa, não se aplicando, todavia, à fiscalização contábil, financeira, orçamentária e patrimonial da Administração, que são aspectos reservados ao controle externo exercido pelo Poder Legislativo, com auxílio do Tribunal de Contas.

C) autoriza a anulação dos próprios atos, quando eivados de vício, e a revogação, por motivo de conveniência e oportunidade, vedado o exame pelo Poder Judiciário.

D) decorre do poder de autotutela e, portanto, somente pode ser exercido de ofício.

E) constitui o poder de fiscalização e correção que a Administração exerce, de forma ampla, sobre sua própria atuação, sob os aspectos de legalidade e mérito.

3878) (2014) Banca: FCC – Órgão: SEFAZ-RJ – Prova: Auditor Fiscal da Receita Estadual

Na Administração pública, a Constituição Federal adotou dois sistemas de controle, o interno e o externo. Os Poderes Legislativo, Executivo e Judiciário manterão, de forma integrada, sistema de controle interno que tem, dentre outras, a finalidade de

A) prestar as informações solicitadas pelo Poder Legislativo, sobre a fiscalização contábil, financeira, orçamentária, operacional e patrimonial e sobre resultados de auditorias e inspeções realizadas.

B) representar ao poder competente sobre irregularidades ou abusos apurados, a partir da realização de auditoria nos órgãos públicos.

C) denunciar irregularidades ou ilegalidades perante o Ministério Público, quando constatadas nas transações realizadas por entidades da Administração pública.

D) comprovar a legalidade e avaliar os resultados, quanto à eficácia e eficiência, da gestão orçamentária, financeira e patrimonial nos órgãos e entidades da Administração, bem como da aplicação de recursos públicos por entidades de direito privado.

E) apreciar, para fins de registro, a legalidade dos atos de admissão de pessoal, a qualquer título, na Administração direta e indireta, incluídas as fundações instituídas e mantidas pelo Poder Público.

3879) (2015) Banca: FUNCAB – Órgão: CRC-RO – Prova: Assistente Administrativo

A propositura de ação popular que objetive a anulação de ato lesivo ao patrimônio público exemplifica, quanto à Administração Pública e a seus atos, circunstância de controle:

A) externo.
B) prévio.
C) de mérito.
D) de ofício.
E) legislativo.

3880) (2014) Banca: CETREDE – Órgão: JUCEC – Prova: Advogado

A fiscalização efetivada, pelo Poder Legislativo e pelo Tribunal de Contas, em relação à Administração Pública, é exemplo de controle

A) interno;
B) externo;
C) avulso;
D) concentrado;
E) difuso.

3881) (2014) Banca: IADES – Órgão: TRE-PA – Prova: Analista Judiciário – Área Administrativa

Com relação ao exercício do controle interno e externo da Administração Pública, assinale a alternativa correta.

A) O controle externo não poderá ser exercido por um órgão independente.

B) Constitui-se em obrigação constitucional a mantença, pelos Poderes Legislativo, Executivo e Judiciário, de um sistema de controle externo.

C) O Poder Judiciário, de ofício ou a requerimento da parte, poderá anular um ato praticado pelo Poder Executivo, desde que eivado com manifesto vício de legalidade.

D) Os servidores responsáveis pelo controle interno, ao tomarem conhecimento de qualquer irregularidade ou ilegalidade, procederão com a respectiva apuração, sendo prescindível a comunicação do fato ao Tribunal de Contas da União.

E) O controle exercido pelo Congresso Nacional, quanto aos atos normativos praticados pelo Poder Executivo que exorbitem o poder regulamentar, consubstancia-se em controle externo.

3882) (2016) Banca: FUNIVERSA – Órgão: IF-AP – Prova: Auxiliar em Administração (+ provas)

Assinale a alternativa que apresenta uma hipótese de controle externo da Administração Pública.

A) instauração de processo administrativo disciplinar (PAD) prevista na Lei 8.112/1990

B) controle exercido pelos tribunais de contas sobre as funções administrativas dos órgãos públicos

C) controle que as chefias exercem sobre os atos de seus subordinados dentro de um órgão público

D) controle que a Secretaria de Saúde do estado do Amapá exerce sobre os vários departamentos administrativos que o compõem

E) poder-dever de autotutela da Administração Pública

3883) (2016) Banca: FAU – Órgão: Prefeitura de Chopinzinho – PR – Prova: Procurador Municipal

O controle administrativo pode ser entendido como uma a faculdade de vigilância, orientação e correção que um Poder, órgão ou autoridade exerce sobre a conduta funcional de outro. No que concerne ao tema em epígrafe, é CORRETO afirmar que:

A) De acordo com a Constituição Federal, os responsáveis pelo controle interno, ao tomarem conhecimento de qualquer irregularidade ou ilegalidade, dela darão ciência ao Tribunal de Contas da União, sob pena de ser reconhecida sua responsabilidade subsidiária.

B) O controle de legalidade e legitimidade somente verifica a compatibilidade entre o ato e o disposto na norma legal positivada, sem contudo apreciar os aspectos relativos à observância obrigatória dos princípios administrativo.

C) Os atos administrativos podem ser anulados e revogados mediante o exercício do controle judicial.

D) O controle externo ocorre quando um Poder exerce controle sobre os atos administrativos praticados por outro Poder, podendo citar como exemplo a apreciação das contas do Executivo e do Judiciário pelo Legislativo.

E) O controle que as chefias exercem nos atos de seus subordinados dentro de um órgão público é considerado um controle externo.

3884) (2015) Banca: VUNESP – Órgão: Prefeitura de São Paulo – SP – Prova: Auditor Municipal de Controle Interno

No tocante ao controle das atividades da Administração Pública realizado pelo Tribunal de Contas do Município de São Paulo (TCMSP), é correto afirmar que se trata de

A) controle externo, realizado por órgão independente e autônomo que pertence à estrutura da esfera municipal, competindo ao TCMSP a fiscalização e o controle da receita e da despesa do Município de São Paulo.

B) controle externo, realizado por órgão integrante do Poder Legislativo, competindo ao TCMSP a fiscalização e o controle da receita e da despesa do Município de São Paulo.

C) controle externo, realizado por órgão integrante do Poder Judiciário, competindo ao TCMSP a fiscalização e o controle da receita e da despesa do Município de São Paulo.

D) controle interno, realizado por órgão independente e autônomo, que pertence à estrutura da esfera municipal, competindo ao TCMSP a fiscalização somente das despesas do Município de São Paulo.

E) controle interno, realizado por órgão integrante do Poder Judiciário, competindo ao TCMSP a fiscalização e o controle da receita e da despesa do Município de São Paulo.

3885) (2013) Banca: VUNESP – Órgão: TJ-SP – Prova: Advogado

O controle externo da Administração Pública.

A) poderá adentrar a análise de conveniência e oportunidade do ato.

B) é vedado ao Ministério Público.

C) somente poderá ser efetuado pelo Poder Judiciário.

D) poderá implicar em supressão da separação de Poderes.

E) não é uma decorrência da titularidade da competência administrativa.

Classificação quanto ao aspecto controlado:

Destaca-se que **o controle de legalidade pode ser desempenhado pela própria Administração, quando do exercício da autotutela**, e também pode ser exercido pelo **Poder Judiciário** e pelo **Poder Legislativo**, nas hipóteses previstas na Constituição. O controle de legalidade também pode ser feito por participação popular mediante: a) Ação Popular; b) denúncia perante a Assembleia Legislativa ou no Tribunal de Contas; ou c) representação perante a própria Administração ou ao órgão do Ministério Público competente. Nos termos da Súmula 347 do STF, *"O Tribunal de Contas, no exercício de suas atribuições, pode apreciar a constitucionalidade das leis e dos atos do poder público"*.

Em algumas hipóteses constitucionalmente previstas, o Poder Legislativo desempenhará o denominado controle político, que trata acerca do **controle de mérito desempenhado por esse poder quando o ato praticado pelo Executivo carece de prévia autorização do Legislativo**. A título exemplificativo, podemos citar o ato de aprovação pelo Senado dos nomes escolhidos pelo Presidente da República para fins de ocupação do cargo de dirigente da Agência Reguladora. Esse ato é um ato de **mérito** do Poder Legislativo que goza de discricionariedade, contudo, a não aprovação **não enseja a revogação ou substitui** o ato de escolha do Presidente, tão somente **impede que este ato produza efeitos.**

Portanto, o Poder Judiciário poderá **anular** um ato administrativo discricionário que fora editado em **desrespeito aos princípios constitucionais.** Cumpre destacar que em qualquer situação o controle desempenhado pelo Poder Judiciário ensejará a anulação da medida (não há controle de mérito). Portanto, em nenhuma hipótese é possível a revogação do ato administrativo editado pelo Poder Executivo pelo Poder Judiciário. Isto é, somente o controle de mérito realizado pela Administração poderá ensejar a **revogação da medida, que refere-se à retirada do mundo jurídico de atos válidos**, porém, inconvenientes e inoportunos.

3886) (2013) Banca: CESPE – Órgão: FUNASA – Prova: Atividade de Complexidade Intelectual

Julgue o item a seguir, relativos ao conceito, tipos e formas de controle da administração pública. O controle de legalidade é priorizado pelos tribunais de contas, ainda que as controladorias ou auditorias também o exerçam.

A) Certo B) Errado

3887) (2013) Banca: CESPE – Órgão: TC-DF – Prova: Procurador

A competência do Senado Federal para fixar, por proposta do presidente da República, limites globais para o montante da dívida consolidada do DF, é uma das hipóteses de controle político exercido pelo Poder Legislativo.

A) Certo B) Errado

3888) (2012) Banca: FCC – Órgão: INSS – Prova: Técnico do Seguro Social

O controle judicial dos atos administrativos será

A) sempre de mérito e de legalidade nos atos discricionários e apenas de legalidade nos vinculados.

B) exclusivamente de mérito nos atos discricionários, porque sua legalidade é presumida.

C) exclusivamente de mérito nos atos vinculados, porque sua legalidade é presumida.

D) de legalidade nos atos discricionários, devendo respeitar os limites da discricionariedade nos termos em que ela é assegurada pela lei.

E) sempre de mérito e de legalidade sejam os atos discricionários ou vinculados.

3889) (2009) Banca: FCC – Órgão: TRT – 3ª Região (MG) – Prova: Analista Judiciário – Área Administrativa

A participação popular no controle da legalidade e moralidade da atividade administrativa pode ser exercida

A) mediante denúncia perante a Assembleia Legislativa ou ao Tribunal de Contas, por qualquer pessoa que venha a tomar conhecimento de irregularidades ou ilegalidades praticadas em detrimento da Administração, sob pena de tornar-se solidariamente responsável.

B) mediante representação perante a própria Administração ou ao órgão do Ministério Público que tiver competência para

apurar a prática da irregularidade ou ilegalidade apontada; mediante denúncia perante a Assembleia Legislativa ou Tribunal de Contas e mediante propositura de Ação Popular.
C) somente pela via judicial, através da Ação Popular.
D) mediante denúncia ao Ministério Público, à Assembleia Legislativa ou ao Tribunal de Contas, bem como mediante propositura de Ação Popular, somente sendo assegurado o direito de representar à autoridade administrativa aqueles cujos direitos subjetivos tenham sido atingidos pelo ato impugnado.
E) perante a própria Administração ou pela via judicial, mas apenas nas situações de lesão ou ameaça de lesão a direito individual.

3890) (2011) Banca: FCC – Órgão: TRT – 4ª REGIÃO (RS) – Prova: Analista Judiciário – Área Judiciária (+ provas)

O controle legislativo da Administração é
A) um controle externo e político, motivo pelo qual pode-se controlar os aspectos relativos à legalidade e à conveniência pública dos atos do Poder Executivo que estejam sendo controlados.
B) sempre um controle subsequente ou corretivo, mas restrito à conveniência e oportunidade dos atos do Poder Executivo objetos desse controle e de efeitos futuros.
C) exercido pelos órgãos legislativos superiores sobre quaisquer atos praticados pelo Poder Executivo, mas vedado o referido controle por parte das comissões parlamentares.
D) exercido sempre mediante provocação do cidadão ou legitimado devendo ser submetido previamente ao Judiciário para fins de questões referentes à legalidade.
E) próprio do Poder Público, visto seu caráter técnico e, subsidiariamente, político, com abrangência em todas as situações e sem limites de qualquer natureza legal.

3891) (2010) Banca: FCC – Órgão: SJCDH-BA – Prova: Agente Penitenciário

No que diz respeito ao controle da Administração Pública, considere:
I. O controle político trata acerca do controle de mérito desempenhado pelo Legislativo quando o ato praticado pelo Executivo carece de prévia autorização.
II. O controle exógeno envolve duas subespécies: o controle político-administrativo e o controle de legalidade.
III. O controle externo ou permanente é exercido pelo Judiciário, enquanto o controle externo eventual ou provocado é feito pelo Legislativo.

Está correto o que se afirma APENAS em
A) I.
B) I e II.
C) I e III.
D) II e III.
E) III.

3892) (2011) Banca: FCC – Órgão: TJ-AP – Prova: Titular de Serviços de Notas e de Registros

No que se refere à revogação e à invalidação dos atos administrativos,
A) a Administração Pública poderá invalidar seus atos administrativos, por razões de ilegalidade, produzindo, de regra, efeitos ex nunc.
B) o Poder Judiciário poderá revogar atos administrativos, por razões de ilegalidade, produzindo efeitos ex nunc.
C) a Administração Pública, de regra, poderá revogar atos administrativos discricionários, por razões de conveniência e oportunidade, produzindo efeitos ex nunc.
D) a Administração Pública poderá invalidar seus atos administrativos de ofício, por razões de mérito, produzindo efeitos *ex tunc*.
E) o Poder Judiciário não poderá invalidar atos administrativos discricionários, eis que estes estão sujeitos exclusivamente à autotutela.

3893) (2010) Banca: FGV – Órgão: SEAD-AP – Prova: Fiscal da Receita Estadual

O poder de sustação do Congresso Nacional em relação aos atos normativos do Poder Executivo que exorbitem do poder regulamentar é uma função do controle:
A) administrativo.
B) político.
C) de legalidade.
D) externo.
E) normativo.

3894) (2014) Banca: CESGRANRIO – Órgão: EPE – Prova: Analista de Gestão Corporativa – Conhecimentos Básicos (+ provas)

No controle dos atos administrativos realizados pelo Poder Judiciário, deve ocorrer a sua circunscrição quanto ao aspecto da
A) legalidade
B) vinculação
C) finalidade
D) motivação
E) discricionariedade

Classificação quanto ao órgão controlador: Controle Administrativo: trata-se do **controle interno**, ou seja, aquele que é exercido **pelo próprio poder que editou o ato administrativo.**

3895) (2013) Banca: CESPE – Órgão: SEFAZ-ES – Prova: Auditor Fiscal da Receita Estadual

O controle exercido por determinado órgão público sobre os seus departamentos denomina-se controle.
A) interno.
B) de legalidade.
C) externo.
D) concomitante.
E) provocado.

3896) (2015) Banca: CESPE – Órgão: MPOG – Prova: Analista Técnico Administrativo – Cargo 2 (+ provas)

Em relação ao controle administrativo, julgue o item subsequente.

O controle interno deriva do poder de autotutela que a administração tem sobre seus próprios atos e agentes.
A) Certo B) Errado

3897) (2012) Banca: CESPE – Órgão: FNDE – Prova: Técnico em Financiamento e Execução de Programas e Projetos Educacionais

No que se refere ao controle da administração, julgue o item a seguir: O controle exercido pelos órgãos da administração direta sobre seus próprios atos, por considerá-los ilegais, inoportunos ou inconvenientes, é caracterizado como controle interno.

A) Certo B) Errado

Controle Legislativo ou Parlamentar: O controle legislativo refere-se ao controle realizado pelo Poder Legislativo frente aos atos administrativos, sejam esses editados pelo Poder Executivo, Judiciário ou até mesmo pelo próprio Poder Legislativo.

Tal controle envolve tanto aspectos de natureza política quanto de natureza financeira.

O controle que o Poder Legislativo realiza frente aos atos editados pelos outros poderes possui **fundamento constitucional**, ou seja, **somente a Constituição estabelece as hipóteses em que esse controle irá se manifestar.** Trata-se de **controle externo** de cunho político, superando a mera análise legal e abrangendo, em algumas situações previstas na Constituição Federal, o controle quanto **a conveniência e oportunidade, ou seja, o mérito** da medida administrativa.

Nesse último caso, o Poder Legislativo atua com **ampla discricionariedade**. A título exemplificativo cabe citar as situações em que é necessária autorização (discricionária) do Poder Legislativo para a prática de um ato pelo Poder Executivo, como acontece na situação de escolha do dirigente de uma Agência Reguladora.

Portanto, a discricionariedade e o controle de mérito desempenhado pelo Legislativo, nessas hipóteses previstas na Constituição, não se refere à possibilidade de **revogar uma medida tomada pelo Poder Executivo** e sim ao controle político previsto no texto constitucional, tão somente no sentido de impedir que o ato produza efeitos.

Art. 49, V: sustar os atos do Poder Executivo que exorbitem o Poder Regulamentar: o Art. 84, IV da Constituição Federal confere ao Chefe do Poder Executivo o poder de regulamentar de editar decretos visando a fiel execução da lei.

Art. 71: sustar execução de contrato administrativo objeto de impugnação perante o Tribunal de Contas da União.

Art. 49, IX: julgar anualmente as contas prestados pelo presidente República.

3898) (2014) Banca: CESPE – Órgão: Câmara dos Deputados – Prova: Analista Legislativo

Em relação ao controle dos atos administrativos, julgue o item seguinte.

O controle legislativo, prerrogativa atribuída ao Poder Legislativo para fiscalizar a administração pública, não incide sobre os atos praticados pelo Poder Judiciário, dada a previsão constitucional de autonomia financeira desse poder.

A) Certo B) Errado

3899) (2013) Banca: CESPE – Órgão: TRT – 10ª REGIÃO (DF e TO) – Prova: Analista Judiciário – Área Judiciária

Julgue o item que se segue, a respeito do controle da administração pública.

Por força do princípio da separação de poderes, não se admite o controle da administração pública pelo Poder Legislativo.

A) Certo B) Errado

3900) (2012) Banca: CESPE – Órgão: PRF – Prova: Agente Administrativo

Acerca do controle da administração, julgue o item que se segue.

O controle parlamentar exercido pelo Poder Legislativo não se limita às hipóteses previstas na CF.

A) Certo B) Errado

3901) (2012) Banca: CESPE – Órgão: FNDE – Prova: Técnico em Financiamento e Execução de Programas e Projetos Educacionais

No que se refere ao controle da administração, julgue o item a seguir: O controle que o Poder Legislativo exerce sobre a administração pública envolve tanto aspectos de natureza política quanto de natureza financeira.

A) Certo B) Errado

3902) (2014) Banca: CESPE – Órgão: TC-DF – Prova: Analista de Administração Pública – Sistemas de TI (+ provas)

No que se refere ao controle da administração pública, julgue o item que se segue.

O Poder Legislativo exerce controle financeiro sobre o Poder Executivo, sobre o Poder Judiciário e sobre a sua própria administração.

A) Certo B) Errado

3903) (2012) Banca: CESPE – Órgão: PRF – Prova: Agente Administrativo

A convocação de determinadas autoridades públicas para prestar informações à administração não se inclui entre as possibilidades de controle parlamentar exercido sobre a administração pública.

A) Certo B) Errado

3904) (2010) Banca: CESPE – Órgão: INCA – Prova: Analista em C&T Júnior – Direito – Legislação Pública em Saúde

As agências reguladoras estão sujeitas ao controle financeiro, contábil e orçamentário exercido pelo Poder Legislativo, com auxílio do Tribunal de Contas da União.

A) Certo B) Errado

3905) (2004) Banca: CESPE – Órgão: Polícia Federal – Prova: Agente Federal da Polícia Federal

Por pertencer o DPF ao Poder Executivo, os atos praticados por agentes públicos lotados nesse órgão não são sujeitos a controle legislativo, mas apenas a controles administrativo e judicial.

A) Certo B) Errado

3906) (2013) Banca: CESPE – Órgão: ANCINE – Prova: Todos os Cargos

A respeito da responsabilidade civil do Estado e do controle da administração, julgue o item seguinte.

O controle do Poder Legislativo tem caráter sempre preventivo, já que, após sua edição, os atos administrativos sujeitam-se a controle judicial limitado de ofício.

A) Certo   B) Errado

3907) (2013) Banca: CESPE – Órgão: TRT – 10ª REGIÃO (DF e TO) – Prova: Analista Judiciário – Execução de Mandados

O controle prévio dos atos administrativos do Poder Executivo é feito exclusivamente pelo Poder Executivo, cabendo aos Poderes Legislativo e Judiciário exercer o controle desses atos somente após sua entrada em vigor.

A) Certo   B) Errado

3908) (2012) Banca: CESPE – Órgão: TJ-AL – Prova: Auxiliar Judiciário

No que tange ao controle e à responsabilização da administração pública, assinale a opção correta.

A) Não pode o Estado ser responsabilizado por dano resultante de atos praticados pelo Poder Legislativo e pelo Poder Judiciário.

B) O controle externo exercido pelo Poder Legislativo restringe-se à legalidade, legitimidade e economicidade dos atos praticados pela administração direta.

C) A invalidação de atos administrativos eivados de vícios é imperativa para a administração, ainda que deles não decorram consequências jurídicas ou lesão aos cofres públicos.

D) Os atos administrativos editados pelo Poder Executivo poderão ser por ele revogados, mediante controle interno, ou revogados pelo Poder Judiciário.

E) O controle interno da administração pública tem, entre outras finalidades, a de comprovar a legalidade e avaliar os resultados quanto à eficácia e eficiência da gestão orçamentária, financeira e patrimonial nos órgãos e entidades da administração federal, bem como da aplicação de recursos públicos por entidades de direito privado.

3909) (2009) Banca: CESPE – Órgão: TRT – 17ª Região (ES) – Prova: Analista Judiciário – Área Judiciária – Execução de Mandados

O controle financeiro exercido pelo Poder Legislativo com o auxílio do Tribunal de Contas alcança qualquer pessoa física ou entidade pública que utilize, arrecade, guarde, gerencie ou administre dinheiro, bens e valores públicos. Em razão do sistema de jurisdição única adotado no Brasil, as pessoas privadas, físicas ou jurídicas, estão sujeitas apenas ao controle de legalidade exercido pelo Poder Judiciário, não sendo passíveis de controle legislativo.

A) Certo   B) Errado

3910) (2017) Banca: CESPE – Órgão: TCE-PE – Prova: Conhecimentos Básicos – Cargo 5 (+ provas)

No que se refere ao controle administrativo, julgue o item que se segue.

O controle exercido pela administração sobre seus próprios atos pode ser realizado de ofício quando a autoridade competente constatar ilegalidade.

A) Certo   B) Errado

3911) (2016) Banca: CESPE – Órgão: TCE-PA – Prova: Conhecimentos Básicos- Cargos 4, 5 e de 8 a 17 (+ provas)

Com fundamento nos conceitos e na legislação a respeito de controle na administração pública, julgue o item a seguir.

O Poder Legislativo, por exercer, nos limites da Constituição Federal de 1988, controle sobre os demais Poderes, inclusive sobre o Poder Judiciário, quando este executa função administrativa, tem a prerrogativa de sustar atos normativos do Executivo e do Judiciário, quando exorbitem do poder regulamentar ou dos limites da delegação legislativa.

A) Certo   B) Errado

3912) (2015) Banca: CESPE – Órgão: MPU – Prova: Analista do MPU – Conhecimentos Básicos (+ provas)

Com relação ao controle da administração e ao poder de polícia administrativa, julgue o item seguinte.

Compete ao Poder Judiciário, como mecanismo de controle judicial, sustar, de ofício, os atos normativos do Poder Executivo que exorbitem do poder regulamentar.

A) Certo   B) Errado

3913) (2013) Banca: CESPE – Órgão: TRT – 17ª Região (ES) – Prova: Técnico Judiciário – Área Administrativa

A respeito dos controles administrativo e legislativo no âmbito da administração pública federal, julgue o item que se segue.

Constituem hipóteses de controle legislativo o poder do Congresso Nacional para sustar os atos normativos do Poder Executivo que exorbitem do poder regulamentar ou dos limites de delegação legislativa e a fiscalização exercida pelo Congresso relativa à aplicação das subvenções e à renúncia de receitas por parte da administração pública.

A) Certo   B) Errado

3914) (2013) Banca: CESPE – Órgão: MPU – Prova: Analista – Direito

Acerca do controle legislativo da administração e da responsabilidade civil do Estado, julgue o item seguinte.

No exercício do controle legislativo, compete ao Senado Federal, em caráter privativo, sustar os atos normativos do Poder Executivo que exorbitem do poder regulamentar, bem como os contratos que padeçam de ilegalidade, neste último caso mediante solicitação da Comissão Mista de Orçamento do Congresso Nacional.

A) Certo   B) Errado

3915) (2014) Banca: CESPE – Órgão: TCE-PB – Prova: Procurador

No exercício do controle político da administração pública, compete;

A) às CPIs apurar irregularidades e determinar sanções.

B) ao Congresso Nacional sustar os atos normativos do Poder Executivo que exorbitem do poder regulamentar, sustando, se for o caso, seus efeitos independentemente de prévia manifestação do Poder Judiciário.

C) ao Senado Federal ou à Câmara dos Deputados – excetuadas suas comissões – convocar titulares de órgãos diretamente subordinados à Presidência da República.

D) privativamente ao Congresso Nacional e ao Senado Federal apreciar, a priori, os atos do Poder Executivo.
E) ao Senado Federal dispor, por proposta do presidente da República, sobre limites globais e condições para a operação de créditos externo e interno da União, dos estados, dos municípios e do DF, exceto das autarquias.

3916) (2012) Banca: CESPE – Órgão: Câmara dos Deputados – Prova: Todos os Cargos

Julgue o item seguinte, referente ao controle da administração pública.

A competência do Congresso Nacional para sustar os atos normativos do Poder Executivo que tenham exorbitado do poder regulamentar ou de delegação legislativa independe de prévia manifestação do Poder Judiciário

A) Certo B) Errado

3917) (2012) Banca: CESPE – Órgão: ANAC – Prova: Técnico Administrativo

Julgue o item que se segue, a respeito do controle e responsabilização da administração.

A competência do Congresso Nacional para sustar ato normativo do Poder Executivo que exorbite o poder regulamentar a ele concedido configura hipótese de controle político da administração.

A) Certo B) Errado

3918) (2013) Banca: CESPE – Órgão: CPRM – Prova: Analista em Geociências – Direito

Julgue o próximo item, referentes ao controle e à responsabilização da administração pública.

É de competência do Congresso Nacional sustar os contratos administrativos que apresentem ilegalidade, mediante solicitação do Tribunal de Contas da União.

A) Certo B) Errado

3919) (2008) Banca: CESPE – Órgão: HEMOBRÁS – Prova: Analista de Gestão Administrativa – Administrador

Com relação ao controle da administração pública, julgue o item subsequente.

Como forma de controle, cabe ao TCU julgar as contas do presidente da República.

A) Certo B) Errado

3920) (2013) Banca: CESPE – Órgão: PC-DF – Prova: Escrivão de Polícia

Em relação ao controle legislativo dos atos administrativos, julgue o item a seguir.

O Poder Legislativo exerce controle sobre os atos da administração pública, contando com vários instrumentos para desempenhar tal atividade, como, por exemplo, o julgamento pelo Tribunal de Contas da União das contas prestadas pelo presidente da República.

A) Certo B) Errado

3921) (2011) Banca: FCC – Órgão: TCE-SP – Prova: Procurador

Em relação ao controle do Poder Legislativo sobre os atos da Administração Pública é correto afirmar:

A) As normas constitucionais que estabelecem as hipóteses de controle legislativo são enunciativas, permitindo interpretação extensiva quando se tratar de aspectos financeiros.
B) Constitui controle do Poder Legislativo a apreciação posterior de determinados atos do Poder Executivo pelo Congresso Nacional.
C) O controle do Poder Legislativo tem caráter sempre preventivo, na medida em que após a edição, os atos administrativos admitem, apenas, controle judicial limitado.
D) O controle financeiro realizado pelo Poder Legislativo não compreende controle de economicidade, porque se trata de aspecto afeto a competência discricionária do Poder Executivo.
E) O controle exercido pelo Tribunal de Contas abrange atuação preventiva e repressiva, dependendo, para a imposição de medidas sancionatórias, de autorização do Poder Legislativo.

3922) (2013) Banca: FCC – Órgão: TJ-PE – Prova: Titular de Serviços de Notas e de Registros

Tecendo comparação entre a extensão do controle da Administração Pública realizado pelo Poder Judiciário e aquele realizado pelo Poder Legislativo, é correto afirmar que

A) o controle realizado pelo Legislativo, inclusive com auxílio do Tribunal de Contas, pode abranger aspectos de legalidade e de mérito, podendo, inclusive, conforme o caso, adentrar alguns aspectos discricionários da atuação do Executivo.
B) o controle realizado pelo Judiciário abrange análise de aspectos discricionários e de legalidade, mas a competência para proferimento de decisão para anulação ou suspensão de atos do Executivo restringe-se ao controle de legalidade.
C) o controle realizado pelo Judiciário permite a sustação ou o desfazimento dos atos do Executivo, enquanto o controle realizado pelo Legislativo não permite essa ingerência, sendo necessária adoção da via judicial.
D) o controle realizado pelo Legislativo é essencialmente financeiro, realizado pelo Tribunal de Contas, não sendo permitido controle de natureza política, nem a apreciação a priori ou a posteriori, por nenhuma de suas casas, de atos praticados pelo Executivo.
E) tanto o controle realizado pelo Judiciário, quanto o controle realizado pelo Legislativo, atendem ao princípio da inércia, dependendo de provocação do interessado direto ou do suposto prejudicado pelo ato sindicado.

3923) (2011) Banca: FCC – Órgão: TCE-SP – Prova: Procurador

Em relação ao controle do Poder Legislativo sobre os atos da Administração Pública é correto afirmar:

A) As normas constitucionais que estabelecem as hipóteses de controle legislativo são enunciativas, permitindo interpretação extensiva quando se tratar de aspectos financeiros.
B) Constitui controle do Poder Legislativo a apreciação posterior de determinados atos do Poder Executivo pelo Congresso Nacional.
C) O controle do Poder Legislativo tem caráter sempre preventivo, na medida em que após a edição, os atos administrativos admitem, apenas, controle judicial limitado.

D) O controle financeiro realizado pelo Poder Legislativo não compreende controle de economicidade, porque se trata de aspecto afeto a competência discricionária do Poder Executivo.

E) O controle exercido pelo Tribunal de Contas abrange atuação preventiva e repressiva, dependendo, para a imposição de medidas sancionatórias, de autorização do Poder Legislativo.

3924) (2011) Banca: FCC – Órgão: TRT – 20ª REGIÃO (SE) – Prova: Analista Judiciário – Execução de Mandados

Analise as seguintes assertivas acerca do Controle da Administração Pública, especificamente sobre o Controle Legislativo:

I. O controle que o Poder Legislativo exerce sobre a Administração Pública tem que se limitar às hipóteses previstas na Constituição Federal.

II. As Comissões Parlamentares de Inquérito têm poderes de investigação próprios das autoridades judiciais, além de outros, como, por exemplo, o poder sancionatório.

III. O Controle Legislativo envolve dois tipos de controle: o político e o financeiro; o controle político, como a própria nomenclatura evidencia, abrange apenas aspectos de mérito, e não de legalidade.

Está correto o que se afirma APENAS em

A) I.
B) I e II.
C) II.
D) II e III.
E) III.

3925) (2006) Banca: FCC – Órgão: SEFAZ-PB – Prova: Auditor Fiscal de Tributos Estaduais

O governador do Estado da Paraíba, a pretexto de regulamentar lei emanada da Assembleia Legislativa, edita decreto que cria novas obrigações a particulares e extrapola a sua matriz legal. Desejando coibir os termos abusivos desse decreto, a Assembleia Legislativa, no exercício do controle parlamentar dos atos administrativos, poderá

A) oficiar ao Ministério Público solicitando a propositura de ação direta de inconstitucionalidade do decreto.

B) impetrar, por intermédio de sua mesa diretora, mandado de segurança para suspender a execução do decreto no território estadual.

C) revogar o decreto, por meio de decreto legislativo que contenha disposição revogatória expressa.

D) sustar a execução do decreto do governador do Estado, naquilo que exceder o seu poder regulamentar.

E) solicitar ao Tribunal de Contas do Estado que tome as medidas judiciais cabíveis para a invalidação do decreto.

3926) (2010) Banca: FGV – Órgão: BADESC – Prova: Advogado

Compete ao Senado Federal autorizar operações externas de natureza financeira, de interesse das pessoas federativas. Essa competência diz respeito:

A) ao controle judicial.
B) ao controle hierárquico.
C) ao controle legislativo, de natureza política.
D) ao controle legislativo, de natureza financeira.
E) ao controle administrativo.

3927) (2013) Banca: FUNCAB – Órgão: PC-ES – Prova: Perito em Telecomunicação

A Constituição Federal confere ao Congresso Nacional atribuição para sustar contrato administrativo considerado irregular pelo Tribunal de Contas da União. Trata-se, quanto à Administração Pública, de exemplo de controle:

A) prévio.
B) judicial.
C) administrativo.
D) moral.
E) legislativo.

3928) (2015) Banca: FUNCAB – Órgão: CRC-RO – Prova: Contador

Ocorrendo sustação da execução, por determinação do Congresso Nacional, de um contrato administrativo impugnado perante o Tribunal de Contas da União, é possível afirmar que tal sustação ilustra, em relação à Administração Pública, ato de controle:

A) interno.
B) legislativo.
C) judicial.
D) prévio.
E) administrativo.

3929) (2011) Banca: VUNESP – Órgão: SAP-SP – Prova: Analista Administrativo

O controle da Administração Pública

A) poderá ser exercido pelo Poder Legislativo.
B) poderá ser exercido somente pelo Poder Executivo.
C) não poderá ser exercido pelo Poder Judiciário.
D) não poderá ser exercido pelo Poder Legislativo.
E) poderá ser exercido somente pelo Poder Judiciário.

3930) (2014) Banca: CETREDE – Órgão: JUCEC – Prova: Advogado

A fiscalização efetivada, pelo Poder Legislativo e pelo Tribunal de Contas, em relação à Administração Pública, é exemplo de controle

A) interno;
B) externo;
C) avulso;
D) concentrado;
E) difuso.

3931) (2013) Banca: VUNESP – Órgão: MPE-ES – Prova: Agente Especializado – Analista de Banco de Dados (+ provas)

A fiscalização contábil, financeira, orçamentária e patrimonial do Ministério Público, quanto à legalidade, legitimidade, economicidade, aplicação de dotações e recursos próprios e renúncia de receitas, será exercida mediante controle externo e pelo sistema de controle interno. Os controles externo e interno são exercidos, respectivamente, pelo Poder

A) Judiciário e pela Assessoria de Controle Interno.
B) Legislativo e Assessoria de Controle Interno.
C) Executivo e Procurador-Geral de Justiça.

D) Legislativo e Comissão integrada por servidores do Ministério Público.
E) Executivo e Comissão integrada por membros do Ministério Público.

3932) (2013) Banca: VUNESP – Órgão: MPE-ES – Prova: Promotor de Justiça

Assinale a alternativa que corretamente descreve um instrumento de controle da administração previsto na Constituição Federal e que deve ser manejado pelo Poder Legislativo.

A) Analisar as contas prestadas trimestralmente pelo Presidente da República.
B) Sustar os atos normativos do Poder Executivo que exorbitem do poder regulamentar ou dos limites de delegação legislativa.
C) Analisar e dar provimento a recurso hierárquico próprio de atos praticados por servidores públicos do Poder Executivo.
D) Exercer a supervisão das entidades descentralizadas e o controle hierárquico dos órgãos da Administração Indireta.
E) Sustar a execução de contrato administrativo, exercendo controle financeiro, sem necessidade de impugnação do contrato no âmbito do Tribunal de Contas

3933) (2013) Banca: FDRH – Órgão: PC-RS – Prova: Escrivão e Inspetor de Polícia – 2° Parte

Sobre os meios de controle da Administração Pública, e correto afirmar que

A) o controle administrativo quanto ao mérito pode ser efetivado pela Administração Pública e judicialmente.
B) o controle legislativo incide sobre a legalidade e o mérito de determinados atos do Poder Executivo, objetivando os superiores interesses do Estado e da coletividade.
C) o Mandado de Segurança é o meio constitucional posto à disposição do particular para lhe assegurar o conhecimento de registros concernentes ao postulante e constantes de repartições públicas ou particulares acessíveis ao público.
D) a legitimidade para a propositura da ação popular independe de seu autor estar no pleno gozo dos direitos políticos.
E) o controle judicial dos atos administrativos decorre do poder de autotutela.

3934) (2015) Banca: FAURGS – Órgão: TJ-RS – Prova: Titular de Serviços de Notas e de Registros – Provimento

Compete ao Congresso Nacional, no exercício do controle da Administração Pública,

A) emitir parecer prévio sobre as contas do Presidente da República.
B) julgar, anualmente, as contas do Presidente da República.
C) julgar as contas de todos os administradores públicos.
D) apreciar os atos de admissão de pessoal, concessões de aposentadorias, reformas e pensões.

Fiscalização contábil, financeira e orçamentária

*"Art. 70. A fiscalização contábil, financeira, orçamentária, operacional e patrimonial da União e das entidades da administração direta e indireta, quanto à **legalidade, legitimidade, economicidade, aplicação das subvenções e renúncia de receitas**, será exercida pelo Congresso Nacional, mediante controle externo, e pelo sistema de controle interno de cada Poder.*

Parágrafo único. *Prestará contas **qualquer pessoa física ou jurídica**, pública ou privada, que utilize, arrecade, guarde, gerencie ou administre dinheiros, bens e valores públicos ou pelos quais a União responda, ou que, em nome desta, assuma obrigações de natureza pecuniária.".*

3935) (2014) Banca: CESPE – Órgão: Câmara dos Deputados

A respeito do controle e da responsabilização da administração, julgue o item. A CF, ao disciplinar a fiscalização contábil, financeira e orçamentária dos entes públicos, prevê o controle da legitimidade, consistente no exame de mérito do emprego de recursos públicos que, embora legais, possam ser caracterizados como ilegítimos.

A) Certo B) Errado

3936) (2011) Banca: FCC – Órgão: DPE-RS – Prova: Defensor Público

Considere as seguintes afirmações com relação aos controles externo e interno da administração pública, tendo em vista os artigos 70 a 75 da Constituição da República Federativa do Brasil de 1988:

I. Os Poderes Legislativo, Executivo e Judiciário manterão, de forma independente, sistema de controle interno, com a finalidade de apoiar o controle externo no exercício de sua missão institucional.
II. Os responsáveis pelo controle externo, ao tomarem conhecimento de qualquer irregularidade ou ilegalidade, dela darão ciência ao Tribunal de Contas competente, sob pena de responsabilidade subsidiária.
III. O controle externo exercerá a fiscalização contábil, financeira, orçamentária, operacional e patrimonial da administração, quanto à legalidade, legitimidade, economicidade, aplicação das subvenções e renúncia de receitas.

A) I.
B) II.
C) III.
D) I e III.
E) II e III.

3937) (2011) Banca: FCC – Órgão: TRF – 1ª REGIÃO – Prova: Analista Judiciário – Contadoria

Nos termos da Constituição Federal, a fiscalização contábil, financeira, orçamentária, operacional e patrimonial da União e das entidades da administração direta e indireta, será exercida pelo

A) Senado Federal e pela Câmara dos Deputados, mediante auxílio do Tribunal de Contas da União, e pela Controladoria Geral da União.
B) Senado Federal e pela Câmara dos Deputados, mediante auxílio do Tribunal de Contas da União, e pela Secretaria Federal de Controle Interno.
C) Congresso Nacional, mediante controle externo, e pelo sistema de controle interno de cada Poder.
D) Congresso Nacional, mediante auxílio do Tribunal de Contas da União, e pela Controladoria Geral da União.

E) Poder Legislativo, diretamente ou com o auxílio do Tribunal de Contas da União, pelo sistema de controle interno e pelo Ministério Público.

3938) (2015) Banca: FGV – Órgão: Prefeitura de Niterói – RJ – Prova: Contador

Em tema de controle da atividade administrativa, a fiscalização contábil, financeira, orçamentária, operacional e patrimonial do Município (Poder Executivo), quanto à legalidade, legitimidade, economicidade, aplicação das subvenções e renúncia de receitas, será exercida pelo sistema de controle:

A) interno do próprio Poder Executivo e, mediante controle externo, pelo Poder Judiciário Municipal com auxílio do Tribunal de Contas;
B) interno do Poder Legislativo e, mediante controle externo, pelo Poder Judiciário Municipal com auxílio do Tribunal de Contas;
C) interno do próprio Poder Executivo e, mediante controle externo, pela Câmara Municipal com auxílio do Tribunal de Contas;
D) externo, por meio de prestação de contas ao Estado e à União e, mediante controle interno, pela Câmara Municipal com auxílio do Tribunal de Contas;
E) externo, por meio de prestação de contas ao Estado e à União e, mediante controle interno, pelos Poderes Legislativo e Judiciário municipais.

3939) (2016) Banca: FUNIVERSA – Órgão: IF-AP – Prova: Administrador (+ provas)

No que se refere a tipos e formas de controle da Administração Pública, assinale a alternativa correta.

A) Trata-se de controle interno o julgamento das contas dos administradores públicos pelos tribunais de contas.
B) No ordenamento jurídico brasileiro, não é possível o exercício do controle social.
C) De acordo com a CF, o controle externo tem como titular o Poder Legislativo e é exercido com o auxílio do Poder Judiciário.
D) O controle judicial é exercido sobre os atos administrativos praticados apenas pelo Poder Executivo.
E) Segundo a CF, o controle contábil, financeiro e orçamentário da administração pública ocorre, mediante controle externo, a cargo do Congresso Nacional e, mediante controle interno, a cargo de cada Poder.

3940) (2015) Banca: NC-UFPR – Órgão: Prefeitura de Curitiba – PR – Prova: Procurador

Sobre o controle da Administração Pública, assinale a alternativa correta.

A) Entre os vários instrumentos de controle administrativo da Administração Pública, são admitidos a representação, a reclamação e o mandado de segurança.
B) Os Tribunais de Contas têm por dever constitucional apreciar as contas do Poder Legislativo, emitindo parecer prévio no prazo de 60 dias a contar do seu recebimento.
C) Os Tribunais de Contas, no exercício de suas competências constitucionais, está expressamente proibido de sustar a execução de atos impugnados, pois essa competência é privativa do Poder Legislativo.
D) Estão eximidas de prestar contas as entidades privadas que, mesmo sendo beneficiárias de recursos públicos, aplique-os em finalidade pública.
E) A fiscalização contábil, financeira, orçamentária, operacional e patrimonial das pessoas jurídicas de direito público interno e de suas administrações direta e indireta é feita pelo Poder Legislativo, pois, entre outras, cabe-lhe a atribuição do controle externo.

3941) (2015) Banca: OBJETIVA – Órgão: Prefeitura de Vitorino – PR – Prova: Procurador

Quanto ao controle da Administração Pública, assinalar a alternativa INCORRETA:

A) Em relação ao controle interno, questões interessantes surgem quanto à possibilidade de a Administração Pública rever seus próprios atos ou revogá-los por questão de conveniência e de oportunidade.
B) O controle administrativo pode ser feito pela própria Administração fiscalizada ou em relação à outra Administração.
C) Segundo a Constituição Federal, qualquer cidadão, partido político, associação ou sindicato é parte legítima para, na forma da lei, denunciar irregularidades ou ilegalidades perante o Tribunal de Contas da União.
D) Os Poderes Legislativo, Executivo e Judiciário manterão, de forma integrada, sistema de controle interno com a finalidade de apoiar o controle externo no exercício de sua missão institucional.
E) O Poder Legislativo exerce sobre a Administração Pública o controle político, mas não financeiro, que está a cargo do Poder Judiciário.

Tribunal de Contas

Os Tribunais de Contas são órgãos que se encontram **vinculados ao Poder Legislativo**, uma vez que auxiliam esse poder no controle das contas do Executivo, entretanto, **não se encontram hierarquicamente subordinados a esse Poder**. Esses tribunais possuem a competência para fiscalização de quaisquer pessoas físicas ou jurídicas, públicas ou privadas, que **façam uso de recurso público**. Destaca-se que os Tribunais de Contas, a despeito da denominação que recebem, não exercem função de jurisdição com caráter de definitividade.

"Art. 71. O controle externo, a cargo do Congresso Nacional, será exercido com o auxílio do Tribunal de Contas da União, ao qual compete:

I – apreciar as contas prestadas anualmente pelo presidente da República, mediante parecer prévio que deverá ser elaborado em sessenta dias a contar de seu recebimento;

II – julgar as contas dos administradores e demais responsáveis por dinheiros, bens e valores públicos da administração direta e indireta, incluídas as fundações e sociedades instituídas e mantidas pelo Poder Público federal, e as contas daqueles que derem causa a perda, extravio ou outra irregularidade de que resulte prejuízo ao erário público;

III – apreciar, para fins de registro, a legalidade dos atos de admissão de pessoal, a qualquer título, na Administração Direta e Indireta, incluídas as fundações instituídas e mantidas pelo Poder Público, excetuadas as nomeações para cargo de provimento em comissão, bem como a das concessões de aposentadorias, reformas e pensões, ressalvadas as melhorias posteriores que não alterem o fundamento legal do ato concessório;

IV – realizar, por iniciativa própria, da Câmara dos Deputados, do Senado Federal, de Comissão técnica ou de inquérito, inspeções e auditorias de natureza contábil, financeira, orçamentária, operacional e patrimonial, nas unidades administrativas dos Poderes Legislativo, Executivo e Judiciário, e demais entidades referidas no inciso II;

V – fiscalizar as contas nacionais das empresas supranacionais de cujo capital social a União participe, de forma direta ou indireta, nos termos do tratado constitutivo;

VI – fiscalizar a aplicação de quaisquer recursos repassados pela União mediante convênio, acordo, ajuste ou outros instrumentos congêneres, a estado, ao Distrito Federal ou a município;

*VII – prestar as informações solicita **legalidade, legitimidade**, das pelo Congresso Nacional, por qualquer de suas Casas, ou por qualquer das respectivas Comissões, sobre a fiscalização contábil, financeira, orçamentária, operacional e patrimonial e sobre resultados de auditorias e inspeções realizadas;*

VIII – aplicar aos responsáveis, em caso de ilegalidade de despesa ou irregularidade de contas, as sanções previstas em lei, que estabelecerá, entre outras cominações, multa proporcional ao dano causado ao erário;

IX – assinar prazo para que o órgão ou entidade adote as providências necessárias ao exato cumprimento da lei, se verificada ilegalidade;

X – sustar, se não atendido, a execução do ato impugnado, comunicando a decisão à Câmara dos Deputados e ao Senado Federal;

XI – representar ao Poder competente sobre irregularidades ou abusos apurados.

§ 1º No caso de contrato, o ato de sustação será adotado diretamente pelo Congresso Nacional, que solicitará, de imediato, ao Poder Executivo as medidas cabíveis.

§ 2º Se o Congresso Nacional ou o Poder Executivo, no prazo de noventa dias, não efetivar as medidas previstas no parágrafo anterior, o Tribunal decidirá a respeito.

§ 3º As decisões do Tribunal de que resulte imputação de débito ou multa terão eficácia de título executivo.

§ 4º O Tribunal encaminhará ao Congresso Nacional, trimestral e anualmente, relatório de suas atividades."

3942) (2009) Banca: CESPE – Órgão: TRE-PR – Prova: Analista Judiciário – Análise de Sistemas (+ provas)

O Tribunal de Contas da União, mesmo como órgão integrante da estrutura da administração pública direta, tem competência para deixar de aplicar uma lei que entenda ser inconstitucional.

A) Certo B) Errado

3943) (2013) Banca: CESPE – Órgão: TCE-RO – Prova: Auditor de Controle Externo – Direito

O controle externo, a cargo do Congresso Nacional, deve ser exercido com o auxílio do Tribunal de Contas da União (TCU).

A) Certo B) Errado

3944) (2013) Banca: CESPE – Órgão: MJ – Prova: Analista Técnico – Administrativo

Com relação ao controle administrativo, julgue o item a seguir.

O controle externo, a cargo do Congresso Nacional, será exercido com o auxílio do Tribunal de Contas da União, ao qual compete, entre outras atribuições, fiscalizar a aplicação de quaisquer recursos repassados pela União, mediante convênio, acordo, ajuste ou outros instrumentos congêneres, a estado, ao Distrito Federal ou a município.

A) Certo B) Errado

3945) (2017) Banca: CESPE – Órgão: TCE-PE – Prova: Conhecimentos Básicos – Cargo 3 (+ provas)

A respeito do controle da administração pública exercido pelos tribunais de contas, julgue o próximo item.

Cabe aos tribunais de contas a anulação de ato ou contrato dos órgãos jurisdicionados eivado de vícios.

A) Certo B) Errado

3946) (2017) Banca: CESPE – Órgão: TCE-PE – Prova: Conhecimentos Básicos – Cargo 3 (+ provas)

A respeito do controle da administração pública exercido pelos tribunais de contas, julgue o próximo item.

O TCU não possui competência para executar decisões próprias que impliquem imputação de débito ou de multa.

A) Certo B) Errado

3947) (2017) Banca: CESPE – Órgão: TCE-PE – Prova: Auditor de Controle Externo – Auditoria de Contas Públicas

Julgue o item subsequente, relativo aos princípios fundamentais, aos direitos e deveres individuais e coletivos, aos direitos sociais e à fiscalização contábil, financeira e orçamentária.

Embora não tenham poder para anular ou sustar contratos administrativos, os tribunais de contas têm competência para determinar à autoridade administrativa que promova a anulação do contrato e, se pertinente, da licitação da qual ele houver se originado.

A) Certo B) Errado

3948) (2004) Banca: FCC – Órgão: TRE-PE – Prova: Técnico Judiciário – Área Administrativa

No controle externo da administração financeira e orçamentária é que se inserem as principais atribuições dos nossos Tribunais de Contas, como órgãos

A) independentes e auxiliares dos Judiciários e colaboradores dos Legislativos.
B) dependentes do Poder Judiciário e auxiliares do Poder Executivo.
C) independentes e auxiliares dos Poderes Executivo e Judiciário.
D) dependentes e auxiliares dos Poderes Legislativo e Judiciário.
E) independentes, mas auxiliares dos Legislativos e colaboradores dos Executivos.

3949) (2013) Banca: FCC – Órgão: TRT – 5ª Região (BA) Prova: Técnico Judiciário – Área Administrativa

Dentro das normas estabelecidas pela CF/88 para o exercício do controle externo, está a que dita que prestará contas qualquer pessoa física ou jurídica, pública ou privada, que utilize, arrecade, guarde, gerencie ou administre dinheiro, bens e valores públicos ou pelos quais a União responda, ou que, em nome desta, assuma obrigações de natureza pecuniária. Nesse contexto está inserido o TRT/BA, cujo controle externo é exercido pelo Congresso Nacional com o auxílio

A) do Tribunal de Contas da União.
B) do Tribunal de Contas do Estado da Bahia.
C) do Conselho Nacional de Justiça.
D) do Ministério Público.
E) da Advocacia-Geral da União.

3950) (2016) Banca: FCC – Órgão: PGE-MT – Prova: Procurador do Estado

O Tribunal de Contas do Estado exerce relevante atividade visando à observância dos princípios administrativos na condução dos negócios e na gestão do patrimônio público. No exercício de suas funções, o Tribunal de Contas do Estado

A) pode determinar o exame e o bloqueio de bens, contas bancárias e aplicações financeiras dos acusados nos processos de tomada de contas.
B) produz atos administrativos com força de título executivo.
C) não possui jurisdição sobre os municípios, que estão sob controle externo dos Tribunais de Contas municipais.
D) julga as contas do Governador do Estado, sendo sua decisão sujeita ao referendo pela Assembleia Legislativa.
E) tem o poder de sustar imediatamente atos ou contratos considerados ilegais, caso o órgão ou entidade, previamente notificados, não providenciem sua correção.

3951) (2011) Banca: FCC – Órgão: PGE-MT – Prova: Procurador do Estado

De acordo com a Constituição Federal, o controle externo exercido com o auxílio do Tribunal de Contas contempla a

A) apreciação da legalidade dos atos de admissão de pessoal na Administração direta e indireta, excetuadas as nomeações para cargo de provimento em comissão.
B) fixação de limites, aplicáveis à Administração direta e empresas dependentes de recursos do Tesouro, para despesas com pessoal e custeio.
C) fixação de limites, aplicáveis à Administração direta e empresas dependentes de recursos do Tesouro, para operações de crédito e concessão de garantias.
D) fiscalização da aplicação de recursos públicos, por entidades privadas, exceto se recebidos na forma de contratos de gestão.
E) aplicação de multa proporcional ao dano causado ao erário, independentemente de previsão legal específica

3952) (2013) Banca: FGV – Órgão: TCE-BA – Prova: Analista de Controle Externo

As atividades desempenhadas pelo Tribunal de Contas, na qualidade de auxiliar do controle externo a cargo do Poder Legislativo, estão listadas a seguir, à exceção de uma. Assinale- a.

A) Sustar a eficácia de contratos administrativos celebrados pelo Poder Executivo, em face de ilegalidades neles constatadas, se não atendidas as suas recomendações no prazo de sessenta dias.
B) Apreciar as contas prestadas anualmente pelo Governador do Estado, mediante parecer prévio que deverá ser elaborado em sessenta dias a contar de seu recebimento.
C) Apreciar, para fins de registro, a legalidade dos atos de admissão de pessoal, da administração direta e indireta, excetuadas as nomeações para cargos de provimento em comissão.
D) Apreciar a legalidade das concessões de aposentadorias, reformas e pensões, ressalvadas as melhorias posteriores que não alterem o fundamento legal do ato concessório.
E) Julgar as contas dos administradores e demais responsáveis por dinheiros, bens e valores públicos da administração indireta, incluídas as fundações e sociedades instituídas e mantidas pelo poder público.

3953) (2015) Banca: FUNCAB – Órgão: MPOG – Prova: Atividade Técnica – Direito, Administração, Ciências Contábeis e Economia

Tribunais de Contas, quanto ao controle dos atos da Administração Pública, auxiliam no controle:

A) legislativo.
B) judicial.
C) administrativo.
D) partidário.
E) interno.

3954) (2014) Banca: MPE-SC – Órgão: MPE-SC – Prova: Promotor de Justiça – Vespertina

Analise o enunciado da Questão abaixo e assinale se ele é Certo ou Errado.

O Tribunal de Contas é órgão provido de autonomia constitucional, exerce função auxiliar do Poder Legislativo e sua atuação fiscalizatória integra o chamado controle externo da Administração Pública.

A) Certo   B) Errado

3955) (2009) Banca: CEPERJ – Órgão: PC-RJ – Prova: Delegado de Polícia

Os Tribunais de Contas:

A) Integram o Poder Judiciário
B) São órgãos auxiliares do Poder Legislativo.
C) Podem ser criados nas capitais de Estados que deles não dispõem.
D) Revestem-se de natureza autárquica.
E) Atuam diretamente no controle financeiro interno da Administração Pública.

3956) (2015) Banca: IBFC – Órgão: Docas – PB – Prova: Administrador

Assinale a alternativa que preenche corretamente a lacuna a seguir. O Poder Legislativo desenvolve um papel de destaque no que se refere ao controle da Administração Pública, mais conhecido como controle parlamentar e divide-se em duas espécies o controle político e o controle orçamentário e financeiro. Com isso o controle do Poder Legislativo na Administração Pública é realizado_____.

A) Pela Câmara dos Deputados.

B) Pelo Congresso Nacional auxiliado pelo Tribunal de Contas da União (TCU).
C) Pela Casa Civil.
D) Pelo Tribunal de Justiça.

3957) (2013) Banca: IBFC – Órgão: MPE-SP – Prova: Analista de Promotoria I

O controle financeiro é aquele relacionado com a fiscalização contábil, financeira, orçamentária e patrimonial da Administração Pública direta e indireta, ou de qualquer pessoa física ou jurídica que utilize, arrecade, guarde, gerencie ou administre dinheiro, bens e valores públicos. Assim, considerando as disposições constitucionais sobre o tema, esse controle é exercido pelo:

A) Poder Judiciário com auxílio do Tribunal de Contas.
B) Poder Legislativo com auxílio do Tribunal de Contas.
C) Poder Judiciário com auxílio do Ministério Público de Contas.
D) Poder Executivo com auxílio do Ministério Público de Contas.
E) Poder Legislativo com auxílio da Procuradoria Geral do Estado.

3958) (2015) Banca: CS-UFG – Órgão: AL-GO – Prova: Procurador

Tendo em vista as normas, formas e os tipos relacionados ao controle interno e externo da Administração Pública,

A) o ingresso na via administrativa implica, em regra, na impossibilidade da discussão do caso na esfera judicial, até julgamento final do processo.
B) a exigência de depósito ou arrolamento prévio de dinheiro ou bens para admissibilidade de recurso administrativo é constitucional.
C) o mandado de segurança é cabível para proteger direito líquido e certo, não amparado por habeas corpus ou habeas data, e contra lei em tese, no exercício do controle judiciário, mesmo quanto à norma não produtora de efeitos concretos.
D) o Tribunal de Contas da União é competente para apreciar as contas prestadas anualmente pelo Presidente da República, mediante parecer prévio que deverá ser elaborado em 60 (sessenta) dias a contar de seu recebimento.

3959) (2015) Banca: INSTITUTO CIDADES – Órgão: Prefeitura de Sobral – CE – Prova: Técnico Legislativo – Área Legislativa

A responsabilidade pela fiscalização dos repasses de recursos da União para os Estados, Distrito Federal e Municípios é do(a):

A) Tribunal de Contas dos Municípios
B) Tribunal de Contas da União
C) Promotoria Pública Federal
D) Supremo Tribunal Federal

3960) (2015) Banca: VUNESP – Órgão: Prefeitura de Caieiras – SP – Prova: Assessor Jurídico/Procurador Geral

Unidade da Prefeitura Municipal de Caieiras realiza licitação e contrata empresa privada para a prestação de determinado serviço. Auditoria do Tribunal de Contas do Estado de São Paulo verifica que o pagamento realizado à empresa contratada foi 40% (quarenta por cento) maior do que o devido, considerando a despesa ilegal. Como consequência de tal constatação em controle externo, poderá o Tribunal de Contas

A) determinar ao Prefeito Municipal que afaste, de imediato, os responsáveis de suas funções, enquanto o Tribunal de Contas realiza o processo disciplinar
B) aplicar aos responsáveis as sanções previstas em lei, que estabelecerá, entre outras cominações, multa proporcional ao dano causado ao erário
C) informar a Câmara Municipal, para que delibere a respeito, juntamente com as informações anuais prestadas sobre a fiscalização orçamentária, contábil e financeira.
D) encaminhar as informações, em forma de denúncia, para que a Câmara Municipal apure a responsabilidade dos servidores municipais que deram causa à irregularidade
E) rejeitar as contas do Prefeito Municipal, encaminhando as informações ao Ministério Público Estadual, para propositura de ação de improbidade contra o Prefeito Municipal.

3961) (2015) Banca: FUNCAB – Órgão: CRC-RO – Prova: Contador

Ocorrendo sustação da execução, por determinação do Congresso Nacional, de um contrato administrativo impugnado perante o Tribunal de Contas da União, é possível afirmar que tal sustação ilustra, em relação à Administração Pública, ato de controle:

A) interno.
B) legislativo.
C) judicial.
D) prévio.
E) administrativo.

3962) (2016) Banca: FAURGS – Órgão: TJ-RS – Prova: Assessor Judiciário

Sobre o controle interno e externo da Administração Pública, assinale a alternativa correta.

A) O controle externo e interno da Administração Pública é exercido em conjunto e com independência pelos respectivos poderes, nos seus próprios âmbitos em cada esfera da Federação.
B) O parecer prévio emitido pelo órgão competente sobre as contas anualmente prestadas pelo Prefeito Municipal somente deixará de prevalecer por decisão da maioria simples dos membros da Câmara Municipal.
C) As multas pecuniárias aplicadas pelo Tribunal de Contas aos administradores do Poder Judiciário serão cobradas dos responsáveis pelo próprio Tribunal de Contas.
D) As decisões do Tribunal de Contas de que resulte imputação de débito ou multa terão eficácia de título executivo.
E) Todos os atos de admissão de pessoal da Administração Pública, a qualquer título, inclusive as nomeações para cargo de provimento em comissão, serão submetidos previamente à apreciação de legalidade, para fins de registro, pelo Tribunal de Contas.

3963) (2017) Banca: FEPESE – Órgão: JUCESC – Prova: Técnico em Atividades Administrativas

O controle das despesas decorrentes dos contratos e demais instrumentos regidos pela Lei 8.666/1993 será feito:

A) Pela Fazenda Pública Estadual.
B) Pelo Tribunal de Justiça Estadual.
C) Pelo Tribunal de Contas do Estado.
D) Pela Procuradoria Geral do Município.
E) Pelo Ministério Público do Estado.

"Art. 113, §1º Qualquer licitante, contratado ou pessoa física ou jurídica poderá representar ao Tribunal de Contas ou aos órgãos integrantes do sistema de controle interno contra irregularidades na aplicação desta Lei, para os fins do disposto neste artigo."

A doutrina majoritária entende que o Tribunal de Contas possui natureza jurídica de órgão público primário, não se sujeitando a qualquer tipo de subordinação hierárquica a outros órgãos estatais.

3964) (2017) Banca: Quadrix – Órgão: CFO-DF – Prova: Técnico Administrativo

Quanto a controle da Administração Pública, julgue o item subsequente.

O Tribunal de Contas da União é órgão integrante do Poder Legislativo e, no desempenho de suas funções institucionais, atua sob o controle hierárquico do Congresso Nacional.

A) Certo   B) Errado

O controle judicial, como o próprio nome já diz, refere-se ao controle realizado pelo Poder Judiciário sobre os atos administrativos editados, tipicamente pelo Poder Executivo e, atipicamente, pelo Poder Legislativo e pelo próprio Poder Judiciário.

Conforme estudado, o Controle Judicial atinge apenas a legalidade dos atos administrativos e nunca o mérito administrativo, inclusive aspectos da **legalidade ligado aos limites de discricionariedade administrativa**, independentemente de qual poder o tenha editado. Em outras palavras, **o Poder Judiciário pode anular atos administrativos, mas não pode revogá-los, exceto se estiver exercendo controle interno** (função atípica) dos seus PRÓPRIOS atos administrativos (quando o Poder Judiciário desempenha atipicamente a função administrativa).

3965) (2016) Banca: CESPE – Órgão: ANVISA – Prova: Técnico Administrativo

Acerca do regime jurídico-administrativo e do controle da administração pública, julgue o próximo item.

O controle judicial pode incidir sobre atividades administrativas realizadas em todos os poderes do Estado.

A) Certo   B) Errado

3966) (2013) Banca: CESPE – Órgão: TRT – 17ª Região (ES) – Prova: Analista Judiciário – Área Administrativa

Julgue o item abaixo, relativo ao controle da administração.

O controle judicial incidente sobre um ato discricionário restringe-se à análise da legalidade do ato.

A) Certo   B) Errado

3967) (2013) Banca: CESPE – Órgão: FUNASA – Prova: Atividade de Complexidade Intelectual

No que concerne ao controle jurisdicional da administração pública no direito brasileiro, julgue o item que se segue. Os atos administrativos comuns estão sujeitos a controle jurisdicional, devendo ser julgados com base nos critérios de legalidade e mérito administrativo.

A) Certo   B) Errado

3968) (2014) Banca: CESPE – Órgão: SUFRAMA – Prova: Nível Superior

No que concerne aos serviços públicos, ao controle administrativo e a licitação, julgue o item subsequente. Uma das formas de controle da administração pública é o controle judicial, que incide tanto sobre o mérito quanto sobre a legalidade dos atos da administração pública.

A) Certo   B) Errado

3869) (2016) Banca: CESPE – Órgão: TCE-P A – Prova: Auditor de Controle Externo – Direito

A respeito do controle da administração pública, do processo administrativo e da licitação, julgue o item a seguir. Caso o ato administrativo apresente vício, o Poder Judiciário, quando for provocado, poderá anulá-lo, com efeitos *ex tunc*, ou revogá-lo, com efeitos ex nunc.

A) Certo   B) Errado

3970) (2014) Banca: CESPE – Órgão: TJ-SE – Prova: Técnico Judiciário – Área Judiciária

No tocante aos atos e aos poderes administrativos, julgue o próximo item. O Poder Judiciário só tem competência para revogar os atos administrativos por ele mesmo produzidos

A) Certo   B) Errado

3971) (2011) Banca: CESPE – Órgão: STM – Prova: Analista Judiciário – Administração

Acerca dos tipos e das formas de controle no âmbito do poder público, julgue o item subsequente.

No Brasil, o controle judicial é exercido, com exclusividade, pelo Poder Judiciário.

A) Certo   B) Errado

3972) (2013) Banca: CESPE – Órgão: Telebras – Prova: Técnico em Gestão de Telecomunicações – Assistente Administrativo

Tendo em vista que, no cumprimento das competências conferidas pela Constituição Federal de 1988, a administração recebe prerrogativas denominadas poderes-deveres, julgue o item a seguir.

De acordo com a doutrina majoritária, o controle judicial sobre o exercício do poder discricionário deve incluir a análise do mérito do ato administrativo.

A) Certo   B) Errado

3973) (2017) Banca: CESPE – Órgão: TCE-PE – Prova: Conhecimentos Básicos – Cargos 1 e 2 (+ provas)

A respeito do controle jurisdicional da administração pública no direito brasileiro, julgue o item a seguir.

A despeito de ser um tribunal, uma corte de contas não produz coisa julgada material, de modo que suas decisões podem ser revistas pelo Poder Judiciário.

A) Certo   B) Errado

12. CONTROLE ADMINISTRATIVO

3974) (2017) Banca: CESPE – Órgão: TCE-PE – Prova: Auditor de Controle Externo – Auditoria de Contas Públicas

Julgue o item subsequente, relativo aos princípios fundamentais, aos direitos e deveres individuais e coletivos, aos direitos sociais e à fiscalização contábil, financeira e orçamentária.

Os tribunais de contas estaduais têm competência constitucional para impor sanções, razão pela qual o Poder Judiciário não pode desempenhar o controle de legalidade dos atos de fiscalização por eles exercidos.

A) Certo B) Errado

3975) (2013) Banca: FCC – Órgão: TRT – 5ª Região (BA) Prova: Analista Judiciário – Área Administrativa

No que diz respeito ao controle que o Poder Judiciário exerce sobre os atos administrativos, é correto afirmar que os atos administrativos discricionários

A) não se distinguem dos denominados atos administrativos vinculados, isso em razão do alargamento do princípio da legalidade ocorrido a partir da Constituição Federal de 1988.
B) têm todos os elementos definidos em lei, cabendo ao judiciário examinar, em todos os aspectos, a conformidade do ato com a lei.
C) possibilita o controle judicial, mas terá que respeitar o espaço de escolha e decisão administrativa, nos limites em que assegurado à Administração pela lei.
D) não há restringem o controle exercido pelo Poder Judiciário, a partir da Constituição Federal de 1988, em razão do princípio da inafastabilidade da jurisdição.
E) não pode ser controlado pelo Poder Judiciário, estando sujeito, no entanto, à revogação, que consiste na retirada do ato que se dá por razões de oportunidade e conveniência.

3976) (2013) Banca: FGV – Órgão: AL-MT – Prova: Procurador

A respeito dos atos administrativos no ordenamento brasileiro, assinale a afirmativa incorreta.

A) O Poder Judiciário pode exercer controle sobre os atos administrativos praticados pelos demais Poderes.
B) O pronunciamento de invalidade de um ato administrativo pela própria Administração, em geral, opera efeitos *ex tunc*.
C) A anulação de um ato administrativo pelo Poder Judiciário, em geral, tem eficácia retroativa, com a desconstituição dos efeitos havidos daquele ato.
D) A validade do ato administrativo, ainda que discricionário, está condicionada à veracidade dos motivos indicados como seu fundamento, quando se aplica a teoria dos motivos determinantes.
E) O Poder Judiciário deve invalidar os atos administrativos nulos e pode revogar os atos administrativos inconvenientes ou inoportunos, praticados pelos demais Poderes.

3977) (2017) Banca: UFES – Órgão: UFES – Prova: Contador

Sobre os controles na Administração Pública, no Artigo 70 da Constituição Federal de 1988, está determinado que "a fiscalização contábil, financeira, orçamentária, operacional e patrimonial da União e das entidades da administração direta e indireta, quanto à legalidade, legitimidade, economicidade, aplicação das subvenções e renúncia de receitas, será exercida pelo Congresso Nacional, mediante controle externo, e pelo sistema de controle interno de cada Poder."

Sobre o controle na Administração Pública é INCORRETO afirmar:

A) Além da prestação ou tomada de contas anual, quando instituída em lei, ou por fim de gestão, poderá haver, a qualquer tempo, levantamento, prestação ou tomada de contas de todos os responsáveis por bens ou valores públicos.
B) O controle da execução orçamentária pelo Poder Legislativo terá por objetivo verificar a probidade da Administração, a guarda, o legal emprego dos dinheiros públicos e o cumprimento da Lei de Orçamento.
C) O Poder Executivo, anualmente, prestará contas ao Poder Legislativo, no prazo estabelecido nas Constituições ou nas Leis Orgânicas dos Municípios.
D) Os responsáveis pelo controle interno, ao tomarem conhecimento de qualquer irregularidade ou ilegalidade, dela darão ciência ao Tribunal de Contas da União, sob pena de responsabilidade solidária.
E) Não cabe ao cidadão, ao partido político, à associação ou ao sindicato denunciar irregularidades ou ilegalidades perante o Tribunal de Contas da União, já que não são parte legítima para essa ação, na forma da lei.

3978) (2016) Banca: FUNIVERSA – Órgão: IF-AP – Prova: Assistente em Administração (+ provas)

O controle da administração é "o conjunto de mecanismos jurídicos e administrativos para a fiscalização e revisão de toda atividade administrativa".

Fernanda Marinela. Direito administrativo. 4.ª ed. Niterói: Impetus, 2010.

No que se refere a controle administrativo, legislativo e judicial, é correto afirmar que o controle

A) judicial é exercido apenas sobre os atos administrativos do Poder Executivo.
B) legislativo abrange o controle político, mas exclui o controle financeiro.
C) judicial é um controle de legalidade e legitimidade, não devendo o Judiciário se pronunciar sobre o mérito administrativo (oportunidade e conveniência).
D) administrativo é exercido de forma exclusiva pelos Poderes Executivo e Legislativo, mas nunca pelo Judiciário.
E) legislativo é o exercido pelos órgãos do Poder Legislativo sobre seus próprios atos.

3979) (2008) Banca: VUNESP – Órgão: TJ-SP – Prova: Juiz

Sobre a extensão do controle judicial dos atos administrativos, é correto afirmar que

A) o Poder Judiciário tem controle total sobre os atos administrativos discricionários.
B) o Poder Judiciário não pode examinar os atos administrativos de separação e independência dos poderes.
C) dentro dos itens do ato administrativo discricionário está a exigência de que deve ser praticado nos estritos limites da lei.
D) não pode o Poder Judiciário questionar o mérito do ato administrativo.

Via de regra, a declaração de nulidade do ato administrativo tem a aptidão de suprimir o ato do ordenamento jurídico desde o seu nascedouro. Em outras palavras, a anulação gera efeitos "ex tunc". Contudo, em algumas hipóteses, conforme estudado no capítulo de atos administrativos, poderá haver modulação de efeitos em respeito ao princípio da segurança jurídica e então teremos anulação gerando efeitos ex nunc.

O **controle judicial depende da provocação do juízo competente por meio de uma das ações judiciais específicas.** As principais são: I – Mandado de Segurança; II – Ação Popular – Ação Civil Pública. IV – *Habeas Corpus*; V – Mandado de Injunção; VI – *Habeas Data*; VII – Ação Civil Pública; VIII – Ação de Improbidade.

3980) (2017) Banca: CESPE – Órgão: Instituto Rio Branco – Prova: Diplomata – Prova 1

Com relação à classificação da Constituição Federal de 1988, ao controle de constitucionalidade e à atividade administrativa do Estado brasileiro, julgue (C ou E) o item que se segue.

O controle de legalidade dos atos administrativos, que verifica a compatibilidade formal do ato com a legislação infraconstitucional, pode ser exercido tanto no âmbito interno, por meio da autotutela administrativa, quanto externo, pelos órgãos do Poder Judiciário.

A) Certo   B) Errado

3981) (2012) Banca: FCC – Órgão: MPE-PE – Prova: Técnico Ministerial – Contabilidade

A anulação dos atos administrativos

A) acarreta efeitos *ex tunc*.
B) é cabível diante de um ato administrativo válido.
C) é possível por razões de conveniência e oportunidade.
D) é privativa da Administração Pública.
E) não se destina a atos administrativos discricionários.

3982) (2007) Banca: FCC – Órgão: TRE-PB – Prova: Técnico Judiciário – Área Administrativa

Sobre o controle do ato administrativo, considere:

A anulação ou invalidação do ato administrativo produz efeitos *ex tunc*.

A) Certo   B) Errado

3983) (2013) Banca: VUNESP – Órgão: Câmara Municipal de São Carlos – SP – Prova: Advogado

Com relação ao ato administrativo, é correto afirmar que

A) os efeitos da invalidação do ato administrativo, emanada pelo Poder Judiciário, operam *ex tunc*, isto é, retroagem ao momento da respectiva edição, alcançando todos os seus efeitos em relação às partes, ressalvados os direitos de terceiros de boa-fé.
B) a Administração por sua iniciativa e o Poder Judiciário, este acionado pelo terceiro interessado, podem desfazer os atos administrativos por considerações de mérito e de ilegalidade.
C) irregularidades formais sanadas por outro meio, ou irrelevantes por sua natureza, anulam o ato que já criou direito subjetivo para terceiro.
D) os efeitos da declaração de nulidade do ato administrativo, emanada pelo Poder Judiciário, operam ex nunc, isto é, não retroagem às suas origens alcançando todos os seus efeitos em relação às partes.
E) o Poder Judiciário poderá, pelos meios processuais cabíveis que possibilitem o pronunciamento regular e devido, revogar atos inconvenientes ou inoportunos mas formal e substancialmente legítimos ou anular atos ilegais.

Quando direito líquido e certo de pessoa física ou jurídica for violado ou sofrer ameaça de lesão por um **ato ilegal**, caberá o ajuizamento do mandado de segurança. Portanto, será protegido o direito subjetivo líquido e certo que esteja sendo violado ou ameaçado de lesão por um ato de autoridade ilegal. Tem-se como **direito líquido e certo** aquele que possa **ser comprovado sem necessidade de instrução processual de produção de provas**, já na petição inicial.

O **mandado de segurança pode ser repressivo ou preventivo**, ou seja, poderá ser impetrado após a lesão ou diante da ameaça de lesão ao direito líquido e certo do impetrante.

3984) (2010) Banca: FCC – Órgão: TRE-AC – Prova: Analista Judiciário – Área Judiciária

O mandado de segurança, como instrumento de controle judicial da Administração, tem cabimento, dentre outras hipóteses, contra

A) coisa julgada, pois é remédio constitucional para assegurar direito líquido e certo.
B) lei em tese, inclusive decretos, regulamentos, instruções normativas ou atos equivalentes.
C) ato de que caiba recurso administrativo com efeito suspensivo, mesmo que o interessado o tenha interposto.
D) atos ou condutas ilegais atribuídas ao Poder Público ou a agentes de pessoas jurídicas privadas, no exercício de função delegada.
E) atos *interna corporis*, em qualquer hipótese, porque nenhuma lesão ou ameaça a direito pode ser subtraída da apreciação do Poder Judiciário

3985) (2010) Banca: TRT 15R – Órgão: TRT – 15ª REGIÃO – Prova: Juiz do Trabalho

Em relação ao mandado de segurança, assinale a alternativa correta:

A) poderá ser repressivo de uma ilegalidade já cometida, ou preventivo, quando o impetrante demonstrar justo receio de sofrer uma violação ao seu direito líquido e certo por parte de autoridade;
B) tendo em vista a urgência na reparação da ameaça ou lesão, é cabível mesmo quando houver recurso administrativo com efeito suspensivo;
C) a fim de evitar o periculum in mora é cabível em relação à decisão ou ao despacho judicial para o qual haja recurso processual eficaz;
D) tendo em vista o escopo de assegurar garantias constitucionais, o direito líquido e certo poderá ser comprovado mediante ampla dilação probatória, no decorrer do seu trâmite processual;
E) como tem o escopo de garantir direito líquido e certo, o mandado de segurança coletivo só poderá ser impetrado por pessoa física.

3986) (2011) Banca: FUJB – Órgão: MPE-RJ – Prova: Analista Administrativo

Um candidato reprovado em concurso público, na etapa de exame médico, impetra mandado de segurança contra o ato que o eliminou, sob a alegação de que o problema de saúde diagnosticado no exame não o impede de exercer as funções públicas em questão. Merecerá acolhimento pelo Poder Judiciário a seguinte alegação da Administração:

A) o mandado de segurança é incabível, pois a matéria envolve discricionariedade administrativa;
B) o mandado de segurança é incabível, ante a ausência de direito líquido e certo, pois a matéria exigiria produção de prova pericial;
C) o mandado de segurança é incabível, pois a eliminação do concurso não configura ato de autoridade;
D) o mandado de segurança é incabível, pois a lei veda o seu cabimento quanto a atos praticados no bojo de concurso público;
E) o mandado de segurança é incabível, pois a hipótese é insuscetível de controle judicial.

"LXXIII – qualquer cidadão é parte legítima para propor ação popular que vise a anular ato lesivo ao patrimônio público ou de entidade de que o Estado participe, à moralidade administrativa, ao meio ambiente e ao patrimônio histórico e cultural, ficando o autor, salvo comprovada má-fé, isento de custas judiciais e do ônus da sucumbência;"

Na ação popular, a lesão **ou ameaça de lesão** pode decorrer de um **ato ou de uma conduta omissiva de efeitos concretos**. Destaca-se que não cabe ação popular para fins de declaração com eficácia geral *(erga omnes)* da inconstitucionalidade de uma lei.

3987) (2012) Banca: CESPE – Órgão: TJ-RO – Prova: Analista – Processual

Após regular trâmite de processo administrativo disciplinar (PAD), o presidente da República editou ato demitindo um servidor público federal. De acordo com essa situação hipotética, assinale a opção correta.

A) Apesar de a ação popular destinar-se à fiscalização dos atos do poder público pelo povo, não será cabível sua utilização no caso, pois a referida ação objetiva precipuamente a proteção do patrimônio público ou de entidade de que o Estado participe, da moralidade administrativa, do meio ambiente e do patrimônio histórico e cultural.
B) No caso, o presidente da República é parte ilegítima para figurar no polo passivo de eventual mandado de segurança, pois ele não participou da elaboração do relatório final do PAD
C) Passados mais de cento e vinte dias da divulgação do aludido ato no Diário Oficial da União, o servidor demitido não poderá mais questionar, em juízo, a validade jurídica do ato de demissão que lhe foi lesivo.
D) Não poderá o servidor demitido se valer de mandado de segurança para questionar judicialmente o ato, pois a referida ação só é cabível em face de lei em tese.
E) Passado mais de um ano da publicação do ato, eventual decisão do presidente da República, em pedido de reconsideração formulado pelo servidor demitido, reabrirá o prazo para impetração de mandado de segurança em face do ato de demissão.

3988) (2014) Banca: CESPE – Órgão: Câmara dos Deputados – Prova: Analista Legislativo

Em relação à administração pública indireta e seus temas correlatos, julgue o item subsequente.

Qualquer cidadão é parte legítima para propor ação popular que vise anular ato de autoridade autárquica lesivo ao patrimônio público.

A) Certo B) Errado

3989) (2014) Banca: FCC – Órgão: TRT – 1ª REGIÃO (RJ) – Prova: Juiz do Trabalho Substituto

A União decidiu implementar um amplo programa de privatizações de empresas estatais. Ocorre que determinada parcela da população mostrou-se inconformada com essa diretriz política, vislumbrando potencial lesividade ao patrimônio público. Considerando os meios de controle jurisdicional dos atos administrativos e seus limites, afigura-se juridicamente viável

A) a discussão do mérito do programa por qualquer cidadão, em Mandado de Segurança, quando configurada lesão ou ameaça de lesão a interesses difusos ou coletivos.
B) pedido de suspensão do programa, em sede de Mandado de Injunção, quando vislumbrada ausência de autorização legal específica para sua implementação.
C) pedido de anulação, por um único cidadão no uso de seus direitos políticos, mediante Ação Popular, em relação a atos concretos praticados pela União para implementação do programa, quando identificada ilegalidade e lesividade do ato.
D) a impetração de mandado de segurança coletivo, contra ato da autoridade federal passível de configurar abuso de poder, com competência exclusiva de partido político, em face de matéria discutida que envolve programa de governo.
E) aforamento por cidadãos, representando pelo menos 1% dos eleitores, de Ação Popular objetivando a anulação da decisão lesiva, por ilegalidade ou afronta à moralidade.

3990) (2016) Banca: NUCEPE – Órgão: SEJUS-PI – Prova: Agente Penitenciário – Prova Anulada

Qualquer cidadão é legitimado para a sua propositura. Tem por objeto a anulação de ato lesivo ao patrimônio público ou de entidade de que o Estado participe, à moralidade administrativa, ao meio ambiente e ao patrimônio histórico e cultural. A narrativa diz respeito ao instrumento de controle da administração pública conhecido como:

A) Ação popular.
B) Ação civil pública.
C) Mandado de segurança.
D) Habeas data.
E) Mandado de injunção.

3991) (2014) Banca: MPE-SC – Órgão: MPE-SC – Prova: Promotor de Justiça – Vespertina

Manejando a ação popular, o cidadão eleitor faz-se parte legítima para pleitear a anulação ou a declaração de nulidade de atos lesivos ao patrimônio público, assim como a declaração de inconstitucionalidade de lei em tese.

A) Certo B) Errado

Diferenças entre ação civil pública e ação popular
Prévio/Preventivo
Posterior/Subsequente/A posteriori
Concomitante

3992) (2013) Banca: FUNCAB – Órgão: PC-ES – Prova: Médico Legista (+ provas)

De acordo com o critério de classificação do controle dos atos administrativos segundo o momento de seu exercício, podemos identificar situações de controle:

A) prévio, concomitante ou posterior.
B) de ofício ou provocado.
C) legislativo, judicial ou administrativo.
D) interno ou externo.
E) de legalidade ou mérito.

GABARITO – CONTROLE ADMINISTRATIVO

3857) CERTO
3858) ERRADO
3859) C
3860) D
3861) D
3862) C
3863) A
3864) A
3865) D
3866) CERTO
3867) ERRADO
3868) ERRADO
3869) B
3870) D
3871) CERTO
3872) CERTO
3873) CERTO
3874) ERRADO
3875) CERTO
3876) CERTO
3877) E
3878) D
3879) A
3880) B
3881) E
3882) B
3883) D
3884) A
3885) E
3886) CERTO
3887) CERTO
3888) D
3889) B
3890) A
3891) B
3892) C
3893) B
3894) A
3895) A
3896) CERTO
3897) CERTO
3898) ERRADO
3899) ERRADO
3900) ERRADO
3901) CERTO
3902) CERTO
3903) ERRADO
3904) CERTO
3905) ERRADO
3906) ERRADO
3907) ERRADO
3908) E
3909) ERRADO
3910) CERTO
3911) ERRADO
3912) ERRADO
3913) CERTO
3914) ERRADO
3915) B
3916) CERTO
3917) CERTO
3918) CERTO
3919) ERRADO
3920) ERRADO
3921) B
3922) A
3923) B
3924) A
3925) D
3926) C
3927) E
3928) B
3929) A
3930) B
3931) B
3932) B
3933) B
3934) B
3935) CERTO
3936) C
3937) C
3938) C
3939) E
3940) E
3941) E
3942) CERTO
3943) CERTO
3944) CERTO
3945) ERRADO
3946) CERTO
3947) CERTO
3948) E
3949) A
3950) B
3951) A
3952) A
3953) A
3954) CERTO
3955) B
3956) B
3957) B
3958) D
3959) B
3960) B
3961) B
3962) D
3963) C
3964) ERRADO
3965) CERTO
3966) CERTO
3967) ERRADO
3968) ERRADO
3969) ERRADO
3970) CERTO
3971) CERTO
3972) ERRADO
3973) CERTO
3974) ERRADO
3975) C
3976) E
3977) E
3978) C
3979) D
3980) CERTO
3981) A
3982) CERTO
3983) A
3984) D
3985) A
3986) B
3987) A
3988) CERTO
3989) C
3990) A
3991) ERRADO
3992) A

FRASES PODEROSAS – CONTROLE ADMINISTRATIVO			
	% de questões	Número de acertos nesse capítulo	% de acertos
Controle interno: O controle interno refere-se ao controle exercido dentro do âmbito de um mesmo poder, ou seja, controle que é exercido pelo próprio poder que editou aquela medida. Esse controle será desempenhado pelo próprio órgão que editou a medida administrativa, por órgãos que estejam hierarquicamente superiores àquele, por órgãos especializados. Se manifesta, ainda, apesar de inexistir a hierarquia, no controle que é realizado pela administração direta aos entes vinculados a ela, pertencentes a administração indireta, chamado de Tutela Extraordinária, ou Ministerial.	10%		
O Controle Externo: refere-se ao controle realizado por entidade alheia ao poder que editou o ato administrativo. Ou seja, trata-se do controle exercido por um poder sobre as medidas editadas por outro poder. Esse controle pode ser exercido tanto por outros órgãos Estatais (Tribunal de Contas), como pelos próprios administrados (Mandado de Segurança, Ação Popular). Exemplo: o Poder Judiciário poderá anular o ato administrativo ilegal expedido pelo Poder Executivo.	9%		
O controle de legalidade pode ser desempenhado pela própria Administração, quando do exercício da autotutela, e também pode ser exercido pelo Poder Judiciário e pelo Poder Legislativo, nas hipóteses previstas na Constituição. Nos termos da Súmula 347 do STF, "O Tribunal de Contas, no exercício de suas atribuições, pode apreciar a constitucionalidade das leis e dos atos do poder público".	5%		
"Art. 70. A fiscalização contábil, financeira, orçamentária, operacional e patrimonial da União e das entidades da administração direta e indireta, quanto à legalidade, legitimidade, economicidade, aplicação das subvenções e renúncia de receitas, será exercida pelo Congresso Nacional, mediante controle externo, e pelo sistema de controle interno de cada Poder."	8%		
Conforme estudado, o Controle Judicial atinge o controle apenas quanto à legalidade dos atos administrativos e nunca o mérito administrativo, inclusive aspectos da legalidade ligada aos limites de discricionariedade administrativa, sempre mediante provocação, independentemente de qual poder o tenha editado. Em outras palavras, o Poder Judiciário pode anular atos administrativos, mas não pode revogá-los, exceto se estiver exercendo controle interno dos próprios atos administrativos editados pelo judiciário (função atípica).	8%		
TOTAL	40%		

13. IMPROBIDADE ADMINISTRATIVA

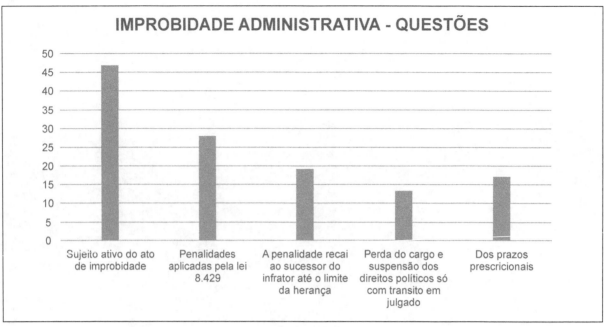

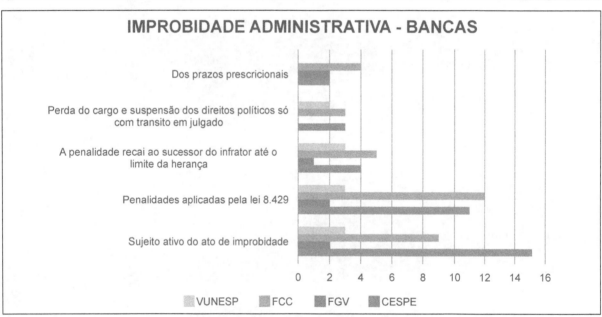

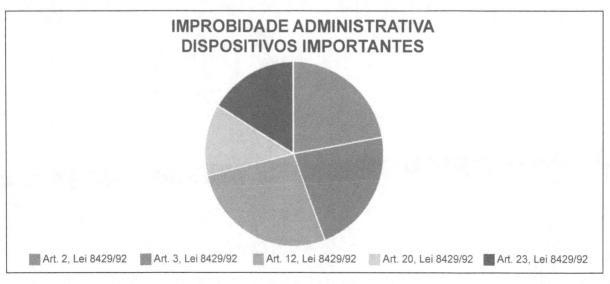

O ato de improbidade pode ser conceituado como ato ilegal ou contrário aos princípios básicos da Administração Pública. Conforme estabelece o art. 37, § 4º da Constituição Federal *"os atos de improbidade administrativa importarão a suspensão dos direitos políticos, a perda da função pública, a indisponibilidade dos bens e o ressarcimento ao erário, na forma e gradação previstas em lei, sem prejuízo da ação penal cabível".*

*"Art. 1º da lei 8429/92: Os atos de improbidade praticados por qualquer agente público, servidor ou não, **contra a Administração Direta, Indireta ou Fundacional de qualquer dos poderes da União, dos estados, do Distrito Federal, dos municípios, de território, de empresa incorporada ao patrimônio público ou de entidade para cuja criação ou custeio o erário haja concorrido ou concorra com mais de cinquenta por cento do patrimônio ou da receita anual**, serão punidos na forma desta lei.*

3993) (2016) Banca: CESPE – Órgão: FUNPRESP-JUD – Prova: Conhecimentos Básicos – Cargos de Assistente (+ provas)

Dois agentes públicos de um tribunal de justiça – um ocupante exclusivamente de cargo em comissão e o outro em cargo de caráter efetivo – foram presos em flagrante em uma operação da Polícia Federal, por terem cometido desvio de verba pública em um processo licitatório do tribunal.

Considerando essa situação hipotética, julgue o próximo item com base na Lei de Improbidade Administrativa – Lei 8.429/1992.

Assim como a administração direta e indireta, os órgãos do Poder Judiciário podem ser sujeitos passivos de atos de improbidade administrativa.

A) Certo   B) Errado

3994) (2015) Banca: IBEG – Órgão: Prefeitura de Duque de Caxias – RJ – Prova: Auditor Fiscal Tributário

Conforme a Lei 8.429/92, referente aos atos de improbidade, assinale a alternativa correta.

A) O Poder Judiciário não pode sofrer atos de improbidade administrativa.
B) Apenas as entidades que integram o Poder Executivo podem sofrer atos de improbidade administrativa.
C) Os atos de improbidade não podem atingir os órgãos judiciais e legislativos.
D) Os atos de improbidade podem atingir quaisquer dos Poderes da União, dos Estados, do Distrito Federal, dos Municípios e dos Territórios.
E) O Ministério Público não pode ser vítima de atos de improbidade administrativa.

3995) (2017) Banca: UECE-CEV – Órgão: SEAS – CE – Prova: Socioeducador

No que diz respeito a atos de improbidade administrativa, assinale a opção que completa, correta e respectivamente, as lacunas do seguinte dispositivo legal:

"Os atos de improbidade administrativa importarão a _____[1] dos direitos políticos, a perda da função pública, a indisponibilidade dos bens e o ressarcimento ao erário, na forma e gradação previstas em lei, _____[2]".

A) suspensão[1] — afastando-se a ação penal cabível[2]
B) perda[1] — sem prejuízo da ação penal cabível[2]
C) suspensão[1] — sem prejuízo da ação penal cabível[2]
D) perda[1] — afastando-se a ação penal cabível[2]

*Parágrafo único. Estão também sujeitos às penalidades desta lei os atos de improbidade praticados **contra o patrimônio de entidade que receba subvenção, benefício ou incentivo, fiscal ou creditício, de órgão público bem como daquelas para cuja criação ou custeio o erário haja concorrido ou concorra com menos de cinquenta por cento do patrimônio ou da receita anual**, limitando-se, nestes casos, a sanção patrimonial à repercussão do ilícito sobre a contribuição dos cofres públicos."*

3996) (2015) Banca: CESPE – Órgão: FUB – Prova: Assistente em Administração

Julgue o item subsecutivo, com base nas disposições da Lei 8.429/1992.

Organização privada que não possua a maior parte do seu patrimônio formada por capital público poderá ser vítima de improbidade administrativa, caracterizando-se como sujeito passivo.

A) Certo   B) Errado

3997) (2015) Banca: FCC – Órgão: TCM-GO – Prova: Auditor Controle Externo – Jurídica

Diretor Presidente de uma empresa com participação minoritária do Estado em seu capital social, firmou diversas contratações danosas à empresa, com preços muito acima daqueles praticados pelo mercado, havendo, ainda, indícios de que tenha recebido vantagens pessoais das empresas contratadas. De acordo com a Lei 8.429/92, que trata dos atos de improbidade administrativa,

A) o Diretor Presidente estará sujeito às penas da Lei de Improbidade Administrativa apenas se for agente público ou possuir algum vínculo funcional ou estatutário com o Estado que o equipare a tal categoria.
B) os atos praticados não podem ser enquadrados como de improbidade administrativa, haja vista a natureza privada da empresa.
C) o Diretor Presidente pode ser sujeito ativo de ato de improbidade, limitada a sanção patrimonial à repercussão do ilícito sobre as contribuições dos cofres públicos.
D) os atos praticados podem configurar improbidade administrativa apenas na hipótese de comprovado enriquecimento ilícito do Diretor Presidente.
E) a caracterização de improbidade administrativa pressupõe a comprovação de prejuízo direto ao ente público, no caso o Estado, não bastando a condição de acionista da empresa.

3998) (2014) Banca: FCC – Órgão: TRT – 1ª REGIÃO (RJ) – Prova: Juiz do Trabalho Substituto

Determinada empresa privada recebeu subvenção da União, proveniente de programa de fomento à inovação tecnológica, comprometendo-se a aplicar os recursos de acordo com plano de trabalho previamente aprovado pelo órgão federal responsável pela gestão do programa. Auditoria independente contratada pela empresa para exame de suas demonstrações financeiras, identificou superfaturamento em contratos de fornecimento de equipamentos, com indícios de apropriação de parcela de tais recursos por dirigentes da empresa e também pelos fornecedores. Diante da situação narrada, as disposições previstas na Lei 8.429/92, relativas aos atos de improbidade administrativa,

A) alcançam aqueles que praticaram o ato de improbidade lesivo à empresa privada ou dele se beneficiaram, limitada a sanção patrimonial à repercussão do ilícito sobre a subvenção pública recebida.
B) alcançam todos aqueles que se apropriaram de recursos públicos, desde que comprovado prejuízo direto à União, tendo em vista que empresa privada não pode figurar como sujeito passivo de ato de improbidade.
C) somente aplicam-se à referida empresa se a mesma contar com participação acionária do poder público, ainda que minoritária.
D) aplicam-se aos dirigentes da referida empresa, desde que os mesmos tenham sido equiparados a agentes públicos, por força da gestão dos recursos públicos recebidos.
E) não alcançam os dirigentes da empresa privada, eis que os mesmos não exercem mandato, cargo, emprego ou função em entidade da Administração pública.

3999) (2011) Banca: FCC – Órgão: TRT – 23ª REGIÃO (MT) – Prova: Técnico Judiciário – Área Administrativa

Os atos de improbidade administrativa praticados contra o patrimônio de entidade para cuja criação ou custeio o erário haja concorrido ou concorra com menos de cinquenta por cento do patrimônio ou da receita anual

a) estão sujeitos às penalidades estabelecidas na Lei de Improbidade Administrativa, com exceção da sanção patrimonial, não aplicada na espécie.
B) não estão sujeitos às penalidades estabelecidas na Lei de Improbidade Administrativa, ensejando a aplicação de sanções penais, civis e administrativas previstas na legislação específica.
C) estão sujeitos às penalidades estabelecidas na Lei de Improbidade Administrativa, ensejando a aplicação da sanção patrimonial integral, independentemente da repercussão do ilícito sobre a contribuição dos cofres públicos.
D) só estarão sujeitos às penalidades estabelecidas na Lei de Improbidade Administrativa se forem praticados por agente público que exerça cargo efetivo e com remuneração.
E) estão sujeitos às penalidades estabelecidas na Lei de Improbidade Administrativa, limitando-se, nestes casos, a sanção patrimonial à repercussão do ilícito sobre a contribuição dos cofres públicos.

4000) (2011) Banca: FCC – Órgão: TRT – 4ª REGIÃO (RS) – Prova: Analista Judiciário – Área Judiciária (+ provas)

Em conformidade com a Lei de Improbidade Administrativa, é INCORRETO afirmar que estão sujeitos às penalidades previstas nesse diploma legal, dentre outros, os atos praticados contra o patrimônio de entidade

A) que receba benefício de órgão público, bem como da entidade cuja criação o erário concorra com menos de cinquenta por cento do patrimônio ou da receita anual.
B) que receba subvenção de órgão público, bem como de entidade cujo custeio o erário haja concorrido com menos de cinquenta por cento da receita anual.
C) para cuja criação ou custeio o erário concorra com percentual inferior a cinquenta por cento do patrimônio ou do orçamento, inexistindo, nesse caso, limitações à sanção patrimonial.
D) que recebe incentivo fiscal de órgão público, bem como de entidade cuja criação ou custeio o erário haja concorrido ou concorra com menos de cinquenta por cento do patrimônio.
E) que recebe incentivo creditício de órgão público, bem como de entidades cujo custeio o erário haja concorrido com menos de cinquenta por cento do patrimônio.

4001) (2015) Banca: CETRO – Órgão: IPHAN – Prova: Arqueólogo

Sobre o sujeito ativo de ato de improbidade administrativa, de acordo com o disposto na Lei n° 8.429/1992, assinale a alternativa correta.

A) Ato de improbidade praticado contra o patrimônio de entidade que recebe incentivo fiscal de órgão público também está sujeito às penas da Lei de Improbidade Administrativa.
B) Para efeito de improbidade administrativa, considera-se agente público apenas o servidor que ocupa cargo ou função em um dos órgãos ou entidades da Administração Pública direta da União.
C) Aquele que não é considerado agente público, ainda que concorra para a prática de ato de improbidade, está eximido de ser penalizado.
D) Em havendo enriquecimento do agente público, ele perderá não só os bens ou valores acrescidos ao seu patrimônio como os bens que anteriormente já detinha.
E) Um estagiário não remunerado do IPHAN não pode ser sujeito ativo de um ato de improbidade administrativa, dado que não se trata de agente público, bem como pela gratuidade de sua relação contratual.

4002) (2017) Banca: IBADE – Órgão: PC-AC – Prova: Agente de Polícia Civil

Relativamente às disposições da Lei n° 8.429/1992, que trata da improbidade administrativa, assinale a alternativa correta.

A) O sucessor daquele que causar lesão ao patrimônio público ou se enriquecer ilicitamente está sujeito às sanções de improbidade administrativa independentemente de limites, como o valor da herança.
B) Os atos de improbidade administrativa que importem prejuízo ao erário poderão resultar na perda dos bens ou valores acrescidos ilicitamente ao patrimônio, ressarcimento integral do dano, quando houver, perda da função pública, suspensão dos direitos políticos de oito a dez anos, pagamento de multa civil de até três vezes o valor do acréscimo patrimonial e proibição de contratar com o Poder Público ou receber benefícios ou incentivos fiscais ou creditícios, direta ou indiretamente, ainda que por intermédio de pessoa jurídica da qual seja sócio majoritário, pelo prazo de dez anos.
C) Estão sujeitos às sanções da Lei de Improbidade Administrativa os atos ímprobos praticados contra o patrimônio de entidade que receba subvenção, benefício ou incentivo, fiscal ou creditício, de órgão público bem como daquelas para cuja criação ou custeio o erário haja concorrido ou concorra com menos de cinquenta por cento do patrimônio ou da receita anual, limitando-se, nestes casos, a sanção

patrimonial à repercussão do ilícito sobre a contribuição dos cofres públicos.

D) Como as sanções por ato de improbidade administrativa apenas são aplicáveis a agentes públicos, eventual particular que induza ou concorra para a prática de ato ímprobo apenas poderá ser responsabilizado na esfera criminal.

E) Determinado agente público tornou-se réu em ação de improbidade administrativa. Segundo o Ministério Público, o aludido servidor teria causado lesão ao erário em razão de perda patrimonial de bens móveis do Estado do Acre. Durante o curso do processo judicial, o controle interno do órgão ao qual o servidor está lotado concluiu que o referido ato ímprobo não causou prejuízo ao erário. A partir desta informação superveniente do órgão de controle interno, não deverá haver aplicação das sanções por ato de improbidade administrativa ao agente público processado.

Os atos de improbidade serão praticados por qualquer agente público (**atos próprios**) e por aquele que, **mesmo não sendo agente público, induza ou concorra para a prática do ato de improbidade ou dele se beneficie sob qualquer forma direta ou indireta (art. 3º) (atos impróprios)**. Cumpre ressaltar **que isoladamente essa pessoa não tem como praticar o ato improbidade administrativa** e a ação civil de **improbidade NÃO PODERÁ SER AJUIZADA EXCLUSIVAMENTE CONTRA UM PARTICULAR.**

*Art. 2º Reputa-se agente público, para os efeitos desta lei, **todo aquele que exerce, ainda que transitoriamente ou sem remuneração, por eleição, nomeação, designação, contratação ou qualquer outra forma de investidura ou vínculo, mandato, cargo, emprego ou função nas entidades mencionadas no artigo anterior.***

4003) (2010) Banca: CESPE – Órgão: SERPRO – Prova: Analista – Advocacia

Julgue o item a seguir, referente ao direito administrativo.

A Lei de Improbidade Administrativa é aplicável somente aos agentes públicos, e desde que induzam ou concorram para a prática do ato de improbidade administrativa ou dele se beneficiem sob qualquer forma direta ou indireta.

A) Certo   B) Errado

4004) (2013) Banca: CESPE – Órgão: SEGESP-AL – Prova: Papiloscopista

No que se refere à improbidade administrativa, julgue os seguintes itens.

Aquele que, mesmo não sendo agente público, induza ou concorra para a prática do ato de improbidade ou dele se beneficie sob qualquer forma direta ou indireta, está sujeito às disposições da Lei de Improbidade Administrativa, no que couber.

A) Certo   B) Errado

4005) (2007) Banca: CESPE – Órgão: TRT – 9ª REGIÃO (PR) – Prova: Técnico Judiciário – Área Administrativa (+ provas)

Considere a seguinte situação hipotética.

As penalidades previstas na lei de improbidade (Lei 8.429/1992) se aplicam, no que couber, àquele que, mesmo não sendo agente público, induza ou concorra para a prática do ato de improbidade ou dele se beneficie sob qualquer forma, direta ou indiretamente.

A) Certo   B) Errado

4006) (2010) Banca: CESPE – Órgão: MPU – Prova: Analista de Informática – Banco de Dados (+ provas)

Com relação ao processo administrativo (Lei 9.784/1999) e à Lei 8.429/1992, julgue o próximo item.

As disposições da Lei 8.429/1992 são aplicáveis, no que couber, àquele que, mesmo não sendo agente público, induza ou concorra para a prática de ato de improbidade ou dele se beneficie sob qualquer forma direta ou indireta.

A) Certo   B) Errado

4007) (2009) Banca: CESPE – Órgão: TRT – 17ª Região (ES) – Prova: Analista Judiciário – Área Administrativa

Tendo em vista as disposições da Lei 8.429/1992 – Lei de Improbidade Administrativa – e da Lei 9.784/1999, que regula o processo administrativo no âmbito da administração pública federal, julgue o item subsequente.

Podem ser sujeitos ativos do ato de improbidade administrativa o agente público e terceiro que induza ou concorra para a prática do ato de improbidade ou dele se beneficie sob qualquer forma direta ou indireta.

A) Certo   B) Errado

4008) (2016) Banca: CESPE – Órgão: TCE-PA – Prova: Conhecimentos Básicos- Cargos 4, 5 e de 8 a 17 (+ provas)

Com base na Lei de Improbidade Administrativa, julgue o item seguinte.

As penalidades previstas na Lei de Improbidade Administrativa também são aplicadas a não servidores e a quem induza ou concorra para a prática de ato de improbidade ou dele se beneficie de forma direta ou indireta.

A) Certo   B) Errado

4009) (2010) Banca: CESPE – Órgão: TRT – 21ª Região (RN) – Prova: Analista Judiciário – Contabilidade

Considerando a Lei 8.429/1992, julgue o item seguinte.

São sujeitos ativos do ato de improbidade administrativa não apenas aqueles que exercem, ainda que transitoriamente ou sem remuneração, mandato, cargo, emprego ou função na administração direta e indireta, mas, também, os terceiros que, mesmo não se qualificando como agentes públicos, concorram para a prática do ato de improbidade ou dele se beneficiem direta ou indiretamente.

A) Certo   B) Errado

4010) (2013) Banca: CESPE – Órgão: TRT – 17ª Região (ES) – Prova: Analista Judiciário – Área Administrativa

No que se refere à improbidade administrativa, julgue o item seguinte.

Não poderá responder por ato de improbidade administrativa o agente público que não for servidor público.

A) Certo   B) Errado

4011) (2016) Banca: CESPE – Órgão: FUNPRESP-EXE – Prova: Especialista – Área Jurídica

Com relação aos convênios administrativos, aos agentes públicos e à responsabilidade civil do Estado, julgue o item a seguir.

Considera-se agente público, para efeito de caracterização da prática de ato de improbidade administrativa, todo aquele que exerça, ainda que transitoriamente, cargo, emprego ou função na administração pública direta ou indireta, desde que tal cargo, emprego ou função seja exercido de forma remunerada.

A) Certo   B) Errado

4012) (2014) Banca: CESPE – Órgão: MDIC – Prova: Analista Técnico – Administrativo

Com relação aos agentes públicos e aos poderes da administração pública, julgue o item subsecutivo. Os particulares, ao colaborarem com o poder público, ainda que em caráter episódico, como os jurados do tribunal do júri e os mesários durante as eleições, são considerados agentes públicos.

A) Certo   B) Errado

4013) (2016) Banca: CESPE – Órgão: TCE-PA – Prova: Auxiliar Técnico – Administração

No que concerne aos agentes públicos, julgue o próximo item.

A definição de servidor público, em sentido amplo, engloba os empregados públicos e servidores temporários

A) Certo   B) Errado

4014) (2015) Banca: CESPE – Órgão: STJ – Prova: Analista Judiciário

Julgue o item seguinte, acerca do controle exercido e sofrido pela administração pública. Membros do Ministério Público não podem sofrer sanções por ato de improbidade administrativa em razão de seu enquadramento como agentes políticos e de sua vitaliciedade no cargo.

A) Certo   B) Errado

4015) (2008) Banca: CESPE – Órgão: STF – Prova: Técnico Judiciário – Área Administrativa

Quanto à lei de improbidade administrativa, julgue o item subsequente.

Considera-se agente público, para os efeitos da lei de improbidade administrativa, todo aquele que exerce, ainda que transitoriamente ou sem remuneração, por eleição, nomeação, designação, contratação ou qualquer outra forma de investidura ou vínculo, mandato, cargo, emprego ou função nas entidades que recebam subvenção, benefício ou incentivo, fiscal ou creditício, de órgão público.

A) Certo   B) Errado

4016) (2017) Banca: CESPE – Órgão: TRF – 1ª REGIÃO – Prova: Analista Judiciário – Área Judiciária

Considerando o disposto nas Leis 8.112/1990 e 8.429/1992, julgue o item que se segue, acerca dos agentes públicos.

De acordo com a legislação que trata de atos de improbidade administrativa, são considerados agentes públicos as pessoas em exercício de cargo eletivo em autarquia federal, mesmo que sem remuneração.

A) Certo   B) Errado

4017) (2010) Banca: FCC – Órgão: MPE-RS – Prova: Agente Administrativo

NÃO está sujeito às disposições da Lei de Improbidade Administrativa o particular que, não sendo agente público,

A) cause prejuízo ao erário sem a participação de agente público.
B) se beneficie de forma direta do ato de improbidade.
C) se beneficie de forma indireta do ato de improbidade.
D) concorra para a prática do ato de improbidade.
E) induza à prática do ato de improbidade.

4018) (2014) Banca: FCC – Órgão: DPE-CE Prova: Defensor Público de Entrância Inicial

No que tange à ação de improbidade administrativa:

A) estão a ela sujeitos, no que couber, aqueles que, mesmo não sendo agentes públicos, induzam ou concorram para a prática do ato de improbidade ou dele se beneficiem sob qualquer forma direta ou indireta.
B) sendo a lesão ao patrimônio público personalíssima, não haverá qualquer responsabilidade ao sucessor do agente ofensor.
C) quando o ato de improbidade causar lesão ao patrimônio público ou ensejar enriquecimento ilícito, caberá a qualquer cidadão representar ao Ministério Público ou ao Poder Judiciário, visando à indisponibilidade dos bens do indiciado no inquérito civil instaurado.
D) são reputados agentes públicos, para efeito de enquadramento legal, todos aqueles que exercem, mesmo que transitoriamente mas desde que sob remuneração, por nomeação, designação ou qualquer forma de contratação, mandato, cargo, emprego ou função nos órgãos públicos de administração direta ou indireta.
E) se o agente ou terceiro, desde que por ato exclusivamente doloso, causar lesão ao patrimônio público por ação ou omissão, ficará sujeito ao integral ressarcimento do dano.

4019) (2010) Banca: FCC – Órgão: TRE-AM – Prova: Técnico Judiciário – Área Administrativa

De acordo com a Lei de Improbidade Administrativa (Lei 8.429/92),

A) são aplicáveis as suas disposições, no que couber, àquele que, mesmo não sendo agente público, induza ou concorra para a prática do ato de improbidade ou dele se beneficie sob qualquer forma direta ou indireta.
B) considera-se agente público para os seus efeitos apenas os ocupantes de cargo efetivo e de cargo eletivo.
C) ocorrendo lesão ao patrimônio público por ação ou omissão, dolosa ou culposa, do agente, o ressarcimento do dano será proporcional aos seus vencimentos.
D) no caso de enriquecimento ilícito o terceiro beneficiário não perderá os bens ou valores acrescidos ao seu patrimônio.
E) é vedada, em qualquer hipótese, a indisponibilidade dos bens do indiciado.

4020) (2013) Banca: FCC – Órgão: TRT – 6ª Região (PE) – Prova: Juiz do Trabalho

De acordo com a Lei 8.429/92, que dispõe sobre as condutas passíveis de caracterização como ato de improbidade administrativa,

A) os atos de improbidade são sempre comissivos, sendo as condutas omissivas que ensejam prejuízo à administração capituladas como falta administrativa.
B) caracterizam atos de improbidade apenas aqueles praticados contra as entidades da administração direta, autárquica e fundacional e as entidades da administração indireta para cuja criação ou custeio o erário concorra com mais de 50% (cinquenta por cento).
C) são sujeitos ativos, além dos agentes públicos, qualquer pessoa que induza ou concorra para a prática do ato ou dele se beneficie sob qualquer forma direta ou indireta.
D) caracterizam ato de improbidade aqueles que ensejem, cumulativamente, dano ao erário, enriquecimento ilícito e violação aos princípios da administração pública.
E) os atos de improbidade pressupõem a conduta dolosa do agente, não sendo admitida, em nenhuma hipótese, a modalidade culposa.

4021) (2011) Banca: FCC – Órgão: TCE-PR – Prova: Analista de Controle (+ provas)

A Lei nº 8.429/92, que dispõe sobre improbidade administrativa, alcança os

A) agentes públicos, desde que com vínculo permanente, mandato ou cargo, nas entidades integrantes da Administração direta ou indireta de todos os Poderes.
B) atos dolosos, exclusivamente, desde que ensejem lesão ao patrimônio público ou violação aos princípios aplicáveis à Administração Pública, praticados por agentes públicos ou por particulares com vínculo com a Administração.
C) agentes públicos e os particulares que induzam ou concorram para a prática do ato de improbidade ou dele se beneficiem de forma direta ou indireta.
D) atos praticados contra a administração direta, indireta ou fundacional de qualquer dos poderes de todas as esferas da federação, excluídas as entidades privadas que recebam recursos públicos exclusivamente a título de subvenção.
E) atos dolosos ou culposos praticados por agentes públicos ou por particulares com vínculo com a Administração, desde que causem, cumulativamente, lesão ao patrimônio público e enriquecimento ilícito.

4022) (2009) Banca: FCC – Órgão: TRT – 15ª REGIÃO – Prova: Técnico Judiciário – Área Administrativa

Dentre as regras estabelecidas pela Lei de Improbidade Administrativa (Lei 8.429/92), inclui-se:

A) As disposições da lei são aplicáveis, no que couber, àquele que, mesmo não sendo agente público, induza ou concorra para a prática do ato de improbidade ou dele se beneficie sob qualquer forma direta ou indireta.
B) Para os efeitos da lei é considerado agente público apenas o ocupante de cargo efetivo ou em comissão.
C) Se a lesão ao patrimônio público ocorrer por ação ou omissão culposa, e não dolosa, do agente ou de terceiro, estes não estarão obrigados a ressarcimento do dano.
D) No caso de enriquecimento ilícito, o agente público ou terceiro beneficiário perderá metade dos bens ou valores acrescidos ao seu patrimônio.
E) O sucessor daquele que causar lesão ao patrimônio público ou se enriquecer ilicitamente não está sujeito às cominações da lei.

4023) (2010) Banca: FCC – Órgão: TRT – 9ª REGIÃO (PR) – Prova: Técnico Judiciário – Tecnologia da Informação (+ provas)

Acerca da Lei de Improbidade Administrativa (Lei nº 8.429/1992), é correto afirmar:

A) Ocorrendo lesão ao patrimônio público por ação ou omissão, dolosa ou culposa, do agente ou de terceiro, dar-se-á o ressarcimento parcial do dano.
B) As suas disposições são aplicáveis, no que couber, àquele que, mesmo não sendo agente público, induza ou concorra para a prática do ato de improbidade ou dele se beneficie sob qualquer forma direta ou indireta.
C) No caso de enriquecimento ilícito, o agente público perderá os bens ou valores acrescidos ao seu patrimônio, porém, o terceiro beneficiário não os perderá.
D) Quando o ato de improbidade ensejar enriquecimento ilícito, caberá a autoridade administrativa responsável pelo inquérito representar à Autoridade Policial, para a indisponibilidade dos bens do indiciado.
E) O sucessor daquele que causar lesão ao patrimônio público ou se enriquecer ilicitamente não está sujeito às cominações da Lei nº 8.429/1992.

4024) (2013) Banca: FCC – Órgão: TJ-PE – Prova: Juiz

A) ocorrendo lesão ao patrimônio público por ação ou omissão, desde que dolosa, do Nos termos da Lei Federal no 8.429/92, agente ou de terceiro, dar-se-á o integral ressarcimento do dano
B) no caso de enriquecimento ilícito, perderá o agente público ou terceiro beneficiário o quíntuplo dos bens ou valores acrescidos ao seu patrimônio.
C) reputa-se agente público, para os efeitos daquela lei, todo aquele que exerce, necessariamente de modo permanente e remunerado, por eleição, nomeação, designação, contratação ou qualquer outra forma de investidura ou vínculo, mandato, cargo, emprego ou função nas entidades da Administração direta ou indireta.
D) suas disposições são aplicáveis, no que couber, àquele que, mesmo não sendo agente público, induza ou concorra para a prática do ato de improbidade ou dele se beneficie sob qualquer forma direta ou indireta.
E) os agentes públicos são obrigados a velar pela estrita observância dos princípios de legalidade, impessoalidade, moralidade e publicidade no trato dos assuntos que lhe são afetos, exceto se ocupantes de cargo ou emprego que não exija formação superior.

4025) (2010) Banca: FCC – Órgão: AL-SP – Prova: Agente Técnico Legislativo Especializado

A respeito dos elementos constitutivos dos atos de improbidade administrativa é correto afirmar que

A) o sujeito ativo do ato de improbidade é, necessariamente, um agente público.
B) são enquadradas como sujeito passivo do ato de improbidade as entidades em relação as quais o erário haja concorrido

para formação do patrimônio, desde que em montante superior a 50%.

C) são sujeitos ativos do ato de improbidade o agente público ou o terceiro que induza ou concorra para a prática do ato ou dele se beneficie direta ou indiretamente.

D) o ato de improbidade pressupõe, como elemento objetivo, a ocorrência de prejuízo financeiro para o erário e, como elemento subjetivo, o dolo ou culpa do sujeito ativo.

E) o ato de improbidade administrativa é sempre uma conduta ativa, dolosa ou culposa, que enseja enriquecimento ilícito para o agente e prejuízo econômico para o erário.

4026) (2013) Banca: FCC – Órgão: TRT – 15ª REGIÃO – Prova: Técnico Judiciário – Área Administrativa

Mario Alberto é empregado de uma empresa pública, cujo capital e controle pertencem integralmente a ente público federal. No regular exercício de suas funções, promoveu, em nome de sua empregadora e sem realização de licitação, a contratação de empresa para prestação de serviços de informática nas diversas dependências da sede. Agradecidos, os diretores dessa empresa gratificaram Mario Alberto em espécie. A conduta de Mario Alberto.

A) pode ser enquadrada como ato de improbidade residual, caso não se tipifique nenhuma outra infração funcional, tendo em vista que não ficou comprovado prejuízo à empresa e dolo por parte de Mario Alberto.

B) não pode ser enquadrada como ato de improbidade, uma vez que a gratificação foi dada após a contratação.

C) não pode ser enquadrada como ato de improbidade, tendo em vista que Mario Alberto é empregado celetista, condição que não se enquadra no conceito de funcionário para os fins da lei de improbidade.

D) pode ser considerada ato de improbidade, uma vez que os empregados públicos se enquadram no conceito de agente público da lei de improbidade.

E) pode ser considerada ato de improbidade desde que tenha havido dolo por parte de Mario Alberto e que este seja empregado público efetivo, contratado por meio de concurso público.

4027) (2015) Banca: FGV – Órgão: TJ-PI – Prova: Analista Judiciário – Analista Judicial

De acordo com a Lei nº 8.429/92 e com a doutrina de Direito Administrativo, o ato de improbidade administrativa:

A) é ilícito de natureza criminal que tem como consequências a aplicação de pena privativa de liberdade e sanções de natureza político-administrativa;

B) somente se configura se houver efetivo dano ao erário, ou seja, se os cofres públicos tiverem algum tipo de prejuízo econômico-financeiro;

C) enseja a indisponibilidade de bens do agente público que se enriqueceu pela prática do ato, que pode ser decretada mediante decisão fundamentada da autoridade administrativa;

D) pode ser cometido também pelo particular que induza ou concorra para a prática do ato ou dele se beneficie sob qualquer forma direta ou indireta;

E) dá azo à aplicação de sanções como cassação dos direitos políticos, perda da função pública, ressarcimento dos danos ao erário e pena privativa de liberdade.

4028) (2013) Banca: FGV – Órgão: TCE-BA – Prova: Analista de Controle Externo

Sobre o crime previsto no Art. 19, da Lei n. 8.429 (Lei de Improbidade Administrativa) – Constitui crime a representação por ato de improbidade contra agente público ou terceiro beneficiário, quando o autor da denúncia o sabe inocente.

A) Agente público, para fins da Lei de Improbidade, dentre outros, pode ser aquele que exerce mandato eletivo no Poder Executivo de algum dos entes da Federação.

B) Trata-se de crime próprio, uma vez que somente pode ser sujeito ativo o funcionário público.

C) Trata-se de crime de mão própria, pois o sujeito ativo, que será funcionário público, terá necessariamente que executar o crime, não se admitindo coautoria.

D) A não inocência do agente público faz com que o sujeito ativo, denunciado com base no Art. 19, seja absolvido por exclusão da culpabilidade.

E) O crime pode ser praticado na modalidade culposa ou dolosa.

4029) (2017) Banca: VUNESP – Órgão: TJ-SP – Prova: Assistente Social Judiciário

A Lei de Improbidade Administrativa prevê que

A) não configura ato de improbidade a aquisição, para si, no exercício de mandato, cargo, emprego ou função pública, de bens cujo valor seja desproporcional à evolução do patrimônio ou à renda do agente público, pois não importa enriquecimento ilícito.

B) a utilização de trabalho de servidores públicos na execução de obra ou serviço particular, de interesse privado da autoridade a que estão subordinados, não configura ato de improbidade pela ausência de lesividade.

C) frustrar a licitude de concurso público configura ato de improbidade administrativa que causa prejuízo ao erário.

D) suas disposições são aplicáveis, no que couber, àquele que, mesmo não sendo agente público, induza ou concorra para a prática do ato de improbidade ou dele se beneficie sob qualquer forma direta ou indireta.

E) estão sujeitos às suas penas somente os agentes públicos investidos em cargos efetivos que causem lesão ao erário de forma dolosa e com o propósito de enriquecer ilicitamente.

4030) (2016) Banca: VUNESP – Órgão: Prefeitura de Rosana – SP – Prova: Procurador do Município

Assinale a alternativa que corretamente discorre sobre previsões relativas à improbidade administrativa, previstas na Lei Federal 8.429/92.

A) Revelar fato ou circunstância de que tem ciência em razão das atribuições e que deva permanecer em segredo constitui ato de improbidade que importa enriquecimento ilícito ou causa dano ao erário.

B) Não estão sujeitos às penalidades da Lei Federal 8.429/92, os atos de improbidade praticados contra o patrimônio de entidade que receba subvenção, benefício ou incentivo, fiscal ou creditício, de órgão público.

C) As disposições da Lei Federal nº 8.429/92 são aplicáveis, no que couber, àquele que, mesmo não sendo agente público, induza ou concorra para a prática do ato de improbidade ou dele se beneficie sob qualquer forma direta ou indireta.

D) Exercer atividade de consultoria ou assessoramento para pessoa jurídica que tenha interesse suscetível de ser atingido ou amparado por ação ou omissão decorrente das atribuições do agente público, durante a atividade, é ato de improbidade administrativa que causa dano ao erário.

E) Independentemente das sanções penais, civis e administrativas previstas na legislação específica, o responsável pelo ato de improbidade fica sujeito às cominações da Lei Federal 8.429/92, que deverão ser aplicadas sempre de forma cumulativa, mas graduadas de acordo com a gravidade do fato.

4031) (2016) Banca: VUNESP – Órgão: Prefeitura de Mogi das Cruzes – SP – Prova: Procurador Jurídico

Considere a seguinte situação hipotética.

Município de Mogi das Cruzes recebe de programa federal de assistência social 2000 quilos de feijão que devem ser distribuídos em ações voltadas para a melhoria das condições de vida da população em situação de extrema pobreza. A esposa do Prefeito Municipal é voluntária da rede assistencial local e ordena que a distribuição do alimento seja realizada somente em atos que possam contar a presença do alcaide. Em razão de tal limitação, houve demora na distribuição e 400 quilos de feijão apodreceram em armazenamento, não chegando à população que deveria ser atendida. A conduta da esposa do Prefeito Municipal, em relação ao disposto na Lei Federal 8.429/92,

A) configura ato de improbidade administrativa, pois também é considerado agente público, para fins da referida lei, aquele que exerce atividade sem remuneração, por qualquer forma de vínculo.

B) não configura ato de improbidade administrativa, pois ela realizava serviço voluntário, sendo a onerosidade imprescindível para que seja caracterizado vínculo com a Administração e ensejar responsabilização.

C) não configura ato de improbidade administrativa, pois ela não pode ser considerada agente público e a lei referida somente pune atos praticados por agentes públicos.

D) configura ato de improbidade administrativa, não em razão da prestação de serviços voluntária, mas em virtude de sua posição de esposa do Prefeito Municipal, que a equipara a agente público, independentemente de qualquer outra conduta.

E) não configura ato de improbidade administrativa, já que diante do princípio constitucional da impessoalidade, a conduta do Prefeito Municipal era lícita, sendo o apodrecimento do feijão consequência imprevista.

4032) (2014) Banca: FEPESE – Órgão: MPE-SC – Prova: Procurador do Estado

Assinale a alternativa correta.

A) Ocorrendo lesão ao patrimônio público por ação ou omissão do agente ou de terceiro, dar-se-á o integral ressarcimento do dano, salvo se culposa a conduta.

B) Somente a chefia imediata poderá representar à autoridade administrativa competente para que seja instaurada investigação destinada a apurar a prática de ato de improbidade de improbidade ou dele se beneficie sob qualquer forma direta ou indireta.

C) As disposições acerca da improbidade administrativa são aplicáveis, no que couber, àquele que, mesmo não sendo agente público, induza ou concorra para a prática do ato de improbidade ou dele se beneficie sob qualquer forma direta ou indireta.

D) Constitui ato de improbidade administrativa, importando enriquecimento ilícito, qualquer ação ou omissão, dolosa ou culposa, que enseje perda patrimonial, desvio, apropriação, malbaratamento ou dilapidação dos bens da Administração Pública.

E) As cominações por atos de improbidade administrativa não podem ser aplicadas cumulativamente com sanções civis.

4033) (2011) Banca: TRT 16R – Órgão: TRT – 16ª REGIÃO (MA) – Prova: Juiz do Trabalho Substituto

Sobre a ação de improbidade administrativa, assinale a alternativa CORRETA:

A) Proposta a ação de improbidade, é permitida a transação, desde que seja garantido o ressarcimento integral do dano ao erário.

B) Segundo a Constituição Federal, as únicas consequências aplicáveis aos casos de prática de atos de improbidade administrativa serão a perda da função pública, a indisponibilidade dos bens e o ressarcimento ao erário.

C) Segundo a Lei n° 8.429/92, aplica-se o regime de responsabilização por ato de improbidade àquele que, mesmo não sendo agente público, induza ou concorra para a prática do ato de improbidade ou dele se beneficie sob qualquer forma direta ou indireta.

D) Qualquer cidadão, em pleno gozo dos direitos políticos, é parte legítima para propor a ação civil por ato de improbidade.

E) Considerada a natureza mista cível-penal da ação de improbidade, uma vez recebida a ação civil por ato de improbidade não se admitirá a extinção anômala do processo, sem resolução do mérito.

4034) (2011) Banca: TRT 16R – Órgão: TRT – 16ª REGIÃO (MA) – Prova: Juiz do Trabalho Substituto

Ainda considerando o disposto na Lei Federal n° 8.429/92 sobre improbidade administrativa, marque a alternativa CORRETA:

A) Reputa-se agente público, para fins de aplicação da Lei n° 8.429/92, somente aquele que exerce de forma remunerada, ainda que transitoriamente, por eleição, nomeação, designação, contratação ou qualquer outra forma de investidura ou vínculo, mandato, cargo, emprego ou função na administração direta, indireta ou fundacional de qualquer dos Poderes da União, dos Estados, do Distrito Federal, dos Municípios, de Território, de empresa incorporada ao patrimônio público ou de entidade para cuja criação ou custeio o erário haja concorrido ou concorra com mais de cinquenta por cento do patrimônio ou da receita anual.

B) As disposições da lei n° 8.429/92 são aplicáveis, no que couber, àquele que, mesmo não sendo agente público, induza ou concorra para a prática do ato de improbidade ou dele se beneficie sob qualquer forma direta ou indireta.

C) Ocorrendo lesão ao patrimônio público, por ação ou omissão dolosa do agente ou de terceiro, dar-se-á o ressarcimento do dano até o limite do atual patrimônio do causador.

D) O sucessor daquele que causar lesão ao patrimônio público ou se enriquecer ilicitamente também está sujeito às cominações desta lei, respondendo com todos os seus bens.

E) Caberá a autoridade administrativa responsável pelo inquérito representar ao Ministério Público, para a indisponibilidade dos bens do indiciado, somente quando o ato de improbidade causar lesão ao patrimônio público.

4035) (2011) Banca: TRT 23R (MT) – Órgão: TRT – 23ª REGIÃO (MT) – Prova: Juiz do Trabalho Substituto

Quanto aos atos de improbidade administrativa, assinale a alternativa que contém uma afirmativa FALSA:

A) De acordo com a Lei 8.429/92, os atos de improbidade são aqueles praticados por agente público, servidor ou não, contra a administração direta, indireta ou fundacional de qualquer dos Poderes da União, dos Estados, do Distrito Federal, dos Municípios, de Território, de empresa incorporada ao patrimônio público ou de entidade para cuja criação ou custeio o erário haja concorrido ou concorra com mais de cinquenta por cento do patrimônio ou da receita anual.

B) Estão também sujeitos às penalidades da Lei 8.429/92 os atos de improbidade praticados contra o patrimônio de entidade que receba subvenção, benefício ou incentivo, fiscal ou creditício, de órgão público bem como daquelas para cuja criação ou custeio o erário haja concorrido ou concorra com menos de cinquenta por cento do patrimônio ou da receita anual, limitando-se, nestes casos, a sanção patrimonial à repercussão do ilícito sobre a contribuição dos cofres públicos.

C) Reputa-se agente público, na forma da Lei 8.429/92, todo aquele que exerce, ainda que transitoriamente ou sem remuneração, por eleição, nomeação, designação, contratação ou qualquer outra forma de investidura ou vínculo, mandato, cargo, emprego ou função nas entidades definidas na referida lei.

D) As disposições da Lei nº 8.429/92 são aplicáveis, no que couber, àquele que induza ou concorra para a prática do ato de improbidade ou dele se beneficie sob qualquer forma direta ou indireta desde que seja ele agente público.

E) São exemplos de ato de improbidade administrativa que atentam contra os princípios da administração pública frustrar a licitude de concurso público e retardar ou deixar de praticar, indevidamente, ato de ofício.

4036) (2014) Banca: MS CONCURSOS – Órgão: CREA-MG – Prova: Profissional de Nível Superior – Direito

A Lei nº 8.429, de 2 de junho de 1992, dispõe sobre as sanções aplicáveis aos agentes públicos nos casos de enriquecimento ilícito no exercício de mandato, cargo, emprego ou função na administração pública direta, indireta ou fundacional. De acordo com essa Lei, não é verdadeira a alternativa:

A) A posse e o exercício de agente público ficam condicionados à apresentação de declaração dos bens e valores que compõem o seu patrimônio privado, a fim de ser arquivada no serviço de pessoal competente.

B) Quando o ato de improbidade causar lesão ao patrimônio público ou ensejar enriquecimento ilícito, caberá a autoridade administrativa responsável pelo inquérito representar ao Ministério Público, para a indisponibilidade dos bens do indiciado. A indisponibilidade recairá sobre bens que assegurem o integral ressarcimento do dano, ou sobre o acréscimo patrimonial resultante do enriquecimento ilícito.

C) As disposições da Lei nº 8.429/92, são aplicáveis, no que couber, àquele que, sendo agente público, induza ou concorra para a prática do ato de improbidade ou dele se beneficie sob qualquer forma direta ou indireta.

D) A comissão processante dará conhecimento ao Ministério Público e ao Tribunal ou Conselho de Contas da existência de procedimento administrativo para apurar a prática de ato de improbidade.

4037) (2014) Banca: MPE-RS – Órgão: MPE-RS – Prova: Geólogo

Quanto à improbidade administrativa, assinale a alternativa correta.

A) A Lei de Improbidade Administrativa não autoriza, para evitar o chamado bis in idem, a cominação cumulativa de sanções ao responsável pelo ato de improbidade.

B) Apenas o Ministério Público tem legitimidade para requerer ao juízo competente a decretação do sequestro dos bens do agente ou do terceiro que tenha enriquecido ilicitamente ou causado dano ao patrimônio público.

C) As disposições da Lei de Improbidade Administrativa são aplicáveis, no que couber, àquele que, mesmo não sendo agente público, induza ou concorra para a prática do ato de improbidade ou dele se beneficie sob qualquer forma direta ou indireta.

D) O ato de improbidade administrativa reclama, sempre, segundo a Lei de Improbidade Administrativa, agir doloso de seu agente, não sendo admitido na modalidade culposa.

E) O Juiz poderá deferir cautelarmente, a requerimento do Ministério Público, para fins de garantia da instrução da Ação de Improbidade Administrativa, a suspensão dos direitos políticos do agente público que figura no polo passivo da relação processual.

4038) (2016) Banca: MPE-SC – Órgão: MPE-SC – Prova: Promotor de Justiça – Vespertina

Para os efeitos da Lei n. 8.429/92, agente público é todo aquele que exerce, ainda que transitoriamente, desde que remunerado, por eleição, nomeação, designação, contratação ou qualquer outra forma de investidura ou vínculo, mandato, cargo, emprego ou função na administração direta, indireta ou fundacional de qualquer dos entes públicos ou de empresa incorporada ao patrimônio público ou de entidade para cuja criação ou custeio o erário haja concorrido ou concorra com mais de cinquenta por cento do patrimônio ou da receita anual.

A) Certo   B) Errado

4039) (2015) Banca: MPE-RS – Órgão: MPE-RS – Prova: Assessor Bacharel em História

Nos termos da Lei de Improbidade Administrativa – Lei 8429/92, assinale a alternativa correta.

A) Quando o ato de improbidade causar lesão ao patrimônio público ou ensejar enriquecimento ilícito, caberá à autoridade administrativa responsável pelo inquérito determinar a indisponibilidade dos bens do indiciado.

B) Frustrar a licitude de concurso público é ato de improbidade administrativa que causa prejuízo ao erário.

C) Reputa-se agente público, para efeitos desta lei, todo aquele que exerce, ainda que transitoriamente ou sem remunera-

ção, mandato, cargo, emprego ou função nas entidades por ela elencadas.
D) A nomeação do agente público fica condicionada à apresentação da declaração de bens e valores que compõem o seu patrimônio privado.
E) O Ministério Público será sempre parte nos processos que tenham por objeto atos de improbidade administrativa.

4040) (2013) Banca: MPE-GO – Órgão: MPE-GO – Prova: Promotor de Justiça

Das assertivas abaixo, aponte aquela prevista na Lei n° 8.429/92 que dispõe sobre as sanções aplicáveis aos agentes públicos nos casos de enriquecimento ilícito no exercício de mandato, cargo, emprego ou função na administração pública direta, indireta ou fundacional e dá outras providências:

A) reputa-se agente público, para os efeitos da lei, todo aquele que exerce, ainda que transitoriamente ou sem remuneração, por eleição, nomeação, designação, contratação ou qualquer outra forma de investidura ou vinculo, mandato, cargo, emprego ou função nas entidades mencionadas na lei.
B) todos os atos de improbidade administrativa importam enriquecimento ilícito e causam prejuízo ao erário.
C) será punido com a pena de suspensão, a bem do serviço público, sem prejuízo de outras sanções cabíveis, o agente público que se recusar a prestar declaração dos bens exigida por Lei, dentro do prazo determinado, ou que a prestar falsa.
D) no processo judicial, estando a inicial em devida forma, o juiz mandará autuá-la e ordenará a notificação do requerido, para oferecer manifestação por escrito, que poderá ser instruída com documentos e justificações, dentro do prazo de quinze dias, sendo referida manifestação considerada a contestação para todos os efeitos.

4041) (2015) Banca: MPE-RS – Órgão: MPE-RS – Prova: Engenheiro Civil

Assinale a afirmativa INCORRETA.

A) Para que esteja sujeito às sanções da Lei 8429/92 (Lei de Improbidade Administrativa), o agente público tem de estar exercendo cargo público e recebendo remuneração.
B) Reputa-se agente público, para os efeitos da Lei 8429/92 (Lei de Improbidade Administrativa), todo aquele que exerce, ainda que transitoriamente, mandato, cargo, emprego ou função nas entidades arroladas por aquela lei.
C) Constitui ato de improbidade administrativa utilizar, em obra ou serviço particular, o trabalho de servidores públicos.
D) Ordenar ou permitir a realização de despesas não autorizadas em lei ou regulamento constitui ato de improbidade administrativa.
E) A posse ou o exercício de agente público está condicionada à apresentação de declaração de bens e valores que compõem o seu patrimônio privado.

4042) (2016) Banca: UFTM – Órgão: UFTM – Prova: Técnico de Laboratório – Biologia (+ provas)

Considerando a Lei n. 8.429/92, assinale a opção INCORRETA:

A) Os agentes públicos de qualquer nível ou hierarquia são obrigados a velar pela estrita observância dos princípios de legalidade, impessoalidade, moralidade e publicidade no trato dos assuntos que lhe são afetos.
B) Ocorrendo lesão ao patrimônio público por ação ou omissão, dolosa ou culposa, do agente ou de terceiro, dar-se-á o integral ressarcimento do dano.
C) Reputa-se agente público, para os efeitos desta lei, todo aquele que exerce de forma permanente, com remuneração, por eleição, nomeação, designação, contratação ou qualquer outra forma de investidura ou vínculo, mandato, cargo, emprego ou função em entidades públicas.
D) Quando o ato de improbidade causar lesão ao patrimônio público ou ensejar enriquecimento ilícito, caberá à autoridade administrativa responsável pelo inquérito representar ao Ministério Público, para a indisponibilidade dos bens do indiciado.

4043) (2014) Banca: CONSULPLAN – Órgão: CBTU – Prova: Técnico de Gestão – Administração (+ provas)

Sobre os ditames da lei de improbidade administrativa (Lei n° 8.429/92), assinale a alternativa correta.

A) Reputa-se agente público, para fins da lei de improbidade administrativa, aquele que exerce função em órgão público municipal, independentemente de remuneração.
B) Ocorrendo lesão ao patrimônio público por ação ou omissão do agente ou de terceiro, dar-se-á o integral ressarcimento do dano, salvo os casos de omissão culposa.
C) Não se aplicam as regras dispostas na lei de improbidade administrativa a quem não seja agente público, mesmo que concorra para a prática do ato de improbidade ou dele se beneficie.
D) Quando o ato de improbidade causar lesão ao patrimônio público ou ensejar enriquecimento ilícito, caberá a autoridade administrativa decretar a indisponibilidade dos bens do indiciado.

4044) (2016) Banca: IDECAN – Órgão: Câmara de Aracruz – ES – Prova: Analista Administrativo e Legislativo

A Lei 8.429/1992 dispõe sobre as sanções aplicáveis aos agentes públicos nos casos de enriquecimento ilícito no exercício de mandato, cargo, emprego ou função na administração pública direta, indireta ou fundacional e dá outras providências. Considerando o disposto em referida lei, assinale a afirmativa INCORRETA

A) Entende-se por agente público todo aquele que exerce, permanentemente, exceto por eleição, por nomeação, por designação e por contratação, qualquer outra forma de investidura ou vínculo, cargo, emprego ou função nas entidades da administração direta dos Municípios.
B) Constitui ato de improbidade administrativa importando enriquecimento ilícito, aceitar emprego, comissão ou exercer atividade de consultoria ou assessoramento para pessoa física ou jurídica que tenha interesse suscetível de ser atingido ou amparado por ação ou omissão decorrente das atribuições do agente público, durante a atividade.
C) Constitui ato de improbidade administrativa importando enriquecimento ilícito, receber vantagem econômica de qualquer natureza, direta ou indireta, para fazer declaração falsa sobre medição ou avaliação em obras públicas ou qualquer outro serviço, ou sobre quantidade, peso, medida, qualidade ou característica de mercadorias ou

bens fornecidos a qualquer das entidades da administração direta e indireta.

D) Constitui ato de improbidade administrativa importando enriquecimento ilícito, receber, para si ou para outrem, dinheiro, bem móvel ou imóvel, ou qualquer outra vantagem econômica, direta ou indireta, a título de comissão, percentagem, gratificação ou presente de quem tenha interesse, direto ou indireto, que possa ser atingido ou amparado por ação ou omissão decorrente das atribuições do agente público.

4045) (2012) Banca: COPESE – UFT – Órgão: DPE-TO – Prova: Analista em Gestão Especializado (+ provas)

Segundo a Lei de Improbidade Administrativa (Lei 8.429/92), reputa-se agente público:

A) Todo aquele que exerce, exclusivamente de forma não transitória, mandato, cargo, emprego ou função, junto à administração direta, indireta ou fundacional de qualquer dos Poderes da União, dos Estados, do Distrito Federal, dos Municípios, de Território, de empresa incorporada ao patrimônio público ou de entidade para cuja criação ou custeio o erário haja concorrido ou concorra com mais de cinquenta por cento do patrimônio ou da receita anual.

B) Todo aquele que exerce, por eleição, nomeação, designação, contratação ou qualquer outra forma de investidura ou vínculo, mandato, cargo, emprego ou função, exclusivamente remunerada, junto à administração direta, indireta ou fundacional de qualquer dos Poderes da União, dos Estados, do Distrito Federal, dos Municípios, de Território, de empresa incorporada ao patrimônio público ou de entidade para cuja criação ou custeio o erário haja concorrido ou concorra com mais de cinquenta por cento do patrimônio ou da receita anual.

C) Todo aquele que exerce, exclusivamente de forma transitória e sem remuneração, por eleição, nomeação, designação, contratação ou qualquer outra forma de investidura ou vínculo, mandato, cargo, emprego ou função, junto à administração direta, indireta ou fundacional de qualquer dos Poderes da União, dos Estados, do Distrito Federal, dos Municípios, de Território, de empresa incorporada ao patrimônio público ou de entidade para cuja criação ou custeio o erário haja concorrido ou concorra com mais de cinquenta por cento do patrimônio ou da receita anual.

D) Todo aquele que exerce, ainda que transitoriamente ou sem remuneração, por eleição, nomeação, designação, contratação ou qualquer outra forma de investidura ou vínculo, mandato, cargo, emprego ou função, junto à administração direta, indireta ou fundacional de qualquer dos Poderes da União, dos Estados, do Distrito Federal, dos Municípios, de Território, de empresa incorporada ao patrimônio público ou de entidade para cuja criação ou custeio o erário haja concorrido ou concorra com mais de cinquenta por cento do patrimônio ou da receita anual.

4046) (2013) Banca: CETRO – Órgão: Ministério das Cidades – Prova: Agente Administrativo

Segundo a Lei 8.429/1992, que trata da Improbidade Administrativa, é correto afirmar que

I. estão também sujeitos às penalidades dessa Lei os atos de improbidade praticados contra o patrimônio de entidade que receba subvenção, benefício ou incentivo, fiscal ou creditício, de órgão público, bem como daquelas para cuja criação ou custeio o erário haja concorrido ou concorra com menos de 50% do patrimônio ou da receita anual, limitando-se, nestes casos, a sanção patrimonial à repercussão do ilícito sobre a contribuição dos cofres públicos.

II. se reputa agente público, para os efeitos dessa Lei, todo aquele que exerce, ainda que transitoriamente ou sem remuneração, por eleição, nomeação, designação, contratação ou qualquer outra forma de investidura ou vínculo, mandato, cargo, emprego ou função nas entidades mencionadas no artigo 1º dessa lei.

III. se considera lesão ao patrimônio público quando há ação ou omissão dolosa de agente ou de terceiro, que enseje dano ao erário público, não se discutindo, nesse caso, responsabilidade quando a conduta for culposa.

IV. quando o ato de improbidade causar lesão ao patrimônio público ou ensejar enriquecimento ilícito, caberá à autoridade administrativa responsável pelo inquérito representar ao Ministério Público para a indisponibilidade dos bens do indiciado, a qual recairá sobre, no máximo, 50% dos bens, a fim de não privar o agente da integralidade de seu patrimônio, em preservação do mínimo necessário.

É correto o que está contido em

A) I e II, apenas.
B) II e III, apenas.
C) I, II e III, apenas.
D) III e IV, apenas.
E) I e IV, apenas.

4047) (2017) Banca: UFU-MG – Órgão: UFU-MG – Prova: Técnico de Laboratório – Veterinária

Configura-se improbidade administrativa

A) somente se houver lesão ao Erário.
B) somente se houver enriquecimento ilícito.
C) somente se se retardar ou deixar de praticar, indevidamente, ato de ofício.
D) somente se praticada por agente público ou com a participação deste.

Destaca-se que a Lei 8.429/1992 estabelece sanções de **natureza administrativa** (proibição de contratar com o Poder Público, proibição de receber do Poder Público benefícios fiscais ou creditícios), **civil** (perda da função pública, ressarcimento ao erário, perda dos bens e valores acrescidos ilicitamente ao patrimônio, multa civil) e **política** (suspensão dos direitos políticos). **Portanto, o referido diploma não estabelece sanções penais pela prática de atos de improbidade, mas apenas as seguintes penalidades:**

- **suspensão dos direitos políticos;**
- **perda da função pública;**
- **indisponibilidade dos bens;**
- **ressarcimento ao erário.**
- **proibição de contratar com o Poder Público ou receber benefícios ou incentivos fiscais ou creditícios, direta ou indiretamente, ainda que por intermédio de pessoa jurídica da qual seja sócio majoritário**
- **Multa civil**
- **Perda dos bens ou valores acrescidos ilicitamente.**

4048) (2015) Banca: CESPE – Órgão: TRE-GO – Prova: Analista Judiciário – Área Judiciária

Acerca de improbidade administrativa e controle da administração pública, julgue item a seguir.

A sanção de perda da função pública decorrente de sentença em ação de improbidade administrativa não tem natureza de sanção administrativa.

A) Certo   B) Errado

4049) (2014) Banca: CESPE – Órgão: Câmara dos Deputados – Prova: Analista Legislativo

Servidor responsável pela gestão dos sistemas de tecnologia da informação da Câmara dos Deputados, em retaliação à aprovação de uma lei que ele considerava prejudicial aos interesses nacionais, resolveu, após o horário de expediente, invadir o órgão e instalar um vírus no sistema de protocolo, o que ocasionou a perda de todas as informações sobre a tramitação dos processos legislativos no último ano.

Considerando essa situação hipotética, julgue o item subsecutivo.

O ato praticado configura improbidade administrativa, ficando o servidor sujeito às seguintes penalidades: ressarcimento integral do dano causado; perda da função pública; suspensão temporária dos direitos políticos; pagamento de multa civil; proibição temporária de contratar com o poder público ou de receber benefícios ou incentivos fiscais ou creditícios.

A) Certo   B) Errado

4050) (2016) Banca: CESPE – Órgão: FUNPRESP-EXE – Prova: Conhecimentos Básicos (+ provas)

Com base no disposto na Lei 8.429/1992 e na Constituição Federal de 1988 (CF), julgue o item a seguir, a respeito da improbidade administrativa.

Entre as sanções para a prática de ato de improbidade administrativa previstas na Lei 8.429/1992 inclui-se a suspensão dos direitos políticos, que não se encontra expressamente prevista na CF.

A) Certo   B) Errado

4051) (2016) Banca: CESPE – Órgão: FUB – Prova: Assistente em Administração

No que diz respeito aos poderes e deveres dos administradores públicos, julgue o item que se segue.

O administrador público que cometer ato de improbidade administrativa poderá ser punido com a suspensão de seus direitos políticos.

A) Certo   B) Errado

4052) (2016) Banca: CESPE – Órgão: PGE-AM – Prova: Procurador do Estado

Por ter realizado contratação direta sem suporte legal, determinado agente público é réu em ação civil pública por improbidade administrativa, sob o argumento de violação ao princípio de obrigatoriedade de licitação, tendo-lhe sido imputado ato de improbidade previsto no art. 11 da Lei de Improbidade Administrativa (violação aos princípios da administração pública).

A respeito dessa situação hipotética, julgue item subsecutivo.

Não poderá ser aplicada a medida cautelar de indisponibilidade dos bens, dada a natureza do ato imputado ao réu — violação dos princípios administrativos.

A) Certo   B) Errado

4053) (2017) Banca: CESPE – Órgão: TRE-BA – Prova: Analista Judiciário – Área Administrativa

De acordo com a Lei 8.429/1992 – Lei de Improbidade Administrativa –, servidor público que, utilizando-se do cargo que ocupa, facilitar o enriquecimento ilícito de terceiros, causando prejuízo ao erário, estará sujeito à pena de

A) proibição do recebimento de qualquer benefício até o total ressarcimento do dano.
B) perda dos valores acrescidos ilicitamente ao patrimônio.
C) suspensão da função pública.
D) suspensão dos direitos políticos até o integral ressarcimento do dano ao erário.
E) pagamento de multa civil, cujo valor deve ser equivalente ao valor do dano causado.

4054) (2016) Banca: ESAF – Órgão: ANAC – Prova: Analista Administrativo – Conhecimentos Básicos – Áreas 1 e 2

Assinale a opção correta.

A) A Lei n. 8.429/92 não estabelece sanções penais pela prática de atos de improbidade.
B) A aplicação das sanções previstas na Lei n. 8.429/92 depende da rejeição das contas pelo órgão de controle interno ou pelo tribunal ou conselho de contas.
C) A aplicação das sanções enumeradas na Lei n. 8.429/92 é de competência exclusiva do Poder Judiciário.
D) O enquadramento da conduta do agente nas categorias de atos de improbidade previstas na Lei n. 8.429/92 exige a demonstração do elemento subjetivo, consubstanciado pelo dolo no caso dos tipos previstos nos arts. 9º, 10 e 11.
E) Admite-se a transação penal nas ações por atos de improbidade administrativa.

4055) (2014) Banca: FCC – Órgão: TRF – 4ª REGIÃO – Prova: Analista Judiciário – Área Judiciária

Mauricio é vizinho de Pedro, servidor público municipal que trabalha na secretaria municipal de obras, especificamente na área de aprovação de projetos. Em razão da amizade que mantém, Mauricio pediu a Pedro que priorizasse a aprovação do projeto de reforma de uma casa que possui no litoral. Em troca, ofereceu a ele um ano de utilização da casa, gratuitamente, o que foi prontamente aceito. Com base nesse contexto

A) Mauricio e Pedro, apenas, podem ser processados por ato de improbidade se for comprovada conduta dolosa e o efetivo prejuízo ao erário.
B) Mauricio e Pedro podem ser processados, apenas, no campo penal, tendo em vista que não houve prejuízo ao erário, afastada a configuração de ato de improbidade administrativa.
C) Pedro pode ser responsabilizado por ato de improbidade e Mauricio, apenas, no campo administrativo.
D) Mauricio pode ser responsabilizado por ato de improbidade e Pedro, apenas, no campo administrativo infracional.
E) Mauricio e Pedro podem ser processados por ato de improbidade, sem prejuízo da responsabilização no campo penal.

4056) (2008) Banca: FCC – Órgão: TCE-AL – Prova: Auditor

Constituem modalidades de sanções previstas na Lei federal 8.429/92 (Lei de Improbidade Administrativa)

A) a suspensão temporária da função pública e a privação da liberdade.
B) a suspensão temporária da função pública e a proibição de contratar com o poder público.
C) a suspensão temporária dos direitos políticos e a perda de bens e valores acrescidos ilicitamente ao patrimônio.
D) a cassação dos direitos políticos e o ressarcimento integral do dano.
E) a cassação dos direitos políticos e a perda da função pública.

4057) (2010) Banca: FCC – Órgão: TCE-RO – Prova: Procurador

As sanções aplicáveis aos atos de improbidade administrativa

A) restringem-se a sanções de natureza pecuniária, como multa, indisponibilidade de bens e perda de bens e valores adquiridos em razão do ato de improbidade.
B) restringem-se a sanções de natureza política: inelegibilidade e perda dos direitos políticos, sem prejuízo da ação civil e penal cabíveis.
C) podem ter natureza civil, administrativa e penal, dependendo da natureza e gravidade do ato, não contemplando, contudo, a perda da função pública, que deve ser objeto de processo administrativo específico.
D) restringem-se a sanções de natureza administrativa e penal, prevendo, inclusive, penas privativas de liberdade, sem prejuízo da ação civil cabível para ressarcimento dos danos causados à Administração.
E) podem impor a suspensão dos direitos políticos, perda da função pública, indisponibilidade dos bens e ressarcimento ao erário, na forma e gradação previstas em lei, sem prejuízo da ação penal cabível.

4058) (2009) Banca: FCC – Órgão: TJ-AP – Prova: Técnico Judiciário – Área Judiciária

NÃO é uma sanção prevista na Lei 8.429/92 em decorrência da prática de ato de improbidade administrativa a

A) multa civil.
B) proibição de contratar com o Poder Público.
C) prisão.
D) ressarcimento integral do dano.
E) suspensão de direitos políticos.

4059) (2017) Banca: FCC – Órgão: TRT – 24ª REGIÃO (MS) – Prova: Técnico Judiciário – Segurança (+ provas)

Considere a seguinte situação hipotética: Roberto é servidor público municipal, responsável pela arrecadação de tributos. Em determinada data, Roberto incorporou ao seu patrimônio, o montante de R$ 100.000,00 proveniente de arrecadação tributária municipal, utilizando posteriormente a citada quantia para a compra de um veículo particular, a ele destinado. Em razão do ocorrido, foi processado por improbidade administrativa. A propósito dos fatos e, nos termos da Lei nº 8.429/1992,

A) o ato ímprobo em questão comporta a medida de indisponibilidade de bens.
B) para configurar o ato ímprobo em questão, exige-se conduta culposa, isto é, não se faz necessário dolo para sua caracterização.
C) as disposições da Lei de Improbidade não se aplicam a Roberto, por ser parte ilegítima para figurar no polo passivo de tal ação.
D) para configurar o ato ímprobo em questão, exige-se dano ao erário.
E) caso Roberto venha a falecer, seu sucessor não estará sujeito a qualquer cominação prevista na Lei de Improbidade.

4060) (2016) Banca: FGV – Órgão: IBGE – Prova: Analista – Processos Administrativos e Disciplinares

Com escopo de preservar o princípio da moralidade administrativa, a Constituição da República de 1988 estabelece que os atos de improbidade administrativa importarão, na forma e gradação previstas em lei:

A) a pena privativa de liberdade, o ressarcimento ao erário e a demissão a bem do serviço público;
B) a pena privativa de liberdade, o sequestro dos bens adquiridos ilicitamente e o ressarcimento ao erário;
C) a suspensão dos direitos políticos, a perda da função pública, a indisponibilidade dos bens e o ressarcimento ao erário;
D) a cassação dos direitos políticos, a perda da função pública, a multa e o ressarcimento ao erário;
E) a suspensão do cadastro nacional de pessoa física e jurídica, a demissão a bem do serviço público e o ressarcimento ao erário.

4061) (2013) Banca: FGV – Órgão: AL-MT – Prova: Técnico Legislativo

No que tange ao ato de improbidade administrativa, a própria Constituição disciplina as sanções aplicáveis.

Com relação a essas sanções, assinale a alternativa que dispõe de modo contrário à previsão constitucional.

A) A suspensão dos direitos políticos é prevista como sanção ao ato de improbidade administrativa.
B) A perda da função pública tem previsão constitucional como sanção ao ato de improbidade.
C) O ressarcimento ao erário deverá ser feito pelo agente do ato de improbidade e não se sujeita a prazo prescricional.
D) A indisponibilidade dos bens poderá ser decretada
E) A perda de direitos políticos é uma das sanções possíveis.

4062) (2015) Banca: FUNDATEC – Órgão: PGE-RS – Prova: Procurador do Estado

A condenação por ato de improbidade administrativa:

A) Importará na suspensão dos direitos políticos, na perda da função pública, na indisponibilidade dos bens e no ressarcimento ao erário, na forma e gradação previstas em lei, sem prejuízo da ação penal cabível, inexistindo foro privilegiado.
B) Dependerá de sentença criminal transitada em julgado, com observância ao foro privilegiado de autoridades e ex-autoridades públicas.
C) Importará na suspensão dos direitos políticos, na perda da função pública, na indisponibilidade dos bens e no ressarcimento ao erário, na forma e gradação previstas em lei, com prejuízo da ação penal cabível, inexistindo foro privilegiado.

D) Dependerá de sentença criminal transitada em julgado, com observância ao foro privilegiado de autoridades públicas em efetivo exercício do cargo.
E) Importará na suspensão dos direitos políticos, na perda da função pública, na indisponibilidade dos bens e no ressarcimento ao erário, na forma e gradação previstas em lei, com prejuízo da ação penal cabível, observando-se o foro privilegiado de autoridades públicas em efetivo exercício do cargo.

4063) (2014) Banca: VUNESP – Órgão: TJ-SP – Prova: Escrevente Técnico Judiciário

As sanções previstas pela Lei de Improbidade Administrativa são:

A) ressarcimento integral do dano; perda da função pública; perda dos direitos políticos; pagamento de multa civil; proibição de contratar com o Poder Público; proibição de receber benefícios ou incentivos fiscais ou creditícios; pena de reclusão de 1 (um) a 6 (seis) anos.
B) pagamento de multa civil e multa penal, nos casos de culpa; proibição de contratar com o Poder Público; proibição de receber benefícios ou incentivos fiscais ou creditícios; perda dos direitos políticos.
C) perda dos direitos políticos; perda de bens e valores acrescidos ilicitamente ao patrimônio; pagamento de multas civil e penal; proibição de contratar com o Poder Público; proibição de receber benefícios ou incentivos fiscais ou creditícios.
D) perda de bens e valores acrescidos ilicitamente ao patrimônio; reclusão de 2 (dois) a 8 (oito) anos; perda dos direitos políticos; ressarcimento integral do dano; proibição de contratar com o Poder Público.
E) perda de bens e valores acrescidos ilicitamente ao patrimônio; ressarcimento integral do dano; perda da função pública; suspensão dos direitos políticos; pagamento de multa civil; proibição de contratar com o Poder Público; proibição de receber benefícios ou incentivos fiscais ou creditícios.

4064) (2014) Banca: VUNESP – Órgão: Fundacentro Prova: Assistente em Ciência e Tecnologia

Assinale a alternativa que contempla corretamente uma sanção, prevista expressamente no texto constitucional, decorrente da improbidade administrativa praticada por servidor público.

A) Suspensão dos direitos políticos.
B) Pena restritiva de direitos
C) Prisão preventiva.
D) Banimento.
E) Jubilação.

4065) (2015) Banca: IADES – Órgão: CRC-MG – Prova: Advogado

Acerca da Administração Pública, em conformidade com a Constituição Federal, assinale a alternativa correta.

A) A administração pública direta e indireta de qualquer dos Poderes da União, dos estados, do Distrito Federal e dos municípios obedecerá, unicamente, aos princípios de legalidade, impessoalidade, moralidade, publicidade e eficiência.
B) Os vencimentos dos cargos do Poder Legislativo e do Poder Judiciário poderão ser superiores aos pagos pelo Poder Executivo.
C) Os acréscimos pecuniários percebidos por servidor público serão computados e acumulados para fins de concessão de acréscimos ulteriores.
D) A publicidade dos atos, programas, obras, serviços e campanhas dos órgãos públicos deverá ter caráter educativo, informativo ou de orientação social, dela podendo constar nomes, símbolos ou imagens que caracterizem promoção pessoal de autoridades ou servidores públicos.
E) Os atos de improbidade administrativa importarão a suspensão dos direitos políticos, a perda da função pública, a indisponibilidade dos bens e o ressarcimento ao erário, na forma e gradação previstas em lei, sem prejuízo da ação penal cabível.

4066) (2015) Banca: FAUEL – Órgão: FMSFI – Prova: Advogado

A Constituição Federal de 1988, em seu artigo 37, §4º, prevê um núcleo mínimo de sanções que poderão ser aplicadas nos casos de constatação de atos de improbidade administrativa, deixando, porém, para a lei definir a forma e gradação da aplicação das referidas sanções. Em razão da eficácia limitada do texto magno, foi publicada a Lei 8.429, em 02 de junho de 1992. Sobre o tema da improbidade administrativa, assinale a alternativa correta:

A) Os atos e sanções descritos na Lei 8.429/92 são direcionados aos agentes públicos, portanto, suas disposições não se aplicam àquele que não for um agente público, mas que induza ou concorra para a prática de um ato de improbidade ou dele se beneficie de modo direto ou indireto.
B) Os legitimados para a propositura de ação judicial para a apuração dos atos de improbidade administrativa são os mesmos da Ação Civil Pública (Lei 7.347/85), podendo propô-la partido político com representação nacional.
C) Os atos de improbidade administrativa que importem em enriquecimento ilícito ou causem danos ao erário permitem, além da cominação de ressarcimento integral do dano, perda dos bens e valores acrescidos ilicitamente ao patrimônio, pagamento de multa civil e proibição de contratar com o Poder Público, a aplicação da pena de perda da função pública e a suspensão dos direitos políticos, aplicadas de acordo com a gravidade do fato.
D) Impede a propositura da ação de improbidade administrativa e, consequentemente, a aplicação das sanções previstas na Lei 8.429/92, a aprovação das contas públicas pelo Tribunal ou Conselho de Contas.

4067) (2009) Banca: MS CONCURSOS – Órgão: TRE-SC – Prova: Técnico Judiciário

A Lei Federal n. 8.429/92 comina sanções aos agentes que praticam atos que importem em improbidade administrativa. Verificamos que tais sanções possuem natureza administrativa, civil ou política. Analise as alternativas abaixo e assinale aquela que apresenta sanções cominadas pelo diploma federal citado, exclusivamente de natureza administrativa.

A) Perda da função pública, ressarcimento ao erário e proibição de contratar com o Poder Público.
B) Ressarcimento ao erário, perda da função pública e proibição de receber do Poder Público benefícios fiscais.

C) Proibição de receber do Poder Público benefícios fiscais, perda dos bens e valores e suspensão dos direitos políticos.

D) Perda da função pública, proibição de contratar com o Poder Público e proibição de receber do Poder Público benefícios creditícios.

4068) (2014) Banca: FUNCAB – Órgão: SEFAZ-BA – Prova: Auditor Fiscal – Administração Tributária

Levando em conta o entendimento predominante sobre a disciplina jurídica da improbidade administrativa, é correto afirmar:

A) Dentro as diversas sanções possíveis, ao responsável pelo ato de improbidade pode ser cominada pena de suspensão dos direitos políticos por determinado período.

B) Não se pode atribuir a prática de ato de improbidade a pessoas jurídicas, tendo em vista a necessidade de se comprovar má-fé por parte do acusado.

C) O limite da condenação pecuniária por ato de improbidade é o valor do acréscimo patrimonial ilicitamente experimentado pelo acusado.

D) A configuração da improbidade administrativa não exige, em nenhuma hipótese, que o acusado tenha agido com dolo.

E) Por sua própria natureza, a configuração da improbidade administrativa pressupõe a ocorrência de dano ao Erário.

4069) (2017) Banca: UFMT – Órgão: UFSBA – Prova: Administrador (+ provas)

Em consonância com a Constituição Federal de 1988, os atos de improbidade administrativa sujeitam o agente às seguintes sanções:

A) Perda dos direitos políticos e da função pública, indisponibilidade dos bens e ressarcimento ao erário.

B) Perda dos direitos políticos e da função pública, ressarcimento ao erário e prisão civil.

C) Perda do cargo público e inabilitação para o exercício de função pública por oito anos, sem prejuízo do ressarcimento ao erário e da ação penal cabível.

D) Suspensão dos direitos políticos, perda da função pública, indisponibilidade dos bens e ressarcimento ao erário.

4070) (2016) Banca: PR-4 UFRJ – Órgão: UFRJ – Prova: Médico – Intensivista Neonatal (+ provas)

Lúcio, servidor público federal da UFRJ, praticou ato de improbidade administrativa. Nos termos da Constituição Federal de 1988, os atos de improbidade administrativa importarão:

A) a perda dos direitos políticos, a perda da função pública e o ressarcimento ao erário, apenas, na forma e gradação previstas em lei, sem prejuízo da ação penal cabível.

B) a perda dos direitos civis, a perda da função pública, a indisponibilidade dos bens e o ressarcimento ao erário, na forma e gradação previstas em lei, sem prejuízo da ação penal cabível.

C) a perda dos direitos políticos, a suspensão da função pública, a indisponibilidade dos bens e o ressarcimento ao erário, na forma e gradação previstas em lei, sem prejuízo da ação penal cabível.

D) a suspensão dos direitos políticos, a perda da função pública, a indisponibilidade dos bens e o ressarcimento ao erário, na forma e gradação previstas em lei, sem prejuízo da ação penal cabível.

E) a perda dos direitos políticos e a perda da função pública, apenas, sem prejuízo da ação penal cabível.

4071) (2013) Banca: IBFC – Órgão: MPE-SP – Prova: Analista de Promotoria I

Segundo a Constituição Federal, os atos de improbidade administrativa importarão nas seguintes sanções, EXCETO:

A) Pena de reclusão.
B) Ressarcimento ao erário.
C) Perda da função pública.
D) Indisponibilidade dos bens.
E) Suspensão dos direitos políticos.

4072) (2011) Banca: TRT 15R – Órgão: TRT – 15ª REGIÃO – Prova: Juiz do Trabalho

A legislação que trata das sanções aplicáveis aos agentes públicos nos casos de improbidade administrativa prevê as seguintes penalidades, exceto:

A) perda da função pública;
B) perda dos direitos políticos;
C) perda de bens acrescidos ilicitamente ao patrimônio;
D) ressarcimento integral do dano, quando houver;
E) proibição temporária de contratar com o poder público.

4073) (2012) Banca: UFES – Órgão: UFES – Prova: Assistente em Administração

A legislação brasileira prevê penas para o servidor que pratica ato de improbidade administrativa. Assinale a alternativa que NÃO menciona uma dessas penas:

A) Devolução do bem furtado pelo servidor público.
B) Perda dos bens ou valores acrescidos ilicitamente ao patrimônio.
C) Ressarcimento integral do dano que tenha sido causado à entidade pública.
D) Proibição de contratar com o Poder Público.
E) Suspensão dos direitos políticos, de cinco a oito anos.

4074) (2010) Banca: MPE-MG – Órgão: MPE-MG – Prova: Promotor de Justiça

São consideradas sanções pela prática de atos de improbidade administrativa, EXCETO,

A) perda dos direitos políticos.
B) ressarcimento integral dos danos causados ao erário.
C) pagamento de multa civil até 3 (três) vezes o valor do acréscimo patrimonial indevidamente auferido pelo agente.
D) proibição de contratar com o Poder Público ou receber benefícios ou incentivos fiscais ou creditícios, ainda que indiretamente, inclusive por intermédio de pessoa jurídica da qual seja o agente sócio majoritário, pelo prazo de 10 (dez) anos. Questão

4075) (2017) Banca: CESPE – Órgão: TCE-PE – Prova: Conhecimentos Básicos – Cargos 1 e 2 (+ provas)

João, aprovado em concurso público para auditor de controle externo no tribunal de contas de seu estado, foi lotado em sua cidade natal. Ao ter ciência desse fato, o prefeito do município, amigo da família de João, resolveu presenteá-lo com um veículo, a fim de facilitar a sua locomoção até o local de trabalho. João aceitou o presente.

Com referência a essa situação hipotética, julgue o item que se segue, à luz do disposto na Lei 8.429/1992.

João cometeu ato de improbidade administrativa que importou enriquecimento ilícito.

A) Certo   B) Errado

4076) (2017) Banca: CESPE – Órgão: TRT – 7ª Região (CE) – Prova: Analista Judiciário – Área Administrativa

Lucas é analista judiciário de determinado tribunal. Seu irmão, Tiago, é um advogado militante político, ativo nesse tribunal. Lucas, sem a observância das formalidades legais, concedeu benefício administrativo a Tiago, caracterizado como ato de improbidade administrativa, levando-o a ter seus direitos políticos suspensos por oito anos.

Considerando essa situação hipotética, assinale a opção correspondente a outra sanção que, de acordo com a Lei de Improbidade Administrativa, também será aplicada a Lucas em razão da falta cometida.

A) proibição de receber benefícios ou incentivos fiscais, pelo prazo de dez anos
B) pagamento de multa civil, de até três vezes o valor do dano causado
C) proibição de contratar com o poder público, pelo prazo de três anos
D) proibição de contratar com o poder público, pelo prazo de cinco anos

4077) (2017) Banca: CESPE – Órgão: TCE-PE – Prova: Analista de Gestão – Administração

Com referência a atos administrativos e improbidade administrativa, julgue o item subsequente.

Na punição aos atos de improbidade administrativa, a penalidade será distinta se o ato implicar enriquecimento ilícito do agente ou se ele apenas causar prejuízo ao erário.

A) Certo   B) Errado

4078) (2017) Banca: CESPE – Órgão: TRT – 7ª Região (CE) – Prova: Analista Judiciário – Contabilidade

Em razão de indevida dispensa de licitação, que gerou prejuízo ao erário decorrente de compra superfaturada, o Ministério Público estadual ajuizou ação de improbidade administrativa contra o prefeito de determinado município do estado.

Nessa situação hipotética, de acordo com a CF, as consequências a que se sujeita o prefeito em decorrência do processo judicial incluem a

A) pena privativa de liberdade, a suspensão dos direitos políticos e o ressarcimento ao erário.
B) suspensão dos direitos políticos, a perda da função pública e o ressarcimento ao erário.
C) perda da função pública, a cassação dos direitos políticos e o ressarcimento ao erário.
D) pena privativa de liberdade, a perda da função pública e o confisco de bens.

4079) (2017) Banca: CESPE – Órgão: TCE-PE – Prova: Conhecimentos Básicos – Cargos 1 e 2 (+ provas)

João, aprovado em concurso público para auditor de controle externo no tribunal de contas de seu estado, foi lotado em sua cidade natal. Ao ter ciência desse fato, o prefeito do município, amigo da família de João, resolveu presenteá-lo com um veículo, a fim de facilitar a sua locomoção até o local de trabalho. João aceitou o presente.

Com referência a essa situação hipotética, julgue o item que se segue, à luz do disposto na Lei 8.429/1992.

Caso seja condenado por improbidade administrativa, João estará sujeito a pagar multa de, no mínimo, quatro vezes o valor do veículo que recebeu de presente.

A) Certo   B) Errado

4080) (2015) Banca: FCC – Órgão: DPE-SP – Prova: Analista de Sistemas (+ provas)

Prefeito de uma cidade que tem a posse de veículo público oficial para se locomover por ocasião de sua função, passou a utilizar o veículo para fins particulares. Diante disso, com base na Lei de Improbidade Administrativa (Lei 8.429/1992), o referido Prefeito

A) cometeu ato de improbidade administrativa estando sujeito a proibição de contratar com o Poder Público, ainda que por intermédio de pessoa jurídica da qual seja sócio majoritário, pelo prazo de cinco anos.
B) cometeu ato de improbidade administrativa estando sujeito a suspensão dos direitos políticos de três a cinco anos.
C) não cometeu ato de improbidade administrativa, uma vez que esta conduta é permitida aos agentes públicos.
D) cometeu ato de improbidade administrativa estando sujeito a suspensão dos direitos políticos de cinco a oito anos.
E) cometeu ato de improbidade administrativa estando sujeito a proibição de contratar com o Poder Público, ainda que por intermédio de pessoa jurídica da qual seja sócio majoritário, pelo prazo de dez anos.

4081) (2016) Banca: FCC – Órgão: Prefeitura de Teresina – PI – Prova: Técnico de Nível Superior – Analista em Gestão Pública

Manuel, Diretor de uma autarquia municipal, recebeu vultosa quantia pecuniária para facilitar o fornecimento de serviço por ente estatal por preço inferior ao valor de mercado. Em razão do ocorrido, o Ministério Público Estadual ingressou com ação de improbidade administrativa contra o citado agente público. Nos termos da Lei no 8.429/1992, o ato de improbidade administrativa em questão

A) tem, como uma de suas sanções, a suspensão dos direitos políticos de oito a dez anos.
B) não comporta a medida de indisponibilidade de bens.
C) não exige a presença do elemento subjetivo dolo para sua configuração.
D) tem, como uma de suas sanções, o pagamento de multa civil de até cinco vezes o valor do acréscimo patrimonial.
E) não transfere qualquer sanção ao sucessor, na hipótese de falecimento do agente público.

4082) (2015) Banca: FCC – Órgão: DPE-SP – Prova: Oficial de Defensoria Pública

Karla, funcionária pública responsável pela supervisão do uso dos veículos e máquinas, permite que o funcionário Gerson se utilize do caminhão da Prefeitura para remover entulhos durante a reforma que Gerson faz em sua propriedade. É correto afirmar que

A) Karla e Gerson cometeram ato de improbidade administrativa que causa enriquecimento ilícito e poderão perder os bens ou valores acrescidos ilicitamente ao patrimônio, bem como perder a função pública e ter a suspensão de seus direitos políticos entre oito e dez anos.
B) Karla cometeu ato de improbidade administrativa que causa prejuízo ao erário e terá que ressarcir eventual dano, bem como poderá vir a perder a função pública e ter a suspensão de seus direitos políticos entre cinco e oito anos.
C) Karla não cometeu ato de improbidade administrativa, já que não conduziu o veículo para a remoção de entulho, mas Gerson sim.
D) Gerson cometeu ato de improbidade administrativa que atenta contra os princípios da administração pública e terá que ressarcir eventual dano, bem como poderá vir a perder a função pública e ter suspenso os seus direitos políticos entre cinco e oito anos.
E) Karla e Gerson cometeram ato de improbidade administrativa que causa prejuízo ao erário e deverão ressarcir eventual dano, podendo perder as funções públicas e ter suspensão de seus direitos políticos entre cinco e oito anos.

4083) (2015) Banca: FCC – Órgão: MPE-PB – Prova: Técnico Ministerial – Sem Especialidade

Christian, Técnico do Ministério Público do Estado da Paraíba, agiu negligentemente no que diz respeito à conservação do patrimônio público, causando prejuízo ao erário. Portanto, estará sujeito, dentre outras sanções previstas na Lei no 8.429/1992, à

A) multa civil de até 100 vezes o valor da remuneração recebida pelo servidor.
B) proibição de receber benefícios fiscais pelo prazo de 10 anos.
C) multa civil de até 3 vezes o valor do dano.
D) proibição de contratar com o Poder Público pelo prazo de 8 anos.
E) suspensão dos direitos políticos de 5 a 8 anos.

4084) (2015) Banca: FCC – Órgão: TRT – 3ª Região (MG) – Prova: Analista Judiciário – Área Administrativa

Moisés, agente público encarregado da guarda do patrimônio de museu público, não tomou as medidas necessárias para garantir a inviolabilidade do local, acarretando a invasão do museu e o furto de valiosa obra de arte. A conduta negligente de Moisés

A) não caracteriza ato de improbidade administrativa.
B) caracteriza ato ímprobo, que pode ensejar, dentre outras sanções, a suspensão dos direitos políticos de cinco a oito anos.
C) caracteriza ato ímprobo, que pode ensejar, dentre outras sanções, a suspensão dos direitos políticos de oito a dez anos.
D) caracteriza ato ímprobo, que pode ensejar, dentre outras sanções, a proibição de contratar com o Poder Público pelo prazo de dez anos.
E) caracteriza ato ímprobo, que pode ensejar, dentre outras sanções, a proibição de contratar com o Poder Público pelo prazo de três anos.

4085) (2017) Banca: FCC – Órgão: TRT – 24ª REGIÃO (MS) – Prova: Analista Judiciário – Área Judiciária

Wagner é Analista Judiciário de determinado Tribunal Regional do Trabalho, sendo uma de suas atribuições inserir e atualizar informações processuais em base de dados. Ocorre que um dos processos sob sua responsabilidade para proceder a respectiva atualização processual pertence a um desafeto seu, razão pela qual retardou, indevidamente, a prática do ato de ofício. Nos termos da Lei n° 8.429/1992, caso preenchidos os demais requisitos legais para a configuração do ato ímprobo, Wagner estará sujeito, dentre outras, à cominação de

A) proibição de contratar com o Poder Público pelo prazo máximo de 5 anos.
B) suspensão dos direitos políticos de 8 a 10 anos.
C) multa civil de até duzentas vezes o valor da remuneração percebida por Wagner.
D) proibição de contratar com o Poder Público pelo prazo máximo de 3 anos.
E) suspensão dos direitos políticos de 5 a 8 anos.

4086) (2015) Banca: FCC – Órgão: TCE-SP – Prova: Auxiliar da Fiscalização Financeira II

Pedro, servidor público estadual, revelou fato de que teve ciência em razão das suas atribuições e que devia permanecer em segredo. Em razão disso, foi processado e condenado por improbidade administrativa. Nos termos da Lei nº 8.429/92, uma das sanções a que Pedro está sujeito corresponde à

A) perda da função pública que, nesse caso, é transitória e ocorrerá pelo prazo máximo de dez anos.
B) multa civil de até duzentas vezes o valor de sua remuneração.
C) suspensão dos direitos políticos de cinco a oito anos.
D) proibição de receber benefícios ou incentivos fiscais ou creditícios, direta ou indiretamente, pelo prazo de três anos.
E) proibição de contratar com o Poder Público pelo prazo de cinco anos.

4087) (2016) Banca: MÁXIMA – Órgão: Prefeitura de Fronteira – MG – Prova: Advogado

A respeito da improbidade administrativa analise as alternativas e assinale a CORRETA:

A) Não poderá ser considerado sujeito ativo do ato de improbidade administrativa terceiro, mesmo que induza ou concorra para a prática do ato de improbidade ou dele se beneficie.
B) A suspensão dos direitos políticos, a perda da função pública e a indisponibilidade dos bens são as únicas sanções possíveis de serem aplicadas no cometimento de improbidade administrativa.
C) Reputa-se como agente público, para os efeitos da Lei de improbidade, somente o servidor público aprovado em concurso.
D) Após constatação da prática de ato de improbidade que importe em enriquecimento ilícito o sujeito ativo poderá ser proibido de celebrar contrato com o Poder Público ou de receber benefícios ou incentivos fiscais ou creditícios, direta

ou indiretamente, ainda que por intermédio de pessoa jurídica da qual seja sócio majoritário, pelo prazo de 10 anos.

4088) (2017) Banca: PUC-PR – Órgão: TJ-MS – Prova: Analista Judiciário – Área Fim

Sobre os atos de improbidade praticados por agentes públicos e sanções aplicáveis, conforme dispõe a Lei Federal 8.429/92, marque a alternativa CORRETA.

A) Pelas disposições da lei indicada no enunciado, não estão previstos atos de improbidade administrativa decorrentes de concessão ou aplicação indevida de benefícios financeiros ou tributários, uma vez que tais atos constituem infrações autônomas, previstas em legislações específicas.

B) Independentemente das sanções penais, civis e administrativas previstas na legislação específica, está o responsável pelo ato de improbidade sujeito a outras cominações legais, que podem ser aplicadas isolada ou cumulativamente.

C) Quando o ato de improbidade causar lesão ao patrimônio público ou ensejar enriquecimento ilícito, a autoridade administrativa, responsável pelo inquérito, deverá decretar diretamente a indisponibilidade dos bens do indiciado.

D) No caso de enriquecimento ilícito, poderá o agente público ou o terceiro beneficiário perder seus respectivos bens, entretanto é vedado, por expressa disposição legal, perder os valores acrescidos ao seu patrimônio.

E) Se um agente público pratica um ato de improbidade administrativa, consistente em um enriquecimento ilícito e esse agente é condenado definitivamente pela justiça, os seus sucessores não estão sujeitos às cominações da lei referida no enunciado, diante da aplicação do princípio da pessoalidade.

4089) (2017) Banca: VUNESP – Órgão: IPRESB – SP – Prova: Agente Previdenciário

Considere a seguinte situação hipotética: servidor do Instituto de Previdência Social dos Servidores de Barueri utiliza a máquina copiadora e papel sulfite, existentes na repartição, para tirar cópias de material que empregará em aulas voluntárias sobre cidadania, que ministra, gratuitamente, aos sábados, fora do horário do expediente. A conduta do servidor, à luz da Lei Federal n° 8.429/92,

A) constitui ato de improbidade administrativa que importa enriquecimento ilícito.

B) constitui ato de improbidade administrativa que causa prejuízo ao erário.

C) constitui ato de improbidade administrativa que atenta contra os princípios da Administração Pública.

D) constitui ato de improbidade administrativa decorrente de concessão ou aplicação indevida de benefício financeiro ou tributário.

E) não constitui ato de improbidade, pois o uso não era em proveito próprio, mas sim de quaisquer cidadãos que frequentem o curso.

4090) (2015) Banca: BIO-RIO – Órgão: IF-RJ – Prova: Tecnólogo – Gestão de Recursos Humanos

Constitui ato de improbidade administrativa que causa lesão ao erário qualquer ação ou omissão, dolosa ou culposa, que enseje perda patrimonial, desvio, apropriação, malbaratamento ou dilapidação dos bens ou haveres de órgãos públicos. Independentemente das sanções penais, civis e administrativas previstas na legislação específica, está o responsável pelo ato de improbidade sujeito ressarcimento integral do dano, perda dos bens ou valores acrescidos ilicitamente ao patrimônio, se concorrer esta circunstância, e:

A) perda da função pública por vinte e quatro meses, suspensão dos direitos políticos de cinco a dez anos, pagamento de multa civil de até três vezes o valor do dano.

B) suspensão da função pública por doze meses, suspensão dos direitos políticos de cinco a dez anos, pagamento de multa civil de até três vezes o valor do dano e proibição de contratar com o Poder Público.

C) perda da função pública, suspensão dos direitos políticos de cinco a oito anos, pagamento de multa civil de até duas vezes o valor do dano e proibição de contratar com o Poder Público ou receber benefícios ou incentivos fiscais ou creditícios, direta ou indiretamente, ainda que por intermédio de pessoa jurídica da qual seja sócio majoritário, pelo prazo de cinco anos.

D) perda da função pública, suspensão dos direitos políticos de dois a quatro anos, pagamento de multa civil de até três vezes o valor do dano e proibição de contratar com o Poder Público ou receber benefícios ou incentivos fiscais ou creditícios, direta ou indiretamente, ainda que por intermédio de pessoa jurídica da qual seja sócio majoritário, pelo prazo de quatro anos.

E) suspensão da função pública por seis meses, suspensão dos direitos políticos de dois a quatro anos, pagamento de multa civil de até três vezes o valor do dano e proibição de contratar com o Poder Público ou receber benefícios ou incentivos fiscais ou creditícios, direta ou indiretamente, ainda que por intermédio de pessoa jurídica da qual seja sócio majoritário, pelo prazo de seis anos.

4091) (2015) Banca: FUNDATEC – Órgão: SISPREM – RS – Prova: Procurador Jurídico

Em relação à prática do ato de improbidade, de "ordenar ou permitir a realização de despesas não autorizadas em lei ou regulamento", realizado por agente público, assinale a alternativa correta.

A) Além do ressarcimento integral do dano e a perda da função, pode levar à suspensão dos direitos políticos de cinco a oito anos.

B) É considerado ato de improbidade que causa enriquecimento ilícito.

C) Além do ressarcimento integral do dano e a suspensão dos direitos políticos de oito a dez anos, pode levar ao pagamento de multa civil de até três vezes o valor do dano.

D) Em razão da peculiaridade do ato, os valores acrescidos ilicitamente ao patrimônio do agente não se estendem aos sucessores até o limite da herança.

E) Caso as contas desse agente público tenham sido aprovadas pelo Tribunal de Contas e pelo órgão de controle interno, o ajuizamento da ação de improbidade e a aplicação das respectivas sanções ficam prejudicas.

4092) (2014) Banca: CS-UFG – Órgão: Prefeitura de Goianésia – GO – Prova: Procurador do Município

Independentemente das sanções penais, civis e administrativas previstas na legislação específica, está o responsável por frustrar a licitude de processo licitatório ou dispensá-lo indevidamente sujeito às seguintes cominações, que podem ser aplicadas isolada ou cumulativamente, de acordo com a gravidade do fato:

A) perda dos bens ou valores acrescidos ilicitamente ao patrimônio, ressarcimento integral do dano, quando houver, perda da função pública, suspensão dos direitos políticos de oito a dez anos, pagamento de multa civil de até três vezes o valor do acréscimo patrimonial e proibição de contratar com o Poder Público ou receber benefícios ou incentivos fiscais ou creditícios, direta ou indiretamente, ainda que por intermédio de pessoa jurídica da qual seja sócio majoritário, pelo prazo de dez anos.

B) perda dos bens ou valores acrescidos ilicitamente ao patrimônio, ressarcimento integral do dano, quando houver, perda da função pública, suspensão dos direitos políticos de sete a nove anos, pagamento de multa civil de até quatro vezes o valor do acréscimo patrimonial e proibição de contratar com o Poder Público ou receber benefícios ou incentivos fiscais ou creditícios, direta ou indiretamente, ainda que por intermédio de pessoa jurídica da qual seja sócio majoritário, pelo prazo de oito anos.

C) ressarcimento integral do dano, perda dos bens ou valores acrescidos ilicitamente ao patrimônio, se concorrer esta circunstância, perda da função pública, suspensão dos direitos políticos de cinco a oito anos, pagamento de multa civil de até duas vezes o valor do dano e proibição de contratar com o Poder Público ou receber benefícios ou incentivos fiscais ou creditícios, direta ou indiretamente, ainda que por intermédio de pessoa jurídica da qual seja sócio majoritário, pelo prazo de cinco anos.

D) ressarcimento integral do dano, se houver, perda da função pública, suspensão dos direitos políticos de três a cinco anos, pagamento de multa civil de até cem vezes o valor da remuneração percebida pelo agente e proibição de contratar com o Poder Público ou receber benefícios ou incentivos fiscais ou creditícios, direta ou indiretamente, ainda que por intermédio de pessoa jurídica da qual seja sócio majoritário, pelo prazo de três anos.

4093) (2015) Banca: CS-UFG – Órgão: AL-GO – Prova: Procurador

No tocante às sanções aplicáveis aos atos de improbidade administrativa, nos termos da Lei n. 8.429/1992, independentemente das sanções penais, civis e administrativas previstas na legislação específica, está o responsável pelo ato sujeito às seguintes cominações, dentre outras, que podem ser aplicadas, isolada ou cumulativamente, nos atos de improbidade administrativa que

A) importam enriquecimento ilícito, perda dos bens ou valores acrescidos ilicitamente ao patrimônio, ressarcimento integral do dano, quando houver, perda da função pública, pagamento de multa civil de até cinco vezes o valor do acréscimo patrimonial.

B) causam prejuízo ao erário, proibição de contratar com o Poder Público ou receber benefícios ou incentivos fiscais ou creditícios, direta ou indiretamente, ainda que por intermédio de pessoa jurídica da qual seja sócio majoritário, pelo prazo de dez anos.

C) atentam contra os princípios da Administração Pública, ressarcimento integral do dano, se houver, perda da função pública, pagamento de multa civil de até cem vezes o valor da remuneração percebida pelo agente.

D) causam prejuízo ao erário, ressarcimento integral do dano, perda dos bens ou valores acrescidos ilicitamente ao patrimônio, se concorrer esta circunstância, perda da função pública, pagamento de multa civil de até cinco vezes o valor do dano.

Importante salientar que a decretação de indisponibilidade de bens não tem caráter sancionatório, ou seja, tecnicamente, não é uma penalidade. Com efeito, trata-se de medida cautelar com o escopo de assegurar eventual execução de sentença condenatória.

Conforme entendimento do STJ, para a decretação da medida cautelar de indisponibilidade de bens, em caso de atos de improbidade que geram prejuízos ao erário, o periculum in mora é presumido, isso porque "o periculum in mora não é oriundo da intenção do agente dilapidar seu patrimônio, e sim da gravidade dos fatos e do montante do prejuízo causado ao erário, o que atinge toda a coletividade".

4094) (2015) Banca: CESPE – Órgão: Telebras – Prova: Engenheiro

Julgue o item que se segue acerca de improbidade administrativa. A indisponibilidade de bens do agente indiciado por improbidade administrativa tem natureza preventiva e, por isso, não se configura como sanção.

A) Certo B) Errado

4095) (2015) Banca: CESPE – Órgão: Telebras – Prova: Engenheiro

Julgue o item que se segue acerca de improbidade administrativa. A indisponibilidade de bens do agente indiciado por improbidade administrativa tem natureza preventiva e, por isso, não se configura como sanção.

A) Certo B) Errado

4096) (2012) Banca: CESPE – Órgão: Banco da Amazônia – Prova: Técnico Científico – Direito

De acordo com a jurisprudência do STJ, estando presente o fumus boni iuris, no que concerne à configuração do ato de improbidade e à sua autoria, dispensa-se, para que seja decretada a indisponibilidade de bens, a demonstração do risco de dano.

A) Certo B) Errado

4097) (2016) Banca: CESPE – Órgão: TCE-SC – Prova: Auditor de Controle Externo – Direito

A respeito do mandado de segurança, da ação popular e da ação de improbidade administrativa, julgue o item subsequente.

Em se tratando de ação de improbidade administrativa, sendo imputada ao réu conduta lesiva ao erário, configura-se o periculum in mora, requisito para a concessão de medida cautelar de indisponibilidade patrimonial.

A) Certo B) Errado

4098) (2017) Banca: CESPE – Órgão: PJC-MT – Prova: Delegado de Polícia Substituto

De acordo com o entendimento do STJ, no curso da ação de improbidade administrativa, a decretação da indisponibilidade de bens do réu dependerá da

A) constatação da inexistência de meios de prestação de caução.
B) presença de fortes indícios da prática do ato imputado.
C) prova de dilapidação do patrimônio.
D) presença do periculum in mora concreto
E) prova da impossibilidade de recuperação do patrimônio público.

4099) (2010) Banca: FCC – Órgão: TRE-RS – Prova: Técnico Judiciário – Área Administrativa

Dentre as penas previstas na Lei no 8.429/92 para o administrador público que pratica ato de improbidade administrativa NÃO se inclui a

A) suspensão dos direitos políticos.
B) perda dos bens acrescidos ilicitamente ao patrimônio.
C) proibição de contratar com o Poder Público.
D) pagamento de multa civil.
E) indisponibilidade dos bens.

4100) (2011) Banca: PGR – Órgão: PGR – Prova: Procurador da República

ASSINALE A ALTERNATIVA CORRETA:

A) os atos de improbidade administrativa sujeitam o infrator apenas às sanções decorrentes do processo criminal quando houver coincidência entre o tipo penal e o tipo descrito na Lei 8.429/92 (Lei de improbidade), sob pena de configuração de bis in idem;
B) ante a natureza e a gravidade das sanções previstas em lei, os atos de improbidade só são puníveis a título de dolo, inexistindo possibilidade de responsabilização com base em culpa em sentido estrito;
C) a sanção de suspensão de direitos políticos prevista na Lei 8.429/92 é incompatível com a Constituição da República, uma vez que esta não admite a "morte cívica" do cidadão;
D) a medida de indisponibilidade de bens prevista na Lei de improbidade possui natureza cautelar, tendo por escopo assegurar a reparação do dano ao erário.

4101) (2012) Banca: FUNCAB – Órgão: PC-RJ – Prova: Delegado de Polícia

Levando em conta a jurisprudência atualmente predominante do Superior Tribunal de Justiça sobre a improbidade administrativa, é correto afirmar:

A) Em nenhuma hipótese, a configuração da improbidade administrativa exige a ocorrência de dolo por parte do acusado.
B) Às pessoas jurídicas não se pode atribuir a prática de ato de improbidade, ante à necessidade de se comprovar a suposta má-fé do acusado.
C) É imprescindível a presença, no polo passivo da ação de improbidade, dos sócios da pessoa jurídica beneficiada ilicitamente.
D) A decretação cautelar da indisponibilidade dos bens não exige prévia demonstração de risco de dano irreparável, uma vez que o periculum in mora, nas ações de improbidade, é presumido.
E) A configuração da improbidade administrativa pressupõe a ocorrência de dano ao Erário.

4102) (2016) Banca: MPE-PR – Órgão: MPE-PR – Prova: Promotor Substituto

Assinale a alternativa correta:

A) Praticado ou não o ato de improbidade administrativa por agente público, o extraneus estará sujeito, no que couber, às sanções previstas na Lei n. 8.429/1992;
B) Também as pessoas jurídicas poderão figurar como terceiros na prática de improbidade administrativa, estando sujeitas à aplicação das seguintes sanções: perda de valores acrescidos ilicitamente ao seu patrimônio, multa civil, suspensão dos direitos políticos, proibição de contratar com o poder público ou receber benefícios ou incentivos fiscais ou creditícios, direta ou indiretamente, ainda que por intermédio de pessoa jurídica da qual seja sócia majoritária, bem assim à reparação do dano, desde que presentes os requisitos necessários;
C) O sucessor daquele que causar lesão ao patrimônio público ou se enriquecer ilicitamente está sujeito às sanções previstas na Lei n. 8.429/1992, tais como perda de valores acrescidos ilicitamente ao patrimônio do ímprobo, multa civil e suspensão dos direitos políticos;
D) A Lei n. 8.429/1992, quando tipifica atos de improbidade lesivos ao erário (art. 10), admite sua prática, expressamente, por dolo ou culpa leve e grave;
E) Conforme jurisprudência consolidada do Superior Tribunal de Justiça, para a decretação da medida cautelar de indisponibilidade dos bens do réu em ação de improbidade administrativa, o periculum in mora é presumido, não se condicionando à comprovação de dilapidação efetiva ou iminente do patrimônio.

4103) (2017) Banca: PUC-PR – Órgão: TJ-MS – Prova: Analista Judiciário – Área Meio

A Lei nº 8.429/1992 dispõe sobre as sanções derivadas de atos de improbidade administrativa. Nos termos da referida legislação, assinale a alternativa que indica todas as espécies de atos de improbidade nela previstos.

A) Atos de improbidade administrativa que importam enriquecimento ilícito, atos de improbidade administrativa que causam prejuízo ao Erário e atos de improbidade administrativa que atentem contra os princípios da Administração Pública.
B) Atos de improbidade administrativa que atentem contra direitos sociais, atos de improbidade administrativa que violem prerrogativas dos agentes públicos e atos de improbidade administrativa que atentem contra os princípios da Administração Pública.
C) Atos de improbidade administrativa que importam enriquecimento ilícito, atos de improbidade administrativa que violem prerrogativas dos agentes públicos e atos de improbidade administrativa que atentem contra os princípios da Administração Pública.
D) Atos de improbidade administrativa que firam a dignidade da pessoa humana, atos de improbidade administrativa que violem prerrogativas dos agentes públicos e atos de impro-

bidade administrativa que atentem contra os princípios da Administração Pública.

E) Atos de improbidade administrativa que firam a dignidade da pessoa humana, atos de improbidade administrativa que atentem contra direitos sociais e atos de improbidade administrativa que atentem contra os princípios da Administração Pública.

Quanto à penalidade de ressarcimento ao erário, ressaltamos que será aplicada sempre que houver comprovada lesão ao patrimônio público, seja essa lesão decorrente de ação ou omissão **dolosa ou culposa**.

Ademais, destaca-se que **as penalidades cominadas na Lei são aplicáveis independentemente de outras sanções**. Portanto, além das penalidades estabelecidas na Lei 8.429/1992 o agente poderá responder na esfera penal pela mesma conduta. Desse modo, **comprovada a prática do ilícito**, o agente poderá ser responsabilizado pelo mesmo ato nas três esferas: civil, administrativa e penal.

4104) (2008) Banca: CESPE – Órgão: MPE-RR – Prova: Promotor de Justiça

Com base na Lei 8.429/1992 – Lei de Improbidade Administrativa -, julgue o item seguinte.

Ocorrendo lesão ao patrimônio público por ação ou omissão, dolosa ou culposa, do agente ou de terceiro, dar-se-á o integral ressarcimento do dano.

A) Certo   B) Errado

4105) (2016) Banca: CESPE – Órgão: FUB – Prova: Assistente em Administração

No que diz respeito aos poderes e deveres dos administradores públicos, julgue o item que se segue.

Atos de improbidade administrativa ferem o dever de probidade dos administradores públicos e sujeitam esses administradores a punições nas esferas administrativa e penal.

A) Certo   B) Errado

4106) (2013) Banca: FCC – Órgão: MPE-MA – Prova: Técnico Ministerial – Execução de Mandados

Nos termos da Lei 8.429/92, ocorrendo lesão ao patrimônio público, dar-se-á o integral ressarcimento do dano. A lesão a que se refere o enunciado pressupõe

A) ação ou omissão, apenas dolosa, do agente ou de terceiro.
B) ato apenas comissivo e doloso, do agente ou de terceiro.
C) ação ou omissão, apenas dolosa, do agente.
D) ação ou omissão, dolosa ou culposa, do agente ou de terceiro.
E) ato apenas comissivo, doloso ou culposo, do agente ou de terceiro.

4107) (2012) Banca: FCC – Órgão: TRE-CE – Prova: Técnico Judiciário – Área Administrativa

Nos termos da Lei 8.429/1992, dar-se-á o integral ressarcimento do dano ao erário, se houver lesão ao patrimônio público por conduta

A) comissiva ou omissiva, exclusivamente dolosa, praticada por agente público ou terceiro.
B) exclusivamente omissiva e dolosa, praticada tão somente por agente público.
C) exclusivamente comissiva e culposa, praticada por agente público ou terceiro.
D) comissiva ou omissiva, dolosa ou culposa, praticada por agente público ou terceiro.
E) exclusivamente comissiva, dolosa ou culposa, praticada tão somente por agente público.

4108) (2006) Banca: FCC – Órgão: BACEN – Prova: Procurador

Caso um ato praticado por agente público configure, ao mesmo tempo, ilícito penal, civil, administrativo e ainda ato de improbidade administrativa, o agente poderá, em tese, sofrer

A) penalidades em todas essas quatro esferas.
B) apenas a penalidade criminal, que absorve todas as demais.
C) as penalidades criminal, civil e apenas uma dentre a administrativa e a por improbidade administrativa.
D) apenas as penalidades criminal e por improbidade administrativa, que absorvem as demais.
E) a penalidade criminal e apenas uma dentre a civil, a administrativa e a por improbidade administrativa.

4109) (2007) Banca: FCC – Órgão: Prefeitura de São Paulo – SP – Prova: Auditor Fiscal do Município

A aplicação de uma sanção por ato de improbidade administrativa

A) resta prejudicada somente ante a aplicação de sanção penal pelo mesmo ato.
B) resta prejudicada somente ante a aplicação de sanção civil pelo mesmo ato.
C) resta prejudicada somente ante a aplicação de sanção administrativa pelo mesmo ato.
D) resta prejudicada ante a aplicação de sanção penal, civil, ou administrativa pelo mesmo ato.
E) aplica-se independentemente das sanções penais, civis e administrativas pelo mesmo ato.

No que tange a responsabilização em esferas distintas destaca-se:

1. **A regra geral é pela independência das instâncias;**

2. A decisão tomada na esfera penal irá interferir nas demais esferas da seguinte forma:

a) A condenação penal acarretará obrigatoriamente a responsabilização nas demais esferas, **caso o fato também se configure ilícito civil ou administrativo;**

b) A absolvição na esfera penal, em razão da **inexistência do fato ou negativa da autoria**, enseja a absolvição nas outras instâncias.

Conforme entendimento do STJ, "não deve ser paralisado o curso de processo administrativo disciplinar **apenas em função de ajuizamento de ação penal** destinada a apurar criminalmente os mesmos fatos investigados administrativamente."(STJ, MS 18.090-DF, Rel. Min. Humberto Martins, julgado em 8/5/2013).

Por fim, destacamos que o sucessor daquele que causar lesão ao patrimônio público ou se enriquecer ilicitamente será responsável pela reparação do dano decorrente da prática de improbidade até o limite do valor da herança.

4110) (2008/CESPE – CESPE – SECAD/TO) Julgue os seguintes itens, a respeito dos direitos e obrigações do servidor público previstos no Regime Jurídico Único.

O servidor público, conforme a natureza da infração que cometer no exercício do cargo, pode responder perante a administração pública e(ou) perante o Poder Judiciário.

A) Certo B) Errado

4111) (2017) Banca: CESPE – Órgão: Prefeitura de Fortaleza – CE – Prova: Procurador do Município

Um servidor da Procuradoria-Geral do Município de Fortaleza, ocupante exclusivamente de cargo em comissão, foi preso em flagrante, em operação da Polícia Federal, por fraudar licitação para favorecer determinada empresa.

Com referência a essa situação hipotética, julgue o item subsequente tendo como fundamento o controle da administração pública e as disposições da Lei de Improbidade Administrativa e da Lei Municipal 6.794/1990, que dispõe sobre o Estatuto dos Servidores do Município de Fortaleza.

Nesse caso, a sentença criminal absolutória transitada em julgado que negar a autoria vinculará, necessariamente, a esfera administrativa.

A) Certo B) Errado

4112) (2015) Banca: CESPE – Órgão: Telebras – Prova: Conhecimentos Básicos para o Cargo 3 (+ provas)

Julgue o próximo item acerca dos princípios administrativos e da responsabilidade dos agentes públicos.

A absolvição de servidor público na esfera administrativa por negativa de autoria de fato que configure simultaneamente falta disciplinar e crime repercute na esfera criminal para afastar a possibilidade de condenação.

A) Certo B) Errado

4113) (2008) Banca: CESPE – Órgão: TJ-SE – Prova: Juiz

A absolvição criminal só afastará a persecução no âmbito da administração no caso de

A) ficar provada na ação penal a inexistência do fato ou a negativa de autoria.
B) insuficiência de provas para demonstração da participação do servidor no ilícito.
C) ocorrer prescrição da pretensão punitiva.
D) ocorrer prescrição da pretensão executória.
E) o Ministério Público propor a suspensão do processo no rito do juizado especial criminal.

4114) (2013) Banca: CESPE – Órgão: DPF – Prova: Delegado

Um servidor público federal dispensou licitação fora das hipóteses previstas em lei, o que motivou o MP a ajuizar ação de improbidade administrativa, imputando ao servidor a conduta prevista no art. 10, inc. VIII, da Lei 8.429/1993, segundo o qual constitui ato de improbidade administrativa qualquer ação ou omissão, dolosa ou culposa, que enseje perda patrimonial, desvio, apropriação, malbaratamento ou dilapidação dos bens públicos, notadamente o ato que frustrar a licitude de processo licitatório ou dispensá-lo indevidamente.

Com base nessa situação hipotética, julgue o item que se segue.

Caso o MP também ajuíze ação penal contra o servidor, pelo mesmo fato, a ação de improbidade ficará sobrestada até a prolação da sentença penal a fim de se evitar bis in idem.

A) Certo B) Errado

4115) (2008) Banca: CESPE – Órgão: MPE-RR – Prova: Promotor de Justiça

O sucessor daquele que causar lesão ao patrimônio público ou se enriquecer ilicitamente estará sujeito às cominações da referida lei até o limite do valor da herança

A) Certo B) Errado

4116) (2016) Banca: CESPE – Órgão: FUB – Prova: Conhecimentos Básicos – Somente para os cargos 10 e 13 (+ provas)

A respeito de atos de improbidade administrativa, julgue o item que se segue de acordo com o disposto na Lei de Improbidade Administrativa.

O herdeiro do agente que causar lesão ao patrimônio público não estará sujeito às cominações da referida lei, isto é, a responsabilização encerra-se com o falecimento do acusado.

A) Certo B) Errado

4117) (2014) Banca: CESPE – Órgão: TC-DF – Prova: Auditor de Controle Externo

Com relação a contratos, união estável e improbidade administrativa, julgue o item subsequente.

O herdeiro de deputado distrital que tenha, no exercício do mandato, ocasionado lesão ao patrimônio público e enriquecido ilicitamente está sujeito às cominações da Lei de Improbidade Administrativa, mas somente até o limite do valor da herança recebida.

A) Certo B) Errado

4118) (2015) Banca: CESPE – Órgão: STJ – Prova: Analista Judiciário – Administrativa

Acerca do processo administrativo e da improbidade administrativa, julgue o item que se segue.

Os sucessores da pessoa que causar lesão ao patrimônio público ou enriquecer-se ilicitamente poderão sofrer as consequências das sanções patrimoniais previstas na Lei de Improbidade Administrativa até o limite do valor da herança.

A) Certo B) Errado

4119) (2004/ESAF – IRB/Analista)

No campo da responsabilidade civil, penal e administrativa, as sanções aplicadas ao servidor público, pelo exercício irregular de suas funções, segundo a Lei 8.112/90,

A) a administrativa sobrepõe-se à penal.
B) a administrativa sobrepõe-se à civil.
C) a civil sobrepõe-se à administrativa e à penal.
D) são interdependentes entre si.
E) são independentes entre si.

4120) (2006) Banca: FCC – Órgão: PGE-RR – Prova: Procurador do Estado

A prática de ato de improbidade administrativa pode gerar

A) o dever de ressarcimento ao Poder Público pelos prejuízos causados, desde que não tenha sido cometido ilícito penal, pois este, pela gravidade, absorve o ilícito civil.

B) a suspensão dos direitos políticos e indisponibilidade dos bens, garantindo ao titular do mandato eletivo em curso que o conclua, somente após o quê poderá ser iniciado o processo para apuração das infrações.

C) a responsabilidade civil do titular de mandato eletivo pelos atos praticados por seus subordinados, na esteira da responsabilidade do empregador por ato de seus empregados.

D) sanção independente nas instâncias administrativa, civil e criminal, sem prejuízo da sanção específica pela prática do ato.

E) o dever de ressarcir o erário pelos danos cometidos, desde que não se trate de servidor público, este que somente poderá ser processado por ilícito penal e administrativo.

4121) (2009) Banca: FCC – Órgão: TRT – 3ª Região (MG) – Prova: Técnico Judiciário – Área Administrativa

A respeito da comunicabilidade das instâncias penal e administrativa, no tocante à apuração da responsabilidade de servidores públicos, é correto afirmar que

A) a absolvição na esfera penal, fundada na ausência de tipificação da conduta como crime, não afasta a possibilidade de condenação na esfera administrativa por infração administrativa.

B) existe completa autonomia entre as instâncias penal e administrativa, o que significa que a decisão em uma esfera não repercute na outra.

C) a absolvição em sede penal sempre condiciona a decisão no processo administrativo.

D) a absolvição em sede penal somente repercute na esfera administrativa quando fundada na negativa de autoria do fato.

E) a condenação em sede penal gera, independentemente de processo administrativo, a punição na esfera administrativa.

4122) (2010) Banca: FCC – Órgão: TRE-AM – Prova: Analista Judiciário – Área Administrativa

Tendo em vista a natureza e as implicações legais do ato de improbidade administrativa, o sucessor daquele que causar lesão ao patrimônio público ou se enriquecer ilicitamente

A) está sujeito às cominações da Lei de Improbidade Administrativa apenas se for o inventariante.

B) não está sujeito às cominações da Lei de Improbidade Administrativa.

C) está sujeito às cominações da Lei de Improbidade Administrativa sem limites.

D) está sujeito às cominações da Lei de Improbidade Administrativa apenas até a abertura do inventário.

E) está sujeito às cominações da Lei de Improbidade Administrativa até o limite do valor da herança.

4123) (2014) Banca: FCC – Órgão: METRÔ-SP – Prova: Advogado Júnior

Marilis, Prefeita de um Município Paulista, foi processada e condenada por improbidade administrativa, haja vista ter sido comprovada a prática de ato ímprobo que importou em enriquecimento ilícito. A propósito do aludido ato de improbidade, é INCORRETO afirmar que

A) não admite conduta culposa.

B) admite a medida de indisponibilidade de bens.

C) tem as sanções mais severas previstas na Lei de Improbidade Administrativa.

D) pode gerar, dentre outras consequências, a perda da função pública.

E) o sucessor não está sujeito às cominações previstas na Lei de Improbidade Administrativa, independentemente do limite do valor da herança.

4124) (2016) Banca: FCC – Órgão: TRT – 20ª REGIÃO (SE) – Prova: Analista Judiciário – Comunicação Social (+ provas)

Marília, servidora pública federal, foi processada e condenada por ato de improbidade administrativa que atenta contra os princípios da Administração pública. Isto porque, deixou de prestar contas quando estava obrigada a fazê-lo. Cumpre salientar que o ato praticado por Marília não causou lesão aos cofres públicos, nem enriquecimento ilícito à citada servidora. Logo após a prolação da sentença, Marília veio a falecer, deixando uma única filha, Catarina. Nos termos da Lei nº 8.429/1992, Catarina

A) está sujeita às cominações da Lei de Improbidade até o limite do valor da herança.

B) está sujeita às cominações da Lei de Improbidade até o limite de 50% do valor da herança.

C) não está sujeita a qualquer cominação da Lei de Improbidade.

D) está sujeita a todas as cominações da Lei de Improbidade que tenham sido impostas a Marília, sem qualquer limitação de valor.

E) está sujeita às cominações da Lei de Improbidade até o limite de 20% do valor da herança.

4125) (2011) Banca: FCC – Órgão: TRT – 23ª REGIÃO (MT) – Prova: Analista Judiciário – Estatística

Sobre a Lei no 8.429/1992, que versa sobre os atos de improbidade administrativa é INCORRETO afirmar:

A) Estão sujeitos às penalidades da Lei de Improbidade os atos ímprobos praticados contra entidades para cuja criação ou custeio o erário haja concorrido ou concorra com menos de cinquenta por cento do patrimônio ou da receita anual, limitando-se, nestes casos, a sanção patrimonial à repercussão do ilícito sobre a contribuição dos cofres públicos.

B) Aquele que, não sendo agente público, se beneficie sob a forma indireta, estará sujeito às disposições da Lei de Improbidade Administrativa.

C) Ocorrendo lesão ao patrimônio público por ação culposa do agente, dar-se-á o integral ressarcimento do dano.

D) Quando o ato de improbidade causar lesão ao patrimônio público caberá a autoridade administrativa responsável pelo inquérito representar ao Ministério Público, para a indisponibilidade dos bens do indiciado.

E) O sucessor daquele que causar lesão ao patrimônio público ou se enriquecer ilicitamente está sujeito às cominações da Lei de Improbidade Administrativa, independentemente do limite do valor da herança.

4126) (2016) Banca: FCC – Órgão: AL-MS – Prova: Consultor de Processo Legislativo (+ provas)

Sobre improbidade administrativa, é correto afirmar que

A) não estão sujeitos às penalidades por improbidade administrativa os agentes públicos de empresas incorporadas ao patrimônio público.
B) as sanções por ato de improbidade administrativa são imprescritíveis.
C) o sucessor daquele que causar lesão ao patrimônio público ou se enriquecer ilicitamente deverá ressarcir o erário até o limite do valor da herança.
D) as sanções por improbidade administrativa não são aplicáveis a quem não seja agente público ou que haja exercido a função de maneira transitória.
E) a ação por improbidade administrativa tramita pelo rito sumário e admite transação para ressarcimento do erário.

4127) (2016) Banca: FGV – Órgão: Prefeitura de Cuiabá – MT – Prova: Auditor Fiscal Tributário da Receita Municipal

Patrícia, enfermeira sem vínculo estatutário com a Administração Pública e ocupante de cargo em comissão na Secretaria Municipal de Saúde, deixa de prestar contas às quais estava, por lei, obrigada.

Com relação à hipótese descrita, assinale a afirmativa correta.

A) Patrícia somente responderá por improbidade administrativa se ocorrer efetivo prejuízo à Administração Pública, caso em que seus bens poderão ser declarados indisponíveis para assegurar o integral ressarcimento do dano.
B) Patrícia responde por improbidade administrativa, mesmo na hipótese de não haver efetivo prejuízo à Administração Pública, sendo certo que a ação de improbidade será imprescritível e deverá ser proposta pelo Ministério Público, legitimado exclusivo.
C) Patrícia não responde por ato de improbidade administrativa, uma vez que não possui vínculo estatutário com a Administração Pública, mas poderá ser responsabilizada civilmente caso tenha causado prejuízo.
D) Patrícia responde por improbidade administrativa, independentemente de haver dano patrimonial à Administração Pública, sendo certo que seus sucessores respondem no limite da herança caso o ato também cause lesão ao patrimônio público.
E) Patrícia responde por improbidade administrativa, independentemente do dano causado, porém, por não ter vínculo estatutário com a Administração pública, não está sujeita à suspensão de direitos políticos, mas sim à perda de função pública e pagamento de multa civil.

4128) TJ/SP 2010 – VUNESP – ESCREVENTE TÉCNICO JUDICIÁRIO 8

A responsabilidade administrativa do funcionário público

A) exime a sua responsabilidade civil.
B) exime a sua responsabilidade criminal.
C) exime o pagamento de indenização por parte do funcionário.
D) depende da responsabilidade criminal.
E) é independente da civil e da criminal.

4129) CESP 2009 – VUNESP – ADVOGADO ESPECIALISTA

Assinale a alternativa correta sobre a responsabilidade dos servidores públicos.

A) A punição de um servidor que cometeu um ilícito limita-se a três esferas de responsabilidade: civil, administrativa e de improbidade.
B) A exoneração do servidor é punição decorrente do cometimento de falta grave.
C) As instâncias administrativa e judicial são independentes na apuração e responsabilização do servidor.
D) O servidor que enriqueceu ilicitamente pode ter cassados seus direitos políticos.
E) Em razão de prejuízos causados a terceiros, o servidor deverá responder objetivamente pelos respectivos danos.

4130) MPE/SP 2010 – VUNESP – ANALISTA DE PROMOTORIA I7

Assinale a alternativa correta sobre a responsabilidade do agente público.

A) A condenação criminal do agente público não tem o poder de lhe impor a perda do seu cargo, devendo aguardar o resultado do processo disciplinar administrativo para que esse tipo de pena possa ser imposta.
B) A responsabilidade civil do agente público é, em regra, objetiva, independentemente de dolo ou culpa.
C) O agente público que for obrigado a ressarcir o particular por danos materiais ou morais em decorrência de condenação judicial, transitada em julgado, terá o direito de ajuizar ação de regresso contra o Estado.
D) O reconhecimento judicial da excludente de ilicitude no âmbito penal, embora existente o fato, repercute nas esferas de apuração das responsabilidades civil e administrativa do agente público.
E) A demissão e a exoneração são sanções disciplinares aplicáveis aos agentes públicos em decorrência do cometimento de faltas graves no exercício de suas funções.

4131) (2013) Banca: VUNESP – Órgão: DCTA – Prova: Assistente em C&T Assistente – Administração

O sucessor daquele que causar lesão ao patrimônio público ou enriquecer ilicitamente está sujeito às cominações da legislação pertinente que dispõe sobre as sanções aplicáveis aos agentes públicos nos casos de enriquecimento ilícito no exercício de mandato, cargo, emprego ou função na administração pública direta, indireta ou fundacional, até

A) o limite do valor da herança.
B) duas vezes o valor do dano e proibição de contratar com o Poder Público ou receber benefícios ou incentivos fiscais ou creditícios, direta ou indiretamente, ainda que por intermédio de pessoa jurídica da qual seja sócio majoritário, pelo prazo de cinco anos.
C) três vezes o valor do acréscimo patrimonial e proibição de contratar com o Poder Público ou receber benefícios ou incentivos fiscais ou creditícios, direta ou indiretamente, ainda que por intermédio de pessoa jurídica da qual seja sócio majoritário, pelo prazo de dez anos
D) cinco vezes o valor do acréscimo patrimonial e proibição de contratar com o Poder Público ou receber benefícios ou incentivos fiscais ou creditícios, direta ou indiretamente,

ainda que por intermédio de pessoa jurídica da qual seja sócio majoritário, pelo prazo de trinta anos.

E) cem vezes o valor da remuneração percebida pelo agente e proibição de contratar com o Poder Público ou receber benefícios ou incentivos fiscais ou creditícios, direta ou indiretamente, ainda que por intermédio de pessoa jurídica da qual seja sócio majoritário, pelo prazo de três anos.

4132) (2014) Banca: VUNESP – Órgão: PRODEST-ES – Prova: Analista Organizacional – Ciências Jurídicas

No caso de prática de improbidade administrativa, quando o ato causar lesão ao patrimônio público, quanto à reparação do dano, no caso de falecimento daquele que tiver, desta forma, enriquecido ilicitamente, assinale a alternativa correta.

A) Põe fim à pretensão reparatória, por ser uma obrigação personalíssima
B) Põe fim à pretensão reparatória, pois a reparação é forma de sanção administrativa.
C) Serão confiscados seus bens, no limite necessário para ressarcir o erário público.
D) Seu sucessor responderá, por estar sujeito às cominações legais, até o limite do valor da herança.
E) Seu sucessor responderá na existência de ação de reparação de danos proposta antes do falecimento.

4133) (2016) Banca: VUNESP – Órgão: IPSMI – Prova: Procurador

Com base na Lei no 8.429/92, assinale a alternativa correta.

A) O sucessor daquele que causar lesão ao patrimônio público ou se enriquecer ilicitamente está sujeito às cominações da lei de improbidade administrativa até o limite do valor da herança.
B) Qualquer eleitor poderá representar à autoridade administrativa competente para que seja instaurada investigação destinada a apurar a prática de ato de improbidade.
C) A legitimidade ativa para ajuizamento de ação de improbidade administrativa é exclusiva do Ministério Público.
D) Constitui ato de improbidade administrativa que causa lesão ao erário frustrar a licitude de concurso público.
E) Será punido com a pena de suspensão, sem prejuízo de outras sanções cabíveis, o agente público que se recusar a prestar declaração dos bens, dentro do prazo determinado, ou que a prestar falsa.

4134) (2003/FCC – Analista Judiciário/TRT/19ª Região)

Em matéria de responsabilidade do servidor público, ocorrendo a prática de um mesmo fato delituoso,

A) a aplicação de uma sanção, seja civil, penal ou administrativa, exclui a aplicação das demais.
B) as sanções civil, penal e administrativa poderão cumular-se.
C) a sanção administrativa exclui a aplicação da sanção penal e da civil, mas estas são cumuláveis entre si.
D) a sanção penal exclui a aplicação da sanção civil e da administrativa, mas estas são cumuláveis entre si.
E) a sanção civil exclui a aplicação da sanção penal e da administrativa, mas estas são cumuláveis entre si.

4135) (2015) Banca: FUNIVERSA – Órgão: Secretaria da Criança – DF – Prova: Especialista Socioeducativo – Direito e Legislação

No que se refere aos atos administrativos, ao processo administrativo, à organização da administração pública e à responsabilidade civil e penal do servidor público, assinale a alternativa correta.

A) Em virtude do efeito pamprocessual do processo penal, caso um agente público seja condenado, na esfera penal, por crime que configure ato ímprobo, a sentença penal condenatória vinculará a esfera cível quanto à materialidade e à autoria, não se podendo mais questionar, na ação de improbidade administrativa, a respeito da existência do fato ou da autoria.
B) Nos processos perante o Tribunal de Contas da União a respeito de apreciação da legalidade do ato de concessão inicial de aposentadoria, asseguram-se o contraditório e a ampla defesa quando da decisão puder resultar anulação ou revogação de ato administrativo que beneficie o interessado.
C) O ato administrativo composto, em regra, não produz efeitos prodrômicos.
D) No processo administrativo federal, é vedada a *reformatio in peius* no âmbito dos recursos administrativos.
E) Classificam-se como órgãos compostos aqueles que atuem e decidam por meio de manifestação conjunta e majoritária da vontade de seus membros.

4136) (2013) Banca: FUNCAB – Órgão: ANS – Prova: Complexidade Intelectual – Direito

A respeito do processo administrativo disciplinar é correto afirmar que:

A) a decisão penal condenatória sempre implica em reflexo na esfera civil da Administração, já que o fato gerador do ilícito penal também se caracteriza como um ilícito civil.
B) o servidor absolvido na esfera penal por insuficiência de provas deverá ser reintegrado na esfera administrativa em função do chamado resíduo administrativo.
C) o servidor que receber a penalidade administrativa de destituição do cargo em comissão, em havendo revisão do processo disciplinar que o condenou, deverá ser reintegrado ao cargo.
D) repercutirá na esfera administrativa a absolvição penal do servidor por negativa de materialidade, não prevalecendo o chamado resíduo administrativo.
E) o servidor submetido a processo administrativo poderá ser afastado preventivamente de seu cargo, com suspensão de sua remuneração por até 60 (sessenta) dias.

4137) (2008/CESPE – TJSE – Juiz Substituto) A absolvição criminal só afastará a persecução no âmbito da administração no caso de

A) ficar provada na ação penal a inexistência do fato ou a negativa de autoria.
B) insuficiência de provas para demonstração da participação do servidor no ilícito.
C) ocorrer prescrição da pretensão punitiva.
D) ocorrer prescrição da pretensão executória.
E) o Ministério Público propor a suspensão do processo no rito do juizado especial criminal.

4138) (2003/FCC – TRF 5ª Região)

Um servidor público federal comete um ato que supostamente configura, ao mesmo tempo, ilícito penal e administrativo. São instaurados processos distintos para apurar as duas ordens de responsabilidade, mas o processo penal encerra-se primeiro, com a absolvição do servidor pela negativa da existência do fato. Assim sendo, o servidor foi automaticamente absolvido na esfera administrativa. Na situação acima,

A) está errada a instauração simultânea dos dois processos, pois isso caracteriza o chamado *bis in idem*.

B) está correta a instauração simultânea dos dois processos, todavia, o processo penal deveria ter restado sobrestado até a decisão do processo administrativo.

C) foi corretamente absolvido o servidor na esfera administrativa, em face da decisão penal que negou a existência do fato.

D) a absolvição do servidor no processo administrativo não poderia ter sido automática, pois uma conduta que não configura ilícito penal ainda assim pode configurar ilícito administrativo.

E) está errada a instauração simultânea dos dois processos, pois deveria ter sido instaurado apenas um, perante a autoridade judicial, competente para apreciar as duas ordens de ilícitos.

4139) (2017) Banca: COMPERVE – Órgão: MPE-RN – Prova: Técnico do Ministério Público Estadual – Área Administrativa

Improbidade administrativa pode ser definida como atuação contrária à honestidade e à correção de atitude, sendo também chamada de corrupção administrativa. Com relação aos atos de improbidade administrativa, matéria regulada pela lei 8.429/92,

A) utilizar em serviço particular o trabalho de terceirizado da administração direta não configura ato de improbidade administrativa.

B) o servidor público pode ser responsabilizado por atos de improbidade administrativa, sendo vedado o enquadramento dos demais agentes na referida lei.

C) o sucessor daquele que causar lesão ao patrimônio público ou se enriquecer ilicitamente está sujeito às cominações da lei até o limite do valor da herança.

D) negar publicidade aos atos oficiais, embora seja considerado ato ofensivo aos princípios da administração pública, não constitui ato de improbidade administrativa.

4140) (2017) Banca: CONSULPLAN – Órgão: TRF – 2ª REGIÃO – Prova: Técnico Judiciário – Enfermagem (+ provas)

"Fábio, servidor público federal, utilizou veículo público da repartição em que trabalha, bem como de serviço de servidores subordinados seus, para transporte de material de construção para obra realizada em sua residência própria." Sobre a responsabilidade administrativa de Fábio, assinale a afirmativa correta.

A) Fábio responde administrativamente, salvo se em gozo de licença para o trato de interesses particulares.

B) Por configurar crime o ato cometido, resta afastada a responsabilidade administrativa de Fábio, sob pena de bis in idem.

C) Fábio não responde administrativamente caso os servidores utilizados para os serviços ocupem exclusivamente cargo em comissão, de livre nomeação e livre exoneração.

D) Fábio responde administrativamente, sendo certo que, em sendo verificado dano ao erário, a obrigação de reparar estende-se aos sucessores, até o limite do valor da herança recebida.

4141) (2016) Banca: FCM – Órgão: IFF – Prova: Administrador

Foi constatado que o ex-prefeito de um município do interior do Rio Grande do Sul recebeu de empresas privadas vultosas quantias em dinheiro e imóveis, em decorrência de suas atribuições públicas. Ocorre que, logo após o trânsito em julgado do processo judicial que o condenou, o ex-prefeito veio a falecer. Diante dessa situação, seu sucessor

A) estará sujeito às cominações da lei de improbidade administrativa, até o limite do valor da herança.

B) não estará sujeito às cominações da lei de improbidade administrativa, uma vez que não foi constatado dano ao erário.

C) estará sujeito às cominações da lei de improbidade administrativa, somente na hipótese de também ser um agente público.

D) não estará sujeito às cominações da lei de improbidade administrativa, haja vista a natureza personalíssima da responsabilidade pelos atos envolvidos.

E) estará sujeito às cominações da lei de improbidade administrativa, até que restitua ao erário todo o valor auferido ilicitamente, independentemente do valor da herança.

4142) (2015) Banca: IF-PB – Órgão: IF-PB – Prova: Assistente em Administração (+ provas)

De acordo com os artigos 1º a 8º da Lei nº 8429/1992, assinale a alternativa INCORRETA:

A) A Lei de Improbidade Administrativa é aplicada em atos de improbidade praticados contra o patrimônio de autarquias federais.

B) A Lei de Improbidade Administrativa é aplicada àquele que, mesmo não sendo agente público, beneficie-se do ato de improbidade administrativa.

C) A Lei de Improbidade Administrativa considera agente público o estagiário da Caixa Econômica Federal.

D) A Lei de Improbidade Administrativa é aplicada em atos de improbidade praticados contra o patrimônio de fundação pública municipal.

E) As cominações da Lei de Improbidade Administrativa não são aplicadas ao sucessor daquele que causar lesão ao patrimônio público.

4143) (2016) Banca: FAU – Órgão: Prefeitura de Chopinzinho – PR – Prova: Procurador Municipal

O sucessor daquele que causar lesão ao patrimônio público ou se enriquecer ilicitamente está sujeito às Cominações da Lei 8429/92, até:

A) Um terço do valor da sucessão.

B) O limite do valor da herança.

C) O total do valor da herança.

D) Dois terços do valor da sucessão.

E) A metade do valor da herança.

4144) (2015) Banca: IESES – Órgão: TRE-MA – Prova: Analista Judiciário – Administrativa

Quanto aos atos de improbidade administrativa praticado pelo agente público, conforme prevê a Lei n. 8.429/1992, é INCORRETO afirmar que:

A) No caso de enriquecimento ilícito, perderá o agente público ou terceiro beneficiário os bens ou valores acrescidos ao seu patrimônio.
B) Os agentes públicos de qualquer nível ou hierarquia são obrigados a velar pela estrita observância dos princípios de legalidade, impessoalidade, moralidade e publicidade no trato dos assuntos que lhe são afetos.
C) Quando o ato de improbidade causar lesão ao patrimônio público ou ensejar enriquecimento ilícito, caberá a autoridade administrativa responsável pelo inquérito representar ao Ministério Público, para a indisponibilidade dos bens do indiciado.
D) O sucessor daquele que causar lesão ao patrimônio público ou se enriquecer ilicitamente não está sujeito às cominações previstas em lei.

A Lei 8.429/1992 estabelece que são atos de improbidade administrativa aqueles que importem em enriquecimento ilícito, que causem prejuízo ao erário, os atos que atentem contra os princípios da administração pública e a nova hipótese de improbidade criada no ano de 2016 (estudada a seguir). Os artigos 8º, 9º e 10 do referido diploma trazem um **rol exemplificativo** de condutas tipificadas como atos de improbidade.

4145) (2015) Banca: CESPE – Órgão: DPU – Prova: Defensor Público Federal de Segunda Categoria
Em relação a improbidade administrativa e responsabilidade civil do servidor público federal, julgue o item subsequente.
O rol de condutas tipificadas como atos de improbidade administrativa constante na Lei de Improbidade (Lei 8.429/1992) é taxativo.
A) Certo B) Errado

4146) (2013) Banca: CESPE – Órgão: INPI – Prova: Analista de Planejamento – Direito
Acerca das disposições contidas na Lei 8.429/1992 (Lei de Improbidade Administrativa), julgue o item subsequente.
A Constituição Federal indica que as sanções aplicáveis aos atos de improbidade são a suspensão dos direitos políticos, a perda da função pública, a indisponibilidade dos bens e o ressarcimento ao erário. Trata-se de elenco taxativo, que não permite, pela legislação infraconstitucional, a ampliação das penalidades.
A) Certo B) Errado

O ato de improbidade que importa em enriquecimento ilícito refere-se à conduta de auferir qualquer tipo de vantagem patrimonial indevida em razão do exercício do cargo, mandato, função, emprego ou atividade públicas (art. 9º). Vejamos o rol do art. 9º:

I – receber, para si ou para outrem, dinheiro, bem móvel ou imóvel, ou qualquer outra vantagem econômica, direta ou indireta, a título de comissão, percentagem, gratificação ou presente de quem tenha interesse, direto ou indireto, que possa ser atingido ou amparado por ação ou omissão decorrente das atribuições do agente público;

II – perceber vantagem econômica, direta ou indireta, para facilitar a aquisição, permuta ou locação de bem móvel ou imóvel, ou a contratação de serviços pelas entidades referidas no art. 1º por preço superior ao valor de mercado;

III – perceber vantagem econômica, direta ou indireta, para facilitar a alienação, permuta ou locação de bem público ou o fornecimento de serviço por ente estatal por preço inferior ao valor de mercado;

IV – utilizar, em obra ou serviço particular, veículos, máquinas, equipamentos ou material de qualquer natureza, de propriedade ou à disposição de qualquer das entidades mencionadas no art. 1º desta lei, bem como o trabalho de servidores públicos, empregados ou terceiros contratados por essas entidades;

V – receber vantagem econômica de qualquer natureza, direta ou indireta, para tolerar a exploração ou a prática de jogos de azar, de lenocínio, de narcotráfico, de contrabando, de usura ou de qualquer outra atividade ilícita, ou aceitar promessa de tal vantagem;

VI – receber vantagem econômica de qualquer natureza, direta ou indireta, para fazer declaração falsa sobre medição ou avaliação em obras públicas ou qualquer outro serviço, ou sobre quantidade, peso, medida, qualidade ou característica de mercadorias ou bens fornecidos a qualquer das entidades mencionadas no art. 1º desta lei;

VII – adquirir, para si ou para outrem, no exercício de mandato, cargo, emprego ou função pública, bens de qualquer natureza cujo valor seja desproporcional à evolução do patrimônio ou à renda do agente público;

VIII – aceitar emprego, comissão ou exercer atividade de consultoria ou assessoramento para pessoa física ou jurídica que tenha interesse suscetível de ser atingido ou amparado por ação ou omissão decorrente das atribuições do agente público, durante a atividade;

IX – perceber vantagem econômica para intermediar a liberação ou aplicação de verba pública de qualquer natureza;

X – receber vantagem econômica de qualquer natureza, direta ou indiretamente, para omitir ato de ofício, providência ou declaração a que esteja obrigado;

XI – incorporar, por qualquer forma, ao seu patrimônio bens, rendas, verbas ou valores integrantes do acervo patrimonial das entidades mencionadas no art. 1º desta lei;

XII – usar, em proveito próprio, bens, rendas, verbas ou valores integrantes do acervo patrimonial das entidades mencionadas no art. 1º desta lei.

4147) (2013) Banca: CESPE – Órgão: TRE-MS – Prova: Analista Judiciário – Área Administrativa
Assinale a opção correta, a respeito dos agentes administrativos e dos atos de improbidade administrativa estabelecidos na Lei 8.429/1992.
A) A posse no cargo público confere ao servidor o direito a percepção de retribuição pecuniária como contraprestação pelo desempenho das funções inerentes ao cargo.
B) Considera-se agente público todo aquele que exerce, exclusivamente com remuneração, função pública como preposto do Estado.
C) O agente público que auferir vantagem patrimonial indevida em razão de consultoria prestada a pessoa física cujo inte-

resse possa ser atingido por ação decorrente das atribuições daquele agente, no desempenho de suas atividades, incorre em ato de improbidade administrativa que importa em enriquecimento ilícito.

D) O ato de improbidade administrativa que cause lesão ao erário sujeitará o responsável apenas ao ressarcimento integral do dano.

E) O recrutamento para o regime de emprego público não exige prévia aprovação em concurso público, uma vez que o vínculo laboral estabelecido entre a administração e o agente tem natureza contratual.

4148) (2017) Banca: CESPE – Órgão: TRF – 1ª REGIÃO – Prova: Analista Judiciário – Área Administrativa (+ provas)

Com relação a licitações e contratos administrativos, organização administrativa, controle da administração pública e processo administrativo, julgue o próximo item.

Oficial de justiça que receba dinheiro de advogado para dar cumprimento preferencial a uma determinação judicial em detrimento de outras terá praticado, conforme a Lei de Improbidade Administrativa, ato de improbidade que importa enriquecimento ilícito.

A) Certo B) Errado

4149) (2016) Banca: CESPE – Órgão: FUB – Prova: Conhecimentos Básicos – Somente para os cargos 10 e 13 (+ provas)

A respeito de atos de improbidade administrativa, julgue o item que se segue de acordo com o disposto na Lei de Improbidade Administrativa.

Constitui ato de improbidade administrativa perceber vantagem econômica para intermediar a liberação de verba pública de qualquer natureza.

A) Certo B) Errado

4150) (2015) Banca: FUNCAB – Órgão: PC-AC – Prova: Perito Criminal – Contabilidade (+ provas)

Com relação aos atos de improbidade administrativa, pode-se afirmar que:

A) constituem atos de improbidade que atentam contra os princípios da Administração Pública qualquer ação ou omissão que enseje perda patrimonial, desvio, apropriação ou dilapidação de bens e haveres.

B) nos atos de improbidade administrativa que causam prejuízos ao erário, o elemento subjetivo da conduta restringe-se ao dolo.

C) constituem atos de improbidade que importam em enriquecimento ilícito qualquer ação ou omissão que viole os deveres de honestidade, imparcialidade, legalidade e lealdade às instituições.

D) constitui ato de improbidade administrativa importando enriquecimento ilícito auferir qualquer tipo de vantagem patrimonial indevida em razão do exercício de cargo, mandato, função ou emprego.

E) constitui ato de improbidade administrativa que atenta contra os princípios da Administração Pública liberar verba pública sem a estrita observância das normas pertinentes.

4151) (2014) Banca: IADES – Órgão: TRE-PA – Prova: Técnico Judiciário – Área Administrativa (+ provas)

Quanto aos atos de improbidade administrativa, assinale a alternativa correta.

A) Na hipótese em que o agente público aufere vantagem patrimonial indevida, em razão de seu cargo, estará praticando um ato de improbidade administrativa que importa enriquecimento ilícito.

B) Em hipótese alguma, poderá ser decretada a indisponibilidade dos bens do indiciado pelo crime de improbidade.

C) O ato praticado, pelo servidor público, que venha a violar os deveres de imparcialidade, consubstanciará em um ato que causa prejuízo ao erário público.

D) Uma vez julgado e punido, na esfera penal, o servidor indiciado não poderá sofrer as cominações da Lei de Improbidade Administrativa.

E) A iniciativa para a instauração de processo tendente a apurar um ato de improbidade administrativa somente poderá advir de um servidor público.

4152) (2015) Banca: VUNESP – Órgão: TJ-SP – Prova: Contador Judiciário

Perante a Constituição brasileira, bem como a ética e boas práticas administrativas, o enriquecimento ilícito auferindo qualquer tipo de vantagem patrimonial indevida em razão do exercício de cargo, mandato, função, emprego ou atividade nas entidades públicas será classificado como

A) Probidade Administrativa.
B) Improbidade Administrativa.
C) Discricionariedade.
D) Indiscricionariedade.
E) Fraude.

4153) (2015) Banca: VUNESP – Órgão: Prefeitura de Caieiras – SP – Prova: Assessor Jurídico/Procurador Geral

Duas vezes por semana, o Procurador Geral da Câmara Municipal de Caieiras realiza curso de pós-graduação em direito, que ocorre em instituição de ensino superior localizada no Município de São Paulo. Para seu deslocamento, que atinge mais de 500 quilômetros por mês, utiliza-se de motorista que é servidor efetivo da Câmara Municipal, bem como de veículo pertencente ao Legislativo Municipal, devidamente abastecido com recursos públicos. A conduta do Procurador Geral é

A) ilícita, pois é ato de improbidade perceber vantagem econômica direta ou indireta em decorrência do regular exercício de suas atribuições, pelo uso do veículo somente, pois o Procurador Geral pode exigir do motorista a prestação de serviço.

B) lícita, pois somente são atos de improbidade as condutas que causem prejuízo ao erário e, no caso em tela, independentemente do uso pelo Procurador Geral, o veículo já é bem público e o servidor integrante dos quadros da Câmara Municipal.

C) ilícita, já que a conduta do Procurador Geral reúne os três requisitos cumulativos para a caracterização do ato de improbidade: enriquecimento ilícito, dano ao erário e violação de princípios da Administração Pública.

D) lícita, pois os atos de improbidade administrativa não alcançam o benefício indireto decorrente de utilização de bens e/

ou do trabalho de servidores públicos, não havendo, nesse caso, enriquecimento ilícito.

E) ilícita, pois é ato de improbidade administrativa usar, em proveito próprio, bens, rendas, verbas ou valores integrantes do acervo patrimonial do Município, bem como utilizar, em serviço particular, o trabalho de servidor público.

4154) (2015) Banca: VUNESP – Órgão: TJ-SP – Prova: Escrevente Técnico Judiciário

Em apuração preliminar, verifica-se que servidor do Tribunal de Justiça do Estado de São Paulo, responsável por supervisionar as obras do Fórum da Comarca X, utilizou – em obra particular de construção de sua residência de veraneio – máquinas, equipamentos e materiais que se encontravam à disposição para a construção do Fórum. Nos termos da Lei Federal n o 8.429/92, o servidor praticou

A) ato de improbidade administrativa previsto expressamente na lei como ato que importa enriquecimento ilícito.

B) ato de improbidade administrativa previsto expressamente na lei como ato que atenta contra os princípios da Administração Pública.

C) ato ilegal, mas que não pode ser qualificado como ato de improbidade administrativa

D) ato de improbidade administrativa previsto expressamente na lei como ato que causa prejuízo ao erário.

E) ato de improbidade administrativa que não se encontra previsto expressamente na lei.

4155) (2012) Banca: VUNESP – Órgão: DPE-MS – Prova: Defensor Público

O art. 1.º da Lei 8.429/92, conhecida como Lei de Improbidade Administrativa, prevê que são atos de improbidade aqueles praticados por qualquer agente público, servidor ou não, contra a administração direta, indireta ou fundacional de qualquer dos Poderes da União, dos Estados, do Distrito Federal, dos Municípios, de Território, de empresa incorporada ao patrimônio público ou de entidade para cuja criação ou custeio o erário haja concorrido ou concorra com mais de cinquenta por cento do patrimônio ou da receita anual. Nos termos da referida lei, assinale a alternativa que descreve condutas que constituem ato de improbidade administrativa que importa em enriquecimento ilícito.

A) Frustrar a licitude de processo licitatório ou dispensá-lo indevidamente; ordenar ou permitir a realização de despesas não autorizadas em lei ou regulamento; liberar verba pública sem a estrita observância das normas pertinentes ou influir de qualquer forma para a sua aplicação irregular.

B) Utilizar, em obra ou serviço particular, veículos, máquinas, equipamentos ou material de qualquer natureza, de propriedade ou à disposição de qualquer das entidades mencionadas no art. 1.º da Lei 8.429/92, bem como o trabalho de servidores públicos, empregados ou terceiros contratados por essas entidades.

C) Revelar ou permitir que chegue ao conhecimento de terceiro, antes da respectiva divulgação oficial, teor de medida política ou econômica capaz de afetar o preço de mercadoria, bem ou serviço.

D) Praticar ato visando ao fim proibido em lei ou regulamento ou diverso daquele previsto na regra de competência; retardar ou deixar de praticar, indevidamente, ato de ofício; deixar de prestar contas quando esteja obrigado a fazê-lo.

4156) (2016) Banca: VUNESP – Órgão: Prefeitura de Alumínio – SP – Prova: Procurador Jurídico

Nos termos da Lei 8.429/92, assinale a alternativa que contempla uma das hipóteses previstas na legislação sobre ato de improbidade administrativa que importe enriquecimento ilícito.

A) Permitir ou facilitar a aquisição, permuta ou locação de bem ou serviço por preço superior ao de mercado.

B) Realizar operação financeira sem observância das normas legais e regulamentares ou aceitar garantia insuficiente ou inidônea.

C) Conceder benefício administrativo ou fiscal sem a observância das formalidades legais ou regulamentares aplicáveis à espécie.

D) Frustrar a licitude de processo licitatório ou de processo seletivo para celebração de parcerias com entidades sem fins lucrativos, ou dispensá-los indevidamente.

E) Aceitar emprego, comissão ou exercer atividade de consultoria ou assessoramento para pessoa física ou jurídica que tenha interesse suscetível de ser atingido ou amparado por ação ou omissão decorrente das atribuições do agente público, durante a atividade.

4157) (2014) Banca: CEC – Órgão: Prefeitura de Piraquara – PR – Prova: Procurador Municipal

Os atos de improbidade praticados por qualquer agente público, servidor ou não, contra a administração direta, indireta ou fundacional de qualquer dos Poderes da União, dos Estados, do Distrito Federal, dos Municípios, de Território, de empresa incorporada ao patrimônio público ou de entidade para cuja criação ou custeio o erário haja concorrido ou concorra com mais de cinquenta por cento do patrimônio ou da receita anual, serão punidos na forma da lei 8.429/1992. Neste sentido, é correto afirmar:

A) Dar-se-á o integral ressarcimento do dano ao erário público nas hipóteses de lesão ao patrimônio público por ação ou omissão, na modalidade dolosa, do agente ou de terceiro

B) Constitui ato de improbidade administrativa, importando enriquecimento ilícito, auferir qualquer tipo de vantagem patrimonial indevida em razão do exercício de cargo, mandato, função, emprego, em atividades como perceber vantagem econômica, direta ou indireta, para facilitar a aquisição, permuta ou locação de bem móvel ou imóvel, ou a contratação de serviços pelas entidades referidas no art. 1° por preço superior ao valor de mercado.

C) Constitui crime de denunciação caluniosa a representação por ato de improbidade contra agente público ou terceiro beneficiário, quando o autor realiza denúncia ao Ministério Público e, apurados os fatos, fica evidente não se tratar de crime.

D) As ações destinadas a levar a efeitos as sanções por improbidade administrativa não admitem a prescrição, porquanto estão tutelando a boa-fé e a moralidade administrativa.

E) A sentença que julgar procedente ação civil de reparação de dano ou decretar a perda dos bens havidos ilicitamente determinará o pagamento ou a reversão dos bens, conforme o caso, em favor de fundo de reaparelhamento do sistema carcerário.

4158) (2013) Banca: MPE-RS – Órgão: MPE-RS – Prova: Agente Administrativo

Constitui ato de improbidade administrativa importando enriquecimento ilícito, nos termos da Lei 8.429/92,

A) perceber vantagem econômica para intermediar a liberação ou aplicação de verba pública de qualquer natureza.
B) permitir ou facilitar a aquisição, permuta ou locação de bem ou serviço por preço superior ao de mercado.
C) deixar de prestar contas quando esteja obrigado a fazê-lo.
D) ordenar ou permitir a realização de despesas não autorizadas em lei ou regulamento.
E) realizar operação financeira sem observância das normas legais e regulamentares ou aceitar garantia insuficiente ou inidônea.

4159) (2015) Banca: AOCP – Órgão: TRE-AC – Prova: Técnico Judiciário – Área Administrativa

É ato de improbidade administrativa que causa enriquecimento ilícito

A) celebrar contrato ou outro instrumento que tenha por objeto a prestação de serviços públicos por meio da gestão associada sem observar as formalidades previstas na lei.
B) realizar operação financeira sem observância das normas legais e regulamentares ou aceitar garantia insuficiente ou inidônea.
C) conceder benefício administrativo ou fiscal sem a observância das formalidades legais ou regulamentares aplicáveis à espécie.
D) frustrar a licitude de processo licitatório ou dispensá-lo indevidamente.
E) perceber vantagem econômica para intermediar a liberação ou aplicação de verba pública de qualquer natureza.

4160) (2015) Banca: Prefeitura do Rio de Janeiro – RJ – Órgão: CGM – RJ – Prova: Auxiliar de Controladoria

De acordo com o expressamente disposto na Lei de Improbidade Administrativa (Lei 8.429/92), a conduta de perceber vantagem econômica para intermediar a liberação ou aplicação de verba pública de qualquer natureza constitui:

A) ato de improbidade administrativa que importa enriquecimento ilícito
B) ato de improbidade administrativa que atenta contra a ética e os bons costumes
C) ato de improbidade administrativa que atenta contra os princípios da Administração Pública
D) ato de improbidade que causa prejuízo ao erário

4161) (2017) Banca: FCM – Órgão: IF Baiano – Prova: Assistente em Administração (+ provas)

Nos termos da Lei 8.429/1992, receber vantagem econômica indiretamente para omitir declaração a que esteja obrigado, ordenar a realização de despesas não autorizadas em lei e negar publicidade aos atos oficiais constituem, respectivamente, os seguintes atos de improbidade administrativa:

A) atentatório aos princípios da administração / causador de dano ao erário / causador de enriquecimento ilícito.
B) atentatório aos princípios da administração / causador de enriquecimento ilícito / causador de dano ao erário.
C) causador de dano ao erário / atentatório aos princípios da administração / causador de enriquecimento ilícito.
D) causador de enriquecimento ilícito / causador de dano ao erário / atentatório aos princípios da administração.
E) causador de dano ao erário / causador de enriquecimento ilícito / atentatório aos princípios da administração.

4162) (2015) Banca: IBEG – Órgão: Prefeitura de Duque de Caxias – RJ – Prova: Auditor Fiscal Tributário

Os Atos de Improbidade Administrativa, são tratados na Lei 8.429 de 2 de junho de 1992. Acerca dos atos de improbidade que importam enriquecimento ilícito, tratados no Art. 9, assinale a alternativa correta.

A) Permitir ou facilitar a aquisição, permuta ou locação de bem ou serviço por preço superior ao de mercado.
B) Realizar operação financeira sem observância das normas legais e regulamentares ou aceitar garantia insuficiente ou inidônea.
C) Conceder benefício administrativo ou fiscal sem a observância das formalidades legais ou regulamentares aplicáveis à espécie.
D) Ordenar ou permitir a realização de despesas não autorizadas em Lei ou regulamento.
E) Utilizar, em obra ou serviço particular, veículos, máquinas, equipamentos ou material de qualquer natureza de propriedade ou à disposição da administração pública.

4163) (2016) Banca: MPE-SC – Órgão: MPE-SC – Prova: Promotor de Justiça – Vespertina

O agente público que adquirir, para si ou para outrem, no exercício da função pública, bens de qualquer natureza cujo valor seja desproporcional à evolução do seu patrimônio, pratica ato de improbidade administrativa que importa enriquecimento ilícito.

A) Certo B) Errado

4164) (2016) Banca: Instituto Legatus – Órgão: Câmara Municipal de Bertolínia – PI – Prova: Procurador

São atos de Improbidade Administrativa que causam Prejuízo ao Erário (Art. 10, da Lei 8.429/92), exceto:

A) Ordenar ou permitir a realização de despesas não autorizadas em lei ou regulamento.
B) Adquirir, para si ou para outrem, no exercício de mandato, cargo, emprego ou função pública, bens de qualquer natureza cujo valor seja desproporcional à evolução do patrimônio ou à renda do agente público.
C) Permitir ou facilitar a aquisição, permuta ou locação de bem ou serviço por preço superior ao de mercado.
D) Ordenar ou permitir a realização de despesas não autorizadas em lei ou regulamento
E) Permitir, facilitar ou concorrer para que terceiro se enriqueça ilicitamente.

4165) (2017) Banca: FUNDEP (Gestão de Concursos) – Órgão: UFVJM-MG – Prova: Administrador (+ provas)

Analise as afirmativas a seguir sobre a Lei de Improbidade Administrativa (Lei 8.429, de 2 de junho de 1992).

I. A Lei é exclusivamente aplicável aos servidores públicos, não alcançando os agentes políticos.

II. O sucessor daquele que causar lesão ao patrimônio público ou se enriquecer ilicitamente não se sujeita às cominações da Lei.

III. Constitui ato de improbidade administrativa receber vantagem econômica de qualquer natureza, direta ou indiretamente, para omitir ato de ofício, providência ou declaração a que o agente público esteja obrigado.

Segundo o que dispõe a referida Lei, está(ão) correta(s) a(s) afirmativa(s):

A) I, apenas
B) I e II, apenas.
C) III, apenas.
D) I, II e III.

Ação ou omissão, dolosa ou CULPOSA, que desencadeie perda patrimonial, desvio, apropriação ou dilapidação dos bens do Poder Público ou a realização de despesas não autorizadas em lei ou regulamento (art. 10).

Por fim, entende-se por ato que atenta contra os princípios da administração pública qualquer ação ou omissão que viole a honestidade, imparcialidade, legalidade e moralidade administrativa (art. 11). Os atos praticados por agentes públicos armados contra a liberdade ou a incolumidade de particulares podem ser considerados atos atentadores contra princípios por exemplo.

VI – deixar de prestar contas quando esteja obrigado a fazê-lo;

VIII – descumprir as normas relativas à celebração, fiscalização e aprovação de contas de parcerias firmadas pela administração pública com entidades privadas

A Lei 8.429/1992 estabelece uma hierarquia entre os atos de improbidade no que se refere à gravidade e às penalidades estabelecidas. Entretanto, **cabe destacar que a aplicação das penalidades independe da efetiva ocorrência do dano ao patrimônio público, salvo quanto à pena de ressarcimento ao erário,** e independe da aprovação ou rejeição das contas pelos órgãos de controle interno.

A Lei de Improbidade Administrativa determina que a aplicação das sanções por ela previstas independe *"da efetiva ocorrência de dano ao patrimônio público, salvo quanto à pena de ressarcimento"*. Contudo, o STJ firmou entendimento no sentido de que **a presença do efetivo dano ao erário é imprescindível para a configuração dos atos de improbidade administrativa previstos no art. 10.**

Vale ressaltar que para que o agente público responda pelo ato de improbidade administrativa do art. 10-A, exige-se dolo.

4166) (2017) Banca: CESPE – Órgão: TRE-PE – Prova: Analista Judiciário – Área Judiciária

Um empregado de determinada sociedade de economia mista permitiu que terceiro enriquecesse ilicitamente, em detrimento do patrimônio público, embora não tenha facilitado a prática do ato que resultou no enriquecimento do terceiro nem tenha concorrido para a sua prática.

Nessa situação, o empregado

A) cometeu ato de improbidade administrativa que importa em enriquecimento ilícito.

B) cometeu ato de improbidade administrativa que causa lesão ao erário.

C) não cometeu ato de improbidade administrativa, pois empregados de sociedade de economia mista não estão sujeitos às cominações da Lei de Improbidade Administrativa.

D) não cometeu ato de improbidade, pois o ato de permitir o enriquecimento ilícito de terceiro não está expressamente configurado como improbidade administrativa no ordenamento jurídico brasileiro.

E) não cometeu ato de improbidade administrativa que atenta contra os princípios da administração pública, pois agiu mediante omissão culposa.

4167) (2015) Banca: CESPE – Órgão: FUB – Prova: Assistente em Administração

Julgue o item subsecutivo, com base nas disposições da Lei 8.429/1992.

Servidor público que possibilita o uso de patrimônio público sem as formalidades necessárias, ainda que, com esse ato, não tenha obtido ganho pessoal nem causado dano ao erário, não comete improbidade administrativa.

A) Certo   B) Errado

4168) (2015) Banca: CESPE – Órgão: TRE-MT – Prova: Analista Judiciário – Judiciária

Acerca dos princípios expressos e implícitos da administração pública e da Lei de Improbidade Administrativa, assinale a opção correta.

A) O princípio da continuidade dos serviços públicos garante a regular prestação desses serviços e proíbe a realização de greve pelos profissionais de saúde.

B) No procedimento administrativo de apuração de ato de improbidade, a autoridade pública poderá impor medida cautelar de indisponibilidade de bens do acusado, comunicando-a imediatamente o Ministério Público.

C) A Lei de Improbidade Administrativa aplica-se aos agentes públicos e a todos aqueles que, mesmo transitoriamente ou sem remuneração, exerçam funções em entidade pública, não se aplicando a terceiros sem relação com a administração e que se beneficiem de forma indireta da prática do ato de improbidade administrativa.

D) O agente público condenado por improbidade administrativa está sujeito às penas de perda da função pública, ressarcimento integral do dano, suspensão dos direitos políticos, multa e prisão, conforme previsão expressa na Lei de Improbidade Administrativa.

E) Ações ou omissões que violem os deveres de honestidade, imparcialidade, legalidade e lealdade às instituições constituem atos de improbidade administrativa, na forma de violação de princípios da administração.

4169) (2016) Banca: CESPE – Órgão: POLÍCIA CIENTÍFICA – PE – Prova: Perito Papiloscopista

Sílvio, funcionário público ocupante do cargo de perito papiloscopista, lotado em delegacia de município do estado de Pernambuco, está sendo processado por supostamente ter cometido ato de improbidade administrativa.

Nessa situação hipotética, de acordo com a Lei 8.429/1992, que versa sobre a punição aos atos de improbidade administrativa praticados por agentes públicos,

A) eventual suspensão dos direitos políticos dependerá da rejeição das contas de Sílvio pelo tribunal de contas do estado.
B) Sílvio estará sujeito à perda dos seus direitos políticos e(ou) do seu cargo – a depender da extensão dos danos causados por seu ato —, após o trânsito em julgado da sentença condenatória.
C) Sílvio poderá ser afastado do exercício da função pública pela autoridade judicial competente, com prejuízo da remuneração, se isso for necessário à instrução processual.
D) eventual perda da função pública independerá da efetiva ocorrência de dano ao patrimônio público, salvo quanto à pena de ressarcimento.
E) Sílvio estará sujeito à perda da função pública, se houver decisão por órgão judicial colegiado, ainda que tal decisão não transite em julgado.

4170) (2014) Banca: CESPE – Órgão: TJ-SE – Prova: Técnico Judiciário – Área Judiciária

A respeito de agentes públicos, responsabilidade civil do Estado e improbidade administrativa, julgue o item que se segue.

Conforme a recente jurisprudência do STJ, para a configuração dos atos de improbidade administrativa que causem lesão ao erário previstos na Lei de Improbidade Administrativa, exige-se comprovação de efetivo dano ao erário e de culpa, ao menos em sentido estrito.

A) Certo B) Errado

4171) (2017) Banca: FCC – Órgão: TRT – 24ª REGIÃO (MS) – Prova: Analista Judiciário – Área Engenharia

José, servidor público municipal há quinze anos, liberou o montante de quinhentos mil reais pertencentes à Prefeitura, sem a estrita observância das normas pertinentes, bem como influiu na sua aplicação irregular. Em sua defesa, alegou que não agiu com dolo, e que foi movido por imprudência, isto é, conduta culposa. A propósito dos fatos, é correto afirmar que

A) a conduta de José insere-se na modalidade de ato ímprobo causador de prejuízo ao erário, punível apenas a título de dolo.
B) a conduta de José insere-se na modalidade de ato ímprobo atentatório aos princípios da Administração pública, punível apenas a título de dolo.
C) a conduta de José não caracteriza ato ímprobo, em quaisquer de suas modalidades, sem prejuízo de ser sancionado na via administrativa própria.
D) ainda que preenchidos os requisitos legais para a caracterização do ato ímprobo, o mesmo não ensejará a medida de indisponibilidade de bens.
E) o argumento de José não é suficiente para afastar a caracterização do ato ímprobo em questão, que pode ser punido a título de culpa.

4172) (2016) Banca: FCC – Órgão: Prefeitura de Campinas – SP – Prova: Procurador

Nas palavras de MARIA SYLVIA ZANELLA DI PIETRO "... também é possível falar em legalidade em sentido amplo, para abranger não só a obediência à lei, mas também a observância dos princípios e valores que estão na base do ordenamento jurídico" (Direito administrativo, São Paulo: Atlas, 28ª edição, p. 971), tanto que a legislação vigente tipifica "... qualquer ação ou omissão que viole os deveres de honestidade, imparcialidade, legalidade e lealdade às instituições" como

A) ato de improbidade, salvo se houver apenamento específico na esfera administrativa para as mesmas condutas e seu agente for servidor público, pois o vínculo funcional prefere à responsabilização na esfera civil.
B) ato de improbidade que atenta contra os princípios da Administração pública, além do rol constante da respectiva lei, cabendo a demonstração de dolo para configuração da conduta.
C) ato de improbidade, em qualquer de suas modalidades, exigida a demonstração de dolo em todas as condutas, prescindindo, no entanto, da demonstração de prejuízo ao erário.
D) ato de improbidade, desde que cause prejuízo ao erário, tendo em vista que não se trata de conduta específica, mas sim de tipo aberto.
E) ato de improbidade, desde que aliado àquelas condutas haja o enriquecimento ilícito por parte de seu agente, o que prescinde da configuração de dolo.

4173) (2017) Banca: FCC – Órgão: TRT – 21ª Região (RN) – Prova: Técnico Judiciário – Área Administrativa

Jonas é Secretário Municipal de Saúde e decidiu implementar um programa de medicina preventiva, com visitação domiciliar periódica às comunidades carentes, com vistas a diminuir a ocorrência de doenças crônicas evitáveis e, assim, reduzir atendimentos de emergências e urgências hospitalares em decorrência daquelas. Além disso, a medida ensejou a redução de gastos para o ente federado, tendo em vista que o custo do contrato de atendimento médico domiciliar representava menor impacto que as despesas hospitalares. Implantado o programa, que contava com o cadastramento do público alvo residente na região previamente demarcada, foram colhidos resultados extremamente significativos, com relevante amostragem de redução de acidentes cardio e cérebro vasculares. Em regular fiscalização da execução contratual, foi identificado que havia munícipes incluídos no programa que eram familiares do Prefeito, diretos e indiretos, e que não preenchiam os requisitos para integrar o cadastro de beneficiários do programa, o que

A) configura ato de improbidade, na modalidade que gera enriquecimento ilícito ao autor do ato, dispensando-se prova do dolo ou da culpa do Prefeito e de eventual prejuízo ao erário.
B) não configurará ilegalidade ou imoralidade, no caso de ser mantida a redução, ou seja, o valor dispendido com os atendimentos no Hospital.
C) pode configurar ato de improbidade que atenta contra os princípios da Administração pública, não sendo necessária prova de culpa ou dolo.
D) pode tipificar ato de improbidade que causa prejuízo ao erário em sendo demonstrada conduta culposa do Prefeito, não sendo necessária demonstração de dolo.
E) consubstancia-se em ato de improbidade que gera enriquecimento ilícito o que necessariamente exige comprovação de culpa e de prejuízo ao erário.

4174) (2017) Banca: FCC – Órgão: TST – Prova: Analista Judiciário – Área Judiciária

A Lei n° 8.112/90 estabelece proibições aos servidores públicos da União, dispondo, em seu artigo 117, inciso IX, ser vedado "valer-se do cargo para lograr proveito pessoal ou de outrem, em detrimento da dignidade da função pública". A Lei n° 8.429/92, por sua vez, dispõe, em seu artigo 9, inciso XII, que constitui ato de improbidade, "usar, em proveito próprio, bens, rendas, verbas ou valores integrantes do acervo patrimonial das entidades mencionadas no art. 1° desta lei", bem como em seu artigo 10, inciso XII, que constitui ato de improbidade "permitir, facilitar ou concorrer para que terceiro se enriqueça ilicitamente". Com base nesses dispositivos legais e considerando que um servidor público tenha praticado conduta por meio da qual tenha disponibilizado informações privilegiadas para terceiro se beneficiar em uma licitação, em troca de remuneração, aquele servidor

A) poderá ser processado por ato de improbidade, na modalidade que causa prejuízo ao erário, que dispensa a ocorrência de dolo, mas demanda a demonstração do prejuízo, independentemente da instauração de processo administrativo para responsabilização por infração disciplinar.

B) dependerá da apuração do elemento subjetivo, tendo em vista que os atos de improbidade que causam prejuízo ao erário dependem da ocorrência de dolo, sem o qual somente poderá ser processado por infração disciplinar.

C) incorrerá em ato de improbidade na modalidade que causa prejuízo ao erário, assim como o terceiro beneficiado, não sendo instaurado processo administrativo disciplinar em virtude da infração ser absorvida pelo ilícito mais grave.

D) poderá responder por ato de improbidade que gera enriquecimento ilícito, independentemente da comprovação de dolo, bem como por infração disciplinar.

E) responderá por ato de improbidade nas duas modalidades, que geram enriquecimento ilícito e que causam prejuízo ao erário, até cuja solução ficará sobrestado o processo administrativo disciplinar.

4175) (2017) Banca: FCC – Órgão: TRT – 11ª Região (AM e RR) – Prova: Analista Judiciário – Área Judiciária

Maurício, Diretor de autarquia federal, doou à pessoa jurídica que presta serviços assistenciais, bens do patrimônio da autarquia, sem observância das formalidades legais e regulamentares aplicáveis à espécie, razão pela qual foi processado por improbidade administrativa, haja vista que a conduta enquadra-se em dispositivo expresso previsto na Lei no 8.429/1992. Para que reste afastado o ato ímprobo, Maurício deverá comprovar, dentre outros requisitos, a ausência de

A) conduta comissiva.
B) prejuízo ao erário.
C) dolo.
D) beneficiamento de terceiros.
E) enriquecimento ilícito.

4176) (2016) Banca: FGV – Órgão: MPE-RJ – Prova: Analista do Ministério Público – Processual

Leandro, Prefeito Municipal, confeccionou e distribuiu pela cidade, utilizando verba pública, vinte mil panfletos intitulados "boletim informativo", contendo sua imagem em diversas fotografias de inauguração de obras públicas com os seguintes dizeres: "O Prefeito Leandro continua cuidando de seu povo e construindo postos de saúde e escolas municipais para sua família! Com o seu apoio, darei continuidade às minhas ações beneficentes no próximo mandato!!!". No caso em tela, Leandro:

A) não cometeu ato de improbidade administrativa, porque, na qualidade de agente político, não se sujeita ao regime da lei de improbidade, respondendo apenas por crime de responsabilidade;

B) não cometeu ato de improbidade administrativa, porque a legislação permite que seja feita publicidade de caráter institucional, para dar ciência à população das ações sociais do Município;

C) não cometeu ato de improbidade administrativa, porque não houve dano ao erário, já que a publicação veiculou obras públicas que efetivamente existiram, mas cometeu ilícito de natureza eleitoral por propaganda antecipada;

D) cometeu ato de improbidade administrativa, porque a publicidade não teve caráter educativo, informativo ou de orientação social, e sim de promoção pessoal, com ofensa aos princípios da moralidade e impessoalidade;

E) cometeu ato de improbidade administrativa, porque implicitamente solicitou votos para a próxima eleição e, por isso, está sujeito à cassação de seus direitos políticos e outras sanções previstas na lei de improbidade.

4177) (2016) Banca: Serctam – Órgão: Prefeitura de Quixadá – CE – Prova: Assistente Jurídico

Marque a alternativa na qual está descrito um ato de Improbidade Administrativa lesivo ao Erário.

A) Adquirir, para si ou para outrem, no exercício de mandato, cargo, emprego ou função pública, bens de qualquer natureza cujo valor seja desproporcional à evolução do patrimônio ou à renda do agente público é ato de improbidade administrativa que importa em enriquecimento ilícito.

B) Permitir ou concorrer para que pessoa física ou jurídica privada utilize bens, rendas, verbas ou valores integrantes do acervo patrimonial das entidades da administração direta, indireta ou fundacional, sem a observância das formalidades legais ou regulamentares aplicáveis à espécie.

C) Perceber vantagem econômica, direta ou indireta, para facilitar a aquisição, permuta ou locação de bem móvel ou imóvel, ou a contratação de serviços pelas entidades da administração direta, indireta ou fundacional, por preço superior ao valor de mercado;

D) Perceber vantagem econômica, direta ou indireta, para facilitar a alienação, permuta ou locação de bem público ou o fornecimento de serviço por ente estatal por preço inferior ao valor de mercado;

E) Receber vantagem econômica de qualquer natureza, direta ou indireta, para tolerar a exploração ou a prática de jogos de azar, de lenocínio, de narcotráfico, de contrabando, de usura ou de qualquer outra atividade ilícita, ou aceitar promessa de tal vantagem.

4178) (2016) Banca: FUNRIO – Órgão: IF-PA – Prova: Auditor

Constitui ato de improbidade administrativa que atenta contra os princípios da administração pública qualquer ação ou omissão que viole os deveres de

A) legalidade, impessoalidade, moralidade e publicidade.

B) moralidade, flexibilidade, exatidão e publicidade.
C) legalidade, impessoalidade, moralidade e exatidão.
D) impessoalidade, moralidade, legalidade e flexibilidade.
E) honestidade, imparcialidade, legalidade, e lealdade às instituições.

4179) (2016) Banca: FUNDATEC – Órgão: Prefeitura de Porto Alegre – RS – Prova: Assistente Administrativo

De acordo com a Lei 8.429/1992, que dispõe sobre as sanções aplicáveis aos agentes públicos nos casos de enriquecimento ilícito no exercício de mandato, cargo, emprego ou função na administração pública, no que se refere aos atos que atentam contra os princípios da Administração Pública, NÃO constitui ato de improbidade administrativa às instituições qualquer ação ou omissão que viole os deveres de:

A) Honestidade.
B) Imparcialidade.
C) Legalidade.
D) Lealdade.
E) Proximidade.

4180) (2017) Banca: FUNDATEC – Órgão: IGP-RS – Prova: Perito Médico-Legista (+ provas)

A Lei 8.429/1992 considera atos de improbidade administrativa aqueles que importam enriquecimento ilícito, causam prejuízo ao erário ou atentam contra os princípios da Administração Pública. Recentemente, inclusive a Lei Complementar 157/2016 acrescentou mais uma espécie de ato de improbidade, qual seja, aqueles decorrentes de concessão ou aplicação indevida de benefício financeiro ou tributário. Com base na Lei nº 8.429/1992, relacione a Coluna 1 à Coluna 2.

Coluna 1

1. Atos de improbidade administrativa que importam enriquecimento ilícito.
2. Atos de improbidade administrativa que causam prejuízo ao erário.
3. Atos de improbidade administrativa que atentam contra os princípios da Administração Pública.

Coluna 2

( ) Permitir, facilitar ou concorrer para que terceiro se enriqueça ilicitamente.
( ) Perceber vantagem econômica para intermediar a liberação ou aplicação de verba pública de qualquer natureza.
( ) Retardar ou deixar de praticar, indevidamente, ato de ofício.
( ) Frustrar a licitude de concurso público.

A ordem correta de preenchimento dos parênteses, de cima para baixo, é:

A) 2 – 1 – 2 – 3.
B) 1 – 2 – 3 – 1.
C) 3 – 3 – 1 – 2.
D) 1 – 2 – 2 – 3.
E) 2 – 1 – 3 – 3.

4181) (2015) Banca: IF-PB – Órgão: IF-PB – Prova: Administrador (+ provas)

Quanto aos Atos de Improbidade Administrativa que Atentam Contra os Princípios da Administração Pública e suas penas, referidos nos artigos 11 e 12 da Lei 8.429/1992, assinale a alternativa CORRETA:

A) É exemplo de ato de improbidade administrativa que atenta contra os princípios da administração pública intermediar a liberação ou aplicação de verba pública de qualquer natureza, por ferir o princípio da moralidade administrativa.
B) Constitui ato de improbidade administrativa que atenta contra os princípios da administração pública qualquer ação ou omissão que viole os deveres de honestidade, imparcialidade, legalidade e lealdade às instituições.
C) A condenação criminal do responsável pelo ato de improbidade impede a aplicação das cominações previstas na Lei de Improbidade Administrativa, devido à proibição de dupla penalização no ordenamento jurídico nacional.
D) O responsável pelo ato de improbidade, além de perder a função pública, obrigatoriamente deverá ressarcir o dano causado, de acordo com suas possibilidades patrimoniais.
E) A multa civil a que o agente público responsável pelo ato de improbidade administrativa se sujeita é de até cem vezes o valor do dano causado.

4182) (2017) Banca: IDIB – Órgão: CRO-BA – Prova: Analista Administrativo

Com relação aos Atos de Improbidade Administrativa que Importam Enriquecimento Ilícito, NÃO faz parte dessa seção:

A) Utilizar, em obra ou serviço particular, veículos, máquinas, equipamentos ou material de qualquer natureza, de propriedade ou à disposição de qualquer das entidades mencionadas no art. 1º da Lei de Improbidade Administrativa (Lei 8.429/92), bem como o trabalho de servidores públicos, empregados ou terceiros contratados por essas entidades.
B) Permitir ou facilitar a aquisição, permuta ou locação de bem ou serviço por preço superior ao de mercado.
C) Receber, para si ou para outrem, dinheiro, bem móvel ou imóvel, ou qualquer outra vantagem econômica, direta ou indireta, a título de comissão, percentagem, gratificação ou presente de quem tenha interesse, direto ou indireto, que possa ser atingido ou amparado por ação ou omissão decorrente das atribuições do agente público.
D) Perceber vantagem econômica, direta ou indireta, para facilitar a aquisição, permuta ou locação de bem móvel ou imóvel, ou a contratação de serviços pelas entidades referidas no art. 1º da Lei 8429/92, por preço superior ao valor de mercado.

4183) (2016) Banca: UFU-MG – Órgão: UFU-MG – Prova: Tradutor e Intérprete de Linguagem de Sinais (+ provas)

Constitui ato de improbidade administrativa que causa lesão ao erário qualquer ação ou omissão, dolosa ou culposa, que enseje perda patrimonial, desvio, apropriação, malbaratamento ou dilapidação dos bens ou haveres das entidades referidas no art. 1º da Lei 8.429 de 02 de junho de 1992.

Assinale a alternativa que NÃO caracteriza ato de improbidade administrativa que prejudica o erário público.

A) Frustrar a licitude de processo licitatório ou de processo seletivo para celebração de parcerias com entidades sem fins lucrativos, ou dispensá-los indevidamente.
B) Frustrar a licitude de concurso público.

C) Conceder benefício administrativo ou fiscal sem a observância das formalidades legais ou regulamentares aplicáveis à espécie.
D) Permitir, facilitar ou concorrer para que terceiro se enriqueça ilicitamente.

4184) (2016) Banca: FAFIPA – Órgão: APPA – PR – Prova: Analista Portuário – Economista

A lei de improbidade administrativa (Lei 8.429/92) possui três artigos de extrema relevância (artigos 9º, 10 e 11), que tratam dos atos de improbidade administrativa que importam enriquecimento ilícito, dos atos de improbidade administrativa que causam prejuízo ao erário e dos atos de improbidade administrativa que atentam contra os princípios da administração pública, respectivamente. Dessa feita, conforme expresso na lei, assinale a alternativa que contém um exemplo do artigo 11, ou seja, de ato de improbidade administrativa que atenta contra os princípios da administração pública.

A) Permitir ou facilitar a alienação, permuta ou locação de bem integrante do patrimônio de qualquer das entidades referidas nesta lei, ou ainda a prestação de serviço por parte delas, por preço inferior ao de mercado.
B) Agir negligentemente na celebração, fiscalização e análise das prestações de contas de parcerias firmadas pela administração pública com entidades privadas.
C) Perceber vantagem econômica para intermediar a liberação ou aplicação de verba pública de qualquer natureza.
D) Deixar de prestar contas quando esteja obrigado a fazê-lo

4185) (2016) Banca: TRF – 4ª REGIÃO – Órgão: TRF – 4ª REGIÃO – Prova: Juiz Federal Substituto

Assinale a alternativa correta.
A) A responsabilização do agente público por ato de improbidade administrativa que cause lesão ao erário exige regime jurídico estatutário, mas o exercício da atividade pode ser decorrente de concurso público ou cargo em comissão.
B) Todo ato de improbidade administrativa que cause lesão ao erário exige dolo do agente e perda patrimonial pública.
C) Constitui ato de improbidade administrativa o enriquecimento ilícito por perceber vantagem econômica para intermediar a liberação ou a aplicação de verba pública, desde que haja prejuízo ao Poder Público igual ou superior a essa vantagem.
D) Deixar de prestar contas quando esteja obrigado a fazê-lo constitui ato de improbidade administrativa por atentar contra os princípios da Administração Pública.
E) Permitir que se utilizem, em obra ou serviço particular, veículos, equipamentos ou material da Administração Pública caracteriza ato de improbidade administrativa, independentemente de causar prejuízo ao erário.

4186) (2016) Banca: Serctam – Órgão: Prefeitura de Quixadá – CE – Prova: Advogado

Marque a alternativa incorreta.
A) Qualquer pessoa poderá representar à autoridade administrativa competente para que seja instaurada investigação destinada a apurar a prática de ato de improbidade.
B) A posse e o exercício de agente público ficam condicionados à apresentação de declaração dos bens e valores que compõem o seu patrimônio privado, a fim de ser arquivada no serviço de pessoal competente. A declaração compreenderá imóveis, móveis, semoventes, dinheiro, títulos, ações, e qualquer outra espécie de bens e valores patrimoniais, localizado no País ou no exterior, e, quando for o caso, abrangerá os bens e valores patrimoniais do cônjuge ou companheiro, dos filhos e de outras pessoas que vivam sob a dependência econômica do declarante, excluídos apenas os objetos e utensílios de uso doméstico.
C) A aplicação das sanções previstas Lei de Improbidade Administrativa depende da efetiva ocorrência de dano ao patrimônio público.
D) As ações destinadas a levar a efeito as sanções previstas na Lei de Improbidade Administrativa podem ser propostas em até cinco anos da data da apresentação à administração pública da prestação de contas final pelas entidades da administração direta, indireta ou fundacional.
E) A aplicação das sanções previstas Lei de Improbidade Administrativa independe da aprovação ou rejeição das contas pelo órgão de controle interno ou pelo Tribunal ou Conselho de Contas.

4187) (2015) Banca: UNA CONCURSOS – Órgão: Prefeitura de Flores da Cunha – RS – Prova: Engenheiro Civil

A aplicação das sanções previstas na Lei Federal nº 8.429/92 (Lei da Improbidade Administrativa), independe:
I. da efetiva ocorrência de dano ao patrimônio público, salvo quanto à pena de ressarcimento;
II. da aprovação ou rejeição das contas pelo órgão de controle interno ou pelo Tribunal ou Conselho de Contas.
Assinale a alternativa correta.
A) Somente a I está correta.
B) Somente a II está correta.
C) A I e a II estão corretas.
D) Nenhuma está correta.

4188) (2012) Banca: FEMPERJ – Órgão: TCE-RJ – Prova: Analista de Controle Externo – Direito (+ provas)

Prefeito Municipal de determinada localidade celebra contrato com sociedade empresária, sem prévia licitação, para prestação de serviços de consultoria financeira e orçamentária, com fundamento no art. 25, II, c/c art. 13, III, ambos da Lei nº 8.666/93, alegando inquestionável vantagem para o Município, diante do preço promocional, muito inferior ao de mercado, e a larga e reconhecida experiência do contratado. Sob o ângulo da responsabilidade do gestor público, é correto afirmar que:
A) a não realização de licitação importa, necessariamente, em configuração de improbidade administrativa, sem prejuízo de outras sanções;
B) para a configuração da improbidade administrativa, basta a verificação do elemento subjetivo que informa a conduta do agente;
C) o ato de improbidade não exige, para sua configuração, o efetivo prejuízo ao erário;
D) ausente dano ao erário e o elemento subjetivo na conduta do agente, não é possível a configuração de improbidade administrativa;

E) a possibilidade de dano hipotético ou presumido é suficiente para a configuração de ato de improbidade administrativa.

4189) (2017) Banca: VUNESP – Órgão: IPRESB – SP – Prova: Analista de Processos Previdenciários.

Considerando o disposto na Lei de Improbidade Administrativa, Lei n° 8.429/92, a conduta de "revelar fato ou circunstância de que tem ciência em razão das atribuições e que deva permanecer em segredo"

A) não se constitui em ato de improbidade administrativa.
B) será punida apenas na hipótese de a conduta ter resultado em prejuízo aos cofres públicos.
C) terá a punição agravada em dois terços da pena se o autor da conduta se enriqueceu indevidamente.
D) acarretará multa ao autor, a demissão do servidor público e a pena de prisão por até um ano.
E) é um tipo de ato de improbidade administrativa que atenta contra os princípios da administração.

A representação de agente público ou terceiro beneficiário sabidamente inocente **constitui crime e o denunciante estará sujeito a indenizar o denunciado pelos danos materiais, morais, sem prejuízo da sanção penal cabível.**

"a comissão processante dará conhecimento ao Ministério Público e ao Tribunal ou Conselho de Contas da existência de procedimento administrativo para apurar a prática de ato de improbidade". Com efeito, o art. 22 da Lei 8.429/1992 estabelece que o Ministério Público poderá, ainda, de ofício, *"a requerimento de autoridade administrativa ou mediante representação formulada de acordo com o disposto no art. 14, requisitar a instauração de inquérito policial ou procedimento administrativo".*

4190) (2010) Banca: CESPE – Órgão: PGM – RR – Prova: Procurador Municipal

Acerca dos crimes previstos na Lei de Licitações e Contratos da Administração Pública (Lei 8.666/1993) e nas disposições da Lei de Improbidade Administrativa (Lei 8.429/1992), julgue o item subsequente.

A representação por ato de improbidade contra agente público ou terceiro beneficiário, quando o autor da denúncia o sabe inocente, constitui crime expressamente previsto na Lei 8.429/1992.

A) Certo   B) Errado

4191) (2010) Banca: FCC – Órgão: TRE-RS – Prova: Analista Judiciário – Área Administrativa

De acordo com a Lei 8.429/92, a representação, desacompanhada de atos investigativos, por ato de improbidade contra agente público ou terceiro beneficiário, quando o autor da denúncia o sabe inocente

A) constitui mera infração administrativa.
B) não constitui crime nem infração administrativa.
C) constitui crime definido na própria Lei de Improbidade Administrativa.
D) caracteriza ato de improbidade administrativa.
E) configura infração penal definida no Código Penal.

4192) (2017) Banca: FCC – Órgão: ARTESP – Prova: Especialista em Regulação de Transporte I – Economia (+ provas)

João, servidor público de autarquia estadual, recebeu vantagem econômica, para tolerar a prática de narcotráfico. Em razão do ocorrido e da gravidade do fato, o Ministério Público Estadual ingressou com a respectiva ação de improbidade administrativa contra o citado servidor. Nos termos da Lei 8.429/1992, constitui requisito imprescindível à caracterização do citado ato ímprobo, dentre outros,

A) dano ao erário.
B) conduta dolosa.
C) beneficiamento de terceiros.
D) conduta meramente culposa.
E) enriquecimento sem causa do Poder Público.

4193) (2016) Banca: FUNRIO – Órgão: IF-PA – Prova: Auxiliar em Administração (+ provas)

A representação por ato de improbidade administrativa contra agente público ou terceiro beneficiário, quando o autor da denúncia o sabe inocente

A) está sujeita a advertência.
B) promove mérito para o denunciante.
C) não provoca qualquer tipo de sanção.
D) constitui crime.
E) eleva o cargo do denunciado.

4194) (2017) Banca: UFES – Órgão: UFES – Prova: Assistente em Administração.

Sobre a Lei de Improbidade Administrativa, analise as seguintes afirmativas:

I. É vedada a transação, o acordo ou a conciliação nas ações de improbidade administrativa.
II. Constitui crime a representação por ato de improbidade contra agente público ou terceiro beneficiário, quando o autor da denúncia o sabe inocente.
III. A aplicação das sanções previstas na Lei de Improbidade Administrativa independe da aprovação ou rejeição das contas pelo órgão de controle interno ou pelo Tribunal ou Conselho de Contas.

É CORRETO o que se afirma em

A) I, apenas.
B) I e II, apenas.
C) I e III, apenas.
D) II e III, apenas.
E) I, II e III.

4195) (2017) Banca: FCM – Órgão: IF Baiano – Prova: Assistente em Administração

A respeito da Lei de Improbidade Administrativa, é correto afirmar que

A) a prisão é uma sanção prevista na Lei n° 8.429/92 em decorrência da prática de ato de improbidade administrativa.
B) o Ministério Público, se não intervir no processo como parte, atuará obrigatoriamente como fiscal da lei, sob pena de nulidade.

C) os atos de improbidade administrativa são divididos em duas classes: aqueles que importam em enriquecimento ilícito e aqueles que causam prejuízo ao erário.

D) a ausência de formalidades na representação, para que seja instaurada investigação destinada a apurar a prática de ato de improbidade, se dá em razão da universalidade do acesso à transparência na administração pública.

E) será punido com advertência o agente público que se recusar a prestar declaração dos bens, dentro do prazo determinado, ou cuja prestação seja falsa.

Após o recebimento da manifestação do réu, o juiz terá o prazo de 30 dias para rejeitar a ação, **se convencido:**

- da inexistência do ato de improbidade;
- da improcedência da ação;
- ou da inadequação da via eleita

A ação judicial seguirá o rito ordinário e aplica-se, subsidiariamente à Lei 8.429/1992, os preceitos da Lei 7.347/1985 (lei da ação civil pública). **Ressalte-se ser admissível, inclusive, a utilização a prova emprestada colhida na ação penal, desde que assegurados o contraditório e a ampla defesa.**

Nesse sentido, cabe observar:

"Art. 17. A ação principal, que terá o rito ordinário, será proposta pelo Ministério Público ou pela pessoa jurídica interessada, dentro de trinta dias da efetivação da medida cautelar.

*§ 7º Estando a inicial em devida forma, **o juiz mandará autuá-la e ordenará a notificação do requerido, para oferecer manifestação por escrito, que poderá ser instruída com documentos e justificações, dentro do prazo de quinze dias.** (É denominada como defesa prévia).*

4196) (2015) Banca: CESPE – Órgão: TJ-DFT – Prova: Técnico Judiciário – Administrativa

Julgue o item seguinte, com base no disposto na Lei de Improbidade Administrativa. Tendo dúvida sobre a configuração de ato de improbidade administrativa, surgida após manifestação preliminar do réu, o magistrado deve rejeitar imediatamente a ação.

A) Certo   B) Errado

4197) (2015) Banca: CESPE – Órgão: STJ – Prova: Analista Judiciário – Administrativa

Acerca do processo administrativo e da improbidade administrativa, julgue o item que se segue.

A ação de improbidade administrativa só pode ser proposta pelo Ministério Público.

A) Certo   B) Errado

4198) (2017) Banca: FCC – Órgão: TST – Prova: Analista Judiciário – Contabilidade

Em uma determinada diligência, um oficial de justiça certificou fatos inverídicos, atestando não ter localizado, para citação, os réus de uma determinada ação. Posteriormente o Ministério Público apurou que referido servidor público recebeu vantagem em pecúnia para essa conduta, que foi repetida pelo menos duas vezes, retardando o trâmite do processo. Em razão disso

A) o Ministério Público pode propor ação de improbidade por ato que gera prejuízo ao erário, sendo necessário comprovar a ocorrência de dolo, mas ficando o prejuízo causado presumido pelo descumprimento do dever de ofício.

B) o servidor pode responder por ação de improbidade por violar princípios que regem a Administração pública, independentemente de dolo, podendo lhe ser imputada multa e a obrigação de restituição dos valores recebidos indevidamente.

C) a conduta do servidor público pode configurar infração disciplinar punível com suspensão, mas não configura ato de improbidade em razão dos prejuízos ficarem circunscritos às partes do processo, não atingindo o erário público.

D) o Ministério público pode ajuizar ação de improbidade por ato que gera enriquecimento ilícito, estando demonstrado o dolo, requisito subjetivo de configuração dessa modalidade de ato ímprobo.

E) a conduta do servidor incidirá na modalidade de ato de improbidade cujos requisitos se mostrarem mais predominantes em relação aos fatos, a exemplo da relevância da vantagem econômica recebida culposa ou dolosamente, que configura o tipo que gera enriquecimento ilícito.

4199) (2014) Banca: VUNESP – Órgão: DESENVOLVESP – Prova: Advogado

Para que as penalidades previstas na Lei 8.429/92 (Improbidade Administrativa) sejam aplicadas, é necessária a observância das regras do devido processo legal estampado no bojo do referido texto normativo. A respeito do processo judicial para apuração de atos ilícitos praticados por autoridades públicas, é correto afirmar que

A) a ação principal seguirá pelo rito ordinário e deverá ser proposta, pelo Ministério Público ou pela pessoa jurídica interessada, dentro de 30 dias da efetivação da medida cautelar.

B) se o Ministério Público não for parte, atuará, facultativamente, como fiscal da lei, sob pena de nulidade.

C) a ação principal seguirá pelo rito sumário e poderá ser proposta pelo Ministério Público ou pela pessoa jurídica interessada, dentro de 30 dias da efetivação da medida cautelar.

D) se o Ministério Público não for parte, atuará, obrigatoriamente, como fiscal da lei, sob pena de anulabilidade do procedimento.

E) a ação principal seguirá pelo rito ordinário e deverá ser proposta pelo Ministério Público ou pela pessoa jurídica interessada, dentro de 30 dias da distribuição da medida cautelar.

4200) (2017) Banca: MPE-RS – Órgão: MPE-RS – Prova: Promotor de Justiça – Reaplicação

Com relação às regras da Lei de Improbidade Administrativa (Lei n. 8.429, de 02 de junho de 1992), assinale a alternativa correta.

A) Estando a inicial em devida forma, o juiz mandará autuá-la e ordenará a notificação do requerido, para oferecer manifestação por escrito, que poderá ser instruída com documentos e justificações, dentro do prazo de quinze dias.

B) Tendo em vista a independência das ações, a propositura da ação de improbidade administrativa não traz a prevenção em relação a outras ações intentadas posteriormente, que tenham por fim discutir o mesmo objeto.

C) Tendo em vista a indisponibilidade do interesse público, o juiz não poderá extinguir o processo, sem resolução de mérito, se reconhecer a inadequação da ação de improbidade administrativa, devendo buscar todas as provas e ultimar o processo com sentença de mérito.

D) A ação de improbidade administrativa é de autoria exclusiva do Ministério Público, cabendo à pessoa jurídica de direito público ou de direito privado prestadora de serviço público, obrigatoriamente, a contestação do feito.

E) As ações destinadas a levar a efeito as sanções por ato de improbidade administrativa podem ser propostas em até 5 (cinco) anos, contados da data em que o ato de improbidade administrativa foi praticado.

"Art. 20. A perda da função pública e a suspensão dos direitos políticos só se efetivam com o trânsito em julgado da sentença condenatória.

Parágrafo único. A autoridade judicial ou administrativa competente poderá determinar o afastamento do agente público do exercício do cargo, emprego ou função, sem prejuízo da remuneração, quando a medida se fizer necessária à instrução processual."

4201) (2008) Banca: CESPE – Órgão: MPE-RR – Prova: Promotor de Justiça

Com base na Lei 8.429/1992 – Lei de Improbidade Administrativa -, julgue o item seguinte.

A perda da função pública e a suspensão dos direitos políticos só se efetivam com o trânsito em julgado da sentença condenatória.

A) Certo   B) Errado

4202) (2012) Banca: CESPE – Órgão: Câmara dos Deputados – Prova: Analista Legislativo

Julgue o item que se segue, relativo a improbidade administrativa.

Tratando-se de crime por ato de improbidade, a perda de função pública e a suspensão dos direitos políticos somente se efetivam com o trânsito em julgado da sentença condenatória.

A) Certo   B) Errado

4203) (2013) Banca: CESPE – Órgão: INPI – Prova: Analista de Planejamento – Direito

Acerca de agentes públicos e servidores públicos, julgue o item subsequente.

A perda da função pública e a suspensão dos direitos políticos do servidor acusado de improbidade administrativa só se efetivam com o trânsito em julgado da sentença condenatória, não podendo, assim, ser o agente público afastado de seu cargo, emprego ou função durante a instrução processual.

A) Certo   B) Errado

4204) (2013) Banca: FCC – Órgão: MPE-MA – Prova: Analista Ministerial – Direito

Paulo foi condenado, pela Justiça Estadual do Maranhão, por ato de improbidade administrativa, tendo-lhe sido aplicadas as sanções de ressarcimento integral do dano, perda da função pública, suspensão dos direitos políticos e multa civil de duas vezes o valor do dano. Em razão da condenação, Paulo ingressou com recurso ao Tribunal de Justiça do Estado, o qual aguarda julgamento. Nos termos da Lei no 8.429/92, só se efetivam com o trânsito em julgado da sentença condenatória

A) a multa civil, o ressarcimento integral do dano e a perda da função pública.

B) a perda da função pública e o ressarcimento integral do dano.

C) a perda da função pública e a multa civil.

D) a suspensão dos direitos políticos e a multa civil.

E) a suspensão dos direitos políticos e a perda da função pública.

4205) (2015) Banca: FCC – Órgão: TCE-CE – Prova: Técnico de Controle Externo-Administração

Para Alexandre de Moraes atos de improbidade são "aqueles que, possuindo natureza civil e devidamente tipificados em lei federal, ferem direta ou indiretamente os princípios constitucionais e legais da Administração pública". Nesse sentido, os atos de improbidade foram disciplinados pela Lei Federal no 8.429/1992. Segundo o referido regime jurídico,

A) as sanções de perda da função pública e suspensão dos direitos políticos somente se efetivam com o trânsito em julgado da sentença condenatória.

B) o ato de improbidade em si não constitui crime e não pode caracterizá-lo, isso em razão do princípio da especialidade.

C) para que uma conduta seja caracterizada como improba deve, além de atentar contra os princípios da Administração, implicar enriquecimento ilícito ou prejuízo ao erário.

D) a aplicação das sanções aos agentes administrativos previstas na denominada Lei de Improbidade Administrativa depende da efetiva ocorrência do dano ao patrimônio público, hipótese em que se deve aguardar decisão do Tribunal de Contas competente quanto à aprovação ou rejeição das contas.

E) os atos de improbidade que atentam contra os princípios da Administração pública compreendem tão somente a ação, excluindo a omissão.

4206) (2013) Banca: FCC – Órgão: MPC-MS – Prova: Analista de Contas

Segundo a Lei 8.429/1992, sobre improbidade administrativa,

A) as disposições da referida lei são de aplicação restrita a agentes públicos, não incidindo sobre agentes políticos ou particulares, ainda que tenham induzido ou concorrido para a prática do ato de improbidade.

B) poderão ser sujeitos passivos de atos de improbidade administrativa quaisquer entidades, integrantes ou não da Administração pública, desde que exerçam funções de interesse público.

C) o servidor público processado por ato de improbidade administrativa atentatório contra os princípios da Administração pública está sujeito à cassação dos seus direitos políticos.

D) o afastamento do agente público no curso da ação civil por improbidade administrativa, quando necessário à instrução do respectivo processo, se fará sem prejuízo da remuneração.

E) o agente público, caso não tenha havido enriquecimento ilícito, não estará sujeito à perda da função pública.

4207) (2016) Banca: FCM – Órgão: Prefeitura de Barbacena – MG – Prova: Advogado (+ provas)

No tocante à Lei 8.429/92, sobre improbidade administrativa:

A) As sanções, previstas na Lei de Improbidade Administrativa, são privativamente de caráter penal.
B) A ocorrência de prejuízo ao erário é uma condição precípua para a configuração de improbidade administrativa.
C) A perda da função pública e a suspensão dos direitos políticos só se efetivam com o trânsito em julgado da sentença condenatória.
D) As ações destinadas a levar a efeitos as sanções previstas nesta lei devem ser propostas no máximo até o término do exercício de mandato, de cargo em comissão ou de função de confiança, sob pena de prescrição.

4208) (2015) Banca: VUNESP – Órgão: PC-CE – Prova: Inspetor de Polícia Civil de 1ª Classe

Um agente público que pratica um ato de improbidade administrativa que atenta contra os princípios da administração pública, está sujeito a várias penalidades, dentre elas a perda da função pública e a suspensão dos direitos políticos, que só poderão ser efetivadas

A) após a denúncia concreta.
B) em qualquer fase do processo administrativo.
C) de imediato
D) após o trânsito em julgado da sentença condenatória.
E) após o encerramento da fase probatória.

4209) (2015) Banca: FUNIVERSA – Órgão: PC-DF – Prova: Perito Médico-Legista

No que concerne ao direito administrativo, assinale a alternativa correta.

A) Não se aplicam os privilégios dos entes públicos, como a impenhorabilidade de bens, às empresas estatais que prestam serviços públicos, pelo fato de serem entidades de personalidade jurídica da natureza privada.
B) A autarquia tem sua criação autorizada por lei, embora seu efetivo surgimento, do ponto de vista jurídico, dependa de inscrição no registro civil de pessoas jurídicas.
C) Conforme o STJ, exige-se prova de periculum in mora consistente, em tentativa de dilapidação dos bens, para a decretação de medida cautelar de indisponibilidade dos bens do agente acusado de improbidade.
D) Conforme a Lei de Improbidade Administrativa, a perda da função pública e a suspensão dos direitos políticos só se efetivam com o trânsito em julgado da sentença condenatória.
E) A autoexecutoriedade é espécie de elemento do ato administrativo.

4210) (2014) Banca: MPE-SC – Órgão: MPE-SC – Prova: Promotor de Justiça – Vespertina

A sanção que impõe a perda da função pública só produz efeito após o trânsito em julgado da sentença e alcança qualquer cargo, emprego ou função que o agente esteja exercendo nesse momento, ainda que distinto daquele em cujo exercício praticou o ato de improbidade, salvo exceções legais.

A) Certo   B) Errado

4211) (2013) Banca: IBFC – Órgão: MPE-SP – Prova: Analista de Promotoria I

Com relação à Lei Federal 8.429/92 (Lei de Improbidade administrativa), assinale a alternativa INCORRETA:

A) No caso de a ação de improbidade ter sido proposta pelo Ministério Público, a pessoa jurídica de direito público poderá abster-se de contestar o pedido, ou poderá atuar ao lado do autor, desde que isso se afigure útil ao interesse público, a juízo do respectivo representante legal.
B) Constitui crime, punível com detenção de seis a dez meses e multa, a representação por ato de improbidade contra agente público ou terceiro beneficiário, quando o autor da denúncia o sabe inocente.
C) A autoridade judicial, no curso da ação de improbidade administrativa, poderá determinar o afastamento do agente público do exercício do cargo, emprego ou função, sem prejuízo da remuneração, suspensão de direitos políticos e outras medidas que se fizerem necessárias à instrução processual.
D) É aplicável a lei em questão, no que couber, àquele que, mesmo não sendo agente público, induza ou concorra para a prática do ato de improbidade ou dele se beneficie sob qualquer forma direta ou indireta.
E) Estão sujeitos às penalidades da Lei de Improbidade Administrativa os atos de improbidade praticados contra o patrimônio de entidade que receba subvenção, benefício ou incentivo, fiscal ou creditício, de órgão público bem como daquelas para cuja criação ou custeio o erário haja concorrido ou concorra com menos de cinquenta por cento do patrimônio ou da receita anual, limitando-se, nestes casos, a sanção patrimonial à repercussão do ilícito sobre a contribuição dos cofres públicos.

4212) (2012) Banca: OBJETIVA – Órgão: EPTC – Prova: Auxiliar de Administração I

Quanto à perda da função pública e à suspensão dos direitos políticos, cominações previstas para certos atos de improbidade administrativa, segundo a Lei nº 8.429/92, assinalar a alternativa CORRETA:

A) Somente se efetivam com o trânsito em julgado da sentença condenatória.
B) Precederão o processo administrativo.
C) Em qualquer caso, inabilitam o condenado ao retorno à função pública e à vida política.
D) Ocorrerão apenas nos casos em que o condenado não apresentar condições de ressarcir integralmente o dano.

O referido afastamento do agente público é uma medida cautelar de afastamento do exercício do cargo e pode perdurar pelo prazo de até 60 dias, com possibilidade de prorrogação por igual período. **Findo o prazo, o afastamento será cessado, ainda que não concluído o processo.** Ademais, não cabe cogitar foro especial na ação de improbidade administrativa e a mesma será processada e julgada no primeiro grau, haja vista tratar-se de uma ação de natureza cível. Portanto, inexiste foro por prerrogativa de função nas ações de improbidade administrativa e essas estão expressamente excluídas da competência dos Juizados Especiais Federais (Lei 10.259/2001, art. 3º).

As ações destinadas à aplicação das sanções previstas na Lei 8.429/1992 **prescrevem em 5 anos, contados do término** do exercício do mandato, cargo de comissão e cargo de confiança. Caso o agente público acusado for titular de cargo público de provimento efetivo ou emprego público, o prazo de prescrição será o estabelecido em lei para faltas disciplinares puníveis com demissão (art. 23, II). Vejamos

Art. 23. As ações destinadas a levar a efeitos as sanções previstas nesta lei podem ser propostas:

I – até cinco anos após o término do exercício de mandato, de cargo em comissão ou de função de confiança;

II – dentro do prazo prescricional previsto em lei específica para faltas disciplinares puníveis com demissão a bem do serviço público, nos casos de exercício de cargo efetivo ou emprego.

Destaca-se que no caso de improbidade administrativa praticado contra pessoas jurídicas que recebam subvenção, benefício ou incentivo fiscal ou creditício do Poder Público e entidades para cujo custeio o erário haja concorrido ou concorra com menos de 50% do patrimônio ou receita anual, a prescrição ocorre em cinco anos contados da data de apresentação à administração pública da prestação de contas final da entidade (art. 23, III).

4213) (2010) Banca: CESPE – Órgão: PGM – RR – Prova: Procurador Municipal

Acerca dos crimes previstos na Lei de Licitações e Contratos da Administração Pública (Lei 8.666/1993) e nas disposições da Lei de Improbidade Administrativa (Lei n°. 8.429/1992), julgue o item subsequente.

A Lei 8.429/1992 traz expressa disposição no sentido de admitir o afastamento do cargo do agente público, quando a medida se mostrar necessária à instrução do processo.

A) Certo   B) Errado

4214) (2015) Banca: CESPE – Órgão: FUB – Prova: Conhecimentos Básicos (+ provas)

À luz do disposto na Constituição Federal de 1988 acerca da administração pública, julgue o item a seguir.

A pretensão de se aplicar sanção ao agente por ato de improbidade administrativa é imprescritível.

A) Certo   B) Errado

4215) (2017) Banca: CESPE – Órgão: DPE-AC – Prova: Defensor Público

Em razão da prática de infração disciplinar tipificada como crime, foi instaurado procedimento administrativo disciplinar em desfavor de determinado servidor público, o qual já responde à ação penal relacionada aos mesmos fatos.

Acerca dessa situação hipotética, assinale a opção correta, de acordo com a jurisprudência dos tribunais superiores sobre o assunto.

A) A independência das esferas administrativa e criminal não permite que a efetivação de penalidade de demissão imposta em sede administrativa ocorra anteriormente ao trânsito em julgado da ação penal.

B) É aceita a utilização de prova emprestada no procedimento administrativo disciplinar em curso, desde que autorizada pelo juiz criminal e respeitados o contraditório e a ampla defesa.

C) A absolvição criminal fundada na inocorrência de crime impede a imposição de penalidade em sede do procedimento administrativo disciplinar.

D) A condenação criminal impõe a aplicação da penalidade administrativa em sede de procedimento disciplinar, independentemente da regularidade do procedimento administrativo instaurado.

E) A fim de serem evitadas decisões contraditórias nas instâncias administrativa e penal, impõe-se o sobrestamento do procedimento administrativo disciplinar até o julgamento final da ação penal em tramitação.

4216) (2014) Banca: FCC – Órgão: SABESP – Prova: Advogado

Em janeiro de 2005, José, vereador de determinado Município, praticou ato de improbidade administrativa, previsto na Lei no 8.429/92. Em dezembro de 2008, deu-se o término do exercício do mandato de José e, em janeiro de 2012, o Ministério Público ajuizou a respectiva ação de improbidade administrativa. A propósito dos fatos narrados, a ação ajuizada pelo Ministério Público.

A) não é cabível, vez que José não é considerado sujeito ativo de improbidade administrativa.

B) está prescrita, pois deveria ser ajuizada até janeiro de 2010.

C) está prescrita, pois deveria ser ajuizada até janeiro de 2011.

D) não está prescrita, pois poderá ser ajuizada até dezembro de 2015.

E) não está prescrita, pois poderia ser ajuizada até dezembro de 2013.

4217) (2015) Banca: FCC – Órgão: TRE-SE – Prova: Técnico Judiciário – Área Administrativa

Flora, então Prefeita de Lagarto/SE, praticou ato de improbidade administrativa no ano de 2004, quando ainda era Prefeita da cidade, tendo seu mandato terminado em dezembro de 2005. Em janeiro 2015, o Ministério Público ajuizou a respectiva ação de improbidade administrativa questionando o ato praticado enquanto Prefeita do citado Município. No caso em questão e nos termos da Lei no 8.429/1992, a ação proposta

A) está prescrita, pois deveria ter sido ajuizada até dezembro de 2014.

B) é imprescritível.

C) está prescrita, pois deveria ter sido ajuizada até dezembro de 2010.

D) está prescrita, pois deveria ter sido ajuizada até janeiro de 2014.

E) está absolutamente correta, pois ajuizada dentro do prazo legal.

4218) (2017) Banca: FCC – Órgão: TRT – 11ª Região (AM e RR) – Prova: Analista Judiciário – Oficial de Justiça Avaliador Federal

Joaquim é advogado e foi convidado por um Juiz de determinado Tribunal para ocupar cargo em comissão no citado Tribunal, sendo sua contratação efetivada em novembro de 2015. Ocorre que Joaquim, no exercício de suas atribuições, negou publicidade a atos oficiais, o que acarretou a sua exoneração, ocorrida em outubro de 2016. O fato também chegou ao conhecimento do Ministério Público, que pretende, após a devida investigação, ingressar com ação de improbidade administrativa contra Joaquim. Nos termos da Lei 8.429/1992, a ação de improbidade pretendida pelo Ministério Público pode ser proposta até

A) novembro de 2025.
B) novembro de 2020.
C) outubro de 2020.
D) outubro de 2021.
E) novembro de 2018.

4219) (2009) Banca: FCC – Órgão: TJ-SE – Prova: Técnico Judiciário – Área Administrativa

As ações destinadas a levar a efeitos as sanções previstas na Lei de Improbidade (Lei 8.429/92), nos casos de exercício de cargo efetivo ou emprego, podem ser propostas

A) dentro do prazo prescricional previsto em lei específica.
B) até cinco anos após o término do exercício de mandato, de cargo em comissão ou de função de confiança.
C) até oito anos após o término do exercício de mandato, de cargo em comissão ou de função de confiança.
D) dentro do exercício financeiro ao qual se refere.
E) até dezesseis anos após o término do exercício de mandato, de cargo em comissão ou de função de confiança.

4220) (2015) Banca: FCC – Órgão: TRE-RR – Prova: Técnico Judiciário – Área Administrativa (+ provas)

Após o término do exercício de mandato, de cargo em comissão ou de função de confiança, as ações destinadas a levar a efeitos as sanções previstas na Lei 8.429/92 podem ser propostas até

A) 20 anos.
B) 15 anos.
C) 5 anos.
D) 10 anos.
E) 2 anos.

4221) (2016) Banca: FGV – Órgão: IBGE – Prova: Analista – Processos Administrativos e Disciplinares

De acordo com a Lei 8.429/92, que dispõe sobre os atos de improbidade administrativa, a prescrição para a pretensão de aplicação aos agentes das sanções pessoais pela prática de ato de improbidade ocorre em:

A) oito anos após o término do exercício de mandato, de cargo em comissão ou de função de confiança, incluindo as ações de ressarcimento ao erário;
B) oito anos após o término do exercício de mandato, de cargo em comissão ou de função de confiança, sendo que o ressarcimento ao erário é imprescritível;
C) cinco anos após o término do exercício de mandato eletivo e dois anos após o fim da investidura de cargo em comissão ou de função de confiança;
D) cinco anos após o término do exercício de mandato, de cargo em comissão ou de função de confiança, incluindo as ações de ressarcimento ao erário;
E) cinco anos após o término do exercício de mandato, de cargo em comissão ou de função de confiança, sendo que o ressarcimento ao erário é imprescritível.

4222) (2016) Banca: FGV – Órgão: MPE-RJ – Prova: Analista do Ministério Público – Processual

Hamilton foi eleito Prefeito Municipal para o período de 2005 a 2008. No ano de 2007, Hamilton concedeu benefício fiscal a determinada sociedade empresária, sem a observância das formalidades legais ou regulamentares aplicáveis à espécie. O Prefeito foi reeleito e encerrou seu mandato em 31 de dezembro de 2012. Em 2015, o Promotor de Tutela Coletiva com atribuição em patrimônio público na área do Município recebeu peças de informação do Tribunal de Contas noticiando a ilegalidade. Imediatamente, o Promotor instaurou inquérito civil público e, em abril de 2016, concluiu as investigações com fartas provas da prática de improbidade administrativa. No caso em tela, de acordo com a legislação e a jurisprudência aplicável à matéria, é correto afirmar que:

A) já ocorreu a prescrição da pretensão estatal de aplicação das sanções da lei de improbidade em relação a Hamilton, mas a sociedade empresária ainda pode ser acionada com base na responsabilidade civil;
B) já ocorreu a prescrição da pretensão estatal de aplicação das sanções da lei de improbidade em relação a Hamilton e à sociedade empresária, pois o prazo de cinco anos é contado a partir da data do ilícito;
C) já ocorreu a prescrição da pretensão estatal de aplicação das sanções pessoais da lei de improbidade em relação a Hamilton e à sociedade empresária, mas é possível ajuizamento de ressarcimento, pois o dano ao erário é imprescritível;
D) ainda não ocorreu a prescrição da pretensão estatal de aplicação das sanções da lei de improbidade em relação a Hamilton e à sociedade empresária, pois o prazo para ambos é de cinco anos contados a partir do término do segundo mandato eletivo;
E) ainda não ocorreu a prescrição da pretensão estatal de aplicação das sanções da lei de improbidade em relação a Hamilton, pois o prazo de cinco anos é contado a partir do término do segundo mandato eletivo, mas já transcorreu a prescrição para a sociedade empresária.

4223) (2015) Banca: FGV – Órgão: DPE-RO – Prova: Analista da Defensoria Pública – Analista Jurídico

Marcelo exerceu cargo em comissão de Assessor Executivo em determinado Município do Estado de Rondônia, de janeiro a dezembro de 2009. Em abril de 2015, o Ministério Público Estadual ajuizou ação civil pública por ato de improbidade administrativa imputando a Marcelo a prática de conduta que, em tese, atentou contra princípios da administração pública e frustrou a licitude de concurso público, sem, contudo, ter causado dano ao erário. Por estar desempregado desde sua exoneração e em situação de hipossuficiência econômica, Marcelo buscou auxílio jurídico na Defensoria Pública. Na defesa prévia do assistido, dentre outros argumentos, o Defensor Público alegou corretamente que, de acordo com a Lei nº 8.429/92:

A) já ocorreu prescrição da pretensão autoral, pois a ação deveria ter sido proposta no prazo de até cinco anos após o término do exercício do cargo em comissão;
B) já ocorreu prescrição da pretensão autoral, pois a ação deveria ter sido proposta no prazo de até dois anos após o término do exercício do cargo em comissão;

C) apesar de ser imprescritível a pretensão autoral, o réu não possui legitimidade ad causam para figurar no polo passivo, porque atualmente não exerce qualquer função pública;

D) apesar de ser imprescritível a pretensão autoral, o réu não possui legitimidade ad causam para figurar no polo passivo, porque não era agente político, mas mero ocupante de cargo em comissão à época dos fatos;

E) já ocorreu prescrição da pretensão autoral, pois a ação deveria ter sido proposta no prazo de até dois anos após o término do exercício do cargo em comissão, e que o réu não possui legitimidade ad causam para figurar no polo passivo.

4224) (2017) Banca: FUNDEP (Gestão de Concursos) – Órgão: MPE-MG – Prova: Promotor de Justiça Substituto

Eleito para exercer o cargo de Prefeito durante o exercício de 2009 a 2012, o agente logrou ser reeleito em 2012, para ocupar a chefia do Executivo Municipal de 2013 a 2016. No ano de 2010, o referido alcaide utilizou-se indevidamente de máquinas, equipamentos e servidores do Município para construir tanques de criação de peixe na propriedade rural dele. De tal fato somente se teve conhecimento inequívoco em 2016, quando a Câmara Municipal local instaurou uma Comissão Parlamentar de Inquérito, e o Ministério Público um inquérito civil público, o qual foi ultimado no início de 2017.

Convencido da prática de ato de improbidade administrativa que causou prejuízo ao erário, entre as alternativas que se apresentam ao Promotor de Justiça, assinale a CORRETA:

A) O Promotor de Justiça deverá propor ao Conselho Superior do Ministério Público o arquivamento do inquérito civil público, tendo-se em vista que o prazo prescricional para o ajuizamento da ação é de 5 (cinco) anos após o término do exercício do mandato do Prefeito no qual o fato ocorreu.

B) O Promotor de Justiça deverá propor ação civil pública objetivando o ressarcimento dos danos ao erário, por ser imprescritível a ação em tal caso, por força do artigo 37, § 5º, da Constituição Federal, sem, contudo, cogitar da aplicação das sanções pelo ato de improbidade administrativa, por causa da ocorrência de sua prescrição.

C) O Promotor de Justiça deverá propor ação civil pública objetivando o ressarcimento dos danos ao erário e a aplicação das sanções pelo ato de improbidade administrativa, porque o termo inicial do prazo prescricional iniciou-se a partir do conhecimento inequívoco do fato.

D) O Promotor de Justiça deverá propor ação civil pública objetivando o ressarcimento dos danos ao erário e a aplicação das sanções pelo ato de improbidade administrativa, porque, em caso de reeleição, o prazo prescricional se inicia ao término do exercício do segundo mandato do agente.

4225) (2014) Banca: SHDIAS – Órgão: CEASA-CAMPINAS – Prova: Advogado

As ações destinadas a levar a efeitos as sanções previstas na lei 8.429/92, podem ser propostas em até quanto tempo após o término do exercício de mandato, de cargo em comissão ou de função de confiança?

A) 2 anos.

B) 3 anos

C) 5 anos.

D) 10 anos.

4226) (2013) Banca: MPE-GO – Órgão: MPE-GO – Prova: Promotor de Justiça

A respeito da Lei de improbidade Administrativa é correto afirmar:

A) de acordo com o art. 23, inciso I, da LIA, a prescrição em relação a Prefeito que tenha praticado ato de improbidade no primeiro ano de mandato começará a fluir, mesmo em caso de reeleição, a partir do término do segundo mandato. Neste caso, as ações podem ser propostas até cinco anos após o término do segundo mandato.

B) um vereador da comarca de Crixás percebeu vantagem patrimonial de determinado setor econômico interessado na aprovação de um projeto de lei. Tal conduta, em tese, configura ato de improbidade administrativa, nos termos do art. 9º, I, da LIA. Contudo, o vereador não poderá sofrer as sanções da Lei 8.429/92, em razão da imunidade material garantida aos parlamentares, de acordo com a Constituição Federal.

C) constitui ato de improbidade administrativa que causa lesão ao erário qualquer ação ou omissão, dolosa ou culposa, que enseje perda patrimonial, desvio, apropriação, malbaratamento ou dilapidação de bens ou haveres. Neste caso, seguindo a jurisprudência majoritária do STJ, a prova da perda patrimonial não é sempre necessária, podendo ser presumida.

D) o art. 12 da LIA estabelece que o responsável pelo ato de improbidade administrativa está sujeito às seguintes sanções, que podem ser aplicadas isolada ou cumulativamente, de acordo com a gravidade do fato: perda dos bens ou valores acrescidos ilicitamente ao patrimônio, ressarcimento integral do dano, perda dos direitos políticos, multa civil, proibição de contratar com o poder público ou receber benefícios ou incentivos fiscais ou creditícios e perda da função pública.

4227) (2014) Banca: MPE-SC – Órgão: MPE-SC – Prova: Promotor de Justiça – Vespertina

Analise o enunciado da Questão abaixo e assinale se ele é Certo ou Errado.

É de cinco anos o prazo prescricional da ação de responsabilização por ato de improbidade administrativa, em se tratando de servidor ocupante de cargo de provimento em comissão, contado a partir de sua exoneração.

A) Certo B) Errado

4228) (2016) Banca: FAFIPA – Órgão: APPA – PR – Prova: Analista Portuário – Economista

Segundo informações oficiais, a Administração dos Portos de Paranaguá e Antonina (APPA) foi criada pelo Governo do Paraná, em 1947. No ano de 2014, o Estado do Paraná, através da Lei 17.895, de 27 de dezembro de 2013, regulamentada pelo Decreto 11.562/14, transformou a Appa de autarquia para empresa pública. Nesse sentido, é importante que o servidor de empresa pública conheça a lei federal 8.429/92, que dispõe sobre as sanções aplicáveis aos agentes públicos nos casos de enriquecimento ilícito no exercício de mandato, cargo, emprego ou função na administração pública direta, indireta ou fundacional. Sobre ela, no que concerne à prescrição, assinale a alternativa CORRETA.

A) As ações destinadas a levar a efeitos as sanções previstas nessa lei podem ser propostas, em regra, até um ano após o término do exercício de mandato, de cargo em comissão ou de função de confiança.

B) As ações destinadas a levar a efeitos as sanções previstas nessa lei podem ser propostas, em regra, até três anos após o término do exercício de mandato, de cargo em comissão ou de função de confiança.

C) As ações destinadas a levar a efeitos as sanções previstas nessa lei podem ser propostas, em regra, até cinco anos após o término do exercício de mandato, de cargo em comissão ou de função de confiança.

D) As ações destinadas a levar a efeitos as sanções previstas nessa lei podem ser propostas, em regra, até dez anos após o término do exercício de mandato, de cargo em comissão ou de função de confiança.

4229) (2016) Banca: Planejar Consultoria – Órgão: Prefeitura de Lauro de Freitas – BA – Prova: Procurador Municipal

Da prescrição, conforme Lei 8.429, de 2 de junho de 1992. As ações destinadas a levar a efeitos as sanções previstas nesta lei podem ser propostas. Assinale a alternativa incorreta.

A) até cinco anos após o término do exercício de mandato.

B) dentro do prazo prescricional previsto em lei específica para faltas disciplinares puníveis com demissão a bem do serviço público, nos casos de exercício de cargo efetivo ou emprego.

C) até cinco anos da data da apresentação à administração pública da prestação de contas final pelas entidades referidas no parágrafo único do art. 1° desta Lei.

D) até dez anos após o término do exercício de mandato, de cargo em comissão ou de função de confiança.

E) até cinco anos após o término do exercício de cargo em comissão ou de função de confiança.

4230) (2015) Banca: IBFC – Órgão: SAEB-BA – Prova: Analista de Registro de Comércio

Considere as normas da Lei Federal n° 8.429 de 02/06/1992 que dispõe sobre as sanções aplicáveis aos agentes públicos nos casos de enriquecimento ilícito no exercício de mandato, cargo, emprego ou função na administração pública direta, indireta ou fundacional e dá outras providências e assinale a alternativa correta.

A) As ações destinadas a levar a efeitos as sanções previstas na referida lei podem ser propostas até cinco anos após o término do exercício de mandato, de cargo em comissão ou de função de confiança e dentro do prazo prescricional previsto em lei específica para faltas disciplinares puníveis com demissão a bem do serviço público, nos casos de exercício de cargo efetivo ou emprego.

B) As ações destinadas a levar a efeitos as sanções previstas na referida lei podem ser propostas até três anos após a prática do ato punível e dentro do prazo prescricional previsto em lei específica para faltas disciplinares puníveis com demissão a bem do serviço público, nos casos de exercício de cargo efetivo ou emprego.

C) As ações destinadas a levar a efeitos as sanções previstas na referida lei podem ser propostas até três anos após o término do exercício de mandato, de cargo em comissão ou de função de confiança e dentro do prazo prescricional previsto em lei específica para faltas disciplinares puníveis com demissão a bem do serviço público, nos casos de exercício de cargo efetivo ou emprego.

D) As ações destinadas a levar a efeitos as sanções previstas na referida lei podem ser propostas até três anos após a prática do ato punível em qualquer caso.

E) As ações destinadas a levar a efeitos as sanções previstas na referida lei podem ser propostas até dois anos após a prática do ato punível em qualquer caso.

4231) (2016) Banca: UECE-CEV – Órgão: DER-CE – Prova: Procurador Autárquico

As ações destinadas a levar a efeitos as sanções previstas na Lei Federal 8.429/92 (Lei de Improbidade Administrativa) podem ser propostas

A) até três anos após o término do exercício de mandato, de cargo em comissão ou de função de confiança.

B) até dez anos após o término do exercício de mandato, de cargo em comissão ou de função de confiança.

C) dentro do prazo prescricional previsto em lei específica para faltas disciplinares puníveis com demissão a bem do serviço público, nos casos de exercício de cargo efetivo ou emprego.

D) até dois anos, para faltas disciplinares puníveis com demissão a bem do serviço público, nos casos de exercício de cargo efetivo ou emprego.

4232) (2015) Banca: CEFET-BA – Órgão: MPE-BA – Prova: Promotor de Justiça Substituto (+ provas)

Assinale a alternativa CORRETA:

A) A pretensão de reparação do prejuízo causado ao erário pelo agente ímprobo ocupante de mandato eletivo prescreve em 5 (cinco) anos, contados da data da prática do ato de improbidade.

B) Segundo a atual jurisprudência do Superior Tribunal de Justiça, a decretação da indisponibilidade de bens em ação de improbidade administrativa depende da comprovação de que o réu esteja dilapidando o próprio patrimônio ou na iminência de fazê-lo.

C) As sanções legalmente previstas pela prática de atos de improbidade administrativa devem ser sempre aplicadas cumulativamente.

D) O prazo prescricional da ação de improbidade será o mesmo prazo previsto na lei específica por faltas disciplinares puníveis com demissão a bem do serviço público, nos casos de exercício de cargo efetivo ou emprego.

E) A prescrição intercorrente nas ações de improbidade decorre de previsão legal expressa.

4233) (2015) Banca: FUNRIO – Órgão: UFRB – Prova: Assistente em Administração

Segundo a Lei Federal 8429, de 2 de junho de 1992 e alterações, as ações destinadas a levar a efeitos as sanções nela previstas podem ser propostas, após o término do exercício de mandato, de cargo em comissão ou de função de confiança, em até

A) um ano.

B) dois anos.

C) dez anos.

D) vinte anos.
E) cinco anos.

4234) (2015) Banca: CETRO – Órgão: AMAZUL – Prova: Analista em Desenvolvimento de Tecnologia Nuclear – Advogado

As ações destinadas a levar a efeitos as sanções previstas na Lei 8.429/1992, que dispõe sobre improbidade administrativa, podem ser propostas até

A) 3 (três) anos após o término do exercício de mandato, de cargo em comissão ou de função de confiança.
B) 10 (dez) anos após o término do exercício de mandato, de cargo em comissão ou de função de confiança.
C) 2 (dois) anos após o término do exercício de mandato, de cargo em comissão ou de função de confiança.
D) 5 (cinco) anos após o término do exercício de mandato, de cargo em comissão ou de função de confiança.
E) 1 (um) ano após o término do exercício de mandato, de cargo em comissão ou de função de confiança.

4235) (2014) Banca: CONSULPLAN – Órgão: TERRACAP – Prova: Advogado

Com base na Lei 8.429, de 2 de junho de 1992, assinale a alternativa INCORRETA

A) O Ministério Público, se não intervir no processo como parte, atuará obrigatoriamente como fiscal da lei, sob pena de nulidade.
B) No caso de enriquecimento ilícito, perderá o agente público ou terceiro beneficiário os bens ou valores acrescidos ao seu patrimônio
C) Ocorrendo lesão ao patrimônio público por ação ou omissão, dolosa ou culposa, do agente ou de terceiro, dar-se-á o integral ressarcimento do dano.
D) A aplicação das sanções previstas na referida lei independe da efetiva ocorrência de dano ao patrimônio público, salvo quanto à pena de ressarcimento
E) As ações destinadas a levar a efeito as sanções de multa e ressarcimento ao erário podem ser propostas até 5 anos após o término do exercício de mandato, de cargo em comissão ou de função de confiança.

4236) (2017) Banca: Quadrix Órgão: CFO-DF – Prova: Procurador Jurídico

Com base em conhecimentos relativos a direito processual civil e à legislação correlata, julgue o próximo item.

As ações destinadas a levar a efeito as sanções de improbidade administrativa são imprescritíveis.

A) Certo   B) Errado

GABARITO – IMPROBIDADE ADMINISTRATIVA

3993) CERTO	4034) B	4075) CERTO	4116) ERRADO	4157) B	4198) D
3994) D	4035) D	4076) D	4117) CERTO	4158) A	4199) A
3995) C	4036) C	4077) CERTO	4118) CERTO	4159) E	4200) A
3996) CERTO	4037) C	4078) B	4119) E	4160) A	4201) CERTO
3997) C	4038) ERRADO	4079) ERRADO	4120) D	4161) D	4202) CERTO
3998) A	4039) C	4080) E	4121) A	4162) E	4203) ERRADO
3999) E	4040) A	4081) A	4122) E	4163) CERTO	4204) E
4000) C	4041) A	4082) B	4123) E	4164) B	4205) A
4001) A	4042) C	4083) E	4124) C	4165) C	4206) D
4002) C	4043) A	4084) B	4125) E	4166) B	4207) C
4003) ERRADO	4044) A	4085) D	4126) C	4167) ERRADO	4208) D
4004) CERTO	4045) C	4086) D	4127) D	4168) E	4209) D
4005) CERTO	4046) A	4087) D	4128) E	4169) D	4210) CERTO
4006) CERTO	4047) D	4088) B	4129) C	4170) CERTO	4211) C
4007) CERTO	4048) CERTO	4089) A	4130) D	4171) E	4212) A
4008) CERTO	4049) CERTO	4090) C	4131) A	4172) B	4213) CERTO
4009) CERTO	4050) ERRADO	4091) A	4132) D	4173) D	4214) ERRADO
4010) ERRADO	4051) CERTO	4092) C	4133) A	4174) A	4215) B
4011) ERRADO	4052) ERRADO	4093) C	4134) B	4175) B	4216) E
4012) CERTO	4053) B	4094) CERTO	4135) A	4176) D	4217) C
4013) CERTO	4054) A	4095) CERTO	4136) D	4177) B	4218) D
4014) ERRADO	4055) E	4096) CERTO	4137) A	4178) E	4219) A
4015) CERTO	4056) C	4097) CERTO	4138) C	4179) E	4220) C
4016) CERTO	4057) E	4098) B	4139) C	4180) E	4221) E
4017) A	4058) C	4099) E	4140) D	4181) B	4222) D
4018) A	4059) A	4100) D	4141) A	4182) B	4223) A
4019) A	4060) C	4101) D	4142) E	4183) B	4224) D
4020) C	4061) E	4102) E	4143) B	4184) D	4225) C
4021) C	4062) A	4103) A	4144) D	4185) D	4226) A
4022) A	4063) E	4104) CERTO	4145) ERRADO	4186) C	4227) CERTO
4023) B	4064) A	4105) CERTO	4146) ERRADO	4187) C	4228) C
4024) D	4065) E	4106) D	4147) C	4188) D	4229) D
4025) C	4066) C	4107) D	4148) CERTO	4189) E	4230) A
4026) D	4067) D	4108) A	4149) CERTO	4190) CERTO	4231) C
4027) D	4068) A	4109) E	4150) D	4191) C	4232) D
4028) A	4069) D	4110) CERTO	4151) A	4192) B	4233) E
4029) D	4070) D	4111) CERTO	4152) B	4193) D	4234) D
4030) C	4071) A	4112) ERRADO	4153) E	4194) E	4235) E
4031) A	4072) B	4113) A	4154) A	4195) B	4236) ERRADO
4032) C	4073) A	4114) ERRADO	4155) B	4196) ERRADO	
4033) C	4074) A	4115) CERTO	4156) E	4197) ERRADO	

FRASES PODEROSAS – IMPROBIDADE ADMINISTRATIVA			
	% de questões	Número de acertos nesse capítulo	% de acertos
Art. 2º Reputa-se agente público, para os efeitos desta lei, todo aquele que exerce, ainda que transitoriamente ou sem remuneração, por eleição, nomeação, designação, contratação ou qualquer outra forma de investidura ou vínculo, mandato, cargo, emprego ou função nas entidades mencionadas no artigo anterior.	6%		
Art. 3º As disposições desta lei são aplicáveis, no que couber, àquele que, mesmo não sendo agente público, induza ou concorra para a prática do ato de improbidade ou dele se beneficie sob qualquer forma direta ou indireta.	12%		
O sucessor daquele que causar lesão ao patrimônio público ou se enriquecer ilicitamente será responsável pela reparação do dano decorrente da prática de improbidade até o limite do valor da herança.	11%		
A aplicação das penalidades elencadas na Lei de improbidade é de competência exclusiva do Poder Judiciário, lembrando que nos casos dos tipos previstos no art. 9º (enriquecimento ilícito) e no art. 11 (violação dos princípios da administração pública) exige-se a demonstração do elemento subjetivo dolo e, no caso da hipótese prevista no art. 10 (prejuízo ao erário), deverá ser demonstrada o dolo ou a culpa.	9%		
LEI 8.429/92 – Art. 7º Quando o ato de improbidade causar lesão ao patrimônio público ou ensejar enriquecimento ilícito, caberá a autoridade administrativa responsável pelo inquérito representar ao Ministério Público, para a indisponibilidade dos bens do indiciado.	6%		
"Art. 23. As ações destinadas a levar a efeitos as sanções previstas nesta lei podem ser propostas: I – até cinco anos após o término do exercício de mandato, de cargo em comissão ou de função de confiança; II – dentro do prazo prescricional previsto em lei específica para faltas disciplinares puníveis com demissão a bem do serviço público, nos casos de exercício de cargo efetivo ou emprego."	9%		
TOTAL	53%		

14. PROCESSO ADMINISTRATIVO NO ÂMBITO FEDERAL

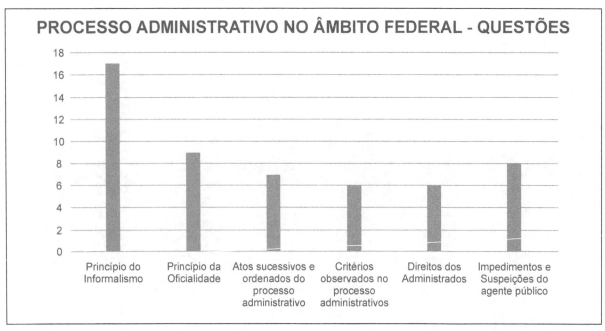

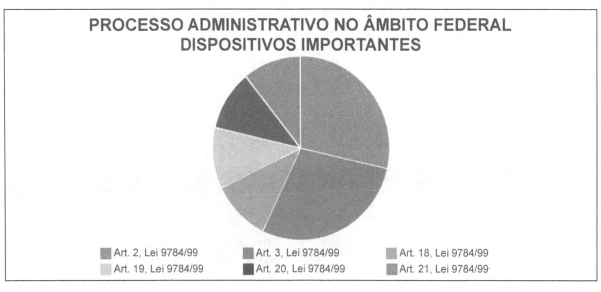

O **processo administrativo** pode ser conceituado como uma série de atos sucessivos e ordenados com a finalidade de assegurar a prática de uma medida administrativa. O processo administrativo poderá ser instaurado pela própria administração (autotutela administrativa) ou mediante a provocação através de uma das diversas hipóteses de petições administrativas. Ademais, conforme já estudado, o particular poderá a qualquer tempo, a despeito de ter sido instaurado ou não o processo administrativo, recorrer ao Poder Judiciário e pleitear seu direito judicialmente, o que implicará automaticamente na renúncia e extinção da discussão na esfera administrativa.

Cumpre destacar que a Lei 9.784/1999 que regulamenta o processo administrativo é uma lei administrativa federal, ou seja, os ditames legais previstos nesse diploma aplicam-se à Administração Pública Federal, Direta e Indireta, inclusive aos órgãos dos poderes Legislativo e Judiciário da União. Portanto, esse diploma não obriga os Estados e Municípios ou Distrito Federal. Entretanto, caso inexista norma específica regulando um determinado processo administrativo, será este disciplinado pela Lei 9.784/1999. Destaca-se que a Lei 9.784/99 também aplica-se aos Poderes Legislativo e Judiciário quando esses estiverem desempenhando a função administrativa de forma atípica.

4237) (2016) Banca: CESPE – Órgão: ANVISA – Prova: Técnico Administrativo

No que se refere à gestão de recursos humanos das agências reguladoras e ao processo administrativo no âmbito da administração pública, julgue o item subsequente com base no disposto nas Leis 9.986/2000 e 9.784/1999.

No âmbito da administração pública, o processo administrativo poderá ser impulsionado de ofício.

A) Certo B) Errado

4238) (2015) Banca: FCC – Órgão: TRE-AP – Prova: Analista Judiciário – Administrativa (+ provas)

Sobre o processo administrativo no âmbito da Administração Pública Federal, disciplinado pela Lei 9.784/99, é correto afirmar que:

A) os atos administrativos a ele relacionados, sem exceção, devem ser divulgados oficialmente.
B) é impulsionado de ofício, sem prejuízo da atuação dos interessados.
C) é incabível a cobrança de despesas processuais.
D) a constituição de advogado pelo administrado é obrigatória.
E) é vedada a formulação de alegações após a instauração do processo.

4239) (2015) Banca: BIO-RIO – Órgão: IF-RJ – Prova: Contador

O instrumento que formaliza a sequência ordenada de atos e de atividades do Estado e dos particulares a fim de produzir uma vontade final da administração compreende o conceito que se aplica a:

A) controle geral.
B) fluxo processual.
C) rotina de procedimentos.
D) processo administrativo.
E) contrato licitatório.

4240) (2015) Banca: COPEVE-UFAL – Órgão: Prefeitura de Craíbas – AL – Prova: Auxiliar Administrativo

"[...] até bem pouco, não havia uma lei geral sobre processo ou procedimento administrativo, nem na órbita da União, nem nas dos Estados ou Municípios. Existiam apenas normas esparsas concernentes a um ou outro procedimento [...]".

Referência: MELLO, C. A. B. de Curso de Direito Administrativo, São Paulo: Malheiros, 2012.

O procedimento ou processo administrativo corresponde a um(a)

I. sucessão de atos administrativos com finalidades específicas para que se possa atingir uma finalidade comum;
II. manifesto jurídico do Estado, no exercício de prerrogativas públicas, para dar cumprimento à Lei, estando sujeita ao controle de legitimidade;
III. ato administrativo único formado pela conjunção de vontades de vários órgãos públicos com a mesma finalidade.

Dos itens acima, verifica-se que está(ão) correto(s)

A) I, apenas.
B) III, apenas.
C) I e II, apenas.
D) II e III, apenas.
E) I, II e III.

4241) (2015) Banca: OBJETIVA – Órgão: Prefeitura de Carlos Barbosa – RS – Prova: Agente Administrativo

Com base em DI PIETRO, assinalar a alternativa que preenche as lacunas abaixo CORRETAMENTE:

O _____ é um conjunto de formalidades que devem ser observadas para a prática de certos atos administrativos; equivale a rito, à forma de proceder; o _____ se desenvolve dentro de um _____ administrativo.

A) procedimento – procedimento – processo
B) processo – processo – procedimento
C) procedimento – processo – procedimento
D) processo – procedimento – processo

4242) (2017) Banca: COPESE – UFT – Órgão: UFT – Prova: Assistente em Administração

Considerando as normas pertinentes ao início do processo administrativo contidos na Lei 9.784/1999 (Lei de Processo Administrativo), assinale a alternativa INCORRETA.

A) O processo administrativo somente se inicia a partir do pedido de interessado.
B) O requerimento inicial do interessado, salvo casos em que for admitida solicitação oral, deve ser formulado por escrito.
C) É vedada à Administração a recusa imotivada de recebimento de documentos, devendo o servidor orientar o interessado quanto ao suprimento de eventuais falhas.
D) Os órgãos e entidades administrativas deverão elaborar modelos ou formulários padronizados para assuntos que importem pretensões equivalentes.

4243) (2015) Banca: IESES – Órgão: MSGás – Prova: Advogado

Assinale a alternativa correta:

A) De acordo com a Lei n. 9.784/99, os cidadãos ou associações não têm legitimidade para interpor recurso administrativo, mesmo quanto a direitos ou interesses difusos.

B) Conforme estabelecido na Lei n. 9.784/99, a Administração deve revogar seus próprios atos, quando eivados de vício de legalidade, e pode anulá-los por motivo de conveniência ou oportunidade, respeitados os direitos adquiridos.

C) Os preceitos da Lei n. 9.784/99 também se aplicam aos órgãos dos Poderes Legislativo e Judiciário da União, quando no desempenho de função administrativa.

D) Na forma da Lei n. 9.784/99, em nenhuma hipótese haverá suspensão dos prazos processuais.

Os princípios aplicáveis à Administração deverão ser observados nos processos administrativos, com destaque para os mandamentos abaixo:

Oficialidade: esse princípio refere-se ao fato de que cabe à Administração Pública realizar a movimentação e prosseguimento do processo, denominado "impulso oficial do processo"). Esse princípio permite que os agentes públicos atuem de ofício no que tange a todos os atos necessários a dar seguimento ao processo (produção de provas, tomada de depoimentos, etc.).

Informalismo: no processo administrativo impera a informalidade, ou seja, os atos devem adotar forma simples, suficientes para **proporcionar segurança jurídica e garantir o contraditório e ampla defesa.** Em regra, os atos serão escritos ou, em algumas situações autorizadas, verbais e reduzidos a termo. Entretanto, a despeito do Princípio do Informalismo, nas situações em que uma norma legal estabelece uma forma determinada para a prática do ato, a mesma deverá ser observada, sob pena de nulidade.

Verdade material: refere-se a busca pela administração quanto a verdade/fato que efetivamente ocorreu. Ou seja, ao contrário do processo judicial, no qual interessa apenas a verdade formal dos fatos trazidos aos autos do processo, no processo administrativo busca-se a verdade real dos fatos. Nessa medida, nos processos administrativos a Administração Pública pode se fazer valer de qualquer prova, EM QUALQUER FASE DO PROCESSO, que auxiliem a apuração dos fatos ocorridos. **Destaca-se, ainda, que é possível a denominada reformatio in pejus nos processos administrativos** (inadmissível nos processos judiciais), ou seja, é possível a reforma da decisão administrativa inicial de forma DESFAVORÁVEL ao particular, "piorando" a sua situação.

4244) (2013) Banca: CESPE – Órgão: TRT – 17ª Região (ES) – Prova: Analista Judiciário – Oficial de Justiça Avaliador

A respeito do procedimento administrativo, do controle judicial da administração pública e da responsabilidade civil do Estado, julgue o item seguinte. O princípio da oficialidade impõe à autoridade administrativa competente a obrigação de impulsionar os processos administrativos, para resolver adequadamente as questões, podendo essa autoridade, inclusive, produzir provas para proteger o interesse dos administrados

A) Certo   B) Errado

4245) (2014 Banca: CESPE – Órgão: Câmara dos Deputados – Prova: Analista Legislativo

No que se refere ao processo administrativo e à responsabilidade civil do Estado, julgue o próximo item. O princípio da oficialidade aplicável ao processo administrativo reflete-se na adoção, pela administração, de formalidades legais que visem garantir a segurança jurídica do procedimento administrativo.

A) Certo   B) Errado

4246) (2008) Banca: CESPE – Órgão: MC – Prova: Técnico de Nível Superior – Direito

Acerca das regras previstas pela Lei n.º 9.784/1999, que regulam o processo administrativo no âmbito da administração pública federal, julgue os itens que se seguem. Tendo em vista o princípio da oficialidade, o processo administrativo deve iniciar-se sempre de ofício, por iniciativa de servidor público.

A) Certo   B) Errado

4247) (2010) Banca: CESPE – Órgão: ANEEL – Prova: Todos os Cargos

Acerca dos servidores públicos, do regime jurídico único dos servidores públicos civis da União e do processo administrativo, julgue os itens a seguir. A administração pública pode, independentemente de provocação do administrado, instaurar processo administrativo, como decorrência da aplicação do princípio da oficialidade.

A) Certo   B) Errado

4248) (2009) Banca: CESPE – Órgão: DPE-ES – Prova: Defensor Público

O princípio da oficialidade, aplicável ao processo administrativo, encontra-se presente no poder da administração de instaurar e instruir o processo, bem como de rever suas decisões.

A) Certo   B) Errado

4249) (2017) Banca: CESPE – Órgão: Prefeitura de Fortaleza – CE – Prova: Procurador do Município

Com relação a processo administrativo, poderes da administração e serviços públicos, julgue o item subsecutivo.

No processo administrativo, vige o princípio do formalismo moderado, rechaçando-se o excessivo rigor na tramitação dos procedimentos, para que se evite que a forma seja tomada como um fim em si mesma, ou seja, desligada da verdadeira finalidade do processo.

A) Certo   B) Errado

4250) (2016) Banca: CESPE – Órgão: FUB – Prova: Conhecimentos Básicos – Cargos de 1 a 7 (+ provas)

A respeito do processo administrativo, julgue o item subsequente.

Os atos do processo administrativo dependem de forma predefinida.

A) Certo   B) Errado

4251) (2015) Banca: CESPE – Órgão: TRE-MT – Prova: Analista Judiciário – Judiciária

Com base no disposto na Lei 9.784/1999, assinale a opção correta.

A) O ato administrativo discricionário praticado por agente incompetente dever ser revogado pela administração.
B) Em regra, o ato administrativo não depende de forma determinada, salvo quando a lei expressamente exigir forma específica.
C) Os atos administrativos discricionários independem de motivação, ainda que neguem direitos, diferentemente dos atos vinculados, para os quais se exige motivação e que são de cumprimento obrigatório pelo administrador público.
D) Quando da realização do controle de legalidade dos atos administrativos que pratica, a administração pública deve revogar, de ofício ou mediante provocação do interessado, quaisquer atos que tenham sido praticados com violação da lei.
E) A convalidação de ato administrativo que apresente defeito sanável depende de decisão judicial, sendo permitido à administração apenas declarar a nulidade de seus atos, e não convalidá-los.

4252) (2015) Banca: CESPE – Órgão: TRE-MT – Prova: Analista Judiciário – Administrativa

À luz do disposto na Lei 9.784/1999, assinale a opção correta a respeito do processo administrativo.

A) Os recursos administrativos, como regra geral, possuem efeito suspensivo.
B) Salvo expressa exigência legal, os atos do processo administrativo não dependem de forma determinada.
C) É obrigatória a intimação apenas em caso de os atos processuais resultarem em imposição de sanções ao interessado, sendo essa formalidade dispensada para atos de outra natureza.
D) O processo administrativo deve iniciar-se mediante provocação do interessado, não podendo seu início se dar de ofício pela administração.
E) O interessado deve constituir advogado para obter vista dos autos e postular no processo.

4253) (2010) Banca: CESPE – Órgão: AGU – Prova: Procurador Federal

Tendo em vista a disciplina legal que rege o processo administrativo brasileiro e o entendimento do STF acerca do tema, julgue os itens que se seguem.Os atos do processo administrativo dependem de forma determinada apenas quando a lei expressamente a exigir.

A) Certo B) Errado

4254) (2010) Banca: CESPE – Órgão: ANEEL – Prova: Técnico Administrativo (+ provas)

Julgue o próximo item, relativo ao processo administrativo.
O princípio da obediência à forma e aos procedimentos tem aplicação absoluta no processo administrativo, razão pela qual os atos do processo administrativo sempre dependerão de forma determinada.

A) Certo B) Errado

4255) (2008) Banca: CESPE – Órgão: STJ – Prova: Analista Judiciário – Tecnologia da Informação

Com referência ao processo administrativo em geral no âmbito da União (Lei n.º 9.784/1999), julgue os itens seguintes.A adoção de formas simples, suficientes para propiciar adequado grau de certeza, segurança e respeito aos direitos dos administrados é um critério a ser observado nos processos administrativos no âmbito da União.

A) Certo B) Errado

4256) (2014 Banca: CESPE – Órgão: MEC – Prova: Analista Processual

Embora estabelecido na legislação brasileira o dever de a administração adotar formas mais simples para instauração de processos administrativos, determinadas informações são necessárias para o requerimento escrito inicial do interessado na abertura do processo administrativo, como, por exemplo, a obrigatoriedade de indicação do domicílio do requerente ou do local para recebimento de comunicações.

A) Certo B) Errado

4257) (2008) Banca: CESPE – Órgão: STF – Prova: Analista Judiciário – Área Administrativa

Nos processos administrativos, em decorrência do princípio da verdade material, existe a possibilidade de ocorrer a reformatio in pejus.

A) Certo B) Errado

4258) (2015) Banca: FCC – Órgão: TRT – 9ª REGIÃO (PR) – Prova: Analista Judiciário – Área Judiciária – Oficial de Justiça Avaliador Federal

Alguns princípios processuais têm conteúdo peculiar quando dirigidos especificamente ao processo administrativo, como o princípio

A) da oficialidade, pois no processo administrativo não vigora o princípio da inércia, podendo ser instaurado e movimentado de ofício, com vistas à completa instrução e conclusão do processo.
B) da publicidade, que no processo administrativo é mais amplo do que no processo judicial, na medida em que é vedada qualquer forma de sigilo de informações.
C) do contraditório e da ampla defesa, que no processo administrativo é sensivelmente mais brando, quando não facultativo, tendo em vista que poderá ser garantido ao administrado, posteriormente, na fase judicial.
D) da formalidade, que prevê obediência estrita à forma prescrita em lei para a instauração e tramitação do processo administrativo, sob pena de nulidade, em razão de representar garantia ao administrado, considerando que os demais princípios são flexíveis.
E) da tipicidade, que se aplica ao processo administrativo com maior rigor, no sentido de exigir a que a infração administrativa seja precisamente descrita e tipificada, pois representa garantia à defesa do administrado.

4259) (2014 Banca: FCC – Órgão: TJ-AP – Prova: Juiz

Acerca dos princípios do processo administrativo, é correto afirmar:

A) Em face do silêncio da Administração diante de um requerimento do administrado, aplica-se o princípio da razoável duração do processo, gerando presunção de anuência tácita ao requerimento.

B) A exemplo do processo judicial, em que a instauração se dá de ofício, no processo administrativo, o princípio da oficialidade somente vigora após a provocação da autoridade administrativa pelo interessado.

C) Os processos administrativos devem ser realizados de maneira sigilosa, até a decisão final, em vista do interesse da Administração em tomar decisões sem interferências da opinião pública.

D) Embora se aplique no processo administrativo o chamado princípio do informalismo ou do formalismo moderado, há necessidade de maior formalismo nos processos que envolvem interesses dos particulares, como é o caso dos processos de licitação, disciplinar e tributário.

E) O princípio da gratuidade exige que todos os processos administrativos sejam gratuitos.

4260) (2017) Banca: VUNESP – Órgão: Prefeitura de Andradina – SP – Prova: Assistente Jurídico e Procurador Jurídico

Considerando os princípios atinentes ao processo administrativo, o poder da Administração, que se caracteriza pela iniciativa de instaurar, instruir e rever suas decisões no processo administrativo, se perfaz por meio do princípio

A) da publicidade.
B) da imperatividade.
C) do informalismo.
D) da eficiência.
E) da oficialidade.

4261) (2013) Banca: VUNESP – Órgão: TJ-RJ – Prova: Juiz

No Processo Administrativo,

A) não se aplica o princípio do juiz natural.
B) a instauração será exclusivamente por meio de Portaria.
C) admite-se, excepcionalmente, a interceptação de comunicação telefônica.
D) aplica-se o princípio do formalismo moderado.

4262) (2015) Banca: FAURGS – Órgão: TJ-RS – Prova: Titular de Serviços de Notas e de Registros – Provimento

Pelo princípio da oficialidade, aplicado ao processo administrativo, fica estabelecido que

A) a Administração tem poder para instaurar o processo administrativo ex officio.
B) a Administração só pode instaurar o processo administrativo mediante provocação do administrado.
C) os atos da Administração têm presunção de legitimidade.
D) as decisões administrativas, uma vez proferidas, não podem ser objeto de recurso ou revisão.

4263) (2008) Banca: CESGRANRIO – Órgão: CAPES – Prova: Assistente em Ciência e Tecnologia

O princípio da oficialidade, que norteia os processos administrativos, em geral, à exceção de certos processos de exclusivo interesse do administrado, pode ser definido como a(o):

A) obrigatoriedade de motivação oficial dos atos praticados pela Administração no processo, tornando explícitos os fundamentos normativos e fáticos das decisões nele tomadas.

B) garantia de que o processo administrativo não seja causa de ônus econômicos ao administrado.
C) busca da verdade material dos fatos pela Administração, ao invés de ficar restrita aos elementos que instruem o processo.
D) direito de o administrado recorrer oficialmente de decisão que lhe seja desfavorável no processo administrativo.
E) encargo da própria Administração de dar andamento e impulsionar a tramitação dos processos, mesmo na inércia do interessado.

4264) (2017) Banca: COPESE – UFJF – Órgão: UFJF – Prova: Técnico de Tecnologia da Informação (+ provas)

Marque a alternativa INCORRETA:

A) Os atos do processo administrativo dependem de forma determinada.
B) Os atos do processo devem ser produzidos por escrito, em vernáculo, com a data e o local de sua realização e a assinatura da autoridade responsável.
C) Salvo imposição legal, o reconhecimento de firma somente será exigido quando houver dúvida de autenticidade.
D) A autenticação de documentos exigidos em cópia poderá ser feita pelo órgão administrativo.
E) O processo deverá ter suas páginas numeradas sequencialmente e rubricadas.

4265) (2015) Banca: NC-UFPR – Órgão: COPEL – Prova: Advogado Júnior

Sobre os atos do processo administrativo regulado pela Lei 9.784/99, é correto afirmar:

A) Os atos do processo administrativo não dependem de forma determinada senão quando a lei expressamente a exigir.
B) A autenticação de documentos exigidos em cópia será realizada por cartório, sob pena de não conhecimento.
C) Inexistindo disposição específica, os atos do órgão ou autoridade responsável pelo processo e dos administrados que dele participem devem ser praticados no prazo de cinco dias, sendo vedada a dilatação sob qualquer argumento.
D) Os atos do processo devem ser produzidos por escrito, em vernáculo ou em idioma compreendido pela Comissão Processante, com a data e o local de sua realização e a assinatura da autoridade responsável.
E) Os atos do processo devem realizar-se em dias úteis, sendo defesa a prorrogação além do horário normal de funcionamento.

4266) (2016) Banca: IF-PE – Órgão: IF-PE – Prova: Tecnólogo – Gestão em Recursos Humanos

No que tange à Lei do Processo Administrativo, a adoção de formas simples, suficientes para propiciar adequado grau de certeza, segurança e respeito aos direitos dos administrados, refere-se ao(s) princípio(s) da

a) segurança jurídica e do informalismo.
b) gratuidade.
c) impessoalidade e da segurança jurídica.
d) motivação.
e) legalidade.

4267) (2014 Banca: COPEVE-UFAL – Órgão: CASAL – Prova: Assistente Administrativo

A Lei 9.784, de 29 de janeiro de 1999, visa, em especial, à proteção dos direitos dos administrados e ao melhor cumprimento dos fins da Administração. Nos processos administrativos são observados, entre outros, o critério de

A) atuação conforme entendimento do servidor.
B) adoção de formas simples, suficientes para propiciar adequado grau de certeza, segurança e respeito aos direitos dos administrados.
C) permissão de cobrança de quaisquer despesas processuais.
D) não observância das formalidades essenciais à garantia dos direitos dos administrados.
E) atendimento a fins de interesse pessoal, vedada a renúncia total ou parcial de poderes ou competências, salvo autorização em lei.

4268) (2017) Banca: UFSM – Órgão: UFSM – Prova: Engenheiro – Engenharia Civil (+ provas)

No que se refere ao processo administrativo no âmbito da Administração Pública Federal, regulado pela Lei 9.784/1999, serão observados, entre outros, os seguintes critérios:

I. objetividade no atendimento do interesse público, vedada a promoção pessoal de agentes ou autoridades.
II. divulgação oficial de todos os atos administrativos.
III. adoção de formas simples, suficientes para propiciar adequado grau de certeza, segurança e respeito aos direitos dos administrados.
IV. interpretação da norma administrativa da forma que melhor garanta o atendimento do fim público a que se dirige, vedada aplicação retroativa de nova interpretação.

Está(ão) correta(s)

A) apenas III.
B) apenas I e II.
C) apenas II e IV.
D) apenas I, III e IV.
E) I, II, III e IV.

4269) (2012) Banca: IESES – Órgão: TJ-RO – Prova: Titular de Serviços de Notas e de Registros – Provimento por Ingresso

São princípios estruturadores do processo administrativo em geral e de obrigatória observância:

A) Legalidade objetiva, atipicidade, formalismo e confidencialidade.
B) Tipicidade, informalismo, inércia e gratuidade.
C) Legalidade objetiva, oficialidade, informalismo e publicidade.
D) Legalidade objetiva, confidencialidade, inércia e gratuidade.

4270) (2014 Banca: IDECAN – Órgão: AGU – Prova: Agente Administrativo

A Lei 9.784/99 estabelece normas básicas sobre o processo administrativo no âmbito da Administração Federal direta e indireta. Diante do exposto, serão observados, nos processos administrativos, entre outros, os seguintes critérios:

I. Adoção de formas simples, suficientes para propiciar adequado grau de certeza, segurança e respeito aos direitos dos administrados.
II. Garantia dos direitos à comunicação, à apresentação de alegações finais, à produção de provas e à interposição de recursos, nos processos de que possam resultar sanções e nas situações de litígio.
III. Interpretação da norma administrativa da forma que melhor garanta o atendimento do fim público a que se dirige, sendo devida a aplicação retroativa de nova interpretação.

Está(ão) correta(s) apenas a(s) afirmativa(s)

A) I.
B) II.
C) III.
D) I e II.
E) I e III.

4271) (2015) Banca: FUNDATEC – Órgão: PGE-RS – Prova: Procurador do Estado

De acordo com a Lei do Processo Administrativo Federal, é correto afirmar que:

a) A reformatio in pejus é vedada nos processos administrativos em geral.
b) A reformatio in pejus é permitida nas revisões de processos administrativos sancionadores.
c) A reformatio in pejus é permitida desde que respeitado o contraditório, não sendo admitida nas revisões de processos administrativos sancionadores.
d) A reformatio in pejus é admitida em razão do princípio da supremacia do interesse público.
e) A reformatio in pejus é admitida em razão do princípio da autotutela administrativa, independentemente da matéria envolvida.

No artigo 2º da Lei 9.784/1999 são estabelecidos alguns critérios a serem observados nos processos administrativos, os quais decorrem dos princípios administrativos a serem observados:

IV – atuação segundo padrões éticos de probidade, decoro e boa-fé (moralidade);

XII – impulsão, de ofício, do processo administrativo, sem prejuízo da atuação dos interessados (oficialidade);

XIII – interpretação da norma administrativa da forma que melhor garanta o atendimento do fim público a que se dirige, vedada aplicação retroativa de nova interpretação (segurança jurídica)."

4272) (2016) Banca: FCC – Órgão: TRT – 14ª Região (RO e AC) – Prova: Técnico Judiciário – Área Administrativa

No curso de determinado processo administrativo de âmbito federal, a norma administrativa em discussão foi devidamente interpretada e, em seguida, extinto o processo. Posteriormente, a Administração pública deu nova interpretação à mesma norma, e desarquivou o mencionado processo administrativo para aplicá-la retroativamente. Nos termos da Lei 9.784/1999,

A) só será possível a aplicação retroativa de nova interpretação quando deferida pelo Chefe do Poder Executivo.
B) é possível aplicação retroativa de nova interpretação, desde que em prol do interesse particular.
C) sempre será possível a aplicação retroativa de nova interpretação.

D) só será possível a aplicação retroativa de nova interpretação quando postulada pelo particular.

E) é vedada aplicação retroativa de nova interpretação.

4273) (2017) Banca: FCC – Órgão: TRE-PR – Prova: Analista Judiciário – Área Judiciária (+ provas)

A Lei 9.784/1999, que regula o processo administrativo, estabelece que

A) deve ser observada a interpretação da norma administrativa da forma que melhor garanta o atendimento do fim público a que se dirige, vedada aplicação retroativa de nova interpretação.

B) não é admitida renúncia de competência, delegação nem avocação.

C) o indeferimento da alegação de suspeição de autoridade no âmbito do processo administrativo poderá ser objeto de recurso, com efeito suspensivo.

D) órgão ou entidade é a unidade de atuação integrante da estrutura da Administração direta e indireta.

E) é vedada a utilização de meio mecânico que reproduza os fundamentos das decisões no caso de solução de vários assuntos da mesma natureza para evitar que sejam prejudicados direito ou garantia dos interessados.

4274) (2017) Banca: IBADE – Órgão: PC-AC – Prova: Escrivão de Polícia Civil

Relativamente às disposições da Lei 8.429/1992, que trata da improbidade administrativa, assinale a alternativa correta.

A) Os atos de improbidade administrativa que importem prejuízo ao erário poderão resultar na perda dos bens ou valores acrescidos ilicitamente ao patrimônio, ressarcimento integral do dano, quando houver, perda da função pública, suspensão dos direitos políticos de oito a dez anos, pagamento de multa civil de até três vezes o valor do acréscimo patrimonial e proibição de contratar com o Poder Público ou receber benefícios ou incentivos fiscais ou creditícios, direta ou indiretamente, ainda que por intermédio de pessoa jurídica da qual seja sócio majoritário, pelo prazo de dez anos.

B) Estão sujeitos às sanções da Lei de Improbidade Administrativa os atos ímprobos praticados contra o patrimônio de entidade que receba subvenção, benefício ou incentivo, fiscal ou creditício, de órgão público bem como daquelas para cuja criação ou custeio o erário haja concorrido ou concorra com menos de cinquenta por cento do patrimônio ou da receita anual, limitando-se, nestes casos, a sanção patrimonial à repercussão do ilícito sobre a contribuição dos cofres públicos.

C) Como as sanções por ato de improbidade administrativa apenas são aplicáveis a agentes públicos, eventual particular que induza ou concorra para a prática de ato ímprobo apenas poderá ser responsabilizado na esfera criminal.

D) O sucessor daquele que causar lesão ao patrimônio público ou se enriquecer ilicitamente está sujeito às sanções de improbidade administrativa independentemente de limites, como o valor da herança.

E) Determinado agente público tornou-se réu em ação de improbidade administrativa. Segundo o Ministério Público, o aludido servidor teria causado lesão ao erário em razão de perda patrimonial de bens móveis do Estado do Acre. Durante o curso do processo judicial, o controle interno do órgão ao qual o servidor está lotado concluiu que o referido ato ímprobo não causou prejuízo ao erário. A partir desta informação superveniente do órgão de controle interno, não deverá haver aplicação das sanções por ato de improbidade administrativa ao agente público processado.

4275) (2017) Banca: IESES – Órgão: CEGÁS – Prova: Analista de Gestão – Economista

São deveres do administrado perante a Administração, durante o processo administrativo, sem prejuízo de outros previstos em ato normativo, consoante dispõe a Lei 9.784/99:

A) Ter ciência da tramitação dos processos administrativos em que tenha a condição de interessado, ter vista dos autos, obter cópias de documentos neles contidos e conhecer as decisões proferidas.

B) Formular alegações e apresentar documentos antes da decisão, os quais serão objeto de consideração pelo órgão competente.

C) Expor os fatos conforme a verdade; proceder com lealdade, urbanidade e boa-fé; não agir de modo temerário; prestar as informações que lhe forem solicitadas e colaborar para o esclarecimento dos fatos.

D) Prestar informações nas quais o administrado entender serem relevantes ao processo administrativo, ocultando-as caso não seja necessário.

4276) (2015) Banca: FAURGS – Órgão: TJ-RS – Prova: Titular de Serviços de Notas e de Registros – Provimento

Conforme o estabelecido na Lei .784, de 29 de janeiro de 1999, o princípio da segurança jurídica

A) proíbe a revisão das decisões proferidas pela Administração Pública no âmbito dos processos administrativos disciplinares.

B) proíbe a Administração de anular, a qualquer tempo, os atos administrativos de que decorram efeitos favoráveis para os destinatários.

C) proíbe a aplicação retroativa de nova interpretação da norma administrativa.

D) permite a aplicação retroativa de nova interpretação, conforme critérios discricionários do administrador público.

4277) (2017) Banca: UFSM – Órgão: UFSM – Prova: Técnico de Tecnologia da Informação (+ provas)

A Lei n° 9.784/99 regula o processo administrativo no âmbito da Administração Púbica.

Para os fins desta lei, considera-se correto afirmar que

I. é direito do administrado fazer-se assistir, facultativamente, por advogado, salvo quando obrigatória a representação, por força de lei.

II. o processo administrativo pode iniciar-se de ofício ou a pedido de interessado.

III. as organizações e associações representativas, no tocante a direitos e interesses coletivos, são legitimadas como interessadas no processo administrativo.

IV. pode ser arguida a suspeição de autoridade ou servidor que tenha amizade íntima ou inimizade notória com algum dos interessados ou com os respectivos cônjuges, companheiros, parentes e afins até o terceiro grau.

Está(ão) correta(s)
A) apenas I.
B) apenas IV.
C) apenas I e II.
D) apenas III e IV.
E) I, II, III e IV.

Em conformidade com o art. 3º da Lei 9.784/1999 são direitos dos administrados: ter ciência da tramitação de processos administrativos no qual seja interessado, direito de ter vista dos autos e de obter cópias dos documentos, direito de conhecer as decisões proferidas, direito de formular alegações e apresentar documentos até antes da decisão (princípio da verdade material), direito de atuar sem constituir advogado (princípio do informalismo) e direito constitucional quanto à razoável duração do processo e meios que garantam a celeridade da tramitação (art. 5º, LXXVIII) (princípio da celeridade processual).

4278) (2017) Banca: CESPE – Órgão: TRE-BA – Prova: Técnico Judiciário – Área Administrativa

De acordo com a Lei 9.784/1999, que regula o processo administrativo no âmbito federal e trata, entre outros assuntos, dos direitos e deveres dos administrados e da administração pública, assinale a opção correta.

A) Do processo administrativo em que seja interessado, o administrado tem direito a: ciência da tramitação; vista dos autos e obtenção de cópias de documentos, ainda que se trate de processo classificado como sigiloso.
B) A administração pública tem o dever de motivar suas decisões de forma explícita, clara e congruente, não podendo fazê-lo mediante simples declaração de concordância com fundamentos de pareceres anteriores.
C) Em qualquer caso, o administrado tem o dever de fazer-se assistir por advogado para que sejam observados os princípios constitucionais do contraditório e da ampla defesa.
D) O administrado tem o direito de formular alegações e apresentar documentos antes e depois da decisão administrativa, os quais devem ser considerados pelo órgão competente.
E) A administração pública tem o dever de emitir decisão nos processos administrativos, mas não está obrigada a se manifestar sobre as reclamações dos administrados.

4279) (2017) Banca: CESPE – Órgão: Prefeitura de Belo Horizonte – MG – Prova: Procurador Municipal

No que diz respeito ao processo administrativo, a suas características e à disciplina legal prevista na Lei 9.784/1999, assinale a opção correta.

A) A configuração da má-fé do administrado independe de prova no processo administrativo.
B) Segundo o STF, não haverá nulidade se a apreciação de recurso administrativo for feita pela mesma autoridade que tiver decidido a questão no processo administrativo.
C) Ainda que a pretensão do administrado seja contrária a posição notoriamente conhecida do órgão administrativo, sem o prévio requerimento administrativo, falta-lhe interesse para postular diretamente no Poder Judiciário.
D) É direito do administrado ter ciência da tramitação de processos administrativos no qual seja interessado.

4280) (2014) Banca: FUNCAB – Órgão: IF-AM – Prova: Assistente em Administração

De acordo com a Lei 9.784/1999 são deveres dos administrados perante à Administração, sem prejuízo de outros previstos em ato normativo, EXCETO:

A) ter ciência da tramitação dos processos administrativos em que tenha a condição de interessado, ter vista dos autos, obter cópias de documentos neles contidos e conhecer as decisões proferidas.
B) prestar as informações que lhe forem solicitadas e colaborar para o esclarecimento dos fatos.
C) não agir de modo temerário e prestar as informações que lhe forem solicitadas e colaborar para o esclarecimento dos fatos.
D) expor os fatos conforme a verdade e não agir de modo temerário e prestar as informações que lhe forem solicitadas e colaborar para o esclarecimento dos fatos.
E) proceder com lealdade, urbanidade e boa-fé e prestar as informações que lhe forem solicitadas e colaborar para o esclarecimento dos fatos.

4281) (2017) Banca: IESES – Órgão: CEGÁS – Prova: Analista de Gestão – Contador

A Administração Pública obedecerá, dentre outros, aos princípios da legalidade, finalidade, motivação, razoabilidade, proporcionalidade, moralidade, ampla defesa, contraditório, segurança jurídica, interesse público e eficiência. Segundo a Lei 9.784/99 que regula os processos administrativos no âmbito federal, a qual elenca os critérios a serem observados nestes processos, podemos identificar alguns deles nas assertivas abaixo. Identifique e assinale a alternativa correta:

I. Atuação segundo padrões éticos de probidade, decoro e boa-fé; adequação entre meios e fins, vedada a imposição de obrigações, restrições e sanções em medida superior àquelas estritamente necessárias ao atendimento do interesse público.
II. Atendimento a fins de interesse específico, sendo autorizada a renúncia total ou parcial de poderes ou competências; cobrança de despesas processuais.
III. O processo administrativo somente deverá ser provocado pelas partes interessadas, sendo vedada a impulsão de ofício.
IV. Interpretação da norma administrativa da forma que melhor garanta o atendimento do fim público a que se dirige, vedada aplicação retroativa de nova interpretação.

A sequência correta é:

A) Apenas a assertiva III está correta.
B) Somente as assertivas I e IV estão corretas.
C) Apenas as assertivas II e IV estão corretas.
D) As assertivas I e III estão corretas.

4282) (2017) Banca: COPESE – UFT – Órgão: UFT – Prova: Assistente em Administração

Considerando os direitos dos administrados contidos na Lei nº 9.784/1999 (Lei de Processo Administrativo), analise os itens a seguir.

I. Ser tratado com respeito pelas autoridades e servidores, que deverão facilitar o exercício de seus direitos e o cumprimento de suas obrigações.

II. Ter ciência da tramitação dos processos administrativos em que tenha a condição de interessado, ter vista dos autos, obter cópias de documentos neles contidos e conhecer as decisões proferidas.

III. Formular alegações e apresentar documentos antes da decisão, os quais serão objeto de consideração pelo órgão competente.

IV. Fazer-se assistir, facultativamente, por advogado, salvo quando obrigatória a representação, por força de lei.

Assinale a alternativa CORRETA.

A) Apenas os itens II, III IV estão corretos.
B) Apenas os itens I, III e IV estão corretos.
C) Apenas os itens I, II e III estão corretos.
D) Todos os itens estão corretos.

4283) (2017) Banca: NC-UFPR – Órgão: UFPR – Prova: Médico – Clínico Geral (+ provas)

Sobre o processo administrativo no âmbito da Administração Pública, assinale a alternativa correta.

A) O processo administrativo será sempre iniciado mediante provocação do interessado.
B) Não cabe recurso do indeferimento da alegação de suspeição.
C) O administrado tem o direito de ter ciência da tramitação de processos administrativos no qual seja interessado.
D) São inadmissíveis no processo administrativo as provas obtidas por meios ilícitos, salvo quando produzidas sob comprovada boa-fé.
E) A Administração Pública pode motivadamente adotar providências acauteladoras em caso de risco iminente, garantido o direito de prévia manifestação do interessado.

O processo administrativo terá início mediante iniciativa da própria administração pública **(de ofício) ou mediante provocação (a pedido)**. No caso em que o processo se der mediante provocação (a pedido), o particular deverá apresentar requerimento por escrito que deverá conter: órgão ou autoridade administrativa a que se dirige; identificação do interessado ou de quem o represente; domicílio do requerente ou local para recebimento das comunicações; formulação do pedido com exposição dos fatos e fundamentos, data e assinatura do requerente.

Nos termos do art. 9º da Lei 9.784/1999, são legitimados no processo:

Art. 9º São legitimados como interessados no processo administrativo:

I – pessoas físicas ou jurídicas que o iniciem como titulares de direitos ou interesses individuais ou no exercício do direito de representação;

II – aqueles que, sem terem iniciado o processo, têm direitos ou interesses que possam ser afetados pela decisão a ser adotada;

III – as organizações e associações representativas, no tocante a direitos e interesses coletivos;

IV – as pessoas ou as associações legalmente constituídas quanto a direitos ou interesses difusos.

Art. 10. São capazes, para fins de processo administrativo, os maiores de dezoito anos, ressalvada previsão especial em ato normativo próprio."

4284) (2015) Banca: FCC – Órgão: TRT – 4ª REGIÃO (RS) – Prova: Analista Judiciário – Área Judiciária (+ provas)

Sobre o processo administrativo no âmbito da Administração Pública Federal, regulado pela Lei 9.784/99, é correto afirmar que

A) órgão é a unidade de atuação dotada de personalidade jurídica.
B) todos os atos administrativos devem sempre ser objeto de divulgação oficial.
C) o processo pode ser iniciado tanto de ofício como a pedido do interessado.
D) o requerimento inicial do interessado deve ser feito sempre na forma escrita.
E) a competência exercida pelos órgãos administrativos é irrenunciável, cabendo delegação no caso da edição de atos de caráter normativo.

4285) (2015) Banca: FCC – Órgão: MANAUSPREV – Prova: Técnico Previdenciário – Administrativa

A instauração de processo administrativo, nos termos do que dispõe a Lei 9.784/99,

A) pode se dar a pedido de pessoa física ou jurídica titular do interesse em questão, ou mesmo ser instaurada de ofício.
B) deve se dar por provocação do interessado ou do Ministério Público, vedada instauração de ofício.
C) depende de provocação do interessado, sendo vedada a instauração de ofício ou requerida por terceiros.
D) deve se dar por meio de ofício, vedada a participação de interessados indiretos no objeto do processo.
E) deve se dar após autorização judicial quando houver potencial de aplicação de pena de demissão a servidor público.

4286) (2008) Banca: FCC – Órgão: TRT – 18ª Região (GO) – Prova: Analista Judiciário – Área Judiciária

De acordo com a Lei que regula o processo administrativo no âmbito da Administração Pública Federal, NÃO se incluem, dentre os legitimados como interessados no processo administrativo,

A) as organizações e associações representativas, no tocante a direitos e interesses coletivos.
B) as pessoas físicas ou jurídicas que o iniciem como titulares de direitos ou interesses individuais ou no exercício do direito de representação.
C) aqueles que, sem terem iniciado o processo, têm direitos ou interesses que possam ser afetados pela decisão a ser adotada.
D) quaisquer pessoas do povo, mesmo que não possam ser atingidas pela decisão a ser adotada.
E) as pessoas ou as associações legalmente constituídas quanto a direitos ou interesses difusos.

4287) (2007) Banca: FCC – Órgão: TRF – 2ª REGIÃO – Prova: Analista Judiciário – Área Judiciária

Dentre outros NÃO são considerados legitimados como interessados no processo administrativo, no âmbito da Administração Pública Federal,

A) as pessoas ou associações legalmente constituídas quanto a direitos ou interesses difusos.

B) pessoas físicas que o iniciem como titulares de direitos ou interesses individuais.
C) pessoas jurídicas que o iniciem como titulares de direitos ou no exercício do direito de representação.
D) aqueles que, sem terem iniciado o processo, têm direitos ou interesses que possam ser afetados pela decisão a ser adotada.
E) as organizações e associações representativas, no tocante a direitos e interesses individuais.

4288) (2015) Banca: CCV-UFC – Órgão: UFC – Prova: Assistente em Administração

De acordo com a Lei N° 9.784/99, são legitimados como interessados no processo administrativo:

A) aqueles que expõem os fatos conforme a verdade.
B) pessoa que tenha interesse direto ou indireto na matéria.
C) quem esteja litigando judicial ou administrativamente com o interessado ou respectivo cônjuge ou companheiro.
D) pessoas físicas ou jurídicas que o iniciem como titulares de direitos ou interesses individuais ou no exercício do direito de representação.
E) quem tenha participado ou venha a participar como perito, testemunha ou representante, ou se tais situações ocorrem quanto ao cônjuge, companheiro ou parente e afins até o terceiro grau.

4289) (2017) Banca: FEPESE – Órgão: JUCESC – Prova: Analista de Informática (+ provas)

Quanto ao processo administrativo no âmbito da Administração Pública Federal (Lei 9.784/1999), assinale a alternativa correta:

A) O indeferimento de alegação de suspeição não poderá ser objeto de recurso.
B) As organizações e associações representativas, no tocante a direitos e interesses coletivos, são legitimadas como interessadas no processo administrativo.
C) A edição de atos de caráter normativo poderá ser objeto de delegação de competência.
D) A intimação do interessado para ciência de decisão ou a efetivação de diligências só poderá ser efetuada por via postal com aviso de recebimento.
E) Concluída a instrução do processo administrativo, a Administração tem o prazo de até trinta dias para decidir, sem possibilidade de prorrogação.

4290) (2017) Banca: Quadrix – Órgão: SEDF – Prova: Professor – Direito

Acerca do Direito Administrativo, julgue o item a seguir.

De acordo com a Lei 9.784/1999, que regula o processo administrativo no âmbito da Administração Pública Federal, as organizações e associações representativas, no tocante a direitos e interesses coletivos, são legitimadas como interessadas no processo administrativo.

A) Certo B) Errado

4291) (2017) Banca: IBADE – Órgão: Prefeitura de Rio Branco – AC – Prova: Nutricionista

O administrado, nos termos da Lei n° 9.784/1999, que versa sobre o processo administrativo na Administração Pública Federal, tem os seguintes direitos perante esta, sem prejuízo de outros que lhe sejam assegurados:

A) ser tratado com respeito pelas autoridades e servidores, que deverão protelar o exercício de seus direitos e o cumprimento de suas obrigações.
B) formular alegações e apresentar documentos antes da decisão, os quais serão objeto de consideração pelo órgão competente.
C) fazer-se assistir, obrigatoriamente, por advogado, salvo quando obrigatória a representação, por força de lei.
D) ter ciência da tramitação dos processos administrativos em que tenha a condição de interessado, exceto a obtenção de cópias.
E) ter vista dos autos, obter cópias de documentos neles contidos e conhecer as decisões proferidas, quando tiver assistido por advogado.

4292) (2017) Banca: Nosso Rumo – Órgão: CREA-SP – Prova: Analista Advogado

São legitimados como interessados no processo administrativo, de acordo com a Lei 9.784/99, que regula o processo administrativo no âmbito da Administração Pública Federal, EXCETO:

A) pessoas jurídicas, apenas, que o iniciem como titulares de direitos ou no exercício do direito de representação.
B) as pessoas ou as associações legalmente constituídas quanto a direitos ou interesses difusos.
C) aqueles que, sem terem iniciado o processo, têm direitos ou interesses que possam ser afetados pela decisão a ser adotada.
D) as organizações e associações representativas, no tocante a direitos e interesses coletivos.
E) são capazes, para fins de processo administrativo, os maiores de dezoito anos, ressalvada previsão especial em ato normativo próprio.

4293) (2017) Banca: UFU-MG – Órgão: UFU-MG – Prova: Auxiliar em Administração

A Comissão Permanente de Sindicância e Inquérito Administrativo (COPSIA) da UFU recebeu denúncia anônima, segundo a qual determinado servidor estava se valendo do cargo para obter vantagem financeira ilícita. Diante de tal situação, e conforme a Lei do Processo Administrativo no âmbito federal, a COPSIA

A) não poderá, em hipótese alguma, abrir Procedimento Administrativo Disciplinar, posto que, conforme o art. 5°, inciso IV da Constituição Federal, é vedado o anonimato.
B) poderá abrir Procedimento Administrativo Disciplinar, se entender haver indícios suficientes para tanto.
C) poderá abrir Procedimento Administrativo Disciplinar, com base exclusivamente no requerimento exposto na denúncia anônima.
D) não poderá abrir Procedimento Administrativo Disciplinar, visto que a UFU não tem competência para investigar seus servidores.

Impedimento e Suspeição: Para fins de preservar uma atuação imparcial do agente público no âmbito do processo administrativo, em observância ao **Princípio da Impessoalidade, a Lei traz hipóteses de impedimento e suspeição**, figuras típicas do direito processual. As situações de impedimento e suspeição refere-se às situações na qual restaria comprometida a imparcialidade do agente público. Nesse sentido, encontra-se impedido e suspeito de atuar no processo administrativo o servidor ou autoridade que:

"Art. 18. É impedido de atuar em processo administrativo o servidor ou autoridade que:

I – tenha interesse direto ou indireto na matéria;

II – tenha participado ou venha a participar como perito, testemunha ou representante, ou se tais situações ocorrem quanto ao cônjuge, companheiro ou parente e afins até o terceiro grau;

III – esteja litigando judicial ou administrativamente com o interessado ou respectivo cônjuge ou companheiro.

Art. 19. A autoridade ou servidor que incorrer em impedimento deve comunicar o fato à autoridade competente, abstendo-se de atuar.

Parágrafo único. A omissão do dever de comunicar o impedimento constitui falta grave, para efeitos disciplinares.

Art. 20. Pode ser arguida a suspeição de autoridade ou servidor que tenha amizade íntima ou inimizade notória com algum dos interessados ou com os respectivos cônjuges, companheiros, parentes e afins até o terceiro grau.

Art. 21. O indeferimento de alegação de suspeição poderá ser objeto de recurso, sem efeito suspensivo."

4294) (2011) Banca: CESPE – Órgão: IFB – Prova: Professor – Direito

Com base na Lei 9.784/1999, que regulamenta o processo administrativo, julgue o item abaixo. Entre os princípios expressamente consignados na lei em questão, inclui-se o relativo à impessoalidade.

A) Certo B) Errado

4295) (2015) Banca: CESPE – Órgão: FUB – Prova: Administrador

No que tange à improbidade administrativa e ao processo administrativo federal, julgue o seguinte item.

O servidor que estiver litigando judicialmente com o titular de algum direito em processo administrativo ficará impedido de atuar no feito.

A) Certo B) Errado

4296) (2017) Banca: CESPE – Órgão: TRE-PE – Prova: Técnico Judiciário – Área Administrativa

Um processo administrativo instaurado no âmbito de um órgão público estará sujeito a nulidade caso

A) o administrado formule as alegações e apresente os documentos antes da decisão.
B) haja a recusa de provas apresentadas pelos interessados por serem consideradas protelatórias, mediante decisão fundamentada.
C) o administrado tenha obtido cópias de documentos do processo para a elaboração de sua defesa.
D) haja a atuação de autoridade que tenha interesse, mesmo que indireto, na matéria.
E) a intimação do administrado ocorra com antecedência de um dia útil, mesmo com o seu comparecimento no local, na data e na hora determinados.

4297) (2003) Banca: FCC – Órgão: TRT – 21ª Região (RN) – Prova: Analista Judiciário – Área Administrativa

NÃO está impedido de atuar em processo administrativo o servidor ou autoridade que

A) tenha participado como perito ou representante.
B) venha a participar como testemunha.
C) seja considerado sem interesse na matéria objeto do processo.
D) esteja litigando judicialmente com o cônjuge do interessado.
E) esteja litigando administrativamente com a companheira do interessado.

4298) (2017) Banca: IF-ES – Órgão: IF-ES – Prova: Administrador

O Art. 9º, Lei 9.784/1999, trata daqueles que são legitimados como interessados no processo administrativo. Sendo assim, é INCORRETO o que se afirma em:

A) Todos aqueles que têm direitos individuais que possam ser afetados pela decisão a ser adotada são legitimados como interessados, contanto que iniciem o processo administrativo.
B) Um sindicato é legitimado como interessado, no tocante a direitos e interesses coletivos.
C) Um cidadão é um interessado em um processo administrativo tanto quando o inicia como titular de direitos individuais quanto quando o inicia no exercício do direito de representação.
D) Um estabelecimento comercial é um interessado em um processo administrativo quando o inicia como titular de interesses individuais.
E) As pessoas ou as associações legalmente constituídas são legitimadas como interessados quanto a interesses difusos.

4299) (2015) Banca: COSEAC – Órgão: UFF – Prova: Técnico em Contabilidade (+ provas)

Servidor que tenha amizade íntima ou inimizade notória com cônjuge do interessado no processo administrativo; servidor que tenha interesse direto ou indireto na matéria. De acordo com a Lei 9.784/99:

A) a primeira hipótese é de suspeição; a segunda, de impedimento.
B) ambas são hipóteses de suspeição.
C) a primeira hipótese é de impedimento; a segunda, de suspeição.
D) ambas as hipóteses são de impedimento.
E) nenhuma das hipóteses é de suspeição nem de impedimento.

4300) (2016) Banca: SUGEP – UFRPE – Órgão: UFRPE – Prova: Assistente em Administração

A respeito da Lei 9784/1999, que regula o processo administrativo no âmbito da administração pública federal, assinale a alternativa correta.

A) O indeferimento de alegação de suspeição poderá ser objeto de recurso, sem efeito suspensivo.
B) O processo administrativo somente pode iniciar-se de ofício.
C) Pode ser arguido o impedimento de autoridade ou servidor que tenha amizade íntima ou inimizade notória com algum dos interessados.

D) Havendo vários interessados no processo, a desistência ou renúncia de qualquer um dos interessados estende-se aos demais.

E) A intimação observará a antecedência mínima de cinco dias quanto à data de comparecimento.

4301) (2017) Banca: UFSM – Órgão: UFSM – Prova: Engenheiro – Engenharia Civil (+ provas)

Sobre o processo administrativo no âmbito da Administração Pública Federal, regulado pela Lei 9.784/1999, é correto afirmar que

A) os atos do processo devem ser produzidos por escrito, em vernáculo, com a data e o local de sua realização e a assinatura da autoridade responsável e sempre conter o reconhecimento de firma.

B) os atos do processo devem realizar-se em finais de semana, fora do horário normal de funcionamento da repartição na qual tramitar o processo, para evitar prejuízos aos servidores interessados.

C) é impedido de atuar em processo administrativo o servidor ou a autoridade que, dentre outras hipóteses, esteja litigando judicial ou administrativamente com o interessado ou respectivo cônjuge ou companheiro.

D) terão prioridade na tramitação, em qualquer órgão ou instância, os procedimentos administrativos em que figure como parte ou interessado pessoa com idade igual ou superior a 70 (setenta) anos e pessoa portadora de deficiência, física ou mental.

E) das decisões administrativas cabe recurso, tão somente em face de razões de legalidade, devendo ser dirigido à autoridade que proferiu a decisão, a qual, se não a reconsiderar no prazo de cinco dias, o encaminhará à autoridade superior.

Direito a regime de tramitação prioritária: Nos termos do art. 69-A da Lei 9.784/1999 terão prioridade na tramitação, em qualquer órgão ou instância, os procedimentos em que figure como parte:

I – pessoa com idade igual ou superior a 60 (sessenta) anos;

II – pessoa portadora de deficiência, física ou mental;

IV – pessoa portadora de tuberculose ativa, esclerose múltipla, neoplasia maligna, hanseníase, paralisia irreversível e incapacitante, cardiopatia grave, doença de Parkinson, espondiloartrose anquilosante, nefropatia grave, hepatopatia grave, estados avançados da doença de Paget (osteíte deformante), contaminação por radiação, síndrome de imunodeficiência adquirida, ou outra doença grave, com base em conclusão da medicina especializada, mesmo que a doença tenha sido contraída após o início do processo;

4302) (2011) Banca: CESPE – Órgão: PC-ES – Prova: Escrivão de Polícia

Considerando os princípios e as normas sobre processo administrativo, julgue o seguinte item. Terão prioridade na tramitação do processo administrativo, em qualquer órgão ou instância, em que figurem como partes ou interessados, pessoas com idade igual ou superior a 60 anos, pessoas portadoras de deficiência, física ou mental, e portadores de doenças graves.

A) Certo   B) Errado

4303) (2017) Banca: CESPE – Órgão: TRT – 7ª Região (CE) – Prova: Analista Judiciário – Área Administrativa

Alexandre, incumbido de julgar processo administrativo com base na Lei 9.784/1999, após incidente de suspeição, foi afastado dessa atividade.

Considerando essa situação hipotética, assinale a opção que corresponde ao motivo que pode ter provocado a suspeição de Alexandre e seu afastamento do processo.

A) Alexandre é inimigo declarado do cônjuge da pessoa interessada.

B) Alexandre litiga judicialmente com a pessoa interessada.

C) Alexandre tem interesse direto ou indireto na matéria.

D) Alexandre participa do processo como testemunha.

Intimação do Interessado

(....) § 3º A intimação pode ser efetuada por ciência no processo, por via postal com aviso de recebimento, por telegrama ou outro meio que assegure a certeza da ciência do interessado.

Art. 27. O desatendimento da intimação não importa o reconhecimento da verdade dos fatos, nem a renúncia a direito pelo administrado.

4304) (2016) Banca: CESPE – Órgão: TCE-SC – Prova: Conhecimentos Básicos – Exceto para os cargos 3 e 6 (+ provas)

O Tribunal de Contas de determinado estado da Federação, ao analisar as contas prestadas anualmente pelo governador do estado, verificou que empresa de publicidade foi contratada, mediante inexigibilidade de licitação, para divulgar ações do governo. Na campanha publicitária promovida pela empresa contratada, constavam nomes, símbolos e imagens que promoviam a figura do governador, que, em razão destes fatos, foi intimado por Whatsapp para apresentar defesa. Na data de visualização da intimação, a referida autoridade encaminhou resposta, via Whatsapp, declarando-se ciente. Ao final do procedimento, o Tribunal de Contas não acolheu a defesa do governador e julgou irregular a prestação de contas.

A partir da situação hipotética apresentada, julgue o item a seguir.

É nula a intimação do governador, por ser obrigatório que seja feita por ciência no processo, via telegrama ou por via postal com aviso de recebimento

A) Certo   B) Errado

4305) (2017) Banca: Quadrix – Órgão: CRMV-DF – Prova: Agente Administrativo

De acordo com a Lei 9.784/1999, julgue o item a seguir acerca de processo administrativo.

O órgão competente perante o qual tramite o processo administrativo determinará a intimação, que poderá ser efetuada por ciência no processo, por via postal com aviso de recebimento, por telegrama ou por outro meio que assegure a certeza da ciência do interessado.

A) Certo   B) Errado

Instrução e decisão

"Art. 36. Cabe ao interessado a prova dos fatos que tenha alegado, sem prejuízo do dever atribuído ao órgão competente para a instrução e do disposto no art. 37 desta Lei.

Art. 37. Quando o interessado declarar que fatos e dados estão registrados em documentos existentes na própria Administração responsável pelo processo ou em outro órgão administrativo, o órgão competente para a instrução proverá, de ofício, à obtenção dos documentos ou das respectivas cópias."

Encerrada a fase de instrução, abre-se o prazo máximo de dez dias para manifestação do interessado, salvo se outro prazo for legalmente fixado (art. 44). Concluída a instrução, a Administração terá o prazo de trinta dias para emitir decisão, prazo este que pode ser prorrogado por igual período.

Neste ponto destacamos que, no âmbito do processo administrativo, a administração poderá proferir uma decisão fundamentada para fins de arquivamento do processo nas situações em que as informações e provas levadas ao processo forem insuficientes e quando a matéria não se mostrar suficientemente relevante.

4306) (2006) Banca: CESPE – Órgão: ANATEL – Prova: Analista Administrativo – Direito

Com relação ao processo administrativo, julgue os itens seguintes. No âmbito do processo administrativo, a instrução probatória cabe à parte, sendo vedado à administração substituir os interessados desse ônus processual, sob pena de violação da imparcialidade.

A) Certo   B) Errado

4307) (2015) Banca: CESPE – Órgão: STJ – Prova: Analista Judiciário – Administrativa

Acerca do processo administrativo e da improbidade administrativa, julgue o item que se segue.

No processo administrativo, após o encerramento da fase de instrução probatória, o poder público tem prazo de trinta dias para tomar a decisão, sendo possível a prorrogação por igual período, desde que devidamente motivada.

A) Certo   B) Errado

4308) (2012) Banca: FCC – Órgão: TJ-RJ – Prova: Analista Judiciário – Comissário da Infância e da Juventude

Em regular processo administrativo instaurado por provocação do interessado para o reconhecimento e deferimento de determinado direito, cabe ao interessado

A) a prova dos fatos que alegar, ainda que possa exigir da Administração que junte aos autos documentos que estejam em órgãos públicos de sua esfera e que comprovem as informações feitas por aquele.
B) apenas a alegação dos fatos, cabendo à Administração a desconstituição dos mesmos, em razão da inversão do ônus da prova.
C) escusar-se de apresentar outros documentos além dos juntados ao requerimento oficial, sem que isso possa fundamentar decisão contrária da Administração.
D) apresentar as provas que possuir para demonstração de seu direito, ainda que tenham sido obtidas por meios ilícitos, dado que o processo administrativo não se submete à mesma formalidade do processo judicial.
E) exigir a realização de audiência pública para debater o objeto do processo, ainda que a autoridade não tenha declarado a relevância necessária para tanto.

4309) (2006) Banca: FCC – Órgão: TRT – 4ª REGIÃO (RS) – Prova: Analista Judiciário – Contabilidade

No que tange à atividade de instrução no processo administrativo no âmbito da Administração Pública Federal, é INCORRETO afirmar que

A) cabe à Administração Pública a prova dos fatos alegados pelo interessado em virtude do princípio do interesse público e da eficiência.
B) o interessado poderá, antes de tomada a decisão, juntar documentos e pareceres, requerer diligências e perícias, bem como aduzir alegações referentes à matéria objeto do processo.
C) somente poderão ser recusadas, mediante decisão fundamentada, as provas propostas pelos interessados quando ilícitas, impertinentes, desnecessárias ou protelatórias.
D) encerrada a instrução, o interessado terá o direito de manifestar-se no prazo máximo de 10 (dez) dias, salvo se outro for legalmente fixado.
E) antes de tomada a decisão, a juízo da autoridade, diante da relevância da questão, poderá ser realizada audiência pública para debates sobre a matéria do processo.

4310) (2008) Banca: FCC – Órgão: TCE-CE – Prova: Analista de Controle Externo – Auditoria de Obras Públicas (+ provas)

Relativamente à instrução dos processos administrativos em nível federal, é correto afirmar que

A) as provas ilícitas poderão ser admitidas, a critério da autoridade processante, se não causarem lesão ao interesse público.
B) os autos, encerrada a instrução, serão imediatamente conclusos para decisão, sem manifestação da parte interessada.
C) é desnecessária a prévia intimação dos interessados para o comparecimento em diligências probatórias.
D) a falta de apresentação de parecer obrigatório, ainda que vinculante, não impede o encerramento da instrução.
E) cabe ao interessado a prova dos fatos que tenha alegado, salvo com relação a fatos passíveis de comprovação por documentos expedidos pelo órgão administrativo.

4311) (2015) Banca: IESES – Órgão: TRE-MA – Prova: Analista Judiciário – Administrativa

A Lei n. 9.784/1999 prevê que a Administração pública tem o dever de explicitamente emitir decisão nos processos administrativos e sobre solicitações ou reclamações, em matéria de sua competência. Concluída a instrução de processo administrativo, a Administração tem o prazo de até _____ para decidir, salvo prorrogação por igual período expressamente motivada.

A) Quarenta e cinco dias.
B) Sessenta dias.
C) Vinte dias.
D) Trinta dias.

4312) (2015) Banca: IBEG – Órgão: Prefeitura de Duque de Caxias – RJ – Prova: Auditor Fiscal Tributário

Com base na Lei que regula o processo administrativo no âmbito da Administração Pública Federal, e tomando como referência o seu art. 49, assinale a alternativa correta, referente ao prazo que a Administração tem para emitir decisão, após concluída a instrução de processo administrativo.

A) Prazo de até sessenta dias para decidir, impreterivelmente.
B) A administração tem um prazo de até cento e vinte dias para decidir, salvo prorrogação por igual período expressamente motivada.
C) Concluída a instrução de processo administrativo, a Administração tem o prazo de até trinta dias para decidir, salvo prorrogação por igual período expressamente motivada.
D) Após a instrução processual for concluída, a administração tem um prazo de até cento e cinquenta dias para decidir, salvo prorrogação por igual período expressamente motivada.
E) Depois de concluída a instrução processual o prazo da administração é de até quarenta e cinco dias para decidir, salvo prorrogação por igual período expressamente motivada.

O termo "recurso administrativo" refere-se à petição apresentada pelo particular para fins de pleitear uma **nova análise e reapreciação** de uma decisão tomada pela Administração Pública, no âmbito de um processo administrativo, que é desfavorável ao particular.

"Art. 63. O recurso não será conhecido quando interposto:
I – fora do prazo;
II – perante órgão incompetente;
III – por quem não seja legitimado;
IV – após exaurida a esfera administrativa.
§ 1º Na hipótese do inciso II, será indicada ao recorrente a autoridade competente, sendo-lhe devolvido o prazo para recurso.
§ 2º O não conhecimento do recurso não impede a Administração de rever de ofício o ato ilegal, desde que não ocorrida preclusão administrativa."

Em algumas situações específicas e em se tratando de processos com um rito específico, o recurso poderá ser endereçado à autoridade que se encontra fora da estrutura hierárquica em relação ao agente que proferiu a primeira decisão, são os denominados **recursos hierárquicos impróprios**.

Importante destacar que, assim como ocorre com o pedido de reconsideração, o recurso tempestivo interrompe a prescrição.

4313) (2011) Banca: CESPE – Órgão: TCU – Prova: Procurador Municipal (+ provas)

O Recurso Administrativo visa nova análise e reapreciação de uma decisão tomada pela Administração Pública.

A) Certo B) Errado

4314) (2013) Banca: CESPE – Órgão: SERPRO – Prova: Analista – Gestão Logística

No que se refere ao processo administrativo, segundo a Lei 9.784/1999, julgue o próximo item.

Recurso administrativo protocolado perante órgão incompetente não será conhecido, contudo a autoridade competente será indicada ao recorrente, sendo-lhe devolvido o prazo para recurso.

A) Certo B) Errado

4315) (2014 Banca: CESPE – Órgão: Câmara dos Deputados – Prova: Analista Legislativo

O Recurso Administrativo, quando tempestivo, interrompe a prescrição.

A) Certo B) Errado

4316) (2012) Banca: CESPE – Órgão: TJ-AC – Prova: Juiz

Em matéria de processo administrativo, o pedido de reconsideração e o recurso não interrompem a prescrição.

A) Certo B) Errado

4317) (2008) Banca: FCC – Órgão: TRF – 5ª REGIÃO – Prova: Analista Judiciário – Tecnologia da Informação (+ provas)

De acordo com a Lei 9.784/99, será devolvido o prazo para recurso na hipótese de interposição

A) após exaurida a esfera administrativa.
B) fora do prazo.
C) por pessoa sem legitimidade ativa.
D) perante órgão incompetente.
E) após transitada em julgado a decisão administrativa.

4318) (2012) Banca: CESGRANRIO – Órgão: Transpetro – Prova: Técnico de Administração e Controle Júnior

Um requerimento é um instrumento pelo qual o requerente se dirige a uma autoridade pública para solicitar o reconhecimento de um direito ou concessão de algo sob o amparo da lei. Se um requerimento é indeferido, pode-se fazer um "pedido de reconsideração".

Em caso de indeferimento do pedido de reconsideração, pode-se fazer outro requerimento denominado

A) recurso
B) despacho
C) notificação
D) ato declaratório
E) exposição de motivos

4319) (2011) Banca: FUJB – Órgão: MPE-RJ – Prova: Analista – Processual

Em relação aos recursos administrativos, é correto afirmar que:

A) têm sempre efeito suspensivo, salvo quando a lei preveja apenas o efeito devolutivo;
B) a representação por advogado é obrigatória, como decorrência do devido processo legal;
C) a interposição do recurso fora do prazo não impede que a Administração reconheça, de ofício, o direito postulado pelo administrado;
D) o pedido de revisão de ato sancionatório, formulado pelo interessado, pode resultar em reformatio in pejus;
E) o recurso hierárquico impróprio é cabível como decorrência do princípio da hierarquia administrativa, ainda que à míngua de previsão em lei.

4320) (2017) Banca: CONSULPLAN – Órgão: TRE-RJ – Prova: Analista Judiciário – Área Administrativa (+ provas)

"Um servidor do Tribunal Regional Eleitoral, no decorrer de processo administrativo em que pleiteia afastamento para estudo no exterior, contraiu doença grave após contaminação por radiação." Na situação apresentada, à luz das normas aplicáveis aos servidores federais, é correto afirmar que o servidor

A) passa a ter vinte dias de férias por semestre, vedada a acumulação.
B) desde que requeira, faz jus à tramitação prioritária do processo administrativo.
C) tem direito à aposentadoria por invalidez que deve ser concedida em até trinta dias.
D) somente terá o afastamento pretendido após inspeção realizada por junta médica oficial.

Os recursos administrativos no processo administrativo possuem, em regra, efeito devolutivo. Ou seja, toda a matéria recorrida será submetida a nova análise pela autoridade administrativa competente. Entretanto, os recursos administrativos poderão, adicionalmente ao efeito devolutivo, ter efeito suspensivo desde que previsto expressamente na lei. Ou seja, efeitos que suspendem a eficácia do ato que é objeto de questionamento no processo administrativo (no silêncio da lei, o recurso administrativo terá apenas efeito devolutivo).

4321) (2015) Banca: CESPE – Órgão: STJ – Prova: Analista Judiciário – Administrativa

Acerca do processo administrativo e da improbidade administrativa, julgue o item que se segue.

Em regra, os recursos administrativos, quando interpostos pelos interessados, têm efeito suspensivo.

A) Certo B) Errado

4322) (2014 Banca: CESPE – Órgão: MEC – Prova: Nível Superior

Com base na disciplina legal e na doutrina nacional acerca dos atos e processos administrativos, julgue o próximo item. O recurso administrativo, em regra, apresenta efeito devolutivo, admitindo, excepcionalmente, efeito suspensivo

A) Certo B) Errado

4323) (2014 Banca: CESPE – Órgão: Polícia Federal – Prova: Nível Superior

Julgue o item a seguir, no que concerne aos atos administrativos e ao controle da administração pública. Recursos administrativos são todos os meios utilizáveis pelos administrados para provocar o reexame do ato administrativo pela administração pública e, pelo fato de o processo administrativo ter impulsão de ofício, tais recursos não podem ter efeito suspensivo em hipótese alguma.

A) Certo B) Errado

4324) (2017) Banca: CESPE – Órgão: TRE-BA – Prova: Analista Judiciário – Área Judiciária

Em caso de recurso administrativo interposto perante autoridade incompetente, a legislação prevê que

A) o recurso seja remetido à autoridade competente.
B) a autoridade competente seja indicada ao recorrente, sendo-lhe devolvido o prazo para recurso.
C) o seguimento do recurso seja negado.
D) o recurso seja conhecido, embora deva ser desprovido.
E) o processo administrativo correspondente seja arquivado.

4325) (2017) Banca: BANPARÁ – Órgão: BANPARÁ – Prova: Advogado

Em relação ao Processo Administrativo, assinale a alternativa CORRETA, com base na Lei Federal 9.784/99:

A) Considerando que a Administração Pública é parte interessada no processo administrativo, para evitar o risco de que a onerosidade impossibilite a busca pelo reconhecimento dos direitos dos administrados, proíbe-se, em qualquer caso, a cobrança de despesas processuais.
B) Os recursos administrativos no processo administrativo possuem, em regra, efeito devolutivo.
C) O interessado poderá, mediante manifestação escrita, desistir total ou parcialmente do pedido formulado ou, ainda, renunciar a direitos disponíveis. A desistência ou renúncia do interessado prejudica o prosseguimento do processo, pelo que a Administração Pública estará, nestes casos, vinculada à vontade do interessado.
D) Os processos administrativos de que resultem sanções poderão ser revistos, a pedido ou de ofício, quando surgirem fatos novos ou circunstâncias relevantes suscetíveis de justificar a inadequação da sanção aplicada. Para que referida revisão ocorra, todavia, mister, como regra geral, que o pedido de revisão seja efetuado em até cinco anos contados da ciência, pelo interessado, da decisão final proferida no respectivo processo administrativo.

GABARITO – PROCESSO ADMINISTRATIVO NO ÂMBITO FEDERAL

4237) CERTO
4238) B
4239) D
4240) A
4241) A
4242) A
4243) C
4244) CERTO
4245) ERRADO
4246) ERRADO
4247) CERTO
4248) CERTO
4249) CERTO
4250) ERRADO
4251) B
4252) B
4253) CERTO
4254) ERRADO
4255) CERTO
4256) CERTO
4257) CERTO
4258) A
4259) D
4260) E
4261) D
4262) A
4263) E
4264) A
4265) A
4266) A
4267) B
4268) D
4269) C
4270) D
4271) C
4272) E
4273) A
4274) B
4275) C
4276) C
4277) E
4278) A
4279) D
4280) A
4281) B
4282) D
4283) C
4284) C
4285) A
4286) D
4287) E
4288) D
4289) B
4290) CERTO
4291) B
4292) C
4293) B
4294) ERRADO
4295) CERTO
4296) D
4297) C
4298) A
4299) A
4300) A
4301) C
4302) CERTO
4303) A
4304) ERRADO
4305) CERTO
4306) ERRADO
4307) CERTO
4308) A
4309) A
4310) E
4311) D
4312) C
4313) CERTO
4314) CERTO
4315) CERTO
4316) ERRADO
4317) D
4318) A
4319) C
4320) B
4321) ERRADO
4322) CERTO
4323) ERRADO
4324) B
4325) B

FRASES PODEROSAS – PROCESSO ADMINISTRATIVO NO ÂMBITO FEDERAL			
	% de questões	Número de acertos nesse capítulo	% de acertos
Lei 9784/199 – Art. 5º O processo administrativo pode iniciar-se de ofício ou a pedido de interessado	8%		
Cumpre destacar que a Lei 9.784/1999 refere-se à uma lei administrativa federal, ou seja, os ditames legais previstos nesse diploma aplicam-se à administração pública federal, direta e indireta, inclusive aos órgãos dos Poderes Legislativo e Judiciário da União. Portanto, esse diploma não obriga os estados e municípios ou Distrito Federal. Entretanto, caso inexista lei específica regulando um determinado processo administrativo, será este intimamente disciplinado pela Lei 9.784/1999.	7%		
Oficialidade: esse princípio refere-se ao fato de que cabe à administração pública realizar a movimentação e prosseguimento do processo, "impulso oficial do processo".	7%		
Informalismo ou formalismo moderado: no processo administrativo impera a informalidade, em regra, os atos devem adotar forma simples, suficiente para proporcionar segurança jurídica e garantir o contraditório e ampla defesa. Nos termos do art. 22 da Lei 9.784/99, "os atos do processo administrativo não dependem de forma determinada senão quando a lei expressamente a exigir".	9%		
Art. 13. Não podem ser objeto de delegação: I – a edição de atos de caráter normativo; II – a decisão de recursos administrativos; III – as matérias de competência exclusiva do órgão ou autoridade	17%		
TOTAL	48%		

15. BENS PÚBLICOS

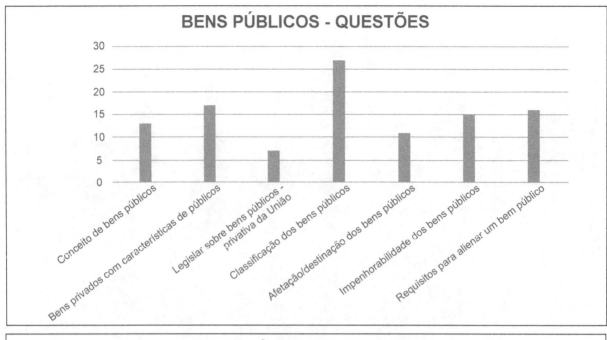

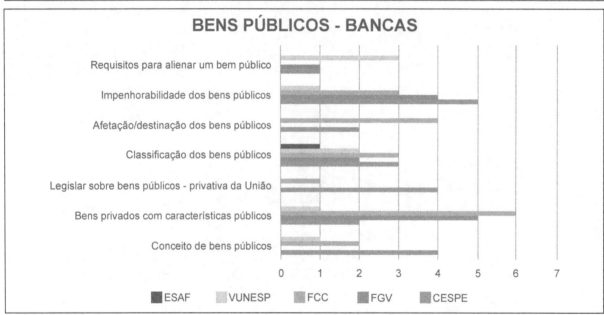

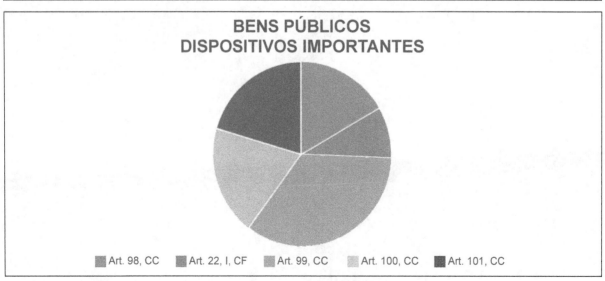

O termo bem público refere-se ao conjunto de bens móveis e imóveis, corpóreos e incorpóreos, pertencentes às **pessoas jurídicas de direito público interno**. Ou seja, são bens públicos os bens da União, dos Estados, do Distrito Federal, dos Municípios e bens das respectivas autarquias e fundações públicas de direito público.

Art. 98. São públicos os bens do domínio nacional pertencentes às pessoas jurídicas de direito público interno; todos os outros são particulares, seja qual for a pessoa a que pertencerem.

4326) (2013) Banca: CESPE – Órgão: DPE-DF – Prova: Defensor Público

Acerca dos bens públicos, julgue o item a seguir.

Segundo o ordenamento jurídico vigente, são considerados públicos os bens do domínio nacional pertencentes às pessoas jurídicas de direito público interno; sendo os demais considerados bens particulares, seja qual for a pessoa a que pertencerem

A) Certo B) Errado

4327) (2009) Banca: CESPE – Órgão: UNIPAMPA – Prova: Técnico de Contabilidade

Acerca da classificação dos bens públicos e de suas características, julgue o seguinte item.

São públicos os bens do domínio nacional pertencentes às pessoas jurídicas de direito público interno; todos os outros são particulares, seja qual for a pessoa a que pertencerem.

A) Certo B) Errado

4328) (2016) Banca: CESPE – Órgão: PGE-AM – Prova: Procurador do Estado

Com relação a pessoas jurídicas de direito privado e bens públicos, julgue o item a seguir.

Consideram-se bens públicos dominicais aqueles que constituem o patrimônio das pessoas jurídicas de direito público como objeto de direito pessoal ou real, tais como os edifícios destinados a sediar a administração pública.

A) Certo B) Errado

4329) (2010) Banca: CESPE – Órgão: IPAJM – Prova: Advogado

São bens particulares os bens do domínio nacional pertencentes às pessoas jurídicas de direito público interno.

A) Certo B) Errado

4330) (2015) Banca: FCC – Órgão: TJ-SC – Prova: Juiz Substituto

Pela perspectiva tão somente das definições constantes do direito positivo brasileiro, consideram-se "bens públicos" os pertencentes a

A) um estado, mas não os pertencentes a um território.
B) um município, mas não os pertencentes a uma autarquia.
C) uma sociedade de economia mista, mas não os pertencentes ao distrito federal.
D) uma fundação pública, mas não os pertencentes a uma autarquia.
E) uma associação pública, mas não os pertencentes a uma empresa pública.

4331) PREF. TERESINA/PI 2010 – FCC – PROCURADOR MUNICIPAL

Para o Código Civil, os bens públicos

A) são sempre inalienáveis.
B) dominicais e os de uso especial podem ser alienados, enquanto conservarem sua qualificação, observadas as exigências legais.
C) são aqueles do domínio nacional pertencentes às pessoas jurídicas de direito público interno, inclusive suas autarquias.
D) não são passíveis de usucapião, salvo os bens autárquicos.
E) têm a gratuidade como inerente a seu uso comum.

4332) (2013) Banca: VUNESP – Órgão: Câmara Municipal de São Carlos – SP – Prova: Advogado

Em relação aos bens públicos, assinale a alternativa correta.

A) Em sentido amplo, bens públicos são todas as coisas corpóreas e incorpóreas que pertençam, a qualquer título, às entidades estatais, por exemplo: cachorros do canil da Guarda Municipal, edifício sede do governo Municipal e ações de determinada autarquia.
B) Os imóveis da Administração descentralizada, como fundações de direito público e autarquias, não são considerados bens públicos.
C) O terceiro de boa-fé que possuir, como seu, imóvel público desativado, sem interrupção, nem oposição, por quinze anos ou mais, poderá adquirir-lhe a propriedade, judicialmente, por usucapião.
D) A aquisição onerosa de bens públicos, móveis e imóveis, não depende de autorização legal específica ou especial, mas dependerá de licitação, na modalidade adequada ao valor do contrato.
E) A alienação de bens da Administração Pública, subordinada à existência de interesse público devidamente justificado, será precedida de avaliação prévia e dependerá de licitação na modalidade de concorrência, exceção às entidades paraestatais.

4333) (2010) Banca: TRT 3R – Órgão: TRT – 3ª Região (MG) – Prova: Juiz do Trabalho

No que concerne aos bens públicos, assinale a proposição CORRETA:

A) Os bens dominiais da União, dos Estados e dos Municípios são irrenunciáveis e prescritíveis.
B) São bens dominiais da União, dos Estados e dos Municípios, as áreas correspondentes a vinte por cento dos imóveis rurais, cuja cobertura vegetal deve ser preservada contra o desmatamento, visando a proteção da flora e da fauna silvestres
C) São bens públicos, insuscetíveis de apropriação pelos particulares, as praças, as avenidas e os demais logradouros públicos.
D) Os bens públicos podem ser sequestrados para pagamento de dívidas inscritas em execução por precatório.
E) Os bens públicos podem ser dados em garantia de empréstimos contraídos pela Administração Pública.

4334) (2016) Banca: Alternative Concursos – Órgão: Câmara de Bandeirantes – SC Prova: Auxiliar Legislativo

São públicos os bens do domínio nacional pertencentes às pessoas jurídicas de direito público interno, todos os outros são particulares, seja qual for à pessoa a que pertencerem.

A) Certo   B) Errado

4335) (2016) Banca: MPE-PR – Órgão: MPE-PR – Prova: Promotor Substituto

Marque a assertiva incorreta:

A) A Administração deve anular seus próprios atos, quando eivados de vício de legalidade, e pode revogá-los por motivo de conveniência ou oportunidade, respeitados os direitos adquiridos, e ressalvada, em todos os casos, a apreciação judicial;
B) Os atos administrativos que dispensem ou declarem a inexigibilidade de processo licitatório deverão ser motivados, com indicação dos fatos e dos fundamentos jurídicos;
C) Às entidades privadas sem fins lucrativos que recebam, para realização de ações de interesse público, recursos públicos diretamente do orçamento ou mediante subvenções sociais, contrato de gestão, termo de parceria, convênios, acordo, ajustes ou outros instrumentos congêneres, se aplicam as disposições da Lei que regulamenta o acesso a informações (Lei n. 12.527/2011). Contudo, a publicidade a que estão submetidas refere-se à parcela dos recursos públicos recebidos e à sua destinação, sem prejuízo das prestações de contas a que estejam legalmente obrigadas;
D) São públicos os bens do domínio nacional pertencentes às pessoas jurídicas de direito público interno; todos os outros são particulares, seja qual for a pessoa a que pertencerem. Os bens públicos de uso comum do povo, os de uso especial e os dominicais são inalienáveis, enquanto conservarem a sua qualificação, na forma que a lei determinar;
E) O Poder Público quando interfere na órbita do interesse privado para salvaguardar o interesse público, restringindo direitos individuais, atua no exercício do denominado poder de polícia.

4336) (2012) Banca: FUMARC – Órgão: TJ-MG – Prova: Técnico Judiciário

Quanto aos bens públicos, é correto afirmar dentre as proposições abaixo, EXCETO:

A) São bens públicos os de uso comum do povo, tais como rios, mares, estradas, ruas e praças; os de uso especial, os edifícios ou terrenos destinados a serviço ou estabelecimento da administração federal, estadual, territorial ou municipal, inclusive os de suas autarquias e as sociedades de economia mista.
B) Não dispondo a lei em sentido contrário, consideram-se dominicais os bens pertencentes às pessoas jurídicas de direito público a que se tenha dado estrutura de direito privado.
C) Os bens públicos de uso comum do povo e os de uso especial são inalienáveis, enquanto conservarem a sua qualificação, na forma que a lei determinar; os bens públicos dominicais podem ser alienados, observadas as exigências da lei.
D) Os bens públicos não estão sujeitos a usucapião e o seu uso comum pode ser gratuito ou retribuído, conforme for estabelecido legalmente pela entidade a cuja administração pertencerem.

4337) (2016) Banca: Alternative Concursos – Órgão: Câmara de Bandeirantes – SC Prova: Auxiliar Legislativo

Sobre os Bens Públicos marque (F) para Falso (V) para Verdadeiro e em seguida indique a opção CORRETA:

(__) São públicos os bens do domínio nacional pertencentes às pessoas jurídicas de direito público interno, todos os outros são particulares, seja qual for à pessoa a que pertencerem.
(__) Os bens públicos de uso comum do povo e os de uso especial são inalienáveis, enquanto conservarem a sua qualificação, na forma que a lei determinar.
(__) Os bens públicos não estão sujeitos à usucapião.
(__) Os bens públicos dominicais não podem ser alienados.
(__) O uso comum dos bens públicos pode ser gratuito ou retribuído, conforme for estabelecido legalmente pela entidade a cuja administração pertencerem.

A) F, F, V, V, F.
B) V, V, F, F, V.
C) V, V, V, F, V.
D) V, V, F, F, F.
E) V, V, V, F, F.

Portanto, os bens das **pessoas jurídicas de direito privado integrantes da Administração Pública Indireta são bens privados**, assim como os bens de uma empresa privada concessionária de serviço público. Contudo, cabe destacar que quando esses bens estiverem sendo utilizados na prestação de um serviço público, **os mesmos passam a se revestir de algumas características próprias do regime de bens públicos, especialmente no que tange à impenhorabilidade e não onerabilidade.**

4338) (2014) Banca: CESPE – Órgão: Câmara dos Deputados – Prova: Analista Legislativo

Acerca do regime jurídico dos bens públicos, julgue o próximo item.

São públicos os bens pertencentes aos entes da administração direta e indireta.

A) Certo   B) Errado

4339) (2010) Banca: CESPE – Órgão: MS – Prova: Analista Técnico – Administrativo

Acerca dos bens e dos serviços públicos, julgue o item seguinte.

Os bens públicos de uso especial, integrados no patrimônio de ente político e afetados à execução de um serviço público, são inalienáveis, imprescritíveis e impenhoráveis.

A) Certo   B) Errado

4340) (2012) Banca: FCC – Órgão: TCE-AM – Prova: Analista de Controle Externo – Auditoria de Obras Públicas (+ provas)

O regime jurídico dos bens públicos determina a

A) impenhorabilidade de bens de empresas públicas e sociedades de economia mista.
B) inalienabilidade dos bens da Administração direta, autarquias e fundações públicas, ainda que dominicais.
C) inalienabilidade de bens de titularidades de administração direta e autárquica, quando afetados ao serviço público.

D) vedação de utilização por particular de bens imóveis de titularidade da Administração direta e autárquica, exceto sob regime de aforamento.

E) possibilidade de utilização por particular de bens imóveis de titularidade da Administração direta e autárquica, mediante permissão, em caráter precário, condicionada à prévia autorização legislativa.

4341) (2010) Banca: FCC – Órgão: TCE-AP – Prova: Procurador

A imprescritibilidade dos bens públicos

A) é aplicável aos bens das empresas públicas, em razão de sua natureza jurídica de direito público.

B) não é aplicável aos bens de titularidade das fundações, independentemente do regime jurídico das mesmas.

C) é aplicável aos bens das sociedades de economia mista, independentemente de sua afetação ao serviço público.

D) é aplicável aos bens das autarquias, porque sujeitos ao regime jurídico de direito público.

E) não é aplicável aos bens de titularidade das pessoas políticas, quando se tratar de usucapião.

4342) (2014) Banca: FCC – Órgão: TJ-CE – Prova: Juiz

Acerca dos bens públicos, é correto afirmar:

A) A imprescritibilidade é característica dos bens públicos de uso comum e de uso especial, sendo usucapíveis os bens pertencentes ao patrimônio disponível das entidades de direito público.

B) As terras devolutas indispensáveis à preservação ambiental constituem, nos termos do art. 225, *caput*, da Constituição Federal, bem de uso comum do povo.

C) Os bens pertencentes aos Conselhos Federais e Regionais de Fiscalização são bens públicos, insuscetíveis de constrição judicial para pagamentos de dívidas dessas entidades.

D) Os bens das representações diplomáticas dos Estados estrangeiros e de Organismos Internacionais são considerados bens públicos, para fins de proteção legal.

E) Os imóveis pertencentes à Petrobrás, sociedade de economia mista federal, são considerados bens públicos, desde que situados no Território Nacional.

4343) (2005) Banca: FCC – Órgão: PGE-SE – Prova: Procurador do Estado

Determinada empresa privada, concessionária de serviço público, por falha técnica em sua prestação, faz faltar o serviço a certos usuários. Estes, considerando-se prejudicados em seu direito de receberem o serviço, procuram partido político, que ajuíza mandado de segurança coletivo, com o objetivo de obter indenização, por parte da empresa concessionária, aos usuários lesados, garantindo-se, por ordem judicial, que não haja futuras interrupções no serviço em questão.

Se, por causar danos, a empresa concessionária vier a ser condenada judicialmente a indenizá-los, eventuais bens públicos que estejam em seu poder para a prestação dos serviços públicos

A) poderão ser penhorados em processo de execução, posto tratar-se de execução contra empresa privada.

B) não poderão ser penhorados em processo de execução, posto vigorar quanto a eles o princípio da imprescritibilidade.

C) poderão ser penhorados em processo de execução, posto tratar-se de execução fundada em responsabilidade civil do Estado.

D) não poderão ser penhorados em processo de execução, posto não perderem status de bens públicos, além de estarem afetos ao serviço público.

E) poderão ser penhorados em processo de execução, posto ter havido sua desafetação.

4344) (2015) Banca: FCC – Órgão: TRT – 15ª Região – Prova: Juiz do Trabalho Substituto

O regime jurídico de direito público que protege os bens públicos imóveis identifica-se, dentre outras características, pela imprescritibilidade, que

A) guarnece os bens de uso comum e os bens de uso especial, mas é excepcionado dos bens dominicais, pois estes são considerados os bens privados da Administração pública e, portanto, não podem se eximir de se submeter ao regime jurídico comum, como expressão do princípio da isonomia.

B) impede que os particulares adquiram a propriedade dos bens públicos por usucapião, independentemente do tempo de permanência no imóvel e da boa-fé da ocupação, mas não se aplica a eventuais ocupantes que possuam natureza jurídica de direito público, pelo princípio da reciprocidade.

C) impede a aquisição de bens públicos, independentemente de sua classificação, por usucapião, o que se aplica a particulares e pessoas jurídicas de direito público e privado, mas também se presta à proteção do patrimônio em face de qualquer instituto que venha a representar a subtração dos poderes inerentes à propriedade pública.

D) determina que o poder público pode promover ações para ressarcimento de danos e responsabilização dos envolvidos indefinidamente, com base no ordenamento jurídico vigente, no caso de ocupações multifamiliares irregulares, que gerem ou tenham gerado efeito favelizador da área.

E) aplica-se reciprocamente à Administração pública e aos administrados, na medida em que aquela também não pode regularizar suas ocupações por meio de usucapião de bens imóveis pertencentes a pessoas físicas ou jurídicas de direito privado.

4345) (2014) Banca: FCC – Órgão: TCE-PI – Prova: Assessor Jurídico

Determinada empresa estatal que desempenha serviços na área de informática e processamento de dados é proprietária de alguns terrenos públicos desocupados, localizados em diversos municípios do Estado, que lhe foram destinados por força da extinção de outra empresa estatal que atuava no mesmo segmento. Essa empresa, deficitária, está sendo acionada judicialmente por diversos credores, em especial por dívidas trabalhistas. Em um desses processos, foi requerida a penhora de dois terrenos vagos. O pedido

A) não pode ser deferido, tendo em vista que os bens públicos são impenhoráveis e inalienáveis.

B) não pode ser deferido, porque a execução dos débitos das empresas estatais deve ser feita por meio de expedição de precatórios.

C) pode ser deferido, tendo em vista que os terrenos pertencem a pessoa jurídica submetida a regime jurídico típico das empresas privadas, e sequer estão afetados a prestação de serviço público.

D) pode ser deferido em grau de subsidiariedade, ou seja, uma vez demonstrado que já se tentou atingir os bens públicos não afetados da empresa.

E) pode ser deferido, mas não pode ser determinada a hasta pública para venda dos bens, tendo em vista que as empresas estatais se submetem à lei de licitações para alienação de seus bens.

4346) (2008) Banca: FGV – Órgão: TJ-AP – Prova: Juiz

Assinale a afirmativa incorreta.

A) Os institutos de autorização de uso de bem público e o de permissão de uso de bem público são muito semelhantes. A diferença entre eles é que, no primeiro, predomina o interesse privado, enquanto, no segundo, prepondera o interesse público.

B) Domínio eminente é o poder político que permite ao Estado submeter à sua vontade todos os bens situados em seu território.

C) Segundo jurisprudência dos tribunais superiores, os bens de sociedade de economia mista são considerados bens públicos.

D) Considerando-se a destinação, os bens públicos classificam-se em bens de uso comum do povo, bens de uso especial e bens dominiais.

E) A concessão de bem público é contrato administrativo, ao passo que a autorização de uso de bem público e a permissão de uso de bem público são atos administrativos federais.

4347) (2011) Banca: FGV – Órgão: SEFAZ-RJ – Prova: Analista de Controle Interno – Prova 1

A respeito do regime jurídico patrimonial da Administração Pública, assinale a alternativa correta.

A) De acordo com o critério da titularidade, são públicos os bens do domínio nacional pertencentes às pessoas jurídicas que integram a Administração Pública Direta e Indireta.

B) Os bens pertencentes às empresas públicas e às sociedades de economia mista, embora titularizados por pessoas jurídicas de direito privado, submetem-se integralmente ao regime público.

C) Embora os bens pertencentes às empresas públicas e às sociedades de economia mista não sejam considerados públicos, seu regime jurídico é híbrido e sua penhorabilidade condiciona-se à observância do princípio da continuidade do serviço público.

D) Os bens públicos de uso comum do povo podem ser utilizados por todos em igualdade de condições, sendo vedada a cobrança de retribuição para sua utilização, ainda que destinada a compensar as despesas com sua manutenção.

E) De acordo com s sua destinação, os bens públicos classificam-se em bens de uso comum do povo, bens de uso especial, bens de uso oficial e bens de uso dominical.

4348) (2013) Banca: FGV – Órgão: SEGEP-MA – Prova: Agente Penitenciário

Os bens públicos caracterizam-se por possuir um regime jurídico próprio que faz com que esses bens, em regra, não sejam suscetíveis a atos de alienação, penhora ou usucapião.

As alternativas a seguir apresentam bens que se enquadram nesse regime jurídico de direito público, à exceção de uma. Assinale-a.

A) Uma barca pertencente a uma concessionária de serviço público que esteja afetada à prestação do serviço de transporte público coletivo de passageiros.

B) Um carro pertencente a um Estado membro que é utilizado para transportar servidores públicos em serviço.

C) Um prédio pertencente a uma Autarquia e que não esteja sendo utilizado.

D) Um terreno, sem utilização alguma, pertencente à União.

E) Um prédio utilizado como sede de uma empresa pública que desenvolve atividade econômica em regime de concorrência.

4349) (2015) Banca: FGV – Órgão: TJ-PI – Prova: Analista Judiciário -Escrivão Judicial

Em relação ao regime jurídico dos bens públicos, a doutrina de Direito Administrativo destaca a característica da:

A) inalienabilidade, segundo a qual os bens dominicais não podem ser, em qualquer hipótese, alienados;

B) impenhorabilidade, segundo a qual os bens públicos não se sujeitam ao regime de penhora;

C) imprescritibilidade, segundo a qual os bens públicos não podem ser objeto de usucapião, exceto os de uso especial;

D) onerabilidade, segundo a qual os bens públicos podem ser gravados com hipoteca e anticrese em favor de terceiros;

E) licitação, segundo a qual todos os bens públicos só podem ser adquiridos mediante prévio procedimento licitatório.

4350) (2014) Banca: VUNESP – Órgão: SAP-SP – Prova: Executivo Público

Assinale a alternativa que define corretamente o que são os bens públicos.

A) São todos os bens com finalidades econômicas e sociais e que foram adquiridos e estão sob a tutela do Estado, sejam no âmbito da União, Estados ou Municípios.

B) São todos aqueles que integram o patrimônio da Administração Pública direta e indireta.

C) Os bens públicos são aqueles que União, Estados e Municípios gerenciam e colocam à disposição da população.

D) Os bens públicos referem-se ao patrimônio com finalidade social e gerenciado por entes federativos.

E) São todos aqueles que integram o patrimônio da Administração Pública direta e indireta e que tenham finalidade social.

4351) (2015) Banca: IBFC – Órgão: Docas – PB – Prova: Administrador

Segundo Dra. Irene Patrícia Nohara o Direito Administrativo é o ramo do direito público que trata de princípios e regras que disciplinam a função administrativa e que abrange entes, órgãos, agentes e atividades desempenhadas pela Administração Pública na consecução do interesse público.

Assinale a alternativa que preenche corretamente a lacuna a seguir. No Direito Administrativo os bens públicos são considerados bens alodiais, ou seja, bens com _____ .

A) domínio privado.

B) domínio particular.

C) domínio público.

D) domínio público e privado.

4352) (2011) Banca: PGE-PA – Órgão: PGE-PA – Prova: Procurador do Estado

São bens públicos todos aqueles pertencentes às pessoas jurídicas de direito público – União, Estados, Distrito Federal, Municípios, autarquias, fundações e associações de direito público -, bem como às empresas públicas e sociedades de economia mista.

A) Certo B) Errado

4353) (2015) Banca: PUC-PR – Órgão: Prefeitura de Maringá – PR – Prova: Procurador Municipal

Sobre o regime jurídico dos bens públicos, assinale a alternativa CORRETA.

A) O particular que perde a propriedade sobre seu bem imóvel, pela via da desapropriação direta, não tem direito de preferência na retomada da titularidade deste em caso de retrocessão. Para tanto, deverá pagar o preço de mercado do imóvel, sendo irrelevante o montante que recebeu a título de prévia indenização.

B) Os bens de uso comum do povo e até mesmo os de uso especial podem ser transferidos entre entidades públicas, a critério dos gestores, desde que a transferência de titularidade se opere em processo administrativo que observe o interesse público e a publicidade, princípios expressos na Constituição Federal.

C) Pela via da retrocessão, o expropriado pode pleitear, invariavelmente, a reparação das perdas e danos que suportou em decorrência do fato de o imóvel não ter sido utilizado para os fins declarados no decreto expropriatório.

D) O critério da classificação de bens indicado no Código Civil não exaure a enumeração dos bens públicos, podendo, ainda, ser classificado com tal o bem pertencente à pessoa jurídica de direito privado que esteja afetado à prestação de serviços públicos.

E) A lei pode conferir às guardas municipais a prerrogativa de promover autuações e aplicar multas de trânsito, independente de conexão das atividades de repressão e prevenção a infrações à proteção dos bens, serviços e instalações municipais. Outrossim, o exercício da polícia de trânsito por guardas municipais deveria estar em harmonia com a legislação federal.

Conforme estabelece o art. 22, I da CF/88, **a competência para legislar sobre bens públicos é privativa da União.** Entretanto, os demais entes federados poderão expedir normas específicas acerca do uso, ocupação, alienação desses bens, em conformidade com as normas gerais.

4354) (2009) Banca: CESPE – Órgão: ANATEL – Prova: Analista Administrativo – Contabilidade

A competência para legislar sobre bens públicos é privativa da União.

A) Certo B) Errado

4355) (2016) Banca: CESPE – Órgão: PGE-AM – Prova: Procurador do Estado

A União deve legislar sobre bens públicos.

A) Certo B) Errado

4356) (2010) Banca: CESPE – Órgão: MS – Prova: Analista Judiciário

Segundo o artigo 22 da CF/88, é concorrente a competência da União e dos Estados para legislar em matéria de bens públicos.

A) Certo B) Errado

4357) (2008) Banca: CESPE – Órgão: SERPRO – Prova: Analista – Advocacia

A competência da União para legislar sobre bens públicos é privativa.

A) Certo B) Errado

4358) (2012) – Banca: FCC Prova: TRT 11ª – ANALISTA JUDICIÁRIO – EXECUÇÃO DE MANDADOS

A competência para legislar sobre bens públicos é:

A) privativa dos Estados.

B) privativa da União.

C) concorrente dos Municípios e dos Estados, apenas.

D) privativa dos Municípios.

E) concorrente dos Municípios, dos Estados e da União.

4359) (2016) Banca: Centro de Seleção e de Promoção de Eventos UnB (CESPE) – Procuradoria Geral do Estado – AM (PGE/AM) – Cargo: Procurador do Estado   Nível: Superior

A competência para legislar sobre bens públicos é privativa da União.

A) Certo B) Errado

4360) (2014) Banca: CAIP-IMES – Órgão: Câmara Municipal de São Caetano do Sul – SP – Prova: Procurador

Em conformidade com as normas gerais, o Município X pode expedir normas específicas acerca do uso, ocupação e alienação dos bens públicos.

A) Certo B) Errado

Quanto a sua destinação: O Código Civil trata da classificação dos bens públicos quanto à sua forma de utilização, dividindo-os em bens de uso comum do povo, uso especial e dominicais. Nesse sentido, estabelece a lei:

Art. 99. São bens públicos:

I – os de uso comum do povo, tais como rios, mares, estradas, ruas e praças;

II – os de uso especial, tais como edifícios ou terrenos destinados a serviço ou estabelecimento da administração federal, estadual, territorial ou municipal, inclusive os de suas autarquias;

III – os dominicais, que constituem o patrimônio das pessoas jurídicas de direito público, como objeto de direito pessoal, ou real, de cada uma dessas entidades.

Conforme transcrito acima, os **bens de uso comum do povo** são bens cujo direito de uso pertence a todos os indivíduos em igualdade de condições, independentemente de consentimento pelo poder público. Ou seja, a utilização ordinária/normal desses bens é livre a todos, uma vez que esses bens encontram-se à disposição da população gratuitamente. São exemplos de bens de uso comum: praças, ruas, praias etc. Cumpre ressaltar que os referidos bens, enquanto mantiverem essa qualidade, não podem ser alienados ou onerados, somente após a desafetação.

Os **bens de uso especial**, por sua vez, são bens que possuem uma **destinação específica (execução de serviços administrativos/serviços públicos em geral)**. Portanto, são bens de uso especial os edifícios de repartições públicas, mercados municipais, cemitérios públicos, veículos da Administração, as terras indígenas que, embora sejam de titularidade da União, são utilizadas pelos índios com o fito de preservação de sua cultura etc. **Os referidos bens, enquanto mantiverem essa qualidade, não podem ser alienados ou onerados, somente mediante a desafetação.** Ex: uma Universidade Pública deve ser utilizada pelos professores, alunos e servidores com o fito de prestar o serviço de educação.

A doutrina trata, ainda, a respeito dos bens de uso especial indireto, os quais a Administração não faz uso diretamente, contudo, realiza a sua **conservação visando proteger determinado interesse da coletividade.** Ex: terras ocupadas por índios.

Por fins, os **bens dominicais** são aqueles de titularidade das pessoas jurídicas de direito público, mas aos quais não foi conferida nenhuma finalidade pública. Em outras palavras, trata-se do bem público que não possui destinação pública. São exemplos de bens dominicais as terras devolutas, prédios públicos desativados, os bens móveis inservíveis, terrenos baldios, carteiras escolares danificadas etc.

4361) (2009) Banca: CESPE – Órgão: ANATEL – Prova: Analista Administrativo – Contabilidade

Com relação às normas e procedimentos sobre licitações, contratos, patrimônio e terceirização na administração pública, julgue o item a seguir.

São considerados bens públicos de uso especial os destinados a serviço ou estabelecimento da administração federal, inclusive os de suas autarquias.

A) Certo   B) Errado

4362) (2013) Banca: CESPE – Órgão: SEGER-ES – Prova: Analista Executivo – Direito

Os hospitais públicos e as universidades públicas, que visam à execução de serviços administrativos e de serviços públicos, classificam-se, quanto à sua destinação, como

A) enfiteuse.
B) bens de uso comum do povo.
C) bens dominicais.
D) bens de uso especial.
E) bens de concessão de direito real de uso.

4363) (2005) Banca: CESPE – Órgão: ANS – Prova: Analista Administrativo – Direito

O Estado, como nação politicamente organizada, exerce poderes de soberania sobre todas as coisas que se encontram em seu território. Alguns bens pertencem ao próprio Estado; outros, embora pertencentes a particulares, ficam sujeitos às limitações administrativas impostas pelo Estado; outros, finalmente, não pertencem a ninguém, por impropriáveis, mas sua utilização subordina-se às normas estabelecidas pelo Estado.

Hely Lopes Meirelles. Direito administrativo brasileiro. 29.ª ed. São Paulo: Malheiros, 2003 (com adaptações).

Tendo o texto acima como referência inicial, julgue o item subsequente a respeito dos bens públicos.

As terras devolutas são bens públicos dominicais.

A) Certo   B) Errado

4364) (2006) Banca: ESAF – Órgão: CGU – Prova: Analista de Finanças e Controle – Área – Correição – Prova 3

As terras devolutas da União incluem-se entre os seus bens

A) afetados.
B) aforados.
C) de uso comum.
D) de uso especial.
E) dominicais.

4365) (2010) Banca: FCC – Órgão: MPE-SE – Prova: Analista – Direito

Em face da classificação dos bens públicos, os bens de uso especial são

A) alienáveis, enquanto conservam a sua qualificação, na forma que a lei determinar.
B) aqueles que não têm uma destinação pública definida, que podem ser usados pelo Estado para fazer renda.
C) aqueles destinados à utilização geral pelos indivíduos, que podem ser utilizados por todos em igualdade de condições.
D) aqueles que visam à execução dos serviços administrativos e dos serviços públicos em geral.
E) impenhoráveis, mas estão sujeitos a usucapião.

4366) (2013) Banca: FCC – Órgão: AL-PB – Prova: Assessor Técnico Legislativo

Os bens públicos destinados a estabelecimento de administração federal e a serviço de autarquia da administração municipal são considerados bens

A) de uso especial.
B) de uso comum do povo e bens de uso especial, respectivamente.
C) de uso especial e bens dominicais, respectivamente.
D) de uso comum do povo.
E) dominicais.

4367) (2010) Banca: FCC – Órgão: AL-SP – Prova: Agente Técnico Legislativo Especializado – Direito

Os bens públicos podem ser classificados de acordo com a sua destinação. São bens

A) de uso comum do povo aqueles afetados a um determinado serviço ou finalidade pública, tais como os edifícios onde se situam os órgãos públicos.
B) de uso especial apenas aqueles destinados ao particular por concessão ou permissão de uso.
C) dominicais aqueles de domínio do Estado não afetados a uma finalidade pública.
D) de uso especial aqueles destinados, por lei, a entidades integrantes da Administração indireta.
E) dominicais aqueles destinados à fruição de toda a coletividade, como, por exemplo, as praças e as vias públicas.

4368) (2015) Banca: FGV – Órgão: Prefeitura de Niterói – RJ – Prova: Agente Fazendário

Em matéria de classificação de bens públicos, quanto à destinação, de acordo com a doutrina de Direito Administrativo e com o disposto no Código Civil, os edifícios destinados a serviço ou estabelecimento da administração municipal são bens públicos:

A) dominicais;
B) onerosos;
C) de uso delegado;
D) de uso comum do povo;
E) de uso especial.

4369) (2015) Banca: FGV – Órgão: Prefeitura de Niterói – RJ – Prova: Fiscal de Posturas

De acordo com a doutrina de Direito Administrativo, os bens de uso especial são aqueles que:

A) se destinam à utilização geral pelos indivíduos, de uso comum do povo, como os mares, as praias, os rios;
B) não têm destinação pública específica, mas integram o patrimônio público, como o caso das terras devolutas;
C) têm finalidade de gerar lucro ao poder público, como os serviços públicos remunerados por meio de tarifa;
D) se destinam à utilização por pessoas portadoras de deficiência, como as cadeiras de rodas disponíveis em prédios públicos;
E) visam à execução dos serviços administrativos e dos serviços públicos em geral, como o caso de cemitérios municipais.

4370) (2014) Banca: CAIP-IMES – Órgão: Câmara Municipal de São Caetano do Sul – SP – Prova: Procurador

Bens públicos de uso especial são aqueles:

A) que não estão destinados a uma finalidade determinada, como os terrenos não edificados.
B) destinados ao uso indistinto de toda a população, tais como as ruas e as praças.
C) que representam o patrimônio disponível do Estado, tais como as terras devolutas.
D) destinados a uma finalidade específica, tais como as bibliotecas.

4371) (2012) Banca: CEPERJ – Órgão: DEGASE – Prova: Técnico de Contabilidade

Os bens de propriedade de um determinado ente da federação utilizados nos serviços públicos, que têm como características a impenhorabilidade, a inalienabilidade e a sua contabilização, são classificados como bens públicos:

A) de domínio público artificiais
B) de uso comum
C) de uso especial
D) de uso público
E) dominiais

4372) (2012) Banca: AOCP – Órgão: TCE-PA – Prova: Analista de Controle Externo

Os bens que visam à execução dos serviços administrativos e dos serviços públicos em geral denominam-se

A) uso comum do povo.
B) uso restrito.
C) uso especial.
D) dominicais.
E) extrapatrimoniais.

4373) (2010) Banca: CESGRANRIO – Órgão: BACEN – Prova: Analista do Banco Central

Um automóvel integrante da frota de veículos de uma autarquia federal, cuja utilização destina-se ao transporte rotineiro do expediente administrativo, é um bem público

A) de uso comum do povo.
B) de uso particular.
C) de uso especial.
D) desafetado.
E) dominical.

4374) (2017) Banca: IBEG – Órgão: IPREV – Prova: Procurador Previdenciário

De acordo com a classificação dos bens públicos, o imóvel que abriga e pertence à Prefeitura de Viana é considerado

A) de uso especial.
B) de uso comum do povo.
C) dominal.
D) regular de serviço.
E) de uso disponível.

4375) (2014) Banca: IBFC – Órgão: SEPLAG-MG – Prova: Gestor de Transportes e Obras – Direito

Os logradouros públicos são considerados bens:

A) Dominicais
B) De uso especial.
C) De uso comum do povo.
D) Fungíveis

4376) (2013) Banca: Prefeitura do Rio de Janeiro – RJ – Órgão: Prefeitura de Rio de Janeiro – RJ – Prova: Guarda Municipal

O ar é bem público classificado como:

A) de uso especial
B) de uso exclusivo
C) de uso comum do povo
D) dominical
R: C

4377) (2013) Banca: Prefeitura do Rio de Janeiro – RJ – Órgão: SMA-RJ – Prova: Administrador

As praias são bem público classificado como:

A) de uso especial
B) de uso comum do povo
C) dominical
D) de uso exclusivo

4378) (2013) Banca: Prefeitura do Rio de Janeiro – RJ – Órgão: SMA-RJ – Prova: Agente Administrativo (+ provas)

A praça pública é bem municipal classificado como bem:

A) de uso especial
B) dominical
C) de uso comum do povo
D) de uso exclusivo

4379) (2016) Banca: UFMT – Órgão: TJ-MT – Prova: Técnico Judiciário

NÃO é bem público de uso comum do povo:

A) Os rios.
B) As sedes dos Municípios.
C) As ruas.
D) As praças.

4380) (2015) Banca: VUNESP – Órgão: Prefeitura de São José dos Campos – SP – Prova: Fiscal de Postura e Estética Urbana

Em um loteamento, o sistema viário público e as praças públicas são bens

A) dominiais.
B) de uso comum do povo.
C) de uso comum do povo e dominiais, respectivamente.
D) de uso comum do povo e de uso especial, respectivamente.
E) dominiais e de uso especial, respectivamente.

4381) (2012) Banca: VUNESP – Órgão: SPTrans – Prova: Advogado Pleno

Analise as seguintes definições sobre bens públicos:

I. edifícios ou terrenos destinados a serviços ou estabelecimento da administração federal, estadual, territorial ou municipal, inclusive os de suas autarquias;

II. as terras sem destinação pública específica, os prédios públicos desativados, os bens móveis inservíveis e a dívida ativa.

Essas definições correspondem, respectivamente, aos bens

A) dominicais e de uso comum do povo.
B) de uso especial e dominicais.
C) dominiais e especiais.
D) patrimoniais e prescritos.
E) de uso comum do povo e dominiais.

4382) (2014) Banca: FUNCAB – Órgão: SEDS-TO – Prova: Analista Socioeducador – Direito

São bens públicos de uso comum do povo. A definição refere-se a:

A) veículos oficiais.
B) praias.
C) museus.
D) aeroportos.

4383) (2014) Banca: FUNCAB – Órgão: SEPLAG-MG – Prova: Direito

As terras devolutas são classificadas, em regra, como bens:

A) públicos de uso comum.
B) públicos de uso especial.
C) públicos dominicais.
D) particulares.

4384) (2014) Banca: FUNCAB – Órgão: SEFAZ-BA – Prova: Auditor Interno

As vigas retiradas de um viaduto demolido e levadas a um depósito para posterior leilão são classificadas como bens:

A) de uso comum do povo.
B) dominicais.
C) de uso especial.
D) inventariados.
E) particulares.

4385) (2017) Banca: UFBA – Órgão: UFBA – Prova: Técnico em Segurança do Trabalho

A UFBA é uma Autarquia Federal e, portanto, integrante da Administração Federal indireta. Assim, os processos administrativos no âmbito da UFBA são regidos pela Lei nº 9.784/1999, também chamada de Lei do Processo Administrativo Federal. Em relação às normas básicas do processo administrativo no âmbito da Administração Federal, julgue, como CERTO ou ERRADO, o item a seguir.

O recurso administrativo tramitará no máximo por duas instâncias administrativas e terá sempre efeito suspensivo.

A) Certo   B) Errado

4386) (2015) Banca: CETRO – Órgão: AMAZUL – Prova: Analista em Desenvolvimento de Tecnologia Nuclear – Advogado

Com relação à classificação dos bens públicos, estes são classificados, segundo o Código Civil, em três categorias: os de uso comum do povo, os de uso especial e os dominicais. Sobre os bens públicos, assinale a alternativa correta.

A) Bens de uso especial são aqueles que constituem o patrimônio das pessoas jurídicas de Direito Público, como objeto de direito pessoal, ou real, de cada uma dessas entidades.
B) Edifícios, terrenos destinados a serviço ou estabelecimento da Administração federal, estadual ou municipal se constituem em bens de uso comum do povo.
C) Mares e rios se constituem em bens de uso especial.
D) As estradas se constituem em bens dominicais.
E) Terrenos de marinha se constituem em bens públicos dominicais.

4387) (2017) Banca: FAPEMS – Órgão: PC-MS – Prova: Delegado de Polícia

O artigo 98, do Código Civil em vigor, dispõe que "são públicos os bens do domínio nacional pertencentes às pessoas jurídicas de direito público interno; todos os outros são particulares, seja qual for a pessoa a que pertencerem". No que se refere a bens públicos, assinale a alternativa correta

A) Os bens dominicais são disponíveis.
B) Os bens de uso especial do povo encontram-se à disposição da coletividade, desnecessária a autorização para seu uso.
C) Os bens públicos podem ser adquiridos por usucapião.
D) A permissão de uso de bem público é ato bilateral, discricionário e precário.
E) Os bens públicos podem ser hipotecados.

O termo **afetação refere-se à utilização/destinação do bem público**, diz respeito à finalidade do bem. Os bens que possuem destinação pública são denominados bens afetados, ou seja, atrelados ao interesse público. **Os bens que não possuem finalidade/destinação pública, por sua vez, são denominados bens desafetados.** Ex: prédio de um Município que não esteja sendo utilizado para nenhum fim.

4388) (2009) Banca: CESPE – Órgão: ANATEL – Prova: Analista Administrativo – Direito

Acerca dos bens públicos, julgue s item a seguir.

A instalação de uma escola pública de ensino médio organizada pelo Estado em um prédio público desocupado há 8 meses implicará na afetação, pois o bem passou a ter destinação pública.

A) Certo   B) Errado

4389) (2014) Banca: CESPE – Órgão: TJ-DFT – Prova: Juiz

No que se refere aos conceitos e às expressões constantes na doutrina especializada em direito administrativo, assinale a opção correta.

A) O fato do príncipe, incidente nos contratos administrativos, refere-se à preservação da idoneidade isonômica e da igualdade entre as partes.
B) Tredestinação consiste no desvio grave de finalidade, que vicia de forma definitiva o processo de desapropriação, acarretando insanável ilegalidade, passível de revisão apenas jurisdicional.
C) A exoneração tem caráter de sanção, razão por que deve decorrer de processo administrativo em que se garanta o amplo direito de defesa.
D) A afetação e a desafetação dizem respeito ao regime de finalidade dos bens públicos, no sentido da destinação que se lhes possa dar.
E) A modalidade compulsória da adjudicação corresponde, em direito administrativo, à última fase do processo licitatório, consistente na transferência definitiva de determinado bem.

4390) (2008) Banca: FCC – Órgão: MPE-RS – Prova: Técnico em Informática – Área Sistemas

Sobre os bens públicos, é correto afirmar:

A) A Administração pode alienar qualquer bem de uso comum ou de uso especial, mesmo que afetados.
B) A afetação não pode ser feita por ato administrativo, só por lei.
C) Os bens dominiais, ou dominicais, são bens afetados, porque têm uma destinação.
D) A afetação é a atribuição de uma destinação a um bem.
E) Os bens destinados à execução dos serviços públicos são bens de uso comum.

4391) (2011) Banca: FCC – Órgão: TRE-PE – Prova: Analista Judiciário – Área Judiciária

Os bens de uso especial, se perderem essa natureza, pela desafetação,

A) continuam indisponíveis, pois a característica da inalienabilidade desses bens será sempre absoluta.
B) passam à categoria de bens de uso comum.
C) tornam-se disponíveis, no entanto, somente podem ser objeto de alienação de uma entidade pública para outra.
D) passam à categoria de bens dominicais, conservando, no entanto, a característica da inalienabilidade.
E) tornam-se disponíveis, podendo ser alienados pelos métodos de direito privado.

4392) (2010) Banca: FCC – Órgão: TRE-AL – Prova: Analista Judiciário – Área Administrativa

Sobre os bens públicos, considere:

I. Os bens públicos desafetados podem ser alienados porque não são de uso comum nem de uso especial.
II. Afetação e desafetação são institutos que dizem respeito à destinação e utilização dos bens públicos.
III. Os bens públicos afetados nunca podem ser desafetados, porque a afetação é uma característica intrínseca do bem público.
IV. O bem público de uso especial pode ser alienado, desde que afetado para essa finalidade.
V. A inalienabilidade é uma das características do bem público de uso especial.

Está correto o que se afirma APENAS em

A) I, II e V.
B) I, IV e V.
C) II e III.
D) II, IV e V.
E) III e V.

4393) (2014) Banca: CESGRANRIO – Órgão: EPE – Prova: Advogado

Um município brasileiro possui diversos bens sem destinação específica e pretende consagrá-los a um determinado uso, havendo debate no seio da população se melhor seria o uso comum ou o especial.

Para a consagração deve ocorrer o procedimento administrativo de

A) estipulação
B) afetação
C) finalização
D) motivação
E) avaliação

4394) (2014) Banca: IESES – Órgão: TJ-MS – Prova: Titular de Serviços de Notas e de Registros – Remoção

Se por ato jurídico perfeito a administração pública determinar que um imóvel destinado à instalação de um hospital público deixa de ter essa função e passará a ser um bem disponível, pode-se afirmar que tal ato trata-se de:

A) Incorporação.
B) Usucapião Dominical.
C) Desafetação.
D) Desapropriação.

4395) (2012) Banca: MPE-MG – Órgão: MPE-MG – Prova: Promotor de Justiça

Referente à tutela dos bens públicos para o escorreito controle do patrimônio público, indique a alternativa INCORRETA:

A) No Código Civil, lei de caráter eminentemente privatista, radica o conceito jurídico de bens públicos (natureza sub-

jetiva), bem como a classificação dos bens de acordo com a respectiva destinação.
B) A venda de bens públicos imóveis é permitida pelo ordenamento, desde sejam observados os seguintes requisitos: interesse público, avaliação justa, autorização legislativa, licitação na modalidade concorrência, escritura pública (ou outra forma efetiva publicidade do ato), além daqueles indicados em legislação específica.
C) Afetação é a atribuição de finalidade específica ao bem público, funcionalizando-o a determinada destinação pública a bem da coletividade, enquanto desafetação é a modificação do destino dos bens públicos de uso comum, especial ou dominicais.
D) Os bens públicos podem ser classificados em bens de domínio público, bens do patrimônio administrativo (bens patrimoniais indisponíveis) e bens do patrimônio fiscal (bens patrimoniais disponíveis).

4396) (2014) Banca: Prefeitura do Rio de Janeiro – RJ – Órgão: Câmara Municipal do Rio de Janeiro – Prova: Assistente Técnico Legislativo

Uma área pertencente ao Município do Rio de Janeiro na qual não haja qualquer serviço administrativo é considerada bem público:
A) desafetado
B) afetado
C) parcialmente afetado
D) de uso especial

4397) (2014) Banca: IESES – Órgão: TJ-MS – Prova: Titular de Serviços de Notas e de Registros – Remoção

Se por ato jurídico perfeito a administração pública determinar que um imóvel destinado à instalação de um hospital público deixa de ter essa função e passará a ser um bem disponível, pode-se afirmar que tal ato trata-se de:
A) Incorporação.
B) Usucapião Dominical.
C) Desafetação.
D) Desapropriação.

Quanto à disponibilidade

Bens indisponíveis por natureza: tratam-se dos bens que possuem uma condição não patrimonial, encontram-se insuscetíveis a alienação. Os bens de uso comum do povo são, em regra, bens absolutamente indisponíveis como os mares, rios, as estradas.

Bens patrimoniais indisponíveis: são bens dotados de uma natureza patrimonial, contudo, o poder público não pode dispor desses em razão de encontrarem-se afetados a uma destinação específica. Portanto, são bens patrimoniais indisponíveis os bens de uso especial, os bens de uso comum susceptíveis de avaliação patrimonial, sejam bens móveis ou imóveis.

Bens patrimoniais disponíveis: bens passíveis de alienação, como as terras devolutas. Esses bens são bens que possuem natureza patrimonial e, por não estarem afetados a certa finalidade pública, podem ser alienados em conformidade com a lei.

4398) (2008) Banca: CESPE – Órgão: INSS – Prova: Analista do Seguro Social – Direito

Em relação aos bens públicos, julgue o item subsequente.
As terras devolutas podem ser alienadas pela administração pública.
A) Certo B) Errado

4399) (2011) Banca: VUNESP – Órgão: TJ-SP – Prova: Titular de Serviços de Notas e de Registros – Provimento

Todos os bens do Estado e os do patrimônio público são indisponíveis.
A) Certo B) Errado

4400) (2016) Banca: IDECAN – Órgão: UFPB – Prova: Administrador (+ provas)

Quanto às noções de bens públicos, os bens dominicais do Estado são também designados de bens
A) patrimoniais ou dominiais.
B) de uso especial ou patrimoniais.
C) de uso comum ou de uso especial.
D) dominiais ou de uso comum do povo.

4401) (2015) Banca: TRT 16R – Órgão: TRT – 16ª REGIÃO (MA) – Prova: Juiz do Trabalho Substituto

Considerando as afirmações abaixo, assinale a alternativa CORRETA:
I. Embora seja entidade pertencente à Administração Indireta, os bens das autarquias se submetem ao regime jurídico de Direito Privado quando elas atuam na exploração de atividade econômica.
II. Os bens patrimoniais disponíveis possuem a característica da patrimonialidade, o que enseja sua alienabilidade dentro dos parâmetros estabelecidos em lei. Como espécie de bens patrimoniais disponíveis temos os bens dominicais.
III. A afetação ou desafetação de bens públicos pode ocorrer de modo expresso ou tácito. Na primeira hipótese, decorrem de ato administrativo ou de lei, enquanto que, na segunda, resultam de atuação direta da Administração, sem manifestação expressa de sua vontade, ou de fato da natureza.
IV. Nos termos da jurisprudência do STF, os bens das empresas públicas e sociedades de economia mista, uma vez que estejam afetados a um serviço público, são impenhoráveis.
A) Somente as afirmativas I, II e III estão corretas.
B) Somente as afirmativas I, II e IV estão corretas.
C) Somente as afirmativas II, III e IV estão corretas.
D) Somente as afirmativas I, III e IV estão corretas.
E) Todas as afirmativas estão corretas.

Os bens públicos encontram-se sujeitos a um **regime diferenciado e características especiais**, dentre essas a **impenhorabilidade**. A característica quanto à impenhorabilidade refere-se ao fato de que os bens públicos não são passíveis de constrição judicial, ou seja, **não podem ser utilizados para garantir o juízo ou para forçar o cumprimento da sentença**, haja vista que o Estado garante o juízo mediante a utilização do próprio orçamento (ordem cronológica de precatórios) nos termos do art. 100 da CF/88:

Art. 100. Os pagamentos devidos pelas Fazendas Públicas Federal, Estaduais, Distrital e Municipais, em virtude de sentença judiciária, far-se-ão exclusivamente na ordem cronológica de apresentação dos precatórios e à conta dos créditos respectivos, proibida a designação de casos ou de pessoas nas dotações orçamentárias e nos créditos adicionais abertos para este fim.

4402) (2009) Banca: CESPE – Órgão: DPE-ES – Prova: Defensor Público

Os pagamentos devidos pelas Fazendas Públicas Federal, Estaduais, Distrital e Municipais, em virtude de sentença judiciária, far-se-ão exclusivamente na ordem cronológica de apresentação dos precatórios e à conta dos créditos respectivos, proibida a designação de casos ou de pessoas nas dotações orçamentárias e nos créditos adicionais abertos para este fim.

A) Certo   B) Errado

4403) (2010) Banca: CESPE – Órgão: TRT – 1ª REGIÃO (RJ) – Prova: Juiz do Trabalho

Acerca dos bens públicos e dos princípios da administração pública, assinale a opção correta.

A) A impenhorabilidade dos bens públicos tem lastro no próprio texto constitucional, que estabelece processo especial de execução contra a fazenda pública, excluindo, dessa forma, a possibilidade de penhora de tais bens.
B) De modo geral, os imóveis públicos não estão sujeitos a usucapião, mas os bens móveis públicos são suscetíveis de usucapião especial, também denominado usucapião pro labore.
C) A jurisprudência e a doutrina reconhecem, majoritariamente, a penhorabilidade de bens públicos dominicais quando estes forem utilizados em caráter privado.
D) O princípio da legalidade estrita significa que a administração não pode inovar na ordem jurídica por simples ato administrativo, salvo se, em razão do poder de polícia, houver necessidade de impor vedações ou compelir comportamentos, casos em que a atividade administrativa prescinde de determinação legal.
E) Em atenção ao princípio da publicidade, todo ato administrativo deve, em princípio, ser publicado, mas os contratos administrativos, como regra, se operacionalizam e adquirem eficácia independentemente de publicação.

4404) (2012) Banca: CESPE – Órgão: MPE-TO – Prova: Promotor de Justiça

A respeito dos bens públicos e do controle da administração pública, assinale a opção correta.

A) Os bens, da mesma forma que as coisas, se caracterizam pelos mesmos atributos: escassez, valor econômico e livre circularidade.
B) No caso de sentença judicial transitada em julgado que imponha créditos contra a fazenda pública, o pagamento efetuar-se-á por meio de precatórios, conforme o disposto na CF, uma vez que os bens públicos não estão sujeitos aos efeitos jurídicos do regime da penhora.
C) Os bens públicos de uso comum do povo e os de uso especial são os únicos imprescritíveis, isto é, insuscetíveis de aquisição da propriedade mediante usucapião.
D) A transferência do direito real de propriedade dos bens públicos imóveis, em qualquer dos poderes da República, dependerá de autorização do chefe máximo do poder a que estiver submetido o órgão alienante.
E) Os bens públicos de uso comum do povo e aqueles que tenham natureza jurídica especial serão passíveis de alienação, ainda que se mantenha incólume a sua qualificação, na forma que a lei determinar.

4405) (2008) Banca: CESPE – Órgão: SERPRO – Prova: Analista – Advocacia

A respeito dos bens públicos e do serviço público, julgue o item a seguir.

Uma empresa pública prestadora de serviços públicos pode ter os seus bens penhorados, mesmo que afetada a sua atividade-fim, já que ela se submete ao regime jurídico das empresas privadas.

A) Certo   B) Errado

4406) (2012) Banca: FCC – Órgão: TRT – 4ª REGIÃO (RS) – Prova: Juiz do Trabalho

O regime jurídico a que se submete a Administração Pública é caracterizado por algumas prerrogativas e sujeições, que podem ser assim exemplificadas:

A) impenhorabilidade dos bens de titularidade da Administração direta e das autarquias e fundações públicas.
B) submissão a processo especial de execução judicial e juízo privativo, para as entidades integrantes da Administração direta e indireta.
C) obrigatoriedade de concurso público para contratação de pessoal, exceto para as sociedades de economia mista que atuam em regime de competição com empresas privadas.
D) sujeição ao controle externo pelo Tribunal de Contas, exceto em relação às empresas controladas pelo Estado que não recebam recursos para despesas de custeio.
E) submissão das empresas públicas a regime jurídico próprio, diverso do aplicável às empresas privadas, derrogatório da legislação trabalhista e tributária.

4407) (2012) Banca: FCC – Órgão: TRF – 2ª Região – Prova: Analista Judiciário – Execução de Mandados

As principais características que compõem o regime jurídico dos bens públicos são:

A) a necessidade de lei autorizando a penhora e a prescrição aquisitiva desses bens, desde que sejam bens dominicais.
B) o seu uso privativo mediante autorização, permissão ou concessão, independente da sua destinação.
C) a obrigatoriedade de prévia licitação para uso privado mediante concessão e permissão, mas apenas para os bens de uso especial.
D) a inalienabilidade, a impenhorabilidade, a imprescritibilidade e a não onerosidade.
E) a possibilidade desses bens serem alienados mediante prévia licitação na modalidade concorrência, quando se tratar de bens de uso comum do povo.

4408) (2005) Banca: FCC – Órgão: PGE-SE – Prova: Procurador do Estado

Determinada empresa privada, concessionária de serviço público, por falha técnica em sua prestação, faz faltar o serviço a certos usuários. Estes, considerando-se prejudicados em seu direito de receberem o serviço, procuram partido político, que ajuíza mandado de segurança coletivo, com o objetivo de obter indenização, por parte da empresa concessionária, aos usuários lesados, garantindo-se, por ordem judicial, que não haja futuras interrupções no serviço em questão.

Se, por causar danos, a empresa concessionária vier a ser condenada judicialmente a indenizá-los, eventuais bens públicos que estejam em seu poder para a prestação dos serviços públicos

A) poderão ser penhorados em processo de execução, posto tratar-se de execução contra empresa privada.

B) não poderão ser penhorados em processo de execução, posto vigorar quanto a eles o princípio da imprescritibilidade.

C) poderão ser penhorados em processo de execução, posto tratar-se de execução fundada em responsabilidade civil do Estado.

D) não poderão ser penhorados em processo de execução, posto não perderem status de bens públicos, além de estarem afetos ao serviço público.

E) poderão ser penhorados em processo de execução, posto ter havido sua desafetação.

4409) (2013) Banca: FGV – Órgão: TJ-AM – Prova: Analista Judiciário – Qualquer Área de Formação

Os bens públicos possuem um regime jurídico diferenciado no qual uma série de restrições impõe-se sobre eles.

Com relação aos bens públicos assinale a afirmativa correta.

A) Os bens das empresas públicas, ainda que não atuem na prestação de serviços públicos, possuem natureza pública.

B) Uma empresa privada, que tenha um bem afetado à prestação de um serviço público, não poderá ter esse bem penhorado.

C) Os bens das agências reguladoras não se revestem das garantias inerentes aos bens públicos.

D) É possível a penhora de um bem pertencente ao Estado do Amazonas para pagamento de dívida alimentícia.

E) Os bens de uma sociedade de economia mista não poderão sofrer usucapião seja qual for a atividade desempenhada por essa pessoa jurídica.

4410) (2015) Banca: FGV – Órgão: TCM-SP – Prova: Agente de Fiscalização – Ciências Jurídicas

Em tema de regime jurídico dos bens públicos em geral, a doutrina de Direito Administrativo destaca a característica da:

A) alienabilidade, isto é, os bens públicos podem ser alienados diretamente pelo Administrador, desde que observado o valor de mercado e a renda auferida seja destinada ao interesse público;

B) impenhorabilidade, isto é, os bens públicos não se sujeitam ao regime de penhora, em decorrência de dívidas dos entes públicos;

C) imprescritibilidade, isto é, os bens públicos são suscetíveis de aquisição por usucapião, desde que observados os requisitos legais, como prazos em dobro em relação aos bens particulares;

D) onerabilidade, isto é, os bens públicos sempre podem ser dados como garantia para o credor, por meio de penhor, hipoteca e anticrese, para garantir o adimplemento da obrigação;

E) disponibilidade, isto é, os bens públicos são titularizados pelo atual chefe do Poder Executivo, que possui livre disposição sobre eles, segundo seus critérios de oportunidade e conveniência.

4411) (2013) Banca: FGV – Órgão: TJ-AM – Prova: Analista Judiciário – Qualquer Área de Formação

Os bens públicos possuem um regime jurídico diferenciado no qual uma série de restrições impõe-se sobre eles.

Com relação aos bens públicos assinale a afirmativa correta.

A) Os bens das empresas públicas, ainda que não atuem na prestação de serviços públicos, possuem natureza pública.

B) Uma empresa privada, que tenha um bem afetado à prestação de um serviço público, não poderá ter esse bem penhorado.

C) Os bens das agências reguladoras não se revestem das garantias inerentes aos bens públicos.

D) É possível a penhora de um bem pertencente ao Estado do Amazonas para pagamento de dívida alimentícia.

E) Os bens de uma sociedade de economia mista não poderão sofrer usucapião seja qual for a atividade desempenhada por essa pessoa jurídica.

4412) (2015) Banca: CS-UFG – Órgão: Prefeitura de Goiânia – GO – Prova: Procurador do Município

À luz do regramento da doutrina, da legislação infraconstitucional e da interpretação constitucional jurisprudencial em relação aos bens públicos,

A) a impenhorabilidade é uma das principais características, exprimindo a regra de que a satisfação de créditos decorrentes de sentença transitada em julgado contra a Fazenda Pública dar-se-á, via de regra, segundo o regime de precatórios, estando excluídos do sobredito regime os pagamentos de obrigações definidas em leis como de pequeno valor.

B) a inalienabilidade e a imprescritibilidade também são características dos bens públicos e se apresentam como regra absoluta.

C) a autorização de uso é ato administrativo discricionário e precário, logo, mesmo que outorgada com prazo certo, não poderá a administração ser obrigada a indenizar eventuais prejuízos pela revogação antes do prazo.

D) a concessão de uso é um contrato administrativo, devendo ser precedida de licitação (com exceção das hipóteses de contratação direta) e formalizada por prazo indeterminado, a fim de resguardar o interesse público.

4413) (2015) Banca: CS-UFG – Órgão: AL-GO – Prova: Analista Legislativo – Analista de Redes e Comunicação de Dados (+ provas)

No que diz respeito aos bens públicos,

A) as terras devolutas indispensáveis à preservação ambiental constituem, nos termos da Constituição Federal, bem de uso comum do povo.

B) os potenciais de energia hidráulica são bens dos Estados-membros, desde que dentro dos limites geográficos de suas fronteiras.
C) os bens pertencentes aos Conselhos Federais e Regionais de Fiscalização são bens públicos, portanto impenhoráveis
D) os bens pertencentes à sociedade de economia mista são considerados bens públicos, qualquer que seja sua utilidade, portanto impenhoráveis.

4414) (2012) Banca: VUNESP – Órgão: DPE-MS – Prova: Defensor Público

Assinale a alternativa que trata corretamente de bens públicos.
A) São características dos bens públicos a inalienabilidade e, como decorrência desta, a imprescritibilidade, a impenhorabilidade e a impossibilidade de oneração.
B) Os bens de uso especial possuem uma função patrimonial ou financeira, porque se destinam a assegurar rendas ao Estado, em oposição aos demais bens públicos, que são afetados a uma destinação de interesse geral.
C) O Supremo Tribunal Federal consagra o entendimento de que, desde a vigência do Código Civil, os bens dominicais, como os demais bens públicos, podem ser adquiridos por usucapião.
D) O regime jurídico dos bens de uso comum difere daquele aplicável aos bens de uso especial, pois somente os primeiros estão destinados a fins públicos.

A não onerabilidade consiste na impossibilidade de sofrer **constrição extrajudicial** (não podem ser objeto de direito real de garantia), ou seja, a Administração não pode oferecer os bens público como garantia, para satisfação do credor no caso de inadimplemento da obrigação, por meio de **institutos como penhor, anticrese, hipoteca etc.** Portanto, nenhum ônus real pode recair sobre os bens públicos.

4415) (2008) Banca: CESPE – Órgão: MPE-RR – Prova: Assistente Técnico

Os bens públicos possuem a característica da não onerabilidade.
A) Certo B) Errado

4416) (2016) Banca: CESPE – Órgão: TRT – 8ª Região (PA e AP) – Prova: Analista Judiciário – Área Administrativa

Nenhum ônus real pode recair sobre os bens públicos.
A) Certo B) Errado

4417) (2014) Banca: CESPE – Órgão: Câmara dos Deputados – Prova: Analista Legislativo

O prefeito municipal da cidade de Jararaca não pode oferecer uma praça pública como garantia.
A) Certo B) Errado

4418) (2014) Banca: CESPE – Órgão: Câmara dos Deputados – Prova: Analista Legislativo

A não onerabilidade consiste na impossibilidade de sofrer constrição extrajudicial.
A) Certo B) Errado

4419) (2005) Banca: CESPE – Órgão: TRE-GO – Prova: Analista Judiciário – Área Judiciária

Uma praça pública pode ser objeto de hipoteca.
A) Certo B) Errado

4420) (2014) Banca: FCC – Órgão: TJ-CE – Prova: Juiz

Acerca dos bens públicos, é correto afirmar:
A) A imprescritibilidade é característica dos bens públicos de uso comum e de uso especial, sendo usucapíveis os bens pertencentes ao patrimônio disponível das entidades de direito público.
B) As terras devolutas indispensáveis à preservação ambiental constituem, nos termos do art. 225, caput, da Constituição Federal, bem de uso comum do povo.
C) Os bens pertencentes aos Conselhos Federais e Regionais de Fiscalização são bens públicos, insuscetíveis de constrição judicial para pagamentos de dívidas dessas entidades.
D) Os bens das representações diplomáticas dos Estados estrangeiros e de Organismos Internacionais são considerados bens públicos, para fins de proteção legal.
E) Os imóveis pertencentes à Petrobrás, sociedade de economia mista federal, são considerados bens públicos, desde que situados no Território Nacional.

A imprescritibilidade aquisitiva trata da impossibilidade de o bem ser usucapido (aquisição da propriedade mediante prescrição aquisitiva). Nesse sentido, o Código Civil estabelece:

Art. 102. Os bens públicos não estão sujeitos a usucapião.

A utilização contínua e pacífica da coisa pública não enseja sequer o direito de posse, muito menos o direito de propriedade. Nesse ponto convém destacar que, ainda que os bens públicos sejam imprescritíveis, a Administração Pública pode usucapir bens dos particulares, nos moldes da legislação civil.

4421) (2008) Banca: CESPE – Órgão: MPE-RR – Prova: Promotor de Justiça

Em uma república democrática, os bens públicos, em geral, são dotados de nota de inalienabilidade, e só em casos excepcionais podem ser alienados, observando-se o disposto na respectiva lei de licitações. Julgue o próximo item, acerca dos princípios licitatórios e das características dos bens públicos no Brasil.

Segundo a CF, os bens públicos não podem ser adquiridos por usucapião.
A) Certo B) Errado

4422) (2008) Banca: FCC – Órgão: TCE-AL – Prova: Procurador

O usucapião especial urbano previsto na Constituição federal
A) aplica-se aos bens públicos sem destinação, podendo o direito ser exercido individual ou coletivamente.
B) aplica-se aos bens públicos dominicais ocupados privativamente por particulares não autorizados a tanto, devendo ser pleiteado individualmente.
C) não se aplica aos bens públicos em geral, embora esta conclusão não retire a característica de prescritibilidade dos bens públicos dominicais.
D) não se aplica aos bens públicos, caracterizando sua imprescritibilidade.
E) aplica-se, dada a excepcionalidade da norma, aos bens públicos em que seja possível identificar o ocupante irregular.

4423) (2009) Banca: FCC – Órgão: TJ-GO – Prova: Juiz

Segundo enunciado da Súmula 340, do Supremo Tribunal Federal, aprovada em 13/12/63, "desde a vigência do Código Civil, os bens dominicais, como os demais bens públicos, não podem ser adquiridos por usucapião". Esse entendimento

A) comporta exceção, prevista expressamente na Constituição de 1988, no caso dos bens dominicais, desafetados há mais de 5 anos.
B) permanece válido face à Constituição de 1988, que expressamente veda a aquisição por usucapião de imóveis públicos urbanos e rurais, bem como face ao novo Código Civil, que afirma não estarem os bens públicos sujeitos a usucapião.
C) comporta exceção, prevista expressamente na Constituição de 1988, no caso das terras devolutas destinadas à reforma agrária.
D) permanece válido face à Constituição de 1988, bem como face ao novo Código Civil, em que pese tais normas não contenham dispositivos expressos sobre a matéria.
E) comporta exceção, no que diz respeito a imóvel público urbano, de até 250m², destinado à moradia de quem o possua ininterruptamente há pelo menos 5 anos, desde que não seja proprietário de outro imóvel.

4424) (2011) Banca: MPE-SP – Órgão: MPE-SP – Prova: Promotor de Justiça

Os bens imóveis públicos, rurais ou urbanos,

A) sujeitam-se à prescrição aquisitiva, qualquer que seja sua área.
B) não podem ser adquiridos por usucapião.
C) estão sujeitos à usucapião *pro labore*.
D) atendida a função social da propriedade, podem ser usucapidos.
E) se urbanos, até 250 m², e rurais, até 50 ha, atendidos os requisitos temporal, de posse ininterrupta e sem oposição, sujeitam-se à prescrição aquisitiva.

4425) (2013) Banca: FUNCAB – Órgão: IPEM-RO – Prova: Agente de Atividades Administrativas

Dentre as características dos bens públicos, assinale aquela que os torna insuscetíveis de aquisição por usucapião.

A) inalienabilidade.
B) impenhorabilidade.
C) não oneração.
D) desapropriação.
E) imprescritibilidade.

Os bens de uso comum e os de uso especial são passíveis de conversão em bens dominicais. Ou seja, os bens que possuem uma destinação/afetação específica podem ser convertidos a bens que não possuem uma afetação, bens que **não estejam atrelados a uma finalidade específica -> bens dominicais.** Destaca-se que esses últimos são passíveis de alienação, haja vista que não se encontram destinados a uma finalidade pública específica (conceito que será estudado a seguir). Nesse sentido, o art. 101 do Código Civil estabelece:

> Art. 101. Os bens públicos dominicais podem ser alienados, observadas as exigências da lei.

4426) (2008) Banca: FCC – Órgão: TRF – 5ª Região – Prova: Analista Judiciário – Área Judiciária

Sobre os bens públicos, é correto afirmar que os bens

A) do domínio público são os que se destinam especialmente à execução dos serviços públicos e não podem ser alienados.
B) dominiais, ou dominicais, por integrarem o patrimônio público, não podem ser alienados pela Administração Pública.
C) dominiais, ou dominicais, são bens pertencentes ao patrimônio disponível da Administração Pública e podem ser alienados.
D) de uso especial são restritos aos destinados às instalações do Poder Judiciário.
E) de uso comum e os de uso especial não podem ser vendidos mesmo se forem desafetados.

4427) (2016) Banca: INTEGRI – Órgão: Câmara de Suzano – SP – Prova: Assistente Jurídico

Com relação aos bens públicos, é incorreto afirmar:

A) Bens de domínio público são o conjunto das coisas moveis e imóveis de que é detentora a Administração, afetados quer a seu próprio uso, quer ao uso direto ou indireta da coletividade, submetidos a regime jurídico de direito público derrogatório e exorbitante do direito comum.
B) Bens de uso especial são todas as coisas, moveis ou imóveis, corpóreas ou incorpóreas, utilizadas pela Administração Pública para realização de suas atividade e consecução de seus fins.
C) Os bens dominicais podem ser alienados por meio de investidura, legitimação de posse e retroação.
D) Uso privativo, ou bens de uso especial, é o que Administração Pública confere, mediante título jurídico individual, a pessoa ou grupo de pessoas determinadas, para que o exerçam, com exclusividade, sobre parcela de bem público.

4428) (2016) Banca: INSTITUTO AOCP – Órgão: EBSERH – Prova: Advogado (CH-UFPA)

Sobre os bens públicos, assinale a alternativa correta.

A) São bens públicos os de uso comum do povo, tais como edifícios ou terrenos destinados a serviço ou estabelecimento da administração federal, estadual, territorial ou municipal, inclusive os de suas autarquias; os de uso especial, que constituem o patrimônio das pessoas jurídicas de direito público, como objeto de direito pessoal, ou real, de cada uma dessas entidades; os dominicais, tais como rios, mares, estradas, ruas e praças.
B) Os bens de uso comum do povo podem ser alienados, observadas as exigências da lei.
C) Bens públicos dominicais constituem-se no patrimônio das pessoas jurídicas de direito público, como objeto de direito pessoal, ou real, de cada uma dessas entidades e podem ser alienados, observadas as exigências da lei.
D) Os bens públicos dominicais são inalienáveis.
E) O uso comum dos bens públicos deve ser gratuito.

Para alienar bem público:

1. O bem deve estar desafetado;
2. Deve ser demonstrado o interesse público na alienação do bem;
3. Realização de avaliação prévia do bem;

4. Licitação prévia;

5. A alienação de bens imóveis deve ser realizada mediante licitação na modalidade concorrência, salvo nas situações de venda de bens imóveis adquiridos pelo Estado em razão de decisão judicial ou dação em pagamento, situações nas quais será possível ao poder público utilizar a modalidade leilão.

6. Nas situações de alienação de bens imóveis, mostra-se necessário, ainda, autorização legislativa específica.

7. A venda de bens móveis inservíveis, apreendidos ou penhorados poderá ser realizada através do leilão, respeitado o limite de R$650.000,00. Acima desse valor deverá ser utilizada a concorrência;

4429) (2011) Banca: CESPE – Órgão: TRF – 3ª Região – Prova: Juiz Federal

No que se refere à classificação e ao regime jurídico dos bens públicos, às terras devolutas e aos terrenos de marinha, assinale a opção correta.

A) Como regra, as terras devolutas pertencem à União e, por serem bens patrimoniais, enquadram-se na categoria de bens de uso especial.

B) Justifica-se o domínio da União sobre os terrenos de marinha em virtude da necessidade de defesa e de segurança nacional, motivo por que é expressamente vedada sua utilização por particulares.

C) Os bens que constituem o patrimônio da União, dos estados ou dos municípios, como objeto de direito pessoal ou real, são considerados de uso especial.

D) Os bens públicos de uso comum do povo e os de uso especial são inalienáveis enquanto conservarem essa qualificação, mas os bens públicos dominicais podem ser alienados, observadas as exigências da lei.

E) Os bens públicos de uso comum e os dominicais, mas não os de uso especial, podem ser utilizados por particulares, desde que essa utilização atenda ao interesse público e esteja de acordo com os preceitos legais.

4430) (2015) Banca: FGV – Órgão: TCE-RJ – Prova: Auditor Substituto

A respeito do regime jurídico dos bens públicos, é correto afirmar que:

A) os bens públicos não podem ser desapropriados, nem adquiridos por usucapião;

B) os bens pertencentes às empresas estatais podem ser penhorados, ainda quando afetados à prestação de serviços públicos;

C) os bens públicos dominicais são inalienáveis, impenhoráveis e imprescritíveis;

D) os bens públicos de uso comum do povo e de uso especial podem ser dados em garantia de dívidas do Tesouro Nacional;

E) a alienação de bens públicos imóveis depende de lei autorizativa, avaliação prévia e licitação.

4431) (2016) Banca: COPEVE-UFAL – Órgão: UFAL – Prova: Assistente em Administração

Sobre bens públicos, assinale a alternativa correta.

A) O uso comum dos bens públicos será gratuito apenas para entidades filantrópicas.

B) Os bens públicos dominicais podem ser alienados, de acordo com o estabelecido na lei.

C) São exemplos de bens públicos de uso comum do povo as praças, museus, escolas e teatros.

D) Consideram-se bens públicos de uso especial apenas os edifícios da Administração Federal.

E) São públicos os bens do domínio nacional pertencentes às pessoas jurídicas de direito privado.

4432) (2011) Banca: Prefeitura do Rio de Janeiro – RJ – Órgão: TCM-RJ – Prova: Técnico de Controle Externo

Os bens públicos possuem um regime jurídico próprio, que os diferencia dos bens privados. Nesse cenário, os bens públicos:

A) podem ser alienados, caso sejam dominicais, nos termos da lei, de forma condicionada

B) são inalienáveis, imprescritíveis e impenhoráveis, podendo ser usucapidos se a posse do usucapiente for mansa e pacífica, de justo título e boa fé

C) podem ser dados em garantia em regra, mas não podem ser penhorados

D) são impenhoráveis, exceto quando se tratar de decisão judicial do STF que ponha fim à fase executiva de processo judicial

E) são inalienáveis, mas podem ser dados em garantia real

4433) (2013) Banca: MPE-MS – Órgão: MPE-MS – Prova: Promotor de Justiça

Em se tratando de alienação de imóvel da administração pública, havendo interesse público justificado, serão observadas as seguintes providências e normas:

A) Será precedida de avaliação, e de autorização do Poder Executivo para órgãos da administração direta e entidades autárquicas e fundacionais.

B) Se for para todos, inclusive as entidades paraestatais, dependerá de avaliação prévia, e via- de regra, de licitação na modalidade de leilão.

C) Dependerá de avaliação prévia e licitação, na modalidade de tomada de preços, se a venda se dirigir a outro órgão ou entidade da administração pública, de qualquer esfera de governo.

D) Será dispensável a avaliação prévia e a licitação, na modalidade de leilão, se se tratar de permuta por outro imóvel que atenda aos requisitos do inciso X, do artigo 24 da Lei 8.666/93.

E) Será precedida de avaliação, e de autorização do Poder Legislativo para órgãos da administração direta e entidades autárquicas e fundacionais.

4434) (2012) Banca: CEPERJ – Órgão: PROCON-RJ – Prova: Analista de Proteção e Defesa do Consumidor

O Estado W pretende alienar bem do seu patrimônio para obtenção de receita a ser aplicada em atividades de assistência social. Quanto à alienação dos bens públicos, devem concorrer autorização legislativa e:

A) avaliação, e ser o bem de uso especial

B) licitação, e ser o bem de uso comum

C) publicidade, e ser o bem de uso comum

D) licitação, e ser o bem dominical

E) avaliação, e ser o bem de uso comum.

4435) (2016) Banca: FUNRIO – Órgão: IF-BA – Prova: Assistente em Administração

A Lei Federal nº 8.666, de 21 de junho de 1993 e alterações, dispõe que na alienação de bens da Administração Pública a

A) existência do interesse público não constitui requisito essencial.
B) avaliação prévia sempre será facultativa.
C) autorização legislativa é obrigatória para o caso de bens imóveis pertencentes a entidades autárquicas.
D) licitação na modalidade concorrência é obrigatória em todos os casos.
E) licitação na modalidade tomada de preços é obrigatória para dação em pagamento, no caso de bens imóveis.

4436) (2015) Banca: VUNESP – Órgão: Câmara Municipal de Descalvado – SP – Prova: Assistente de Comunicação

A aquisição de bens imóveis por compra, permuta ou doação com encargo, em regra, dependerá de interesse público devidamente justificado, prévia avaliação,

A) autorização legislativa e concorrência.
B) autorização legislativa e tomada de preços.
C) lei complementar e concorrência.
D) lei ordinária e concurso.
E) resolução administrativa e concorrência.

4437) (2016) Banca: VUNESP – Órgão: TJ-SP – Prova: Titular de Serviços de Notas e de Registros – Provimento

Para a permuta de bens públicos com particulares, exige-se, necessariamente,

A) Decreto-Lei, Decreto Legislativo e interesse público.
B) autorização legal, avaliação prévia dos bens a serem permutados e interesse público.
C) licitação, vantagens para a Administração Pública e Decreto-Lei autorizando a permuta.
D) desafetação dos bens públicos, autorização legal e avaliação dos bens particulares a serem permutados.

4438) (2015) Banca: IBAM – Órgão: Prefeitura de Santo André – SP – Prova: Assistente Econômico Financeiro

São requisitos de validade da alienação de veículos da Prefeitura para pessoas naturais:

I. existência de interesse público devidamente justificado.
II. avaliação prévia.
III. autorização legislativa.
IV. licitação.

A) Apenas os itens I, II e III estão corretos.
B) Apenas os itens II, III e IV estão corretos.
C) Apenas os itens I, II e IV estão corretos.
D) Apenas os itens I, III e IV estão corretos.

4439) (2013) Banca: PGE-GO – Órgão: PGE-GO – Prova: Procurador do Estado

Quanto à alienação de bens públicos, é CORRETO afirmar:

A) Os bens públicos de pequeno valor, inservíveis para a administração, podem ser alienados a qualquer interessado, mediante ajuste verbal.
B) A venda de bens imóveis, entre outros requisitos, depende de avaliação prévia, autorização legislativa e, como regra, licitação na modalidade de concorrência pública.
C) Os bens públicos móveis podem ser alienados independentemente de avaliação.
D) A venda de imóvel público exige licitação mesmo na hipótese de investidura.
E) A alienação de bens de uso especial independe de desafetação.

4440) (2013) Banca: MPE-MS – Órgão: MPE-MS – Prova: Promotor de Justiça

Em se tratando de alienação de imóvel da administração pública, havendo interesse público justificado, serão observadas as seguintes providências e normas:

A) Será precedida de avaliação, e de autorização do Poder Executivo para órgãos da administração direta e entidades autárquicas e fundacionais.
B) Se for para todos, inclusive as entidades paraestatais, dependerá de avaliação prévia, e via- de regra, de licitação na modalidade de leilão.
C) Dependerá de avaliação prévia e licitação, na modalidade de tomada de preços, se a venda se dirigir a outro órgão ou entidade da administração pública, de qualquer esfera de governo.
D) Será dispensável a avaliação prévia e a licitação, na modalidade de leilão, se se tratar de permuta por outro imóvel que atenda aos requisitos do inciso X, do artigo 24 da Lei 8.666/93.
E) Será precedida de avaliação, e de autorização do Poder Legislativo para órgãos da administração direta e entidades autárquicas e fundacionais.

4441) (2013) Banca: CONSULPLAN – Órgão: TRE-MG – Prova: Analista Judiciário – Área Administrativa

Determinada empresa pública estadual pretende alienar determinado imóvel de sua propriedade, o qual não guarda mais vinculação com o exercício de suas atividades. Sobre o caso, assinale a alternativa correta.

A) Como bem de uso especial, o bem da empresa pública é gravado legalmente com cláusula de inalienabilidade.
B) Os bens das empresas públicas são bens públicos, de modo que não podem ser alienados por meio de contrato de compra e venda.
C) Apesar de ser bem privado, a alienação dos bens imóveis das empresas públicas depende de avaliação prévia e licitação na modalidade de concorrência.
D) As empresas públicas estaduais, como hierarquicamente subordinadas ao Estado, não possuem autonomia financeira e patrimonial, não possuindo, portanto, patrimônio próprio.
E) Por ser bem pertencente à pessoa jurídica de direito privado, os bens imóveis das empresas públicas são privados, podendo ser alienados por meio de contrato de compra e venda.

4442) (2014) Banca: FUMARC – Órgão: Prefeitura de Belo Horizonte – MG – Prova: Técnico de Nível Superior – Informática (+ provas)

Os bens imóveis da Administração Pública, cuja aquisição haja derivado de procedimentos judiciais ou de dação em pagamento, poderão ser alienados por ato da autoridade competente, observadas as seguintes regras:

A) avaliação dos bens alienáveis; dispensa de comprovação da necessidade ou utilidade da alienação; adoção do procedimento licitatório sob a modalidade de concorrência.
B) avaliação dos bens alienáveis; comprovação da necessidade ou utilidade da alienação; adoção do procedimento licitatório sob a modalidade de concorrência ou leilão.
C) dispensa de avaliação dos bens alienáveis e/ou comprovação da necessidade ou utilidade da alienação; adoção do procedimento licitatório sob a modalidade de concurso.
D) dispensa de avaliação dos bens alienáveis; comprovação da necessidade ou utilidade da alienação; adoção do procedimento licitatório sob a modalidade de leilão.

Bens da União

IV – as ilhas fluviais e lacustres nas zonas limítrofes com outros países; as praias marítimas; as ilhas oceânicas e as costeiras, excluídas, destas, as que contenham a sede de Municípios, exceto aquelas áreas afetadas ao serviço público e a unidade ambiental federal, e as referidas no art. 26, II;

4443) (2014) Banca: CESPE – Órgão: Câmara dos Deputados – Prova: Analista Legislativo

Acerca do regime jurídico dos bens públicos, julgue o próximo item. Os rios pertencem aos estados; entretanto, quando banham mais de um estado, servem de limites com outros países, ou se estendem a território estrangeiro ou dele provêm, são bens da União.

A) Certo   B) Errado

4444) (2013) Banca: CESPE – Órgão: AGU – Prova: Procurador Federal

Acerca dos terrenos de marinha e das águas públicas, julgue o item que se segue.
À União pertence o domínio das águas públicas e das ilhas fluviais, lacustres e oceânicas.

A) Certo   B) Errado

Bens dos Estados

II – as áreas, nas ilhas oceânicas e costeiras, que estiverem no seu domínio, excluídas aquelas sob domínio da União, Municípios ou terceiros;

4445) (2016) Banca: CESPE Órgão: PC-PE Prova: Delegado de Polícia

A fiscalização ambiental de determinado estado da Federação verificou que a água utilizada para o consumo dos hóspedes de um hotel era captada de poços artesianos. Como o hotel não tinha a outorga do poder público para extração de água de aquífero subterrâneo, os fiscais lavraram o auto de infração e informaram ao gerente do hotel que lacrariam os poços artesianos, conforme a previsão da legislação estadual. O gerente resistiu à ação dos fiscais, razão pela qual policiais militares compareceram ao local e, diante do impasse, o gerente, acompanhado do advogado do hotel, e os fiscais foram conduzidos à delegacia local. O advogado alegou que os fiscais teriam agido com abuso de autoridade, uma vez que o poder público estadual não teria competência para fiscalizar poços artesianos, e requereu ao delegado de plantão a imediata liberação do gerente e o registro, em boletim de ocorrência, do abuso de poder por parte dos fiscais. A partir dessa situação hipotética, assinale a opção correta, considerando as regras e princípios do direito administrativo.

A) Agentes de fiscalização não possuem poder de polícia, que é exclusivo dos órgãos de segurança pública. Por essa razão, os fiscais não poderiam entrar no hotel, propriedade privada, sem o acompanhamento dos policiais militares.
B) A fiscalização estadual agiu corretamente ao aplicar o auto de infração: o hotel não poderia fazer uso de poço artesiano sem a outorga do poder público estadual. Contudo, os fiscais somente poderiam lacrar os poços se dispusessem de ordem judicial, razão pela qual ficou evidente o abuso de poder.
C) As águas subterrâneas e em depósito são bens públicos da União, razão pela qual a fiscalização estadual não teria competência para atuar no presente caso.
D) Os estados membros da Federação possuem domínio das águas subterrâneas e poder de polícia para precaver e prevenir danos ao meio ambiente. Assim, a fiscalização estadual não só tinha o poder, mas também, o dever de autuar.
E) Não é necessária a outorga do ente público para o simples uso de poço artesiano. Logo, a conduta dos fiscais foi intempestiva e abusiva.

4446) (2013) Banca: NC-UFPR – Órgão: TJ-PR – Prova: Juiz

Segundo a Constituição Federal, NÃO são bens dos Estados:

A) as águas superficiais ou subterrâneas, fluentes, emergentes e em depósito, ressalvadas, neste caso, na forma da lei, as decorrentes de obras da União.
B) as áreas, nas ilhas oceânicas e costeiras, que estiverem no seu domínio, excluídas aquelas sob domínio da União, Municípios ou terceiros.
C) as ilhas fluviais e lacustres não pertencentes à União.
D) os potenciais de energia hidráulica e os recursos minerais, inclusive os do subsolo.

USO ANORMAL DE BENS PÚBLICOS: Autorização para utilização especial de bem público: trata-se de ato administrativo unilateral discricionário e precário (pode ser desfeito a qualquer tempo e sua revogação não gera direito de indenização), sem licitação prévia, por meio do qual a Administração faculta o uso do bem público ao particular, no interesse desse, por um curto período de tempo. Entretanto, caso a autorização tenha sido concedida com prazo determinado, na eventual hipótese de revogação antecipada cabe indenização ao particular prejudicado. Ex: fechamento de via pública durante um final de semana para realização de um festival de rock.

4447) (2015) Banca: CESPE – Órgão: AGU – Prova: Advogado

Julgue o próximo item, referente à utilização dos bens públicos e à desapropriação. Se os membros de uma comunidade desejarem fechar uma rua para realizar uma festa comemorativa do aniversário de seu bairro, será necessário obter da administração pública uma permissão de uso.

A) Certo   B) Errado

4448) (2017) Banca: CESPE – Órgão: Prefeitura de Fortaleza – CE – Prova: Procurador do Município

A respeito de bens públicos e responsabilidade civil do Estado, julgue o próximo item.

Situação hipotética: A associação de moradores de determinado bairro de uma capital brasileira decidiu realizar os bailes de carnaval em uma praça pública da cidade. Assertiva: Nessa situação, a referida associação poderá fazer uso da praça pública, independentemente de autorização, mediante prévio aviso à autoridade competente.

A) Certo   B) Errado

4449) (2012) Banca: CESPE – Órgão: TJ-CE – Prova: Juiz

No que se refere à classificação e às formas de utilização dos bens públicos, ao tombamento e à servidão administrativa, assinale a opção correta.

A) A servidão administrativa, direito real que autoriza o poder público a usar propriedade alheia para permitir a execução de obras e serviços de interesse público, gera, como regra, a obrigação de indenizar o proprietário.
B) Uso especial é a forma de utilização de bens públicos por meio da qual o indivíduo se submete à incidência da obrigação de pagar pelo uso, podendo os bens de uso especial estar sujeitos a uso especial remunerado, possibilidade que não se estende aos bens de uso comum, em relação aos quais não se admite nenhuma forma de pagamento.
C) O fechamento de rua para a realização de festa comunitária caracteriza autorização de uso, ato pelo qual a administração consente, a título precário, que particulares se utilizem de bem público de modo privativo, atendendo primordialmente a seus próprios interesses.
D) Assim como ocorre na autorização de uso, na permissão de uso, o interesse que predomina é o privado, ainda que haja interesse público como pano de fundo.
E) O tombamento, forma de intervenção do Estado na propriedade privada, tem por objetivo a proteção do patrimônio histórico e artístico, podendo atingir bens móveis ou imóveis, materiais ou imateriais, mas não bens públicos.

4450) (2010) Banca: CESPE – Órgão: PGM – RR – Prova: Procurador Municipal

A autorização de uso é ato unilateral, discricionário e precário, pelo qual o município consente a prática de determinada atividade individual incidente sobre bem público. Não há forma nem requisitos especiais para sua efetivação, pois ela visa apenas atividades transitórias e irrelevantes para o poder público, bastando que se consubstancie em ato escrito, revogável sumariamente a qualquer tempo e sem ônus à administração.

A) Certo   B) Errado

4451) (2014) Banca: FMP Concursos – Órgão: TJ-MT – Prova: Provimento

O uso privativo de bens públicos pode ocorrer de forma privada por particulares mediante autorização de uso, permissão de uso ou concessão de uso. Acerca de tais institutos é correto afirmar que

A) a autorização de uso é ato negocial, unilateral e discricionário e precário.
B) a autorização de uso é ato negocial, por prazo determinado, precedido de licitação, quando possível.
C) a permissão de uso é contrato administrativo, bilateral, por prazo indeterminado, precedido de licitação, quando possível.
D) a concessão de uso é ato negocial, precedido de licitação, quando possível, a título precário e gratuito.
E) a concessão de uso é contrato, precedido de licitação, quando possível, para que o beneficiário utilize o bem público de acordo com as suas conveniências.

4452) (2010) Banca: PaqTcPB – Órgão: IPSEM – Prova: Assistente Jurídico

Situação administrativa que outorga a utilização privativa de um bem público através do fechamento de uma rua para a realização de uma festa popular, chama-se:

A) Autorização de uso.
B) Permissão de uso.
C) Cessão de uso.
D) Concessão de direito real de uso.
E) Aforamento.

Em regra, a permissão é definida por prazo indeterminado, podendo ser revogada a qualquer tempo, sem direito à indenização ao particular. Entretanto, caso a permissão tenha sido concedida com prazo determinado, na hipótese de revogação antecipada caberá indenização ao particular prejudicado. Exemplo: permissão do município para bares e restaurantes colocarem mesas e cadeiras em calçadas.

4453) (2015) Banca: FGV – Órgão: TJ-PI – Prova: Analista Judiciário – Analista Administrativo

Em tema de bens públicos, o ato administrativo pelo qual a Administração Pública consente que certa pessoa utilize privativamente bem público, atendendo ao mesmo tempo aos interesses público e privado, como a utilização de praças públicas para feiras de artesanato, é a:

A) autorização de uso, que é ato unilateral, vinculado e precário;
B) delegação de uso, que é ato bilateral, discricionário e remunerado;
C) concessão de uso, que é ato unilateral, vinculado e precário;
D) outorga de uso, que é ato bilateral, discricionário e gratuito;
E) permissão de uso, que é ato unilateral, discricionário e precário.

4454) (2014) Banca: VUNESP – Órgão: DESENVOLVESP – Prova: Advogado

Em razão de interesse público, decisão administrativa gerou a remoção de Banca de Jornal de determinado local, que ocupava em espaço público a título precário. Diante desse fato, assinale a alternativa correta.

A) Por se tratar de concessão, o proprietário da banca tem direito de permanecer naquele local.
B) Tratando-se de concessão administrativa, o proprietário da banca tem direito a ser indenizado pela remoção.

C) No caso, por não haver necessidade de autorização para funcionamento, o ato não deve ser motivado nem a mudança efetuada.
D) Por se tratar de permissão de uso, a decisão administrativa não deve ferir o direito adquirido do permissionário, proprietário da banca.
E) Há possibilidade de revogação da permissão de uso de bem público, que não confere ao permissionário direito à sua manutenção no local.

4455) (2015) Banca: TRT 21R (RN) – Órgão: TRT – 21ª Região (RN) – Prova: Juiz do Trabalho Substituto

Sobre a dinâmica dos Bens Públicos, assinale a alternativa correta:

A) Bens públicos de nenhuma das esferas federativas (municipal, estadual, federal) estão sujeitos a usucapião e a desapropriação.
B) Dentre as características da permissão de uso de bem público, é possível identificar, entre outras: precariedade, discricionariedade e destinação para finalidades de interesse coletivo.
C) Bens pertencentes a sociedades de economia mista não podem ser penhorados, independentemente da efetiva utilização em serviços públicos, dada a presunção de que todo o aparato de bens da entidade se presta ao interesse público.
D) São bens de uso comum do povo aqueles de utilização pública a exemplo dos estabelecimentos da administração federal, estadual, territorial ou municipal.
E) Desafetação é o ato administrativo pelo qual bem público passa a admitir a exploração econômica por particular, mantendo, entretanto, o caráter de inalienabilidade e imprescritibilidade do bem.

GABARITO – BENS PÚBLICOS

4326) CERTO	4348) E	4370) D	4392) A	4414) A	4436) A
4327) CERTO	4349) B	4371) C	4393) B	4415) CERTO	4437) B
4328) ERRADO	4350) B	4372) C	4394) C	4416) CERTO	4438) C
4329) ERRADO	4351) C	4373) C	4395) C	4417) CERTO	4439) B
4330) E	4352) ERRADO	4374) A	4396) A	4418) CERTO	4440) E
4331) C	4353) D	4375) C	4397) C	4419) ERRADO	4441) C
4332) A	4354) CERTO	4376) C	4398) CERTO	4420) C	4442) B
4333) C	4355) CERTO	4377) B	4399) ERRADO	4421) CERTO	4443) CERTO
4334) CERTO	4356) ERRADO	4378) C	4400) A	4422) D	4444) ERRADO
4335) D	4357) CERTO	4379) B	4401) C	4423) B	4445) D
4336) A	4358) B	4380) B	4402) CERTO	4424) B	4446) D
4337) C	4359) CERTO	4381) B	4403) A	4425) E	4447) ERRADO
4338) CERTO	4360) CERTO	4382) B	4404) B	4426) C	4448) ERRADO
4339) CERTO	4361) CERTO	4383) C	4405) ERRADO	4427) C	4449) C
4340) C	4362) D	4384) B	4406) A	4428) C	4450) CERTO
4341) D	4363) CERTO	4385) ERRADO	4407) D	4429) D	4451) A
4342) C	4364) E	4386) E	4408) D	4430) E	4452) A
4343) D	4365) D	4387) A	4409) B	4431) B	4453) E
4344) C	4366) A	4388) CERTO	4410) B	4432) A	4454) E
4345) C	4367) C	4389) D	4411) B	4433) E	4455) B
4346) C	4368) E	4390) D	4412) A	4434) D	
4347) C	4369) E	4391) E	4413) C	4435) C	

FRASES PODEROSAS – BENS PÚBLICOS

	% de questões	Número de acertos nesse capítulo	% de acertos
Os bens públicos não podem ser alienados, exceto se houver sua desafetação. Ou seja, os bens de uso comum e os de uso especial são passíveis de conversão a bens dominicais, e esses últimos são passíveis de alienação.	7%		
A alienação de bens imóveis dependerá do interesse público devidamente justificado; autorização legislativa; avaliação prévia; e licitação na modalidade concorrência ou leilão.	7%		
Os bens públicos não estão sujeitos a usucapião.	5%		
Bens de uso especial são bens cuja utilidade é previamente especificada pelo Estado, afetados a uma destinação específica.	6%		
Bem dominical é o bem de titularidade do Estado, mas ao qual não é conferida nenhuma destinação pública.	6%		
Permissão é o ato administrativo unilateral, discricionário, intuito personae, e precário por meio do qual a Administração transfere ao particular, por meio de consentimento expresso, o uso do bem público, com o fito de atender a um interesse público.	8%		
TOTAL	**39%**		

16. INSTITUTOS DE INTERVENÇÃO DO ESTADO NO DIREITO DE PROPRIEDADE

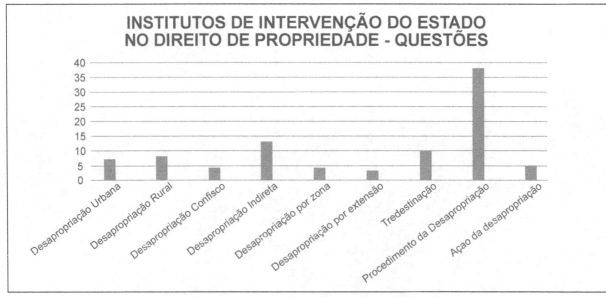

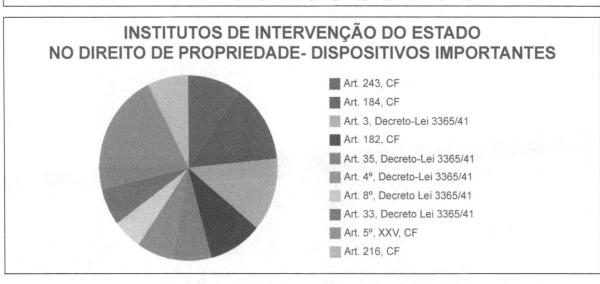

16. INSTITUTOS DE INTERVENÇÃO DO ESTADO NO DIREITO DE PROPRIEDADE

Conceito: A Constituição Federal de 1988 em seu art. 5º, nos quais encontram-se enumerados os direitos e as garantias fundamentais do nosso ordenamento jurídico, assegura o direito à propriedade particular, mas condiciona o exercício desse direito ao atendimento da denominada *"função social da propriedade"*. Portanto, conforme texto constitucional, o proprietário terá ampla liberdade de utilização do bem de forma exclusiva, contudo, o caráter de exclusividade não retira o dever do proprietário de cumprir a função social da propriedade. De forma simplificada, dizer que a propriedade atende a uma função social é dizer que a ela é dada o **correto aproveitamento pelo particular, dentro do contexto social na qual se insere.**

4456) (2010) Banca: CESPE – Órgão: AGU – Prova: Procurador Federal

No que concerne ao direito agrário, julgue o próximo item.

A função social da propriedade caracteriza-se pelo fato de o proprietário condicionar uso e a exploração do imóvel não só aos seus interesses particulares, mas, também, à satisfação de objetivos para com a sociedade, como a obtenção de determinado grau de produtividade, o respeito ao meio ambiente e o pagamento de impostos.

A) Certo   B) Errado

4457) (2015) Banca: CAIP-IMES – Órgão: DAE de São Caetano do Sul – SP – Prova: Procurador Judicial

O artigo 5º, garante, no inciso XXII e XXIII da Constituição Federal, o direito à propriedade e, ato contínuo, determina que ela atenderá a(ao):

A) função ambiental.
B) zoneamento urbano.
C) função social.
D) necessidade do município.

Para fins de analisar se determinada propriedade atende, ou não, a função social, deve-se identificar se a propriedade é urbana ou rural. Desse modo:

Propriedade urbana: a propriedade urbana cumpre a função social quando **atende ao Plano diretor**, artigo 182, § 2º, da Constituição Federal.

Propriedade rural: A propriedade rural, por sua vez, cumpre a função social quando a essa área é dado **aproveitamento adequado, utilização dos recursos naturais e preservação do meio ambiente, observância à legislação trabalhista e exploração em consonância com o bem-estar do proprietário e trabalhadores.**

4458) (2013) Banca: CESPE – Órgão: DPE-TO – Prova: Defensor Público

No que tange aos requisitos necessários para que a propriedade rural cumpra a sua função social, assinale a opção correta.

A) O proprietário rural deve residir no imóvel.
B) A propriedade rural não pode ter área superior a cinco mil hectares.
C) Não é necessário que se observem as disposições que regulam as relações de trabalho, desde que se respeitem os contratos de arrendamento e parcerias rurais.
D) A propriedade rural não pode ser objeto de contrato de arrendamento.
E) A propriedade rural deve ser aproveitada de forma racional e adequada.

4459) (2016) Banca: FCC – Órgão: PGE-MT – Prova: Procurador do Estado

O direito de propriedade de bem imóvel rural

A) é absoluto, não se submetendo a qualquer tipo de controle estatal.
B) deve ser exercido de acordo com sua função social, que se traduz na obrigação de repartição do ganho auferido com a produção do imóvel rural.
C) não se relaciona com a função social da propriedade rural.
D) encontra seu contorno jurídico estabelecido pela função social da propriedade.
E) deve priorizar a propriedade coletiva.

As intervenções do Estado na propriedade privada podem ser intervenções restritivas ou supressivas. Nas modalidades de intervenção restritivas o ente público limita-se a **impor restrições/condicionamentos ao uso da propriedade** pelo particular (poder de polícia). Na **modalidade supressiva**, por sua vez, **o Estado retira coercitivamente a propriedade de terceiro e a transfere para si** (supremacia do interesse público frente ao provado).

Portanto, são institutos de intervenção do Estado na propriedade: **Servidão administrativa; Requisição; Ocupação temporária; Limitação administrativa; Tombamento; e Desapropriação.**

4460) (2011) Banca: FGV – Órgão: OAB – Prova: Exame de Ordem Unificado

Com relação à intervenção do Estado na propriedade, assinale a alternativa correta.

A) A requisição administrativa é uma forma de intervenção supressiva do Estado na propriedade que somente recai em bens imóveis, sendo o Estado obrigado a indenizar eventuais prejuízos, se houver dano.
B) A limitação administrativa é uma forma de intervenção restritiva do Estado na propriedade que consubstancia obrigações de caráter específico e individualizados a proprietários determinados, sem afetar o caráter absoluto do direito de propriedade.
C) A servidão administrativa é uma forma de intervenção restritiva do Estado na propriedade que afeta as faculdades de uso e gozo sobre o bem objeto da intervenção, em razão de um interesse público.
D) O tombamento é uma forma de intervenção do Estado na propriedade privada que possui como característica a conservação dos aspectos históricos, artísticos, paisagísticos e culturais dos bens imóveis, excepcionando-se os bens móveis.

4461) (2011) Banca: INSTITUTO CIDADES – Órgão: DPE-AM – Prova: Defensor Público

Pode-se afirmar que são formas de intervenção do Estado na propriedade:

A) concessão de serviços
B) permissão de uso

C) autorização de uso
D) requisição
E) permissão condicionada

A desapropriação pode ser conceituada como o procedimento administrativo mediante o qual o poder público retira compulsoriamente a propriedade de um particular e a transfere para si, por razões de necessidade, utilidade pública ou interesse social mediante o **pagamento de indenização prévia, justa e, em regra, em dinheiro.**

Trata-se de uma forma de **aquisição originária** da propriedade pelo Poder Público, isto é, com a transferência da titularidade encerram-se todos os ônus e gravames que incidiam sobre o imóvel e, por essa razão, o bem desapropriado torna-se insuscetível de reivindicação.

4462) (2008) Banca: CESPE – Órgão: MPE-RR – Prova: Promotor de Justiça
A desapropriação é forma originária de aquisição da propriedade.
A) Certo b) Errado

4463) (2010) Banca: CESPE – Órgão: AGU – Prova: Contador (+ provas)
A desapropriação, modo involuntário de perda da propriedade imóvel, pode ocorrer em caso de necessidade pública, sendo obrigatória a prévia e justa indenização ao proprietário do imóvel desapropriado.
A) Certo   B) Errado

4464) (2013) Banca: CESPE – Órgão: ANP – Prova: Especialista em Regulação
A construção e a ampliação de distritos industriais são consideradas para fins de utilidade pública, podendo levar à desapropriação de bem imóvel.
A) CertoErrado

4465) (2010) Banca: FCC – Órgão: TCE-AP – Prova: Procurador
Determinado ente federado pretende adquirir um terreno para edificação de uma unidade prisional. Para tanto, poderá utilizar, como meio de aquisição da propriedade, a
A) desapropriação amigável, que dispensa a declaração de utilidade pública e pode ser instrumentalizada por meio de escritura pública.
B) desapropriação, na medida em que enseja a aquisição originária da propriedade.
C) venda e compra, uma vez que, dada sua natureza de negócio jurídico privado, desobriga o atendimento da lei de licitações.
D) doação com encargo, sob pena de reversão, ainda que enseje despesas de aquisição.
E) requisição de propriedade, uma vez que ensejaria apenas a remuneração pelo uso do imóvel.

4466) (2016) Banca: FCC – Prova: PGE-MT ANALISTA JUDICIÁRIO
A respeito das chamadas "desapropriação-sanção", por descumprimento da função social da propriedade, é INCORRETO afirmar:

A) Prescindem de pagamento de indenização ao proprietário do imóvel desapropriado, visto que têm, justamente, caráter sancionador.
B) Aplicam-se a propriedades rurais ou urbanas.
C) Demandam pagamento de justa indenização, embora não em dinheiro.
D) Pressupõem, dentre outros requisitos, o inadequado aproveitamento da propriedade.
E) São executadas mediante devido processo legal.

4467) (2015) Banca: FCC – Órgão: TCE-AM – Prova: Auditor
Imagine que a Administração pública pretenda ampliar uma escola cujo projeto foi há anos aprovado para um terreno menor no perímetro do Município. Para tanto, foi exigido que o projeto fosse aditado para a inclusão de área, para posterior unificação, a fim de que lá seja implantada uma área de preservação ambiental, como medida compensatória, especialmente pelo aumento do tráfego de veículos. A área pertence a um particular.
Essa área complementar, portanto, deverá ser

A) adquirida com dispensa de licitação, ainda que seu proprietário tenha hipotecado o imóvel, visto que há preferência pela aquisição direta, que liberará os ônus e garantias reais incidentes sobre o bem.
B) desapropriada, precedida de declaração de utilidade pública, tendo em vista que a aquisição da área viabilizará a instalação de importante equipamento para a sociedade.
C) requisitada administrativamente, diferindo-se a indenização para o momento da construção da escola, uma vez que o contrato de obras poderá suprir financeiramente a deficiência estrutural do equipamento público.
D) objeto de incidência de limitação administrativa, que se equipara a desapropriação amigável, tendo em vista que aquela modalidade de intervenção é suficiente para garantir a compensação ambiental exigida, sem o correspondente dispêndio de recursos econômico financeiros.
E) tombada, intervenção que prescinde de indenização, porque permite que a propriedade remanesça sendo do particular, a quem incumbirá a preservação da área.

4468) (2012) Banca: IESES – Órgão: TJ-RO – Prova: Titular de Serviços de Notas e de Registros – Provimento por Ingresso
Assinale a alternativa INCORRETA:
A) A desapropriação desenvolve-se por meio de uma sucessão de atos definidos em lei, que espelham duas fases distintas, a declaratória e a executória, abrangendo, a última, uma etapa administrativa e outra judicial.
B) A desapropriação é forma derivada de aquisição da propriedade.
C) A desapropriação indireta é a que se verifica sem o cumprimento das exigências legais, sendo equiparada, de costume, ao esbulho possessório.
D) A retrocessão é o direito que tem o expropriado de buscar o retorno de seu bem, caso o mesmo não tenha merecido o destino indicado à desapropriação.

4469) Ano: 2013 Banca: CESPE / CEBRASPE Órgão: PG-DF Prova: CESPE – 2013 – PG-DF – Procurador
A respeito do Estatuto da Cidade, da desapropriação e das regras de uso do solo urbano no DF, julgue os itens que se seguem.

Por ser a desapropriação-sanção uma penalidade decorrente do descumprimento de obrigação ou ônus urbanístico, o proprietário que sofrer esse tipo de desapropriação não terá direito a indenização.

a) Certo b) errado

4470) (2012) Banca: CETRO – Órgão: CRECI – 4ª Região (MG) – Prova: Profissional de Suporte Técnico – Advogado

O Estado, dotado de poder discricionário, pretende ampliar a malha rodoviária do Município de Dourados/MS. No entanto, há necessidade de proceder à indenização de certas famílias, uma vez que será necessária a demolição de imóveis para construção de avenidas. No exemplo acima, a forma de intervenção do Estado na propriedade é a

A) encampação.
B) desapropriação.
C) demolição.
D) indenização.

4471) (2018) Banca: FAUEL Órgão: Prefeitura de Paranavaí – PR Prova: FAUEL – 2018 – Prefeitura de Paranavaí – PR – Procurador do Município

A desapropriação é forma derivada de aquisição da propriedade, que ocorre mediante título translativo da propriedade, em razão da supremacia do interesse público.

A) Certo b) errado

4472) (2011) Banca: CESPE / CEBRASPE Órgão: TRF – 2ª REGIÃO Prova: CESPE – 2011 – TRF – 2ª REGIÃO – Juiz Federal

A desapropriação-sanção, aplicada à propriedade urbana que não cumpra sua função social, tem por finalidade transferir permanentemente o imóvel ao poder público.

A) Certo b) errado

4473) (2017) Banca: VUNESP – Órgão: Prefeitura de Andradina – SP – Prova: Assistente Jurídico e Procurador Jurídico

A respeito da desapropriação, é correto afirmar que

A) é forma derivada de aquisição da propriedade.
B) a ação expropriatória não pode ser intentada se o proprietário do bem não puder ser identificado.
C) mesmo se anulado o processo expropriatório, o bem expropriado, uma vez incorporado à Fazenda Pública, não pode ser reivindicado.
D) se o poder expropriante requerer urgência, a imissão provisória na posse poderá ser efetivada sem o depósito do preço inicial.
E) o expropriado pode requerer o levantamento de noventa por cento do valor inicial depositado, desde que apresente prova de domínio do bem.

4474) (2017) Banca: VUNESP – Órgão: Prefeitura de São José dos Campos – SP – Prova: Procurador

Um determinado prédio público, situado na Rua das Flores do Município de São José dos Campos, funcionava como Creche Municipal, e em razão de um grande abalo sísmico, o imóvel ficou totalmente destruído e sem destinação, tendo sido a Creche transferida para outro imóvel público, situado na Alameda dos Sabiás. A partir desse fato hipotético, assinale a alternativa correta.

A) A Creche da Rua das Flores tinha afetação ao uso comum, permanecendo nessa condição, apesar do acidente geográfico e não mais funcionar como repartição pública.
B) Com a destruição do imóvel da Rua das Flores, houve sua desafetação como de uso especial, trespassando-se automaticamente como imóvel com afetação ao uso comum.
C) O fato da natureza (abalo sísmico) determinou a desafetação do prédio da Rua das Flores como bem de uso especial para a categoria de bem dominical.
D) A desafetação do imóvel da Rua das Flores como de uso comum somente poderá ocorrer por meio de lei expressa nesse sentido.
E) O imóvel da Alameda dos Sabiás, com a transferência da Creche, passou a ser considerado bem dominical.

4475) (2017) Banca: VUNESP – Órgão: IPRESB – SP – Prova: Analista de Processos Previdenciários

Sobre a desapropriação, a Carta Magna brasileira dispõe que

A) será paga em títulos da dívida pública quando o imóvel for para uso do próprio poder público.
B) a utilidade pública é uma das finalidades que embasam o procedimento de desapropriação.
C) ela será implementada sobre bens imóveis, mas a Constituição veda que recaia sobre bens móveis ou direitos.
D) o pagamento ao proprietário do bem desapropriado será feito imediatamente após o trânsito em julgado da ação de desapropriação.
E) a Constituição Federal veda, expressamente, a desapropriação de bens públicos.

4476) (2012) Banca: UPENET/IAUPE – Órgão: PGE-PE – Prova: Advogado

Acerca das fontes primárias da desapropriação, assinale a alternativa CORRETA.

A) A lei determinará a maneira para a desapropriação sempre por necessidade e utilidade pública, mediante justa e prévia indenização em dinheiro, salvaguardando os casos previstos na Constituição.
B) A lei estabelecerá o procedimento para a desapropriação por necessidade e utilidade pública, observando sempre o interesse social, mediante justa e prévia indenização em dinheiro, ressalvados os casos previstos na Constituição.
C) A instauração do procedimento legal para a desapropriação deverá ater-se sempre em razão do interesse comunal, mediante justa e prévia indenização em dinheiro, ressalvados os casos previstos na Constituição.
D) A lei estabelecerá o procedimento para a desapropriação por necessidade e utilidade pública, observando sempre o interesse social, mediante justa e prévia indenização em pecúnia, ressalvados os casos previstos na Constituição.
E) A lei estabelecerá o procedimento para desapropriação por necessidade ou utilidade pública, ou por interesse social, mediante justa e prévia indenização em dinheiro, ressalvados os casos previstos na Constituição.

4477) (2014) Banca: FEPESE – Órgão: MPE-SC – Prova: Procurador do Estado

Acerca da desapropriação, assinale a alternativa incorreta:

A) Com a desapropriação desaparecem os ônus reais incidentes sobre o imóvel.
B) A privativamente à União legislar sobre desapropriação.
E) A Constituição Federal estabelece a previsão constitucional de desapropriação por necessidade pública, mediante desapropriação indireta é um ato ilícito da administração.
C) A desapropriação é modalidade de intervenção supressiva do Estado na propriedade.
D) Compete indenização posterior, o que torna plenamente legítima a desapropriação pelo Estado.

4478) (2012) Banca: FUJB – Órgão: MPE-RJ – Prova: Promotor de Justiça

Certo Município desapropriou alguns imóveis antigos situados nas proximidades do centro da cidade, como objetivo de implementar plano de reurbanização. No que tange a tais desapropriações, é correto afirmar que:

A) as indenizações devem alcançar apenas parcialmente o valor dos imóveis, tendo em vista a antiguidade destes;
B) o Município deve indenizar os proprietários mediante títulos da dívida pública previamente aprovados pelo Senado Federal;
C) parte do pagamento das indenizações deverá ser em dinheiro e parte em títulos da dívida pública;
D) as indenizações devidas aos proprietários pelo Município devem ser prévias, justas e em dinheiro;
E) os títulos da dívida pública indenizatórios devem ter prazo de resgate de dez anos, assegurados o valor real da indenização e os juros legais

4479) (2013) Banca: CESGRANRIO – Órgão: LIQUIGÁS – Prova: Profissional Júnior – Direito

Após amplos estudos realizados por equipes técnicas dos órgãos competentes, decidiu-se pela instalação de uma Estação Ecológica em determinado local onde vivem algumas famílias há muitos anos, em construções devidamente legalizadas e com títulos registrados.

Nos termos da legislação de regência, em relação aos imóveis localizados no interior da Estação Ecológica, deve ocorrer a

A) servidão
B) ocupação
C) encampação
D) desapropriação
E) intervenção

4480) (2011) Banca: FMP Concursos – Órgão: TCE-MT – Prova: Auditor Público Externo

Sobre a intervenção do Estado no domínio econômico, aponte a modalidade de intervenção em que se verifica a perda da propriedade.

A) Servidão administrativa.
B) Requisição.
C) Ocupação temporária.
D) Tombamento.
E) Desapropriação.

A desapropriação poderá recair sobre bens móveis, imóveis, corpóreos e incorpóreos, públicos ou privados, espaço aéreo, ações, cotas ou direitos de qualquer sociedade. Além disso, admite-se a desapropriação de direitos de crédito e ações referentes a cota de pessoas jurídicas. Entretanto, destaca-se que não é possível desapropriação de direitos personalíssimos como a honra, intimidade, liberdade etc. Na mesma medida, não é admitido a desapropriação de pessoas, físicas ou jurídicas.

No que se refere aos bens públicos, é admitida a desapropriação desde que seja respeitada a "hierarquia federativa". Portanto, a **União poderá desapropriar bens dos Estados e Municípios, e os Estados, por sua vez, poderão desapropriar bens dos Municípios localizados em seu território.**

4481) (2009) Banca: CESPE – Órgão: DPE-ES – Prova: Defensor Público

Em decorrência da supremacia do interesse público sobre o privado, o Estado pode estabelecer restrições sobre a propriedade privada. Acerca desse assunto, julgue o próximo item.

Os bens públicos são expropriáveis, porém a legislação de regência estabelece regra segundo a qual a União somente pode desapropriar bens de domínio dos estados-membros; estes somente podem expropriar bens de domínio dos municípios, o que evidencia a impossibilidade de expropriação dos bens públicos federais.

A) Certo   B) Errado

4482) (2013) Banca: CESPE – Órgão: TJ-RR – Prova: Titular de Serviços de Notas e de Registros

Considerando o disposto no ordenamento jurídico, na doutrina e na jurisprudência, assinale a opção correta a respeito do regime das desapropriações.

A) O imóvel gravado com hipoteca não poderá ser desapropriado antes da quitação da dívida com o credor hipotecário.
B) No caso de desapropriação indireta, os juros compensatórios contam-se a partir do trânsito em julgado da sentença.
C) O poder público protegerá o patrimônio cultural brasileiro por meio de inventários, registros, vigilância e tombamento, sendo vedada a desapropriação para esse fim.
D) O município pode desapropriar bens de propriedade de empresa pública federal, desde que autorizado por decreto do presidente da República.
E) O prazo prescricional da ação de desapropriação indireta é de cinco anos.

4483) (2014) Banca: CESPE – Órgão: Câmara dos Deputados – Prova: Analista Legislativo

Acerca de limitações administrativas, direito de construir, desapropriação e tombamento, julgue o item a seguir.

Suponha que a União pretenda desapropriar terreno de propriedade do estado de São Paulo para a construção de um prédio em que funcionará determinado órgão público. Nessa situação hipotética, prescinde-se de autorização do Congresso Nacional.

A) Certo   B) Errado

4484) (2013) Banca: FCC – Órgão: DPE-AM – Prova: Defensor Público

Para o direito brasileiro, é absolutamente impossível a desapropriação de

A) área situada no subsolo.
B) pessoa jurídica.
C) bens públicos.
D) seres vivos.
E) domínio útil de imóvel sob regime enfitêutico.

4485) (2013) Banca: FCC – Órgão: TJ-PE – Prova: Titular de Serviços de Notas e de Registros

O Estado pretende instalar um gasoduto e uma estação de odorização em perímetro de seu território, destinado à ampliação da rede de distribuição de gás natural para a região oeste. Parte do perímetro abrangido pela obra atinge imóvel de titularidade da União Federal, o qual, contudo, não está afetado a nenhum serviço ou utilidade pública. O Estado pretende desapropriar a parte do bem público federal necessária à obra, o que, de acordo com a legislação vigente,

A) é possível, desde que a declaração de utilidade pública se preste à instituição de servidão administrativa.
B) é possível, porque o bem está desafetado, desde que mediante autorização legislativa.
C) não é possível, uma vez que a legislação vigente não admite a desapropriação de bens de um ente federado por outro.
D) é possível, desde que a desapropriação seja viabilizada por meio judicial.
E) não é permitido aos Estados desapropriar bens da União Federal, devendo se valer de outras vias para a viabilização da obra pública.

4486) (2011) Banca: FGV – Órgão: SEFAZ-RJ – Prova: Analista de Controle Interno – Prova 1

O Prefeito do Município de Florestal está interessado em construir um hospital público e, devido à sua localização conveniente, pretende fazê-lo em um terreno desocupado de propriedade do Estado em que localizado o Município. Entretanto, em razão de divergências políticas, o Governador do Estado se recusa a ceder o imóvel para a Prefeitura. Considerando a situação hipotética narrada, indaga-se: é juridicamente possível ao Município desapropriar o imóvel de propriedade do Estado?

A) Sim, pois o terreno público em questão encontra-se desafetado e, por isso, é passível de desapropriação.
B) Sim, desde que mediante autorização legislativa e prévia indenização em dinheiro.
C) Sim, pois deve prevalecer, nesse caso, o interesse público municipal a justificar transferência compulsória do bem para a construção do hospital.
D) Não, pois os bens públicos são imprescritíveis e, portanto, não são passíveis de desapropriação.
E) Não, pois a desapropriação de bens públicos submete-se a restrições, não sendo possível ao Município desapropriar bens de propriedade dos Estados ou da União.

4487) (2014) Banca: FGV – Órgão: PGM – Niterói – Prova: Procurador do Município, 3ª Categoria (P3) (+ provas)

Assinale a afirmativa correta.

A) O Município pode exigir que o particular dê ao imóvel destinação compatível com a legislação municipal e ainda substitua-se ao particular para dizer-lhe qual o tipo de habitação que será edificada.
B) A jurisprudência é assente no sentido de que o direito de propriedade não se reveste de caráter absoluto e que, portanto, está autorizado o confisco, pelo ente público, por meio de desapropriação.
C) É vedado ao Município desapropriar bens de propriedade da União ou de suas autarquias e fundações, sem prévia autorização por decreto do Presidente da República, segundo jurisprudência dos Tribunais Superiores.
D) Apesar de o Município poder exigir a edificação compulsória, nada poderá fazer se o proprietário quiser deixar os prédios vazios.
E) A lei municipal determinará a divisão de imóveis, em certos locais, em módulos de tamanhos determinados, ainda que elimine a faculdade de escolha do proprietário, no parcelamento compulsório.

4488) (2013) Banca: UEG – Órgão: PC-GO – Prova: Delegado de Polícia – 1ª prova

A desapropriação de bens públicos é limitada e condicionada pela legislação, segundo a qual:

A) a União pode desapropriar bens de estados e de municípios.
B) um estado pode desapropriar bens de outro estado da federação.
C) município pode desapropriar bens do estado a que pertence.
D) um estado pode desapropriar bens de município situado em outro estado.

4489) (2014) Banca: VUNESP Órgão: Prefeitura de São José do Rio Preto – SP Prova: VUNESP – 2014 – Prefeitura de São José do Rio Preto – SP – Procurador do Município

A respeito da extinção da propriedade por desapropriação, é correto afirmar que

A) desapropriação indireta é aquela realizada pelo poder expropriante mediante a promulgação do decreto expropriatório e o pagamento da indenização prévia, justa e em dinheiro, ou em títulos da dívida agrária, quando for o caso.
B) necessidade pública, para fins de desapropriação, é o interesse imprescindível da coletividade de incorporar, ao domínio estatal, determinado bem, como por exemplo, em caso de abertura, alargamento ou prolongamento de vias públicas.
C) além dos bens públicos federais, também não se sujeitam à expropriação os bens das entidades da Administração Indireta, os bens de família e os direitos personalíssimos, incluindo-se no rol dos bens inexpropriáveis o direito intelectual.
D) a desapropriação pelo não aproveitamento do solo urbano em conformidade com o plano diretor municipal configura-se uma autêntica sanção ou pena pela inércia do titular da área expropriada, que não precisa ser precedida de medidas que visem ao parcelamento ou à edificação compulsória.
E) a desapropriação pro labore não é promovida pelo poder público por meio de um decreto expropriatório regular, cabe ao juiz de direito reconhecê-la, se as atividades desempenhadas pelas pessoas que se acham no imóvel foram de interesse social e econômico relevante.

4490) (2012) Banca: FEMPERJ – Órgão: TCE-RJ – Prova: Analista de Controle Externo – Direito

Carlos José, Prefeito de um município no Estado do Rio de Janeiro, sem prévia autorização legislativa, editou um decreto declarando de utilidade pública, para fins de desapropriação, um terreno subutilizado do Estado do Rio de Janeiro, alegando que iria construir um hospital. A conduta do Prefeito está:

A) correta, desde que realize a justa e prévia indenização ao proprietário Estado do Rio de Janeiro, antes de prosseguir na imissão na posse, e que não altere a finalidade que embasou o decreto expropriatório;

B) errada, pois deveria ter obtido prévia autorização legislativa por se tratar de bem público e ter realizado a justa e prévia indenização ao proprietário Estado do Rio de Janeiro;

C) errada, porque, em regra, bens públicos não podem ser desapropriados, exceto no caso previsto na Constituição, em que a União pode desapropriar bens dos Estados, Distrito Federal e Municípios, mediante prévia autorização legislativa;

D) errada, pois o município não pode desapropriar bem do estado membro, assim como o estado membro também não pode fazê-lo em relação a um município;

E) errada, pois o município não pode desapropriar bem do estado membro, mas o estado membro pode fazê-lo em relação a um município situado dentro de seu território, com prévia autorização legislativa.

4491) (2011) Banca: IADES Órgão: PG-DF Prova: IADES – 2011 – PG-DF – Analista Jurídico – Engenharia Agronômica

A Constituição da República Federativa do Brasil de 1988 trata em seu Título VII, Capítulo III, da Política Agrícola e Fundiária e da Reforma Agrária, os quais são assuntos de relevância para os empreendedores rurais. Considerando o disposto na Carta Magna, assinale a alternativa correta.

A) A alienação ou a concessão, a qualquer título, de terras públicas com área superior a dois mil e quinhentos hectares a pessoa física ou jurídica, ainda que por interposta pessoa, dependerá de prévia aprovação do Congresso Nacional com sanção do Presidente da República.

B) A pequena propriedade rural é insuscetível de desapropriação para fins de reforma agrária.

C) Aquele que, não sendo proprietário de imóvel rural ou urbano, possua como seu, por cinco anos ininterruptos, sem oposição, área de terra, em zona rural, não superior a cinquenta hectares, tornando-a produtiva por seu trabalho ou de sua família, tendo nela sua moradia, adquirir-lhe-á a propriedade.

D) Os imóveis rurais não serão adquiridos por usucapião.

E) Na desapropriação de imóveis rurais por interesse social, as benfeitorias úteis e necessárias serão indenizadas em títulos da dívida agrária.

4492) (2018) Banca: FCC Órgão: Câmara Legislativa do Distrito Federal Prova: FCC – 2018 – Câmara Legislativa do Distrito Federal – Consultor Legislativo – Desenvolvimento Urbano

A aquisição de imóveis pelos entes públicos pode se dar de forma voluntária ou compulsória, estando previsto na Lei 10.257/2001, consubstanciando-se em instituto para aquela finalidade e cuja motivação não se funda na pretensão da Administração pública de utilizar direta e especificamente o imóvel para política pública predeterminada,

A) a servidão administrativa, em que determinado imóvel fica gravado definitivamente em favor de determinada utilidade pública, prevista indenização em títulos da dívida pública.

B) desapropriação por utilidade pública, precedida de decreto editado pelo Chefe do Executivo, instituto que exige sempre indenização prévia, justa e em dinheiro em favor do proprietário expropriado, sob pena de enriquecimento ilícito.

C) instituição de operação urbana consorciada, por meio da qual são alterados e disciplinados os usos, zoneamento e usuários de determinado perímetro urbano, com vistas a adequação ao planejamento constante do plano diretor.

D) desapropriação-urbanística, que permite seja declarada a perda da propriedade do particular para adequação do perímetro em que está inserido ao que está previsto no plano diretor, exigida a indenização prévia, justa e em títulos da dívida pública municipal ou federal, sob pena de enriquecimento ilícito.

E) desapropriação como sanção pelo solo urbano que não cumpra sua função social, respeitadas as imposições prévias obrigatoriamente anteriores e não atendidas pelo proprietário, com indenização paga em títulos da dívida pública, em exceção à regra da indenização.

4493) (2017) Banca: VUNESP – Órgão: Prefeitura de Porto Ferreira – SP – Prova: Procurador Jurídico

A respeito da desapropriação, assinale a alternativa correta.

A) Somente bens imóveis ou bens móveis economicamente avaliáveis podem ser objeto de desapropriação.

B) Bem municipal pode ser desapropriado pela União, desde que haja prévia autorização legislativa.

C) Por se tratar de exercício de poder extroverso, concessionários do poder público não poderão promover desapropriações, mesmo que autorizados por contrato ou lei.

D) Ao Poder Judiciário é permitido, no processo de desapropriação, decidir se se verificam ou não os casos de utilidade pública.

E) A imissão provisória na posse, no processo de desapropriação, deve ser precedida do pagamento de integral indenização em dinheiro.

4494) (2013) Banca: VUNESP – Órgão: COREN-SP – Prova: Advogado

Determinado Prefeito Municipal, pretendendo desapropriar um prédio onde funciona o serviço público de uma autarquia federal, edita o competente decreto expropriatório para essa finalidade, com o escopo de instalar um posto de saúde no local. Considerando o que estabelece a legislação pátria sobre a matéria, bem como a posição da doutrina e da jurisprudência prevalentes nesse tema, é correto afirmar que essa desapropriação

A) é válida e legal, desde que devidamente caracterizada a necessidade ou utilidade pública, mediante a justa e prévia indenização em dinheiro.

B) é inconstitucional, uma vez que os bens públicos têm proteção da Constituição Federal e não podem ser desapropriados.

C) pode ser feita, válida e legalmente, uma vez que o interesse público da população local do Município deve prevalecer no caso.

D) não é permitida pelo direito pátrio, posto que o Município não pode, em regra, desapropriar bens de autarquia federal.

E) não pode ser realizada, posto que os bens das autarquias não podem ser objeto de desapropriação de qualquer espécie.

4495) (2012) Banca: PUC-PR Órgão: TJ-MS Prova: PUC-PR – 2012 – TJ-MS – Juiz

A desapropriação de imóvel urbano é feita mediante prévia e justa indenização; todavia, há possibilidade de o Poder Público municipal impor desapropriação, denominada de desapropriação-sanção, quando o imóvel urbano não cumpre sua função social, e, neste caso, não haverá pagamento por conta do caráter sancionatório da medida.

A) Certo b) errado

PRESSUPOSTOS DA DESAPROPRIAÇÃO: A primeira modalidade diz respeito à desapropriação urbanística que possui caráter sancionatório, presente nas situações em que o proprietário do solo urbano não aproveita de forma adequada a propriedade. Nesse caso, a desapropriação, que decorre do descumprimento da função social, irá ensejar o pagamento de indenização **em títulos da dívida pública, com prazo de resgate de até dez anos, em parcelas anuais e sucessivas.**

A segunda previsão refere-se à desapropriação rural, que igualmente é uma modalidade de desapropriação que decorre do descumprimento da função social da propriedade, e incide sobre imóveis rurais que serão destinados à reforma agrária. Nesse caso, o ente expropriante competente para realizar essa desapropriação **é a União e a indenização será paga mediante títulos da dívida agrária, resgatáveis em até vinte ano.**

A terceira previsão refere-se à desapropriação confisco que, em conformidade com o art. 243 da CF/88, ocorre nas *"propriedades rurais e urbanas de qualquer região do país onde forem localizadas **culturas ilegais de plantas psicotrópicas ou a exploração de trabalho escravo"***, as quais serão destinas à reforma agrária, sem qualquer indenização ao proprietário.

4496) (2019) Banca: Instituto UniFil Órgão: Prefeitura de Marilena – PR Prova: Instituto UniFil – 2019 – Prefeitura de Marilena – PR – Assistente Administrativo

Julgue o item seguinte, que versam sobre desapropriação.

Ao Poder Judiciário é vedado, no processo de desapropriação, decidir se verificam ou não os casos de utilidade pública.

A) Certo B) Errado

4497) (2016) Banca: CESPE – Órgão: PGE-AM – Prova: Procurador do Estado

Acerca da intervenção do Estado no direito de propriedade, julgue o item subsequente.

A desapropriação para fins de reforma agrária, prevista na CF, incide sobre imóveis rurais que não estejam cumprindo sua função social, sendo o expropriante exclusivamente a União Federal, e a indenização paga por meio de títulos, e não em dinheiro.

A) Certo B) Errado

4498) (2016) Banca: CESPE – Órgão: PGE-AM – Prova: Procurador do Estado

Acerca da intervenção do Estado no direito de propriedade, julgue o item subsequente.

Tendo o direito de propriedade garantia constitucional, ao Estado só é lícito desapropriar mediante indenização prévia e se a propriedade não estiver cumprindo sua função social.

A) Certo b) Errado

4499) (2019) Banca: FURB Órgão: Prefeitura de Timbó – SC Prova: FURB – 2019 – Prefeitura de Timbó – SC – Advogado

A Desapropriação para Fins de Reforma Urbana é um instrumento que possibilita o poder público aplicar uma sanção ao proprietário de imóvel urbano, por não respeitar o princípio da função social da propriedade. Decorridos 10 (anos) anos de cobrança do IPTU progressivo sem que o proprietário tenha cumprido a obrigação de parcelamento, edificação ou utilização compulsórios, o Município poderá proceder à desapropriação do imóvel, com pagamentos em títulos da dívida pública. O aproveitamento do imóvel poderá ser efetivado independentemente de procedimento licitatório.

a) Certo B) errado

4500) (2014) Banca: FGV – Órgão: DPE-RJ – Prova: Técnico Médio de Defensoria Pública

Proprietário de um imóvel urbano não edificado, situado no centro de uma cidade no Estado do Rio de Janeiro, João foi informado por vizinhos de que o poder público municipal poderia adotar várias medidas legais em razão da não edificação do solo urbano. Argumentando que a Constituição da República protege seu direito fundamental à propriedade, João buscou assistência jurídica, e lhe foi esclarecido que a Constituição prevê que o Município, mediante lei específica para a área em questão, incluída no plano diretor, pode exigir, nos termos da lei federal, que o particular promova o adequado aproveitamento do solo urbano. Permanecendo sua omissão, João está sujeito à pena, sucessivamente, de (I) parcelamento ou edificação compulsórios; (II) imposto sobre a propriedade predial e territorial urbana progressivo no tempo; e (III) desapropriação, que ocorre

A) mediante justa e prévia indenização em dinheiro, observado o procedimento legal que possui duas fases: a declaratória e a executória.

B) sem qualquer indenização, na modalidade urbanística sancionatória, desde que o imóvel passe a ser destinado a atender ao interesse público, na forma da lei.

C) com indenização apenas pelas benfeitorias, desde que haja necessidade ou utilidade pública, ou interesse social, observado o procedimento legal que possui duas fases: a declaratória e a executória.

D) com pagamento mediante títulos da dívida pública de emissão previamente aprovada pelo Senado Federal, com prazo de resgate de até dez anos, em parcelas anuais, iguais e sucessivas, assegurados o valor real da indenização e os juros legais.

E) mediante pagamento posterior, com títulos da dívida pública municipal com prazo de resgate de até cinco anos, em parcelas anuais, iguais e sucessivas, assegurados o valor real da indenização e os juros legais.

4501) (2018) Banca: FEPESE Órgão: PGE-SC Prova: FEPESE – 2018 – PGE-SC – Procurador do Estado

Compete ao Município desapropriar por interesse próprio o imóvel rural que não esteja cumprindo sua função social, mediante prévia e justa indenização em dinheiro.

A) Certo B) Errado

4502) (2008) Banca: CESPE / CEBRASPE Órgão: PGE-PB Prova: CESPE – 2008 – PGE-PB – Procurador do Estado

Não constitui requisito para a caracterização da função social da propriedade para fins rurais o(a)

A) aproveitamento racional e adequado do espaço.
B) utilização adequada dos recursos naturais disponíveis e a preservação do meio ambiente.
C) preservação da flora e da fauna nativas.
D) observância das disposições que regulam as relações de trabalho.
E) exploração que favoreça o bem-estar dos proprietários e dos trabalhadores

4503) (2008) Banca: CESGRANRIO Órgão: Petrobras Prova: CESGRANRIO – 2008 – BR Distribuidora – Advogado

Acerca do procedimento de desapropriação por utilidade pública, regulado no art. 5o, inc. XXIV, da Constituição Federal e no Decreto-Lei no 3.365/41, é correto afirmar que

A) a desapropriação de qualquer bem dependerá de declaração de utilidade pública por parte da autoridade competente, cuja expedição requer prévia autorização legislativa.
B) a desapropriação apenas pode ser efetuada através de processo judicial.
C) é vedado ao juiz imitir provisoriamente o expropriante na posse do bem antes do trânsito em julgado da ação de desapropriação.
D) podem ser desapropriados bens imóveis destinados à exploração dos serviços públicos prestados por concessionários privados.
E) corresponde a procedimento de competência exclusiva da União Federal.

4504) (2010) Banca: CESPE / CEBRASPE Órgão: BRB Prova: CESPE – 2010 – BRB – Advogado

A desapropriação, nos termos da situação apresentada, constitui-se como hipótese de intervenção do estado no direito de propriedade, vedada pela legislação pátria, tendo em vista que a CF restringe as hipóteses de desapropriação em solo urbano aos casos em que o proprietário não cumpre com o fim social da propriedade.

A) Certo   B) errado

4505) (2011) Banca: IADES – Órgão: PG-DF – Prova: Analista Jurídico (+ provas)

A Constituição Federal garante o direito de propriedade, mas exige que a mesma atenda à sua função social. Sob esses pressupostos, assinale a alternativa que não corresponde ao regime constitucional da propriedade e da desapropriação.

A) A desapropriação por necessidade ou utilidade pública, ou por interesse social, depende de prévia e justa indenização em dinheiro.
B) As glebas onde forem localizadas culturas ilegais de plantas psicotrópicas podem ser expropriadas com pagamento indenizatório a ser efetivado por títulos da dívida agrária resgatáveis em até 30 anos.
C) A propriedade urbana não edificada, subutilizada ou não utilizada pode vir a ser submetida à desapropriação com pagamento indenizatório a ser efetivado por títulos da dívida pública resgatáveis em até 10 anos.
D) O imóvel rural que não esteja cumprindo sua função social pode ser submetido à desapropriação por interesse social, para fins de reforma agrária, com pagamento indenizatório a ser efetivado por títulos da dívida agrária resgatáveis em até 20 anos.
E) Os imóveis públicos não podem ser adquiridos por usucapião.

COMPETÊNCIA – Desapropriação: A competência para legislar sobre a matéria desapropriação é privativa da União, em conformidade com o artigo 22, II da Constituição Federal. Essa competência pode ser delegada aos Estados e ao Distrito Federal mediante lei complementar autorizativa.

A competência para declarar a desapropriação, por sua vez, é da **União, dos Estados, dos Municípios e Distrito Federal.** Contudo, cabe ressaltar que na desapropriação rural por interesse social a competência declaratória é exclusiva da União, para fins de promover a reforma agrária (CF art. 184).

Por fim, a competência executória está ligada à atividade de efetivamente promover a desapropriação e **execução dos atos materiais de transformação do bem privado em bem público.** Trata-se de competência mais ampla. Nesse caso, além do ente federado que realizou a declaração de utilidade pública ou interesse social, são legitimados para executar a desapropriação (mediante autorização em lei ou contrato) as pessoas jurídicas constantes no art. 3º do Decreto-Lei 3.365/1941, in verbis:

Art. 3º Os concessionários de serviços públicos e os estabelecimentos de caráter público ou que exerçam funções delegadas de poder público poderão promover desapropriações mediante autorização expressa, constante de lei ou contrato.

4506) (2014) Banca: CESPE – Órgão: Câmara dos Deputados – Prova: Analista Legislativo

Acerca de limitações administrativas, direito de construir, desapropriação e tombamento, julgue o item a seguir.

A competência para se declarar determinado bem como de interesse social para fins de reforma agrária é comum entre União, estados e municípios.

A) Certo   B) Errado

4507) (2017) Banca: CESPE – Órgão: Prefeitura de Belo Horizonte – MG – Prova: Procurador Municipal

Determinado município, para executar seu planejamento urbanístico, com a valorização de espaços históricos e a otimização de meios de transporte coletivo, desapropriou imóveis que vinham sendo usados de forma incompatível com a previsão do plano diretor.

Nessa situação,

A) os cálculos dos valores das indenizações pelas desapropriações devem ser regulamentados pelo Estatuto da Cidade.
B) promovida a readequação do uso, não poderá haver alienação dos bens desapropriados a outros particulares.
C) o município utilizou um instituto jurídico de política urbana, com repercussão sobre o caráter perpétuo do direito de propriedade.
D) as desapropriações fundamentaram-se exclusivamente no requisito do interesse social.

4508) (2009) Banca: TJ-SC Órgão: TJ-SC Prova: TJ-SC – 2009 – TJ-SC – Juiz

Examine as proposições abaixo, concernentes à "desapropriação", e assinale a alternativa correta:

I. Sujeito ativo é a pessoa à qual é deferido, nos termos da Constituição e legislação ordinária, o direito objetivo de expropriar.
II. Sujeito passivo da desapropriação é o expropriado, que pode ser pessoa física ou jurídica, pública ou privada.
III. Os pressupostos da desapropriação, conforme a Constituição, são a necessidade e a utilidade pública.
IV. Todos os bens poderão ser desapropriados, incluindo coisas móveis ou imóveis, corpóreas ou incorpóreas, públicas ou privadas.

A) Todas as proposições estão corretas.
B) Todas as proposições estão incorretas.
C) Somente as proposições II e IV estão corretas.
D) Somente a proposição IV está correta.
E) Somente as proposições I e IV estão corretas.

4509) (2010) Banca: CESPE / CEBRASPE Órgão: AGU Prova: CESPE – 2010 – AGU – Procurador Federal

O procedimento de desapropriação por utilidade pública de imóvel residencial urbano não admite a figura da imissão provisória na posse.

A) Certo B) Errado

4510) (2007) Banca: CESPE / CEBRASPE Órgão: AGU Prova: CESPE – 2007 – AGU – Procurador Federal – Prova 1

Na vistoria e no decreto desapropriatório, deve-se considerar a área constante da escritura do imóvel, sob pena de restar prejudicada a validade desse decreto.

A) Certo B) Errado

4511) (2009) Banca: CESPE / CEBRASPE Órgão: TRF – 2ª REGIÃO Prova: CESPE – 2009 – TRF – 2ª Região – Juiz Federal

A CF contempla hipótese de desapropriação de imóvel urbano não edificado mediante pagamento em títulos da dívida pública municipal.

A) Certo B) Errado

4512) (2009) Banca: CESPE – Órgão: TCE-TO – Prova: Analista de Controle Externo – Direito (+ provas)

Assinale a opção correta, acerca da desapropriação e das demais formas de intervenção do Estado na propriedade.

A) Considere que o estado de Tocantins pretenda desapropriar a sede da empresa privada de concessionária de energia elétrica. Nesse caso, o decreto desapropriatório deverá ser precedido de prévia autorização do presidente da República, já que se trata de empresa cujo funcionamento depende de autorização do governo federal.
B) Os concessionários de serviços públicos e os estabelecimentos de caráter público ou que exerçam funções delegadas de poder público poderão promover desapropriações mediante autorização expressa, constante de lei ou contrato.
C) Considere que o expropriante tenha alegado urgência na imissão da posse, razão pela qual requereu o depósito da quantia legalmente exigida; ocorre que, não se imitiu na posse no prazo de 120 dias. Nesse caso, desde que haja uma nova alegação de urgência, o expropriante poderá, depois de depositada a quantia necessária, imitir-se provisoriamente na posse do imóvel.
D) Denomina-se limitação administrativa a forma de intervenção na qual o poder público usa transitoriamente imóveis privados como meio de apoio à execução de obras e serviços.
E) Conforme o texto constitucional, a requisição de bem privado, por autoridade pública, se fará independentemente do perigo público iminente, sendo assegurado a ulterior indenização, se houver dano.

4513) (2016) Banca: FCC – Órgão: DPE-ES – Prova: Defensor Público

A propósito da intervenção do Estado na propriedade, a Constituição Federal dispõe que

A) a pequena propriedade rural, assim definida em lei, desde que trabalhada pela família, não será objeto de desapropriação.
B) no caso de iminente perigo público, a autoridade competente poderá usar de propriedade particular, assegurada ao proprietário indenização ulterior, se houver dano ou lucros cessantes.
C) compete exclusivamente à União desapropriar por interesse social, para fins de reforma agrária, o imóvel rural que não esteja cumprindo sua função social, mediante prévia e justa indenização em títulos da dívida agrária.
D) o confisco decorrente da cultura ilegal de plantas psicotrópicas e pela exploração de trabalho escravo aplica-se somente às propriedades rurais.
E) a descoberta de jazida de recursos minerais em terrenos particulares implica na imediata desapropriação de tais recursos, sendo o proprietário compensado por meio de participação na exploração da lavra.

4514) (2010) Banca: FCC – Órgão: MPE-SE – Prova: Analista – Direito

Sobre a desapropriação, é correto afirmar:

A) Para fins de reforma agrária é vedado ao proprietário o direito de extensão, isto é, em nenhuma hipótese pode ele pedir a desapropriação de todo o imóvel quando apenas parte deste foi objeto da ação.
B) A desapropriação de propriedade rural por interesse social, para fins de reforma agrária, é de competência privativa da União.
C) Em nenhuma hipótese o espaço aéreo e o subsolo podem ser objeto de desapropriação.
D) É forma derivada de aquisição da propriedade.
E) A pequena propriedade rural pode ser objeto de desapropriação para fins de reforma agrária, mesmo que seu proprietário não possua outra.

4515) (2014) Banca: FCC – Órgão: DPE-RS – Prova: Defensor Público

A desapropriação só é legitimamente exercitável nos limites traçados pela Constituição Federal e nos casos expressos em lei, observado o devido processo legal. Sobre a desapropriação, é correto afirmar que

A) poderá ser impugnada pelo proprietário, sendo admitido arguir, no prazo da contestação, qualquer vício existente no respectivo processo judicial, a insuficiência do preço ou a ausência de utilidade, necessidade ou interesse social, cabendo, nestas hipóteses, ao Poder Judiciário avaliar o mérito do decreto expropriatório.
B) poderá ser promovida por concessionárias de serviços públicos, ou estabelecimentos de caráter público, ou que exercem funções delegadas de poder público mediante autorização expressa, constante de lei ou contrato.
C) não poderá recair sobre bens públicos de uso comum do povo ou de uso especial e, no caso dos bens dominicais ou dominiais, deverá ser precedida de autorização legislativa da entidade expropriada.
D) será regulamentada através de leis editadas pela União, Estados e Municípios, as quais disporão sobre as hipóteses de cabimento, procedimento administrativo e processo judicial.
E) a alegação de urgência, quando prevista, vigerá por 120 (cento e vinte) dias, prazo que poderá ser prorrogado diante de interesse público e enquanto subsistir a declaração de utilidade, necessidade ou interesse, limitado à caducidade do decreto expropriatório.

4516) (2014) Banca: FCC – Órgão: TCE-GO – Prova: Analista de Controle Externo – Administrativa

Considere as seguintes assertivas concernentes ao tema desapropriação:

I. O sujeito ativo da desapropriação é apenas aquela pessoa jurídica que pode submeter o bem à força expropriatória, o que se faz pela declaração de utilidade pública ou de interesse social.
II. Os concessionários de serviços públicos poderão promover desapropriações (fase executória) mediante autorização expressa constante de lei ou contrato.
III. A Agência Nacional de Energia Elétrica (Aneel) dispõe do poder de declarar de utilidade pública determinadas áreas necessárias à implantação de instalações de concessionários, permissionários e autorizados de energia elétrica.
IV. Os estabelecimentos de caráter público ou que exerçam funções delegadas de poder público não poderão promover desapropriações (fase executória). Está correto o que consta APENAS em

A) I e II.
B) I, II e III.
C) I, II e IV.
D) II e IV.
E) III e IV.

4517) (2014) Banca: FGV – Órgão: DPE-RJ – Prova: Técnico Superior Jurídico

A Constituição da República, no Art. 5º, dispõe que é garantido o direito de propriedade, mas alerta que a propriedade atenderá à sua função social. O Estado pode intervir na propriedade de forma supressiva, caso da desapropriação, que consiste em procedimento de direito público pelo qual o poder público transfere para si a propriedade de terceiro. Em tema de desapropriação, é lícito afirmar que:

A) os concessionários de serviços públicos podem promover desapropriações mediante autorização expressa, constante de lei ou contrato.
B) a desapropriação confiscatória ocorre quando há cultura ilegal de plantas psicotrópicas, não havendo indenização prévia ao proprietário, sendo ressarcido apenas o valor venal do imóvel (sem benfeitorias), após avaliação judicial.
C) os Estados podem desapropriar bens da União e dos Municípios, quando houver interesse público, com prévia indenização.
D) bens móveis não podem ser desapropriados.
E) a desapropriação tem duas fases: a decretatória (com o decreto de interesse público feito pelo chefe do poder executivo) e executória (sendo imprescindível processo judicial no qual se discute o valor da indenização).

4518) (2008) Banca: VUNESP – Órgão: DPE-MS – Prova: Defensor Público

É correto afirmar que

A) a União possui competência privativa para declarar a utilidade pública nos casos de desapropriação.
B) a União possui competência privativa para legislar sobre desapropriação.
C) os Estados possuem competência privativa para legislar sobre desapropriação.
D) o Município possui competência privativa para legislar e para declarar a utilidade pública nos casos de desapropriação.

4519) (2008) Banca: CESPE / CEBRASPE Órgão: PGE-CE Prova: CESPE – 2008 – PGE-CE – Procurador do Estado

Considerando a desapropriação no ordenamento jurídico brasileiro, assinale a opção correta.

A) O procedimento da desapropriação compreende as fases declaratória e executória. Na primeira, a declaração expropriatória pode ser feita somente pelo Poder Executivo, ao passo que a fase executória desenvolve-se apenas no âmbito do Poder Judiciário.
B) Depende de autorização do presidente da República a desapropriação pelos estados, pelo Distrito Federal (DF) e pelos municípios de ações ou cotas de empresas cujo funcionamento dependa de autorização do governo federal e se subordine à sua fiscalização.
C) A declaração de utilidade pública não confere ao poder público o direito de penetrar no bem, ainda que para fazer verificações ou medições.
D) A desapropriação de imóveis rurais é sempre de competência da União.
E) A lei não pode atribuir poder expropriatório a entidades da administração indireta, visto que os únicos sujeitos ativos da desapropriação são a União, o DF, os estados e os municípios.

4520) (2010) Banca: VUNESP – Órgão: CEAGESP – Prova: Advogado

Sobre a desapropriação, é correto afirmar que

A) os bens do domínio dos Estados, Municípios, Distrito Federal e Territórios poderão ser desapropriados pela União, e os dos Municípios, pelos Estados, ficando dispensada, nesses casos, a autorização legislativa.
B) os concessionários de serviços públicos e os estabelecimentos de caráter público ou que exerçam funções delegadas de

poder público poderão promover desapropriações mediante autorização expressa, constante de lei ou contrato.
C) declarada a utilidade pública, as autoridades administrativas não poderão ainda penetrar nos prédios compreendidos na declaração, devendo recorrer, nesse caso, ao Poder Judiciário, para obtenção da competente ordem judicial.
D) o Poder Legislativo não poderá tomar a iniciativa da desapropriação, cabendo, neste caso, ao Executivo, praticar os atos necessários à sua declaração e efetivação.
E) a desapropriação poderá efetivar-se mediante acordo ou intentar-se por ordem administrativa do Chefe do Executivo, dentro de três anos, contados da data da expedição do respectivo decreto e findos os quais este caducará.

4521) (2013) Banca: TJ-RS – Órgão: TJ-RS – Prova: Titular de Serviços de Notas e de Registros

Assinale a alternativa correta.
A) Compete à União, aos Estados e ao Distrito Federal legislar concorrentemente sobre desapropriação
B) A desapropriação por interesse social, para fins de reforma agrária, é de competência exclusiva da União
C) A desapropriação por utilidade pública é de competência exclusiva da União.
D) O prazo de caducidade do decreto de utilidade pública é de 2 (dois) anos para que seja promovida a desapropriação.

4522) (2013) Banca: TJ-SC Órgão: TJ-SC – Prova: Juiz

Sobre a desapropriação é INCORRETO afirmar:
A) A desapropriação por descumprimento da função social da propriedade rural é de competência exclusiva da União, ao passo que a desapropriação por descumprimento da função social da propriedade urbana é de competência exclusiva dos Municípios.
B) Os concessionários de serviços públicos e os estabelecimentos de caráter público ou que exerçam funções delegadas de poder público não poderão promover desapropriações.
C) A declaração expropriatória pode ser feita pelo Poder Executivo, por meio de decreto, ou pelo Legislativo, por meio de lei, cabendo, neste último caso, ao Executivo tomar as medidas necessárias à efetivação da desapropriação, independentemente de autorização legislativa.
D) A competência para promover a desapropriação é tanto das pessoas jurídicas competentes para editar o ato declaratório, como também das entidades, públicas ou particulares, que ajam por delegação do Poder Público, feita por lei ou contrato.
E) No curso do processo judicial só podem ser discutidas questões relativas ao preço ou a vício processual, uma vez que, nos termos do art. 20 do Decreto-lei 3.365/41, "a contestação só poderá versar sobre o vício do processo judicial ou impugnação do preço; qualquer outra questão deverá ser decidida por ação direta".

4523) (2015) Banca: FAPEC – Órgão: MPE-MS – Prova: Promotor de Justiça Substituto

É correto afirmar em relação à desapropriação de imóveis que:
A) A desapropriação em nenhuma hipótese pode se dar sem justa indenização.
B) Os concessionários de serviços públicos poderão promover desapropriações mediante autorização expressa em lei ou contrato.
C) A desapropriação por utilidade pública deverá efetivar-se mediante acordo ou intentar-se judicialmente, dentro de dois anos, contados da data da expedição do respectivo decreto, e findos os quais este caducará.
D) A denominada "desapropriação indireta", muito comum em nosso país, é uma espécie de desapropriação de fato, permitida pela legislação brasileira, indenizável em até cinco anos.
E) Havendo interesse público predominante, os Estados poderão desapropriar bens públicos federais, e os Municípios poderão desapropriar os Estaduais.

Trata-se da desapropriação fundada nas exigências do **Plano Diretor da Cidade**, as quais a propriedade urbana deverá atender para cumprir a função social do bem, assegurando as necessidades da sociedade. Nesse sentido, o art. 182 da CF/88 estabelece que *"a política de desenvolvimento urbano, executada pelo Poder Público municipal, conforme diretrizes gerais fixadas em lei, tem por objetivo ordenar o pleno desenvolvimento das funções sociais da cidade e garantir o bem-estar de seus habitantes."*

Portanto, os proprietários de imóveis urbanos devem seguir as disposições do plano diretor. Trata-se de desapropriação com a função sancionatória. Desse modo, caso a propriedade não cumprir a função social prevista, algumas medidas serão instituídas pelo poder público sucessivamente, quais sejam.

Desapropriação do bem: após o decurso do prazo de 5 anos sem que o particular tenha tomado qualquer providência, o ente municipal poderá decretar a desapropriação especial urbana, mediante o **pagamento de indenização através da emissão de títulos da dívida pública com prazo de resgate de até 10 anos**.

4524) (2016) Banca: FCC – Órgão: DPE-BA – Prova: Defensor Público

A chamada "desapropriação para política urbana" é uma espécie de desapropriação de competência dos municípios, conforme artigo 182 da Constituição Federal de 1998 e a Lei nº 10.257 de 2001. São condições para a utilização do instrumento de desapropriação nessa modalidade:
A) O ato administrativo reconhecendo a utilidade e necessidade pública, o interesse social naquele imóvel, especificação no plano diretor da área em que o imóvel está inscrito, o pagamento de indenização prévia, justa e em dinheiro.
B) Especificação no plano diretor da área em que o imóvel está inscrito, lei municipal autorizando tal medida, e que o proprietário não atenda às medidas anteriores que a lei determina.
C) O ato administrativo reconhecendo a utilidade e necessidade pública e o interesse social naquele imóvel.
D) O ato administrativo reconhecendo a utilidade e necessidade pública, o interesse social naquele imóvel e o pagamento de indenização prévia, justa e em dinheiro.
E) Especificação no plano diretor da área em que o imóvel está inscrito, lei federal autorizando tal medida, o pagamento de indenização prévia, justa e em dinheiro.

4525) (2015) Banca: FCC – Órgão: DPE-MA – Prova: Defensor Público

A Constituição Brasileira estabeleceu modalidade especial de desapropriação, pelo descumprimento da função social da propriedade urbana, estatuindo, a propósito, que

A) a indenização será paga mediante títulos da dívida pública de emissão previamente aprovada pelo Senado Federal, com prazo de resgate de até vinte anos, em parcelas anuais, iguais e sucessivas, assegurados o valor real da indenização e os juros legais.
B) cabe à lei complementar estabelecer procedimento contraditório especial, de rito sumário, para o processo judicial de desapropriação.
C) são insuscetíveis de desapropriação a pequena propriedade urbana, qual seja, a área urbana de até duzentos e cinquenta metros quadrados.
D) nas regiões metropolitanas instituídas por lei complementar, competirá ao Estado promover essa espécie de desapropriação.
E) para exigir o adequado aproveitamento de área urbana em seu território, não basta que o Município tenha incluído tal área em seu plano diretor.

4526) (2014) Banca: FCC – Órgão: Prefeitura de Cuiabá – MT – Prova: Procurador Municipal

No tocante à desapropriação, o Município

A) tem competência exclusiva para executar a desapropriação-sanção, em caso de descumprimento da função social da propriedade urbana.
B) possui competência para legislar acerca do procedimento desapropriatório, no tocante às desapropriações necessárias ao desenvolvimento urbano.
C) não possui competência para desapropriar por interesse social imóveis situados em zona rural.
D) tem competência declaratória e executória, sendo que ambas são indelegáveis.
E) pode desapropriar bens pertencentes à União e aos Estados, mediante autorização legislativa desses entes.

4527) (2008) Banca: FGV – Órgão: TCM-RJ – Prova: Auditor

Na desapropriação-sanção, realizada pelo Município, de área localizada no plano diretor, presentes os requisitos específicos, deverá esse Ente Federativo realizar o adequado aproveitamento do imóvel no prazo máximo de:

A) 1 ano.
B) 4 anos.
C) 3 anos.
D) 2 anos.
E) 5 anos.

4528) (2006) Banca: FCC Órgão: DPE-SP Prova: FCC – 2006 – DPE-SP – Defensor Público

NO PROCESSO DE DESAPROPRIAÇÃO, NÃO É CABÍVEL A DISCUSSÃO

A) do preço oferecido.
B) de vícios de caráter processual.
C) do desvio de finalidade no ato declaratório.
D) do direito de extensão.
E) da fixação de acréscimos legais à indenização fixada

4529) (2009) Banca: CESPE / CEBRASPE Órgão: DPE-AL Prova: CESPE – 2009 – DPE-AL – Defensor Público

Os estados e os municípios podem desapropriar imóveis rurais, para fins de utilidade pública.

A) Certo B) Errado

4530) (2015) Banca: VUNESP – Órgão: Câmara Municipal de Itatiba – SP – Prova: Advogado

A desapropriação

A) por interesse social, para fins de reforma agrária, compete à União e deve ser precedida de indenização em dinheiro.
B) de terras onde são cultivadas plantas psicotrópicas será indenizada com títulos da dívida pública.
C) por descumprimento da função social da propriedade urbana é aplicável somente nos Municípios que tenham plano diretor aprovado por lei
D) indireta deve ser precedida de prévia e justa indenização em dinheiro.
E) de bens de domínio do Município, pelos Estados, é expressamente vedada porque afronta o princípio federativo.

4531) (2014) Banca: VUNESP – Órgão: Prefeitura de São José do Rio Preto – SP – Prova: Procurador do Município

A desapropriação

A) é o procedimento de direito público pelo qual o Poder Público transfere para si ou para particular a propriedade de terceiro, por razões de utilidade pública ou de interesse social.
B) por necessidade pública consiste naquelas hipóteses em que mais se realça a função social da propriedade (Ex.: reforma agrária).
C) urbanística sancionatória, prevista na Constituição Federal, pode ser adotada a título de penalização ao proprietário do solo urbano que não atender à exigência de promover o adequado aproveitamento de sua propriedade ao Plano Diretor Municipal.
D) por zona é aquela pela qual o Poder Público pretende criar ou alterar planos de urbanização para as cidades, só sendo possível a sua implementação mediante a retirada de algumas propriedades das mãos de seus donos.
E) por interesse social é aquela que decorre de situações emergenciais, cuja solução exija a desapropriação do bem, não gerando para o particular o direito prévio à justa indenização.

4532) (2014) Banca: CETRO – Órgão: Prefeitura de São Paulo – SP – Prova: Auditor Fiscal Municipal – Tecnologia da Informação (+ provas)

A política de desenvolvimento urbano, executada pelo Poder Público municipal, conforme diretrizes gerais fixadas em lei, tem por objetivo ordenar o pleno desenvolvimento das funções sociais da cidade e garantir o bem-estar de seus habitantes. Diante do exposto, baseando-se na Ordem Econômica e Financeira tratada na Constituição Federal, assinale a alternativa correta.

A) O plano diretor, aprovado pela Câmara Municipal, obrigatório para cidades com mais de 30.000 (trinta mil) habitantes, é o instrumento básico da política de desenvolvimento e de expansão urbana e rural.

B) É facultado ao Poder Público municipal, mediante lei específica para área incluída no Plano Diretor, exigir, nos termos da lei estadual, do proprietário do solo urbano não edificado, subutilizado ou não utilizado, que promova seu adequado aproveitamento, sob pena de parcelamento ou edificação compulsórios.

C) A Constituição Federal veda expressamente a pena de imposto sobre a propriedade predial territorial urbana progressivo no tempo, no caso de solo urbano não edificado, subutilizado ou não utilizado.

D) Aquele que possuir, como sua, área urbana de até 250 (duzentos e cinquenta) metros quadrados, por 5 (cinco) anos, ininterruptamente e sem oposição, utilizando-a para sua moradia ou de sua família, adquirir-lhe-á o domínio, ainda que seja proprietário de outro imóvel urbano ou rural.

E) A propriedade urbana cumpre sua função social quando atende às exigências fundamentais de ordenação da cidade expressas no Plano Diretor.

4533) (2008) Banca: FUNDAÇÃO SOUSÂNDRADE – Órgão: CREA-MA – Prova: Advogado

A desapropriação pode

A) ser efetuada por União, Estados, Municípios e particulares.
B) ser efetuada pelos Estados para fins de reforma urbana.
C) ser instrumento de reforma urbana.
D) conter pagamentos em TDA (Títulos da Dívida Agrária), quando sua finalidade for de utilidade pública.
E) ser efetuada pelos Estados para conter conflitos agrários.

4534) (2016) Banca: FUNRIO – Órgão: Prefeitura de Itupeva – SP – Prova: Procurador Municipal

Determinado bem é objeto de ato de desapropriação por utilidade pública. Constitui um efeito da declaração de desapropriação o início do prazo de caducidade do decreto expropriatório que, nos termos do Decreto-Lei 3.365-41, o prazo de conclusão da desapropriação é de:

A) cinco anos
B) seis anos
C) sete anos
D) oito anos
E) nove anos

4535) (2008) Banca: CESPE / CEBRASPE Órgão: STJ Prova: CESPE – 2008 – STJ – Analista Judiciário – Área Judiciária

A União não pode desapropriar a participação acionária de um estado federado em uma empresa pública estadual.

A) Certo B) Errado

4536) (2014) Banca: COPESE – UFT – Órgão: Prefeitura de Araguaína – TO – Prova: Procurador

É facultado ao Poder Público Municipal, mediante lei específica para área incluída no plano diretor, exigir, nos termos da lei federal, do proprietário do solo urbano não edificado, subutilizado ou não utilizado, que promova seu adequado aproveitamento, sob pena de:

A) desapropriação com prévia e justa indenização em dinheiro.
B) desapropriação com pagamento mediante títulos da dívida pública de emissão previamente aprovada pela Câmara de Vereadores, com prazo de resgate de até vinte anos, em parcelas anuais, iguais e sucessivas, assegurados o valor real da indenização e os juros legais.
C) desapropriação com pagamento mediante títulos da dívida pública de emissão previamente aprovada pelo Câmara de Vereadores, com prazo de resgate de até dez anos, em parcelas anuais, iguais e sucessivas, assegurados o valor real da indenização, a correção monetária e os juros legais.
D) desapropriação com pagamento mediante títulos da dívida pública de emissão previamente aprovada pelo Senado Federal, com prazo de resgate de até dez anos, em parcelas anuais, iguais e sucessivas, assegurados o valor real da indenização e os juros legais.

Desapropriação Rural 8.629/93 e LC 76/93

"Art. 184. Compete à União desapropriar por interesse social, para fins de reforma agrária, o imóvel rural que não esteja cumprindo sua função social, mediante prévia e justa indenização em títulos da dívida agrária, com cláusula de preservação do valor real, resgatáveis no prazo de até vinte anos, a partir do segundo ano de sua emissão, e cuja utilização será definida em lei".

Caso a propriedade não atenda a função social, cabe a União desapropriar esse imóvel por interesse social, para fins de **reforma agrária**, mediante pagamento de prévia e justa indenização em **títulos da dívida agrária**, resgatáveis em até 20 anos. Destaca-se que as **benfeitorias úteis e necessárias presentes no bem serão indenizadas em dinheiro.**

4537) (2010) Banca: CESPE – Órgão: DPE-BA – Prova: Defensor Público

No que se refere à desapropriação, julgue o item seguinte.

Compete aos municípios a desapropriação por descumprimento da função social da propriedade urbana, e aos estados, a desapropriação de imóvel rural, por interesse social, para fins de reforma agrária.

A) Certo B) Errado

4538) (2012) Banca: CESPE – Órgão: AGU – Prova: Advogado da União

Julgue o item seguinte, que versa sobre desapropriação.

O ato de a União desapropriar, mediante prévia e justa indenização, para fins de reforma agrária, imóvel rural que não esteja cumprindo a sua função social configura desapropriação por utilidade pública.

A) Certo B) Errado

4539) (2020) Banca: VUNESP Órgão: Câmara de Boituva – SP Prova: VUNESP – 2020 – Câmara de Boituva – SP – Analista Jurídico

Sobre a desapropriação, é correto afirmar:

A desapropriação prevista no artigo 243 da CF/88, incidente sobre propriedades com cultivo ilegal de plantas psicotrópicas, garante ao particular indenização integral mediante pagamento através de títulos da dívida agrária.

A) Certo B) Errado

4540) (2015) Banca: FCC – Órgão: DPE-MA – Prova: Defensor Público

Compete

A) aos Estados membros desapropriar por interesse social, para fins de reforma agrária, o imóvel rural que não esteja cumprindo sua função social. A indenização integral será justa, prévia e paga em dinheiro.

B) aos Estados membros desapropriar por interesse social, para fins de reforma agrária, o imóvel rural que não esteja cumprindo sua função social, mediante prévia e justa indenização em títulos da dívida agrária, com cláusula de preservação do valor real, resgatáveis no prazo de até vinte anos, a partir do segundo ano de sua emissão, e cuja utilização será definida em lei.

C) à União desapropriar por interesse social, para fins de reforma agrária, o imóvel rural que não esteja cumprindo sua função social, mediante prévia e justa indenização em títulos da dívida agrária, com cláusula de preservação do valor real, resgatáveis no prazo de até vinte anos, a partir do segundo ano de sua emissão, e cuja utilização será definida em lei.

D) aos Municípios desapropriar por interesse social, para fins de reforma agrária, o imóvel rural que não esteja cumprindo sua função social, mediante prévia e justa indenização em títulos da dívida agrária, com cláusula de preservação do valor real, resgatáveis no prazo de até vinte anos, a partir do segundo ano de sua emissão, e cuja utilização será definida em lei.

E) à União desapropriar por interesse social, para fins de reforma agrária, o imóvel rural que não esteja cumprindo sua função social. A indenização integral será justa, prévia e paga em dinheiro.

4541) (2014) Banca: VUNESP – Órgão: TJ-RJ – Prova: Juiz Substituto

Assinale a alternativa correta a respeito do instituto da desapropriação.

A) O decreto expropriatório permite ao poder expropriante penetrar no imóvel atingido pelo decreto para fazer avaliações e verificações por meio da imissão provisória na posse.

B) O poder expropriante terá o prazo de cinco anos, contados da publicação da declaração expropriatória para efetivar a desapropriação por interesse social.

C) A desapropriação de imóveis urbanos não utilizados ou mal utilizados pode ser efetivada pelos Estados ou pelos Municípios.

D) A desapropriação por interesse social do imóvel rural que não cumpra sua função social importa prévia e justa indenização em títulos da dívida agrária, e as benfeitorias úteis e necessárias serão indenizadas em dinheiro.

4542) (2012) Banca: VUNESP – Órgão: TJ-MG – Prova: Juiz

Analise as afirmativas a seguir.

Não podem os Estados e Municípios decretar a desapropriação de imóvel rural PORQUE é competência exclusiva da União a desapropriação que se destine à reforma agrária. Assinale a alternativa correta.

A) A primeira afirmativa é falsa e a segunda é verdadeira.

B) A segunda afirmativa é falsa e a primeira é verdadeira.

C) As duas afirmativas são verdadeiras e a segunda justifica a primeira.

D) As duas afirmativas são verdadeiras, mas a segunda não justifica a primeira

4543) (2012) Banca: FEPESE – Órgão: FATMA – Prova: Advogado Fundacional

De acordo com a Constituição da República, a desapropriação para fins de reforma agrária dá direito à:

A) justa e prévia indenização em dinheiro.

B) indenização em títulos da dívida agrária, resgatáveis em até 10 anos.

C) indenização em títulos da dívida pública, resgatáveis em até 10 anos.

D) indenização em títulos da dívida pública, resgatáveis em até 15 anos.

E) indenização em títulos da dívida agrária, resgatáveis em até 20 anos.

Desapropriação confisco: Conforme estabelece o art. 243 da Constituição Federal, as glebas de qualquer região do país onde forem localizadas culturas ilegais de plantas psicotrópicas ou a exploração de trabalho escravo serão imediatamente expropriadas, sem direito a qualquer indenização ao proprietário e sem prejuízo de outras sanções previstas em lei. Trata-se de modalidade de desapropriação confisco ou perdimento de bens. Nesse caso, os bens móveis serão revertidos a fundos especiais e os bens imóveis serão destinados à reforma agrária e a programas de habitação popular.

Nessa modalidade de desapropriação, não há que se falar em decreto de declaração de interesse social ou de utilidade pública, devido a ilicitude da prática do proprietário. Além disso, nenhum direito de terceiro pode ser oposto ao expropriante, nos termos do ar. 17 da Lei 8.257/1991, *in verbis*:

Art. 17. A expropriação de que trata esta lei prevalecerá sobre direitos reais de garantia, não se admitindo embargos de terceiro, fundados em dívida hipotecária, anticrética ou pignoratícia.

A referida desapropriação deverá recair sobre a área total do imóvel, mesmo que a cultura ilegal seja realizada em apenas parte da propriedade.

4544) (2017) Banca: CESPE – Órgão: TRF – 1ª REGIÃO – Prova: Analista Judiciário – Área Judiciária

Conforme o que a doutrina majoritária e a legislação vigente estabelecem acerca de desapropriação e de serviços públicos, julgue o item seguinte.

A União tem permissão para desapropriar bens de domínio dos estados e dos municípios mediante declaração de utilidade pública e autorização legislativa.

A) Certo   B) Errado

4545) (2016) Banca: CESPE – Órgão: PGE-AM – Prova: Procurador do Estado

No caso da desapropriação confiscatória, motivada pela cultura ilegal de plantas psicotrópicas, toda a propriedade deve ser expropriada, ainda que o plantio ocupe somente parte dela.

A) Certo   B) Errado

4546) (2015) Banca: CESPE – Órgão: DPE-RN – Prova: Defensor Público Substituto

Acerca da intervenção do Estado na propriedade, assinale a opção correta.

A) Limitações administrativas são determinações de caráter individual por meio das quais o poder público impõe aos proprietários determinadas obrigações, positivas, negativas ou permissivas, com o fim de condicionar as propriedades ao atendimento da função social.

B) Compete à União e aos estados desapropriar por interesse social, para fins de reforma agrária, mediante prévia e justa indenização em títulos da dívida agrária, o imóvel rural que não estiver cumprindo a sua função social.

C) Segundo entendimento do STF, a desapropriação-confisco, prevista no art. 243 da CF, incide sobre a totalidade da propriedade em que forem cultivadas plantas psicotrópicas, e não apenas sobre a área efetivamente plantada.

D) A servidão administrativa instituída por acordo com o proprietário do imóvel, ao contrário daquela instituída por sentença judicial, prescinde da declaração de utilidade pública do poder público.

E) A instituição de requisição administrativa, quando recair sobre bens imóveis, não dispensa o prévio e necessário registro na matrícula do imóvel.

4547) (2005) Banca: FCC Órgão: PGE-SE Prova: FCC – 2005 – PGE-SE – Procurador do Estado

Em 30 de junho de 1999, o Governo do Estado editou decreto declarando determinado imóvel de utilidade pública, para fins de desapropriação. Até 30 de outubro de 2004, não havia proposto ação de desapropriação. A propositura dessa ação

A) pode ser feita a qualquer momento.

B) depende de novo decreto de utilidade pública, que pode ser editado a qualquer momento.

C) depende de novo decreto de utilidade pública, que apenas poderá ser editado a partir de 30 de junho de 2005.

D) depende de novo decreto de utilidade pública, que apenas poderá ser editado a partir de 30 de junho de 2006.

E) não é mais possível.

4548) (2013) Banca: PGE-GO – Órgão: PGE-GO – Prova: Procurador do Estado

Acerca da intervenção do Estado na propriedade privada, está CORRETA a seguinte proposição:

A) A autoridade pública poderá requisitar bem particular para prevenir possível dano a prédio tombado pelo patrimônio histórico.

B) A desapropriação para fins de reforma agrária depende de prévia e justa indenização em dinheiro.

C) É lícita a desapropriação de bem imóvel particular por utilidade pública para fins de construção de casas populares.

D) A expropriação de terras em que sejam cultivadas substâncias ilícitas enseja indenização em títulos da dívida pública, resgatáveis em até 20 anos

E) O expropriado tem direito de discutir, na ação de desapropriação, a efetiva ocorrência da hipótese de utilidade pública.

4549) (2015) Banca: CS-UFG – Órgão: AL-GO – Prova: Procurador

Na transferência de propriedade de terceiro para o Poder Público por meio do procedimento de desapropriação,

A) as desapropriações de imóveis urbanos por utilidade pública serão feitas com pagamento mediante títulos da dívida pública de emissão previamente aprovada pelo Senado Federal, com prazo de resgate de até vinte anos.

B) a desapropriação urbanística que possui caráter confiscatório pode ser aplicada ao proprietário do solo urbano que não atenda à exigência de promover o adequado aproveitamento de sua propriedade, não lhe dando direito à indenização.

C) os bens do domínio dos Estados, Municípios, Distrito Federal e Territórios poderão ser desapropriados pela União, e os dos Municípios, pelos Estados, independente de prévia autorização legislativa.

D) as propriedades urbanas de qualquer região do país onde for localizada a exploração de trabalho escravo, na forma da lei, serão expropriadas, não se assegurando ao proprietário qualquer direito à indenização.

Desapropriação indireta: Trata-se de fato administrativo mediante o qual o Estado se apropria do bem do particular, sem realizar a declaração de desapropriação, efetuar o pagamento da indenização prévia ou observar o devido processo legal. Essa desapropriação tem fundamento no art. 35 do Decreto-Lei 3.365/1941, *in verbis*:

> *Art. 35. Os bens expropriados, uma vez incorporados à Fazenda Pública, não podem ser objeto de reivindicação, ainda que fundada em nulidade do processo de desapropriação. Qualquer ação, julgada procedente, resolver-se-á em perdas e danos.*

Portanto, nesse caso, a incorporação fática do bem ao patrimônio público, mesmo que sem a devida observância ao processo legal, **configura fato consumado.** Nessa medida, o proprietário não terá direito ao retorno do bem ao seu patrimônio, cabendo a este postular em juízo reparação por perdas e danos. Deve-se ressaltar que nesse caso a conduta estatal **é ilícita e passível de responsabilização, contudo, o particular não poderá reaver o bem invadido, devendo se limitar a pleitear o pagamento de indenização.**

4550) (2010) Banca: CESPE – Órgão: BRB – Prova: Advogado

A administração pública de determinado município expropriou o proprietário de um prédio urbano, vizinho a um centro populacional, a fim de promover melhorias nesse centro, justificando o ato de desapropriação por considerar o caso como sendo de utilidade pública.

Considerando a situação hipotética apresentada, julgue o item seguinte, com base nas regras da desapropriação.

A jurisprudência brasileira não admite a desapropriação indireta.

A) Certo B) Errado

4551) (2010) Banca: FCC Órgão: TJ-MS Prova: FCC – 2010 – TJ-MS – Juiz

Para a integral execução de uma obra viária o Estado precisa adquirir parte de um terreno desocupado que pertence a uma empresa pública estadual exploradora de atividade econômica.

A empresa não conseguiu as autorizações internas necessárias para alienar onerosamente o imóvel ao Estado, de forma que este resolveu desapropriar a porção da área que lhe interessava. De acordo com a lei de desapropriações e com a Constituição Federal, a medida é

a) constitucional, uma vez que, embora os bens das empresas públicas estejam sempre sujeitos ao regime jurídico de direito público, trata-se de terreno desocupado, mas cuja afetação será mantida após a desapropriação.

b) inconstitucional, tendo em vista que os bens pertencentes às empresas públicas são integralmente sujeitas ao regime de direito público, sendo, portanto, inalienáveis, imprescritíveis e impenhoráveis.

c) ilegal, na medida em que a desapropriação acabaria por ensejar a expropriação de parte do capital social da empresa.

d) ilegal, na medida em que a lei de desapropriações proíbe os entes federados de expropriarem bens pertencentes a outros entes públicos.

e) legal, tendo em vista que o bem está sujeito a regime jurídico de direito privado porque pertencente a empresa pública exploradora de atividade econômica, cujos bens não são alcançados pela limitação imposta pela lei de desapropriações.

4552) (2013) Banca: CESPE – Órgão: TRF – 1ª REGIÃO – Prova: Juiz Federal

Acerca da desapropriação, assinale a opção correta.

A) Bens públicos não podem ser desapropriados, razão pela qual a União, os estados e os municípios não podem desapropriar bens pertencentes a qualquer ente federativo.

B) O procedimento da desapropriação compreende a fase declaratória e a executória, esta última obrigatoriamente a ser desenvolvida na instância judicial.

C) Considera-se desapropriação indireta aquela pela qual o Estado se apropria de bem particular sem observância dos requisitos que compõem o procedimento expropriatório, como o ato declaratório e a indenização prévia.

D) A desapropriação por interesse social para fins de reforma agrária de imóvel rural que não esteja cumprindo sua função social compete à União, com pagamento mediante títulos da dívida pública de emissão aprovada pelo Senado Federal, com prazo de resgate de até dez anos, em parcelas anuais e sucessivas, assegurados o valor real da indenização e os juros legais.

E) As glebas em que forem localizadas culturas ilegais de plantas psicotrópicas devem ser imediatamente expropriadas e especificamente destinadas ao assentamento de colonos, para fins de reforma agrária, garantido o pagamento das benfeitorias úteis e necessárias.

4553) (2017) Banca: CESPE – Órgão: Prefeitura de Belo Horizonte – MG – Prova: Procurador Municipal

Com relação à intervenção do Estado na propriedade, assinale a opção correta.

A) Compete à União, aos estados e ao DF legislar, de forma concorrente, sobre desapropriação, estando a competência da União limitada ao estabelecimento de normas gerais.

B) Expropriação ou confisco consiste na supressão punitiva de propriedade privada pelo Estado, a qual dispensa pagamento de indenização e incide sobre propriedade urbana ou rural onde haja cultura ilegal de psicotrópico ou ocorra exploração de trabalho escravo.

C) Servidão administrativa é a modalidade de intervenção que impõe obrigações de caráter geral a proprietários indeterminados, em benefício do interesse geral abstratamente considerado, e afeta o caráter absoluto do direito de propriedade.

D) Requisição é a modalidade de intervenção do Estado supressiva de domínio, incidente sobre bens móveis e imóveis, públicos ou privados, e, em regra, sem posterior indenização.

4554) (2002) Banca: FCC – Órgão: PGE-SP – Prova: Procurador do Estado

Na ação de desapropriação

A) direta, se o expropriado não concordar expressamente com o preço ofertado, o juiz designará perito, que realizará avaliação independentemente da intimação das partes e deverá apresentar o laudo em até 5 (cinco) dias antes da audiência de instrução e julgamento.

B) direta, não se admite o exame, pelo Poder Judiciário, da ocorrência ou não de ser caso de utilidade pública, e da regularidade do respectivo ato declaratório.

C) indireta, a causa de pedir corresponde a ato ilícito praticado pela Administração, que concretiza apossamento de propriedade particular, sem que tenha existido acordo ou processo judicial.

D) direta, o pedido poderá abranger a incorporação ao patrimônio público do imóvel objeto do ato declaratório de utilidade pública e do terreno vizinho não edificado necessário às obras.

E) indireta, a pretensão corresponde à indenização pelos prejuízos extraordinários provocados às áreas contíguas de bem imóvel objeto de desapropriação direta.

4555) (2013) Banca: FGV – Órgão: CONDER – Prova: Advogado

No que tange à intervenção do Estado na propriedade privada, a mais drástica dessas medidas é a desapropriação.

Com relação a essa modalidade de intervenção é correto afirmar que:

A) os bens gravados com inalienabilidade não poderão ser desapropriados.

B) a desapropriação do imóvel urbano por descumprimento de sua função social será indenizada previamente e em dinheiro.

C) a desapropriação do imóvel rural por descumprimento de sua função social será indenizada previamente e em dinheiro.

D) uma vez consolidada a desapropriação indireta, o proprietário não poderá reaver o imóvel restando-lhe apenas buscar sua indenização.

E) somente a administração direta poderá mover a ação de desapropriação.

4556) (2014) Banca: FUNRIO – Órgão: INSS – Prova: Analista – Direito

No tocante à desapropriação indireta, está correta a seguinte afirmação:

A) A desapropriação indireta é um fato administrativo pelo qual o estado se apropria de bem particular, sem observância dos requisitos da declaração e da indenização prévia.

B) A desapropriação indireta é um ato administrativo pelo qual o estado se apropria de bem particular, sem observância dos requisitos da declaração e da indenização prévia.

C) A desapropriação indireta é um fato administrativo pelo qual o estado se apropria de bem particular, com observância dos requisitos da declaração e da indenização prévia

D) A desapropriação indireta é um ato administrativo pelo qual o estado se apropria de bem particular, com observância dos requisitos da declaração e da indenização prévia.

E) A desapropriação indireta é um ato administrativo pelo qual o estado se apropria de bem particular, com observância do requisito da declaração, porém não da indenização prévia.

Nas situações em que o poder público impõe determinado proprietário restrições demasiadamente grandes que esvaziam o conteúdo econômico da propriedade, resta também configurado a desapropriação indireta. Neste sentido, imagine uma situação na qual um bem foi tombado e, portanto, deverá a integrar o patrimônio histórico do município expropriante. Contudo, haja vista que a referida propriedade estará sujeita à visitação popular, exige-se a desocupação do bem pelos proprietários, como forma a se garantir a manutenção do patrimônio. Nessa situação, o que aconteceu, de fato, foi uma **desapropriação indireta e não o tombamento.**

A jurisprudência reconhece a desapropriação indireta nas seguintes situações, quais sejam: **esbulho irregular do bem pelo poder público seguido da destinação pública do bem, e a impossibilidade de se reverter a situação sem ensejar prejuízos aos interesses da coletividade.** Nesses casos, resta ao particular ajuizar uma ação de desapropriação indireta. A ação de desapropriação indireta é uma ação indenizatória proposta em face do Poder Público quando, em total desrespeito ao devido procedimento, o Estado intervém no direito de propriedade do particular, impedindo ou obstruindo de forma substancial o seu exercício.

4557) (2008) Banca: VUNESP Órgão: TJ-SP Prova: VUNESP – 2008 – TJ-SP – Juiz

Em 30 de junho de 2002, o Governo do Estado editou decreto declarando determinado imóvel de utilidade pública, para fins de desapropriação. Até 30 de outubro de 2007, não havia proposto ação de desapropriação. A propositura dessa ação

A) pode ser feita a qualquer momento.

B) depende de novo decreto de utilidade pública, que pode ser editado a qualquer momento.

C) depende de novo decreto de utilidade pública, que apenas poderá ser editado a partir de 30 de junho de 2008.

D) depende de novo decreto de utilidade pública, que apenas poderá ser editado a partir de 30 de junho de 2009.

4558) (2014) Banca: VUNESP – Órgão: TJ-PA – Prova: Juiz de Direito Substituto

Assinale a alternativa que corretamente discorre acerca da desapropriação indireta.

A) Para realizar a desapropriação indireta basta afetar o bem particular ao fim público.

B) É uma espécie de desapropriação de fato, permitida expressamente pela legislação.

C) Em nenhuma hipótese o tombamento ambiental acarretará desapropriação indireta.

D) O proprietário poderá sempre solicitar em juízo que o Poder Público restitua a coisa.

E) É um esbulho possessório praticado pelo Estado, que invade área privada sem contraditório ou indenização.

4559) (2017) Banca: FUNECE – UECE ADVOGADO

Atente ao seguinte enunciado: "Quando a Administração Pública intervém na propriedade privada, proibindo ao proprietário plantar ou construir em seu imóvel, por vezes, o poder público acaba por desapropriar o bem do administrado sem formalmente assim fazer, evitando o pagamento da indenização devida ao administrado".

O enunciado acima remete à espécie de desapropriação conhecida como desapropriação

A) por interesse social.

B) indireta.

C) por necessidade pública.

D) por utilidade pública.

4560) (2015) Banca: Prefeitura do Rio de Janeiro – RJ – Órgão: CGM – RJ – Prova: Contador – Conhecimentos Gerais (+ provas)

De acordo com o entendimento doutrinário, o fato administrativo pelo qual o Estado se apropria de bem particular, sem observância dos requisitos da declaração e da indenização prévia denomina-se:

A) desapropriação indireta

B) desapropriação confiscatória

C) requisição administrativa

D) ocupação administrativa

Desapropriação por zona: Trata-se de desapropriação que ocorre quando o poder público expropria uma extensão de área maior do que a necessária para realização da obra ou serviço, para fins de promover a continuação da obra ou serviço em momento posterior ou para fins de alienação da área em razão de sua valorização.

Conforme estabelece o art. 4º do Decreto lei nº 3.365/41:

Art. 4º. A desapropriação poderá abranger a área contígua necessária ao desenvolvimento da obra a que se destina, e as zonas que se valorizarem extraordinariamente, em consequência da realização do serviço. Em qualquer caso, a declaração de utilidade pública deverá compreendê-las, mencionando-se quais as indispensáveis à continuação da obra e as que se destinam à revenda.

Desse modo, a Administração pode desapropriar imóveis em áreas que serão **supervalorizados em virtude de obra pública, sob o argumento de vedação de ganhos extraordinários aos proprietários.** Por óbvio, a desapropriação por zona deve ser interpretada à luz do princípio da proporcionalidade.

4561) (2015) Banca: Prefeitura do Rio de Janeiro – RJ – Órgão: Câmara Municipal do Rio de Janeiro – Prova: Consultor Legislativo – Indústria, Comércio e Turismo (Manhã)

De acordo com o entendimento doutrinário, a desapropriação que abrange as áreas contíguas necessárias ao desenvolvimento da obra realizada pelo Poder Público e as áreas que vierem a sofrer valorização extraordinária em decorrência da mesma obra denomina-se:

A) desapropriação indireta
B) desapropriação por zona
C) desapropriação urbanística
D) desapropriação confiscatória

4562) (2016) Banca: Crescer Consultorias – Órgão: CRF – PI – Prova: Procurador Jurídico

A desapropriação é o procedimento de direito público pelo qual o Poder Público transfere para si a propriedade de terceiro, por razões de utilidade pública ou de interesse social. Sobre o assunto, assinale a alternativa correta:

A) Trata-se da modalidade mais gravosa de intervenção do Estado na propriedade, apesar de não existir a efetiva transferência de domínio do particular ao Poder Público.
B) A doutrina classifica a desapropriação como forma derivada de aquisição de propriedade, pois provém de título anterior, sendo o bem suscetível de reivindicação.
C) A desapropriação poderá abranger a área contígua, necessária ao desenvolvimento da obra a que se destina, e as zonas que se valorizarem extraordinariamente, em consequência da realização do serviço.
D) Os bens públicos pertencentes às entidades políticas não podem ser objeto de desapropriação, uma vez que os bens públicos são imprescritíveis.

4563) (2016) Banca: VUNESP – Órgão: IPSMI – Prova: Procurador

Sobre o instituto da desapropriação, assinale a alternativa correta.

A) O direito de extensão é o direito de o expropriado exigir a devolução do bem desapropriado que não foi utilizado pelo Poder Público para atender o interesse público.
B) A desapropriação por zona abrange a área contígua necessária ao desenvolvimento de obras públicas e as zonas que valorizarem extraordinariamente em decorrência da realização do serviço.
C) Pode o expropriado discutir em sua defesa apresentada em sede de ação de desapropriação qualquer matéria, em respeito ao princípio do devido processo legal.
D) A indenização em todas as modalidades de desapropriação deve sempre ser prévia, justa e em dinheiro.
E) Os bens expropriados, uma vez incorporados à Fazenda Pública, podem ser objeto de reivindicação quando comprovada a nulidade do processo de desapropriação.

4564) (2013) Banca: VUNESP – Órgão: TJ-SP – Prova: Advogado

A desapropriação por zona.

A) é inconstitucional, por ferir o direito de propriedade.
B) é válida, porém deverá limitar-se à área necessária a obra ou serviço.
C) obriga à retrocessão, porque o ato expropriatório deter- mina, desde logo, a abrangência da área.
D) poderá abranger outras áreas contíguas visando impedir que proprietários lindeiros se apropriem indevidamente da valorização.
E) será sempre inválida, em razão da não individualização do bem expropriado.

4565) (2012) Banca: FGV – Órgão: PC-MA – Prova: Delegado de Polícia

O estado "X" deseja desapropriar, por utilidade pública, um imóvel pertencente a particular, razão pela qual edita decreto declaratório de utilidade pública de determinada área.

Diante do caso narrado, e tendo em vista as disposições do Decreto Lei n. 3.365/41, assinale a afirmativa correta.

A) Após a declaração de utilidade pública, caso o Estado não efetive a desapropriação em até dois anos contados da data da expedição do respectivo decreto, este caducará.
B) As autoridades administrativas, declarada a utilidade pública, podem penetrar nos prédios compreendidos na declaração, desde que possuam prévia autorização judicial.
C) Os proprietários de imóveis contíguos prejudicados extraordinariamente em sua destinação econômica deverão reclamar perdas e danos do proprietário do imóvel expropriado, pelo fato de este ter recebido integralmente o pagamento do preço.
D) O proprietário do imóvel poderá discutir em juízo se estão presentes ou não os casos de utilidade pública, hipótese em que, procedentes os pedidos do autor, este poderá reivindicar o imóvel mesmo após incorporado à Fazenda Pública, e obter indenização por perdas e danos.
E) A desapropriação poderá abranger as zonas que se valorizaram extraordinariamente em consequência da realização do serviço, as quais deverão estar compreendidas na declaração de utilidade pública.

4566) (2017) Banca: CESPE – Órgão: TRT – 7ª Região (CE) – Prova: Analista Judiciário – Área Judiciária

O poder público municipal apossou-se de imóvel de particular para a construção de uma quadra poliesportiva de uso comunitário. O prefeito do município ordenou a derrubada de uma cerca e o imediato início das obras, sem qualquer notificação prévia ao proprietário.

Considerando-se o modo como os fatos ocorreram, é correto afirmar que houve, na situação descrita,

A) apossamento administrativo, caso em que cabe a revisão imediata pelo Poder Judiciário.
B) ocupação temporária, caso em que cabe ao particular proprietário indenização pelos eventuais danos comprovados.
C) requisição administrativa, caso em que o particular proprietário pode discutir a intervenção estatal em juízo.
D) desapropriação indireta, caso em que resta ao particular proprietário do imóvel pleitear perdas e danos.

O Direito de Extensão é o direito da pessoa (jurídica ou física), que teve parte de seu imóvel desapropriado, **de exigir a desapropriação integral do bem quando a parte remanescente,** de forma isolada, não possuir valoração, utilidade ou restar esvaziado o seu conteúdo econômico.

Nesse caso, o proprietário tem o direito de pleitear a inclusão da área restante no total da indenização, ou seja, a desapropriação parcial transforma-se em desapropriação da área total. Portanto, quando a desapropriação de parte da **propriedade esvaziar o conteúdo econômico** do restante do bem, o particular poderá requerer ao poder público que efetive a desapropriação sobre toda a área do bem.

4567) (2013) Banca: CESPE – Órgão: TRF – 2ª REGIÃO – Prova: Juiz Federal

Em 2009, um particular ajuizou ação por desapropriação indireta em decorrência da edição de normas, datadas do ano 2001, que constituíram como área de proteção ambiental extensos trechos às margens de um lago, abrangendo a propriedade do autor. Na petição inicial, este informou que, em virtude dessas normas, o poder público registrou no cartório de imóveis a proibição de edificar por quase todo o seu imóvel, esvaziando o conteúdo econômico desse bem. Daí o pedido de reconhecimento da desapropriação indireta e, sucessivamente, o pleito de indenização pelas restrições. Em contestação, o poder público alegou prescrição e, ainda, que não houve desapropriação indireta, mas mera limitação administrativa não indenizável que, ao contrário do alegado pelo autor, até incrementou o valor do imóvel, por ter aumentado o interesse de turistas.

Acerca dessa situação hipotética e da legislação a ela pertinente, assinale a opção correta.

A) O poder público só ficará obrigado a indenizar limitação administrativa decorrente de criação de unidade de conservação em terras particulares se ficar configurada uma restrição que esvazie totalmente o valor econômico do bem.
B) Na situação em apreço, é irrelevante o argumento de que foi incrementado o interesse turístico na área, pois, de acordo com a legislação pertinente, o proprietário será privado do direito de estabelecer as condições para visitação pelo público.
C) A lei que instituiu o SNUC não especifica as categorias de unidades de conservação que ensejam obrigatoriamente a transferência do domínio particular para o público, devendo a apreciação ser feita caso a caso.
D) Na hipótese em questão, já transcorreu o prazo prescricional, quer se trate de caso de desapropriação indireta ou de indenização por restrição de uso decorrente da legislação ambiental.
E) A desapropriação indireta pode caracterizar-se mesmo sem o efetivo apossamento da propriedade individual pelo poder público.

4568) (2010) Banca: FCC Órgão: PGE-AM Prova: FCC – 2010 – PGE-AM – Procurador do Estado

Respeitados os requisitos e trâmites legais, é possível ao Estado-membro desapropriar,

A) mediante prévia e justa indenização em dinheiro, imóvel não utilizado pertencente a sociedade de economia mista federal exploradora de atividade econômica em sentido estrito.
B) mediante pagamento em títulos da dívida pública, área urbana não edificada, subutilizada ou não utilizada, cujo proprietário tenha sido regularmente notificado para promover o adequado aproveitamento.
C) após prévia autorização legislativa, emitida pelo Congresso Nacional, imóvel da União que seja utilizado para defesa das fronteiras nacionais.
D) para fins de reforma agrária e mediante pagamentos em títulos, imóvel rural que não esteja cumprindo sua função social.
E) mediante prévia e justa indenização em dinheiro, pessoa jurídica que tenha sido constituída por particulares.

4569) (2012) Banca: FGV – Órgão: PC-MA – Prova: Escrivão de Polícia

Com vistas a construir uma nova praça pública, com ginásio esportivo e instalações para o lazer de crianças, o município "X" desapropria diversos imóveis comerciais. Jackson, empresário que teve a maior parte do seu empreendimento comercial desapropriado, exige que o Poder Público o indenize também pelo restante do terreno, que não foi incluído na desapropriação. Jackson argumenta que a pequena área restante é inócua, após a expropriação da maior parte da área comercial.

A respeito da situação descrita, assinale a afirmativa correta.

A) Tem-se, no caso, exemplo de desapropriação indireta, devendo o município "X" indenizar Jackson pela área remanescente.
B) Jackson não tem direito a indenização suplementar, uma vez que o município não se utilizará da área remanescente, podendo o empresário tentar vender o imóvel.
C) O expropriado pode exigir a aplicação do direito de extensão, isto é, que a desapropriação inclua a área remanescente do bem, provando que sua utilização é difícil ou inócua.
D) O empresário pode exigir ser mantido em área de tamanho mínimo necessário à exploração comercial, uma vez que o município optou por não desapropriar inteiramente o terreno.
E) Com a declaração de utilidade pública para fins de expropriação, o Poder Público poderá, em caso de urgência, iniciar obras na propriedade antes de proposta a ação judicial, visto que o decreto de desapropriação é autoexecutável.

A retrocessão ocorre quando se demonstra a **inviabilidade de ser efetivada a destinação do bem prevista no decreto expropriatório, ou quando ocorre perda do interesse público em manter aquela destinação ou qualquer outra destinação pública**. Nesse caso, o bem será alienado, respeitado o direito de preferência ao antigo proprietário. Ou seja, nas situações em que o ente público desapropriar o bem, transferindo a propriedade ao patrimônio público, contudo, não garantir a sua utilização na busca do interesse coletivo, ocorre desvio de finalidade ilícito, ensejando o surgimento do direito de retrocessão ao proprietário.

4570) (2012) Banca: FCC – Órgão: MPE-AP – Prova: Promotor de Justiça

No âmbito do direito administrativo, retrocessão é

A) direito atribuído ao proprietário de bem expropriado, em face da tredestinação do referido bem.
B) direito da entidade cedente de reaver o bem objeto de cessão de uso, em face do não cumprimento dos requisitos constantes do ato, pelo cessionário.

C) hipótese de provimento derivado de servidor público, que retorna ao cargo de origem, após ter sido cedido a outra entidade da Administração Pública.
D) a alienação, aos proprietários de imóveis lindeiros, de área remanescente ou resultante de obra pública que se tornar inaproveitável isoladamente.
E) a invalidação de ato administrativo de outorga, em razão do descumprimento de requisitos pelo beneficiário.

4571) (2015) Banca: CESGRANRIO – Órgão: Petrobras – Prova: Profissional Júnior – Direito

Consoante as regras que cuidam da desapropriação quando o bem não é destinado à finalidade declarada pelo ato expropriatório, surgindo direito de preferência do antigo proprietário sobre a coisa, está-se falando do instituto da

A) perempção
B) retrocessão
C) desistência
D) limitação
E) autorização

4572) (2012) Banca: CESGRANRIO – Órgão: Innova – Prova: Advogado Júnior

A União promove processo desapropriatório do imóvel X localizado no Estado Y por utilidade pública. O imóvel não foi destinado ao objetivo declarado e permaneceu sem destinação específica.

Deve, nesse caso, o ente expropriante ofertar o bem ao expropriado, mediante devolução da indenização, o que caracteriza o instituto da(o)

A) reivindicação
B) retrocessão
C) preferência
D) retratação
E) gravame

4573) (2017) Banca: VUNESP – Órgão: Câmara de Mogi das Cruzes – SP – Prova: Procurador Jurídico

Considere hipoteticamente que o Poder Público Municipal desaproprie determinada área visando a construção de um Posto de Saúde e depois decida edificar ali uma Escola Municipal. Analisando o enunciado no que concerne à retrocessão, é correto afirmar que:

A) mesmo o Poder Público utilizando o bem expropriado para o interesse público, o ordenamento jurídico atual contempla essa hipótese como caso de retrocessão obrigatória, sujeitando-o a indenizar o expropriado.
B) a retrocessão somente estará configurada se a coisa expropriada para fins de necessidade ou utilidade pública, ou por interesse social, não tiver o destino para o qual se desapropriou, ou não for utilizada em obras ou serviços públicos.
C) se trata de caso de retrocessão ilícita em razão de destinação diversa da inicialmente pretendida, entretanto, não se verifica qualquer direito à indenização ao expropriado.
D) apesar do Poder Público utilizar o bem expropriado para o interesse público, o ordenamento jurídico atual trata esse caso como desvio de finalidade, sujeitando-o à obrigatoriedade de restituição do bem por direito real de preferência.
E) a retrocessão somente estará configurada se a coisa expropriada para fins de necessidade ou utilidade pública, ou por interesse social, não tiver o destino para o qual se desapropriou, portanto, deverá o Poder Público oferecer ao expropriado o bem pelo preço pago.

A tredestinação, por sua vez, ocorre quando o poder público confere ao bem uma **destinação diversa daquela que estava prevista no decreto expropriatório**. Ou seja, trata-se de situação em que o poder público realiza a desapropriação de um edifício para fins de construção de um hospital, contudo, em razão de interesse público superveniente, o ente expropriante confere destinação diversa daquela inicialmente planejada que **não** atende ao interesse público. Ex: o Município desapropria um imóvel com a finalidade de construir uma escola, mas, em vez de fazê-lo, aliena o bem para o prefeito. Nessa situação, há um desvio de finalidade denominado **tredestinação ilícita**.

A jurisprudência dos tribunais superiores confere natureza real ao direito de retrocessão, garantindo ao particular desapropriado a possibilidade de reaver o bem, em virtude da prerrogativa de sequela.

Contudo, cabe estudarmos as situações de tredestinação lícita, quando não é satisfeito o interesse público inicialmente previsto no decreto expropriatório, mas dada ao bem **outra finalidade/destinação que atende ao interesse público**. Nesse caso, não há que se falar em direito de retrocessão ou desvio de finalidade, haja vista que o bem está afetado a uma nova finalidade PÚBLICA. Ex: o município desapropria um imóvel urbano para construir uma escola, mas constrói um hospital naquele terreno.

4574) (2014) Banca: CESPE – Órgão: PGE-BA – Prova: Procurador do Estado

Caso um governador resolva desapropriar determinado imóvel particular com o objetivo de construir uma creche para a educação infantil e, posteriormente, com fundamento no interesse público e em situação de urgência, mude a destinação do imóvel para a construção de um hospital público, o ato deve ser anulado, por configurar tredestinação ilícita.

A) Certo   B) Errado

4575) (2014) Banca: CESPE – Órgão: MPE-AC – Prova: Promotor de Justiça

O prefeito de determinado município realizou a desapropriação de um imóvel para fins de implantação de um parque ecológico, tendo a prefeitura instalado posteriormente, na área expropriada, um conjunto habitacional popular.

Nesse caso hipotético,

A) como a área expropriada não foi utilizada para a implantação do parque ecológico, cabe indenização dos expropriados por perdas e danos sofridos, desde que devidamente comprovados.
B) não houve desvio de finalidade, dado o atendimento do interesse público, estando configurada a tredestinação lícita.
C) embora tenha ocorrido desvio de finalidade, o bem expropriado foi incorporado ao patrimônio público, o que torna inviável a retrocessão, cabendo, entretanto, indenização por perdas e danos.

D) houve desvio de finalidade, dado o descumprimento dos objetivos que justificaram a desapropriação, cabendo a retrocessão.

E) houve desvio de finalidade, devendo ser decretada a nulidade do ato expropriatório com a reintegração dos expropriados na posse do imóvel e indenização em lucros cessantes.

4576) (2015) Banca: CESPE Órgão: TRE-RS Prova: Técnico Judiciário Administrativo

Acerca dos atos administrativos, assinale a opção correta.

A) Em sentido amplo, é considerada ato administrativo toda declaração unilateral de vontade do poder público no exercício de atividades administrativas, revestido de todas as prerrogativas de regime de direito público, visando o cumprimento da lei, sujeito a controle jurisdicional, excluídos os atos gerais, abstratos e os acordos bilaterais firmados pela administração pública.

B) O poder discricionário permite que o agente público pratique atos totalmente dissociados da lei.

C) O fenômeno da tredestinação lícita se aplica a atos administrativos de desapropriação, quando a finalidade específica é alterada, mas mantém-se a finalidade genérica, de modo que o interese público continue a ser atendido.

D) O ato administrativo praticado por agente público no exercício de sua função é dotado de presunção absoluta de veracidade.

E) A autoexecutoriedade é atributo de todos os atos administrativos.

4577) (2010) Banca: CESPE – Órgão: AGU – Prova: Procurador Federal

A União desapropriou um imóvel para fins de reforma agrária, mas, depois da desapropriação, resolveu utilizar esse imóvel para instalar uma universidade pública rural. Nessa situação, houve tredestinação lícita, de forma que o antigo proprietário não poderá pedir a devolução do imóvel.

A) Certo   B) Errado

4578) (2010) Banca: CESPE – Órgão: DPU – Prova: Defensor Público

Considere a seguinte situação hipotética.

Autoridade municipal competente desapropriou área pertencente a João, para a construção de um hospital público. Após o processo de desapropriação, verificou-se ser mais necessário construir, naquela área, uma escola pública, visto que o interesse da população local já estar sendo atendido por hospital construído na cidade. Nessa situação, João tem direito de exigir de volta o imóvel e pleitear indenização por perdas e danos.

A) Certo   B) Errado

4579) (2009) Banca: FCC – Órgão: PGE-SP – Prova: Procurador do Estado

O ato pelo qual a Administração dá ao bem expropriado destinação de interesse público diversa daquela inicialmente prevista denomina-se

A) retrocessão.
B) desapropriação.
C) reversão.
D) desvio de finalidade.
E) tredestinação.

4580) (2014) Banca: FGV – Órgão: DPE-DF – Prova: Analista – Assistência Judiciária

O desvio de finalidade na desapropriação, ou seja, o uso do bem desapropriado para fim diverso daquele mencionado no ato expropriatório denomina-se:

A) retrocessão.
B) desdestinação.
C) adestinação.
D) desapropriação indireta.
E) tredestinação.

4581) (2012) Banca: MPE-RS – Órgão: MPE-RS – Prova: Promotor

O Prefeito de um Município do interior do Rio Grande do Sul promoveu a desapropriação de um terreno para a construção de uma escola pública. No entanto, por conveniência administrativa, a área foi utilizada para alargamento de via de acesso à cidade, sendo construída uma praça pública na parte remanescente do terreno. A conduta do Executivo Municipal configura exemplo de

A) retrocessão.
B) tredestinação.
C) ocupação.
D) servidão.
E) incorporação.

Procedimento da Desapropriação: A fase declaratória tem início com a declaração de utilidade, necessidade ou interesse público na desapropriação, tal declaração expropriatória será realizada mediante decreto do Chefe do Poder Executivo do ente federado competente. Destaca-se que admite-se, também, a declaração expropriatória feita pelo Poder Legislativo mediante lei de efeitos concretos.

Conforme estudado, a competência declaratória será concorrente entre os entes federativos, União, Estados, Distrito Federal e Municípios. Entretanto, existem exceções a essa regra, quais sejam: 1 – a desapropriação comum que pode ser declarada pelo Departamento Nacional de Infraestrutura e Transportes (DNIT) para fins de implantação do Sistema Nacional de Viação. 2 – a declaração pela Agência Nacional de Energia Elétrica (ANEEL) para fins de instalação das empresas concessionárias e permissionárias 3- a desapropriação especial urbana que é de competência do Município 4- a desapropriação especial rural e desapropriação confisco cuja competência é exclusiva da União.

A referida declaração deverá conter a **descrição do bem, a finalidade da desapropriação, os recursos orçamentários que serão utilizados para satisfação do direito do expropriado** e a hipótese que autoriza a desapropriação. Após expedida a declaração, as autoridades administrativas do ente expropriante **poderão ingressar no bem, realizar levantamentos de campo, inspeções etc**. Ou seja, nessa etapa o bem continua sendo propriedade do particular, todavia, encontra-se sujeito à **força expropriatória do Estado**. Destaca-se que, após a declaração, é fixado o estado do bem e será determinada a indenização equivalente à essa avaliação.

Portanto, a declaração expropriatória fixa o estado do bem para fins de indenização de benfeitorias necessárias e úteis, estas últimas, somente se forem autorizadas pelo Estado. Ou seja, a indenização relativa às benfeitorias será devida, mesmo que executadas após o ato declaratório. **As benfeitorias voluptuárias não serão indenizadas.**

O Poder Legislativo poderá tomar a iniciativa da desapropriação, cumprindo, neste caso, ao Executivo, praticar os atos necessários à sua efetivação.

4582) (2012) Banca: CESPE – Órgão: TJ-AC – Prova: Juiz

Assinale a opção correta com relação aos serviços públicos e à desapropriação.

A) Consideram-se serviços públicos indelegáveis os serviços que o Estado, atendendo a necessidades coletivas, assume como seus e executa diretamente, por seus próprios agentes e órgãos da administração centralizada, vedada a transferência de sua execução a particulares ou mesmo a entidades da administração indireta.
B) Como forma de impedir o comprometimento da operacionalização e da continuidade da prestação do serviço, as concessionárias estão proibidas, no financiamento de seus contratos, de oferecer em garantia os direitos emergentes da concessão.
C) A declaração expropriatória, mediante a qual o poder público declara a utilidade pública ou o interesse social do bem de um particular para fins de desapropriação, pode ser feita por decreto do chefe do Poder Executivo e por iniciativa do Poder Legislativo, tanto na esfera da União como na dos estados, do DF, dos municípios e dos territórios.
D) Em decorrência do princípio da igualdade dos usuários, não se admite, no serviço público, o estabelecimento de tarifas diferenciadas em função de custos específicos provenientes do atendimento a distintos segmentos de usuários.
E) As concessionárias de serviços públicos são obrigadas a oferecer ao consumidor e ao usuário, dentro do mês de vencimento dos débitos, várias opções de data para o vencimento de seus débitos, devendo as datas indicadas, quer no âmbito de cada estado, quer no do DF, ser as mesmas para os diferentes tipos de serviço público oferecidos.

4583) (2015) Banca: CESPE – Órgão: DPE-PE – Prova: Defensor Público

Julgue o item abaixo, com relação à intervenção do Estado na propriedade.

Salvo as impossibilidades jurídicas e materiais, mediante declaração de utilidade pública, formalizada por meio de decreto do chefe do Poder Executivo, todos os bens podem ser desapropriados pelos entes que compõem a Federação. Poderá também o Poder Legislativo tomar a iniciativa da desapropriação.

A) Certo   B) Errado

4584) (2008) Banca: CESPE – Órgão: ABIN – Prova: Agente de Inteligência

O prefeito de determinado município houve por bem desapropriar terreno com vistas a construir um hospital. No entanto, em vez de hospital, foi construída uma escola pública.

Considerando a situação hipotética apresentada, julgue o item seguinte, que diz respeito aos atos administrativos.

Na situação considerada, não houve desvio de finalidade, sendo o decreto de desapropriação amparado pelo ordenamento jurídico.

A) Certo   B) Errado

4585) (2006) Banca: CESPE – Órgão: DPE-DF – Prova: Procurador

A declaração expropriatória deverá conter a descrição do bem, a finalidade da desapropriação, os recursos orçamentários que serão utilizados para satisfação do direito do expropriado e a hipótese que autoriza a desapropriação.

A) Certo   B) Errado

4586) (2012) Banca: CESPE – Órgão: TJ-BA – Prova: Juiz

Considerando a disciplina que rege a desapropriação, assinale a opção correta.

A) A União poderá desapropriar bens para atendimento de necessidades coletivas, urgentes e transitórias, decorrentes de situações de perigo iminente, de calamidade pública ou de irrupção de epidemias.
B) Conforme entendimento sumulado pelo STJ, o prazo prescricional da ação de desapropriação indireta é de cinco anos.
C) Caso recaia hipoteca sobre o imóvel a ser desapropriado, o poder público ficará impedido de dar início ao processo expropriatório.
D) O Poder Legislativo pode tomar a iniciativa da desapropriação, cabendo, nesse caso, ao Executivo praticar os atos necessários à sua efetivação.
E) Um município é competente para, presentes os requisitos legais, desapropriar bens de empresa pública federal.

4587) (2013) Banca: ESAF – Órgão: DNIT – Prova: Analista em Infraestrutura de Transportes

No que se refere à desapropriação por utilidade pública e interesse social, com base no Decreto-Lei n. 3.365/41 e na Lei n. 4.132/62, é incorreto afirmar que:

A) a desapropriação por interesse social será decretada para promover a justa distribuição da propriedade ou condicionar o seu uso ao bem-estar social.
B) consideram-se de interesse social, entre outros, a proteção do solo e a preservação de cursos e mananciais de água e de reservas florestais, além das terras e águas suscetíveis de valorização extraordinária, pela conclusão de obras e serviços públicos, notadamente de saneamento, portos, transporte, eletrificação, armazenamento de água e irrigação, no caso em que não sejam ditas áreas socialmente aproveitadas.
C) são prerrogativas do Poder Executivo tomar a iniciativa da desapropriação e praticar os atos necessários à sua efetivação.
D) a declaração de utilidade pública far-se-á por decreto do Poder Executivo.
E) aquele cujo bem for prejudicado extraordinariamente em sua destinação econômica pela desapropriação de áreas contíguas terá direito a reclamar perdas e danos do expropriante.

4588) (2014) Banca: FCC – Órgão: TJ-AP – Prova: Juiz

O Diretor-Geral de determinada agência federal editou resolução, declarando de utilidade pública para fins de desapropriação determinado terreno, situado em área urbana, com o fim de implantar infraestrutura necessária para o desenvolvimento de serviço público regulado pela referida agência. Nesse caso, a resolução

A) será válida, desde que ratificada por ato editado pelo titular do Ministério responsável por supervisionar a agência.

B) será válida, desde que haja atribuição de tal competência em lei federal.

C) é inválida, pois a desapropriação de terrenos em área urbana é de competência privativa dos entes municipais.

D) é válida, pois as agências reguladoras possuem regime especial de autonomia, pelo qual lhes é facultado, por ato normativo, atribuir tal competência a agente de seu corpo diretivo.

E) é inválida, pois a competência para declaração de utilidade pública para fins de desapropriação é de competência exclusiva dos entes políticos, sob os bens situados em seus respectivos territórios.

4589) (2011) Banca: FGV – Órgão: SEFAZ-RJ – Prova: Analista de Controle Interno – Prova 1

A respeito das modalidades de intervenção do Estado na propriedade, analise as afirmativas a seguir:

I. O prazo de caducidade do decreto expropriatório nas desapropriações por utilidade pública é de cinco anos, contados da data de sua expedição.

II. A ocupação temporária de terrenos vizinhos não edificados, vizinhos às obras públicas e necessários à sua realização, depende de decreto de declaração de necessidade e prévia indenização.

III. A desapropriação de bens pela União Federal efetiva-se após processo administrativo, sempre mediante justa indenização em títulos da dívida pública de emissão previamente aprovada pelo Senado Federal.

Assinale

A) se apenas a afirmativa I estiver correta.

B) se apenas a afirmativa II estiver correta.

C) se apenas a afirmativa III estiver correta.

D) se apenas as afirmativas I e II estiverem corretas.

E) se apenas as afirmativas I e III estiverem corretas.

4590) (2009) Banca: VUNESP – Órgão: CESP – Prova: Advogado

No procedimento da desapropriação,

A) esta se desenvolve em três fases: a declaratória, a instrutória e a executiva.

B) a declaração expropriatória pode ser feita pelo Poder Executivo, por meio de decreto, ou pelo Legislativo, por meio de lei.

C) a autorização legislativa é dispensada quando a desapropriação recair sobre bens públicos.

D) a simples declaração de utilidade pública não gera qualquer direito ao poder expropriante sobre o bem expropriado, devendo-se efetuar o pagamento do preço do bem para sujeitar o bem ao seu poder.

E) não há necessidade de indicar, no ato declaratório, os recursos orçamentários destinados ao atendimento da despesa, podendo tal indicação ser efetivada na fase instrutória.

4591) (2008) Banca: VUNESP – Órgão: ITESP – Prova: Advogado

Conforme a disciplina jurídica dos atos administrativos, se um decreto expropriatório for expedido,

A) ele deverá conter a descrição do bem, a finalidade da desapropriação, os recursos orçamentários que serão utilizados para satisfação do direito do expropriado e a hipótese que autoriza a desapropriação.

B) deverá ser anulado, por ser defeito insanável.

C) o mesmo poderá ser corrigido somente pelo Poder Judiciário.

D) tendo em vista que toda forma estabelecida para os atos administrativos é substancial, o defeito não poderá ser sanado.

E) como impera a liberdade de forma para os atos administrativos, o decreto poderá ter normal prosseguimento.

4592) (2012) Banca: VUNESP – Órgão: TJ-SP – Prova: Titular de Serviços de Notas e de Registros – Remoção

Sobre desapropriação, analise as assertivas a seguir.

I. A desapropriação por zona consiste na ampliação da expropriação às áreas que se valorizem extraordinariamente em consequência da realização da obra ou do serviço público.

II. A desapropriação para fins de reforma agrária deve ser feita mediante prévia e justa indenização em dinheiro.

III. Nas desapropriações por utilidade pública, o termo inicial para o prazo de caducidade da declaração emitida pelo Poder Público é de dois anos contados da data da expedição do respectivo direito.

IV. A desapropriação de imóvel urbano que não esteja cumprindo a sua função social é de competência do Poder Público Municipal.

V. A desapropriação é um procedimento administrativo que se realiza em duas fases: declaratória e executória. Na fase declaratória, o bem continua sendo propriedade do particular, todavia, encontra-se sujeito à força expropriatória do Estado.

A) Apenas as assertivas I, III e V estão corretas.

B) Apenas as assertivas IV e V estão corretas.

C) Apenas as assertivas II, III e IV estão incorretas.

D) Apenas as assertivas I e IV estão corretas.

4593) (2012) Banca: VUNESP – Órgão: TJ-SP – Prova: Titular de Serviços de Notas e de Registros – Provimento

Sobre desapropriação, é correto afirmar que o(a)

A) competência para legislar sobre desapropriação é concorrente.

B) Município pode, por interesse social, desapropriar imóvel rural para fins de reforma agrária.

C) Estado de São Paulo não pode desapropriar imóvel, situado em região metropolitana, para fins de política urbana.

D) competência do Chefe do Poder Executivo, na fase declaratória da desapropriação, não é exclusiva.

4594) (2015) Banca: UEPA – Órgão: PGE-PA – Prova: Procurador do Estado

Sobre Desapropriação, julgue as afirmativas abaixo.

I. Não obstante a declaração de utilidade pública ou de interesse social seja atividade administrativa afeta ao Poder Executivo, o art. 8 do Decreto-lei n. 3.365/41 autoriza o Poder Legislativo a tomar a iniciativa da desapropriação cumprindo, neste caso, ao Executivo, praticar os atos necessários à sua efetivação.

II. É lícito ao proprietário construir no bem declarado de utilidade pública ou de interesse social. Portanto o valor das eventuais construções que venham a ser realizadas será incluído no valor da indenização quando a desapropriação for efetivada.

III. Somente é lícito discutir no âmbito da ação de desapropriação o valor a ser pago a título de indenização e eventuais incidentes da própria ação de desapropriação. Outros aspectos relativos à desapropriação que podem resultar na anulação do processo, como o desvio de finalidade, devem ser levados à apreciação judicial por meio de ação rescisória, consoante previsto no Decreto-lei n. 3. 365/41.

IV. É legítimo ao poder público expropriante solicitar, em casos de urgência, a imissão provisória na posse do bem, o que poderá ser feita após despacho nesse sentido pelo juízo do feito, independentemente da citação do réu, mediante o depósito da quantia arbitrada de conformidade legal.

A alternativa que contém todas as afirmativas corretas é:

A) I e II
B) I e III
C) I, II e IV
D) I e IV
E) II e III

4595) (2012) Banca: OFFICIUM – Órgão: TJ-RS – Prova: Juiz

Considere as assertivas abaixo sobre desapropriação.

I. Decorrido o prazo de caducidade de 5 (cinco) anos da declaração de utilidade pública, o Poder Público perde definitivamente o poder de desapropriar o mesmo bem objeto da desapropriação, não sendo possível renová-la.

II. As hipóteses de desapropriação por utilidade pública, considerando o interesse público, não são taxativas, pois a doutrina majoritária sobre a matéria entende que os atos administrativos podem prever outros casos de desapropriação, além dos expressos na legislação que regula o instituto, especialmente após a edição da Emenda Constitucional nº 32/2001.

III. No regime jurídico brasileiro, podem promover a desapropriação, dentre outras entidades, os estabelecimentos que exerçam funções delegadas do Poder Público, quando autorizados por lei ou contrato.

Quais são corretas?

A) Apenas I
B) Apenas II
C) Apenas III
D) Apenas I e II
E) I, II e III

4596) (2011) Banca: PUC-PR – Órgão: TJ-RO – Prova: Juiz

Sobre a desapropriação por utilidade pública, avalie as perspectivas abaixo:

I. Mediante declaração de utilidade pública, todos os bens poderão ser desapropriados pela União, pelos Estados, Municípios, Distrito Federal e Territórios, inclusive do espaço aéreo ou do subsolo, cuja desapropriação só se tornará necessária quando de sua utilização resultar prejuízo patrimonial do proprietário do solo.

II. Consideram-se, entre outros, casos de utilidade pública a construção de edifícios públicos, cemitérios, criação de estádios, aeródromos ou campos de pouso para aeronaves, e a reedição ou divulgação de obra ou invento de natureza científica, artística ou literária.

III. Ao Poder Judiciário é vedado, no processo de desapropriação, decidir se verificam ou não os casos de utilidade pública.

IV. A declaração expropriatória deverá conter a descrição do bem, a finalidade da desapropriação, os recursos orçamentários que serão utilizados para satisfação do direito do expropriado e a hipótese que autoriza a desapropriação.

Estão CORRETAS:

A) Apenas as assertivas I e IV.
B) Apenas as assertivas II e III.
C) Apenas as assertivas I, II e IV.
D) Apenas as assertivas III e IV.
E) Todas as assertivas.

4597) (2014) Banca: FUNDEP (Gestão de Concursos) – Órgão: Prefeitura de

A competência declaratória da desapropriação será concorrente entre os entes federativos, União, Estados, Distrito Federal e Municípios. Essa regra, não admite exceção.

A) Certo   B) Errado

4598) (2010) Banca: FUNCAB – Órgão: DER-RO – Prova: Procurador Autárquico

Quanto ao tema Desapropriações, assinale a única alternativa INCORRETA.

A) O depósito prévio do valor arbitrado pelo juiz após instrução sumária é um dos pressupostos para a imissão provisória na posse.

B) A defesa no processo judicial de desapropriação somente poderá tratar, quanto ao mérito, da impugnação do preço oferecido na inicial.

C) O Poder Legislativo não pode tomar a iniciativa de deflagrar a desapropriação.

D) A competência executória pode ser atribuída a pessoas privadas delegatárias, desde que autorizadas expressamente pela lei ou pelo contrato.

E) Nem toda desapropriação destina-se à integração definitiva do bem expropriado no patrimônio público, cabendo, em casos específicos, a transferência a particulares.

4599) (2009) Banca: TJ-RS – Órgão: TJ-RS – Prova: Juiz

Com relação à desapropriação, assinale a assertiva incorreta.

A) Fundamenta-se nos princípios da utilidade pública, necessidade pública ou interesse social.

B) O decreto expropriatório não transfere o bem do domínio particular para o domínio público.
C) Somente o Chefe do Poder Executivo poderá tomar a iniciativa da desapropriação.
D) Mesmo durante a fase judicial do processo expropriatório, pode o administrador público desistir da ação de desapropriação.
E) Todos os bens patrimoniais podem ser objeto de desapropriação, inclusive os direitos de crédito.

4600) (2016) Banca: FUNRIO – Órgão: Prefeitura de Itupeva – SP – Prova: Procurador Municipal

O Poder Legislativo poderá tomar a iniciativa da desapropriação, cumprindo, neste caso, ao Executivo, praticar os atos necessários à sua efetivação

A) Certo   B) Errado

Após a declaração dá-se início à contagem de prazo para a caducidade do ato, e a indicação do estado em que se encontra o bem objeto da declaração. Desse modo, são prazos de caducidade da declaração expropriatória:

- **Declaração de utilidade ou necessidade pública:** prazo de cinco anos contados da sua expedição;
- **Declaração de interesse social:** prazo de dois anos a partir da expedição do decreto.

Após consumada a caducidade (esgotado o prazo), o Poder Público deverá aguardar o prazo de um ano para que o mesmo bem seja objeto de nova declaração. **Destaca-se que o particular tem um prazo de 5 anos para propor ação que vise a reparação indenizatória por restrições decorrentes de atos do poder público.**

4601) (2010) Banca: CESPE – Órgão: MPE-RO – Prova: Promotor de Justiça

No que se refere às restrições estatais sobre a propriedade privada, assinale a opção correta.

A) É possível que determinado município institua servidão administrativa sobre imóvel pertencente ao estado, desde que a autorização tenha sido concedida por lei municipal.
B) A instituição de uma servidão administrativa é permanente e não admite extinção.
C) O tombamento incide somente sobre bens imóveis, dada a sua natureza.
D) Na desapropriação por utilidade pública, o prazo de caducidade do decreto expropriatório é de cinco anos, contado a partir da data da sua expedição.
E) Compete à União desapropriar propriedades rurais, por interesse social e para fins de reforma agrária, mediante o pagamento prévio e justo da indenização em dinheiro.

4602) (2012) Banca: CESGRANRIO – Órgão: Caixa – Prova: Advogado

O prazo de caducidade do decreto expropriatório nas desapropriações por utilidade pública, contado da data de sua expedição, é de
A) 120 dias
B) 180 dias
C) 2 anos
D) 5 anos
E) 10 anos

4603) (2013) Banca: VUNESP – Órgão: MPE-ES – Prova: Promotor de Justiça

Assinale a alternativa que corretamente trata da desapropriação como forma de intervenção do Estado na propriedade.

A) A expedição do decreto expropriatório possui como efeito, dentre outros, a fixação do estado da coisa para fins de indenização, devendo as benfeitorias voluptuárias realizadas após a expedição do decreto serem indenizadas.
B) A desapropriação por interesse social para política urbana tem função sancionatória, pois recai sobre imóveis que desatendem sua função social, mas a indenização, ainda em títulos da dívida pública, terá valor real, refletindo o valor da base de cálculo do IPTU e computando lucros cessantes e juros compensatórios
C) A desapropriação por zona poderá ser realizada em qualquer região do País onde forem encontra das culturas ilegais de plantas psicotrópicas, sendo imediatamente destinadas ao assentamento de colo nos para cultivo de produtos alimentícios e medicamentosos.
D) São isentas de impostos federais, estaduais e municipais as operações de transferência de imóveis desapropria dos para fins de reforma agrária e de interesse social para política urbana.
E) Na hipótese de desapropriação por interesse social, o prazo de caducidade é de 2 (dois) anos, contados da expedição do decreto. Nas desapropriações por necessidade ou interesse público, o prazo é de 5 (cinco) anos.

A fase executória refere-se à etapa em que o Poder Público passa a efetivamente atuar para fins de ultimar a desapropriação e completar a transferência do bem para o expropriante. Destaca-se que a **competência para executar a desapropriação é atribuída ao ente federativo que declarou a utilidade pública ou interesse social**, contudo, admite-se a delegação da competência executória para entidades da Administração Indireta, para concessionárias de serviços públicos e para consórcios públicos.

Art. 3º Poderão promover a desapropriação mediante autorização expressa constante de lei ou contrato: I – os concessionários, inclusive aqueles contratados nos termos da Lei nº 11.079, de 30 de dezembro de 2004, permissionários, autorizatários e arrendatários; II – as entidades públicas; III – as entidades que exerçam funções delegadas do Poder Público; e IV – o contratado pelo Poder Público para fins de execução de obras e serviços de engenharia sob os regimes de empreitada por preço global, empreitada integral e contratação integrada.

Essa fase tem início na esfera administrativa, com a declaração formal de interesse do poder público em determinado bem, demonstrando a utilidade pública, necessidade pública ou interesse social por meio de um decreto e quando o Poder Público oferece proposta de indenização ao proprietário para fins de aquisição do bem. Caso o proprietário aderir à proposta, as partes **celebrarão o negócio jurídico e ocorrerá uma desapropriação amigável** – via administrativa. Caso não ocorra acordo administrativo, a fase executória se desdobrará na fase judicial com a propositura da ação de desapropriação pelo Poder Público.

4604) (2014) Banca: CESPE Órgão: TCE-PB Prova: Procurador

Assinale a opção correta acerca da intervenção no domínio econômico por meio da desapropriação.

A) No cálculo da verba advocatícia nas ações de desapropriação, devem ser excluídas as parcelas relativas aos juros compensatórios e moratórios.
B) As concessionárias de serviços públicos, quando do exercício das funções delegadas pelo poder público, poderão promover desapropriações mediante autorização expressa, constante de lei ou contrato.
C) O poder público pode desistir do processo expropriatório, inclusive no curso da ação judicial, sem a obrigação de pagar indenização ao expropriado.
D) O expropriado pode pleitear indenização, pelo instituto da retrocessão, em razão de o imóvel não ter sido utilizado para os fins declarados no decreto expropriatório, sendo-lhe vedado, contudo, reivindicar a propriedade expropriada, por se tratar de bem já incorporado ao patrimônio público.
E) Compete privativa e exclusivamente à União legislar sobre desapropriação, competindo, no entanto, a todos os entes federativos declarar a utilidade pública ou o interesse social de bem imóvel para fins de reforma agrária

4605) (2009) Banca: CESPE – Órgão: DPE-PI – Prova: Defensor Público

Acerca da desapropriação por utilidade pública, assinale a opção correta.

A) Podem executar a desapropriação as concessionárias e permissionárias de serviços públicos, assim como autarquias, fundações instituídas e mantidas pelo poder público, empresas públicas e sociedades de economia mista, mediante autorização expressa, constante de lei ou contrato.
B) O termo inicial para o prazo de caducidade da declaração emitida pelo poder público é de dois anos, contados da data de expedição do respectivo decreto.
C) Segundo o STF, a imissão provisória na posse dos bens, mesmo que precedido do depósito do valor correspondente ao valor cadastral do imóvel e independentemente da citação do réu, contraria o princípio da justa e prévia indenização em dinheiro estipulado na CF.
D) Segundo o STF, a base de cálculo dos honorários advocatícios na desapropriação é o valor da condenação.
E) O Poder Judiciário poderá decidir, no processo de desapropriação, se ocorrem ou não os casos de utilidade pública.

4606) (2007) Banca: CESPE – Órgão: DPU – Prova: Defensor Público Federal

Considerando que uma concessionária de serviço público de energia elétrica pretenda utilizar uma propriedade de cerca de quatro mil metros quadrados situada no centro de determinado município, julgue o item seguinte, relativamente ao processo de desapropriação dessa propriedade.

Havendo autorização no contrato de concessão, a concessionária de serviço público pode promover essa desapropriação, mas não pode declará-la de utilidade pública, pois essa competência cabe somente ao poder concedente ou mesmo à Agência Nacional de Energia Elétrica.

A) Certo   B) Errado

4607) (2008) Banca: CESPE – Órgão: MPE-RR – Prova: Promotor de Justiça

De acordo com a CF, são pressupostos da desapropriação a necessidade pública, a utilidade pública e o interesse social.

A) Certo   B) Errado

4608 (2010) Banca: FCC Órgão: DPE-SP Prova: FCC – 2010 – DPE-SP – Defensor Público

O ato da Administração Pública declarando como de utilidade pública ou de interesse social a desapropriação de determinado imóvel NÃO tem como efeito

A) indicar o estado em que se encontra o imóvel, para fins de futura indenização.
B) proibir a obtenção de licença para o proprietário efetuar obras no imóvel.
C) iniciar a contagem do prazo legal para a verificação da caducidade do ato.
D) permitir às autoridades competentes adentrar no prédio objeto da declaração.
E) demonstrar o posterior interesse na transferência da propriedade do imóvel.

4609) (2013) Banca: FGV – Órgão: TJ-AM – Prova: Analista Judiciário – Qualquer Área de Formação

A Constituição de 1988 trouxe, em seu texto, várias modalidades de desapropriação. Dentre essas modalidades, nem todas são indenizáveis previamente em espécie.

Assinale a alternativa que indica apenas hipóteses de indenização prévia em dinheiro.

A) Necessidade pública e utilidade pública.
B) Necessidade pública e descumprimento das exigências do plano diretor.
C) Utilidade pública e desapropriação da propriedade improdutiva para fins de reforma agrária.
D) Desapropriação para fins de reforma agrária da propriedade improdutiva e desapropriação para atender o plano diretor.
E) Utilidade pública e exigências do plano diretor.

4610) (2016) Banca: IBFC – Órgão: Câmara de Franca – SP – Prova: Advogado

No que se refere à desapropriação por utilidade pública, pode ser afirmado o que segue:

A) A desapropriação por utilidade pública não pode abranger as zonas que se valorizarem extraordinariamente, em consequência da realização do serviço.
B) Entidades que exercem funções delegadas do Poder Público podem promover a desapropriação por utilidade pública mediante autorização expressa constante de lei ou contrato.
C) Não se exige autorização legislativa para a desapropriação dos bens de domínio dos Estados, dos Municípios e do Distrito Federal pela União, como regra.
D) A lei proíbe a desapropriação pelos Estados-membros de ações de instituições cujo funcionamento dependa de autorização do Governo Federal, salvo mediante prévia autorização, por Resolução do Congresso Nacional.

16. INSTITUTOS DE INTERVENÇÃO DO ESTADO NO DIREITO DE PROPRIEDADE

4611) (2015) Banca: VUNESP – Órgão: TJ-SP – Prova: Juiz Substituto

O instituto da desapropriação, no direito brasileiro, é regido por norma editada por decreto-lei na década de 40 e recepcionada pela Constituição Federal de 1988, com algumas alterações pontuais procedidas por legislação posterior. Sobre o instituto da desapropriação, é correto afirmar que

A) só é possível a expropriação de bens imóveis com prévia indenização em dinheiro ou, em algumas hipóteses, em títulos públicos com vencimento em prazo de, no máximo, cinco anos.

B) a desapropriação exige que os bens expropriados sejam destinados a uma finalidade ou utilidade públicas, incorporando-se ao patrimônio público, vedada a sua posterior alienação em favor de particulares.

C) na desapropriação de bem imóvel, a declaração de utilidade pública deve especificar o bem dela objeto e se circunscrever àquela área necessária àquela finalidade, vedada sob pena de nulidade do ato expropriatório a inclusão de área lindeira para futura alienação e captura da valorização imobiliária pelo poder público.

D) a prática dos atos necessários à desapropriação pode ser exercida por particulares mediante delegação pelo poder público à iniciativa privada.

4612) (2010) Banca: CESPE / CEBRASPE Órgão: DPU Prova: CESPE – 2010 – DPU – Defensor Público Federal

O poder público pode intervir na propriedade do particular por atos que visem satisfazer as exigências coletivas e reprimir a conduta antissocial do particular. Essa intervenção do Estado, consagrada na Constituição Federal, é regulada por leis federais que disciplinam as medidas interventivas e estabelecem o modo e a forma de sua execução, condicionando o atendimento do interesse público ao respeito às garantias individuais previstas na Constituição. Acerca da intervenção do Estado na propriedade particular, julgue os itens subsequentes.

As indenizações referentes a processo de desapropriação sempre devem ser pagas em moeda corrente ao expropriado.

A) Certo b) Errado

4613) (2016) Banca: VUNESP – Órgão: Prefeitura de Sertãozinho – SP – Prova: Procurador Municipal

Assinale a alternativa que corretamente discorre sobre o instituto da desapropriação.

A) O procedimento da desapropriação compreende duas fases: a declaratória e a executória, abrangendo, esta última, uma fase administrativa e uma judicial.

B) Na fase executória da desapropriação, o poder público declara a utilidade pública ou o interesse social do bem para fins de desapropriação.

C) A declaração expropriatória pode ser feita pelo Poder Executivo, por meio de decreto, não podendo fazê-lo, todavia, o Legislativo, por meio de lei.

D) A declaração de utilidade pública ou interesse social é suficiente para transferir o bem para o patrimônio público, incidindo compulsoriamente sobre o proprietário.

E) A desapropriação deverá efetivar-se mediante acordo ou intentar-se judicialmente dentro de dez anos, findos os quais esta caducará.

4614) (2016) Banca: VUNESP – Órgão: Câmara Municipal de Poá – SP – Prova: Procurador Jurídico

A desapropriação que se verifica quando a utilização da propriedade for considerada conveniente e vantajosa ao interesse público, não constituindo um imperativo irremovível (exemplos: a segurança nacional, obras de higiene, casas de saúde, assistência pública, conservação ou exploração de serviços públicos, conservação e melhoramento de vias e logradouros públicos e outros), está alicerçada no seguinte pressuposto:

A) necessidade urbanística.
B) necessidade pública.
C) utilidade pública.
D) interesse social.
E) utilidade estatal.

4615) (2008) Banca: FAE Órgão: TJ-PR Prova: FAE – 2008 – TJ-PR – Juiz

Assinale a alternativa correta:

A) conforme a legislação em vigor, nos processos judiciais referente às desapropriações por utilidade pública, o expropriado poderá impugnar todo e qualquer aspecto do procedimento administrativo expropriatório, requerendo que o Poder Judiciário decida, inclusive, se era caso ou não da Administração Pública declarar o bem como sendo de utilidade pública.

B) são insuscetíveis de desapropriação para fins de reforma agrária a pequena e média propriedade rural, assim definida em lei, ainda que seu proprietário possua outra.

C) a desapropriação por utilidade pública deverá ser efetivada mediante acordo ou ser intentada judicialmente dentro de 5 (cinco) anos, contados da data da expedição do respectivo decreto e findos os quais este caducará.

D) compete à União e aos Estados desapropriar por interesse social, para fins de reforma agrária, o imóvel rural que não esteja cumprindo sua função social, mediante prévia e justa indenização em dinheiro

.4616) (2015) Banca: CESGRANRIO – Órgão: Petrobras – Prova: Advogado Júnior

Nos termos da lei geral que regula a desapropriação por utilidade pública, dispõe-se que a(o)

A) concessionária de serviço público pode desapropriar, caso ocorra autorização legal.

B) desapropriação do espaço aéreo só se tornará necessária, quando sua utilização resultar prejuízo patrimonial da União.

C) desapropriação não poderá abranger a área contígua necessária ao desenvolvimento da obra a que se destina.

D) reforma agrária é considerada caso de utilidade pública.

E) imóvel desapropriado para implantação de parcelamento popular, destinado às classes de menor renda, poderá obter outra utilização.

4617) (2011) Banca: FUJB – Órgão: MPE-RJ – Prova: Técnico Administrativo

Sobre o processo de desapropriação, é correto afirmar que:

A) pode ser promovido por concessionária de serviço público;

B) exige, em qualquer caso, pagamento de indenização prévia, justa e em dinheiro;
C) admite discussão ampla sobre os motivos determinantes da desapropriação;
D) não exige prévia declaração de utilidade ou necessidade pública, ou interesse social;
E) é facultativo, podendo ser concluído em sede administrativa, ainda quando há discordância do proprietário quanto ao preço ofertado.

4618) (2010) Banca: CS-UFG – Órgão: Prefeitura de Aparecida de Goiânia – GO – Prova: Procurador do Município

Poderão promover a desapropriação mediante autorização expressa constante de lei ou contrato: I – os concessionários, inclusive aqueles contratados nos termos da Lei nº 11.079, de 30 de dezembro de 2004, permissionários, autorizatários e arrendatários; II – as entidades públicas; III – as entidades que exerçam funções delegadas do Poder Público; e IV – o contratado pelo Poder Público para fins de execução de obras e serviços de engenharia sob os regimes de empreitada por preço global, empreitada integral e contratação integrada

A) Certo   B) Errado

4619) (2012) Banca: COPEVE-UFAL – Órgão: MPE-AL – Prova: Analista do Ministério Público – Gestão Pública

São pressupostos da desapropriação:
I. Utilidade Pública.
II. Necessidade Pública.
III. Interesse social.
IV. Retrocessão.
Estão corretos os itens

A) II, III e IV, apenas.
B) I, II, III e IV.
C) I, II e IV, apenas.
D) I, II e III, apenas.
E) I, III e IV, apenas.

4620) (2010) Banca: FADESP – Órgão: CREA-PA – Prova: Técnico em Tecnologia da Infomação e Comunicação – Web Designer

Não é pressuposto legal para a desapropriação:

A) a necessidade pública.
B) a manutenção estética
C) a utilidade pública.
D) o interesse social.

4621) (2017) Banca: FADESP – Órgão: COSANPA – Prova: Advogado

Sobre a desapropriação, é possível afirmar que

A) as hipóteses de desapropriação do artigo 5º do Decreto-lei n. 3.365, de 21 de junho de 1941, serão, segundo a doutrina, de necessidade ou utilidade pública a depender somente do critério de urgência que caracteriza o primeiro.
B) a desapropriação de bens do domínio dos Municípios só será realizada pelos Estados ou pela União em Municípios integrantes de Território Federal.
C) os bens desapropriados por interesse social revertem à Administração Pública que o desapropriou para a instalação de novos prédios públicos, visando abrigar a administração fazendária.
D) o contrato de concessão não é instrumento jurídico apto a garantir às concessionárias de serviços públicos a desapropriação por utilidade pública.

4622) (2016) Banca: FAFIPA – Órgão: Câmara de Cambará – PR – Prova: Procurador Jurídico

É notório que a Constituição Federal possui diversos artigos que tratam do tema da desapropriação. Nessa toada, assinale a alternativa que NÃO possui um fundamento ensejador da desapropriação, a teor do disposto no art. 5º, inc. XXIV.

A) Segurança jurídica.
B) Necessidade pública.
C) Utilidade pública.
D) Interesse social.

4623) (2012) Banca: FMP Concursos – Órgão: TJ-AC – Prova: Titular de Serviços de Notas e de Registros

Acerca do regime jurídico da intervenção do Estado na propriedade privada, assinale a afirmativa correta.

A) Somente a Constituição Federal pode estabelecer quem são os legitimados ativos para promover ação judicial de desapropriação.
B) Como pressupostos para desapropriação, a Constituição Federal indica a necessidade ou utilidade pública e o interesse social.
C) Dentre os bens que poderão ser expropriados não se inclui o espaço aéreo.
D) O ordenamento jurídico não contempla hipótese de desapropriação sem indenização.

Imissão provisória da posse: Ajuizada a ação de desapropriação, admite-se a imissão na posse do bem, no curso do processo judicial, com o objetivo de satisfazer desde logo o interesse público. Para tanto, é necessário o preenchimento de dois requisitos legais: declaração de urgência pelo Poder Público e depósito prévio da indenização. Desde que preenchidos requisitos de urgência, autoriza-se a imissão provisória na posse pelo ente público. O STJ tem firmado o entendimento no sentido de que é possível a imissão na posse, inclusive, em caso de desapropriação por utilidade pública.

Feito o depósito, o expropriado poderá levantar, independentemente da concordância do Poder Público, até 80% desse valor, consoante disposto no § 2º do art. 33 do Decreto lei 3.365/1.941. O valor restante garantirá o juízo e poderá ser levantado somente com a sentença, *in verbis*:

Art. 33, § 2º. O desapropriado, ainda que discorde do preço oferecido, do arbitrado ou do fixado pela sentença, poderá levantar até 80% (oitenta por cento) do depósito feito para o fim previsto neste e no art. 15, observado o processo estabelecido no art. 34.

4624) (2006) Banca: CESPE – Órgão: DPE-DF – Prova: Procurador

Acerca do instituto da desapropriação, julgue o item que se segue. A imissão provisória na posse do imóvel não pode, em nenhuma hipótese, ocorrer antes da citação do expropriado.

A) Certo   B) Errado

4625) (2015) Banca: CESPE – Órgão: AGU – Prova: Advogado da União

Julgue o próximo item, referente à utilização dos bens públicos e à desapropriação.

De acordo com o STJ, ao contrário do que ocorre nos casos de desapropriação para fins de reforma agrária, é vedada a imissão provisória na posse de terreno pelo poder público em casos de desapropriação para utilidade pública.

A) Certo   B) Errado

4626) (2010) Banca: CESPE – Órgão: AGU – Prova: Contador (+ provas)

Admite-se imissão provisória da posse após o ajuizamento de ação de desapropriação.

A) Certo   B) Errado

4627) (2017) Banca: CESPE – Órgão: PGE-SE – Prova: Procurador do Estado

À luz da doutrina e da jurisprudência sobre a intervenção do Estado na propriedade, assinale a opção correta.

A) Situação hipotética: Determinada propriedade rural é produtiva e cumpre sua função social em metade de sua extensão, ao passo que, na outra metade, são cultivadas plantas psicotrópicas ilegais. Assertiva: Nessa situação, eventual desapropriação recairá somente sobre a metade que se destina ao cultivo de plantas psicotrópicas ilegais.

B) Situação hipotética: Um estado emitiu decreto expropriatório para a construção de um hospital. Após a execução do ato expropriatório, a região foi acometida por fortes chuvas, que destruíram um grande número de escolas. Assertiva: Nessa situação, se determinar a alteração da destinação do bem para a construção de escolas, o estado não terá obrigação de garantir ao ex-proprietário o direito de retrocessão.

C) Situação hipotética: Maria adquiriu um apartamento na cobertura de um edifício. Após a aquisição do imóvel, com a averbação do registro, Maria pleiteou indenização contra o estado, considerando a prévia existência de linha de transmissão em sua propriedade. Assertiva: Nessa situação, Maria terá direito a indenização, desde que o prejuízo alegado não recaia também sobre as demais unidades do edifício.

D) Situação hipotética: Um imóvel com área efetivamente registrada equivalente a 90% da sua área real, de propriedade de Pedro, foi objeto de desapropriação direta. Assertiva: Nessa situação, o pagamento de indenização a Pedro deverá recair sobre a totalidade da área real do referido imóvel.

E) Um imóvel rural produtivo, mas que não cumpre a sua função social, poderá ser desapropriado para fins de reforma agrária, segundo a CF.

4628) (2015) Banca: FCC – Órgão: TCE-CE – Prova: Analista de Controle Externo-Atividade Jurídica

O Município X decide desapropriar imóvel pertencente a Hortelino para instalação de uma creche municipal. Para tanto, ingressa com ação de desapropriação em face do proprietário. Já no curso da ação, o Município alega urgência na transferência da posse do objeto da expropriação. Neste caso, o juiz deve

A) conceder a imissão provisória na posse, independentemente do momento em que requerida, bastando que seja alegada e motivada a urgência na transferência da posse do bem.

B) negar a imissão provisória na posse, uma vez que esta pode somente ser concedida se requerida no início da lide, conjuntamente com a petição inicial.

C) conceder a imissão provisória na posse apenas se o Poder Público tiver depositado em juízo a importância fixada segundo os critérios legais, bem como requerido a imissão dentro do prazo improrrogável de 120 dias.

D) conceder a imissão provisória na posse, independentemente do momento em que requerida, bastando que seja depositada em juízo a importância fixada segundo os critérios legais.

E) negar a imissão provisória na posse, pois esta somente pode ser utilizada em casos excepcionais, que envolvam questões de segurança nacional.

4629) (2015) Banca: FGV – Órgão: Câmara Municipal de Caruaru – PE – Prova: Analista Legislativo – Direito

Sobre desapropriação, assinale a afirmativa correta.

A) A tredestinação vem a ser a desapropriação parcial do bem.

B) O direito de penetração confunde-se com a imissão provisória na posse.

C) A desapropriação é a forma de aquisição derivada da propriedade, segundo a doutrina majoritária.

D) A declaração de urgência e o depósito prévio do valor são pressupostos que permitem ao expropriante a imissão provisória na posse.

E) A desapropriação indireta resulta de ato considerado lícito da Administração, quando os dois requisitos constitucionais essenciais – a declaração e a justa indenização – foram observados.

A Ocupação Temporária consiste na **utilização transitória de um bem (móvel ou imóvel) do particular pela Administração Pública, de forma remunerada ou gratuita, para a prestação de um serviço ou execução de uma obra pública.** Portanto, essa ocupação refere-se à modalidade de intervenção para área de apoio à realização de obras públicas e prestação de serviços públicos mediante utilização discricionária auto executável e transitória. Ou seja, a ocupação **não possui natureza real e não admite demolições e alterações da propriedade particular.**

A instituição da ocupação temporária se dá mediante expedição de ato pela autoridade administrativa competente, que deverá fixar a justa indenização em caso de prejuízo. Trata-se de **ato autoexecutório**, ou seja, que não depende de autorização do Poder Judiciário, específico e concreto (direcionado para um bem e contexto determinados) e não possui natureza real. Ex: a Administração faz uso de um terreno particular vizinho (não edificado e nem cultivado) para alocar o maquinário e materiais utilizados na obra

4630) (2006) Banca: CESPE – Órgão: DPE-DF – Prova: Procurador

Julgue o item a seguir, a respeito dos poderes de intervenção do poder público na propriedade privada.

A ocupação temporária, por ser transitória, é necessariamente gratuita.

A) Certo   B) Errado

4631) (2017) Banca: CESPE – Órgão: Prefeitura de Fortaleza – CE – Prova: Procurador do Município

Acerca da intervenção do Estado na propriedade, das licitações e dos contratos administrativos, julgue o seguinte item.

Segundo o entendimento do STJ, ao contrário do que ocorre em desapropriação para fins de reforma agrária, é irregular, nos casos de desapropriação por utilidade pública, a imissão provisória na posse pelo poder público.

A) Certo   B) Errado

4632) (2017) Banca: CESPE – Órgão: DPE-AL – Prova: Defensor Público

Com o intuito de dar apoio logístico à obra de construção de um hospital municipal, o prefeito de determinada cidade exarou ato declaratório informando a necessidade de utilização, por tempo determinado, de um imóvel particular vizinho à obra, o qual serviria como estacionamento para as máquinas e como local de armazenamento de materiais.

Nessa situação hipotética, a modalidade de intervenção do ente público na propriedade denomina-se

A) ocupação temporária.
B) desapropriação.
C) requisição administrativa.
D) servidão administrativa.
E) limitação administrativa.

4633) (2007) Banca: FCC – Órgão: ANS – Prova: Especialista em Regulação – Direito

Determinada administração pública, de forma remunerada ou gratuita, mas transitória, necessita utilizar-se de terreno pertencente ao particular para depósito de equipamentos, instrumentos de trabalho e materiais, destinados à realização de obras e serviços de interesse público, nas vizinhanças de propriedade particular. O meio adequado de intervenção na propriedade para o caso é a

A) desapropriação.
B) ocupação temporária.
C) servidão administrativa.
D) requisição.
E) limitação administrativa.

4634) (2008) Banca: FCC – Órgão: TRF – 5ª REGIÃO – Prova: Analista Judiciário – Área Judiciária – Execução de Mandados

Em matéria de intervenção do Estado na propriedade, analise:

I. Utilização transitória, remunerada ou gratuita, de bens particulares pelo Poder Público, para a execução de obras, serviços ou atividades públicas ou de interesse público, como modalidade de intervenção do Estado na propriedade.

II. Toda imposição geral, gratuita, unilateral e de ordem pública condicionada ao exercício de direitos ou de atividades particulares às exigências do bem-estar social.

Tais situações dizem respeito, respectivamente, a

A) desapropriação e requisição.
B) ocupação temporária e limitação administrativa.
C) servidão administrativa e tombamento.
D) requisição e ocupação temporária.
E) limitação administrativa e tombamento.

4635) (2014) Banca: FCC – Órgão: Câmara Municipal de São Paulo – SP – Prova: Procurador Legislativo

Analise a seguinte situação hipotética:

Em razão da realização de evento desportivo de âmbito mundial, foi editada Lei Federal determinando que, durante o período de realização da referida competição, os terrenos vagos de propriedade particular situados no raio de 3 (três) quilômetros dos estádios que sediam a competição, sejam colocados à disposição das respectivas Municipalidades-sedes, para fins de instalação de equipamentos necessários à segurança e comodidade dos frequentadores dos eventos do campeonato, como postos de policiamento e sanitários coletivos, assegurando-se indenização aos respectivos proprietários, com base em critérios estabelecidos na referida legislação.

Em vista do relato, deve-se concluir que está sendo utiliza- do o instituto da

A) ocupação temporária.
B) locação compulsória.
C) desapropriação pro tempore.
D) servidão administrativa.
E) permissão de uso.

4636) (2014) Banca: FGV – Órgão: DPE-DF – Prova: Analista – Assistência Judiciária

O poder público estadual resolveu realizar obras necessárias para reforma e manutenção de uma rodovia. Para tal, fez-se necessária a utilização transitória de alguns imóveis privados contíguos à via pública, como meio à execução das obras, especialmente para serem alocadas as máquinas, equipamentos e barracões de operários. Todos os proprietários dos terrenos a serem utilizados concordaram com a providência, exceto o Senhor Antônio, que alegou que a Constituição da República lhe assegura o direito de propriedade. Ao buscar orientação jurídica, Antônio foi informado de que a propriedade deve atender à sua função social e, por força da prevalência do interesse público sobre o privado, a utilização de seu imóvel pelo Estado é obrigatória, inclusive com indenização ao final, no caso de comprovado prejuízo. A modalidade de intervenção do Estado na propriedade no caso em tela é chamada de:

A) poder de polícia.
B) servidão administrativa.
C) requisição temporária.
D) ocupação temporária.
E) desapropriação temporária.

4637) (2010) Banca: FUNCAB – Órgão: IDAF-ES – Prova: Advogado

A forma de intervenção do Estado na propriedade privada que se caracteriza pela utilização temporária, gratuita ou remunerada, de imóvel de propriedade particular, com a finalidade de atender ao interesse público é denominada:

A) ocupação temporária.
B) tombamento.
C) desapropriação.
D) limitação administrativa.
E) retrocessão.

4638) (2017) Banca: CONSULPLAN – Órgão: TJ-MG – Prova: Outorga de Delegações de Notas e de Registro – Provimento

Em virtude da construção de um túnel subterrâneo para a passagem de dutos de cabeamento na cidade de Belo Horizonte, a Prefeitura Municipal se viu obrigada a usar terreno não edificado, particular e contíguo ao local de execução da obra, pelo período de noventa dias, para fins de movimentação de máquinas, equipamentos e materiais diversos, imprescindíveis ao andamento dos trabalhos. Para tal finalidade, a Prefeitura de Belo Horizonte, lançou mão do instituto

A) da servidão administrativa.
B) do tombamento.
C) da ocupação temporária.
D) da requisição.

4639) (2014) Banca: FMP Concursos – Órgão: TJ-MT – Prova: Provimento

Em razão da execução das obras do metrô em uma determinada cidade, a Prefeitura local se viu obrigada a ocupar determinada propriedade contígua às obras pelo período de noventa dias, a fim de possibilitar a continuidade dos trabalhos. Nesse caso, a Prefeitura valeu-se do instituto da

A) desapropriação.
B) tombamento.
C) servidão administrativa.
D) ocupação temporária.
E) limitação administrativa.

4640) (2012) Banca: CETRO – Órgão: TJ-RJ – Prova: Titular de Serviços de Notas e de Registros – Critério Remoção

Sobre a ocupação temporária de bens privados, marque V para verdadeiro ou F para falso e, em seguida, assinale a alternativa que apresenta a sequência correta.

( ) A ocupação temporária depende de uma situação de perigo iminente, o que não corresponde ao estado de necessidade.
( ) O Estado deve indenizar o particular ainda que não exista dano ao bem utilizado, uma vez que a própria ocupação já é um dano ao particular.
( ) A ocupação temporária diz respeito apenas a bens imóveis.

A) V/ F/ V
B) F/ V/ F
C) V/ V/ F
D) F/ V/ V
E) F/ F/ F

Requisição Administrativa: Conforme dispõe o art. 5º, XXV, da Constituição Federal: *"no caso de iminente perigo público, a autoridade competente poderá usar de propriedade particular, assegurada ao proprietário indenização ulterior, se houver dano."* Trata-se de **ato administrativo de natureza transitória, auto executório (sem a necessidade de prévia autorização judicial), compulsório, pessoal (não real), discricionário, editado em situações em que haja algum risco iminente, como guerra, epidemia, calamidade pública**, etc. Ex: terreno para socorrer vítimas de enchente.

A requisição durará o tempo em que existir o perigo público iminente que justificou sua decretação, sua extinção dar-se-á logo que desaparecer a situação de perigo público iminente. Além disso, em caso de dano, a indenização **será sempre ulterior** (art. 5º, XXV).

4641) (2008) Banca: CESPE – Órgão: TJ-AL – Prova: Juiz

De acordo com a Lei 8.080/1990, para atendimento de necessidades coletivas, urgentes e transitórias, decorrentes de situações de perigo iminente, de calamidade pública ou de irrupção de epidemias, a autoridade competente da esfera administrativa correspondente poderá requisitar bens e serviços, tanto de pessoas naturais como de jurídicas, sendo-lhes assegurada justa indenização. O instituto previsto nesse dispositivo legal refere-se a

A) requisição administrativa.
B) ocupação temporária.
C) servidão administrativa.
D) limitação administrativa.
E) desapropriação.

4642) (2012) Banca: CESPE – Órgão: TJ-AL – Prova: Técnico Judiciário

A requisição administrativa de uma propriedade ocupada por família com histórico de posse de drogas ocorrerá

A) mediante indenização independentemente da ocorrência de dano à propriedade.
B) mediante indenização em títulos da dívida agrária no prazo de vinte anos.
C) caso se comprove o cultivo de psicotrópicos na propriedade.
D) em caso de iminente perigo público.
E) mediante prévia indenização.

4643) (2010) Banca: CESPE – Órgão: DPU – Prova: Defensor Público Federal

No caso de requisição de bem particular, se este sofrer qualquer dano, caberá indenização ao proprietário.

A) Certo   B) Errado

4644) (2006) Banca: CESPE – Órgão: DPE-DF – Prova: Procurador

Julgue o item a seguir, a respeito dos poderes de intervenção do poder público na propriedade privada.

A requisição depende de prévia intervenção do Poder Judiciário.

A) Certo   B) Errado

4645) (2016) Banca: CESPE – Órgão: TCE-PA – Prova: Auditor de Controle Externo – Área Planejamento – Administração

Com relação aos atos administrativos e suas classificações, julgue o item seguinte.

A requisição administrativa caracteriza-se por ser ato administrativo autoexecutório, independente de autorização judicial e de natureza transitória, podendo abranger, além de bens móveis e imóveis, serviços prestados por particulares. Seu pressuposto é o perigo público iminente.

A) Certo   B) Errado

4646) (2010) Banca: TJ-SC Órgão: TJ-SC Prova: TJ-SC – 2010 – TJ-SC – Juiz

É possível, antes de uma ação desapropriatória, o Poder Público e o proprietário acordarem sobre o preço do bem imóvel.

A) Certo b) Errado

4647) (2017) BANCA: CESPE – Órgão: PC-GO – Prova: Delegado de Polícia Substituto

Um policial andava pela rua quando presenciou um assalto. Ao ver o assaltante fugir, o policial parou um carro, identificou-se ao motorista, entrou no carro e pediu que ele perseguisse o criminoso.

Nessa situação, conforme a CF e a doutrina pertinente, tem-se um exemplo típico da modalidade de intervenção do Estado na propriedade privada denominada

A) limitação administrativa, cabendo indenização ao proprietário, se houver dano ao bem deste.
B) requisição administrativa, cabendo indenização ao proprietário, se houver dano ao bem deste.
C) desapropriação, não cabendo indenização ao proprietário, independentemente de dano ao bem deste.
D) servidão administrativa, não cabendo indenização ao proprietário, independentemente de dano ao bem deste.
E) ocupação temporária, não cabendo indenização ao proprietário, mesmo que haja dano ao bem deste.

4648) (2017) Banca: CESPE – Órgão: PJC-MT – Prova: Delegado de Polícia Substituto

Enquanto uma rodovia municipal era reformada, o município responsável utilizou, como meio de apoio à execução das obras, parte de um terreno de particular.

Nessa hipótese, houve o que se denomina

A) servidão administrativa.
B) limitação administrativa.
C) intervenção administrativa supressiva.
D) ocupação temporária.
E) requisição administrativa.

4649) (2008) Banca: FCC – Órgão: TRT – 19ª Região (AL) – Prova: Analista Judiciário – Área Judiciária – Execução de Mandados

O Poder Público lançou mão, urgente e transitoriamente, de um prédio de três andares, pertencente a João Silva, empresário do ramo de equipamentos de incêndio, para atender demanda de perigo iminente. Nesse caso, ele o fez, corretamente, por meio de

A) limitação administrativa.
B) ocupação temporária.
C) desapropriação indireta.
D) servidão administrativa.
E) requisição.

4650) (2009) Banca: FCC – Órgão: TJ-AP – Prova: Juiz

A Constituição brasileira prevê hipótese de requisição de bens; e a Lei de Desapropriações (Decreto-lei 3.365/41) prevê hipótese de ocupação temporária de bens. E respectivamente característica de uma e de outra a

A) ausência de indenização; e a indenização prévia.
B) indenização ulterior, se houver dano; e a indenização, a final, por ação própria.
C) indenização ulterior, em qualquer caso; e a indenização, a final, pela ação de desapropriação.
D) indenização prévia; e a ausência de indenização.
E) indenização prévia; e a indenização, a final, pela ação de desapropriação.

4651) (2015) Banca: FGV – Órgão: TJ-BA – Prova: Analista Judiciário – Subescrivão – Direito

A Constituição da República estabelece no Art. 5º, XXV, que "no caso de iminente perigo público, a autoridade competente poderá usar de propriedade particular, assegurada ao proprietário indenização ulterior, se houver dano". Com base em tal norma, diante de uma situação de iminente calamidade pública em cidade do interior do Estado, o Poder Público municipal usou do imóvel, dos equipamentos e dos serviços médicos de determinado hospital privado. Trata-se da modalidade de intervenção do Estado na propriedade da:

A) servidão administrativa;
B) requisição administrativa;
C) ocupação temporária;
D) limitação administrativa;
E) desapropriação intermediária.

4652) (2014) Banca: FGV – Órgão: DPE-RJ – Prova: Técnico Superior Jurídico

Um Município foi atingido por extraordinárias e fortes chuvas no mês de janeiro de 2014, que deixaram centenas de desabrigados. Em razão do iminente perigo público, inclusive diante da necessidade de remoção de diversas famílias que moravam em área de risco, a administração pública municipal, após a lotação dos prédios públicos disponíveis, viu-se obrigada a utilizar o prédio de uma escola particular. Por não concordar com a medida, João, o proprietário da escola particular, buscou orientação jurídica, sendo informado de que se tratava de estado de calamidade pública, reconhecido por decreto municipal, que autorizava a intervenção do Estado na propriedade particular, com vistas à satisfação do interesse público. O instituto em tela se chama.

A) servidão administrativa, tendo o particular direito à posterior indenização, se houver dano.
B) requisição, tendo o particular direito à indenização ulterior, se houver dano.
C) ocupação temporária, tendo o particular direito à posterior indenização, se houver dano.
D) ocupação temporária, tendo o particular direito à prévia indenização, independentemente da comprovação do dano.
E) limitação administrativa, tendo o particular direito à indenização ulterior, independentemente da comprovação do dano.

4653) (2010) Banca: TJ-SC Órgão: TJ-SC Prova: TJ-SC – 2010 – TJ-SC – Juiz

As desapropriações podem recair sobre bens móveis e imóveis tanto da pessoa física como jurídica, pública ou privada.

A) Certo b) Errado

4654) (2017) Banca: IESES – Órgão: TJ-RO – Prova: Titular de Serviços de Notas e de Registros – Remoção

Modalidade de intervenção estatal através da qual o Estado utiliza bens móveis, imóveis e serviços particulares em situação de perigo público iminente. O conceito acima descrito refere-se a:

A) Tombamento.
B) Servidão Administrativa.
C) Desapropriação.
D) Requisição Administrativa.

4655) (2011) Banca: MPE-SP – Órgão: MPE-SP – Prova: Promotor de Justiça

A intervenção do Estado na propriedade particular que acarreta a perda do domínio sobre o bem, além da desapropriação, é

A) o tombamento.
B) a servidão administrativa.
C) a requisição administrativa.
D) a ocupação temporária.
E) a limitação administrativa.

4656) (2015) Banca: Prefeitura do Rio de Janeiro – RJ – Órgão: Prefeitura de Rio de Janeiro – RJ – Prova: Assistente Administrativo

De acordo com o entendimento doutrinário, a modalidade de intervenção estatal por meio da qual o Estado utiliza bens móveis, imóveis e serviços particulares em situação de perigo público iminente denomina-se:

A) limitação administrativa
B) desapropriação inversa
C) requisição
D) servidão

4657) (2012) Banca: AOCP – Órgão: TCE-PA – Prova: Auditor

A utilização coercitiva e temporária, em caso de emergência ou calamidade, de bens particulares pelo Poder Público por ato de execução imediata e direta da autoridade requisitante e com indenização ulterior, se houver dano, é uma forma de intervenção do Estado na propriedade, denominada de

A) Desapropriação.
B) Requisição.
C) Confisco.
D) Limitação administrativa.
E) Ocupação temporária.

4658) (2007) Banca: NCE-UFRJ – Órgão: MPE-RJ – Prova: Analista Administrativo

O mecanismo de intervenção do Estado na propriedade privada, como ato administrativo unilateral, autoexecutório, transitório, mediante indenização ulterior, fundado em necessidade pública inadiável e urgente, corresponde:

A) ao tombamento;
B) à desapropriação;
C) à requisição administrativa;
D) à concessão de uso;
E) à servidão administrativa.

4659) (2012) Banca: FUNCAB – Órgão: MPE-RO – Prova: Analista

"Consiste na modalidade de intervenção estatal através da qual o Estado utiliza bens móveis, imóveis e serviços particulares em situação de perigo público iminente." A assertiva em pauta traduz o conceito de:

A) ocupação temporária.
B) requisição.
C) limitação administrativa.
D) servidão administrativa.
E) tombamento.

4660) (2009) Banca: FUNCAB – Órgão: PC-RO – Prova: Delegado de Polícia

Você, Delegado de Polícia no exercício das funções, em perseguição a meliante em fuga, exige a entrega de veículo por particular, tão-somente para que seja utilizado na citada operação. O ato praticado pode ser caracterizado como:

A) desapropriação.
B) ocupação temporária.
C) limitação administrativa.
D) abuso de poder.
E) requisição.

Segundo a ilustre doutrinadora Maria Di Pietro, *"servidão Administrativa é o direito real de gozo, de natureza pública, instituído sobre imóvel de propriedade alheia, com base em lei, por entidade pública ou por seus delegados, em favor de um serviço público ou de um bem afetado a fim de utilidade pública"*.

Trata-se de um direito real público sobre a propriedade particular justificada em razão do interesse público que restringe parte do direito privado. A servidão não altera a propriedade do bem somente cria restrições a sua utilização e pode incidir tanto sobre bem privado quanto público. Ex: placa com o nome da rua na fachada do imóvel.

A servidão administrativa refere-se à um **direito real, sendo de natureza pública, e irá recair sempre sobre bens imóveis determinados.** A servidão deve ser registrada no Cartório de Registro de Imóveis para que produza efeitos erga omnes. Ex: utilização pelo poder público de uma parcela de terreno privado com a finalidade de instalação de postes de energia elétrica.

A servidão administrativa pode ser instituída mediante **acordo administrativo ou sentença judicial.** A servidão realizada através de acordo celebrado pelo particular junto ao poder público é realizada mediante assinatura formal de escritura pública, precedido de declaração da necessidade pública de instituir aquela servidão pelo Estado. **A servidão instituída mediante sentença judicial, por sua vez, ocorre quando não há acordo entre as partes.**

Trata-se de uma obrigação *propter rem*, ou seja, adere ao imóvel independentemente de quem seja o seu proprietário. Em outras palavras, o Poder Público não obriga um proprietário determinado, mas aquele que estiver na posse do bem. Nesse sentido, instituída uma servidão, caso o imóvel for alienado, **o novo proprietário será obrigado a tolerar o gozo/uso da propriedade pelo poder público, ainda que não tenha pactuado tal intervenção restritiva.**

A servidão é permanente e sua extinção se dá em situações específicas. Destaca-se as possibilidades de extinção da servidão, quais sejam: incorporação do bem gravado ao patrimônio da pessoa em favor da qual foi instituída a servidão, desaparecimento do bem gravado, desinteresse do Estado na servidão.

4661) (2016) Banca: CESPE Órgão: TJ-AM Prova: Juiz de direito
Acerca da servidão administrativa, assinale a opção correta.
A) A servidão administrativa, de natureza de direito real e de definitividade, incide sobre bem imóvel e dela decorre o direito à indenização prévia e incondicionada ao proprietário do bem.
B) Sendo permanente, a servidão administrativa jamais será extinta, ainda que a propriedade seja incorporada ao patrimônio da pessoa em favor da qual foi instituída.
C) A servidão administrativa, direito real público que autoriza o poder público a usar a propriedade imóvel para a execução de obras e serviços de interesse coletivo, pode incidir tanto sobre bem privado quanto público.
D) Sendo o decreto expedido para constituir a servidão administrativa revestido de publicidade, é desnecessária a inscrição no registro de imóveis para a produção de efeitos erga omnes.
E) Ainda que não haja dano efetivo ou prejuízos causados ao imóvel serviente, será devida a indenização, uma vez que a limitação do direito decorrente da servidão, por si, gera dano abstrato.

4662) (2016) Banca: CESPE Órgão: TRT – 8ª Região (PA e AP) – Prova: Analista Judiciário
Assinale a opção que indica a modalidade interventiva do Estado na propriedade que tenha como características natureza jurídica de direito real, incidência sobre bem imóvel, caráter de definitividade, indenização prévia e condicionada à existência de prejuízo e constituição mediante acordo ou decisão judicial.
A) servidão administrativa
B) ocupação temporária
C) desapropriação
D) requisição
E) tombamento

4663) (2013) Banca: CESPE – Órgão: TRF – 1ª REGIÃO – Prova: Juiz Federal
No que se refere à servidão administrativa, assinale a opção correta.
A) A exemplo da requisição, a servidão, direito pessoal da administração, é caracterizada pela transitoriedade.
B) Embora normalmente incida sobre a propriedade imóvel, a servidão administrativa pode ser instituída também sobre bens móveis, desde que, em ambos os casos, sejam bens privados, e não públicos.
C) Caracteriza-se como servidão administrativa a proibição, imposta pelo poder público ao particular, de construir além de certo número de pavimentos, ou de promover desmatamento além de determinado percentual em área de sua propriedade.
D) A servidão administrativa, seja ela decorrente diretamente de lei, de contrato ou de decisão judicial, gera para o Estado, como regra, o dever de indenizar o proprietário do imóvel atingido.
E) Por encerrar apenas o uso da propriedade alheia para possibilitar a execução de serviços públicos, a servidão não enseja, ao contrário da desapropriação, a perda da propriedade.

4664) (2010) Banca: MS CONCURSOS Órgão: CODENI-RJ Prova: MS CONCURSOS – 2010 – CODENI-RJ – Advogado
No tocante ao tema desapropriação, analise as alternativas abaixo e assinale a INCORRETA.
A) A utilidade pública, a necessidade pública e o interesse social são considerados pressupostos da desapropriação.
B) Dentre os efeitos da fase executória, podemos citar a permissão ao Poder Público em ingressar no prédio objeto da desapropriação.
C) A fase declaratória competirá tanto ao Poder Executivo quanto ao Poder Legislativo, sendo que a fase executória se dará via administrativa, e em alguns casos, via judicial.
D) Ocorrerá tredestinação quando a destinação do bem expropriado se encontrar em desconformidade com o plano inicialmente previsto na fase declaratória.

4665) (2013) Banca: CESPE – Órgão: ANTT – Prova: Analista Administrativo – Direito
Sendo autoexecutórias, as servidões administrativas podem ser instituídas diretamente pela administração, sendo desnecessária prévia autorização judicial.
A) Certo B) Errado

4666) (2009) Banca: CESPE – Órgão: DPE-ES – Prova: Defensor Público
As servidões administrativas, quando decorrentes de lei, de decisão judicial ou de acordo, demandam o respectivo registro de imóveis, sob pena de não se tornarem oponíveis erga omnes.
A) Certo B) Errado

4667) (2015) Banca: CESPE – Órgão: TCE-RN – Prova: Assessor Técnico Jurídico – Cargo 2
A respeito dos atos administrativos em espécie e da intervenção do Estado na propriedade privada, julgue o item seguinte.
As servidões administrativas são perpétuas, isto é, perduram enquanto houver interesse público na utilidade da coisa dominante.
A) Certo B) Errado

4668) (2015) Banca: CESPE Órgão: TJ-DFT Prova: Juiz de direito
Assinale a opção correta relativamente às formas de intervenção do Estado na propriedade privada.
A) Em regra, a desapropriação de imóveis urbanos deve ser realizada mediante prévia e justa indenização, a ser adimplida com títulos da dívida pública de emissão previamente aprovada pelo Senado Federal.
B) As limitações administrativas são medidas fundamentadas no poder de polícia do Estado, incidem sobre bens individualizados discriminados em ato administrativo e geram obrigações para o proprietário de cada um desses bens.

C) A extinção da servidão administrativa pode ocorrer em razão da perda da coisa gravada ou da desafetação da coisa dominante.
D) O tombamento somente poderá ter como objeto bens imóveis e pode incidir sobre imóveis públicos ou privados.
E) A ocupação temporária é a utilização transitória pelo Estado de bens imóveis de propriedade particular para fins de interesse público, uso que não suscita direito a indenização ante a efemeridade da limitação do uso do bem.

4669) (2011) Banca: NC-UFPR Órgão: ITAIPU BINACIONAL Prova: UFPR – 2011 – ITAIPU BINACIONAL – Advogado

Entre os meios de intervenção do Poder Público na propriedade privada, encontra-se:

A) a requisição de coisas móveis e fungíveis, condicionada à prévia indenização e à ordem judicial.
B) a servidão administrativa, que, como ônus real de uso, deve ser previamente declarada por decisão judicial.
C) a desapropriação, que pode se consumar através de processo administrativo declaratório e executório, sem necessidade da ação judicial específica.
D) a desapropriação indireta, que ocorre quando a entidade da administração direta decreta a desapropriação, sendo o processo expropriatório desenvolvido por pessoa jurídica integrante da administração descentralizada.
E) a desapropriação por interesse social, para fins de reforma agrária, cuja competência é da União e dos estados, devendo ser realizada sobre imóvel rural que não esteja cumprindo a sua função social, mediante prévia indenização em títulos da dívida agrária.

4670) (2011) Banca: FCC – Órgão: TCE-SP – Prova: Procurador

A União Federal pretende implantar um gasoduto subterrâneo para transporte da produção de gás de uma região para outra. O trajeto do gasoduto atinge parcialmente imóveis particulares e imóveis públicos. Para materialização da obra pretendida, que acarretará restrição parcial do aproveitamento dos imóveis, a União deverá

A) desapropriar os imóveis de particulares e requisitar temporariamente os imóveis públicos.
B) instituir servidão administrativa sobre as áreas, observadas as formalidades legais, inclusive para os imóveis públicos.
C) instituir servidão administrativa sobre os imóveis particulares e desapropriar os imóveis públicos, que não podem ser objeto de servidão administrativa.
D) requisitar administrativamente os imóveis públicos e desapropriar os imóveis particulares.
E) adquirir as parcelas dos imóveis públicos atingidas pela obra e desapropriar o perímetro necessário dos imóveis particulares.

4671) (2016) Banca: FCC – Órgão: Prefeitura de Teresina – PI – Prova: Técnico de Nível Superior – Analista Administrativo

Uma concessionária prestadora de serviço público de distribuição de gás precisa ampliar a rede subterrânea sob sua operação em determinado trecho, para disponibilizar o acesso a mais localidades. Elaborado o projeto e identificados os imóveis, todos particulares, a empresa precisa instrumentalizar a instalação da infraestrutura. O instituto jurídico adequado para viabilizar o projeto da concessionária é a

A) requisição administrativa, visto que o serviço público permite que a concessionária requisite as áreas particulares necessárias à prestação do serviço público de utilidade geral.
B) limitação administrativa, pois a restrição será temporária, apenas para a instalação da tubulação subterrânea, devolvendo-se a superfície ao proprietário ao término da obra.
C) desapropriação, pois a obra deixará inaproveitável o imóvel por completo, sendo obrigatório, por lei, que o poder público adquira as áreas necessárias a instalação de infraestrutura para prestação de serviços públicos.
D) servidão administrativa, instituída em favor do serviço público, mediante indenização aos proprietários pela redução do aproveitamento de suas propriedades, em razão da obra ser subterrânea.
E) ocupação temporária, mediante remuneração proporcional, tendo em vista que a utilização do imóvel perdurará apenas pelo tempo necessário a instalação da infraestrutura, restituindo-se os imóveis ao término.

4672) (2007) Banca: FCC – Órgão: ANS – Prova: Especialista em Regulação – Direito

É certo que a servidão administrativa é

A) ônus real de uso imposto especificamente pelo Poder Público sobre a propriedade particular, com finalidade de serventia pública – *publicae utilitatis*.
B) direito real de um prédio particular sobre o outro, com finalidade de serventia privada – *uti singuli*.
C) restrição pessoal, geral e gratuita, imposta genericamente pelo Poder Público ao exercício de direitos individuais, em benefício da coletividade.
D) instituto que despoja o proprietário do domínio sobre o imóvel público ou particular, com a consequente e imprescindível indenização.
E) a limitação administrativa que impõe uma obrigação de não fazer, incidente sobre o proprietário e não sobre imóvel particular, somente se perfazendo mediante prévia e justa indenização.

4673) (2008) Banca: CESPE / CEBRASPE Órgão: TJ-AL Prova: CESPE – 2008 – TJ-AL – Juiz

Acerca da desapropriação, assinale a opção correta.

A) A desapropriação de um bem destina-se, em todos os casos, a retirá-lo da esfera particular e incluí-lo no patrimônio do Estado.
B) O Estado pode desapropriar as zonas que se valorizem extraordinariamente em conseqüência de obra ou serviço público feitos na área.
C) O procedimento da desapropriação envolve duas fases: a executória, realizada pelo Poder Executivo, e a judicial, realizada pelo Poder Judiciário.
D) Tresdestinação é a obrigação que tem o expropriante de oferecer ao expropriado o bem, sempre que a este for dada destinação diversa da indicada no ato expropriatório.
E) A desapropriação para fins de reforma agrária deve ser feita mediante pagamento de indenização justa, prévia e em dinheiro.

4674) (2009) Banca: FCC – Órgão: TCE-GO – Prova: Analista de Controle Externo – Direito

As servidões administrativas constituem-se

A) sempre mediante acordo com o proprietário do imóvel, que disciplinará o valor da indenização a ser paga.
B) diretamente por lei ou por ato administrativo, cabendo ao proprietário o direito de receber indenização, conforme o caso concreto.
C) mediante ato administrativo objeto de registro imobiliário, sem o qual não produz efeitos.
D) por comando legal com destinatários genéricos, abrangendo indistintos imóveis, sem indenização.
E) de acordo com o procedimento aplicável às desapropriações, iniciando-se com prévio decreto de instituição.

4675) (2010) Banca: FCC – Órgão: TCE-RO – Prova: Procurador

Em relação às restrições do Estado sobre a propriedade privada é correto afirmar:

A) A servidão administrativa impõe um ônus real ao imóvel, que fica em estado de sujeição à utilidade pública.
B) Nas limitações administrativas impõe-se um dever de suportar, enquanto na servidão administrativa impõe-se um dever de não fazer.
C) Nas limitações administrativas grava-se concreta e especificamente um bem determinado, gerando indenização correspondente ao sacrifício.
D) A servidão administrativa impõe ônus de natureza pessoal ao imóvel gravado, de forma que a transferência do domínio exige renovação do gravame.
E) Nas limitações administrativas impõe-se ônus de natureza real a todos os imóveis abrangidos pela descrição do ato normativo correspondente.

4676) (2013) Banca: FCC – Órgão: DPE-AM – Prova: Defensor Público

São características da servidão administrativa:

A) imperatividade, perpetuidade e natureza real.
B) gratuidade, precariedade e natureza pessoal.
C) consensualidade, perpetuidade e natureza real.
D) autoexecutoriedade, perpetuidade e natureza pessoal.
E) onerosidade, precariedade e natureza real.

4677) (2008) Banca: CESPE / CEBRASPE Órgão: TJ-SE Prova: CESPE – 2008 – TJ-SE – Juiz

A desapropriação, por interesse social, de imóvel rural que não cumpra sua função social importa prévia e justa indenização da área e das benfeitorias úteis com títulos da dívida agrária.

A) Certo b) Errado

4678) (2013) Banca: FGV – Órgão: TJ-AM – Prova: Analista Judiciário – Qualquer Área de Formação

A imposição de limitação de construir acima de determinado número de andares, para garantir a visibilidade de bem tombado, é denominada

A) limitação administrativa.
B) desapropriação indireta.
C) servidão administrativa.
D) requisição administrativa.
E) tombamento indireto.

4679) (2013) Banca: VUNESP – Órgão: TJ-SP – Prova: Advogado

A servidão administrativa:

A) constitui-se em ônus real de uso que não poderá ser imposto à propriedade pública.
B) terá, obrigatoriamente, o valor de sua indenização fixado em acordo administrativo.
C) somente poderá ser instituída por meio de lei.
D) não transfere o domínio ou a posse, gerando obrigatoriamente direito à indenização.
E) é instituída para satisfazer um fim de interesse público

4680) (2015) Banca: CAIP-IMES – Órgão: Prefeitura de Rio Grande da Serra – SP – Prova: Procurador

Complete a lacuna abaixo assinalando a alternativas correta.
"A _____ se define como sendo um ônus real de uso imposto pela Administração à propriedade particular para assegurar a realização e conservação de obras e serviços públicos ou de utilidade pública, mediante indenização dos prejuízos efetivamente suportados pelo proprietário". O texto se refere à hipótese de:

A) servidão administrativa.
B) limitação administrativa.
C) ocupação temporária.
D) desapropriação indireta.

4681) (2014) Banca: FEPESE – Órgão: MPE-SC – Prova: Analista do Ministério Público (+ provas)

Quanto às limitações ao direito de propriedade, assinale a alternativa correta.

A) A servidão administrativa é direito real que incide sobre bem imóvel visando a execução de obra ou serviço público.
B) A limitação administrativa tem caráter individual e oneroso por comportar indenização.
C) O tombamento não recai sobre bens móveis.
D) A desapropriação é forma derivada da aquisição da propriedade.
E) A requisição administrativa é direito pessoal que incide somente sobre bens imóveis em caso de iminente perigo ou calamidade pública.

4682) (2012) Banca: FMP Concursos – Órgão: PGE-AC – Prova: Procurador do Estado

Sobre as restrições ao direito de propriedade, no plano do direito administrativo, assinale a alternativa CORRETA.

A) Nas hipóteses de tombamento, em razão do interesse público na preservação dos bens de interesse histórico, artístico, cultural, antropológico e arquitetônico, dentre outros, será sempre efetivada a prévia indenização pela restrição da propriedade.
B) Em razão da situação de perigo iminente, como casos de enchentes, a Administração pode efetivar, permanentemente, a requisição de bens móveis, imóveis e até de serviços particulares.

C) A servidão administrativa constitui um ônus real imposto ao particular para assegurar a realização de obras e serviços públicos, sendo devida a indenização pelos prejuízos efetivamente suportados pelo proprietário do bem.

D) No caso da requisição, não há uma imposição de indenização, pois visa ao afastamento de perigo iminente, somente sendo possível a aferição de responsabilidade por ato lícito, caso danos sejam verificados após a requisição.

4683) (2015) Banca: FUNDATEC – Órgão: SISPREM – RS – Prova: Procurador Jurídico

De acordo com a doutrinadora Maria Sylvia Zanella Di Pietro (obra Direito Administrativo, 27ª ed.), "o direito real de gozo, de natureza pública, instituído sobre imóvel de propriedade alheia, com base em lei, por entidade pública ou por seus delegados, em favor de um serviço público ou de um bem afetado a fim de utilidade pública", corresponde a:

A) Requisição administrativa.
B) Servidão administrativa.
C) Ocupação temporária.
D) Tombamento.
E) Limitação administrativa.

4684) (2017) Banca: IBFC – Órgão: TJ-PE – Prova: Técnico Judiciário – Função Administrativa

Assinale a alternativa que não contempla uma hipótese de verificação da requisição administrativa.

A) Estado de guerra
B) Proteção da saúde de comunidades
C) Proteção do meio ambiente ante possível degradação
D) Inundação de grandes proporções
E) Epidemia

4685) (2011) Banca: FMP Concursos – Órgão: TCE-RS – Prova: Auditor Público Externo

Sobre a intervenção do estado na propriedade privada é correto afirmar-se que

A) no tombamento verifica-se a perda da posse pelo proprietário.
B) a requisição não assegura indenização ao proprietário, o que se verifica somente quando há dolo do agente público.
C) a servidão administrativa é direito real público, mas não enseja a perda propriedade.
D) a desapropriação somente pode ter por objeto bens imóveis.
E) na desapropriação a indenização será sempre prévia, justa e em dinheiro.

4686) (2015) Banca: MPE-SP – Órgão: MPE-SP – Prova: Promotor de Justiça

Sobre a servidão administrativa, é correto afirmar que ela:

A) impõe uma obrigação de fazer.
B) representa uma obrigação pessoal.
C) alcança toda uma categoria abstrata de bens.
D) constitui direito real de uso sobre coisa alheia, em favor de entidade pública ou delegada, com finalidade pública.
E) retira a propriedade do particular.

4687) (2014) Banca: ACAFE – Órgão: PC-SC – Prova: Delegado de Polícia

Assinale a alternativa que distingue corretamente servidão administrativa de requisição administrativa.

A) Na servidão administrativa, a indenização, se cabível, é posterior ao ato praticado, enquanto que na requisição administrativa ela é prévia.
B) A servidão administrativa incide sobre bens móveis, imóveis e serviço, enquanto a requisição administrativa só incide sobre bens imóveis.
C) A servidão administrativa caracteriza-se pela transitoriedade, enquanto a requisição administrativa tem caráter de definitivo.
D) A servidão administrativa tem natureza jurídica de direito real da Administração, enquanto requisição administrativa é direito pessoal da Administração.
E) A instituição de servidão administrativa pressupõe perigo público iminente enquanto para a requisição administrativa basta a existência de interesse público.

4688) (2014) Banca: FUNDEP (Gestão de Concursos) – Órgão: Prefeitura de Nossa Senhora do Socorro – SE – Prova: Procurador do Município

Direito real público que autoriza o poder público a usar a propriedade imóvel para permitir a execução de obras e serviços de interesse coletivo é o conceito da seguinte forma de intervenção do Estado na propriedade privada:

A) Requisição Administrativa
B) Ocupação Temporária
C) Limitação Administrativa
D) Servidão Administrativa
E) Tombamento

4689) (2012) Banca: IESES – Órgão: TJ-RO – Prova: Titular de Serviços de Notas e de Registros – Provimento por Ingresso

Constitui-se em direito real de natureza pública, impondo ao detentor do domínio a obrigação de suportar um ônus parcial sobre a coisa de sua propriedade, em benefício de um serviço público ou de um bem afetado a um serviço público:

A) Tombamento.
B) Desafetação.
C) Ocupação temporária.
D) Servidão administrativa.

4690) (2016) Banca: MÁXIMA – Órgão: Prefeitura de Fronteira – MG – Prova: Advogado

Assinale a opção CORRETA no que tange às formas de intervenção do Estado na propriedade:

A) A servidão administrativa é o direito real público que autoriza o Poder Público a usar a propriedade imóvel para permitir a execução de obras e serviços de interesse coletivo.
B) No caso de desapropriação por necessidade ou utilidade pública, ou por interesse social, deverá ser paga justa e prévia indenização em títulos da dívida pública.
C) Na requisição administrativa sempre haverá o pagamento de indenização.

D) A servidão administrativa tem como característica a transitoriedade, devendo ser estipulado prazo para sua duração quando instituída.

4691) (2005) Banca: EJEF Órgão: TJ-MG Prova: EJEF – 2005 – TJ-MG – Juiz

No procedimento de desapropriação por utilidade pública, cujo objeto é imóvel constituído por prédio urbano residencial, o Poder Público poderá alegar urgência para imitir-se provisoriamente:

A) na posse do bem, cujo prazo é de 120 (cento e vinte) dias, mediante o depósito do preço oferecido, se este não for impugnado pelo expropriado em 5 (cinco) dias da intimação da oferta.

B) na posse do bem, mediante depósito do preço oferecido, não havendo necessidade de intimação da oferta ao expropriado.

C) na posse do bem, mediante o depósito do preço oferecido, se este não for impugnado pelo expropriado em 5 (cinco) dias da intimação da oferta.

D) na posse do bem urbano residencial, mas não lograra êxito em razão de falta de preceito legal

4692) (2012) Banca: UEG – Órgão: PC-GO – Prova: Delegado de Polícia

Acerca do instituto da servidão administrativa, é CORRETO afirmar:

A) a servidão administrativa impõe ao proprietário do imóvel um gravame de caráter temporário, que é característica típica desse instituto.

B) a servidão administrativa poderá concretizar-se por acordo entre o Poder Público e o proprietário.

C) a servidão administrativa opera transferência de posse do bem ao Poder Público.

D) nas situações em que a servidão administrativa decorre diretamente de lei, não é possível indenização.

A Limitação Administrativa é uma restrição no uso da propriedade imposta por ato normativo geral e que **impõe a proprietários indeterminados obrigações de fazer (positivas) ou obrigações de deixar de fazer alguma coisa (negativas) com a finalidade de assegurar o interesse público.** Ex: lei municipal determina que em determinados bairros não podem ser edificados prédios com altura superior a X metros;

As limitações administrativas decorrem do poder de polícia da Administração, que é aquele poder de impor obrigações e restringir direitos que podem atingir não só a propriedade imóvel como qualquer atividade relacionada ao interesse público. Nesses casos, essas determinações não serão direcionadas a um proprietário individual, mas a um número indeterminado de cidadãos (norma geral que incide sobre os bens pertencentes a particulares).

4693) Ano: 2011 Banca: MPE-PR Órgão: MPE-PR Prova: MPE-PR – 2011 – MPE-PR – Promotor de Justiça

As desapropriações podem se realizar por necessidade pública, utilidade pública ou interesse social.

a) Certo b) Errado

4694) (2016) Banca: CESPE – Órgão: PGE-AM – Prova: Procurador do Estado

Acerca da intervenção do Estado no direito de propriedade, julgue o item subsequente.

A limitação administrativa é instituída pela administração pública sobre determinado imóvel privado, para atendimento do interesse público, sem operar transferência de domínio, nem de posse, nem do uso total do bem a terceiros ou ao poder público.

A) Certo b) Errado

4695) (2015) Banca: CESPE – Órgão: DPU – Prova: Defensor Público

Julgue os itens seguintes relativos a desapropriação.

Considere a seguinte situação hipotética.

O município de Vitória – ES, com prévia autorização de sua câmara municipal, declarou a utilidade pública de terreno pertencente ao estado do Espírito Santo, para fins de desapropriação. Nessa situação, é correto afirmar que o município de Vitória não possui poderes para decretar a referida desapropriação.

Nessa situação, é correto afirmar que o município de Vitória não possui poderes para decretar a referida desapropriação.

a) Certo b) Errado

4696) (2015) Banca: CESPE – Órgão: DPU – Prova: Defensor Público Federal de Segunda Categoria

A desapropriação poderá abranger a área contígua necessária ao desenvolvimento da obra a que se destina, e as zonas que se valorizarem extraordinariamente, em consequência da realização do serviço. Em qualquer caso, a declaração de utilidade pública deverá compreendê-las, mencionando-se quais as indispensáveis à continuação da obra e as que se destinam à revenda.

a) Certo b) Errado

4697) (2011) Banca: CESPE – Órgão: TRF – 3ª REGIÃO – Prova: Juiz Federal

No que se refere às limitações e às servidões administrativas e às diversas espécies de desapropriações, assinale a opção correta.

A) A expropriação de terras em que sejam cultivadas plantas psicotrópicas alcança todas as culturas de plantas consideradas psicotrópicas, mas abrange apenas a área efetivamente cultivada, não a propriedade em seu conjunto.

B) O ato declaratório de utilidade pública ou interesse social, na desapropriação, tanto pode advir do Poder Executivo, por meio de decreto, quanto do Poder Legislativo, por meio de lei, mas a segunda fase do procedimento da desapropriação – a executória – somente pode se dar no curso de processo judicial em que se reconheça a legalidade do ato.

C) Limitações administrativas são determinações de caráter geral que impõem obrigações positivas, negativas ou permissivas e se dirigem a proprietários indeterminados, com o fim de condicionar a propriedade à função social que dela é exigida.

D) A servidão administrativa, como direito real que autoriza o poder público a usar a propriedade imóvel ou móvel para permitir a execução de obras e serviços de interesse coletivo, é instituída sobre bens privados, não sobre bens públicos.

E) A desapropriação sancionadora ocorre em razão do descumprimento da função social da propriedade urbana, sendo de competência exclusiva dos municípios, mediante justa e prévia indenização em dinheiro.

4698) (2015) Banca: CESPE – Órgão: DPU – Prova: Defensor Público Federal

No que tange às limitações administrativas da propriedade e aos bens públicos, julgue o item seguinte.

As limitações administrativas são determinações de caráter geral por meio das quais o poder público impõe a determinados proprietários obrigações de caráter negativo, mas não positivo, que condicionam a propriedade ao atendimento de sua função social.

A) Certo B) Errado

4699) (2014) Banca: CESPE – Órgão: Câmara dos Deputados – Prova: Analista Legislativo

Acerca de limitações administrativas, direito de construir, desapropriação e tombamento, julgue o item a seguir.

As limitações administrativas, modalidade de intervenção do Estado na propriedade privada, caracterizam-se por serem imposições gerais e abstratas que visam a um número indeterminado de propriedades, tendo por fundamentos a função social da propriedade e a supremacia do interesse público sobre o particular.

A) Certo B) Errado

4700) (2014) Banca: FCC – Órgão: Prefeitura de Cuiabá – MT – Prova: Procurador Municipal

Limitações administrativas são determinações

A) de caráter geral, através das quais o Poder Público impõe a proprietários indeterminados obrigações positivas, negativas ou permissivas, para o fim de condicionar as propriedades ao atendimento da função social.
B) dirigidas a uma propriedade específica, através das quais o Poder Público impõe ao proprietário obrigações positivas, negativas ou permissivas, para o fim de condicionar a propriedade ao atendimento de sua função social.
C) de caráter geral, através das quais o Poder Público impõe a proprietários determinados somente obrigações positivas para o fim de condicionar as propriedades ao atendimento da função social.
D) de caráter geral, através das quais o Poder Público impõe a proprietários indeterminados somente obrigações negativas para o fim de condicionar as propriedades ao atendimento da função social.
E) de caráter geral, através das quais o Poder Público impõe a proprietários determinados obrigações positivas, negativas ou permissivas, para o fim de condicionar as propriedades ao atendimento da função social.

4701) (2010) Banca: FCC – Órgão: AL-SP – Prova: Procurador

As limitações administrativas

A) implicam limitação perpétua ao direito de propriedade em benefício do interesse coletivo.
B) impõem ao proprietário a obrigação de suportar a utilização temporária do imóvel pelo Poder Público.
C) implicam em instituição de direito real de natureza pública, impondo ao proprietário a obrigação de suportar um ônus parcial sobre o imóvel de sua propriedade.
D) implicam a transferência compulsória, mediante indenização, para satisfazer interesse público.
E) impõem obrigações de caráter geral a proprietários indeterminados, em benefício do interesse geral.

4702) (2016) Banca: FAURGS – Órgão: TJ-RS – Prova: Juiz de Direito Substituto

A limitação de caráter geral, estabelecida em lei, que condiciona o uso da propriedade pelo titular, chama-se

A) servidão administrativa.
B) limitação administrativa.
C) ocupação temporária.
D) requisição.
E) tombamento.

4703) (2014) Banca: VUNESP – Órgão: Câmara Municipal de Sertãozinho – SP – Prova: Procurador Jurídico Legislativo

"Toda imposição geral, gratuita, unilateral e de ordem pública, condicionadora do exercício de direitos ou de atividades particulares às exigências do bem-estar social" (Hely Lopes Meirelles), perfaz o conceito de

A) poder de polícia.
B) função social da propriedade.
C) servidão pública.
D) plano diretor.
E) limitação administrativa.

4704) (2014) Banca: CAIP-IMES – Órgão: Câmara Municipal de São Caetano do Sul – SP – Prova: Procurador

"É toda imposição geral, gratuita, unilateral e de ordem pública, condicionadora do exercício de direitos ou de atividades particulares às exigências do bem-estar social". O conceito descrito refere-se à hipótese de:

A) tombamento administrativo.
B) desapropriação.
C) requisição Administrativa.
D) limitação administrativa.

4705) (2014) Banca: Prefeitura do Rio de Janeiro – RJ – Órgão: Câmara Municipal do Rio de Janeiro – Prova: Analista Legislativo

As limitações administrativas podem ser conceituadas como:

A) modalidade de intervenção restritiva estatal consubstanciada em determinações de caráter geral, através das quais o Poder Público impõe a proprietários indeterminados obrigações positivas, negativas ou permissivas, para o fim de condicionar as propriedades ao atendimento da função social
B) modalidade de intervenção restritiva estatal pela qual o Poder Público usa transitoriamente imóveis privados, como meio de apoio à execução de obras e serviços públicos

c) modalidade de intervenção restritiva estatal através da qual o Estado utiliza bens móveis, imóveis e serviços particulares em situação de perigo público iminente
D) modalidade de intervenção restritiva estatal consubstanciada em direito real público, instituído em favor do Estado para atender a fatores de interesse público

4706) (2012) Banca: AOCP – Órgão: TCE-PA – Prova: Assessor Técnico de Procuradoria

Acerca da Intervenção na Propriedade, quando a atuação do Poder Público, por meio de norma geral e abstrata, impõe obrigações a proprietários indeterminados, definindo o número de andares em construções verticais, caracteriza-se

A) uma servidão administrativa.
B) uma limitação administrativa.
C) um tombamento.
D) uma desapropriação indireta.
E) uma requisição administrativa.

Servidão Administrativa

Ônus imposto a determinada propriedade específica
Indenização pelos danos decorrentes da intervenção
Obrigação *propter rem*
Incide apenas sobre imóveis
Instituição por acordo, sentença ou lei (controverso).

Limitação Administrativa

Restrição geral, abstrata
Não há pagamento de indenização
Obrigação legal
Incide sobre bens móveis, imóveis e serviços.
Instituição por lei ou ato administrativo normativo

4707) (2017) Banca: CESPE – Órgão: DPE-AC – Prova: Defensor Público

Para preservar área de proteção ambiental permanente, uma lei municipal determinou recuo obrigatório de construção em propriedades situadas em localidade de certo município. Nessa situação hipotética, ocorre restrição ao direito de propriedade denominada

A) servidão administrativa.
B) tombamento.
C) apossamento administrativo.
D) desapropriação por utilidade pública.
E) limitação administrativa.

4708) (2010) Banca: PUC-PR Órgão: COPEL Prova: PUC-PR – 2010 – COPEL – Advogado Júnior

A desapropriação do espaço aéreo ou do subsolo se tornará necessária sempre que o poder público estabelecer, mesmo quando de sua utilização não resultar prejuízo patrimonial do proprietário do solo.

A) Certo b) Errado

4709) (2010) Banca: CESPE – Órgão: Caixa – Prova: Advogado

Com relação às modalidades de intervenção do Estado na propriedade privada, assinale a opção incorreta.

A) Segundo a jurisprudência pacificada do STJ, o simples fato de a administração pública, por conveniência, atribuir ao imóvel finalidade não prevista no momento da desapropriação configura tredestinação ilícita e, por conseguinte, caracteriza o direito de retrocessão.
B) As limitações administrativas alcançam somente os bens imóveis e, na hipótese de impossibilitarem completamente a utilização econômica da propriedade, podem vir a configurar desapropriação indireta, gerando, inclusive, em favor do particular, direito a indenização.
C) A servidão administrativa é a intervenção na propriedade do particular para a realização de obras ou serviços de interesse da coletividade, razão pela qual não é indenizável e prescinde da autorização do particular ou do Poder Judiciário, bastando que o poder público a justifique em ato administrativo editado para este fim específico.
D) A intervenção do Estado na propriedade do particular mediante a modalidade do tombamento não é possível para bens móveis e pode ensejar indenização, desde que devidamente comprovada a redução do valor econômico do bem.
E) A requisição de bens extingue a propriedade do particular, haja vista que o poder público se apropria de bens para mantê-los para si próprio ou para transferi-los para terceiros, razão pela qual, obrigatoriamente, haverá indenização.

4710) (2014) Banca: CESPE – Órgão: PGE-BA – Prova: Procurador do Estado

Pedro é proprietário de um imóvel situado em município com mais de cinquenta mil habitantes. Sua propriedade é próxima da zona costeira, o que o obriga a cumprir algumas limitações administrativas municipais impostas pelo município no que tange à proteção ambiental da zona costeira.

A limitação administrativa imposta pelo município para a proteção ambiental da zona costeira gera direito de indenização a Pedro em face de eventual limitação do seu direito de explorar economicamente sua propriedade.

A) Certo B) Errado

4711) (2010) Banca: PUC-PR Órgão: COPEL Prova: PUC-PR – 2010 – COPEL – Advogado Júnior

É permitida a desapropriação, pelos Estados, Distrito Federal, Territórios e Municípios de ações, cotas e direitos representativos do capital de instituições e empresas cujo funcionamento dependa de autorização do Governo Federal e se subordine à sua fiscalização, salvo mediante prévia autorização, por decreto do Presidente da República.

a) Certo b) Errado

4712) (2014) Banca: FCC – Órgão: Prefeitura de Recife – PE – Prova: Procurador

As limitações administrativas impostas ao direito de propriedade

A) geram direito à indenização quando impostas em zonas estritamente residenciais.
B) geram em todos os casos direito à indenização.
C) atribuem ao proprietário do imóvel o direito de evicção.
D) não geram direito à indenização, ainda que haja o esvaziamento do conteúdo econômico da propriedade.

E) em regra, não geram direito à indenização, diante de seu caráter geral.

4713) (2010) Banca: FCC – Órgão: PGM – TERESINA – PI – Prova: Procurador Municipal

As modalidades de intervenção do Estado sobre a propriedade privada consistentes na instalação de rede elétrica pelo Poder Público em propriedade particular e na proibição de construir além de determinado número de pavimentos, são, respectivamente,

A) requisição e tombamento.
B) servidão administrativa e limitação administrativa.
C) limitação administrativa e ocupação temporária.
D) servidão administrativa e requisição.
E) requisição e ocupação temporária.

4714) (2016) Banca: CAIP-IMES – Órgão: CRAISA de Santo André – SP – Prova: Advogado

Assinale a alternativa incorreta:

A) As limitações administrativas afetam imóveis específicos e admitem indenização.
B) A limitação administrativa não pode criar restrição que impeça o uso do bem imóvel.
C) As limitações administrativas se inserem no âmbito do poder de polícia administrativa e alcançam somente o exercício da propriedade imobiliária.
D) As limitações administrativas se manifestam por meio da imposição de obrigações negativas fixadas em lei para o uso da propriedade imobiliária.

4715) (2011) Banca: FUJB – Órgão: MPE-RJ – Prova: Analista Administrativo (+ provas)

Em relação às diferentes formas de intervenção do Estado sobre a propriedade privada, é correto afirmar que:

A) a limitação administrativa, dado o seu caráter geral, não enseja direito a indenização, salvo nos casos de esvaziamento econômico da propriedade;
B) a servidão administrativa enseja sempre direito a indenização prévia, justa e em dinheiro;
C) a desapropriação para fins de reforma agrária é matéria da competência legislativa privativa da União, mas da competência administrativa comum de todas as unidades federativas;
D) o tombamento é sempre voluntário, pois depende da iniciativa do proprietário;
E) a ocupação temporária de um imóvel depende de autorização legislativa prévia e se sujeita ao pagamento posterior de indenização, em caso de prejuízo comprovado.

4716) (2011) Banca: FEPESE – Órgão: CELESC – Prova: Advogado

Assinale a alternativa incorreta em relação à intervenção na propriedade privada.

A) A limitação administrativa obriga o poder público a indenizar o particular.
B) A ocupação temporária somente incide sobre a propriedade imóvel.
C) A requisição é direito pessoal da Administração.
D) A servidão administrativa não é auto executável.
E) O tombamento não impede o proprietário de gravar o bem com direitos reais sobre coisas alheias.

4717) (2012) Banca: IESES – Órgão: TJ-RO – Prova: Titular de Serviços de Notas e de Registros – Provimento por Remoção

Assinale a afirmativa INCORRETA:

A) Na Servidão Administrativa a indenização vincula-se à existência de efetivos prejuízos.
B) O Tombamento é ato administrativo de intervenção do Estado na propriedade, com o objetivo de preservar o patrimônio histórico, cultural, artístico, científico, paisagístico ou turístico.
C) A Requisição Administrativa é ato administrativo discricionário quanto ao objeto requisitado, podendo-se afirmar que é vinculado quanto à competência da autoridade requisitante.
D) A Requisição Administrativa diferencia-se da Servidão Administrativa, apenas porque a primeira incide sobre bens móveis, enquanto a segunda incide sobre bens imóveis.

4718) (2010) Banca: PUC-PR Órgão: COPEL Prova: PUC-PR – 2010 – COPEL – Advogado Júnior

SÃO CASOS DE DESAPROPRIAÇÃO POR UTILIDADE PÚBLICA:

I. A segurança nacional.
II. O socorro público em caso de caso fortuito ou força maior.
III. A salubridade pública.
IV. A criação e melhoramento de centros de pesquisa, seu abastecimento regular de meios de subsistência.
V. O aproveitamento industrial das minas e das jazidas minerais, das águas e da energia hidráulica.
VI. A assistência pública, as obras de higiene e decoração, casas de saúde, clínicas, estações de clima e fontes medicinais.

A) I, III, V e VI.
B) I, II, III e IV.
C) II, V e VI.
D) II, III, IV e V.
E) I, III, IV e VI.

4719) (2011) Banca: FUJB – Órgão: MPE-RJ – Prova: Técnico

AS LIMITAÇÕES ADMINISTRATIVAS:

A) têm caráter individualizado sobre determinado imóvel;
B) conferem sempre direito à indenização;
C) só podem ser instituídas por sentença;
D) configuram desapropriação indireta;
E) têm efeito geral e, em regra, não geram direito à indenização.

4720) (2009) Banca: VUNESP Órgão: TJ-MS Prova: VUNESP – 2009 – TJ-MS – Titular de Serviços de Notas e de Registros

Na desapropriação confiscatória, como modalidade de desapropriação, é necessária a expedição do decreto de declaração de interesse social ou de utilidade pública.

A) Certo b) Errado

4721) (2009) Banca: VUNESP Órgão: TJ-MS Prova: VUNESP – 2009 – TJ-MS – Titular de Serviços de Notas e de Registros

É possível desistência na ação de desapropriação.

A) Certo b) Errado

O Tombamento pode ser conceituado como o instrumento de intervenção na propriedade com finalidade de **preservação histórica, cultural, arqueológica ou paisagística do próprio bem tomado.** O tombamento está ligado a conservação do bem, e está fundamentado no artigo 216 § 1º, da Constituição Federal:

O tombamento não altera a titularidade do bem, mantendo-se no domínio de propriedade do proprietário. Trata-se de uma obrigação **propter rem, ou seja, o dever de conservação adere o bem tombado e persiste ainda que haja transferência da titularidade da coisa.** Os custos da preservação devem ser arcados pelo proprietário.

A coisa tombada não poderá sair do país, senão por curto prazo, sem transferência de domínio e para fim de intercâmbio cultural, a juízo do Conselho Consultivo do Serviço do Patrimônio Histórico e Artístico Nacional.

Em regra, o tombamento não gera a obrigação de indenizar o proprietário do bem tombado.

As coisas tombadas não poderão ser destruídas, demolidas ou mutiladas, nem, sem prévia autorização especial do Serviço do Patrimônio Histórico e Artístico Nacional, ser reparadas, pintadas ou restauradas, sob pena de multa de cinquenta por cento do dano causado.

No caso de alienação onerosa de bens tombados, pertencentes a pessoas naturais ou a pessoas jurídicas de direito privado, a União, os Estados e os Municípios terão, nesta ordem, o direito de preferência.

O tombamento não inibe o proprietário de gravar livremente a coisa tombada, de penhor, anticrese ou hipoteca.

Os bens públicos tombados são inalienáveis.

4722) (2016) Banca: CESPE Órgão: TJ-DFT Prova: Juiz de direito

Assinale a opção correta, segundo a qual a modalidade de intervenção na propriedade privada sujeita o bem, cuja conservação seja de interesse público, por sua importância histórica, artística, arqueológica, bibliográfica ou etnológica, a restrições parciais, mediante procedimento administrativo.

A) tombamento
B) ocupação temporária
C) servidão administrativa
D) limitação administrativa
E) desapropriação

4723) (2015) Banca: CESPE – Órgão: TCE-RN – Prova: Assessor Técnico Jurídico – Cargo 2

A respeito dos atos administrativos em espécie e da intervenção do Estado na propriedade privada, julgue o item seguinte.

O tombamento é a via mais indicada quando a intervenção do Estado na propriedade particular tiver por objeto a restrição total sobre bem de reconhecido valor histórico.

A) Certo   B) Errado

4724) (2017) Banca: CESPE – Órgão: TRF – 1ª REGIÃO – Prova: Analista Judiciário – Área Judiciária

Julgue o próximo item, relativo ao tombamento administrativo e à responsabilidade civil do Estado.

O Tombamento é o instrumento de intervenção na propriedade com finalidade de preservação histórica, cultural, arqueológica ou paisagística do próprio bem tomado

A) Certo   B) Errado

4725) (2005) Banca: CESPE – Órgão: TRE-PA – Prova: Analista Judiciário – Área Judiciária

A autarquia federal responsável por zelar pelo patrimônio histórico-cultural do país, o IPHAN, teve ciência, a partir de comunicação de Joanildo, proprietário de um imóvel tombado em nível federal, de que o referido imóvel, um casarão antigo, encontrava-se em estado de ruína. O IPHAN, então, notificou o proprietário para que ele apresentasse projeto de reconstrução e(ou) restauração do imóvel em um prazo de 30 dias. Joanildo, em resposta à notificação, observou que não iria realizar o restauro, alegando que esta obrigação seria da administração pública federal, e que o tombamento não teria sido realizado mediante a edição de lei.

Considerando a situação hipotética apresentada, assinale a opção incorreta relativamente à proteção e defesa de bens de valor artístico, estético, histórico, turístico e paisagístico.

A) É legítima a ação da IPHAN em compelir Joanildo a implementar o restauro do referido bem.
B) Joanildo poderia ser desobrigado pelo Estado de realizar o restauro se comprovasse não possuir condições financeiras para fazê-lo. Nessas condições, a administração pública, após comunicada, estaria obrigada a realizar, à conta da União, as obras de restauro, sob pena de cancelamento do tombamento.
C) Na situação considerada, embora seja de propriedade particular, o imóvel tombado deve ser considerado patrimônio coletivo, pois é um bem de interesse difuso.
D) O tombamento é ato administrativo que independe de tramitação legislativa.
E) Embora tombado, o imóvel não fica sujeito à vigilância permanente da autarquia federal, podendo o proprietário, com esteio no direito de propriedade, impedir a realização de inspeções periódicas por parte da autarquia federal.

4726 (2019) Banca: FUNDEP (Gestão de Concursos) Órgão: MPE-MG Prova: FUNDEP (Gestão de Concursos) – 2019 – MPE-MG – Promotor de Justiça Substituto

Assinale a alternativa incorreta:

A) É possível afirmar que os bens culturais inventariados estão submetidos a especial regime protetivo, a fim de evitar o seu perecimento ou degradação, promover sua preservação e segurança e divulgar a respectiva existência.
B) Em razão da natureza fundamental, difusa, indisponível e intergeracional do patrimônio cultural, a determinação pelo Poder Judiciário de medidas tendentes a fazer com que o Legislativo e o Executivo cumpram a missão constitucional de promover a adequada tutela dos bens de valor cultural não implica violação à separação de Poderes.
C) O tombamento é um ato administrativo de caráter constitutivo, através do qual um bem de valor cultural ou natural passa a ser digno de preservação após sua inscrição no Livro Tombo.
D) É dispensável o prévio tombamento de um bem para viabilizar o acesso à jurisdição em sua defesa.

16. INSTITUTOS DE INTERVENÇÃO DO ESTADO NO DIREITO DE PROPRIEDADE

4727) (2012) Banca: CESPE – Órgão: MPE-PI – Prova: Promotor de Justiça

Assinale a opção correta a respeito dos efeitos do tombamento.

A) O proprietário de coisa tombada sem recursos para proceder às obras de conservação e reparação que a coisa requerer deverá entrar com pedido de concessão de crédito no BNDES, de acordo com o disposto na lei de incentivo à cultura, e levar ao conhecimento do Serviço do Patrimônio Histórico e Artístico Nacional a necessidade das mencionadas obras, sob pena de desapropriação do bem.

B) As coisas tombadas que pertençam à União, aos estados ou aos municípios somente poderão ser alienadas e transferidas de uma à outra das referidas entidades, e, uma vez feita a transferência, dela deve o adquirente dar imediato conhecimento ao Serviço do Patrimônio Histórico e Artístico Nacional.

C) Sem que seja protocolado o pedido de uso comercial do bem tombado ou que seja obtida autorização posterior do Conselho Consultivo Nacional do Patrimônio Histórico, não se poderá, na vizinhança da coisa tombada, fazer construção ou introduzir objeto que lhe impeça ou reduza a visibilidade, nem nela colocar anúncios ou cartazes, sob pena de se mandar destruir a obra ou retirar o objeto, impondo-se ao agente, nesse caso, a multa de 50% do valor da obra ou do objeto.

D) As coisas tombadas ficam sujeitas à vigilância permanente do Serviço de Patrimônio Histórico e Artístico Nacional, que, por meio dos agentes da fiscalização patrimonial do Ministério da Cultura, poderá inspecioná-las sempre que conveniente, não podendo os respectivos proprietários ou responsáveis criar obstáculos à inspeção, sob pena de multa.

E) A coisa tombada não poderá sair do país, senão por curto prazo, sem transferência de domínio e para fim de intercâmbio cultural, a juízo do Conselho Consultivo do Serviço do Patrimônio Histórico e Artístico Nacional.

4728) (2009) Banca: CESPE / CEBRASPE Órgão: DPE-ES Prova: CESPE – 2009 – DPE-ES – Defensor Público

Em decorrência da supremacia do interesse público sobre o privado, o Estado pode estabelecer restrições sobre a propriedade privada. Acerca desse assunto, julgue o próximo item.

Todo tombamento constitui limitação perpétua e compulsória ao direito de propriedade em benefício do interesse coletivo.

A) Certo b) Errado

4729) (2016) Banca: CESPE – Órgão: PGE-AM – Prova: Procurador do Estado

Acerca da intervenção do Estado no direito de propriedade, julgue o item subsequente.

O tombamento pode ocorrer no âmbito federal, estadual ou municipal, sendo um de seus principais efeitos a impossibilidade de modificação do bem. Ele pode, ainda, acarretar restrições quanto à destinação e à alienabilidade do bem.

A) Certo b) Errado

4730) (2014) Banca: CESPE Órgão: TCE-PB Prova: Procurador

Assinale a opção correta com relação aos bens públicos.

A) Em face do interesse público envolvido, a servidão administrativa não gera, para o proprietário do bem alcançado pela servidão, o direito a indenização. Todavia, na ocupação temporária do bem, a administração pública tem o dever legal de indenizar o proprietário.

B) O cessionário do direito de uso sobre bem imóvel da União exerce *animus domini* sobre a coisa, por se tratar de uma relação de direito real.

C) A exploração dos serviços de concessão de lotes e jazigos em cemitério público compete à União e, supletivamente, aos municípios.

D) Os terrenos de marinha são bens públicos de uso especial de propriedade da União, e o Código Civil adotou a presunção relativa no que se refere ao registro de sua propriedade imobiliária

E) Os bens tombados não podem ser destruídos, demolidos ou mutilados, e, para tanto, a administração pública pode se utilizar tanto do tombamento provisório quanto do tombamento definitivo, limitando o exercício do direito sobre o bem.

4731) (2017) Banca: CESPE – Órgão: Prefeitura de Belo Horizonte – MG – Prova: Procurador Municipal

Acerca de instrumentos de tutela de bens culturais materiais e das competências para a proteção do patrimônio cultural, assinale a opção correta.

A) O rito de tombamento de ofício inicia-se com manifestação do IPHAN, órgão vinculado ao Ministério da Cultura.

B) A ação popular não se presta a anular ato lesivo ao patrimônio histórico e cultural.

C) Todos os entes federativos possuem competência para legislar sobre tombamento e competência material para realizá-lo.

D) O ato de tombamento é discricionário, de modo que eventual controle pelo Poder Judiciário não se estende a sua motivação.

4732) (2013) Banca: ESAF – Órgão: DNIT – Prova: Analista Administrativo

A respeito do tombamento e considerando a jurisprudência do Superior Tribunal de Justiça acerca do tema, assinale a opção incorreta.

A) Cabe ao proprietário a responsabilidade pela conservação e manutenção do bem tombado.

B) É atribuição do Instituto de Patrimônio Histórico Nacional fiscalizar e proteger o patrimônio histórico e cultural no uso regular de seu poder de polícia.

C) O Estado, em situação de emergência, somente tem obrigação de providenciar o início dos trabalhos necessários à conservação do bem tombado após a comunicação do proprietário.

D) A ação civil pública pode ser intentada para proteger os bens de valor histórico.

E) Na comprovação de incapacidade econômico-financeira do proprietário, compete ao Poder Público o encargo de conservar e reparar o bem tombado.

4733) (2017) Banca: FCC – Órgão: PC-AP – Prova: Delegado de Polícia

Em uma área de expansão urbana determinado Município está providenciando a instalação de equipamentos públicos, a fim de que o crescimento populacional se dê de forma ordenada e sustentável. Durante a construção de uma unidade escolar, apurou-se que não seria possível executar a solução de esgoto originalmente idealizada, que contempla um emissário de esgoto, mostrando-se necessária a identificação de outra alternativa pela Administração pública. Dentre as possíveis, pode o Município em questão

A) promover, demonstrada a viabilidade técnica, a instalação de emissário de esgoto para ligação com o sistema já existente, utilizando-se, para tanto, da instituição de uma servidão administrativa.
B) realizar uma licitação específica para elaboração e execução de projeto de instalação do emissário de esgoto, independentemente do valor, dado seu caráter emergencial.
C) lançar mão da requisição administrativa, para imediata imissão na posse do terreno necessário para implementação das obras, diferindo-se a indenização devida.
D) desapropriar judicialmente a faixa de terreno necessária à implementação do emissário de esgoto, tendo em vista que o ajuizamento da ação já autoriza a imissão na posse do terreno objeto da demanda.
E) instituir uma servidão de passagem, sob o regime do código civil, tendo em vista que dispensa a anuência do dono do terreno e de prévia indenização, apurando-se o valor devido após a instalação do equipamento, que indicará o nível de restrição ao uso da propriedade.

4734 Ano: 2010 Banca: MPE-MG Órgão: MPE-MG Prova: MPE-MG – 2010 – MPE-MG – Promotor de Justiça – 50º Concurso

O tombamento é instrumento constitucional mais eficaz para a preservação do patrimônio cultural, protegendo indistintamente bens móveis, imóveis e imateriais.

A) Certo b) Errado

4735) (2005) Banca: FCC – Órgão: TCE-MG – Prova: Auditor

O tombamento é um dos institutos que têm por objeto a tutela do patrimônio histórico e artístico nacional. Esta intervenção acarreta a

A) transferência do bem ao patrimônio público, quando instituído sobre bem de particular.
B) restrição total da utilização do bem que, embora permaneça no patrimônio do particular, não pode ter destinação econômica.
C) transferência do bem ao patrimônio público do interventor, ainda que se trate de bem integrante de patrimônio público de outra pessoa política.
D) transferência do bem ao patrimônio público do interventor somente quando se trate de pessoa política de grau hierárquico superior ao da proprietária do bem.
E) restrição parcial sobre o bem, que permanece no patrimônio do proprietário, de quem se exige, em contrapartida, a conservação das características do bem que ensejaram a intervenção.

4736) (2012) Banca: FCC – Órgão: TCE-AM – Prova: Analista de Controle Externo – Auditoria de Obras Públicas (+ provas)

Proprietário privado de um bem tombado, integrante do patrimônio histórico nacional, que pretenda alienar o referido bem

A) estará impedido de fazê-lo, salvo em se tratando de alienação não onerosa, mediante doação ou sucessão causa mortis.
B) deverá levantar previamente o tombamento, mediante a comprovação da inexistência de prejuízo à preservação do bem.
C) deverá assegurar o registro do gravame junto ao Registro de Imóveis e à Secretaria do Patrimônio da União, permanecendo solidariamente responsável, juntamente com o adquirente do bem, por eventuais danos supervenientes.
D) deverá assegurar, em se tratando de alienação onerosa, o direito de preferência à União, aos Estados e ao Município onde se localize o bem, nessa ordem.
E) somente poderá alienar o bem se o tombamento for de natureza provisória, não compulsório, e mediante prévia autorização do Serviço do Patrimônio Histórico e Artístico Nacional.

4737) (2012) Banca: CETRO Órgão: TJ-RJ Prova: CETRO – 2012 – TJ-RJ – Titular de Serviços de Notas e de Registros – Critério Remoção

Sobre tombamento, analise as assertivas abaixo.

I. O tombamento dos bens pertencentes à União, aos Estados e aos Municípios se fará de ofício.
II. A coisa tombada em nenhuma hipótese poderá sair do País.
III. O tombamento de coisa pertencente à pessoa natural ou à pessoa jurídica de direito privado se fará de ofício.

É correto o que se afirma em

A) I, apenas.
B) II, apenas.
C) III, apenas.
D) I, II e III.
E) I e II, apenas.

4738) (2013) Banca: FGV – Órgão: INEA-RJ – Prova: Advogado

A União realizou o tombamento de uma casa por considerá-la patrimônio histórico-cultural.

Considerando a referida situação, assinale a afirmativa correta.

A) O tombamento poderá ser anulado por decisão judicial que entenda que o bem não é digno de ser tombado.
B) O proprietário tem a obrigação de conservar o bem, devendo obter autorização até para pintá-lo.
C) O tombamento retira do comércio o referido bem.
D) O tombamento somente será considerado realizado após a publicação da decisão judicial que fixar a devida indenização.
E) A competência para legislar sobre tombamento é privativa da União.

4739) (2012) Banca: VUNESP Órgão: TJ-RJ Prova: VUNESP – 2012 – TJ-RJ – Juiz

Assinale a alternativa correta a respeito do tombamento.

A) A competência constitucional para legislar sobre tombamento é privativa da União.
B) Podem ser tombados bens de qualquer natureza, móveis ou imóveis, materiais ou imateriais, públicos ou privados, podendo, inclusive, as pessoas políticas tombarem seus próprios bens, para finalidade de preservação.

C) O tombamento caracterizase por ser uma restrição par cial e em regra indenizável.
D) No tombamento compulsório, iniciado o processo e colhida a manifestação técnica sobre o bem e seu valor, o proprietário será notificado para anuir ou impugnar o tombamento no prazo de trinta dias.

4740) (2016) Banca: FCM – Órgão: IF Farroupilha – RS – Prova: Docente – Arquitetura e Urbanismo/Projeto

O conceito de preservação é amplo e engloba várias ações do Estado que visam a resguardar a memória de bens culturais de uma Nação. Já o tombamento tem como finalidade a proteção, restringindo o direito de propriedade.

De acordo com a discussão acerca de tombamento, proposta por Sônia Rabello de Castro (2009), é correto afirmar que:

A) O tombamento definitivo dos bens de propriedade particular está isento da análise do chamado "uso natural" da coisa que examina suas funções sociais e sua natureza física.
B) Coisas tombadas podem ser destruídas, demolidas ou mutiladas, com prévia autorização especial do Serviço do Patrimônio Histórico Nacional.
C) No caso de extravio ou furto de qualquer objeto tombado, o respectivo proprietário fica isento da responsabilidade de comunicar o fato ao serviço do Patrimônio Histórico e Artístico Nacional, para que sejam tomadas as devidas providências.
D) São indenizáveis as restrições à propriedade resultantes do tombamento que retirarem do proprietário, temporária ou definitivamente, a exclusividade de propriedade, mesmo quando não houver qualquer restrição ao uso ou desvalorização da propriedade.
E) O tombamento tem como finalidade a proteção através da imposição de um regime jurídico especial sobre a propriedade, seja ela pública seja privada, tornando-a tutelada pelo poder público em virtude de seu valor cultural.

4741) Ano: 2013 Banca: FCC Órgão: TJ-PE Prova: FCC – 2013 – TJ-PE – Titular de Serviços de Notas e de Registros – Provimento

O tombamento constitui uma das formas de intervenção do Estado na propriedade, que tem por objetivo a proteção do patrimônio histórico e artístico,

A) importando a restrição ao exercício de todos os direitos inerentes ao domínio, quando compulsório.
B) sendo sempre compulsório quando incidente sobre bens particulares e voluntário quando se trate de bens de entidades públicas.
C) não podendo incidir sobre bens de origem estrangeira que pertençam a representações diplomáticas e consulares acreditadas no país.
D) recaindo somente sobre bens de propriedade privada, móveis ou imóveis, materiais ou imateriais, sendo vedado o tombamento de bens públicos.
E) podendo incidir sobre bens privados, nacionais ou estrangeiros, sendo compulsório na primeira hipótese e voluntário na segunda.

4742) (2012) Banca: TJ-DFT – Órgão: TJ-DFT – Prova: Juiz

Sobre intervenção do Estado na propriedade, é correto afirmar:

A) De acordo com a interpretação literal do Decreto-lei 3.365/41, consideram-se hipóteses de necessidade pública, para fins de desapropriação: segurança nacional, defesa do Estado, socorro público em caso de calamidade e salubridade pública;
B) Na desapropriação por interesse social, para fins de reforma agrária, a indenização prévia e justa, em títulos da dívida agrária, abrange as benfeitorias úteis;
C) O Distrito Federal pode legislar sobre desapropriação por necessidade pública;
D) Tombamento e desapropriação, dentre outras, são ferramentas por meio das quais o Poder Público, com a colaboração da comunidade, promoverá e protegerá o patrimônio cultural brasileiro.

4743) (2017) Banca: CONSULPLAN – Órgão: TJ-MG – Prova: Outorga de Delegações de Notas e de Registro – Provimento

Analise as seguintes assertivas sobre o tombamento e assinale a alternativa correta:

A) O proprietário do bem imóvel tombado, que desejar aliená-lo onerosamente, deverá oferecê-lo pelo mesmo preço à União, ao Estado e ao Município em que o bem se encontrar, propiciando que esses exerçam, dentro do prazo de trinta dias, o direito de preferência.
B) O tombamento consiste em restrição parcial ao direito de propriedade, na medida em que não impede ao proprietário o exercício dos direitos inerentes ao domínio e, em regra, não gera direito à indenização.
C) O tombamento é uma das formas de intervenção na propriedade por meio da qual o Poder Público visa proteger o patrimônio cultural brasileiro e incide apenas sobre bens imóveis e particulares.
D) O tombamento não gera restrições à vizinhança do imóvel tombado, uma vez que a limitação imposta pelo Poder Público é pessoal e intransferível.

4744) (2016) Banca: MPE-GO – Órgão: MPE-GO – Prova: Promotor de Justiça Substituto

A respeito da intervenção do Estado na propriedade privada, assinale a alternativa correta:

A) Os Estados-membros e os Municípios, em situações excepcionais, devidamente justificadas, dispõem do poder de desapropriar imóveis rurais, por interesse social, para efeito de reforma agrária, especialmente quando para fins de implementação de projetos de assentamento rural ou de estabelecimento de colônias agrícolas.
B) As coisas tombadas, que pertençam à União, aos Estados ou aos Municípios, podem ser alienadas a particulares, desde que autorizado judicialmente.
C) A coisa tombada não poderá sair do país, senão por curto prazo, sem transferência de domínio e para fim de intercâmbio cultural, a juízo do Conselho Consultivo do Serviço do Patrimônio Histórico e Artístico Nacional.
D) requisição é a modalidade de intervenção estatal na propriedade, através da qual o Estado utiliza, transitoriamente, imóveis privados, como meio de apoio à exe cução de obras e serviços públicos.

4745) (2009) Banca: VUNESP – Órgão: TJ-MS – Prova: Titular de Serviços de Notas e de Registros

No tombamento, o proprietário

A) é impedido de gravar o bem tombado por meio de penhor, anticrese ou hipoteca.
B) é impedido de alienar o bem particular tombado, já que existe uma necessidade de preservação cultural.
C) não pode, em se tratando de bens móveis, retirá-los do país, senão por curto prazo, para fins de intercâmbio cultural, a juízo do IPHAN.
D) pode destruir, mutilar ou demolir o bem tombado.
E) não pode realizar obras de conservação.

4746) (2014) Banca: IBFC – Órgão: TJ-PR – Prova: Titular de Serviços de Notas e de Registros – Provimento

Sobre o tombamento é correto afirmar:

A) Os bens cuja conservação seja de interesse público serão considerados parte integrante do patrimônio histórico e artístico nacional a partir da edição do decreto do chefe do Poder Executivo.
B) No caso da alienação onerosa de bens tombados pertencentes a pessoas naturais ou a pessoas jurídicas de direito privado, terão direito de preferência a União, os Estados e os Municípios, nesta ordem.
C) O tombamento é modalidade de intervenção do Estado na propriedade de particulares, mediante indenização, não se aplicando a bens públicos.
D) As coisas tombadas não poderão, em caso nenhum ser destruídas, demolidas ou mutiladas, sem prévia autorização especial do Serviço do Patrimônio Histórico e Artístico Nacional, podendo, todavia, ser reparadas e pintadas pelos proprietários para fins de conservação, com subsequente comunicação ao órgão competente.

GABARITO – INSTITUTOS DE INTERVENÇÃO DO ESTADO NO DIREITO DE PROPRIEDADE

4456) CERTO
4457) C
4458) E
4459) D
4460) C
4461) D
4462) CERTO
4463) CERTO
4464) CERTO
4465) B
4466) A
4467) B
4468) B
4469) errado
4470) B
4471) errado
4472) Errado
4473) C
4474) C
4475) B
4476) E
4477) E
4478) D
4479) D
4480) E
4481) ERRADO
4482) D
4483) ERRADO
4484) B
4485) E
4486) E
4487) C
4488) A
4489) e
4490) E
4491) c
4492) e
4493) B
4494) D
4495) errado
4496) CERTO

4497) CERTO
4498) ERRADO
4499) errado
4500) E
4501) errado
4502) C
4503) D
4504) Errado
4505) B
4506) ERRADO
4507) C
4508) C
4509) ERRADO
4510) ERRADO
4511) CERTO
4512) B
4513) C
4514) B
4515) B
4516) B
4517) A
4518) B
4519) B
4520) B
4521) B
4522) B
4523) B
4524) B
4525) E
4526) A
4527) E
4528) C
4529) C
4530) C
4531) C
4532) E
4533) C
4534) A
4535) ERRADO
4536) D
4537) ERRADO

4538) ERRADO
4539) ERRADO
4540) C
4541) D
4542) A
4543) E
4544) CERTO
4545) ERRADO
4546) C
4547) C
4548) C
4549) D
4550) ERRADO
4551) E
4552) C
4553) B
4554) C
4555) D
4556) A
4557) c
4558) E
4559) B
4560) A
4561) B
4562) C
4563) B
4564) D
4565) E
4566) D
4567) A
4568) A 4569) C
4570) A
4571) B
4572) B
4573) B
4574) ERRADO
4575) B
4576) C
4577) CERTO
4578) ERRADO
4579) E

4580) E
4581) B
4582) C
4583) CERTO
4584) CERTO
4585) CERTO
4586) D
4587) C
4588) B
4589) A
4590) B
4591) A
4592) B
4593) D
4594) D
4595) C
4596) E
4597) ERRADO
4598) C
4599) C
4600) CERTO
4601) D
4602) D
4603) E*
4604) B
4605) A
4606) CERTO
4607) ERRADO
4608) B
4609) A
4610) B
4611) D
4612) ERRADO
4613) A
4614) C
4615) C
4616) A
4617) A
4618) CERTO
4619) D
4620) B

4621) A
4622) A
4623) B
4624) ERRADO
4625) ERRADO
4626) CERTO
4627) B
4628) C
4629) D
4630) ERRADO
4631) ERRADO
4632) A
4633) B
4634) B
4635) A
4636) D
4637) A
4638) C
4639) D
4640) E
4641) A
4642) D
4643) CERTO
4644) ERRADO
4645) CERTO
4646) CERTO
4647) B
4648) D
4649) E
4650) B
4651) B
4652) B
4653) CERTO
4654) D
4655) C
4656) C
4657) B
4658) C
4659) B
4660) E
4661) C
4662) A

4663) E
4664) B
4665) ERRADO
4666) ERRADO
4667) CERTO
4668) C
4669) C
4670) B
4671) D
4672) A
4673) b
4674) B
4675) A
4676) A
4677) errado
4678) C
4679) E
4680) A
4681) A
4682) C
4683) B
4684) C
4685) C
4686) D
4687) D
4688) D
4689) D
4690) A
4691) C
4692) B
4693) CERTO
4694) ERRADO
4695) CERTO
4696) CERTO
4697) C
4698) ERRADO
4699) ERRADO
4700) A
4701) E
4702) B
4703) E
4704) D

4705) A	4712) E	4719) E	4726) C	4733) A	4740) E
4706) B	4713) B	4720) ERRADO	4727) E	4734) Errado	4741) c
4707) E	4714) A	4721) CERTO	4728) ERRADO	4735) E	4742) D
4708) ERRADO	4715) A	4722) A	4729) CERTO	4736) D	4743) B
4709) B	4716) A	4723) ERRADO	4730) E	4737) a	4744) C
4710) ERRADO	4717) D	4724) CERTO	4731) C	4738) B	4745) C
4711) ERRADO	4718) A	4725) E	4732) C	4739) B	4746) B

E aí, acertou muitas questões? Agora é hora de acessar a plataforma do aluno e resolver as questões bônus!

Vamos juntos até a aprovação!

Um abraço

GABRIELA XAVIER

FRASES PODEROSAS – INSTITUTOS DE INTERVENÇÃO DO ESTADO NO DIREITO DE PROPRIEDADE

	% de questões	Número de acertos nesse capítulo	% de acertos
Conforme estabelece o artigo quinto, inciso XXV da Constituição no caso de iminente perigo público a autoridade competente poderá utilizar a propriedade do particular, assegurada ao proprietário indenização ulterior se houver dano.	9%		
Servidão Administrativa refere-se ao direito real sobre a propriedade particular justificada em razão do interesse público. A servidão não altera a propriedade do bem somente cria restrições a sua utilização. Pode incidir tanto sobre bem privado quanto público.	4%		
A Limitação Administrativa é uma restrição no uso da propriedade imposta por ato normativo e, portanto, de forma genérica e abstrata. A lei pode impor obrigações positivas (de fazer), negativas (de não fazer) ou mistas/permissivas (de tolerar).	5%		
O tombamento pode ser voluntário ou compulsório, provisório ou definitivo, conforme a manifestação da vontade ou a eficácia do ato. Pode alcançar bens privados ou públicos.	4%		
A fase declaratória da desapropriação tem início com a declaração formal de interesse do poder público em determinado bem, demonstrando-se a utilidade pública, necessidade pública ou interesse social por meio de um decreto (decreto expropriatório).	5%		
Os bens do domínio dos Estados, Municípios, Distrito Federal e Territórios poderão ser desapropriados pela União, e os dos Municípios pelos Estados, mas, em qualquer caso, ao ato deverá preceder autorização legislativa.	10%		
Ocupação temporária ocorre, usualmente, quando a administração tem necessidade de ocupar terreno privado para nele depositar equipamento e materiais destinados à realização de obras e serviços públicos.	8%		
TOTAL	**45%**		

ANOTAÇÕES